lonely planet

Kanada

Karla Zimmerman,
Celeste Brash, John Lee, Sarah Richards, Brendan Sainsbury, Caroline Sieg,
Andy Symington, Ryan Ver Berkmoes, Benedict Walker

REISEPLANUNG

UREINWOHNERIN S. 969

DANITA DELIMONT / GETTY IMAGES ©

YOHO NATIONAL PARK S. 853

YVES MARCOUX / GETTY IMAGES ©

REISEZIELE

Inhalt

REISEZIELE

THOMAS KOKTA / GETTY IMAGES ©

EISBÄREN S. 983

Inhalt

KANADA VERSTEHEN

PRAKTISCHE INFORMATIONEN

SPECIALS

Willkommen in Kanada

Kanada besitzt nicht nur imposante Berge und zerklüftete Küsten, sondern vieles mehr: Die Küche ist exzellent, die Kulturszene cool und lebendig, und mit dem Auto geht es mitten hinein in eine abenteuerlich wilde Landschaft.

Outdoor-Abenteuer

Das zweitgrößte Land der Erde besitzt eine endlose Vielfalt an Landschaften: himmelhohe Gebirge, glitzernde Gletscher, leuchtend bunte Regenwälder und einsame Strände, alles verteilt über sechs Zeitzonen. Und diese Szenerie beleben allerlei große Tiere: Eisbären, Grizzlybären, Wale – und natürlich die allseits beliebten Elche.

Auf diesem Terrain kann man sich austoben: Snowboarden in den Whistler's Mountains, Surfen in der Brandung vor Nova Scotia oder Kajakfahren im Wildwasser des South Nahanni River in den Northwest Territories – überall lockt das pure Abenteuer. Wer es geruhsamer mag, spaziert durch den Stanley Park in Vancouver oder genießt die Sandstrände der Prince Edward Island.

Vielfalt der Kulturen

In einem Bistro in Montréal schmeckt ein Croissant zum *café au lait;* in Vancouver probiert man Nudeln auf dem asiatischen Nachtmarkt; zu den Klängen der Fidel steigt eine keltische Party auf Cape Breton Island, und auf Haida Gwaii sieht man vom Kajak aus die Dörfer der Ureinwohner im Regenwald: Städte und Landschaften Kanadas sind ungeheuer vielgestaltig. Man hört das schon in der Musik, erkennt es an der Kunst und schmeckt es in der Küche.

Kulinarische Reise

Kanada bietet eine bunte Mischung aus regionalen Gerichten. Wer von West nach Ost durchs Land fährt, bekommt etwa Folgendes auf den Teller: wilden Lachs und Jakobsmuscheln in British Columbia, *poutine* (Pommes frites mit Sauce und Käse) in Québec, Hummer in zerlassener Butter in den Seeprovinzen. Nur das Marketing funktioniert nicht so gut wie bei der italienischen oder französischen Küche, und so bleiben die köstlichen Meeresfrüchte, der pikante Käse, frisches Obst und Gemüse ein echter Geheimtipp. Das gilt auch für die charaktervollen Rot- und Weißweine aus den Weinbaugebieten des Landes.

Kulturland Kanada

Die Künste spielen eine große Rolle, vom International Fringe Theater Festival in Edmonton bis zu Megamuseen wie der National Gallery in Ottawa. Das Jazz Festival von Montreal oder das Filmfestival von Toronto locken neben Stars ein internationales Publikum an. Und das größte Theater des Kontinents mit klassischem Repertoire öffnet seine Tore beim Stratford Festival in Ontario. Selbst unbekanntere Orte wie St. John's oder Woody Point schmücken sich mit renommierten Events (einem „Sound-Symposion" bzw. einem Literaturfest).

Warum ich Kanada liebe

von Karla Zimmerman

Ich bin immer wieder hingerissen von Kanadas Weite, dem grenzenlos offenen Land. In vielen Teilen Kanadas kann man stundenlang Auto fahren, ohne einer Menschenseele zu begegnen. Ich mag es, dass die Tierbeobachtung hier funktioniert: Wer Elche, Bären oder Wale sehen will, bekommt sie auch tatsächlich zu Gesicht. Mir gefällt, dass das beliebteste Restaurant des Landes – Tim Hortons – ein Doughnut-Laden ist, der nach einem Hockeyspieler benannt wurde. Und ich gestehe: Je länger ich in Kanada bin, desto mehr schätze ich die Rockband Rush.

Mehr Informationen über die Autoren gibt es auf Seite 1047.

Moraine Lake, Banff National Park (S. 678)

Kanada

Nahanni National Park Reserve
Tolle Paddeltouren (S. 929)
Churchill
Eisbärenzentrum an der Hudson Bay (S. 604)
Rockies
Berge mit glitzernden Gletschern (S. 847)
Haida Gwaii
Alte, mit Regenwald bedeckte Inseln (S. 870)
Vancouver Island
Surfen, Wildnis, Bauernhöfe und Tee (S. 782)
Vancouver
Weitläufige Metropole mit viel Natur (S. 724)
Calgary Stampede
Pferde, Bullen und lassoschwingende Cowboys (S. 660)
RUSSLAND
ALASKA
USA
PAZIFIK
Beaufort Sea
Amundsen Gulf
Viscount Melville Sound
YUKON TERRITORY
NORTHWEST TERRITORIES
NUNAVUT
BRITISH COLUMBIA
ALBERTA
SASKATCHEWAN
MANITOBA
VEREINIGTE STAATEN VON AMERIKA
Anchorage
Dawson City
Tuktoyaktuk
Inuvik
Whitehorse
Juneau
Watson Lake
Fort Simpson
Yellowknife
Prince Rupert
Prince George
Jasper
Edmonton
Kamloops
Lake Louise
Banff
Calgary
Vancouver
Victoria
Nanaimo
Tofino
Kelowna
Nelson
Seattle
Portland
Medicine Hat
Swift Current
Regina
Moose Jaw
Saskatoon
Prince Albert
Yorkton
Brandon
Winnipeg
Thompson
Churchill
Haida Gwaii
Vancouver Island
Mackenzie Mountains
Franklin Mountains
Mackenzie River
Rocky Mountains
Coast Mountains
Great Bear Lake
Great Slave Lake
Lac La Martre
Lake Athabasca
Lake Claire
Williston Lake
Wollaston Lake
Reindeer Lake
Lac la Ronge
Lake Winnipeg
Lake of the Woods
Baker Lake
Dubawnt Lake
Thelon River
Churchill R.
Nelson R.
Athabasca R.
Nahanni National Park Reserve
Spatsizi Plateau Provincial Wilderness Park
Wood Buffalo National Park
Jasper National Park
Banff National Park
Riding Mountain National Park
Banks Island
Victoria Island
Melville Island
Bathurst Island
Cornwallis Island
Somerset Island
Prince of Wales Island
Boothia Peninsula
King William Island
Sverdrup Islands
Axel Heiberg Island
WA
OR
ID
MT
ND
CA
NV
UT
WY
NE

0
500 km
GRÖNLAND
DÄNEMARK
ISLAND
Höhenangaben
3000 m
2500 m
2000 m
1500 m
1000 m
600 m
300 m
100 m
0
Baffin Island
Der einsame, erbarmungslose, Lebensraum der Inuit (S. 943)
Québec (Stadt)
Durch die stimmungsvolle Altstadt bummeln (S. 306)
Bay of Fundy
Extreme Gezeiten und Wale (S. 467)
Cabot Trail
Küstenlandschaft und keltische Kultur (S. 432)
Montréal
Beim Jazz Festival den Beat fühlen (S. 258)
Ottawa
Die großen Museen der Hauptstadt entdecken (S. 233)
Toronto
Kanadas multikulturelle Megacity (S. 72)
Niagarafälle
Nordamerikas gewaltigste Wasserfälle (S. 135)
Ellesmere Island
Nares Strait
Devon Island
Davis Strait
Baffin Island
Gulf of Boothia
Prince Charles Island
Nettilling Lake
Melville Peninsula
Foxe Basin
Amadjuak Lake
Iqaluit
Southampton Island
Hudson Strait
Coats Island
Hudson Bay
Labradorsee
ATLANTIK
Labrador
NEWFOUNDLAND & LABRADOR
Smallwood Reservoir
Churchill R
George River
Caniapiscau R
Mélèzes R
Feuilles R
Belcher Islands
Northern Peninsula
St John's
Corner Brook
Newfoundland
Port aux Basques
Lac Bienville
Lac Caniapiscau
Reservoir Manicouagan
Anticosti Island
Îles de la Madeleine
Cape Breton Highlands National Park
Severn River
Winisk R
James Bay
Reservoir Robert-Bourassa
Lac Mistassini
Moosonee
ONTARIO
QUÉBEC
Tadoussac
NEW BRUNSWICK
PEI
Charlottetown
Lac Seul
Lake Nipigon
Rivière-du-Loup
Moncton
Amherst
Reservoir Gouin
Fredericton
Halifax
Thunder Bay
Québec (Stadt)
Saint John
NOVA SCOTIA
St Stephen
North Bay
ME
Yarmouth
Sudbury
OTTAWA
Montréal
Lake Superior
MN
Sault Ste Marie
Georgian Bay
VT
NH
Kingston
Boston
WI
Lake Huron
Toronto
Lake Ontario
MA
Minneapolis
MI
Lake Michigan
Stratford
Niagara Falls
NY
CT
RI
London
Detroit
Lake Erie
IA
Chicago
PA
New York
20°W
30°W
40°W
50°W
60°W
40°N
50°N
60°N

Kanadas Top 25

Haida Gwaii (British Columbia)

1 Einst trug dieser Archipel (S. 870) den Namen Queen Charlotte Islands.Fichten und Zedern bedecken die wilde Landschaft. Weißkopfseeadler und Bären leben in den Wäldern, während Seelöwen und Orkas durch das Wasser gleiten. Die Seele der Insel bildet das wiedererstandene Volk der Haida, die für ihre geschnitzten Kriegskanus und Totempfähle bekannt sind. Viele dieser Objekte sieht man im Gwaii Haanas National Park Reserve, wo sich außer verlassenen Haida-Dörfern, Grabeshöhlen und heißen Quellen die besten Kajakmöglichkeiten des Kontinents finden.

Rocky Mountains (British Columbia/Alberta)

2 Die weiß bekrönten Gipfel an der Grenze zwischen Alberta und British Columbia lösen Staunen und den Drang aus, aktiv zu werden. Vier Nationalparks (Banff, Yoho, Kootenay, Jasper) bieten Möglichkeiten zum Wandern, Paddeln und Skifahren. Auch Zugreisen (S. 46) durch diese grandiose Landschaft sind beliebt: Gen Osten oder Westen rattern die Waggons Bergpässe hinauf und Flusstäler hinunter, wobei sie schimmernde Seen, Unmengen von Wildblumen und glitzernde Gletscher passieren. Rechts: Elch, Jasper National Park, Alberta

1

Nahanni National Park Reserve (Northwest Territories)

3 Die Thermalquellen, Schluchten und Grizzlys dieses entlegenen Nationalparks (S. 929) an der Grenze zum Yukon Territory erreicht man nur per Flugzeug oder mit dem Kajak. Die Hälfte der nur rund 1000 Besucher pro Jahr sind Paddler, die den South Nahanni River bezwingen wollen. Der braust ungezähmt über 500 km durch die Mackenzie Mountains. Hohe Wasserfälle, tiefe Canyons und Legenden von Riesen oder verschollenem Gold runden die Reise nach Norden ab.

Vancouver (British Columbia)

4 Vancouver (S. 724) landet stets ganz oben auf der Liste der schönsten Wohnorte Kanadas. Vom Meer bis zum Himmel ist diese Metropole von purer Schönheit umgeben. Mit Skihängen vor den Toren der Stadt, elf herrlichen Stränden in Innenstadtnähe und dem nahen Küstenregenwald des Stanley-Parks bilden Stadt und Natur eine Einheit. Hier mischt sich Hollywood-Chic (Vancouver ist Schauplatz vieler Filme) mit einer unbekümmerten Gegenkultur und lebendigen Vierteln verschiedenster Kulturen.

Unten: Science World (S. 733)

BRIAN SYTNYK / GETTY IMAGES ©

LONELY PLANET / GETTY IMAGES ©

5

PAWEL TOCZYNSKI / GETTY IMAGES ©

6

Niagarafälle (Ontario)

5 Zu überlaufen? Zu kitschig? Ja, das stimmt wohl. Dazu auch noch (S. 135) relativ niedrig – sie erreichen kaum die Liste der 500 höchsten Wasserfälle der Welt. Doch wenn die kraftvollen Wassermassen wie flüssiges Glas über die Fallkanten in die Tiefe rauschen und man sich ihnen durch die Gischt in einem kleinen Boot nähert, ist das schon überwältigend. In Sachen Wasserdurchfluss ist die donnernde Kaskade die größte in Nordamerika: Pro Sekunde stürzen hier über 1 Mio. Badewannen voll Wasser zu Tal.

Cabot Trail (Nova Scotia)

6 Der 300 km lange Cabot Trail (S. 52) windet sich durch und über die Küstenberge. Hinter jeder Kurve warten atemberaubende Ausblicke aufs Meer, mitunter erspäht man Wale in Küstennähe. Am Wegesrand grasen Elche, und die Wege laden zum Zwischenstopp mit Wanderungen ein. Man sollte auf jeden Fall auch Tanzschuhe dabei haben, denn in den vielen keltischen und akadischen Gemeinden der Gegend bringt deren Fidelmusik die Pubs regelrecht zum Vibrieren.

7

PHILIP & KAREN SMITH / GETTY IMAGES ©

Der Trans-Canada Highway

7 Auf den 7800 km zwischen St. John's (Newfoundland) und Victoria (British Columbia) führt Kanadas bekannte Hauptverkehrsader (S. 39) an den Highlights des Landes vorbei – darunter die Nationalparks Gros Morne, Banff und Yoho sowie Cape Breton Island. Auch Québec (Stadt) oder andere Großstädte wie Montréal, Ottawa, Calgary und Vancouver liegen an der Strecke. Die meisten Reisenden brauchen für die Strecke von Küste zu Küste gut einen Monat. Also nichts wie los: Volltanken, Musik an und Gas geben! Oben: Banff National Park, Alberta

Das alte Québec (Stadt)

8 Québecs Hauptstadt (S. 306) ist über 400 Jahre alt. Steinmauern, Kathedralen mit schimmernden Türmen und Jazzmusik in Eckcafés verleihen ihr Atmosphäre, Melancholie, Exzentrik und Faszination nach Art europäischer Großstädte. Am besten genießt man das Flair beim Bummeln durch das Gassengewirr der Altstadt, in dem man sich zwischen Straßenkünstlern und gemütlichen Gasthäusern verirrt. Frische Energie liefern *café au lait*, köstliches Blätterteiggebäck oder *poutine* (Pommes mit geriebenem Käse und Bratensauce) in üppigen Portionen.

Montréal Jazz Festival (Québec)

9 Wo sonst kann man zusammen mit über 2 Mio. ruhigen, respektvollen Musikfans (keine Slamdancer oder betrunkenen Chaoten) den weltbesten Jazz- und Blues-Musikern lauschen? Bei 500 Konzerten, von denen viele gratis sind? Nur in Kanadas zweitgrößter Stadt Montréal, dem kulturellen Herzen des Landes. Beim elftägigen Montréal Jazz Festival Ende Juni (S. 276) waren schon B. B. King, Prince und Astor Piazzolla dabei. Nach einer kostenlosen Trommelstunde und einer Jamsession am Straßenrand möchte manch einer es ihnen gleichtun.

KEVIN LEVESQUE / GETTY IMAGES ©

XIMENA GRISCTI / ALAMY ©

Nordlichter

10 In Kanada gibt es zwischen der Prärie von Saskatchewan, der Küste von Labrador und den arktischen Dörfern viele absolut einsame Orte. Tagsüber wirken diese Orte eher unscheinbar, nachts dafür umso eindrucksvoller. Da wird der Himmel mit grünen, gelben, blauen, violetten und anderen kunterbunten Lichtspielen erhellt: Das ist die berühmte Aurora borealis, das Nordlicht. Die Lichter flimmern, tanzen und verleihen dem Himmel einen ganz besonderen Zauber. Unten: Aurora borealis, Wapusk National Park, Manitoba

Manitoulin Island (Ontario)

11 Die weltgrößte Süßwasserinsel, das beschauliche Manitoulin (S. 191) mit seinen Stränden und Ferienhäusern, liegt mitten im Lake Huron. Am Ufer finden sich schroffe Felszungen aus weißem Quarzit und Granit, von denen der Blick über schimmernde Weiten schweift. Hier blüht die Kultur der Ureinwohner: Acht Inselgemeinden bieten lokaltypisches Essen (Wildreis, Maissuppe) und Öko-Abenteuer (Kanutrips, Ausritte oder Wanderungen) an – ergänzt durch Powwows mit Trommeln, Tänzen und Geschichten. Rechts: Powwow, Manitoulin

DANIEL J COX / GETTY IMAGES ©

RICK RUDNICK / GETTY IMAGES ©

BARRETT & MACKAY / GETTY IMAGES ©

Die Prärien (Saskatchewan, Manitoba und Alberta)

12 Kanadas Mitte ist von Einsamkeit geprägt. In den Ebenen Manitobas, Saskatchewans und Albertas passiert man unendliche Weizenflächen. Gelegentlich ragen Getreidespeicher daraus hervor. Stürme wirken hier wie Hammerschläge, und sie sind noch weit entfernt am Horizont zu erkennen. Atempausen gewähren verstreute Städte wie das kunstliebende Winnipeg (S. 586), das trinkfreudige Moose Jaw (S. 620) oder die Mountie-Hochburg Regina (S. 613). Dazwischen liegen ukrainische und skandinavische Dörfer. Oben rechts: Getreidespeicher, Saskatchewan

Bay of Fundy

13 Das ist keine normale Bucht, trotz der Leuchttürme, Fischerdörfer und anderer typischer Merkmale einer Küstenlandschaft. Die einzigartige Gestalt der Fundy (S. 467) sorgt für die stärksten Tidenhübe der Welt. Diese wirbeln Futter für gefräßige Finn-, Buckel-, Blauwale und bedrohte Atlantische Nordkaper auf – ein idealer Ort also zur Beobachtung der Meeressäuger! Einzigartig sind auch die Möglichkeiten zum Gezeiten-Rafting, bei dem sich die entsprechenden Anbieter den starken Wasserdruck der Bucht zunutze machen. Oben: Buckelwal, Bay of Fundy

Charlevoix (Québec)

14 Die Gegend um Charlevoix (S. 331) ist ein bäuerlich geprägter Landstrich mit Hügeln im Nordosten von Québec (Stadt). Hier liegt die Speisekammer der Region. Gastronomen, die hier unterwegs sind, wissen, dass die Produkte von Bauernhöfen und Obstgärten bald in ihren Gerichten Verwertung finden . Dorfkneipen servieren die einheimischen Produkte, etwa einen Tomatenaperitif mit Foie gras oder Birneneiswein zu Schafskäse. Kunstliebende Städte wie Baie St-Paul und La Malbaie sind gute Ausgangspunkte für Erkundungen des Umlands.

Calgary Stampede (Alberta)

15 Im boomenden, ölreichen Calgary wirbeln immer irgendwo ein paar Cowboys Staub auf. Doch während der Stampede (Mitte Juli; S. 660) tragen hier alle spitze Stiefel. Bei der „weltgrößten Outdoor-Show" sind halbwilde Pferde, wütende Stiere und lassoschwingende Cowboys mit Stetsonhüten zu sehen und zu bewundern. Zu den Topattraktionen des Großevents zählen Planwagenrennen und Western-Rodeos. Ein riesiges Zentrum mit Fahrgeschäften und Spielmöglichkeiten aller Art macht das Event zudem familienfreundlich.

14

ROBERT CHIASSON / GETTY IMAGES ©

15

RICK RUDNICKI / GETTY IMAGES ©

Drumheller (Alberta)

16 Im staubigen Drumheller (S. 700) bekommen Dinofans weiche Knie: Eine der führenden Fossiliensammlungen der Welt, das Royal Tyrell Museum, ist der paläontologische Stolz der Bürger. Hier steht auch der weltgrößte Dinosaurier – ein riesiger, gruseliger T-Rex aus Fiberglas, den man erklimmen kann. Abseits des Dino-Hypes hat die Region noch faszinierende Einöden und pilzartige Felssäulen namens Hoodoos zu bieten. Panoramastrecken verbinden sämtliche Highlights. Oben: Royal Tyrell Museum of Palaeontology

Viking Trail (Newfoundland)

17 Der Viking Trail (S. 561; Route 430) verbindet die beiden Welterbestätten auf New-foundlands Northern Peninsula. Der Gros Morne National Park umfasst fjordartige Seen und geologische Kuriositäten. Am nördlichen Zipfel der Halbinsel liegt mit dem 1000 Jahre alten Wikingerdorf L'Anse aux Meadows das Expeditionslager Leif Erikssons. Die küstennahe Straße ist eine Attraktion: Auf direktem Weg nach Norden führt sie an den uralten Begräbnisstätten von Port au Choix und dem Anleger der Fähren nach Labrador vorbei. Oben: L'Anse aux Meadows

Green Gables (Prince Edward Island)

18 Wie wurde Cavendish (S. 519) zu einer der größten Geldquellen der Prince Edward Island? Das ist eine lange Geschichte, eher ein Buch über ein rothaariges Waisenkind namens Anne. Beim Schreiben ihres Romans *Anne auf Green Gables* ließ sich Lucy Maud Montgomery 1908 vom Bauernhaus ihres Cousins inspirieren. Heute kommen die Fans hierher, um die Wälder und andere Schauplätze zu sehen. Zusatzbonus: Überall gibt es frische Austern, Jakobsmuscheln und Hummer.

Toronto (Ontario)

19 Toronto (S. 72) begegnet dem Besucher mit einer Mischung aus verschiedensten Kulturen und Vierteln. Da hat man die Qual der Wahl: Abendessen in Chinatown, in Greektown oder vielleicht ein „Peameal-Bacon-Sandwich“? In Bloor-Yorkville werden Designer-Schuhe mit Tattoos verziert. Kunstgalerien, Theater, Auftritte von Rockbands und eine Hockeymanie bereichern das Flair dieser Metropole. Sie ist Kanadas größte und vielfältigste Stadt– etwa die Hälfte ihrer Einwohner kommt aus fremden Ländern.

18

Churchill (Manitoba)

20 Die erste Begegnung mit einem Eisbären lässt einem unmittelbar den Atem stocken: Vergessen ist die strapaziöse zweitägige Zugfahrt, die durch die Tundra jenseits der Baumgrenze an den äußersten Rand der Hudson Bay führte. Hier liegt der einsame Außenposten Churchill (S. 604) zufällig genau an der Wanderroute der Eisbären. Von Ende September bis Anfang November fahren speziell gesicherte Fahrzeuge draußen zu den Tieren mit den scharfen Krallen – und manchmal kommen sie ihnen ganz nah. Im Sommer kann man hier sogar mit Belugas schwimmen. Links: Eisbären, Churchill

Hockey

21 Eishockey (S. 977) ist Kanadas Nationalleidenschaft: Der Besuch eines Spiels (Saison: Oktober bis April) ist Pflicht, so wie man das 2010er-Olympiagold der Nationalmannschaft zu bejubeln hat. Vancouver, Edmonton, Calgary, Toronto, Ottawa und Montréal haben NHL-Teams, deren Mitglieder beim harten Schlittschuhfight schon mal einen Zahn einbüßen. Unterliga-Profiteams und Jugendmannschaften locken ebenfalls viele Fans in Sportarenen. Immer noch rauflustig? Landesweit werden die Schläger auch beim Pond-Hockey geschwungen.

Baffin Island (Nunavut)

22 In der einsamen Landschaft von Baffin, der Insel der Inuit (S. 943), gibt es Berge, die bis in die Wolken ragen. Hier lebt ein Drittel der Bevölkerung von Nunavut. Das Herzstück der Insel ist der Auyuittuq National Park; der Name bedeutet übersetzt „das Land, das niemals schmilzt"– und der Park besteht an seiner Ostseite in der Tat aus Gletschern, Fjorden und Klippen. Er zieht hartgesottene Wanderer und Kletterer und mehr als nur ein paar Eisbären an. Baffin ist aber auch Zentrum für die Kunst der Inuit.

MARK HEMMINGS / GETTY IMAGES ©

CHERYL FORBES / GETTY IMAGES ©

Vancouver Island (British Columbia)

23 Kann ein einziger Ort wirklich alles bieten? Ja, wenn er Vancouver Island (S. 782) heißt. Victoria, das pulsierende, idyllische Herz der Insel, besitzt unkonventionelle Läden, Cafés und eine englische Geschichte. Entlang dem West Coast Trail in der Pacific Rim National Park Reserve trifft windgepeitschtes Meer auf nebelverhangene Wildnis, und an der Brandung von Tofino stehen die Surfer Schlange. Zudem machen kleine Bauernhöfe und edle Weingüter das Cowichan Valley zu einem lohnenswerten Ziel für wandernde Gourmets.

Herbstlaub

24 Dass der Herbst Kanada intensiv leuchten lässt, kann in einem Land, das zur Hälfte aus Wald besteht, kaum überraschen. Besonders schön sind die Zuckerahorne der Laurentides (Québec; S. 291), die auch Kanadas Pfannkuchen mit ihrem Sirup versüßen. Das Laub von Cape Breton (Nova Scotia) leuchtet so herrlich, dass es mit dem Festival Celtic Colours (Mitte Oktober; S. 430) geehrt wird. Die Küste der Bay of Fundy (New Brunswick) und die Muskoka Lakes (Ontario) ziehen ebenfalls Herbstlaub-Bewunderer an. Oben: Radar Hill, nahe Tofino, British Columbia

Rideau Canal (Ontario)

25 Dieses 175 Jahre alte, 200 km lange System aus Kanälen, Flüssen und Seen (S. 238) verbindet Ottawa und Kingston über 47 Schleusen. Am schönsten ist es im winterlichen Ottawa: Dann sausen auf der weltlängsten Eisbahn, einer präparierten Strecke von 7 km, Schlittschuhfahrer dahin und erquicken sich mit heißem Kakao und leckeren Beavertails (frittierten Teigfladen). Zum Winterlude-Festival im Februar bauen Einheimische ein großes Eisdorf. Wenn er wieder aufgetaut ist, wird der Kanal zum Paradies für Bootsfahrer.

Gut zu wissen

Weitere Hinweise im Kapitel „Praktische Informationen" (S. 995)

Währung
Kanadischer Dollar (C$)

Sprachen
Englisch, Französisch

Visa
Für Aufenthalte von bis zu 180 Tagen in der Regel nicht erforderlich; Bürger einiger Länder benötigen eine zeitlich begrenzte Aufenthaltsgenehmigung.

Geld
Geldautomaten sind weit verbreitet. Die meisten Hotels und Restaurants akzeptieren Kreditkarten.

Mobiltelefone
Kanadische SIM-Karten können in europäischen Handys verwendet werden. Alle anderen Mobiltelefone müssen auf Roaming eingestellt sein.

Zeit
Atlantic Standard Time (MEZ minus fünf Stunden)
Central Standard Time (MEZ minus sieben Stunden)
Pacific Standard Time (MEZ minus neun Stunden)

Reisezeit

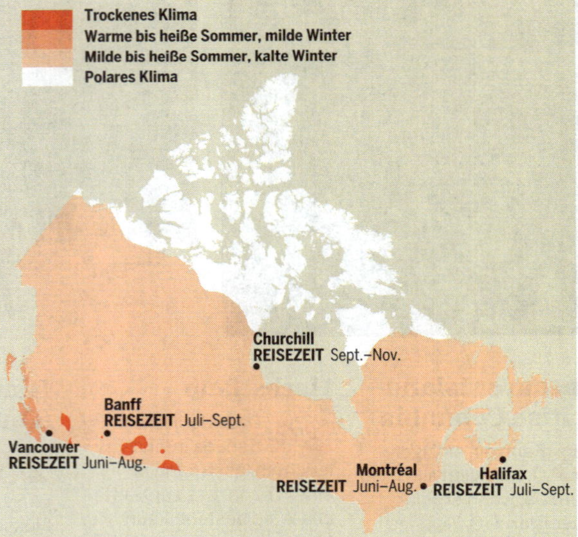

Hauptsaison (Juni–Aug.)
- Sonnenschein und gutes Wetter überwiegen; in den Regionen hoch im Norden taut es für kurze Zeit
- Hohe Unterkunftspreise (30 % über dem Durchschnitt)
- In Skiorten ist es von Dezember bis März voll und auch recht teuer

Zwischensaison (Mai, Sept. & Okt.)
- Nicht mehr so viele Leute und nicht mehr so teuer
- Es wird kühler, bleibt aber angenehm
- Sehenswürdigkeiten haben kürzere Öffnungszeiten
- In Regionen mit schönem Herbstlaub (z.B. Cape Breton, Québec) bleibt es betriebsam

Nachsaison (Nov.–April)
- Angebote außerhalb der großen Städte schließen
- Dunkelheit und Kälte rgieren
- Im April und im November kann man gute Schnäppchen machen

Infos im Internet

Canadian Tourism Commission (www.canada.travel) Offizielle Website des kanadischen Tourismusverbands.

Environment Canada Weather (www.weather.gc.ca) Wettervorhersagen für alle Städte in Kanada.

Lonely Planet (www.lonelyplanet.com/canada) Informationen zu verschiedenen Reisezielen, Hotelbuchungen, Reiseforum und vieles mehr.

Government of Canada (www.gc.ca) Informationen zum Land und zu einzelnen Regionen.

Parks Canada (www.pc.gc.ca) Infos zu den Nationalparks.

Canadian Broadcasting Corporation (www.cbc.ca) Nationale und regionale Nachrichten.

Wichtige Telefonnummern

Landesvorwahl	+1
Internationale Vorwahlnummer (von Kanada aus)	011
Notruf	911
Telefonauskunft	411

Wechselkurse

Europa	1 €	1,50 C$
Schweiz	1 SFr.	1,23 C$
USA	1 US$	1,10 C$

Aktuelle Wechselkurse unter www.xe.com

Tagesbudget

Preiswert: weniger als 100 C$

- Schlafsaal: 25–40 C$
- Campingplatz: 25–35 C$
- Selbstversorgung auf Märk-ten und in Supermärkten: 8–12 C$

Mittelteuer: 100–250 C$

- B&B oder Zimmer in einem Mittelklassehotel: 80–180 C$ (in größeren Städten 100–250 C$)
- Essen in einem guten Restaurant: ab 20 C$ plus Getränke
- Mietwagen: 35–65 C$ pro Tag
- Eintrittsgelder: 5–20 C$

Teuer: Mehr als 250 C$

- Zimmer im 4-Sterne-Hotel: ab 180 C$ (in größeren Städten ab 250 C$)
- Drei-Gänge-Menü in einem Spitzenrestaurant: ab 50 C$ plus Getränke
- Skipass/Tag: 50–80 C$

Öffnungszeiten

Die Öffnungszeiten schwanken übers Jahr. Hier sind die Öffnungszeiten in der Hochsaison aufgeführt; in der Zwischen- und Nachsaison sind die Zeiten generell eher eingeschränkt.

Banken Montag bis Freitag 10–17 Uhr; Samstag haben manche von 9 bis 12 Uhr geöffnet

Restaurants Montag bis Freitag Frühstück 8–11 Uhr, Mittagessen 11.30–14.30 Uhr, Abendessen täglich 17–21.30 Uhr; einige Restaurants haben Samstag und Sonntag von 8 bis 13 Uhr zum Brunch geöffnet

Bars Täglich von 17 bis 2 Uhr nachts

Geschäfte Montag bis Samstag 10–18 Uhr, Sonntag 12–17 Uhr; einige Geschäfte haben Donnerstag und/oder Freitag bis 20 oder 21 Uhr geöffnet

Supermärkte 9–20 Uhr; manche sind rund um die Uhr offen

Ankunft in Kanada

Toronto Pearson Airport Expressbusse (28 C$) verkehren von 6 bis 24 Uhr alle 20 bis 30 Minuten Richtung Innenstadt; Taxis kosten rund 60 C$ (45 Minuten Fahrzeit).

Montréal Trudeau Airport Von 8.30 bis 20 Uhr fahren alle 10 bis 12 Minuten öffentliche Busse (9 C$) in die Innenstadt, außerhalb dieser Zeiten fahren sie alle 30 bis 60 Minuten. Taxis kosten pauschal 40 C$ (30 bis 60 Minuten Fahrzeit).

Vancouver International Airport Alle 6 bis 20 Minuten verkehren Züge (7,50 bis 9 C$) Richtung Innenstadt; Taxis kosten um die 40 C$ (30 Minuten Fahrzeit).

Grenzübergänge Die Canadian Border Services Agency (www.cbsa-asfc.gc.ca/bwt-taf/menu-eng.html) postet die Wartezeiten an den Grenzen (in der Regel 30 Minuten).

Unterwegs vor Ort

Auto Die meisten Städte sind über das Highway-Netz erreichbar. Der Trans-Canada Highway erstreckt sich von Newfoundland bis Vancouver Island. Abseits der bevölkerten Zentren verschätzt man sich leicht, was die Entfernungen angeht, und die Fahrzeiten ziehen sich wegen der einspurigen Straßen in die Länge. Autoverleihfirmen sind leicht zu finden.

Zug Abgesehen von der Strecke Toronto–Montréal unternimmt man Zugreisen eher wegen landschaftlicher Reize.

Fähre Die öffentlichen Fährdienste arbeiten flächendeckend in British Columbia, Québec und den Seeprovinzen.

Weitere Informationen zum Thema **An- & Weiterreise** siehe S. 1019

Was gibt's Neues?

Legacy Trail, Alberta

Der Weg von Banff nach Canmore verläuft parallel zum Highway 1 und eignet sich für leichte und sichere Radtouren durch eine schöne Berglandschaft. (S. 680)

Rendez-Vous de la Baie, Nova Scotia

In diesem kulturellen Zentrum befinden sich eine Kunstgalerie, Räume für Musikveranstaltungen und ein Museum. Zudem gibt es Infos über die gastronomischen Angebote in der akadischen Region an der Südwestküste von Nova Scotia. (S. 407)

Parkbus, Ontario

Es ist nicht mehr nötig, in Toronto ein Auto zu mieten, um in den Algonquin und Killarney Park oder nach Tobermory auf der Halbinsel Bruce zu gelangen. Parkbus bietet eine preiswerte Alternative. (S. 1014)

Robert Bateman Centre, British Columbia

Das Robert Bateman Centre stellt die Werke des führenden kanadischen Naturmalers vor, aber auch seine Umweltschutz-Kampagnen. Hier finden sich Dutzende seiner fotorealistischen Kunstwerke, die Tiere und Landschaften von British Columbia einfangen. (S. 785)

Rio Tinto Planetarium, Québec

Montréals Planetarium führt Kunst und Wissenschaft mit Hilfe einer theaterreifen Licht-und-Ton-Show und einer hochmodernen technischen Ausstattung zu einer einzigartigen Symbiose zusammen. (S. 269)

Fogo Island Inn, Newfoundland

Dieses moderne Hotel mit seinen 29 Zimmern ist Teil eines nachhaltigen Tourismusprogramms zur Bewahrung des nationalen Erbes und gleichzeitig ein architektonisches Wunderwerk. Es liegt am Rande des nordamerikanischen Kontinents auf der entlegenen Fogo Island. (S. 558)

Grand Pré National Historic Site, Nova Scotia

Der Ort der Deportation der ursprünglich hier ansässigen Akadier von 1755 wurde 2012 zum Unesco-Welterbe erklärt. Neu ist der Aussichtspunkt. (S. 417)

Yellowknife Bay Floating B&B, Northwest Territories

Ein Erlebnis ist es, auf diesem B&B-Hausboot zu übernachten: Man taucht ein in äußerste Ruhe, und das nur wenige Paddelschläge von der City entfernt. (S. 918)

Stewart-Cassiar Highway, British Columbia

Diese malerische Strecke ist nun auf den gesamten 874 km befestigt und geradezu ideal, um in den Norden zu fahren. Man kann sie gut in einem Tag bewältigen (sollte aber auf jeden Fall einen Abstecher nach Stewart einplanen). (S. 878)

Ripley's Aquarium of Canada, Ontario

Furchterregende Haie, anmutige Stachelrochen und die guten alten kanadischen Forellenbarsche gehören zu den schwimmenden Kreaturen in diesem Aquarium neben dem CN Tower (Fernsehturm) von Toronto. (S. 77)

Weitere Tipps und Empfehlungen findet man unter www.lonelyplanet.com/

Wie wär's mit ...

Adrenalin pur

Whistler Für Skifahrer und Snowboarder ist Whistler (S. 771) top. Im Sommer sind Seilrutschen und Mountainbiken angesagt.

Tofino In Little Tofino (S. 808) an der Pazifikküste warten viele Abenteuer auf die Besucher: Surfen, Kajakfahren, Wandern und Stormwatching.

Banff In Banff (S. 669) kann man alles machen: Ski fahren, snowboarden, wandern, raften, reiten oder mountainbiken.

Laurentinische Berge Die Bergdörfer, die verstreut um Montréal liegen, laden zum Skifahren, Rodeln und Klettern ein (S. 291).

Marble Mountain Im Westen Newfoundlands im Winter Ski fahren und snowkiten, im Sommer Höhlen erkunden und Kajak fahren und das ganze Jahr über Ziplinen (S. 570).

Wein & Spirituosen

Wine Festivals Galore Bei Weinfesten kann man im ganzen Land Wein verkosten (S. 994).

Niagara Wine Tours International Bei den auf die Fitness der Teilnehmer zugeschnittenen Radtouren geht es über Nebenstraßen von Gut zu Gut (S. 147).

Taste Trail Er führt durchs ländliche Prince Edward County zu Farmen und Gütern (S. 221).

Myriad View Distillery Ein Besuch in der einzigen legalen Schwarzbrennerei Kanadas ist ein Muss. Mutprobe: das 75%ige Feuerwasser (S. 510).

Merridale Estate Cidery Auf Vancouver Island im grünen Cowichan Valley tischt diese Schnapsbrennerei sechs Apfel-Ciders und Brandy auf (S. 798).

Historische Stätten

L'Anse aux Meadows Hier kann man den Spuren der Wikinger folgen, die Leif Eriksson und seine Mannen vor 1000 Jahren in Newfoundland hinterließen (S. 566).

Québec Hinter den Mauern der Stadt (S. 306), in der die Franzosen 1608 ihren Claim absteckten, wird überall Geschichte greifbar.

Louisbourg In Nova Scotia kann man in der rekonstruierten Festung von 1744 Soldatenverpflegung probieren und die Wachen bestechen (S. 442).

Batoche Der Ort erinnert daran, wie Louis Riel 1885 als Anführer der Métis für deren Landrechte gegen die kanadische Armee kämpfte (S. 634).

Klondike Sites Nachdem Goldsucher 1896 im Yukon Territory fündig geworden waren, brach hier der Goldrausch aus. Die erhaltenen Bauten in Dawson City (S. 899) zeugen von diesen schillernden, glücklichen Zeiten.

Livemusik

Montréal Hier findet man Kanadas profilierteste Indie-Rock-Szene mit ihren Underground-Clubs (S. 258).

North by Northeast Fast 1000 Bands lassen ihren Sound von den Bühnen in Toronto erschallen: eine Woche im Juni gibt es Rock (S. 101).

Evolve Festival Die Hügel an der Küste vor Antigonish in

WIE WÄR'S MIT ... SURFEN?

Am **Lawrencetown Beach** in Nova Scotia gibt es außergewöhnlich gut brechende Wellen. In einer Surfschule können interessierte Besucher dort das Wellenreiten erlernen (S. 393).

Nova Scotia dienen diesem Sommerfest (S. 429) als Kulisse. Eine Art neues Woodstock: jung und mit vielen Bands – aber ohne die Umweltverschmutzung.

Horseshoe Tavern Torontos legendäre Location (S. 125) gibt aufstrebenden Musikern die Möglichkeit, zu zeigen, was sie können. Meist stehen Buzz-Bands auf der Bühne.

George Street Diese Straße in St. John's (S. 539) ist voller Musikkneipen .

Red Shoe Pub Weltberühmte Künstler der keltischen Fiedel bringen auf Cape Breton Island ihre Saiten zum Glühen (S. 431).

Leuchttürme

Peggy's Cove Der Leuchtturm (S. 394) auf einem Felsvorsprung nahe Halifax gibt ein perfektes Motiv ab.

Point Amour Vom höchsten Leuchtturm (S. 578) an Kanadas Atlantikküste genießt man eine gute Aussicht auf die Felsenlandschaft Labradors und das mit Eisbergen übersäte Meer.

Cape Enrage Der 150 Jahre alte Leuchtturm (S. 483) krönt die Klippen und wacht über die höchsten Wellen der Welt.

Lighthouse Park Point Atkinson Lighthouse (S. 764) hat in West Vancouver gleich einen ganzen Park, der nach ihm benannt ist.

Swallowtail Dieser Leuchtturm auf der Grand Manan Island in New Brunswick (S. 471) ragt auf einer moosbedeckten Klippe auf, unten tollen Seehunde umher.

Abseits der Touristenpfade

Route 132, Québec An der Strecke von Ste-Flavie zum Forillon

Oben: Halbinsel Gaspé (S. 350), Québec

Unten: Peggy's Cove Lighthouse (S. 395), Nova Scotia

National Park warten felsige Ufer, schillernde Kirchen und bewaldete Berge (S. 344).

Highway 17 am Lake Superior, Ontario Fjordartige Passagen, Strände und neblige Wälder am Nordufer des Sees (S. 200).

Old River Road (Route 102), New Brunswick Es geht am mit Inseln übersäten Fluss entlang, vorbei an Höfen, Heuschuppen und Wildblumen (S. 457).

Route 199, Québecs Küstensträßchen über die Îles de la Madeleine, das Dünen und Fischerdörfer passiert (S. 367).

Highway 37A nach Stewart, British Columbia Neben Gletschern gibt es alte Toaster und Restaurants in umgebauten Schulbussen zu sehen (S. 879).

Route 470, südwestliches Newfoundland An der Küste entlang, vorbei an windumtostem Gebieten und Fischerdörfern (S. 574).

Tiere beobachten

Churchill Eisbären beherrschen die Tundra am Rand der Hudson Bay (S. 607), während im Fluss die Weißwale unterwegs sind.

Digby Neck Vor der Küste dieser Landzunge in Nova Scotia tummeln sich die Atlantischen Nordkaper, Blauwale, Buckelwale und Robben (S. 408).

Gros Morne Im wichtigsten Park Neufundlands (S. 561) soll es sechs Elche pro Quadratkilometer, Rentiere und Schwarzbären geben.

Khutzeymateen Grizzly Bear Sanctuary In dem Schutzgebiet (S. 868) nahe Prince Rupert in British Columbia leben mehr als 50 Grizzlybären.

Wood Buffalo National Park Zottelige Bisons und Rudel riesiger Wölfe treffen sich hier zum Todestanz der Natur (S. 719).

Icefields Parkway Auf dieser Strecke (S. 673) durch die Rockies trifft man ziemlich sicher auf Bären und Wapitis.

Algonquin Provincial Park Elche und Seetaucher gehören zu den Tieren, die man hier sehen kann; heulende Wölfe liefern die Untermalung dazu (S. 213).

Victoria Hier heimische Killerwale lassen sich auf den Wellen vor der Küste treiben (S. 783).

Kunst

National Gallery of Canada Das Museum in Ottawa (S. 235) beherbergt die weltweit größte Sammlung kanadischer und von den Inuit geschaffener Kunst.

Art Gallery of Ontario Diese große Galerie in Toronto (S. 83) stellt seltene religiöse Plastiken aus Québec, Schnitzereien der Ureinwohner und Werke der berühmten Group of Seven (Siebenergruppe) aus.

UBC Museum of Anthropology In Vancouvers bestem Museum stehen hohe, wunderschön geschnitzte Totempfähle im Mittelpunkt (S. 737).

Sunshine Coast Gallery Crawl Ateliers (S. 777) von Künstlern säumen die Küste British Columbias. Weht über dem Haus eine lila Flagge, heißt das, dass der Künstler anwesend ist.

Cape Dorset Diese Kleinstadt (S. 946) in Nunavut ist das Zentrum der Inuit-Kunst. In den Künstlerateliers sieht man die Specksteinschnitzer bei ihrer Arbeit.

Meeresfrüchte

Digby Feinschmecker frohlocken, wenn sie an die Jakobsmuscheln dieser Stadt in Nova Scotia denken (S. 410).

St Ann's Lobster Supper Im Untergeschoss dieser Kirche auf der Prince Edward Island bricht man mit vorgelegter Serviette ein Krustentier auf (S. 518).

Malpeque In der winzigen Stadt auf der PEI gibt es die namensgleichen Austern, die wegen ihres Geschmacks so berühmt sind (S. 522).

Coast In diesem Restaurant stillt die Hautevolee von Vancouver ihren Hunger nach Lachs und Austern (S. 746).

Red Fish Blue Fish Die Takeaway-Bude (S. 790) an Victorias Küste bietet Sandwiches mit Wildlachs und Austern-Tacos an. Die Tiere stammen aus nachhaltiger Fischwirtschaft.

Märkte

Kensington Market Ein Streifzug durch die ehrwürdigen Geschäfte dieses Viertels von Toronto ist ein Erlebnis (S. 90).

Summer Night Market Geschmacksreise durch die dampfenden malaysischen, koreanischen, japanischen und chinesischen Essstände auf dem riesigen Basar (S. 767) von Richmond bei Vancouver.

WIE WÄR'S MIT ... TAUCHEN IN SCHIFFSWRACKS?

Vor der Ostküste Kanadas liegen etwa 4500 gesunkene Schiffe. Die *Empress* bei Rimouski (S. 349), Québec, ist eines der berühmtesten.

Eisbär, Hudson Bay, Manitoba

Marché Jean Talon Bauern verkaufen Obst, Gemüse, Käse und Würste auf diesem Markt in Montréal (S. 283).

St. Lawrence Market Metzger, Bäcker und Pastaverkäufer bevölkern diese Markthalle in Toronto von 1845 (S. 78).

Salt Spring Island Saturday Market Bei einem Ausflug von Vancouver aus kann man Kunst und Kunsthandwerk der Einheimischen studieren (S. 820).

Halifax Seaport Farmer's Market Mit 250 Anbietern ist dieser Markt (S. 391) der erste Platz am Ort, um Bioprodukte, Wein und Meeresfrüchte zu erwerben.

Strände

Basin Head Beach Einheimische nennen diesen Sandstrand (S. 512) ihren Lieblingsstrand auf Prince Edward Island.

Sauble Beach Das warme, klare Wasser ist der Grund, warum dieser Strand bei Southampton, Ontario (S. 165), zum besten Süßwasserstrand Kanadas gekürt wurde.

Eastern Shore Beaches An der Küste in der Nähe von Halifax gibt es mehrere weiße Sandstrände mit Plankenwegen, Bade- und Surfstellen (S. 393).

Greenwich Auf einem Pfad geht es über eine schöne Sumpf- und Dünenwelt zu einem der unberührtesten rosafarbenen Sandstrände der PEI (S. 513).

Long Beach Der Long Beach nahe Tofino kriegt mächtige Pazifikwellen ab, aber genau deswegen kommen die Surfer und Strandfans (S. 806).

English Bay Beach In dieser sandigen Bucht mitten in Vancouver tummeln sich Straßenkünstler, Sonnenanbeter und Volleyballspieler (S. 728).

Sternennächte

Moose Factory Zu diesem Ort – eine Siedlung der Cree-Indianer und Ökolodge – in Ontario (S. 209) führt keine Straße.

Torngat Mountains National Park Labradors frostiger Norden (S. 583) ist einsam. Auf Hunderten von Kilometern gibt es keinerlei Ortschaften.

Yellowknife In der Hauptstadt (S. 913) der Northwest Territories kann man sich bei einer Hundeschlittenfahrt die Polarlichter anschauen.

Churchill An Manitobas kleinem Stück der Hudson Bay (S. 604) kann man im Oktober Nordlichter sehen – und Eisbären.

Whitehorse Die künstlerische Hauptstadt des Yukon Territory ist auch ein Ort für Sterngucker: Veranstalter bieten Touren in die Polarnacht an (S. 883).

Monat für Monat

TOP-EVENTS

Montréal Jazz Festival, Juni

Québec City's Winter Carnival, Februar

Stratford Festival, April bis November

Calgary Stampede, Juli

Festival Acadien, August

Januar

Die Skisaison ist voll im Gange: Auf den Berggipfeln türmt sich der Schnee. Gegen Ende des Monats wird in den Städten mit dem Karneval das Ende der kalten, dunklen Jahreszeit gefeiert.

Eiswein-Festivals

Im Okanagan Valley, British Columbia (www.thewinefestivals.com), und auf der Niagara-Halbinsel, Ontario (www.niagarawinefestival.com), feiert man die Eisweine mit großartigen Festivals. Zu den köstlichen, lieblichen Tropfen gibt es Röstkastanien, es finden auch Cocktailwettbewerbe statt – und das alles in einem gemütlichen, alpinen Hüttenambiente.

Februar

Ja, es ist bitterkalt. Im Februar wurde die „tiefste Temperatur aller Zeiten" gemessen: –62,8 °C (und zwar in Snag, Yukon Territory, am 3. Februar 1947). Das hindert die Menschen aber nicht daran, sich im Freien zu tummeln. Der Februar ist ein Partymonat, in dem jede Menge Winterfestivitäten stattfinden.

Chinesisches Neujahr

Herrliche Drachen tanzen, Feuerwerkskörper explodieren und in den chinesischen Vierteln der Stadt brutzelt leckeres Essen in den Töpfen und Pfannen. Das größte Fest steigt alljährlich in Vancouver (www.vancouver-chinatown.com), doch auch in Toronto, Calgary, Ottawa und Montréal wird ausführlich gefeiert. Das jeweilige Datum folgt dem Mondkalender.

Winterkarneval in Québec (Stadt)

Die Feiernden können nicht nur Eisskulpturwettbewerben beiwohnen, Schneerutschen hinuntersausen und eisfischen, sondern auch ihre Favoriten bei einem irrwitzigen Kanuwettrennen auf dem St.-Lorenz-Strom anfeuern, der halb zugefroren ist und auf dem die Eisschollen umhertreiben. Nicht umsonst ist dies das größte Winterfest, das die Welt überhaupt zu bieten hat (www.carnaval.qc.ca).

Winterlude in Ottawa

Noch ein Schneefest, das auf dem Rideau Canal gefeiert wird; Schlittschuhläufer vergnügen sich auf einer 7 km langen präparierten Eisstrecke. Wenn die Stadtbewohner nicht gerade eine heiße Schokolade oder einen *beavertail* (Biberschwanz: frittierter, gezuckerter Teigfladen) genießen, sind sie garantiert gerade mit dem Bau eines gewaltigen Dorfes aus Eis beschäftigt (www.canadascapital.gc.ca/winterlude).

Yukon Quest

Das legendäre 1600 km lange Hundeschlittenrennen (www.yukon-quest.com) führt von Whitehorse nach Fairbanks, Alaska, und das in der Dunkelheit des Monats Februar bei extremen Temperaturen um –50 °C! Dies ist die ultimative Probe für den Hundeschlittenführer und seine Huskys. Der Rekord liegt bei zehn Tagen, 2 Stunden und 37 Minuten.

World Pond Hockey Tournament

Im kleinen Plaster Rock, New Brunswick, werden 20 „Teichhockey“-Felder auf dem Roulston Lake angelegt; die Strohballen ringsum dienen mehr als 8000 Zuschauern als Sitzgelegenheiten. Sie fiebern mit, wenn die 120 Vier-Personen-Mannschaften auf den Puck eindreschen. Manche Teams reisen aus Großbritannien, Ägypten oder sogar von den Cayman-Inseln an (www.worldpondhockey.com).

Northern Manitoba Trappers' Festival

In The Pas findet ein frostiges Wochenende mit Hundeschlittenrennen, Schneemobilfahrten, Eisskulpturen, Taschenlampenumzügen und Trapperwettkämpfen (www.trappersfestival.com) statt. Man sollte sich warm einpacken, denn die durchschnittliche Tagestemperatur beträgt hier nur –16,1 °C.

März

Der Schnee weicht allmählich und die Temperaturen werden milder. In den Skigebieten herrscht noch immer Hochbetrieb, besonders Mitte des Monats, wenn die Kinder eine Woche Schulferien haben.

Zuckerhütten (Sugar Shacks)

In Québec werden drei Viertel des weltweit konsumierten Ahornsirups produziert. Im März ist die Haupterntezeit. Dann werden die Bäume angezapft. In den Zuckerhütten der Region bekommt man dampfenden Sirup direkt aus einem pfeifenden Kessel und kann ihn über ein kleines Häufchen Schnee, den man zuvor auf einem Teller aufgehäufelt hat, laufen lassen.

Regina Powwow

Studenten der First Nations University of Canada riefen das Powwow von Saskatchewan (www.fnuniv.ca/powwow) vor mehr als 30 Jahren ins Leben, um den Beginn des Frühlings zu feiern und für die Wiedergeburt der Natur zu danken. Aus ganz Nordamerika reisen Tänzer an, und überall gibt es traditionelles Kunsthandwerk und Essen.

Vancouver Wine Festival

In Vancouver werden beim Vancouver International Wine Festival (www.vanwinefest.ca) 1700 Weine von 200 Winzern entkorkt, ein Frühlingsbrauch für Weinliebhaber. Man trinkt quasi für die Kunst, denn auf der Veranstaltung werden Gelder für das Theaterensemble der Stadt gesammelt.

April

Abgesehen vom äußersten Norden schwindet die Kälte des Winters langsam dahin und der Frühling entfaltet sich (das Wetter kann aber noch sehr wechselhaft sein, sodass man mit allem rechnen muss). Jetzt gibt es viele Schnäppchen, da die Skisaison sich langsam dem Ende entgegenneigt und der Sommerboom noch nicht begonnen hat.

Stratford Theater Festival

Stratford liegt einige Stunden vor den Toren Torontos und übertrifft beinahe das englische Stratford-upon-Avon. Das Stratford Festival (www.stratfordfestival.ca) feiert von April bis November eine Bombensaison. In vier Theatern werden zeitgenössische Dramen, Konzerte, Opern und natürlich Werke von Shakespeare aufgeführt. Die Produktionen sind erstklassig und bekannte Schauspieler wirken regelmäßig dabei mit.

World Ski & Snowboard Festival

Skimuffel kommen nach Whistler, um zehn Tage lang spannende Veranstaltungen wie Open-Air-Konzerte mit Rock und Hip Hop, Filmvorführungen, Hundeparaden und eine ganze Menge Alkohol (www.wssf.com) zu erleben. Hier geht es ganz nach dem Motto: im April feiern, im Mai schlafen!

Hot Docs

Wer mehr über den Highway 7 in Ontario, Millionäre, die in den Slums von Bombay wohnen, oder Bauchtänzer in Kairo erfahren möchte, kommt zu den Hot Docs. Toronto ist Gastgeber für Nordamerikas größtes Dokumentarfilmfestival (www.hotdocs.ca), bei dem mehr als 170 Dokumentarfilme aus aller Welt gezeigt werden.

Oben: Schlittschuhläufer auf dem Rideau Canal, Ottawa, Ontario
Unten: Die Gay-Pride-Parade, Toronto, Ontario

Mai

Der Mai lockt mit günstigen Angeboten der Zwischensaison, und er ist ideal für Liebhaber von Wildblumen. Tagsüber ist es warm, nachts noch recht frisch. Der Victoria Day am Ende des Monats läutet den offiziellen Beginn des Sommers ein.

Auf Zehenspitzen durch die Tulpen

Nach dem langen Winter bricht in Ottawa eine wahre Farbenpracht auf – mehr als 3 Mio. Tulpen aus 200 Arten bedecken die Stadt beim Canadian Tulip Festival (www.tulipfestival.ca). Zu den Festlichkeiten gehören Umzüge, Regatten, Tanz-, Konzert- und Feuerwerksdarbietungen.

Fête du Chocolat

Spiele rund um die Schokolade, mit Schokolade malen, Schmuckstücke aus Schokolade formen – jetzt ist ja wohl klar, worum es hier geht, oder? Bei Québecs Fête du Chocolat de Bromont (www.lafeteduchocolatdebromont.ca) dreht sich alles um die süße Köstlichkeit. Und das Beste ist natürlich, die Schokolade zu essen. Bromont liegt 75 km östlich von Montréal.

Juni

Endlich lange, warme Tage, die zum Wandern, Paddeln und zu sonstigen fantastischen Outdoor-Abenteuern einladen (aber Vorsicht vor den Kriebelmücken). Voll wird es erst Ende des Monats, wenn die Schulferien beginnen.

Luminato

Anfang Juni kommen zehn Tage lang bekannte Musiker, Tänzer, Künstler, Autoren, Schauspieler und Filmemacher nach Toronto und lassen sich für ihre Kreativität feiern, die so vielfältig ist wie die Stadt selbst (www.luminatofestival.com). Viele Aufführungen und Veranstaltungen sind kostenlos.

North by Northeast

Rund 1000 Nachwuchsbands des Indie spielen auf den Bühnen der coolsten Clubs von Toronto. Hier erhascht man vielleicht einen Blick auf die Rockstars von morgen. Filmvorführungen und Comedy Shows tragen das ihre zu dem Mix der angebotenen Veranstaltungen bei. Mit seiner über 20-jährigen Geschichte ist das NXNE (www.nxne.com) mittlerweile ein Pflichttermin im Veranstaltungskalender der Musikindustrie.

Montréal Jazz Festival

Ende Juni kommen rund 2 Mio. Musikliebhaber nach Montréal, wo dann an elf langen Tagen und Nächten Jazz und Blues das Herz der Stadt zum Bersten bringen (www.montrealjazzfest.com). Die meisten Konzerte sind Open-air-Veranstaltungen und kostenlos. Die Party geht rund um die Uhr.

Pride Toronto

Beim extravagantesten Ereignis in Toronto (www.pridetoronto.com) bekennen sich Schwule, Lesben, Transsexuelle und andere öffentlich zu ihrer jeweiligen sexuellen Ausrichtung. Der Dyke March und die schrille Pride Parade bilden den Höhepunkt der Veranstaltung. Das Zentrum der Pride liegt in Church-Wellesley Village; die meisten Veranstaltungen sind kostenlos.

Elvis Festival

Wer sich Ende Juni in Penticton, British Columbia, aufhält und meint, immer wieder Elvis leibhaftig gesehen zu haben, kann sicher sein, dass das bestimmt nicht am reichlichen Genuss von Wein aus dem Okanagan Valley liegt. Die Stadt ist Gastgeber des Elvis-Festes (www.pentictonelvisfestival.com), bei dem es Dutzende Elvis-Imitatoren und Open-Stage-Events gibt.

Saskatchewan Jazz Festival

An verschiedenen Veranstaltungsorten in ganz Saskatoon können sich Musikliebhaber zehn Tage lang am Jazz ergötzen (www.saskjazz.com). Blues, Funk, Pop und andere Musikrichtungen aus aller Welt stehen ebenfalls auf dem Programm. Herbie Hancock und Ziggy Marley gehören zu den Künstlern, die hier schon aufgetreten sind.

Juli

Der Juli gilt in vielen Provinzen Kanadas als Hochsaison, denn nun ist es am wärmsten und es gibt frische heimische Produkte und Meeresfrüchte in Hülle und Fülle. Zudem wird auf verschiedensten Festivals oft nächtelang durchgerockt und getanzt. Es ist allerdings auch überall recht voll.

Country Music in Cavendish

Viele der bekanntesten Größen der Country Music kommen zur Prince Edward Island, um am Cavendish Beach Festival (www.cavendishbeachmusic.com) teilzunehmen. Sie treten in Strandnähe auf, sodass die Camper an ihrer Party teilhaben können. Dies ist eines der größten Open-Air-Festivals in Nordamerika. Die Insel erlebt dann einen beachtlichen Besucherzustrom.

Montréal Comedy Festival

Zwei Wochen lang flippt fast jeder beim Just for Laughs Festival (www.hahaha.com) aus. Hier werden Hunderte Comedy Shows gezeigt, darunter viele kostenlos im Quartier Latin. Die größten Stars dieser Branche lassen sich hier blicken.

Calgary Stampede

Tobende Stiere, Planwagenrennen und knallharte gestiefelte Cowboys kommen hier zur „größten Outdoor-Show der Welt" zusammen. Die Mischung aus Reitvorführungen und Wettkämpfen macht das Event zu einem Familienfestival, das viel mehr zu bieten hat als die üblichen Rodeos. Jährlich kommen 1,1 Mio. jubelnde Fans hierher (www.calgarystampede.com).

Winnipeg Fringe Festival

Bei Nordamerikas zweitgrößtem Fringe Festival (www.winnipegfringe.com) werden kreative, noch unvollständig bearbeitete und oft schrullige Werke von

Darbietenden aus aller Welt in Szene gesetzt. Zwölf Tage lang gibt es Comedy, Drama, Musik, Kabarett und sogar Melodien aus bekannten Musicals.

Arktische Kunst

Das Great Northern Arts Festival (www.gnaf.org) in Inuvik, Northwest Territories, zieht Massen von Bildhauern, Malern und anderen Künstlern aus der gesamten Polarregion an. Hier kann man arktische Kunst kaufen, bei deren Entstehung zusehen oder selber aktiv an Workshops teilnehmen.

August

Die sonnigen Tage und der Rummel gehen weiter. Besucher strömen in die meisten Provinzen, und die Preise spiegeln diesen Zustrom leider auch wider. Abseits der Küsten kann es plötzlich sehr heiß und auch feucht werden.

Festival Acadien

Die Akadier stimmen ihre Fiedeln und lassen dann ihrem franko-kanadischen Temperament beim Festival Acadien (www.festivalacadien.ca) in Caraquet, New Brunswick, freien Lauf. Dies ist das größte Event im Festkalender der Akadier. Zwei Wochen lang stellen Sänger, Musiker und Tänzer hier ihr Können unter Beweis.

Newfoundland Rowing Regatta

Die Straßen sind wie leergefegt, die Geschäfte haben geschlossen und alle strömen an die Ufer des Quidi Vidi Lake, um bei der Royal St. John's Regatta (www.stjohnsregatta.org) dabei zu sein. Der Ruderwettbewerb wurde 1825 ins Leben gerufen und ist heute das älteste durchgehend veranstaltete Sportereignis des Kontinents.

Edmonton Fringe Festival

Wer schon vom Fringe Festival in Winnipeg beeindruckt war, der wird nun feststellen, dass das Fest in Edmonton noch größer ist. Hier wird das größte Fringe-Fest Nordamerikas veranstaltet; es bringt elf Tage lang rund 1600 Aufführungen mit schrägen, alternativen Shows auf die Bühne. Das Los entscheidet ganz demokratisch, welche Darbietungen zum Zug kommen (www.fringetheatreadventures.ca).

Canadian National Exhibition

„The Ex" (www.theex.com) gleicht einem riesigen Jahrmarkt, wie er in den meisten US-amerikanischen Bundesstaaten abgehalten wird. Mehr als 700 Aussteller sind dann hier, und es werden u. a. Landwirtschaftsshows, Holzfällerwettbewerbe und Open-Air-Konzerte dargeboten – das alles findet in Toronto auf dem Exhibition Place statt. Das 18 Tage dauernde Ereignis geht bis zum Labour Day und hat zum Ende seinen Höhepunkt mit einem großen Feuerwerk.

September

Der Labour Day (Tag der Arbeit) Anfang September läutet das Ende des Sommers ein. Jetzt verschwinden die Massen nach und nach und die Preise sinken. Das Wetter ist vielerorts noch recht annehmbar, sodass man zu dieser Zeit noch wunderbar reisen kann. Außerdem beginnt nun die Brunftzeit der Elche.

Prince Edward Island Fall Flavours

Die inselweite Gastro-Party mischt rhythmisch ansteckende traditionelle Musik mit unglaublichen Meeresfrüchtegerichten, und das alles bei Veranstaltungen, die sich über drei Wochen hinziehen (www.fallflavours.ca). In Charlottetown sollte man auf jeden Fall am Wettbewerb im Austernknacken teilnehmen oder das Fischsuppenessen mitmachen.

Toronto International Film Festival

Das zehntägige Vorzeigefest von Toronto (www.tiff.net) ist ein wichtiges Kino-Ereignis. Dann werden Filme jeglicher Länge und Stilrichtung vorgeführt, während sich die Berühmtheiten zwischen Galaveranstaltungen und dem Bell-Lightbox-Gebäude hin- und herschieben. Tickets sollte man sich weit im Voraus besorgen.

Newfoundland Coastal Cookout

Im winzigen Ort Elliston im östlichen Teil Newfoundlands versammeln sich viele der besten Küchenchefs aus Kanada, die an einem 5 km langen atemberaubenden Küstenweg an verschiedenen Ständen kochen müssen. Die Feinschmecker strömen herbei, um hier zu kosten, zu wandern und erneut zu essen (www.rootsrantsandroars.ca).

Canadian Deep Roots Festival

In der Universitätsstadt Wolfville in Nova Scotia (www.deeprootsmusic.ca) kann man der Musik der Mi'kmaq-Indianer, der Akadier und der Afro-Kanadier aus Nova Scotia und anderen einzigartigen Musikrichtungen aus der Region lauschen. Einige der teilnehmenden Musiker veranstalten Workshops, bei denen man Trommeln oder Fiedeln lernen kann.

Oktober

Der Oktober begrüßt viele Besucher mit seinem flammend roten Herbstlaub und seinen etwas kühleren, aber noch angenehmen Temperaturen. Am besten, man greift sich einen Schläger, weil nun die Hockey-Saison beginnt.

Celtic Colours

Dieses Festival in Cape Breton mit seiner rhythmusgeladenen Musik inmitten der ausgelassenen Farben des herbstlichen Laubs zieht Spitzenmusiker aus Schottland, Spanien und anderen Ländern keltischen Ursprungs an (www.celtic-colours.com). Gemeinschaftliches Essen, Unterricht in Stepptanz und Tin Whistle runden dieses Kulturfestival ab.

Oktoberfest in Ontario

Herzlich willkommen zu diesem neuntägigen bayrischen Fest in Kitchener, dem vermutlich größten Oktoberfest außerhalb Deutschlands (www.oktoberfest.ca). Reichlich Sauerkraut, zünftige Blasmusik, Lederhosen und Biergärten bringen 500 000 Leute dazu, in den Zelten mit ihren Maßkrügen anzustoßen.

November

Nach dem farbenfrohen Herbst und noch am Beginn der Skisaison ist dieses eine ideale Reisezeit für Menschen, die es etwas ruhiger mögen. Es ist zwar kalt, aber erst ein kleiner Vorgeschmack auf das, was in den nächsten drei Monaten noch bevorsteht.

Canadian Finals Rodeo

Wer die Calgary Stampede verpasst hat, bekommt hier die nächste Chance auf Spitzen-Cowboys, die ihre Fähigkeiten auf bockenden, halbwilden Pferden, beim Niederringen von Rindern und im Lassowerfen (www.canadianfinalsrodeo.com) unter Beweis stellen. Die Rodeoveranstaltung findet Mitte des Monats in Edmonton statt.

Dezember

Jetzt muss man den warmen Parka hervorholen. Der Winter macht nämlich ernst: Die ersten Schneeflocken und die Temperaturen fallen, und in den Skigebieten tummeln sich die Massen. Außerdem ist ja auch mal wieder Urlaubssaison. Besonders voll ist es in den letzten beiden Wochen des Monats.

Mountain Time

Abfahrtsläufer tummeln sich nun auf den Skihängen. Die meisten Wintersportler kommen nach Whistler in British Columbia, Mont-Tremblant in Québec und in die Canadian Rockies rund um Banff, Alberta – aber eigentlich sind die winterlichen Freuden nun in jeder Provinz in vollem Gange (Snowboardfahren und Langlauf gehören auch dazu).

Niagara Festival of Lights

Das familienfreundliche Winter Festival of Lights (www.wfol.com) versetzt eigentlich jeden in Urlaubsstimmung: 3 Mio. Glühbirnen und 125 animierte Beleuchtungsinstallationen erhellen die Stadt und auch den eigentlichen Wasserfall. Ein besonderes Erlebnis ist es, am Rand der Kaskade Schlittschuh zu laufen.

Reiserouten

2 WOCHEN Durchs Zentrum von Kanada

Diese 1450 km lange Route von Toronto nach Québec (Stadt) umfasst die größten Städte, die mächtigsten Wasserfälle und die schönsten Inseln des Landes.

Zwei Tage verbringt man im multikulturellen **Toronto** (S. 72), das vor Architektur, Kunstmuseen, Lokalen und Nachtclubs nur so strotzt. Der dritte Tag ist für die **Niagarafälle** (S. 135) reserviert; dann geht es gen Osten. Der **Loyalist Parkway** (Hwy 33) führt an der Küste entlang ins **Prince Edward County** (S. 220) mit vielen Weingütern und endet im kolonialen **Kingston** (S. 223). Die nebelbedeckten **Thousand Islands** (S. 228) mit ihren Herrenhäusern sprenkeln den St.-Lorenz-Strom. **Gananoque** (S. 229) ist ein guter eintägiger Zwischenstopp. Einen halbtägigen Aufenthalt lohnt **Upper Canada Village** (S. 233), das im Stil der 1860er-Jahre gehalten ist, bevor man sich für ein paar Tage in **Ottawa** (S. 233) einquartiert und in den Nationalmuseen Kultur tankt. Für **Montréal** (S. 258) braucht es Zeit: Hier treffen französische Lebensart, coole Clubs und Gourmettempel zusammen. Satt? Dann ab in die **Laurentinischen Berge** (S. 291) und ein paar Tage lang durch Wandern, Radeln oder Skifahren wieder in Form geschwitzt! Endstation ist **Québec** (S. 306). Die charismatische alte, ummauerte Stadt, die dramatisch auf einer Klippe liegt, wird einen bleibenden Eindruck hinterlassen.

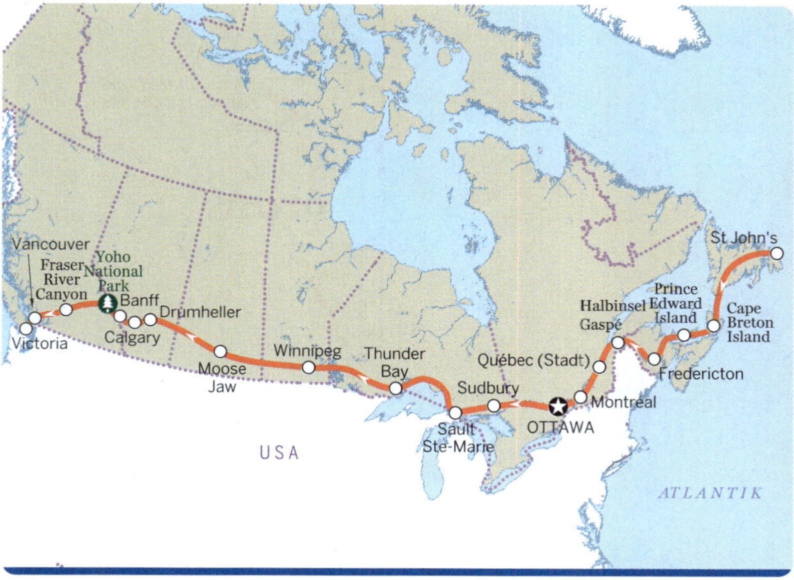

4 WOCHEN

Trans-Canada Highway

Der längste Highway der Welt – ein 7800 km langer Asphaltgürtel – ist eine Aneinanderreihung von Provinzstraßen. Malerische und eher banale Abschnitte wechseln sich ab; für viele der schönsten Sehenswürdigkeiten muss man kurz vom Highway herunter.

Die Straße beginnt in **St. John's** (S. 530), Newfoundland, Kanadas ältester Stadt, und führt durch die ganze Provinz bis zum Meer. Von dort bringt einen die Fähre nach North Sydney, Nova Scotia, wo die Straße auf **Cape Breton Island** (S. 430) weiterführt. Dann folgt New Brunswick – oder auf der längeren Route zu den Stränden von **Prince Edward Island** (S. 497) –, weiter entlang dem St.-Lorenz-Strom über **Fredericton** (S. 451) nach Québec. Ein Abstecher nach Osten führt zur **Halbinsel Gaspé** (S. 350). Der Highway an sich verläuft am St.-Lorenz-Strom entlang bis ins romantische **Québec (Stadt)** (S. 306).

In **Montréal** (S. 258) schnuppert man Stadtluft, bevor man in der Nähe des museumslastigen **Ottawa** (S. 233) Ontario entert. Von hier aus geht es auf den Spuren der Pelzhändler nach **Sudbury** (S. 195) und **Sault Ste-Marie** (S. 198), zum Tor zur Wildnis Algomas, die die Maler der Group of Seven inspiriert hat. Die Strecke um den Lake Superior herum nach **Thunder Bay** (S. 204) ist einfach herrlich. Et voilà: Woche zwei ist vorbei!

Als Nächstes führt der Highway ins Flachland von Manitoba, wo **Winnipeg** (S. 586) mit seinem Mix aus Cafés und Kultur auftaucht. Die Straße zieht sich unter dem weiten Himmel Saskatchewans bis ins raue **Moose Jaw** (S. 620), wo Al Capone geschmuggelten Alkohol versteckte. In Alberta sollten Dino-Fans einen Abstecher nach **Drumheller** (S. 700) machen. Vor der Ankunft in **Calgary** (S. 655), der einstigen Cowboystadt, die heute eine der am schnellsten wachsenden Städte Kanadas ist, Cowboystiefel anziehen! Woche drei …

Es folgen die kanadischen Rockies. Hier ändert sich die Landschaft stark, wenn der Highway sich durch **Banff** (S. 669) schlängelt, bevor er seinen höchsten Punkt, den Kicking Horse Pass (1643 m), und beim **Yoho National Park** (S. 853) British Columbia erreicht. Danach weicht das Bergland flachen Flusstälern. Das eindrucksvollste Straßenstück ist das durch den **Fraser River Canyon** (S. 826), von wo aus es zum multikulturellen **Vancouver** (S. 724) und zur Fähre nach **Victoria** (S. 783) nicht mehr weit ist. - Geschafft!

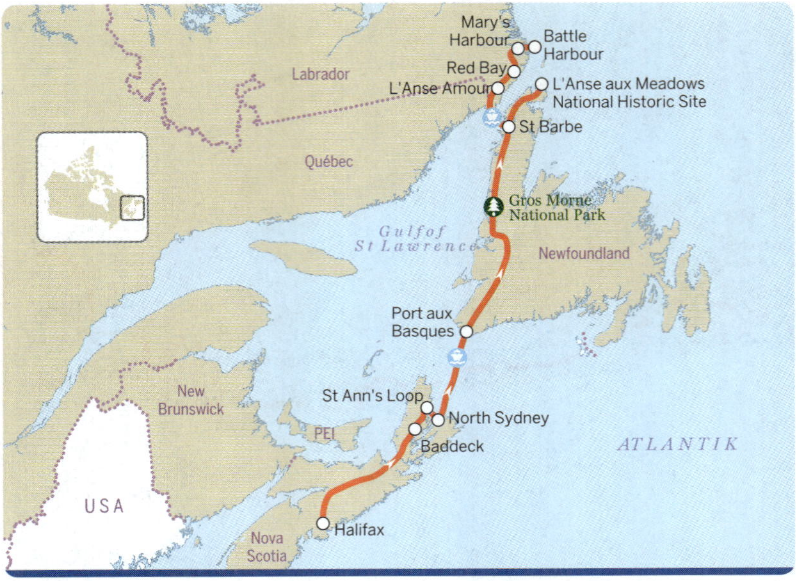

2 WOCHEN

Exkursion in den wilden Osten

Newfoundland (Neufundland), Labrador und Québec bieten Ausblicke auf Meer und Klippen, Überreste aus der Wikingerzeit und vieles mehr.

Ausgangspunkt ist **Halifax** (S. 380), wo Bier, Märkte und Stadtleben locken. Es folgen zwei Tage auf der keltisch geprägten Cape Breton Island. Die Fahrt dauert rund fünf Stunden. Ein Damm verbindet die Insel mit dem Festland. Man hat wenig Zeit für eine Erkundung von Cape Breton, aber man bekommt ein Gefühl für die Schönheit, wenn man **Baddeck** (S. 438) und **St. Ann's Loop** (S. 438) besucht. Das industrielle **North Sydney** (S. 441) liegt ganz in der Nähe des Hafens für die Fähren nach Neufundland.

Die Überfahrt über die Cabot Strait nach **Port aux Basques** (S. 573) dauert sechs Stunden. Die Fähre läuft täglich aus (im Voraus buchen). Nach einem Tag in der verschlafenen Stadt geht es weiter zum **Gros Morne National Park** (S. 561), etwa vier Stunden auf dem Trans-Canada-Highway Richtung Norden. Dieser Park gehört zum Weltnaturerbe und bietet Wanderwege, Kajaktouren, fjordähnliche Seen und seltsame Felsformationen. Nach drei Tagen geht es auf dem Viking Trail weiter bis zu dessen Endpunkt: **L'Anse aux Meadows** (S. 566). Hier entstand Nordamerikas erste Siedlung, als sich Leif Eriksson und seine Wikinger vor 1000 Jahren hier niederließen. Man sollte sich einen Tag umschauen und dann den Rückweg antreten, der nach etwa zwei Stunden nach **St. Barbe** (S. 566) führt, wo die Fähre (reservieren!) nach Labrador ablegt.

Dann ist man im „Big Land". Weiter geht es Richtung Nordosten nach **L'Anse Amour** (S. 578), zum hohen Leuchtturm und dem Wanderweg, der Blicke auf Schiffswracks freigibt. Dann folgt die **Red Bay** (S. 579), Kanadas jüngster Zuwachs zum Weltnaturerbe. Hier wurde ein Naturhafen für den Walfischfang des 16. Jhs. bewahrt. Abgeschieden ist es dann 90 km weiter in Mary's Harbour. Man verbringt eine Nacht auf einer vorgelagerten Insel in **Battle Harbour** (S. 579), einem wiederhergestellten Dorf. Nach einigen Tagen in Labrador beginnt die Rückreise. Vor Antritt der Fährüberfahrt unternimmt man noch einen Abstecher über die Route 138 in Québec. Es geht vorbei an Wasserfällen und Aussichtspunkten. Danach dauert es einige Tage, bis man wieder in Halifax ist.

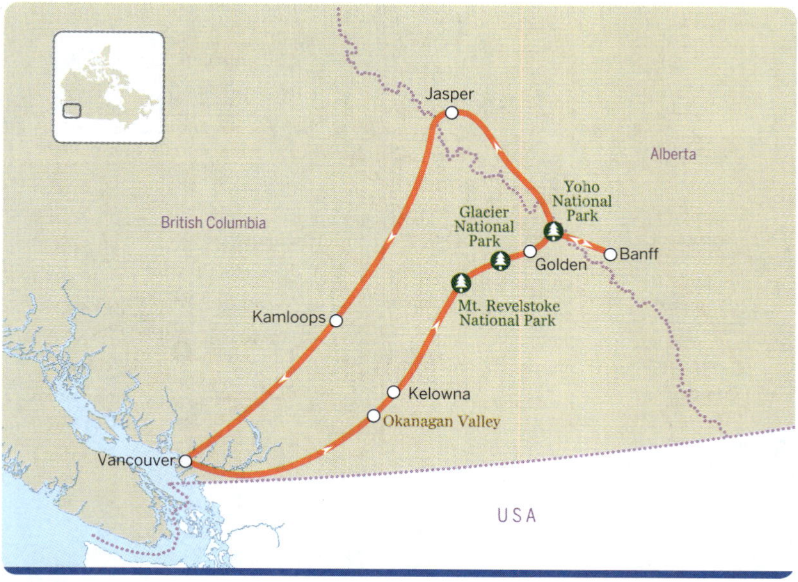

2 WOCHEN Die Rockies

Während dieser 2000 km langen Fahrt durch British Columbia und Alberta kann man eine bunte Mischung von landschaftlichen Höhepunkten genießen.

Die ersten Tage verbringt man in **Vancouver** (S. 724), wo Berge und Meer zusammentreffen. Hier können Besucher wandern, radeln und vielen anderen Aktivitäten frönen. Außerdem gibt es hier die beste Restaurantszene Westkanadas. Richtung Osten geht es auf einer Weintour ins **Okanagan Valley** (S. 828) mit seinen vielen Seen, das bekannt ist für seine Obstplantagen, die frischen Weiß- und die vollmundigen Rotweine. **Kelowna** (S. 838) ist ideal als Basislager für Weinproben in der Gegend.

Danach geht es in die Berge von British Columbia. Drei Nationalparks bieten atemberaubende Sehenswürdigkeiten. Im **Mt. Revelstoke National Park** (S. 851) gibt es eine coole Aussichtsstrecke und Wanderwege. Der **Glacier National Park** (S. 851) verfügt über 430 der namensgebenden Eismassen. Der **Yoho National Park** (S. 853) besitzt hohe Gipfel und tosende Wasserfälle. **Golden** (S. 852) eignet sich als Basisstation.

Dann geht es über die Grenze nach Alberta – nach **Banff** (S. 676). Der Ort bedient alle Klischees: großartig, majestätisch, atemberaubend! Hier sollte man viel Zeit einplanen, um zu wandern, zu paddeln, Gletscher zu bestaunen und Bären zu beobachten. Der saphirblaue Lake Louise ist ein Muss: Er ist umgeben von Teehäusern im Hüttenstil.

Von Banff führt der Icefields Parkway (Hwy 93) parallel zur Kontinentalen Wasserscheide über 230 km nach **Jasper** (S. 692). Wenn man am Columbia Icefield und seinen Gletschern vorbeifährt, sollte man zumindest versuchen, auch die Straße im Blick zu behalten. Tosende Wasserfälle, spektakuläre Berge und eine Bärensichtung gehören ebenfalls zu dieser Fahrt. Jasper selbst ist größer und weniger überlaufen als Banff und bietet gute Möglichkeiten zum Wandern, Reiten, Klettern, Moutainbiken und Raften.

Der Abschied mag schwerfallen, aber es geht zurück nach Vancouver. Der Yellowhead Hwy (Hwy 5) führt Richtung Süden nach **Kamloops** (S. 827), das einen netten Zwischenstopp für eine Nacht abgibt, bevor es zurück in die „City of Glass" geht.

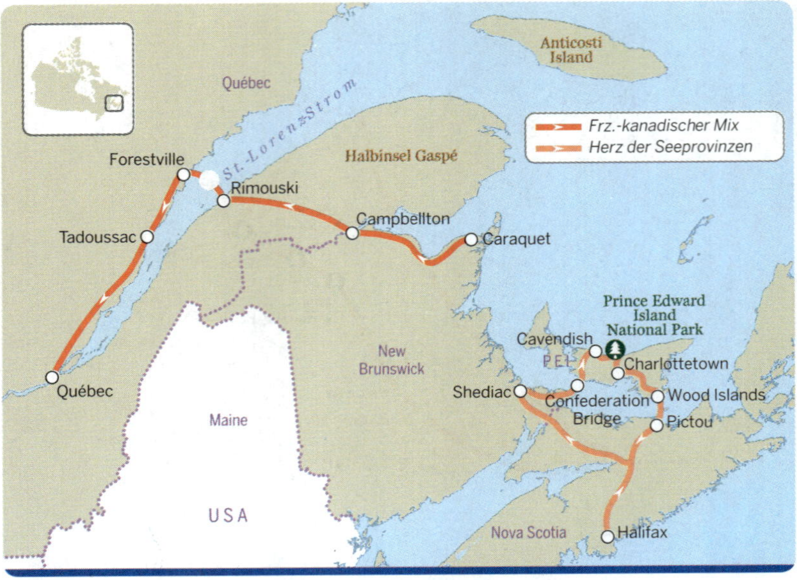

1 WOCHE Französisch-kanadischer Mix

Auf dieser 700 km langen Route durch New Brunswick und Québec lernt man Kanadas französische Seite kennen. Start ist **Caraquet** (S. 493): An historischen Stätten und mit einheimischen Gerichten kann man in die akadische Kultur eintauchen. Im August tobt hier das Festival Acadien. Richtung Osten geht es weiter durch **Campbellton** (S. 495) und über die Grenze nach Québec. Das Ziel ist **Rimouski** (S. 348) am St.-Lorenz-Strom. Hier kann man durch Museen schlendern und köstlichen Kaffee trinken. Ein Tagesausflug auf der Rte 132 weiter nach Osten die Gaspé-Halbinsel hinauf lohnt sich: Es geht vorbei an akadischen Fahnen, an adretten Bauerndörfern und felsiger Küste. Von Rimouski fährt eine Fähre über den Fluss nach Forrestville. Von dort geht es Richtung Süden nach **Tadoussac** (S. 337). In diesem kleinen Ort dreht sich alles um die Walbeobachtung. Zodiac-Boote fahren hinaus in die Nähe der vielen Blauwale. Die Tour endet in **Québec (Stadt)** (S. 306). Hier sollte man in einem gemütlichen Gasthaus absteigen, durch das Gassenlabyrinth der Altstadt bummeln und ganz oft in einem Straßencafé Halt machen, um Kaffee zu schlürfen.

1 WOCHE Im Herzen der Seeprovinzen

Die 650 km lange Schleife umfasst das Herz der Seeprovinzen (Nova Scotia, New Brunswick und Prince Edward Island). Wenn man sich in **Halifax** (S. 380) sattgegessen hat, geht es in nordwestlicher Richtung nach New Brunswick. In der Festivalstadt **Shediac** (S. 488) steht die weltweit größte Skulptur eines Hummers; das hier zubereitete Hummergericht ist eine Delikatesse. Weiter geht es über die 12,9 km lange **Confederation Bridge** (S. 500), die New Brunswick mit Prince Edward Island (PEI) verbindet. Nun beginnt die Pilgerreise in Anne's Land. Anne ist das rothaarige Waisenkind aus dem Roman *Anne auf Green Gables*, der in der zersiedelten Stadt **Cavendish** (S. 516) spielt. Es folgen die roten Sandsteinfelsen im **Prince Edward Island National Park** (S. 514). Ein Zwischenstopp in **Charlottetown** (S. 501) ist empfehlenswert, bevor die Fähre dann von den **Wood Islands** (S. 509) zurück nach **Pictou** (S. 426) in Nova Scotia fährt. In Pictou lädt die Strandpromenade zum Bummeln ein, und mit etwas Glück kann man das „First Nations Powwow" erleben. Von hier aus sind es dann noch zwei Stunden zurück nach Halifax.

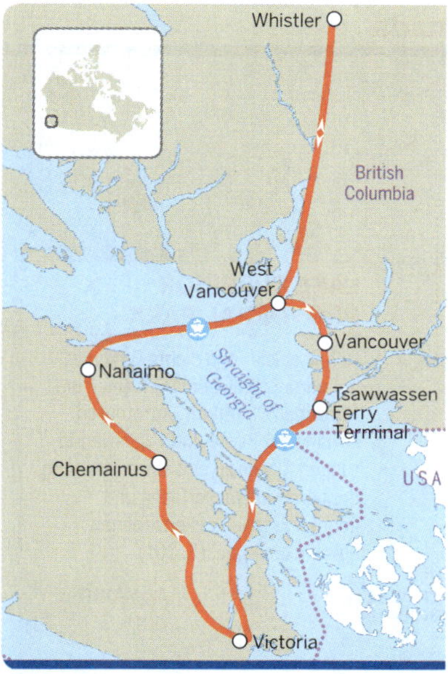

1 WOCHE Ein Stückchen British Columbia

Im südlichen British Columbia muss man nicht weit fahren, um Meer, Berge, Wälder und Inseln zu entdecken. Startpunkt ist **Vancouver** (S. 724) mit seinen alternativen Shops, der Feinschmeckerküche, und dem von Wald gesäumten Seawall im Stanley Park mit der tollen Aussicht. Zwei Tage sollte man einplanen! Am dritten Tag begibt man sich zum Fähranleger von **Tsawwassen** (S. 760), um die Fahrt zur Swartz Bay auf Vancouver Island anzutreten. Dann geht es nach **Victoria** (S. 783). Am besten bleibt man über Nacht und erkundet die malerische Hauptstadt. Am vierten Tag geht die Fahrt auf dem Hwy 1 weiter Richtung Nordinsel, mit Zwischenstopp in **Chemainus** (S. 799), einer ehemaligen Holzfällersiedlung, die sich selbst als Künstlerstadt neu erfunden hat. Weiter geht es nach **Nanaimo** (S. 800), bevor man am nächsten Morgen die Fähre zurück zum Horseshoe-Bay-Terminal von **West Vancouve**r (S. 764) auf dem Festland nimmt. Von hier aus führt der Sea to Sky Highway (Hwy 99) an Klippen entlang und durch schöne Berglandschaften nach **Whistler** (S. 771). Dieser Urlaubsort hat jede Menge Aktivitäten und Après-Ski-Bars zu bieten. Nach Vancouver sind es 130 km.

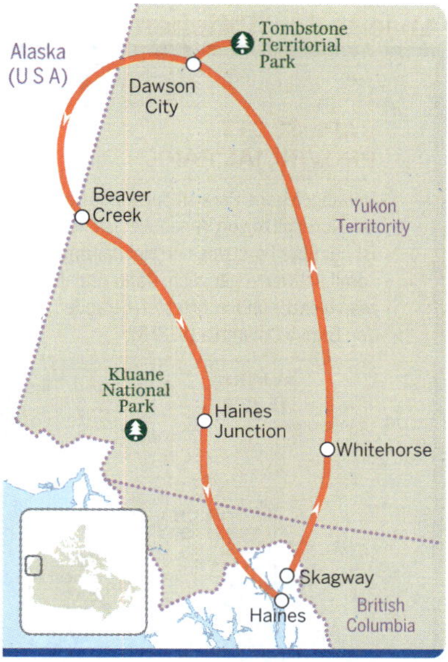

1 WOCHE Klondike Highway & Umgebung

Man folge dem Ruf der Wildnis. Wichtig zu wissen, dass man in dieser Woche viel fahren muss (etwa 30 Std.). Aber die Straße ist eben die Hauptattraktion auf dieser Route. Am besten beginnt man in **Skagway** (S.896), Alaska – wie der Klondike Highway. Schon bald bleiben die Kreuzfahrtschiffe hinter einem zurück, und man kommt in das raue Land, über das Jack London geschrieben hat. Wer der Straße folgt, erreicht **Whitehorse** (S. 883), wo es Kunst und Biobäckereien gibt. Von hier aus geht es weiter Richtung Norden nach **Dawson City** (S. 899). Hier verweilt man einige Tage und erkundet die historischen Stätten des Goldrauschs und macht eine Minenführung mit. Der **Tombstone Territorial Park** (S. 908) eignet sich für einen Tagesausflug. Als Nächstes folgt man dem Top of the World Highway (Hwy 9) über die Berggipfel zur Grenze nach Alaska und fährt über die USA auf dem Alaska Highway nach **Beaver Creek** (S. 893) in Yukon. Die Straße zwischen Beaver Creek und **Haines Junction** (S. 890) ist großartig: Sie verläuft parallel zum Kluane National Forest und den St. Elias Mountains. Der Haines Highway führt nach **Haines** (S. 894), Alaska, wo die Route endet.

Abseits der üblichen Pfade: Kanada

CAPE SCOTT PROVINCIAL PARK

Der abgelegene Park an der zerklüfteten Nordspitze von Vancouver Island ist nur über Forstwege erreichbar und somit schwer zugänglich. Dafür findet man hier die unberührtesten Strände von British Columbia (S. 818).

LAKE SUPERIOR PROVINCIAL PARK

Nebelschleier und dichte Birkenwälder verleihen diesem Park einen urtümlichen Charakter. Autotouren entlang der Küste und Tageswanderungen führen zu einsamen Stränden, donnernden Wasserfällen und geheimnisvollen ockerfarbenen Felszeichnungen. (S. 201)

BLACKFOOT CROSSING HISTORICAL PARK

Die Siksika (oder Schwarzfuß-Indianer) haben in ihrem Reservat ein großartiges Geschichtszentrum eingerichtet. Man kann ein Museum besuchen und an Führungen durch die Prärie teilnehmen. (S. 715)

CYPRESS HILLS INTERPROVINCIAL PARK

Der Park umfasst die Südgrenze von Saskatchewan und Alberta. Stille, Einsamkeit und ein einzigartiges Mikroklima garantieren eine echte Tiefenentspannung. (S. 624)

PANGNIRTUNG

Die Inuit-Gemeinde auf Baffin Island ist ein idealer Ausgangspunkt für Ausflüge zu den steilen Klippen und der faszinierenden Pracht des Auyuittuq National Park. (S. 944)

TORNGAT MOUNTAINS NATIONAL PARK

Nur per Flugzeug oder Schiff gelangt man auf diesen eisigen Zipfel von Labrador, wo man Eisbären, aber auch einige der höchsten Berge östlich der Rocky Mountains bewundert. Ortskundige Inuit bieten Rundflüge und Wanderungen durch eine unwirkliche Landschaft an. (S. 583)

HALBINSEL GASPÉ

An dieser windumtosten Felsküste ging Jacques Cartier 1534 an Land. Zu sehen gab und gibt es dort steile Kalksteinklippen, Kiesstrände, Wale, Robben und die donnernde Brandung. (S. 350)

CHIPUTNETICOOK LAKES

In der 180 km langen Kette aus unberührten Seen an der Grenze zum US-Bundesstaat Maine kann man sich ganz in die Wildnis zurückziehen. Kanufreunde sind von den Wasserläufen inmitten von Wäldern hellauf begeistert. (S. 461)

TAYLOR HEAD PROVINCIAL PARK

Der Park mit seinen Sandstränden an der naturbelassenen Ostküste von Nova Scotia ragt in den Atlantik hinein. Hier findet man Wanderwege zwischen Wildblumen und Strandhafer und viele geschützte Buchten für Kajaktouren. (S. 446)

Cabot Trail (p376), Nova Scotia

Reiseplanung

Malerische Autotouren & Zugreisen

Kanada ist mit weiten, wilden Landschaften gesegnet und besitzt Straßen, die direkt durch die reizvollsten Regionen führen. Das Land ist damit geradezu prädestiniert für Autotouren. Hohe Berge, Meerblicke, Elche und Tim Hortons Doughnut-Buden blitzen am Wegesrand auf. Selbst wenn man nur einen Tag zur Verfügung hat, kann man schon atemberaubende Dinge erleben. Am besten ist es natürlich, man bringt etwas mehr Zeit mit.

DALE WILSON / GETTY IMAGES ©

DIE BESTEN ERLEBNISSE

- Tanz bei einem traditionellen „ceilidh" am Cabot Trail
- Besuch einer nebelverhangenen-Burg am Thousand Islands Parkway
- Wanderung und Radtour auf dem Sea to Sky Highway
- Walbeobachtung (vom Ufer aus) am Cabot Trail
- Schwindelerregende Bergansichten auf der Rockies Rail Route

DIE WICHTIGSTEN ATTRAKTIONEN

- Jasper National Park (Rockies Rail Route)
- The Chief (Sea to Sky Hwy)
- Thousand Islands National Park (Thousand Islands Parkway)
- Cape Breton Highlands National Park (Cabot Trail)

DIE WICHTIGSTEN AUSGANGSPUNKTE

- Vancouver oder Whistler, British Columbia (Sea to Sky Highway)
- Gananoque oder Brockville, Ontario (Thousand Islands Parkway)
- Chéticamp oder Baddeck, Nova Scotia (Cabot Trail)
- Jasper, Alberta oder Prince Rupert, British Columbia (Rockies Rail Route)
- Jasper, Alberta oder Prince Rupert, British Columbia (Rockies Rail Route)

Sea to Sky Highway

Diese Klippenstraße, auch bekannt unter dem Namen Highway 99, befährt man nicht ohne Herzklopfen; sie führt von der Küste bei Vancouver zu den Höhen der Berglandschaft von Whistler. Die Straße beginnt auf Meereshöhe und klammert sich an die Küste von Howe Sound, bevor sie sich dann in die Coast Mountains hineinschlängelt und durch die alten Regenwälder hindurchführt. Auf einer Länge von 130 km steigt die Straße auf 670 m über Meereshöhe, und man hat unterwegs ausreichend Gelegenheit, die fantastischen Ausblicke, tosenden Wasserfälle und die vielfältigen Outdoor-Angebote ausführlich zu genießen.

Highlights

In West Vancouver, kurz nachdem man die Lion's Gate Bridge überquert hat, sollte man am Lighthouse Park anhalten, um den bildschönen Leuchtturm vor der Kulisse des schimmernden Meeres zu betrachten. Anschließend passiert man die Horseshoe Bay, wo die Fähren zu ihrer 20-minütigen Fahrt zur Bowen Island ein- und auslaufen – ein rustikaler, aber bezaubernder Rückzugsort für Literaten und Künstler.

Wieder zurück auf dem Highway 99, liegt etwa 30 km nördlich das kinderfreundliche Britannia Mine Museum. Hier geht es mit einer unterirdischen Bahn hinab in die Tiefen einer ehemaligen Kupfermine mit anschließendem Goldwaschen. Ungefähr 6 km weiter hört man das rauschende Wasser des Shannon Falls Provincial Park. Vom Parkplatz aus wandert man in zehn Minuten zum drittgrößten Wasserfall in British Columbia, wo sich das Wasser 335 m tief vom Felsrand hinabstürzt.

Auf der Weiterfahrt trifft man bald auf einen kahlen, 652 m hoch aufragenden Granitfelsen. Er wird der „Chief" genannt und ist das Highlight des Stawamus Chief Provincial Park. Kletterer geraten hier vor Begeisterung ins Schwärmen. Die Stadt unterhalb heißt Squamish, ein Dorado für Mountainbiker, Wanderer, Kiteboarder und Bierkenner. Ein idealer Ort, um dort einen Tag lang Pause zu machen.

Das nahe gelegene Brackendale zieht im Winter Tausende lachshungriger Adler an. Wanderer sollten im Garibaldi Provincial Park anhalten und dort auf den ausgewiesenen Wegen über malerische Bergweiden spazieren und dabei die atemberaubenden Ausblicke genießen.

Zurück auf der Straße, ist man in Nullkommanichts in Whistler. Kanadas beliebter Skiort ist ein idyllisches Dorf inmitten einer atemberaubenden Berglandschaft, das es locker zu einem Motiv auf einer Weihnachtskarte bringen könnte. Im Winter wimmelt es nur so von Ski- und Snowboardfahrern, im Sommer sind hier fast genauso viele Mountainbiker und Wanderer unterwegs.

Straßen & Zugverbindungen Westen

REISEPLANUNG

- Man sollte Mitglied in einem Automobilclub (S. 1011) mit 24-Stunden-Pannenservice werden, der zusätzlich noch Ermäßigungen auf Unterkünfte und Sehenswürdigkeiten bietet.
- Einige internationale Clubs haben ein wechselseitiges Abkommen mit kanadischen Automobilclubs; also den Mitgliedsausweis mitbringen.
- Ausländische Reisende sollten sich über die kanadische Straßenverkehrsordnung und die verbreiteten Gefahren informieren (S. 1013).
- Immer einen Ersatzreifen, Werkzeug (z. B. Wagenheber, Starthilfekabel, Eiskratzer) und eine Notfallausrüstung (z. B. Warnblinklicht) dabei haben.
- Gute Karten sind selbstverständlich. Man sollte sich nie ausschließlich auf GPS-Geräte verlassen.
- Immer den Führerschein und den Versicherungsnachweis mitführen (S.1012 & 1013).

Reisezeit

Diese wunderschöne Fahrt auf gut unterhaltenen Straßen eignet sich zu jeder Zeit des Jahres.

Dauer & Entfernung

Auf dem Sea to Sky Highway sind es von Vancouver bis Whistler 130 km. Man kann die Strecke natürlich auch in weniger als zwei Stunden schaffen, aber warum die Eile? Am besten ist es, wenn man ein oder besser zwei Tage für diesen Ausflug ansetzt.

Infos im Internet

Tourism BC (www.hellobc.com/driving-routes/31/sea-to-sky-highway-route.aspx) Hinweise zur Fahrstrecke und zu interessanten Zwischenstopps.

Mountain FM Radio (107.1) Bietet immer aktuelle Nachrichten zur Verkehrslage und zum Straßenzustand.

Drive BC (www.drivebc.ca) Unterrichtet über die Fahrbedingungen und informiert über Verkehrswarnungen.

Zugfahrt durch den Jasper National Park, Alberta

Rockies Rail Route

Für Eisenbahnfreaks ist die Zugfahrt von Jasper nach Prince Rupert ein absolutes Muss. Sie führt durch eine erhabene Landschaft mit wolkenverhangenen Gipfeln und rauschenden Gletscherbächen in den Rockies von Alberta und zur betörend schönen Pazifikküste von British Columbia. Unterwegs huschen Kiefern-, Fichten- und Hermlocktannenwälder, aber auch urige Siedlungen, Flüsse und Sägemühlen am Fenster vorbei. Aber dann – was war das? Ein Schwarzbär trottet an den Schienen entlang, und Totempfähle zeugen von einem hinter Bäumen versteckten alten Indianerdorf. Und unglaublich türkisfarbene Seen schimmern in den Tälern ...

Die Bahnlinie nutzt einen alten Handelspfad und führt auf 1130 m über den Yellowhead Pass und dann entlang dem Skeena River zum Meer. Bei den sanften Schwingungen der Waggons während der Fahrt, der Bilderbuchlandschaft mit Brücken, Tunneln und schneebedeckten Berghöhen kann man sich wunderbar erholen und entspannen.

Die Reise beginnt und endet mit einem malerischen Knüller. Der Jasper National Park präsentiert in Weiß getauchte Berggipfel und glitzernde Gletscherhöhen, wie man sie auf Postkarten findet, während Prince Rupert eine nebelverhangene, aber noch urtümliche Stadt mit einem faszinierend ursprünglichen Erbe ist. Beide Orte sind echte Hotspots für alle Abenteuersuchende.

Highlights

Der Zug – ein Silberpfeil im Retrolook der 1950er-Jahre – fährt nur tagsüber, sodass man die Landschaft in all ihrer Pracht genießen kann. Die Nacht verbringt man in Prince George, einer Stadt mit langer Geschichte, die ungefähr auf halber Strecke liegt.

Reisezeit

Im Zeitraum von Mitte Juni bis Ende September ist Hochsaison. Dann gibt es die „Touring-Class-Tickets" (die Reiseleiter, Mahlzeiten und Zugang zu dem Waggon mit Panorama-Kuppel beinhalten). Im Rest des Jahres gibt es nur Plätze in der Economy Class.

GUENTHER SCHWERMER / GETTY IMAGES ©

Das Generatorenhaus von Boldt Castle im Sankt-Lorenz-Strom

Dauer & Entfernung

Der Zug verkehrt ganzjährig und fährt dreimal in der Woche – mittwochs, freitags und sonntags. Die 1160 km lange Reise zwischen Jasper und Prince Rupert dauert 33 Stunden mit einer Übernachtung in Prince George.

Infos im Internet

Via Rail (www.viarail.ca) Preise und spezielle Infos zu den Zugstrecken.

Prince George Tourism (www.tourismpg.com) Übernachtungsangebote für eine Nacht.

Prince Rupert Tourism (www.visitprincerupert.com) Tipps für Abenteurer zur weiteren Freizeitgestaltung.

Thousand Islands Parkway

Der Thousand Islands Parkway zieht sich auf einem Streifen am Sankt-Lorenz-Strom entlang, auf dem eine in Nebel gehüllte Ansammlung von 1800 Inseln zwischen Kingston und Brockville, Ontario, zu treiben scheint.

Entlang der Straße gibt es traumhafte Ausblicke und hübsche viktorianische Städtchen, in denen man in einem Gasthof übernachten oder auch einen erlebnisreichen Bootsausflug zu den Inseln unternehmen kann, auf denen sich oftmals große Herrenhäuser und Burgen oder Schlösser befinden. Dies ist eine Fahrt in ein meist nebelverhangenes, gemächlicheres und geruhsameres Zeitalter.

Highlights

Obwohl die ersten Inseln bereits bei Kingston – einer hübschen alten Stadt mit vielen Museen zu fast jedem Thema, vom Schiffsbau bis zu Zuchthäusern – liegen, beginnt die eigentlich malerische Strecke erst bei Gananoque, einer Stadt ungefähr 33 km östlich am Highway 401. Hier führt der Parkway, von Süden kommend, in eine fantastische Landschaft hinein.

Gananoque hat den meisten Flair unter den Städten der Gegend und ist voller uriger Gaststätten und gepflegter Gärten. Die Stadt ist auch Ausgangspunkt für Bootstouren zu den nahen Inseln, besonders zum Boldt Castle, einem neugotischen Palast mit vielen Türmen, der ursprünglich dem Besitzer des berühmten Waldorf Astoria Hotels in New York gehörte. Streng genommen liegt das Anwesen in den USA, sodass man auf alle Fälle einen Reisepass dabei haben sollte.

Ivylea liegt 22 km weiter, wo sich hohe Brücken von Insel zu Insel erstrecken und Ontario mit New York State verbinden. Auf halbem Weg gibt es eine Aussichtsplattform mit umwerfenden Ausblicken (natürlich immer nur dann, wenn es gerade einmal nicht nebelig ist). Wer Bootsfahrten nicht mag, kann einfach mit dem Auto über die Brücken fahren und so zum Boldt Castle gelangen.

Zurück auf dem Parkway, schlängelt sich die Straße am Fluss entlang und gibt den Blick auf die vielen grünen Inseln im Wasser frei. Nach 18 km erreicht man Mallorytown, das Tor zum Thousand Islands National Park. Zwanzig zerklüftete, kiefernbewachsene Inseln bilden ein einzigartiges Schutzgebiet für Schildkröten und Wanderfalken. Es ist eine wirklich erhabene landschaftliche Kulisse zum Campen und Kajakfahren.

Oben: Die Brücke am Thousand Islands Seaway verbindet Kanada mit den USA

Rechts: Rudern auf dem Sankt-Lorenz-Strom

RON ERWIN / GETTY IMAGES ©

Ausflüge im Osten

Der Parkway führt einige weitere Kilometer direkt am Fluss entlang und verschmilzt dann mit Highway 401, um schließlich in Brockville zu enden. Dies ist ein weiteres idyllisches Städtchen mit imponierenden Herrenhäusern aus dem 19. Jh. und recht alt wirkenden Straßenzügen, auf denen man sich noch heute gut das Klappern von Pferdehufen und das Rollen von Kutschen in vergangenen Tagen vorstellen kann.

Reisezeit

Juni bis September ist Hochsaison, weil dann das Wetter am schönsten ist. Mai und Oktober sind gute Zwischensaisonzeiten. Viele Bootsgesellschaften und Freizeitveranstalter haben zwischen November und April geschlossen.

Dauer & Entfernung

Der Parkway verläuft von Gananoque auf 35 km bis kurz vor Mallorytown. Die Inseln selbst erstrecken sich von Kingston nach Brockville (ca. 90 km). Mit Bootsausflügen oder Abstechern in die USA sollte man einen ganzen Tag einplanen, aber eine Zwischenübernachtung am Wege ist auch recht lohnend.

Infos im Internet

1000 Islands Gananoque Visitor Services Centre (www.1000islandsgananoque.com) Infos zu Freizeitaktivitäten, Restaurants und Übernachtungsmöglichkeiten.

Cabot Trail

Der Cabot Trail führt rund um Cape Breton Island, ein Geheimtipp für Nova Scotia. Die Fahrt ist einzigartig und eine echte Herausforderung für die Bremsbeläge des Autos. Die Straße schlängelt sich die Küstenberge hoch, und hinter jeder Kurve wartet eine neue fantastische Überraschung: atemberaubende Meerblicke, dramatische Klippen, aus dem Wasser auftauchende Wale direkt vor der Küste oder direkt am Straßenrand grasende Elche. Orte keltischen oder akadischen Ursprungs prägen die Gegend, und ihre verrückte Geigenmusik ertönt in jedem Pub. Die einzigartigen Speisen werden in üppigen Portionen auf großen Tellern serviert, sodass man sich darauf einstellen sollte, den Gürtel etwas weiter schnallen zu müssen.

Cape Breton, Nova Scotia

TOP 10: MUSIKALBEN FÜR AUTOFAHRER

Folgende Auswahl von kanadischen Künstlern – einige älteren, andere neueren Datums quer durch alle Genres und Provinzen – liefern den idealen Soundtrack zur Autofahrt. Man lädt die Musik einfach auf den iPod, lässt sie nach dem Zufallsprinzip abspielen und fährt und fährt ...

- Arcade Fire *Neon Bible*
- Tragically Hip *Fully Completely*
- Neil Young *Massey Hall 1971*
- The New Pornographers *Mass Romantic*
- Rush *Moving Pictures*
- Great Big Sea *Road Rage*
- Feist *The Reminder*
- Bachman-Turner Overdrive *Bachman-Turner Overdrive II*
- Stompin' Tom Connors *Ballad of Stompin' Tom*
- Jill Barber *Chansons*

Highlights

Die meisten Autofahrer starten in Chéticamp, einem durch und durch akadischen Fischerdorf, das für seine kunstvoll geknüpften Teppiche und seine schwungvolle Musik bekannt ist. Der Ort ist auch das Tor zum Cape Breton Highlands National Park, wo man häufig auf Elche stößt und Weißkopfseeadler beobachten kann. Die Wanderwege im Park schlängeln sich zu Klippen mit spektakulären Meerblicken. Wie wär es mit gegartem Hühnchen nach akadischer Art und Kartoffelpfannkuchen mit Melassesirup? Die Lokale in Chéticamp sind jedenfalls erstklassig und lohnen eine Einkehr.

Als Nächstes liegt Pleasant Bay an der Straße. Hier kann man Wale beobachten, und es gibt sogar ein tibetisches Buddhistenkloster, in dem die Mönche Führungen anbieten. Eine weitere Station ist dann Meat Cove, ein idealer Ort, um Wale sogar von der Küste aus zu beobachten. Man parkt am Ausgangpunkt eines Weges, der zum Meer führt, geht ein kurzes Stück, starrt eine Stunde aufs Wasser und wird garantiert eine Herde Grindwale zu Gesicht bekommen.

Kleine Fischerdörfer, weltberühmte Golfplätze, Leuchttürme und göttliche Meeresfrüchterestaurants – dies alles findet sich am Cabot Trail. Die Gegend um St. Ann's ist ein Zentrum für keltische Kunst. Baddeck gilt als das inoffizielle Ende der Straße, ein wunderschöner Ort zum Verweilen. Vielleicht kann man hier sogar an einem traditionellen *ceilidh* (Zusammenkunft mit Folkdance und Fiedeln) im Gemeindehaus teilnehmen.

Reisezeit

Im Juli und August ist Hochsaison, weil dann das Wetter am schönsten ist. September und Oktober sind ideal, wenn man das Festival Celtic Colours besuchen möchte. Viele Einrichtungen sind von November bis Mai geschlossen.

Dauer & Entfernung

Der Cabot Trail windet sich auf 300 km rund um die nordöstliche Spitze von Cape Breton Island. Die Highlights liegen am Küstenabschnitt zwischen Chéticamp und Baddeck. Man kann die Fahrt in einem Tag schaffen, aber warum sollte man sich auf einer so engen, bergigen Straße abhetzen?

Infos im Internet

Cabot Trail Working Association (www.cabottrail.travel) Führt Unterkünfte, Restaurants und Veranstaltungen der Städte am Wege auf und stellt zudem eine nützliche interaktive Straßenkarte zur Verfügung.

Tourism Nova Scotia (www.novascotia.com) Unter der Rubrik „Regions" findet man eine Infoliste.

Reiseplanung

Reisen mit Kindern

Egal wohin man in Kanada mit Kindern reisen will, die Folgen können ernüchternd sein. Berge, Prärien, Strände, Eisfelder und für Kinder geeignete Städte liegen über sechs Zeitzonen verstreut. Dennoch kann man kindgerecht planen, denn das Land bietet einen garantierten Erfolg bei der Wildbeobachtung, ein Zusammentreffen mit echten Cowboys, interaktive Darbietungen der Geschichte, eine Suche nach Dinosaurierfossilien in den Ebenen oder Eislaufen auf Bergseen. Dazu kommt noch die Tatsache, dass die Kinder hier besser als in fast jedem anderen Land der Welt verpflegt werden. .

Die besten Regionen für Kinder

Vancouver

Eingekeilt zwischen Meer und Bergen kann man an einem Tag eine Sandburg bauen und am nächsten snowboarden gehen – und das alles mit den Vorzügen einer großen Stadt.

Kanadische Rockies

Hier kann man (schnee)wandern, Ski fahren oder zelten, während man nach Elchen, Bären und Wapitis ausschaut.

Montréal

Alte Sterstraßen, eine ganzjährig geöffnete Eislaufbahn, ein Stadtstrand und das Biôdome vermitteln einen Eindruck von französischer Lebensfreude.

Seeprovinzen

Im Sommer auf einen Leuchtturm steigen, Wale beobachten und zum Strand pilgern; im Herbst den Bäumen zusehen, wie sie rote, orangefarbene und goldene Blätter bekommen.

Toronto

Im Sommer durch die Parks schlendern, im Winter Eislaufen und die Niagarafälle besuchen.

Kanada mit Kindern

Als ob das Beobachten von Elchen, Adlern und Walen oder das Herumtollen im Schnee, am Strand oder in den Wäldern den ganzen Tag nicht schon genug Spaß machen würde: Nein, überall wo man hingeht, haben diese pfiffigen Kanadier spielerische, lehrreiche Erlebnisse, Lehrstunden mit lebendiger Geschichte oder Theater für Kinder erfunden.

Museen & Denkmäler

In den meisten großen Städten Kanadas gibt es interessante Wissenschaftsmuseen, die sich auf spielerische Aktivitäten spezialisiert haben. Bei den historischen Stätten, die überall im Land verstreut sind, versetzen einen verkleidete Schauspieler direkt in die jeweilige Epoche, und oft werden verschiedene Techniken demonstriert, vom Schmieden bis zum Kochen. An einigen Orten gibt es auch Puppen- oder Kindertheater und andere Veranstaltungen wie erlebnisreiche Ausflüge im Heuwagen.

Auch Teenager haben hier meistens ihren Spaß, da die Einrichtungen oft groß und facettenreich genug sind, um Erkundungen auf eigene Faust anzustellen oder das, was sie in der Schule gelernt haben, selbst auszuprobieren.

Outdoor-Aktivitäten

Kanada steht für freie Landschaft, frische Luft, Flüsse, Seen und Berge, Schnee, Sand und frei lebende Tiere.

➡ Die meisten kanadischen Städte sind gut mit Parks und Promenaden ausgestattet, wo sogar die Kleinsten **radeln** können. Ein Kinder-Leihrad zu finden, kann allerdings Glückssache sein. Wer im Urlaub hauptsächlich radeln will, der macht das am besten auf dem überwiegend flachen Confederation Trail, der durch die landschaftliche Idylle von Prince Edward Island führt. Oder man fährt auf dem verkehrsarmen Kettle Valley Trail (KVR; British Columbia), der einen der leichtesten Abschnitte des Trans Canada Trail bildet.

➡ Kanadische Nationalparks ermöglichen leichte Spaziergänge, aber auch längere **Wanderungen**, die durchaus auch für Jugendliche interessant sind. Auch **Reiten** wird vielerorts angeboten und macht besonders im Cowboyland rund um Calgary viel Spaß.

➡ An den meisten Seen kann man **Kanus** für Familienausflüge leihen, und am Meer gibt es jede Menge Möglichkeiten zum **Kajakfahren**. Einen größeren Adrenalinstoß bringen das **Wildwasserfahren** oder spezielle Stellen zum **Playboating** (Kunststücke mit Kanus im Wildwasser), die man besonders auf dem Ottawa River in Beechburg findet.

➡ Es gibt viele **Fischerhütten**, aber man kann genauso viel Glück haben, wenn man die Angel einfach in irgendeinen See oder Fluss hält. Ähnlich ist es mit dem **Muschelsammeln** (Prince Edward Island und British Columbia sind dazu besonders geeignet) – am besten, man fragt die Einheimischen, wo die geeigneten Stellen sind, und bringt auch gleich Schaufel und Eimer mit.

➡ An den Küsten und in der Bay of Fundy kann das **Whalewatching** ein tolles Abenteuer sein, aber man sollte sich mit Tabletten gegen Seekrankheit, genügend Proviant, Sonnenschutz und warmer Kleidung ausstatten.

➡ Die winzigen Wellen an der Ost- und Westküste bieten besonders im Sommer ein hervorragendes Übungsfeld für Anfänger im **Surfen;** entweder man leiht sich ein Board und einen Anzug oder man nimmt Stunden.

➡ **Ski-** oder **Snowboardfahren** ist immer etwas für Familien. Kinder unter sechs dürfen meist kostenlos Ski fahren, Kinder von sechs bis zwölf zahlen in der Regel um die 12 bis 50 % vom Erwachsenenpreis und Jugendliche von zwölf bis 18 zahlen zwischen 33 und 75 % des Erwachsenenpreises. Außerdem gibt es natürlich in vielen Orten die guten Möglichkeiten zum **Eislaufen**, **Rodeln** und **Schneeschuhwandern**.

Highlights für Kinder

Geschichtsstunden

➡ **Dinosaurier** Royal Tyrrell Museum of Palaeontology, Drumheller (Alberta)

➡ **Ureinwohner** Haida Gwaii (British Columbia), Head-Smashed-In-Buffalo-Jump-Weltkulturerbe (Alberta), Aboriginal Experiences (Ottawa), Wanuskewin Heritage Park (Saskatchewan)

➡ **Europäische Kolonisierung** L'Anse aux Meadows (Newfoundland), Louisbourg National Historic Site (Nova Scotia), Fort William Historical Park (Ontario)

Winterzauber

➡ **Winterkarneval** Québec City Winter Carnival, Cavalcade of Lights (Toronto), Vancouver Festival of Lights

➡ **Eislaufen** Rideau Canal (Ottawa), Lake Louise (Alberta), Harbourfront Centre (Toronto), Lac des Castors (Montréal)

➡ **Skifahren, Snowboarden & Eislaufen** Whistler-Blackcomb (British Columbia), Norquay (Banff), Mont-Ste-Anne (Québec)

➡ **Hundeschlitten** Yellowknife (Northwest Territories), Iqaluit (Nunavut)

Nass & wild

➡ **Auf Flutwellen raften** Maitland, Nova Scotia

➡ **Strände** Prince Edward Island und British Columbia

➡ **Surfen** Lawrencetown Beach, Nova Scotia, Vancouver Island, British Columbia

➡ **Kajak fahren** Johnstone Strait (Vancouver Island), Georgian Bay (Ontario),

➡ **Kanu fahren** Algonquin National Park (Ontario), Bowron Lakes (British Columbia), Kejimkujik National Park (Nova Scotia)

➡ **Angeln** Lunenburg – Nova Scotia (Hummer), Point Prim – Prince Edward Island (Muscheln),

Northern Saskatchewan (Süßwasserfische), Seeprovinzen (Hochseefische)

Abenteuer in der Stadt

➡ **Calgarys Cowboys & Cowgirls** Calgary Stampede, Heritage Park Historical Village, Reiten auf Familienfarmen

➡ **Vor den Toren von Vancouver** Capilano Suspension Bridge, Stanley Park

➡ **Ottawas Museums-Mission** Canada Agricultural Museum, Museum of Nature, Science & Technology Museum, Museum of Civilization

➡ **Von ganz oben nach ganz unten in Toronto** Vom CN Tower zu den unterirdischen Gängen, die Teile der Innenstadt miteinander verbinden

➡ **Kultur pur in Montréal** Die Altstadt von Montréal, Little Italy

➡ **Die Piraten von Halifax und die Titanic** Maritime Museum of the Atlantic, *Titanic*-Gräber

Vergnügungs- & Themenparks

➡ **Canada's Wonderland** (S. 96) Vergnügungspark mit vielen Wasserattraktionen, Toronto

➡ **Galaxy Land** (www.galaxyland.com; West Edmonton Mall; Tageskarte Erw./Kind ab 37/ 31 C$; ⌚Mo–Sa 11–21 Uhr, So bis 18 Uhr) Der größte überdachte Vergnügungspark der Welt, Edmonton

➡ **La Ronde** (S. 272) Vergnügungspark, Montréal

➡ **Calaway Park** (S. 664) Vergnügungspark und Campingplatz, Calgary

➡ **Playland** (www.pne.ca/playland; Hastings Park; Tageskarte Erw./Kind 33/24 C$; ⌚Mai–Ende Sept. 10–18 Uhr, kann tageweise variieren) Ältester Vergnügungspark Kanadas, Vancouver

➡ **Avonlea** (S. 520) *Anne of Green Gables* – Themenpark, Prince Edward Island

EXTRAS FÜR JEDES ALTER

Babys & Kleinkinder

➡ Kindersitze: Mietwagenfirmen verleihen sie zu hohen Preisen; in Kanada müssen Babys im Babysitz mit Blick nach hinten sitzen und Kinder unter 18 kg in einem Kindersitz mit Blick nach vorne.

➡ Babys und Kleinkinder kann man auf Wanderungen am einfachsten in einem Tragetuch oder einer sonstigen Tragevorrichtung mitnehmen; Kinderwagen sind eher für die Stadt geeignet (dort sind fast alle Einrichtungen für Eltern mit Kinderwagen zugänglich)

➡ Schäufelchen & Co. zum Bauen von Sandburgen oder Schneemännern

6 bis 12 Jahre

➡ Kinder zwischen 18 und 36 kg sollten auf Sitzerhöhungen sitzen. Die regulären Gurte können entweder ab 36 kg, 145 cm oder acht Jahren benutzt werden.

➡ Ferngläser für die jungen Entdecker, um wilde Tiere auszukundschaften

➡ Naturführer über Kanadas Flora und Fauna

➡ Eine Kamera, um mehr entdeckten Spaß in die „langweiligen" Sehenswürdigkeiten und Touren der Erwachsenen zu bringen

➡ Drachen (für den Strand)

Jugendliche

➡ Auf Kanada bezogene Apps fürs Smartphone

➡ Auf Kanada bezogene Romane

➡ Französisch-kanadischer Sprachführer

Oben: Achterbahn im Vergnügungspark La Ronde, Montréal, Québec

Rechts: Nachbildung eines Dinosauriers im Royal Tyrrell Museum of Palaeontology, Drumheller, Alberta

CHRIS CHEADLE / GETTY IMAGES ©

DAS KLEINGEDRUCKTE

Kinder, die nicht mit beiden Eltern nach Kanada einreisen, benötigen eine Einverständniserklärung des nicht mitreisenden Elternteils. Manchmal wird darauf bestanden, manchmal nicht; daher ist es sicherer, man führt eine solche notariell beurkundete Erklärung mit sich. Geschiedene Eltern sollten einen Nachweis über das Sorgerecht für das Kind dabei haben.

Reiseplanung

Reisen mit Kindern kann in Kanada ein Kinderspiel sein. Der englische Band *Travel with Children* von Lonely Planet bietet jede Menge Tipps und Tricks. Und auch die Website **Travel For Kids** (www.travelforkids.com) ist eine hilfreiche allgemeine Informationsquelle.

Reisezeit

Der kanadische Veranstaltungskalender ist das ganze Jahr über mit Festivals gefüllt, die oftmals besonders für Familien geeignet sind.

Im Sommer gibt es die meisten Festivals, von denen viele im Freien stattfinden, wie beispielsweise Jazzfestivals oder Rodeos. Der Herbst ist ebenfalls eine tolle Jahreszeit, um mit Kindern nach Kanada zu reisen, aber das lässt sich häufig nicht so gut mit den Schulferien vereinbaren. Zu dieser Zeit färben sich die Bäume gerade bunt, die Tagestemperaturen sind noch angenehm warm, und die Menschenmassen sind verschwunden.

Im Winter gibt es Schnee und den damit verbundenen Spaß am Wintersport, und zwar von Januar bis April. Die Saison beginnt oft mit den Nikolausumzügen im November und Anfang Dezember. Ungefähr zu dieser Zeit oder kurz danach finden die Lichterfeste statt – mit Feuerwerken, Umzügen und Weihnachtsbaumilluminationen.

Unterkunft

Hotels und Motels haben in der Regel Zimmer mit jeweils zwei Doppelbetten. Selbst wenn das nicht der Fall ist, können oft problemlos gegen einen kleinen Aufpreis Zusatzbetten oder Gitterbetten dazugestellt werden. Manche Eigentümer werben sogar ausdrücklich mit der kostenlosen Unterbringung von Kindern. Andere hingegen (besonders in B&Bs) hätten am liebsten gar keine Kinder als Gäste. Man sollte schon bei der Buchung nachfragen.

Eine weitere gute Möglichkeit sind die *cabins*, die gewöhnlich wochenweise vermietet werden und über eine Küche, verschiedene Schlafzimmer und weitere Sonderausstattungen wie etwa Grillplätze verfügen. In den Online-Besucherhinweisen einer jeden Provinz oder in den gedruckten Prospekten, die man kostenlos auf der Touristenhomepage jeder Provinz bestellen kann, findet sich eine Aufstellung solcher Hütten.

Camping wird in Kanada ganz groß geschrieben, und auf vielen Campingplätzen finden sich auch einfache Hütten (eigene Bettwäsche mitbringen!), die manchmal auch mit einer Küche sowie Feuer- oder Grillstellen ausgestattet sind. Einige Campingplätze bieten ganz exotische Unterkünfte, wie Indianerzelte oder Jurten, andere haben Swimmingpools und Minigolf oder liegen an einem See. In einem solchen Fall sollte man allerdings die doppelte Menge an Insektenschutzmitteln dabei haben.

Packen für die Reise

Kanada ist sehr familienfreundlich, daher kann fast alles, was man vergisst, auch vor Ort gekauft werden.

Stillen in der Öffentlichkeit ist legal und wird toleriert, aber die meisten Frauen machen es trotzdem diskret. Üblicherweise sind alle Einrichtungen auf die Bedürfnisse von Kindern eingestellt: In den meisten öffentlichen Toiletten gibt es auch Wickeltische.

Was man braucht, sind mehrere Schichten Klamotten für jeden, da es selbst in den Sommermonaten überraschend kühl werden kann. Sonnenschutz ist ein absolutes Muss – man kann auch an den trübsten Tagen einen gewaltigen Sonnenbrand bekommen –, genau wie Regenbekleidung und Insektenspray.

Schließlich ist es ist auch empfehlenswert, für ausreichend Beschäftigung während längerer Autofahrten zu sorgen. Und man kann in Kanada wirklich weite Entfernungen zurücklegen!

Regionen im Überblick

Mit Kanada als Reiseziel kann man nichts falsch machen. Jede Region bietet atemberaubende Landschaften und Aktivitäten in Hülle und Fülle. In den am dichtesten besiedelten Provinzen Ontario, Québec und British Columbia ist am meisten los. Zusätzlich zu den angebotenen Outdoor-Aktivitäten, befinden sich dort auch die größten Städte Kanadas, Toronto, Montréal und Vancouver mit multikulturellen Museen, anspruchsvollen Restaurants und Nachtleben bis in die frühen Morgenstunden. Alberta lockt in den Rockies mit seinen Parks und durch Öl reich gewordenen Städten. Manitoba und Saskatchewan in der Prärie bieten jede Menge wilde Tiere und künstlerische Überraschungen. Die salzlastigen Atlantikprovinzen sind in Sachen Seafood und Walebeobachten ungeschlagen. Und im hohen Norden kann man den Menschenmassen (und Straßen) entfliehen und sich abseits der Zivilisation bewegen.

Ontario

Küche
Parks
Kultur

Bauernhöfe & Weinberge

Geologisch und klimatisch gesehen ist Ontario der ideale Ort für die Verknüpfung von Landwirtschaft und Weinbau. Die Weine sind bekannt – und passen gut zu den Speisen.

Frische Luft

Egal ob man spazieren gehen will, eine mehrtätige Wanderung plant oder Zeit auf dem Wasser verbringen möchte: In Ontario gibt es alles von grünen Oasen in den Städten bis zu mächtigen Provinzparks.

Museen

Ontario ist ein Mekka für Museumsgänger. Hier gibt es alles, von Schaukästen mit Sportandenken bis hin zu Kollektionen antiker Kunstwerke von Weltrang und geologischen Überreste vergangener Zeiten.

S. 66

Québec

Kultur
Wintersport
Architektur

Joie de Vivre

Man sitzt vor einem Café auf dem Bürgersteig und schlürft einen *café au lait*, genießt ein Croissant und hört um sich herum Französisch. Ganz schnell wird man von der Lebensfreude der Québecer angesteckt.

Schnee

Die zerklüfteten Höhen der Laurentinischen Berge sind ideal zum Ski- und Snowboardfahren, doch besonders der Mont-Tremblant zieht die Massen aus aller Welt an.

Historischer Baustil

Nirgendwo sonst sind die Überreste der kolonialen Vergangenheit Kanadas so offensichtlich wie in den Kopfsteinpflasterstraßen und Fassaden von Vieux-Montréal und innerhalb der alten Mauern der Altstadt von Québec.

S. 253

Nova Scotia

Kultur
Aktivitäten
Geschichte

Mix der Kulturen

Geschäfte mit Schottenstoffen, Dörfer mit französisch sprechenden Einheimischen und Orte der indigenen Völker Kanadas liegen dicht beieinander und geben der Provinz den Anstrich eines kulturellen Schmelztiegels.

Buchten, Klippen & Gezeiten

Buchten laden zum Paddeln ein. Die Klippen von Cape Breton Island und die Fundy Coast mit ihren Wellen sind fantastische Gegenden für Liebhaber von Abenteuern und Wildnis.

Zeitreise

Die Nova Scotianer erhalten das Erbe ihrer Kultur nicht nur, sie schlüpfen sogar in Kostüme und ahmen Tätigkeiten wie Klöppeln nach, um alles so zu rekonstruieren, wie es vor Hunderten Jahren war.

S. 376

New Brunswick

Aktivitäten
Angeln
Tierwelt

Ab ins Kanu

Von den ruhigen Chiputneticook Lakes bis zum wilden Tobique River: New Brunswick ist toll zum Kanufahren.

Fliegenfischen

Die Flüsse in New Brunswick sind genau das, wovon Angler schon immer geträumt haben – Orte, an denen sie ihre Angel in die Strömung auswerfen und innerhalb weniger Minuten einen fetten Lachs oder eine gesprenkelte Forelle einholen können.

Wildtiere treffen

Egal, ob man ein begeisterter Vogelbeobachter ist oder nur einmal einen Elch sehen möchte – in New Brunswick gibt es jede Menge wildlebende Tiere. Die besten Chancen hat man auf der einsamen Machias Seal Island, wo sich die seltenen Papageientaucher zeigen.

S. 448

Prince Edward Island

Kultur
Küche
Strände

Alles über Anne

Die PEI ist wirklich so hübsch, wie es in den Büchern von L.M. Montgomery über die rothaarige *Anne von Green Gables* dargestellt wird. Annes Haarfarbe erinnert an den roten Sand der Region.

Hummer & Kartoffeln

Die Provinz wetteifert mit Idaho um den Status der nord- und südamerikanischen Hauptstadt der Kartoffel. In vielen Lokalen werden Gerichte mit dem Hummer der Insel serviert – und dazu der für die PEI typische Kartoffelsalat!

Sandstrände in Weiß & Rosa

In der Provinz gibt es Strandflächen aus Siena-Erde, über denen Leuchttürme aufragen, riesige Dünen und Abschnitte mit weißem Sand.

S. 497

Newfoundland & Labrador

Küstenszenerie
Kultur
Geschichte

Great Big Sea

Ein riesiger, mit Entenmuscheln besetzter Buckelwal schäumt durchs Wasser – und das vor der Kulisse hoch aufragender Eisberge. Ob man an der Küste wandert oder draußen im Boot ist, das Meer liefert immer Sehenswertes.

Sonderbare Kost

Der Akzent hört sich irisch an und der Slang ist kaum zu entschlüsseln. Auf dem Teller liegen Kabeljau, Bratapfelmarmelade und Feigenpudding. Hier ist alles so anders; hier gilt sogar eine eigene Zeitzone.

Überbleibsel aus der Zeit der Wikinger

In L'Anse aux Meadows, der 1000 Jahre alten Siedlung von Leif Eriksson, kann man die isolierte Randlage förmlich spüren.

S. 527

Manitoba

Tierwelt
Weites Land
Kultur

Weiße Bären & weiße Wale

Eisbären – das ist der Inbegriff der subarktischen Stadt Churchill. Die größten Fleischfresser dieser Hemisphäre tauchen im Herbst zu Hunderten auf. Im Sommer muss man mit Unmengen von Weißwalen rechnen.

Muskeg & Weizen

Fährt man durch den Süden, wird man von riesigen Weizenfeldern hypnotisiert, unterbrochen von riesigen Getreidespeichern. Im subarktischen Norden lebt ein ganzjährig grüner Landstrich von dem reichen Muskeg, einem sumpfartigen Boden aus Pflanzen, die vor Urzeiten abgestorben sind.

Oh Winnipeg!

Die Oase mit guten Restaurants, lebhaftem Nachtleben und moderner Kultur erhebt sich aus den Prärien.

S. 584

Saskatchewan

Tierwelt
Geschichte
Kultur

Elche & andere Tiere

Obwohl die Gegend entlegen ist, sind die Straßen, die sich durch diese Provinz ziehen, alles andere als unbelebt. In Saskatchewan leben die für Kanada typischen Tiere, besonders Elche, die die Salzlöcher am Straßenrand lieben.

Revolutionen

1885 lag Louis Riel im Streit mit dem Gesetz, und obwohl das Gesetz die Oberhand behielt, schlugen er und seine Gefolgsleute bei Batoche, einer Ureinwohner-Stadt, die sich für unabhängig erklärt hatte, fast die staatliche Armee.

Zwillingsstädte

Regina und Saskatoon bieten beide ein vielfältiges Abendprogramm. Restaurants nutzen die Erzeugnisse der Provinz und servieren sie mit den Bieren der regionalen Kleinbrauereien.

S. 610

Alberta

Aktivitäten
Wintersport
Festivals

Banff & Jasper

Zwei herrliche Parks und Hunderte Kilometer von Wanderwegen: Wer je seine verborgene Wanderlust ausleben will, der sollte es in diesen Nationalparks tun.

Langlauf

In den Skigebieten von Alberta wimmelt es nur so von Abfahrtsläufern, während das Hinterland so ruhig ist, dass man fast die Schneeflocken fallen hört. Hier geht nichts über eine Langlauftour durch das straßenlose Tonquin Valley von Jasper.

Fringe Festival

Edinburgh hat es erfunden, aber Edmonton hat dem Konzept des „alternativen Theaters" eine kanadische Note verliehen. Auf dem International Fringe Festival präsentieren erstklassige Künstler Comedy, Satire und allerlei Skurriles.

S. 636

British Columbia

Landschaften
Küche
Tierwelt

Atemberaubende Szenerie

BC ist mit seinen Bergen, den Küsten voller Fjorde, den uralten Wäldern und grünen Inseln ein Traumziel für Naturliebhaber.

Leckerbissen

Feinschmecker lieben die regionale Küche, aber auch die beste asiatische Gastronomie Nordamerikas und die Vielzahl regionaler Meeresfrüchte – dazu kommen ein Wein aus BC oder ein Bier aus einer der kleinen Brauereien der Gegend.

Pardies für Tiere

Die Inside Passage lebt! Fährt man mit einer Fähre die Küste entlang, sollte man Ausschau halten nach Orcas, Walen, Seelöwen und Vögeln. An Land ist die ganze Bandbreite von Tierarten vertreten, vor allem der Grizzlybär im Norden.

S. 720

Yukon Territory

Tierwelt
Parks
Geschichte

Meine Güte! Bären!

Der Alaska Highway trifft auf seiner Reise durch den gleichnamigen Staat den unteren Yukon. Wer hier anhält, um die Tierwelt zu bewundern, vergisst schnell, wohin er unterwegs ist. Bären, Elche, Bisons, Wölfe und Wapitis sind eine Augenweide.

So eine Schönheit!

Der Kluane National Park ist eine von der Unesco anerkannte Wildnis mit Gletschern, die sich ihren Weg durch Granit bahnen.

Gold!

Der Klondike-Goldrausch von 1898 prägt Yukon mit seinem Sinn für Abenteuer immer noch. Man kann bis nach Dawson City rudern, zu jener zeitlosen Stadt, die heute noch so lebendig ist wie damals.

S. 880

Northwest Territories

Nordlichter
Aktivitäten
Wintersport

Aurora Borealis

Die NWT sind der ideale Ort, um das Nordlicht zu erspähen: weit entferntes, sauberes Licht. Reisebegleiter nehmen die Gäste hinaus in die Nacht, wo diese dann geschützt in beheizten Aussichtsbereichen das Spektakel beobachten können.

Nahanni National Park

Der Nationalpark gehört zum Unesco-Welterbe und bietet Möglichkeiten für die spektakulärsten Fluss-Kajakfahrten in Kanada. Da dort keine Straßen hineinführen, wartet hier das wirkliche Abenteuer.

Arktische Säugetiere

In den Nordwest-Territorien gibt es keinerlei Skigebiete; man hat sich hier auf ausgefallenere Winteraktivitäten, etwa das Hundeschlittenfahren, spezialisiert.

S. 910

Nunavut

Tierwelt
Kultur
Parks

Arktische Säugetiere

Wer sich einem professionellen Veranstalter arktischer Exkursionen anschließt, kann auf so seltene Tiere wie Eisbären, Karibus, Walrosse, Nar- und Weißwale treffen.

Die Kunst der Ureinwohner

Eigentlich denken Reisende in Nunavut an alles andere als ans Einkaufen, aber die Kunst der Inuit ist eine der Attraktionen der Region. Souvenirläden finden sich in Cape Dorset, Pangnirtung und Iqaluit.

Ungezähmte Wildnis

Die vier Nationalparks in Nunavut garantieren ein Erlebnis in ungestörter Wildnis. Die unvergleichliche Einsamkeit in diesem einzigartigen Gebiet versöhnt mit der schwindelerregenden Höhe der Eintrittsgelder.

S. 936

Reiseziele

Yukon Territory
S. 880
Northwest Territories
S. 910
Nunavut
S. 936
British Columbia
S. 880
Alberta
S. 636
Saskatchewan
S. 610
Manitoba
S. 584
Ontario
S. 66
Québec
S. 253
Newfoundland & Labrador
S. 527
Prince Edward Island
S. 497
New Brunswick
S. 448
Nova Scotia
S. 376

Ontario

Inhalt ➡

Gut essen

- Lee (S. 113)
- Allen's (S. 120)
- ND Sushi (S. 114)
- Beckta Dining & Wine (S. 246)
- Buoys (S. 192)

Schön übernachten

- Trump Toronto (S. 104)
- Drake Hotel (S. 108)
- Taboo Resort (S. 178)
- Three Houses (S. 161)
- Planet Travelers Hostel (S. 108)

Auf nach Ontario!

Ontario lockt mit einer das ganze Jahr über atemberaubenden weiten Wildnis, endlosen Wäldern und einer reichen Tierwelt. Fast 40 % der kanadischen Bevölkerung leben hier, und das hat seinen Grund: Ontario ist größer als Frankreich und Spanien zusammen. Die über 250 000 Seen enthalten ein Drittel des Süßwassers der Erde.

Die meisten Bewohner Ontarios sind in der Provinzhauptstadt Toronto oder in Ottawa, der kosmopolitischen Bundeshauptstadt von ganz Kanada, zu Hause. Feinschmecker, Fashionistas und Unternehmungslustige sammeln sich in den Multikulti-Vierteln von Toronto. Beide Städte haben eine lebendige Kunst- und Entertainmentszene, die dank der nachbarlichen Einflüsse von New York und Montréal immer up to date ist.

Die Provinz Ontario an sich überrascht mit einer eindrucksvollen Landschaft, ihre Bewohner heißen Gäste besonders herzlich willkommen.

Reisezeit

Toronto

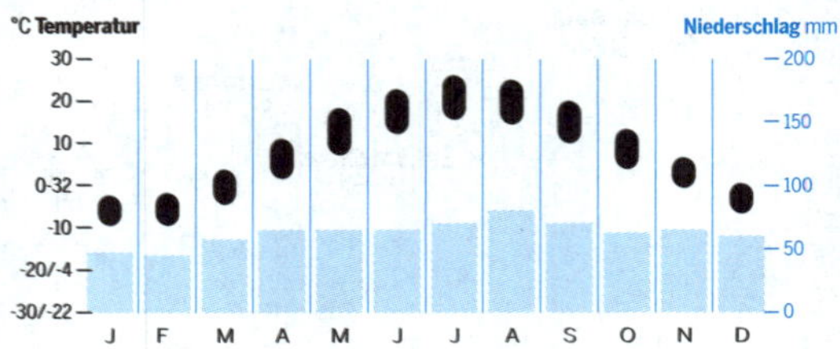

Mai–Juli Im Frühling lassen sich Elche, Eistaucher und Waldlilien in den Parks bestaunen.

Juli–Sept. Jetzt kann man die vielen Festivals in Toronto oder den Sommer auf dem Land genießen.

Sept.–Nov. In der gesamten Provinz stehen die Ahornbäume im bunten Herbstlaub

Nicht versäumen

Die **Niagara Peninsula** (S. 134) ist *das* Ziel für einen Tagesauflug aus dem hektischen Toronto, doch wer die Möglichkeit hat, sollte ein paar Tage dort bleiben. Nachdem man die Macht der Wasserfälle erlebt und die Touristenattraktionen ausgekostet hat, kann man sich auf den Weg zur fotogenen Kleinstadt **Niagara-on-the-Lake** (S. 147) mit ihren vielen Weinkellereien, Galerien, Boutiquen und Bistros machen. Es mangelt hier nicht an vorzüglichen Zimmern.

Auch ein Abstecher Richtung Osten nach **Prince Edward County** (S. 220), das als Feinschmecker-Destination im Kommen ist, lohnt sich. Die Landschaft ist hier mit Weingütern und Biobauernhöfen übersät, und hier findet sich auch der **Sandbanks Provincial Park** (S. 221) mit einigen der besten Badestrände am Ontariosee.

Wer am Fluss Spaß haben möchte, sollte die eineinhalb Stunden von Toronto entfernten historischen Nachbardörfer **Elora** und **Fergus** ausprobieren (S. 157), und wer seinen Puck sucht, wird beim Shakespeare Festival in **Stratford** (S. 159) fündig. Weit weg liegen im Norden die **Thunder Bay** (S. 204), die Küste des **Lake Superior** (S. 200) und die Landschaft der **Bruce Peninsula** (S. 187), an die sich im Westen die Sandstrände und wärmeren Gewässer des **Lake Huron** (S. 163) und im Osten die **Georgian Bay** (S. 181) anschließen.

WOMIT MAN RECHNEN MUSS

Ontario ist der Brotkorb, der Käseteller und die Salatschüssel Kanadas, und die Fülle von Brauereien und Weingütern trainiert den Trinkarm und weckt Appetit auf richtig gutes Essen. Wenn es darangeht, all diese Kalorien zu verbrennen, warum nicht eine Strecke mit dem Fahrrad auf einem der landschaftlich schönen Radwege zurücklegen, die über viele tausend Kilometer durch die Provinz führen? Angesichts des zu jeder Jahreszeit launischen Wetters braucht man eine gewisse Anpassungsfähigkeit und Humor. Nicht vergessen, hier gibt es eine reiche Tierwelt – ein Fernglas lohnt sich, um u. a. Vögel und Biber, Elche sowie Otter zu beobachten.

Für Schlechtwettertage hält fast jede bedeutendere Stadt ein Museum bereit – in Ottawa und Toronto gehören einige zu den besten der Welt. Geduld sollte man mitbringen, denn in Toronto kommen der Durchgangs- und der innerstädtische Verkehr oft zum Stehen. Ontario ist groß, beim Erkunden sollte man sich Zeit lassen.

Top-Parks in Ontario

- Algonquin Provincial Park (S. 213)
- Lake Superior Provincial Park (S. 201)
- Killarney Provincial Park (S. 194)
- Bruce Peninsula National Park (S. 189)
- Pukaskwa National Park (S. 202)
- Quetico Provincial Park (S. 206)

REISEPLANUNG

Wenn im kurzen Sommer die Tage lang sind, pulst in Ontario das Leben, immer gibt es irgendwo ein Festival. Am besten die Unterkunft im Voraus buchen.

Das Wetter kann in Ontario plötzlich umschlagen. Wer zeltet oder Outdoor-Aktivitäten plant, sollte für alle Temperaturen gewappnet sein und das Mückenspray nicht vergessen..

Kurzinfos

- Einwohner: 13 505 900
- Fläche: 1 076 395 km²
- Hauptstadt: Toronto
- Skurrile Fakten: Die längste Stadt der Welt, Yonge Street, beginnt in Toronto und führt über 1896 km zur Grenze zwischen Ontario und Minnesota.

Wein

Ontarios Weine werden mit jedem Jahrgang besser. Ein schönes Erlebnis sind die hübschen Weingärten von Niagara-on-the-Lake und im Prince Edward County.

Infos im Internet

- Ontario Travel Information Centre (www.ontariotravel.net) Filialen überall in der Provinz.
- Toronto Tourism (www.seetorontonow.com) Dahinter steht die Toronto Convention and Visitors Association.
- Ottawa Tourism (www.ottawatourism.ca) Ottawas offizielle Website für Touristen.

Highlights

1 Die Stadtviertel von **Toronto** entdecken (S. 72).

2 In **Ottawa** (S. 233) mit seinem französischen Flair und den Museen von Weltrang sich Kulturgenüssen hingeben.

3 Die Bruce Peninsula erkunden und dann die Fähre von Tobermory zur Insel **Manitoulin** (S. 191) nehmen.

4 Von Bord der *Maid of the Mist* die **Niagarafälle** (S. 137) bestaunen.

5 Auf den **Thousand Islands** (S. 228) und **Seen von Muskoka** (S. 176) die villenartigen Ferienhütten bewundern.

6 Im Ort **Stratford** (S. 159) die Aufführungen des Shakespeare-Festivals miterleben.

7 In den nördlichen Nationalparks, dem **Algonquin Provincial Park** (S. 213), **Pukaskwa National Park** (S. 202) und **Lake Superior Provincial Park** (S. 201), die Zivilisation hinter sich lassen.

Geschichte

Als die Europäer sich erstmals ihren Weg durch die Schneemassen nach Ontario bahnten, lebten bereits einige indigene Völker in dieser Region. Die Stämme der Algonquin und der Huronen bewohnten seit Langem den südlichen Abschnitt der Provinz, doch zur Zeit der europäischen Kolonisation Anfang des 18. Jhs. beherrschte die irokesische Konföderation (auch als „Five Nations" bekannt) die Länder südlich der Georgian Bay und im Osten bis Québec. Die Ojibwe (Anishinabe) bewohnten das Land nördlich der Großen Seen und im Westen bis zu den Prärien der Cree (heute Alberta und Saskatchewan).

Die ersten Europäer, die hier im 17. Jh. auftauchten, waren französische Pelzhändler, die zur Erleichterung des Handels auf dem Mississippi River einfache Forts errichteten. Mit der Ankunft der sogenannten United Empire Loyalists um etwa 1775 begann eine groß angelegte Besiedlung. Nach dem Britisch-Amerikanischen Krieg (1812–1814) trafen britische Immigranten in größerer Zahl ein. Ende des 19. Jhs. entwickelten sich Ontarios Farmen, Industrien und Städte rasch. Infolge der beiden Weltkriege kam es zu einer starken Zunahme der Einwanderer aus Europa – Toronto hat sich seither in eine der multikulturellsten Städte der Welt verwandelt.

Im Industrie- und Produktionszentrum Ontario wohnen rund 40 % der Einwohner Kanadas. Trotz der Wirtschaftsblüte in Alberta ist Ontario bei Immigranten von der anderen Seite des Globus mit festen Arbeitsabsichten immer noch die erste Wahl. Torontos bewährte Betreuung der Immigranten hat weiterhin eine große Anziehungskraft.

Einheimische Kultur

Toronto hat für jeden etwas zu bieten. Die Bewohner lieben ihre Stadt und scheinen ein wenig blind zu sein für ihre Schwächen: bitterkalte Winter, teurer Wohnraum, verstopfte Straßen und ein unzureichendes öffentliches Verkehrssystem. Sie lächeln mit zusammengebissenen Zähnen, als wäre es ihre Pflicht, die Stadt gegen Kritik zu verteidigen. Torontos ethnokulturelle Zusammensetzung ist so vielgestaltig, dass sie sich gegen jeden Versuch sperrt, sie zu bestimmen oder ihr zu widerstehen: Die Leute kommen einfach miteinander klar. Hier sind alle Lebenswege und alle Farben, Essenzen und Traditionen der Welt vertreten.

Außerhalb der kosmopolitischen Städte Toronto und Ottawa ist das ländliche Ontario im Allgemeinen homogen und unauffällig, obwohl manche Gemeinden französische, belgische, deutsche, chinesische und First-Nation-Wurzeln haben und es in der Arbeiterschaft viele Einwanderer gibt. Die Farmer sind praktische, unkomplizierte Menschen, die schwer arbeiten, Dinge dafür schätzen, dass sie funktionieren, und am Leben außerhalb der Farm nicht allzu viel Anteil nehmen. Die meisten Leute in Ontario sind freundlich gesinnt und freuen sich über ihren hohen Lebensstandard, ohne das Bedürfnis zu haben, damit anzugeben.

Ontario ist verrückter nach Eishockey als alle anderen Provinzen, denn hier ist Wayne „der Große" Gretzky zu Hause. Doch auch weniger gewalttätige Wintersportarten wie Curling haben immer noch ihre Anhänger. Eines ist allen gemeinsam: Bei gutem Wetter fahren Stadt- und Landbevölkerung in die Sonne und ans Meer, um in der Natur und mit der Familie zusammen zu sein: Essen, Wein, gute Freunde, eine anständige Unterhaltung oder Diskussion stehen allesamt hoch im Kurs.

Geografie & Klima

Ontario ist groß, mit einer maximalen Nord-Süd-Ausdehnung von 1730 km und einer maximalen Ost-West Ausdehnung von 1568 km. Die beiden wichtigsten Autobahnen sind die Trans-Canada von Ottawa bis kurz hinter Kenora und die 401, die von der Grenze zwischen Ontario und Québec Richtung Südwesten bis nach Windsor an der Grenze zu den USA bei Detroit führt. Anders als im zerklüfteten Westen Kanadas ist die Landschaft weitgehend flach mit einigen Gebirgsregionen und so vielen Seen, dass man mehr als ein Jahr bräuchte, um überall Steine übers Wasser hüpfen zu lassen: Die Küstenlinie von vier der fünf Großen Seen verläuft in Ontario. 50 % von Ontario (etwa 500 000 km^2) gehören zum nördlichen Nadelwaldgürtel (auch „Amazonien des Nordens" genannt), der sich über Kanada erstreckt. Er gehört zu den größten Kohlendioxidspeichern der Welt, beginnt ungefähr am 50. Breitengrad zwischen dem Lake Superior und der Hudson Bay und erstreckt sich in einem bis zu 1000 km breiten Band in Ost-West-Richtung über die Provinz.

In Südontario stoßen kalte Luft aus dem Norden und warme Luft aus der Gegend der Großen Seen zusammen, mit dem Ergebnis, dass es hier viel regnet, die Sommer feucht und die Winter eher mild sind. Im Winter versinkt die ganze Provinz unter einer dicken Schneedecke, wobei die Städte im Schneegürtel wie Parry Sound, Barrie und London (von der Georgian Bay bis zum Lake Huron) besonders schwer betroffen sind. Durch den Lake Ontario bleibt das Zentrum von Toronto oftmals von der Wucht der Schneefälle verschont, doch Winterstürme haben die Stadt schon zum Erliegen gebracht. Die Durchschnittstemperaturen im Januar reichen von etwa –4 °C an der Niagara Peninsula bis –18 °C im Norden.

Mit dem Nahen des Sommers wird es im Südwesten von Ontario und auf der Niagara Peninsula zunehmend heiß und stickig. In Toronto mit seiner Luftverschmutzung kann

ONTARIO: REISEROUTEN

Vier Tage

Zuerst gilt es sich in **Toronto** (S. 72) zu orientieren. Nach einem Besuch des **Yonge & Dundas Square** (S. 81), geht es weiter zum **CN Tower** (S. 76), um sich die Szene von oben anzusehen. Sobald man die richtige Peilung hat, macht man sich zu den Sehenswürdigkeiten, Geräuschen und Gerüchen der Kieze von Toronto auf, beginnend mit **Queen Street West** (S. 88) und **Kensington Market** (S. 90). Am nächsten Tag steht die King Street im Fokus: der **Entertainment District** (S. 79), dann der **St. Lawrence Market** (S. 78) und der **Distillery District** (S. 78). Bei der Fülle an Angeboten kann man allenfalls an der Oberfläche kratzen.

Mit einer Tour mit **Chariots of Fire** (S. 98) kann man auf besonders komfortable und preiswerte Weise das Beste von den **Niagarafällen** (S. 135) und von **Niagara-on-the-Lake** (S. 147) in einen Tag packen. Die Alternative wäre ein gemietetes Auto und eine Übernachtung dort. Richtung Westen geht's zu den hübsch am Fluss gelegenen Dörfern **Elora and Fergus** (S. 157). Der Besuch der Mennonitengemeinde von **St. Jacobs** (S. 155) ist eine Reise in die Vergangenheit, die sich abends mit einem Aufenthalt in der Kunst- und Gourmetstadt **Stratford** (S. 159) fortsetzen lässt. Nach einem Theaterbesuch im Rahmen des Festivals führt der Weg schleunigst zurück nach Toronto.

Zwei Wochen

In den wärmeren Monaten lässt sich Ontario auch mit dem Auto erkunden. Zur Vereinfachung kann man die beiden Rundtouren unten auch miteinander verbinden, doch man legt dabei weite Strecken zurück.

Natur-Rundreise: Los geht's Richtung Norden, um die Schönheit der Gegend um **Muskoka Lakes** (S. 176) zu erkunden, vom Westeingang aus kann man ein paar Tage zum Kanufahren und Elchebeobachten in den **Algonquin Provincial Park** (S. 213) hineinschnuppern, dann heißt es zurück und weiter im Geschwindschritt, bis man sich in **North Bay** (S. 211) oder **Sudbury** (S. 195) wieder sammeln kann. Begeisterte Camper machen sich zum **Killarney Provincial Park** (S. 193) auf, anderen, die lieber Einsam-keit mit leiblichen Genüssen verbinden, wird es eher auf der Insel **Manitoulin** gefallen (S. 191). Abenteuerlustige fahren durch **Sault Ste-Marie** (S. 198) und weiter zum **Lake Superior Provincial Park** (S. 201), müssen aber wieder zurück, um die Chi-Cheemaun-Fähre zum zauberhaften **Tobermory** (S. 189) zu nehmen. Weiter geht's zur **Bruce Peninsula** (S. 187) und über **Collingwood** (S. 185) zurück nach Toronto.

Kultur-Rundreise: Am Anfang stehen die oben beschriebenen vier Tage, dann geht es zu den Sehenswürdigkeiten im Osten. Der erste Stopp wird in **Prince Edward County** (S. 220) eingelegt, um den ländlichen Charme eines B&B, und das gute Essen und den guten Wein der Region zu genießen. Ein Halt zum Schwimmen bietet sich im **Sandbanks Provincial Park** (S. 221) an, dann ein oder zwei Übernachtungen in der historischen Stadt **Kingston** (S. 223). Weiter geht die Reise nach **Gananoque** (S. 229) zur Erkundung der reizenden **Thousand Islands** (S. 228), dann über **Brockville** (S. 231) und **Morrisburg** (S. 233) nach **Ottawa** (S. 233), in die stolze Bundeshauptstadt Kanadas. Wenn das erledigt ist, fährt man auf demselben Weg zurück und klappert alles ab, was man auf dem Hinweg verpasst hat.

ENTFERNUNGEN

Toronto–Niagara Falls: 125 km

Toronto–Windsor: 380 km

Toronto–Ottawa: 440 km

Toronto–Thunder Bay: 1470 km

es dann erdrückend schwül werden. Am Niagara Escarpment sind Sommerstürme nichts Außergewöhnliches, und manchmal führen die Wetterbedingungen auch zu Tornados. Die Durchschnittstemperatur im Juli beträgt hier etwa 23 °C und 15 °C im Norden. Spätfrühling und Frühherbst sind die besten Reisezeiten, dann ist es mild, die Tage sind lang und sonnig, und die Natur zeigt sich von ihrer schönsten Seite.

Parks & die Tierwelt

Sechs der kanadischen Nationalparks liegen in Ontario. Im Süden befinden sich der Georgian Bay Islands National Park, der Bruce Peninsula National Park, der Fathom Five National Marine Park und der Point Pelee National Park, der südlichste Punkt des kanadischen Festlandes. Im Norden liegen der Pukaskwa National Park und der St. Lawrence Islands National Park.

Insgesamt gibt es hier mehr als 330 Provincial Parks, viele davon mit Wander- und Campingeinrichtungen. Stellplätze für bis zu sechs Personen kosten zwischen 14 und 42 C$ pro Nacht (zzgl. 11,50 C$ Buchungsgebühr). Darunter sind einfache Campingplätze ohne Dusche oder Strom, aber auch schön gelegene Plätze mit Duschen und Elektrizität. Reservierungen sind am besten über **Ontario Parks** (☎888-668-7275; www.ontarioparks.com) möglich.

Die Provinz bietet eine reiche Tierwelt. Man kann hier Rotwild, Schwarzbären, Streifenhörnchen, Waschbären, Biber, Stinktiere, Schildkröten und alle möglichen Vögel beobachten. Der Elch, Ontarios charismatisches Riesentier, ist aus dem Süden größtenteils verschwunden, doch je weiter man nach Norden vordringt, desto größer ist die Wahrscheinlichkeit, dass man auf einen dieser haarigen Gesellen trifft: Sie kommen im Frühling heraus, um das Salz der Winterstreuung von der Straße zu lecken, und sind deshalb häufig am Wegesrand zu entdecken.

ℹ Anreise & Unterwegs vor Ort

AUTO & MOTORRAD

Außerhalb von Toronto sind die Straßen in Ontario in einem guten Zustand, sodass das Fahren Spaß macht (sobald man den Highway 401 verlassen hat). Um die Provinz zu genießen, ist ein Mietwagen praktisch unverzichtbar, doch nicht zur Erkundung von Toronto – das Fahren und Parken ist selbst für die Einwohner, die sich ja immerhin auskennen, eine Plage. Man sollte den Wagen also erst für den Tag mieten, an dem man Toronto verlässt, und innerhalb der Stadt die Toronto Transit Commission (TTC) nutzen. Es gibt genügend Leihwagen-Agenturen. In Ontario dürfen Autofahrer an einer roten Ampel rechts abbiegen, wenn das Fahrzeug zuvor komplett zum Stillstand gekommen ist. Simsen oder Telefonieren ist während der Fahrt generell verboten.

BUS

Als generelle Regel deckt **Greyhound Canada** (www.greyhound.ca) von Toronto aus den Südwesten Ontarios und Ottawa ab. **Ontario Northland** (www.ontarionorthland.ca) kümmert sich um Nordontario, und **Megabus** (☎866-488-4452; www.megabus.com) bietet spottbillige Verbindungen durch den östlichen Korridor zwischen Toronto und Montréal sowie zu den Niagarafällen und fährt auch über die Grenze nach Buffalo (US-Bundesstaat New York). Busfahrkarten sollte man mindestens eine Woche im Voraus kaufen, dann kann der Fahrpreis manchmal um die Hälfte billiger sein. Wenn eine Gesellschaft nicht die gewünschte Verbindung bedient, sollte man die Angebote der Konkurrenz prüfen. Parkbus (S. 1024) hat ein saisonal begrenztes Spektrum von Verbindungen zu den schönsten National- und Provinzparks von Ontario.

FLUGZEUG

Die meisten kanadischen Fluglinien und die größeren internationalen Fluggesellschaften landen auf dem **Lester B Pearson International Airport** in Toronto (YYZ; ☎866-207-1690, Terminal 3 416-776-5100, Terminals 1 & 2 416-247-7678; www.gtaa.com). Von hier aus fliegen **Air Canada** (www.aircanada.com) und **WestJet** (www.westjet.com) Ziele in der ganzen Provinz und darüber hinaus an. Vom in der Stadt gelegenen **Billy Bishop Toronto City Airport** (YTZ; ☎416-203-6942; www.torontoport.com/airport.aspx) bedient **Porter** (☎888-619-8622; www.flyporter.com) Ziele in Nordontario und fliegt außerdem u. a. nach Ottawa, Montréal, Chicago, New York, Boston und Washington. **First Air** (☎800-267-1247; www.firstair.ca) und **Canadian North** (☎800-661-1505; www.canadiannorth.com) verbinden Toronto und Ottawa mit Iqaluit in Nunavut.

ZUG

VIA Rail (☎ 888-842-7245; www.viarail.ca) betreibt Züge auf der Strecke Ontario–Québec von Windsor im Südwesten bis nach Montréal (162 C$, 11½ Std., 3-mal tgl.). VIA Rail bedient auch eine Trans-Canada-Linie mit Stopp in Nordontario auf dem Weg nach Manitoba und darüber hinaus. Die Züge haben freien Internetzugang an Bord.

GO Train (www.gotransit.com) ist Torontos Pendlerzug mit unregelmäßigem Fahrplan, der manchmal nach Hamilton, zu den Niagarafällen und nach Barrie fährt.

TORONTO

5,2 MIO. EW.

Willkommen in Toronto, der Stadt mit der größten multikulturellen Vielfalt *auf Erden:* Hier werden über 140 Sprachen gesprochen. Mit Augen, Ohren, Nase und Zunge kann man spüren, wie in den Straßen der vielen Kieze von Toronto fast alle Nationen friedlich zusammentreffen: ein kultureller Mikrokosmos, der in einem „größeren Zusammenhalt" gedeiht. Auch wenn dieser etwas verschwommen sein mag, wird er doch von stolzen Einheimischen unermüdlich verteidigt. Die Wahrscheinlichkeit ist groß, sich hier gut aufgenommen zu fühlen: Schätzungsweise über die Hälfte der Bewohner von Toronto ist außerhalb von Kanada geboren, und trotz der komplizierten Zusammensetzung kommen die Toronter im Allgemeinen gut damit zurecht. Berichte über Intoleranz und rassistisch bedingte Gewalt gibt es hier selten. Das spielte zweifellos eine Rolle, als Toronto die Bewerbung als Gastgeber der Panamerikanischen Spiele 2015 (10. bis 26. Juli) gewann. Die drittgrößte internationale Multisportveranstaltung soll 1,5 Mrd. C$ kosten und mindestens 250 000 Besucher in die Stadt locken.

Bei schönem Wetter ist Toronto ein Kracher – eine lebendige Stadt der Superlative, in der unglaublich viel los ist: einige der besten Restaurants weltweit, Happening-Bars, Clubs und die verschiedensten Festivals sind hier zu finden. Im Hochsommer bilden die schwülen innerstädtischen Viertel eine endlose Reihe von Patios, die aus allen Nähten platzen: Man trinkt und isst unter freiem Himmel. Solange es geht, nehmen die Einheimischen jeden Sonnenstrahl, jeden Tropfen Bier oder Martini mit.

Im Winter kann einem Toronto jedoch echt die Laune verderben. Das Straßennetz leidet unter unerträglicher Luftverschmutzung und bricht immer mal wieder zusammen. Ein hoffnungslos veraltetes öffentliches Verkehrssystem ächzt unter dem Gewicht einer wachsenden Bevölkerung und kämpft damit, die sich immer weiter ausdehnenden Randbezirke angemessen zu versorgen. Zu der Zeit, als dieses Buch geschrieben wurde, hätten die groß angelegten Infrastrukturmaßnahmen, mit denen die unersättliche Ausbreitung der Stadt unterstützt werden sollte, längst gestartet sein sollen. Doch es war nur eine vage Vision über die Zukunft des öffentlichen Nahverkehrs erkennbar, und nur eine Handvoll lange überfälliger Großprojekte wurde in Angriff genommen (S. 75).

Wer mit Geduld und Offenheit und während der angenehm gemäßigten, bunten Frühlings- und Herbstmonate kommt, wird mit Sicherheit eine wunderbare Zeit erleben. Wonach man auch sucht, eigentlich kann man sicher sein, es – letztendlich – in Toronto auch zu finden.

Geschichte

Im 17. Jh. gehörte das Gebiet des heutigen Toronto zum Land der Seneca-Indianer. Der Franzose Étienne Brûlé betrat als erster Europäer 1615 das Land. Die Indianer waren über seinen Besuch nicht besonders erfreut; der eisige Empfang, die sie ihm bereiteten, verhinderte vorübergehend eine weitere Erschließung durch die Franzosen. Erst fast hundert Jahre später, um 1720 gründeten sie einen Pelzhandelsposten am heutigen Westrand der Stadt.

1793 übernahmen die Engländer die Macht, und John Simcoe, Vizegouverneur von Upper Canada, wählte den Ort als Hauptstadt (die frühere Hauptstadt war Niagara-on-the-Lake) und nannte die Stadt „York". Am 27. April 1813, während des Britisch-Amerikanischen Kriegs, erreichten amerikanische Streitkräfte Fort York und besiegten die Truppen der Engländer und der Ojibwe. Die Amerikaner plünderten York und machten es beinahe dem Erdboden gleich. Sie beherrschten es sechs Tage lang, denn die kanadischen Truppen rückten vor und jagten die Yankees aus dem Land zurück in ihr heimatliches Washington.

York wurde 1834, unter Bürgermeister William Lyon Mackenzie, in Toronto umbenannt. Das Wort stammt aus der Eingeborenensprache und bedeutet „Treffpunkt". Die viktorianische, von konservativen Politi-

Greater Toronto Area (GTA)

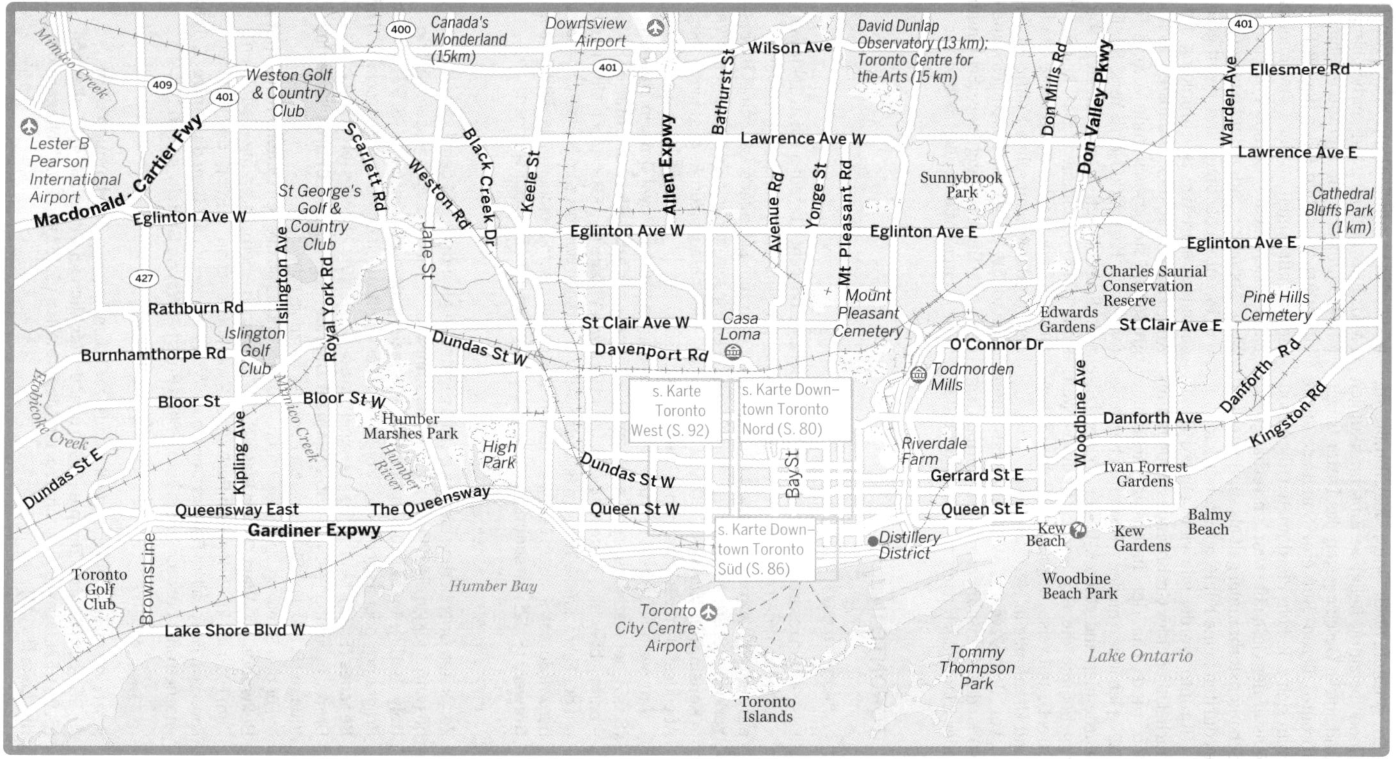

kern geleitete Stadt, wurde als „Toronto the Good“ bekannt. Religiöse Einschränkungen und starke Gesetze gegen das Laster trugen Toronto diesen Ruf ein: Sonntags durfte man sich z. B. kein Pferd mieten, die Schaufenster der Geschäfte wurden verhängt (ein Schaufensterbummel galt als sündhaft), und es durften keine Filme gezeigt werden.

Toronto wurde, wie viele andere Städte auch, Opfer eines Großbrandes; 1904 brannten rund 5 ha der Innenstadtfläche und 122 Gebäude nieder. Erstaunlicherweise wurde niemand getötet. In den 1920er-Jahren boomte die Bay Street (Torontos Wall Street), teilweise wegen der Gold-, Silber- und Uranfunde in Nord-Ontario.

Vor dem Zweiten Weltkrieg stammten 80 % der Einwohner aus Großbritannien oder Irland, doch nach dem Krieg veränderte sich das kulturelle Gesicht der Stadt. Über 1 Mio. Einwanderer sind seither eingetroffen: Qualifizierte Immigranten, aber auch Flüchtlinge aus allen Teilen der Welt kamen hierher; ihr Anteil an der Einwohnerschaft nähert sich heute der 50-Prozent-Marke. Neue Sprachen, Sitten und Speisen machten Toronto lebendiger und beseitigten die chronisch einseitige Beschränkung auf das Angelsächsische. 1998 schlossen sich fünf große und stetig wachsende Vororte Torontos – York, East York, North York, Etobicoke, und Scarborough – zur Greater Toronto Area (GTA) zusammen. Das heutige boomende Toronto, die fünftgrößte Stadt auf dem nordamerikanischen Kontinent (hinter Mexiko City, New York, Los Angeles und Chicago), von ihren Anfängen als „Schlammiges York“ weiter entfernt als jemals zuvor.

TORONTO IN ...

... zwei Tagen

Lust auf ein rasantes Wochenende? Mit dem Fahrstuhl geht's hinauf auf den CN Tower – höher kommen die Toronter ohne Flügel oder Drogen nicht. Nach dem Mittagessen auf dem **St. Lawrence Market** (S. 111) steuert man zum Schaufensterbummel **Bloor-Yorkville** (S. 84) an. Nachdem man sich dort seine Inspirationen geholt hat, kann man in **Kensington Market** (S. 90) viel Stil für wenig Geld herausholen. Es folgt ein leichtes Abendessen mit Teigtaschen in **Chinatown** (S. 113).

Am zweiten Tag geht es früh los zur Erkundung des tollen **Royal Ontario Museum** (S. 85), der faszinierenden **Casa Loma** (S. 85) oder der **Art Gallery of Ontario** (S. 83) – dann gibt es eine lange Mittagspause in **Baldwin Village** (S. 113). Danach fährt man mit der Fähre auf die **Toronto Islands** (S. 91) und radelt dort bis zum Sonnenuntergang herum. Zurück auf dem Festland, kann man sich mit einem Bierchen in der **Mill Street Brewery** (S. 121) im stimmungsvollen **Distillery District** (S. 78) entspannen.

... vier Tagen

Zur ersten Orientierung bietet sich eine Sightseeing-Rundtour mit dem Doppeldeckerbus an, es folgen die Erkundung von **The Annex** (S. 85) und ein Mittagessen in **Little Italy** (S. 117). Am zweiten Tag steht unser **Spaziergang** durch die Viertel (S. 99) auf dem Programm, oder es geht zum Brunch nach **Leslieville** nach Osten, um fit zu sein für **The Beaches** (S. 90). Man suche sich einen **Patio** (S. 122) fürs Abendessen oder ein paar Drinks, bevor man sich im **Entertainment District** (S. 79) oder in **Church-Wellesley Village** (S. 84) eine Show ansieht oder das Tanzbein schwingt.

Für den Streifzug durch die Boutiquen, Bars und Esslokale von **Queen West**, **Trinity Bellwoods** und **West Queen West** (S. 88) sollte man einen ganzen Tag reservieren. Zum Picknick lockt der **High Park** (S. 93), wer aber eher auf Hotdogs und Bier steht, kann sich Baseball im **Rogers Centre** (S. 77), Eishockey im **Air Canada Centre** (S. 128) ansehen oder bekommt alles zum halben Preis bei **Wayne Gretzky's** (S. 121).

... einer Woche

Jetzt geht es aus der Innenstadt hinaus, zur Erkundung von **Scarborough Bluffs** (S. 95), dem **Sharon Temple** (S. 96) oder der **McMichael Canadian Art Collection** (S. 96). Ein Tagesausflug führt zu den **Niagarafällen** (S. 135) und nach **Niagara-on-the-Lake** (S. 147).

WAS REITET DEN BÜRGERMEISTER?

Im Jahr 2013 machte ein Skandal weltweit Schlagzeilen: Der demokratisch gewählte Bürgermeister von Toronto, Rob Ford, räumte ein, Crack geraucht zu haben. Ein Video, das ihn angeblich auf frischer Tat zeigte, bewegte ihn zu dem Geständnis. Der daraufhin einsetzende globale Medienzirkus tat weder dem umlagerten Bürgermeister noch dem Ansehen der Stadt innerhalb und außerhalb Kanadas gut. Die jüngsten Enthüllungen lieferten Fords Gegnern weitere Gründe, seinen Rücktritt zu fordern, zusätzlich zu der Unzufriedenheit mit seiner „Vorstadt-Politik" und dem fehlenden Charisma, um es mal so zu sagen. Als dieses Buch geschrieben wurde, hatte man Ford zwar weitreichende Befugnisse entzogen, er weigerte sich aber zurückzutreten.

Was bedeutet all das für die Einwohner von Toronto? Die Meinungen sind geteilt, doch im Allgemeinen herrscht rund um diese Ereignisse die Empfindung vor, dass das Bürgermeisteramt beschädigt und die Sache peinlich sei. Seitdem er 2010 an die Macht kam, hat Ford in seinem Bemühen, die städtischen Ausgaben um 3 Mrd. zu kürzen, eine für die Kommune einträgliche Autosteuer beseitigen lassen, eine Reihe von kurz zuvor eingerichteten Fahrradspuren wieder abgeschafft und den vorher fest beschlossenen Transit-City-Plan zur Zukunft des öffentlichen Nahverkehrs zusammengestrichen, die städtische Müllabfuhr privatisiert und erhebliche Kürzungen an Projekten zur Verschönerung der Stadt und zum Erhalt der Parks vorgenommen. Im Ergebnis waren die Autofahrer der Vorstädte glücklicher, doch in den verpesteten innerstädtischen Vierteln und unter den frustrierten Pendlern kochte es.

Ford bleibt eine Figur, die polarisiert, und seine Unterstützung durch die beachtliche „Ford Nation"-Kampagne, die sich auf Wähler aus den Vorstädten am Stadtrand stützt, hat nicht abgenommen. Wenn die Toronter das nächste Mal zu den Wahlurnen gerufen werden, werden sie dem demokratischen Vorgang wahrscheinlich eine weitaus größere Beachtung schenken. Der unverwüstliche Mr. Ford hat versprochen, wieder ins Rennen zu gehen.

Sehenswertes

Torontos Innenstadt bildet ein Schachbrettmuster, in dem man sich zurechtfindet. Umgeben ist es von einem Sammelsurium von künstlerisch, ethnisch oder historisch geprägten Nachbarschaften. Die längste Straße der Welt, die Yonge Street, gliedert die City: Jede Straße in Ost-West-Richtung bezieht sich auf ihre Lage zur Yonge. Anders als in New York gibt es keine Unterscheidung nach Richtungen zwischen Avenues und Streets: Die Spadina Avenue verläuft in Nord-Süd-, die Danforth Avenue in Ost-West-Richtung. Es gibt eine Straße mit Namen Avenue Road, das stelle man sich vor!

Die meisten Sehenswürdigkeiten drängen sich rund um die Harbourfront, den Entertainment und Financial District am südlichen Ende der Downtown. Hier finden sich der CN Tower, das Stadion Rogers Centre, das Harbourfront Centre, die Union Station und das Theaterviertel.

Die Toronto Islands am Südende des Sees sind der Rückzugsort der Einheimischen. Hier kann man zur Ruhe kommen, aber auch den mit Abstand besten Blick auf die überwältigende Skyline von Toronto genießen – der einen halben Tag dauernde Ausflug lohnt sich also. Zurück auf dem Festland: Östlich der Yonge Street und westlich des Don Valley Parkways erstrecken sich in Old York die ältesten und am besten erhaltenen Viertel Torontos. Abgesehen davon ist es nicht sehr wahrscheinlich, dass sich ein Besucher von den Schönheiten Torontos verführen lässt, unsere Empfehlung lautet daher, Charme und Charakter der Stadt zu erschnuppern, und die findet man ein wenig weiter draußen. Es sind einfach zu viele Viertel, die sich hier aufzählen ließen, weshalb wir uns auf die reizvollsten beschränkt haben. Um sich ein Bild von ihnen zu machen, sollte man auf jeden Fall jeweils den ersten Abschnitt mit den wichtigsten Informationen lesen. Viele behaupten, im Westen sei es am besten: Hier liegen The Annex, Kensington Market und Queen West.

Der Osten hat eine ganz andere Ausstrahlung: ebenso angesagt, aber stärker geerdet. Leslieville, die Greektown (alias The Danforth), in die alle gern zum Essen kommen, und The Beaches, die von ihrer Ausstrahlung etwas von San Francisco haben, sind die Hauptanziehungspunkte.

Wir empfehlen die TTC (Toronto Transit Commission), um rumzukommen – das Autofahren ist in Toronto eine Kunst, die viele Einheimische noch nicht beherrschen, die Parkgebühren sind astronomisch hoch und die Straßen verpestet. Die morgendlichen und abendlichen Stoßzeiten sollte man meiden, denn dann sind U-Bahnen und Straßenbahnen überfüllt, und es kommt häufig zu Verspätungen.

Harbourfront

Am Ende der Yonge Street und der York Street liegt das sanierte Viertel Harbourfront am Ontariosee. Das Hafenviertel war früher ein heruntergekommenes Gebiet mit Lagerhäusern, Fabriken und Dockanlagen. Heute wimmelt es rund um die Restaurants, Theater, Galerien, Künstlerateliers, Geschäfte, Wohnhäuser und Parkanlagen am Queens Quay nur so von Menschen. Die Fähren zu den Toronto Islands legen hier ab.

★ CN Tower BEMERKENSWERTES GEBÄUDE

(La Tour CN; Karte S. 86; ☎416-868-6937; www.cntower.ca; 301 Front St W; Tower-Erlebnis Erw./Kind 32/24 C$, Skypod +12 C$, EdgeWalk 175 C$; ⏲So–Do 9–22, Fr & Sa bis 23 Uhr; S Union) Torontos cooler CN Tower, ein Wunderwerk der Technik aus den 1970er-Jahren, sieht wie eine riesige Hohlnadel aus Beton aus. Seine eigentliche Aufgabe als Telekommunikationsturm ist ein wenig in den Hintergrund getreten gegenüber dem Bestreben, den Touristen möglichst viel Geld aus der Tasche zu ziehen: Die Fahrt mit dem Glasaufzug hinauf auf das bis 2007 höchste frei stehende Gebäude der Welt (553 m) gehört zu den Erfahrungen, die man sich einfach nicht entgehen lassen kann. Wer trotzdem lieber darauf verzichtet, kann gratis den Blick auf den Tower bei Nacht genießen, dann erstrahlt der ganze Bau in einer Lightshow. Den besten Blick hat man wohl von der Kreuzung McCaul Street und Queen Street West nördlich vom Turm.

An klaren Tagen ist der Blick von der Spitze atemberaubend; bei Nebel (der häufig vorkommt) sieht man gar nichts. In den Schlangen vor den Aufzügen kann man – in jede Richtung – schon mal zwei Stunden warten. Wer die Eintrittskarte online kauft, spart 15 %. Mit dazu gehört der Besuch des Drehrestaurants „360°": Es ist zwar teuer, aber der Ticketpreis für den Aufzug wird beim Essen gegengerechnet. Draufgänger (Mindestalter 13 Jahre) mit dem nötigen Kleingeld können sich neuerdings für den EdgeWalk entscheiden, einen 20-minütigen Spaziergang mit Sicherungsdraht rund um die nicht eingegitterte Hauptplattform in 356 m Höhe. Das ist wahrlich nichts für Leute mit schwachen Nerven.

Harbourfront Centre WAHRZEICHEN

(Karte S. 86; ☎416-973-4000; www.harbourfrontcentre.com; York Quay, 235 Queens Quay W; ⏲Kasse Di–Sa 13–18, bei Vorstellungen bis 20 Uhr; 🚋509, 510) Das 4 ha große, gemeinnützige Harbourfront Centre ist dazu da, die ethnisch vielfältige Community von Toronto zu belehren und zu unterhalten, und zwar durch ein Kaleidoskop von Aufführungen und Events, für die zahlreiche Bühnen und Hallen bereitstehen. Viele richten sich an Kinder, und einige sind kostenlos. Es gibt auch eine Eisbahn am Seeufer, auf der man im Winter auf Schlittschuhen seine Runden drehen kann. Unbedingt die kostenlosen Galerien besichtigen, darunter die **Photo Passage** und das aktive **Craft Studio**.

Der **Toronto Music Garden** wurde in Zusammenarbeit mit dem Cellisten Yo-Yo Ma entworfen und fügt sich grazil in die westliche Hafengegend ein. Die Gartengestaltung soll Bachs *Suite Nr. 1 für Violoncello solo* versinnbildlichen – mit einem bogenförmigen Hain aus Koniferen, einem sich durch Wildblumenwiesen windenden Weg und einem grasbewachsenen Amphitheater, in dem Gratiskonzerte stattfinden.

Im Juni 2013 haben mit dem **Canada Square** (Karte S. 86) und dem **Ontario Square** (Karte S. 86) zwei weitere große öffentliche Anlagen eröffnet. Bei der Entstehung dieses Buches waren die Bauarbeiten zur Verbesserung der Zugangsmöglichkeiten und für zusätzliche Parkplätze noch nicht abgeschlossen. Auf der Homepage erfährt man die neuesten Details.

Power Plant Gallery GALLERY

(Karte S. 86; ☎416-973-4949; www.thepowerplant.org; ⏲Di, Mi & So 10–18, Do–Sa bis 20 Uhr) GRATIS Die Power Plant Gallery am Harbourfront Centre ist am bemalten Schornstein leicht zu erkennen und ist genau das, was ihr Name sagt – ein früheres Kraftwerk, das zur führenden Galerie in Toronto für zeitgenössische kanadische Kunst umgewidmet wurde. Das Beste daran: Der Besuch ist gratis, und es gibt regelmäßig wechselnde, interessante Ausstellungen.

Steam Whistle Brewing BRAUEREI

(Karte S. 86; www.steamwhistle.ca; 255 Bremner Blvd; Führung 45 Min. 10 C$; ⏲ Mo–Do 12–18, Fr & Sa 11–18, So bis 17 Uhr; S Union, 509, 510) „Mach nur eine Sache, die aber richtig", lautet das Motto von Steam Whistle Brewing, denn die Kleinbrauerei produziert nur eine Biersorte: ein frisches Pilsner im europäischen Stil. Steam Whistle mixt sein blubberndes Gebräu in einem Bahndepot von 1929 zusammen und ist immer darauf bedacht, dies umweltfreundlich zu tun – zum Teil durch die Nutzung von erneuerbaren Energien, Dampfbeheizung, ausschließlich natürlichen Zutaten (oft aus der Region) und super-coolen Ginger-Ale-Flaschen, die bis zu 40-mal wiederverwendet werden können. Führungen mit Kostproben gibt es zwischen 13 und 17 Uhr jede halbe Stunde.

Rogers Centre STADION

(Karte S. 86; ☎ 416-341-2770; www.rogerscentre.com; 1 Blue Jays Way; Führung 1 Std. Erw./Kind 16/10 C$; S Union) Das mit seiner technischen Ausrüstung beeindruckende Rogers Centre wurde 1989 eröffnet. Es war das weltweit erste Stadion mit einem Kuppeldach, das vollständig geöffnet werden kann, und bietet Sitzplätze für bis zu 55 000 Menschen. Im Rahmen der Führung bekommt man eine imposante Videowand zu Gesicht, auf der Aufnahmen von sportlichen Glanzleistungen, Konzerten und Events gezeigt werden. Außerdem macht man einen kurzen Sprint durch eine der Logen, einen Abstecher in die Umkleidekabinen (ohne Sportler drinnen) und einen Besuch in dem Museum mit Erinnerungsstücken. Ein billige Karte für ein Baseballspiel der Blue Jays oder ein Footballspiel der Argonauts ist der preisgünstigste Weg, ins Rogers Centre zu kommen.

Fort York National Historic Site HISTORISCHE STÄTTE

(☎ 416-392-6907; www.fortyork.ca; 250 Fort York Blvd; Erw./Kind 9/4.25 C$; ⏲ 10–17 Uhr; 509, 511) Fort York wurde 1793 von den Briten zur Verteidigung der Stadt York (wie Toronto damals hieß) errichtet und während des Krieges von 1812 fast vollständig zerstört: Eine kleine Gruppe von Ojibwe-Kriegern und britische Truppen konnten die Angreifer aus den USA nicht aufhalten. Ein paar der originalen Holz-, Stein- und Backsteinbauten wurden restauriert. Das Fort ist das ganze Jahr über geöffnet; auf der Homepage gibt es Infos über besondere Veranstaltungen und Führungen. Zwischen Mai und Dezember führen Männer in britischen Militäruniformen aus dem 19. Jh. Märsche und Drillübungen vor und feuern krachende Musketensalven in die Luft.

Spadina Quay Wetlands PARK

(Karte S. 86; ☎ 416-392-1111; www.toronto.ca/harbourfront/spadina_quay_wet.htm; 479 Queens Quay W; ⏲ Sonnenaufgang bis Sonnenuntergang; 509, 510) Der ehemalige Parkplatz am See wurde in die 2800 m^2 große Spadina Quay Wetlands umgewandelt, ein lebendiges, nachhaltiges Ökosystem voller Frösche, Vögel, Fische und Schmetterlinge. Als Fischer herausfanden, dass in jedem Frühjahr die Hechte hier im See laichen, übernahm die Stadt die Aufgabe, dieses neue Habitat zu erschaffen. Die ganze Anlage, komplett mit blühender Heidelandschaft, Pappeln und einem Vogelhaus, ist ein kleines Juwel, das die Sanierung des Hafenviertels eingeläutet hat

Ripley's Aquarium of Canada AQUARIUM

(Karte S. 86; ☎ 416-360-7831; www.ripleysaquariumofcanada.com; 288 Bremner Blvd; Erw./Kind 30/20 C$; ⏲ tgl. 9–21 Uhr, Jan.–Juni So–Do bis 18 Uhr) Ripley's Aquarium of Canada ist als heißeste neue Attraktion für Jung und Alt ausersehen. Hier erwarten die Besucher 15 000 im Wasser lebende Tiere, 5,7 Millionen Liter Wasser in den miteinander verbundenen Becken ebenso wie Übernachtungspartys, Streichelbecken und Lehrvorführungen zum Tauchen.

Exhibition Place WAHRZEICHEN

(☎ 416-263-3600; www.explace.on.ca; abseist des Lake Shore Blvd W, zw. Strachan Ave & Dufferin St; 509, 511) Jedes Jahr im August wird der historische Exhibition Place für seinen ursprünglichen Bestimmungszweck wiedererweckt: die Canadian National Exhibition. Während der „Ex" kommen Millionen von Besuchern wegen der Fahrgeschäfte, der Holzfällerwettbewerbe und der vielen bodenständigen Vergnügungen, die lustiger sind als ein Sonntagsschul-Picknick. Die Beaux-Arts-Statue *Victory* über dem Princes' Gate wurde 1927 zum 60. Jahrestag Kanadas hier aufgestellt. Es gibt noch andere Events, die im Laufe des Jahres im Exhibition Place stattfinden, z. B. der Honda Indy Toronto im Juli, eine Menge Zuschauersportereignisse und Indie-Design-Shows. Ansonsten ist das Gelände oft wie ausgestorben.

Financial District

Union Station ist der Verkehrsknotenpunkt in Kanada mit dem meisten Betrieb, den etwa 250 000 Passagiere pro Tag nutzen. Derzeit erlebt er eine umfangreiche Sanierung, und bis zum geschätzten Abschluss 2016 herrscht im Bahnhof, im U-Bahn-Bereich und in den Straßen ringsum ein heilloses Durcheinander. Wir hoffen, unseren Lesern in der nächsten Auflage bessere Nachrichten geben zu können. Die Gegend direkt im Norden des Bahnhofs auf der King Street und Adelaide Street und die Bay Street im Westen sind so etwas wie Torontos Wall Street. Hier stehen die schönsten Wolkenkratzer, und die „Bay Street Boys" tun ihr Bestes, sich vorzumachen, dass dies eigentlich New York sei.

Hockey Hall of Fame MUSEUM

(Karte S. 86; ☎416-360-7765; www.hhof.com; Brookfield Pl, 30 Yonge St; Erw./Kind 17.50/11 C$; ⏲9.30–18 Uhr; S Union) Die in einem prunkvollen grauen Gebäude im Rokokostil der Bank of Montréal untergebrachte Hockey Hall of Fame ist eine kanadische Institution. Selbst Besucher, die sich im superschnellen, äußerst harten Sport nicht auskennen, werden wahrscheinlich von dieser größten Sammlung von Eishockey-Memorabilien der Welt beeindruckt sein. Man sollte einen Blick auf die Torwartmasken-Sammlung werfen, die an den Film *Blutgericht in Texas* erinnert, oder in einem virtuellen Spiel gegen den großen Wayne Gretzky antreten.

Cloud Gardens Conservatory GARTEN

(Karte S. 80; ☎416-392-7288; 14 Temperance St; ⏲Mo–Fr 10–14.30 Uhr; S Queen) GRATIS Das schwüle Cloud Forest Conservatory ist ein überraschender Rückzugsort voller riesiger Dschungelblätter, Weinreben und Palmen. Informationstafeln geben Antwort auf Fragen wie: „Was sind Regenwälder?" Dies ist im Winter ein toller Ort, um sich aufzuwärmen. Nach Einbruch der Dunkelheit sollte man das Gebiet aber lieber meiden, denn im Park nebenan könnten sich ein paar zwielichtige Typen rumtreiben.

TD Gallery of Inuit Art MUSEUM

(Karte S. 86; ☎416-982-8473; www.td.com/inuitart/gallery/inuit-gallery; Erdgeschoss & Hochparterre, TD Centre, 79 Wellington St W; ⏲Mo–Fr 8–18, Sa & So 10–16 Uhr; S St Andrew) GRATIS Mitten im Trubel des Financial District bietet die Toronto Dominion Gallery of Inuit Art eine überraschend ruhige Zuflucht. Sie gewährt außergewöhnliche Einblicke in die Kultur der Inuit. Im Toronto-Dominion Centre sind in Glasvitrinen Otter, Bären, Adler und geschnitzte Inuit-Figuren in Alltagsszenen ausgestellt.

Design Exchange MUSEUM

(DX; Karte S. 86; ☎416-363-6121; www.dx.org; 234 Bay St; Erw./Kind 10/8 C$, wechselnde Preise bei Sonderausstellungen; ⏲So–Mi 10–18, Do–Sa bis 21 Uhr) Die ursprüngliche Börse von Toronto beherbergt heute beeindruckende Ausstellungen zum Thema Industriedesign. Im Rahmen der Dauerausstellung sieht man mehr als 1000 kanadische Exponate aus sechs Jahrzehnten. Die 30 Minuten dauernden Führungen (15 C$) sollte man im Voraus buchen.

Old York

Historisch gesehen, umfasst die alte Stadt York nur zehn Häuserblocks. Heute erstreckt sich das Viertel östlich der Yonge St bis zum Don River und von der Queen St südlich bis zur Uferpromenade. Und Vorsicht: Die Geister aus Torontos Vergangenheit lauern überall.

★ **Distillery District** WAHRZEICHEN

(Karte S. 73; ☎416-364-1177; www.thedistillerydistrict.com; 9 Trinity St; Mo–Mi 10–19, Do–Sa bis 20, So 11–17 Uhr; 503, 504) Der fünf Hektar große Distillery District, der sich um die Brennerei Gooderham and Worts – einst die größte im Britischen Empire – von 1832 erstreckt, gehört zu den besonderen Attraktionen in der Innenstadt. Aus den viktorianischen Lagerhäusern sind hohe Galerien, Künstlerateliers, teure Designläden, Cafés und Restaurants entstanden. Auch das Young Centre for Performing Arts und die Mill Street Brewery sind hier untergebracht. An Wochenenden lassen sich Frischvermählte in der Kulisse aus roten Backsteinen und Kopfsteinpflaster fotografieren, junge Familien führen ihre Hunde aus, und coole Typen mit Durchblick stöbern hier unter charmant verfallenen Giebeln und Gerüsten nach der neuesten Kunst. Im Sommer gibt' es ausgezeichneten Livejazz, Ausstellungen und Events rund ums Essen.

★ **St. Lawrence Market** MARKT

(Karte S. 86; ☎416-392-7129; www.stlawrencemarket.com; 92-95 Front St E; Di–Do 8–18, Fr bis 19, Sa 5–17 Uhr; 503, 504) Seit mehr als zwei Jahrhunderten ist der sensationelle St. Law-

TORONTO MIT KINDERN

Toronto ist eine kinderfreundliche Stadt: Hier gibt es viel zu sehen und zu erleben, wenn man mit den Kleinen im Schlepptau reist.

Das Harbourfront Centre (S. 76) produziert über HarbourKIDs fortlaufend Veranstaltungen. Die Canadian National Exhibition (S. 101) hat im August ebenfalls Events im Angebot.

Neugierige finden Gefallen am CN Tower (S. 76), Ontario Science Centre (S. 95), Royal Ontario Museum (S. 85) und LEGOLAND Discovery Centre (S. 96).

Kunstbeflissene und kreative Kids haben vielleicht an den Töpferkursen im Gardiner Museum of Ceramic Art (S. 85) Spaß. Wenn der Nachwuchs Geschichten mag, lockt die **Toronto Public Library – Lillian H Smith Branch** (Karte S. 80; ☎416-393-7746; www.torontopubliclibrary.ca; 239 College St; ⏲Mo–Do 9–20.30, Fr bis 18, Sa bis 17, So 13.30–17 Uhr; 🚋506, 510), oder sie besuchen eine Aufführung im **Lorraine Kimsa Theatre for Young People** (Karte S. 86; ☎416-862-2222; www.lktyp.ca; 165 Front St E; ⏲Kasse 9–17 Uhr; 🚋503, 504).

Die Umweltschützer und Tierärzte der nächsten Generation erwarten, dass die Eltern mit ihnen folgende Ziele ansteuern: Ripley's Aquarium, Riverdale Farm (S. 90), High Park (S. 93), Spadina Quay Wetlands und Tommy Thompson Park (S. 90).

Wenn die Kids Hummeln im Hintern haben, verliert sich das bei einem Ausflug in Canada's Wonderland (S. 96) oder, in der zahmeren Version, im Centreville Amusement Park (S. 91). Teenager lieben auch das Eaton Centre (S. 129) und Kensington Market (S. 90).

Geräumige und gleichzeitig nicht überteuerte Unterkünfte für Familien sind das Eaton Chelsea (S. 106) mit seiner Wasserrutsche, Courtyard Toronto Downtown (S. 107), das Grand Hotel and Suites (S. 106) und Cambridge Suites (S. 105).

Eine nützliche Internetquelle für Eltern ist www.helpwevegotkids.com, eine Website, die alles in Toronto aufführt, was Kinder betrifft, darunter auch Babysitter und Tagesbetreuungen für Kinder.

rence Market in Old York ein Treffpunkt in dem Viertel. Der restaurierte, oben mit Stahlstreben versehene **South Market** von 1845 beherbergt mehr als 50 Feinkostständе von Käseverkäufern, Fischhändlern, Metzgern, Bäckern und Pasta-Herstellern. Die in den alten Rathaussälen im Obergeschoss untergebrachte **Market Gallery** (Karte S. 86; ☎416-392-0572; www.toronto.ca/culture/the_market_gallery; ⏲Di–Fr 10–16, Sa 9–16 Uhr) GRATIS zeigt in Wechselausstellungen eine Vielzahl von Gemälden, Fotos, Dokumenten und historischen Zeugnissen.

Auf der anderen Seite der Front Street wird im **North Market** samstags ein Bauernmarkt und sonntags ein fantastischer Antiquitätenmarkt abgehalten – wer früh kommt, sichert sich die besten Stücke. 2010 wurden die Gewinner eines Designwettbewerbs zur Umgestaltung des North Market verkündet, doch bei Redaktionsschluss gab es noch keinerlei Anzeichen für Bautätigkeit. Ein paar Schritte weiter nördlich steht die herrliche St. Lawrence Hall mit Mansardendach und weithin sichtbarem kupferverkleidetem Glockenturm.

Entertainment District & King Street West

Westlich vom Financial District liegt an der King Street zwischen University Avenue und Spadina Avenue Torontos Entertainment District mit Theatern und Veranstaltungssälen, Preshow-Bars und dem gefeierten Toronto International Film Festival Bell Lightbox Theatre. Die ganze Gegend bis zur Spadina Avenue ist das Revier der Nachtclubs. Östlich an der King Street Richtung Distillery District locken Edel-Möbelläden zum Schaufensterbummel, und es gibt einige schöne historische Bauten.

★401 Richmond KUNSTGALERIE
(Karte S. 80; www.401richmond.net; 401 Richmond St W; ⏲Mo–Fr 9–19, Sa bis 18 Uhr; 🚋510) GRATIS In einem im Jahr 1994 restaurierten ehemaligen Lagerhaus eines Lithografen vom Beginn des 20. Jhs. brummt dieses auf 18 500 m² Fläche angesiedelte Künstlerkollektiv nach New Yorker Vorbild vor Kreativität. Hier stellen 130 Galerien zeitgenössische Werke in fast allen künstlerischen Medien

Downtown Toronto Nord

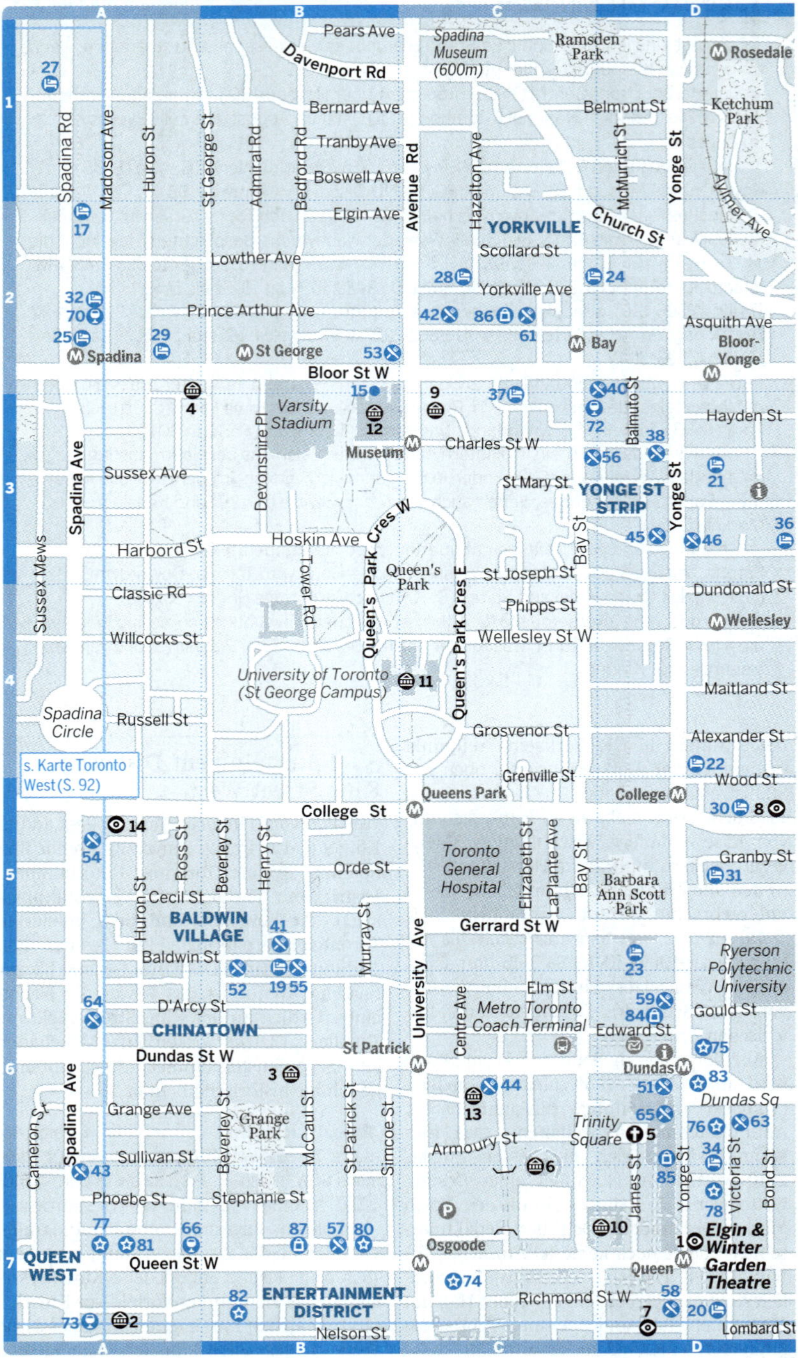

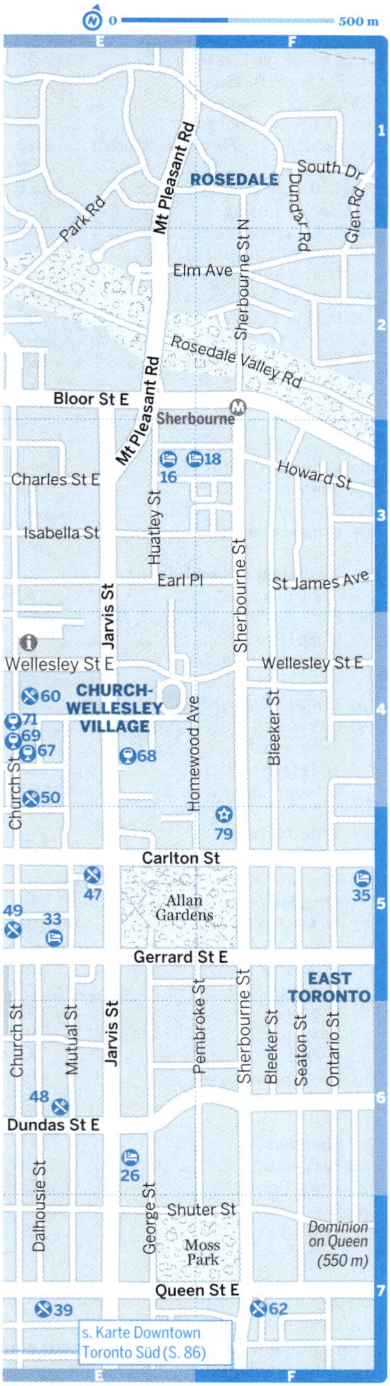

aus, die man sich denken kann. Man hole sich einen Snack und einen Latte im Café im Erdgeschoss und genieße sie auf der großen Dachterrasse: eine wenig bekannte Oase im Sommer und daher nicht überlaufen.

Canadian Broadcasting Centre MUSEUM
(CBC; Karte S. 86; ☎416-205-5574; www.cbc.ca/museum; 250 Front St W; ⏲Mo–Fr 9–17 Uhr; Ⓢ Union, 🚊504) GRATIS Das riesige Canadian Broadcasting Centre in Toronto ist die Zentrale des englischsprachigen Radios und Fernsehens in Kanada. Man kann jederzeit einen Blick in die Nachrichtenstudios werfen oder ein Konzert im erstklassigen Glenn Gould Studio besuchen. Unbedingt auch das **CBC Museum** mit einer erstaunlichen Sammlung von alten Mikrofonen und anderen Erinnerungsstücken aus früheren Rundfunkzeiten anschauen. Das **Graham Spry Theatre** nebenan zeigt ständig wechselnde CBC-Sendungen. Das Beste an der ganzen Veranstaltung: Alles ist umsonst!

Downtown Yonge

Fährt man auf der Yonge Street weiter nach Norden, kommt man zum Yonge & Dundas Square, Torontos Hommage an den New Yorker Times Square, der das Herz von Downtown bildet. Es ist ein etwas merkwürdig gelegener öffentlicher Ort, der weder besonders gut aussieht noch wirklich etwas zu bieten hat. Normalerweise läuft hier schon etwas, doch dabei geht es ebenso häufig darum, den Leuten Geld aus der Tasche zu ziehen wie um Gemeinschaftsbildung. Auf der anderen Straßenseite steht das Einkaufszentrum Eaton Centre, das sich zwischen Dundas Street und Queen Street erstreckt. Es ist der Hauptanziehungspunkt, zusammen mit einigen historischen Theatergebäuden und der Ryerson University. Die bunte Mischung setzt sich nach Norden auf der Yonge Street fort, die die schillernden Gayviertel Church und Wellesley streift, bis zum mondänen Yorkville direkt an der Kreuzung mit der Bloor Street.

★ **Elgin & Winter Garden Theatre** THEATER
(Karte S. 80; ☎416-314-2901; www.heritagetrust.on.ca/ewg; 189 Yonge St; Führungen Erw./erm. 12/10 C$; Ⓢ Queen) Das Elgin & Winter Garden Theatre, das letzte noch betriebene „Doppeldecker“-Theater der Welt, ist ein restauriertes Meisterwerk. Das Winter Garden feierte 2013 sein hundertjähriges Bestehen, es wurde als Flaggschiff einer

Downtown Toronto Nord

Highlights
1 Elgin & Winter Garden Theatre D7

Sehenswertes
2 401 Richmond A7
3 Art Gallery of Ontario B6
4 Bata Shoe Museum A2
5 Church of the Holy Trinity D6
6 City Hall C7
7 Cloud Gardens Conservatory D7
8 Former Maple Leaf Gardens D5
9 Gardiner Museum of Ceramic Art C3
10 Old City Hall D7
11 Provincial Legislature C4
12 Royal Ontario Museum B3
13 Textile Museum of Canada C6
14 Toronto Public Library – Lillian H Smith Branch A5

Aktivitäten, Kurse & Touren
15 ROMBus B2

Schlafen
16 1871 Historic House B&B E3
17 Annex Quest House A2
18 Au Petit Paris E3
19 Baldwin Village Inn B5
20 Cambridge Suites D7
21 Comfort Hotel D3
22 Courtyard Toronto Downtown D4
23 Eaton Chelsea D5
24 Four Seasons C2
25 Global Guesthouse A2
26 Grand Hotel & Suites E6
27 Havinn A1
28 Hazelton C2
29 Holiday Inn Toronto Bloor-Yorkville A2
30 Holiday Inn Toronto Downtown Centre D5
31 Les Amis Bed & Breakfast D5
32 Madison Manor A2
33 Neill-Wycik College Hotel E5
34 Pantages D6
35 Toronto Townhouse B&B F5
36 Victoria's Mansion Inn & Guesthouse D3
37 Windsor Arms C3

Essen
38 7 West Café D3
39 B Espresso Bar E7
40 Bloor Street Diner D2
41 Cafe la Gaffe B5
42 Carens Wine and Cheese Bar C2
43 Dark Horse Espresso A7
44 Eat Fresh Be Healthy C6
45 Ethiopian House D3
46 Fire on the East Side D3
47 Golden Diner Family Restaurant E5
48 Good View E6
49 Guu E5
50 Hair of the Dog E4
51 JOEY Eaton Centre D6
52 Kinton Ramen B5
53 Morton's the Steakhouse B2
54 Mother's Dumplings A5
55 ND Sushi B5
56 Okonomi House C3
57 Queen Mother Café B7
58 Richmond Station D7
59 Salad King D6
60 Sambucas on Church E4
61 Sassafraz C2
62 Schnitzel Queen F7
63 Senator Restaurant D6
64 Swatow A6
65 Urban Eatery D6

Ausgehen & Nachtleben
66 Black Bull A7
67 Black Eagle E4
68 Blake House E4
69 Crews & Tangos E4
Fly .... (siehe 46)
70 Madison Avenue Pub A2
71 O'Grady's E4
72 Panorama C3
73 Wide Open A7
Woody's/Sailor .... (siehe 67)

Unterhaltung
74 Canadian Opera Company C7
Cineplex Odeon Varsity .... (siehe 40)
75 Cineplex Yonge & Dundas D6
76 Ed Mirvish Theatre D6
Elgin & Winter Garden Theatre... (siehe 1)
77 Horseshoe Tavern A7
78 Massey Hall D7
79 Phoenix F5
80 Rex B7
81 Rivoli A7
82 Scotiabank Theatre B7
83 TO Tix D6

Shoppen
84 BMV D6
85 Eaton Centre D6
86 Guild Shop C2
87 New Tribe B7

Vaudeville-Theaterkette erbaut, die nie richtig Erfolg hatte. Das Elgin Theater im Untergeschoss wurde in den 1920er-Jahren in ein Kino umgewandelt. Die Führungen donnerstags um 17 Uhr und samstags um 11 Uhr lohnen sich auf jeden Fall.

Im Jahr 1981 wurden die Theater vor dem Abriss bewahrt und für 29 Mio. C$ restaurier.: Mithilfe von Brotteig wurden die originalen Rosengartenfresken freigelegt, für neue Teppiche kontaktierte man die belgische Firma, die einst die Original-Teppiche gefertigt hatte, und das Blumenmuster an der Decke des Winter Garden wurde sorgfältig Blatt für Blatt ersetzt.

City Hall HISTORISCHES GEBÄUDE
(Karte S. 80; ☎416-392-2489, 311; www.toronto.ca; 100 Queen St W; ⏲Mo–Fr 8:30–16.30 Uhr; Ⓢ Queen) GRATIS Die viel geschmähte City Hall war Torontos mutiger Versuch in moderner Architektur. Das Rathaus mit den wie zwei Muschelhälften gewölbten Zwillingstürmen, dem an eine fliegende Untertasse erinnernden Mittelteil, den Rampen und den schicken Mosaiken wurde 1965 nach dem preisgekrönten Entwurf des finnischen Architekten Viljo Revell fertiggestellt. Ein gereizter Frank Lloyd Wright nannte den Bau einen „Grabstein" – welch makabre Wendung, dass Revell dann noch vor Beendigung des Baus starb. Am Infoschalter gibt es eine Broschüre, mit der man sich das Gebäude auf eigene Faust ansehen kann.

Der **Nathan Phillips Square** vor dem Gebäude ist ein Tummelplatz für Skater, Demonstranten und Büroangestellte während ihrer Mittagspause. Beeindruckend ist auch der 2013 gestaltete Green Roof Garden. Im Sommer finden hier die Fresh Wednesdays genannten Bauernmärkte statt, aber auch kostenlose Konzerte und besondere Events. Im Winter wird der Springbrunnen in eine gern genutzte Eislaufbahn verwandelt.

Old City Hall HISTORISCHES GEBÄUDE
(Karte S. 80; ☎416-327-5614; www.toronto.ca/old_cityhall; 60 Queen St W; ⏲Mo–Fr 8.30–16.30 Uhr) GRATIS Das Gebäude jenseits der Bay Street von 1899 ist eine typische Arbeit des aus Toronto stammenden Architekten E. J. Lennox. Heute sind hier Gerichtssäle untergebracht. Der Bau hat einen seitlich versetzten Glockenturm, interessante Wandgemälde und ein paar Grimassen schneidende Wasserspeier.

Church of the Holy Trinity KIRCHE
(Karte S. 80; ☎416-598-4521; www.holytrinitytoronto.org; 10 Trinity Sq; ⏲Mo–Fr 11–15, Sa 10–14, So 8–16 Uhr, Gottesdienst Mi 12.15, So 10.30 & 14 Uhr; Ⓢ Dundas) Wie eine Oase liegt hinter der Westseite des Eaton Centre der Trinity Square, benannt nach der einladenden Anglican Church of the Holy Trinity. Bei ihrer Eröffnung im Jahr 1847 war die Kirche die erste in Toronto, die den Gemeindemitgliedern kein Geld für die Kirchenbänke abknöpfte. Heute ist sie eine Mischung aus Gotteshaus, kleiner Konzertbühne und Gemeindetreff – all das eben, was eine Kirche sein sollte. Besonders bemerkenswert: Das Labyrinth außerhalb der Kirche ist ähnlich angelegt wie das in der Kathedrale von Chartres (Frankreich). Labyrinthe sind antiken Ursprungs, sie bilden ein Muster von engen, nur in eine Richtung zu begehenden gewundenen Pfaden, von denen nur einer zur Rosette in der Mitte führt. Man sieht darin einen Ort zum Beten und Nachdenken. Die Länge täuscht – es dauert etwa 20 Minuten, bis zur Mitte vorzudringen und wieder herauszukommen. Hier kann man mitten in der Hektik der Großstadt einen meditativen Spaziergang unternehmen.

Textile Museum of Canada MUSEUM
(Karte S. 80; ☎416-599-5321; www.textilemuseum.ca; 55 Centre Ave; Erw./erm. 15/6 C$, Mi 17–20 Uhr Eintritt frei; ⏲Do–Di 11–17, Mi bis 20 Uhr, Führung So 14 Uhr; Ⓢ St Patrick) Das im Untergeschoss eines Wohnturms gelegene Museum greift auf einen Fundus von 10 000 Sammlungsstücken aus Lateinamerika, Afrika, Europa, Südostasien und Indien sowie einigen zeitgenössischen Exponaten aus Kanada zurück. In Workshops können Teilnehmer Batik, Weben, Stricken und alles rund ums Nähen lernen.

Chinatown & Baldwin Village

Torontos schäbige Chinatown erstreckt sich zwischen College Street und Queen Street von der University Avenue bis zur Spadina Avenue über einen großen Bereich der Innenstadt; ein zinnoberrotes Zwillingsdrachentor markiert das Zentrum. Das grüne Baldwin Village an der Baldwin Street zwischen Beverley Street und McCaul Street ist ein Ort mit preiswerten Essmöglichkeiten und guter Stimmung abseits vom Getümmel. Das Viertel hat jüdische Wurzeln, doch die heute hier vorherrschende unkonventionelle Lebensweise stammt von den alternativen US-Amerikanern, die sich während des Vietnamkriegs hier niederließen.

Art Gallery of Ontario KUNSTGALERIE
(AGO; Karte S. 80; ☎877-225-4246, 416-979-6648; www.ago.net; 317 Dundas St W; Erw./erm. 19,50/11 C$, Mi 18–20.30 Uhr Eintritt frei; ⏲Di & Do–So 10–17.30, Mi bis 20.30 Uhr; 🚊505) Die AGO beherbergt ausgezeichnete, umfangreiche Kunstsammlungen (man braucht

TORONTO IN ZAHLEN

- Einwanderer nach Kanada, die sich in Toronto niederlassen: 1 von 4
- Geschätzte Besucherzahl während der Pride Week: 1 Mio.
- Preis für ein Pint lokales Bier: 5 C$
- Fahrpreis für die TTC-U-Bahn: 3 C$
- Anteil der US-Bevölkerung, die mit dem Auto innerhalb eines Tages Toronto erreichen kann: 50 %
- Höhe des CN Tower: 553 m
- Kosten für einen preiswerten Platz bei einem Spiel der Blue Jays: 11 C$
- Anteil der Parkanlagen an der Gesamtfläche Torontos: 18 %
- Monate im Jahr, in denen die Parks grün sind, mit Blättern an den Bäumen: sechs
- Jahr, in dem die Maple Leafs das letzte Mal den Stanley Cup holten: 1967
- Minuten pro Tag, die der Durchschnitts-Toronter beim Pendeln verbringt: 82

wirklich Ausdauer). Die Umgestaltung der Fassade nach einem Entwurf des berühmten Frank Gehry, die 2008 abgeschlossen wurde, beeindruckt von der Straße aus wenig, vielleicht wegen der tristen Innenstadtlage. Glücklicherweise ändert sich das beim Betreten des Gebäudes. Zu den absoluten Highlights der bemerkenswerten Dauerausstellung gehören religiöse Plastiken aus Québec, Schnitzereien der First Nations und Inuit, überraschend präsentierte Werke von kanadischen Größen der Group of Seven (S. 192), der Henry-Moore-Skulpturenpavillon und ein liebevoll restauriertes georgianisches Haus, The Grange.

Für ebenfalls sehenswerte Sonderausstellungen zahlt man einen Aufschlag, aber am Mittwochabend ist der Besuch der Dauerausstellung kostenlos. Halbstündige Mini-Führungen starten täglich um 11.30 und 14.30 Uhr sowie mittwochs um 19 Uhr vom Walker Court.

Church-Wellesley Village

Nördlich des Yonge & Dundas Square findet man an der Yonge Street Richtung College Street und Bloor Street die Ryerson University und ein paar vereinzelte preiswerte Esslokale, Sexshops und Stripclubs für Heteros und Schwule. Das Schwulenviertel von Toronto, „Church & Wellesley“ oder „the Village“ genannt, beginnt an der Ecke Church Street und College Street und hat sein Zentrum ein paar Blöcke weiter nördlich an der Kreuzung Church Street/Wellesley Street. Rund um das lange Wochenende des Canada Day gehen hier jeden Sommer über eine Million schillernder, fröhlicher Menschen bei Torontos gewaltiger Pride Parade mit Festival durch die Straßen, eine beinahe nicht enden wollende Feier der Sexualität, Diversität und Freiheit.

Former Maple Leaf Gardens WAHRZEICHEN (Mattamy Athletic Centre and Loblaws; Karte S. 80; ☎ 416-598-5966; www.mattamyathleticcentre.ca; 50-60 Carlton St; Ⓢ College) Die ehrwürdige Eishockeyarena wurde während der Großen Depression in sage und schreibe nur fünf Monaten hochgezogen und war mehr als 50 Jahre lang die Heimat der Toronto Maple Leafs, bevor sie 1999 ins Air Canada Centre umzogen. In seiner Blütezeit schmetterten hier Elvis, Frank Sinatra und die Beatles ihre Lieder.

Nach einem monumentalen Umbauprojekt sind in der Arena nun das Ryerson University's Athletic Centre und der Flaggschiff-Megastore der Supermarktkette mit seiner Killer-Patisserie und dem „Wall of Cheese“ – meterhoch gestapelten Käselaiben – zu Haus

Bloor-Yorkville

Einst Torontos Version des New Yorker Greenwich Village oder von Haight-Ashbury in San Francisco, hat diese früher im Zeichen der Gegenkultur stehende Gegend die Seiten gewechselt und ist heute der Fleck in der Innenstadt für die Reichen und Berühmten, die Glamourösen und Paradiesvögel. Die Hauptgeschäftsstraße von Yorkville ist der Abschnitt von der Bloor Street W zur Avenue Road, auch als „Mink Mile“ bekannt: Wer Edelmarken sucht, ist hier zum Shopping richtig. Hier gibt es das Warenhaus Holt Renfrew und daneben Gucci, Prada, D & G und Louis Vuitton. In den Straßen nördlich der Bloor Street zur Davenport Road und östlich der Avenue Road finden sich ein paar schöne Boutiquen und Cafés. Während des Toronto International Film Festival entdeckt man Hollywood-Celebrities in den Bars von Yorkville.

★ **Royal Ontario Museum** MUSEUM

(ROM; Karte S. 80; ☎416-586-8000; www.rom.on.ca; 100 Queen's Park; Erw./Kind 15/12 C$, Sonderausstellungen kosten extra; ⏲Sa–Do 10–17.30, Fr bis 20.30 Uhr; Ⓢ Museum) Das vielseitige ROM, das 2014 seinen hundertsten Geburtstag begeht, ist das größte Naturkundemuseum Kanadas und eines der größten Museen in Nordamerika. Die Verbindung zwischen den Gebäuden aus der Entstehungszeit rund um den Haupteingang an der Bloor Street und dem 2007 erfolgten Anbau kann man entweder lieben oder hassen. Der neue „Crystal" scheint das alte Gebäude zu durchbohren und ragt zugleich wie ein riesiger Scherbenhaufen auf die Straße.

Die Museumssammlung umfasst über sechs Millionen Objekte und Artefakte, die sich auf zwei Hauptgalerien verteilen: die Galerie für Naturgeschichte (erster Stock) und die Galerie für Weltkultur (Erdgeschoss, zweiter und dritter Stock). Die chinesischen Tempelskulpturen, die Gallery of Korean Art und die Kleider- und Textilsammlungen gehören zu den besten der Welt. Kinder rennen zu den Dinosauriersälen, den ägyptischen Mumien und den Repliken jamaikanischer Fledermaushöhlen. Die Totempfähle aus Zedernholz, die von First-Nations-Stämmen aus British Columbia geschnitzt wurden, sind wunderschön. Jedes Jahr gibt es im ROM eine Vielzahl von großen Wechselausstellungen aus aller Welt.

Das angeschlossene Institute of Contemporary Culture greift aktuelle Themen mit Hilfe von Kunst, Architektur, bewegten Bildern und Vorträgen auf. Besucher sollten die Liveprogramme am Freitagabend im Frühling und Herbst im Auge behalten. Dann öffnet das Museum seine Türen, stattet seine Bars mit Vorräten aus und ruft die DJs zur Disko ins Haus. Welche Feiern es im Museum zum Jubiläum gibt, erfährt man auf der Website.

Bata Shoe Museum MUSEUM

(Karte S. 80; ☎416-979-7799; www.batashoemuseum.ca; 327 Bloor St W; Erw./Kind 14/5 C$, Do 17–20 Uhr Eintritt frei; ⏲Di, Mi, Fr & Sa 10–17, Do bis 20, So 12–17 Uhr; Ⓢ St George) Gute Schuhe sind im Leben ziemlich wichtig, und das weiß auch das Bata Shoe Museum. Der eindrucksvolle Ort wurde von dem Architekten Raymond Moriyama entworfen und soll einen stilisierten Schuhkarton darstellen. Das Museum zeigt 10 000 „Pedi-Artefakte" aus aller Welt. Zu bestaunen sind z. B. französische Clogs aus dem 19. Jh., mit denen man Kastanien knacken kann, Polarstiefel der kanadischen Ureinwohner und berühmte moderne Schuhe, die Elton John, Indira Gandhi und Pablo Picasso getragen haben. Wer hierherkommt, erlebt wirklich ein Museum der ganz anderen Art!

Gardiner Museum of Ceramic Art MUSEUM

(Karte S. 80; ☎416-586-8080; www.gardinermuseum.on.ca; 111 Queen's Park; Erw./Kind 12 C$/frei, Fr 16–21 Uhr halber Preis, jeden 3. Fr im Monat 16–21 Uhr frei; ⏲Mo–Do 10–18, Fr bis 21, Sa & So bis 17 Uhr; Ⓢ Museum) Das Gardiner Museum of Ceramic Art gegenüber vom ROM wurde von Philanthropen gegründet. Die sich über drei Etagen erstreckende Sammlung deckt mehrere Jahrtausende ab. In verschiedenen Räumen sieht man englisches Geschirr des 17. und 18. Jhs., italienische Renaissance-Majolika, frühe amerikanische Tonwaren und blau-weißes chinesisches Porzellan. Kostenlose Führungen täglich um 14 Uhr.

University of Toronto & The Annex

Die 1827 gegründete, angesehene University of Toronto (U of T) ist Kanadas größte Universität mit fast 80 000 Studierenden und 18 000 Angestellten. Auf dem zentralen St. George Campus kann jeder herumschlendern und die Ansammlung stattlicher Gebäude mit viktorianischen und romanischen Anklängen bewundern. Westlich und nördlich der U of T liegt The Annex, das größte Wohnviertel in Downtown Toronto, das von Studierenden und Dozenten besonders geliebt wird. Kein Wunder, dass es hier viele Kneipen, Bioläden, Restaurants mit internationaler Küche und spirituelle Angebote gibt. Und es stehen hier einige der architektonisch überzeugendsten Gebäude von Toronto.

★ **Casa Loma** HISTORISCHES GEBÄUDE

(Karte S. 73; ☎416-923-1171; www.casaloma.org; 1 Austin Tce; Erw./Kind 18/10 C$; 9.30–17 Uhr, letzter Einlass 16 Uhr; 🚌127, Haltestelle Davenport & Spadina, Ⓢ Dupont) Im einzigen Schloss von Toronto mag zwar nie ein König gelebt haben, und doch hat das auf einer Klippe über The Annex thronende Gebäude etwas Majestätisches. Es steht dort, wo früher das Ufer des Gletschersees Lake Iroquois lag, aus dem der Lake Ontario entstand. Nördlich der Davenport Road geht es von der Spadina Avenue über die **Baldwin Steps** 27 m nach oben.

Downtown Toronto Süd

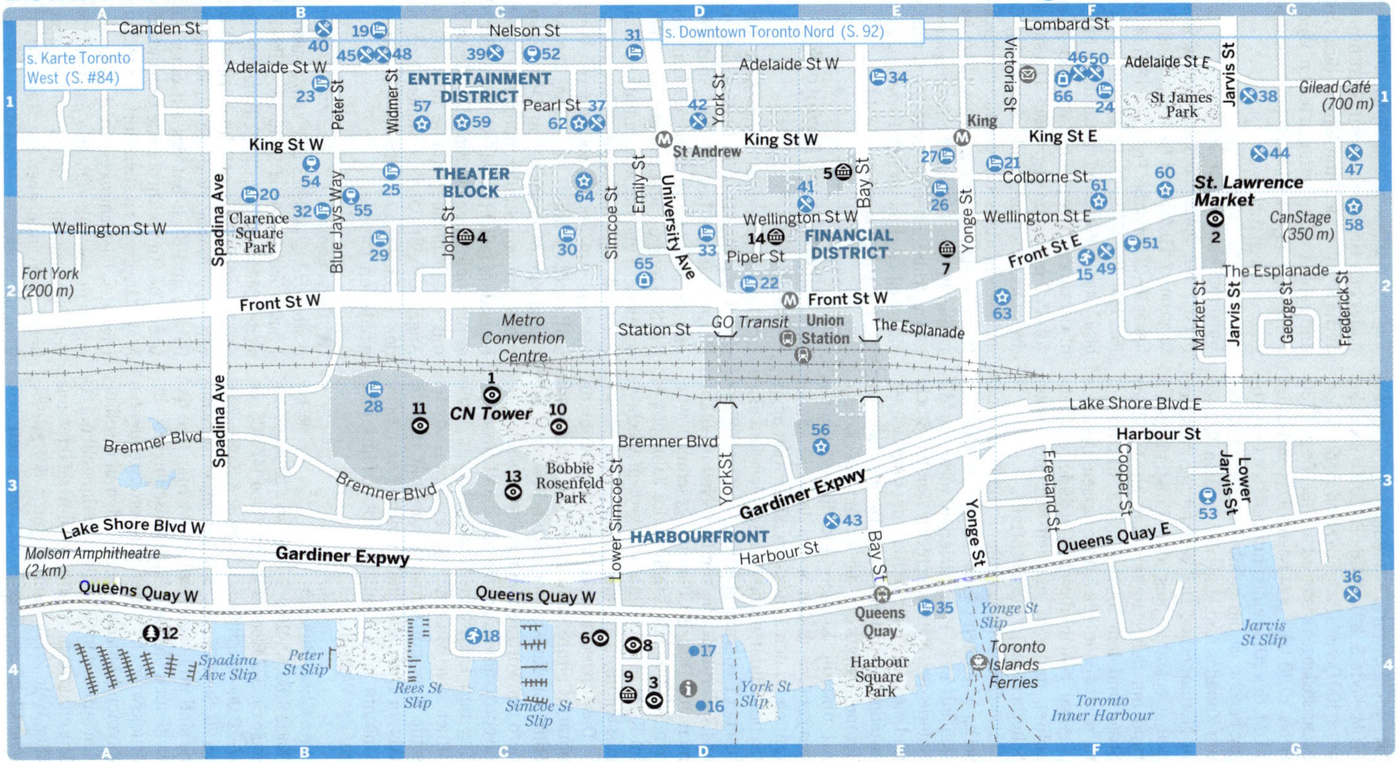

Downtown Toronto Süd

Highlights
1 CN Tower C3
2 St. Lawrence Market G2

Sehenswertes
3 Canada Square D4
4 Canadian Broadcasting Centre C2
5 Design Exchange E1
6 Harbourfront Centre C4
7 Hockey Hall of Fame E2
Market Gallery .... (siehe 2)
8 Ontario Square D4
9 Power Plant Gallery D4
10 Ripley's Aquarium of Canada C3
11 Rogers Centre C3
12 Spadina Quay Wetlands A4
13 Steam Whistle Brewing C3
14 TD Gallery of Inuit Art D2

Aktivitäten, Kurse & Touren
15 Europe Bound Outfitters F2
16 Great Lakes Schooner Company D4
17 Mariposa Cruises D4
18 Wheel Excitement C4

Schlafen
19 Canadiana Guesthouse & Backpackers B1
20 Clarence Park B1
21 Cosmopolitan F1
22 Fairmont Royal York D2
23 Hilton Garden Inn Toronto Downtown B1
24 Hostelling International Toronto F1
25 Hôtel Le Germain B1
26 Hotel Victoria E1
27 One King West E1
28 Renaissance Toronto B3
29 Residence Inn Toronto Downtown B2
30 Ritz Carlton C2
31 Shangri-La Hotel D1
32 Soho Metropolitan Hotel B2
33 Strathcona Hotel D2
34 Trump Toronto E1
35 Westin Harbour Castle E4

Essen
36 Against the Grain Urban Tavern G4
37 Big Daddy's Bourbon St Bistro C1
38 Bombay Palace G1
39 Burger Brats C1
40 Burrito Banditos B1
41 Bymark E2
42 Earl's D1
43 Harbour Sixty Steakhouse E3
44 Hiro Sushi G1
45 Khao San Road B1
46 Nami F1
47 Patrician Grill G1
48 Ravi Soups B1
St. Lawrence Market .... (siehe 2)
49 Sultan's Tent & Café Maroc F2
50 Terroni F1

Ausgehen & Nachtleben
51 C'est What F2
52 Crocodile Rock C1
53 Guvernment G3
54 Underground Garage B1
55 Wayne Gretzky's B2

Unterhaltung
56 Air Canada Centre E3
57 Bell Lightbox C1
Glenn Gould Studio .... (siehe 4)
58 Lorraine Kimsa Theatre for Young People G2
59 Princess of Wales Theatre C1
60 Rainbow Cinemas F1
61 Reservoir Lounge F2
Rogers Centre .... (siehe 11)
62 Royal Alexandra Theatre C1
63 Sony Centre for the Performing Arts F2
64 Toronto Symphony Orchestra C1

Shoppen
65 Bay of Spirits Gallery D2
66 Open Air Books & Maps F1

Die Villa mit 98 Zimmern – ein architektonischer Erguss voller Zinnen, Schornsteinen, Fahnenstangen, Türmchen und Rapunzel-Balkonen – wurde zwischen 1911 und 1914 für Sir Henry Pellat erbaut, einen reichen Financier, der mit der vertraglich gesicherten Stromversorgung Torontos haufenweise Geld gemacht hat. Später verlor er alles durch Grundstücksspekulationen und nach der daraufhin angeordneten Zwangsvollstreckung mussten Hank und seine Frau sich mit weniger zufriedengeben. Es werden Führungen zu verschiedenen Themen angeboten. Für Touristen, die um Weihnachten nach Toronto kommen, ist der Besuch ein Muss. Genauere Informationen bekommt man auf der Website.

★ **Spadina Museum** MUSEUM
(☎416-392-6910; www.toronto.ca/culture/spadina; 285 Spadina Rd; Führung Erw./Kind 8/5 C$, Eintritt zum Gelände frei; ⊙Di–So 12–16 Uhr; S Dupont) Dieses elegante Wohnhaus mit einem viktorianisch-edwardianischen Garten oben an den Baldwin Steps wurde 1866 als Landsitz für den Financier James

Austin und seine Familie erbaut. 1978 wurde er der Stadt gestiftet, 1984 in ein Museum umgewandelt und kürzlich grundlegend umgestaltet, um die aufregenden 1920er-Kahre 1930er-Jahre heraufzubeschwören: sehr zu empfehlen.

Provincial Legislature HISTORISCHES GEBÄUDE

(Karte S. 80; www.ontla.on.ca; Queen's Park; Führungen stdl. Mo–Fr 9.30–17.30 Uhr; S Queen's Park) GRATIS Ontarios Landesparlament hat seinen Sitz in einem prächtig geschmückten Sandsteingebäude aus dem Jahr 1893 nördlich der College Street in Queen's Park.

Wer eine ortstypische Unterhaltung sucht, kann von der Besuchergalerie aus eine Parlamentsdebatte verfolgen (März–Juni & Sept.–Dez. Di & Do). Die Besichtigung ist kostenlos, aber die Sicherheitsbestimmungen sind streng. Die kostenlosen halbstündigen Führungen starten in der Regel immer am Informationsschalter.

Wychwood Park PARK

(Ecke Davenport Rd & Bathurst St; S Dupont) Wychwood Park, Ende des 19. Jahrhunderts gegründet und früher eine Künstlerkolonie, gehört zu den schönsten und faszinierendsten Ensembles historischer Architektur in Toronto. Hier kann man schön spazieren gehen, da aber Wychwood heute eine Wohngemeinde ist, in der die Leute ihren täglichen Beschäftigungen nachgehen, sollte man sich respektvoll verhalten.

Native Canadian Centre of Toronto GEMEINDEZENTRUM

(Karte S. 92; 416-964-9087; www.ncct.on.ca; 16 Spadina Rd; Mo–Do 9–20, Fr bis 18, Sa 10–16 Uhr; S Spadina. In diesem Gemeindezentrum finden Trommelabende (Do), Versammlungen und kulturelle Veranstaltungen der Stammesältesten statt, die die Harmonie und den Dialog zwischen den Stammesmitgliedern und den Menschen, die nicht zu den Ureinwohnern gehören, fördern sollen. Besucher können sich hier auch für Workshops und Kurse wie Perlenstickerei und Tanzen einschreiben

Queen West & Trinity Bellwoods

Obwohl Queen West keine bedeutenden Sehenswürdigkeiten zu bieten hat, ist ein Besuch des bekanntesten Kiezes von Toronto ein Muss. Jeder zwischen 20 und 40, der etwas auf sich hält und sich für Popkultur interessiert, wird diese hippe Gegend als ersten Anlaufhafen ansteuern.

Um der Queen Street Gerechtigkeit angedeihen zu lassen, sollte man ihr einen Tag widmen: Los geht es an der Ecke Yonge Street Richtung Westen, obwohl bis zum U-Bahnhof Osgoode an der Kreuzung Queen Street W/University Avenue nichts Großartiges passiert.

Hier beginnt der Bezirk Queen West, der sich etwa 1,5 km die Bathurst Street entlangzieht. Die ersten paar Häuserblocks Richtung Spadina bieten eine wunderbare Mischung aus Mainstream-Einzelhändlern, Bars und einem bunten Strauß an Boutiquen. Richtig wild wird es allerdings erst zwischen Spadina und Bathurst. Hier ist es sehr viel schmuddeliger, und man stößt auf alle Arten von preiswerten, köstlichen Essensgelegenheiten, eingezwängt zwischen Stoff-, Möbel-, Kunst- und Musikläden. Es gibt jede Menge Cafés und Bars, um Anregungen zu sammeln und die Zeit zu vergessen.

Die Gegend westlich von Bathurst hinter Trinity Bellwoods Park etwa 2 km hinüber zur Dufferin Street ist als West Queen West bekannt. Das erste Stückchen zwischen Bathurst und der angesagten Ossington Avenue südlich von Bloor ganz bis nach Queen ist unsere Lieblingsgegend zum Essen, Trinken und Leutegucken. Das ist der Trinity-Bellwoods-Kiez – *der* Ort, in dem man als Hipster, Designgröße, Scenester und unangepasster Schwuler zu wohnen hat. (Ja, so durchschaubar können die Kieze von Toronto sein ...) Die Auswahl an exzellenten Ess- und Trinkschuppen an der und um die Ossington hat zugenommen, da viele Geschäfte wegen steigender Mieten weiter nach Westen gezogen sind. Herausgekommen ist ein wieder lebendig gewordener Abschnitt der Queen Street, der unglaublich viel trendiger ist als das Original.

Straßenbahnen fahren die ganze Queen Street W runter, bis sie zum Queensway wird – gut zu wissen, wenn die Füße müde werden oder man zu viele Tüten hat, was am Ende eines harten Tags, den man mit der Aufstylung seiner Garderobe verbracht hat, leicht der Fall sein kann. Denn der Fußweg zurück nach Downtown kann ganz schön lang werden.

Museum of Contemporary Canadian Art MUSEUM

(MOCCA; Karte S. 92; ☎416-395-0067; www.mocca.ca; 952 Queen St W; Eintritt gegen Spende; ⊙Di–So 11–18 Uhr; 🚊501) An der Queen Street und Ossington im Herzen von West Queen Wests Design- und Kunstrevier hat das Museum of Contemporary Canadian Art (MOCCA) den Auftrag, innovative Werke kanadischer und internationaler Künstler auszustellen, die für die Gegenwart relevante Themen behandeln. Die permanente Sammlung wird derzeit nicht ausgestellt, es gibt aber alle sechs bis acht Wochen wechselnde Ausstellungen, mit denen junge Künstler aus der Gegend von Nova Scotia bis nach British Columbia und darüber hinaus promoted werden sollen. Während des Ausstellungsaufbaus kann das Museum geschlossen sein. Telefonisch nachfragen.

East End

In dem Bezirk, der sich östlich der Parliament Street bis hin zum Don River befindet, ließen sich irische Einwanderer nieder, die vor der großen Hungersnot von 1841, die Tausenden das Leben kostete, geflohen waren. Wegen des sandigen, für den Anbau von Kohl geeigneten Bodens wurde das Viertel als Cabbagetown bekannt. Der vorrangig zum Wohnen genutzte, offiziell unter Denkmalschutz stehende Bezirk bietet eine der größten Ansammlungen wunderschöner viktorianischer Wohnhäuser in Nordamerika – ein Spaziergang lohnt sich also. Ein schöner Weg führt durch den Riverdale Park, dann nach Norden auf der Broadview Avenue und weiter nach Osten auf der Danford Avenue, und schon ist man in Greektown/The Danforth.

SCHWULEN- & LESBENSZENE IN TORONTO

Zu sagen, Toronto sei schwulen-, lesben-, bi- und transsexuellenfreundlich, ist untertrieben. Dass es Diversität mit offeneren Armen begrüßt als die meisten anderen Metropolen seiner Größe, trifft die Sache schon eher. Toronto legalisierte 2003 als erste Stadt in Nordamerika die gleichgeschlechtliche Ehe. Nur ein gutes Jahr später erkannte ein Gerichtshof in Ontario die erste gleichgeschlechtliche Scheidung an, als wollte er uns daran erinnern, dass die Ehe durchaus harte Arbeit sein kann – bei jedweder sexuellen Orientierung!

Torontos Pride Festival für Schwule, Lesben, Bi- und Transsexuelle gehört zu den größten der Welt. Am Tag der Parade quellen die Straßen rund um Church Street und Wellesley Street über vor glücklichen Homosexuellen, ihren Freunden und Familien. Wer dann hier sein möchte, sollte seine Unterkunft früh buchen, denn die Betten sind hier buchstäblich schnell gefüllt. Zu anderen Zeiten im Jahr zieht der Strip an der Church Street vom bärigen Biker bis zur Lippenstift-Lesbe alle in die sehr vereinzelten sonnigen Innenhöfe, Pubs, Cafés und Restaurants, um zu promenieren und Leute zu gucken. Nach Einbruch der Dunkelheit dreht sich alles ums Tanzen: Ob Cabaret oder Drag, Top-40-Beat und R & B oder schräger Alternapunk, besonders am Wochenende ergießen sich die Nachtschwärmer bis auf die Straße.

Weitere schwulenfreundliche Viertel sind The Annex, Kensington, Queen West und Cabbagetown.Toronto bietet Homosexuellen jede Menge Nachtleben; dabei gibt es erheblich mehr Bars und Clubs für Schwule als für Lesben. Es gibt auch viele Drag Kings, Badeabende nur für Frauen und lesbische Lesungen.

Toronto ist ein großartiger Ort, um sein Schwulsein auszuleben oder seine Sexualität zu erkunden. Ein Blick in die kostenlose Wochenzeitung *Xtra!*, die überall im Village ausliegt, lohnt sich. Außerdem stehen viele fantastische frei zugängliche Quellen und Unterstützergruppen zur Verfügung:

519 Community Centre (Church St Community Centre; Karte S. 80; ☎416-392-6874; www.the519.org; 519 Church St; ⊙Mo–Sa 9–22, So 10–17 Uhr; Ⓢ Wellesley)

Canadian Lesbian & Gay Archives (Karte S. 80; ☎416-777-2755; www.clga.ca; 34 Isabella St; ⊙Di–Do 19.30–22, Fr 11–14 Uhr; Ⓢ Wellesley)

Hassle-Free Clinic (S. 130)

Queer West (www.queerwest.org)

KENSINGTON MARKET & LITTLE ITALY

Der leicht abgeschabte und elegant verfallene Kensington Market zeigt das multikulturelle Toronto von seiner authentischsten Seite. Es ist weniger ein Markt im engeren Sinne als ein funktionierendes Wohnviertel. Hier essen zu gehen ist ein preiswerter und fröhlicher Trip rund um die Düfte und Aromen der Welt. Auch das Shoppen ist ein Wahnsinnsspaß, mit dem größten und besten Angebot an Vintage- und Secondhandkleidung, alten Büchern und Nippes in der Stadt. Hier stößt man auf städtische Hippies mit Rastalocken, tätowierte Punks, Kiffer und Dealer, Biker, Gruftis, Musikanten, Künstler und Anarchisten, die sich gut betragen und gut zurechtkommen. Ein Hauch von Fusel und Hendrix liegt in der Luft. An Wochenenden herrscht fast Festtagsstimmung, insbesondere an Sonntagen für Fußgänger, wenn die Zweibeiner die Herrschaft übernehmen. Unter der Woche ist es hier entspannter, man hat mehr Platz und kann besser stöbern.

Um dorthin zu kommen, nimmt man die College-Straßenbahn zur Spadina Avenue oder Augusta Avenue und folgt einfach dem Geschehen. Die Hauptstrecke liegt an der Augusta Avenue zwischen der College Street und der Dundas Street, aber der kleine Abschnitt der Nassau Street zwischen Augusta Street und Bellevue Street hat ein paar wunderbare Cafés, in denen man vor den Massen Zuflucht suchen kann.

Ein Stück weiter an der College Street erwartet den Besucher Little Italy – ein appetitliches Stück Heimat und ein lange etabliertes Viertel mit Freiluftcafés, Bars und eleganten Restaurants, die häufig die Besitzer wechseln – die betuchte Klientel ist launisch. Je weiter man auf der College nach Westen geht, desto traditioneller wird die Gegend: Es gibt Bäckereien, *gelaterias* auf den Bürgersteigen und urtümliche *ristoranti*.

Wenn man weiter nach Osten auf der Gerrard Street E fährt, kommt man nach Little India. Beide halten für Feinschmecker himmlische Versuchungen bereit. Im Süden erreicht man nach einer Weile Queen Street E und kann Leslieville erkunden. Dieser von gut betuchten jungen Müttern bevorzugte Kiez ist das Gegenstück zu Queen W: schickimicki, keimfrei und ein nettes Örtchen für einen extravaganten Brunch. Seitdem die *New York Times* 2005 das damals aufstrebende Leslieville zu Torontos „It"-Kiez erklärte, sind die Immobilienpreise und das Interesse an der Gegend gestiegen.

Tommy Thompson Park PARK

(Karte S. 73; ☎416-661-6600; www.tommythompsonpark.ca; Leslie St, beim Lake Shore Blvd E; ⏲Sa & So 9–18 Uhr; 🚌83 Jones S, 🚋501) Der Tommy Thompson Park ist eine 5 km lange künstliche Halbinsel zwischen Harbourfront und The Beaches, die weiter in den Lake Ontario hinausreicht als die Toronto Islands. Diese „zufällig entstandene Wildnis" – deren Grundlage Aushub ist, der beim Anlegen des Outer Harbour und beim Ausbaggern von Baugruben anfiel – wurde ein Erfolg. Heute ist das Gebiet einer der weltweit größten Nistplätze für Ringschnabelmöwen und eine Zufluchtsstätte für Seeschwalben, Nachtreiher, Schildkröten, Eulen, Füchse und sogar Kojoten.

An Wochenenden und Feiertagen ist der Park für die Öffentlichkeit zugänglich; Autos und Haustiere sind verboten. Im Sommer stehen Veranstaltungen und geführte Wanderungen, normalerweise zu ökologischen Themen, auf dem Programm. Am Ende des Parks erwarten einen ein Leuchtturm und ein atemberaubender Blick auf die Stadt. Wer mit öffentlichen Verkehrsmitteln hierher kommen will, kann jede Straßenbahn an der Queen Street nach Osten bis zur Leslie Street E nehmen. Von dort geht man 800 m Richtung Süden bis zum Eingang. Alternativ kann man dem Martin Goodman Trail folgen.

★ **Riverdale Farm** MUSEUM

(Karte S. 73; ☎416-392-6794; www.toronto.ca/parks/featured-parks/riverdale-farm; 201 Winchester St; ⏲9–17 Uhr; 🚋506) GRATIS Auf dem Gelände des früheren Riverdale Zoo, wo zwischen 1888 und 1974 nachts die Präriewölfe heulten und den Kindern Angst einjagten, steht die Riverdale Farm als ländliche Oase inmitten der Stadt. Heute ist sie eine Museumsfarm mit zwei Scheunen, einem Planschbecken im Sommer und Ställen für gefiederte und haarige Freunde. Die Kinder sehen dem Bauern bei seiner täglichen Arbeit zu, z. B. um 10.30 Uhr beim Melken. Dienstags gibt es einen Bauernmarkt (Mai–Okt. 13–19 Uhr).

The Beaches

Für die Bewohner ist The Beaches ein Viertel am See, in dem gut betuchte Berufstätige wohnen. Für alle anderen sind damit das Viertel, die Strände selbst und die Grünflächen am Lake Ontario gemeint. Von allen Stränden ist **Kew Beach** (Karte S. 73; ☎416-392-8186; www.toronto.ca/parks/beaches/beaches; ⏲Sonnenaufgang bis Sonnenuntergang; 🚋501) der beliebteste. Seine Uferpromenade führt Richtung Osten zum **Balmy Beach** und Richtung Westen zum **Woodbine Beach**.

Im angrenzenden **Kew Gardens** (Karte S. 73) gibt es Toiletten, Imbissstände, eine Skaterbahn, Rasenkugelspiele und Tennisplätze. Am westlichen Ende befindet sich ein öffentliches Schwimmbad mit olympischen Maßen. Für Radfahrer und Inline-Skater gibt es den **Martin Goodman Trail**, der unmittelbar am Ashbridge's Bay Park vorbeiführt. Hinter der Queen Street E führen die abgesenkten **Ivan Forrest Gardens** bis zur Glen Stewart Ravine, einem leicht verwildert wirkenden Grünzug, der nördlich der Kingston Road verläuft.

RC Harris Filtration Plant WAHRZEICHEN
(☎416-392-2934; www.toronto.ca; 2701 Queen St E; 🚋501) Das elegant geschnittene Klärwerk mit himmlischem Blick aufs Seeufer liegt auf einem unbezahlbaren Grundstück und ist ein modernes Meisterwerk im Art-déco-Stil. Kein Wunder, dass es schon in unzähligen Filmen und Fernsehsendungen zu sehen war. Ursprünglich erhielt die Anlage wegen der horrenden Baukosten während der Großen Depression abwertend den Spitznamen „Reinigungspalast“. Das Werk ist voll in Betrieb und leider nur selten öffentlich zugänglich, gibt aber durchaus in eindrucksvolles Fotomotiv ab.

Toronto Islands

Früher gab es die Toronto Islands noch nicht, nur eine große Sandbank, die 9 km in den See hineinragte. Aber am 13. April 1858 fegte ein Hurrikan über die Sandbank und schuf die Lücke, die heute Eastern Channel genannt wird. Das war die Geburtsstunde von Torontos juwelengleichen Inseln – fast zwei Dutzend Inselchen auf insgesamt 240 ha Fläche und Heimat der eng zusammengewachsenen 800-Seelen-Gemeinden **Algonquin Island** und **Ward's Island**. Die Inseln sind nur mit der Fähre erreichbar (15 Min., Erw./Kind 7/3,50 C$). Zum Fähranleger nimmt man von Union die Straßenbahnlinie 509 nach Harbourfront oder die 510 nach Spadina Richtung Süden bis Haltestelle Bay and Queens Quay.

Centreville Amusement Park VERGNÜGUNGSPARK
(☎416-203-0405; www.centreisland.ca; Tageskarte Erw./Kind/Fam. 37/25,95/111,80 C$, Eintritt zum Gelände frei; ⏲Mai–Sept. 10.30–20 Uhr; ⛴Centre Island) Vom Fährterminal Centre Island geht man am Informationskiosk vorbei zum idyllischen Vergnügungspark Centreville mit altem Karussell, Minigolfplatz, Miniaturzug und Gondelbahn. Der Zoo der **Far Enough Farm** bietet Kindern jede Menge Gelegenheit, Felltiere zu streicheln und in etwas Feuchtes zu treten. Der Eintritt in den Park ist frei, um die Fahrgeschäfte zu nutzen, braucht man aber eine Tageskarte.

Über die Centreville Bridge Richtung Süden erreicht man ein Heckenlabyrinth und die Kartenschalter für die Toronto Island Tram Tours. Noch weiter südlich sind Umkleidekabinen, Snackbars, Fahrradausleihe und ein in den See hinausragender Pier. Ganz im Osten kann man am Bootshaus beispielsweise Kanus, Kayaks und Paddelboote mieten, um die Lagunen der Inseln zu erkunden.

Hanlan's Point PARK
(⛴Hanlan's Point) Am westlichen Ende von Centre Island, nahe dem Toronto City Centre Airport, befindet sich Hanlan's Point, das nach dem Ruderweltmeister „Ned“ Hanlan (1855–1904) benannt ist. Er gehörte zu jener Familie, die sich als erste hier ansiedelte. 1914 schaffte der Baseball-Profi Babe Ruth hier bei einem Spiel in der Minor League seinen ersten Home-Run – der Ball fiel in den Lake Ontario, womit das ultimative Souvenir für immer verloren war ...

Neben den kostenlosen Tennisplätzen und dem fragilen Ökosystem aus tiefliegenden Dünen, in denen seltene Tierarten leben, gibt's hier noch eine gar nicht so seltene Spezies – den *Nackedei* –, der den grauen Sand des Hanlan's Point Beach durchstreift. Auf dem vor allem bei Schwulen beliebten Strand ist seit 1999 FKK legal.

Ward's Island INSEL
(⛴Ward's Island) Am Westende von Ward's Island gibt es einen **Frisbee Golf Course** (www.discgolfontario.com; ⏲Sonnenaufgang bis Sonnenuntergang) mit 18 Löchern. Eine altmodische Uferpromenade zieht sich

Toronto West

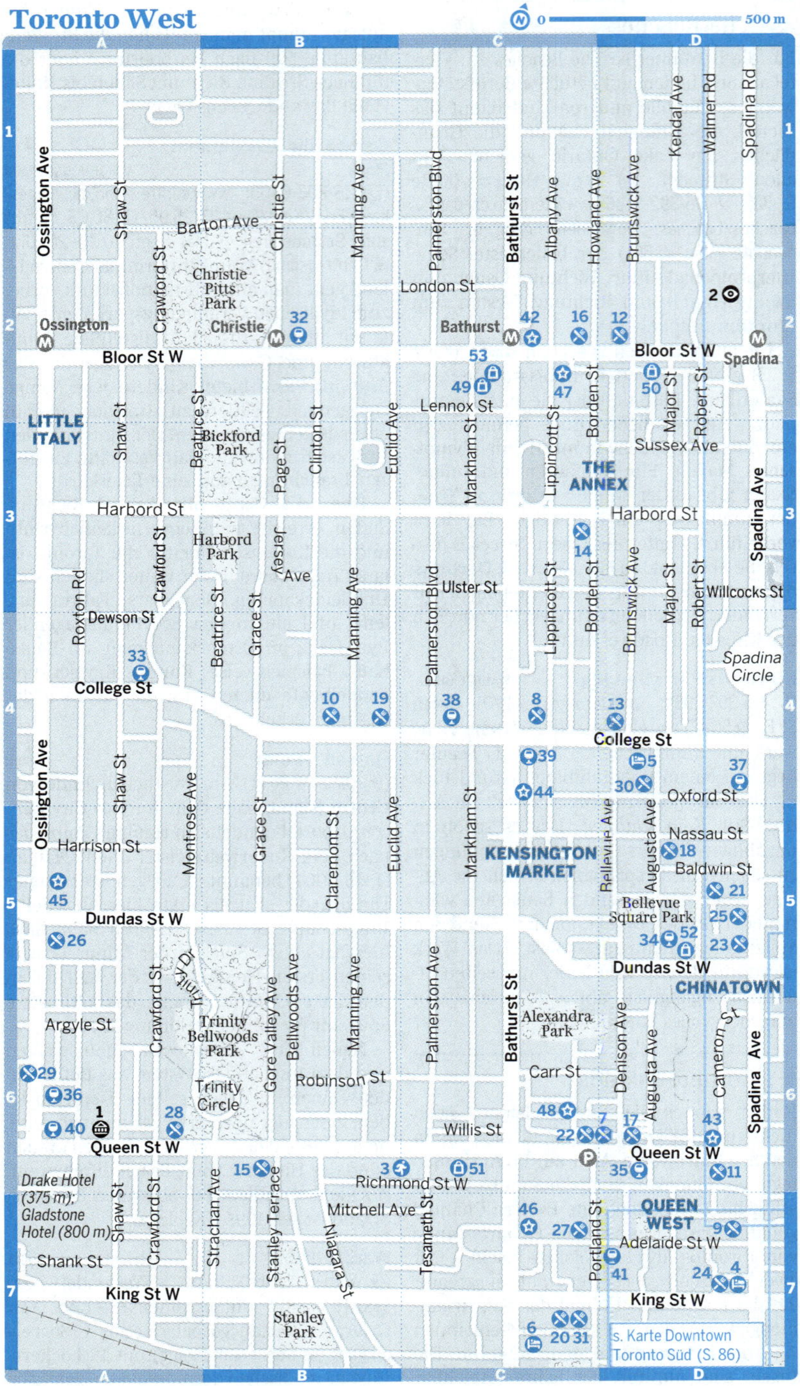

Toronto West

Sehenswertes
1 Museum of Contemporary Canadian Art A6
2 Native Canadian Centre of Toronto D2

Aktivitäten, Kurse & Touren
3 Community Bicycle Network C6

Schlafen
4 Global Village Backpackers D7
5 Planet Travelers Hostel D4
6 Thompson Toronto C7

Essen
7 5th Element D6
8 Aunties & Uncles C4
9 Avenue Open Kitchen D7
10 Bar Italia B4
11 Burger's Priest D6
12 By the Way D2
13 Caplansky's Deli D4
14 Chabichau C3
15 Chippy's B6
16 Country Style C2
17 Grasslands D6
18 Jumbo Empanadas D5
19 Kalendar B4
20 Lee C7
21 Moonbean Coffee Company D5
22 New York Subway C6
23 Nguyen Huong D5
24 Patria D7
25 Phõ Hu'ng D5
26 Pizzeria Libretto A5
27 Sadie's Diner C7
28 Swan A6
Thompson Diner .... (siehe 6)
29 Union A6
30 Urban Herbivore D4
31 Wvrst C7

Ausgehen & Nachtleben
32 Clinton's B2
33 El Convento Rico A4
34 Handlebar D5
35 Java House D6
Mod Club .... (siehe 33)
36 Ossington A6
37 Red Room D4
38 Smokeless Joe C4
39 Sneaky Dee's C4
40 Sweaty Betty's A6
41 Uniun D7

Unterhaltung
42 Bloor Hot Docs Cinema C2
43 Cameron House D6
44 Cineforum C4
45 Dakota Tavern A5
46 Factory Theatre C7
47 Lee's Palace C2
48 Theatre Passe Muraille C6

Shoppen
49 Beguiling C2
50 BMV D2
51 Come as You Are C6
52 Courage My Love D5
53 Honest Ed's C2

die gesamte Südküste der Insel entlang, vorbei am Hintereingang des Rectory Cafés mit seinem schönen Patio zum Seeufer.

Greater Toronto Area (GTA)

Weiter draußen, in den Randbezirken der Greater Toronto Area (GTA), wo aus Torontos Kiezen allmählich Vororte werden, die einander zunehmend ähnlich sehen, gibt es eine Reihe lohnender Attraktionen. Die Kehrseite: Sie sind mit öffentlichen Verkehrsmitteln und selbst mit dem Auto manchmal nur mühsam erreichbar. Im Folgenden sind einige der interessantesten Flecken aufgelistet, geordnet nach ihrer Stadtnähe: Vorn stehen diejenigen, die am nächsten zur Stadt und am leichtesten erreichbar sind.

★ **High Park** PARK

(Karte S. 73; www.toronto.ca/parks/featured-parks/high-park; 1873 Bloor St W; Sonnenaufgang bis Sonnenuntergang; S High Park, 501, 506, 508) Torontos beliebtester und bekanntester Park ist ein wunderbarer Ort, um die Picknickdecke auszubreiten, zu schwimmen, Tennis zu spielen, mit dem Rad herumzufahren, im Winter auf dem **Grenadier Pond** Schlittschuh zu laufen oder im Frühling durch die Haine blühender Kirschbäume zu streifen, ein Geschenk des japanischen Botschafters an den Park aus dem Jahr 1959. Es gibt auch eine Theaterbühne, einen kleinen Kinderzoo und die Colborne Lodge, die die Familie Howard 1836 erbauen ließ. Sie stiftete 1873 einen Großteil des Parks der Stadt.

Von Mitte Juni bis Anfang September fährt an den Wochenenden und an Feiertagen der Bus 30B vom U-Bahnhof High Park durch den Park. Ansonsten kann man die 200 m bis zum Nordeingang auch laufen. Die Straßenbahn 506 High Park hält an der Ostseite des Parks. Wer den Park über

TORONTO GANZ ANDERS

➡ **Cineforum** (Karte S. 92; ☎416-603-6643; www.cineforum.ca; 463 Bathurst St; über/unter 24 Jahren 20/10 C$; ⏲ Filmvorführungen Sa–Do 19 & 21 Uhr; 🚋 506, 511) Der schräge Reg Hartt, ein Original von Toronto, pflastert alle Telefonsäulen voll, um für sein Kino mit 20 Sitzplätzen Reklame zu machen, in dem Avantgardefilme laufen. Man muss mit eigenartigen Vorträgen wie „Was ich von LSD gelernt habe" rechnen, die manchmal während der Filmvorführungen gehalten werden. Man sollte hier einfach auf alles gefasst sein.

➡ **Theatre Passe Muraille** (Theater hinter Mauern; Karte S. 92; ☎416-504-7529; www.passemuraille.on.ca; 16 Ryerson Ave; Karten 20–35 C$, Generalprobe 16 C$; ⏲ Vorstellungen Di–Sa 19.30, Matinees Sa 14 Uhr; 🚋 501) Seit den 1960er-Jahren zeigt dieses alternative Theater in der alten Nasmith's Bakery & Stables radikale Stücke zu Themen aus Kanadas Gegenwart. Bei der Samstagsmatinee zahlt man so viel, wie man sich leisten kann.

➡ **Beguiling** (Karte S. 92; ☎416-533-9168; www.beguilingbooksandart.com; 601 Markham St; Mo–Do & Sa 11–19, Mi & Fr bis 21, So 12–18 Uhr; Ⓢ Bathurst) Eine Ladung Comics gefällig? Das Beguiling ist die Art überfüllter, zusammengewürfelter Laden, in den Robert Crump gern reinschauen würde, und er war tatsächlich schon mal hier. Man kann sich von den Originalheften, Indie-Comics, Büchern zur Popkultur, Kunstgrafiken in begrenzter Auflage und Postern faszinieren lassen.

➡ **New Tribe** (Karte S. 80; ☎416-977-2786; www.newtribe.ca; 2. Stock, 232 Queen St W; Tattoo mindestens 80 C$; ⏲ Mo–Do 11–20, Fr & Sa bis 22, So 12–18 Uhr; 🚋 501) Body Art ist in Toronto fast schon Mainstream. Wenn man alle Tattoo- und Piercingläden der Stadt abklappern wollte, würden einem die Hautflächen ausgehen. Dieser im Herzen von Queen St W gehört zu unseren Lieblingsläden.

➡ **Come as You Are** (Karte S. 92; ☎416-504-7934; www.comeasyouare.com; 493 Queen St W; ⏲ Mo–Mi 11–19, Do & Sa bis 20, Fr bis 21, Sa 12–17 Uhr; 🚋 501) Dieser genossenschaftlich organisierte Sexshop der ersten Stunde in Kanada verkauft alles für alle Geschlechter und Neigungen. Man kann auch an einem Workshop zur erotischen Fotografie oder am Kurs Bondage 101 teilnehmen!

den Südausgang bei der Colborne Lodge verlässt, kann zum Lake Shore Boulevard W hinunterlaufen und mit der Straßenbahn ostwärts zum Zentrum fahren.

Evergreen Brick Works PARK

(☎416-596-7670; http://ebw.evergreen.ca; 550 Bayview Ave; ⏲ Mo–Fr 9–17, Sa 8–16, So 10–16 Uhr; 🚌 28A, Ⓢ Broadview) GRATIS Dieses dynamische kommunale Umweltschutzzentrum mit Park ist für seine gelungene Umwandlung der ursprünglich verfallenden historischen Gebäude in eine Spitzenlocation in allen Belangen des Geotourismus berühmt und für sein „Leadership in Energy & Environmental Design" zertifiziert. Hier finden interaktive Workshops und kommunale Veranstaltungen rund um die Themen Ökologie, Technologie und Umwelt statt. Es gibt einen Gartenmarkt und viele Naturpfade. Auf der Website erfährt man, was gerade los ist. Vom U-Bahnhof Broadview fährt ein kostenloser Shuttlebus dorthin.

Todmorden Mills HISTORISCHE STÄTTE

(Karte S. 73; ☎416-396-2819; www.toronto.ca/todmorden; 67 Pottery Rd; Erw./Kind 5.30/2.40 C$, Eintritt zur Galerie frei; ⏲ April–Dez. Mo–Fr 10–16.30, Sa & So 12–17 Uhr) Die idyllisch am Don River gelegene Todmorden Mills aus dem späten 18. Jh. diente erst als Getreide-, dann als Sägemühle und wurde später erst in eine Brauerei mit Brennerei und dann in eine Papiermühle umgewandelt. Im Innern sind historische Relikte ausgestellt. Begeisterte Führer zeigen Besuchern das alte Müllershaus und den kleinen Bahnhof Don. Man kommt dorthin mit der U-Bahn bis Broadview und nimmt dann jeden beliebigen Bus. Bei der Haltestelle Mortimer/Pottery Road (Dairy Queen) aussteigen und nach links die Pottery Road runterlaufen.

Das renovierte **Papermill Theatre and Gallery** zeigt Werke einheimischer und aufstrebender Künstler. An der Brücke beginnen Naturpfade, die sich bis zum **Todmorden Mills Wildflower Preserve** (www.hops

cotch.ca/tmwp) winden, einer ehemaligen Industriebrache von 9 ha Fläche, auf der heute Wildblumen wachsen und es Plankenwege und Aussichtsplattformen gibt.

Ontario Science Centre MUSEUM
(☎416-696-1000; www.ontariosciencecentre.ca; 770 Don Mills Rd; Science Centre Erw./Kind 22/13 C$, Omnimax 13/9 C$, Kombikarte 28/19 C$; ⏲Mo–Fr 10–16, Sa & So bis 19 Uhr; 🚌34 ab Eglinton TTC, 🚌25 ab Pape TTC) Im großartigen interaktiven Ontario Science Centre kann man eine Felswand hochklettern, eine Reise in das Innere eines menschlichen Herzens unternehmen, per DNA-Analyse einen Verbrecher aufspüren und einen olympischen Bob fahren. Über 800 High-Tech-Exponate und Livedemonstrationen begeistern die Kids (während die Erwachsenen im Hintergrund Interesse heucheln). Es gibt auch eine riesige Kuppel mit einem Omnimax-Kino. Auf der Website erfährt man, welche Events für Familien anstehen, darunter auch Themennächte mit Übernachtungsmöglichkeit.

Scarborough Bluffs PARK
(☎416-392-1111; www.toronto.ca/waterfront/tour/scarborough_bluffs.htm; Scarborough; ⏲Sonnenaufgang bis Sonnenuntergang; 🚌12, Ⓢ Victoria Park) Oben von den Klippen am Seeufer, die in der Eiszeit entstanden sind und sich über 14 km erstrecken, hat man einen tollen Blick über den Lake Ontario. Die Erosion schuf hier Felsformationen, die wie die Türme einer Kathedrale aussehen und von fünf verschiedenen Eiszeiten zeugen. Ohne Auto sind die Klippen schwer erreichbar. Man nimmt die U-Bahn bis Victoria Park, dann den Bus 12 über die Kingston Road bis nach Cathedral Bluffs Drive östlich der Kreuzung mit der St Clair Avenue E. Wer mit dem Auto unterwegs ist, wendet sich von der Kingston Road (Highway 2) beim Cathedral Bluffs Drive nach Süden, um den höchsten Punkt der Bluffs zu erreichen (65 m), **Cathedral Bluffs Park**. Auch weiter östlich an der Galloway Road gibt es einen Zugang zum Seeufer. 6 km weiter östlich kommt man zum **Guildwood Park.** Mit seiner Fülle von architektonischen Relikten und Skulpturen, die Rosa und Spencer Clark in weiser Voraussicht zwischen 1950 und etwa 1980 gesammelt haben, gehört er in der Tat zu den faszinierendsten Parkanlagen in Toronto.

David Dunlap Observatory OBSERVATORIUM
(außerhalb der Karte S. 73; ☎905-883-0174; www.theddo.ca; 123 Hillsview Dr, Richmond Hill; Erw./Kind 10/2 C$; ⏲Juni–Okt. Sa 20.30 Uhr, Juli & Aug. auch Fr 20.30 Uhr; 🚌91, Ⓢ Finch) Das David Dunlap Observatory nördlich der Stadtgrenze Torontos verfügt über das größte optische Teleskop in Kanada (der Re-

LAKE ONTARIO

Anders als das nahe gelegene Chicago, eine Stadt von ähnlicher Größe und Einwohnerzahl und ähnlicher Lage am See, hat Toronto seine Wasserseite vernachlässigt. Wo Chicago 29 km zusammenhängende, von den Einheimischen geliebte Seewege, Parks und Strände bieten kann, hat Toronto den die Luft verpestenden Gardiner Expressway, den Lake Shore Boulevard und eine Mauer von Gebäuden mit Eigentumswohnungen am Wasser, die der Allgemeinheit den Blick auf den See versperren. Erst in den letzten Jahrzehnten wurde ein Zugang zum See geschaffen, und die Projekte zur Belebung des Ufers schleppen sich dahin. Updates findet man auf www.toronto.ca/waterfront und unter www.waterfronttrail.org Infos zu Torontos Abschnitt eines viel größeren Projekts zur Anlage von Wanderwegen am See.

In der Vergangenheit haben Chemikalien, Abwässer und Düngemittel das Wasser des Lake Ontario verschmutzt, in letzter Zeit hat sich die Situation jedoch gebessert. Viele Einheimische sind offenbar zufrieden mit den Möglichkeiten, an einem der acht mit blauen Flaggen zum Baden freigegebenen Strände (www.toronto.ca/parks/beaches) zu schwimmen. Für die meisten Einwohner ist der Lake Ontario einfach ein großes, graues, kaltes Nass, das verhindert, dass US-Amerikaner einfach mal so die Yonge Street hinauffahren können. Der Name „Ontario" leitet sich vom irokesischen Wort *Skanadario* ab, das „sprudelndes Wasser" bedeutet. An dem Namen ist was dran, und trotz allem, was darunter lauert, sprudelt es immer noch. Bei einem Besuch der Toronto Islands oder des Tommy Thompson Parks sieht man das wahre Gesicht des Sees: stoisch, mächtig und wunderschön. Das sollte man unbedingt auch mal den Einheimischen sagen.

flektor hat einen Durchmesser von 1,9 m). Samstagabends gibt das Observatorium eine Einführung in die moderne Astronomie, gefolgt von ein wenig interplanetarischem Voyeurismus. Wenn das Wetter günstig ist, sollte man im Voraus buchen, denn das Kartenkontingent ist begrenzt. Mit der U-Bahn fährt man nach Norden bis Finch, steigt in den Bayview-Bus Linie 91 um (betrieben von York Region Transit) und bittet den Busfahrer, am Hillsview Drive anzuhalten. Von dort ist es 1 km Fußweg zum Observatorium. Mit dem Auto geht es Richtung Norden die Bayview Avenue entlang an der 16th Avenue vorbei bis Hillsview Drive. Dort links abbiegen und 1 km nach Westen fahren, bis man links die weiße Kuppel entdeckt.

LEGOLAND Discovery Centre VERGNÜGUNGSPARK
(☎1-855-356-2150; www.legolanddiscoverycentre.ca/toronto; 1 Bass Pro Mills Dr, Vaughan; Erw./Kind 22/18 C$; ⌚Mo–Sa 10–21, So 11–19 Uhr; S Yorkdale) Diese neue Attraktion Torontos wird von Kindern geliebt und von allen, die sich etwas Kindliches bewahrt haben. Hier gibt es eine Sammlung von pädagogischen Mitmach-Exponaten rund um Lego, darunter einen Erdbebentisch, 4-D-Kino und eine Legofabrik. Untergebracht ist es im ausgedehnten Einkaufszentrum Vaughan Mills. Zu erreichen mit der U-Bahn bis Yorkdale und weiter mit dem 360 YRT Maple Express nach Vaughan Mills.

Canada's Wonderland VERGNÜGUNGSPARK
(Karte S. 73; ☎905-832-8131; www.canadaswonderland.com; 9580 Jane St, Vaughan; Tageskarte Erw./Kind 59/35 C$; ⌚Juni–Aug. 10–22 Uhr, Mai & Sept. nur Sa & So; S York Mills) Freunde von Vergnügungspark werden sich hierhin auf den Weg machen, schließlich ist es der größte in Kanada mit über 60 Fahrgeschäften, darunter der Mammut-Leviathan mit einer 93 m hohen Spitze. Es gibt auch einen explodierenden Vulkan, einen 20 ha großen Wasserpark namens Splash Works und eine Wildwasserschlucht. Hier können sich lange Schlangen bilden, die meisten Fahrgeschäfte sind bei jedem Wetter in Betrieb, und die Karten sind online wesentlich billiger. Von der U-Bahnstation York Mills geht's mit dem Bus 60 GO weiter (mit Zuschlag).

McMichael Canadian Art Collection KUNSTGALERIE
(☎888-213-1121, 905-893-1121; www.mcmichael.com; 10365 Islington Ave, Kleinburg; Erw./Kind 15 C$/frei; ⌚10–17 Uhr) Mitten auf dem 40 ha großen, von Naturpfaden durchzogenen Gelände stehen handgezimmerte Holzhütten, darunter auch die hierher versetzte Hütte des Malers Tom Thomson. In ihnen sind Werke der bekanntesten kanadischen Landschaftsmaler, der Group of Seven, sowie von First Nations, Inuit und anderen anerkannten kanadischen Künstlern ausgestellt. Von Toronto aus kommt man in einer 45-Minuten-Fahrt hierhin, sollte aber auf jeden Fall GPS nutzen. Die Parkgebühr beträgt 5 C$.

Sharon Temple HISTORISCHES GEBÄUDE
(☎905-478-2389; www.sharontemple.ca; 18974 Leslie St, East Gwillimbury; Erw./Kind 5 C$/frei; ⌚Do–So 10–16.30 Uhr) Dieser skurrile Tempel ist eine historische Stätte von nationaler Bedeutung und eines der ältesten Museen in Kanada. Erbaut wurde er 1832 in einem einzigartigen Bastil. Das schlichte, 2011 liebevoll restaurierte Museum erzählt die Geschichte der Gründer. Dorthin lässt sich von Toronto aus ein wundervoller Tagesausflug unternehmen. Es liegt etwa 55 km nördlich vom Stadtzentrum.

Aktivitäten

Im Winter sind sie oft dick eingemummelt, doch die Toronter lieben es trotzdem, sich fit zu halten. Outdoor-Aktivitäten gibt es in Hülle und Fülle: Die Leute radeln, skaten und joggen am Seeufer und laufen durch die Schluchten. Im Winter sind Schlittschuhlaufen und Eishockey beliebt.

Radfahren & Inlineskaten

Für Radfahrer und Inlineskater empfiehlt sich der **Martin Goodman Trail**. Der asphaltierte Freizeitweg erstreckt sich von The Beaches über die Harbourfront bis zum Humber River im Westen – wer Richtung See geht, wird auf ihn stoßen. Unterwegs kann man an der Cherry Street auch in die im Don Valley liegenden Mountainbike-Wege abbiegen. Auf den **Toronto Islands** sind die Uferpromenade am Südufer und die asphaltierten Verbindungswege autofreie Zonen. Wer Lust auf eine längere Tour hat: Der Martin Goodman Trail ist ein Teil des 450 km langen **Lake Ontario Waterfront Trail** (www.waterfronttrail.org), der sich vom Osten Torontos bis nach Niagara-on-the-Lake erstreckt. Wer Toronto per Rad erkunden möchte, sollte wenn möglich auf den markierten Fahrradwegen bleiben. Obwohl viele Einheimische mit dem Rad zur Arbeit fahren, gibt es in der Stadt einige Risiken: aggressive Autofahrer, vom iPod abgelenkte Fußgänger und Straßenbahnen. Radfahrer werden von plötzlich geöffneten Autotüren getroffen, und Unfälle mit Radfahrern, die in die Schienen der Straßenbahn geraten, kommen durchaus vor. Eine Helmpflicht existiert in Ontario nicht.

Wichtige Infos für Radfahrer gibt es unter www.toronto.ca/cycling/map. Leute mit Smartphones können zur Echtzeit-Routenplanung www.ridethecity.com nutzen.

★ **BIXI** RADFAHREN
(☎1-877-412-2494; www.toronto.bixi.com; Gebühr für 24 Std. 5 C$, Benutzung erste 30 Min. frei, dann 1,50 C$ für weitere 30 Min., 4 C$ für weitere 30 Min., 8 C$ für zusätzliche 30 Min.) Das 2011 gestartete BIXI ist ein automatisiertes Bikesharing-Projekt auf Abonnementbasis. Die BIXI-Stationen findet man überall in der Stadt, oder man schaut auf die Website, um eine spezielle Location zu finden – es gibt wirklich viele. Man nimmt das Rad an einer Station und stellt es dort oder an einer beliebigen anderen nach Benutzung wieder ab. Je länger man das Rad nutzt, desto teurer wird es. Eine Kreditkarte ist erforderlich.

Der Trick besteht darin, seine Touren in halbstündige Blöcke aufzubrechen und BIXI als alternatives Verkehrsmittel zum öffentlichen Nahverkehr zu nutzen. Ein guter Orientierungssinn kann sehr hilfreich sein. Beim Abholen des Rades wird auf der Kreditkarte zur Sicherheit ein Betrag von 250 C$ eingefroren.

Community Bicycle Network RADFAHREN
(Karte S. 92; ☎416-504-2918; www.communitybicyclenetwork.org; 761 Queen St W; Tag/Wochenende/Woche 25/35/65 C$; ⌚Di–Fr 12–18, Sa 10–18 Uhr; 🚋501) CBN feiert 20 Jahre Einsatz für nachhaltige Fortbewegung, es bietet Fahrradverleih, Reparaturen, Workshops und Veranstaltungen in einer angenehmen Location an der Queen Street W.

Europe Bound Outfitters RADFAHREN
(Karte S. 86; ☎416-601-1990; www.europe bound.com/store; 47 Front St E; ⌚Mo–Fr 10–19, Sa bis 18, So 11–17 Uhr; 🚋503) Mountainbikes und Tandems mit Helm ab 30 C$ pro Tag.

Toronto Bicycling Network RADFAHREN
(TBN; www.tbn.on.ca) Dieser Freizeit-Fahrradclub lässt gegen eine Gebühr von 5 C$ auch Nichtmitglieder an interessanten organisierten Touren teilnehmen.

Toronto Islands Bicycle Rental RADFAHREN
(☎416-203-0009; www.torontoislandbicyclerental.com; Centre Island; Rad/Tandem 8/15 C$ pro Stunde, Tretauto mit 2/4 Sitzen 17/30 C$; ⌚Mai–Sept. 10.30–18 Uhr; ⛴Centre Island) Centre Island lässt sich vielleicht am besten per Rad erkunden. Hier, neben dem Outlook Pier, kann man es ausleihen.

Wheel Excitement RADFAHREN, INLINESKATEN
(Karte S. 86; ☎416-260-9000; www.wheelexcitement.ca; 249 Queens Quay W; Fahrrad oder Inlineskates 15/35 C$ pro Std./Tag; ⌚10–18 Uhr; 🚋509, 510) Nahe am Fähranleger zu den Toronto Islands; die Tagesmiete ist hier billiger als auf Centre Island, und man hat die Möglichkeit, weitere Erkundungen zu machen

Wandern

Lust, sich die Beine zu vertreten? Dann sind Torontos Stadtparks, Naturschutzgebiete und Schluchten genau das Richtige. Alternativ kann man sich auch mit **Hike Ontario** (☎800-894-7249, 905-277-4453; www.hikeontario.com) oder dem **Toronto Bruce Trail Club** (☎416-763-9061; www.torontobrucetrailclub.org) auf kühne Tageswanderungen machen.

Schlittschuhlaufen

Einheimische lieben es, Schlittschuh zu laufen. Wenn es friert und leise der Schnee rieselt, erwachen die Outdoor-Eisbahnen in Toronto zum Leben. Am bekanntesten sind diejenigen am Nathan Phillips Square vor der City Hall und beim Harbourfront Centre. Sofern das Wetter es zulässt, sind diese künstlichen Eisbahnen von Mitte November bis März täglich von 10 bis 22 Uhr geöffnet. Der Eintritt ist frei; Ausleihgebühr für Schlittschuhe Erw./Kind 10/5 C$. Bei **Toronto Parks & Recreation** (☎416-397-2628; www.toronto.ca/parks) erhält man Infos zu anderen Eisbahnen in der Stadt, darunter die in den Kew Gardens bei Kew Beach und im Trinity Bellwoods Park in West-Toronto.

Wenn es wirklich klirrend kalt ist, kann man auch auf dem Grenadier Pond im Highpark Eislaufen. Anfängern gefällt vielleicht die weniger bekannte Ryerson Rink besser, die versteckt direkt nördlich des Yonge & Dundas Square an der Gould Street liegt – im Sommer ist die Eisbahn ein Wasserspiel.

Schwimmen

Trotz des Dutzends Stadtstrände, die von Juli bis August von Rettungsschwimmern überwacht werden und von denen acht mit der Blue Flag zertifiziert sind, baden die Toronter in der Regel nicht gern im

Lake Ontario. Bevor man sich hineinstürzt, sollte man sich bei der **Beach Water Quality Hotline** (☎416-392-7161; www.city.toronto.on.ca/beach) nach der Wasserqualität erkundigen, die sich nach schweren Regenfällen verschlechtert, sodass Eschericia-coli-Bakterien im Wasser ein Risiko darstellen können.

Die Stadtverwaltung betreibt mehr als 50 Freibäder, die von Juni bis September in der Regel von Sonnenaufgang bis zum Einbruch der Dunkelheit geöffnet sind. Unter www.toronto.ca/parks/prd/facilities/outdoor-pools findet man die vollständigen Liste.

Geführte Touren

Boot

Zwischen Mai und September starten Ausflugsfahrten an der Harbourfront neben dem Queens Quay Terminal oder dem York Quay Centre. Für die Fahrten zum Brunch oder Dinner ist eine Reservierung zu empfehlen. Man sollte im Kopf haben, dass die Fähren zu den Toronto Islands denselben Blick zum halben Preis bieten.

Great Lakes Schooner Company BOOTSTOUR
(Karte S. 86; ☎416-203-2322; www.tallshipcruisestoronto.com; Suite 111, 249 Queens Quay W; Rundfahrt 90 Min. Erw./Kind 21,95/11,95 C$; ⏲Juni–Aug.; 🚊509, 510) Der schneidige schwarze Dreimaster *Kajama*, ein deutscher Handelsschoner von 1930, legt am unteren Ende der Lower Simcoe Street ab, doch der Kartenschalter steht in der Regel neben dem Queens Quay Terminal. Online-Reservierung möglich.

Mariposa Cruises BOOTSTOUR
(Karte S. 86; ☎416-203-0178, 866-627-7672; www.mariposacruises.com; Queens Quay Terminal, 207 Queens Quay W; Tour 1 Std. Erw./Kind 20/13 C$; ⏲Mai–Sept.; 🚊509, 510) Angeboten werden hier kommentierte Hafenrundfahrten und zweistündige Touren mit Mittagsbüfett (Erw./Kind 49/25 C$) sowie sonntags Ausflugsfahrten mit üppigem Brunch und zum Dinner mit Tanz.

Bus

Toronto ist nicht wie London, Paris oder Rom, wo man bequem vom Bus aus unendlich viele historische Wunderwerke und Ähnliches bestaunen kann. Wer aufs Geld achtet, für den ist eine TTC-Tageskarte vielleicht günstiger, mit der man die Stadt auf eigene Faust erkundet.

★ **City Sightseeing Toronto** BUSTOUR
(☎416-410-0536; www.citysightseeingtoronto.com; Erw./Kind 35/20 C$) Hop-on-, Hop-off-Stadtrundfahrt im offenen Doppeldeckerbus wie in London; an der Schleife liegen 24 Haltestellen. Die kommentierte Route deckt die wichtigsten Sehenswürdigkeiten ab und schließt ohne Zusatzkosten (je nach Saison) eine Bootsfahrt auf dem Lake Ontario ein. Die Tickets gelten 72 Stunden: Das ist eine günstige Sache, wenn man den Bus drei Tage lang nutzen will, und eine gute Möglichkeit, sich zu orientieren.

★ **Chariots of Fire** BUSTOUR
(☎1-905-877-0855; www.chariots-of-fire.com; 33 Yonge St; Tagesausflug 60 C$) Preisgünstige Tour von Toronto zu den Niagarafällen inklusive einer Bootsfahrt mit der *Maid of the Mist* und Zeit zur freien Verfügung in Niagara-on-the-Lake. Die Leute hier sind sehr gut organisiert und präsentieren von Toronto aus für diejenigen, die nur einen Tag Zeit haben, um das Ganze zu erleben, auf bequeme Weise das Beste der Wasserfälle. Sehr empfehlenswert.

ROMBus BUSTOUR
(Karte S. 80; ☎416-586-5797; www.rom.on.ca/en/activities-programs/walks-travel-bus-events/bus; 100 Queen's Park; Ganztagestouren 110–140 C$; **S** Museum) Das Royal Ontario Museum organisiert in unregelmäßigen Abständen informative Sondertouren mit gut ausgebildeten Führern zu historischen, kulturellen oder Architekturthemen. Eine Ganztagestour ist zwar nicht ganz billig, doch die Ausgabe kann sich lohnen, falls der Inhalt in das eigene Interessengebiet fällt.

Spazierengehen & Radfahren

Toronto ist am einfachsten zu Fuß zu erkunden. Bei einer Radtour kann man allerdings größere Strecken zurücklegen.

★ **Heritage Toronto** STADTSPAZIERGANG
(☎416-338-3886; www.heritagetoronto.org; 3F, 157 King St E; Spende erwünscht; ⏲Apr.–Okt.) Ein vielfältiges Angebot faszinierender Spaziergänge, Rad- und Bustouren (TTC) mit Schwerpunkt auf Geschichte, Kultur und Natur, die von Museumsexperten und Mitgliedern örtlicher Geschichtsvereine durchgeführt werden. Die Touren dauern in der Regel ein bis drei Stunden.

ROMWalks STADTSPAZIERGANG
(☎416-586-8097; www.rom.on.ca/en/activities programs/walks-travel-bus-events; pro Person

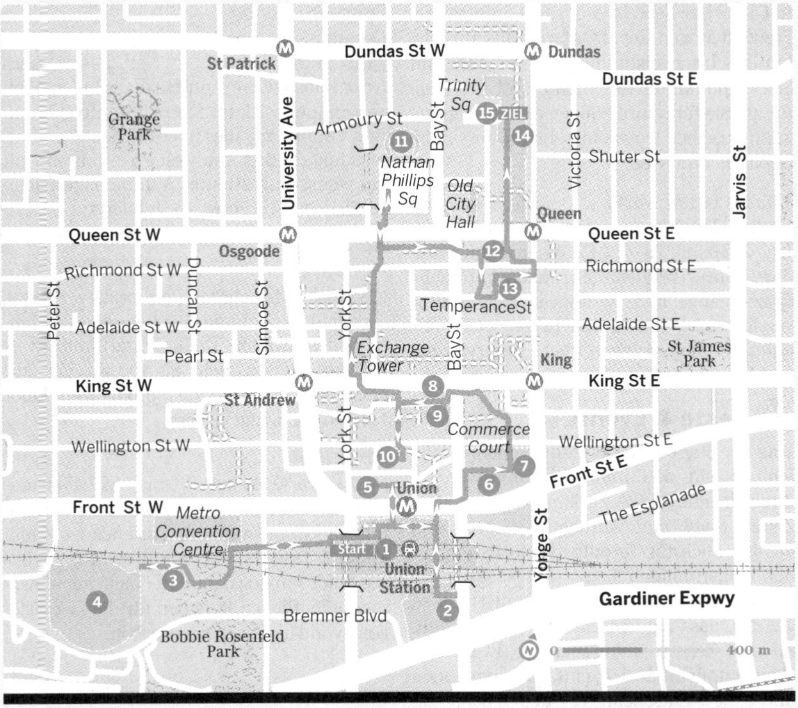

Stadtspaziergang
Unterirdischer Toronto-Blues

START UNION STATION
ZIEL TRINITY SQUARE
DAUER 1 TAG

Wenn es zu kalt ist, um sich draußen aufzuhalten, kann man ins unterirdische Fußgängersystem Torontos abtauchen: Der PATH ist ein 28 km langes (und weiter wachsendes) Labyrinth unterirdischer Gänge, das Sehenswürdigkeiten, Wolkenkratzer und Shops der Downtown miteinander verbindet. Für den folgenden Weg sollte man einen Tag reservieren.

Von der 1 **Union Station** (S. 132) kommt man zum 2 **Air Canada Centre** (S. 129) oder in der SkyWalk-Röhre über die Eisenbahnschienen zum 3 **CN Tower** (S. 76) direkt neben dem 4 **Rogers Centre** (S. 77).

Es geht unter der **Front Street** und die Treppe hinauf zum 5 **Fairmont Royal York** (S. 104). Von hier aus folgt man den farblich markierten Pfeilen zum 6 **Brookfield Place** und zur 7 **Hockey Hall of Fame** (S. 78). Durch den Commerce Court kommt man zum 8 **TD Centre.** Hinter der Digitalanzeige der Börsenkurse nach links gehen und beim 9 **Design Exchange** (S. 78) auftauchen.

Zurück unter dem TD Centre folgt man der Ausschilderung TD Waterhouse Tower zur 10 **Toronto Dominion Gallery of Inuit Art** (S. 78).

Als Nächstes geht es Richtung Standard Life Centre, Exchange Tower und dann dem Richmond-Adelaide Complex. Dann führt der Weg am Sheraton Centre zur 11 **City Hall** (S. 83) und zum Nathan Phillips Square.

Von der City Hall geht es wieder nach unten. Man folgt den Schildern nach 12 **The Bay** (Kanadas ältestes Warenhaus) oder man geht daran vorbei, hält sich rechts und kommt zur Temperance Street und zum 13 **Cloud Gardens Conservatory** (S. 78).

The PATH führt weiter zum 14 **Eaton Centre** (S. 129), dessen große Atrium-Plazas einem das Gefühl geben, dinnen und draußen zu sein. Von hier aus ist der Trinity Square mit der 15 **Church of the Holy Trinity** (S. 83) erreichbar, oder man nimmt für die Weiterreise bei der Station Dundas die U-Bahn.

10 C$; ⌚Mai–Sept. Mi & So) Gut informierte Freiwillige vom Royal Ontario Museum bieten ein- bis zweistündige Spaziergänge mit Schwerpunkt auf Geschichte und Architektur an. Sie führen zu einigen der weniger bekannten, aber trotzdem sehr interessanten Gebäude und Kieze.

A Taste of the World STADTSPAZIERGANG
(☎416-923-6813; www.torontowalksbikes.com; Tour 2–3½ Std. 25–45 C$) Witzige, fachkundige Führer veranstalten unkonventionelle Spaziergänge und Radtouren zu Torontos versteckten Winkeln und Ecken, meist mit kulinarischem Schwerpunkt. Reservierung empfohlen.

Feste & Events

Was der Stadt Toronto an optischen Reizen fehlt, macht sie durch Aktivitäten wett: In dieser lebendigen Stadt kann man zu allen Zeiten Spaß und Aufregung haben, und das gilt auch für Torontos Festivalszene. In den langen milden Tagen und Nächten des kurzen Sommers (Juni bis August) ist so viel los, dass die Entscheidung schwerfällt. Zu den Zeiten, wenn mehrere Events locken, empfiehlt es sich, einfach rauszugehen und die Entscheidung dem Schicksal zu überlassen.

Januar

Winterlicious ESSEN
(www.toronto.ca/special_events/winterlicious) Zwei Wochen im Januar verlockt ein beachtliches Spektrum an Restaurants die Toronter mit opulenten Angeboten zum Festpreis dazu, zum Mittag- und Abendessen das Haus zu verlassen. Wer im Winter hier ist, sollte den Vorteil dieser fantastisch preiswerten Mahlzeiten, die Torontos kulinarische Vielfalt zeigen, zu jeder sich bietenden Gelegenheit wahrnehmen, so unsere Empfehlung.

Next Stage Festival THEATER
(www.fringetoronto.com/next-stage-festival) Next Stage wird von den Leuten, die hinter dem Toronto Fringe Festival stehen, veranstaltet. Es zeigt im Factory Theatre das Werk von zehn experimentellen Künstlern und bietet ihnen eine Plattform, um eine zukünftige Karriere zu starten. Es gibt ein beheiztes Bierzelt, in dem sich das Publikum vor und nach den Vorstellungen unter die Auftretenden und die Bühnentechniker mischen kann.

Februar

Canadian International Auto Show AUTOAUSSTELLUNG
(www.autoshow.ca) Autofans aus aller Welt versammeln sich im Metro Toronto Convention Centre, um alles über die neuesten Entwicklungen der Autowelt zu erfahren, mit ein wenig eingestreuter Automobilgeschichte. 2014 hat die Show 40. Jubiläum.

April

Hot Docs FILM
(Canadian International Documentary Festival; www.hotdocs.ca) Ende April werden im Rahmen des größten Dokumentarfilmfestivals in Nordamerika mehr als 100 Streifen aus aller Welt in dem 2012 aufpolierten Bloor Hot Docs Cinema gezeigt.

420 Rally KULTUR
(420rally.ca/420toronto/) Gras-Liebhaber tauchen am 20. April aus dem Untergrund auf und versammeln sich zu Tausenden auf dem Yonge & Dundas Square mitten in der größten Stadt Kanadas, um mit einem gemeinsamen öffentlichen Rauchen für die Legalisierung von Haschisch einzutreten.

Mai

InsideOut FILM
(Toronto LGBT Film Festival; www.insideout.ca) Das Toronto LGBT Film Festival gibt es fast ein Vierteljahrhundert. Es zeigt ein breites Spektrum von Filmen aus aller Welt, die sich ums Schwulsein drehen oder für Schwule von Interesse sind. Einige Vorführungen finden in der fantastischen TIFF Bell Lightbox statt

Doors Open Toronto KULTUR
(www.toronto.ca/doorsopen) Über 500 öffentliche und private Gebäude von architektonischer oder historischer Bedeutung öffnen die Tür, sodass man einen Blick darauf erhaschen kann, wie es bei „Hempels unterm Sofa" aussieht.

Juni

Luminato KULTUR
(www.luminatofestival.com) Luminato versucht eine breite Auswahl der versiertesten Musiker, Tänzer, Künstler, Schriftsteller, Schauspieler und Filmemacher an verschiedenen Stätten in Toronto auf die Bühne zu bringen und ihre Kreativität zu feiern, in der sich die multikulturelle Vielfalt der Stadt widerspiegelt. Viele Vorführungen sind kostenlos. Früher sind hier Leute wie Aretha Franklin,

Joni Mitchell, KD Lang und Rufus Wainwright aufgetreten.

North by Northeast DARSTELLENDE KÜNSTE
(NXNE; www.nxne.com) Musikfans können mit Sicherheit die ganze Woche abschreiben, um die Überfülle an Indie-Bands (etwa 1000), Filmen, Shows und Besäufnissen in allen coolen Örtlichkeiten von Toronto auszukosten. Es gibt eine Vielzahl auf den jeweiligen Geschmack abgestimmter Armbänder, die den Eintritt deutlich verbilligen. 2014 begeht das Festival seinen 20. Geburtstag.

Pride Toronto SCHWULENFESTIVAL
(www.pridetoronto.com) Torontos farbenprächtigstes Event feiert Ende Juni alle Formen der Sexualität, mit einer Woche voller Events für die Community, Workshops und Versammlungen, die meisten kostenlos. Den Höhepunkt bilden der Comingout Dyke March und die Pride Parade, wenn der G-Punkt der Pride in den Straßen von Church and Wellesley Village unter dem Beat von über einer Millionen Feiernden pulsiert. 2014 fällt die Toronto Pride erstmals in Nordamerika mit der größten internationalen Veranstaltung für Schwule, Lesben, Bi- und Transsexuelle, der WorldPride, zusammen.

National Aboriginal Day KULTUR
(www.aboriginalaffairs.gov.on.ca/english/events/national_aboriginal_day) Kanadas kulturelles Erbe der First Nations, Inuit und Métis wird zur Sommersonnenwende (21. Juni) gefeiert. Die Veranstaltungen beginnen schon eine Woche vorher.

Toronto Jazz Festival JAZZ
(www.tojazz.com) Ende Juni/Anfang Juli erklingen in den Straßen, Nachtclubs und Konzertsälen der Stadt Jazz, Blues und Weltmusik. Es gibt auch Workshops, Filmvorführungen und Hafenrundfahrten.

Juli

Summerlicious ESSEN
(www.toronto.ca/special_events/summerlicious) Bei dieser opulenten kulinarischen Veranstaltung, an der sich über die Stadt verteilt fast 200 Restaurants, Bars und Cafés beteiligen, sollte man seinen Tisch unbedingt im Voraus buchen. Günstige Menüs zum Festpreis in drei Kategorien, sodass für jeden Geschmack und Geldbeutel etwas dabei ist.

Toronto Fringe Festival KULTUR
(www.fringetoronto.com) 2014 steht dieses größte Theater- und Performance-Festival von Kanada zu seinem 25. Jubiläum besonders im Scheinwerferlicht. Anfang Juli finden zwei Wochen lang Dutzende von Theateraufführungen auf ebenso vielen Bühnen statt – von total unkonventionellen bis zu todernsten. Es gibt auch ein Programm mit Stücken für Kinder. Das Festival möchte allen den Zugang zum Theater eröffnen.

Open Roof Festival FILM
(www.openrooffestival.com) Ein Haufen begeisterter Film- und Musikfans stellt eine Staffel von Freilicht-/Dach-Filmvorführungen und Auftritten von Bands aus den hippen Locations der Stadt auf die Beine. Auf der Website erfährt man den Veranstaltungsort.

Honda Indy Toronto AUTORENNEN
(www.hondaindyoronto.com) Vor großem Publikum treten international bekannte Rennfahrer gegeneinander an und erreichen auf dem Lake Shore Boulevard Geschwindigkeiten bis zu 300 km/h. Viele Einheimische verlassen die Stadt, weil sie fürchten, sonst ihr Hörvermögen dauerhaft zu verlieren.

Beaches International Jazz Festival MUSIK
(www.beachesjazz.com) GRATIS Das kostenlose, dreitägige Jazzfest (das 2013 sein 25. Jubiläum feierte) füllt Ende Juli die Bühnen in Woodbine Gardens, Kew Gardens und entlang der Uferpromenade von The Beaches. Höhepunkt ist das zweitägige Straßenfest, für das ein 2 km langer Abschnitt von Queen Street E für den Verkehr geschlossen und für die Musik von über 50 kanadischen Bands und für Tausende Zuhörer, die zu Fuß unterwegs sind, geöffnet wird.

August

Caribana KARNEVAL
(www.caribana.com) Das größte karibische Festival Nordamerikas findet von Ende Juli bis Anfang August statt. Der Karnevalsumzug, bei dem die Kostüme ein Hauch von blümchengemustertem Nichts sind, dauert fünf wahnwitzige Stunden.

Canadian National Exhibition LANDWIRTSCHAFT
(CNE; www.theex.com) Die seit 1879 stattfindende „Ex“ bringt mehr als 700 Aussteller, Tier- und Pflanzenschauen, Holzfällerwettbewerbe und Freiluftkonzerte in den Exhibition Place. Die Flugschau und das Feuerwerk am Labour Day krönen das Ganze.

Scotiabank Buskerfest MUSIK
(www.torontobuskerfest.com) Eine bunt zusammengewürfelte Truppe aus kanadischen

DEN ROTEN TEPPICH AUSGEROLLT: TIFF

Seit der Gründung 1976 ist das Toronto International Film Festival (TIFF) zum Kronjuwel in Torontos Festivalszene und zu einem wichtigen Spieler im Welt-Filmzirkus herangewachsen. Das Festival ist zu einem wichtigen Forum für neu anlaufende Filme geworden und zieht über 400 000 erwartungsvolle Filmliebhaber an, die sich während der zehntägigen Veranstaltung am Rummel um die Prominenten auf dem roten Teppich ergötzen.

1990 erweiterte das Festival seine Aktivitäten um das rund ums Jahr laufenden TIFF-Cinematek-Programm, das Werke aus aller Welt präsentiert. Nach 20 weiteren Jahren eröffnete das Bell Lightbox (S. 127) mit seinen fünf atemberaubenden Kinosälen, abgefahrenen Restaurants und Bars als dauerhafter Sitz für das Festival und sein Organisationsteams.

Wer zum TIFF in die Stadt kommen will, sollte unbedingt im Voraus buchen: Die Tickets für die Filmvorführungen und Veranstaltungen sind schnell ausverkauft, und die ohnehin schon angehobenen Zimmerpreise steigen noch einmal rapide an, wenn das Ereignis näherrückt. Celebritys und Paparazzi sind in der Stadt, und von nah und fern strömen die Toronter herbei, um Hollywood-Spirit zu schnuppern. Wenn möglich, sollte man einen Blick darauf erhaschen!

und internationalen Straßenkünstlern macht sich Ende August drei Tage lang in der Yonge Street breit, um Epilepsy Toronto zu unterstützen: Es gibt Schwertschlucker, Jongleure und Musikanten von unvorhersehbarer Qualität.

SummerWorks Theatre Festival THEATER
(www.summerworks.ca) Zehn Tage mit Aufführungen von vor allem neuen kanadischen Stücken im größten Theaterfestival mit Jury in Kanada.

September

Toronto International Film Festival FILM
(TIFF; torontointernationalfilmfestival.ca) Das Juwel in der Krone der internationalen gesellschaftlichen und kulturellen Ereignisse in Toronto hat sich zu einem der größten und renommiertesten Festivals für Filmkunst entwickelt. Einige kommen wegen der Filme, von denen viele im umwerfenden, hypermodernen Bell Lightbox Cinema laufen. Andere kommen, um einen Blick auf die Celebritys zu erhaschen, die dann in der Stadt sind. Man muss weit im Voraus seine Tickets kaufen und seine Unterkunft buchen. Und wenn man sich zu Zeiten des Festivals zufällig in der Stadt aufhält, muss man mit einem deftigen Aufschlag auf den Zimmerpreis rechnen.

Oktober

Nuit Blanche KULTUR
(www.scotiabanknuitblanche.ca) Eine Nacht. Über 130 Kunsterfahrungen überall in der Stadt. Eingefädelte „Zufallsbegegnungen“, interaktive Tanzvorführungen und ein Straßenmarkt gehören außerdem zum nächtlichen Spaß dazu.

International Festival of Authors
(www.readings.org) An elf Tagen Mitte Oktober versammelt dieses Festival berühmte Autoren aus Kanada und darüber hinaus im Harbourfront Centre zu Lesungen, Diskussionen, Vorträgen, Preisverleihungen und Autogrammstunden. Auch für Kinder gibt es Veranstaltungen.

November

Royal Agricultural Winter Fair LANDWIRTSCHAFT
(www.royalfair.org) Seit 1922 wärmt die weltweit größte Indoor-Messe für Landwirtschaft und Pferde an zehn Tagen im schon recht kühlen November ihr Publikum am Exhibition Place.

Santa Claus Parade WEIHNACHTEN
(www.thesantaclausparade.ca) Die alljährliche Santa Claus Parade, seit 1905 in Toronto eine Tradition, bietet genau das, was der Name verspricht: Eine als Santa Claus verkleidete Truppe alter Kerle bringt den Verkehr im Zentrum stundenlang zum Erliegen und versetzt Kinder viel zu lange vor Weihnachten in Aufregung. Das Datum wechselt.

Dezember

Toronto Christmas Market WEIHNACHTEN
(www.torontochristmasmarket.com) In den ersten beiden Dezemberwochen erreicht die festliche Stimmung im Distillery District ihren Höhepunkt, denn dann sind auf ei-

nem Weihnachtsmarkt im europäischen Stil Hunderte handgemachter Waren aus der Gegend zu sehen.

Schlafen

In Toronto herrscht keine Knappheit an Unterkünften, es kann aber teuer werden, insbesondere im Sommer, wenn Zimmer leicht mal das Doppelte des Üblichen kosten. Wer im Voraus plant, wird jedoch das Passende für den jeweiligen Geschmack und Geldbeutel finden. Bei einem Aufenthalt in der Zeit von Mitte Mai bis Ende September ist eine Reservierung unbedingt zu empfehlen. Und nicht vergessen, zu den genannten Zimmerpreisen kommen in aller Regel noch 13 % Mehrwertsteuer hinzu. Wenn möglich, sollte man nicht im März nach Toronto kommen: Das Wetter kann lausig sein, und die Mehrheit der Betten in der Innenstadt werden von Besuchern der riesigen alljährlichen Bergbaumesse (PDAC) belegt.

Seit 2011 hat eine Reihe lange überfälliger Luxushotels eröffnet, sodass es nun ein Überangebot an noblen, teuren Betten gibt. In der mittleren Preiskategorie hat es keine solchen Investitionen gegeben: Zimmer von dieser Sorte können für den Preis trist und unmodern wirken.

Anders als der Rest von Ontario, wo preiswerte Betten knapp sind, hat Toronto einige schöne Hostels. Man sollte uns schon trauen, wenn wir raten, im Voraus zu buchen: Die besten Buden sind nämlich im Sommer schnell voll. Eine Vielzahl von Bed & Breakfast lassen sich über die folgenden Agenturen mieten.

Bed & Breakfast Homes of Toronto ZIMMERVERMITTLUNG
(☎416-363-6362; www.bbcanada.com/associations/toronto2) Alles von ordentlichen Familienwohnungen bis zu sündhaft teuren Luxussuiten.

Downtown Toronto Association of Bed and Breakfast Guest Houses ZIMMERVERMITTLUNG
(☎647-654-2959; www.bnbinfo.com) Zimmer in verschiedenen Vierteln, meistens in renovierten viktorianischen Häusern.

Toronto Bed & Breakfast Reservation Service ZIMMERVERMITTLUNG
(☎877-922-6522, 705-738-9449; www.torontobandb.com) Älteste Agentur in der Stadt mit einem Dutzend zentraler Angebote.

Harbourfront

Renaissance Toronto HOTEL $$
(Karte S. 86; ☎800-237-1512, 416-341-7100; www.renaissancetoronto.com; 1 Blue Jays Way; DZ/Suite ab 199/289 C$; ; S Union) 70 Suiten blicken auf das Spielfeld des Rogers Centre. Wer eine davon bucht, muss sich auf Flutlicht und brüllende Sportfans einstellen! Wer sein Zimmer lieber zum Schlafen nutzen will: Auch vom Restaurant und von der Bar aus kann man aufs Spielfeld schauen.

Westin Harbour Castle HOTEL $$
(Karte S. 86; ☎416-869-1600; www.westinharbourcastletoronto.com; 1 Harbour Sq; DZ ab 239 C$; ; 509, 510) Das Westin Harbour Castle hat eine breite Angebotspalette: Restaurants, Geschäfte, Fitnessraum, Konferenzzentrum, Swimmingpool, Zimmer mit Behindertenzugang usw. Für ein so großes Hotel ist das Personal erstaunlich munter. Vielleicht hält die Lobby die Leute bei Laune: Es gibt genug Marmor, um es mit einer Hollywood-Villa aufzunehmen. Super Seeblick.

Financial District

Hotel Victoria BOUTIQUEHOTEL $$
(Karte S. 86; ☎800-363-8228, 416-363-1666; www.hotelvictoria-toronto.com; 56 Yonge St; DZ ab 159 C$; ; S King) Das Hotel von Anfang des 20. Jhs. hat sich eine hübsche Lobby aus der Entstehungszeit bewahrt. Die Zimmer sind eher klein, aber schlicht und elegant renoviert und bieten freies WLAN. In den Bädern gibt es große Badewannen, die Damen werden aber vielleicht enttäuscht sein, dass es keinen Schminkplatz gibt.

Strathcona Hotel HOTEL $$
(Karte S. 86; ☎800-268-8304, 416-363-3321; www.thestrathconahotel.com; 60 York St; DZ ab 125 C$; ; S Union) Dieses Hotel im Zentrum bietet kompakte, renovierte Zimmer mit anständigen Badezimmern. Kneipe und Café unten sind sehr angenehm. Es gibt zwar keine Parkmöglichkeiten vor Ort, doch die Nähe zur Union Station ist ideal, auch wenn sich mancher durch die langfristigen Umbauprojekte dort gestört fühlen mag.

One King West HOTEL $$
(Karte S. 86; ☎416-548-8100; www.onekingwest.com; 1 King St W; DZ ab 209 C$; ; S King) Der schlanke Turm des One King West gehört zu unseren Lieblingsgebäu-

den in der Skyline von Toronto. Er ragt in einem mühelosen Verbund aus dem historischen Bau des früheren Hauptsitzes der Toronto Dominion Bank auf. Die Studios und Einbettzimmer sind groß, elegant und die Innenstadtlage mit U- und Straßenbahn direkt vor der Haustür ist prima und einfach unschlagbar.

Fairmont Royal York HOTEL $$
(Karte S. 86; ☎866-440-5489, 416-368-2511; www.fairmont.com/royalyork; 100 Front St W; DZ ab 179 C$; ❄📶🏊; Ⓢ Union) Seit 1929 hat das angesehene Royal York (früher die Grande Dame der Canadian Pacific Railway, die in Toronto Kultstatus genießt) schon alle möglichen Leute von Tina Turner bis Henry Kissinger beherbergt, und das kann man sehen. Glücklicherweise werden die 1300 Zimmer durchgreifend renoviert, was einige Zeit dauern wird. Hier kann man hoch oben in der Library Bar einen Tee trinken oder auf der Dachterrasse den Kräutergarten und das Bienenhaus besuchen – das Royal York produziert auch seinen eigenen Honig.

Bis die Renovierung abgeschlossen ist, kann man mit älteren Zimmern ein Schnäppchen machen oder einen Zuschlag für das neue Luxusprodukt zahlen. Zu beachten ist, dass die langfristigen Bauprojekte an der Union Station (gegenüber vom Hotel) und ringsum für Hotelgäste nicht immer angenehm sind.

★ **Trump Toronto** HOTEL $$$
(Karte S. 86; ☎416-306-5800; www.trumphotelcollection.com/toronto/; 325 Bay St; DZ ab 425 C$; 🚭❄📶🏊; Ⓢ King) Die überdimensionierten, modernen Zimmer des Trump Toronto lassen sich so beschreiben: prächtig, dekadent, kühn, schwelgerisch. Hohe Decken und bis zum Boden reichende Fenster tragen zum geräumigen und luxuriösen Eindruck bei. Der Name Trump steht für Status, Big Business und Erfolg, und das 2012 eröffnete Hotel bildet da keine Ausnahme. Hier können Gäste mit dem aufmerksamsten Service und Clefs-d'Or-Portiers rechnen. Willkommen daheim, sofern das Geld kein Hindernis ist.

Old York

Hostelling International Toronto HOSTEL $
(Karte S. 86; ☎877-848-8737, 416-971-4440; www.hostellingtoronto.com; 76 Church St; B Mitglied/Nichtmitglied ab 22/26 C$, DZ Mitglied/Nichtmitglied 89/109 C$; 🚭❄📶; 🚌504) Das preisgekrönte Hostel macht von außen nicht viel her, punktet aber mit seiner Dachterrasse und dem freundlichen Personal. Die meisten Schlafsäle haben eigene Bäder, und die neuen Luxuszimmer bieten Privatunterkünfte mit Frühstück, die ihren angenehmen Preis ganz bestimmt mehr als wert sind. Bei den Spieleabenden in der Cavern Bar & Bistro kann man sehr gut Freundschaften schließen.

Cosmopolitan BOUTIQUEHOTEL $$
(Karte S. 86; ☎416-350-2000; www.cosmotoronto.com; 8 Colborne St; Suite ab 209 C$; 🚭❄📶; Ⓢ King) Dieses kompakte Hotel mit nur fünf Zimmern pro Geschoss ist schick und ruhig. Die günstigsten Zen-Suiten sind eher klein. Die Lotus- und Tranquility-Suiten sind deutlich größer, haben eine Küche, und einige auch Seeblick. Alle sind mit Balkons ausgestattet. Der fantastische Wellnessbereich und der abgefahrene Weinkeller Eight (mit einem Freitagabend-Special von 1 C$ pro Unze) tragen wesentlich zum Charme bei.

Entertainment District & King Street West

★ **Clarence Park** HOSTEL $
(Karte S. 86; ☎647-498-7070; www.theclarencepark.com; 7 Clarence Sq; B 27 C$, DZ 70–85 C$; 📶) Dieses Prachtstück zum günstigen Preis in bester, malerischer Innenstadtlage hat gemütliche, saubere Schlafsäle und Doppelzimmer, teils mit Blick in den grünen Hof. Alle Zimmer haben ein eigenes Bad. Es gibt freies WLAN, fabelhafte neue Gemeinschaftsküchen und eine riesige Dachterrasse mit Grill für die faulen Sommernachmittage in der Stadt.

Canadiana Guesthouse & Backpackers HOSTEL $
(Karte S. 86; ☎877-215-1225, 416-598-9090; www.canadianalodging.com; 42 Widmer St; B 27–34 C$, EZ/DZ ab 68/80 C$; 🚭❄@📶; 🚌504) Das Canadiana liegt in einer ruhigen Seitenstraße auf halbem Weg zwischen den beiden trubeligen Abschnitten von Queen Street W und King Street W, doch die Lage ist nicht das einzige Plus. Pfannkuchen-Frühstück, ein Filmraum, Grillabende, Kochen mit Gas und anständige Einzel- und Doppelzimmer machen das Hostel zusätzlich reizvoll. Da es in einer viktorianischen Reihenhauszeile untergebracht ist, wirkt es intimer, als man nach den 200 Betten vermuten würde.

★ Residence Inn Toronto Downtown HOTEL $$
(Karte S. 86; 416-581-1800; www.marriott.com; 255 Wellington St W; Suite mit Frühstück ab 209 C$; ; 504, 508) Dieses moderne Hotel für Geschäftsreisende und Touristen ist für einen längeren Aufenthalt oder für Reisende mit Kindern pefekt. Es hat eine erstklassige Lage und ein ganzes Spektrum an komfortablen, funktionalen Zimmertypen bis hin zu Suiten mit zwei Schlafzimmern. Alle haben voll ausgestattete Küchen, ein freundliches Dekor und viel Licht. Das Frühstücksbüfett bietet sehr viel fürs Geld.

★ Thompson Toronto HOTEL $$$
(Karte S. 92; 416-640-7778; www.thompsonhotels.comtoronto; 550 Wellington St W; DZ ab 229 C$; ; 504, 508) Wir lieben das Thompson Toronto – es hat so was von LA. Design-Freaks werden an den schrägen, scharfen Zimmern Spaß haben; die Bar auf der Dachterrasse, der Patio und der Pool sind mit Abstand die schönsten in Toronto; und die beiden Restaurants vor Ort, Thompson Diner und Scarpetta, verdienen auch für sich Beachtung. Wenn dann noch eine geniale Lage und ein außergewöhnlicher Service dazukommen, kann man gern mal auf den Putz hauen. Das Angebot ist aber wohl nicht nach jedermanns Geschmack.

Hilton Garden Inn Toronto Downtown HOTEL $$
(Karte S. 86; 416-593-9200; www.hiltongardeninn.com; 92 Peter St; DZ ab 169 C$; ; 501) Das Garden Inn – nicht zu verwechseln mit dem Schwesterhotel an der Jarvis Street – ist eine gute Wahl im mittleren Preissegment. Es hat eine gute Lage im Herzen des Entertainment District in der Nähe von Queen Street W – perfekt für nächtliche Erkundungen. Freitag- und Samstagabend kann es laut werden, andererseits haben die Lobby und die geräumigen Zimmer einen hohen Standard, und das Personal ist in der Regel an die Launen der Geschäftsreisenden gewöhnt, die werktags die Hauptschar der Gäste bilden.

Soho Metropolitan Hotel BOUTIQUEHOTEL $$$
(Karte S. 86; 416-599-8800; www.soho.metropolitan.com; 318 Wellington St W; DZ ab 260 C$; ; 510) In den 92 Zimmern und Suiten des Soho Met erwartet die Gäste Luxus und Eleganz: viel Ahornholz, eigene Ankleidezimmer, Fenster vom Boden bis zur Decke und italienische Bettwäsche. Die exquisiten Marmorbäder bieten eine tiefe Badewanne, eine getrennte Dusche und die allseits beliebten Molton-Brown-Pflegeprodukte. Stammgäste schrecken vor den Zimmerpreisen nicht zurück.

Hôtel Le Germain BOUTIQUEHOTEL $$$
(Karte S. 86; 866-345-9501, 416-345-9500; www.germaintoronto.com; 30 Mercer St; DZ/Suite ab 250/545 C$; ; 504) Das hippe, harmonische Le Germain liegt in einer ruhigen Nebenstraße im Entertainment District. Klare Linien, entspannende Räume und buddhistisch angehauchte Materialien sorgen für das versprochene „Meer des Wohlgefühls". Zu den Extras gehören Toilettenartikel von Aveda, Bose-Stereoboxen in den Innenräumen und eine Dachterrasse. Parken kostet 35 C$.

Ritz Carlton HOTEL $$$
(Karte S. 86; 416-585-2100; www.ritzcarlton.com/toronto; 181 Wellington St W; DZ ab 445 C$; ; St Andrew) Das Ritz Carlton eröffnete 2011 als erstes in Torontos neuem Strauß an wunderbaren 5-Sterne-Hotels. Der Name weckt Assoziationen, doch die Modernität der Immobilie passt nicht unbedingt zu dem altmodischen Ritz-Styling in den Zimmern. Man kann natürlich einen außergewöhnlichen Service, Komfort im Überfluss und eine 5-Sterne-Haltung erwarten. Zu dem Preis gibt es Besseres.

Downtown Yonge

Baldwin Village Inn B&B $
(Karte S. 80; 416-591-5359; www.baldwininn.com; 9 Baldwin St; B mit Frühstück und Gemeinschaftsbad 90–110 C$; ; 505, 506) Praktisch mitten in der netten Enklave Baldwin Village und nur ein paar Häuserblocks von der Art Gallery of Ontario entfernt steht dieses gelb gestrichene B&B mit Blick auf eine grüne Straße voller preiswerter Lokale und Cafés. Der Hof zur Straße ist perfekt zum Abhängen und Leutegucken.

★ Cambridge Suites HOTEL $$
(Karte S. 80; 416-368-1990; www.cambridgesuitestoronto.com; 15 Richmond St E; Suite ab 175 C$; ; Queen) Dieses All-Suite-Hotel, eine exzellente Wahl im mittleren Preissegment, hat geräumige, nett aussehende Zimmer mit separatem Wohn- und Küchenbereich. Die Cityscape-Suiten in den oberen Stockwerken sind luxuriöser ausgestattet, und der Preis schließt ein kontinen-

tales Frühstück im Restaurant ein. Auch drei beeindruckende Penthouses stehen bereit.

Les Amis Bed & Breakfast B&B $$
(Karte S. 80; ☎416-928-0635; www.bbtoronto.com; 31 Granby St; EZ/DZ mit Gemeinschaftsbad und Frühstück ab 85/115 C$; ⊖❄📶; Ⓢ College) Das heitere B & B wird von einem mehrsprachigen Pariser Pärchen geführt und bietet ein komplettes vegetarisches Gourmet-Frühstück. Die farbenfrohen Zimmer sind mit Kunstwerken der Inhaber geschmückt, und im grünen Innenhof kann man hervorragend entspannen. Das B & B liegt in Gehweite zum Eaton Centre. Parken kostet immerhin 10 C$.

Eaton Chelsea HOTEL $$
(Karte S. 80; ☎416-595-1975; http://chelsea.eatonhotels.com; 33 Gerrard St W; DZ/Suite ab 139/239 C$; ⊖❄📶; Ⓢ College) Torontos größtes Hotel (fast 1600 Zimmer!) und wohl das mit dem besten Preis-Leistungs-Verhältnis, früher das Delta Chelsea, gehört heute zur Langham Hospitality Group. Es bietet für jeden etwas, ist aber bei Familien besonders beliebt: Sie wissen die wie Wohnungen gestalteten Suiten und die Indoor-Wasserrutsche zu schätzen. Viele Zimmer haben einen Balkon.

Pantages BOUTIQUEHOTEL $$
(Karte S. 80; ☎888-897-1401; www.pantageshotel.com; 200 Victoria St; Suite ab 179 C$; ❄@; Ⓢ Dundas, Queen) Dieses All-Suite-Hotel in unmittelbarer Nachbarschaft zu Yonge & Dundas Square, Massey Hall und Eaton Centre ist eine gute Wahl für einen längeren Aufenthalt. Alle 89 Zimmer sind komplett mit Bad, Küche und Einrichtungen zum Waschen ausgestattet. Es befindet sich in einem Wohnhaus. Gleich nach der Haustür geht es links zur Hotellobby.

Grand Hotel & Suites HOTEL $$
(Karte S. 80; ☎416-863-9000; www.grandhoteltoronto.com; 225 Jarvis St; DZ/Suite mit Frühstück ab 199/249 C$; ⊖❄📶🏊; Ⓢ Dundas, 🚋505) Eine ein wenig schäbige, heruntergekommene Lage liegt wie ein Fluch über diesem ansonsten soliden Mitspieler, doch all das wird sich in den nächsten paar Jahren ändern, wenn die Bauprojekte für Eigentumswohnungen in der Nähe abgeschlossen sind. Eine Reihe von Zimmertypen bis zu Suiten mit zwei Schlafräumen haben alle kostenloses WLAN, Kitchenetten und Marmorbäder. Der Innenpool und zwei Heißwasserbecken auf der Dachterrasse locken ebenfalls zum Planschen.

Shangri-La Hotel HOTEL $$$
(Karte S. 86; ☎647-788-8888; www.shangri-la.com/toronto; 188 University Ave; DZ ab 355 C$; ⊖❄@📶🏊; Ⓢ St Andrew, Osgoode) Die funkelnagelneuen eleganten Zimmer des 5-Sterne-Hotels gehören zu den größten in Toronto. Angestrebt ist eine Verbindung von asiatischer Schlichtheit und westlichem Luxus. Bei allen sind Bad, Dusche und Toilette getrennt, es gibt zimmerhohe Fenster, die sich auch öffnen lassen, Nespressomaschinen, iPod-Docks und im Bad Pflegeprodukte von L'Occitane und Bulgari. Die Lage an der University Avenue ist fantastisch.

Church-Wellesley Village

Neill-Wycik College Hotel HOSTEL $
(Karte S. 80; ☎416-977-2320; www.torontobackpackershotel.com/; 96 Gerrard St E; EZ/DZ/3BZ/FZ mit Gemeinschaftsbad 53/75/90/100 C$; ⊖📶; Ⓢ College) Das bei Budgettravellern beliebte Hotel (sprich: Wei-sik) ist von Anfang Mai bis Ende August geöffnet, wenn die Studierenden weg sind. Die mit Telefonen ausgestatteten privaten Schlafzimmer liegen innerhalb von wohnungsähnlichen Suiten, die sich Küche, Wohnraum und Bad teilen. Es gibt Waschküchen, Schließfächer, TV-Räume, eine von Studierenden geführte Cafeteria und eine Sonnenterrasse mit unglaublichem Ausblick.

Victoria's Mansion Inn & Guesthouse INN $
(Karte S. 80; ☎416-921-4625; www.victoriasmansion.com; 68 Gloucester St; EZ/DZ/Studio ab 69/99/139 C$; ❄📶; Ⓢ Wellesley) Das international beflaggte, schwulenfreundliche Victoria's Mansion bringt seine Gäste in einem denkmalgeschützten, renovierten Backsteingebäude mit einer schönen Gartenfront unter. Alle Zimmer sind mit Kühlschrank, Mikrowelle und eigenen Bädern ausgestattet, sodass die kleineren Einzelzimmer für die Innenstadt ein gutes Preis-Leistungs-Verhältnis haben.

Holiday Inn Toronto Downtown Centre HOTEL $$
(Karte S. 80; ☎416-977-6655; www.holidayinn.com; 30 Carlton St; DZ ab 120 C$; ❄📶🏊; Ⓢ College) Abgedrehte renovierte Zimmer, eine Toplage nur ein paar Schritte vom U-Bahnhof College und eine großes Spektrum an preiswerten Einkaufs-, Ess- und Unterhaltungsmöglichkeiten machen dieses massige

Holiday Inn zu einem guten Angebot für die meisten Geldbeutel. Abgesehen davon gibt es quasi keinen Blick, und die Standardzimmer sind ziemlich kompakt.

Courtyard Toronto Downtown HOTEL $$
(Karte S. 80; ☎416-924-0611, 800-874-5075; www.marriott.com; 475 Yonge St; DZ ab 116 C$; ; S College) Das nächste größere Hotel zum Village ist im üblichen Mittelklassesegment eine gute Wahl mit einer Lage, von der aus alles zu Fuß erreichbar ist, Fitnessraum, Heißwasserbecken und Pool. Alle Zimmer haben eine anständige Größe, freies, superschnelles WLAN, einige auch einen Balkon. Bei Online-Buchung im Voraus gibt es günstige Angebote.

Bloor-Yorkville

Holiday Inn Toronto Bloor-Yorkville HOTEL $$
(Karte S. 80; ☎888-2654329, 416-968-0010; www.holiday-inn.com/torontomidtown; 280 Bloor St W; DZ ab 164 C$; ; S St George) Die üblichen grünen Banner vor dem hoch aufragenden Backstein-Monolithen tragen nur wenig zur Verbesserung der Ästhetik bei, doch die Zimmer von der Stange haben bequeme Queen- oder Kingsizebetten und viel Platz. Der Preis und die Lage sind hier das Entscheidende: U-Bahn direkt vor der Tür und die University of Toronto, das Royal Ontario Museum und die Einkaufsmöglichkeiten auf der Bloor Street nur ein paar Minuten entfernt.

Comfort Hotel HOTEL $$
(Karte S. 80; ☎800-424-6423, 416-924-1222; www.choicehotels.ca/cn228; 15 Charles St E; DZ ab 169 C$; ; S Bloor-Yonge) Es ist das Übliche und in keiner Weise schick, doch dieses einfache Touristenhotel steht in der Nähe von einigen sehr guten Cafés und ist nur einen Katzensprung von der Bloor Street entfernt, wo die Zimmer dreimal so viel kosten. Dass man schon um 13 Uhr einchecken kann, ist ein weiteres Plus.

★ **Four Seasons** LUXUSHOTEL $$$
(Karte S. 80; ☎416-964-0411; www.fourseasons.com/toronto; 60 Yorkville Ave; DZ ab 455 C$; S Bay) Eines der ältesten und renommiertesten Spitzenhotels von Toronto ist in ein brandneues Gebäude in noch besserer Lage umgezogen. Hier dreht sich alles um Luxus, Entspannung und Genuss: frische, saubere, lichtdurchflutete Zimmer mit herrlicher Aussicht strahlen Komfort aus, die Bäder aus Granit sind zum Sterben schön, und die exquisite Lobby gehört zu den eindrucksvollsten, die wir je gesehen haben.

Wen die Zimmerpreise nicht schocken, der wird auch die Rechnung im Café Boulud mit Michelin-Stern ohne zu zögern bezahlen und sich im Spa freudig den Körper umhegen und die Seele erheben lassen: Es ist wie im Himmel.

★ **Hazelton** BOUTIQUEHOTEL $$$
(Karte S. 80; ☎416-963-6300; www.thehazeltonhotel.com; 118 Yorkville Ave; DZ ab 450 C$;) Nachdem in den letzten Jahren ein ganzer Trupp an Wettbewerbern im Luxussegment eröffnet hat, ist es fürs Hazleton schwerer geworden, seinen Ruf, das exklusivste Hotel in Toronto zu sein, aufrechtzuerhalten: Versuchen wird es das auf jeden Fall, und Gäste können von diesen Bemühungen nur profitieren. Dieses raffinierte, spektakuläre, sexy Hotel ist so klein (62 Zimmer, 15 Suiten), dass der Gast sich als etwas Besonderes fühlen kann, was er, wie wir alle wissen, auch ist.

Hier gibt es so viel zu bewundern, dass Designfans mehr als verwöhnt werden. Wenn es Zeit zum Abendessen ist, wird das Restaurant ‚ONE' von Torontos kulinarischem Meister Mark McEwan die Brieftasche weiter leeren, es hält jedoch unwiderstehliche Genüsse für die Geschmacksnerven bereit.

Windsor Arms BOUTIQUEHOTEL $$$
(Karte S. 80; ☎416-971-9666; www.windsorarmshotel.com; 18 St Thomas St; Suite mit Frühstück ab 356 C$; ; S Bay) Das Windsor Arms ist ein exquisites Stück aus Torontos Geschichte – einfach hier übernachten oder auf einen Nachmittagstee reinschauen. Es ist ein neogotisches Herrenhaus von 1927 mit einer prächtigen Eingangshalle, Buntglasfenstern, ausgezeichnetem Service und eigenem Wappen. Luxuriöse, überdimensionierte Suiten haben Bad und Dusche getrennt, Körperpflegeprodukte von Molton Brown, eine Nespressomaschine, einen Butlerservice, Frühstücksbüfett und WLAN. Kreative werden es lieben, dass jede Suite mit einem eigenen Musikinstrument daherkommt.

University of Toronto & The Annex

Havinn B&B $
(Karte S. 80; ☎888-922-5220, 416-922-5220; www.havinn.com; 118 Spadina Rd; EZ/DZ mit

Gemeinschaftsbad und Frühstück 59/74 C$; ⊖✻@; S Dupont) Dieses kleine Gästehaus an der belebten Spadina Road hat sechs ordentliche Zimmer mit Gemeinschaftsbad und -küche. Der Preis geht in Ordnung: billiger als die meisten B&Bs und privater als ein Hostel.

Global Guesthouse INN $
(Karte S. 80; ☎416-923-4004; www.globalguesthouse.com; 9 Spadina Rd; EZ/DZ 76/86 C$, mit Gemeinschaftsbad 66/76 C$; ⊖✻≋; S Spadina) Das 1889 erbaute altmodische viktorianische Haus aus rotem Backstein hat wunderschöne Giebel mit Schnitzereien und befindet sich gleich nördlich der Bloor Street, direkt an der Station Spadina. Das Hostel hat zehn knallig bunte Zimmer, Kabel-TV, hippiemäßige Wandbehänge, Holzfußböden und Wandmalereien und ist schnell voll.

Annex Quest House INN $$
(Karte S. 80; ☎416-922-1934; www.annexquesthouse.com; 83 Spadina Rd; DZ ab 95 C$; ⊖✻; S Spadina) Diese von Rucksacktouristen vergötterte Institution orientiert sich an den Richtlinien der *vastu*, einer indischen Baulehre, die durch natürliche Materialien und asymmetrische Grundrisse (ähnlich wie Feng-Shui) die innere Ruhe fördern will. Holzfußböden, gemusterte Bettdecken und handgemachte Kupferschüsseln geben den Räumlichkeiten etwas Besonderes.

Madison Manor BOUTIQUEHOTEL $$
(Karte S. 80; ☎416-922-5579; www.madisonmanorboutiquehotel.com; 20 Madison Ave; DZ mit Frühstück 99–189 C$; ⊖✻; S Spadina) Ein renoviertes viktorianisches Haus nahe der University of Toronto. Die Zimmer haben ein Bad und sind eher traditionell eingerichtet; ein paar sind auch mit Kamin und Balkon ausgestattet. Aber Achtung, das Manor ist zwischen einer Studentenverbindung und dem Madison Avenue Pub eingezwängt: Leser haben über Lärm am Wochenende geklagt.

Kensington Market & Little Italy

★ **Planet Travelers Hostel** HOSTEL $
(Karte S. 92; ☎416-599-6789; www.theplanettraveler.com; 357 College St; B/DZ/3BZ 30/75/90 C$; ⊖✻≋; 🚊506) 🍃 Das Planet ist in eine größere und bessere Location weiter oben an der Straße umgezogen und erfreut unsere Leser und seine Gäste mit einer tollen Dachterrassenbar, guten Preisen und der Verpflichtung, sauber und grün zu sein: Es gehört wohl zu den umweltfreundlichsten Unterkünften in Kanada. Mit 94 Betten in Schlafsälen, zehn Privatzimmern und picobello Gemeinschaftsbereichen hat man hier alles, um Freundschaften zu schließen und das Leben im Hostel zu genießen.

Queen West & Trinity Bellwoods

Global Village Backpackers HOSTEL $
(Karte S. 92; ☎888-844-7875, 416-703-8540; www.globalbackpackers.com; 460 King St W; B 26–29, DZ ab 72 C$; ⊖≋; 🚊504, 511) Das bunt bemalte unabhängige Hostel war früher das Spadina Hotel, in dem schon Jack Nicholson, die Rolling Stones und Leonard Cohen nächtigten. Seit jenen glorreichen Tagen wurde die Herberge nicht mehr renoviert, und obwohl sie immer weiter runterkommt, bleibt sie beliebt. Die Lage ist Spitze, und es gibt einen Patio für Freiluftpartys, wer jedoch Wert auf Sauberkeit legt, sollte sich anderswo umsehen.

★ **Drake Hotel** BOUTIQUEHOTEL $$
(☎416-531-5042; www.thedrakehotel.ca; 1150 Queen St W; DZ/Suite ab 169/319 C$; ⊖✻≋; 🚊501) Während andere Hotels Zimmer haben, hat das Drake Hotel „Crashpads, Höhlen, Salons" und eine rockige kleine Suite, um Künstlertypen und Indie-Musiker, die es sich leisten können, anzulocken. Die Crashpads sind winzig, aber von unwiderstehlicher Eleganz und zugleich funktional. Tatsächlich sind alle Zimmer eher klein, aber untadelig ausgestattet mit einem Gespür für Spaß und gutes Design. Die dazugehörige Bar und die Bühne gehören zu den schönsten Veranstaltungsorten für Livemusik in Toronto, und im Sommer geht im Sky Yard auf der Dachterrasse zu DJ-Beats und eiskaltem Corona die Post ab.

★ **Gladstone Hotel** BOUTIQUEHOTEL $$
(☎416-531-4635; www.gladstonehotel.com; 1214 Queen St W; DZ/Suite ab 199/375 C$; ⊖✻≋; 🚊501) Die 37 von Künstlern gestalteten Zimmer dieses trendigen Hotels könnten direkt einem Designbuch entsprungen sein. Man wähle auf der tollen Website ein Zimmer und nehme den handbetriebenen Aufzugskäfig zum künstlerisch daherkommenden Boudoir im dritten oder vierten Stock. Körperpflegeprodukte aus der Region und ein begrüntes Dach zeigen, dass das Gladstone ökologischen Standards verpflichtet ist.

Ohne die Melody Bar mit Bühne und Café unten käme die Indieszene von Toronto nicht zurecht, während der zweite Stock von Künstlern für Atelier- und Ausstellungszwecke gemietet werden kann.

Bonnevue Manor B&B $$
(416-536-1455; www.bonnevuemanor.com; 33 Beaty Ave; DZ mit Frühstück ab 99 C$; 501, 504, 508) Das in einer Seitenstraße zwischen den äußersten Ausläufern von Queen Street W und King Street W gelegene gemütliche Bonnevue ist in einer restaurierten Backsteinvilla mit himmlischen handgefertigten Architekturdetails untergebracht. Die sechs in warmen Farben gestalteten Zimmer haben ein eigenes Bad. Das warme Frühstück genießt man auf der von Weinreben umrankten Terrasse.

East End & The Beaches

★ **Only Backpackers Inn** HOSTEL $
(www.theonlycafe.com/inn/accomodations; 972 Danforth Ave; B 23–25 C$; S Donlands) Am Only lieben wir alles! Der Besitzer James hat sich von seinen Abenteuern als Globetrotter inspirieren lassen, und so bietet das Hostel alles, was man erwartet: Es ist sauber, gemütlich, praktisch (direkt an der U-Bahn) und liegt an einem perfekten Fleckchen in The Danforth. Es gibt freies WLAN, Waffeln zum Frühstück und zwei private Patios. Unten im angeschlossenen Café mit Schankkonzession, mit dem alles begann, kann man im großen Patio unter 24 Gourmetbieren vom Fass wählen.

Au Petit Paris B&B $
(Karte S. 80; 416-928-1348; www.bbtoronto.com/aupetitparis; 3 Selby St; DZ 85–129 C$; S Sherbourne) Das erlesene viktorianische Erker- und Giebelhaus hat Hartholzfußböden und eine moderne Einrichtung. Die besten vier Zimmer mit Bad sind die Nomad's Suite mit Oberlicht und die Artist's Suite mit Blick in den Garten und extragroßer Badewanne. Als dieser Text entstand, wurde kein Frühstück mehr angeboten.

Toronto Townhouse B&B B&B $$
(Karte S. 80; 877-500-0466, 416-323-8898; www.torontotownhouse.com; 213 Carlton St; DZ mit Frühstück 129–179 C$; 506) Die sechs ruhigen Zimmer in dem 140 Jahre alten denkmalgeschützten Reihenhaus unmittelbar östlich von Church & Wellesley Village sind schön restauriert. Ein paar haben einen eigenen Balkon und ein angeschlossenes Bad. Zum Frühstück gibt es u. a. selbst gemachtes Müsli, Backwaren, Pfannkuchen und Omeletts.

1871 Historic House B&B B&B $$
(Karte S. 80; 416-923-6950; www.1871bnb.com; 65 Huntley St; EZ/DZ mit Gemeinschaftsbad und Frühstück ab 95/105 C$; S Sherbourne) Welches Anwesen könnte sich sonst noch rühmen, sowohl Ernest Hemingway als auch John Lennon beherbergt zu haben? In dem historischen viktorianischen Haus in Cabbagetown, das seine Kunst und seine Antiquitäten in sonnigen Gemeinschaftsbereichen ausstellt, sind alle Zimmer ohne Bad, doch die Suite in der Remise hat eine eigene Badewanne.

Jare's Place B&B $$
(416-778-1940; www.jaresplace.ca; 87 Empire Ave; EZ/DZ mit Steuer & Frühstück 96/125 C$; 501) Der Jungunternehmer Jare hat seinen bunten, sauberen, gemütlichen (nur drei Zimmer) und praktischen Place an einem großartigen Fleckchen eingerichtet: Von hier aus sind es nur ein paar Minuten ins Zentrum (Richtung Westen) und zum trendigen Leslieville District. Es gibt freies WLAN und Frühstück, nicht zu vergessen. Wer an Übernachtungen im B&B nicht gewöhnt ist, wird es sich wahrscheinlich überlegen, wenn er sich Jare's Place zum ersten Mal im Cyberspace angesehen hat.

Accommodating the Soul B&B $$
(866-686-0619, 416-686-0619; www.accommodatingthesoul.com; 114 Waverley Rd; DZ mit Frühstück 125–145 C$; 501) Das aus dem frühen 20. Jh. stammende Haus in The Beaches prunkt mit Antiquitäten und einem herrlichen Garten und liegt nur einen kurzen Spaziergang vom See entfernt. Ein Zimmer hat ein eigenes Bad, die anderen beiden teilen sich eines.

Toronto Islands

Smiley's B&B B&B $$
(416-203-8599; www.erelda.ca; 4 Dacotah Ave, Algonquin Island; Zi. mit Gemeinschaftsbad 100 C$, Apt. 250/1400 C$ pro Nacht/Woche; Ward's Island) Die ganze Nacht im „Belvedere", einem sonnigen B&B-Zimmer, durchschlafen, mit den Gastgebern essen oder sich im Studio-Apartment mit eigener Küche und Bad verkriechen. Wie auch immer, auf den autofreien Inseln ist absolute Entspannung garantiert.

Essen

Torontos Weltläufigkeit kommt nirgendwo stärker und aufregender zum Ausdruck als auf den Tellern seiner Restaurants. Essen ist hier eine wahre Freude – man bekommt alles, vom koreanischen Walnusskuchen über thailändische Currys, die einem den Schweiß auf die Stirn treiben, bis zu New Yorker Steaks und guten alten frankokanadischen Pfannkuchen mit in Erbsenmehl paniertem Speck und Ahornsirup.

Der Fusion-Küche gehört die Zukunft: Traditionelle westliche Rezepte werden mit einer Handvoll pfiffiger östlicher Zutaten angereichert und mit einer panasiatischen Note versehen. Auch englische Einflüsse bleiben erhalten – zu den sehr beliebten Traditionen gehören ein Bierchen zum Mittagessen und förmliche Nachmittagstees.

Zum Geschäftsessen strömt man in die eleganten Restaurants im Financial District und in Old York. Etwas erschwinglichere und vielfältigere Lokale findet man überall im Baldwin Village, am Kensington Market, in Queen West und am Yonge Street Strip. Ethnisch konsistentere Gerichte gibt es in Little Italy, Greektown (The Danforth), Little India und Chinatown. Man muss sich also nur überlegen, worauf man Lust hat, sich ins entsprechende Viertel begeben, und schon geht es los!

DINER DER ALTEN SCHULE

In einer Stadt, in der an jeder Ecke Franchise-Läden entstehen, in der sich Viertel laufend verändern und Restaurants kommen und gehen, ist es erfreulich zu wissen, dass manche Dinge immer gleich bleiben. Wir haben ein paar klassische Diner, Schnellrestaurants und Imbisslokale von Toronto aufgespürt, um die Leser zurück in das Goldene Zeitalter von Vinyl und laminierten Tischnischen, Muskelschmalz und guter altmodischer Hausmannskost zu katapultieren: Das Essen ist billig, ach so lecker und nicht so gut für die Taille. Aber es sind doch Ferien, oder?

- Patrician Grill (S. 111)
- Avenue Open Kitchen (S. 112)
- Golden Diner (S. 115)
- Gale's Snack Bar (S. 120)
- Senator Restaurant (S. 114)

Eine schimmernde Variante des Klassikers, zudem der perfekte Ort, um spätabends den Leuten zuzugucken, und täglich rund um die Uhr geöffnet ist Thompson Diner (S. 113).

Harbourfront

Against the Grain Urban Tavern PUB $$

(Karte S. 86; ☎647-344-1562; http://corusquay.atgurbantavern.ca; 25 Dockside Dr; Hauptgerichte 14–26 C$; ⌚So–Do 11–23, Fr & Sa bis 1 Uhr; 🚌509) Das beste an diesem viel gepriesenen Pub ist die riesige Terrasse auf der Seeseite (saisonal geöffnet) mit einem Blick, der zu den schönsten an der Toronto Harbourfront zählt. Da heißt es, einfach mit einem Freund vorbeikommen, die Sonne und einen Martini genießen, einen Teller Schweinebauch oder würzige Hummertacos teilen oder sich beim Vertilgen eines Pulled-Pork-Sandwiches, der Spezialität des Hauses, bekleckern. Montags gibt es Pints für 5 C$ und von 15 bis 19 Uhr die Gerichte zum Teilen zum halben Preis.

Harbour Sixty Steakhouse STEAKHOUSE $$$

(Karte S. 86; ☎416-777-2111; www.harboursixty.com; 60 Harbour St; Hauptgerichte 32–130 C$; ⌚Mo–Fr ab 11.30, Sa & So ab 17 Uhr; 🚌509, 510) Der in dem abgeschiedenen Gebäude der Toronto Harbour Commission von 1917 untergebrachte prächtige, barocke Speisesaal erstrahlt mit seinen Messinglampen und den schicken Sitzecken. Angesichts der hervorragenden Auswahl an riesigen Steaks, Lachs, Florida-Steinkrabben (je nach Jahreszeit) und gegrillten karibischen Hummerschwänzen kann man sich hier richtig verwöhnen lassen. Die Beilagen reichen für zwei. Der Nachteil: Ein Besuch im Steakhouse macht sich in der Geldbörse bemerkbar ... Man sollte unbedingt vorher einen Tisch reservieren!

Financial District

★ **Richmond Station** INTERNATIONAL $$

(Karte S. 80; ☎647-748-1444; www.richmondstation.ca; 1 Richmond St W; Hauptgerichte 20–29 C$; ⌚Mo–Fr 11.30–22.30, Sa 17.30–22.30 Uhr; Ⓢ Queen) Eine Reservierung ist in diesem belebten, unkomplizierten Restaurant unbedingt zu empfehlen; es ist ein „Kind" von Carl Heinrich, dem berühmten Gewinner der zweiten Staffel von *Top Chef Canada*, und das Team ist „zutatenkonzentriert und methodenverliebt". Uns haben besonders der grob geschnittene Hummercocktail und die buttrigen Pilz-Fettuccine gefallen. Die vielseitige Speisekarte ist einfach, aber lecker mit stimmigen Preisen und wird durch eine ausgewogene Weinkarte und Tagesspezialitäten auf einer Kreidetafel ergänzt. Sehr empfehlenswert.

Terroni ITALIENISCH **$$**
(Karte S. 86; 416-203-3093; 57 Adelaide St E; Hauptgerichte 8–18 C$; Mo–Mi 9–22, Do–Sa bis 23 Uhr; King) Die Adelaide-Street-Filiale des populären italienischen Lokals (es gibt noch zwei andere und eine in L. A.) ist in einem ehemaligen Gerichtsgebäude mit hohen Gewölbedecken und verschachtelten Räumen untergebracht. Sie ist offen, unkonventionell und, trotz der Größe, normalerweise pickepackevoll. Ein DJ legt auf, während die Gäste essen. Der Pate wäre stolz auf die Pizza aus dem Holzofen zu vernünftigen Preisen, die reichhaltigen Pastagerichte und frischen Panini. Änderungswünsche bei Gerichten gehen gar nicht.

Nami JAPANISCH **$$**
(Karte S. 86; 416-362-7373; www.namirestaurant.ca; 55 Adelaide St E; Lunchsets ab 13,95 C$, Abendessen Hauptgerichte ab 19,95 C$, Sukiyaki pro Pers. 33 C$; Mo–Fr 11.45–14.30, Sa 17.30–22.30 Uhr; King) Der Name bedeutet „Welle" (wie in Tsunami) – die Neonwelle auf der Außenseite des Gebäude ist nicht zu übersehen und cool. In den schwarz lackierten Innenräumen laufen Hostessen in Kimonos und ernsthafte Sushi-Köche geschäftig hin und her. Zugeständnisse an den nordamerikanischen Gaumen gibt es kaum. *Robatayaki*-Grillgerichte sind eine Spezialität, außerdem ist dies *der* Ort, um den traditionellen Sukiyaki-Eintopf zu probieren.

Earl's MODERN AMERIKANISCH **$$**
(Karte S. 86; 416-916-0227; www.earls.ca; Suite 100, 150 King St W; Hauptgerichte 13–33 C$; ab 11.30 Uhr; St Andrew) Ob die Financial-District-Filiale dieser gehobenen Restaurantkette ein Hit oder ein Fehlschlag ist, hängt ganz vom Timing ab. In den wärmeren Monaten füllt sich ab 17 Uhr die wunderbare Terrasse zur Straßenseite mit Anzugträgern und Singles auf Partnersuche. Wer nicht rechtzeitig da ist, bekommt keinen Tisch. Resierungen werden nicht angenommen. Hierher kommt man für Cocktails und gehobene Versionen nordamerikanischer Klassiker.

VEGETARISCHE OASEN

Fleischfreie Restaurants im essensverliebten Toronto decken die ganze Skala vom Gourmetrestaurant bis zur Imbissbude ab. Uns gefallen die folgenden:

- Govinda's (S. 117)
- Grasslands (S. 119)
- Sadie's Diner (S. 118)
- Urban Herbivore (S. 117)

Bymark FUSION **$$$**
(Karte S. 86; 416-777-1144; www.bymark.mcewangroup.ca; TD Centre, 66 Wellington St W; Hauptgerichte 27–90 C$; Mo–Fr 11.30–15 & Mo–Sa 17–24 Uhr; St Andrew) Torontos kulinarisches Energiebündel Mark McEwan bringt seine raffinierte, europäisch beeinflusste Speisekarte in dieses angesagte zweigeschossige Restaurant in der Innenstadt. Sein kreatives Küchenteam zaubert aus regionalen Zutaten der Saison (wilde Trüffel, Wachteln, Butterkrebs) sensationelle Kombinationen. Zu jedem Gericht gibt es Wein- oder Bierempfehlungen. Der Speiseraum befindet sich im Erdgeschoss.

Old York

St Lawrence Market MARKT **$**
(Karte S. 86; 416-392-7120; www.stlawrencemarket.com; South Market, 92 Front St E; Waren 2–10 C$; Di–Do 8–18, Fr bis 19, Sa 5–17 Uhr; 503, 504) Straßenmusiker und Klassik-Trios liefern die Hintergrundmusik für den beliebten Markt, der eine appetitanregende Fülle an hochwertigen landwirtschaftlichen Erzeugnisse, Backwaren und importierten Nahrungsmitteln zu bieten hat. Die **Carousel Bakery** ist berühmt für ihre *peameal-Bacon*-Sandwiches (eine kanadische Spezialität: grob geschnittener Hinterschinken in Maismehl gepökelt im frischen Brötchen), **St. Urbain** für seine authentischen Bagel im Montréal-Stil. Der quirlige Bauernmarkt bringt jeden Samstag ab 5 Uhr Leben in den North Market.

Patrician Grill DINER **$**
(Karte S. 86; 416-366-4841; 219 King St E; Mahlzeiten 3,75–10,95 C$; Mo–Sa 8–16 Uhr) Das Patrician, erbaut in den 1950er-Jahren, wird seit 1967 von derselben Familie geführt, und so sieht es auch aus. Fotografen haben mit der Neonfassade und dem Original-

dekor in den Innenräumen einen Heidenspaß. Burger, BLT (Sandwich mit Schinken, Tomate und Salat), Eier mit Speck (perfekt zubereitet) und Bratkartoffeln sind an der Tagesordnung. Der Hackbraten am Freitagmittag ist eine Institution und ausverkauft, bevor man sagen kann: „Davon hätte ich gern noch einen Nachschlag." Ein absoluter Renner.

Bombay Palace INDISCH **$**
(Karte S. 86; ☎416-368-8048; www.bombaypalacetoronto.com; 71 Jarvis St; Mittagsbüfett 12,99 C$; ⊙11.30–14 & 17–21.30 Uhr) Das einladende indische Restaurant liegt in der vorderen Hälfte eines schrulligen alten Hauses. Es besitzt eine Nobelatmosphäre, einen höflichen, altmodischen Service und authentische, schön präsentierte Gerichte. Abends à la carte zu essen ist ein bisschen kostspielig, aber am täglichen Mittagstisch und dem herrlichen Abendbüfett am Sonntag kommt man nicht nur wegen des ausgezeichneten Preis-Leistungs-Verhältnisses nicht vorbei.

Sultan's Tent & Café Maroc ARABISCH **$$**
(Karte S. 86; ☎416-961-0601; www.thesultanstent.com; 49 Front St E; Hauptgerichte 17–39 C$; ⊙Mo–Fr 12–15 & Mo–Sa 17–22.30 Uhr; 🚋503, 504) Das „Sultanszelt" ist dunkel und voller Atmosphäre, reichlich mit Buntglaslaternen, Kerzen und fransenbesetzten Kissen ausgestattet und serviert traditionelle marokkanische Küche. Wir mochten den Couscous royale (24 C$) und zum Nachtisch *keskesu* (süßer Couscous mit Zimt, Mandeln, Rosinen und Orangenblütenwasser). Bauchtänzerinnen fördern möglicherweise die Verdauung – oder auch nicht.

Hiro Sushi SUSHI **$$$**
(Karte S. 86; ☎416-304-0550; www.hirosushi.ca; 171 King St E; Mittagstisch ab 12 C$, Abendessen 35–70 C$; ⊙Di–Sa 12–14.30 & Sa 17.30–22.30 Uhr; 🚋503, 504) Wer Sushi mag, ist beim gut gelaunten Hiro an der richtigen Adresse. Der authentische japanische *sushi-ya* arbeitet am liebsten nach dem traditionellen Prinzip des *omakase:* überlass es dem Koch. Wer sich darauf einlässt, den erwartet eine Reise voller Überraschungen. Hiro versteht jedoch die besonderen Sensibilitäten westlicher Schlemmer und bietet eine begrenztes Angebot à la carte, das je nach Verfügbarkeit der Zutaten und Stimmung variiert.

Entertainment District & King Street West

Wvrst EUROPÄISCH **$**
(Karte S. 92; ☎416-703-7775; www.wvrst.com; 609 King St W; Wurst ab 6 C$; ⊙ab 11.30 Uhr; 🚋504, 508) Wurst gefällig? Wenn Wvrsts phänomenaler Erfolg ein Indikator ist, stehen Torontos Hipsters total drauf. Angesichts der Unmengen an Würstchen jeder Machart muss man einfach zuschlagen. Und dazu die Pommes mit Entenfett oder die superscharfen Dirty Fries?

Avenue Open Kitchen DINER **$**
(Karte S. 92; ☎416-504-7131; 7 Camden St; Sandwiches ab 3 C$, Burger ab 4,50 C$; ⊙Mo–Fr 7–17 Uhr; 🚋504) Der gemütliche Laden unweit der Spadina Avenue scheint schon immer dort gewesen zu sein. Er ist fleckenlos sauber und bietet ein tolles Preis-Leistungs-Verhältnis. Ein BLT mit Käse und dazu Pommes und Bratensoße zum Mittag: Wer traut sich? Frühstück und Burger sind wirklich von der alten Schule und belasten nicht das Portemonnaie. Es gibt immer ein Tagesgerich

Burger Brats BURGER **$**
(Karte S. 86; ☎647-352-4786; www.burgerbrats.ca; 254 Adelaide St W; Burger ab 5,50 C$; ⊙Mo–Do 11–21, Fr & Sa bis 4 Uhr) Der Laden ist die Heimat des „Great Canadian Hangover" eines Burgers mit einer unanständigen Menge an Fleisch, *peameal bacon,* einem Ei, Pilzen und der Standardgarnitur (15 C$). Nicht in Stimmung dafür? Dann kann man die Kalorienzahl auch auf etwa 1500 senken mit dem Classic und diesen fantastischen handgeschnittenen Pommes. Und die Soße nicht vergessen! Mmmmm.

Burrito Banditos MEXIKANISCH **$**
(Karte S. 86; 120 Peter St; Burritos ab 5,75 C$; ⊙Mo–Do 11.30–23, Fr & Sa bis 4, So 12–21 Uhr; 🚋501, 502) Nachtschwärmer, denen das Glück nicht hold gewesen ist, können in diesem Kellerimbiss ihre Enttäuschung mit einer deftigen Portion Chili, Sauerrahm und Salsa runterschlucken. Weil es arg eng ist, sollte man den Burrito besser zum Mitnehmen bestellen.

Ravi Soups INTERNATIONAL **$**
(Karte S. 86; ☎647-435-8365; www.ravisoup.com; 322 Adelaide St W; Suppen 8,99 C$; ⊙Mo–Fr 11–22, Sa bis 18 Uhr; 🚋504, 508) Ganz einfach: eine kleine Karte mit sechs Suppen (zum Beispiel dicke Maissuppe mit Blaukrabbe und Steinpilz-Wildreis-Creme) und

vier Wraps (Curry-Rind mit gerösteten Yams), die perfekt zubereitet sind – alle sind köstlich. Es gibt einen kleinen Essbereich mit einem Gemeinschaftstisch, der normalerweise überfüllt ist.

Thompson Diner DINER **$$**
(Karte S. 92; ☎416-601-3533; www.thompsondiner.com; 550 Wellington St W; Frühstück ab 10 C$, Hauptgerichte ab 11,75 C$; ⏰24 Std.; 🚊504, 511) Der lässige Imbiss im sexy Thompson-Hotel hat 24 Stunden geöffnet (Frühstück gibt's von 5 bis 11 Uhr). Zu jeder Tageszeit ergeben sich gute Möglichkeiten, um Leute zu beobachten: Nicht vergessen: Das hier ist Nachtclubgebiet. Das Wohlfühlessen ist eine sichere Sache, und das Dekor eine moderne Variante des klassischen Diners. Was soll es zum Frühstück geben: Eggs Benedict mit *peameal bacon* oder Buttermilch-Brathähnchen mit Cheddarpüree?

Khao San Road THAI **$$**
(Karte S. 86; ☎647-352-5773; www.khaosanroad.ca; 326 Adelaide St W; Hauptgerichte 13–16 C$; ⏰Mo–Sa 11.30–14.30 & 17–22 Uhr; 🌶; 🚊504, 508) Für das angeblich beste Thai-Restaurant in Toronto stehen die Leute um den Block herum Schlange. Reservieren ist nicht möglich. Für Fans dieser Küche kann sich die Warterei aber lohnen. Einmal drinnen läuft alles ab wie eine Maschine: Die Bestellungen werden schnell bearbeitet, und das Essen ist fantastisch. Es gibt auch eine Karte mit veganen Gerichten.

Patria SPANISCH **$$**
(Karte S. 92; ☎416-367-0505; www.patriatoronto.com; 480 King St W; kleine Gerichte 6–16 C$; ⏰So–Fr 11–14.30 & ab 17.30 tgl., Tapas So & Mo 14.30–17.30 Uhr; 🚊504, 508) In dem schicken, geräumigen Restaurant, das auf Tapas und spanische Küche spezialisiert ist, funktioniert alles tadellos. Eine Reservierung ist sehr zu empfehlen: Normalerweise ist es hier proppenvoll. Kenntnisreiche Kellner helfen bei der Navigation durch die köstliche Karte mit Käse, Fleischgerichten sowie Fisch und Meeresfrüchten. Tapas sind zum Teilen gedacht: viel bestellen und niemals allein kommen. Der köstliche Sonntagsbrunch weicht erfreulich von den üblichen Verdächtigen ab.

Big Daddy's Bourbon St Bistro FISCH UND MEERESFRÜCHTE **$$**
(Karte S. 86; ☎416-599-5200; www.bigdaddys.ca; 212 King St W; Hauptgerichte 12–35 C$; ⏰ab 11.30 Uhr; Ⓢ St Andrews) Das Big Daddy's im Herzen der Theatermeile ist der perfekte Platz für ein Abendessen vor der Show oder einen Drink. Die Karte, die direkt aus Louisiana zu stammen scheint, ist *seafood*lastig mit einem Hang zur Cajun-Küche. Es gibt käsige Meeresfrüchte-Fondues, Jakobsmuscheln, Calamari und Crab Cakes sowie ein Drei-Gänge-Menü zum Festpreis. Rülps.

★ Lee ASIATISCH **$$$**
(Karte S. 92; ☎416-504-7867; www.susur.com/lee; 601 King St W; Teller 7–35 C$; ⏰Mo–Mi 17.30–22.30, Do–Sa bis 23.30 Uhr; 🚊504, 508) Ein Abendessen im Flagship-Restaurant des gefeierten *cuisinier* Susur Lee ist wirklich ein Fest für die Sinne und ein Erlebnis, das man am besten teilt. Professionelle Kellner helfen bei der Auswahl kunstvoller asiatischer Köstlichkeiten unter dem Motto East-meets-West: Diesen Empfehlungen folgt man gern. Es ist unmöglich, den wunderbaren Reigen der Aromen, Texturen und Geschmacksnuancen adäquat wiederzugeben, die man im Krautsalat Singapur mit [illegible]. wie vielen Zutaten erlebt.

Chinatown & Baldwin Village

Phõ Hu'ng VIETNAMESISCH **$**
(Karte S. 92; ☎416-593-4274; 350 Spadina Ave; Hauptgerichte 6–13 C$; ⏰10–22 Uhr; 🚊510) Ein wortkarger Service und höllisch belebte Tische sind der Preis, den es für die fantastischen vietnamesischen Suppen im Phõ Hu'ng zu zahlen gilt. Ein paar Gerichte mögen für manch einen Gast zu authentisch sein (Schweineinnereien und Blut), aber der Kaffee ist genau richtig.

Mother's Dumplings CHINESISCH **$**
(Karte S. 80; ☎416-217-2008; www.mothersdumplings.com; 421 Spadina Ave; Teigtaschen 12 Stück ab 6,39 C$; ⏰11.30–22 Uhr; 🚊505, 510) Das sauberste und am günstigsten gelegene Teigtaschenhaus in Chinatown (tatsächlich liegt es näher an Kensington Market) macht pralle und saftige Teigtaschen nach authentischen Rezepten, die von Generation zu Generation weitergegeben wurden. Gedämpft oder gebraten, Schwein, Huhn, Rind, Shrimps oder vegetarisch: Diese Teigtaschen füllen den Magen und erfreuen das Portemonnaie.

Kinton Ramen ASIAN. NUDELN **$**
(Karte S. 80; ☎647-748-8900; www.kintonramen.com; 51 Baldwin St; Asianudeln ab 9,50 C$; ⏰11.30–22.30 Uhr; 🚊505, 506) Ramen-Nudeln kommen in Japan einer Religi-

on gleich, und in Toronto werden sie immer populärer. Die kühlen Köpfe hinter dieser cleveren Einrichtung sind mit ihrer ganz eigenen Geschmacksrichtung auf den Zug aufgesprungen: karamellisiertes Schweinefleisch. Es gibt sogar eine Version mit Käse, falls man sich das vorstellen kann. Das Lokal verströmt Atmosphäre – es ist lebendig, laut, dampfig und bierig.

★ ND Sushi JAPANISCH $$

(Karte S. 80; 416-551-6362; www.ndsushiandgrill.com; 3 Baldwin St; Hauptgerichte 15–22 C$; Mo–Fr 11.30–15 & Mo–Sa 17–22 Uhr; 505, 506) An der Pole-Position am Anfang der Baldwin Street bereitet die bescheidene *shokudō* beliebte japanische Leckereien wie *gyoza*, Tempura und köstliche Sashimi authentisch zu. Die Spezialität ist Sushi, einschließlich einer Auswahl an nicht so traditionellen westlichen *maki*-rolls: die würzige Regenbogenrolle ist himmlisch. Für japanisches Essen von diesem Kaliber könnte man auch weit mehr zahlen.

Cafe la Gaffe CAFÉ $$

(Karte S. 80; 416-596-2397; www.cafelagaffe.com; 24 Baldwin St; Hauptgerichte 7–25 C$; Mo–Fr 12–23, Sa & So 11–23 Uhr; 505, 506) Gestreifte Baumwolltischdecken und frische Blumen schmücken die Tische in dem kleinen Café. Es gibt eine Terrasse zur Straße und eine weitere begrünte zum Garten. Dort können die Gäste Marktsalate, ein Filet-Mignon-Sandwich oder die handgeknetete Pizza verzehren. Eine kleingedruckte Weinkarte bietet eine umfangreiche Auswahl.

Swatow CHINESISCH $$

(Karte S. 80; 309 Spadina Ave; Hauptgerichte 8–14 C$; 11–2 Uhr; 505, 510) Hier ist spätabends noch eine Menge los. Die Speisekarte widmet sich der Küche von Swatow (einer Stadt, die auch unter dem Namen Shantou bekannt ist und an der Küste der chinesischen Provinz Guangdong liegt), die wegen des starken Zusatzes fermentierten Reisweins auch „rote Küche“ genannt wird. Die Nudeln hier sind extrem scharf. Nur Barzahlung. Oft muss man auch Schlange stehen.

Downtown Yonge

Urban Eatery CAFETERIA $

(Karte S. 80; 1 Dundas St W; Mo–Sa 10–21, So bis 19 Uhr; S Dundas) Die Urban Eatery ist mehr als ein Food Court. 2011 wurde er im Untergeschoss des gigantischen Eaton Centre eröffnet und umfasst 24 Outlets von Fastfood bis Restaurantessen. Wer dringend etwas essen möchte und müde vom Laufen ist, findet hier auf jeden Fall etwas. Im Winter ist die Urban Eatery außerdem ein unterirdischer Zufluchtsort, der mit dem PATH- und dem U-Bahn-System verbunden ist.

Good View CHINESISCH $

(Karte S. 80; 416-861-0888; www.goodviewrestaurant.ca; 134 Dundas St E; Waren ab 8 C$; Mo–Sa ab 11.30 Uhr; S Dundas) Leckere kantonesische Küche wird in diesem vielgepriesenen chinesischen Imbiss nicht weit von Yonge & Dundas Square frisch zubereitet. Die Mittag- und Abendspecials bieten ein tolles Preis-Leistungs-Verhältnis, und man kann die Speisen mit ins Hotel nehmen. Der wahre Genuss besteht aber darin, mit ein paar Freunden gleich an Ort und Stelle zu essen und dafür eins der vielfältigen Gerichte à la carte zu wählen.

Salad King THAI $

(Karte S. 80; 416-593-0333; www.saladking.com; 340 Yonge St; Hauptgerichte 5,50–9,75 C$; Mo–Fr 11–22, Sa 12–23, So bis 21 Uhr; S Dundas) Unter den Studenten der benachbarten Ryerson University ist der farbenfrohe, aber irgendwie irreführend benannte Salad King eine Institution. Ausgegeben werden große Schalen mit reichhaltigen Thai-Currys, Nudelsuppen, Reis und, ja, Salate für weniger als 10 C$. Die langen Gemeinschaftstische aus Edelstahl und die gemütlichen Nischen sind normalerweise voller hungriger Gäste. Das gewünschte Gewürzlevel kann man auf einer Skala von 1 bis 20 angeben!

Senator Restaurant DINER $$

(Karte S. 80; 416-364-7517; www.thesenator.com; 249 Victoria St; Hauptgerichte 8,45–17,95 C$; Mo–So 8–14.30 & Di–Sa 17–21 Uhr; S Dundas) Art-déco-Fans haben ihre Freude an den gewölbten Glasfenstern des Senator's, der kannelierten Aluminum-Fassade und den originalen Tischnischen. Die Mahlzeiten sind erfrischend einfach und bodenständig: Wir mögen Fish & Chips, Hackbraten und Makkaroni.

Eat Fresh Be Healthy INTERNATIONAL $$

(Karte S. 80; 647-258-8808; www.eatfreshbehealthy.com; 185 Dundas St W; Mittagessen ab 10,49 C$, Abendessen ab 13,49 C$; Mo–Fr 11.30–21, Sa 15–21 Uhr; 505) Wahrhaftig ein

Fall von: Man sollte nicht vorschnell nach dem Äußeren urteilen. Von außen betrachtet läuft man an dem wunderbaren Restaurant an einem ziemlich eintönigen Abschnitt der Dundas Street leicht vorbei. Bloß nicht! Drinnen wartet eine Vielfalt an herzhaften, gesunden, bodenständigen Mahlzeiten von frisch zubereiteten Sandwiches und schlanken Pastagerichten zum Mittag bis zu geschmortem Lamm und Schweinekoteletts mit Senfglasur zum Abendessen. Die herrlichen Mittag- und Abendspecials zum Festpreis bieten ein ausgezeichnetes Preis-Leistungs-Verhältnis.

JOEY Eaton Centre MODERN AMERIKANISCH **$$$**

(Karte S. 80; ☎647-352-5639; www.joeyrestaurants.com/eaton-centre; 1 Dundas St W; Hauptgerichte 13–30 C$; ⌚So–Mi 11–1, Do–Sa bis 2 Uhr; Ⓢ Dundas) Die Downtown-Filiale dieses gehobenen, aber lässigen (wenn die Mütze passt …) Grillrestaurants mit Loungebar besitzt ein eindrucksvolles Dekor und die passende Speisekarte, ganz abgesehen von der Lage im Stadtzentrum über der Dundas Station am Eaton Centre. Zu den beliebten Gerichten gehören die Baja-Fisch-Tacos, knuspriges Hähnchensandwich und das Sandwich mit Hummer und gegrilltem Käse. Für glutenfreie und vegetarische Esser können selbstverständlich auch Varianten zubereitet werden.

Church-Wellesley Village

Golden Diner Family Restaurant DINER **$**

(Karte S. 80; ☎416-977-9898; 105 Carlton St; Frühstück ab 2,50 C$; ⌚6.30–22 Uhr; Ⓢ College) Das altmodische griechische Diner im Untergeschoss hat ein paar schicke Tischnischen und ein Ganztages-Frühstück, dessen Preis-Leistungs-Verhältnis zu den besten der Stadt zählt. Das Frühstücksspecial für 5,95 C$ umfasst drei Eier, eine Handvoll knusprigen Speck oder *peameal bacon*, einer Berg Bratkartoffeln und eine bodenlose Tasse Kaffee. Pancakes kosten 2,50 C$! Es ist nicht das beste Frühstück in der Stadt, aber es macht satt und spart einiges an Geld, das man stattdessen fürs Abendessen ausgeben kann.

Ethiopian House AFRIKANISCH **$**

(Karte S. 80; ☎416-923-5438; www.ethiopianhouse.com; 4 Irwin Ave; Hauptgerichte $11–17; ⌚11–23 Uhr; 🌶; Ⓢ Wellesley) Bei diesem kulturell authentischen Essenserlebnis gibt es kein Besteck: Die Gäste schaufeln Brocken von *sherro wot* (gewürzten Kichererbsen) und *gored-gored* (würziges Rindfleisch) auf wunderbar feuchtes *injera* (Brot) und essen mit den Händen. Den Abschluss bildet die Kaffeezeremonie: Der Legende nach nahm der Kaffee im Königreich Kaffa im Südwesten des heutigen Äthiopien seinen Anfang. Zahlreiche vegetarische Gerichte sind ebenfalls erhältlich.

★ **Hair of the Dog** PUB **$$**

(Karte S. 80; ☎416-964-2708; www.hairofthedogpub.com; 425 Church St; Gemeinschaftsteller ab 8 C$, Hauptgerichte ab 13 C$; ⌚Mo–Fr ab 11.30, Sa & So ab 10.30 Uhr; Ⓢ College) In den wärmeren Monaten, wenn die schattige Terrasse auf zwei Ebenen von einem schwul-/heterogemischten Publikum belebt wird, hat dieser unbeschwerte Welpe seine beste Zeit. Zudem ist er erfreulich weniger Mainstream als seine Village-Nachbarn einige Blocks weiter nördlich. Das Essen in dem Pub, das auch in der Rubrik „Ausgehen" aufgelistet werden könnte, kann sich wahrlich sehen lassen: Teller zum Teilen und Salate sind einfach toll. Wenn mir jemand den Nichtvegetarier zeigt, der dem herzhaften Sandwich mit Butterchicken und gegrilltem Käse widerstehen kann, gebe ich ihm ein Pint Sapporo aus.

Fire on the East Side FUSION **$$**

(Karte S. 80; ☎416-960-3473; www.fireontheeastside.ca; 6 Gloucester St; Hauptgerichte 10–25 C$; ⌚Mo–Fr 11.30–22.30, Sa & So 10–22.30 Uhr; Ⓢ Wellesley) Das im Viertel beliebte Lokal eignet sich bestens zum Brunch mit einer lebhaften Auswahl an „East Side Bennies" und Cocktails für den Morgen danach. Ab 16 Uhr wird hier auch Abendessen serviert, es gibt eine begrenzte Auswahl an gut zubereiteten modernen amerikanischen und europäischen Gerichten. Früher war der Laden für seine kunterbunten Variationen von karibischen und Cajun-Themen bekannt. Nach einigen Änderungen in der Küche sind nur noch die Buttermilchkekse und das Brathähnchen ein Widerhall aus dem tiefen Süden.

Guu JAPANISCH **$$**

(Karte S. 80; ☎416-977-0999; www.guu-izakaya.com/toronto; 398 Church St; ⌚Mo–Fr 11.30–14 & 17–23.30, Sa & So 16.30–23.30 Uhr; Ⓢ College) Hippe junge Japaner benutzen das Slangwort „*guu*" für „gut" oder „cool". Die so benannte Reproduktion einer japanischen *izakaya* ist immer brechend voll, laut und lebhaft. Hierher geht man mit Freunden, um Bier oder Sake zu trinken und köstliche Häppchen wie das würzige *negitoro* (Thunfischtatar), frittierten Brie mit Mango und Beerensauce und Bananentempura mit Kokoseis zu verspeisen! Wer nicht online reserviert hat, muss sich hinten anstellen – nur als kleiner Tipp!

Sambucas on Church ITALIENISCH **$$**
(Karte S. 80; ☎416-966-3241; www.sambucas.ca/home; 489 Church St; Hauptgerichte 9,95–21,95 C$; ⏲10.30–22.30 Uhr; Ⓢ Wellesley) Ein tolles Lokal für ein Mittagessen in der Woche, Brunch am Wochenende und zu jeder Zeit fürs Abendessen. Sambucas' italienische Speisekarte hat ein paar nordamerikanische Drehs. Die Pastagerichte sind herzhaft, die Risottos cremig und die Hähnchengerichte bemerkenswert. Wir stehen total auf die Kalamari. Mit etwas Glück erwischt man einen Fensterplatz und kann die Villager vorbeiflanieren sehen.

Bloor-Yorkville

Okonomi House JAPANISCH **$**
(Karte S. 80; 23 Charles St W; Hauptgerichte 6–12 C$; ⏲Mo–Sa 11.30–22, So 12–20 Uhr; Ⓢ Bloor-Yonge) Okonomi House gehört zu den ganz ganz wenigen Lokalen in Toronto (und vielleicht in Nordamerika), die authentische *okonomiyaki* servieren – würzige japanische Kohlpfannkuchen, die mit Fleisch, Fisch oder Gemüse gefüllt sind. Ein Muss für alle Japan-Fans.

7 West Café CAFÉ **$$**
(Karte S. 80; ☎416-928-9041; www.7westcafe.com; 7 Charles St W; Hauptgerichte 10,95–17,95 C$; ⏲24 Std.; Ⓢ Bloor-Yonge) Dreistöckiges Lokal mit stimmungsvoller Beleuchtung, grüner Strukturfarbe, gerahmten Aktbildern, hölzernen Kirchenbänken und fröhlichen Engeln an der Decke. Es gibt eine unglaubliche Auswahl an Pizza, Pasta und Sandwiches und rund um die Uhr Frühstück. Wenn der Mond Schatten auf die Straße wirft, kann man wie ein Vampir blutroten Wein (im Glas oder gleich eine ganze Flasche bestellen) schlürfen.

Bloor Street Diner INTERNATIONAL **$$**
(Karte S. 80; ☎416-928-3105; www.bloorstreetdiner.com; Manulife Centre, 55 Bloor St W; Hauptgerichte 10,50–26 C$, Brunch 25,95 C$; ⏲12–1 Uhr; Ⓢ Bloor-Yonge) Das mondäne Bloor Street Diner mit dem etwas irreführenden Namen ist seit über 30 Jahren ein Lokalfavorit. Die Gäste schätzen seine Terrasse à la Parisienne, die differenzierte Weinkarte und das eindrucksvolle Büfett mit Schokoladenfontäne beim Sonntagsbrunch. Wer nur mal eben schnell ein leckeres Sandwich mitnehmen will, ist im Café-Teil in der Einkaufspassage richtig.

Carens Wine and Cheese Bar FUSION **$$**
(Karte S. 80; ☎416-962-5158; www.carenswineandcheese.com; 158 Cumberland St; Mittagessen 14–24 C$, Abendessen 16–35 C$; ⏲11.30–22 Uhr; Ⓢ St George) Die Mitarbeiter des entzückenden, rustikalen Restaurants auf zwei Ebenen empfehlen gern einen Wein, der zu der faszinierenden Auswahl an Käsesorten aus aller Welt passt. Im lauschigen Innenhof liegen bunte Paschmina-Schals über den Stühlen, falls es zu kühl werden sollte, und von den Bäumen hängen Thai-Laternen. Der Wochenendbrunch ist köstlich und der würzige gebackene *mac 'n cheese* (16 C$) fan-tas-tisch – für 12 C$ extra kommt noch Hummer drauf.

Morton's the Steakhouse STEAK **$$$**
(Karte S. 80; ☎416-925-0648; www.mortons.com/toronto; 4 Avenue Rd; Hauptgerichte ab 28 C$; ⏲17.30–23 Uhr; Ⓢ Bay) Wer gerne Steak isst, bekommt hier genau, was er möchte. Bei Unzufriedenheit wird im Handumdrehen für Abhilfe gesorgt – alles andere würde uns jedenfalls sehr wundern. Die Leute hier nehmen Steaks sehr ernst: Zuerst kommt der Kellner mit einem Rollwagen voll vakuumverpackter Fleischstücke an den Tisch, sodass die Gäste genau sehen und wählen können, was sie bekommen. Für ein Abendessen zu zweit inklusive Wein lässt man hier leicht ein paar Hunderter und ist anschließend so satt, dass man sich nicht mehr rühren kann.

Sassafraz FUSION **$$$**
(Karte S. 80; ☎416-964-2222; www.sassafraz.ca; 100 Cumberland St; Hauptgerichte 21–39 C$; ⏲Di–Sa 11.30–2, So & Mo bis 24 Uhr; Ⓢ Bay) Das Sassafraz ist so etwas wie der Inbegriff von Yorkville. Durchreisende Promis und Neureiche schauen gern hier vorbei. Jazz-Combos spielen für Wochenendbruncher; kecke Empfangsmitarbeiter verteilen die Gästeschar zwischen der sonnenüberströmten Terrasse und dem begrünten Innenhof. Das Essen? Berechenbar gut. Kleidung? Dress to impress.

University of Toronto & The Annex

Govinda's VEGETARISCH $

(☎888-218-1040; www.govindas.ca; 243 Avenue Rd; gegen Spende; ⌚Mo–Sa 12–15 & 18–20 Uhr; ; Ⓢ Rosedale) Die Hare Krishna-Bewegung versorgt seit Jahrzehnten arme Reisende rund um den Globus mit Essen. Toronto ist da keine Ausnahme. Am besten lehnt man höflich jedes Angebot für ein religiöses Gespräch ab, gibt eine kleine Spende und genießt das leckere, karmafreie vegetarische Essen, das Körper und Seele guttut. Der Laden liegt etwas abseits am äußersten nördlichen Rand von Annex.

Chabichau FRANZÖSISCH $

(Karte S. 92; ☎647-430-4942; www.chabichou.ca; 196 Borden St; ⌚Mo–Fr 10–19, Sa & So 9–19 Uhr; 510) Der *traiteur* hat eine köstliche Auswahl an qualitätsvollem Käse und Pâté (Ente und Pistazie probieren!), gefüllten Sandwiches aus frisch gebackenem Brot und Tagesgerichten wie z. B. Schweinefleisch-Apfel-Eintopf: einfach, herzhaft, toll. Das kleine Café ist ein Genuss, besonders der unwiderstehlich leckere Schinken im Angebot schreit: „Steck mich in deinen Picknickkorb!"

★ **Country Style** UNGARISCH $$

(Karte S. 92; ☎416-536-5966; 450 Bloor St W; Schnitzel ab 18 C$; ⌚11–22 Uhr; Ⓢ Bathurst) Der leckere ungarische Diner mit seinen rot karierten Tischtüchern und der freundlichen Wirtsfamilie hat sich seit mindestens einer Generation nicht im Geringsten verändert. Die riesigen panierten Schnitzel, perfekt knusprig gebraten, sind ohne Zweifel die besten in der Stadt und der köstliche Gurkensalat ist absolut traumhaft. Wir hoffen, dass sie weiterhin möglichst wenig ändern. In den Preisen auf der Karte ist die Steuer schon enthalten.

By the Way ARABISCH $$

(Karte S. 92; ☎416-967-4295; www.bythewaycafe.com; 400 Bloor St W; Hauptgerichte 9–17 C$; ⌚So–Mi 9–21, Do–Sa bis 22 Uhr; ; Ⓢ Bathurst, Spadina) Das lebhafte Eckbistro ist ein Fixpunkt in Annex mit einer Fusionkarte mit Tendenz zum Orient. Auch wenn dort viele Fleischgerichte zu finden sind, müssen Vegetarier natürlich keinen Hunger leiden. Es gibt eine umfangreiche und gut sortierte Weinkarte.

Kensington Market & Little Italy

Aunties & Uncles CAFÉ $

(Karte S. 92; ☎416-324-1375; www.auntiesanduncles.ca; 74 Lippincott St; Hauptgerichte 2–8,75 C$; ⌚9–15 Uhr; 510) Normalerweise stehen die Leute Schlange vor dem Brunch/Lunch-Laden, in dem immer was los ist. Die einfache Karte überzeugt mit preiswerten hausgemachten Leckereien. Man lässt sich einfach auf einen der bunt zusammengewürfelten Stühle fallen und genießt Gerichte wie gegrillten Brie mit Birnen-Chutney und Challa mit Walnüssen, Bananen-Hafermehl-Pfannkuchen oder gegrillten kanadischen Cheddar.

Jumbo Empanadas CHILENISCH $

(Karte S. 92; ☎416-977-0056; www.jumboempanadas.com; 245 Augusta Ave; Waren ab 4,50 C$; ⌚Mo–Sa 9–20, So 11–18 Uhr; 510) Kein Witz – die kompakten chilenischen Empanadas (Teigtaschen gefüllt mit Rind, Huhn, Käse oder Gemüse) und würzigen Maisküchlein mit Rind, Oliven und Eiern sind immer früh ausverkauft. Eine Mini-Empanada ist schon für 1,50 C$ zu haben. Brot und Salsas sind hausgemacht.

Nguyen Huong SANDWICHES $

(Karte S. 92; ☎416-599-4625; www.nguyenhuong.ca; 322 Spadina Ave; Sandwiches ab 5 C$; ⌚8.30–20.30 Uhr; 510) Preiswerte und köstlich gefüllte vietnamesische Sandwiches stehen bei dem Originalvorläufer des Toronter *banh-mi*-Phänomen natürlich auf der Tagesordnung.

Urban Herbivore VEGETARISCH $

(Karte S. 92; ☎416-927-1231; www.herbivore.to; 64 Oxford St; Hauptgerichte 4–10 C$; ⌚8–20 Uhr; ; 510) Der Laden für Vollwertkost hat sich auf vegetarische Gerichte *ohne* Zusätze und Konservierungsstoffe spezialisiert, darunter Salate, Reisschalen, Eintopfsuppen und vegane, glutenfreien Backwaren. Eine Filiale ist in der Urban Eatery (S. 114) im Eaton Centre zu finden.

Kalendar CAFÉ $$

(Karte S. 92; ☎416-923-4138; www.kalendar.com; 546 College St; Hauptgerichte 11–25 C$; ⌚Mo–Fr ab 11.30, Sa & So ab 10.30 Uhr; 510) Mit dem dunklen Holz, dem gefliesten Fußboden und der hübschen Schankterrasse wirkt das Kalendar wie Frankreich mitten in Little Italy. Auf der Karte stehen diverse Rollen (Crêpe-ähnliche Roti mit Gemüse und Saucen) und

Nannettes (Naan mit leckeren Dingen wie Pesto, Artischockenherzen und Asiago-Käse). Es gibt auch viele leckere Cocktails, die man zum guten Essen genießen kann.

Bar Italia ITALIENISCH $$
(Karte S. 92; ☎416-535-3621; www.bar-italia.ca; 582 College St; Hauptgerichte 14–27 C$; ⏲Mo–Fr ab 11, Sa & So ab 10 Uhr; 🚋506) Die Einheimischen lieben das Italia. Hier geht man hin, um zu sehen und gesehen zu werden (vor allem wenn man einen Platz auf der heiß begehrten Terrasse vorne ergattert). Man schnappt sich einfach ein Sandwich oder eine Pasta *al dente* und danach ein Zitroneneis und einen guten Kaffee und lässt den ganzen Nachmittag oder einen netten Abend verstreichen.

Caplansky's Deli DINER $$
(Karte S. 92; ☎416-500-3852; www.caplanskys.com; 356 College St; Hauptgerichte 7–18 C$; ⏲Mo–Fr 11–22, Sa & So ab 9 Uhr; 🚋510) Der Ruhm dieses authentischen jüdischen Feinkostladens beruht auf dem ganztägigen Frühstück und den warmen Gourmet-Sandwiches im Montréal-Stil mit Rauchfleisch. Auf den Tisch kommen außerdem reichhaltige Fleischgerichte zum Abendessen und Tagesgerichte. Wer es mag, kann bei den freundlichen, aufmerksamen Leuten natürlich auch gehackte Leber (7 C$) bestellen.

Queen West & Trinity Bellwoods

New York Subway FASTFOOD $
(Karte S. 92; ☎416-703-4496; www.newyorksubsburritos.com; 520 Queen St W; "Burritos" ab 3,49 C$; ⏲Mo–Fr 11.30–24, Sa bis 22 Uhr) Die sonderbaren Burrito-Kreationen, deretwegen sich hier seit Jahren die spätabendliche Kundschaft versammelt, sind schwer zu beschreiben, aber sie sind grandios. Der Laden ist nicht originell, aber die Burritos sind billig, lecker und machen satt. Pilzfreunde sollten sich auf ihren Instinkt verlassen; sie werden ganz bestimmt belohnt.

Sadie's Diner DINER $
(Karte S. 92; www.sadiesdiner.com; 504 Adelaide St W; Hauptgerichte 9–13 C$; ⏲Mo–Fr 7.30–22, Sa & So 9–22 Uhr; 🌿; 🚋504, 511) Das urige Diner mit Saftbar ist auf ganztägig serviertes Frühstück und gesundes Wohlfühlessen ausgerichtet, außerdem veganerfreundlich und zöliakie-bewusst.

★ **Queen Mother Café** FUSION $$
(Karte S. 80; ☎416-598-4719; www.queenmothercafe.ca; 208 Queen St W; Hauptgerichte 9–23 C$; ⏲Mo–Sa 11.30–1, So bis 24 Uhr; Ⓢ Osgoode) Das Queen Mother, eine Institution in der Queen Street, ist wegen der behaglichen dunklen Holznischen und der ausgezeichneten panasiatischen Karte beliebt. Kanadische Wohlfühlgerichte sind ebenfalls im Angebot – wie wäre es mit dem Queen Mum Burger? Sehr interessant ist der Schaukasten mit dem alten Zeug, das sie bei der letzten Renovierung in den Wänden gefunden haben. Die etwas versteckte Terrasse zählt zu den schönsten der Stadt.

Burger's Priest BURGER $$
(Karte S. 92; ☎647-748-8108; www.theburgerspriest.com; 463 Queen St W; Burger ab 5,49 C$; ⏲Mo–Sa 12–21.30 Uhr) Um das Priest wird ein ziemlicher Hype veranstaltet – manche sagen, die Burger sind die besten der Stadt. Sie sind gut und einfach: frisch durchgedrehtes Rindfleisch, weiches Brötchen, perfekt gebraten. Wir empfehlen „the Priest" (natürlich), gekrönt mit einem panierten, frittierten Zuchtchampignon. Mutige schauen sich die geheime Speisekarte online an. Beim Nachtisch braucht niemand vor dem Vatican on ice zurückzuscheuen: Eis zwischen zwei gegrillten Käse-Sandwiches (genau!). Ein Erlebnis.

5th Element INDISCH $$
(Karte S. 92; ☎416-504-3213; www.5thelementt.com; 506 Queen St W; Lunchsets ab 6,95 C$; ⏲Mo–Fr 11.30–22, Sa & So 17–22 Uhr) Das nette indische Restaurant präsentiert alle üblichen Verdächtigen in gleichbleibender Qualität. Wir führen es wegen der Mittagsgerichte mit ausgezeichnetem Preis-Leistungs-Verhältnis auf: Man wählt ein Gericht von der Karte (die Preise variieren für vegetarisch, Fleisch, Meeresfrüchte) mit Naan und Reis.

Chippy's FISH & CHIPS $$
(Karte S. 92; ☎416-866-7474; www.chippys.ca; 893 Queen St W; Fisch ab 8,50 C$, Pommes ab 3,99 C$; ⏲11.30–21 Uhr; 🚋501) In dieser Stadt mit ihrem vielfältigen kulinarischen Angebot gibt es definitiv einen Mangel an guten Fish&Chips-Läden. Chippy's ist eine Ausnahme: Der Fisch ist superfrisch, für die Pommes werden jeden Tag Kartoffeln aus Ontario und Prince Edward Island geschnitten, und der Backteig enthält pro Schüssel zwei Flaschen Guinness. Im Trinity Bell-

woods Park gleich gegenüber kann man sich hinsetzen und den Fang genießen.

Grasslands VEGETARISCH $$

(Karte S. 92; 416-504-5127; www.grasslands.to; 478 Queen St W; Gerichte 9–19 C$; Mi–So 17.30–22 Uhr; ; 501) Das 2013 eröffnete Grasslands als eine frischere Fassung des früheren Vegetarier- und Veganertempels Fressen. Team und Standort sind gleich geblieben, aber der bessere Service und der mit Ziegeln und Holz gestaltete Speisesaal locken jetzt selbst hartgesottene Fleischesser an. Eine durchgestylte, saisonal abgestimmte Bio-Speisekarte schlägt den Bogen durch die Küchen der Welt. Die Gerichte sind markiert als weizenfrei, nussfrei, glutenfrei und buddhistenfreundlich.

Swan CAFÉ $$

(Karte S. 92; 416-532-0452; 892 Queen St W; Hauptgerichte 18–23 C$; Mo–Fr 12–22, Sa & So ab 10 Uhr; 501) Dieser Art-déco-Diner hat eine kleine Karte mit scheinbar einfachen Gerichten wie geräucherten Austern mit Pancetta und Rühreiern, Club-Sandwiches und Muscheln, die in einer alten Coca-Cola-Kühlbox in Eis liegen. Der Kaffee ist himmlisch, und außerdem kann man an verregneten Sonntagen hier prima an der Theke sitzen und Zeitung lesen.

Pizzeria Libretto ITALIENISCH $$

(Karte S. 92; 416-532-8000; http://ossington.pizzerialibretto.com; 221 Ossington Ave; Hauptgerichte 10–17 C$; 12–23 Uhr; 505) Das etwas nördlich von Queen West in Portugal Village gelegene Pizza Libretto macht die wohl beste Pizza in der Stadt. Das Geheimnis? Ein mit Holz befeuerter Ofen, der von einem Pizzaofenbauer der dritten Generation mit Steinen, die extra aus Italien hergeschafft worden sind, gebaut wurde. Neben der zertifizierten Pizza Neapolitana und anderen neapolitanischen Gerichten gibt es auch ein Mittagsgericht zum Festpreis (Salat, Pizza und Gelato für 15 C$) und eine Weinkarte mit ausschließlich italienischen Weinen. Fürs Wochenende sollte man unbedingt einen Tisch reservieren.

Julie's Cuban LATEINAMERIKANISCH $$

(416-532-7397; www.juliescuban.com; 202 Dovercourt Rd; Tapas ab 4,25 C$, Hauptgerichte 9–20 C$; Di–So 17.30–22 Uhr; 501) Das Nachbarschaftslokal in West Queen West serviert traditionelle kubanische Gerichte wie *ropa vieja* (zerkleinertes Rindfleisch in würziger Tomatensauce mit reifen Kochbananen, weißem Reis und schwarzen Bohnen). Das Restaurant war früher ein Eckladen, und es wurde keine Mühe gescheut, um die Atmosphäre zu erhalten.

DIE BESTEN KAFFEEHÄUSER

Zu früh für Bier? Dann lassen wir doch mal die Kaffeehausketten beiseite und schauen auf die *wirkliche* Barista-Action:

- **Rooster Coffee House** (416-996-1530; www.roostercoffeehouse.com; 479 Broadview Ave; 7–19 Uhr; 504, 505); gegenüber Riverdale Park.
- **Te Aro** (416-465-2006; www.pilotcoffeeroasters.com; 983 Queen St E; Mo–Fr 7–18, Sa & So ab 8 Uhr; 501, 502, 503) Leslieville.
- **Dark Horse Espresso** (Karte S. 80; 416-979-1200; www.darkhorseespresso.com; 215 Spadina Ave; Mo–Fr 7–19, Sa & So ab 8 Uhr; 510) Fashion District/Chinatown.
- **B Espresso Bar** (Karte S. 80; 416-866-2111; bespressobar.com; 111 Queen St E; Mo–Fr 7.30–17 Uhr; 501) Financial District/Corktown.
- **Moonbean Coffee Company** (Karte S. 92; 416-595-0327; www.moonbeamcoffee.com; 30 St Andrews St; 7–21 Uhr; 510) Kensington Market.
- **Jet Fuel** (416-968-9982; www.jetfuelcoffee.com; 519 Parliament St; 7–20 Uhr; 506) Cabbagetown.
- **Remarkable Bean** (416-690-2420; 2242 Queen St E; 7–22 Uhr; 501) The Beaches.

★ **Union** FUSION $$$

(Karte S. 92; 416-850-0093; www.union72.ca; 72 Ossington Ave; Hauptgerichte 18–34 C$; Mo & Di 18–22, Mi–So 12–15 & 18–23 Uhr; 501) Die tolle kleine Hipsterküche serviert eine köstliche Fusion aus französisch und italienisch inspirierten Gerichten, die sie als „einfach richtig gemacht“ bewirbt, obwohl die Karte eher aufgebläht als schlicht erscheint. Glücklicherweise sind Essen, Dekor und Service meisterlich ausgeführt: Steak, Huhn, Rippchen und Fisch sind die Grundnahrungsmittel. Nach hinten zu gibt es eine entzückende kleine Terrasse.

East End & The Beaches

★ Gilead Café CAFÉ $
(☎ 647-288-0680; www.jamiekennedy.ca/intro-gc.php; 4 Gilead Pl; Hauptgerichte 9–18 C$; ⏰ Mo–Sa 8–15, So ab 10 Uhr; 🚋 503, 504) In dieser Jamie-Kennedy-Küche trifft Thekenservice auf kanadische Haute Cuisine. Es gibt u. a. Gourmet-*poutine*, Käse aus kanadischen Käsereien und Cidre-Mayo. Die Zutaten kommen von diversen Bauernhöfen Ontarios. Und auch wer auf seine Figur achten will, findet hier ganz gewiss das Richtige. Das reichhaltige Angebot wird täglich auf die große Schiefertafel geschrieben.

Schnitzel Queen EUROPÄISCH $
(Karte S. 80; ☎ 416-363-9176; 237 Queen St E; Schnitzel 7–10 C$; ⏰ Mo–Fr 11–19 Uhr) Der deutsche Imbiss ist ganz auf köstliche panierte Schnitzel-Sandwiches spezialisiert, die ein tolles Picknick abgeben. Diese Mammutkreationen haben ein ausgezeichnetes Preis-Leistungs-Verhältnis und reichen normalerweise für zwei Mahlzeiten – das Schnitzel ist buchstäblich doppelt so groß wie das Brötchen. Puristen sollten versuchen, einen der wenigen Barhocker zu ergattern, und die authentischen Schnitzelteller mit Pilzsauce, Kartoffelsalat und Sauerkraut (9,99 C$) probieren. Am Wochenende ist die Schnitzel Queen leider geschlossen.

Gale's Snack Bar DINER $
(539 Eastern Ave; Mahlzeiten ab 3,25 C$; ⏰ Mo–Fr 10–18, Sa 12–17 Uhr; 🚋 501, 502, 503) Der düstere Stehimbiss liegt etwas abseits der gentrifizierten Leslieville-Meile an einer proletarischen Ecke mit hohem Verkehrsaufkommen. Wenn man über die Tatsache hinwegsehen kann, dass hier seit Jahrzehnten nichts neu gemacht wurde, hat man einen der billigsten Fastfoodläden in Toronto entdeckt. Prima Preis-Leistungs-Verhältnis und auch noch lecker.

Siddhartha INDISCH $$
(☎ 416-465-4095; www.thesiddhartha.com; 1450 Gerrard St E; Hauptgerichte 9–18 C$; ⏰ 11.30–22 Uhr; 🚋 506) In einem Viertel voller ausgezeichneter südasiatischer Lokale ist das Siddhartha ein beständiger Favorit. Es ist zwar vor allem wegen des Mittags- und Abendbuffets beliebt, bei denen man unbegrenzt essen kann. Trotzdem muss man keine Angst haben, sich etwas anderes zu bestellen. Das Naan ist perfekt, die Currys sind klasse und die Samosas mächtig. Das scharfe Essen kann man mit einem kühlen Kingfisher abspülen.

Pan on the Danforth GRIECHISCH $$
(☎ 416-466-8158; www.panonthedanforth.com; 516 Danforth Ave; Mezes 8–24 C$, Hauptgerichte 17–59 C$; ⏰ So–Do 12–23, Fr & Sa bis 24 Uhr; Ⓢ Chester) Das zwanglose Pan, so griechisch wie Greektown, serviert einfache Gerichte mit traditionellen griechischen Gewürzen, z. B. Kalamari, Moussaka, Santorini-Hühnchen gefüllt mit Spinat und Feta, mit Kartoffeln und scharf angebratenem Gemüse. Den Abschluss bildet klebrig-süße Schokoladen-Baklava.

★ Allen's PUB $$$
(☎ 416-463-3086; www.allens.to/allens; 143 Danforth Ave; Hauptgerichte 12–36 C$; ⏰ 11.30–2 Uhr; Ⓢ Broadview, 🚋 504, 505) Das Allen's hat nicht nur einen besonders hübschen Essbereich auf der Terrasse (in wärmeren Monaten), sondern ist auch sonst mehr als nur eine Kneipe, nämlich z. B. ein toller Platz für die Fans von irischer Musik und Tanz. Die Karte wechselt mit den Jahreszeiten. Auf den Tisch kommen hochwertige irische Waren: Rindfleisch ohne Hormone und Zusatzstoffe (darunter mit die besten Burger in Toronto), Lamm und Kalb, Heilbutt im Bierteig und Yukongold-Pommes sowie würzige, cremige Currys.

Gio Rana's Really Really Nice Restaurant ITALIENISCH $$$
(☎ 416-469-5225; www.gioranas.com; 1220 Queen St E; Hauptgerichte 25–35 C$; ⏰ Di–Sa ab 18 Uhr; 🚋 501, 502, 503) An dem urigen Laden hängt kein Schild, sondern nur eine riesige, italienisch anmutende Nase an der Außenwand eines ansonsten unauffälligen Bankgebäudes aus den 1950er-Jahren. Die Einheimischen kommen wegen der Atmosphäre hierher, wegen der guten Laune (die Website vermittelt einen Eindruck, was auf Lager ist) und dem altmodischen italienischen Wohlfühlessen: riesige Fleischbällchen, Risotto mit scharfer Wurst, Kalb und „sexy Ente".

Toronto Islands

Rectory Café CAFÉ $$
(☎ 416-203-2152; http://therectorycafe.com; 102 Lakeshore Ave, Ward's Island; Hauptgerichte 13–21 C$; ⏰ So–Do 11–21, Fr & Sa bis 22 Uhr; ⛴ Ward's Island) Das gemütliche Galerie-Café an der Uferpromenade mit Blick auf den Tommy Thompson Park serviert kleine Gerichte, Tee

und Wochenend-Brunch. Zum Brunch und zum Abendessen sollte man lieber reservieren; ein schneller Imbiss und Getränke sind jedoch zwangloser. Bei Sonnenschein sitzt man am besten auf der Terrasse am Ufer.

Ausgehen & Nachtleben

Bars & Pubs

Die Pub- und Barszene von Toronto ist sehr vielfältig: Da gibt es Bierpinten mit klebrigem Boden, „Brit"-Pubs im Franchise-System, die einander gleichen wie ein Ei dem anderen, und Sportsbars im Yankee-Stil. Da gibt es superschicke Martini-Bars, Dachterrassen, himmelhohe Weinkneipen und eine übersprudelnden Menge an Schwulen- und Lesbentreffs. Es gibt viel zu tun! Strenge Gemeindeverordnungen verbieten das Rauchen in öffentlichen Räumen, einige Terrassen im Freien sind allerdings tolerant. Das Bier beginnt gegen Mittag aus den Hähnen zu fließen, und die letzte Bestellung wird zwischen 1 und 2 Uhr aufgenommen.

Mill Street Brewery BRAUEREI

(416-681-0338; www.millstreetbrewery.com; 55 Mill St, Bldg 63, Distillery District; 11.30–24 Uhr; 503, 504) Mit 13 Spezialbieren aus der hauseigenen Brauerei im atmosphärischen Distillery District sind die Jungs marktführend unter den örtlichen Kleinbrauereien. Am besten bestellt man sich ein Probiertablett, um eine Kostprobe von all den preisgekrönten Bieren – Tankhouse Pale Ale, Stock Ale und Organic Lager – zu bekommen. Der Innenhof ist genau das Richtige für sonnige Nachmittage. Zu essen gibt es typische Kneipenkost – alles, was zum Bier passt, wie Burger, Sandwiches und Wraps.

Panorama BAR

(Karte S. 80; 416-967-0000; www.panoramalounge.com; 51. St, Manulife Centre, 55 Bloor St W; ab 17 Uhr; Bay) Torontos höchste Terrasse mit Alkoholausschank ist todschick und hat nicht nur entsprechende Preise, sondern zweifellos auch die schönste Aussicht der Stadt – mal abgesehen vom CN Tower. Sie liegt im Manulife-Centre-Gebäude und kostet, anders als der Turm, keinen Eintritt. Allerdings werden Gäste schief angeguckt, die kein Bares für einen Martini oder eine Mahlzeit dalassen.

C'est What PUB

(Karte S. 86; 416-867-9499; www.cestwhat.com; 67 Front St E; 11.30–1 Uhr; 503, 504) Über 30 Whiskeysorten und sechs Dutzend kanadische Hausbräus (überwiegend aus Ontario) sind in diesem unterirdischen Pub zu haben. Ein hauseigener Braumeister überwacht die naturbelassenen Fassbiere, die ohne Konservierungsstoffe hergestellt werden. Das leckere Essen macht das Beste aus frischen landwirtschaftlichen Erzeugnissen vom St.-Lawrence-Markt nebenan.

Gladstone Hotel BAR

(416-531-4635; www.gladstonehotel.com 1214 Queen St W; 8–22 Uhr; 501) Das historische Hotel feiert Torontos künstlerische Avantgarde-Szene. Art Bar und Gladstone Ballroom bringen ungewöhnliche DJs, Poetry Slams, Jazz, Lesungen, Alternativ-Country und Blues auf die Bühne, in der Melody Bar gibt es Karaoke und andere Musikveranstaltungen. Der Preis für den Eintritt variiert, normalerweise liegt er bei 10 C$ oder darunter.

Black Bull PUB

(Karte S. 80; 416-593-2766; www.blackbullta vern.ca; 298 Queen St W; 12–1 Uhr; 501;) Das Black Bull verfügt wahrscheinlich über Torontos begehrteste Terrasse, in der sich mehr Sonnenschein zu verfangen scheint als an irgendeiner anderen Stelle. Und es ist ein toller Platz für eine Pause vom Shoppen in der Queen Street. Um einen Tisch zu ergattern, einfach hinten anstellen und nicht aufgeben, bis die Sonne untergeht. Das kostenlose WLAN im Black Bull ist durchaus ein nettes Extra.

Wayne Gretzky's PUB

(Karte S. 86; 416-348-0099; www.gretzkys.com; 99 Blue Jays Way; Mo–Fr ab 11.30, Sa & So ab 10 Uhr; 503, 504) Kanadas beliebteste Eishockeylegende war früher Mitbesitzer des Lokals, das bis heute seinen Namen trägt. Gretzky's bedeutet Sportsbar, Restaurant und fantastische Dachterrasse, serviert wird ziemlich harmloses modernes amerikanisches Essen. Sportfans aus allen Teilen der Welt kommen hierher, um die vielen Eishockey-Memorabilien zu bestaunen, ansonsten ist das Gretzky's eine nette Innenstadtkneipe für ein Bier.

Sweaty Betty's BAR

(Karte S. 92; 416-535-6861; 13 Ossington Ave; Mo–Do 17–2.30, Fr–So 15.30–2.30 Uhr; 501) In einer Stadt, in der der Wodka und einfallsreiche Cocktails in Strömen fließen, lehnt das Betty's alles ab, was aus mehr als drei Zutaten besteht. Der schlichte Schup-

AB AUF DIE TERRASSE

Die Sommer sind kurz, und die Vitamin-D-hungrigen Einwohner von Toronto nutzen jede Gelegenheit, um auf dem kürzesten Weg die Terrassen der Bars und Restaurants anzusteuern. Auf einen heftigen Wettstreit um die besten Tische sollte man sich gefasst machen ... oder überhaupt um einen Tisch! Die folgenden zählen zu unseren Favoriten:

- Hair of the Dog (S. 115)
- Earl's (S. 111)
- Rectory Café (S. 120)
- Panorama (S. 121)
- Java House (S. 122)
- Allen's (S. 120)
- Drake Hotel (S. 123)
- Against the Grain (S. 110)

pen reduziert den Barbesuch aufs Wesentliche: dass man einen schönen Abend verbringt und mit anderen Leuten ins Gespräch kommt. Am Wochenende tummeln sich hier eine Menge Hipster, und die Atmosphäre in dem wohnlich gestalteten engen Raum wirkt wie auf einer Privatparty von Collegestudenten.

Blake House PUB
(Karte S. 80; ☎416-975-1867; www.theblakehouse.ca; 449 Jarvis St; ⌚11–2 Uhr) Das historische Herrenhaus von 1891 etwas östlich des Village ist ein guter Allrounder. In dunklen Tönen hübsch renoviert, ist es im Winter wunderbar behaglich und einladend; für die Sommermonate hat es vorn eine tolle Terrasse. Es gibt kaltes Bier, leckeres Essen und freundliche Kellner. Es ist beliebt, aber nicht überfüllt.

Red Room PUB
(Karte S. 92; ☎416-929-9964; 444 Spadina Ave; ⌚ab 11 Uhr; 🚊506, 510) Das Red Room ist total in. Teils Pub, teils Diner, teils abgefahrene Lounge, ist das künstlerisch angehauchte Red Room im Kensington Market der Ort, an den man seine müden, verkaterten Knochen auf ein heilsames Bierchen und ein Frühstück (rund um die Uhr erhältlich) zur Musik von Britpop schleppt. Hier kann man sich in eine Sitzecke hineinfallen lassen und alle Sorgen vergessen

Handlebar BAR
(Karte S. 92; ☎647-748-7433; 159 Augusta Ave; ⌚Mo–Fr ab 18, Sa & So ab 15 Uhr) Der muntere kleine Laden huldigt dem Fahrrad und seinen Fans; er ist ein Neuzugang in der Barszene von Toronto, hat aber Besitzer mit viel Erfahrung. Pluspunkte sind die tolle Lage südlich von Kensington Market, das wunderbare Retro-Styling und der nette Mix von glücklichen Kunden.

Madison Avenue Pub PUB
(Karte S. 80; 14–18 Madison Ave; ⌚11–2 Uhr; **S** Spadina) Das Madison, das drei viktorianische Häuser in The Annex einnimmt, zieht Endzwanziger von der University of Toronto an. Das bedeutet Billardtische, Darts, eine Sportsbar, poliertes Messing, auf antik gemachte Lampen, die das mit Vorhängen versehene Obergeschoss beleuchten, *fünf* Terrassen und jede Menge Hormone, die zwischen Jungs und Mädchen aufeinanderprallen.

Java House BAR
(Karte S. 92; ☎416-504-3025; 537 Queen St W; ⌚9–1 Uhr; 🚊510) Im schäbigen Herzen der Queen West stößt man auf diese Oase für Getränke und Speisen zu vernünftigen Preisen mit einer riesigen Terrasse auf der Seite, die in den Sommermonaten meist zum Bersten gefüllt ist.

Wide Open BAR
(Karte S. 80; ☎416-727-5411; www.wideopenbar.ca; 139a Spadina Ave; ⌚17–2 Uhr; 🚊510) Einmal Blinzeln reicht schon, um das unscheinbare kleine Stehlokal zu übersehen. Aber wer es findet, ist zugleich auf eine der billigsten Saufbuden von Toronto gestoßen: montags halbe Preise und Pitcher für 10 C$, donnerstags Happy Hour (17–20 Uhr), in der alle Getränke 2,50 C$ kosten. Jeden Tag gibt es ein Drink-Special.

Crocodile Rock PUB
(Karte S. 86; ☎416-599-9751; www.crocrock.ca; 240 Adelaide St W; ⌚Mi–Fr 16–2, Sa 19–2, So 21–2 Uhr) Wie eine dornenreiche Insel inmitten von Clubland versorgt Crocodile Rock ein etwas älteres Publikum, besonders seit der jüngsten Renovierung seiner Dachterrasse. Hierher kommen Leute von auswärts, Anzugträger auf der Suche nach einem 3-C$-Special nach der Arbeit und alle, die sich an die 1980er erinnern und immer noch gern feiern.

Smokeless Joe BAR

(Karte S. 92; 416-966-5050; 488 College St; Di–Do 17–1, Fr–Mo 12–1 Uhr; 506) Früher war Smokeless Joe eine Kellerbar in Clubland, jetzt ist sie in neue Räumlichkeiten in Little Italy gezogen, hat aber das gemütliche „Hier kennt dich jeder"-Flair beibehalten. Mehr als 200 Biersorten stehen bereit, die Gäste haben die Qual der Wahl.

Underground Garage BAR

(Karte S. 86; 416-688-8787; www.undergroundgarage.ca; 365 King St W; 22–2.30 Uhr; 504, 510) Die Rockbar steht in dem ansonsten recht oberflächlichen Entertainment District wacker ihren Mann. Der steile Treppenaufgang ist mit Postern von Led Zeppelin, Willie Nelson und John Lennon gepflastert. Hier gibt's jaulende Gitarren, kaltes Bier und viel Spaß – genau wie es sein soll.

Drake Hotel BAR

(416-531-5042; www.thedrakehotel.ca; 1150 Queen St W; 8–22 Uhr; 501) Das Drake ist teils Hotel, teils Pub, teils Livemusik-Kneipe, teils Nachtclub mit einem ganzen Bündel unterschiedlicher Bereiche, darunter die Lounge, die Terrasse, der wunderbare Sky Yard auf dem Dach und das Untergeschoss.

Sneaky Dee's BAR

(Karte S. 92; 416-603-3090; www.sneaky-dees.com; 431 College St; Mo–Fr 11–3, Sa & So 9–3 Uhr; 506, 511) Die mit Graffiti überzogene Kellerbar liegt an der markanten Ecke Bathurst/College Street. In den abgewetzten Sitzecken kann man sich den Magen mit Tex-Mex vollschlagen (dienstags Fajitas zum halben Preis!) und mit Billigbier nachspülen. Der abgedunkelte Bandroom im Obergeschoss ist eine Brutstätte für neuen lokalen Rock 'n' Roll, samstags allerdings gehen hier die 1960er bis 1980er „Shake-a-tail"-Club-Nights ab.

Clinton's BAR

(Karte S. 92; www.clintons.ca; 693 Bloor St; Mo–Fr 16–2, Sa & So 11–2 Uhr; S Christie) Jede Woche DJ-Themenabende, Livemusik und Comedy sind Teil der Palette im kultigen Clinton's, das ein lustiges, künstlerisch angehauchtes Publikum anzieht. Vorne gibt es einen Pub mit ordentlichem Essen, hinten einen geilen Tanzsaal: die „Girl & Boy '90s Dance Party" am Freitag ist der Wahnsinn.

Ossington BAR

(Karte S. 92; 416-850-0161; www.theossington.com; 61 Ossington Ave; 18–2 Uhr) Mit einer von Kerzen beleuchteten Bar vorne und dem höhlenartigen hinteren Raum, in dem freitags und samstags DJ-Abende veranstaltet werden, ist das Ossington ein Favorit der Einheimischen. Das Publikum ist ein toller Mix von 20- bis Ü30-Jährigen, die noch höchst lebendig sind und gern mal abseits der Mainstream-Manie herumstromern.

Clubs

„Clubland", das ist die Gegend rund um Richmond Street W und Adelaide Street W an der John Street. Nach Einbruch der Dunkelheit tun sich quietschend unscheinbare Türen auf, stiernackige Türsteher bringen Absperrseile auf dem Bürgerstein an und schon bilden sich Schlangen mit spärlich bekleideten Mädchen und seltsamen Typen im Sonntagsstaat. Die Luft vibriert von Hormonen und Erregung, aber ein paar Stunden später geraten die Dinge aus dem Lot: betrunkene Mädchen torkeln, Kerle schwingen die Fäuste und Hotdog-Verkäufer kämpfen darum, die Ordnung unter den Zutaten aufrechtzuerhalten. Viele Clubs bieten inzwischen „Bottle service" an (oder schreiben ihn vor). Dabei muss man tief in die Tasche greifen, um eine Flasche Schnaps und einen Tisch für die eigene Gruppe zu reservieren. Das verkürzt auch die Schlangen. Die meisten Clubs öffnen gegen 21 oder 22 Uhr (in Schwung kommen sie aber erst später) und schließen gegen 4 Uhr.

Andere Vorstellungen von einem netten Abend? Dann hält man sich besser an Viertel wie Little Italy, Church and Wellesley, Queen West und The Annex. Dort gibt es intimere Treffs und mehr Bewegungsspielraum. Die Eintrittspreise reichen von 5 bis 15 C$. Bars mit Bandrooms oder Miniclubs weiter draußen öffnen früh und schließen nicht vor 2 oder 3 Uhr.

Guvernment CLUB

(Karte S. 86; www.theguvernment.com; 132 Queens Quay E; Di–Sa ab 22 Uhr; 6, 75) In Sachen Vielfalt ist das gigantisch große Guv nicht zu schlagen. DJs spielen Hip-hop, R&B, Progressive House und Tribal Music, um jeden Geschmack zu treffen. Die Aussicht vom Dach auf die Skyline ist ebenso eindrucksvoll wie die arabische Fantasie-Lounge und die Art-déco-Bar. Koolhaus ist ein mittelgroßer Livemusikbereich.

Mod Club CLUB

(Karte S. 92; www.themodclub.com; 722 College St; Mo–Do 20–24, Fr & Sa 18–3 Uhr; 506) Der ausgezeichnete Club in Little Italy gibt sich ganz britisch und spielt Electronic, Indie und Brit Pop. Gelegentlich übernehmen Liveacts wie Paul Weller, The Killers und Muse die Bühne. Die Nanosekunden-Beleuchtung weicht Räumen zum Entspannen bei Kerzenlicht.

Uniun CLUB

(Karte S. 92; ☎416-603-9300; www.uniun.com; 473 Adelaide St W; ⏲Fr–So 22–3 Uhr; 🚌504, 508) Der Eingang zu diesem ultraschicken, ultracoolen Nachtclub mit Bottleservice – der neueste in Toronto – liegt unweit der Portland Street. Wer nicht nach einer Million Dollar aussieht, sich entsprechend fühlt und das nötige Kleingeld besitzt, um die Legende zu stützen, sollte erst gar nicht versuchen hineinzukommen. Es gibt ein irrsinniges LED-Lichtsystem, das in Wände und Decken eingekapselt ist, genug Platz für 1500 feierwütige Partygäste und Stil im Überfluss.

Schwulen- & Lesbentreffs

O'Grady's PUB

(Karte S. 80; ☎416-323-2822; www.ogradyschurch.ca; 517 Church St; ⏲11–2 Uhr; Ⓢ Wellesley) Die größte Terrasse im Village füllt sich schnell, sobald die Sonne rauskommt, aber in den kälteren Monaten hat dieser ziemlich durchschnittliche schwulenfreundliche irische Pub eigentlich nicht besonders Bemerkenswertes an sich.

Woody's/Sailor BAR

(Karte S. 80; ☎416-972-0887; www.woodystoronto.com; 465-7 Church St; ⏲12–2 Uhr; Ⓢ Wellesley) Torontos bekannteste Schwulenbar ist ein weitläufiger Komplex mit einer Wundertüte voller Action wie Drag-Shows, „Knackarsch"-Wettbewerbe, Billardtische und jeden Abend DJs. Das Sailor ist die schicke Bar gleich eine Tür weiter, wo man unter sich sein kann.

Black Eagle BAR

(Karte S. 80; ☎416-413-1219; www.blackeagletoronto.com; 457 Church St; ⏲ab 14 Uhr; Ⓢ Wellesley) Das Eagle, nur für Männer, zieht Lederkerle, Uniformfetischisten und deren Bewunderer an. Die ganzjährig geöffnete Dachterrasse ist der perfekte Ort, um einen Daddy zu treffen: Grillpartys am Sonntagnachmittag locken ein starkes Publikum herbei. Oben gibt es einen Cruising-Bereich, unten eine frisch renovierte Tanzfläche. Der Laden ist nichts für Weicheier, aber Gäste und Mitarbeiter sind im Allgemeinen durch und durch freundlich.

Crews & Tangos BAR

(Karte S. 80; ☎416-972-1662; www.crewsandtangos.com; 508 Church St; ⏲17–2 Uhr; Ⓢ Wellesley) Am Tag eine ausufernde Bar (mit einer ausgezeichneten hinteren Terrasse), abends ein überfüllter Nachtclub mit Live Drag und Cabaret Shows und DJs. Jungs, die Jungs mögen, Mädels, die Mädels mögen, mädchenhafte Jungs und jungenhafte Mädels und all ihre Freunde bilden normalerweise das Publikum in diesem einladenden Schuppen.

Fly CLUB

(Karte S. 80; ☎416-410-5426; www.flynightclub.com; 8 Gloucester St; ⏲Fr & Sa 22–4 Uhr; Ⓢ Wellesley) Der Club mit mehreren Ebenen, etwas außerhalb des Village, unweit der Yonge Street, spielt Hard-House, Tribal und Trance und ist regelmäßig Schauplatz der Butch & Bear Pitbull Partys (www.pitbullevents.com). Musik aus dem Club wird ins Fire on the East Side (S. 115) nebenan geleitet. Wer mag, kann also eine Lounge-Szene genießen, bevor er auf der Tanzfläche aufschlägt.

El Convento Rico CLUB

(Karte S. 92; ☎416-588-7800; www.elconventorico.com; 750 College St; Eintritt 8–10 C$; ⏲Do 22–3, Fr & Sa 20–3 Uhr; 🚌506) Die LGBT-Tanzbar mit dem freundlichen gemischten Publikum bietet am Freitagabend um 22 Uhr kostenlosen Salsa-Unterricht und jeden Abend Drag Shows.

✩ Unterhaltung

Es ist nicht schwer zu erraten, dass hier immer etwas los ist von Jazz bis Arthouse-Kino, Experimentaltheater, Oper, Punkrock, Hiphop und Hockey. Im Sommer sind kostenlose Freiluftfestivals und -konzerte die Regel, aber Torontos Tanz- und Livemusikszene groovt das ganze Jahr über. Es gibt auch eine lebendige, vielfältige Schwulenszene mit vielen Clubs, Gruppen, Barabenden und Aktivitäten für die Community.

Aktuelles zum neuesten Club, Veranstaltungskalender für alternative Kultur und Livemusik und vieles mehr findet sich in Torontos kostenlosen Straßenmagazinen, die in Veranstaltungsräumen und an U-Bahn-Eingängen ausliegen, oder online: *Now* (www.nowmagazine.com), *The Grid* (www.thegridto.com) und *Xtra!* (www.xtra.ca) für LGBT-LeserInnen.

Um Kunst und Kultur zu fördern, arbeiten viele Veranstalter nach dem Motto „Pay What You Can" (PWYC): Der Eintritt ist frei;

die Besucher sollen geben, was sie für angemessen halten. Ansonsten verkauft **Ticketmaster** (☎1-855-985-5000; www.ticketmaster.ca) Karten für größere Konzerte, Sportveranstaltungen und Events. **TO Tix** (Karte S. 80; www.totix.ca; Yonge & Dundas Sq, 5 Dundas St E; ⏲Di–Sa 12–18.30 Uhr) verkauft für Veranstaltungen am selben Tag Karten zum halben Preis bzw. mit Ermäßigung, und **TicketKing** (☎800-461-3333, 416-872-1212; www.mirvish.com/ticketking) deckt Shows in den Theatern Royal Alexandria, Princess of Wales, Ed Mirvish und Panasonic ab.

Livemusik

Das Iggy-Pop-Shirt aus dem Schrank kramen, rein in die Doc Martens und ab geht die Post. Alternative Rock, Metal, Ska, Punk und Funk – Toronto besitzt eine blühende Livemusikszene. Bebop, rauchiger Swamp Blues und Balladen zur Akustikgitarre sind nur einige der Alternativen. Die Eintrittspreise liegen an Wochentagen zwischen kostenlos und ein paar Dollar, bei Wochenend-Acts können sie bis auf 20 C$ hochgehen. Megastars auf Tour treten im Rogers Centre, im Air Canada Centre und im Molson Canadian Amphitheatre auf (Karte S. 86).

★ Horseshoe Tavern LIVEMUSIK
(Karte S. 80; ☎416-598-4753; www.horseshoetavern.com; 370 Queen St W; ⏲12–2 Uhr; 🚋501, 510) Obwohl es seinen 65. Geburtstag längst hinter sich hat, spielt das legendäre Horseshoe immer noch eine Schlüsselrolle in der Entwicklung des lokalen Indie Rock. Gar nicht so lokal ging es zu, als The Police hier im Rahmen ihrer ersten Nordamerikatour auftraten – Sting absolvierte eine Zugabe in Unterwäsche – und Bran Van 3000 ihr lang erwartetes Comeback gaben. Der Laden verströmt einfach ein Flair von guten Zeiten und klassischen Auftritten. Am besten kommt man auf ein Bier vorbei und testet es einfach selbst.

Massey Hall KONZERTSAAL
(Karte S. 80; ☎416-872-4255; www.masseyhall.com; 178 Victoria St; ⏲Kasse an Veranstaltungstagen ab 12 Uhr; Ⓢ Queen) Wenige Räumlichkeiten haben schon so verschiedenartige Veranstaltungen gesehen wie die Massey Hall, die seit mehr als 120 Jahren im Geschäft ist. Ausgedehnte Renovierungsarbeiten hinter den Kulissen sind geplant, um die Halle mit 2500 Plätzen für ein neues Zeitalter fit zu machen, ohne ihren ursprünglichen Charme zu beeinträchtigen.

Opera House KONZERTSAAL
(☎416-466-0313; www.theoperahousetoronto.com; 735 Queen St E; 🚋501, 502, 503) Das alte Opernhaus ist ein Vaudevillesaal aus dem frühen 20. Jh. Über die Jahre sind hier Rocker wie The Black Crowes, Rage Against The Machine, Eminem, A Perfect Circle und Beck unter dem Bühnenportal herumstolziert, außerdem gab es zahlreiche Tanzpartys und andere Veranstaltungen.

Sound Academy KONZERTSAAL
(☎416-649-7437; www.sound-academy.com; 11 Polson St; 🚌72, 72A) Der Veranstaltungsraum in Harbourside bietet bei Rockkonzerten und Liveshows Platz für etwa 3000 Leute. Aufgetreten sind hier u. a. schon Guns'n' Roses, The Killers und Fallout Boy.

Phoenix KONZERTSAAL
(Karte S. 80; ☎416-323-1251; www.libertygroup.com; 410 Sherbourne St; 🚋506) Das Phoenix mit einer Kapazität von 1000 Plätzen befindet sich im ehemaligen Harmonie Club, einem tollen alten Saal, der heutzutage den harmonischen Rock von Bands wie Tragically Hip zu hören bekommt.

Sony Centre for the Performing Arts KONZERTSAAL
(Karte S. 86; ☎416-872-7669; www.sonycentre.ca; 1 Front St E; ⏲Kasse Mo–Fr 10–17.30, Sa bis 13 Uhr; Ⓢ Union) Mit einem Vordach, das wie ein Kolibri-Schnabel über die Front Street hinausragt, ist diese Konzerthalle nicht zu übersehen. Telefonisch oder online kann man Karten für Shows buchen, die so unterschiedlich sind wie der Soweto Gospel Choir, Pet Shop Boys und Russell Brand.

Rivoli LIVEMUSIK
(Karte S. 80; ☎416-596-1908; www.rivoli.ca; 334 Queen St W; ⏲11.30–1 Uhr; 🚋501) Songbird Feist haben hier ihr Debüt gegeben. Allabendliche Livemusik (Rock, Indie und Solosinger-Songwriter), wöchentliche Stand-up-Comedy und monatliche Hip-hop-Nights gehören zur Palette. Oben gibt es einen fantastischen Billardsaal und tolles Essen.

Lee's Palace LIVEMUSIK
(Karte S. 92; ☎416-532-1598; www.leespalace.com; 529 Bloor St W; ⏲9–2.30 Uhr; Ⓢ Bathurst) Das legendäre Lee's Palace hat über die Jahre u. a. Dinosaur Jr, Smashing Pumpkins und Queens of the Stone Age eine Bühne geboten. Berühmt-berüchtigt ist Kurt Cobains Flaschenwurf, als Nirvana 1990 hier spielte. Man kann es gar nicht verfehlen – einfach

nach dem „schreienden" Wandbild in Primärfarben an der Fassade Ausschau halten.

Dakota Tavern LIVEMUSIK
(Karte S. 92; ☎416-850-4579; www.thedakotatavern.com; 249 Ossington Ave; ⏰Mo–Fr 18–2, Sa & So 11–2 Uhr; 🚌63, 🚋501) Die Kellerkneipe rockt mit Holzfässern als Hockern und einer kleinen Bühne. Zu hören gibt es vor allem Country, Blues und etwas Rock. Der Bluegrass-Brunch am Samstag und Sonntag (15 C$; 11–15 Uhr) ist ein *großer* Hit – lecker, sättigend und lustig –, aber man muss Schlange stehen, um reinzukommen.

Reservoir Lounge BLUES, JAZZ
(Karte S. 86; ☎416-955-0887; www.reservoirlounge.com; 52 Wellington St E; ⏰Di–Sa 19.30–2 Uhr; 🚋503, 504) Swingtänzer, Jazzsänger und Bluesinterpreten nennen diese coole, von Kerzen erleuchtete Kellerlounge ihr Zuhause, und tatsächlich hat sie über die Jahre eine ansehnliche Schar an Musikgrößen beherbergt. Wo sonst kann man während der Show einen Grey Goose Martini schlürfen und einfach Erdbeeren ins Schokoladenfondue stippen?

Cameron House JAZZ
(Karte S. 92; ☎416-703-0811; www.thecameron.com; 408 Queen St W; ⏰ab 16 Uhr; 🚋501, 510) Singer-Songwriter und Musiker aus den Bereichen Soul, Jazz und Country beehren diese Bühne; Künstler, Musikfans, Träumer und Rumhänger bevölkern die Räumlichkeiten vorne und hinten.

Rex BLUES, JAZZ
(Karte S. 80; ☎416-598-2475; www.therex.ca; 194 Queen St W; ⏰9–2 Uhr; 🚋501) Das Rex hat sich von seiner traurigen Vergangenheit als Schlägerkneipe zu einer hervorragenden Jazz- und Blues-Bühne gemausert. Jede Woche treten hier über ein Dutzend verschiedene Dixielandbands, experimentelle Musiker und lokale wie auch internationale Gruppen auf. Preiswerte Drinks; erschwinglicher Eintritt.

Dominion on Queen JAZZ
(☎416-368-6893; www.dominiononqueen.com; 500 Queen St E; ⏰Mo–Sa 11–1, So bis 23 Uhr; 🚋501, 502, 503) Die Jazzkneipe hat sich mit kessen Sängern, Trios und Sextteten bis hin zu ausgewachsenen Swing Bands einen guten Ruf erworben. Die Musik beginnt allabendlich gegen 21 Uhr. Es gibt Bier aus Hausbrauereien und reichlich *vin rouge*, um den großstädtischen Herzschmerz darin zu ertränken.

Canadian Opera Company OPER
(Karte S. 80; ☎800-250-4653, 416-363-8231; www.coc.ca; Four Seasons Centre for the Performing Arts, 145 Queen St W; ⏰Kasse Mo–Sa 11–19, So bis 15 Uhr; Ⓢ Osgoode) Kanadas nationales Opernensemble besteht seit mehr als 50 Jahren. Die Karten sind schnell ausverkauft. Im Richard Bradshaw Amphitheatre (im fantastischen Four Seasons Centre) gibt es zwischen September und Juni kostenlose Konzerte, normalerweise um 12 Uhr. Die genauen Daten stehen auf der Website.

Toronto Symphony Orchestra KLASSIK
(TSO; Karte S. 86; ☎416-593-4828; www.tso.ca; Roy Thomson Hall, 60 Simcoe St; ⏰Kasse Mo-Fr 10–18, Sa 12–17 Uhr; Ⓢ St Andrew) Das TSO tritt in der Roy Thomson Hall, der Massey Hall und im Toronto Centre for the Arts auf und spielt Klassik, Melodien aus der Cole-Porter-Ära und neue Musik aus aller Welt. Auf der Website finden sich Anworten auf Fragen wie diese: „Was ist, wenn ich husten muss?" und „Soll ich schon klatschen?"

Harbourfront Centre KLASSIK
(☎416-973-4000; www.harbourfrontcentre.com; York Quay Centre, 235 Queens Quay W; Tickets 10–40 C$; ⏰Kasse Di–Sa 13–18 Uhr; 🚋509, 510) Das lebendige Harbourfront Centre bringt das ganze Jahr über einige Weltklasse-Musikaufführungen auf die Bühne, darunter am Sonntag Aufführungen für Familien und im Sommer Freiluftkonzerte im Toronto Music Garden sowie auf der Concert Stage.

Glenn Gould Studio KLASSIK
(Karte S. 86; ☎416-205-5555; www.cbc.ca/glenngould; Canadian Broadcasting Centre, 250 Front St W; Tickets 15–40 C$; ⏰Kasse Mo–Fr 14–18.30, Sa bis 20 Uhr; Ⓢ Union, 🚋504) Die Akustik des Glenn Gould Studio macht dem berühmten Pianisten und Namensgeber alle Ehre. Am besten kauft man Karten im Voraus für die Abendkonzerte mit klassischer und zeitgenössischer Musik, bei denen von September bis Juni Solisten, kammermusikalische Besetzungen, Chöre und Orchester auftreten. Oft werden junge internationale Künstler präsentiert.

Toronto Centre for the Arts KLASSIK
(bei Karte S. 73; ☎416-733-9388; www.tocentre.com; 5040 Yonge St; ⏰Kasse Mo 11–18, Di–Sa bis 20, So 12–16 Uhr; Ⓢ North York Centre) Ziemlich weit nördlich an der Yonge Street liegt die

George Weston Recital Hall mit 1000 Plätzen, Heimat des **Toronto Philharmonia** (www.torontophil.on.ca). Das Main Stage Theatre mit 1700 Plätzen und das intimere Studio Theatre zeigen auch Ballett und Theater.

Theater

Lange Wintermonate in geschlossenen Räumen sind der Entwicklung und Aufführung dramatischer Werke förderlich. Dies und Torontos relative Nähe zum Broadway und dem kosmopolitischen Montréal untermauern den Ruf der Stadt als Spielwiese für Theatermacher. Broadway- und Off-Broadwaymusicals und -stücke füllen die Theater rund um den Theatre Block im Entertainment District und am Yonge & Dundas Square, aber es gibt auch zahlreiche kleinere Häuser und dynamische junge Truppen rund um Harbourfront, im Distillery District und in Queen West. Veranstaltungen sind in den kostenlosen Straßenmagazinen aufgelistet. Karten für größere Produktionen werden über TicketKing verkauft. Ermäßigte Last-Minute-Karten gibt es bei TO Tix, oder man fragt an der Abendkasse nach „Rush"-Tickets.

CanStage THEATER
(Canadian Stage Company; ☎416-368-3110; www.canstage.com; 26 Berkeley St; ⏲Kasse Mo–Sa 10–18, an Veranstaltungstagen bis 20 Uhr; 🚋503, 504) Das moderne CanStage produziert erstklassige kanadische und internationale Stücke von Autoren wie David Mamet und Tony Kushner im eigenen Berkeley Street Theatre. Außerdem verantwortet die Kompanie die wunderbar zugänglichen (bezahl, wie viel du kannst) Sommerproduktionen von „Shakespeare in the Park" unter den Sternen im High Park. Unser Tipp: Decke mitbringen und früh kommen.

Elgin & Winter Garden Theatre THEATER
(Karte S. 80; ☎416-314-2901; www.heritagetrust.on.ca/ewg; 189 Yonge St; S Queen) Das restaurierte doppelgeschossige Elgin & Winter Garden Theatre zeigt prestigeträchtige Produktionen in einem tollen Ambiente.

Ed Mirvish Theatre THEATER
(Karte S. 80; ☎800-461-3333, 416-872-1212; www.mirvish.com; 244 Victoria St; S Dundas) Das frühere Canon wurde 2011 zu Ehren des beliebten Geschäftsmanns, Philantropen und Kunstmäzens Ed Mirvish unbenannt. Eins der vier Mirvish Theater, der Vaudeville-Saal aus den 1920er-Jahren, ist eine heiße Adresse für musikalisches Unterhaltungstheater.

Royal Alexandra Theatre THEATER
(Karte S. 86; ☎800-461-3333, 416-872-1212; www.mirvish.com; 260 King St W; 🚋504) Das „Royal Alex", wie es mitunter liebevoll genannt wird, ist eins der eindrucksvolleren Theater in der Stadt und Spielort spritziger Broadway-Musicals.

Princess of Wales Theatre THEATER
(Karte S. 86; ☎800-461-3333, 416-872-1212; www.mirvish.com; 300 King St W; 🚋504) Das POW ist ein Haus mit 2000 Plätzen, in dem aufwendige Produktionen wie *Miss Saigon* und *Rock of Ages* zu sehen sind.

Young Centre for Performing Arts THEATER
(☎416-866-8666; www.youngcentre.ca; 55 Mill St, Bldg 49; 🚋503, 504) Das 14 C$ teure Young Centre verfügt über vier verschiedene Bühnenräume, die von theater-afinen Mietern wie **Soul Pepper** (www.soulpepper.ca) und **George Brown Theatre Co** (www.georgebrown.ca/theatre) genutzt werden. Im Haus gibt es auch eine Buchhandlung und eine kleine Bar.

Factory Theatre THEATER
(Karte S. 92; ☎416-504-9971; www.factorytheatre.ca; 125 Bathurst St; 🚋511) Die innovative Theatertruppe – „Heimat kanadischer Bühnenautoren" – ist seit 35 Jahren aktiv. Die Sonntagsmatineen sind „Pay What You Can".

Kinos

Die Einwohner von Toronto gehen gern ins Kino: Vielleicht hat das was mit dem Wetter zu tun. Karten kosten um 14 C$ für Erwachsene. Dienstag ist Kinotag: Da zahlt man nur ungefähr die Hälfte.

★ **Bell Lightbox** KINO
(Karte S. 86; www.tiff.net; Ecke 350 King St W; 🚋504) Als Heimat des Toronto International Film Festival (TIFF; S. 102) wurde dieser glänzende Kinokomplex 2010 vollendet und steht während des Festivals im Mittelpunkt des Geschehens. Den Rest des Jahres dient er vorwiegend der TIFF Cinematheque, die internationales Kino, Independentfilme und Retrospektiven berühmter Regisseure zeigt, und anderen besonderen Veranstaltungen. Wenn möglich sollte man versuchen, hier einen Film zu sehen.

Bloor Hot Docs Cinema KINO
(Karte S. 92; ☎416-637-3123; www.bloorcinema.com; 506 Bloor St W; S Bathurst) Das Art-

déco-Theater mit zweistufigem Balkon zeigt ein wunderbar vielfältiges Programm aus Neuerscheinungen, Arthouse-Streifen, Kurz- und Dokumentarfilmen sowie Uraltklassikern und ist Spielort des bewusstseinserweiternden Hot Docs Canadian International Documentary Festival.

Cineplex Yonge & Dundas KINO
(Karte S. 80; ☎416-977-9262; www.cineplex.com; 10 Dundas St E; Ⓢ Dundas, 🚋505) Im Herzen des Yonge & Dundas Square steht der riesige Kinokomplex mit 24 Großleinwänden und der sagenhaften Stadionbestuhlung, IMAX, einem Food Court und direktem Zugang von der U-Bahn – perfekt für diese superbilligen Dienstage oder eiskalte sonnige Tage im Winter.

Scotiabank Theatre KINO
(Karte S. 80; ☎416-368-5600; www.cineplex.com; 259 Richmond St W; Ⓢ Osgoode) Das gigantische Multiplex im Herzen von Queen West wird von Cineplex verwaltet. Es besitzt die neueste Technologie einschließlich IMAX 3D. Tickets kauft man unten, dann geht es auf der Riesenrolltreppe nach oben, wo man sich für die Show mit Pizza, *poutine* und Popcorn eindecken kann.

Cineplex Odeon Varsity KINO
(Karte S. 80; ☎416-961-6304; www.cineplex.com; Manulife Centre, 55 Bloor St W; ⏲12–24 Uhr; Ⓢ Bloor-Yonge) Das hochmoderne Multiplex hat VIP-Theater und kleinere Säle.

Rainbow Cinemas KINO
(Karte S. 86; ☎416-491-9731; www.rainbowcinemas.ca; 80 Front St E; 🚋503, 504) Das Kino zeigt aktuelle Filme zu Zweitaufführungspreisen direkt am Market Square. Dienstags kosten Karten 5 C$.

Polson Pier Drive-In Theatre KINO
(☎416-465-4653; www.polsonpier.com; 11 Polson St; ⏲April–Okt. Fr–So ab 20.30 Uhr) Drive-in-Kino ist nicht tot – nicht einmal in der Innenstadt! Aktuelle Blockbuster und Special Features starten in der Dämmerung unten am See. Nur im Sommer.

Sports

Viele Einwohner von Toronto vergießen jedesmal Freudentränen, wenn die Rede auf ihr Lieblingssportteam kommt: Profi-Baseball (Blue Jays) und -Football (Argonauts) den Sommer hindurch, Eishockey (Maple Leafs), Basketball (Raptors) und Lacrosse (Toronto Rock) in den Wintermonaten. **Ticketmaster** (www.ticketmaster.ca) hat ebenso wie die Tageskassen am Air Canada Centre und am Rogers Centre einen Kartenvorverkauf. Der Schwarzhandel mit Eintrittskarten ist verboten, aber das scheint niemanden davon abzuhalten.

Toronto Blue Jays ZUSCHAUERSPORT
(☎416-341-1234; bluejays.com; ⏲April–Sept.) Torontos Major League Baseball-Team spielt im **Rogers Centre** (Karte S. 86; ☎416-341-2770; www.rogerscentre.com; 1 Blue Jays Way; Ⓢ Union). Karten gibt es bei Ticketmaster oder am Kartenschalter im Rogers Centre am Tor 9. Die billigsten Sitzplätze liegen weit oberhalb des Spielfelds. Man sollte versuchen, Plätze an der unteren Grundlinie zu bekommen; hier sind die Chancen besser, einen Fly Ball zu erwischen (oder einen an den Kopf zu bekommen). Die Jays haben seit 1993 nicht mehr die World Series gewonnen, aber wer weiß, vielleicht klappt es ja endlich mal in diesem Jahr.

Toronto Argonauts ZUSCHAUERSPORT
(☎416-341-2746; www.argonauts.ca; ⏲Juni–Okt.) Die Toronto Argonauts tragen die Helme der Canadian Football League (CFL) im Rogers Centre. Die Argonauts haben 16-mal den Grey Cup gewonnen – Rekord! –, zuletzt 2012. Zuschauer sollten sich eine Jacke mitbringen – durch das offene Dach wird es abends kühl. Eintrittskarten über Ticketmaster oder Rogers Centre.

Toronto Maple Leafs ZUSCHAUERSPORT
(☎416-815-5982; www.mapleleafs.com; ⏲Spielzeit Okt.–April) Die Toronto Maple Leafs, die 13-maligen Stanley-Cup–Gewinner, spielen in der National Hockey League (NHL) und hauen im **Air Canada Centre** (ACC; Karte S. 86; 416-815-5500☎; www.theaircanadacentre.com; 40 Bay St; Ⓢ Union) auf den Puck. Jedes der Spiele ist ausverkauft, aber am Tag des Spiels verkauft Ticketmaster um 10 Uhr und der Kartenschalter im Air Canada Centre ab 17 Uhr noch ein paar Karten. Man kann auch über die Website von Dauerkarten-Abonnenten, die nicht zum Spiel gehen können, Karten bekommen – in der Regel zahlt man mindestens 80 C$.

Toronto Raptors ZUSCHAUERSPORT
(☎416-815-5500; www.nba.com/raptors; ⏲reguläre Saison Okt.–April) Während der Eishockeysaison spielen die Toronto Raptors auch im Air Canada Centre. Die „Raps“ gibt es seit 1995, sie haben seitdem aber noch nicht viel zustande gebracht.

Toronto Rock ZUSCHAUERSPORT
(☎416-596-3075; www.torontorock.com; ⌚reguläre Saison Jan–April) Lacrosse gilt nicht unbedingt als kanadische Sportart schlechthin, aber Torontos Team ist glühend heiß, nachdem es schon sechsmal die Meisterschaft gewonnen hat. Spiele im Air Canada Centre; Eintrittskarten über Ticketmaster.

Shoppen

Shoppen in Toronto ist eine große Sache. Wenn draußen –20 °C herrschen, muss man die Lücke zwischen Brunch und Kino mit *irgendwas* füllen, oder? Die Leute bringen gern ihren Kleiderschrank auf den neuesten Stand und richten ihr Zuhause neu ein oder laufen einfach zombie-artig durch warme, ausgedehnte Einkaufspassagen, z. B. das **Eaton Centre** (Karte S. 80; ☎416-598-8560; www.torontoeatoncentre.com; 220 Yonge St; ⌚Mo–Fr 10–21, Sa bis 19, So 11–18 Uhr; Ⓢ Queen, Dundas). Diese Gewohnheit wird im Sommer beibehalten, die Menge der Einkaufswütigen ergießt sich dann in die Straßen einzelner Viertel wie dem Bohemien- und Hippie-Zentrum **Kensington Market** und über die ganze Länge der **Queen Street West** mit ihren Unmengen an jeder Art von Mode, Kunst und Design, die man sich einfach nur vorstellen kann.

The Annex präsentiert sich mit einem schwindenden Mischmasch von Kunstläden, Buchhandlungen und Secondhand-Plattenläden, besonders entlang der Harbord und an der Markham Street (alias Mirvish Village). **Bloor-Yorkville,** in den 1960ern Zentrale der „Freien Liebe"" ist heute Torontos exklusivstes Einkaufsviertel, in dem es nichts umsonst gibt und viele Verkäufer die Nase hoch tragen.

Downtown, im unterirdischen Fußgängersystem **PATH** (www.toronto.ca/path), gibt es Schnäppchenmärkte für heruntergesetzte Bekleidung, Waren und Dienstleistungen. Kanadische und internationale Designläden säumen die **King Street East** zwischen Jarvis und Parliament Street. Die trendige Gegend wird **Design Strip** genannt und weist entsprechende Preise auf. Ganz in der Nähe sind die Boutiquen, Galerien und Ateliers des aufkeimenden **Distillery District** ein großer Anziehungspunkt. Billige Einzelhändler in **Downtown Yonge,** nahe der Ryerson University, haben Studenten im Visier, und **Church-Wellesley Village** schmückt sich mit jeder Art Boutiquen zu Gay-Themen.

Die üblichen Öffnungszeiten im Einzelhandel sind Montag bis Samstag von 10 bis 18 und Sonntag von 12 bis 17 Uhr. Sie variieren aber je nach Saison, Viertel und Fußgängerfrequenz. Man kann sich vor dem Aufbruch telefonisch erkundigen oder einfach ein Viertel auswählen, improvisieren und schauen, was man findet: Das ist schon das halbe Vergnügen.

Es gibt zu viele große Geschäfte, um sie hier alle aufzulisten, deshalb haben wir uns für den Anfang für ein paar wenige entschieden. Tourism Toronto hat ebenfalls ein paar gute Vorschläge in seiner Datenbank (www.seetorontonow.com/shopping).

Bay of Spirits Gallery SOUVENIRS
(Karte S. 86; ☎416-971-5190; www.bayofspirits.com; ⌚Mo–Sa 10–16 Uhr; Ⓢ Union) Die Arbeiten von Norval Morrisseau – dem ersten indigenen Künstler, der eine Einzelausstellung in der National Gallery of Canada präsentieren durfte – werden stolz in dieser stimmungsvollen Galerie ausgestellt, die Werke indigener Künstler aus ganz Kanada zeigt. Man sollte sich die Totempfähle von der Pazifikküste (von Miniaturpfählen bis hin zu über 4 m großen), die Inuit-Schnitzereien und die Inukshuk-Figurinen anschauen.

Guild Shop SOUVENIRS
(Karte S. 80; ☎416-921-1721; www.theguildshop.ca; ⌚Mo–Mi & Sa 10–18, Do & Fr bis 19, So 12–17 Uhr; Ⓢ Bay) Der **Handwerksverband Ontarios** (www.craft.con.ca) unterstützt Künstler seit mehr als 70 Jahren. Zu den Ausstellungsstücken gehören Keramik, Schmuck, Glas, Drucke und Schnitzereien. Man kann jedoch auch eine Sonderausstellung über Webarbeiten aus Pangnirtung und Grafiken aus Cape Dorset anschauen. Das Personal weiß jede Menge über die Kunst der First Nations.

Courage My Love BEKLEIDUNG
(Karte S. 92; ☎416-979-1992; 14 Kensington Ave; ⌚Mo–Sa 11.30–18, So 13–18 Uhr; 🚊505, 510) Secondhandläden gibt's rund um den Kensington Market schon seit Jahrzehnten. Aber das Courage My Love überrascht Modekenner mit Unterwäsche, Retro-Hosen und weißen Hemden unterschiedlichster Art. Zudem gibt es ausgesuchte Perlen, Knöpfe, Lederwaren und Silberschmuck.

Open Air Books & Maps BÜCHER
(Karte S. 86; ☎416-363-0719; www.openairbooksandmaps.com; 25 Toronto St; ⌚Mo–Sa 10–17.30 Uhr; Ⓢ King) Ein ziemlich marodes

Kellergeschoss voller Reiseführer und Karten, dazu eine breite Palette an Büchern über Natur, Camping, Geschichte und Outdoor-Aktivitäten.

BMV BÜCHER

(Karte S. 80; Dundas Sq, 10 Edward St; ⏲Mo–Sa 10–23, So 12–20 Uhr; S Dundas) Das größte (und beliebteste) Antiquariat in Toronto mit einer Filiale an der **Bloor Street** (Karte S. 92; 471 Bloor St W; ⏲Mo–Mi 11–22, Do–Sa bis 24, So 12–22 Uhr; S Spadina).

Honest Ed's WARENHAUS

(Karte S. 92; ☎416-537-1574; www.honesteds.sites.toronto.com; 581 Bloor St W; ⏲Mo–Fr 10–21, Sa & So 11–18 Uhr; S Bathurst) Der angenehm altmodische Schnäppchenmarkt des inzwischen verstorbenen legendären Ed Mirvish ist in Toronto eine Institution. Außerdem sollte man noch ein Foto von dem schrillen Kultschild machen.

Praktische Informationen

GEFAHREN & ÄRGERNISSE

Nach nordamerikanischen Maßstäben ist Toronto für Einwohner und Besucher eine sichere Stadt, aber nachlässig sollte man nun auch nicht sein. So ist es keine gute Idee, wenn Frauen nach Einbruch der Dunkelheit in der Gegend um Parliament und Jarvis Street an den Kreuzungen mit Carlton, Dundas Street E und Queen Street E, insbesondere rund um Allan Gardens und George Street allein unterwegs sind – tagsüber übrigens auch nicht. Im Entertainment District kann es nach Mitternacht wegen der Betrunkenen, unangenehm werden, die hier um diese Zeit häufig anzutreffen sind.

Weil in den letzten Jahren viele Sozialdienststellen dichtgemacht haben, leben viele Obdachlose auf der Straße, oft sind es psychisch kranke Menschen – ein wirkliches Problem für Toronto. Die meisten sind aber eher Opfer von tätlichen Angriffen als Täter. Man kann ruhig mal daran denken, wie ihr Leben im Winter sein mag, wenn man am Toronto Homeless Memorial die mehr als 700 Namen von Menschen liest, die seit 1985 als Obdachlose in Toronto zugrunde gegangen sind. Es befindet sich vor der Church of the Holy Trinity.

GELD

Mit der Kredit- oder EC-Karte mit Cirrus- oder Plus-Symbol bekommt man Bares aus den Geldautomaten, die praktisch an jeder Ecke und in jedem kleinen Lebensmittelladen hängen. Filialen von **American Express** (☎905-474-0870, 800-869-3016; www.americanexpress.com/canada) fungieren als Reisebüros und führen keine finanziellen Transaktionen aus. Dafür muss man zu einer Bank oder zu **Money Mart** (☎416-920-4146; www.moneymart.ca; 617 Yonge St; ⏲24 Std.; S Wellesley) gehen.

INTERNETZUGANG

Torontos billigste Internetcafés knubbeln sich am Yonge Street-Strip, an der Bloor Street W in The Annex und Koreatown und an der Spadina Avenue in Chinatown. Die Gebühren beginnen bei etwa 2 C$ pro Stunde. WLAN steht in immer mehr Restaurants und Coffeeshops zur Verfügung: Eine Liste der kostenlosen Hotspots in der Stadt ist unter www.wirelesstoronto.ca zu finden.

FedEx Office Queen St & Dundas Sq (☎416-979-8447; 505 University Ave, Queen St & Dundas Sq; ⏲24 Std.; S St Patrick); The Annex (☎416-928-0110; 459 Bloor St W; ⏲24 Std.; S Spadina)

Net Plaza (267 College St; ⏲So-Fr 8-2, Fr & Sa 24 Std.; 🚋510)

MEDIEN

Globe & Mail (www.theglobeandmail.com) Altehrwürdige nationale Tageszeitung.

Grid (www.thegridto.com)

Metro (www.metronews.ca) Kostenloses Tagesblatt mit Minimeldungen aus den Bereichen Nachrichten, Sport und Unterhaltung (liegt oft in der U-Bahn aus).

NOW (www.nowtoronto.com) Alternative Wochenzeitung (gut für Veranstaltungen und Konzerte), jeden Donnerstag kostenlos.

Toronto Life (www.torontolife.com) Exklusives Monatsmagazin: Lifestyle, Restaurants, Kunst und Unterhaltung.

Toronto Star (www.thestar.com) Kanadas größte Tageszeitung mit Tendenz nach links.

Toronto Sun (www.torontosun.com) Sensationslüsternes Massenblatt mit guter Sportberichterstattung.

Where Toronto (www.where.ca/toronto) Das informativste unter den kostenlosen Hochglanz-Touristenmagazinen.

Xtra! (www.xtra.ca) Kostenlose wöchentliche Straßenzeitung für Schwule und Lesben.

MEDIZINISCHE VERSORGUNG

Dental Emergency Clinic (☎416-485-7172; 1650 Yonge St; ⏲8–24 Uhr; S St Clair)

Hassle-Free Clinic (☎416-922-0566; www.hasslefreeclinic.org; 2. Stock, 66 Gerrard St E; ⏲Frauen Mo, Mi & Fr 10–15, Di & Do 16–20, Männer Mo & Mi 16–20, Di & Do 10–15, Fr 16–19, Sa 10–14 Uhr; S College) Anonyme Tests auf Geschlechtskrankheiten/HIV ohne Voranmeldung und reproduktiver Gesundheitsdienst.

Hospital for Sick Children (☎ 416-813-1500; www.sickkids.ca; 555 University, Notfälle 170 Gerrard St W; ⏲ 24 Std.; **S** Queens Park)

Mount Sinai Hospital (☎ 416-596-4200, Notfälle 416-586-5054; www.mountsinai.on.ca; 600 University Ave; ⏲ 24 Std.; **S** Queens Park)

St Michael's Hospital (☎ 416-360-4000; www.stmichaelshospital.com; 30 Bond St; ⏲ 24 Std.; **S** Queen, Dundas) Die Notaufnahme dieser wichtigen Lehr- und Forschungsklinik liegt im Herzen der Innenstadt an der Ecke Victoria und Shuter Street.

Toronto General Hospital (☎ 416-340-3111, Notfälle 416-340-3111; www.uhn.ca; 190 Elizabeth St; ⏲ 24 Std.; **S** Queens Park)

Women's College Hospital (☎ 416-323-6400; www.womenscollegehospital.ca; 76 Grenville St; ⏲ 24 Std.; **S** College) Frauen- und Familiengesundheit, keine Notfälle.

NOTFALL

Polizei (☎ keine Notfälle 416-808-2222, nur Notfälle 911; www.torontopolice.on.ca)

SOS Femmes (☎ 416-487-4794; www.sosfemmes.com) Französischsprache Notrufnummer für Frauen.

Toronto Rape Crisis Centre (☎ 416-597-8808; www.sexualassaultsupport.ca/toronto)

POST

Toronto hat keine Hauptpost mehr. Es gibt zahlreiche Poststellen in Shopper's-Drug-Mart-Läden überall in der Stadt. Die zentral gelegenen Postämter mit Komplettservice sind folgende:

Adelaide Street Post Office (Karte S. 86; ☎ 800-267-1177; www.canadapost.ca; 31 Adelaide St E; ⏲ Mo–Fr 8–17.30 Uhr; **S** Queen)

Atrium on Bay Post Office (Karte S. 80; ☎ 800-267-1177; www.canadapost.ca; 595 Bay St; ⏲ Mo–Fr 9–18 Uhr; **S** Dundas)

TOURISTENINFORMATION

Ontario Travel Information Centre (Karte S. 80; ☎ 416-314-5899; www.ontariotravel.net; 20 Dundas St W; ⏲ Mo–Sa 10–18, So 12–17 Uhr; **S** Dundas) Die große Zweigstelle gegenüber dem Eaton Centre an der Dundas Street hat kenntnisreiche, mehrsprachige Mitarbeiter. Die Infoständer fließen über von Broschüren, die jede Ecke und jeden Winkel von Ontario abdecken ... fast. Für Neuankömmlinge in der Stadt ist dies ein leicht erreichbarer und lohnender erster Anlaufpunkt.

Tourism Toronto (Karte S. 86; ☎ 800-499-2514, 416-203-2500; www.seetorontonow.com; 207 Queens Quay W; ⏲ Mo–Fr 8.30–18 Uhr; **S** Union) Man kann sich telefonisch beraten lassen oder nach Geschäftsschluss das automatische Infomenü per Tastenwahl nutzen.

PORTER: FLIEGEN NEU DEFINIERT

Porters kometenhafter Aufstieg zum Liebling der staugeplagten Innenstadtbewohner begann, als die Airline 2010 die Türen des Billy Bishop Toronto City Airport Terminals öffnete. Seither haben gute Erreichbarkeit, niedrige Tarife, toller Service und ein schnell expandierendes Streckennetz mit Zielen in Kanada und den USA den anhaltenden Erfolg sichergestellt. Entlegene Städte wie Sault Ste-Marie und Thunder Bay profitieren vom Zustrom einheimischer Touristen, und die Bewohner der zentraleren Viertel von Toronto düsen nun einfach mal übers Wochenende nach New York, Boston, Chicago und Washington.

Der Flughafen ist unvergleichlich viel kleiner als der gigantische Lester B Pearson Airport, und die Anfahrt mit einem kostenlosen Fähr-Shuttle macht Flugreisen von und nach Toronto leicht. Porter betreibt eine leise Flotte von Bombardier Turboprop-Maschinen, die in Kanada hergestellt sind. Derzeit verhandelt die Gesellschaft mit dem Stadtrat und Anwohnern, um den neu entwickelten Flüsterjet CS100 in Dienst stellen zu können. Dadurch könnte die Airline ihren Betrieb weiter ausbauen. Porter fliegt direkt an einer Unmenge von Eigentumswohnungen am Wasser vorbei, deshalb sind nicht alle an Bord. Noch nicht.

Der Bau eines Fußgängertunnels zum Flughafen hat begonnen, und ein kostenloser Shuttlebus verbindet Union Station mit dem Fährterminal für den Insel-Airport (wie er auch genannt wird). Bei der Reiseplanung sollte man ruhig einmal bei www.flyporter.com nachgucken: Die regelmäßig angebotenen Restplätze haben ein ausgezeichnetes Preis-Leistungs-Verhältnis. Da nun auch eine Schienenanbindung für den Pearson International Airport gebaut wird (endlich!), gibt es in den kommenden Jahren bestimmt einen Wettbewerb am Himmel.

An- & Weiterreise

AUTO & MOTORRAD

Toronto ist in ein Netz von mehrspurigen Autobahnen eingebunden, die regelmäßig durch Staus lahmgelegt werden. Der Gardiner Expressway führt nach Westen am Seeufer entlang und mündet in den Queen Elizabeth Way (QEW) nach Niagara Falls. An der westlichen Stadtgrenze führt Highway 427 nach Norden zum Flughafen. Highway 401 ist die Hauptarterie in Ost-West-Richtung und regelmäßig verstopft. Auf der Ostseite der Stadt verbindet der Don Valley Parkway den Highway 401 mit dem Gardiner Expressway. Die Highways 400 und 404 verlaufen nördlich von Toronto. Ein GPS ist wirklich sehr empfehlenswert.Alle größeren Autovermieter haben Schalter am Pearson Airport und Büros in der Innenstadt und an anderen Stellen der Stadt. Die besten Preise bekommt, wer im Voraus bucht. An belebten Wochenenden im Sommer können die Autos schon mal knapp werden. Also besser im Voraus buchen

Kleinere unabhängige Agenturen bieten niederigere Preise, haben aber oft weniger (und ältere) Wagen. **Wheels 4 Rent** (☎416-585-7782; www.wheels4rent.ca; 77 Nassau St; 🚋510) vermietet Kompaktwagen ab etwa 35 C$ pro Tag ohne Steuern.

Wer längere Strecken zurücklegen will, kann es bei **Auto Drive-Away Co** (☎800-561-2658, 416-225-7754; www.torontodriveaway.com; 5803 Yonge St; 🚋97) versuchen, einem privaten Fahrzeug-Überführungsservice für Ziele in Kanada und USA.

BUS

Fernbusse fahren am **Metro Toronto Coach Terminal** (Karte S. 80; ☎416-393-4636; 610 Bay St; Ⓢ Dundas) im Art-déco-Stil ab.

Greyhound Canada bietet zahlreiche Strecken von Toronto an. Megabus hat eine kleinere – und billigere – Auswahl an Zielorten. Wer Tickets im Voraus kauft, kann oft eine Menge sparen.

Union Station in der Innenstadt dient als Bus- und Bahndepot für **GO Transit** (Karte S. 86; www.gotransit.com), den Vorortzug-Service im Großraum Toronto.

Parkbus (www.parkbus.ca) bietet in der Saison begrenzte Abfahrten nach Bruce Peninsula, den Provinzparks Algonquin und Killarney und plant, seinen Fahrplan räumlich und zeitlich auszuweiten: Über den aktuellen Stand kann man sich auf der Website informieren.

FLUGZEUG

Die meisten kanadischen und internationalen Airlines landen auf dem meistfrequentierten Flughafen in Kanada, Lester B Pearson International Airport (Karte S. 73), 27 km nordwestlich der Innenstadt von Toronto: Es ist ein Gigant mit Flughafengebühren, die zu den höchsten der Welt zählen. Keine Sorge, die sind schon mit dem Ticketpreis bezahlt worden! Die Nutzung der Terminals variiert; am besten fragt man bei der Airline nach, wo genau die Maschine landet oder abfliegt.

Air Canada und WestJet liefern sich einen heftigen Konkurrenzkampf auf dem Inlandsmarkt und stimmen die Preise für jeweils eine Strecke für Flüge von Toronto nach Ottawa (ab 99 C$), Montréal (ab 99 C$), Calgary (ab 219 C$), Edmonton (ab 239 C$), Vancouver (ab 249 C$) und Victoria (ab 304 C$) aufeinander ab. Diese Preise gelten nicht unbedingt jederzeit: Inlandsflüge sind in Kanada relativ teuer.

Der Billy Bishop Toronto City Airport (Karte S. 73) auf einer kleinen Insel nicht weit vom Seeufer ist der stolze Heimatflughafen von Porter Airlines (S. 131) mit günstigen Tarifen zu vielen verschiedenen Zielen im östlichen Kanada und den USA. Air Canada fliegt auch von hier nach Montréal (S. 71).

ZUG

Die große **Union Station** (☎416-869-3000; www.viarail.com; 140 Bay St) in der Innenstadt ist Torontos Bahnverkehrsknoten. Hier gibt es

GREYHOUND-BUSVERBINDUNGEN

REISEZIEL	FAHRPREIS	FAHRZEIT	HÄUFIGKEIT
Hamilton	9 C$	2 Std.	4-mal tgl.
London	36 C$	2½–3½ Std.	12-mal tgl.
Montréal	56 C$	8–10 Std.	häufig
Niagara Falls	18 C$	1½–2 Std.	5-mal tgl.
Ottawa	64 C$	5½ Std.	8-mal tgl.
Sault Ste-Marie	110 C$	10–11 Std.	2-mal tgl.
Sudbury	75 C$	5 Std.	5-mal tgl.
Thunder Bay	190 C$	20 Std.	2-mal tgl.

WAS IST LOS MIT DEM TTC?

Diese Frage stellt sich hier jeder, normalerweise mehrmals pro Woche. Ob man den Verkehrsverbund mag oder nicht, benutzen muss man ihn – so wie Zehntausende Menschen jeden Tag. Torontos antiquiertes U-Bahn-, Straßenbahn- und Bussystem wird von der Toronto Transit Commission (von den Einwohnern TTC abgekürzt) betrieben und ist bestenfalls ausreichend. Schlimmstenfalls gibt es eine ernsthafte Unterversorgung in einer Stadt, die weiterhin so schnell wächst, dass der Bau der Infrastruktur nicht hinterher kommt. An einem guten Tag erreicht man sein Ziel im erwarteten Zeitrahmen. An einem schlechten Tag – normalerweise mitten im Sommer oder am Ende des Winters – wünscht man sich, man wäre an Ort und Stelle geblieben.

Verspätungen und überfüllte Fahrzeuge sind die häufigsten Beschwerden. Die Straßenbahnen sind klobig, voll bis unters Dach und kommen während der Stoßzeiten zweimal am Tag nur im Schneckentempo voran. Das Fahrgeld muss man passend dabeihaben, um überhaupt einsteigen zu dürfen. Die U-Bahnen sind besser, es sind sogar ein paar schicke neue Waggons unterwegs, aber ebenfalls häufig verspätet. Natürlich ist es sehr kanadisch, in der Sardinenbüchse auszuharren oder geduldig in der Schlange zu warten und sich *nie* zu beklagen – besonders an den mit Personal besetzten Kartenschaltern, wenn man den Zug vorbeiflitzen sieht, während man noch Schlange steht, um durchgelassen zu werden. Versuche mit einer automatischen Fahrkartenausgabe und -kontrolle sind noch nicht gestartet.

Verbesserungen gibt es nur kleckerweise, wir jedenfalls sehen so bald keine große Atempause für die gebeutelten Einwohner von Toronto. Ein Haufen neuer Straßenbahnen, Züge und Gleise sind unterwegs, und Bürgeraktivisten betreiben wie verrückt Lobbyarbeit (Infos dazu unter www.your32.com).

Offizielle Verlautbarungen über das, was getan wird, sind unter www.bigmove.ca nachzulesen.

Geldwechselstuben und eine Anlaufstelle der Travellers' Aid Society (eine Art Bahnhofsmission). VIA Rail befährt die sehr verkehrsreiche Strecke Windsor–Montréal und darüber hinaus. Noch bis 2016 wird der Bahnhof renoviert.

Amtrak-Züge verbinden Torontos Union Station mit Buffalo (50 C$, 4 Std., 1-mal tgl.) und New York City (120 C$, 13 Std., 1-mal tgl.).

GO Transit-Züge und -Busse nutzen ebenfalls diesen Bahnhof.

Unterwegs vor Ort

AUTO & MOTORRAD

Parken ist teuer in Toronto, üblicherweise kostet es pro halbe Stunde 3 bis 4 C$. Privatparkplätze bieten reduzierte Gebühren für das Parken vor 7 Uhr morgens und nach 18 Uhr an. Auch weil ständig gebaut wird, ist der Verkehr grauenhaft. Fahrten in der Innenstadt sind wirklich nicht zu empfehlen. Wer sich dorthin traut, muss für Straßenbahnen halten – hinter den hinteren Türen, wenn die Bahn hält, um Leute aus- und einsteigen zu lassen – und für Fußgänger an

VIA RAIL-ZUGVERBINDUNGEN

REISEZIEL	FAHRPREIS	FAHRZEIT	HÄUFIGKEIT
Kingston	73 C$	2½ Std.	regelmäßig
London	56 C$	2 C$	7-mal tgl.
Montréal	110 C$	5¼ C$	9-mal tgl.
Niagara Falls	24 C$	2 C$	saisonal, unregelmäßig
Ottawa	99 C$	4½ C$	7-mal tgl.
Sudbury Junction	79 C$	7 C$	1-mal tgl.
Vancouver	ab 590 C$	83 C$	3-mal tgl.

Überwegen mit Blinklichtern. Außerdem muss man auf Radfahrer im toten Winkel achten.

Highway 407 (www.407etr.com), der in Ost-West-Richtung von Markham nach Mississauga verläuft, ist eine gebührenpflichtige Straße mit elektronischem Mautsystem. Sie kann eine wunderbare Alternative zur verstopften 401 sein. Kameras zeichnen das Kfz-Kennzeichen, den Zeitpunkt und die zurückgelegte Strecke auf. Die Rechnung kommt dann per Post (Kanada, USA oder Sansibar, sie finden jeden).

FÄHRE

Die **Toronto Islands Ferries** (Karte S. 86; ☎ 416-392-8193; www.city.toronto.on.ca/parks/island/ferry.htm; Erw./Kind/erm. 6/2,50/3,50 C$) fahren von April bis September von 8 bis 23 Uhr alle 15 bis 30 Minuten. Die Fahrt (nach Ward's Island oder Hanlan's Point) dauert nur 15 Minuten, aber am Wochenende und während der Ferien können lange Schlangen entstehen. Von Oktober bis März verkehren die Fähren nach einem eingeschränkten Fahrplan. Das Toronto Islands Ferry Terminal liegt am unteren Ende der Bay Street, nahe Queens Quay.

VOM/ZUM FLUGHAFEN

Airport Express (☎ 800-387-6787; www.torontoairportexpress.com) betreibt einen Expressbus (Erw./Kind eine Strecke 28 C$/frei), der Pearson International mit dem Metro Toronto Coach Terminal und einigen Innenstadt-Hotels verbindet. Die Busse fahren von 6 Uhr bis Mitternacht alle 20 bis 30 Minuten. Allerdings haben sie regelmäßig Verspätung. Für die Fahrt sollte man 1½ Stunden einkalkulieren.

Am billigsten (und bisweilen am schnellsten) erreicht man den Airport mit dem TTC (3 C$), aber mit schwerem Gepäck ist es ziemlich mühsam: viele Treppen! Man besteigt die U-Bahn am Bahnhof Kipling (eventuell muss man in Bloor/Yonge umsteigen), dann geht es weiter mit dem Bus 192 Airport Rocket Express. Vom Flughafen fährt der Bus von 5.30 bis 2 Uhr alle 20 Minuten an den Terminals 1, 2 und 3 ab. Die Fahrt dauert *mindestens* eine Stunde.

Taxis vom Pearson in die Stadt brauchen zwischen 40 und 70 Minuten, je nach Verkehr. Die Greater Toronto Airports Authority (GTAA) reguliert die Preise: In die Innenstadt kostet es 60 C$. Mehr sollte man nicht zahlen, aber ans Trinkgeld denken. Airport-Limousinen passen sich oft diesen Tarifen an und haben nettere Autos und Fahrer.

Zur Zeit der Recherche hatte der Bau der längst überfälligen Schienenverbindung zwischen Pearson Airport und Union Station begonnen. Der Union Pearson Express soll 2015 in Betrieb gehen. Die Fahrzeit wird dann drastisch auf schätzungsweise 25 Minuten sinken. Unter www.bigmove.ca. findet sich Aktuelles zum Thema.

ÖFFENTLICHE VERKEHRSMITTEL

Fahrten mit den Zügen, Straßenbahnen und Bussen des Verkehrsverbunds Toronto Transit Corporation (TTC) kosten immer 3/0,75 C$ (Erw./Kind). Ein Block mit sieben Karten (Tokens) für 18,55 C$ macht die Fahrt noch etwas billiger. Tageskarten (10,75 C$) lohnen sich, wenn man mehr als drei Fahrten machen will, ganz besonders aber am Wochenende: Dann können bis zu zwei Erwachsene und zwei Kinder die Karte gemeinsam nutzen. Zu haben sind Tageskarten an TTC-Schaltern und in einigen kleinen Lebenmittelläden.

Mit der Straßenbahn-/Busfahrkarte auf Papier oder dem Umsteigefahrschein, den man an den automatischen Spendern unweit der U-Bahnausgänge zieht, kann man in jedes andere TTC-Verkehrsmittel umsteigen. Es muss sich aber um einen direkten Anschluss handeln. In der Straßenbahn und im Bus kann nur passend bezahlt werden.

Die U-Bahnen fahren täglich von etwa 6 (sonntags 9) bis 1.30 Uhr. Die beiden Hauptlinien sind die Bloor–Danforth, die einmal quer durch die Stadt führt, und die U-förmige Yonge–University–Spadina. Die U-Bahn-Stationen sind allgemein sehr sicher und haben Designated Waiting Areas (DWAs; ausgewiesene Wartezonen) mit Kameraüberwachung.

Straßenbahnen sind in den Stoßzeiten notorisch langsam, weil sie dauernd halten müssen. Die Hauptrouten verlaufen in Ost-West-Richtung entlang St. Clair Avenue und College, Dundas, Queen und King Street. Straßenbahnen in Nord-Süd-Richtung schieben sich Bathurst Street und Spadina Avenue entlang. TTC-Busse werden vor allem in den Vororten eingesetzt. Für weiter entfernte Ziele ist das TTC-System mit dem Netz von GO Transit verbunden, das Gebiete wie Richmond Hill, Brampton und Hamilton abdeckt.

TAXI

Der Taxameter startet bei 4 C$ plus 1,60 C$ pro Kilometer, abhängig vom Verkehr.

Crown Taxi (☎ 416-240-0000; www.crowntaxi.com)

Diamond Taxicab (☎ 416-366-6868; www.diamondtaxi.ca)

Royal Taxi (☎ 416-777-9222; www.royaltaxi.ca)

NIAGARA PENINSULA

Die Niagara Peninsula ist zu Recht ein Touristenziel. Die Halbinsel ragt östlich von Hamilton hervor und bildet eine natürliche Trennung zwischen dem Lake Erie und dem

Lake Ontario. Viele besuchen sie im Rahmen eines Tagesausflugs von Toronto aus und sehen nur die Niagarafälle und Clifton Hill, aber es gibt noch viel mehr zu entdecken. Deshalb sollte man einen mehrtägigen Besuch in Betracht ziehen, um alle Reize der Halbinsel zu erkunden.

Das Wasser des Eriesees ergießt sich auf zwei Wegen in den 100 m tiefer gelegenen Lake Ontario: stetig und stufenweise durch die Schleusen des Wellandkanals und in einem erbarmungslos tosenden Strudel über die Niagarafälle. Eine steile Kalkstein-Schichtstufe zieht sich quer über die Halbinsel, wodurch ein einzigartiges Mikroklima entsteht. Weil die Luftfeuchtigkeit hoch ist und es nur selten friert, eignet sich das Gebiet ausgezeichnet zum Weinbau: Kein Wunder, dass sich in Niagara-on-the-Lake preisgekrönte Weingüter angesiedelt haben.

Niagara Falls

83 000 EW.

Ein unaufhaltsamer Strom brausenden Wassers fließt mit donnernder Gewalt über die gewölbte Bruchlinie im Flussbett. Eisige Gischtschwaden steigen mehrere 100 Meter auf, wenn das Wasser aufschlägt, wie ein ätherischer Schleier, der die gewaltige Kluft hinter der Sturzflut verhüllt. Tausende Zuschauer genießen jeden Tag dieses Schauspiel, angelockt von der Gewalt der Strömung und dem hypnotisierenden Nebel.

Die Niagarafälle sind nicht die höchsten der Welt (sie rangieren in den unteren 50ern), aber was das bloße Volumen angeht, gibt es nichts Vergleichbares – jede *Sekunde* stürzen hier mehr als eine Million Badewannen voll Wasser hinab. Bei Tag und Nacht und zu jeder Jahreszeit flößen die Niagarafälle Ehrfurcht ein: 12 Millionen Besucher jährlich können sich nicht irren. Selbst im Winter, wenn der Wasserfluss teilweise verdeckt ist und die Ränder zu festem Eis gefrieren, ist der Zauber dieses Naturschauspiels ungebrochen. Nur äußerst selten fallen die Niagarafälle komplett trocken. Zum ersten Mal geschah das am Morgen des Ostersonntags 1848, als Eisschollen den Abfluss vollständig blockierten.

Andererseits kann es passieren, dass Niagara die Erwartungen enttäuscht. Der Ort ähnelt ein bisschen einem kitschigen alten Vergnügungspark. Seit Napoleons Bruder seine Braut hierherbrachte, ist er zum Ziel für Flitterwöchner geworden – Aufkleber wie „Für Jungvermählte und Scheintote" oder „Viagra-Fälle" gibt es

AM WELLAND-KANAL

Der historische Welland Canal wurde zwischen 1914 und 1932 erbaut. Er verbindet den Lake Erie mit dem Lake Ontario und ermöglicht Schiffen, die Niagarafälle zu umfahren. Als Teil des St.-Lorenz-Seewegs ermöglicht der Kanal die Schifffahrt zwischen den industriellen Zentren Nordamerikas und dem Atlantik. Die acht Schleusen des 42 km langen Kanals überwinden einen Höhenunterschied von 100 m.

Der ursprüngliche Welland Canal floss, bevor er Richtung Osten nach Port Weller verlegt wurde, beim Lakeside Park in **Port Dalhousie** in den Lake Ontario. Das rustikale Hafengebiet ist eine Mischung aus Alt und Neu. Neben Bars, Restaurants und Eisdielen findet man hier eine wiederaufgebaute Schleuse aus Holz und einen Leuchtturm von 1835. Wanderer und Radfahrer können den 45 km langen **Merritt Trail** (www.canadatrails.ca/tct/on/merritt.html) nutzen, einen Wanderweg, der von Port Dalhousie bis Port Colborne am Welland Canal entlang führt.

Aktuelle Infos über den Kanal bietet das **Welland Canals Centre** (☎905-984-888[illegible]; www.stcatharineslock3museum.ca; 1932 Welland Canals Pkwy; ⏲9–17 Uhr) GRATIS direkt an Schleuse 3, gleich außerhalb von St. Catharines. Die dortige Aussichtsplattform liegt so nah an den haushohen Schiffen, dass man diese fast berühren kann, während sie in der Schleuse auf das Sinken oder Steigen des Wasserstands warten. Man kann die Fahrpläne der Schiffe auf der Website checken und dementsprechend den Besuch planen.

In Port Colborne, dort wo der Lake Erie in den Kanal fließt, befindet sich die 420 m lange Schleuse 8 – eine der längsten der Welt. Anschauen kann man sie im **Lock 8 Park** (Mellanby St; ⏲24 Std.), südlich der Main Street. Die ruhige, schöne Stadt bietet eine Promenade, die am Kanal entlang führt und Restaurants und Geschäfte an der West Street – gut für einen Nachmittagsspaziergang oder ein Abendessen.

Niagara Falls

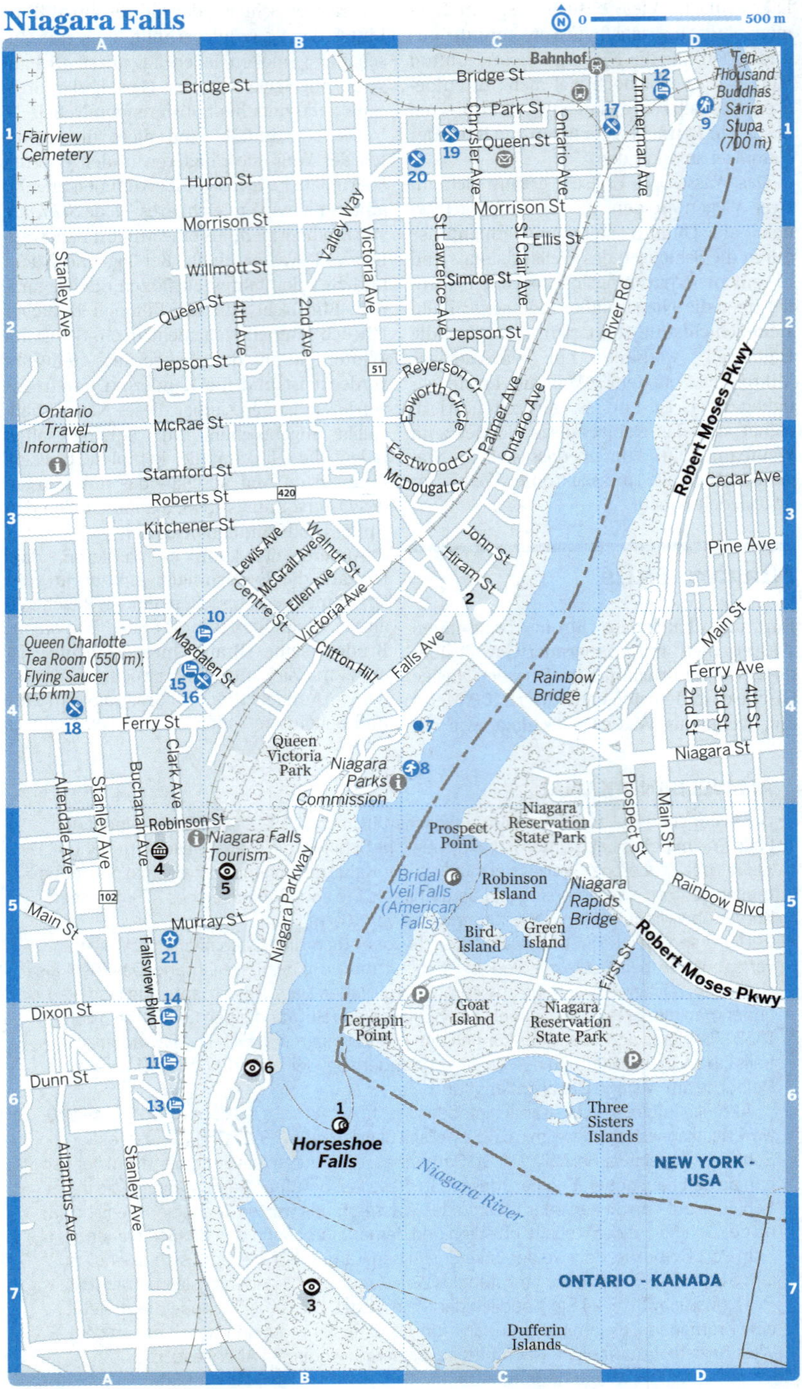

Niagara Falls

Highlights
1 Horseshoe Falls B6

Sehenswertes
2 Bird Kingdom C4
3 Floral Showhouse B7
4 IMAX Theatre & Daredevil Gallery A5
5 Skylon Tower B5
6 Table Rock B6

Aktivitäten, Kurse & Touren
7 Double Deck Tours C4
Journey Behind the Falls (siehe 6)
8 Maid of the Mist C4
9 White Water Walk D1

Schlafen
10 ACBB Hostel Niagara B4
11 Embassy Suites A6
12 Hostelling International Niagara Falls D1
13 Marriott Niagara Falls A6
14 Oakes Hotel A6
15 Sterling Inn & Spa A4

Essen
16 AG A4
17 Edwin's D1
18 Napoli Ristorante Pizzeria A4
19 Paris Crepes Cafe C1
20 Taps on Queen Brewhouse & Grill C1

Unterhaltung
21 Niagara Fallsview Casino A5

zuhauf. Ein Sumpf von Spielcasinos, schäbigen Hotels, Touristenfallen und Striplokalen säumt Clifton Hill und Lundy's Lane – ein kleines Las Vegas! Man kann den Ort lieben oder hassen, jedenfalls gibt es so etwas nicht nochmal auf der Welt.

Der alte Stadtkern, in dem sich auch der Bahnhof und der Busbahnhof befinden, konzentriert sich um die Queen Street. Trotz zahlreicher Versuche, den heruntergekommenen Gebäuden neues Leben einzuhauchen, ist hier nicht viel los. Auf der enthusiastischen Website www.niagarafallsdowntown.com finden sich diverse Veranstaltungshinweise.

Sehenswertes & Aktivitäten

Parkplätze für Sehenswürdigkeiten und Aktivitäten rund um die Wasserfälle und Clifton Hill sind teuer und rar.

Rund um die Wasserfälle

Die Niagarafälle bilden einen natürlichen Graben zwischen Ontario und dem US-Bundesstaat New York. Auf der US-amerikanischen Seite stürzen die **Bridal Veil Falls** (oder American Falls) auf riesige Geröllhalden hinab. Auf der kanadischen Seite fallen die noch prächtigeren und gewaltigeren **Horseshoe Falls** in den dunstigen **Maid of the Mist Pool**. Der beste Aussichtspunkt ist der nur Meter von der Sturzstelle entfernte **Table Rock** – wer den Massen entgehen will, muss früh kommen.

Karten für die vier unten genannten Attraktionen der Niagarafälle gibt es einzeln zu kaufen. Aber wer online den **Niagara Falls Adventure Pass** (www.niagaraparks.com) erwirbt, erhält 30% Rabatt. Im Preis inbegriffen sind Maid of the Mist, Journey Behind the Falls, White Water Walk, Niagara's Fury und zwei Tage lang Fahrten mit den WEGO-Bussen. Die Pässe sind auch bei der Niagara Parks Commission im Table Rock Information Centre und an den meisten Attraktionen erhältlich, allerdings nicht so günstig wie beim Online-Kauf.

★ **Maid of the Mist** BOOTSFAHRT
(☎905-358-5781; www.maidofthemist.com; 5920 River Rd; Erw./Kind 19,75/12,65 C$; ⌚Juni–Aug. 9–19.45 Uhr, April, Mai, Sept. & Okt. bis 16.45 Uhr) Das tapfere kleine Boot wagt sich seit 1846 in den dunstigen Schleier der Wasserfälle. Die Fahrt ist laut, feucht und ein echter Spaß. Alle stürzen sich auf das Oberdeck des Boots, dabei ist die Aussicht von beiden Enden des Unterdecks genauso gut. Das Boot fährt alle 15 Min., soweit denn das Wetter es zulässt.

White Water Walk SPAZIERGANG
(☎905-374-1221; 4330 Niagara Pkwy; Erw./Kind 10,95/7 C$; ⌚9–19.30 Uhr) Am nördlichen Ende des Ortes, gleich neben der Whirlpool Bridge, bietet der White Water Walk eine weitere Möglichkeit, den Niagarafällen ganz nahe zu kommen. Hier führt ein Aufzug zu einem 325 m langen Laufsteg hinunter, der gleich hinter den Fällen über die laut tosende Flut führt.

Whirlpool Aero Car GONDELBAHN

(☎905-354-5711; 3850 Niagara Pkwy; Erw./Kind 13,50/8,50 C$; ⊙März–Nov. 9–20 Uhr) Das Whirlpool Aero Car baumelt 4,5 km nördlich der Horseshoe Falls über dem Niagara River. Entworfen wurde die Seilbahn von dem spanischen Ingenieur Leonardo Torres Quevedo. Sie ist seit 1916 in Betrieb, aber immer noch gut in Schuss.

Die Gondel pendelt zwischen zwei Felsvorsprüngen auf 550 m Länge über einen tödlichen, von den Wasserfällen erzeugten Strudel – man kann die Baumstämme und Autoreifen zählen, die sich unten in dem Strudel drehen. Es gibt leder keinen Zugang zur Gondel für Rollstuhlfahrer.

Niagara's Fury SIMULATOR

(☎905-358-3268; 6650 Niagara Pkwy; Erw./Kind 13,50/8,80 C$; ⊙10.30–16 Uhr alle 30 Min.) Im Obergeschoss des Table Rock nimmt die jüngste Attraktion der Wasserfälle im Stil der Universal Studios Besucher mit in eine interaktive 360°-Kino-Simulation über die Entstehungsgeschichte der Niagarafälle. Viele Hightechtricks sollen jeden Zweifel zerstreuen, darunter reichlich Wasser, Schnee und ein plötzlich auftretender Temperaturabfall.

Floral Showhouse GÄRTEN

(☎905-354-1721; www.niagaraparks.com; 7145 Niagara Pkwy; ⊙9.30–20 Uhr) GRATIS Rund 1 km südlich der Horseshoe Falls bietet das Ausstellungshaus das ganze Jahr über bemerkenswerte Blumenausstellungen und die Möglichkeit, sich an einem kalten Tag etwas aufzuwärmen. Direkt gegenüber sitzt auf Felsen in der Strömung die **Old Scow**, ein verrosteter stählerner Lastkahn, der schon seit 1918 darauf wartet, über die Fälle gespült zu werden – vielleicht ein wankendes Symbol des westlichen Imperialismus?

Clifton Hill

Clifton Hill ist der Name einer Straße, bezeichnet aber auch ein größeres Gebiet nahe den Fällen, das mit allerlei nervenkitzelnden Attraktionen aufgemotzt ist: Frankensteins Haus, Madame Tussauds Wachsfigurenkabinett und Schloss Dracula sucht man hier nicht vergebens. In den meisten Fällen fühlt man sich schon beim Bezahlen des Eintritts wie ein Trottel.

IMAX Theatre & Daredevil Gallery MUSEUM

(☎905-358-3611; http://imaxniagara.com; 6170 Fallsview Blvd; Daredevil Gallery Erw./Kind 8/6,50 C$, Kinopreise variieren; ⊙9–21 Uhr) Die spannendste Attraktion in dieser Gegend ist die Daredevil Gallery, die zum IMAX Niagara gehört (Letzteres zeigt Blockbuster und Filme über die Wasserfälle; Kombi-Tickets sind erhältlich). Angesichts der Sammlung von übel zugerichteten Fässern und gepolsterten Behältern, in denen Leute die Wasserfälle (nicht immer erfolgreich) befahren haben, kann man sich nur verwundert am Kopf kratzen. Außerdem wird hier die Geschichte der Drahtseilakte über den Niagarafällen erzählt.

Bird Kingdom ZOO

(☎905-356-8888, 866-994-0090; www.birdkingdom.ca; 5651 River Rd; Erw./Kind 17/12 C$; ⊙9–18.30 Uhr) Das dschungelartige Bird Kingdom soll die weltweit größte Freiflugvoliere sein und beherbergt mehr als 400 tropische Vogelarten aus aller Welt. Im dazugehörigen Reptilienbereich kann, wer möchte, auch mit einer *Boa constrictor* Freundschaft schließen.

DER BRUCE TRAIL

Über 800 km windet sich der Bruce Trail auf dem Kamm der Niagara-Schichtstufe entlang, von der Niagara Peninsula bis zur Bruce Peninsula. Der breite, gepflegte Weg eignet sich hervorragend zum Wandern während der Sommermonate, Skilangläufer begleiten ihn durch den Winter. Der älteste Wanderweg Kanadas und der längste in Ontario wurde 1967 eröffnet. Der Trail schlängelt sich über öffentliches Gebiet und Privatland sowie Fahrbahnen. Wanderer kommen an Weingütern, Äckern und Wäldern vorbei und bewundern von den weißen Klippen der Schichtstufe aus das schimmernde Azurblau der Georgian Bay. Tageswanderungen auf dem Weg sind eine reizvolle Möglichkeit, einen sonnigen Nachmittag zu verbringen. Unterwegs bietet eine Vielzahl von Zeltplätzen preiswerte Unterkünfte für alle, die länger unterwegs sind. Die Ortschaften am Trail verfügen über ein breites Angebot an B&Bs (Infos unter www.brucetrail.org).

DRAUFGÄNGER

Erstaunlicherweise sind gar nicht so wenig Leute über die Niagarafälle gegangen und konnten anschließend auch noch davon erzählen. Die erste erfolgreiche Befahrung gelang 1901 der 63-jährigen Lehrerin Annie Taylor, die im Damenkleid ihr Fass bestieg. Bis in die 1920er-Jahre machten eine Reihe Sensationskünstler das Kunststück nach, darunter Bobby Leach, der den Sturz überlebte und schließlich starb, als er sich beim Ausrutschen auf einer Orangenschale verletzte und sich Wundbrand zuzog!

1984 ließ Karl Soucek die Tradition in einem leuchtend roten Fass wieder aufleben. Bei den Niagarafällen hatte er Erfolg, doch sechs Monate später kam er bei einem weiteren Fass-Stunt in Houston ums Leben. Ebenfalls in den 1980er-Jahren wagten zwei Einheimische erfolgreich den Sturz, wobei sie Kopf an Kopf in einem Fass lagen.

Ein US-Amerikaner, der 1995 versuchte, die Fälle per Wassermotorrad zu bewältigen, hätte vielleicht Erfolg gehabt – wenn sich sein raketengetriebener Fallschirm geöffnet hätte. Ein weiterer US-Amerikaner, Kirk Jones, überlebte 2003 die Befahrung der Niagarafälle ohne Hilfsmittel. Die kanadische Polizei legte ihm die unerlaubte Ausführung einer Sensationsschaustellung zur Last, und er schloss sich dann auch einem Zirkus an.

Nur ein einziger Mensch hat einen unbeabsichtigten Sturz über die Fälle überlebt: ein damals siebenjähriger Junge aus Tennessee, der 1960 im Oberlauf über Bord fiel und unten aufgefischt wurde, ohne sich auch nur einen Knochen gebrochen zu haben.

Virtuell kann man einen Sprung über die Niagarafälle im IMAX Niagara erleben, und Fässer, in denen Draufgänger über die Fälle gegangen sind, gibt es in der Daredevil Gallery zu sehen.

Ten Thousand Buddhas Sarira Stupa TEMPEL
(☎905-371-2678; 4303 River Rd; ⏲9–17 Uhr, Haupttempel nur Sa & So) Wer sich in seinem Yang durch den Touristenrummel gestört fühlt, findet Ruhe in diesem buddhistischen Tempel, der mit dem allgemeinen Trubel nichts zu tun hat. Das moderne Gebäude westlicher Bauart ist extrem kitschig. Besucher sind eingeladen, sich die verschiedenen Skulpturen, Glocken und Kunstwerke in der Anlage anzuschauen.

Skylon Tower AUSSICHTSPUNKT
(☎905-356-2651; www.skylon.com; 5200 Robinson St; Erw./Kind 13/8 C$; ⏲8–22 Uhr) Der Skylon Tower ist ein hässlicher, 158 m hoher Turm, an dessen Außenseite gelbe Aufzüge wie Käfer auf- und abkriechen. Der Blick von den Aussichtsterrassen drinnen und draußen ist atemberaubend. Außerdem gibt es ein Drehrestaurant.

Rund um Niagara Falls

Der gemütliche, schattige Niagara Parkway windet sich 56 km weit am Niagara River entlang, von Niagara-on-the-Lake an den Wasserfällen vorbei bis Fort Erie. Unterwegs warten Parks, Picknickplätze und Aussichtspunkte. Der idyllische 3 m breite **Niagara River Recreation Trail** (www.niagaraparks.com/nature/rectrailarea.php) zum Radfahren, Joggen oder Wandern verläuft parallel zur Straße. Der Weg lässt sich leicht in vier Etappen unterteilen, von denen jede mit dem Rad in etwa zwei Stunden zu bewältigen ist. In der Saison verkaufen Obststände entlang des Trails kalten Kirschmost. Eine Karte kann man herunterladen oder im Besucherzentrum mitnehmen.

Niagara Glen Nature Reserve PARK
(☎905-371-0254; www.niagaraparks.com; Niagara Pkwy; ⏲Sonnenauf- bis Sonenuntergang) Etwa 8 km nördlich der Wasserfälle liegt dieses außergewöhnliche Naturreservat. Besucher erhalten einen Eindruck davon, wie die Gegend aussah, bevor die Europäer kamen. 4 km Wanderwege winden sich in eine Schlucht hinein, vorbei an riesigen Felsbrocken, kalten Höhlen, Wildblumen und Wäldern. Die Niagara Parks Commission bietet während der Sommersaison täglich **geführte Naturwanderungen** gegen eine symbolische Gebühr. Teilnehmer sollten etwas zu trinken mitnehmen – das Wasser des Niagara River ist alles andere als sauber.

Botanical Gardens and Butterfly Conservatory GÄRTEN
(☎905-356-8119; www.niagaraparks.com; 2565 Niagara Pkwy; Butterfly Conservatory Erw./Kind 12,95/8,25 C$, Gärten frei; ⏲Mo–Fr 10–16, Sa &

So bis 17 Uhr) Der Eintritt zum 40 ha großen botanischen Garten ist frei, für das Butterfly Conservatory wird dagegen eine Gebühr erhoben. Mehr als 50 Schmetterlingsarten aus aller Welt (einige so groß wie Vögel) flattern hier zwischen etwa 130 Blumen- und Pflanzenspezies umher. In der dazugehörigen Zuchtstation können die Besucher beobachten, wie kleine Schmetterlinge freigelassen werden.

Queenston Heights Park HISTORISCHE STÄTTE
(☎905-262-6759; www.niagaraparks.com; 14184 Niagara Pkwy, Queenston; ⏲Sonnenauf- bis Sonnenuntergang) GRATIS Im Dorf Queenston, einem kuscheligen historischen Nest nördlich der Fälle nahe der Lewiston Bridge in den USA, liegt der Queenston Heights Park, eine nationale historische Stätte. Das imposante **Brock Monument** ehrt Major General Sir Isaac Brock, den „Retter von Upper Canada". Spaziergänge mit Audioguide durch das Hügelland berichten von der Schlacht an den Queenston Heights 1812 und umfassen auch einen Gang auf die Anhöhe mit fantastischer Aussicht.

Mackenzie Printery & Newspaper Museum MUSEUM
(☎905-262-5676; www.mackenzieprintery.org; 1 Queenston St, Queenston; Erw./Kind 5/3,75 C$; ⏲Mai–Sept. 10–17 Uhr) Das efeu-umrankte Museum ist der Ort, an dem der hochverehrte William Lyon Mackenzie einst den aufrührerischen *Colonial Advocate* herausgab. Die Führungen der engagierten jungen Mitarbeiter starten alle halbe Stunde.

Bruce Trail WANDERUNG
(www.brucetrail.org) Das südliche Ende des Bruce Trail, der sich über 800 km bis nach Tobermory an der Georgian Bay erstreckt, liegt im Queenston Heights Park. Im Niagara-Gebiet gibt es zahlreiche Zugangspunkte.

Geführte Touren

Journey Behind the Falls WANDERTOUR
(%905-354-1551; 6650 Niagara Pkwy; Erw./Kind April–Dez. 15,95/10,95 C$, Dez.–April 11,25/6,95 C$; ⏲9–22 Uhr) Angetan mit einem Plastikponcho vom Table Rock Information Centre (sehr unsexy) kann man durch in den Fels gehauene Tunnel bis auf die halbe Höhe der Klippe hinunterkraxeln – näher kommt man an die Wasserfälle nicht heran, sofern man nicht in ein Fass steigt. Die Attraktion hat das ganze Jahr über geöffnet, meist heißt es aber Schlangestehen.

Double Deck Tours BUSTOUR
(☎905-374-7423; www.doubledecktours.com; Ecke River Rd & Clifton Hill; Tour Erw./Kind ab 79/49 C$; ⏲April–Okt. 11 Uhr) Bietet eine vierstündige Deluxe-Tour mit einem roten Doppeldeckerbus. Im auf den ersten Blick nicht ganz billigen Preis enthalten sind die Tickets für das Whirlpool Aero Car, die Journey Behind the Falls und eine Fahrt mit der wundervollen Maid of the Mist.

Niagara Helicopters HELIKOPTERTOUR
(☎905-357-5672; www.niagarahelicopters.com; 3731 Victoria Ave; 10-minütiger Flug Erw./Kind 137/85 C$; ⏲9 Uhr bis Sonnenuntergang, wenn es das Wetter erlaubt) Man hat natürlich eine fantastische Sicht auf die Fälle, aber das Vergnügen ist kostspielig und nicht gerade umweltfreundlich.

Feste & Events

Winter Festival of Lights LIGHT-SHOW
(☎905-374-1616, 800-563-2557; www.wfol.com) Bei diesem Fest gibt es von Ende November bis Mitte Januar eine Reihe von Events zu erleben, darunter allein mehr als 125 Animationen und 3 Mio. Lichter auf den Bäumen und am Boden. Unbestrittener Höhepunkt ist eine ziemlich übertriebene nächtliche Lightshow über eine Strecke von 36 km. Außerdem findet eine ganze Reihe von Konzerten statt und es werden Volksläufe und ein Cheerleader-Wettbewerb veranstaltet.

Schlafen

In Niagara Falls gibt es mehr Hotelbetten als Einwohner, trotzdem ist der Ort manchmal komplett ausgebucht. Im Sommer, am Wochenende und während der Ferien schnellen die Preise in die Höhe. Auf www.bbniagarafalls.com kann man nachsehen, welche B&Bs Betten frei haben. Günstige Motels stehen an Lundy's Lane.

★ **ACBB Hostel Niagara** HOSTEL $
(☎905-359-4815; www.hostelniagara.ca; 5741 McGrail Ave; B/DZ inkl. Frühstück ab 29/38 C$;) Mit bequemen, geräumigen Schlafsälen, Küchen auf allen Etagen und jeder Menge Balkons rangiert das frisch renovierte ACBB weiterhin eine Stufe über der Konkurrenz. Der Besitzer Patrick engagiert sich leidenschaftlich für Niagara und für seine Gäste und findet immer Zeit, um Vorschläge

zu machen oder eine Karte zu zeichnen. Sein Frühstück ist legendär.

Hostelling International Niagara Falls HOSTEL $
(☎888-749-0058, 905-357-0770; www.hostellingniagara.com; 4549 Cataract Ave; B/DZ inkl. Bettwäsche ab 28/79 C$;) Das gemütliche, bunte Hostel in ruhiger Altstadtlage bietet Platz für rund 90 Gäste. Die Einrichtungen, darunter eine recht große Küche, ein Billardtisch, Schließfächer und eine coole Lounge im Kellergeschoss, sind in gutem Zustand, das Personal ist freundlich und umweltbewusst. Das Haus liegt nahe dem Bahnhof und dem Busbahnhof. Fahrräder kann man für 15 C$ pro Tag ausleihen.

Niagara Parkway Court MOTEL $
(☎905-295-3331; www.niagaraparkwaycourt.com; 3708 Main St; DZ ab 59 C$;) Kürzlich renovierte Zimmer in unterschiedlichen Stilrichtungen, kostenloses WLAN und Gratis-Transport zu den Wasserfällen machen dieses Motel zu einer tollen Option unter den preisgünstigen Unterkünften. Dazu kommen die angenehme Lage am Ortsrand und der ausgezeichnete Gästeservice.

Oakes Hotel HOTEL $$
(☎877-843-6253, 905-356-4514; www.oakeshotel.com; 6546 Fallsview Blvd; DZ 99–159 C$;) Das Oakes, ein schicker, silberner Turm neben dem Fallsview Casino, bietet einen Erste-Reihe-Mitte-Blick auf die Großen Kaskaden. Nicht alle Zimmer haben Aussicht auf die Wasserfälle; wenn möglich sollte man ein Terrassenzimmer buchen – auch wenn das wahrscheinlich extra kostet. Einige Zimmer haben Whirlpool und Kamin. Wer nicht so viel ausgeben möchte, fragt einfach nach den billigeren Motelzimmern, ab 69 C$.

Sterling Inn & Spa BOUTIQUEHOTEL $$
(☎289-292-0000; www.sterlingniagara.com; 5195 Magdalen St; Zi. ab 125 C$) Die stilvoll eingerichteten Zimmer des erschwinglichen Boutiquehotels (entweder mit Whirlpool oder Dampfdusche) verlocken dazu, mit einer ganz besonderen Person zu entspannen, auch wenn man selbst diese Person ist. Hochwertige Möbel und Gemeinschaftsanlagen sowie Frühstück-im-Bett-Körbe zählen zu den Dingen, die Gäste dort erwarten können. Das AG Restaurant auf dem Gelände ist originell und lecker, und es gibt ein Spa mit Komplettservice-Anwendungen. Perfekt für Paare. Allerdings handelt es sich um einen Flachbau, der etwas entfernt von den Wasserfällen steht: Aussicht Fehlanzeige!

Embassy Suites HOTEL $$
(☎800-420-6980; www.embassysuitesniagara.com/; 6700 Fallsview Blvd; Suite inkl. Frühstück ab 145 C$) Das Mammuthotel, in dem es nur Suiten gibt, besticht durch seine tolle Lage. Die Gäste fühlen sich, als befänden sie sich mehr oder weniger oberhalb der kanadischen Fälle. Das ist der Grund, warum eher durchschnittlichen Zimmer so gefragt sind. Außerdem sind sie aber geräumig, und es besteht Auswahl zwischen verschiedenen Typen von Suiten: Die meisten bieten eine tolle Aussicht. Ein Willkommenstrunk ist inbegriffen.

Marriott Niagara Falls HOTEL $$
(☎888-501-8916; www.niagarafallsmarriott.com; 6740 Fallsview Blvd; Zi. ab 149 C$) Dieser ausufernde Gigant steht so nah an den Wasserfällen, dass man fast hineinfällt. Verschiedene Zimmertypen stehen zur Auswahl, uns gefallen die zweigeschossigen Loft-Suiten mit Jacuzzi, Kamin und fantastischem Blick durch die Panoramafenster am besten.

Essen

Es lohnt sich, das alte Stadtzentrum zu erkunden. Hier haben sich viele neue Restaurants angesiedelt. Fastfood gibt es an der Touristenmeile im Überfluss, aber die besten Lokale liegen etwas abseits. Wer Wert auf überdurchschnittliche Küche legt, ist besser beraten, den Weg hinauf nach Niagara-on-the-Lake einzuschlagen.

Edwin's FUSION $
(☎289-990-7305; www.edwinsrestaurant.com; 4616 Erie Ave; Hauptgerichte 2,50–6,50 $; ⏲11.30–23 Uhr) In dem kleinen Lokal nahe dem Bahnhof verbindet der illustre, in Jamaika geborene und in England ausgebildete Edwin karibische und mediterrane Küche. Hier findet man Jerk-Chicken, gebratene Bananen, Ziegencurry und Lachssalat. Am Wochenende gibt es ein üppiges Frühstücksbüfett (6,99 C$).

Flying Saucer FASTFOOD $
(☎905-356-4453; www.flyingsaucerrestaurant.com; 6768 Lundy's Lane; Hauptgerichte 8–27 $; ⏲6–22 Uhr) Wer auf überirdisch gutes Fastfood steht, kommt an dem Kultlokal an der Motelmeile Lundy's Lane nicht vorbei. Das berühmte Frühaufsteher-Frühstück für 1,99 C$ (Eier, Pommes und Toast) wird von 6 bis 10 Uhr morgens serviert, wenn man

ein Getränk bestellt. Deftigere Mahlzeiten wie Steaks, Fisch und Meeresfrüchte, Fajitas, Burger und Hotdogs stehen ebenfalls auf der Karte. Gerichte zum Mitnehmen gibt es in der „Untertasse" auf der linken Seite.

Queen Charlotte Tea Room BRITISCH $
(☎905-371-1350; www.queencharlottetearoom.com; 5689 Main St; kleine Mahlzeiten 7–14 C$; ⏲Di–Fr 9–19, Sa & So ab 10 Uhr) Britenfans, die nach einer ordentlichen oder sogar extravaganten Tasse Tee, Gurken-Sandwiches, Steak & Kidney oder Fish & Chips mit breiigen Erbsen lechzen, sollten sich direkt in dieses altmodische Etablissement an der Main Street in der Nähe der Kreuzung mit Lundy's Lane begeben und dort ihr Mittagsmahl genießen!

Taps on Queen Brewhouse & Grill INTERNATIONAL $$
(www.tapsbeer.com; 4680 Queen St; Hauptgerichte 9–14 C$; ⏲Mo, Di & So 12–22, Mi–Sa bis 24 Uhr) Hier kommen sehr unterschiedliche Gerichte auf den Tisch vom Shepherd's Pie bis zum Getreidecurry (mit Quinoa, Couscous, Adzukibohnen, Mungbohnen und Gemüse). Zu allem passt natürlich am besten eins der würzigen, kühlen Biere aus der hauseigenen Brauerei.

Paris Crepes Cafe FRANZÖSISCH $$
(☎289-296-4218; www.pariscrepescafe.com; 4613 Queen St; Hauptgerichte 12–30 C$; ⏲Mo–Fr 10–22, Sa & So ab 9 Uhr) Im neu belebten Abschnitt der Queen Street steht diese altertümliche Crêperie, sehr weit weg von den Straßen von Paris: Das dunkelrote Gebäude ist nicht zu übersehen. Neben süßen und herzhaften Crêpe-Sensationen werden außerdem auch andere kontinentale Köstlichkeiten von der wunderbar authentischen Pariser Speisekarte serviert.

Napoli Ristorante Pizzeria ITALIENISCH $$
(☎905-356-3345; www.napoliristorante.com; 5545 Ferry St; Hauptgerichte 14–30 C$; ⏲16–23 Uhr) Das Napoli ist der beste Italiener im Ort, ganz ehrlich! Köstliche Pizza, reichhaltige Pasta, cremiges Risotto und Veal Parmigiana (mit Käse überbackenes Kalbsschnitzel) tummeln sich auf der gewohnten Speisekarte.

AG KANADISCH $$$
(☎289-292-0005; www.agcuisine.com; 5195 Magdalen St; Hauptgerichte 18–36 C$; ⏲Di–So 17.30–21.30 Uhr) Gehobene Küche findet sich an den Niagarafällen nicht so leicht. Das macht dieses Nobelrestaurant im Sterling Inn & Spa so erfrischend. Service, Dekor, Präsentation und besonders die Qualität des Essens erfüllen sämtlich hohe Ansprüche. Es gibt eine Saisonkarte mit Gerichten wie Zander mit Fenchelpollen, Lendenbraten vom Hirsch und knusprig gehäutete Forelle aus lokalem Fang.

☆ Unterhaltung

Niagara Fallsview Casino KASINO
(☎905-371-7569; www.fallsviewcasinoresort.com; 6380 Fallsview Blvd; ⏲24 Std.) Dieses Kasino hat rund um die Uhr geöffnet. Bereits das Gebäude an sich ist einen Blick wert: Es handelt sich um einen Komplex des Kommerzes und des Glücksspiels mit einem fantastischen Brunnen in der Lobby. Altstars wie Kenny Rogers und Donny Osmond werden regelmäßig zu Auftritten eingeladen.

ℹ Praktische Informationen

Accessible Niagara (www.accessibleniagara.com) Tipps für Reisende mit Mobilitätseinschränkungen.

Greater Niagara General Hospital (☎905-378-4647; www.niagarahealth.on.ca; 5546 Portage Rd; ⏲24 Std.) Notaufnahme.

Info Niagara (www.infoniagara.com) Private Website mit hilfreichen Links.

Niagara Falls Public Library (☎905-356-8080; www.nflibrary.ca; 4848 Victoria Ave; ⏲Mo–Do 9–21, Fr & Sa bis 17.30 Uhr; @ WLAN) Kostenloses Internet und WLAN-Zugang.

Niagara Falls Tourism (☎905-356-6061, 800-563-2557; www.niagarafallstourism.com; 5400 Robinson St; ⏲Mo–Fr 8–17, Sa & So 10–16 Uhr) Alles, was man über Niagara wissen muss, mit einem Lächeln präsentiert.

Niagara Parks Commission (☎877-642-7275, 905-371-0254; www.niagaraparks.com; ⏲Juni–Aug. 9–23 Uhr) Verwaltungsrat der Wasserfälle mit Infoschaltern an der Maid of the Mist Plaza und im Table Rock Information Centre.

Ontario Travel Information (☎905-358-3221; www.ontariotravel.net; 5355 Stanley Ave; ⏲8–20 Uhr) Am westlichen Ortsrand; kostenlose touristische Broschüren, die Karten und Rabatt-Kupons enthalten.

Postamt (www.canadapost.ca; 4500 Queen St; ⏲Mo–Fr 8–17 Uhr)

ℹ An- & Weiterreise

BUS

Das **Niagara Transportation Centre** (☎800-461-7661, 905-357-2133; 4555 Erie Ave) befindet sich im alten Teil des Ortes. Busse von Greyhound Canada fahren nach Toronto (18 C$, 1½–2 Std., 7-mal tgl.) und Buffalo, US-Bundesstaat New York (10,30 C$, 1–1½ Std., 6-mal tgl.). GO Transit unterhält ebenfalls Verbindungen nach Toronto (über Burlington) mit einer Kombination aus Bahn und Bus und, in den letzten Jahren, direktem Bahnservice am Wochenende (Juni–Sept.). Genaueres findet man auf www.gotransit.com.

Niagara Airbus (☎800-268-8111, 905-374-8111; www.niagaraairbus.com) betreibt einen Shuttleservice von Tür zu Tür per Sammeltaxi zwischen Niagara Falls und dem Flughafen Toronto Pearson (eine Strecke/hin & zurück 87/137 C$, 1½ Std.) oder Buffalo International Airport, NY (89/146 C$, 1½ Std.).

ZUG

Zugverbindungen von der **Niagara Falls Train Station** (☎888-842-7245; www.viarail.ca; 4267 Bridge St) nach Toronto wurden in den letzten Jahren eingestellt mit Ausnahme eines Wochenenddienstes im Sommer von GO Transit. Allerdings kommt man mit dem Zug nach New York City (87 C$, 11½ Std., 1-mal tgl.).

FORT ERIE

Östlich von Port Colborne und südlich der Niagarafälle liegt Fort Erie, wo der Niagara River den Eriesee verlässt. Die Peace Bridge, die Friedensbrücke, verbindet den Ort mit der Stadt Buffalo im US-Bundesstaat New York am gegenüberliegenden Ufer. Hauptattraktion ist das historische sternförmige **Fort Erie** (☎905-871-0540; www.oldforterie.com; 350 Lakeshore Rd; Erw./Kind 12,25/7,95 $; ⏲Mai–Nov. 10–17 Uhr), das im Krieg von 1812 eine Schlüsselrolle spielte und als „Kanadas blutigstes Schlachtfeld" gilt. Die Festung, auch bekannt als Old Stone Fort, wurde 1764 erbaut. Die US-Truppen nahmen sie 1814 vor ihrem Rückzug ein. Im Innern gibt es ein Museum und fesche Soldaten, die in Uniform authentische militärische Exerzierübungen ausführen. Die interessante Führung (alle 30 Minuten) ist im Eintritt inbegriffen.

ℹ Unterwegs vor Ort

AUTO & MOTORRAD

Im Zentrum Auto zu fahren und zu parken ist ein teurer Alptraum. Entweder man parkt weit draußen und läuft oder man folgt den Hinweisschildern und parkt sein Auto an erlaubter Stelle (rund 6 C$ für 30 Min. oder 15 C$ pro Tag). Der riesige Parkplatz Rapidsview (der auch als WEGO-Depot dient) liegt 3 km südlich der Fälle an der River Road.

FAHRRAD

Die Niagara-Region ist zum Radfahren perfekt geeignet. Das ausgezeichnete **Zoom Leisure Bicycle Rentals** (☎866-811-6993; www.zoomleisure.com; 431 Mississauga St, Niagara-on-the-Lake) hat auch Niederlassungen in Niagara Falls und am Niagara Parkway und liefert an jeden Ort in der Niagara-Region. Außerdem werden tolle Fahrradtouren angeboten.

ÖFFENTLICHER NAHVERKEHR

Die altertümliche **Incline Railway** (www.niagaraparks.com; 6635 Niagara Pkwy; eine Strecke/Tageskarte 2,50/6 C$) gondelt den steilen, 50 m hohen Abhang zwischen den Wasserfällen und dem Fallsview Boulevard hinauf und herunter.

Der früher saisonale Niagara Parks People Mover, **WEGO** (www.niagaraparks.com/wego; Tagesticket Erw./Kind 7/4 C$) ist ein ökonomisches und effizientes Ganzjahres-Transitsystem, das auf Touristen ausgerichtet ist. Es gibt drei Linien: rot, grün und blau; zusammen decken sie sämtliche größeren Sehenswürdigkeiten und Unterkünfte ab. Um weiter entfernte Ziele zu erreichen, benutzen die Einheimischen **Niagara Transit** (☎905-356-7521; www.niagarafalls.ca/living/transit/bus-routes.aspx; eine Strecke Erw./Kind 2,50/2,25 C$, Tageskarte 6 C$), aber die meisten haben ein eigenes Auto.

ZU FUSS

Sneakers an und los – zu Fuß gehen ist angesagt! Einen fahrbaren Untersatz braucht man nur, um die weiter entfernt liegenden Sehenswürdigkeiten am Niagara Parkway zu besuchen, oder wenn man in Lundy's Lane übernachtet.

Niagara Peninsula Wine Country

Die Niagara Peninsula liegt am 43. Breitengrad – auf einer Höhe mit dem nördlichen Kalifornien und südlicher als das französische Bordeaux. Der richtige Ort für hervorragende Weine, zumal die mineralstoffreichen Böden und das milde Mikroklima die perfekten Voraussetzungen für erfolgreichen Weinbau liefern. Ein Besuch in dieser Gegend bietet sich für einen angenehmen Tagesausflug oder ein faules Wochenende an. Stolze alte Weingüter und kecke Neulinge wetteifern um die Gunst der Gäste.

WEINGUT-TOUR MIT DEM AUTO

Die folgende Autotour führt zu den besten Weingütern von Niagara. Neben Weinproben bieten die meisten auch Führungen und Essen an; weitere Infos finden sich auf den jeweiligen Websites. Das Parken ist bei allen Winzern kostenlos.

Von Toronto aus fährt man auf dem Queen Elizabeth Way (QEW) bis zur Ausfahrt 78 an der Fifty Road nach Winona und zum **Puddicombe Estate Farms & Winery** (☎905-643-1015; www.puddicombefarms.com; 1468 Hwy 8, Winona; Weinprobe 0,50 C$; ⏲Mo–Fr 9–17, Sa & So 10–16 Uhr), einer rustikalen Farm, die sich auf Fruchtweine spezialisiert hat (unbedingt Pfirsich- und geeisten Apfelwein probieren!). Den Besuchern werden auch leichte Mittagsgerichte angeboten.

An der QEW-Ausfahrt 74 liegt die **Kittling Ridge Winery** (☎905-945-9225; www.kittlingridge.com; 297 South Service Rd, Grimsby; Weinprobe frei; ⏲Mo–Sa 10–18, So 11–17, kostenlose Führungen ganzjährig Di–Sa 14 & Juni–Aug. So 11 Uhr). Sie sieht eigentlich aus wie eine Fabrik, aber die freundlichen Mitarbeiter und die preisgekrönten Eisweine und Spätlesen sind einfach überzeugend.

Weiter geht es nach Südosten auf der Main Street West zur King Street; die fotogene **Peninsula Ridge Estates Winery** (☎905-563-0900; http://peninsularidge.com; 5600 King St W, Beamsville; Führungen 5 C$; ⏲10–17, Führungen Juni–Nov. 11.30 Uhr) liegt unübersehbar auf einem Hügelkamm. Der holzvertäfelte Raum für die Weinproben, das Restaurant und die Lage auf dem Hügel sind zauberhaft.

Von dort geht es etwa 10 km weiter die Straße entlang rechts in die Cherry Avenue, den Hügel hinauf und dann links in die Moyer Road bis zu den Steingebäuden der **Vineland Estates Winery** (☎905-562-7088, 888-846-3526; www.vineland.com; 3620 Moyer Rd, Vineland; Weinprobe 3 C$, Führung 6 C$; ⏲10–18 Uhr), dem Stammesältesten des Weinbaus in Niagara. Die allermeisten Weine hier sind ausgezeichnet, und auch das Restaurant und die Unterkünfte sind fantastisch.

Nun geht es zurück zur King Street bis zur Kreuzung von King und Cherry. Dort befindet sich das Weingut des heiß geliebten Eishockeystars, **Wayne Gretzky Estate** (www.gretzkyestateswines.com; 3751 King St, Vineland; ⏲ Mo–Sa 10–20, So 11–18 Uhr).

Weiter geht es auf der King Road nach Osten, dann rechts in die Victoria Avenue und wieder links in die 7th Avenue bis zu den freundlichen **Flat Rock Cellars** (☎905-562-8994; www.flatrockcellars.com; 2727 7th Ave, Jordan; Weinprobe 1–2 C$, Führung 10–25 C$; ⏲Mo–Sa 10–17, So ab 11 Uhr). Der sechseckige Bau und der Blick auf den See sind beinahe genau so gut wie der Wein.

Zu Fuß geht es zurück Richtung See zur 4th Avenue und der fröhlichen **Creekside Estate Winery** (☎905-562-0035, 877-262-9463; www.creeksidewine.com; 2170 4th Ave, Jordan

Am besten steuert man die Weingüter mit dem Auto an und konzentriert sich auf die beiden Hauptanbaugebiete: westlich von St. Catharines rund um Vineland und nördlich des Queen Elizabeth Way (QEW) rund um Niagara-on-the-Lake. Die regionalen Tourismusbüros halten eine Vielzahl von Karten und Broschüren zu Weinrouten bereit; diese sind auch bei den Weinproben auf den einzelnen Gütern erhältlich (weitere Infos auf www.winesofontario.ca).

☞ Geführte Touren

Crush on Niagara WEINGUT-TOUR
(☎866-408-9463, 905-562-3373; www.crushtours.com; Touren 85–120 C$) Die Teilnehmer an den Vormittags- und Nachmittagstouren in kleinen Gruppen werden mit Minibussen an verschiedenen Punkten in der Niagara-Region abgeholt.

Grape Escape Wine Tours WEINGUT-TOUR
(☎866-935-4445; www.tourniagarawineries.com; Touren 44–135 C$) Eine Auswahl an weingeschwängerten regionalen Touren per Fahrrad, Minibus oder SUV. Die Ausflüge schließen eine Mahlzeit ein (von der Käseplatte bei den günstigen Touren bis zum Gourmetmenü). Abholung am Hotel ist kostenlos.

Niagara Airbus WEINGUT-TOUR
(☎800-268-8111, 905-374-8111; www.niagaraairbus.com; Touren ab Niagara Falls 49–129 C$, ab Toronto 129–190 C$) Touren zu den bekann-

Station; bei Kauf kostenlose Weinprobe, Führung frei; ⏲10–18 Uhr). Dort kann man die Kelter und die unterirdischen Keller besichtigen (online buchen).

Von der 7th Avenue saust man zurück auf den QEW und tuckert ostwärts in das Gebiet von Niagara-on-the-Lake. An der Ausfahrt 38 geht es nach Norden auf die Four Mile Creek Road, die zur **Trius Winery at Hillebrand** (☎800-582-8412; www.hillebrand.com; 1249 Niagara Stone Rd, Niagara-on-the-Lake; Weinprobe 5–10 C$; ⏲10–21 Uhr) führt. Hier werden Weine für den Massenmarkt erzeugt, aber die Einführungen, die stündlich starten, und die Präsentationen an der Weinproben-Bar eignen sich prima für Neulinge in der Szene.

Weiter nördlich strahlt die elitäre **Konzelmann Estate Winery** (☎905-935-2866; www.konzelmann.ca; 1096 Lakeshore Rd, Niagara-on-the-Lake; Führungen Mai–Sept. 5 C$; ⏲10–18 Uhr) Überlegenheit aus. Es ist eins der ältesten Weingüter in der Region und das einzige, das das Mikroklima am Seeufer optimal nutzt. Die Vidal-Spätlese und Eisweine sind hervorragend.

Rechts daneben liegt **Strewn** (☎905-468-1229; www.strewnwinery.com; 1339 Lakeshore Rd, Niagara-on-the-Lake; Führung frei; ⏲10–18, Führung 13.30 Uhr), Produzent von preisgekröntem Qualitätsweinen und Standort eines eleganten Restaurants und der **Wine Country Cooking School** (☎905-468-8304; www.winecountrycooking.com; 1339 Lakeshore Rd, Niagara-on-the-Lake). Die Tages-, Wochenend- und Wochenkurse sind ein kulinarischer Genuss.

Näher an Niagara-on-the-Lake liegt die **Sunnybrook Farm Estate Winery** (☎905-468-1122; www.sunnybrookfarmwinery.com; 1425 Lakeshore Rd, Niagara-on-the-Lake; Weinprobe 1–3 C$; ⏲10–18 Uhr). Sie hat sich auf einzigartige Niagara-Frucht- und Beerenweine spezialisiert und erzeugt einen äußerst „harten" Cider. Es ist nur ein kleines Gelände, deshalb halten Tourbusse hier normalerweise nicht.

★ **Stratus** (☎905-468-1806; www.stratuswines.com; 2059 Niagara Stone Rd, Niagara-on-the-Lake; ⏲11–17 Uhr), südlich von Niagara-on-the-Lake, war das erste Gebäude in Kanada, das das Zertifikat Leadership in Energy & Environmental Design (LEED) gewann. Die Anlage ist ganz auf Nachhaltigkeit, Bio-Anbau, Energie-Effizienz und die Belange der Urbevölkerung ausgerichtet.

Richtung Süden den Niagara Parkway hinunter stößt man auf die **Reif Estate Winery** (☎905-468-7738; www.reifwinery.com; 15608 Niagara Pkwy, Niagara-on-the-Lake; Führung 5–20 C$; ⏲9–18 Uhr). Das etablierte Weingut ist besonders für seine Eisweine bekannt.

Am Schluss der Tour (für alle, die noch stehen können) wartet **Inniskillin** (☎888-466-4754; www.inniskillin.com; 1499 Line 3, Ecke Niagara Pkwy, Niagara-on-the-Lake; Weinprobe 1–20 C$, Führung 5–15 C$; ⏲9–18 Uhr, Führungen Mai–Okt. stündl.), ohne Zweifel der Meister in der Kunst des Eisweins.

ten Weingütern; einige Angebote umfassen außerdem Spaziergänge in die Weinberge, Mittagessen und Shoppen in Niagara-on-the-Lake.

Feste & Events

Niagara Wine Festivals WEIN

(☎905-688-0212; www.niagarawinefestival.com) Im Jahresverlauf gibt es drei Feste mit Bezug zu Wein: Das Niagara New Vintage Festival feiert Ende Juni den jungen Wein und die regionale Küche. Haupt-Event ist das Niagara Wine Festival, das eine Woche lang Mitte September begangen wird. Gefeiert werden die besten Rebsorten der Region. Das zehntägige Winterfest Niagara Icewine Festival wird Mitte Januar überall in der Niagara-Region gefeiert und präsentiert die klebrigsten, süßesten Eisweine von Ontario.

Schlafen & Essen

Bonnybank B&B $$

(☎888-889-8296, 905-562-3746; www.bonnybank.ca; RR 1, Vineland Station; Zi. inkl. Frühstück 105–135 C$;) Das stattliche Haus aus rotem Grimsby-Sandstein im amerikanischen Tudorstil steht in einer Wildnis, in der viele Eulen hausen. Es liegt etwas abseits der gewohnten Pfade.

Squirrel House Gardens B&B $$$

(☎905-685-1608; www.squirrelhouseniagara.ca; 1819 5th St, St Catharines; Suite inkl. Frühstück

180 C$; ☺@☺) Die Gäste wohnen in einer großzügigen Suite in einer alten Scheune, die 1850 als Teil dieses Landsitzes erbaut wurde. Der liebevoll eingerichtete Raum präsentiert sich mit Böden aus Ziegeln und farbigem Beton, originalen Holzbalken und Fenstertüren, die auf eine Terrasse führen. Dahinter öffnet sich der weitläufige Garten. Auf dem Gelände befinden sich ein Swimmingpool, eine Veranda und eine Feuerstelle. Die kunstsinnigen Besitzer sind nett und gastfreundlich und umsorgen ihre Gäste ebenso gut wie ihren eindrucksvollen Bauerngarten.

Peach Country Farm Market MARKT $

(☎905-562-5602; 4490 Victoria Ave, Vineland Station; Artikel ab 2 C$; ⏲Juni–Aug. 9–20, Sept. & Okt. bis 18 Uhr) In der nach vorne offenen Scheune werden frisches Obst, Marmelade, Eis und Obstkuchen verkauft, alles angebaut, geerntet und verarbeitet von der Familie, die die Farm in vierter Generation bewirtschaftet – ein wahres Schmuckstück am Straßenrand!

Pie Plate BÄCKEREI $

(☎905-468-9743; www.thepieplate.com; 41516 Niagara Stone Rd, Virgil; Sandwiches 7–11 C$; ⏲Di–Sa 10–18 Uhr) Einfache, aber köstliche Mittagssnacks (wir haben das Sandwich mit Birne und Brie geradezu verschlungen) zu vernünftigen Preisen. Es werden auch vegetarische Sandwiches angeboten. Wie es sich für eine Bäckerei in Ontario gehört, gibt es hier Butter-Tarts, außerdem Pizza mit dünnem Boden, Fleischpasteten, Salate und einige Biere vom Fass. Ein toller Platz, um sich während einer Tour durch das Weingebiet den Bauch vollzuschlagen.

Peninsula Ridge FUSION $$$

(☎905-563-0900; 5600 King St W, Beamsville; Hauptgerichte 24–34 C$; ⏲Mi–Sa 12–14.30 & 17–19, So 11.30–14.30 Uhr) In diesem hochviktorianischen Herrenhaus von 1885 können die Gäste draußen, oben oder unten sitzen. Serviert werden Haute cuisine und dazu lokale Weine ... natürlich.

ℹ An- & Weiterreise

Die 100 km lange Fahrt von Toronto bis zur Mitte der Halbinsel dauert etwa 1½ Stunden – man fährt auf dem Highway 403, dann von Hamilton auf dem QEW nach Osten in Richtung Niagarafälle. Die offizielle Wine Route ist am QEW, an Land- und Nebenstraßen ausgeschildert.

EIS, BABY, EIS!

Auf der Vinexpo 1991 im französischen Bordeaux hatten die Weine aus der Niagara-Region ihren großen Auftritt. In einer Blindverkostung prämierten die Juroren einen Eiswein aus Ontario mit der begehrten Goldmedaille – und das internationale Publikum bekam vor Staunen den Mund nicht mehr zu. Diese Spezialweine, die mühevoll gelesen werden und süß und vollmundig schmecken, ziehen weiterhin Liebhaber auf die Niagara Peninsula.

Zur Herstellung von Eiswein wird bei der regulären Weinlese ein bestimmter Anteil der Trauben am Stock belassen. Falls Vögel, Stürme oder Mehltau die Trauben nicht vernichten, werden sie immer süßer und reichhaltiger. Mit der Ernte warten die Weinbauern geduldig bis Dezember oder Januar, bis drei Tage lang hintereinander frostige Temperaturen (–8°C) herrschen und die Trauben vollständig eingefroren sind.

Vor Sonnenaufgang (damit die Sonne das Eis nicht auftaut und den Traubensaft verwässert) werden die Trauben vorsichtig von Hand gepflückt, dann gepresst und schließlich bis zu einem Jahr in Fässern gelagert. Nach dem Dekantieren schmecken die samtigen Eisweine intensiv nach Apfel oder nach exotischeren Früchten und haben einen hohen Alkoholgehalt.

Warum Eisweine so teuer sind? Für ihre Herstellung benötigt man zehnmal so viele Trauben wie für eine Flasche normalen Weins. Nimmt man dann noch die arbeitsintensive Herstellung hinzu und das hohe Risiko, dass die Ernte vernichtet werden könnte, ist der Preis von 50 C$ und aufwärts für eine 375 ml-Flasche kein Wunder. Andere Spätlese-Weine, die etwas früher geerntet werden, sind oft weniger teuer (und weniger süß), aber nicht minder geschmacksintensiv und aromatisch.

Niagara-on-the-Lake

Das wohlhabende Niagara-on-the-Lake ist eines der am besten erhaltenen historischen Städtchen in Nordamerika – mit baumbestandenen Straßen, grünen Parks und tadellos restaurierten Häusern. Ursprünglich stand hier ein Dorf des Stammesbündnisses der „Neutralen". Die Stadt selbst wurde nach dem amerikanischen Unabhängigkeitskrieg von Loyalisten aus der Provinz New York, dem heutigen US-Bundesstaat, gegründet. Später wurde sie zur ersten Hauptstadt der Kolonie Oberkanada. Horden von Reisebus-Touristen verstopfen heute die Straßen, qualmen kubanische Zigarren und zerstören den Charme. Der Brunnen der Stadt ist voller Münzen. Obdachlose, die ihn plündern könnten, gibt es hier nicht. Bleibt die Frage, ob der Ort eine wirkliche Stadt ist oder einfach nur eine seelenlose Kulisse. Die Antwort lautet: Na klar handelt es sich um eine echte Stadt – nach 17 Uhr.

Sehenswertes

Die hübsche Queen Street lockt mit Geschäften in altertümlicher Vielfalt. Es gibt Antiquitäten, Souvenirs im britischen Stil und hausgemachte Toffees zu kaufen.

Fort George HISTORISCHE STÄTTE
(905-468-6614; www.pc.gc.ca/fortgeorge; 51 Queens Pde; Erw./Kind 11,70/5,80 C$; Mai–Okt. 10–17, April & Nov. nur Sa & So) Am südöstlichen Ortsrand liegt das 1797 erbaute, restaurierte Fort George. Während des Krieges von 1812 ereigneten sich hier eine Reihe blutiger Schlachten, und das Fort wurde mehrfach von US-Truppen besetzt und wieder von britischen befreit. Innerhalb der Palisaden befinden sich Offizierswohnungen, eine funktionsfähige Küche, das Pulvermagazin und Lagerhäuser. Den ganzen Sommer hindurch gibt's Geistertouren, Schau-Exerzieren, Ausstellungen alter Panzer und Nachstellungen der Schlachten von 1812. Die Parkgebühr beträgt 6 C$, wird aber mit dem Eintrittspreis verrechnet.

Niagara Historical Society Museum MUSEUM
(905-468-3912; www.niagarahistorical.museum; 43 Castlereagh St; Erw./Kind 5/1 C$; 10–17 Uhr) Das Niagara Historical Society Museum südlich des Simcoe Park besitzt eine große Sammlung zur Vergangenheit der Stadt, darunter Artefakte der kanadischen Ureinwohner und historische Zeugnisse der Loyalisten und zum Krieg von 1812. Ein besonders geschätztes Sammlerstück ist der Hut von Major General Sir Isaac Brock.

Lincoln & Welland Regimental Museum MUSEUM
(905-468-0888; www.lwmuseum.ca; Ecke King & John St; Erw./Kind 3/2 C$; Mi–So 10–16 Uhr) Das Lincoln & Welland Regimental Museum zeigt interessante wunderbar gealterte kanadische Militaria.

Geführte Touren

Jetboat Niagara BOOTSTOUR
(905-468-4800, 888-438-4444; www.whirlpooljet.com; 61 Melville St; 45-Min.-Tour Erw./Kind 61/51 C$; April–Okt.) Eine nasse und wilde Fahrt, gespickt mit Fischschwänzen und spritzigen Stopps – Passagiere sollten Kleidung zum Wechseln dabei haben (vielleicht sogar Unterwäsche). Reservierung ist zu empfehlen.

Niagara Wine Tours International KULINARISCHE TOUR
(800-680-7006, 905-468-1300; www.niagaraworldwinetours.com; 92 Picton St; Touren 65–165 C$) Radtouren führen zu Gourmetmittag- und -abendessen in die örtlichen Weingüter, inklusive Weinprobe.

Schlafen

Obwohl es in der Stadt mehr als 300 B&Bs gibt, sind die Unterkünfte teuer und oft ausgebucht. Während des Shaw-Festivals verschärft sich die Lage noch – also am besten im Voraus buchen.

★ **Historic Davy House B&B Inn** B&B $$
(888-314-9046; www.davyhouse.com; 230 Davy St; DZ inkl. Frühstück 155–204 C$;) Das denkmalgeschützte Haus, erbaut 1842, bietet vernünftige Preise. Es wurde wunderschön restauriert und hat seinen kolonialen Charme bewahrt. Heute wird es sorgfältig gepflegt von fachkundigen Gastgebern, die seit mehr als 30 Jahren im Hotelgewerbe tätig sind. Die Gäste sind eingeladen, das üppige, landschaftlich gestaltete Gelände und den rustikalen Gästesalon zu genießen – eine bequeme, erholsame und authentische Unterkunft in dieser B&B-gesättigten Gegend.

Britaly B&B B&B $$
(905-468-8778; www.britaly.com; 57 The Promenade; Zi. inkl. Frühstück 120–140 C$;) Das schlichte B&B mit drei Zimmern

DIE SACHE MIT SHAW

1962 leitete der Rechtsanwalt und leidenschaftliche Theaterfan Brian Doherty eine Gruppe von Einheimischen in acht Vorstellungen von George Bernard Shaws *Candida* und „Don Juan in der Hölle" aus *Mensch und Übermensch*. Dohertys engagierte erste Spielzeit erblühte zum heute hochgeschätzten **Shaw Festival** (☎800-511-7429, 905-468-2172; www.shawfest.com; 10 Queens Pde, Niagara-on-the-Lake; ⊙Theaterkasse 10–20 Uhr). Gespielt wird von April bis Oktober, dabei kommen die unterschiedlichsten Werke vom viktorianischen Drama bis zu zeitgenössischen Stücken, Musicals und Klassikern von Wilde, Woolf und Coward auf die Bühne. Die ganze Saison über werden spezielle Seminare angeboten, dazu kommen formlose „Unterhaltungen zur Mittagszeit" an bestimmten Samstagen.

Schauspieler betreten die Bretter auf drei Bühnen der Stadt – im Festival, im Royal George und im Court House Theater. Restkarten kommen am Tag der Vorstellung um 9 Uhr in den Verkauf (außer Samstag). Studenten, unter 30-Jährige und Senioren bekommen bei einigen Matineen Preisnachlass; am günstigsten sind die Matineen an Wochentagen. Der Website ist zu entnehmen, was, wann und wo gespielt wird.

(man kann zwischen dem englischen, dem italienischen und dem Canadiana-Zimmer wählen) ist wegen seiner vernünftigen Preise und der wunderbaren Gastgeber äußerst beliebt. Die Inhaber halten ihr hübsches Haus und den Garten auf höchstem Standard.

White Oaks Resort & Spa HOTEL **$$**
(800-263-5766; www.whiteoaksresort.com; 234 Taylor Rd SS4; DZ ab 159 C$) Das raumgreifende Resort mit 220 Zimmern etwas abseits des QEW, 15 km von Niagara-on-the-Lake entfernt, bietet gepflegte Zimmer sowie Service und Gemeinschaftseinrichtungen im Resort-Stil: Es gibt ein Spa mit umfassendem Angebot und ein hauseigenes Restaurant. Online kann man verschiedene Packages buchen. Die Preise liegen teilweise unter denen der Unterkünfte in der Innenstadt.

Charles Inn HOTEL **$$$**
(☎905-468-4588; www.niagarasfinest.com/properties/charlesinn; 209 Queen St; DZ inkl. Frühstück ab 185 C$) Wir lieben dieses romantische kleine Gasthaus (es besteht seit 1832) am Golfplatz. Die Zimmer in unterschiedlichen Größen sind in verschiedenen Stilrichtungen aufwendig eingerichtet. Auf der Website können künftige Gäste nachsehen, welches ihnen am besten gefällt: Jedes ist wunderbar bequem – es gibt sogar eine Auswahl an Kopfkissen.

Moffat INN **$$$**
(☎905-468-4116; www.moffatinn.com; 60 Picton St; DZ ab 189 C$; ⊜❄☷) Grüne Zierleisten und Blumenkästen lassen das Moffat, das sich als „ländlich-schick" bezeichnet, von außen wie ein irisches Gasthaus wirken. Die 24 Zimmer sind geschmackvoll dekoriert, und insgesamt macht das Haus einen charmanten und freundlichen Eindruck auf seine Besucher.

Prince of Wales Hotel HOTEL **$$$**
(☎888-669-5566, 905-468-3246; www.vintage-hotels.com; 6 Picton St; DZ/Suite ab 289/429 C$; ⊜❄@☷≋) Das Prince of Niagara-on-the-Lake, ein elegantes viktorianisches Hotel, wurde um 1864 erbaut und hat viel vom Prunk der Zeit bewahrt: Gewölbedecken, Holzböden mit Intarsien und Pagen in roter Uniform. Schnörkel und Blumenmuster scheinen eher auf ältere Gäste und Flitterwöchner abzuzielen, aber es ist der perfekte Ort für alle, die sich verwöhnen lassen möchten. Zum Haus gehören ein Spa, Nachmittagstee und das ausgezeichnete Restaurant Escabeche. Parkplätze kosten 10 C$. Das Haus steht an der Ecke King Street.

Essen

Der Queen's Royal Park, ein paar Blocks von der Queen Street entfernt, ist ein nettes Plätzchen für ein Picknick am Wasser. Unter www.niagaraonthelake.com finden sich Neuigkeiten zum kulinarischen Festival Fabulicious, das im März veranstaltet wird.

1875 Restaurant KANADISCH **$$**
(☎905-468-3424; www.notlgolf.com/restauranthome; 143 Front St; Hauptgerichte 10–27 C$; ⊙8–22 Uhr) Das Restaurant in Nordamerikas ältestem Golfclub war lange eins der

bestgehüteten Geheimnisse von Niagara-on-the-Lake, bis jetzt: Die fantastische Terrasse am Seeufer ist unvergleichlich, die Atmosphäre lässig (für N-o-t-L), der Service freundlich. Die Karte ist erfrischend normal: Unsere Favoriten sind die Crab Cakes und Fish & Chips. Man kann zum Brunch, zum Mittag- und Abendessen oder auf einen Drink hierherkommen und sich angenehm überraschen lassen.

Irish Harp Pub PUB **$$**
(☎905-468-4443; www.theirishharppub.com; 245 King St; Hauptgerichte 12–20 C$; ⏲Mo–Do 12–23, Fr–So 11–23 Uhr) Die Bewohner der gesamten Niagara-Region lieben das Lokal wegen der herzhaften Pub-Gerichte (zum Beispiel Irish Hot Pot und Steak & Guinness-Pie), einige kommen aber auch nur wegen des irischen „craic" (Spaß und Gespräche) und natürlich wegen des Biers! Es gibt Guinness vom Fass und Irish Harp Lager, das vor Ort nach einer traditionellen Rezeptur gebraut wird. Alles in allem reichlich Stoff, um die Kehle anzufeuchten und den Bauch vollzuschlagen.

Epicurean CAFÉ **$$**
(☎905-468-3408; www.epicurean.ca; 84 Queen St; Hauptgerichte 11–29 C$; ⏲Mi–Sa 9–21, So–Di bis 17.30 Uhr) Tagsüber tischt dieses Wohlfühlcafé Gerichte wie frische, leckere Sandwiches, Salate, Pies und Quiches auf. Abends steigert es sich zu Bistrogerichten wie knusprigem Hähnchen mit gedämpftem Reis, Frühlingszwiebeln und Shiitakepilzen in thailändischem Kokos-Curry. Die Plätze auf dem Hof zur Straße sind immer gut besucht.

Fans Court CHINESISCH **$$**
(☎905-468-4511; 135 Queen St; Hauptgerichte mittags 7–10 C$, ⏲abend; 12–21 C$; Di–So 12–21 Uhr) Durch seine Karte mit kantonesischen, Sichuan- und panasiatischen Gerichten hebt sich dieses Restaurant deutlich von seinen Nachbarn in dieser sehr britisch geprägten Stadt ab. Das Beste am Fans ist aber nicht das (allerdings köstliche) Schweinefleisch in Mangosauce, sondern der schöne Hof mit Blumen.

★REST/Stone Road Grille MODERNE KANADISCHE KÜCHE **$$$**
(☎905-468-3474; www.stoneroadgrille.com; 238 Mary St; 16–34 C$; ⏲Di–So 17–21 Uhr) Von der ziemlich eintönigen Lage sollte man sich nicht täuschen lassen: Das hier ist eins der besten Restaurants der Stadt. Die Speisekarte wechselt mit der Saison, sodass immer ganz frische Zutaten verwendet werden können. Zu den modernen Interpretationen klassischer Themen zählen Muschelrisotto und langsam gebratene Schweinelende. Die Einheimischen, aber auch Gäste von außerhalb, schätzen das gourmetmäßige „Rest: to go-go" zum Mitnehmen: Ist heute nicht ein toller Tag für ein Picknick?

Escabeche FUSION **$$$**
(☎905-468-3246, 888-669-5566; www.vintage-hotels.com; 6 Picton St; Hauptgerichte 25–48 C$; ⏲7–21 Uhr) Das Nobelrestaurant im opulenten Prince of Wales Hotel nimmt es mit dem Essen sehr genau. Die moderne Speisekarte bietet Geschmackserfindungen wie ein Küchlein aus vor Ort gepökeltem Schinken, Wurst nach Jägerart, Tomaten und Mascarpone, gefolgt von Lammbraten mit erlesenem Senf, Fingerkartoffeln und Babykarotten in mit Eiswein abgeschmeckter Sauce. Und dann sollte auch noch Platz fürs Dessert bleiben!

ℹ Praktische Informationen

Chamber of Commerce Visitors Information Centre (☎905-468-1950; www.niagaraonthelake.com; 26 Queen St; ⏲10–19.30 Uhr) Das Infozentrum hält jede Menge Broschüren bereit; die Mitarbeiter buchen Unterkünfte gegen eine Gebühr von 5 C$. Karten und die Beschreibung für einen Spaziergang finden sich im *Niagara-on-the-Lake Official Visitors' Guide*, der hier erhältlich ist.

ℹ Anreise & unterwegs vor Ort

Es gibt keine direkte Busverbindung zwischen Toronto und Niagara-on-the-Lake, man muss nach St Catharines oder Niagara Falls fahren und dort umsteigen.

5-0 Taxi (☎800-667-0256, 905-358-3232; www.5-0taxi.com) transportiert Fahrgäste zwischen Niagara Falls und Niagara-on-the-Lake. Haltestellen und Abfahrtszeiten sind telefonisch zu erfragen. Ein reguläres Taxi zwischen beiden Orten kostet für eine Strecke um 45 C$.

Radfahren ist ein optimaler Weg, um das Gebiet zu erkunden. Fahrräder kann man leihen (oder in die Unterkunft bringen lassen) beim von Lesern empfohlenen **Zoom Leisure Bicycle Rentals** (☎866-811-6993, 905-468-2366; www.zoomleisure.com; 2017 Niagara Stone Rd; Miete halber/ganzer Tag/2 Tage 20/30/50 C$; ⏲9–17 Uhr). Die Anlieferung der Fahrräder ist sogar kostenlos.

Südwestliches Ontario

SÜDWESTLICHES ONTARIO

Eine dicht besiedelte Industriezone, die auch eine Reihe von Satellitenstädten im Großraum Toronto umfasst, schlägt einen Bogen um das Südwestufer des Lake Ontario. Highway 403 führt nach Hamilton und Brantford, aber die meisten Leute nehmen den 401 nach Guelph, Kitchener-Waterloo und darüber hinaus: Dieses kaum überwindliche Betonband verknüpft Toronto mit der Grenze zu den USA in Windsor und in Richtung Osten mit der Grenze nach Québec. Der Abschnitt, der durch Toronto führt, gilt als eine der meistbefahrenen und breitesten Autobahnen der Welt. Wer sich von der Straße hinunterwagt, entdeckt ein reiches Erbe: Siedlungen der Ureinwohner und der Kolonialisten, gut erhaltene Architektur, baumbestandene Alleen, gesunde Flüsse und grünende Weiden. Von dem Gefühl, dass Toronto gar nicht mehr aufhört, sollte man sich nicht entmutigen lassen – sondern einfach weiterfahren zu den schmucken Dörfern Elora, Fergus und der einzigartigen Mennonitensiedlung St. Jacobs.

Guelph, Waterloo und London sind quirlige Universitätszentren, jedes hat seinen eigenen Reiz – der erste Eindruck kann trügen; es lohnt sich, den Blick auf das zu richten, was nicht unmittelbar am Highway liegt. Bei Kitchener muss man den 401 verlassen, um nach Stratford(-upon-Avon) zu gelangen, Heimat von Justin Bieber und doch ein bemerkenswert kultiviertes Landstädtchen und Standort des ultimativen Shakespeare-Festivals außerhalb des *anderen* Stratford-upon-Avon.

Von hier kann man nach Südwesten fahren, bis die Landwirtschaftsflächen in die sandigen Ufer des Lake Huron übergehen. Oder man macht einen Schlenker nach London und kehrt dann auf den 401 zurück. Die Straße führt hier durch endlose, flache Felder mit Weizen, Mais und anderem Getreide, bis das nördliche Ufer des Lake Erie erreicht ist und die eigenartige Pelee Island, der südlichste Punkt Kanadas. Die Straße endet in Windsor an der Grenze zu Detroit/USA: Beide Städte waren einst Giganten des Automobilbaus, heute kämpfen sie mit dem Wandel der Zeiten.

Hamilton & Brantford

ZUSAMMEN 774 250 EW.

Die Arbeiterstadt Hamilton – Zentrum von Kanadas Eisen- und Stahlindustrie – auf dem Weg zur Niagara Peninsula ist nicht gerade als Touristenhochburg bekannt. Allerdings haben die Bemühungen für mehr Umweltschutz und die Belebung der Innenstadt die Lage verbessert. Wer beim Näherkommen die Fabrikschlote übersieht und den vagen Hauch von Schwefel in der Luft ignoriert, auf den warten interessante Sehenswürdigkeiten, eine Handvoll solider Lokale und weitschweifende Ausblicke.

Brantford, 40 km südwestlich von Hamilton am Highway 403, besitzt durchaus touristische Ziele.

Das Territorium der Irokesen (Six Nations) nordöstlich der Stadt ist seit Jahrhunderten ein Zentrum der Ureinwohner. Captain Joseph Thayendanegea Brant führte 1784 die Six Nations vom Norden des Staates New York hierher und gründete ein Dorf, das lange im Dienst der First Nations des Bezirks stand.

Sehenswertes

Dundurn Castle MUSEUM

(☎905-546-2872; 610 York Blvd, Hamilton; Erw./Kind 11,25/5,75 C$; ⏲11–16 Uhr) Das Landhaus mit der Säulenfront und 36 Zimmern gehörte einst Sir Allan Napier McNab, der von 1854 bis 1856 kanadischer Premierminister war. Es steht auf einer Klippe mit Blick auf den Hafen in einem hübschen Areal mit vielen Kastanien. Eingerichtet ist es im Stil der Mitte des 19. Jhs. Im Ticketpreis ist auch der Eintritt zum Hamilton Military Museum enthalten.

Royal Botanical Gardens GARTEN

(☎1-800-694-4769; www.rbg.ca; 680 Plains Rd W, Burlington; Erw./Kind inkl. Shuttlebus 12,50/7,50 C$; ⏲10–17 Uhr) In Kanadas größtem und spektakulärstem botanischen Garten gedeihen auf mehr als 1000 ha Land Bäume, Sträucher und Blumen, darunter zahlreiche Raritäten. Es gibt auch einen Steingarten, ein Aboretum und ein Wildschutzgebiet mit Pfaden, die Feuchtgebiete und bewaldete Schluchten durchqueren. Von Juni bis Oktober öffnen sich Tausende zarter Blüten im Centennial Rose Garden, und im Frühling erwachen über 125 000 Blumenzwiebeln in einer Explosion der Farben.

African Lion Safari ZOO

(☎800-461-9453; www.lionsafari.com; 1386 Cooper Rd, Hamilton; Erw./Kind 32,95/25,95 C$; ⏲Mai–Okt. 10–17.30 Uhr) In dem Wildreservat ohne Käfige kommen die Besucher bequem im eigenen Wagen Löwen, Giraffen, Zebras, Affen und anderen Wildtieren ganz nah. Für ängstliche Besucher gibt es auch einen Tourbus (5 C$ pro Person). Der durchaus sehenswerte Park ist bei Familien äußerst beliebt und liegt etwa 25 km nordwestlich von Hamilton am Highway 8.

Woodland Cultural Centre KULTURZENTRUM

(☎519-759-2650; www.woodland-centre.on.ca; 184 Mohawk St, Brantford; Erw./Kind 5/3 C$; ⏲Mo–Fr 9–16, Sa & So 10–17 Uhr) Das Woodland Cultural Centre ist Veranstaltungszentrum der Ureinwohner, Kulturmuseum und Kunstgalerie in einem. Die Ausstellung ist chronologisch aufgebaut und führt von den prähistorischen Zeugnissen der Irokesen und Algonkin bis zu zeitgenössischen Werken indigener Kunst.

Im angeschlossenen Shop werden Korbwaren und Schmuckstücke, außerdem Bücher, Keramiken und Malereien verkauft. Was an Veranstaltungen gerade stattfindet, erfährt man auf der Website.

Bell Homestead National Historic Site HISTORISCHE STÄTTE

(☎519-756-6220; www.bellhomestead.ca; 94 Tutela Heights Rd, Brantford; Erw./Kind 6,25 C$/frei; ⏲Di–So 9.30–16.30 Uhr) Mancher mag wohl wissen, dass Alexander Graham Bell am 26. Juli 1874 mit der Erfindung des Telefons unser aller Zukunft gestaltete. Aber wer weiß schon, dass dies in Brantford geschah? Bells erstes Zuhause in Nordamerika ist liebevoll in seinen ursprünglichen Zustand zurückversetzt worden. Außerdem gibt es hier ein kleines Café.

Her Majesty's Chapel of the Mohawks KIRCHE

(☎519-756-0240; www.mohawkchapel.ca; 291 Mohawk St, Brantford; Eintritt gegen Spende; ⏲Juli & Aug. tgl. 10-17 Uhr, Mai, Juni, Sept. & Okt. Mi–So) Joseph Thayendanegea Brants Grab befindet sich auf dem Gelände der kleinen, aber hübschen Her Majesty's Chapel of the Mohawks, die man am besten an einem sonnigen Nachmittag besucht, wenn das Licht durch die prächtigen Buntglasfenster ins Innere strömt.

Die Kapelle am Standort der ursprünglichen Ureinwohnersiedlung wurde 1785 errichtet und ist damit die älteste protestantische Kirche in Ontario und außerdem die einzige „königliche" Ureinwohnerkirche weltweit. Um dort hinzugelangen, muss man von der Colborne Street E aus einfach der Ausschilderung folgen.

Six Nations of the Grand River Territory TERRITORIUM DER FIRST NATIONS
(www.sixnations.ca) Südöstlich von Brantford liegen das Six Nations of the Grand River Territory – diese „sechs Nationen" setzen sich aus den Mohawk, Oneida, Onondaga, Cayuga, Seneca und Tuscarora zusammen – sowie die bekannte Ureinwohnersiedlung **Ohsweken**. Das im späten 18. Jh. geschaffene Territorium gibt Besuchern einen Einblick in die traditionelle und die heutige Kultur der kanadischen Ureinwohner.

Schlafen & Essen

Rutherford House B&B $$
(905-525-2422; 293 Park St S, Hamilton; EZ/DZ inkl. Frühstück 120/130 C$;) Das Rutherford ist ein liebevoll restauriertes viktorianisches Backsteinhaus einen kurzen Fußmarsch von der Innenstadt entfernt. Es besitzt zwei mit Stilmöbeln eingerichtete Gästezimmer mit flaumigen Betten und originellen Tapeten.

C Hotel by Carmen's HOTEL $$
(905-381-9898; www.bestwestern.com; 1530 Stone Church Rd E, Hamilton; EZ & DZ ab 140 C$;) Manch ein Gast wird staunen, dass ein Hotel dieses Kalibers zu Best Western gehört und dazu noch in Hamilton steht. Das attraktive Haus, das im Juli 2011 eröffnet wurde, verneigt sich eindrucksvoll vor dem Art-déco-Stil; die eleganten Zimmer und Suiten sind geräumig. Angesichts des überdachten Pools und aller anderen Annehmlichkeiten beeindruckt der Preis noch mehr.

Black Forest Inn DEUTSCH $$
(905-528-3538; www.blackforestinn.ca; 255 King St E, Hamilton; Hauptgerichte 9,90–29,90 C$; Di–So 11.30–21 Uhr) Diese Institution in der Innenstadt stellt seit 1967 Fleischliebhaber und Biertrinker zufrieden. Fans von Schnitzel, Gulasch, Wurst oder deutschem Bier haben damit einen Grund für einen Besuch in Hamilton. Die Preise sind Spitze, deshalb ist es hier normalerweise rappelvoll. Im Sommer wird die Terrasse zum Biergarten.

Praktische Informationen

Brantford Visitors & Tourism Centre (800-265-6299, 519-751-1771; www.discoverbrantford.com; 399 Wayne Gretzky Pkwy, Brantford; Mo–Fr 9–20, Sa bis 21, So bis 17 Uhr) Nördlich des Highway 403 gibt sich die glitzernde Tourismusinformation optimistisch in Bezug auf Brantfords Zukunft mit vielen Broschüren und hilfreichen Mitarbeitern.

Six Nations Tourism (866-393-3001; www.sntourism.com; 2498 Chiefswood Rd; Mo–Fr 9–16.30, Sa & So 10–15 Uhr) An der Ecke des Highway 54 befindet sich das Besucherzentrum mit Informationen zu lokalen Stätten, Attraktionen und Events in Six Nations.

Tourism Hamilton (1-800-263-8590; www.tourismhamilton.com; 28 James St N, Hamilton; Mo–Fr 10–16, Sa & So bis 15 Uhr) Die Touristeninformation in der Innenstadt hilft nur allzu gern bei allem, was mit Hamilton und seiner Umgebung zu tun. Auch ein Besuch der eindrucksvollen, ständig aktualisierten Website lohnt sich.

An- & Weiterreise

Wer unbedingt einen billigen Flug ab Toronto braucht, sollte prüfen, ob Westjet das Ziel vom **John C Munro Hamilton International Airport** (YHM; 905-679-1999; www.flyhi.ca; 9300 Airport Rd, Mt Hope) aus anfliegt. Er liegt 10 km südlich der Stadt – hier sind die Flughafensteuern niedriger.

GO Transit betreibt regelmäßig kombinierte Bus-/Bahnverbindungen zwischen Hamilton und Toronto (10,45 C$, 1–2 Std.) ab Hamilton **GO Centre** (www.gotransit.com; 36 Hunter St E; Mo–Fr 5–23, Sa & So ab 6.15 Uhr). Die Züge fahren nur während der Hauptverkehrszeit und an bestimmten Wochenenden im Sommer.

Greyhound Canada und Megabus halten ebenfalls in Hamilton. Greyhound Canada verbindet Toronto (28 C$, 1–2 Std., 5-mal tgl.), London (26,40 C$, 1½ Std., 4-mal tgl.) und (via Hamilton) Niagara Falls (35 C$, 4 Std., 2- bis 3-mal tgl.) mit dem **Brantford Transit Terminal** (519-756-5011; 64 Darling St).

Die Bahngesellschaft VIA unterhält Zugverbindungen nach Toronto (40 C$, 1 Std., 5-mal tgl.) und London (36 C$, 1 Std., 5-mal tgl.) vom **Bahnhof** (519-752-0867; www.viarail.ca; 5 Wadsworth St).

Guelph

121 700 EW.

Gegründet wurde Guelph 1827 von einem schottischen Romanschriftsteller, der eine Stadt nach europäischem Vorbild plante. Heute ist Guelph vor allem wegen der populären Universität bekannt und für sein ... Bier! Die Sleeman Breweries und zwei Hausbrauereien haben hier ihren Sitz. Ein starkes Handwerk und der Bildungssektor tragen zur geringen Arbeitslosenquote in Guelph bei, die wiederum eine lebhafte Jugendszene befeuert: flippige Cafés, tolles Essen, Hammerkneipen und hippe Boutiquen stehen den Gästen offen. Mit seiner reichen Lokalgeschichte, einem fantastischen Museum und der hübschen viktorianischen Architektur ist Guelph unbedingt einen Besuch wert.

Sehenswertes & Aktivitäten

★ Guelph Civic Museum MUSEUM
(☎519-836-1221; www.guelph.ca/museum; 6 Dublin St S; Erw./Kind 4 C$/frei; ⏲13–17 Uhr) Das attraktive Museum mit LEED-Zertifikat für ökologisches Bauen ist in einem Sandsteinkloster von 1854 untergebracht, wurde aber 2012 komplett umgestaltet. Es präsentiert Ausstellungen, Programme und Veranstaltungen zur Geschichte der Stadt (die nach den Vorfahren der britischen Königsfamilie, den Welfen, benannt ist). Die Schau „Aufwachsen in Guelph" macht besonders Kindern Spaß.

Church of Our Lady Immaculate KIRCHE
(☎519-824-3951; www.churchofourlady.com; 28 Norfolk St; Eintritt gegen Spende; ⏲7 Uhr bis Sonnenuntergang;) Über dem Zentrum von Guelph ragt die eindrucksvolle Steinmasse der Church of Our Lady Immaculate empor. Von fast überall in der Stadt sieht man die Zwillingstürme und die elegant proportionierte Fensterrose des Gotteshauses, das seit 1888 die Gläubigen mit Ehrfurcht erfüllt.

University of Guelph Arboretum GARTEN
(☎519-824-4120; www.uoguelph.ca/arboretum; College Ave E; ⏲Mo–Fr 8.30–16.30 Uhr 🐾) GRATIS Der faszinierende Mikrokosmos aus Flora und Fauna ist dem Arnold Arboretum der Harvard University nachgebildet. Pfade mit einer Gesamtlänge von 8,2 km durchziehen 165 ha durchdacht kultiviertes Land. Die Vielfalt der hier vertretenen Arten übersteigt das Vorstellungsvermögen, und das allerbeste: Der Eintritt ist frei!

Macdonald Stewart Art Centre GALERIE
(☎519-837-0010; www.msac.ca; 358 Gordon St; empfohlene Spende 3 C$; ⏲Di–So 12–17 Uhr) Über 7000 Werke umfasst die Sammlung in der von Raymond Moriyama gestalteten Galerie, insbesondere Kunst der Inuit und kanadische Kunst. Der **Donald Forster Sculpture Park** ist der größte in einer öffentlichen Galerie in Kanada. Auf 1 ha gibt es viel zu entdecken: Würfel, die der Schwerkraft trotzen, gestrandete Boote und auf Sicheln gespießte Mobiltelefone.

Speed River Canoe & Kayak Rentals KAJAKFAHREN
(116 Gordon St; Kajak-/Kanumiete pro Std. Di–Fr 10/12 C$, Sa & So 12/15 C$; ⏲Juni–Aug. Di–So 10 Uhr bis zur Dämmerung) Erst aufs Wasser und dann den Eisladen nebenan stürmen! Hier ist auch der Startpunkt für einen Spaziergang in Eigenregie zum ökologischen Erbe entlang der Ufer des Speed und des Eramosa River. Der 6 km lange Rundweg ist mit Infotafeln versehen.

Feste & Events

Hillside Festival DARSTELLENDE KUNST
(☎519-763-6396; www.hillsidefestival.ca) Das Hillside, das 2013 seinen 30. Geburtstag feierte, erfreut weiterhin mit einem vielfältigen Mix locker-flockiger Darsteller von bewährten Profis bis zu aufstrebenden Künstlern von morgen. Die Devise lautet: Liebe empfinden und für ein kurzes Wochenende im Juli an Bord hüpfen! Auf der Website kann man sich über das aktuelle Programm und alle Details informieren.

Schlafen

Die **Guelph Area Bed & Breakfast Association** (www.gabba.ca) führt viele qualitätvolle B&Bs auf ihren Listen. Wer lieber im Motel übernachtet, findet etliche an der Woodlawn Road West, gleich nördlich der Stadt. Die University of Guelph vermietet während der Sommermonate Zimmer.

Comfort Inn MOTEL $
(☎519-763-1900; www.choicehotels.ca; 480 Silvercreek Pkwy; DZ ab 90 C$) Das blitzsaubere Motel etwa 5 km nördlich des Stadtzentrums wurde 2012 geschmackvoll renoviert und bietet Zimmer mit tollem Preis-Leistungs-Verhältnis inklusive einem leichten Frühstück.

Norfolk Guest House B&B $$
(☎519-767-1095; www.norfolkguesthouse.ca; 102 Eramosa Rd; Zi. inkl. Frühstück 139–269 C$; ❄📶) Die zentrale Lage und aufwendig ausgestattete Motto-Zimmer, die meisten mit eigenem Whirlpool, machen das restaurierte viktorianische Gebäude zur Top-Option unter den luxuriösen B&B-Unterkünften in der Innenstadt von Guelph.

Delta Guelph Hotel & Conference Centre HOTEL $$
(☎519-780-3700; www.deltahotels.com; 50 Stone Rd W; DZ/Suite ab 125/175 C$) Das mo-

derne, geschmackvoll eingerichtete Hotel liegt günstig in der Nähe der University of Guelph, 3 km von der Innenstadt entfernt. Es verfügt über geräumige Standardzimmer mit dunklem Holz und bequemen Betten. Verschiedene Suiten zu günstigen Preisen, einige mit Kamin, Kitchenette und kuscheligen Sofas, vervollständigen das Paket.

Essen & Ausgehen

★ Joint Cafe CAFÉ $
(☎519-265-8508; www.thejointcafe.com; 43 Cork St E; Hauptgerichte 6–18 C$; ⏲Mo–Mi & So 9–15, Do–Sa 9–16 & 17–22 Uhr;) Das Joint ist ein toller Allrounder: Ob man zum Brunch oder für einen Kaffee kommt, zum Abendessen oder auf einen Drink, auf der vielfältigen und originellen Speisekarte findet sich immer ein Gaumenkitzler – der Schwerpunkt liegt definitiv bei gesundem Wohlfühlessen und vielen Optionen für Vegetarier.

Cornerstone CAFÉ $
(☎519-827-0145; 1 Wyndham St N; Hauptgerichte 6–10 C$; ⏲Mo–Fr 8–24, Sa & So ab 9 Uhr;) Das beliebte vegetarische Café hat ein gemütliches Ambiente mit dicken Steinmauern und abgewetzten Holzböden. Morgens kann man hier einen Kaffee trinken und sich abends bei Livemusik ein Pint genehmigen. Ein empfehlenswertes Sandwich ist das köstliche „Taste of Downtown" mit Avocado, Brie, Peperoni und Knoblauchmayonnaise (8 C$).

Bookshelf CAFÉ $$
(☎519-821-3311; www.bookshelf.ca; 41 Québec St; Hauptgerichte 12–15 C$; ⏲e-Bar ab 17, Buchhandlung 9–21 Uhr) Bookshelf, ganze 40 Jahre jung, ist der Schrittmacher für Guelphs kulturellen Herzschlag: Es ist Buchhandlung, Kino, Café und Musik-Location in einem. Die Gäste schneien herein, um die Zeitung zu lesen, einen Arthouse-Streifen anzusehen oder in der e-bar/Greenroom einen Happen zu essen. Regelmäßig werden Salsa-Abende, Poetry Slams und Flashback-Freitage veranstaltet, für jeden etwas.

Bollywood Bistro INDISCH $$
(☎519-821-3999; www.thebollywoodbistro.com; 51 Cork St E; Hauptgerichte 12–17 C$; ⏲Mo–Fr 11.30–14 & tgl. 17.30–20.30 Uhr;) Guelphs beliebtestes indisches Restaurant ist nicht superbillig, verwendet aber einen traditionellen Tandoori-Ofen und peppt die bekannten Gerichte mit einem modernen Dreh, mit Einflüssen aus Nepal, Delhi und Bombay auf. Das cremige *butter chicken* (17 C$) gehört zu den besten, die wir je gegessen haben.

Artisanale FRANZÖSISCH $$$
(☎519-821-3359; www.artisanale.ca; 214 Woolwich St; Hauptgerichte 23–28 C$; ⏲Di–Sa 11.30–14.30 & 17–21 Uhr) Die französische Landküche legt Wert auf frische lokale Produkte der Saison und hat eine wunderbar schlichte Mittagskarte. Populär ist sie wegen des Abendessens zum Festpreis von 25 C$. So fest ist der Preis aber doch wieder nicht angesichts der unwiderstehlichen Hors d'œuvres und Beilagen (3–5 C$) und einer Anzahl verlockender Hauptgerichte, die für einen Aufschlag von 5 C$ zu haben sind.

★ Woolwich Arrow PUB
(☎519.836.2875; www.woolwicharrow.ca; 176 Woolwich St; ⏲ab 11.30 Uhr) Das „Wooly", wie es liebevoll genannt wird, behauptet sich als Hausbrauerei, rangiert aber auch hoch oben, wenn es um köstliche Gourmet-Leckereien zum Bier geht wie Chili-*poutine* vom Longhorn-Rind (klein 7 C$) und Tacos mit Zander aus dem Lake Erie (14 C$).

Manhattan's BAR
(☎519-767-2440; www.manhattans.ca; 951 Gordon St; ⏲Mo–Fr ab 11, Sa & So ab 16 Uhr;) Die Pizza ist hier genauso heiß und frisch wie der Jazz: An den meisten Abenden wird Livemusik gespielt. Einzelheiten stehen auf der Website. Kostenloses WLAN, kein Eintritt.

Praktische Informationen

Guelph Tourism Services (☎800-334-4519; www.visitguelphwellington.ca; 1 Carden St; ⏲Mo–Sa 9–16.30 Uhr) Im neuen Rathaus; die freundlichen Mitarbeiter sind lokale Experten. Man sollte sich nach den Spaziergängen in Eigenregie erkundigen.

An- & Weiterreise

Vom **Busbahnhof** (☎519-824-0771; www.greyhound.ca; Ecke MacDonnell & Carden St) fahren Busse nach Toronto (22 C$, 1¼ Std., 12-mal tgl.) und London (26 C$, 2¼ Std., 3-mal tgl.).

Die Bahngesellschaft VIA unterhält Zugverbindungen nach Toronto (24 C$, 1½ Std., 2-mal tgl.) und London (36 C$, 2 Std., 2-mal tgl.). GO Transit bietet Vorortzüge nach Toronto an (13 C$, 1½ Std., 2-mal tgl.). Beide fahren am **Bahnhof** (☎888-842-7245; www.viarail.ca; Ecke Wyndham & Carden St; ⏲Mo–Fr 6–13 & 16–24, Sa & So 9–14 & 16–24 Uhr) ab.

Kitchener-Waterloo

280 000 EW.

Die Zwillingsstädte Kitchener und Waterloo sind eng miteinander verbunden und doch verschieden. Der „Innenstadt“ Kitchener fehlt jeglicher Charme, und obwohl die hübschere „Vorstadt“ Waterloo einige schöne Sandsteinbauten, zwei Universitäten und das größte Kommunalmuseum in Ontario besitzt, ist keine der beiden besonders aufregend. Die beste Zeit für einen Besuch ist die Festzeit, wenn die Zwillinge zum Leben erwachen – das hiesige Oktoberfest ist das zweitgrößte außerhalb von München! Ansonsten fährt man hier auf dem Weg nach Elora und Fergus, St. Jacobs oder Stratford einfach durch.

Sehenswertes & Aktivitäten

Waterloo Region Museum MUSEUM
(www.waterlooregionmuseum.com; 10 Huron Rd, Kitchener; Erw./Kind 10/5 C$; Mo–Fr 9.30–17, Sa & So 11–17 Uhr) Waterloos jüngste Attraktion ist dieses Museum für Lokalgeschichte in Primärfarben auf einer Fläche von 24 ha. Es ist das Tor zu **Doon Heritage Crossroads,** einer nachgebauten Pioniersiedlung, in der kostümierte Freiwillige ihr Bestes geben, um die Besucher auf eine Zeitreise zu schicken.

Joseph Schneider Haus HISTORISCHE STÄTTE
(519-742-7752; www.region.waterloo.on.ca; 466 Queen St S, Kitchener; Erw./Kind 2,25/1,25 C$; Juli–Aug. Mo–Sa 10–17, So ab 13 Uhr, Sept.–Juni Mi–Sa 10–17, So ab 13 Uhr) Das Joseph-Schneider-Haus war eines der ersten Wohnhäuser, die in der Gegend errichtet wurden; als historisches Denkmal wurde es in den Zustand des 19. Jhs. zurückversetzt. Das ursprünglich für einen reichen Mennoniten aus Pennsylvania errichtete Gebäude ist bemerkenswert. Gleiches gilt für die Vorführungen handwerklicher und kunsthandwerklicher Fertigkeiten des 19. Jhs. (von Perlenstickerei bis zur Anfertigung von Strohpuppen). Bei unserem Besuch wurde gerade ein zweistöckiges Waschhaus neu errichtet.

DIE MENNONITEN VON ST. JACOBS & ELMIRA

Die Geschichte der Mennoniten geht zurück auf eine Schweizer protestantische Sekte aus dem 16. Jh., die auf der Flucht vor religiöser Verfolgung durch ganz Europa zog. Viele ihre Mitglieder wanderten in die USA aus und gründeten eine ländliche Siedlung im heutigen US-Bundesstaat Pennsylvania, wo ihnen Religionsfreiheit und Wohlstand zugesagt wurden. Weil das Land dort billiger war und sie nicht unter der amerikanischen Fahne kämpfen wollten, übersiedelten im späten 19. Jh. viele Mennoniten ins südliche Ontario. Dort leben sie bis heute und halten an den alten Grundwerten – Familie, Demut, einfachem Leben, Bescheidenheit und Friedfertigkeit – fest.

Eine detaillierte Geschichte der Mennoniten und mehr Informationen kann man unter www.mhsc.ca nachlesen. Oder man unternimmt einen Tagesausflug in die altertümlichen Dörfer St. Jacobs, mit dem Auto etwa 20 Minunten von Kitchener entfernt, und Elmira, 8 km weiter nördlich. Hier rattern schwarze Einspänner vorbei, die Luft riecht nach Vieh, und Hauben, Spangen und Knöpfe sind obligatorisch.

Der typische **Bauernmarkt** (519-747-1830; www.stjacobs.com; Ecke King & Weber St, St Jacobs; Do & Sa, 7–15.30 Uhr, Juni–Aug. auch Di 8–15 Uhr), 3 km südlich von St. Jacobs, besitzt eine erdnahe Seele. Die Leute kommen meilenweit hierher, um frische landwirtschaftliche Produkte, geräuchertes Fleisch, Käse, Gebäck und Kunsthandwerk zu kaufen. Im **Besucherzentrum** (519-664-3518; www.stjacobs.com; 1406 King St, St Jacobs; Mo–Sa 9–17 Uhr) ist eine aufschlussreiche Ausstellung zur Geschichte, Kultur und den landwirtschaftlichen Errungenschaften der Mennoniten zu sehen. Zu den Letzteren gehört die Produktion von Ahornsirup: Mehr darüber erfährt man im **Maple Syrup Museum & Quilt Gallery** (519-664-1232; www.stjacobs.com; 1441 King St N, St Jacobs; Mo–Sa 10–18, So 12–17.30 Uhr), GRATIS oder man probiert das flüssige Gold beim **Maple Syrup Festival** (www.elmiramaplesyrup.com) Anfang April. Ein traditionelles Mittagessen in **Benjamin's Restaurant** (519-664-3731; www.stjacobs.com/country-inns; 1430 King St N, St Jacobs; Mahlzeiten 10–30 C$; 11.30–21 Uhr;) rundet den Tag ab. Als Proviant für die Weiterfahrt bieten sich frischer Obstkuchen und Scones aus der **Stone Crock Bakery** (519-664-2286; 1402 King St N, St Jacobs; Gebäck 2–8 C$; Mo & Di 7–15, Mi–Sa bis 20, So 11–20 Uhr) an.

Waterloo Central Railway DAMPFEISENBAHN
(☎519-885-2297; www.waterloocentralrailway.com; 10 Father David Bauer Dr; ab 10 C$; ⊙April–Dez.) Die liebevoll restaurierte Dampfeisenbahn fährt in den wärmeren Monaten dienstags, donnerstags und samstags zwischen Waterloo und St. Jacobs hin und her: Details zum Fahrplan und weitere Informationen stehen auf der Homepage.

Feste & Events

Uptown Waterloo Jazz Festival JAZZ
(www.uptownwaterloojazz.ca) Grandioser Jazz, Kleinstadtambiente: immer im Sommer und zwar Mitte Juli.

Oktoberfest BIER
(☎519-570-4267, 888-294-4267; www.oktoberfest.ca) *Willkommen* heißt es bei diesem neuntägigen Bierfest bayerischer Tradition – dem größten Oktoberfest Nordamerikas und wohl eines der größten außerhalb Deutschlands. Zu dem populärsten Event in K-W kommen pro Jahr von Anfang bis Mitte Oktober rund 500 000 Besucher, um hier Biergartenatmosphäre, Blasmusik, Sauerkraut und Lederhosen zu erleben. Unterkünfte weit im Voraus buchen.

Schlafen & Essen

Bingemans Camping Resort CAMPINGPLATZ $
(☎519-744-1002, 800-565-4631; www.bingemans.com; 425 Bingemans Centre Dr, Kitchener; Zelt-/Wohnmobilplatz 35/45 C$, Hütten ab 65 C$, Reservierung 8 C$; 🏊) Bingemans, südlich des Highway 401, ist eine Kombination aus Wasserpark und Campingplatz mit genügend Pools, Teichen und Wasserrutschen, um den Status als „Great Lake" zu sichern. Die Hütten mit jeweils vier Schlafplätzen sind nicht unbedingt spektakulär. Eine breite Auswahl an Camping- und Wasserpark-Packages steht bereit; weitere Infos finden sich online auf der oben genannten Homepage.

Walper Terrace Hotel HOTEL $$
(☎519-745-4321, 800-265-8749; www.walper.com; 1 King St W, Kitchener; Zi./Suite ab 89/159 C$; ⊜❄📶) Das geschichtsträchtige Walper fügt sich in die Innenstadt wie eine elegante Dame, die für ihr Alter noch sehr gut aussieht – das Hotel wurde 1893 gebaut und 2011 renoviert. Alle Zimmer haben hohe Decken, Flachbildfernseher, kostenloses WLAN und sind mit Stilmöbeln eingerichtet. Die Standardzimmer sind ein bisschen behaglicher, die Suiten geräumiger.

Crowne Plaza Kitchener-Waterloo HOTEL $$
(☎519-744-4144; www.crowneplaza.com; 105 King St E, Kitchener; DZ ab 144 C$; ❄📶🏊) Crowne Plaza hat das ehemalige Delta umfassend renoviert und Ende 2013 neu eröffnet. Mit einer futuristischen neuen Lobby und 201 blitzenden, modernen Gästezimmern ist es auf Meilen hinaus das beste Quartier.

Princess Cafe CAFÉ $
(☎519-886-0227; www.princesscafe.ca; 46 King St N, Waterloo; Panini 6,50 C$; ⊙So–Do 11.30–22, Fr & Sa bis 3.30 Uhr) Das altmodische Café neben dem Kino serviert Kaffee, getoastete Panini und andere leckere Snacks. Nachteulen kommen auf einen „Cheeses Murphy" vorbei: Der gegrillte Käse ist der ultimative Katerkiller (Fr & Sa 0–3.30 Uhr).

Concordia Club DEUTSCH $$
(429 Ottawa St S, Kitchener; Hauptgerichte mittags 7–12 C$, abends 12–20 C$; ⊙Mo–Sa 11.30–23, So bis 14 Uhr) Das Concordia ist seit Jahrzehnten ein beliebtes Lokal mit deutscher Anmutung. Schnitzel, dunkles Holz, niedrige Decken, weiße Tischtücher und laute Gespräche bestimmen das Ambiente. Am Freitag- und Samstagabend wird Polka getanzt, im Sommer sitzt man gemütlich im Biergarten.

Praktische Informationen

KW Tourism (☎519-745-3536; www.explorewaterlooregion.com; 200 King St W, Kitchener; ⊙Mo-Fr 8.30–17 Uhr) Im Rathaus.

Waterloo Visitors Centre (☎519-885-2297; www.explorewaterlooregion.com; 10 David Bower Dr, Waterloo; ⊙April–Dez. Mo–Sa 9–16 Uhr) Freundliche Mitarbeiter! Im Endbahnhof der Waterloo Central Railway.

An- & Weiterreise

Vom **Waterloo International Airport** (YFK; %519-648-2256; www.waterlooairport.ca; 4881 Fountain St N, Breslau), 7 km östlich der Stadt, starten Flüge nach Calgary, Detroit und Chicago.

Greyhound Canada fährt am **Charles Street Transit Terminal** (☎800-661-8747; www.greyhound.ca; 15 Charles St W, Kitchener) ab, das zu Fuß fünf Minuten von der Innenstadt entfernt liegt. Busse fahren nach Toronto (28 C$, 1½–2 Std., stündl.) und London (25 C$, 1½–2 Std., 3-mal tgl.).

Der **Bahnhof von Kitchener** (☎888-842-7245; www.viarail.ca; Ecke Victoria & Weber St, Kitchener) liegt in Gehweite nördlich des Stadtzentrums. Die Bahngesellschaft VIA bietet Zugverbindungen nach Toronto (28 C$, 2 Std., 2-mal tgl.) und London (35 C$, 1½ Std., 2-mal tgl.). GO Transit betreibt Vorortzüge nach Toronto (15,55 C$, 2 Std., 2-mal tgl.).

Elora & Fergus

Die hübschen Ortschaften Elora und Fergus in Wellington County zählen nicht mehr zu den bestgehüteten Geheimnissen von Ontario. Die Städtchen beiderseits des gewundenen Grand River freuen sich auf Besucher. Beide haben Grandioses geleistet, um ihre altehrwürdigen Fassaden und das Straßenbild zu erhalten. Das verlockende Elora mit seiner Klamm und der Badestelle ist ein wunderbarer Ort, um der Sommerhitze zu entkommen. Das benachbarte Fergus weckt geradezu nostalgische Gefühle für ein entschwundenes Zeitalter und ein weit entferntes nördliches Königreich ... und außerdem den fast unstillbaren Wunsch, all die behaglichen Pubs zu testen.

Sehenswertes

Wellington County Museum MUSEUM
(☎519-846-0916; www.wcm.on.ca; Rte 18, Elora; Spende erbeten; ⌚Mo–Fr 9.30–16.30, Sa & So 12–16 Uhr) Das abweisende, ehemalige „Armenhaus“ mit seinem roten Dach liegt auf halber Strecke zwischen Fergus und Elora. Es gewährte fast ein Jahrhundert lang Alten und Obdachlosen Zuflucht, bis es 1957 zum Wellington County Museum umgestaltet wurde. In 12 Sälen werden historische Zeugnisse und Werke heutiger regionaler Künstler ausgestellt; man ist stolz auf seine Geschichte und auf die Gegenwartskultur in der Region. Im Zentrum aber steht die Ausstellung „Wenn diese Mauern reden könnten“, die dem Schicksal der Menschen gewidmet ist, die hier einst lebten und hart arbeiteten.

Elora Gorge Conservation Area PARK
(www.grandriver.ca; Rte 21, Elora; Erw./Kind 5,75/2,75 C$, Schlauchverleih 15 C$; ⌚Ende April–Mitte Okt.) Rund 2 km südlich von Elora liegt das malerische Naturschutzgebiet der Elora Gorge, einer tiefen Kalksteinschlucht, durch die sich der Grand River windet. Auf einfachen Wegen gelangt man zu Aussichtspunkten auf den Klippen, zu Höhlen und zur Cascade, einem wild schäumenden Wasserfall, an dem sich das Wasser über eine steile Klippe ergießt. Einen prachtvollen Blick in die Schlucht hat man vom Ende der James Street, die von der Metcalfe Street in Elora abgeht. Tubing – das gemächliche Treiben auf dem Fluss in einem Reifenschlauch – ist wahrlich eine nette Form, einen stressfreien, warmen Nachmittag in der bemerkenswertenSchlucht zu verbringen. In der Schlucht kann man auch zelten.

Elora Quarry Conservation Area PARK
(www.grandriver.ca; Rte 18, Elora; Erw./Kind 5,75/2,75 C$; ⌚Juni–Aug. Sonnenaufgang bis Sonnenuntergang) Einen kurzen Spaziergang östlich von Elora liegen die unergründlich tiefen Gewässer und 12 m hohen Sandsteinklippen der Elora Quarry Conservation Area – ein idealer Ort zum Schwimmen. Hormongesteuerte Teenager wagen Sprünge aus großer Höhe in die Tiefe, obwohl Schilder davor warnen.

Geführte Touren

Elora Culinary Walking Tours STADTSPAZIERGANG
(☎226-384-7000; www.eloraculinarywalkingtour.com; 15 C$ pro Pers.; ⌚Mai–Sept. Sa 14 Uhr) Auf dieser zweistündigen Führung lernt man einige der kulinarischen Höhepunkte von Elora kennen. Der übliche Treffpunkt ist bei jedem Wetter vor dem Village Olive Grove (8 Mill St W).

Feste & Events

Elora Festival MUSIK
(www.elorafestival.com) Klassik, Jazz, Folk und Kunst haben ihren Platz bei dem Festival mit Konzerten im Steinbruch und überall in der Stadt, das alljährlich von Mitte Juli bis Mitte August veranstaltet wird. Sänger und Musiker aus dem ganzen Land bevölkern das Programm von Eloras wichtigstem Event.

Fergus Scottish Festival & Highland Games KULTUR
(www.fergusscottishfestival.com) Hier zählt nur, was schottisch ist: Tauziehen, Baumstammwerfen, Dudelsäcke, keltische Tänze, Kilts, Haggis und das Verkosten von Whisky ... Das Fest findet an zwei Tagen Mitte August statt.

Schlafen

In der Gegend gibt es viele B&Bs. Wer bei den unten genannten kein Glück hat, kann sich an die **Fergus Elora Bed & Breakfast Association** (www.ferguselorahosts.com) wenden.

Elora Gorge Conservation Area Campground CAMPINGPLATZ $
(☎519-846-9742, 866-668-2267; www.grandriver.ca; Rte 18, Elora; Stellplatz 32,50–40 C$, Reservierung 13 C$) Mehr als 550 Stellplätze in sechs verschiedenen Bereichen am Flussufer. Im Sommer ist die Nachfrage enorm, besonders an Ferienwochenenden.

★ **Stonehurst B&B** B&B $$
(☎519-843-8800; www.stonehurstbb.com; 265 St David St S, Fergus; EZ/DZ inkl. Frühstück 113/130 C$) Das prachtvolle Landhaus gehörte von 1853 bis 1933 einer der wohlhabendsten Familien in der Gegend, hatte dann ein kurzes Intermezzo als Pflegeheim und Zeitungsgebäude, bis es 2001 die angemessenere Funktion als B&B übernahm. Vier bequeme Zimmer haben jeweils ein eigenes Bad. Die freundlichen Gastgeber halten das Haus, die Gemeinschaftsbereiche und den Garten hervorragend in Schuss. Tolles Preis-Leistungs-Verhältnis.

Bredalbane INN $$
(☎519-843-4770; www.breadalbaneinn.com; 487 St Andrew St W, Fergus; Zi. 90–225 C$) Die Zimmer in diesem kompakten Gasthaus sind klassisch eingerichtet, ohne geschmacklos zu sein. Einige haben Himmelbetten, und die meisten sind mit Whirlpools ausgestattet. Zum Haus mit der Top-Lage an der Hauptstraße gehören ein Pub und ein Bistro. Gäste müssen also nicht weit laufen, wenn sie ausgehen möchten, dafür kann es bisweilen laut werden.

Drew House INN $$
(☎519-846-2226; www.drewhouse.com; 120 Mill St E, Elora; Zi. inkl. Frühstück ab 125 $; ⊜❄) Das von einem baskischen Koch und einem Journalisten aus New Jersey geführte Drew House vereint Alte und Neue Welt. Der auf einem weiten Gelände gelegene Gasthof bietet in den renovierten Stallungen Suiten mit eigenem Bad und im Haupthaus Gästezimmer mit Gemeinschaftsbad. Die dicken Steinmauern künden von Geschichte. Zum Frühstück gibt's frisches Obst, heißen Kaffee sowie Schinken und Eier, zubereitet nach den Wünschen der Gäste.

Essen & Ausgehen

Gorge Country Kitchen DINER $
(☎519-846-2636; 23 Wellington Rd 7, Elora; Hauptgerichte 8–22 C$; ⊙7–20.30 Uhr) Das Gorge lockt die Gäste normalerweise mit seinen familienfreundlichen, preiswerten Gerichten im ländlichen Stil, besonders mit dem herzhaften Frühstück. Es gibt außerdem leckere Tagesgerichte.

Mill St Bakery & Bistro CAFÉ $$
(☎519-384-2277; www.millstreetbakerybistro.com; 15 Mill St E, Elora; Hauptgerichte 11–24 C$; ⊙Mo–Sa 9–19, So ab 10 Uhr) Das lebhafte Lokal für Frühstück und Mittagessen hat eine fantastische Terrasse mit Blick auf den Fluss. Serviert werden Sandwiches, die beliebten Wohlfühlgerichte und eine begrenzte Abendkarte.

Brewhouse PUB $$
(☎519-843-8871; www.fergusbrewhouse.com; 170 St David St S, Fergus; Hauptgerichte 10–22 C$; ⊙Mo–Sa 11.30–1, So bis 13 Uhr) Von der schattigen Veranda des Brewhouse kann man den Fliegenfischern auf dem Grand River zuwinken und dabei die Vor- und Nachteile von Biersuppe mit Cheddar, Bangers & Mash (Bratwurst mit Kartoffelpüree) oder Enchiladas mit Curryhuhn abwägen. Das Brauhaus präsentiert sich mit Bar, europäischem Bier vom Fass und Livemusik.

Cork EUROPÄISCH $$$
(☎519-846-8880; www.eloracork.com; 146 Metcalfe St, Elora; Hauptgerichte 24–34 C$; ⊙11.30–21 Uhr) Mutter und Tochter sind die Betreiber des Cork, eines lässigen Fine-Dining-Restaurants, das in ganz Wellington County mit exzellentem Service, köstlichem Essen und der sonnigen Terrasse aufhorchen lässt. Vom köstlichen Salat aus gegrillter Roter Bete und Ziegenkäse bis zum wundervollen Hummerrisotto mit Safran kann man unserer Ansicht nach mit der Investition zufrieden sein.

AUFMARSCH DER SCHWÄNE

Stratfords heiß geliebte Schwäne schwimmen im Winter nicht auf dem Avon, sondern werden in Gehegen warm untergebracht. Wenn sie Anfang April ihr Sommerquartier auf dem Fluss beziehen, ist das ein großes Ereignis. Die Schwäne watscheln dann in Formation die Straße hinunter, gefolgt von Dudelsackpfeifern im Schottenrock. Den exakten Termin findet man unter www.welcometostratford.com.

DAS STRATFORD FESTIVAL

Sir Alec Guinness spielte Richard III. am Eröffnungsabend des vielgerühmten **Stratford Festival** (☎800-567-1600, 519-273-1600; www.stratfordfestival.ca), das ganz bescheiden in einem Zelt im Queen's Park begann. Inzwischen kann das Festival auf über 60 Spielzeiten zurückblicken und genießt internationale Anerkennung. Neben den Theateraufführungen gibt es weitere interessante Veranstaltungen: Diskussionen im Anschluss an die Vorstellung, Blick hinter die Kulissen, Vorträge, Konzerte und Lesungen. Einige sind sogar kostenlos.

Weit entfernt von den Anfängen im Zelt bringen inzwischen vier Theater aktuelle und klassische Dramen, Opern und natürlich Werke des Barden selbst auf die Bühne, die Monstersaison dauert von April bis November. Die wichtigsten Produktionen kommen im Festival Theatre mit 1800 Plätzen und im Avon Theatre (1000 Plätze) heraus. Das Tom Patterson und das Studio Theatre sind intimer. Schauspieler aus aller Welt schätzen die mit dem Festival verbundenen Stipendien.

Der allgemeine Kartenverkauf beginnt Anfang Januar. Bis es losgeht, sind nahezu alle Vorstellungen ausverkauft: im Voraus buchen! Previews (Vorpremieren) im Frühling und Vorstellungen zum Saisonschluss im Herbst sind oft 30 % billiger. Noch ein kleiner Hinweis: Bis zu 50 % Nachlass gibt es auf Restkarten (*rush tickets*) zwei Stunden vor Vorstellungsbeginn.

Goofie Newfie PUB
(☎519-843-4483; www.goofienewfie.ca; 105 Queen St W, Fergus; ⊙ab 11.30 Uhr) Sehr gutes Essen, kalter Schnaps, excellente Live-Unterhaltung und zufriedene Wirte machen das Goofie Newfie zu einem fröhlichen Ort.

Shepherd's Pub PUB
(8 Mill St W, Elora; Hauptgerichte 9–13 C$; ⊙12–22 Uhr) Hier kann man typische Kneipengerichte und kaltes Guinness am Fluss genießen. Den ganzen Tag über gibt's Frühstücks-Pfannengerichte und Fisch in Bierteig mit Chips. Die herzhafte Rinderpastete bringt einen wieder in Schwung, falls man am letzten Abend hier versackt sein sollte.

ℹ Praktische Informationen

Elora Welcome Centre (☎519-846-2563, 877-242-6353; www.elora.info; 9 Mill St E, Elora; ⊙Mo–Fr 9–17, Sa 10–18, So bis 17 Uhr) Die freundlichen Mitarbeiter des Elora Welcome Centre in der Nähe der Brücke wissen im Prinzip über alles und jedes in Wellington County Bescheid.

ℹ An- & Weiterreise

Greyhound Canada hält an der Bridge Street in Fergus und am **Little Katy Variety Store** (185 Geddes St, Elora; ⊙9–19 Uhr) in Elora auf dem Weg von und nach Toronto (25 C$, 2 Std., 1–2-mal tgl.).

Stratford

Stratford ist eine Erfolgsgeschichte, ein wunderbares Landstädtchen, das sich gegen die Tendenz zur Entvölkerung sperrt, wie sie ländlichen Räumen weltweit zu schaffen macht. Wie es heißt, hörte 1952 ein junger Journalist namens Tom Patterson die Ankündigung der Canadian National Railways (des größten Arbeitgebers in der Region), man wolle die Anlage in Stratford schließen. Daraufhin ging er die Kommune um ein Darlehen an. Sein Plan bestand darin, eine Schauspielertruppe zusammenzustellen, um die Namensgleichheit der Stadt mit Shakespeares Geburtsort zu Geld zu machen. Es funktionierte: 1953 ging die erste Vorstellung jener Veranstaltung über die Bühne, die sich inzwischen zum Stratford Festival ausgewachsen hat (dem größten seiner Art). So entstand ein ganz neuer Erwerbszweig, der die Stadt auch heute noch in nicht unerheblichen Maße stützt.

Mit viel Charme, Kultur und Noblesse und außerdem noch mit einem ganzen Strauß anderer Festivals im Köcher hängt sich Stratford stärker rein als andere Städte, die doppelt so groß sind: Es gibt jede Menge toller Plätze zum Essen und Übernachten. Zu jeder Jahreszeit können Besucher die Natur, Kunst und Architektur genießen, herzlich willkommen geheißen von den stolzen Einwohnern der Stadt.

Sehenswertes

Avon River FLUSS

Stratfords mit Schwänen besetzter Avon River (wie sollte der Fluss wohl anders heißen?) fließt gemächlich an dem Städtchen vorbei; an seinen Ufern finden sich viele Rasenflächen zum Entspannen. Gleich westlich von Stratford Tourism nehmen die **Shakespearean Gardens** am Flussufer das Gelände einer alten Spinnerei ein. Sie bieten Gartenparterres, zurechtgestutzte Buchsbaumhecken, Kräuterpflanzen, Rosen und eine Bronzebüste des englischen Dichters – eine Broschüre zum Park gibt es bei Stratford Tourism. Weiter den Fluss hinunter liegt der **Queen's Park**, dessen Wege vom Festival Theatre längs des Flusses am Orr Dam und einer 1885 errichteten Steinbrücke vorbei bis zu einem formal gestalteten und sehenswerten **englischen Blumengarten** führen.

Stratford-Perth Museum MUSEUM

(☎ 519-393-5311; www.stratfordperthmuseum.ca; 4275 Huron Rd; empfohlene Spende 5 C$; ⊙ Di–Sa 10–16, So & Mo ab 12 Uhr) Die vielfältige und bedeutende Sammlung des Stratford-Perth Museum umfasst eine Vielzahl von Artefakten und Memorabilien vom Anfang des 19. Jhs. bis heute. Die Mission besteht darin, die Geschichte der Gemeinden Stratford und Perth County zu bewahren und in Ehren zu halten.

Gallery Stratford GALERIE

(☎ 519-271-5271; www.gallerystratford.on.ca; 54 Romeo St; Erw./Kind 5 C$/frei; ⊙ Di–So 10–17 Uhr) In einem wunderbar renovierten Pumpenhaus aus gelben Ziegeln von 1880 zeigt die Gallery Stratford innovative Kunst, schwerpunktmäßig aus Kanada. Regelmäßig werden Kunstwerkstätten, Filmabende und Familientage veranstaltet. Erwähnt sei auch, dass die Galerie sehr kinderfreundlich ist.

Geführte Touren

★ **Downloadable Guides** SPAZIERGANG

(www.visitstratford.ca/toursandguides.php) Diese genialen Leute sind allen anderen einen Schritt voraus! Hier kann man die unterschiedlichsten Podcasts und PDF-Führer für thematische Spaziergänge, Auto- und Fahrradtouren durch Stratford und die umliegende Region herunterladen. Themen sind u. a. Essen, Wein, Gärten, Antiquitäten und sogar ... Justin Bieber!

Bootstouren BOOTSFAHRT

(☎ 519-271-7739; www.avonboatrentals.ca; 30 York St; Touren Erw./Kind ab 7/3 C$, Miete ab 15 C$; ⊙ Mai–Okt. 9 Uhr bis zur Dämmerung) Die Parks, Schwäne, Uferstreifen und prachtvollen Gärten kann man bei einer Bootstour auf dem Avon River auf sich wirken lassen. Die Touren starten unterhalb von Stratford Tourism am Fluss. Außerdem gibt es Kanus, Kajaks und Paddelboote zu mieten.

Feste & Events

Savour Stratford Festival ESSEN

(☎ 519-271-7500; www.visitstratford.ca/ culinaryfestival) Verkostungen von Bier, Wein und Essen, Workshops, Hofbesichtigungen und festliche Abendessen geben Mitte September einen Eindruck von der ganzen Fülle des Perth County. Die Preise variieren je nach Veranstaltung.

Stratford Garlic Festival ESSEN

(www.stratfordgarlicfestival.com) Die Knoblauchorgie wird Mitte September gefeiert – Pfefferminzpastillen mitbringen!

Stratford Garden Festival GARTEN

(www.stratfordgardenfestival.com; Eintritt 9 C$) Bei der viertägigen Gartenschau Anfang März gibt es Pflanzen aus aller Welt, Gastredner und Präsentationen.

Stratford Summer Music MUSIK

(www.stratfordsummermusic.ca; Karten 10–40 C$) Vier Wochen lang stehen von Mitte Juli bis Mitte August klassische Musik, Musicals und Opern auf dem Programm. Bekannte Musiker aus ganz Kanada treten auf.

Schlafen

In Stratford gibt es Unterkünfte im Überfluss, aber die schlauen Einwohner wissen, wie man schnelles Geld macht: Die Zimmerpreise können schon mal durch die Decke schießen. Infos unter www.stratfordaccommodations.com.

Stratford General Hospital Residence HOSTEL $

(SGH Residence; ☎ 519-271-5084; www.sgh.stratford.on.ca/residence; 130 Youngs St; EZ/DZ 59/69 C$;) Das renovierte ehemalige Schwesternwohnheim entspricht noch am ehesten einer Jugendherberge: 360 Zimmer mit Gemeinschaftsbädern, Küchen und einem beheizten Pool. Das Hostel ist billig, sauber, bequem, aber nicht grade die Party-Zentrale.

Forest Motel and Woodland Retreat MOTEL $$
(☎519-271-4573; www.forestmotel.on.ca; 2941 Forest Rd RR 4; DZ 99–205 C$) Freundliche Gastgeber begrüßen die Gäste in diesem wunderbaren Juwel am bewaldeten Seeufer. Es liegt abgeschieden, aber doch nur 10 Minuten von der Stadt entfernt und nah an den Annehmlichkeiten des Highway. Gemütlich renovierte Zimmer sind ein Beweis für Conrads handwerkliches Geschick. Man hat eher das Gefühl, eine Hütte auf dem Land zu betreten als ein Motel. Alle Zimmer verfügen über Mikrowelle, Kühlschrank und heimelige Extras.

Parlour Historic Inn & Suites HOTEL $$
(☎519-271-2772; www.bestwestern.com; 101 Wellington St; DZ ab 139 C$) Das sympathische Hotel ist in einem denkmalgeschützten Gebäude im Stadtzentrum untergebracht, wurde aber vollständig auf hohen Standard umgebaut – die meisten Zimmer sind geräumig und lichterfüllt. Unten gibt es einen Pub mit einer hübschen Terrasse, auf der es aber nicht allzu heißt hergeht.

Festival Inn MOTEL $$
(☎519-273-1150; www.festivalinnstratford.com; 1144 Ontario St; DZ 99–189 C$) Die vierflügelige Motelanlage besitzt mehr als 160 angenehm renovierte Zimmer und Suiten in verschiedenen Stilrichtungen und bietet während der Festivalsaison ein gutes Preis-Leistungs-Verhältnis. Es liegt am Highway in der Nähe von mehreren Freizeiteinrichtungen; bis zum Festival und den Attraktionen in der Innenstadt sind es nur wenige Minuten Fahrt.

Swan Motel MOTEL $$
(☎519-271-6376; www.swanmotel.on.ca; 960 Downie St S; Zi. 105–130 C$;) Das Swan, ein fabelhaft geführtes Motel aus den 1960er-Jahren 3 km südlich der Stadt, verfügt über blitzsaubere Zimmer mit Kostümentwürfen und Originalkunstwerken an den Wänden. Das parkähnliche Gelände umfasst Skulpturen aus gehämmertem Stahl, Springbrunnen und einen Pool. Von Ende Oktober bis Anfang Mai ist das Motel geschlossen.

Acrylic Dreams B&B $$
(☎519-271-7874; www.acrylicdreams.com; 66 Bay St; Zi. inkl. Frühstück 135–160 C$;) Das von einem Ehepaar geführte, renovierte B & B von 1879 besitzt Parkettböden und Wellnessangebote. Die Betreiber sind nämlich nicht nur Künstler (daher die vielen Acrylbilder an den Wänden), sondern bieten auch Sitzmassage und Reflexzonentherapie an. Beim Frühstück werden alle Ernährungsunverträglichkeiten berücksichtigt.

Lofts at 99 BOUTIQUEHOTEL $$
(☎800-361-5322, 519-271-1121; www.bentleys-annex.com; 99 Ontario St; Zi. 99–299 C$;) Dieser moderne, in dunklem Holz möblierte Gasthof bietet geräumige, zweigeschossige Suiten und Lofts. Oberlichter, Einbauküchen und antike Möbel gehören zur Standardausstattung. Die Leute am Empfang sind freundlich, und im Café unten ist immer etwas los.

Mercer Hall Inn BOUTIQUEHOTEL $$
(☎888-816-4011, 519-271-1888; www.mercerhall inn.com; 108 Ontario St; DZ 90–200 C$;) Das Mercer Hall Inn in der Innenstadt besitzt mehr Klasse als die meisten: Einzigartig künstlerische Zimmer sind mit handgearbeiteten Möbeln, Kitchenette und elektrischem Kamin ausgestattet. Einige haben angenehme Whirlpools.

★ **Three Houses Bed & Breakfast** B&B $$$
(☎519-272-0722; www.thethreehouses.com; 100 Brunswick St; Suite inkl. Frühstück 195–495 C$;) Zwei edwardianische Stadthäuser, ein Kutschenhaus im Garten und ein italienisch anmutendes Gebäude aus den 1870er-Jahren bilden dieses akkurate, *beinahe* übertriebene Gasthaus mit 18 Zimmern. Kein Detail wurde bei der Einrichtung der lichtdurchfluteten Räume ausgelassen – selbst die Gepäckablagen sind der individuellen Zimmergestaltung angepasst. Ein Salzwasserpool und die lauschige Gartenoase sorgen für Entspannung.

Essen

Eine örtliche Kochschule und die Landwirtschaft in der Umgebung machen Stratford zu einem Paradies für Feinschmecker. Während des Festivals ist eine Reservierung absolut empfehlenswert.

Boomer's Gourmet Fries FASTFOOD $
(☎519-275-3147; www.boomersgourmetfries.com; 26 Erie St; Waren 3–15 C$; ⊙Di–So 11.30–19 Uhr) Wahnsinnig, gruselig, mörderisch, köstlich, faszinierend, unwiderstehlich, zum Sterben, was zum? All diese Worte wurden verwendet, um die Pommes, *poutines*, Burger und gebratenen Kreationen in diesem verrückten, kleinen Lokal zu beschreiben.

Da heißt es, auf den fahrenden nZug aufspringen – er rockt, und zwar heftig!

York Street Kitchen SANDWICHES $

(☎519-273-7041; www.yorkstreetkitchen.com; 24 Erie St; Hauptgerichte 6–16 C$; ⏰8–20 Uhr) Die schmale Küche serviert ganz besondere Sandwiches aus selbst gebackenem Brot, gebackenen Brie, Salate, Quiches und Desserts. Empfehlenswert ist z. B. das „Mennoniten"-Sandwich: herzhafte Wurst, Cheddar, Mais-Relish, Tomate, Honigsenf, Mayonnaise und knackiger Salat.

Let Them Eat Cake CAFÉ $

(☎519-508-2253; www.letthemeatcake.ca; 23 Albert St; Hauptgerichte 6–20 C$; ⏰7–20 Uhr) Die Stratforder Institution serviert ganztägig Frühstück, frisch gebackene Scones und Muffins, leckere Sandwiches, Salate, Burger und hat eine kleine Abendkarte.

Raja INDISCH $$

(☎519-271-3271; www.rajaindiancuisine.ca; 10 George St W; Hauptgerichte 12–22 C$; ⏰11.30–14.30 & 17–21 Uhr; 🌶) Hier werden Stratfords prüde angelsächsische Geschmacksnerven mit unkonventionellen Mengen an Chili und Gewürzen herausgefordert. Das Raja bringt fantastische Currys, Suppen, Salate, Brote, vegetarische und Tandoori-Gerichte auf die weiß eingedeckten Tische. Das Personal ist gediegen und von geradezu unerschütterlicher Höflichkeit.

Down the Street Bar & Restaurant INTERNATIONAL $$

(☎519-273-5886; www.downthestreet.ca; 30 Ontario St; Abendessen 19–29 C$; ⏰Di–So 17.30–2 Uhr) Das Bar-Restaurant mit seiner geheimnisvollen Atmosphäre, tollen vergoldeten Spiegeln und alten Neonschildern, die an Pariser Cafés erinnern, bietet Abendessen vor dem Theaterbesuch, Hausbräu und offene Weine. Die Karte ist multikulturell (Pizza mit dünnem Boden, Ziegenkäse-Enchiladas), und nach 22 Uhr tritt die Bar als einer der lebhafteren Abendtreffs in Stratford in Erscheinung.

Mercer Hall EUROPÄISCH $$

(☎519-271-9202; www.mercerhall.com; 104 Ontario St; Mittagessen 6–16 C$, Abendessen 10–28 C$; ⏰So–Mi 11.30–21, Do–Sa bis 24 Uhr) Das schicke traditionelle Lokal bietet eine fantastische Brunch-Karte und abends saisonale Köstlichkeiten wie Ochsenbrust, abgelagertes Bisonfleisch und ein leckeres Linsen-Gemüse-Curry.

Bijou FRANZÖSISCH $$$

(☎519-273-5000; www.bijourestaurant.com; 105 Erie St; Mittagessen 8–18 C$, Abendessen 46–52 C$; ⏰Fr & Sa 11.30–13 & Di–Sa 17–21 Uhr) Dieses nette französische Restaurant mit Klasse bietet jeden Abend ein anderes Menü, das auf der Kreidetafel angeschrieben steht. Für Gerichte wie Wachteln, Salat mit Tomaten alter Sorten oder Ceviche mit Weißfisch aus dem Lake Huron werden regionale Produkte verwendet. Für den persönlichen Charakter des Ambientes sorgen knarrende Holzdielen und Kinderzeichnungen an den Wänden.

ℹ Praktische Informationen

Stratford Public Library (☎519-271-0220; www.stratford.library.on.ca; 19 St Andrew St; ⏰Mo 13–21, Di–Do 10–21, Fr & Sa 10–17 Uhr; @) In der öffentlichen Bücherei gibt es kostenlosen Internetzugang.

Stratford Tourism (☎519-271-5140, 800-561-7926; www.visitstratford.ca; www.welcometostratford.com;) Innenstadt (47 Downie St; ⏰Mo–Fr 8.30–18 Uhr); Flussufer (30 York St; ⏰Juni–Sept. Di–So 10–18 Uhr) Die Mitarbeiter können bei Unterkünften und allem helfen, was mit dem Festival zu tun hat. Die Websites sind eine ausgezeichnete Informationsquelle mit massenhaft Ausflugstipps. Das Büro in der Innenstadt besitzt eine von Justin Bieber signierte Gitarre (kichernde Teenie-Fans aus aller Welt können sich daran gar nicht sattsehen). Es gibt sogar eine Justin-Bieber-Tour in Eigenregie. Bei diesem Spaziergang kann man sich anschauen, wo der Popstar sein erstes Date hatte, wenn man nun absolut nichts Besseres vorhat.

ℹ An- & Weiterreise

Der **Stratford Direct** (www.stratfordfestival.ca) ist ein Shuttledienst zwischen Toronto und den vier Theatern in Stratford während der Festivalsaison (Mai–Okt., nur an Spieltagen) für nur 20 C$ hin und zurück. Die Busse lassen Fahrgäste an der Simcoe Street, südlich der Front Street, neben dem Intercontinental Toronto ein- und aussteigen. Die Karte muss man bis 23 Uhr am Vortag kaufen. Zwischen Toronto und Stratford halten die Busse nicht, aber es gibt WLAN und Toiletten an Bord. Die Abfahrtszeiten variieren; weitere Infos und Buchung auf der Homepage.

Der **Stratford Airporter** (☎1-888-549-8602, 519-273-0057; www.stratfordairporter.com; ab 69 C$ pro Person) betreibt tägliche Shuttledienste zum Pearson International Airport. Wenn mehrere Leute zusammen fahren, wird es billiger.

VIA Rail fährt ab **Bahnhof Stratford** (☎888-842-7245; www.viarail.ca; 101 Shakespeare

St) nach Toronto (37 C$, 2 Std., 2-mal tgl.) und London (20 C$, 1 Std., 2-mal tgl.).

Am Lake Huron

Der Lake Huron hat von den Great Lakes mit das sauberste Wasser und ist so breit, dass die Sonne auf der Wasserlinie seines Westufers untergeht: ein wunderschönes Naturschauspiel. Wer schon in Toronto und am Lake Ontario unterwegs war, wird das Blau des Lake Huron und seine weißen Sandstrände als erfrischende Abwechslung erleben. Highway 21 schmiegt sich streckenweise an die wenig besiedelte Küstenlinie. Auch sonst ist die Straße nur durch Nadelwälder und Herrenhäuser vom See getrennt.

Grand Bend

Die meiste Zeit im Jahr ist Grand Bend ein verschlafenes, verschlossenes Nest am Südostufer des Lake Huron, aber von Ende Mai bis Ende Oktober erwacht die Stadt zum Leben, wenn sonnenhungrige Studenten aus dem nahe gelegenen London, aus Kitchener und Windsor hierherströmen. Die Verwandlung ist atemberaubend: Das friedliche Leben einer Handvoll ganzjähriger Bewohner wird durch eine Mini-Springbreak à la Florida auf den Kopf gestellt.

Von einem Aussichtspunkt am breiten, sandigen Hauptstrand ist leicht zu erkennen, wie der Ort zu seinem Namen – Große Biegung – kam: Die Küstenlinie schlägt von dort einen dramatischen Bogen und wird dann fast zu einer geraden Linie in Richtung Norden. Zu Beginn des Frühlings ist es eine ziemlich surreale Erfahrung, am sandigen Ufer in der Sonne zu stehen und hinaus auf den zugefrorenen, schneebedeckten See zu schauen, dessen Ränder der Wind zu eisigen Wellen geformt hat.

Schlafen & Essen

Bars und Billiglokale säumen die Main Street West, die auf den Strand zuläuft: Unterwegs gibt es ein paar tolle Terrassen für ein kaltes Bier ... oder zwei.

Pinery Provincial Park CAMPINGPLATZ $
(☎ info 519-243-2220, Reservierung 888-668-7275; www.pinerypark.on.ca; RR2, Grand Bend; Gebühren variieren) Südlich von Grand Bend liegt der beliebte, malerische Pinery Provincial Park mit 10 km langen, breiten Sandstränden und vielen Pfaden, die sich durch Waldstücke und Sanddünen schlängeln (Fahrrad-/Kajakverleih pro Tag 45/40 C$). Hunderte Stellplätze und eine Anzahl Jurten stehen zur Auswahl. Eine Vorausbuchung über die pfiffige Website von Parks Ontario, www.reservations.ontarioparks.com, ist unbedingt zu empfehlen: Der Platz ist schnell voll.

Bonnie Doone Manor on the Beach INN $$
(☎ 519-238-2236; www.bonniedoone.ca; 16 Government Rd; DZ 90–325 C$; ❄@🐾) Wir lieben dieses wackelige Ferienhotel – das einzige am Strand –, das seit über 50 Jahren von derselben Familie liebevoll aufgepeppt und unterhalten wird. Die Zimmer sind eine Retro-Zeitschleife mit leuchtend bunten Akzenten. Viele blicken aufs Wasser und unvorstellbar schöne Sonnenuntergänge. Es gibt auch eine idyllische Einzelhütte. Das Hotel steht direkt am Strand und praktisch nur einen Katzensprung von der Main Street entfernt.

Schoolhouse Restaurant INTERNATIONAL $$
(☎ 519-238-5515; www.grandbendschoolhouse.ca; 1981 Crescent St; Hauptgerichte 14–26 C$; ⏲ Mo–Fr 9–21, Sa & So ab 8 Uhr) In dem gourmetfreundlichen Restaurant gibt es für jeden etwas. Es liegt – wer hätte das gedacht – in der ehemaligen Schule von Grand Bend. Vom zarten Brathähnchen bis zu saftigem Steak, Rippchen, seefrischem Fisch und köstlichen lokalen Salatvariationen ist es eine wahre Freude, diese Alternative zu den touristischen Angeboten an der Main Street zu entdecken.

Sunset House INTERNATIONAL $$
(☎ 519-238-2622; www.sunsethouse.ca; 85 Main St W; Hauptgerichte 11–24 C$; ⏲ 11–23.30 Uhr) Das Lokal punktet als tollstes Strandlokal von Grand Bend. Es ist ein hübsches Fleckchen, um in aller Ruhe zu Abend zu essen und sich einen Drink zu genehmigen, während die Sonne unter den Horizont sinkt. Zur Wahl stehen brutzelnde Fajitas, Fisch, Burger und Salate oder einfach ein paar Runden Appetithäppchen zusammen mit einer flüssigen Erfrischung.

Ausgehen & Nachtleben

Riverbend Bar & Grill BAR
(☎ 519-238-6919; 26 Ontario St S; ⏲ 13–22 Uhr) Das Riverbend ist ganzjährig geöffnet, und die Stammgäste kehren hier für riesige Portionen heißer saftiger Chicken Wings,

Karaoke-Abende und kaltes Bier auf der angenehmen Terrasse ein.

An- & Weiterreise

Nach Grand Bent fahren keine öffentlichen Verkehrsmittel. Um die Huron Coast zu erkunden, mietet man am besten in London ein Auto. So entgeht man auch der abschreckenden Erfahrung aus Toronto hinaus oder in die Stadt hineinzufahren. **Avis** (☎800-230-4898; www.avis.ca) und **Enterprise** (☎800-261-7331; www.enterpriserentacar.ca) sind an der Horton Street in der Nähe des Bahnhofs vertreten (S. 170).

Goderich

Das bezaubernde Goderich hat in der Vergangenheit den Titel „schönster Ort in Kanada" gewonnen, in jüngerer Zeit ist es aber durch tragische Ereignisse in die Schlagzeilen geraten: Am 21. August 2011 um 16.03 Uhr fegte der EF-3 Tornado über Goderich hinweg. Es war ein Sonntag, und der gut gefüllte Marktplatz hatte sich gerade geleert. Der Wirbelsturm bildete sich über dem Lake Huron und zog auf direktem Weg über den achteckigen Hauptplatz des Ortes, das Rathaus und noch weiter. Von den 97 jahrhundertalten Bäumen auf dem Platz blieben nur drei stehen; Hunderte Gebäude wurden beschädigt oder zerstört, viele Personen erlitten Verletzungen, ein Mensch verlor bei der Katastrophe sein Leben.

Inzwischen arbeitet die Stadt daran, ihren früheren Titel zurückzugewinnen. Restaurierungen und Wiederaufbauarbeiten sind abgeschlossen. Die Mitarbeiter von **Tourism Goderich** (☎519-524-6600; www.goderich.ca; 91 Hamilton St; ⏲9–17 Uhr) versorgen die Besucher nur allzu gern mit der ausführlichen Broschüre zu den Heritage Walking Tours und beantworten nahezu jede Frage über die Stadt, den Tornado oder Sonstiges.

Sehenswertes & Aktivitäten

Huron County Museum MUSEUM
(☎519-524-2686; www.huroncounty.ca/museum; 110 North St; Erw./Kind 5/3,50 C$; ⏲Jan.–April Mo–Fr 10–16.30, Sa 13–16.30 Uhr, Mai–Dez. Mo–Sa 10–16.30, So ab 13 Uhr) Wer über die Holzdielen des Huron County Museum läuft, erhält einen informativen Einblick in Geschichte, Industrie und Verkehrswesen des Ortes. Zu sehen gibt es alles von Antiquitäten und Porzellan bis hin zu einer alten Dampfmaschine und einem Kessel.

Huron Historic Gaol MUSEUM
(☎519-524-6971; www.huroncounty.ca/museum; 181 Victoria St N; Erw./Kind 5/3,50 C$; ⏲Mai–Sept. Mo–Sa 10–16.30, So ab 13 Uhr, Sept.–Nov. Sa 10–16.30, So–Fr 13–16 Uhr) Durch einen gruseligen, gefängnisgrauen Gang geht es ins Historic Gaol, eine achteckige Festung, die fast 130 Jahre lang als Gericht und Gefängnis diente (und 1869 Schauplatz der letzter Hinrichtung durch den Strang in Kanada war).

Boardwalks SPAZIERGANG
Goderich hat drei Sandstrände am Lake Huron, die durch kilometerlange Holzstege miteinander verbunden sind. Bei einem Abendspaziergang gibt es hier zum Umfallen schöne Sonnenuntergänge zu sehen.

Feste & Events

Blyth Festival THEATER
(www.blythfestival.com) Das nahe gelegene Dorf Blyth hat eine Art Hauptstraße, die Bruce Springsteen gerne besingt, und ist Heimat des angesehenen sommerlichen Blyth-Festivals. Von Juni bis August haben vorwiegend kanadische Stücke ihren großen Auftritt von Freiluftvorstellungen mit Vorreiterfunktion bis zu urkomischen Komödien in geschlossenen Räumen.

Celtic Roots Festival KULTUR
(www.celticfestival.ca) Anfang August füllt sich die Stadt zu einer der größten Feiern keltischer Geschichte und Kultur in ganz Nordamerika.

Schlafen & Essen

Maple Leaf Motel MOTEL **$**
(☎519-524-2302; www.themapleleafmotel.com; 54 Victoria St N; DZ ab 79 C$; ❄📶) Das zentral gelegene Motel mit elf Zimmern und einem altmodisch ländlichen Flair wird liebevoll auf hohem Standard gehalten.

Colborne B&B B&B **$$**
(☎519-524-7400; www.colbornebandb.com; 72 Colborne St; DZ inkl. Frühstück 90–120 C$; ❄📶) Das ehemalige Pfarrhaus der Presbyterianer-Kirche ist ein dreistöckiges Gebäude mit vier hellen, geschickt eingerichteten Gästezimmern jeweils mit eigenem Bad: Zwei haben Whirlpools. Das köstliche Gourmet-Frühstück, das im Esszimmer serviert wird, ist ein toller Start in den Tag. Ausgezeichnetes Preis-Leistungs-Verhältnis.

Benmiller Inn & Spa INN **$$$**
(☎800-265-1711; www.benmiller.ca; 81175 Benmiller Line; DZ ab 149–289 C$; ❄📶🏊) Gleich

außerhalb von Goderich ist das Benmiller am Flussufer ein Ort, um sich ein bisschen mit altmodischem Luxus und ländlicher Gastfreundschaft zu verwöhnen. Es gibt einen fantastischen überdachten Swimmingpool mit Blick auf den Fluss, ein Spa mit kompletter Ayurveda-Behandlung, das Nobelrestaurant „Ivey" und 57 bezaubernde Zimmer.

Culbert's Bakery BÄCKEREI $
(☎519-524-7941; 49 West St; Gebäck ab 2 C$; ⌚Mo–Sa 8–17.30 Uhr) Leute kommen von weit her für diese Bäckerei der alten Schule, die köstliche Windbeutel, Muffins, Törtchen und Brotlaibe frisch aus dem Ofen verkauft. Der frühe Vogel fängt die Kalorien.

West Street Willy's DINER $
(☎519-524-7777; 42 West St; Waren 8–18 C$; ⌚Di–Sa 7–21, So bis 20 Uhr) Herzhaftes Frühstück und beliebte Hausmannskost warten bei Willy's auf die Gäste: Piroggen, Pizza, Hackbraten und herzhafte Burger stehen auf der Karte.

Thyme on 21 INTERNATIONAL $$$
(☎519-524-4171; www.thymeon21.com; 80 Hamilton St; Hauptgerichte 19–34 C$; ⌚Di–Fr 11.30–14 & Di–So 17–21 Uhr) Das einzige lässige Fine-Dining-Lokal in Goderich investiert viel Arbeit in seinen guten Ruf. Globale Einflüsse sind auf der Karte voller Leckerbissen spürbar, zu den Hauptgerichten zählen Hummer, Kalb, Pad Thai und Soufflé.

An- & Weiterreise

Aboutown Northlink (☎888-666-5466; www.aboutown.com/northlink) bietet einen beschränkten Service nach/von London (Erw./Kind 27/13,50 C$) ganzjährig am Freitag und Samstag. Dort besteht Anschluss mit Greyhound nach/von Toronto.

Southampton & Port Elgin

Southampton lag schon immer weit entfernt von den ausgetretenen Pfaden rauflustiger Sommerurlauber. Der Sandstrand der alteingesessenen Siedlung erscheint mitunter fast unberührt, und bei einem Bummel durch die Hauptstraßen gibt es Tante-Emma-Läden und Wohnhäuser im Queen-Anne-Stil zu entdecken.

Der Nachbarort im Süden, Port Elgin, bietet ganzjährig für die Region viele Möglichkeiten zum Shoppen, Essen und Ausgehen. Hier liegen außerdem ein paar der schöneren, besser zugänglichen (kostenlose Parkplätze) und weniger bekannten Strände an diesem Teil des Lake Huron.

Etwa 20 km nördlich von Southampton liegt **Sauble Beach** mit einem wunderbar breiten, weißen Sandstrand am klaren, warmen Wasser. Allerdings beeinträchtigen seine Popularität bei Urlaubern und Nachtschwärmern und die hohen Parkgebühren den Zauber ein wenig. Im Winter ist es im Prinzip wie ausgestorben und gleicht praktisch einer Geisterstadt.

Sehenswertes & Aktivitäten

Chantry Island INSEL
Chantry Island, nur 2 km vor der Küste, ist ein Zufluchtsort für Zugvögel und besitzt einen hübschen Leuchtturm. Zu erreichen ist die Insel nur mit **Chantry Island Tours** (☎866-797-5862, 519-797-5862; www.chantryisland.com; pro Person 30 C$; ⌚Juni–Sept.). Die Marine Heritage Society veranstaltet informative Ausflüge, die faszinierende Einblicke in die Schifffahrtsgeschichte der Region gewähren und die Gelegenheit bieten, den blinkenden Leuchtturm zu erklimmen. Interessenten sollten möglichst weit im Voraus buchen, weil pro Tour leider nur neun Leute mitfahren können.

Bruce County Museum MUSEUM
(☎519-797-2080, 866-318-8889; www.brucemuseum.ca; 33 Victoria St N, Southampton; Erw./Kind 8/4 C$; ⌚Mo–Sa 10–17, So ab 13 Uhr) Das Museum besitzt eine umfassende Sammlung von Artefakten, die mit Schiffswracks in der Region in Zusammenhang stehen. Im Sommer gibt es außerdem wechselnde Ausstellungen für Kinder.

Rail Trail RADFAHREN
Radler werden diesen herrlichen, 25 km langen Weg auf einer aufgegebenen Bahntrasse genießen, der an der Ecke Albert und Adelaide Street beginnt und in dem netten Örtchen Paisley endet.

Thorncrest Outfitters KAJAKFAHREN
(☎519-797-1608; www.thorncrestoutfitters.com; 193 High St, Southampton; Kanuverleih ab 35 C$) Der Saugeen River, der bei Southampton in den Lake Huron fließt, zählt zu den bekanntesten Revieren für Kanu- und Kajakfahrer im südlichen Ontario. Thorncrest Outfitters bieten ein umfassendes Programm mit kurzen Fahrten in Eigenregie und organisierten Ausflügen für unerfahrene Paddler.

Schlafen & Essen

Aunt Mabel's Inn MOTEL $

(☎866-868-2880; www.auntmabels.com; 5084 Hwy. 21 S, Port Elgin; DZ ab 65 C$) Die makellosen, kompakten Zimmer sind mit Flachbild-Fernseher, Kühlschrank, Mikrowelle und gemütlichen Betten ausgestattet. Einige verfügen auch über großzügige Badewannen. Das Haus liegt wenige Autominuten von einem der besten Badestrände an dieser Küste entfernt. Und was noch besser ist: Aunt Mabels Küche zaubert die beste Hausmannskost im weiten Umkreis – ab 18 Uhr.

Chantry Breezes B&B $$

(☎866-242-6879, 519-797-1818; www.chantrybreezes.com; 107 High St, Southampton; Zi. inkl. Frühstück 120–160 C$;) Das alte Herrenhaus im Queen-Anne-Stil liegt etwas versteckt hinter knorrigen Bäumen. Es verfügt über sieben Zimmer zwischen liebevoll verteilten Antiquitäten und einem separaten Gartenhäuschen. Das auf Bestellung zubereitete Frühstück kann man auf der vorderen Veranda genießen.

Southampton Inn INN $$

(☎888-214-3816, 519-797-5915; www.thesouthamptoninn.com; 118 High St, Southampton; Zi./Suite 135/155 C$;) Wem die Mischung aus Sand und Wind am Strand als Peeling noch nicht ausreicht, kann sich im Erdgeschoss einer vollen Spa-Behandlung unterziehen. Das Obergeschoss ist für die weitläufigen Unterkünfte reserviert; jede Suite hat ein eigenes sonniges Wohnzimmer.

Armen's FUSION $

(224 High St, Southampton; Hauptgerichte 5–12 C$; tgl. 9–16 & Mi–Sa 17–20 Uhr) Wie wärs? Einfach mal den billigen Schnellrestaurants vor Ort den Rücken kehren und dem gesprächigen Armen Hallo sagen, während er ein leckeres Sandwich von der ständig aktualisierten Karte zubereitet. Eine wechselnde Abendkarte im Juni, Juli und August baut auf die globale Küche; an einem Abend ist sie kanadisch, am nächsten marokkanisch. Das hält die Geschmacksknospen auf Trab. Im Obergeschoss kann man die lecker und frischen Gerichte auf der sonnigen Dachterrasse genießen.

Elk and Finch CAFÉ $

(www.elkandfinch.com; 54 Albert St, Southampton; Hauptgerichte 8–24 C$; So–Do 8–20, Fr & Sa bis 21 Uhr) Dieses „Kaffee-Pub" serviert mehr als koffeinhaltige und alkoholische Getränke: Sandwiches, Salate und Pizza mit dünnem Boden füllen den Magen. Gäste können den trendigen Kaffee in dem wackeligen Haus schlürfen oder sich an einen Tisch auf dem Rasen setzen.

ST. THOMAS: EINSTEIGEN BITTE!

St. Thomas ist ein unauffälliges Bauerndorf 20 km südlich von London auf dem Weg zum Eriesee. Es besitzt einen gepflegten viktorianischen Ortskern und war einst Knotenpunkt des Bahnverkehrs im südlichen Kanada. Zur Hochzeit fuhren hier täglich mehr als 100 Züge durch, das ist heute kaum noch vorstellbar. Ein Muss für alle Eisenbahnfans und das Kind in uns allen ist das **Elgin County Railway Museum** (☎519-637-6284; www.ecrm5700.org; 225 Wellington St; Erw./Kind 5/2 C$; Juni–Sept. Di–So 10–16 Uhr). Die alte Eisenbahnremise aus Ziegelsteinen steckt voller brandheißer Action rund um Lokomotiven. Außerdem gibt es Sonderveranstaltungen. Weiter unten an der Straße hat die **North American Railway Hall of Fame** (☎519-633-2535; 750 Talbot St, St Thomas; Mo–Fr 8.30–16.30 Uhr) GRATIS ein neues Gebäude bezogen, die wuchtige, akribisch restaurierte Canada Southern Station von 1873. Hier betreibt sie ein kleines Museum und beaufsichtigt die andauernden Restaurationsarbeiten an dem unglaublichen Gebäude. In den Wartesälen, dem Raum des Bahnhofsvorstehers und dem Fahrkartenbüro werden historische Schautafeln gezeigt. Bahnfans, kommt vorbei und sagt Hallo!

Praktische Informationen

Die kleine **Southampton Chamber of Commerce** (☎888-757-2215, 519-797- 2215; 201 High St, Southampton; Mo–Sa 10–16, So ab 12 Uhr) ist im Rathaus zu finden – dem großen Backsteinbau mit dem Uhrenturm. Das **Saugeen Shores Chamber Office** (☎800-387-3456, 519-832-2332; 559 Goderich St, Port Elgin; Mo–Fr 9–17, Sa 10–16, So 12–16 Uhr), 8 km am Seeufer entlang in Port Elgin, bietet eine breite Palette an Informationen über die Region. Bei **Sauble Beach Tourism** (☎Juli–Aug. 519-422-

1262, Sept.–Juni 519-422-2457; www.sauble beach.com; 672 Main St, Sauble Beach; ⌚9–17 Uhr) erhält man Infos über die Partystadt.

ℹ An- & Weiterreise

Passagiere, die auf dem Lester B Pearson International Airport in Toronto ankommen, können den **Grey Bruce Airbus** (☎800-361-0393; www.greybruceairbus.com) nehmen, der nach Southampton und Port Elgin fährt (74 C$, 3 Std., 4-mal tgl.). Vom Busbahnhof Toronto Union bietet **Can-ar** (☎800-387-7097; www.can-arcoach.com) eine Verbindung nach Port Elgin (35–44 C$, 4¾ Std., 1-mal tgl.). Dort hält der Bus bei Ralph's Hi-way Shoppette im Stadtzentrum.

London

366 000 EW.

Die drittgrößte Stadt in Ontario (hinter dem Großraum Toronto und Ottawa), auf halbem Weg zwischen Toronto und Detroit, ist London, die „Stadt der Bäume". Sie zeigt wenig Ähnlichkeit mit ihrer Namensschwester außer ihrer beträchtlichen Anzahl schöner viktorianischer Häuser, dem River Thames und einer Fülle von Parks und Gärten. Abgesehen von ein paar wunderschönen Häusern im Art-déco-Stil ist der Kern der Londoner Innenstadt jahrtausendwende- , wenn nicht sogar etwas 1970er-mäßig. Auf der Dundas Street Richtung Adelaide Street treffen Besucher möglicherweise auf ein paar seltsam anmutende Gestalten, aber es sind auch viele Polizeiautos zu sehen, deren Besatzungen für Ruhe und Ordnung sorgen.

London ist Standort der University of Western Ontario im Norden der Stadt. Wohlhabende Familien aus Toronto betrachten sie als *die* Uni für ihre Kinder. Die Studenten sorgen für eine junge, peppige Atmosphäre: Vor Semesterbeginn am Ende des Sommers wird die „Richmond Row" zur „Partyzentrale".

Die innenstadtnahen Viertel Wortley Village und Woodfield erinnern an Oak Park in Illinois (USA), die Heimatstadt des großen Architekten Frank Lloyd Wright, obwohl es keine Verbindung zwischen beiden Städten oder mit seinem architektonischen Stil gibt: Für eine gewisse Ähnlichkeit sorgen die ruhigen, baumbestandenen Straßen, die Entstehungszeit der Häuser und die rustikalen Veranden. In der Stadt gibt es reichlich Unterkünfte, einige gute Lokale mit Studentenpreisen und eine Handvoll touristisch interessanter Attraktionen: Besonders in den wärmeren Monaten ist es ein toller Ort für einen Besuch (im Winter schneit es heftig) und ein wunderbarer Ort zum Leben. Da Toronto weiterhin expandiert, schätzen wir mal, dass London in den kommenden Jahren stärker in den Fokus rücken wird.

⦿ Sehenswertes

Museum London MUSEUM

(☎519-661-0333; www.museumlondon.ca; 421 Ridout St. N.; Eintritt gegen Spende; ⌚Fr–Mi 11–17, Do bis 21 Uhr) Der Schwerpunkt des Museums liegt bei der bildenden Kunst und ihrem Zusammenhang mit der Geschichte. Zu sehen gibt es über 5000 Kunstwerke und mehr als 25 000 Artefakte. Sonntags um 14 Uhr starten kostenlose Führungen.

Eldon House HISTORISCHES GEBÄUDE

(☎519-661-5169; www.eldonhouse.ca; 481 Ridout St. N.; Erw./Kind 7/5 C$; ⌚Di–So 14–16 Uhr) Das älteste erhaltene Haus der Stadt – erbaut 1834 – ist seit dem letzten Jahrhundert praktisch unverändert. Drinnen finden sich faszinierende Erbstücke und Schätze der Familie Harris. Draußen kann man den wunderschönen Garten aus dem 19. Jh. genießen.

Museum of Ontario Archaeology MUSEUM

(☎519-473-1360; www.uwo.ca/museum; 1600 Attawandaron Rd; Erw./Kind 4/2 C$; ⌚10–16.30 Uhr) Das Museum ist eine Forschungs- und Bildungseinrichtung, die der University of Western Ontario angeschlossen ist. Es zeigt Materialien und Artefakte aus 11 000 Jahren Geschichte der Ureinwohner Ontarios. Nebenan befindet sich die Lawson-Ausgrabungsstätte. Hier wird ein 500 Jahre altes Neutralendorf freigelegt, das aus der Zeit vor dem Kontakt mit Europäern stammt.

Ska-Nah-Doht Village & Museum HISTORISCHE STÄTTE

(☎519-264-2420; www.lowerthames-conservation.on.ca/Ska-Nah-Doht; Longwoods Rd Conservation Area; Erw./Kind 3 C$/frei; ⌚9–16.30 Uhr) Der Nachbau einer 1000 Jahre alten Irokesensiedlung mit Langhäusern liegt 32 km westlich von London; ein Irrgarten umgibt die Gebäude. Das Museum zeigt mehrere 1000 Jahre alte Gegenstände und erzählt die Geschichte des Gebiets.

Fanshawe Pioneer Village HISTORISCHE STÄTTE

(☎519-457-1296; www.fanshawepioneervillage.ca; 1424 Clarke Rd; Erw./Kind 7 C$/frei; ⌚Mai–Okt. Di–So 10–16.30 Uhr) Im Fanshawe Pioneer Village am Ostrand der Stadt wird mit 30 Gebäuden Londons Geschichte nachgestellt. Als Schmiede, Bauern und Handwerker ausstaffierte Mitarbeiter gehen in dem Dorf im Stil der Pioniere des 19. Jhs. ihren Pflichten nach. Im angrenzenden Gebiet **Fanshawe Conservation Area** kann man schwimmen, wandern und campen.

Royal Canadian Regiment Museum MUSEUM
(☎519-660-5275; www.theroyalcanadianregiment.ca/thercrmuseum; 750 Elizabeth St; Erw./Kind 5/3 C$; ⊙Di–Fr 10–16, Sa & So ab 12 Uhr) Das Regimentsmuseum in der strengen Wolseley Hall konzentriert sich auf das älteste Infanterieregiment Kanadas. Die Ausstellung deckt die Zeit von der Nordwest-Rebellion von 1885 über die beiden Weltkriege bis zum Koreakrieg ab.

Feste & Events

London Fringe Festival KULTUR
(www.londonfringe.ca) Mitte Juni gibt es elf Tage voller Theater, gesprochenem Wort, Film und visuellen Künsten überall in der quirligen Innenstadt.

Sunfest MUSIK
(www.sunfest.on.ca) Kanadas wohl wichtigstes Weltmusikfestival steigt im Juli.

London Pride LGBT
(www.pridelondon.ca) London ist groß genug und schwul genug, um im Juli sein ganz eigenes Pride-Festival zu feiern.

Londonlicious ESSEN
(www.londonlicious.ca) Londons Hommage an Torontos erfolgreiches Summerlicious-Festival bringt preiswertes originelles Essen unter die Leute. Es wird im Juli und August veranstaltet.

Rock the Park MUSIK
(www.rockthepark.ca) Rock the Park feierte 2013 sein Zehnjähriges. An einem Wochenende im Juli füllt sich Harris Park am Flussufer mit Langhaarigen und Rockern und der Musik von Gruppen wie Whitesnake, Platinum Blonde und der Tragically Hip.

Schlafen

An der Wellington Road steht, wenn man vom Highway 401 kommt, eine ganze Palette billiger Kettenmotels. Wer kann, sollte lieber in der Innenstadt übernachten.

Fanshawe Conservation Area Campground CAMPINGPLATZ $
(☎866-668-2267, 519-451-2800; www.thamesriver.on.ca; 1424 Clarke Rd; Stellplatz 25–29 C$, Reservierung 9 C$; ⊙Mai–Okt.;) Günstiger Campingplatz innerhalb der Stadtgrenzen gegenüber dem Fanshawe Pioneer Village.

Woodfield Bed & Breakfast B&B $
(☎519-675-9632; www.woodfieldbb.com; 499 Dufferin Ave; EZ 80 C$, DZ 90–120 C$) Im Herzen des historischen Woodfield, eines der attraktivsten Viertel von London, findet sich dieses grandiose neue B&B in eines weitläufigen viktorianischen Herrenhaus. Es ist eine Alternative zu den normalen Londoner Touristenhotels und eine wirklich tolle Möglichkeit zu erfahren, was diese malerische Stadt zu bieten hat.

Holiday Inn Express & Suites HOTEL $$
(☎519-661-0233; www.holidayinn.com; 374 Dundas St; DZ inkl. Frühstück ab 109 C$;) In zentraler Lage mit tollen Restaurants in der Nähe besitzt das kürzlich aufgemöbelte Hotel helle Zimmer mit bequemen Betten und guten Duschen. Die Zimmer haben Kühlschrank, Mikrowelle, großen Fernseher, und es gibt kostenloses Internet.

Delta Armouries HOTEL $$
(☎519-679-6111; www.deltahotels.com; 325 Dundas St; DZ ab 119 C$;) Der Armouries-Flügel von Londons erstem Haus am Platz war ursprünglich eine Rekruteneinrichtung. Die Details aus der Entstehungszeit kann man heute noch bewundern, auch wenn die meisten Zimmer im Turmflügel liegen. Gäste können bequeme, neutral möblierte Unterkünfte, eine zentrale Lage und vernünftige Preise erwarten.

Metro BOUTIQUEHOTEL $$
(☎519-518-9000; www.hotelmetro.ca; 32 Covent Market Pl; DZ ab 129 C$) Die Zimmer in diesem originellen Boutiquehotel mitten in der Stadt haben freiliegende Ziegelwände, Wasserfallduschen, tiefe, großzügige Badewannen und viele interessante Design-Elemente, um die Gäste zu unterhalten.

StationPark All Suite Hotel HOTEL $$
(☎800-561-4574; www.stationparkinn.ca; 242 Pall Mall St; Suite ab 139 C$;) In diesem Hotel gibt es nur Suiten; sie bestehen aus übergroßen Schlafzimmern mit separaten Wohnräumen. Zugegeben, sie könnten mal eine Renovierung gebrauchen, aber der Ser-

DIE UNDERGROUND RAILROAD

Die Underground Railroad verlief weder unterirdisch noch war sie eine Eisenbahn – mit dem Begriff bezeichnet man ein Netzwerk von Menschenfreunden und Sklavereigegnern, zu dem Afroamerikaner und Weiße gehörten, die entflohene Sklaven aus den Südstaaten der USA versteckten und durch die Nordstaaten hindurch in die Freiheit nach Kanada schleusten. Man schätzt, dass 40 000 Menschen in der Zeit vor dem Amerikanischen Bürgerkrieg so aus der Sklaverei befreit wurden. Diese Region des südwestlichen Ontario, die der Grenze zu den USA so nahe liegt, ist besonders reich an historischen Stätten, die an die Underground Railroad erinnern. Und viele örtliche Gemeinden haben einen starken Bevölkerungsanteil von Afroamerikanern, die von Menschen abstammen, die hier Zuflucht vor der Sklaverei fanden.

Zu den historischen Sehenswürdigkeiten zählen das North American Black Historical Museum (S. 173) und das Walls Underground Railroad Museum (S. 171). Die Website www.blackhistorysociety.ca vermittelt weitere Infos.

vice ist ausgezeichnet und die zentrale Lage in der Nähe von Richmond Row und Victoria Park unschlagbar.

Essen

★ Covent Garden MARKT $
(☎519-439-3921; www.coventmarket.com; 130 King St; Waren ab 2 C$; ⏰Mo–Sa 8–18, So 11–16 Uhr) In dem riesigen, scheunenförmigen Markt bekommt man Appetit, und der wird auch gestillt. Man findet hier ständig Feinkosttheken, Bäckereien, Shops für Schokolade, Obst- und Gemüsestände und Imbisse aus aller Welt, außerdem saisonale Angebote. Auf dem sonnigen Hof gibt es Straßenmusikanten und munteres Treiben.

Early Bird DINER $
(☎519-439-6483; 355 Talbot St; Waren 5–20 C$; ⏰Mo 11–15, Di–So bis spätabends) Das köstliche Early Bird hat seine ganz eigenen Vorstellungen von frisch gekochtem Essen wie bei Muttern. Wenn wir sagen einzigartig, wie wäre es dann mit Fat Elvis: Räucherspeck, gebratene Bananen mit Pankomehl-Streuseln, Erdnussbutter und vor Ort gewonnenem Honig und das Ganze verpackt zwischen French Toast (Arme Ritter). Erst mal probieren ...!

Morrissey House PUB $
(☎519-204-9220; www.themorrisseyhouse.com; 359-361 Dundas St; Hauptgerichte 9–16 C$; ⏰ab 11 Uhr; 📶) Die zentral gelegene Fresskneipe bietet edle, gut zubereitete Menüs und eine entspannte Atmosphäre in einem viktorianischen Herrenhaus oder auf der langen sonnigen Terrasse an der Vorderseite. Kostenloses WLAN und tolle Musik kommen noch oben drauf. Der richtige Ort für eine Mahlzeit oder ein paar Bier oder beides – alle anderen kommen auch.

★ Budapest EUROPÄISCH $$
(☎519-439-3431; 348 Dundas St; Hauptgerichte 11–25 C$; ⏰Mo–Sa 11–21, So 16–21 Uhr) Wenn jemand seit 50 Jahren im Geschäft ist, kann er nicht ganz falsch liegen. Wir lieben die Authentizität des bescheidenen Lokals von Besitzerin Marika. Über die Jahre hat sie ihre Schnitzel, Hähnchen-Paprikas und Piroggen perfektioniert. Lecker! Der Mittagstisch bietet ein ausgezeichnetes Preis-Leistungs-Verhältnis.

Zen Gardens VEGETARISCH $$
(☎519-433-6688; www.zen-garden.ca; 344 Dundas St; Kombi-Boxen 10,50 C$; ⏰Mo–Sa 11.30–21, So 17–21 Uhr) Das vegetarische Asiarestaurant im Stadtzentrum wird Vegetarier und ihre besonders hartgesottenen Fleischesserfreunde gleichermaßen beeindrucken. Kombi-Angebote, die in japanischen *bentō*-Boxen serviert werden, bieten das beste Preis-Leistungs-Verhältnis.

Bertoldi's Trattoria ITALIENISCH $$
(☎519-438-4343; www.bertoldis.ca; 650 Richmond St; Hauptgerichte 12–29 C$; ⏰Mo–Fr 11–23, Sa & So 16–23 Uhr) An der Richmond Row bereitet das entspannte, gleichwohl noble Bertoldi's authentisches italienisches Essen zu. Es hat spezielle regionale Menüs und eine substanzielle Weinkarte. In den wärmeren Monaten können die Gäste auf der hübschen Terrasse sitzen.

Thaifoon THAI $$
(☎519-850-1222; www.thaifoonrestaurant.com; 120 Dundas St; Hauptgerichte 10–21 C$; ⏰Mo–Fr 11.30–14.30 & tgl. 17–21 Uhr) Das Thaifoon wer-

tet die Dundas Street ein bisschen auf. Die ruhige, gefasste Atmosphäre und blubbernde Wasserspiele sind eine schöne Abwechslung, Currys mit sehr viel Chili, Pfannengerührtes, Suppen und Salate sorgen ordentlich für Schwung.

Ausgehen & Unterhaltung

Dank der lebenslustigen Studentenschaft ist hier einiges los, vor allem für ein junges Publikum und mit reichlich Alkohol; im örtlichen Käseblatt *Scene* (www.scenemagazine.com) steht, was gerade so abgeht.

Honest Lawyer PUB
(☎519-433-4913; www.honestlawyer.ca; 228 Dundas St; ⌚ab 11 Uhr) Gibt es so etwas wie einen ehrlichen Anwalt? Egal, wie die Antwort ausfällt: Die Frage ist ein todsicherer Gesprächseinstieg in dieser langen, schmalen Bierkneipe mit dem euphorischen Publikum. Es gibt Studenten-Specials, Wing Nights (mit massenhaft köstlichen Chicken Wings), Sportübertragungen auf dem Großbildschirm und Livemusik an den Wochenenden.

Barneys/CEEPS PUB
(671 Richmond St; ⌚11–2 Uhr) Bloß nicht nach dem Namen fragen – wir haben die Erklärung auch nicht verstanden. Jedenfalls ist das hier Londons größte Terrasse, auf der am meisten gehüpft wird, für Musik sorgen Bands und DJs, für die Unterhaltung Billardtische, Shuffleboard und lokale Biersorten vom Fass – *die* Richmond-Row-Institution.

Up on Carling CLUB
(www.uponcarling.ca; 153 Carling St; ⌚Do–Sa ab 21 Uhr) Schicker, martini-getränkter Laden, der Latin, R&B, Funk House und Soul spielt. Der Dresscode wird nötigenfalls durchgesetzt.

Call the Office LIVEMUSIK
(☎519-432-4433; www.calltheoffice.com; 216 York St; ⌚ab 17 Uhr) Eine schäbige Spelunke mit billigen Getränken und Livebands, die Alternative Rock spielen, Mitunter tauchen sogar Namen wie Jon Spencer Blues Explosion auf.

London Music Club LIVEMUSIK
(☎519-640-6996; www.londonmusicclub.com; 470 Colborne St; ⌚Mi–Sa ab 19 Uhr) Blues- und Folk-Acts auf Tour überschlagen sich beinahe, um in dem rockenden Saal auf der Rückseite eines cremefarbenen Ziegelbaus aufzutreten. Heftige Electric Blues Jam immer am Donnerstagabend; Acoustic Open Mic jeden Freitag.

Praktische Informationen

Öffentliche Bücherei (www.londonpubliclibrary.ca; 251 Dundas St; ⌚Mo–Do 9–21, Fr bis 18, Sa bis 17, So 13–17 Uhr; 📶) Eine fabelhafte moderne Einrichtung mit Café, Lesegarten und kostenlosem Internet und WLAN.

Post (☎800-267-1177; www.canadapost.ca; 515 Richmond St bei Dufferin St; ⌚Mo–Fr 9–17 Uhr)

Touristeninformation (☎800-265-2602, 519-661-5000; www.londontourism.ca) Innenstadt (267 Dundas St; ⌚Mo–Fr 8.30–16.30, Sa 10–17 Uhr); Wellington Road (696 Wellington Rd S; ⌚8.30–20 Uhr) Das Innenstadtbüro teilt sich ein Gebäude mit der Canadian Medical Hall of Fame und ihrer interessanten Schau von Gehirnen, Herzen und Knochen.

Anreise & Unterwegs vor Ort

London International Airport (YXU; www.londonairport.on.ca; 1750 Crumlin Rd) ist ein Regionalstützpunkt für Air Canada, WestJet und Delta mit Flügen nach Toronto, Detroit und begrenzten Zielen in Kanada und USA.

Greyhound Canada fährt vom **Busbahnhof** (☎800-661-8747; www.greyhound.ca; 101 York St; ⌚6.30–21 Uhr) nach Toronto (36 C$, 2½ Std., 12-mal tgl.) und Windsor (36 C$, 2½ Std., 5-mal tgl.).

Vom **Bahnhof London** (☎519-672-5722; www.viarail.ca; Ecke York & Clarence St; ⌚Mo–Fr 5–21.30pm, Sa & So ab 6.30 Uhr) verkehren Züge nach Toronto (56 C$, 2 Std., 7-mal tgl.) und Windsor (46 C$, 2 Std., 4-mal tgl.).

London Transit (www.ltconline.ca; 150 Dundas St; ⌚Mo–Fr 7.30–19, Sa 8.30–18 Uhr) bietet umfangreiche Busverbindungen in der Stadt (pro Fahrt 2,75 C$).

Windsor

209 000 EW.

Das einst boomende Handels- und Industriezentrum am Ende des Highway an der südwestlichsten Spitze von Ontario (gegenüber von Detroit, USA) hat bessere Tage gesehen. Jüngste Maßnahme gegen die Misere ist der Beginn der Arbeiten an der New International Trade Crossing. Diese Brücke soll dafür sorgen, dass das grenzüberschreitende Handelsvolumen wächst und die Grenze schneller passiert werden kann – vielleicht ändert das alles.

Für den Augenblick tragen die leeren Fassaden von Windsor die Narben des Niedergangs. Die Pluspunkte? Niedrige Immobilienpreise, die unmittelbare Nachbarschaft der USA und die Nähe zum Eriesee locken immer mehr Großstädter an, die einen Gang runterschalten möchten.

Sehenswertes

Besucher bummeln gern über den Riverwalk, einen Weg mit Vielfachnutzung, der sich unter der Ambassador Bridge hervor 5 km weit am Flussufer entlang zieht. Das historische Viertel Walkerville ist einen Blick wert.

Dieppe Gardens GARTEN
(Ecke Ouellette St & Riverside Dr) Auf diesem Gelände legten früher die Detroit-Windsor-Fähren an, bevor sie 1929 durch eine Brücke und 1930 durch einen Tunnel ersetzt wurden, Heute bietet hier der wunderschöne Garten den besten Blick auf die Skyline von Detroit – auch wenn die nur Blendwerk ist.

Art Gallery of Windsor GALERIE
(AGW; ☎519-977-0013; www.agw.ca; 401 Riverside Dr W; ⏲Mi–So 11–17 Uhr) F Der fesche Glas-und-Beton-Bug der AGW beherbergt eine fantastische Dauerausstellung, die sich auf aktuelle kanadische Bildhauerei und Malerei konzentriert. Und das Beste: Der Eintritt ist jetzt kostenlos!

Canadian Club Brands Centre DESTILLERIE
(☎519-973-9503; www.canadianclubwhisky.com; 2072 Riverside Dr E; Erw./Kind 8/2 C$; ⏲Jan.–April Do–Sa, Mai–Dez. Mi–So) Canadian Club bzw. die ehemalige Walkerville Distillery hat hier seit 1858 seinen Sitz. Einstündige Führungen (12, 14 und 16 Uhr) informieren über die Geschichte des verschnörkelten Gebäudes im italienischen Stil und den Destilliervorgang und bieten eine Verkostung.

Walls Underground Railroad Museum MUSEUM
(☎519-727-6555; www.undergroundrailroadmuseum.org; 855 Puce Rd, Maidstone; Eintritt 5 C$; ⏲Mai–Okt. 10–16 Uhr) John Freeman Walls, ein entflohener Sklave aus North Carolina, baute 1846 die Blockhütte etwa 20 km östlich von Windsor. Heute ist sie das Kernstück der Anlage, die auch anderen Menschen auf der Suche nach Freiheit als sicherer Hafen diente. Walls' Nachkommen leiten das interessante Museum.

ONKEL TOMS HÜTTE

Etwa 100 km nordöstlich von Windsor, vor Chatham, liegt die **historische Stätte Onkel Toms Hütte** (☎519-683-2978; www.uncletomscabin.org; 29251 Uncle Tom's Rd, Dresden; Erw./Kind/erm./Familie 6,25/4,50/5,25/20 C$; ⏲Mai–Okt. Mo–Sa 10–16, So ab 12 Uhr). Onkel Tom ist der Protagonist eines Buches, das Harriet Beecher Stowe 1852 schrieb; es basiert auf der Biografie des realen Reverend Josiah Henson. Auf dem 5 ha großen Gelände sind Dinge zu sehen, die mit dieser Geschichte und der Underground Railroad zusammenhängen, außerdem ein Theater, eine Galerie und ein Infozentrum. Die Anfahrt erfolgt über den Highway 401 bis zur Ausfahrt 101. Dann folgt man der Beschilderung.

Feste & Events

Bluesfest International MUSIK
(www.thebluesfest.com) Bei dem berühmten Festival Mitte Juli treten Bands wie Los Lobos und Steve Earle auf.

Schlafen & Essen

In Windsor gibt es jede Menge Gästebetten. Hotelketten und örtliche Motels beherrschen die Huron Church Road, die von der Ambassador Bridge wegführt.

Oullette Avenue (Thai, indisch und Coffee-Shops) und Chatham Street (Bars und Grillrestaurants) lenken die Aufmerksamkeit der Feinschmecker auf den Innenstadtbereich. Das italienische Viertel an der Erie Street East besitzt ein angesagtes Flair.

University Place Accommodations HOTEL $
(☎866-618-1112, 519-254-1112; www.windsorexecutivestay.com; 3140 Peter St; Zi. mit Gemeinschaftsbad ab 39 C$; ❄📶🏊) Diese Lang- und Kurzzeitunterkunft, die nicht an die Universität angegliedert ist, bietet saubere Zimmer und Gemeinschaftseinrichtungen, darunter einen Waschkeller. Es gibt auch Zimmer mit eigenem Bad und einen Fahrradverleih.

Kirk's B&B B&B $$
(☎888-271-2624, 519-255-9346; www.kirksbandb.com; 406 Moy Ave; EZ/DZ ab 75/89 C$; 🚭❄📶) Das Kirk, ein dreistöckiger, altmodischer Ziegelbau mit einem üppigen Garten, liegt einen Block vom Fluss entfernt. In den

warmen, aufgeräumten Zimmern stehen bequeme Betten.

Holiday Inn Windsor Downtown HOTEL $$
(☎519-256-4656; www.holidayinn.com; 430 Ouellette Ave; DZ ab 119 C$;) Das standardmäßige Holiday Inn ist ein bisschen in die Jahre gekommen, hat aber eine tolle Innenstadtlage, bequeme Betten und geräumige Zimmer. Zum Haus gehören ein Restaurant mit Bedienung, ein in den Boden eingelassenes Schwimmbecken und jede Menge Parkplätze.

Squirrel's Cage CAFÉ $
(☎519-252-2243; www.facebook.com/TheSquirrelCage; 1 Maiden Lane W; Waren 2–14 C$; Mo–Mi 8.30–20, Do–Sa bis spätabends, Sa & So 10–15 Uhr) Ehemalige Großstädter lieben ihr neues Leben in Windsor und bringen in diesem schicken, enthusiatischen Café mit Alkoholausschank einen Hauch des kosmopolitischen Toronto in die Stadt. Zu haben sind täglich Kaffee, Suppen, köstlich gefüllte Panini, gesunde Salate und am Wochenende ein reichhaltiges Brunch.

Spago Trattoria e Pizzeria ITALIENISCH $$
(☎519-252-2233; www.spagos.ca; 690 Erie St E; Hauptgerichte 10–22 C$; Mo–Sa 11.30–22, So 13–21 Uhr) Windsor ist bekannt für seine italienischen Restaurants, das Spago passt dort genau hinein. Wem gerade nicht der Sinn nach köstlicher Pasta steht: Hier gibt es auch herausragende Pizza aus dem Holzofen, Fisch und Meeresfrüchte, Salat und Scaloppine. Mmm...amma mia!

Cook's Shop ITALIENISCH $$
(☎519-254-3377; http://cooksshoprestaurant.wordpress.com; 683 Ouellette Ave; Hauptgerichte 15–24 C$; Di–So ab 17 Uhr) Das Fine-Dining-Lokal mit vernünftigen Preisen hat seinen Standort schon seit über 30 Jahren in diesen 100 Jahre alten Räumlichkeiten. Spezialitäten sind Fisch und Meeresfrüchte, Pasta, Lamm und Rind; eine Reservierung ist unbedingt ratsam.

Ausgehen & Unterhaltung

Manchester PUB
(☎519-977-8020; www.themanchester.ca; 546 Ouellette Ave; ab 11.30 Uhr) Freundliches Personal, herzhaftes britisches Kneipenessen und eine günstige Innenstadtlage machen das Manchester zur klugen Option für eine entspannte Mahlzeit und ein paar Bier. Auf der Karte stehen auch viele nordamerikanische Knabbereien.

Caesar's Windsor CASINO
(☎800-991-7777; www.caesarswindsor.com; 377 Riverside Dr E; 24 Std.) Das Kasino im Besitz der Provinz (betrieben wird es vom Eigner des Caesar's Palace in Las Vegas) hat Windsor einen wirtschaftlichen Aufschwung beschert, auch wenn der Andrang wegen strengerer Grenzkontrollen und des starken kanadischen Dollars nachgelassen hat. Das Mindestalter liegt bei 19 Jahren. Das zugehörige Hotel bietet in der Tat die besten Zimmer der Stadt.

Praktische Informationen

Ontario Travel Information Centre (☎519-973-1338; www.ontariotravel.net; 110 Park St E; 8.30–20 Uhr) Gut mit Broschüren bestückt, hilfreiche Mitarbeiter.

Tourism Windsor Essex (☎800-265-3633, 519-255-6530; www.visitwindsoressex.com; Suite 103, 333 Riverside Dr; Mo–Fr 8.30–16.30 Uhr) Informationen über Windsor und die Region; am besten von der Pitt Street zugänglich.

An- & Weiterreise

Detroit–Windsor ist ein wichtiger internationaler Grenzübergang, man überquert die Grenze entweder über die berühmte, gewaltige Ambassador Bridge (Maut 4,75 C$/4 US$) oder den Detroit–Windsor-Tunnel (Maut 4,50–4,75 C$/4–4,50 US$), der beide Innenstädte verbindet.

Vom **Busbahnhof Windsor** (☎519-254-7577; www.greyhound.ca; 300 Chatham St W; 7–21 Uhr) fahren Busse nach Toronto (54 C$, 5 Std., 5-mal tgl.) über London (36 C$, 2 Std., 5-mal tgl.). Wer über die US-Grenze nach Chicago (105 C$, 9 Std. 3-mal tgl.) möchte, wechselt in Detroit von Greyhound Canada auf Greyhound. Online und im Voraus sind die Fahrpreise günstiger. Auch **Transit Windsor** (☎519-944-4111; www.citywindsor.ca) betreibt Busse nach Detroit (4 C$, 30 Min., alle 30 Min.) – Pass nicht vergessen.

Vom **Bahnhof Windsor** (☎888-842-7245; www.viarail.ca; Ecke Walker & Wyandotte St; 5.15–23.30 Uhr), 3 km östlich der Innenstadt verkehren Züge nach Toronto (76 C$, 3 Std., 4-mal tgl.) über London (46 C$, 2 Std.).

Am Lake Erie

Die Uferlinie des Eriesees vom Wellandkanal bei Niagara bis zum Detroit River in Windsor ist ein landschaftlich reizvoller, dünn besiedelter Streifen mit Sandstränden, Kleinstädten und friedlichen Parks. Viele Bewohner von Ontario haben hier Wochenendhäuschen. Die jüngsten Anstrengungen in Sachen Umweltschutz haben dafür gesorgt, dass man im Lake Erie (dem seichtesten und wärmsten der Great Lakes) wieder baden kann. Trotzdem sollte man vor dem Hineinspringen bei den Einheimischen nachfragen. Wer mal wirklich ganz weit weg sein möchte, kann Pelee Island ansteuern, den südlichsten Punkt von Kanada. Entlang des Seeufers gibt es praktisch keine öffentlichen Verkehrsmittel: Die folgende Aufzählung setzt die Fahrt mit dem eigenen Auto von Ort zu Ort voraus.

Amherstburg

Fans des Krieges von 1812 und der Underground Railroad finden im historischen Amherstburg fesselnde Informationen. In der kleinen Stadt südlich von Windsor, wo der Detroit River in den Lake Erie fließt, war in der Vergangenheit offebar weit mehr los als heutzutage.

Sehenswertes

Fort Malden National Historic Site HISTORISCHE STÄTTE
(☎519-736-5416; www.pc.gc.ca; 100 Laird Ave; Erw./Kind 4/2 C$; ⏲Mai–Okt. 10–17 Uhr) Die britische Festung wurde 1840 auf einem Erdwall am Fluss errichtet. Als die ersten Pelzhändler eintrafen, entstanden in dem Gebiet starke Spannungen zwischen Franzosen, First Nations und Engländern sowie später Amerikanern. Während des Krieges von 1812 schmiedete General Brock hier (zusammen mit seinem Verbündeten, dem Shawnee-Häuptling Tecumseh) ein Komplott zur Einnahme von Detroit.

Park House Museum MUSEUM
(☎519-736-2511; www.parkhousemuseum.com; 214 Dalhousie St; Erw./Kind 3/1 C$; ⏲10–17 Uhr) Das älteste Haus in der Stadt ist das einzige, das nicht *aus der* Stadt stammt. Es wurde nämlich am anderen Flussufer erbaut und dann 1799 in Einzelteilen auf Booten herübergeschafft. Heute ist es im Stil der 1850er-Jahre eingerichtet.

North American Black Historical Museum MUSEUM
(☎519-736-5433, 800-713-6336; www.blackhistoricalmuseum.com; 277 King St; Erw./Kind 5,50/4,50 C$; ⏲Di–Fr 10–17, Sa & So ab 13 Uhr) Die Nazrey African Methodist Episcopal Church, inzwischen eine nationale historische Stätte, wurde von ehemaligen Sklaven erbaut und spielte eine Rolle bei der Underground Railroad.

Feste & Events

Shores of Erie WEIN
(www.soewinefestival.com) Wein und Unterhaltung sind während dieses Festivals im Spätsommer/Frühherbst angesagt. Es empfiehlt sich, Unterkünfte weit im Voraus zu buchen.

Schlafen & Essen

Pier 41 B&B $$
(☎519-737-9187; www.pier41bb.com; 41 Mickle Dr; Zi. 100 C$) In den beiden separaten Suiten im ehemaligen Familienheim des freundlichen Besitzers können die Gastgeber beim sanften Plätschern der Wellen am Seeufer einschlafen und aufwachen.

Artisan Grill MODERNE KANADISCHE KÜCHE $
(☎519-713-9009; www.artisangrill.ca; 269 Dalhousie St; Mahlzeiten 8–25 C$; ⏲Di–So 11–22 Uhr) Es ist schön zu wissen, dass eine Kleinstadt wie Amherstburg ein solides, aber entspanntes Lokal mit gehobener Küche zu bieten hat: herzhafte Wraps, Sandwiches, Salate und Steaks – ja sogar Hummer – schießen den Vogel ab.

Lord Amherst Public House PUB $
(☎519-713-9165; www.lordamherst.ca; 273 Dalhousie St; Hauptgerichte 10–16 C$; ⏲Mo–So ab 11.30 Uhr) Raffinierte, köstliche Kneipengerichte und erstklassige Biersorten machen dieses originelle historische Wasserloch zu einer hübschen Abwechslung von den Ausflügen in die Geschichte.

Praktische Informationen

Amherstburg Visitors Information Centre
(☎519-736-8320; www.amherstburg.ca; Ecke Sandwich & William St; ⏲Ende Mai–Okt.) Die neue Einrichtung weist den richtigen Weg für historische Entdeckungsreisen.

Leamington & Pelee Island

Leamington am Ufer des Sees ist die „Tomaten-Hauptstadt von Ontario", allerdings kommen die meisten Leute nur hierher, um die Fähre nach Pelee Island zu besteigen. Im Südosten der Stadt liegt der Point Pelee National Park (der südlichste Punkt des kanadischen Festlands); er ist im Frühjahr und Herbst ein Boxenstopp für Tausende von Zugvögeln.

Kanadas südlichster Außenposten, Pelee Island, ist eine verschlafene Oase mitten im

Lake Erie. 1788 verpachteten die Völker der Ojibwe und der Ottawa die Insel an Thomas McKee, doch sie blieb unbebaut, bis William McCormick sie 1823 erwarb. Im Jahr 1900 hatte Pelee 800 Einwohner, vier Kirchen und vier Schulen. Heutzutage gibt es hier nur 275 Einwohner und nicht viel darüber hinaus. Das Leben dreht sich um eine sehr entspannte und bescheidene Form des Tourismus. Die Insel ist so grün, wie Grün nur sein kann, und von Sandstränden und seichtem Wasser umgeben; wer hierher kommt, befindet sich abseits des Trubels, ohne die Provinz zu verlassen. Zu erreichen ist die Insel von April bis Dezember mit einer holprigen Autofähre.

Zu den restlichen Zeiten braucht man ein Flugzeug. Nicht vergessen, Leute: Es ist eine Insel! Viele Straßen sind nicht gepflastert, Dienstleistungen gibt es leider nur in beschränktem Umfang.

Sehenswertes

Point Pelee National Park PARK
(☎866-787-3533, 519-322-2365; www.pc.gc.ca; Point Pelee Dr, Leamington; Erw./Kind 8/4 C$; ⏲Sonnenaufgang bis Sonnenuntergang) Der beliebte Nationalpark etwa 13 km südöstlich von Leamington verfügt über Naturlehrpfade, einen Bohlenweg durch die Marsch, Wälder und hübsche Sandstrände. Die Wanderung des Monarchfalters im Herbst ist ein Schauspiel in schwirrendem Schwarz und Orange.

Pelee Island Heritage Centre MUSEUM
(☎519-724-2291; www.peleeislandmuseum.ca; 1073 West Shore Rd, Pelee Island; Erw./Kind 3/2 C$; ⏲Mai–Okt. 10–17 Uhr) Das kleine Pelee Island Heritage Centre in der Nähe des West Dock besitzt eine der besten naturhistorischen Sammlungen in Ontario. Faszinierende Exponate beleuchten die Geschichte der Ureinwohner bis zum 20. Jh., Geologie, Wildfauna, Industrie, Schifffahrt und Schiffswracks.

Fish Point Nature Reserve PARK
(www.ontarioparks.com; 1750 McCormick Rd, Pelee Island; ⏲Sonnenaufgang bis Sonnenuntergang) Fish Point Nature Reserve ist eine lange sandige Landspitze – der absolut südlichste Punkt Kanadas. Ein Wanderweg – hin und zurück 3,2 km – führt durch den Wald zu diesem Punkt, einer der schönsten Badestellen der Insel. Fish Point ist ein Paradies für Vogelbeobachter: Hier gibt es Nachtreiher und eine Vielzahl von Watvögeln.

Pelee Island Winery Wine Pavilion WEINGUT
(☎800-597-3533; www.peleeisland.com; 20 East-West Rd, Pelee Island; Spezialführungen Erw./Kind 5 C$/frei; ⏲Mai–Okt. Mo–Sa 10–18, So 11–17 Uhr) Die Früchte der Insel kann man im Pelee Island Winery Wine Pavilion genießen. Die regulären Führungen sind kostenlos und starten an den meisten Tagen um 12, 14 und 16 Uhr; spezielle Wein-und-Käse- oder Wein-und-Schokolade-Touren können telefonisch vereinbart werden. Auf der Website stehen auch Einzelheiten zur Niederlassung auf dem Festland.

Geführte Touren

Explore Pelee FAHRRADTOUR
(☎519-724-2285; www.explorepelee.com; Touren ab 40 C$) Die Explore-Pelee-Touren führen die Teilnehmer vom ältesten Haus der Insel bis zu den Kanälen, Pumpstationen, dem Leuchtturm und dem Inselfriedhof. Es werden auch Touren in Kombination mit Weinproben angeboten.

Schlafen & Essen

Alle Unterkünfte auf Pelee Island sind nur in der Saison verfügbar, die den Betriebszeiten der Fähre entspricht.

Stonehill Bed & Breakfast B&B $
(☎519-724-2193; www.stonehillbandb.com; 911 West Shore Rd, Pelee Island; EZ/DZ mit Gemeinschaftsbad 70/85 C$; 🚭) Das alte Bauernhaus, das 1875 aus Kalkstein vom Steinbruch dahinter gebaut wurde, hat Blick auf den See, eine parkartige Umgebung und freundliche Gastgeber. Die gemütlichen Zimmer sind mit Patchworkdecken ausstaffiert.

Anchor & Wheel Inn MOTEL, CAMPINGPLATZ $$
(☎519-724-2195; www.anchorwheelinn.com; 11 West Shore Rd; Stellplatz mit/ohne Stromanschluss 20/35 C$, DZ 85–115 C$, Hütte ab 150 C$; 🚭❄) Das übersprudelnde Anchor & Wheel in der Nordwestecke von Pelee verfügt über eine ganze Palette von Übernachtungsmöglichkeiten, angefangen bei grasbewachsenen Stellplätzen bis hin zu klimatisierten Gästezimmern mit Whirlpool und einer Hütte am Hafen.

Wandering Pheasant Inn INN $$
(☎519-724-2270; www.thewanderingpheasantinn.com; 1060 E West Rd, Pelee Island; DZ inkl.

Frühstück 115–175 C$) Das südlichste Gasthaus in Kanada besetzt 1 ha am Ostufer der Insel. Weil weit und breit keine Straßenlaternen zu sehen sind, kann man leicht die magischen Leuchtkäfer beobachten. Es gibt 15 einfache Zimmer und einen Gemeinschafts-Whirlpool. Keine Kinder.

Conorlee's Bakery & Delicatessen BAKERY $
(☎519-724-2321; rickolte.wix.com/bakery; 5 Northshore Dr; Sandwiches 5–7 C$; ⏰7.30–15 Uhr) Conorlee's backt frisches Brot, Kuchen, Pizza und Pasteten, braut Espresso und verkauft lokalen Honig. Hier eines der verführisch leckeren Sandwiches zu erstehen und es am Strand zu essen, ist eine angenehme Option.

Ausgehen & Nachtleben

Scudder Beach Bar & Grill BAR
(☎519-724-2902; www.scudderbeach.com; 325 North Shore Rd; Hauptgerichte 8–16 C$; ⏰Mai–Sept. 12–22 Uhr) In der holzvertäfelten Kneipe werden Wraps und Sandwiches serviert und Unmengen kaltes Bier ausgeschenkt; gelegentlich spielt am Samstagabend eine Live-Band.

Praktische Informationen

Infos über Leamington finden sich auf www.tourismleamington.com oder an der Großen Tomate in der Talbot Street.

Alles, was es über Pelee Island zu wissen gibt, ist unter www.pelee.org zu finden. Fähren und Unterkünfte bucht man am besten im Voraus. Im Scudder Beach Bar & Grill steht ein Geldautomat. Allerdings kann an einem belebten Wochenende schon mal die Kohle ausgehen – deshalb vorsichtshalber lieber etwas mehr Bargeld mitnehmen.

Anreise & Unterwegs vor Ort

Von Leamington (und manchmal von Kingsville) steuern **Ontario Ferries** (☎519-326-2154; www.ontarioferries.com; Erw./Kind/erm. 7,50/3,75/6,25 C$, Auto/Fahrrad/Motorrad 16,50/3,75/8,25 C$; ⏰April–Mitte Dez.) die Insel an. Der Fahrplan hängt vom Tag und von der Jahreszeit ab; eine Reservierung ist erforderlich. Die Fahrt dauert pro Strecke 1½ Stunden. Die Fähren verbinden Pelee auch mit Sandusky im US-Bundesstaat Ohio. Im Winter geht gar nichts.

Fahrräder kann man bei **Comfortech Bicycle Rentals** (☎519-724-2828; www.comfortechbikerental.com; West Shore Rd, Pelee Island; pro Std./Tag 8/20 C$; ⏰Mai–Okt.) am West Dock mieten.

BLAUER DUNST

Die ebenen, sandigen Ackerböden des nördlichen Norfolk County zwischen Port Stanley und Port Dover bieten optimale Wachstumsbedingungen. Früher wurde hier ausschließlich Tabak angebaut, inzwischen gibt es auch Hanf- und Ginsengfelder. Um den alten Tabakduft zu schnuppern, fährt man auf dem Highway 3 landeinwärts zum **Delhi Tobacco Museum & Heritage Centre** (☎519-582-0278; www.delhimuseum.ca; 200 Talbot Rd, Delhi; Eintritt gegen Spende; ⏰Juni–Aug. Mo–Fr 10–16.30, Sa & So 13–16 Uhr). Das multikulturelle Museum in einem Holzverschlag voller Tabakblätter zeigt Exponate zur örtlichen Geschichte der Tabakproduktion.

Port Stanley

Das Fischerdorf an der Mündung des Kettle Creek, besitzt einen hübschen Ortskern und eine angenehme, unaufgeregte Atmosphäre: **Port Stanley** (www.portstanley.net) ist so ein Ort, in dem Besucher auf der Straße angesprochen werden.

Viele Eisenbahnfreaks und Junggebliebene haben Spaß an der **Port Stanley Terminal Rail** (☎877-244-4478; www.pstr.on.ca; 309 Bridge St; Erw./Kind 15/9 C$), einem 14 km langen Abschnitt der historischen Bahnstrecke London–Port Stanley. Der Fahrplan variiert; Genaueres steht auf der Website.

Das **Port Stanley Festival Theatre** (☎519-782-4353; www.portstanleytheatre.ca; 302 Bridge St) hält während der Sommersaison Einheimische und Gäste bei Laune.

Wem die hiesige Lebensart gefällt, der kann im **Inn on the Harbour** (☎519-782-7623; www.innontheharbour.ca; 202 Main St; DZ 129–239 C$;) übernachten. Von dem hochklassigen Gasthaus ganz nah am Hafen kann man zuschauen, wie die Fischerboote aus- und einlaufen.

Port Dover & Umgebung

In Port Dover, einem Küstenort mit entspannter Atmosphäre, dreht sich alles um Sommer, Sonne und Strand. Sonnenverbrannte Mittvierziger, Teenies im Bikini und eisverschmierte Kinder drehen in den Sommerferien auf der Hauptstraße ihre Runden. Das **Port Dover Visitors Centre** (☎519-583-

1314; www.portdover.ca; 19 Market St W, Port Dover; ⌚10–17 Uhr) hilft bei der Suche nach Unterkünften und leiht kostenlos Fahrräder aus. Das **Port Dover Harbour Museum** (☎519-583-2660; www.portdovermuseum.ca; 44 Harbour St, Port Dover; Eintritt gegen Spende; ⌚11–18 Uhr), eine nachgebaute Fischerbude, konzentriert sich auf die Fischerei-Industrie auf dem Eriesee und die Heldentaten des örtlichen Seebären Captain Alexander McNeilledge („Trag keine Brille, verzichte auf Tabak, trink, wenn nötig, einen kleinen Whiskey"). Zentraler als das weiß gestrichene **Erie Beach Hotel** (☎519-583-1391; www.eriebeachhotel.com; 19 Walker St, Port Dover; DZ 90–110 C$;).geht nicht. Kitschige Zimmer haben Blick auf unfassbar perfekte Rasenflächen, während in den pubähnlichen Speiseräumen Barsch und Garnelen das Zepter führen (Hauptgerichte 10–20 C$).

Wer Richtung Südwesten der Küste folgt, kommt zuerst zum ausgezeichneten **Turkey Point Provincial Park** (☎519-426-3239; www.ontarioparks.com; 194 Turkey Point Rd, Turkey Point; Stellplatz mit/ohne Stromanschluss 28/33 C$, Gebühr pro Auto 11 C$; ⌚Mai–Okt.). Die Wälder hier wimmeln nur so von Vogelfreaks und Naturliebhabern. Rund 30 km weiter südwestlich liegt der **Long Point Provincial Park** (☎519-586-2133; www.ontarioparks.com; 350 Erie Blvd, Port Rowan; Stellplatz mit/ohne Stromanschluss 28/33 C$, Gebühr pro Auto 11 C$; ⌚Mai–Okt.) auf einer sandigen Landspitze, die in den See hinausragt – eine tolle Badestelle.

MUSKOKA LAKES

Barrie markiert das Ende der ausgedehnten Vorstädte von Toronto und das Tor zur Muskoka-Lakes-Region. Das hübsche, am See gelegene Städtchen erscheint allerdings bisweilen wie ein weiterer Vorort von Toronto. Es lohnt sich, bei der Anreise über den Highway 400 am großen **Ontario Travel Information Centre** (☎800-668-2746, 705-725-7280; 21 Maple View Dr; ⌚8–20 Uhr) zu halten um sich mit Karten und Broschüren zu versorgen.

Muskoka Lakes (oder einfach Muskoka) ist ein allgemeinerer Name für die Region, die die Seen Muskoka, Rosseau und Joseph sowie viele kleinere Gewässer umfasst. Ursprünglich wurden hier viel Bauholz produziert und Schiffe gebaut, heute ist es das Herzstück von „Cottage Country": Hier genießen Familien den Aufenthalt am Wasser, viele verbringen hier den Ruhestand. Um die Schönheit und Gelassenheit dieser bewaldeten, mit viel Wasser gesegneten Region zu erkunden, sollte man schon ein paar Tage einplanen. Besonders reizvoll ist der Herbst. Hier stehen Ontarios aufwendigste Hütten, viele von ihnen in der berühmten „Millionärsreihe" am Lake Muskoka.

Öffentliche Verkehrsmittel sind in der Region rar. Am besten kommt man mit dem eigenen Auto voran (www.discovermuskoka.ca/suggested-driving-tours). Achtung: Von Mai bis Oktober kann der Verkehr auf dem Highway 400 an manchen Tagen zum Alptraum werden, nämlich freitags in Richtung Norden (von Toronto) und sonntags in Richtung Süden.

Orillia

Orillia thront stolz am nördlichen Ende des Lake Simcoe, der dort in den Lake Couchiching übergeht. Beide gehören eigentlich nicht zu den Muskoka Lakes, sind aber größere Stationen am Trent-Severn Waterway. Dreieckige Segel und tuckernde Motorboote verstopfen den Hafen; Autofahrer fahren vom Highway 11 ab, um über Orillias Hauptstraße, die aus der Zeit gefallene Mississauga Street, zu bummeln.

Sehenswertes & Aktivitäten

Leacock Museum MUSEUM
(☎705-329-1908; www.leacockmuseum.com; 50 Museum Dr; Erw./Kind 5/2 C$; ⌚Mo–Sa 9–17 Uhr) 1928, baute der kanadische Humorist Stephen Leacock ein großzügiges Haus am Wasser, das inzwischen zum Leacock Museum geworden ist. Im Juli veranstaltet das Museum das **Leacock Summer Festival**, ein auch international sehr angesehenes Literaturfestival.

Coldwater Canadiana Heritage Museum MUSEUM
(☎705-955-1930; www.coldwatermuseum.com; 1474 Woodrow Rd, Coldwater; Eintritt gegen Spende; ⌚Ende Mai–Okt. Mo–Sa 10–16, So ab 13 Uhr) Westlich von Orillia am Highway 12, bevor er auf den Highway 400 trifft, findet sich dieses bezaubernde Volkskundemuseum am Flussufer mit einer entzückenden Ansammlung von Kolonialgebäuden. Hier wird der Geschichte des Dorflebens von 1830 bis 1950 nachgespürt.

Island Princess BOOTSFAHRT
(☎705-325-2628; www.orilliacruises.com; ⌚Juni–Okt.) Orillia bietet eine Vielzahl von Ausflugsfahrten mit der *Island Princess,* auch wenn die Kulisse in Penetanguishene und Parry Sound malerischer ist. Im Juli und August gibt es hier täglich bis zu vier Abfahrten. Die Ausflüge mit Mittag- bzw. Abendessen müssen im Voraus gebucht werden: Auf der Webseite stehen Angaben zur Art der Fahrten, zu Fährplänen und Preisen sowie weiteren Informationen.

Schlafen & Essen

Cranberry House B&B $
(☎866-876-5885, 705-326-6871; www.orillia.org/cranberryhouse; 25 Dalton Cres S; Zi. ab 95 C$) Das B&B liegt an einer ruhigen Straße, die stark an eine Kulisse für die Fernsehserie *Wunderbare Jahre* erinnert. Jedes Haus erscheint adrett und einladend, und Cranberry House ist da keine Ausnahme. Die zweckmäßig eingerichteten Zimmer haben jeweils ein eigenes Bad.

Stone Gate Inn HOTEL $$
(☎705-329-2535, 877-674-5542; www.stonegateinn.com; 437 Laclie St; Zi. inkl. Frühstück ab 132 C$; ❄📶🏊) Es sind die Extras, die das moderne Gasthaus gegenüber der Konkurrenz hervorheben: großzügiger Swimmingpool, komplett ausgestattetes Business-Center, gepflegte Hors d'œuvres an den Wochenenden und kuschelig, weiche Bademäntel für die Gäste.

Webers Hamburgers BURGER $
(☎705-325-3696; www.webers.com; Hwy 11; Hamburger 4,79 C$; ⌚ab 10.30 Uhr) Nur 12 km nördlich von Orillia am Highway 11 lockt dieses legendäre Burgerlokal mit Holzkohlengrill Passanten mit preiswertem Essen und einer schmucken Fußgängerbrücke über die Autobahn. Endlosen Schlangen von Hungrigen läuft angesichts der fettigen Köstlichkeiten das Wasser im Mund zusammen.

Mariposa Market MARKT $
(☎705-325-8885; www.mariposamarket.ca; 109 Mississauga St E; Waren ab 2 C$; ⌚8–17 Uhr) Die Baracke, halb Bäckerei, halb Nippesschuppen, ist ein Augenschmaus und ein Fest für die Geschmacksknospen. Für ein leichtes Mittagessen empfiehlt sich eine Auswahl der herzhaften Pasteten, anschließend ein Dessert und dann geht es auch schon auf Souvenir-Suche.

Unterhaltung

Casino Rama KASINO
(☎705-329-3325; www.casinorama.com; 5899 Rama Rd; ⌚24 Std.) Das glitzernde Casino Rama ist auch eine wichtige Bühne für tourende Unterhaltungskünstler. Ein kostenloser Shuttle verbindet viele Unterkünfte mit dem Rummel.

Orillia Opera House DARSTELLENDE KÜNSTE
(☎705-326-8011; www.orilliaoperahouse.ca; 20 Mississauga St W) Das mit Türmchen verzierte Opernhaus von Orillia gibt verschiedenartigen Produktionen eine Bühne, darunter *Cats, Oklahoma!* und Ähnliches.

An- & Weiterreise

Greyhound Canada unterhält eine Verbindung zwischen Orillia und Toronto (31,25 C$, 2½ Std., 4-mal tgl.). **Ontario Northland** (www.ontarionorthland.ca) bietet ebenfalls einen Fahrgastservice (27,75 C$, 2 Std., 4-mal tgl.).

Gravenhurst

Das nahe gelegene Bracebridge steht höher in der Besuchergunst, während Gravenhurst sich gerade erst anschickt, seine Stärken zur Geltung zu bringen. Wie wär' s mit einem Besuch in Muskoka Wharf? Das Erschließungsprojekt am Wasser mit Geschäften, Restaurants, Wohnungen, Bauernmarkt und Museum ist nach der Jahrtausendwende entstanden.

Sehenswertes

Muskoka Boat & Heritage Centre MUSEUM
(☎705-687-2115; www.realmuskoka.com; 275 Steamboat Bay Rd; Erw./Kind 7/2 C$; ⌚Di–Sa 10–16 Uhr) Das Museum erzählt die reiche Geschichte der Dampfschiffe in der Region und stellt mehr als 20 Holzboote zur Schau. Außerdem sind hier zwei Schiffe zu bewundern: die *Segwun,* das älteste noch fahrende Dampfschiff in Nordamerika, und die *Wenonah II,* ein neues Ausflugsboot in altbewährter Bauart. In einem früheren Leben war die *Segwun* ein Postschiff, das entlegene Enklaven in Muskoka ansteuerte. Verschiedenartige Ausflüge stehen zur Auswahl: Einzelheiten sind auf der Website zu finden.

Bethune Memorial House HISTORISCHES GEBÄUDE
(☎705-687-4261; www.pc.gc.ca/bethune; 297 John St N; Erw./Kind 3,90/1,90 C$; ⌚Juni–Okt.

Di–Sa 10–16 Uhr) Das kleine, aber durchaus sehenswerte Museum ehrt den kanadischen Arzt Norman Bethune, der einen Großteil seines Lebens als Chirurg und Erzieher in China verbrachte. Bethune richtete die weltweit erste mobile Bluttranfusionsklinik ein, als er sich während des Bürgerkriegs in Spanien aufhielt.

Geführte Touren

Muskoka Autumn Studio Tour KUNSTTOUR
(www.muskokaautumnstudiotour.com) Seit mehr als 35 Jahren öffnen im September lokale Künstler ihre Ateliertüren für die Öffentlichkeit.

Feste & Events

Music on the Barge MUSIK
(www.musiconthebarge.webs.com; Gull Lake Park; Eintritt gegen Spende) Im Sommer versammeln sich Tausende, um Big-Band-Nummern, Jazz oder Country Music zu hören. Die Konzerte von Ende Juni bis Ende August beginnen jeden Sonntag um 19.30 Uhr.

Schlafen & Essen

Residence Inn Muskoka Wharf HOTEL $$
(☎705-687-6600; www.marriott.com; 285 Steamship Bay Rd; DZ/Suite inkl. Frühstück ab 125/155 C$;) Wer gerne am Wasser ist, wird kaum näher ran kommen als in diesem gedrungenen Neubau im Muskoka-Wharf-Komplex. Geboten werden große, frisch dekorierte Studios und Suiten mit Komplettküche, separaten Schlaf- und Wohnbereichen und großzügigem Bad. Einige haben Balkons und Blick auf den See. In Spitzenzeiten schnellen die Preise rasant in die Höhe.

★ **Taboo Resort** RESORT $$$
(☎705-687-2233; www.tabooresort.com; 1209 Muskoka Beach Rd; DZ ab 199 C$;) Endlich gibt es in Ontario ein Boutiqueresort mit internationalem Flair. Das Taboo steht auf einer kleinen Halbinsel und besitzt damit fast eine Rundumsicht auf den See. Die Hotelzimmer und Suiten haben klare, minimalistische Linien, sind mit grauem und Ahornholz ausgestattet und haben schicke Badezimmer mit Produkten von Molton Brown. Die Chalets über drei Ebenen sind ideal für Gäste mit Kindern: Die verschwinden ohnehin in den Kids' Club, sodass die Eltern einen Cocktail am Pool, eine Runde Golf oder die fabelhafte Küche in Ruhe genießen können.

Blue Willow Tea Shop TEEHAUS $
(☎705-687-2597; www.bluewillowteashop.ca; 900 Bay St; High Tea 23 C$, Mahlzeiten 8–24 C$; ⊙Mo–Mi 10–16, Do–Sa bis 20, So 12–16 Uhr) Der hübsche Tearoom am Wasser serviert täglich ab 14 Uhr High Tea (eine Kombination aus Nachmittagstee und Abendessen). Es gibt eine kleine Abendkarte mit britischen Grundnahrungsmitteln wie Bangers & Mash und Fish & Chips.

Pizza Station PIZZERIA $
(☎705-687-3111; 415 Bethune Dr N; kleine Pizza ab 6 C$; ⊙12–15 & 18–23 Uhr) Die Einheimischen schwören auf die unauffällige Pizzabude wegen der dampfend heißen Leckerbissen mit gerade der richtigen Menge an Belag und Käse und dem knusprigen Boden. Man kann die Pizza auch mitnehmen und am Wasser essen.

Unterhaltung

Gravenhurst Opera House THEATER
(☎705-687-5550; www.gravenhurstoperahouse.com; 295 Muskoka Rd S) Das bezaubernde denkmalgeschützte Gebäude präsentiert eine Sommersaison mit Profi-Theater.

Praktische Informationen

Gravenhurst Chamber of Commerce (☎705-687-4432; www.gravenhurstchamber.com; 685 Muskoka Rd N; ⊙Mo–Fr 8.30–17, Sa 9–12 Uhr) Am Stadtrand. Zusätzliche Informationen sind unter www.gravenhurst.ca zu finden.

An- & Weiterreise

Ontario Northland (www.ontarionorthland.ca) bietet Busverbindungen zwischen Toronto und Gravenhurst (36,45 C$, 3 Std., 4- bis 5-mal tgl.) auf der North-Bay-Route, die auch am Bahnhof von Gravenhurst vorbeiführt. Seit Ende 2012 fahren keine Züge mehr in der Region.

Bracebridge

Das grüne Bracebridge liegt auf dem 45. Breitengrad, auf halbem Weg zwischen Nordpol und Äquator! Der faszinierende Ort entfaltet seinen natürlichen Charme das ganze Jahr über. Seine Kennzeichen: hoch aufragende, immergrüne Nadelbäume, sprudelnde Wasserfälle und leuchtend bunter Ahorn.

Sehenswertes

Wasserfälle WASSERFALL

In der Nähe der Besucherzentrums ist der bekannteste unter den 22 Wasserfällen von Bracebridge zu finden, Bracebridge Falls. Großer Beliebtheit erfreuen sich auch Muskoka South Falls (33 m), etwa 6 km südlich der Stadt, Wilson's Falls und High Falls, beide im Norden.

Muskoka Brewery BRAUEREI

(☎705-646-1266; www.muskokabrewery.com; 13 Taylor Rd; ⏲Mo–Sa 11–17, So bis 16 Uhr) Muskoka Brewery füllt köstliche Biersorten ab, darunter Cream Ale und mehrere Lagerbiere. Im Sommer starten von Donnerstag bis Samstag von 12.30 bis 15.30 Uhr jeweils alle halbe Stunde interessante Führungen mit kostenloser Bierprobe.

Geführte Touren

Lady Muskoka BOOTSTOUR

(☎705-646-2628, 800-263-5239; www.ladymuskoka.com; Rundfahrten Erw./Kind ab 29/14 C$; ⏲Mai–Okt.) Muskokas größtes Ausflugsschiff zeigt die Schönheiten des Lake Muskoka, einschließlich der erstaunlichen „Millionärsreihe", wo die Reichen entspannen. Verschiedene Ausflüge einschließlich Brunchfahrten stehen zur Wahl. Fahrpläne und Preise sowie weitere Informationen sind auf der Website aufgelistet.

Schlafen & Essen

Wellington Motel MOTEL $$

(☎705-645-2238; www.wellingtonmotel.com; 265 Wellington St; Zi. 80–120 C$, Suite 140 C$; ❄) Der propere, zentral gelegene Ziegelbau ist retro, aber sauber. Die Zimmer haben Kühlschrank, Mikrowelle und riesige Badezimmer, die Suiten außerdem voll ausgestattete Küchen.

Inn at the Falls HOTEL $$

(☎877-645-9212, 705-645-2245; www.innatthefalls.net; 1 Dominion St; DZ 109–205 C$; ❄📶) Eisenlaternen, antike Kandelaber, Porträts und Palisadenzäune bewahren das 1870er-Jahre-Flair dieses lokalen Wahrzeichens mit seinem prächtigen Hauptgebäude und den sechs Cottages. Es ist ein beliebter Ort für Hochzeiten. Die Suiten sind zauberhaft eingerichtet und besitzen gigantische Betten, die wie Boote wirken. Das hauseigene Gourmet-Pub hat eine tolle Terrasse inmitten von abgestuften Gärten mit tollem Blick auf die herrliche Bucht.

Old Station PUB $$

(☎705-645-9776; www.oldstation.ca; 88 Manitoba St; Hauptgerichte 12–35 C$; ⏲11–22 Uhr) An Sommerabenden ist dies der Ort in der Stadt, an dem am meisten los ist. Von der Veranda aus hat man einen Blick auf die Hauptstraße – ideal, wenn man sich nach der Kajakfahrt etwas entspannen will. Hier kann man sich ein Sandwich mit Pulled-Pork-Grillfleisch und dazu ein Muskoka-Ale aus der Brauerei gleich gegenüber schmecken lassen.

Riverwalk MEDITERRAN $$$

(☎705-646-0711; www.riverwalkrestaurant.ca; 1 Manitoba St; Hauptgerichte mittags 12–18 C$, abends 28–37 C$; ⏲Di–Sa 11.30–14.30 & 17.30–19.30 Uhr) Es ist nicht so leicht, den Blick von der Aussicht abzuwenden, um die Speisekarte zu studieren. Zur Auswahl stehen Schwein, Huhn, Ente, Kalb, Rind, Lamm oder Fisch. Es empfiehlt sich zu reservieren.

Praktische Informationen

Bracebridge Visitors Centre (☎705-645-8121, 866-645-8121; 1 Manitoba St; ⏲Mo–Fr 9–17, Sa ab 10, Juni–Aug. auch So 12–16 Uhr) ist ganzjährig geöffnet.

An- & Weiterreise

Busse von **Ontario Northland** (www.ontarionorthland.ca) verbinden Bracebridge mit Toronto (39,30 C$, 3 Std., 4- bis 5-mal tgl.) auf der North Bay-Route.

Rosseau & Port Carling

Auf einer Discover-Muskoka-Autotour – die Route ist unter www.discovermuskoka.ca/suggested-driving-tours zu finden – kommt man auch durch das verschlafene Rosseau: Es ist ein malerisches Dörfchen mit einem kleinen Strand, einer historischen Bibliothek, ein paar Antiquitätenläden und ein oder zwei Cafés. Es ist der nächste Ort, wenn man sich entschließt, im jüngsten „angesagten" Resort von Muskoka einzuchecken, dem **Rosseau** (JW Marriott Resort & Spa; ☎705-765-1900; www.therosseau.com; 1050 Paignton House Rd, Minett; DZ/Suite ab 199/249 C$). Die Anlage ist ideal für Paare mit Kindern und/oder Geld, so etwa nach dem Motto: Während Mama und Papa im Pool eine Runde schwimmen, streifen die Jüngsten auf geführten Naturwanderungen umher. Essengehen beschränkt sich auf die teuren Angebotes des Resorts. Die Suiten sind mit

Küchen ausgestattet, kosten aber auch ein kleines Vermögen. Kurz gesagt: Es ist riesig, ansprechend und hat alles, aber es ist nicht für jedermann.

Nördlich von Bracebridge an der Route 118 im wohlhabenden Port Carling gibt es ein fantastisches **Wandbild** von einem alten Schiff. Bei näherem Hinsehen wird deutlich, dass es sich in Wirklichkeit um ein Mosaik aus uralten Fotos handelt: Wirklich bemerkenswert! Muskokas majestätische Schönheit dient auch vielen anderen Künstlern in der Region als inspirierende Kulisse. Weitere Infos sind beim **Arts Council of Muskoka** (www.artscouncilofmuskoka.com) zu bekommen.

Huntsville

Das hübsche Huntsville, Muskokas größte Stadt, liegt zwischen gewundenen Seen und Kiefernwäldern und ist das Tor zum Algonquin Provincial Park im östlichen Ontario. Der Ort ist eine gute Ausgangsbasis, um Tagesausflüge in den Park und durch die Region Muskoka zu unternehmen, oder bevor man zu einem Algonquin-Abenteuer aufbricht. Dazu ist allerdings ein eigenes Fahrzeug nötig. Zur Zeit der Recherche gab es leider keine regelmäßige öffentliche Verkehrsverbindung mehr zwischen Huntsville und dem Park.

Sehenswertes

Muskoka Heritage Place MUSEUM
(☎705-789-7576; www.muskokaheritageplace.org; 88 Brunel Rd; Erw./Kind 16/11 C$; ⏲Mai–Okt.) Die Anlage eröffnet eine historische Perspektive auf die Region, dazu gehören ein authentisches Pionierdorf, mehrere informative Museen und eine funktionierende Dampfeisenbahn von 1902 (fährt mehrmals am Tag; Fahrt im Eintritt inbegriffen).

Feste & Events

Festival of the Arts KUNST
(www.huntsvillefestival.on.ca) Musik, Filme und allgemeine Feiern der Künste werden das ganze Jahr über veranstaltet.

Schlafen

Huntsville Inn MOTEL $
(☎866-222-8525; www.hunstvilleinn.com; 19 King William St; DZ ab 50 C$; ❄📶) Das Haus in einer Top-Lage an der Brücke bietet komplett renovierte Zimmer mit Flachbildfernsehern und kostenlosem WLAN. Das Preis-Leistungs-Verhältnis ist ausgezeichnet.

Au Petit Dormeur INN $$
(☎705-789-2552; www.aupetitdormeur.com; 22 Main St W; DZ 80–100 C$; ❄📶) Das Gasthaus liegt in einem hübschen Kolonialhaus, die Zimmer sind stylish – es gibt sogar einen Fitnessraum. Das Frühstück können die Gäste auf dem Balkon mit herrlichem Blick auf den nahen See einnehmen.

Hidden Valley Resort RESORT $$
(☎705-789-2301; www.hvmuskoka.com; 1755 Valley Rd; DZ ab 115 C$; 🏊) Die meisten der gut geschnittenen, kürzlich renovierten Zimmer in diesem Resort im Stil der 1990er-Jahre haben einen Balkon mit wunderbarer Aussicht auf den See und das weitläufige, gepflegte Gelände. Es gibt ein Restaurant mit einer fabelhaften Terrasse, Pools drinnen und draußen und sogar einen kleinen Skihang in der Nähe. Das Resort liegt 8 km nördlich von Huntsville.

Sunset Inn Motel MOTEL $$
(☎866-874-5360, 705-789-4414; www.sunsetinnmotel.com; 69 Main St W; DZ inkl Frühstück ab 115 C$; ❄📶) In hübscher Hanglage in der Nähe des Bahnhofs serviert dieses qualitätvolle Motel mit Blick auf den See ein ordentliches Frühstück in einem sonnigen Gemeinschaftsraum.

Essen & Ausgehen

★ **That Little Place by the Lights** ITALIENISCH $
(☎705-789-2536; www.thatlittleplacebythelights.ca; 76 Main St E; Mahlzeiten 6–14 C$; ⏲Mo–Sa 11–20 Uhr) Die Einheimischen lieben das kleine Lokal an der Ampel für seine traditionelle Pizza, Pasta und Gelati. Das Preis-Leistungsverhältnis stimmt.

Louis' II DINER $
(☎705-789-5704; 24 Main St E; Waren 6–18 C$; ⏲8–20 Uhr) Das nette Familienlokal eignet sich hervorragend für ein preiswertes Frühstück und einen vergnügten Mittagsimbiss mit Bekannten wie dem guten alten Schinken-Tomate-Sandwich, Burger und Souvlaki. Außerdem gibt es Tagesgerichte.

Bo's Authentic Thai THAI $$
(☎705-789-8038; www.bothai.ca; 79 Main St E; Hauptgerichte 10–19 C$; ⏲11–21 Uhr; 🖉) Wie der Name schon sagt, werden in diesem neuen Lokal am Wasser authentisch thailändische Gerichte (wenn auch nur mit eng-

lischen Benennungen auf der Karte) mit viel Atmosphäre präsentiert. Auch vegetarische Optionen stehen zur Auswahl.

Mill on Main MODERNE KANADISCHE KÜCHE **$$**
(☎705-788-5150; www.themillonmain.ca; 50 Main St E; Hauptgerichte 12–26 C$; ⏲11–22 Uhr) Wer hier die berühmten Käsebällchen probiert, wird es ganz bestimmt nicht bereuen. Mit einer hübschen überdachten Veranda, von der man einen Blick aufs Wasser erhaschen kann, und Klassikern mit einem originellen Dreh ist das Mill ein gutes Plätzchen für eine entspannte Mahlzeit oder ein paar Drinks. Mitunter wird am Wochenende Livemusik gespielt.

On the Docks PUB
(☎705-789-7910; www.onthedockspub.com; 90 Main St E; Waren 6–14 ; ⏲11.30–1 Uhr) Einfach mal vorbeischauen für die leckeren Wraps, Häppchen und Sandwiches auf der fantastischen Terrasse mit mehreren Ebenen und Blick aufs Wasser.

Cottage Bar and Grill BAR
(☎705-789-6842; www.huntsvillecottage.com; 7 John St; ⏲11–22 Uhr) Die weitläufige Terrasse mit Blick aufs Wasser wird im Sommer proppenvoll. Die Lage ist für ein Bier und einen Burger in der Sonne einfach unschlagbar. An den meisten Abenden wird Livemusik gespielt.

ℹ Praktische Informationen

Chamber of Commerce (☎705-789-1751; www.huntsville.ca; 8 West St N; ⏲Mo–Fr 9–17, Sa 10–15 Uhr) Quillt über von lokalen Infos.

ℹ An- & Weiterreise

Zahlreiche Busse von **Ontario Northland** (www.ontarionorthland.ca) aus Richtung Toronto (39,30 C$, 3 Std., 4- bis 5-mal tgl.) fahren weiter nach North Bay.

GEORGIAN BAY

Georgian Bay, ein riesiges Reich der Blau- und Grüntöne, ist ein Land endloser Träume. Sommerbrisen streichen sanft über sandige Ufer. Im Herbst entfalten die Ahornbäume ihre bunte Pracht, und dicke Kiefern zittern unter dem frostigen Kuss des Winters. Diese ätherischen Landschaften inspirierten Kanadas bekannteste Maler, und bis heute ist die Bucht die Heimat vieler blühender Künstlergemeinden.

Wir beginnen unsere Reise am Ostufer in Parry Sound, im nördlichen Zipfel von Muskoka, folgen dann der Uferlinie nach

Georgian Bay

0 — 50 km

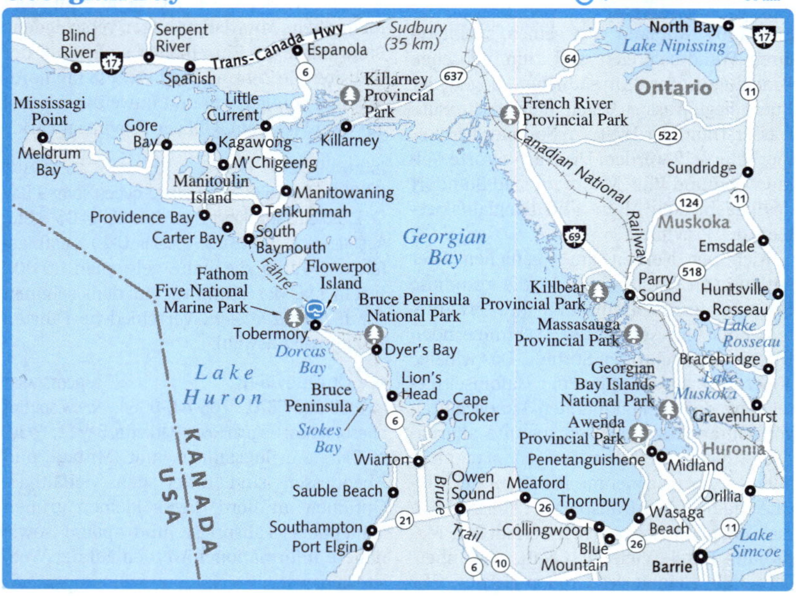

DAS SUMMEN DER KRIEBELMÜCKE

Vom Tauwetter im Frühling bis zu dem Zeitpunkt, an dem mindestens drei Wochen lang warmes Sommerwetter herrscht, wird das ganze Gebiete nördlich von Toronto von kleineren Insektenplagen heimgesucht – Kriebelmücken, Stechmücken und Bremsen. Im Unterschied zu den nervtötenden Stechmücken mit ihren spitzen Stacheln sind Kriebelmücken klein und unersättlich: Sie haben tatsächlich Zähne, mit denen sie die Haut ihrer Opfer anfressen, dort Beulen hinterlassen (oft Unmengen davon) und regelmäßig Blutrinnsale auslösen, die über die kostbare Haut sickern. Klingt wie ein Horrorfilm, was? Sie sind im Allgemeinen nicht so schlimm, wie es klingt, können es aber sein. Abgehärtete Einheimische schwören darauf, morgens, mittags und abends Porree zu essen oder reichlich Vitamin B zu sich zu nehmen, um die blutrünstigen Viecher abzuhalten. Wir finden, ein elektrifizierter Tennisschläger namens „der Scharfrichter" funktioniert genauso gut. Was man auch vorhat, man sollte unbedingt an Insektenschutzmittel denken, wenn man sich nach Norden wendet.

Süden bis Midland mit seinen spektakulären Wandmalereien und zum hübschen Penetanguishine. Im südlichen Bogen der Bucht liegt Wasaga Beach, der längste Süßwasserstrand der Welt: Im Sommer kann es hier sehr heiß werden. Die Nachbarorte Collingwood und Blue Mountain sind Standort des beliebtesten Alpin- und Langlaufskigebiets der Provinz.

Richtung Norden am westlichen Ufer entlang von Owen Sound ist die grandiose Bruce Peninsula berühmt für ihre zerklüfteten Kalkstein-Aufschlüsse, schimmernden Klippen und schroffen Strände. Das winzige Tobermory an der Spitze der Halbinsel bietet eine der spektakulärsten Landschaften von Ontario und eine entspannte alternative Atmosphäre; aber dort ist man nicht alleine. Eine angenehme Fahrt auf der Chi-Cheemaun-Fähre transportiert Reisende in die Schönheit des spärlich besiedelten Manitoulin Island. Viele First Nations glauben, sie sei die Heimat des Großen Geistes. Wer sich inspiriert fühlt und wer mag, kann hier ein paar Tage verweilen.

Parry Sound

Das kleine Parry Sound liegt versteckt hinter Hunderten winziger Inseln in der Georgian Bay. Früher war es ein belebter Hafen, heute ist die Atmosphäre entspannt und heiter, trotz der Schienenstränge auf Stelzen, die sich in der Nähe der Hafenanlagen durch den Himmel ziehen.

Sehenswertes & Aktivitäten

Bobby Orr Hall of Fame MUSEUM
(☎877-746-4466; www.bobbyorrhalloffame.com; 2 Bay St; Erw./Kind 9/6 C$; ⌚Di–Sa 10–17, So ab 11 Uhr) Für Uneingeweihte: Die Lokallegende Bobby Orr ist einer der großen Eishockeyheroen, der mit seiner gewaltigen Offensivkraft die Rolle der Verteidiger von Grund auf neu definierte. In seinem riesigen modernen Schrein können Fans sich als Sportansager versuchen oder in Torhüterkluft gegen eine Puckmaschine antreten.

White Squall KAJAKFAHREN
(☎705-342-5324; www.whitesquall.com; 53 Carling Bay Rd, Nobel; Miete ab 30 C$, Tagestouren ab 120 C$; ⌚April–Okt. 9–17.30 Uhr) Mit gemieteten Kajaks und geführten Touren lässt sich die Wasserwelt der Gegend erkunden: Freundliche Mitarbeiter bieten verschiedene Programme an. Einzelheiten stehen auf der Website. Die Zentrale liegt etwa 15 km nordwestlich von Parry Sound unweit von Nobel auf dem Weg zum Killbear Provincial Park.

Island Queen BOOTSFAHRT
(☎800-506-2628; www.island-queen.com; 9 Bay St; 2 Std. Ausflugsfahrt Erw./Kind 28/14 C$, 3 Std. Ausflugsfahrt 38/19 C$; ⌚Juni–Okt.) Ausflugsfahrten durch die nahe gelegenen 30 000 Inseln (ja, das stimmt!) auf dem schönen Schiff *Island Queen*. Verschiedene Fahrten stehen zur Auswahl.

MV Chippewa III BOOTSFAHRT
(☎888-283-5870, 705-746-6064; www.spiritofthesound.ca; Seguin River Parkette, Bay St; ⌚Juni–Okt.) Ausflugsfahrten mit Mittag- und Abendessen sind unter den vielfältigen Optionen an Bord dieses kleinen grünen Schleppers. Fahrpreise und -pläne sowie nähere Informationen werden auf der Website genannt.

Feste & Events

Festival of the Sound MUSIK
(www.festivalofthesound.ca) Parry Sound ist von Mitte Juli bis Mitte August Gastgeber eines renommierten Festivals für klassische Musik. Die Kartenpreise variieren.

Schlafen & Essen

B&Bs in dem Gebiet sind unter www.parrysoundbb.com aufgelistet.

Bayside Inn B&B $$
(☎866-833-8864, 705-746-7720; www.psbaysideinn.com; 10 Gibson St; Zi. 93–143 C$;) Das in den 1880er-Jahren als luxuriöses Privathaus errichtete, renovierte Anwesen bietet viele nette Überraschungen, darunter eine Wendeltreppe hinter dem Kamin und 12 schöne Schlafzimmer mit viskoelastischen Matratzen. Alle Zimmer haben ein eigenes Bad und sind in angenehm ruhigen Farben gehalten.

Mad Hatter Café CAFÉ $
(35 Seguin St; Waren 6–12 C$; ⏲Mo–Fr 7–16, Sa ab 8.30, So 10–15 Uhr) Geschäftig und vergnügt bietet das Café ausgezeichneten Kaffee und Gebäck, durch das die Gäste zur Grinsekatze mutieren.

Wellington's PUB $$
(105 James St; Hauptgerichte 9–20 C$; ⏲11–23 Uhr) Das Wellington's ist das „Leichtbier" unter den Pubs – es sieht aus wie eine Bar, ist aber gesünder. Die Karte umfasst einige kalorienbewusste Optionen wie Pecan-Hühnchen.

Praktische Informationen

Georgian Bay Country Visitors Centre
(☎705-746-1287; www.gbcountry.com; 70 Church St; ⏲Mo–Fr 9–17 Uhr) Im ehemaligen Bahnhof.

An- & Weiterreise

Busse von **Ontario Northland** (www.ontarionorthland.ca) verbinden Parry Sound mit Toronto (52,40 C$, 3½ Std., 3-mal tgl.) auf der Sudbury-Route.

Midland & Penetanguishine

Das Volk der Huron-Ouendat besiedelte als erstes diese Region und formte ein Bündnis, um die Zusammenarbeit zwischen den benachbarten Ureinwohner-Stämmen zu fördern. Die Allianz lockte französische Forscher und Jesuiten-Missionare an, die unbedingt die Seelen der Ureinwohner retten wollten. Ein Großteil der faszinierenden Geschichte von Midland konzentriert sich auf die blutigen Auseinandersetzungen zwischen den Huronen und den getreuen Anhängern des Christentums. Midland ist auch bekannt für die über 30 lebhaften und beeindruckenden Wandmalereien, die die Innenstadt in eine Kunst- und Geschichtsstunde unter freiem Himmel verwandelt haben.

Weniger als 6 km die Straße hinauf liegt Penetanguishine, ein kleiner Ort mit einem großen Namen. Er ist eine tolle Ausgangsbasis für die Erkundung der 30 000 Inseln, die die Georgian Bay sprenkeln. Zusammen geben sie ein schönes Ziel für einen Tagesausflug oder ein entspanntes Wochenende außerhalb von Toronto ab.

Sehenswertes & Aktivitäten

Martyrs' Shrine MONUMENT
(www.martyrs-shrine.com; Hwy 12, Midland; Erw./Kind 4 C$/frei; ⏲Mai–Okt. 8.30–21 Uhr) Dieser Märtyrerschrein für die sechs Jesuitenmissionare, die in den Händen der Huronen einen grauenvollen Tod fanden, besteht aus einer großen Rasenfläche, die mit zahlreichen Kreuzen geradezu übersät ist, und der eindrucksvollen kathedralmäßigen Schreinkirche. Jedes Jahr pilgern Tausende hierher, um dem Märtyrer Jean de Brébeuf die Ehre zu erweisen.

Ste-Marie among the Hurons HISTORISCHE STÄTTE
(☎705-526-7838; www.saintemarieamongthehurons.on.ca; Hwy 12, Midland; Erw./Kind 10/9 C$; ⏲April–Okt 10–17 Uhr) Kostümierte Mitarbeiter verhätscheln die Besucher in dieser Rekonstruktion einer Jesuitenmission aus dem 17. Jh. und erzählen mit einem freundlichen Lächeln verschiedene Geschichten über Mühsal und Qualen.

Huronia Museum & Huron-Ouendat Village MUSEUM
(☎705-526-2844; www.huroniamuseum.com; 549 Little Lake Park Rd, Midland; Erw./Kind 10/6 C$; ⏲9–17 Uhr) Das Huronia Museum & Huron-Ouendat Village ist der Nachbau einer 500 Jahre alten Huron-Ouendat-Siedlung. Das Museum beherbergt eine Sammlung von fast 1 Million Stücken – nicht alle werden gezeigt.

Discovery Harbour MUSEUM
(☎705-549-8064; www.discoveryharbour.on.ca; 93 Jury Dr, Penetanguishine; Erw./erm. 7,25/6,25 C$; ⏲Mai–Sept.) Bei den empfehlenswerten Führungen durch diese rekonstruierte britische Garnison können Besucher zwei nachgebaute Schiffe in Augenschein nehmen und sich die Geschichte der Festung erzählen lassen.

Awenda Provincial Park PARK
(☎705-549-2231; Awenda Park Rd; Tagesnutzung pro Fahrzeug 12–20 C$, Zeltplätze 16–46 C$; ⏲Mai–Okt.) Etwa 15 km von Penetanguishine entfernt prunkt dieser malerische Park mit vier Badestränden, 30 km leichten Wanderwegen und über 200 Vogelarten.

MS Georgian Queen BOOTSFAHRT
(☎800-363-7447, 705-549-7795; www.georgianbaycruises.com; ⏲Mai–Okt.) Verschiedene Ausflugsfahrten starten vom städtischen Kai in Penetanguishine: Die aktuellen Fahrpläne und Preise stehen auf der Website.

Geführte Touren

30,000 Island Tours BOOTSTOUR
(☎705-549-3388, 888-833-2628; www.midlandtours.com; 177 King St, Midland; Erw./Kind 27/14 C$; ⏲Mai–Okt.) *Miss Midland* ist keine regionale Schönheitskönigin, sondern der Name eines Schiffes: Ausflugsfahrten starten um 14 Uhr vom Midland-Kai. Im Juli und August sind auch Touren mit Mittag- und Abendessen möglich.

Schlafen & Essen

Silver Star MOTEL $
(☎705-526-6571; www.silverstarmotel.ca; 748 Yonge St, Midland; DZ ab 60 C$; ❄📶) Billig, freundlich, sauber und zentral! Die kürzlich renovierten Zimmer haben Flachbildfernseher und kostenloses WLAN. Das beste Preis-Leistungsverhältnis im Ort.

Comfort Inn MOTEL $
(☎705-526-2090; www.comfortinnmidland.com; 980 King St, Midland; DZ ab 79 C$; ❄📶🐾) Wohneinheiten mit Parkplatz vor der Tür, gute Preise und freundliche Mitarbeiter gewinnen Punkte für dieses angejahrte, aber gepflegte Motel an einem grünen Fleckchen etwa 3 km vom Ortskern entfernt.

★ **Little Lake Inn** B&B $$
(☎888-297-6130; www.littlelakeinn.com; 669 Yonge St, Midland; Zi. 124–175 C$; ❄@📶) Jedes Zimmer in diesem modernen B&B verfügt über Flachbildfernseher, DVD-Player und Whirlpool. Die freundlichen, Wirtsleute sind aufmerksam, aber nicht aufdringlich. Das grüne Zimmer hat einen separaten Eingang und einen eigenen Außenbereich. Der Name stimmt: Midlands „Little Lake" liegt hinterm Haus.

Georgian Terrace B&B $$
(☎705-549-2440, 888-549-2440; www.georgianterrace.ca; 14 Water St, Penetanguishene; Zi. inkl. Frühstück 150–175 C$; ⊖❄📶) Dramatische Säulen stehen vor diesem wunderbar restaurierten und modernisierten, denkmalgeschützten Haus. Die Zimmer sind zurückhaltend elegant mit eigenem Bad, WLAN und Flachbild-TV.

Ciboulette et cie FEINKOST $
(☎705-245-0410; www.cibouletteetcie.ca; 248 King St, Midland; Waren ab 6 C$; ⏲Mo–Sa 8–18, So 10–16 Uhr) Der Gourmetladen mit Café ist ganz und gar vollgestopft mit Feinkost, kaltem Fleisch, Käse, frisch gekochten Suppen und Saucen. Das Café serviert tollen Kaffee und leichte Mahlzeiten, und es gibt eine Auswahl an Produkten zum Mitnehmen: perfekt für ein Picknick am See.

★ **Captain Ken's Diner** FISH & CHIPS $$
(☎705-549-8691; www.captainkensdiner.com; 70 Main St, Penetanguishene; Hauptgerichte 10–25 C$; ⏲7–21 Uhr) Einfach reinkommen und Hallo sagen zu Ken, während der leicht panierten Hecht aus dem See perfekt brät. Mit 14 hat er hier einen Teilzeitjob bekommen, als dies noch eine Billardhalle war, mit 17 hat er den Laden gekauft und ihn über die Jahrzehnte erfolgreich in die reibungslos funktionierende Fish & Chips-Bude und Sportsbar verwandelt, die sie heute ist. Das Essen ist so gut wie die Geschichte.

Explorer's Cafe INTERNATIONAL $$
(☎705-527-9199; www.theexplorerscafe.com; 345 King St, Midland; Hauptgerichte 14–30 C$; ⏲11.30–22 Uhr) Die Beliebtheit des verschrobenen Restaurants ist ungebrochen. Die Wände sind mit Beutegut aus aller Welt geschmückt: Die Gerichte sind genauso international (Singapur-Nudeln, argentinisches Steak und Lachs mit Ahornsirupglasur und Chipotle-Paprika), aber für ihre Zubereitung werden nur lokale Produkte verwendet.

Cellarman's Ale House PUB $$
(☎705-526-8223; 337 King St, Midland; Hauptgerichte 8–25 C$; ⏲ab 11.30 Uhr) Das gemütliche Pub liegt versteckt unweit der King Street.

Herzhafte britische Kost stärkt die Einheimischen in zugigen Wintern: Wie wär's mit einem Schottischen Ei zu Steak und Pilzpastete? Mmm.

✩ Unterhaltung

King's Wharf Theatre THEATER
(☎888-449-4463; www.kingswharftheatre.com; 93 Jury Dr, Penetanguishine; ⊙Mai–Sept.) In dem wunderbaren Holztheater am See laufen diverse Kleinstadtproduktionen von bekannten Musicals.

Praktische Informationen

Southern Georgian Bay Chamber of Commerce (☎705-526-7884; www.southerngeorgianbay.on.ca; 208 King St, Midland; ⊙Mo–Fr 9–17 Uhr) Bringt das *Southern Georgian Bay Visitor Guidebook* heraus: Man kann es von der Website herunterladen.

Touristeninformation (☎705-549-2232; 2 Main St, Penetanguishine; ⊙Mai–Okt. 9–17 Uhr) Das in der Saison geöffnete Büro am Hafen ist nicht zu übersehen.

Anreise & Unterwegs vor Ort

Es gibt keine direkte Buslinie von Toronto in dieses Gebiet. Greyhound Canada-Busse verbinden Barrie mit Midland und Penetanguishine (17,50 C$, 1 Std., 2-mal tgl.). Die Firma **Central Taxi** (☎705-526-2626; www.centraltaximidland.ca) transportiert Gäste ohne eigenes Fahrzeug zwischen Midland und Penetanguishene.

Collingwood & Blue Mountain

Das hübsche Collingwood am See und das benachbarte Blue Mountain, attraktives Skigebiet und Sommerspielwiese, sind zu einem ganzjährigen Mekka für all jene geworden, die gern in schöner Landschaft aktiv sind. Die Gegend heißt Blue Mountain, das Resort nennt sich Blue Mountain. Wer nicht so auf gesunde Freizeitaktivitäten steht, kann immer noch am Apple Pie Trail (www.applepietrail.ca) essen und anschließend in ein glückseliges Kuchenkoma sinken.

Aktivitäten

★ **Blue Mountain** SKIFAHREN
(☎705-445-0231; www.bluemountain.ca; 108 Jozo Weider Blvd, Blue Mountains; Tages- & Abendliftkarte Erw./erm. 72/55 C$; ⊙9–22 Uhr) Die Leute, die uns schon Whistler und Mont-Tremblant beschert haben, sprechen vom besten Ski- und Snowboardrevier in Ontario: Freestyle-Gelände, Halfpipes, Rails, 16 Lifte und über 35 Pisten von Anfänger bis doppelter schwarzer Diamant. Die Blue Mountain Snow School bietet Unterricht für alle Könnerstufen. Kurse inklusive Tages-Skipass, Miete für die Ausrüstung und Unterricht starten bei 79 C$. Im Sommer sind ebenfalls viele Aktivitäten möglich, z. B. Mountainbikefahren, Segeln, Klettern, Wandern und Windsurfen.

WASAGA: DER LÄNGSTE SÜSSWASSERSTRAND DER WELT

Es stimmt, der 14 km lange Sandstreifen im **Wasaga Beach Provincial Park** (☎705-429-2516; Tagesnutzung pro Fahrzeug 15 C$; ⊙Mai–Okt.) ist der längste *Süßwasserstrand* der Welt. Es ist auch der Badeort, der Torontc am nächsten liegt, und zieht im Sommer Megamassen an: Es kann hier schon etwas rauer zugehen, und Campen ist verboten. Im Winter verwandeln sich unberührte Sanddünen in schneebedeckte Hügel, perfekt für Skilanglauf. Im Ort gibt es eine Menge Betten, aber die meisten sind einfach und teuer. Unter www.wasaga.com findet sich eine komplette Liste. Greyhound unterhält Busverbindungen von Toronto nach Wasaga Beach (39 C$, 2½ Std., 2-mal tgl.).

Free Spirit Tours ABENTEUERSPORT
(☎519-599-2268, 705-444-3622; www.freespirittours.com; 236720 Grey Rd 13, Heathcote; Aktivitäten ab 45 C$) Den Massen entkommen und einen sensationellen Tag beim Felsklettern, Höhlenerkunden oder Kajakfahren (Sommer) verbringen oder im Winter eine Schneeschuhwanderung unternehmen. Einzelheiten stehen auf der Website.

Scandinave Spa SPA
(☎705-443-8484; www.scandinave.com/en/bluemountain; 152 Grey Rd 21, Blue Mountains; Bäder 48 C$; ⊙10–21 Uhr) In diesem schönen Spa im skandinavischen Stil können sich die Gäste zu jeder Saison verwöhnen lassen: warme Bäder, kalte Bäder, Wasserfälle, im Schnee rollen (nur im Winter) und Sauna.

Mittwochs ist der Eintritt 10 C$ billiger. Es wird empfohlen, im Voraus zu buchen.

Feste & Events

Elvis Festival DARSTELLENDE KUNST
(www.collingwoodelvisfestival.com) Seit 1995 wird Collingwood jeden Juli von einer Elvis-Schar überrannt bei einem der weltgrößten Wettbewerbe für Elvis-Imitatoren.

Wakestock SPORT
(www.wakestock.com) Im August fallen junge Wakeboarder mit ihren teuren Spielzeugen zu diesem lauten Fest für Action-Sport und Musik in Collingwood ein.

Schlafen & Essen

In dem ganzjährigen Touristenziel können die Preise dramatisch in die Höhe schießen. Das rentnerfreundliche Collingwood bietet viele solide Restaurants rund um die Hurontario Street, und am Highway 26 drängen sich die Fastfood-Ketten.

Das themenparkmäßige Blue Mountain Village verfügt über eine hinreichende, aber nicht spektakuläre Auswahl.

Mariner Motor Hotel MOTEL $
(☎705-445-3330; 305 Hume St, Collingwood; DZ ab 89 C$;) Wer hätte gedacht, dass ein Entwurf aus der Hinterlassenschaft des großen Architekten Frank Lloyd Wright als Motel in Collingwood enden würde. Einfach, retro und sogar ein bisschen unbehaglich, aber uns gefällt die Authentizität der Anlage.

Blue Mountain Inn HOTEL $$
(☎877-445-0231, 705-445-0231; www.bluemountain.ca; 110 Jozo Weider Blvd; Zi. 89–499 C$;) Die Unterkünfte reichen vom Standardgästezimmer bis zur gehobenen Suite mit drei Schlafzimmern. Alle wurden in den letzten Jahren einer Verschönerungskur unterzogen. Auf der Website kann man sich über die ganze Bandbreite des Angebots informieren: Die Preise schwanken dramatisch.

Days Inn & Suites MOTEL $$
(☎705-444-1880; www.daysinncollingwood.com; 15 Cambridge St, Collingwood; DZ ab 109 C$) Das Kettenmotel mit 76 Zimmern auf halbem Weg zwischen Collingwood und Blue Mountain wird von den professionellen Mitarbeitern gut in Schuss gehalten. Die neutral eingerichteten Zimmer verfügen über Mikrowellen. Es gibt eine hauseigene Waschküche für die Gäste. Auch Suiten mit Kamin und Whirlpool stehen zur Verfügung.

★ **Westin Trillium House** RESORT $$$
(☎705-443-8080; www.westinbluemountain.com; 220 Gord Canning Dr, Blue Mountains; DZ/Suite ab 189/239 C$) Das paarfreundliche, haustierfreundliche und familienfreundliche Haus bestätigt den Ruf der Kette für ausgezeichneten Service. Gästezimmer und Suiten gibt es in breiter Auswahl: Alle sind luxuriös möbliert, und die meisten haben Aussicht auf das Blue Mountain Village, den Teich oder die Swimmingpools im Freien. Wer bei den Daten flexibel ist, erwischt unter Umständen bessere Preise und auch bessere Paketangebote.

Grandma Lambe's MARKT $
(Hwy 26; Sa–Do 8–18, Fr bis 19 Uhr) Den 35 km langen Weg zu Grandma Lambe's (westlich am Highway 26 zwischen Thornbury und Meaford) wird niemand bereuen. Der Laden bietet einen köstlichen Mix aus Ahornsirup-Jahrgängen, Butter-Tarts, jeder Menge Gemüse und Tischen, auf denen sich Pasteten, Brötchen und Marmeladen türmen.

Café Chartreuse CAFÉ $$
(☎705-444-0099; www.cafechartreuse.com; 70 Hurontario St, Collingwood; Mahlzeiten 8–18 C$; Mi–Mo 8–17 Uhr) Pfannkuchen mit warmer Ahornbutter, Sandwiches aus frisch gebackenem Brot: Die französisch geschulten Köche verstehen ihr Handwerk. Man isst vor Ort ein Gericht von der ständig wechselnden Karte oder schnappt sich ein Spanakopita oder ein herzhaftes Törtchen für unterwegs.

Tremont Cafe EUROPÄISCH $$$
(☎705-293-6000; www.thetremontcafe.com; 80 Simcoe St, Collingwood; Hauptgerichte 16–36 C$; Mi–Mo 11–15 & 17.30–21.30 Uhr) Wie wär's mit einem superleckeren Wochenendbrunch oder einem klassischen Dinner in diesem angenehmen Nobel-Café im historischen Tremont-Gebäude. Soll es nach den Stielkoteletts vom Lamm Entenconfit oder Atlantiklachs geben? Die Abendkarte wechselt regelmäßig.

Praktische Informationen

Georgian Triangle Tourism Association
(☎705-445-7722; www.visitsouthgeorgianbay.ca; 45 St Paul St, Collingwood; 9–17 Uhr) Hier kann man sich für diese wunderschöne Region inspirieren lassen.

Anreise & Unterwegs vor Ort

Greyhound Canada bietet einen begrenzten Service von Toronto nach Collingwood (42 C$, 3 Std., 2-mal tgl.) und weiter nach Owen Sound (24 C$, 1½ Std., 2-mal tgl.). Von Dezember bis April unterhält **AUC Tours** (☎ 416-741-5200; www.auctours.com) einen Shuttle von Toronto zum Blue Mountain. Auf der Website findet sich alles zu Fahrpreisen und Online-Buchung.

Ace Cabs (☎ 705-445-0300, 705-445-3300) befördern Passagiere zwischen Collingwood und Blue Mountain (20 C$, 15 Min.).

Bruce Peninsula

Die Bruce Peninsula ist ein 100 km langer Kalksteinaufschluss mit schroffen Küsten und grünen Wäldern am nördlichen Ende der Niagara-Schichtstufe. Die fingerförmige Halbinsel trennt das kühlere, kristallklare Wasser der Georgian Bay vom wärmeren Lake Huron. Owen Sound ist das größte regionale Zentrum, das angenehme Tobermory ist die Belohnung an der nördlichen Spitze der wunderbaren Halbinsel. Aktuelle Infos sind unter www.explorethebruce.com zu finden.

Owen Sound

Owen Sound hat eine unrühmliche Vergangenheit als Hafen voller Säufer und Prostitution. Die Dinge gerieten so weit außer Kontrolle, dass Alkohol hier mehr als 60 Jahre lang verboten war – heutzutage ist das schwer zu glauben. Als das Embargo 1972 schließlich aufgehoben wurde, hatte sich die Stadt in eine blühende Künstlerkolonie verwandelt, und das ist sie bis heute: Reisende sollten unbedingt die **Owen Sound Artist's Co-op** (www.osartistsco-op.com; 279 10th St E; ⌚Mo–Sa 9.30–17.30, So 12–16 Uhr) besuchen.

Sehenswertes

Tom Thomson Art Gallery MUSEUM
(☎ 519-376-1932; www.tomthomson.org; 840 1st Ave W; Erw./Kind 5/3 C$; ⌚Mo–Fr 11–17, Sa & So 12–17 Uhr) Die Galerie zeigt das Werk von Tom Thomson, dem Großvater der modernen kanadischen Landschaftsmalerei. Seine intime, eindringliche Naturdarstellung soll die Gründung der Malergruppe Group of Seven angeregt haben. Thomson wuchs in der Nähe von Owen Sound auf, und viele seiner Werke entstanden in nahe gelegenen Dickichten mit Herbstlaub.

Grey Roots Museum & Archives MUSEUM
(☎ 519-376-3690; www.greyroots.com; 102599 Grey Rd 18, RR 4; Erw./Kind 8/4 C$; ⌚10–17 Uhr) Das interessante Museum beleuchtet die reiche Pioniergeschichte der Region mit Exponaten über frühe Siedler und lokale Helden. Die interaktiven Präsentationen befassen sich vorrangig mit natürlichen Ressourcen, Klima und Topographie. Frühere Ausstellungen hatten sehr unterschiedliche Themen von den Dinosauriern in Alberta bis zur Geschichte der Toilette.

Billy Bishop Heritage Museum MUSEUM
(☎ 519-371-3333; www.billybishop.org; 948 3rd Ave W; Erw./Kind 5/2 C$; ⌚Di–Fr 11–17, Sa & So 12–17 Uhr) Die Heimatstadt von William Avery („Billy") Bishop, Kanadas berühmtem Fliegerass im Ersten Weltkrieg, ehrt ihren Helden in seinem Elternhaus. Das heutige Billy Bishop Heritage Museum feiert Kanadas Luftfahrtgeschichte.

Wasserfälle WASSERFALL
Es gibt acht malerische Wasserfälle in dem Gebiet, vier liegen nah am Ortszentrum. Eine beeindruckende Wasserfalltour zum Herunterladen ist auf der Website www.visitgrey.ca zu finden.

Owen Sound Farmers Market MARKT
(114 8th St E; ⌚Sa 7–12.30 Uhr) Die Anbieterkooperative ist eine der ältesten in Ontario. Hier warten knackfrische landwirtschaftliche Erzeugnisse, außerdem Ahornsirup, Seifen und Backwaren.

Feste & Events

Summerfolk Music Festival MUSIK
(www.summerfolk.org) Das epische dreitägige Folkfestival zieht Mitte August Weltklassekünstler und Kunsthandwerker von nah und fern an.

Schlafen & Essen

Unter www.bbgreybruce.com steht eine Liste der B&Bs in dem Gebiet.

Diamond Motor Inn MOTEL $$
(☎ 519-371-2011; www.diamondmotorinn.com; 713 9th Ave E; Zi. 60–89 C$; ❄) Das kleine Hotel ohne Schnickschnack ist eine angenehme Wahl. Die hellen Zimmer sind holzvertäfelt und haben Kochnischen.

Highland Manor B&B $$
(☎ 519-372-2699; www.highlandmanor.ca; 867 4th Ave A W; DZ 120–170 C$; ❄📶) Die aufmerksamen Besitzer haben das prächtige

viktorianische Herrenhaus (erbaut 1872) elegant eingerichtet. Die geräumigen und komfortablen Suiten haben alle ein eigenes Bad. Viele besitzen noch den ursprünglichen Kamin. Auf der umlaufenden Terrasse kann man das eine oder andere Glas Wein genießen oder es sich mit einem Lonely-Planet-Führer vor dem warmen Kamin gemütlich machen. Sehr empfehlenswert!

Rocky Racoon Café FUSION **$$**
(☎ 519-376-2232; 941 2nd Ave E; Hauptgerichte 15–23 C$; ⏲ Mo–Sa 11–23 Uhr; ✎) Die Bio-Verfechter servieren Wildschwein und tibetische Teigtaschen, aber auch vegane und vegetarische Gerichte. Hier dominieren die südasiatischen Aromen, besonders in den leckeren Currys.

Shorty's Bar & Grill KANADISCH **$$**
(☎ 519-376-0044; www.shortysonline.com; 967 3rd Ave E; Hauptgerichte 12–32 C$; ⏲ Mo–Sa ab 11.30 Uhr) Die Einheimischen lieben Shorty's, und wir tun das auch. Appetithäppchen wie Schnecken, Crab Cakes und Kalamari werden die Freunde von Meeresfrüchten ganz gewiß nicht enttäuschen. Die diversen Hauptgerichte reichen von Burger und saftigem Steak bis zu Huhn und Fisch. Und natürlich gibt es obendrein reichlich kaltes Bier und jede Menge guter Gespräche.

ℹ Praktische Informationen

Owen Sound Visitors Information Centre
(☎ 519-371-9833, 888-675-5555; www.owensound.ca; 1155 1st Ave W; ⏲ Mo–Fr 9–17 Uhr) Die freundlichen Mitarbeiten informieren über die verborgenen Schmuckstücke der Bruce Peninsula.

ℹ An- & Weiterreise

Greyhound Canada unterhält Busverbindungen nach Toronto (42 C$, 4¼ Std., 2-mal tgl.) und Barrie (34 C$, 2½ Std., 2-mal tgl.).

First Student (☎ 519-376-5712) betreibt von Juli bis Anfang September am Freitag, Samstag und Sonntag einen begrenzten Busservice nach Tobermory (32 C$, 1½ Std., 1-mal tgl.).

Von Owen Sound nach Tobermory

Das 100 km lange Autobahnstück von Owen Sound nach Tobermory ist bestenfalls monoton. Da bietet es sich an, mal die eine oder andere Seitenstraße zu benutzen, um einen Eindruck von der Landschaft zu erhalten, die Bruce so besonders macht.

Von Owen Sound folgt man der Grey County Road 1, die sich entlang der malerischen Küstenlinie mit ihren wankenden Kiefern von Owen Sound bis zum Dorf **Wiarton** windet. Hier kann man anhalten, um **Wiarton Willy** Hallo zu sagen, Kanadas Version von Punxsutawney Phil, dem Murmeltier, das angeblich die Winterdauer vorhersagen kann. Dann geht es weiter auf dem Highway 6 zu der ebenso verschlafenen wie malerischen Bucht in **Lion's Head.** Das hier ist ein toller Platz für die Mittagspause.

Richtung Norden führt der Highway 6 etwa 25 km weiter bis zur Dyer's Bay Road. Dort biegt man rechts ab und fährt dann weitere 10 km geradeaus bis zum kleinen Dorf **Dyer's Bay.** Mit seinen hübschen Schindelhäusern und der Uferlandschaft erinnert es an Cape Cod. Wer möchte, kann von hier noch 11 km weiterfahren bis zum

SCHROFFE KANTEN

Die Niagara-Schichtstufe, die Landformation, die die Niagarafälle erzeugt, ist eines der auffälligen Merkmale von Ontario. Der lange Felsgrat aus mit Gebüsch bewachsenem Gestein beschreibt einen Bogen vom östlichen Wisconsin entlang des Nordufers des Lake Michigan, führt dann weiter am Ufer des Lake Huron und über die Insel Manitoulin, bildet eine Schneise durch Ontario und endet nach einer Kurve unter dem Lake Ontario schließlich im Bundesstaat New York. Das Dolomitgestein, das die Schichtstufe bildet und aus der Verbindung von Kalkstein mit einem alten Meeresboden hervorgegangen ist, hat eine größere Widerstandsfähigkeit als das umliegende Land. Dieses erodierte, sodass sich nun dieser Dolomitgürtel um die Großen Seen aufwölbt. Schöne Beispiele sind die Klippen bei Hamilton, Milton, Lion's Head und Tobermory.

Große Wasserfälle sind nur ein Ergebnis der Schichtstufe. Zusammen mit dem Lake Ontario hat diese geologische Formation ein Mikroklima geschaffen, das ideal für den Weinanbau ist. Dank dem Boden (einer Mischung aus Kalkstein und Lehm) und der vom Lake Ontario gespeicherten Wärme herrschen hier Wachstumsbedingungen, die denen in Burgund nahekommen.

abgelegenen **Cabot Head Lighthouse** (Eintritt gegen Spende; ⌚Mai–Okt.). Aus der Stube des Leuchtturmwärters hat man einen fantastischen Blick. Es ist ein wildes und wundervolles Erlebnis, aber auf der windigen, unbefestigten Straße kommt man nur langsam voran, und es gibt nur diese eine Straße für den Hin- und Rückweg ... zurück zum Highway 6 und Richtung Norden nach Tobermory.

Tobermory

Die Spitze der Bruce Peninsula ist erreicht: Eine ganz schön strapaziöse Reise von Toronto! Das winzige Tobermory ist ein Paradies für Naturfreunde. Die Landschaft ist ebenso faszinierend wie die Sonnenuntergänge. Der Dorfkern im Hafengebiet wird Little Tub genannt. Während der Fährsaison (Mai–Ende Okt.) ist hier mächtig was los, im Winter ist es so gut wie ausgestorben.

In diesen leuchtend blauen Gewässern gibt es wunderbare Möglichkeiten zum Wracktauchen, sie zählen zu den besten in Nordamerika. Man kann 22 verschiedene Wracks erkunden, von denen einige bis in die Zeit um 1800 zurückdatieren. Allerdings ist die Wassertemperatur eisig. Taucher müssen sich persönlich beim Parks Canada Visitors Centre (S. 190) anmelden.

Sehenswertes & Aktivitäten

Fathom Five National Marine Park PARK
(☎519-596-2233; www.pc.gc.ca/fathomfive; Erw./Kind 6/3 C$) Dieser Park, der erste seiner Art in Kanada, wurde eingerichtet, um die zahlreichen Schiffswracks und Inseln rund um Tobermory zu schützen. Abgesehen von den Wracks ist der Park bekannt für die äußerst beliebte Flowerpot Island mit ihren kopflastigen „Blumentopf"-Formationen, die durch Erosion und die Wellen entstanden sind.

Bruce Peninsula National Park OUTDOOR
(☎519-596-2233; www.pc.gc.ca/brucepeninsula; Tagesnutzung pro Fahrzeug 11,70 C$; ⌚Mai–Okt.) Das Gebiet südlich von Tobermory ist großenteils durch diesen Nationalpark geschützt und hat wirkliche Highlights aufzuweisen: die Niagara-Schichtstufe, 1000 Jahre alte Zedern, seltene Orchideen und kristallklare Gewässer über Kalksteinfelsen. Es lohnt sich unbedingt, im Besucherzentrum vorbeizuschauen. Zu den Orten, die man gesehen haben muss, zählen **Little Cove, Grotto** und **Singing Sands** auf der anderen Seite des Highway 6. Der Park hat seine Ruhe bewahrt, obwohl in letzter Zeit das Interesse stark gewachsen ist: Während der kurzen Sommersaison muss man darauf gefasst sein, seinen Zauber mit Busladungen von Touristen zu teilen.

Bruce Anchor Cruises AUSFLUGSFAHRT
(☎800-591-4254, 519-596-2555; www.bruceanchorcruises.com; 7468 Hwy 6; Erw./Kind ab 37/28 C$; ⌚Mai–Okt.) Von diesem privaten Anleger am Ende des Highway 6 starten Glasbodenschiffe zu Ausflugsfahrten über die rostigen, von allerlei Getier in Beschlag genommenen Schiffswracks und weiter nach Flowerpot Island. Er ist auch ein fantastischer Platz, um den Sonnenuntergang zu beobachten. Einige Fahrten schließen die Wracks ein, andere steuern Flowerpot direkt an: Infos sind online zu finden. Gegen einen Aufschlag kann man die Insel wie Robinson Crusoe erkunden.

Thorncrest Outfitters KAJAKFAHREN
(☎888-345-2925, 519-596-8908; www.thorncrestoutfitters.com; Hwy 6; Verleih ab 35 C$, Tageskurse ab 109 C$) Der freundliche Ausrüster veranstaltet diverse Kajaktouren, die hauptsächlich auf fortgeschrittene Anfänger ausgerichtet sind. Unabhängige Paddler können hier so gut wie alles ausleihen.

Diver's Den TAUCHEN
(☎519-596-2363; www.diversden.ca; 3 Bay St S) Diese Leute verleihen Ausrüstung, veranstalten Zertifizierungskurse (Open-Water-Zertifikat ab 545 C$) und Spontan-Tauchgänge ab 40 C$.

Schlafen & Essen

Im Sommer ist es absolut unerlässlich, Unterkünfte im Voraus zu buchen. In Tobermory gibt es leider nur wenige Restaurants. Wer ein bisschen länger bleibt, wird sie wohl alle ausprobieren.

Cyprus Lake Campground CAMPING $
(☎519-596-2263; www.pc.gc.ca; Cyprus Lake Rd; Plätze ab 23,50 C$, Jurten ab 120 C$) Plätze auf dem zentral gelegenen und am besten ausgestatteten Campingplatz im Bruce Peninsula National Park müssen im Voraus bei Parks Canada (empfehlenswert) oder im Besucherzentrum reserviert werden. Oder man gönnt sich den Luxus einer Jur-

te! Es stehen auch Plätze im freien Gelände zur Verfügung.

Peacock Villa MOTEL $
(☎519-596-2242; www.peacockvilla.com; 31 Legion St; DZ ab 45 C$; 📶) Sechs einfache, aber freundlich möblierte Motelzimmer und vier gemütliche Hütten in friedlicher Lage am Wald, aber nur einen Katzensprung vom Ortskern entfernt, bieten ein ausgezeichnetes Preis-Leistungs-Verhältnis. Die freundliche Besitzerin Karen informiert umfassend über den Ort und die Umgebung.

Big Tub Harbour Resort MOTEL $
(☎519-596-2219; www.bigtubresort.ca; 236 Big Tub Rd; DZ ab 60 C$; 📶) Auf der anderen Seite von Big Tub Harbour, eine kurze Autofahrt oder einen ordentlichen Spaziergang vom Ort und Little Tub entfernt, bietet dieses ruhige Motel geräumige, holzvertäfelte Zimmer und top-gepflegte Gartenanlagen mit einer wunderbaren Aussicht. Die isolierte Lage ist ebenso wunderbar wie das hauseigene Bootlegger's Cove Pub. Der Verleih von Wassersportausrüstung hält die Gäste in Schwung.

Innisfree B&B $$
(☎519-596-8190; www.tobermoryaccommodations.com; 46 Bay St; Zi. 89–154 C$; ⏲Mai–Okt.; 🚭📶) Ob es nun am Duft nach frischen Blaubeermuffins liegt oder am fantastischen Hafenblick von der verglasten Veranda und der großen Terrasse: Die Gäste lieben dieses bezaubernde Landhaus.

Blue Bay Motel MOTEL $$
(☎519-596-2392; www.bluebay-motel.com; 32 Bay St; DZ ab 95 C$; 🚭❄📶) Viele der 16 hellen und geräumigen Gästezimmer in dem zentral gelegenen Motel bieten Aussicht auf Little Tub Harbour. Jedes der frischen, originellen Zimmer ist anders: Zur Wahl stehen zwei Doppelbetten, Queen- und Kingsize. Manche haben Kamin, großzügige Badewannen und LCD-TV. Am besten schaut man auf der Website nach und entscheidet sich dann.

Bootlegger's Cove PUB $$
(☎519-596-2219; 236 Big Tub Rd; Waren 7–25 C$; ⏲12–20 Uhr) Guter Service, leckeres Essen und eine fantastische Terrasse mit Blick auf Big Tub Harbour machen diesen Laden zu einem lokalen Geheimtipp, den wir nicht für uns behalten konnten. Die lustige Speisekarte offeriert Wraps, Quesadillas, Pizza und noch einiges mehr.

Craigie's FASTFOOD $$
(☎519-596-2867; 4 Bay St; Fish & Chips 10,50 C$; ⏲Mai–Okt. 7–19 Uhr) In dem weißen Schuppen am Wasser werden seit 1932 Fish & Chips verkauft. Fettige Frühstücks-Specials sind *der* Weg, in den Tag zu starten – vor der Fähre am frühen Morgen oder einer Wanderung in die Wildnis.

Ausgehen & Nachtleben

Crows Nest Pub PUB
(☎519-596-2575; www.crowsnestpub.ca; 5 Bay St; ⏲April–Okt. ab 11 Uhr) Das kürzlich renovierte „Krähennest", das einzige Pub in Little Tub, verfügt über eine erhöhte Terrasse im Freien mit Blick auf den Ort. Wraps, Burger und Pizza stehen auf der umfangreichen Speisekarte im Kneipenstil, außerdem viele Biersorten vom Fass.

Praktische Informationen

Das **Parks Canada Visitors Centre** (☎519-596-2233; www.pc.gc.ca/fathomfive; Alexander St; ⏲Mai–Okt. 8–20 Uhr) besitzt ein fantastisches Infozentrum, Ausstellungen, ein Kino, verschiedene Wanderwege und eine 20 m hohe Aussichtsplattform (112 Stufen). Um zu Fuß dorthin zu kommen, folgt man den Biber-Schildern vom Bruce Trail Monument gegenüber dem LCBO. Es sind 10 Minuten zu laufen.

Tobermory Chamber of Commerce (☎519-596-2452; www.tobermory.org; Hwy 6; ⏲9–21 Uhr) Wenn man (von Süden) in den Ort hineinfährt, liegt die örtliche Handelskammer auf der rechten Seite: Einfach mal reinschauen für aktuelle Neuigkeiten.

Anreise & Unterwegs vor Ort

First Student (☎519-376-5712) unterhält von Juni bis Anfang September jeweils am Freitag, Samstag und Sonntag begrenzte Busverbindungen von Owen Sound nach Tobermory (32 C$, 1½ Std., 1-mal tgl.). Von Toronto bietet **Parkbus** (www.parkbus.ca) einen begrenzten Expressservice (58 C$, 5 Std.) mit mehreren Haltepunkten in der Innenstadt. Am besten schaut man sich die Fahrpläne an und bucht online.

Tobermory ist nicht das Ende der Welt: Mit der Chi-Cheemaun-Fähre von der Bruce Peninsula geht es über die Mündung der Georgian Bay nach Manitoulin Island. Das Schiff von **Ontario Ferries** (☎800-265-3163; www.ontarioferries.com; Erw./Kind/Auto 17/9/37 C$; ⏲Mai–Ende Okt.) verbindet Tobermory mit South Baymouth (2 Std.). Von Ende Juni bis Anfang September gibt es täglich vier Fahrten, in der übrigen Saison zwei Fahrten pro Tag sowie eine zusätzliche Fahrt am Freitagabend. Eine Reservierung ist sehr zu empfehlen. Von Tobermory transportiert der **National Park Shuttle Bus** (☎519-596-2999; www.tobermoryparkbus.com; Erw./Senior/Kind 4,50/2,50/3,50 C$) Fahrgäste zwischen Little Tub, dem Bruce Peninsula National Park Visitors Centre und Head of Trails.

Manitoulin Island

Manitoulin (was in der Sprache der Ojibwe „Geistinsel" bedeutet) ist ein magischer, abgeschiedener Ort. Hier oben fühlt man sich wirklich „ganz weit weg". Zerklüftete Flächen aus weißem Quarzit und Granitaufschlüsse führen zu atemberaubenden Ausblicken und versteckten Runen, aber es braucht Geduld, um sie zu finden: Manitoulin ist die weltweit größte Binnenseeinsel und ihre kleinen Gemeinden mit Namen wie Mindemoya, Sheguiandah und Wikwemikong liegen viele Kilometer voneinander entfernt. Haweaters (der Spitznahme für Menschen, die auf Manitoulin geboren wurden) erkennen Fremde schon auf eine Meile Entfernung, wenn diese sich mit sechssilbigen Wörtern abmühen. Aber dieses Silben-Wirrwarr sollte niemanden von einem Besuch abhalten – ein paar Tage (oder mehr) auf Manitoulin sind im wahrsten Sinne des Wortes Balsam für die Seele.

Es gibt zwei Möglichkeiten, auf die Insel zu gelangen und sie wieder zu verlassen: South Baymouth ist der Anlaufhafen der Chi-Cheemaun-Autofähre von Tobermory. Von hier führt der Highway 6 nach Norden bis ins 65 km entfernte Little Current und zur Drehbrücke, die die Insel mit dem Festland verbindet. Bei Espanola, noch einmal 150 km weiter, trifft die Straße auf den Trans Canada Highway.

Sehenswertes & Aktivitäten

Manitoulin hat weniger historische Sehenswürdigkeiten als Naturschönheit aufzubieten. Am besten nimmt man sich ein bisschen mehr Zeit, um die Insel zu umfahren und ihre Ausläufer zu erkunden.

Church of the Immaculate Conception KIRCHE

(M'Chigeeng) Die runde Kirche repräsentiert ein Tipi, eine Feuerstelle und den Kreislauf des Lebens und vereint Traditionen der First Nations mit katholischem Glauben. Farbenfrohe Gemälde von lokalen Künstlern bilden den Kreuzweg ab, während bemerkenswert prächtige Schnitzarbeiten sowohl Christus als auch den Großen Geist Kitche Manitou darstellen.

Ojibwe Cultural Foundation MUSEUM

(☎705-377-4902; www.ojibweculture.ca; Ecke Hwy 540 & 551, M'Chigeeng; Erw./Kind 7,50 C$/frei; ⏲Mo–Fr 9–18, Sa 10–16, So 12–16 Uhr) Besucher können das aufschlussreiche Museum auf eigene Faust erkunden, aber die Führungen sind sehr zu empfehlen. Wechselnde Ausstellungen reflektieren eine reiche Geschichte von Legenden und kenntnisreicher Handwerkskunst.

Bridal Veil Falls WASSERFALL

(Kagawong) Nur ein bisschen abseits des Highway 540 vor Kagawong gibt es einen netten Picknickbereich an diesen hübschen Wasserfällen. Verschiedene Spazierwege führen hinunter zur Basis, wo man nochmal kurz eintauchen kann, bevor es weitergeht in den alten Ort.

★ **Great Spirit Circle Trail** KULTURELLE TOUR

(☎877-710-3211; www.circletrail.com; 5905 Hwy 540; Aktivitäten & geführte Touren ab 30 C$) Die acht lokalen Gemeinden der First Nations haben sich zu diesem Konsortium zusammengeschlossen, das das ganze Jahr über eine breite Vielfalt von netten Aktivitäten, wie interkulturelle Tagestouren und mehrtägige und beeindruckende Ausflüge zu bieten hat: eine wunderbare Möglichkeit, um Manitoulin und seine Einwohner besser kennenzulernen.

Cup & Saucer Trail WANDERN

Von seinem Anfang unweit der Kreuzung von Highway 540 und Bidwell Road (18 km südwestlich von Little Current) führt der 12 km lange „Tassen-und Untertassen-Weg" zum höchsten Punkt der Insel (351 m). Von hier eröffnet sich ein atemberaubender Blick auf die zerklüftete Küstenlinie entlang des North Channel. Eine 2 km lange Strecke windet sich an dramatischen 70 m hohen Klippen vorbei.

Feste & Events

Wikwemikong Powwow KULTUR

(☎705-859-2385; www.wikwemikongheritage.org; Erw./Kind 10/2 C$) Die Unceded First Nation of Wikwemikong (die Einheimischen sagen "Wiki") veranstaltet jedes Jahr am ersten Augustwochenende ein großes Powwow. Auf die Gäste warten dynamische, farbenfrohe Darbietungen von Tanz, Trommeln und traditionellen Spielen.

De-ba-jeh-mu-jig Theatre Group THEATER
(www.debaj.ca) Kanadas führende Ureinwohner-Theatertruppe, deren Name „Geschichtenerzähler" bedeutet, führt bewegende Originalwerke auf, die verschiedene Medien einbeziehen. Wer es ganz genau wissen will, schaut auf der Website nach. Dort findet man Informationen und einen Veranstaltungskalender.

Schlafen & Essen

Die Unterkünfte auf der Insel sind begrenzt; viele Leute haben hier Cottages. Weitere Listen sind unter www.manitoulintourism.com zu finden.

Auberge Inn HOSTEL $
(☎877-977-4392, 705-377-4392; www.aubergeinn.ca; 71 McNevin St, Providence Bay; B/DZ inkl. Frühstück 39/90 C$;) Das engagierte Auberge Inn ist ein Hostel-plus. Mit einem Schlafsaal und einem separaten Zimmer ist das Haus nicht gerade groß, aber es ist gesellig und bequem mit warmen Farben und maßgearbeiteten Kojen aus Zedernholz. Zum Strand ist es nur ein kurzer Bummel.

My Friends Inn MOTEL $
(☎705-859-3115; www.myfriendsinn.com; 151 Queen St, Manitowaning; DZ ab 85 C$;) Die frisch gebackene Hotelbesitzerin und ehemalige Krankenschwester Maureen Friend ist als Rentnerin mit ihrem Mann nach Manitoulin gezogen, um näher bei ihrer Tochter zu sein: Sie machen einen wunderbaren Job. Die Zimmer in dem freundlichen kleinen Motel außerhalb des hübschen Dorfes Manitowaning mitten auf Manitoulin sind schmuck und behaglich.

Southbay Gallery & Guesthouse B&B $$
(☎877-656-8324; www.southbayguesthouse.com; 15 Given Rd, South Baymouth; DZ inkl. Frühstück 89–150 C$; ⏲Mai–Sept.;) Eine Gehminute vom Fähranleger entfernt befindet sich diese angenehme Mixtur aus farbenfrohen Gästezimmern und sommerlichen Cottages: Die freundliche Besitzerin Brenda serviert ein üppiges Frühstück. Sehenswert ist auch die Galerie mit Arbeiten begabter örtlicher Kunsthandwerker.

Queen's Inn B&B $$
(☎416-450-4866, 705-282-0665; www.thequeensinn.ca; 19 Water St, Gore Bay; EZ/DZ ab 95/105 C$; ⏲Mai–Dez.) Wie ein Säulentempel von weltentrückter Eleganz blickt dieses stattliche B&B über die stille Bucht von Gore Bay. Die Gäste können sich einen Band aus dem antiken Bücherschrank nehmen und ihn beispielsweise beim Relaxen auf der weißen Veranda zwischen Fliedertöpfen durchblättern.

★ **Buoys** FISCH & MEERESFRÜCHTE $
(☎705-282-2869; www.buoyseatery.com; 1 Purvis Dr, Gore Bay; Waren 8–18 C$; ⏲12–20 Uhr) Uns gefällt alles an diesem kleinen Laden am Strand und der Marina von Gore Bay: die angehnehme Atmosphäre, die herrliche Lage, das leckere Essen, das aus lokalen Quellen stammt und frisch zubereitet wird. Der gewürzte Weißfisch zergeht auf der Zunge. Wer keine Lust auf Fisch hat, weicht auf Pizza, Pasta und Burger aus. Nach dem Essen können sich die Gäste mit einem Bier oder einem anderen Getränk auf die sonnige Veranda setzen und sich Tausende Meilen weit weg von zu Hause fühlen.

DIE GLORREICHEN SIEBEN

Von einem fast jugendlichen Enthusiasmus wurde die Group of Seven (alias die Algonquin-Schule), eine nur aus Männern bestehende Gruppe kanadischer Maler, angetrieben. Sie tobten von 1920 bis 1933 durch die unwegsamen Gebiete des nördlichen Ontario und fingen dabei die zerklüftete kanadische Landschaft zu allen Jahreszeiten ein. Ihre freudige Energie brach sich in dynamischen, lichterfüllten Bildern Bahn: Berge, See, Wälder und Ortschaften.

1917, bevor sich die Gruppe offiziell gebildet hatte, ertrank ihr Malerkollege und Freund Tom Thomson, mitten in seiner produktivsten Phase. Andere Mitglieder – Jackson, Lismer, MacDonald, Johnston, Varley und Carmichael – sahen in ihm ihren Leitstern. Thomsons tiefe Verbundenheit mit dem Land ist in seinen Werken, die im AGO in Toronto (S. 83) und in der National Gallery in Ottawa (S. 235) hängen, deutlich zu spüren. Seine rustikale Hütte ist auf das Gelände der McMichael Canadian Art Collection (S. 96) gesetzt worden. Jedes dieser Museen besitzt prächtige Bilder von den profunden Talenten der Siebenergruppe.

Garden Shed CAFÉ $
(10th Side Rd, Tehkummah; Hauptgerichte 3–10 C$; ⌚9–14 Uhr) Der Garden Shed definiert rustikalen Charme ganz neu, denn die Gäste sitzen mitten in einem funktionierenden Gewächshaus. Man kann zwischen bunten Beeten essen oder seinen Kaffee in dem hellen, luftigen Schuppen trinken. Frühstück ab 2,99 C$!

Lake Huron Fish and Chips FISH & CHIPS $
(☎705-377-4500; 20 McNevin St, Providence Bay; ⌚12–20 Uhr) Rundum nur Wasser, da schlägt das Verlangen irgendwann zu. Dann ist hier genau der richtige Ort: Es gibt golden gebratenen Frischfisch aus dem See und knusprige Fritten.

Garden's Gate CAFÉ $$
(☎705-859-2088; www.manitoulin-island.com/gardensgate; Hwy 542, Tehkummah; Waren 5–19 C$; ⌚12–20 Uhr) Wirklich gute Hausmannskost findet man hier, unweit der Kreuzung der Highways 6 und 542. Rose, die Besitzerin, macht praktisch alles von Grund auf selbst; immer wieder erfindet sie neue Desserts, die regelmäßig in der Lokalzeitung vorgestellt werden.

ℹ Praktische Informationen

Manitoulin Tourism Association (☎705-368-3021; www.manitoulintourism.com; Hwy 6, Little Current; ⌚Mai–Okt. 8–20 Uhr) Broschüren und Karten von der Insel sind im Fährterminal in South Baymouth und auch an Bord der Chi-Cheemaun zu finden. Wer von der anderen Seite kommt, sollte ebenfalls vorbeischauen, um sich zu orientieren.

ℹ Anreise & Unterwegs vor Ort

Die Fähre Chi-Cheemaun von **Ontario Ferries** (S. 190) fährt von Tobermory nach South Baymouth (2 Std., 2- bis 4-mal tgl.). Eine Reservierung ist zu empfehlen.

Eine schmale Drehbrücke am Highway 6 verbindet die Insel mit dem Festland im Norden. Im Sommer wird die Brücke in den ersten 15 Minuten jeder Stunde geschlossen, damit Schiffe durch den Kanal fahren können.

Außer der Fähre gibt es keine öffentlichen Verkehrsmittel nach oder auf Manitoulin.

NÖRDLICHES ONTARIO

„Groß" ist ein Thema im nördlichen Ontario. Das Gebiet ist so groß, dass England sechsmal hineinpasst, und dann wäre immer noch Platz für ein- oder zweimal Schottland. Großindustrie hat sich hier niedergelassen: Ein Großteil des weltweit geförderten Silber- und Nickelerzes stammt aus gewaltigen Minen vor Ort, und dank riesiger Wälder ist die Region einer der Haupterzeuger von Bauholz. Sogar die Mücken sind groß. Richtig groß. Also das Insektenschutzmittel nicht vergessen! Nicht so groß ist dagegen die Bevölkerung des Gebiets – nur Sudbury und Thunder Bay haben mehr als 100 000 Einwohner, die Zuwachsraten sind jedoch nicht der Rede wert.

Zwei wichtige Highways (17 und 11) ziehen sich durch die Provinz, teilweise in gemeinsamer Streckenführung. Der Trans-Canada Highway (Hwy 17) erschließt das absolute Highlight der Provinz, den nördlichen Bergkamm über dem Lake Superior. Auf der Fahrt von Sault Ste-Marie nach Thunder Bay öffnen sich dramatische Landschaften: neblige, fjordähnliche Abschnitte verbergen einsame Strände hinter dichten Wäldern aus Kiefern, Zedern und Birken. Der ferne Highway 11 führt hoch in den Norden, bevor er sich wieder mit dem Highway 17 vereint. Dieses weitläufige Gebiet ist der Zugang zur isolierten James Bay. Von Cochrane transportiert eine Bimmelbahn Fahrgäste nach Moose Factory, einem Reservat der Ureinwohner und ehemaligen Handelsplatz der legendären Hudson's Bay Company.

Wer für die Wildnis nichts übrig hat, fährt einfach weiter. Alle anderen werden Zeugen einer großartigen, stillen Weite, in der uralte Kanurouten der Ureinwohner unter der ätherischen Lightshow des Nordlichts erglühen.

Killarney Provincial Park

Killarney Provincial Park (☎705-287-2900; Hwy 637; Tegesnutzung pro Fahrzeug 13 C$, Stellplätze 29,75–42,25 C$, Zelten im freien Gelände 11 C$) gilt als eins der weltweit schönsten Gebiete zum Kajakfahren. Die Künstler der Group of Seven besaßen eine Hütte in der Nähe des Parkeingangs am Highway 6 und waren an der Gründung des Parks beteiligt; Killarneys 100 km langer **La Cloche Silhouette Trail** ist nach Franklin Carmichaels legendärem Gemälde benannt. Der steinige Pfad für erfahrene Wanderer windet sich durch ein gebirgiges Gebiet mit saphirblauen Seen, durstigen Birken, üppigen Kiefernwäldern und schimmernden Quarzitklippen. Ein Netz von kürzeren, weniger an-

Nördliches Ontario

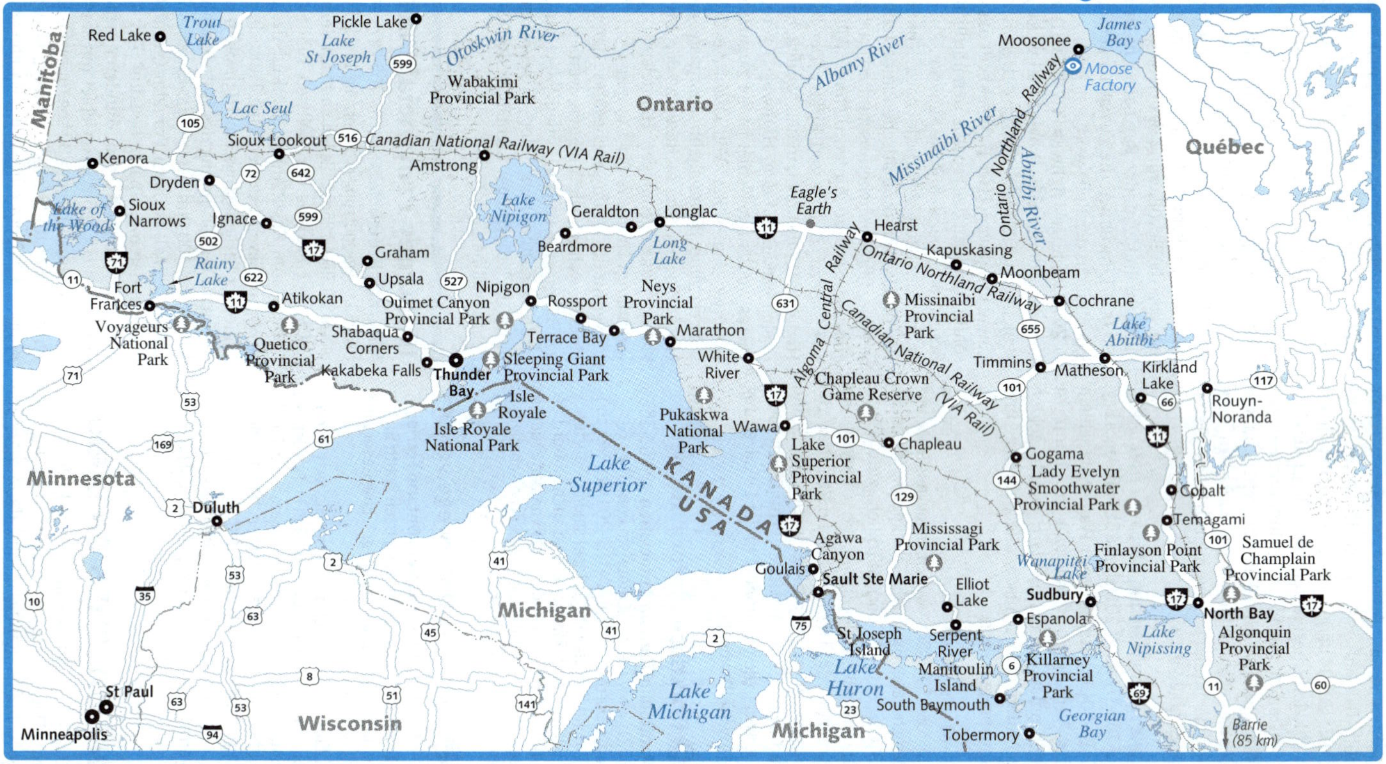

strengenden Wanderungen bietet ebenfalls Einblicke in diese majestätische Landschaft. Dazu gehören beispielsweise der **Cranberry Bog Trail** (ein 4 km langer Rundweg) und der **Granite Ridge Trail** (ein 2 km langer Rundweg).

Die meisten Menschen kommen über den Highway 637 in den Park, der vom Highway 69 abzweigt und im winzigen Dorf **Killarney** endet. Der beliebte Zugang **George Lake** verfügt über ein Informationszentrum und eine begrenzte Zahl von Stellplätzen, allerdings ohne Stromanschluss. Reservierungen sind über **Ontario Parks** (www.ontarioparks.com) möglich.

Beim **Grundy Lake Supply Post** (☎705-383-2251; www.grundylakesupplypost.com; Ecke Hwy 69 & 522; ⊙Mai–Okt. 8–21 Uhr), 40 km südlich des Killarney-Abzweigs am Highway 69, können sich Reisende mit Vorräten eindecken. Im Park angekommen, organisiert **Killarney Kanoes** (☎888-461-4446, 705-287-2197; www.killarneykanoes.com; Kanumiete pro Tag 24–39 C$; ⊙Mai–Okt. 7–19 Uhr) Kanu- und Kajakverleih ab **Bell Lake** und **George Lake,** kann die Boote aber auf Anfrage auch zum **Carlyle Lake** und zum **Johnny Lake** bringen. Eine Vorabreservierung ist sehr zu empfehlen. **Killarney Outfitters** (☎705-287-2828; www.killarneyoutfitters.com; 1076 Hwy 637, Killarney; Kanu- & Kajakmiete pro Tag 26–37 C$, Aktivitäten ab 35 C$) bietet ebenfalls einen solche Service und eine Auswahl an geführten Abenteuertrips. Abgeboten werden z. B. Wandern, Paddeln und Foto-Workshops, organisiert über die **Killarney Mountain Lodge** (☎800-461-1117; www.killarney.com; 3 Commissioner St, Killarney; DZ pro Pers. inkl. Mahlzeiten 135–210 C$; ⊙Mai–Okt.). Es handelt sich um eine weitläufige Ferienunterkunft mit vielerlei Einrichtungen, holzvertäfelten Zimmern und Einzelhütten – eine tolle Alternative für Nichtcamper.

Parkbus bietet in der Saison einen begrenzten Transport von Toronto zum Park (61 C$, 5½ Std.); ansonsten brauchen Besucher ein eigenes Fahrzeug.

Sudbury

160 000 EW.

Sudbury verdient Respekt dafür, dass es aus Nichts etwas gemacht hat. In den 1880er-Jahren war es nur ein trostloses Holzfällercamp namens Ste-Anne-des-Pins. Dann, als die Canadian Pacific Railway sich 1883 hier hindurchpflügte, verwandelte die Entdeckung einer großen Nickel-Kupfer-Erzmine die öde Gegend in den größten Nickelproduzenten der Welt. Bis 1920 ließen industrielle Schadstoffe und saurer Regen die Bäume absterben und vergifteten die Böden. Sudbury blieb als unwirtlicher Ort inmitten geschwärzter Felsen zurück. Kein Wunder, dass die NASA das Gebiet als Testgelände für ihre Mondlandeausrüstung nutzte.

Heute ist es hier wieder richtig grün, auch wenn Schwerindustrie und Bergbau immer noch vorherrschen: Die Stadtbewohner haben seit 1980 mehr als 12 Mio. Bäume gepflanzt. Sudbury besitzt eine Universität, zwei fantastische Wissenschaftsmuseen, ein paar coole Lokale und relaxte Einwohner. Trotzdem gibt es kaum einen Grund für einen Besuch, es sei denn, man hält auf der Durchreise kurz an.

SCHNEEMOBILFAHREN IN ONTARIO

Ontario besitzt mehr als 46 000 km Freizeitwege für Schneemobilfahrer, mehr als jede andere Region in der Welt. Sudbury ist die inoffizielle Hauptstadt der Schneemobilnation. Viele Motels und Ferienhäuser in der Provinz sind auf diese Subkultur ausgerichtet: Es ist durchaus üblich, dass Motels mit ihrer Parkmöglichkeit für Schneemobile mit Videoüberwachung werben. Wer die Website des **Ontario Federation of Snowmobile Clubs** (www.ofsc.on.ca) besucht, findet heraus, worum sich der ganze Rummel dreht.

Sehenswertes

Wer sich beide Museen Science North und Dynamic Earth ansehen will, spart Geld mit dem „Dynamic Duo"-Ticket (Erw./Kind 48/40 C$).

★**Science North** MUSEUM
(☎705-523-4629; www.sciencenorth.ca; 100 Ramsey Lake Rd; Erw./Kind 20/18 C$; h9–18 Uhr) Nachdem die Besucher dieses fantastischen Museums einen Tunnel passiert haben, der tief in den 2,5 Mrd. Jahre alten Kanadischen Schild gegraben wurde, bahnen sie sich ihren Weg durch aufregende Aktivitäten zum Anfassen. Sie spazieren durch einen lebenden Schmetterlingsgarten, betrachten im di-

gitalen Planetarium die Sterne oder fliegen auf einem Buschflugzeug-Simulator davon. Wanderausstellungen und IMAX-Filme wechseln regelmäßig.

Dynamic Earth MUSEUM
(☎705-522-3701; www.dynamicearth.ca; 122 Big Nickel Rd; Erw./Kind 32/28 C$; ⌚9–18 Uhr) Die Hauptattraktion der „Dynamischen Erde" ist die Tour in den Untergrund mit simulierter Dynamitsprengung. Die Besucher erfahren in den interaktiven Ausstellungen viel über Geologie und unseren Planeten. Und natürlich sollte niemand vergessen, vor dem Big Nickel, einer 9 m hohen 5-Cent-Münze aus Edelstahl, ein Foto zu schießen.

Copper Cliff Museum HISTORISCHES GEBÄUDE
(☎Anschluss 2460, 705-674-3141; 26 Balsam St, Copper Cliff; ⌚Juni–Aug. Di–So 10–16 Uhr) GRATIS Die von Pionieren erbaute Blockhütte 6 km westlich der Innenstadt ist mit Überbleibseln aus jener Ära gefüllt, in der hier die ersten Siedler eintrafen, um das Land zu begutachten. Es stellt einen seltsamen Gegensatz zu dem nahen Schacht dar, der Rauch ausspeit und den Spitznamen „Superstack" (Großes Auspuffrohr) trägt.

Schlafen & Essen

Holiday Inn HOTEL $$
(☎705-522-3000; www.holidayinn.com; 1696 Regent St; DZ ab 119 C$;) Von draußen sieht das Holiday Inn aus, als sei es 1972 eingefroren. Drinnen zeigt es dagegen das, was die Gäste erwarten: normale, renovierte Zimmer in einer guten Größe. Es gibt eine Schwimmhalle.

Radisson Sudbury HOTEL $$
(☎705-675-1123; www.radisson.com; 85 St Anne Rd; DZ ab 139 C$;) Das Radisson liegt zentral und wurde erst kürzlich gründlich renoviert. Die Zimmer sind eher mittelmäßig, aber irgendwie hat dieses Hotel etwas, das es ein kleines bisschen über den Rest hinaushebt.

Auberge du Village B&B $$
(☎705-675-7732; www.aubergesudbury.com; 104 Durham St; Suite 165 C$;) In den beiden geräumigen Suiten über einer urigen *boulangerie* fühlen sich die Gäste ganz weit weg vom Stahldschungel der Fabriken. Die Auberge scheint in einen ruhigen Weiler in der Provence mit zarten Pastellfarben und Wein im Überfluss zu stehen.

Deluxe Hamburgers FASTFOOD $
(1737 Regent St; Hauptgerichte 4–9 C$; ⌚8–22 Uhr) McDonald's hat die goldenen Bögen; Deluxe hat den goldenen Bogen. Deshalb ist das Konzept vielleicht nicht besonders originell, aber dieses Relikt aus der Vergangenheit ist eine lokale Institution.

Pasta e Vino ITALIENISCH $$
(☎705-674-3050; 118 Paris St; Pasta ab 12 C$; ⌚Mo–Sa 17–21 Uhr) Es ist nicht das beste italienische Restaurant der Welt, aber in dem altmodischen Pastalokal in einem kleinen Haus am Rand der Innenstadt herrscht eine nette Atmosphäre. Es liegt etwas in der Luft:

MISSISSAGI PROVINCIAL PARK

Die von Bäumen gesäumte Strecke zwischen Sudbury und Sault Ste-Marie bietet wenig mehr als den Blick aus dem Autofenster auf den Wald. **Elliot Lake,** die größte Gemeinde in der Gegend, ist bei Ruheständlern mit knappem Budget beliebt. Der kleine Ort machte 2012 Schlagzeilen, als ein Betonteil aus der Decke einer Einkaufspassage herabstürzte. Die Platte durchschlug drei Stockwerke, zwei Frauen kamen ums Leben: Rettungsteams brauchten vier Tage, um ihre Leichen zu bergen. Zur Zeit der Recherche dauern die Ermittlungen noch an. Zu klären ist die Frage, wie so etwas in einer Mall passieren konnte, die von den Behörden der Stadt und der Provinz geprüft wurde.

Der **Mississagi Provincial Park** (☎705-865-2021, 705-848-2806; Hwy 639; Tagesnutzung pro Fahrzeug 13 C$, Plätze im freien Gelände 9,50 C$, Stellplätze 27–34 C$; ⌚Mai–Sept.), 25 km nördlich des Sees, ist ein einsames Gebiet mit Hemlocktannenwäldern, Sandstränden, Zitterpappeln und zwitschernden Vögeln. Auf der Wanderung um den **Flack Lake** ist Riffelfels zu sehen – eine geologische Formation, die vor einer Milliarde Jahren durch Wellenbewegung entstand. Die Gegend ist ruhig und nicht erschlossen: Auf keinem der Campingplätze gibt es Strom, und die begrenzten Einrichtungen am **Semiwite Lake** (Pförtnerhaus und Toiletten) sind solarbetrieben. Einen Platz kann man über **Ontario Parks** (www.ontarioparks.com) reservieren.

ALGOMA CENTRAL RAILWAY

Um den Transport von Rohmaterialien zu den Industrieanlagen in Sault Ste-Marie zu verbessern, wurde 1899 die **Algoma Central Railway** (ACR; ☎705-946-7300; www.agawacanyontourtrain.com; Rundreise ab Erw./Kind 88/41 C$) erbaut, eine 475 km lange Bahnstrecke von Sault Ste-Marie in Richtung Norden nach Hearst. Heutzutage befördert sie von Mitte Juni bis Mitte Oktober Passagiere durch ursprüngliche Wildnis vorbei an unberührten Seen und dem schartigen Granit des Kanadischen Schilds. Am schönsten ist die Fahrt Ende September/Anfang Oktober, wenn sich der Zug, so weit das Auge sehen kann, seinen Weg durch atemberaubend buntes Herbstlaub bahnt.

Zwei Optionen stehen zur Verfügung. Die **Agawa Canyon Tour Train** (88/41 C$ Erw./Kind) fährt um 8 Uhr ab und kehrt um 18 Uhr zurück mit einem zweistündigen Zwischenstopp im üppig bewachsenen Agawa Canyon, 185 km nördlich von Sault Ste-Marie. Die **Tour of the Line** (233/145 C$ Erw./Kind) ist eine Bimmelbahn, die die ganze Strecke bis ins verschlafene Hearst zurücklegt. Dort übernachten die Passagiere, bevor es zurück nach Sault Ste-Marie geht. Die besonders gefragten Herbsttouren kosten einen Aufpreis.

Ausgedehntere Wildnisabenteuer sind in Verbindung mit den vielen versteckten Unterkünften entlang der Strecke möglich, die **Lodges along the Line** genannt werden. Wie wär's mit einer Schneemobiltour über 4000 km präparierte Winterwege oder einem Wochenende zum Forellenangeln? Auf der Website ist alles über Fahrpläne und Kombi-Angebote zu finden, und man kann auch gleich reservieren.

In so einem Lokal würden sich Leute, die hier wohnen, zum Date verabreden.

★ **Respect is Burning** ITALIENISCH **$$$**
(www.ribsupperclub.com; Durham St; Hauptgerichte mittags 8–12 C$, abends 14–29 C$; ⏲17–21 Uhr; 📶) Der selbst ernannte „Supperclub" konzentriert sich auf toskanische Küche, aber die Köche scheuen auch vor Experimenten nicht zurück. Die ständig wechselnde Karte verspricht eine Geschmacksexplosion bei jedem Bissen. An den Wochenenden gibt es abends leckere Teller mit Probierhäppchen und Drinks zu später Stunde.

Ausgehen & Unterhaltung

Laughing Buddha BAR
(☎705-673-2112; www.laughingbuddhasudbury.com; 194 Elgin St; ⏲11–2 Uhr) Sudburys angesagter Treff für Hipster und Abhänger macht versnobte Sandwiches (wie das „Brie LT") und verbreitet eine obercoole Atmosphäre. Im Sommer können die Gäste auf dem mit roten Ziegeln gepflasterten Hof ein zwangloses Mittagessen oder eine der über 100 Biersorten genießen.

SRO CLUB
(☎705-670-1361; www.sronightclub.com; 94 Durham St; ⏲Mo–Sa 20–2, Fr ab 17 Uhr) Wer reinkommt, kann sich an der Edelstahltheke mit dem Wirbelmuster einen Martini greifen: Die Drinks sind so groß, dass man darin baden kann. Am Wochenende gibt es nur Stehplätze, also die Tanzschuhe an und sich nicht entmutigen lassen

Zig's BAR
(☎705-586-9447; www.zigsbar.com; 54 Elgin St; ⏲Di–Sa 20–2 Uhr) In dieser witzigen Schwulenbar im Keller, in der jeder jeden kennt, kann man schon mal jemandem den Kopf verdrehen.

Towne House Tavern LIVEMUSIK
(☎705-674-6883; www.thetownehouse.com; 206 Elgin St; ⏲11–2 Uhr) Hier tritt garantiert keine Coverband auf – in der hoch geschätzten Institution dreht sich alles um Canadian Indie von Punk bis Gospel. Der Laden ist schäbig und liegt an den Bahngleisen. Natürlich.

Anreise & Unterwegs vor Ort

Der Flughafen Sudbury liegt etwa 25 km nordöstlich der Innenstadt. Air Canada, Bearskin Airlines und Porter bieten Flüge von Toronto, Ottawa, Sault Ste-Marie und Thunder Bay an. Am Airport gibt es mehrere Autoverleiher, darunter **Enterprise** (☎800-736-8222; www.enterpriserentacar.ca) und **National** (☎705-387-4747; www.nationalcar.ca).

Ontario Northland (www.ontarionorthland.ca) verbindet Sudbury mit Toronto (74 C$, 5¾ Std., 3-mal tgl.). Greyhound bedient die Strecken von Sudbury nach Toronto (75 C$, 5 Std., 3-mal tgl.), Thunder Bay (201 C$, 14 Std., 2-mal tgl.) und Ottawa (75 C$, 7½ Std., 3-mal tgl.).

Der **Bahnhof von Sudbury** (☎800-361-1235; Ecke Minto & Elgin St) ist an ein kleines Netz abgelegener Orte angeschlossen, darunter White River und Chapleau.

Stadtbusse befahren das Gebiet der Innenstadt vom **Transitzentrum** (☎705-675-3333; Ecke Notre Dame Ave & Elm St) aus. Der Preis für eine Strecke beträgt 2,80 C$.

Sault Ste-Marie

75 000 EW.

„The Soo", wie es allgemein genannt wird, thront über den engen Stromschnellen zwischen Lake Huron und Lake Superior. An den letzten „Stufen" des St.-Lorenz-Stroms gelegen ist die Stadt mit dem gelassenen Flair das inoffizielle Tor zu den entlegeneren Regionen im Nordwesten Ontarios. Ursprünglich Baawitigong, der „Ort der Stromschnellen", genannt, war die Gegend ein traditioneller Versammlungsplatz der Ojibwe und ist auch heute noch sehr bedeutsam für die First Nations. Französische Pelzhändler änderten den Namen in Sault Ste-Marie (susaint mah-rie) bzw. St Mary's Falls. Von den Wasserfällen ist heute nichts mehr zu sehen: Sie wurden durch eine Kette gigantischer Schleusen „gezähmt".

Offen gesagt ist Sault Ste-Marie nicht besonders hübsch. In vielen Teilen ist es eher trostlos. Das Zentrum erweckt den Eindruck einer Geisterstadt und ist nach Einbruch der Dunkelheit mit Vorsicht zu genießen. Trotz dieses Erscheinungsbilds kann The Soo der freundlichste Ort in ganz Ontario sein. Auf einer Trans-Kanada-Route ist es jedenfalls ein logischer und sinnvoller Übernachtungsstopp. Außerdem gibt es hier einen Grenzübergang in die USA.

Sehenswertes & Aktivitäten

Canadian Bushplane Heritage Centre MUSEUM
(☎705-945-6242; www.bushplane.com; 50 Pim St; Erw./Kind/Student 12/3/7 C$; ⏱9–18 Uhr) Bei einem Besuch in The Soos höchst dynamischem und kinderfreundlichen Museum gewinnt man einen Eindruck davon, wie das nördliche Ontarion funktioniert: Buschflugzeuge sind für abgelegene, nicht über Straßen erreichbare Gemeinden überlebenswichtig. Wer zwischen den außer Dienst gestellten Maschinen hindurchschlendert, sieht erst, wie winzig diese Flieger wirklich sind. Ein Flugsimulator nimmt Passagiere mit auf eine schwungvolle Reise über saphirblaue Seen und hochaufragende Kiefern.

Sault Ste-Marie Museum MUSEUM
(☎705-759-7278; www.saultmuseum.com; 690 Queen St E; Erw./erm. 6/4 C$; ⏱Di–Sa 9–17 Uhr) Das dreigeschossige Museum ist in der alten Post untergebracht, einem bedeutenden historischen Bau vom Beginn des 20. Jhs. Es beleuchtet die Geschichte der Stadt aus verschiedenen Perspektiven. Die Skylight Gallery ist ein Muss für alle, die sich für Industriegeschichte interessieren; ein interaktiver Zeitstrahl von der Urgeschichte bis in die 1960er-Jahre umfasst die einzigartige Fossilien- und Fundstücksammlung der örtlichen historischen Gesellschaft.

Sault Ste-Marie Canal National Historic Site HISTORISCHE STÄTTE
(1 ;☎705-941-6262, Canal Dr) GRATIS Wer mag, kann die ruhigen Inseln auf kanadischem Territorium erkunden; der Großteil des Frachtverkehrs wird weiter draußen, in den US-amerikanischen Schleusen abgewickelt, die älteren kanadischen Schleusen (erb. 1895) werden nur von Freizeitschiffen genutzt. Der **Attikamek-Wanderweg** ist eine kurze Route auf der South St. Mary's Island. Er windet sich über bewaldete Kuppen, führt um die grabenartigen Schleusen herum und taucht unter der International Bridge hindurch. Hier offenbart sich der interessante Gegensatz zwischen Natur und Industrie.

Fort St. Joseph National Historic Site HISTORISCHE STÄTTE
(☎705-246-2664; www.pc.gc.ca/fortstjoseph; Hwy 548; Erw./Kind 3,90/1,90 C$; ⏱Juni–Okt. 9.30–17 Uhr) St. Joseph Island, ein ruhiges Waldgebiet etwa 50 km östlich von Sault Ste-Marie, liegt zwischen Kanada und den USA in der Nordwestecke des Lake Huron. Über eine Brücke ist es mit dem Highway 17 verbunden. Fort St. Joseph National Historic Site war einst der abgelegenste Außenposten der britischen Besitzungen in Nordamerika. Die gut erhaltenen Ruinen der 200 Jahre alten Festung sind für Archäologen ein Traum.

Treetop Adventures ABENTEUERAKTIVITÄTEN
(☎705-649-5455; www.treetopadventures.ca; 6 Post Office Rd, Goulais River; Eintritt ab 30 C$) Der Abenteuerpark im Wald bietet verschiedene aufregende Aktivitäten an, z. B. auf dem Seil gehen hoch über den Baumwipfeln

und Seilrutschen nach Tarzan-Art. Er ist auf Reservierung ganzjährig geöffnet; vorher anrufen!

Schlafen & Essen

Die meisten Motels liegen an der Great Northern Road, dort gibt es auch eine gigantische Einkaufspassage mit allem, was dazu gehört. Mehrere Unterkünfte sind verstreut im Zentrum zu finden. Die Lage am Wasser ist reizvoller und auch die meisten Attraktionen sind in der Nähe, aber nach 20 Uhr ist kaum noch etwas los.

Sleep Inn MOTEL $
(705-253-7533; www.sleepinnssmarie.ca; 727 Bay St; DZ inkl. Frühstück ab 79 C$;) Das Touristenmotel ist ein netter Ort am Wasser. Die Zimmer sind ansprechend renoviert mit bequemen Betten und guten Duschen.

Holiday Inn Express MOTEL $$
(705-759-8200; www.holidayinn.com; 320 Bay St; DZ inkl. Frühstück ab 109 C$;) Das komplett neu übernommene und modernisierte Motel liegt günstig gegenüber der Station Mall. Es verfügt über große, neue Zimmer mit dunklem Holz und viel Licht.

Water Tower Inn HOTEL $$
(800-461-0800; www.watertowerinn.com; 360 Great Northern Rd; DZ ab 119 C$;) Das Water Tower mit seiner Vielzahl an Pools, dem Bar-Restaurant und den Spa-Anwendungen ragt auch weiterhin aus dem übrigen Angebot heraus. Verschiedene Zimmertypen stehen zur Verfügung, z. B. Familienzimmer und Suiten.

Muio's DINER $
(705-254-7105; www.muios.com; 685 Queen St E; Hauptgerichte 8–24 C$; So–Do 7–20, Fr & Sa bis 21 Uhr) Wie ein Schrein für die Ära der Rollerdiscos und Autokinos aalt sich das Muio's weiterhin in seiner anachronistischen Pracht. Der Laden ist berühmt für sein Frühstück und halb gegrilltes, halb gebratenes (*broasted*) Hähnchen im Brötchen, ertränkt in schwerer Bratensauce. OMG.

★ **Arturo Ristorante** ITALIENISCH $$
(705-253-0002; www.arturo.ca; 515 Queen St E; Hauptgerichte 12–28 C$; Di–Sa 17–22 Uhr) Das Arturo, ein schimmerndes Juwel in einem düsteren Teil der Innenstadt, ist einer der Orte, an die man sich nach dem Urlaub noch erinnert. Die angenehme, unaufgeregte Atmosphäre wird durch sanfte Beleuchtung, gestärkte weiße Tischtücher und antikes Mobiliar unterstrichen. Die Mahlzeiten machen nicht weniger her: Italienische Hauptgerichte wie Kalbfleisch mit Marsalasauce und Hähnchen-Piccata sind so zart und saftig, wie sie sein sollen, die Saucen sind reichhaltig und die Weine passen.

Panna Bar & Grill MEDITERRAN $$
(705-949-8484; 472 Queen St E; mittags Hauptgerichte 8–16 C$, Abendessen 14–28 C$; Mo–Sa 11.30–22 Uhr) Das schicke Panna gibt traditionellen mediterranen Gerichten einen ganz eigenen Dreh: Vorspeisen wie Kalamari und Knoblauch-Shrimps stehen neben Tempura-Gemüse. Zur Wahl stehen Gerichte mit Fisch, Meeresfrüchten und Pasta ebenso wie Burger und Steaks, die so saftig sind, dass sie ein Lächeln auf das Gesicht jedes hungrigen Fleischessers zaubern.

Ausgehen & Unterhaltung

Wer Lust auf ein günstiges Bier hat, muss sich einfach nur der Kneipengänger-Polonaise anschließen und die International Bridge nach Michigan überqueren; dort kostet der Fusel gerade mal die Hälfte. Die meisten Gäste bleiben allerdings lieber hier.

Docks BAR
(705-256-6868; www.docksriverfrontgrill.ca; 89 Foster Dr; ab 11 Uhr) Tolle Aussicht, kalter Schnaps, Pool, Live-Bands und leckeres Kneipenessen machen das Docks zur wirklich sichersten Option für eine nette Zeit in The Soo.

LopLops LIVEMUSIK
(705-945-0754; www.loplops.com; 651 Queen St E; Do–Sa ab 17 Uhr) Bei einem Glas Wein von der glitzernden Stahltheke kann man einen Abend zwischen klimpernden Gitarren und dem rastlosen Murmeln gequälter Künstler verbringen. An einem der Open-Mic-Abende kann man die eigene innere Diva von der Leine lassen oder einfach vorbeikommen und die Kunst betrachten. Hier hängen die coolen Kids ab.

Praktische Informationen

Das **Ontario Travel Information Centre** (705-945-6941; www.ontariotravel.net; 261 Queen St W; 8–18 Uhr) verkauft Angelscheine und Genehmigungen zum Schneemobilfahren.

Anreise & unterwegs vor Ort

Sault Ste-Marie Airport (YAM; 705-779-3031; www.saultairport.com; 475 Airport Rd) liegt etwa 20 km vom Zentrum entfernt. Air

Canada und Porter haben reguläre Flüge nach Toronto. Bearskin Airlines bedient Ziele in Ontario und Manitoba, darunter Ottawa, Winnipeg, Thunder Bay und Sudbury. Zu den Autovermietern am Flughafen zählen **Avis** (☎800-230-4898; www.avis.ca) und **National** (☎877-222-9058; www.nationalcar.ca).

Greyhound (☎800-661-8747; www.greyhound.ca) bietet Busverbindungen nach Sudbury (56 C$, 4½ Std., 2-mal tgl.) und Thunder Bay (125 C$, 10 Std., 2-mal tgl.) vom **Busbahnhof** (☎705-949-4711; 73 Brock St) in der Innenstadt. Für 2,50 C$ pro Fahrt kann man das Netz der Stadtbusse nutzen.

Von hier fährt außerdem der **International Bridge Bus** (☎906-632-6882; eine Strecke 2 C$; ⊙Mo–Fr 7–19, Sa 9–17 Uhr) hinüber in die Schwesterstadt Sault Ste-Marie in Michigan. Die Busse starten auf kanadischer Seite stündlich jeweils zur halben Stunde und von der US-Seite zur vollen Stunde. Pass nicht vergessen!

Am Lake Superior

Seine besondere Größe und Schönheit zeichnen den Lake Superior aus, der eine Fläche von 82 100 km² bedeckt: Er ist der größte Süßwassersee auf unserem Planeten mit einem eigenen Ökosystem und Mikroklima. Der Trans-Canada Highway (in diesem Bereich Highway 17) folgt großenteils dem Uferverlauf auf der kanadischen Seite, der Abschnitt zwischen Sault Ste-Marie und Wawa gilt vielen als der malerischste des 8030 km langen Highways. Ein 90 km langes Straßenstück führt direkt durch den Lake Superior Provincial Park.

Die folgenden Angaben beziehen sich auf den Abschnitt westlich von Sault Ste-Marie, bevor man den Park erreicht. Dieser Große See ist jedes Jahr mehrere Monate lang zugefroren, und die meisten der folgenden Anlaufpunkte haben nur in der Saison (Mai bis Oktober) geöffnet. Bei der Fahrt auf dem Highway können schon mal zottelige Elche den Weg kreuzen, besonders in der Morgen- und Abenddämmerung.

Sehenswertes & Aktivitäten

Harmony Beach STRAND

(Hwy 17) Von Sault Ste-Marie geht es auf dem Highway 17 etwa 40 km nach Westen, dann muss man auf einen Abzweig nach links achten, der dürftig als „Harmony Beach Road" beschildert ist, um diese beliebte Sommerbadestelle zu erreichen.

Chippewa Falls WASSERFALL

Die mächtigen Wasserfälle, 52 km westlich von Sault Ste-Marie auf der Seite des Highway 17, sind im Frühjahr am schönsten, wenn das Schmelzwasser ihren ansonsten stetigen Fluss in einen tosenden Strom verwandelt.

Pancake Bay Provincial Park PARK

(☎705-882-2209, 888-668-7275; www.ontarioparks.com/park/pancakebay; Hwy 17; Tagesnutzung 9,50 C$) Es ist eine lange Fahrt, aber am Ende wartet einer der schönsten weißen Sandstrände in Kanada. Wer die richtige Zeit abpasst, hat ihn zudem ganz für sich allein. Im Sommer passiert das allerdings nicht. Über Parks Canada kann man im Voraus einen der 325 Stellplätze (ab 27,50 C$) reservieren oder einfach eine Badepause einlegen.

Caribou Expeditions KAJAKFAHREN

(☎800-970-6662; www.caribou-expeditions.com; 1021 Goulais Mission Rd, Goulais Bay; Kurse ab 75 C$, geführte Touren ab 135 C$) Mit diesem Team erfahrener Naturfreunde (ihr Standort ist etwa 34 km nördlich von The Soo an den ruhigen Gewässern der Goulais Bay) geht es auf verschiedene Kajak-Expeditionen im nördlichen Bogen des Lake Superior. Es gibt auch einen Kanu- und Kajakverleih.

Schlafen

★ **Voyageur's Lodge and Cookhouse** MOTEL $

(☎705-882-2504; www.voyageurslodge.com; Hwy 17, Batchawana Bay; DZ 79–109 C$, Suite ab 139 C$; 📶) Das Motel mit Diner ist am Highway gegenüber dem 4 km langen Sandstrand der Batchawana Bay zu finden. Saubere und behagliche rustikale Zimmer sind perfekt für einen Zwischenstopp am Strand. Zwei Suiten haben komplett eingerichtete Küchen. Das ganzjährig geöffnete Cookhouse serviert ordentlichen Bratfisch, Mammutburger und die leckerste Gravy (Bratensauce) weit und breit. Außerdem kann man Kanus mieten und gleich vor Ort Schnaps kaufen!

Salzburgerhof Resort RESORT $

(☎705-882-2323; www.salzburgerhofresort.com; Corbeil Point Rd, Batchawana Bay; DZ ab 85 C$; 📶) Das kleine Stück Österreich, seit über 40 Jahren im Familienbesitz, scheint an den Ufern des Lake Superior durchaus zu Hause zu sein. Im Herbst sind die Bäume ringsum wirklich atemberaubend. Die Zimmer sind rustikal, europäisch und ein bisschen retro, aber das verstärkt nur ihren Charme. Es gibt einen Privatstrand und ein österreichisches Restaurant auf dem Gelände. Zu erreichen ist die Anlage über den Highway 563, der nach Westen vom Highway 17 abzweigt, bis Batchawana Bay.

Twilight Resort CAMPINGPLATZ **$**
(☎705-882-2183; www.facebook.com/TwilightResort; Hwy 17, Montreal River Harbour; Hütten ab 70 C$; ⏲Mai–Okt.) Das wunderbar abgelegene Fleckchen, direkt vor dem Eingang zum Lake Superior Provincial Park, war früher ein Camp mennonitischer Kriegsgegner, die zur Arbeit am Trans-Canada Highway verdonnert wurden. Heute ist es eine Ferienanlage ohne Schnickschnack, in der die Zeit stehen geblieben ist. Es gibt ein paar Fischerhütten und viele Stellplätze, die alle nach Westen schauen wegen der atemberaubend schönen Sonnenuntergänge über dem Lake Superior.

Lake Superior Provincial Park

Der **Lake Superior Provincial Park** (☎705-856-2284, 705-882-2026; www.lakesuperiorpark.ca; Hwy 17; Tagesnutzung pro Fahrzeug 13 C$, Plätze im freien Gelände 9,50 C$, Stellplatz 27,25–32,75 C$) schützt 1600 km² dunstige fjordähnliche Durchlässe, dichte, immergrüne Wälder und ruhige sandige Buchten, die von der Menschheit gänzlich unberührt scheinen. Um die schönsten Bereiche des Parks zu erreichen, muss man ein Stück wandern oder Kanu fahren. Wer dazu keine Lust oder nur begrenzt Zeit hat, trifft aber auch auf zahlreiche postkartenmäßige Aussichten ganz nah am Highway, der geradewegs durch den Park führt. Sehenswürdigkeiten und Infrastruktur sind im Allgemeinen von Mai bis Oktober geöffnet.

Als erster Haltepunkt bietet sich das **Agawa Bay Visitors Centre** 9 km von der Südgrenze des Parks an. Das interaktive Museum und Parkexperten geben gute Tipps. Am **Red Rock Lake,** 53 km weiter nördlich, gibt es einen kleineren Infobereich für Besucher, die aus der anderen Richtung kommen.

Der Picknickbereich **Katherine Cove** ist ein Muss wegen des Panoramablicks auf das dunstige, sandige Ufer. Angehende Anthropologen werden die **Agawa Rock Pictographs** zu schätzen wissen: Die Felszeichnungen in rotem Ocker sind bis zu 400 Jahre alt. Ein steiniger, 500 m langer Pfad führt zu einem Felsvorsprung, von dem aus die Piktogramme am besten zu sehen sind, jedenfalls, wenn der See ruhig ist.

Begeisterte Wanderer werden sich über die elf außergewöhnlichen Wanderrouten des Parks freuen. Aushängeschild ist der 65 km lange **Coastal Trail,** eine steile, anspruchsvolle Route über schroffe Klippen und Kieselstrände (fünf bis sieben Tage sollten für die Strecke eingeplant werden). An fünf Punkten unterwegs ist der Trail über Straßen zugänglich für alle, die nur einen kleineren Abschnitt zurücklegen wollen. Der **Nokomis Trail** (5 km) ist ein Rundweg um die **Old Woman Bay,** so benannt, weil es heißt, auf den Klippen sei das Gesicht einer alten Frau zu sehen. Je nach Wetterlage erzeugen dünne Nebelschwaden und zitternde Bäume eine wirklich urzeitliche Atmosphäre. Der facettenreiche **Orphan Lake Trail** (8 km) nördlich von Katherine Cove ist eine Art Probierteller für die ätherischen Erscheinungen des Parks: einsame Steinstrände, majestätische Wasserfälle, erhöhte Aussichtspunkte und dichte Ahornwälder. Der Park wird zunehmend zu einem beliebten Paddelrevier. Acht kartierte Routen im Binnenland reichen vom leichten, 16 km langen

ABSEITS DER ÜBLICHEN PFADE

CHAPLEAU

Etwa 140 km von Wawa landeinwärts ist das kleine Chapleau (*chäp*-loh) das Eingangstor zum weltweit größten Schutzgebiet mit der Klassifizierung Wildreservat der Krone mit fast 1 Mio. ha Land; Jagen ist streng untersagt. Nähere Infos erhält man unter www.chapleau.ca oder beim **Centennial Museum & Information Centre** (☎705-864-1122; 94 Monk St; ⏲Mai–Aug. 9–16 Uhr). Zu den Tieren, denen Besucher hier begegnen können, zählen Weißkopfseeadler, Biber, Luchs, Schwarzbär, Elch und andere.

Bevor der Missinaibi River letztlich in die James Bay mündet, fließt er durch das Chapleau-Reservat in den **Missinaibi Provincial Park** (☎705-864-3114, 705-234-2222; Tagesnutzung pro Fahrzeug 10 C$, Zeltplatz 32–39 C$; ⏲Mai–Sept.). Mehrere Tourveranstalter haben ihren Sitz an verschiedenen Punkten entlang des Flusses, darunter **Missinaibi Headwaters Outfitters** (☎800-590-7836; www.missinaibi.com; Racine Lake) mit Standort im Reservat.

Fenton-Treeby Loop (mit elf kurzen Umtragestellen) bis zu anspruchsvollen Routen, die nur mit der Algoma Central Railway (S. 197) von Sault Ste-Marie zu erreichen sind. Naturally Superior Adventures (s. unten) und Caribou Expeditions (S. 200) bieten ausgedehnte Paddelausflüge innerhalb des Parks und in seiner Umgebung.

Unweit des Highway gibt es drei Campingplätze: Crescent Lake (keine Spültoiletten), Agawa Bay und Rabbit Blanket Lake. Eine Buchung über Ontario Parks (www.ontarioparks.com) ist unerlässlich.

Wawa

Die kleine Wawa ist buchstäblich ein zäher Vogel. Mitten im Nirgendwo erträgt sie Winter, die aus einem sibirischen Alptraum zu kommen scheinen. *Wawa* ist das Ojibwe-Wort für „Wildgans". Der unverwüstliche Pelzhandelsposten aus den 1720er-Jahren wurde nach den Millionen Gänsen benannt, die auf ihrem Zug am Lake Wawa Rast machten. Seit den 1960ern lockt ein, 8,5 m hoher Ganter unbarmherzig Reisende vom Highway in die Stadt. Wawa ist für viele Fahrer ein obligatorischer Stopp auf der Trans-Canada-Route. Es gibt hier viele Motels von blitzeblank bis gerdezu fies-billig.

Sehenswertes & Aktivitäten

Wawa Goose DENKMAL
(26 Mission Rd) Eine Fahrt durch Wawa wäre unvollständig ohne die persönliche Bekanntschaft mit der Gans Wawa vor dem Besucherinformationszentrum. Jedenfalls, so lange es sie noch gibt: Techniker sagen, die Gans sei gar und brauche kostspielige Reparaturen. Es gibt noch zwei andere große Gänse in der Stadt. Na, wer findet sie?

Naturally Superior Adventures KAJAKFAHREN
(☎800-203-9092, 705-856-2939; www.naturallysuperior.com; RR1 Lake Superior; Kurse/Tagesausflüge ab 50/95 C$) Das robuste Team von Naturally Superior hat seine Basis 8 km südwestlich von Wawa. Es freut sich darauf, Leute zu begleiten, die den Lake Superior unbedingt vom Wasser aus kennenlernen möchten. Ausflüge und Kurse reichen von eintägigen Veranstaltungen bis zu Wochenend- und einwöchigen Expeditionen inklusive Zelten am Strand. Auch die Ausrüstung kann man hier leihen. Andere Workshops, von Fotografie bis Yoga und Zertifikatkursen für Kajak-Guides, sind ebenfalls im Angebot.

Schlafen & Essen

Parkway Motel MOTEL $
(☎705-856-7020; www.parkwaymotel.com; Hwy 17; Zi. 69–99 C$; ❄@📶) Die modernisierten Zimmer verfügen über LCD-Fernseher mit DVD-Player und zugehörigen Filmen sowie über Mikrowellen und ordentliche Badezimmer. Draußen gibt es einen Gemeinschafts-Whirlpool. Das Hotel liegt 5 km südlich von Wawa am Highway.

Rock Island Lodge LODGE $$
(☎800-203-9092; www.rockislandlodge.ca; RR1 Lake Superior; DZ inkl. Frühstück 98–109 C$; ⊙Mai–Okt.; 📶) Die Lodge von Naturally Superior Adventures liegt am Lake Superior zwischen einer Fläche mit schroffem Gestein und weichem Sandstrand. Die vier einfachen Zimmer sind blitzsauber, gemütlich, haben ein eigenes Bad und bieten Aussicht auf die Abendsonne, die sanft im See versinkt. Es gibt WLAN, aber kein TV.

Columbia Restaurant DINER $
(☎705-856-1300; 71 Broadway Ave; Waren ab 6 C$; ⊙7–20 Uhr) An diesem Billigimbiss ist nichts Besonderes, aber er macht das beste Frühstück und die beste Pizza im Ort – groß ist die Konkurrenz allerdings nicht.

Kinniwabi Pines INTERNATIONAL $$
(☎705-856-7226; 56 Hwy 17; Hauptgerichte 12–26 C$; ⊙12–15 & 18–22 Uhr) Was erwartet man wohl hinter der Fassade eines Highway-Motels im einsamen Norden von Ontario? Essen aus Trinidad, Mann! Das gebackene Schweinefleisch oder der gedämpfte Wels bringen Würze in die Reise. Europäische und chinesische Gerichte sind ebenfalls zu haben für Gäste, die ihren Gaumen nicht überstrapazieren wollen.

Praktische Informationen

Visitors Information Centre (☎705-856-2244, 800-367-9292; 26 Mission Rd; ⊙Juni–Aug. 8–20 Uhr) Hier gibt's Infos über den Ort sowie den Lake Superior Provincial Park und den Pukaskwa National Park.

Ab- & Weiterreise

Busse von Greyhound Canada verbinden Wawa mit Sault Ste-Marie (3 Std. 3-mal tgl.) und Thunder Bay (6½ Std., 3-mal tgl.).

Pukaskwa National Park

In **Pukaskwa** (☎807-229-0801, ext 242; www.parkscanada.gc.ca/pukaskwa; Hwy 627; Tagesnutzung Erw./Kind 5,80/2,90 C$, Plätze im freien Gelände 9,80 C$, Stellplätze 15–29 C$) wird Bärenliebe wörtlich genommen. Der Park, geöffnet von Mai bis Oktober, weist ähnliche topografische Merkmale auf wie der Lake Superior Provincial Park und besitzt ein intaktes Ökosystem mit Raub- und Beutetieren einschließlich einer kleinen Herde scheuer Karibus. Im gesamten Park gibt es nur 4 km Straße.

Die erschlossene Fläche des Parks liegt rund um den allgemein genutzten Campingplatz in **Hattie Cove** in der Nähe des Parkeingangs. Bei der Ankunft muss man sich unbedingt im **Besucherzentrum** (☎807-229-0801; ⌚Juli–Aug. 9–16 Uhr) anmelden: Geführte Wanderungen und andere Aktivitäten starten hier an den meisten Abenden gegen 19 Uhr.

Drei kurze Wanderwege beginnen in **Hattie Cove,** die einen kleinen Eindruck von der unberührten Natur vermitteln. Der beliebte **Southern Headland Trail** (2,2 km) ist eine felsige Stichstrecke mit erhöhten Aussichtpunkten für Fotos von der Uferlinie und dem schroffen Kanadischen Schild. Bemerkenswert sind die Bäume mit den seltsamen Stämmen: Sie haben sich den harschen Winden gebeugt, die vom See herüberwehen. Der **Halfway Lake Trail** (2,6 km) ist ein Rundweg um einen kleinen See: Infotafeln eröffnen eine wissenschaftliche Sicht auf die inneren Vorgänge des Ökosystems. Der **Beach Trail** (1,5 km) schlängelt sich an der Horseshoe Bay und dem Lake Superior entlang und offeriert einen weiten Blick auf Brecher und Sanddünen.

Pukaskwas faszinierendes Hinterland ist nichts für Feiglinge: 1878 km² abgeschiedene, unberührte Wildnis definieren Einsamkeit neu. Der **Coastal Hiking Trail** (60 km), der sich an der schier endlosen Uferlinie entlangzieht, ist die Hauptstrecke für Wanderer. Um jedenfalls eine Nase voll Hinterland mitzunehmen, legen viele fitte Wanderer die ersten 7,6 km dieses Trails zurück, die in der 30 m langen, 25 m hohen Hängebrücke **White Water Suspension Bridge** gipfeln. Der Weg ist feucht und beschwerlich, und es gibt nur einen Ein- und Ausgang (insgesamt 15 km).

Auf Paddler warten drei unglaubliche Routen, darunter die gefeierte **White River Canoe Route** (72 km), die Hattie Cove mit dem **White Lake Provincial Park** verbindet. Keine dieser Wander- und Bootstouren sollte man ohne hinreichende Vorbereitung in Angriff nehmen. Leute, die ein Wassertaxi brauchen, können sich von **McCuaig Marine Services** (☎807-229-0193; mccuaigk@onlink.net) abholen und irgendwo an der Küste absetzen lassen; bei schlechtem Wetter kann es allerdings etwas länger dauern. Wer keine Erfahrung als unabhängiger Wanderer hat, kann sich an Naturally Superior Adventures und Caribou Expeditions (S. 200) wenden: Beide bieten diverse geführte Exkursionen durch das Hinterland des Pukaskwa an.

Von Marathon bis Nipigon

Der gewundene Weg am nördlichen Bogen des Lake Superior entlang ist ein netter Ausflug mit mehreren Stellen, an denen

PU DER WER?

Die kleine Holzfällerstadt **White River** (www.whiteriver.ca) erhebt den Anspruch, die Heimat des originalen Pu der Bär zu sein.

Wie es heißt, kehrte 1914 ein Trapper mit einem verwaisten Schwarzbärenjungen nach White River zurück. Ein Veteran namens Harry Colebourn führte dort Reparaturen an der Bahnstrecke aus. Er verguckte sich in das Bärenkind und kaufte es dem Trapper für 20 C$ ab. Colebourn gab der Bärin den Namen „Winnipeg" und nahm sie auf dem Weg in seine Heimat Großbritannien im Truppenzug mit nach Québec.

Als Harry zum Dienst in Frankreich eingezogen wurde, ließ er Winnie in der Obhut des Londoner Zoos zurück. Dort entwickelte sie sich sofort zum Publikumsmagneten. Eins der vielen Herzen, die sie gewann, gehörte dem kleinen Christopher Robin Milne, einem regelmäßigen Besucher des Zoos und Sohn von A.A. Milne. Er nannte den kleinen Bären liebevoll „Winnie-der-Pu". In der Erstauflage des Kinderbuch *Pu der Bär* von 1926 teilte Mr. Milne mit, seine Geschichten handelten von Winnie, dem Bären aus dem Londoner Zoo, seinem Sohn Christopher und dessen Stofftieren.

Schließlich erwarb Disney die Rechte an Milnes Erzählungen von Pu dem Bären und Christopher Robin, und ... der Rest ist Geschichte. Ein Denkmal für die beiden Bären, den tatsächlichen und den erdachten, steht im Park in White River beim Besucherzentrum.

man gut einfach mal die Beine ausstrecken kann. Der felsige **Neys Provincial Park** (☎807-229-1624; www.ontarioparks.com/park/neys; Tagesnutzung pro Fahrzeug 9,50 C$) gleich westlich von Marathon besitzt Strände voller Klippen, pelzige Karibus und lang andauernde Sonnenuntergänge.

Vom Örtchen **Terrace Bay** fahren Boote zu den **Slate Islands**, Heimat der weltweit größten Herde von Waldkaribus.

Wie wär's mit einer Übernachtung im kleinen **Rossport,** das versteckt zwischen der grollenden Eisenbahn und dem einzigen Naturhafen des Lake Superior liegt?. Das **Rossport Inn** (☎807-824-3213; 6 Bowman St; Hütten 65–95 C$; ⏱Mitte Mai–Mitte Okt.) hat seit 1884 Durchreisende versorgt, doch die letzte Generation der freundlichen Besitzer ist kürzlich in Rente gegangen. Von Mai bis Oktober werden aber noch die idyllischen Hütten vermietet: vorher anrufen!

Sleeping Giant Provincial Park

Die zerklüftete Sleeping Giant Peninsula hat die Form eines großen, ruhenden Mannes: Seit Jahrtausenden gilt sie als heiliger Ort. Der **Sleeping Giant Provincial Park** (☎807-977-2526; Hwy 587; Tagesnutzung pro Fahrzeug 9,50 C$, Zeltplatz 32–42 C$) liegt an der Südspitze der zerklüfteten Halbinsel und bietet unvergessliche Ausblicke auf den Lake Superior.

Der Park ist wild genug, um Zeltplätze im Hinterland anzubieten, aber auch kompakt genug für einen erfüllten Tagesausflug von Thunder Bay, 45 km entfernt. Reservierungen sind über **Ontario Parks** (www.ontarioparks.com) möglich. Der dreitägige **Kabeyun Trail** folgt der dramatischen Westküste der Halbinsel. Hier kann man durchaus Weißwedelhirschen, Elchen und Stachelschweinen begegnen.

An der Spitze der Halbinsel, wo die asphaltierte Straße in einen Schotterweg übergeht, liegt **Silver Islet**. Mitte der 1880er-Jahre erlebte der Ort einen Boom dank der weltweit reichsten Silbermine, heute ist er verlassen.

Thunder Bay

102 300 EW.

Thunder Bay liegt wirklich weitab vom Schuss – 692 km westlich von Sault Ste-Marie und 703 km östlich von Winnipeg (Manitoba). Für Reisende, die im Auto anreisen, ist es eine willkommene Rückkehr in die Zivilisation: egal wie schön *diese* Wälder und *jene* Küstenlinien sind, nach einer Weile fließt alles irgendwie zusammen. Thunder Bay wartet mit einer Menge interessanter historischer Attraktionen, eindringlicher Naturschönheit und einer Handvoll kreativer Restaurants und Bars auf. Mancher Besucher ist angenehm überrascht, dass die Stadt trotz der langen, dunklen Winter so quirlig ist. Vielleicht hat das mit der Tatsache zu tun, dass 10 % der Bevölkerung finnische Wurzeln haben.

Die Ojibwe leben seit Jahrtausenden in dieser Region. Die ersten Europäer kamen Anfang des 17. Jhs., aber erst 1803 errichteten die Briten Fort William als Handelsplatz für die lukrative North West Company (die vornehmlich mit Biberpelzen handelte). Kurze Zeit später entstand 5 km weiter die Straße entlang die rivalisierende Siedlung Port Arthur. Sie wurde zum Bergbauzentrum und zum Hafen für Präriegetreide: Noch heute stehen die gigantischen Getreidesilos am Seeufer. Erst Ende der 1960er-Jahren wurden Fort William und Port Arthur zu einer Gemeinde, die sich den sinnträchtigen Namen „Donnerbucht" gab. Der Name greift die Bezeichnung der Ureinwohner für die Region, Animikie, auf, was „Donner" bedeutet.

Durchreisende sollten überlegen, zwei Tage zu bleiben, um einen Eindruck von der Stadt zu gewinnen. Und wer einfach mal was ganz anderes sehen möchte, könnte sich um einen Restplatz im Flugzeug kümmern und übers Wochenende von Toronto herüberkommen.

Sehenswertes

Die Stadt selbst erstreckt sich über eine große Fläche und bietet den Besuchern nicht allzu viel Abwechslung. Die Innenstadt zeigt aber definitiv urbanes Leben und präsentiert sich mit ein paar hübschen Wohnstraßen: Fotografen werden ihre Freude haben. Um die historischen und natürlichen Sehenswürdigkeiten zu bestaunen, die im Umkreis von 40 km verstreut liegen, braucht man ein eigenes Fahrzeug.

★ **Fort William Historical Park** MUSEUM
(☎807-473-2344; www.fwhp.ca; 1350 King Rd; Erw./Kind 12/9 C$; ⏱Mai–Okt. 10–17 Uhr) Französische Reisende, schottische Edelleute und Ojibwe wuseln auf dem Gelände dieses historischen Parks herum und stellen den Alltag im frühen 19. Jh. nach. Von 1803 bis

1821 war Fort William der Hauptsitz der North West Company. Irgendwann wurde das Unternehmen von der Hudson's Bay Company geschluckt und die Bedeutung der Region als Handelszentrum schwand. Heute können die Besucher hier 42 historische Bauten voller unterhaltsamer, altmodischer Gegenstände besichtigen, darunter Musketen, Felle und Kanus aus Birkenrinde.

David Thompson Astronomical Observatory OBSERVATORIUM
(☎807-473-2344; www.fwhp.ca; 1350 King Rd; Erw./Kind 10/8 C$; ⌚Do–Sa, Zeiten variieren) Bei einem Sternenspaziergang in diesem fantastischen, gut zugänglichen Observatorium kann man durch das längste Teleskop in Kanada einen Blick auf die Sterne werfen. Die aktuellen Bedingungen erfahren Besucher auf der Website.

Terry Fox Lookout and Memorial DENKMAL
Das Denkmal ehrt Terry Fox, einen jungen Krebspatienten und Amputierten, der am 12. April 1980 eine Trans-Kanada-Wanderung begann, um Spenden für die Krebsforschung einzubringen. Nachdem er von St. John in Neufundland 5373 km zurückgelegt hatte, kam er nach Thunder Bay, wo sein Zustand sich verschlechterte. Hier starb er. Das heutige Denkmal ist in der Nähe der Stelle errichtet worden, an der Terry seinen tollen „Marathon der Hoffnung" beendete.

Kakabeka Falls Provincial Park PARK
(☎807-473-9231; www.ontarioparks.com/park/kakabekafalls; Hwy 11-17; Tagesnutzung pro Fahrzeug 9,50 C$) Etwa 25 km westlich von Thunder Bay, nah am Highway 11-17, befinden sich die spektakulären, 40 m hohen Kakabeka Falls, die Quelle vieler lokaler Legenden. Das launische Rinnsal ist zu Beginn des Frühjahrs während der Schneeschmelze oder nach schweren Regenfällen am mächtigsten. Es gibt eine ganze Reihe von Campingplätze (32–42 C$) und ein kleines Dorf vor dem Park.

Amethyst Mine Panorama HISTORISCHE STÄTTE
(☎807-622-6908; www.amethystmine.com; East Loon Rd; Eintritt 8 C$; ⌚Mai–Okt. 10–17 Uhr) Bei einem Besuch der Mine, 40 km östlich von Thunder Bay, kann man nach seinem eigenen kleinen purpurfarbenen Amethysten suchen, dem offiziellen Edelstein der Provinz Ontario. Wenn man den Wagen auf dem Parkplatz abstellt, fällt einem eventuell der zartbläuliche Schimmer des Kiesbelags auf, ein Beweis dafür, dass diese Gegend tatsächlich eine Fundgrube für Halbedelsteine ist.

OUIMET CANYON PROVINCIAL PARK

Ouimet Canyon (☎807-977-2526; Eintritt gegen Spende von 2 C$; ⌚Mai–Okt.), nur 80 km östlich von Thunder Bay, ist eine trügerische Schlucht, die während der letzten Eiszeit von Eis und Wind ausgewaschen wurde. An ihrem Grund in 150 m Tiefe ist ein Mikroklima entstanden, in dem seltene arktisch-alpine Pflanzen gedeihen. Ein 1 km langer Rundweg führt um die schroffen Steilhänge herum und eröffnet Ausblicke, bei denen die Knie zu zittern beginnen. Campen ist verboten. Der Canyon liegt 12 km von der Highway-Abfahrt entfernt.

Eagle Canyon Adventures' (☎807-857-1475; www.eaglecanyonadventures.ca; 275 Valley Rd, Dorion; Eintritt 18 C$, Seilrutsche 55 C$, Stellplätze 30 C$; ⌚April–Nov. 9–21 Uhr) ganz in der Nähe lockt mit einer 183 m langen Brücke über den tiefen Canyon-Grund; es ist die längste Hängebrücke für Fußgänger in ganz Kanada. Um unersättliche Abenteurer zufriedenzustellen, gibt es außerdem eine Seilrutsche, die ebenfalls die längste im Land sein soll.

Thunder Bay Museum MUSEUM
(☎807-623-0801; www.thunderbaymuseum.com; 425 Donald St E; Erw./Kind 3/1,50 C$; ⌚11–17 Uhr) Das 100 Jahre alte Museum fesselt Erwachsene und Kinder gleichermaßen. Ausstellungen zur Kultur der Ojibwe, zu Pelzhandel, Militärgeschichte und den jüngsten Entwicklungen umfassen gut präsentierte Artefakte. Sie vermitteln den Besuchern einen ausgesprochen spannenden Einblick in die 10 000-jährige Geschichte der Menschen in dieser Region.

Thunder Bay Art Gallery GALERIE
(☎807-577-6427; www.theag.ca; 1080 Keewatin St, Confederation College; Erw./Student 3/1,50 C$; ⌚Di–Do 12–20, Fr–So bis 17 Uhr) Thunder Bays wichtigste Galerie bietet eine vielfältige Sammlung zeitgenössischer Kunst, auch von First-Nations-Künstlern. Die Verwendung von Natursymbolik, gespensti-

ABSTECHER

VON THUNDER BAY NACH MANITOBA

Entscheidungen, Entscheidungen: Auf der Fahrt Richtung Westen stehen zwei Strecken zur Wahl. Keine von beiden ist besonders inspirierend: Die nördliche Route ist schneller, die südliche bietet ein paar eindrucksvolle Abwechslungen.

Verkehr und Aussicht vom Highway dünnen hinter den **Kakabeka Falls** immer mehr aus. In **Shabaqua Corners** teilt sich die Straße: Die nördliche Route über den Highway 17 führt geradeaus Richtung Winnipeg, die südliche (über Hwy 11 und Hwy 71) dauert zwei Stunden länger, weil sie durch die malerischeren Landschaften zockelt. Beide Routen führen durch ein erstklassiges Angelgebiet.

Schilder markieren den Beginn einer anderen Zeitzone (Richtung Westen gewinnt man eine Stunde hinzu).

Nördliche Route

Ignace und **Dryden** besitzen viele Motels und einfache Restaurants. Wer Anfang Juli hier durchfährt, kommt vielleicht gerade recht zum jährlichen **Dryden Moose Fest** (www.moosefest.ca).

Der größte und beste Ort für eine Pause ist **Kenora** (www.visitkenora.ca), die inoffizielle Hauptstadt der Region **Lake of the Woods**, ein Tourismuszentrum mit vielen Sommerhäuschen und Angelrevieren. Unterkünfte gibt es in Hülle und Fülle: Die übliche Armee der Franchise-Motels säumt den Highway.

Canadian Native Cultural Tours (☎ 807-468-9124; www.mskenora.com; Erw./Kind 27/14 C$) bietet landschaftlich und kulturell reizvolle Ausflugsfahrten an Bord der MS *Kenora*. Das **Lake of the Woods Museum** (☎ 807-467-2105; www.lakeofthewoodsmuseum.ca; 300 Main St S, Kenora; Erw./Kind 3/2 C$; ⏲ 10–17 Uhr) zeigt die Geschichte der Ureinwohner und die Industriegeschichte der Gegend. Der Fokus liegt auf dem letzten Jahrhundert, in dem sich in kurzer Zeit viel verändert hat.

Greyhound Canada verbindet Kenora mit Thunder Bay (95 C$, 6 Std., 2-mal tgl.) und Winnipeg (40 C$, 2½ Std., 2-mal tgl.).

Südliche Route

Die längere Strecke weist ein paar spektakuläre Attraktionen auf. **Atikokan** ist der erste größere Stopp hinter der Straßengabelung. Die abweisende Bergbaustadt bietet mehrere Optionen an Motels und Lodges; das macht sie zu einem guten Ausgangspunkt für einen Tagesausflug in den tollen, ganz abgeschiedenen **Quetico Provincial Park** (☎ 807-597-4602; www.ontarioparks.com/parks/quetico; Hwy 11; Tagesnutzung pro Fahrzeug 9,50 C$, Stellplätze pro Person Campingplatz 14–43 C$, freies Gelände 11–19 C$). Das Reservat mit seinen endlosen Wasserwegen hat einen kleinen Campingplatz und Kanurouten von insgesamt mehr als 1500 km Länge, die sich ins unerforschte Hinterland erstrecken. **Canoe Canada Outfitters** (☎ 807-597-6418; www.canoecanada.com; 300 O'Brien St, Atikokan; geführte Touren ab 240 C$) vermittelt Touren in Eigenregie und geführte Abenteuer in dieser dramatischen Wildnis.

Weiter westlich steht **Fort Frances** direkt auf der Grenze zu den USA. Das **Fort Frances Museum** (☎ 807-274-7891; www.fort-frances.com/museum; 259 Scott St, Fort Frances; Erw./Kind 3,75/2,75 C$; ⏲ 10–17 Uhr) ist einen Blick wert: Es bietet eine historische Einführung in das Gebiet. **Kay-Nah-Chi-Wah-Nung** (☎ 807-483-1163; Shaw Rd, Emo; eintritt 10 C$; ⏲ Juni–Sept. Mi–Sa 10–18 Uhr), 50 km westlich von Fort Frances, ist eine heilige Stätte der Ojibwe. Die alte zeremonielle Begräbnisstätte ist die größte ihrer Art in Kanada.

Wer seine Reise auf dem Trans-Canada Highway fortsetzen möchte, muss hinter dem winzigen **Emo** dem Highway 71 nach Norden folgen, der Highway 11 führt nämlich nach Süden über die Grenze. Diese sollte man nicht ohne Reisepass überqueren.

Bevor man zum Highway 17 zurückkehrt, kann man noch zwei schöne Stopps einlegen: **Nestor Falls** und **Sioux Narrows** sind Urlaubsorte mit entspannter Atmosphäre, in denen Hütten und Hausboote en masse vermietet werden.

schen Masken und knalligen Primärfarben hinterlässt einen bleibenden Eindruck. Mittwochs ist der Eintritt frei.

Mount Mackay BERG
Der Mt. Mackay (350 m) erhebt sich über Thunder Bay und gewährt ungehinderte Blicke auf den regionaltypischen Flickenteppich aus Kiefern und Gesteinsformationen. Der Aussichtspunkt ist Teil des **Fort William First Nation** (807-622-3093; www.fwfn.com; Mission Rd; 5 C$ pro Fahrzeug; Mai–Sept. 9–22 Uhr). Am majestätischsten ist der Blick am Abend, wenn das Tal in ein Meer aus funkelnden Lichtern getaucht ist. Ein Wanderweg führt vom Aussichtspunkt zum Gipfel des Bergs. Immer gut auf die Füße achten: Auf dem Schiefergestein kann man schnell stürzen.

Aktivitäten

Kangas SAUNA
(807-344-6761; www.kangassauna.com; 379 Oliver Rd; Saunamiete ab 14 C$; Mo–Fr 7.30–21, Sa & So 8–23 Uhr) Der Freitagabend bei Kangas ist ein beliebtes soziales Event. Die Saunen sind privat und können für bis zu fünf Stunden gemietet werden. Man kann also ganz allein hineingehen oder sich ein paar „Kollegen" schnappen und gleich einen ganzen „Konferenzraum" belegen. Außerdem gibt es einen herrlichen Gemeinschafts-Whirlpool, einen fantastischen Essensbereich, ein angenehmes Sonnenstudio und einen Friseur!

Chippewa Park BADEN
(www.chippewapark.ca; City Rd) Der Park am Seeufer ist ein toller Platz, um an einem sonnigen Tag zu baden, fröhlich herumzutollen oder zu picknicken.

Loch Lomond Ski Area SKIFAHREN
(807-475-7787; www.lochlomond.ca; 1800 Loch Lomond Rd; Ganztagesliftkarten ab 38 C$; Dez.–April) 14 Pisten, gleichmäßig verteilt auf Anfänger und mehr oder weniger Fortgeschrittene, hat dieses Skigebiet aufzuweisen – ein wirklich toller Übungshang und ein wunderbarer Ort zum Skifahren mit Kindern.

Schlafen

Thunder Bay hat ziemlich viele Gästebetten: Die meisten großen Motelketten sind rund um die Kreuzung der Highways 11-17 und 61 vertreten.

Thunder Bay International Hostel HOSTEL $
(807-983-2042; www.thunderbayhostel.com; 1594 Lakeshore Dr; Zeltplätze 13 C$, B 20 C$;) Bunter Krimskrams, darunter Geweihe und ein Stutzflügel, ist über die verkrautete Rasenfläche verteilt, als veranstalte Alice im Wunderland einen lustigen Garagenflohmarkt. Der charismatische Eigner Lloyd ist ein Verfechter des Backpacker-Lebensstils; er ist eine gutherzige, weitgereiste Seele von Mensch und kümmert sich intensiv um seine Gäste. Das Hostel liegt 25 km östlich der Stadt.

Strathcona Motel MOTEL $
(807-683-8136; www.strathconamotel.ca; 545 Hodder Ave; DZ ab 50 C$;) Wir lieben dieses winzige Motel, das der Familie gehört, seit Ken ein Kind war. Die Einheiten mit separaten Schlafzimmern wirken wie eine Zeitschleife, sind aber makellos sauber und voller Atmosphäre. Das Motel liegt ein paar Kilometer östlich der Innenstadt in einer hübschen Umgebung.

McVicar Manor INN $$
(807-344-9300; www.bbcanada.com/3918.html; 146 Court St N, Port Arthur; EZ/DZ ab 105/120 C$;) Die überladene viktorianische Villa erhebt sich seit mehr als 100 Jahren stolz auf dem großen Grundstück. Gern erzählen die Besitzer, was die hiesigen Unionisten hier in den 1960er-Jahren trieben (in der Geschichte kommt u. a. eine Bombe vor!), davon sollte man sich aber nicht abschrecken lassen. Das McVicar ist nämlich eine Spur komfortabler und gediegener als die meisten anderen B & Bs.

Days Inn & Suites MOTEL $$
(807-622-3297; www.daysinn.com; 645 Sibley Dr; DZ inkl. Frühstück ab 119 C$;) Das familienfreundliche Motel liegt so zentral wie das im weit auseinandergezogenen Thunder Bay nur möglich ist. Kinder lieben insbesondere die herrliche Schwimmhalle. Die Zimmer sind sauber, geräumig und neutral dekoriert.

Nor'Wester MOTEL $$
(807-473-9123; www.bestwestern.com; 2080 Hwy 61; DZ ab 119 C$) Es scheint keine Rolle zu spielen, dass dieses fantastische Motel etwa 15 km vom Stadtzentrum entfernt liegt – falls man sagen kann, dass es in Thunder Bay so etwas gibt. Die Umgebung ist hübsch, die Mitarbeiter sind ausgezeichnet, die Zimmer sauber und bequem, und es gibt eine tolle Auswahl an Suiten. Tüpfel-

chen auf dem i sind ein riesiger überdachter Pool und ein Gemeinschafts-Whirlpool für Winterabende. Sehr zu empfehlen.

Essen

Growing Season Juice Collective SAFTBAR $
(807-344-6869; 210 Algoma St S; Waren 4–12 C$; Mo–Sa 11–19 Uhr) Gesund gemixter Saft steht hier auf dem Programm, aber es gibt auch fabelhafte Tellergerichte als Ergänzung zum Smoothie. Die schmackhaften Karotten-Sticks kann man mit einem ordentlichen Schuss Bio-Weizengras genießen.

Sweet Pea VEGETARISCH $
(807-344-8543; www.sweetpeashomecatering.com; 252 Algoma St S; Waren ab 6 C$; Di–Fr 11.30–15 & 16.30–19.30 Uhr) Frisch, erdig, Bio, gesund und nachhaltig: Mit diesen Wörtern lässt sich die fantastischen, mit sehr viel Liebe zubereiteten köstlichen Gerichten dieses angenehmen kleinen Cateringladens/Cafés beschreiben.

Hoito Restaurant FRÜHSTÜCK $
(345 6323; www.hoito.ca; 314 Bay St; Hauptgerichte ab 8 C$; 8–20 Uhr) Man denkt, man sei in eine Firmenkantine in Finnland gestolpert – und so hat das Hoito auch tatsächlich vor mehr als 100 Jahren angefangen. Finnische Arbeiter wurden hier mit erschwinglichen Mahlzeiten versorgt. Die Thunder-Bay-Institution serviert Frühstück bis 19.30 Uhr und ab 10.45 Uhr Mittagessen. Sie ist berühmt für ihre flachen Pfannkuchen, die wirklich zu jeder Tageszeit auf den Tisch kommen.

Giorg ITALIENISCH $$
(807-623-8052; www.giorgristorante.com; 114 Syndicate Ave N; Hauptgerichte 14–28 C$; 12–15 & 18–22 Uhr) Von außen erinnert das Gebäude an jene Zeit, in der guter Geschmack und Architektur oft getrennte Wege gingen (sprich: die 1970er), aber das bezaubernde italienische Restaurant innen drin zählt zu den besten in Thunder Bay: Souveräne Kellner servieren fabelhafte Pastagerichte.

Tokyo House ASIATISCH $$
(807-622-1169; www.tokyohouse.ca; 231 Arthur St; Büfett an 15 C$; 12–22 Uhr) Das glitzernde All-you-can-eat-Restaurant hat nichts authentisch Japanisches an sich. Aber das hier ist Thunder Bay, und wir sind dankbar, dass asiatisches Essen so hoch im Norden überhaupt präsent ist! Die meisten japanischen Klassiker sind hier zu haben, außerdem tonnenweise Sushi-Optionen, die alle auf Bestellung zubereitet werden.

Bistro One INTERNATIONAL $$$
(622 2478; www.bistroone.ca; 555 Dunlop St; Di–Sa 17–22 Uhr) Ein Rohdiamant versteckt sich zwischen klobigen, uninspirierten Nachbarn: Das Bistro One knistert mit einer innovativen, ständig wechselnden Karte, coolem Dekor und einer legendären Weinkarte.

Caribou Restaurant & Wine Bar FUSION $$$
(807-628-8588; www.caribourestaurant.com; 727 Hewitson St; Hauptgerichte 16–39 C$; Do & Fr 11.30–14 & tgl. 17–21 Uhr) Zwischen einem verwirrenden Netz von weit auseinanderliegenden Schnellstraßen und kastenförmigen Mega-Supermärkten liegt eins der besten Restaurants von Thunder Bay. Die Fassade riecht förmlich nach Franchise-Einheitsbrei; drinnen wartet jedoch ein hübsches Dekor mit weißen Tischdecken und schmucken Designergläsern.

Prospector Steakhouse STEAKHOUSE $$$
(807-345-5833; www.prospectorsteakhouse.com; 27 Cumberland St S; Hauptgerichte 20–40 C$; 17–21 Uhr) Hier hat der Hunger keine Chance. Mächtige Fleischportionen kommen in diesem ranchähnlichen Panoptikum auf den Tisch. Die berühmt-berüchtigte Hochrippe gibt Gaumen und Magen ordentlich was zu tun.

Ausgehen & Nachtleben

★ **Sovereign Room** BAR
(807-343-9277; www.sovereignroom.com; 220 Red River Rd; Di, Mi, Sa & So ab 16, Do & Fr ab 11 Uhr) Vom Kronleuchter hinter der Bar bis zur olivgrünen Prägetapete, den dunklen Sitznischen aus Holz und der aufwärts drehenden Treppe im Schaufenster macht der Sovereign Room sein ganz eigenes Ding als ein toller Platz für ein Bier. Außerdem gibt es hier auch Livemusik. Und noch besser: Die regelmäßig aktualisierte Speisekarte ist sowohl überraschend als auch lecker. Einige Leute kommen nur zum Essen hierher, andere auf ein Bier, viele für beides. Die Stimmung reicht von dunkel und warm bis wirklich angesagt.

Foundry PUB
(807-285-3188; www.thefoundrypub.com; 242 Red River Rd; Di, Mi, Sa & So ab 16, Do & Fr ab 11 Uhr) Das Foundry ist neu im Ge-

schäft und schlägt reichlich Wellen in der Bucht – mit 24 Bieren vom Fass, Livemusik an den meisten Wochenenden und täglichem Abendessen in einem schicken Laden auf zwei Ebenen.

Madhouse Tavern Grill BAR
(☎807-344-6600; 295 Bay St; ⏲11.30–23 Uhr) Ein toller Ort, um zu relaxen und sich inmitten des warmherzigen, freundlichen Geplauders bei einem kühlen Bier zurückzulehnen. Die baumelnden Porträts berühmter Schriftsteller und Künstler erinnern irgendwie an Dalí.

ℹ Praktische Informationen

Beide Infozentren haben drahtlose Internetverbindungen ebenso wie die vier zentralen Büchereien der Stadt.

Pagoda Information Center (☎807-684-3670; Ecke Red River Rd & Water St; ⏲Juni–Aug. Di–Sa 9–17 Uhr; 📶) Dies ist zweifellos die beste sowie die zentrale Anlaufstelle für Besucher und zugleich die älteste Touristeninformation Kanadas!

Tourism Thunder Bay (☎800-667-8386; www.tourismthunderbay.com; 1000 Hwy 11–17; ⏲9–17 Uhr; 📶) Liegt 6 km östlich der Stadt am Terry Fox Lookout and Memorial.

ℹ An- & Weiterreise

Thunder Bay Airport (YQT; www.tbairport.on.ca) wird unter anderem von Air Canada, WestJet, Porter, Delta, Wasaya und Bearskin Airlines angeflogen. Der Flughafen liegt etwa 3 km südwestlich der Stadt an der Kreuzung von West Arthur Street und Highway 61. Anschlussflüge bestehen u. a. nach Sudbury, Sault Ste-Marie, Ottawa, Toronto, Winnipeg und Minneapolis.

Greyhound-Busse fahren von und nach Sault Ste-Marie (126 C$, 9 Std., 2-mal tgl.) und Winnipeg (127 C$, 9 Std., 2-mal tgl.). Das Greyhound **Busdepot** (☎807-345-2194; 815 Fort William Rd) liegt zwischen den beiden Innenstadtbereichen unweit der Intercity Mall.

ℹ Unterwegs vor Ort

Mietautoketten sind am Flughafen gut vertreten.

Thunder Bay Transit (☎807-684-3744; www.thunderbay.ca) deckt das Stadtgebiet ab. Für die Busse gibt es zwei große Haltepunkte: **Thunder Bay South Terminal** (Ecke May & Donald St) und **Thunder Bay North Terminal** (Ecke Water & Camelot St).

Zur Zeit der Recherche war als Teil eines Verkehrsmasterplans ein zentraler Busbahnhof im Bau. Eine Fahrt kostet 2,65 C$.

Von Cochrane nach Moosonee & Moose Factory

Die Zeit ist nicht eben spurlos an dem kleinen Ort Cochrane vorübergegangen, der nur wegen des *Polar Bear Express* existiert, eines Zuges, der bei Bedarf hält und Passagiere nach Norden in die entlegene Region der James Bay bringt. Cochrane tut erst gar nicht so, als wäre es eine beliebte Touristenhochburg. Diese Ehrlichkeit ist in gewisser Hinsicht erfrischend angenehm. Dass die Winter hier lang und hart sind, sieht man sofort. Davon abgesehen sind die größtenteils frankophonen Einheimischen herzlich und sehr gastfreundlich.

Moosonee und Moose Factory liegen unweit des Übergangs zur Tundra. Im Osten Kanadas dringen nur wenige Menschen zu weiter nördlich gelegenen Punkten vor. Um das zu tun, braucht man unbedingt Wasserflugzeuge, Kanus, Schneemobile, Hundeschlitten und Schneeschuhe. Moosonee ist seit 1932 an das Schienennetz angeschlossen. Da hatte der Ort, gegründet als Handelsposten von Révillon Frères (heute als Revlon bekannt), bereits fast 30 Jahre existiert. Nach kurzer Bootsfahrt erreicht man die Insel mit dem irreführenden Namen Moose Factory („Elchfabrik") – mit rauchenden Schloten und pelzigen Vierbeinern hat sie nichts gemein. Vielmehr befindet sich hier eine kleine Cree-Siedlung und die historische Stätte eines im Jahr 1672 gegründeten Handelszentrums der Hudson's Bay Company.

Während man noch überlegt, ob man sich die lange Reise zu diesen abgeschiedenen Orten wirklich zumuten möchte, sollte man sich bewusst machen, dass die Hauptroute ins Zentrum Ontarios vor 300 Jahren, zur Blütezeit des Pelzhandels, der Norden war – via Hudson und James Bay!

👁 Sehenswertes & Aktivitäten

Die meisten Besucher verbringen nur einen Tag in der Region und erfahren daher nicht, was sie tatsächlich bietet. Moosonee und Moose Factory sind sehr unterschiedlich. Moosonee hat ein wenig ansprechendes Industrieflair, Moose Factory hingegen ist ein lebendiges Reservat mit netten Einheimischen und zahlreichen Räucherhütten. Am besten lernt man die Region kennen, wenn man sich einer Führung mit einem der hiesigen Moose Cree anschließt.

Polar Bear Habitat & Heritage Village ZOO
(☎800-354-9948, 705-272-2327; www.polarbearhabitat.ca; 1 Drury Park Rd, Cochrane; Erw./Kind 16/10 C$; ⏲9–17 Uhr) Obwohl hier so viel über Eisbären geredet wird, gibt es in der Gegend keine wild lebenden Exemplare dieser Gattung. Das Zentrum dient der Bewahrung, Pflege und dem Wohlbefinden der Eisbären: Im Moment ist Ganuk der einzige bärige Bewohner. Besucher können ihn beim täglichen „Bärentreff" aus nächster Nähe beobachten oder in einem Becken schwimmen, in dem eine dicke Glasscheibe Bär und Mensch voneinander trennt (Badezeit 5 C$).

Cree Cultural Interpretive Centre MUSEUM
(www.moosecree.com/tourism/ccic; ⏲Juli & Aug.) Dieses Zentrum auf Moose Factory trumpft mit Gegenständen und Artefakten wie Werkzeugen aus Knochen, traditionellem Spielzeug, wiederverwendbaren Windeln und Unterkünften aus der Zeit vor Ankunft der Europäer auf, die drinnen und im Freien ausgestellt sind. Die Besucher lernen zudem, was *pashtamowin* ist, gewissermaßen die Cree-Version des Karma-Gedankens, die vielleicht mit dem Sprichwort „man erntet, was man sät" umschrieben werden kann. Am besten erkundet man das Museum mit einem Guide; diese versorgen Besucher oft mit spannenden Zusatzinfos zu den Exponaten und erzählen Anekdoten.

Polar Bear Express ZUGFAHRT
(☎800-268-9281; www.ontarionorthland.ca; Rundreise Erw./Kind 104,90/52,40 C$; ⏲So–Fr) Die abgelegenen Gemeinden Moosonee und Moose Factory sind nur mit dieser Bimmelbahn zu erreichen. Sie fährt vormittags in Cochrane los und kommt nachmittags an, um dann wieder zurückzufahren. Schon die Zusammensetzung der Passagiere ist sehenswert: Einheimische, Trapper, Biologen, Geologen, Touristen, Angler und Paddler. Für eine Strecke braucht die Bahn fünf Stunden. Wer am selben Tag zurückfährt, hat also nur für einen Kurzbesuch Zeit. Von September bis Juni wird der Zug allgemein „Little Bear" genannt.

Moose Cree Outdoor Discoveries & Adventures OUTDOOR
(☎705-658-4619; www.creeadventures.com) Der Veranstalter, der der Moose Cree First Nation gehört, bietet maßgeschneiderte Ausflüge inklusive kulturelle Aktivitäten (Geschichtenerzählen und traditionelles Essen) sowie Kanufahren im Sommer und Schneeschuhwandern im Winter. Beim Zusammenstellen des individuellen Abenteuers stellen die freundlichen Mitarbeiter Fragen wie: „Was möchtest du erleben?" und „Wonach suchst du?". Die Preise variieren je nach Teilnehmerzahl, Jahreszeit und Besuchsdauer. Diese Ausflüge bieten eine einzigartige Gelegenheit, um etwas über das heutige Leben der Cree zu erfahren.

Schlafen

Eine Unterkunft sollte man unbedingt im Voraus reservieren. In Moosonee gibt es ein paar Übernachtungsmöglichkeiten, wir empfehlen aber ein Quartier auf der Insel Moose Factory.

Station Inn MOTEL $
(☎705-272-3500; www.ontarionorthland.ca; 200 Railway St, Cochrane; DZ ab 95 C$; ❄@📶) Noch besser, als in der Nähe des Bahnhofs zu übernachten, ist doch die Übernachtung über dem Bahnhof! Hier trifft man viele der Mitreisenden wieder und verpasst garantiert nicht den Zug.

Cree Village Ecolodge INN $$
(☎888-273-3929, 705-658-6400; www.creevillage.com; 61 Hospital Dr, Moose Factory; Zi. ab 160 C$) S Die Cree Village Ecolodge ist die erste Lodge in der nördlichen Hemisphäre, die im Besitz von Indianern ist und selbstständig von ihnen geführt wird. Design und Mobiliar dieser faszinierenden Anlage orientierten sich an traditionellen Werten der Cree. Nachhaltigkeit spielt eine große Rolle: Teppiche, Decken und Bettwäsche bestehen aus Biowolle bzw. -baumwolle, auf den Zimmern findet man Bioseife und es gibt ein paar Komposttoiletten. Vollpension ist möglich.

Washow Lodge LODGE $$
(☎705-658-4619; www.washow.ca; Hannah Bay; Angebote auf Anfrage) Ein Aufenthalt in der Washow Lodge, 65 km östlich von Moosonee, bedeutet, in eine Moose-Cree-Familie aufgenommen zu werden und einen Lebensstil kennenzulernen, der von der Technik, mit Ausnahme des Schneemobils, weitgehend unberührt ist. Dazu kommt die Aussicht, Nordlichter, Schwarzbären und Belugawale zu sehen. Auf die Gäste wartet eine einzigartige kulturelle Erfahrung und ein enger Kontakt zur Natur aus dem Komfort dieser isolierten Einrichtung heraus.

Anreise & unterwegs vor Ort

Ontario Northland betreibt Busse vom **Bahnhof in Cochrane** (☎705-272-4228) nach North Bay (75 C$, 6¾ Std., 2-mal tgl.) und Sudbury (74 C$, 6 Std., 1-mal tgl.).

Moosonee und Moose Factory sind nicht mit dem Auto zu erreichen, sondern nur mit dem Polar Bear Express (S. 210). Von Moosonee bringen Wassertaxis Passagiere die 3 km hinüber nach Moose Factory (12 C$, 15 Min.). Im Winter wird der Fluss zu einer Eisbrücke, die stabil genug für Autos und Lastwagen ist. Kleintransportertaxis vom Bahnhof Moosonee zum Anleger kosten 6 C$ pro Person.

Temagami

Zu der Zeit, als gottesfürchtige Ägypter gewaltige Pyramiden in Auftrag gaben, besaß diese Region mit ihren majestätischen alten Kiefern und den stillen Seen ein blühendes Netz von Handelsrouten. Zeugnisse dieser uralten Wege existieren heute als archäologische Stätten, die versteckt in den Provinzparks der Region liegen. Für Informationen über Reservate rund um Temagami, empfiehlt sich ein Besuch im **Finlayson Point Provincial Park** (☎705-569-3205; www.ontarioparks.com/park/finlaysonpoint; Hwy 11; Tagesnutzung pro Fahrzeug 9,50 C$; ⌚Mai–Sept.), 2 km südlich der Stadt am Highway 11. Temagamis **Welcome Centre** (☎800-661-7609; www.temagamiinformation.com; 7 Lakeshore Rd; ⌚Mo–Fr 9–16.30 Uhr) bietet ebenfalls Infos über die Gegend und zeigt Schautafeln zur Re gionalgeschichte.

Sehenswert sind auch der **Obabika River Park** und der weitläufige **Lady Evelyn Smoothwater Provincial Park**, in dem sich die höchste Erhebung Ontarios befindet, Ishpatina Ridge (693 m). Touristische Einrichtungen fehlen und die Zeltplätze können nur mit dem Kanu erreicht werden. Im leicht zugänglichen **White Bear Forest** steht ein hoher Turm auf dem Caribou Mountain, von dem man einen netten Blick auf die gedrungenen Bäume unterhalb hat.

Ein ganz anderes, ebenso aufregendes wie lehrreiches Erlebnis ist die Fahrt mit dem Hundeschlitten durch schneebedeckte Wälder und über zugefrorene Seen. Bei **Wolf Within Adventures** (☎705-840-9002; www.wolfwithin.ca) sind die Abenteurer in guten Händen. Im Sommer können auch Kanutouren durch die schroffe Wildnis von Temagami unternommen werden.

Die umgänglichen Besitzer Doug und Marg betreiben seit 1986 die **Northland Paradise Lodge** (☎705-569-3791; www.northland-paradise.com; 51 Stevens Rd; EZ/DZ/Suite 55/85/150 C$), eine freundliche Ferienanlage am See. Die bequemen Zimmer im Motelstil mit komplett eingerichteten Küchen bilden eine perfekte Ausgangsbasis für jede Art von Abenteuer in Temagami. Ontario Northland unterhält eine Busverbindung zwischen Temagami und North Bay (20 C$, 1¼ Std., 2-mal tgl.).

North Bay

54 000 EW.

North Bay bezeichnet sich selbst als „gerade nördlich genug, um perfekt zu sein", was die Frage aufwirft: perfekt wofür? Es liegt gerade nördlich genug, damit Leute aus Toronto sich hier als Abenteurer fühlen können, und das Seeufer ist wunderschön, aber andere Teile der Stadt haben schon bessere Tage gesehen. Dennoch: Es gibt viele ordentliche Unterkünfte und tolles Essen, das man am Wasser genießen kann.

Die beiden wichtigsten Fernstraßen von Ontario (Hwy 11 und 17) treffen gleich außerhalb der Stadt aufeinander und machen dadurch North Bay zu einem logischen Zwischenstopp für Trans-Canada-Touristen. Erst 1100 km weiter in Thunder Bay treffen die Highways wieder zusammen.

Sehenswertes & Aktivitäten

Dionne Quints Museum MUSEUM
(☎705-472-8480; www.northbaychamber.com/tourism/museum; 1375 Seymour St N; Erw./Kind 3,75/2,25 C$; ⌚Mai–Okt. 10–16 Uhr) Das Museum ist fünf kleinen Mädchen, den Dionne Quints, gewidmet. Die eineiigen Fünflinge machten die Stadt kurzfristig zum meistbesuchten Ziel in Ontario nach den Niagarafällen. Geboren zur Zeit der Weltwirtschaftskrise wurden sie von der Provinzregierung zur Touristenattraktion hochgejubelt: Sie wirkten sogar in vier Hollywoodfilmen mit. Das Museum enthält eine faszinierende Sammlung von Gegenständen aus ihren frühen Lebensjahren.

Lake Nipissing Waterfront PARK
(Erw./Kind 21/12 C$) Ein Spaziergang am malerischen Ufer des Lake Nipissing lässt sich mit diversen angenehmen Aktivitäten

kombinieren, z. B. einer Fahrt auf einem antiken Karussell.

Chief Commanda II BOOTSFAHRT
(☎866-660-6686, 705-494-8167; www.chiefcommanda.com; King's Landing, Memorial Dr; ⏱Mai–Sept.) Der muntere Passagierdampfer schippert durch die Manitou Islands (Erw./Kind 22/12 C$), den French River entlang (38/20 C$) und bei Sonnenuntergang hinunter zur Callander Bay (28/14 C$). Dreistündige „Blues Cruises" sind ein Renner, und bei vielen Fahrten werden Speisen serviert: im Voraus buchen.

Schlafen

Die Innenstadt von North Bay hat wenig Anziehendes, im Gegensatzt dazu ist die Motelmeile am Lakeshore Drive, dort wo früher der Highway durch die Stadt führte, richtig angenehm.

★ **Sunset Inn** MOTEL $
(☎705-472-8370; www.sunsetinn.ca; 641 Lakeshore Dr; DZ/Suite ab 89/169 C$; ❄@☎) Wir lieben diese blitzsaubere Unterkunft am Seeufer mit eigenem Strand in einer einsamen Bucht unweit des Lake Nipissing. Freundliche Gastgeber halten die verschiedenen Zimmertypen in Schuss, zu denen auch luxuriöse Suiten mit Doppel-Whirlpool und großen Flachbildfernsehern sowie Familiensuiten mit zwei Schlafzimmern und voll ausgestatteter Küche zählen. Am Strand steht außerdem eine entzückende romantische Hütte für zwei.

Comfort Inn MOTEL $
(☎705-494-9444; www.lakeshore.comfortnorthbay.com; 676 Lakeshore Dr; DZ inkl. Frühstück ab 79 C$; ☎) Das Motel vom Anfang der 1990er-Jahre gegenüber dem Seeufer ist sehr gepflegt. Zimmer im Erdgeschoss mit Parkplatz vor der Tür sind günstig, dazu kommt der hübsche Blick ins Grüne.

Gray's Log House INN $
(☎705-495-2389; www.graysloghouse.com; 5270 Hwy 63, Trout Lake; Zi. 90 C$, Hütte 50 C$) In dieser wunderschönen Blockhütte unweit des Trout Lake (ca. 6 km hinter Average Joe's) ist die Hektik der Stadt vergessen. Die Abende vertreibt man sich bei netten Gesprächen mit dem liebenswerten Besitzer, dazu gibt's hausgemachten Nachtisch. Alternativ kann man sich mit einer selbst bestickten Decke zurückziehen und im Winter dem Schneetreiben zusehen. Ein wenig außerhalb gibt es noch eine sehr rustikale Campinghütte.

Essen & Ausgehen

Burger World BURGER $
(☎705-497-9755; www.burgerworld.ca; 1308 Algonquin Ave; Burger ab 4 C$; ⏱7–20 Uhr) Kunden stehen Schlange für die saftigen Burger und knusprigen Pommes in dieser lokalen Institution, und jeder ist gut beraten, sich diesem Club anzuschließen. Verspeisen kann man die leckeren Köstlichkeiten gleich vor Ort oder am Wasser bei einem improvisierten Picknick.

Dave's Green Papaya ASIATISCH $$
(☎705-476-8883; www.davesgreenpapaya.com; 652 Fraser St; Hauptgerichte 10–18 C$; ⏱Di–Fr 11–14 & Di–So 16–21 Uhr) Die vielseitige asiatische Auswahl an leckeren Gerichten u. a. aus China, Korea, Thailand und Japan beispielsweise wird in dem Innenstadtlokal mit Geschmack und Flair präsentiert. Die Preise stimmen.

Kabuki House JAPANISCH $$$
(☎705-495-0999; www.kabukihouse.com; 349 Main St W; mittags Hauptgerichte 9–19 C$, Abendessen 20–34 C$; ⏱Mo–Fr 11.30–14 & tgl. 17–22.30 Uhr) Es ist so nett, so weit nördlich auf authentische japanische Küche zu stoßen. Das Abendessen mag vielleicht eine Delle in der Brieftasche hinterlassen, aber Kabuki House erfreut garantiert alle Freunde von Sushi, Sashimi und Teppanyaki. *Omakase* (Koch-Spezial) und die festen Menüs sind sehr zu empfehlen.

White Owl Bistro KANADISCH $$$
(☎705-472-2662; www.thewhiteowlbistro.ca; 639 Lakeshore Dr; Hauptgerichte 21–39 C$; ⏱Mo–Sa 11–21 Uhr) Das Abendessen in diesem hübschen, kleinen Bistro, das 1934 erbaut wurde, ist ein bisschen kostspielig. Wir empfehlen stattdessen ein günstigeres Mittagessen oder den Wochenendbrunch auf der wunderschönen Terrasse am See.

Average Joe's BAR
(☎705-474-1982; www.averagejoes.net; 3501 Trout Lake Rd; ⏱11–23 Uhr) Average Joe's ist alles andere als durchschnittlich. Egal, ob man über Land, Wasser oder im Winter über den zugefrorenen See kommt, die leckeren Gerichte von der umfassenden Speisekarte (Hauptgerichte 8–29 C$) sind immer ein Genuss, während man auf den heiteren Trout Lake hinausschaut. In der Bar tummeln sich die geselligen Ortsansässigen bis 1 oder 2 Uhr morgens.

Praktische Informationen

North Bay Chamber of Commerce (705-472-8480; www.northbaychamber.com; 1357 Seymour St; 9–19 Uhr) In der Nähe der Kreuzung der Highways 11 & 17, 5 km südlich der Innenstadt neben dem Quints Museum.

An- & Weiterreise

Busse von Ontario Northland verkehren zwischen Toronto und North Bay (73 C$, 5½ Std., 4–5-mal tgl.). Greyhound verbindet North Bay mit Sudbury (29 C$, 1¾ Std., 3-mal tgl.) und Ottawa (75 C$, 5¼ Std., 3-mal tgl.). Haltestelle für alle ist der **Bahnhof North Bay** (705-495-4200; 100 Station Rd), wo keine Personenzüge mehr abfahren.

DER MIT DEM WOLF HEULT

Im Algonquin Provincial Park wird sehr aktiv Wolfsforschung betrieben. Eine faszinierende Möglichkeit, die Gegenwart der pelzigen Raubtiere zu erleben, ist das öffentliche „Geheul". Wölfe antworten nämlich auf die Imitationen ihrer Heullaute durch den Menschen. Deshalb leiten die Mitarbeiter des Parks an manchen Abenden im August gemeinsame Heul-Sessions, die bis ins Detail durchgeplant sind: Jeder kann zu den 2000 Menschen gehören, die in der Dunkelheit auf die Tierlaute warten, die für manchen Schauer auf dem Rücken sorgen. Das Wolfsgeheul wird am selben Tag angekündigt, an dem es veranstaltet wird. Oft ist das ein Donnerstag. Wer dabei sein möchte, sollte öfter mal auf Anschlagtafeln und auf der Park-Website nachsehen oder telefonisch im Besucherzentrum (613-637-2828) nachfragen.

ÖSTLICHES ONTARIO

Das östliche Ontario umfasst die ländlichen Gebiete östlich von Toronto bis zur Grenze nach Québec. Nicht allzu weit entfernt vom ausufernden Vorort Oshawa, dem östlichsten Auswuchs des Großraums Toronto, blickt Prince Edward County mit seinen fruchtbaren Böden auf eine reiche Landwirtschaftstradition zurück. Reisende, die auf dem Highway 401 zwischen Montréal und Toronto unterwegs sind, der verkehrsreichsten Durchgangsstraße des Landes, sollten sich ruhig ein paar Tage in diesem landschaftlich, historisch und kulinarisch reizvollen Gebiet gönnen.

Für eine Dosis Kolonialgeschichte eignet sich das östliche Ontario ganz hervorragend. Das herrschaftliche Kingston war die erste Hauptstadt des modernen Kanada: Die malerische Stadt bietet einen ganzen Strauß von Museen und Attraktionen. Weiter nach Osten verströmen die kleineren Orte Gananoque, Brockville und Prescott ein vornehmes viktorianisches Flair mit ihrer Fülle von prächtigen Gasthäusern und Anwesen. Das winzige Merrickville, eine ehemalige Hochburg der Loyalisten, hat sich seit der amerikanischen Revolution kaum verändert. Die faszinierende Region Thousand Islands, ein nebliger Archipel von einsamen Eilanden im oberen Teil des St.-Lorenz-Stroms, ist übersät mit solchen altertümlichen Ortschaften, in denen noch Pferdekutschen herumfahren.

Die Naturschönheit des östlichen Ontario reicht weit ins kaum besiedelte Innere der Provinz. Landschaftlich reizvolle Parks, Reservate und private Ferienhäuser gibt es hier in Hülle und Fülle. Der international gefeierte Algonquin Provincial Park ist das Aushängeschild der Gegend. Er bietet unvergleichliche Möglichkeiten zum Wandern, Kanufahren und Wildtierebeobachten, lang gezogene, saphirblaue Seen und hoch aufragende Bankskiefern. Eine ähnliche Topografie weisen die Kawarthas und das Land O' Lakes auf, das in uralter Zeit von Indianerstämmen bewohnt war.

Erstaunlicherweise gibt es immer noch keine größere direkte Fernstraße zwischen Toronto und Ottawa. Am schnellsten geht es über den Highway 401 von Toronto bis Prescott, dann auf dem Highway 416 nach Norden in einem Rutsch bis zur Hauptstadt. Der ländliche, zweispurige Highway 7 ist eine nette, aber langsamere Alternative.

Algonquin Provincial Park

Ontarios ältester und größter Park wurde 1893 eingerichtet. Mit 7800 km² dichtem Kiefernwald, schroffen Klippen, kristallklaren, plätschernden Bächen, moosigen Sümpfen und Tausenden (Tausenden!) Seen ist er ein Labsal für die müden Augen. Das raue Gelände ist ein gut zugängliches Juwel und ein Muss für Kanufahrer und Wanderer.

Östliches Ontario

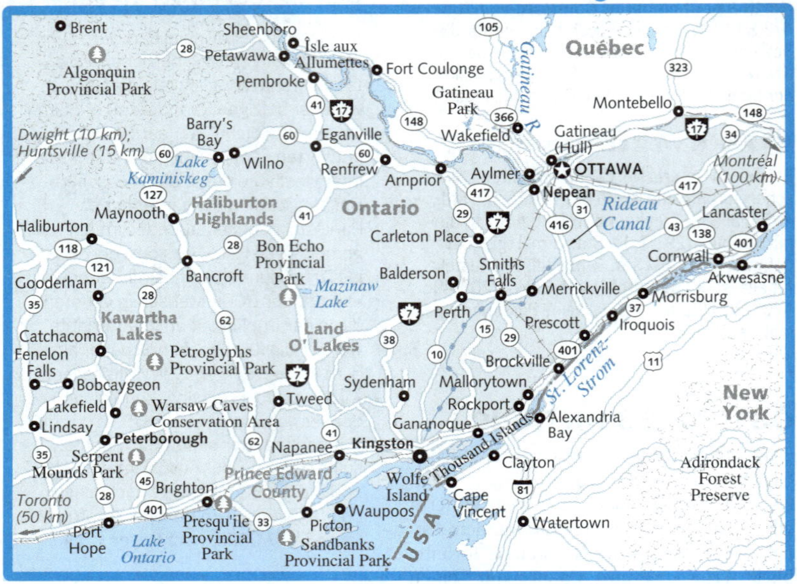

Der Highway 60 führt quer durch einen kleinen Parkabschnitt im Süden. Jeder einzelne Kilometer ist ausgezeichnet, angefangen beim West Gate (als „Km 0" bekannt) bis hin zum East Gate („Km 56"). Tourveranstalter und Unterkünfte nutzen die Straßenmarkierungen als Orientierungshilfe (man muss z. B. bei Km 15,4 vom Highway 60 abbiegen und nach Norden fahren, um zur Arowhon Pines Lodge zu gelangen). Von der Straße gelangt man zu zahlreichen Zeltplätzen und Wanderwegen. Das weitläufige, bewaldete Herz des Algonquin Park ist von einem Netz aus insgesamt 2000 km langen (kartografierten) Kanu- und Wanderrouten durchzogen; einen anderen Zugang gibt es leider nicht.

Abgesehen von den Haupteingängen besitzt der Algonquin 29 Zugangspunkte zum Hinterland des Parks, die an der Peripherie und am Highway 60 liegen.

Die beiden großen Muskoka-Orte Bracebridge und Huntsville liegen weniger als eine Stunde Fahrt vom West Gate entfernt. Andere kleinere Ortschaften sind Whitney, Maynooth und Bancroft, südlich des East Gate, und Mattawa, im Norden des Parks am Highway 17.

Die offizielle Website der Friends of Algonquin Park ist www.algonquinpark.on.ca.

Sehenswertes

Algonquin ist berühmt für seine Möglichkeiten, Wildtiere zu beobachten, und die landschaftlich reizvollen Ausblicke. Im Frühling gibt es entlang des Highway 60 sehr oft Elche zu sehen, wenn sie den teuflischen Kriebelmücken zu entkommen suchen und Streusalzreste vom Winter auflecken. Man kann auch noch anderen Tieren begegnen, beispielsweise Hirsch, Biber, Otter, Mink und vielen Vogelarten. Die landschaftliche Schönheit des Parks ist einfach atemberaubend.

Algonquin Art Centre GALERIE

(705-633-5555; www.algonquinartcentre.com; km 20 am Hwy 60; Juni–Okt. 10–17 Uhr) GRATIS Die Ausstellungen zeigen Kunst zum Thema Wildnis quer durch verschiedene Medien, wie etwa Gemälde, Holzschnitzereien und Skulpturen.

Algonquin Logging Museum MUSEUM

(613-637-2828; km 54.5 am Hwy 60; Juli–Okt. 9–17 Uhr) F Das ausgezeichnete Museum dokumentiert die Geschichte der Holzgewinnung im Park. Die Schautafeln stehen an einem 1,5 km langen Weg, der geöffnet bleibt, wenn Empfangsbereich, Buchhandlung und Theater schließen.

TOP 5: WANDERN IM ALGONQUIN PROVINCIAL PARK

Egal ob der Besuch einen Tag oder einen Monat dauert: Ein paar der über 140 km Wanderwege, darunter einige kürzere Ausflüge, die vom Highway 60 zugänglich sind, muss man einfach ausprobieren! Die Wanderungen beginnen an verschiedenen Meilensteinen (oder vielmehr Kilometersteinen) am Highway 60 zwischen dem West Gate (km 0) und dem East Gate (km 56).

Mizzy Lake (mäßig schwer, 11 km langer Rundweg) – Eine ausgezeichnete Gelegenheit, um diverse Wildtiere zu entdecken: Alle bekannten Spezies innerhalb des Parks sind hier zu irgendeinem Zeitpunkt schon gesichtet worden (bei km 15).

Track & Tower (mäßig schwer, 7,7 km langer Rundweg) – Ein hübscher Weg am See entlang mit einem herausgehobenen Aussichtspunkt an einer stillgelegten Bahnstrecke (bei Km 25).

Booth's Rock (schwer, 5 km langer Rundweg) – Der verlassenen Bahnstrecke zu atemberaubenden Ausblicken auf die weiten Seen und Wälder folgen (der Straße folgen ab Km 40).

Centennial Ridges (schwer, 10 km langer Rundweg) – Die absolut schönsten Panoramablicke im Park (der Straße folgen ab Km 37).

Lookout Trail (schwer, 1 km langer Rundweg) – Der meistgenutzte Wanderweg im Algonquin, und das aus gutem Grund: Spektakuläre Ausblicke auf unberührte Natur warten (bei Km 40).

Aktivitäten

Algonquin ist ein großartiger Ort für eine **Kanutour**. Die Veranstalter bieten ein breites Angebot für Anfänger wie erfahrene Outdoor-Experten. Viele Reisende schwingen sich auch allein ins Kanu. Ein Quotensystem regelt, wie viele Besucher die einzelnen Kanurouten jeweils nutzen dürfen, man sollte also frühzeitig mit der Planung des Trips beginnen. Canoe Lake und Opeongo Lake sind beliebte Ausgangspunkte für Anfänger (die Docks sind oft überfüllt).

★ **Opeongo Outfitters** KAJAKFAHREN
(☎800-790-1864; www.opeongooutfitters.com; 29902 Hwy 60, Whitney; Kajakverleih ab 16 C$, ultimatives Camping pro Person 85–120 C$) Algonquins ältester Veranstalter hat seinen Sitz gleich außerhalb des East Gate. Er bietet das ultimative Campingabenteuer: Die Teilnehmer werden mit allem, was sie brauchen, zu einem bereits eingerichteten Zeltplatz gebracht – zurück zur Natur, aber ohne die damit verbundenen Schwierigkeiten! Die Mitarbeiter bringen sogar Essen vorbei und schauen bei Leuten, die länger dort bleiben, alle paar Tage nach dem Rechten.

Algonquin Outfitters KAJAKFAHREN
(☎800-469-4948; www.algonquinoutfitters.com; Leihgebühr ab 20 C$, Tagestouren ab 25 C$) Mit zwei Läden in Huntsville, einer Niederlassung außerhalb des West Gate in Oxtongue Lake und zwei weiteren Standorten innerhalb des Parks in Opeongo Lake und Brent decken diese Leute Algonquin weitgehend ab. Im Angebot sind diverse geführte Touren; Gäste können außerdem Wassertaxis reservieren, um sich durch die raueren Gewässer hinauf zu den wilderen Regionen hinter Opeongo Lake bringen zu lassen.

Algonquin North Wilderness Outfitters KAJAKFAHREN
(☎877-544-3544; www.algonquinnorth.com; Hwy 17 & Hwy 630, Mattawa; Kajaks ab 25 C$) Dieser Ausrüster hat seinen Sitz nördlich des Parks an der Kreuzung von Highway 17 und Highway 630 in Mattawa. Von dort führt eine Schotterstraße zum Zugangspunkt am Brain Lake für einsame Erkundungstouren im Hinterland.

Algonquin Portage KAJAKFAHREN
(☎613-735-1795; www.algonquinportage.com; 1352 Barron Canyon Rd, Pembroke; Kanus ab 22 C$, B 30 C$, Stellplätze pro Person 5 C$) Rustikale Unterkünfte, Shuttleservice, Portage, Lebensmittel und Gas sind hier zu haben, östlich des östlichsten Parkausdehnung an der Route 28.

Canoe Algonquin KAJAKFAHREN
(☎800-818-1210, 705-636-5956; www.canoealgonquin.com; 1914 Hwy 518 E, Kearney; Kajakver-

leih ab 20 C$) Der Ausrüster nördlich von Huntsville liegt den Zugangspunkten 2, 3 und 4 am nächsten.

Portage Store KAJAKFAHREN
(☎ Sommer 705-633-5622, Winter 705-789-3645; www.portagestore.com; km 14 am Hwy 60; Kanuverleih ab 30 C$, Fahrradverleih ab 25 C$) 14 km vom West Gate entfernt innerhalb des Parks am Canoe Lake bei Zugangspunkt 5 befinden sich ein Andenkenladen, ein Lebensmittelgeschäft und ein Ausrüster. Fahrradverleih lässt sich im Lake of Two Rivers Store organisieren. Auch geführte Touren werden angeboten.

South Algonquin Trails REITEN
(☎ 800-758-4801, 705-448-1751; www.southalgonquintrails.com; 4378 Elephant Lake Rd, Harcourt; 1 Std. Reiten 60 C$) Die landschaftlich reizvollen Ausritte innerhalb und außerhalb des Parks sind sehr beliebt.

Geführte Touren

Eine schier endlose Auswahl an geführten Touren steht für alle Abenteurertypen zur Auswahl. Ausflüge reichen von Tageswanderungen bis zu maßgeschneiderten Exkursionen, die so lange dauern, wie die Teilnehmer durchhalten.

Northern Edge Algonquin KAJAKFAHREN
(☎ 888-383-8320; www.algonquincanada.com; 100 Ottawa Ave, South River) Veranstaltet Paddelausflüge, Wochenenden ausschließlich für Frauen und speziell zugeschnittene Programme im Winter.

Voyageur Quest KAJAKFAHREN
(☎ 800-794-9660, 416-486-3605; www.voyageurquest.com; Round Lake, South River) Vermietet Hütten in Ergänzung der allseits beliebten Paddelausflüge.

Schlafen & Essen

Algonquin ist ein Naturreservat. Das bedeutet, dass die meisten Übernachtungsmöglichkeiten, abgesehen vom Camping, außerhalb der Parkgrenzen liegen. Eine Option ist es, sich in Huntsville oder Bracebridge (43 km bzw. 73 km vom West Gate) oder in Whitney kurz vor dem East Gate einzuquartieren und von dort aus Tagesausflüge in den Park zu unternehmen.

Es gibt neun mit dem Auto erreichbare, gut ausgestattete Campingplätze im Park (einige auch mit Jurten), die über den Highway 60 zugänglich sind, außerdem Plätze im Hinterland, die nur Wanderer und Kanufahrer erreichen können. Drei zusätzliche Plätze (Achray, Brent und Kiosk) sind an Nebenstraßen weiter nördlich angeschlossen. Auf jeden Fall muss man sich an den zentralen Reservierungsservice von **Ontario Parks** (www.ontarioparks.com) wenden. Die Gebühren sind von Platz zu Platz verschieden.

Im Park selbst gibt es drei gehobene Quartiere jeweils mit Restaurant. Ansonsten muss man Essen und Verpflegung selbst mitbringen.

West Gate

Wolf Den HOSTEL $
(☎ 866-271-9336, 705-635-9336; www.wolfdenbunkhouse.com; 4568 Hwy 60, Oxtongue Lake; B/EZ ab 25/45 C$) Für Backpacker ist dieses Hostel einfach spitzenmäßig. Die Gäste übernachten in sauberen Blockhütten und Schlafbaracken, die über das Gelände verteilt sind, oder in dem großen zentralen Holzhaus mit riesiger Küche und einer fantastischen Lounge im Obergeschoss.

Dwight Village Motel MOTEL $
(☎ 705-635-2400; www.dwightvillagemotel.com; 2801 Hwy 60; Zi. 79–149 C$) Das ausgezeichnete Motel ist vom Highway gut zu erkennen: Makellose Zimmer bieten bodenständige Gemütlichkeit, und die freundlichen Besitzer sorgen für einen komfortablen Aufenthalt. Das Motel liegt 25 km westlich des Parks, etwas östlich des Dorfes Dwight. Es gibt einen hübschen Picknickbereich im Freien mit Feuerstelle und viel Platz für die Kinder zum Spielen.

Riverside Motel MOTEL $
(☎ 705-635-9021; www.riversidemoteldwight.com; Hwy 60, Dwight; Zi. ab 95 C$; ❄ 📶) Nur wenige Motels können auf ein 4 ha großes Gelände mit eigenem Wasserfall und Badeteich verweisen. In den Zimmern ist das Rauschen des Flusses zu hören; einige Räume sind mit Küchenzeile und Whirlpool ausgestattet. Ein Blumengarten und Spazierwege runden das Angebot ab.

Im Park

Die luxuriösen Resorts innerhalb der Parkgrenzen sind von Mitte Mai bis Mitte Oktober geöffnet. In den Übernachtungspreisen sind Frühstück, Mittag- und Abendessen enthalten. Der Speisesaal ist nicht nur den Gästen vorbehalten.

Arowhon Pines LODGE $$$
(866-633-5661; www.arowhonpines.ca; Abzweig bei km 15.4 am Hwy 60; Zi. pro Person ab 198 C$, separate Hütten pro Person ab 328 C$) Wer schon immer mal wissen wollte, wie es wohl in einem Sommercamp für Erwachsene zugeht, findet die Antwort bei Arowhon Pines. Algonquins größte und luxuriöseste Lodge verfügt über Kanus, Kajaks, Tennisplätze, Wandermöglichkeiten und ein Gourmetrestaurant (BYOW – Bring Your Own Wine; den Wein selbst mitbringen). Die Unterkunft ist einfach wunderbar und liegt, einsam und glückselig, ein kleines Stückchen nördlich des Highway 60

Killarney Lodge LODGE $$$
(866-473-5551; www.killarneylodge.com; Abzweig bei km 33.2 am Hwy 60; Hütten pro Person ab 219 C$) Wie wär's mit einer Reise zurück in eine Zeit, in der rustikale Holzhütten am See ein Synonym für Familienferien waren? Killarney ist ein idyllischer Ort für eine Paddeltour auf dem See oder zum Entspannen auf der hauseigenen Terrasse bei einigen Gläsern Rotwein (den muss man selbst mitbringen). Der angenehme Speisesaal funktioniert wie eine gut geölte Maschine; dreimal am Tag werden hier köstliche, herzhafte Mahlzeiten serviert. Nur das gelegentliche ferne Rumpeln eines Trucks auf dem Highway 60 durchbricht die beglückende Stille.

Bartlett Lodge LODGE $$$
(866-614-5355; www.bartlettlodge.com; Abzweig bei km 23.3 on Hwy 60; DZ pro Person ab 195 C$) Eine besonders interessante Hütte macht diesen Ort zu etwas Besonderem: „Sunrise" läuft vollständig auf Sonnenenergie. Eine Vielfalt an Studiozimmern und Hütten sowie zwei Zelte für Flashpacker stehen bereit. Bartlett Lodge ist per Boot (das zur Verfügung gestellt wird) von einem Punkt 23 km innerhalb des West Gate zu erreichen.

East Gate

★ **Arlington Hostel & Pub** HOSTEL $
(613-338-2080; www.thearlington.ca; Hwy 62, Maynooth; HI-Mitglieder B/DZ 20/52 C$, Nichtmitglieder B/DZ 25/58 C$ inkl. Steuern; Pub Do–So 15–22 Uhr) Der 100 Jahre alte klobige Monsterbau hat irgendetwas an sich, dass man sofort darin verschwinden möchte. Wenn Jack Kerouac noch lebte und nach Kanada käme, könnte man ihn auf der Veranda herumhängen sehen. Im winzigen Maynooth ist das Arlington ein toller Platz für Künstler, Autoren und einsame Wanderer, die sich eine Weile nur ihrem Gewerbe widmen wollen: Hier gibt es nichts außer einem angesagten Pub im Erdgeschoss.

Algonquin East Gate Motel MOTEL $
(613-637-2652; www.algonquineastgatemotel.com; Hwy 60, Whitney; DZ ab 60 C$) Das kuschelige kleine Hotel etwas außerhalb des East Gate besitzt blitzsaubere Zimmer im Retro-

LAND DER FERIENHÄUSER

Ein großer Teil von Ontario, von den Ufern des Eriesees bis Muskoka, den Kawarthas, Haliburton und den Thousand Islands ist „Cottage Country" – das Land der Ferienhäuschen. Hier gibt es Tausende Seen, die mit Felsinseln gesprenkelt sind und über deren bewaldeten Ufern schillernd die Sonne untergeht. Nach der Ankunft in Toronto dauert es nicht lange, bis man die langsame Gangart und Gastlichkeit der Ferienhäuser kennenlernt. Denn darum geht es im Sommer in Ontario – mit Freunden, Familie und der Natur bei einem kalten Bier, gutem Wein und leckerem Essen zusammenzusitzen.

Die Bewohner von Toronto scharen sich um die Seen, sobald es wärmer wird. In wackeligen Fischerhütten werden die Türen weit aufgerissen, sobald dies nach dem Frühlingstauwetter möglich ist. Winterfest gemachte weitläufige Villen erwachen aus ihrem Schlummer. Blumentöpfe werden neu bepflanzt, Kühltruhen aufgefüllt, und Familien beginnen ihre wöchentlichen Pilgerfahrten vor die Tore der Stadt.

Der gemeinsame Nenner des Cottage-Phänomens sind der Stolz auf den eigenen Grundbesitz und der Wunsch, sich in der freien Natur aufzuhalten. Kanus, Kajaks, Wasserski-Boote und Motorboote werden für die Saison fit gemacht. Es beginnt die Zeit der faulen Tage und wilden Nächte, bis im Winter die Seen zufrieren, die Schneemobile auftauchen und alles von vorne beginnt.

stil, einen originellen Speisesaal und freundliche, hilfsbereite Mitarbeiter. Draußen gibt es noch ein separates Häuschen.

Magnificent Hill HOSTEL $
(☎705-448-9453; www.magnificenthill.ca; 1258 Magnificent Rd, Highland Grove; B ab 25 C$) Die rustikale Lodge auf einer 40 ha großen Biofarm ist der Hit! Ein Schlafsaal über einem Holzverkauf ist mit einer Handvoll Schlafplätzen ausgestattet; ein separater „Zen-Raum" schafft Platz zum Entspannen. Die Besitzer bieten Arbeitsaufenthalte/WWOOFing (Willing Workers on Organic Farms)-Programme an, aber die Gäste können sich auch einfach an Hühnern, Babyziegen und unendlicher Ruhe erfreuen. Das Hostel liegt unweit der Südgrenze des Parks.

Couples Resort RESORT $$$
(☎866-202-1179; www.couplesresort.ca; 139 Galeairy Lake Rd, Whitney; Zi ab 236 C$) Der Name Paar-Resort sollte nicht zu dem Gedanken verleiten, hier handele es sich um irgendeine Art von Swingerclub. Es stimmt aber, dass dieses Haus ganz besonders auf Paare ausgerichtet ist. Alle Unterkünfte profitieren von der hübschen Lage am Galeairy Lake gleich jenseits der Parkgrenze. Die Zimmer auf der Eingangsebene sind komfortabel und modern, aber der wirkliche Knaller sind die separaten (und etwas grellen) „Chateaus" mit Seeblick, Whirlpools draußen und drinnen, Kamin und allen erdenklichen Annehmlichkeiten, um eine romantische Stimmung zu erzeugen. In der Nebensaison sind die Preise günstiger.

Praktische Informationen

Besucher haben ganzjährig Zugang zum Algonquin Provincial Park. Wer mit dem Auto unterwegs ist, kann das Gelände auf dem Highway 60 durchqueren; dafür wird eine Tagesgebühr von 16 C$ pro Fahrzeug fällig. Entlang des Highway 60, nahe den Parkgrenzen, hat man auf ein paar Kilometern Mobilfunkempfang. Außerdem gibt es ein paar Münztelefone.

Algonquin Visitors Centre (☎613-637-2828; www.algonquinpark.on.ca; km 43 am Hwy 60; ⊙9–21 Uhr; 📶) Das Besucherzentrum ist Weltklasse und schon deshalb eine Stippvisite wert! Schautafeln und Dioramen illustrieren Tierwelt, Geschichte und Geologie des Parks. Das Zentrum hat außerdem eine Buchhandlung, Cafeteria, WLAN und einen Ausguck mit spektakulärem Blick.

Information Centres (☎613-637-2828; www.algonquinpark.on.ca) West Gate (⊙Mai–Sept. 8–20 Uhr); East Gate (⊙8–19 Uhr) Kleine Infozentren an beiden Enden des Parks am Highway 60 bei km 0 bzw. 56.

An- & Weiterreise

Das einzige öffentliche Verkehrsmittel, das halbwegs in die Nähe des Algonquin Parks fährt, ist der Greyhound-Bus von Toronto nach Maynooth (55 C$, 5 Std.), 44 km vom East Gate entfernt.

Parkbus (www.parkbus.ca) bietet begrenzte (aber zunehmende) Expressverbindungen von Toronto und testete zur Zeit der Recherche auch einen Service von Ottawa. Die aktuellen Fahrpläne sind der Website zu entnehmen.

Haliburton Highlands

Das wilde Gebiet von Nadelwäldern wirkt wie ein südlicher Ausläufer des Algonquin Provincial Park. Die mehr als 240 km² dichten Waldes gehören zum **Haliburton Forest** (☎705-754-2198; www.haliburtonforest.com; 1095 Redkenn Rd, Haliburton). Das 30 km nördlich der Stadt Haliburton gelegene Waldgebiet befindet sich in Privatbesitz und ist über das Verwaltungsgebäude am Kenneisis Lake zugänglich. Das Angebot an Aktivitäten ist groß: Die vierstündige geführte Wanderung „Walk in the Clouds" (95 C$) erhöht den Puls und ist äußerst empfehlenswert. Man läuft über „schwebende" Planken (20 m über dem Boden) durch die Baumwipfel und kann von dort aus den Wald von oben betrachten, den Bewohnern der Wipfel nahe kommen und sich dem Himmel näher fühlen. Im Preis ist ein Besuch im Wolf Centre inbegriffen, wo man ein Wolfsrudel (natürlich aus sicherer Entfernung) betrachten kann, das ein 6 ha großes Gehege durchstreift. Im Winter sorgt eine dicke Schneedecke für eine blühende Schneemobil-Kultur und Hundeschlittenfahrten (geführte Halbtagestour inkl. Mittagessen 175 C$).

Die Kleinstadt **Bancroft** (www.bancroftontario.com) ist für ihren mineralhaltigen Boden und das **Rockhound Gemboree** (www.rockhoundgemboree.com) bekannt – das größte Edelsteinfestival Kanadas Anfang August. Während des Festivals führen Geologen Touren zu den nahen verlassenen Bergwerken durch, um nach Steinen zu suchen. Diese „Stein-Jagden" sind ziemlich erfolgreich, da 80 % aller mineralischen Gesteinsarten Kanadas in dieser Gegend in hinreichender Menge vorkommen.

Peterborough & die Kawarthas

Peterborough, im Herzen der bewaldeten Kawarthas, ist der beste Ausgangspunkt für einen Besuch in diesem heiligen Gebiet der Ureinwohner. Das sympathische **Peterborough & the Kawarthas Visitors Centre** (705-742-2201, 800-461-6424; www.thekawarthas.ca; 1400 Crawford Dr; Mai–Okt. Mo–Fr 9–17, Sa & So 10–16 Uhr) bietet sich als erste Anlaufstelle an: Die hilfsbereiten Mitarbeiter geben die richtigen Tipps für kulturelle Attraktionen oder malerische Naturreservate. Rund um die lebhafte grüne Universitätsstadt stehen Tausende hübscher privater Ferienhäuser an den unzähligen Seen des Gebiets. Einer davon ist der Stoney Lake; hier stehen die üppigsten und schönsten Privathäuser in der Region.

Wer einfach ein bisschen abhängen möchte, kann eine Nacht im hübschen **Lakefield,** 14 km nördlich der Stadt am Südende des Stoney Lake, verbringen. Die nahe gelegenen **Lake Edge Cottages** (705-652-9080; www.lakeedge.com; 45 Lake Edge Rd, Lakefield; Hütten ab 240 C$;) bieten rustikale, gut ausgestattete Sommerhäuschen am See mit Terrassen in einem Waldgelände. Es gibt einen wunderbaren Swimmingpool, und im Winter tauchen wie von Zauberhand Whirlpools auf. Noch einmal 22 km nach Nordwesten an der Landstraße 23 befindet sich die **Whetung Ojibwa Gallery** (705-657-3661; www.whetung.com; Curve Lake Indian Reserve; 9–18 Uhr) F mit einer umfangreichen Sammlung von indianischem Kunsthandwerk aus dem ganzen Land, darunter die geschätzten Werke des bekannten Künstlers Norval Morrisseau.

Zurück in Peterborough finden sich viele Optionen zum Essen und Einkaufen und ein malerisches Stadtzentrum. Stillgelegte Bahnstrecken und die eindrucksvolle hydraulische Schleuse sind Relikte einer längst vergangenen Zeit. Das **Canadian Canoe Museum** (866-342-2663; www.canoemuseum.ca; 910 Monaghan Rd, Peterborough; Erw./Kind 10,50/8,25 C$; Mo–Sa 10–17, So ab 12 Uhr) ist ein Muss. Von außen erscheint es wie ein altes Lagerhaus, die Innenräume mit ihrem gedämpften Licht enthalten eine phänomenale Sammlung von über 200 Kanus und Kajaks. Zum beruhigenden Klang eines rieselnden Wasserfalls erfährt man hier vieles über die lange und erstaunliche Geschichte der Wassernavigation in der Region. Wer sich am Ende immer noch nicht inspiriert fühlt, selbst zum Paddel zugreifen, kann sich an einem Eis in der Peterborough-Filiale der äußerst beliebten **Kawartha Dairy** (705-745-6437; www.kawarthadairy.com; 815 High St, Peterborough) gütlich tun.

Nordöstlich von Peterborough an der Warsaw Road bietet die **Warsaw Caves Conservation Area** (877-816-7604; www.warsawcaves.com; Eintritt pro Fahrzeug 10 C$; Mai–Okt.) Möglichkeiten zum Wandern, Baden, Campen und zur Höhlenerkundung in erodierten Kalksteinstollen. Noch einmal 30 km weiter nördlich liegt der **Petroglyphs Provincial Park** (705-877-2552; www.ontarioparks.com/park/petroglyphs; 2249 Northey's Bay Rd, Woodview; Eintritt 9,50 C$; Mai–Okt. 10–17 Uhr) mit prähistorischer Felszeichnungen, die zu den schönsten im Land zählen. Die bedeutende spirituelle Stätte, die 1954 wiederentdeckt wurde, birgt mehr als 900 Bildzeichen, die in den Kalkstein geritzt wurden (obwohl heute nur ein kleiner Prozentsatz erkennbar ist). Besucher werden sich freuen festzustellen, dass hier im Allgemeinen wenig Betrieb ist und die erdige spirituelle Atmosphäre genießen. Campen ist leider nicht erlaubt.

Land O' Lakes

Südlich der Haliburton Highlands und östlich der Kawarthas erstreckt sich die majestätische Region Land O'Lakes . Sie verbindet das riesige Gebiet der Seen (www.travellandolakes.com) und grünen Wälder mit den gemäßigten Wiesen am St.-Lorenz-Strom. Die Hälfte der Region wird vom Naturschutzgebiet Thousand Islands-Frontenac Arch bedeckt – seit 2002 das zwölfte von der Unesco anerkannte Biosphärenreservat in Kanada.

Das Kronjuwel der Region ist der ruhige **Bon Echo Provincial Park** (888-668-7275, 613-336-2228; www.ontarioparks.com/park/bonecho; Hwy 41; Tagesnutzung pro Auto 9,50 C$, Stellplätze ab 14 C$; Mai–Okt.), eins der größten Reservate im östlichen Ontario, 80 km genau nördlich von **Napanee**. Seine makellose Schönheit lockt Künstler und Abenteurer gleichermaßen. Das Highlight des Parks ist eine 1,5 km lange Felswand, der **Mazinaw Rock,** der aus den Tiefen des Mazinaw Lake 100 m steil in die Höhe ragt. Der Fels ist mit der größten sichtbaren Sammlung indianischer Piktogramme in Kanada geschmückt, am besten sind sie vom Kanu aus zu sehen.

BRIGHTON & PRESQU'ILE PROVINCIAL PARK

Wer bei der Ausfahrt 509 den Highway 401 verlässt, landet im ruhigen Brighton und beim seltsam L-förmigen **Presqu'ile Provincial Park** (☎613-475-4324; www.ontarioparks.com/park/presquile; 328 Presqu'ile Pkwy, Brighton; Tagesnutzung pro Auto 9,50 C$, Stellplätze ab 14 C$), der in den Lake Ontario hineinragt. Man kann sich am Strand zwischen Zugvögeln entspannen oder den **Jobes Wood Trail** testen, einen 1 km langen Rundweg, der einen Eindruck von der Vielfalt der Wälder und der Wildtiere vermittelt. Die **Friends of Presqu'ile** (www.friendsofpresquile.on.ca) versorgen Besucher mit allem, was es über die lokale Flora und Fauna zu wissen gibt. Campingreservierungen (Mai–Okt.) laufen über **Ontario Parks** (www.ontarioparks.com). Weitere Infos über die Stadt und die Region Northumberland vermittelt die Handelskammer von Brighton in ihrem **Besucherzentrum** (☎877-475-2775, 613-475-2775; www.brighton.ca; 74 Main St; ⌚Mo–Fr 9–16 Uhr).

Informationen und Campingreservierungen gibt es über **Ontario Parks** (www.ontarioparks.com).

Der **Frontenac Provincial Park** (☎613-376-3489; www.ontarioparks.com/park/frontenac; 1090 Salmon Lake Rd, Sydenham; Tagesnutzung pro Auto 9,50 C$, Stellplätze ab 14 C$) überspannt die Niederungen im südlichen Ontario und den zerklüfteten Kanadischen Schild als eine einzigartige Ansammlung von Wildpflanzen und -tieren.

Der Eingang und das Informationszentrum liegen in **Otter Lake,** in der Nähe der Route 19 nördlich von Sydenham. Von hier dringen Wanderer und Paddler auf Routen mit einer Gesamtlänge von 160 km tief in den Park vor, um Biber, Schwarzbären, Kojoten und Fischadler zu beobachten. **Frontenac Outfitters** (☎800-250-3174, 613-376-6220; www.frontenac-outfitters.com; 6674 Bedford Rd, Sydenham; Miete ab 25 C$; ⌚April–Okt. Mi–Mo 9–17 Uhr) in der Nähe des Parkeingangs verleiht Kanus. Die Website der **Friends of Frontenac** (www.frontenacpark.ca) ist besonders praktisch.

Prince Edward County

Fotografen haben ihre Freude an den weiten Flächen, den sanften Hügeln, schroffen Steilhängen und windgepeitschten Uferstreifen des Prince Edward County. Goldene Felder bringen der Region reiche Ernten ein. Besonderen Wert legt man hier auf eine Küche mit frischen, regionalen Produktion, gewürzt mit besonders erlesenen Zutaten. Es ist die Gegend der einladenden B&Bs und aufstrebenden Weingüter. An den Ufern des Lake Ontario laden die Strände des Sandbanks Provincial Park zu einem ganz altmodischen Urlaub ein mit langen heißen Tagen, Sommerstürmen, lauen Nächten am Lagerfeuer und ausgelassenen Festen. Im Winter ist es eine ganz andere Geschichte.

Weingüter haben schon Teile des Terrains erobert, nicht weniger berauschend ist die Gastroszene: Käsereien, Bäcker und Gastwirte, die nur lokale Erzeugnisse verwenden, sorgen für Opulenz. Im Prince Edward County hat der Boden die gleiche Zusammensetzung wie im französischen Burgund, eine Mischung aus Ton und weichem Kalkstein. Neuere Techniken im Umgang mit einem kälteren Winterklima haben zu einem Zustrom von Winzern und wachsender Anerkennung für die Weine der Region geführt. Auf der Website von **Ontario Culinary Tourism** (www.ontarioculinary.com) sind Tipps rund um die Themen Essen und Wein zu finden.

The **Loyalist Parkway** (Highway 33) führt über 94 km von Trenton am Lake Ontario entlang bis nach Kingston. Er folgt den Spuren der britischen Loyalisten, die sich nach der Flucht vor der Amerikanischen Revolution hier niederließen. In Glenora, unterhalb des geheimnisvollen Lake on the Mountain, ist die Straße kurz unterbrochen. Eine kostenlose Autofähre befördert die Fahrzeuge hinüber nach Adolphustown.

Das kleine, aber aktive **Picton** ist die inoffizielle Hauptstadt der Landbrücke.

Sehenswertes & Aktivitäten

Wer auf Kultur und Museen aus ist, bekommt davon in Kingston und Ottawa genug zu sehen. Prince Edward County gilt es wegen seiner Schönheit, der Architektur und der Küche auszukosten. Sehenswürdigkeiten liegen in einem weiten Gebiet verstreut. Wir schlagen vor, den Loyalist Parkway entlangzufahren und (regelmäßig) anzuhalten, wenn etwas Interessantes in Sicht kommt.

Sandbanks Provincial Park PARK
(☎613-393-3319; www.ontarioparks.com/park/sandbanks; Country Rd 12; Tagesnutzung pro Auto 9,50 C$) Der beliebte Sandbanks Provincial Park mit einigen der schönsten Badestrände in Ontario, ist in zwei Bereiche unterteilt: **Outlet,** ein unwiderstehlicher Streifen weißer Sandstrände, und **Sandbanks** mit seinen sanft gewellten Dünen, von denen einige wenigstens drei Stockwerke hoch sind. Der weniger frequentierte, unerschlossene Abschnitt am Ende des Strandes gleicht nichts sonst in Ontario.

Lake on the Mountain Provincial Park PARK
(☎613-393-3319; www.ontarioparks.com/park/lakeonthemountain; RR1, Picton) Der See auf dem Berg in der Nähe von Glenora ist wirklich geheimnisvoll: Er liegt 60 m *über* dem angrenzenden Lake Ontario und hat einen dauernden Zufluss von sauberem, frischem Wasser. Wissenschaftler haben die Quelle noch nicht endgültig ausgemacht. Die Mohawks brachten seinen Geistern Opfer dar, und die Siedler hielten ihn für bodenlos. Es gibt einen hübschen Picknickplatz mit fantastischer Aussicht auf die Bay of Quinte des Lake Ontario.

Bloomfield Bicycle RADFAHREN
(☎613-393-1060; www.bloomfieldbicycle.ca; 225 Bloomfield Main St, Bloomfield; Halbtagesmiete ab 25 C$; ⌚April–Okt. 10–18 Uhr) Im kleinen Bloomfield, gleich hinter dem Abzweig nach Sandbanks, kann man Fahrräder und die nötige Ausrüstung leihen, um die Landschaft ringsum zu erkunden. Im Juni können Besucher unterwegs auf vielen Farmen selbst saftige Erdbeeren pflücken. Auf der Website gibt es eine Fahrradkarte der Gegend als PDF zum Ausdrucken. Auch geführte Touren werden angeboten.

Geführte Touren

★ **Taste Trail** ESSENSTOUR
(www.tastetrail.ca) Der Taste Trail bietet eine tolle Möglichkeit, die Wein- und Lebensmittelerzeuger des Bezirks kennenzulernen. Von der Website kann man ein PDF mit einer Tour in Eigenregie zu Restaurants, Bauernhöfen und Weingütern herunterladen und ausdrucken. Es ist ein Gourmetabenteuer für die Geschmacksknospen.

Arts Trail KUNSTTOUR
(www.artstrail.ca) Der Arts Trail ist eine Tour auf eigene Faust, die zu 28 Ateliers und Galerien überall im Bezirk führt. Keramik, Glasarbeiten, Fotografie, Schmuck und Malerei sind nur einige der Medien, denen man dabei begegnet. Eine Karte kann man als PDF von der Website herunterladen.

Waupoos Winery WEINGUTTOUR
(☎613-476-8338; www.waupooswinery.com; Country Rd 8; Führung 5 C$, Verkostung 1 C$; ⌚Mai–Okt. 10.30–18 Uhr) Waupoos Winery mit seinem weißen Giebeldach und der Terrasse inmitten von Weinstöcken und malerischer Aussicht auf den See bietet Führungen und Verkostungen an. Wenn der Wein die Geschmacksknospen kitzelt, kann man auch gleich zum Mittagessen bleiben.

Schlafen

Prince Edward County verfügt über ein breites Angebot an hochklassigen B&Bs, Boutiquehotels und Gasthöfen, die sich auf die drei größten Orte und ihre Umgebung verteilen: Picton, Bloomfield und Wellington. Das freundliche Büro der Picton Chamber of Commerce and Tourism hält eine detaillierte Liste bereit.

Sandbanks Provincial Park CAMPINGPLATZ $
(☎888-668-7275, 519-826-5290; www.ontarioparks.com/park/sandbanks; Stellplatz ab 14 C$; ⌚April–Okt.) Sommercamping in Sandbanks ist landschaftlich reizvoll und stressfrei, aber die Plätze entlang der Sanddünen sind immer schon Monate im Voraus ausgebucht. Es gibt auch ein paar Optionen, bei denen der den Platz bekommt, der zuerst da ist, und es werden zwei Hütten vermietet. Der

TRENT-SEVERN WATERWAY

Die landschaftlich reizvolle **Wasserstraße** (www.trentsevern.com; ⌚Mai–Okt.) schneidet diagonal durch das östliche Ontario; sie folgt den Seen und Flüssen des Lake Simcoe County und der bewaldeten Kawarthas. Der malerische Wasser-Highway beginnt am Lake Huron und passiert 45 Schleusen, bevor er in der Nähe des Prince Edward County in den Lake Ontario mündet. Vor 100 Jahren wimmelte es auf der 386 km langen Kanuroute der Ureinwohner von Handelsschiffen, heute dient sie nur noch Erholungszwecken.

Mindestaufenthalt dort beträgt zwei Nächte. Die beiden Chalets verfügen über mehrere Schlafzimmer, einen funktionierenden Kamin, Satelliten-TV und eine komplett eingerichtete Küche. Buchungen sind nur über Ontario Parks möglich. Die Gebühren für die Stellplätze variieren

Red Barns HOSTEL **$**
(613-476-6808; www.theredbarns.com; 167 White Chapel Rd, Picton; B/DZ 60/90 C$;) Das Red Barns lässt sich nicht so leicht in eine Schublade stecken: Es ist Hostel, B&B und Kunstschule in einem und befindet ich auf einem 10 ha großen Grundstück. Künstler mieten hier Räume an (es gibt eine Glasbläserwerkstatt und einen Holzladen) oder nehmen an Seminaren teil. Die B&B-Zimmer sind im Bauernhaus, in einem anderen Gebäude findet man die Mehrbettzimmer mit dem Aufenthaltsraum für alle.

Lake on the Mountain Resort INN **$$**
(613-476-1321; www.lakeonthemountain.com; 268 County Rd 7; Hütte/Zi./Suite ab 90/140/250 C$; Mai–Nov.) Acht behagliche Hütten und das „House across the Road“, ein wunderschönes viktorianisches Gebäude mit geschmackvoll restaurierten Zimmern und fantastischer Aussicht, bilden diese altmodische, ländliche Ferienanlage. Es ist die Art Geheimnis, die man gern für sich behalten möchte, aber doch weitergeben muss. Die Website vermittelt einen ersten Eindruck des Gebotenen, auch davon, was im ebenso bemerkenswerten Restaurant gerade so köchelt.

Drake Devonshire Inn BOUTIQUEHOTEL **$$**
(www.drakedevonshire.ca; 24 Wharf St, Wellington; DZ ab 149 C$) Von den Leuten hinter Torontos legendärem Drake Hotel stammt das Drake Devonshire, eine ehemalige Gießerei am Seeufer, die in ein schnuckeliges Boutiquehotel mit elf Zimmern umgewandelt wurde. Das Devonshire Inn und sein Restaurant sollen 2014 eröffnet werden; vermutlich werden sie den Bezirk im Sturm erobern. Reisende können also durchaus den Trendsetter machen und dort einkehren, bevor alle anderen es tun.

Newsroom Suites HOTEL **$$**
(613-399-5182; www.newsroomsuites.ca; 269 Main St, Wellington; DZ ab 155 C$) Über den Büroräumen der *Wellington Times* liegen diese beiden geräumigen separaten Suiten, die auf hohem Standard Bequemlichkeit und Privatsphäre garantieren.

Claramount Inn & Spa INN **$$**
(613-476-2709; www.claramountinn.com; 97 Bridge St, Picton; DZ ab 175 C$) Es fällt nicht schwer, sich von dem opulenten gelben Landsitz beeindrucken zu lassen, der zum luxuriösen Spa und Fine-Dining-Restaurant mutiert ist. Die individuell gestalteten Zimmer haben durchweg großzügige Maße und weisen Merkmale wie georgianische Stilmöbel, Himmelbetten, exotische Stoffe, Kamine und Bäder mit separaten Wannen und Duschen auf.

Essen & Ausgehen

Fifth Town Artisan Cheese MOLKEREI **$**
(613-476-5755; www.fifthtown ca; 4309 County Rd 8, Picton; Eis 4 C$, Käse 7–18 C$; 10–17 Uhr) In dieser tollen, mit Solarenergie betriebenen Molkerei gibt es Ziegenkäseeiscreme mit Lavendelhonig und Brotaufstriche aus Ziegen- und Schafskäse, die im Esspavillon oder dem Kräutergarten verzehrt oder säckeweise mit nach Hause genommen und dort mit einem PEC-Chardonnay genossen werden können.

County Cider Company CAFÉ **$**
(613-476-1022; www.countycider.com; 657 Bongards Crossroad, Waupoos; Hauptgerichte 10–18 C$; Mai–Okt. 11–16 Uhr) Das Mittagessen wird auf einer Terrasse auf dem Kamm eines Weinbergs mit Blick auf den See serviert. Es gibt Pizza, Burger, Salate und Wraps, die aus lokalen Zutaten hergestellt sind, begleitet natürlich von einer Auswahl an prickelndem Apfelweinen.

The Inn INTERNATIONAL **$$**
(613-476-1321; www.lakeonthemountain.com; 268 County Rd 7; Hauptgerichte 8–29 C$; 11–21 Uhr) Im Lake on the Mountain Resort bieten dieses zauberhafte Restaurant und seine schöne, begrünte Terrasse Aussicht auf die Bay of Quinte 60 m tiefer. Das Essen wird nur aus den besten lokalen Zutaten zubereitet. Sehr empfehlenswert.

Blūmen Garden Bistro FUSION **$$$**
(613-476-6841; www.blumengardenbistro.com; 647 Hwy 49, Picton; Mittagessen 12–18 C$, Abendessen 21–32 C$; Mi–Mo 11.30–14 & 17–22 Uhr) Haute Cuisine ohne Tamtam kommt „ehrlichem Essen“ gleich, sagen die Besitzer. In einem entspannten, gemütlichen Ambiente präsentiert das Bistro, ganz wie der Name besagt, einen hübschen Garten. Trittsteine führen zu den separaten, von Kerzen er-

leuchteten Tischen inmitten duftender Blumen. Eine Reservierung ist zu empfehlen.

East and Main MODERNE KANADISCHE KÜCHE **$$$**
(☎613-399-5420; www.eastandmain.ca; 270 Main St, Wellington; Hauptgerichte 19–29 C$; ⌚Mi–So 12–14.30 & 17.30–21 Uhr) Die Mahlzeiten in diesem netten Bistro schmecken so gut wie sie aussehen: Fleisch und Gemüse frisch vom Bauern und Fische direkt aus dem See bilden die Basis für den „geheimen Schatz lukullischer Freuden", der lokale Weine wunderbar auf die Kreationen des Küchenchefs abstimmt.

Acoustic Grill BAR
(☎613-476-2887; www.theacousticgrill.com; 172 Main St, Picton; Hauptgerichte 8–14 C$; ⌚Mo–Sa ab 11.30, So ab 15 Uhr) Akustischer Folk, Roots- und Blues-Acts bekommt man in dieser Bar mit Grill zu hören. Die Stimmung ist so gut, dass man sich doch glatt auf die Oberschenkel schlagen könnte. Das Bier ist kalt, die Speisekarte für diesen Feinschmeckerbezirk erfreulich bodenständig, das Essen köstlich und frisch aus lokalen Zutaten zubereitet, und die Musik ist live. Wir schätzen besonders die Burger.

☆ Unterhaltung

Regent Theatre THEATER
(☎613-476-8416; www.theregenttheatre.org; 224 Main St, Picton) Das originelle Regent Theatre, das kontinuierlich restauriert und modernisiert wird, präsentiert vielfältige Theaterstücke, Konzerte und Lesungen. Im Rahmen eines Projekts ist das umfangreiche Repertoire um fantastisches Arthouse- und Kultkino erweitert worden.

ℹ Praktische Informationen

Chamber of Tourism & Commerce (☎800-640-4717, 613-476-2421; www.pecchamber.com; 116 Main St, Picton; ⌚Mo–Sa 9–17, So 10–16 Uhr) Hält Tourbroschüren und Radwanderkarten bereit und hilft beim Buchen von B&Bs und beim Fahrradverleih.

Kingston

115 000 EW.

Für eine kurze Zeit (drei Jahre) war Kingston die erste Hauptstadt des modernen Kanada. Dann verlor es diesen Titel, weil Königin Viktoria fürchtete, die Stadt liege zu nah an der amerikanischen Grenze und könne nicht angemessen verteidigt werden. Heute befindet sich die hübsche Stadt in einer strategisch günstigen Lage als perfekter Zwischenstopp zwischen Montréal oder Ottawa und Toronto.

Die „Stadt des Kalksteins", wie Kingston oft genannt wird, steckt voller klobiger Gebäude aus handbehauenem Stein und sittsamer viktorianischer Villen. Die Stadt hat ihren historischen Charme bewahrt, ohne durch Auswüchse moderner Architektur verschandelt zu werden. Eine Fülle interessanter Museen, historischer Stätten und das Royal Military College halten die Kultur lebendig, die hübsche Lage am See, viele alte Bäume und dynamische, farbenfrohe Gärten tragen zum optischen Erscheinungsbild bei.

Die Queen's University, gegründet 1841, im selben Jahr, in dem die Stadt zur Hauptstadt erklärt wurde, verleiht dem Ganzen eine heißblütige, jugendliche Note. In den letzten Jahrzehnten haben viele tolle Restaurants eröffnet, einige mit studentenfreundlichen Preisen, ein aufregendes Nachtleben rundet die Sache ab. Wer etwas Zeit hat und sich für Geschichte interessiert, kann beispielsweise auf dem Weg in die Hauptstadt hier gut ein oder zwei Tage oder auch mehr verbringen.

Sehenswertes & Aktivitäten

Praktischerweise liegen die meisten Sehenswürdigkeiten in der historischen Innenstadt.

Fort Henry National Historic Site HISTORISCHE STÄTTE
(☎613-542-7388; www.forthenry.com; Fort Henry Dr; Erw./Kind 15/12 C$; ⌚9.30–17 Uhr) Diese restaurierte britische Festung aus dem Jahre 1832 thront auf einem Hügel über der Stadt. Sie ist perfekt wie ein Postkartenmotiv! Bunt uniformierte Wächter hauchen der Anlage mit Exerzier- und Artillerieübungen sowie der traditionellen Militärmusik der 1860er-Jahre (Flöten und kleine Trommeln) Leben ein. Die Soldaten treten den ganzen Tag über auf; die Garnisonsparade um 15 Uhr sollte man nicht verpassen. Im Eintritt ist eine Führung über das Festungsgelände inbegriffen. Zudem finden das ganze Jahr über spezielle Events statt.

City Hall BEMERKENSWERTES GEBÄUDE
(261 Ontario St; ⌚Mo–Fr 9–16 Uhr) Das prächtige Rathaus ist eins der schönsten klassischen Gebäude im ganzen Land, ein Überbleibsel aus der Zeit, als Kingston Hauptstadt war. Freundliche Freiwillige in roten Westen führen Besucher auf Anfrage kostenlos durch

OFFBEAT KINGSTON

Kanadas Bürokraten nennen das staatliche Gefängniswesen den „Strafvollzug". Das **Penitentiary Museum** (☎613-530-3122; www.penitentiarymuseum.ca; 555 King St W; Eintritt gegen Spende; ⊙Mai–Okt. Mo–Fr 9–16, Sa & So ab 10 Uhr) bietet die beste Möglichkeit, einen Eindruck von dieser Art des Vollzugs zu bekommen, ohne gleich ein Auto zu klauen. Das Museum gegenüber der tatsächlichen Haftanstalt (die Ende 2013 nach mehr als 175 Jahren geschlossen wurde) besitzt eine faszinierende Sammlung von Waffen und Werkzeugen, die bei Fluchtversuchen von Insassen konfisziert wurde.

das Haus und zeigen farbenfrohes Buntglas, Dutzende Porträts, verstaubte Gefängniszellen und den reich verzierten Ratssaal.

Open-Air Market MARKT
(www.kingstonpublicmarket.ca; King St; ⊙April–Nov.) Am Dienstag, Donnerstag, Samstag und Sonntag wird der älteste kontinuierliche Markt in Kanada auf dem Platz hinter dem Rathaus abgehalten.

Marine Museum of the Great Lakes MUSEUM
(☎613-542-2261; www.marmuseum.ca; 55 Ontario St; Erw./Kind 8,50/5,50 C$; ⊙März–Nov. 10–16 Uhr) Kingston war früher ein bedeutendes Schiffbauzentrum. Das interessant Museum befindet sich auf dem Gelände der alten Werft und liefert detailliertes Hintergrundwissen zu den faszinierenden Booten, die hier gebaut wurden.

Pump House Steam Museum MUSEUM
(☎613-542-2261; www.steammuseum.ca; 23 Ontario St; Erw./Kind 5/2 C$; ⊙Mai–Sept. Di–So 10–16 Uhr) Das einzigartige, vollständig restaurierte, dampfbetriebene Pumpenhaus hatte seinen ersten Einsatz 1849. Heutzutage sind hier alle möglichen Dinge untergebracht, die ebenfalls dampfbetrieben sind, darunter zwei Modelleisenbahnen und das frisch restaurierte Dampfschiff *Phoebe*.

Bellevue House MUSEUM
(☎613-545-8666; 35; 35 Centre St; Erw./Kind 4/2 C$; ⊙April–Okt. Do–Mo 10–17 Uhr) Diese historische Stätte war einst der Wohnsitz von Sir John A. Macdonald, dem ersten kanadischen Premierminister. Er war als Alkoholiker bekannt, und es scheint, als ob auch der Architekt von Bellevue House betrunken gewesen wäre: Die italienisch anmutende Villa ist vollständig asymmetrisch, es wurden jede Menge grelle Farben verwendet und die Balkons erstrecken sich in verschiedene Richtungen. Abgesehen davon findet man überall Antiquitäten und es gibt einen sonnigen Garten.

Military Communications & Electronics Museum MUSEUM
(☎613-541-5395; www.c-and-e-museum.org; Hwy 2 E; Eintritt gegen Spende; ⊙Mai–Sept. Mo–Fr 8–16, Sa & So 11–17 Uhr) Hinter dem langweiligen Namen versteckt sich ein umfassendes und toll aufgemachtes Museum mit chronologisch geordneten Darstellungen zur Kommunikationstechnologie und diversen Militärapparaturen. Es befindet sich auf dem Gelände der Militärbasis.

Kingston Archaeological Centre MUSEUM
(☎613-542-3483; www.carf.info/archaeological centre; 611 Princess St; ⊙Mo–Fr 9.30–16 Uhr) GRATIS Wer dem Highway 401 gefolgt ist, wird wahrscheinlich die Felsen aus Sedimentgestein erspäht haben – der einzig interessante Anblick entlang der öden Straße. Im archäologischen Zentrum kann man mehr über diese schroffen Gebilde erfahren. Weiterhin wird dort die Zeit seit Ankunft des Menschen in der Region vor 8000 Jahren beleuchtet.

Wolfe Island Car Ferry FÄHRE
(☎613-548-7227; www.wolfeisland.com) GRATIS Die größte Insel in der Kette der Thousand Islands ist Wolfe Island, das Kingston an Größe übertrifft. Mit der kostenlosen Wolf-Island-Autofähre überzusetzen, ist schon der halbe Spaß: Die 25-minütige Fahrt eröffnet den Blick auf die Stadt, die Festung und die Inseln. Die Insel selbst ist fahrradfreundlich, vier Routen sind farblich markiert. Eine Karte kann man von www.wolfeisland.com downloaden. Das Besucherzentrum von Kingston Tourism gibt Tipps, wie sich das Terrain am besten erkunden lässt.

Geführte Touren

Kingston Trolley Tours GEFÜHRTE TOUR
(☎613-549-5544; www.1000islandscruises.ca; Erw./Kind 18,50/9,25 C$; ⊙April–Okt.) Ein schienenloser Minizug fährt regelmäßig von der Touristeninformation zu einer einstün-

digen Fahrt ab. Dazu gibt's spaßige Informationen zur Lokalgeschichte. Von Mai bis September ist außerdem eine Busrundfahrt mit sechs Stationen unterwegs, bei der man beliebig ein- und aussteigen kann (Erw./Kind 22,50/11,25 C$).

Haunted Walk SPAZIERGANG
(☎613-549-6366; www.hauntedwalk.com; Erw./Kind 14/8 C$) Bei diesen Stadtspaziergängen geht es um die Geschichte der Hinrichtung durch den Strang und um Grabräuber. Startpunkt ist das Prince George Hotel, 200, Ontario Street. Inhalte und Zeiten der Touren variieren. Details sind auf der Website zu erfahren.

Kingston 1000 Island Cruises BOOTSTOUR
(☎613-549-5544; www.1000islandcruises.on.ca; 1 Brock St; Kreuzfahrten ab 25 C$; ⌚Mai–Okt.) Verschiedene landschaftlich reizvolle Bootsfahrten starten vom Kai der *Island Queen* an der Ontario Street am Ende der Brock Street. Auch Touren mit Mittag- bzw. Abendessen werden angeboten. Die aktuellen Preise und Ablegezeiten kann man der Website entnehmen.

Feste & Events

Unter www.kingstoncanada.com findet sich eine vollständige Liste der Ereignisse im Verlauf des Jahres.

Kingston Buskers Rendezvous MUSIK
(www.kingstonbuskers.com) Vier Tage voller „Albernheiten" im Juli.

Limestone City Blues Festival MUSIK
(www.kingstonblues.com) Bekannte Musiker versammeln sich im August zu einer viertägigen Jamsession.

Schlafen

Die Unterkünfte in Kingston sind klasse, man wird jedoch eher teurere als günstige Bleiben finden. Motels säumen die Princess Street und den Highway 2. Die fitten Mitarbeiter der Touristeninformation im Confederation Park können zusätzliche Optionen auftun, z. B. auf Wolfe Island. B&B-Fans auf der Suche nach besonders noblen Schlafgelegenheiten sollten einen Blick auf www.historicinnskingston.com werfen.

Queen's Inn BOUTIQUEHOTEL $$
(☎613-546-0429, 866-689-9177; www.queensinn.ca; 125 Brock St; Zi. 99–159 C$;) Das 1839 erbaute Queen's Inn ist eins der ältesten Hotels des Landes. Außen schmückt sich das Haus mit einer prächtigen Kalksteinfassade, einige Zimmer haben Steinwände, Dachgauben und einen hübschen Blick ins Grüne. Pluspunkte sind das Pub im Erdgeschoss und die Innenstadtlage.

Fireside Inn MOTEL $$
(☎613-549-2211; www.bestwesternkingston.ca; 1217 Princess St; DZ ab 139 C$;) Das Beste an diesem Motel in der Vorstadt sind die knalligen, aber lustigen Fantasiesuiten, die an ein japanisches Liebeshotel in amerikanischem Maßstab erinnern. Die Standardzimmer sind kürzlich modernisiert worden und haben Pillowtop-Matratzen. Im Freien gibt es einen beheizten Pool.

Rosemount Inn B&B $$
(☎888-871-8844, 613-531-8844; www.rosemountinn.com; 46 Sydenham St; Zi. 139–299 C$;) In diesem massiven Steingebäude von 1850 mit den Torbögen auf aufwendig gearbeiteten Bodenbelägen übernachtet es sich herrlich dekadent. Früher lebte hier ein Kurzwarenhändler. In dem kleinen Wellnesszentrum kann man Weinbäder nehmen oder sich Gesichtsmasken aus Schokolade auflegen lassen. Feinste Schokolade gibt's übrigens auch zum Frühstück (wird von zwei Köchen vorbereitet).

Holiday Inn Kingston Waterfront HOTEL $$
(☎613-549-8400; www.hikingstonwaterfront.com; 2 Princess St; DZ ab 169 C$;) Die Lage des Hotels am Seeufer ist unschlagbar. Die geräumigen Zimmer haben Balkons, einige auch eine Mikrowelle. Es gibt einen überdachten Pool und einen im Freien.

Residence Inn by Marriott Kingston Water's Edge HOTEL $$
(☎613-544-4888; www.marriottresidenceinnkingston.com; 7 Earl St; DZ ab 179 C$;) Die größten Zimmer in Kingston sind in diesem klotzigen neuen Hotel in Top-Lage am Wasser unweit der Universität zu finden. In die Innenstadt sind es zu Fuß nur wenige Minuten.

Secret Garden B&B $$
(☎877-723-1888, 613-531-9884; www.thesecretgardeninn.com; 73 Sydenham St; Zi. inkl. Frühstück 145–189 C$;) Bevor man sich in einem der prächtigen Salons mit den imposanten Kronleuchtern oder auf seinem Himmelbett oben niederlässt, sollte man auf jeden Fall noch Mork und Mindy, die winzigen Hunde, begrüßen.

Kingston

Essen

Dank an die Queen's University, die dafür sorgt, dass es hier jede Menge leckeres Essen zu studentenfreundlichen Preisen gibt!

★ Pan Chancho BÄCKEREI **$**

(☎ 613-544-7790; www.panchancho.com; 44 Princess St; Waren 6–16 C$; ⏱ 7–18 Uhr) Die phänomenale Bäckerei mit Café kombiniert ungewöhnliche Zutaten zu leichten, würzigen Mittagessen, die dem Gaumen schmeicheln. Zum Frühstück kann man sich an fantastischen Ahorn-Würstchen, Gewürzchutney und perfekten Eiern delektieren. Superlecker ist der Frischkäse mit Fenchel, den man auf alles streichen kann, was in dem Korb mit frisch gebackenem Brot auf jedem Tisch zu finden ist.

Mlt Dwn FASTFOOD **$**

(☎ 613-766-1881; www.mltdwn.com; 292 Princess St; Sandwiches ab 4,50 C$; ⏱ Mo–Do 10–22, Fr & Sa bis 3, So 11–21 Uhr) Wir wagen die Vorhersage, dass dieser original Kingstoner Fastfood-Laden weltweit agieren wird. Das ganz bescheidene Grillkäse-Sandwich wird so ziemlich auf jede denkbare Art variiert. Die kalorienhaltigen Leckereien sind einfach

Kingston

unwiderstehlich ... besonders, wenn man spätabends vom Pub heimwärts stolpert.

Wok Inn ASIATISCH $
(☎613-549-5369; 30 Montréal St; Gerichte ab 6,95 C$; ⌚Di–Sa 11.30–14.30 & 16.30–21 Uhr) Leckere kambodschanische, vietnamesische und Thai-Gerichte warten in diesem unscheinbaren Lokal in der Innenstadt. Hungrige Studenten holen sich hier gerne was zum Mitnehmen.

Sleepless Goat VEGETARISCH $
(☎613-545-9646; www.thegoat.ca; 91 Princess St; Mahlzeiten 7–11 C$; ⌚Mo–Fr 7–21, Sa & So 8–22 Uhr;) Der Name könnte aus einem Liedtext von Alanis Morissette stammen. Kein Wunder eigentlich, dass der äußerst unauffällige Laden Künstler und zurückhaltende Intellektuelle in Scharen anzieht. Das Restaurant, eine selbst ernannte Kooperative, wird von einem Clan findiger Köche geleitet, die die leckersten vegetarischen Gerichte der Stadt zubereiten.

Coffee & Company CAFÉ $
(☎613-547-9211; 53 Princess St; ⌚So–Mi 7–18, Do–Sa bis 21 Uhr;) Hier gibt's die tägliche Dosis Kaffee – Bio-Fairtrade, von einem Barista gebraut – zusammen mit der täglichen Dosis kostenloses WLAN. Wie wär's mit einer Godiva-Schokolade dazu?

Curry Original INDISCH $$
(☎613-531-9376; www.curryoriginal.ca; 253A Ontario St; Hauptgerichte 11–19 C$; ⌚Di–Sa 11.30–14 & Di–So 17–21 Uhr) Kingstons beste indische Küche ist in diesem schicken Laden mit einer tollen Terrasse am Wasser zu finden. Alle Lieblingsgerichte stehen auf der Speisekarte.

Chez Piggy FUSION $$$
(☎613-549-7673; www.chezpiggy.com; 68-R Princess St; Hauptgerichte 16–35 C$; ⌚11–24 Uhr) Das bekannteste Restaurant der Stadt versteckt sich in einem steinernen Innenhof voller Blumen. Sein guter Ruf basiert auf der innovativen Speisekarte, dem ansprechenden Ambiente und dem denkwürdigen Wochenend-Brunch. Zu den Hauptgerichten zählen z. B. marinierte Straußenlende und scharf angebratene Meeresmuscheln. An Wochenenden unbedingt vorab reservieren.

Le Chien Noir FRANZÖSISCH $$$
(☎613-549-5635; www.lechiennoir.com; 69 Brock St; Hauptgerichte 17–36 C$; ⌚11.30–21 Uhr) Der Laden ist etwas teurer, aber die Einheimischen lieben diesen kleinen Vorgeschmack auf Paris mit einer Prise Québec in der Innenstadt von Kingston: Die Gourmet-*poutine* ist einen Versuch wert. Als Hauptgerichte gibt es u. a. Hummer, Ente und das obligatorische Steak frites.

Ausgehen & Unterhaltung

Kingston Brewing Company PUB
(☎613-542-4978; www.kingstonbrewing.ca; 34 Clarence St; Hauptgerichte 8–18 C$; ⌚11–2 Uhr) Zwischen blinkenden Weihnachtslichtern und kitschigem Krimskrams zum Thema Bier kann man hier leckere „Kneipendelikatessen" futtern. Oder eine Mahlzeit draus machen und sich an einen Tisch draußen

THOUSAND ISLANDS

Die Thousand Islands bestehen tatsächlich aus mehr als 1800 schroffen Inseln im St.-Lorenz-Strom zwischen Kingston und Brockville. Dieser üppig grüne Archipel besticht durch Blütenregen (von Waldlilien), Gezeitentümpel und prachtvolle Sommervillen aus dem 19. Jh., deren mächtige Dachaufbauten nicht selten aus den ebenfalls nicht seltenen Nebelbänken herausragen.

Der schmale **Thousand Islands Parkway**, auf dem langsam gefahren wird, knickt zwischen Gananoque und Elizabethtown vom Highway 401 nach Süden ab und folgt dem Flussufer 35 km, bevor er wieder auf den Highway trifft. Diese Route ist malerisch: Sie führt durch die wunderbar ländliche Gegend am Wasser und bietet traumhafte Ausblicke. Unterwegs kommt man an vielen Orten vorbei, die sich für ein Picknick eignen. Der **Bikeway**-Fahrradweg verläuft entlang des gesamten Parkway.

Der **Thousand Islands National Park** (☎613-923-5261; www.pc.gc.ca/pn-np/on/lawren/index.aspx; 2 County Rd 5, Mallorytown) in Mallorytown umfasst einen herrlich grünen Archipel, bestehend aus mehr als 20 Inseln zwischen Kingston und Brockville. Es gibt einen Wanderweg und ein Besucherzentrum, in dem sich die Besucher über das üppige Umland informieren können. Auf mehr als einem Dutzend winzigen Inselchen darf wild gezeltet werden (Mitte Mai–Anfang Sept.); sie sind nur mit dem (selbst organisierten) Boot zu erreichen.

auf der Terrasse setzen. Nicht verpassen darf man die Biere Dragon's Breath und White Tail Cream Ale, die so beliebt sind, dass sie mittlerweile außer Haus gebraut und in Flaschen abgefüllt werden.

Red House PUB
(☎613-767-2558; www.redhousekingston.com; 369 King St E; ⏲11.30–2 Uhr) Das neue ranchmäßig rustikale Pub verfügt über eine Killer-Auswahl an Bieren vom Fass und eine fantastische Speisekarte, die von Wohlfühlessen bis zu echten Gourmetangeboten (in lässiger Pub-Atmosphäre) reicht. Wir lieben die Röstkartoffeln mit Kräutern in Entenfett gebraten als Beilage.

Tir nan Og PUB
(☎416-544-7474; 200 Ontario St; ⏲ab 11 Uhr) Eins der ältesten und bezauberndsten Gebäude am Wasser beherbergt eine irische Oase, in der die Gäste mit Livemusik, überfließenden Gläsern und einem umfangreichen Speisenangebot verwöhnt werden.

Stages CLUB
(☎613-547-5553; www.stages.ca; 390 Princess St; ⏲Fr & Sa 22–3 Uhr) Hier geraten die jungen Leute aus Kingston in Schwingung und tanzen bis zum Umfallen.

Grad Club LIVEMUSIK
(☎613-546-3427; http://queensgradclub.wordpress.com; 162 Barrie St; ⏲Mo–Fr ab 10.30 Uhr) Diese Hauptstütze des Queen's Campus, untergebracht in einer eindrucksvollen viktorianischen Villa, ist einer der heißesten Läden für Livemusik. Am Wochenende laufen Sonderveranstaltungen.

Grand Theatre THEATER
(☎613-530-2050; www.kingstongrand.ca; 218 Princess St) Früher war es ein Opernhaus, dann ein Kino, und heute ist es der führende Veranstaltungssaal der Stadt für Theater, das städtische Symphonieorchester, Konzerte und Comedy. Das Grand ist seit 1967 umfangreichen Renovierungsarbeiten unterzogen worden und wurde 2008 gründlich instandgesetzt.

ℹ Praktische Informationen

Hotel Dieu Hospital (☎613-544-3310; www.hoteldieu.com; 166 Brock St; ⏲Notaufnahme 8–22 Uhr) Ja, das ist ein Krankenhaus: zentral gelegen.

Kingston Tourism (☎888-855-4555, 613-548-4415; www.kingstoncanada.com; 209 Ontario St; ⏲9–17 Uhr) Das nützliche Informationszentrum hat intelligente, freundliche Mitarbeiter, die in der Stadtgeschichte sehr versiert sind. Es liegt gegenüber dem Rathaus.

Post (☎800-267-1177; www.canadapost.ca; 120 Clarence St; ⏲Mo–Fr 8–17.30 Uhr)

ℹ An- & Weiterreise

Das **Kingston Coach Terminal** (☎613-547-4916; 1175 John Counter Blvd) liegt 1 km südlich des Highway 401, etwas westlich der Division Street. Megabus unterhält regelmäßige Verbindungen nach Toronto (20 C$, 3 Std., 14-mal tgl.) und Montréal (31 C$, 3 Std., 14-mal tgl.).

Vom Highway 401 führen die Ausfahrten 611, 613, 615, 617, 619 und 623 in die Innenstadt. Ein Auto kann man z. B. bei **Enterprise** (☎ 613-389-8969; 2244 Princess St) mieten. Die Firma bietet einen kostenlosen Abhol- und Bringservice.

Der **Bahnhof Kingston** (☎ 888-842-7245; www. viarail.ca; 1800 John Counter Blvd) liegt etwa 400 m östlich der Kreuzung von Princess Street und John Counter Boulevard. Züge fahren nach Montréal (70 C$, 2½ Std., 9-mal tgl.), Ottawa (57 C$, 2 Std., 6-mal tgl.) und Toronto (73 C$, 2½ Std., 11-mal tgl.).

Unterwegs vor Ort

Infos zum Bustransport erhält man bei **Kingston Transit** (☎ 613-546-0000). Auf der Straßenseite gegenüber vom Busterminal ist eine Haltestelle; dort fahren jeweils um Viertel vor und Viertel nach Busse ins Zentrum ab. Wer am Bahnhof ankommt, kann an der Ecke Princess St und John Counter Blvd, nur wenige Schritte vom Busbahnhof entfernt, in die Buslinie 1 steigen. Sonntags fahren die Nahverkehrsbusse seltener.

Fahrradfahrer werden erleichtert feststellen, dass die Gegend um Kingston relativ eben ist, und auf den Highways 2 und 5 gibt es asphaltierte Seitenstreifen. Fahrräder können bei **Ahoy Rentals** (☎ 613-539-3202; www.ahoyrentals.com; 23 Ontario St; 25 C$/Tag) gemietet werden.

Gananoque

Das kleine Gananoque (gän-än- oh*k* -we) ist der perfekte Ort, um die müden Augen auszuruhen, nachdem man einen ganzen Tag lang die plüschigen grünen Inseln im diesigen St.-Lorenz-Strom angestarrt hat. Der anmutige viktorianische Ort tief im Herzen der Thousand-Islands-Region wimmelt im Sommer und Frühherbst nur so von Touristen, die eine Bootstour erleben möchten. Im Frühling und Spätherbst ist es hier mäuschenstill.

Sehenswertes & Aktivitäten

★ Boldt Castle SCHLOSS

(☎ 315-482-9724; www.boldtcastle.com; 1 Tennis Island Rd, Alexandria Bay, NY, USA; Erw./Kind 10/6 C$; ⊙ 10–17 Uhr) Technisch gesehen liegt das Schloss in den USA, allerdings nur 36 km von Gananoque entfernt. Aber man braucht einen Pass, um das mächtige Inselschloss mitten im St.-Lorenz-Strom zu besuchen, das um die Wende des 19. zum 20. Jhs. entstand. Gebaut wurde es von George C Boldt, dem ursprünglichen Besitzer des berühmten New Yorker Waldorf Astoria Hotels. Es heißt, wenn man Boldt Castle nicht gesehen hat, hat man Boldt Castle nicht gesehen. Das Schloss ist von einem Abzweig vom Thousand Islands Parkway über eine Brücke zu erreichen. Außerdem machen hier viele der Thousand-Island-Bootstouren Station.

Skydeck AUSSICHTSPUNKT

(☎ 613-659-2335; www.1000islandsskydeck.com; Hill Island; Erw./Kind 10/6 C$; ⊙ April–Okt. 9 Uhr bis Abenddämmerung) In Ivylea, 22 km von Gananoque, verbindet eine Reihe hochgewölbter Brücken Ontario über mehrere Inseln mit dem US-Bundesstaat New York. Auf halbem Weg hinüber befindet sich das Skydeck, ein 125 m hoher Beobachtungsturm. Von seinen drei Balkons hat man einen fantastischen Blick auf den Archipel.

Gananoque Boat Line BOOTSFAHRT

(☎ 888-717-4837; www.ganboatline.com; 6 Water St; Preise für Touren variieren; ⊙ Mai–Okt.) Verschiedene Ausflüge, u. a. eine Tour mit Halt am Boldt Castle, machen den Anbieter zu einem beliebten Veranstalter für Bootstouren zwischen den Thousand Islands. Das Schloss befindet sich auf US-amerikanischem Boden, man muss also seinen Reisepass mitnehmen. Verschiedene Ausflüge werden angeboten; weitere Einzelheiten stehen auf der Website.

1000 Islands Kayaking KAJAKFAHREN

(☎ 613-329-6265; www.1000islandskayaking.com; 110 Kate St; Verleih ab 35 C$, Touren ab 85 C$) Wer sich energiegeladen genug fühlt, kann die Inseln paddelnd erkunden. Hier hat man die Wahl zwischen einer Vielzahl von Angeboten, darunter Kurse, ausgezeichnete Halbtagestouren und Trips mit Übernachtung.

Schlafen & Essen

Gananoque wartet mit einer Vielzahl bemerkenswerter Unterkünfte auf, darunter etliche Gasthäuser der gehobenen Kategorie und solche, die einen architektonischen Blickfang darstellen. Ansonsten ist praktisch jede Motelkette an der King Street unweit des Highway 401 vertreten.

Misty Isles Lodge LODGE $

(☎ 613-382-4232; www.mistyisles.ca; 25 River Rd, Lansdowne; Zi. ab 85 C$) Etwa 4 km östlich von Gananoque am Thousand Islands

Parkway liegt dieses Strandgrundstück mit entspannter Atmosphäre und komfortablen Unterkünften mit Korbmöbeln. Für diverse Abenteuer kann man hier außerdem die nötige Ausrüstung leihen, beispielsweise Kajaks (ab 25 C$ pro Std.). Außerdem im Angebot: geführte Touren (ab 39 C$) und Camping auf einigen Flussinseln.

★ Victoria Rose Inn INN **$$**
(☎888-246-2893, 613-382-3368; www.victoriaroseinn.com; 279 King St W; DZ inkl. Frühstück ab 165 C$;) Der ehemalige Amtssitz des Bürgermeisters ist ein Zeugnis viktorianischer Pracht. Seit der Renovierung erstrahlt das Gebäude wieder in altem Glanz. Von der verglasten Veranda öffnet sich der Blick auf die gepflegten Gartenterrassen. Die Gästezimmer sind geräumig, komfortabel und elegant in einem neutralen, klassischen Stil eingerichtet. Persönliche Noten wie Champagner und Blumen kann man im Voraus bestellen. Entzückend.

Gananoque Inn INN **$$**
(☎888-565-3101; www.gananoqueinn.com; 550 Stone St S; Zi. 179–395 C$) Die grünen Fensterläden sind das Markenzeichen des prächtigen Gästehauses an der Mündung des Gananoque River in den St-Lorenz-Strom: Das ehemalige Waggonbauwerk dient schon seit 1896 als Hotel und hat viel von seinem Zauber bewahrt. Zimmer mit Preisnachlass und verschiedene Behandlungspakete im Wellnesszentrum werden regelmäßig online angeboten.

FRONTENAC ARCH BIOSPHERE RESERVE

Frontenac Arch ist eines von gerade mal 15 Unesco-Naturerbegebieten in Kanada. Das Reservat umfasst ein kleines Stück des Kanadischen Schilds, der sich durch Ontario zieht. Einst befand sich hier eine hohe Gebirgskette; davon sind heute nur noch sanft geschwungene Hügel und schroffe Felsklippen übrig. Der Anblick ist dennoch erhebend, vor allem, wenn man lange durch das Flachland gefahren ist! Archäologische Funde in der Umgebung (Messer aus der Region Yellowknife und Muscheln aus der Karibik) deuten darauf hin, dass hier einst prähistorische Menschen unterwegs waren.

In dem 2700 km² großen Naturschutzgebiet werden jede Menge Freizeitaktivitäten angeboten, z. B. Radfahren, Wandern, Kanufahren und Tauchen. Es ist über den Highway 401 zwischen Gananoque und Brockville leicht zu erreichen. Auf der hervorragenden Webseite www.frontenacarchbiosphere.ca erfährt man alles über die Eingänge zum Park.

Houseboat Holidays HAUSBOOT **$$$**
(☎613-382-2842; www.houseboatholidays.ca; RR3, Gananoque; Wochenend-/Wochenmitte-/Wochenmiete ab 525/725/950 C$) Es gibt nur eins, das besser ist, als am Fluss zu übernachten, nämlich *auf* dem Fluss zu übernachten! Der erfahrene Ausrüster nur 3 km östlich von Gananoque versorgt Besucher mit einem eigenen schwimmenden Hotel und gibt Neulingen eine kurze Einführung in der Kunst der Nautik.

Maple Leaf Restaurant EUROPÄISCH **$$**
(Czech Schnitzel House; ☎613-382-7666; www.mapleleafrestaurant.ca; 65 King St E; Hauptgerichte 9–20 C$; ⏲Di–Sa 11–21.30, So ab 10 Uhr) Das Maple Leaf ist so kanadisch wie ein Familiendiner alter Schule nur sein kann. Doch die Karte straft den Namen Lügen, denn der Imbiss bietet lauter europäische Leckerbissen an: goldbraun gebratene, panierte Schnitzel, Gulasch, Borschtsch und Bier. Im Sommer gibt es draußen eine kleine Terrasse.

Stonewater Pub & Irish Eatery PUB **$$**
(☎613-382-2116; www.stonewaterbb.com; 490 Stone St; Hauptgerichte 12–16 C$; ⏲Mai–Okt. ab 8 Uhr) Das heimelige kleine Pub am Wasser bringt leckere, herzhafte Speisen auf den Tisch: Der irische Hackbraten und der „betrunkene Schafhirte" sind für selbstbewusste Fleischesser ein Muss. Außerdem gibt es eine Auswahl kreativer Salate und vegetarische Gerichte. Die Stimmung entspricht der in *Moby Dick*: angenehm in den kälteren Monaten.

Ivy Restaurant MODERNE KANADISCHE KÜCHE **$$$**
(☎613-659-2486; www.ivylea.ca; 61 Shipman's Lane, Lansdowne; Hauptgerichte 14–34 C$; ⏲Mi–Sa 12–15 & 17–21, So 10.30–14 Uhr) Das schön modernisierte Restaurant im Besitz des opulenten Ivy Lea Marina and Club steht allen offen. Es liegt zauberhaft am Wasser etwa 15 Minuten Fahrt von Gananoque entfernt. Zwanglose Mittagessen auf der Terrasse und der Sonntagsbrunch sind die erschwinglicheren Möglichkeiten, die fantastische Umgebung zu genießen, abends kann man

auch sehr viel nobler essen. Oder man schaut einfach auf eine angenehme Erfrischung vorbei: Vor dem Eingang steht eine unglaublich tolle Eisbude.

Unterhaltung

Thousand Islands Playhouse THEATER
(☎866-382-7020, 613-382-7020; www.1000islandsplayhouse.com; 185 South St) Das hübsche Theater am Wasser bringt seit 1983 ein qualitätvolles Programm hauptsächlich leichter Sommertheaterstücke und diverser Musicals heraus.

OLG Casino CASINO
(☎613-382-6800; www.olg.ca; 380 Hwy 2; ⌚Mo–Mi 9–4 Uhr, Do–So 24 Std.) Das kleine, aber fast durchgängig geöffnete Kasino – in dem viele ältere Bürger verkehren – könnte als traurige Anklage gegen die moderne Gesellschaft gelten, aber die Mitarbeiter sind freundlich, und für die meisten Gäste ist es einfach ein guter, sauberer Spaß.

Praktische Informationen

Visitor Services Centre (☎800-561-1595, 613-382-3250; www.1000islandsgananoque.com; 10 King St E; ⌚Mo–Fr 10–19, Sa bis 20, So bis 17 Uhr) Die netten Mitarbeiter des makellosen Besucherzentrums sind eine gute Informationsquelle für Thousand Islands und darüber hinaus.

An- & Weiterreise

Nach Gananoque fahren keine öffentlichen Verkehrsmittel. Vom Highway 401 ist es ein kurzer Schlenker etwa 35 km östlich von Kingston.

Brockville & Prescott

Das hübsche Brockville liegt am östlichen Ende der Thousand-Islands-Region. In der „Stadt der Tausend Inseln", so der Spitzname, erstrecken sich diverse extravagante Anwesen. Die Reihen gotischer Türme, die in den Himmel ragen, lassen die Vorstellung gar nicht so abwegig erscheinen, dass in den Straßen früher das Hufgetrappel von Kutschpferden von den Hauswänden widerhallte. In Brockville endet übrigens der Rideau Canal, der zum Weltkulturerbe der Unesco gehört.

Das benachbarte Prescott 20 km weiter die Straße hinauf könnte Brockvilles jüngerer Bruder sein: Es ist kleiner, rauer und hat sich noch nicht zu einer richtigen Stadt gemausert. Der Ort aus dem 19. Jh. ist Standort der International Bridge nach Ogdensburg im US-Bundesstaat New York.

Sehenswertes

Brockville Museum MUSEUM
(☎613-342-4397; www.brockvillemuseum.com; 5 Henry St, Brockville; Erw./Kind 4,50/2,50 C$; ⌚Mo–Fr 10–17, Sa & So 13–17 Uhr) Hier dreht sich alles um die örtliche Geschichte. Es gibt Darstellungen zur Eisenbahnstrecke, zur hiesigen Hutmacherindustrie und anderen Besonderheiten der Gemeinde. Zum Museum gehört auch das historische Isaac-Beecher-Haus, ein Beispiel für ein typisches Wohnhaus in Neuengland in der Zeit vor der amerikanischen Unabhängigkeit.

Fulford Place MUSEUM
(☎613-498-3003; www.heritagetrust.on.ca/Fulford-Place; 287 King St E, Brockville; Erw./Kind 5 C$/ ⌚Di–So 11–16 Uhr) GRATIS Die fantastische edwardianische Villa mit 35 Zimmern aus der Zeit um 1900 war früher der Wohnsitz von George Taylor Fulford, dem Hersteller der „rosa Pille für blasse Leute", einem Medikament, das gegen diverse Leiden, u. a. nervöse Kopfschmerzen und Rheuma, helfen sollte. Wie wärs mit einer Tasse Tee auf der Veranda? Eine Führung ist im Eintritt enthalten.

Brockville Arts Centre KULTURGEBÄUDE
(☎877-342-7122, 613-342-7122; www.brockvilleartscentre.com; 235 King St W, Brockville; ⌚Tageskasse Mo–Fr 10–17, Sa bis 15 Uhr) Das ehemalige Rathaus von Brockville, errichtet 1858, und heutige Kulturzentrum hat schon einen Brand und mehrere Umbauten überstanden. Heute fungiert es als Theater und Kunstgalerie, in der einheimische Künstler Seite an Seite mit ziemlich großen Namen zu sehen sind.

Fort Wellington National Historic Site HISTORISCHES GEBÄUDE
(☎613-925-2896; 370 Vankoughnet St, Prescott; Erw./Kind 4/2 C$; ⌚Mai–Sept. 10–17 Uhr) Die ursprüngliche Festung wurde im Krieg von 1812 erbaut und diente 1838 erneut als strategisch wichtiger Stützpunkt, als eine US-amerikanische Invasion unmittelbar bevorzustehen schien. Ein paar der ursprünglichen Befestigungsanlagen, ein Blockhaus und die Offiziersunterkünfte sind erhalten. Derzeit sind Renovierungsarbeiten und Verbesserungen im Gange.

Geführte Touren

1000 Islands Cruises BOOTSTOUR

(☎800-353-3157, 613-345-7333; www.1000islandscruises.com; 30 Block House Island Pkwy, Brockville; ⌚Mai–Okt.) Der Anbieter hat Sightseeing-Touren zu den Thousand Islands mit zwei Booten im Programm: einem traditionellen Ausflugsdampfer und dem High-Speed-Boot *Wildcat*. Über Einzelheiten, Fahrpläne und Preise informiert die Website.

Schlafen

Das nahe gelegene Prescott verfügt über ein paar sehr originelle Unterkünfte am St. Lorenz, aber Brockville hat ebenfalls einiges zu bieten.

Dewar's Inn INN $

(☎877-433-9277, 613-925-3228; www.dewarsinn.com; 1649 County Rd 2, Prescott; Zi. 68–91 C$, Hütten 87–107 C$;) Dieses bunte Durcheinander von altmodischen Strandhütten und Wohneinheiten wurde aus den Ziegeln einer alten Destillerie erbaut. Die Unterkünfte sind geschmackvoll eingerichtet und werden blitzsauber gehalten. In den Gewässern rundum haben Taucher schon versunkene Flaschen mit altem Gebräu entdeckt. Keine Haustiere und keine Kinder.

Green Door B&B $$

(☎613-341-9325; www.greendoorbb.com; 61 Buell St, Brockville; DZ ab 115 C$;) Die alte Ziegelsteinkirche hat eine neue Bestimmung als B&B gefunden. Sonnenstrahlen tanzen tagsüber durch die großzügigen Gemeinschaftsräume. Den Abend können die Gäste am Klavier in gemütlicher Runde verbringen oder zusammengekuschelt in einem antiken Bett.

Ship's Anchor Inn B&B $$

(☎613-925-3573; www.shipsanchorinn.com; 495 King St W, Prescott; DZ ab 109 C$;) Früher hauste hier am Strand ein mürrischer Kapitän, heute ist das 175 Jahre alte Herrenhaus aus handbehauenem Stein bis unter die Dachbalken vollgestopft mit seemännischen Erinnerungsstücken aus längst vergangener Zeit: ganze Schwärme ausgestopfter Fische, jede Menge Anker und Modelle von Holzfregatten sind zu sehen. Das herzhafte Frühstück, gerade richtig für einen Seemann, hält bis zum Abendessen vor.

Essen

Buell Street Bistro INTERNATIONAL $$

(☎613-345-2623; www.buellstreetbistro.com; 27 Buell St, Brockville; Hauptgerichte 12–31 C$; ⌚Mo–Fr 11–22, Sa & So 17–22 Uhr) Das bei den Einheimischen beliebte Restaurant erstreckt sich über drei Ebenen und eine hübsche Terrasse. Fisch, Meeresfrüchte und Pastagerichte mischen sich mit Aromen aus Thailand und Indien: Es gibt genügend Auswahl, um jeden noch so wählerischen Gaumen zufriedenzustellen, darunter auch eine Karte mit glutenfreien Speisen.

Mill ITALIENISCH $$

(☎613-345-7098; www.themillrestaurant.ca; 123 Water St W, Brockville; Hauptgerichte 9–26 C$; ⌚Mo–Fr 11.30–14 & 17–21, Sa 16–21 Uhr) Eine wunderbare, romantische Stimmung liegt über diesem altertümlichen italienischen Restaurant in einer restaurierten Mühle von 1852. Pasta, Fisch, Meeresfrüchte und Kalbfleisch beherrschen die Speisekarte: Wir empfehlen *scallopine al marsala*. Erfreulicherweise gibt es die Gerichte zu vernünftigen Preisen.

Georgian Dragon Ale House PUB

(☎613-865-8224; 72 King St W, Brockville; Mahlzeiten 9–24 C$; ⌚ab 11.30 Uhr) Das britische Alehouse an der Hauptstraße bietet eine gute Auswahl an Bieren vom Fass und leckere britische Pub-Klassiker wie *butter chicken* und Fish & Chips.

Praktische Informationen

Brockville District Tourism (☎613-342-4357; www.brockvilletourism.com; 10 Market St, Brockville; ⌚Mo–Fr 9–17 Uhr) ist das ganze Jahr über geöffnet und liefert ausgiebige Informationen über die Attraktionen entlang des St.-Lorenz-Stroms.

An- & Weiterreise

Züge von VIA Rail fahren vom **Bahnhof** (www.viarail.ca; 141 Perth St) in Brockville nach Toronto (80 C$, 3 Std., 6-mal tgl.) und Ottawa (31 C$, 1¼ Std., 5-mal tgl.). **Megabus** (☎866-488-4452; www.megabus.com) bietet tägliche Busverbindungen von Toronto (ab 21 C$, 4 Std., 3-mal tgl.) und Montréal (46 C$, 2½ Std., 3-mal tgl.).

Merrickville

Das winzige Merrickville kann sich bei der Canadian Railroad dafür bedanken, dass davon abgesehen wurde, einen Schienenstrang durch die Stadt zu legen. Andernfalls würden hier nämlich heute keine Steingebäude, sondern unansehnliche Industrieblöcke stehen. Noch heute hat man hier das Gefühl, in eine längst vergangene Zeit einzutauchen, als dies eine Loyalistenhochburg war, bereit, die britische Krone gegen die rebellischen Amerikaner zu verteidigen. Merrickville war tatsächlich so begehrt, dass Colonel By, der Chefplaner des Rideau-Kanals, seinen Sommersitz hier errichten ließ, und Benedict Arnold als Dank dafür, dass er die Amerikaner verriet, ein Grundstück überschrieben wurde. Geschichtsfans haben Spaß daran, das **Blockhouse** (613-269-2229; Ecke Main & St Lawrence St; Mai–Okt.) GRATIS zu erkunden, und wer gerne einkauft hat dazu in zahlreichen Kunsthandwerkstätten Gelegenheit. Für eine Essenspause empfiehlt sich **Gad's Hill** (613-269-2976; www.dickens-restaurant.com; 118 St Lawrence St; Hauptgerichte 9–26 C$; 11–21 Uhr). Die Speisekarten stecken hier in Folianten mit Ledereinband und unterstreichen so den Dickens'schen Leitgedanken. Wer schon mal hier ist, kann sich gleich zur Dinnershow anmelden; *A Christmas Carol* ist ein alljährliches Ereignis.

Morrisburg

Das kleine Morrisburg ist weit und breit für sein gut gemachtes Museumsdorf, das **Upper Canada Village** (613-543-4328; www.uppercanadavillage.com; 13740 County Rd 2; Erw./Kind 15/12 C$; Mai–Okt. 10–17 Uhr) bekannt. Kostümierte Führer beleben diesen nachgebauten Ort, in dem sie das Leben in den 1860er-Jahren nachstellen. Drei bis vier Stunden nimmt ein Rundgang durch das Dorf mit seinen mehr als 40 Gebäuden schon in Anspruch. Besucher laufen durch Cook's Tavern, Blacksmith's Shop, Asselstine's Woollen Factory, Schoolhouse, Gazette Printing Office und die vielen anderen Behausungen, um etwas über die Schwierigkeiten des kolonialen Lebens zu erfahren.

Auf dem Highway 2 am Fluss entlang geht es deutlich langsamer voran, aber er ist landschaftlich reizvoller als der Highway 401. Das **Upper Canada Migratory Bird Sanctuary** (613-537-2024; www.uppercanadabirdsanctuary.com; 5591 County Rd 2, Ingleside; Mai–Okt.) GRATIS bietet 8 km Wege, die sich durch dunkle Walddickichte und üppige Feuchtgebiete schlängeln. Mehr als 200 Vogelarten gibt es hier zu entdecken. Im Parkbüro kann man nach dem runden Dutzend Campingoptionen fragen.

Ottawa

933 500 EW.

Beschreibungen von Ottawa lesen sich wie eine vielversprechende Kontaktanzeige: dynamisch, gesellig, zweisprachig, mag Kinder und lange Spaziergänge am Fluss. Die attraktive Hauptstadt erfüllt diese Angaben.

Kanadas gigantisches, neugotisches Parlamentsgebäude beherrscht hoheitsvoll den Kern der Innenstadt, einen inspirierenden Mix aus pulsierenden Bezirken am Zusammenfluss dreier Flüsse. In der Ferne schmiegen sich die sanften Gatineau-Hügel an das wolkenlose Tal. Ottawa besitzt eine wunderbare Ansammlung von Weltklasse-Museen. Angefangen bei den weichen Wellen an der Fassade des Museum of Civilization bis zu den gespenstischen Bögen des Museum of Nature setzen sie alle auch architektonische Glanzpunkte und beherbergen eine Vielzahl faszinierender Sammlungen.

Ottawas kulturelle Vielfalt zeigt sich nicht zuletzt in seinem kulinarischen Angebot. Die kompakte Grundfläche macht es leicht, tolle Lokale zu finden: Es gibt eine Unzahl ausgezeichneter Restaurants, die die meisten Gaumen und Geldbeutel gut versorgen. Besucher können sich auf einen dynamischen Mix von Geschmacksrichtungen und Aromen aus aller Welt freuen, zubereitet mit frischen, lokalen Zutaten.

Die Hauptstadt ist ein wirkliches Ganzjahresziel. Parks, Gärten und und weite öffentliche Räume erweisen allen vier Jahreszeiten die Ehre – keinesfalls sollte man auf einen Besuch im Winter verzichten, die Kälte belebt!. Die Einheimischen feiern die scheinbar längste Jahreszeit mit einem ganzen Bündel von Aktivitäten im Freien. Viele fahren auf Schlittschuhen über den zugefrorenen Rideau Canal zur Arbeit – er ist die größte Eisbahn der Welt. Besucher von fern und nah haben Spaß beim Winterlude-Festival mit seinem ausufernden Dorf, das vollständig aus Eis besteht. Wenn alles geschmolzen ist und der Frühling allmählich auf Sommer umschaltet, setzen vorwitzige Tulpen Farbtupfer in der Innenstadt. Buntes Herbstlaub rundet das Jahr ab, es taucht die Straßen in eine Farbenpracht aus leuchtenden Rot- und Gelbtönen.

Die meisten Besucher werden von Ottawa hingerissen sein, ob nun wegen der fantastischen Museen oder dem leckeren Essen, dem Regenbogen der Jahreszeiten oder den Erholungsgebieten.

Geschichte

Wie bei vielen anderen Kolonialstädten war Ottawas Geburt alles andere als natürlich. Königin Victoria wählte den Ort als geografischen Kompromiss zwischen Montréal und Toronto, und schon war die Stadt geboren. Die Kanadier hatten zunächst kein Verständnis für die Entscheidung: Ottawa lag weit entfernt von den Zentren der Kolonie. Viele hielten die Gegend für ein ödes Schneefeld, obwohl sie seit langem von den Algonquin bewohnt war, die den Fluss „Kichissippi", Großer Fluss, nannten.

Fast ein Jahrhundert lang war Ottawa eine stille Hauptstadt. Aber nach dem Zweiten Weltkrieg wurde der Pariser Stadtplaner Jacques Greber damit beauftragt, Ottawa in eine echte Stadt zu verwandeln. Der Meister verlieh Ottawa eine unverkennbar europäische Note und entwarf das beindruckende Stadtbild mit den weiten öffentlichen Räumen und Parkflächen, das man heute kennt.

Sehenswertes

Die meisten der Weltklasse-Museen von Ottawa liegen in Laufdistanz zueinander. Viele sind im Winter montags geschlossen, und viele gewähren mit einem freundlichen Lächeln Besuchern freien Eintritt, die weniger als eine Stunde vor Schließung kommen: Allerdings bleibt dann wenig Zeit, um die umfangreichen Sammlungen zu würdigen. Mehrere Museen verlangen am Donnerstagabend generell keinen Eintritt. Wer plant, das Museum of Civilization und das War Museum zu besuchen, kann ein ermäßigtes Kombiticket erwerben: einfach bei einem der Museen nachfragen.

★ Canadian Museum of Civilization — MUSEUM

(Karte S. 236; ☎819-776-7000; www.civilization.ca; 100 Laurier St, Gatineau; Erw./Kind 13/8 C$; ⏲Fr–Mi 9–18, Do bis 20 Uhr) Das High-Tech-Museum am anderen Flussufer in Hull/Québec ist ein Muss, für das man sich viel Zeit nehmen sollte. Es dokumentiert Kanadas Geschichte mit einer Reihe spektakulärer Ausstellungen. An einem Zeitstrahl entlang wird die Entwicklung der Nation aus der Perspektive der Ureinwohner nacherzählt,

OTTAWA IN ...

... einem Tag

Wer nur einen Tag bleibt, hat keine Zeit zu verlieren! Zunächst mal geht's zum **Parliament Hill** (S. 235) für lustige Schnappschüsse vor dem Peace Tower und zu einer schnellen Führung durch die wuchtigen, Harry-Potter-mäßigen Innenräume. Als Nächstes kann man sich von den schillernden Glastürmen der **National Art Gallery of Canada** (S. 235) verführen lassen und sich die sorgfältig kuratierte Sammlung kanadischer und Weltkunst und die restaurierten Überreste einer Holzkapelle ansehen. Für die Mittagspause bietet sich ein Abstecher zum **ByWard Market** (S. 246) an, wo zahllose Händler frische Naturprodukte und mehr als 1000 Käsesorten feilbieten! Am **Rideau Canal** (S. 238) kann man einen *beavertail* (Biberschwanz; ein flaches Gebäck mit süßem Belag) probieren: im Winter wird er zur größten Eisbahn der Welt (7,8 km).

... drei Tagen

Nach dem ersten Tag mit dem oben beschrieben Ablauf ist das **Canadian Museum of Civilization** (s. oben) mit seiner ehrfurchtgebietenden Architektur, dem Blick auf die Skyline und den faszinierenden Ausstellungen an der Reihe. Ausgestopfte Megafauna gibt es im **Canadian Museum of Nature** (S. 237) zu bestaunen, ein angeregter Spaziergang oder eine Schwimmrunde im malerischen **Gatineau Park** (S. 251) schließen sich an. Rechtzeitig zum Tee sollte man wieder in der Stadt sein: Jetzt heißt es, den Gelüsten nachzugeben – die Stadt wird sie befriedigen. Nach einem gemächlichen Brunch und einem morgendlichen Bummel durch den **Confederation Park** steuert man den sonderbaren **Diefenbunker** (S, 240) aus dem Kalten Krieg und die reizvollen Landschaften außerhalb der Stadt an. Nach einem weiteren köstlichen Abendessen wird der letzte Tag mit einer Show im **National Arts Centre** (S. 250) oder beim Abrocken zu Livemusik in einem der vielen Musikläden in der Gegend um den ByWard Market abgerundet.

die kolonialen Anfänge und die reiche multikulturelle Vielfalt des heutigen Kanada. Im Eintrittspreis ist der Zutritt zum **Children's Museum** rund um das Thema „das große Abenteuer" enthalten: Mehr als 30 Dauer- und Wanderausstellungen geben Kindern Gelegenheit, die Welt zu bereisen.

Draußen eröffnet sich ein fantastischer Blick über den Fluss auf Parliament Hill. Auffällig ist die Steinfassade des Gebäudes, die in sanften Rundungen gestaltet ist. Das trägt dem Glauben der Ureinwohner Rechnung, wonach das Böse in eckigen Winkeln haust. Eine Vielzahl in Wanderausstellungen zum Anfassen, Events und IMAX-Filme sorgen das ganze Jahr über für Attraktivität.

★ Canadian War Museum — MUSEUM

(Karte S. 236; ☎800-555-5621; www.warmuseum.ca; 1 Vimy Pl; Erw./Kind 13/8 C$; ⌚Fr–Mi 9.30–18, Do bis 20 Uhr) Faszinierende Displays schlängeln sich durch die labyrinthmäßigen Innenräume des skulpturalen, modernen Museum, das mit einer umfassenden Sammlung Kanadas Militärgeschichte nachspürt. Viele der berührenden und nachdenklich stimmenden Ausstellungsstücke sind überlebensgroß, darunter der Nachbau eines Schützengrabens aus dem Ersten Weltkrieg. Wenn möglich, sollte man sich die Fassade abends anschauen: Flackernde Lichter buchstabieren „Lest We Forget" („damit wir nicht vergessen") und „CWM" im englischen und französischen Morsecode.

Parliament Hill — HISTORISCHES GEBÄUDE

(Karte S. 242; ☎613-996-0896; www.parl.gc.ca/Visitors; 111 Wellington St; ⌚9–17 Uhr) Ausladende Bogengänge, kupfergedeckte Türme und gotische Wasserspeier prägen die Fassade der eindrucksvollen Parlamentsgebäude aus Sand- und Kalkstein. Das Hauptgebäude, der Centre Block, trägt den ikonografischen Peace Tower, den höchsten Bau der Stadt. Das 1865 vollendete Zentrum der politischen Aktivität in Kanada heißt Besucher das ganze Jahr über willkommen. Man kann informative PDFs zu Rundgängen in Eigenregie unter www.canadascapital.gc.ca herunterladen; wir empfehlen allerdings die kostenlose 45-minütige Führung. Von Mai bis September wird eine begrenzte Zahl an Eintrittskarten am Hill Centre auf der anderen Straßenseite ausgegeben. In den übrigen Monaten wendet man sich an den Hauptbesuchereingang unterhalb des Peace Tower.

Fragestunde im House of Commons ist jeden Nachmittag und um 11 Uhr am Freitag während der Sitzungsperioden des Parlaments. Besucher sind eingeladen, die Frage-und-Antwort-Spielchen zu beobachten, solange Plätze vorhanden sind. Sie müssen mit Sicherheitskontrollen rechnen. Im Sommer findet täglich um 10 Uhr auf dem vorderen Rasen der farbenfrohe Wachwechsel statt, abends kann man die kostenlose zweisprachige Ton-und-Licht-Schau auf dem Parliament Hill genießen.

National Gallery of Canada — MUSEUM

(Karte S. 242; ☎800-319-2787, 613-990-1985; www.gallery.ca; 380 Sussex Dr; Erw./Kind 12/6 C$; Do 17–20 Uhr frei; ⌚Fr–Mi 10–17, Do bis 20 Uhr) Die Nationalgalerie ist schon aus sich selbst heraus ein Kunstwerk: Das faszinierende Ensemble aus pinkfarbenem Granit und Glastürmen korrespondiert mit den kupfergedeckten Türmen des nahe gelegenen Parlaments. Drinnen gibt es in gewölbten Galerieräumen vorwiegend klassische und aktuelle kanadische Kunst zu sehen, darunter eine eindrucksvolle Sammlung von Inuit-Kunst. Es ist die weltweit größte derartige Sammlung; auch die weiteren Galerien mit europäischen und amerikanischen Schätzen umfassen einige bekannte Namen und Meisterwerke. Chronologisch geordnete Schautafeln leiten Besucher durch eine erläuternde Nacherzählung der nationalen Geschichte.

Tief im Innern der Galerie liegen zwei ruhige Innenhöfe und die bemerkenswerte **Rideau Street Convent Chapel**. Die faszinierende Holzkapelle, erbaut 1888, wurde vor der Zerstörung bewahrt und Stück für Stück im Hauptgebäude wieder aufgebaut – wirklich außergewöhnlich.

ⓘ MUSEUMSPASS: ACHT MUSEEN, SIEBEN TAGE

Wer vollen Nutzen aus Ottawas Vorrat an fantastischen Museen ziehen will, ist mit dem **Museums Passport** (www.museumspassport.ca; Erw./Familie 45/99 C$) gut beraten. Die Rabattkarte, ermöglicht ihrem Inhaber den Eintritt zu acht der besten Museen der Stadt. Zusätzlich gibt es u. a. 20% Nachlass für Vorstellungen im National Arts Centre. Die Karte ist in allen beteiligten Museen erhältlich und sieben Tage lang gültig.

Ottawa

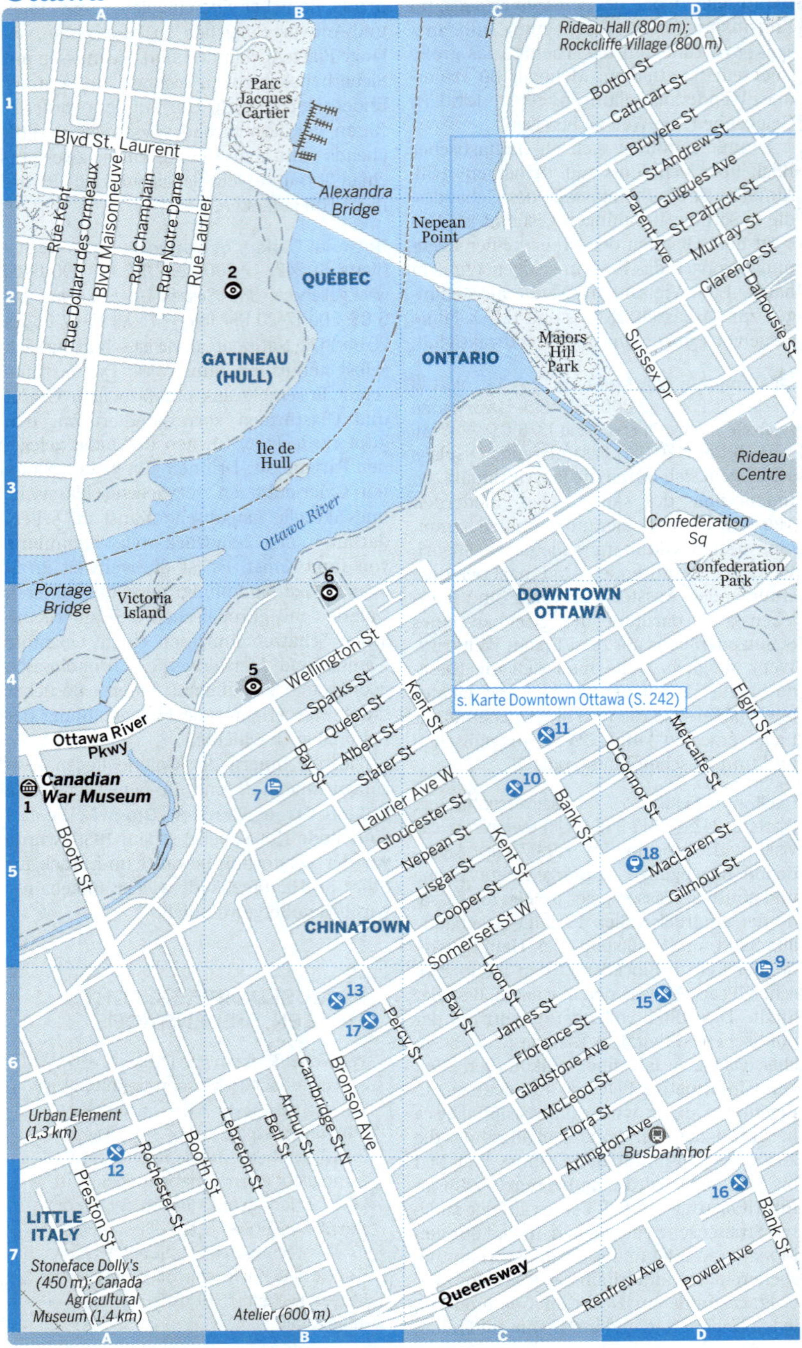

A
B
C
D
1
2
3
4
5
6
7
Rideau Hall (800 m); Rockcliffe Village (800 m)
Parc Jacques Cartier
Blvd St. Laurent
Rue Kent
Rue Dollard des Ormeaux
Blvd Maisonneuve
Rue Champlain
Rue Notre Dame
Rue Laurier
Alexandra Bridge
Nepean Point
Bolton St
Cathcart St
Bruyere St
St Andrew St
Guigues Ave
St Patrick St
Murray St
Clarence St
Parent Ave
Dalhousie St
Sussex Dr
QUÉBEC
GATINEAU (HULL)
ONTARIO
Majors Hill Park
Île de Hull
Rideau Centre
Ottawa River
Confederation Sq
Confederation Park
Portage Bridge
Victoria Island
DOWNTOWN OTTAWA
Wellington St
Sparks St
Queen St
Albert St
Slater St
Kent St
Bay St
s. Karte Downtown Ottawa (S. 242)
Elgin St
Metcalfe St
O'Connor St
Bank St
Ottawa River Pkwy
Canadian War Museum
Laurier Ave W
Gloucester St
Nepean St
Lisgar St
Cooper St
Somerset St W
Booth St
MacLaren St
Gilmour St
CHINATOWN
Lyon St
James St
Florence St
Gladstone Ave
McLeod St
Flora St
Arlington Ave
Busbahnhof
Percy St
Bronson Ave
Cambridge St N
Arthur St
Bell St
Lebreton St
Rochester St
Preston St
Urban Element (1,3 km)
LITTLE ITALY
Stoneface Dolly's (450 m); Canada Agricultural Museum (1,4 km)
Atelier (600 m)
Queensway
Renfrew Ave
Powell Ave
1
2
5
6
7
9
10
11
12
13
15
16
17
18

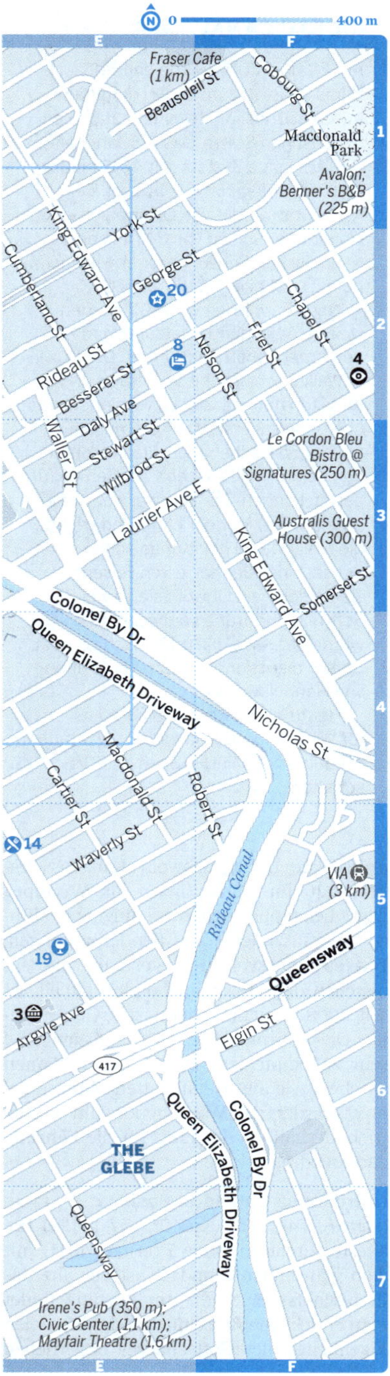

Ottawa

Highlights
1 Canadian War Museum....................A5

Sehenswertes
2 Canadian Museum of Civilization B2
3 Canadian Museum of Nature E6
4 Laurier House National Historic Site..................F2
5 Library & National Archives of Canada..................B4
6 Supreme Court of Canada...............B4

Schlafen
7 Albert at Bay Suite Hotel B5
8 McGee's Inn E2
9 Victoria Park Suites D6

Essen
10 Beckta Dining & Wine........................C5
11 Eggspectation C4
12 Hung Sum A6
13 Shanghai B6
14 Town E5
15 Whalesbone Oyster House D6
16 Works D7
17 ZenKitchen B6

Ausgehen & Nachtleben
18 Centretown Pub D5
19 Manx E5

Unterhaltung
20 Bytowne Cinema..............................E2

Canadian Museum of Nature MUSEUM
(Karte S. 236; ☎613-566-4700; www.nature.ca; 240 McLeod St; Erw./Kind 12/10 C$, Do 17–20 Uhr frei; ⌚Sa–Mi 9–18, Do & Fr bis 20 Uhr; 🚌Linie 5, 6, 14, Haltestelle McLeod St) Nach der umfassenden Renovierung erstrahlt das riesige Museum wieder in vollem Glanz und reckt sein neugotisches Haupt südlich der Innenstadt gerade so über die Skyline. Es birgt eine eindrucksvolle Fossiliensammlung, das vollständige Skelett eines Blauwals und Saurierfunde aus Alberta. Besonders beliebt sind die Dioramen mit Säugetieren und Vögeln. Die ausgestopften Kreaturen sehen täuschend echt aus. Zum Glück befinden sie sich hinter einer Glasscheibe!

Ottawa Locks HISTORISCHES GEBÄUDE
(Karte S. 242) Eine Kette steiler, stufenartiger Schleusen zwischen Château Laurier und Parliament Hill markiert das nördliche Ende des 200 km langen Rideau Canal, der bis hinunter nach Kingston fließt. Colonel

By, der visionäre Erbauer des Kanals, schlug hier 1826 sein Hauptquartier auf.

Bytown Museum MUSEUM
(Karte S. 242; ☎613-234-4570; www.bytownmuseum.com; 1 Canal Lane; Erw./Kind 6,50/3 C$; ⏲10–17 Uhr) Über die Treppe neben den Ottawa-Schleusen an der Wellington Street gelangt man zum Bytown Museum. Es steht an der letzten Schleuse, bevor die künstliche Wasserstraße sich in den Ottawa River ergießt. Die gut kuratierte Sammlung von Artefakten und Dokumenten über Ottawas koloniale Vergangenheit wird im ältesten Gebäude der Stadt präsentiert.

Canada Science & Technology Museum MUSEUM
(☎613-991-3044; www.sciencetech.technomuses.ca; 1867 St Laurent Blvd; Erw./Kind 12/8 C$; ⏲9.30–17 Uhr) Quietschen und Scheppern erfüllen die Luft in diesem Museum zum Anfassen, wenn zufriedene Besucher behutsam Griffe drehen und Knöpfe drücken und dabei die physikalischen Gesetze erforschen, die Phänomenen wie der optischen Täuschung oder der Zeit zugrundeliegen. Ein Gang durch die „Verrückte Küche" ist ein Wahnsinnsspaß: In der Kombüse in Schieflage kommen die Besucher von Anfang an ins Stolpern. Hinter dem Gebäude stehen Züge, in denen man etwas über die Wissenschaft von Kohle und Dampfantrieb erfährt, und ein großer Schaukasten zur Raumfahrttechnik. Das Museum ist bei Erwachsenen und Kindern gleichermaßen beliebt, es ist informativ und macht Spaß!

Canada Aviation and Space Museum MUSEUM
(☎613-993-2010; www.aviation.technomuses.ca; 11 Aviation Pkwy; Erw./Kind 13/8 C$; ⏲9–17 Uhr; 🚌129) Mit fast 120 Flugzeugen, die in diesem gigantischen Stahlhangar etwa 5 km nordöstlich der Innenstadt stehen, könnten die Besucher auch auf den Gedanken kommen, sie seien auf dem Flughafen. Sie können das Lager durchwandern, den Flugsimulator ausprobieren und den schimmernden Maschinen ganz nah kommen, angefangen beim Silver Dart von 1909 bis zur Viscount, dem ersten Passagierflugzeug mit Turbopropantrieb.

Royal Canadian Mint SEHENSWERTES GEBÄUDE
(Karte S. 242; ☎613-993-8990; www.mint.ca; 320 Sussex Dr; Führungen Erw./Kind 6/3 C$; ⏲10–17 Uhr) Obwohl Kanadas Prägeanstalt für Kursmünzen in Winnipeg liegt, behauptet sich die königliche Münze mit faszinierenden Sonderprägungen. Das eindrucksvolle Steingebäude, das ein bisschen dem Tower in London ähnelt, ist seit 1908 Kanadas wichtigster Goldveredler. Die Führungen an Wochentagen sind sehr zu empfehlen: Die Besucher können zusehen, wie aus Metallplatten Münzen geprägt werden. Am Wochenende ruht der Betrieb, deshalb ist der Preis für die Führung dann niedriger.

Notre Dame Cathedral-Basilica KIRCHE
(Karte S. 242; 385 Sussex Dr; ⏲7–18 Uhr) Die älteste Kirche in Ottawa (erbaut 1841) mit dem glänzenden Zinndach ist der Sitz des Erzbischofs der Stadt. Am Eingang findet man eine kleine Broschüre, in der die vielen Eigenheiten des Gotteshauses beschrieben

RIDEAU CANAL

Am 28. Juni 2007 wurde der Rideau Canal (S. 240) zum 14. Ort in Kanada mit dem Unesco-Titel einer nationalen historischen Stätte. Das 175 Jahre alte, 200 km lange System mit 47 Schleusen verbindet Kingston mit Ottawa. Der Kanal überwindet von Ottawa aus einen Höhenunterschied von 84 m über den Kanadischen Schild, bevor er wieder 49 m zum Lake Ontario abfällt.

Nach dem Krieg von 1812 wurden weitere Auseinandersetzungen mit den Amerikanern befürchtet. Der Duke of Wellington beschloss, Ottawa und Kingston miteinander zu verbinden, um über eine zuverlässige Kommunikations- und Nachschubroute zwischen den beiden militärischen Zentren verfügen zu können. Der Bau war Schwerstarbeit: 4000 Männer kämpften gegen die Malaria und den Kanadischen Schild, eines der härtesten Felsengesteine der Welt. Obwohl sie so viel Blut, Schweiß und Tränen aufwendeten, wurde der Kanal nie militärisch genutzt. Später diente er aber zum Verschiffen von Handelsware.

Heute ist der Kanal ein Paradies für Wassersportler, gesäumt von bezaubernden Parks, Seen und Ortschaften.

OTTAWA FÜR KINDER

Nein, das **Canada Agricultural Museum** (Karte S. 236; ☎613-991-3044; www.agriculture.technomuses.ca/; 930 Carling Ave bei Prince of Wales Dr; Erw./Kind 10/7 C$; ⏲März–Okt. 9–17 Uhr) behandelt nicht die Geschichte der Mistgabel – es ist ein faszinierender Bauernhof zum Mitmachen. Die Anlage im Besitz der Regierung umfasst mehr als 500 ha Garten- und Weideland. Kinder sind entzückt von den Tieren, die in den Ställen muhen und schnauben. Freundliche Mitarbeiter lassen die Kleinen beim Füttern helfen. Führungen leiten die Besucher zu einem Observatorium, einem tropischen Gewächshaus und einem Arboretum. Das sanfte Hügelgelände ist der perfekte Ort für ein Sommerpicknick in malerischer Landschaft, und im Winter kann man hier wunderbar Schlittenfahren. Auf einem anderen Bauernhof, Saunders Farm (S. 240), gibt es zwar keine Tiere, dafür aber Labyrinthe, in denen die Kinder stundenlang herumirren; die Eltern können inzwischen die Füße hochlegen! Darüber hinaus sind die meisten Museen in Ottawa im Gedanken an Familien mit Kindern konzipiert; etliche widmen ganze Flügel dem Spiel der Kinder, z. B. das Canadian Museum of Nature (S. 237), das Canada Science & Technology Museum (S. 238) und das Canadian Museum of Civilization (S. 234). Zu den familienfreundlichen Unterkünften zählen Albert at Bay Suite Hotel (S. 242), Les Suites (S. 244) und Courtyard Ottawa East (S. 243).

sind, z. B. die aufwendigen Schnitzereien und die schöne indigoblaue Decke mit den funkelnden Sternen.

Supreme Court of Canada SEHENSWERTES GEBÄUDE

(Karte S. 236; ☎613-995-5361; www.scc-csc.gc.ca; 301 Wellington St; ⏲9–17 Uhr) GRATIS Dieses beeindruckende Bauwerk vereint mit seiner Betonhülle und dem Kupferdach moderne und traditionelle Bauelemente auf faszinierende Art und Weise. Besucher können auf dem hübschen Gelände umherspazieren und sich die Lobby mit der Gewölbedecke sowie den Gerichtssaal mit der Verkleidung aus dunklem Eichenholz ansehen. Im Sommer veranstalten Jurastudenten von der University of Ottawa alle 30 Minuten informative Führungen, den Rest des Jahres muss man sich vorab für eine Tour anmelden.

Library & National Archives of Canada SEHENSWERTES GEBÄUDE

(Karte S. 236; ☎613-996-5115; www.collectionscanada.gc.ca; 395 Wellington St; ⏲8.30–23 Uhr) GRATIS Dieses riesige „Betonmonster" hat sich dem Sammeln und Bewahren von Dokumenten zu Kanada verschrieben. In den Räumen hinter den winzigen Fenstern sind Unmengen von Unterlagen, aber auch Gemälde, Fotos, Karten, Tagebücher, Briefe, Poster und 60 000 Cartoons und Karikaturen aus den letzten zwei Jahrhunderten untergebracht. Im Erdgeschoss finden Wechselausstellungen statt.

Laurier House National Historic Site HISTORISCHE STÄTTE

(Karte S. 236; ☎613-992-8142; 335 Laurier Ave; Erw./Kind 4/2 C$; ⏲9–17 Uhr) Das viktorianische Gebäude mit dem Kupferdach, das im Jahr 1878 errichtet wurde, war Wohnsitz zweier bemerkenswerter Premierminister: Wilfrid Laurier und Mackenzie King (Letzterer war ein echter Exzentriker). In dem Haus mit dem eleganten Mobiliar sind Andenken und Gegenstände aus dem persönlichen Besitz der beiden Politiker ausgestellt. Sehenswert ist das Arbeitszimmer im oberen Stockwerk.

Rideau Hall SEHENSWERTES GEBÄUDE

(außerhalb der Karte S. 236; ☎613-993-8200; www.gg.ca; 1 Sussex Dr; ⏲9–17 Uhr) GRATIS Der Sitz des Generalgouverneurs wurde im frühen 20. Jh. erbaut. Es gibt 45-minütige Führungen durch die extravagante Residenz, gespickt mit interessanten Anekdoten über diverse Vorkommnisse, die sich über die Jahre hier ereignet haben. Ansonsten können Besucher das Gelände auch nach Lust und Laune auf eigene Faust erkunden. Am Haupteingang wird von Ende Juni bis Ende August den ganzen Tag über zur vollen Stunde die kleine Wachablösung zelebriert.

Wenn man auf dem Sussex/Princess Drive nach Osten geht, kommt **Rockcliffe Village** (bei Karte S. 236) in Sicht. In Ottawas mondänstem Viertel leben prominente Kanadier und die meisten ausländischen Diplomaten.

RCMP Musical Ride Centre HISTORISCHE STÄTTE

(☎613-998-8199; 1 Sandridge Rd; ⌚9–16 Uhr) GRATIS Der Name klingt wie die neueste Disney-Attraktion mit munteren Polizisten in roten Westen als Stars. Tatsächlich ist das „musikalische Reitzentrum" die Bühne, auf der die „Mounties" ihre Festumzüge perfektionieren. Die Öffentlichkeit ist eingeladen, bei den Kostümproben und Reiter-Shows zuzusehen. Wirklich interessant sind sie allerdings nur für Reitsportfans. Vom Stadtzentrum sind es etwa 7 km bis hierher. Das Programm kann man telefonisch erfragen.

Diefenbunker HISTORISCHES GEBÄUDE

(☎613-839-0007; www.diefenbunker.ca; 3911 Carp Rd, Carp; Erw./Kind 14/8 C$; ⌚10–18 Uhr) Während des Kalten Krieges gaben paranoide Regierungsbeamte diesen gigantischen vierstöckigen Geheimbunker in Auftrag. Mehr als 300 „bedeutende Persönlichkeiten" sollten hier im Falle eines Atombombenangriffs 30 Tage lang Unterschlupf finden. Im Eintritt ist eine optionale einstündige Führung inbegriffen. Deren Highlights sind die Suite des Premierministers, das CBC-Rundfunkstudio und der Tresorraum der Bank of Canada. Der Bunker liegt etwa 40 km westlich der Stadt in dem Dorf Carp.

Saunders Farm PARK

(☎613-838-5440; www.saundersfarm.com; 7893 Bleeks Rd, Munster; Eintritt 16,50 C$; ⌚Juni–Sept.) Mit dem Auto sind es etwa 40 Minuten Fahrt von Ottawa Richtung Südwesten bis zu dieser Familienfarm mit hohem Spaßfaktor. Es gibt hier jede Menge Heckenlabyrinthe, einen Wasserpark, Pedal-Gokarts, Fahrten mit dem Heuwagen und Picknickplätze.

Aktivitäten

Die Bewohner dieser Stadt der langen, harten Winter halten sich zu jeder Jahreszeit gern im Freien auf.

Ottawas berühmteste Outdoor-Attraktion ist der **Rideau Canal**. Im Winter verwandelt er sich in die längste (7,8 km) **Schlittschuhbahn** der Welt: Die Größe entspricht 90 Eishockeyfeldern mit Olympia-Maßen. Entlang der ganzen Strecke findet man Umkleiden, aber viel wichtiger sind die Holzkiosks, an denen köstliche frittierte Teigstücke, die sogenannten *beavertails* (Biberschwänze), verkauft werden. **Schlittschuh- und Schlittenverleihstationen** findet man an den Stufen des National Arts Centre, am Dow's Lake und an der 5th Avenue.

Mehrere nahe gelegene **Skigebiete** bieten vielfältige Abfahrten und Langlaufloipen. In den **Gatineau Hills**, etwa 20 km vom Stadtzentrum entfernt, stehen mehr als präparierte Pisten bereit. **Camp Fortune** (☎819-827-1717; www.campfortune.com; 300 Chemin Dunlop, Chelsea) ist ein ganzjähriges Outdoor-Ziel mit Skipisten, die sich im Sommer in ein Paradies für Mountainbiker verwandeln. Wenn das noch nicht reicht, gibt es auch noch jede Menge Seilrutschen. Das beliebte Skigebiet **Mont Cascades** (☎819-827-0301; www.montcascades.ca; 448 Mont Cascades Rd, Cantley) wird im Sommer zu einem weitläufigen Wasserpark. **Mount Pakenham** (☎613-624-5290; www.mountpakenham.com; 577 Ski Hill Rd, Pakenham), 60 km westlich von Ottawa, ist ein reines Winterziel. Langlauffans werden an den Loipen im Gatineau Park (S. 251) ihre Freude haben.

Heißluftballonfahren ist seit Langem eine beliebte Freizeitaktivität in der Hauptstadtregion. **Sundance Balloons** (☎613-247-8277; www.sundanceballoons.com; pro Person ab 250 C$) bietet Fahrten zum Sonnenauf- und -untergang, die an verschiedenen Stellen im Ottawa-Tal starten.

Geführte Touren

Das Hauptstadt-Informationskiosk (S. 250) hält mehrere praktische Broschüren für Stadtspaziergänge in Eigenregie bereit.

Ottawa Walking Tours STADTSPAZIERGANG

(☎613-799-1774; www.ottawawalkingtours.com; Spaziergänge 15 C$) Die informativen und spaßigen Spaziergänge mit professionellen Führern starten vor dem Infozentrum der Hauptstadt. Nur Barzahlung.

Haunted Walk STADTSPAZIERGANG

(Karte S. 242; ☎613-232-0344; www.hauntedwalk.com; Spaziergänge 13–15 C$) Leicht makabre Stadtspaziergänge, z. B. inklusive des Besuchs im alten Bezirksgefängnis. Neu ist die „Naughty Ottawa"-Kneipentour.

Lady Dive Amphibious BUSTOUR

(Karte S. 242; ☎613-223-6211; www.ladydive.com; Ecke Sparks & Elgin St; Touren ab 31 C$; ⌚Mai–Okt.) Mit einem Gefährt, halb Bus, halb Boot, geht es zunächst zu Ottawas beliebtesten Sehenswürdigkeiten und dann auf den Ottawa River. Ein nettes Extra ist der kostenlose Abholservice am Hotel.

Paul's Boat Lines BOOTSTOUR
(Karte S. 242; ☎613-255-6781; www.paulsboatcruises.com; Ottawa Locks oder Rideau Canal Dock; Bootsfahrten ab Erw./Kind 20/12 C$; ⊙Mai–Okt.) Landschaftlich reizvolle Ausflugsfahrten bescheren bei gutem Wetter wunderbare Fotomomente.

Gray Line BUSTOUR
(Karte S. 242; ☎613-562-9090; www.grayline.ca; Ecke Sparks & Elgin St) Die Touren starten an der Ecke des Kartenschalters. Verschiedene Touren stehen zur Auswahl, darunter solche mit beliebigem Ein- und Ausstieg. Auf der Website stehen Einzelheiten zu Fahrplan und Preisen.

Feste & Events

Die Hauptstadt trumpft im Jahresverlauf mit mehr als 60 Festivals und Veranstaltungen auf. Das hier ist unsere Auswahl:

Winterlude WINTER
(☎613-239-5000; www.canadascapital.gc.ca/winterlude) An drei aufeinanderfolgenden Wochenenden im Februar wird in Ottawa der Winter gefeiert. Im Mittelpunkt der Feierlichkeiten stehen der zugefrorene Dows Lake und der Kanal. Allenthalben gibt es atemberaubende Eisskulpturen zu sehen.

Canadian Tulip Festival BLUMEN
(☎613-567-5757; www.tulipfestival.ca) Im Mai, nach der Tauwetterperiode, explodiert die Stadt in einem Meer aus Farben, wenn die Beete mit über 200 verschiedenen Tulpenarten zum Leben erwachen. Die niederländische Königsfamilie schenkte Ottawa 1945 mehr als 100 000 Blumenzwiebeln als Dank dafür, dass Kanada Prinzessin Juliana und ihren Töchtern während des Krieges Zuflucht gewährt hatte. Zu den Festlichkeiten gehören Paraden, Regatten, Autorallyes, Tänze, Konzerte und Feuerwerk.

Ottawa Bluesfest MUSIK
(☎613-241-2633; www.ottawabluesfest.ca) Beim zweitgrößten Bluesfestivals der Welt hinter Chicago treten Ende Juni große Namen in denkwürdigen Konzerten auf.

Canada Day KULTUR
(☎613-239-5000; www.canadascapital.gc.ca/canadaday) Der beste Ort, um den kanadischen Nationalfeiertag am 1. Juli zu begehen, ist die Hauptstadt über den Parliament Buildings wird ein beeindruckendes Feuerwerk gezündet.

HOPE Volleyball Summerfest SPORT
(☎613-237-1433; www.hopehelps.com) Das große Volleyballturnier Mitte Juli spielt eine Menge Geld für lokale gemeinnützige Organisationen ein.

SuperEX LANDWIRTSCHAFT
(☎613-237-2222; www.ottawasuperex.com) Seit mehr als 120 Jahren wird dieser riesige Jahrmarkt schon veranstaltet, zur Zeit der Recherche war er aber vorübergehend ausgesetzt. Wir hoffen, dass er wieder auf die Füße kommt.

Capital Pride KULTUR
(☎613-421-5387; www.capitalpride.com) Mitte August wird in der Stadt die Regenbogenflagge gehisst und eine Woche lang gefeiert. Höhepunkt ist eine laute, bunte Parade.

Schlafen

Ottawa bietet eine eindrucksvolle Auswahl an Unterkünften jeder Preisklasse mit vielen tollen Optionen mitten im Zentrum. Im Sommer und zu Festivalzeiten, besonders während des Winterlude, ist eine Reservierung empfehlenswert.

Die Einheimischen nennen die Innenstadt „Centretown". Östlich davon liegt der Bezirk Sandy Hill mit stattlichen alten Villen und internationalen Botschaften. Hier finden sich nette B&Bs, Boutiquehotels und, näher am ByWard Market, Hostels. Alle liegen in gesunder Laufdistanz zum lebendigen Stadtzentrum.

Centretown

Hostelling International (HI) Ottawa Jail HOSTEL $
(Karte S. 242; ☎613-235-2595; www.hihostels.ca/ottawa; 75 Nicholas St; Mitglieder B/EZ 29/54 C$, Nichtmitglieder B/EZ 34/59 C$; @📶) Das eigenartige Hostel im ehemaligen Gefängnis von Ottawa ist angeblich eins der unheimlichsten Gebäude der Stadt. Wahrscheinlich fühlen sich hier nicht alle Leute wohl, besonders wenn sie selbst schon mal eine Zeitlang gesessen haben oder sich vor dem eigenen Schatten fürchten. Andere schätzen die Originalität. Die Gäste können im alten schmiedeeisernen Zellenblock der steinernen Haftanstalt schlafen. Man beachte die furchteinflößenden Galgen vor Ort, an de-

Downtown Ottawa

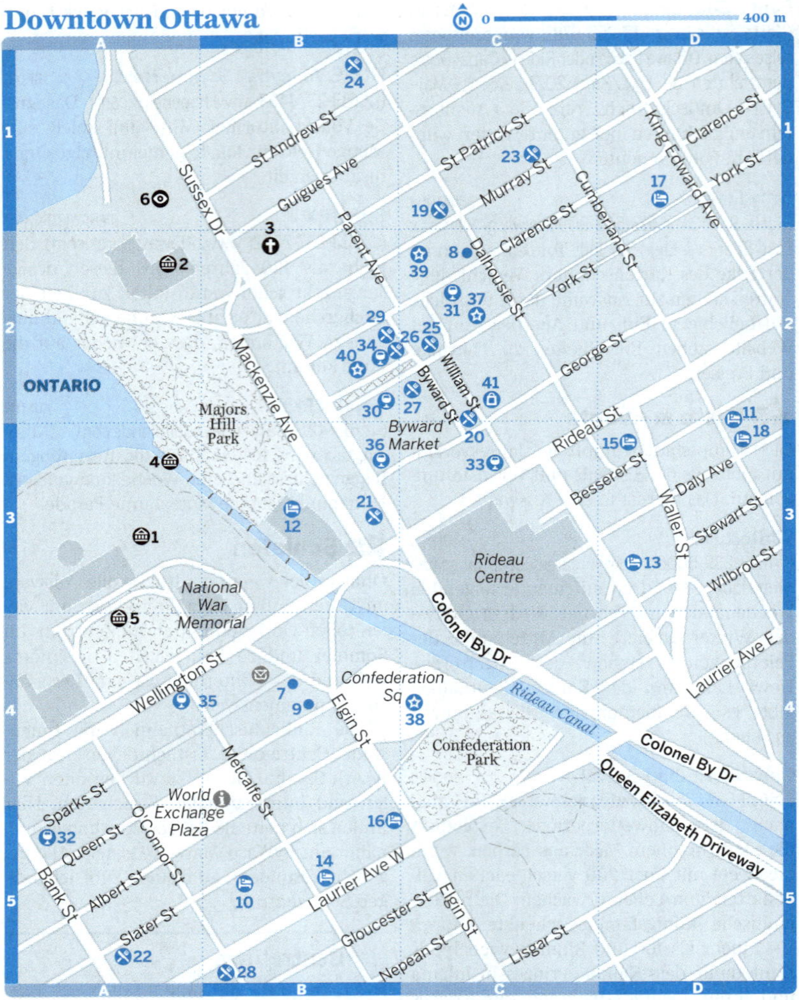

nen zahlreiche Kriminelle für ihre miesen Taten aufgeknüpft wurden.

Lord Elgin Hotel HOTEL **$$**

(Karte S. 242; ☎613-235-3333; www.lordelginhotel.ca; 100 Elgin St; DZ ab 169 C$; ❄📶🏊) An einem der besten Standorte Ottawas wurde 1941 das stattliche Lord Elgin in einem ähnlichen, aber weniger bombastischen Stil wie das Fairmont Royal York in Toronto erbaut. Die großen, hellen Zimmer mit großen Flachbildfernsehern sind komfortabel eingerichtet und wurden erst kürzlich renoviert. Viele bieten einen wunderbaren Blick auf den Confederation Park. Regelmäßig gibt es Sonderpreise, am besten schaut man online nach.

Albert at Bay Suite Hotel HOTEL **$$**

(Karte S. 236; ☎1-800-267-6644; www.albertatbay.com; 435 Albert St; Suite ab 159 C$; ❄📶) Das Hotel, in dem es nur Suiten gibt, bietet Familien auf Reisen und allen, die häuslichen Komfort zu schätzen wissen, ein ausgezeichnetes Preis-Leistungs-Verhältnis. Übergroße Suiten mit mehreren Räumen und ein oder zwei Schlafzimmern, die größten in Ottawa, haben sämtlich komplett ausgestat-

Downtown Ottawa

Sehenswertes
1 Bytown Museum ... A3
2 National Gallery of Canada ... A2
3 Notre Dame Cathedral-Basilica ... B2
4 Ottawa Locks ... A3
5 Parliament Hill ... A4
6 Royal Canadian Mint ... A1

Aktivitäten, Kurse & Touren
7 Gray Line ... B4
8 Haunted Walk ... C2
9 Lady Dive Amphibious ... B4
Paul's Boat Lines ... (siehe 4)

Schlafen
10 Arc ... B5
11 Barefoot Hostel ... D2
12 Fairmont Château Laurier ... B3
13 Hostelling International (HI) Ottawa Jail ... D3
14 Hotel Indigo ... B5
15 Les Suites ... D3
16 Lord Elgin Hotel ... B5
17 Ottawa Backpackers Inn ... D1
18 Swiss Hotel ... D3

Essen
19 Boulanger Français ... C1
20 Boulangerie Moulin de Provence ... C2
21 Brasserie Métropolitain ... B3
22 C'est Japon à Suisha ... A5
23 Chez Lucien ... C1
24 I Deal Coffee ... B1
25 Lapointe ... C2
26 LUXE Bistro & Steakhouse ... B2
Market Square ... (siehe 41)
27 Planet Coffee ... C2
28 Tosca ... B5
29 Zak's Diner ... B2

Ausgehen & Nachtleben
30 Château Lafayette ... B2
31 Clock Tower Brew Pub ... C2
32 Edge ... A5
33 Highlander Pub ... C3
34 Lookout Bar ... B2
35 Parliament Pub ... A4
36 Social ... B3

Unterhaltung
37 Fat Tuesday's ... C2
38 National Arts Centre ... C4
39 Rainbow Bistro ... C2
40 Zaphod Beeblebrox ... B2

Shoppen
41 ByWard Market ... C2

tete Küchen und bequeme Möbel; allerdings wissen wir nicht so genau, wie das viele Weiß nach einer Weile aussehen wird. Viele Zimmer haben Balkon. Das Hotel liegt etwas westlich des Innenstadttrubels.

Courtyard Ottawa East HOTEL **$$**
(☎613-741-9862; www.marriott.com; 200 Coventry Rd; DZ ab 119 C$; ❄) Das Hotel, das Ottawas nicht sonderlich zentralem VIA-Bahnhof am nächsten liegt, ist auch eine gute Wahl für Autofahrer: kostenlose Parkplätze! Es ist eins der neuesten Hotels der Stadt und besitzt geräumige, funktionale Zimmer mit trendiger Einrichtung. Auf dem Dach befindet sich ein Swimmingpool, und zum Haus gehört ein Bar-Restaurant. Wer gern mitten in der Innenstadt wohnen möchte oder im Winter ohne Auto unterwegs ist, ist anderswo besser aufgehoben.

Victoria Park Suites HOTEL **$$**
(Karte S. 236; ☎800-465-7275; www.victoriapark.com; 377 O'Connor St; DZ inkl. Frühstück ab 139 C$) Die angenehme Lage in einer baumbestandenen Seitenstraße in der Innenstadt, helle, luftige Zimmer mit Küchenzeile und komfortablen Betten machen dieses Haus zu einer wirklich ausgezeichneten Wahl für Reisende mit begrenztem Budget. Weitere Pluspunkte sind außerdem das luxuriöse kontinentale Frühstück, der hauseigene Fitnessraum und die Dachterrasse mit fantastischem Blick.

Hotel Indigo HOTEL **$$**
(Karte S. 242; ☎613-216-2903; www.ottawadowntownhotel.com; 123 Metcalfe St; DZ ab 139 C$; ❄@📶) Die tolle Lage in der Innenstadt verschafft diesem Möchtegern-Boutiquehotel Bonuspunkte. Zu den Eigenarten gehören eine Atriumlobby, Wandbilder vom Boden bis zur Decke in jedem Zimmer, Plasmafernseher und Gästeinformationen in Form von Haikus. Die Zimmer sind ein bisschen klein und dunkel. Wenn der Preis stimmt, ist es eine gute Option.

Arc BOUTIQUEHOTEL **$$**
(Karte S. 242; ☎613-238-2888; www.arcthehotel.com; 140 Slater St; DZ ab 129 C$; ❄@📶) Das Arc ist ein clever ausgestattetes Boutiquehotel mit 112 minimalistisch-eleganten Zimmern in toller Lage; das Design ist dezent, aber hip. Die lockere, erwachsene Atmo-

sphäre setzt sich bis in die ruhige Bar und das trendige Restaurant fort.

Fairmont Château Laurier HOTEL $$$
(Karte S. 242; ☎866-540-4410, 613-241-1414; www.fairmont.com/laurier; 1 Rideau St; DZ ab 269 C$;) Das bekannteste Hotel der Stadt steht an den Ottawa-Schleusen und ist eine Sehenswürdigkeit für sich. Die Zimmer sind riesengroß und mit edlen Antiquitäten eingerichtet. Jeder, der mag, kann durch die grandiosen Marmorflure schreiten, sich in die üppigen Sessel der vornehmen Lounge lümmeln und sich fühlen wie Graf Koks persönlich.

Byward Market & Sandy Hill

Ottawa Backpackers Inn HOSTEL $
(Karte S. 242; ☎613-241-3402; www.ottawahostel.com; 203 York St; B/EZ 27/65 C$, Apartment ab 150 C$;) Das entspannte Hostel ist in einem umgebauten Haus aus dem 19. Jh. untergebracht und protzt mit frisch modernisierten Badezimmern, sonnendurchfluteten Schlafsälen und praktischen Steckdosen an jedem Bett.

Barefoot Hostel HOSTEL $
(Karte S. 242; ☎613-237-0335; www.barefoothostel.com; 455 Cumberland St; B 38 C$;) Dicke Federbetten, großzügige Einstellungen der Klimaanlage, modern ausgestattete blitzsaubere Bäder, attraktive, freundliche Gemeinschaftsräume und eine malerische Terrasse machen dieses „Boutiquehostel" zu einem klaren Gewinner.

Australis Guest House B&B $
(☎613-235-8461; www.australisguesthouse.com; 89 Goulburn Ave; EZ/DZ ab 75/115 C$;) Das umweltfreundliche Gästehaus im hügeligen Sandy Hill bietet Bettwäsche aus 100 % Baumwolle, wiederverwendbare Stoffservietten, Reiningungsmittel ohne Chemie und Toiletten mit Wasserspartaste.

Avalon B&B $
(Karte S. 236; ☎613-789-3443; www.avalonbedandbreakfast.com; 539 Besserer St; DZ 85–125 C$;) Das Avalon ist eine erfrischende Alternative zu den üblicherweise mit Antiquitäten überladenen B&Bs. Es liegt an einer netten Straße in der Nähe des Kanals und hat eine geschmackvolle, moderne Ausstattung. Das Frühstück ist normalerweise opulent und gesund. Jedes der stilvollen Zimmer hat ein eigenes Bad.

★ **Swiss Hotel** BOUTIQUEHOTEL $$
(Karte S. 242; ☎613-237-0335; www.swisshotel.ca; 89 Daly Ave; Zi. inkl. Frühstück ab 128 C$;) Für längere Aufenthalte gelten reduzierte Preise: Das macht dieses schöne Boutiquehotel zu einem wunderbaren Ort für alle, die Ottawa als ihr zeitweiliges Zuhause betrachten. Das alte Steingebäude hat 22 stilvolle Gästezimmer, die alle etwas unterschiedlich ausfallen. Jedes hat aber iPads, kostenloses WLAN und kuschelige Betten. Das optionale Schweizer Frühstücksbüfett umfasst leckere importierte Kaffeesorten, Müsli, Käse und noch viel, viel mehr.

Benner's B&B B&B $$
(Karte S. 236; ☎613-789-8320; www.bennersbnb.com; 541 Besserer St; DZ 95–130 C$;) Das gepflegte und geräumige Haus ist 100 Jahre alt und hebt sich als komfortable Option im Sandy Hill District, zu Fuß 15 Minuten von der Innenstadt entfernt, von der Konkurrenz ab. Das King-Dachgeschosszimmer ist eine tolle Sache.

McGee's Inn INN $$
(Karte S. 236; ☎613-262-4337; www.mcgeesinn.com; 185 Daly Ave; DZ inkl. Frühstück 119–198 C$;) Die weitläufige viktorianische Villa hält, was sie verspricht. Blumendrucke und Stühle mit geflochtenen Sitzflächen, knopfäugige Plüschteddys und lackierte Nähmaschinen: Hier drinnen herrscht so viel Atmosphäre! Diverse separate Suiten stehen zur Verfügung – wir mögen besonders das John-McGee-Zimmer. Das üppige Frühstück können die Gäste im Esszimmer zum Klang antiker Kuckucksuhren genießen. Es ist eine ausgezeichnete Wahl für alle, die Geschichte und Charme mögen.

Les Suites HOTEL $$
(Karte S. 242; ☎866-682-0879; www.les-suites.com; 130 Besserer St; Suite ab 151 C$;) Die geräumigen Suiten in diesem Innenstadthotel am Rand des Byward Market-Bezirks haben ein oder zwei Schlafzimmer, komplett eingerichtete Küchen und eigene Waschmaschinen. Die Mitarbeiter sind für den ausgezeichneten Service bekannt. Einige Suiten sind erst kürzlich renoviert worden, bei anderen ist das schon länger her; am besten klärt man das vor der Buchung.

Essen

Ottawas bunte Restaurantpalette kann locker mit der gastronomischen Vielfalt von Toronto und Montréal mithalten, sie ist aber besser zu erreichen: Hier muss man nie besonders weit laufen, um auf tolle Lokale für jeden Geschmack und jeden Geldbeutel zu stoßen. Der **ByWard Market** (www.byward-market.com) ist ein einziger großer Schlemmerbezirk mit stolzen 150 Restaurants. Während der Sommermonate werden die Tische bis auf die Straße gerückt, denn die Plätze auf den Terrassen sind schnell besetzt.

Die Bank Street führt nach Süden ins abwechslungsreiche Glebe-Viertel mit weniger touristischen Kneipen, Restaurants und Cafés zwischen First Street und Fifth Street. Beim abendlichen Bummel durch die Preston Street, alias „Corso Italia", umweht die Besucher ein kleiner Hauch aus der südeuropäischen Heimat. Ottawas lebendige Chinatown an der der Somerset Street W nahe der Bronson Avenue ist ein toller Ort für einen gastronomischen Besuch, und westlich der Booth Street beherrschen leckere vietnamesiche Aromen die Szene.

Centretown & Chinatown

Eggspectation BRUNCH $

(Karte S. 236; ☎613-569-6505; www.eggspectation.ca; 171 Bank St; Mahlzeiten 8–23 C$; ⏲Sa–Di 7–17, Mi–Fr bis 21 Uhr) Die Innenstadtfiliale dieses Franchiselokals fürs Frühstück (und mehr) ist so praktisch und die Karte so *ei-malig*, dass wir auf diesen Tipp nicht verzichten wollten. Es ist billig, fröhlich und buchstäblich voller Sonnenschein. Helle offene Fenster lassen den Gästen viel Raum, um beispielsweise Strategien gegen den ganz persönlichen Kater zu entwickeln, auch wenn mancher lieber die Jalousien zuzieht.

Hung Sum CHINESISCH $

(Karte S. 236; ☎613-238-8828; 870 Somerset St; Gerichte 2–9 C$; ⏲Mo–So 11–20 Uhr) Traditionelle kantonesische Dim Sum (Teigtaschen mit verschiedenen Füllungen) werden in diesem wunderbar schlichten und gar nicht traditionellen kleinen Restaurant den ganzen Tag über serviert. Alle Gerichte werden frisch zubereitet, was ja nicht unbedingt üblich ist. Kurz gesagt, die Speisen in diesem Restaurant zählen zu den leckersten, die in Ottawa zu finden sind, außerdem ist das Preis-Leistungs-Verhältnis sehr gut, und es macht einfach Spaß, hier zu essen – am besten mit Freunden. Aber wenn es nicht anders geht, schmeckt es auch allein.

★ **Town** MODERNE KANADISCHE KÜCHE $$

(Karte S. 236; ☎613-695-8696; www.townlovesyou.ca; 296 Elgin St; Hauptgerichte 13–34 C$; ⏲Mi–Fri 11.30–14 & Di–So 17–22 Uhr) Town liebt uns und wir lieben Town – schick, smart und unbeschreiblich cool. Der Laden ist immer brechend voll: Kunstbeflissene Szenetypen sitzen Ellbogen an Ellbogen neben wohlhabenden, wohlfrisierten Hausfrauen. Jeder, der hier in der Gegend etwas von Essen versteht, weiß, wie gut das Essen hier ist: richtig gut. Die cleveren jungen Besitzer des Town haben den richtigen Mix von Stil, Lage, Marketing und einer hervorragend umgesetzten Karte so zusammengerührt, dass jeder darüber spricht.

Brasserie Métropolitain FRANZÖSISCH $$

(Karte S. 242; ☎613-562-1160; www.metropolitainbrasserie.com; 700 Sussex Dr; Hauptgerichte 11–38 C$; ⏲8–24 Uhr) Der angesagte Laden ist die moderne Ausgabe einer traditionellen Brasserie – allein schon die verzinkte Theke, die extravagante Ausstattung und die gedämpften Akkordeonklänge! Man fühlt sich wie in einer Kulisse für *Moulin Rouge*. Zur „Hill Hour" (wochentags 16–19 Uhr) schwirrt der Raum vom angeregten Geschnatter heißblütiger Politiker, die sich an billigen Drinks und den *plats du jour* laben.

The Works BURGER $$

(Karte S. 236; ☎613-235-0406; www.worksburger.com; 580 Bank St; Burger ab 9,50 C$; ⏲So–Mi 11–22, Do–Sa bis 24 Uhr) Es ist schwer zu glauben, dass dieser clevere Burgerladen sich in einem kurzen Jahrzehnt zu einem erfolgreichen Franchise-Unternehmen entwickelt hat. Die Gäste können ihren saftigen Fleischbratling mit mehr als 60 ausgefallenen Extras bekommen, angefangen bei Spiegeleiern über Brie bis hin zu Erdnussbutter.

Tosca ITALIENISCH $$

(Karte S. 242; ☎613-565-3933; www.tosca-ristorante.ca; 144 O'Connor St; Hauptgerichte 16–36 C$; ⏲Mo–Fr ab 11.30, Sa & So 16–22 Uhr) Mitten im Herzen der Innenstadt bietet dieses

OTTAWA SCHMECKEN

Auf der Website www.savourottawa.ca sind Einzelheiten über eine aufblühende lokale Initiative zu finden, die Kontakte zwischen regionalen Restaurants und den Bauern in der Umgebung herstellen will.

gehobene, aber erschwingliche italienische *ristorante* köstliche, authentische Gerichte, eine ausführliche Weinkarte und ausgezeichneten Service. Abends herrscht eine heitere Atmosphäre bei Kerzenschein, perfekt für ein romantisches Essen oder lange Gespräche mit alten Freunden.

C'est Japon à Suisha JAPANISCH **$$**
(Karte S. 242; ☎613-236-9602; www.japaninottawa.com; 208 Slater St; Sushi & Sashimi ab 6 C$, Hauptgerichte 18–35 C$; ⏲Di–Fr 11.30–14 & Di–Sa 17–21.30 Uhr) Ottawas starke Gastroszene weist gewisse Schwächen auf, wenn es um gute japanische Restaurants geht. Dies ist die Ausnahme: Köstliche authentische Gerichte werden in einer traditionell gestalteten Umgebung mit Sushibooten und separaten *washitsu*-Räumen präsentiert. Die ausführliche Speisekarte ermöglicht eine breite Vielfalt an Kombinationen und Sets.

Shanghai CHINESISCH **$$**
(Karte S. 236; ☎613-233-4001; www.shanghaiottawa.com; 651 Somerset St W; Waren 8–17 C$; ⏲Di–Fr 11.30–14 & Di–So 16.30–22 Uhr; 🖉) Das Restaurant ist weithin bekannt als das erste Lokal in der Chinatown von Ottawa. Inzwischen wird es von den künstlerisch begabten Kindern der ursprünglichen Besitzer geleitet. Das Essen ist toll – moderne chinesische Küche mit vielen vegetarischen Optionen –, aber das wirklich Anziehende sind das trendige Dekor, die wechselnden Kunstausstellungen und die fabelhaften Veranstaltungen am Wochenende (so was wie „Disco Bingo" und Karaoke); Gastgeberin ist die lokale Transendiva China-Doll.

ZenKitchen VEGAN **$$**
(Karte S. 236; ☎613-233-6404; www.zenkitchen.ca; 634 Somerset St W; Hauptgerichte 18–21 C$; ⏲Do & Fr 11.30–14, Sa & So 10–14 & tgl. 17–22 Uhr; 🖉) Das Konzept beruht auf der Prämisse, dass veganes Essen optisch ansprechend, köstlich und gesund sein kann. Nur ganz frische lokale Zutaten werden für die Zubereitung eines Menüs verwendet, das darauf zielt, den Eigengeschmack von Zutaten wie Tomaten, Mangos, Pfirsichen und Limetten hervorzuheben. Preisgekrönte Ontario-Weine schmeicheln dem Gaumen. Sehr empfehlenswert.

★ **Beckta Dining & Wine** FUSION **$$$**
(Karte S. 236; ☎613-238-7063; www.beckta.com; 226 Nepean St; Hauptgerichte 28–39 C$; ⏲17.30–22 Uhr) Einen Platz an der heißesten Tafel der Stadt, wenn nicht gar des Landes, muss man im Voraus reservieren. Das Beckta bietet ein hochwertiges kulinarisches Erlebnis mit regionaler Küche, die einen originellen Dreh bekommen hat. Das kreative Fünf-Gänge-Probiermenü (85 C$) ist ein Gemeinschaftswerk von Koch und Sommelier und eine tolle Möglichkeit zu erschmecken, welches große Ganze hier in Szene gesetzt wird. Wirkliche Feinschmecker werden einen Tisch ergattern.

Whalesbone Oyster House FISCH & MEERESFRÜCHTE **$$$**
(Karte S. 236; ☎613-231-8569; www.thewhalesbone.com; 430 Bank St; Hauptgerichte 24–35 C$; ⏲Mo–Fr 11.30–14 & tgl. 17–22 Uhr) Wenn die Köche aus der Gegend ihren Fisch im Großhandel vom Whalesbone kaufen, kann man wohl davon ausgehen, dass dies das beste Fischrestaurant Ottawas ist. Im Restaurant vor Ort wird eine übersichtliche frische Auswahl von köstlichen Leibspeisen wie Hummer, Heilbutt und Muschel-Ceviche auf kleinen Tellern serviert.

Byward Market & Sandy Hill

Boulangerie Moulin de Provence BÄCKEREI **$**
(Karte S. 242; ☎613-241-9152; www.moulindeprovence.com; 55 ByWard Market Sq; Gebäck ab 2 C$; ⏲7–22 Uhr) Seit einem Besuch von Präsident Obama ist die wunderbare Bäckerei der Star auf dem Markt. Die Auslage quillt förmlich über vor zuckersüßen und herzhaften Köstlichkeiten. Die „Obama Cookies" sind ein absoluter Renner, aber wir können auch die lockeren Croissants empfehlen, die als die leckersten der Stadt gelten.

Boulanger Français BÄCKEREI **$**
(Karte S. 242; ☎613-789-7941; www.bennysbistro.ca/bakery; 119 Murray St; Gebäck ab 2 C$; ⏲7–17.30 Uhr) Der Duft von frisch gebackenem *pain au chocolat* macht jegliche Diätpläne zunichte. Die Backwaren werden nach althergebrachten Originalrezepten aus Frankreich hergestellt.

Zak's Diner DINER **$**
(Karte S. 242; ☎613-241-2401; www.zaksdiner.com; 14 ByWard Market Sq; Hauptgerichte 8–15 C$; ⏲24 Std.) Die Musik aus den 1950er-Jahren passt super zur hiesigen Atmosphäre, die an den Film *Grease* erinnert. Am besten besucht man den kitschigen Diner mitten in der Nacht, wenn es hier von Partygängern mit enormen Hungergelüsten wimmelt. Das Club Sandwich und das Frühstück sind echte Dauerbrenner, es werden aber auch „total

moderne" Wraps angeboten – der Laden ist also nicht komplett in der Vergangenheit stecken geblieben.

Market Square MARKT $
(Karte S. 242; ☎613-562-3325; www.byward market.com; 55 ByWard Market Sq, Ecke William & George St; ⏲7–20 Uhr) Das Ziegelsteingebäude ist die richtige Adresse, wenn einen plötzlich der Hunger übermannt. Abgesehen von frischem Obst und Gemüse sowie Käse bekommt man hier internationale Gerichte zum Mitnehmen bei verschiedenen Imbissen, darunter Falafel, scharfe Currys, Blätterteiggebäck, Sushi usw. An einem Stand werden *beavertails* verkauft, Ottawas Vorzeigedessert.

I Deal Coffee CAFÉ $
(Karte S. 242; ☎613-562-1775; www.idealcoffees.com; 176 Dalhousie St; ⏲Mo–Fr 7–19, Sa & So 9–18 Uhr) Dieses Café ist wirklich ideal; handverlesene Kaffeemischungen werden an Ort und Stelle produziert und geröstet. Das Dekor ist zweitrangig; im Mittelpunkt steht das aromatische Gebräu.

Planet Coffee CAFÉ $
(Karte S. 242; ☎613-789-6261; 24 York St; ⏲Mo–Sa 7.30–22, So 9–19 Uhr) Ach Starbucks! Lieber sollte man sich mal in dem ruhigen Hof um die Ecke einen Latte gönnen. Gesüßter Eiskaffee ist ein Renner.

★ **Fraser Cafe** CAFÉ $$
(☎613-749-1444; www.frasercafe.ca; 7 Springfield Rd; Brunchbestandteile 9–15 C$, Hauptgerichte 12–29 C$; ⏲Di–Fr 11.30–14, Sa & So 10–14 & Di–So 17.30–22 Uhr) Es lohnt sich, für dieses pfiffige Café-Restaurant auf der anderen Seite des Kanals gleich östlich von Sandy Hill einen kleinen Weg auf sich zu nehmen, besonders wenn man Lust auf Brunch hat (nur am Wochenende). Gesunde, leckere, kreative Speisen werden aus superfrischen Zutaten zubereitet. Die Atmosphäre ist lebhaft und lässig, der Service trotz des Rummels ausgezeichnet. Reservierungen sind zu empfehlen.

Chez Lucien FRANZÖSISCH $$
(Karte S. 242; ☎613-241-3533; 137 Murray St; Hauptgerichte 6–16 C$; ⏲11–2 Uhr) Frei liegende rotbraune Ziegelwände, eine Jukebox, die kostenlos Klassiker dudelt, Schnecken mit Kräuterbutter, Chez Lucien wirkt das alles ganz natürlich – eine der beliebtesten Adressen in Ottawa, um stilvoll zu relaxen.

Lapointe FISCH & MEERESFRÜCHTE $$
(Karte S. 242; ☎613-241-6221; www.lapointefish.ca; 55 York St; Hauptgerichte 10–29 C$; ⏲11.30–21.30 Uhr) Der Fischmarkt versorgt die Gemeinde seit 1867. Dem Restaurant im Untergeschoss fehlt zwar das Flair, dafür bietet es vielfältige Fischgerichte von Sashimi bis Fischsuppe und traditionellen Fish & Chips.

LUXE Bistro & Steakhouse STEAKHOUSE $$$
(Karte S. 242; ☎613-241-8805; www.luxebistro.com; 47 York St; Hauptgerichte 12–37 C$; ⏲11.30–1 Uhr) Wer sein Steak ein bisschen französisch mit einem Hauch New York mag, dem wird dieses schicke Bistro in ByWard Market wahrscheinlich gefallen. Die Einrichtung ist nobel, und die neue Terrasse im Freien ist in den wärmeren Monaten ein Renner. Am besten passt man sich kleidungsmäßig an.

Le Cordon Bleu Bistro @ Signatures FRANZÖSISCH $$$
(Karte S. 236; ☎613-236-2499; www.bistroatsignatures.com; 453 Laurier Ave E; Hauptgerichte 26–35 C$; ⏲Mi–Fr 11.30–13.30 & Mi–Sa 17.30–21.30 Uhr) Das Restaurant in einem Schloss im Tudorstil gehört zur angesehenen Cordon-Bleu-Kochschule. Erfahrene Ausbilder bereiten die abendlichen à-la-carte-Gerichte zu. An den Wochentagen kochen mittags Auszubildende vor dem Abschluss für die *table dhôte* (26 C$). Die Gerichte bieten ein hervorragendes Preis-Leistungs-Verhältnis, auch wenn manchmal etwas daneben geht. Die umfangreiche Weinkarte ähnelt in gewisser Weise einem Lexikon.

Weiter außerhalb

White Horse Restaurant DINER $
(☎613-746-7767; 294 Tremblay Rd; ⏲Mo–Fr 5–19, Sa & So 7–16 Uhr) Der wunderbare kleine Imbiss ist vom Bahnhof aus die nächste Möglichkeit, um etwas zu essen. Geboten werden gute altmodische Hausmannskost und das billigste Frühstück der Stadt.

Petit Bills KANADISCH $$$
(☎613-729-2500; www.petitbillsbistro.com; 1293 Wellington St W; Hauptgerichte 22–33 C$; ⏲Mo–Sa 11.30–21, So 16.30–21 Uhr) Es lohnt sich, das Geld für ein Taxi auszugeben, um in diesem bezaubernden familiengeführten Bistro im Fisher-Park-Viertel einzukehren. Die Ostküsten-Fischsuppe nach einem Geheimrezept ist eine der besten, die wir je gegessen haben.

Urban Element FUSION $$$

(Karte S. 236; 613-722-0885; www.theurbanelement.ca; 424 Parkdale Ave; Kurse ab 90 C$; 9–17 Uhr, Mahlzeiten auf Bestellung) Diese Geschmacksoption mit Sitz in einer leerstehenden Feuerwache ist schon vom Konzept her überzeugend. Nach vorheriger Anmeldung kann man in der „Lehrküche" sein eigenes 3-Sterne-Gourmetmenü zubereiten – mit Unterstützung eines erfahrenen Kochs natürlich. Zum Anleiterteam gehören eine feste Kochcrew und mehrere „Gastdozenten", die in den besten Restaurants der Stadt arbeiten.

Atelier FUSION $$$

(Karte S. 236; 613-321-3537; www.atelierrestaurant.ca; 540 Rochester St; Menü 110 C$; 17–22 Uhr) Das geistige Kind von Marc Lépine, dem gefeierten Küchenchef und leidenschaftlichen Anhänger der Molekularküche, ist ein Labor mit weißen Wänden – dazu geschaffen, die Geschmacksknospen zu kitzeln. Es gibt keinen Herd und keinen Ofen – nur Bunsenbrenner, flüssigen Stickstoff und heiße Platten, um das einzigartige Probiermenü mit zwölf Gängen zuzubereiten. Jedes Gericht ist ein kleines wissenschaftliches Experiment, das mit Textur, Geschmack und Temperatur spielt und die Grenzen der „normalen" Küche erweitert (z. B. mit Taco-Eis). Das ist weniger Fusion als Atomspaltung.

Wellington Gastropub STEAKHOUSE $$$

(613-729-1315; www.thewellingtongastropub.com; 1325 Wellington St W; Hauptgerichte 19–27 C$; Mo–Fr 11.30–14 & Mo–Sa 17.30–21.30 Uhr) Gastropub klingt ein bisschen nach britischer Magenverstimmung, aber das Wellington lockt mit seiner klugen Auswahl an herzhaften Gerichten und originellen Kellnern die Feinschmecker ans westliche Ende der Stadt. Zu den wechselnden Speisen auf der Karte passt am besten ein Bier aus einer aus der heimischen Mikrobrauerei.

Le Baccara FRANZÖSISCH $$$

(819-772-6210; Blvd du Casino; Abendessen Hauptgerichte 30–50 C$; Mi–So 17.30–23 Uhr) Was heißt Fresstempel auf Französisch? Die Antwort lautet „Baccara". Das kulinarische Erlebnis der Weltklasse im Casino du Lac Leamy, am anderen Flussufer in Hull, präsentiert sich mit einem Speisesaal mit offenem Konzept, wo die Gäste den Meisterköchen beim Zubereiten der Speisen zuschauen können. Es gibt auch Führungen durch den höhlenartigen Weinkeller mit mehr als 130 00 Flaschen! Die Gäste müssen mindestens 18 Jahre alt sein.

Ausgehen & Nachtleben

Von billigen Bierpinten bis zu fröhlichen lokalen Pubs und vornehmen Lounges zum Sehen und Gesehenwerden hat Ottawa alles zu bieten. Die meisten Bars öffnen gegen 21 Uhr, und wenn sie schließen (normalerweise um 2 Uhr) flitzen die Leute hinüber nach Hull und feiern dort weiter.

Highlander Pub PUB

(Karte S. 242; 613-562-5678; www.thehighlanderpub.com; 115 Rideau St; 11–1 Uhr) Kellner im karierten Kilt, 17 Fassbiere und 200 verschiedene Single Malt Whiskys tragen zu der wunderbar schottischen Anmutung dieses Pubs in ByWard Market bei. Auch das Essen ist gut!

Parliament Pub PUB

(Karte S. 242; 613-563-0636; www.parliamentpub.com; 101 Sparks St; Mo–Sa 12–2, So bis 21 Uhr) Es gibt keinen besseren Ort, um in Ruhe ein Bier zu trinken und dabei über die Geschichte dieser schönen Stadt nachzusinnen als die Sommerterrasse direkt gegenüber Parliament Hill.

Château Lafayette PUB

(Karte S. 242; 613-241-4747; www.thelaff.ca; 42 York St; 11–2 Uhr) Viele behaupten, das „Laff" sei eine abgehalfterte Spelunke. Tatsächlich fängt dieses heruntergekommene Relikt sehr gut die entspannte Atmosphäre von ByWard Market ein.

Manx BAR

(Karte S. 236; 613-231-2070; 370 Elgin St; Mo–Fr 11.30–2, Sa & So 9.30–2 Uhr) Ein gemütliches Meer aus Samt erwartet einen in dieser Kellerbar mit Kneipen-Atmosphäre. Die meisten Gäste zieht es wegen der tollen Bierauswahl aus kleinen lokalen Brauereien her (darunter das heiß geliebte Creemore), die auf Kupfertischen serviert wird.

Stoneface Dolly's BAR

(Karte S. 236; 613-564-2222; www.stonefacedollys.com; 416 Preston St; 8.30–14.30 & 17–21 Uhr) Dieses beliebte Lokal ist nach der Mutter des Besitzers benannt, die beim Pokern keine Miene zu verziehen pflegte, also ein echtes Pokerface war. Man kann z. B. ein Beau- oder ein Hobgoblin-Bier bestellen. Tagsüber wird auch Essen zubereitet.

Clock Tower Brew Pub BAR

(Karte S. 242; ☎613-241-8783; www.clocktower.ca; 89 Clarence St; ⌚11–2 Uhr) Hauseigene Biersorten wie Raspberry Wheat und Fenian Red umgeben von frei liegenden Ziegelwänden und dem ByWard-Trubel. In der Stadt gibt es noch drei weitere Ableger dieses beliebten Pubs.

Social BAR

(Karte S. 242; ☎613-789-7355; www.social.ca; 537 Sussex Dr; ⌚12–24 Uhr) Die schicke Lounge mit coolen DJ-Beats, dick gepolsterten Möbeln und überdimensionalen Drinks lockt ein trendiges Publikum an. Die Cocktails sind so groß, dass eigentlich ein Rettungsschwimmer Dienst schieben müsste.

Schwulen- & Lesbentreffs

Ottawa hat eine angesagte Kleinstadt-Schwulenszene, allerdings ist sie weniger angesagt als die in Montréal, zwei Stunden entfernt. Genaueres ist unter *Xtra* (www.xtra.ca) zu finden.

Centretown Pub PUB

(Karte S. 236; ☎613-594-0233; http://centretownpub.blogspot.ca; 340 Somerset St W; ⌚14–2 Uhr) Das sympathische kleine Nachbarschaftspub besitzt freundliche Mitarbeiter, einen Pool hinter dem Haus und auch eine kleine Terrasse nach hinten zu. Am Wochenende werden die oberen und unteren Ebenen zu Tanzflächen umfuntioniert. In kürzester Zeit gibt es dann nur noch Steh- (oder Tanz-)plätze.

Lookout Bar BAR

(Karte S. 242; ☎613-789-1624; www.thelookoutbar.com; 41 York St; ⌚Mo–Sa 14–2, So bis 21 Uhr) Die populäre Bar im ByWard Market zieht ein gemischtes Publikum an, vor allem aber Lesben.

Edge CLUB

(Karte S. 242; ☎613-237-2284; www.clubedgeottawa.com; 212 Sparks St; ⌚Fr & Sa 22–3 Uhr) Hier geht ein jüngeres schwules Publikum zu den Top 40 und House-Klängen ab.

☆ Unterhaltung

In Ottawa gibt es verschiedene Publikationen (gedruckt oder online), in denen man sich bezüglich aktueller Veranstaltungen schlaumachen kann. *Express* heißt das kostenlose Unterhaltungsmagazin, das wöchentlich erscheint (www.ottawaxpress.ca). Es liegt überall in der Stadt aus, u. a. in Cafés, Bars und Buchläden. Zusätzliche Infos gibt es z. B. unter www.ottawaentertainment.ca. Alternativ bietet auch *Ottawa Citizen* (wird donnerstags veröffentlicht) einen vollständigen Veranstaltungskalender zum Thema Clubbing/Unterhaltung.

Das Nachtleben „tobt" generell in drei Bezirken: am ByWard Market, entlang der Bank Street in Glebe und auf der Elgin Street, etwa auf halber Strecke zwischen dem Queensway und Parlament Hill.

Casino du Lac Leamy KASINO

(☎819-772-2100; 1 Blvd du Casino; ⌚11–3 Uhr) Ottawas „Klein-Las Vegas" liegt am anderen Flussufer in Hull/Québec. Die noble Spielhalle verfügt über einen Bootsanleger und einen Helipad – für den Fall, dass man per Hubschrauber einschwebt. Der ansehnliche Kasino-Komplex umfasst auch ein Hotelhochhaus, ein Dinnertheater, Glitzershows, ein hochklassiges Restaurant und ein ganzes Meer von Spieltischen. Wer dorthin möchte, nimmt die dritte Ausfahrt hinter der Macdonald-Cartier Bridge von Ottawa. Und das Aufbretzeln nicht vergessen!

Livemusik

Zaphod Beeblebrox LIVEMUSIK

(Karte S. 242; ☎613-562-1010; www.zaphods.ca; 27 York St; ⌚17–1 Uhr) Zaphod Beeblebrox bedeutet „supergeile Bühne für Livemusik" in einer ansonsten völlig unverständlichen, außerirdischen Sprache. Mit einem Gargleblaster in der Hand kann man sich von den abgefahrenen Beats ans Ende des Universums tragen lassen. Naja, vielleicht.

Fat Tuesday's LIVEMUSIK

(Karte S. 242; ☎613-241-6810; www.fattuesdays.ca; 62 York St; ⌚11.30–1 Uhr) Ein kleines Stück New Orleans in Ottawa. Dieses Lokal ist in der Stadt für seine Klavierabende (Fr & Sa) bekannt. Die restliche Woche über werden die Gäste mit Happy-Hour-Rabatten gelockt. Außerdem kann man sich hier aus der Hand lesen lassen.

Rainbow Bistro LIVEMUSIK

(Karte S. 242; ☎613-241-5123; www.therainbow.ca; 76 Murray St; ⌚16–24 Uhr) Alt und gut: Nirgendwo in Ottawa wird besserer Live-Blues gespielt.

Irene's Pub LIVEMUSIK

(Karte S. 236; ☎613-230-4474; www.irenespub.ca; 885 Bank St; ⌚11.30–24 Uhr) Der freundliche und originelle kleine Pub bietet Livemusik – keltische Musik, Folk oder Blues – und eine tolle Auswahl an Importbieren.

Theater

National Arts Centre THEATER
(NAC; Karte S. 242; ☎613-755-1111; www.nac-cna.ca; 53 Elgin St) Die Nummer 1 in Sachen darstellende Künste (Oper, Theater, klassische Musik/Symphonieorchester) in der Hauptstadt ist dieser moderne Komplex am Kanal (Confederation Square).

Kino

Mayfair Theatre KINO
(Karte S. 236; ☎613-730-3403; www.mayfairtheatre.ca; 1074 Bank St) Das Arthouse-Kino hat sich seit den frühen 1930er-Jahren kaum verändert.

Bytowne Cinema KINO
(Karte S. 236; ☎613-789-3456; www.bytowne.ca; 325 Rideau St) Seit mehr als 60 Jahren zeigt Ottawas Herzstück der Indieszene internationale und Independent-Filme.

Sport

Ottawa ist verrückt nach Hockey, und es lohnt sich auch dann, ein paar Karten zu besorgen, wenn man nicht auf diesen Sport steht, denn die Fans machen eine wirklich umwerfende Show. Das Heimatstadion der Senators aus der NHL (Nationale Hockey-Liga) ist der **ScotiaBank Place** (☎613-599-0100; www.senators.com; Palladium Dr, Kanata) im Westen von Ottawa.

Wer nicht so viel Geld ausgeben möchte, kann den Ottawa 67s, einem Eishockeyteam aus der unteren Spielklasse, im **Civic Center** (Karte S. 236; ☎613-232-6767; www.ottawa67s.com; 1015 Bank St) zusehen.

Shoppen

Der **ByWard Market** (Karte S. 242; ☎613-562-3325; www.byward-market.com) an der Ecke George St und ByWard St ist die beste Anlaufstelle, wenn man unterschiedliche Waren an ein und demselben Ort kaufen möchte. Das alte Marktgebäude aus kastanienbraunen Ziegelsteinen, das in den 1840er-Jahren erbaut wurde, beherbergt die verschiedensten Geschäfte, und draußen bieten die Händler das ganze Jahr über von 6 bis 18 Uhr ihre Waren feil. Im Winter geht die Zahl der Verkäufer stark zurück, doch im Sommer sind stolze 175 Stände in den Straßen zu finden; man hat die Wahl zwischen frischen Lebensmitteln von Bauernhöfen aus der Region, Blumen, Fisch und Meeresfrüchten, Käse, Backwaren und kitschigen Souvenirs. Die Dalhousie St, einen Block östlich des Markts, macht sich derzeit einen Namen aufgrund der hier angesiedelten schicken Boutiquen und Modehäuser.

Glebe, ein buntes Viertel gleich südlich des Queensway, quillt förmlich über von ausgefallenen Antiquitätenläden und atmosphärischen Cafés. Am meisten ist auf der Bank Street los.

Praktische Informationen

Die Webseite von **Ottawa Tourism** (www.ottawatourism.ca) gewährt einen umfassenden Überblick über die kanadische Hauptstadt und ist daher ein äußerst nützliches Hilfsmittel beim Planen der Reise in die Hauptstadt und beim Reservieren von Unterkünften. Rund um die Sparks Street Mall findet man Banken und Wechselstuben.

Accu-Rate Foreign Exchange (☎613-238-8454; 1. Stock, World Exchange Plaza, 111 Albert St) Hier kann man Geld wechseln, Reiseschecks einlösen und und elektronischen Zahlungsverkehr abwickeln.

Capital Information Kiosk (Karte S. 242; ☎800-465-1867, 613-239-5000; www.canadascapital.gc.ca; World Exchange Plaza, 111 Albert St; 9–18 Uhr;) Die wichtigste Informationsquelle für alles, was Ottawa betrifft.

Market Cleaners (☎613-241-6222; 286 Dalhousie St; Mo–Fr 7–21, Sa & So ab 8 Uhr) Waschsalon und Internetcafé in einem.

Ottawa Hospital (☎613-722-7000; www.ottawahospital.on.ca; 501 Smyth Rd; 24 Std.) Südöstlich der Innenstadt in Alta Vista; hat eine Notaufnahme.

Post (Karte S. 242; ☎800-267-1177; www.canadapost.ca; 59 Sparks St; Mo–Fr 8–17.30 Uhr)

An- & Weiterreise

AUTO & MOTORRAD

Die größeren Mietwagenfirmen sind am Flughafen vertreten und haben auch mehrere Niederlassungen in der Stadt, vor allem an der Laurier und der Catherine Street.

BUS

Der **zentrale Busbahnhof** (Karte S. 236; ☎613-238-5900; 265 Catherine St) liegt 20 Blocks südlich des Parlaments in der Nähe der Kent Street. Mehrere Gesellschaften bieten von hier Busverbindungen, die größte ist Greyhound Canada mit Bussen nach Toronto (64 C$, 5 Std., 8-mal tgl.).

FLUGZEUG

Der moderne **Ottawa MacDonald-Cartier International Airport** (YOW; ☎613-248-2000; www.ottawa airport.ca; 1000 Airport Rd) liegt 15 km südlich der Stadt und ist sehr klein. Zu den großen Fluggesellschaften, die Ottawa ansteu-

BONNECHERE CAVES

Die **Bonnechere Caves** (☎613-628-2283; www.bonnecherecaves.com; Fourth Chute Rd; geführte Touren Erw./Kind 16/12 C$; ⏲Mai–Okt. 10–16.30 Uhr), etwa 130 km westlich von Ottawa, sind eins der weltweit schönsten Beispiele einer sogenannten Lösungshöhle (eine Höhle, die durch säurehaltiges Wasser aus festem Gestein ausgewaschen wurde). Sie entstanden vor 500 Mio. Jahren am Grund eines tropischen Meeres. Die feuchten Höhlen enthalten eine gespenstische Sammlung prähistorischer Fossilien, darunter ein gut erkennbarer Tintenfisch. Bei der humorvollen Führung, die die seltsame Geschichte dieses Ortes detailliert wiedergibt, erfahren die Teilnehmer manches über Höhlenforschung. Wendige Besucher können sich durch ein paar besonders enge, feuchte Durchgänge quetschen.

ern, gehören WestJet, Porter, American Airlines, British Airways, Northwest Airlines, KLM und US Airways. Es gibt so gut wie keine internationalen Direktflüge nach Ottawa.

ZUG

Der **VIA-Bahnhof** (Karte S. 236; ☎888-842-7245; 200 Tremblay Rd) liegt 7 km südöstlich der Innenstadt in der Nähe der Ausfahrt Riverside Drive vom Highway 417. VIA Rail-Züge fahren nach Toronto (99 C$, 4¼ Std., 7-mal tgl.) und Montréal (50 C$, 1¾ Std., 7-mal tgl.).

ℹ Unterwegs vor Ort

AUTO & MOTORRAD

Die World Exchange Plaza bietet an den Wochenenden kostenlose Parkplätze. Dies ist zudem die praktischste Parkgelegenheit, wenn man die Touristeninformation in der Innenstadt besuchen möchte. Überall im Zentrum gibt's Parkplätze mit Parkuhr. Im Winter ist es verboten, den Wagen über Nacht an der Straße stehen zu lassen. Weitere Infos zum Thema Parken erhält man bei der **City of Ottawa** (☎613-580-2400).

FAHRRAD

Die freundlichen Mitarbeiter von **Rent-A-Bike** (☎613-241-4140; www.rentabike.ca; East Arch Plaza Bridge, 2 Rideau St; Verleih ab 9 C$/Std.; ⏲April–Okt.) versorgen jeden mit dem richtigen Fahrrad und geben Tipps für landschaftlich reizvolle Strecken.

ZUM/VOM FLUGHAFEN

Die preiswerteste Transportmöglichkeit zum Flughafen ist der Stadtbus. Die Linie 97 hält an der Ecke Slater und Albert St, westlich der Bronson Ave (darauf achten, dass man Richtung „South Keys & Airport" fährt). Die Fahrt dauert 30 Minuten.

Ottawa Shuttle Service (☎613-680-3313; www.ottawashuttleservice.com; ab 25 C$; ⏲10–22 Uhr) bietet Einzel- und Sammeltaxis von den meisten größeren Hotels.

Blue Line Taxis (☎613-238-1111; www.bluelinetaxi.com) und **Capital Taxi** (☎613-744-3333; www.capitaltaxi.com) bieten einen Taxiservice vom und zum Flughafen; der Preis liegt bei 20 bis 30 C$. Falls es schwierig wird, einen Wagen zu erwischen: An der Metcalfe Street zwischen Sparks und Queen Street gibt es immer einen ganzen Haufen.

ÖFFENTLICHE VERKEHRSMITTEL

Ottawa und Hull/Gatineau unterhalten getrennte Bussysteme. Wer mit seiner Fahrkarte ins andere Netz wechselt, muss eventuell nachzahlen.

OC Transpo (☎613-741-6440, 613-741-4390; www.octranspo.com) betreibt Busse und eine Stadtbahn, den O-train. Das Bahnsystem wird gerade ausgebaut und soll 2018 fertig sein. Einstweilen können die öffentlichen Verkehrsmittel mitunter nervtötend sein: Sie fahren zeitweise nur unregelmäßig und sind überfüllt. Busfahrkarten kosten 1,50 C$ und für die meisten Fahrten braucht man mindestens zwei Fahrkarten. Hefte mit sechs Karten sind in den meisten Lebensmittelgeschäften erhältlich. Beim Einsteigen sollte man sich unbedingt vom Busfahrer eine Transferkarte geben lassen, die 90 Minuten gültig ist.

Rund um Ottawa

Jenseits des Flusses, hinter Hull, Québec, wird aus dem Ottawa Valley das Outaouais (gesprochen wie Ottawa mit einem starken französisch-kanadischen Akzent). Die weitläufige und in erster Linie ländliche Gegend erstreckt sich vom Ottawa River Richtung Norden bis hinter Maniwaki, im Westen bis hinter Fort Coulonge und im Osten bis nach Montebello.

Gatineau Park

Der Gatineau Park ist verdientermaßen beliebt. Das 36 000 ha große bewaldete Areal ist von Seen durchzogen und liegt in den Gatineau Hills, Provinz Québec. Das **Besucherzentrum** (☎33 ;819-827-2020 Scott Rd; ⏲9–17 Uhr) ist 12 km vom Parliament Hill in Ottawa entfernt und über den Highway 5 zu erreichen.

Im Sommer erwartet einen ein ausgedehntes Netz aus Wander- (insgesamt 150 km) und Radwegen (mehr als 90 km), die durch Zedern- und Ahornwälder führen, im Winter kann man dann die zahlreichen Skipisten hinabsausen. Die Strände der Seen Lac Lapêche, Lac Meech und Lac Philippe laden zum Schwimmen ein (am Lac Meech gibt es sogar einen Nudistenstrand für Schwule). Achtung: Hin und wieder sind hier auch ein paar Blutegel unterwegs und das kann sehr unangenehm werden!

Ebenfalls auf dem Parkgelände befindet sich das **Mackenzie King Estate** (800-465-1867; Eintritt 10 C$/Fahrzeug; Mai–Okt. 11–17 Uhr), die Sommerresidenz von William Lyon Mackenzie King. Er war in den 1920er-, späten 1930er- und frühen 1940er-Jahren kanadischer Premierminister, ein guter Redner und für seine gesellige Art bekannt. Dabei war er aber auch ein verschrobener Typ; so hielt er Zwiesprache mit seinem toten Hund und seiner verstorbenen Mutter. Sein Zuhause, Moorside, dient heute als Museum mit einer netten Teestube.

Fall Rhapsody (800-465-1867; www.canadascapital.gc.ca/gatineau) eröffnet Fotografie- und Naturfans die Möglichkeit, das herbstliche Farbfeuerwerk in den Wäldern zu erleben, bevor alles unter einem pulvrigen Schneeteppich begraben wird. Regelmäßig werden geführte Spaziergänge, Kunstausstellungen und Brunchs mit Livemusik organisiert.

Wakefield

Das malerische Wakefield ist ein liebenswerter Mix aus denkmalgeschützten Gebäuden, Cafés und touristisch orientierten Geschäften. Nordwestlich des Gatineau Parks gibt es mehrere Ausrüster, die einen turbulenten Abschnitt des Ottawa River für Rafting-Abenteuer nutzen.

Esprit Rafting (800-596-7238; www.whitewater.ca) in Davidson (bei Fort Coulonge) im Outaouais gelegen und über den Highway 148 zu erreichen, nutzt kleine Rafts, die über der Wasserlinie liegen (eine holprige Fahrt ist garantiert). Besonders beliebt ist die eintägige Raftingexkursion, doch viele Besucher entscheiden sich auch für eine mehrtägige Tour, die u. a. bis zum Algonquin Park führen. Wer ein bisschen länger bleiben möchte, kann im rustikalen Auberge Esprit Hostel übernachten, das von den Besitzern von Esprit Rafting betrieben wird. Im Preis sind das Frühstück und die Nutzung von Kanus und Kajaks inbegriffen. Auch Zeltplätze sind vorhanden.

Eine Mischung aus adrenalinlastigen und ruhigeren Touren bieten **Wilderness Tours** (888-723-8669; www.wildernesstours.com; 33 Scott Rd, Old Chelsea) oder **OWL Rafting** (800-461-7238; www.owl-mkc.ca; 40 Owl Lane, Foresters Falls, Old Chelsea). Beide Veranstalter versorgen die Kunden mit Mahlzeiten und man kann zelten oder in (teuren) Hütten übernachten.

Québec

Inhalt ➡

Gut essen

- L'Express (S. 281)
- Le Lapin Sauté (S. 321)
- Manoir Hovey (S. 302)
- Vices Versa (S. 336)
- sEb (S. 295)

Schön übernachten

- Auberge Saint-Antoine (S. 319)
- Hôtel Gault (S. 277)
- Maison Historique James Thompson (S. 318)
- Hôtel Le Germain (S. 278)

Auf in die Provinz Québec!

Nachdem es lange Zeit als Außenposten des katholischen Konservatismus galt und als abgeschiedene Insel der Frankophonie in einem Meer aus englischsprachiger Kultur unterzugehen drohte, ist Québec nun herangereift und hat seine eigene Kultur entwickelt. Bei all den bunten viktorianischen Fassaden, den sanften Hügeln und den romantischen Bistros versteht man leicht, woher die Einwohner Québecs ihre Lebendigkeit und ihre Gastfreundschaft haben.

Montréal und Québec sind geschäftige Metropolen mit der perfekten Mischung aus Eleganz und Verspieltheit und geschichtsträchtigen Ecken. Den rustikalen Charme des alten Québec findet man in den Cantons de l'Est (Eastern Townships). In den Sternerestaurants der Region werden Produkte aus der Umgebung von Charlevoix serviert. In den Laurentides finden sich zahllose Skiorte, während die schroffe Küste der wunderbaren Halbinsel Gaspé und die hoch aufragenden Steilwände über dem Saguenay nicht minder atemberaubend sind.

Reisezeit

Montréal

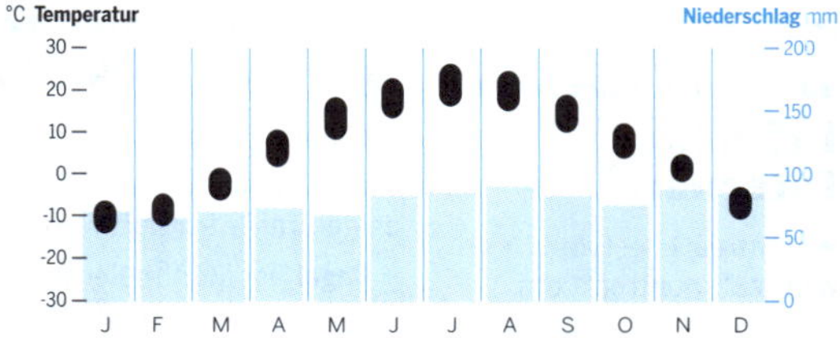

Dez. & Jan. Es lockt der Mont-Tremblant mit den tollsten Skipisten Nordamerikas.

Feb. Sich in der Stadt Québec unter die Besucher des frostigen Karnevalstreibens mischen.

Juli Mit dem Festival International de Jazz beginnt in Montréal der ausgelassene Partysommer.

QUÉBEC ZU FUSS

Montréal und Québec besichtigt man ohne Auto. Im Gegensatz zu anderen nordamerikanischen Städten sind die Metropolen der Provinz Québec europäisch angelegt. Sie sind einfach zu Fuß zu meistern und haben lebhafte, von Straßencafés gesäumte Bürgersteige.

Kurzinfos

- Einwohner: 7 870 000
- Fläche: 1 540 687 km^2
- Hauptstadt: Québec
- Kuriosität: Das Château Frontenac in der Stadt Québec ist das meistfotografierte Hotel der Welt

Typisch Québec

- Geburtsort von: Trivial Pursuit, AM-Radio, Ski-Doo-Schneemobilen, Plexiglas
- Heimat von: Leonard Cohen, Norm MacDonald, William Shatner, Jacques Villeneuve, Rufus Wainwright
- Kitschigstes Andenken: Ahornsirup-Lutscher in der Form einer Kuh

Infos im Internet

- Montréal Lifestyle: www.cultmontreal.com
- Tourismus Montréal: www.tourisme-montreal.org
- Tourismus Québec: www.bonjourquebec.com
- Tourismus Québec (Stadt): www.quebecregion.com

Einheimische Kultur

Die Québecer sind ein leidenschaftliches Volk. Wer daran zweifelt, muss nur das Thema Unabhängigkeit ansprechen! Das Leben wird dennoch gemächlich genossen – genau wie der starke aromatische Kaffee, zu dem man gerne ein *chocolatine* (Schokocroissant) verdrückt.

In Québec wird im Schnitt mehr Alkohol konsumiert als im übrigen Kanada. Die überwiegend liberale Mentalität schafft eine entspannte Atmosphäre und damit auch beste Voraussetzungen für ein pulsierendes Nachtleben in Montréal und Québec. Am Wochenende sind die Straßen oft bis frühmorgens bevölkert.

QUÉBEC IN …

… einem Tag

Der Tag beginnt mit einem Brunch im L'Express in **Montréal**. Die aufgenommenen Kalorien werden bei einer kleinen Wanderung hinauf zum **Parc du Mont Royal** wieder abtrainiert. Zurück geht es durchs **Mile End** oder das **Plateau Mont-Royal**, die zahlreiche Optionen für ein Abendessen oder einen Drink bieten.

… drei Tagen

Da bleibt für **Montréals** entspannte Atmosphäre nur ein Tag Zeit. Danach geht's quer durch die Laurentides nach **Mont-Tremblant**. Der dritte Tag ist für **Québec (Stadt)** reserviert: Nach einem Spaziergang zwischen den Stadtmauern der **Alten Oberstadt** stärkt man sich in einem Restaurant der **Alten Unterstadt** mit einem Menü von der *table d'hôte* (Tageskarte).

… sieben Tagen

Nach der Dreitagestour geht es zum **Saguenay**. Für den Weg dorthin kann man sich zwei Tage Zeit lassen und **Charlevoix** genießen. Zur Mittagszeit legt man einen Halt in **Baie St-Paul** oder **La Malbaie** ein. Die letzten beiden Nächte verbringt man im netten **Tadoussac**, mit Walbeobachtungen oder einer Fjordtour.

Québecs Leckerbissen

- **Poutine** Pommes, Bratensauce und Käseraspel.
- **Café au lait** Dunkler Röstkaffee mit Milch, der in einer bauchigen Tasse serviert wird – mit einem Buttercroissant.
- **Bagel** Der Montréaler Bagel ist kleiner, fester und süßer als sein Gegenstück in New York. Sein Geheimnis: Er wird von Hand gerollt und vor dem Backen in Rosenwasser gekocht.
- **Ahornsirup** Wer im Februar oder März eine Konditorei besucht, sollte die Köstlichkeit probieren, die auf Würstchen gestrichen und über Pfannkuchen gesprenkelt wird.
- **Tourtière** Die Fleischpastete gibt es in der Weihnachtszeit, ansonsten heißt sie einfach *pâté à la viande*.

Highlights

1 Sich ins pulsierende Nachtleben von **Montréal** (S. 284) stürzen.

2 In der von Mauern umgebenen Stadt **Québec** (S. 306) die unvergleichliche Kultur, die Geschichte und den Charme auf sich wirken lassen.

3 Sich bei **Tadoussac** (S. 337) im Fjord des Flusses Saguenay von den Walen nass spritzen lassen.

4 Das künstlerische Flair von **Baie St-Paul** (S. 331) in sich aufnehmen und die lokalen Leckereien probieren.

5 Im **Parc de la Gaspésie** (S. 353) die Berggipfel über der Baumgrenze erklimmen.

6 In Skiorten wie **Mont-Tremblant** (S. 294) die Pisten unsicher machen.

7 Im **Parc du Bic** (S. 348) zurück zur Natur finden.

8 Zwischen den entlegenen Inseln des **Parc national du Canada de l'Archipel de Mingan** (S. 366) mit dem Kajak herumpaddeln.

Geschichte

Québec hat eine turbulente Geschichte, die für kanadische Verhältnisse sehr lang und kompliziert ist.

Zur Zeit der Erkundung durch die Europäer besiedelten und kontrollierten verschiedene indigene Stämme die gesamte Region. Alle sind mittlerweile sesshaft geworden, auch die Mohawk am Sankt-Lorenz-Strom und die Cree weiter nordwärts. Noch etwas nördlicher und auch in östlicher Richtung leben die Innu; die Inuit sind im abgelegenen hohen Norden zu Hause. Die Beziehungen zwischen den Europäern und den indigenen Gruppierungen waren bisweilen angespannt, im Allgemeinen jedoch freundlich; sie beruhten auf Handel – vor allem mit Pelzen –, nicht auf Politik.

Der französische Forschungsreisende Jacques Cartier landete 1535 dort, wo heute die Städte Québec und Montréal liegen. Samuel de Champlain, ebenfalls Franzose, gründete rund 70 Jahre später, 1608, eine Siedlung bei Québec. Dabei hörte er zum ersten Mal das Wort „kebec" und zeichnete es auf. In der Sprache der Algonkin bedeutet es „wo sich der Fluss verengt".

Im weiteren Verlauf des 17. Jhs. rangen Frankreich und Großbritannien um die Vorherrschaft in Kanada. 1759 siegten die Briten schließlich in der Schlacht auf den Plains of Abraham bei Québec und entschieden so den kanadischen Kolonialpoker für sich. Ab diesem Zeitpunkt schwand Frankreichs Einfluss in der neuen Welt.

Als Tausende von britischen Königstreuen in den 1770er-Jahren vor dem Amerikanischen Unabhängigkeitskrieg flohen, teilte man die neue Kolonie in Upper und Lower Canada – heute Ontario und Québec. In Lower Canada ließen sich fast alle Franzosen nieder. Der Machtkampf zwischen beiden Gruppen hielt bis in die 1800er-Jahre an. 1867 trat Lower Canada der kanadischen Konföderation als Québec bei.

Im 20. Jh. bekam Québecs bisher ländlich geprägte Gesellschaft ein urbanes Gesicht. Bildung und Kultur fußten aber weiterhin auf den Glaubenssätzen der katholischen Kirche, die gewaltige Macht hatte und immer noch hat. Rund 90 % der heutigen Bevölkerung sind römisch-katholisch.

Die turbulenten 1960er-Jahre führten zur sogenannten „Stillen Revolution", die alle Facetten der frankophonen Gesellschaft hinterfragte und über den Haufen warf. Politische Systeme wurden umorganisiert, es kam zu einer massiven Säkularisierung und Gewerkschaftsbewegung, der Wohlfahrtsstaat entstand. Intellektuelle wie auch Extremisten diskutierten die mögliche Unabhängigkeit von Kanada, wobei die Québecer ein immer stärkeres Nationalgefühl ausprägten.

Die 1968 gegründete Unabhängigkeitspartei Parti Québécois kam 1976 unter Führung des charismatischen René Lévesque an die Macht. Seit damals wurde die Abspaltung von Kanada jedoch zweimal per Volksentscheid abgelehnt. Und für die jungen Leute von heute sind globale Fragen interessanter als ein unabhängiges Québec.

Geografie & Klima

Von den bergigen Laurentides bis zu den zerklüfteten, windgepeitschten Küsten der Halbinsel Gaspé ist Québec schlichtweg atemberaubend. Das flache, ländliche Charlevoix ist übersät von Farmen, die im Schachbrettmuster angeordnet sind. Die Landschaft des äußersten Nordens der Provinz ist von wilden Wäldern und Nationalparks geprägt, die in arktische Tundra übergehen.

Die Temperaturunterschiede in der Provinz sind extrem. Innerhalb von sechs Monaten kann das Thermometer in Montréal und Québec alles zwischen 40 °C und -40 °C anzeigen, und selbst im Mai kann es noch kräftig schneien. Die Sommermonate sind meistens angenehm warm, wobei es aufgrund der hohen Luftfeuchtigkeit in Montréal oft recht schwül sein kann. Die Winter sind sehr schneereich, meist aber klar, sonnig und trocken.

Parks & Schutzgebiete

Die Naturschutzgebiete der Provinz sind ein Highlight eines jeden Québec-Trips. Sie bewahren nicht nur bemerkenswert schöne Landschaften, sondern bieten auch unzählige erfrischende Freizeitaktivitäten wie Kanu-, Kajak- oder Radfahren, Raften, Wandern und Campen in der Natur. Besonders empfehlenswert sind der Forillon National Park und die Provinzparks von Saguenay, Bic, Mont-Tremblant und Gaspésie.

Parks Canada (☎888-773-8888; www.pc.gc.ca) verwaltet in Québec drei Nationalparks und 30 National Historic Sites. Diese historischen Stätten, z. B. Festungen oder Leuchttürme, eignen sich hervorragend für Tagesausflüge und bieten einen faszinierenden Einblick in die Geschichte.

Die **Société des Établissements de Plein Air du Québec** (Sépaq; ☎418-890-6527, 800-665-6527; www.sepaq.com) beaufsichtigt Québecs 25 Provinzparks und 15 Naturschutzgebiete. Zur Verwirrung trägt bei, dass diese Organisation ihre Parks als „Nationalparks“ bezeichnet. Die Palette reicht jedenfalls von Stränden und Vogelschutzgebieten bis hin zu zerklüfteten Schluchten, und das bedeutet, dass sich hervorragende Möglichkeiten zum Zelten und Beobachten von Tieren sowie vielerlei Outdoor-Aktivitäten, auch unter ökologischem Aspekt, bieten.

Réserves fauniques (Naturschutzgebiete) dienen dem Erhalt und dem Schutz der Natur, machen diese aber auch gleichzeitig der Öffentlichkeit zugänglich. Die Gebiete werden von Jägern und Anglern (Genehmigung erforderlich) genutzt, wobei mittlerweile immer mehr Besucher sie auch als weniger überfüllte Alternative zu den National- und Provinzparks für sich entdecken.

ℹ Anreise & Unterwegs vor Ort

Québec lässt sich problemlos mit dem Flugzeug, Bus, Auto und Zug erreichen. Die Provinz grenzt an die US-Staaten New York, Vermont, New Hampshire und Maine.

AUTO & MOTORRAD

Die US-amerikanischen Highways gehen an vielen Grenzübergängen direkt in ihre kanadischen Gegenstücke über. Diese führen wiederum zum Trans-Canada-Highway (Highway 40 innerhalb Québecs), der direkt durch Montréal und die Stadt Québec verläuft.

Der Zustand der Highways ist in der gesamten Provinz recht gut. Ganz im Norden und Osten sind kurvige und teilweise unasphaltierte Abschnitte allerdings keine Seltenheit und es gibt dort nur wenige Raststätten. Im Winter sind die Straßenbedingungen nicht zu vernachlässigen. Sie können unter ☎877-393-2363 erfragt werden. Achtung: Auf der Insel Montréal und in Québec (Stadt) ist das Rechtsabbiegen an roten Ampeln verboten!

Die Mitfahrzentrale **Allô Stop** (www.allostop.com) organisiert preiswerte Fahrten innerhalb von Québec, indem sie Fahrer und zahlende Mitreisende, die in die gleiche Richtung wollen, zusammenbringt. Die Fahrgäste bezahlen eine Jahresgebühr von 7 C$ plus einen Fahrtkostenanteil an das Unternehmen; das übrige Geld erhält der Fahrer. Ein Neuzugang in dieser Szene ist das in Québec (Stadt) stationierte Unternehmen **Kangaride** (☎855-526-4274; www.kangaride.com), das sich mittlerweile in ganz Kanada und in den USA rasant ausbreitet (und somit mehr Mitfahrgelegenheiten zu billigeren Preisen ermöglicht). Die Jahresmitgliedschaft kostet hier 7,50 C$, pro Fahrt sind 5 C$ (zuzüglich zum Fahrpreis, den der Fahrer verlangt) zu entrichten; gebucht wird ausschließlich übers Internet.

> **ENTFERNUNGEN**
>
> **Von Montréal nach Québec (Stadt):** 250 km
>
> **Von Montréal nach Mont-Tremblant:** 145 km
>
> **Von Montréal nach Toronto:** 540 km
>
> **Von Québec (Stadt) nach Tadoussac:** 215 km

FLUGZEUG

Der wichtigste Flughafen der Provinz Québec befindet sich in Montréal, wobei die Stadt Québec aber durchaus mithalten kann. Die Provinz wird von den Fluglinien Air Canada, Air Canada Express, Air France, Porter Airlines und den Billigfluglinien Air Transat und WestJet angeflogen. In den äußersten Norden verkehren First Air, Air Inuit und Air Creebec. Air Canada Express steuert die Nordküste und die Îles de la Madeleine ab Québec (Stadt) und Montréal an. Von Deutschland, Österreich und der Schweiz bieten Air Canada und Lufthansa Direktflüge an. Weitere renommierte Fluglinien, die von Europa nach Montréal und zum Teil auch nach Québec fliegen, sind Swiss International, Air France, British Airways und KLM.

BUS

Maritime Bus verbindet die Provinz mit Orten am Atlantik; Greyhound Canada und Megabus verkehren von Québec (Stadt) und Montréal nach Ontario. Von den USA fahren auf der Strecke New York City–Montréal fünf Greyhound-Busse täglich. Die Provinz verfügt über ein besonders gutes Busnetz.

Autobus Maheux (www.autobusmaheux.qc.ca) deckt die Regionen im Nordwesten ab

Autobus Viens (☎877-348-5599)

Galland (☎514-333-9555; www.galland-bus.com)

Greyhound Canada (☎800-661-8747; www.greyhound.ca)

Intercar (www.intercar.qc.ca)

Limocar (☎866-692-8899; www.limocar.ca)

Maritime Bus (www.maritimebus.com)

Megabus (☎866-488-4452; www.ca.megabus.com)

Orléans Express (☎514-395-4032; www.orleansexpress.com)

SCHIFF/FÄHRE

Es gibt zahlreiche Fährverbindungen über den Sankt-Lorenz-Strom und zu den Inseln im Golf, z. B. zu den Îles de la Madeleine. Boote fahren auch an der abgelegenen Lower North Shore entlang in Richtung Labrador.

ZUG

VIA Rail (☎ 888-842-7245; www.viarail.ca) bietet schnelle und häufige Zugverbindungen entlang des Québec (Stadt)–Windsor-Korridors über Montréal, und Verbindungen zur South Shore und nach Gaspésie. Die Züge von **Amtrak** (☎ 800-872-7245; www.amtrak.com; 1-mal tgl.) verbinden Montréal und New York City in den USA.

MONTRÉAL

3,4 MIO. EW.

Früher war Montréal, faktisch die einzige bilinguale Stadt des Kontinents, in zwei Teile geteilt, wobei die „Main“ (St-Laurent-Boulevard) die Trennlinie zwischen den Frankophonen im Osten und den Englischsprachigen im Westen der Stadt war. Heute findet man in allen Stadtgebieten französische Bezirke, und eine ganze Reihe englischsprachiger Kanadier hat sich in ehemals französischen Enklaven niedergelassen. Dank der anhaltenden Welle von Einwanderern ist es für die Bewohner Montréals nicht ungewöhnlich, im täglichen Leben sogar drei Sprachen zu sprechen. Mit dieser neuen Generation, die sich mittlerweile für weltumspannendere Themen interessiert (nämlich die Umwelt), gehören Sprachstreitigkeiten der Vergangenheit an.

Nicht strittig ist auch die Frage, was Montréal so unwiderstehlich macht. Es ist die geheime Mischung aus der von den Franzosen inspirierten Lebensfreude und einer weltoffenen Dynamik. Diesem Zusammenspiel verdankt die Stadt ihre florierende Kunstszene, eine explosionsartige Ausbreitung der Indie-Rock-Szene, ein Potpourri

Montréal

0 4 km

MONTRÉAL IN…

… einem Tag

Der Tag beginnt im **Mile End** mit einem einheimischen Ritual – einem ausgedehnten und entspannten Brunch. Weiter geht es hinauf zum **Mont Royal** (S. 267) mit einer Verschnaufpause am **Kondiaronk Lookout**, von wo man einen schönen Blick über die Stadt hat. Der Tag endet im **Plateau Mont-Royal** (S. 267) mit einem Abendessen und einem Ausflug in Montréals Nachtleben.

… zwei Tagen

Nach Tag 1 werden am Vormittag des zweiten Tages die Kopfsteinpflastergassen von **Vieux-Montréal** erkundet. Historisches erfährt man im **Musée d'Archéologie et d'Histoire de Pointe-à-Callière** (S. 263), oder man widmet sich im **Musée Des Beaux-Arts** (S. 263) den schönen Künsten. In **Little Italy** (S. 268) wird zu Abend gegessen, bevor die Clubs im **Village** (S. 284) unsicher gemacht werden.

… vier Tagen

Am dritten Tag steht ein Besuch im **Parc Olympique** (S. 268) auf dem Programm. Wenn das Wetter mitspielt, lässt sich der Besuch im **Biodôme** (S. 269) wunderbar mit einem Besuch auf der **Tour de Montréal** (S. 269) verbinden. Alternativ steuert man gleich den **Jardin Botanique** (S. 269) an und lässt sich von den Düften dort verzaubern.

Am letzten Tag deckt man sich auf dem **Marché Atwater** (S. 284) mit allerhand Picknickvorräten ein und mietet sich ein Rad für eine gemütliche Tour entlang des **Canal de Lachine** (S. 272) oder rauscht mit dem Jetboot durch die **Lachine Rapids** (S. 275).

Diniert wird in einem Spitzenrestaurant wie dem **Toqué!** (S. 280) oder dem **L'Express** (S. 281). Danach kann man im glamourösen **Casino de Montréal** (S. 272) sein letztes Urlaubsgeld verjubeln.

von weltweit renommierten Boutiquehotels, die außergewöhnlichen und schicken Plateau-Restaurants und eine coole Pariser Atmosphäre, die sich auf allen *terrasses* des Quartier Latin breitmacht. Da fühlt man sich schnell in eine andere Welt versetzt, in der sich alles nur um den Genuss dreht. Einzig der atemberaubende Blick vom Kondiaronk Lookout im Parc du Mont Royal auf die für Nordamerika so typische Skyline vermag einen da wieder in die Wirklichkeit zurückzuholen.

Geschichte

Im Mai 1642 schipperte eine kleine Flotte den Sankt-Lorenz-Strom hinauf. An Bord waren ein paar Dutzend Missionare, die ihre Heimat Frankreich verlassen und einen kalten Winter auf dem rauen Atlantik überlebt hatten. Schließlich erreichten sie den Ort, den der französische Forscher Jacques Cartier über 100 Jahre zuvor entdeckt hatte. Geführt von Paul Chomedey de Maisonneuve gingen die Pioniere an Land und errichteten mit der kleinen Siedlung Ville-Marie den Vorläufer Montréals.

Ville-Marie wurde schnell zur wichtigen Anlaufstelle für Pelzhändler und Abenteurer, obwohl die einheimischen Irokesen erheblichen Widerstand leisteten. Erst die Unterzeichnung des Friedensvertrags von 1701 machte den ständigen Scharmützeln ein Ende. Die Stadt blieb in französischer Hand, bis Kanada 1763 im Rahmen des Pariser Friedens an Großbritannien fiel. Amerikanische Revolutionäre besetzten Montréal 1775 für kurze Zeit. Sie zogen wieder ab, nachdem die Québecer ein gemeinsames Militärbündnis gegen Großbritannien abgelehnt hatten.

Obwohl die Stadt in den 1820er-Jahren ihre Führungsposition im Pelzhandel an Hudson Bay verlor, erlebte sie im 19. Jh. einen kräftigen Aufschwung. Der Bau der Eisenbahn und des Canal de Lachine begünstigte die Industrialisierung im großen Stil, wodurch wiederum Scharen von Einwanderern angelockt wurden.

Während der Prohibition nach dem Ersten Weltkrieg galt Montréal eine gewisse Zeit lang als schillernde „Sin City", in der sich unzählige Amerikaner jenseits der

Grenze vergnügten. Die Metropole war reif für eine grundlegende Veränderung, als Bürgermeister Jean Drapeau ans Ruder kam. Während seiner langen Amtszeiten (1954–1957 & 1960–1986) entstanden u. a. das Metrosystem, viele Bürohochhäuser im Zentrum, die unterirdische Stadt und die Place des Arts. Drapeau bemühte sich auch erfolgreich, Montréal ins internationale Rampenlicht zu rücken – mit der Weltausstellung 1967 und den Olympischen Spielen 1976 schaffte er es gleich zweimal.

Montréal erfreut sich seit zwanzig Jahren einer stets steigenden Wachstumsrate und überstand aufgrund des Booms im Hightech-Bereich die weltweite Wirtschaftskrise ungewöhnlich gut.

Sehenswertes

Vieux-Montréal steht bei den meisten Besuchern an erster Stelle des Besichtigungsprogramms, denn hier schlägt das historische Herz der Stadt, hier wird im Gewirrr der verwinkelten Gassen die Erhabenheit dieser Stadt spürbar. Die Sehenswürdigkeiten am Vieux-Port haben von den Sanierungsmaßnahmen vor nicht allzu langer Zeit profitiert, und auf der anderen Seite des Wassers geben die Attraktionen und Wege im Parc Jean-Drapeau im Sommer eine wunderbare Abwechslung vom Großstadtdschungel ab. In der Innenstadt finden sich hervorragende Museen und Universitäten; die beiden Künstlerviertel Mile End und Plateau Mont-Royal bieten sich hingegen für einen netten Bummel an. Das Village und das Quartier Latin erwachen allabendlich zum prallen Leben. Und nur ein kleines Stückchen außerhalb sind der Parc Olympique und Lachine die größten Touristenmagneten. Vom Mont Royal lässt sich die Aussicht auf alles genießen.

Vieux Montreal

Der älteste Teil der Stadt ist ein Labyrinth aus unebenen Kopfsteinpflastergassen, gesäumt von Steinhäusern aus der viktorianischen und der Kolonialzeit, die mittlerweile in gemütliche Restaurants, Galerien und Boutiquen verwandelt wurden. Bei einem Spaziergang kommen Romantiker und Architekturfans voll auf ihre Kosten, vor allem bei Nacht, wenn die schönsten Fassaden angestrahlt werden. Und auch das Ufer ist nie weit. Vieux-Montréal erstreckt sich zwischen der lebhaften Place Jacques Cartier und der ehrwürdigen Place d'Armes; die geschäftige Rue Notre-Dame verbindet die beiden Punkte miteinander. Das südliche Ende

Vieux Montréal

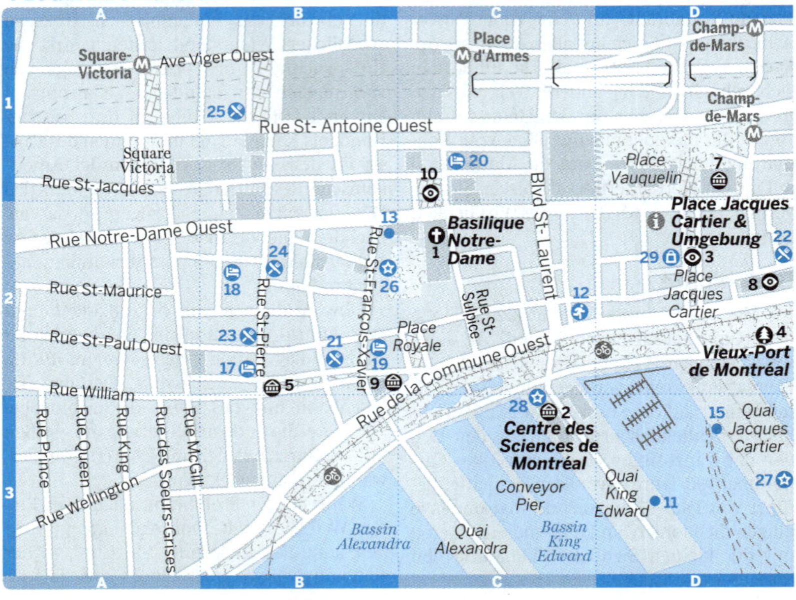

der Place Jacques Cartier geht in die Rue St-Paul über, die wohl schönste und sicherlich älteste Straße des Viertels.

★ **Basilique Notre-Dame** KIRCHE
(Karte S. 260; www.basiliquenddm.org; 110 Rue Notre-Dame Ouest; Erw./Kind 5/4 C$, Sound-and-Lightshow 10/5 C$; ⌚ Mo–Sa 8–16.30, So 12.30–16 Uhr) Die Notre-Dame-Basilika ist Montréals berühmtes Wahrzeichen – eine optisch ansprechende, wenn auch etwas pompös wirkende Symphonie aus Holzschnitzereien, Gemälden, güldenen Statuen und Buntglasfenstern. Sie wurde im Jahr 1829 am Standort einer älteren und kleineren Kirche errichtet und beherbergt zum einen eine berühmte Casavant-Orgel, zum anderen die Gros Bourdon, die angeblich größte Glocke Nordamerikas. Ihr Innenraum ist besonders eindrucksvoll und kommt bei der ansonsten völlig übertriebenen dramatischen **Sound-and-Light-Show** voll zur Geltung. Die Shows werden von Dienstag bis Samstag jeden Abend aufgeführt.

Die Basilika machte im Jahr 1994 Schlagzeilen, als die Sängerin Céline Dion hier unter der hoch aufragenden, mitternachtsblauen Decke den Sänger und Manager René Angélil heiratete. Im Jahr 2000 war die Kirche Schauplatz des Staatsbegräbnisses des ehemaligen kanadischen Premierministers Pierre Trudeau, dem Jimmy Carter und Fidel Castro gemeinsam als Sargträger die letzte Ehre erwiesen.

In der wesentlich kleineren **Chapelle du Sacré-Cœur** (Herz-Jesu-Kapelle) hinter dem Hauptaltar geben sich die normalsterblichen Montréaler gerne das Ja-Wort. Nach einem Brand im Jahr 1978 wurde sie als buntes Durcheinander aus historischen und modernen Elementen wieder aufgebaut. Blickfang ist das vom Boden bis zur Decke reichende Altarbild aus Bronze.

Place d'Armes HISTORISCHE STÄTTE
(Karte S. 260) Die Basilique Notre-Dame mit ihren Zwillingstürmen erhebt sich über diesem ehrwürdigen Platz, auf dem sich die frühen Siedler einst Schlachten mit den einheimischen Irokesen lieferten. In seiner Mitte steht eine Statue von Maisonneuve, die von einigen der edelsten historischen Gebäuden Vieux-Montréals eingerahmt wird. Das **Vieux-Séminaire** gleich neben der Basilika ist tatsächlich das älteste Gebäude der Stadt. Es wurde 1685 von sulpizianischen Missionaren erbaut und wird heute noch genutzt.

Hinter einer tempelartigen Reihe von Säulen verbirgt sich am nordwestlichen Ende des Platzes die Bank of Montreal. Dies ist der Hauptsitz der 1817 gegründeten ältesten Bank Kanadas. Es lohnt sich, einen kurzen Blick in ihr opulentes, mit Marmor verziertes Inneres zu werfen und das kleine Geldmuseum zu besuchen.

Am östlichen Ende des Platzes erhebt sich ein rotes Sandsteingebäude. Das New York Life Building (1888) war Montréals erster Wolkenkratzer. Heute wird es vom Aldred Building (1937) überragt. Das Gebäude im Art-déco-Stil war als Nachahmung des Empire State Building gedacht. Der Börsenkrach von 1929 setzte diesem ehrgeizigen Vorhaben allerdings ein Ende.

Centre d'Histoire de Montréal MUSEUM
(Karte S. 260; 335 Place d'Youville; Erw./Kind 6/4 C$; ⌚ Di–So 10–17 Uhr) Mit einer fesselnden Multimedia-Ausstellung beleuchtet das kleine Museum die Geschichte der Stadt und die ihrer Einwohner. Man kann in der Küche Platz nehmen und zuhören, wie die Menschen von früher erzählen, oder sich vom Filmarchiv der 1940er- bzw. 1960er-Jahre auf eine Zeitreise mitnehmen lassen. Vom Dach aus hat man einen weiten Blick über die Umgebung.

Vieux Montréal

Highlights
1 Basilique Notre-Dame ... C2
2 Centre des Sciences de Montréal ... C3
3 Place Jacques Cartier & Umgebung ... D2
4 Vieux-Port de Montréal ... D2

Sehenswertes
5 Centre d'Histoire de Montréal ... B2
6 Chapelle Notre-Dame-de-Bonsecours ... E2
7 Hôtel de Ville ... D1
8 Marché Bonsecours ... D2
9 Musée d'Archéologie et d'Histoire Pointe-à-Callière ... B2
10 Place d'Armes ... C1

Aktivitäten, Kurse & Touren
11 AML Cruises ... D3
12 Ça Roule Montréal ... C2
13 Guidatour ... B2
14 Lachine Rapids Tours ... F2
15 Le Bateau Mouche ... D3
16 Patinoire du Bassin Bonsecours ... E3

Schlafen
17 Alternative Backpackers ... B2
Bonaparte ... (siehe 26)
18 Hôtel Gault ... B2
19 Le Petit Hôtel ... B2
20 Le Place d'Armes ... C1

Essen
21 Gandhi ... B2
22 L'Usine de Spaghetti Parisienne ... D2
23 Olive + Gourmando ... B2
24 Titanic ... B2
25 Toqué! ... B1

Unterhaltung
26 Centaur Theatre ... B2
27 Cirque du Soleil ... D3
28 IMAX ... C3

Shoppen
29 Galerie Le Chariot ... D2

★ Place Jacques Cartier & Umgebung
HISTORISCHE STÄTTE

(Karte S. 260) Auf der sanft geneigten Place Jacques Cartier im Herzen Vieux-Montréals herrscht immer Hochbetrieb. Vor allem im Sommer ist hier alles voller Blumen, Straßenmusikanten, Händlern und Touristen. Die Cafés und Restaurants am Rand sind weder gut noch günstig, doch von dort lässt sich das Treiben auf dem Platz aus der ersten Reihe beobachten.

Die **Colonne Nelson** (Nelson-Säule) am Nordende errichteten die Briten zu Ehren des Generals, der die französisch-spanische Flotte bei Trafalgar besiegte. Die Franzosen konterten mit dem kleinen Standbild von Admiral Vauquelin genau gegenüber.

Der kleine Palast gegenüber stammt aus dem Jahr 1705. Im **Château Ramezay** residierte einst Montréals Gouverneur Claude de Ramezay. Während der amerikanischen Unabhängigkeitsbewegung versuchte Benjamin Franklin hier vergeblich, die Kanadier als Verbündete zu gewinnen. Die Räume des heutigen Museums informieren durch Möbel, Kunstwerke und andere Ausstellungsstücke über die Anfänge Québecs. Die Salle de Nantes mit ihrer Mahagonitäfelung ist eine echte Augenweide. Es gibt auch einen hübschen Garten.

In der Nordwestecke befindet sich eine Touristeninformation.

Hôtel de Ville
HISTORISCHES GEBÄUDE

(Rathaus; Karte S. 260; 275 Rue Notre-Dame Est; ⌚ Juli & Aug. Führungen 8.30–17 Uhr) GRATIS Das attraktive Rathaus (1872–1878 erbaut) ist alles andere als ein nichtssagendes Verwaltungsgebäude, sondern strotzt nur so vor Lokalkolorit. Hier stand 1967 der französische Präsident Charles de Gaulle auf dem Balkon und rief der Menge zu: „*Vive le Québec libre!*" („Es lebe das freie Québec!"). Diese vier Wörter beflügelten die Québecer Separatisten ungemein und sollten die Beziehungen zu Ottawa jahrelang vergiften.

Es lohnt sich aber auch ein Blick in das Gebäude, um im Großen Ehrensaal diverse Bilder, die das ländliche Québec zeigen, sowie die Büsten von Jacques Viger, dem ersten französischsprachigen Bürgermeister (1833–1836), und von Peter McGill, dem ersten englischsprachigen Bürgermeister (1840–1842) der Stadt, zu bestaunen.

Marché Bonsecours
MARKT

(Karte S. 260; 350 Rue St-Paul Est; ⌚ Ende Juni–Aug. 10–21 Uhr, Sept.–März bis 18 Uhr) Die silberne Kuppel des Marché Bonsecours erhebt sich wie ein prächtiger Leuchtturm über Vieux-Montréal. Das klassizistische Gebäude war früher das Rathaus und diente lange Zeit als wichtigste Markthalle der Stadt, bis es in den 1960er-Jahren von den Supermärkten verdrängt wurde. Heute sind die Blumen- und Gemüsestände schicken

Boutiquen gewichen, in denen Québecer Kunst, Kunsthandwerk und Kleidung verkauft werden. Auf jeden Fall kein schlechter Ort, um sich mit hochwertigen Souvenirs einzudecken.

★ Vieux-Port de Montréal PARK

(Karte S. 260) Montréals alter Hafen hat sich mittlerweile zu einer 2,5 km langen Park- und Freizeitlandschaft entlang des gewaltigen Sankt-Lorenz-Stroms gemausert und wird von vier großen *quais* (Anlegern) eingerahmt. Sowohl Einheimische als auch Besucher von Montréal zieht es zum Spazierengehen, Radfahren und Inlineskaten hierher. Von den zahlreichen Anlegestellen starten sowohl Ausflugsboote als auch Jet- und Schnellboote zu verschiedenen Rundfahrten. Im Winter macht man auf der Eisbahn unter freiem Himmel eine gute Figur.

Zu den historischen Überresten zählen der strahlende weiße Uhrenturm am Nordende des Quai Jacques Cartier. Er wurde 1922 zu Ehren der Matrosen errichtet, die im Ersten Weltkrieg ihr Leben ließen, und gewährt einen weitschweifenden Blick über Fluss und Stadt.

★ Centre des Sciences de Montréal MUSEUM

(Naturwissenschaftszentrum von Montréal; Karte S. 260; www.montrealsciencecentre.com; King Edward Pier; Erw./Kind 14,50/8,50 C$, mit IMAX 3-D-Kino 21,50/14 C$; ⏲9–17 Uhr) In dem schicken Gebäude mit jeder Menge Glas warten virtuelle und interaktive Spiele auf die Besucher; es gibt Unmengen Knöpfe, auf die man drücken, und Hebel, die man betätigen kann, während man durch die Säle mit Hightech-Exponaten streift. Die Dauerausstellung – Mission Gaia – sucht nach Lösungen für Umwelt- und gesellschaftliche Katastrophen; idTV gibt den Besuchern die Möglichkeit, mit einem virtuellen Editionsprogramm eine eigene Nachricht zu verfassen und sie dann live zu berichten.

Zum Zentrum gehört ein IMAX-Kino, in dem Filme zu Natur und Wissenschaft präsentiert werden.

Musée d'Archéologie et d'Histoire Pointe-à-Callière MUSEUM

(Museum für Archäologie & Geschichte; Karte S. 260; www.pacmuseum.qc.ca; 350 Place Royale; Erw./Kind 20/7 C$; ⏲Mo–Fr 10–17, Sa & So 11–17 Uhr) Dieses ausgezeichnete Museum befindet sich in einem beeindruckenden modernen Gebäude in der Nähe der Stelle, an der die frühen Siedler landeten. Hier bekommt man einen guten Überblick über die Anfänge der Stadt. Nach der Multimediashow geht es hinunter in ein Labyrinth aus freigelegten Fundamenten, einem alten Abwassersystem und den Spuren des ersten europäischen Friedhofs. Artefakte und interaktive Stationen erwecken so die Vergangenheit zum Leben. Die Besteigung des **Aussichtsturms** mit Restaurant ist kostenlos.

Innenstadt

Das moderne Stadtzentrum Montréals ist typisch nordamerikanisch, mit breiten Durchgangsstraßen, die in das als Gitternetz angelegte Stadtbild aus Wolkenkratzern eine Schneise schlagen. In seinen Straßen finden sich einige der schönsten Kirchen der Stadt sowie andere beeindruckende Gebäude, Museen, Grünflächen und große Einkaufspassagen. Die Cafés, Restaurants und Bars, besonders in der Rue Crescent, verströmen ein südländisches Flair.

★ Musée des Beaux-Arts de Montréal MUSEUM

(Museum der Schönen Künste; Karte S. 264; www.mbam.qc.ca; 1380 Rue Sherbrooke Ouest; Sonderausstellungen 20 C$, Mi 17–21 Uhr halber Preis; ⏲Do–Di 11–17, Mi bis 21 Uhr (nur Sonderausstellungen) GRATIS Das Kunstmuseum ist ein echtes Muss für alle Kunstliebhaber. Hier sind Gemälde, Skulpturen, dekorative Kunst, Möbelstücke, Drucke, Zeichnungen und Fotografien aus mehreren Jahrtausenden zusammengetragen. Zu den europäischen Schwergewichten zählen Rembrandt, Picasso und Monet, und dennoch stammen die besten Stücke des Museums aus der Sammlung kanadischer Kunst. Die Höhe-

MUSEUMSPASS FÜR MONTRÉAL

Dieser praktische **Pass** (www.museesmontreal.org; 80 C$) ist genau das Richtige für Kulturfreaks! Er ist an drei aufeinanderfolgenden Tagen gültig und ermöglicht den Besuch von 38 Museen. Außerdem darf damit das gesamte Bus- und Metronetz benutzt werden. Erhältlich ist der Pass in den Touristeninformationen, in größeren Hotels und in den teilnehmenden Museen. Ein Hinweis: Montags haben beinahe alle Museen geschlossen.

Downtown Montréal

punkte sind Arbeiten von Jean-Baptiste Roy-Audy und Paul Kane, Landschaftsbilder der Group of Seven (Siebenergruppe) und abstrakte Werke von Jean-Paul Riopelle. Auch Artefakte der Inuit und anderer Ureinwohner kommen nicht zu kurz.

Die Ausstellungen verteilen sich auf den klassizistischen, marmornen Michal-et-Renata-Hornstein-Pavilion und den schicken, zeitgenössischen Jean-Noël-Desmarais-Pavilion gegenüber.

Es gibt hier jede Menge einfallsreichen dekorativen Nippes, beispielsweise Behälter für Räucherstäbchen aus Japan oder viktorianische Schatullen. Die Wechselausstellungen sind oft wirklich außergewöhnlich.

Chinatown STADTVIERTEL

Obwohl es in diesem Viertel an sich nichts Sehenswertes gibt, ist dies doch eine nette Gegend für ein Mittagessen oder eine Shoppingtour. Schräger Krimskrams findet sich hier zuhauf. Montréals Chinatown umfasst nur ein paar Straßen in denen man sich leicht zurechtfindet. Die Hauptdurchgangsstraße, die Rue de la Gauchetière, liegt zwischen dem Boulevard St-Laurent und der Rue Jeanne Mance. Hier finden sich

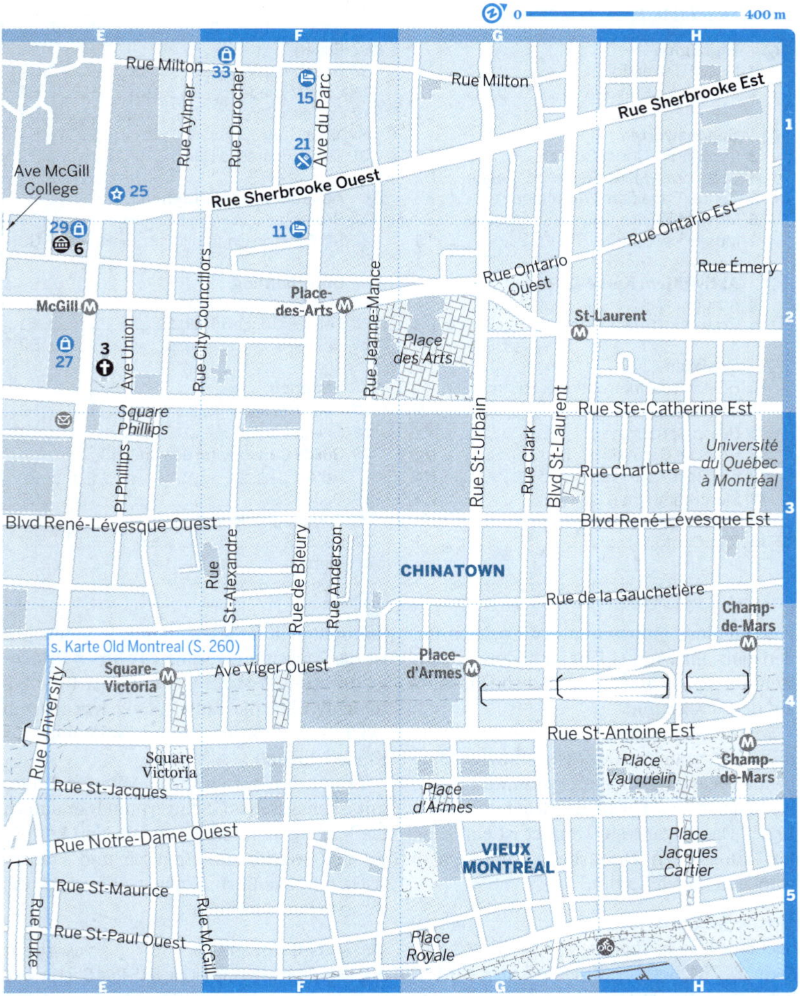

lebhafte taiwanesische Läden, die Perlentee verkaufen, Bäckereien mit Hong-Kong-Flair und vietnamesische Suppenrestaurants. Auf dem Hauptplatz, der **Place Sun-Yat-Sen** (Karte S. 270; Ecke Rue de la Gauchetière & Rue Clark; M Place-d'Armes), trifft man jede Menge betagter Chinesen und hier und da auch eine Gruppe von Falun-Gong-Anhängern.

Centre Canadien d'Architecture MUSEUM
(Zentrum für kanadische Architektur; Karte S. 264; www.cca.qc.ca; 1920 Rue Baile; Erw./Kind 10 C$/frei, Do 17.30–21 Uhr Eintritt frei; ⏲ Mi & Fr–So 11–18, Do bis 21 Uhr) Architekturfans sollten das Centre Canadien d'Architecture unter keinen Umständen verpassen. Es ist sowohl Museum als auch Forschungszentrum und in einem eleganten, innovativen Komplex untergebracht, der nahtlos an die historische **Maison Shaughnessy** anschließt.

In den Galerien des Architekturzentrums werden Drucke, Zeichnungen, Modelle und Fotografien bemerkenswerter kanadischer und internationaler Gebäude ausgestellt. Im Außenbereich befindet sich ein Skulpturengarten mit einem Dutzend oder mehr Arbeiten, die bei Nacht angestrahlt werden und dann besonders beeindruckend sind.

Downtown Montréal

Highlights
1 McGill University D1
2 Musée des Beaux-Arts C1

Sehenswertes
3 Cathédrale Christ Church E2
4 Cathédrale Marie-Reine-du-Monde D3
5 Centre Canadien d'Architecture A3
6 Musée McCord E2
7 Musée Redpath D1

Aktivitäten, Kurse & Touren
8 Atrium D4
9 Gray Line/Coach Canada D3

Schlafen
10 HI Montréal International Youth Hostel B3
11 Hilton Garden Inn F2
12 Hôtel Le Germain D2
13 Les Bons Matins B4
14 Montréal Y Hotel C3
15 Parc Suites F1
16 Ritz-Carlton C1

Essen
17 Boustan C2
18 Café Myriade B2
19 Ferreira Café D2
20 Nora Grey B4
21 Pikolo Espresso Bar F1

Ausgehen & Nachtleben
22 Brutopia C3
23 Sir Winston Churchill Pub C2

Unterhaltung
24 Montréal Canadiens C4
25 Pollack Concert Hall E1
26 Upstairs B2

Shoppen
27 Centre Eaton E2
28 Cheap Thrills D1
29 Guilde Canadienne des Métiers d'Art E2
30 Ogilvy C2
31 Paragraphe Bookstore D2
32 Parasuco C2
33 Word F1

Kostenlose **Führungen** auf Englisch finden ganzjährig um 14 Uhr statt; donnerstags steht um 17.30 Uhr eine zusätzliche Führung auf dem Programm.

Maison Shaughnessy, das ehemalige Domizil aus grauem Kalkstein eines wohlhabenden Geschäftsmanns, vermittelt einen Einblick in das Leben der Oberschicht im 19. Jh. Das eleganteste Zimmer ist ein Salon mit kunstvollen Holzarbeiten und einem wunderschönen Kamin.

Musée McCord MUSEUM

(McCord-Museum für kanadische Geschichte; Karte S. 264; www.mccord-museum.qc.ca; 690 Rue Sherbrooke Ouest; Erw./Stud. 14/8 C$, Sonderausstellungen zusätzliche 5 C$; ⌚ Di–Fr 10–18, Sa & So bis 17 Uhr) Die Sammlung des renommierten Musée McCord d'Histoire Canadienne (Museum für kanadische Geschichte) umfasst über 1,2 Mio. Ausstellungsstücke, darunter mit Perlen verzierte Kopfbedeckungen, edles Porzellan, elegante Gewänder, Briefe, Fotografien und Spielsachen. Sowohl in Wechsel- als auch in Dauerausstellungen wird die Geschichte der Menschen erzählt, die von weither kamen und sich hier niederließen. Ein Augenmerk wird dabei auf die außergewöhnlichen Herausforderungen gelegt, denen sie sich stellen mussten, von eisigen Wintern bis zu interkulturellen Konflikten. Besonders bekannt ist das Museum für seine **Archives Photographiques Notman**, ein einzigartiges Fotoarchiv über die Entwicklung Kanadas ab 1840. Nach Führungen und Workshops für Kinder fragen!

Führungen von zwanzig Minuten Dauer mit thematischem Schwerpunkt erläutern die Highlights im Museum; sie sind kostenlos und werden auf Englisch und Französisch durchgeführt. Einfach anfragen, was wann genau stattfindet.

★ **McGill University** UNIVERSITÄT

(Karte S. 264; www.mcgill.ca; 845 Rue Sherbrooke Ouest) Diese Universität ist eine wahre Talentschmiede! Zu den Absolventen gehören zwei kanadische Premierminister, sechs Nobelpreisträger und der Schauspieler William Shatner. Heute zählt die Universität 30 000 Studenten. Sie alle wollen dem hervorragenden Ruf gerecht werden, besonders in den Fachrichtungen Medizin und Ingenieurwissenschaften. Gegründet wurde die Universität 1821 mit den finanziellen Mitteln des aus Schottland stammenden Pelzhändlers James McGill, der auch den Baugrund zur Verfügung stellte. Der begrünte Campus lädt mit seinen viktorianischen Bauten zum Spazierengehen oder Picknicken ein.

Das dazugehörige **Musée Redpath** (Karte S. 264; Eintritt frei; ⏲Mo–Fr 9–17, So 11–17 Uhr) GRATIS ist eines der ältesten Museen Kanadas – und das sieht man auch. Dennoch sind einige der naturhistorischen Exponate ganz interessant, z. B. das lebensgroße Dinosaurierskelett oder die ägyptischen Mumien.

★ **Musée d'Art Contemporain** MUSEUM
(Museum für Zeitgenössische Kunst; Karte S. 270; www.macm.org; 185 Rue Ste-Catherine Ouest; Erw./Kind 12 C$/frei, Mi 17–21 Uhr Eintritt frei; ⏲Di & Do–So 11–18, Mi bis 21 Uhr) Kanadas erstes bedeutsames Museum zeitgenössischer Kunst verfügt über eine ausgezeichnete Sammlung geballter Kreativität von kanadischen und vor allem auch Québecer Künstlern. Ausgestellt werden zahlreiche Werke lokaler Legenden wie Jean-Paul Riopelle, Paul-Émile Borduas und Geneviève Cadieux. Auch die Sonderausstellungen sind hervorragend. Kostenlose englischsprachige **Führungen** beginnen mittwochs um 18.30 Uhr und am Sonntag um 13 Uhr.

Parc du Mont Royal & Umgebung

Mont Royal lässt sich vom oberen Ende der Rue Peel über eine steile Treppe erreichen. Die Busse 80 und 129 fahren von der Metro-Haltestelle Place des Arts zum Georges-Etienne-Cartier-Denkmal. Der Bus 11 durchquert den Park ab der Metro-Haltestelle Mont Royal.

Parc du Mont Royal PARK
(Karte S. 258; www.lemontroyal.qc.ca) Montréals „Berg" ist ein Werk des Landschaftsarchitekten Frederick Law Olmsted, der auch den New Yorker Central Park geplant hat. Der Mont Royal ist ein weitläufiger, üppig grüner Park, der sich hervorragend zum Radfahren, Joggen, Reiten, Picknicken und im Winter zum Langlaufen und Schlittenfahren eignet. Der **Kondiaronk Lookout** befindet sich beim **Chalet du Mont-Royal**, einer großen, alten, steinernen Villa, in der in den Sommermonaten Big-Band-Konzerte abgehalten werden. Das **Observatoire de l'Est** ist beliebter Treffpunkt für Frischverliebte. Lookout und Observatoire sind bei gutem Wetter beide Garant für einen tollen Ausblick. Während des 30-minütigen Fußmarschs zwischen den Aussichtspunkten kann man einen Blick auf das **Croix du Mont Royal** (1924) erhaschen. Das 40 m hohe Wahrzeichen ist bei Nacht beleuchtet und erinnert an Montréals Gründer Maisonneuve. Er hatte im Jahr 1643 ein Holzkreuz eigenhändig auf den Berg geschleppt, um Gott dafür zu danken, dass sein noch junges Dorf von den Überflutungen verschont geblieben war.

Lac des Castors SEE
(Karte S. 258) Der Lac des Castors, auf Englisch Beaver Lake, ist bei Einheimischen sehr beliebt. Im Sommer kann man sich hier Paddelboote mieten, im Winter werden Schlittschuhe und Schlitten verliehen. Nördlich von hier liegen zwei große Friedhöfe. Auf dem katholischen **Cimetière de Notre-Dame-des-Neiges** liegen Bürgermeister, Künstler, Kleriker und Opfer des Titanic-Untergangs begraben. Weiter im Norden liegt der kleinere protestantische **Cimetière Mont-Royal**. Hier gibt es weniger Prominentengräber, dafür aber mehr Vögel zu sehen.

Georges-Étienne-Cartier-Denkmal STATUE
Am nordöstlichen Ende des Parks steht an der Avenue du Parc dieses Denkmal, das jeden Sonntag Hunderte Feierwütige zum improvisierten Trommeln anzieht. Dabei wird getanzt und Musik gemacht, was mittlerweile zu einer echten Montréaler Institution geworden ist. Entweder man folgt dem Lärm oder seiner Nase – die Schwaden von „wacky tabaccy" sind schon von Weitem zu riechen. Hier bietet es sich außerdem an, bei einheimischen Kunsthandwerkern einige ungewöhnliche Stücke zu erstehen.

Plateau Mont-Royal

Das Plateau östlich des Parc du Mont Royal ist Montréals jüngstes, lebendigstes und künstlerischstes Viertel. Der ehemalige Arbeiterbezirk änderte in den 1960er- und 1970er-Jahren sein Gesicht, als sich Schriftsteller, Sänger und andere Kreative hier niederließen – darunter der Dramatiker Michel Tremblay, dessen ungeschminkter Blick auf die schrillen Seiten des Viertels den Kultstatus des Plateaus begründete.

Heutzutage träumen viele Montréaler davon, hier zu wohnen – wären da nicht die ständig steigenden Immobilienpreise. Wer bei einem Spaziergang das charakteristische Straßenbild mit den gewundenen Treppenhäusern, kunstvollen schmiedeeisernen

Balkonen und viktorianischen Spitzdächern bewundert, versteht schnell, warum.

Das Plateau erstreckt sich grob zwischen Boulevard St-Joseph im Norden, Rue Sherbrooke im Süden, Mont-Royal im Westen und Avenue de Lorimier im Osten. An allen drei Hauptstraßen – Boulevard St-Laurent („The Main"), Rue St-Denis und Avenue du Mont-Royal – sind Straßencafés, Restaurants, Nachtclubs und Boutiquen zu finden. Zahlreiche BYOW-Restaurants (*bring your own wine*) gibt es in der Rue Duluth und der Rue Prince Arthur. Letztere war in den 1960er-Jahren die Hochburg der Montréaler Hippieszene.

Quartier Latin & Village

Das Quartier Latin ist Montréals umtriebigster Stadtteil. Es ist ein etwas heruntergekommenes Vergnügungsviertel, das mit französischer Eleganz aufgewertet wird. Im Gefolge der Université de Montréal (1893) siedelten sich in dem Bezirk noch weitere renommierte Kultureinrichtungen und die reiche französische Bürgerschicht an. Nachdem die Hochschule auf einen größeren Campus nördlich des Mont Royal umzog, kam das Quartier Latin wieder außer Mode, und Kriminalität und Verwahrlosung hielten Einzug. Die Situation verbesserte sich erst wieder mit der Gründung der Université de Québec im Jahr 1969.

Vor allem während des Festival International de Jazz, zu den FrancoFolies und Just for Laughs erweist sich das Viertel als actiongeladener Hotspot. Mit gut besuchten Bars, angesagten Bistros, Musikclubs und Plattenläden ist hier rund um die Uhr was los. Das Quartier Latin wird von den Straßen Rue Sanguinet, Rue Sherbrooke, Rue St-Hubert und dem Boulevard René-Lévesque begrenzt. Im Süden schließt sich Vieux-Montréal an, das am besten über die Rue St-Denis erreichbar ist.

Vor etwa zehn Jahren begann Montréals Schwulen- und Lesbengemeinde, das ehemalige Armenviertel im Osten der Stadt mit neuem Leben zu erfüllen. Mittlerweile ist das Village weit mehr als nur ein Schwulenviertel. In der Rue Ste-Catherine mit ihren Cafés, Bistros und anspruchsvollen Restaurants tummeln sich die Leute unabhängig von ihren sexuellen Neigungen. Das Village ist für sein pulsierendes Nachtleben bekannt, während tagsüber Angestellte der im Viertel ansässigen großen Medienunternehmen das Straßenbild bestimmen. Im Sommer geht es hier am heißesten her, wenn Hunderttausende Besucher aus aller Welt zum Divers/Cité zusammenkommen, einer gigantischen, jährlich stattfindenden Schwulen- und Lesbenparade.

Lebensadern des (Gay) Village sind die Rue Ste-Catherine Est und deren Seitenstraßen Rue St-Hubert im Westen und Avenue de Lorimier im Osten.

Little Italy & Mile End

Das lebendige Little Italy nördlich des Plateaus ist vom Aroma und der Würze seines Mutterlandes geprägt – hier scheinen der Espresso stärker, die Pastasauce dicker und die Küchenchefs runder zu sein. Und italienischer Fußball scheint direkt auf dem Boulevard St-Laurent stattzufinden, wo man stolz die grün-weiß-rote Fahne hisst. Bei einem Spaziergang lässt sich die Atmosphäre wunderbar aufsaugen, und ein Abstecher zum stets geschäftigen Marché Jean Talon (S. 283) ist quasi Pflicht. Mile End ist das „neue Plateau" für Studenten und Künstler, die auf der Suche nach einer erschwinglicheren und weniger schicken Location hierher flüchten. Der Bezirk ist so cool wie sein Vorbild und hat zwei tolle Bagel-Shops. Außerdem gibt es gehobene Restaurants entlang der Avenue Laurier. Zahlreiche angesagte Treffpunkte liegen in der Rue St-Viateur und am Boulevard St-Laurent. Die Atmosphäre hier ist multikulti – chassidische Juden leben Tür an Tür mit Einwanderern aus ganz Europa – was schon an den vielen original griechischen Lokalen in der Avenue du Parc und an der neo-byzantinischen polnischen Kirche in der Rue St-Urbain erkennbar ist, der **Église St. Michel** (☎514-277-3300; www.swmichalmontreal.com; 5580 Rue St-Urbain; ⌚Mo–Fr 9–10, So 9.30–12.30 Uhr; Ⓜ Rosemont).

Viele Romane des renommierten kanadischen Romanciers Mordecai Richler spielen in Mile End, darunter *Die Lehrjahre des Duddy Kravitz*.

Parc Olympique & Umgebung

1976 war Montréal Gastgeber der Olympischen Sommerspiele, denen das Gebiet östlich des Zentrums sehr viele neue Attraktionen zu verdanken hat. Eine davon ist der wunderschöne Botanische Garten, den man über die Rue Sherbrooke erreicht.

Jardin Botanique & Insectarium GARTEN
(www.espacepourlavie.ca; 4101 Rue Sherbrooke Est; Erw./Kind 29,50/15 C$; ⌚9–18 Uhr; Ⓜ Pie-IX) Nach den Botanischen Gärten von London und Berlin ist Montréals 1931 angelegter Jardin Botanique mit etwa 22 000 Pflanzenarten in 30 Gartenanlagen der drittgrößte seiner Art. Die Stein- und Wasserlandschaft des beschaulichen **Jardin Japonais** beispielsweise zieren Rhododendren, Seerosen und Bonsai-Bäume. Weitere Highlights des Gartens sind der **First Nations Garden**, der **Jardin Chinois**, der **Rosengarten** und das **Insektarium**, in dem es eine ganze Reihe interessanter Krabbeltiere zu bestaunen gibt. Die meisten von ihnen sind tot und in Vitrinen ausgestellt, es gibt aber auch Insektenarten, die noch kräftig umherkrabbeln oder -summen, darunter Taranteln, Bienen und Skorpione. Auf keinen Fall das **Schmetterlingshaus** verpassen!

Bestes Fortbewegungsmittel in diesem gigantischen Garten ist die kleine „Hop-on-hop-off"-Bahn, die (nur von Ende Juni bis September) etwa alle 30 Minuten ihre Runden dreht. Jeden Tag (Nov.–Mai montags nicht) starten um 10.30 und 13.30 Uhr am Besucherzentrum kostenlose Führungen. Alle Einrichtungen sind auch mit dem Rollstuhl zugänglich.

Biodôme MUSEUM
(www.espacepourlavie.ca; 4777 Ave Pierre de Coubertin; Erw./Kind 18,75/9,50 C$; ⌚9–18 Uhr; Ⓜ Viau) Im wunderbaren Biodôme im ehemaligen olympischen Velodrom sind vier Ökosysteme reich an verschiedenen Tier- und Pflanzenarten nachgebildet. Im schwülen tropischen Regenwald begeistern Anakondas, Kaimane und Zweifingerfaultiere die Massen. Nächste Station sind die gemäßigteren Laurentinischen Wälder, deren Bäume, wie draußen in der Natur, im Herbst ihre Farbe wechseln. Mittelpunkt der Sankt-Lorenz-Golf-Sektion sind ein riesiges Aquarium und eine Felsklippe, wobei die Pinguine im subantarktischen Bereich klarer Publikumsliebling sind.

Zwischen dem Biodôme und dem Jardin Botanique verkehrt von Juni bis September ein kostenloses Shuttle.

Rio Tinto Planetarium PLANETARIUM
(www.espacepourlavie.ca; 4801 Ave Pierre de Coubertin; Erw./Kind 18,75/9,50 C$; ⌚9.30–22.30 Uhr) Dieses extravagante Gebäude, das satte 48 Millionen Dollar verschlang, eröffnete im April 2013 mit viel Brimborium seine Pforten und tut sich nun mit zwei Vorführräumen hervor. Der erste gibt sich traditionell und ist etwas für Puristen, die gern in die Sterne gucken; die lehrreichen Präsentationen erklären den Zuschauern alles, was sie schon immer über Sterne und das Sonnensystem wissen wollten. Der andere Vorführraum mit Sitzsäcken und einer irren Ton-Licht-Show wirkt eher wie ein schickes Hollywood-Kino.

Tour de Montréal TURM
(www.parcolympique.qc.ca; 4141 Ave Pierre de Coubertin; Erw./Kind 22,50/7,50 C$; ⌚Mo 13–22, Di–So 9–22 Uhr) An einem schönen Tag macht

WEITERE SEHENSWERTE KIRCHEN

- Das gewaltige **Oratoire St-Joseph** (Karte S. 258; St. Joseph's Oratory; ☎514-733-8211; www.saint-joseph.org; 3800 Chemin Queen Mary; ⌚6–21.30 Uhr; Ⓜ Côte-des-Neiges), mit seiner Kuppel im Viertel Côte-des-Neiges wurde von Bruder André errichtet, einem frommen Mönch, der es sich zur Aufgabe gemacht hatte, Kranke zu heilen. Eine Kapelle, die im Schein Tausender Votivkerzen erstrahlt, ist voll von Krücken der Geheilten. Es finden täglich kostenlose Führungen auf Englisch statt.
- Im Jahr 1987 wurde die anglikanische **Cathédrale Christ Church** (Christ Church Cathedral; Karte S. 264; 635 Rue Ste-Catherine Ouest; ⌚7–18 Uhr), ein herrliches neugotisches Bauwerk, vorübergehend durch Betonpfeiler gestützt, als direkt unter dem Gebäude die Bauarbeiten für eine Shoppingmall im Gange waren.
- Die **Chapelle Notre-Dame-de-Bonsecours** (Karte S. 260; ☎514-282-8670; 400 Rue St-Paul Est; ⌚Mai–Jan. Di–So 10–18 Uhr) hatte im Herzen der Seeleute eine besondere Stellung inne: Sie kamen her, um für eine sichere Reise zu beten. Von der Decke baumeln kleine Schiffsmodelle von dankbaren Seeleuten.
- Die **Cathédrale Marie-Reine-du-Monde** (Karte S. 264; ☎514-866-1661) wurde dem Petersdom in Rom nachempfunden.

Plateau, Quartier Latin & Village

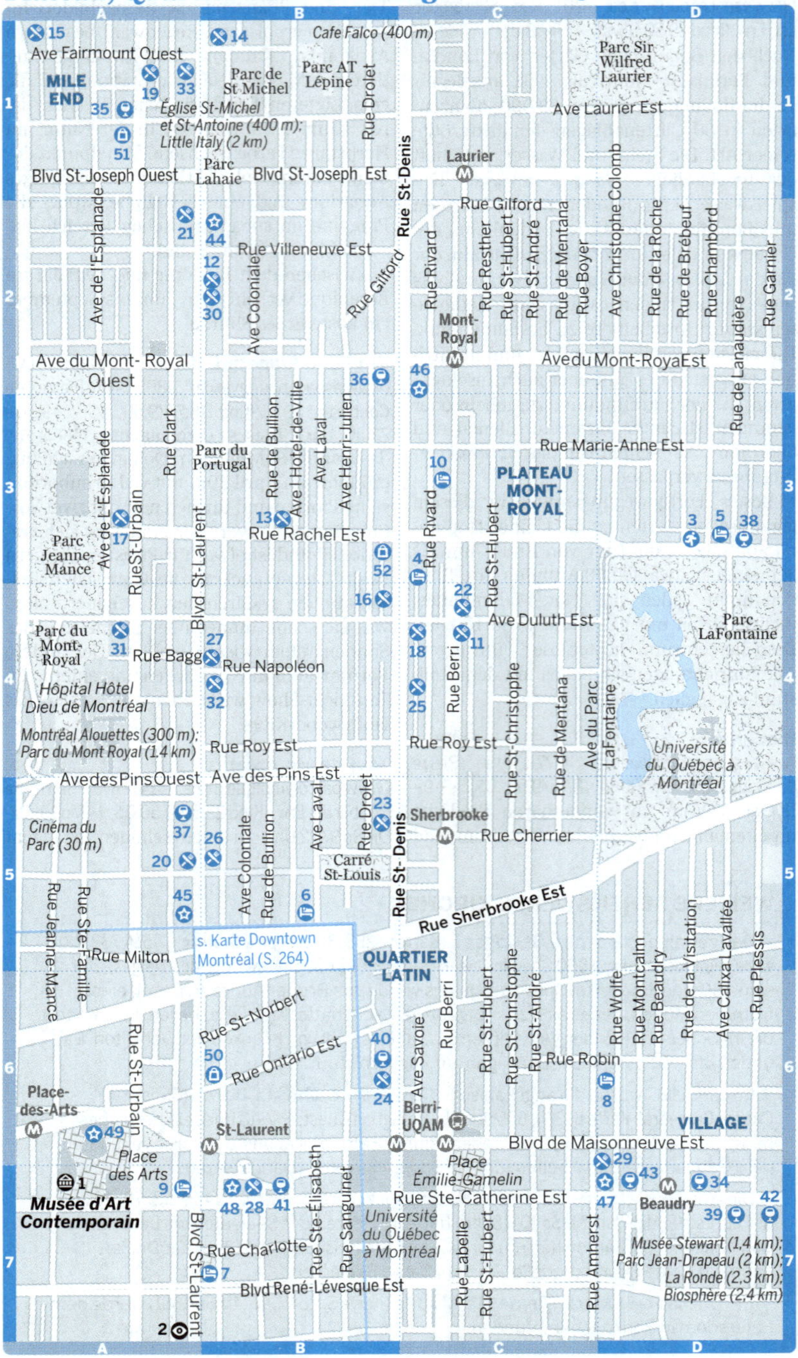

Plateau, Quartier Latin & Village

Highlights
1 Musée d'Art Contemporain ... A7

Sehenswertes
2 Place Sun-Yat-Sen ... A7

Aktivitäten, Kurse & Touren
3 La Maison des Cyclistes ... D3

Schlafen
4 Anne Ma Soeur Anne ... C3
5 Auberge de la Fontaine ... D3
6 Gingerbread Manor B&B ... B5
7 Hotel Zero 1 ... B7
8 La Loggia Art & Breakfast ... D6
9 L'Abri du Voyageur ... A7
10 Shézelles ... C3

Essen
11 Au Pied de Cochon ... C4
12 Aux Vivres ... B2
13 Café Névé ... B3
14 Café Sardine ... B1
15 Caffè in Gamba ... A1
16 Chu Chai ... B4
17 Crudessence ... A3
18 Eduardo ... C4
19 Fairmount Bagel ... A1
20 Juliette et Chocolat ... A5
21 La Sala Rosa ... A2
22 Le Jardin de Panos ... C4
23 Le Nil Bleu ... B5
24 Les 3 Brasseurs ... B6
25 L'Express ... C4
26 Maestro SVP ... B5
27 Moishe's ... B4
28 Ong Ca Can ... B7
29 Pourquoi Pas Espresso Bar ... D6
30 Robin des Bois ... B2
31 Santropol ... A4
32 Schwartz's ... B4
33 Wilensky's Light Lunch ... A1

Ausgehen & Nachtleben
34 Aigle Noir ... D7
35 Baldwin Barmacie ... A1
36 Bily Kun ... B2
37 Gogo Lounge ... A5
38 Lab ... D3
39 Le Drugstore ... D7
40 Le Saint Sulpice ... B6
41 Le Ste-Elisabeth ... B7
42 Sky Pub & Club ... D7
43 The Unity ... D7

Unterhaltung
44 Casa del Popolo ... B2
45 Ex-Centris Cinema ... A5
Foufounes Electriques ... (siehe 28)
Les Grands Ballets Canadiens .. (siehe 49)
46 L'Esco ... C2
47 Mado Cabaret ... D7
48 Metropolis ... B7
49 Opéra de Montréal ... A6
Orchestre Symphonique de Montréal ... (siehe 49)

Shoppen
50 Eva B ... B6
51 Les Touilleurs ... A1
52 Ulysses ... B3

es großen Spaß, mit dem gläsernen Lift auf die Tour de Montréal hinaufzufahren, das höchste schiefe Gebäude weltweit (190 m bei einer Neigung von 45 Grad). Vom verglasten Aussichtsdeck bietet sich ein 360-Grad-Panoramablick über die ganze Stadt, den Fluss und die Umgebung.

Zu Füßen des Turmes liegen das Centre Sportif (S. 275) und das Herzstück des weitläufigen Parc Olympique, das Stade Olympique. In dem Mehrzweckbau mit rund 80 000 Sitzplätzen finden heute Sportevents, Konzerte und Messen statt.

Parc Jean-Drapeau

Auf dem Gelände der äußerst erfolgreichen Weltausstellung von 1967 erstreckt sich heute der **Parc Jean-Drapeau** (Karte S. 258; www.parcjeandrapeau.com). Seine beiden Inseln, Île Ste-Hélène und Île Notre-Dame, werden vom Sankt-Lorenz-Strom eingerahmt. Es gibt hier auch ein Kasino à la Las Vegas, eine Formel-Eins-Rennstrecke und ein Museum in einer alten Festung. Im Sommer steht in der Nähe der Metrostation Jean-Drapeau ein **Informationskiosk** (☎514-872-4537; ⏲10–18 Uhr).

Autofahrer sollten den Pont (Brücke) Jacques Cartier zur Île Ste-Hélène und den Pont de la Concorde hinüber zur Île Notre-Dame nehmen. **Fähren** (Quai Jacques Cartier; Erw./Kind 7,50 C$/frei; ⏲Mitte Mai–Mitte Sept.) befördern Fußgänger und Fahrräder vom Vieux-Port zum Park. Radfahrer und Inline-Skater halten sich am Radweg beim Canal Lachine an die Ausschilderung zur Cité du Havre und weiter zur Île Notre-Dame.

Die Busse 777 (Kasino) und 767/769 (La Ronde) verkehren zwischen den Inseln.

Île Ste-Hélène INSEL

(Karte S. 258) Die Insel ist von Fußwegen durchzogen, die sich an Gärten und den alten Pavillons der Weltausstellung vorbeischlängeln. Der amerikanische Pavillon innerhalb des kugelförmigen Bucky-Fuller-Dome beherbergt heute die **Biosphère** (www.biosphere.ec.gc.ca; Erw./Kind 12 C$/frei; ⌚Juni–Sept. tgl. 10–17 Uhr, Okt.–Mai Mi–So). Anhand interaktiver Stationen wird dem Besucher das Ökosystem der Großen Seen und des Sankt-Lorenz-Stroms erläutert, das 20 % der weltweiten Trinkwasserreserven ausmacht. Auch Beispiele für Nachhaltigkeit im Alltag sind zu sehen, und es werden Führungen durch ein versorgungsunabhängiges und mit Solarstrom betriebenes Haus angeboten. Von der Visions Hall aus hat man eine tolle Aussicht über den Fluss.

La Ronde VERGNÜGUNGSPARK

(www.laronde.com; Erw./Kind 49/43 C$; ⌚unterschiedl. Öffnungszeiten) Die Nordspitze der Île Ste-Hélène nimmt La Ronde ein, der größte Vergnügungspark der Provinz Québec. Die Besucher können sich auf eine ganze Reihe spannender Fahrgeschäfte freuen, in denen der Körper so richtig durchgeschüttelt wird, beispielsweise Le Splash, bei dem man klitschnass wird, Le Monstre, die höchste Holzachterbahn der Welt, und Le Vampire, eine Hängebahn mit fünf Loopings, dass einem Hören und Sehen vergeht. Wer es beschaulicher schätzt, unternimmt eine Fahrt mit dem Riesenrad oder mit einer gemütlichen Minibahn – mit schönem Blick auf die Stadt und den Fluss.

Konzerte und Shows finden hier den ganzen Sommer über statt; am Wochenende beeindrucken Feuerwerke, die hoch über einem den Himmel erhellen – der Park hat dann länger geöffnet.

Musée Stewart MUSEUM

(www.stewart-museum.org; Erw./Kind 13/10 C$; ⌚Mi–So 11–17 Uhr) Das Museum in einer ehemaligen britischen Kaserne (in der im 19. Jh. Truppen stationiert waren) präsentiert Relikte aus der kanadischen Vergangenheit sowie ein Multimedia-Modell von Vieux-Montréal. Schauspieler in Trachten der damaligen Zeit führen Szenen auf, außerdem findet im Sommer jeden Tag eine Militärparade statt. Das Museum lässt sich in 15 Minuten zu Fuß von der Metro-Haltestelle Jean-Drapeau auf der Île Ste-Hélène erreichen.

Île Notre-Dame INSEL

(Karte S. 258) Die Insel entstand aus 15 Millionen Tonnen Erde und Geröll, die durch den Bau der Metro anfielen. Hier wird alljährlich der Grand Prix du Canada der Formel Eins auf dem **Circuit Gilles Villeneuve** ausgetragen – eine befestige Rennstrecke, die von Mitte April bis Mitte November Radfahrern und Inline-Skatern zur Verfügung steht.

An heißen Sommertagen lockt die **Plage des Îles** Tausende Badegäste an den Strand. Ganz in der Nähe findet im **Bassin Olympique**, der ehemaligen Olympia-Ruderstrecke, Ende Juli das beliebte Drachenbootrennen & Festival statt.

Casino de Montréal KASINO

(1 Ave du Casino; ⌚24 Std.) Hauptattraktion der Île Notre-Dame ist das ganze Jahr über das riesige Casino de Montréal im ehemaligen französischen Pavillon der Weltausstellung – es mutet wie ein Raumschiff an. Ihr Glück können die Gäste hier an rund 3000 Spielautomaten und 115 Spieltischen auf die Probe stellen. Im Kasinoareal ist Alkohol verboten, Zutritt haben Gäste ab 18 Jahren. Mehrere Brücken verbinden den Pavillon mit dem **Jardin des Floralies**, einem hübschen Rosengarten.

Habitat 67 SEHENSWERTES GEBÄUDE

Eine schmale, künstlich angelegte Landzunge, die Cité du Havre, schützt den Hafen vor Strömungen und Eis. Hier, zwischen Vieux-Montréal und der Île Ste Hélène, entwarf Moshe Safdie im Rahmen der Weltausstellung 1967 das Habitat 67. Der experimentelle Wohnkomplex besteht aus mehreren Betonwürfeln, die auf clevere Weise in bizarren Winkeln angeordnet sind und so allen 150 Wohneinheiten sowohl Privatsphäre als auch eine tolle Aussicht bieten.

Der Gebäudekomplex zählt zu den beliebtesten Wohnanlagen in ganz Montréal.

Übriges Stadtgebiet

Die Geschichte, Architektur und Atmosphäre des westlichen Vororts Lachine sind auf jeden Fall einen Abstecher wert. Vom Tourismus noch recht unbeeindruckt, sind hier die Kultur und Wurzeln Montréals noch greifbar. Am Boulevard St-Joseph stehen sowohl das beeindruckende Nonnenkloster Collège Ste-Anne als auch das Rathaus. Die kleineren Straßen dahinter sind perfekt zum Umherschlendern.

Canal de Lachine KANAL

Der 1825 fertiggestellte Canal de Lachine hat eine Länge von 14,5 km und verläuft vom Vieux-Port bis zum Lac St-Louis. Ziel war es, die tosenden Lachine-Stromschnellen des

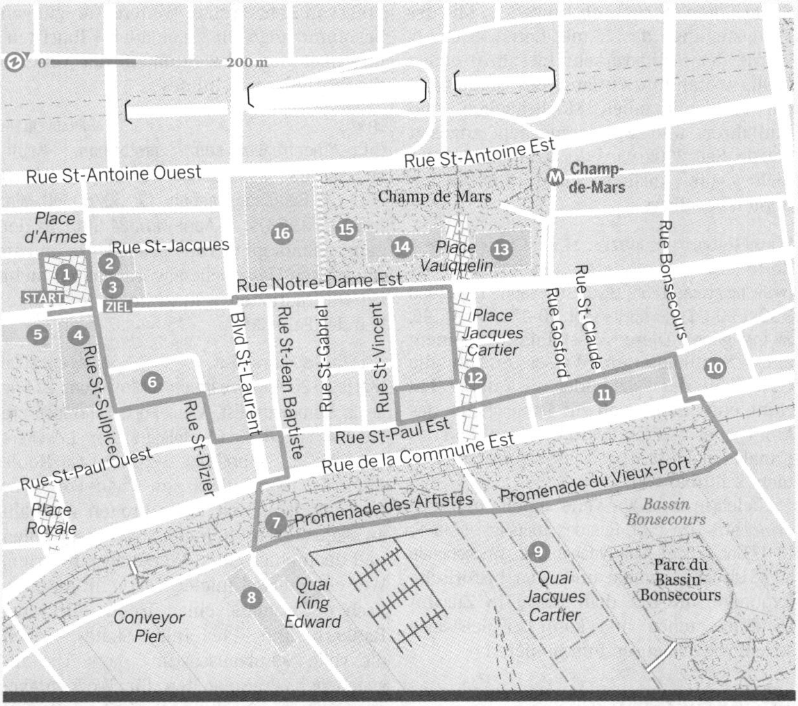

Stadtspaziergang
Spaziergang durch Montréal

START PLACE D'ARMES
ZIEL PLACE D'ARMES
LÄNGE/DAUER 1,5 KM; 2 STD.

Ausgangspunkt ist die 1 **Place d'Armes** (S. 261), wo einst die Irokesen gegen die Siedler unter Maisonneuve kämpften. Sein Bronzestandbild steht auf dem Platz mit dem Rücken zum ersten Wolkenkratzer der Stadt, dem 2 **New York Life Building**, sowie dem 3 **Aldred Building** im Stil des Art-déco.

Die neugotische 4 **Basilique Notre-Dame** (S. 261) stiehlt alledem mit ihrer reichen Innenausstattung die Schau. Hier heiratete 1994 Céline Dion. Westlich der Kirche beeindruckt das 5 **Old Seminary**, das älteste Gebäude der Stadt.

Von der Rue St-Sulpice geht es in die 6 **Rue Le Royer**, mit den ersten Lofts der Stadt. Man bummelt nun zum Vieux-Port hinunter, der sich über die 7 **Promenade des Artistes**, erreichen lässt; schön ist der Blick auf die Fassaden in der Rue de la Commune. Seinem Spieltrieb kann man im 8 **Centre des Sciences de Montréal** (S. 283) frönen. Oder man nimmt die Fähre zum Parc Jean-Drapeau am 9 **Quai Jacques Cartier**.

In der Rue Bonsecours bummelt man nun bis zur Ecke der Rue St-Paul mit der ältesten Steinkirche der Stadt, der 10 **Chapelle Notre-Dame-de-Bonsecours** (S. 269), und dann weiter gen Westen zum 11 **Marché Bonsecours** (S. 262), der ehemaligen Markthalle, die heute mit Unmengen Boutiquen bestückt ist.

Einen Blick wert sind die Stände in den Gässchen um die Rue St-Amable, bevor man um die Ecke biegt, um die 12 **Place Jacques Cartier** (S. 262) zu erreichen. Am nördlichen Straßenende, gleich hinter der Colonne Nelson, wartet das 13 **Hôtel de Ville** (S. 262), wo Charles de Gaulle 1967 der begeisterten Menge *„Vive le Québec libre!"* zurief.

Nun geht es zurück zur Rue Notre-Dame und in Richtung Westen vorbei am 14 **Vieux Palais de Justice** und dem 15 **Cour d'Appel du Québec** gleich daneben; es bildet einen Kontrast zum modernen 16 **Palais de Justice** auf der anderen Straßenseite. Der Spaziergang endet an der Place d'Armes.

Sankt-Lorenz-Stroms zu umgehen. Mit der Fertigstellung des Sankt-Lorenz-Seewegs wurde der Schiffsverkehr hier 1970 eingestellt, woraufhin entlang des Kanalufers ein Park mit tollen Möglichkeiten zum Radfahren und Spazierengehen angelegt wurde. Seit 2002 wird der Kanal mehr und mehr von Ausflugs- und Sightseeing-Booten bevölkert.

Lieu Historique National du Commerce-de-la-Fourrure-à-Lachi HISTORISCHE STÄTTE
(www.pc.gc.ca; 1255 Blvd St-Joseph; Erw./Kind 3,90/1,90 C$; April–Sept. 10–17 Uhr; 195, M Angrignon) Diese Ausstellung in einem alten Steinhaus am Wasser erzählt die Geschichte des Pelzhandels in Kanada. Lachine entwickelte sich zur Drehscheibe des Montréaler Pelzhandels, da vor dem Bau des Kanals der Fluss wegen der Stromschnellen nicht schiffbar war.

Gleich in der Nähe veranstaltet ein **Besucherzentrum** (500 Rue des Iroquois; Mo–Fr 10–17 Uhr, Ende Juni–Anfang Okt. Wochenende bis 18 Uhr) Führungen und zeigt historische Exponate, die mit dem Kanal in Zusammenhang stehen; man kann beispielsweise sehen, wie Schleusen funktionieren.

Aktivitäten

Montréal ist ein Traum für jeden Radfahrer. Erst vor Kurzem wurde Bixi eingeführt, ein Fahrradverleih mit Selbstbedienung, dessen über 300 solarbetriebene Stationen in der ganzen Innenstadt verteilt sind. Seither kann jedermann das über 500 km lange Wegenetz nutzen, das Radfahrern und Inlineskatern zur Verfügung steht. Wer eine größere Tour plant, holt sich sein Bike aber lieber in einem normalen Fahrradverleih. Dort gibt es neben einer größeren Auswahl auch Radkarten.

Eine beliebte Strecke ist der 14,5 km lange Weg entlang des Canal de Lachine. Sie beginnt in Vieux-Montréal und kommt unterwegs an allerlei historischen Stätten vorbei. Um an den zahlreichen Picknicktischen unterwegs nicht leer dazustehen, deckt man sich auf dem fantastischen Marché Atwater (S. 284) rechtzeitig mit ein paar Köstlichkeiten ein.

Ebenfalls cool ist der geschmeidige Fahrbahnbelag des **Circuit Gilles Villeneuve** auf der Île Notre-Dame, auf dem von Mitte April bis Mitte November jedermann kostenlos seine Runden drehen kann. Nur Mitte Juni nicht, dann findet hier nämlich der Große Preis von Kanada statt. Weitere Anregungen bekommt man in Buchläden, Touristeninformationen oder in einem der Verleihe für Fahrräder und Inlines.

Bixi FAHRRADVERLEIH
(http://montreal.bixi.com; erstattbare Kaution 250 C$, Grundgebühr für 24 Std./Monat 7/31 C$, Benutzungsgebühr für 30/60/90 Min. frei/1,75/3,50 C$; April–Nov. 24 Std.) In der ganzen Stadt gibt es alle paar Blocks und an sämtlichen Hauptsehenswürdigkeiten mehr als 400 Stationen zum Abholen und Abgeben der Fahrräder.

Ça Roule Montréal FAHRRADVERLEIH
(Karte S. 260; www.caroulemontreal.com; 27 Rue de la Commune Est, Vieux-Port; Fahrräder pro Std./24 Std. 8/35 C$, Inline-Skates 1./weitere Std. 9/4 C$; April–Okt. 9–20 Uhr) Ça Roule Montréal liegt hübsch am Vieux-Port. Das Geschäft kann mit einer breiten Auswahl an Fahrrädern, Inline-Skates, Ersatzteilen und auch einer guten Werkstatt aufwarten. Wer ein Fahrrad mietet, bekommt automatisch ein Schloss, einen Helm, Flickzeug, Radkarte und – bei Inline-Skates – auch die volle Schutzausrüstung dazu. Die angegebenen Preise gelten für Wochentage; am Wochenende steigt die Leihgebühr. Es besteht zudem die Möglichkeit, ein Tourenrad mit Breitreifen zu mieten, um damit am Hafen herumzukutschieren (5 C$ pro Std.); außerdem sind Kinderräder, Tandems und Anhänger erhältlich, damit auch die Kids an der Radtour teilnehmen können.

La Maison des Cyclistes FAHRRADVERLEIH
(Karte S. 270; www.velo.qc.ca; 1251 Rue Rachel Est; Mo–Fr 8.30–18, Sa & So ab 9 Uhr) Café, Buchgeschäft und Fahrradverleih.

Eislaufen

Atrium EISLAUFEN
(Karte S. 264; www.le1000.com; 1000 Rue de la Gauchetière Ouest; Erw./Kind 7,50/5 C$, Schlittschuhverleih 7 C$; Mo–Fr 11.30–18, Sa 12.30–21, So bis 18 Uhr) In dieser riesigen, topmodernen Schlittschuhbahn mit Glaskuppel im höchsten Turm von Montreál können Eisläufer zu jeder Zeit nach Lust und Laune herumflitzen.

Lac des Castors EISLAUFEN
(Parc du Mont Royal; Éintritt frei, Schlittschuhverleih pro 2 Std. 8,50 C$; So–Do 9–21, Fr & Sa bis 22 Uhr, bei guten Wetterverhältnissen) Eine super Location, um im Winter im Freien eis-

zulaufen – der See liegt verborgen im Wald in der Nähe von einem großen Parkplatz und einem Pavillon.

Patinoire du Bassin Bonsecours EISLAUFEN
(Karte S. 260; Parc du Bassin Bonsecours, Vieux-Port; Erw./Kind 6/4 C$, Schlittschuhverleih 8 C$; ⏲Dez.–März Mo–Mi 10–21, Do–Sa bis 22 Uhr) Einer der beliebtesten Eislaufplätze im Freien in Montréal.

Schwimmen

Plage des Îles STRAND
(Île Notre-Dame; Erw./Kind 8/4 C$; ⏲Juni–Aug. 10–19 Uhr) An heißen Sommertagen ist dieser künstlich angelegte Sandstrand genau das Richtige für eine Abkühlung. Erreicht er mit etwa 5000 Besuchern seine maximale Auslastung, ist es mit der Privatsphäre allerdings vorbei. Das Wasser wird gefiltert und mit Chemikalien gesäubert und sollte somit sicher, frei von gefährlichen Keimen und ideal für Kinder sein. Kajaks, Tretboote und weitere Wassersportausrüstung können ausgeliehen werden.

Centre Sportif SCHWIMMBAD
(4141 Ave Pierre de Coubertin; Erw./Kind 7,25/5,50 C$; ⏲Mo–Fr 6.30–21, Sa & So 9–16.30 Uhr) Die beste Location, um seine Bahnen zu ziehen, ist das Centre Sportif im Parc Olympique, ein riesiger Indoor-Komplex mit sechs Schwimmbecken, Sprungtürmen und einem 20 m tiefen Tauchbecken.

Geführte Touren

Gray Line/Coach Canada BUSTOUR
(Karte S. 264; ☎514-934-1222; www.grayline.com; Erw./Kind 49/32 C$, Deluxe Montréal Tours 89/64 C$; ⏲tgl. 9 & 13 Uhr, Deluxe Montréal Di & Do 10 Uhr) Der renommierte Anbieter veranstaltet dreistündige Greater Montréal-Touren, die einen Überblick über Vieux-Montréal, den Parc Olympique, das Oratoire St-Joseph und die Innenstadt vermitteln. Die sechsstündige Tour **Deluxe Montréal** beinhaltet den Eintritt zur Tour de Montréal, zum Biodôme und dem Jardin Botanique. Alle Touren starten vor dem Centre Infotouriste (S. 290).

Lachine Rapids Tours BOOTSAUSFLUG
(Karte S. 260; ☎514-284-9607; www.jetboatingmontreal.com; Jet-Boot-Tour Erw./Kind 67/47 C$; ⏲Juni–Sept. 10–18 Uhr) Wer an einer spannenden Jet-Boot-Tour durch die Lachine-Stromschnellen teilnimmt, sollte sich darauf einstellen, nass zu werden – eine wilde Fahrt von einer halben Stunde um den Parc des Îles; fünfmal täglich geht es am Quai Jacques Cartier los.

Le Bateau Mouche BOOTSAUSFLUG
(Karte S. 260; ☎514-849-9952; www.bateaumouche.ca; 1-stündige Ausflüge Erw./Kind 24/12 C$; ⏲Mai–Okt. 11, 14.30 & 16 Uhr) Am Quai Jacques Cartier beginnen die einstündigen Ausflüge mit einem klimatisierten Boot mit Glasdach, auf denen der Vieux-Port und der Parc Jean-Drapeau erkundet werden. Eine

MONTRÉAL MIT KINDERN

Die Kleinen lieben Montréal. Der Parc Olympique ist ein absolutes Kinderparadies: Ein klarer Favorit ist der Biodôme (S. 269) mit seinen Stachelschweinen, Pinguinen und vielen einheimischen Zeitgenossen. Und auch das Krabbelgetier im Insectarium (S. 269) lässt keinen unberührt – schon beim Gedanken daran juckt und kribbelt es einen überall.

Angehende Wissenschaftler können im Centre des Sciences de Montréal (S. 263) mit seinen unzähligen interaktiven Stationen und Videospielen Feldforschung betreiben, während kleine Raumfahrer sich im Rio Tinto Planetarium (S. 269) eine Show anschauen sollten. Viele Museen bieten Workshops und Führungen die speziell für Kinder gemacht sind an.

An heißen Sommertagen werden durch ein paar Stunden an der Plage des Îles nicht zuletzt auch hitzige Köpfchen gekühlt. Der weitläufige Strand auf der Île Notre-Dame ist Teil des Parc Jean-Drapeau. Der Vergnügungspark La Ronde (S. 272), der auf der benachbarten Île Ste-Hélène liegt, begeistert mit seinen wilden Achterbahnen und anderen Attraktionen vor allem Teenies.

Im Atrium ist Schlittschuhlaufen das ganze Jahr über möglich und sonntags gibt es bis 11.30 Uhr sogar ein spezielles Kinderprogramm. Im Winter laden der gefrorene Lac des Castors im Parc du Mont Royal und die überall beliebte Freilufteisbahn Patinoire du Bassin Bonsecours in Vieux-Montréal zum Pirouettendrehen auf dem Eis ein.

Viele Hotels können verlässliche, qualifizierte Babysitter empfehlen.

alternative Tour, die eineinhalb Stunden dauert (28/15 C$), beginnt um 12.30 Uhr. Sonntags um 11 Uhr gibt es beim „Sonnenaufgangsausflug" (Erw./Kind 50/40 C$) auch Kulinarisches wie Crêpes, Omeletts und Gebäck.

Guidatour SPAZIERGANG

(Karte S. 260; ☎514-844-4021; www.guidatour.qc.ca; Touren 12,50–21 C$; ⊙Mai–Okt.) Die zweisprachigen Führer von Guidatour peppen die historischen Spaziergänge durch die Innenstadt (9.30 & 10.45 Uhr), das östliche Vieux-Montréal (11 & 12.30 Uhr) und das westliche Vieux-Montréal (13.30 & 15 Uhr) mit witzigen Geschichten und Anekdoten auf. Die Touren durch Vieux-Montréal beginnen an der Basilique Notre-Dame (S. 261), durch die Innenstadt am Centre Infotouriste (S. 290).

AML Cruises BOOTSAUSFLUG

(Karte S. 260; ☎514-842-9300; www.croisieresaml.com; Erw./Kind 29/16 C$; ⊙Mai–Okt. 11.30 & 14 Uhr) AML veranstaltet 90-minütige Ausflüge zum Vieux-Port und zur Île Ste-Hélène. Die Boote legen am Quai King Edward ab.

Feste & Events

Während der Hauptsaison in den Sommermonaten (Juni–Aug.) wird in Montréal ein Festival nach dem anderen gefeiert. Kostenlose Open-Air-Konzerte und Darbietungen von Straßenkünstlern erfüllen die belebten Straßen der Innenstadt mit Leben. Größere Veranstaltungen, wie das Festival International de Jazz und Just For Laughs, führen rund um das Festivalgelände zu Straßensperrungen.

Fête des Neiges WINTER

(www.parcjeandrapeau.com; ⊙Ende Jan.–Anfang Feb.) An drei Wochenenden hintereinander findet im Parc Jean-Drapeau jede Menge Spaß im Schnee statt.

Highlights Festival MUSIK, ESSEN

(www.montrealenlumiere.com; ⊙Ende Feb.) Eine Festivalreihe, bei der die lokale Küche, Musik und bildende Künste präsentiert werden. Höhepunkt des Ganzen ist eine die ganze Nacht andauernde Party mit anschließendem Gemeinschaftsfrühstück. Dabei gibt es Omelett für alle – aus 10 000 Eiern, die in einer riesigen Pfanne gebraten werden.

Grand Prix du Canada AUTORENNEN

(www.circuitgillesvilleneuve.ca; Circuit Gilles-Villeneuve, Île Notre-Dame; Eintrittskarten 42–557 C$; ⊙Juni; Ⓜ Jean-Drapeau) Die besten Autorennfahrer der Welt brettern über den Circuit Gilles Villeneuve auf der Île Notre-Dame – beim bedeutendsten Formel-Eins-Event Nordamerikas.

Les FrancoFolies KULTUR

(www.francofolies.com; ⊙Ende Juni) Jährlich stattfindendes internationales Festival französischsprachiger Musik und Bühnenkunst, bei dem zehn Tage lang sowohl die großen Stars als auch aufstrebende Talente im Mittelpunkt stehen.

Festival International de Jazz JAZZ

(www.montrealjazzfest.com; ⊙Ende Juni/Anfang Juli) Die 650 größtenteils kostenlosen Open-Air-Konzerte sorgen dafür, dass das Herz der Innenstadt elf Tage lang nur für Jazz und Blues schlägt.

Just for Laughs Festival COMEDY

(www.hahaha.com; ⊙Juli) Bei diesem internationalen Comedy-Festival drehen zwei Wochen lang alle schier durch; auf dem Programm stehen Hunderte Shows – einige sogar gratis – im Quartier Latin.

L'International Des Feux Loto Québec FEUERWERK

(http://internationaldesfeuxloto-quebec.com/en; ⊙Mitte Juni–Ende Aug.) Die weltbesten Pyrotechniker treten bei diesem internationalen Feuerwerkswettbewerb gegeneinander an. Während des feuersprühenden Wettbewerbs zeigen sie in zehn- bis 30-minütigen Shows jeden Freitag- oder Samstagabend in La Ronde ihr Können.

Schlafen

Im Sommer sorgen das warme Wetter und das bunte Festivaltreiben für wahre Touristenströme und somit schnell für volle Betten. Ohne Reservierung geht dann gar nichts. Wer gerne in Ufernähe wohnen möchte, für den ist Vieux-Montréal eine tolle, aber teure Option. Neben den üblichen *auberges* (Gasthäuser) ist hier eine brandneue, ultra-luxuriöse Nobelhotel-Szene entstanden. In der Nebensaison werden die Zimmer erschwinglicher. Im Vergleich dazu wohnt man im lebhaften Plateau- oder Village-Viertel wesentlich billiger. Hier dominieren die B&Bs und gleichzeitig hat man eine Bleibe mitten im besten Nachtleben der

Stadt. Die meisten größeren Hotels befinden sich westlich von hier, in der Innenstadt, in unmittelbarer Nähe zu den wichtigen Museen und zahlreichen Einkaufsmöglichkeiten.

Die Agenturen **BBCanada** (www.bbcanada.com/quebec) und **BedandBreakfast.com** (www.bedandbreakfast.com/montreal-quebec.html) sowie das **Centre Infotouriste** (www.bonjourquebec.com) sind gern bei der Buchung von Quartieren behilflich.

Vieux-Montréal

Alternative Backpackers HOSTEL $
(Karte S. 260; ☎514-282-8069; www.auberge-alternative.qc.ca; 358 Rue St-Pierre; B inkl. Steuer 22–25 C$, Zi. 75–85 C$; @ 📶) Die Besitzer dieses angesagten Hostels in einem sonnigen Gebäude aus dem Jahr 1875 bauen auf einen schicken, lässigen Stil und haben die Räumlichkeiten mit origineller Kunst und bunten Wänden versehen. TV ist hier Fehlanzeige, dafür gibt es Kaffee aus fairem Handel und Bio-Frühstück (5 C$). Wer aufs Geld achten muss, findet hier vermutlich das beste Angebot in der Stadt.

Le Petit Hôtel BOUTIQUEHOTEL $$
(Karte S. 260; ☎514-940-0360, 877-530-0360; www.petithotelmontreal.com; 168 Rue St-Paul Ouest; Zi. 169–299 C$; ❄ @ 📶) Dieses „Kleine Hotel“ ist wirklich winzig. Geboten sind gerade einmal 24 kleine, mittlere, große und extra-große Zimmer, aber sie sind alle *très* chic und verfügen über Hartholzböden, farbenfrohe Möbel und jede Menge Elektrogeräte.

Bonaparte GASTHOF $$
(Karte S. 260; ☎514-844-1448; www.bonaparte.com; 447 Rue St-François-Xavier; Zi. 189–240 C$, Suite 355 C$; ❄ 📶) Holzböden, Louis-Philippe-Möbel, Fenster vom Boden bis zur Decke, von denen einige auf die Basilique Notre-Dame blicken, und unverputzte Steinwände – diese richtig elegante Unterkunft versprüht ein vornehm-klassisches europäisches Flair. Nach einem ausgiebigen Frühstück mit drei Gängen lohnt sich ein Blick von der Dachterrasse über die Stadt – Kamera nicht vergessen!

Le Place d'Armes HOTEL $$
(Karte S. 260; ☎888-450-1887, 514-842-1887; www.hotelplacedarmes.com; 55 Rue St-Jacques; Zi. ab 209 C$, Suite ab 289 C$; ❄ 📶) Die modernen Zimmer befinden sich in einem schmucken Gebäude aus dem 19. Jh. Viele gehen auf die wunderschöne Place d'Armes und die Basilique Notre-Dame hinaus und duften nach den erfrischenden Aromen des hauseigenen Spas und des Hammam.

★ **Hôtel Gault** BOUTIQUEHOTEL $$$
(Karte S. 260; ☎514-904-1616, 866-904-1616; www.hotelgault.com; 449 Rue Ste-Hélène; Zi. 220–750 C$; ❄ @ 📶) Das Hotel ist das reinste Eldorado für Designfreaks und überzeugt mit beruhigend minimalistischem Dekor wie polierten Betonböden und Stahlakzenten, originalen gusseisernen Säulen aus dem 19. Jh. und gelegentlich auch mit hellem Holz, das gemütlich wirkt. Betten nach Maß, edle Bettwäsche, iPod-Stationen, TV mit Flachbildschirm und ein beheizter Badezimmerboden sorgen in allen 30 Zimmern im Stil eines Lofts für Wärme und Komfort.

Innenstadt

HI Montréal International Youth Hostel HOSTEL $
(Karte S. 264; ☎866-843-3317, 514-843-3317; www.hostellingmontreal.com; 1030 Rue Mackay; B Mitglieder/Nichtmitglieder ab 21/26 C$, Zi. Mitglieder/Nichtmitglieder 80/90 C$; ❄ @ 📶) Diese Jugendherberge ist groß, zentral gelegen und gut geführt und bietet Schlafsäle für vier bis zehn Personen und einige private Zimmer. Alle haben Klimaanlage und ein eigenes Bad. In der großen Küche, dem Café und den Gemeinschaftsbereichen ist immer was los, vor allem im Sommer, wenn Reservieren Pflicht ist.

Montréal Y Hotel HOTEL $
(Karte S. 264; ☎514-866-9942; www.ydesfemmesmtl.org; 1355 Blvd René-Lévesque Ouest; EZ/DZ ab 60/70 C$; ❄ @ 📶) Das nicht-profitorientierte Hotel bietet geräumige, ansprechende Zimmer für Männer und Frauen in einem erfrischend legeren Ambiente. Alle Gäste haben Zugang zu den Gemeinschaftsküchen und zu den Waschmaschinen; die Gemeinschaftsbäder sind tiptop.

L'Abri du Voyageur HOTEL $
(Karte S. 270; ☎866-302-2922, 514-849-2922; www.abri-voyageur.ca; 9 Rue Ste-Catherine Ouest; Zi. mit Gemeinschaftsbad ab 65 C$, Studio mit Bad 125 C$; ❄ 📶) Das beliebte Hotel mit tollen hohen Decken, unverputzten Ziegelwänden und Holzböden – und auch ein paar Apartments – liegt im heruntergekommenen, aber sicheren Rotlichtviertel von Montréal und bietet wirklich viel fürs Geld.

Hotel Zero 1 HOTEL $$

(Karte S. 270; ☎514-871-9696; www.zero1-mtl.com; 1 Blvd René-Lévesque Est; Zi. ab 139 C$; ❄📶) Diese Mischung aus Wohnanlage und Hotel am Rand der Chinatown und unweit sämtlicher Sommerfestivals ist die Montréaler Variante eines Kapselhotels ohne jeglichen Schnickschnack. Die minimalistischen Zimmer mit schickem schwarz-weißem Dekor fallen echt winzig aus, aber an Stil mangelt es ihnen nicht.

Les Bons Matins B&B $$

(Karte S. 264; ☎514-931-9167, 800-588-5280; www.bonsmatins.com; 1401 Ave Argyle; Zi. 99–119 C$, Suite 149–169 C$; ❄📶) Dieses stilvolle B&B hat etwas Reizendes und Verführerisches mit seinen unverputzten Wänden und der spannenden Farbgestaltung der Bettwäsche und der Vorhänge. Jedenfalls verteilen sich die Zimmer auf zig Etagen aus der Zeit um die Jahrhundertwende. Das Frühstück könnte besser nicht sein; auf den Tisch kommen eine Gourmet-Quiche, selbst gemachte Waffeln und ein Espresso, der wie in Italien schmeckt. Die Parkgebühr beträgt 12 C$ pro Tag.

Hilton Garden Inn HOTEL $$

(Karte S. 264; ☎877-840-0010; www.hiltongardenmontreal.com; 380 Rue Sherbrooke Ouest; Zi. 152–229 C$; ❄@📶) Dieser Ableger der Budgetversion der beliebten Hotelkette hat sich dank der geräumigen Zimmer, des netten Personals und der tollen Lage mittlerweile einen Namen gemacht. Die luftige Dachterrasse mit Pool und Fitnessraum bekommt von Familien immer einen dicken Pluspunkt. Kostenloser Internetzugang und die mit Kühlschrank, Mikrowelle und Kaffeemaschine bestückten Zimmer verschönern den Aufernthalt auch noch.

★ **Hôtel Le Germain** HOTEL $$$

(Karte S. 264; ☎514-849-2050, 877-333-2050; www.germainmontreal.com; 2050 Rue Mansfield; Zi. ab 229 C$; 📶) Ein Flair von Ruhe und Eleganz begrüßt die Gäste in diesem gar nicht hochgestochenen Hotel, das nur einen Steinwurf vom Campus der McGill University entfernt liegt. Die attraktiven Zimmer haben gestärkte weiße Bettwäsche, dunkle verführerische Möbel, die in Québec gefertigt wurden, und durchsichtige Duschkabinen (mit Rollos für schüchternere Zeitgenossen). Das kostenlose kontinentale Frühstück ist wirklich klasse.

Später am Tag präsentiert Super-Starkoch Laurie Raphaël dann mittags und abends den anspruchsvollen Gästen seine gewagten Kreationen.

Ritz-Carlton LUXUSHOTEL $$$

(Karte S. 264; ☎514-985-0464, 800-363-0366; www.ritzmontreal.com; 1228 Rue Sherbrooke Ouest; Zi. ab 445 C$; ❄@📶🏊🐾) Das Ritz-Carlton, ein Ausbund an Stil und Eleganz, gilt als das ursprüngliche Wahrzeichen der „Golden Mile" – Montréals Nobelmeile mit edlen Boutiquen, Cafés und Restaurants. Das Hotel öffnete 2012 gerade rechtzeitig zu seinem hundertsten Geburtstag wieder seine Pforten, nachdem es vier Jahre lang für stattliche 200 Millionen Dollar umgestaltet worden war. Nun verwöhnt es seine Gäste mit doppelt so großen Zimmern und einem prächtigen Pool auf dem Dach.

Die Zimmer verbinden den Charme des 19. Jhs. (z. B. Marmorkamine) mit Annehmlichkeiten des 21. Jhs. (wie Bewegungsmelderleuchten, Handtuchwärmer und Bodenheizung). Starkoch Daniel Boulud überzeugt in seinem Restaurant, dem neuesten Hotspot der Stadt, die Gäste. Sehen und gesehen werden lautet hier die Losung.

Plateau Mont-Royal

Parc Suites HOTEL $$

(Karte S. 264; ☎800-949-8630, 514-985-5656; www.parcsuites.com; 3463 Ave du Parc; Suite 149–219 C$; 📶) Das 2006 komplett sanierte Hotel mit acht modernen 2-Zimmer-Suiten verfügt über jeden Komfort – Klimaanlage, zwei TVs mit Flachbildschirm, WLAN und kostenlose Ferngespräche innerhalb Nordamerikas. Die Küche fällt geräumig aus und ist auch gut ausgestattet. Und dank der tollen Lage im Herzen des Studentenviertels gibt es hier auch einen Gemischtwarenladen, der rund um die Uhr offen hat, einen Coffee Shop, der 24 Stunden in Betrieb ist, und ein Repertoiretheater gleich nebenan.

Gingerbread Manor B&B B&B $$

(Karte S. 270; ☎514-597-2804; www.gingerbreadmanor.com; 3445 Ave Laval; Zi. ohne/mit Bad ab 89/119 C$; 📶) Die freundlichen Gastgeber Ephraim und Yves haben dieses wunderbar renovierte viktorianische Herrenhaus mit noch erhaltenem Deckenstuck und original Deckenleuchten geschmackvoll-klassisch eingerichtet und es mit modernen Annehmlichkeiten ausgestattet. Auch das Frühstück ist etwas Besonderes – einmal gibt es Quiche mit Biogemüse aus der Region, am nächsten Tag kann aber schon wieder French Toast mit weißer Schokolade und Orange auf dem Frühstücksplan stehen.

Auberge de la Fontaine GASTHOF **$$**
(Karte S. 270; ☎514-597-0166, 800-597-0597; www.aubergedelafontaine.com; 1301 Rue Rachel Est; Zi. 122–179 C$, Suite 159–225; ❄📶) Dieses bezaubernde und elegante Inn zieren kleine Erker. Es liegt am Rand des gigantischen Parc La Fontaine, ist aber dennoch sehr ruhig und entspannt. Das Frühstück ist üppig und man kann sich jederzeit selbst einen Snack oder etwas Süßes aus dem Kühlschrank nehmen. Das besonders schöne Zimmer 21 hat einen Whirlpool und eine Terrasse mit Parkblick.

Anne Ma Sœur Anne HOTEL **$$**
(Karte S. 270; ☎514-281-3187; www.annemasoeuranne.com; 4119 Rue St-Denis; EZ 72–170 C$, DZ 97–180 C$; ❄📶) Der Morgen beginnt hier mit vom Zimmerservice gelieferten Buttercroissants und einem frisch aufgebrühten Kaffee aus der eigenen kleinen Küche. Die etwas kleinen Zimmer sind mit durchdachten Betten ausgestattet, die man so zurückklappen kann, dass ein vollwertiger Esstisch zum Vorschein kommt. Was dieses Hotel allerdings so besonders macht ist seine zentrale Plateau-Lage.

Shézelles B&B **$$**
(Karte S. 270; ☎514-849-8694; www.shezelles.com; 4272 Rue Berri; EZ 80–90 C$, DZ 95–105 C$, Studios 135–150 C$; 📶) Die rote Tür und ein leuchtend gelber Treppenaufgang lassen die Farbenpracht und das Flair schon erahnen, das den Besucher im Innern dieser bescheidenen Unterkunft erwartet. Die Gastgeber Lucie und Lyne sind besonders freundlich und herzlich. Im riesigen Studio im Untergeschoss kommen bis zu sechs Personen unter, Whirlpool, Balkon, komplett ausgestattete Küche und eigener Eingang inklusive.

Quartier Latin & Village

La Loggia Art & Breakfast B&B **$$**
(Karte S. 270; ☎866-520-2493, 514-524-2493; www.laloggia.ca; 1637 Rue Amherst; Zi. ohne/mit Bad ab 105/145 C$; ❄📶) Von außen sieht das B&B ja eher schlicht aus, doch innen ist dieses Stadthaus aus dem 19. Jh. im Gay Village alles andere als Durchschnitt. Die Kunstwerke des Miteigentümers Joel peppen die fünf modernen Zimmer toll auf. Das üppige Frühstücksbüfett, das Partner Rob vorbereitet, wird im grünen Skulpturengarten hinter dem Haus serviert.

Essen

Essen ist in Montréal eine ernste Angelegenheit. Die breite Palette an verschiedenen Geschmäckern ist anspruchsvoll – lascher Salat und langweilige Saucen haben keine Chance. Montréals Küchenchefs sind einerseits in der europäischen Tradition verwurzelt, sie lassen sich aber auch von innovativen Trends der nordamerikanischen Gastro-Kultur inspirieren. Ergebnis ist eine Art Nouvelle Cuisine Québécois. Angesichts von über 5000 Restaurants in Montréal haben hungrige Gäste die Qual der Wahl. Der hohe Konkurrenzdruck wirkt sich allgemein positiv auf das Preis-Leistungs-Verhältnis aus.

Die Innenstadt ist ein echtes Gourmetparadies, vor allem das Plateau. Mehr als jede andere Straße verkörpert der Boulevard St-Laurent die gastronomische Vielfalt der Stadt. Das Spektrum reicht von Chinatowns brummenden Suppenküchen und den Rauchfleischläden von Schwartz's bis zu den schrillen Trendlokalen im Plateau. Noch weiter nördlich liegt Mile End, Geburtsort des berühmten Montréaler Bagels. Im benachbarten Little Italy gibt es neben gemütlichen Trattorien den Marché Jean Talon– ein absolutes Highlight.

Vieux-Montréal

Olive + Gourmando CAFÉ **$**
(Karte S. 260; www.oliveetgourmando.com; 351 Rue St-Paul Ouest; Hauptgerichte 5–10 C$; ⏰Di–Sa 8–18 Uhr; 🖉) Mittags muss man sich oft einen Weg durch die Massen in dieses kleine Café an der Ecke bahnen, um dann in himmlischen Köstlichkeiten zu schwelgen wie beispielsweise heißen Panini und würzigen Suppen, die mit frischen Produkten, oft sogar aus Bio-Anbau, zubereitet werden. Auf alle Fälle sollte man aber noch Platz für die berühmten Schoko-Brownies und einen kräftigen Kaffee dazu lassen.

Titanic SANDWICHES **$**
(Karte S. 260; 445 Rue St-Pierre; Hauptgerichte 9,50–15,50 C$; ⏰Mo–Fr 8–16.30 Uhr) Die netten Mitarbeiter wissen genau, was zu einem köstlichen Sandwich gehört, und können aus Baguette, Brie, Pâté und diversen frischen Kräutern die reinsten Meisterwerke

zaubern, dass einem das Wasser nur so im Mund zusammenläuft.

L'Usine de Spaghetti Parisienne ITALIENISCH **$**
(Karte S. 260; 273 Rue St-Paul Est; Hauptgerichte 9–12 C$; ⏲ Mo–Fr 11–23, Sa ab 17 Uhr) Das familienfreundliche Restaurant brummt nur so vor Touristen und herzhafter Pasta, die sich auf den Tellern türmt. Jedenfalls ist das Lokal eine gute Alternative zu den Touristenfallen an der Place Jacques Cartier.

Gandhi INDISCH **$$**
(Karte S. 260; www.restaurantgandhi.com; 230 Rue St-Paul Ouest; Hauptgerichte 15–20 C$; ⏲ Mo–Fr 12–14, tgl. 17.30–22.30 Uhr) Die Currys in diesem eleganten indischen Restaurant sind ein kulinarisches Gedicht. Die Speisekarte lockt aber auch mit Köstlichkeiten wie Tandoori-Ente und Huhn in Buttersauce her. Die Portionen sind groß, riechen gut und dampfen vielversprechend. Der Service ist tadellos.

Toqué! FRANZÖSISCH **$$$**
(Karte S. 260; ☎514-499-2084; www.restaurant-toque.com; 900 Place Jean-Paul-Riopelle; Degustationsmenü 110 C$; Di–Do 11.30–14, Di–Sa 17.30–22.30 Uhr) Für das Toqué! wird immer als das Toprestaurant von Montréal geworben; und die Latte an klangvollen Namen, die diesen Ruf noch unterstreichen, ist wirklich ellenlang. Das siebengängige Degustationsmenü des Küchenchefs Normand Laprise bringt frische Zutaten aus Québec auf den Tisch – eine Symphonie aus geschmacklichem Einfallsreichtum und perfekter Präsentation. Unbedingt einen Tisch reservieren.

Innenstadt

Boustan LIBANESISCH **$**
(Karte S. 264; 2020 Rue Crescent; Hauptgerichte 5–10 C$; ⏲ 11–4 Uhr; Ⓜ Guy-Concordia) Das kleine libanesische Lokal bekommt von der Schawarma-Gemeinde der Stadt jede Menge Pluspunkte. Da es so lange offen hat, steht das Boustan auch bei Nachteulen, die zwischen den Barbesuchen etwas Handfestes zwischen die Kiemen brauchen, absolut hoch im Kurs.

Ferreira Café PORTUGIESISCH **$$$**
(Karte S. 264; ☎514-848-0988; www.ferreiracafe.com; 1446 Rue Peel; Hauptgerichte 26–45 C$; ⏲ Mo–Fr 12–15, Mo–Mi & So 17.30–23, Do–Sa bis 24 Uhr) Bereits beim Durchforsten der Speisekarte bekommt man hier köstliche Oliven gereicht. Der Chefkoch dieses wunderschönen portugiesischen Restaurants, Marino Tavares, weiß ganz genau, wie man aus Sardinen, Seebarsch und Schnapper ein Gourmetmenü zaubert. Auch das Portwein-Angebot ist ausgezeichnet. Hier sollte man unbedingt reservieren!

Nora Grey ITALIENISCH **$$$**
(Karte S. 264; ☎514-419-6672; www.noragray.com; 1391 Rue St-Jacques; Hauptgerichte 20–40 C$; ⏲ Di–Sa 17.30–23.30 Uhr) Dekor im Retro-Schick (d. h. Schwarz-Weiß-Fotos, Lederbänke und Marmorboden) bestimmt das Ambiente dieses neuen megahippen Restaurants, das mit seiner eigenwilligen Auswahl an kreativen Variationen italienisch angehauchter Speisen die Gäste überrascht – also beispielsweise Wildtatar mit Rucola und Parmesan, Schweinekotelett mit Blumenkohl-Couscous und Kichererbsen-Basilikum-Eintopf.

Plateau Mont-Royal

Ong Ca Can VIETNAMESISCH **$**
(Karte S. 270; 79 Rue Ste-Catherine Est; Hauptgerichte 8–13 C$; ⏲ Di–So 11.30–14 & 18 Uhr bis spät abends) Trotz blütenweißer Tischdecken und anspruchsvollen Kunstwerken erweckt dieses vietnamesische Restaurant zu Unrecht den Anschein, teuer zu sein. Die Limonengrasrollen und alle Rindfleisch-

HABEN SIE RESERVIERT?

Einen Tisch zu reservieren und zum vereinbarten Termin dann einfach nicht aufzukreuzen gibt in Montréal immer wieder Anlass zu Streitigkeiten. Moderne Technik, die in einigen der begehrtesten Restaurants zum Einsatz kommt, soll sicherstellen, dass die Gäste ihre Reservierung bis 17 Uhr bestätigen, und viele Restaurants ziehen ein neues System in Betracht, säumige Gäste maßzuregeln. An der Misere geben so manche den Rezeptionen die Schuld, die für wählerische Gäste immer noch ein Zeitfenster offen halten, doch die Einheimischen tun sicher ein Übriges, wenn es darum geht, eine Reservierung einfach nicht einzuhalten. Andere Länder, andere Sitten? Diesen Spruch sollte man hier getrost vergessen. Eine Reservierung ist einzuhalten. Andernfalls ruft man eben kurz an und sagt ab.

Variationen sind bei den treuen Stammgästen besonders beliebt.

Fairmount Bagel BÄCKEREI $

(Karte S. 270; 74 Ave Fairmount Ouest; Bagels 0,50–1,50 C$, Sandwiches 3,50–7 C$; 24 Std.; M Place des Arts, dann Bus 80) Dieser original Montréaler Bagel-Bäcker produziert die beliebten Kringel noch immer sieben Tage die Woche und das rund um die Uhr, und zwar vom klassischen Zwiebel-Bagel bis hin zu neumodischen Varianten bzw. Kreationen mit Müsli, sonnengetrockneten Tomaten und Pesto.

Wilensky's Light Lunch SANDWICHES $

(Karte S. 270; 34 Ave Fairmount Ouest; Sandwiches 2,50–5 C$; hMo–Fr 9–16, Sa 10–16 Uhr; M Place des Arts, dann Bus 80) Mehrere Generationen von Fleischliebhabern strömen zu Moe Wilenskys Eckladen, um „Das Special" zu bestellen – ein etwas zusammengepresstes Lyoner-Salami-Sandwich. Diese ganz besondere Kreation wurde sogar in Mordecai Richlers Roman *Die Lehrjahre des Duddy Kravitz* verewigt. Mit einem Cherry-Cola vom Zapfhahn lässt es sich besonders gut hinunterspülen.

Schwartz's SANDWICHES $

(Karte S. 270; www.schwartzsdeli.com; 3895 Blvd St-Laurent; Gerichte 6–17 C$; So–Do 8–0.30, Fr bis 1.30, Sa bis 2.30 Uhr) Legendäre Adresse für Rauchfleisch & Co. mit einer bunt gemischten Klientel – von Studenten bis Prominenten. Vor der Tür in der Schlange stehen ist hier üblich, also nicht abschrecken lassen. Ist dann erst einmal ein Platz an einem der Gemeinschaftstische gefunden, darf man beim Bestellen die obligatorischen sauren Gurken, Pommes und den Krautsalat nicht vergessen!

Juliette et Chocolat CAFÉ $

(Karte S. 270; www.julietteetchocolat.com; 3600 Blvd St-Laurent; Hauptgerichte 8–12 C$; So–Do 11–23, Fr & Sa bis 24 Uhr;) Die Speisekarte dieses hellen und lebhaften Restaurants bietet eine ansehnliche Auswahl an köstlichen Buchweizen-Crêpes. Ein wahrer Schokoholic wird allerdings nicht der Versuchung widerstehen können, seinen Beilagensalat mit einem würzigen Kakao-Dressing zu verfeinern. Ein Dessert muss sein: Sowohl die salzigen Caramel-Brownies als auch die Lavendel-Trüffel sind eine ausgezeichnete Wahl.

Café Sardine CAFÉ $

(Karte S. 270; 514-802-8899; 9 Ave Fairmount Est; Hauptgerichte 2–15 C$; 8–17 & 18.30–1 Uhr) Der hippe Coffee Shop – eine Seltenheit in Montréal – hat sich auf selbst gemachte Krapfen zum Mitnehmen und kreative Sandwiches zu Mittag spezialisiert. Das Abendessen gestaltet sich dann exquisiter: mit Tapas – doch am lässigen Flair des Mile End, für das das Sardine so bekannt ist, ändert sich nichts. Die ausgefallenen Cocktails locken am späteren Abend viel Schickimickivolk an.

Santropol SANDWICHES $

(Karte S. 270; www.santropol.com; 3990 Rue St-Urbain; Hauptgerichte 7–11 C$; Mo–Mi 10.30–22.30, Do–So ab 19.30 Uhr;) Die Hauptattraktion hier sind die kreativen süßen und auch pikanten Sandwiches, auf denen sich das frische Obst und Gemüse nur so türmt. Bei den Einheimischen stehen auch die sämigen Suppen sowie zig Sorten Sojamilch hoch im Kurs.

★ L'Express FRANZÖSISCH $$

(Karte S. 270; 514-845-5333; 3927 Rue St-Denis; Hauptgerichte 15–29 C$; Mo–Fr 8–14, Sa & So ab 10 Uhr) Dieses Lokal ist so fantastisch französisch, dass man schon fast glaubt, den Eiffelturm vor dem Fenster aufragen zu sehen – vor allem, wenn man zu viel von dem hervorragenden Wein intus hat. Das Essen schmeckt wie in einem klassischen Pariser Bistro. Und das bedeutet: *steak frites*, Bouillabaisse, Tarragon-Hähnchen – in diesem Stil eben. Ohne rechtzeitige Reservierung geht hier gar nichts.

La Sala Rosa SPANISCH $$

(Karte S. 270; 4848 Blvd St-Laurent; Hauptgerichte 12–15 C$; Di–Do & So 17–23, Fr & Sa bis 24 Uhr;) Die würzig-aromatischen Tapas und die vielen Sorten Paella lassen sich gut mit einem Krug Sangria hinunterspülen in diesem einzigartigen Restaurant, das auf dem gleichen Flur liegt wie der Spanische Gesellschaftsclub. Donnerstags kann man hier übrigens sogar kostenlose Flamenco-Vorführungen sehen.

Crudessence VEGAN $$

(Karte S. 270; www.crudessence.com; 105 Rue Rachel Ouest; Hauptgerichte 11–17 C$; 11–22 Uhr;) Das rohe, vegane, biologische und meist glutenfreie Essen hier weckt mit Sicherheit das Interesse, wenn nicht gar den Appetit. Am besten startet man in den

Tag mit einer Schale Chia, Müsli und Mandelmilch, oder man wartet bis Mittag, um dann eine ungebackene Lasagne mit Macadamianuss-Ricotta oder eine Pizza mit Olivenkruste und „Crumesan" (brasilianischer Nussparmesan) zu probieren.

Die Bio-Saftbar mixt Weizengras, Smoothies und Power-Shakes für die zahllosen Einheimischen.

Chu Chai VEGETARISCH, THAI **$$**
(Karte S. 270; 4088 Rue St-Denis; Hauptgerichte 14–22 C$; ⏲12–22 Uhr; ✎) Im ersten noblen vegetarischen Restaurant Montréals sind die von der Thai-Küche inspirierten Gerichte aus dem Wok und die Kokos-Suppen mit aromatischen Kaffir-Limetten, Zitronengras und süßem Basilikum gewürzt. Auf die Pseudoente fällt mitunter sogar der ausgebuffteste Fleischfanatiker herein.

Robin des Bois FUSIONSKÜCHE **$$**
(Karte S. 270; www.robindesbois.ca; 4653 Blvd St-Laurent; Hauptgerichte 14–20 C$; ⏲Mo–Fr 11.30–22, Sa 17–22 Uhr) Montréals Robin Hood, die Restauratorin Judy Servay, stiftet sämtliche Einnahmen und Trinkgelder dieses Hotspots in St-Laurent karitativen Einrichtungen. Zu den ständig wechselnden Gerichten, die auf einer Schiefertafel angeschrieben stehen, zählen ein saftiges Rehsteak oder auch *mujadarrah* mit Biogemüsen; es wird von den Mitrarbeitern – die alle unentgeltlich arbeiten – mit einem breiten Lächeln serviert.

Eduardo ITALIENISCH **$$**
(Karte S. 270; 404 Ave Duluth Est; Hauptgerichte 10–15 C$; ⏲ Mo–Fr 11–23, Sa & So ab 15 Uhr) In diesem gemütlichen kleinen Bistro ist jeden Abend was los. In freundlicher, spärlich beleuchteter Atmosphäre kommen italienische Klassiker auf den Tisch. Diese sind einfach und dennoch spitzenmäßig, wie die mächtigen, gut gefüllten Cannelloni oder die Spaghetti Napoletana. Den Wein kann man selbst mitbringen.

Aux Vivres VEGAN **$$**
(Karte S. 270; 4631 Blvd St-Laurent; Hauptgerichte 10–14 C$; ⏲Di–Fr 11–23, Sa & So ab 10 Uhr; ✎) Das herkömmliche BLT-Sandwich (mit Speck, Salat und Tomate) ist auch hier ein Renner, heißt aber CLT und ersetzt den Speck durch geräucherte Kokosnuss. Weiteres Highlight sind die kreativen Reisschalen mit frischem Gemüse und pfiffigen Saucen.

Le Jardin de Panos MEDITERRAN **$$**
(Karte S. 270; www.lejardindepanos.com; 521 Ave Duluth Est; Hauptgerichte 15–22 C$; ⏲12–24 Uhr) Der gemischte Vorspeisenteller in diesem wunderbaren griechischen Restaurant ist eine himmlische Auswahl kulinarischer Höhepunkte. Im blumengeschmückten Hinterhof schmeckt er sogar noch besser.

Au Pied de Cochon FRANZÖSISCH **$$$**
(Karte S. 270; ☎514-281-1114; www.restaurantaupieddecochon.ca; 536 Ave Duluth Est; Hauptgerichte 26–43 C$; ⏲Mi–So 17–24 Uhr) Der in Frankreich ausgebildete Küchenchef Martin Picard konnte schnell die Herzen der Montréaler Gourmets für sich gewinnen mit seinen Avantgarde-Interpretationen klassischer ländlicher Gerichte. In seiner Küche ist jedenfalls kein Tier sicher. Es empfiehlt sich, einen Tisch zu reservieren.

Moishe's STEAKHOUSE **$$$**
(Karte S. 270; ☎514-845-3509; www.moishes.ca; 3961 Blvd St-Laurent; Hauptgerichte 24–38 C$; ⏲17.30–23 Uhr) Das Moishe's erinnert ein bisschen an einen Gesellschaftsclub, obwohl die Gäste aus allen Schichten stammen. Sie kommen her, um das legendäre Fleisch vom Grill und die Meeresfrüchte zu genießen. Das Gelage findet an eng gedeckten Tischen im altmodischen mit Holz verkleideten Speiseraum statt. Die Vorspeisen kann man getrost auslassen und sich gleich dem gigantischen Rib-Eye-Steak widmen, das mit leckeren Pommes oder einer Ofenkartoffel serviert wird. Ohne Reservierung hat man hier keine Chance.

Maestro SVP MEERESFRÜCHTE **$$$**
(Karte S. 270; www.maestrosvp.com; 3615 Blvd St-Laurent; Hauptgerichte 14–40 C$; ⏲So–Mi 16–22, Do–Sa bis 23 Uhr) Angesagtes Bistro, in dem die Tische von grellen Halogenstrahlern beleuchtet werden. Seine Spezialität: eine ständig wechselnde Auswahl von 60 verschiedenen Austernvariationen. Wer nicht auf glibberige Weichtiere steht, weicht auf gebratene Jacobsmuscheln, gegrillte Garnelen oder eines der Nudelgerichte aus.

Quartier Latin & Village

Les 3 Brasseurs ELSÄSSISCH **$$**
(Karte S. 270; www.les3brasseurs.ca; 1658 Rue St-Denis; Hauptgerichte 11–14 C$; ⏲11.30–24 Uhr) Wer seinen Besichtigungstag mit einem Essen, das den Bauch gut füllt, und ein paar frisch gezapften Bierchen ausklingen lassen

MONTRÉALS DRITTE WELLE

Wie die meisten Städte in Nordamerika, so wurde auch Montréal von der sogenannten „Dritten Welle" an Cafés überrollt, die es nun Kaffeetrinkern ermöglicht, sich anstelle der überall erhältlichen Massenprodukte wie der Marke Folgers (erste Welle) und Ketten wie Starbucks, die sich auf regionale Produkte und italienische Espresso-Varianten spezialisierten (zweite Welle), einer dritten Generation zuzuwenden: hoch spezialisierten Kaffeeherstellern, die ihren Kaffee von individuellen Farmen im Direktvertrieb erhalten und ihn selbst rösten.

Das Wesentliche der Reise einer Kaffeebohne in die Tasse ist die Geschichte, die damit einhergeht – sie ist für den Connoisseur ebenso wichtig wie der Kaffee selbst. Wie Winzer um die Rebsorten, so kümmern sich Baristas und Röster in der Dritten Welt um den Geschmack (Aroma, Harmonie, Tiefe), die Sortenvielfalt und die Farm, von der die Bohne stammt – wobei Single-Origin-Kaffee der Vorzug gegeben wird. Wer nach einem langen Tag mit einem vollen Besichtigungsprogramm der hohen Kaffeekultur frönen möchte, sollte eines dieser Cafés besuchen:

Cafe Falco (außerhalb der Karte S. 270;www.cafefalco.ca; 5605 Ave de Gaspé; ⏲ Mi 11–17, Di–Do 9–17, Fr bis 16 Uhr; Ⓜ Beaubien)

Café Névé (Karte S. 270; www.cafeneve.com; 151 Rue Rachel Est; ⏲ Mo–Fr 8–21, Sa & So 9–21 Uhr)

Cafe Saint-Henri (außerhalb der Karte S. 264; www.sainthenri.ca; 3632 Rue Notre-Dame Ouest; ⏲ Mo–Fr 7.30–20, Sa & So 8.30–20 Uhr; Ⓜ Lionel-Groulx)

Caffè in Gamba (Karte S. 270; www.cafeingamba.com; 5263 Ave du Parc; ⏲ Mo–Fr 7.30–22, Sa & So 8.30–22 Uhr)

Café Myriade (Karte S. 264; www.cafemyriade.com; 1432 Rue Mackay; ⏲ Mo–Fr 8–19, Sa & So 9–19 Uhr)

Pikolo Espresso Bar (Karte S. 264; www.pikoloespresso.com; 3418B Ave du Parc; ⏲ Mo–Fr 7–19, Sa & So 9–19 Uhr)

Pourquoi Pas Espresso Bar (Karte S. 270; 1447 Rue Amherst; ⏲ Mo–Fr 7.30–19, Sa & So 9–17 Uhr; Ⓜ Beaudry)

möchte, sollte in diesem geselligen Lokal mit Brauerei vorbeischauen. Es präsentiert sich im gestylten Lagerhallenflair und hat eine Dachterrasse. Spezialität des Hauses ist Flammkuchen.

Le Nil Bleu ÄTHIOPISCH **$$**
(Karte S. 270; ☎ 514-285-4628; 3706 Rue St-Denis; Hauptgerichte 19–28 C$; ⏲ 11.30–23.30 Uhr; ✎) Die Präsentation des Essens ist ebenso verführerisch wie der Geschmack. Und das kann man sich dann so vorstellen: einen Klacks köstlich duftenden Eintopf auf einer *injera*, einem Pitabrot aus Sauerteig. Das leise Plätschern eines Brunnens im Hintergrund gestaltet das äthiopische Speiseerlebnis umso geheimnisvoller. Es empfiehlt sich, einen Tisch zu reservieren.

Little Italy & Mile End

La Croissanterie Figaro CAFÉ **$**
(www.lacroissanteriefigaro.com; 5200 Rue Hutchison; Hauptgerichte 8–11 C$; ⏲ 7–1 Uhr; Ⓜ Place des Arts, dann Bus 80) Einheimische haben diesem reizenden Café den Beinamen *un petit coin perdu de Paris* (eine kleine abgeschiedene Ecke in Paris) verliehen. Jedenfalls ist die Terrasse am Gehsteig immer knallvoll, wenn in den noblen Räumlichkeiten mit viel Marmor kein Platz mehr ist. Attraktive, schwarz gekleidete Kellner servieren dampfende Tassen Café au lait; gegen 16 Uhr sind Gerichte von der einfacheren Tageskarte erhältlich. Das Café befindet sich bei der Avenue Fairmount, rund sieben Blocks westlich vom Boulevard St-Laurent.

Marché Jean-Talon MARKT **$**
(7075 Ave Casgrain; ⏲ Mo–Mi & Sa 7–18, Do & Fr bis 20, So bis 17 Uhr; Ⓜ Jean-Talon) Dieser vielfältige Markt gilt als das Schmuckstück von Little Italy. Er bietet sich an, um Leckereien für ein Gourmet-Picknick einzukaufen oder um sich nachmittags ein paar kleine Köstlichkeiten zu genehmigen. Ein toller Zwischenstop ist der **Marché des Saveurs**, auf

dem es ausschließlich Spezialitäten aus Québec gibt wie Wein und Cidre, frischen Käse, Räucherfleisch und Eingemachtes. Der Markt erstreckt sich südlich der Rue Jean-Talon zwischen dem Boulevard St-Laurent und der Rue St-Denis.

Le Petit Alep NAHÖSTLICH **$**

(☎514-270-9361; 191 Rue Jean-Talon Est; Hauptgerichte 5–12 C$; ⌚Di–Sa 11–23 Uhr; 🍴; Ⓜ De Castelnau) Die raffinierten Aromen der syrisch-armenischen Küche locken Gäste aus ganz Montréal an. Zu einem üppigen Essen gehören jedenfalls Hummus (Kichererbsenmousse), Salate und *muhammara* (eine Creme aus Walnüssen, Knoblauch, Semmelbröseln, Granatapfelsirup und Kreuzkümmel), plus Rindfleischspieße in Tahini, Gewürze und Nüsse. Der große Bruder – Alep – nebenan ist ein eher edles Speiselokal.

La Maison du Bagel BÄCKEREI **$**

(263 Rue St-Viateur Ouest; Bagels 0,50–1,50 C$, Sandwiches 4–8 C$; ⌚24 Std.; Ⓜ Place des Arts, dann Bus 80) Die Bäckerei ist auch unter dem Namen St-Viateur Bagel Shop bekannt und steht im Ruf, so ziemlich die leckersten Bagels zu zaubern – und das mit Recht. Hier hält man sich an den klassischen Montréaler Stil: klein, kompakt, einen Tick süß und im Holzofen gebacken. Die Bäckerei befindet sich nördlich der Avenue Fairmount und westlich vom Boulevard St-Laurent.

Pastaga QUÉBECOIS **$$**

(☎438-381-6389; www.pastaga.ca; 6389 Blvd St-Laurent; kleine Gerichte 13–16 C$; ⌚Fr 11.30–14, Sa & So 10–14 & tgl. 17–22 Uhr.) Die kreativen kleinen Gerichte in diesem legeren, aber dennoch toptrendigen Restaurant bieten sich an, um sie gemeinsam zu verspeisen. Der Name des Lokals ist übrigens ein Wortspiel, das auf „Pastis" beruht. Es gibt hier drei Essbereiche: Entweder nehmen die Gäste vorne am Fenster Platz, oder sie lassen sich in einen Sessel eher in der Mitte sinken, oder aber sie entscheiden sich für einen Tisch in der Küche – mitten im Geschehen.

Lucca ITALIENISCH **$$$**

(☎514-278-6502; 12 Rue Dante; Hauptgerichte 18–36 C$; ⌚Mo–Fr 12–14.30, Mo–Sa 18–22 Uhr; Ⓜ De Castelnau) Dieser heiße kleine Italiener steht bei vielen Feinschmeckern der Stadt hoch im Kurs. Das Angebot wird jeden Tag neu zusammengestellt und auf die Kreidetafel geschrieben – je nachdem, was der Markt an frischen Zutaten hergibt. Die Auswahl reicht vom Klassiker bis hin zum kulinarischen Abenteuer – *la dolce vita à la Québec*. Die Rue Dante liegt unmittelbar abseits des Boulevard St-Laurent und südlich der Rue Jean-Talon. Reservierung empfehlenswert!

Übriges Stadtgebiet

Marché Atwater MARKT **$**

(138 Ave Atwater; ⌚Mo–Mi 7–18, Do bis 19, Sa & So bis 17 Uhr; 🍴; Ⓜ Atwater) Dieser tolle Markt strotzt nur so vor Händlern, die überwiegend lokale und regionale Produkte verkaufen – von perfekt gereiften Käsen bis hin zu knusprigem Brot, edlen Eisweinen und würzigen Olivenpasten. All diese Köstlichkeiten sind in einer Lagerhalle aus Backstein (1933) westlich der Innenstadt an der Kreuzung der Avenue Atwater mit der Rue Ste-Catherine Ouest erhältlich.

Maison Indian Curry INDISCH **$**

(996 Rue Jean-Talon Ouest; Hauptgerichte 8 C$; ⌚11–22 Uhr; 🍴; Ⓜ Acadie) Das Viertel Parc-Extension, von den Einheimischen „Little India" getauft, ist stark im Kommen. Dort befindet sich dieses Mini-Lokal mit günstigen, herzhaften und überragend leckeren Gerichten. Gekocht wird sowohl nach nord- als auch nach südindischer Tradition. Das Thali zum Mittagstisch mit drei verschiedenen Currys, Reis und Brot ist ein echtes Schnäppchen.

Joe Beef QUÉBECOIS **$$$**

(☎514-935-6504; www.joebeef.ca; 2491 Rue Notre-Dame Ouest; Hauptgerichte 22–35 C$; ⌚Di–Sa 18 Uhr–open end; Ⓜ Lionel-Groulx) Das im Herzen des Viertels Petite-Bourgogne gelegene Joe Beef gilt derzeit als das Herzblatt der Restaurantkritiker, denn die Gerichte dort sind unprätentiös und werden mit vorzüglichen Produkten frisch vom Markt zubereitet. Das rustikale Ambiente mit etwas ländlichem Kitsch bietet sich an, um frische Austern, zartes Fleisch vom Wagyu-Rind, fangfrischen Fisch und vielerlei herzhafte Gerichte aus der Provinz Québec zu goutieren – sie alle werden mit viel guter Laune und einem angenehmen Mangel an Schnickschnack serviert.

Ausgehen & Nachtleben

Die Gegend rund um die stylishen Plateau-Straßen Boulevard St-Laurent, Rue St-Denis und Avenue du Mont-Royal und die umtriebige, von Straßencafés gesäumte Rue

Crescent in der Innenstadt sind die besten Adressen zum Ausgehen. Die Bars in der Rue Ste-Catherine im Village sind schwulen- und lesbenfreundlich, werden aber von jedermann frequentiert.

Die Clubszene der Stadt gibt sich pulsierend und ausgelassen, ein Großteil der Amusements spielt sich am Boulevard St-Laurent, in der Rue Ste-Catherine Est (im Village) sowie in der Rue Crescent im Westen der Stadt ab.

Die Website **Montréal Clubs** (www.montreal-clubs.com) verrät die brandaktuellen Hotspots des Montréaler Nachtlebens.

Le Ste-Elisabeth KNEIPE

(Karte S. 270; www.ste-elisabeth.com; 1412 Rue Ste-Elisabeth; ⌚Mo–Fr 16–3, Sa & So ab 18 Uhr) In diesem schicken und beliebten Pub sorgen selbst gebraute und importierte europäische Biersorten sowie hochwertiger Scotch für Stimmung bei den netten Gästen. Von der Terrasse im oberen Stock kann man den schönen Garten überblicken.

Brutopia BRAUEREI

(Karte S. 264; www.brutopia.net; 1219 Rue Crescent; ⌚Sa–Do 15–3, Fr 12–3 Uhr) Hinter den Backsteinmauern des ausgelassenen Brutopia wird das Bier noch selbst gebraut, und zwar in den blank polierten Kupferkesseln hinter der Theke. Besonders empfehlenswert ist das India Pale Ale. Das freundliche, junge Publikum sorgt jeden Abend für ein volles Haus – nicht zuletzt wegen der Livebands.

Le Saint-Sulpice KNEIPE

(Karte S. 270; www.lesaintsulpice.ca; 1680 Rue St-Denis; ⌚13–3 Uhr) Ein cooler Ort für heiße Sommerabende: Der Biergarten ist riesig und eignet sich hervorragend zum Leutebeobachten. Das geht aber auch auf den drei Terrassen des Cafés und im Diskobereich. Eine stets gut besuchte und, ach ja, gigantisch große Location.

Baldwin Barmacie BAR

(Karte S. 270; www.baldwinbarmacie.com; 115 Ave Laurier Ouest; ⌚Mo–Sa 17–3, So 19–3 Uhr) Orangefarbene Retro-Stoffe mit Paisleymuster und blasenförmige Leuchten gehören zur Ausstattung dieser hippen Bar, die ihr junges Publikum mit Trip-Hop- und Ambient-Musik beschallt. Martini, Wein und Cocktails mit Gin oder Wodka sind nur eine kleine Auswahl aus der umfangreichen Getränkekarte.

Bily Kun BAR

(Karte S. 270; www.bilykun.com; 354 Ave du Mont-Royal Est; ⌚15–3 Uhr) Das Bily Kun gilt als einer der Pioniere in Sachen „Tavernenschick" und steht bei den Einheimischen hoch im Kurs, wenn ein Abend zum Chillen mit Musik von DJs angesagt ist. Gäste, die zum ersten Mal vorbeikommen, starren meist die Straußenköpfe an, die über der Bar herunterglotzen, widmen sich aber rasch lieber den Rhythmen der DJs und gelegentlich auch den Livebands.

Gogo Lounge BAR

(Karte S. 270; 3682 Blvd St-Laurent; ⌚15–3 Uhr) Diese Lounge im abgefahrenen Austin-Powers-Look ist für ihre riesige Auswahl an Martinis bekannt. Die Getränkekarten bestehen aus alten Vinylschallplatten. Schick anziehen!

Lab BAR

(Karte S. 270; 1351 Rue Rachel Est; ⌚17–3 Uhr) Die dunkle Eingangstür dieser kreativen Cocktailbar liegt etwas versteckt, aber hören kann man das Lab schon von Weitem. Abenteuerlustige sollten den Jerky Lab Jack – Whisky mit Rinderdörrfleisch und BBQ-Bitters – oder auch einen subtileren Drink mit Basilikum-, Himbeer- oder Ingweraroma probieren. Er wird manchmal sogar flambiert!

Sir Winston Churchill Pub KNEIPE

(Karte S. 264; www.winniesbar.com; 1455 Rue Crescent; ⌚11.30–3 Uhr) Johnny Vale, ein ehemaliger Kampfgefährte Che Guevaras, gründete diese Kneipe 1967. Sie ist mittlerweile eine echte Institution der Rue Crescent. Der verstorbene Montréaler Schriftsteller Mordecai Richler pflegte sich hier im Obergeschoss das eine oder andere kühle Bier zu genehmigen. Wenn es in der Happy Hour (17–20 Uhr) zwei Getränke zum Preis von einem gibt, geht es hoch her.

Whisky Café LOUNGE

(www.whiskycafe.com; 5800 Blvd St-Laurent; ⌚Mo–Mi 17–1, Do–Sa bis 3, So 19–1 Uhr; Ⓜ Place des Arts, dann Bus 80) Diese stilvolle Lounge zählt zu einer aussterbenden Spezies von Bars in Montréal. Hier gibt es mehr als 150 schottische Whiskeys und eine beeindruckende Auswahl an exquisiten kubanischen Zigarren.

✩ Unterhaltung

Musikfreunde kommen in Montréal voll auf ihre Kosten, denn das Angebot zeigt sich breit gefächert – von Jazz und Klassik zu Pop und New Age bis hin zu Weltmusik. Auch Liebhaber der darstellenden Künste können unter vielen Theaterstücken und international renommierten Tanzdarbietungen das Passende für sich auswählen. Die Sportfans von Montréal geben sich tagsüber ruhig und gelassen, legen auf den Zuschauertribünen dann allerdings ihr unterdrücktes Rowdytum an den Tag.

Eintrittskarten für bedeutende Konzerte, Shows und Festivals, aber auch für Sportveranstaltungen sind an den jeweiligen Kartenschaltern erhältlich oder auch bei **Admission** (☎514-790-1245, 800-361-4595; www.admission.com) oder **Ticketmaster** (☎514-790-1111; www.ticketmaster.ca).

Kinos

Zwar gibt es in Montréal zahlreiche Multiplex-Kinos, die vor allem große Hollywood-Streifen zeigen, daneben haben aber auch jede Menge Independent- und Programmkinos überlebt. Auf der Website www.cinema-montreal.com findet man neben dem aktuellen Programm auch Filmkritiken und Infos zu Ermäßigungen.

Beliebte unabhängige Kinos sind das **Cinéma du Parc** (☎514-281-1900; www.cinemaduparc.com; 3575 Ave du Parc; Ⓜ Place des Arts, dann Bus 80) und das **Ex-Centris Cinema** (Karte S. 270; ☎514-847-2206; www.cinemaexcentris.com; 3530 Blvd St-Laurent).

IMAX KINO
(Karte S. 260; ☎877-496-4724, 514-496-4724; www.montrealsciencecentre.com; King Edward Pier; Erw./Kind 11,50/8,50 C$; ⏲10–23.30 Uhr) Das Kino gehört zum Centre des Sciences de Montréal und ist der Hit bei den Kids. Ermäßigte Eintrittskarten sind in Kombination mit dem Museumsbesuch und für Doppelvorstellungen erhältlich.

Livemusik

Casa del Popolo LIVEMUSIK
(Karte S. 270; www.casadelpopolo.com; 4873 Blvd St-Laurent; ⏲12 Uhr bis open end) Diese Kombination aus Café-Bar, Kunstgalerie und Bühne wirkt eher bescheiden und fetzig, bietet jedoch in drei Locations diverse Events mit Livemusik und gesprochenem Wort. Im Café werden Fair-Trade-Café und vegetarische Gerichte serviert.

L'Esco LIVEMUSIK
(Karte S. 270; ☎514-842-7244; 4467 Rue St-Denis; ⏲18–1 Uhr) Der verrauchte, intime Club im Viertel Plateau präsentiert fetzigen Jazz und Indie-Rock von talentierten Nachwuchsmusikern aus Montréal.

Metropolis LIVEMUSIK
(Karte S. 270; ☎514-844-3500; www.montrealmetropolis.ca; 59 Rue Ste-Catherine Est) Von den vielen Funktionen, die der Konzertsaal für rund 2300 Personen des Metropolis schon innehatte – er diente u. a. als Eislaufbahn, Pornokino und Disko –, passt der Rockmusik-Schuppen jetzt eigentlich am besten. Auf der Bühne standen am Anfang ihrer Karriere hier schon Größen wie Radiohead, David Bowie und Coldplay.

Upstairs JAZZ
(Karte S. 264; ☎514-931-6808; www.upstairsjazz.com; 1254 Rue Mackay; ⏲Mo–Fr 11.30–1, Sa 17–1, So 18.30–1 Uhr) So manches Talent aus dem In- und Ausland hat in diesem intimen Jazzlokal schon in die Tasten des Flügels gehauen. Die Shows beginnen um 22 Uhr. Es gibt hier auch eine hübsche Terrasse und eine Speisekarte für den Abend, die sich sehen lassen kann.

Foufounes Electriques LIVEMUSIK
(Karte S. 270; 87 Rue Ste-Catherine Est; ⏲15–3 Uhr) Die mit Graffiti besprühten Wände und der Charme einer Fabrikanlage lassen vermuten, dass der „elektrische Hintern“ nicht gerade ein Mainstream-Publikum anzieht. Seit zwei Jahrzehnten regieren Punk, Hardcore und Grunge diese Hochburg der alternativen Szene. Günstiges Bier und eine nette Terrasse.

Opéra de Montréal OPER
(Karte S. 270; ☎514-985-2222; www.operademontreal.com; Place des Arts) Das Opernhaus von Montréal begeistert die Fans von Mozart, Wagner und Bizet schon seit beinahe 30 Jahren. Die Opern werden in der Originalsprache mit Untertiteln gegeben.

Orchestre Symphonique de Montréal KLASSISCHE MUSIK
(Karte S. 270; ☎514-842-9951; www.osm.ca; Maison Symphonique, Place des Arts) Das OSM, eines der renommiertesten Orchester Kanadas, wurde schon von Berühmtheiten wie Otto Klemperer, Zubin Mehta und Charles Dutoit dirigiert.

McGill Chamber Orchestra KLASSISCHE MUSIK
(☎514-487-5190; www.ocm-mco.org) Das 1939 gegründete Kammermusikensemble ist eines der ältesten des Landes. Die Konzertreihen finden an unterschiedlichen Veran-

MONTRÉAL FÜR SCHWULE & LESBEN

Montréal ist eine der schwulsten Städte Kanadas, wobei die Regenbogenfahne mit besonderem Stolz im Village in der Rue St-Catherine zwischen der Rue St-Hubert und der Rue Dorion flattert. Dutzende pulsierende Bars, Cafés, Restaurants, Saunas und Clubs finden sich in diesem Straßenabschnitt, der somit rund um die Uhr als Amüsiermeile herhält. Der Führer für die Schwulen- und Lesbenszene schlechthin ist **Fugues** (www.fugues.com), ein kostenloses Magazin, das einmal im Monat erscheint und überall im Village erhältlich ist.

Das große Ereignis im Veranstaltungskalender des Village ist das **Divers/Cité Festival** (☎514-285-4011; www.diverscite.org), Montréals Version der Pride Week. Der Event findet in der Regel Ende Juli statt und lockt sage und schreibe eine Million Menschen an. Ein fast ebenso enormer Besuchermagnet ist das **Black & Blue Festival** (☎514-875-7026; www.bbcm.org) im Oktober mit tollen Tanzpartys, Kultur- und Kunstshows sowie einer Megaparty im Olympiastadion.

Bars und Clubs, deren Besuch sich lohnt:

Sky Pub & Club (Karte S.270; ☎514-529-6969; 1474 Rue Ste-Catherine Est) Riesiger Club mit Dachterrasse samt Whirlpool und Pool.

Aigle Noir (Karte S.270; ☎514-529-0040; 1315 Rue Ste-Catherine Est) Anlaufstelle für Leder- und Fetisch-Fans.

Le Drugstore (Karte S.270; ☎514-524-1960; 1360 Rue Ste-Catherine Est) Amüsierwütige jeder Ausrichtung werden sicherlich auf mindestens einer der sechs Tanzflächen mit jeweils anderem Motto glücklich.

The Unity (Karte S.270; ☎514-523-2777; 1171 Rue Ste-Catherine Est) Sexy Tanzclub, in dem es vor topless Techno-Ravern, Muskel-Queens und lockeren Heteros nur so wimmelt.

Mado Cabaret (siehe unten) Das Kabarett lockt Drag-Fans aus Nah und Fern an; Liveshows finden von Dienstag bis Sonntag statt.

staltungsorten statt, beispielsweise in der **Pollack Concert Hall** (Karte S. 264; 555 Rue Sherbrooke Ouest), im Maison Symphonique und in der Salle Bourgie des Musée des Beaux-Arts (S. 263).

Theater & Tanz

Centaur Theatre THEATER

(Karte S. 260; ☎514-288-3161; www.centaurtheatre.com; 453 Rue St-François-Xavier) Das Centaur in der wunderschönen Alten Börse in Vieux-Montréal zählt zu den führenden Theaterensembles des Landes. Das Repertoire reicht von Shakespeare-Stücken bis hin zu Experimentiertheater von einheimischen Dramaturgen, die auf Englisch schreiben.

Cirque du Soleil THEATER

(Karte S. 260; www.cirquedusoleil.com) In den vergangenen 20 Jahren hat diese sagenhaft erfolgreiche Truppe den Zirkus neu definiert. Sie hat ihren Hauptsitz in Montréal und bringt hier im Abstand von etwa ein bis zwei Jahren ein neues Programm auf die Bühne. Die Touristeninformation hält Informationen bereit.

Mado Cabaret KABARETT

(Karte S. 270; www.mado.qc.ca; 1115 Rue Ste-Catherine Est; Eintrittskarten 5–15 C$) Ausgeflippte Drag-Shows und Comedy; die Veranstaltungen am Dienstagabend sind immer besonders ausgelassen.

Les Ballets Jazz de Montréal TANZ

(☎514-982-6771; www.bjmdanse.ca) Dieses moderne Tanzensemble genießt dank seiner im klassischen Ballett ausgebildeten Profitänzer und Tänzerinnen und der experimentellen Stücke einen sagenhaften Ruf in ganz Kanada. Die Vorstellungen finden an verschiedenen Locations in der ganzen Stadt statt.

Les Grands Ballets Canadiens TANZ

(Karte S. 270; ☎514-849-0269; www.grandsballets.qc.ca; Place des Arts) Das führende Ballettensemble von Québec gibt fast jeden Monat eine Vorstellung. Das Programm reicht von klassischem bis zu modernem Tanz, ist innovativ, aber dennoch einem breiten Publikum zugänglich.

Sport

Eishockey und der Katholizismus gelten als die beiden Staatsreligionen in der Provinz Québec, doch auch Football lockt eine satte Menge Anhänger an.

Montréal Canadiens HOCKEY
(Karte S. 264; ☎514-932-2582; www.canadiens.com; Bell Centre, 1200 Rue de la Gauchetière Ouest; Karten 29–260 C$) Heimspielort dieses Teams der National Hockey League ist das Bell Centre. Die „Habs" haben schon 24-mal den Stanley Cup gewonnen (zuletzt 1993), sind in den letzten Jahren aber weniger erfolgreich. Die Montréaler sehen ihnen dies aber nach, was die regelmäßig ausverkauften Spiele beweisen. Schon kurz nach dem Anpfiff verkaufen die Kartenhändler, die sich am Eingang herumdrücken, die Karten oft zum halben Preis. Wer einen Platz ganz oben unter dem Dach hat, sollte ein Fernglas mitbringen.

Montréal Alouettes FOOTBALL
(☎514-871-2255; www.montrealalouettes.com; Molson Stadium, Ave des Pins Ouest; Karten 20–120 C$; Ⓜ Square Victoria) Die Mannschaft der Canadian Football League hatte sich schon aufgelöst, gilt nun aber als der Renner in der Sportszene der Stadt – genau gesagt, seit das Team 2009 und 2010 den kanadischen Grey Cup gewann. Seit 1999 war noch jedes der Spiele ausverkauft – deshalb sollte man seine Eintrittskarte frühzeitig kaufen. Vor jedem Spiel fahren kostenlose Shuttlebusse von der Metro-Haltestelle Square Victoria (mit einem Halt am Metro-Bahnhof McGill) zum Stadion.

Shoppen

Wer sich eine Weile in dieser schicken Stadt aufhält, kann leicht in einen Kaufrausch verfallen – bei den meisten Anwohnern steht hier nämlich das äußere Erscheinungsbild ganz oben auf der Prioritätenliste. Einkaufswütige landen zwangsläufig in der Rue Ste-Catherine Ouest mit jeder Menge Kaufhäusern, Kettenläden und individualistischen Geschäften sowie Malls auf zig Etagen. Und all das befindet sich auf Straßenniveau. Wer ins Basement abtaucht, findet dort noch Hunderte Einzelhändler, die vom Modeschmuck bis zum Muskelshirt so ziemlich alles anbieten.

Entspannter lässt es sich da in den Plateau-Straßen Boulevard St-Laurent, Rue St-Denis und Avenue du Mont-Royal einkaufen. Sie sind für ihre einzigartigen Boutiquen bekannt, in denen allerlei essenzielle Trendartikel verkauft werden. Die Rue St-Paul in Vieux-Montréal ist hingegen mit Ramschläden gesäumt, die ganz auf Touristen eingestellt sind. Dazwischen findet man aber durchaus auch die eine oder andere ansehnliche Kunstgalerie. Antiquitätenliebhaber können problemlos einen ganzen Tag damit verbringen, die Läden entlang der Rue Notre-Dame Ouest, zwischen der Avenue Atwater und der als Antique Alley bekannten Rue Guy zu durchstöbern.

Ogilvy KLEIDUNG
(Karte S. 264; www.ogilvycanada.com; 1307 Rue Ste-Catherine Ouest; ⏲Mo–Mi 10–18, Do & Fr bis 21, Sa 9–17, So 12–17 Uhr) Das Kaufhaus aus viktorianischen Zeiten strotzt nur so vor Tradition – und kann mit allen internationalen Top-Markennamen aufwarten. Unbedingt sollte man dem historischen Konzertsaal im fünften Stock einen Besuch abstatten. Seit 1927 spielt dort mittags immer ein Dudelsackspieler im Kilt auf.

Galerie Le Chariot KUNST
(Karte S. 260; 446 Place Jacques Cartier; ⏲10–18 Uhr) Die Galerie auf drei Ebenen hat sich auf Inuit-Kunst in Museumsqualität spezialisiert, und zwar vor allem auf Skulpturen aus Speckstein. Sämtliche Stücke verfügen über ein Echtheitszertifikat der kanadischen Regierung.

Guilde Canadienne des Métiers d'Art KUNST
(Karte S. 264; www.canadianguildofcrafts.com; 1460 Rue Sherbrooke Ouest; ⏲Di–Fr 10–18, Sa bis 17 Uhr) Das galerieartige Geschäft präsentiert ausschließlich die hervorragendsten Arbeiten kanadischer Künstler und Kunsthandwerker aus dem ganzen Land.

Centre Eaton MALL
(Karte S. 264; Rue St-Catherine, zwischen Ave McGill College & Rue University; ⏲Mo–Fr 10–21, Sa 10–19, So 11–17 Uhr) Dieser Verkaufspalast auf fünf Etagen in der Haupteinkaufsstraße beherbergt gut 175 Geschäfte, zig Restaurants und sechs Kinos. Eine Filiale von **Global Refund Canada** zur Erstattung der Mehrwertsteuer befindet sich im vierten Stock. Die **Promenade de la Cathédrale** ist eine

Passage im Basement, die unter der Cathédrale Christ Church verläuft.

Parasuco KLEIDUNG
(Karte S. 264; www.parasuco.com; 1414 Rue Crescent; ⌚Mo–Fr 9.30–21, Sa bis 18, So 11–18 Uhr) Das Parasuco ist mittlerweile zu einem der heißesten Labels für Jeans und legere Kleidung in ganz Kanada avanciert – und die Klamotten werden direkt hier in in Montréal hergestellt. In diesem pulsierenden Flagshipstore findet der Kunde die allerneuesten Trends.

Eva B KLEIDUNG
(Karte S. 270; www.eva-b.ca; 2015 Blvd St-Laurent; ⌚Mo–Sa 11–21, So 12–19 Uhr) Die 1960-er, 70-er und 80er-Jahre erwachen in dieser fetzigen Retro-Boutique zu neuem Leben. Wer sich hier einkleidet, macht mit Sicherheit auf jeder Party Furore. Es gibt hier auch einen Kostümverleih.

Les Touilleurs HAUSHALTSWAREN
(Karte S. 270; www.lestouilleurs.com; 152 Ave Laurier Ouest; ⌚Mo–Mi 10–18, Do & Fr bis 21, Sa & So 11–17 Uhr) Noch nie waren Küchenartikel so sexy. Beinahe so beeindruckend wie das breite, vielfältige Angebot an superedlen Toastern und Backformen bekannter Markenfirmen ist die minimalistische Innenausstattung.

Cheap Thrills MUSIK
(Karte S. 264; www.cheapthrills.ca; 2044 Rue Metcalfe; ⌚Mo–Mi & Sa 11–18, Do & Fr bis 21, So 12–17 Uhr) Wer in der Riesenauswahl an Secondhandbüchern und Musik (CDs und auch einige Schallplatten) herumstöbert, verliert schnell das Zeitgefühl. Geboten ist Mainstream und Ausgefallenes, beides zu Schnäppchenpreisen.

Paragraphe Bookstore BÜCHER
(Karte S. 264; www.paragraphbooks.com; 2220 Ave McGill College; ⌚8–21 Uhr) Das nette Geschäft in der Nähe der McGill University hat englische Bücher zu allen Themenbereichen im Sortiment.

Word BÜCHER
(Karte S. 264; www.wordbookstore.ca; 469 Rue Milton; ⌚Mo–Mi 10–18, Do & Fr bis 21 Uhr) Der bei Studenten seit ewigen Zeiten beliebte Laden hat gebrauchte wissenschaftliche Bücher und moderne Literatur im Angebot. Nördlich der Rue Sherbrooke Ouest und östlich der Rue University.

Ulysses BÜCHER
(Karte S. 270; 4176 Rue St-Denis; ⌚Mo–Mi, Sa & So 10–18, Do & Fr bis 21 Uhr) Reiseliteratur und Landkarten.

ℹ Praktische Informationen

GELD

Wechselstuben finden sich im Flughafen, am Bahnhof, in der Hauptstelle der Touristeninformation, im Kasino (24 Std. geöffnet) und überall im Stadtzentrum, vor allem jedoch in der Rue Ste-Catherine.

Calforex (1230 Rue Peel; ⌚Mo–Sa 8.30–21, So 10–18 Uhr) Wechselt Geld.

National Bank of Canada (www.nbc.ca) Plateau Mont-Royal (4506 Rue St-Denis); Quartier Latin (801 Rue Ste-Catherine Est) Weitere Filialen siehe Website.

INFOS IM INTERNET

City of Montréal (www.ville.montreal.qc.ca) Die offizielle Website der Stadt.

Tourisme Montréal (☎877-266-5687; www.tourisme-montreal.org) Die offizielle Website der Touristeninformation von Montréal mit Unmengen an Informationen und einer benutzerfreundlichen Hotelsuchmaschine mit prima Angeboten.

MEDIEN

Die *Montréal Gazette* ist die wichtigste englischsprachige Tageszeitung mit solider Berichterstattung in den Bereichen kanadisches Tagesgeschehen, Politik und Kunst. Die Samstagsausgabe enthält eine nützliche Zusammenstellung von Veranstaltungen. Eine sicherlich bessere Quelle sind jedoch die alternativen Zeitschriften *Cult* (www.cultmontreal.com) und *Hour Community* (www.hour.ca).

MEDIZINISCHE VERSORGUNG

CLSC (☎514-934-0354; 1801 Blvd de Maisonneuve Ouest; ⌚Mo–Fr 8–20, Sa & So bis 16 Uhr) Bei geringfügen Beschwerden hilft ohne Voranmeldung das kommunale Gesundheitszentrum weiter; einfach hingehen. Pro Besuch wird eine Gebühr von 105 C$ (nur Bargeld) erhoben; Gesundheitstests sind extra zu bezahlen.

Pharmaprix Pharmacy (www.pharmaprix.ca) Mont-Royal (5122 Chemin de la Côte-des-Neiges; ⌚24 Std.; Ⓜ Côte-des-Neiges); Innenstadt (1500 Rue Ste-Catherine Ouest; ⌚8–24 Uhr; Ⓜ Guy-Concordia) Weitere Filialen siehe Website.

Royal Victoria Hospital (☎514-934-1934; 687 Ave des Pins Ouest; ⌚24 Std.) Der McGill University angeschlossenes Krankenhaus mit Notaufnahme; die beste Option für Leute, die Englisch können.

WLAN-ZUGANG

Auf der **Île Sans Fil** (ilesansfil.org) gibt es kostenlosen WLAN-Zugang für alle, die sich registrieren. Hotspots befinden sich im Juliette et Chocolat (S. 281), Titanic (S. 279) und Santropol (S. 281) sowie im Le Saint Sulpice (S. 285), Marché Jean-Talon (S. 283) und in ein paar Clubs im Village wie The Unity (S. 287) und Le Drugstore (S. 287).

NOTFALL

Polizei (Notruf 911, keine Notfälle 514-280-2222)

POST

Hauptpost (Karte S. 264; 677 Rue Ste-Catherine Ouest; Mo–Fr 7–19, Sa 10–17, So 11–17 Uhr) Die größte Zweigstelle.

Station Place d'Armes (157 Rue St-Antoine; Mo–Fr 8.30–17.30 Uhr) Seine Briefe kann man sich postlagernd an diese Adresse schicken lassen: 157 Rue St-Antoine, Montréal, Québec H2Y 1L0.

REISEBÜROS

Voyages Campus (www.travelcuts.com; 407 Blvd de Maisonneuve Est; Mo–Mi 9–18, Do & Fr bis 19, Sa 11–17 Uhr) Außerhalb der Provinz Québec unter Travel Cuts bekannt; das Unternehmen hat sich auf Abenteuerurlaub und Studententarife spezialisiert.

TOURISTENINFORMATION

Montréal und die Provinz Québec bieten eine zentrale Info-Hotline für Touristen (514-873-2015, 877-266-5687).

Centre Infotouriste (Karte S. 264; www.bonjourquebec.com; 1255 Rue Peel; 8.30–19 Uhr) Informationen zu Montréal und zur ganzen Provinz Québec. Kostenlose Hotel-, Touren- und Autoreservierung sowie Geldwechsel.

Montréal Tourist Office (Karte S. 260; www.tourism-montreal.org; 174 Rue Notre-Dame Est; April–Okt. 10–19 Uhr) Das kleine Büro liegt gleich bei der lebhaften Place Jacques Cartier und ist immer gut besucht. Die Mitarbeiter sind überaus hilfsbereit.

An- & Weiterreise

AUTO & MOTORRAD

Alle bedeutenden internationalen Mietwagenfirmen haben eine Niederlassung am Flughafen, am Bahnhof und in der Stadt. **Auto Plateau** (514-281-5000; www.autoplateau. com; 3585 Rue Berri; M Sherbrooke) ist eine angesehene einheimische Leihwagenfirma.

Die Mitfahrzentrale **Allô Stop** (514-985-3032; www.allostopmontreal.com; 4317 Rue St-Denis; M Mont-Royal) verfügt über ein Büro in Plateau. **Kangaride** (S. 257) heißt die zweite Mitfahrzentrale mit einer größeren Auswahl; gebucht kann allerdings nur über das Internet werden. Die einfache Fahrt nach Québec (Stadt) kostet bei beiden Unternehmen 13 C$.

BUS

Busse zu den Flughäfen sowie zu Fahrtzielen in Kanada und in den USA fahren an der **Station Centrale de l'Autobus** (Zentraler Busbahnhof; Karte S. 270; 514-842-2281; 505 Blvd de Maisonneuve Est) ab.

Greyhound (www.greyhound.ca) bietet täglich Verbindungen nach New York City (84 C$, 8 Std., 10-mal tgl.) sowie normale und Express-Busse nach Ottawa (29 C$, 2¼ Std., 21-mal tgl.) an; **Orléans Express** (www.orleansexpress.com) verkehrt nach Québec (Stadt) (57 C$, 3¼ Std., 24-mal tgl.) und in die Regionen Mauricie und Gaspésie.

Megabus (www.ca.megabus.com) kann mit den besten Angeboten und der kürzesten Fahrtzeit nach Toronto (32–45 C$, 5¾ Std., 8-mal tgl.) aufwarten. **Galland** (www.galland-bus.com) fährt zu den Ferienorten in den Laurentides, und **Limocar** (www.limocar.ca) passiert die Cantons de l'Est auf dem Weg nach Sherbrooke.

Montréal ist auch ein Halt auf dem Rundkurs durch Ostkanada, den Moose Travel Network (S. 1016) anbietet.

FLUGZEUG

Nationale und internationale Fluglinien steuern den **Pierre Elliott Trudeau International Airport** (YUL; 800-465-1213, 514-394-7377; www.admtl.com) an, den ehemaligen Dorval Airport, der rund 20 km westlich vom Zentrum liegt. Hier gibt es Schließfächer, eine Gepäckaufbewahrung, Geldautomaten und eine Wechselstube.

ZUG

Die Montréaler **Gare Centrale** (Hauptbahnhof; 895 Rue de la Gauchetière Ouest) fungiert als Drehscheibe von **VIA Rail** (S. 258). Der Nachtzug auf der Strecke Montréal–Halifax (165 C$, 21½ Std.) ermöglicht dank der modernen, komfortablen Waggons eine angenehme Reise. Es verkehren sechs tiptop Züge mit WLAN und Getränke-Service täglich nach Toronto (135 C$, 4½ Std.).

Züge der Eisenbahngesellschaft **Amtrak** (S. 258) fahren täglich von/nach New York City (65 US$, 11 Std.).

ℹ Unterwegs vor Ort

AUTO & MOTORRAD

Obwohl es recht einfach ist, sich in Montréal zurechtzufinden, greift man zur Fortbewegung innerhalb der Stadt besser nicht auf das Auto, sondern auf öffentliche Verkehrsmittel zurück. Wer lieber selbst fahren möchte, findet im Zentrum überall gebührenpflichtige Parkplätze mit Parkuhren und, vorwiegend unter den großen Hotels und Einkaufszentren, öffentliche Tiefgaragen. Pro Tag werden dafür zwischen 12 und 20 C$ fällig.

Achtung: Auf der Île de Montréal ist das Rechtsabbiegen an roten Ampeln verboten!

VOM/ZUM FLUGHAFEN

STM ist das öffentliche Transportsystem der Stadt, das zwei Buslinien zwischen Montréal Trudeau und der Innenstadt unterhält. Der Express-Service ins Zentrum ist die Route 747 (einfache Strecke 9 C$, passendes Kleingeld bereithalten; 1 Std.), mit Stopps an der Metrostation Lionel-Groulx, dem Hauptbahnhof und der Metrostation Berri-UQAM. Zwischen 8.30 und 20 Uhr fährt er alle 12 Minuten, zwischen 5.30 und 8.30 Uhr und zwischen 20 und 1 Uhr jede halbe Stunde und zwischen 2 und 5 Uhr einmal pro Stunde.

Eine Alternative ist Bus 204 Est, der vom Gare Dorval zur Metrostation Lionel-Groulx fährt. Vom Bahnhof Dorval gibt es einen Shuttlebus zum Flughafen und umgekehrt. Die Busse sind zwischen 6 und 24 Uhr im Halbstundentakt unterwegs. Für die Strecke braucht man insgesamt etwa eine Stunde und bezahlt dafür 3 C$ (kein Wechselgeld!).

Wer in die Stadt fahren möchte, sollte die Autoroute 13 Sud nehmen, die in die Autoroute 20 Est übergeht und mitten ins Zentrum führt, nämlich über die Autoroute Ville-Marie (720). Die Fahrt dauert – je nach Verkehr – 20 Minuten bis eine Stunde.

Ein Taxi zum/vom Trudeau Airport kostet gerade einmal 40 C$.

ÖFFENTLICHE VERKEHRSMITTEL

Montréal hat ein modernes und bequemes Bus- und Metronetz, das von der **STM** (www.stm.info) betrieben wird. Die Metro düst auf Gummirädern schnell und leise durch die U-Bahn-Tunnel. Letzte Fahrt ist um 0.30 Uhr, manchmal auch später. Es gibt Busse, die die ganze Nacht über fahren.

Mit einer Fahrkarte kommt man in der Stadt überall hin. Wer vom Bus auf die Metro oder umgekehrt oder zwischen zwei Bussen wechselt, holt sich vom Fahrer einen kostenlosen Transfer-Beleg, einen *correspondence*. In der Metro gibt es diese an den Automaten gleich hinter den Drehkreuzen. Die Transfer-Belege gelten für eine Dauer von 90 Minuten und können nur in eine Richtung benutzt werden.

Fahrkarten kosten 3 C$, kommen im Zehnerpack aber billiger (24,50 C$). Außerdem gibt es „Tourist Cards" zu 9/18 C$ für einen/drei Tage (auch gültig auf der Express-Route 747 zum Flughafen) sowie Wochenkarten zu 23,75 C$ (gültig von Mo–Sa).

Ein Hinweis: Busfahrer geben kein Wechselgeld heraus.

TAXI

Die Grundgebühr beträgt 3,45 C$, dann sind pro Kilometer 1,70 C$ zu entrichten. Taxis können auf der Straße herangewinkt oder telefonisch bestellt werden. Empfehlenswert sind **Taxi Diamond** (☎ 514-273-6331) oder **Taxi Co-Op** (☎ 514-636-6666).

DIE LAURENTIDES

Die Laurentinischen Berge (engl. Laurentians, franz. Les Laurentides) sind vielleicht das bestgehütete Geheimnis der Montréaler Tagesausflügler. Lediglich eine Autostunde von der Stadt entfernt, ist man auf einmal von einer sanft geschwungenen Berglandschaft voller kristallblauer Seen und sich windender Flüsse umgeben. Dazwischen verteilen sich unbeschreiblich malerische Städte und Dörfer. Ein Abstecher in dieses Naturparadies ist beinahe so erholsam wie das Füßehochlegen nach einem harten Arbeitstag.

Mont Tremblant wird zwar gelegentlich als übertrieben kommerzialisiert kritisiert, seinen überragenden Skimöglichkeiten kann landesweit jedoch nur Whistler das Wasser reichen. In den Laurentides gibt es noch viele weitere, etwas unbekanntere Skiorte. In ihren winzigen Zentren verbreiten luftige Patios und exklusive, eigenständige Designer-Klamottenläden ein klein wenig alpenländische Atmosphäre.

In der Hauptsaison sind die Preise bedeutend höher und auch der Besucherandrang ist dann extrem hoch. Dies ist z. B. im Sommer und während der Weihnachtsferien der Fall. Wer in den Wintermonaten herkommen möchte, sollte sich zuvor nach den allgemeinen Öffnungszeiten erkundigen.

Die Laurentides liegen zwischen etwa 60 und 130 km nördlich von Montréal. Fast alle Ortschaften befinden sich am Highway 15, der Autostrecke durch die Laurentides. Parallel dazu verläuft die alte Route 117. Auf dieser Strecke kommt man zwar nur deutlich langsamer voran, aber sie ist dafür wesentlich malerischer.

Praktische Informationen

Association Touristique des Laurentides (Laurentian Tourist Association; ☎450-436-8532, Reservierungen 450-436-3507; www.laurentides.com; ⊙9–17 Uhr) Der regionale Tourismusverband beantwortet telefonische Anfragen, verschickt Infos per E-Mail und reserviert kostenlos Hotelzimmer. Er hat sich auf Unterkünfte entlang der „P'tit Train du Nord"-Route spezialisiert.

La Maison du Tourisme des Laurentides (La Porte du Nord, Ausfahrt 51 am Hwy 15; ⊙8.30–20 Uhr, Mitte Sept.–Mitte Juni bis 17 Uhr) Informationsbüro der Association des Laurentides mit hilfsbereitem Personal, das Karten und Broschüren verteilt, u. a. den hervorragenden Official Tourist Guide.

Anreise & Unterwegs vor Ort

Täglich verkehren mindestens drei Galland-Busse zwischen Montréals Station Centrale de l'Autobus und den Laurentides. Angefahren werden u. a. St-Jérôme (18 C$, 1¼ Std.), St-Sauveur (22 C$, 1½ Std.), Val-David (25 C$, 2 Std.) und Mont-Tremblant (32 C$, 3 Std.).

Von Mitte Mai bis Mitte Oktober bietet **Autobus du P'tit Train du Nord** (www.autobuslepetittraindunord.com) täglich zwei Verbindungen zwischen St-Jérôme und Mont Laurier (Fahrkarten 25–65 C$). Sie halten nach Bedarf und nehmen Fahrräder ohne Aufpreis mit.

Wer mit dem Auto von Montréal anreist, nimmt entweder den Highway 15 oder die langsamere Route 117.

St-Jérôme

Rund 43 km nördlich von Montréal liegt St-Jérôme, das offizielle Tor zu den Laurentides. Der von Verwaltungsgebäuden und Industrie geprägte Ort lohnt dennoch einen Zwischenstopp. Sehenswert sind die sagenhaften Buntglasfenster und venezianischen Lüster in der romanisch-byzantinischen **Kathedrale** (355 Place du Curé-Labelle; ⊙Mo–Fr 8.30–16.30, Sa & So bis 12 Uhr) GRATIS, die wie eine Festung anmutet, und das **Musée D'Art Contemporain des Laurentides** (www.museelaurentides.ca; 101 Place du Curé-Labelle; Eintritt 4 C$; ⊙Di–So 12–17 Uhr) gleich in der Nähe; hier gibt es oft exquisite Ausstellungen regionaler Künstler zu bestaunen.

St-Jérôme markiert außerdem die südliche Endstation des **Parc Linéaire du P'tit Train du Nord** (www.laurentians.com/parclineaire), ein Wegenetz, das sich entlang ehemaliger Bahntrassen bis ins 230 km entfernte Mont Laurier schlängelt. Unterwegs windet es sich durch eine großartige Berglandschaft, vorbei an Bächen, Flüssen, Stromschnellen und Seen. Im Sommer sind hier Radfahrer und Inlineskater unterwegs und überall gibt es Rastplätze, Infostände, Restaurants, B&Bs sowie Fahrradverleihe und -werkstätten. Im Winter strömen Skilangläufer in das Gebiet zwischen St-Jérôme und Val-David, während der Abschnitt zwischen Val-David und Mont Laurier fest in der Hand der Schneemobil-Fans ist.

St-Sauveur-des-Monts

St-Sauveur-des-Monts (oder kurz: St-Sauveur) ist das geschäftigste Dorf der Laurentides und wird wegen seiner Nähe zu Montréal (60 km) von Tagesausflüglern schier überlaufen. Eine hübsche Kirche ragt in der Rue Principale auf, der attraktiven Hauptstraße, umgeben von Restaurants, Cafés und Boutiquen.

Aktivitäten

St-Sauveur Valley Resort SPORT

(www.mssi.ca) Mit rund 100 Skiabfahrten für alle Leistungsniveaus, die sich über die fünf wichtigsten Berge schlängeln, kommen Abfahrtsläufer in dieser Region voll auf ihre Kosten. Der höchste Berg, der **Mont St-Sauveur** (www.montsaintsauveur.com; Eintritt pro Tag 40–54 C$), ist für seine Nachtabfahrten berühmt; viele Pisten haben bis 23 Uhr geöffnet. Im Sommer verwandelt sich das Areal dann in den **Parc Aquatique** (Wasserpark; www.parcaquatique.com; 350 Rue St-Denis; Erw./Kind pro Tag 34/18 C$, halber Tag 28/15 C$; ⊙Juni–Sept. 10–19 Uhr). Kinder jeden Alters nehmen mit Begeisterung im Wellen-Pool ein Bad, nachdem sie die Rutschbahnen hinuntergerauscht sind (einige per Sessellift erreichbar) oder beim Raften waren.

Adrenalin-Junkies haben Spaß an Le Dragon, einer doppelten Zipline, und an Viking, einer malerischen (trockenen) Tobogganfahrt durch zerklüftetes Bergland. Freunde des Langlaufs verteilen sich auf die über 150 km Loipen der Morin Heights.

Feste & Events

Festival des Arts DARSTELLENDE KÜNSTE

(www.fass.ca) Acht Tage lang findet Ende Juli das Festival des Arts von St-Sauveur statt, zu dem Dutzende internationale Tanzensembles in den Ort kommen. Viele der Darbietungen sind kostenlos.

Schlafen & Essen

Auberge Sous L'Edredon B&B $$
(☎450-227-3131; www.aubergesousledredon.com; 777 Rue Principale; Zi. 119–199 C$;) Der eindrucksvolle viktorianische Gasthof liegt lediglich rund 2 km vom Dorfzentrum, in der Nähe eines kleinen Sees. Einige der wunderhübsch gestalteten Zimmer verfügen über einen Kamin und sogar über einen Whirlpool.

Le Petit Clocher B&B $$$
(☎450-227-7576; www.lepetitclocher.com; 216 Rue de l'Église; EZ 175–215 C$, DZ 185–235 C$;) Der reizende Gasthof in einem umfunktionierten Kloster liegt auf einem Hügel oberhalb der Ortschaft. Geboten sind sieben Zimmer, die im französischen Landhausstil gestaltet sind; von vielen bietet sich eine sagenhafte Aussicht.

La Brûlerie des Monts CAFÉ $
(www.bruleriedesmonts.com; 197 Rue Principale; Hauptgerichte 5–10 C$; ⌚7–21 Uhr) Das Café schlechthin im Ort, um zu frühstücken oder sich ein Sandwich zu genehmigen; eine tolle Terrasse ist auch noch vorhanden. Der Kaffee wird vor Ort geröstet.

Chez Bernard DELI $
(www.chezbernard.com; 407 Rue Principale; Gerichte 6–15 C$; ⌚Mo–Do 10–18, Fr bis 20, Sa 9–18, So 10–17 Uhr) Super Deli mit lokalen, z.T. selbst gemachten Spezialitäten, die sich perfekt für ein Picknick eignen; außerdem gibt es komplette Mahlzeiten.

Orange & Pamplemousse MEDITERRAN $$
(www.orangepamplemousse.com; 120 Rue Principale; Hauptgerichte 12–32 C$; ⌚Mi–So tgl. 15–21 Uhr) Beim sanften Plätschern des japanischen Bambus-Springbrunnens kann man in ruhiger Atmosphäre raffinierte Pastagerichte und exzellenten Fisch vom Grill genießen. Auch das üppige Frühstücksangebot ist wunderbar.

Le Rio GRILLSPEZIALITÄTEN $$
(www.riorestaurant.ca; 352 Rue Principale; Hauptgerichte 11–30 C$, Mahlzeiten ab 26 C$; ⌚17–22 Uhr) Es mag etwas komisch anmuten, mitten in den Bergen des ländlichen Québec ein Barbecue zu bestellen. Dieser klassische Diner wird aber von amerikanischen Touristen und Einheimischen gleichermaßen in den höchsten Tönen gelobt. Auf jeden Fall sollte man ein kleines Stück der herrlich saftigen und zarten Mini-Rippchen kosten!

Praktische Informationen

Banque Nationale (6 Rue de la Gare)

Café Saint-Sau (Galerie des Monts Mall, Block I-2, 75 Rue de la Gare; Internet pro 15/30 Min. 3/5 C$; ⌚8–17 Uhr)

Pays d'en Haut Touristeninformation (☎450-229-3729; www.lespaysdenhaut.com; 1490 Rue St-Joseph, Ste-Adèle) Geführte Touren und Informationen zu den Unterkünften.

Val-David

Val-David ist ein winziges Dorf, das fast schon poetisch anmutet, und ein herrlicher Flecken Erde am Ufer des Rivière du Nord und am Fuß der Berge. Sein Charme hat schon viele Künstler magisch angezogen, deren Ateliers und Galerien nun die Hauptstraße säumen, die Rue de l'Église.

Aktivitäten

Zu den Hauptattraktionen von Val-David gehören die vielen Outdoor-Aktivitäten. **Roc & Ride** (☎819-322-7978; www.rocnride.com; 2444 Rue de l'Église) vermietet Langlaufski, Schneeschuhe und Schlittschuhe. Im Sommer gibt es hier auch eine Saft- und Espresso-Bar. Bei **Aventure Nouveau Continent** (☎819-322-7336; www.aventurenouveaucontinent.com; 2301 Rue de l'Église) können sich Sportler ein Fahrrad, Kajak oder Kanu ausleihen, außerdem werden Pauschaltouren mit Rad und Kajak sowie geführte Exkursionen auf der Rivière du Nord angeboten.

Was anderen Dörfern in den Laurentides das Skifahren ist, ist Val-David das Klettern. Geboten sind mehr als 500 Routen – von einfachen Felswänden bis zu gewagten Klippen. Die Kletterschule **École Escalade** (☎819-323-6987; www.ecole-escalade.com; 2374 Rue Bastien; Kurse ab 100 C$; ⌚April–Okt.) bietet ein- und mehrtägige Kurse für Anfänger, aber natürlich auch für ausgebuffte Kletterfüchse an.

Feste & Events

Von Mitte Juli bis Mitte August strömen zum **1001 Pots Festival** (www.1001pots.com; Eintritt 2 C$), einer gigantischen Keramikausstellung, an die 100 000 Besucher in den Ort. Das Festival ist ein Einfall des japanisch-kanadischen Künstlers Kinya Ishikawa, dessen zweckmäßige, aber dennoch schicken Objekte das ganze Jahr über in seinem **Atelier du Potier** (2435 Rue de l'Église; ⌚Di–So 10–17 Uhr) zu bestaunen sind.

Schlafen & Essen

Maison de Bavière B&B $$

(☎819-322-3528; www.maisondebaviere.com; 1470 Chemin de la Rivière; Zi. 100–160 C$; @) In diesem Gasthof schlafen die Gäste beim Plätschern der Rivière du Nord vor dem Fenster ein. Dank der handgemalten bayrischen Muster und der Holzbalken wirkt das B&B wie eine Skihütte in den Alpen. Alles ist hier auf Outdoor-Aktivitäten ausgerichtet – von der Lage am „P'tit Train du Nord"-Trail bis hin zum Gourmet-Frühstück am Morgen mit jeder Menge Kraftfutter.

Am Ende eines erlebnisreichen Tages können die Gäste dann sogar über den gut gefüllten Kühlschrank herfallen und sich die Leckereien draußen im weitläufigen, gepflegten B&B-Grundstück mit Blick auf den Fluss schmecken lassen. Die Restaurants und Geschäfte von Val-David liegen nur ein paar Schritte entfernt.

La Vagabonde BÄCKEREI $

(www.boulangerielavagabonde.com; 1262 Chemin de la Rivière; kleine Mahlzeiten 3–9 C$; Mi–So 8–18 Uhr) Das beliebte Café mit angeschlossener Bäckerei bringt köstliche selbst gebackene Biobrote und Gebäck auf den Tisch; dazu gibt es vielerlei Fair-Trade-Kaffee und diverse Teesorten.

Le Grand Pa MEDITERRAN $$$

(www.legrandpa.com; 2481 Rue de L'Église; Hauptgerichte 22–32 C$; 11.30–14 & 17–22 Uhr) Geselliges Restaurant mit großer Terrasse und einer angenehmen Mischung aus Einheimischen und Besuchern, die sich an gegrillten Fleischkreationen oder an Pizza aus dem Holzofen erfreuen. Freitag- und samstagabends trägt ein *chansonnier* während des Abendessens seine Ständchen vor.

Praktische Informationen

Touristeninformation (www.valdavid.com; 2525 Rue de l'Église)

Ville de Mont-Tremblant

Die Region Mont-Tremblant ist das Kronjuwel der Laurentides. Im Schatten des gleichnamigen, 960 m hohen Gipfels glitzern unberührte Seen und Flüsse. Diese Outdoor-Spielwiese ist das ganze Jahr über äußerst beliebt – von Ende Oktober bis Mitte April vor allem bei Skifahrern. Im übrigen Jahr tummeln sich hier Wanderer, Radfahrer, Golfer, Wassersportler und andere Outdoor-Fans.

Das Gebiet von Ville de Mont-Tremblant unterteilt sich in drei Bereiche. Zu **Station Tremblant** gehören die Skipiste und die verkehrsberuhigte Touristensiedlung am Fuß des Bergs. Rund 4 km weiter südwestlich befindet sich das winzige **Mont-Tremblant Village**, eine niedliche Ansammlung von Wohn- und Geschäftshäusern. Als größte Siedlung in dieser Ecke liegt das Gewerbezentrum **St-Jovite** rund 12 km südlich des Bergs abseits der Route 117.

Sehenswertes & Aktivitäten

Schenkt man der Zeitschrift *Ski* und den Scharen von treuen Fans Glauben, so ist das im Jahr 1938 gegründete **Station Tremblant** (www.tremblant.com; Halbtags-/Ganztags-Liftkarte 57/76 C$) einer der besten internationalen Skiorte in Nordamerikas Osten. Der Berg fällt 645 m steil ab und ist mit 95 Wanderwegen und drei Schneeparks gesegnet, die von insgesamt 14 Skiliften und einer Expressgondel bedient werden. Leihskier kosten ab 32 C$ pro Tag.

Eine Attraktion im Sommer ist die **Skyline-Rodelbahn** (1/3/5 Fahrten 11/20/26 C$), die sich 1,4 km den Berg hinunterschlängelt; Wagemutige bringen es auf eine Geschwindigkeit von bis zu 50 km/h. Das **Activity Centre** (☎891-681-4848; www.tremblantactivities.com; 9–18 Uhr) gleich in der Nähe organisiert eine breite Palette an Outdoor-Aktivitäten – vom Angeln bis hin zu Paddeln und Reiten. Hier gibt es auch genauere Informationen zum Spa im skandinavischen Stil, zu den Dune-Buggy-Trails, Ziplines sowie zu Klettern, Paintball und Hubschrauber-Ausflügen.

Am Fuße der Südseite des Berges liegt ein funkelndes **fußgängerfreundliches Touristendorf** mit großen Hotels, Läden, Restaurants und einer Atmosphäre, die der eines Vergnügungsparks gleicht. Die 08/15-Architektur versprüht nicht den rustikalen, europäischen Charme, den die Planer im Sinn hatten. Die 2,5 Mio. Besucher, die sich jährlich durch die gepflasterten Gassen drängen, scheint das jedoch wenig zu stören.

Feste & Events

Festival International du Blues MUSIK

(www.tremblantblues.com) Anfang Juli geht in dem Ferienort zehn Tage lang beim größten Bluesfestival des Landes die Post ab.

Ironman SPORT
(www.ironman.com) Ende August findet alljährlich die Ironman North American Championship statt, eine Meisterschaft, die sich aus 3,8 km Schwimmen im Lac Tremblant, 180 km Radfahren in den Bergen und Wäldern der Umgebung und einem Marathonlauf zusammensetzt; die Strecke verläuft über den „P'tit Train du Nord"-Trail und endet im autofreien Dorf. Ein kürzerer, weniger anspruchsvoller Ironman-Wettbewerb wird Ende Juni hier ausgetragen.

Schlafen

HI Mont-Tremblant Hostel HOSTEL $
(☎819-425-6008; www.hostellingtremblant.com; 2213 Chemin du Village, Mont-Tremblant Village; B/EZ/DZ 29/66/74 C$; @) Das attraktive Hostel direkt am Lac Moore (kostenloser Kanuverleih) verfügt über eine große Küche und einen weitläufigen Partyraum mit Bar, Billardtisch und Kamin. Die sauberen, geräumigen Zimmer sind vor allem während der Skisaison oft komplett ausgebucht.

Homewood Suites HOTEL $$
(☎819-681-0808; www.homewoodsuites.com; 3035 Chemin de la Chapelle; Suite ab 139 C$; @) Mitten im autofreien Dorf liegt dieses Hotel im Zentrum sämtlicher Sommer- und Winteraktivitäten; die Skigondel befindet sich gerade einmal 500 m von der Tür entfernt. Die anheimelnde Hotelkette bietet Suiten zu einem prima Preis-Leistungs-Verhältnis mit Bergblick, pfiffigem Dekor und einem bescheideneren Frühstück mit warmen Speisen. Ein Geschäft, das rund um die Uhr geöffnet hat, gehört mit dazu.

Auberge Le Lupin B&B $$
(☎877-425-5474, 819-425-5474; www.lelupin.com; 127 Rue Pinoteau, Mont-Tremblant Village; Zi. 108–157 C$; @) Blockhütte aus den 1940er-Jahren nur 1 km vom Skilift entfernt – eine gemütliche Bleibe mit eigenem Strand am Ufer des glitzernden Lac Tremblant. Besitzer Pierre zaubert in seiner heimeligen, rustikalen Küche ein leckeres Frühstück, das seine Gäste optimal für den Tag rüstet.

Hotel Quintessence BOUTIQUEHOTEL $$$
(☎866-425-3400; www.hotelquintessence.com; 3004 Chemin de la Chapelle, Mont-Tremblant Village; Suite ab 280 C$; @) Hier treffen der Glanz der Alten Welt und die Natur Nordamerikas aufeinander und vereinen sich zu einer luxuriösen Übernachtungsoption. Die Suiten dieses kleinen, exklusiven Resorts sind mit einem beruhigenden Kamin, eigenem Balkon mit Blick über den Lac Tremblant, beheizten Marmorfußböden und großen Badewannen ausgestattet. Da geht man gerne in die Vollen!

Essen

Microbrasserie La Diable KNEIPE $$
(www.microladiable.com; Station Tremblant; Hauptgerichte 12–27 C$; ⏲ 11.30–2 Uhr) Nach einem langen Tag auf der Piste freut sich der Körper über die herzhaften Würste, Burger und Pastagerichte, die in dieser lebhaften Kneipe in Station Tremblant serviert werden. Und die Freude über die selbst gebrauten Biere ist nicht minder groß.

Coco Pazzo ITALIENISCH $$
(www.coco-pazzo.com; Station Tremblant; Hauptgerichte 14–33 C$; ⏲12–15 & 17–21 Uhr) Moderne italienische Küche mit Pfiff gibt es in diesem gehobenen Speiselokal mit Blick auf die Bühne an der Place des Lauriers.

★ **sEb** MODERN KANADISCH $$$
(☎819-429-6991; www.seblartisanculinaire.com; 444 Rue St-Georges, St-Jovite; Hauptgerichte 27–36 C$, Mahlzeiten ab 45 C$; ⏲Mi–So 18–23 Uhr) Wer genug vom Mittelmaß hat und diesem Restaurant einen Besuch abstattet, bekommt eine Vorstellung, was die einheimischen Küchenchefs aus saisonalen, nachhaltigen Zutaten der Region an kulinarischen Highlights alles zaubern können. Eine flexible, gästefreundliche Küche, eine unvergessliche Speisekarte und eine unendlich lange Weinkarte tragen zur überaus herzlichen Atmosphäre hier bei, die sich am besten so charakterisieren lässt: Bergchalet mit Globetrotter- (afrikanische Masken) und Hollywood-Schick (Michael Douglas ist hier Stammgast). Ohne Reservierung hat man hier keine Chance.

Praktische Informationen

Au Grain de Café (Homewood Suites, Station Tremblant; pro 10 Min. 2 C$; ⏲7.30–23 Uhr) Internet-Zugang.

Banque Nationale (Le Kandahar Hotel, Station Tremblant; ⏲10–17 Uhr)

Centre Médical de St-Jovite (☎819-425-2728; 992 Rue de St-Jovite, St-Jovite; ⏲Mo–Do 8–20, Fr bis 17, Sa & So 8.30–12.30 Uhr) Medizinische Versorgung.

Mont-Tremblant Tourism (☎819-425-3300; www.tourismemonttremblant.com) St. Jovite (☎800-322-2932; 8 Chemin de Brébeuf);

Mont-Tremblant Village (☎877-425-2434; 5080 Montée Ryan, Ecke Rte 327); Station Tremblant (☎800-322-2932; Place des Voyageurs).

Unterwegs vor Ort

Ein Shuttle-Bus (3 C$) verkehrt auf der Strecke Station Tremblant, Mont-Tremblant Village und St.-Jovite, und zwar sonntags bis donnerstags von 18 bis 20 Uhr und freitags und samstags von 18 bis 23 Uhr.

Parc du Mont-Tremblant

Die Natur zeigt sich von ihrer spannendsten Seite im **Parc du Mont-Tremblant** (☎819-688-2281, Reservierungen 800-665-6527; www.sepaq.com; Chemin du Lac Supérieur; Erw./Kind 6,50/3 C$), dem größten und ältesten Park der Provinz – er öffnete bereits im Jahr 1895 seine Pforten. Auf einer Fläche von 1510 km² liegen herrliche Seen, Flüsse, Hügel und Wälder mit Kanurouten sowie Wander- und Radwegen.

Neben so seltenen Pflanzenarten wie Silberahorn und Amerikanische Roteiche kann man hier auch Füchse, Hirsche, Elche und Wölfe sichten. Außerdem gibt es in dem Park mehr als 206 verschiedene Vogelarten, darunter eine gewaltige Kolonie von Kanadareihern.

Der Park ist in drei Bereiche unterteilt. Der **Bereich Diable** mit dem Lac Monroe ist am besten erschlossen. Der Haupteingang liegt 28 km nordöstlich von Station Tremblant. 11 km vom Eingang entfernt befindet sich ein ganzjährig geöffnetes Servicezentrum, das auch Outdoor-Ausrüstung verleiht.

Diables wunderbare Wandermöglichkeiten reichen von leichten, etwa 20-minütigen Spaziergängen, die an Wasserfällen vorbeiführen, bis zu tagelangen Wanderungen bzw. Touren mit herrlicher Aussicht auf friedliche Täler und majestätische Berggipfel. Manche der Pfade kann man mit dem Drahtesel befahren, oder man paddelt den gewundenen Rivière du Diable mit einem Kanu hinunter. Der ruhige Abschnitt zwischen Lac Chat und La Vache Noire eignet sich perfekt für Familien.

Bei der beliebten Halbtagestour mit Führer, der **Via Ferrata** (Juni–Aug. 39–65 C$), geht es auf die felsige Vache Noire hinauf, um den herrlichen Ausblick auf die Rivière du Diable und die Laurentides im Hintergrund zu genießen. Erfahrung im Klettern ist nicht unbedingt erforderlich, da die Führer den Steig sichern und die nötige Ausrüstung bereitstellen. Reserviert wird über die Parkbehörde.

Der **Bereich Pimbina** weiter östlich liegt zehn Autominuten von St-Donat entfernt. Neben einem **Informationszentrum** (⊙Mitte Mai–Mitte Okt. & Mitte Dez.–März) und Campingplätzen mit ein paar Service-Einrichtungen gibt es hier auch Kanu- und Kajakverleiher. Der Lac Provost lädt zum Schwimmen ein, die nahen Pfade zum Wandern und Radfahren. Ein echtes Highlight ist der 14,4 km lange **Carcan Trail**. Vorbei an Wasserfällen und durch tolle Landschaft führt diese Route zum Gipfel des zweithöchsten Bergs (883 m) im Park.

Der **Bereich L'Assomption** noch weiter im Osten ist über die Ortschaft St-Côme zugänglich. Im naturbelassensten Teil des Parks findet man weitere Wander- und sonstige Wege, einsame Hütten und abgelegene Campingstellen. Im Winter ist diese Ecke nicht mit dem Auto erreichbar, da die Straßen verschneit sind.

Unbefestigte Pisten, die teilweise alte Holzfällerrouten sind, führen in den Osten des Parks und in die dichtere Wildnis im Inneren. In den abgelegenen, wenig besuchten Bereichen sind unzählige Tier- und Pflanzenarten zu Hause. Mit etwas Glück hat man ganze Seen ganz für sich allein und muss sie nur mit den Wölfen teilen, deren Geheul des Nachts zu hören ist.

Bereits Ende August werden die Nächte kühler. Lediglich ein paar Monate später verleiht eine dicke Schneedecke der Landschaft etwas Magisches. Dann sind die meisten Besucher in Diable und Pimbina auf Langlaufskiern oder mit Schneeschuhen unterwegs.

Von den zahlreichen **Campingplätzen** (Zeltplätze 22–42 C$) im Park weisen einige eine relativ gute Infrastruktur auf, die meisten sind allerdings eher einfach. Während der Hochsaison empfiehlt es sich zu reservieren. Einige der schönsten Flecken lassen sich jedoch nur mit dem Kanu erreichen. Übernachten können die Besucher aber auch in **Jurten** (134 C$ pro Nacht) für vier Personen am Lac Provost (Pimbina) und am Lac des Cyprès (L'Assomption); gemütliche **Hütten** (116–234 C$) für zwei bis acht Personen finden sich am Ufer des Lac Chat (Diable), Lac Monroe (Diable) und am Lac Provost (Pimbina).

VON MONTRÉAL NACH QUÉBEC (STADT)

Der Flickenteppich aus Ackerland, der sich zwischen den beiden großen Metropolen der Region Québec erstreckt, versprüht einen unnachahmlichen, idyllischen Charme. Die Postkartenlandschaft der Cantons de l'Est (Eastern Townships) lädt zum Entspannen und Verweilen ein und vermittelt einen Eindruck von der einzigartigen zweisprachigen Atmosphäre, die die Region dem permanenten Strom amerikanischer Touristen verdankt. Ganz anders die Region Mauricie, die sich, dem Lauf der mächtigen Rivière Saint-Maurice folgend, von Trois-Rivières gen Norden bis zum Lac St-Jean erstreckt. Sie ist dafür bekannt, ahnungslose Besucher auf der Suche nach wilder, unverfälschter und natürlicher Schönheit in ihren Bann zu ziehen.

Der Trans-Canada-Highway (Highway 20) führt auf direktem Weg von Montréal nach Québec. Die Cantons de l'Est erstrecken sich von hier bis an die Grenze zu Vermont, vorwiegend entlang des Highway 10. Maurice liegt nördlich vom Highway 20, am Highway 40.

Cantons de l'Est

Saftige, sanft geschwungene Hügel, kristallblaue Seen und ein Schachbrettmuster aus Feldern prägen die Landschaft der Cantons de l'Est. Das auch Estrie genannte Gebiet beginnt 80 km südöstlich von Montréal. Südlich vom Highway 20 quetscht sich die Region zwischen zahllose kleinere Highways, die bis hinüber nach Vermont und New Hampshire führen. Mit ihren überdachten Brücken und runden Schuppen erinnert die hügelige Landschaft stark an New England. Sie ist Teil des hiesigen Ausläufers der US-amerikanischen Appalachen.

Besuche im Frühling lohnen sich besonders. Dann wird frisch gezapfter Ahornsaft beim sogenannten *sugaring off* zu süßem Sirup verarbeitet. In den Sommermonaten laden zahlreiche Seen zum Schwimmen und Angeln ein. Auf die bunte Farbenpracht des Herbstlaubs stößt man am besten mit dem frisch gekelterten Apfelwein der örtlichen Kneipen an. Zu den Cantons de l'Est gehört ein florierendes Weinbaugebiet, das neben ordentlichen weißen Sorten auch einen hervorragenden Eiswein produziert. Ein beinahe 500 km langes Wegenetz in herrlicher Umgebung macht das Radfahren während der wärmeren Monate zu einem äußerst beliebten Zeitvertreib. Die drei größten Skihügel – Bromont, Mont Orford und Sutton – sind im Winter hervorragende Optionen für alpines Pistenvergnügen.

Die indigenen Abenaki siedelten seit jeher im Bereich der Cantons de l'Est. Nach der Amerikanischen Unabhängigkeitsbewegung von 1776 ließen sich hier Königstreue aus New England nieder, die weiterhin der britischen Krone dienen wollten. Danach folgten hintereinander mehrere Wellen irischer und schottischer Einwanderer. Auch Frankokanadier kamen – diese machen bis zum heutigen Tag den größten Bevölkerungsanteil aus.

Praktische Informationen

Association Tourisme Cantons de l'Est (www.cantonsdelest.com; Hwy 10 Exit 68) Am Abzweig Granby/Bromont. Eine weitere Info befindet sich an der Ausfahrt 115, dem Abzweig nach Memphrémagog.

An- & Weiterreise

AUTO

Von Montréal kommend, nimmt man den Highway 10, der direkt durch die Cantons de l'Est östlich von Sherbrooke führt und dort in die Route 112 übergeht. Von Québec (Stadt) auf dem Highway 20 kommend, führt der schnellste Weg über den Highway 55, den man bei Drummondville erreicht.

Die Mitfahrzentrale **Allô Stop** (☎ 888-985-3032; allostop.com; 1221 Rue King Ouest) hat in Sherbrooke eine Niederlassung; eine andere Möglichkeit ist, bei **Kangaride** (S. 257) übers Internet zu reservieren. Die Fahrten von Sherbrooke nach Montréal und/oder Québec (Stadt) kosten in der Regel 10 bis 15 C$, plus eine Buchungsgebühr.

BUS

Limocar hat bis zu 15 Busse täglich, die zwischen Montréals Station Centrale de l'Autobus und Magog (44 C$, 1½ Std.) und Sherbrooke (40 C$, 2½ Std.) verkehren. Zwei dieser Busse halten auch in Granby (25 C$, 1–1½ Std.), Bromont wird zweimal täglich angefahren (28 C$, 2¼ Std.).

Orléans Express fährt nach Trois-Rivières (35 C$, 2 Std., 8-mal tgl.) in der Region Mauricie.

Autobus Viens bietet täglich insgesamt drei Busverbindungen zwischen Montréals Station Centrale de l'Autobus und den Gemeinden Sutton (18 C$, 2 Std.) und Lac Brome (19 C$, 2¼ Std.) an.

Bromont

Mitten in Bromont liegt das rund ums Jahr geschäftige Feriendorf **Ski Bromont** (www.skibromont.com; 150 Rue Champlain; ganzer/halber Tag 55/47 C$), das sich an die Hänge des Mont Brome (533 m) schmiegt. Das 100 km lange Netz aus markierten Wegen, darunter 15 nervenaufreibende Downhill-Strecken, macht Bromont in den Sommermonaten zum Mekka für Mountainbikefans – auch Weltmeisterschaften wurden hier schon ausgetragen.

Im Winter sind die 104 Pisten, von denen 50 für Nachtabfahrten ausgestattet und geöffnet sind, fest in der Hand der Skifahrer und Snowboarder. Bromont hat eine weitere große Attraktion, nämlich seinen riesigen **Flohmarkt** (16 Rue Lafontaine; ⏲ Sa & So 9–17 Uhr) GRATIS, der in den Sommermonaten von April bis Oktober jedes Wochenende von gleich abseits des Highway 10 stattfindet. Er lockt mit seinen 1000 Verkaufsständen sparsame Schatz- und Schnäppchenjäger aus nah und fern an.

Die Busse von Limocar halten vor dem Dépanneur Shefford (624 Rue Shefford).

Lac Brome (Knowlton)

Lac Brome ist der Name der sieben aneinandergereihten Dörfer, die rund um den gleichnamigen See liegen. Das größte und attraktivste Dorf ist Knowlton am Südufer. Möglicherweise siedelten hier schon früh Angehörige der Abenaki. Das heutige Dorf wurde im Jahr 1802 von den Loyalisten begründet; es hat sich bis zum heutigen Tag ein nobles, britisches Flair bewahrt. Auch zahlreiche Gebäude aus dem 19. Jh. sind noch intakt.

Mit einem Spaziergang durch das hübsche Zentrum, das von Nobelboutiquen, Kunstgalerien, Cafés und Restaurants nur so wimmelt, lassen sich ein bis zwei unterhaltsame Stunden füllen. Eine kostenlose

Von Montréal nach Québec (Stadt) & Umgebung

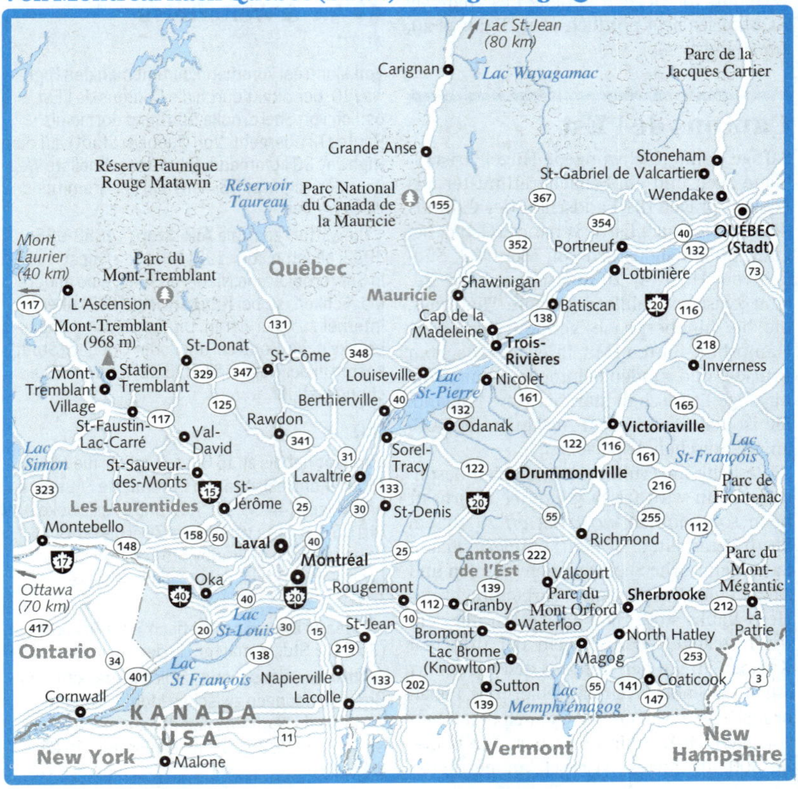

Broschüre mit Stadtrundgängen bekommt man in der Auberge Knowlton. Sie ist seit dem Jahr 1849 ununterbrochen in Betrieb und somit dienstältestes Gästehaus der Cantons de l'Est.

Lokale Geschichte kann man im **Musée Historique du Comté de Brome** (130 Rue Lakeside; Erw./Kind 5/2,50 C$; ⌚ Mai–Sept. Mo–Sa 10–16.30, So 11–16.30 Uhr) schnuppern, wo beispielsweise ein Gemischtwarenladen und ein Gerichtsgebäude originalgetreu nachgebaut wurden (nur So). Das außerdem hier ausgestellte Fokker-Flugzeug des Typs D-VII aus dem Ersten Weltkrieg ist da etwas fehl am Platz.

Die **Auberge Knowlton** (☎ 450-242-6886; www.aubergeknowlton.ca; 286 Chemin Knowlton; DZ inkl. Frühstück 142 C$; 📶), ein denkmalgeschütztes viktorianisches Gebäude, ist schon seit 1849 gut im Geschäft, hat sich seit den Tagen, als noch Pferdekutschen herumfuhren, allerdings stark verändert. Antike Möbel und moderne Annehmlichkeiten geben sich heute ein Stelldichein in den geräumigen Zimmern im Landhausstil. Das Frühstück ist à la carte.

Das **Le Relais** (286 Chemin Knowlton; Mittagessen Hauptgerichte 9–20 C$, Abendessen Hauptgerichte 14–25 C$) in der Auberge Knowlton bietet sich an, um eine saftige Brome-Ente samt einem Glas Wein aus der Region zu genießen. In den Sommermonaten stehen die Tische oben auf der Terrasse bei den Besuchern immer hoch im Kurs. Gäste der Auberge Knowlton können sich über eine Ermäßigung von 10 % freuen.

Der Lac Brome ist für seine Enten bekannt, die hier schon seit 1912 mit einem Spezialfutter gezüchtet werden; die Tiere bekommen u. a. Soja und Vitamine. In der **Brome Lake Duck Farm** (www.canardsdulacbrome.com; 40 Chemin Centre; ⌚ Mo–Fr 8–17, Sa & So 9.30–17 Uhr) kann man sich mit Entenpastete und anderen Köstlichkeiten eindecken. In Montréal gibt es eine Filiale.

Eine **Touristeninformation** (255C Chemin Knowlton; ⌚ Juni–Aug.) befindet sich an der Ausfahrt 68 des Highway 10.

Wer vom Highway 10 zum Lac Brome fahren möchte, nimmt für diese Strecke am besten die Route 243 in südlicher Richtung. Autobus Viens hält am Dépanneur Rouge ín der Rue Knowlton Nr. 483.

KINDER LIEBEN GRANBY

Bei den Kids kriegt jede Menge Pluspunkte, wer mit ihnen einen Ausflug zum **Granby Zoo** (☎ 450-372-9113; www.zoodegranby.com; 525 Rue St-Hubert; Erw./Kind 35/23 C$; ⌚ Juni tgl. 10–17, Juli & Aug. bis 19 Uhr, Sept. & Okt. Sa & So 10–17 Uhr) unternimmt. Die Tiger, Kängurus, Elefanten und rund 170 anderen Tierarten mit Flossen, Federn oder Fell begeistern die Kleinen eigentlich immer. Im Eintriffspreis inbegriffen ist der Zutritt zum **Parc Aquatique Amazoo**, einem kleinen Wasserpark mit einem wilden Wellenbecken und Fahrgeschäften. Über die Ausfahrt 68 am Highway 10 kommt man hin.

Sutton

Sutton ist eine kleine Stadt, deren Gründung auf Kolonisten aus Großbritannien zurückgeht; hübsch ist vor allem die Hauptstraße. Hier kann man nach Lust und Laune einkaufen oder in den vielen Bars wilde Après-Ski-Partys feiern.

Sutton ist von den Sutton Mountains umgeben, einer Reihe samtig grüner Hügel, deren höchster Gipfel der Sommet Rond (968 m) ist. Da ist es auch keineswegs überraschend, dass Sutton eine wichtige Anlaufstelle für Wintersportfreunde ist. Am **Mont Sutton** (www.montsutton.com; 671 Chemin Maple; Tagespass Erw./Kind 64/36 C$; ⌚ 9–16 Uhr) ist mit etwa 60 Pisten am meisten Action geboten. Auf der längsten von ihnen saust man auf 2,85 km die Hänge hinunter.

Die Sommermonate sind ideal zum Wandern. Dafür bietet sich das Naturschutzgebiet **Parc d'Environnement Naturel de Sutton** (☎ 450-538-4085; www.parcsutton.com; Erw./Kind 5/3 C$; ⌚ Juni–Okt.) besonders an, dessen gut 80 km langes Wegenetz sich quer durch dichten Bergwald erstreckt. Wer mit dem Rucksack unterwegs ist, kann sein Zelt an drei einfachen Zeltplätzen aufschlagen (der wohl Schönste unter den dreien ist der am Lac Spruce).

Le Pleasant Hôtel & Café (☎ 888-538-6188, 450-538-6188; www.lepleasant.com; 1 Rue Pleasant; Zi. 150–250 C$; @) in einem perfekt restaurierten denkmalgeschützten Gebäude ist ein luxuriöser Gasthof und ein ausgezeichneter Platz, um ein entspanntes oder

INSIDERWISSEN

AHORNSIRUP & ZUCKERHÜTTEN

Der Ahornsirup ist Kanadas bekanntestes Exportgut – 75 % der weltweiten Produktion entfallen auf Québec. Ursprünglich waren es die Ureinwohner, die ihr Wissen über die Herstellung des süßen Nektars mit den Europäern teilten. Bereits im 19. Jh. war die Gewinnung des Baumsafts und die Umwandlung in Sirup zur lokalen Tradition geworden.

Jeden Sommer bildet der in Nordamerika heimische Zuckerahorn Stärke aus. Fällt das Thermometer unter den Gefrierpunkt, verwandelt sich diese in Saccharose. Um diesen Zucker im Innern des Baums anzuzapfen, haben schlaue Köpfchen ein raffiniertes System entwickelt. Sie pumpen den Baumsaft mit einer Reihe von speziellen Röhren ab, den sogenannten Sysvacs. Diese Schläuche schlängeln sich durch den gesamten Ahornhain und pumpen den Saft direkt in die dafür geeigneten Maschinen, die ihn dann zu Sirup verkochen. Der unterschiedliche Zuckergehalt hängt von der Kochdauer und -temperatur ab. Um Toffee herzustellen, muss der Sirup beispielsweise bei 26 °C über dem Siedepunkt gekocht werden.

Seit dem frühen 20. Jh. ist der Anblick von Zuckerhütten typisch für Québec. In ihnen kann man bis heute die Traditionen rund um den Ahorn und seinen Sirup hautnah erleben. Der *taffy pull* ist am spaßigsten. Dabei wird eine Handvoll Schnee auf einen Teller gelegt und mit dampfendem Sirup aus einem heißen Kessel übergossen. Sobald der Sirup mit dem Schnee in Berührung kommt, wird er fest. Dann kann die feste Masse auf einen Holzstil gewickelt werden. An dieser süßen Köstlichkeit lutscht oder kaut man so lange, bis man das Ganze wiederholen will.

Die Zuckerhütten sind nur etwa einen Monat lang im Februar oder März in Betrieb. Empfehlungen erhält man bei den Touristeninformationen.

auch romantisches Wochenende zu zweit zu verbringen. Von einigen der schicken und modernen Zimmern bietet sich ein hübscher Blick auf den Mont Sutton. Und das Frühstück hier vergisst so schnell bestimmt auch niemand. Abends werden im Restaurant von der Mittelmeerküche inspirierte Gerichte serviert (Hauptgerichte 18–26 C$).

Eine kleine **Touristeninformation** (www.sutton.ca; 11b Rue Principale Sud; ⌚9–17 Uhr) ist ebenfalls vorhanden.

Sutton liegt 18 km südlich von Knowlton und lässt sich gut über die Routes 104 und 215 erreichen. Autobus Viens hält an der Esso-Tankstelle in der Rue Principale Nr. 28.

Valcourt

Valcourt wäre heute nur ein weißer Punkt auf der Landkarte, wäre Joseph Armand Bombardier, der Erfinder des Ski-Doo-Schneemobils, nicht ein berühmter Sohn der Stadt. Auf diese Errungenschaft sind die Kanadier bis heute außerordentlich stolz. Im **Musée J Armand Bombardier** (www.bombardiermuseum. com; 1001 Ave J-A Bombardier; Erw./Kind 7 C$/frei; ⌚Mai–Aug. tgl. 10–17 Uhr, Sept.–April Di–So) werden die ersten seiner Ski-Doo-Modelle und amüsante historische Mitschnitte von Probefahrten gezeigt. Außerdem gibt es die Originalwerkstatt und eine Sammlung moderner und schon etwas betagter Schneemobile zu bestaunen. Zudem werden auf dem Gelände auch Quads und Sea-Doos (Jetski) hergestellt. Wer sich das alles bei einer Führung ansehen möchte, bezahlt zusätzlich 12 bzw. 5 C$.

Nach Valcourt kommt man vom Highway 10 über die Ausfahrt 90 und dann auf der Route 243. Busverbindungen gibt es keine.

Magog

Magog befindet sich in herrlicher Lage am Nordufer des Lac Memphrémagog, eines Sees in Bananenform, dessen 44 km langes Ufer sich gen Süden bis über die US-amerikanische Grenze erstreckt. Magog ist die größte Gemeinde am See und hat eine hübsche Hauptstraße mit zahlreichen guten Restaurants und Hotels.

Sehenswertes & Aktivitäten

Magog kann mit einem **Strand** aufwarten; im Sommer tut man sich allerdings schwer, überhaupt einen Platz für sein Handtuch zu finden. Da die restliche Küste weitgehend in Privatbesitz ist, lässt sich der See eigentlich am besten vom Wasser aus erkunden. Der **Club de Voile** (☎819-847-3181; www.

voilememphremagog.com; Plage des Cantons) zählt zu den zahlreichen Geschäften, die Kajaks, Segelboote und Ausrüstung zum Windsurfen vermieten. **Croisières Escapades Memphrémagog** (☎819-843-7000; www.escapadesmemphremagog.com; Erw. 37–72 C$, Kind 15–62 C$; ⊙Mai–Okt.) hat 1¾-stündige, 2½-stündige und siebenstündige Bootsausflüge mit Erläuterungen im Programm (meist mit Mahlzeit an Bord). Ausschau halten sollte man unterwegs nach Memphré, dem selten gesichteten Seeungeheuer, das – wie die legendäre Nessie im Loch Ness in Schottland – auf dem Grund des Lac Memphrémagog leben soll.

Etwa 12 km südlich von Magog ist am Westufer des Sees die **Abbaye St. Benoît-du-Lac** (☎819-843-4080; www.st-benoit-du-lac.com; Eintritt frei; ⊙Kirche 5–20.30 Uhr, Andenkenladen Mo–Sa 9–18 Uhr) das Zuhause von rund 50 Benediktinermönchen. Der Gebäudekomplex sticht wegen seiner Mischung aus traditioneller und moderner Architektur ins Auge, darunter ein Korridor, der über und über mit bunten Fliesen bedeckt ist, sowie eine hoch aufragende Kirche mit unverputzten Ziegelwänden und Holzgebälk. Wer seinen Besuch für 7.30 Uhr, 11 Uhr oder 17 Uhr plant, kann zuhören, wie die Mönche gregorianische Choräle intonieren. Musik-CDs, verschiedene Käsesorten und Apfelcidre sind im Andenkenladen erhältlich.

Schlafen & Essen

À L'Ancestrale B&B B&B $$
(☎819-847-5555; www.ancestrale.com; 200 Rue Abbott; Zi. inkl. Frühstück 88–160 C$; @ 📶) In diesem gemütlichen B&B können sich die Gäste beim Aufwachen schon auf das fünfgängige Gourmet-Frühstück freuen. Geboten sind vier Zimmer, die romantisch im Landhausstil eingerichtet und mit Kühlschrank und Kaffeemaschine ausgestattet sind. Das B&B liegt zentral in einer dennoch ruhigen Straße.

Ô Bois Dormant B&B $$
(☎888-843-0450, 819-843-0450; www.oboisdormant.qc.ca; 205 Rue Abbott; Zi. inkl. Frühstück 95–145 C$; ❄ @ 📶 🏊) Obwohl das B&B nur ein paar Schritte von der Hauptstraße entfernt liegt, fühlen sich die Gäste in dem hoch aufragenden viktorianischen Gebäude mit weitläufiger Rasenfläche hinter dem Haus wie in einem abgeschiedenen Resort. Die Zimmer sind gemütlich und hell.

Fondissimo FRANZÖSISCH $$
(☎819-843-8999; www.fondissimo.ca; 276 Rue Principale Est; Hauptgerichte 22–25 C$; ⊙17–23 Uhr) Beim Namen Fondissimo fällt es nicht schwer zu erraten, um was für eine Art Restaurant in einer alten renovierten Fabrik es sich handelt – es gibt hier allein acht verschiedene Schweizer Fondues. Das chinesische Fondues – Fleisch, Gemüse und Meeresfrüchte, dazu eine Schüssel mit kochend heißem Öl, in der man alles selbst gart – steht bei den Gästen hoch im Kurs.

Bistro Lady of the Lake MEDITERRAN $$$
(www.bistrolady.com; 125 Plage des Cantons; Hauptgerichte 21–35 C$; ⊙Do–So 16–22 Uhr) Der Erfolg dieses beliebten Restaurants wird durch seine tolle Lage am Seeufer nur noch verstärkt. Hier gibt es mediterrane Küche mit Pfiff, die manchmal auch experimentierfreudig ist. Da stehen dann interessante Kompositionen wie Dill, Mandeln und frische Forelle auf der Speisekarte. Die Weinauswahl ist auch gut.

Praktische Informationen

CLSC Health Clinic (☎819-843-2572; 50 Rue St-Patrice Est)

La Petite Place (108 Place du Commerce; pro Std. 6 C$; ⊙Mo–Fr 8:30–17, Sa bis 14 Uhr) Internet-Zugang; der Laden liegt versteckt im Basement; hinten am Parkplatz.

Touristeninformation (www.tourisme-memphremagog.com; 2911 Rue Milletta; ⊙9–17 Uhr, Ende Jun–Aug. bis 19 Uhr) An der Route 115.

An- & Weiterreise

Die Busse von Limocar halten in der Rue Sherbrooke Nr. 768.

Parc du Mont-Orford

Der **Parc du Mont-Orford** (3321 Chemin du Parc; Erw./Kind 6,50/3 C$) beherbergt Schnappschildkröten und zahllose Vogelarten. Der Park ist recht übersichtlich und verbucht oft sehr viele Besucher. Wer fit genug ist, kann die beiden Gipfel des Parks, den **Mont-Chauve** (600 m) und den **Mont-Orford** (853 m) besteigen, während sich Wasserratten in einem der drei Seen austoben können. Der größte von ihnen, der Lac Stukely, hat einen Strand, einen Zeltplatz und einen Bootsverleih.

Im Winter kann man im Park Schneeschuhwanderungen und Langlauf unternehmen und auch Abfahrtslauf ist an der **Station de Ski Mont-Orford** (www.orford.com; Liftkarte Erw./Kind 57/35 C$; ⌚9–16 Uhr) möglich. Das Skigebiet erstreckt sich über 589 Höhenmeter und hat 62 Pisten, die vor allem für Anfänger und fortgeschrittene Anfänger ideal sind. Der Schneepark verfügt über eine Halfpipe und weitere spaßversprechende Features.

Unmittelbar außerhalb der Parkgrenzen liegt das **Centre d'Arts Orford** (Orford Arts Center; www.arts-orford.org; 3165 Chemin du Parc; Karten gratis bis 52 C$), das von Ende Juni bis Mitte August Schauplatz einer Reihe von 40 bis 50 klassischen Konzerten im Rahmen des renommierten **Festival Orford** ist.

In dem bewaldeten Areal liegt die **Auberge du Centre d'Arts Orford** (☎819-843-3981; 3165 Chemin du Parc; Zi. inkl. Frühstück 68–78 C$) mit einfachen, aber modernen und gemütlichen Zimmern.

Der Park, der sich im Norden von Magog erstreckt, lässt sich mit dem Auto in etwa zehn Minuten erreichen.

North Hatley

North Hatley ist unter all den reizenden Cantons de l'Est mit Abstand das niedlichste. Es liegt in einer bezaubernden Ecke am nördlichsten Zipfel des kristallklaren Lac Massawippi (garantiert monsterfrei), etwa 17 km östlich von Magog.

Dieser Ort ist bei wohlhabenden US-Amerikanern seit jeher beliebt. Sie begannen schon 1880 damit, hier ihre stattlichen Ferienhäuser zu errichten. Bis heute ist ein gewisser US-amerikanischer Einfluss nicht zu übersehen. Genauso wie in New England sind auch hier Kuhzeichnungen und Duftkerzen allgegenwärtig. Sogar eine „Main St" ist hier vorhanden (nun ja, eigentlich heißt die Straße „Rue Main"). Viele der schmucken Heime wurden mittlerweile zu B&Bs, Gästehäusern oder Feinschmeckerrestaurants umgebaut; auch das ultranoble Manoir Hovey gehört dazu.

Eine tolle Möglichkeit, die Gegend rund um North Hatley zu erkunden, ist ein Ausritt, den **Randonées Jacques Robidas** (www.equitationjacquesrobidas.com; 32 Chemin McFarland; Ausritte ab 7 C$, Pauschalangebote mit Übernachtung ab 135 C$) arrangiert. Wer sich für ein mehrtägiges Pauschalangebot entscheidet, kann in einem der beiden recht neuen Chalets vor Ort auch übernachten.

★ **Manoir Hovey** (☎819-842-2421; www.manoirhovey.com; 575 Chemin Hovey; Zi. inkl. Frühstück & 3-Gänge-Abendmenü pro Pers. 95–325 C$; ❄@📶🏊) Das Manoir Hovey ist das nobelste Resort in der Gegend. Das hauseigene Restaurant hat sich auf raffinierte Gerichte der Québecer Küche spezialisiert und bereitet diese aus frischen, einheimischen Zutaten zu. Nichtgäste bezahlen für ein Probiermenü 70 C$. Wer sich zu den glücklichen Übernachtungsgästen zählen darf, kann sich in den ausgedehnten Gartenanlagen mit wunderschönen Wildblumen und Seeblick kopfüber in die Natur stürzen. Alternativ findet man in den luxuriösen Zimmern im Innern dieses gigantischen Landhauses die gewünschte Ruhe. Zum Hotel gehören außerdem ein beheizter Swimmingpool, eine Eisbahn (nur im Winter), Tennisplätze und eine gemütliche Kneipe. Outdoor-Aktivitäten wie Windsurfen, Kajakfahren, Golfen oder Angelausflüge können arrangiert werden.

Das **Pilsen** (www.pilsen.ca; 55 Rue Main; Hauptgerichte 12–27 C$; ⌚11.30–3 Uhr) ist das wohl umtriebigste Restaurant der Ortschaft und für seinen Lachs bekannt – vom Grill oder geräuchert –, aber auch für seine Pubgerichte wie gegrilltes Steak. Die Gäste können entweder auf der hübschen Terrasse am Fluss oder auf einer zweiten am See Platz nehmen.

Ein kleines Infocenter, kostenloses WLAN und einen super Kaffee gibt es im **Café North Hatley** (90 Rue Main; ⌚9–17 Uhr; 📶).

North Hatley liegt östlich von Magog an der Route 108. Von Sherbrooke kommend, nimmt man die Route 243 bis zur Route 108. Öffentliche Busse verkehren hier nicht.

Sherbrooke

Diese lebendige Stadt ist mit ihren modernen Annehmlichkeiten der ideale Ort, um vor der Rückkehr in die Cantons de l'Est wieder etwas Kraft zu tanken. Das historische Zentrum befindet sich am Zusammenfluss zweier Flüsse und wird von der Rue Wellington und der Rue King, den beiden Hauptgeschäftsstraßen, geteilt.

Vieux-Sherbrooke ist mit seinen zahlreichen ordentlichen Restaurants und Cafés, die sich vehement gegen die öde Überentwicklung der anderen Stadtteile zur Wehr setzen, die deutlich bessere Alternative. Sherbrooke liegt am Highway 10, etwa 25 km nordöstlich von Magog.

Sehenswertes

Bishop's University HISTORISCHES GEBÄUDE
(Rue du Collège; Kapelle 8.30–17 Uhr) GRATIS Wer wissenschaftliche Ambitionen hegt, ist im 5 km südlich gelegenen Lennoxville (erreichbar zu Fuß oder mit Bus 2 oder 11) an der richtigen Adresse. Die anglikanische Bishop's University wurde im Jahr 1843 nach den englischen Vorbildern Oxford und Cambridge gegründet. Die reich verzierte **St. Mark's Chapel** ist mit ihren geschnitzten Sitzbänken und Buntglasfenstern architektonisches Highlight der Hochschule.

La Société d'Histoire de Sherbrooke MUSEUM
(819-821-5406; 275 Rue Dufferin; Erw./Kind 6/2 C$; Di–Fr 9–17, Sa & So 10–17 Uhr) Das Zentrum bietet eine engagierte Einführung in die Geschichte der Ortschaft und verleiht MP3-Player (10 C$), mit denen man Sherbrooke auf eigene Faust, aber mit sachkundigen Informationen zu Fuß oder auch mit dem Auto erkunden kann.

Cathédrale St-Michel KATHEDRALE
(130 Rue de la Cathédrale; 9–12 & 14–16 Uhr) Von ihrem Standort oben auf einem Hügel wacht die Cathédrale St-Michel, ein monumentales Granitgebäude, über das emsige Treiben im Ort.

Musée des Beaux-Arts MUSEUM
(www.mbas.qc.ca; 241 Rue Dufferin; Erw./Stud. 10/7 C$; 12–17 Uhr) Das Museum präsentiert eine gute Dauerausstellung mit Werken von Künstlern aus der Region; in unregelmäßigen Abständen finden auch Wechselausstellungen statt.

Lac des Nations SEE
Im Süden sämtlicher Sehenswürdigkeiten mündet die Rivière Magog in den hübschen Lac des Nations; um den See verläuft ein malerischer, asphaltierter Weg, der sich perfekt zum Wandern, Inline-Skaten und Radfahren eignet (Ausrüstungsverleih ist vorhanden).

Praktische Informationen

Banque Nationale (3075 Blvd Portland; Mo & Di 10–15, Mi bis 17, Do bis 20, Fr bis 16 Uhr)

Brûlerie de Café (180 Rue Wellington Nord; Mo–Fr 7.30–23, Sa & So 9–23 uhr) Kostenloser Internet-Zugang.

Hospital Hôtel-Dieu (819-346-1110; 580 Rue Bowen Sud; 24 Std.)

Touristeninformation (www.tourismesherbrooke.com; 785 Rue King Ouest; Mo–Fr 9–18, Sa & So 10–17 Uhr)

ZAP Sherbrooke (www.zapsherbrooke.org) Hier gibt es Übersichten mit den kostenlosen WLAN-Zonen in Sherbrooke.

An- & Weiterreise

Der Busbahnhof von Limocar befindet sich in der Rue du Depôt Nr. 80.

Parc du Mont-Mégantic

Im Herzen einer landschaftlich schönen und angenehm menschenleeren Gegend liegt der **Parc du Mont-Mégantic** (189 Rte du Parc; Eintritt Erw./Kind 6,50/3 C$; Juni–Aug. 9–23 Uhr, Sept.–Mai Sa & So bis 17 Uhr), der eine „megamäßige" Anziehungskraft auf Wildnisfans und Sterneliebhaber ausübt. Es kommt nicht selten vor, dass einem beim Streifzug durch den Park Elche, Weißwedelhirsche, Kojoten oder andere Tiere über den Weg laufen.

Das **AstroLab** (800-665-6527, 819-888-2941; www.astrolab-parc-national-mont-megantic.org; Erw./Kind 19/9,50 C$, Gipfeltour Erw./Kind 22,25/12 C$; Juli & Aug. tgl. 12–23 Uhr, Mai, Juni, Sept. & Okt. Sa 12–17 & 20–23, So 12–17 Uhr) im Park ist ein astronomisches Forschungszentrum, das anhand von interaktiven Exponaten und einer Multimediashow den Weltraum erklärt. Ein tolles Erlebnis ist eine Führung durchs Observatorium auf dem Gipfel (Reservierung erforderlich).

Der Park liegt lediglich rund 60 km östlich von Sherbrooke an den Routes 108 und 212. Öffentliche Busse fahren den Park leider nicht an.

Mauricie

Mauricie gehört zu den weniger bekannten Regionen Québecs, obwohl es strategisch gut auf halber Strecke zwischen Montréal und Québec (Stadt) liegt. Es erstreckt sich auf 300 km Länge von Trois-Rivières nach Norden zum Lac St-Jean und folgt dabei der mächtigen Rivière Saint-Maurice. Jahrhundertelang war der Fluss das Rückgrat der hiesigen Industriegeschichte. Bis 1996 wurden auf dem Gewässer Baumstämme zu den Zellstoff- und Papierfabriken flussabwärts transportiert. Einige Jahrhunderte zuvor fand hier Kanadas Eisenindustrie ihre Anfänge; das Hüttenwerk von damals ist heute eine National Historic Site. Auch heute noch dominieren Industrieanlagen den unteren Teil der Region. Ist aber erst einmal der Parc National du Canada de La Mauricie erreicht, windet sich der Fluss durch eine malerischere Naturlandschaft.

Trois-Rivières

Trois-Rivières wurde im Jahr 1634 gegründet und ist somit Nordamerikas zweitälteste Stadt nördlich von Mexiko. Leider sieht man ihr das nicht an: 1908 wütete hier ein verheerendes Feuer und zerstörte so gut wie alle historischen Gebäude. Dennoch versprüht das Stadtzentrum am Nordufer des Sankt-Lorenz-Stroms einen gewissen Charme und kann sogar ein paar tolle Attraktionen für Besucher vorweisen.

Der Name der Stadt ist übrigens irreführend, da hier nicht drei, sondern zwei Flüsse zusammenfließen. Die Mündung der Rivière Saint-Maurice wird allerdings durch Inseln in drei kleine Kanäle geteilt.

Sehenswertes

Cafés und Bars säumen die Rue Notre-Dame und die Rue des Forges, die wichtigsten Straßen von Trois-Rivières übersichtlicher Innenstadt. Eine nette Uferpromenade führt am Fluss entlang zum ältesten Viertel der Stadt, das sich entlang der Rue des Ursulines erstreckt.

En Prison MUSEUM

(In Prison; ☎819-372-0406; www.enprison.com; 200 Rue Laviolette; Erw./Kind 12/7 C$; ⏲10–18 Uhr) Ehemalige Häftlinge bringen den Besuchern die harte Realität der Gefangenschaft im Rahmen einer 90-minütigen Tour näher, zu der auch ein Zwischenstopp in einer Zelle im Keller gehört – genannt „die Grube". Führungen auf Englisch finden von Ende Juni bis Ende August von 11 Uhr bis 15.15 Uhr statt; das restliche Jahr über muss vorher reserviert werden. Die Gefängnis-Ausstellung gehört zum **Musée Québécois de Culture Populaire** (☎819-372-0406; www.culturepop.qc.ca; Erw./Kind C$12/7, inkl. En Prison 19/10,50 C$; ⏲10–18 Uhr) nebenan, eine renommierte Sammlung von regionaler Volkskunst samt Wechselausstellungen mit einem oft schrägen Popkultur-Einschlag.

Musée des Ursulines MUSEUM

(www.museedesursulines.com; 734 Rue des Ursulines; Erw./Kind 4 C$/frei; ⏲Di–So 10–17 Uhr) Wer in die Religionsgeschichte der Ortschaft hineinschnuppern möchte, sollte in diesem ehemaligen Krankenhaus vorbeischauen, das im Jahr 1639 von Nonnen des Ordens der Ursulinerinnen gegründet wurde. Es präsentiert sich als schöne Kulisse für die erlesene Sammlung von Textilien, Keramikarbeiten, wertvollen alten Büchern und Drucken religiösen Inhalts, die hier ausgestellt sind. Die Kapelle ist mit wunderschönen Fresken geschmückt.

Cathédrale de l'Assomption KATHEDRALE

(☎819-374-2409; 362 Rue Bonaventure; ⏲9–11.30 & 13.30–17.30 Uhr) Diese imposante Kathedrale, ein hoch in den Himmel ragendes neugotisches Gebäude mit herrlichen Skulpturen und 125 kunstvollen Buntglasfenstern des Florentiner Meisters Guido Nincheri, sollte niemand, der sich für Kirchen interessiert, verpassen.

Sanctuaire Notre-Dame-du-Cap KIRCHE

(626 Rue Notre-Dame; ⏲8.30–20 Uhr) In Cap de la Madeleine, 4 km nordöstlich des Zentrums (Bus 2 nehmen), steht das gewaltige Sanctuaire Notre-Dame-du-Cap, das aussieht wie ein Raumschiff kurz vor dem Start. Bis zu 1660 Gottesdienstbesucher finden unter seiner Kuppel Platz, wo sie den Klängen der gigantischen Casavant-Orgel lauschen können. Ein Schrein mit einer Marienstatue, die immer wieder Wunder und Heilungen vollbracht haben soll, zieht das ganze Jahr über Gläubige an.

Les Forges-du-St-Maurice MUSEUM

(www.pc.gc.ca; 10000 Blvd des Forges; Erw./Kind 4/2 C$; ⏲10–17 Uhr) Les Forges-du-St.-Maurice, rund 7 km nordwestlich vom Zentrum (den Bus 4 nehmen) gelegen, ist eine nationale historische Stätte, die sich der Bewahrung des Geburtsorts der kanadischen Eisenindustrie im 18. Jh. verschrieben hat. Führer in der Bekleidung jener Zeit zeigen den Besuchern das Gelände und den Hochofen; eine Ton-Licht-Schau vermittelt täglich, wie einstmals in Kanada das Eisen verhüttet wurde.

Schlafen & Essen

Le Gîte Loiselle B&B $$

(☎819-375-2121; www.giteloiselle.com; 836 Rue des Ursulines; Zi. 79–115 C$; ❄@📶) Kunstwerke aus der Region, herrliche Schnitzarbeiten, geschmackvolle Antiquitäten und die herzlichen Wirtsleute Lisette und Mario heißen die Gäste in diesem viktorianischen Ziegelgebäude willkommen. Die einfachen Zimmer mit eigenem WC und Gemeinschaftsbad liegen mitten im historischen Zentrum und nur einen Block vom Fluss entfernt. Das überreichliche, abwechslungsreiche Frühstück ermöglicht einen flotten Start in den neuen Tag.

Café Morgane CAFÉ $
(100 Rue des Forges; Gerichte 3–7 C$; ⏲8–21 Uhr; 📶) Oft ist hier nachmittags so viel los wie sonst nirgendwo in Trois-Rivières. Das helle Café ist vom Duft von Espresso, Kräutertee und dekadentem Naschwerk erfüllt und bietet kostenlosen WLAN-Zugang.

Restaurant Le Grill STEAKHOUSE $$
(350 Rue des Forges; Hauptgerichte 13–32 C$; ⏲Mo–Fr 11.30–22, Sa & So 17–23 Uhr) Die Einheimischen strömen nur so in dieses trendige Steakhouse in der Hauptstraße. Der Grund? Das Filet mignon und das angesagte Nachtleben. Wer hier auf der Terrasse am Straßenrand Platz nimmt, befindet sich im Zentrum des Geschehens.

ℹ Praktische Informationen

Hôpital St-Joseph (☎819-697-3333; 731 Rue Ste-Julie)

Hauptpost (Ecke Rue des Casernes & Rue des Ursulines)

Touristeninformation (www.tourismetroisrivieres.com; 1457 Rue Notre Dame; ⏲9–19 Uhr)

ℹ An- & Weiterreise

Trois-Rivières liegt rund 150 km nordöstlich von Montréal und 130 km südwestlich von Québec (Stadt) und lässt sich problemlos über die Highways 40 und 20 oder über die Routes 138 und 132 erreichen.

Der **Busbahnhof** (☎819-374-2944; 275 Rue St-Georges) befindet sich hinter dem Hôtel Delta. Orléans Express verkehrt nach Montréal (34 C$, 2½ Std., 8-mal tgl.) und Québec (Stadt) (34 C$, 2½ Std., 5-mal tgl.).

Shawinigan

Der eigentlich einzige Grund, in Shawinigan Halt zu machen, ist die einzigartige **Cité de l'Énergie** (www.citedelenergie.com; 1000 Ave Melville; Erw./Kind 18/11 C$, Führungen 12 C$; ⏲Juni–Aug. tgl. 10–18 Uhr, Sept. Di–So bis 17 Uhr). Zur „Stadt der Energie" gehören ein Wasserkraftwerk von 1901 und der älteste Aluminium-Schmelzofen des Landes. Mit zahlreichen Ausstellungen und Shows wird dem industriellen Erbe der Region Rechnung getragen. In einer Multimedia-Show und durch verschiedene Ausstellungsstücke erfährt man Interessantes über Turbinen, Elektrochemie, Aluminium, Zellstoff und die Papierherstellung. In einem „begehbaren Comic" erfährt man, wie die Wissenschaft daran arbeitet, zum Wohle der Umwelt auf ungiftigen Wasserstoff als Energiequelle umzusteigen. Man kann außerdem Bootsfahrten und Rundfahrten mit dem Sightseeing-Bus unternehmen, sich auf den 115 m hohen Aussichtsturm wagen oder die nächtliche **Multimedia-Show** (Erw./Kind 55/25 C$; ⏲Juli & Aug.) mit Musikern, Tänzern und Akrobaten besuchen. In den Sommermonaten nutzt die Kanadische Nationalgalerie den ehemaligen Aluminium-Schmelzofen und zeigt dort Wechselausstellungen von Weltformat. Die Bildunterschriften sind zwar meist zweisprachig, die Führungen gibt es allerdings nur auf Französisch. Letzter Einlass ist zweieinhalb Stunden vor Schließung.

Shawinigan liegt etwa 40 km nördlich von Trois-Rivières und ist über den Highway 55 zu erreichen. Ab Trois-Rivières fahren täglich zwei Orléans-Express-Busse (15 C$, 50 Min.).

Parc National du Canada de la Mauricie

Futter suchende Elche am Ufer eines idyllischen Sees, der klagende Schrei eines Seetauchers, der über das Wasser gleitet, herumtollende Bärenwelpen in einem Mischwald aus Birken, Pappeln, Ahorn- und anderen Bäumen, deren herbstliche Farbenpracht einen spektakulären Anblick bietet – solche Szenen bekommt man in diesem **Nationalpark** (☎888-773-8888, 819-538-3232; www.pc.gc.ca/mauricie; Erw./Kind 7,80/3,90 C$) zu sehen. Der wahrscheinlich am besten geführte und organisierte Nationalpark Québecs zählt gleichzeitig zu den meistbesuchten der Provinz. Egal, ob vom Kanu oder Wanderpfad aus betrachtet: Die atemberaubende Schönheit der hiesigen Natur begeistert einfach jeden und gefällt vor allem jenen, die nicht komplett von der Zivilisation abgeschnitten sein möchten.

Der 550 km² große Park erstreckt sich zwischen dem Nördlichen Nadelwaldgürtel und den Laubwäldern des Sankt-Lorenz-Tals weiter südlich. Die flachen Laurentides mit ihren runden Hügeln zählen zu den ältesten Gebirgszügen der Welt. Sie sind Teil des Kanadischen Schilds, der einen Großteil der Provinz einnimmt. Zwischen diesen Hügeln liegen unzählige kleine Seen und Täler. Die kanadische Regierung richtete den Park 1970 ein, um einen Teil der Wälder vor der fortschreitenden Vernichtung durch die Papierindustrie zu bewahren. Eine Zeit lang waren zwei Sägemühlen im Bereich des heutigen Parks in Betrieb. Doch all dies gehört mittlerweile der Vergangenheit an.

Bei St-Jean-des-Piles (Hwy 55, Ausfahrt 226) und St-Mathieu (Hwy 55, Ausfahrt 217) befinden sich die beiden gut ausgeschilderten Haupteingänge. Sie dienen gleichzeitig als **Informationszentren** (Mai–Okt. 7–21.30 Uhr). Dazwischen verläuft die etwa 63 km lange Route Promenade quer durch den Nationalpark. Beide Info-Einrichtungen sind allerdings von Ende Oktober bis Anfang Mai geschlossen.

Aktivitäten

Die zahlreichen **Wanderwege** ermöglichen halbstündige bis fünftägige Märsche, bei denen man einen Eindruck von der örtlichen Flora und Fauna bekommt. Unterwegs kommt man an mehreren Bächen und Wasserfällen vorbei (Tipp: Ein Trip zu den **Chutes Waber** im Westen des Parks lohnt sich!) und kann einen wunderbaren Panoramablick auf herrliche Täler, Seen und Wasserläufe genießen.

Die längste Route, **Le Sentier Laurentien**, führt über 75 km durch die raue Wildnis in den nördlichen Ausläufern des Parks. Alle 7 bis 10 km sind Campingplätze im Hinterland ausgewiesen. Da nur maximal 40 Wanderer gleichzeitig auf den Pfad dürfen, ist eine Reservierung zwingend erforderlich. Man zahlt 46 C$ und muss die Transportmittel für den 30 km langen Rückweg vom Pfadende zur Route Promenade selbst organisieren. Topografische Karten bekommt man vor Ort.

Auch zum **Kanufahren** ist der Park ein ausgezeichnetes Revier. Die fünf Kanurouten, die zwischen 14 und 84 km lang sind, eignen sich sowohl für Anfänger, als auch für alte Hasen. Bootsverleiher (Kanu/Kajak pro Std. 14/40 C$) gibt es an drei Stellen. Am beliebtesten ist der **Lac Wapizagonke** mit seinen sandigen Stränden, felsigen Steilwänden und Wasserfällen. Im Rahmen eines Tagesausflugs können Besucher vom Campingplatz Wapizagonke zum westlichen See-Ende paddeln und dort eine 7,5 km lange Rundwanderung zu den Chutes Waber unternehmen. Anschließend geht es per Kanu wieder zurück. Im Winter ist dank des gepflegten Loipennetzes von rund 85 km Länge der **Skilanglauf** (Erw./Kind 9,80/4,90 C$) die beliebteste Sportart.

Schlafen & Essen

Das Zelten auf ausgewiesenen Campingplätzen kostet 25,50 C$ ohne Strom, 29 C$ mit Strom. Bei einem Kanuausflug darf in der freien Natur gezeltet werden; zu bezahlen sind 15 C$ ohne Feuerholz bzw. 25 C$ mit Feuerholz.

Es besteht auch die Möglichkeit, in Schlafsälen für vier bis zehn Personen in einer der beiden **Outdoor-Lodges** (819-537-4555; www.info-nature.ca; pro Pers. 29–35 C$) zu übernachten. Sie befinden sich 3,5 km vom nächstgelegenen Parkplatz entfernt, man muss sich also zu Fuß, mit dem Fahrrad, Kanu oder auf Skiern dorthin auf den Weg machen.

Ideal für Familien, Paare und Gruppen (bis zu fünf Personen) sind die **oTENTiks** (519-826-5391; Cabins 120 C$) – halb Zelt, halb Hütte. Sie liegen günstig am östlichen Ende des Parks im Rivière-à-la-Pêche-Bereich. Jedes Quartier verfügt über einen Holzofen und Geschirr; Bettwäsche, Essen und Getränke sind mitzubringen.

Restaurants gibt es im Park nicht. Am besten deckt man sich deshalb in Trois-Rivières oder in Shawinigan mit Lebensmitteln ein, bevor man in den Norden aufbricht.

QUÉBEC (STADT)

167 000 EW.

Québec ist nördlich von Mexiko City die einzige Stadt Nordamerikas, die von Stadtmauern umgeben ist. Zudem ist sie in vielen Quizsendungen immer wieder für eine Frage gut. Schließlich haben die Gassen und Plätze der Altstadt – heute Unesco-Weltkulturerbe – im Laufe der Jahrhunderte schon viel gesehen: den Bau der ersten Pfarr- und Steinkirche, der ersten anglikanischen Kathedrale, der ersten Mädchenschule und der ersten französischsprachigen Universität des Kontinents. Außerdem entstanden hier das erste Museum und das erste Geschäftsviertel Amerikas. Die meisten der

Québec (Stadt)

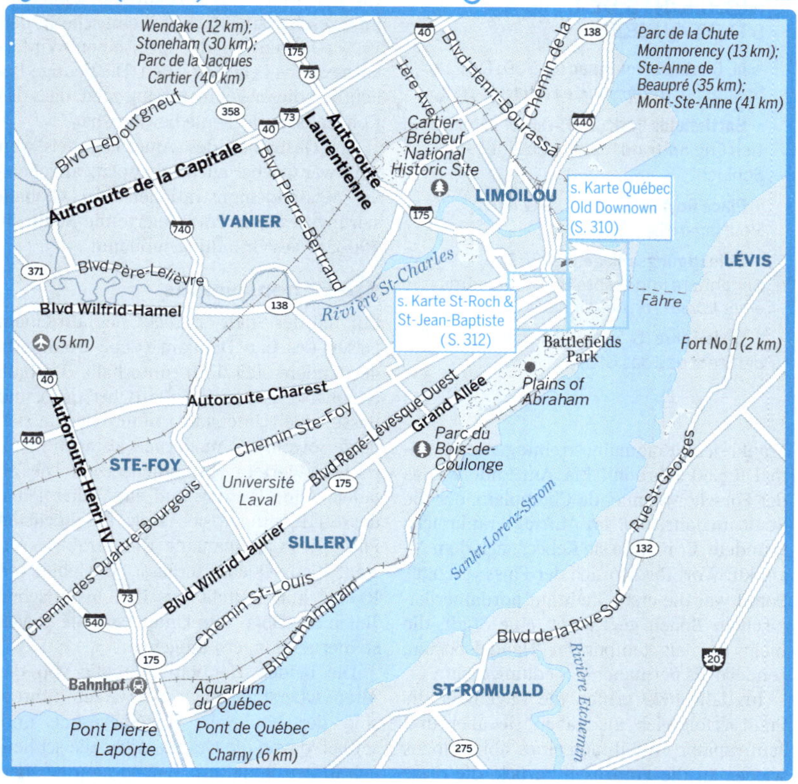

genannten Einrichtungen gibt es noch heute in irgendeiner Form. Spricht man über die Stadt Québec, kommt man am historischen Superlativ einfach nicht vorbei: Wer im *Québec Chronicle-Telegraph* blättert, liest Nordamerikas älteste Zeitung, und wird man ins L'Hôtel Dieu de Québec eingeliefert, so kann man sich wenigstens damit trösten, dass man im ältesten Krankenhaus des Kontinents behandelt wird.

Hat der Québec-Besucher erst einmal das Château Frontenac geknipst, das am häufigsten fotografierte Hotel der Welt, merkt er, dass auch jedes der so unterschiedlichen Viertel seinen ganz eigenen Charme versprüht. Die Alte Oberstadt ist Québecs historischer Mittelpunkt, mit vielen hervorragenden Museen und Restaurants. Sie verstecken sich zwischen Kitschläden, die T-Shirts mit dem typischen Lilien-Symbol verkaufen. Am Fuße der steilen Felswände liegt die Alte Unterstadt – ein Labyrinth, in dem man sich gerne zwischen Straßenkünstlern und gemütlichen kleinen Gästehäusern verläuft, bevor man sich unverhofft am Nordufer des Sankt-Lorenz-Stroms wiederfindet. Außerhalb der Stadtmauern liegt in unmittelbarer Nähe der sternförmigen Zitadelle das angesagte Viertel St-Jean-Baptiste. Es ist zwar weniger geschichtsträchtig, aber dennoch interessant und außerdem Zentrum eines pulsierenden Nachtlebens.

Geschichte

Als der französische Forschungsreisende Jacques Cartier 1535 im Rahmen seiner zweiten Entdeckungsreise in die Neue Welt im Gebiet des heutigen Québec landete, fand er lediglich ein Huronen-Dorf, eine *kanata* (Siedlung) mit dem Namen „Stadacona", vor. Dieser Bezeichnung verdankt Kanada seinen Namen. Cartier kehrte im Jahr 1541 zurück, um einen dauerhaften Posten einzurichten, scheiterte aber und legte dadurch

NICHT VERSÄUMEN

HIGHLIGHTS DER STADT QUEBEC

- **Le Château Frontenac** (S. 309) Das am häufigsten fotografierte Hotel der Welt.
- **Battlefields Park** (S. 314) Hier lieferten sich England und Frankreich eine Schlacht.
- **Place Royale** (S. 312) Die Wiege Neufrankreichs.
- **Befestigungsanlagen** (S. 308) Begehbare imposante Stadtmauer mit einer Länge von beinahe 5 km.
- **Lévis-Fähre** (S. 324) Herrlicher Blick auf die Stadt und das Ufer.

Frankreichs Kolonialbestrebungen erst einmal für 50 Jahre auf Eis. Am Ende war es der Forscher Samuel de Champlain, der die Stadt im Jahr 1608 im Auftrag Frankreichs gründete. Er nannte sie Kebec, nach dem Algonkin-Wort für „wo sich der Fluss verengt". Somit war die erste Stadt auf nordamerikanischem Boden gegründet, eine Stadt, die nicht nur als temporärer Handelsposten, sondern als permanente Siedlung diente.

Im Jahr 1629 griffen die Engländer die Stadt erfolgreich an, gaben sie aber drei Jahre später im Rahmen eines Abkommens wieder an die Franzosen zurück, die diese daraufhin zum Zentrum Neufrankreichs machten. England setzte seine Angriffe jedoch bald weiter fort und errang im Jahr 1759 unter General Wolfe in einer der berühmtesten Schlachten Nordamerikas, der Schlacht auf den Plains of Abraham, den Sieg über Montcalm, dem Kommandeur der französischen Armee in Kanada. Dies setzte dem langjährigen britisch-französischen Konflikt ein Ende. Durch den Pariser Frieden von 1763 wurde Kanada an England abgetreten. Amerikanische Revolutionäre, die 1775 versuchten, Québec zu besetzen, wurden aber umgehend zurückgeschlagen. Im Jahr 1864 wurde eine Reihe von Treffen abgehalten, die schließlich zur Gründung der Kanadischen Konföderation 1867 führten. Québec wurde zur Hauptstadt der Provinz erklärt.

Im 19. Jh. verlor Québec seine Bedeutung zunehmend gegenüber Montréal. Als aber die Weltwirtschaftskrise von 1929 Montréal in die Knie zwang, gelangte Québec in seiner Rolle als Regierungssitz zu neuen Ehren. Um den Tourismus anzukurbeln, kamen einige geschäftstüchtige Einheimische in den 1950er-Jahren auf die Idee, einen Winterkarneval ins Leben zu rufen. Die heutige Beliebtheit dieser Veranstaltung zeigt, dass das Konzept sich bis heute bewährt hat.

Als Gastgeber des Amerikagipfels von 2001 war Québec auch Schauplatz angeheizter Massendemonstrationen von Globalisierungsgegnern. 2008 feierte die Stadt ihr 400-jähriges Gründungsjubiläum.

Sehenswertes

Ein Teil der Stadt erstreckt sich auf einem Felsen des Cap Diamant (Cape Diamond), der andere Teil liegt unterhalb. Deshalb ist Québec in Haute Ville (Oberstadt) und Basse Ville (Unterstadt) unterteilt, die sich beide sowohl aus modernen als auch historischen Vierteln zusammensetzen. Die Zitadelle, eine Festung und ein Wahrzeichen der Stadt, erhebt sich stolz am höchsten Punkt des Cap Diamant. Die attraktive Altstadt Vieux-Québec umfasst ein Gebiet von 10 km² und besteht aus den historischen Teilen der Ober- und Unterstadt. Sie ist von steinernen Mauern umgeben.

Die beiden Hauptstraßen, die von der Alten Oberstadt nach Südwesten führen, sind der Boulevard René-Lévesque und, südlich davon die Grande Allée, die schließlich in den Boulevard Wilfrid Laurier übergeht. Wer mit dem Auto in der Alten Oberstadt unterwegs ist, sollte sich über sein Hotel einen Parkplatz organisieren lassen. Ansonsten bietet es sich an, außerhalb der Stadtmauer zu parken, was wesentlich günstiger ist.

Alte Oberstadt

Befestigungsanlagen HISTORISCHE STÄTTE

(www.pc.gc.ca/eng/lhn-nhs/qc/fortifications; Rue d'Auteuil, unweit Rue St-Louis; Führungen Erw./Kind 10/5 C$; ⌚Mai–Okt. 10–18 Uhr, Führungen 10 & 14 Uhr; 🚌3, 11) Die größtenteils restaurierte Stadtmauer zählt zum kulturhistorischen Erbe des Landes. Es besteht die Möglichkeit, die gesamte Alte Oberstadt auf der Mauer zu umrunden – 4,6 km ist die Strecke lang, auf der man sehr viel geschichtlich Interessantes zu sehen bekommt. Am ehemaligen Pulvermagazin neben der Porte St-Louis, einem der alten Stadttore spürt das **Interpretive Center** (Karte S. 310; 100

Rue St-Louis; Erw./Kind 4/2 C$, Führungen Erw./ Kind 10/5 C$; ⏲ Mai–Okt. 10–18 Uhr) den mächtigen Befestigungsanlagen der Stadt anhand von Exponaten, Modellen und einem kurzen Film nach. Die enthusiastischen Führer veranstalten 90-minütige **Spaziergänge**, die hier oder am Kiosk Frontenac beginnen.

Neben der Porte St.-Jean liegt mit dem Parc d'Artillerie eine weitere National Historic Site. Das Gebäude diente schon als Hauptquartier des französischen Militärs, der britischen Garnison und als Munitionsfabrik. In seinem Infozentrum ist u. a. ein maßstabgetreues Modell Québecs aus dem 19. Jh. zu sehen und es gibt eine Geschichtsstunde für Kinder. Im Sommer stehen sogar noch verkleidete Guides und Schießvorführungen mit Musketen auf dem Programm.

Zu dem Komplex gehören auch eine Offiziersmesse aus dem 19. Jh., ein ehemaliges Pulvermagazin und **Les Dames de Soie** (Karte S. 312; 2 Rue d'Auteuil; ⏲ Mo–Sa 11–17 Uhr) GRATIS. Dieses *économusée* beeindruckt mit seiner ziemlich umfangreichen Puppensammlung, darunter Figuren, die Trachten aus den verschiedenen Regionen der Provinz Québec tragen. Eine Puppenklinik und ein Atelier, das Kurse in Puppenherstellung anbietet, gehören mit dazu.

★ La Citadelle — FESTUNG

(Karte S. 310; ☎ 418-694-2815; www.lacitadelle.qc.ca; Côte de la Citadelle, Fort; Erw./Kind 10/ 5,50 C$; ⏲ 9–17 Uhr) Die Zitadelle ist das Hauptquartier des kanadischen Regiments, der Royal 22s – in verballhorntem Französisch Van Doos genannt (aus dem Französischen für 22, *vingt-deux*). Es wurde im Ersten Weltkrieg gegründet und mit insgesamt drei Viktoria-Kreuzen für seine Einsätze im Ersten wie auch im Zweiten Weltkrieg ausgezeichnet.

Die Zeremonie der Wachablösung findet in den Sommermonaten täglich um 10 Uhr statt. Beim sogenannten *Beating of the Retreat* schlagen Soldaten bei Schichtende auf ihre Trommeln – und zwar freitags, samstags und sonntags um 19 Uhr im Juli und auch im August.

Die alles dominierende Zitadelle ist mit einer Fläche von 2,3 km² Nordamerikas größte Festung. Sie wurde 1750 von den Franzosen begonnen, 1850 von den Engländern vollendet und war Teil eines Verteidigungssystems gegen eine US-amerikanische Invasion, die jedoch ausblieb.

Die Befestigungsanlagen lassen sich nur im Rahmen einer einstündigen Führung besichtigen; das Regimentsmuseum, zahlreiche historische Stätten und eine Kanone namens Rachel gehören mit zum Programm. Die Führungen finden in den Sommermonaten in regelmäßigen Abständen statt; von Ende Oktober bis Anfang April wird nur eine Führung am Tag veranstaltet, nämlich um 13.30 Uhr. Eine zweite Führung durch die **Residenz des Generalgouverneurs** (⏲ Juli & Aug. tgl. 11–16 Uhr, Mai, Juni Sept. & Okt. Sa & So 10–16 Uhr) GRATIS wird ebenfalls angeboten – ein kleines Stück Großbritannien mitten im Herzen von Québec.

Quartier Latin

Dieses malerische Viertel in der nordöstlichsten Ecke der Alten Oberstadt ist Québec, so wie man es kennt und erwartet. Vom historischen Flair hellauf begeisterte Touristen schweben durch die engen Gassen in Richtung des Château Frontenac.

★ Le Château Frontenac — HISTORISCHES GEBÄUDE

(Karte S. 310; 1 Rue des Carrières) Le Château Frontenac, das angeblich meistfotografierte Hotel der Welt, wurde 1893 von der Canadian Pacific Railway (CPR) als eine von mehreren Luxusherbergen erbaut. Im Zweiten Weltkrieg kamen Premierminister MacKenzie King, Winston Churchill und Franklin D. Roosevelt hier zusammen, um den sogenannten D-Day zu planen. Auf der anderen Straßenseite, entlang der Rue Mont Carmel, liegt der **Jardin des Gouverneurs**, in denen sowohl Wolfe als auch Montcalm ein Denkmal gestiftet wurde.

Musée de l'Amérique Française — MUSEUM

(Museum des französischen Amerika; Karte S. 310; ☎ 418-692-2843; www.mcq.org; 2 Côte de la Fabrique; Erw./Kind 8/2 C$; ⏲ 9.30–17 Uhr) Das Museum – angeblich das älteste des Landes – empfiehlt sich, wenn jemand Genaueres über die französischsprachige Bevölkerung in der Diaspora Nordamerikas erfahren möchte, also der Québecer in dieser Stadt, der „*petits Canadas*" (Wellen von französischsprachigen Einwanderern, die Ende des 19. Jhs. gen Süden zogen) in New England und der Métis in Westkanada und im Mittleren Westen der USA.

Neben diversen Artefakten, die mit der französischen Besiedlung der Neuen Welt in Verbindung stehen, gibt es auch interak-

Downtown Québec

tive Exponate. Das Museum nimmt einige der Räumlichkeiten eines Priesterseminars aus dem 17. Jh. ein, das von Monseigneur de Laval auf Befehl des französischen Königs Ludwig XIV. errichtet wurde. Bereits 1806 zog hier ein Museum ein.

Basilica Notre-Dame-de-Québec KIRCHE

(Karte S. 310; ☎418-694-0665; 16 Rue de Buade; ⌚8.30–18 Uhr) An der Stelle, wo Samuel de Champlain 1633 einst eine Kapelle errichtete, ragt heute die Basilica Notre-Dame-de-Québec empor. Nach der Ernennung

Downtown Québec

Highlights
1 Centre d'Interprétation de Place-Royale ... D3
2 La Citadelle ... B6
3 Le Château Frontenac ... C4
4 Musée de la Civilisation ... D2

Sehenswertes
5 Basilica Notre-Dame-de-Québec ... C3
Canada Odyssey ... (siehe 7)
6 Cathédrale Anglicaine de la Ste-Trinité C3
7 Discovery Pavilion ... A6
8 Église Notre-Dame-des-Victoires ... D3
9 Infozentrum der Befestigungsanlage ... A5
10 Musée de l'Amérique Française ... C3
11 Musée du Fort ... C3
12 Terrasse Dufferin ... C4
13 Monastère & Musée des Ursulines ... B4

Aktivitäten, Kurse & Touren
14 Croisières AML ... D3
15 Cyclo Services ... A1
16 Les Promenades Fantômes ... C3
Les Tours Voir Québec ... (siehe 16)
Old Québec Tours ... (siehe 16)

Schlafen
17 Auberge Saint-Antoine ... D3
18 Chez Hubert ... B4
Fairmont Le Château Frontenac ..(siehe 3)
19 HI Auberge Internationale de Québec ... A3
20 Hôtel Le Germain-Dominion ... D2
21 La Marquise de Bassano ... C5
22 Le Clos Saint-Louis ... B4
23 L'Hôtel du Vieux-Québec ... B3
24 Maison Historique James Thompson ... B4
25 Manoir sur le Cap ... C4

Essen
26 Aux Anciens Canadiens ... B4
27 Buffet de l'Antiquaire ... C2
28 Casse Crêpe Breton ... A3
29 Chez Ashton ... A3
30 Chez Temporel ... B2
31 Le Cochon Dingue ... D4
32 Le Lapin Sauté ... D4
33 Le Patriarche ... A3
34 L'Échaudé ... D2
35 Paillard ... A3
36 Un Thé au Sahara ... A3

Ausgehen & Nachtleben
37 Bar Ste-Angèle ... A3
38 L'Oncle Antoine ... D3

Unterhaltung
39 Les Yeux Bleus ... A3

Shoppen
40 Marché du Vieux-Port ... B1
41 Musée d'Art Inuit ... B4

Monseigneur de Lavals zum ersten Bischof von Québec wurde das Gotteshaus 1674 fertiggestellt und ist somit eine der ältesten Kathedralen in ganz Amerika. Über die Jahre wurde sie immer wieder vergrößert; das letzte Mal 1925. In ihrem prächtigen Innern, wo de Laval begraben liegt, ist immer noch der Geist des 17. Jhs. zu spüren.

Monastère & Musée des Ursulines MUSEUM

(Karte S. 310; www.museedesursulines.com; 12 Rue Donnacona; Museum Erw./Kind 8 C$/frei, Kapelle Eintritt frei; ⌚Museum Di–So 10–17 Uhr, Kapelle Di–Sa 10–11.30 & April–Okt. Di–So 13–16.30 Uhr) Der 1639 gegründete Konvent ist die älteste Mädchenschule auf dem gesamten Kontinent. Das Museum erzählt die in Vergessenheit geratene Geschichte der Ursulinerinnen, des ersten Nonnenordens, der nach Nordamerika kam. Die Nonnen lebten hier bis 1965 im Kloster. Heute gibt es noch an die 50 Nonnen mit einem Durchschnittsalter von 78 Jahren. In einem Raum befinden sich kunstvolle Gold- und Silberstickereien. Unter derselben Adresse ist eine hübsche **Kapelle** aus dem Jahr 1902 zu besichtigen, deren Innenausstattung aus dem Jahr 1723 stammt.

Cathédrale Anglicaine de la St-Trinité KIRCHE

(Karte S. 310; ☎418-692-2193; 31 Rue des Jardins; ⌚10–17 Uhr) Die elegante, attraktive Kathedrale der hl. Dreifaltigkeit wurde 1804 erbaut; sie ist der Londoner Kirche St. Martin-in-the-Fields nachempfunden und war die erste anglikanische Kathedrale, die außerhalb der britischen Inseln errichtet wurde. Der 47 m hohe Glockenturm wetteifert mit der Basilika Notre-Dame um die Aufmerksamkeit der Betrachter.

Musée du Fort MUSEUM

(Karte S. 310; ☎418-692-2175; www.museedufort.com; 10 Rue Ste-Anne; Erw./Kind 8 C$/frei; ⌚Englische Shows stündl. 10–17 Uhr) Etwas kitschig und überteuert ist dieses Museum ja schon, aber der leicht verständliche audio-

St-Roch & St-Jean-Baptiste

visuelle Überblick samt Dioramen über die Geschichte und die Schlachten der Stadt ist dann doch interessant. Beeindruckend ist auch ein 1200 m² großes Modell von Québec im Jahr 1750.

Terrasse Dufferin PARK

(Karte S. 310) Außerhalb vom Château Frontenac verläuft am Fluss entlang auf einer Felsklippe in 60 m Höhe die 425 m lange Terrasse Dufferin; sie bietet sich für einen schönen Spaziergang mit spannenden Ausblicken über den Fluss an. Hier treten auch bemerkenswerte Straßenkünstler auf, die um die Gunst der Zuschauer wetteifern.

Alte Unterstadt

Aus der Oberstadt führen verschiedene Wege in dieses Viertel, das ein absolutes Muss jedes Québec-Besuchs ist. Entweder geht man von der Rue des Ramparts über die Côte de la Canoterie hinunter zum Vieux-Port, oder man nimmt die bezaubernd steile Côte de la Montagne. Auf halbem Weg bietet sich rechterhand eine Abkürzung an – die Escalier Casse-Cou (Genickbruch-Treppe) führt hinunter auf die Rue du Petit-Champlain. Eine weitere Alternative ist die **Standseilbahn** (einfache Strecke 2 C$) an der Terrasse Duffer. Die belebte **Rue du Petit-Champlain** soll angeblich, gemeinsam mit der Rue Sous le-Cap, die schmalste Straße Nordamerikas sein. Zudem ist sie das Herzstück des ältesten Geschäftsviertels der Welt. Die zahlreichen Gedenktafeln, Statuen, Straßenkünstler und nicht zuletzt die Wandmalereien aus dem 17. und 18. Jh., die die Gebäude hier verzieren, verleihen diesem Viertel sein unverwechselbares Flair.

Die **Place Royale** ist der größte Platz im Herzen der Alten Unterstadt und blickt auf eine ereignisreiche Geschichte von über 400 Jahren zurück. Als Samuel de Champlain die Stadt Québec gründete, wurde

St-Roch & St-Jean-Baptiste

dieses kleine Stückchen Ufer als erstes besiedelt. Die Kanonen, die 1690 hier aufgestellt wurden, dienten der Abwehr der Angriffe des englischen Flottenkommandanten Phips und seiner Männer. Die Bezeichnung „Place Royale" meint heute meistens das ganze Viertel.

Der **Vieux-Port** liegt nördlich der Place Royale. Hier wird der alte Hafenbereich saniert und in ein multifunktionelles Uferareal umgewandelt.

★ Musée de la Civilisation — MUSEUM

(Museum of Civilization; Karte S. 310; www.mcq.org; ☎418-643-2158; www.mcq.org;; 85 Rue Dalhousie; Erw./Kind 15/5 C$, Eintritt frei Nov.–Mai Di & Jan. & Feb. Sa 10–12 Uhr; ⏰9.30–18.30 Uhr) In luftigen Hallen werden hier ein Dutzend Ausstellungen gezeigt, darunter auch eine Dauerausstellung über die Kultur der elf Ureinwohnerstämme Québecs. Außerdem erfährt man hier alles über die Geschichte der Provinz, von der Besiedlung durch die Franzosen bis zu den ausgeprägten Gesellschaftsstrukturen von heute. Schräge Ausstellungsstücke, Videos und interaktive Features vermitteln schwierigere Themen auf lebhafte Art und Weise. Das beeindruckende Gebäude besteht aus neuen und bereits vor dem Museumsbau vorhandenen Elementen. So grenzt es z. B. an die Auberge Saint Antoine und teilt sich mit ihr eine Mauer aus dem 18. Jh.

Église Notre-Dame-des-Victoires — KIRCHE

(Our Lady of Victories Church; Karte S. 310; ☎418-692-1650; 32 Rue Sous-le-Fort; ⏰Juli & Aug. 9.30–20.30 Uhr, Mai & Juni bis 17 Uhr) Die Église Notre-Dame-des-Victoires ist Nordamerikas älteste Steinkirche. Sie stammt aus dem Jahr 1688, wurde aber 1759 durch Kanonenfeuer verwüstet. Sie steht an der Stelle, an der de Champlain seine „Wohnstätte", ein eingezäuntes Gebiet, errichtet hatte. Im Innern der Kirche sind Kopien von Werken Rubens' und van Dycks zu bewundern. Von der Decke hängt ein Talisman in Form eines Schiffs. Es ist eine Nachbildung der *Brézé*, mit der das Carignan-Salières-Regiment 1664 nach Neufrankreich segelte, um gegen die Irokesen zu kämpfen.

Die Goldherzen über dem Altar stammen aus dem Jahr 1855. Damals hängte Mutter Marcelle Mallet ein Herz auf, nachdem sie ein Gelübde abgelegt hatte.

★ Centre d'Interprétation de Place-Royale — MUSEUM

(Karte S. 310; ☎418-646-3167; 27 Rue Notre-Dame; Erw./Kind 7/2 C$; ⏰9.30–17 Uhr) Dieses Infozentrum preist die Gegend rund um die Place Royale als Wiege der französischen Geschichte in Nordamerika an und untermauert dies mit einer Reihe von tollen, interaktiven Features. Wer schon mal hier ist, kann sich eine Broschüre über die 27 alten Gewölbekeller der Place Royale holen. Fünf von ihnen können kostenlos besichtigt werden – auch der im Infozentrum selbst, kostümierter Fassbinder inklusive.

Außerhalb der Stadtmauern

Die meisten Besucher gehen nur kurz durch die Porte St-Louis, um einen Blick auf Québecs wichtigste Sehenswürdigkeit außerhalb der Stadtmauern zu werfen: den Battlefields Park mit den berühmten Plains of Abraham. Leider verzieht sich der Großteil von ihnen gleich wieder in die behütete Märchenwelt innerhalb der Stadtmauern. Dabei sind einige der Sehenswürdigkeiten, vor allem das Hôtel du Parlement und das Obsérvatoire de la Capitale, mit Sicherheit interessanter, als noch ein weiteres Foto vom Château zu schießen. Die Viertel St-Jean-Baptiste und St-Roch gewähren einen Einblick ins Québecer Alltagsleben und sind nach einer Überdosis historischer Altstadt eine willkommene Abwechslung.

★ Hôtel du Parlement HISTORISCHES GEBÄUDE
(Parlamentsgebäude; Karte S. 312; ☎418-643-7239; Ecke Ave Honoré Mercier & Grande Allée Est; ⏲9–16.30 Uhr) GRATIS Direkt gegenüber der Porte St-Louis befindet sich das Parlamentsgebäude. Das Bauwerk aus der Zeit des Zweiten Kaiserreichs datiert aus dem Jahr 1886 und beherbergt die Assemblée Nationale, das Provinzparlament. Seine Fassade zieren 22 Bronzestatuen bekannter historischer Persönlichkeiten der Stadt, die der allseits beliebte Québecer Bildhauer Louis-Philippe Hébert schuf. Das Gebäude kann im Rahmen einer halbstündigen Führung (Tür drei) auf Französisch, Englisch oder Spanisch besichtigt werden.

★ Obsérvatoire de la Capitale SEHENSWERTES GEBÄUDE
(Observatorium der Hauptstadt; Karte S. 312; ☎888-497-4322, 418-644-9841; 1037 Rue de la Chevrotière; Erw./Kind 10 C$/frei; ⏲10–17 Uhr) Das Observatorium bietet in der 31. Etage auf 221 m Höhe einen tollen Blick über die grünen und roten Dächer von St-Jean-Baptiste und über die Stadt bis zu den Laurentides. Wer die Infotafeln studiert, ist anschließend richtig fit in Regionalgeschichte.

TOP 5: KOSTENLOSE ATTRAKTIONEN

- **Les Dames de Soie** (S. 309) Ein Besuch in der Puppenklinik.
- **Musée de la Civilisation** (S. 313) Je nach Saison dienstags und samstags am Vormittag freier Eintritt.
- **Fou-Bar** (S. 323) Jazz am Dienstagabend.
- **Marché du Vieux-Port** (S. 323) Einheimische Produkte vom Bauernhof probieren.
- **Choco-Musée Érico** (S. 315) Schokolade gefällig?

Battlefields Park HISTORISCHE STÄTTE
(Karte S. 307) Der Park sieht nicht anders aus als jeder Stadtpark in Nordamerika auch, war jedoch einst ein blutiges Schlachtfeld, das den Lauf der Geschichte Kanadas bestimmte. Der den Klippen am nächsten gelegene Teil ist als **Plains of Abraham** bekannt; hier besiegten die Briten 1759 schließlich die Franzosen.

Im Parkareal liegen diverse Sehenswürdigkeiten. Einen guten Ausgangspunkt für einen Rundgang gibt die Rezeption im **Discovery Pavilion** (Karte S. 310; ☎418-648-4071; 835 Ave Wilfrid-Laurier; ⏲8.30–17.30 Uhr) ab. Hier befinden sich eine Touristeninformation und die **Canada Odyssey** (Karte S. 310; Erw./Kind 14/4 C$; ⏲10–17 Uhr), ein 45-minütiges Multimedia-Spektakel. Nach Informationen über das Leben vor und nach der Schlacht schließt die Odyssey mit einer Ausstellung über die vielen Soldaten, die an der Schlacht teilnahmen, und über den Park selbst; hier fanden im 18. und 19. Jh. Hinrichtungen und Pistolenduelle statt, Prostituierte gingen ihrem Gewerbe nach. In der Eintrittsgebühr enthalten sind eine Bustour und der Besuch des **Martello Tower 1** (☎418-648-4071; Erw./Kind 14/4 C$; ⏲9.30–17.30 Uhr). Bei diesem Turm handelt es sich um einen von insgesamt vier runden Wehrtürmen, die Anfang des 19. Jhs. von den Briten errichtet wurden; der Martello Tower 1 wurde allerdings nie genutzt. Im Eintrittspreis inbegriffen sind die Bustour und der Besuch der Canada Odyssey.

Musée National des Beaux-Arts du Québec MUSEUM
(☎866-220-2150, 418-643-2150; www.mnba.qc.ca; Battlefields Park; Erw./Kind 18 C$/frei; ⏲Do–Di 10–18, Mi bis 21 Uhr) Das weitläufige Museum der Schönen Künste im Battlefields Park präsentiert die bedeutendsten Sammlungen von Québecer Kunst und Inuit-Skulpturen der gesamten Provinz, jedoch auch internationale Kunstwerke. Eine der Galerien erzählt vom Zusammenprall der akademischen Maler mit den Modernen in den Salons von Québec in der Zeit von 1860 bis 1945; eine andere widmet sich den künstlerischen Reaktionen auf den Durham Report (1839) der britischen Regierung, die Frankokanadier wegen ihrer „Geschichts- und Kulturlosigkeit“ entließ. In diesem Museum befindet sich auch die weltweit größte Sammlung an Werken von Jean-Paul Rio-

QUÉBEC FÜR KINDER

Natürlich stehen in dieser Stadt Geschichte, Architektur und Gastronomie an erster Stelle. Während ein Großteil der Altstadt, genau gesagt Unterkünfte und Restaurants, um das Wohl der Erwachsenen bemüht ist, gibt es im Herzen von Québec auch vielerlei Aktivitäten, die sich gut mit den Kids unternehmen lassen; und weiter am Stadtrand liegen sogar mehrere Attraktionen, die ganz zur Unterhaltung der Kinder konzipiert sind.

Im historischen Viertel macht es Besuchern jeden Alters Spaß, auf den Befestigungsanlagen (S. 308) herumzulaufen. Die Zeremonien in der Zitadelle (S. 309) mit Wachleuten in Uniform werden auch stets mit dicken Pluspunktem bedacht. Die Terrasse Dufferin (S. 312) mit Blick über den Fluss und Straßenmusikanten finden die Kids eigentlich immer toll. Die Place d'Armes und die Place Royale sind ebenfalls eine gute Adresse, um Straßenkünstler zu bestaunen. Und wenn die Kids dann irgendwann keine Lust mehr haben, auf noch mehr Kanonen herumzuklettern, warten auch schon die preiswerte Fähre nach Lévis (S. 324), Bootsausflüge und Pferdekutschen (S. 316).

Das **Choco-Musée Érico** (Karte S. 312; www.chocomusee.com; 634 Rue St-Jean; ⌚ Mo–Mi & Sa 10.30–18, Do & Fr bis 21 Uhr, im Sommer länger geöffnet) GRATIS ist ein Museum mit Laden, das sich allen möglichen Esswaren aus Schokolade verschrieben hat. Hier kann man etwas über die Geschichte erfahren, einen Blick in die Küche werfen, ein Stück Schokolade probieren – und dann seinem Drang Einhalt gebieten, im Geschäft auch gleich noch jede Menge Schokolade zum Mitnehmen zu kaufen.

Im **Aquarium du Québec** (Karte S. 307; ☎ 418-659-5264, 866-659-5264; 1675 Ave des Hôtels; Erw./Kind 17/8,50 C$; ⌚ Juni–Aug. 10–17 Uhr, Sept.–Mai bis 16 Uhr) sind Walrosse, Robben, Eisbären und Tausende kleinere Arten zu Hause.

Kinder haben immer ihren Spaß an der „Bienensafari", Erwachsene halten sich in der Regel lieber an den Honigwein im **Musée de l'Abeille** (☎ 418-824-4411; www.musee-abeille.com; 8862 Blvd St-Anne; ⌚ Mai, Juni & Sept. 9–17 Uhr, Juli & Aug. bis 18 Uhr, Okt. 11–17 Uhr) GRATIS, einem *économusée* mit Bienenstöcken, 30 km nordöstlich der Stadt am Highway 138.

pelle, dem international renommiertesten Québecer Künstler der Moderne.

St-Jean-Baptiste — STADTVIERTEL

Das Flair dieses Künstlerviertels liegt bei einem Spaziergang auf der **Rue St-Jean** förmlich in der Luft. Hat man sich nach dem Überqueren der stark befahrenen Avenue Honoré Mercier erst einmal vom Schock erholt, bemerkt man sofort die bodenständige Grundhaltung. Die Durchgangsstraße ist bis hinüber zur Rue Racine mit guten Restaurants, angesagten Bars und interessanten Läden gesäumt, die zum Teil auf eine homosexuelle Klientel spezialisiert sind.

Im Südwesten sind in der schillernden **Avenue Cartier** in den letzten Jahren die hippen Speiselokale, Cafés und Boutiquen nur so aus dem Boden geschossen.

Von der Rue St-Jean kann man jede Seitenstraße nehmen, um zu den schmalen Gassen mit Wohnhäusern wie der Rue d'Aiguillon, der Rue Richelieu und der Rue St-Olivier gen Nordwesten hinunterzubummeln. Die winzigen, eng beieinander stehenden Häuser – einige mit richtig hübschem Eingang – sind typisch für die Wohngebiete in der Stadtlandschaft Québecs. Die einfallsreichen Erkerfenster werden hier als „Oriels" bezeichnet.

Im Viertel rund um die Avenue Cartier geht es an heißen Tagen hoch her, denn dann sind Dutzende Terrassen gut besucht. Das Herzstück dieses kleinen Café- und Restaurantviertels bildet die Kreuzung der Avenue Cartier mit dem Boulevard René-Lévesque Ouest.

St-Roch — STADTVIERTEL

Am Ende der Côte Ste-Geneviève in St- Jean-Baptiste erreicht man den Escalier de la Chapelle. Diese steile Treppe führt hinunter nach St-Roch. Mit dem Fahrrad ist die Côte d'Abraham auch über die Côte Ste-Geneviève zu erreichen.

Das traditionelle Fabrik- und Hafenarbeiterviertel bekommt so langsam ein freundlicheres Gesicht. Zwischen den Trödelläden und den Shops mit Secondhand-Kleidung, die die Hauptverkehrsader **Rue St-Joseph** säumen, haben sich mittlerweile auch schicke neue Restaurants und Bars etabliert. Kunstgalerien finden sich sowohl hier als auch in der **Rue St-Vallier Est**.

Cartier-Brébeuf Lieu Historique National du Canada MUSEUM
(Karte S. 307; 175 Rue de l'Espinay; Sonderveranstaltungen Erw./Kind 5/3 C$; ⏲April–Juni 9–12 Uhr, Juli & Aug. 9–12 & 13–16 Uhr) GRATIS Im Nordwesten der Stadtmauer liegt am Rivère Saint-Charles diese historische Gedenkstätte des Landes; sie markiert die Stelle, wo 1535 die Irokesen Cartier und seinen Soldaten halfen, ohne Skorbut und Frostbeulen den Winter zu überstehen. Das Museum zeigt ein maßstabsgetreues Modell von Cartiers Schiff, die Reproduktion eines für die Urweinwohner typischen Langhauses sowie Exponate zum Jesuitentum, das 1625 Jean de Brébeuf nach Kanada brachte.

Parc du Bois-de-Coulonge PARK
(Karte S. 307; ☎800-442-0773, 418-528-0773; 1215 Grande Allée Ouest) Nicht weit westlich von den Plains of Abraham liegen die farbenprächtigen Gärten dieses Parks – eine Lobeshymne an die Welt der Pflanzen und eine willkommene Erholung vom Trubel der Großstadt. Das bewaldete Areal, das von weitläufigen Gartenanlagen verschönt wird, war von 1854 bis 1966 die Residenz der politischen Elite aus Québec und Kanada.

Aktivitäten

Cyclo Services RADFAHREN
(Karte S. 310; ☎418-692-4052, 877-692-4050; www.cycloservices.net; 289 Rue St-Paul; Fahrräder pro 2 Std./24 Std. 15/35 C$; ⏲8.30–20 Uhr) Dieses Geschäft verleiht Fahrräder und organisiert auch supertolle Radausflüge durch die Stadt und in die Umgebung (auch auf Englisch). Gute Fahrradkarten, die sogar die gesamte Umgebung abdecken, sind hier ebenfalls erhältlich.

Roc Gyms KLETTERN
(www.rocgyms.com; 2350 Ave du Colisée; ⏲Mo–Sa 9–10, So bis 18 Uhr) Angeboten werden Kletterpartien in der Halle sowie Exkursionen zu den Schluchten und Spalten rund um die Stadt Québec. Am Montag- oder Mittwochabend (19 Uhr) oder auch samstagvormittags (10 Uhr) besteht die Möglichkeit, an einem dreistündigen Kletterkurs (47 C$) teilzunehmen.

Geführte Touren

Wer sich einem geführten Stadtspaziergang anschließt, bekommt in verhältnismäßig kurzer Zeit ziemlich viel Spezialwissen vermittelt. Bei einem Spaziergang beispielsweise wird auf eine Kanonenkugel aufmerksam gemacht, die, von Passanten unbemerkt, in einem Baum direkt an der Rue St-Louis feststeckt.

Ausflüge mit dem Schiff BOOTSAUSFLUG
Die Anbieter **Croisières AML** (Karte S. 310; ☎866-856-6668; www.croisieresaml.com; Quai Chouinard) und **Groupe Dufour Croisières** (☎418-692-0222; www.dufour.ca) fahren flussabwärts zu den Montmorency-Fällen und zur Île d'Orléans; los geht es unweit der Place Royale. Ein kleines Stück weiter nördlich, bei der Einfahrt zum Bassin Louise, veranstaltet **Croisières le Coudrier** (☎418-692-0107, 888-600-5554; www.croisierescoudrier.qc.ca; Pier 19, 180 Rue Dalhousie, Vieux Port; Erw./Kind Touren 73,50/31,50 C$) Ausflüge zur Grosse Île. Was den schönsten Blick auf die Stadt angeht, ist die billige Fähre (S. 324) nach Lévis jedoch einfach unschlagbar.

Les Services Historiques Six Associés STADTSPAZIERGANG
(☎418-692-3033; www.sixassocies.com; 1½-stündiger Stadtspaziergang 17 C$) Die hervorragenden Rundgänge werden von kostümierten Guides geleitet. Ein beliebter Klassiker ist die Führung „Lust and Drunkenness", die die Leichen im Keller Québecs aufspürt und unbekannte Fakten zum Thema Alkohol und Prostitution preisgibt. Weitere Rundgänge, auf Englisch und Französisch, informieren über Epidemien und Kriminalität. Bei solchen Themen kommt Freude auf! Reservierung per Telefon, E-Mail oder Onlineformular wird empfohlen.

Calèches KUTSCHFAHRTEN
(40-Min.-Fahrten 90 C$) Die Place d'Armes ist Ausgangspunkt für Kutschfahrten (bis zu 4 Pers.), die durch die Alte Oberstadt und den Battlefields Park führen; die Kutscher geben unterwegs Erklärungen.

Les Tours Voir Québec SPAZIERGANG
(Karte S. 310; ☎866-694-2001, 418-694-2001; www.toursvoirquebec.com; 12 Rue Ste-Anne; 2-Std.-Touren ab 23 C$) Auf diesen Touren lernen die Teilnehmer alle wichtigen Ecken der Altstadt kennen – und auch einige weniger wichtige wie Kirchengemeinden und Innenhöfe. Es steht aber auch eine kuli-

EIN IRRER IGLU

Das erste Eishotel Nordamerikas gibt ein gutes Beispiel für skurrile Architekturneuheiten ab, aber wie dem auch sei. Jeden Winter zahlen die Gäste jedenfalls erhebliche Beträge, um in den frostigen Gemächern hier zu übernachten. Das **Hôtel de Glace** (Zi. ab 259 C$), mit dem Auto eine halbe Stunde von Québec (Stadt) entfernt, öffnete 2001 seine kühlen blauen Pforten und trat damit in die Fußstapfen ähnlicher Unternehmen in Skandinavien.

Ja, fast alles ist hier aus Eis (Badewannen und Kamine machen die naheliegende Ausnahme). Dieses architektonische Merkmal fällt einem auf, sobald man die Lobby betritt: Skulptierte Säulen aus Eis tragen die Decke, an der ein Kristalllüster hängt; aus Eis gehauene Skulpturen, Tische und Stühle ziehen sich die endlosen Korridore entlang. Auch das Bett besteht aus Eis. Die Gäste haben es dennoch kuschelig warm dank dicker arktischer Schlafsäcke, die auf Reh- und Hirschfellen liegen.

Zu den Gemeinschaftseinrichtungen der insgesamt 3000 m^2 großen Anlage gehören Ausstellungsräume, eine Kapelle, eine Hütte zur Herstellung von Ahornsirup, eine Rutsche und eine Eisbar mit DJ. Das Hotel schmilzt im Frühling und muss jeden Winter neu erbaut werden – ein Job, der fünf Wochen in Anspruch nimmt; 12 000 Tonnen Schnee und 400 Tonnen Eis werden dabei verarbeitet.

Das Eishotel wartet mit verschiedenen Pauschalangeboten auf; los geht es mit 600 C$ für ein Doppelzimmer, inklusive einem Wodka, Abendessen und Frühstück. Wer nicht hier logiert, kann einfach an einer Führung teilnehmen (Erw./Kind 17,50/ 8,75 C$). So kommt man zu diesem Hotel: Die Route 73 in Richtung Norden nehmen und sich an der Abfahrt 154 in Richtung Rue de la Faune halten.

narische Exkursion auf dem Programm des Unternehmens, auf der Märkte, Restaurants und Geschäfte in der ganzen Altstadt besucht werden – inklusive Snacks und Getränke.

Old Québec Tours BUSTOUR
(Karte S. 310; ☎800-267-8687, 418-644-0460; www.toursvieuxquebec.com) Dieser Veranstalter organisiert Ausflüge im Doppelstockbus und eine 4½-stündige Exkursion zur Île d'Orléans, zu den Montmorency-Fällen und nach Ste-Anne-de-Beaupré (50 C$) und zig anderen Sehenswürdigkeiten; die Teilnehmer werden im Hotel abgeholt.

Les Promenades Fantômes SPAZIERGANG
(Karte S. 310; www.promenadesfantomes.com; 12 Rue Ste-Anne; Erw./Kind 18,50/15,75 C$; ⏲Mai–Okt. 20 Uhr) Auf dem nächtlichen Ausflug im Schein einer schwankenden Laterne erfahren die Teilnehmer alles über die dunkle Seite dieser Stadt.

Feste & Events

Karneval WINTER
(www.carnaval.qc.ca; ⏲Feb.) Dieses berühmte Ereignis ist einzigartig. Es wird als größter Winterkarneval der Welt beworben und wird einmal im Jahr mit Umzügen, Eisskulpturen, einer Schneerutsche, Bootsrennen, Tanz, Musik und jeder Menge Alkohol gefeiert. Überall in der Stadt ist dann etwas geboten. Die Rutsche auf der Terrasse Dufferin hinter dem Château hat mittlerweile Kultstatus erreicht. Eine rechtzeitige Planung ist erforderlich, da die Unterkünfte schnell ausgebucht sind.

Fête Nationale KULTUR
(Fest Johannes des Täufers; ⏲24. Juni) An diesem Abend wird in der ganzen Stadt gefeiert bis zum Umfallen. Ursprünglich wurde dieser Feiertag zu Ehren Johannes des Täufers begangen. Mittlerweile ist er aber fast schon zum politischen Statement geworden. Und wenn die Québecer ihre eigenständige Kultur feiern, ist auch ein leichter nationalistischer Touch zu erkennen. Um etwa 20 Uhr geht es (ausgerechnet) auf den Plains of Abraham mit den Hauptfeierlichkeiten los.

Festival d'Été SOMMER
(www.infofestival.com; ⏲Anfang Juli) Während des Sommerfestivals stehen rund 500 kostenlose Shows, Konzerte, Theater- und Tanzvorstellungen auf dem Programm. Fast alle Plätze und Parks der Altstadt sind täglich in die Events eingebunden und werden von den 900 000 Besuchern bevölkert. Rund um die Place d'Youville kann man das alles am besten auf sich wirken lassen.

Les Grands Feux Loto-Québec FEUERWERK
(www.lesgrandsfeux.com) Am Fluss zwischen Québec (Stadt) und Lévis findet ein sagenhaftes Feuerwerk statt.

Fêtes de la Nouvelle-France KULTUR
(www.nouvellefrance.qc.ca) An verschiedenen Schauplätzen werden die letzten Tage des französischen Regimes stilvoll nachgestellt.

Schlafen

Die zahlreichen Unterkünfte in Québec sind dank der Konkurrenz verhältnismäßig erschwinglich. Am besten übernachtet man in einem der kleinen, europäisch angehauchten Hotels in der Altstadt. Sie vereinen Charme und günstige Lage mit etwas Romantik. Die größeren Hotels in der Innenstadt sind meist ziemlich teuer.

Wie in einer dermaßen beliebten Stadt nicht anders zu erwarten, sind die besten Unterkünfte oft ausgebucht. Man sollte sich vor 14 Uhr auf die Suche nach einem Zimmer machen oder im Voraus reservieren. Im Hochsommer und während des Karnevals im Winter ist besonders viel los. Wenn nicht anders vermerkt, haben die meisten Zimmer eigene Bäder. In der Nebensaison sind die Preise erheblich niedriger.

Alte Oberstadt

HI Auberge Internationale de Québec HOSTEL $
(Karte S. 310; ☎418-694-0775; www.aubergeinternationaledequebec.com; 19 Rue Ste-Ursule; B inkl. Frühstück 28–34 C$, Zi. mit/ohne Bad 109/75 C$; ❄@📶) Das Hostel ist schon beängstigend groß, aber dennoch das beste der Stadt. Die netten Mitarbeiter organisieren alle möglichen Ausflüge und Kneipentouren. Im Basement strömen die Backpacker abends an die Bar mit dröhnender Rockmusik – oder stehen morgens Schlange fürs Frückstücksbüffet. Auch wenn ganze Schulklassen durch die Gänge toben, kriegt man nachts in der Regel ausreichend Schlaf.

★ **Maison Historique James Thompson** B&B $$
(Karte S. 310; ☎418-694-9042; www.bedandbreakfastquebec.com; 47 Rue Ste-Ursule; Zi. 75–135 C$) Geschichtsfreaks werden von einem Aufenthalt in der ehemaligen Residenz aus dem 18. Jh. von James Thompson, einem alten Kämpfer in der Schlacht auf den Plains of Abraham, begeistert sein. Die geräumigen Zimmer sind hell und lassen die fröhlichen Kunstwerke der Wirtin Guitta sehen. Ein Nachmittag vergeht wie im Fluge bei einem Gespräch mit dem Wirt Greg, der über einen reichen Wissensfundus zu zig Aspekten von Québec und seiner Geschichte verfügt.

Neben der Eingangstür zu diesem wunderschön restaurierten Haus ist übrigens noch das originale „Mörderloch" zu sehen – eine Öffnung, durch die man im Fall eines Überraschungsangriffs ein Gewehrlauf stecken konnte.

La Marquise de Bassano GASTHOF $$
(Karte S. 310; ☎418-692-0316, 877-692-0316; www.marquisedebassano.com; 15 Rue des Grisons; Zi. 109–185 C$; @) Zimmer mit Himmelbetten, Badewannen mit Klauenfüßen und eine hübsche Dachterrasse machen nur einen Teil des Reizes dieses fröhlichen viktorianischen Hauses aus, das von jungen, geselligen Leuten betrieben wird. Der süße Duft von frisch gebackenen Croissants lockt auch Langschläfer noch vor dem Klingeln des Weckers aus dem Bett.

Chez Hubert B&B $$
(Karte S. 310; ☎418-692-0958; www.chezhubert.com; 66 Rue Ste-Ursule; EZ inkl. Frühstück 60–85 C$, DZ 80–120 C$; @📶) Das zuverlässige B&B befindet sich in einem viktorianischen Stadthaus mit Lüstern, Buntglasfenstern und orientalischen Läufern. Von einem der vier geschmackvollen Zimmer sieht man sogar das Château.

Manoir sur le Cap GASTHOF $$
(Karte S. 310; ☎418-694-1987, 866-694-1987; www.manoir-sur-le-cap.com; 9 Ave Ste-Geneviève; Zi. 85–240 C$; ❄📶) Einige Zimmer in diesem Haus an der Uferpromenade besitzen mit dem Blick auf den Jardin des Gouverneurs, das Château oder den Fluss einen besonderen Reiz. Sie sind modern; viele haben attraktive Stein- oder Ziegelwände. In einigen steht ein gigantisches Doppelbett.

Le Clos Saint-Louis GASTHOF $$$
(Karte S. 310; ☎800-461-1311, 418-694-1311; www.clossaintlouis.com; 69 Rue St-Louis; Zi. inkl. Frühstück 199–299 C$; ❄📶) Es lässt sich schwer sagen, welches Charakteristikum eher dominiert: Die offensichtliche Liebe, die die Eigentümer dem Gasthof zuteilwerden lassen, oder der natürliche viktorianische Charme aus dem Jahr 1844. Die 18 geräumigen, üppig dekorierten Zimmer haben alle ein wunderschön gefliestes Bad mit Ba-

dewanne samt Whirlpool. Die Suiten wirken wie viktorianische Wohnungen – sieht man einmal vom (anachronistischen) Fernseher im winzigen Salon ab.

Fairmont Le Château Frontenac HOTEL
(Karte S. 310; ☎418-692-3861, 800-257-7544; www.fairmont.com/frontenac; 1 Rue des Carrières; Zi. ab 360 C$; ❄📶) Das Château mit seinen 618 Zimmern ist viel mehr als nur ein Hotel oder ein Wahrzeichen, es ist ein ewiges Symbol Québecs. Hier wurden Szenen von Filmen wie *Mein Leben auf der Flucht* mit Leonardo DiCaprio und Alfred Hitchcocks *Ich beichte* gedreht. Unter den Gästen waren hier schon Queen Elizabeth II., Frankreichs Präsident Jacques Chirac, Charlie Chaplin und Grace Kelly.

L'Hôtel du Vieux-Québec GASTHOF $$$
(Karte S. 310; ☎418-692-1850, 800-361-7787; www.hvq.com; 1190 Rue St-Jean; Zi. inkl. Frühstück ab 218 C$; ❄@📶) 🍃 Snacks wie Obst oder Gebäck stehen in diesem gemütlichen Gasthof nicht weit vom Rathaus immer bereit. Die schicken, modernen Zimmer haben unverputzte Ziegelwände und sind mit einer Espressomaschine bestückt. Ein Frühstückskorb mit Gebäck, Joghurt, Käse und Obst wartet jeden Morgen vor der Tür. Das Hotel ist kohlenstoffneutral.

Alte Unterstadt

★ Auberge Saint-Antoine BOUTIQUEHOTEL $$$
(Karte S. 310; ☎418-692-2211; www.saint-antoine.com; 8 Rue St-Antoine; Zi. 199–999 C$; ❄@📶) Geschichte und Moderne geben sich in diesem Hotel ein schier berauschendes Stelldichein – dezenter moderner Luxus rückt eine der bedeutendsten archäologischen Stätten der Stadt ins rechte Licht. Im Rahmen einer täglichen Führung werden etwa 700 Artefakte präsentiert, die beim Bau der beheizten Tiefgarage zutage kamen. Das Restaurant befindet sich in einem Lagerhaus aus dem 19. Jh. mit Blick auf den St. Lorenz-Strom.

Im originalen, 250 Jahre alten Teil des Gebäudekomplexes strotzen die Zimmer und Suiten nur so vor Antiquitäten und individuellem Charme. Wer es vorzieht, den herrlichen Ausblick auf das Château Frontenac auf sich wirken zu lassen, anstatt in dem Schloss zu logieren, ist in diesem Hotel genau richtig.

Hôtel Le Germain-Dominion BOUTIQUEHOTEL $$$
(Karte S. 310; ☎418-692-2224, 888-833-5253; www.germaindominion.com; 126 Rue St-Pierre; Zi.189–315 C$; ❄@📶) Das Tophotel der Groupe Germain, einer kanadischen Luxushotelkette, verbirgt sich in einer reizenden Ecke im Herzen der Unterstadt und bekommt für sein frisches, modernes Dekor, die endlose Liste an Annehmlichkeiten und den perfekten Service stets Bestnoten.

Außerhalb der Stadtmauern

Außerhalb der Stadtmauern liegen die Hotelpreise erheblich niedriger, die Zimmer fallen meistens größer aus, und das Parken gestaltet sich plötzlich gar nicht mehr so problematisch. Sämtliche aufgeführten Quartiere lassen sich in etwa 15 Minuten mit dem Auto oder manche sogar zu Fuß von der Altstadt aus erreichen.

Camping Municipal de Beauport CAMPINGPLATZ $
(☎418-641-6112, 877-641-6113; www.campingbeauport.qc.ca; 95 Rue de la Sérénité; Stellplatz Zelt & Wohnmobil ab 34 C$; ⏲Juni–Anfang Sept.) Dieser hervorragende Campingplatz in der Nähe der Montmorency-Fälle ist grün, beschaulich und nur 15 Autominuten von der Altstadt entfernt. Und so kommt man hin: Auf dem Highway 40 in Richtung Montmorency fahren, die Ausfahrt 321 nehmen und dann gen Norden abbiegen.

Auberge Le Vincent GASTHOF $$
(Karte S. 312; ☎418-523-5000; www.aubergelevincent.com; 295 Rue St-Vallier Est; Zi. inkl. Frühstück 149–279 C$; @📶) Stilbewusste Budget-Reisende sind von diesem Gasthof mit erschwinglichen Zimmern samt Regenwasser-Duschen, unverputzten Ziegelwänden und Fenstern (mit vierfacher Verglasung) mit Blick aufs Zentrum des Viertels St-Roch immer total begeistert. Die ungewöhnlich netten Mitarbeiter haben jede Menge tolle Tipps auf Lager, und zum warmen Gourmet-Frühstück gehört Kaffee wie in Italien. Das Le Vincent liegt ein paar Schritte von der Altstadt entfernt.

ALT Québec HOTEL $$
(☎800-463-5253, 418-658-1224; www.quebec.althotels.ca; 1200 Ave Germain-des-Prés; Zi. 144–184 C$; @📶) Wer ein Auto zur Verfügung hat, Wert auf Bequemlichkeit legt und

POUTINE, BIEN SÛR

Wie sämtliches Fastfood eignet sich Québecs geliebte *poutine* perfekt zum Auskurieren einer *gueule de bois* (Katers) nach einer Nacht mit jeder Menge Boréale Blonde. Basis dieses höchst kalorienreichen kulinarischen Frankensteins sind die mustergültigen (stets frisch geschnittenen, nie aus der Tiefkühltruhe kommenden, labberig-fettigen) Pommes frites der Provinz, die mit Käsebruch oder geriebenem Käse garniert und in Bratensauce ertränkt serviert werden. Seit seiner Erfindung in den frühen 1980er-Jahren hat sich dieses Gericht in Windeseile in ganz Québec ausgebreitet.

Poutine steht standardmäßig auf den Karten vieler Diners, *cantines* oder *casse croûtes* am Straßenrand. Dort kann man auch aufgepeppte Varianten wie Italienne mit Spaghetti probieren. Fast alle Lokale haben ihr eigenes, wohlbehütetes Rezept. In der Cantine d'Amour in Matane gibt es beispielsweise Poutine d'Amour. Solche Spezialitäten des Hauses enthalten meist Hackfleisch und grüne Paprikaschoten. Ein guter Ort zum Ausprobieren ist das Chez Ashton in Québec (Stadt).

die manchmal extrem touristische innere Stadt am Abend hinter sich lassen will, für den ist dieses Hotel am Boulevard Wilfrid Laurier (7 km von der Altstadt entfernt) ein seltenes Juwel. Der Service eines Boutiquehotels, die makellose, moderne Ausstattung und der kostenlose Parkplatz sind nur einige der Pluspunkte.

Auberge JA Moisan B&B **$$**
(Karte S. 312; ☎418-529-9764; www.jamoisan.com; 699 Rue St-Jean; EZ 120–150 C$, DZ 130–160 C$; ❄📶) Das B&B liegt etwas versteckt über dem ältesten Supermarkt Nordamerikas. Die altmodischen, aber absolut nicht muffigen Zimmer dieses reizenden Hauses aus dem 18. Jh. gehen auf die Restaurants und Bars des fetzigen Viertels St-Jean-Baptiste hinaus. Nach einem sättigenden Frühstück (mit köstlichen Pralinen als Nachtisch), das die Wirtsleute Clément und Nathalie höchstpersönlich zubereiten, ist die Altstadt nach einem nur kurzen Verdauungsspaziergang erreicht.

Essen

Québecs unzählige Restaurants bieten im Allgemeinen eine ausgesprochen gute Qualität. Die seltsame Mischung aus aufwendigen und einfachsten Gerichten lockt jede Menge Besucher in die Lokale im Zentrum. Viele der Restaurants haben ein gutes Preis-Leistungs-Verhältnis und – was nicht unwichtig ist – eine unschlagbare Lage.

Erstklassige kulinarische Gaumenfreuden erlebt man allerdings eher in unscheinbaren Lokalen. Wer das Gericht des Tages (*table d'hôte*) wählt, kann vor allem in der Mittagszeit die Reisekasse schonen.

Alte Oberstadt

Paillard BÄCKEREI **$**
(Karte S. 310; ☎418-692-1221; www.paillard.ca; 1097 Rue St-Jean; Hauptgerichte 7–15 C$; ⌚7–22 Uhr) Das helle, moderne Café im New Yorker Stil mit langen Holztischen eignet sich perfekt für ein schnelles Frühstück oder eine nette Kaffeepause.

Casse Crêpe Breton CRÊPERIE **$**
(Karte S. 310; ☎418-692-0438; cassecrepebreton.com; 1136 Rue St-Jean; Crêpes 4,50–8,75 C$, Hauptgerichte 10 C$; ⌚7–21.30 Uhr; 🖉) Das kleine, eher unscheinbare Café tischt frische heiße Crêpes jeder Art auf. Manche Gäste lassen sich gern am Tresen nieder, um dem Koch bei der Arbeit zuzuschauen.

Chez Ashton FASTFOOD **$**
(Karte S. 310; ☎418-692-3055; 54 Côte du Palais; Hauptgerichte 5–10 C$; ⌚So–Mi 11–23.30, Do–Sa bis 16 Uhr) Diese Snackbar zählt zu den Lokalen, die von sich behaupten, *poutine* erfunden zu haben. Das Chez Ashton ist wegen seiner vielen Varianten an *poutine*, Burger und Baguettes den ganzen Tag über und auch abends beliebt.

Chez Temporel CAFÉ **$$**
(Karte S. 310; ☎418-694-1813; 25 Rue Couillard; Hauptgerichte 11–17 C$; ⌚So–Do 7–13.30, Fr & Sa bis 14.30 Uhr) Das Café im Pariser Stil ist unschlagbar, wenn man ein Sandwich essen oder in aller Ruhe frühstücken möchte mit perfektem Café au lait und frischen Croissants. Später am Tag wandelt sich das Café dann zum Territorium einsamer Leseratten samt melancholischer Musik.

Un Thé au Sahara AFRIKANISCH **$$**
(Karte S. 310; 7 Rue Ste-Ursule; Hauptgerichte 14–22 C$; ⌚Do & Fr 11.30–14.30, tgl. 17 Uhr bis open end) In diesem einfachen, aber belieb-

ten marokkanischen Restaurant dürfen die Gäste ihren Wein selbst mitbringen oder können sich einen Tee mit Minze genehmigen. An Gerichten sind sämtliche Klassiker erhältlich: Taboulé, Hummus, Couscous, Spießchen und *tagine keffa* (Kalbskroketten in Tomatensauce).

Le Patriarche FUSIONSKÜCHE **$$$**
(Karte S. 310; ☎418-692-5488; www.lepatriarche.com; 17 Rue St-Stanislas; Hauptgerichte 42–50 C$; ⏲17.30–22 Uhr) Die Nouvelle Cuisine in diesem Spitzenrestaurant wird durch moderne Kunstwerke ergänzt, die an den 180 Jahre alten Steinwänden hängen. Auf der Speisekarte (die fast ausschließlich auf lokalen Produkten beruht) stehen Vorspeisen wie Foie Gras und Büffel-Tatar; die Palette an Hauptgerichten reicht von New-Brunswick-Lachsfilet bis hin zu Wild aus den Appalachen und Lamm aus Québec.

Aux Anciens Canadiens QUÉBECOIS **$$$**
(Karte S. 310; ☎418-692-1627; www.auxanciens canadiens.qc.ca; 34 Rue St-Louis; Hauptgerichte 20–89 C$; ⏲12–21 Uhr) Das 40 Jahre alte Restaurant im historischen Jacquet-Haus aus dem Jahr 1676 ist nach dem Roman von Philippe Aubert de Gaspé benannt, der während seiner Amtszeit als Sheriff von Québec hier wohnte. Auf der Speisekarte stehen klassische Spezialitäten aus Québec und rustikale Gerichte wie „Trapper's Treat", eine Lac-St-Jean-Pastete mit Fasanen- und Büffelfleisch.

Jedenfalls lohnt es sich, dem Lokal mittags einen Besuch abzustatten, wenn das Tagesgericht zu 20 C$ samt einem Glas Bier oder Wein jede Menge Volk anlockt.

Alte Unterstadt

Die Rue St-Paul und die Rue du Petit-Champlain sind von Restaurants mit Tischen im Freien gesäumt.

Buffet de l'Antiquaire QUÉBECOIS **$**
(Karte S. 310; ☎418-692-2661; 95 Rue St-Paul; Hauptgerichte 8 C$; ⏲6–22.30 Uhr) Das L'Antiquaire gilt als eines der authentischsten Lokale der Stadt. Die Einheimischen verfolgen gern mit, wie die Kellner ihre Bestellungen beim Geklapper von Töpfen und Tiegeln lautstark in Auftrag geben. Zur Québecer Hausmannskost gehören sättigende Fleisch- und Fischgerichte, außerdem gibt es Boréale vom Fass.

★ **Le Lapin Sauté** FRANZÖSISCH **$$**
(Karte S. 310; ☎418-692-5325; www.lapinsaute.com; 52 Rue du Petit-Champlain; Hauptgerichte 15–30 C$; ⏲Mo–Fr 11–22, Sa & So 9–22 Uhr) Wer in der Stadt Québec nur einmal zum Essen ausgehen will, sollte dieses gemütliche Restaurant besuchen, das sich auf Country-Küche spezialisiert hat. Natürlich wird hier *lapin* (Kaninchen) in Form von Lasagne und Würstchen serviert, aber auch Ente, Lachs und Hühnchen kommen auf den Tisch. Zum Nachtisch verlockt eine üppige Ahornsirup-Crème brûlée. Bei schönem Wetter können die Gäste auf der mit Blumen geschmückten Terrasse Platz nehmen, die auf den winzigen Félix-Leclerc-Park hinausgeht.

Le Cochon Dingue FRANZÖSISCH **$$**
(Karte S. 310; ☎418-692-2013; www.cochon dingue.com; 46 Blvd Champlain; Hauptgerichte 10–28 C$; ⏲8–23 Uhr) Bereits seit dem Jahr 1979 erfreut dieses gallische Juwel unter den touristischen Speiselokalen seine Gäste mit seinem aufmerksamen Service und den Tischen im Freien. Für französisches Flair sorgen die karierten Tischdecken und die typischen Bistrogerichte – von *Croque monsieur* bis hin zu *Steak frites*. Eine **Filiale** (46 Blvd René-Lévesque Ouest) mit derselben Speisekarte befindet sich in der Umgebung der Avenue Cartier.

L'Échaudé FRANZÖSISCH **$$$**
(Karte S. 310; ☎418-692-1299; 73 Rue Sault-au-Matelot; Hauptgerichte 19–32 C$; ⏲Mo–Fr 11.30–14.30 & 18 Uhr bis open end, Sa & So 10–14.30 & 18 Uhr bis open end) Dieses 25 Jahre alte Bistro steht bei den Einheimischen hoch im Kurs, die mittlerweile allerdings immer mehr von den durch die Werbung angelockten Touristen verdrängt werden. Jedenfalls herrscht hier eine nette Atmosphäre, die Kellner wuseln nur so zwischen den gut besetzten Tischen herum, und Freunde von einem anständigen Stück Fleisch können sich über Gerichte wie Enten-Confit, gefülltes Perlhuhn oder das beliebte *steak tatare* (23 C$) freuen.

Außerhalb der Stadtmauern

Außerhalb der Stadtmauern gibt es drei große Restaurantbezirke. In der Rue St-Jean, abseits der Touristenfallen, gibt es preiswerte BYOW-Lokale (*bring your own wine*). Die Bistros in der Avenue Cartier zwischen Grande Allée Ouest und Boulevard René-

Lévesque Ouest werden gern von Einheimischen besucht. Und schließlich haben sich in den letzten Jahren in dem künstlerisch angehauchten Bezirk St-Roch noch ein paar Bistros und Cafés angesiedelt. Hier werden trendige, moderne Gerichte serviert.

Le Billig CRÊPERIE **$**

(Karte S. 312; 526 Rue St-Jean; Crêpes 3,50–16 C$; ⌚Di–Fr 11–14 & 17–21, Sa 11–21.30, So bis 15 Uhr) Dieses bretonische Bistro hat sich auf Crêpes spezialisiert und serviert so tolle Kombinationen wie Enten-Confit mit Zwiebelmarmelade oder auch Varianten aus Buchweizen – beispielsweise das Roscoff mit viel Schinken, Spargel, Schweizer Käse, Apfel und Béchamelsauce.

Délices d'Ariana AFGHANISCH **$**

(102 Blvd René-Lévesque Ouest; Hauptgerichte 7–14 C$; ⌚Mo–Fr 11.30–14, tgl. 17–22 Uhr; ✍) Dieses fast ausschließlich von Insidern besuchte Lokal gehört zu den Geheimtipps in Québec. Auf der exotisch anmutenden Speisekarte stehen nach Sumach duftende Kebabs und traditionelle mittelasiatische Currys wie *borani bodenjan* (in Tomatensauce geschmorte Auberginen mit hausgemachtem Joghurt), dazu gibt es *qabli pulao* (mit Kardamom gewürzter Reis mit Linsen, Obst und Nüssen) – einfach perfekt für alle, die Ausgefallenes kennenlernen wollen!

Café du Clocher Penché FRANZÖSISCH **$$**

(☎418-640-0597; 203 Rue St-Joseph Est; Hauptgerichte 20–26 C$; ⌚Di–Fr 11.30–14 & 17–22, Sa 9–14 & 17–22, So 9–14 Uhr) Dieses helle, luftige Bistro mit schlichtem, dezentem Design wartet mit einer ebenso unprätentiösen Speisekarte auf. Das Clocher Penché ist das angesagte Restaurant im Viertel St. Roch, um sich moderne französische Küche samt einem Glas Wein munden zu lassen; zahlreiche hochwertige Tropfen aus Europa stehen zur Auswahl.

Chez Victor BURGER **$$**

(☎418-529-7702; 145 Rue St-Jean; Hauptgerichte 10–15 C$; ⌚So–Mi 11.30–21.30, Do–Sa bis 22 Uhr;✍) Die Burger werden in diesem lebhaften Lokal wirklich perfekt zubereitet – die Zutaten türmen sich nur so, und einen Berg knusprige Pommes gibt es auch noch dazu. Die Gäste haben die Qual der Wahl unter mehr als 20 verschiedenen Burgern mit Angus-Rind, Ente, Schweinefleisch, Lachs, Hühnchen, Tofu oder auch rein vegetarischen Zutaten.

Le Hobbit PUB **$$**

(Karte S. 312; ☎418-647-2677; 700 Rue St-Jean; Hauptgerichte ab 13 C$; ⌚8–22 Uhr) Beliebter Treffpunkt in St-Jean-Baptiste mit Tischen im Freien und lockerer Atmosphäre. Die Mittag- und Abendspecials haben ein gutes Preis-Leistungs-Verhältnis. Das leckere *steak frites* (20 C$) sucht in der ganzen Stadt seinesgleichen. Frische Pasta und Salate runden das Angebot ab.

Ausgehen & Nachtleben

L'Oncle Antoine PUB

(Karte S. 310; ☎418-694-9176; 29 Rue St-Pierre; ⌚ab 11 Uhr) Das Steingewölbe aus dem Jahr 1754 im alten Hafenviertel zählt zu den ältesten Gebäuden der Stadt. In der Taverne sind verschiedene Biere vom Fass *(en fût)* sowie von Québecer Mikrobrauereien erhältlich; das kaffeefarbene Stout wirkt besonders belebend.

Bar Ste-Angèle BAR

(Karte S. 310; 26 Rue Ste-Angèle; ⌚ab 20 Uhr) In der intimen Bar mit schummriger Beleuchtung ist das aufmerksame Personal gern behilflich, von der riesigen Getränkekarte den passenden Cocktail oder das richtige Flaschenbier aus Kanada oder Europa auszuwählen.

L'Inox KNEIPE

(Karte S. 312; 655 Grande Allée Est; ⌚12–3 Uhr) Die erste Brauereikneipe der Stadt befindet sich in der von Touristen überlaufenen Grande Allée mit zig Restaurants und ist ein Muss für jeden Bierfreund. Auf der Homepage erfährt man einiges übers Bierbrauen.

Le Sacrilège BAR

(Karte S. 312; ☎418-649-1985; 447 Rue St-Jean) Zu dieser Bar im pulsierenden Herzen von St-Jean-Baptiste mit Indie-Soundtrack gehören ein Wintergarten und ein Garten mit vielen Skulpturen.

Chez Maurice CLUB

(Karte S. 312; ☎418-647-2000; 575 Grande Allée Est; ⌚21–3 Uhr) Das Nachtlokal mit babylonischem Sprachengewirr in einem viktorianischen Anwesen bietet vielen etwas: Es wartet mit einem Nachtclub, einer Zigarren-Lounge, der Ultralounge-Bar und dem Voo-Doo Grill-Restaurant auf. In der Diskothek, die von mittwochs bis sonntags geöffnet hat, finden Latino-, Happy-House- und Abende mit Live-Popmusik statt.

Chez Dagobert CLUB
(Karte S. 312; ☎418-522-2645; 600 Grande Allée Est; ⊙Mi–So 9.30–3 Uhr) Im Dagobert baumelt eine riesige verspiegelte Diskokugel über der Terrasse an der Grande Allée Est. Der Club liefert sich einen edlen Wettstreit mit dem Chez Maurice gegenüber um die Gunst der einheimischen Clubgänger und Nachtschwärmer. Im Inneren läuft auf diversen Ebenen so ziemlich alles von Rock- bis Tanzmusik.

Le Drague SCHWULE & LESBEN
(Karte S. 312; ☎418-649-7212; 815 Rue St-Augustin; ⊙10–3 Uhr) Die Schwulen- und Lesbenszene fällt in Québec eher klein aus, als Institution gilt jedoch dieses sehr beliebte Lokal, das über eine facettenreiche Bar mit verschiedenen „Zonen" verfügt. Die Drag-Shows am Donnerstag, Freitag und Sonntag zählen wohl zu den ausgeflipptesten und amüsantesten Abendveranstaltungen in der ganzen Stadt, und zwar ganz unabhängig von den sexuellen Neigungen. Von donnerstags bis sonntags geht auf den zwei knallvollen Tanzflächen (4 C$ Eintritt) so richtig die Post ab.

☆ Unterhaltung

Die Stadt Québec ist klein, dennoch ist nach Einbruch der Dunkelheit viel los hier. Im Veranstaltungsblatt *Voir* (www.voir.ca), das immer donnerstags erscheint, sind sämtliche Events zusammengestellt (auf Französisch). Die Straßen, in denen sich das Geschehen abspielt, sind die Rue St-Jean und auch – allerdings weniger ausgeprägt – die Grande Allée und die Avenue Cartier. Die Rue St-Jean lockt ein junges Bohemien-Volk an, die Grande Allée Est ist der Tummelplatz von sogenannten „*m'as-tu vu?*"-Leuten (wörtl.: Hast du mich gesehen?)

Fou-Bar LIVEMUSIK
(Karte S. 312; ☎418-522-1987; 525 Rue St-Jean; ⊙15–3 Uhr) Die entspannte Bar mit einer erlesenen Mischung von Bands gilt als die klassische Location schlechthin für Livemusik. Am tollsten sind dienstags die Jazzabende ab 21 Uhr.

Grand Théâtre de Québec THEATER
(Karte S. 312; ☎418-643-8131; 269 Blvd René-Lévesque Est) Québecs größtes Theater präsentiert klassische Konzerte, Tanz- und Theatervorstellungen von meist erstklassiger Qualität. Das Ensemble der Opéra de Québec tritt hier häufig auf.

Les Yeux Bleus LIVEMUSIK
(Karte S. 310; 1117 Rue St-Jean) Québecs beste *boîte a chanson* (lockerer Singer-/Songwriter-Club). Hier treten Newcomer auf, manchmal stehen aber auch große französische Namen auf der Bühne oder es wird Québecer Klassik geboten.

Le Capitole THEATER
(Karte S. 312; www.lecapitole.com; 972 Rue St-Jean) Ein kleines Theater-Restaurant für darstellende Künstler. Auf dem Programm stehen Kabarett und Musikrevuen.

Shoppen

In der beängstigend schmalen **Rue du Trésor** am Château tummeln sich jede Menge Schaulustige. Aber trotzdem lohnt es sich, den Malern mit ihren Staffeleien und den fertigen Werken einen Besuch abzustatten.

Die Mittelalter-Shops in der **Rue St-Jean** verkaufen Mieder für die Maid, Umhänge für den Ritter, axtförmige Kugelschreiber, Kerzenhalter in Form von Wasserspeiern und anderen unentbehrlichen Krimskrams.

In der **Rue St-Paul** in der Alten Unterstadt stapeln sich in etlichen Geschäften Antiquitäten, Kuriositäten und Relikte aus dem alten Québec.

Marché du Vieux-Port LEBENSMITTEL
(Karte S. 310; ☎418-692-2517; 160 Quai St André; ⊙Mo–Fr 9–18, Sa & So bis 17 Uhr) Etwas dichter am Hafen befindet sich ein Bauernmarkt, wo man sich mit Fisch, *fromage* (Käse), Blumen, Foie Gras, eiskaltem Cidre und Gartenzwergen eindecken kann. Der Markt ist täglich bis 17 Uhr geöffnet. Hochbetrieb herrscht im Sommer am Samstagmorgen, wenn einheimische Bauern hierherströmen und ihre Verkaufsstände vor der Markthalle aufbauen.

JA Moisan Épicier ESSWAREN
(Karte S. 312; ☎418-522-0685; www.jamoisan.com; 699 Rue St-Jean; ⊙Mo–Sa 8.30–18, So 10–19 Uhr) Das 1871 gegründete Geschäft soll der älteste Gemischtwarenladen ganz Nordamerikas sein. Kräutertees, parfümierte Toilettenartikel, Gläser mit Kaffeebohnen und andere Köstlichkeiten sind in diesem Laden mit viel altmodischem Flair erhältlich.

Musée d'Art Inuit KUNST
(Karte S. 310; 35 Rue St-Louis; ⊙9.30–17.30 Uhr) Eine tolle Galerie, in der Inuit-Skulpturen aus Speck- und Serpentinstein sowie Basalt aus dem Norden der Provinz

Québec erhältlich sind. Die Objekte kosten von 45 C$ bis zu ein paar Tausend Dollar.

Praktische Informationen

Centre Infotouriste (Karte S. 310; ☎418-649-2608, 877-266-5687; www.bonjourquebec.com; 12 Rue Ste-Anne; ⊙8.30–19.30 Uhr) Diese betriebsame Touristeninformation der Provinz Québec erteilt auch Auskünfte zur Stadt. Diverse Tourenveranstalter unterhalten hier einen Schalter.

Info Santé (Gesundheitsinformation; ☎418-648-2626; ⊙24 Std.) Medizinische Beratung durch Krankenschwestern.

Kiosk Frontenac (Karte S. 310; ⊙Juni–Okt. 9.30–17.30 Uhr) Der Infokiosk liegt an der Terrasse Dufferin gegenüber vom Château Frontenac. Er nimmt Reservierungen für Aktivitäten in der Stadt vor, einige der Touren beginnen auch hier.

L'Hôtel-Dieu de Québec (☎418-525-4444; 11 Côte du Palais; ⊙24 Std.) Zentral gelegenes Krankenhaus mit Notaufnahme.

An- & Weiterreise

AUTO & MOTORRAD

Allô Stop (www.allostop.com; 665 Rue St-Jean) und **Kangaride** (S. 257) sind Mitfahrzentralen, die Fahrer und Mitreisende für preiswerte Fahrten in andere Gegenden der Provinz Québec zusammenbringen. Eine Mitfahrgelegenheit nach Montréal kostet rund 14 C$.

Kangouroute (☎888-768-8388, 418-683-9000; www.kangouroute.net; 6345 Blvd Wilfrid Hamel) ist eine einheimische Mietwagenfirma, die Pkws und Vans verleiht.

Avis (☎418-523-1075; 1100 Blvd René-Lévesque), **Budget** (☎418-692-3660; 29 Côte du Palais), **Enterprise** (☎418-523-6661; 690 Blvd René-Lévesque) und **Hertz** (☎418-694-1224; 44 Côte du Palais) haben im Zentrum ein Büro; es lohnt sich meist jedoch der Weg nach Ste-Foy zu **Budget** (☎418-872-9885; 7115 Blvd Wilfrid Hamel), denn dort sind die Angebote oft besonders gut. Bei **Discount** (☎800-263-2355, 418-522-3598; 240 3e Rue), ebenfalls in Ste-Foy, kann man seinen Mietwagen übernehmen und auch zurückgeben.

Avis (☎418-872-2861), **Budget** (☎418-872-8413), **Enterprise** (☎418-861-8820), **Discount** (☎418-877-1717) und **Hertz** (☎418-871-1571) unterhalten am Flughafen einen Schalter.

BUS

Der **Busbahnhof** (Karte S. 310; ☎418-525-3000; 320 Rue Abraham-Martin) liegt neben dem Hauptbahnhof, der Gare du Palais. Es verkehren Busse nach Montréal (56 C$, 3–4 Std., stündlich).

Intercar (www.intercar.qc.ca) fährt Charlevoix (36 C$, 2 Std.), Saguenay (86 C$, 2½ Std.) und die Nordküste an mit Halts in wichtigen Orten wie Havre St-Pierre (112 C$, 12 Std.) ganz im Norden.

Busse von **Orléans Express** (www.orleans express.com) bedienen die Südküste, darunter Rimouski (65 C$, 4½ Std.), und fahren auf einem Rundkurs über die Halbinsel Gaspé, einschließlich nach Gaspé (119 C$, 12 Std.); nach Edmundston in New Brunswick nimmt man einen der Linienbusse nach Rivière du Loup (51 C$, 3 Std.) und steigt dann dort um in den **Maritime Bus** (www.maritimebus.com; 25 C$).

Busse in die USA fahren über Montréal.

FLUGZEUG

Der **Jean Lesage Airport** (www.aeroportde quebec.com) liegt westlich der Stadt am Highway 40, etwa an der Kreuzung mit dem von Norden nach Süden verlaufenden Highway 73.

Air Canada fliegt nach Montréal, Toronto, Ottawa, Gaspé, zu den Îles de la Madeleine und nach Sept Îles sowie nach Chicago und Washington. United und Delta steuern Ziele in den USA an, darunter Chicago, Washington und New York. Von Deutschland, Österreich und der Schweiz verkehren Maschinen von Lufthansa, Air France, KLM und Swiss International.

SCHIFF/FÄHRE

Von der **Fähre** (Karte S. 310; ☎877-787-7483; www.traversiers.com; Auto & Fahrer/Erw./Kind einfache Fahrt 7,75/3,25/2,25 C$) von Québec (Stadt) nach Lévis (10 Min., 6–2 Uhr, häufig) bietet sich ein herrlicher Blick über den Fluss, das Château Frontenac und die Skyline von Québec. Der Fährhafen befindet sich an der Place Royale.

ZUG

In der Stadt Québec gibt es drei Bahnhöfe. In der Unterstadt befindet sich die renovierte, wunderschöne **Gare du Palais** unweit der Rue St-Paul mit einer Bar und einem Café; sie liegt praktisch und zentral. Züge von **VIA Rail** (S. 258) verkehren täglich nach Montréal (ab 60 C$, 3 Std.) und zu Fahrtzielen weiter westlich. Der Bus 800 fährt von der Place d'Youville zu diesem Bahnhof.

Der **Bahnhof Ste-Foy** (Karte S. 307; 3255 Chemin de la Gare), südwestlich der Innenstadt, wird von denselben Zügen angefahren; er ist vor allem praktisch für Leute, die in dieser Gegend der Stadt wohnen.

Der dritte Bahnhof liegt auf der anderen Seite des Flusses in der Ortschaft **Charny,** östlich vom Highway 73. Die Züge hier verkehren vor allem in Richtung Osten, also beispielsweise nach Gaspé (92 C$, 14 Std.) und zu den Maritimes; einige fahren aber auch nach Montréal (ab 60 C$, 3 Std.). Jeden zweiten Tag verkehren

Nachtzüge nach Moncton in New Brunswick (ab 118 C$, 12½ Std.). Shuttle-Busse verbinden die Gare du Palais vor und nach Ankunft eines Zuges mit Charny (die Fahrkarte für den Bus ist im Preis für das VIA-Zugticket bereits inbegriffen).

Unterwegs vor Ort

AUTO & MOTORRAD

In Québec lohnt sich ein Auto eigentlich nicht, da man praktisch überall zu Fuß hinkommt. Außerdem sind die Straßen schmal und verstopft. Parkplätze sind nur schwer zu finden. Wer sich aber unbedingt ans Lenkrad setzen will, sollte sich bei der Touristeninformation einen Stadtplan besorgen, in dem erschwingliche städtische Parkplätze verzeichnet sind. Der öffentliche Parkplatz neben dem Discovery Pavilion ist bezahlbar und liegt in Altstadtnähe. Noch besser sind die Parkplätze in St-Roch. Ein paar davon liegen abseits der Rue St-Vallier Est, sie kosten ungefähr nur die Hälfte von denen in der Oberstadt. Wer hier parkt, muss zwar zehn Minuten lang den Berg hinauf marschieren, kann das Gesparte dann aber in etwas Schönes investieren.

Wer die Umgebung außerhalb der Stadtmauern und den Großraum Quebec erkunden möchte, findet ein Mietauto meist praktisch.

Motorräder sind innerhalb der Stadtmauern der Altstadt verboten.

FAHRRAD

In Quebec und Umgebung gibt es viele Radwege, die im *Plan du Réseau Cyclable* und im detaillierteren *Parcours Cyclables* zusammengestellt sind; erhältlich sind sie in jeder Touristeninformation und in Geschäften mit Leihrädern.

Cyclo Services (S. 316) verleiht Fahrräder, Tandems und E-Bikes; es ist ein Ausweisdokument zu hinterlegen.

VOM/ZUM FLUGHAFEN

Taxi Co-op (☎ 418-525-5191) verlangt für eine Fahrt von der Touristenzone in Québec zum Flughafen 34,25 C$. Von den Tourenveranstaltern Old Québec und **Dupont Tours** (☎ 418-649-9226) verkehren manchmal billigere Shuttle-Busse (nach Reservierung, 22 C$).

ÖFFENTLICHE VERKEHRSMITTEL

Fahrten innerhalb des **Stadtbusnetzes** (☎ 418-627-2511) kosten inklusive Umsteigemöglichkeit 2,75 C$. Für eine Tageskarte muss man 7,25 C$ hinblättern. Die Busse fahren bis nach Ste-Anne de Beaupré an der North Shore. Die Touristeninformationen haben Streckenpläne und geben bereitwillig Tipps.

Viele Altstadtbusse halten an der Place d'Youville, direkt vor der Mauer in der Rue St-Jean. Bus 800 fährt zum Gare du Palais, wo Fernzüge und Überlandbusse starten.

RUND UM QUÉBEC (STADT)

So verlockend es auch sein mag, tagelang durch die Altstadt zu bummeln – Ausflüge in die Umgebung der Stadt lohnen sich ebenso. Abgesehen von Lévis befindet sich alles Sehenswerte auf der Nordseite des Flusses. Wendake, St-Gabriel-de-Valcartier, Stoneham und der Parc de la Jacques Cartier liegen nördlich der Stadt, der Rest im Nordosten. Einige attraktive Ziele liegen aber auch südlich des Flusses.

Lévis

Während der etwa 1 km langen Fährüberfahrt nach Lévis ist die Aussicht auf der Québec-Seite des Schiffes zweifellos am schönsten. Zitadelle, Château Frontenac und Séminaire dominieren die Stadtlandschaft oben auf dem Hügel. Wenn man dann an Land ist, erweist sich Lévis als erholsamer Zufluchtsort ohne den Trubel, der in Québecs Altstadt herrscht.

Bei **Tourisme Lévis** (☎ 418-838-6026; ⏲ Mai–Okt.) am Fähranleger gibt es Karten und ein Old-Lévis-Paket (9 C$). Es beinhaltet die Rückfahrt mit der Fähre und eine 30-minütige Bustour mit Führer zu diversen Sehenswürdigkeiten.

1939 weihten König George VI. und seine Tochter, die spätere Königin Elizabeth II. feierlich die **Terrasse de Lévis** in der Nähe des Fähranlegers ein. Von diesem Aussichtspunkt oben auf einem Hügel an der Rue William-Tremblay kann man einen wunderbaren Blick auf Québec und die nähere Umgebung genießen.

Zum Schutz Québecs errichteten die Briten zwischen 1865 und 1872 drei Forts am Südufer. Das restaurierte **Fort Nr. 1** (41 Chemin du Gouvernement; Erw./Kind 3,90/1,90 C$; ⏲ Juli & Aug. 10–17 Uhr) steht unter Denkmalschutz und kann im Rahmen einer Führung besichtigt werden. Es liegt östlich von Lévis direkt neben der Route 132/Boulevard de la Rive Sud.

Fahrräder, Tandems und Rollerblades können am Fähranleger gemietet werden; die Gebühren liegen niedriger als in der Stadt Québec.

In der Altstadt von Lévis befinden sich die wichtigsten Geschäfte und Restaurants in der Avenue Bégin. Weitere schöne Ausblicke auf Québec bieten sich vom Weg, der am Fluss entlang in Richtung Süden durch den Parc de l'Anse-Tibbits verläuft.

Wendake

In der Huron-Ouendat-Sprache ist die Zahl Acht ein Buchstabe, der wie „oua" (in etwa wie das englische „wh" in „what") ausgesprochen wird. So erklärt sich der seltsame Name des rekonstruierten Huronendorfs **Onhoüa Chetek8e** (☎418-842-4308; www.huron-wendat.qc.ca; 575 Rue Stanislas Kosca; Erw./Kind 12,75/7,75 C$; ⏲9–17 Uhr) im kleinen Wendake. Der Ort liegt ca. 15 km nordwestlich der Stadt und ist über den Highway 73 (Ausfahrt 154) zu erreichen.

Das Dorf kann im Rahmen einer etwa 45-minütigen Führung besichtigt werden. In der Blockhütte kann man auch zu Mittag essen: Hirsch-, Karibufleisch und Pfefferminztee. Das Ganze ist allerdings eher themenparkmäßig.

Auf der Führung wird u. a. ein Langhaus, eine Schwitzhütte, ein Räucherzelt (ein Wigwam, in dem Fleisch geräuchert wird) und die Hütte eines Schamanen besichtigt, in der man erfährt, wie Traumfänger funktionieren und wie Medizinmänner den Kranken mit Hilfe von Bärenschädeln einst die bösen Geister austrieben. Dies ist weltweit das einzige Huronendorf. Die indigene Stammesgemeinschaft, die in dem das Dorf umgebenden Reservat lebt, ist ziemlich geschäftstüchtig. Als erstes Reservat hat es bereits seit dem Jahr 1960 eine eigene Bank. Heute sind hier auch Angehörige anderer Stämme beschäftigt.

Wer an einer der angebotenen Aktivitäten teilnehmen möchte, beispielsweise an einer Tanzveranstaltung (7 C$), einer Kanufahrt (31,25 C$), einem Kurs für Schmuckherstellung (6,50 C$) oder einem Workshop zur Bearbeitung von Tierhäuten (6,25 C$) ist einen ganzen Tag lang gut beschäftigt. Im steuerfreien Geschäft sind Huron-Kunsthandwerk und Andenken erhältlich.

Der Bus 72 fährt von Québec (3 C$, 30 Min.) im 30-Minutentakt nach Wendake.

St-Gabriel-de-Valcartier

Das **Village Vacances** (1860 Blvd Valcartier; Erw./Kind 31/24 C$, abends 34/27 C$; ⏲Juni–Sept. 10–19 Uhr) ist schon aus der Ferne an seiner „Piratenhöhle" zu erkennen, einer Wasserrutsche, die über dem Dorf aufragt wie Jabba the Hutt neben der Prinzessin Leia in *Star Wars*. Mit elf Arealen – jedes mit Rutschen, Wasserspielen und beheizten Becken – ist dieses Dorf für Kinder der reinste Himmel auf Erden. Raften, eine Kartbahn, Tauchvorführungen und ein Campingplatz sind auch noch geboten. Das Village Vacances befindet sich 13 km nordwestlich von Wendake und lässt sich über die Route 371 erreichen.

Stoneham

Hinter den Vororten von Québec schlängelt sich die Route 371 am Rivière Jacques Cartier entlang durch die Hügel. In Stoneham bietet die **Station Touristique** (☎800-463-6888, 418-848-2415; www.ski-stoneham.com; 600 Chemin du Hibou) eine breite Palette an Aktivitäten in netter Resort-Atmosphäre an sowie diverse Unterkünfte und ein Restaurant. Stoneham gilt als eines der bedeutendsten Skizentren der Provinz; im Sommer stehen hier Wandern, Klettern, Geocaching und Kajakfahrten auf dem Programm.

Parc de la Jacques-Cartier

Der 600 km^2 große **Naturpark** (☎800-665-6527, 418-848-3169; Erw./Kind 6,50/3 C$) liegt etwa 40 km bzw. je nach Verkehrslage weniger als eine Stunde Fahrt von Québec entfernt. Er eignet sich perfekt für spontane Ausflüge in die Natur. Abseits der Route 175 kann man hier wandern, Rad fahren und Paddeltouren auf der Rivière Jacques Cartier unternehmen. Die Route L'Epéron (5,5 km) bietet sich für einen schweißtreibenden Waldspaziergang zu diversen Aussichtspunkten mit Blick ins Tal an. Die Wege Les Loups (10 km) und Du Hibou (13 km) sind anstrengend, aber wirklich toll.

Vom Eingang zum „Valley Sector" am äußersten Südrand des Parks sind es etwa 10 km bis zum Informationszentrum. Hier gibt es u. a. Duschen und einen Anbieter, der Campingausrüstung, Kanus und Fahrräder verleiht. Das Angebot an organisierten Aktivitäten (auf Französisch) reicht von

Höhlenwanderungen bis zum Überlebenstraining. Jurten, Familienzelte (99–247 C$) und Campingplätze (28–35 C$) verteilen sich über den ganzen Park. Im Winter kommen die Skilangläufer auf ihre Kosten; an manchen Strecken gibt es ebenfalls ein paar Schutzhütten.

Ein kleines Stückchen weiter östlich erstreckt sich die 7861 m² große **Réserve Faunique des Laurentides** (Rte 175), ein recht wildes Naturschutzgebiet mit relativ spärlicher Infrastruktur, das bei Anglern hoch im Kurs steht.

Aventures Nord-Bec (☎418-848-3732; 4 Chemin des Anémones; Camping 28 C$, Baumhaus 130 C$, 2-Pers-./4-Pers.-Jurte 110/130 C$) an der Route 175, etwa 2 km nördlich vom Parkeingang Valley Sector, kann mit Zeltplätzen am Fluss, Jurten, ein paar Baumhäusern und einem Restaurant aufwarten. Das Hauptgeschäft im Winter sind Hundeschlitten, wie die Bilder von den Huskys an der Tür schon verraten.

Busse des Unternehmens Intercar verkehren auf der Strecke Québec (Stadt)–Alma (78 C$, 2½ Std., 2–3-mal tgl.); sie halten an einem der vier Eingänge, die alle an der Route 175 liegen.

Île d'Orléans

Zu Ehren des Herzogs von Orleans gab Jacques Cartier der Île d'Orléans ihren Namen. Wegen ihres wilden Weins hieß die Insel zuvor l'Île de Bacchus nach dem Gott des Weines. Félix Leclerc verglich sie 400 Jahre später mit der berühmten Kathedrale von Chartres in Frankreich. Der Québecer Liedermacher starb hier 1988.

Heute sind auf dem verschlafenen Eiland, 15 km nordöstlich der Stadt Québec, keinerlei Anzeichen von irgendwelchen dionysischen Orgien zu bemerken. Dennoch ist viel geboten, um Tagesausflügler und Gäste, die das Glück haben, sich hier länger aufhalten zu können, anzulocken. Die Insel, bis heute überwiegend eine pastorale Agrarregion mit wunderhübschen Landschaften und Ausblicken über beide Ufer des St. Lorenz-Stroms, ist mittlerweile zum Zentrum des Québecer Agritourismus avanciert. Freunde von gutem Essen aus Nah und Fern strömen in die hiesigen *économusées* (Ateliers), um kulinarischen Künstlern bei der Arbeit zuzuschauen; anschließend geht es dann ab in die erstklassigen Restaurants der Insel, um dort die herzhaften Gerichte der Region zu genießen.

Eine 60 km lange Straße führt rund um die Insel, zwei weitere verlaufen von Norden nach Süden. An den Inselrändern gibt es Erdbeerfelder, Obstgärten, Cidre-Produzenten, Windmühlen, Galerien und die Werkstätten von Kunsthandwerkern. Manche Dorfhäuser haben bereits 300 Jahre auf dem Buckel. Ein paar Holz- und Steinhäuschen im Stil der Normandie stehen hier auch.

Am besser erschlossenen Südwestende der Insel, wo die Brücke vom North Shore herüberragt, könnte man sich in einem schwimmenden Vorort von Québec wähnen. Sobald es jedoch gen Nordosten geht, ist die Stadt nur noch eine ferne Erinnerung.

Sehenswertes & Aktivitäten

Le Vignoble Isle de Bacchus WEINKELLEREI
(1071 Chemin Royal, St-Pierre; Mai–Dez. tgl. 10–18 Uhr, Jan.–April nur Sa & So) Eine Führung durch das Weingut samt Weinprobe darf in keinem Programm fehlen. Und wer sich von den süffigen Rot-, Rosé- und Weißweinen gar nicht mehr loseisen kann, bettet sein müdes Haupt später einfach im *gîte* (B&B) zur Ruhe.

La Forge à Pique-Assaut GALERIE
(www.forge-pique-assaut.com; 2200 Chemin Royal, St-Laurent; Juni–Okt. tgl.9–17 Uhr, Okt.–Juni Mo–Fr) In seinem *économusée* fertigt der Kunstschmied Guy wunderschöne Geländer und Dekorationsobjekte; ein Geschäft gehört mit dazu.

Croisières le Coudrier BOOTSAUSFLÜGE
(☎418-692-0107; www.croisierescoudrier.qc.ca; 1515 Chemin Royal, St-Laurent; Erw./Kind 73,50/31,50 C$; Mai–Okt.) Hier können Interessierte Bootsausflüge von St-Laurent, in der Südwestecke der Insel, zur Grosse Île buchen.

ÉcoloCyclo RADFAHREN
(www.ecolocyclo.net; 517 Chemin Royal, St-Laurent; Juni–Sept. tgl.10–18 Uhr) In diesem Geschäft kann man sich ein ganz traditionelles Fahrrad (pro Std./Tag 16/38 C$) leihen oder auch ein E-Bike (pro Std./Tag 30/63 C$) oder Tandem (pro Std./Tag 27/72 C$). Es befindet sich in der Nähe der Brücke, gleich um die Ecke von der Touristeninformation.

Schlafen & Essen

Wer sich hier gar nicht mehr losreißen kann, findet auf dem Eiland wunderschöne Übernachtungsmöglichkeiten und auch Restaurants; zudem lässt sich die Stadt Québec mit dem Auto problemlos erreichen. Die Website (www.gitesiledorleans.com) bietet Informationen zu rund 16 B&Bs auf der Insel.

Camping Orléans CAMPINGPLATZ $
(418-829-2953; www.campingorleans.com; 357 Chemin Royal, St-François; Zeltplätze 43–54 C$; Mai–Okt.;) Der grüne Campingplatz am Wasser befindet sich auf der Seite der Insel, die von der Brücke weiter entfernt ist. Er ist der einzige Campingplatz, der noch im Großraum Québec verblieben ist. Mit zur Anlage gehören ein Pool und eine Kneipe.

Dans les Bras de Morphée B&B $$
(418-829-3792; www.danslesbrasdemorphee.com; 225 Chemin Royal, St-Jean; Zi. 128–168 C$;) Das B&B ist der Traum eines jeden Freundes von Obst und Gemüse aus eigenem Anbau. Das Steingebäude liegt inmitten von naturbelassenen Gärten samt Bächen und Farmen, von denen die Eigentümer Marc und Louise die Zutaten fürs Frühstück beziehen. Aber eine gewöhnliche Öko-Mahlzeit kommt hier mit Sicherheit nicht auf den Tisch, ganz im Gegenteil: Marc, ein gelernter Koch, zaubert jeden Morgen ein leckeres Drei-Gänge-Menü – es ist ein solcher Augenschmaus, dass es dem Cover von *Bon Appétit* alle Ehre machen würde.

Drei der vier Zimmer hier bieten auch noch eine herrliche Aussicht auf den mächtigen St. Lorenz-Strom; vom Vierten schweift der Blick über die weitläufige Landschaft.

Au Toit Bleu B&B $$
(418-829-1078; 3879 Chemin Royal, Ste-Famille; Zi. 87–120 C$) Liebevoll eingerichtetes B&B neben der Kleinbrauerei Le Mitan. Die wunderschönen Dekorationsgegenstände in den afrikanisch, indisch, indonesisch und japanisch angehauchten Zimmern hat der Eigentümer von seinen weiten Reisen mitgebracht. Nach einer Erfrischung im Gemeinschaftsbad oder in der eigenen, frei stehenden Badewanne kann man sich in einer Hängematte mit Blick über den Fluss den großen Fragen des Lebens zuwenden.

La Maison du Vignoble B&B $$
(418-828-9562; 1071 Chemin Royal, St-Pierre; Zi. 70–110 C$) Das 300 Jahre alte Bauernhaus des Weinguts kann mit den Montmorency-Fällen hinter dem Haus und den Weingärten vor dem Haus aufwarten. Tja, das Leben ist schwer ...

La Boulange BÄCKEREI $
(819-829-3162; 2001 Chemin Royal, St-Jean; kleine Mahlzeiten 5–10 C$) Diese Bäckerei vergisst bestimmt niemand so schnell. Mit dazu gehört ein kleiner Laden, La Boulange, der sich perfekt eignet, um ein leichtes Mittagessen, beispielsweise ein Sandwich oder auch eine Pizza, zu sich zu nehmen; Leckereien für ein Picknick kann man hier auch einzukaufen. Die Croissants schmecken zum Niederknien gut. Während des Essens hat man den St. Lorenz-Strom und die nahe gelegene Gemeindekirche, die im 18. Jh. errichtet wurde, im Blickfeld.

Le Moulin de St-Laurent MEDITERRAN $$
(www.moulinstlaurent.qc.ca; 754 Chemin Royal, St-Laurent; Hauptgerichte 18–35 C$, Gerichte 34–51 C$; Chalet ab 120 C$; Mai–Okt. 11.30–14.30 & 17.30–20.30 Uhr) Es dürfte schwerfallen, einen angenehmeren Ort als diesen für ein gepflegtes Abendessen zu finden. Gespeist wird auf der Terrasse hinter der Getreidemühle, die aus dem frühen 19. Jh. stammt. Nur ein paar Meter entfernt plätschert ein Wasserfall. Aus der Küche kommen gut zubereitete europäische Speisen mit regionalem Touch, u. a. Forelle und Kalbfleisch. Wer will, kann in einem der Chalets übernachten.

Resto-Pub l'O2 Île KNEIPE $$
(1025 Rte Prévost, St-Pierre; Hauptgerichte 8–24 C$; 8–22 Uhr) Das angesagteste Lokal auf der Insel lockt Unmengen Einheimische an, denn auf der ellenlangen Speisekarte stehen Fleischspeisen, einfallsreiche *poutines* und Pasta.

Shoppen

Domaine Steinbach ESSWAREN
(www.domainesteinbach.com; 2205 Chemin Royal, St-Pierre; Mai–Okt. 10–19 Uhr) Dieses Geschäft hat etwa 50 Bauernerzeugnisse im Sortiment, darunter sechs verschiedene Cidre, die aus den Bioäpfeln des hauseigenen Obstgartens hergestellt werden, einer davon ist mit Ahornsirup veredelt. Wenn bei der Verkostung die Geschmacksknospen entsprechend angeregt werden, sollte man sich auch gleich noch eine üppige Käseplatte oder einen Teller mit vorzüglichem Enten-

aufschnitt (14,25 C$) auf der Terrasse mit Blick über den Fluss gönnen.

Cassis Monna & Filles ESSWAREN
(721 Chemin Royal, St-Pierre; ⌚Mai–Nov. 10–18 Uhr) Die Besucher erfahren hier alles, was sie schon immer über *Cassis* (Schwarze Johannisbeere) wissen wollten, der hier unter dem Namen *Gadelle noire* bekannt ist. Außerdem kann man sich alle möglichen Köstlichkeiten auch zum Mitnehmen kaufen, darunter Marmelade (beliebt ist die etwas ungewöhnliche Kombination Johannisbeere mit Zwiebeln), Vinaigrette, Senf, Wein und Likör. Im dazugehörigen Restaurant sind die leichten Mittagessen im Stil von Salat mit warmem Ziegenkäse oder leckeres Enten-Confit ebenfalls ein langjährig bewährter Renner.

Chocolaterie de l'Île d'Orléans ESSWAREN
(www.chocolaterieorleans.com; 150 Chemin du Bout-de-Île, Ste-Pétronille; ⌚9.30–17 Uhr) Die Chocolatiers in diesem 200 Jahre alten Haus stellen Köstlichkeiten wie Schoko-Mandelsplitter und aromatisierte Schokotrüffel her, die es mit den Meisterwerken belgischer Chocolatiers aufnehmen können. Im Sommer öffnet eine kleine Eisdiele ihre Pforten.

ℹ Praktische Informationen

Die Ausgabe von 1 C$ für eine Broschüre der hilfreichen **Touristeninformation** (☎866-941-9411, 418-828-9411; www.iledorleans.com; 490 Côte du Pont; ⌚8.30–19.30 Uhr) ist gut angelegt; sie befindet sich gleich jenseits der Brücke.

Parc de la Chute-Montmorency

Der Wasserfall ist 30 m höher als die Niagara-Fälle und ähnlich gut besucht, wenn auch nicht ganz so spektakulär. Man kann ihn von der Hauptstraße aus sehen, und er kann kostenlos besichtigt werden. Im Winter vergnügen sich Snowboarder auf einem riesigen Felsen neben dem Fallbecken, dem sogenannten *pain de sucre* (Zuckerhut). Die Kraft der Kaskade wurde einst genutzt, um Sägemühlen und Baumwollfabriken mit Strom zu versorgen. Davon zeugt eine Ausstellung im Manoir Montmorency am oberen Rand der Steilwand.

Von Mai bis November kostet das Parken am oberen und unteren Ende der Fälle jeweils 9,50 C$. Das Besucherzentrum des **Parks** (☎418-663-3330; 2490 Ave Royale) liegt abseits der Route 138 am Fuß der Fälle. Von hier geht es entweder per **Standseilbahn** (einfache Strecke Erw./Kind 9/4,50 C$) oder über 487 Stufen nach oben. Die beste Aussicht bietet die Hängebrücke direkt oberhalb der Kante.

Der Park liegt 13 km nordöstlich von Québec und kann kostenlos besucht werden – vorausgesetzt, man stellt sein Auto an der Kirche im benachbarten Beauport ab und geht 1 km zu Fuß. Ansonsten fährt der Bus 800 von der Place d'Youville in Québec zum Terminal in Beauport. Dort besteht mit den Bussen 50 und 53 Verbindung zum oberen bzw. unteren Ende der Fälle. Eine weitere Alternative sind Radtouren ab Québec.

Ste-Anne-de-Beaupré

Wer sich Ste-Anne-de-Beaupré über die Route 138 nähert, erblickt die **Basilika** (www.ssadb.qc.ca; 10018 Ave Royale; ⌚8.30–16.30 Uhr), deren Zwillingstürme aus den 1920er-Jahren die Motels und *dépanneurs* (kleinen Supermärkte) überragen. Dies ist eine der wenigen kanadischen Attraktionen, die ihre Popularität weder der Natur noch der Kunst, sondern dem Glauben verdanken. Seit Mitte des 16. Jhs. ist das Dorf eine bedeutende christliche Stätte. Ende Juli finden sich alljährlich, angelockt von den Wundern, die hier geschehen sind, Tausende Pilger hier ein.

Schon vor Betreten der Basilika merkt man, dass es sich hier um ein Fallbeispiel für das menschliche Talent handelt, Geistliches mit Profanem zu kombinieren. Im Sommer stehen Besucher vor dem Blessings Bureau Schlange und warten darauf, dass ein Priester ihre gerade gekauften Jesus-Schlüsselanhänger segnet. Die sich über Jahrzehnte angesammelten Krücken, die an den Säulen im Inneren der Basilika stehen, sind Votivgaben von Gläubigen, die nach einem Gebet auf ihre Hilfsmittel verzichten konnten. Bewundern kann man auch beeindruckende Fliesenarbeiten, Buntglasfenster und glitzernde Deckenmosaike mit Szenen aus dem Leben der hl. Anne. Leider fällt der Blick als Nächstes auf Schilder und Anzeigen, die „Ruhe" fordern und Pilger darum bitten, das Mauerwerk nicht zu verunstalten – ganz zu schweigen von den Überwachungskameras und den Security-Männern mit Knopf im Ohr. Aber dennoch sind die Basilika und das

Charlevoix, Saguenay & South Shore

0 50 km

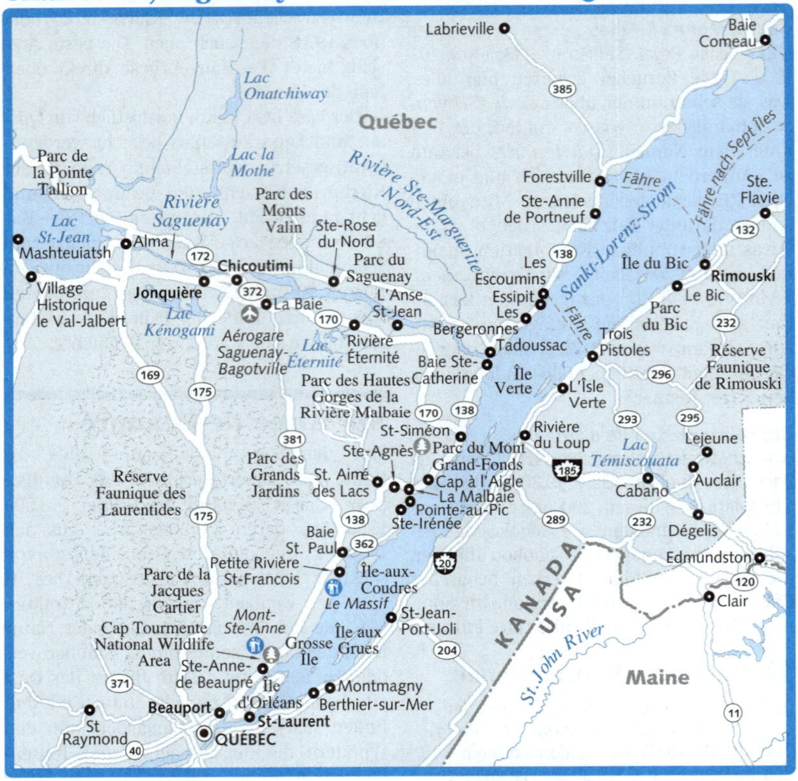

Dorf, das praktisch ein religiöser Themenpark ist, so prächtig bzw. surreal, dass sich ein Zwischenstopp lohnt.

Gleich in der Nähe befindet sich das **Cyclorama of Jerusalem** (☎418-827-3101; www.cyclorama.com; 8 Rue Régina; Erw./Kind 9/6 C$; ⌚Mai–Okt. 9–18 Uhr). Nein, ein IMAX-Kino ist das nicht, sondern ein umlaufendes, 110 m langes Wandgemälde, das Jerusalem am Tag der Kreuzigung Jesu zeigt.

Gegenüber der Basilika beeindruckt die **Auberge de la Basilique** (☎418-827-4475; 5 Rue du Sanctuaire; B/EZ/DZ 24/49/67 C$; ⌚Mai–Okt.) im Stil einer Kapelle samt einem Selbstbedienungsrestaurant.

Busse von **PLUMobile** (☎866-824-1433, 418-827-8484) verkehren von der Place d'Youville und der Gare du Palais in Québec (Stadt) zur Basilika (einfache Fahrt 3,75 C$, Mo–Fr 3-mal tgl.). Die komfortablen Busse haben sogar kostenloses WLAN.

Mont Ste-Anne

Rund 6 km nordöstlich von Beaupré liegt an der Route 138 **Mont Ste-Anne** (www.mont-sainte-anne.com; 2000 Blvd du Beaupré; Tagespass Erw./Kind 73/39 C$), ein Wintersportort mit der steilsten Nachtabfahrt Kanadas und der längsten Skisaison obendrein. Geboten sind 67 Loipen und 14 Skilifts, darunter der neue Sessellift für vier Personen mit atemberaubender Aussicht auf den Sankt-Lorenz-Strom und die Stadt Québec.

Im Sommer unternehmen Wanderfreunde gern eine Tour zu den 74 m herabstürzenden **Jean-Larose-Wasserfällen** (206 Rte 138; Erw./Kind 11,50/5,50 C$; ⌚Mai–Okt. 9–17.30 Uhr) an einem tiefen Abgrund. Hier kann man herumlaufen und die Fälle über Stufen, Felsvorsprünge und Brücken auch überqueren. Es ist zwar immer viel los, aber ein hübscher Flecken Erde ist es dennoch. Die Gegend ist jedenfalls weniger erschlossen und wilder als andere Touristenattraktionen mit Wasserfällen. **Canyoning-Québec** (☎888-827-4579; Erw./Kind 96/45 C$; ⌚Mai–Okt. 9 & 14 Uhr) bietet halbtägige Abseil-Kurse an.

Réserve Nationale de Faune du Cap Tourmente

Dieses **Vogelschutzgebiet** (570 Chemin du Cap Tourmente; Erw./Kind 6 C$/frei; ⌚8.30–17 Uhr) ist die Heimat von 700 verschiedenen Vogelarten, darunter Schneegänse, die im Frühling und Herbst Station in diesem Feuchtgebiet machen. Es liegt hinter den Dörfern St-Joachim und Cap Tourmente und ist an der Route 138 ab Ste-Anne-de-Beaupré ausgeschildert.

CHARLEVOIX

Schon seit 200 Jahren sind diese beschaulichen sanften Hügel im Sommer ein beliebter Urlaubsort der Reichen und Privilegierten. Die Unesco hat mittlerweile das gesamte Gebiet zu einem Weltbiosphärenreservat erklärt – mit dem positiven Effekt, dass Bauvorhaben eingeschränkt wurden und die Einheimischen ganz offensichtlich stolz auf ihre herrliche Landschaft sind. Und es gibt wirklich jede Menge, worauf man in einem so hübschen Ort wie beispielsweise Baie St-Paul mit seinen Ateliers, Galerien und Boutiquen in den wenigen Straßen stolz sein kann.

Charlevoix ist auch als Zentrum der kulinarischen Künste bekannt. Die Route des Saveurs (Route der Geschmäcker) umfasst 16 Farmen und Speiselokale, darunter den Herkunftsort des Éboulmontaise-Lamms und eines der besten Restaurants von Québec. Die Speisekarten hier lesen sich wie Bestandslisten von Esswaren aus Charlevoix.

Trotz seiner 6000 km² hat Charlevoix nur ca. 30 000 Einwohner. Glaziale Klüfte, Felsen und gezackte Steilwände umgeben eine geografische Besonderheit: ein riesiges Tal, das vor ca. 350 Mio. Jahren beim Einschlag eines Meteoriten mit etwa 2 km Durchmesser entstand. Der 15 Mrd. t wiegende Himmelsbrocken krachte auf die Erde und hinterließ neben einem 56 km großen Krater den heutigen Mont des Éboulements. Er liegt ca. 10 km landeinwärts in der Mitte zwischen Baie St-Paul und La Malbaie.

Eine für Autofahrer recht reizvolle Strecke ist der sogenannte „River Drive“ (Route 362), der durch Baie St-Paul, Ste-Irénée und La Malbaie führt. Für den Rückweg bietet sich dann der „Mountain Drive“ (Route 138) durch die Berge an – bei dem es einem wegen der Höhenunterschiede in den Ohren knackt; Spaß macht ein Zwischenstopp im Parc des Hautes Gorges de la Rivière Malbaie für eine kleine Wanderung.

Le Massif

Le Massif (www.lemassif.com; 1350 Rue Principale) außerhalb von Petite Rivière St-François ist vielleicht der beste Geheimtipp unter den kanadischen Skiorten. Hier gibt es die meisten Höhenmeter (770 m) und den meisten Schnee (600 cm) östlich der Rocky Mountains – ganz zu schweigen vom spektakulären Blick auf den Sankt-Lorenz-Strom. Das Chalet auf dem Gipfel beherbergt das **Mer & Monts Restaurant** (☎877-536-2774, 418-632-5276; Gerichte ab 20 C$; ⌚Dez.–März Mi–So 11.30–14 Uhr), in dem ein Dreigängemenü aus regionalen Zutaten auf den Tisch kommt und keine Burger aus der Warmhaltetheke.

Baie St-Paul

Auch wenn die jonglierende, fliegende und balancierende Artistentruppe Cirque du Soleil in Baie St-Paul gegründet wurde – das hiesige Unterhaltungsprogramm ist meistens eher sanfterer Natur. In dem kleinen Ort gibt es rund 30 Galerien und Ateliers sowie hervorragende Restaurants in historischen Gebäuden und *gîtes*. Die heitere Urlaubsatmosphäre und die Lage in den bewaldeten Hügeln am Zusammenfluss von Gouffre und Sankt-Lorenz-Strom machen Baie St-Paul zu einer der attraktivsten Städte am Nordufer.

Sehenswertes & Aktivitiäten

Musée d'Art Contemporain MUSEUM
(www.macbsp.com; 23 Rue Ambroise-Fafard; Erw./Kind 7 C$/frei; ⌚Di–So 10–17 Uhr) Auf der anderen Seite der Hauptstraße beherbergt diese Galerie mit auffälliger Architektur ein Museum für zeitgenössische Kunst. Zu bewundern sind Werke einheimischer Künstler und Fotos – Leihgaben der National Gallery of Canada. Das Museum veran-

staltet im August immer ein internationales Kunstsymposion.

Carrefour Culturel Paul Médéric GALERIE
(4 Rue Ambroise-Fafard; ⌚Juni–Okt. tgl. 10–17 Uhr, Nov.–Mai Do & Fr 13.30–17, Sa & So 10–17 Uhr) GRATIS Diese Galerie ist nach dem einheimischen Priester und Schriftsteller benannt, der hier eine Jugendbewegung ins Leben rief. Man sollte für seinen Besuch etwas Zeit einplanen, denn die Kunsthandwerker lassen sich bei der Arbeit im Atelier ganz gern über die Schulter schauen.

Randonnées Nature-Charlevoix OUTDOOR
(randonneesnature.com; 11-1 Rue Ambroise-Fafard; Erw./Kind 35,50/15 C$; ⌚Juli & Aug. 13.30 Uhr) Die gemeinnützige Organisation Randonnées Nature-Charlevoix veranstaltet zweistündige geführte Touren durch den Meteorkrater. Das Büro befindet sich in der Boutique Le Cratère, wo man anhand einer dreidimensionalen Karte und im Gespräch mit dem Führer François alles über den größten bewohnten Krater der Welt erfährt.

Air du Large WASSERSPORT
(☎418-435-2066; www.airdularge.com; 210 Rue Ste-Anne; ⌚8–17 Uhr) Das Unternehmen bietet Kajak-, Segel-, Kletter-, Canyoning, Rad- und Paragliding-Unterricht an und verleiht auch die erforderliche Ausrüstung. Außerdem werden Touren veranstaltet.

Schlafen & Essen

La Balcon Vert CAMPINGPLATZ $
(☎418-435-5587 ⊠; www.balconvert.com; 22 Côte du Balcon Vert; Stellplatz/B/DZ 23/23/52 C$; ⌚Mai–Sept.) Nächtliche Lagerfeuer machen dieses Refugium auf einem Hügel zu einer reizvollen Angelegenheit. Allerdings sollte man keinen allzu großen Wert auf Komfort legen. Zwischen den Bäumen verstecken sich ein Campingplatz, private und Gemeinschaftshütten, ein Spielezimmer mit Tischtennisplatte und ein Restaurant mit Bar. Der Platz liegt östlich der Stadt und ist von der Route 362 ausgeschildert.

Auberge La Muse GASTHOF $$
(☎800-841-6839, 418-435-6839; www.lamuse.com; 39 Rue St-Jean-Baptiste; Zi. 79–179 C$; ❄) Das fröhliche gelbe Anwesen liegt mitten im quirligen Dorf. Das Frühstück hier ist wirklich etwas Besonderes, das Abendessen hingegen ist nicht immer der Hit; die vielen Kneipen und Bistros in Laufweite gewährleisten aber einen vollen Bauch. Ein Tipp noch: Die Zimmer 12, 14 und 15 fallen am größten aus, und das Zimmer 1 neben dem Eingag ist recht laut.

Nature et Pinceaux B&B $$
(☎418-435-2366; www.natureetpinceaux.qc.ca; 33 Rue Nordet; Zi. 95–125 C$; ⌚April–Nov.) Die geräumigen Zimmer in diesem reizenden B&B, oben auf einem Berg gelegen, mit Aussicht auf den Fluss unten werden nur durch das sagenhafte Frühstück mit drei Gängen getoppt, das die Wirtin Mariette höchstpersönlich zaubert. Das B&B liegt östlich der Ortschaft und ist an der Route 362 ausgeschildert.

Café des Artistes CAFÉ $
(25 Rue St-Jean-Baptiste; Mittagessen ab 6,50 C$; ⌚9.30–24 Uhr) Großartiger Kaffee und ein leichtes, abwechslungsreiches Mittagessen locken in diese Pizzeria in der Hauptstraße.

Le Mouton Noir FRANZÖSISCH $$$
(☎418-240-3030; 43 Rue Ste-Anne; Menüs 33–39 C$; ⌚Mi–So 17–22 Uhr) Seit 1978 ist das „Schwarze Schaf" schon die Heimat feudaler französischer Cuisine. Fisch – darunter Zander, der König des Süßwassers – steht hier je nach Verfügbarkeit auf der Speisekarte, aber auch Büffel, Karibu und Steak. Alle Gerichte schmecken herzhaft dank einheimischer Zutaten wie Wildpilzen. Von der Terrasse bietet sich ein hübscher Blick über den Fluss Gouffre. Es empfiehlt sich, einen Tisch zu reservieren.

L'Orange Bistro FRANZÖSISCH $$$
(www.orangebistro.com; 29 Ambroise-Fafard; Menü 26–37 C$; ⌚11–21 Uhr) Von der Terrasse dieses zentral gelegenen, sehr farbenfrohen Restaurants blickt man auf die Hauptstraße, die in die Stadt führt. Das ausgezeichnete Essen lässt einen die Autos jedoch schnell vergessen. Serviert werden Hähnchen, Spareribs, Kalbfleisch, Wild und Muscheln – alles aus einheimischer Bio-Produktion. Frische Kräuter und Bio-Gemüse perfektionieren die Gerichte.

Le Saint Pub KNEIPE $$$
(www.saint-pub.com; 2 Rue Racine; Menü 20–30 C$; ⌚11–2 Uhr) Bierfans wird in dieser ehemaligen Brauerei das Wasser im Mund zusammenlaufen. Das Abendessen beginnt mit Gerstensaft, gefolgt von Saucen, Dressings und Marinaden auf Bierbasis. Für 6 C$ können vier regionale Sorten, darunter das hauseigene Malzbier, probiert werden.

Praktische Informationen

Charlevoix Touristeninformation (www.tourisme-charlevoix.com; 444 Blvd Mgr-de-Laval; ⌚9–19 Uhr) An der Route 138 gleich westlich der Stadt.

Städtische Touristeninformartion (☎418-240-3218; 6 Rue St-Jean-Baptiste; ⌚9–19 Uhr)

An- & Weiterreise

Der **Busbahnhof** (☎418-435-6569; 2 Chemin de l'Équerre) befindet sich am Restaurant La Grignotte, rund 20 Minuten zu Fuß vom Zentrum entfernt. Busse von Intercar fahren nach Québec (26 C$, 1¼ Std., 3-mal tgl.); donnertags und freitags verkehrt ein weiterer Bus. Von November bis April bedienen sonntags nur zwei Busse diese Strecke.

Parc des Grands-Jardins

Dieser **Provinzpark** (☎418-439-1227, Reservierungen 800-665-6527; www.sepaq.com/pq/grj; Erw./Kind 6,50/3 C$, Zeltplätze/Cottages ab 22/25 C$, Hütten für 2 Pers. 101 C$) nimmt 310 km² ein und besteht überwiegend aus Taiga. Dieses Juwel lockt Besucher mit wunderbaren Wanderwegen und rauer Landschaft. Die Hügel umrahmen mehr als 100 kleine Seen. Mit etwas Glück bekommt man auch einen Karibu zu Gesicht. Eine außergewöhnliche Kurzwanderung ist der halbtägige Marsch auf den **Mont du Lac des Cygnes** (Schwanenseeberg). Eine der längsten und schwierigsten Routen östlich der Rockies ist **La Traversée**. Vom Park aus schlängelt sich der 100 km lange Weg hinunter in die traumhaften Täler des Parc des Hautes Gorges de la Rivière Malbaie und dann wieder hinauf in den Parc du Mont Grand-Fonds. Erfahrene Wanderer benötigen für den gesamten Trek ca. eine Woche.

Vor Ort können Kanus, Kajaks und Fahrräder ausgeliehen werden. Übernachten kann man auf primitiven Stellplätzen, in rustikalen Hütten im Pionierstil oder in geräumigeren Hütten. Alles, was man benötigt, muss man selbst mitbringen.

Informationen halten das **Thomas-Fortin Service Center** (⌚Juli–Aug. Mo, Mi & Fr 13–22, Di, Do, Sa & So bis 20 Uhr) am Haupteingang und der **Mont du Lac-des-Cygnes-Besucherkiosk** (⌚9–16 Uhr) bereit.

Und so kommt man zum Park: Die Route 381 nördlich von Baie St-Paul nehmen; von dort sind es dann noch 30 km bis zum Besucherkiosk und 46 km zum Haupteingang.

Île aux Coudres

Auf der beschaulichen, ländlichen Île aux Coudres fühlen sich die Besucher wie am Ende der Welt. Die Hügel an der Nordküste sind zwar fast immer in Sichtweite, aber dennoch gerät die restliche Welt hier schnell in Vergessenheit.

Sehenswertes & Aktivitäten

Musée Maritime MUSEUM
(305 Rue de l'Église; Erw./Kind 5 C$/frei; ⌚Mai–Okt. 9–17 Uhr) Wenn man von der Fähre kommt oder bevor man sie betritt, lohnt sich ein Besuch im Musée Maritime in St-Joseph-de-la-Rive. Hier erfährt man alles über die Geschichte des Baus von Schonern in einer Gegend, in der es früher nicht ungewöhnlich war, wenn 20 verschiedene Handelsschiffe den Sankt-Lorenz-Strom entlangsegelten. In der Werft können Besucher an Bord dieser Schmuckstücke gehen. Außerdem gibt es eine Ausstellung über den berühmten Meteorkrater der Region.

Musée les Voitures d'Eau MUSEUM
(1922 Chemin des Coudriers; Erw./Kind 4/2 C$; ⌚Juni–Sept. tgl. 10–17 Uhr) Das Museum der Wasserfahrzeuge erinnert eher an einen Antiquitätenladen. Es erzählt die Geschichte der Seefahrt auf der Insel anhand von Motoren, Bojen, Ankern, schwer verständlichen Tonaufnahmen und amüsanten Erklärungen zu den Gefahren, die der St. Lorenz-Strom birgt. Manche Boote können die Besucher auch betreten.

Les Moulins MUSEUM
(36 Chemin du Moulin; Erw./Kind 8,50/4,50 C$; ⌚Mai–Okt.10–17.30 Uhr) Das *Économusée* Les Moulins kann mit zwei restaurierten Mühlen aus dem 19. Jh. – einer Wind- und einer Wassermühle – aufwarten. Exponate vermitteln, wie Weizen und Buchweizen früher mit Mahlsteinen zerkleinert wurden.

Centre Vélo-Coudres FAHRRADVERLEIH
(☎418-438-2118; 2926 Chemin des Coudriers; Fahrräder pro Std. 4 C$; ⌚ Juli & Aug. 9–20.30 Uhr, Mai, Juni & Sept. bis 17 Uhr) Besucher können hier die – kostenlose – Kletterwand ausprobieren und ein Fahrrad samt Zubehör (Helm, Kinderanhänger) ausleihen. Wer rechtzeitig anruft, kommt auch noch in den Genuss des kostenlosen Shuttle-Service vom Fähranleger.

Schlafen & Essen

Ein breites Angebot an Speiselokalen bietet der Chemin des Coudriers; hier gibt es für jeden Geschmack etwas – von schnellen *casse-croûtes* (Fastfood-Lokalen) und legeren Bistros bis hin zu eleganten Hotelrestaurants mit Spezialitäten der Region. In dieser Straße finden sich auch vielerlei Übernachtungsmöglichkeiten verschiedener Kategorien wie ein Campingplatz, B&Bs und Motels.

Le Long Détour B&B **$$**
(☎418-438-1154;3101 Chemin des Coudriers; Zi. 95–105 C$;) In diesem geschmackvollen B&B stehen dem Gast zwei Alternativen zur Auswahl – das „Herbstzimmer" oder das „Sommerzimmer" Beide sind mit einem DVD-Player und mit riesigen Betten ausgestattet. Die Wirtsleute Michelle und Louis erfreuen ihre Gäste immer gern mit einem extravaganten Frühstück, zu dem sogar ein Nachtisch gehört. Auf Wunsch kann man hier auch zu Mittag und zu Abend essen (nur im Juli & Aug.).

Praktische Informationen

Touristeninformation (www.tourismeisleauxcoudres.com; 1024 Chemin des Coudriers; Juli–Okt. 9–17 Uhr) Die Info befindet sich unweit der Kreuzung gleich am Hafen. Man kann sich ein Set von drei CDs mit interessanten Informationen mitnehmen, um damit die Insel im Rahmen einer Spritztour mit dem Auto auf eigene Faust zu erkunden.

An- & Weiterreise

Kostenlose **Fähren** (☎877-787-7483) fahren in St-Joseph-de-la-Rive an der Nordküste der Insel von Mai bis Oktober im 30-Minuten-Takt zum Festlandland hinüber (15 Min.), im übrigen Jahr etwas seltener.

Ste-Irénée

Ste. Irénée ist ein einladender Zwischenstopp zwischen Baie St-Paul und La Malbaie mit netten Cafés an einem der wohl schönsten Strände der Region. Von Juni bis August findet hier ein Festival mit klassischer Musik, Jazz und Tanz statt, das Künstler aus aller Welt anlockt; **Domaine Forget** (www.domaineforget.com) heißt es. **Katabatik** (☎418-665-2332; 180 Rte 362; Halbtags-/2-Tagestour 57/360 C$) bietet Ausflüge zum Kajakfahren auf dem Meer an.

Das **Hôtel Le Rustique** (☎418-452-8250; www.charlevoix.qc.ca/lerustique; 285 Rue Principale; EZ/DZ ab 75/85 C$) in einer ehemaligen Industriellenvilla ist eins der freundlichsten und reizendsten B&Bs in Charlevoix. Die blassen Farben und die unzähligen Reisefotos der Betreiberin Diane verleihen den Zimmern den Touch einer Künstlerhütte am Strand. Es sind auch drei Appartements jeweils mit Kochecke verfügbar. Das Restaurant (Hauptgerichte 17–27 C$) serviert leckere Gerichte nach regionalen Rezepten, beispielsweise Hühnerbrust mit Migneron-Käse aus Charlevoix.

La Malbaie

La Malbaie war einer der ersten Ferienorte Kanadas und besteht heute aus fünf ehemals eigenständigen Ortschaften. Ab Ende des 19. Jhs. legten hier die Dampfschiffe der Richelieu and Ontario Navigation Company und der Canada Steamship Lines an. Wer entlang des Flusses auf der Route 362 anreist, erreicht zuerst das Dorf **Pointe-au-Pic**. Anfang des 20. Jhs. war Pointe-au-Pic Urlaubsziel der Reichen, selbst die politische und gesellschaftliche Elite aus dem fernen New York reiste an – so auch der frühere US-Präsident William Howard Taft, der sich hier ein Sommerhaus errichten ließ. Einige der großen, eindrucksvollen „Cottages" am Chemin des Falaises wurden zu komfortablen Gästehäusern umgebaut.

Ste-Agnès liegt weiter nordwestlich ein Stückchen abseits des Sankt-Lorenz-Stroms. Nach Pointe-au-Pic kommt **La Malbaie**, dessen Gemarkungen westlich des Flusses Malbaie beginnen und sich bis auf die andere Seite dieses Fließgewässers fortsetzen.

Nördlich von La Malbaie liegt **Rivière Malbaie. Cap à l'Aigle** und **St-Fidèle** befinden sich östlich davon an der Route 138.

Sehenswertes & Aktivitäten

Manoir Richelieu HISTORISCHES GEBÄUDE
Dieses Meghahotel, das zur Fairmont-Kette gehört, ist der kleine Bruder von Québecs Château Frontenac. Der weitläufige, graue, schlossähnliche Hotelkomplex mit seinen Kupferdächern wurde im Jahr 1928 errichtet. Bis heute zeugt er vom langjährigen Wohlstand der Region. Es lohnt sich, durch die Gärten an der Steilküste zu schlendern, einen Drink auf der Terrasse zu nehmen und die Werke einheimischer Künstler in der Galerie zu bewundern. Draußen strö-

men ganze Busladungen von hoffnungsvollen Spielwütigen in das kräftig beworbene **Casino de Charlevoix** (Point au Pic; ⌚10 Uhr bis spät abends).

Maison du Bootlegger HISTORISCHES GEBÄUDE
(☎418-439-3711; www.maisondubootlegger.com; 110 Rang du Ruisseau-des-Frênes, Ste-Agnès; Erw./Kind 10/5 C$, Mahlzeit, Tour & Unterhaltung ab 40 C$; ⌚Juni–Sept. 10–18 Uhr) Dieses ungewöhnliche Gasthaus in einem scheinbar gewöhnlichen Bauernhaus aus dem 19. Jh. wurde während der Prohibition von einem amerikanischen Alkoholschmuggler heimlich umgebaut. Führungen offenbaren, wie ein ausgeklügeltes System von Geheimtüren und -zimmern die Sittenwächter einst hinters Licht führen sollte. Um 18 Uhr wird aus dem Ganzen dann ein Restaurant mit Partystimmung. Zu den üppigen Fleischportionen gibt es Al-Capone-Bier in stiefelförmigen Gläsern und ein wildes Unterhaltungsprogramm.

Musée de Charlevoix MUSEUM
(www.museedecharlevoix.qc.ca; 10 Chemin du Havre, Pointe-au-Pic; Erw./Kind 7 C$/frei; ⌚9–17 Uhr) Diese am Meer gelegene Einrichtung ist eigentlich zum Teil eine Galerie und zum Teil ein Museum. Es vermittelt die Geschichte und das Leben in Charlevoix mit Hilfe verschiedener Medien.

Les Jardins du Cap à l'Aigle GARTEN
(www.villagedeslilas.com; 625 Rue St-Raphael; Erw./Kind 6 C$/frei; ⌚Juni–Okt. 9–17 Uhr) In Cap à l'Aigle, einem kleinen Dorf 2 km östlich von La Malbaie, liegen diese Gärten mit 800 verschiedenen Fliedersorten; sie ziehen sich zwischen einem Wasserfall, einer Fußgängerbrücke und Künstlern, die ihre Werke feilbieten, den Hügel hinauf.

Katabatik KAJAKFAHREN
(☎418-665-2332; www.katabatik.ca; Cap à l'Aigle marina; Halbtagstouren Erw./Kind 57/45 C$, Ganztagstouren 107/80 C$) Das Unternehmen veranstaltet Kajakfahrten auf dem Meer, die von einem Tag bis zu fünf Tagen dauern.

Schlafen & Essen

Zahlreiche *Gîtes* säumen die Zufahrt zum Manoir Richelieu. Diverse hübsche B&Bs mit moderaten Preisen finden sich in der Rue du Quai am Wasser von Pointe au Pic. Das schlichte La Malbaie ist weniger von Touristen überlaufen; dort gibt es allerlei Dienstleistungen, Speiselokale, Geschäfte und auch gute Quartiere zum Übernachten.

Camping des Chutes Fraser CAMPINGPLATZ $
(☎418-665-2151; www.campingchutesfraser.com; 500 Chemin de la Vallée, La Malbaie; Stallplatz Zelt & Wohnmobil ab 29 C$, Cottages 95 C$; ⌚Mai–Okt. Camping, ganzjährig Cottages) Dieser Campingplatz mit einem Wasserfall ist wirklich die reinste Idylle; er befindet sich in Richtung Parc Mont Grand-Fonds.

Auberge des Eaux Vives B&B $$
(☎418-665-4808; www.aubergedeseauxvives.com; 39 Rue de la Grève, Cap à l'Aigle; Zi.145–165 C$) Sylvain und Johanne sind die perfekten Wirtsleute in diesem B&B mit drei Zimmern – samt einem Frühstück, um das einen die Freunde zu Hause nur so beneiden werden: Smoothies und vier Gänge mit ausgefallenen Köstlichkeiten, dazu ein hinreißender Ausblick auf den Sankt-Lorenz-Strom von der Terrasse. Das Dekor gibt sich modern und schick. Den Gästen hier stehen eine Nespresso-Maschine, eine komplett eingerichtete Küche und zwei Kamine zur Verfügung – und das alles bei einer echt sagenhaften Aussicht.

Auberge des 3 Canards GASTHOF $$
(☎418-665-3761; www.auberge3canards.com; 115 Côte Bellevue, Pointe-au-Pic; Zi. ab 110 C$; ❄📶🏊) Der 50 Jahre alte Gasthof mit 49 Zimmern, ausgestattet mit TV mit Flachbildschirm, alten Fotos von den Flussschiffen, Kunst aus der Region und Balkonen, die auf den Tennisplatz hinausgehen – und den Sankt-Lorenz-Strom dahinter – ist interessanter, als er von der Route 138 aus anmutet. Das Personal ist aufmerksam, und im Restaurant wird Cuisine aus der Region (Menü 64 C$) serviert, die zudem der reinste Augenschmaus ist.

Manoir Richelieu HOTEL $$$
(☎418-665-3703, 866-540-4464; www.fairmont.com/richelieu; 181 Rue Richelieu, Pointe-au-Pic; Zi. 189–529 C$; ❄📶🏊) In diesem riesigen Hotel mit seinen insgesamt 405 Zimmern, den dunklen, verwinkelten Korridoren, dem altmodischen Dekor und der exponierten Lage auf einer Klippe über dem Sankt-Lorenz-Strom hat man schnell das Gefühl, in einem klassischen britischen Krimi mitzuspielen. Und genau darin liegt der gewisse Reiz dieses schönen, alten Schlosses, das aber noch einiges mehr zu bieten hat: vier Restaurants, ein Spa, ein Kasino, einen Golfplatz und einen Swimmingpool.

Es gibt unendlich viele Angebote für Kids, u. a. einen Fitnessraum, Innen- und Außenpools sowie ein Kino. Das Beste für die Kleinen ist aber wahrscheinlich die allabendlich stattfindende Schatzsuche.

Pains d'Exclamation BÄCKEREI $
(398 Rue St-Étienne, La Malbaie; Sandwiches 6–8 C$; ⌚Di–Sa 7–17.30 Uhr) Diese Bäckerei bietet sich an, um in der Mittagszeit eine kleine Pause einzulegen. Besonders lecker schmeckt hier das gegrillte Sandwich mit Fleurmier, einem einheimischen Käse, der an Brie erinnert, sowie mit Äpfeln und Walnüssen.

★ **Vices Versa** QUÉBECOIS $$$
(☎418-665-6869; 216 Rue St-Étienne, La Malbaie; Menüs 65 C$; ⌚Di–So 18–21.30 Uhr) Der Name des Restaurants leitet sich von den mehrgängigen Menüs ab, die die beiden Eigentümer und Küchenchefs Danielle und Eric so gestaltet haben, dass der Gast aus einer Vielzahl von Optionen das für ihn kulinarisch Passende auswählen kann. Auf der Speisekarte stehen Produkte aus der Region, also beispielsweise Éboulmontaise-Lamm, Kalbsbries mit Grand-Fonds-Austernpilzen oder Cornish Stew, ein Eintopf mit Charlevoix-Bier. Doch die kräftigen und pikanten Saucen werfen die Frage auf, welche der Zutaten eigentlich für den so überragenden Geschmack sorgt. Man sollte unbedingt einen Tisch reservieren.

Restaurant Bistro le Patriarche QUÉBECOIS $$$
(☎418-665-9692; 30 Rue du Quai, Pointe-au-Pic; Menüs 36–56 C$; ⌚Di–So 17–21 Uhr) Das elegante Bistro mit zehn Tischen in einem Haus aus dem Jahr 1860 machte schnell Furore. Küchenchef Michel zaubert interessant präsentierte, perfekte französische Cuisine, die die besten Zutaten aus der Region hervorragend zu nutzen weiß. Unbedingt einen Tisch reservieren.

ℹ Praktische Informationen

Regionale Touristeninformation (☎418-665-4454, 800-667-2276; www.tourisme-charlevoix.com; 495 Boul de Comporté, Pointe-au-Pic; ⌚8.30–16.30 Uhr)

Parc des Hautes-Gorges-de-la-Rivière-Malbaie

Die vielen Köstlichkeiten, die man in Charlevoix zu sich genommen hat, lassen sich durch eine belebende Wanderung in diesem 233 km² großen **Provinzpark** (☎Reservierungen 800-665-6527; Erw./Kind 6,50/3 C$; ⌚Mai–Okt. 7–21 Uhr) abtrainieren, der mit Unmengen Highlights aufwarten kann wie beispielsweise der höchsten Felswand östlich der Rockies. Die nackte Felswand fällt bis zu 800 m ab, um dem Rivière Malbaie Einhalt zu gebieten, wodurch eines der schönsten Flusstäler der Provinz Québec entsteht.

Wanderwege verlocken hier für alle Leistungsniveaus – von Spaziergängen um die Barrage des Érables (Ahorndamm) bis hin zu anspruchsvollen Treks, die von Ahornhainen hinauf in die Regionen mit Permafrost führen.

Zu den Highlights zählt ein **Bootsausflug** (Erw./Kind 34/26 C$; ⌚Juni–Sept.) den zwischen Bergen eingekeilten Fluss hinauf. Erkunden lässt sich der Fluss aber auch per Kanu oder Kajak, die hier ebenso vermietet werden wie Fahrräder. Fahrkarten für den Bootsausflug sind im Besucherzentrum am Parkeingang erhältlich; Leihboote und Räder warten 7 km weiter den Damm hinauf.

Viele Besucher kommen im Rahmen eines Tagesausflugs von La Malbaie in den Park, aber es gibt hier auch einfache **Campingplätze** (22–35 C$). Mit dem Kanu lassen sich drei weitere Campingplätze am Fluss erreichen; den Proviant muss man allerdings mitbringen.

Der Park liegt rund 45 km nordwestlich von La Malbaie. Von La Malbaie aus nimmt man die Route 138 in Richtung Nordwesten nach Baie St-Paul, biegt nach St-Aimé des Lacs ab und fährt dann noch 30 km weiter.

St-Siméon

Der **Parc d'Aventure Les Palissades** (1000 Rte 170; Erw./Kind 4,40/3,50 C$; ⌚9–17 Uhr), 12 km nördlich von St-Siméon an der Route 170, ist ein Zentrum für Abenteuersportarten. Von den Aussichtspunkten an den 15 km langen Wanderwegen können die Besucher ungewöhnliche geologische Gesteinsformationen bestaunen und haben auch Zugang zum **Trans Canada Trail**

(TCT). Die eigentliche Hauptattraktion sind jedoch die Kletterpartien. Geboten sind gut 150 Routen, eine Hängebrücke, Abseilen und zwei Klettersteige (ab 43,50 C$) mit Seilsicherungen (auch für unerfahrene Kletterer machbar). Spannend ist natürlich auch die Zipline (15 C$). An Unterkünften warten Campingplätze, Schlafsäle und Chalets; ein Spa mit Sauna direkt am See ist auch noch vorhanden.

Eine **Fähre** (Erw./Kind/Auto 20/13,50/42,40 C$; ⌚März–Anfang Jan.) verbindet St-Siméon mit Rivière du Loup; im Sommer verkehren drei oder vier Stück pro Tag. Reservierungen werden nicht entgegengenommen; man sollte deshalb mindestens 90 Minuten vor Abfahrt da sein. Die Überfahrt dauert 65 Minuten und ist oft rau; Tabletten gegen Seekrankheit leisten dann gute Dienste.

Baie Ste-Catherine

Baie Ste-Catherine liegt zwar im Schatten des nahen Tadoussac, ist aber dennoch ein hübscher Ort mit einer Reihe kunterbunter Dächer, die hie und da von schimmernden Scheunen und Grasflächen unterbrochen wird. Ein Großteil der Aktivitäten, die in Tadoussac angeboten werden, lassen sich von hier aus arrangieren.

Das **Centre d'Interprétation et Observation de Pointe-Noire** (Rte 138; Erw./Kind 5,80/2,90 C$; ⌚Juni–Aug. tgl. 10–17 Uhr, Sept.–Okt. Fr–So) oberhalb des Fähranlegers dient zum Whale-Watching an der Mündung des Saguenay in den Sankt-Lorenz-Strom. Das Zentrum verfügt über eine Ausstellung und eine Beobachtungsplattform mit Teleskop. Zudem präsentiert es Filme und eine Diashow. Vom Steg lassen sich oft Beluga-Wale erspähen, die vor allem bei auflaufendem Wasser sehr nahe ans Ufer des Saguenay kommen.

In Tadoussac gibt es vier Veranstalter, die den Walen im Sankt-Lorenz-Strom einen Besuch abstatten und den Saguenay-Fjord entlangschippern. Drei davon holen ihre Passagiere am Pier von Baie Ste-Catherine ab. **Groupe Dufour** (☎418-692-0222, 800-463-5250), **AML** (☎800-563-4643⊠) und **Croisières 2001** (☎800-694-5489⊠) haben Stände in dessen Umkreis.

Der freundliche, professionelle Anbieter **Azimut Aventure** (☎418-237-4477, 800-563-4643; 185 Rte 138) zieht vor allem leidenschaftliche Seekanuten an. Von den mehrstündigen bis mehrtägigen Trips sind die zweitätigen Ausflüge nach L'Anse St. Jean (325 C$ inkl. Verpflegung) besonders empfehlenswert. Man kann auch Kajaks ausleihen (35 C$ pro Tag).

Wenn in Tadoussac Hochbetrieb herrscht, finden sich auch einige anständige B&Bs hier an der Route 138.

Am südlichen Ortsrand verkehrt eine kostenlose **Fähre** in zehn Minuten über den Fluss Saguenay nach Tadoussac. Von Ende April bis Oktober fahren die Schiffe im 20-Minutentakt rund um die Uhr, ansonsten im 40- bis 60-Minutentakt.

SAGUENAY

Manche Fans bezeichnen den Rivière-Saguenay-Fjord als die schönste Gegend der Provinz. Vom Sankt-Lorenz-Strom erstreckt sich ein dramatischer, hoch aufragender Canyon in Richtung Nordwesten. Der etwa 100 km lange Fluss entspringt im Lac St-Jean nördlich von Chicoutimi und erreicht schließlich den Ort Tadoussac.

Die majestätischen Felswände über dem dunklen Wasser sind bis zu 500 m hoch. Der südlichste Fjord der Nordhalbkugel ist ein Überbleibsel der letzten Eiszeit. Sein stellenweise270 m tiefes Flussbett steigt bis zur Mündung bei Tadoussac allmählich an und liegt dort nur noch 20 m unter der Oberfläche.

Deshalb bildet das Saguenay-Süßwasser im Sankt-Lorenz-Strom eine relativ warme Schicht oberhalb des kalten Salzwassers – dies ergibt ideale Lebensbedingungen für riesige Schwärme an Krill, die wiederum das regionale Highlight für Besucher anlocken: Wale. Wie die Meeressäuger steht der gesamte Wasserweg mittlerweile unter Naturschutz.

Die Region Saguenay unterteilt sich in zwei Hauptbereiche. Einer besteht aus den Parkgebieten und malerischen Orten entlang beider Flussufer. Den zweiten Bereich nimmt die z. T. städtisch und industriell geprägte Gegend rund um das mittelgroße Chicoutimi ein.

Tadoussac

Innerhalb der Region Québec besuchen zahlreiche Touristen neben Montréal und Québec nur den kleinen Ort Tadoussac. Was die Besucherscharen anzieht, sind die Wale. Zodiac-Schlauchboote flitzen auf der Suche nach den riesigen Meeressäugetieren über das Wasser. Kleinere Wale wie Beluga- oder Minkwale kann man auch vom Ufer aus gut beobachten.

Aber es gibt hier auch andere Aktivitäten: Seekajaktouren, „Surfbiking", Erkunden des Fjords per Boot oder gar per pedes, Spaziergänge über die Dünen und Landzungen. Wenn die Wale zwischen November und Mai weitergezogen sind, wird es in Tadoussac richtig ruhig. In dieser Zeit gehört der historische, unkonventionelle Ort den Einheimischen, die sich stets Zeit für einen Plausch nehmen.

Geschichte

Acht Jahre vor der Gründung Québecs wurde Tadoussac im Jahre 1600 als erster Pelzhandelsposten im europäischen Nordamerika eingerichtet. Das Wort *tatouskak* bedeutet in der Innu-Sprache (Montagnais) Brust und bezieht sich auf die beiden runden Hügel am Fjord und an der Bucht. Als die Hudson's Bay Company ihre Tore schloss, wurde Tadoussac für kurze Zeit aufgegeben. Mit dem Bau des Hotels Tadoussac im Jahr 1864 erwachte es jedoch als Ferienort zu neuem Leben. Und der Ort entwickelte sich zu einem bedeutenden Zentrum der Papier- und Zellstoffindustrie.

Sehenswertes

Centre d'Interprétation des Mammifères Marins MUSEUM
(CIMM; 108 Rue de la Cale Sèche; Erw./Kind 12 C$/frei; Mai–Okt. 9–20 Uhr) Das CIMM vermittelt hervorragende Hintergrundinformationen zu den hiesigen Meerestieren anhand von Multimedia-Exponaten. Die Gärten sind auch hübsch.

Poste de Traite Chauvin HISTORISCHE STÄTTE
(157 Rue du Bord de l'Eau; Erw./Kind 4/2,50 C$; Juni–Okt. 9–19 Uhr) Die Replik des ersten Pelzhandelspostens des Kontinents vermittelt einige geschichtliche Fakten zu den frühen Handelsbeziehungen zwischen den Ureinwohnern und den Europäern.

Petite Chapelle HISTORISCHE STÄTTE
(Rue du Bord de l'Eau; Erw./Kind 3/1 C$; Juni–Sept. 9–20 Uhr) Die im Jahr 1747 von den Jesuiten erbaute Kleine Kapelle zählt zu den ältesten Holzkirchen Nordamerikas. Sie ist auch unter dem Kosenamen „Indianerkapelle" bekannt und präsentiert eine kleine Ausstellung über das Leben und Wirken der Missionare.

Aktivitäten

Walbeobachtung

Von Mai bis November strömen die Touristen nur so nach Tadoussac, denn dann lassen sich dort wunderbar Wale beobachten, und zwar vor allem von August bis Oktober, wenn Blauwale gesichtet werden. Im ganzen Ort werden dann Fahrkarten für die Bootsausflüge verkauft, von Schlauchbooten für bis zu zwölf Personen bis hin zur *Grand Fleuve*, einem Schiff, das etwa 600 Passagiere fasst. Jedenfalls lohnt es sich, die verschiedenen Angebote sorgfältig zu vergleichen. Am besten wartet man einen ruhigen Tag für den Ausflug ab, damit das Erlebnis nicht durch Wellen und ein dementsprechend schaukelndes Boot beeinträchtigt wird; empfehlenswert ist der Ausflug besonders am frühen Morgen oder abends, denn dann sind die Wale lebhafter, und weniger Schiffe sind auch unterwegs. Wer sich für eine Tour im Schlauchboot entscheidet, bekommt wasserdichte Kleidung dazu. Aber egal, an welcher Art Schiffsausflug man teilnimmt, warme Klamotten sollte man in jedem Fall einstecken.

Der einheimische Anbieter **Otis Excursions** (www.otisexcursions.com; 431 Rue du Bateau-Passeur; 2-stündige Schlauchbootausflüge 64 C$, 3-stündige Bootsausflüge 74 C$) ist schon seit gut 35 Jahren gut im Geschäft. Seine Schlauchboote fahren am nächsten an die Wellen heran und sind somit am spannendsten – und nur etwas für seetaugliche Passagiere. Kleinere Kinder sind aufgrund dessen an Bord nicht erlaubt.

Das Schlauchboot von **Croisières AML** (www.croisieresaml.com; 177 Rue des Pionniers; 2-stündige Schlauchbootausflüge 64 C$, 3-stündige Bootsausflüge 74 C$) ist zweimal so groß wie das der anderen Unternehmen.

Für Abenteuerlustige bietet das für seine Kajakexkursionen auf dem Meer renommierte **Mer et Monde** (www.mer-et-monde.qc.ca; 148 Rue du Bord de l'Eau; 3-stündige Ausflüge ab 52 C$) Touren zur Walbeobachtung an sowie Ausflüge den Fjord hinauf. **Azimut Aventure** (www.azimutaventure.com) mit einem ähnlichen Programm betreibt im Sommer einen Kiosk am Strand, an dem man die Touren buchen kann.

Wandern

In Tadoussac und Umgebung gibt es insgesamt vier Wege von je 1 km Länge. Alle sind auf einer Karte eingezeichnet, die man bei der Touristeninformation bekommt. Auf den Pfaden rund um die Halbinsel **Pointe de l'Islet** beim Anleger lassen sich Wale am besten vom Ufer aus beobachten. Dies gilt auch für die **Pointe Rouge** am anderen Ende des Strands.

Auf beiden Seiten grenzt der **Parc du Saguenay** an den Fjord. In dem Provincial Park mit seinem wunderbaren, über 100 km langen Wegenetz kann man von mehr als 350 m hohen Steilwänden hinunter auf den Fluss schauen. Schutzhütten dienen unterwegs als Übernachtungsmöglichkeit. Am 43 km langen Weg von Tadoussac nach Baie Ste-Marguerite stehen von Mai bis Oktober drei Unterkünfte zur Verfügung. Wer eine Hütte buchen möchte, setzt sich mit dem Parc du Saguenay in Verbindung; das Büro befindet sich im **Maison des Dunes** (☎ 418-235-4238; 750 Chemin du Moulin à Baude; ⊙ Juni–Aug. Sa & So 10–17 Uhr, Sept. & Okt. Fr–So 13.30–17.30 Uhr). Hier sind die Eintrittsgebühren (Erw./Kind 6,50/3 C$) zu entrichten, außerdem gibt es eine Ausstellung, die erklärt, weshalb die sogenannten „Dünen" in Wirklichkeit Meeresterrassen sind – geformt von den Wellen und eben nicht vom Wind wie Dünen. Von der Ortschaft führt ein 7 km langer Weg an der Küste entlang dorthin; mehrere, etwa 1 km lange Pfade verlaufen durch die Dünen zu Aussichtspunkten.

Mit dem Parc du Saguenay überschneidet sich der **Parc Marin du Saguenay-St-Laurent** (http://parcmarin.qc.ca; 197 Rue des Pionniers), der sich bis nach Saguenay, Charlevoix und in die Regionen an der Nordküste erstreckt und mehrere Eingänge aufweist. Er war das erste Naturschutzprojekt in der Provinz Québec, das von der Bundes- und Provinzregierung gemeinsam verwaltet wurde. Der Park umfasst ein 1138 km² großes Naturschutzgebiet an den beiden Flüssen und an der Küste vom Gros Cap à l'Aigle bis nach Les Escoumins und den Saguenay hinauf bis zum Cap à l'Est in der Nähe von Ste-Fulgence.

Feste & Events

Festival de la Chanson MUSIK
(Song Festival; ☎ 418-235-2002; www.chansontadoussac.com; ⊙ Juni) Die lebhafte Sommersaison wird mit Verve von diesem 25 Jahre alten Festival de la Chanson eingeläutet, das sich der frankophonen, überwiegend Québecer Musik widmet. Eine tolle Party darf natürlich nicht fehlen. In der ganzen Stadt werden Bühnen gezimmert, und die Unterkünfte sind an dem langen Wochenende natürlich rasch ausgebucht.

Schlafen

Domaine des Dunes CAMPINGPLATZ $
(☎ 418-235-4843; www.domainedesdunes.com; 585 Chemin du Moulin à Baude; Stellplatz Zelt & Wohnmobil 32, Trailer oder Wohnwagen 45 C$, Chalet ab 156 C$; 📶) Der kleinere und grünere der beiden Campingplätze von Tadoussac liegt 3 km von der Ortschaft entfernt. Neben den Stellplätzen für Zelte gibt es dort auch Chalets für Selbstversorger

Auberge la Sainte Paix GASTHOF $$
(☎ 418-235-4803; www.aubergelasaintepaix.com; 102 Rue Saguenay; Zi. 98–133 C$) Die fröhliche Wirtin strahlt morgens immer übers ganze Gesicht – und dank ihres üppigen Frühstücks mit frischen Zutraten strahlen dann auch ihre Gäste. Marie ist auch gern bei der Planung von Ausflügen und Besichtigungstouren behilflich und hat zahlreiche gute Tipps auf Lager. Da nur sieben Zimmer vorhanden sind, macht es Sinn, möglichst frühzeitig zu buchen.

Hôtel Tadoussac HOTEL $$
(☎ 800-561-0718, 418-235-4421; www.hoteltadoussac.com; 165 Rue du Bord de l'Eau; Zi. ab 155 C$; 📶🏊) Das rot-weiße Wahrzeichen verfügt über 149 Zimmer, ein weitläufiges Gartengelände und einen Swimmingpool mit schönem Blick über den Hafen. Die alten Fotos an den Wänden zeigen Dampfschiffe und das Hotel, das 1870 noch wesentlich kleiner war. Die etwas altmodischen Zimmer mit vornehmen Teppichen, Deckenventilatoren und Blick auf den Fluss haben schon bessere Zeiten gesehen.

Maison Clauphi MOTEL, B&B $$
(☎ 418-235-4303; www.clauphi.com; 188 Rue des Pionniers; B&B/Motelzimmer 99/139 C$; ⊙ Mai–Okt.) An Quartieren gibt es in diesem Gebäude aus dem Jahr 1932, das die Eltern des Eigentümers erbauten, sowohl Motel- als auch B&B-Zimmer, aber ebenso Studios und Suiten. Wer sportlich aktiv werden will, kann hier Fahrräder und wassertaugliche „Surfbikes" ausleihen.

Essen

Restaurant Le Bateau QUÉBECOIS $$
(246 Rue des Forgerons; Mittags-/Abendbüfett 12,50/18 C$; Mai–Okt. 11–14.30 & 17–21.30 Uhr) In diesem freundlichen Restaurant gibt es zum Büfett mit traditioneller Québecer Hausmannskost auch noch eine tolle Aussicht. Hier munden die Lac-St-Jean-Fleischpastete und anschließend noch Blaubeer-, Zucker- oder Essig-Gebäck.

Café Bohème CAFÉ $$
(239 Rue des Pionniers; Menüs 15–20 C$; Mai–Okt. 8–22 Uhr) Das beste Lokal im Dorf eignet sich perfekt, um sich ein Frühstück mit Obst und Joghurt oder ein Panino zu genehmigen. Oder man mischt sich einfach unter die hiesigen Intellektuellen, um ein Tässchen Fair-Trade-Kaffee zu trinken. Später hat man dann die Qual der Wahl zwischen Gerichten wie Salat mit Enten-Confit und der frisch zubereiteten Pasta des Tages.

Chantmartin FASTFOOD $$
(412 Rue du Bateau Passeur; Menü 15–25 C$; 5.30–22 Uhr) Das Chantmartin sieht zwar wie ein Lkw-Rastplatz mit typischen Motelzimmern aus, ist aber trotzdem gut für einen schnellen Happen zwischendurch. Auf den Tisch kommen u. a. *poutine*, Pizza, Krabben, Garnelen und Brathähnchen.

Chez Mathilde FUSIONSKÜCHE $$$
(227 Rue des Pionniers; Menüs ab 25 C$; Juni–Okt. 11–21.30 Uhr) Der Küchenchef in diesem reizenden kleinen Haus verwendet für die Gerichte seiner kreativen, aber knappen Speisekarte jede Menge Zutaten aus der Region. Die innovativen Speisen sind perfekt zubereitet und werden im luftigen Patio mit Blick auf den Hafen serviert.

La Galouine FUSIONSKÜCHE $$$
(251 Rue des Pionniers; Menüs 22–38 C$; 8–22 Uhr) In dieses Nobelcafé mit Vollwertkost gelangt man über einen leicht überdachten Balkon oberhalb eines Biomarkts. Gerichte wie der Eintopf mit Meeresfrüchten schmecken wunderbar herzhaft. Die Preise sind allerdings schon recht hoch.

Praktische Informationen

Café Bohème (239 Rue des Pionniers; Mai–Okt. 8–22 Uhr;) Kostenloses WLAN und Internetzugang.

Touristeninformation (418-235-4744, 866-235-4744; www.tadoussac.com; 197 Rue des Pionniers; 8–21 Uhr) Diese Info mitten in der Stadt hat überaus geduldiges Personal, das auch gern bei der Suche nach einem Quartier behilflich ist.

An- & Weiterreise

Die Fähre von Baie Ste-Catherine in Charlevoix (10 Min.) verkehrt rund um die Uhr und ist kostenlos. Der Anlegesteg befindet sich am Ende der Rue du Bateau Passeur.

Tadoussac liegt an der Route 138. Busse von Intercar verbinden Tadoussac mit Montréal (108 C$, 8 Std.) und Québec (Stadt) (55 C$, 4 Std., 2-mal tgl.) und fahren bis in den äußersten Nordosten, beispielsweise nach Sept Îles. Die Bushaltestelle befindet sich gegenüber vom Campingplatz Tadoussac auf Höhe der Petro-Canada-Tankstelle.

Les Bergeronnes

Das gemütliche Tempo der Nordküste beginnt in Les Bergeronnes, einem Ort, in dem angenehm wenig Trubel herrscht. Hier gibt es gerade einmal eine Handvoll Sehenswürdigkeiten und einen hervorragenden Campingplatz, für den es sich lohnt, Tadoussac den Rücken zu kehren.

Archéo Topo (498 Rue de la Mer; Erw./Kind 6/3 C$; Juli & Aug. 8–20 Uhr, Juni & Sept. 9–17 Uhr) ist ein Forschungs- und Ausstellungszentrum, das sich den archäologischen Funden an der Nordküste widmet. Vom Gebäude führen Pfade zum Strand hinunter.

Ein paar Kilometer nordöstlich von Les Bergeronnes ist an der Route 138 das **Cap de Bon Désir Interpretation Centre** (13 Chemin du Cap de Bon Désir; Erw./Kind 7,80/3,90 C$; Juni–Okt. 9–18 Uhr) ausgeschildert. Zu bestaunen sind wirklich spannende Ausstellungen zum Leben im Meer, außerdem werden regelmäßig Aktivitäten rund um den maritimen Lebensraum veranstaltet. Die eigentliche Attraktion ist jedoch die natürliche Steinterrasse, von der aus man Wale beobachten kann.

An die 8 km weiter nordöstlich bietet das **Marine Environment Discovery Centre** (41 Rue des Pilotes; Erw./Kind 7,80/3,90 C$; Juni–Aug. tgl. 9–18 Uhr, Sept. Fr–So 9–18 Uhr) so raffinierte technische Einrichtungen wie einen Video-Link, der zeigt, wie Taucher den Grund der Flussmündung erkunden.

Hinter Les Escoumins, 12 km nordöstlich von Les Bergeronnes an der Route 138, liegt Essipit, eine Innu-Gemeinde. Das **Essipit Centre** (888-868-6666, 418-233-2266; 46 Rue de la Réserve; 7–23 Uhr) verkauft Kunsthandwerk der Region und nimmt auch

Reservierungen für den Campingplatz und Chalets vor. Außerdem stehen Bootsausflüge zur Walbeobachtung zu etwas niedrigeren Preisen (Schlauchboot-Touren ab 50 C$) als in Tadoussac auf dem Programm. Es lassen sich in dieser Gegend vor allem Blauwale sehen.

Im **Camping Paradis Marin** (418-232-6237; 4 Chemin Émile Boulianne; Zeltplätze ab 13 C$; Mai–Okt.), an der Route 138 nordöstlich von Les Bergeronnes, kann man die Wale vor dem Zelt (oder Wigwam) atmen hören. Kajaks werden hier auch verliehen (9 C$ pro Tag).

L'Anse-St-Jean

Richtung Westen kann man tolle Autotouren an beiden Seiten des Fjords unternehmen. An der Südseite gibt es mehr gute Stopps und man hat besseren Zugang zum Fluss. Die Nordseite beeindruckt mit wilder Landschaft und Seen am Straßenrand.

Der erste Zwischenstopp am Südufer ist L'Anse-St-Jean, ein kleines Dorf mit regem Treiben in den Ateliers. Außerdem verlocken hier der Parc du Saguenay, Wassersport und der **Mont Édouard**, der höchste Berg Saguenays. Von **L'Anse de Tabatière** ist der Blick über den Fjord besonders schön.

Aktivitäten

Croisière Personnalisée Saguenay WALBEOBACHTUNG
(418-272-2739; 15 Rue du Quai; Bootsausflüge 40–70 C$; Juli–Sept.) Eines von zahlreichen Unternehmen, die Bootsausflüge anbieten; dieses veranstaltet ein- bis vierstündige Exkursionen in einem Motorboot für sieben Personen. Die Fahrt führt durch den Fjord, in dem sich häufig Belugawale sehen lassen.

Fjord en Kayak KAJAKFAHREN
(418-272-3024; www.fjord-en-kayak.ca; 359 Rue St-Jean-Baptiste; 3-Std.-Touren 58 C$) Auf dem Programm stehen unvergessliche Exkursionen, die von zwei Stunden bis zu fünf Tagen dauern.

Centre Équestre des Plateaux REITEN
(Equestrian Center; 418-272-3231; 34 Chemin des Plateaux; pro Std. 30 C$) Das Reiterzentrum hat Pferde, Ponys und sogar Pferdeschlitten für winterliche Schneevergnügen zu bieten. Es ist am Hügel an der Rue St-Jean-Baptiste ausgeschildert.

Schlafen & Essen

L'Auberge du Boutdumonde GASTHOF $
(418-272-9979; www.boutdumonde.ca; 40 Chemin des Plateaux; B/Gemeinschaftsjurte/Zi. 25/35/50 C$;) In diesem Gasthof fühlen sich die Gäste wirklich wie am Ende der Welt, denn er liegt abgeschieden auf einem steilen Berg – was sogar mit Auto eine gewisse Herausforderung darstellt. Die ehemalige Öko-Kommune wurde von den neuen Eigentümern renoviert – fünf jungen Leuten Mitte zwanzig, die hier aufgewachsen sind. Yoga-Unterricht, ein Kulturzentrum, ein See, ein Kräutergarten und ein Wald liegen direkt vor der Haustür. Da es hier kein Frühstück gibt, sollte man sich unbedingt vor der Ankunft mit dem entsprechenden Proviant eindecken. Übernachtung nur gegen Barzahlung.

Auberge des Cévennes GASTHOF $$
(418-272-3180, 877-272-3180; www.auberge-des-cevennes.qc.ca; 294 Rue St-Jean-Baptiste; Zi. 75–105 C$) In diesem hübschen Gasthof können die Gäste das Plätschern des Flusses auf der anderen Straßenseite hören. Mit dazu gehört ein Restaurant (Menü 30 C$) mit Aussicht auf die überdachte Brücke.

Chalets du Fjord GASTHOF $$
(800-561-8060, 418-272-3430; www.chalets-sur-le-fjord.com; 354 Rue St-Jean-Baptiste; Studios/Appartments/Chalets ab 85/119/140 C$, Hauptgerichte 28 C$;) Die Palette an Unterkünften reicht von Studios und Appartments bis hin zu Berghütten unterschiedlicher Größe und Komforts. Die Anlage geht auf den Jachthafen hinaus und kann auch mit einem edlen Restaurant aufwarten.

Bistro de L'Anse KNEIPE $$
(319 Rue St-Jean-Baptiste; Hauptgerichte 14–22 C$; Do–Sa 15–1, So–Mi 17–12 Uhr) In dieser Kneipe treffen sich am Samstagabend die Einwohner des Dorfes. Am besten mischt man sich also einfach unters Volk, um Livemusik zu hören und sich Sandwiches, Salat und diverse Pasta-Variationen auf der Veranda schmecken zu lassen.

An- & Weiterreise

Von Transport Adapté du Fjord (s. S. 314) verkehrt ein Minibus nach Chicoutimi (22 C$, 5½ Std.). Wer reserviert, wird sogar abgeholt.

Rivière Éternité

Diesem Ort fehlt es so ziemlich an allem, sieht man einmal von einer ungewöhnlichen Sammlung an religiösen Kunstwerken ab. Dennoch gilt er als einer der wichtigsten Ausgangspunkte in den Parc Marin du Saguenay-St-Laurent und in den Parc du Saguenay. Die in Rivière Éternité stationierte **Parkinformation** (☎800-665-6527, 418-272-1556; 91 Rue Notre Dame; ⏲Mai–Okt. 8.30–21 Uhr) verfügt über detaillierte Informationen zu Ausflügen, Wanderwegen, Kajaktouren auf dem Meer, Segeln, Exkursionen per Schlauchboot und zahlreichen anderen organisierten Touren.

Eine vierstündige Rundwanderung, auf der u. a. eine extrem lange Treppe überwunden werden muss, führt zu einer gut 8 m hohen Statue der **Jungfrau Maria**. Sie steht auf einer der höchsten Klippen des Fjords und soll die Seeleute und deren Boote beschützen. Das Standbild wurde im Jahr 1881 von Charles Robitaille errichtet, der im Winter des Vorjahres nur knapp dem Tod entronnen war, als sein Pferd durch die Eisdecke des Flusses brach. Da Robitaille geschworen hatte, der Jungfrau Maria für seine Rettung zu danken, gab er die 3200 kg schwere Statue in Auftrag. Es dauerte über eine Woche, die Einzelteile heranzuschaffen und zusammenzusetzen.

Die **Kirche** des Orts beherbergt eine bekannte Sammlung von etwa 250 Weihnachtskrippen. In der Nähe führt eine Holzbrücke von der Route 170 zum **Halte des Artistes**. In dem Park, den man kostenlos mit dem Auto erkunden kann, kann man Skulpturen, die sich in kleinen Krippen befinden, besichtigen.

Chicoutimi

Das Zentrum der Region ist der richtige Ort, um vor der Rückkehr in die Wildnis von Saguenay ein paar Besorgungen zu machen. Im Jahr 1676 entstand hier ein Pelzhandelsposten. Die eigentliche Stadt, die Anfang des 20. Jh. zu den größten Papier- und Zellstoffproduzenten der Welt zählte, wurde aber erst 1842 gegründet. Entlang der Zufahrtsstraßen macht sie einen recht industrialisierten Eindruck, doch in der Innenstadt tummeln sich Studenten von der städtischen Universität und der Cégep (voruniversitäre Hochschule).

Sehenswertes

La Pulperie MUSEUM
(www.pulperie.com; 300 Rue Dubuc; Erw./Kind 14,50/6,50 C$; ⏲Juni–Aug. tgl. 9–18 Uhr, Sept.–Mai Mi–So 10–16 Uhr) Die Pulperie war einst die größte Zellstoffmühle der Welt. Führungen und Ausstellungen beleuchten die Geschichte des Werks, das die Entwicklung der Stadt maßgeblich beeinflusste. In den Jahren zwischen 1899 und 1929 stieg die Einwohnerzahl von 700 auf 4250. Hier befindet sich ebenfalls **La Maison Arthur-Villeneuve**, das jetzt ein Museum beherbergt. Der Friseur und Künstler bemalte alle Innen- und Außenwände des Hauses mit einer Art Teppichmuster in seinem fröhlich-naiven Folklorestil.

Musée de la Petite Maison Blanche MUSEUM
(Little White House; 441 Rue Gédéon; Erw./Kind 5/2,60 C$; ⏲Juni–Aug. tgl. 9–21 Uhr, Sept.–Okt. Sa & So bis 18 Uhr) Das winzige Museum ist in der Gegend auch unter dem Namen „Basin" bekannt. Das Gebäude wurde 1900 errichtet und trotzte 1996 einer Flutkatastrophe, bei der das Wasser mit der Wucht der Niagara-Fälle über Chicoutimi hereinbrach und einen Schaden von 16 Mio. Dollar verursachte.

Schlafen & Essen

Auberge Racine B&B $$
(☎418-543-1919; 334 Rue Racine Est; EZ/DZ ab 89/99 C$; 📶) Die reizenden Zimmer in diesem Haus aus dem 19. Jh. weisen noch viele originale Details auf und sind nach den drei Ehefrauen und den zwölf Kindern des ersten Besitzers benannt.

Artis Resto Lounge ITALIENISCH $$
(416 Rue Racine Est; Hauptgerichte 12–25 C$; ⏲Mo–Fr 16 Uhr bis open end, Sa & So 8–15 Uhr) Im Artis mit seiner beliebten Terrasse wird typisch italienisches Essen serviert. Dieses Lokal ist jedenfalls erheblich interessanter als die Kneipen in der Umgebung.

Praktische Informationen

Touristeninformation (☎418-698-3157, 800-463-6565; 295 Rue Racine Est; ⏲Mo–Do 8.30–16.30, Fr bis 20, Sa & So 10–16 Uhr) Die hilfsbereiten Mitarbeiter sprechen hier auch gut Englisch.

An- & Weiterreise

Busse von **Intercar** (☎418-543-1403; 55 Rue Racine Est) verkehren viermal täglich nach

Québec (Stadt) (86 C$, 2½ Std.), Montréal (117 C$, 6 Std.) und Tadoussac (122 C$, 6½ Std.).

Von **Transport Adapté du Fjord** (☎ 418-272-1397) fährt ein Minibus montags, dienstags, donnerstags und freitags den Saguenay flussabwärts nach L'Anse-St-Jean (22 C$, 5½ Std.); Abfahrt in Chicoutimi ist um 13.30 Uhr.

Lac-St-Jean

Wer durch die öden Ebenen zwischen Chicoutimi und Lac-St-Jean fährt, wird sich fragen, ob die Einheimischen diese Gegend nur aus rein politischen Gründen lieben – schließlich gilt sie als Mutterland des Québecer Nationalismus. Doch sobald man den See erreicht, offenbart die weite Landschaft ihre zarte Schönheit. Die Linie zwischen Himmel und Wasser wird nur durch helle Holzhäuser und glänzende Kirchtürme unterbrochen. Die Gegend beansprucht für sich auch den Namen „Blaubeer- und *tourtière*-(Fleischpasteten-)Hauptstadt der Provinz". Unbedingt Blaubeeren mit Schokoladenüberzug probieren!

Sehenswertes & Aktivitäten

Village Historique Val Jalbert HISTORISCHE STÄTTE
(95 Rue St Georges; Erw./Kind 23/11,50 C$; ⏲ Juni–Sept. 9–18 Uhr) Das Village Historique Val Jalbert ist eine Geisterstadt von 1901. Sie war bis einige Jahre nach der Schließung der Zellstoffmühle 1927 bewohnt. Auf der Fahrt im Trolleybus erfährt man von den eifrigen, kostümierten Führern so ziemlich alles über den Ort. Die alte Mühle an einem wild rauschenden Wasserfall beherbergt ein nettes Restaurant. An diesem friedlichen Ort gibt es außerdem einen Campingplatz und Hütten.

Musée Amérindien de Mashteuiatsh MUSEUM
(www.museeilnu.ca; 1787 Rue Amishk, Mashteuiatsh; Erw./Kind 10/6 C$; ⏲ 9–18 Uhr) Nördlich von Roberval liegt am Seeufer in einem der bestorganisierten Ureinwohnerdörfer der Provinz Québec dieses Museum. Zu bestaunen sind interessante Exponate zur Volksgruppe der Pekuakamiulnuatsh, die in dieser Gegend heimisch ist.

Véloroute des Bleuets RADFAHREN
Die insgesamt 272 km langen Radwege um den See herum bilden den **Blueberry-Fahrradweg**. Beinahe alle Ortschaften, die an diesem Radweg liegen, können mit Einrichtungen aufwarten, die dem Fahrradvergnügen förderlich sind: Fahrradverleih und Werkstätten, B&Bs, die sich um das Wohl der Radfahrer bemühen, und Rastplätze. Fahrradkarten sowie Tourenvorschläge und eine Liste mit interessanten Zwischenstopps hält das **Maison du Vélo** (Fahrrad-Touristeninformationszentrum; ☎ 418-668-4541; www.veloroute-bleuets.qc.ca; 1692 Ave du Pont Nord; ⏲ 8.30–12 & 13–16.30 Uhr) in Alma bereit.

Schlafen

Auberge Île du Repos CAMPINGPLATZ, HOSTEL
(☎ 418-347-5649; 105 Rte Île du Repos; Zeltplatz/DZ/Zi. ab 21/31/64 C$) Die Auberge Île du Repos belegt eine ganze kleine Insel vor Péribonka bzw. dem Parc de la Pointe Taillon. Die Ferienanlage verfügt über Schlafsäle, Küchen, separate Zimmer in Hütten, Campingmöglichkeiten, eine Cafébar und einen Strand. Wer will, kann auch Krocket und Volleyball spielen. Die nächste Intercar-Haltestelle liegt ca. 25 km nordwestlich in Dolbeau-Mistassini, sodass es trotz der rosafarbenen Fassade hier gespenstisch einsam sein kann.

Ste-Rose-du-Nord

Ste-Rose-du-Nord am weniger besuchten Nordufer des Saguenay gehört zur Association of the Most Beautiful Villages of Québec. Wer vor der Fjordkulisse unterhalb der violettfarbenen Klippen zum Kai spaziert, wird schnell erkennen, warum.

An der Rue de la Montagne oberhalb des Orts beginnen kurze, von Bäumen gesäumte Wanderwege, die zu diversen Aussichtspunkten führen.

An der Route 172, zwischen Ste-Fulgence und Ste-Anne-du-Rose, weist ein Schild zur **Pourvoirie du Cap au Leste** (☎ 418-675-2000; www.capauleste.com; 551 Chemin du Cap à l'Est; EZ 77–142 C$, DZ 104–192 C$; Gerichte 30 C$). Das Geholper auf der 7 km langen Nebenstraße lohnt sich, denn man wird mit einem herrlichen Blick auf einen großen Fjordabschnitt belohnt. Die einfachen, bezaubernden Hütten haben Holzöfen und Balkone. Im Restaurant kommen leckere regionale Speisen (Gerichte 30 C$) auf den Tisch; wer nicht hier übernachtet, sollte vorab reservieren. Die Betreiber können Wander-, Kanu-, Kajak-, Kletter- und Mountainbiketouren organisieren.

Wer in seinem Zelt auf dem Hügel des **Camping Descente des Femmes** (☎418-675-2581; 154 Rue de la Montagne; Stellplatz 20–28 C$; ⏲Juni-Sept.) übernachtet, erwacht morgens mit Blick auf Dorf und Fjord. Duschen und Toiletten befinden sich in einer umgebauten Scheune. Der Betreiber ist nett, aber sehr mitteilsam.

SÜDKÜSTE

Auf dem Weg zur Halbinsel Gaspé ist man versucht, die South Shore mit den Regionen Chaudière-Apalaches und Bas St. Laurent schnell hinter sich zu lassen. Diese Gegend hat aber einen wundersamen Mix aus Attraktionen zu bieten, angefangen von der gruseligen Grosse Île bis hin zum mondänen Rivière du Loup. Außerdem gibt es noch ein bedeutendes Holzschnitzerzentrum, eine ehemalige Schmugglerinsel und mehrere Museen, die sich einer Schiffstragödie von *Titanic*-Ausmaßen, baskischen Walfängern und Quetschkommoden widmen.

Hinzu kommt ein spektakulärer Blick über die Inseln im Sankt-Lorenz-Strom und die leicht hügelige Landschaft. Am schnellsten kommt man über den Highway 20 hierher. Die Route 132 ist aber landschaftlich reizvoller und führt durch zahlreiche Orte am Fluss.

Grosse Île

Gleich der erste Zwischenstopp jenseits des Einzugsgebiets der Stadt Québec zählt zu den interessantesten dieser Region: Grosse Île diente von 1832 bis 1937 als größte Quarantänestation für Einwanderer aus Europa. Eine Führung durch den **Lieu Historique National de la Grosse Île** (☎888-773-8888, 418-234-8841; ⏲Juli & Aug. tgl., Mai, Jun, Sept. & Okt. Mi–So) beleuchtet diesen wenig bekannten Aspekt der nordamerikanischen Geschichte. Die Teilnehmer lernen die Desinfektionskammer, das ehemalige Krankenhaus und die Unterkünfte der Einwanderer kennen sowie den Friedhof der Gedenkstätte mit den sterblichen Überresten von 7500 Personen. Kundige Führer erklären die tragische Geschichte, deren Schauplatz diese Insel war. Ein 14,5 m hohes keltisches Kreuz – das größte der Welt – gedenkt der 76 000 Einwanderer aus Irland, die 1847 einer Typhusepidemie zum Opfer fielen.

Es besteht auch die Möglichkeit, den aus 25 Eilanden zusammengesetzten Archipel Île aux Grues zu besuchen. Bei allen Ausflügen sollte man sich warm anziehen und bequeme Schuhe tragen.

Am Jachthafen von Berthier sur Mer, etwa 55 km nordöstlich der Stadt Québec an der Route 132 (auch erreichbar über den Highway 20), befindet sich der nächstgelegene Ausgangspunkt für Bootsausflüge zur Grosse Île. Zeiten und Preise legen die Veranstalter fest.

Croisières Lachance (☎855-268-9090, 418-692-1752; www.croisiereslachance.com; 110 Rue de la Marina, Berthier sur Mer; Erw./Kind Touren 54/30 C$) bietet zwei Exkursionen pro Tag: einen Schiffsausflug mit Erklärungen sowie eine Wanderung, die ein Guide von Parks Canada führt. Croisières le Coudrier (S. 327) bietet Ganztagstouren, die in Québec (Stadt) und auf der Île d'Orléans an der Südküste beginnen.

Montmagny

Montmagny ist der erste größere Ort östlich von Lévis. Hauptgrund für einen Zwischenstopp unter dem grünen Kupferdach des Kirchturms sind Ausflüge auf die **Île aux Grues**. Auf der 10 km langen Insel, die zu einem ansonsten unbewohnten Archipel mit 21 Inseln gehört, befindet sich eines der größten naturbelassenen Feuchtgebiete Nordamerikas. Im Frühling und Herbst strömen Vogelliebhaber hierher, um Zugvögel, u. a. Schneegänse, zu bewundern. Es gibt mehrere **Wanderwege** auf der Insel. Im Jachthafen von Montmagny legen die **Fähren** (2- bis 4-mal tgl., ⏲April–Dez., kostenlos) ab. Die Überfahrt dauert 25 Minuten. Archipel-Ausflüge mit kommerziellen Veranstaltern sind ebenfalls möglich.

Das **Centre des Migrations** (Migrationszentrum; 53 Ave du Bassin Nord; ⏲Juni–Sept. 10–17 Uhr) in Montmagny informiert in mehreren Ausstellungen über die gefiederte und menschliche Besiedlung der Grosse Île und der South Shore.

Das **Musée de l'Accordéon** (Akkordeonmuseum; www.accordeonmontmagny.com; 301 Blvd Taché Est; Erw./Kind 8/2 C$; ⏲Juli & Aug. tgl. 10–16 Uhr, Sept.–Juni Mo–Fr), das einzige seiner Art in ganz Nordamerika, vermittelt Einblicke in das wichtigste Instrument der gallischen Musikszene. Die Quetschen datieren bis aus dem Jahr 1820 und weisen so edle Materialien wie Elfenbein und Perlmutt auf. Ende August stellen Akkordeonkünstler aus aller Welt beim viertägigen **Carrefour** ihr Können unter Beweis.

St-Jean-Port-Joli

Seit St-Jean in den 1930er-Jahren als Kunsthandwerkszentrum bekannt wurde, arbeitet der Ort hart daran, diesen Ruf zu wahren. Der Parc des Trois Berets am Flussufer ist nach drei Brüdern benannt, die stets Baskenmützen trugen und die Ortschaft als Holzschnitzerhauptstadt etabliert haben. Jedes Jahr findet im Juni ein internationales **Skulpturenfestival** statt.

Es gibt hier Unmengen Ateliers, Boutiquen und Kunstwerke am Straßenrand, die allesamt im kostenlosen Stadtplan der nur während der Saison geöffneten **Touristeninformation** (☎ 418-598-3747; Rte 132; ⏲ 9–17 Uhr) verzeichnet sind.

Das **Musée des Anciens Canadiens** (332 Rte 132 Ouest; Erw./Kind 7,50/3 C$; ⏲ Mai–Okt. 8.30–21 Uhr) mit mehr als 250 geschnitzten Holzfiguren von René Lévesque bis Harry Potter bietet eine gute Einführung in das Werk der Bourgaults mit ihren Baskenmützen und anderer Lokalgrößen.

Philippe-Aubert de Gaspé (1786–1871), der Verfasser von *Les Anciens Canadiens,* liegt in der **Kirche** aus dem 18. Jh. begraben.

Schlafen & Essen

Camping de la Demi Lieue CAMPINGPLATZ $
(☎ 418-598-6108, 800-463-9558; 598 Rte 132; Zeltplätze ab 28,50 C$; ⏲ Mai–Sept.; @ ≋) Der riesige und gut ausgestattete Campingplatz liegt näher am Ort als andere Einrichtungen dieser Art.

La Maison de l'Ermitage B&B $$
(☎ 418-598-7553, 877-598-7553; www.maisonermitage.com; 56 Rue de l'Ermitage; Zi. inkl. Frühstück mit/ohne Bad ab 95/80 C$) Das auffällige Haus mit rot-weißen Türmen beherbergt einfallsreich ausgestaltete Zimmer. Bei den Kindern stehen die netten Alpakas hinter dem Haus hoch im Kurs.

Gîte La Mer Veille B&B $$
(☎ 418-598-3112; www.gite-lamerveille.com; 261 Rue Lionel Groulx; EZ/DZ inkl. Frühstück ab 72/92$; ≋) Das B&B – ein Familienbetrieb – befindet sich in einem grünen Garten in der Nähe der Mole und ist eines der wenigen Quartiere, die nicht an der Route 132 liegen.

Pizzeria Porto Bellissimo ITALIENISCH $
(318 Rue de l'Église; Hauptgerichte 5–14 C$; ⏲ So–Mi 9–22, Do–Sa bis 23 Uhr; ✎) Das Café im Zentrum ist eine kluge Wahl, wenn jemand Lust bekommt auf eine selbst gebackene Pizza, ein Sandwich und ein himmlisch dekadentes Dessert in einem freundlichen und fröhlichen Ambiente.

La Boustifaille QUÉBECOIS $$
(547 Rte 132 Est/Ave de Gaspé Est; Menüs 16–26 C$; ⏲ Mai–Okt. 8–20 Uhr) Dieses Restaurant ist bekannt für seine Riesenportionen klassischer Gerichte der Region wie Schweineragout, *tourtière* (Fleischpastete) und Käse-Quiche. Direkt nebenan befindet sich das Theater.

An- & Weiterreise

Busse von Orléans Express von/nach Québec (Stadt) (28 C$, 2½ Std., 2-mal tgl.) halten in der Ortsmitte an der Épicerie Régent Pelletier, Route 132 Nr. 10.

Rivière du Loup

Der eigenartige Name (Wolfsfluss) bezieht sich entweder auf Seehunde (Seewölfe), einen indianischen Stamm oder ein französisches Schiff aus dem 17. Jh. Egal, Rivière du Loup hat eine gewisse historische Bedeutung. Dank seiner Schlüsselposition auf den Pelzhandels- und Postrouten zwischen den Seeprovinzen und dem Sankt-Lorenz-Strom war der Ort im 19. Jh. die größte Stadt in Ostquébec. Früher wurde hier Englisch gesprochen. Nach britischem Vorbild entstanden Freiflächen vor Prachtbauten wie der gotischen Kathedrale St-Patrice mit ihrem silbernen Dach. Nach dem Niedergang im frühen 20. Jh. verzeichnet der Ort jetzt wieder einen Boom. Die Geburtenraten gehören zu den höchsten in der ganzen Provinz, Stadtflüchtlinge ziehen hierher und Hochschulabsolventen kehren an ihren wunderschönen Geburtsort zurück.

Sehenswertes

Parc des Chutes PARK
Die kurzen Wege sind das Tolle an dem kleinen, verführerischen Parc des Chutes, der nur ein paar Gehminuten vom Zentrum entfernt am Ende der Rue Frontenac liegt. Wer

sich verlaufen hat, folgt dem Geräusch der Autos und der etwa 30 m hohen Wasserfälle, die ein kleines Wasserkraftwerk antreiben.

Parc de la Croix PARK

Nach einer kurzen Autofahrt in den hügeligen Teil der Stadt erreicht man den winzigen Parc de la Croix, wo ein beleuchtetes Kreuz die herrliche Aussicht auf Stadt und Fluss bewacht. Um den Park vom Zentrum aus zu erreichen, folgt man zunächst der Rue Lafontaine in Richtung Süden, bis die Unterführung zur Rue Témiscouata in Sicht kommt. Nun nach links in den Chemin des Raymond und nochmal nach links in die Rue Alexandre abbiegen, dann geht es nach rechts in die Rue Bernier und wieder nach links in die Rue Ste-Claire.

Musée du Bas St-Laurent MUSEUM

(300 Rue St-Pierre; Erw./Stud. 5/3 C$; ⌚ Juli & Aug. tgl. 9–18 Uhr, Sept.–Juni Mi–So 13–17 Uhr) Dieses lebhafte Museum präsentiert eine Sammlung zeitgenössischer Québecer Kunst, die Hauptattraktion sind jedoch die etwa 200 000 alten Fotos aus der Region, die in thematischen, interaktiven Ausstellungen das Alltagsleben der Menschen am Sankt-Lorenz-Strom vermitteln.

Manoir Fraser SEHENSWERTES GEBÄUDE

(www.manoirfraser.com; 32 Rue Fraser; Erw./Kind 6/2 C$; ⌚ Juli–Sept. 9.30–17 Uhr) Rivière du Loup hieß im 19. Jh. Fraserville und war nach einer einflussreichen schottischen Dynastie benannt, die damals das prachtvolle Manoir Fraser bewohnte. Heute vermittelt das Herrschaftshaus einen Einblick in das Leben der Oberschicht zur Zeit der aufstrebenden Kolonie.

Aktivitäten

La Société Duvetnor BOOTSAUSFLUG

(☎ 418-867-1660⊠; www.duvetnor.com; 200 Rue Hayward) Vor der Küste befinden sich einige geschützte Inseln mit Vogelschutzgebieten, auf denen sich aber auch noch andere Tiere tummeln. Die gemeinnützige Société Duvetnor veranstaltet Vogelbeobachtungtouren und naturkundliche Exkursionen zu den Inseln. Dabei bekommt man Belugas zu sehen. Auf der größten Insel, der Île aux Lièvres, gibt es 45 km Wanderwege, Unterkünfte und einen Campingplatz. Eineinhalbstündige Bootsausflüge zum Pot au l'Eau de Vie (Schnapskrug) kosten ab 25 C$. Diese Insel heißt so, weil sie während der Prohibition von Alkoholschmugglern als Zwischenlager benutzt wurde.

Croisières AML BOOTSAUSFLUG

(☎ 418-867-3361, 800-563-4643; 200 Rue Hayward; 3½-Std.-Touren 69 C$; ⌚ Juni–Aug.) Wer Wale beobachten möchte, ist bei Croisières AML an der richtigen Adresse. Backpacker, die vorhaben, am anderen Ufer Tadoussac zu besuchen, sollten sich den Ausflug allerdings besser für dort aufheben.

Rivière du Loup/ St-Siméon-Fähre BOOTSAUSFLUG

(www.traverserdl.com; Erw./Kind Rundfahrt 16,80/11,10 C$) Es besteht die Möglichkeit, mit der St-Siméon-Fähre eine dreistündige Rundfahrt zu unternehmen, ohne auszusteigen. Unterwegs bekommt man oft Belugawale zu sehen.

Parc linéaire interprovincial Petit Témis RADFAHREN, WANDERN

Unter diesem Begriff verbirgt sich ein malerischer, meist ebener Rad- und Wanderweg, der an einem alten Eisenbahngleis entlang etwa 135 km nach Edmundston in New Brunswick verläuft. Die Touristeninformation hält Kartenmaterial bereit; bei **Hobby Cycles** (278 Rue Lafontaine; Leihgebühr pro Tag ab 30 C$) kann man sich ein Fahrrad ausleihen.

Schlafen

Die Rue Fraser ist günstig, um ein Motel aufzutreiben. Campingplätze und B&Bs finden sich am Hafen – praktisch, wenn man die Morgenfähre erwischen muss.

Auberge Internationale HOSTEL $

(☎ 418-862-7566; www.aubergerdl.ca; 46 Blvd de l'Hôtel de Ville; B/Zi. inkl. Frühstück ab 23/52 C$; @ 📶) Das hervorragende, zentrale HI-Hostel in einem alten Haus bietet kleine Schlafsäle mit zugehörigem Bad. Das Personal, das schon seit ewigen Zeiten hier arbeitet, sorgt für eine herzliche Atmosphäre.

L'Innocent GASTHOF $

(☎ 418-862-1937, 418-714-2098; 460 Rue Lafontaine; Zi. mit Gemeinschaftsbad 35 C$) Das kunterbunte Café hat vier einfache, winzige Doppelzimmer zu bieten.

Auberge la Sabline B&B $$

(☎ 800-470-4890, 418-867-4890; 343 Fraser Ouest; Zi. 85–105 C$; @ 📶) Das prachtvolle viktorianische Gebäude mit größtenteils originaler Ausstattung in einem ruhigen

Wohnviertel bietet vier elegante Zimmer. Das Frühstück ist schon dekadent: Es gibt Smoothies und Unmengen Gebäck, außerdem Crêpes, Eier und Waffeln.

Au Vieux Fanal MOTEL $$
(☎418-862-5255; www.motelauvieuxfanal.com; 170 Rue Fraser; Zi. 60–120 C$; ⊙Mai–Nov.; ❄≋) In dieser Straße ist dieses farbenfrohe Motel mit herrlichem Blick über den Fluss und einem beheizten Pool die beste Adresse.

Essen

Chez Antoine FRANZÖSISCH $$
(433 Rue Lafontaine; mittags/abends Hauptgerichte ab 16/20 C$; ⊙Mo–Fr 11–14 & tgl. 17–21 Uhr) Das Chez Antoine gilt schon seit Langem als das beste Restaurant der Stadt und macht dieser Tradition auch alle Ehre. Zu den Spezialitäten des Hauses zählen Lachs aus dem Atlanik, bretonische Schweinelende und Filet mignon; alle diese Köstlichkeiten werden im holzvertäfelten Speiseraum des weißen Hauses serviert.

L'Innocent CAFÉ $$
(460 Rue Lafontaine; Hauptgerichte 10–15 C$; ⊙Mi–Sa 9–21, So bis 14 Uhr) Das ausgeflippteste Café weit und breit serviert Tagesspezialitäten, die ihr Geld wirklich wert sind, zu Ska-Klängen. Wer gern Einheimische kennenlernen möchte, ist hier genau richtig. Und Gäste, die es eilig haben, können sich ihren Kaffee einfach mitnehmen.

L'Estaminet KNEIPE $$
(299 Rue Lafontaine; Hauptgerichte 10–20 C$; ⊙Mo–Fr 7–24, Sa & So ab 8 Uhr) In diesem „Bistro du monde" mit 150 Biersorten können sich die Gäste herzhaftes Kneipenessen und die Spezialität des Hauses, Muscheln mit Pommes, schmecken lassen.

L'Intercolonial FUSIONSKÜCHE $$
(407 Rue Lafontaine; Hauptgerichte 10–20 C$; ⊙Mo & Di 11–21, Mi–Fr bis 22, Sa 16–22 Uhr) Der Name bezieht sich auf einen Zug, der früher in Rivière du Loup hielt, beschreibt jedoch auch gut die Speisekarte, auf der sich viele Gerichte aus Europa finden, dazu Asiatisches und Kreationen, die nur aus der Provinz Québec stammen können wie beispielsweise Lachs mit Birnenmousse.

Praktische Informationen

Touristeninformation (☎418-862-1981; www.tourismerivieredulooup.ca; 189 Blvd de l'Hôtel de Ville; ⊙8.30–20 Uhr) Hier gibt es Internetzugang und einen kostenlosen Stadtplan von der Altstadt mit Spaziergängen.

An- & Weiterreise

Eine Fähre (S. 346) verkehrt auf der Strecke Rivière du Loup und St-Siméon.

Der Highway 20 (Ausfahrt 503), die Route 132 und der Highway 85 führen direkt nach Rivière du Loup hinein.

Busse von Orléans Express, die nach Québec (Stadt) (42 C$, 2¼ –5 Std., 5-mal tgl.) und Rimouski (33 C$, 1½ Std., 4-mal tgl.) verkehren, halten am **Busbahnhof** (317 Blvd de l'Hôtel de Ville). In Rimouski kann man in Busse nach New Brunswick umsteigen.

Von Rivière du Loup fährt **VIA Rail** (☎418-867-1525, 888-842-7245; 615 Rue Lafontaine) jeden zweiten Tag nach Charny, Québec (Stadt) (40 C$, 2 Std.) und Halifax (142 C$, 15 Std.) sowie dreimal wöchentlich nach Percé (97 C$, 11 Std.). Der Bahnhof hat nur geöffnet, wenn ein Zug ankommt – mitten in der Nacht.

Île Verte

Zwischen Rivière du Loup und Rimouski verengt sich die Straße auf eine Spur, obwohl dort immer viel Verkehr ist. Etwas erholen kann man sich da auf der Fahrt mit der Fähre zur Île Verte (15 Min.).

Auf der 11 km langen Insel leben dauerhaft lediglich 45 Menschen. Erst seit Kurzem gibt es ein paar Sommerhäuser. Die Insel ist ein beliebtes Revier für Radler, Vogel- und Walbeobachter und im Winter für Eisangler.

In den letzten zehn Jahren hat die Insel kulinarischen Ruhm wegen ihres *agneau de pré-salé* (Salzwiesenlamm) erlangt. Diese Spezialität kommt von Schafen, die bei Ebbe auf den Salzwiesen grasen. Die Tiere weisen mehr Muskeln und weniger Fett auf als andere Schafe, außerdem ist ihr Fleisch zarter und aromatischer. Probieren kann man das Gericht in der „Salzwiesenlamm-Botschaft", dem **La Maison d'Agathe** (Menüs ab 31 C$; ⊙Juli & Aug.).

Der ältete **Leuchtturm** (1809) am Fluss beherbergt ein Museum; in den Cottages gleich nebenan, im **Les Maisons du Phare** (☎418-898-2730; EZ/DZ inkl. Frühstück 70/90 C$; ⊙Mai–Okt.), kann man übernachten. Einen Campingplatz gibt es hier auch.

Fähren (☎418-898-2843; einfache Fahrt 5,25 C$) von und zum Festland verkehren gezeitenabhängig.

Man sollte sich überlegen, das Auto auf dem Festland zu lassen und sich auf der Insel ein Fahrrad zu mieten (Reservierung empfohlen), und zwar bei **Location de Bicyclettes Entre Deux Marées** (☎ 418-860-7425, 418-898-2199; 4404 Chemin de l'Île).

Trois-Pistoles

Am nördlichen Ortsrand von Trois Pistoles, einem Dorf, das eigentlich nur wegen der Namen der Geschäfte interessant ist, die alle auf das baskische Erbe verweisen, erstreckt sich der blau-rote **Parc de l'Aventure Basque en Amérique** (66 Ave du Parc; Erw./Stud. 7/4 C$; ⏲10–18 Uhr). Eine Ausstellung erzählt die Geschichte der baskischen Walfänger, die nach den Wikingern als erste Europäer vor Jacques Cartier über den Sankt-Lorenz-Strom schipperten. Die Exponate sind nur auf Französisch erklärt, es ist jedoch ein kleiner Führer auf Englisch erhältlich. Im Juli veranstaltet das Museum das **Internationale Baskenfestival** mit Musik, einem kleinen Umzug und Spielen.

Vor dem Museum wartet Kanadas einziger **Pelota-Platz** oder *fronton,* auf dem diese baskische Sportart – übrigens das älteste Schlagballspiel der Welt – gespielt wird. *Pelota*-Entusiasten reisen bis aus dem fernen Montréal an, um den Platz zu benutzen; *palas* (Schläger), *pelotes* (Bälle) und der Platz können für 5 C$ pro Stunde gemietet werden.

Im Parc de l'Aventure Basque en Amérique kann man sich nach geführten Exkursionen zur **Île aux Basques** (☎ 418-851-1202; Erw./Kind C$ 2/frei; ⏲Juni–Aug.) erkundigen. Die Insel liegt etwa 5 km vor der Küste und kann mit baskischen Öfen aus dem 16. Jh., einem 2 km langen Wanderweg sowie einem Vogelschutzgebiet aufwarten. Der Besuch ist allerdings nur im Rahmen eines organisierten Ausflugs möglich. **Kayak des Îles** (☎ 418-851-4637; 60 Ave du Parc; 3-Std.-/6-Std.-Touren 45/90 C$) veranstaltet Kajakausflüge auf dem Meer.

Camping & Motel des Flots Bleus Sur Mer (☎ 418-851-3583; Rte 132; Stellplatz Zelt & Wohnmobil 25 C$, Zi. 60 C$; ⏲Mai–Mitte Okt.; 📶), 5 km westlich der Ortschaft, ist ein kleiner, ruhiger Campingplatz mit einem schlichten Motel nebenan.

Auf einem Hügel oberhalb der Kirche liegt **La Rose des Vents** (☎ 888-593-4926, 418-851-4926; 80 2ème Rang Ouest; EZ/DZ inkl. Frühstück 70/80 C$; @📶) in der Nähe von Wanderwegen und Wasserfällen. Das hübsche alte Gebäude mit ausgebautem Dachgeschoss beeindruckt mit seinem Frühstücksraum – durch die riesigen Fenster schweift der Blick über die Nordküste.

Parc du Bic

Der etwa 33 km² große Park ist zur Hälfte von Wasser bedeckt. Er gehört zwar zu Québecs kleineren Parks, ist aber einer der schönsten. Selbst von der Route 132 aus wirken seine rundlich geformten Landzungen noch atemberaubend. Die dazwischengelegenen Buchten und Inseln boten bereits vor 9000 Jahren den hier lebenden indigenen Stämmen einen natürlichen Schutz, in der Kolonialzeit dann den Schiffen.
Zum unglaublichen Artenreichtum tragen mehr als 700 Pflanzenarten, Tausende von Seevögeln sowie Säugetiere, beispielsweise Robben (zwischen Juli und Oktober), Hirsche und eine der größten Stachelschweinpopulationen Nordamerikas bei.

Der **Park** (☎ 418-736-5035; 3382 Rte 132; Erw./Kind 6,50/3 C$; ⏲Juni–Okt. & Dez.–März) verfügt über ein fantastisches Informationszentrum. Das nette und auskunftsfreudige Personal hilft gern bei der Organisation eines Großteils der angebotenen Aktivitäten wie Wander-, Mountainbike-, Seekajaktouren, geführte Wanderungen und Ausfahrten, Tierbeobachtungen bei Tag und bei Nacht. Aber auch Schneeschuhfans und Skilangläufer kommen hier auf ihre Kosten. Wer die Mühen der zweistündigen (hin & zurück) Wanderung zum **Champlain Peak** (346 m) auf sich nimmt, wird mit einer wunderschönen Aussicht auf die Îlet au Flacon belohnt; außerdem unterhält der Park einen Shuttleservice.

Im Park gibt es drei Campingplätze, Iglus, eine Hütte und sogar eine Luxus-Jurte. Den lauten Campingplatz an der Route 132 sollte man lieber meiden!

Rimouski

Der verhältnismäßig große Ölumschlagplatz Rimouski mit seinen knapp 50 000 Einwohnern erscheint wohlhabend und kann mit einigen der besten Cafés und Museen in der gesamten Region aufwarten. Die zahlreichen Studenten hier sorgen für eine lebhafte Atmosphäre, und so bietet sich die Stadt an, um Besorgungen zu erledigen oder auf die Fähre zu warten.

Sehenswertes & Aktivitäten

Musée de la Mer MUSEUM
(www.shmp.qc.ca; 1034 Rue du Phare; Erw./Kind 14,75/8,75 C$; Juni–Sept. 9–18 Uhr) Dieses Museum, rund 7 km östlich der Stadt, erzählt von der Tragödie der *Empress of Ireland*, der schlimmsten Schiffskatastrophe in der Geschichte der Seefahrt nach dem Untergang der *Titanic*. Nach der Kollision mit einem norwegischen Kohlefrachter versank die *Empress* innerhalb von nur 14 Minuten im Sankt-Lorenz-Strom; 1012 Menschen kamen ums Leben. Diese Katastrophe geriet aufgrund des Ausbruchs des Ersten Weltkriegs, der zwei Monate später erfolgte, leider in Vergessenheit.

Es besteht die Möglichkeit, an einer kostenlosen Führung durch den **Leuchtturm Pointe au Père** (Erw./Kind 4/3 C$) gleich nebenan teilzunehmen, dem höchsten in Ostkanada. Im Cottage des Leuchtturmwärters ist eine interessante Ausstellung zu sehen, die sich mit der Schifffahrt auf dem Fluss und den Tauchgängen hinunter zur *Empress* in 45 m Tiefe beschäftigt.

Das Schiffswrack gilt als eines der tollsten Reviere zum Scuba-Tauchen weltweit. Aber ganz ungefährlich ist dieser Tauchgang keinesfalls, denn es kamen bereits mehrere, meistens unerfahrene Taucher ums Leben. Die tückischen Unterwasserströmungen, die schlechten Sichtverhältnisse und die kalte Wassertemperatur stellen eine ernsthafte Gefahr dar.

Musée Régional de Rimouski GALERIE
(35 Rue St-Germain Ouest; Erw./Kind 5,50/4 C$; Juni–Aug. 9.30–18 Uhr, Sept.–Mai Mi & Fr–So 12–17, Do bis 20 Uhr) Diese Galerie in einer restaurierten Steinkirche präsentiert Ausstellungen zeitgenössischer Kunst und organisiert regelmäßig Veranstaltungen wie Filmabende.

Le Canyon des Portes de l'Enfer WANDERN
(Chemin Duchénier; Erw./Kind 10/5 C$; Mai–Okt.) Wer gern wandert, mit dem Mountainbike fährt und zudem den tollen Ausblick auf die Schlucht und die Wasserfälle von der höchsten Hängebrücke (62 m) der Provinz genießen möchte, sollte Le Canyon des Portes de l'Enfer in der Nähe von St-Narcisse de Rimouski einen Besuch abstatten; die Schlucht liegt 30 km südlich der Ortschaft an der Route 232.

Schlafen & Essen

Die meisten Quartiere befinden sich an der Uferpromenade und rund um die Avenue de la Cathédrale.

Hôtel Rimouski HOTEL $$
(800-463-0755, 418-725-5000; www.hotelrimouski.com; 225 Blvd René-Lepage Est; Zi. ab 99 C$;) Die Grande Dame unter den Hotels von Rimouski mit vornehmer Eleganz und etwas verblasstem Prunk bietet ordentliche Zimmer; die meisten verfügen über einen hübschen Blick auf den Steg und über das Wasser auf der anderen Straßenseite. Das Hotel steht bei Geschäftsreisenden hoch im Kurs, denn es verfügt über Tagungsräume. Familien schätzen es wegen des Hallenbads und der rasanten, witzigen Wasserrutsche.

Auberge de l'Évêché GASTHOF $
(866-623-5411, 418-723-5411; 37 Rue de l'Évêché Ouest; Zi. inkl. Frühstück 80–114 C$;) Der Gasthof oberhalb einer *chocolaterie* gegenüber vom Rathaus bietet acht Zimmer samt TV mit Flachbildschirm; alle sind hübsch mit alten Fotos dekoriert.

La Brûlerie d'Ici CAFÉ $
(91 Rue St Germain Ouest; Sandwiches 6 C$; 8–23 Uhr;) In diesem hippen Café gibt es Kaffee aus Guatemala und Äthiopien, einen Happen zwischen die Zähne – von Bagels bis Bananenbrot – WLAN und im Sommer auch noch Livemusik.

Le Crêpe Chignon CAFÉ $$
(www.crepechignon.com; 140 Ave de la Cathédrale; Menüs 18–19,50 C$; Mo–Fr 7–23, Sa & So 8–14 Uhr) Dieser Stern in der Gastroszene von Rimouski serviert köstliche süße und salzige Crêpes. Der einzige Minuspunkt: Man muss, weil gut besucht, oftmals auf einen Tisch warten.

Central Café CAFÉ $$
(31 Rue de l'Évêché Ouest; Hauptgerichte 12–16 C$; Mo–Sa 11–22, So 16–22 Uhr) In dieses Café, das in einem zweistöckigen Gebäude aus dem Jahr 1947 untergebracht ist, strömen die Einheimischen, um Burger, Pasta, Pizza und Sandwiches mit Räucherfleisch zu verspeisen.

Praktische Informationen

Touristeninformation (418-723-2322; www.tourisme-rimouski.org; 50 Rue St-Germain Ouest; Juni–Aug. 8.30–19.30 Uhr, Sept.–Mai

Mo–Fr 9–16.30 Uhr) Die geschäftige, aber hilfreiche Touristeninformation befindet sich an der Place des Vétérans, genau gesagt an der Kreuzung der Rue St-Germain mit der Avenue de la Cathédrale.

An- & Weiterreise

SCHIFF

Eine **Fähre** (800-973-2725, 418-725-2725; Mai–Anfang Okt.) verbindet Rimouski mit Forestville an der Nordküste (einfache Fahrt Erw./Kind/Auto 23/15/43 C$, 1¾ Std., 2–4-mal tgl.). Reservierungen werden entgegengenommen.

Das **Frachtschiff von Relais Nordik** (800-463-0680, 418-723-8787; www.relaisnordik.com; 17 Ave Lebrun; Anfang April–Mitte Jan.) befördert Passagiere wöchentlich nach Sept Îles, zur Île d'Anticosti, nach Havre St. Pierre, Natashquan und an die untere Nordküste. Es fährt am Jachthafen von Rimouski am Dienstagmorgen ab und erreicht Blanc Sablon am Freitagabend. Die Hin- und Rückfahrt kostet ab 525 C$ für die Gesamtstrecke; eine Luxuskabine mit Bullauge, Toilette und Dusche kommt auf bis zu 1147 C$. Mahlzeiten (Frühstück/Mittag-/Abendessen 7/15/20 C$) können an Bord eingenommen werden. Es ist möglich, das Auto mitzunehmen, was allerdings sehr teuer kommt; der Preis definiert sich durch das Gewicht des jeweiligen Fahrzeugs. Ein Fahrrad ist bei den kurzen Zwischenaufenthalten sicherlich praktischer. Es empfiehlt sich, mehrere Monate im Voraus zu reservieren.

BUS

Busse von Orléans Express fahren vom Busbahnhof (90 Rue Léonidas) nach Québec (Stadt) (63 C$, 4 Std., 5-mal tgl., Rivière du Loup (34 C$, 1½ Std., 6-mal tgl.) und zur Halbinsel Gaspé (78 C$, 7 Std., 5-mal tgl.).

AUTO

Die Mitfahrzentralen **Allô Stop** (418-723-5248; www.allostop.com; 307 Rue St-Germain Est) und **Kangaride** (S. 257) bringen Autofahrer und Fahrgäste zusammen, um gemeinsam nach Québec (Stadt) (ab 15 C$) und Montréal (ca. 30–35 C$) zu fahren.

ZUG

Der **Bahnhof** (57 Rue de l'Évêché Est) hat nur geöffnet, wenn Züge von VIA Rail ankommen, was in der Regel nach Mitternacht der Fall ist. Jeden zweiten Tag verkehrt auch ein Zug nach/von Montréal (120 C$, 8 Std.).

HALBINSEL GASPÉ

Die entlegene Landzunge, die bei den Einheimischen kurz und bündig „La Gaspésie" heißt, kann mit Relikten aus der schillernden kolonialen Vergangenheit aufwarten; sie befinden sich auf der Landzunge, die in den Golf hineinragt – mit rostigen Schiffswracks und vorbeiziehenden Walen. Wie die Wale, so fühlten sich auch die Normannen, Bretonen, Basken, Portugiesen und Bewohner der Kanalinseln von den reichen Fischgründen hier angelockt. Die englischen, schottischen und irischen Flüchtlinge ließen sich nach Ereignissen wie der Großen Hungersnot und der amerikanischen Unabhängigkeit an der Südküste nieder; es entstanden isolierte englischsprachige Gemeinden. Flaggen wurden von den Nachkommen akadischer Siedler oberhalb der Route 132 gehisst.

Die Landschaft zwischen den farbenprächtigen Bauernhäusern und silbernen Kirchturmspitzen der kleinen Gemeinden ist jedoch auch wirklich herrlich. Hier befinden sich der berühmte durchbohrte Felsen von Percé und die endlosen Strände vor der Kulisse der eisbedeckten Klippen. Das bergige, bewaldete Hinterland ist die Heimat des atemberaubenden Parc de la Gaspésie, durch den nur wenige Straßen führen, darunter der Matapédia Valley Drive, der International Appalachian Trail und die Route 198, eine der beschaulichsten Straßen der gesamten Provinz.

Die Touristensaison dauert etwa ab Juni bis Mitte September. Außerhalb dieser Zeit ist hier wahrhaftig nicht mehr viel los. Von November bis Mitte Mai kann man zuschauen, wie die Wellen gegen die Felsen branden – die Hauptaktivität hier.

Ste-Flavie

Das Tor zur Gaspé-Halbinsel ist eine der touristischsten Ortschaften hier. Dennoch bietet sich Ste-Flavie für eine entspannte Pause an, bevor man sich an die Erkundung der Felslandschaft macht, die rasch oberhalb der Route 132 aufragt.

In der **Vieux Moulin** (141 Rte de la Mer; Museum Eintritt 2,50 C$; 8–21 Uhr), GRATIS einer Windmühle aus dem 19. Jh., können die Besucher das Lieblingsgetränk von Shakespeare probieren, das er in vielen seiner Theaterstück erwähnt: Honigwein. Im kleinen Museum sind prähistorische Artefakte der

Halbinsel Gaspé

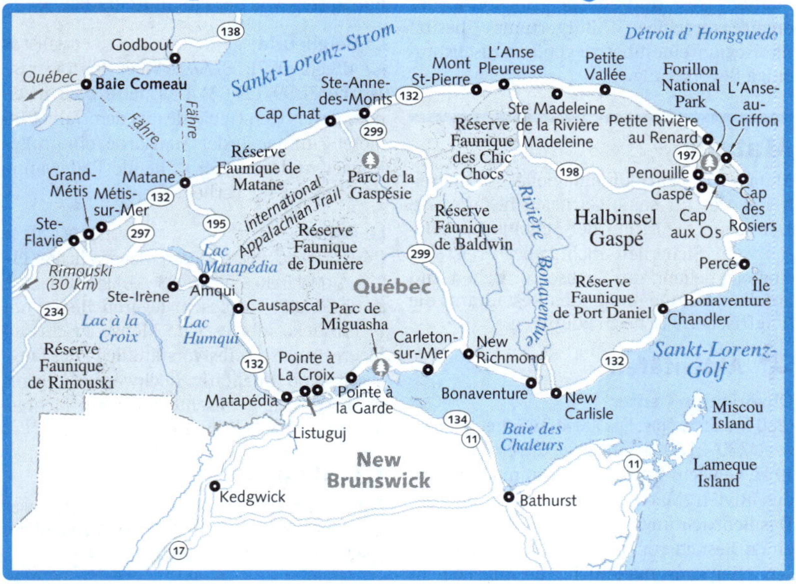

Ureinwohner und Relikte aus der Kolonialzeit zu bestaunen.

Star der Kunstszene der Ortschaft ist das **Centre d'Art Marcel Gagnon** (www.centredart.net; 564 Rte de la Mer; ⏲7.30–22 Uhr) GRATIS. Davor steht die außergewöhnliche Skulptur *Le Grand Rassemblement* (Die große Versammlung) mit über 100 Steinfiguren, die aus dem Sankt-Lorenz-Strom steigen. Leider wirkt die Galerie, die Werke von Gagnon und seinem Sohn präsentiert, etwas zu kommerziell dank all der *Rassemblement*-Andenken, die hier zum Verkauf stehen.

Im Obergeschoss bietet die **Auberge** (☎866-775-2829, 418-775-2829; Zi. inkl. Frühstück 95–135 C$) Zimmer mit dezentem Künstlerflair und eigenem Bad. Das **Restaurant** (Hauptgerichte 13–25 C$; ⏲7.30–20.30 Uhr) serviert Pizza, Pasta und jede Menge Meeresfrüchte bei toller Aussicht.

Einen schönen Blick auf den Sankt-Lorenz-Strom genießen die Gäste auch im **Capitaine Homard** (180 Rte de la Mer; Hauptgerichte 15–35 C$; ⏲Mai–Aug. 11–23 Uhr); das Lokal ist schon seit 1968 der angesagteste Treff überhaupt. Auf den Tisch kommen köstliche Meeresfrüchte in einem Ambiente, das an einen flippigen Trödelladen erinnert. Außerdem gibt es hier noch Internetzugang, Zeltplätze und Chalets.

Tourisme Gaspésie (☎800-463-0323, 418-775-2223; 357 Rte de la Mer; ⏲8–20 Uhr) an der Route 132 ist die größte Touristeninformation auf der Halbinsel. Wer sich in der Nebensaison hier aufhält, kann sich eine Broschüre mitnehmen, in der sämtliche Einrichtungen im Winter zusammengestellt sind.

Grand-Métis

Zu den beliebtesten Attraktionen auf der Halbinsel Gaspé gehören die **Jardins de Métis** (www.refordgardens.com; 200 Rte 132; Erw./Kind 18 C$/frei; ⏲Juli & Aug. 8.30–20 Uhr, Juni & Sept. bis 18 Uhr). Die perfekt gepflegten Gärten nehmen gut 90 ha ein und beeindrucken mit 3000 verschiedenen Pflanzenarten. Die 1910 ins Leben gerufenen Gärten heißen auch Reford Gardens – nach Elsie Reford, die das Land von ihrem Onkel Lord Mount Stephen erbte, dem Begründer der Canadian Pacific Railway; seine Villa mit 37 Zimmern ist heute ein Museum. Das Internationale Gartenfestival erblüht hier von Ende Juni bis September. Im Café der Villa gibt es Mittagessen und englischen Tee.

Etwa 10 km östlich von Grand Métis liegen die Strandorte **Métis Beach** und **Métis sur Mer**. Mit den großen Rasenflächen und den britischen Namen auf Straßenschildern und Briefkästen ähneln sie amerikanischen Städten. Als traditionelle Hochburg des englischsprachigen Bürgertums besitzt die Region eine überwiegend englischsprachige Bevölkerung.

Matane

Matane ist ein kommerzieller Fischereihafen, der für seine Garnelen bekannt ist. Der schönste Ort auf der Halbinsel ist Matane mit Sicherheit nicht, aber er ist bei Anglern beliebt, um Lachse zu fischen und auf den Märkten und in den Restaurants die fangfrischen Fische zu goutieren.

Aktivitäten

Observation Center ANGELN
(260 Ave St Jerôme; Erw./Kind 3 C$/frei; ⌚ Juni–Sept. 7.30–21.30 Uhr) Lachse, die es auf stolze 19 kg Gewicht bringen, schwimmen im Juni den Rivière Matane hinauf, um zu laichen. Das Beobachtungszentrum am Damm lohnt einen Besuch vor oder nach dem Abendessen. Hier kann man auch eine Angelgenehmigung erwerben; sie gilt ab Matane für den 100 km langen Fluss.

Absolu Écoaventure WANDERN
(☎ 418-562-7885; www.ecoaventure.com) Der Veranstalter organisiert Wanderungen für Anfänger und Fortgeschrittene auf Teilstrecken des International Appalachian Trail, der durch die wilde, zerklüftete Réserve Faunique de Matane führt. Gebucht wird per E-Mail oder telefonisch.

Schlafen & Essen

Camping Rivière CAMPINGPLATZ $
(☎ 418-562-3414; 150 Rte Louis Félix Dionne; Stellplatz Zelt & Wohnmobil ab 22 C$) Der Campingplatz südwestlich vom Stadtzentrum bietet 124 abgeschiedene, private Stellplätze zwischen den Bäumen. Von der Stadt fährt man über die Rue Henri Dunant gen Süden in Richtung Amqui.

Hôtel Motel Belle Plage HOTEL $$
(☎ 888-244-2323, 418-562-2323; www.hotelbelleplage.com; 1310 Rue Matane sur Mer; Zi. 69–182 C$; 📶) Hier können sich die Gäste Räucherlachs und ein Glas Weißwein aufs Zimmer kommen lassen, um ganz gemütlich allein oder in holder Zweisamkeit auf dem Balkon zu speisen. Für ein Motel ist das Belle Plage jedenfalls ganz schön schick. Es liegt nicht weit vom Fähranleger entfernt und abseits von der lauten Route 132.

La Seigneurie GASTHOF $$
(☎ 418-562-0021, 877-783-4466; 621 Ave St-Jérôme; Zi. 99–159 C$) Das nette B&B in einem prächtigen Gebäude aus dem Jahr 1919 bietet Zimmer in der Mansarde, ein großes Klavier und eine frei stehende Badewanne im „Zimmer für Verliebte".

Le Rafiot MEERESFRÜCHTE $$
(1415 Ave du Phare Ouest; Hauptgerichte 15–23 C$, Mahlzeiten ab 23 C$; ⌚ Mo–Fr 11–14 & tgl. 17–21 Uhr) In diesem legeren Bistro mit Meeresdeko gibt es jede Menge Fisch und Meeresfrüchte, selbstverständlich alles fangfrisch, und qualitativ hochwertige „Terres et Mers", d. h. gemischte Teller mit Meeresfrüchten und Fleischgerichten.

Shoppen

Poissonnerie Boréalis ESSWAREN
(985 Rte 132; ⌚ 8–21 Uhr) Gute Auswahl an Fisch – frisch oder geräuchert.

Praktische Informationen

Die **Touristeninformation** (☎ 418-562-1065; www.tourismematane.com; 968 Ave du Phare Ouest; ⌚ Juli & Aug. 9–21 Uhr, Juni & Sept. bis 18 Uhr) befindet sich im Leuchtturm neben dem Schifffahrtsmuseum.

An- & Weiterreise

Eine **Fähre** (☎ 418-562-2500, 877-562-6560) verkehrt auf der Strecke Matane, Baie Comeau und Godbout (Erw./Kind/Auto 17,50/11,50/42 C$, 4- bis 6-mal tgl.). Der Fähranleger liegt an der Route 132, 2 km westlich vom Ortszentrum.

Busse (☎ 418-562-4085; 521 Rte 132) kommen an der Irving-Tankstelle an und fahren dort auch ab; sie befindet sich 1,5 km östlich vom Zentrum. Busse von Orléans Express fahren nach Gaspé (41 C$, 5 Std., 2-mal tgl.) und Rimouski (28,50 C$, 1½ Std., 3-mal tgl.).

Cap-Chat

Chat ist ein typisches Gaspé-Dorf ... sieht man mal von den 133 Windrädern oberhalb der weißen Häuser ab. Mit einer Stromproduktion von 100 MW ist Kanadas größter Windpark weltweit der wirtschaftlich rentabelste. Auf einer Länge von 100 km verteilen sich die surrealen Strukturen über die Hügel am Anfang des Sankt-Lorenz-Golfs. Das Obermonster ist das weltweit größte Vertikalwindrad, das aber nicht mehr in Gebrauch ist.

Wer an einer einstündigen Führung teilnehmen möchte, bei der auch die größte Windmühle mit auf dem Programm steht, setzt sich mit **Éole Cap-Chat** (www.eolecapchat.com; Führungen 10 C$; ⏲ Juli–Okt. 9.30–17.30 Uhr) in Verbindung. Das Unternehmen ist an der Route 132 gleich westlich von Cap Chat ausgeschildert. Es werden auch Touren auf Englisch angeboten.

An der 132 östlich der Brücke in Cap Chat liegt **Camping au Bord de la Mer** (☎ 418-809-3675; 173 Rue Notre Dame Est; Zeltplatz 13–20 C$, Stellplatz Wohnmobil 28 C$), ein einfacher Campingplatz mit Blick über den Fluss.

Ste-Anne-des-Monts

Das regionale Dienstleistungszentrum an der Abzweigung zum Parc de la Gaspésie bietet sich an, um einzukaufen, aufzutanken und sich vor dem Aufbruch in die Wildnis im Landesinneren noch die frische Brise vom Meer um die Nase wehen zu lassen. Das hübsche Ste-Anne-des-Monts hat auch eine idyllische Uferpromenade und einen reizenden Ortskern zu bieten.

Wer mit Kindern im Schlepptau reist, sollte unbedingt im **Exploramer** (www.exploramer.qc.ca; 1 Rue du Quai; Erw./Kind 13,50/8,25 C$; ⏲ Juni–Okt. 9–17 Uhr) einen Zwischenstopp einlegen. Der Gebäudekomplex, der sich dem Leben am Sankt-Lorenz-Strom widmet, besteht aus einem Aquarium mit allerlei Meereskreaturen zum Anfassen – nur für den Fall, dass jemand schon immer mal eine Seegurke streicheln wollte – sowie einem Meeresmuseum; es werden auch Exkursionen aufs Meer veranstaltet, und die Besucher bekommen einen guten Eindruck, wie im Meer der Ernteprozess vonstattengeht. Mitreisende Kinder finden den Spielplatz mit meereskundlichem Thema ganz sicher viel spannender.

An der Route 132 östlich der Ortschaft befindet sich eine offizielle HI-Herberge, die **Auberge Festive Sea Shack** (☎ 866-963-2999, 418-763-2999; www.aubergefestive.com; 292 Boul Perron Est; Zeltplätze 15 C$, B Mitglieder/Nicht-Mitglieder 26/30 C$, Hütten ab 74 C$; @ 📶), eines der Highlights in der Runde der „Party-Hostels". In der Strandbar treten Bands auf, und Leute, die ein Faible für Wasser haben, schnappen sich einfach ein Kajak oder lassen vom Whirlpool im Freien den Blick über den Sankt-Lorenz-Strom schweifen.

Wer sich weniger verausgaben möchte, ist in der **Auberge Château Lamontagne** (☎ 418-763-7666, 888-783-2663; www.chateaulamontagne.com; 170 1ere Ave Est; Zi. 95–120 C$) richtig, einem farbenfrohen Gasthof auf einem Hügel mit Ausblick über den St. Lorenz-Strom. Die sieben modernen Zimmer haben Böden aus Eichenparkett und sind elegant gestaltet.

In der 1864 erbauten **Seigneurie des Monts** (☎ 800-903-0206, 418-763-5308; bonjourgaspesie.com; 21 1-ère Ave Est; Zi. 134–184 C$) mit viel nostalgischem Flair knarren die Holzdielen, es gibt flauschige Morgenmäntel für sie und ihn, antiquarische Bücher, um die Zeit mit Lektüre zu verkürzen, und sogar eine altmodische Chaise Longue.

Die **Touristeninformation** (☎ 418-763-0044; 96 Boul Ste-Anne Ouest; ⏲ Juli & Aug. 9–20 Uhr, Juni & Sept. 10–18 Uhr) liegt an der Route 132 neben der Bushaltestelle von Orléans Express.

Parc de la Gaspésie

Von Ste-Anne-des-Monts führt die Route 299 gen Süden zu diesem fantastischen, wilden **Park** (☎ 800-665-6527, 418-763-7494; www.sepaq.com/pq/gas/en; Erw./Kind 6,50/3 C$) mit einer Fläche von 802 km². Zu der spektakulären Landschaft mit den zahlreichen Seen gehören auch zwei der schönsten Bergketten Québecs: die Monts Chic-Choc und die Monts McGerrigle mit insgesamt 25 der 40 höchsten Gipfel der Provinz. Hier gibt es außerdem einige der malerischsten Campingplätze Québecs sowie etwa 140 km Wanderwege, darunter einen der besten Abschnitte des International Appalachian Trail. Und was gibt es sonst noch hier? Im Park lebt die einzige Karibu-Herde südlich des Sankt-Lorenz-Stroms. Mit etwas Glück lassen sich die Tiere aus einiger Entfernung beobachten. Man sollte aber unbedingt auf den vorgegebenen Wegen bleiben, um ihnen und der empfindlichen Vegetation keinen Schaden zuzufügen.

Aktivitäten

Québecs zweithöchster Gipfel, der **Mont Jacques Cartier** (1268 m), ist der höchste, den man besteigen kann. Die dreieinhalbstündige Rundwanderung führt durch eine alpine Landschaft mit herrlicher Aussicht. Unterwegs stehen die Chancen gut, Karibus zu beobachten.

Weitere tolle Wanderungen sind z. B. der anstrengende Marsch auf den Gipfel des **Mont Albert** (1151 m) und der weniger bekannte, schöne Aufstieg auf den **Mont Xalibu** (1140 m). Für diese Tour, die an Bergseen und einem Wasserfall vorbeiführt, sollte man hoch und runter insgesamt einen halben Tag einkalkulieren. Am **Mont Ernest Laforce** tummelt sich eine große Elchpopulation, die morgens und abends häufig am **Lac Paul** weidet.

Schlafen & Essen

Ste-Anne-des-Monts gilt als ein günstiger Standort für einen Besuch des Parks.

Campingplätze im Park CAMPINGPLATZ $
(Stellplatz Zelt & Wohnmobil 28,50 C$, Zelte, Hütten ab 99/101 C$) Der Park verfügt über insgesamt vier Campingplätze; am besten besucht ist jener in der Nähe vom Interpretation Center. Deshalb sollte man sein Glück am besten auf dem ruhigsten Platz versuchen – am Lac Cascapédia. Hütten für zwei bis acht Personen und fest installierte Zelte stehen den Campinggästen ebenfalls zur Verfügung.

Gîte du Mont Albert GASTHOF $$
(☎418-763-2288, 866-727-2427; Zi. ab 149 C$; ⊙Jan.–Okt.;) Dieser große komfortable Gasthof neben dem Interpretation Center ist etwas für Leute, die ihr Naturerlebnis gern mit Luxus verbinden. An Einrichtungen warten ein Pool, eine Sauna sowie ein erstklassiges Restaurant (Menüs ab 35 C$) mit Blick auf die Berge durch riesige Fenster, die vom Boden bis zur Decke reichen.

Praktische Informationen

Interpretation Center (⊙Mitte Mai–Mitte Okt. 8–22 Uhr, Ende Dez.–Mitte April 8.30–16.30 Uhr) Im Interpretation Center des Parks sind die Mitarbeiter außergewöhnlich hilfsbereit, wenn es um die Planung eines Aufenthalts geht, der Zeit und Geldbeutel entspricht. Es besteht hier auch die Möglichkeit, Wanderausrüstung zu leihen.

Anreise & Unterwegs vor Ort

Ein Bus (Hin- & Rückfahrt Erw./Kind 6,25/4,75 C$) verkehrt von der Touristeninformation in Ste-Anne-des-Monts zum Interpretation Center. Er fährt von Ende Juni bis Ende September täglich um 8 Uhr ab und ist um 17 Uhr wieder zurück.

Der tägliche Bus (Hin- & Rückfahrt Erw./Kind 15,40/11,50 C$) vom Interpretation Center zum Ausgangspunkt des Mont Jacques Cartier-Wanderwegs fährt um 9 Uhr am Center ab; vom Ausgangspunkt des Wanderwegs geht es um 16 Uhr zurück. Fünf Busse pendeln täglich auf der Strecke Mont Jacques-Cartier–Campingplatz und dem Ausgangspunkt des Wanderwegs (Hin- & Rückfahrt Erw./Kind 6,25/4,75 C$).

Wer vom Interpretation Center nach Mont St-Pierre fahren möchte, kommt über die Route 299 und die Küstenstraße, die Route 132, schneller und sicherer hin; und malerischer ist diese Strecke auch noch als die von Bäumen gesäumte Holperpiste durch den Park.

Réserve Faunique des Chic Chocs

Dieses Naturschutzgebiet erstreckt sich um den Parc de la Gaspésie und ragt zum Teil in ihn hinein. Das vor allem bei Jägern und Anglern beliebte Gebiet lockt auch Geologen an, hier eine Expedition zu unternehmen. Achate finden sich hier häufig, und in der **Mont Lyall Mine** (Erw./Kind 9/6 C$; ⊙Juni–Sept. 9–17 Uhr) kann man auf Edelsteinsuche gehen.

Zum Haupteingang gelangt man, indem man vom Parc de la Gaspésie auf der Route 299 gen Süden fährt; 12 km hinter der Gîte du Mont Albert geht es dann 1,5 km auf der Route du Lac Ste-Anne in Richtung Osten nach Murdochville.

Mont St-Pierre

Östlich von Ste-Anne-des-Monts wird die Landschaft der Halbinsel Gaspé immer spektakulärer. Die North Shore auf der anderen Seite des Sankt-Lorenz-Stroms verschwindet langsam aus dem Blickfeld und die Straße schlängelt sich um Felsklippen. Hinter jeder Kurve offenbart sich ein neues Stück Berglandschaft, die stufenförmig zum Meer hin abfällt.

Hinter einer Haarnadelkurve kommt Mont St-Pierre in Sicht. Der Ort verdankt seinen Namen einem 418 m hohen Berg mit einem Felsvorsprung, der zu den besten Spots für **Drachen-** und **Gleitschirmfliegen** in Amerika zählt. Ende Juli findet hier die zehntägige **Fête du Vol Libre** statt, dann füllt sich der Himmel mit Hunderten von Drachen und Gleitschirmen. In der Nähe des östlichen Ortsrands führen holprige Straßen südlich vom Camping Municipal hinauf zu den Startplätzen am Mont St-Pierre, von wo aus man eine grandiose Aussicht hat. Wem der einstündige Aufstieg zu anstrengend ist, der besorgt sich ein Quad.

Unterhalb der Geröllfelder des Mont St-Pierre befindet sich ein gut ausgestatteter Campingplatz mit Waschmaschinen, einem Pool und einem Tennisplatz: **Camping Municipal** (☎418-797-2250; 103 Rte 2; Stellplatz Zelt/Wohnmobil 22/35 C$; ⌚Juni–Sept; 🏊). Den Parc de la Gaspésie und die Réserve Faunique des Chic Chocs erreicht man über die Route 2, die lediglich ein paar Kilometer südlich der Stadt zur Schotterstraße wird. Man sollte unbedingt eine Karte mitnehmen und auf Langholzlaster achtgeben! Zum Interpretation Center fährt man am besten über die Hauptstraße

Östlich vom Mont St-Pierre

Die Landschaft in dieser Gegend hat etwas Majestätisches mit ihren hoch aufragenden Klippen, Kieselstränden, Telegrafenmasten, die an Schuttkegeln stehen, und Drachenfliegern hoch oben am Himmel.

Neben dem **Leuchtturm** (Eintritt 2,50 C$) von **Ste-Madeleine de la Rivière Madeleine** befinden sich ein Café mit Internetzugang, ein Angelzentrum und ein **Museum** (Eintritt inkl. Leuctturm 6 C$), das über die hiesige Papiermühle informiert, in der zu ihren besten Zeiten im Jahr 1921 mehr als 1200 Angestellte arbeiteten.

Beim **Grande Vallée** führt die Straße immer wieder in tiefe grüne Täler; hier sind im Schichtgestein mehr Wellen zu sehen als in den beschaulichen Buchten auf der anderen Straßenseite.

Petite Vallée ist ein malerisches Dorf am Wasser; besonders hübsch ist das blau-weiße **Théâtre de Vieille Forge** (☎418-393-2222; 4 Rue de la Longue-Pointe), in dem größtenteils das **Festival en Chanson** (⌚Ende Juni–Anfang Juli) stattfindet. Es ist mittlerweile zu einem der bedeutendsten Volksmusik-Events der Provinz Québec avanciert, konnte sich seine familiäre Atmosphäre aber dennoch bewahren. Kinder und sogar der Metzger der Ortschaft geben spontan ihre Künste auf der Bühne zum Besten.

Das winzige **St-Yvon** ist interessant, da es im Zweiten Weltkrieg von einem Torpedo-Irrläufer getroffen wurde.

Am **Cap des Rosiers**, dem Tor zum Nationalpark Forillon, erzählen die Grabinschriften auf dem **Cimetière des Ancêtres** auf den Klippen die Geschichte der irischen, französischen und auch britischen Siedler von den Kanalinseln. Der **Leuchtturm** ist der höchste Kanadas.

Parc National du Canada Forillon

Der kleine **Park** (www.pc.gc.ca/forillon; Erw./Kind 7,80/3,90 C$; ⌚Rezeption Juni–Okt. 10–17 Uhr) an Gaspés nordöstlichstem Zipfel ist genau der richtige Ort, um Touren durch die obere Hälfte der Halbinsel zu beenden. Die schroffen Klippen ziehen Seevögel an, u. a. Kanadareiher. Draußen vor der Küste werden oft Wale und Robben gesichtet. In den sanft geschwungenen, bewaldeten Hügeln weiter landeinwärts tummeln sich Elche, Hirsche, Füchse und auch immer mehr Schwarzbären.

Karten sind bei den Besucherzentren an den beiden Haupteingängen erhältlich. Einer befindet sich in L'Anse au Griffon östlich von Petite Rivière au Renard an der Route 132, der andere am südlichen Parkrand in Penouille.

Sehenswertes & Aktivitäten

An der Nordküste gibt es steile Kalksteinklippen, die bis zu 200 m hoch sind. Ein Paradebeispiel für lange Kiesstrände ist das **Cap Bon Ami**. Dort kann man durch ein Teleskop Wale und Robben beobachten. Im **Nordsektor** südlich von Cap des Rosiers ist ein toller Picknickbereich mit einem kleinen, felsigen Strand. Die Südküste hat mehr Strände; manche sind Sandstrände mit kleinen Buchten.

Am **Penouille Beach** soll das Wasser angeblich am wärmsten sein. Für die seltenen Maritime Ringlets (eine Schmetterlingsart) sind die hiesigen Salzwiesen ein idealer Lebensraum. Am Ende der Halbinsel kann man den herrlichen Sonnenuntergang optimal genießen.

Die Wandermöglichkeiten im Nationalpark reichen von relativ leichten, halbstündigen Rundwanderungen bis zu einem anstrengenden Trek von 18 km Länge (einfache Strecke 6½ Std.). Eine leichte Tour führt Richtung Osten zum **Cap Gaspé**, wo man Aussicht auf die Meeresküste hat.

Der International Appalachian Trail endet im Park – hier fallen die Appalachen steil zum Meer ab.

Mindestens einmal pro Tag organisiert Parks Canada verschiedene Aktivitäten wie Whale-Watching, Seekajakausflüge, Angeln, Sporttauchen und Reiten mit englischsprachigen Führern.

Schlafen

Auberge Internationale Forillon HOSTEL $
(☎418-892-5153; www.aubergeforillon.com; 2095 Blvd Grande Grève, Cap-aux-Os; B/Zi. 30/60 C$; ⏲Mai–Nov.; 📶) Dieses Hostel ist ein prima Standquartier für abenteuerlustige Gäste, denn die freundlichen Mitarbeiter halten jede Menge Tipps für spannende Wanderungen bereit. Im Restaurant wird überteuertes, durchschnittliches Kneipenfutter serviert. Wenn das Hostel komplett ausgebucht ist, kommt man sich hier vielleicht ein bisschen kaserniert vor, doch der sagenhafte Blick über die Bucht entschädigt für alle kleineren Unannehmlichkeiten. Ein *dépanneur* (Minisupermarkt) sowie ein Kajak- und Fahrradverleih befinden sich gleich in der Nähe.

Forillon Campgrounds CAMPINGPLATZ $
(☎877-737-3783, 418-368-5505; www.pccamping.ca; Stellplatz Zelt/Wohnmobil 25,50/29, 40 C$, Zelte 70–100 C$; ⏲Juni–Sept.) Im Park warten drei Campingplätze mit insgesamt 367 Zeltplätzen auf, dennoch ist hier oft alles total ausgebucht.

Am beliebtesten ist der Campingplatz Petit-Gaspé, denn er liegt windgeschützt und verfügt sogar über warme Duschen. Cap Bon Désir ist mit lediglich 41 Stellplätzen der kleinste der drei Campingplätze. In und unweit vom Petit-Gaspé gibt es sogenannte „oTENTiks“, d. h. fest installierte, einfache Zelte mit Betten.

Anreise & Unterwegs vor Ort

Zum Park fahren nur wenige öffentliche Verkehrsmittel. Die zwischen Rimouski und Gaspé verkehrenden Busse von Orléans Express halten im Sommer im Park, u. a. in Cap des Rosiers und Cap aux Os. Leider muss man dann noch einen Fußmarsch die Route 132 entlang in Kauf nehmen, um die Wanderwege und Campingplätze zu erreichen. Auf Wunsch kann man sich vom Fahrer im Park absetzen lassen

Gaspé

Die Hauptstadt der Halbinsel gleichen Namens beeindruckt vor allem mit der herrlichen Aussicht auf den Parc National Forillon; Gaspé hat aber auch noch zwei weitere interessante Attraktionen zu bieten. Nach ein paar Tagen im Nationalpark fällt einem die Rückkehr in die Zivilisation hier mögli-

DIE KANADISCHEN APPALACHEN

Kanadas 1034 km des insgesamt 4574 km langen International Appalachian Trail (IAT) sind noch relativ unbekannt. Dieser Abschnitt wurde 2001 an den amerikanischen Teil angeknüpft und ist für den Zusatz „International“ verantwortlich. Nordamerikas längster zusammenhängender Wanderweg führt über die Gipfel und Täler der Appalachen, eines der ältesten Gebirgszüge der Welt. Er erstreckt sich vom Mt. Springer in Georgia, USA, bis zum Parc National Forillon an der Spitze der Gaspé-Halbinsel.

Das kanadische Teilstück beginnt an der Grenze zwischen Maine und New Brunswick, verläuft quer durch New Brunswick und über den höchsten Berg der Provinz, den Mt. Carleton. In Matapédia beginnen die letzten 644 km auf Québecer Boden. Von hier windet sich der Weg zunächst durch das Matapédia-Tal hinauf nach Amqui, wo er einen Schwenk in Richtung Nordosten zum Parc de la Gaspésie und zu den umliegenden Naturschutzgebieten, den Highlights in dieser Gegend, macht. Anschließend geht es von den Bergen runter nach Mont St-Pierre und noch 248 km die Küste entlang zum Cap Gaspé, dem Endziel.

Abgesehen vom Abschnitt im Matapédia-Tal ist der Weg klar gekennzeichnet und in gutem Zustand. An der ganzen Strecke gibt's Schutzhütten und Campingplätze. Einige Abschnitte sollten aber nur von erfahrenen Wanderern in Angriff genommen werden. Für alle ist es ein Muss, sich vorab über potenzielle Gefahren wie Schwarzbären zu informieren. Detaillierte Informationen und Karten sind in den Touristen- und Parkinformationen in Orten wie Matapédia erhältlich. Ansonsten kann man ☎418-562-7885 anrufen oder die Website www.sia-iat.com besuchen.

cherweise leichter als im wesentlich touristischeren Percé.

Hier landete Jacques Cartier erstmals im Juli 1534. Nachdem er mit den Irokesen, die in dieser Region lebten, Kontakt aufgenommen hatte, stellte er mutig ein Holzkreuz auf und nahm dann das Land im Namen des französischen Königs in Besitz.

Sehenswertes

Musée de la Gaspésie MUSEUM
(80 Blvd Gaspé; Erw./Kind 10/5 C$; 9–17 Uhr) In diesem Museum wird man mit der Geschichte der Halbinsel vertraut gemacht. Exponate wie ein Stundenglas aus dem 17. Jh. erinnern an das Seefahrererbe. Am wohl beeindruckendsten ist die Ausstellung über Jacques Cartier, den ehemaligen Schiffsjungen, der die französische Marine davon überzeugen konnte, seine „Reise in das Königreich der Neuen Welt" zu unterstützen. Draußen erinnert ein **Bronzedenkmal** an Cartiers Landung.

Site d'Interpretation de la Culture Micmac de Gespeg MUSEUM
(783 Blvd Pointe Navarre; Erw./Stud. 8/6 C$; Juni–Sept. 9–17 Uhr) Dieses Zentrum nordwestlich des Orts neben der Kirche **Notre-Dame-des-Douleurs**, einer katholischen Pilgerstätte, informiert mit einer Ausstellung über die Kultur und Geschichte der Mi'kmaq. Englisch- und französischsprachige Führungen (10, 11, 14 & 15.30 Uhr) und Workshops.

Schlafen & Essen

Motel Adams MOTEL $$
(418-368-2244, 800-463-4242; www.moteladams.com; 20 Rue Adams; Zi. 88–119 C$;) Das zentrale Motel verfügt über 96 große Wohneinheiten sowie über eine Bar und ein Restaurant. Irgendwelcher Schnickschnack ist nicht vorhanden, aber der Besitzer ist nett und kennt sich gut aus.

Motel Plante MOTEL $$
(418-368-2254, 888-368-2254; 137 Rue Jacques-Cartier; Suite 85–150 C$;) Das Motel auf einem Hügel oberhalb der Innenstadt von Gaspé bietet einfache Suiten und Studios mit eigener Küche.

Hôtel des Commandants HOTEL $$
(800-462-3355, 418-368-3355; www.hoteldescommandants.com; 178 Rue de la Reine; Zi. ab 130 C$) Wer auf schicken, modernen Luxus wert legt – wie Kaffeemaschine und Industriedesign –, ist in diesem großen, geschäftstüchtigen Hotelkomplex an der richtigen Adresse.

Café des Artistes CAFÉ $
(101 Rue de la Reine; Sandwiches 8–12 C$; 7–22 Uhr) Von der Stereoanlage dudelt Weltmusik, die Latte an Tee- und Kaffeesorten ist so lang wie die Halbinsel Gaspé, und die Auswahl an Gerichten reicht von Croissants bis hin zur Pizza.

Bistro Bar Brise-Bise PUB $$
(135 Rue de la Reine; Hauptgerichte ab 15 C$; 11–22 Uhr) Zum abendlichen Unterhaltungsprogramm kann man sich eine Pizza, einen Burger oder aber auch Muscheln schmecken lassen.

An- & Weiterreise

Air Canada fliegt täglich vom kleinen **Flughafen** (418-368-2104), 6,5 km südlich der Stadt, zu den Îles de la Madeleine sowie nach Montréal über Québec (Stadt).

Busse von Orléans Express machen am Motel Adams halt.

Percé

Der Charme der Halbinsel Gaspé liegt eigentlich eher in den tiefen Nationalparks verborgen und weniger in den Ortschaften, doch Percé mit seinem berühmten Rocher Percé (durchbohrter Felsen) stellt eine löbliche Ausnahme dar. Der Felsen ragt in der Nähe vom größten Zugvogelschutzgebiet Nordamerikas, der Île Bonaventure, aus dem Meer auf und gilt als eines der bekanntesten Wahrzeichen Kanadas. Der Felsen wie auch die Insel liegen in einem Abschnitt des Golfs, der schon ab 1784 viele Kabeljaufischer aus Europa anlockte. Wer beim Hummeressen sein Lätzchen besudelt hat, kann sich die fischigen Kalorien anschließend bei einer Wanderung durch die Hügel wieder abtrainieren; sie gehören teilweise zu den Appalachen, in deren Schutz dieses reizvollste Städtchen der Halbinsel liegt.

Sehenswertes & Aktivitäten

In der Eintrittsgebühr zum **Parc National** (4 Rue du Quai; Erw./Kind 6,50/3 C$; Juni–Okt. 9–17 Uhr) mit Aussicht auf den Felsen sind eine Begrüßung, die Besichtigung der Gestade rundum und der Île Bonaventure plus der Besuch des Infozentrums mit Informationen zur Lokalgeschichte, Flora, Fauna (vor allem zur reichen Vogelwelt) und Geologie enthalten.

Rocher Percé WAHRZEICHEN

Dieser 88 m hohe und 475 m lange Kalksteinfelsen mit vielerlei Farbschattierungen hat schon im Jahr 1603 Kapitän Samuel de Champlain zu einer Beschreibung in seinem Logbuch inspiriert – und es sollten noch viele folgen. Die Hauptattraktion der Ortschaft lässt sich vom Festland nur mit einem Ausflugsboot erreichen. Exkursionen zur Île Bonaventure beinhalten immer auch eine Fahrt um diesen Felsen herum mit wesentlichen Erläuterungen zu seiner Geschichte und Folklore.

Die Schilder, die vor herabstürzenden Felsen warnen, sollte man übrigens ernst nehmen. Jedes Jahr lösen sich an die 150 000 t Gesteinsbrocken vom Rocher Percé. Früher wies der Felsen zwei Löcher auf, im Jahr 1845 brach jedoch ein Bogen ein. 2003 stürzten sage und schreibe 100 000 kg Geröll auf einen Schlag herab.

Île Bonaventure INSEL

Den mehr als 100 000 Basstölpeln auf der grünen Île Bonaventure einen Besuch abzustatten ist eine prima Methode, sich seelisch auf die verführerischen Fischteller in Percé einzustimmen. Jedenfalls gibt es an der Mole in Percé jede Menge Kioske und Schlepper von Tourenanbietern, die Fahrkarten für einen Schiffsausflug zur Insel hinüber verkaufen wollen. Alle Boote umrunden einmal den Rocher Percé, fahren nahe an die Basstölpel auf der Insel heran, um dann den Steg auf der Westseite der Île Bonaventure anzusteuern. Hier können die Teilnehmer aussteigen und dann eine kleine Wanderung unternehmen, aber natürlich auch an Bord abwarten, bis es wieder zurück nach Percé geht. Wer sich zum Bleiben entschließt, muss beim Verlassen des Schiffs eine Eintrittsgebühr für den Nationalpark entrichten.

Club Nautique de Percé WASSERSPORT

(199 Rte 132) Der Club Nautique de Percé veranstaltet Kajakausflüge und Exkursionen zum Scuba-Tauchen; die Ausrüstung kann man sich leihen. Der Transport zu einem Tauchrevier, die Ausrüstung und ein Tauchgang kosten 95 C$, zwei Tauchgänge kommen auf 155 C$.

Wanderungen WANDERN

Oberhalb der Stadt gibt es ein paar traumhafte Wanderwege, die durch die Hügel der wildesten Gegend im südlichen Gaspé führen. Hinter der Kirche beginnt der rund 3 km lange Weg zum **Mont Ste-Anne** (340 m). Nachdem man die herrliche Aussicht genossen hat, bietet sich ein Abstecher zu **La Grotte** (The Cave) an. Ein weiterer,

BRUTPLATZ DER BASSTÖLPEL

Von den Hunderten Vogelarten in Québec hat sich der Basstölpel (*fou de bassan*) am tiefsten in das Herz der Québecer eingenistet. Auf der Île Bonaventure leben etwa 104 000 dieser gefiederten Freunde – weltweit eine der größten Populationen und sicherlich die am leichtesten zugängliche. Doch nicht nur die gewaltige Anzahl der Vögel oder deren ohrenbetäubendes Geschrei machen diese Kolonie so bemerkenswert. Ausgewachsene Basstölpel mit ihrem strahlend weißen Gefieder sind ein ausgesprochen schöner Anblick. Die stechend blauen Augen über der Wurzel des eleganten, graublauen Schnabels sind von einem schwarzen Ring umgeben. In der Paarungszeit nimmt das Kopfgefieder ein helles Gelb an, sodass es von innen zu glühen scheint.

Ausgewachsene Basstölpel haben eine Spannweite von ca. 2 m, wodurch sie einen anmutigen Flugstil besitzen und beinahe ohne Flügelschlagen auszukommen scheinen. Basstölpel dabei zu beobachten, wie sie von der tobenden Schar völlig unbeeindruckt zu ihrem lebenslangen Partner zurückkehren und ihn freundlich liebkosen, ist bewegend und amüsant zugleich.

Als Stoßtaucher stürzen sie sich aus etwa 20 m Höhe senkrecht auf ihre Beute und wirbeln dabei ordentlich Gischt auf. Wenn sie danach aus 5 m Tiefe wieder auftauchen, haben sie meistens einen Fisch im Schnabel.

Auf der Île Bonaventure kann man sich den Basstölpeln nähern, ohne sie zu stören. Ein wahrer Höhepunkt der ohnehin schon reizvollen Fahrt zur Insel!

etwa 3 km langer Weg führt zur **Great Crevasse**, einer tiefen Felsspalte. In der Touristeninformation sind nützliche und hilfreiche Karten erhältlich.

Geführte Touren

Les Traversiers de l'Île BOOTSAUSFLUG
(☎418-782-5526; Rue du Quai; ⏲Juni–Sept.) Einer von drei Veranstaltern, die Ausflüge zum Hummerfischen und zur Île Bonaventure (Erw./Kind 25/8 C$) anbieten; dort besteht die Möglichkeit, das Schiff zu verlassen und eine Wanderung auf den Wegen der Insel zu unternehmen.

La Revasse JEEPTOUR
(☎418-782-2102; 16 Rue St-Michel; ⏲Juni–Sept.) Auf dem Programm stehen 2½-stündige Jeeptouren zu malerischen Ecken wie Mont Ste-Anne, La Grotte und Le Pic d'Aurore (28 C$), die einem die anstrengende Wanderung ersparen.

Schlafen

Le Macareux MOTEL $
(☎418-782-2414, 866-602-2414; Ecke Rte 132 & Rte des Failles; EZ/DZ mit Gemeinschaftsbad ab 35/70 C$; ⏲Mai–Okt.;) Vor der Tür weht eine kräftige Brise vom Meer, im Motel drinnen warten dann blitzblanke Zimmer mit TV und Gemeinschaftsbad, die viel fürs Geld bieten. Im Untergeschoss gibt der Andenkenladen einen Nachlass von 15 % auf Bootsausflüge.

Au Pic de l'Aurore CHALET $$
(☎418-782-2151, 866-882-2151; www.percechalet.com; 1 Rte 132 Ouest; Zi. 69–174 C$, Chalets 69–207 C$; ⏲Mai–Okt.; @) Das weitläufige Grundstück des „Gipfel der Morgenröte" hoch oben auf einer Felsklippe über Percé hat für jeden etwas zu bieten: Chalets mit oder ohne Kochnische, stilvolle Motelzimmer und sogar ein Haus mit vier Schlafzimmern, das man ab 925 C$ pro Woche mieten kann. Innen mutet das Anwesen wie eine gemütliche Holzhütte mit Kiefernmöbeln an. Von der Bar bietet sich ein sagenhafter Ausblick, und kostenloses WLAN ist obendrein vorhanden. Die Gäste können sich unentgeltlich am Bahnhof abholen lassen.

Gîte au Presbytère B&B $$
(☎418-782-5557, 866-782-5557; www.perce-gite.com; 47 Rue de l'Église; EZ/DZ inkl. Frühstück 82/119 C$; ⏲Mai–Okt.; @) Das recht große, helle alte Pfarrhaus mit blitzenden Hartholzböden und einem gepflegten Garten neben der wuchtigen Kirche ist eines der besten Quartiere. Der nette, ulkige Wirt Michel verfügt über einen enormen Fundus an Wissen über die Region.

Hôtel La Normandie HOTEL $$$
(☎418-782-2112, 800-463-0820; www.normandieperce.com; 221 Rte 132 Ouest; Zi. 129–249 C$; ⏲Mai–Okt.; @) Das feudalste Hotel der Stadt, das exklusive Normandie, punktet mit seinen Annehmlichkeiten: dem Strand, Zimmern mit Balkon, einem eigenen Fischrestaurant und weitläufigen Rasenflächen mit Panoramablick auf den Felsen.

Essen

In Percé gibt es preiswerte Speiselokale. Wer allerdings vorhat, einmal so richtig über die Stränge zu schlagen und die Meeresfrüche der Region zu kosten, sollte dies hier tun. In der Hauptstraße, der Route 132, reihen sich zig legere Cafés aneinander, deren Speisekarten sich nicht groß unterscheiden. Es gibt Pizza, Meeresfrüchte, Salate und Burger.

Boulangerie Le Fournand CAFÉ $
(194 Rte 132; Snacks 2–10 C$; ⏲Mai–Okt. Mo–Sa 7.30–20, So bis 19 Uhr) Wer Brote für ein Picknick braucht, anständigen italienischen Kaffee und köstliches französisches Gebäck oder eine Quiche genießen möchte, sollte diese farbenfrohe Bäckerei aufsuchen.

Café Champêtre CAFÉ $
(164 Rte 132 Ouest; Hauptgerichte 6–15 C$; ⏲Juni–Okt. 11–22 Uhr) Das Café Champêtre ist schon fast eine Touristenfalle, bietet sich aber dennoch mit seinem großen Patio, dem kleinen Spielplatz und der Eisdiele nebenan für Familien an.

La Maison du Pêcheur MEERESFRÜCHTE $$
(☎418-782-5331; 155 Place du Quai; Pizza 13–23 C$, Menüs 18–40 C$; ⏲Juni–Okt. 11–14.30 & 17–22 Uhr;) Preisgekröntes Restaurant in einer ehemaligen Fischerhütte, in der in den 1960er-Jahren eine Kommune gewohnt hat (an der Decke sind noch Graffiti aus dieser Zeit zu sehen). Auf der Speisekarte stehen Meeresfrüchte wie Hummer und 15 verschiedene Pizzas (sogar mit Tintenfisch!), die in einem mit Ahornholz befeuerten Ofen gebacken werden. Unten in dem Bistrocafé L'Atlantique kommt man ins Internet. Reservierung erforderlich!

Café Couleurs CAFÉ $$
(1004 Rte 132 Est; Menüs 8–20 C$; ⌚ Juni–Sept. 9–17 Uhr) In einem ruhigen, beschaulichen Haus im idyllischen Barachois, rund 20 Minuten mit dem Auto von Percé entfernt, kommt den ganzen Tag leckeres Essen auf den Tisch und auch ein anständiger Kaffee. Eine kleine Kunstgalerie und einen netten Andenkenladen gibt es hier auch noch. Am besten startet man in den neuen Tag mit belgischen Waffeln und Bergen von Obst, und zwar im Patio mit herrlichem Blick auf das Meer, die Berge und den Rocher Percé.

Resto du Village CAFÉ $$
(162 Rte 132; Menüs 20 C$; ⌚ 8–21.30 Uhr) Dieses legere Café existiert schon seit ewigen Zeiten. Geboten sind ein quirliger Patio direkt an der Straße und anständiges Essen.

Praktische Informationen

Touristeninformation (☎ 418-782-5448, 855-782-5448; 142 Rte 132; ⌚ Juli & Aug. 8–21 Uhr, Juni, Sept. & Okt. bis 17 Uhr) Mitten in der Stadt.

An- & Weiterreise

Busse von Orléans Express halten an der Touristeninformation auf dem Weg nach Gaspé (einfache Fahrt 7 C$, 55 Min., 2-mal tgl.), wo Anschluss zum Nationalpark Forillon und in Richtung Westen nach Rimouski (einfache Fahrt 84 C$, 8 Std., 2-mal tgl.) besteht.

New Carlisle

New Carlisle, eine der bedeutendsten englischen Städte der Gegend, wurde von Loyalisten gegründet. Die Häuser mit Schindelfassaden, die protestantischen, anglikanischen und presbyterianischen Kirchen in den gitterförmig angeordneten Straßen erinnern an New Brunswick. Der Politiker René Lévesque, der in den 1970er-Jahren eine wichtige Rolle in Québec spielte, wuchs in der Rue Mount Sorel Nr. 16 auf.

Der erste Bürgermeister der Stadt ließ 1852 das **Hamilton Manor** (☎ 418-752-6498; www.manoirhamilton.com; 115 Rue Gérard Lévesque; Führung 5 C$, Zi. inkl. Frühstück 80 C$; Mai–Dez.; @) im palladianischen Stil errichten. Es ist ein wundervolles Beispiel für den Stil der Kolonialzeit, angefangen beim Bild der Queen Victoria über den Brotofen bis hin zu den Dachkammern der Hausmädchen. Die heutigen Gästezimmer sind im Stil des 19. Jhs. eingerichtet und wurden bis heute kaum verändert. Zwischen Juni und September wird mittwochs bis sonntags Nachmittagstee in Porzellantassen serviert. Im *petit théâtre* im früheren Wohnzimmer werden Kinoklassiker gezeigt.

Bonaventure

Das von Akadiern 1791 gegründete Bonaventure ist eine nichtssagende, zersiedelte Stadt, lohnt aber dennoch einen Besuch, um sich über den „Großen Aufstand" der Akadier zu informieren oder um den Rivière Bonaventure hinaufzuschippern, einen der saubersten Flüsse der Provinz Québec.

Das kleine **Musée Acadien** (95 Ave Port-Royal; Erw./Kind 9,25/6,25 C$; ⌚ 9–17 Uhr) präsentiert künstlerische Darstellungen der Misere der Akadier mit zweisprachigen Erklärungen. Hier finden in den Sommermonaten am Mittwochabend immer beliebte Konzerte mit akadischer Musik unter freiem Himmel statt.

Nordöstlich der Stadt zählt die fast 500 000 Jahre alte **Grotte de St-Elzéar** (☎ 877-524-7688, 418-534-3905; 136 Chemin Principal; Erw./Kind 39,50/29,50 C$; ⌚ vier Führungen tgl. Juli & Aug. 8–15 Uhr) zu den ältesten Höhlen der Provinz Québec. Die Besucher steigen tief in die kühle Höhle hinunter (unbedingt warme Kleidung mitbringen), um sich die Stalagmiten, Stalaktiten und die Mondmilch anzusehen, eine geheimnisvolle Ablagerung, die in den Höhlen entdeckt wurde. Führungen in englischer Sprache müssen im Voraus gebucht werden. Und so kommt man hin: Am Cime Aventure einfach der Beschilderung folgen.

Das junge, dynamische **Cime Aventure** (☎ 800-790-2463, 418-534-2333; www.cimeaventure.com; 200 Athanase-Arsenault; Zeltplätze/Chalets/Öko-Lodges ab 25/269/159 C$) bietet Kanu- und Kajakausflüge, genau gesagt Halbtagstouren auf einer Strecke von rund 9 km (37 C$) bis hin zu siebentägigen Exkursionen (1354 C$) mit Essen und Ausrüstung, die beinahe alle auf dem malerischen, beschaulichen Rivière Bonaventure stattfinden. Das Unternehmen betreibt auch einen der besten Campingplätze der Provinz mit Chalets für acht bis zehn Personen, Öko-Lodges, die sich über Laufstege hoch oben in den Baumwipfeln erreichen lassen, sowie eine rustikale Restobar. Wie man hinkommt? Von der Route 132 die Avenue Grand Pré nehmen, die in den Chemin de la Rivière übergeht. Cime Aventure ist dann links am Chemin de la Rivière ausgeschildert, gleich hinter der Brücke über den Rivière Bonaventure.

Das **Café Acadien** (☎418-534-4276; 168 Rue Beaubassin; Hauptgerichte 11–25 C$, EZ/DZ inkl. Frühstück 70/80 C$; ⏲7.30–21.30 Uhr) ähnelt einem Bootsschuppen. Mit Blick auf den Jachthafen können die Gäste sich hier das leckere Frühstück mit Crêpes und Lachs, Eiern und Schinken schmecken lassen. Auf der Speisekarte stehen auch Bagels und akadische, Cajun- und italienische Gerichte. Im Obergeschoss gibt's ein paar Zimmer.

Die **Touristeninformation** (☎418-534-4014; Rte 132; ⏲Juli & Aug. 9–19 Uhr, Juni & Sept. bis 16 Uhr) bietet kostenloses WLAN und auch PC-Zugang.

New Richmond

Das **British Heritage Village** (351 Blvd Perron Ouest; Erw./Kind 8/5 C$; ⏲Juli & Aug. 10–17 Uhr) im englischsprachigen New Richmond vermittelt anhand einer rekonstruierten Siedlung britischer Einwanderer, wie das Dorf Ende des 18. Jhs. einmal ausgesehen hat. Die Besucher können mit der Kutsche zwischen den verschiedenen Gebäuden herumfahren, darunter ein Militärmuseum, eine Schmiede, eine Schule und ein Gemischtwarenladen.

Carleton-sur-Mer

Einer der schönsten Orte an der Baie des Chaleurs, ist sicherlich Carleton-sur-Mer. Besucher, die einen Tagesausflug auf die Halbinsel Gaspé unternehmen, sind immer begeistert von dem Ort wegen der Sandbänke, der Möglichkeit, Vögel zu beobachten und Wanderungen in den gut 500 m hohen Bergen zu unternehmen.

An der Mole fahren Boote zum Angeln oder Sightseeing ab. Vom **Vogelbeobachtungsturm** an der Banc de Carleton hinter dem Jachthafen kann man auf der Sandbank Reiher, Seeschwalben, Bachstelzen und andere Watvögel bestaunen. Wanderwege und die Rue de la Montagne führen auf den Gipfel (555 m) des **Mont St-Joseph** (555 m) samt einer Kapelle mit blauem Metalldach (Touren 6 C$; ⏲Juni–Aug. 9–19 Uhr, Sept. & Okt. bis 17 Uhr) hinauf; der Blick reicht weit über die Bucht bis nach New Brunswick. Zu bewundern gibt es in der Kapelle wunderschöne Mosaiken, Buntglasfenster und Art déco-Elemente; eine Kunstgalerie ist auch noch vorhanden.

Schlafen & Essen

Camping de Carleton CAMPINGPLATZ $
(☎418-364-3992; 319 Ave du Phare; Stellplatz Zelt/Wohnmobil 18/41 C$; ⏲Juni–Sept.) Dieser Campingplatz liegt auf einer Landzunge zwischen der Baie des Chaleurs und der ruhigen inneren Bucht. Die Gäste haben Zugang zum meilenlangen Strand, auf dem auch gezeltet wird.

Manoir Belle Plage HOTEL $$
(☎800-463-0780, 418-364-3388; www.manoirbelleplage.com; 474 Blvd Perron; Zi. ab 106 C$; ❄@📶) Moderne Zimmer mit luxuriöser Bettwäsche warten auf die Gäste in diesem fröhlichen Hotel am Highway. Mit dazu gehört ein nobles Restaurant, in dem köstliche Spezialitäten aus der Region serviert werden. Das gesamte geschmackvolle Hotel steht unter dem Motto Meer – und das kann man sich dann so vorstellen: effektvoll platziertes Treibholz und Dichtung zum Thema Seefahrt.

Brûlerie du Quai CAFÉ $
(200 Rte du Quai; Kaffee ab 2 C$; ⏲8–18 Uhr) Die Einheimischen strömen in Scharen in diese lebhafte Grillstation mit Café und zugehörigem Geschäft, um sich dort eine der unglaublich leckeren Espresso-Kreationen zu genehmigen. Der kleine Patio geht auf die Mole hinaus, und die Gäste hier dürfen auch gern etwas zum Mittagessen oder Picknicken mitbringen – die hervorragende Bäckerei **La Mie Véritable** (578 Blvd Perron) gleich in der Nähe hilft da gut weiter.

Le Marin d'Eau Douce MEERESFRÜCHTE $$
(215 Rte du Quai; Hauptgerichte ab 16 C$, Mahlzeiten 32–37 C$; ⏲Mo–Sa 17–21.30 Uhr) Das einladende Speiselokal liegt direkt an der Mole am Wasser. Serviert werden frische Meeresfrüchte und andere Spezialitäten, die alle mit Zutaten aus der Region zubereitet werden. Die Atmosphäre wirkt durchaus feudal, die Mitarbeiter sind freundlich.

Praktische Informationen

Touristeninformation (☎418-364-3544; 629 Blvd Perron; ⏲Juni–Sept. 8–20 Uhr)
Die Touristeninformation befindet sich im Hôtel de Ville (Rathaus).

An- & Weiterreise

Busse von Orléans Express halten am Boulevard Perron Nr. 561; hier verkauft das Restaurant Le Héron auch Fahrkarten. Die Busse verkehren nach Rimouski (56 C$, 3–4 Std., 3-mal tgl.) und Gaspé (37 C$, 4 Std., 2-mal tgl.).

Der **VIA Rail-Bahnhof** (Rue de la Gare) liegt etwa 1 km vom Ortszentrum entfernt vor der Kulisse der Berge.

Parc de Miguasha

Die kleine Halbinsel 7 km südlich der Route 132 bei Nouvelle ist der zweite Nationalpark Québecs, der ins Unesco-Welterbe aufgenommen wurde. Weltweit ist dies der bedeutendste Fundort von Fossilien aus dem Devon oder „Zeitalter der Fische". Damals verwandelten sich Meereslebewesen langsam in Vierfüßler, die an Land laufen konnten. Unter den Fossilien im Museum sind Fische, deren Flossenknochen den menschlichen Arm- und Beinknochen ähneln.

Das **Informationszentrum** (☎418-794-2475; 231 Rte Miguasha Ouest; Erw./Kind 10,50/5,25 C$, zuzügl. Eintritt zum Park Erw./Kind 6,50/3 C$; ⏲9–17 Uhr) weiß, wann Führungen durchs Museum und zu den fossilienreichen Klippen auf dem Programm stehen. Es ist nicht gestattet, Fossilien mitzunehmen!

Pointe à la Garde

Zwischen den Bäumen des ansonsten wenig spannenden Pointe à la Garde steht ein außergewöhnliches Holzschloss mit einem roten Metalldach auf den smaragdgrünen Türmchen: das **Château Bahia** (☎418-788-2048; www.chateaubahia.com; 152 Blvd Perron; B 25 C$, EZ/DZ ab 33/66 C$; ⏲Mai–Okt.; @). Die einfachen Zimmer und Schlafsäle mit eigenem Bad oder Gemeinschaftsbad verteilen sich auf die Türme und einen Anbau. Im Großen Saal finden Bankette bei Kerzenschein (15 C$) statt; in den Zimmerpreisen ist das Frühstück mit Pfannkuchen und Waldbeeren bereits enthalten.

Pointe à La Croix/Listuguj

Ein paar Kilometer westlich von Pointe à La Croix/Listuguj liegt die **Lieu Historique National du Canada de la Bataille de la Ristigouche** (Rte 132; Erw./Kind 3,90/1,90 C$; ⏲Juni–Sept. 9–17 Uhr) Hier erfahren die Besucher alles über die Seeschlacht an der Mündung des Flusses Restigouche im Jahr 1760, die den Ambitionen der Franzosen in der Neuen Welt ein Ende setzte. Im Infozentrum wird mit Hilfe nachgebauter Schiffe die Bedeutung der Schlacht für die Briten erklärt. Die Ausstellung präsentiert Objekte, die aus den gesunkenen Schiffen geborgen wurden, und sogar Teile einer untergegangenen französischen Fregatte.

Vallée de Matapédia

Auf der Fahrt durch das Matapédia-Tal bekommt man einen Eindruck von dem Terrain, das Wanderer auf dem International Appalachian Trail erwartet. Die Wälder an den Berghängen werden lediglich von Flüssen, Felsen und riesigen, in Reih und Glied stehenden Hochspannungsmasten, die aus der Wildnis aufragen, unterbrochen. An Regentagen erinnern die in Nebel gehüllten Wälder an das Hochland eines südostasiatischen Landes. Der Rivière Matapédia ist ein beliebtes Lachsrevier. Auch die früheren US-Präsidenten Nixon und Carter haben hier schon die Angel geschwungen.

Matapédia

Matapédia grenzt an Causapscal. Es ist zwar das Zentrum für Outdoor-Aktivitäten, aber glücklicherweise noch weit davon entfernt, einem Touristenort zu ähneln. Als Tor zum International Appalachian Trail hat es natürlich ein **Reception Center** (www.sia-iat.com; Rte 132; ⏲Juni–Okt.), das gleichzeitig als örtliche Touristeninformation fungiert. Dort gibt es eine kostenlose Karte mit Wanderwegen, die sich westwärts über das Hochplateau erstrecken, u. a. die 10 km lange Route, die über St-Alexis zum **Aussichtspunkt Horizon du Rêve** führt.

Nature-Aventure (☎418-865-3554; ⏲Mitte Mai–Sept.) bietet Paddeltouren unterschiedlichen Schwierigkeitsgrads auf den Flüssen der Region an, so auch auf dem Matapédia („dem Zugänglichen") und dem Restigouche („dem Großartigen"). Auf dem Programm stehen zudem zweistündige Touren (45 C$), aber auch Exkursionen, die einen/zwei/drei/vier/fünf Tage dauern und 90/250/340/460/580 C$ kosten. Verliehen werden Kanus, Taucheranzüge und Campingausrüstung.

Causapscal

Wie die gigantische Statue vom „König unserer Flüsse" vermuten lässt, dreht sich in Causapscal alles um **Lachs**. Der größte hier gefangene Lachs wog über 16 kg. Das Outdoor-Angebot umfasst u. a. **Wanderungen** auf Wegen, die sich durch die Hügel schlängeln. Der Ort selbst besitzt eine schöne **Steinkirche** und viele alte **Häuser** mit typisch Québecer Silberdächern. Leider trüben aber Gerüche aus der nahen Sägemühle manchmal die malerische Idylle.

Lachse lieben das gesunde Wasser des **Rivière Matapédia**. Zu Saisonbeginn zappeln regelmäßig 13 kg schwere Prachtburschen in den Netzen. Südlich der Stadt gibt's ein paar überdachte Brücken, im Zentrum führt eine Fußgängerhängebrücke über den Matapédia. Angler werfen ihre Köder dort aus, wo sich der Matapédia und der Causapscal treffen.

Interessant ist ein Besuch der **Site historique Matamajaw** (www.sitehistoriquematamajaw.com; 53 Rue St-Jacques; Eintritt 8 C$; ⏲ Juni–Sept. 9.30–17.30 Uhr), denn dort kann man sehen, wie sich die Burschen nach einem harten Tag auf dem Fluss im luxuriösen Angelclub mit Holzvertäfelung einst entspannt haben. Auf der anderen Seite der Route 132 liegt ein Lachsbecken.

Die reizende altmodische **Auberge La Coulée Douce** (☎ 888-756-5270, 418-756-5720; www.lacouleedouce.com; 21 Rue Boudreau; Zi./Chalet ab 89/149 C$) ist ideal für Angler und Leute, die einfach gern in der gemütlichen Gaststube sitzen und zuhören, wie Seemannsgarn gesponnen wird.

Es gibt eine **Touristeninformation** (53 Rue St-Jacques; ⏲ Juli & Aug. 8–20 Uhr) sowie ein Büro von **CGRMP** (1 Rue St-Jacques Nord; ⏲ Juni–Sept.), in dem – teure – Angelgenehmigungen erteilt werden.

Busse von Orléans Express verkehren zweimal am Tag nach Gaspé (45 C$, 7 Std.) und Rimouski (34 C$, 2 Std.); sie halten in der Rue St-Jacques Nord Nr. 560.

NORDKÜSTE

Die Côte Nord (Nordküste) besteht aus zwei Regionen: Manicouagan reicht bis hinüber nach Godbout, Duplessis erstreckt sich ostwärts bis zur Grenze zu Labrador. Die Zahlen und Fakten sind genauso eindrucksvoll wie die Entfernungen, die beim Durchqueren beider Gebiete bewältigt werden müssen. Ihre gewaltige Gesamtfläche beträgt unglaubliche 328 693 km^2 – damit sind sie fast so groß wie Deutschland. Auf diese Fläche verteilen sich nur etwas mehr als 100 000 hartgesottene Einwohner, die hauptsächlich entlang der 1250 km langen Küstenlinie leben. Somit beträgt die Bevölkerungsdichte in diesem Teil Kanadas nur 0,3 Personen pro Quadratkilometer.

Wer von Tadoussac in Richtung Norden fährt, findet sich in einer Landschaft wieder, die vor herrlicher Flora und Fauna, windgepeitschten Stränden, sagenhaften Ausblicken auf den allgegenwärtigen Sankt-Lorenz-Strom und Bäumen nur so strotzt; diese werden mit der Zeit immer kleiner, bis sie in Havre St-Pierre schließlich ganz von der Bildfläche verschwunden sind. Da hier nur eine Straße verläuft – die Route 138 –, fühlt man sich in dieser fast schon gespenstischen Einsamkeit wie am Ende der Welt.

Baie-Comeau

Die unattraktive Stadt verdankt ihre Existenz Robert McCormick, dem früheren Eigentümer der *Chicago Tribune*. Er beschloss 1936, hier eine gigantische Papier- und Zellstofffabrik zu errichten. Für dieses Vorhaben mussten der Manicouagan und der Outardes zur Stromgewinnung aufgestaut werden. Infolgedessen siedelten sich weitere wasserabhängige Industriebetriebe wie Aluminiumhütten dort an.

Baie-Comeau liegt am Anfang der Route 389, die sich nordwärts in Richtung Labrador City und Wabush erstreckt. Die Straße führt vorbei am **Manicouagan Reservoir**, dem fünftgrößten Meteoritenkrater der Welt. Die faszinierende Landschaft besteht aus Ödland voller Seen, Tundra und den **Groulx Mountains**, die ca. 120 km nördlich des Wasserkraftwerks Manic Cinq bis zu 1000 m in den Himmel ragen.

Eine **Fähre** (☎ 877-562-6560; 14 Rte Maritime; pro Erw./Kind/Auto 17,50/11,50/42 C$) verkehrt ganzjährig viermal täglich nach Matane (2 ½ Std.); sie ist die östlichste Verkehrsverbindung zur Südküste. Man sollte auf alle Fälle länger im Voraus die Karte fürs Auto buchen; Passagiere ohne Auto sollten mindestens einen Tag vorher reservieren.

Godbout

Die beliebteste Freizeitbeschäftigung in diesem verschlafenen Dorf ist zuzuschauen, wie die Fähre einläuft. Das **Musée Amérindien et Inuit** (134 Rue Pascal Comeau; Erw./Kind 5/2 C$; ⌚ Juli–Sept. 9–22 Uhr) besitzt eine hübsche Skulpturensammlung der Inuit und anderer indigener Volksgruppen. Wer gern zum **Schwimmen** gehen möchte, macht einen kleinen Abstecher zum Strand unterhalb des Museums.

Der liebevoll gepflegte und hübsch gestaltete **Gîte La Richardière** (☎418-568-7446; www.gitelarichardiere.com; 109 Rue St-Régis; EZ/DZ 80/85 C$) gilt als die beste Adresse in Godbout. Der gesellige Besitzer spricht Englisch und bereitet ein ausgesprochen leckeres Frühstück zu.

Die **Touristeninformation** (☎418-568-7462; 115 Rue Pascal Comeau; ⌚ Juli–Sept. 7–19 Uhr) befindet sich beim Fähranleger.

Die **Fähre** (117 Rue Pascal Comeau) verbindet Godbout mit Matane.

Pointe-des-Monts

An dieser Stelle knickt die Küste nach Norden ab und der Sankt-Lorenz-Strom wird zum gleichnamigen Golf. Der **Leuchtturm** auf der malerischen Landzunge stammt aus dem Jahr 1830. Er ist einer der ältesten Québecs. Und obwohl er stets gute Dienste geleistet hat, muss er doch auch über Dutzende von Schiffswracks wachen. Heute ist darin ein **Museum** (1830 Chemin du Vieux Phare Casier; Erw./Kind 6 C$/frei; ⌚ Juni–Sept. 9–17 Uhr) untergebracht, das über das Leben und den Familienalltag der Leuchtturmwärter informiert.

Neben dem Leuchtturm befindet sich **Le Gîte du Phare de Pointe-des-Monts** (☎866-369-4083, 418-939-2332; 1937 Chemin du Vieux Phare Casier; Chalets pro Tag/Woche ab 78/500 C$; ⌚ Mai–Okt.); hier gibt es auch Pauschalangebote für Exkursionen zum Angeln und zur Vogelbeobachtung. Das dazugehörige Restaurant serviert Spezialitäten der Region vom Feinsten (Menüs 26–35 C$); wer nicht hier logiert, sollte besser einen Tisch reservieren.

Baie-Trinité

Wer ein morbides Interesse an der Geschichte der Schiffswracks im Sankt-Lorenz-Strom entwickelt hat, sollte im **Centre National des Naufrages** (Nationales Schiffswrack-Zentrum; www.centrenaufrages.ca; 27 Rte 138; Erw./Kind 8/6 C$; ⌚ Juni–Sept. 9–18 Uhr), 34 km nordöstlich von Godbout an der Route 138, einen Zwischenstopp einlegen.

Sept-Îles

Sept-Îles ist der letzte halbwegs große Ort an der North Shore und zählt zu Kanadas betriebsamsten Häfen. Die Straßen des ruhigen und hübschen Städtchens tragen lediglich Buchstaben. Die Inseln und ausgezeichneten Museen entschädigen für die lange Fahrt.

Sehenswertes

Musée Régional de la Côte Nord MUSEUM
(www.mrcn.qc.ca; 500 Blvd Laure; Erw./Kind 5 C$/frei; ⌚ Juli & Aug. tgl. 9–17 Uhr, Sept.–Juni Di–Fr 10–12 & 13–17, Sa & So 13–17 Uhr) Dieses Museum sollte sich wirklich niemand entgehen lassen. Es erzählt die Geschichte der Nordküste und der seit 8000 Jahren bestehenden menschlichen Besiedelung anhand einer interessanten Mischung aus Gerätschaften und Artefakten wie beispielsweise alten Landkarten aus dem 17. Jh.

Musée Shaputuan MUSEUM
(290 Blvd des Montagnais; Erw./Kind 5 C$/frei; ⌚ Juli & Aug. Mo–Fr 8–16.30, Sa & So 13–16 Uhr, Sept.–Juni Mo–Fr) Dieses Museum an der Nordküste informiert am besten über die Kultur der Ureinwohner. Der stimmungsvolle runde Ausstellungssaal ist in vier Abschnitte eingeteilt, die die Jahreszeiten symbolisieren. Die Besucher begleiten die Innu (Montagnais) auf der Karibujagd und sehen, wie sie tückische Stromschnellen meistern. Fotos, Trachten, Skulpturen und Mythen sind in die Ausstellung intergriert.

Le Vieux Poste HISTORISCHE STÄTTE
(Blvd des Montagnais; Erw./Stud. 12/10 C$; ⌚ Juli & Aug. 10–17 Uhr) Dieser Pelzhandelsposten aus dem 17. Jh., Le Vieux Poste, wurde rekonstruiert und vermittelt nun anhand mehrerer Gebäude, wie die Jäger, die sich in den weiten und dichten Wäldern zu Hause fühlten, einst gelebt haben.

Île Grande-Basque
INSEL

Die größte Insel des kleinen Archipels vor Sept-Îles eignet sich perfekt, um sich einen schönen Tag zu machen – beispielsweise beim Wandern auf den 12 km langen Pfaden oder beim Picknick am Meer. Im Sommer bieten **Croisière Petit Pingouin** (☎418-968-9558) und **Les Croisières du Capitaine** (☎418-968-2173) regelmäßig Fährverbindungen (10 Min.) von der Insel zum Hafen von Sept-Îles (Erw./Kind 25/15 C$) an sowie Bootsausflüge in die Inselwelt. Fahrkarten sind am Parc du Vieux Quai am Hafen erhältlich. Es ist mit der entsprechenden Genehmigung erlaubt, ein Zelt aufzuschlagen; erhältlich ist diese bei den Veranstaltern von Bootsausflügen und in der Touristeninformation. Die Île du Corossol gleich in der Nähe ist ein Vogelschutzgebiet.

Schlafen & Essen

Zig Motels befinden sich an der Route 138 (Boulevard Laure).

Le Tangon
HOSTEL $

(☎418-962-8180; www.aubergeletangon.net; 555 Rue Cartier; Zeltplätze/B 10/22 C$, EZ mit Gemeinschaftsbad 26–30 C$, DZ 44–48 C$; @📶) Der Holzbalkon hier ist ein erhebender Anblick nach den vielen Meilen auf der Route 138. Drinnen lässt das HI-Hostel an der Rezeption freundliche Gesichter sehen, es gibt Duschen mit kräftigem Wasserstrahl, kleine Schlafsäle und eine anheimelnde Lounge und auch eine Küche.

Hôtel le Voyageur
HOTEL $$

(☎418-962-2228; www.hotellevoyageur.com; 1415 Blvd Laure; Zi. 89–219 C$; ❄📶) Die schicken Zimmer mit modernen Möbeln stehen in krassem Gegensatz zum ziemlich kitschigen Retro-Schild am Haus vorne. Dicke Pluspunkte gibt es für die wahrlich sagenhafte Aussicht und das anständige, deftige Frühstück hier.

Pub St-Marc
KNEIPE $$

(588 Ave Brochu; Menüs 20–29 C$; ⏲11.30–13 & 16–3 Uhr) Die gemütliche Bar mit einer Terrasse samt Heizstrahlern erfreut ihre Gäste mit Dutzenden Bieren vom Fass, Pasta und Salaten.

Les Terrasses du Capitaine
MEERESFRÜCHTE $$$

(295 Ave Arnaud; Menüs ab 25 C$; ⏲Mo–Fr 11–14, tgl. 16.30–21 Uhr) Das Restaurant hinter dem Fischmarkt ist die wohl beste Adresse der Stadt, um den fangfrischen Fisch der Region zu probieren.

ABSTECHER

MIT DER TSHIUETIN-EISENBAHN UNTERWEGS

Die **Tshiuetin Rail Transportation** (Karte 253; ☎866-962-0988, 418-962-5530; www.tshiuetin.net; 1005 Blvd Laure, Sept Îles) liegt in Händen der indigenen Bevölkerung und bietet zweimal wöchentlich eine Zugverbindung auf der Strecke von Sept Îles nach Schefferville an; der 568 km im hohen Norden gelegene Ort ist einer der abgelegensten Flecken der Provinz, nichtsdestotrotz aber eine florierende Bergbaustadt. Die Landschaft unterwegs in den hohen Norden beeindruckt zutiefst. Es geht durch Wälder, Schluchten und in tiefe Täler hinein, der Zug schlängelt sich an Wasserfällen und Stromschnellen vorbei, durchquert die Berge und rattert an Seen, Flüssen und Hügeln vorbei, soweit das Auge reicht. Außerdem überquert der Zug auch eine 900 m lange Brücke 50 m über den Rivière Moisie hinter den 60 m hohen Tonkas-Fällen. Es besteht die Möglichkeit, zum Zelten und Fischen in der Wildnis zu bleiben und dann mit dem nächsten Zug wieder zurückfahren.

Praktische Informationen

Die **Haupttouristeninformation** (☎888-880-1238, 418-962-1238; 1401 Blvd Laure Ouest; ⏲Mai–Sept. tgl. 7.30–21 Uhr, Okt.–April Mo–Fr) liegt am Highway westlich der Ortschaft. Ein kleineres Büro öffnet während der Hochsaison am Hafen.

An- & Weiterreise

Der Flughafen von Sept-Îles liegt 8 km östlich der Ortschaft; ein Taxi ins Zentrum kostet rund 10 C$. **Air Labrador** (☎800-563-3042; www.airlabrador.com) fliegt zur Unteren Nordküste, nach Labrador, Neufundland, Québec (Stadt) und Montréal.

Die Fähre von **Relais Nordik** (☎800-463-0680, 418-968-4707; www.relaisnordik.com) verkehrt zur Île d'Anticosti und schippert ab Rimouski an der Unteren Nordküste entlang.

Busse von **Intercar** (☎418-962-2126; 126 Rue Mgr Blanche) verkehren täglich von/nach Baie Comeau (46 C$, 4 Std.) und montags bis freitags auch von/nach Havre St-Pierre (44 C$, 2¾ Std.).

Mingan

Hinter Sept Îles wird die Landschaft ursprünglicher und kärglicher; Sumpfland erstreckt sich, soweit das Auge reicht. Mingan ist ein ehemaliger Fischerei- und Handelsposten, der zum Teil von einer dynamischen Innu-Gemeinde bewohnt wird, die das Dorf Ekuanitshit nennt. Die kleine katholische Kirche, die **Église Montagnaise** (15 Rue Nashipetimit; ⌚8–19 Uhr) GRATIS lässt eine interessante Mischung aus Katholizismus und Eingeborenenkultur sehen: Das Kruzifix befindet sich in einer Art Indianerzelt, die Kanzel ist aus Geweihen gefertigt, und auf dem Altar liegt ein Fransentuch, das Jagdszenen zieren.

Réserve de Parc national du Canada de l'Archipel de Mingan

Dieser **Park** (Erw./Kind 5,80/2,90 C$; ⌚Juni–Sept.) ist die Hauptattraktion der Region. Die über 85 km lange Reihe von 40 geschützten Hauptinseln beginnt bei Longue Pointe de Mingan und endet 40 km östlich von Havre St-Pierre. Charakteristisch für die Inseln sind die seltsam erodierten Kalksteinformationen entlang der Küsten. Wegen des Flechtenbewuchses auf der Oberseite und der niedrigen Pflanzen werden sie auch „Blumentöpfe" genannt. Darin verstecken sich manchmal Papageitaucher (*macareux moine*), die wie eine Mischung aus Papagei und Pinguin aussehen. Außerdem leben hier noch etwa 200 andere Vogelarten.

Das **Reception & Interpretation Centre** (☎418-949-2126; Longue Pointe de Mingan; ⌚Juni–Aug. 8–18.30 Uhr) kann mit einer Fülle von Informationen aufwarten. Im gleichen Gebäude befindet sich das gemeinnützige **Cetacean Interpretation Centre** (Erw./Kind 8,50/4 C$), das von Forschern von **Mingan Island Cetacean Study** (MICS) ins Leben gerufen wurde. Es vermittelt Einblicke in die Wissenschaft der Walforschung, erklärt jedoch gleichzeitig diese rätselhaften Säugetiere. Wer die Wale in ihrem natürlichen Lebensraum betrachten möchte, sollte die einzigartige Gelegenheit beim Schopf packen und sich einem MICS-Wissenschaftler anschließen, der im Rahmen eines Tagesausflugs **Feldforschung** (☎418-949-2845; www.rorqual.com; 115 C$ pro Pers. inkl. Ausrüstung; ⌚Juni–Okt.) betreibt. Interessierte lassen sich im Reception & Interpretation Centre vormerken; die Boote fahren täglich um 7.30 Uhr (bei guten Wetterverhältnissen) an der Mole von Mingan ab.Ein halbes Dutzend Veranstalter bietet **Touren** ab Havre St-Pierre und Longue Pointe de Mingan an. Als Faustregel gilt: Je kleiner das Boot, desto eindrucksvoller das Erlebnis. Die Ausflüge dauern drei bis fünf Stunden und kosten 38 C$ bis 60 C$.

Auf einigen der Inseln ist es gestattet zu **zelten** (Zeltplätze ab 15,70 C$, plus 5,80 C$ Anmeldegebühr), allerdings muss man sich dazu im Reception & Interpretation Centre oder in der Touristeninformation von Havre St-Pierre registrieren lassen.

Havre St-Pierre

Dieser Fischerort ist auf dem Weg in den Nordosten einen Zwischenstopp wert – und wenn nur, weil die nächste Tankstelle 124 km entfernt liegt.

Die **Auberge Boréale** (☎418-538-3912; www.aubergeboreale.com; 1288 Rue Boréale; Zi. 55 C$) bietet neun coole, blau-weiße Zimmer und hat Meerblick. Der **Gîte Chez Françoise** (☎418-538-3778; gitechezfrancoise.qc.ca; 1122 Rue Boréale; EZ/DZ ab 58/62 C$; @ 📶) im zweiten Stock kann mit vier einfallsreich ausgestalteten Zimmern aufwarten. Zu beiden Quartieren gehört ein **Fahrradverleih**.

Die **Touristeninformation** (☎418-538-3285; 1010 Promenade des Anciens; ⌚Mitte Juni–Mitte Sept. 9–21 Uhr) ist auch eine gute Anlaufstelle für Touren zum Mingan-Archipel.

Busse von Intercar halten am **Variétés Jomphe** (843 Rue de l'Escale).

Île d'Anticosti

Die 7943 km² große Insel offenbart ihre Schönheit erst seit Kurzem einer wachsenden Zahl von Besuchern. Ein französischer Schokoladenhersteller namens Henri Menier (jetziges Nestlé-Imperium) kaufte die Insel 1895 als privates Jagdrevier. Die vielen Weißwedelhirsche und Lachse zogen jahrelang Jäger und Angler an. Heute locken Schutzgebiete die Naturfreunde auf die dicht bewaldete Insel mit Klippen, Wasserfällen, Canyons, Höhlen und Flüssen.

In Port Menier, einem kleinen Nest, das auf der Insel noch am ehesten als Dorf durchgeht, befinden sich eine **Touristen-**

information (☎418-535-0250; 7 Chemin des Forestiers; ⌚Juni–Aug.) und ein paar Restaurants und B&Bs; sein Quartier sollte man vor der Ankunft bei der Touristeninformation reservieren. Von hier führt die einzige und wenig frequentierte Straße auf dem Eiland ins Inselinnere.

Es ist möglich, die Insel auf eigene Faust zu erreichen und zu erkunden, was allerdings einen erheblichen Aufwand an Planung erfordert. Die meisten Besucher schließen sich deshalb einer Tour mit einer Kleingruppe an; **Sépaq** (☎800-463-0863; www.sepaq.com) hat zwei- bis siebentägige Pauschalangebote mit Flug im Programm. Es gibt aber auch kürzere Halbtagsausflüge für Leute, die auf eigene Faust zur Insel reisen. Die Touristeninformation in Havre St-Pierre hält weitere Informationen bereit.

Die einzige regelmäßige Verkehrsverbindung bietet Relais Nordik an. Weitere Informationen siehe S. 350.

Natashquan

Natashquan hat sich immer noch nicht daran gewöhnt, mit dem Rest der Welt verbunden zu sein. Seit 1996 ist das Dorf über die Route 138 erreichbar, die aber erst 1999 asphaltiert wurde. Etwa 7 km hinter Pointe Parent endet die Straße. Hierher zieht es Romantiker, die die friedliche, windumtoste Schönheit genießen wollen.

Die **Touristeninformation** (☎866-726-3054, 418-726-3060; 32 Chemin d'en Haut; ⌚Juli–Sept. 10–12 & 13–16 Uhr) fungiert gleichzeitig als Infozentrum.

Natashquan ist der Geburtsort des bekannten Québecer Sängers und Liedermachers Gilles Vigneault. Eine Ausstellung in der **Vieille École** (Alte Schule; 24 Chemin d'en Haut; Erw./Kind 5/2 C$; ⌚Juli–Sept.10–16 Uhr) beschäftigt sich mit den Anwohnern, die ihn zu seinen Liedern inspirierten.

Les Galets ist eine Ansammlung von weißen Hütten mit leuchtend roten Dächern, die sich auf einer windumtosten Halbinsel drängen. Früher salzten und trockneten die Fischer hier ihren Fang – eine wichtige Gemeinschaftsaktivität. Neben schönen Stränden gibt's auch tolle Wanderwege durch ruhige Wälder mit zahlreichen Wasserfällen und Aussichtspunkten. In der Touristeninformation sind kostenlose Karten erhältlich.

ÎLES DE LA MADELEINE

An den Magdalenen-Inseln, einem schmalen Archipel, das auf der Landkarte aussieht wie Mandelbrot, ist einfach alles beeindruckend. Die Inseln liegen 105 km nördlich von Prince Edward Island; die sechs größten sind über die 200 km lange Route 199 miteinander verbunden. Zwischen den 350 km langen Stränden der Inseln beeindrucken rote Klippen aus eisenhaltigem Gestein, die Wind und Meer zu anthropomorphischen Formen und Höhlen ausgestaltet haben; sie schreien förmlich danach, mit dem Kajak erkundet zu werden. Wer mit einem der winzigen Flugzeuge über den halbmondförmigen Buchten kreist, könnte meinen, dass die Magdalenen-Inseln menschenleer sind. Doch weit gefehlt, hier leben 13 000 Glückliche – eine Zahl, die sich im Sommer vervierfacht.

Kennenlernen kann man die Inselbewohner in *boîtes à chansons*. Das hiesige Nachtleben ist sehr lebendig. Auf Cap aux Meules erklingen an Sommerabenden oft wehmütige akadische Lieder. Wer tagsüber gerade nicht in den Felsenpools planscht oder sturmgepeitschte Sandbänke per Drahtesel bezwingt, kann andere Formen der Kreativität genießen – beispielsweise in Seafood-Restaurants, *économusées* und Boutiquen. Auf den Inseln sind viele Künstler anzutreffen, die als Inspirationsquelle gern mal ein *pot-en-pot* (eine einheimische Spezialität aus verschiedenen Fischsorten, Meeresfrüchten und Sauce im Blätterteigmantel) oder ein *Pas Perdus* (eine von drei Biersorten, die auf Cap aux Meules gebraut werden) zu sich nehmen.

Die Îles de la Madeleine liegen in der Zeitzone der Atlantic Standard Time, sind dem Festland also um eine Stunde voraus.

ℹ Anreise & Unterwegs vor Ort

Der Flughafen befindet sich in der Nordwestecke der Île du Havre aux Maisons. **Air Canada Express** (☎888-247-2262; www.aircanada.com) bietet täglich Flüge von Montréal, Québec (Stadt) und Gaspé an; **Pascan** (☎450-443-0500, 888-313-8777; www.pascan.com) fliegt ebenfalls ab diesen beiden Städten sowie von Bonaventure.

Am billigsten und gängigsten ist die Anreise mit der Fähre von Souris auf Prince Edward Island zur Île du Cap aux Meules. **CTMA Ferries** (☎418-986-3278, 888-986-3278; www.ctma.ca; Erw./Kind/Fahrrad/Auto

48,75/24,50/11,75/91 C$) bieten ganzjährig eine fünfstündige Schifffahrt an. Die Fähren verkehren von Juli bis Anfang September täglich, im Mai, Juni und September täglich außer montags und von Oktober bis April zwei- bis dreimal wöchentlich. Im Hochsommer sollte man unbedingt reservieren. Von Mitte September bis Mitte Juni sind oft Ermäßigungen erhältlich.

Von Juni bis Oktober bietet CTMA auch eine zweitägige Kreuzfahrt von Montréal via Québec (Stadt), Tadoussac und Chandler (einfache Fahrt/Hin- & Rückfahrt ab 435/1000 C$) an – eine tolle Möglichkeit, den Sankt-Lorenz-Strom zu erkunden; man kann sogar sein Auto mitnehmen (287 C$) und damit dann zurückfahren.

Öffentliche Verkehrsmittel gibt es auf den Magdalenen-Inseln nicht. **Le Pédalier** (☎ 418-986-2965; 545 Chemin Principale; Leihrad 1 Std./4 Std./1 Woche 6/18/85 C$) in Cap aux Meules verleiht Fahrräder. Hertz und lokale Mietwagenfirmen haben eine Niederlassung am Flughafen; es empfiehlt sich, möglichst früh zu reservieren.

Île du Cap-aux-Meules

Auf dieser Insel leben mehr als die Hälfte der Bewohner des Archipels. Sie ist als kommerzielles Zentrum leider etwas überentwickelt, hier gibt es auch den einzigen Tim Hortons. Trotzdem ist die Insel noch immer „100 % Madelinot" und dank ihrer Service-Einrichtungen, Unterkünfte und des pulsierenden Nachtlebens eine ideale Ausgangsbasis.

Sehenswertes & Aktivitäten

An der Westseite der Insel kann man die eindrucksvollen roten Klippen bewundern. Vom Klippenwanderweg zwischen La Belle Anse und Fatima sind die Erosionsmuster besonders gut zu erkennen, sodass ein Blick in die geologische Entwicklung möglich ist.

Der Leuchtturm am **Cap du Phare** (Cap Hérissé) weiter im Südwesten ist ein beliebter Ort, um den Sonnenuntergang zu genießen. Bei **Anse de l'Étang du Nord** gibt es ein paar nette Boutiquen und Cafés mit Blick auf ein Schiffswrack. Ganz in der Nähe der Kreuzung mit der Route 199 weisen Schilder am Chemin de l'Église den Weg zur **Butte du Vent,** einem Hügel in der Inselmitte, von wo aus man eine fantastische Sicht auf die nord- und südwärts verlaufenden Sandbänke hat.

À l'Abri de la Tempête BRAUEREI
(☎ 418-986-5005; 286 Chemin Coulombe; Führungen 6,50 C$; ⏲ Führungen Mai–Okt. 11–19 Uhr) Es macht in der Tat einen Heidenspaß, den Tag in dieser Mikrobrauerei am Strand feuchtfröhlich ausklingen zu lassen.

Aerosport Carrefour d'Aventures KAJAKFAHREN
(☎ 418-986-6677; www.aerosport.ca; 1390 Chemin Laverniére) Das Unternehmen wird von jungen, enthusiastischen Leuten geführt, die gegen einen Adrenalinstoß nichts einzuwenden haben. Auf dem Programm stehen dementsprechend Kajakexpeditionen und Höhlentouren. Wenn der Wind günstig weht, ist eine Fahrt mit dem Power-Kite-buggy ein unvergessliches Erlebnis. Angeboten werden auch dreistündige geführte Touren auf den Klippen von Gros-Cap, Belle-Anse und L'Étang du Nord (Juli–Mitte Sept. 3 Touren tgl., 44 C$).

Vert et Mer KAJAKFAHREN
(☎ 418-986-3555; www.vertetmer.com; 84 Chemin des Vigneau) Das Öko-Unternehmen bietet geführte Wanderungen und Kajakexkursionen auf dem Meer an. Zur Auswahl stehen Halbtags-, Ganztags- sowie mehrtägige Ausflüge bis zur fernen Île Brion, einem unbewohnten Öko-Reservat am nördlichen Ende der Magdalenen-Inseln; die Teilnehmer übernachten in Jurten.

Geführte Touren

MA Poirier BUSTOUR
(☎ 418-986-4467; 1027 Chemin du Grand-Ruisseau; Touren ab 99 C$) Das Unternehmen veranstaltet siebenstündige Busausflüge mit Führer zu den Hauptsehenswürdigkeiten auf den Inseln.

Schlafen & Essen

Camping Le Barachois CAMPINGPLATZ $
(☎ 418-986-4447; 87 Chemin du Rivage; Stellplatz Zelt/Wohnmobil 23/30 C$; ⏲ Mai–Sept.) Dieser Campingplatz mit 153 Stellplätzen liegt inmitten von Bäumen unweit von einem See und dem Meer; besonders schön sind hier die Sonnenuntergänge.

Parc de Gros-Cap HOSTEL, CAMPINGPLATZ $
(☎ 418-986-4505, 800-986-4505; www.parcdegroscap.ca; 74 Chemin du Camping; Stellplatz Zelt/Wohnmobil 22/31 C$, B/Zi. ab 29/58 C$; ⏲ Juni–Sept.; @) Dieses HI-Hostel mit

Campingplatz auf der Halbinsel Gros Cap ist sicherlich eine der beschaulichsten Anlagen der Kette überhaupt. Der Parc de Gros-Cap liegt an einer Bucht, in der hin und wieder Fischer in Wattstiefeln herumlaufen. Es herrscht eine familiäre Atmosphäre, und die Anlage ist auch günstig, um Aktivitäten wie Kajakfahrten auf dem Meer zu unternehmen. HI-Mitglieder bezahlen weniger.

Für längere Aufenthalte bietet sich ein „Arbeiterhostel" (24/140/350 C$ pro Nacht/Woche/Monat) an – ein Haus mit zehn kleinen Zimmern, die jeweils mit zwei Einzelbetten ausgestattet sind, und Gemeinschafteinrichtungen (Küche, Bad, Aufenthaltsraum und Waschküche).

Pas Perdus GASTHOF **$$**
(Not Lost; ☎ 418-986-5151; 169 Chemin Principale; EZ/DZ 45/90 C$, Hauptgerichte 12–20 C$; ⏱ 11–20 Uhr) Das künstlerische Flair der Inseln kann man gut auf der Terrasse oder in der in Rot gehaltenen Gaststube mit geschwungenen Spiegeln des Pas Perdus bei einem Hai-Burger auf sich wirken lassen. Und in den hellen Zimmern über dem Restaurant können die Gäste nun auch selig schlummern, seit das musikalische Unterhaltungsprogramm nach nebenan umgezogen ist.

Im Sommer wird hier an den meisten Abenden Livemusik gespielt; montags steht um 22 Uhr eine kostenlose Jamsession auf dem Programm, freitags heizen ab 23 Uhr einheimische DJs ein. Hier kommt jeder gern vorbei, um im Internet zu surfen oder um ein *Pas Perdus* in der Mikrobrauerei gleich in der Nähe zu schlürfen.

Das Pas Perdus befindet sich auf der Ostseite der Insel, unmittelbar westlich von der Touristeninformation.

La Factrie MEERESFRÜCHTE **$$**
(521 Chemin du Gros Cap; Hauptgerichte 15–30 C$; ⏱ Mai–Sept. Mo–Sa 8–19, So 13–18 Uhr) In dieser Cafeteria über einer Hummerzucht kommen Meeresfrüchte vom Feinsten auf den Tisch – ein Unikum auf der Îles de la Madeleine! Seinen Hummer kann man hier als Salat, gekocht, im Sandwich oder soagr als Crêpe genießen.

Café la Côte CAFÉ **$$**
(499 Chemin Boisville Ouest; Hauptgerichte 9–20 C$; ⏱ Juni–Sept. 11–22 Uhr) Diese Strandhütte in der Nähe der Fischerstatue in L'Etang du Nord bietet sich an für ein leckeres Frühstück oder ein schnelles Mittagessen mit Meeresfrüchten oder Pasta. In der *boîte à chansons* gleich nebenan wird an lauen Sommerabenden akadische Musik unter freiem Himmel gespielt.

ℹ Praktische Informationen

Die **Haupttouristeninformation** (☎ 877-624-4437, 418-986-2245; www.tourismeilesdelamadeleine.com; 128 Chemin Principale; ⏱ Juli & Aug. 8–20 Uhr, Juni & Sept. 9–20 Uhr, Okt.–Mai 9–17 Uhr) in der Nähe vom Fähranleger hält hilfreiche Informationen zu allen Inseln bereit.

Île-du-Havre-Aubert

Zwischen Cap aux Meules und der größten Insel des Archipels führt die Route 199 in Richtung Süden durch Dünen. Dahinter liegen der blaue Atlantik und die Baie du Havre aux Basques, die besonders bei Kitesufern sehr beliebt ist.

Das belebteste Viertel von **Havre-Aubert** ist La Grave. Seine alten Häuser, die kleinen Handwerksläden und Restaurants versprühen noch heute den rustikalen Charme eines Fischerdorfs. Wer jenseits davon über den **Sandy Hook** schlendert, fühlt sich wie am Ende der Welt (aber nur, wenn nicht gerade Ende August ist und der Sandburgwettbewerb stattfindet).

Das hervorragende **Musée de la Mer** (1023 Rte 199; Erw./Kind 8/5 C$; ⏱ 10–18 Uhr) beleuchtet die Geschichte der Magdalenen-Inseln von dem Zeitpunkt an, als Jacques Cartier hier die ersten Walrösser sichtete.

Im **Le Site d'Autrefois** (3106 Chemin de la Montagne; Erw./Kind 10/4 C$; ⏱ Juni–Aug. 9–17 Uhr, Sept. 10–16 Uhr) bewahrt der markante Fischer Claude die Traditionen der Magdalenen-Inseln in Form von Geschichten, Gesängen und einem Museumsdorf.

An Regentagen gibt das „Streichelbecken" im kleinen **Aquarium** (982 Chemin de la Grave; Erw./Kind 8/5 C$; ⏱ Juni–Sept. 10–18 Uhr) ein beliebtes Ziel ab.

Chez Denis à François (☎ 418-937-2371; www.aubergechezdenis.ca; 404 Chemin d'en Haut; Zi. inkl. Frühstück 85–145 C$) wurde aus dem Holz von Schiffswracks errichtet. Die geräumigen Zimmer im viktorianischen Stil sind mit Deckenventilatoren, Kühlschränken und Sofas ausgestattet und haben ein eigenes Bad.

Das **Café de la Grave** (969 Rte 199; Hauptgerichte 9–15 C$; ⏱ April–Okt. 9–3 Uhr) ist mehr als eine lokale Institution – es ist eine schier lebenswichtige Einrichtung für die Inseln. *Pot-en-pot, Croque monsieur,* Suppen und Kuchen werden in dem ehemaligen Gemischtwarenladen von den Gästen mit Wertschätzung bedacht.

Das *Économusée* **Artisans du Sable** (907 Rte 199; ⏲10–21 Uhr) verkauft Schachbretter, Kerzenhalter und alle möglichen anderen Andenken – und alle sind aus Sand gefertigt.

Île du Havre aux Maisons

Die Insel, auf der sich auch der Flughafen befindet, ist eine der bevölkerungsreichsten, was aber kaum zu spüren ist. Die wahrscheinlich schönste Landschaft der Inselgruppe erstreckt sich hauptsächlich östlich der Route 199. Die beste Aussicht bietet sich vom Chemin des Buttes, der sich durch grüne Hügel und malerische Hütten schlängelt. Vom Parkplatz am Chemin des Échoueries beim Cap Alright führt ein kurzer Aufstieg zum Kreuz auf der **Butte Ronde**, von wo man einen wunderschönen Blick über die felsige Küste hat.

Schlafen & Essen

Domaine du Vieux Couvent HOTEL $$$
(☎418-969-2233; www.domaineduvieuxcouvent.com; 292 Rte 199; Zi. inkl. Frühstück 150–275 C$; ⏲März–Dez., Restaurant Mai–Dez. 17–21 Uhr; 📶) Das Domaine mitten im Zentrum der Inseln kann mit den feudalsten Quartieren auf den gesamten Îles de la Madeleine aufwarten. Das Gebäude weist so viele Fenster auf, dass alle Zimmer Meerblick haben. Das beliebte Restaurant ist ein Muss für abenteuerlustige Genießer. Es kommen Gerichte aus der Region mit Meeresfrüchten, Kalbfleisch und Wildschwein, aber auch wilde Beeren sowie Käse von den Inseln auf den Tisch (Menüs ab 27 C$).

La Butte Ronde B&B $$
(☎866-969-2047, 418-969-2047; www.labutteronde.com; 70 Chemin des Buttes; Zi. inkl. Frühstück 120–165 C$) Tickende Uhren, klassische Musik, Zimmer mit Fotos von Tuareg-Nomaden und ein Wintergarten mit Meerblick verleihen diesem prachtvollen Domizil in einem ehemaligen Schulhaus eine beruhigende Atmosphäre, die wie in einer Bibliothek anmutet.

Grosse Île

Auf dieser Insel ist ein Großteil der englischsprachigen Minderheit zu Hause. Ihre verschiedenen Dialekte ähneln dem von Newfoundland und lassen ihre keltischen Wurzeln erkennen. Die englischsprachige Gemeinschaft hat kein wirklich gutes Verhältnis zu ihren französischsprachigen Nachbarn. Gelegentlich hört man Sätze wie „Wir wollen unsere englischsprachigen Schilder wiederhaben".

Am Ende der windgepeitschten Sandbank liegt die **Salzmine** (☎418-985-2318; 53 Chemin Principal; Erw./Kind 6/5 C$; ⏲Juni–Sept. Mo–Fr 10–18 & Sa 12–18 Uhr) der Insel; sie fördert in einer Tiefe von 300 m unter dem Meeresspiegel Salz.

Die 1925 errichtete **Église de la Trinité** (Dreifaltigkeitskirche) in Pointe de la Grosse Île spiegelt das Leben auf der Insel wieder. Die Buntglasfenster dieser anglikanischen Kirche zeigen den mit einem Wollpullover und Stiefeln bekleideten Jesus, der sagt: „Folget mir nach, ich will euch zu Menschenfischern machen."

Zwischen Pointe de la Grosse Île und Old Harry erstreckt sich das 684 ha große East-Point-Vogelschutzgebiet mit dem herrlichsten Strand der ganzen Inselgruppe, der **Plage de la Grande Échouerie**. Nordöstlich vom Pointe Old Harry dehnt sich über 10 km der cremefarbene Sandstrand aus; hier gibt es Parkplätze – und auch auf dem Weg vom East Cape nach Old Harry.

Das **Musée des Véterans & Parc commémoratif** (787 Chemin Principale; ⏲Mo–Fr 8–16 Uhr) GRATIS in Old Harry befindet sich in einem ehemaligen Schulhaus, das 1921 erbaut wurde. Das Museum würdigt die Bürger, die im Zweiten Weltkrieg ums Leben kamen. Zu sehen sind u. a. Grabsteine aus dem 19. Jh. von Seeleuten der **Île Brion**, 16 km nördlich. Brion ist heute ein Naturschutzgebiet mit 140 Vogelarten und einer interessanten Vegetation.

Die Seacow Road in Old Harry führt zu der Stelle, an der Walrosse an Land gebracht wurden und wegen ihres Trans abgeschlachtet wurden. Ganz in der Nähe steht die Kirche **St. Peter's by the Sea**, die im Jahr 1916 aus Holz von Schiffswracks errichtet wurde. Hier befinden sich auch die Gräber von Clarkes und Clarks. Die Geschichte dieses Familiennamens begann mit der falschen Schreibweise in offiziellen Schriftstücken.

Île de la Grande Entrée

Selbst für die Verhältnisse der Magdalenen-Inseln ist Grande Entrée ein Außenposten am Ende der Welt mit gerade einmal 650 Anwohnern – sie werden von den Schiffsmasten am Fischereihafen zahlenmäßig locker übertroffen.

In **La Salicorne** (☎ 888-537-4537, 418-985-2833; www.salicorne.ca; 377 Rte 199; Stellplatz Zelt/Wohnmobil 19/24 C$) brummt es nur so vor Aktivitäten, hier können die Besucher Kajaktouren auf dem Meer unternehmen, windsurfen, Höhlen erforschen, an naturkundlichen Wanderungen teilnehmen, die Inseln erkunden, Meeresfrüchte probieren, den Geschichten der Fischer zuhören und sogar Fangobäder nehmen. Mit dazu gehört ein Campingplatz samt einer Cafeteria, die so lala ist (Hauptgerichte 13–25 C$); die Zimmer bleiben Gästen vorbehalten, die eine Pauschaltour gebucht haben.

Das **Seal Interpretation Center** (Erw./Kind 7,50/4 C$; ⏲ Juni–Sept.10–18 Uhr) widmet sich der Welt der Robben, und zwar vor allem der umstrittenen Methode, die Tiere brutal zu keulen.

Vom Zentrum sieht man die **Île Bordeau**. Die Insel verfügt über einen Wanderweg und lässt sich über den Chemin du Bassin Ouest, nicht weit vom Ende der Route 199, erreichen.

Délices de la Mer (907 Chemin Principal; Menüs 15–30 C$; ⏲ Juni–Sept. 11–20 Uhr), einst das Büro der hiesigen Fischereikooperative, serviert erschwingliche Meeresfrüchte wie beispielsweise Brot und Pommes garniert mit Hummer.

IM HOHEN NORDEN

Diese Region markiert die äußerste Nordgrenze der Provinz. Das Land wird öder und öder und verschwindet schließlich in den Tiefen des Nordpolarmeers. Mit entlegenen Dörfern, einer starken indigenen Präsenz und atemberaubender Landschaft lockt der herrliche hohe Norden all jene an, die sich weitab von Touristenpfaden bewegen möchten. Hier ist die Erde mit wertvollen Bodenschätzen wie Silber, Gold und Kupfer durchsetzt. Karibus ziehen frei umher, während unzählige Fische die Gewässer bevölkern. Der Norden Québecs ist zweifellos gigantisch. In den nördlichsten Teilen liegen winzige Siedlungen der Inuit und anderer indigener Volksgruppen, die nur per Kleinflugzeug erreichbar sind. Erschlossene Gebiete verdanken ihr Dasein vor allem gewaltigen Industrieanlagen wie Sägemühlen, Berg- oder Wasserkraftwerken. Reisen in den äußersten hohen Norden bzw. zu den Inuit-Gemeinden von Nunavik sind unweigerlich mit teuren Flügen verbunden. Wer genügend Zeit hat, kann andere Teile von Abitibi-Témiscamingue und James Bay jedoch gut auch per Auto oder Bus besuchen und Kanadas wahren Norden auf sich wirken lassen.

Abitibi-Témiscamingue

Auf 65 140 km² Fläche können die Menschen den Seen hier zahlenmäßig kaum das Wasser reichen. Doch trotz seiner geringen Bevölkerungsdichte spielt dieses Gebiet für die Québecer Fantasie eine wichtige Rolle: Als letzte Ecke der Provinz wartet es bis heute darauf, im großen Stil besiedelt und erschlossen zu werden – und wird somit zum Symbol für Träume und Mühen.

Als traditionelles Stammland der Algonkins besteht Abitibi-Témiscamingue aus zwei verschiedenen Bereichen, die beide nach einem jeweils anderen Stamm benannt sind. Témiscamingue ist lediglich über das Nördliche Ontario oder über die Route 117 westlich von Val d'Or zugänglich. Seine Vegetation ist vielfältiger, ebenso die Landschaft mit mehreren Tälern und dem mächtigen Lac Témiscamingue. Hierher verirren sich nur wenige Touristen. Abitibi verzeichnet dagegen etwas mehr Besucher und ist größtenteils flach, weshalb die wundervollen Täler und Felsen des Parc d'Aiguebelle umso großartiger wirken.

Die Besiedlung Abitibi-Témiscamingues wurde wie üblich durch das schrittweise Ausbeuten natürlicher Ressourcen vorangetrieben. Vor dem 19. Jh. waren hier lediglich Jäger und Pelzhändler unterwegs. Dann förderten Holzwirtschaft und Kupferbergbau die Entwicklung. Als in den 1920er-Jahren das Goldfieber grassierte und Tausende, die ihr Glück hier versuchen wollten, in die Region strömten, florierten die Städte im Umkreis der Vorkommen.

Bis zum heutigen Tag hat dieser riesige Teil Québecs etwas seltsam Exotisches, was teilweise wohl an seiner Abgeschiedenheit liegt. Die meisten Besucher suchen Ruhe in den hiesigen Nationalparks oder sind auf der Durchreise zu noch einsameren Zielen im Norden.

Réserve Faunique la Vérendrye

Der relativ gut erreichbare, gigantische **Park** (☎800-665-6527, 819-736-7431; www.sepaq.com; Hwy 117; Erw./Kind 6,50/3 C$, Zeltplätze 19–46 C$, Chalets ab 121 C$; ⏲Mai–Sept.) ist für Kanuten das reinste Eldorado. Überaus befriedigende Rundkurse unterschiedlicher Länge wurden ausgewiesen, außerdem gibt es herrliche Campingplätze und Chalets an den Seeufern. Selbst wer sich im Hochsommer während der größten Hitzewelle hier aufhält, hat oft ganze Seen allein für sich. Und man muss auch kein Fachmann oder Sportler sein, um an diesem friedlichen Park seine Freude zu haben.

Der Park ist an vier Punkten zugänglich, die alle am Highway 117 liegen. Von den Laurentiden kommend, bietet sich **Le Domaine Registration Centre** (☎819-435-2541; 1 117 Road, Montcerf-Lytton), 58 km hinter dem Dorf Grand Remous, an; hier gibt es Informationen, einen Kanuverleih und eine relativ gute Infrastruktur wie eine Wäscherei, Telefon, einen Laden, ein Restaurant und einen Spielplatz.

Auf der 180 km langen Fahrt durch das Naturschutzgebiet vom südlichen Ende zum Val d'Or finden sich keine Ortschaften – also unbedingt aufpassen, dass im Tank noch genügend Benzin ist.

Val-d'Or

Val d'Or entstand 1933 rund um die Sigma-Goldmine. Heutzutage sieht der Ort mit seinen breiten Avenues und seiner Hauptstraße (Avenue 3-ième) aus wie eine boomende Goldgräberstadt aus der guten alten Zeit. Man kann sich leicht vorstellen, was hier während des Goldrauschs auf den Straßen los war. Die Hauptstraße zeigt sich noch heute von ihrer traditionellen, rauen Seite. Die Sigma-Mine ist zwar noch in Betrieb, fungiert aber nicht mehr als lokaler Wirtschaftsmotor.

La Cité de l'Or (☎819-825-1274; www.citedelor.com; 90 Ave Perreault; Erw./Kind 25,25/12,25 C$; ⏲Touren Juli & Aug. 8.30–17.30 Uhr, Sept.–Juni nach Vereinbarung) bietet geführte Exkursionen 91 m unter Tage an, die vermitteln, wie der Abbau von Gold vonstattengeht. In derselben Anlage befindet sich das **Village Minier de Bourlamaque** (Audioguide-Touren Erw./Kind 7/3 C$), ein restauriertes Bergbaudorf mit 80 Holzhäusern. Wer an einer Führung teilnehmen möchte, sollte sich vorher telefonisch anmelden und vor allem auch warme Klamotten einstecken für die Tour unter Tage.

Leute, die hier übernachten wollen, finden im **Quality Inn & Suites** (☎819-874-8888; www.qualityinn.com; 1111 Rue de L'Escale; Zi. ab 100 C$), einem Neuzugang vor Ort, moderne Einrichtungen vor und können mit einem netten Service rechnen. Das unlängst renovierte **Motel Prélude** (☎877-825-0096, 819-825-0090; www.motelprelude.ca; 1159 Ave 3-ième; Zi. Ab 90 C$) liegt so zentral in Val d'Or, wie überhaupt möglich.

Die **Touristeninformation** (☎819-824-9646; 1070 3-ième Ave Est; ⏲9–17 Uhr) befindet sich am Highway 117 am östlichen Stadtrand.

Air Creebec fliegt von Montréal (600 C$, 1¼ Std.) nach Val d'Or. Busse von **Autobus Maheux** (www.autobusmaheux.qc.ca) verkehren nach Montréal (102 C$, 7 Std., 3-mal tgl.), Matagami (63 C$, 3½ Std., tgl. außer So) sowie nach Chibougamau über Senneterre (87 C$, 6 Std., tgl.).

Parc d'Aiguebelle

In Abitibis ziemlich langweiliger Landschaft ist dieser atemberaubende **Provinzpark** (☎ 819-637-7322; 1737 Rang Hudson; Erw./Kind 6,50/3 C$) eine doppelt tolle Überraschung. Ganz unverhofft stößt man auf großartige Canyons und Schluchten sowie auf gewaltige Felsklippen mit faszinierenden geologischen Formationen. Hier gibt es auch ausgezeichnete Wanderwege (ca. 60 km), die von 200 Jahre alten Bäumen gesäumt werden.

Der kleine Park (268 km²) hat zwei Eingänge: Mont Brun (westlich von Val d'Or und vom Highway 117 gut ausgeschildert; dieser Eingang liegt am dichtesten bei der Hängebrücke) und Taschereau (südlich der Route 111 zwischen La Sarre und Amos). In der Nähe aller drei Eingänge gibt es schöne **Campingplätze** (Plätze ab 26,75 C$) sowie Kanu- und Kajakverleihe.

Baie-James

Diese Region ist geradezu ein Paradebeispiel für Québecs Hinterland. Hier findet man einen scheinbar endlosen nördlichen

Nadelwaldgürtel voller Fichten. An vielen Abenden verwandelt das Nordlicht den Himmel in ein Kaleidoskop aus Rosa- und Blautönen, das schließlich dem leuchtenden Orange des Sonnenuntergangs weicht. Die 350 000 km² des weltweit größten Verwaltungsbezirks entsprechen ungefähr der Fläche Deutschlands. Die Hälfte der lediglich 30 000 Einwohner sind Cree. Sie leben in acht Reservaten, die Hunderte Kilometer voneinander entfernt liegen.

Die geradezu legendäre Route de la Baie-James endet bei Radisson, einem Nest 1400 km nördlich von Montréal bzw. 800 km nördlich von Amos. Eine 100 km lange Nebenstrecke führt nach Westen zum Cree-Reservat Chisasibi in der Nähe der James Bay. Diese Gegend steht ganz im Zeichen des gigantischen James-Bay-Wasserkraftprojekts. Die sieben Wasserkraftwerke decken die Hälfte des Energiebedarfs von Québec. Viele Besucher nehmen den Trek hierher nur auf sich, um sich die Anlagen anzusehen.

Obwohl es im Juli und August z. T. bis 30° C heiß wird, ist warme Bekleidung für die Abendstunden ein absolutes Muss. Im Juli beträgt die Durchschnittstemperatur tagsüber 17° C. Der Winter beginnt hier manchmal schon im Oktober. Dann fallen die Temperaturen oft auf -15° C, gelegentlich sogar auf -40° C!

Die meisten Touristen reisen über Abitibi an. Auf 183 km Länge erstreckt sich die Route 109 nordwärts bis nach Matagami. Jenseits dieser Siedlung wird sie zur Route de la Baie James und setzt sich über 620 km bis nach Radisson fort.

Matagami

Für ein eintöniges Nest mitten in Nirgendwo geht es in Matagami ziemlich geschäftig zu. Bei der Gründung des Orts im Jahr 1963 nahmen eine Kupfer- und Zinkmine ihren Betrieb auf. Zugleich ist die Siedlung das nördlichste Forstwirtschaftszentrum von Québec. Beide Industriezweige florieren bis heute und man trifft immer auf Schichtarbeiter, die gerade zur Arbeit oder nach Hause gehen. Außerdem übernachtet hier so ziemlich jeder Autofahrer, der auf der Route 109 in Richtung Radisson unterwegs ist.

Das **Hôtel Matagami** (☎877-739-2501, 819-739-2501; www.hotelmatagami.com; 99 Blvd Matagami; Zi. ab 105 C$; ⏲Restaurant 17–22 Uhr; ❄@📶) gilt als die beste Adresse vor Ort. Und es ist auch wirklich anständig und stets gut besucht – was es hauptsächlich seinem prima Restaurant zu verdanken hat.

Dem **Motel Le Caribou** (☎866-739-4550, 819-739-4550; 108 Blvd Matagami; Zi. ab 70 C$; ❄@📶) würden ein paar Verschönerungsmaßnahmen nicht schaden, aber für eine Nacht geht es schon. Die zugehörige Bar steht bei den Einheimischen hoch im Kurs.

Täglich – außer samstags – verkehrt ein Bus von Autobus Maheux von/nach Val d'Or (63 C$, 3½ Std.); er hält am Hôtel Matagami.

Route de la Baie-James

Diese Straße an der Verlängerung der Route 109 zu den Wasserkraftprojekten an der Baie James ist breit, asphaltiert und in gutem Zustand.

Am Kilometer 6 schiebt eine **Touristeninformation** (☎819-739-4473) das ganze Jahr über 24 Stunden am Tag Dienst. Es empfiehlt sich, hier einen Zwischenstopp einzulegen und sich zur Sicherheit vor der Fahrt in den hohen Norden registrieren zu lassen. Außerdem lohnt es sich vorbeizuschauen, denn es sind hier allerlei interessante Büchlein und Broschüren zur Geologie und Geografie der Region erhältlich, außerdem Informationen zu Waldbränden, die hier öfter auftreten. An der ganzen Straße finden sich zweisprachige Infotafeln sowie Notrufsäulen am Kilometerstein 135, 201, 247, 301, 444 und 504.

Am Kilometer 38 liegt der einzige **Campingplatz** (☎819-739-8383; Stellplatz Zelt/Wohnmobil 22/26 C$; ⏲Mitte Juni–Anfang Sept.) an dieser Route.

Am Kilometerstein 381, dem Relais Routier, einer Raststätte, müssen alle anhalten. Die einzige Tankstelle mit Servicepoint hat rund um die Uhr geöffnet. Außerdem befinden sich hier noch eine Cafeteria und ein schlichtes **Motel** (☎819-638-8502; Zi. 120 C$) mit 24 Zimmern.

Radisson

Das Dorf ist nach dem Forschungsreisenden Pierre-Esprit Radisson benannt. Es wurde im Jahr 1973 als Arbeitersiedlung für das James-Bay-Wasserkraftprojekt gegründet und wirkt größer, als seine 350 Einwohner vielleicht vermuten lassen. Dies liegt wohl auch daran, dass Radisson darauf ausgelegt ist, unterschiedlich große Gruppen von

Arbeitern aufzunehmen – die Jungs schuften acht Tage am Stück und fliegen dann für sechs Tage nach Hause. Mittlerweile haben sich auch ein paar Familien dauerhaft hier niedergelassen und so ein echtes Dorf geschaffen.

Radissons Umgebung ist ein spektakulärer Anblick. Vom ausgebauten Bereich rund um das riesige Wasserkraftwerk LG2 (oder Robert-Bourassa-Kraftwerk) gleich außerhalb der Siedlung schweift der Blick über die majestätische Rivière La Grande.

Alle Besucher, die es hierher verschlägt, nehmen an der kostenlosen Kraftwerksführung teil; Details dazu kann man bei der Touristeninformation erfragen. Die hiesige Zentrale von **Hydro Québec** befindet sich im Pierre Radisson Complex. Nach einer Einführung zum Thema Stromerzeugung durch Wasserkraft wird das gigantische LG2 von innen und außen besichtigt. Zusammen mit LG2A deckt die Anlage 25 % des Quebecer Energiebedarfs und zählt weltweit zu den größten ihrer Art. LG2A wiederum ist das größte unterirdische Kraftwerk des Planeten. Es ist so gewaltig wie ein 15-stöckiges Haus, reicht aber 140 m tief in den Felsuntergrund hinein.

Funktionale Motels gibt es hier auch. **Camping Radisson** (☎819-638-8687; 198 Rue Jolliet; Stellplatz Zelt/Wohnmobil 35 C$; ⏲Mitte Juni–Anfang Sept.) liegt auf einem Hügel hinter der Touristeninformation.

Die **Touristeninformation** (☎819-638-8687; 98 Rue Jolliet; ⏲Juni–Okt. 8–20 Uhr) befindet sich am Ortseingang. Außerhalb dieser Zeit kann man sich mit dem **Rathaus** (☎819-638-7777; 101 Place Gérard Poirier) in Verbindung setzen.

Chisasibi

In der Nähe der Mündung der Rivière La Grande in die James Bay, 100 km westlich von Radisson, liegt Chisasibi, ein sehenswertes Cree-Dorf in fast gespenstischer Umgebung. Aus Richtung James Bay peitschen hier arktische Böen über die dem Wind ausgesetzte Taiga.

Der Ort, wie er heute aussieht, besteht erst seit 1981. Vor dieser Zeit lebten die Einwohner auf der 10 km entfernten Insel Fort George, wo die Hudson's Bay Company 1837 einen Pelzhandelsposten eingerichtet hatte. Ein Überbleibsel der traditionellen Lebensweise sind die vielen Tipis in den Hinterhöfen, die hauptsächlich zum Räuchern von Fisch dienen.

Die **Mandow Agency** (☎819-855-3373; mandow@chisasibi.ca) bietet geführte Exkursionen unterschiedlicher Länge nach Fort George an, wo die meisten Gebäude noch im Originalzustand erhalten sind, darunter Kirchen, Schulen und Friedhöfe. Typische Gerichte der Region können bestellt werden. Das Unternehmen organisiert auch Ausflüge zum Angeln und Kanufahren, Winteraktivitäten sowie einen Kulturaustausch. Am besten schickt man einfach eine E-Mail mit seinen Wünschen hin – sie werden nach Möglichkeit erfüllt.

Das **Motel Chisasibi** (☎819-855-2838; EZ/DZ 97/122 C$) ist das einzige Quartier, das offiziell Zimmer anbietet.

Nunavik

Nunavik, der trostlose Landstrich an Québecs äußerstem Nordrand, ist fast so groß wie Frankreich. In den 14 Dörfern leben weniger als 10 000 Menschen. Die Gemeinden liegen Hunderte Kilometer voneinander entfernt und dazwischen nichts als Tundra, so weit das Auge reicht. Auch Straßen gibt es zwischen den Orten nicht. beinahe 90 % der Bevölkerung sind Inuit. Der Rest besteht aus Cree, Naskapi und weißen Québecern. Dieses bizarre Territorium zwischen dem 55. und dem 62. Breitengrad wird im Westen von der Hudson Bay, im Norden von der Hudson Strait und im Osten von der Ungava Bay und Labrador begrenzt.

Unter gesellschaftlichen Gesichtspunkten ist das Dorf wirklich interessant. Die Anpassungsfähigkeit der einheimischen Inuit hat in relativ kurzer Zeit eine radikale Änderung ihres Lebensstils möglich gemacht. Die Dörfer sind unterschiedlich stark bewohnt – von 195 Menschen in Aupaluk bis hin zu 2375 in Kuujjuaq. Die Hälfte der Bevölkerung ist unter 18 Jahre alt – was die vielen Kleinkinder, die hier herumlaufen, schon ahnen lassen. Nach Inuktitut ist die hier am weitesten verbreitete Sprache Englisch. Immer mehr junge Leute lernen – im Gegensatz zu ihren Eltern – nun Französisch; die meisten alten Menschen sprechen jedoch nur Inuktitut.

Da Nunavik nur auf dem Luftweg zu erreichen ist, verirren sich deshalb nur wenige Touristen hierher. Wer sich jedoch persönlich um Kontakte vor Ort bemüht, kann durchaus Trips auf eigene Faust unternehmen. Man muss sich aber auf hohe Preise für Waren und Dienstleistungen gefasst machen. Im Vergleich zu Québec kosten Lebensmittel hier durchschnittlich etwa das Doppelte.

Geografie & Klima

Die geografische Vielfalt ist beeindruckend. Sogar in der Tundra lassen sich viele Facetten landschaftlicher Schönheit entdecken. Diese Region ist alles andere als eine öde Ebene voller Schnee und Eis. Im Südwesten erstrecken sich Strände und Sanddünen bis zum Horizont. Die großartigen Torngat Mountains im Nordosten gehen in eine Kette nackter Felsgipfel und wilder Täler über, die sich auf 300 km Länge entlang der Grenze zu Labrador erstreckt. Hier erhebt sich der **Mont d'Iberville** (1652 m), Québecs höchster Berg.

Drei der 144 weltweit bekannten Meteoritenkrater sind in Nunavik zu finden. Der größte namens **Pingualuit** ist 1,4 Mio. Jahre alt. Mit einem Durchmesser von 3,4 km und einer Tiefe von 344 m zählt er in der Tat zu den gewaltigsten seiner Art auf Erden. Der Kratersee ist einer der saubersten Wasserspeicher überhaupt – nur der japanische Masyuko-See ist noch klarer. Der Pingualuit-Krater liegt 88 km südwestlich von Kangiqsujuaq.

An durchschnittlich 243 Abenden pro Jahr schimmern magische **Nordlichter** (Aurora borealis) über der ungewöhnlichen Landschaft.

ℹ Anreise & Unterwegs vor Ort

First Air (☎ 800-267-1247; www.firstair.ca) bietet Verbindungen von Montréal nach Kuujjuaq (einfacher Flug 680–1000 C$, 2¼ Std., tgl.) und zurück an. **Air Inuit** (☎ 800-361-2965; www.airinuit.com) fliegt auf der gleichen Strecke (zum fast identischen Preis) sowie von Montréal nach Puvirnituq (einfache Strecke 1200–1400 C$, 3½ Std., tgl.). Von dort werden dann Anschlussflüge in andere Dörfer wie Whapmagoostui-Kuujjuarapik (einfache Strecke 500 C$, 2 Std., tgl.) angeboten.

Mit **Air Creebec** (☎ 800-567-6567; www.aircreebec.ca) besteht die Möglichkeit, direkt von Montréal nach Whapmagoostui-Kuujjuarapik (einfache Strecke 1000 C$, 6 Std., tgl.) und Chisasibi (einfache Strecke 975 C$, 5 Std., tgl.) zu fliegen.

Nova Scotia

Inhalt ➡

Gut essen

- Fleur de Sel (S. 400)
- Front & Central (S. 416)
- Wild Caraway (S. 423)
- Lobster Pound & Moore (S. 440)
- Hummeressen (in Rathäusern und Kirchen)

Schön übernachten

- Waverley Inn (S. 387)
- Desbarres Manor (S. 445)
- Lightkeeper's Kitchen & Guest House (S. 422)
- Cranberry Cove Inn (S.443)
- Digby Backpackers Hostel (S. 410)

Auf nach Nova Scotia!

Falls die einzelnen Provinzen die Kinder von „Mutter Kanada" wären, dann wäre Nova Scotia der niedliche Nachwuchs, der die Welt mit seinen Lupinenfeldern, den Lebkuchenhäusern, den pittoresken Leuchttürmen und der leichten Dünung an den Sandstränden augenblicklich verzaubert. Aber dann geht es in ein Eishockey-Stadion oder auf einem Fischerboot in einen schweren Sturm – und schon zeigt sich eine ganz andere Seite: Jenseits der Bilderbuchidylle sind die Menschen der inselartigen Region erfindungsreich und hart im Nehmen. Hier wird gerne getrunken, gesungen und getanzt – und Neuankömmlinge werden schnell aufgenommen. Naturliebhaber genießen die menschenleeren Strände sowie die Wanderwege durch die Mischwälder zu windumwehten Aussichtspunkten. Wer es lieber etwas städtischer mag, dem bietet Halifax erstklassige Restaurants und eine rockende Musikszene.

Reisezeit

Halifax

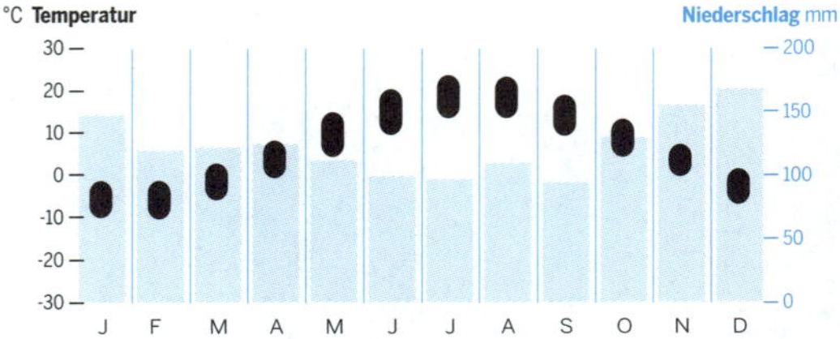

Juni–Aug. Wildblumenteppiche und Wale, die an der Küste nach Nahrung suchen.

Sept. & Okt. Die herbstliche Laubfärbung bildet die Kulisse für mehrere Musikfestivals.

Aug.–Nov. In einem guten Neoprenanzug durch die eiskalte Brandung surfen.

Geschichte

Schon seit langer Zeit lebt das indigene Volk der Mi'kmaq im heutigen Nova Scotia. Als die Franzosen 1605 in Port Royal (dem heutigen Annapolis Royal) die erste europäische Siedlung gründeten, brachte ihnen Häuptling Membertou große Gastfreundschaft entgegen und war danach häufig zu Gast bei Samuel de Champlain.

Die engen Beziehungen zwischen den Mi'kmaq und den Franzosen führten zu beträchtlichem Argwohn seitens der Briten, nachdem diese die Herrschaft über Nova Scotia erlangt hatten. Sie setzten schließlich Belohnungen für die Skalpe von Mi'kmaq aus. Da sie sich weigerten, den Treue-Eid auf die Britische Krone zu schwören, wurde die Mehrheit der französischsprachigen Akadier von 1755 an nach Louisiana (wo sie „Cajuns" genannt wurden) und anderswohin deportiert.

Anstelle der Akadier wurden in Nova Scotia etwa 35 000 Loyalisten des United Empire angesiedelt, die vor dem amerikanischen Unabhängigkeitskrieg geflohen waren. Darunter befanden sich auch afrikanische Sklaven der Loyalisten und von den Engländern befreite Black Loyalists. Farmer aus Neuengland gründeten weitere Siedlungen. 1773 erreichte die erste von vielen weiteren Wellen von Einwanderern aus dem schottischen Hochland den Norden von Nova Scotia und Cape Breton Island.

Dass die meisten Bewohner von Nova Scotia britische Vorfahren haben, beweist ein Blick auf die seitenlangen Einträge von Namen mit „Mac" und „Mc" im Telefonbuch. Die französischen Akadier, denen es gelang, nach 1764 aus Louisiana zurückzukehren, fanden ihre Ländereien im Annapolis Valley von anderen in Besitz genommen. Deshalb ließen sie sich an der *French Shore* zwischen Yarmouth und Digby nieder, auf Cape Breton Island in der Gegend um Chéticamp sowie auf der Îsle Madame. Heute machen die Akadier etwa 18 % der Gesamtbevölkerung aus, wobei nicht ganz so viele tatsächlich Französisch sprechen. Ungefähr 4 % der Bevölkerung sind afrikanischer Abstammung. Die etwa 20 000 Mi'kmaq leben überwiegend in 18 Gemeinden rund um Truro und den Bras d'Or Lake auf Cape Breton Island.

Einheimische Kultur

Bei fast 8000 km Küstenlinie überrascht es nicht, dass sich in der Kultur Nova Scotias alles ums Meer dreht. Historisch gesehen ist es eine von hart arbeitenden Fischern und Bergleuten geprägte Region, die bis heute in vielerlei Hinsicht eine Arbeiterkultur hat. Allerdings zwingt der Niedergang der Grundstoffindustrie viele junge Leute, ihre Heimatprovinz auf der Suche nach Arbeit zu verlassen.

Vielleicht liegt es an den langen Wintern und den harten Arbeitstagen, dass die Einwohner von Nova Scotia so viel und gerne musizieren. Insbesondere wenn sich akadische und schottische Familien treffen, wird gezupft, gefiedelt, gestampft und getanzt, was das Zeug hält.

KURZINFOS

- Einwohner: 921 727
- Fläche: 55 491 km²
- Hauptstadt: Halifax
- Kurios: In Nova Scotia befindet sich eines der ganz wenigen Gezeitenkraftwerke der westlichen Hemisphäre.

An- & Weiterreise

BUS

Maritime Bus (S. 1024) verbindet die gesamten Atlantikprovinzen und bietet Anschluss an die Busse von **Orleans Express** (www.orleansexpress.com) Richtung Québec. Von Halifax fahren Busse u. a. nach Charlottetown (58,25 C$, 5½ Std., 2-mal tgl.) und Moncton (49 C$, 4 Std., 3-mal tgl.).

Über Maritime Bus kann man sich zudem über die Shuttle-Dienste informieren, die den Rest der Provinz bedienen.

FLUGZEUG

Ein Großteil des Flugverkehrs konzentriert sich auf Halifax, aber es gibt auch in Sydney auf Cape Breton Island einen internationalen Flughafen. Wichtige Fluggesellschaften sind **Air Canada** (www.aircanada.com), **Westjet** (www.westjet.com), **United** (www.united.ca), **Delta** (www.delta.com) sowie **Iceland Air** (www.icelandair.ca). Es gibt täglich mehrere Flüge zwischen Halifax und Städten wie Toronto, Montréal, Ottawa, Saint John, Moncton und Boston (Massachusetts/USA). Im Sommer und Herbst gibt es zudem Direktflüge nach London und Island.

SCHIFF/FÄHRE

New Brunswick

Bay Ferries (☎ 888-249-7245; www.bayferries.com; Erw./Kind/Auto/Fahrrad 43/28/81/10 C$)

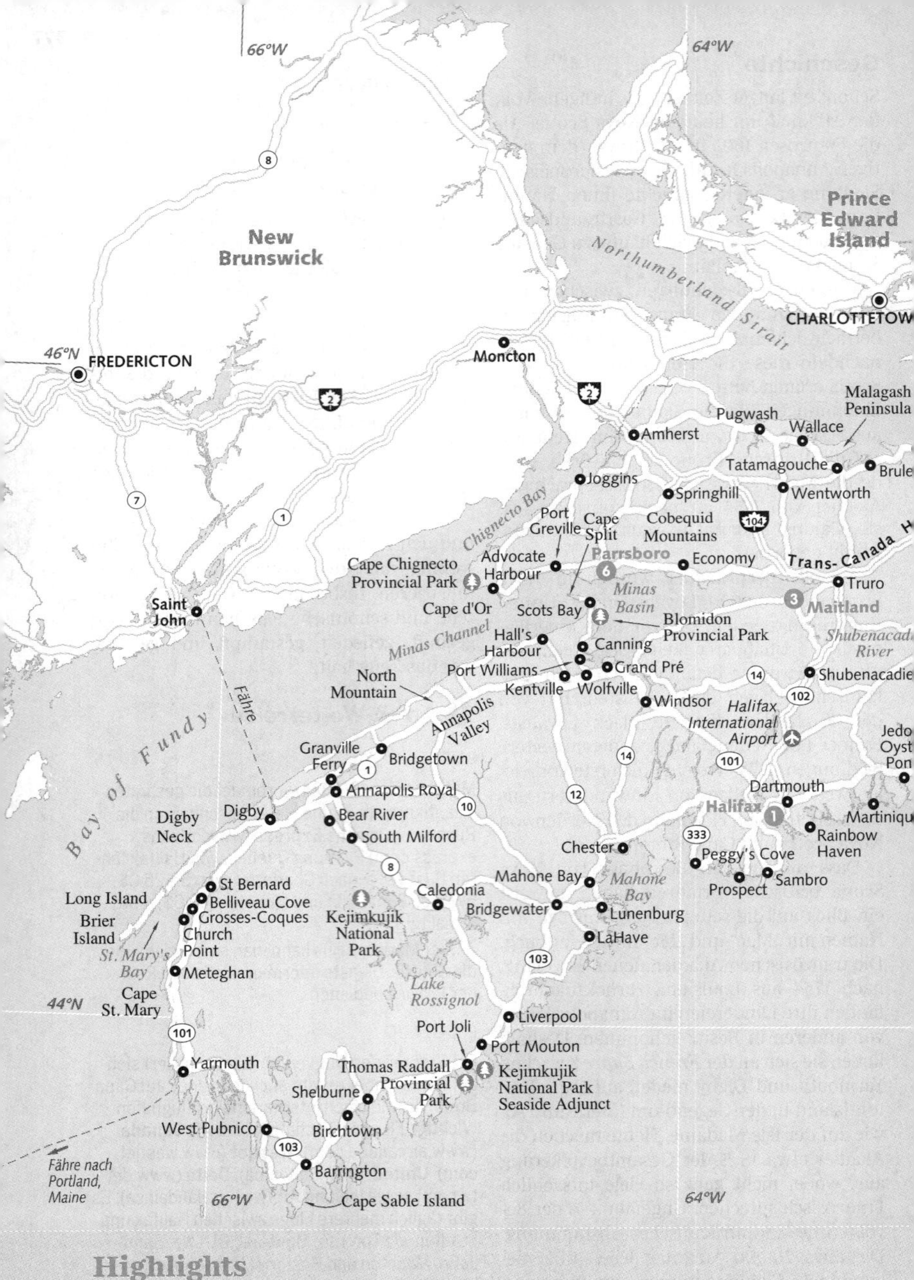

Highlights

1 In **Halifax** (S. 380) die Leute an der Uferpromenade beobachten und hervorragend essen gehen.

2 In der **Louisbourg National Historic Site** (S. 443) kärglich wie die fran-zösischen Soldaten oder fürstlich wie die Generäle um 1744 speisen.

3 Durch die Gezeitenwellen bei **Maitland** (S.418) raften.

4 Mit dem Kajak durch die nebelverhangene Stille der einsamen Inseln und Buchten rund um **Tangier** (S. 446) paddeln und die Natur erleben.

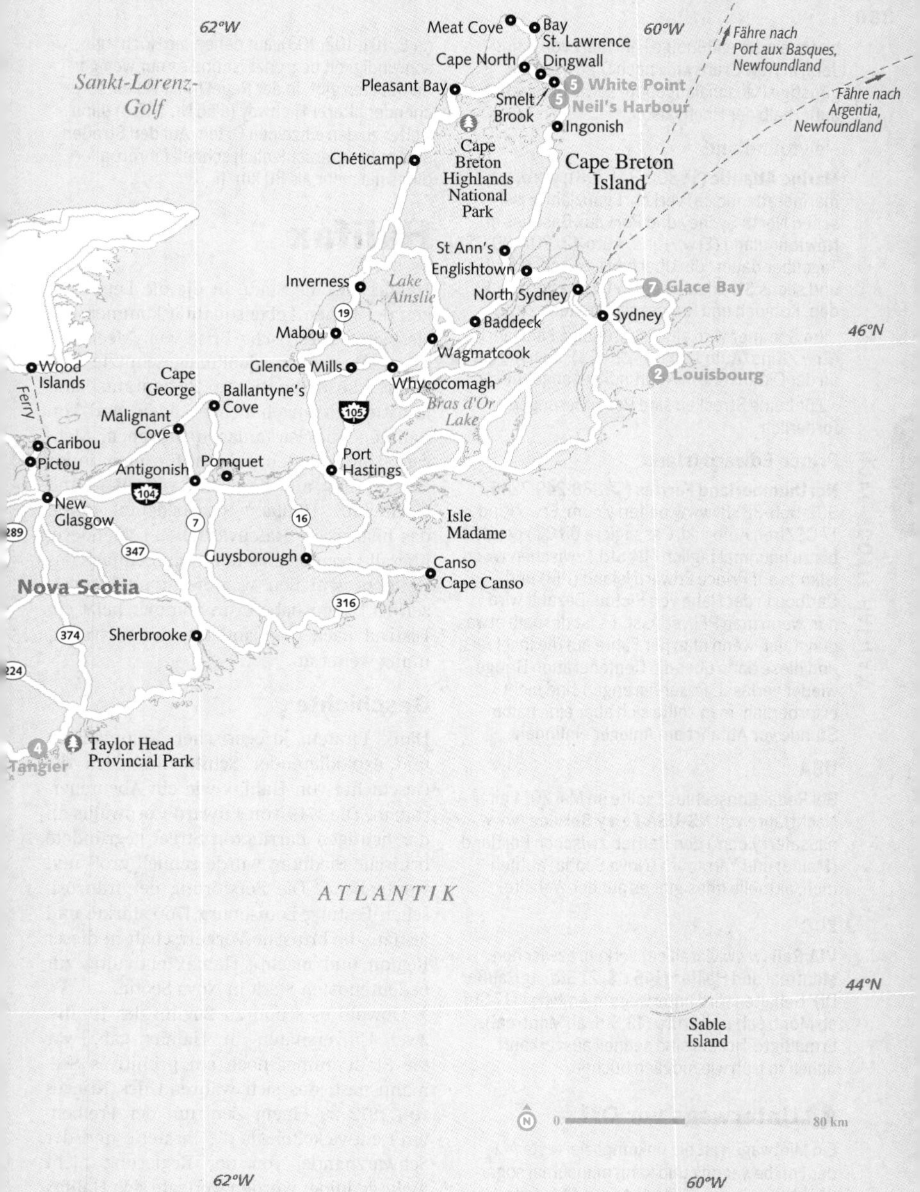

5 Adler und Wale beobachten und dann auf dem Weg von **White Point** nach **Neil's Harbour** (S. 437) zur Stärkung einen heißen Eintopf genießen.

6 Im Sand, der von den extremen Gezeiten in der Bay of Fundy rund um **Parrsboro** (S. 421) angespült wird, nach Halbedelsteinen suchen.

7 Unter dem Meer in das Kohlebergwerk von **Glace Bay** (S. 442) einfahren und dabei den abenteuerlichen Geschichten eines ehemaligen Kumpels lauschen.

bietet eine dreistündige Fährfahrt von Saint John in New Brunswick nach Digby. Es gibt günstige Pauschalangebote sowie Preisrabatte außerhalb der Hochsaison.

Newfoundland

Marine Atlantic (☎800-341-7981; www.marine-atlantic.ca) verkehrt ganzjährig zwischen North Sydney und Port aux Basques in Newfoundland (Erw./Kind/Auto 42/20/109 C$). Tagsüber dauert die Überfahrt zwischen fünf und sechs Stunden, nachts etwa sieben Stunden. Kabinen und Ruhesessel kosten extra.

Im Sommer wird eine 14-stündige Fährfahrt (Erw./Kind/Auto 112/54/225 C$) nach Argentia an der Ostküste von Neufundland angeboten.

Für beide Strecken sind Reservierungen erforderlich.

Prince Edward Island

Northumberland Ferries (☎888-249-7245, 902-566-3838; www.peiferry.com; Erw./Kind 17 C$/frei, Auto inkl. Passagiere 68 C$) pendelt bis zu neunmal täglich (1¼ Std.) zwischen Wood Islands auf Prince Edward Island (PEI) und Caribou in der Nähe von Pictou. Bezahlt wird nur, wenn man PEI verlässt. Es ist deshalb etwas günstiger, wenn man per Fähre auf die Insel reist und diese dann über die Confederation Bridge wieder verlässt. Reservierungen sind nicht erforderlich, man sollte sich aber eine halbe Stunde vor Abfahrt am Anleger einfinden.

USA

Bei Redaktionsschluss sollte im Mai 2014 eine Nachtfähre von **NS-USA Ferry Service** (www.nsusaferry.com) den Betrieb zwischen Portland (Maine) und Yarmouth (Nova Scotia) aufnehmen, aktuelle Infos gibt es auf der Website.

ZUG

VIA Rail (www.viarail.ca) verkehrt zwischen Montréal und Halifax (145 C$, 21 Std., tgl. außer Di). Gehalten wird unterwegs in Amherst (17 Std. ab Montréal) und Truro (18 Std. ab Montréal). Ermäßigte Tickets sind schnell ausverkauft, daher so früh wie möglich buchen.

ℹ Unterwegs vor Ort

Ein Mietwagen ist die unkomplizierteste Art der Fortbewegung und kann manchmal sogar günstiger als eine Busfahrt sein. Eine gute Alternative sind die Shuttlebusse. Die Entfernungen sind alle gut zu bewältigen: So lässt sich die Südküste im Rahmen von Tagesausflügen bequem vom Annapolis Valley aus erkunden (oder umgekehrt). Die längste Fahrt ist in der Regel die vierstündige Fahrt von Halifax nach Cape Breton Island.

Der direkte Weg zu fast allen Orten in Nova Scotia führt über einen der 100er-Highways (z. B. 101, 102, 103), auf denen die Höchstgeschwindigkeit begrenzt ist und es nur wenige Ausfahrten gibt. In der Regel führt ein entsprechender älterer Highway (also Nr. 1, 2, 3) dann weiter zu den einzelnen Orten. Auf den Straßen darf man unterschiedlich schnell fahren, allerdings nie mehr als 80 km/h.

Halifax

390 096 EW.

Halifax ist eine Stadt, in die die Leute wegen der hohen Lebensqualität kommen, die sie bietet. Die frische Brise vom Meer hält die Luft sauber, denkmalgeschützte Gebäude, kosmopolitische Restaurants und künstlerisch angehauchte Läden sind von Bäumen und Parkanlagen umgeben. Mehrere Universitäten sorgen für eine junge Bevölkerung und damit für volle Bars und Nachtclubs. Halifax – das bedeutet, durch das historische Hafenviertel zu schlendern, überall Livemusik zu hören und einfach das Beste zu genießen, was die Atlantikprovinzen zu bieten haben. Im Sommer heizt ein Festival nach dem anderen die Partystimmung weiter an.

Geschichte

Dank Piraten, kriegerischer Kolonialisten und explodierender Schiffe liest sich die Geschichte von Halifax wie ein Abenteuerroman. Die 1749 von Edward Cornwallis an der heutigen Barrington Street gegründete britische Siedlung wurde schnell groß und wohlhabend. Die Zerstörung der französischen Festung Louisbourg 1760 stärkte und festigte die britische Vorherrschaft in dieser Region und machte Halifax endgültig zur bedeutendsten Stadt in Nova Scotia.

Obwohl es schon zu Beginn des 19. Jhs. zwei Universitäten in Halifax gab, war die Stadt immer noch ein primitives Seemannsnest, das sich während des Krieges von 1812 zu einem Zentrum der Freibeuterei entwickelte. Als die Piraterie und der Schwarzhandel von der Regierung nicht mehr geduldet wurden, verlegte sich Halifax kurzerhand auf den kommerziellen Handel, und in den Straßen der Stadt (insbesondere der Market Street und Brunswick Street) eröffneten zahllose Tavernen und Bordelle.

Am 14. April 1912 wurden drei Schiffe aus Halifax zu einem Notfall gerufen: Die als unsinkbar geltende *Titanic* hatte einen Eisberg gerammt. Mehr als 1500 Menschen verloren bei dieser Tragödie ihr Leben.

Viele von ihnen wurden auf dem Fairview Lawn Cemetery beigesetzt, der sich in der Nähe des Fairview Overpass am Bedford Highway befindet.

Kurze Zeit später kollidierte während des Ersten Weltkriegs 1917 der französische Munitionsfrachter *Mont Blanc,* der den Sprengstoff TNT und leicht entzündliches Benzol an Bord hatte, mit einem anderen Schiff und explodierte. Die „Halifax-Explosion", die als größte durch Menschen verursachte Explosion vor dem Abwurf der Atombomben auf Japan gilt, erschütterte die ganze Stadt. Mehr als 1900 Menschen wurden getötet und 9000 verletzt. Fast der gesamte Norden von Halifax wurde dem Erdboden gleichgemacht.

Sehenswertes

Downtown

Historic Properties BEDEUTENDE GEBÄUDE
(www.historicproperties.ca) Als „Historic Properties" bezeichnet man eine Reihe restaurierter Gebäude in der Upper Water Street, die zwischen 1800 und 1905 entstanden sind. In den ursprünglich als riesige Lagerhäuser für Waren und Frachtgut errichteten Gebäuden befinden sich heute Boutiquen, Restaurants und Bars. Über die Uferpromenaden sind sie miteinander verbunden. Im Sommer wimmelt es hier nur so von Künstlern, Händlern und Straßenmusikanten. Das 1814 erbaute **Privateer's Warehouse** ist das älteste Steinhaus in der Gegend. Die *privateers* (Freibeuter) waren von der Regierung geduldete und unterstützte Piraten, die ihre Beute hier einlagerten. Weitere bemerkenswerte Gebäude sind der aus Holz erbaute **Old Red Store**, der einst als Schifffahrtskontor und Segelmacherei diente, und **Simon's Warehouse** von 1854.

Alexander Keith's Nova Scotia Brewery BRAUEREI
(☎902-455-1474; www.keiths.ca; Brewery Market, 1496 Lower Water St; Erw./Kind 16/8 C$; ⏱Mo–Do 11–20, Fr & Sa 11–21, So 12–16 Uhr) Mit kostümierten Darstellern, dunklen Gängen und gehaltvollem Bier wird der Rundgang durch die Brauerei zur Zeitreise ins Halifax des 19. Jhs. Den Abschluss der einstündigen Führung bildet eine Party im Kellerpub mit Bier vom Fass und Ale-duseligem Seemannsgarn. Wichtig: Unbedingt den Pass mitnehmen (weil an Minderjährige kein Alkohol ausgeschenkt werden darf)!

Maritime Museum of the Atlantic MUSEUM
(☎902-424-7490; http://maritimemuseum.novascotia.ca; 1675 Lower Water St; Erw./Kind 9,25/5 C$; ⏱Mi–Mo 9.30–17, Di 9.30–20 Uhr) In einem Teil des am Ufer gelegenen Museums war einst ein Schiffsausrüster tätig. Hier wurde alles verkauft, was für den Schiffsbetrieb notwendig war. Man kann noch förmlich die verkohlten Seile riechen, die mit Teer gegen das Salzwasser geschützt wurden. Sehr beliebt sind die Ausstellungen zur *Titanic* sowie zur Halifax-Explosion. Der 3D-Film über die *Titanic* kostet 5 C$ extra. Draußen kann man die CSS *Acadia* erkunden. Es handelt sich um ein ehemaliges hydrografisches Schiff aus England.

Die **HMCS Sackville** (Erw./Kind 3/2 C$; ⏱10–17 Uhr) ist die letzte erhaltene Korvette aus dem Zweiten Weltkrieg. Sie liegt ganz in der Nähe, das Personal ist Mitglied der kanadischen Marine.

Canadian Museum of Immigration at Pier 21 MUSEUM
(☎902-425-7770; www.pier21.ca; 1055 Marginal Rd; Erw./Kind 8,60/5 C$; ⏱9.30–17.30 Uhr) Das von der kanadischen Rundfunkanstalt CBC als eines der „Sieben Wunder Kanadas" bezeichnete Pier 21 war für Kanada einst das, was Ellis Island für die USA war. Von 1928 bis 1971 wanderten über 1 Mio. Immigranten über den Pier 21 nach Kanada ein. Das Museum ist ihren persönlichen Geschichten und den historischen Hintergründen, die sie veranlassten, ihrer Heimat den Rücken zu kehren, gewidmet.

Historiker haben in jedem Teil Kanadas Augenzeugenberichte von Einwanderern gesammelt, die den Pier 21 passiert haben. Diese bewegenden Videofilme werden in Vorführräumen neben einem Bahnwaggon gezeigt – Taschentücher einstecken! Das Museum wurde 2012 zum Nationalmuseum ernannt. Mit den dadurch anzapfbaren neuen Geldquellen plant man eine Erweiterung sowie ein besseres Angebot.

Citadel Hill National Historic Site HISTORISCHE STÄTTE
(☎902-426-5080; an der Sackville St; Erw./Kind 11,70/5,80 C$; ⏱9–18 Uhr) Die riesige und ziemlich unheimliche Zitadelle ist die meistbesuchte historische Stätte Kanadas. Mit dem Bau der sternförmig angelegten Festung, die auf dem zentralen Hügel hoch über Halifax thront, wurde zur Zeit der Stadtgründung 1749 begonnen. Die heutige, von 1818 bis 1861 errichtete Version ist be-

Halifax

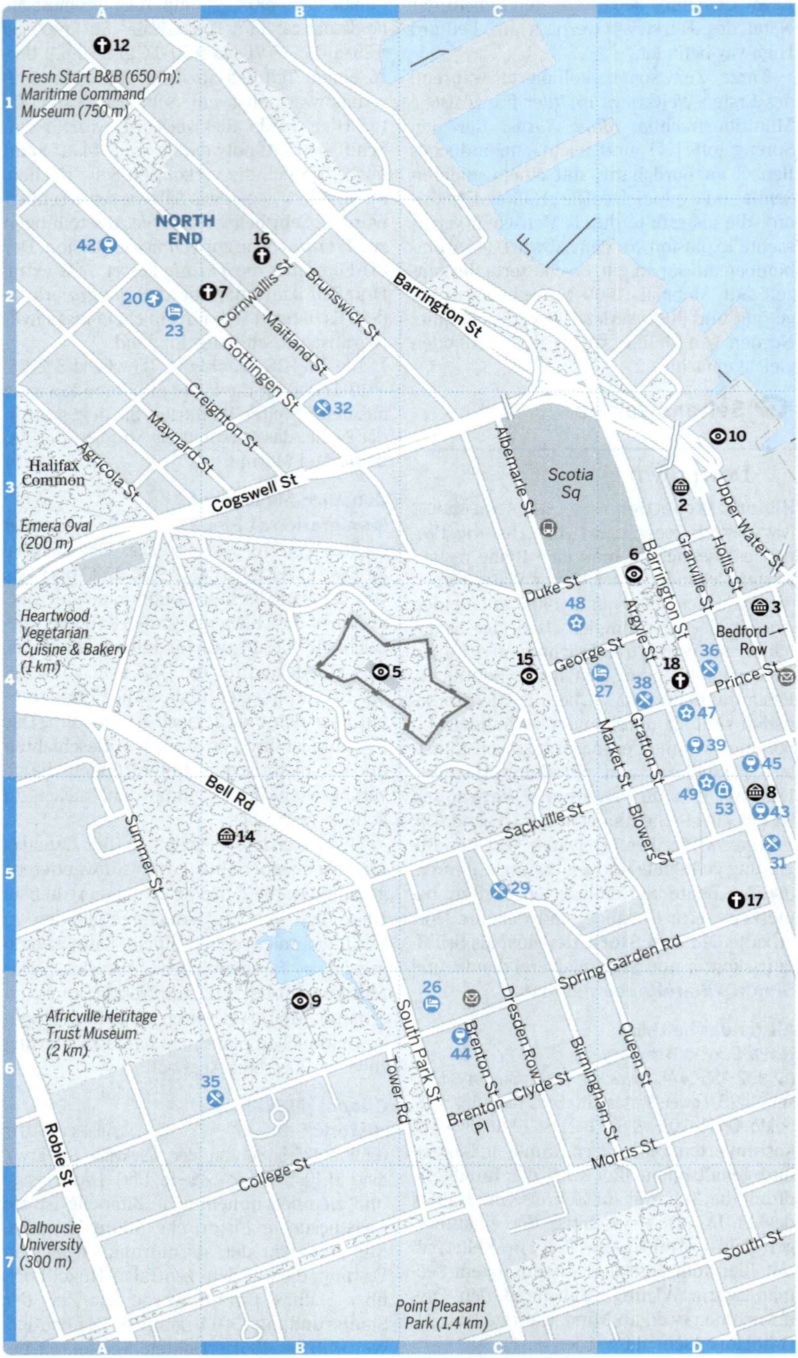

A
B
C
D
1
2
3
4
5
6
7
Fresh Start B&B (650 m); Maritime Command Museum (750 m)
12
NORTH END
42
16
7
20
23
Cornwallis St
Brunswick St
Maitland St
Gottingen St
Barrington St
Creighton St
Maynard St
Agricola St
32
Halifax Common
Cogswell St
Emera Oval (200 m)
Albemarle St
Scotia Sq
10
2
Upper Water St
Hollis St
Granville St
Barrington St
6
Duke St
48
3
Heartwood Vegetarian Cuisine & Bakery (1 km)
5
15
George St
27
Argyle St
38
18
36
Bedford Row
Prince St
Grafton St
Market St
47
39
45
49
53
8
43
Bell Rd
14
Summer St
Sackville St
Blowers St
31
29
17
Spring Garden Rd
9
26
Africville Heritage Trust Museum (2 km)
South Park St
Brenton St
Dresden Row
Birmingham St
Queen St
44
35
Tower Rd
Brenton Pl
Clyde St
Robie St
College St
Morris St
Dalhousie University (300 m)
South St
Point Pleasant Park (1.4 km)

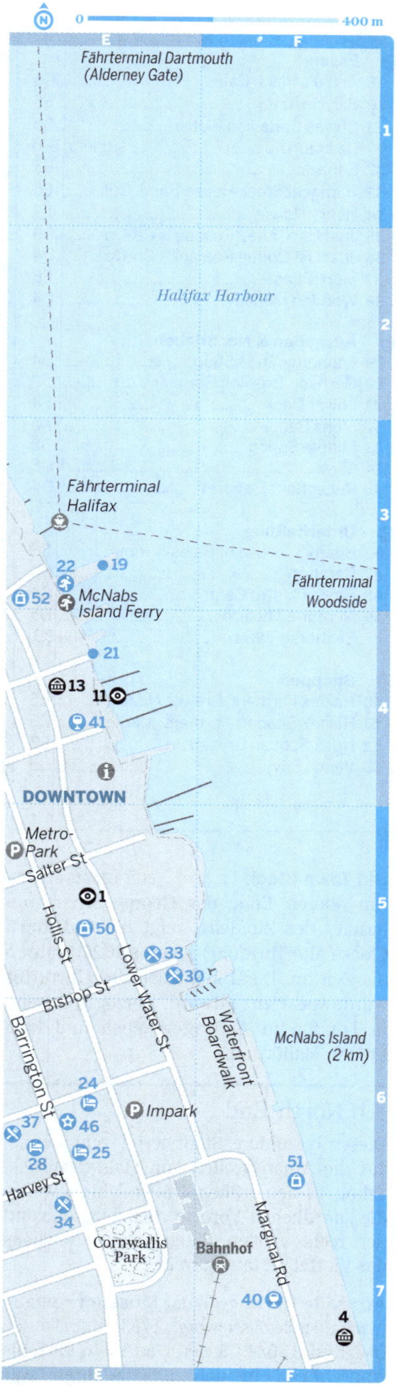

reits die vierte. Die Festungsanlage und ihre Geschichte werden im Rahmen von Führungen erläutert. Das Gelände innerhalb der Festungsmauern ist ganzjährig geöffnet und kostenlos zugänglich, wenn die Ausstellungen geschlossen sind.

Art Gallery of Nova Scotia KUNSTGALERIE
(☎902-424-7542; www.artgalleryofnovascotia.ca; 1723 Hollis St; Erw./Kind 12/5 C$; ⏲Mi, Fr–Sa 10–17, Do 10–21, So 12–17 Uhr) Die Dauerausstellung zu Maud Lewis ist sehr rührselig. In dem farbenfrohen, aber nur 3 x 4 m großen Haus verbrachte Lewis fast ihr gesamtes Erwachsenenleben. Die Wechselausstellungen im Raum unten thematisieren alles von antiker Kunst bis zur Avantgarde. Kostenlose Führungen werden ganzjährig sonntags um 14 Uhr angeboten, im Juli und August sogar täglich.

Halifax Public Gardens PARK
Der Park an der Ecke von Spring Garden Road und South Park Street gilt als schönster viktorianischer Stadtpark Nordamerikas. Im Sommer geben Oldiebands sonntagnachmittags schräge Konzerte im hübschen Pavillon, während Tai-Chi-Anhänger ihre Übungen ausführen. Wer sein Dame- oder Schachspiel mitbringt, kann auf den Tischen im Freien spielen.

Gräber der Titanic-Opfer HISTORISCHE STÄTTE
Als die *Titanic* sank, wurden die nicht auf See bestatteten Toten nach Halifax gebracht. Ihre Grabstätten befinden sich auf den folgenden Friedhöfen: 19 Gräber sind auf dem **Mount Olivet Catholic Cemetery** (7076 Mumford Rd), zehn auf dem jüdischen **Baron de Hirsch Cemetery** am nördlichen Ende der Windsor Street und 121 auf dem benachbarten **Fairview Lawn Cemetery**. 40 Gräber sind noch immer namenlos. Der US-Amerikaner Jack Dawson, dessen Namen die von Leonardo DiCaprio verkörperte Figur im Film *Titanic* trug, fand ebenfalls auf dem Fairview Cemetery seine letzte Ruhestätte.

Anna Leonowens Gallery KUNSTGALERIE
(☎902-494-8184; http://nscad.ca; 1891 Granville St; ⏲Di–Fr 11–17, Sa 12–16 Uhr, Vernissagen Mo 17.30–19.30 Uhr) GRATIS Die Galerie hinter der Fußgängerzone der Granville Street zeigt Arbeiten von Studenten und Lehrkräften des Nova Scotia College of Art & Design. Benannt ist sie nach der Begründerin des College, der englischen Lehrerin Anna Leonowens, die

Halifax

Sehenswertes

1 Alexander Keith's Nova Scotia Brewery E5
2 Anna Leonowens Gallery D3
3 Art Gallery of Nova Scotia D4
4 Canadian Museum of Immigration at Pier 21 .... F7
5 Citadel Hill National Historic Site B4
6 City Hall D3
7 Cornwallis Street Baptist Church B2
8 Discovery Centre D5
9 Halifax Public Gardens B6
10 Historic Properties D3
11 HMCS Sackville E4
12 Little Dutch Church A1
13 Maritime Museum of the Atlantic E4
14 Museum of Natural History B5
15 Old Town Clock C4
16 St. George's Round Church B2
17 St. Mary's Cathedral Basilica D5
18 St. Paul's Church D4

Aktivitäten, Kurse & Touren

19 Murphy's Cable Wharf E3
20 Seadog's Sauna & Spa A2
21 Tall Ship Silva E4
Tattle Tours .... (siehe 15)
22 Theodore Too Big Harbour Tours E3

Schlafen

23 Halifax Backpackers Hostel A2
24 Halliburton E6
25 HI Nova Scotia E6
26 Lord Nelson Hotel C6
27 Prince George Hotel D4
28 Waverley Inn E6

Essen

29 Annie's Place Café C5
30 Bicycle Thief E5
31 Chives Canadian Bistro D5
Da Maurizio .... (siehe 50)
32 Edna B3
33 Hamachi Steak House Bar & Grill E5
34 Henry House E7
35 Just Us! Coffee Roaster's Co-Op B6
36 Just Us! Coffee Roaster's Co-Op D4
37 Morris East E6
38 Wooden Monkey D4

Ausgehen & Nachtleben

39 Economy Shoe Shop D4
40 Garrison Brewing Company F7
41 Lower Deck E4
42 Menz Bar A2
43 Middle Spoon D5
44 Onyx C6
45 Reflections Cabaret D4

Unterhaltung

46 Bearly's House of Blues & Ribs E6
47 Carelton D4
48 Halifax Metro Centre C4
49 Neptune Theatre D5
Seahorse Tavern .... (siehe 39)

Shoppen

50 Halifax Farmers' Brewery Market E5
51 Halifax Seaport Farmers' Market F6
52 Nova Scotian Crystal E3
53 Venus Envy D5

durch ihre Beziehung zum König von Siam und den Roman *Der König und ich* (u. a. 1999 verfilmt als *Anna und der König* mit Jodie Foster) sowie das gleichnamige Musical unsterblich wurde.

St. Paul's Church KIRCHE
(☎902-429-2240; 1749 Argyle St; ⊙Mo–Fr 9–16 Uhr) Die bereits bei der Gründung von Halifax 1749 errichtete anglikanische Kirche diente einst als Gotteshaus für die Gemeinden von Neufundland bis Ontario. Am anderen Ende des Platzes befindet sich das **Rathaus**. Es ist ein echtes Juwel viktorianischer Architektur.

St. Mary's Cathedral Basilica KIRCHE
(☎902-423-4116; 1508 Barrington St; ⊙kostenlose Führungen Juli–Sept. 10 & 14 Uhr) Die Kathedrale ist nicht zu übersehen – sie hat angeblich den höchsten frei stehenden Spitzturm Nordamerikas.

Old Town Clock BEDEUTENDES GEBÄUDE
Am oberen Ende der George Street, unterhalb der Zitadelle, zeigt die Old Town Clock (Alte Turmuhr) schon seit 200 Jahren die Zeit an. Das Innenleben des Uhrturms wurde von Prinz Edward, Herzog von Kent, in London in Auftrag gegeben und kam 1803 in Halifax an.

North End

Dieses besondere Stadtviertel geht bereits auf die Anfangszeiten von Halifax zurück. Schon in den frühen 1750er-Jahren waren die „nördlichen Vororte" beliebt. Aufgrund der recht großen Baugrundstücke wuchs das Viertel beständig weiter.

Africville Heritage Trust Museum MUSEUM
(www.africvillemuseum.org; 5795 Africville Rd; Erw./Kind 3,30/2 C$; ⊙Di–So 10–16 Uhr) Bis zum Abriss in den 1960er-Jahren war

Africville die Heimat der Afroamerikaner in Nova Scotia. Das Museum ist passenderweise in einem Nachbau der Seaview United Baptist Church untergebracht, die einst das Zentrum der Gemeinde war. Falls Eddie Carver anwesend ist, erzählt er gerne interessante Anekdoten.

Maritime Command Museum MUSEUM
(☎ 902-427-0550; Fr 9.30–15.30 Uhr) GRATIS Die für ganz Nordamerika zuständigen Admiräle der britischen Marine waren bis 1819 in Halifax stationiert. Im Admiralty House, dem heutigen Maritime Command Museum, veranstalteten sie rauschende Feste. Das Museum ist nicht nur wegen der herrlichen georgianischen Architektur sehenswert, sondern auch wegen des bunten Sammelsuriums an Ausstellungsstücken wie Zigarettenanzünder, Tafelsilber und Schiffsglocken – um nur einige zu nennen.

St. George's Round Church KIRCHE
(☎ 902-423-1059; www.roundchurch.ca; 2222 Brunswick St) Das seltene Beispiel einer Rundkirche wurde 1800 im palladianischen Stil errichtet. Die zentrale Rotunde weist einen Durchmesser von 18 m auf; Führungen sind nur nach Voranmeldung möglich.

Cornwallis Street Baptist Church KIRCHE
(5457 Cornwallis St) Die Cornwallis Street Baptist Church dient der afroamerikanischen Gemeinde seit den 1830er-Jahren als Gotteshaus. Sonntagmorgens hört man die Gospelgesänge bis auf die Straße.

Little Dutch Church KIRCHE
(2405 Brunswick St) Führungen durch die 1756 errichtete zweitälteste Kirche von Halifax können über die St. George's Round Church (s. oben) organisiert werden.

Außerhalb des Zentrums

Point Pleasant Park PARK
Gut 39 km Naturlehrpfade, mehrere Picknickplätze und der runde **Prince of Wales Martello Tower**, der im 18. Jh. zu Verteidigungszwecken errichtet wurde, befinden sich innerhalb dieses 75 ha großen Schutzgebiets, das nur 1,5 km südlich des Stadtzentrums liegt. Die Wege rund um den Park bieten einen tollen Ausblick auf die kleine Insel McNabs, das offene Meer und den North West Arm. Bus 9 fährt die Barrington Street entlang bis Point Pleasant. Einen großen, kostenlosen Parkplatz findet man in der Nähe des Point Pleasant Drive.

NICHT VERSÄUMEN

HIGHLIGHTS IN HALIFAX

- Kunsthandwerk anschauen und frische Leckereien auf dem Halifax Seaport Farmers Market (S. 391) genießen.
- Eine günstige Schiffstour auf der Dartmouth-Fähre (S. 393).
- Ein Besuch im Maritime Museum of the Atlantic (S. 381): Hier erfährt man alles über die Halifax-Explosion und den Untergang der *Titanic*.
- Geschichte erleben und den Ausblick genießen: Citadel Hill National Historic Site (S. 381).
- Livemusik in den zahlreichen Kneipen und auf den Bühnen der Stadt (S. 390).

McNabs Island INSEL
(www.mcnabsisland.ca) Sand- und Kieselstrände, Salzmarschen, verlassene Militäranlagen sowie Waldgebiete prägen das Bild auf der 400 ha großen Insel in der Hafenbucht von Halifax. Beim Schiffspersonal der **McNabs Island Ferry** (☎ 902-465-4563; www.mcnabsisland.com; Government Wharf; hin & zurück Erw./Kind 20/10 C$; ⏲ 24 Std.) bekommen Fahrgäste eine Inselkarte, die einen ersten Überblick über das 30 km lange Straßen- und Wanderwegenetz auf der Insel verschafft. Für Campingreservierungen ist das **Department of Natural Resources** (☎ 902-861-2560) zuständig. Die Fähre legt in Fisherman's Cove an der Eastern Passage, unweit von Dartmouth, ab.

Aktivitäten

Radfahren

Mit dem Fahrrad sind die Sehenswürdigkeiten am Stadtrand von Halifax bestens zu erreichen. Die Fähre nach Dartmouth transportiert auch Räder; die MacDonald Bridge steht Radlern ebenfalls offen. Normalerweise gibt es von Mitte Juni bis August mehrere Radverleiher an der Uferpromenade bei Bishop's Landing am Ende der Bishop Street (Std./halber Tag 9/15 C$).

Eine Alternative ist die Firma **Pedal & Sea Adventures** (☎ 877-772-5699, 902-857-9319; www.pedalandseaadventures.com; Verleih Tag/Woche ab 35/140 C$). Das Rad wird komplett mit Helm, Schloss und Reparaturzeug zum Kunden geliefert. Organisiert werden

INSIDERWISSEN

KOSTENLOS SKATEN

Das **Emera Oval** (www.halifax.ca/skatehrm; 7 Uhr bis spätabends) GRATIS auf dem Halifax Common dient im Winter als Anlage für Speedskater sowie im Sommer für Inliner. Der Verleih der Skateboards, Helme und Schlitten (nur auf der Außenbahn erlaubt) ist kostenlos. Selbst Unterrichtsstunden gibt es gratis. Aktuelle Infos findet man im Internet; ein gültiger Ausweis ist erforderlich.

auch preiswerte selbstgeführte Touren (5- Tages-Tour inkl. Unterkunft und Mahlzeiten ab 1099 C$).

Wandern

Überraschend nahe bei der Innenstadt kann man kurze und auch längere Wanderungen unternehmen. **Hemlock Ravine** ist ein 80 ha großes Waldgebiet, in dem es fünf Wanderwege in verschiedenen Schwierigkeitsgraden gibt. Um dorthin zu kommen, verlässt man die Innenstadt von Halifax auf dem Bedford Highway und biegt auf Höhe der Kent Avenue nach links ab. Am Ende der Straße befindet sich ein Parkplatz mit einer Infotafel zum Wanderweg. Eine ausführliche Beschreibung des Weges und Infos zu weiteren Startpunkten und Wanderwegen finden sich im Internet unter www.novatrails.com. Auch im Point Pleasant Park und auf McNabs Island kann man gut wandern.

Geführte Touren

Es lohnt sich zu fragen, ob der Zweimaster *Bluenose II* (S. 399) gerade in der Stadt ist und Hafenrundfahrten anbietet.

Tall Ship Silva SCHIFFSTOUR
(902-429-9463; www.tallshipsilva.com; Queen's Wharf, Prince St; Rundfahrten Erw./Kind 22/15 C$; Mai–Okt. tgl. 12, 14, 16, 18 & 22.30 Uhr) Auf den 90-minütigen Fahrten kann man selbst tatkräftig mitanpacken oder sich gemütlich entspannen. Abends legt das Segelschiff zu einer zweistündigen Partyrundfahrt ab.

East Coast Balloon Adventures BALLONFAHRT
(902-306-0095; www.eastcoastballoonadventures.com; 45 Min. Ballonfahrt pro Pers. 250 C$) Von Halifax schwebt man bei Sonnenaufgang oder -untergang über die Felder von Annapolis Valley. Die Ballonfahrten bieten eine grandiose Vogelperspektive auf die atemberaubende Provinz; Kindern unter acht Jahren ist die Mitfahrt nicht erlaubt.

Bluenose Sidecar Tours MOTORRADTOUR
(902-579-7433; www.bluenosesidecartours.com; Touren 74–189 C$) In den altmodischen Motorradbeiwagen kann man sich auf einer flotten Fahrt in die Umgebung von Halifax – beispielsweise nach Peggy's Cove, Lunenburg oder zur Südküste – den Wind richtig um die Nase wehen lassen.

Tattle Tours STADTRUNDGANG
(902-494-0525; www.tattletours.ca; pro Pers. 10 C$; Mi–So 19.30 Uhr) Die unterhaltsamen zweistündigen Stadtführungen starten an der Old Town Clock und vermitteln lokalen Klatsch, Piratenstorys und Geistergeschichten. Die Rundgänge werden auch auf Anfrage hin organisiert – Infos dazu erhält man in jeder Touristeninformation (S. 392).

Salty Bear Adventure Travel BUSTOUR
(902-224-1313; www.saltybear.ca; Touren ab 299 C$) Eine sehr gesellige Alternative für Backpacker, um die Provinz zu erkunden.

Great EARTH Expeditions ÖKOTOUR
(902-223-2409; www.greatearthexpeditions.com; Touren (halber/ganzer Tag) ab 75/100 C$) Die halb- und ganztägigen Touren starten jeweils in Halifax. Auf dem Programm stehen Wanderungen, Kajakausflüge oder historische Themen, u. a. eine Tour zur Insel Mc Nabs Island. Angeboten werden auch längere, viertägige Touren auf dem Cabot Trail und durch Kejimkujik.

Murphy's Cable Wharf SCHIFFSTOUR
(902-420-1015; www.mtcw.ca; 1751 Lower Water St) Der große Anbieter veranstaltet u. a. verschiedene Fahrten durch die Hafenbucht von Halifax. Das Angebot reicht von Hochseeangeln und zweistündigen Rundfahrten bis zur beliebten 55-minütigen Harbour Hopper Tour (Erw./Kind 30/17 C$) in einem Amphibienbus.

Feste & Events

Halifax blüht während der fröhlichen Festivals richtig auf. Über die Festival-Websites werden oft freiwillige Helfer gesucht.

Nova Scotia Multicultural Festival KULTUR
(www.mans.ns.ca; Ende Juni) Vor allem Künstler, Kunsthandwerker und Köche de-

monstrieren die multikulturelle Vielfalt der Provinz auf unterhaltsame Weise – das Ganze ist ein riesiges Event.

Nova Scotia Tattoo KULTUR
(www.nstattoo.ca; Tickets 27–65 C$; ⏲Anfang Juli) Die weltweit „größte jährliche Hallenshow" ist ein großes Spektakel mit militärisch marschierenden Bands.

Atlantic Jazz Festival MUSIK
(www.jazzeast.com; Abendkasse 15–30 C$; ⏲Mitte Juli) Eine ganze Woche lang gibt es kostenlose Jazzkonzerte im Freien. Die Abendveranstaltungen bringen eine breite Palette von Weltmusik bis zu klassischen Jazz-Trios auf die Bühne.

Halifax International Busker Festival STRASSENKÜNSTLER
(www.buskers.ca; ⏲Anfang Aug.) Komiker, Parodisten, Akrobaten und Musikanten aus aller Welt unterhalten das Publikum an der Uferpromenade von Halifax.

Atlantic Fringe Festival THEATER
(www.atlanticfringe.com; ⏲Mitte Sept.) Experimentelles Theater, gespielt von aufstrebenden und etablierten Künstlern.

Atlantic Film Festival FILM
(www.atlanticfilm.com; Tickets 10–15 C$; ⏲Mitte Sept.) Zehntägiges Filmfestival mit großartigen regionalen und internationalen Produktionen.

Halifax Pop Explosion MUSIK
(www.halifaxpopexplosion.com; Armband 50 C$; ⏲Mitte Okt.) Bei den gut 130 Konzerten, die an fünf Tagen in zwölf Clubs stattfinden, gibt's Hip-Hop, Punk, Indie Rock, Folkmusik und vieles mehr. Ein Armband berechtigt zum Eintritt in viele Veranstaltungen.

Schlafen

Halifax Backpackers Hostel HOSTEL $
(☎902-431-3170, 888-431-3170; www.halifaxbackpackers.com; 2193 Gottingen St; B/DZ/Suite 20/57,50/80 C$; 📶) In den gemischten Schlafsälen des legeren 36-Betten-Hostels stehen jeweils maximal sechs Betten. Das Publikum ist jung und cool. Man trifft sich unten im Café auf einen starken Kaffee oder ein günstiges Frühstück und kann dabei mit einer bunten Mischung an einheimischen Stammgästen plaudern. Die Stadtbusse halten direkt vor der Haustür.

Doch eine kleine Warnung: Das Viertel ist nicht das Beste.

HI Nova Scotia HOSTEL $
(☎902-422-3863; www.hihostels.ca; 1253 Barrington St; HI-Mitglieder/-Nichtmitglieder B 26/30 C$, Zi. 57 C$; 📶) Das außergewöhnlich zentral gelegene 75-Betten-Hostel bietet in einem viktorianischen Haus zwar dunkle Schlafsäle, aber ein gutes Selbstbedienungsfrühstück. Die Mitarbeiter sind freundlich und in der Gemeinschaftsküche geht es lebhaft zu; im Sommer vorab reservieren.

Dalhousie University HOSTEL $
(☎902-494-8840; www.dal.ca/dept/summer-accommodations.html; EZ/DZ 48,50/75 C$; ⏲Mai–Aug.; 📶🏊) Die Schlafsäle mit Gemeinschaftsbädern sind ziemlich steril (sprich: keine Poster oder Bierflaschen). Die meisten Leute übernachten in der **Howe Hall** (6230 Coburg St), die sich in unmittelbarer Nachbarschaft zur Uni befindet. Zur Spring Garden Road ist es nur ein kurzer Fußweg.

★ **Waverley Inn** HOTEL $$
(☎902-423-9346, 800-565-9346; www.waverleyinn.com; 1266 Barrington St; DZ inkl. Frühstück 135–235 C$; ❄@📶) Jedes Zimmer ist

HALIFAX MIT KINDERN

Discovery Centre (☎902-492-4422; www.discoverycentre.ns.ca; 1593 Barrington St; Erw./Kind 8,50/6; ⏲Mo–Sa 10–17, So 13–17 Uhr) Mit interaktiven Ausstellungen, Liveshows und Filmen wird Wissenschaft für jede Altersklasse zum Erlebnis. 2014 zieht das Centre in ein modernes neues Gebäude an der Uferpromenade um.

Museum of Natural History (☎902-424-7353; http://naturalhistory.novascotia.ca/; 1747 Summer St;Erw./Kind 5,75/3,75 C$; ⏲Mo–Di & Do–Sa 9–17, Mi 9–20, So 12–17 Uhr) Im Rahmen des täglichen Sommerprogramms lernen Kinder Gus, den Frosch kennen. Die Ausstellungen zur Geschichte und zur Umwelt sind auch für Eltern informativ.

Theodore Too Big Harbour Tours (☎902-492-8847; www.mtcw.ca/theodoretugboat; 1751 Lower Water St; Erw./Kind 20/15 C$; ⏲Juni–Sept. tgl. 11, 12.30, 14, 15.30 & 17 Uhr) Die einstündigen Touren auf diesem wie eine Comicfigur aussehenden Boot sind besonders für Kinder unter sechs Jahren unterhaltsam.

einzigartig und üppig mit Antikmöbeln eingerichtet. Sowohl der Schriftsteller Oscar Wilde wie auch der Zirkuspionier P. T. Barnum haben hier schon übernachtet und würden es sicher wieder tun, wenn sie nicht schon lange tot wären. Die zentrale Lage ist nicht zu toppen.

Fresh Start B&B B&B $$
(☎888-453-6616, 902-453-6616; www.bbcanada.com/2262.html; 2720 Gottingen St; Zi. 110–130 C$; @) Das von zwei pensionierten Krankenschwestern geführte stattliche Haus im viktorianischen Stil liegt im schwulenfreundlichen Teil von North End. Die Zimmer mit Bad/WC bieten das beste Preis-Leistungs-Verhältnis.

Marigold B&B B&B $$
(☎902-423-4798; www.marigoldbedandbreakfast.com; 6318 Norwood St; EZ/DZ 75/85 C$) In diesem Künstlerhaus voller bunter Blumengemälde und flauschiger Katzen fühlt man sich schnell zu Hause. Die Wohngegend im North End ist durch viele Bäume recht grün und verfügt über eine gute Nahverkehrsanbindung.

Pebble Bed & Breakfast B&B $$$
(☎888-303-5056, 902-423-3369; www.thepebble.ca; 1839 Armview Terrace; Zi. 175–225 C$;) Badezimmerfetischisten sind in diesem luxuriösen B&B genau richtig. Die Badewanne und die Dusche befinden sich in einem riesigen Zimmer. Draußen führt eine Terrasse in den grünen Garten. Die Schlafzimmer sind großzügig mit Plüsch, hohen Betten und einer Mischung aus modernem und altmodischem Mobiliar eingerichtet. Die irische Besitzerin Elizabeth O'Carroll wuchs in einer Familie auf, die ein Pub betrieb. Von der Grünen Insel brachte sie viel Lebensfreude und Energie in diese gehobene Wohngegend am Wasser mit.

Halliburton HOTEL $$$
(☎902-420-0658; www.thehalliburton.com; 5184 Morris St; Zi. 159–350 C$; @) Das sehr gemütliche und gut geführte historische Hotel im Stadtzentrum wirkt vornehm, weil es auf den ganzen viktorianischen Schnickschnack verzichtet.

Lord Nelson Hotel HOTEL $$$
(☎902-423-5130, 800-565-2020; www.lordnelsonhotel.com; 1515 S Park St; DZ 130–360 C$; @) Wenn Rockstars wie die Rolling Stones nach Halifax kommen, dann übernachten sie hier. Das elegante, aber nicht spießige Gebäude aus den 1920er-Jahren befindet sich direkt gegenüber den Halifax Public Gardens. In der Nebensaison sind die Übernachtungen deutlich günstiger.

Prince George Hotel HOTEL $$$
(☎800-565-1567, 902-425-1986; www.princegeorgehotel.com; 1725 Market St; DZ 160–350 C$; @) Die grünen Innenhöfe des zentral gelegenen Prince George Hotel sind ideal für einen Drink oder ein Essen, ja sogar für ein Geschäftstreffen, wenn man nicht in die Konferenzräume ausweichen will. Parken kostet 15 C$.

Essen

Bars und Pubs bringen zumeist sehr gutes Essen auf den Tisch; die Küche schließt gegen 22 Uhr.

Heartwood Vegetarian Cuisine & Bakery VEGETARISCH $
(☎902-425-2808; 6250 Quinpool Rd; kleine Gerichte ab 5 C$; Mo–Sa 10–20 Uhr;) Die Salatbar wird mit regionalen Bioprodukten gefüllt, die Backwaren sind himmlisch und der Kaffee wurde fair gehandelt.

Annie's Place Café FRÜHSTÜCK $
(1592B Queen St; Frühstück 3–8 C$; Mo–Fr 7–15, Sa 7–14 Uhr) Im Herzen von Halifax verbreitet Annie mit ihrem herzhaften Frühstück ein wenig Kleinstadtatmosphäre. Das Brot ist frisch gebacken und der Tee frisch aufgebrüht. Und wenn man geht, hat man viele neue Freunde gewonnen.

Just Us! Coffee Roaster's Co-Op CAFÉ $
(1715 Barrington St; Mo–Do 7–17.30, Fr–Sa 7–21 Uhr;) Das helle und gemütliche Café im Stadtzentrum serviert Fairtrade-Kaffee, der vor Ort geröstet wird, die Backwaren werden aus regionalen Zutaten hergestellt. WLAN ist kostenlos und in der Nähe gibt es eine **zweite Filiale** (5896 Spring Garden Rd).

★ **Edna** MODERN KANADISCH $$
(www.ednarestaurant.com; 2053 Gottingen St; Hauptgerichte 14–22 C$; Di–So ab 17 Uhr) Im Edna ist alles lecker, vom gebratenen Hühnchen bis zur traumhaften Fisch-Bouillabaisse. Gespeist wird entweder an einem langen Holztisch (an dem man schnell mit seinen Nachbarn in Kontakt kommt), an der Theke oder an den Tischen für zwei Personen. Die quirlige Atmosphäre macht den Abend zu einem echten kulinarischen Genuss.

★ **Bicycle Thief** MODERN KANADISCH $$
(☎902-425-7993; 1475 Lower Water St; Hauptgerichte mittags 14–18 C$, abends 15–29 C$; ⏲Mo–Fr 11.30 Uhr bis spätabends, Sa 17.30 Uhr bis spätabends) Das lässig-schicke Restaurant an der Uferpromenade wurde nach einem italienischen Filmklassiker aus dem Jahr 1948 benannt und genießt nicht nur bei den lokalen Gastrokritikern einen sehr guten Ruf. Zum Auftakt gibt es heimische Austern oder Polenta mit einem Wildpilzragout. Wie wäre es danach mit einem in Pistazienhonig gebratenen Lachs oder einer in Pancetta gewickelten Schweinelende? Die Wein- und Cocktailkarte ist wesentlich länger als die Speisekarte.

Brooklyn Warehouse KANADISCH $$
(☎902-446-8181; www.brooklynwarehouse.ca; 2795 Windsor St; Hauptgerichte mittags 8–15 C$, abends ca. 20 C$; ⏲Mo–Sa 11.30–22 Uhr; 🖉) In diesem angesagten North-End-Lokal finden sich zahlreiche vegetarische und vegane Gerichte auf der Karte. Die Auberginen-Moussaka ist exzellent und die Bier- und Cocktailkarte sehr umfangreich.

Morris East ITALIENISCH $$
(☎902-444-7663; www.morriseast.com; 5212 Morris St; Pizza 14–17 C$; ⏲Di–Sa 11.30–14.30 & Di–So 17–22 Uhr) Das kosmopolitische Café serviert kreative Holzofenpizzas (z. B. mit Pfirsich, Rosmarin-Aioli und Schinken) auf weißem, Vollkorn- oder glutenfreiem Teig. Auf der Karte stehen auch einige hippe Cocktails, z. B. Wodkapunsch mit Basilikum und Limonen.

Epicurious Morcels FUSION $$
(☎902-455-0955; Hydrostone Market, 5529 Young St; Hauptgerichte etwa 12 C$; ⏲Di–Do 11.30–20, Fr & Sa 10.30–20, So 10.30–14.30 Uhr) Die Spezialitäten des Hauses sind geräucherter Lachs, *gravlax* (gebeizter Lachs mit Dill) und etwas ungewöhnliche, aber sehr schmackhafte, hausgemachte Suppen. Aber auch die anderen Gerichte der international ausgerichteten Speisekarte sind fantastisch.

Hamachi Steak House Bar & Grill JAPANISCH, FUSION $$
(☎902-425-1600; 1477 Lower Water St; Teppanyaki 11–26 C$; ⏲Mo–Sa 11.30–22, So 16–22 Uhr) Die Gäste können dem Koch bei der Arbeit über die Schultern schauen, wie er das Fleisch, den Fisch, die Meeresfrüchte und das Gemüse für ein leckeres japanisches Teppanyaki zubereitet. Wer auf die Show verzichten kann, sollte sich einen Tisch suchen und sein Teppanyaki, das Sushi oder die Alberta-Steaks in Ruhe genießen. Den wunderbaren Hafenblick gibt es gratis dazu.

Wooden Monkey KANADISCH $$
(☎902-444-3844; 1707 Grafton St; Hauptgerichte 14–23 C$; ⏲11–22 Uhr; 🖉) 🍃 Im Inneren ist es gemütlich und dunkel, während man draußen bei gutem Wetter auf dem Bürgersteig sitzen kann. Das Wooden Monkey verwendet konsequent regionale Bioprodukte und ist eine perfekte Adresse für glutenfreie und vegane Mahlzeiten. Es gibt aber auch Fleischgerichte.

Henry House PUB $$
(1222 Barrington St; Hauptgerichte 11–20 C$; ⏲11.30–24 Uhr) Ja, dies ist ein ziemlich englisches Pub. Aber die *fishcakes* gelten allgemein als die besten der Stadt. Auch der Brotpudding ist legendär. Dazu gibt es im schummrig beleuchteten Untergeschoss ein süffiges Pint Bier. Bei Sonnenschein kann man jedoch auch draußen sitzen.

Chives Canadian Bistro KANADISCH $$$
(☎902-420-9626; 1537 Barrington St; Hauptgerichte 17–35 C$; ⏲17–21.30 Uhr) Die Speisekarte richtet sich ganz nach dem saisonalen Angebot und verwendet zumeist regionale Zutaten. Die Küche ist gehoben, genau wie das gedimmte gemütliche Ambiente.

Da Maurizio ITALIENISCH $$$
(☎902-423-0859; 1496 Lower Water St; Hauptgerichte 28–34 C$; ⏲Mo–Sa 17–22 Uhr) Für viele Einheimische ist dies das beste Restaurant in Halifax. Das Ambiente ist so stimmig wie das Essen. Die Ziegelsteinwände und die klaren Linien unterstreichen den Charme der ehemaligen historischen Brauerei; unbedingt reservieren.

🍷 Ausgehen & Nachtleben

Halifax konkurriert mit St. John's in Newfoundland um den Titel der Stadt mit den meisten Kneipen pro Einwohner. Mit Abstand die meisten interessanten Bars finden sich in der Argyle Street, wo die Bürgersteige im Sommer mit Cafétischen gepflastert sind. Sperrstunde in Kneipen und Bars ist um 2 Uhr, sonntags ein paar Stunden früher.

Lower Deck PUB
(☎902-422-1501; 1896 Lower Water St) Erste Anlaufstelle für typisch witzige Unterhaltung im Nova-Scotia-Stil. Guter, lautstarker Gesang und Livemusik, die in lauen Sommernächten bis auf die Straße hinausdringt.

Immer wenn jemand „sociable!“ schreit, wird angestoßen.

Economy Shoe Shop PUB
(☎ 902-423-8845; 1663 Argyle St) Seit mehr als zehn Jahren ist der „Schuhladen“ *die* Kneipe in Halifax, um etwas zu trinken und Leute zu beobachten (am Wochenende mischen sich auch viele Schauspieler und Journalisten ins Getümmel). Nachmittags kann man in aller Ruhe einen Drink nehmen und dazu die Tapas genießen, die die Küche bis um 1.45 Uhr früh zubereitet.

Middle Spoon COCKTAILBAR
(www.themiddlespoon.ca; 1559 Barrington St; Cocktails ca. 11 C$; ⌚ Mo–Do 16–23, Fr–Sa 16 1 Uhr) Was kann abends schöner sein als ein Ort, wo nur Bier, Wein, kreative Cocktails und dekadente Desserts serviert werden? Die Bar hat zudem ein gut gehütetes Geheimnis: Im Untergeschoss findet sich eine gemütliche Lounge, wo es noch etwas Besseres als Cocktails gibt. Das Passwort erhält man, wenn man auf der Website auf das Symbol >: klickt – nicht weitererzählen!

Garrison Brewing Company BRAUEREI
(1149 Marginal Rd; ⌚ So–Do 10–20, Fr–Sa 10–22 Uhr) Es gibt nichts Besseres als eine Kostprobe der hauseigenen Biere für 2 C$ auf der sonnigen Veranda. Täglich stehen fünf Sorten vom Fass zur Auswahl. Flaschenbiere werden im Laden verkauft. Aber man darf sie nicht vor Ort trinken, weil es sich eigentlich nicht um eine Bar handelt (Kanada hat komplizierte Alkoholgesetze). Brauereiführungen sind nach Voranmeldung möglich.

Onyx COCKTAILBAR
(☎ 902-428-5680; 5680 Spring Garden Road) Schwül-erotische, schicke Cocktailbar mit hintergrundbeleuchteter, weißer Onyx-Theke und einer Riesenauswahl an erlesenen Weinen, Single-Malt-Whiskeys, neun Mojitos mit frischen Früchten und vielem mehr. Zum Essen gibt's kleine Gerichte der asiatisch-französischen Küche, die aus Produkten der Region zubereitet werden.

☆ Unterhaltung

Das Gratis-Wochenmagazin *Coast* (www.thecoast.ca) mit allen wichtigen Infos zu Musik-, Theater-, Film- und sonstigen Veranstaltungen ist in der ganzen Stadt erhältlich.

Livemusik

Halifax scheint von Musik zu leben. Jedes Wochenende gibt es Folk-, Hip-Hop-, Alternativ-, Country- und Rockkonzerte. Die Kartenpreise variieren je nach Band.

Carelton LIVEMUSIK
(☎ 902-422-6335; 1685 Argyle St) Nach den Acoustic-Gigs gibt es ansprechende Mahlzeiten, sogar noch spätabends.

Seahorse Tavern LIVEMUSIK
(☎ 902-423-7200; 1665 Argyle St) Der Ort für Punk-, Indie- und Metal-Bands.

Bearly's House of Blues & Ribs LIVEMUSIK
(☎ 902-423-2526; 1269 Barrington St, Eintritt 3 C$) Trotz des niedrigen Eintritts treten hier die besten Blues-Musiker der Atlantikprovinzen auf. Unter den Besuchern, die jeden Mittwochabend zum Karaoke strömen, sind manchmal auch richtig gute Sänger.

SCHWULEN- & LESBENSZENE IN HALIFAX

Halifax hat eine sehr umtriebige Schwulen- und Lesbenszene. Das entsprechende Nachtleben spielt sich vor allem rund um die Gottingen Street ab. Weiter in der Innenstadt befindet sich das **Reflections Cabaret** (☎ 902-422-2957; 5184 Sackville St), eine heiße Disko mit gemischtem Publikum. Sie öffnet zwar schon um 16 Uhr, aber richtig ab geht's erst um 22 Uhr (und dann bis 3 Uhr früh).

Eine gute Adresse für lesbische Reisende ist das **Venus Envy** (☎ 902-422-0004; 1598 Barrington St; ⌚ Mo–Mi & Sa 10–18, Do & Fr 10–19, So 12–17 Uhr), wo „Frau“ Kontakte knüpfen, in Büchern schmökern und Sexspielzeug begutachten kann. **Seadog's Sauna & Spa** (☎ 902-444-3647; www.seadogs.ca; 2199 Gottingen St; ⌚ Mo–Do 16–1, Fr 16 Uhr bis Mo 1 Uhr durchgehend) ist nicht nur blitzsauber, sondern auch der größte private „Men's Club“ östlich von Québec. Er hat alles, was „Mann“ zum Wohlfühlen braucht. Die Besitzer des Clubs betreiben auch die **Menz Bar** (2182 Gottingen St; ⌚ 15–2 Uhr).

Jedes Jahr findet Mitte Juli die **Halifax Pride Week** (www.halifaxpride.com) statt. Absolutes Highlight ist das Softballspiel der Dykes gegen die Divas, mit dem das Festival in der Regel beginnt.

Theater

In und um Halifax gibt es zwei professionelle Theater: das Neptune Theatre und das Eastern Front Theatre in Dartmouth. Die letzten Vorstellungen vor der Sommerpause sind normalerweise im Mai. Fürs Sommertheater sorgt in der spielfreien Zeit das Festival „Shakespeare by the Sea".

Neptune Theatre THEATER
(902-4297070; www.neptunetheatre.com; 1593 Argyle St) Das Theater in der Innenstadt spielt Musicals und allseits bekannte Stücke auf seiner Hauptbühne (ab 35 C$), während unkonventionelle, hintersinnige Werke im Studio zu sehen sind (ab 15 C$).

Shakespeare by the Sea THEATER
(☎902-422-0295; www.shakespearebythesea.ca; Point Pleasant Park; empfohlene Spende 15 C$; ⌚Juni–Sept.) Die Werke des legendären Dramatikers werden in der Cambridge Battery aufgeführt, einer ehemaligen Festung mitten im Point Pleasant Park. Weitere Informationen finden sich im Internet.

Sport

Halifax Metro Centre STADION
(☎902-451-1221; 5284 Duke St; Tickets 15 C$) Das Junioren-Eishockeyteam der Halifax Mooseheads spielt hier.

Shoppen

Halifax verfügt im Stadtzentrum zwischen der Spring Garden Road und der Duke Street über einige originelle Läden.

★ **Halifax Seaport Farmers Market** MARKT
(www.halifaxfarmersmarket.com; Marginal Rd; ⌚Di–So 10–17 Uhr) Der alte Halifax Brewery Farmers Market war so populär, dass man dieses größere Gebäude als Erweiterung errichtete. Mehr als 250 Händler verkaufen hier alles von handgemachter Seife bis hin zu frischen Möhren und Backwaren. Der Markt ist von Freitag bis Sonntag am größten, generell ist er an jedem Markttag eine gute Adresse für eine Lunch-Pause.

Halifax Farmers Brewery Market MARKT
(☎902-492-4043; 1496 Lower Water St; ⌚Sa 7–13 Uhr) Nordamerikas ältester Bauernmarkt findet im Keith's Brewery Building aus den 1820er-Jahren statt. Mittlerweile wurde es vom Seaport Market in den Schatten gestellt, aber es lohnt sich noch immer zu kommen, um das schöne historische Gebäude zu bewundern und die traditionellen Kunsthandwerker aufzusuchen.

Nova Scotian Crystal KUNSTHANDWERK
(☎902-492-4043; 1496 Lower Water St; ⌚Sa 7–13 Uhr) Die Glasbläserei ist eine perfekte Kombination aus Kunst und Kommerz: Zuerst dürfen die Kunden den Glasbläsern zusehen, wie sie die herrlichen Kristallgläser und Vasen herstellen. Dann werden sie in den schicken Verkaufsraum geleitet, um sich etwas Hübsches auszusuchen.

Orientierung

Das Stadtzentrum, die drei Universitäten und die älteren Wohnviertel befinden sich auf einer kompakten Halbinsel, die vom restlichen Halifax durch einen Meeresarm namens North West Arm fast völlig abgeschnitten ist. Fast alle Sehenswürdigkeiten befinden sich in diesem Bereich, sodass man alles bequem zu Fuß erreicht. Point Pleasant Park liegt am südlichen Ende der Halbinsel, während sich das lebendige Stadtviertel North End von der Mitte bis zur Nordspitze der Halbinsel erstreckt. In North End wohnt die afroamerikanische Bevölkerung von Nova Scotia zusammen mit vielen Kunststudenten. Auch die meisten Schwulenbars befinden sich hier.

Zwei Brücken überqueren die Hafenbucht und verbinden Halifax mit Dartmouth sowie den Highways nach Norden zum Flughafen bzw. nach Osten. Die MacDonald Bridge am östlichen Ende der North Street liegt am nächsten zum Stadtzentrum. Der Flughafen befindet sich 40 km nordöstlich der Stadt am Highway 102.

Praktische Informationen

GELD

Bankfilialen finden sich vor allem rund um die Barrington Street und Duke Street.

INFOS IM INTERNET

Destination Halifax (www.halifaxinfo.com) Die offizielle Tourismus-Website von Halifax informiert über alles Mögliche – von Veranstaltungen bis zu Pauschalangeboten.

Halifax Regional Municipality (www.halifax.ca) Infos zu Busfahrplänen und Freizeitaktivitäten.

INTERNETZUGANG

Viele Cafés, Restaurants und öffentliche Gebäude bieten WLAN-Zugang. Die neue **Halifax Central Library** (Spring Garden Rd; ⌚Di–Do 10–21, Fr–Sa 10–17, So 14–17 Uhr) bietet sogar kostenloses WLAN. Bei den Computern gilt: „Wer zuerst kommt, mahlt zuerst."

MEDIZINISCHE VERSORGUNG

Family Focus (☎902-420-2038; 5991 Spring Garden Rd; Beratung 65 C$; ⌚Mo–Fr 8.30–21, Sa–So 11–17 Uhr) Sprechstunden ohne Anmeldung oder zumindest noch am selben Tag.

Halifax Infirmary (☎902-473-7605, 902-473-3383; 1796 Summer St; ⏲24 Std.) Für Notfälle.

POST

Lawton's Drugs (☎902-429-0088; 5675 Spring Garden Rd; ⏲Mo–Fr 8–21, Sa 8–18, So 12–17 Uhr) Mit Postfiliale.

Main Post Office (☎902-494-4670; 1680 Bedford Row; ⏲Mo–Fr 7.30–17.15 Uhr) Hauptpostamt mit Postlagerservice; postlagernde Sendungen adressieren an „General Delivery, Halifax, NS B3J 2L3".

TOURISTENINFORMATION

An den Pinnwänden hinter der Tür der Spring Garden Road Memorial Library hängen Poster mit Veranstaltungshinweisen.

Tourism Nova Scotia (☎902-425-5781, 800-565-0000; www.novascotia.com) Die Tourismusorganisation betreibt Informationszentren in Halifax und anderen Orten in Nova Scotia. Die Buchung von Unterkünften ist kostenlos und vor allem im Sommer sehr hilfreich, wenn die Nachfrage sehr hoch ist. Tourism Nova Scotia veröffentlicht zudem das Magazin *Doers & Dreamers Guide*, das Unterkunftsadressen, Sehenswürdigkeiten und Tourveranstalter aufführt.

Visitors Information Centre (VIC) Halifax International Airport (☎902-873-1223; ⏲9–21 Uhr); Waterfront (☎902-424-4248; 1655 Lower Water St.; ⏲8.30–20 Uhr).

An- & Weiterreise

BUS

Das einzige Busunternehmen, das in der gesamten Provinz (und darüber hinaus) tätig ist, heißt **Maritime Bus** (www.maritimebus.com). Bedient werden die großen Highways von Kentville nach Halifax und weiter nach Truro. Dort teilen sich die Routen: North Sydney ist das eine Ziel, in die andere Richtung geht es nach Amherst und weiter nach New Brunswick.

Private Shuttlebus-Anbieter konkurrieren mit den großen Busfirmen. Die Shuttlebusse fahren die Gäste normalerweise direkt zum Hotel und holen sie dort auch wieder ab. Weil sie weniger Stopps einlegen, ist die Fahrzeit kürzer. Dafür kann es drinnen etwas gedrängter zugehen. Auch wechseln die Anbieter wesentlich häufiger, sodass man sich online informieren oder vor Ort nachfragen sollte. Zu den zuverlässigeren Anbietern zählen:

Cloud Nine Shuttle (☎902-742-3992, 888-805-3335; www.thecloudnineshuttle.com). Verkehrt auf der Strecke Yarmouth – Halifax (75 C$, 3½ Std.) und hält dabei auch am South Shore; Fahrten vom/zum Airport: 5 C$ extra.

Kathleen's Shuttle & Tours (☎903-834-2024; www.digbytoursandshuttle.webs.com) Vom Halifax Airport nach Digby und Annapolis für rund 65 C$.

PEI Express Shuttle (☎902-462-8177, 877-877-1771; www.peishuttle.com) Verkehrt nach Charlottetown (PEI; 69 C$); Fahrten auch frühmorgens.

FLUGZEUG

Die meisten Flugverbindungen von und nach Nova Scotia gehen über Halifax. Es gibt mehrmals täglich Flüge nach Toronto, Calgary und Vancouver.

ZUG

Der Bahnhof in der Hollis Street ist eines der wenigen Beispiele der monumentalen kanadischen Bahnhofsarchitektur, die in den Atlantikprovinzen erhalten blieben. Zu den Angeboten von **VIA Rail** (www.viarail.ca) gehört auch ein Nachtzug nach Montréal (20½ Std., tgl. außer Di).

Unterwegs vor Ort

AUTO & MOTORRAD

In Halifax haben fast immer die Fußgänger Vorfahrt. Deshalb sollte man immer mit plötzlich bremsenden Autos rechnen!

Außerhalb der Innenstadt kann man oft bis zu 2 Stunden kostenlos an der Straße parken. Ansonsten empfiehlt sich das private Parkhaus **Impark** (1245 Hollis St; 1,50/8 C$ pro Std./12 Std.) oder der städtische **Metro-Park** (☎902-830-1711; 1557 Granville St; 1 Std./12 Std. 2,25/15 C$). Die Parkuhren in Halifax müssen montags bis freitags von 10 bis 18 Uhr gefüttert werden.

Am Flughafen und im Stadtzentrum von Halifax sind alle wichtigen internationalen Autoverleiher vertreten. Einige davon bieten einen kostenlosen Abholservice von der Stadt zum Flughafen.

VOM/ZUM FLUGHAFEN

Halifax International Airport liegt 40 km nordöstlich der Stadt am Highway 102 Richtung Truro. Am günstigsten gelangt man mit der Metro-Transit-Buslinie 320 dorthin. Die Busse verkehren zwischen 5 und 24 Uhr im 30-Minuten-Takt von der Metro-X-Bushaltestelle an der Albemarle Street zwischen Duke Street und Cogswell Street. Leider landen viele Flüge mitten in der Nacht. Um diese Uhrzeit bleibt nur das Taxi, die Fahrt kostet rund 56 C$ ins Stadtzentrum von Halifax. Da oftmals nicht genügend Taxis warten, sollte man die Fahrt vorab reservieren. **Halifax Airport Taxi** (☎902-999-2434; www.halifaxairportlimotaxi.com) fährt rund um die Uhr vom/zum Flughafen.

ÖFFENTLICHE VERKEHRSMITTEL

Metro Transit (☎902-490-6600; www.halifax.ca/metrotransit; einfach 3,25 C$) betreibt die

Stadtbusse sowie die Fähren nach Dartmouth. Karten und Fahrpläne gibt es an den Fährstationen sowie am Infostand im Einkaufszentrum Scotia Square.

Bus 7 bahnt sich über die Robie Street und die Gottingen Street seinen Weg durchs Zentrum sowie das North End von Halifax und passiert dabei beide Hostels. Buslinie 1 fährt auf der Spring Garden Road, Barrington Street und durch den südlichen Abschnitt der Gottingen Street, bevor die Busse über die Brücke nach Dartmouth gelangen. **Fred** ist ein kostenloser Stadtbus, der im Sommer alle 30 Minuten eine Schleife durch das Stadtzentrum dreht.

Eine nette Möglichkeit, sich auf dem Wasser zu bewegen (wenn auch nur für 12 Min.), ist die **Fähre nach Dartmouth** (einfach 2,25C$; 6–23.30 Uhr, alle 15–30 Min.), die am Fähranleger in Halifax ablegt. Woodside, wohin es zu Spitzenzeiten eine weitere Fährverbindung gibt, eignet sich gut als Ausgangspunkt für eine Radtour zur Eastern Passage oder nach Lawrencetown.

Rund um Halifax

Dartmouth

Das 1750, also nur ein Jahr später als Halifax gegründete Dartmouth liegt auf der gegenüberliegenden Seite des Hafens. Es ist eine wesentlich ruhigere Wohnstadt als Halifax, selbst im Zentrum ist nichts vom Charme und der Geschäftigkeit der Hauptstadt zu spüren. Dennoch ist Dartmouth ein guter Standort, da die Bus- und Fährverbindungen nach Halifax hervorragend sind.

Dartmouth lohnt sich schon allein wegen der kurzen Fährfahrt als Tagesausflug – mit der ältesten Küstenfähre Nordamerikas. Das Fährterminal in Dartmouth befindet sich im Gebäude des Alderney Gate.

Das **Dartmouth Heritage Museum** (☎902-464-2300; www.dartmouthheritagemuseum.ns.ca; 26 Newcastle St; Eintritt 3 C$; ⏲Mitte Juni–Aug. Di–So 10–17 Uhr, Sept.–Mitte Juni Mi–Sa 13.30–17 Uhr) residiert mit seiner bunten Sammlung im **Evergreen House**, dem ehemaligen Wohnhaus der Volkskundlerin Helen Creighton, die Anfang des 20. Jhs. Geschichten und Lieder aus der ganzen Provinz zusammentrug. Der Eintritt berechtigt am gleichen Tag auch zum Eintritt in das 1786 errichtete **Quaker House** (59 Ochterloney St; ⏲Juni-Aug. Di–So 10–17 Uhr), das älteste Gebäude rund um Halifax. Gebaut wurde es von Quäkern aus Nantucket im US-amerikanischen Bundesstaat Massachusetts, die vom Walfang lebten und vor dem Amerikanischen Unabhängigkeitskrieg geflohen waren.

Der **Shubie Campground** (☎800-440-8450, 902-435-8328; www.shubiecampground.com; Jaybee Dr., Zufahrt über Waverley Rd; Stellplätze ab 33,50 C$) ist der einzige Campingplatz, der von Halifax aus mit öffentlichen Verkehrsmitteln erreichbar ist. Der Platz befindet sich in städtischem Eigentum, wird aber privat geführt. Neben den Duschen gibt es auch einen Waschsalon.

Viele „Haligonians", wie sich die Einwohner von Halifax selbst nennen, kommen nur nach Dartmouth, um sich bei **Two If By Sea** (66 Ochterloney St; Schoko-Croissant 3 C$; ⏲Mo–Fr 7–18, Sa &So 8–17 Uhr) mit den mit viel Butter gebackenen, mächtigen Schokocroissants einzudecken. Kein Wunder, dass sie bis 13 Uhr meistens restlos ausverkauft sind! Aber auch ohne die leckeren Backwaren ist das Café ein toller Ort, um einen Kaffee zu trinken, Leute zu beobachten und die einzigartige Atmosphäre von Dartmouth zu genießen.

Strände an der Ostküste

Wenn sich die Innenstadtbewohnern an einem heißen Sommertag über die Brücke nach Dartmouth aufmachen, sind sie sehr wahrscheinlich auf dem Weg zum Strand. Entlang der ganzen Ostküste erstrecken sich herrliche, endlos lange, weiße Sandstrände. Das Wasser wird nie richtig warm, aber Unerschrockene wagen sich dennoch zum Schwimmen und Surfen hinein, vor allem, wenn der Nebel weit draußen vor der Küste bleibt.

Der 1 km lange **Rainbow Haven** ist der Strand, der am nächsten bei der Stadt liegt – und damit auch der vollste. Er bietet Toiletten, Duschen, eine Art Cafeteria und eine Promenade mit rollstuhlgerechtem Zugang zum Strand. Der recht große Badebereich wird von Rettungsschwimmern überwacht.

Der beliebteste Surferstrand ist der kiesbedeckte **Lawrencetown Beach,** der nach Süden zu liegt. Obwohl die Hurrikans und Tropenstürme eigentlich Hunderte von Kilometern weiter südlich toben, erzeugen sie selbst hier noch hohe Wellen. Es gibt einen bewachten Badestrand, Toiletten und eine Kantine. Surfer und Surfschüler übernachten gerne im **Lawrencetown Beach House** (☎902-827-2345; www.lawrencetownbeachhouse.com; B/DZ 28/75 C$). Das gemütliche Hostel verfügt über zehn Schlafsaalbetten und drei Doppelzimmer. Die Lage oberhalb des einzigen Sandstreifens ist wunderbar und eignet sich deshalb auch für Gäste, die einfach nur den Ausblick genießen wollen. Das von Strandhafer umgebene Haus ist im Sommer oftmals Monate im Voraus ausgebucht, sodass man frühzeitig buchen sollte. Es gibt mehrere Plätze, um Surfboards (Tag 15 C$) und Neoprenanzüge (Tag 15 C$) auszuleihen. Surfstunden inkl. Ausrüstung kosten rund 75 C$ (1½ Std.). Gute Adressen sind: **Dacane Sports** (902-431-7873; http://dacanesurfshop.com), **Nova Scotia Surf School** (www.ecsurfschool.com) oder die von Frauen geführte **One Life Surf School** (902-880-7873; www.onelifesurf.com).

Der längste Strand von Nova Scotia ist der mehr als 3 km lange Strand **Martinique**, der mit feinem, weißen Sand vor grasbewachsenen Dünen auch der schönste der Gegend ist. Wem das Wasser zum Baden zu kalt ist, der kann stundenlang am Strand laufen, Vögel beobachten oder Frisbee spielen.

Sambro

Nur 18 km südlich von Halifax liegt der **Crystal Crescent Beach** am Stadtrand des Fischerorts Sambro. Eigentlich handelt es sich hier um drei Strände in verschiedenen Buchten; am dritten, dem lesben- und schwulenfreundlichen, ist auch FKK erlaubt. Er liegt ganz außen Richtung Südwesten. Ein 8,5 km langer **Wanderweg** beginnt ein klein wenig weiter landeinwärts und führt durch Ödland, Sumpf und Geröll bis nach Pennant Point. Um zum Startpunkt zu gelangen, nimmt man vom Kreisverkehr in Halifax aus die Herring Cove Road bis nach Sambro und folgt dann der Beschilderung.

NICHT VERSÄUMEN

FISHERMAN'S COVE

Fährt man von Dartmouth oder Halifax die Ostküste entlang, lohnt sich ein Umweg über den Highway 322 nach Fisherman's Cove. In dem bildhübschen Fischerhafen an der Eastern Passage gibt es einige der besten Meeresfrüchte der Region. Bei **Wharf Wraps** (104 Government Wharf Rd; Fish & Chips 12 C$; Juni–Sept. 10–18 Uhr) kann man die zu Recht berühmten, riesigen Portionen Fish & Chips auch im Freien genießen. **Fish Basket** (100 Government Wharf Rd; 9–18 Uhr) nebenan verkauft Fisch und Hummer pfundweise, hat aber auch köstliche Sandwiches mit frischem Hummerfleisch (8 C$) zum Mitnehmen.

Peggy's Cove

Peggy's Cove ist eines der meistbesuchten Fischerdörfer Kanadas, und das aus gutem Grund: Die geschwungene Bucht mit den Granitfelsen und dem rotweißen Bilderbuch-Leuchtturm strahlt – trotz der endlosen Kolonnen von Reisebussen – noch immer die verträumte Ruhe eines malerischen Küstenortes aus. Die meisten Besucher steigen auch nur kurz aus dem klimatisierten Bus aus, schießen ein paar Fotos und fahren weiter. Wer etwas länger bleibt, wird schnell mit den freundlichen Einheimischen (von denen es nur noch 45 gibt) ins Gespräch kommen und sich im ruhigen Leben eines Fischerdorfes einrichten. Peggy's Cove, das 43 km westlich von Halifax am Highway 333 liegt, lässt sich gut im Rahmen eines Tagesausflugs von der Stadt aus besuchen.

Im Sommer sollte man vor 10 Uhr erscheinen, denn um die Mittagszeit rücken die Tourbusse an. Sie erzeugen regelmäßig das womöglich größte Verkehrschaos der gesamten Provinz.

Sehenswertes

Peggy's Cove Lighthouse BEDEUTENDES GEBÄUDE
(Mai–Okt. 9.30–17.30 Uhr) Markantes Wahrzeichen der Bucht ist der Bilderbuch-Leuchtturm, der viele Jahre lang auch als Postamt diente. Schöne Spazierwege führen durch die Granitlandschaft, die so wellig ist wie die eiskalte See.

DeGarthe Gallery KUNSTGALERIE
(902-823-2256; Eintritt 2 C$; auf Nachfrage) Zu sehen sind Gemälde des einheimischen Künstlers William deGarthe (1907–1983), der auch das großartige 30 m hohe *Fishermen's Monument* in die Felswand vor der Galerie gemeißelt hat.

Schlafen & Essen

Wayside Camping Park CAMPINGPLATZ $
(902-823-2271; www.waysidecampground.com; 10295 Hwy 333, Glen Margaret; Zelt/Wohnmobil

25/35 C$; ⏲Mai–Okt.; 📶🐾) Der Campingpark liegt 10 km nördlich von Peggy's Cove und 36 km von Halifax entfernt. Er bietet auf einem Hügel viele schattige Stellplätze. Im Hochsommer kann es jedoch ziemlich voll werden.

Peggy's Cove Bed & Breakfast B&B **$$**
(☎902-823-2265, 877-725-8732; www.peggyscovebb.com; 17 Church Rd; Zi. 120–145 C$; ⏲April–Okt.) Die einzige Unterkunft in der Bucht selbst befindet sich auch noch in beneidenswerter Lage. Das ehemalige Wohnhaus des Künstlers deGarthe mit Blick auf den Fischerhafen und den Leuchtturm bietet vielleicht die schönste Aussicht in ganz Nova Scotia. Hier muss man auf jeden Fall im Voraus buchen!

Oceanstone Inn & Cottages INN **$$**
(☎866-823-2160, 902-823-2160; www.oceanstone.ns.ca; 8650 Peggy's Cove Rd, Indian Harbour; Zi. 95–145 C$, Cottages 185–365 C$; @📶🐾) Eine kurze Autofahrt von Peggy's Cove entfernt stehen die skurril eingerichteten Hütten unmittelbar am Strand. Die Gäste können von hier aus mit Tretbooten die kleinen Inseln der Umgebung erkunden. Das Rhubarb, zugleich Speiseraum des Gasthauses, gilt als eines der besten Seafood-Restaurants der Region.

Dee Dee's EISCREME **$**
(⏲Mai–Sept. 12–18 Uhr) An heißen Tagen schmeckt das selbst gemachte Eis aus regionalen Zutaten einfach himmlisch! Dee Dee's befindet sich in der Nähe der Touristeninformation.

☆ Unterhaltung

Old Red Schoolhouse THEATER
(☎902-823-2099; www.beales.ns.ca; 126 Peggy's Point Rd; empfohlene Spende 10 C$) In der Hochsaison werden im Old Red Schoolhouse Komödien gespielt und Konzerte gegeben. Zu einigen Vorstellungen sind kleine Shuttlebusse im Einsatz, die Zuschauer in den Hotels von Halifax abholen und sie nach der Vorführung wieder dorthin zurückfahren. Ausführliche Informationen findet man im Internet.

ℹ Praktische Informationen

Es gibt am Ortseingang einen kostenlo-sen Parkplatz mit Toiletten und einer **Touristeninformation** (☎902-823-2253; 109 Peggy's Cove Rd,; ⏲Mai–Okt. 9–19 Uhr). Von Mitte Juni bis Ende August werden von dort aus kostenlose 45-minütige Rundgänge angeboten.

ABSTECHER

PROSPECT

Obwohl es ebenso hübsch ist wie Peggy's Cove, zieht Prospect nicht mal einen Bruchteil des Besucherstroms von dort an. Ein kaum erschlossener Wanderweg beginnt am Ende der Indian Point Road und führt 3 km an der Küste entlang, vorbei an unzähligen Plätzen, die für ein Picknick wie gemacht sind. Am Startpunkt des Weges gibt es nur wenige Möglichkeiten zum Parken, deshalb muss man sein Fahrzeug möglicherweise am Rand der Straße, die in den Ort führt, abstellen.

Wem Prospect gefällt, sollte vom Highway 333 an mehreren weiteren Stellen abbiegen, um auch die anderen wunderbaren, aber wenig besuchten Küstendörfer der Gegend zu besuchen.

Südküste

Dies ist der meistbesuchte Küstenabschnitt von Nova Scotia, hier befinden sich die typischen Leuchttürme, die unter Naturschutz stehenden, dicht bewaldeten Buchten mit weißen Sandstränden und jede Menge Fischerdörfer, die zu Touristenorten geworden sind. Die Region zwischen Halifax und Lunenburg, in der die Landhäuser der städtischen Oberschicht stehen, ist bei ausländischen und einheimischen Tagesausflüglern gleichermaßen beliebt. Dementsprechend langsam kann es auf dem von der offiziellen Tourismuswerbung als Leuchtturm-Route beworbenen Highway 3 vorangehen. Nur wer nicht unter Zeitdruck steht und unterwegs nach Antiquitäten und Kunsthandwerk stöbern will, sollte diese landschaftlich reizvolle Strecke wählen. Die Fahrzeit verkürzt sich um die Hälfte, wenn man auf dem Highway 103 direkt bis zu der Abfahrt fährt, die dem Fahrtziel am nächsten liegt.

Chester

Im 1759 gegründeten Städtchen Chester legen sich immer mehr wohlhabende Amerikaner und Einwohner von Halifax ein Sommerhaus zu. Der ehemalige Schlupfwinkel für Piraten und Alkoholschmuggler in der Zeit der Prohibition (1920er-Jahre) ist dank der vielen Künstlerateliers noch heute eine bunte, lebhafte Stadt. Mitte August findet im sonst eher stillen Hafen eine große **Regatta** statt.

Sehenswertes & Aktivitäten

Lordly House Museum MUSEUM
(902-275-3842; 133 Central St; Juni–Sept. Di–Sa 10–16 Uhr) GRATIS Das schöne georgianische Gebäude wurde 1806 errichtet und dient heute als Museum. Die drei Zimmer demonstrieren stilecht das Leben der Oberschicht im 19. Jh. sowie die Geschichte von Chester. Im Haus befindet sich auch ein Künstleratelier.

Tancook Island INSEL
Die Insel mit 190 Einwohnern ist in 45 Minuten mit der Fähre von Chester aus zu erreichen (hin & zurück 5,50 C$, Mo–Fr 4-mal tgl., Wochenende 2-mal tgl.). Die ganze Insel ist von **Wanderwegen** durchzogen. Bekannt ist sie für die Herstellung von Sauerkraut, denn Anfang des 19. Jhs. siedelten sich hier Deutsche und französische Hugenotten an. Die letzte Fähre, die abends in Chester ablegt, bleibt über Nacht im Hafen von Tancook Island liegen.

Schlafen & Essen

Graves Island Provincial Park CAMPINGPLATZ $
(902-275-4425; www.parks.gov.ns.ca; Stellplatz 24 C$) Der Campingplatz auf einem Inselchen in der Mahone Bay ist über eine Dammstraße mit dem Festland verbunden. Die 64 Plätze liegen teilweise unter Bäumen, teilweise im offenen Gelände. Wohnmobile werden normalerweise in der Mitte des Platzes abgestellt. Einige schattige, einsame Zeltplätze verstecken sich noch an den Hängen des zentralen Hochplateaus. Der Campingplatz befindet sich 3 km nordöstlich von Chester am Highway 3.

Mecklenburgh Inn B&B B&B $$
(902-275-4638; www.mecklenburghinn.ca; 78 Queen St; Zi. 115–155 C$; Mai–Jan.;) Das zwanglose, 1890 erbaute Gasthaus hat vier Zimmer und eine luftige Terrasse im Obergeschoss. Einige Zimmer verfügen über Balkone, die meisten haben ein eigenes Bad/WC. Der Inhaber ist ein fabelhafter Koch, sodass man sich auf ein hervorragendes Frühstück freuen darf.

Kiwi Café CAFÉ $
(902-275-1492; 19 Pleasant St; Hauptgerichte mittags 9–14 C$; So–Mi 8–16, Do–Sa 8–20 Uhr;) Der neuseeländische Koch bereitet exzellente Suppen, Salate, Sandwiches und Backwaren zu, die man im kiwi-grün angestrichenen Lokal essen oder in recycelbaren Behältern mitnehmen kann. In relaxter Atmosphäre können die Gäste auch ein Bierchen oder ein Glas Wein trinken.

Rope Loft PUB $$
(902-275-3430; 36 Water St; Hauptgerichte ca. 15 C$; 11.30–23 Uhr) Es gibt keine schönere Kulisse als diese Kneipe direkt an der Bucht. Das herzhafte Pubessen wird drinnen und draußen serviert.

Unterhaltung

Chester Playhouse THEATER
(902-275-3933; www.chesterplayhouse.ca; 22 Pleasant St; Karte etwa 25 C$) Das schon etwas ältere Theater hat eine großartige Akustik. Im Juli und August wird jeden Abend Theater gespielt und teilweise währenddessen gegessen. Gelegentlich finden im Frühjahr und Herbst auch Konzerte statt.

Praktische Informationen

Die Touristeninformation (902-275-4616; Hwy 3; 9.30–17.30 Uhr) befindet sich im ehemaligen Eisenbahndepot am Abzweig nach Chester.

Mahone Bay

Hier scheint die Sonne öfter als irgendwo sonst an dieser Küste. Die Bucht mit ihren mehr als 100 Inselchen liegt nur 100 km von Halifax entfernt und ist ein guter Ausgangspunkt für die Erkundung dieses Abschnitts der South Shore. Man kann ein Kajak oder Fahrrad leihen oder einfach durch die Main Street in Mahone Bay bummeln, die um den Hafen herumführt und mit Geschäften voller Antiquitäten, Quilts, Töpferwaren und Werken einheimischer Künstler lockt.

Sehenswertes & Aktivitäten

Die imposante Skyline von Mahone Bay wird von drei wunderbaren alten Kirchen entlang der Seefront bestimmt. Das lockt viele Fotografen an. Im Sommer finden hier regelmäßig Livekonzerte statt (Karten kosten 20 C$).

Mahone Bay Settlers' Museum MUSEUM
(902-624-6263; 578 Main St; Juni–Mitte Okt. Di–So 10–17 Uhr) GRATIS Die Ausstellung konzentriert sich auf die örtliche Architektur sowie die Besiedlung der Gegend durch „ausländische Protestanten" um 1754. Es werden auch Wechselausstellungen veranstaltet.

Kajaks kann man sich bei **Paddle South Kayaks** (617 Main St; 1 Std./Tag ab 30/70 C$; Juni–Okt. 9–20 Uhr) ausleihen, Fahrräder bei **Sweet Rides Cycling** (523 Main St; halber/ganzer Tag 20/30 C$; Mo–Sa 10–17, So 12–17 Uhr)

Geführte Touren

South Shore Boat Tours SCHIFFSTOUR
(902-543-5107; www.southshoreboattours.com; Mitte Juni–Aug.) Ausflugstouren entlang der Küste (1¾ Std., Erw. 40 C$).

Feste & Events

Mahone Bay Pirate Festival & Regatta REGATTA
(http://mahonebayregatta.wordpress.com) Bei der Regatta am Wochenende vor dem ersten Montag im August handelt sich um ein buntes Piraten-Festival – es gibt sogar kostümierte Schauspieler. Am Ende wird ein Schiffsmodell auf dramatische Weise in der Bucht abgefackelt.

Great Scarecrow Festival & Antiques Fair KULTUR
(1. Wochenende im Okt.) Die Einheimischen stellen skurrile Vogelscheuchen her und schnitzen Kürbisse, um sie vor ihren Häusern auszustellen. Gleichzeitig findet eine beliebte Antiquitätenmesse statt.

Schlafen & Essen

Kip & Kaboodle Backpackers Hostel HOSTEL $
(902-531-5494, 866-549-4522; www.kiwikaboodle.com; Hwy 3; B 30 C$; April–Okt.;) Das freundliche 9-Betten-Hostel (1 DZ) liegt nur 3 km von Mahone Bay und 7 km von Lunenburg entfernt. Die Besitzer bieten einen Abholservice aus der Stadt, günstige Ausflugsfahrten und einen Shuttle-Service an. Zudem gibt es Barbecues, Lagerfeuer und erstklassige Tipps zur Erkundung der Gegend (Leihräder vorhanden).

Fisherman's Daughter B&B $$
(902-624-0483; www.fishermans-daughter.com; 97 Edgewater St; Zi. 115–145 C$;) Das uralte Haus (1840) liegt an der Bucht bei den drei schönen Kirchen. Die gründliche Sanierung hat den alten Charme bewahrt, aber den Komfort erhöht. Zwei Zimmer bieten einen schönen Ausblick durch zwei gotisch inspirierte Fenster, alle vier Zimmer haben gro-

EIN PIRATENSCHATZ

Oak Island in der Mahone Bay ist der Fundort eines sogenannten „Geldschachts", dessen Ausgrabung bereits mehr als 2 Mio. C$ und sechs Menschenleben gekostet hat. Dennoch rätselt man noch immer, was es mit dem Schacht auf sich hat und was dort vielleicht vergraben liegt.

Die mysteriöse Geschichte begann 1795, als drei Insulaner eine Bodensenke entdeckten. Sie wussten, dass früher Piraten auf der Insel gehaust hatten und begannen deshalb aus Neugier zu graben. Einen halben Meter unter der Erde stießen sie auf eine Schicht sauber angeordneter Schiefersteine. Nach weiteren 2,5 m stießen sie auf eine Eichenholzplattform, später noch auf eine weitere. Nachdem sie eine Tiefe von 9 m erreicht hatten, gaben die Männer zunächst auf. Sie kehrten aber acht Jahre später mit dem professionellen Team der Onslow Company zurück.

Die Onslow-Ausgrabung stieß bis in eine Tiefe von 27,5 m vor. Doch am nächsten Morgen hatte sich der Schacht mit Wasser gefüllt und die Ausgrabung musste unterbrochen werden. Ein Jahr später kehrte das Team zurück und trieb einen parallelen Schacht bis in eine Tiefe von 33,5 m. Auch dieser stand bald unter Wasser. 1850 stellte sich heraus, dass der Schacht durch fünf Querschächte mit Smith Cove, 150 m vom Schacht entfernt, verbunden ist. Auch der Strand stellte sich als künstlich angelegt heraus.

Seither kommen immer wieder Leute von nah und fern, um ihr Glück mit dem „Geldschacht" zu versuchen. Nur einige Stückchen einer Goldkette, etwas Pergamentpapier, ein Betongewölbe und ein mit einer Inschrift versehener Stein wurden bislang gefunden.

ße Bäder. Der freundliche Service entspricht dem Anspruch an ein erstklassiges B&B.

Three Thistles B&B B&B $$
(902-624-0517; www.three-thistles.com; 389 W Main St; Zi. 100–150 C$;) Inhaberin Ama Phyllis kocht mit Bio-Lebensmitteln. Die Zimmer sind blitzblank und der Garten hinter dem Haus erstreckt sich bis zu einem Wäldchen.

LaHave Bakery FEINKOST $
(Ecke Edgewater & Main St; Sandwiches ab 4 C$; 9–18 Uhr;) Die Bäckerei ist berühmt für ihr herzhaftes Sandwich-Brot.

★ **Mateus Bistro** MODERN KANADISCH $$$
(902-531-3711; 533 Main St; Hauptgerichte 22–35 C$; Mo, Do–Fr 17–21, Sa–So 10–21 Uhr) Das Bistro befindet sich in einer kleinen Galerie mit einer Veranda. Zwar gibt es hier keinen Seeblick, aber wenn man erst einmal die Cocktails, den Wein und das Essen genießt, spielt das keine Rolle mehr. Die europäisch inspirierte Speisekarte orientiert sich am regionalen Angebot. Spezialitäten sind Austern, Fundy-Jakobsmuscheln, Ente und alle möglichen Gemüsearten.

Shoppen

Amos Pewter KUNSTHANDWERK
(800-565-3369; www.amospewter.com; 589 Main St; Mo–Sa 9–19, So 10–19 Uhr) In der Werkstatt wird die Kunst des Zinngießens demonstriert. Die Produkte werden im angeschlossenen Laden verkauft.

Praktische Informationen

Biscuit Eater Booktrader & Cafe (902-624-2665; 16 Orchard St; Internet Std. 5 C$; Mi–Sa 9–17, So 11–17 Uhr;) Der beste Ort, um Mails zu checken und dabei einen Fairtrade-Kaffee oder eine kleine Bio-Mahlzeit zu genießen; kostenloses WLAN.

Mahone Bay (www.mahonebay.com) Links zu Restaurants und Unterkünften.

Visitors Information Centre (VIC; 902-624-6151; 165 Edgewater St; Mai–Okt. 9–19 Uhr) U. a. Broschüren mit Wandertipps.

Lunenburg

Die historische Altstadt von Lunenburg, dem größten der Fischerorte an der South Shore, ist die einzige Unesco-Welterbestätte der Region und zugleich die erste britische Siedlung außerhalb von Halifax. Die Stadt ist am malerischsten, wenn man sie bei Sonnenuntergang vom Meer aus betrachtet: Die kastigen, leuchtend bunt bemalten alten Gebäude scheinen dann buchstäblich vor der Kulisse des mit Schiffen gefüllten Hafens zu glühen. Nach dem unverwechselbaren „Lunenburg Bump" Ausschau halten: eine fünfseitige Dachgaube im Obergeschoss, die das Erdgeschoss überragt.

Lunenburg wurde größtenteils von Deutschen, Schweizern und protestantischen Franzosen besiedelt, die erst von den Briten als Arbeitskräfte rekrutiert und dann zu Fischern wurden. Heute leidet Nova Scotia sehr unter den schwindenden Fischbeständen, Lunenburgs wachsender Tourismus ist jedoch ein wichtiges zweites wirtschaftliches Standbein.

Sehenswertes & Aktivitäten

Fisheries Museum of the Atlantic MUSEUM
(902-634-4794; http://fisheriesmuseum.novascotia.ca; 68 Bluenose Dr; Erw./Kind 10/3 C$; 9.30–17 Uhr) Zum sehr sachkundigen Personal des Fisheries Museum of the Atlantic gehören auch einige Fischer im Ruhestand, die aus eigener Erfahrung über das Fischereiwesen berichten können. Im hübschen Aquarium im ersten Stock tummeln sich Heilbutte, bis zu 6 kg schwere Hummer und sonstiges Meeresgetier. Den ganzen Tag über gibt es Vorträge und Filmvorführungen.

Knaut-Rhuland House MUSEUM
(902-634-3498; 125 Pelham St; Eintritt 3 C$; Juni–Sept. Di–Sa 11–17, So 13–17 Uhr) Das Knaut-Rhuland-Haus gilt als das schönste Beispiel der georgianischen Architektur Nova Scotias. Kostümiertes Personal führt Besucher durch das 1793 erbaute Haus.

Ironworks Distillery DESTILLERIE
(www.ironworksdistillery.com; 2 Kempt St; Mi–Mo 12–17 Uhr) Die Kostproben sind frei, aber es dürfte schwer sein, das alte Eisenwerk ohne eine Flasche mit köstlichem Inhalt zu verlassen. Aus den regionalen Zutaten wird eine wechselnde Palette von Likören, starkem Apfelbrandy, Apfelwodka und einem süffigen schwarzen Kräuterrum hergestellt.

Bike Barn RADFAHREN
(902-634-3426; www.bikelunenburg.com; 579 Blue Rocks Rd; Radverleih Tag 25 C$) Der Fahrradverleih befindet sich 2 km östlich der Stadt. Die Gegend auf dieser kleinen Halb-

Lunenburg

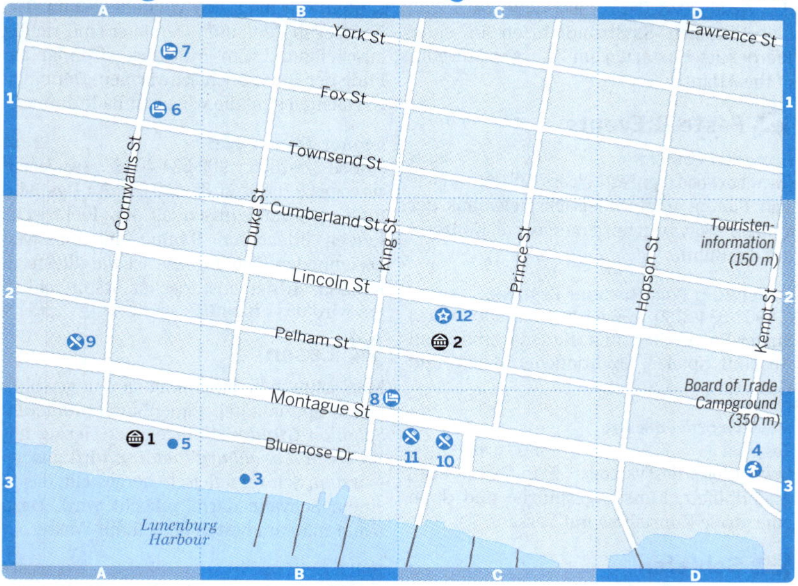

Lunenburg

Sehenswertes
1 Fisheries Museum of the Atlantic A3
2 Knaut-Rhuland House C2

Aktivitäten, Kurse & Touren
3 Bluenose II B3
4 Ironworks Distillery D3
5 Trot in Time A3

Schlafen
6 1775 Solomon House B&B A1
7 Lennox Tavern B&B A1
8 Sail Inn B&B B3

Essen
9 Fleur de Sel A2
10 Magnolia's Grill C3
11 Salt Shaker Deli C3

Unterhaltung
12 Lunenburg Opera House C2

insel ist ein Traum für Radfahrer, denn es gibt nur ein paar sanfte Hügel, wenige Fahrzeuge und immer wieder einen grandiosen Blick aufs Meer. Die Inhaber Merrill und Al helfen gerne bei der Tourenplanung.

Pleasant Paddling KAJAKFAHREN
(www.pleasantpaddling.com; 221 The Point Rd; Kajakverleih 2 Std./Tag 30/70 C$, Touren halber/ganzer Tag 65/110 C$) Das sachkundige Team bietet in dieser tollen Paddelgegend sowohl Verleih wie auch geführte Touren in Einer- und Zweierkajaks.

☞ Geführte Touren

An der Anlegestelle neben dem Fisheries Museum am Bluenose Drive starten zahlreiche Angel-, Segel- und Walbeobachtungstouren. Tickets gibt es direkt am Anleger oder bei der Touristeninformation (S. 401).

Bluenose II SEGELN
(☎800-763-1963, 902-634-1963; www.bluenose.novascotia.ca; 2 Std. Rundfahrt Erw./Kind 20/10 C$) Der detailgetreue Nachbau des Rennschoners *Bluenose* liegt abwechselnd in den Häfen von Halifax und Lunenburg. 2013 wurde das Schiff umfassend renoviert, soll aber in der Saison 2014 wieder einsatzbereit sein. Aktuelle Infos finden sich auf der Website.

Lunenburg Town Walking Tours STADTRUNDGANG
(☎902-634-3848) Sheila Allen ist enthusiastisch und sehr erfahren. Sie bietet tagsüber gemütliche Führungen und abends gespenstische Touren bei Laternenschein an; für aktuelle Infos einfach anrufen.

Trot in Time PFERDEKUTSCHE
(Erw./Kind 20/8 C$; ⌚Juni–Mitte Okt.) Die halbstündigen Stadtrundfahrten in einer Pferdekutsche starten am Fisheries Museum of the Atlantic.

Feste & Events

Boxwood Festival MUSIK
(www.boxwood.org; Festivalpass 50 C$; ⌚Ende Juli) Flöten- und Dudelsackspieler aus der ganzen Welt bringen erstklassige Konzerte auf die Bühne.

Lunenburg Folk Harbour Festival MUSIK
(☎902-634-3180; www.folkharbour.com; ⌚Aug.) Singer-Songwriter aus Kanada und dem Ausland spielen traditionelle Musik und Gospels.

Nova Scotia Folk Art Festival VOLKSKUNSTFESTIVAL
(www.nsfolkartfestival.com; ⌚1. So im Aug.) Abendbüfett, Künstlergespräche und dann eine große Kunstshow mit Verkauf.

Schlafen

Man sollte seine Unterkunft vor allem während der Sommerfestivals so früh wie möglich reservieren. Die beste Budget-Unterkunft ist das Kip & Kaboodle Backpackers Hostel (S. 397), 7 km nördlich der Stadt.

Board of Trade Campground CAMPINGPLATZ $
(☎902-634-3656, 902-634-8100; lbt@aliantzinc.ca; 11 Blockhouse Hill Rd; Zelt/Wohnmobil 23/30 C$; @) Der Campingplatz liegt neben der Touristeninformation und bietet einen tollen Ausblick sowie geschotterte Stellplätze für Wohnmobile. Die Rasenfläche für die Zelte bietet nur wenig Schatten und ist meist dicht an dicht zugestellt.

Sail Inn B&B B&B $$
(☎877-247-7075, 902-634-3537; www.sailinn.ca; 99 Montague St; Zi. 100–140 C$; 📶) Die Zimmer mit Blick auf den Hafen sind hell und freundlich, Antiquitäten setzen Akzente in der modernen Einrichtung. Im Preis inbegriffen ist ein kostenloser Segeltörn auf dem 15 m langen Zweimaster des Inhabers. Bemerkenswert ist auch der ehemalige Brunnen im Erdgeschoss, der nun als beleuchteter Fischteich dient.

1775 Solomon House B&B B&B $$
(☎902-634-3477; www.bbcanada.com/5511.html; 69 Townsend St; Zi. 110–130 C$; 📶) Die herrlich altmodische Pension mit welligen Holzböden und niedrigen Türstöcken gehört den freundlichsten und hilfsbereitesten Leuten, die man sich vorstellen kann. Die Zimmer in dem alten Gemäuer sind richtig kuschelig und vom Frühstück wird man am Ende der Reise noch schwärmen. Der einzige Nachteil sind die winzigen Badezimmer.

Lennox Tavern B&B B&B $$
(☎888-379-7605, 902-634-4043; www.lennoxinn.com; 69 Fox St; Zi. 85–140 C$; 📶) Das B&B fühlt sich authentisch alt an. Elektrische Kerzen erleuchten Räume mit massiven Dielenböden. Die Taverne ist die älteste in Kanada, in den historischen Räumlichkeiten wird das Frühstück serviert.

Essen

Man sollte unbedingt einige der ungewöhnlichen Spezialitäten Lunenburgs probieren: *Solomon Gundy* ist eingelegter Hering mit Zwiebeln. *Lunenburg Pudding* wird aus gewürztem Schweinefleisch hergestellt, das in einem Schweinedarm gekocht wird. Dazu trinkt man am besten Scotch mit Wasser.

Salt Shaker Deli FEINKOST $
(☎902-604-3434; 124 Montague St; Hauptgerichte 8–15 C$; ⌚Di–Sa 11–21, So 11–3 Uhr) Ein modernes Ambiente mit klaren Linien, eine Terrasse am Wasser und tolles Essen – kein Wunder, dass dieses neu eröffnete Spezialitätenrestaurant immer ausgebucht ist. Die Pizzas haben einen richtig dünnen, knusprigen Boden, und die Miesmuscheln werden so zubereitet, wie die Gäste es wünschen.

Magnolia's Grill RESTAURANT $
(☎902-634-3287; 128 Montague St; Hauptgerichte 8–16 C$; ⌚Mittag- & Abendessen) Empfehlenswert in diesem bei den Einheimischen sehr beliebten Restaurant im Diner-Stil sind die Tagessuppen. Aus dem Meer kommt z. B. *Solomon Gundy* auf den Tisch. Abgerundet wird das Vergnügen durch eine umfangreiche Weinkarte.

★ **Fleur de Sel** FRANZÖSISCH $$$
(☎902-640-2121; 53 Montague St; Hauptgerichte 22–38 C$; ⌚11–14 & 17–22 Uhr; ✎) Dies ist mit Abstand das eleganteste Restaurant der Gegend. Exquisit sind die französisch inspirierten Fisch- und Fleischgerichte sowie die Meeresfrüchte und die vegetarischen Bio-Spezialitäten. Gespeist wird in einem klassisch hellen Ambiente. Wer sich ein unvergessliches kulinarisches Erlebnis gönnen will, sollte unbedingt das mehrgängige Degustationsmenü für 90 C$ bestellen. Abgerundet wird das Vergnügen durch die pas-

sende Weinauswahl. Das Restaurant bietet mittlerweile eine Suite an, für die es auch exklusive Restaurantpauschalen gibt.

Unterhaltung

Lunenburg Opera House THEATER
(☎902-634-4010; 290 Lincoln St; Karten 5–25 C$) Das 1907 errichtete Theater mit seinen 400 Sitzen wurde kürzlich renoviert, doch angeblich soll hier ein Geist sein Unwesen treiben. Ursprünglich war es für die freimauerähnliche Loge der Odd Fellows gedacht, doch heute treten hier Folk- und Rockmusiker auf. Im Fenster hängen Poster mit aktuellen Veranstaltungshinweisen.

Praktische Informationen

Explore Lunenburg (www.explorelunenburg.ca) Infos zur Stadtgeschichte und für Touristen.

Lunenburg Public Library (☎902-634-8008; 19 Pelham St; ⏲Di, Mi, Fr 10–18, Sa 10–17 Uhr) Kostenloser Internetzugang in der Bücherei.

Visitors Information Centre (VIC; ☎902-634-8100, 888-615-8305; 11 Blockhouse Hill Rd; ⏲Mai–Okt. 9–20 Uhr) Wanderkarte und Hilfe bei der Unterkunftssuche.

An- & Weiterreise

Bei Redaktionsschluss gab es keinerlei öffentlichen Busverkehr. Am besten nimmt man ab Halifax den Shuttle-Bus (35 C$) von **Kiwi Kaboodle** (☎902-531-5494; www.novascotia-toursandtravel.com).

Liverpool

Es gibt viel zu tun in Liverpool, aber die Stadt ist auch ein guter Ausgangspunkt, um mehrere tolle Strände, den Kejimkujik National Park (68 km nördlich) und den dazugehörenden Küstenabschnitt Seaside Adjunct (15 km südwestlich) zu erkunden. Dafür ist Liverpool aber kein so malerischer Küstenort wie die Dörfer weiter nördlich.

Sehenswertes

Rossignol Cultural Centre MUSEUM
(☎902-354-3067; www.rossignolculturalcentre.com; 205 Church St; Erw./Kind 5/3 C$; ⏲Mo–Sa 10–17.30 Uhr) Die großartige Sammlung des einheimischen Originals Sherman Hines ist ein absolutes Muss für alle, die das Extravagante lieben: Säle voller Tierpräparate, Kisten mit prachtvollen Perlenstickereien der Ureinwohner, Wände mit großartigen Werken des Fotografen Hines (inklusive Fotos seiner Reisen in die Mongolei). Ein ganzer Raum ist allein den Latrinen dieser Welt gewidmet ...

Wer am liebsten für immer dort bleiben möchte, kann in einer original mongolischen Jurte (mit eigenem Bad) übernachten, die neben dem Museum steht und für eine Spende von 100 C$ pro Nacht vermietet wird. Die Rossignol-Karte berechtigt auch zum Eintritt ins **Sherman Hines Museum of Photography** (☎902-354-266; www.shermanhinesphotographymuseum.com; 219 Main St; ⏲Mo–Sa 10–17.30 Uhr).

Perkins House Museum MUSEUM
(☎902-354-4058; http://perkinshouse.novascotia.ca; 105 Main St; Erw./Kind 4/2 C$; ⏲Mo–Sa 9.30–17.30 Uhr, Juni–Okt. auch So 13–17.30 Uhr) Das Museum zeigt Exponate und Möbel aus der Kolonialzeit. Das Baujahr 1766 macht das Haus zum ältesten Gebäude im Besitz des Nova Scotia Museum.

Queen's County Museum MUSEUM
(☎902-354-4058; www.queenscountymuseum.com; 109 Main St; Eintritt 4 C$; ⏲Mo–Sa 9.30–17.30, So auch 13–17.30 Uhr) Das Museum beschäftigt sich mit den indigenen Völkern („First Nations"), der Stadtgeschichte sowie den Schriftstücken früher Bürger.

Fort Point LEUCHTTURM
(☎902-354-5260; 21 Fort Lane; ⏲Mai–Okt. 10–18 Uhr) GRATIS Am Fort Point markiert ein Gedenkstein den Punkt, an dem der Franzose Samuel de Champlain 1604 an Land ging. Am Ende der Main Street können Besucher im **Leuchtturm** das handbetriebene Nebelhorn ertönen lassen.

Hank Snow Home Town Museum MUSEUM
(☎902-354-4675; www.hanksnow.com; 148 Bristol Ave; Eintritt 3 C$; ⏲Mo–Sa 9–17, So 12–17 Uhr) Hier wird klar, warum Nova Scotia auch als „Nashville des Nordens" gilt. Im alten Bahnhof wird die Geschichte von Hank Snow, Wilf Carter und anderen Schlager- und Countrysängern erzählt.

Feste & Events

Privateer Days GESCHICHTE
(www.privateerdays.com; ⏲Anfang Juli) Eine Hommage an die Piratenzeit und die damit verbundenen Geschichten.

Schlafen & Essen

Geranium House B&B $
(☎902-354-4484; 87 Milton Rd; Zi. 60 C$) Das B&B liegt auf einem großen bewaldeten

Grundstück am Mersey River. Es gibt drei Zimmer mit gemeinsamem Bad; ideal für Radler und Familien.

Lane's Privateer Inn INN $$
(☎ 902-354-3456, 800-794-3332; www.lanesprivateerinn.com; 27 Bristol Ave; Zi. inkl. Frühstück 95–150 C$, Hauptgerichte 9–25 C$; ⏲ Restaurant 7–22 Uhr; 📶) Das ehemalige Wohnhaus eines verwegenen Freibeuters scheint aus den 1980er-Jahren zu stammen, hat aber tatsächlich schon mehr als 200 Jahre auf dem Buckel. Es ist ein sauberer und angenehmer Ort zum Übernachten. Im Sommer ist hier viel los, wenn an den Wochenenden Livemusik geboten wird. Auch Weinproben stehen auf dem Programm. Das **Restaurant** serviert das beste Essen der Stadt.

☆ Unterhaltung

Astor Theatre THEATER
(☎ 902-354-5250; www.astortheatre.ns.ca; 59 Gorham St) Das Astor ist das älteste durchgehend bespielte Theater in Nova Scotia. Das 1902 als „Liverpool Opera House" errichtete Haus bringt heute Kinofilme, Theaterstücke und Livemusik auf die Bühne.

ℹ Praktische Informationen

In der Nähe der Flussbrücke bietet die **Touristeninformation** (☎ 902-354-5421; 28 Henry Hensey Dr; ⏲ Mai–Okt. 9.30–17.30 Uhr) u. a. eine Broschüre mit Wandervorschlägen.

Kejimkujik National Park

Weniger als ein Fünftel des 381 km² großen Nationalparks ist mit dem Auto zugänglich, der überwiegende Teil ist nur zu Fuß oder per Kanu zu erreichen. Vogelbeobachter können sich auf jede Menge Wasservögel, Streifenkäuze und Helmspechte freuen. Die Palette der hier lebenden Wildtiere reicht von Stachelschweinen bis zu Schwarzbären. Weniger erfreulich sind die vielen Stechmücken und Moskitos in der Größe von Kolibris und aalähnliche Blutegel in den Seen.

Aktivitäten

Der **wichtigste Wanderweg** ist ein 60 km langer Pfad, der am östlichen Ende des George Lake beginnt und am Big Dam Lake endet. Ein kürzerer Rundweg, der sich für eine Wanderung mit einer Übernachtung anbietet, ist der 26 km lange Channel Lake Trail, der am Big Dam Lake beginnt. Die beste Zeit zum Wandern ist September bis Anfang Oktober – im Frühjahr ist es wegen der vielen Stechmücken nicht auszuhalten. Da mehr als ein Dutzend Seen über ein Netz von Trage-Strecken (*portages*) miteinander verbunden sind, kann man mit dem Kanu bis zu sieben Tage am Stück durch den Park paddeln. Für solche anspruchsvollen Touren ist eine topografische Karte (10 C$) Voraussetzung.

Kanus und die gesamte Ausrüstung werden im Nationalpark von **Jakes Landing** (☎ 902-682-2289; ⏲ Juni–Sept. 8–21 Uhr) verliehen. Zweierkajaks, Kanus oder Ruderboote kosten pro Std./24 Std. jeweils 8/35 C$; Einerkajaks und Räder kosten jeweils 7/30 C$. Der Wochentarif liegt generell bei jeweils 125 C$. In der Nebensaison findet der Verleih nur nach Voranmeldung statt.

Schlafen & Essen

Insgesamt 45 einfache, abgelegene Stellplätze zum Zelten (24,50 C$ pro Nacht inkl. Brennholz) liegen rund um die Seen von Kejimkujik verstreut. Übernachtungen müssen im Voraus beim Besucherzentrum des Nationalparks gebucht werden. Die Aufenthaltsdauer pro Zeltplatz ist auf zwei Nächte begrenzt, im Park insgesamt auf 14 Nächte.

Caledonia Country Hostel HOSTEL $
(☎ 902-682-3266, 877-223-0232; www.caledoniacountryhostel.com; 9960 Hwy 8, Caledonia; B/DZ 25/60 C$; 📶) Das makellos saubere Hostel befindet sich mitten in Caledonia, des einzigen Ortes in der Nähe des Nationalparks, in dem es auch ein Internetcafé, ein Besucherzentrum, eine Tankstelle und ein Lebensmittelgeschäft gibt. Geschlafen wird im zweiten Stock des herrlichen Hauses im viktorianischen Stil. Die behaglichen Zimmer sind mit Fernseher, Büchern, altmodischen Polsterstühlen und Bettwäsche im Landhausstil ausgestattet. Die Besitzer organisieren auch Touren und bieten einen Shuttle-Service an.

Raven Haven Hostel & Family Park HOSTEL, CAMPINGPLATZ $
(☎ 902-532-7320; www.hihostels.ca; 2239 Virginia Rd, Zufahrt über Hwy 8, South Milford; B HI-Mitglied/Nicht-Mitglied 22/24 C$, Zelt/Wohnmobil 20/24 C$, Hütten 72 C$; ⏲ Juni–Aug.) Die kleine Jugendherberge mit Zeltplatz liegt 25 km südlich von Annapolis Royal und 27 km nördlich des Nationalparks. Das Hostel befindet sich in einer Holzhütte mit vier Betten unweit des weißen Sand-

strands. Die rustikalen Hütten mit je zwei Schlafzimmern bieten jeweils eine gut ausgestattete Küche, aber keine Bettwäsche. Dazu kommen 15 Zeltplätze, wobei das Zelten im Nationalpark eigentlich schöner ist. Dafür werden hier Kanus und Paddelboote verliehen.

Jeremy's Bay Campground CAMPINGPLATZ **$**
(☎877-737-3783; Zelt/Wohnmobil 25,50/29,40 C$, Stellplatzreservierung: 10 C$) Von den 360 Stellplätzen werden 30 % in der Reihenfolge der Ankunft vergeben. Es gibt nur einen Duschblock für den gesamten Platz, sodass man mit Warteschlangen rechnen muss.

Mersey River Chalets HÜTTEN **$$**
(☎902-682-2447, 877-667-2583; www.merseyriverchalets.ns.ca; Tipi 90 C$, Hütten 170–250 C$;) Die gemütlichen Hütten verfügen über Fußböden aus Kiefernholz, Holzöfen und abgeschirmte Terrassen zum Grillen. Die Zimmer in der Lodge haben zudem eine eigene Veranda mit Seeblick, während sich in den gemütlichen Tipis sogar voll ausgestattete Küchen befinden. Gäste können sich Kanus und Kajaks kostenlos ausleihen.

M&W Restaurant & Variety Store RESTAURANT **$**
(☎902-682-2189; Hwy 8; Hauptgerichte 4–12 C$; ⊙Mai–Okt. 9–20 Uhr) Im nur 500 m vom Parkeingang entfernten Restaurant gibt es ein Frühstück für „hungrige Camper" (6 C$) sowie Mittag- und Abendessen. Gleichzeitig ist es ein Gemischtwarenladen, der alles Notwendige fürs Campen inklusive Brennholz verkauft, auch Wäschewaschen ist möglich.

ℹ Praktische Informationen

Eintrittskarten für den Nationalpark sowie Reservierung für die Zeltplätze gibt es im **Besucherzentrum** (☎902-682-2772, 800-414-6765; www.parkscanada.gc.ca/keji; Hwy 8; Parkeintritt: Erw./Kind 5,80/2,90 C$; ⊙8.30–20.30 Uhr).

Seaside Adjunct (Kejimkujik National Park)

Der auch als „Keji Adjunct" bezeichnete Küstenabschnitt zwischen Port Joli und Port Mouton Bay ist eine traumhaft unberührte Landschaft aus niedrigem Buschland, Wildblumen, weißen Sandstrandbuchten und felsiger Granitküste. Der einzige Zugang vom Highway 103 erfolgt über eine 6,5 km lange Schotterpiste. Vom Parkplatz führen zwei recht flache Wanderwege zur Küste. **Harbour Rocks Trail** (hin & zurück 5,2 km) folgt einem alten Feldweg durch Mischwald zu einem Strand, an dem oftmals Seehunde gesichtet werden. Der Rundweg zum **Port Joli Head** ist 8,7 km lang.

Im Port Joli Basin ist das nur per Kajak leicht erreichbare Vogelschutzgebiet **Point Joli Migratory Bird Sanctuary** die Heimat für eine große Anzahl an See- und Küstenvögeln. Die exzellente Broschüre *Nova Scotia Birding on the Lighthouse Route* hält viele Infos zum Vogelschutzgebiet parat und liegt in den Touristeninformationen aus.

Der **Rossignol Surf Shop** (☎902-683-2550; www.surfnovascotia.com; White Point Beach Resort) im nahe gelegenen White Point verleiht Kajaks (halber/ganzer Tag 30/45 C$), Surfbretter und Bodyboards (20/40 C$). Angeboten werden außerdem Kajaktouren (65/110 C$) und Surfstunden (75 C$).

Der **Thomas Raddall Provincial Park** (☎902-683-2664; www.parks.gov.ns.ca; Zelt 24 C$; ⊙Mai–Okt.) liegt vom Keji Adjunct aus auf der anderen Seite von Port Joli Harbour. Es gibt große, abgeschirmte Zeltstellplätze, acht davon können nicht reserviert werden. Der Campingplatz im Wald reicht bis zu einigen grandiosen Stränden.

Das **Port Mouton International Hostel** (☎902-947-3140; www.wqccda.com/PMhostel; 8100 Hwy 3; B 30 C$;), das nur 5 Minuten vom Keji Adjunct entfernt ist, wird von der Gemeinde mit Hilfe von Freiwilligen geführt. Das in einem ehemaligen Schulhaus untergebrachte Hostel hat 30 Betten in Schlafsälen und ein Zimmer, eine gut ausgestattete Küche, Waschmaschine und Trockner. Wer dort übernachten will, muss vorher anrufen. Bei der Ankunft zwischen 10 und 17 Uhr kann man sich im Kunstgewerbegeschäft nebenan melden.

Shelburne

Im historischen Hafen von Shelburne schaukeln Segelboote vor der Kulisse von 17 Häusern, die vor 1800 errichtet wurden. Man fühlt sich wie in einem Freilichtmuseum, doch alles ist echt. In den liebevoll erhaltenen, geduckten Häusern wohnten einst Anhänger der britischen Krone, die sich während des amerikanischen Unabhängigkeitskrieges dorthin zurückgezogen hatten. 1783 war Shelburne mit 16 000 Einwohnern die größte Gemeinde im britischen Teil Nordamerikas. Viele der Bewohner waren New

Yorker Adlige, die die Arbeitskraft der Black Loyalists aus dem benachbarten Birchtown ausbeuteten. Shelburnes Geschichte wird jedes Jahr am letzten Wochenende im Juli während der **Founders' Days** gefeiert.

Sehenswertes & Aktivitäten

Von Mitte Juni bis Mitte August ist in Shelburne immer was los. So führen Leute in historischen Kostümen täglich dem Publikum u. a. vor, wie man früher kochte, nähte, schnitzte, musizierte und militärische Übungen durchführte. Das Programm wechselt täglich, beginnt aber immer gegen 13 Uhr. In der Touristeninformation gibt es das aktuelle Programm.

Für Wanderer und Radfahrer interessant ist der 6 km lange **Fuß- und Radweg** nach Birchtown. Startpunkt ist gegenüber vom Spencer's Garden Centre am südlichen Ende der Main Street. Die Touristeninformation hält eine ausführliche Routenbeschreibung für Wanderer bereit.

Der Eintritt für die folgenden Museen beträgt jeweils 4 C$, eine Kombikarte für alle vier kostet 10 C$.

Ross-Thomson House MUSEUM
(☎902-875-3141; http://rossthomson.novascotia.ca; 9 Charlotte Lane; ⌚Juni–Okt. 9.30–17.30 Uhr) Das 1784 erbaute Gebäude gehörte wohlhabenden loyalistischen Kaufleuten, die von Cape Cod nach Shelburne flüchteten. Zu sehen sind Möbel, Gemälde und andere originale Einrichtungsgegenstände. Auch der Garten ist im Stil der damaligen Zeit gestaltet. Sonntagvormittags ist der Eintritt frei.

Shelburne County Museum MUSEUM
(☎902-875-3219; www.historicshelburne.com; Ecke Maiden Lane & Dock St; ⌚9.30–17.30 Uhr) Ein weiteres Loyalistenhaus (ca. 1787) beherbergt das Shelburne County Museum. Ausgestellt sind Einrichtungsgegenstände aus Haushalten der Loyalisten, aber auch Exponate zur Geschichte der örtlichen Fischerei sowie eine kleine Sammlung von Mi'kmaq-Exponaten.

Muir-Cox Shipyard MUSEUM
(☎902-875-1114; www.historicshelburne.com/muircox.htm; 18 Dock St; ⌚9.30–17.30 Uhr) Die Schiffswerft ist seit 1820 praktisch ununterbrochen in Betrieb. Hier wurden und werden Segelschiffe, Jachten und Fischerboote gebaut. Der Schiffbau floriert das ganze Jahr über, die Ausstellung ist nur während der Urlaubssaison geöffnet.

Dory Shop Museum MUSEUM
(☎902-875-3219; http://doryshop.novascotia.ca; 11 Dock St; ⌚Juni–Sept. 9.30–17.30 Uhr) Die für

DIE BLACK LOYALISTS VON BIRCHTOWN

So wie Shelburne einst die größte Siedlung des britischen Nordamerika war, so war Birchtown einst die größte Siedlung befreiter afrikanischer Sklaven in Nordamerika. Nach dem Amerikanischen Unabhängigkeitskrieg ließen sich gut 3500 der sogenannten Black Loyalists in der Umgebung von Shelburne, Halifax, Digby und Guysborough auf dem Land nieder, mit dem die Briten sie für ihre Verdienste belohnt hatten. Neun Jahre später, in denen sie die harten Winter kaum überlebt und beständig mit ungleicher Behandlung zu kämpfen gehabt hatten, stachen 1200 dieser ehemaligen Sklaven 1792 an Bord von 15 Schiffen in See und gründeten im westafrikanischen Sierra Leone die Stadt Freetown. Nach dem Krieg von 1812 ließen sich weitere 2000 Black Loyalists aus den USA in den kanadischen Atlantikprovinzen nieder, gefolgt von Einwanderern aus der Karibik, die in den 1890er-Jahren als Minenarbeiter in die Kohlebergwerke auf Cape Breton Island kamen.

Deren Zukunft war auch nicht viel rosiger. So gab es die mit unzureichenden finanziellen Mitteln ausgestatteten Schulen mit Rassentrennung bis weit in die 1950er-Jahre. Das **Black Loyalist Heritage Society Historical Site & Museum** (☎902-875-1381, 888-354-0722; www.blackloyalist.com; 104 Birchtown Rd; Eintritt 3 C$; ⌚Di–Fr 11–18, Sa 12–18, So bis 17 Uhr) in Birchtown besteht aus einem Museum und einem Wanderweg, der zu einem „Grubenhaus" führt, das nach Meinung der Archäologen früher als provisorische Schutzhütte diente. Hier startet auch der 6 km lange Rad-und Wanderweg nach Shelburne.

Eine virtuelle Tour durch das afrikanische Erbe von Nova Scotia ist im Internet möglich unter: www.gov.ns.ca/nsarm/virtual/africanns.

Shelburne typischen Dorys werden noch immer auf Kundenwunsch als Rettungsboote gebaut. Früher dienten die offenen Boote als Beiboote größerer Fischschoner.

Schlafen & Essen

Water Street Lighthouse B&B B&B $
(☎902-875-2331; www.shelburnelighthouse.com; 263 Water St; Zi. 60–80 C$;) Nicht wirklich luxuriös, aber gemütlich und freundlich geht es in dem B&B mit Leuchtturm-Thema zu. Radler können ihr Gefährt hier sicher unterstellen.

Islands Provincial Park CAMPINGPLATZ $
(☎902-875-4304; www.parks.gov.ns.ca; Zufahrt vom Hwy 3; Zelt 20 C$) Auf der Hafenseite gegenüber von Shelburne liegen im dichten Wald 65 Zeltplätze; ein Badestrand befindet sich in der Nähe.

★ **Cooper's Inn B&B** B&B $$
(☎902-875-4656, 800-688-2011; www.thecoopersinn.com; 36 Dock St; Zi. 100–185 C$;) Ein Teil des Gebäudes an der Uferpromenade wurde bereits im Jahr 1784 errichtet und aus Boston (Massachusetts) hierher transportiert. Das heutige Gasthaus mit seinen sechs Zimmern ist zwar relativ modern, aber dennoch reizvoll auf historisch getrimmt. Im Garten blühen zahlreiche Blumen, abends kann man den Sonnenuntergang mit einer Flasche Jost-Wein genießen, die jeder Gast gratis erhält.

Bean Dock CAFÉ $
(☎902-875-1302; Sandwiches ab 5 C$; ⊙Mo–Di, Do–Sa 10–16, Mi 10–20 Uhr) An den Holztischen werden bei schönem Blick über die Bucht Kaffee, gegrillte Sandwiches sowie kleine Mahlzeiten wie *Fishcakes* oder Nudelsalat mit getrockneten Tomaten serviert. Der riesige Adirondack-Stuhl, eine Mischung aus Stuhl und Liege vor dem Café sorgt für reichlich Gesprächsstoff.

★ **Charlotte Lane** MODERN KANADISCH $$$
(☎902-875-3314; 13 Charlotte Lane; Hauptgerichte 16–35 C$; ⊙Di–Sa 11.30–14.30 & 17–20 Uhr) Sogar aus Halifax kommen die Leute in dieses Restaurant und sind restlos begeistert (deshalb abends unbedingt reservieren). Der Schweizer Küchenchef Roland Glauser überprüft ständig die mit Anmerkungen versehene Weinkarte, um sie dem schnell wechselnden Speisenangebot aus regionalen Meeresfrüchten, Fleisch- und Pastagerichten anzupassen.

Praktische Informationen

Im Visitors Information Center (VIC; ☎902-875-4547; 31 Dock St; ⊙Mai–Sept. 8–20 Uhr) gibt es u. a. die Beschreibung eines Rundgangs durch das historische Stadtzentrum.

Von Barrington nach West Pubnico

Von Barrington nach Yarmouth kann man entweder auf dem schnellen, landschaftlich nicht sonderlich reizvollen Highway 103 fahren oder den Kurven der gut 100 km langen, interessanten Küstenstraße Highway 3 folgen. Ein Abstecher lohnt sich auf jeden Fall nach **Cape Sable Island** (nicht zu verwechseln mit Sable Island). Das kleine, topfebene Anhängsel des Festlands markiert den südlichsten Punkt von Nova Scotia. Viele der windgepeitschten, weißen Sandstrände der Insel gelten als „bedeutende Vogelgebiete", einige dienen dem Regenpfeifer als Brutstätte. Die Insel versinkt immer wieder im dichten Nebel. Deshalb ist der Leuchtturm hier mit 31,10 m auch der höchste in Nova Scotia.

Das nicht mit den vielen anderen Pubnicos der Gegend zu verwechselnde West Pubnico ist eine alte akadische Siedlung. **Le Village Historique Acadien** (☎902-762-2530; Old Church Rd; Erw./Kind 6/2 C$; ⊙Juni–Okt. 9–17 Uhr) ist die originalgetreue Nachbildung eines akadischen Dorfes mit Fachwerkhaus, Schmiede und Fischladen.

Yarmouth

Yarmouth ist die größte Stadt im südlichen Nova Scotia. Dies verdankt sie hauptsächlich der seit den 1950er-Jahren bestehenden Fährverbindung in die USA nach Bar Harbor (Maine). Leider wurde die Fährverbindung 2010 eingestellt; bei Redaktionsschluss war jedoch eine Wiederaufnahme im Frühjahr 2014 geplant. Die einzige attraktive Gegend befindet sich außerhalb der Stadt am Leuchtturm. Doch sobald man etwas länger bleibt, wird man wie überall in der Provinz von den warmherzigen Einheimischen schnell willkommen geheißen.

Sehenswertes & Aktivitäten

Das 1761 erstmals von Neuengländern aus Massachusetts besiedelte Yarmouth erreichte seine Blütezeit in den 1870er-Jahren. Viele schöne, viktorianische Häuser aus dieser Zeit stehen im Collins Heritage Conservation District unter Denkmalschutz. Die Touristeninformations. (s. rechte Spalte) bietet eine Broschüre für einen Stadtrundgang.

Yarmouth Light BEDEUTENDES GEBÄUDE
(☎902-742-1433; Hwy 304; ⏲9–21 Uhr) GRATIS Der Leuchtturm von Yarmouth steht auf der Spitze von Cape Forchu. Um dorthinzukommen, biegt man von der Main Street links auf den Highway 304 ab. Vom Leuchtturm hat man einen tollen Ausblick, unten befindet sich eine Teestube. Unterwegs sollte man kurz bei **Stanley Lobster Pound** (Hwy 304; ⏲Mo–Sa 11–19, So 14–19 Uhr) anhalten und sich dort einen frisch zubereiteten Hummer zum aktuellen Tagespreis kaufen. Der schmeckt am besten, wenn man ihn am Strand verzehrt.

Art Gallery of Nova Scotia KUNSTGALERIE
(☎902-749-2248; www.artgalleryofnovascotia.ca; 341 Main St; Erw./Kind 12/7 C$; ⏲10–17 Uhr) Eigentlich passt die erfrischend weltoffene Art Gallery of Nova Scotia so gar nicht ins nüchtern-pragmatische Erscheinungsbild von Yarmouth. Das moderne dreistöckige Gebäude präsentiert vor allem Werke von Künstlern aus den Atlantikprovinzen.

Yarmouth County Museum MUSEUM
(☎902-742-5539; http://yarmouthcountymuseum.ednet.ns.ca; 22 Collins St; Erw./Stud. 5/2 C$; ⏲Mo–Sa 9–17, So 14–17 Uhr) Das Museum ist in einer ehemaligen Kirche untergebracht. Fünf Zimmer sind in unterschiedlichen Stilrichtungen eingerichtet und beschäftigen sich mit maritimen Themen. Mit der Eintrittskarte kann man nebenan auch das **Pelton-Fuller House** (⏲Juni–Okt. Mo–Sa 9–17 Uhr) besichtigen. Dort werden Kunstwerke, Glasexponate und Möbel aus verschiedenen Epochen präsentiert.

Schlafen & Essen

Lakelawn B&B Motel MOTEL $
(☎902-742-3588; www.lakelawnmotel.com; 641 Main St; Zi. 59–99 C$;) Das Motel ist so gemütlich und kundenfreundlich, wie man es von einem Motel erwarten kann. Die Zimmer sind einfach eingerichtet, aber sauber. Eigentümer Mathew hilft gerne mit touristischen Tipps weiter, das Restaurant bietet für Yarmouth eine überdurchschnittlich gute Küche. Die vier B&B-artigen Zimmer im zentralen viktorianischen Haupthaus sind gehobener.

★ **MacKinnon-Cann House Historic Inn** INN $$
(☎902-742-0042; www.mackinnoncanninn.com; 27 Willow St; Zi. 140–185 C$;) Jedes der sechs Zimmer ist im Stil eines Jahrzehnts eingerichtet – angefangen vom viktorianischen Zeitalter um 1900 bis zu den wilden 1960er-Jahren. Die Einrichtung ist stilvoll, dezent und komfortabel. Zwei Zimmer können zu einer Familiensuite zusammengelegt werden.

Rudder's Brew Pub PUB $$
(☎902-742-7311; 96 Water St; Bargerichte 8–14 C$, Hauptgerichte abends 14–32 C$; ⏲11 Uhr bis spätabends) Die 300 Sitzplätze in dem Restaurant-Pub an der Uferpromenade sind sehr gefragt. Das Bier aus der Hausbrauerei ist nur durchschnittlich, die Speisekarte aber sehr umfangreich. An schönen Sommerabenden wird bis in die Nacht hinein ausgeschenkt.

Praktische Informationen

Visitors Information Centre (VIC; ☎902-742-5033; 228 Main St; ⏲Mai–Okt. 7.30–21 Uhr) Touristeninformation mit Geldwechsel.

Yarmouth Public Library (☎902-742-2486; 405 Main St; ⏲Mo–Do 10–18, Fr 10–17, Sa 10–16, So 13–16 Uhr) Kostenloser Internetzugang in der Stadtbücherei.

An- & Weiterreise

Cloud Nine Shuttle (S. 392) verkehrt von/nach Halifax.

Eine Nachtfähre nach Portland (Maine/USA) von **NS-USA Ferry Service** (www.nsusaferry.com) soll ab Mai 2014 täglich verkehren. Aktuelle Infos auf der Website.

Annapolis Valley & Französische Küste

Wer die Französische Küste entlang fährt, begegnet immer wieder Stella Maris, der akadischen Flagge in den Farben der französischen Trikolore, der ein einzelner Stern hinzugefügt wurde. Hier kann man viele prachtvolle katholische Kirchen bewundern, in einem Lokal am Straßenrand den typisch akadischen *rappie pie*, eine Art Fleischpastete mit krümeliger Kartoffelkruste, probieren und durch den feinen Sand am Strand spazieren. Wer länger bleibt, sollte unbedingt eine der mitreißenden Musikveranstaltungen besuchen, die im Sommer regelmäßig stattfinden.

Das weiter nordöstlich gelegene Annapolis Valley war in der Kolonialzeit die Kornkammer Kanadas und erzeugt noch heute den Großteil frischer Lebensmittel in Nova Scotia, allen voran Äpfel. Seit Kurzem wird auf dem sandigen Boden auch Wein angebaut. In Annapolis Royal sollte man auf jeden Fall bis zur Küste der Bay of Fundy fahren und der Bucht in Richtung Osten folgen, um vor dem Hintergrund eines Flickenteppichs aus Ackerland, roten Sandflächen und sanften Hügeln den eindrucksvollen Wechsel der Gezeiten zu beobachten.

Von Cape St. Mary nach Meteghan

Nur 900 m vom Highway 1 entfernt erstreckt sich der lange, breite Bogen des feinen Sandstrands von **Mavilette Beach**, an dem man herrlich nach Muscheln suchen kann. Das sumpfige Hinterland eignet sich bestens zur Vogelbeobachtung. Der **Smuggler's Cove Provincial Park** im Süden von Meteghan, der größten Gemeinde an der French Shore, verdankt seinen Namen der Beliebtheit der Bucht bei den Piraten des 19. Jhs. Gut hundert Holzstufen führen zu einer Höhle am felsigen Strand hinunter, die sich sicher bestens als Versteck für einen Schatz geeignet hat. Vom oberen Ende der Stufen reicht der Blick über die St. Mary's Bay bis nach Brier Island. Hier wurden schöne Picknickplätze mit Grillstellen angelegt.

La Cuisine Robicheau (9651 Hwy 1, Saulnierville; Hauptgerichte 8–29 C$; ⌚Di–So 8–21 Uhr) ist ein gutes Lokal für eine Mittagspause, denn hier kommt die beste Acadian-Küche der Gegend auf den Tisch. Die Meeresfrüchte-Lasagne, der Schokoladenkuchen und die regionale Spezialität *rappie pie* sind preiswert und himmlisch lecker. Abends wird im Sommer oft Livemusik gespielt.

Auf einem 6 ha großen Grundstück thront **À la Maison d'Amitié B&B** (☎902-645-2601; www.houseoffriendship.ca; 169 Baseline Rd; Zi. 140–175 C$; 📶) in dramatischer Lage auf einer Klippe. Zum Strand ist es nicht weit. Das riesige Haus hat hohe Decken wie in einer Kirche und dementsprechend hohe Fenster mit fantastischem Rundblick.

NICHT VERSÄUMEN

MIT DEN FISCHERN AUF TUCHFÜHLUNG

Zwischen Mitte Juni und Ende September lädt die akadische Küste zwischen Dennis Point und Belliveau Cove an insgesamt sieben Stellen dazu ein, die wichtigste Tätigkeit vor Ort kennenzulernen: das Fischen. Jeden Tag der Woche steht jeweils ein Anleger zwischen 13 und 16 Uhr im Fokus. Dann erzählen aktive und pensionierte Fischer von ihren Abenteuern auf See. Außerdem darf man kleinere Tätigkeiten selbst verrichten. So lernt man zwanglos die Einheimischen kennen, hört ihre Storys und kommt dem maritimen Lebensstil im südlichen Teil der Provinz ganz nah. Weitere Infos gibt es im Internet unter www.livingwharves.com.

Von Church Point nach St Bernard

Direkt gegenüber von Digby Neck auf der anderen Seite der St. Mary's Bay auf dem Festland findet man die Orte Church Point, Grosses-Coques, Belliveau Cove und St. Bernard, die zusammen das Herz der French Shore bilden. Hier ließen sich die Akadier nach ihrer strapaziösen Rückkehr aus dem Exil nieder, weil sie ihre Ländereien im Annapolis Valley im Besitz anderer vorfanden. Die Siedlungen werden durch den Highway 1 – so ziemlich die einzige Straße in der Region – miteinander verbunden und sind heute kleine Fischergemeinden.

Sehenswertes & Aktivitäten

Rendez-Vous de la Baie KULTURELLES GEBÄUDE

(www.rendevousdelabaie.com; Université Ste-Anne, Church Point; ⌚Mo–Fr 7–19, Sa–So 9–17 Uhr) Wenn es in diesem Küstenabschnitt einen unverzichtbaren Zwischenstopp gibt, dann diesen. Das Museum präsentiert die Geschichte und Kultur der Acadia-Region. In der Galerie ist regionale Kunst zu sehen, auf der Bühne gibt es Konzerte und Theateraufffführungen und im Besucherzentrum touristische Informationen – und das alles unter einem Dach! Das Centre bietet auch Touren zu regionalen Themen für 50 C$ pro Person an, inkl. Mittagessen.

Église Ste-Marie KIRCHE
(☎902-769-2808; Hwy 1; Eintritt inkl. Führer 2 C$; ⏲Mai–Okt. 9–17 Uhr) Die Stadt Church Point, auch als „Pointe de l'Église" bekannt, verdankt ihren Namen der Église Sainte-Marie, die hoch über dem Ort thront. Die von 1903 bis 1905 errichtete Kirche gilt als höchste Holzkirche Nordamerikas. Ein sehr mitteilsamer Führer erklärt den Besuchern alles über die Kirche. Nebenan befindet sich mit der **Université Sainte-Anne** die einzige französische Universität in Nova Scotia, die mit ihren 300 Studenten auch ein Zentrum der akadischen Kultur ist.

Belliveau Beach STRAND
Um den im Süden von Belliveau gelegenen Strand zu erreichen, biegt man nach rechts zum Major's Point ab. Belliveau Beach besteht aus Unmengen glatt polierter Steinbrocken, zwischen denen sich kleine Gruppen von unglaublich widerstandsfähigen Tannen behaupten. Direkt hinter dem Strand zeugen ein Friedhof und ein Denkmal vom harten Überlebenskampf der ersten akadischen Siedler an der French Shore.

St. Bernard Church KIRCHE
(☎902-837-5637; Hwy 1; ⏲Führungen Juni–Sept.) Der Ort St. Bernard ist vor allem für seine große Granit-Kirche bekannt. Die Einheimischen errichteten sie von 1910–1942, indem sie jedes Jahr einige Steinblöcke hinzufügten. Die Akustik ist unglaublich, deshalb sind die Veranstaltungen der sommerlichen Konzertreihe **Musique St-Bernard** (www.musiquesaintbernard.ca; Erw./Kind 15/5 C$) ein wahrer Genuss.

Hinterland Adventures & Gear KAJAKFAHREN
(☎902-837-4092; www.kayakingnovascotia.com; 54 Gates Lane, Weymouth; Kajakverleih Std./Tag 7/40 C$, geführte Touren halber/ganzer Tag 45/115 C$) Der renommierte Kajak- und Kanuveranstalter organisiert bereits seit mehr als 15 Jahren geführte Kajaktouren in der St. Mary's Bay und auf dem Sissiboo River.

Feste & Events

Festival Acadien de Clare KULTUR
(www.festivalacadiendeclare.ca; ⏲Ende Juli) Das älteste der jährlich in Nova Scotia abgehaltenen akadischen Kulturfestivals findet in Church Point statt.

Théâtre Marc-Lescarbot THEATER
(☎902-769-2114; Erw./Kind 25/15 C$) Im Juli und August wird das Musical *Évangéline* im Théâtre Marc-Lescarbot in Church Point aufgeführt. Das Stück basiert auf einer romantischen Erzählung in Versform von Henry Wadsworth Longfellow über die Deportation der Akadier. Samstags finden die Vorführungen in Englisch statt. Dienstags und freitags wird auf Französisch gespielt und die englische Übersetzung gibt es per Kopfhörer. Mittwochs wird im Freien und nur auf Französisch gespielt.

Schlafen & Essen

An diesem Küstenabschnitt bieten mehrere Restaurants akadische Küche, sodass es reichlich Auswahl gibt.

Barn at the Point B&B $
(www.thebarnatthepoint.ca; 63 Lighthouse Rd, Gilbert's Cove; Zi. 75–100 C$; 📶) Nur 20 Minuten von Digby entfernt liegt das günstige B&B auf einem mehr als 20 ha großen Grundstück in der Nähe des Gilbert's Cove Lighthouse. Hier verbinden sich der Reiz der Küste mit einem entspannenden Wald und den Annehmlichkeiten der Stadt. Das Café vor Ort wird von vielen für die Kaffee-Hausmischung des Besitzers gelobt.

Roadside Grill AKADISCH $
(☎902-837-5047; 3334 Hwy 1; Hauptgerichte 7–15 C$ ⏲8–21 Uhr.) Das Restaurant in Belliveau Cove ist ein alteingesessenes, herrlich altmodisches, für die Region typisches Lokal, in dem es gedämpfte Venusmuscheln und *rappie pie* gibt. Es werden auch drei kleine Hütten (EZ/DZ 60/80 C$) mit Kabelfernsehen und Mikrowelle vermietet. Von Juni bis August gibt's jeden Dienstag von 17.30 bis 19.30 Uhr akadische Livemusik.

Digby Neck

Die schmale Landzunge von Digby Neck, die wie ein langer, dünner Finger in die Bay of Fundy hineinragt, ist ein Paradies für Wal- und Vogelbeobachter. Vor der westlichen Spitze der Halbinsel liegen die kleinen Inseln Long und Brier Islands, die nur mit der Fähre zu erreichen sind.

Das von der starken Gezeitenströmung in der Bay of Fundy aufgewirbelte Plankton zieht Finn-, Mink- und Buckelwale an. Besonders gut ist hier auch der vom Aussterben bedrohte Atlantische Nordkaper zu beobachten. Gelegentlich lässt sich auch das größte Tier der Welt, der Blauwal, blicken. Mit ziemlicher Sicherheit aber sind jede Menge Robben zu sehen.

Für die Bootstour sollte man ordentlich warme Kleidung (egal, wie heiß der Tag auch sein mag), Sonnenschutzmittel und ein Fernglas einpacken. Sehr zu empfehlen sind auch Tabletten gegen Seekrankheit!

An- &Weiterreise

Zwei Fähren verbinden Long Island und Brier Island mit dem Rest von Digby Neck. Die kleine *Petit-Passage*-Fähre verlässt East Ferry (auf Digby Neck) immer 25 Minuten nach der vollen Stunde und erreicht Tiverton (auf Long Island) zur vollen Stunde. Die Fährzeiten sind so abgestimmt, dass es bei direkter Weiterfahrt von Tiverton nach Freeport (18 km) keine Wartezeiten gibt, um mit der *Grand-Passage*-Fähre nach Westport auf Brier Island überzusetzen. Beide Fähren verkehren das ganze Jahr hindurch jeden Tag rund um die Uhr im Stundentakt. Hin- und Rückfahrten kosten bei beiden Fähren jeweils 5,50 C$ für ein Auto mit allen Mitfahrern. Fußgänger werden gratis befördert.

Long Island

Die meisten Touristen fahren direkt nach Brier Island weiter. Long Island bietet jedoch die besseren Möglichkeiten zum Walebeobachten. Auch das soziale Leben ist vielseitiger. Im Nordosten der Insel ist **Tiverton** ein noch aktiver Fischerort.

Das **Island Museum** (☎902-839-2853; 3083 Hwy 217; ⏲ Juni –Okt. 9.30–19.30 Uhr) GRATIS liegt 2 km westlich vom Fähranleger in Tiverton. Die Ausstellung dreht sich um die Ortsgeschichte und es gibt einen Schalter der Touristeninformation.

Beim Fähranleger selbst startet eine der besten Walbeobachtungstouren von Nova Scotia. Die vom Biologen Tom Goodwin geleiteten **Ocean Explorations Whale Cruises** (☎ 877-654-2341, 902-839-2417; www.oceanexplorations.ca; Halbtagestour Erw./Kind 59/40 C$; ⏲ Juni–Okt.) haben den Anspruch, den Walen in einem Schlauchboot so nahe wie möglich zu kommen. Also hinein in den orangeroten, von der Küstenwache abgesegneten Schwimmanzug und immer schön festhalten! Tom Goodwin, der diese Touren schon seit 1980 durchführt, spendet einen Teil seiner Einnahmen an Naturschutzorganisationen und Umweltbildungseinrichtungen. Die Abfahrtszeiten sind von Wetter und Nachfrage abhängig, für Gruppen ab drei oder mehr Personen wird es günstiger.

2 km südwestlich des Inselmuseums beginnt ein 4 km langer Rundwanderweg zum **Balancing Rock**. Unterwegs läuft man über Bohlenstege mit Seilgeländer, eine scheinbar endlos lange Treppe führt an einem Felsen entlang zum Strand hinunter. Bei Redaktionsschluss war eine längere, aber einfachere Alternativroute in Planung. Schließlich erreicht man eine Aussichtsplattform, von der aus die 7 m hohe Steinsäule gut zu sehen ist. Sie scheint förmlich über der donnernden Brandung von St. Mary's Bay zu schweben.

Etwa in der Mitte von Long Island leitet ein 2 km langer Wanderweg im **Central Grove Provincial Park** zur Bay of Fundy.

Am südwestlichen Ende von Long Island ist **Freeport** der zentrale Ausgangspunkt für die Erkundung sowohl von Long Island als auch von Brier Island.

Lavena's Catch Café (☎902-839-2517; 15 Hwy 217; Hauptgerichte 5–15 C$; ⏲11.30–20 Uhr) ist ein Landhauscafé direkt oberhalb des Anlegers von Freeport. Von hier kann man gemütlich den Sonnenuntergang bewundern. Vom Balkon lässt sich gelegentlich sogar ein Wal sichten. Abends wird hin und wieder Livemusik gespielt.

Brier Island

Westport ist die einzige Stadt auf Brier Island und Heimat von Joshua Slocum, der als erster Einhandsegler die Welt umrundete. Das pittoreske, kleine Fischerdorf ist ein guter Ausgangspunkt, um die ausgezeichneten, wenn auch felsigen und windigen Wanderwege rund um die Insel abzulaufen. Unbedingt sehenswert ist der als West Lighthouse bezeichnete Leuchtturm der Insel. Entlang der Küste ragen überall säulenartige Basaltfelsen auf, an den Stränden kann man Achatsteine sammeln.

Das **Brier Island Backpackers Hostel** (☎902-839-2273; www.brierislandhostel.com; 223 Water St; B/Suite 20/100 C$; 📶) ist eine winzige, sehr saubere Herberge rund 1,5 km links vom Fähranleger. Das Gemeinschaftszimmer und die Küche haben große Fenster mit Blick aufs Meer. Nebenan befinden sich ein Laden, eine Tankstelle sowie ein schlichtes **Café** (Hauptgerichte 5–8 C$; ⏲Mo–Sa 8–21, So 10–20 Uhr), das von den Herbergsleuten betrieben wird. Eine Empfehlung sind die exzellenten Walbeobachtungstouren (2½–5 Std., je nachdem, wo sich die Wale gerade befinden), die gleich hier gebucht werden können. Veranstalter ist der umweltbewusste Anbieter **Brier Island Whale & Seabird Cruises** (☎800-656-3660, 902-839-2995; www.brierislandwhalewatch.com; Erw./Kind 49/27 C$; ⏲ Juni–Okt.).

1 km östlich von Westport liegt die **Brier Island Lodge** (☎800-662-8355, 902-839-2300; www.brierisland.com; Zi. 90–140 C$;) oben auf den Klippen. Die Gäste der vier Zimmer genießen alle Seeblick. Auch das **Restaurant** (Hauptgerichte 8–29 C$) gewährt zu zwei Seiten Panoramablick aufs Meer. Der perfekte Service und die traumhaft frischen Meeresfrüchte machen das Lokal zur besten Wahl vor Ort. Mittags gibt es auf Wunsch Lunchpakete.

Digby

Das für seine Jakobsmuscheln, das milde Klima und die tägliche Fähre nach Saint John in New Brunswick bekannte Digby (www.digby.ca) liegt in einer geschützten Bucht der Bay of Fundy. Mit der Besiedlung begannen 1783 die britisch gesonnenen United Empire Loyalists. Heute befindet sich hier der weltweit größte Stützpunkt für die Jakobsmuschel-Fischerei.

Digby ist bereits seit mehr als 100 Jahren ein Touristenmekka, auch wenn die Stadt nicht mit dem architektonischen Charme von Lunenburg oder Annapolis Royal mithalten kann. Dennoch ist es ein guter Ausgangspunkt, um Digby Neck, die Französische Küste sowie die wunderbaren, aber wenig bekannten Wanderwege der Umgebung zu erkunden. Ein Tipp ist die Exkursion zum Point Prim. Wer sich nur auf d er Durchfahrt befindet, sollte an der Uferpromenade entlangbummeln, den Booten der Jakobsmuschel-Fischer beim Rein- und Rausfahren zuschauen und natürlich so viel von ihrem leckeren Fang essen, wie möglich ist.

Die köstlichen Meerestiere stehen Mitte August während der **Digby Scallop Days** (www.digbyscallopdays.com) ganz im Zentrum des Interesses. Ein weiteres Highlight der Saison ist die **Wharf Rat Rally** (www.wharfratrally.com) Ende August. Dann kommen mindestens 30 000 Motorradfahrer nach Digby und veranstalten Wettbewerbe und Ausflüge oder treffen sich mit Gleichgesinnten.

Die einzige wirkliche Sehenswürdigkeit der Stadt ist das **Admiral Digby Museum** (☎902-245-6322; www.admuseum.ns.ca; 95 Montague Row; Spende erwünscht; ⏲Mo–Sa 9–17 Uhr). In dem georgianischen Haus aus der Mitte des 19. Jhs. stehen die maritime Geschichte und frühe Besiedlung der Gegend im Vordergrund.

Schlafen & Essen

★ **Digby Backpackers Hostel** HOSTEL $
(☎902-245-4573; www.digbyhostel.com; 168 Queen St; B/Zi. 28/65 C$;) Wohl das hübscheste Hostel in ganz Nova Scotia! Saskia und Claude halten die soliden Vier-Bett-Zimmer makellos sauber und sorgen für eine schöne Atmosphäre. Oft bewundern sie mit ihren Gästen gemeinsam den Sonnenuntergang oder organisieren spontan ein Barbecue. Das denkmalgeschützte Haus verfügt über mehrere Gemeinschaftsbereiche sowie eine Terrasse. Internetzugang, ein kleines Frühstück sowie Handtücher sind im Übernachtungspreis enthalten.

Bayside Inn B&B B&B $$
(☎888-754-0555, 902-245-2247; www.baysideinn.ca; 115 Montague Row; Zi. 64–108 C$;) Das älteste Gasthaus von Digby ist mit seinen elf Zimmern schon seit dem Ende des 19. Jhs. in Betrieb. Es liegt mitten in der Stadt und bietet Ausblick auf die Fischereiflotte und das Wechselspiel der Gezeiten. Die günstigeren Zimmer teilen sich ein Bad.

Digby Pines Golf Resort & Spa HOTEL $$$
(☎902-245-2511, 800-667-4637; www.digbypines.ca; 103 Shore Rd; Zi. 160–442 C$; ⏲Mai–Okt.;) Im noblen Pines würde es niemanden wundern, wenn der „große" Jay Gatsby auftaucht, einem herzhaft auf den Rücken klapst und dabei jovial „Wie geht's, altes Haus?" ausruft. Die Zimmer sind elegant mit dunklem Holz und üppigen Betten ausgestattet, für den Preis aber ziemlich klein. Auf dem familienfreundlichen Gelände befinden sich ein Golfplatz, ein Wellness-Bad, ein gutes Restaurant, Wanderwege sowie ein Spielplatz.

Boardwalk Café CAFÉ $
(☎902-245-5497; 40 Water St; Hauptgerichte mittags 8–15 C$; ⏲Mo–Fr 11–14 & 17–20, Sa 12–15 Uhr) Das kleine Café direkt am Wasser bietet leckere kleine Gerichte wie *rappie pie* mit Hühnchen oder Shrimp-Jambalaya. Abends geht es etwas gehobener zu, die Hauptgerichte kosten ca. 18 C$.

★ **Mag Pye's** CAFÉ $$
(Water St; Hauptgerichte mittags ca. 12 C$; ⏲Frühstück & Mittagessen tgl., Abendessen im Sommer Do–Sa) Das Café wirkt wie das gemütliche Wohnzimmer der Oma und serviert leckeres Frühstück, das beste Mittagessen der Stadt sowie köstlichen Kaffee und Kuchen. Das Abendessen ist ein wah-

res Erlebnis: Bei den Festpreismenüs für 30 C$ gibt es als Vorspeise zumeist Jakobsmuscheln, als Hauptgericht einen vor Ort gefangenen Fisch und zum Abschluss ein himmlisches Dessert.

Praktische Informationen

Visitors Information Centre (VIC; 902-245-2201; Shore Rd; Mai–Okt. 8.30–20.30 Uhr) Die große Provinztouristeninformation liegt 2 km vom Fähranleger und bietet Hunderte von Broschüren.

Western Counties Regional Library (902-245-2163; 84 Warwick St; Di–Do 12.30–17 & 18–20, Fr 10–17, Sa 10–14 Uhr) Kostenloser Internetzugang in der Regionalbücherei.

An- & Weiterreise

Kathleen's Shuttle & Tours (S. 392) und einige weitere Shuttlebus-Anbieter verkehren für 65 C$ zum Flughafen von Halifax. Digby ist auch der Hafen für den Fährverkehr mit Bay Ferries (S. 377) nach New Brunswick.

Bear River

Das ländliche Rückzugsgebiet für exzentrische Künstler liegt nur wenige Minuten von der Küste entfernt, bietet jedoch ein gänzlich anderes Klima, das weitgehend vom Küstennebel verschont bleibt. Hier leben besonders viele Mi'kmaq, die in Kombination mit der schottischstämmigen Bevölkerung Bear River eine einzigartige Atmosphäre verleihen. Einige der alten Gebäude direkt am Fluss wurden auf Stelzen errichtet, andere auf den steilen Hügeln oberhalb des Tals. In der Umgebung haben sich einige Winzer angesiedelt und produzieren ausgezeichneten Wein.

Sehenswertes & Aktivitäten

Bear River Vineyards WEINGUT
(902-467-4156; www.wine.travel; 133 Chute Rd) Für die Erzeugung der preisgekrönten Weine dieser kleinen Kellerei wird Sonnenenergie, Biodiesel, Windkraft und das natürliche Gefälle des Geländes genutzt. Die freundlichen Besitzer Chris und Peggy bieten (von Juli bis Sept.) kostenlose Führungen und Weinproben an. Wer länger bleiben und bei einem Workshop zur Weinherstellung mitmachen möchte oder einfach nur abschalten will, kann im einzigen Pensionszimmer (130 C$ pro Nacht inkl. Frühstück) übernachten.

Annapolis Highland Vineyards WEINGUT
(902-467-0917; www.novascotiawines.com; 2635 Clementsvale Rd; Mo–Sa 10–17, So 12–17 Uhr) Das recht kommerzielle Weingut bietet kostenlose Weinproben an. Unbedingt verkosten sollte man den mit einer Goldmedaille ausgezeichneten süßen Dessertwein „White Wedding". Ein Tipp sind auch die leckeren Obstweine.

Bear River First Nation RESERVAT
Das Reservat der Bear River First Nation liegt nur fünf Minuten Autofahrt vom Stadtzentrum entfernt: Hinter der Brücke geht es links und dann an der Gabelung erneut links. Das **Heritage & Cultural Centre** (902-467-0301; 194 Reservation Rd; Eintritt 3 C$) liegt in einem schönen Gebäude, dessen Eingangshalle die Form eines Wigwams hat. Hier wird traditionelles Kunsthandwerk vorgeführt, außerdem Workshops veranstaltet. Leider ist das Centre nur selten geöffnet.

Ein Wanderweg (1 km) beginnt hinter dem Centre und informiert über traditionelle Heilpflanzen.

Essen

Bear River Cafe CAFÉ $
(902-467-3008; 1870 Clementsvale Rd; Hauptgerichte 7–14 C$; Di–So 10–17 Uhr) Das Café ist der ideale Ort, um mit Einheimischen ins Gespräch zu kommen. Oder man genießt bei Kaffee und Kuchen den Blick über den Fluss.

Shoppen

Flight of Fancy SOUVENIRS
(902-467-4171; Main St; Mo–Sa 9–19, So 11–19 Uhr) In dem hervorragend geführten Kunsthandwerksladen mit angeschlossener Galerie werden Werke von über 200 Künstlern und Kunsthandwerkern ausgestellt. Wer aus Nova Scotia wenigstens ein besonderes Andenken mitnehmen möchte, ist hier genau richtig.

Bear Town Baskets SOUVENIRS
(902-467-3060; 44 Maple Ave, Bear River First Nation; 10–22 Uhr) Die hier verkauften Körbe werden von einem ehemaligen Häuptling der Bear River First Nation hergestellt. Oft sitzt er an seinem Arbeitsplatz, freut sich über Besucher und unterhält sich gern mit ihnen. Wegweiser in seinem Vorgarten führen zum Atelier, wo er die traditionellen Körbe aus Eschenholz fertigt.

Annapolis Royal & Umgebung

Die Anstrengungen der Gemeinde, ihr Dorf zu verschönern, haben sich gelohnt, denn Annapolis Royal ist inzwischen einer der attraktivsten Anlaufpunkte der Region. In seiner Größenklasse ist der Ort sogar der einzige ohne eine Filiale der ansonsten allgegenwärtigen Fastfood-Kette Tim Hortons.

Im einstigen Port Royal gründeten europäische Einwanderer die erste dauerhafte Siedlung auf kanadischem Boden. Der französische Entdecker Samuel de Champlain legte 1605 den Grundstein, bevor die Siedlung in den Kriegen zwischen Briten und Franzosen mehrfach den Besitzer wechselte. 1710 feierten die Briten schließlich einen entscheidenden Sieg und benannten den Ort zu Ehren ihrer Königin Anne in Annapolis Royal um.

Sehenswertes & Aktivitäten

Die meisten Sehenswürdigkeiten befinden sich an oder in der Nähe der langen, kurvigen St. George Street. Von der Hafenpromenade, die hinter dem King's Theatre in der St. George Street direkt am Wasser entlang führt, kann man zum Dorf Granville Ferry am anderen Ufer des Annapolis River hinüberschauen.

Fort Anne National Historic Site HISTORISCHE STÄTTE
(☎902-532-2397; www.parkscanada.gc.ca/fortanne; Upper St. George St; Erw./Kind 4/2 C$; ⏲9–17.30 Uhr) Die Überreste der französischen Festung von 1635 erinnern an die Anfänge der Besiedelung durch die Akadier. Der Eintritt in das weitläufige Gelände der National Historic Site ist kostenlos, im Gegensatz zum Museum, in dem Kunst- und Gebrauchsgegenstände in verschiedenen, im Stil der damaligen Zeit eingerichteten Räumen ausgestellt sind. Ein einzigartiger vierteiliger Wandteppich, der von mehr als 100 Freiwilligen bestickt wurde, erzählt die Geschichte der letzten 400 Jahre.

Annapolis Royal Historic Gardens GARTEN
(☎902-532-7018; www.historicgardens.com; 441 St. George St; Erw./Stud. 10/8,50 C$; ⏲Mai–Okt. 9–20 Uhr)

Port Royal National Historic Site HISTORISCHE STÄTTE
(☎902-532-2898; 53 Historic Lane; Erw./Kind 4/2 C$; ⏲9–18 Uhr) Gut 14 km nordwestlich von Annapolis Royal befindet sich die Stelle, wo die erste dauerhafte, europäische Siedlung nördlich von Florida gegründet wurde. Für die heutige historische Stätte wurde die von Champlain 1605 errichtete Niederlassung für den Pelzhandel originalgetreu nachgebaut. Mitarbeiter in historischen Kostümen erläutern die Geschichte dieser frühen Siedlung.

Tidal Power Project MUSEUM
(☎902-532-5454; ⏲10–18 Uhr) GRATIS Das 1984 als Prototyp erbaute Gezeitenkraftwerk am Annapolis River Causeway gewinnt noch immer Strom aus dem Gezeitenwechsel in der Bay of Fundy. Im Besucherzentrum wird das Kraftwerk anhand von Modellen und Videofilmen erläutert.

★ **Tour Annapolis Royal** RUNDGANG
(www.tourannapolisroyal.com; Fort Anne National Historic Site; ⏲Di–So 21.30 Uhr) Der Veranstalter bietet mehrere historische Themenrundgänge an. Die beste Tour ist ziemlich gruselig, denn ein als Bestatter gekleideter Guide führt die Teilnehmer auf den Friedhof von Fort Anne (Erw./Kind 7/3 C$). Alle Teilnehmer bekommen eine Laterne und erfahren anhand der Gräber etwas über die Stadtgeschichte. Der Erlös geht an die Annapolis Royal Historical Society.

Delap's Cove Wilderness Trail WANDERN
Von Annapolis Royal führt der Delap's Cove Wilderness Trail über den North Mountain zur Bay of Fundy. Die zwei Schleifen des Wanderwegs sind durch eine alte Straße verbunden, die einst zu einer Siedlung der Black Loyalists führte. Von dieser sind aber nur noch Grundmauern und Apfelbäume im Wald erhalten. Beide Schleifen sind hin und zurück 9 km lang.

Schlafen & Essen

Viele der B&Bs, wie etwa das Queen Anne, servieren in elegantem Ambiente auch Mittag- und Abendessen.

Croft House B&B B&B $
(☎902-532-0584; www.crofthouse.ca; 51 Riverview Lane; Zi. 55–85 C$; 📶🐾) Das Bauernhaus liegt inmitten von gut 40 ha Land und nur fünf Autominuten von Annapolis Royal entfernt auf der anderen Flussseite.

Einer der enthusiastischen Besitzer ist gelernter Koch, der ein feines Bio-Frühstück zubereitet.

Dunromin Campground CAMPINGPLATZ $
(☎902-532-2808; www.dunromincampground.ca; Hwy 1, Granville Ferry; Zelt/Wohnmobil 28/42 C$, Tipi/Caravan 53/58 C$, Hütten 65–120 C$; ⊙Mai–Okt.;) Auf diesem ungewöhnlichen Campingplatz gibt es schöne abgeschirmte Stellplätze am Fluss. Originell sind die Tipis für bis zu sechs Personen sowie der Caravan. Für 10 C$ pro Stunde werden Kanus verliehen.

★ **Queen Anne B&B** B&B $$
(☎902-532-7850, 877-536-0403; www.queenanneinn.ns.ca; 494 St. George St; Zi. 99–200 C$, Remise 239 C$; ⊙Mai–Nov.;) Das wohl vornehmste Anwesen in Annapolis Royal kombiniert auf perfekte Weise historische Ausstattung mit raffinierter Anmut. Mit den nachgemachten Tiffany-Lampen, den perfekt gepflegten Gartenanlagen und ausladenden Treppenaufgängen ist es so schön, dass es fast schon zu viel wird. Aber die freundlichen Besitzer vermitteln einem (fast) das Gefühl, dass man seine Füße auch auf den antiken Kaffeetisch legen dürfte.

★ **Bailey House B&B** B&B $$
(☎902-532-1285, 877-532-1285; www.baileyhouse.ca; 150 Lower St. George St; Zi. 100–250 C$;) Das einzige B&B am Ufer ist zugleich das älteste und beste Gasthaus der Gegend. Die freundlichen Besitzer haben den alten Charme des Hauses gut erhalten. Dafür müssen alle Gäste über 1,80 m aufpassen, dass sie sich nicht an den niedrigen Türrahmen stoßen. Ansonsten gibt es den üblichen modernen Komfort.

Ye Olde Pub PUB $
(☎902-532-2244; 9–11 Church St; Hauptgerichte 5–15 C$; ⊙Mo–Sa 11–23, So 12–20 Uhr) An sonnigen Tagen sitzen die Gäste mit ihren Bar-Gerichten draußen auf der Terrasse. Wenn es kälter ist, lassen sich alle in der dunklen, gemütlichen, alten Bar nieder. Ein Tipp sind die marinierten Jakobsmuscheln als Vorspeise.

Cafe Compose EUROPÄISCH $$
(St. George St; Mittagessen 9–15 C$, Abendessen 16–26 C$; ⊙Mittag- & Abendessen;) Den österreichisch-deutschen Besitzern verdankt man, dass es nach den europäisch zubereiteten Fleischgerichten und Meeresfrüchten Strudel und Linzer Torte zum Nachtisch gibt. Das Wasser wird von den senfgelben Wänden reflektiert, auf der Gartenterrasse ist man dem Strand natürlich noch näher.

☆ Unterhaltung

King's Theatre THEATER
(☎902-532-7704; www.kingstheatre.ca; 209 St. George St; Kino 8 C$, Aufführungen 14–25 C$) Das gemeinnützige Theater direkt am Wasser bringt an den Juli- und Augustabenden und manchmal auch in anderen Monaten Musicals, Theater und Konzerte auf die Bühne. Filmhits aus Hollywood werden das ganze Jahr über am Wochenende, anspruchsvolle Filme zumeist dienstagabends gezeigt.

Shoppen

Farmers & Traders Market MARKT
(Ecke St. George Street & Church St; ⊙Mi 10–15, Sa 8–12 Uhr) Auf diesem äußerst beliebten Markt bieten Künstler und Kunsthandwerker aus Annapolis Royal ihre Waren Stand an Stand mit den örtlichen Bauern an. Samstagvormittags gibt es meist noch Live-Unterhaltung dazu.

ℹ Praktische Informationen

Annapolis Royal (www.annapolisroyal.com) bietet Links zur Stadtgeschichte, zu Festivals und vielem mehr.

Visitors Information Centre (VIC; ☎902-532-5769; 209 St. George St; ⊙Mai–Okt. 10–18 Uhr) Touristeninformation am Tidal Power Project; u. a. mit einem Faltblatt zu einem geschichtlichen Rundgang.

ℹ An- & Weiterreise

Nelson's Shuttle (☎902-532-0441; www.nelsonsshuttle.com) verkehrt von/nach Halifax sowie zum Halifax Airport (60 C$).

Kentville

Kentville verfügt als Bezirkshauptstadt über eine Reihe von Regierungsgebäuden und stattlichen alten Häusern.

Wenn Anfang Juni das Tal in voller Blüte steht, strömen die Massen zum **Annapolis Valley Apple Blossom Festival** (www.appleblossom.com), um Konzerte, einen Festumzug, Grillpartys, Kunstshows und natürlich die Blütenpracht zu erleben.

Am östlichen Stadtrand beherbergt er die **Agriculture Research Station** (☎902-

KINGS TRANSIT

Die Busse des örtlichen Unternehmens **Kings Transit** (☎888-546-4442, 902-628-7310; www.kingstransit.ns.ca) verkehren stündlich von 6 bis 19 Uhr. Ausgangspunkt ist Weymouth etwas nördlich von Church Point. Auf dem Weg nach Bridgetown (unmittelbar nördlich von Annapolis Royal) halten sie an jeder Milchkanne. Die Fahrkarten kosten je nach Länge der Fahrtstrecke rund 3,50 C$.

678-1093; am Hwy 1; ⏲8.30–16.30 Uhr) GRATIS ein Museum, das sich mit der regionalen Landwirtschaft und insbesondere mit der Apfelindustrie beschäftigt. Im Sommer werden Führungen angeboten.

Im **Old King's County Museum** (☎902-678-6237; 37 Cornwallis Ave; ⏲Mo–Sa 9–16 Uhr) GRATIS dreht sich alles um die Ortsgeschichte, angegliedert ist auch eine Kunstgalerie.

Nördlich des Highway 1

Auf der einen Seite des Gebirgszugs North Mountain, der im atemberaubenden Cape Blomidon endet, erstreckt sich das Annapolis Valley, auf der anderen Seite liegen die Fischerdörfer der Bay of Fundy. Die Talsohle zwischen dem Highway 1 und dem North Mountain ist kreuz und quer von kleinen Landstraßen durchzogen, die von Bauernhöfen und Obstplantagen gesäumt sind. Eigentlich kann man die Straßenkarte beiseitelegen und einfach ins Blaue – oder besser gesagt ins Grüne – hineinfahren. Das Abenteuer beginnt westlich von Wolfville, wo man den Highway 101 bei der Ausfahrt 11 verlässt und in Richtung Norden auf dem Highway 358 weiterfährt. Auf dem Weg nach Scots Bay, wo der Highway 358 endet und ein Wanderweg mit Wahnsinnsblick auf das Minas Basin und die Bay of Fundy beginnt, liegt auch die reizende historische Stadt Canning.

Port Williams

Nur einen Katzensprung von Wolfville entfernt befindet sich das **Tin Pan** (☎902-691-0020; 978 Main St; Hauptgerichte 3–9 C$; ⏲Mo–Sa morgens, mittags & abends) am Highway 358. Motorradfahrer lieben das Restaurant und treffen sich hier an jedem Samstagmorgen zu einem herzhaften Frühstück.

Das **Prescott House Museum** (☎902-542-3984; http://prescotthouse.novascotia.ca; 1633 Starr's Point Rd; Erw./Stud. 4/2,75 C$; ⏲Juni–Okt. Mo–Sa 10–17, So 13–17 Uhr) von 1814 ist eines der schönsten Beispiele georgianischer Architektur in Nova Scotia. Hier wohnte der Gartenbauexperte Charles Prescott, der viele der Apfelsorten in Kanada einführte, die bis zum heutigen Tag im Annapolis Valley angebaut werden. Um zum Museum zu kommen, biegt man in Port Williams, 2 km nördlich des Highway 1, bei der Ampel in der Starr's Point Road rechts ab und folgt der Straße für 3,25 km.

Canning

Von November bis März kreisen Hunderte von **Weißkopfseeadlern** am Himmel, weil sie von den örtlichen Hühnerfarmen angelockt werden – ein Traum für Fotografen und Vogelliebhaber! Westlich von Canning bietet die Blomidon Estate Winery (S. 418) am Highway 221 Weinproben und kostenlose Führungen an. Etwas weiter am Highway 358 lohnt ein Stopp am Aussichtspunkt **Look-Off**: Rund 200 m über dem Annapolis Valley bietet sich der beste Blick auf die Farmhäuser und die langen Reihen der Obstbäume.

Das **Art Can Gallery & Café** (☎902-582-7071; www.artcan.com; 9850 Main St; Hauptgerichte 10–14 C$; ⏲Di–Do 10–17, Fr & Sa 10–22, So 10–16 Uhr) ist ein Kunsthandel mit Café, in dem es fair gehandelten Kaffee und köstliche Backwaren mit Blick über das Tal gibt. Infos über Kunstkurse und Workshops finden sich auf der Homepage.

Scots Bay

Der Wanderweg zur Landspitze von **Cape Split** – einer der populärsten in Nova Scotia – beginnt in Scots Bay. Hin und zurück muss man für die 14 km rund 3 bis 5 Stunden rechnen. Dabei sind im dichten Wald kaum Steigungen zu bewältigen. Der Wanderweg endet an dramatischen, zumeist vom Wind umwehten Klippen hoch über der Bay of Fundy. Die Klippen hallen vom Geschrei der Brutvögel wider. Ganz am Ende wartet ein Felsen, von dem man gut beobachten kann, wie die Gezeiten Wellen erzeugen, die dann durch die vielen Felsnadeln brechen.

Vor oder nach der Wanderung sollte man am Strand von Scots Bay nach Achaten suchen.

Der **Blomidon Provincial Park** (☎902-582-7319; www.parks.gov.ns.ca; am Hwy 358; Stellplatz 24 C$) liegt von der Scots Bay aus auf der gegenüberliegenden Seite von Cape Blomidon. Es gibt es einige gut ausgeschilderte Routen, die man vom Highway 358 aus erreicht. Eine Tour beginnt 15 km südlich von Scots Bay und führt u. a. 10 km am Minas Basin entlang. Ein Campingplatz wurde hoch oben auf den Felsen angelegt, die über das Becken wachen. Am Fuß des Hügels liegen ein Strand und ein Picknickbereich. Innerhalb des Parks wurde ein Netz an Wanderwegen (insg. 14 km) angelegt.

Hall's Harbour

Etwas weiter südöstlich an der Bay of Fundy liegt **Hall's Harbour,** ein großartiger Ort, um den Nachmittag mit einem Strandspaziergang oder einer Wanderung in die umliegenden Hügel zu verbringen. Die hier gefangenen Hummer gehören zu den besten in ganz Nova Scotia.

Im **Hall's Harbour Lobster Pound** (☎902-679-5299; Mai–Okt. 12–20 Uhr) kann man sich seinen Hummer selbst aussuchen. Die Preise des „Schuppens" orientieren sich an vergleichbaren Restaurants in Wolfville. Dennoch ist es natürlich gut zu wissen, dass man den Hummer frisch gefangen verspeist.

Nach Hall's Harbour gelangt man vom Highway 358, indem man nach Westen zum Highway 359 fährt und auf diesem dann den North Mountain überquert.

Wolfville

Die Stadt Wolfville bietet die perfekte Mischung aus traditioneller universitärer Stadtkultur, kleinstädtischer Gemütlichkeit sowie einer ansprechenden Gastroszene, die sich rund um die Weinindustrie der Region entwickelt hat. Die Studenten und Dozenten der Acadia University stellen rund die Hälfte der 7000 Einwohner. In unmittelbarer Umgebung der Stadt locken Deiche, herrliche Panoramastraßen und einige der besten Wanderwege entlang der Fundy-Küste. Wolfville gilt als eine der abwechslungsreichsten und lebenswertesten Städte der Provinz; 12 % der Einwohner sind Ausländer.

Sehenswertes & Aktivitäten

Waterfront Park PARK

(Ecke Gaspereau Ave & Front St) Der Waterfront Park bietet eine atemberaubende Aussicht auf das Watt der Bay of Fundy, das Minas Basin und die roten Klippen von Cape Blomidon. Schautafeln erläutern die Gezeiten, Deichanlagen, Flora und Fauna und die Ortsgeschichte. Von hier aus kann man herrlich auf den Deichen laufen oder Fahrrad fahren.

Randall House Museum MUSEUM

(☎902-542-9775; 171 Main St; Eintritt gegen Spende; Juni–Sept. Mo–Sa 10–17, So 14–17 Uhr) Das Randall House Museum erzählt die Geschichte der Kolonisten und Farmer aus den Neuenglandstaaten, die den Platz der vertriebenen Akadier einnahmen.

Fahrräder verleiht das Geschäft **Valley Stove & Cycle** (☎902-542-7280; 234 Main St; Radverleih halber/ganzer Tag 25/30 C$).

Feste & Events

Canadian Deep Roots Festival MUSIK

(www.deeprootsmusic.ca) Jeden Frühherbst rockt die Stadt bei einem Festival zu moderner Roots-Musik.

Schlafen & Essen

★ **Garden House B&B** B&B $$

(☎902-542-1703; www.gardenhouse.ca; 220 Main St; Zi. 65–110 C$;) Das altehrwürdige Haus hat sich sein altmodisches Flair auf gemütliche Art und Weise bewahrt. Knarrende Fußböden, ein rustikaler Frühstückstisch mit Wildblumensträußchen und die Aufforderung, sich die Schuhe auszuziehen, sorgen dafür, dass man sich wie bei Oma zu Hause fühlt. Nur Gemeinschaftsbäder!

Blomidon Inn INN $$

(☎902-542-2291, 800-565-2291; www.theblomidon.net; 195 Main St; DZ 120–160 C$, Suite 160–269 C$;) Europäische Extravaganz und die vornehme viktorianische Architektur geben dem Gasthaus ein ziemlich gehobenes Ambiente. Die Zimmer werden genauso perfekt in Schuss gehalten wie die 25 ha große Rasenfläche. Auf der Website finden sich auch Pauschalangebote.

WEINTOUR RUND UM WOLFVILLE

Schon im frühen 17. Jh. wurde in Nova Scotia Wein angebaut. Womöglich reiften hier sogar die ersten Weintrauben ganz Nordamerikas. Heute kommen immer neue Weingüter hinzu. In der Provinz gibt es sechs ausgewiesene Weinregionen, doch die meisten Weingüter befinden sich im Annapolis Valley und auf der Halbinsel Malagash.

L'Acadie Blanc ist eine französische Hybridrebe (eine Kreuzung zweier verschiedener Weinrebensorten), die in Nova Scotia besonders gut wächst und zum Markenzeichen der Region wurde. Der mittelkräftige Weißwein mit Zitronenaroma passt hervorragend zu Jakobsmuscheln und geräuchertem Lachs. Der New York Muscat gedeiht ebenfalls prächtig und wird oft für trockene Weißweine und Eisweine verwandt. Die meisten Weingüter produzieren unter dem nur hier genutzten Namen Tidal Bay eine Mischung aus örtlichen Rebsorten.

Die Tour zu den interessantesten Weingütern startet an der Blomidon Estate Winery in Canning, nördlich vom Highway 1. Von hier geht es nach Wolfville hinein und dann auf dem Gaspereau Drive gegenüber vom Tim Hortons landeinwärts. Dort weisen Schilder den Weg zu den nächsten drei Weingütern. Hinter Luckett's fährt man am Fuße des Hügels rechts und dann die erste Straße links. So gelangt man praktisch direkt an der Domaine de Grand Pré zurück zum Highway 101.

Wer nicht selbst am Steuer sitzen möchte, kann den **Wolfville Magic Winery Bus** (☎902-542-4093; www.wolfvillemagicwinerybus.ca; Hop-on- hop-off-Buspässe 10 C$; ⌚Sa–So 10.30–17.30 Uhr) besteigen, der von September bis Mitte Oktober unterwegs ist.

Blomidon Estate Winery (☎902-582-7565; www.blomidonwine.com; 10318 Hwy 221; Weinproben 4C$; ⌚Mai–Okt. 10–17 Uhr, Führungen 12, 14, 16 Uhr) Der freundliche und entspannte Winzer unterhält sich während der Weinverkostungen gerne mit seinen Gästen. Der Sekt und der Tidal Bay sind sehr zu empfehlen, aber auch der Rotwein mit Eichengeschmack ist einen Versuch wert. Der Besuch lohnt sich schon allein wegen der schönen Fahrtstrecke nach Canning.

Gingerbread House Inn INN **$$**
(☎902-542-1458; www.gingerbreadhouse.ca; 8 Robie Tufts Dr; DZ 125–135 C$, Suite 145–215 C$;) Von außen sieht dieses einmalige B&B wie eine riesige – ein bisschen kitschige – Hochzeitstorte in Rosa und Weiß aus. Drinnen werden die Gäste verwöhnt: Die Zimmer, von denen einige sogar einen Whirlpool haben, sind kleine Wohlfühloasen.

★ **Front & Central** FUSIONKÜCHE **$$**
(☎866-542-0588; 117 Front St; kl. Teller 8–15 C$; ⌚Do–So Mittagessen, Di–So Abendessen) Auf den Tisch kommen kreative kleine Gerichte, von leckeren vegetarischen Spezialitäten bis zu Jakobsmuscheln mit Schweinebauch, der mit Ahornsirup bestrichen wurde. Am besten teilt man sich die Teller und vergrößert so das kulinarische Vergnügen. Wer nur wenig Appetit hat, dem reicht wahrscheinlich ein einziger Teller, andere wiederum brauchen gleich vier oder mehr Gerichte, um wirklich satt zu werden. Die umsichtigen Kellner empfehlen übrigens zu jedem Gericht den passenden Wein.

Privet House FUSIONKÜCHE **$$**
(☎902-542-7525; 268 Main St; Hauptgerichte mittags 11–18 C$, abends 19–36 C$; ⌚11.30–21 Uhr) Das beste Restaurant der Stadt zaubert regionale Rindfleisch-, Wild- und Fischgerichte sowie Meeresfrüchte auf den Tisch. Alle Zutaten stammen aus Kanada, werden jedoch mit europäischem, indischem und thailändischem Einschlag zubereitet. Die Tischdecken sind weiß, die Weinkarte ist lang und die Bedienung exzellent.

Coffee Merchant & Library Pub CAFÉ, PUB
(☎902-542-4315; 472 Main St; ⌚Mo–Sa 11.30–24 Uhr) Das Café im Erdgeschoss serviert guten Fairtrade-Kaffee und leckeren Kuchen. Oben im Pub wird ein frisches Bier gezapft, dazu können herzhafte Bar-Gerichte bestellte werden.

ℹ Praktische Informationen

Touristeninformation (☎902-542-7000; 11 Willow Ave; ⌚Mai–Okt. 9–21 Uhr) Ein sehr hilfreiches Informationsbüro am Ende der Main Street.

Gaspereau Vineyards (☎902-542-1455; www.gaspereauwine.com; 2239 White Rock Rd; ⏲Mai–Okt. 10–17 Uhr, Führungen 12, 14, 16 Uhr) In Nova Scotia ist das renommierte Weingut Gaspereau u. a. für seinen prämierten Eiswein bekannt. Hochwertig ist auch der Estate Riesling. Der Raum für Weinverkostungen befindet sich in einem großen roten Stall und ist elegant eingerichtet, die Mitarbeiter sind sehr freundlich.

L'Acadie Vineyards (☎902-542-8463; www.lacadievineyards.ca; 310 Slayter Rd; Cottages 150 C$; ⏲Mai–Okt. 10–17 Uhr) Mit Ausblick auf das Gaspereau Valley gewinnt das Bio-Weingut seine Energie aus Erdwärme. Die zertifizierten, biologisch angebauten Reben werden mit traditionellen Methoden zu Wein und Sekt verarbeitet. Die Besucher können in einem der drei Cottages übernachten, die im Landhausstil jeweils mit Küche und zwei Schlafzimmern eingerichtet sind. Eine Flasche Wein gibt es zur Begrüßung gratis.

Luckett Vineyards (www.luckettvineyards.com; 1293 Grand Pré Rd, Wolfville; Weinproben 7 C$, Hauptgerichte mittags 9–15 C$; ⏲Mai–Okt. 10–17 Uhr) Das Weingut lohnt sich als Reiseziel schon allein deshalb, weil der Panoramablick über die Weinstöcke und Hänge hinunter zu den Klippen der Bay of Fundy schlicht atemberaubend ist. Nach einer Probe der Rot-, Weiß-, Frucht- und Dessertweine sowie des besonders guten Eisweins kann man auf der Veranda entspannen und sich ein Gourmet-Sandwich, eine Suppe oder einen Salat zum Mittagessen gönnen. Im Sommer gibt es abends leckere Menüs. Auf dem Gelände steht eine alte britische Telefonzelle, von der aus man kostenlos in ganz Kanada telefonieren kann!

Domaine de Grand Pré (☎902-542-1753; http://grandprewines.ns.ca; 11611 Hwy 1; Führungen 9 C$; ⏲10–18 Uhr, Führungen 11, 15, 17 Uhr) Die Domäne gehört zu den bekanntesten der Provinz und wird deshalb gerne angesteuert. Der würzige Muskateller ist genauso empfehlenswert wie der Sekt Champlain Brut. Die Führungen dauern gut 45 Minuten. Alternativ nimmt man an einer Weinverkostung teil oder spaziert durch die Weinhänge. Das Restaurant Le Caveau wurde vom Magazin Wine Access als eines der weltweit 20 besten Weingut-Restaurants ausgezeichnet.

Wolfville (www.wolfville.info) Informationen zu Wolfville, zur Acadia University und Reisetipps für Nova Scotia.

Wolfville Memorial Library (☎902-542-5760; 21 Elm Ave; ⏲Di–Sa 11–17, Di–Do auch 18.30–20.30, So 13–17 Uhr) Kostenloser Internetzugang in der Bücherei.

An- & Weiterreise

Maritime Bus (www.maritimebus.com) hält an der Acadia University vor der Wheelock Hall an der Highland Avenue. Die Busse von **Kings Transit** (☎888-546-4442, 902-678-7310; www.kingstransit.ns.ca) verkehren zwischen Cornwallis (südwestlich von Annapolis Royal) und Wolfville. Sie halten bei Hausnr. 209 an der Main Street.

Grand Pré

Grand Pré wirkt wie der malerische Stadtrand von Wolfville. Heute handelt es sich um ein kleines, englischsprachiges Städtchen, in dem in den 1750er-Jahren eines der tragischsten Ereignisse in der Geschichte des östlichen Kanadas stattfand, die sogenannte „Acadian Deportation". Die Grand Pré National Historic Site widmet sich ausführlich dieser dramatischen Ereignisse.

Sehenswertes

Grand Pré National Historic Site HISTORISCHE STÄTTE
(☎902-542-3631; 2205 Grand Pré Rd; Erw./Kind 8,50/4,20 C$; ⏲Mai–Okt. 9–18 Uhr) Die Grand Pré National Historic Site ist ein modernes Besucherzentrum, das den historischen Kontext der Vertreibungen aus der Perspektive der Akadier, der Mi'kmaq und der Briten erklärt. Auch werden die Spuren der Akadier verfolgt, zunächst aus Nova Scotia heraus und später zum Teil wieder zurück in die Atlantikprovinzen. Im Jahr 2012 wurde die Landschaft der Region zum Unesco-Welterbe ernannt.

Neben dem Besucherzentrum befindet sich ein friedlicher **Park** mit hübschen Gärten und einer Steinkirche im akadischen Stil. Nicht zu übersehen ist die Statue des amerikanischen Schriftstellers Henry Wadsworth Longfellow, der die Geschichte der Akadier in seinem Epos *Evangeline: Ein Liebesgesang aus Akadien* verewigte. Die ebenfalls als Statue präsente Evangeline wurde, obwohl frei erfunden, zur romantischen Symbolfigur ihres Volkes.

Außerhalb des Parks ist das Ackerland zu sehen, das die Akadier einst durch den Bau von Deichen entlang der Küste gewonnen haben – genau so, wie sie es im Nordwesten Frankreichs schon Generationen zuvor getan hatten. Das unterhalb des Meeresspiegels liegende Land umfasst insgesamt 12 km² und wird von einem mehr als 9 km langen Deich geschützt.

Schlafen & Essen

Olde Lantern Inn & Vineyard INN $$
(☎902-542-1389, 877-965-3845; www.oldlanterninn.com; 11575 Hwy 1; Zi. 100–155 C$; 📶) Klare Linien und ein Auge für nette Extras machen das Gasthaus zu einer guten Adresse. Das hauseigene Weingut bietet einen schönen Blick über das Minas Basin. Dort kann man den Gezeitenwechsel beobachten oder einfach die Welterbe-Landschaft um Grand Pré genießen.

★ **Le Caveau** EUROPÄISCH $$
(☎902-542-1753; 11611 Hwy 1; Hauptgerichte 16–32 C$; ⏲mittags & abends) Das Schweizer Lokal befindet sich ebenfalls auf dem Gelände der Domaine de Grand Pré und gilt als eines der besten mitteleuropäischen Restaurants in ganz Nova Scotia. Im herrlichen, mit Natursteinen gepflasterten Innenhof sitzt man im Schatten von Weinlaub.

Shoppen

Tangled Garden ESSEN & TRINKEN
(☎902-542-9811; 11827 Hwy 1; ⏲10–18 Uhr) Der Laden passt in keine Schublade, vermittelt aber das wahrscheinlich duftintensivste Einkaufserlebnis in Nova Scotia. Hier kann man mit Kräutern versetzten Essig oder Gelee kaufen oder einfach durch den Garten und das meditative Labyrinth schlendern und dabei ein Kräutereis schlecken.

Windsor

War Windsor einmal das einzige britische Bollwerk im welschen Ozean, fristet das kleine, alte Städtchen heute ein eher tristes Dasein zwischen Highway und Avon River. Ein Abstecher lohnt sich aber für Fans der Country- und Bluegrass-Musik, und zwar nicht nur im Juni und Juli, wenn im Avon River Park zwei große Bluegrass-Festivals stattfinden: Hier wird den ganzen Sommer lang kräftig in die Saiten gegriffen. Die **Touristeninformation** (☎902-798-2690; 31 Colonial Rd; ⏲Juli & Aug. tgl. 8.30–18.30 Uhr, Juni, Sept. & Okt. Sa & So) liegt direkt an der Ausfahrt 6 des Highway 101. Vom Deich daneben schaut man aufs endlose Watt.

Wer schon mal in der Stadt ist, sollte sich das **Haliburton House** (☎902-798-2915; 414 Clifton Ave; Kinder /Stud. 3,60/2,55 C$; ⏲Mo–Sa 10–17, So 13–17) ansehen. Es ist das Geburtshaus des Richters und Schriftstellers Thomas Chandler Haliburton (1796–1865), der die berühmten Geschichten über Sam Slick schrieb. Viele von Haliburton erfundenen Ausdrücke wie *quick as a wink* (blitzschnell) oder *city slicker* (Großstadtsnob) sind heute noch gebräuchlich.

Übernachten kann man im **Clockmaker's Inn** (☎866-778-3600, 902-792-2573; www.theclockmakersinn.com; 1399 King St; Zi. 99–179 C$; 📶), das aussieht wie ein französisches Château – komplett mit hohen Bogenfenstern, reichlich Buntglas und ausladenden Treppenhäusern aus Hartholz. Das Gasthaus ist schwulen- und lesbenfreundlich und serviert nicht nur Frühstück, sondern auch täglichen einen Nachmittagstee.

DAS ZENTRUM

In dieser touristisch wenig erschlossenen Region kann man herrlich wandern, raften und nach Fossilien suchen. Für alle, die über Land aus dem restlichen Kanada anreisen, ist dies die erste Kostprobe von Nova Scotia – und viel zu schade, um sie einfach auf dem langweiligen Highway 104 zu durchqueren.

Die Tourismuswerbung der Provinz bezeichnet die Gegend nach einer mythischen Figur der Mi'kmaq auch als „Glooscap Trail". Diese soll die einzigartige Geografie der Bay of Fundy geschaffen haben. Leider werden die Geschichten und Darstellungen von Glooscap weit mehr geschätzt und anerkannt als die heutigen Mi'kmaq.

Shubenacadie

Shubenacadie, oder einfach Shube, ist bekannt durch den **Shubenacadie Provincial Wildlife Park** (☎902-758-2040; https://wildlifepark.novascotia.ca; 149 Creighton Rd;

Erw./Kind 4,50/2 C$; ⌚9–18.30 Uhr), in dem man der heimischen Tierwelt so nahe wie nirgendwo sonst kommt. Hirsche und Rehe kann man von Hand füttern und mit etwas Glück auch einen Elch streicheln. Die Tiere wurden entweder in Gefangenschaft geboren oder früher als „Haustiere" gehalten. Deshalb können sie nicht einfach in die freie Natur entlassen werden, sondern werden in großen Gehegen gehalten. Zur Anreise nimmt man vom Highway 102 die Ausfahrt 11 und folgt dann Highway 2 bis zum Parkeingang.

Maitland

Das winzige Maitland ist nicht nur eines der ältesten Dörfer Kanadas, sondern auch ideal zum Raften, denn hier trifft der in die Bay of Fundy mündende Shubenacadie River auf die Gewalt der einströmenden Flut.

Die Wellenhöhe ist abhängig von den Mondphasen und sollte beim Raftingveranstalter vorher erfragt werden. Denn davon hängt ganz entscheidend die Qualität der Wildwasserfahrt ab, die von langweilig sanft bis atemberaubend turbulent reichen kann. In den zwei bis drei Stunden, in denen Rafting möglich ist, pflügen Schlauchboote mit Außenbordmotor durch Strudel und Stromschnellen. Dabei kann man ganz schön nass werden. Erfahrung im Raften ist nicht erforderlich.

DIE KRAFT DER GEZEITEN

Das Phänomen der **Gezeitenwelle** entsteht, wenn sich bei Einsetzen der Flut die erste Welle des extremen Tidenhubs von der Bay of Fundy flussaufwärts bewegt. Manchmal besteht die Welle nur aus einem sanften Plätschern, zu bestimmten Mondphasen aber kann sie 1 m oder höher werden. Dann entsteht der Eindruck, als fließe der Fluss rückwärts. Zuschauer müssen etwas Geduld mitbringen, um den Gezeitenwechsel zu erleben. Ein guter Beobachtungspunkt ist der Aussichtspunkt an der Tidal Bore Road nordwestlich von Truro am Highway 236, unmittelbar westlich der Ausfahrt 14 am Highway 102. Die Mitarbeiter im benachbarten **Souvenirladen** (☎902-893-8951) wissen, wann die nächste Gezeitenwelle erwartet wird. In Moncton in New Brunswick gibt es einen weiteren Beobachtungspunkt.

Aktivitäten

Shubenacadie River Runners RAFTING
(☎902-261-2770, 800-856-5061; www.tidalborerafting.com; 8681 Hwy 215; halber Tag 60–70 C$) Der größte unter den örtlichen Rafting-Veranstaltern ist in jeder Hinsicht professionell organisiert. Die Preise hängen von der Stärke der Gezeiten und der Höhe der Gezeitenwellen ab.

Shubenacadie River Adventures RAFTING
(☎902-261-2222, 800-878-8687; www.shubie.com; 10061 Hwy 15; Rafting pro Tag, inkl. Mittagessen Erw./Kind 85/80 C$) Neben den spannenden Gezeitenwellen gibt es auch ruhige, halbtägige Flusstouren (65 C$).

Schlafen

In Maitland gibt es eine Reihe von Unterkünften, die wenigen Lokale haben leider ziemlich wechselhafte Öffnungszeiten. Deshalb bringt man besser seinen eigenen Proviant oder einen vollen Magen mit.

Tidal Life Guesthouse B&B $$
(☎902-261-2583; www.thetidallife.ca; 9568 Cedar St; B 35 C$, Zi. 90–120 C$; ⌚Mai–Okt.; 📶🐾) Das schöne alte Haus ist eine Mischung aus Hostel und B&B. Die großartigen hohen Zimmer haben hohe Fenster, die auf Wiesen und Felder schauen. Im ganzen Haus sind kreativ gestaltete Gemeinschaftsbereiche verteilt, einschließlich einer Hängematte auf der rückwärtigen Veranda. Für alle Gäste gibt es ein großzügig bemessenes gesundes Frühstück, die Zimmer haben Etagen-WC. Es gestaltet sich mitunter etwas schwierig, im Guesthouse jemanden vorab zu erreichen, sodass man sich frühzeitig um eine Reservierung kümmern sollte.

Cresthaven by the Sea B&B $$
(☎902-261-2001, 866-870-2001; www.cresthavenbythesea.com; Zi. 140–150 C$; 📶) Von hier hat man vielleicht den besten Blick auf die Gezeiten in der Bay of Fundy. Die makellos saubere, weiße viktorianische Villa steht auf den Klippen über der Mündung des Shubenacadie River in die Bucht. Alle Zimmer bieten den Blick auf den Fluss ausgerichtete, die Räume im Erdgeschoss sind behindertengerecht eingerichtet.

Truro

Truro ist als Verkehrsknotenpunkt von Nova Scotia bekannt, hier treffen mehrere Highways und eine Eisenbahnlinie der VIA Rail aufeinander. Auch wenn die Stadt ein bisschen wie eine in die Jahre gekommene Einkaufspassage aussieht, ist das Angebot ausgesprochen gut. Hier bekommt man bestimmt dieses eine Teil, das man schon so lange sucht, oder man deckt sich einfach mit Lebensmitteln ein.

Sehenswertes

Victoria Park PARK

(Park Street bei der Brunswick St) Die 400 ha große Grünfläche mitten in der Stadt ist eine herrliche Oase der Ruhe im Trubel von Truro. Neben einer tiefen Schlucht und zwei Wasserfällen lassen sich hier Dutzende Vogelarten entdecken.

Feste & Events

Millbrook Annual Powwow KULTUR

(902-897-9199; www.millbrookfirstnation.net; 2. Wochenende im Aug.) Die beste Zeit für einen Besuch Truros ist die jährliche „Powwow"-Versammlung der Millbrook First Nation. Zeltmöglichkeiten und Duschen stehen zur Verfügung, der Konsum von Alkohol und Drogen ist jedoch ein absolutes Tabu.

Schlafen & Essen

Baker's Chest B&B B&B $$

(902-893-4824, 877-822-5655; www.bakerschest.ca; 53 Farnham Rd; Zi./Suite 100/120 C$;) Das klassische, alte Haus wurde frisch renoviert. Die Einrichtung ist nun modern und es wurden ein Fitnessraum, ein Pool sowie ein Whirlpool ergänzt. Der berühmte Tearoom ist wochentags von 12 bis 14 Uhr geöffnet und ein empfehlenswerter Zwischenstopp für Suppen, Snacks und natürlich eine gute Tasse Tee.

Wooden Hog KANADISCH $$

(902-895-0779; 627 Prince St; Hauptgerichte mittags 8 C$, abends 11–17 C$; Mo 9–16, Di–Fr 9–21, Sa 11–21 Uhr) An der Rückwand des beliebten Restaurants kann eine riesige Harley Davidson aus Holz bewundert werden, während die Küche regionale und mexikanische Gerichte sowie üppigen Nachtisch auf den Tisch bringt.

Praktische Informationen

Touristeninformation (902-893-2922; Victoria Square, Ecke Prince St & Commercial St; Mai–Okt. 8.30–19.30 Uhr) Hier hat man Internetzugang und erhält eine fantastische Broschüre zu den Baumstamm-Skulpturen in der Stadt. Die Bäume wurden zu Skulpturen geschnitzt, nachdem sie vor mehr als 30 Jahren von der „Holländischen Ulmenkrankheit" befallen worden sind.

An- & Weiterreise

Maritime Bus hält hier auf der Strecke von Amherst nach Halifax.

Von Economy nach Five Islands

Der Highway 2 verläuft entlang der Küste des Minas Basin, des nordöstlichen Arms der Bay of Fundy. Economy ist die erste größere Siedlung, in die man gelangt. Es gibt in der Umgebung einige Sehenswürdigkeiten sowie gute **Wandermöglichkeiten**.

Sehenswertes & Aktivitäten

Cobequid Interpretation Centre MUSEUM, WANDERN

(902-647-2600; 3248 Hwy 2, in der Nähe der River Phillip Rd; Spende erwünscht; Juni–Sept. 9–16.30 Uhr) Die ansprechende Ausstellung erläutert anschaulich die Natur und Geschichte der Region. Für einen Panoramablick kann man einen Beobachtungsturm aus dem Zweiten Weltkrieg erklimmen. Infos zu Wandermöglichkeiten gibt es bei den freundlichen Mitarbeitern.

Der **Thomas Cove Coastal Trail** besteht eigentlich aus zwei jeweils 3,5 km langen Schleifen, die tolle Ausblicke auf das Minas Basin und die Cobequid Mountains gewähren. Die Wanderwege beginnen an der Economy Point Road, 500 m östlich des Cobequid Interpretation Centre. Ein Parkplatz ist ausgeschildert.

Economy Falls WANDERN

Die anspruchsvollsten Wandermöglichkeiten der Region verteilen sich rund um die Economy Falls. Der **Devil's Bend Trail** beginnt 7 km die River Phillip Road hinauf in Richtung Cobequid Mountains. Man biegt nach rechts ab und parkt dann dort; der (einfach) 6,5 km lange Weg folgt dem Flusslauf bis zum Wasserfall.

Noch ein Stück weiter die River Phillip Road hinauf beginnt der **Kenomee Canyon Trail**, direkt oberhalb des Wasserfalls. Der 20 km lange Rundweg führt den Fluss hoch bis zu dessen Oberlauf in einem Wildschutzgebiet. Man überquert dabei mehrere Wasserläufe. Es gibt ausgewiesene Plätze zum Zelten, sodass man sich für die Bewältigung des Trail auch zwei Tage Zeit lassen kann.

Five Islands Provincial Park WANDERN

(☎902-254-2980; http://parks.gov.ns.ca) 7 km westlich von Economy durchziehen mehrere Wanderwege den Five Islands Provincial Park. Der 4,5 km lange **Red Head Trail** bietet Aussichtspunkten und Bänke.

Schlafen & Essen

Mehrere Imbissstände verkaufen entlang des Highways, der den Five Islands Provincial Park passiert, im Sommer frittierte Venusmuscheln.

Mo's at Five Islands HOSTEL, CAFÉ $

(☎902-254-8088; www.mosatfiveislands.com; 951 Hwy 2, Five Islands; B/Zi. 28/65 C$, kl. Gerichte ab 4 C$; ⌚Mai–Sept.; 📶🐾) In dem gut gepflegten Hostel und in dem großen gemütlichen Café trifft man eigentlich immer interessante Leute. Dem Besitzer gehört sogar eine der fünf Inseln, die der Stadt ihren Namen gaben. Jedes Jahr veranstaltet er einen Wettlauf vom Festland zu seiner Insel, wenn sich das Wasser bei Ebbe weit genug zurückzieht. Der Lauf und das Hostel sind nach Moses und seiner berühmten Durchquerung des Roten Meeres benannt.

Four Seasons Retreat FERIENHÄUSER $$

(☎902-647-2628, 888-373-0339; www.fourseasonsretreat.ns.ca; 320 Cove Rd, Upper Economy; Cottages mit 1/2 Zi. 109/225 C$; 📶🏊🐾) Die voll ausgestatteten Cottages sind von Bäumen umgeben und schauen auf das Minas Basin. Im Sommer wird neben dem Schwimmbecken ein Whirlpool aufgestellt, während im Winter die Holzöfen gut gegen die Kälte schützen.

High Tide B&B B&B $$

(☎902-647-2788; www.hightidebb.com; 2240 Hwy 2, Lower Economy; B 85–95 C$; 📶) Dieser freundliche, moderne Bungalow bietet einen tollen Ausblick. Mitbesitzerin Janet lädt die Gäste gerne zum Kochen von Venusmuscheln am Strand ein.

That Dutchman's Farm CAFÉ $

(☎902-647-2751; www.thatdutchmansfarm.com; 112 Brown Rd, Upper Economy; Mittagessen 8 C$; ⌚Juli–Aug. 11–17 Uhr) Das nette Café verkauft leckere Sandwiches, Suppen und Käseplatten mit hauseigenem Gouda. Der exzentrische Landwirt bietet gegen eine kleine Gebühr auch Führungen über seine Farm an.

Parrsboro

Von überall her kommen Mineraliensammler, um die Küste rund um Parrsboro, die größte Stadt am Minas Basin, nach Edelsteinen abzusuchen; im Fundy Geological Museum sind wunderbare, hochinteressante Steine ausgestellt. Die informativen Führungen führen zu den Stränden, die auch als „Jurassic Park" von Nova Scotia bekannt sind. Ernsthafte Mineralienfans treffen sich jedes Jahr Mitte August zur **Gem & Mineral Show**.

Sehenswertes

Fundy Geological Museum MUSEUM

(☎902-254-3814; http://fundygeological.novascotia.ca; 162 Two Islands Rd; Erw./Kind 8/4,50 C$; ⌚9.30–17.30 Uhr) Das preisgekrönte Museum wurde 2010 für 1 Mio. C$ rundum erneuert. Nun entführen interaktive Ausstellungen die Besucher auf eine Zeitreise in jene Tage, als Parrsboros Strandfossilien noch lebendig waren. Zu sehen ist auch ein Laboratorium, in dem Dinosaurierknochen gereinigt und zu einem Skelett zusammengefügt werden.

Im Eintrittspreis sind Strandführungen enthalten, die sich auf die Suche nach Mineralien und Fossilien konzentrieren. Startpunkt, Länge und Häufigkeit der Führungen hängen von den Gezeiten ab.

Partridge Island INSEL

Der Küstenstreifen der geschichtsträchtigen Insel ist ein Eldorado für Edelstein- und Fossiliensucher. Die Insel ist durch eine schmale Landenge mit dem Festland verbunden und liegt gut 4 km südlich der Stadt an der Whitehall Road. Vom Ende des Strandes führt ein 3 km langer **Pfad** mit Hinweistafeln zum höchsten Punkt der Insel. Von dort genießt man einen fantastischen Blick Richtung Cape Blomidon und Cape Split.

Ottawa House Museum MUSEUM

(☎902-254-2376; www.ottawahousemuseum.ca; 1155 Whitehall Rd; Eintritt 2 C$; ⌚10–

18 Uhr) Direkt am Strand befindet sich das Ottawa House Museum. Das prachtvolle Herrenhaus mit 21 Zimmern gehörte einst Sir Charles Tupper (1821–1915), der sowohl Regierungschef von Nova Scotia wie auch ganz Kanadas im Amt war. Die Ausstellung dreht sich um den Schiffbau, den Rumschmuggel und die ehemalige Siedlung auf Partridge Island.

Schlafen & Essen

Riverview Cottages FERIENHÄUSER $
(☎902-254-2388; www.riverviewcottages.ca; 3575 Eastern Ave; Cottages 60–100 C$; ⊙Mai–Nov.;) Die rustikalen, schnuckeligen und gut ausgerüsteten Ferienhäuser sind ein Schnäppchen. Der angrenzende Fluss ist für Kanuten und Angler wie geschaffen. Auf dem großen Rasen wird oft gegrillt.

Mad Hatter Hostel HOSTEL $
(☎902-254-3167; madhatterhostel@hotmail.com; 16 Prince St; B/EZ/DZ 20/35/50 C$;) Im sehr gastfreundlichen Hostel fühlt man sich wie zu Hause. Die wenigen Zimmer und Betten befinden sich oben, die Küche darf mitbenutzt werden. Auch die Lage mitten in der Stadt ist perfekt.

Evangeline's Tower B&B B&B $$
(☎902-254-3383, 866-338-6937; www.evangelinestower.ca; 322 Main St; DZ 70–150 C$;) Das elegant eingerichtete Haus wurde in den 1890er-Jahren im viktorianischen Stil errichtet. Von den drei Zimmern können zwei zu einer Familiensuite zusammengelegt werden. Das große, warme Frühstück ist ein Gedicht; Radfahrer sind willkommen.

Harbour View Restaurant KANADISCH $$
(145 Pier Rd; Hauptgerichte 9–16 C$; ⊙7–20 Uhr) Zusammen mit den örtlichen Fischern kann man sich die besten „Ich hab den ganzen Tag hart gearbeitet"-Portionen Fish&Chips schmecken lassen. Auch Fischsuppe und hausgemachte Pasteten stehen auf der Speisekarte. Das Restaurant liegt direkt am Wasser, dennoch sieht man davon kaum etwas, weil der Blick verstellt ist.

Unterhaltung

Ship's Company Theatre THEATER
(☎800-565-7469, 902-254-3000; www.shipscompany.com; 18 Lower Main St; Tickets 12–28 C$; ⊙Juli–Sept.) Die innovative Theatertruppe führt zeitgenössische Stücke aus den Atlantikprovinzen und anderen Regionen Kanadas auf. Die Bühne befindet sich „an Bord" der MV *Kipawo,* der letzten Fähre, die im Minas Basin ihren Dienst tat. Jetzt ist sie Teil eines Theaters. Auf dem Programm stehen erstklassige Stücke für Kinder, es gibt aber auch improvisierte Comedyabende sowie Lesungen und Konzerte.

Shoppen

Parrsboro Rock & Mineral Shop MINERALIEN & FOSSILIEN
(☎902-254-2981; 39 Whitehall Rd; ⊙Mai–Nov. Mo–Sa 9–21, So 9–17 Uhr) Die Sammlung von Halbedelsteinen und prähistorischen, versteinerten Reptilien stammt sowohl aus Parrsboro wie auch aus anderen Teilen der Welt. Gezeigt wird außerdem der einzigartige Fußabdruck des weltweit kleinsten Dinosauriers, der von Ladenbesitzer Eldon George entdeckt wurde. Wenn Eldon im Laden ist, sollte man sich unbedingt mit ihm unterhalten, weil er ein echtes Original ist.

Tysons' Fine Minerals MINERALIEN & FOSSILIEN
(☎902-254-2376; 249 Whitehall Rd; ⊙ab 10 Uhr) Das Geschäft wirkt mehr wie ein Museum, denn die Mineralien sind außergewöhnlich glitzernd, groß und bunt. Manchmal zeigt Helen den Besuchern auch die Privatsammlung der Tysons, die noch spektakulärer ist.

Praktische Informationen

Touristeninformation (☎902-254-3266; Fundy Geological Museum, 162 Two Islands Rd; ⊙Juni–Okt. 10–19 Uhr) Infos über die Gezeiten sowie kostenloser Internetzugang.

Cape d'Or

Das spektakuläre Kap mit seinen Steilklippen wurde von Samuel de Champlain 1604 aufgrund eines Missverständnisses Cape d'Or („Gold-Kap") genannt. Er hielt die glitzernden Gesteinszungen aus Kupfer in den Klippen zunächst für Gold. Zwischen 1897 und 1905 wurde das Kupfer abgebaut und das Glitzern verschwand.

★ **Lightkeeper's Kitchen & Guest House** (☎902-670-0534; www.capedor.ca; EZ/DZ 85/125 C$; ⊙Mai–Okt.;) Die ehemalige Wohnung eines Leuchtturmwärters ist nun eine entspannte Pension mit vier Gästezimmern. Die einzigartige Lage ist womöglich die beste in ganz Nova Scotia – vor allem, wenn die Sonne scheint. Vom Highway 209 nimmt man die Nebenstraße nach Cape d'Or und geht dann zu Fuß weiter über den Schotterweg. Im kosmopolitischen **Restaurant** (Hauptgerichte mittags 9–16 C$, abends 22–28 C$; ⏲12–19 Uhr;) kommen regionale Meeresfrüchte sowie Fleischgerichte und vegetarische Kreationen auf den Tisch. Im Hintergrund läuft leise Technomusik.

Cape Chignecto Provincial Park & Advocate Harbour

Der **Cape Chignecto Coastal Trail** ist ein wild zerklüfteter 60 km langer Rundwanderweg mit Campingplätzen im Hinterland – oder besser gesagt, in uralten Wäldern. Für die Wanderung sollte man 4 Tage und 3 Nächte einplanen. Der **Mill Brook Canyon Trail** (hin & zurück 15 km) und die Wanderung zur **Refugee Cove** (hin & zurück 20 km) sind ebenfalls recht anspruchsvoll und erfordern mindestens eine Übernachtung. Es gibt aber auch einfachere Wege und es werden immer wieder neue erschlossen. Der zuletzt eingerichtete Wanderweg ist der **Eatonville Trail** (hin & zurück 5,6 km), der beim Parkeingang der neuen „Phase 2" 15 km nördlich vom Haupteingang beginnt. Manche Wanderer versuchen immer wieder, das Auf und Ab der Strecken zu umgehen, indem sie bei Ebbe die Abkürzung über den Strand nehmen, doch sie werden dann häufig von den Gezeiten der Bay of Fundy überrascht und von der Küste abgeschnitten. Deshalb sollte man immer eine Gezeitentabelle mitnehmen und die Ratschläge des Parkpersonals befolgen, um nicht auf irgendwelchen Felsen festzusitzen.

Parkbesucher müssen sich im **Visitors Center** (☎902-392-2085; www.capechignecto.net; 1108 West Advocate Rd; Wandergenehmigung 5/25 C$ Tag/Jahr, Zeltplatz 24 C$; ⏲Mo–Do 8–19, Fr & Sa 8–20 Uhr) registrieren lassen und die geplante Wegstrecke angeben. Wer im Hinterland zelten will, muss den Platz zuvor reservieren. Neben 51 Stellplätzen in freier Natur, die sich auf sechs Stellen entlang des Küstenwegs verteilen, und 27 Plätzen beim Besucherzentrum (keine Reservierung erforderlich) gibt es noch eine Schlafbaracke (55 C$, bis zu 4 Pers.) und eine Hütte in der Wildnis (55 C$, bis zu 4 Pers.).

Die nächstgelegene Stadt ist **Advocate Harbour**, etwa 2 km südöstlich des Parkeingangs. Die Lage ist einfach atemberaubend: Auf dem 5 km langen Strand stapelt sich das Treibholz, bevor es wieder von den Gezeiten durcheinandergewirbelt wird. Hinter dem Strand erstrecken sich Salzmarschen, die die Akadier mit Hilfe von Deichen einst dem Meer abtrotzten und die heute von unzähligen Vögeln bevölkert sind.

Nova Shores Adventures (☎866-638-4118; www.novashores.com; Hwy 33, Advocate Harbour; Tagestour 95 C$, 2-Tages-Tour 350 C$;) bietet Kajaktouren durch den Cape Chignecto Provincial Park an. Dabei sichtet man oft Seehunde und Bären. Bei den zweitägigen Touren sind Übernachtung und Verpflegung im Preis eingeschlossen.

★ **Wild Caraway Restaurant & Cafe** (☎902-392-2889; www.wildcaraway.com; 3721 Hwy 209; Hauptgerichte mittags 6–15 C$, abends 18–24 C$; ⏲Do–Mo 11–20 Uhr;) In dem einladenden und gemütlichen Restaurant-Café

INSIDERWISSEN

RODD & HELEN TYSON: GEOLOGEN & MINERALIENHÄNDLER

Rodd Tyson gilt als der erfolgreichste Mineralienhändler Kanadas. Er und seine Frau Helen zogen vor einigen Jahren nach Parrsboro und eröffneten dort einen kleinen Laden, in dem sie einige ihrer schönsten Stücke zeigen.

Warum gerade Parrsboro? Die Gezeiten und die Niederschläge halten alles ständig in Bewegung, sodass wir hier praktisch jeden Tag etwas für unsere private Sammlung finden können.

Wo muss man suchen? Am einfachsten ist es auf Partridge Island. Allerdings sollte man feste Schuhe anziehen, vorsichtig über die Klippen klettern und auf die Gezeiten achten, damit man nicht vom Wasser eingeschlossen wird.

Wonach soll man suchen? Immer nach farbigen Steinen Ausschau halten. Stilbit ist bernsteinfarben, Chabasit orangerot, Achat hat farbige Streifen und Muster, Jaspis ist ziegelrot oder dunkelgrün. Auch wenn alle es sagen: Amethyst ist hier kaum zu finden, und wenn, dann ist er sehr hell. Wichtig zu wissen: Es ist verboten, Fossilien mitzunehmen!

ABSTECHER

AGE OF SAIL HERITAGE CENTRE

In Port Greville, 20 km westlich von Parrsboro an der Route 209, lohnt das **Age of Sail Heritage Centre** (☎902-348-2030; Rte 209; Erw. 3 C$; ⏲Juni–Sept. 10–18 Uhr) einen Zwischenstopp, um Tee und Kuchen zu genießen und sich einer geführten Tour anzuschließen. Das Centre präsentiert anschaulich die Schiffsbautradition der Region. Auf dem Gelände befinden sich auch eine renovierte Methodistenkirche von 1857 sowie eine Schmiede, die noch in Betrieb ist.

mit Hafenblick bekommt man das beste Essen an diesem Küstenabschnitt. Ein Tipp ist der deftige „Ploughman's Lunch" mit hausgeräuchertem Schweinefleisch und Käse von der örtlichen That Dutchman's Farm. Abends gibt es Makrelen, die über Apfelholz geräuchert wurden, sowie eine gute Auswahl an saisonalen Spezialitäten. Im Obergeschoss des schönen viktorianischen Hauses werden zudem zwei reizende B&B-Zimmer (90 C$) vermietet.

Joggins

Das zwischen Amherst und Advocate Harbour an der Chignecto Bay gelegene Joggins ist für seine Fossilienklippen berühmt, die von der Unesco zum Welterbe erhoben wurden. Angeblich bekommt man nirgendwo sonst auf der Welt einen so guten Eindruck davon, wie das Leben vor 300 Mio. Jahren in der späten Karbon-Zeit ausgesehen hat. Der fossile Reichtum an der 15 km langen Klippenküste ist im Originalzustand erhalten. Zu sehen sind auch Versteinerungen seltener Landtierarten. Das topmoderne **Joggins Fossil Centre** (www.jogginsfossilcliffs.net; 100 Main St; Eintritt ab 10,50 C$; ⏲Mai–Nov. 9.30–17.30 Uhr) ist der beste Ausgangspunkt für den Besuch. Die Ausstellung und ein Film zeigen, was die Klippen bewahrt haben. Der Eintrittspreis beinhaltet eine halbstündige Tour, aber es werden auch Karten angeboten, die eine zwei-bzw. vierstündige Führung (25/55 C$) enthalten. Die Erkundung der Klippen sollte man nur bei Niedrigwasser durchführen, weil dann alle Strände zugänglich sind. Bei Hochwasser sind die schönsten Abschnitte versperrt. Die Führungszeiten richten sich nach den Gezeiten und wechseln deshalb ständig. Über die Website kann man sich bereits online eine Karte reservieren.

Amherst

Amherst liegt im geografischen Zentrum der Atlantikprovinzen an der Schnittstelle zwischen Nova Scotia, Prince Edward Island (PEI) und New Brunswick. Es gibt keinen Grund, sich vor Ort länger aufzuhalten, da es zur Bay of Fundy oder zur Northumberland Strait zwischen Nova Scotia und PEI nur eine kurze Fahrstrecke ist. Im historischen Stadtzentrum stehen einige ansehnliche Gebäude; Vogelkundler besuchen das nahe gelegene, 490 ha große Vogelschutzgebiet **Amherst Point Migratory Bird Sanctuary** (Anreise über die Ausfahrt 3 des Trans-Canada Highway). Der massive Bau der **Touristeninformation** (VIC; ☎902-667-8429; ⏲8.30–20 Uhr) befindet sich an der Ausfahrt 1 des Highway 104 direkt hinter der Grenze von New Brunswick.

Maritime Bus bietet Busverbindungen nach Halifax, die am Circle K bei Hausnummer 213 in der S Aubion Street starten. Für den Trans-Canada Highway östlich von Amherst wird eine Maut von 4 C$ fällig. Das ist Anreiz genug, statt der langweiligen Schnellstraße (Hwy 104) den landschaftlich schöneren Highway 2 durch Parrsboro zu nehmen. Der Sunrise Trail (Hwy 6) durch Pugwash und Tatamagouche nach Pictou ist ebenfalls mautfrei.

SUNRISE TRAIL

Es heißt, das Wasser in der Northumberland Strait zwischen der Nordküste von Nova Scotia und Prince Edward Island sei das wärmste nördlich von North und South Carolina in den USA: Im Sommer erreicht es eine Durchschnittstemperatur von etwas mehr als 20 °C. Kein Wunder, dass die Gegend eine bevorzugtes Ziel von Strandgängern und Radfahrern ist. Darüber hinaus locken aber auch einige nette Städtchen auf dem Land.

Wallace

Wallace ist der ideale Ort zum Vögelbeobachten und Muscheln sammeln. Die Touristeninformation befindet sich im **Wallace Museum** (☎902-257-2191; Hwy 6; ⊙Mo–Sa 9–17, So 13–16 Uhr), das ansonsten eine Sammlung von Flechtkörben der Mi'kmaq, Kleider aus verschiedenen Epochen und Erinnerungsstücke an den Schiffsbau zeigt.

Das 585 ha große Vogelschutzgebiet des **Wallace Bay Wildlife Bird Sanctuary**, 1 km nördlich des Highway 6 an der Aboiteau Road umfasst Salzmarschen und Süßwassersumpfgebiete. Im Frühjahr nisten oft Weißkopfseeadler in der Nähe des Parkplatzes, der sich auf der linken Seite direkt vor dem Damm befindet.

Wentworth

Ein Abstecher ins 25 km südlich von Wallace am Highway 307 gelegene Wentworth Valley im Landesinneren lohnt sich vor allem im Herbst, wenn das Laub der Bäume in allen Farben leuchtet. Das an eine Berghütte erinnernde **Wentworth Hostel** (☎902-548-2379; www.hihostels.ca; 249 Wentworth Station Rd; HI-Mitglied/Nichtmitglied B 25/30 C$, Zi. 45/50 C$;) mit 24 Betten liegt 1,3 km westlich des Highway 4. Von der Valley Road führt ein steiler, unbefestigter Weg zur Wentworth Station Road hinauf. Schon seit einem halben Jahrhundert wird das 1866 errichtete, weitläufige Bauernhaus als Jugendherberge genutzt. Es liegt zentral und ist damit ein guter Ausgangspunkt für den Sunrise Trail und auch für den größten Teil der Küste des Minas Basin. Wander- und Mountainbikewege beginnen direkt vor der Tür. Besonders im Winter ist das Hostel oft ausgebucht, denn die Gegend ist ein beliebtes Skigebiet sowohl für Langläufer als auch Skifahrer.

Tatamagouche

Die Halbinsel Malagash, die in die geschützte Tatamagouche Bay hineinragt, ist eine bescheidene, ländliche Gegend, die man gut mit dem Auto oder Rad abfahren kann. Unterwegs kann man beim einzigen Winzer den örtlichen Wein probieren, jede Menge Strände erkunden oder einen Blick in einige interessante Museen im Hinterland werfen. Tatamagouche ist der größte Küstenort an der Northumberland Strait westlich von Pictou und eignet sich hervorragend als Standort für die Erkundung der Gegend.

Sehenswertes

Jost Winery WEINGUT

(☎902-257-2636; www.jostwine.com; am Hwy 6, Malagash; ⊙Führung Juni–Sept. 12 & 15 Uhr) Die Führungen auf dem wunderschön gelegenen Weingut Jost sind gratis, ebenso die Verkostung von normalem Wein. Für die Eisweinprobe werden allerdings 5 C$ verlangt. Wer alle drei Eisweinsorten probieren will, sollte nach drei kleinen Gläsern zum Preis von einem großen fragen. Das Weingut liegt etwa 5 km vom Highway 6 entfernt und ist gut ausgeschildert.

Balmoral Grist Mill HISTORISCHE STÄTTE

(☎902-657-3016; 660 Matheson Brook Rd; Erw./Kind 3/2 C$; ⊙Mo–Sa 9.30–17.30, So 13–17.30 Uhr) Die Mühle liegt malerisch an einem Fluss, der für den nötigen Antrieb sorgt. Im Sommer wird hier noch immer Weizen gemahlen. Vom östlichen Stadtrand von Tatamagouche geht es auf dem Highway 311 nach Süden und dann über den Highway 256 nach Osten.

Sutherland Steam Mill HISTORISCHE STÄTTE

(☎902-657-3365; am Hwy 326, Denmark; Erw./Kind 3/2 C$; ⊙Mo–Sa 9.30–17.30, So 13–17.30 Uhr) Die Sutherland-Dampfmühle wurde 1894 errichtet. Bis 1958 wurden hier Holzbretter zugesägt sowie Kutschen und Fensterrahmen gebaut. Vom Highway 256 geht es zunächst Richtung Osten, dann auf dem Highway 326 nach Norden.

Blue Sea Beach STRAND

Der Blue Sea Beach auf der Malagash Peninsula lockt mit feinem Sand und warmem Wasser. Das Marschgebiet etwas weiter landeinwärts ist ideal zur Vogelbeobachtung. Angenehm sind die Picknicktische sowie die Unterstände zum Umkleiden.

Rushton's Beach STRAND

Auf dem **Rushton's Beach** östlich von Tatamagouche in Brule stehen überall kleine Hütten. Ein Abstecher lohnt sich dennoch, denn in den angrenzenden Salzmarschen kann man nach Vögeln und Robben Ausschau halten (am Ende des Plankenwegs nach links bis zum Ende des Strands gehen).

Feste & Events

Oktoberfest BIER
(902-657-2380; Tickets 10–20 C$; Sept.) Das äußerst populäre Oktoberfest wird immer am letzten Septemberwochenende abgehalten – ja, im September!

Schlafen & Essen

Train Station Inn INN $$
(902-657-3222, 888-724-5233; www.trainstation.ca; 21 Station Rd; Waggons 99–179 C$; Mai–Nov.;) Museum, schräger Souvenirladen, Restaurant, Hotel ... alles ist in einem stillgelegten Zug untergebracht. Die einzigartigen, mit Bildern von alten Zügen, Spielzeugeisenbahnen und Lokomotivbildbänden ausgestatteten Suiten in den Waggons sind der Traum eines jeden Jungen. Und auch der von James LeFresne, der gegenüber der Gleise aufgewachsen ist und den Bahnhof vor dem Abriss bewahrte. Damals war James gerade mal 18 Jahre alt. Heute kann man im Speisewagen von 1928 köstliche Meeresfrüchte, Fleischgerichte und Salate genießen. Das Frühstück mit Blaubeerpfannkuchen wird im Stationsgebäude serviert. Eine kostenlose Broschüre für eine Besichtigung auf eigene Faust wird Souvenirladen verkauft.

Sugar Moon Farm KANADISCH $$
(902-657-3348, 866-816-2753; www.sugarmoon.ca; Alex Macdonald Rd, am Hwy 311, Earltown; Hauptgerichte 10–30 C$; Juli–Aug. Do–Mo 9–17 Uhr, Sept.–Juni Sa–So 9–17 Uhr) Auf dem Hof im Wald dreht sich alles um Ahorn: Die einfachen Pfannkuchen sind genauso göttlich wie die vor Ort hergestellten Würstchen – und zu allem wird mit Ahornsirup serviert. Auf der Website werden Sonderveranstaltungen angekündigt.

Shoppen

Lismore Sheep Farm SOUVENIRS
(902-351-2889; 1389 Louisville Rd, am Hwy 6; 9–17 Uhr) Auf dieser Farm mit mehr als 300 Schafen geht es immer munter zu, auch wenn man keine Felle, Decken oder Socken kauft. Von Mai bis Oktober können Besucher die Schafe im Stall streicheln und dabei alles über die Wollproduktion lernen.

Praktische Informationen

Fraser Cultural Centre (902-657-3285; 362 Main St; Juni–Sept. Mo–Fr 10–17, Sa 10–16, So 11–15 Uhr) Das Kulturzentrum bietet eine Touristeninformation, Internetzugang und eine Ausstellung zur Ortsgeschichte.

Pictou

Viele Leute kommen nur für einen Tagesausflug nach Pictou oder wechseln die Fähre auf ihrem Weg von und nach Prince Edward Island. Dabei ist das Städtchen ein angenehmer Ausgangspunkt für die Erkundung der Northumberland Strait. Die Water Street, die Hauptstraße des Ortes, ist gesäumt von interessanten Geschäften und wunderbaren, alten Steinhäusern. Leider wird der Blick aufs Meer durch eine riesige Räucherei in der Ferne verdeckt. Pictou gilt als die „Geburtsstätte Neuschottlands“, denn hier landeten die ersten schottischen Einwanderer, die 1773 nach Nova Scotia kamen.

Sehenswertes & Aktivitäten

Der **Caribou/Munroes Island Provincial Park** ist ideal zum Picknicken und Baden.

Hector SCHIFF
(Eintritt 7,50 C$; Juni–Okt. 9–19 Uhr) Einst brachte die *Hector* die ersten 200 Highlander aus Schottland nach Nova Scotia. Heute kann der Nachbau des Schiffes besichtigt werden. Die sehr eng zusammengerückten Stockbetten geben einen Eindruck von den schwierigen Umständen der Überfahrt. Im Eintrittspreis enthalten ist der Zutritt zum **Hector Heritage Quay** (902-485-4371; 33 Caladh Ave; Erw./Stud. 5/2 C$; Mai–Sept. Mo–Sa 9–17, So 12–17 Uhr). Dort finden sich ein Besucherzentrum, eine nachgebaute Schmiede, eine Auswahl an Schiffsbau-Exponaten sowie eine Ausstellung zur *Hector* und ihren Passagieren.

Northumberland Fisheries Museum MUSEUM
(902-485-4972; 71 Front St; Eintritt 5 C$; Mo–Sa 10–18 Uhr) Im alten Bahnhof erläutert das Museum die Geschichte der regionalen Fischerei. Zu sehen sind merkwürdige Meereskreaturen und das Hummerboot *Silver Bullet* aus den frühen 1930er-Jahren.

Feste & Events

Pictou Landing First Nation Powwow KULTUR
(902-752-4912; 1. Wochenende im Juni) Beim jährlich stattfindenden Powwow auf der anderen Seite des Hafens von Pictou, 25 Minuten Autofahrt hinter New Glas-

gow, wird der Sonnenaufgang mit verschiedenen Zeremonien, Trommelmusik und Kunsthandwerksvorführungen gefeiert. Campingplätze und Essen gibt's auf dem Gelände, das absolut drogen- und alkoholfrei ist.

Lobster Carnival ESSEN & FEIERN
(☎ 902-485-5150; www.townofpictou.ca; ⊙ Mitte Juli) Das Festival startete im Jahr 1934 als „Carnival of the Fisherfolk". Heute bietet das viertägige Event Gratis-Unterhaltung, Bootsrennen und reichlich Hummer fürs leibliche Wohl.

Hector Festival MUSIK
(☎ 902-485-8848; www.decostecentre.ca; ⊙ Mitte Aug.) Jeden Tag gibt es kostenlose Open-Air-Konzerte, Highlandtänze und Dudelsackwettbewerbe – die Landung der *Hector* wird ebenfalls nachgespielt.

Schlafen & Essen

Pictou verfügt über kein gastronomisches Highlight, aber im 20 km entfernten New Glasgow finden sich einige exzellente Lokale. Entlang der Uferpromenade und der Hauptstraßen bieten mehrere Kneipen typische Bar-Gerichte an, dazu kommen einige Fish&Chips-Läden.

Caribou/Munroes Island Provincial Park CAMPINGPLATZ $
(☎ 902-485-6134; www.parks.gov.ns.ca; 2119 Three Brooks Rd; Stellplatz 24 C$) Nicht mehr als 5 km von Pictou entfernt liegt dieser Campingplatz an einem Traumstrand. Die Stellplätze 1–22 grenzen an die Service-Einrichtungen und bieten deshalb wenig Privatsphäre. Die Stellplätze 78–95 sind geschottert und für Wohnmobile geeignet. Die anderen Stellplätze liegen unter Bäumen und verwöhnen mit großer Ruhe.

Pictou Lodge HOTEL $$
(☎ 888-662-7484, 902-485-4322; www.pictoulodge.com; 172 Lodge Rd, Zufahrt über Braeshore Rd; Zi./Cottages ab 109/159 C$;) Die stimmungsvolle Ferienanlage aus den 1920er-Jahren liegt inmitten von mehr als 60 ha Wald zwischen dem Caribou/Munroes Island Provincial Park und Pictou. Die hervorragend renovierten Holzhütten am Meer verfügen noch über ihre originalen Steinkamine. Es sind aber auch Motel-Zimmer vorhanden. Für Unterhaltung und Entspannung sorgen ein Schachbrett mit lebensgroßen Figuren, Paddelboote, einen hauseigenen Strand sowie das beste Restaurant der Stadt.

Willow House Inn B&B $$
(☎ 902-485-5740; www.willowhouseinn.com; 11 Willow St; Zi. mit Etagenbad/eigenem Bad/WC 60/120 C$;) Das Gebäude wurde um 1840 errichtet und ist ein Labyrinth aus Treppen und gemütlichen, altmodischen, aber blitzsauberen Zimmern. Die Gastgeber sorgen für ein sättigendes. leckeres Frühstück und geben gerne Tipps, was sich vor Ort alles unternehmen lässt.

Customs House Inn INN $$
(☎ 902-485-4546; www.customshouseinn.ca; 38 Depot St; Zi. inkl. Frühstück 80–170 C$;) Die hohen Steinwände sind ziemlich schick und beruhigend massiv. Die rustikale Einrichtung mit Antikmöbeln ist ebenfalls sehr elegant. Von vielen Zimmern genießt man sogar einen Blick auf's Meer. Nicht nur beim Frühstück werden die Gäste mehr oder weniger sich selbst überlassen, was nach Tagen des Small Talks in manchen B&Bs durchaus wohltuend sein kann.

Carver's Coffeehouse & Studio CAFÉ $
(☎ 902-382-3332; 41 Coleraine St; kl. Gerichte ca. 8 C$; ⊙ 8–21 Uhr) Das helle und einladende Café war einst die Schnitzwerkstatt von Keith Matheson, der die Holzarbeiten auf dem Nachbau der *Hector* ausführte. Heute bekommt man hier Suppen, Sandwiches sowie Kaffee und Kuchen.

Unterhaltung

deCoste Centre MUSIK, THEATER
(☎ 902-485-8848; www.decostecentre.ca; 91 Water St; Karte etwa 18 C$; ⊙ Kasse Mo–Fr 11.30–17, Sa & So 13–17 Uhr) Das beeindruckende Zentrum der darstellenden Künste gegenüber vom Hafen bringt eine breite Auswahl an Liveshows auf die Bühne. Im Sommer finden von Dienstag bis Donnerstag jeweils um 14 Uhr *ceilidhs* (*kei*-lies) statt, bei denen schottische Musik der Spitzenklasse geboten wird (Erw./Kind 15/7 C$).

Praktische Informationen

Pictou Public Library (☎ 902-485-5021; 40 Water St; ⊙ Di & Do 12–21, Mi 12–17, Fr–Sa 10–17 Uhr) Kostenloser Internetzugang in der Bücherei.

Town of Pictou (www.townofpictou.ca) Links zu Touristenattraktionen und Festivals.

Visitors Information Centre (VIC; ☎902-485-6213; Pictou Rotary; ⊙Mai–Dez. 8–21.30 Uhr) Die große Touristeninformation liegt nordwestlich der Stadt, um die Reisenden zu empfangen, die per Fähre von Prince Edward Island kommen.

An- & Weiterreise

Northumberland Ferries (S. 500) verkehrt von einem Terminal wenige Kilometer außerhalb von Pictou von/nach PEI.

New Glasgow

New Glasgow, die größte Stadt an der Northumberland Strait, war schon immer ein Industriezentrum: Das erste Bergwerk wurde 1807 im benachbarten Stellarton eröffnet. Dennoch ist es eine angenehme Stadt mit vielen in Ehren ergrauten Gebäuden und einigen guten Restaurants. Durch das Zentrum fließt ein Fluss. Die wenigen Sehenswürdigkeiten befinden sich aber in Stellarton, 5 km südlich von New Glasgow.

Sehenswertes & Aktivitäten

Crombie Art Gallery KUNSTGALERIE
(☎902-755-4440; 1780 Abercrombie Rd; ⊙Führungen Juli/Aug. Mi stdl. 9–11 & 13–16 Uhr) GRATIS Die private Kunstgalerie befindet sich im Wohnhaus des Begründers der Supermarktkette Sobey. Zu sehen ist eine exzellente Sammlung kanadischer Kunst aus dem 19. und 20. Jh., darunter Werke von Cornelius Krieghoff sowie der *Group of Seven*.

Museum of Industry MUSEUM
(☎902-755-5425; http://museumofindustry.novascotia.ca; Hwy 104, Ausfahrt 24; Erw./Kind 7/3 C$; ⊙Mo–Sa 9–17, So 10–17 Uhr; 👪) Das Museum ist sehr kinderfreundlich. Es gibt eine interaktive Ausstellung zur Wasserkraft, an einem Fließband können die Kleinen (und Großen) versuchen, mitzuhalten.

Anchors Above Zipline Adventure SEIL-GLEITFLUGANLAGE
(www.anchorsabovezipline.ca; 464 McGrath Mountain Rd, French River; 1 Fahrt 30 C$; ⊙10–17 Uhr) Nova Scotias einzige Seil-Gleitfluganlage befindet sich am Highway 104 (Ausfahrt 27) in Richtung Antigonish. Die beiden Strecken sind gut 600 m lang und verlaufen hoch oben in den Bäumen in einer Höhe von 75 m. Die erste Seilrutsche ist ein bisschen langsamer, um sich einzugewöhnen. Die zweite weist jedoch ein Gefälle von 60 Höhenmetern auf und ist ziemlich schnell!

Essen

The Bistro MODERN KANADISCH $$
(☎902-752-4988; 216 Archimedes St; Hauptgerichte 19–32 C$; ⊙Di–Sa ab 17 Uhr) Die einzige konstante Größe hier ist die kreative Verwendung von Gewürzen und Saucen. Die Karte wechselt täglich und richtet sich nach dem saisonalen Angebot. Im Sommer werden nur Bioprodukte verarbeitet. Unbedingt zu empfehlen sind der nach Thai-Art gegrillte Lachs und die Schweinelendchen mit Feigenbutter. Die ausgestellten Werke lokaler Künstler können gekauft werden.

Hebel's INTERNATIONAL $$$
(☎902-695-5955; 71 Stellarton Rd; Hauptgerichte mittags 9–14 C$, abends 22–36 C$; ⊙Di–Fr 11.30–14, Di–Sa 17–21 Uhr) In diesem eleganten, hellen und gemütlichen viktorianischen Gebäude werden die frischen regionalen Produkte mit Gewürzen aus aller Welt zubereitet. Bei angenehmem Kaminfeuer gibt es z. B. Meeresfrüchte, Rinderfilet Stroganoff sowie mit Miso bestrichenen Lachs auf japanischen Nudeln.

Antigonish

Die herrlichen Strände und tollen Wanderwege nördlich der Stadt sind alleine schon Grund genug, hier einige Tage zu verbringen. Das lebendige Antigonish bietet zudem einige ausgezeichnete Restaurants. Hier ließen sich einst katholische Schotten nieder und gründeten die St. Francis Xavier University, die bis heute das Bild der Stadt prägt. Außerdem ist Antigonish bekannt für die Highland Games, die seit 1861 alljährlich im Juli stattfinden.

Sehenswertes & Aktivitäten

St. Francis Xavier University BEDEUTENDES GEBÄUDE
Der reizvolle Campus der 125 Jahre alten St. Francis Xavier University befindet sich hinter der romanischen **Kathedrale St. Ninian** (120 St Ninian St; ⊙7.30–20 Uhr). Die **Hall of the Clans** liegt im dritten Stock des alten Flügels der Angus L. MacDonald Library, direkt hinter dem Parkplatz

der Kathedrale St. Ninian. Darin sind alle Wappen der schottischen Clans ausgestellt, die sich in dieser Region niedergelassen haben. Und diese Clans treffen sich alljährlich im Juli zu den berühmten Highland Games in Antigonish.

Antigonish Landing WANDERN, RADFAHREN
Ein 4 km langer Rad- und Wanderweg, der ins Naturschutzgebiet von Antigonish Landing führt, beginnt beim Museum, auf der anderen Seite der Eisenbahngleise (400 m die Adam St hinunter). Rund um die Flussmündung lassen sich gut Enten, Fischadler und weitere Vögel beobachten.

Feste & Events

Antigonish Highland Games KULTUR
(www.antigonishhighlandgames.ca; Mitte Juli) Bei den abwechslungsreichen „Hochlandspielen" wird viel getanzt und auf dem Dudelsack gespielt. In den Schwergewichtswettbewerben fliegen Baumstämme und Eisenkugeln durch die Luft. Ein gutes Glas schottischer Whiskey darf auch nicht fehlen.

Evolve MUSIK
(www.evolvefestival.com; Ende Juli) Auf fünf Bühnen werden Funk, Bluegrass, Hip-Hop und vieles mehr präsentiert. Daneben gibt es verschiedenste Workshops – von Puppenspielerei bis zum Medienführerschein.

Schlafen & Essen

Shebby's Tourist Home B&B $$
(Antigonish Highland Heart; 902-863-1858, 800-863-1858; www.bbcanada.com/3241.html; 135 Main St; Zi. 90–110 C$; Mai–Okt.;) Shebby, die freundliche Besitzerin des rund 160 Jahre alten Hauses, hat immer ein Lächeln auf den Lippen und hat das zentral gelegene B&B liebevoll eingerichtet. Auf den Betten finden sich z. B. süße Flickenpuppen.

★ **Gabrieau's Bistro** MODERN KANADISCH $$
(902-863-1925; 350 Main St; Hauptgerichte mittags 8–16 C$, abends 16–32 C$; Mo–Fr 10–21, Sa 16–21.30 Uhr;) Mittags und abends gibt es eine reichhaltige und kreative Auswahl an vegetarischen Gerichten sowie Salate, Fleisch- und Fischspezialitäten. Die Einheimischen lieben Küchenchef Mark Gabrieau, weil er das kulinarische Niveau in Antigonish gehoben hat. Das thailändische Shrimp- und Hummerrisotto ist göttlich!

Praktische Informationen

Antigonish Public Library (902-863-4276; 274 Main St; Di, Do 10–21, Mi, Fr, Sa 10–17 Uhr) Kostenloser Interzugang in der Stadtbücherei; Zugang in der College Street.

Visitors Information Centre (VIC; 902-863-4921; 56 West St; Juni–Sept. 10–20 Uhr) Die Touristeninformation auf dem Parkplatz der Antigonish Mall an der Kreuzung der Highways 104 und 7 hält Broschüren parat und gewährt kostenlosen Internetzugang. Lokale Telefongespräche können ebenfalls gratis geführt werden.

An- & Weiterreise

Die Busse von Maritime Bus halten am Bloomfield Centre an der St. Francis Xavier University.

Pomquet

Das winzige Akadierdorf liegt 16 km östlich von Antigonish an einem atemberaubenden **Strand** mit 13 Dünen, die ständig größer werden, denn die Wellen spülen jedes Jahr gut 4000 LKW-Ladungen Sand an den Strand. In den Salzmarschen hinter den Dünen sind viele Vogelarten heimisch.

Cape George

Eine hübsche Tagestour führt von Antigonish über Malignant Cove rund um Cape George. Die 72 km lange Strecke auf dem Highway 245 wird auch als Mini-Cabot-Trail bezeichnet, doch die Landschaften rund um die beiden Straßen sind doch sehr verschieden: Cape George ist lange nicht so bergig und dicht bewaldet und hat mehr Strände.

An einem gut ausgeschilderten Picknickplatz in der Nähe des **Cape George Point Lighthouse** beginnt ein 1 km langer Wanderweg zum Leuchtturm. Der voll automatisierte und eher kleine Leuchtturm ist nicht so sehenswert, dafür aber der Blick auf Cape Breton Island und PEI. Die Tafeln am Picknickplatz verweisen auf weitere, längere Wanderwege durch Wälder und entlang der Küste, darunter auch auf einen 32 km langen Rundweg.

Einen Einstig zu allen diesen Wegen hat man auch vom Bootsanleger in **Ballantyne's Cove**, einem der schönsten Dörfer in ganz Nova Scotia. Vom Anleger zum Leuchtturm und zurück läuft man etwa 8 km.

Bei einem Besuch im **Ballantyne's Cove Tuna Interpretive Centre** (902-863-8162;

57 Ballantyne's Cove Wharf Rd; ⌚Juli-Sept. 10–19.30 Uhr) GRATIS erfährt man alles über den Thunfisch und den Thunfischfang. Fisch verkauft der Imbisswagen nebenan.

CAPE BRETON ISLAND

Von oben betrachtet erscheint Cape Breton wie ein Heiligenschein aus Inseln, der über dem Rest von Nova Scotia schwebt. Das bewaldete Paradies wird dominiert von Weißkopfseeadlern, wandernden Walen, Geschichte zum Anfassen und mitreißender Musik. Wer entlang des Ceilidh Trail die westliche Küste entlangfährt, erlebt keltische Musik in Pubs und Gemeindezentren. Hat man schließlich den Cabot Trail erreicht, hört man rund um Chéticamp die abwechslungsreichere akadische Musik.

Der 300 km lange Cabot Trail führt rund um den Cape Breton Highlands National Park. Er klettert um und über Küstengebirge, bietet hinter jeder Biegung neue, tolle Ausblicke aufs Meer, Elche auf den Straßen (Achtung!) und jeder Menge Wanderweg, die an der Straße beginnen.

Es gibt viele Möglichkeiten, Abstecher zu machen: beispielsweise nach Glace Bay, um aus erster Hand etwas über die Geschichte des Kohlebergbaus in dieser Region zu erfahren, oder zur historischen Festungsanlage Fortress of Louisbourg im Osten für eine Kostprobe des Militärlebens im 18. Jh. oder auch ins Highland Village Museum in Iona, wo man einen umfassenden Einblick in den Alltag der schottischen Einwanderer bekommt. Die Gegend um den Bras d'Or Lake eignet sich perfekt zur Erkundung von Geschichte und Gegenwart der Mi'kmaq First Nation, und in Baddeck erfährt man endlich all das über Alexander Graham Bell, was man schon immer wissen wollte.

Die meisten Besucher kommen im Juli und August, viele Restaurants, Unterkünfte und die Besucherzentren (VICs) haben deshalb nur von Mitte Juni bis September geöffnet. **Celtic Colours** (www.celtic-colours.com; ⌚Okt.) ist ein tolles jährliches Musikfestival mit jeder Menge Veranstaltungen überall auf Cape Breton Island. Es lockt Spitzenmusiker aus Schottland, Spanien und anderen Ländern mit einer Verbindung zum Keltischen nach Kanada und sorgt mit dafür, dass die Saison bis in den Herbst hinein ausgedehnt wird – ein hervorragender Zeitpunkt, um der Insel einen Besuch abzustatten.

Port Hastings & Port Hawkesbury

Seit 1955 die Dammstraße des Canso Causeway über die Strait of Canso fertiggestellt wurde, ist Cape Breton Island eigentlich keine Insel mehr. Das große und gut besuchte **Visitors Information Center** (VIC; ☎902-625-4201; 6 Hwy 4; ⌚9–20 Uhr) befindet sich auf der rechten Seite, wenn man in Richtung Cape Breton Island fährt. Hier sollte man unbedingt vorbeischauen, denn es gibt nur wenige Besucherzentren auf Cape Breton Island selbst – und von diesen wenigen sind die meisten ausschließlich im Juli und August geöffnet. Das Personal ist sehr gut informiert, eine ganze Wand ist mit Plakaten vollgehängt, die Squaredance und Ceilidhs ankündigen.

Für ein Mittagessen oder eine Dosis Koffein ist die **Haven Coffee Bar** (3 Water St, Port Hawkesbury; Sandwiches 6,75 C$; ⌚Mo–Fr 8–17 Uhr) ein guter Zwischenstopp. Die gemütliche Bar an der Uferpromenade serviert selbst gebackenes Brot und leckeren Kaffee. Es fehlt aber leider der schöne Ausblick...

Ceilidh Trail

Gleich links hinter dem VIC in Port Hastings beginnt der Ceilidh Trail (Hwy 19). Bevor man sich auf die kurvige Strecke entlang der Westküste der Insel begibt, sollte man die Tanzschuhe anziehen: Diese Gegend, die einst von Schotten mit der Fidel in der Hand besiedelt wurde, ist bekannt für *ceilidhs*, für Squaredance und jede Menge Partys.

Eine großartige Einführung in die Kultur dieser Region bietet das **Celtic Music Interpretive Centre** (☎902-787-2708; www.celticmusiccentre.com; 5473 Hwy 19, Judique; Eintritt 12 C$; ⌚Juni-Aug. Mo–Fr 9–17 Uhr). Zur 30-minütigen Führung, die die Besucher auf eigene Faust unternehmen müssen, wenn gerade kein Museumsführer da ist, gehören auch eine kurze Einweisung ins Fiedel-Spiel und ein bis zwei Tanzschritte. Rund um die Empfangstheke wird Squaredance angeboten, z. B. samstags in der Gemeindehalle von West Mabou, donnerstagabends in Glencoe Mills. Im Sommer finden im Musikzentrum selbst ebenfalls *Ceilidh*-Veranstaltungen statt, und zwar montags bis freitags jeweils um 11.30 Uhr.

Creignish B&B (☎902-625-5709; www.bbcanada.com/159.html; 2154 Hwy 19; EZ/DZ 30/60 C$; ⌚Juni–Nov.) Das ehemalige Schulhaus wurde in ein Gästehaus und Künstlerparadies verwandelt. Überall sind Wildblumen, Muscheln und Knochen zu finden, an der Decke hängt ein riesiger ausgestopfter Thunfisch. Es werden „improvisierte" Kunst- und Kunsthandwerkskurse angeboten und die Inhaberin Sandra kennt die bestgehüteten Geheimnisse von Cape Breton Island. Die Zimmer sind groß, gemütlich und liegen nur zehn Minuten Autofahrt von der Dammstraße entfernt.

Mabou

Auch wenn es auf den ersten Blick nicht so aussieht, ist das winzige Mabou tatsächlich der Mittelpunkt der keltischen Musikszene von Cape Breton Island. Inmitten von grünen Hügeln und ruhigen Buchten kann man tagelang wandern und danach die Nächte durchtanzen. Dazwischen sollte man nicht vergessen, seine Stimmbänder mit einem ordentlichen Single Malt aus der Whiskey-Destillerie am Ende der Straße zu ölen.

Sehenswertes & Aktivitäten

Mabou ist eher ein Ort für Erlebnisse und Aktivitäten, denn besondere Sehenswürdigkeiten gibt es kaum. Man biegt einfach vom Highway 19 ab und lässt sich überraschen, wo man landet.

★ **Glenora Inn & Distillery** INN & DESTILLERIE
(☎902-258-2662, 800-839-0491; www.glenoradistillery.com; Hwy 19; Führungen inkl. Whiskeyprobe 7 C$; ⌚Führungen Juni–Okt. stdl. 9–17 Uhr) Die einzige kanadische Brennerei, die Single-Malt-Whiskey brennt, lernt man am besten im Rahmen einer Führung mit anschließender Verkostung kennen. Danach lockt ein herzhaftes Essen im Gourmet-Pub, wo es mittags und abends jeden Tag Ceilidh-Vorführungen gibt. Ja, man kann hier sogar in höhlenartigen Zimmern übernachten (Nacht 125–150 C$), wenn man nach dem Alkoholkonsum nicht mehr weiterfahren möchte. Die Hütten (Nacht 175–240 C$) sind jedoch die bessere Wahl, wenn man es etwas heller und freundlicher mag. Die Destillerie liegt 9 km nördlich von Mabou.

Cape Mabou Highlands WANDERN
Die Cape Mabou Highlands zwischen Mabou und Inverness an der Küste westlich des Highway 19 sind von unzähligen Wanderwegen durchzogen. Für die 4 bis 12 km langen Wege, die manchmal wegen erhöhter Waldbrandgefahr gesperrt sind, gibt es drei verschiedene Startpunkte. Einen ausgezeichneten Wanderführer (5 C$) verkauft das Lebensmittelgeschäft gegenüber vom Mull Café & Deli, sofern die Wege offen sind. Tafeln mit Wanderkarten sind auch an den Startpunkten vorhanden.

Schlafen & Essen

Clayton Farm B&B B&B $$
(☎902-945-2719; 11247 Hwy 19; EZ/DZ 75/100 C$; ⌚Mai–Nov.; @📶) Das B&B liegt in einem Bauernhaus von 1835 auf einer Farm mit Red-Angus-Rindern. Farmer Isaac Smith arbeitet sehr hart. Er hat die Gemeinschaftsräume und die gemütlichen Zimmer mit vielen (Familien-)Erinnerungsstücken an die guten alten Zeiten auf der Insel eingerichtet. Das Ambiente ist rustikal.

Duncreigan Country Inn INN $$
(☎902-945-2207, 800-840-2207; www.duncreigan.ca; Hwy 19; Zi. inkl. Frühstück 135–195 C$; 📶) Das unter alten Eichen am Flussufer versteckte Gasthaus verfügt über geräumige Zimmer mit Terrasse, Blick aufs Wasser und viel Privatsphäre. Für Gäste stehen Fahrräder zur Verfügung, im Frühstücksraum wird abends nach Vorbestellung das Abendessen serviert (Hauptgerichte 10–23 C$, mit Alkoholausschank).

★ **Red Shoe Pub** PUB $$
(☎902-945-2996; www.redshoepub.com; 11533 Hwy 19; Hauptgerichte 9–22 C$; ⌚Mo–Mi 11.30–23, Do–Sa 11.30–2, So 12–23 Uhr) Das mitten auf dem Ceilidh Trail gelegene Pub ist der Lebensmittelpunkt von Mabou. Zu Bier und hervorragendem Essen – vor allem die Desserts wie Lebkuchen mit Rum-Karamell-Sauce und Fruchtkompott sind ein wahres Gedicht! – spielt ein einheimischer Fiddler auf, zumeist ein Mitglied der Familie Rankin. Nach dem Abendessen kommt man dann schnell mit den Einheimischen und anderen Touristen ins Gespräch. Näheres zu den Veranstaltungen findet sich im Internet.

Inverness

Die unzähligen Reihen von Arbeiterhäuschen bezeugen die Tradition des Bergbaus in Inverness, der ersten größeren Stadt an der Westküste der Insel. Der Schriftsteller Alistair MacLeod hat die Menschen und die Geschichte dieser Stadt stimmungsvoll beschrieben. Wer's lesen will, kann alle seine Werke bei **Bear Paw** (☎902-258-2528; Hwy 19) neben der Royal Bank erstehen.

In der Nähe des Fischerhafens beginnt ein kilometerlanger, feinsandiger **Strand**, an dem man zumindest im Spätsommer auch baden kann, ohne zu erfrieren. Am Strand entlang führt ein 1 km langer **Plankenweg**. Im alten Bahnhof, der sich direkt hinter dem Strand befindet, dokumentiert das **Inverness Miners' Museum** (☎902-258-3822; 62 Lower Railway St; Eintritt gegen Spende; ⌚Mo–Fr 9–17, Sa & So 12–17 Uhr) die Geschichte des Ortes. Das **Inverness County Centre for the Arts** (☎902-258-2533; www.invernessarts.ca; 16080 Hwy 19; ⌚10–17 Uhr) ist eine wundervolle Einrichtung, die in verschiedenen Kunstgalerien und einem Laden mit hochwertigen Geschenkartikeln die Werke von Künstlern aus dem Ort und der Region präsentiert. Auch Konzerte finden hier statt und der Boden des Konzertsaales ist – natürlich! – zum Tanzen geeignet.

MacLeods Inn B&B (☎902-253-3360; www.macleods.com; Broad Cove Rd, am Hwy 19; Zi. 75–125 C$; ⌚Mitte Juni–Mitte Okt.; 📶) ist ein recht luxuriöses B&B mit nicht ganz so luxuriösen Preisen. Das große, moderne Haus liegt 5 km nördlich von Inverness und ist ganz im alten Cape-Breton-Stil eingerichtet.

Cabot Trail & Cape Breton Highlands National Park

Der Nationalpark, der einer der spektakulärsten in ganz Kanada ist, sowie die lebhaften Orte in seiner Umgebung sind alle über den berühmten Cabot Trail erreichbar. Am schönsten ist die Strecke entlang der Nordwestküste von Cape Breton und dann weiter zur Pleasant Bay. Da die Straße sehr kurvig und anspruchsvoll ist, sollte man die vielen Haltebuchten nutzen, um von dort das Panorama zu genießen. Noch besser ist es natürlich, diese Bilderbuchlandschaft zu Fuß zu erkunden und dabei ständig auf den endlos weiten, eisig kalten Ozean hinauszublicken

Chéticamp

Während Mabou das Zentrum der keltischen Musik ist, wird im lebhaften Chéticamp nach akadischen Weisen mit volkstümlichen Melodien und französischen Texten getanzt. Dank der geografischen Abgeschiedenheit – die Zufahrtsstraße wurde erst im Jahr 1949 gebaut – konnte die Stadt ihr kulturelles Erbe weitgehend bewahren. Heute ist Chéticamp das Tor zum Cape Breton Highlands National Park und hat einige Spitzenmuseen zu bieten. Und es gibt jede Menge Möglichkeiten, Livemusik zu erleben – irgendwo ist immer was los. Die 1893 errichtete Kirche St-Pierre, deren silberfarbener Turm die Stadt überragt, ist mit farbenfrohen Fresken geschmückt. Ansonsten ist der Küstenort sehr modern und trist. Chéticamp ist bekannt für sein Kunsthandwerk (vor allem die einzigartigen Häkelteppiche) und als Vorreiter der Genossenschaftsbewegung. Die Teppiche sind im Kulturzentrum Les Trois Pignons ausgestellt, Kooperativen sind überall zu finden, sei es die Credit Union, das Co-op-Lebensmittelgeschäft und mehr.

Im Les Trois Pignons befindet sich auch die Touristeninformation, die Internetzugang bietet.

👁 Sehenswertes & Aktivitäten

Les Trois Pignons MUSEUM
(☎902-224-2642; www.lestroispignons.com; 15584 Cabot Trail; Eintritt 5 C$; ⌚9–17 Uhr) Im ausgezeichneten Museum wird erklärt, wie sich die Herstellung von Häkelteppichen von einer häuslichen Tätigkeit zu einem internationalem Geschäft entwickelt hat. Zudem wird anhand der Häkelteppiche und anderer Gebrauchsgegenstände das Leben und die Handwerkskunst der ersten Siedler in Chéticamp erläutert. Von den Flaschen bis zu den Teppichen wurden fast alle Ausstellungstücke von einem einheimischen Sammler zusammengetragen.

Centre de la Mi-Carême MUSEUM
(☎902-224-1016; www.micareme.ca; 12615 Cabot Trail; Eintritt 5 C$; ⌚9–17 Uhr) Der Mi-Carême, der in der Mitte der Fastenzeit gefeiert wird, ist Chéticamps Antwort auf den Karneval. Die Einheimischen verkleiden sich, setzen

Masken auf und ziehen um die Häuser. Dabei sollen die anderen Leute raten, wer sich hinter der jeweiligen Maske verbirgt. Das Museum erzählt die Geschichte dieser Tradition und zeigt einige historische Masken.

Whale Cruisers SCHIFFSTOUR
(☎902-224-3376, 800-813-3376; www.whalecruisers.com; Government Wharf; Erw./Kind 38/17 C$) Verschiedene Anbieter starten mit ihren Touren am Anleger Government Wharf, der sich unterhalb der Kirche befindet. Captain Cal ist der erfahrenste Skipper. Er bietet bis zu viermal täglich dreistündige Ausfahrten an. Im Hochsommer sollte man sein Ticket besser schon am Vortag reservieren.

Schlafen & Essen

Im Juli und August kann es mit Unterkünften eng werden. Deshalb entweder vorab reservieren oder am frühen Nachmittag eintreffen.

Maison Fiset House B&B $$
(☎902-224-1794, 855-292-1794; www.maisonfisethouse.com; 15050 Cabot Trail; Zi. 169–219 C$; Ⓦ) Für etwas Luxus in Chéticamp sorgt dieses stattliche alte Haus (1895), das dem ersten Arzt der Stadt gehörte. Wer sich eine Suite gönnt, kann im Whirlpool relaxen und den Meerblick genießen. Der wichtigste Pluspunkt ist jedoch die ausgeprägte akadische Gastfreundschaft der Besitzerin Lyne.

Chéticamp Outfitters Inn B&B B&B $$
(☎902-224-2776; www.cheticampns.com/cheticampoutfitters; 13938 Cabot Trail; Zi. 65–120 C$, Hütte mit Küche 135 C$; ⊙April–Nov.; Ⓦ) Die Pension 2 km südlich der Stadt verfügt über eine gute Auswahl an preiswerten Zimmern in akadischem Stil. Der Blick reicht vom Meer zu den Bergen, der Garten ist übersät mit Wildblumen, und manchmal kommt sogar ein Elch vorbei. Vom Speiseraum, in dem die energischen Besitzer das umfangreiche Frühstück servieren, hat man einen herrlichen Panoramablick.

Acadian Crafts & Cuisine AKADISCH $$
(☎902-224-2170; 15067 Main St; Hauptgerichte 10–15 C$; ⊙9–21 Uhr) Das akadische Restaurant serviert gute Hausmannskost, wie z. B. Laurettes Fleischpastete (eine Schweinefleischpastete nach akadischer Art). Am besten bestellt man eine Platte mit verschiedenen Köstlichkeiten. Die rotbackigen Kellnerinnen tragen traditionelle akadische Hauben und begrüßen alle Gäste, als seien sie enge Verwandte.

DIE AKADIER

Als französische Siedler erstmals in die Gegend rund um das Minas Basin kamen, nannten sie die Region „Arcadia" – nach dem griechischen und lateinischen Wort für „ländliches Paradies". Daraus wurde mit der Zeit dann Acadia. Schon im 18. Jh. fühlten sich die Akadier enger mit diesem Landstrich verbunden als mit ihrer fern liegenden Heimat im französischen Loiretal.

Für die Engländer waren sie aber nach wie vor Franzosen und die Beziehungen zwischen den beiden Gruppen stets von Rivalität und Argwohn geprägt. Als Nova Scotia im Vertrag von Utrecht den Briten zugesprochen wurde, betrachteten die Akadier dies als Affront gegen ihren katholischen Glauben und weigerten sich, den Treueeid auf die britische Krone zu schwören. Der 1754 zum Gouverneur ernannte Hardliner Charles Lawrence hatte schließlich genug von den widerspenstigen Akadiern und befahl ihre Deportation. Die Engländer zwangen gut 14 000 Akadier auf die Schiffe und brannten unzählige Dörfer nieder.

Viele Akadier ließen sich in Louisiana und New Orleans nieder, andere flohen in verschiedene Orte der Atlantikprovinzen Kanadas, in die Neuenglandstaaten, nach Martinique in der Karibik, Santo Domingo in der Dominikanischen Republik und sogar zurück nach Europa. Aber nirgends wurden sie mit offenen Armen empfangen. Einige versteckten sich auch und blieben in Akadien. Jahre später kamen dann viele der Deportierten zurück, fanden ihre Häuser und Farmen aber von anderen besetzt. So gründeten die Akadier in Nova Scotia neue Siedlungen in der Gegend um Chéticamp auf Cape Breton Island und an der French Shore nördlich von Yarmouth. Ein Teil der zurückgekehrten Akadier ging nach New Brunswick, wo es bis heute einen großen französischsprachigen Bevölkerungsanteil gibt, der überwiegend an der Ostküste der akadischen Halbinsel rund um Caraquet lebt.

Unterhaltung

Doryman's Beverage Room LIVEMUSIK
(☎902-224-9909; 15528 Cabot Trail) Die Kneipe veranstaltet jeden Samstag von 14 bis 16 Uhr „Sessions" (Eintritt 8 C$) mit einem Fidler und Klavierspielern aus Mabou. Sonntags, dienstags, mittwochs und freitags tritt jeweils ab 20 Uhr eine akadische Akustikgruppe auf.

Cape Breton Highlands National Park

Ein Drittel des Cabot Trails führt durch diesen weitläufigen **Nationalpark** (www.pc.gc.ca/capebreton; Erw./Kind/Auto inkl. Mitfahrern 7,80/3,90/19,60 C$), der von Wald, Tundra und Moorflächen geprägt wird und großartige Blicke aufs Meer gewährt. Der 1936 gegründete Nationalpark umfasst rund 20 % der Landfläche von Cape Breton und gilt als das landschaftliche Juwel Nova Scotias.

Besucher können den Nationalpark sowohl von Chéticamp als auch von Ingonish aus betreten. Die Eintrittskarten sowie einen Gratis-Übersichtsplan erhält man an beiden Zugängen. Auf dem Plan sind auch alle für Rollstuhlfahrer geeignete Wege markiert. Die Tageskarten gelten bis 12 Uhr des Folgetags.

Aktivitäten

Wandern

Zwei Strecken an der Westküste des Parks bieten spektakuläre Ausblicke aufs Meer. Der **Fishing Cove Trail** fällt auf einer Länge von 8 km sanft um 330 m bis zur Mündung des rauen Fishing Cove River ab. Man kann sich auch für eine steilere und kürzere, 2,8 km lange Wanderung entscheiden, die bei einem zweiten Startpunkt ca. 5 km nördlich des ersten Weges startet. Wenn man noch am selben Tag zurückwandern möchte, muss man die Laufzeit jeweils verdoppeln. Wer einen der acht Stellplätze im Hinterland nutzen will, muss sich dafür vorher im Informationszentrum Chéticamp eintragen lassen (S. 435; 9,80 C$). Eine Übersicht über die Wege innerhalb und in der Nähe des Parks findet man auf der Seite: www.cabottrail.com.

Die meisten anderen Wege sind kürzer und liegen bequemer erreichbar in der Nähe der Straße. Viele von ihnen führen bis zu einem Bergrücken, von dem aus man einen eindrucksvollen Blick auf die Küste hat. Der **Skyline Trail** ist besonders zu empfehlen: Der 7 km lange Rundweg verläuft über eine Klippe direkt über dem Wasser. Der Ausgangspunkt liegt ungefähr 5,5 km nördlich des Campingplatzes von Corney Brook.

Unmittelbar südlich von Neil's Harbour, an der Ostküste des Parks, erstreckt sich der 11 km langer Rundweg **Coastal Trail**, der zum Teil der hier sanfter verlaufenden Küstenlinie folgt.

Radfahren

Wichtig zu wissen: Die Region eignet sich nicht für die erste große Radtour! Das Fahren auf bergigen Strecken ist hier ziemlich anstrengend, es gibt in vielen Abschnitten keine Seitenstreifen, und es ist auch nicht jedermanns Sache, die umwerfende landschaftliche Szenerie mit derart vielen Wohnmobilen zu teilen. Als Alternative bietet sich eine Mountainbiketour auf vier Wegen im Inneren des Parks an. Nur vom **Branch Pond Lookoff Trail** kann man Ausblicke aufs Meer genießen.

Sea Spray Outdoor Adventures (☎902-383-2732; www.cabot-trail-outdoors.com; 1141 White Point Rd; Leihfahrrad Tag/Woche 45/160 C$; ⌚ Juni–Okt. 9–17 Uhr) in Smelt Brook bei Dingwall verleiht Räder und führt bei Pannen unterwegs auch Notreparaturen an Ort und Stelle durch. Außerdem kann man sich hier Hilfe bei der Planung von Ausflügen holen. Auf Wunsch werden geführte Fahrrad-, Kajak- und Wandertouren organisiert.

Schlafen

In den Orten rund um den Nationalpark findet man eine Vielzahl an Unterkünften. Im **Cape Breton Highlands National Park** gibt es sechs **Campingplätze** (Zeltplatz/Wohnwagenstellplatz ab 17,60/29,40 C$), die für Fahrzeuge geeignet sind. Nach drei Tagen reduziert sich der Tagespreis. Die meisten Plätze arbeiten zwar nach dem Prinzip „Wer zuerst kommt, mahlt zuerst", aber Plätze für Behinderte, Gruppen und Backcountry-Zeltplätze können für 9,80 C$ vorab reserviert werden. Auf den kleineren Campingplätzen, die weiter von den Parkeingängen entfernt liegen, sucht man sich einfach einen Stellplatz und wirft einen Umschlag mit der Übernachtungsgebühr in die dafür aufgestellte Box. Wer auf einem der drei größeren Plätze in der Nähe der Parkeingänge übernachten will, muss sich beim nächstgelegenen Informationsbüro anmelden.

Der **Chéticamp Campground** mit 162 Plätzen befindet sich direkt hinter dem Infozentrum. Da es keine Funklöcher gibt, sind Ruhe und Stille nicht garantiert.

Corney Brook liegt 10 km weiter nördlich und hat nur 20 Plätze. Da er atemberaubend schön hoch über dem Meer liegt, ist er trotz des Spielplatzes nur bedingt für kleine Kinder geeignet. **MacIntosh Brook** dagegen erstreckt sich auf offenem Gelände, 3 km östlich von Pleasant Bay. Einige der zehn Plätze sind rollstuhlgerecht angelegt. **Big Intervale** mit ebenfalls zehn Plätzen liegt in der Nähe eines Flusses, 11 km westlich von Cape North.

Beim östlichen Parkeingang hat man die Wahl zwischen den 256 Plätzen des **Broad Cove Campground** in Ingonish und den 90 Plätzen des **Ingonish Campground**, der sich in der Nähe der Keltic Lodge am Strand von Ingonish befindet. Beide Campingplätze haben rollstuhlgerechte Stellplätze. Im Hochsommer sind die großen Campingplätze in Strandnähe auch bei den einheimischen Familien sehr gefragt.

Von Ende Oktober bis Anfang Mai kostet eine Nacht auf den Campingplätzen von Chéticamp und Ingonish jeweils 22 C$, inklusive Brennholz. Bei richtig ungemütlichem Wetter dürfen sich Camper in die Kochunterstände flüchten und am Holzofen wärmen.

Praktische Informationen

Chéticamp Information Centre (902-224-2306; www.parkscanada.gc.ca; 16646 Cabot Trail; 8.30–19 Uhr) Besucherzentrum mit kleiner Ausstellung sowie einer Reliefkarte des Nationalparks. Bei den Mitarbeitern gibt es Tipps zum Wandern und Zelten.

Ingonish Information Centre (902-285-2535; 37677 Cabot Trail; Mai–Okt. 8–20 Uhr) Das Besucherzentrum am östlichen Rand des Nationalparks ist viel kleiner als das in Chéticamp und verfügt über keinen Buchladen.

Pleasant Bay

Pleasant Bay, das wie eine winzige Oase der Zivilisation inmitten der Wildnis liegt, ist ein idealer Ausgangspunkt für die Erkundung des Nationalparks. Der geschäftige Fischerhafen ist nicht nur bekannt für seine Walbeobachtungstouren, sondern auch für ein tibetisches Kloster. Wer um den Canada Day am 1. Juli in der Gegend ist, sollte auf keinen Fall das jährliche Baseballspiel der Mönche gegen die Einwohner der Stadt verpassen. Es gibt zwar jede Menge Läden, die Fish & Chips und Hamburger brutzeln, aber kein wirklich gutes Restaurant.

Sehenswertes & Aktivitäten

Gampo Abbey KLOSTER
(902-224-2752; www.gampoabbey.org; Führungen Juni–Sept. Mo–Fr 13.30–15.30 Uhr) Die Abtei 8 km nördlich von Pleasant Bay, hinter dem Dorf Red River, ist ein Kloster für Anhänger des tibetischen Buddhismus. Ane Pema Chödrön, die die Abtei gründete und seitdem leitet, ist eine bekannte buddhistische Autorin, die man aber kaum hier antreffen wird: Sie ist viel unterwegs. Das Gelände kann den ganzen Tag über besichtigt werden, aber wer wirklich etwas über das Kloster erfahren will, sollte sich der freundlichen Führung eines Mönchs anvertrauen.

Whale Interpretive Centre MUSEUM
(902-224-1411; www.whalecentre.ca; 104 Harbour Rd; Erw./Kind 5/4 C$; Juni–Okt. 9–17 Uhr) Bevor man von dem benachbarten Anleger zu einer Walbeobachtungstour aufbricht, sollte man zuerst das Museum besuchen. Hier erhält man auch Eintrittskarten für den Nationalpark und hat Internetzugang (bei C@P ein Stockwerk tiefer).

Pollett's Cove WANDERN
Am Ende der Zufahrtsstraße zur Gampo Abbey beginnt die beliebte, anspruchsvolle Wanderung nach Pollett's Cove (hin & zurück 20 km). Unterwegs bieten sich immer wieder sensationelle Ausblicke. Im verlassenen Fischerdorf kann man gut zelten. Da der Weg nicht von Parks Canada verwaltet wird, ist er möglicherweise in schlechtem Zustand.

Captain Mark's Whale & Seal Cruise SCHIFFSTOUR
(902-224-1316, 888-754-5112; www.whaleandsealcruise.com; Erw. 35–44 C$, Kind 15–22 C$; Mai–Sept.) Zwei- bis fünfmal täglich, je nach Saison, sticht das günstigere Motorboot *Cruiser* oder das dichter heranfahrende Schlauchboot in See. Captain Mark garantiert den Teilnehmern nicht nur, dass sie Wale zu Gesicht bekommen, sondern auch Zeit haben, Seevögel und Robben zu beobachten sowie die Gampo Abbey zu sehen. Wer sich für die erste (9.30 Uhr) oder letzte (17 Uhr) Tour des Tages entscheidet, zahlt bis zu 10 % weniger. Abfahrt der Boote ist am Anleger beim Whale Interpretive Centre.

Schlafen

Cabot Trail Backpackers HOSTEL $
(☎902-224-1976; www.cabottrail.com/hostel; 23349 Cabot Trail; B/Zi. 28/68 C$; @ 📶) Das helle und sehr freundliche Hostel ist zwar recht schlicht, hat aber eine Küche und einen Grillplatz. Hier befindet sich auch das Büro von Cabot Trail Whale Watching.

Bay St. Lawrence

Bay St. Lawrence ist ein malerisches kleines Fischerdorf am Nordende von Cape Breton Island.

Captain Cox (☎888-346-5556, 902-383-2981; Bay St. Lawrence Wharf; Erw./Kind 45/25 C$) nimmt schon seit 1986 Touristen auf seinem rund 10 m langen Schiff *Northern Gannet* mit, um Wale zu beobachten. Die Touren starten im Juli und August täglich um 10.30, 13.30 und 16.30 Uhr. Auskunft über die Fahrzeiten im Frühjahr und Herbst erhält man telefonisch.

Jumping Mouse Campground (☎902-383-2914; www.ecocamping.ca; 3360 Bay St Lawrence Rd; Zeltplatz/Hütte 25/40 C$; ⏲Juni–Sept.) Die „springende Maus" ist ein umweltfreundlicher Campingplatz mit zehn Plätzen direkt am Meer, auf dem keine Autos erlaubt sind. Reservierungen werden nur für mehrtägige Aufenthalte und die schöne Hütte mit vier Stockbetten angenommen. Es gibt warme Duschen, einen Kochunterstand und fast keine Insekten. Hier werden häufig Wale gesichtet.

Wer die Aspy Bay und ihren atemberaubenden Strand nur einen Nachmittag lang genießen will, legt am besten einen Stopp im nahe gelegenen **Cabot's Landing Provincial Park** (www.parks.gov.ns.ca) ein.

Meat Cove

Die nördlichste Straße Nova Scotias endet an der steil ins smaragdgrüne Meer abfallenden Küste von Meat Cove, 13 km nordwestlich von Bay St. Lawrence – die letzten 7 km der Straße sind nur noch geschottert. Im unglaublich klaren Wasser toben übermütige Wale herum und an Land wachsen einige seltene Orchideenarten, die es nirgendwo sonst in Nova Scotia gibt.

Aktivitäten

Cape St. Lawrence Lighthouse WANDERN
Von Meat Cove führt ein 16 km langer Wanderweg geradewegs nach Westen bis zum Leuchtturm von Cape St. Lawrence und Lowland Cove. Wer sich eine Stunde lang Zeit nimmt und das Meer beobachtet, sieht garantiert eine Herde von Grindwalen, die sich hier vom Frühjahr bis in den Herbst hinein aufhalten. Da sich selbst Einheimische in dieser Gegend schon verirrt haben, sollte man unbedingt einen Kompass mitnehmen und auf dem Hauptweg bleiben!

Grassy Point WANDERN
Eine kurze Wanderung (40 Min. hin & zurück) führt zum Grassy Point, wo man spektakuläre Ausblicke über die Küste genießt. Der Wanderpfad beginnt unmittelbar hinter dem Campingplatz. An der Landspitze sollte man sich einfach hinsetzen und nach Walen und Weißkopfseeadlern Ausschau halten, die in der Gegend auch brüten.

Schlafen

Bei Redaktionsschluss wollte der Besitzer der abgerissenen Meat Cove Lodge gegenüber vom Welcome Center ein neues Gebäude errichten. Aktuelle Infos gibt es im Internet oder vor Ort ab der Sommersaison 2014.

Meat Cove Campground CAMPINGPLATZ $
(☎902-383-2379, 902-383-2658; www.meatcovecampground.com; 2475 Meat Cove Rd; Zeltplatz 25–30 C$, Hütten 60 C$; ⏲Juni–Nov.) Der Meat Cove Campground liegt spektakulär auf einem grasbewachsenen Steilufer hoch über dem Meer. Die vier Hütten haben weder Stromanschluss noch sanitäre Anlagen, dafür aber einen grandiosen Ausblick. Eigenes Bettzeug muss mitgebracht werden. Achtung: Hier herrscht oft starker Wind!

Hine's Ocean View Lodge HOSTEL $
(☎902-383-2512; www.hinesoceanviewlodge.ca; Zi. 60 C$; 📶 🐾) Die Zufahrt zum abgelegenen Hostel ist ab der Meat Cove Road ausgeschildert. Die schlichten Zimmer ähneln Schlafsälen. Es gibt eine Gemeinschaftsküche und es wird nur Bargeld akzeptiert.

Praktische Informationen

Meat Cove Welcome Center (☎902-383-2284; 2296 Meat Cove Rd; ⏲Juli–Sept. 8–20.30 Uhr) Im Meat Cove Welcome Center gibt es hervorragende Infos zu Wandermöglichkeiten. Außerdem kann man Mails checken und etwas essen (von Sandwiches bis zu Hummersuppe). Wenn am Straßenende alles zugeparkt ist, sollte man sein Auto hier stehen lassen.

Ingonish

Am östlichen Eingang des Cape Breton Highlands National Park liegen die kleinen Städtchen Ingonish und Ingonish Beach, die angesichts der vielen Motels und Ferienhäuschen kaum als solche wahrgenommen werden. Ingonish ist ein beliebter Ferien- und Badeort, hat allerdings kaum echte Sehenswürdigkeiten. Über die verschiedenen Wanderwege informiert das nahe gelegene Besucherzentrum im Nationalpark.

Sehenswertes & Aktivitäten

Ingonish Beach STRAND

Dieser lange und breite Sandstrand liegt in einer Bucht, die von grünen Hügeln umgeben ist.

Highlands Links Golf Course GOLF

(☎800-441-1118, 902-285-2600; www.highlandslinksgolf.com; pro Runde 91 C$) Angeblich einer der besten Golfplätze der Welt.

Schlafen & Essen

Driftwood Lodge INN $

(☎902-285-2558; www.driftwoodlodge.ca; 36125 Cabot Trail; Zi. 55 C$, Suite mit Küche 85–100 C$; ⏲Mai–Nov.; 🐾) 8 km nördlich des Ingonish-Eingangs zum Nationalpark ist diese funkige Holz-Lodge mit dem zusätzlichen Cottage ein echtes Angebot. Die Besitzerinnen arbeiten im Nationalpark und wissen praktisch alles zu Wandermöglichkeiten und sonstigen Freizeitaktivitäten. Unterhalb der Lodge gibt es einen schönen Sandstrand.

Keltic Lodge HOTEL $$$

(☎902-285-2880, 800-565-0444; www.signatureresorts.com; Ingonish Beach; Zi. 155–280 C$, Cottages 315–395 C$; ⏲Mai–Okt.; 📶🏊🐾) Die 1940 im Tudorstil errichtete pompöse Ferienanlage ist die schönste und beste Unterkunft der Gegend. Zusammen mit dem berühmten **Golfplatz** und dem **Ingonish Campground** erstreckt sich die Lodge auf der Middle Head Peninsula. Auch wenn man dort nicht übernachten will, lohnt sich ein Blick wegen der umwerfenden Lage. An der Anlage beginnt auch der schöne **Wanderweg** zur Spitze der Halbinsel.

Für den Besuch braucht man eine gültige Eintrittskarte für den Cape Breton Highlands National Park, denn sowohl die Lodge als auch der Golfplatz und der Wanderweg liegen innerhalb der Parkgrenzen.

★ **Main Street Restaurant & Bakery** KANADISCH $$

(☎902-285-2225; 37764 Cabot Trail, Ingonish Beach; Mittagessen ca. 10 C$, Abendessen 10–24 C$; ⏲Di–Sa 7–21 Uhr) Die Bäckerei ist die mit Abstand beste Adresse für ein Frühstück (ab 6 C$) in Nationalparknähe. Mittags und abends kann man im Restaurant gut speisen. Die Sandwiches und die Armen Ritter werden mit dicken frischen Brotscheiben zubereitet, die Meeresfrüchteteller sind unglaublich groß.

Spezialität des Hauses ist die Hummer-Pasta mit Krabben und Muscheln in einer cremigen Brandysauce. Der Hummer, der abends serviert wird, hat auf der ganzen Insel die Bestnote verdient.

Von White Point nach Neil's Harbour

Auf dem Weg in Richtung Süden nach Ingonish lohnt es sich, den Cabot Trail zu verlassen und auf der wilden, windgepeitschten White Point Road über Smelt Brook zu den Fischerdörfern **White Point** und **Neil's Harbour** zu fahren. Beide sind graue Arbeiterstädte, haben aber einige schöne Gebäude und farbenfrohe Wohnhäuser. Im Licht des späten Nachmittags erkennt man, wenn auch leicht verschwommen, die Küstenlinie von Cape North bis Meat Cove. In diesen Orten, wo es ebenso viele Fischerboote wie Wohnhäuser gibt, scheint man sich endgültig abseits aller üblichen Touristenpfade zu bewegen.

Übernachten kann man im heimeligen **Two Tittle** (☎866-231-4087, 902-383-2817; www.twotittle.com; 2119 White Point Rd, White Point; Zi. 60–100 C$; 📶), wo es immer nach Abendessen riecht und das alte Besitzerehepaar fast jeden Abend das *Glücksrad* im Fernsehen verfolgt. Ein kurzer, wunderschöner Wanderweg führt zu den Two Tittle Islands, nach denen das B&B benannt ist. Mit etwas Glück sieht man dort Wale und Adler.

Leckeres Mittag- und Abendessen gibt es im **Chowder House** (Meeresfrüchte-Eintopf ab 6 C$, Abendimbiss ab 14 C$; ⏲11–20.30 Uhr) unweit des Leuchtturms von Neil's Harbour. Natürlich ist das Lokal weithin für seinen Meeresfrüchte-Eintopf bekannt, aber auch Eismeerkrabben, Hummer, Muscheln und alles andere sind gut und günstig. Die Einheimischen, die hier immer scharenweise zu Abend essen, halten auch gerne ein Schwätzchen mit Fremden.

Rund um St. Ann's Bay

Die ruhige und gelassene Atmosphäre, die einen hier erwartet, wirkt wie gemalt: gewundene Straßen, stille Seen, Adler, die plötzlich über einem in die Luft steigen, und eine beinahe unendlich erscheinende Reihe von Künstlerwerkstätten entlang des Cabot Trails. Theoretisch könnte man sich die Fahrt um die St. Ann's Bay herum sparen und für 5,50 C$ mit einer Fähre nach Englishtown übersetzen, aber dadurch würde man einen einzigartigen Weg verpassen: Wanderwege führen zu Wasserfällen und tollen Aussichtspunkten, die Kultur der Mi'kmaq ist sehenswert, die Bewohner sind eine interessante Mischung von Menschen.

Sehenswertes & Aktivitäten

Man sollte die Gegend auf keinen Fall verlassen, ohne bei ein oder zwei **Kunsthandwerkern** vorbeigeschaut zu haben. Es gibt beispielsweise Töpfereien, Lederwerkstätten, einen wunderbar verrückten Hutladen sowie Hersteller von Zinnbechern. Die Kunsthandwerker sind leicht zu finden – man muss einfach nur nach den Wegweisern entlang der Hauptstraße Ausschau halten.

Gaelic College of Celtic Arts & Crafts KULTURZENTRUM
(☎902-295-3411; www.gaeliccollege.edu; 51779 Cabot Trail; 5-tägiger Kurs inkl. Übernachtung 705–805 C$; Juni–Okt. 9–17 Uhr) Am Ende der St. Ann's Bay unterrichtet das College schottisches Gälisch, Dudelsackspielen, Highland Dancing, Weben und vieles mehr. Das **Great Hall of the Clans Museum** (Eintritt 3 C$) dokumentiert im College die keltische Geschichte aus der Frühzeit bis zu den Vertreibungen aus dem schottischen Hochland.

Schlafen & Essen

The Maven Gypsy B&B & Cottages B&B $$
(☎902-929-2246; www.themavengypsy.com; 41682 Cabot Trail, Wreck Cove; Zi. 92–117 C$; ⏲Juni–Nov.; 📶🐾) Vom reizenden buttergelben Cottage sind es nur 3 Minuten zu Fuß zum Strand. Die freundlichen Gastgeber servieren frische Backwaren zum Frühstück.

Chanterelle Country Inn & Cottages INN $$
(☎902-929-2263, 866-277-0577; www.chanterelleinn.com; 48678 Cabot Trail, North River; Zi. 145–225 C$, Restaurant Hauptgerichte 20–28 C$, 4-Gänge-Festpreismenü veget./nicht-veget. 38/45 C$; ⏲Mai–Nov.; 📶) 🍃 Die Lage des Gasthauses und der Ferienhäuser ist einfach unschlagbar: Rundum erstrecken sich 60 ha hügelige Wiesen und Felder. Frühstück und Abendessen werden auf der geschützten Veranda serviert. Auch wer hier nicht übernachtet, kann sich im erstklassigen Restaurant für den Abend einen Tisch reservieren.

Clucking Hen Deli & Bakery CAFÉ $
(☎902-929-2501; 45073 Cabot Trail; Hauptgerichte 5–15 C$; ⏲Mai–Okt. 7–19 Uhr) Auf einem Schild heißt es: „Hier bitte keine schlechte Laune." Während man das leckere hausgemachte Brot, eine Suppe oder einen Salat verzehrt, kann man den einheimischen „Hühnern" beim munteren „Gackern" zuhören.

Bras d'Or Lake & Umgebung

Die Grenze zwischen den Highlands und den Lowlands verläuft am Ufer dieses Binnen-Salzwassersees, an dem Adler und Papageitaucher brüten. Mit 1099 km² Fläche handelt sich es um den größten See in Nova Scotia, der zudem Cape Breton Island fast komplett durchschneidet.

Baddeck

Baddeck am nördlichen Ufer des Bras d'Or Lake liegt auf halber Strecke zwischen Sydney und dem Canso Causeway. Der alte Sommerferienort in ländlicher Umgebung ist der beliebteste Ausgangspunkt für eine eintägige Rundfahrt auf dem Cabot Trail.

Sehenswertes & Aktivitäten

★ **Alexander Graham Bell National Historic Site** MUSEUM
(☎902-295-2069; www.parkscanada.gc.ca; 559 Chebucto St; Erw./Kind 7,80/3,90 C$; ⏲9–18 Uhr) In der Nähe seines Sommerhauses Beinn Bhreagh (auf der gegenüberliegenden Seite der Bucht von Baddeck) wurde der Erfinder des Telefons beigesetzt. Das ausgezeichnete

Museum der Alexander Graham Bell National Historic Site, die sich im Osten der Stadt befindet, beleuchtet alle Aspekte der Erfindungen und Entdeckungen von Bell. Schon die Lebensgeschichte Bells ist faszinierend. Ausgestellt und erklärt sind hier medizinische und elektrische Apparate, Telegrafen, Telefone, Drachen und Wasserflugzeuge.

Bras d'Or Lakes & Watershed Interpretive Centre MUSEUM
(☎902-295-1675; www.brasdor-conservation.com; 532 Chebucto St; Spende erwünscht; ⌚Juni–Okt. 11–19 Uhr) Das Naturzentrum erforscht und erläutert das einzigartige Ökosystem des riesigen Salzwassersees.

Amoeba SEGELN
(www.amoebasailingtours.com; 2 Std. 25 C$; ⌚Juni–Okt.) Mit einem klassischen Segelschoner geht es auf Segeltörn über den Bras d'Or Lake. Dabei fährt man auch an Alexander Graham Bells riesigem Landsitz Beinn Bhreagh vorbei. Mit etwas Glück lassen sich unterwegs auch Weißkopfseeadler sehen.

Schlafen & Essen

Broadwater Inn & Cottages INN $$
(☎902-295-1101, 877-818-3474; www.broadwater.baddeck.com; 975 Bay Rd; Zi. 95–150 C$, Suite 225 C$, Cottages 105–225 C$; ⌚Mai–Nov.;) Das Haus aus den 1830er-Jahren, das sich in einem ruhigen Ort 1,5 km östlich von Baddeck befindet, gehörte einst J. A. D. McCurdy, der zusammen mit Alexander Graham Bell die ersten Flugzeuge entwarf. Die Zimmer im Gasthaus sind voller Charme und Atmosphäre. Alle haben Blick auf die Bucht. Die modernen Selbstversorger-Hütten stehen unter Bäumen und sind ideal für Familien. Bei den Hotelzimmern ist das Frühstück inklusive.

Mother Gaelic's B&B $$
(☎902-295-2885, 888-770-3970; www.mothergaelics.com; 26 Water St; DZ 105 C$, mit Etagenbad 60–80 C$; ⌚Mai–Okt.) „Mother Gaelic" war die Urgroßmutter des heutigen Besitzers. Sie lebte als Alkoholschmugglerin unter dem Schutz von Alexander Graham Bell. Das reizende Cottage unweit des Ufers wirkt wie ein schlichtes Sommerhaus.

Lynwood Inn INN $$
(☎902-295-1995; www.lynwoodinn.com; 441 Shore Rd; Zi. 100-230 C$;) Mit viktorianischen Echtholzbetten, zarten Farben und luftigen, großzügigen Wohnräumen liegen die Zimmer des riesigen Gasthauses weit über dem üblichen Hotelstandard. Im familiären Restaurant im Erdgeschoss gibt es Frühstück, Mittag- und Abendessen, das Frühstück ist aber nicht im Zimmerpreis inbegriffen.

Highwheeler Cafe & Deli CAFÉ $
(486 Chebucto St; Sandwiches 9 C$; ⌚6–20 Uhr) Das Café verkauft hervorragendes Brot und Gebäck (auch glutenfreies), große, leckere (vegetarische) Sandwiches, gefüllte Tortillas, Suppen und vieles mehr. Das Eis zum Nachtisch lässt man sich am besten auf der sonnigen Terrasse schmecken. Lunchpakete als Wanderproviant werden ebenfalls verkauft.

Baddeck Lobster Suppers MEERESFRÜCHTE $$$
(☎902-925-3307; 17 Ross St; Abendessen 33 C$; ⌚Juni–Okt. 16–21 Uhr) Bei der recht teuren Verköstigung in der ehemaligen Veteranenhalle werden lebende Hummer im Akkord gekocht und serviert. Zu den Hummern wird so ziemlich alles gegessen, was man sich vorstellen kann. Die Gerichte sind extrem sättigend!

Unterhaltung

Baddeck Gathering Ceilidhs LIVEMUSIK
(☎902-295-2794; www.baddeckgathering.com; St. Michael's Parish Hall, 8 Old Margaree Rd; Erw./Kind 10/5 C$; ⌚Juli/Aug. 19.30 Uhr) Jeden Abend wird hier gefidelt und getanzt. Der Gemeindesaal befindet sich direkt gegenüber der Touristeninformation im Zentrum.

NICHT VERSÄUMEN

HIGHLAND VILLAGE MUSEUM

Das schottische Erbe wird im **Highland Village Museum** (☎902-725-2272; http://highlandvillage.novascotia.ca; 4119 Hwy 223 Iona; Erw./Kind 9/4 C$; ⌚9.30–17.30 Uhr) auf einem Hügel oberhalb des Bras d'Or Lake lebendig gehalten. Kostümierte „Schotten" demonstrieren im Freilichtmuseum den Lebensalltag der frühen Siedler. Vom Frühjahr bis zum Herbst gibt es Workshops zu keltischen Themen (siehe Website).

Praktische Informationen

Visit Baddeck (www.visitbaddeck.com) Onlinekarten sowie Infos zu Tourveranstaltern, Golfplätzen und vielem mehr.

Visitors Information Centre (VIC; 902-295-1911; 454 Chebucto St; Juni–Sept. 9–19 Uhr)

Wagmatcook & Umgebung

In dem Mi'kmaq-Dorf Wagmatcook unmittelbar westlich von Baddeck lohnt sich ein Besuch des **Wagmatcook Culture & Heritage Centre** (902-295-2492, 902-295-2999; www.wagmatcook.com; Hwy 105; Mai–Okt. 9–20 Uhr, Nov.–April Öffnungszeiten telefonisch erfragen). Dieses ziemlich leer wirkende Kulturzentrum bietet einen Einblick in die Geschichte und Kultur der Mi'kmaq.

★ **Bear on the Lake Guesthouse** (866-718-5253; www.bearonthelake.com; 10705 Hwy 105; B/Zi. 32/78 C$;) Die fröhlich wirkende Pension zwischen Wagmatcook und Whycocomagh schaut auf den See hinaus. Alles ist auf das Wohlbefinden der Backpacker ausgerichtet, vom Schwarzen Brett für Mitfahrgelegenheiten bis zum Sonnendeck und den einladenden Gemeinschaftsbereichen. Das Guesthouse ist so populär, dass in einem angrenzenden Wald noch ein zweites Gebäude mit zwei Schlafsälen und einer Küche errichtet wurde. Im Obergeschoss gibt es Zimmer mit privaten Sitzecken. Carmen führt den Laden auf sehr angenehme, freundliche Art.

Ebenfalls am Highway 105, 12 km südwestlich von Baddeck, liegt der Feinkostladen **Herring Choker Deli** (902-295-2275; 1958 Hwy 105; Sandwiches 4,85 C$; 9–17 Uhr). Es handelt sich wahrscheinlich um den besten Laden der Gegend, der Gourmetsandwiches, Suppen und Salate anbietet.

32 km von der Ausfahrt Margaree Forks am Highway 105 liegt ziemlich abgelegen das **Dancing Goat** (6289 Cabot Trail, Northeast Margaree; Sandwiches 8 C$; Sa–Do 8–17, Fr 8–20 Uhr). Doch die weite Anfahrt lohnt sich, denn bei der „tanzenden Ziege" ist alles hausgemacht, die meisten Zutaten stammen aus der Region und das herzhafte Frühstück ist auf Cape Breton wirklich lecker. Die großen Sandwiches und Salate können vor Ort gegessen oder für Wanderungen eingepackt und mitgenommen werden. In Inverness ist eine zweite, günstiger gelegene Filiale geplant.

North Sydney

North Sydney ist eine freundliche, lebhafte Kleinstadt ohne nennenswerte Sehenswürdigkeiten. Aber es gibt einige empfehlenswerte Unterkünfte und Restaurants.

Wer abends mit einer späten Fähre ankommt oder morgens mit einer frühen abfahren will, sollte eine Unterkunft reservieren. Die Motels und B&Bs in North Sydney sind zumeist das ganze Jahr über geöffnet und daran gewöhnt, dass ihre Gäste zu jeder Tages- und Nachtzeit an- und abreisen. Die meisten Unterkünfte befinden sich in der Queen Street (2 km westlich des Fährhafens).

Schlafen & Essen

Heritage Home B&B B&B $
(866-601-4515, 902-794-4815; www.bbcanada.com/3242.html; 110 Queen St; Zi. 60–100 C$;) Die außerordentlich gepflegte und gut eingerichtete viktorianische Villa ist für diesen Preis geradezu elegant. Zum Frühstück gibt es auch warme Speisen, die meisten Zimmer haben ein eigenes Bad/WC.

A Boat to Sea B&B $$
(902-794-8326, 855-580-9540; www.aboattosea.com; 61 Queen St; Zi. 95–105 C$;) Umrahmt von einem herrlichen Garten, liegt das stattliche Haus direkt am Ufer, wo man gelegentlich auch Weißkopfseeadler sichten kann. Auf der Terrasse genießt man sowohl den Meerblick als auch das herzhafte Frühstück. Im Haus gibt es viel Buntglas und eine bunte Antiquitätensammlung. Es gibt nur drei Zimmer, sodass man in der Hauptsaison vorab reservieren sollte.

★ **Lobster Pound & Moore** MEERESFRÜCHTE $$
(902-794-2992; 161 Queen St; Hauptgerichte 15–35 C$; Di–So Mittag- & Abendessen) Weil die Hummer hier normalerweise gut 1 kg wiegen, sollte man mit möglichst viel Appetit anreisen. Neben der Quantität zählen natürlich die hohe Qualität und die Frische der leckeren Gerichte. Spezialitäten des Hauses sind gegrillte Steaks auf koreanische Art, Fischeintopf sowie die mit frischem Hummer gefüllten Ravioli. Das Ambiente ist eine Mischung aus schickem Bistro und schlichtem Fischimbiss.

★ **Black Spoon** MODERN KANADISCH $$
(902-241-3300; 320 Commercial St; Hauptgerichte 10–17 C$; Mo–Do 11–20, Fr–Sa 11–

21 Uhr) Das angesagte Restaurant in Schwarz und Beige bietet regionale Spezialitäten mit einem besonderen Extra, z. B. Schellfisch in Brotpanade mit Mangosalsa oder gegrillten Gemüsesalat mit Ziegenkäse. Es gibt auch Espressogetränke, Cocktails und eine ansprechende Weinkarte.

An- & Weiterreise

Marine Atlantic (☎800-341-7981; www.marine-atlantic.ca) Die Fähren verkehren von/nach Neufundland. Maritime Bus bietet regelmäßige Busverbindungen von/nach Halifax an (einfach 68,50 C$).

Bay Luxury Shuttle (☎855-673-8083; www.capebretonshuttle.ca) Die Shuttlebusse verkehren von Glace Bay via North Sydney, Sydney und Highway 105 nach Halifax (einfach 65 C$). Unterwegs halten die Busse überall auf Wunsch.

Sydney

31 597 EW.

Die zweitgrößte Stadt in Nova Scotia und die einzige richtige Stadt auf Cape Breton Island war einst das pulsierende Herzstück der ehemaligen Industrieregion. Die mittlerweile geschlossene Stahlhütte und die aufgelassenen Zechen waren früher die größten Arbeitgeber der Insel. Nun fühlt sich die Stadt ein wenig verlassen an, aber es gibt noch einige schöne alte Häuser zu sehen. Die meisten finden sich im Wohnviertel North End, wo auch die meisten B&Bs anzutreffen sind. Sydney verfügt über gute Verkehrsverbindungen und eignet sich deshalb gut als Ausgangspunkt, um Louisbourg und den Cabot Trail zu erkunden. Außerdem sind die Preise hier deutlich niedriger als in den landschaftlich reizvolleren Gegenden.

Sehenswertes

In der Innenstadt ist die Charlotte Street von Geschäften und Restaurants gesäumt, entlang der Esplanade gibt es eine schöne Promenade. Das historische Viertel North End versprüht durchaus Charme. Acht Gebäude wurden dort vor 1802 errichtet und sind auf zwei Straßenblocks konzentriert. Drei Gebäude sind öffentlich zugänglich.

St. Patrick's Church Museum HISTORISCHES GEBÄUDE

(☎902-562-8237; 87 Esplanade; Eintritt 2 C$; ⏲9–17 Uhr) Das Museum befindet sich in der ältesten katholischen Kirche auf Cape Breton Island.

Cossit House HISTORISCHES GEBÄUDE

(☎902-539-7973; http://cossithouse.novascotia.ca; 75 Charlotte St; Erw./erm. 2/1 C$; ⏲Juni–Okt. Mo–Sa 9–17, So 13–17 Uhr) Das 1787 errichtete Cossit House ist das älteste Haus in Sydney.

Jost Heritage House HISTORISCHES GEBÄUDE

(☎902-539-0366; 54 Charlotte St; Eintritt 3 C$; ⏲Mo–Sa 9–17, So 13–17.30 Uhr) Ein paar Häuser weiter beherbergt das Jost Heritage House eine Sammlung an Schiffsmodellen sowie eine Auswahl an Arzneien, wie sie in Apotheken Anfang des 20. Jhs. genutzt wurden.

Cape Breton Centre for Heritage & Science MUSEUM

(☎902-539-1572; 225 George St; Eintritt 2 C$; ⏲Mo–Sa 9–17 Uhr) Das Zentrum im Lyceum beschäftigt sich mit der Sozial- und Naturgeschichte von Cape Breton Island.

Geführte Touren

Ghosts & Legends of Historic Sydney STADTRUNDGANG

(☎902-539-1572; www.oldsydney.com; pro Pers. 12 C$; ⏲Juli–Aug. Di–Mi 19 Uhr) Die empfehlenswerte, sehr informative Stadtführung startet am St. Patrick's Church Museum und führt an den historischen Gebäuden entlang. Zum Abschluss gibt es Tee und Kuchen im Lyceum.

Schlafen & Essen

Die meisten Unterkünfte und Restaurants in Sydney sind ganzjährig geöffnet.

★ **Colby House** B&B **$$**

(☎902-539-4095; www.colbyhousebb.com; 10 Park St; Zi. 100–120 C$; 📶) Allein um in den Genuss des durchaus bezahlbaren Luxus dieses außergewöhnlichen B&B zu kommen, lohnt es sich, in Sydney zu übernachten. Nachdem die Besitzerin von Berufs wegen ganz Kanada bereist hatte, beschloss sie, ihren Gästen all das zu bieten, was sie unterwegs auch gerne gehabt hätte und oft schmerzlich vermisst hatte. Das Ergebnis ist eine wunderschöne Mischung aus alten Traditionen und modernem Design, die angenehmste Bettwäsche, die man sich vorstellen kann, Bademäntel für die Gäste, jede Menge köstlich duftender Seifen, Schokolade auf dem Nachtisch und unzählige andere, nette Kleinigkeiten, die man gar nicht alle aufzählen kann.

Gathering House B&B B&B $$
(☎866-539-7172, 902-539-7172; www.gatheringhouse.com; 148 Crescent St; Zi. 75–150 C$;) Das einladende B&B in einem schon etwas baufälligen viktorianischen Haus liegt in der Nähe des Stadtzentrums. Hier fühlt man sich nicht fremd, sondern als Teil einer großen, bunten Familie.

Flavors MODERN KANADISCH $$
(☎902-562-6611: 6 Pitt St; Hauptgerichte mittags/abends ca. 10/20 C$; Mo–Sa 8.30–20.30 Uhr;) Nein, dieses Restaurant wurde eindeutig *nicht* nach den Prinzipien des Feng Shui gestaltet, wie die winzigen Tische und eine ziemlich merkwürdige Ausrichtung der Terrasse zur Straße hin beweisen – doch das tut dem köstlichen Essen, das aus Produkten der Region zubereitet wird, keinerlei Abbruch. Als Hauptgericht empfehlen sich der in Ahornsirup geschmorte Lachs oder die gebratenen Schweinelendchen mit einer Sauce aus wilden Blaubeeren, zum Nachtisch dann ein hausgemachtes Eiscreme-Sandwich mit Kokoskeksen, die in Karamellstückchen gewälzt wurden. Auf der Speisekarte finden sich auch vegane und glutenfreie Optionen.

Allegro Grill MODERN KANADISCH $$
(☎902-562-1623; 222 Charlotte St; Hauptgerichte 9–25 C$; Mo–Fr 11–15, Di–Fr 17–21, Sa 11–22 Uhr) Wer auf Fisch, Meeresfrüchte und Fleisch steht, ist hier genau richtig. Das Lokal wirkt schlicht, aber die Speisen sind alles andere als einfach. Berühmt sind die hausgemachten Würstchen aus Truthahninnereien.

Ausgehen

Viele Bands auf Tournee kommen nach Sydney. Fidler und andere Folkmusiker von der Westküste der Insel treten hier oder im Savoy in Glace Bay auf. Der Eintritt zu Gigs kostet rund 12 C$.

Governors Pub & Eatery PUB
(www.governorseatery.com; 233 Esplanade; Hauptgerichte 9–22 C$; 11–23 Uhr) Das Pub ist eindeutig die beliebteste Kneipe von Sydney, wo sich am frühen Abend die Leute nach der Arbeit treffen. Es gibt gehobene Bar-Gerichte aus regionalen Produkten und jeden Mittwochabend eine irische Jam-session. Genaue Veranstaltungsdetails finden sich auf der Website.

Praktische Informationen

Visitors Information Centre (VIC; 20 Keltic Dr; 8.30–18 Uhr) Die Touristeninformation liegt unweit der Kings Road, unmittelbar südlich der Stadt.

An- & Weiterreise

Am Flughafen von Sydney ist nicht viel los. Air Canada fliegt zwischen Sydney und Halifax, während Westjet Direktflüge von/nach Toronto anbietet. **Air St-Pierre** (☎877-277-7765, 902-562-3140; www.airsaintpierre.com) fliegt von Anfang Juli bis Anfang September jeden Donnerstag und Sonntag nach St-Pierre (einfach 250 C$, 2 Std.).

Bay Luxury Shuttle (S. 441) betreibt Shuttlebusse von/nach Halifax.

Glace Bay

Glace Bay, 6 km nordöstlich von Sydney, wäre nur eine weitere dahinsiechende Bergbaustadt, gäbe es nicht das außergewöhnliche **Cape Breton Miners' Museum** (☎902-849-4522; www.minersmuseum.com; 42 Birkley St; Führung & Zechenbesichtigung Erw./Kind 12/10 C$, Restaurant Hauptgerichte 8–14 C$; Museum 10–18 Uhr, Restaurant 11–20 Uhr). Es befindet sich keine 2 km östlich des Stadtzentrums unweit der South Street. Das Highlight ist die abenteuerliche Besichtigung der ehemaligen Schächte unter dem Meeresboden. Geleitet werden die Führungen von ehemaligen Kumpels – mit etwas Glück handelt es sich um Abbie, der besonders unterhaltsam erzählen kann.

Das **Museumsrestaurant** wird hoch gelobt und bietet Fisch, Meeresfrüchte, Sandwiches und Burger. Mittags wird jeden Tag von 12 bis 14 Uhr ein Büffet mit einer großen Auswahl an Köstlichkeiten angerichtet.

Das großartige **Savoy Theatre** (☎902-842-1577; www.savoytheatre.com; 116 Commercial St) wurde 1920 errichtet und ist der wichtigste Veranstaltungsort der Region.

Louisbourg

Das 37 km südöstlich von Sydney gelegene Louisbourg ist berühmt durch seine historische Festung. Die Stadt selbst wirkt mit ihrem betriebsamen Fischereihafen, den alten Seebären und der freundlich heiteren Stimmung sehr lebendig.

Sehenswertes & Aktivitäten

Der Leuchtturm am Ende der Havenside Road ist der Startpunkt eines 6 km langen, rauen **Wanderwegs** entlang der zerklüfteten Küste, der durch Moor und ödes Land und vorbei an glänzend polierten, präkambrischen Granitfelsen führt. Von hier aus bietet die Festung der Louisbourg National Historic Site ein einmaliges Fotomotiv.

Louisbourg National Historic Site HISTORISCHE STÄTTE
(☎902-733-2280; 259 Park Service Rd; Erw./Kind 17,60/8,80 C$; ⊙9–17.30 Uhr) Für die Besichtigung dieser einzigartigen historischen Stätte sollte man einen ganzen Tag einplanen. Einschließlich der Menschen, die hier um 1744 lebten (dargestellt von kostümierten Schauspielern) wurde die Festung Louisbourg originalgetreu nachgebildet. Ursprünglich gebaut wurde sie, um die französischen Interessen in der Region zu schützen. Sie war aber auch ein wichtiger Hafen der Kabeljaufischerei und Sitz der Regionalverwaltung. Von 1719 bis 1745 wurde Louisbourg kontinuierlich ausgebaut, bis den Briten 1745 nach 46-tägiger Belagerung die Eroberung gelang. Doch die Festung sollte noch zweimal den Besitzer wechseln. Nachdem die britischen Truppen unter General James Wolfe Québec eingenommen hatten, zerstörten sie schließlich 1760 die Festungsmauern von Louisbourg und machten die Stadt dem Erdboden gleich.

Erst 1961, als viele Kohlebergwerke auf Cape Breton Island geschlossen wurden, stellte die Bundesregierung Mittel für das größte historische Wiederaufbauprojekt der kanadischen Geschichte zur Verfügung, um Arbeitsplätze zu schaffen. So entstanden die 50 Gebäude, die die Besucher heute besichtigen können. Arbeiter in zeitgenössischen Kostümen führen das Leben der Bewohner der damaligen Festungsstadt (jedenfalls solange ihnen Touristen dabei zuschauen).

Kostenlose Führungen durch die Anlage finden den ganzen Tag über statt. Reisende mit Behinderungen können sich eine Einfahrgenehmigung für ihr Auto ausstellen lassen; die meisten Gebäude haben Rampen für Rollstühle. Generell sollte man sich darauf einstellen, ziemlich viel laufen zu müssen, und selbst bei sonnigem Wetter an einen Pulli und eine Regenjacke denken.

Die Angebote an Führungen und Aktivitäten wechseln ständig, von Nachtwanderungen mit Fackeln bis zu gelegentlichen Theateraufführungen mit Verköstigung; am besten informiert man sich vorab im Internet über das Programm zur beabsichtigten Besuchszeit.

Obwohl so viel wiederaufgebaut wurde, liegen drei Viertel von Louisbourg immer noch in Trümmern. Durch dieses ursprünglich belassene Trümmerfeld und weiter bis zur Atlantikküste führt der 2,5 km lange **Ruins Walk**. Auf einem kurzen **Infopfad** gegenüber vom Besucherzentrum wird die Beziehung zwischen den Franzosen und den Mi'kmaq dargestellt. Außerdem bietet sich von hier ein großartiger Blick auf die gesamte historische Stätte.

In drei Restaurants auf dem Gelände kann man das für die damalige Zeit typische Essen probieren. Im **Hotel de la Marine** und dem benachbarten **L'Épée Royale** (Suppe & gegrillter Kabeljau 14 C$, 3-Gänge-Menü 20 C$) pflegten die Schiffskapitäne und wohlhabenden Kaufleute mit Silberbesteck von feinem Porzellan zu speisen. Einfacheres Essen bringen die ebenfalls kostümierten Bedienungen im **Grandchamps House** (Gerichte 9–15 C$) auf den Tisch. Im Lokal der Soldaten und Seeleute kommen gibt's zu Bohnen und Würstchen heißen Rum mit Butter (4 C$). Oder man kauft sich einen Kilolaib Soldatenbrot (4 C$) in der **Destouches Bakery**. Ein kleines Café serviert heiße Getränke und ein paar Snacks.

Schlafen & Essen

Stacey House B&B B&B $
(☎902-733-2317; www.bbcanada.com/thestaceyhouse; 7438 Main St; Zi. 60–90 C$; ⊙Juni–Okt.; 📶) Interessanter Kleinkram wie Teddybären, Puppen und Schiffsmodelle ist über das ganze hübsche Haus verteilt.

★ **Cranberry Cove Inn** INN $$
(☎800-929-0222, 902-733-2171; www.cranberrycoveinn.com; 12 Wolfe St; Zi. 105–160 C$; ⊙Mai–Nov.; 📶) Angefangen von der dunkelrosa Fassade über die perfekte Innenausstattung in Zartlila und Rauchblau bis hin zu den antiken Spitzendeckchen versetzt einen das umwerfende B&B in die gute alte Zeit. Jedes Zimmer ist unterschiedlich gestaltet, einige haben einen Whirlpool und Kamin.

Spinning Wheel B&B B&B $$
(☎902-733-2308, 866-272-3222; www.spinningwheelbedandbreakfast.com; 5 Riverdale St; DZ mit Gemeinschaftsbad 65–75 C$, DZ mit eigenem Bad 90 C$; ⏲ Mai–Nov.; 📶) Das B&B sollte man ansteuern, wenn alle anderen Herbergen in der Stadt voll sind (was in der Hochsaison bestimmt der Fall sein wird). Es ist nicht gerade ein Hingucker, aber Sauberkeit, freundliche Besitzer und ein individuell zubereitetes Frühstück sind schließlich auch etwas wert.

Grubstake KANADISCH $$
(☎902-733-2308; 7499 Main St; Hauptgerichte mittags 8–17 C$, abends 16–32 C$; ⏲ Mittag- & Abendessen) Das zwanglose Restaurant ist das Beste der Stadt. Auf der Speisekarte stehen mittags Hamburger mit Beilagen, abends hingegen Pasta und frischer Fisch.

★ **Beggar's Banquet** MEERESFRÜCHTE $$$
(☎888-374-8439; Point of View Suites, 15 Commercial St. Extension; Gerichte 38 C$; ⏲ Juli–Sept. 18–20 Uhr) Hier dürfen Gäste endlich selbst in ein Kostüm jener Zeit schlüpfen und sich in einer rekonstruierten Taverne aus dem 18. Jh. an den örtlichen Fisch- und Meeresfrüchtespezialitäten erfreuen. Es stehen vier köstliche und reichhaltige Hauptgerichte zur Auswahl, teilweise mit Krebs und Hummer. Das Restaurant befindet sich am Point of View Suites.

☆ Unterhaltung

Louisbourg Playhouse THEATER
(☎902-733-2996; 11 Lower Warren St; Tickets ab 15 C$; ⏲ Juni–Aug. 20 Uhr bis spätabends) Junge Musiker aus der Region sorgen während des Sommers in diesem Theater im Stile des 17. Jhs. für gute Unterhaltung.

ℹ Praktische Informationen

Tourist Information Office (☎902-733-2720; 7535 Main St; ⏲ 9–19 Uhr) Befindet sich im Stadtzentrum.

OSTKÜSTE

Wer von den hochsommerlichen Touristenmassen genug hat, kann sich in den Nebel der Ostküste flüchten. An der Eastern Shore, wie die Ostküste Nova Scotias zwischen Cape Canso an der östlichsten Spitze des Festlands bis zu den Außenbezirken von Dartmouth genannt wird, gibt es keine einzige größere Stadt. Die Hauptverbindungsstraße ist fast ebenso gewunden und verschlungen wie die zerklüftete Küstenlinie, der sie folgt. Ein wahres Paradies für alle, die Wildnis pur erleben und tagelang wandern oder Kajak fahren wollen, ohne anderen Naturliebhabern auf die Füße zu treten!

Guysborough

Guysborough wurde nach den amerikanischen Freiheitskriegen von loyalen Anhängern der britischen Krone besiedelt. Mit den Jahren wurde der landschaftlich sehr attraktive Ort wirtschaftlich ebenfalls ziemlich durchgeschüttelt. Das änderte sich, als Glynn Williams mit seiner Marke Authentic Seacoasts in die Stadt kam. Nach einer Investition von rund 8 Mio. C$ hat Guysborough nun u. a. einen reizvollen Golfplatz direkt am Meer erhalten. Angeschlossen sind eine kleine Brauerei, eine Fairtrade-Kaffeerösterei, ein Bäckerei-Café, ein Hotel sowie eine Kneipe. Bei Redaktionsschluss war der Bau einer riesigen Destillerie geplant. Durch diese Ansiedlungen hat sich Guysborough nicht nur in einen lebendigen Ferienort verwandelt, auch die Einheimischen verfügen nun endlich über Arbeitsplätze. Trotz allem blieben der alte Charme und die natürliche Schönheit der Stadt erhalten.

👁 Sehenswertes & Aktivitäten

Der 26 km lange **Guysborough Trail** ist ein Teilstück des Trans Canada Trail (TCT). Wanderer und Radfahrer finden hier ideale Bedingungen, während die geschützten Buchten zum Paddeln einladen.

Old Court House Museum MUSEUM
(☎902-533-4008; 106 Church St; ⏲ Mo–Fr 9–17, Sa–So 10–16 Uhr) GRATIS Zu sehen sind Exponate aus der Land- und Hauswirtschaft. Erhältlich sind auch Wanderführer und touristische Informationen.

🛏 Schlafen & Essen

Boylston Provincial Park CAMPINGPLATZ $
(☎902-533-3326; www.parks.gov.ns.ca; am Hwy 16; Stellplatz 18 C$) Die 36 schattigen Stellplätze sind niemals komplett belegt. Vom Picknickplatz am Highway unterhalb des Campingplatzes führt eine Fußgängerbrü-

ABSTECHER

SABLE ISLAND

Die sich ständig verändernde, 44 km lange Sandbank liegt gut 300 km südöstlich von Halifax und wird für mehr als 350 nachgewiesene Schiffsbrüche verantwortlich gemacht. Wirklich berühmt ist Sable Island aber für etwas ganz anderes: Hier lebt eine der wenigen echten Wildpferdherden der Welt.

Die 60 Vorfahren der heute auf Sable Island lebenden Pferde wurden 1760 auf die Insel gebracht, nachdem die Akadier von den Briten aus Nova Scotia deportiert worden waren. Dabei mussten die Akadier ihre gesamten Viehbestände zurücklassen. Angeblich nutzte der Bostoner Kaufmann und Schiffseigner Thomas Hancock die Gunst der Stunde und brachte die Pferde nach Sable Island, um Aufsehen zu vermeiden. Die Pferde, die dieses „Aussetzen" überlebten, wurden zu echten Wildpferden.

Heute gibt es auf der Insel eine Forschungsstation, die Jahr für Jahr von Wissenschaftlern aufgesucht wird, um Vögel, Robben und Pferde zu erforschen. Seit 2003 betreibt Exxon eine Erdgasförderung in nur 10 km Entfernung von der Insel. Bis jetzt haben sich daraus kaum Probleme für die Umwelt ergeben.

Für Nichtwissenschaftler ist es kompliziert und teuer, aber nicht ganz unmöglich, Sable Island zu besuchen – tatsächlich wagen sich jährlich etwa 50 bis 100 unerschrockene Besucher auf die Insel. Am besten fragt man bei der **Sable Island Station** (☎902-453-9350; gforbes@ca.inter.net) und gleichzeitig bei Environment Canada nach, wo man die erforderlichen Genehmigungen beantragen muss. Um den Transport zur Insel und zurück muss man sich selbst kümmern.

cke zu einer kleinen Insel rund 12 km nördlich von Guysborough.

★ **Desbarres Manor** INN $$$
(☎902-533-2099; www.desbarresmanor.com; 90 Church St; Zi. ab 199 C$; 📶) Das geschmackvoll renovierte Herrenhaus wurde 1830 errichtet und gehört zu den luxuriösesten Anwesen in Nova Scotia. Die massiven, üppig eingerichteten Zimmer sind Grund genug, um nach Guysborough zu kommen. Der Service und das Essen sind außergewöhnlich gut. Aktive Gäste können Kanu fahren, wandern und golfen.

Rare Bird Pub PUB $$
(☎902-533-2128; www.rarebirdpub.com; 80 Main St; Hauptgerichte 9–15 C$; ⏲11–2 Uhr) Der „seltene Vogel" ist ein ganz typisches Pub, in dem das Ale aus der Region in Strömen fließt, die Muscheln topfweise vertilgt werden, jedes Wochenende rockige Livemusik von der Ostküste zu hören ist und mittwochs die Fiddler am Bootsanleger vor der Kneipe aufspielen. Das genaue Programm steht im Internet.

Canso

Die älteste Hafenstadt auf dem nordamerikanischen Festland ist eine Anhäufung von kastenförmigen Fischerhäusern an einem baumlosen Ufer der Chedabucto Bay. Canso war schon früh auf den Fischfang angewiesen. Durch Abwanderung und Arbeitslosigkeit – als Folgen des drastischen Rückgangs der nördlichen Kabeljaubestände um 1990 – sank die Einwohnerzahl seither dramatisch.

Sehenswertes & Aktivitäten

Die Ortschaft liegt auf einer Landspitze, die für Wanderer, Kajakfahrer, Vogelfreunde und Surfer viele Ausflugsmöglichkeiten bietet.

Grassy Island National Historic Site HISTORISCHE STÄTTE
(☎902-366-3136; 1465 Union St; Eintritt 3 C$; ⏲Juni–Sept. 10– 18 Uhr) Das Informationszentrum direkt am Wasser erzählt die spannende Geschichte der Grassy Island National Historic Site, die unmittelbar vor der Küste liegt und täglich bis 16 Uhr per Boot besucht werden kann. Sie erinnert an ein kleines Fort, das die Briten 1720 errichteten, um die Insel gegen die Franzosen, die ihr Hauptquartier in Louisbourg hatten, zu verteidigen. Doch schon 1744 wurde das Fort komplett zerstört. Für die Besichtigung der Ruinen wurde ein **Wanderweg** mit acht Schautafeln eingerichtet, die die Geschichte der Gegend erläutern. Das Boot nach Grassy Island fährt

je nach Bedarf und Wetterlage vor dem Infozentrum ab.

Whitman House Museum MUSEUM
(☎902-366-2170; 1297 Union St; ⏲Juni–Sept. 9–17 Uhr) GRATIS Die **Touristeninformation** ist im Museumsgebäude von 1885 untergebracht. In der Ausstellung geht es um die Stadtgeschichte. Vom Dach gibt es einen tollen Ausblick.

Chapel Gully Trail WANDERN
Der 10 km lange Planken- und Wanderweg führt an einer Flussmündung entlang bis zur Küste. Er beginnt beim Leuchtturm auf dem Hügel hinter dem Krankenhaus am östlichen Ortsende von Canso. Am Startpunkt hängt eine große Wanderkarte.

Feste & Events

★ **Stan Rogers Folk Festival** MUSIK
(www.stanfest.com; ⏲1. Wochenende im Juli) Die meisten Leute kommen nur wegen des Stan Rogers Folk Festivals nach Canso. Beim größten Festival der Provinz vervierfacht sich die Bevölkerung der Stadt; auf sechs Bühnen wird dann Folk-, Blues- und traditionelle Musik gespielt. Um eine Unterkunft zu finden, muss man schon ein Jahr im Voraus buchen! Die Einheimischen richten extra für diese Tage 1000 Stellplätze für Camper ein; auf der Festivalwebsite finden sich weitere Angaben dazu. Wer etwas Schlaf genießen möchte, sollte so weit wie möglich von den Bühnen entfernt sein Zelt aufschlagen!

Schlafen

Last Port Motel MOTEL $$
(☎902-366-2400; www.lastportmotel.ca; 10 Hwy 16; Zi. 80–100 C$) Das schlichte Motel ist die einzige Übernachtungsmöglichkeit und liegt etwas außerhalb der Stadt.

Sherbrooke

Die angenehme Kleinstadt Sherbrooke liegt 123 km westlich von Canso und 63 km südlich von Antigonish. Sherbrooke steht ganz im Zeichen seiner wichtigsten Sehenswürdigkeit, die fast genauso groß ist wie der Ort selbst.

Auch die örtliche Touristeninformation befindet sich im **Sherbrooke Village** (☎902-522-2400; http://sherbrookevillage.novascotia.ca; Hwy 7; Erw./Kind 10,75/4,75 C$; ⏲Juni–Okt. 9.30–17.30 Uhr). In den 25 Gebäuden des Freilichtmuseums wird das Leben vor rund 125 Jahren nachgestellt. Dazu gibt es Vorführungen und kostümierte Angestellte. Die Besucher gehen so auf eine spannende Zeitreise in die Vergangenheit.

Auf einer ruhigen Farm hilft das **Days Ago B&B** (☎866-522-2811, 902-522-2811; www.bbcanada.com/daysago; 15 Cameron Rd; Zi. 70–80 C$, Hütte 80–90 C$; 📶) den Gästen beim Abschalten. Man kann sich auf der Sonnenterrasse entspannen oder mit einem Kajak auf Tour gehen. Die Gästezimmer teilen sich ein Bad, während die Hütte über ein eigenes Bad/WC verfügt.

An der winzigen Hauptstraße gibt es Kaffee und gutes Essen im himmlischen **Village Coffee Grind** (Sandwiches ca. 9 C$; ⏲Di–Sa 8–18, So 10–14 Uhr).

Taylor Head Provincial Park

Der spektakuläre **Park** (☎902-772-2218; www.parks.gov.ns.ca; 20140 Hwy 7) ist ein eher unbekanntes landschaftliches Highlight in Nova Scotia. Er umfasst eine Halbinsel, die 6,5 km in den Atlantik hineinragt. Auf der einen Seite zieht sich ein langer Strand mit sehr feinem Sand entlang, der zu einer geschützten Bucht hinausläuft.

Ungefähr 17 km Wanderwege durchziehen die Fichten- und Tannenwälder. Der 8 km lange Rundweg **Headland Trail** ist der längste von ihnen und folgt der zerklüfteten Küstenlinie bis zum Taylor Head, von dem aus man einen traumhaften Panoramablick genießt. Der kürzere **Bob Bluff Trail** ist ein 3 km langer Rundweg bis zu einer Steilküste mit hübscher Aussicht. Im Frühling sieht man überall farbenfrohe Wildblumen, die Gegend eignet sich zudem hervorragend zur Vogelbeobachtung. Man sollte seine Kühltasche mit guten Dingen füllen und hier einen ganzen Tag zum Wandern, Faulenzen und (wenn man sich ins kalte Wasser traut) Schwimmen einplanen.

Tangier

Rund 10 km südwestlich vom Taylor Head Provincial Park ist Tangier an der gesamten Atlantikküste der beste Ausgangspunkt für Kajaktouren. Einen sehr guten Ruf genießt der Veranstalter **Coastal Adventures**

Sea Kayaking (☎902-772-2774; www.coastaladventures.com; am Hwy 7; ⌚Juni–Sept.). Es gibt Angebote für Anfänger (halber/ganzer Tag 75/115 C$), einen Kajakverleih (Einer-/Zweierkajak 45/65 C$) sowie geführte Touren. Dem Veranstalter gehört auch das gemütliche und hervorragende B&B **Paddlers Retreat** (EZ 50 C$, DZ 60–85 C$; ⌚Mitte Juni–Mitte Okt.; 📶🐾).

Bei **Murphy's Camping on the Ocean** (☎902-772-2700; www.murphyscampingontheocean.ca; 291 Murphy's Rd; Zelt/Wohnmobil 27/39 C$, Wohnmobil Verleih 70–90 C$; ⌚Mitte Mai–Mitte Okt.; 📶🐾) heißt es raus aus dem Zelt und am Strand Muscheln suchen fürs Abendessen! Die Ausbeute kommt anschließend beim Strandbarbecue auf den Grill. Dazu erzählt Besitzer Brian seine Storys. Außer Stellplätzen für Wohnmobile werden auch Wohnmobile zum Übernachten vermietet. Die Zeltplätze bieten etwas Privatsphäre und über dem Bootsschuppen gibt es ein sehr spartanisches Zimmer für bis zu 4 Personen. Boote können für 75 C$ pro Stunde verliehen werden. Gäste, die auf den Inseln übernachten wollen, werden hingebracht und auch wieder abgeholt.

Für eine Kleinigkeit zu essen geht man am besten zu **J Willy Krauch & Sons Ltd** (☎902-772-2188; 35 Old Mooseland Rd am Hwy 7; ⌚Mo–Fr 10–17, Sa–So 9–17 Uhr). Hier gibt es den leckersten Räucherfisch ganz Nova Scotias. Zur Auswahl stehen vor allem Lachs, Aal und Makrele – Brot oder Cracker dazu muss man selbst mitbringen.

Von Charlotte Lake nach Jedore

Das winzige **Fisherman's Life Museum** (☎902-889-2053; http://fishermanslife.novascotia.ca; 58 Navy Pool Loop; Erw./Kind 4/2,75 C$; ⌚Juni–Okt. 10–17 Uhr) liegt von Tangier aus rund 45 km in Richtung Halifax. Eigentlich sollte es einen anderen Namen bekommen, denn der Mann des Hauses ruderte jeden Tag 16 km zu seinen Fischgründen. Seine Frau und seine 13 Töchter blieben zu Hause zurück, sodass das Museum vor allem die Hausarbeit der Frauen im frühen 20. Jh. dokumentiert. Die kostümierten Mitarbeiter sind sehr gastfreundlich und servieren Tee.

6 km weiter am Highway Richtung Halifax entführt das **Memory Lane Heritage Village** (5435 Clam Harbour Rd, Lake Charlotte; Erw./Kind 6/4 C$; ⌚Juni–Okt. 11–16 Uhr) in die 1940er-Jahre: Oldtimer, eine kinderfreundliche Tierfarm sowie zeittypische Gerichte und Einrichtungsgegenstände, wie z. B. Haushaltsgeräte und Waschmaschinen, sorgen für das entsprechende Ambiente.

New Brunswick

Inhalt ➡

Gut essen

- ➡ Rossmount Inn Restaurant (S. 466)
- ➡ North Head Bakery (S. 473)
- ➡ East Coast Bistro (S. 478)

Schön übernachten

- ➡ Carriage House Inn (S. 454)
- ➡ Algonquin Resort (S. 466)
- ➡ Inn at Whale Cove (S. 473)
- ➡ Mahogany Manor (S. 477)

Auf nach New Brunswick!

Im frühen 20. Jh. war New Brunswick schwer angesagt: Steinreiche Geschäftsleute, Baseballprofis der Major League und US-Präsidenten kamen hierher, um Lachse an silbern glitzernden Flüssen zu angeln und in rustikalen Lodges tief im Urwald zu nächtigen. Doch über die Jahrzehnte fiel New Brunswick wieder in einen Dornröschenschlaf. Heute nennt es manch ein Kanadier scherzhaft *drive-thru province* (Durchfahrtsprovinz), da Urlauber meist zu den bekannteren Nachbarn Prince Edward Island (PEI) und Nova Scotia eilen.

Doch die unberührte Wildnis bietet nach wie vor Flüsse für Fliegenfischer, küstennahe Inseln, herrliche Kajakrouten, verschneite Skiberge und malerische akadische Dörfer für Erkundungsfreudige. Wer dies alles auf der Durchfahrt nicht einfach links liegen lässt, tut sich selbst einen großen Gefallen. Im Anschluss ist Prince Edward Island immer noch da – versprochen!

Reisezeit

Fredericton

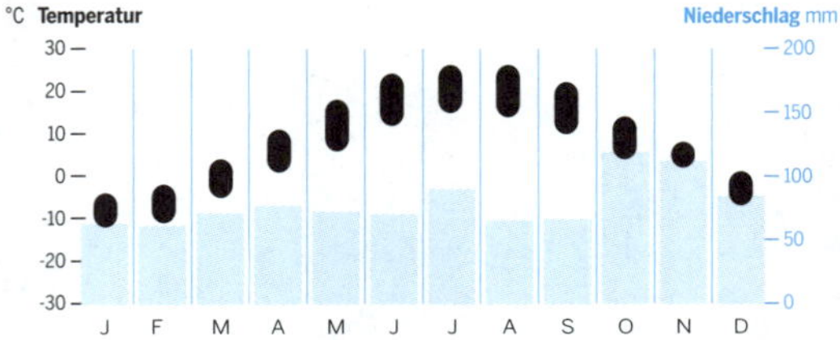

Juli–Sept. Walbeobachter strömen in Scharen nach St. Andrews by-the-Sea.

Aug. Das Festival Acadien in Caraquet entfesselt den frankokanadischen Geist der Akadier.

Nov.–März Skilangläufer bevölkern die präparierten Loipen im Fundy National Park.

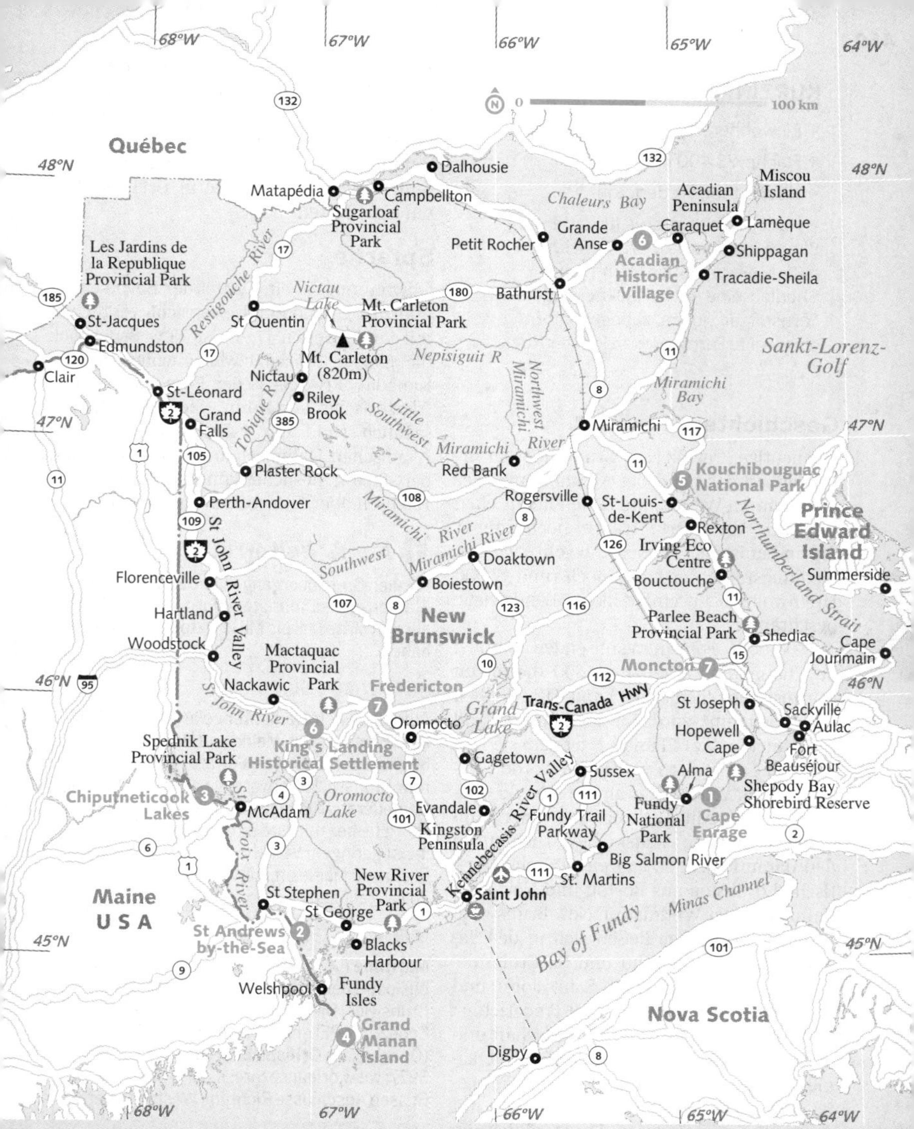

Highlights

1 Am **Cape Enrage** (S. 482) die Kraft des weltweit größten Tidenhubs spüren.

2 Das malerische **St. Andrews by-the-Sea** (S. 463) und seine Geschichte erkunden.

3 Kanufahren auf den **Chiputneticook Lakes** (S. 461).

4 Sich die frische Meeresluft auf der entlegenen, stillen **Grand Manan Island** (S. 470) um die Nase wehen lassen.

5 In der Lagune im **Kouchibouguac National Park** (S. 490) baden und an ihrem Sandstrand entspannen.

6 Im King's Landing **Historical Settlement** (S. 458) und **Acadian Historic Village** (S. 494) die interessante und lebhafte Geschichte hautnah erleben.

7 Auf den lebendigen Wochenmärkten in **Fredericton** (S. 451) und **Moncton** (S. 487) die angebotenen Delikatessen probieren und einkaufen.

KURZINFOS

- Einwohner: 751 000
- Fläche: 73 400 km^2
- Hauptstadt: Fredericton
- Kurios: Gleich drei weltgrößte Skulpturen hat New Brunswick aufzuweisen – einen Hummer in Shediac, eine Axt in Nackawic und die Farnspitzen (junge, schneckenförmig eingerollte Farnwedel) in Plaster Rock.

Geschichte

Die heutige Provinz New Brunswick war ursprünglich das Land der Mi'kmaq und der vor allem im Westen und Süden heimischen Maliseet. Viele Orte tragen noch immer die indianischen Namen, obwohl sich der Siedlungsraum der heute noch rund 17 000 Ureinwohner auf einige kleine Landstriche beschränkt.

Mit dem Forschungsreisenden Samuel de Champlain kamen um 1600 die ersten französischen Siedler ins Land. Die Akadier, wie sie genannt wurden, bestellten das Land rund um die Bay of Fundy. Nachdem sie 1755 von den Engländern vertrieben worden waren, kamen viele später an die Baie de Chaleurs zurück. Mit Ausbruch des amerikanischen Unabhängigkeitskrieges suchten in den darauffolgenden Jahren zahlreiche britische Loyalisten aus Boston und New York Zuflucht in der Wildnis von New Brunswick.

Diese Flüchtlinge ließen sich in den Tälern der Flüsse St. John und St. Croix nieder, gründeten die Stadt Saint John und verstärkten die Garnisonsstadt Fredericton.

Im 19. Jh. boomte die Holzwirtschaft und der Schiffsbau, mit Beginn des 20. Jhs. kamen andere Industriezweige wie die Fischerei hinzu. Diese Zeit der Blüte endete mit der Weltwirtschaftskrise. Heute zählen die Papier- und Zellstoffproduktion, Mineralölverarbeitung und der Kartoffelanbau zu den wichtigsten Wirtschaftszweigen der Provinz.

Geografie & Klima

Die vielfältige Landschaft der Provinz besteht aus feuchten, felsigen Küstengebieten, Flusstälern mit gemäßigtem Binnenklima und dicht bewaldeten Gebirgen im Landesinneren. Es gibt vier unterschiedliche Jahreszeiten: Die allgemein milden Sommer haben wenige heiße Tage. Vor allem im Frühjahr und Frühsommer tritt an der Bay of Fundy oft Küstennebel auf. Hauptsaison ist von Ende Juni bis Anfang September. Im übrigen Jahr haben viele touristische Einrichtungen wie Strände, geführte Touren und manche Unterkünfte in Urlaubsgebieten geschlossen.

Sprache

Obwohl nur ca. ein Drittel der Bevölkerung Französisch und Englisch spricht (verglichen mit landesweiten 17 %), ist New Brunswick die einzige offiziell zweisprachige Provinz Kanadas. Etwa 34 % der Einwohner haben französische Vorfahren. Sie leben hauptsächlich rund um Edmundston, auf der Akadischen Halbinsel, an der Ostküste und bei Mocton. Besucher können sich leicht auf Englisch oder Französisch verständigen.

An- & Weiterreise

An allen Grenzübergängen und in den meisten Städten gibt es Touristeninformationen, die aber nur von Mitte Mai bis Mitte Oktober geöffnet haben.

AUTO & MOTORRAD

Auto- und Motorradfahrer gelangen vor allem über Edmundston, Maine und Houlton (Nova Scotia) oder die Prince Edward Island (PEI) nach New Brunswick. Ostwärts gelangt man über die Confederation Bridge gratis von Cape Jourmain zur PEI – bezahlt wird auf der Rückfahrt. Trotz meist geringem Verkehrsaufkommen ist an der Grenze zu Maine oft mit Verzögerungen beim Zoll zu rechnen.

BUS

Maritime (☎ 1-800-575-1807; www.maritimebus.com) bedient die Hauptrouten in New Brunswick. Die Busse fahren auch nach Nova Scotia, zur PEI und bis nach Rivière-du-Loup (Québec), wo **Orléans Express** (☎ 888-999-3977; www.orleansexpress.com) mit seinen Bussen Anschlüsse Richtung Westen bietet.

FLUGZEUG

Ab Halifax, Montréal und Toronto fliegt Air Canada mehrmals täglich nach Moncton, St. John

ENTFERNUNGEN

Edmundston nach Saint John: 375 km

Fredericton nach Miramichi: 180 km

St. Andrews by-the-Sea nach Moncton: 254 km

und Fredericton. Nach Moncton geht es auch mit WestJet (ab Toronto) und United (1-mal tgl. direkt ab Newark). WestJet verbindet Toronto zudem mit St. John.

SCHIFF/FÄHRE

Die Fähre **Princess of Acadia** (☎888-249-7245, 506-649-7777; www.bayferries.com; Erw./Kind bis 5 Jahre 43/5 C$, Kind 6–13 Jahre 28 C$, Senioren 33 C$, Auto/Fahrrad 86/10 C$) der Gesellschaft Bay Ferries verkehrt ganzjährig zwischen Saint John und Digby (Nova Scotia). Die dreistündige Überfahrt kann viel Fahrzeit mit dem Auto oder dem Bus ersparen.

Da die Fähre im Juli und August immer sehr voll ist, heißt es früh erscheinen oder Autoplätze telefonisch reservieren. Selbst mit Reservierung sollte man sich eine Stunde vor dem Ablegen einfinden. Fußgänger und Radler können praktisch immer an Bord. Dort gibt es ein Restaurant und eine Bar.

Die Fähren zu den Fundy Isles steuern mehrere der Inseln an. Wer nicht im Voraus reservieren kann, sollte sehr frühzeitig vor der Abfahrt am Pier erscheinen, um vor Ort zu buchen.

ZUG

Passagierzüge der **VIA Rail** (☎888-842-7245; www.viarail.ca) verkehren zwischen Montréal und Halifax (219 C$, 15½ Std., tgl. außer dienstags) und halten in Campbellton, Miramichi und Moncton.

FREDERICTON

50 600 EW.

Vorbei an prächtigen Regierungsgebäuden am Ufer und der auf einem Hügel gelegenen Universität schlängelt sich der St. John River träge durch das extrem malerische Fredericton, die verschlafene Hauptstadt der Provinz. Am von Bäumen gesäumten Fluss erstrecken sich ausgedehnte Rasenflächen, über die sich Springbrunnen, Spazierpfade und Spielfelder verteilen: An warmen Wochenenden erinnert „The Green" an ein Aquarellgemälde mit spazieren gehenden Familien, Fußball spielenden Kindern und picknickenden Paaren.

Das kleine Geschäftsviertel der Innenstadt steht auf einem flachen, breiten Areal an einer Biegung des Flusses. Hübsche Ladenfassaden aus rotem Backstein und ruhige Wohnstraßen mit mächtigen, ehrwürdigen Ulmen, üppige Blumenbeete und wunderbar erhaltene Villen aus georgianischer oder viktorianischer Zeit prägen das Bild. Einzelne Kirchturmspitzen durchbrechen das Blätterdach über dem Zentrum.

Sehenswertes

1875 erklärte man Fredericton zur Hauptstadt der neu geschaffenen Provinz New Brunswick. Der zwei Blöcke breite Streifen entlang der Queen Street zwischen der York und der Regent Street bildet den Historic Garrison District: Hier waren britische Soldaten über weite Teile des späten 18. und frühen 19. Jhs. kaserniert. Heute ist die Garnison ein belebter Mehrzweckkomplex in einem eindrucksvollen Gemäuer.

Old Government House HISTORISCHES GEBÄUDE
(www.gnb.ca/lg/ogh; 51 Woodstock Rd; ⌚Mo–Sa 10–16, So 12–16 Uhr) GRATIS Der prächtige Sandsteinpalast wurde 1826 für den britischen Vizegouverneur errichtet. Der Statthalter der Königin zog 1893 aus, nachdem die Provinzverwaltung nicht mehr für seine Ausgaben aufkommen wollte. Über den Großteil des 20. Jhs. diente der Komplex als Hauptquartier der Royal Canadian Mounted Police (RCMP). Heute erinnern Touren mit historisch kostümierten Führern stimmungsvoll an die alten Tage. New Brunswicks aktueller britischer Vizegouverneur lebt im dritten Stock: Graydon Nicholas, ein Angehöriger der Maliseet Nation, ist zugleich der erste Rechtsanwalt des Atlantischen Kanada mit indigener Abstammung.

★ **Beaverbrook Art Gallery** MUSEUM
(www.beaverbrookartgallery.org; 703 Queen St; Erw./Kind 10/5 C$, Do ab 17 Uhr Eintritt gegen Spende; ⌚Mo–Mi, Fr & Sa 10–17, Do 10–21, So 12–17 Uhr) Die relativ kleine, aber ausgezeichnete Galerie war eines der Geschenke von Lord Beaverbrook an die Stadt. Hier ein oder zwei Stunden zu verbringen lohnt sich. Zu der außergewöhnlichen Sammlung zählen Werke international renommierter Meister. Ausgestellt sind u. a. Werke von Constable, Dalí, Gainsborough und Turner sowie von kanadischen Künstlern wie Thompson, Emily Carr und Cornelius Kreighoff. Wechselausstellungen widmen sich zeitgenössischer Kunst aus den atlantischen Provinzen Kanadas.

Officers' Square HISTORISCHE STÄTTE
(www.downtownfredericton.ca; zwischen Carleton St & Regent St; ⌚Wachwechsel Juli & Aug. tgl. 11 & 16 Uhr, Do auch 19 Uhr) Der Officers' Square ist der frühere Paradeplatz des Garrison District. Heute finden hier sommerliche

Fredericton

Fredericton

Highlights
1 Beaverbrook Art Gallery D2

Sehenswertes
2 Christ Church Cathedral D2
3 Guard House C1
4 Officers' Square C2
5 Old Government House A1
6 Old Loyalist Burial Ground C2
7 Soldiers' Barracks C1
8 York Sunbury Historical Museum C2

Aktivitäten, Kurse & Touren
9 Lighthouse on the Green C2
10 Small Craft Aquatic Centre A1

Schlafen
11 Brennan's B&B D3
12 Carriage House Inn D3
13 Crowne Plaza Lord Beaverbrook C2
14 Fredericton International Hostel C3

Essen
15 Blue Door C2
16 Caribbean Flavas C1
17 Chez Riz B1
18 Second Cup C2
19 WW Boyce Farmers Market C2

Ausgehen & Nachtleben
20 Boom! Nightclub C2
21 Lunar Rogue Pub D2

Unterhaltung
22 Playhouse D2

Wachwechsel in prächtigen, traditionellen Uniformen statt.

Ebenfalls in den Sommermonaten gibt das Calithumpians Outdoor Summer Theatre vor Ort seine beliebten lustigen historischen Parodien (kostenlos; Mo–Fr/Sa & So 12.15/14 Uhr) zum Besten; abends werden dann auch Konzerte mit Jazz, Rock und keltischer Musik veranstaltet (weitere Details s. Website).

York Sunbury Historical Museum MUSEUM
(☎506-455-6041; www.yorksmuseum.com; Officers' Sq; Erw./Stud. 5/2 C$; ⏲April–Nov. 10–17 Uhr, Dez.–März auf Anfrage) Das Museum ist in den Offiziersquartieren aus dem 19. Jh. auf der Westseite des Officer's Square untergebracht. Es beleuchtet die Stadtgeschichte z. B. anhand von Militaria, die örtliche Regimenter oder britische bzw. deutsche Armeen im Burenkrieg und beiden Weltkriegen

benutzten. Gezeigt werden auch indigene und akadische Stücke und Möbel, die aus dem Wohnzimmer eines Loyalisten und einem viktorianischen Schlafgemach stammen. Unbedingt Frederictons legendären „Coleman Frog“ (19 kg) anschauen! Echter Frosch oder Gipsmodell? Tja, das ist eine gute Frage.

Soldiers' Barracks HISTORISCHE GEBÄUDE
(Ecke Queen St & Carleton St; ⌚Di–So 10–17 Uhr) GRATIS Die triste Steinkaserne im Garrison District vermittelt einen Eindruck davon, wie die Soldaten um 1820 mit schlechtem Essen und viel Alkohol ihr Dasein fristeten. Schon die Holzpritschen und dünnen Strohmatratzen im angrenzenden **Guard House** von 1828 waren sicher kein Spaß, im Vergleich mit den Arrestzellen aber ein Honigschlecken! Unten sind heute Ateliers von Kunsthandwerkern untergebracht.

Old Loyalist Burial Ground FRIEDHOF
(Brunswick St; ⌚8–21 Uhr) Der stimmungsvolle Loyalistenfriedhof von 1784 vermittelt Geschichte auf eine ganz eigene, nachdenklich stimmende Weise: Hier ruhen viele Großfamilien und furchtbar früh verstorbene Kinder. Nach dem Amerikanischen Unabhängigkeitskrieg von 1776 kamen königstreue Loyalisten aus den 13 englischen Kolonien nach Fredericton.

Christ Church Cathedral KIRCHE
(www.christchurchcathedral.com; 168 Church St) Die Kathedrale von 1853 ist ein ausgezeichnetes frühes Beispiel für die neogotischen Architektur des 19. Jhs. Ihre Buntglasfenster sind wunderschön. Das architektonische Vorbild war die St. Mary's Church in Snettisham (Norfolk).

Aktivitäten

Small Craft Aquatic Centre BOOTSVERLEIH
(abseits der Woodstock Rd; Boot pro Std. 10 C$; ⌚Mai–Sept.) Das kleine Zentrum neben dem Old Government House am St. John River verleiht Kanus, Kajaks und Ruderboote, auf Wunsch auch wochenweise. Zudem bietet es geführte Kanu- oder Kajaktouren, naturkundliche Flussexkursionen (1 Std.–3 Tage) und Kanu- bzw. Kajakkurse an.

Lighthouse on the Green WANDERN, RADFAHREN
(Ecke Regent St & St Anne Point Dr; ⌚9-18 Uhr) Der Leuchtturm am Flussufer ist gleichzeitig Infozentrum und Kleinmuseum. Hier beginnen bzw. treffen sich 70 Spazierwegkilometer, die rund um die Stadt und entlang des Flusses führen. Vor Ort gibt es Wanderkarten und eine Terrasse, auf der im Sommer Wochenendkonzerte und mittwochabends Yogasessions stattfinden.

Geführte Touren

Heritage Walking Tours GEFÜHRTER SPAZIERGANG
(⌚tgl. Juni 16 Uhr, Juli & Aug. 14.30 & 17 Uhr, Sept.–Nov. 16 Uhr) GRATIS Die jungen, engagierten Guides in historischen Kostümen leiten gute Gratisführungen (1 Std.). Der Spaziergang beginnt am Rathaus. Besucht werden z. B. das Flussufer, das Regierungsviertel und der Historic Garrison District.

Haunted Hikes GEFÜHRTER SPAZIERGANG
(www.calithumpians.com; 796a Queen St; Erw./Kind 14/9 C$; ⌚Juli & Aug. Mo–Sa 21.15 Uhr) Begleitet von kostümierten Schauspielern, die historische Personen mimen, geht es auf eine unterhaltsame Spurensuche nach Frederictons Geistern.

Festivals & Events

Notable Acts Summer Theatre Festival THEATER
(www.nbacts.com; ⌚Ende Juli) Im Rahmen von Theater- und Straßenaufführungen werden noch unbekannte und etablierte Dramatiker vorgestellt.

Harvest Jazz & Blues Festival MUSIK
(www.harvestjazzandblues.com; ⌚Sept.) Während des beliebten einwöchigen Festivals treten Jazz-, Blues- und Dixielandmusiker aus ganz Nordamerika auf, und die ganze Innenstadt verwandelt sich in ein „New Orleans des Nordens“.

Silver Wave Film Festival FILM
(www.swfilmfest.com; ⌚Anfang Nov.) Organisator des dreitägigen Filmfestivals ist die NB Filmmakers' Cooperative. Gezeigt werden Filme aus New Brunswick, Kanada und aller Welt. Lesungen ergänzen das Programm.

Schlafen

Im Südwesten der Stadt befinden sich am Fredericton Bypass und der parallel dazu verlaufenden Prospect Street etliche Budget- und Mittelklassemotels.

Fredericton International Hostel HOSTEL $
(☎506-450-4417; fredericton@hihostels.ca; 621 Churchill Row; HI-Mitglieder/Nichtmitglieder 30/35 C$; ⌚Büro 8–12 & 18– 22 Uhr; 🚭@) Neben dem Hostel beherbergt das düste-

re weitläufige Gebäude auch ein Studentenwohnheim. In dem etwas gruseligen Untergeschoss gibt es Billardtische und eine Wäscherei.

Town and Country Motel MOTEL $
(☎506-454-4223; 967 Woodstock Rd; EZ & BZ 90 C$, 3BZ 100 C$; ❄) In einer ruhigen Lage am Fluss bietet das Motel picobello saubere, helle Zimmer mit moderner Ausstattung und Küchenzeile. Panoramafenster gewähren einen herrlichen Ausblick auf den Fluss. Das Motel liegt an dem Wander- bzw. Radweg 3 km westlich des Stadtzentrums.

★ **Carriage House Inn** B&B $$
(☎506-452-9924, 800-267-6068; www.carriagehouse-inn.net; 230 University Ave; Zi. mit Frühstück 105–139 C$; ❄) Das wunderschön restaurierte, 1875 im Queen Anne Style errichtete Haus steht nahe dem „Green" in einem schattigen viktorianischen Viertel. Ursprünglich wurde es für einen Holzbaron und Ex-Bürgermeister Frederictons errichtet. Im prächtigen Gemeinschaftsraum gibt es polierte Parkettböden, Antiquitäten, bequeme Sofas, offene Kamine und einen Flügel. Die Gästezimmer im Obergeschoss warten mit hohen Decken, Himmelbetten, zeitgenössischen Tapeten und historischen Illustrationen auf. Eine breite Veranda lädt zum Relaxen ein.

Brennan's B&B B&B $$
(☎506-455-7346; www.bbcanada.com/3892.html; 146 Waterloo Row; Zi. mit Frühstück 95–135 C$; ❄@) Die mit einem kleinen Türmchen geschmückte weiße Villa am Flussufer wurde 1885 für eine reiche Kaufmannsfamilie erbaut. Heute ist sie ein fesches B & B mit vier Zimmern; die besseren punkten mit Parkettböden und Blick aufs Wasser.

Crowne Plaza Lord Beaverbrook HOTEL $$$
(☎506-455-3371; www.cpfredericton.com; 659 Queen St; Zi. 120–270 C$; ❄) Lord Beaverbrook hat der Stadt auch dieses Innenstadthotel von 1948 vermacht. Sehenswerte Bibermosaike zieren die Fassade. Hochzeitsgesellschaften, Kongressteilnehmer und Geschäftsreisende sorgen hier stets für Hochbetrieb. Die Lobby verbreitet einen Hauch von Vintage-Glamour. Die 168 modernen Zimmer sind komfortabel.

Essen

Für eine so kleine Stadt hat Fredericton eine bemerkenswert vielfältige, weltoffene Gastroszene. Die meisten Restaurants liegen im fußgängerfreundlichen Stadtzentrum. In der Stadt wird auch die Kaffeekultur gepflegt und in etlichen hübschen Cafés zelebriert.

WW Boyce Farmers Market MARKT $
(www.boycefarmersmarket.com; 665 George St; ⏲6–13 Uhr) Diese Institution von Fredericton ist eine prima Anlaufstelle, wenn man auf der Suche nach frischem Obst, Gemüse, Fleisch, Käse, Kunsthandwerk, Desserts und Blumen ist. Viele der ca. 150 Stände reflektieren das europäische Stadterbe z. B. mit französischer Entenleberpastete, britischer Marmelade oder Würstchen nach deutscher Art. Im Marktrestaurant stehen Einheimische Schlange, um zu tratschen und Leute zu beobachten.

Second Cup CAFÉ $
(www.secondcup.com; Kings Place Mall, 440 King St; Snacks 3–7 C$; ⏲Mo–Sa 6.30–21, So 9–2 2 Uhr;) Warmes Licht, Weltmusiksounds und der Duft von frisch geröstetem Kaffee ziehen nicht nur Passanten, sondern auch zahlreiche Stammgäste an. Dazu zählen Büroangestellte aus der Umgebung und ambitionierte Nachwuchsautoren, die ihren Laptop quälen.

Caribbean Flavas KARIBISCH $$
(www.caribbeanflavas.ca; 123 York St; Hauptgerichte 16–25 C$; ⏲Di–Fr 11.30–14.30 & 16.30–20.30, Sa 16.30–20.30 Uhr) Aromen und Farben der karibischen Küche prägen die Gerichte in dem hellen, kleinen Restaurant. Für eine geschmackvolle Mahlzeit in zwangloser Atmosphäre eignet es sich bestens. Alkoholische Getränke müssen die Gäste allerdings selbst mitbringen.

Chez Riz INDISCH $$
(☎506-454-9996; 366 Queen St; Hauptgerichte 16–23 C$; ⏲Mo–Fr 11.30–14.30 & 17–21, Sa 17–21 Uhr) Hier kommen köstliche Gerichte der indischen und pakistanischen Küche auf den Tisch. Eine romantisch-schummerige Beleuchtung verleiht dem Restaurant ein stylisches Höhlenflair.

Schnitzel Parlour DEUTSCH $$
(☎506-450-2520; www.facklemanschocolateheaven.com; 3136 Woodstock Rd; Hauptgerichte 19–24 C$; ⏲Di–Sa 17.30–22 Uhr) Das gemütliche Landgasthaus hat sich auf die herzhafte Kost der traditionellen deutschen Küche spezialisiert. Auf der Speisekarte stehen u. a. pikantes Gulasch (Geheimrezept mit Schokolade als Würze), Wildschwein-Eintopf

NEW BRUNSWICK IN …

… vier Tagen

Der erste Tag gehört dem **King's Landing Historical Settlement** (S. 458). Nach Ankunft in Fredericton am Samstagmorgen heißt es die Stände des **WW Boyce Farmers' Market** (S. 454) abklappern. Es folgt die **Beaverbrook Art Gallery** (S. 451) mit einigen alten Meistern und zeitgenössischer Kunst aus Kanada. Auf der **Old River Road** geht es dann über Gagetown zur Hafenstadt St. John; unterwegs laden ein paar Töpferateliers zu Zwischenstopps ein. Am Samstagabend empfehlen sich in **St. John** z. B. das **O'Leary's Pub** (S. 479) mit Livemusik aus den Seeprovinzen oder ein Stück im **Imperial Theatre** (S. 479). Am nächsten Morgen folgt man dem Ufer der Bay of Fundy westwärts, um per Fähre nach **Grand Manan Island** überzusetzen: Dort kann man Wale beobachten, wandern, radeln oder einfach auch nur mit einem guten Schmöker auf der Veranda relaxen.

… einer Woche

Nach der Rückkehr auf das Festland führt eine Panoramastrecke ostwärts durch **St. Martins**, **Sussex** und den **Fundy National Park** (S. 481). Am **Parlee Beach** bei Shediac bietet sich ein kurzes erfrischendes Bad im Meer an, bevor es nordwärts in Richtung Bouctouche weitergeht. **Le Pays de la Sagouine** (S. 489) gibt Einblicke in die akadische Kultur, die durch einen Abstecher ins moderne Dorf **Caraquet** und eine Zeitreise ins **Acadian Historic Village** (S. 494) aus dem frühen 19. Jh. abgerundet werden. Alternative: Oben in **Miramichi** einige Tage mit Lachsangeln oder Tubingtouren auf dem berühmten Fluss verbringen.

Outdoor-Abenteuer

Zunächst kann man ein paar Tage am Meer zelten, an den Dünen entlang mit dem Kajak umherpaddeln und die Rad- bzw. Wanderwege im **Kouchibouguac National Park** testen. Dann könnte man für einen Tag oder auch eine Woche auf dem Nordabschnitt des **International Appalachian Trail** bis zum Mt. Carleton marschieren, über die **Grand Manan Island** oder entlang des **Fundy Trail Parkway** (S. 482). An der **Passamaquoddy Bay** (S. 468) warten Trips mit Seekajaks, gefolgt von einer einwöchigen Kanutour über die **Chiputneticook Lakes**. Alternativ radelt man das **St. John River Valley** hinauf oder erkundet in Tagesausflügen **Grand Manan**, **Fredericton** und **Sussex**. Zudem sollte man unbedingt ein paar Tage für Walbeobachtungen und eine interessante Bootsfahrt zu den Papageitauchern von **Machias Seal Island** reservieren.

Kanukarten für die Flüsse Nepisiquit, Restigouche, Southwest Miramichi, St Croix und Tobique gibt es bei **Service New Brunswick** (www.snb.ca; 7 C$ pro Karte). Dort sind auch ein Wanderführer für den **New Brunswick Trail** (13 C$) und eine Gratiskarte mit Schneemobilrouten zu bekommen.

und sechs verschiedene Schnitzelarten mit hausgemachten Spätzle. Alkoholische Getränke müssen die Gäste selbst mitbringen. Die hauseigene **Chocolaterie Fackleman** (ab mittags geöffnet) verkauft Trüffelpralinen und Torten in der Art, wie sie jeder in Deutschland oder in Österreich kennt. Das Restaurant liegt 8 km westlich der Stadt an der Woodstock Road.

Blue Door FUSION **$$$**
(☎ 506-455-2583; www.thebluedoor.ca; 100 Regent St; Hauptgerichte 14–28 C$; ⏲ Mo 17–21, Di–Fr 11.30–14 & 17–21, So 17–21 Uhr) In dem angesagten Restaurant werden Gerichte der gehobenen Fusionküche serviert, z. B. Bruschetta mit Gorgonzola, Kabeljau mit Ahorn-Miso und Hähnchencurry. Schickes urbanes Ambiente und gedämpfte Beleuchtung verleihen dem Speiseraum ein angenehmes Flair. Bei den Gästen sind die Retro-Cocktails wie der Singapore Sling oder Harvey Wallbanger besonders beliebt.

Ausgehen & Nachtleben

Abends erwachen die Bars, Pubs und Dachterrassen-Restaurants an der King und Queen Street zum Leben.

Lunar Rogue Pub PUB
(www.lunarrogue.com; 625 King St; ⏲Mo–Sa 10 Uhr bis spätnachts, So 11–22 Uhr) In dem fröhlichen Einheimischen-Treff gibt es gutes Bier und eine ordentliche Auswahl an Single Malts. Bei warmem Wetter sind die Plätze auf der Terrasse bei den Gästen besonders begehrt.

Boom! Nightclub CLUB
(www.boomnightclub.ca; 474 Queen St; Eintritt 5–8 $; ⏲Mi–So 20 Uhr bis spätnachts) In der hippen Mixtur aus Schwulenbar und Tanzclub sind amüsierfreudige Leute jeder Couleur willkommen.

☆ Unterhaltung

Der kostenlose Szenemagazin „Here" informiert über Konzerte, Vernissagen in Kunstgalerien und viele andere Events in Fredericton. Es erscheint wöchentlich und wird überall in der Stadt zum Mitnehmen verteilt.

Outdoor Summer Concerts LIVEMUSIK
(www.tourismfredericton.ca) GRATIS In den Sommermonaten beschallen lokale Livemusiker diverse Innenstadtavenues vom Officers' Square bis hin zum Lighthouse on the Green. Dabei reicht das Spektrum von Trommeln und schottischen Dudelsäcken bis hin zu Country und Blues (weitere Details s. Website).

Playhouse THEATER
(www.theplayhouse.nb.ca; 686 Queen St) Rund ums Jahr finden im Playhouse Konzerte, Shows, Schauspiel- und Ballettaufführungen statt.

ℹ Praktische Informationen

Dr. Everett Chalmers Hospital (☎506-452-5400; 700 Priestman St) Liegt 2 km südlich des Stadtzentrums.

Fredericton Public Library (12 Carleton St; ⏲Mo, Di, Do & Sa 10–17, Mi & Fr 10–21 Uhr) Kostenloser Internetzugang; die Belegung der Computerplätze erfolgt nach dem Prinzip: Wer zuerst kommt, mahlt zuerst.

Hauptpost (☎506-444-8602; 570 Queen St; ⏲Mo–Fr 8–17 Uhr) Ausgabestelle für postlagernde Sendungen, adressiert an „Fredericton, NB E3B 4Y1".

Visitors Center (☎888-888-4768, 506-460-2129; www.tourismfredericton.ca; City Hall (Rathaus), 397 Queen St; ⏲9–20 Uhr) Besucher können hier kostenlose Parkausweise für die Innenstadt erhalten.

ℹ An- & Weiterreise

AUTO & MOTORRAD

Von Mai bis Oktober berechtigen Fahrzeuge mit einer Zulassung außerhalb der Provinz zu einem kostenlosen, drei Tage gültigen Parkausweis für das Stadtzentrum. Für Besucher mit einem in New Brunswick zugelassenen Fahrzeug gibt es nur einen Tagesausweis. Die Parkausweise sind im Besucherzentrum in der City Hall (Rathaus) erhältlich.

Die Autovermieter Avis, Budget, Hertz und National haben Servicebüros am Flughafen.

BUS

Das **Maritime Bus Terminal** (☎1-800-575-1807; www.maritimebus.com; 150 Woodside Lane) liegt einige Kilometer südwestlich des Stadtzentrums. Hier einige nützliche Busverbindungen:

Moncton (44 C$, 2¼ Std., 2-mal tgl.)
Charlottetown, PEI (69 C$, 5½ Std., 2-mal tgl.)
Bangor, Maine (58 C$, 7½ Std., 1-mal tgl.)
Saint John (31 C$, 1½ Std., 2-mal tgl.)

FLUGZEUG

Der **Fredericton International Airport** (YFC; www.yfcmobile.ca) liegt 14 km südöstlich der Stadt am Highway 102.

ℹ Unterwegs vor Ort

Ein Taxi zum Flughafen kostet 18 bis 22 C$. **Radical Edge** (☎506-459-3478; www.radicaledge.ca; 386 Queen St; pro Tag 25 C$) verleiht Fahrräder.

Einzeltickets für das passable Stadtbusnetz von **Fredericton Transit** (☎506-460-2200) kosten 2 C$ inklusive Umsteigen. Die Busse verkehren von 6.15 bis 23 Uhr (Mo–Sa). Die meisten Stadtbusrouten beginnen an der King's Place Mall (King Street zwischen York & Carleton Street).

OBERES TAL DES ST. JOHN RIVER

Der St. John River entspringt im US-Bundesstaat Maine, windet sich entlang der westlichen Grenze von New Brunswick durch dichte Wälder und üppig grüne Felder, bahnt sich zwischen baumbestandenen Ufern seinen Weg durch die Provinzhauptstadt Fredericton und fließt zwischen flachen Inseln durch eine sanfte Hügellandschaft, bevor er schließlich nach 700 km in die Bay of Fundy mündet. Der mächtige Strom ist die Hauptattraktion der Provinz

ABSTECHER

PANORAMAFAHRT: UNTERES TAL DES ST. JOHN RIVER

Der wichtigste Highway (Route 7) zwischen Fredericton und der Hafenstadt St. John führt südwärts durch ein riesiges Gebiet mit zahllosen Bäumen. Eine wesentlich malerischere, wenn auch fast doppelt so lange Route folgt den sanften Kurven des St. John River durch hügeliges Ackerland und einige historische Dörfer hinunter zur Bay of Fundy.

Los geht es am nördlichen Flussufer in Fredericton: Zunächst führt die Route 105 südwärts über Maugerville nach Jemseg. An der Ausfahrt 339 beginnt dort die Route 715 South zum **Fähranleger Gagetown** (24 Std., ganzjährig) GRATIS. Dort startet die erste von insgesamt acht kostenlosen Seilfähren, die den majestätischen St. John River auf dem Weg nach St. John überqueren. Auf die Überfahrt (ca. 5–10 Min.) muss man nie länger als ein paar Minuten warten.

Am gegenüberliegenden Ufer kommt nach ein paar Kilometern gen Norden das hübsche Dorf **Gagetown** – aus dem 18. Jh. in Sicht – allemal einen Besuch wert: An der Front Street warten Kunsthandwerksateliers und diverse einladende Cafés. Das tolle **Queen's County Museum** (69 Front St; Erw./Kind 3 C$/frei; 10–17 Uhr) befindet sich in einem Haus von 1736, in dem einst Sir Leonard Tilley aufwuchs. Das sehr sachkundige Personal geleitet die Besucher durch die Ausstellung, die ein Spektrum von den regionalen Ureinwohnern in vorkolonialer Zeit über das Siedlerleben im 18. Jh. bis hin zum Zweiten Weltkrieg abdeckt. Die **Gagetown Cider Company** (506-488-2147; 127 Fox Rd; 13–18 Uhr) veranstaltet Führungen nach Vereinbarung.

Den malerischen Gagetown Creek erkundet man am besten per Boot. **Village Boatique** (877-488-1992; 50 Front St) verleiht Kanus (pro Std./Tag 10/50 C$) und Kajaks (15/75 C$). Das gemütlich **Step-Aside Inn** (506-488-1808; stepamau@nbnet.nb.ca; 58 Front St; EZ/DZ inkl. Frühstück 80/95; C$; Mai-Dez.;) hat vier helle Zimmer mit Flussblick. Das **Old Boot Pub** (48 Front St; 11–22 Uhr) am Fluss stärkt Hungrige mit Rauchfleisch-Sandwiches und Bier.

Von Gagetown aus heißt es nun südwärts der Route 102 folgen, die Einheimische auch „Old River Road" nennen – angelehnt an den Status als Hauptverkehrsader des Tals in guter alter Zeit, in der noch Flussdampfer ihren Dienst verrichteten und der heutige zweispurige Highway noch nicht existierte. Aus diesen Tagen stammen auch die stattlichen alten Bauernhäuser und verwitterten Heuschober, die hier und da entlang des Tals stehen. Der hügelige, 42 km lange Streckenabschnitt zwischen Gagetown und dem **Fähranleger Evandale** (24 Std., ganzjährig) GRATIS ist besonders malerisch. Hierfür sorgen herrliche Panoramablicke auf üppige Wildblumenwiesen, weiße Bauernhäuser und grün-goldene Inseln im leuchtend blauen Fluss.

Vor 100 Jahren war Evandale ein belebtes Nest, in dem eine Tanzkapelle die per Flussdampfer angereisten Übernachtungsgäste des **Evandale Resort** (506-468-2222; Fähranleger; Zi. 139–199 C$) unterhielt. Letzteres hat sechs Zimmer und ein Nobelrestaurant und erstrahlt nach einer Renovierung nunmehr wieder in viktorianischer Pracht. Am anderen Ufer ist es entlang der Route 124 nur ein kurzes Stück bis zur **Belleisle Ferry** (24 Std., ganzjährig) GRATIS. Diese Fähre schippert gemächlich zur ländlichen Kingston Peninsula; von deren gegenüberliegender Seite setzt die **Gondola Point Ferry** (am Hwy 1 bei Ausfahrt 141 ausgeschildert) GRATIS (am Highway 1 bei Ausfahrt 141 ausgeschildert) GRATIS direkt nach St. John über.

und bildete jahrhundertelang deren Hauptverkehrsader. Die malerische Flusslandschaft lässt sich am besten bei der Fahrt mit dem Auto oder mit dem Fahrrad auf dem Trans-Canada-Trail (TCT) genießen. Der Streckenverlauf folgt dem Fluss über fast die gesamte Länge.

Wer mit dem Auto unterwegs ist, hat die Wahl zwischen zwei Routen durch das Tal: dem schnelleren, überwiegend am westlichen Flussufer verlaufenden Trans-Canada-Highway (Highway 2) und dem alten, landschaftlich reizvolleren Highway 105 am Ostufer, der sich durch viele kleine Dörfer schlängelt. Unterwegs zweigen der Highway 17 (bei St. Leonard) und die Route 385 (bei Perth-Andover) ab und führen in Richtung Nordosten durch die Appalachen in den wildromantischen Mt. Carleton Provincial Park.

King's Landing Historical Settlement

Eine der Topsehenswürdigkeiten der Provinz ist dieses detailgetreu wiederaufgebaute **Loyalistendorf** (✆506-363-4999; www.kingslanding.nb.ca; Erw./Kind/Fam. 16/11/38 C$; ⏲Juni–Okt. 10–17 Uhr) aus dem frühen 19. Jh., 36 km westlich von Fredericton. 100 Bewohner in historischen Kostümen leben und arbeiten in diesem Museumsdorf. Die elf Wohnhäuser, eine Schule und eine Kirche, der Laden und die Sägemühle sind Originalgebäude aus dem 19. Jh. und vermitteln einen Einblick in das tägliche Leben (und Essen) der Pioniere in den Seeprovinzen. Den ganzen Tag über finden Vorführungen und Veranstaltungen statt. Die Besucher werden in Pferdekutschen herumgefahren. Das Gegenstück zu diesem lebendigen Dorf der Loyalisten ist das ebenso eindrucksvolle Acadian Historic Village in Caraquet. Das **King's Head Inn**, ein Pub aus den 1850er-Jahren, serviert – authentisch bei Kerzenschein – Speisen und Getränke der damaligen Zeit. Besondere Programme und regelmäßige Veranstaltungen für Kinder machen King's Landing zum idealen Ausflugsziel für die ganze Familie. So kann man locker einen halben Tag oder länger hier verbringen.

10 km weiter südlich bietet der recht volle, ferienparkähnliche **Mactaquac Provincial Park** (Tagesgebühr 7 C$/Fahrzeug) Gelegenheit zum Schwimmen, Angeln und Wandern, Picknick- und Campingstellplätze, Bootsverleih und einen riesigen **Campingplatz** (✆506-363-4747; 1256 Hwy 105; Zeltplatz/Stellplatz 24/28 C$; ⏲Juni–Okt.).

Hartland

Zu diesem winzigen Weiler gehört der „Großvater" von New Brunswicks vielen überdachten Holzbrücken: Die 1897 erbaute, sehr fotogene **Hartland Bridge** (390 m) über den St. John River ist heute eine National Historic Site. Dank Blick auf Fluss und Brücke sind die Picknicktische bei der Touristeninformation ein erstklassiger Ort für ein Mittagessen. Proviant gibt es im gegenüberliegenden Lebensmittelladen. Ansonsten ist das Dorf eher trist.

Rebecca Farm B&B (✆506-375-1699; Rockland Rd; DZ inkl. Frühstück 100–130 C$;) Etwa 4 km außerhalb vom Ortszentrum steht inmitten von herrlich hügeligen Kartoffeläckern das tadellos erhaltene Bauernhaus aus dem 19. Jh.

Florenceville & Umgebung

Das schmucke, grüne Flussdorf Florenceville ist das Pommeszentrum des Planeten: Umgeben von Tausenden von Hektar Kartoffeläckern liegt hier die Heimat des Tiefkühlkost-Imperiums McCain Foods. McCain wurde 1957 von den gleichnamigen Brüdern gegründet und ist immer noch in Familienbesitz. Zusammen mit 54 internationalen Standorten fabriziert das Stammwerk in Florenceville ein Drittel aller Pommes dieser Welt. Mit einer Produktionsmenge von rund 500 000 kg pro Stunde erwirtschaftet das Unternehmen einen jährlichen Reinerlös von 5,8 Mrd. C$.

Einen Besuch wert ist das **Potato World Museum** (www.potatoworld.ca; Rte 110; Touren Erw./Kind 5/4 C$, Erlebnistouren 10/8 C$; ⏲Mo–Fr 9–18, Sa & So bis 17 Uhr). Trotz des kitschigen Namens wartet dort ein geschmackvolles und erstklassiges Erlebnis: Die interaktive Ausstellung beleuchtet die Regionalgeschichte der einfachen Kartoffel und deren weiterhin zentrale Bedeutung für die Wirtschaft der Provinz. Hiesige Schulkinder haben bis heute zwei Herbstwochen lang frei, um bei der Ernte helfen zu können. Bei der neuen Erlebnistour des Museums darf man sich die Hände beim Pflanzen von Kartoffelsetzlingen und beim Pommesschneiden schmutzig machen. Wer danach Hunger hat, besteigt einen Kartoffelfass-Stuhl im angeschlossenen **Harvest Cafe** (Mittagessen 5–7 C$; ⏲Mo–Fr 11–16 Uhr). Um das Museum zu erreichen, den Highway 2 bei Ausfahrt 152 verlassen und der Route 110 noch 2 km in Richtung Centreville folgen.

Gleich außerhalb von Florenceville liegt das **Tannaghtyn B & B** (✆866-399-6966, 506-392-696; www.tannaghtyn.ca; 4169 Rte 103, abseits Rte 110, Connell; Zi. inkl. Frühstück 95–140 C$;) hoch oben auf einem Bergrücken, die Lage garantiert einen super Blick auf den St. John River und die grün-gelb leuchtenden Ackerflächen dahinter. Das elegante und gemütliche B & B ist mit toller kanadischer Kunst und bequemen Sofas eingerichtet. Die Bettwäsche trocknet in frischer Landluft, während der Whirlpool unterm Sternenzelt blubbert. Abgesehen vom Harvest Café gibt es in Florenceville noch ein halbes Dutzend unspektakuläre Lokale, die drei Mahlzeiten pro Tag servieren.

Die Busse von **Maritime** (☎1-800-575-1807; www.maritimebus.com; 8738 Main St) halten an der Irving-Tankstelle in Florenceville.

Mt. Carleton Provincial Park & das Tobique Valley

In seiner Werkstatt in Nictau am bewaldeten Ufer des Tobique River unterhalb des Mt. Carleton schwärmt der Kanubauer Bill Miller: „Wer hier mit dem Himmel telefoniert, führt ein Ortsgespräch." Er könnte recht haben.

Der 17 427 ha große **Provinzpark** ist eine einzige Wildnis aus Bergen, Tälern und Flüssen, in der Elche, Hirsche, Bären und andere Wildtiere wie der eigentlich ausgestorbene, aber regelmäßig gesichtete Puma leben. Hauptattraktionen des Parks sind die abgerundeten, eisbedeckten Berggipfel und Gebirgskämme. Der namensgebende Mt. Carleton ist mit 820 m die höchste Erhebung der Seeprovinzen. Der Gebirgszug ist ein Ausläufer der Appalachen, die sich vom US-Bundesstaat Georgia bis nach Québec erstrecken. Der Mt. Carleton Provincal Park ist relativ unbekannt und wenig besucht, selbst mitten im Sommer. Er könnte das am besten gehütete Geheimnis der Provinz sein.

Der Park ist von Mitte Mai bis Oktober geöffnet. Der Eintritt ist frei. Jagen und Holzfällen sind im Park verboten. Die Straßen sind durchweg Schotterpisten. Die nächste Stadt, **Riley Brook**, ist 30 km entfernt. Deshalb grundsätzlich nur mit ausreichend Lebensmitteln und einem vollen Tank in den Park fahren.

Aktivitäten

Kanu fahren

Die Gegend rund um den Mt. Carleton ist ein Paradies für Wildnistouren mit dem Kanu. Im Park selber bieten sich die Seenplatten von Nictau und Nepisiguit für einfache Tagestouren in einer dicht bewaldeten Berglandschaft an. Nur für erfahrene Kanuten geeignet ist der seichte, schnell fließende Little Tobique River, der im Big Nictau Lake entspringt und sich in engen Windungen durch dichte Wälder schlängelt, bevor er bei Nictau in den eigentlichen Tobique River mündet. Der abgelegenere Nepisiguit River fließt aus den Nepisiguit Lakes mitten durch unberührte Wildnis und mündet nach mehr als 100 km bei Bathurst in die Baie de Chaleurs.

Auf dem unteren Flussabschnitt des Tobique River, also von Nictau durch das winzige Riley Brook bis nach Plaster Rock, paddelt es sich einfach und geradeaus durch Wälder und Wiesen, die von Ackerland abgelöst werden, sobald das Tal breiter wird. Am Ufer befinden sich einige Campingplätze. Die 10 km von Nictau zur Anlegestelle

WELTKLASSE (POND-)HOCKEY

Man wird keine fünf Minuten in Kanada benötigen, um mitzubekommen, dass Kanadier leidenschaftliche Eishockeyfans sind. Diese Begeisterung (oder Besessenheit?) basiert oft auf Erinnerungen der Erwachsenen an die Puckjagden glücklicher Kindertage, die an klaren, klirrend kalten Winternachmittagen auf zugefrorenen Tümpeln oder Eisflächen im Garten stattfanden.

Etwa 84 km vom Mt. Carleton entfernt steigt im winzigen Waldnest Plaster Rock (1200 Ew.) jeden Februar das viertägige **World Pond Hockey Tournament** (www.worldpondhockey.com; Rte 109, Plaster Rock) GRATIS. Dazu werden auf dem Roulston Lake 20 Spielfelder abgesteckt. Zwischen den hohen Nadelbäumen rund um den See entstehen zudem Kakaostände und Strohballenbänke für ca. 8000 Besucher. An dem extrem beliebten Turnier nehmen 120 vierköpfige Amateurteams teil, die sogar aus so weit entfernten Ländern wie England, Ägypten oder von den Cayman Islands anreisen. Mitmachen kann jeder, muss aber dann auch gegen die Boston Danglers antreten. Sie scheinen den Turniersieg quasi abonniert zu haben. Auf ihrem Weg zum Titel haben sie Mannschaften mit so furchteinflößenden Namen wie Skateful Dead, Raggedy Ass River Boys oder Boiled Owls hinweggefegt.

Wer mitspielen möchte, muss sich frühzeitig anmelden. Wer zuschauen möchte, sollten lange Unterhosen und eine Wollmütze einpacken und Zimmer rechtzeitig reservieren. Ist alles ausgebucht, können sich Auswärtige an die Veranstalter wenden, die Wochenendunterkünfte bei Einheimischen vermitteln.

Bear's Lair in Riley Brook sind mühelos an einem Nachmittag zu schaffen.

In **Bear's Lair** (☎ 506-356-8351; www.bearslairhunting.com; 3349 Rte 385, Riley Brook; Boote pro Tag 40 C$) verleiht Don McAskill, ein ausgewiesener Spezialist für Kanutouren in dieser Gegend, Boote. Im Rahmen seines Shuttle-Services zwischen Ein- und Ausstiegstelle bringt er beispielsweise das Kanu in den Mt. Carleton Provincial Park und fährt das Fahrzeug des Kunden nach Riley Brook zurück (45 C$).

Im Provincial Park, genauer gesagt auf dem Armstrong Campground am Ufer des Big Nictau Lake, verleiht **Guildo Martel** (☎ 506-235-2499) tageweise Kanus und Kajaks an Besucher.

Fiddles on the Tobique (☎ 506- 356-2409; ⏲ Ende Juni) ist ein Wochenendfestival, das jedes Jahr in Nictau und Riley Brook gefeiert wird. Die Idee ist genial: Verschiedene Wohltätigkeitsveranstaltungen, Jamsessions und Konzerte finden ihren Höhepunkt in einem Sonntagnachmittags-Konzert auf dem Tobique River zwischen Nictau und Riley Brook. Mehr als 800 Kanus und Kajaks – teilweise ebenfalls mit Musikern besetzt – begleiten jedes Jahr die kleine Flotte, während zehnmal so viele Zuschauer das Spektakel vom Ufer aus verfolgen. Einige Kritiker meinen, die große Beliebtheit habe der Veranstaltung geschadet und sie zu einem feuchtfröhlichen Gelage verkommen lassen. Andere halten sie für eine tolle Party und gute Unterhaltung.

In Nictau (ca. 12 Ew.) empfängt **Bill Miller** (☎ 506-356-2409; www.millercanoes.com; 4160 Rte 385, Nictau) die Besucher in seiner chaotischen Kanuwerkstatt, in der schon sein Vater und Großvater seit 1922 hölzerne Kanus von Hand fertigten. Ebenfalls einen Besuch wert und ab Nictau ausgeschildert, ist die **Tobique Salmon Barrier** (⏲ 9–17 Uhr) GRATIS, wo der Little Tobique und Campbell River zusammenfließen. Vom Büro des Fischereiministeriums auf dem Felsen hoch über dem Fluss hat man einen herrlichen Blick auf das Lachswehr. Die Beamten beobachten von hier aus rund um die Uhr die Lachse, die von unterhalb des Mactaquac-Staudamms bei Fredericton in Lastwagen hergebracht werden und hier bis zum Ablaichen bleiben, um sie so vor Wilderern zu schützen.

Wandern

Das Areal rund um den Mt. Carleton erkundet man am besten zu Fuß: Das 62 km lange Streckennetz besteht zumeist aus Rundwegen, die sich zu den paar felsigen Bergkuppen schlängeln. Durch den Park führt auch der International Appalachian Trail (IAT).

Der Mt. Bailey (564 m) lässt sich am leichtesten besteigen. Der 7,5 km lange Rundweg zum Gipfel beginnt nahe der *day-use area* und wird meist in drei Stunden bewältigt. Der 10 km lange Mt. Carleton Trail passiert den Feuerturm am höchsten Punkt des Parks (820 m). Für diese Route (3–4 Std.) ist unbedingt ein wetterfester Anorak vonnöten: Oberhalb der Baumgrenze können stürmische Winde wehen.

Am anspruchsvollsten ist der Sagamook Trail (6 km, ca. 3 Std.), eine Rundroute zu einem 777 m hohen Gipfel mit wunderbarer Aussicht auf den Nictau Lake und das Hochland nördlich davon. Über den Mountain Head Trail kann man den Mt. Carleton Trail und den Sagamook Trail zu einer längeren Passage entlang des Bergrückens miteinander verbinden.

Alle längeren Wanderungen müssen vor dem Start beim Besucherzentrum oder bei der Parkverwaltung angemeldet werden. Außerhalb der Campingsaison (Mitte Mai bis Mitte Sept.) unbedingt vorab telefonisch abklären, dass die Hauptzufahrt zum Park geöffnet ist: Der Ausgangspunkt des Mt. Carleton Trail liegt 13,5 km vom Parkeingang entfernt. Ansonsten einfach am Eingang parken und in den Park hineinmarschieren – vom Tor sind es nur noch 2,5 km bis zum Beginn des Mt. Bailey Trail.

Schlafen & Essen

In Riley Brook gibt es Unterkünfte, einen Gemischtwarenladen, eine Tankstelle und ein Restaurant. Zu den vier öffentlichen **Campingplätzen** (☎ 506-235-0793; www.friendsofmountcarleton.ca) des Parks zählen Armstrong Brook sowie die rustikaleren Anlagen Franquelin und Williams Brook, die jeweils nur über Plumpsklos und Feuerstellen verfügen (Trinkwasser selbst mitbringen). Hinzu kommt das extrem abgelegene Headwaters-Gelände an den Hängen des Mt. Carleton.

Der Ort Plaster Rock liegt 54 km flussabwärts in Richtung Trans-Canada Highway (Route 385). Auch dort findet man ein paar brauchbare Motels und einige zwanglose Restaurants.

Bear's Lair LODGE $
(☎506-356-8351; 3349 Rte 385, Riley Brook; Zi. ab 60 C$;) Wenn irgendein Ort in der Provinz den wahren Kern des Lebens in den nordischen Wäldern eingefangen hat, dann ist es das Bear's Lair. Während der Jagdsaison herrscht in der gemütlichen Jagdhütte am Ufer des Tobique River der meiste Betrieb. Für Fans von Outdoor-Aktivitäten ist die Hütte jedoch ganzjährig eine entspannende Unterkunft. Die hohen Wände im Haupthaus sind bis unter die Decke mit unzähligen ausgestopften Tieren geschmückt. Die Gästezimmer sind tadellos sauber. Die freundlichen Besitzer der Lodge bieten verschiedene Mahlzeiten, verleihen Kanus oder Kajaks und organisieren auch geführte Jagdausflüge.

Armstrong Brook Campground CAMPINGPLATZ $
(☎506-235-0793; Zeltplatz/Stellplatz fürs Wohnmobil 10/18 C$; ⊙Mai–Okt.) Der größte Campingplatz des Parks (89 Stellplätze) liegt 3 km vom Eingang entfernt zwischen den Kiefern auf der Nordseite des Nictau Lake. Hier gibt es Toiletten, Duschen und eine Kochstelle, aber keinerlei Versorgungsanschlüsse. Acht reine Zeltplätze am Armstrong Brook im Norden des Geländes sind vor den oft recht laut knatternden Wohnmobilgeneratoren geschützt.

Praktische Informationen

Auskünfte und Karten erhält man im **Visitors Center** (☎506-235-0793; www.friendsofmountcarleton.ca; abseits der Rte 385; ⊙Mai–Okt. 8–20 Uhr) am Eingang des Parks.

ABSEITS DER ÜBLICHEN PFADE

CHIPUTNETICOOK LAKES

An der südwestlichen Provinzgrenze zum US-Staat Maine versteckt sich eine wenig bekannte, aber spektakuläre Seenkette in den Wäldern der Wildnis: Die Chiputneticook Lakes säumen die Landesgrenze auf einer Länge von 180 km. Kanufans finden beste Möglichkeiten vor, um ein paar Wochen lang in der Natur zu verschwinden. Auf Inseln und an Seeufern unterhält die gemeinnützige **St. Croix International Waterway Commission** (www.stcroix.org; 5 Rte 1, St. Stephen) ein Netz von einfachen, abgelegenen Campingplätzen. Die Organisation gibt auch eine detaillierte Karte der ganzen Seenkette (10 C$) heraus. Darauf ist z. B. der St. Croix River vermerkt, auf dem südlich der Seen eine beliebte, drei- bis viertägige Paddeltour beginnt. Kanus kann man sich in St. John und Fredericton leihen. Aber Achtung: Die Seen werden nicht von Parkrangern kontrolliert, Paddler sollten also über genügend Erfahrung verfügen und gut ausgerüstet sein.

Am Palfrey Lake (zu erreichen über Route 630) stehen ein paar Lodges für Angler. Tagesausflügler können die kostenlosen Campingplätze im **Spednik Lake Provincial Park** benutzen. Diese werden von Freiwilligen gepflegt und liegen malerisch am Seeufer. Während Feuerstellen, einfache Toiletten und ein Waldwanderpfad vorhanden sind, muss Trinkwasser selbst mitgebracht werden. Zum Parkeingang folgt man der Route 3 von St. Stephen nach Norden und nimmt dann die Route 630 linker Hand.

Auskünfte erhalten Besucher auch in der Parkverwaltung in St. Quentin (☎506-235-6040; dnr.Mt.carleton@gnb.ca; 11 Gagnon St).

Grand Falls

Wasserfälle mit ca. 25 m Fallhöhe und eine 1,6 km lange Schlucht mit bis zu 80 m hohen Wänden liefern den Grund, diese ansonsten triste Ortschaft zu besuchen. Im Frühjahr oder nach starken Regenfällen wirken die Grand Falls am beeindruckendsten. Die Schlucht ist aber auch dann noch reizvoll, wenn im Sommer das meiste Wasser zur Stromerzeugung abgeleitet wird.

Mitten in der Ortschaft und mit Blick auf die Wasserfälle liegt das **Malabeam Reception Centre** (25 Madawaska Rd; Eintritt frei; ⊙Juli & Aug. 9–21 Uhr, Mai, Juni & Sept. 10–18 Uhr), das zugleich als Touristeninformation dient. Unter den Ausstellungsstücken findet sich auch ein maßstabgetreues Modell der Schlucht mit ihrem ausgedehnten Wegenetz.

Wer die echte Schlucht sehen will, überquert die Brücke am Malabeam Reception Centre und biegt dann links in die Victoria Street ein, die zum **La Rochelle Centre** (1 Chapel St; Führung Erw./Kind 4/2 C$, Eintritt ohne Führung 5 C$/Fam.; Bootsfahrt Erw./Fam. 12/28 C$; ⊙Mai–Okt.) führt. Hier geht es über 253 Stufen hinunter zur Schlucht. Die

45-minütige Bootsfahrt durch die Schlucht findet bis zu achtmal am Tag statt, allerdings nur bei Niedrigwasser im Hochsommer. Bei Hochwasser ist sie zu gefährlich. Im Preis für die Bootstour ist der Abstieg in die Schlucht enthalten, deshalb sollten die Teilnehmer ihre Karten schon vorher im La Rochelle kaufen.

Traumhaft schön gelegene Stellplätze für Zelte und Wohnmobile bietet der **Falls and Gorge Campground** (☎877-475-7769; 1 Chapel St; Stellplatz Zelt/Wohnmobil 18/25 C$). **Côté's** (☎877-444-2683; www.cotebb-inn.com; 575 Broadway Blvd West; Zi. mit Frühstück 103–175 C$) ist ein gemütliches B&B mit fünf Zimmern, einer Terrasse und einem Whirlpool.

Salate, Pasta, Pizzas und Steaks stehen auf der Speisekarte des Restaurants **Le Grand Saut** (www.legrandsautristorante.com; 155 Broadway Blvd; Hauptgerichte 11-22 C$; ⏲10.30–22 Uhr). Bei warmem Wetter lockt die einladende Veranda an der Vorderseite des einstöckigen Hauses.

An- & Weiterreise

Die Busse von **Maritime** (☎1-800-575-1807; www.maritimebus.com; 555 Madawaska Rd) halten an der Esso-Tankstelle gleich westlich des Ortszentrums.

Der Highway 108 (in der Gegend „Renous Highway" genannt) verläuft quer durch die Provinz und über Plaster Rock bis zur Ostküste. Dabei führt er fast nur durch Wälder – eine ziemlich eintönige, schnelle Route. Vorsicht: Elche und Rotwild kreuzen die Straße!

Edmundston

Mit großer Papierfabrik und zweckmäßigem Zentrum ist die größtenteils zweisprachige französische Arbeiterstadt Edmundston nicht gerade ein Touristenmagnet. Dennoch eignet sie sich gut als Zwischenstation bei Reisen Richtung Osten ab Québec.

Auf halbem Weg zwischen Provinzgrenze und Edmundston lädt die Kleingemeinde St Jacques zum Verweilen ein: Im dortigen **New Brunswick Botanical Garden** (www.jardinbotaniquenb.com; abseits Rte 2; Erw./Kind 14/7 C$; ⏲9–20 Uhr) sorgen 80 000 Pflanzen und Untermalung mit klassischer Musik für gute Laune. Kinder werden sich eher für die tollen Wechselausstellungen wie den Schmetterlingsgarten begeistern.

Edmundston markiert das östliche Ende des **Petis Témis Interprovincial Linear Park** (www.petit-temis.com), der sich über 134 km bis nach Rivière-du-Loup in Québec erstreckt. Ein Rad- und Wanderweg folgt einer alten Bahntrasse entlang des Madawaska River und des Lake Témiscouata. Unterwegs passiert er einige Campingplätze und kleine Dörfer.

Am besten übernachtet man außerhalb der tristen Stadt in der **Auberge Les Jardins** (☎506-739-5514; www.lesjardinsinn.com; 60 Rue Principale, St Jacques; Zi. 89–180 C$;). Das freundliche Gasthaus direkt neben dem botanischen Garten besitzt 17 Zimmer, die jeweils mit anderen kanadischen Blumen- oder Baummotiven verziert sind. Hinzu kommen ein modernes Motel im hinteren Bereich sowie ein **Speiseraum** mit Holz- und Buntglasdekor. Das Les Jardins punktet mit wunderbarer Weinkarte und gilt als eins der besten Restaurants der Provinz.

Am Highway bzw. am alten Highway 2 (Blvd Acadie) stehen mehrere Motels. Für ein Essen empfiehlt sich das **Bel Air** (☎ 174; 506-735-3329 Victoria St, Ecke Blvd Hébert; Hauptgerichte 6–15 C$; ⏲24 Std.), seit den 1950er-Jahren eine lokale Institution. Das durchweg klassische Restaurant hat erfahrene Kellner in Einheitsuniform und eine sehr vielfältige Speisekarte. Darauf stehen z. B. Meeresfrüchte sowie gute italienische, chinesische und kanadische Gerichte.

Die **Touristeninformation** der Provinzverwaltung (Hwy 2; ⏲Juni–Sept, 8–21 Uhr) liegt rund 20 km nördlich von Edmundston an der Grenze zu Québec.

Die Busse von **Maritime** (www.maritimebus.com; 191 Victoria St) starten am Busbahnhof im Stadtzentrum.

DIE WESTKÜSTE DER BAY OF FUNDY

Fast der gesamte Süden von New Brunswick wird vom Wasser der eindrucksvollen Bay of Fundy dominiert, das sich seit Urzeiten ständig hebt und senkt.

Der Ferienort St. Andrews by-the-Sea, die idyllischen Fundy Isles, eine herrliche Küstenlandschaft und eine facettenreiche Geschichte machen diese Gegend zweifellos zu einem der reizvollsten Reiseziele der Provinz. Besonders spannend und absolut empfehlenswert sind Walbeobachtungen: Am häufigsten lassen sich Finn-, Buckel- und Zwergwale blicken, weniger oft auch die zunehmend seltener werdenden Glattwale, ferner viele Schweinswale und Delfine.

Feinschmecker kommen dank eines riesigen Angebots an leckeren Meeresfrüchten auf ihre Kosten.

St. Stephen

St. Stephen ist vom gegenüberliegenden Calais in Maine nur durch den Fluss getrennt. Das geschäftige charmante Städtchen hat eine leckere Attraktion: In einem Betrieb im Ort produziert die Familie Ganong seit 1873 Schokolade, die im Osten Kanadas jedes Kind kennt. Die Gebrüder Ganong erfanden 1910 den Schoko-Nussriegel für einen Preis von fünf Cent. Zudem sollen sie die herzförmigen Pralinenschachteln entwickelt haben, die überall den Valentinstag prägen.

In der alten Ganong-Schokoladenfabrik an der Hauptstraße befindet sich heute das **Chocolate Museum** (www.chocolatemuseum.ca; 73 Milltown Blvd; Erw./Stud./Fam. 10/8,50/30 C$; ⏲Mo–Sa 9.30–18.30, So 11–15 Uhr). Seine interaktiven, geschmackvollen (und schmackhaften) Exponate reichen von historischen Pralinenschachteln bis hin zu Produktionsanlagen. Der angrenzende **Laden** verkauft handgefertigte Schokolade und kostet keinen Eintritt. Empfehlenswert sind hier u. a. die kultigen *chicken bones* (keine Hühnerknochen, sondern Zimtstangen mit Schokoladenfüllung) und der altmodische Schokoriegel „Pal-O-Mine".

Das Museum veranstaltet auch eine **Heritage Walking Tour** (Erw./Kind/Fam. 13/10/40 C$; ⏲Juni–Aug) – einen geführten historischen Stadtspaziergang durch St. Stephen. Beim alljährlichen **Chocolate Fest** (www.chocolate-fest.ca; ⏲1. Augustwoche) feiert die Stadt ihre „Schoko-Welt" mit einer Parade, Kinderspielen und Werksführungen, bei denen jeder unbegrenzt von den Leckereien probieren darf.

Fünf sehr komfortable Zimmer und einen ruhigen Garten bietet das schöne, im viktorianischen Stil erbaute **Blair House** (☎888-972-5247, 506-466-2233; www.blairhouseinn.nb.ca; 38 Prince William St; EZ/DZ mit Frühstück ab 90/110 C$; 🚭❄📶). Von hier aus ist die Hauptstraße zu Fuß mühelos erreichbar. Nur als Notlösung zu empfehlen sind die paar heruntergekommenen Motels am Stadtrand.

Im **Carman's Diner** (☎506-466-3528; 164 King St; Hauptgerichte 4–16 C$; ⏲7–22 Uhr) wird Hausmannskost serviert. Mit seinen Barhockern am Tresen und den Mini-Jukeboxen auf den Tischen versetzt das Restaurant seine Gäste in die 1960er-Jahre.

Die **Touristeninformation** (Ecke Milltown Blvd & King St; ⏲Juni–Sept. 8–21 Uhr) befindet sich im alten Bahnhof.

An- & Weiterreise

Ab Calais im US-Staat Maine rollen die Busse von **West's Coastal Connection** (☎800-596-2823) nach Bangor. Obwohl sie in der Regel vor Carmen's Hometown Pizzeria an der Main Street starten, sollte man zur Sicherheit vorher anrufen. In Bangor fahren die Busse über das Terminal von Greyhound zum Flughafen.

St. Andrews by-the-Sea

Der elegante Ferienort St. Andrews wartet mit prima Klima, malerischer Schönheit und facettenreicher Geschichte auf. Die Siedlung wurde 1783 von Loyalisten gegründet und zählt zu den ältesten Städten der Provinz. Von Juli bis August tummeln sich hier Urlauber, während man im übrigen Jahr mehr Möwen als Menschen antrifft.

St. Andrews liegt auf einer Halbinsel in der Bay of Fundy. An der Hauptstraße (Water St) haben sich Restaurants, Kunsthandwerks- und Souvenirläden angesiedelt.

Sehenswertes

Fundy Discovery Aquarium AQUARIUM
(www.huntsmanmarine.com/aquarium; 1 Lower Campus Rd; Erw./Kind 12/9 C$; ⏲10–17 Uhr) Im Mittelpunkt des Forschungszentrums steht die Meeresökologie der Region. Auf einer Fläche von rund 1800 m² zeigt das Aquarium vor allem die Meeresbewohner der Bay of Fundy, darunter auch Robben (öffentliche Fütterung jeweils um 11 und 16 Uhr), Hummer und Störe. Besonders beliebt bei Kindern (und ihren Eltern) ist das Streichelbecken, in dem ausschließlich schlüpfrige Rochen schwimmen.

Minister's Island INSEL
(www.ministersisland.ca; Erw./Kind 15/10 C$; ⏲Mai–Okt.) Die malerische Gezeiteninsel war einst das Sommerrefugium von William Cornelius Van Horne, der als Erbauer der Canadian Pacific Railway zu Kanadas reichsten Männern zählte. Hornes eduardianisches Nobelcottage kann heute besichtigt werden: Zu **Covenhoven** gehören 50 Zimmer, ein turmartiges, aus Stein errichtetes Badehaus, ein Gezeitenschwimmbecken und eine Scheune im Châteaustil.

St. Andrews by-the-Sea

Bei Ebbe kann man gut über die Wattfläche zur Insel hinüberfahren, -radeln oder -laufen. Doch es ist absolute Vorsicht geboten: Ein paar Stunden später steht das Wasser wieder 3 m hoch! Bei Flut legt eine Fähre an der Bar Road ab. Um Minister's Island vom Stadtzentrum aus zu erreichen, der Route 127 nordostwärts folgen (ca. 1 km), und dann nach rechts in die Bar Road einbiegen.

Kingsbrae Garden GARTEN
(www.kingsbraegarden.com; 220 King St; Erw./Stud./Fam. 16/12/38 C$, Führung pro Pers. 3 C$; ⏲Mai–Okt. 9–18 Uhr) Der weitläufige Kingsbrae Garden zählt zu den schönsten Gartenanlagen der Welt. Bewunderung verdient nicht nur seine Farbenvielfalt und -pracht, sondern auch eine Rarität: die Wollemi-Kiefer, eine der ältesten und seltensten Baumarten der Welt.

Sunbury Shores Arts & Nature Centre GALLERIE
(www.sunburyshores.org; 139 Water St; ⏲Mo–Fr 9–16.30, Sa & So 12–16 Uhr) GRATIS Das gemeinnützige Bildungs- und Kulturzentrum veranstaltet Mal-, Web-, Töpfer- und andere kunsthandwerklich orientierte Kurse. Sie

St. Andrews by-the-Sea

dauern wahlweise einen Tag, ein Wochenende oder eine Woche. Hinzukommen naturwissenschaftliche Seminare und im Sommer eine ganze Reihe von Wechselausstellungen.

St. Andrews Blockhouse HISTORISCHES GEBÄUDE
(Joe's Point Rd; Eintritt frei; ⏲Juni–Aug. 9–20 Uhr, Anfang Sept. 9–17 Uhr) GRATIS Das restaurierte, denkmalgeschützte Blockhaus ist als einziges von mehreren Gebäuden übrig geblieben, die während des Krieges 1812 als Unterstände entstanden. Bei Ebbe führt ein Pfad vom Blockhaus über das Watt.

Sheriff Andrew House HISTORISCHES GEBÄUDE
(Ecke King St & Queen St; Spenden erwünscht; ⏲Juli–Sept. Mo–Sa 9.30–16.30, So 13–16.30 Uhr) Das restaurierte, klassizistische Gebäude von 1820 repräsentiert ein typisches bürgerliches Wohnhaus der 1800er-Jahre. Entsprechend kostümierte Mitarbeiter leiten die informative Führung durch das Haus.

Atlantic Salmon Interpretive Centre MUSEUM, AQUARIUM
(www.salarstream.ca; Chamcook Lake No. 1 Rd abseits Rte 127; Erw./Kind/Stud. 6/4/3 C$; ⏲9–17 Uhr) Mit einem Strömungsaquarium, Führungen und Ausstellungen beleuchtet die attraktive Lodge das Leben bzw. Leiden des bedrohten Atlantischen Lachses. In den Flüssen und Buchten der Provinz gab es in früheren Zeiten einen sehr großen Bestand.

Aktivitäten

Eastern Outdoors RADFAHREN, KAJAKFAHREN
(☎506-529-4662; www.easternoutdoors.com; 165 Water St; Mountainbike pro Std./Tag 20/35 C$, Kajak pro Tag 55 C$; ⏲Mai–Okt.) Der in St. Andrews ansässige Tourveranstalter organisiert eine ganze Reihe verschiedener Ausflüge, darunter eine zweistündige Paddeltour bei Sonnenuntergang (49 C$) und auch mehrtägige Campingtouren (ab 145 C$ pro Tag).

Twin Meadows Walking Trail WANDERN
Der Twin Meadows Walking Trail (800 m) ist ein Fußweg durch Felder und Wälder, der teilweise über Holzbohlen verläuft. Er beginnt an der Joe's Point Road hinter dem Blockhaus gegenüber Hausnummer 165.

Geführte Touren

Der Kai am Ende der King Street ist Sitz mehrerer Firmen, die von Mitte Juni bis Anfang September Ausflüge und Walbeobachtungen per Schiff (ca. 60 C$) anbieten. Bei diesen reizvollen Küstentrips sieht man stets viele Seevögel und meistens auch Wale. Weiter draußen in der Bucht lassen sich die Meeressäuger jedoch am besten beobachten. Wer also ohnehin zu den Fundy Isles reist, sollte sich dort einer Tour anschließen.

Jolly Breeze BOOTSTOUR
(☎506-529-8116; www.jollybreeze.com; Erw./Kind 55/39 C$; ⏲Juni–Okt., Abfahrt 9, 12.45 und 16.30 Uhr) Auf der Suche nach Robben und Walen schippert der auf alt gestylte Großsegler seine Passagiere durch die Passamaquoddy Bay.

Quoddy Link Marine BOOTSTOUR
(☎506-529-2600; Erw./Kind 58/36 C$; ⏲Juli–Okt.) Ernsthafte Walbeobachter wählen am besten diesen Katamaran mit professionellen Meeresbiologen an Bord. Täglich finden eine bis drei Touren statt.

Schlafen

Kiwanis Oceanfront Camping CAMPINGPLATZ $
(☎877-393-7070; www.kiwanisoceanfrontcamping.com; 550 Water St; Stellplatz Zelt/Wohnmobil 31/38 C$; ⏲April–Okt.) Der Campingplatz liegt am Indian Point, d. h. am östlichsten Ende der Stadt. Zum größten Teil besteht er aus geschotterten Wohnmobilstellplätzen, es gibt aber auch ein paar Grasflächen.

Picket Fence Motel MOTEL $
(☎506-529-8985; www.picketfencenb.com; 102 Reed Ave; Zi. 90–105 C$; ❄📶) Die Zimmer im Picket Fence Motel sind wie aus dem Ei gepellt und superfreundliches Personal kennzeichnen das Motel nahe der zu Fuß leicht erreichbaren Hauptstraße.

★ **Rossmount Inn** HOTEL $$
(☎506-529-3351; www.rossmountinn.com; 4599 Rte 127; Zi. inkl. Frühstück 125–138 C$; ⏲April–Dez.; 📶) Das stattliche gelbe Sommer-Cottage steht oberhalb eines gepflegten Hanggartens an der Passamaquoddy Bay. Vor dem Haus flattern Fahnen im Wind, während die 18 Zimmer mit einem stilvollen Mix aus Antiquitäten, modernem Dekor, handgedrechselten Holzmöbeln und schneeweißen Betttüchern aufwarten. Nicht wenige bezeichnen das Hotelrestaurant als bestes Lokal der Stadt. Das Haus an der Route 127 liegt ca. 3 km nördlich des Zentrums von St. Andrews.

★ **Algonquin Resort** HOTEL $$$
(☎855-529-8693, 506-529-8823; www.algonquinresort.com; 184 Adolphus St; Zi. 189–389 C$; ❄📶🏊) New Brunswicks dienstältestes Hotel thront seit 1889 auf einem Hügel mit Blick auf die Stadt. Das im Tudorstil errichtete weitläufige Gebäude mit eleganter Veranda und Dachterrasse wirkt wie ein Schloss am Meer. Auf dem Anwesen liegen Gärten, ein Golfplatz und Tennisplätze. Hinzukommen ein Schwimmbad mit Wasserrutschen und ein Wellnesscenter mit allen Finessen. Sich das Ganze mal anzusehen, lohnt sich – auch ohne Übernachtung.

Treadwell Inn B&B $$$
(☎888-529-1011, 506-529-1011; www.treadwellinn.com; 129 Water St; Zi. mit Frühstück 150–250 C$; 🚭❄📶) Einige der hübschen, großen Zimmer haben eine eigene Veranda mit Blick aufs Meer. Das Haus wurde im Jahr 1820 als Wohnhaus eines Schiffsausrüsters gebaut.

Essen

St. Andrews' vornehmer Atmosphäre entsprechend pflegt man hier die gute alte Tradition des Nachmittagstees – ganz klassisch mit Scones, Marmelade und Sahne. Gute Möglichkeiten für ein Mittag- und Abendessen finden sich vor allem an der Water Street.

Sweet Harvest Market CAFÉ $
(182 Water St; Hauptgerichte 5–11 C$; ⏲Mo–Sa 8–17, So 9–15 Uhr) Das meist gut gelaunte Personal an der Theke kreiert überdurchschnittlich schmackhafte Suppen, frische Salate, köstliche Sandwiches und feine Süßspeisen. Außergewöhnlich lecker schmeckt der *chowder* (dicke Fischsuppe) und auch der Kaffee ist gut.

Clam Digger FISCH & MEERESFRÜCHTE $
(4468 Hwy 127, Chamcook; Hauptgerichte 6–15 C$; ⏲April–Sept. 11.30–15 & 17– 21 Uhr) In Chamcook (ca. 9 km nördlich von St. Andrews) parken vor der winzigen, rot-weißen Seafood-Bude die Autos in drei Reihen. Deren Besuch ist in dieser Ecke eine regelrechte Sommertradition. Tipp: Muschelteller oder einen saftig-fettigen Cheeseburger bestellen, einen der rot gestrichenen Picknicktische erobern und das Eis für eine Nachtisch nicht vergessen!

★ **Rossmount Inn Restaurant** NEUE KANADISCHE KÜCHE $$
(☎506-529-3351; www.rossmountinn.com; 4599 Rte 127; Hauptgerichte 18–30 C$; ⏲17–21.30 Uhr) In dem freundlichen, mit Kunstwerken geschmückten Restaurant kreiert der aus der Schweiz stammende Küchenchef und Besitzer mit regionalen Produkten der jeweiligen Jahreszeit köstliche Gerichte. Für das ständig wechselnde Menü verwendet er beispielsweise selbst gesammelten Strandwegerich, Wildpilze, Strandschnecken oder Hummer aus New Brunswick. Derartige Zutaten spielen in den komplexen, exquisiten Gerichten eine gewichtige Rolle, z. B. in Kreationen wie Hummer mit Kapuzinerkresse-Klößchen und Vanillecreme oder Gänsestopfleber mit Kakaosplitter und in Goldmelissen-Tee pochierten Pfirsichen. Eine Reservierung ist unbedingt erforderlich. Das Restaurant liegt 3 km nördlich der Stadt.

Garden Cafe CAFÉ $$
(www.kingsbraegarden.com; 220 King St; Hauptgerichte 9–17 C$, Teegedeck 14,95 C$, zzgl. Eintritt zum Kingsbrae Garden; ⏲Mai–Okt. 10–17 Uhr) Das Terrassencafé im Kingsbrae Garden bietet leichte Gerichte, Sandwiches und Salate zum Mittagessen – wenn gewünscht, mit einem Glas Wein oder einem Bier aus der Region. Danach gibt es das klassische Teegedeck in verschiedenen Varianten.

Gables FISCH & MEERESFRÜCHTE $$
(☎506-529-3440; 143 Water St; Hauptgerichte 10–20 C$; ⏲11–22 Uhr) Fisch und Meeresfrüchte sowie große Fenster mit Blick auf das Meer prägen dieses gemütliche Restaurant. Der Eingang liegt am Ende einer kleinen Gasse, die zu einer gartenähnlichen Uferterrasse führt.

Ausgehen & Nachtleben

Ein Nachmittagscocktail im Algonquin Resort ist eigentlich eine Pflicht. Abends locken etliche Pubs im Stadtzentrum mit Bier, Musik und Geselligkeit.

Shiretown Pub PUB
(www.kennedyinn.ca; 218 Water St; ⏲11–2 Uhr) Das englische Oldschool-Pub im Parterre des wunderbar knarrenden Kennedy Inn zieht Feierwütige verschiedener Altersstufen an. Am frühen Nachmittag schlürft man hier halbdunkles Picaroon's-Bier aus New Brunswick auf der Veranda. Später gibt es dann Livemusik und lautes Karaoke.

Red Herring Pub PUB
(211 Water St; ⏲12–2 Uhr) Direkt im Stadtzentrum liegt diese amüsante, etwas anrüchige Bar mit Billardtischen, Livemusik und eiskaltem kanadischem Bier

Praktische Informationen

In der Hauptstelle der Touristeninformation (www.townofstandrews.ca; 46 Reed Ave; ⏲Mai–Sept. 8–20 Uhr; 📶) gibt es für Stadtspaziergänge kostenlose Broschüren mit Stadtplan und Kurzbeschreibungen der wichtigsten Attraktionen. Auch der Internetzugang ist gratis.

An- & Weiterreise

HMS Transportation (www.hmstrans.com; 260 Water St) vermietet Autos für 60 bis 80 C$ pro Tag, inklusive 200 Freikilometer, allerdings ohne Kaskoversicherung (die muss jeder selbst abschließen).

New River Provincial Park

Gut 35 km westlich von St. John liegt am Highway 1 nach St. Stephen dieser große Provinzpark, zu dem einer der schönsten Strände an der Bay of Fundy gehört. Der breite Sandstrand wird nur bei Barnaby Head von der zerklüfteten Felsenküste begrenzt. In der Campingsaison wird für den Besuch des Parks eine Gebühr von 7 C$ pro Tag und Fahrzeug fällig; parken kann man am Strand und am Ausgangspunkt des Barnaby Head Trail.

Wanderer können die Gegend um Barnaby Head in ein paar Stunden auf den insgesamt 6 km langen Naturlehrpfaden erkunden. Der **Chittick's Beach Trail** führt durch Küstenwälder an vier kleinen Buchten vorbei, in denen große und kleine Wanderer die für den Heringsfang ausgelegten Netze begutachten oder die Gezeitentümpel auf darin enthaltenes Meeresgetier untersuchen können. Von diesem Rundwanderweg zweigt der 2,5 km lange **Barnaby Head Trail** ab, der größtenteils der Küstenlinie folgt und bis zu einer 15 m hohen Klippe hoch über der Bay of Fundy ansteigt.

Der **Campingplatz** (☎506-755-4042; newriver@gnb.ca; 78 New River Beach Rd; Zeltplatz/Stellplatz 22/24,50 C$; ⏲Mai–Sept.) des Parks ist nur durch eine Straße vom Strand getrennt und hat mitten im Wald 100 einsame Stellplätze mit Anschlüssen. Abzüge in der B-Note gibt es jedoch für den Schotter auf den Stellplätzen und den Verkehrslärm.

FUNDY ISLES

Die dünn besiedelten und unberührten Fundy Isles sind ein idealer Rückzugsort für Ruhe suchende Naturfreunde: Eine herrliche Landschaft, farbenfrohe Fischereihäfen an kleinen Buchten, super Möglichkeiten für Walbeobachtungen, einsame Wanderwege sowie dampfende Meeresfrüchte lassen den Alltagsstress schnell vergessen und senken den Blutdruck. Die drei Hauptinseln sind individuell verschieden und gestatten ein langsames Eintauchen in unvergesslichen Frieden. Außerhalb der Hauptsaison sind hier kaum Besucher anzutreffen und die meisten Einrichtungen haben allerdings auch geschlossen.

Deer Island

Die 16 km lange und 5 km breite Deer Island ist die der Küste am nächsten liegende Hauptinsel. Mit ihrer Handvoll Bootsanleger wirkt die seit 1770 besiedelte Fischerinsel schlicht und bodenständig. Heute leben etwa 1000 Menschen das ganze Jahr über auf Deer Island. Hirsche, die Namensgeber der Insel, streifen zuhauf durch die dichten Wälder. Hauptfang ist der Hummer.

Fundy Isles

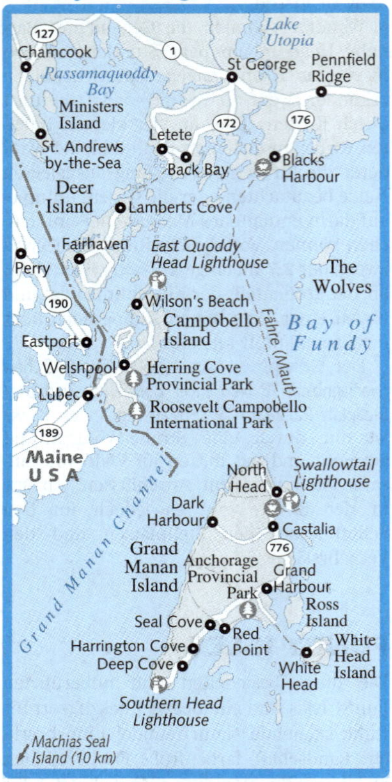

die Insel größtenteils in Privatbesitz ist, gibt es hier keine Wanderwege.

Deer Island lässt sich locker in einem Tag erkunden. An beiden Küsten verlaufen enge, kurvige Straßen (Empfehlung: eher defensiv fahren!) südwärts in Richtung Campobello Island und Fähranleger.

Sehenswertes & Aktivitäten

In einem riesigen Wassergehege bei **Lamberts Cove** werden lebendige Hummer gehalten, die gut die größten der Welt sein könnten. In **Northern Harbor** gibt es eine weitere Monsteranlage dieser Art.

Vor der Küste des 16 ha großen **Deer Island Point Park** am anderen Inselende erscheint wenige Stunden vor dem Höchstand der Flut der Old Sow als zweitgrößter Gezeitenstrudel des Planeten. Ab und zu ziehen Wale vorbei.

Am Ende der Cranberry Head Road erstreckt sich ein menschenleerer **Strand**. Da die Insel größtenteils in Privatbesitz ist, gibt es hier keine Wanderwege.

Geführte Touren

In der Regel treffen die Wale Mitte Juli im Umkreis der Inseln ein und bleiben bis Oktober. Informationen über Walbeobachtungstouren erhält man in jedem Motel oder Restaurant.

Seascape Kayak Tours KAJAKFAHREN
(866-747-1884, 506-747-1884; www.seascapekayaktours.com; 40 NW Harbour Branch Rd, Richardson; halber/ganzer Tag 85/150 C$) Organisiert geführte Paddeltouren rund um Deer Island und in der Passamaquoddy Bay sowie mehrtägiges Inselhopping mit Campen stehen zur Auswahl.

Schlafen & Essen

Deer Island Point Park CAMPINGPLATZ $
(506-747-2423; www.deerislandpointpark.com; 195 Deer Island Point Rd; Zeltstellplatz 25–30 C$; Juni–Sept.) Der Campingplatz liegt auf einer hohen Klippe mit einem faszinierenden Ausblick auf den rasanten Old-Sow-Strudel. Von dem Landesteg am Fuß der Klippe legt die Fähre nach Campobello ab.

Sunset Beach Cottage & Suites INN $$
(506-747-2972; www.cottageandsuites.com; 21 Cedar Grove Rd, Fairhaven; Zi. 80 C$, Hütte 840 C$ pro Woche; Mai–Okt.;) Das zweistöckige Haus an einer ruhigen Bucht hat fünf einfache, saubere Suiten mit Teppichböden und etwas langweiliger Bettwäsche im Karomuster. Die Aussicht vom Obergeschoss ist besser. Highlights sind die Privatgrills und der Whirlpool mit Blick auf die Bucht. Tipp für Familien: das möblierte Cottage (Platz für maximal vier Personen) buchen.

45th Parallel Motel & Restaurant FISCH & MEERESFRÜCHTE $
(506-747-2222; www.45thparallel.ca; 941 Hwy 772, Fairhaven; Hauptgerichte 6–25 C$; 7.30–21 Uhr) In dem kleinen, alteingesessenen Restaurant herrscht eine ländlich-gemütliche Atmosphäre. Gerichte aus Fisch und Meeresfrüchten sind seine Spezialität – und die schmecken ausgezeichnet. Wer freundlich fragt, darf sich vielleicht den Riesenhummer namens Herman ansehen. Auch wenn die Holzmöbel schon etwas knarren, sind die Motelzimmer (ab 62 C$) sauber und unterm Strich ein Schnäppchen.

Praktische Informationen

Im Sommer hat die **Touristeninformation** (www.deerisland.nb.ca; ⌚ Di–Do 10–15 Uhr) ein Büro in einem Kiosk am Fähranleger eingerichtet.

An- & Weiterreise

Die kostenlose staatlich betriebene Fähre zur Deer Island (25 Min.) startet am Fähranleger in Letete – die Ortschaft liegt 14,5 km südlich von St. George am Highway 172 (die Fahrt geht über Back Bay). Die Fähren verkehren ganzjährig (6–19 Uhr halbstündl., 19–22 Uhr stündl.). Wenn viel los ist, sollte man sich möglichst frühzeitig in die Warteschlange einreihen.

Die private **East Coast Ferries** (www.eastcoastferries.nb.ca; Auto inkl. Fahrer 16 C$ zzgl. 3 C$/jede weitere Pers.; ⌚ Ende Juni–Mitte Sept. 9–18 Uhr) verbindet Deer Island Point mit der hübschen Küstenstadt Eastport in Maine (USA). Abfahrt der Fähre ist zu jeder vollen Stunde.

Campobello Island

Auf Campobello Island herrscht eine ganz andere Atmosphäre als auf Deer Island. Die Insel ist wesentlich vornehmer und wohlhabender, hat kerzengerade Straßen und bessere Einrichtungen. Denn Campobello ist schon seit Langem ein beliebtes Ferienziel reicher Urlauber. Wegen der guten Erreichbarkeit und Nähe zu Neuengland fühlen sich die Inselbewohner gleichermaßen zugehörig zu den USA und Kanada, und die meisten Touristen kommen denn auch vom Nachbarn im Süden rüber.

Wie viele andere reiche Familien kauften sich auch die Roosevelts Ende des 19. Jhs. ein Anwesen auf der Insel, die damals wie heute vor allem für ihre himmlische Ruhe bekannt ist. Fast ausschließlich bedecken eine weite, ausgedehnte Parklandschaft und ein Golfplatz die südliche Hälfte von Campobello.

Besucher sollten sich entsprechend vorbereiten: Auf der Insel gibt es zwar zwei Geldautomaten, ein einziges Lebensmittelgeschäft, einen Spirituosenladen und eine Apotheke, aber keine Tankstelle. Zum Tanken fahren die 1200 Bewohner der 16 km langen Insel daher über die Brücke nach Lubec in Maine. Diese Brücke dient ihnen auch als Hauptzugang zum übrigen New Brunswick, da die Fähre nach Deer Island nur im Sommer verkehrt.

Sehenswertes & Aktivitäten

★ Roosevelt Campobello International Park — PARK

(www.fdr.net; Hwy 774; Eintritt frei; ⌚ ganzjährig Sonnenaufgang bis Sonnenuntergang; Hüttentouren Juni–Sept.) Südlichste Grünfläche der Insel ist der 1200 ha große Park mit dem für Besucher zugänglichem **Roosevelt Cottage** als Hauptattraktion. Franklin D. Roosevelt wuchs in den 34 Zimmern der Lodge auf (1905–1921) und kehrte während seiner Amtszeit als US-Präsident (1933–1945) regelmäßig hierher zurück. Der tomatenrote Bau im „Arts and Crafts"-Stil beherbergt originale Möbel und verschiedene Besitztümer der Roosevelts. Auch das benachbarte **Hubbard House** aus dem Jahr 1898 kann besichtigt werden. Da das Gelände immer frei zugänglich ist, kann man auch bei verschlossenen Türen zumindest einen Blick durch die Fenster werfen.

Der Park liegt rund 2,5 km von der Brücke nach Lubec entfernt. Von der Veranda des Roosevelt-Anwesens fällt der Blick direkt auf Eastport in Maine. Kaum zu glauben, aber wahr: Man ist hier immer noch in Kanada!

Im Gegensatz zum makellos gepflegten Museumsbereich verblieb der internationale Park größtenteils in natürlichem Zustand, um die von Roosevelt so sehr geschätzte Flora und Fauna zu erhalten. Durch diesen überraschend wilden und wenig besuchten Teil von Campobello Island führen nur einige wenige gewundene Schotterpisten zu Stränden und zu insgesamt 7,5 km langen Naturlehrpfaden. Hier sind Hirsche, Elche, Kojoten, Adler und Seetaucher zu Hause.

Nahe Lower Duck Pond, das sich 6 km zum Besucherzentrum entfernt befindet, sonnen sich manchmal auch Robben auf Felsbänken vor der Küste.

Herring Cove Provincial Park — PARK

An die Nordgrenze des Roosevelt Campobello International Park schließt sich der Herring Cove Provincial Park an. Seine Wanderwege ergeben zusammengenommen eine Länge von 10 km. Auch ein Campingplatz ist vorhanden. Einen malerischen Ort für die Mittagspause bildet der Picknickplatz an einem 1,5 km langen, in einem Bogen verlaufenden Strand.

Wilson's Beach DORF

Rund 10 km nördlich des Roosevelt Park liegt die größte Gemeinde auf der Insel: Wilson's Beach hat einen großen Pier, an dem fangfrische Fische verkauft werden. Außerdem sind dort diverse Geschäfte, einige Dienstleister und eine Sardinenfabrik mit dazugehörigem Laden vorhanden.

East Quoddy Head Lighthouse LEUCHTTURM

Der Leuchtturm von East Quoddy Head steht 4 km nördlich von Wilson's Beach. Auf den Küstenfelsen sitzen hier viele Leute, die ein Naturschauspiel verfolgen: Draußen vorbeiziehende Wale werden per Fernglas beobachtet. Und zusätzlich gibt es die frische Meeresbrise im Gesicht.

Geführte Touren

Island Cruises BOOTSTOUR

(☎506-752-1107, 888-249-4400; www.bayoffundywhales.com; 62 Harbour Head Rd, Wilson's Beach; Erw./Kind 52/42 C$; ⏲Juli–Okt.) Bietet Walbeobachtungstouren (2½ Std.).

Schlafen & Essen

Auf Campobello gibt es nur sehr wenige Restaurants und am anderen Brückenufer in Lubec (Maine) sieht es nicht viel besser aus. Für Selbstversorger bietet sich der Valufoods-Supermarkt in Welshpool an.

Herring Cove Provincial Park CAMPINGPLATZ $

(☎506-752-7010; www.tourismnewbrunswick.ca; 136 Herring Cove Rd; Stellplatz Zelt/Wohnmobil 22/24 C$; ⏲Juni–Sept.) Der Campingplatz mit 76 Stellplätzen befindet sich an der Ostseite der Insel. In 3 km Entfernung legt die Fähre nach Deer Island ab. Teilweise liegen die Stellplätze schön abgeschieden in einem Wald. Ein Sandstrand und ausgedehnte Wanderwege sorgen für Entspannung und Bewegung.

Pollock Cov Cottages HÜTTEN $$

(☎506-752-2300; senewman@nbnet.nb.ca; 2455 Rte 774, Wilson's Beach; Hütte 75-175 C$; @) Einfache, saubere Hütten mit ein bis zwei Schlafzimmern und einem atemberaubendem Ausblick.

Owen House B&B B&B $$

(☎506-752-2977; www.owenhouse.ca; 11 Welshpool St, Welshpool; DZ mit Frühstück ab 122 C$ mit eigenem Bad, ab 114 C$ mit Gemeinschaftsbad) Antikbetten mit gedrechselten Eckpfosten und Steppdecken, gemütliche Leseecken und jede Menge Fenster mit Meerblick kennzeichnen dieses klassische Feriendomizil vergangener Zeiten.

Family Fisheries Restaurant FISCH & MEERESFRÜCHTE $$

(Hwy 774, Wilson's Beach; Hauptgerichte 9–23 C$; ⏲8–19.30 Uhr, im Sommer länger geöffnet) Das Fischlokal mit ausgesprochen hemdsärmeliger Atmosphäre gehört zu einem Fischmarkt. Seine Spezialitäten sind Fish and Chips, superleckere *chowders* (dicke Fischsuppen) und Hummerrollen.

Praktische Informationen

Ausführliche Informationen über die Insel bietet die Website www.visitcampobello.com. Im Roosevelt Campobello International Park gibt es ein **Besucherzentrum** (Hwy 774; ⏲10–17 Uhr).

An- & Weiterreise

East Coast Ferries (www.eastcoastferries.nb.ca; Auto inkl. Fahrer 16 C$ zzgl. 3 C$/jede weitere Pers.; ⏲9–19 Uhr) verbindet Deer Island mit Welshpool auf Campobello Island (25 Min., halbstündl.).

Grand Manan Island

Zeit für die traditionelle Fidelmusik aus den Maritimes (Seeprovinzen). Wenn die Fähre die Nordspitze von Grand Manan Island (2700 Ew.) umrundet, kommt auf einer felsigen, moosbedeckten Klippe der Swallowtail Lighthouse in Sicht. Bunte Fischerboote tänzeln auf den Wellen im Hafen. Oberhalb des Fähranlegers erstreckt sich an der Küste entlang der winzige Ort North Head, eine Ansammlung schindelgedeckter Häuser und Geschäfte, dazwischen sorgfältig gepflegte Blumenbeete und hohe Laubbäume.

Grand Manan ist eine friedliche, unberührte Insel. Hier gibt es weder Fastfood-Restaurants noch schicke Cafés, Nachtclubs, Verkehrsampeln oder überhaupt Autoverkehr. Nur eine atemberaubend schroffe Küste mit steilen Klippen und sandigen Buchten, Fichtenwäldern und hohem Grasland. An der Ostküste entlang windet sich eine Küstenstraße durch eine Reihe hübscher, wohlhabender Fischerdörfer. Man bekommt jede Menge frische Seeluft ab und erlebt eine ganz seltene Kostbarkeit in unserer modernen Welt: absolute Stille, die nur vom rhythmischen Schlagen der Meereswellen unterbrochen wird. Zahlreiche Besucher kommen oft nur für einen Tag auf die Insel, ein längerer Aufenthalt lohnt sich aber durchaus.

Die Fähre legt in North Head an der Nordspitze der Insel an. Entlang der Ostküste durchquert die Route 776, die 28,5 km lange Hauptstraße, die Insel von Nord nach Süd. Auf ihrem Weg zum Leuchtturm auf der Klippe von South Head passiert die Route alle Siedlungen auf Grand Manan. Die Fahrt von der Nord- zur Südspitze dauert etwa 45 Minuten.

Die Westküste von Grand Manan ist unbewohnt und mehr oder weniger unzugänglich. Steile Felswände erheben sich schroff aus dem Meer, das Hinterland ist von dichtem Wald und Sumpfgebiet bedeckt und im einzigen Dorf an dieser Küste führt nur ein steiler Weg hinunter zum Wasser. Der einzige Zugang in diese menschenleere Wildnis ist ein Wanderweg.

Sehenswertes

Swallowtail Lighthouse LEUCHTTURM

Der weiß getünchte Leuchtturm von Swallowtail (1860), der sich 1 km nördlich des Fähranlegers auf einem steilen Felsvorsprung erhebt, ist das markante Wahrzeichen der Insel. Der Zugang erfolgt über steile Stufen und eine leicht schwankende Hängebrücke. Seit der Automatisierung des Leuchtsignals im Jahr 1986 ist das Gelände den Elementen überlassen. Dennoch lässt sich auf der grasbedeckten Klippe herrlich picknicken. Der Panoramablick reicht bis zum Horizont, während unten im Meer die Robben die herzförmigen, an langen Stangen befestigten Fischernetze plündern.

Jedes einzelne Exemplar dieser gut dreißig *weirs* (traditionelle an Holzposten befestigte Fischernetze) rund um Grand Manan hat einen eigenen Namen; einige stammen noch aus dem 19. Jh. Bezeichnungen wie „Ruin", „Gewinner", „Glück des Außenseiters" und „Trotzdem" spiegeln das harte Los wider, den Lebensunterhalt einem gleichgültig mitleidlosen Meer abringen zu müssen. Durch ein von einer hungrigen Robbe zerrissenes Netz kann ein ganzer Heringsschwarm in einer einzigen Nacht wieder fliehen.

Grand Manan Historical Museum MUSEUM

(www.grandmananmuseum.ca; 1141 Rte 776, Grand Harbour; Erw./Stud. & Senior 5/3 C$; Mo–Sa 9–17.30 Uhr) Dieses Museum eignet sich prima für trübe Tage: Seine vielfältige Sammlung von lokalen Gebrauchsgegenständen gibt einen Kurzüberblick über die Inselgeschichte. Zu den Exponaten gehören beispielsweise Berichte über Schiffsunglücke oder die originale Kerosinlampe des nahen Leuchtturms von Gannet Rock (1904). Ein ganzer Raum ist mit 200 ausgestopften Vögeln gefüllt, darunter die heute ausgestorbene Wandertaube. Vor Ort finden zudem diverse Abendvorträge, Gruppenkurse und andere Unternehmungen statt.

Seal Cove HISTORISCHE STÄTTE

Als schönstes Inseldorf bezieht Seal Cove einen Großteil seines Charmes von den Fischerbooten, Anlegestellen und Heringsräucherhütten, die sich rund um eine Prielmündung verteilen. 100 Jahre lang drehte sich auf Grand Manan alles um Räucherhering: In 300 Inselräuchereien waren ca. 1000 Männer und Frauen mit dem Ausnehmen, Auffädeln und Trocknen des Fischs beschäftigt. Die letzte Räucherei machte 1996 dicht. Dennoch sind Heringe, die inzwischen in einer modernen Konservenfabrik verarbeitet werden, immer noch ein wichtiger Wirtschaftszweig. Die Hütten beherbergen heute das Sardine Museum (Eintritt gegen Spende; Di–Sa 11–16 Uhr) mit der (angeblich) weltgrößten Sardinenbüchse und einer authentisch riechenden Darstellung des Räuchervorgangs.

Aktivitäten

Sea Watch Tours VOGELBEOBACHTUNG

(506-662-8552, 877-662-8552; www.seawatchtours.com; Fischereikai Seal Cove; Erw./Kind 86/48 C$; Juli & Aug. Mo–Sa) Die Bootstour geht zur entlegenen Machias Seal Island, auf der eine Kolonie Papageitaucher lebt. Nur 15 Personen pro Tag dürfen die Insel betreten und aus der Nähe beobachten, wie diese Seevögel umherwatscheln oder sich beim Landen auch schon mal überkugeln. Wegen der geringen Teilnehmerzahl sollte eine sehr frühzeitige Vorausbuchung erfolgen. Vom Boot an Land zu klettern, kann sich schwierig gestalten, denn die Wellen sind hoch und die Felsen glitschig. Festes Schuhwerk ist unbedingt nötig.

Whales-n-Sails Adventures BOOTSTOUR

(506-662-1999, 888-994-4044; www.whales-n-sails.com; Fischereikai North Head; Erw./Kind 66/46 C$; Juli-Sept.) Bei der spannenden Tour auf dem Segelboot *Elsie Menota* ist ein Meeresbiologe mit an Bord und kommentiert die faszinierenden Walbeobachtungen. Häufig sind auch Papageitaucher, Tordalke, Lummen und andere Seevögel zu sehen.

Wanderweg WANDERN

Ein insgesamt 70 km langes Netz an Wanderwegen überzieht und umrundet die ganze Insel. Die meisten Läden auf Grand Manan Island verkaufen den umfassenden Wanderführer *Heritage Trails and Footpaths on Grand Manan* (5 C$). Achtung: unbedingt einen ausreichenden Sicherheitsabstand von den Klippenrändern einhalten – der instabile, unterhöhlte Boden bricht leicht unter den Füßen weg!

Der 1,6 km lange, leicht zu meisternde Küstenpfad von Long Pond nach Red Point (Rundweg; ca. 1 Std.) ist auch für Kinder geeignet. Bei Whale Cove ragt ein natürlicher Felsbogen, das Hole-in-the-Wall, ins Meer hinaus; das beliebte Fotomotiv liegt nur wenige Wanderminuten vom Parkplatz entfernt.

Adventure High KAJAK- & RADFAHREN

(☎506-662-3563; www.adventurehigh.com; 83 Rte 776, North Head; Tagestour 45-110 C$, Fahrrad halber/ganzer Tag/Woche 16/22/130 C$; ⏲Mai–Okt.) Der Tourveranstalter organisiert verschiedene Kajakausflüge in die Küstengewässer von Grand Manan Island. Das reicht von einer zweistündigen Paddeltour bei Sonnenuntergang bis hin zu mehrtägigen Abenteuertouren in die Bay of Fundy.

Schlafen

Anchorage Provincial Park CAMPINGPLATZ $

(☎506-662-7022; Rte 776 zwischen Grand Harbour & Seal Cove; Stellplatz für Zelt/Wohnmobil 24/26 C$; ⏲Mai–Sept.) Der große, familienfreundliche Campingplatz, 16 km vom Fähranleger entfernt, wird von hohen Nadelbäumen umgeben, die guten Schutz vor dem Wind bieten. Zum Gelände gehören ein Kinderspielplatz, eine Waschküche, ein langer Kiesstrand und eine überdachte Kochgelegenheit für Regentage. Der Park grenzt an Marschland, das ein Schutzgebiet für Zugvögel und einige kurze Wanderwege umfasst.

Hole-in-the-Wall Campground CAMPINGPLATZ $

(☎506-662-3152, 866-662-4489; www.grandanancamping.com; 42 Old Airport Rd, North Head; Zeltstellplatz/Hütte 27/40 C$; ⏲Mai–Okt.) Die spektakulären Stellplätze verstecken sich einzeln zwischen Bäumen und Felsen am Klippenrand. Schlafwandler und Leute mit Höhenangst sollten ihr Zelt weiter landeinwärts aufschlagen! Neben einer grandioser Aussicht gibt es hier auch Feuerstellen, Picknicktische, Duschen und eine Waschküche. Wer lieber ein festes Dach über dem Kopf hat, kann sich in einer der einfachen, sauberen Hütten mit Stockbetten und Mikrowelle einquartieren.

Shorecrest Lodge GÄSTEHAUS $$

(☎506-662-3216; www.shorecrestlodge.com; 100 Rte 776, Seal Cove; Zi. 90–135 C$; 📶) Das große,

WESSEN FELSEN?

Kanada und die USA, die eine fast 9000 km lange gemeinsame Grenze haben, kommen in den allermeisten Fällen gut miteinander aus – so gut, dass sich ihre heutigen Gebietsdispute auf ein unbewohntes Eiland namens Machias Seal Island (8 ha) und dessen noch kleinere Nachbarinsel beschränken. Diese ist so gesichtslos, dass sie lediglich „North Rock" genannt wird. Das neblige, öde und baumlose Machias Seal Island ist als Nistplatz von Papageitauchern bekannt, North Rock dagegen als ... Felsen. Bis heute sind beide Inselchen Teil eines Streits, der auf den Frieden von Paris (1783) zurückgeht. Damals wurde versucht, eine Grenze zwischen den gerade gegründeten USA und dem damaligen „britischen Nordamerika" zu ziehen.

Machias Seal Island liegt etwa gleich weit von Maine und Grand Manan Island bzw. New Brunswick entfernt, wurde aber im Vertrag zum Frieden von Paris nicht konkret erwähnt (kaum zu glauben!). Somit gehört es seitdem zu einer „Grauzone". Während Kanada einen Leuchtturm auf der Insel betreibt und sie als Vogelschutzgebiet bewahren möchte, fordern einige amerikanische Anbieter von Papageitaucher-Bootstouren die kanadische Souveränität heraus. Einer davon – der alte Kapitän Barna Nelson aus Jonesport in Maine – umrundete Machias Seal Island einst einmal im Jahr und schwenkte dabei eine US-Flagge. 1984 verzichteten Kanada und die USA vor dem Internationalen Gerichtshof in Den Haag darauf, diesen Konflikt endgültig zu lösen, indem sie sich auf einen südwestlich der Insel gelegenen Grenzziehungspunkt einigten.

gemütliche Farmhaus liegt in der Nähe des Fähranlegers. Seine zehn sonnigen Gästezimmer sind mit antiken Möbeln eingerichtet und auf den Betten liegen Steppdecken. Im Gemeinschaftsraum mit Fernseher steht für Kinder eine Spielzeugeisenbahn bereit. Die aus Österreich stammenden Besitzer bieten Abendessen mit Gerichten aus frischem Fisch (Hauptgerichte 18–28 C$) und Mittagessen zum Mitnehmen – Gäste von außerhalb können telefonisch vorbestellen.

★ Inn at Whale Cove GÄSTEHAUS **$$**
(☎506-662-3181; www.whalecovecottages.ca; Whistle Rd, North Head; EZ/DZ mit Frühstück 135/145 C$; ⌚Mai–Okt.) „Serving rusticators since 1910", damit wirbt das Inn at Whale Cove und das bedeutet dem Sinne nach: Seit 1910 beherbergt das Gästehaus Menschen, die sich eine Zeitlang aufs Land zurückziehen, um dort Ruhe und Muße zu finden. Zu seinen Gästen zählte beispielsweise auch die bekannte amerikanische Schriftstellerin Willa Cather, die hier in den 1920er- und 1930er-Jahre einige ihrer Romane schrieb. Den Charme dieser guten alten Zeit haben sich das Haupthaus aus dem Jahr 1816 sowie ein halbes Dutzend von Reben umrankten Cottages mit Schindeldach bis heute bewahrt. Polierte Kiefernholzböden, gemauerte offene Kamine, verschiedene Antiquitäten, Chintzvorhänge, gut bestückte Bücherregale und teilweise auch eine Küche verleihen den Räumlichkeiten ihren besonderen Reiz.

Compass Rose B&B **$$**
(☎506-662-8570, in der Nebensaison 613-471-1772; www.compassroseinn.com; 65 Rte 776, North Head; Zi. mit Frühstück 105–149 C$) Küstenmotive schmücken die hübschen, komfortablen Zimmer mit Ausblick auf den Hafen. Die Strecke zwischen B&B und Fähranleger lässt sich mühelos zu Fuß zurücklegen. Das zum Compass Rose gehörende Restaurant (Hauptgerichte 12 C$) bietet eine angenehme Atmosphäre.

Essen

In der Nebensaison (Oktober bis Anfang Juni) sind die meisten der ohnehin rar gesäten Restaurants geschlossen. Abgesehen davon, finden sich auf Grand Manan einige gute Speiselokale. Wegen des inselweit begrenzten Platzangebots in der Gastronomie ist am Abend eine Tischreservierung erforderlich.

★ North Head Bakery BÄCKEREI **$**
(www.northheadbakery.ca; 199 Rte 776, North Head; Backwaren 1–5 C$; ⌚Mai–Okt. Di–Sa 6.30–17.30 Uhr) Knuspriges Plundergebäck, Obstkuchen und von Hand gemachte Bio-Brote locken viele Kunden direkt von der Fähre in die sympathische rot-weiße Bäckerei. Bei einem Kaffee und Sandwich an der Snackbar sitzend kann man die Kundenparade gut beobachten.

Sailors Landing KANADISCH **$**
(☎506-662-9620; 1 Ferry Wharf Rd, North Head; Hauptgerichte 5–10 C$; ⌚Mo–Fr 6–22, Sa 6–23, So 7–21 Uhr) Das modernisierte Restaurant in einem hangarähnlichen Wellblechgebäude am Fähranleger bietet neben einem wechselnden Tagesmenü hausgemachte Desserts sowie Gerichte aus Fisch und Meeresfrüchten (stets frisch gefangen in den regionalen Gewässern).

★ Inn at Whale Cove NEUE KANADISCHE KÜCHE **$$$**
(☎506-662-3181; www.whalecovecottages.ca; Whistle Rd, North Head; Hauptgerichte 22–28 C$; ⌚17–21 Uhr) Exzellentes Essen in entspannter, ländlicher Atmosphäre direkt an der Bucht: Die täglich wechselnde Speisekarte enthält edle Köstlichkeiten wie provenzalisches Lammkarree, Ravioli mit Jakobsmuscheln oder göttliche Haselnuss-Karamell-Creme zum Nachtisch. Tipp: Früh erscheinen und zuerst einen Cocktail am Kamin des gemütlichen, altmodischen Salons schlürfen.

Shoppen

Roland's Sea Vegetables MARKT
(www.rolandsdulse.com; 174 Hill Rd; ⌚9–18 Uhr) Grand Manan gehört zu den wenigen noch verbliebenen Produzenten von Lappentang (auch bekannt als Dulse). Sowohl im atlantischen Kanada als auch weltweit wird diese Meerespflanze aus der Familie der Rotalgen als Snack und Gewürz sehr geschätzt. Aus Dark Harbour auf der Westseite der Insel kommt angeblich der weltbeste Lappentang. Seit Jahrhunderten waten hier Tangsammler bei Ebbe zwischen den Felsen umher, um das Kraut zu ernten und es dann auf Felsbänken zum Trocknen auszubreiten. Auf seinem kleinen Markt am Straßenrand verkauft Ronald neben Lappentang auch etliche andere essbare Meerespflanzen aus der Region, z. B. Nori-Algen und Irisch Moos (Gemeiner Knorpeltang). Rolands Sohn

St. John

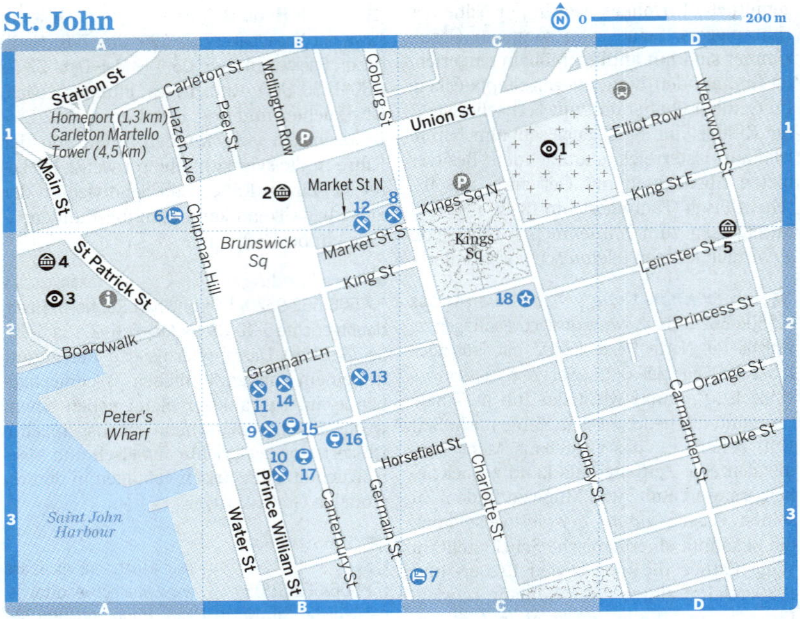

St. John

Sehenswertes

1 Loyalist Burial Ground C1
2 Loyalist House B1
3 Market Square A2
4 New Brunswick Museum A2
5 Saint John Jewish Historical Museum D2

Schlafen

6 Chipman Hill Suites A1
7 Mahogany Manor C3

Essen

8 Billy's Seafood Company B1
9 Bourbon Quarter & Magnolia Cafe B3
10 East Coast Bistro B3
Infusion .... (siehe 12)
11 Java Moose B2
12 Old City Market B1
13 Taco Pica B2
14 Thandi B2

Ausgehen

15 Big Tide Brewing Company B3
16 Happinez Wine Bar B3
17 O'Leary's B3

Unterhaltung

18 Imperial Theatre C2

Sandy empfiehlt, Lappentangpulver beispielsweise als Würze auf Spiegeleier oder gebackenen Fisch zu streuen.

Praktische Informationen

Touristeninformation (www.grandmanannb.com; 130 Rte 776, North Head; ⏲ Mo–Fr 8–16, Sa 9–12 Uhr)

An- &Weiterreise

Die einzige Verkehrsbindung zur Insel ist die **staatlich betriebene Fähre** (☎ 506-662-3724; www.coastaltransport.ca; Erw./Kind/Auto/Fahrrad 12/6/33/4 C$; Kartenschalter am Fähranleger in North Head), die zwischen dem Festlandhafen Blacks Harbour und North Head auf Grand Manan verkehrt. Die Überfahrt (im Sommer 7-mal tgl.) dauert anderthalb Stunden. In Blacks Harbour gehen bzw. fahren die Passagiere in der Reihenfolge ihres Erscheinens an Bord, d. h., eine Reservierung ist nicht möglich. Daher sollte man mindestens 45 Minuten vor der Abfahrt vor Ort sein. Vor allem im Juli und August ist die Autoschlange häufig sehr lang und manch ein Fahrzeug muss auf die nächste Fähre warten. Fußgänger und Radfahrer können in der

Regel immer gleich mitfahren. Für die Überfahrt vom Festland zur Insel ist keine Karte nötig. Doch jeder Passagier muss in North Head eine Rückfahrkarte kaufen und einen Platz reservieren, und das möglichst einen Tag vor der Rückreise. Auf der Route lassen sich mitunter Delfine und Wale beobachten.

Auf der Insel befinden sich etliche Hotels, Restaurants, Läden und Tourveranstalter in Laufentfernung zum Fähranleger. Einen Autoverleih gibt es auf Grand Manan nicht. Wer die ganze Insel erkunden möchte, muss also ein Fahrzeug mitbringen.

Der Anbieter Adventure High (S.472) verleiht Fahrräder.

ST. JOHN

70 500 EW.

Als Wirtschaftszentrum der Provinz besitzt die aktive Hafenstadt St. John eine Dynamik, die der zurückhaltenden Hauptstadt etwas abgeht. Ihre Lage ist einzigartig: Ein Ring aus Felsvorsprüngen, steilen Klippen, kleinen Buchten und Halbinseln umschließt einen tiefen Naturhafen an der Stelle, wo der mächtige St. John River und der Kennebecasis River in die Bay of Fundy münden. Angesichts der rauchenden Schornsteine der Zellstofffabriken und Ölraffinerien sowie der städtischen Überwucherung botanischer Vielfalt braucht es jedoch etwas Fantasie, sich die natürliche Schönheit der Kulisse vorzustellen. Rund um die Innenstadt verläuft ein hässlicher Gürtel aus Industrieanlagen und konfus verlaufenden Hochstraßen. Wer sich aber den Weg ins historische Zentrum gebahnt hat, wird mit dem Anblick wunderschön restaurierter Back- und Sandsteingebäude aus dem 19. Jh. belohnt. Zudem erhascht man flüchtige Blicke auf das Meer am Ende der steilen, schmalen Seitenstraßen.

St. John war ursprünglich eine französische Kolonie und wurde nach der Besetzung durch britische Loyalisten (1785) zu Kanadas erster offizieller Stadt. Während der Großen Hungersnot in ihrer Heimat strömten Mitte des 19. Jhs. Tausende irischer Einwanderer nach St. John und leisteten einen beachtlichen Beitrag zu dessen Entwicklung zu einer blühenden Industriestadt. War damals noch der Holzschiffsbau der wichtige Wirtschaftszweig, so arbeiten heute viele Einwohner in der Schwerindustrie (z. B. in Zellstofffabriken und Raffinerien) oder in der Moosehead Brewery.

Uptown, das Zentrum, liegt auf einer viereckigen, hügeligen Halbinsel zwischen der Courtenay Bay und der Mündung des St. John River. Der Kings Square – seine Fußwege verlaufen im Muster des britischen Union Jack – markiert die Stadtmitte. Auf der Westseite der Harbour Bridge (Maut 0,50 C$) befindet sich St. John West. Da die dortigen Straßennamen oft denen im eigentlichen St. John entsprechen, wird zur Unterscheidung ein „W" für West (z. B. Charlotte Street W) angehängt. In St. John West legen auch die Fähren nach Digby in Nova Scotia ab.

Sehenswertes

New Brunswick Museum MUSEUM
(www.nbm-mnb.ca; 1 Market Sq; Erw./Stud./Fam. 8/4,50/17 C$; Mo–Mi & Fr 9–17, Do 9–21, Sa 10–17, So 12–17 Uhr) Das tolle vielfältige Museum beherbergt z. B. eine faszinierende meereskundliche Abteilung mit exzellenter Walsammlung, die auch ein lebensgroßes Skelett umfasst. Ferner gibt es Ausstellungsstücke zum Anfassen, Modelle alter Segelschiffe und ein Originalmanuskript des US-Dichters Clement Clarke Moore: *Die Nacht vor Weihnachten* war der Familie seines Paten Jonathan Odell in New Brunswick zugesandt worden.

Reversing Rapids FLUSS
Die Region wird stark vom enormen Tidenhub der Bay of Fundy und dessen Auswirkungen geprägt. Als Teil des spannenden Gezeitenspektakels zählen die Reversing Rapids (etwa: „umgedrehte Stromschnellen") zu den bekanntesten Attraktionen der Provinz: Die steigende Flut in der Bay of Fundy drückt das Wasser landeinwärts und dreht so die Strömungsrichtung des Flusses um. Bei Ebbe fließt dieser dann wieder normal. Das Ganze gleicht einer Reihe von Stromschnellen und wird von einer Brücke überspannt. Das **Reversing Rapids Visitors Centre** (200 Bridge Rd; Mai–Okt. 8–19 Uhr) nebenan verteilt eine Broschüre mit aktueller Gezeitentabelle.

Loyalist House HISTORISCHES GEBÄUDE
(120 Union St; Erw./Kind/Fam. 5,50/2,50/7,50 C$; Mai–Sept. 10–17 Uhr) Das 1810 im georgianischen Stil erbaute Loyalist House zählt zu St. Johns ältesten Gebäuden, die noch unverändert erhalten sind. Heute ist es ein Museum, das sich der Loyalisten-Ära widmet. Zu sehen sind auch einige ausgezeichnete Tischlerarbeiten.

Loyalist Burial Ground FRIEDHOF
Im Stadtzentrum gleich neben dem Kings Square erstreckt sich dieser ehrwürdige Friedhof, der heute einem Park ähnelt. Die ältesten der verwitterten Grabsteine stammen von 1784.

Carleton Martello Tower HISTORISCHES GEBÄUDE
(454 Whipple St; Erw./Kind 3,90/1,90 C$; ⏲Juni–Sept. 10–17.30 Uhr) Das runde, auf einem Hügel errichtete Steinfort ist ein Überbleibsel des Britisch-Amerikanischen Kriegs (1812–1814). Zu besichtigen sind eine restaurierte Kaserne und andere historische Ausstellungen. Hauptgrund für einen Besuch ist jedoch der Panoramablick auf St. John und die Bay of Fundy.

Saint John Jewish Historical Museum MUSEUM
(91 Leinster St; Eintritt gegen Spende; ⏲Mo–Fr 10–16, So 13–16 Uhr) Das schlichte Museum beleuchtet die Geschichte von St. Johns einst blühender jüdischer Gemeinde. Zu deren Mitgliedern zählte auch Louis B. Mayer, der mit Metro-Goldwyn-Mayer Hollywoodruhm erlangte.

Aktivitäten

Reversing Falls Jet Boat Rides BOOTSTOUR
(☎506-634-8987; www.jetboatrides.com; Fallsview Ave; Erw./Kind 39/29 C$; ⏲Juni–Okt.) Einer der beiden Bootstrips führt entspannt zu den Reversing Rapids und in den Hafen (1 Std.). Beim „Thrill Ride“ (20 Min.) geht es dagegen direkt durch das rauschende Wasser der Rapids – dabei ist Nasswerden garantiert.

Irving Nature Park WANDERN
(⏲Mai–Okt. 8 Uhr bis Sonnenuntergang) Die recht wilde, unberührte Küstenlandschaft des Irving Nature Park ist Pflicht für alle (motorisierten) Naturliebhaber und zudem ein toller Ort für Vogelbeobachtungen: Hunderte Arten werden hier regelmäßig gesichtet. Mit etwas Glück sind auf den Felsen vor der Küste eventuell auch Robben zu beobachten.

Sieben unterschiedlich lange Wanderwege führen an Stränden, steilen Klippen und bizarren Felsen vorbei und durch Wälder, über Schlickflächen und weites Marschland. Wanderern wird robustes Schuhwerk dringend empfohlen.

Der sehr sehenswerte Park liegt 5 km Autofahrt südwestlich vom Zentrum. Anfahrt ab St. John: zunächst dem Highway 1 westwärts folgen und an der Ausfahrt 107 (Bleury Street) in Richtung Süden fahren. Über die Sand Cove Road rechter Hand erreicht man dann nach weiteren 2 km den Parkeingang.

Harbour Passage WANDERN
Der Holzsteg am **Market Square** hinter dem Hilton Hotel ist Startpunkt der rot gepflasterten Harbour Passage. Der Rad- und Spazierweg umrundet den Hafen, führt die Bennett Street hinauf und bringt einen über die Douglas Avenue schließlich bergabwärts zur Aussichtsbrücke über den Reversing Rapids. Der einstündige Weg ist überall mit Infotafeln versehen.

Gibson Creek Canoeing KANUFAHREN
(☎506-672-8964; www.gibsoncreek.ca; Tour ab 65 C$ pro Tag) Auf den geführten Kanutouren paddeln die Tourteilnehmer durch die Marschgewässer der Gezeitenzone und die stillen Flüsse in der Nähe der Stadt.

Geführte Touren

In St. John, einem beliebten Zwischenstopp von Kreuzfahrtdampfern, gibt es ein überraschend großes Angebot geführter Touren. Walbeobachtungen zählen leider nicht dazu: Bis auf den sehr selten auftauchenden und launischen Zwergwal lassen sich vor St. John keine Wale blicken.

Saint John Transit Commission BUSTOUR
(☎506-658-2855; www.saintjohntransit.ca; Erw./Kind 22/6 C$; ⏲Juni–Sept.) Bietet zweimal täglich eine zweistündige Stadtrundfahrt per Bus. Die Touren beginnen an verschiedenen Stellen: Reversing Rapids Visitors Centre, Barbour's General Store am Market Square und am Rockwood Park Campground. Dort sind auch jeweils die Fahrkarten erhältlich.

Words, Walks & Workshops STADTSPAZIERGANG
(☎506-672-8601; Stadtspaziergänge frei–5 C$; ⏲Juni–Sept. 19 Uhr) Seit fast 30 Jahren veranstaltet der Reise- und Outdoor-Kolumnist David Goss seine geführten Themenspaziergänge durch die Stadt und die Natur. Die Spaziergänge sind so reizvoll und interessant, dass auch Einheimische immer wieder daran teilnehmen. Die wechselnden Startpunkte und -zeiten erfährt man bei der Touristeninformation.

Roy's Tour TAXITOUR
(www.roystours.webs.com; Tour pro Gruppe 50 C$ pro Std.) Roy Flowers ist in St. John zu

Hause. Kenntnisreich kommentiert er individuell zugeschnittene Taxitouren (5–6 Std.) durch die Stadt und ihre Umgebung.

Schlafen

St. Johns Motels liegen überwiegend 7 km westlich vom Stadtzentrum entlang der Manawagonish Road. In der Innenstadt befinden sich einige recht exklusive Kettenhotels.

Rockwood Park CAMPINGPLATZ **$**
(506-652-4050; www.rockwoodparkcampground.com; Lake Dr S; Stellplatz Zelt/Wohnmobil 25/35 C$; Mai–Sept.;) Einige Kilometer nördlich des Stadtzentrums erstreckt sich der riesige Rockwood Park mit etlichen kleinen Seen. Wanderwege durchziehen seine Wälder und auf einer schmalen freien Fläche liegt ein Campingplatz. Nur einen Steinwurf vom Eingang des Platzes entfernt hält montags bis freitags die Buslinie 6 Richtung Mt. Pleasant, die in St. Johns am Kings Square abfährt.

University of New Brunswick Summer Residences STUDENTENWOHNHEIM **$**
(506-648-5755; www.unbsj.ca; abseits der Sandy Point Rd nahe Rockwood Park; EZ/DZ/Suite 35/48/72 C$;) Von Mai bis August vermietet die University of New Brunswick in zwei Studentenwohnheimen auf ihrem Campus in St. John einfache Zimmer und spartanische Suiten mit Küchenzeile. Die Universität liegt 6 km nördlich des Stadtzentrums und ist vom Kings Square mit der Buslinie 15 erreichbar.

★ **Mahogany Manor** B&B **$$**
(800-796-7755, 506-636-8000; www.sjnow.com/mm; 220 Germain St; DZ mit Frühstück 105–115 C$;) In der schönsten Straße von St. John befindet sich das B&B in einem Haus im viktorianischen Stil. Die schwulenfreundliche Unterkunft mit Räumen voller Antiquitäten ist ein reizvolles Zuhause auf Zeit. Eine Mixtur aus Antikmöbeln und komfortablen modernen Betten verleiht den fünf Gästezimmern eine gemütliche Atmosphäre. Die fröhlichen Eigentümer wissen mehr über die Stadt, als man sich merken kann – sogar welches Gericht in welchem Restaurant zu empfehlen ist.

Homeport B&B **$$**
(506-672-7255, 888-678-7678; www.homeport.nb.ca; 60 Douglas Ave; Zi. mit Frühstück 109–175 C$;) Das imposante B & B im italienischen Stil klebt hoch über der einstmals prächtigen Douglas Avenue, etwa 1 km westlich der Innenstadt-Halbinsel. Es kombiniert die beiden Ex-Villen zweier schiffsbauender Brüder, verbreitet die Atmosphäre eines Boutiquehotels und umfasst einen prächtigen Salon, eine waschechte Bar und zehn sonnige Gästezimmer (Tipp: möglichst eines mit einer altmodischen Badewanne ergattern).

Chipman Hill Suites APARTMENTS **$$**
(506-693-1171; www.chipmanhill.com; 9 Chipman Hill; Apt. 79–299 C$;) Ohne ihren ursprünglichen Charakter zu verändern, hat Chipman im Stadtzentrum historische Gebäude renoviert und in kleine Apartments mit kleiner Küche umgebaut. Vermietet werden sie tage-, wochen- oder monatsweise. Der Preis hängt von der Größe und Ausstattung ab, ist aber unter dem Strich recht günstig.

Essen

★ **Old City Market** MARKT **$**
(www.sjcitymarket.ca; 47 Charlotte St; Mittagessen 5–10 C$; Mo–Fr 7.30–18, Sa 7.30–17 Uhr) Zwischen North und South Market Street gelegen, betört die Markthalle alle Sinne. In dem eindrucksvollen Backsteinbau wird seit 1876 gehandelt und gefeilscht. Für den kleinen oder auch größeren Hunger zwischendurch bieten zahllose Frischwarenstände, Bäckereien, Fischhändler, Metzger und diverse Imbiss- bzw. Restaurantbuden allerlei Leckereien an. Einheimische strömen mittags zu Slocum and Ferris. Vor Ort bekommt man auch Tüten mit Lappentang (*dulse*), einer getrockneten Meerespflanze aus dem Atlantik, die man in dieser Ecke Kanadas wie Kartoffelchips isst.

Java Moose CAFÉ **$**
(www.javamoose.com; 84 Prince William St; Snacks 2–5 C$; 8–18 Uhr;) Bestens geeignet für den Koffeinkick mit frisch geröstetem Kaffee ist das Java Moose, in dem das Flair der nordischen Wälder förmlich in der Luft liegt.

Infusion CAFÉ $
(www.infusiontearoom.ca; Old City Market; Snacks 3–6 C$; 7–19 Uhr;) Mit urbanem Chic, warmem Licht sowie zahlreichen seltenen und außergewöhnlichen Teesorten lockt das Café im Old City Market. Außerdem bietet es Sandwiches und andere Snacks.

★ **East Coast Bistro** INTERNATIONAL $$
(☎506-696-3278; www.eastcoastbistro.com; 60 Prince William St; Hauptgerichte 18–25 C$; ⌚Mo 11–19, Di–Do 11–21, Fr & Sa 11–22 Uhr) Nachhaltige regionale Küche zeichnet das Bistro aus. Sogar das Brot wird nach eigenen Rezepten selbst gebacken. Mit seinen erstklassigen Gerichten zu vernünftigen Preisen zählt es zu St. Johns Spitzenrestaurants. In der Pfanne gebratener Ziegenkäse aus New Brunswick, mit Sirup glasierter Atlantischer Lachs und mit brauner Butter zubereitete Apfelstreusel sind nur einige Köstlichkeiten aus der Speisenpalette dieses schlicht eingerichteten Lokals.

Bourbon Quarter & Magnolia Cafe CAJUN $$
(☎506-214-3618; Prince William St; Hauptgerichte 10–35 C$; ⌚Mo–Fr 8–23, Sa 9–24, So 9–20 Uhr) Cajun-Küche in Kanada? St. Johns junge Trendsetter scheinen sich an dieser Idee nicht zu stören und futtern hier scharenweise gebackene Austern oder Muffuletta-Sandwiches.

In den beiden benachbarten, erst vor Kurzem eröffneten Restaurants im typischen New-Orleans-Stil wird Livemusik geboten. Im Bourbon Quarter geht es eleganter und weniger leger zu, während das Magnolia ein eher lässiges Mittagslokal ist.

Splash Thai Cuisine THAI $$
(www.splashthaicuisine.com; 419 Rothesay Ave; Hauptgerichte 18–23 C$; ⌚Di–So 16–22 Uhr) Einheimische genießen hier gerne wieder und wieder die hervorragenden Spezialitäten der thailändischen Küche. Neben altbewährten Klassikern stehen auch einfallsreiche Abwandlungen auf der Speisekarte, wie z. B. Mango-Hühnchen-Curry. Gedämpftes Licht und minimalistisches Dekor verleihen dem Restaurant eine entspannte, vornehme Atmosphäre.

Taco Pica MEXIKANISCH, GUATEMALTEKISCH $$
(www.tacopica.ca; 96 Germain St; Hauptgerichte 10–17 C$; ⌚Mo–Sa 10–22 Uhr) In dem farbenfrohen mit mittelamerikanischer Volkskunst ausgestalteten Restaurant werden authentische Gerichte der guatemaltekischen und mexikanischen Küche serviert. Als preisgünstigen Einstieg in diese kulinarische Palette empfiehlt sich der *pepian* – ein einfacher, pikanter Rindfleischeintopf, der in Guatemala fast in jedem Haushalt regelmäßig auf den Tisch kommt.

Billy's Seafood Company FISCH & MEERESFRÜCHTE $$$
(www.billysseafood.com; 49 Charlotte St; Hauptgerichte 16–32 C$; ⌚Mo–Sa 11–22, So 16–22 Uhr) Schon etliche Jahre werden in dem beliebten Restaurant über dem Old City Market Gerichte aus Fisch und Meeresfrüchten in einer lockeren, zünftigen Atmosphäre serviert.

Thandi INDISCH $$$
(☎506-648-2377; www.singhdining.com; 33 Canterbury St; Hauptgerichte 17–38 C$; ⌚Mo–Fr 11–22, Sa 16–24, So 16–22 Uhrt) Unverputzte Backsteinwände, frei gelegte Deckenbalken, gedämpftes Licht, ein gemütlicher offener Kamin und eine schicke Kellerbar mit indirekter Beleuchtung schaffen eine angenehme Atmosphäre, die unterm Strich eine gute Bewertung verdient. Auch das Essen schmeckt im Thandi ausgezeichnet. Zur Auswahl stehen verschiedene indische Klassiker wie Lamm-Korma und Garnelen-Vindaloo oder auch Fusion-Spezialitäten wie Tandoori-Rinderfilet und Snapper mit Mango-Salsa.

Ausgehen & Unterhaltung

Während Nachtclubs eher rar sind, floriert die Kneipenkultur und Livemusikszene in einer Handvoll stimmungsvoller Bars in Ufernähe im Herzen des Stadtzentrums. Das wöchentlich erscheinende Szenemagazin „here" informiert über aktuelle Events und ist kostenlos in ganz St. John erhältlich.

Big Tide Brewing Company BRAUEREI
(www.bigtidebrew.com; 47 Princess St; ⌚Mo–Sa 11–24, So 15–21 Uhr) In dem gemütlichen

VORSICHT, ELCHE!

Auf den Straßen von New Brunswick kommt es jedes Jahr rund 300 Mal zu Kollisionen mit Elchen. Für die Tiere enden diese Verkehrsunfälle fast immer tödlich, sie kosten aber auch durchschnittlich fünf Menschen das Leben. Zu 85 % passieren die Zusammenstöße von Mai bis Oktober und meistens in der Abenddämmerung oder nachts. Daraus folgt: Bei Dunkelheit Fuß vom Gas, die Straßenränder aufmerksam beobachten und bei fehlendem Gegenverkehr das Fernlicht einschalten. Warnschilder markieren besonders gefährliche Strecken.

Pub im Untergeschoss der Brauerei macht es Spaß, einen Krug Bier zu trinken (Tipp: Confederation Cream Ale oder Whistlepig Stout) und dazu in Bier gedünstete Muscheln zu verspeisen. Angesagt sind hier auch Ratespiele in geselliger Runde, an denen sich jeder beteiligen kann.

Happinez Wine Bar BAR
(www.happinezwinebar.com; 42 Princess St; ⏲ Mi & Do 16–24, Fr 16–1, Sa 17–1 Uhr) In der kleinen, intimen Weinbar mit gepflegtem urbanem Ambiente kann man in aller Ruhe einen guten Tropfen genießen.

O'Leary's PUB
(www.olearyspub.com; 46 Princess St; ⏲ Mo & Di 11.30–23, Mi–Fr 11.30–2, Sa 15–2 Uhr) In St. John ist O'Leary's Pub eine Institution. Wer gern ein Schwätzchen mit einheimischen Kneipenhockern hält, ist in dieser gemütlichen Spelunke genau richtig.

Imperial Theatre THEATER
(☎ 506-674-4100; www.imperialtheatre.nb.ca; 24 Kings Sq S) Nach seiner Restaurierung erstrahlt das Theater wieder in seiner ursprünglichen Pracht von anno 1913. Für kulturelle Veranstaltungen ist das Imperial die beste Adresse der Stadt. Das Programm reicht von klassischer Musik bis hin zu Theateraufführungen aller Art.

ℹ Praktische Informationen

Hauptpost (41 Church Ave W, Saint John West) Ausgabestelle für postlagernde Sendungen, die an „Postal Station B, E2M 4X6" adressiert sind.

Saint John Library (1 Market Sq; ⏲ Mo 9–17, Di & Mi 10–17, Do & Fr 10–21, Sa 9–17 Uhr) Kostenloser Internetzugang.

Saint John Regional Hospital (☎ 506-648-6000; 400 University Ave; ⏲ 24 Std.) Liegt nordwestlich des Stadtzentrums.

Visitor & Convention Bureau/Touristeninformation (☎ 506-658-2990, 888-364-4444; www.tourismsaintjohn.com; Market Sq; ⏲ 9.30–20 Uhr) Kenntnisreiches, freundliches Personal; bietet Infomaterial für Stadtspaziergänge auf eigene Faust.

ℹ An- &Weiterreise

BUS

Der **Busbahnhof** (300 Union St; ⏲ Mo–Fr 7.30–21, Sa & So 8–21 Uhr) liegt fünf Gehminuten vom Stadtzentrum entfernt. Hier starten u. a. die Busse nach Fredericton (29 C$, 1½ Std.) und Moncton (33 C$, 2 Std.). Das Ticket für den täglichen Direktbus nach Bangor in Maine (55 C$, 3½ Std.) muss jeder persönlich kaufen.

FLUGZEUG

Der Flughafen liegt 5 km östlich der Loch Lomond Road in Richtung St. Martins. Air Canada fliegt täglich nach Toronto, Montréal und Halifax.

SCHIFF/FÄHRE

Zwischen Saint John und Digby in Nova Scotia (43 C$, 3 Std.) verkehrt täglich eine Fähre.

ℹ Unterwegs vor Ort

AUTO & MOTORRAD

Die Autovermietung **Discount Car Rentals** (☎ 506-633-4440; www.discountcar.com; 255 Rothesay Ave) befindet sich gegenüber dem Park Plaza Motel. Die Gesellschaften Avis, Budget, Hertz und National unterhalten am Flughafen jeweils eine Filiale.

An Werktagen von 8 bis 18 Uhr wird in St. John eine Parkgebühr von 1 C$ pro Stunde fällig. Abends, an Wochenenden und Feiertagen darf das Auto kostenlos abgestellt werden. Jederzeit kostenlos parken kann man außerdem in Seitenstraßen wie der Leinster Street und Princess Street östlich des Kings Square. Am Wochenende ist auch der städtische Parkplatz (11 Sydney St) gebührenfrei.

BUS

Eine Karte von **Saint John Transit** (☎ 506-658-4700) kostet 2,50 C$. Die wichtigste Strecke ist die Ost-West-Verbindung, auf der entweder die Buslinien 1 und 2 zum McAllister Drive in Richtung Osten oder die Linien 3 und 4 nach St. John West im Westen unweit des Fährterminals verkehren. Die Busse halten jeweils in der Stadtmitte am Kings Square. Ebenfalls recht häufig fahren die Busse der Linien 15 und 16 zur Universität.

ZUM/VOM FLUGHAFEN

Die Stadtbuslinie 22 verkehrt zwischen Flughafen und Kings Square. Für eine Taxifahrt zum Flughafen muss man mit etwa 35 C$ rechnen.

DIE OSTKÜSTE DER BAY OF FUNDY

Zwischen St. John und Hopewell Cape ist die zerklüftete, ursprüngliche Ostküste der Bay of Fundy größtenteils noch unberührt. Die großartige, von den Gezeiten geprägte Küste mit ihren himmelhohen Klippen begeistert vor allem Wanderer, Radfahrer, Kanuten und Naturliebhaber. Es ist jedoch

ABSTECHER

MALERISCHE TOUR: DAS TAL DES KENNEBECASIS RIVER

An Samstagen im Sommer sollten Besucher sich dem Lieblingsausflug vieler Einwohner von St. John anschließen und mit der Gondola Point Ferry (S. 457) zur idyllischen Kingston Peninsula übersetzen. Hier führt die Route 845 ostwärts zum **Kingston Farmers Market** (Rte 845, Kingston; ⏲ Sa 8–13 Uhr). Auf dem Markt locken frisches Obst und Gemüse sowie eine ganze Reihe einheimischer Spezialitäten. Fürs Mittagessen geeignet ist auch der restaurierte **Carter House Tea Room** (874 Rte 845; Gebäck & Tee 4–8 C$; ⏲ Di–Sa 9.30–16.30 Uhr) von 1810. In der Teestube spukt angeblich ein Geist, der mit Vorliebe aufräumt und die Bücher umstellt.

Wer den zahlreichen anderen Ausflüglern entgehen möchte, fährt auf der Route 845 weiter ostwärts bis in die geschäftige Ortschaft Hampton. Von dort folgt die Route 121 dem Nordufer des Kennebecasis River und führt durch Ackerland sowie durch die Dörfer Norton und Apohaqui nach **Sussex** (4300 Ew.).

Sussex ist eine bäuerliche Gemeinde in einem grünen Tal mit verstreut liegenden Milchfarmen. Die altmodische Hauptstraße der Ortschaft wäre ein idealer Drehort für ein herzerwärmendes Teenie-Drama der 1950er-Jahre. Aber bitte an die Einheimischen: Bloß nicht noch mehr dieser opulenten Fassadengemälde, die hier bereits im Überfluss die Häuserwände schmücken. Der gut erhaltene alte Bahnhof beherbergt die Touristeninformation, Sully's Ice Cream Parlour und ein kleines Museum, das sich der Geschichte des örtlichen Armeeregiments widmet.

Wer in Sussex über Nacht bleibt, kann die schöne Zeitreise in die 1950er-Jahre am Abend mit einer Doppelvorstellung im Autokino **Sussex Drive-In** (☎ 506-432-9114; www.sussexdrivein.com; Rte 2; Erw./Kind 10/6 C$; ⏲ Mai–Sept Fr–So nach Einbruch der Dunkelheit) abschließen. Auf dem angrenzenden **Town & Country Campark** (☎ 506-432-9114; www.sussexdrive in.com; Stellplatz Zelt/Wohnmobil 24/31 C$) können Camper ihr Zelt aufschlagen. Mit Zimmern kann **Jonah Place B&B** (☎ 866-448-8800, 506-433-6978; www.jonahplace.com; 977 Main St; Zi mit Frühstück ab 99 C$; 🚭 @ 📶) dienen.

Das angesagteste Restaurant innerhalb der Ortschaft ist das stilvolle, gemütliche **Broadway Cafe** (☎ 506-433-5414; 73 Broad St; Hauptgerichte mittags ab 8 C$, abends 17–35 C$; ⏲ Mo & Di 10–15 Uhr, Mi–Sa 10–21 Uhr).

Tipp für ein besonderes Erlebnis: An einer Landstraße in einem ruhigen Tal, in dem die meisten Farmer aus Deutschland und den Niederlande stammen, liegt der **Gasthof Old Bavarian** (☎ 506-433-4735; www.oldbavarian.ca; 1130 Knightville Rd; Hauptgerichte 10–24 C$; ⏲ Fr–So 12–22 Uhr). Außen wie drinnen wirkt er, als habe man jedes Detail – einschließlich der Bierseidel – aus dem Bayerischen Oberland hierher transportiert. Sein niedriger Gastraum mit Holzdecken, schweren Holzmöbeln und hübschen weiß-blau karierten Tischdecken erinnert an eine bayerische Berghütte. Auf den Tisch kommt bayerisch-herzhafte und einfach köstliche Hausmannskost. Schnitzel und Würste liefert die hauseigene Metzgerei und auch Beilagen wie z. B. Rotkohl, saftige Knödel und frische Salate stammen aus der eigenen Landwirtschaft. Obwohl der Gasthof quasi mitten im Nirgendwo steht, herrscht abends immer Hochbetrieb, daher ist eine Tischreservierung ratsam. Und Bargeld mitnehmen, Kreditkarten werden nicht akzeptiert.

Für die Weiterfahrt geht es hinter dem Gasthof links auf die Knightville Road und dann bei Anagance Ridge wiederum links auf die Country View Road und anschließend rechts auf die Route 890, der man bis nach Petitcodiac folgt. Diese Route mit atemberaubenden Ausblicken führt durch eine grüne Hügellandschaft. Bei dem ein oder anderen weckt sie sogar den Wunsch, daheim alles zu verkaufen und auszuwandern, um genau in dieser Gegend vielleicht zukünftig Hühner zu züchten. Appetit auf Biokost macht ein Spaziergang durch die Gewächshäuser der Farm **Cornhill Nursery & Cedar Cafe** (www.cornhillnursery.com; 2700 Rte 890; Hauptgerichte 8–12 C$; ⏲ Mai–Okt. 8–16 Uhr). Anschließend lässt sich im hauseigenen Café der Hunger mit einem gesunden Mittagessen oder bei Tee und Kuchen stillen. Am Ende der Tour geht es von Petitcodiac über den Highway 1 ostwärts weiter nach Moncton oder westwärts zurück zum Fundy Park und nach St. John. Zwischen Hampton und Sussex bietet auch der Highway 1 wunderschöne Ausblicke auf ein Tal.

nicht möglich, von St. Martins direkt am Meer entlang zum Fundy National Park zu fahren. Wer nicht wandern will, muss daher einen Umweg über Sussex im Landesinneren machen.

St. Martins

Rund 40 Straßenkilometer östlich von St. John liegt – umgeben von steilen Klippen und üppigen Weideflächen – St. Martins. Das attraktive Küstendorf war einst ein verschlafenes Zentrum des Holzschiffbaus. Heute lockt es Wanderer, Radler und Touristen auf den **Fundy Trail Parkway** (www.fundytrailparkway.com), dessen Windungen einem atemberaubenden Küstenabschnitt auf einer Länge von 11 km folgen. Die imposanten Höhlen in den roten Sandsteinklippen am örtlichen Mac's Beach sind bei Ebbe zu Fuß zu erreichen. Die beiden überdachten Dorfbrücken sind beliebte Fotomotive – Kamera nicht vergessen!

River Bay Adventures (☎506-663-9530; www.riverbayadventures.com; Tour ab 50 C$, Kajak halber/ganzer Tag 33/52 C$) veranstaltet zwei- bis dreistündige Seekajaktouren zu den Höhlen und Inseln entlang der Küste.

St. Martin's Country Inn (☎800-566-5257, 506-833-4534; www.stmartinscountryinn.ca; 303 Main St; Zi. 110–165 C$;) befindet sich in einer hochaufragenden Villa mit Blick auf die Bucht und ist die luxuriöseste Unterkunft in St. Martins. Serviert wird auch leckeres Essen (Hauptgerichte 19–24 C$) in einem hübschen Speiseraum, in dem anscheinend die Zeit stehen geblieben ist.

Direkt am Mac's Beach bietet das resortähnliche **Seaside Restaurant** (81 Mac's Beach; Hauptgerichte 8–18 C$; 11–19 Uhr) u. a. Fish & Chips, Jakobsmuscheln und *chowder* (dicke Fischsuppe). Hier kommt pures Urlaubsfeeling auf!

Fundy National Park

Dieser **Nationalpark** (www.pc.gc.ca/fundy; Tagesgebühr Erw./Kind/Fam. 7,80/3,90/19,60 C$) zählt zu den beliebtesten Naturschutzgebieten des Landes. Seine Hauptattraktionen sind der höchste Tidenhub der Welt, bizarr erodierte Sandsteinklippen und ein unendlich breites Watt, auf dem man wunderbar nach kleinem Meeresgetier und angeschwemmtem Material suchen kann. Das Ganze kann man mittels eines ausgedehnten Netzes von attraktiven Wanderwegen erkunden.

Aktivitäten

Langlaufen

Im Winter verwandeln sich 25 km Wanderwege zu präparierten Langlaufloipen der Spitzenklasse. Gleichzeitig führen Schneeschuhpfade durch die Wälder.

Radfahren

Mountainbiken ist auf sechs Wegen erlaubt: Goose River, Marven Lake, Black Hole, East Branch, Bennett Brook (nur teilweise offen) und Maple Grove. Seltsamerweise gab es zum Zeitpunkt der Recherchen weder im Fundy National Park noch im nahe gelegenen Alma einen Fahrradverleih. In der Touristeninformation nachfragen, ob sich dies inzwischen geändert hat.

Schwimmen

Das Meer ist hier richtig kalt, lädt also nicht zum Baden ein. Zum Glück gibt es nahe dem Südeingang des Parks einen beheizten **Swimmingpool** (Erw./Kind 3/1,50 C$; Juli & Aug. 11–18.30 Uhr) mit Meerwasser.

Wandern

Das insgesamt 120 km lange Wegenetz des Nationalparks erlaubt erbauliche Wanderungen von kurzen Spaziergängen

DIE GEZEITEN DER BAY OF FUNDY

Die Bay of Fundy hat den höchsten Tidenhub der Welt. Nach einer Legende der Mi'kmaq entsteht dieser durch den heftigen Flossenschlag eines riesigen Wals, der das Wasser hin- und herströmen lässt. Eine weniger poetische Erklärung des Phänomens basiert auf der Länge, der Tiefe und der Trichterform der Bucht.

Eine komplette Periode von Ebbe und Flut dauert rund zwölfeinhalb Stunden. Am östlichen Ende der Bucht und am Minas Basin ist die Differenz zwischen Höchst- und Tiefststand mit 10 bis 15 m am größten. Bei Burncoat Head nahe Noel (Nova Scotia) erreichte die höchste jemals gemessene Flut beachtliche 16,6 m!

ABSTECHER

PANORAMAFAHRT: FUNDY TRAIL PARKWAY

Der großartige **Parkway** (www.fundytrailparkway.com; Erw./Kind/Fam. 5,50/3,50/13 C$; ⌚ Mai–Okt. 6–20 Uhr) durchquert eine raue Landschaft, die lange Zeit das letzte wirklich unberührte Küstengebiet zwischen Florida und Neufundland war. Seit der Einweihung des 11 km langen Parkway zum Big Salmon River ist es damit jedoch vorbei: Stattdessen gibt es hier nun etliche Aussichtspunkte, Picknick- und Parkplätze. Die reizende Panoramastraße sollte einst am Fundy National Park enden. Jenseits der Bucht ist Nova Scotia zu erkennen. Abseits des Parkway verläuft ein sehr steiler bzw. hügeliger Rad- und Wanderweg (16 km).

Ein kostenloser **Shuttlebus** (nur Sa, So & Feiertag 12–18 Uhr) transportiert Wanderer in beiden Wegrichtungen zwischen Parkway-Eingang und Big Salmon River. Wenn das Haupttor in der Nebensaison geschlossen ist, kann man davor parken und zu Fuß bzw. auf dem Fahrrad in den Park.

Am Big Salmon River führt eine Hängebrücke in das riesige unberührte Wandergebiet jenseits der Straße. Für den drei- bis fünftägigen Marsch vom Big Salmon River zum Goose River im Fundy National Park waren nach letztem Stand keine Genehmigungen oder Passierscheine erforderlich. Jenseits des Big Salmon River muss man jedoch auf eine raue Wildnis, Felsgeröll und sogar die eine oder andere Strickleiter vorbereitet sein.

Wer es etwas gemächlicher mag, kann in der **Hearst Lodge** (Zi. inkl. Halbpension 109 C$ pro Pers.; ⌚ Juni–Sept.) übernachten, die der Zeitungsmogul J. Randolph Hearst als Luxusblockhütte errichten ließ.

bis hin zu dreitägigen Treks. Gut zu wissen: Bei mehreren Routen muss man durch Flüsse waten.

Bei Rucksackwanderern am beliebtesten ist der **Fundy Circuit** (45 km), der in drei Tagesetappen durch das Herz des Parks führt. Dabei übernachten die meisten Wanderer am Marven Lake und am Bruin Lake, bevor es entlang des Upper Salmon River zurück zum Ausgangspunkt der Tour geht. Zeltplätze in der Wildnis (10 C$/Übernachtung) müssen vor dem Start beim Besucherzentrum – am besten telefonisch – reserviert werden.

Auch auf dem **Goose River Trail** muss man zweimal unterwegs übernachten. Er trifft unterwegs auf den Fundy Circuit, der von St. Martins aus über eine Straße zu erreichen ist. Die dreitägige Tour durch die unberührte Natur gehört zu den schwierigsten der Provinz. Während man bis zum Goose River radeln kann, geht es danach nur noch zu Fuß weiter.

Schöne Tageswanderungen im Nationalpark sind z. B. der **Coppermine Trail** (hin & zurück 4,4 km) zu einer stillgelegten Mine oder der anspruchsvolle **Third Vault Falls Trail** (einfache Strecke 3,7 km) zu den höchsten Wasserfällen der Region. Im Sommer leiten Ranger z. B. Nachtwanderungen und andere familienfreundliche, lehrreiche Veranstaltungen.

Schlafen

Im Park stehen drei Campingplätze und 13 ausgewiesene Plätze für wildes Campen zur Verfügung. **Campingplatzbuchungen** (☎ 877-737-3783; www.pccamping.ca) müssen mindestens drei Tage im Voraus erfolgen. Die zusätzliche Eintrittsgebühr für den Park ist bei Ankunft zu bezahlen.

Mit seinen Duschen und anderen sanitären Anlagen ist der Campingplatz **Chignecto North** (Stellplatz Zelt/Wohnmobil 26/36 C$) besonders gut für Familien geeignet. Nahe dem Besucherzentrum erstreckt sich der **Headquarters Campground** (Stellplatz Zelt/Wohnmobil/RV 26/37 C$) mit 131 Stellplätzen. Es ist der einzige Campingplatz im Park, der auch in den Wintermonaten geöffnet ist. Rund 8 km südwestlich des Besucherzentrums liegt der **Point Wolfe Campground** (Zeltstellplatz 26 C$) mit 181 Stellplätzen, einer frischen Meeresbrise und kühleren Temperaturen. Stellplätze fürs wilde Campen (10 C$) können telefonisch bei allen Besucherzentren des Parks reserviert werden.

Fundy Highlands Inn & Chalets HÜTTEN, MOTEL **$$**
(☎ 506-887-2930, 888-883-8639; www.fundyhighlandchalets.com; 8714 Hwy 114; Zi 95–105 C$, Hütte ab 115 C$; ⌚ Mai–Okt.) Einfach, aber hübsch sind die kleinen Hütten mit Kochnische, Veranda und einem wun-

derschönen Ausblick. Ein kleines, gut gepflegtes Motel befindet sich ebenfalls auf dem Gelände.

Praktische Informationen

Headquarters Visitors Centre (506-887-6000; 10–18 Uhr) Am Südeingang des Parks.

Wolfe Lake Information Centre (506-432-6026; Hwy 114; Juli & Aug. 10–18 Uhr) Am Nordeingang des Parks.

Alma

Unterkünfte, Restaurants, eine kleine Tankstelle, ein Waschsalon, ein Lebensmittel- und ein Spirituosenladen machen Alma zum Versorgungszentrum des Parks. Wenn die meisten Einrichtungen im Winter schließen, wird das kleine Nest quasi zur Geisterstadt. Unten am Strand erinnert eine Statue an Molly Kool, Nordamerikas erste Hochseekapitänin.

Fresh Air Adventure (800-545-0020, 506-887-2249; www.freshairadventure.com; 16 Fundy View Dr; Tour ab 55 C$; Juni–Sept.) bietet zahlreiche Kajaktouren in der Bay of Fundy. Die Tourvarianten reichen von kurzen, zweistündenTrips bis hin zu mehrtägigen Ausflügen.

In dem 60 Jahre alten **Parkland Village Inn** (506-887-2313; www.parklandvillageinn.com; 8601 Hwy 114; Zi. mit Frühstück 95–160 C$) herrscht meistens reger Betrieb. Einige seiner gemütlichen, renovierten Zimmer haben einen wunderschönen Ausblick auf die Bay of Fundy. Mit elegantem Strandambiente, erstklassigen Gerichten aus Fisch und Meeresfrüchten sowie hervorragenden Spareribs wartet das hauseigene **Tides Restaurant** (8601 Hwy 114; Hauptgerichte 12–22 C$; 12–20 Uhr) auf. Fish & Chips und kaltes Bier gibt es auch zum Mitnehmen. Man kann sie aber auch auf der Terrasse in lässiger Atmosphäre verzehren.

Cape Enrage & Mary's Point

Am Ortsrand von Alma beginnt die alte Route 915 mit ihren zahlreichen malerischen Ausblicken, z. B. dem Blick auf zwei spektakuläre, relativ einsam gelegene Felsvorsprünge.

Zu sehen ist auch der 150 Jahre alte Leuchtturm auf dem windumtosten **Cape Enrage** (www.capenrage.ca; abseits Rte 905; Erw./Kind 5/3 C$; 9–20 Uhr). Seinem Namen macht das Kap alle Ehre (*enrage* bedeutet „in Rage versetzen"). Seit einer umfassenden Restaurierung halten Schüler der örtlichen Highschool und fachkundige Freiwillige aus der Umgebung den Leuchtturm samt dem dazugehörigen Gelände in Schuss.

Vor Ort leiten Experten geführte **Kletter-** (85 C$/2 Std.) und **Abseiltouren** (90 C$/2 Std.) an den steilen Felsen. Bei Ebbe (Achtung: und wirklich nur dann!) können Besucher auch einfach am Strand nach Fossilien suchen.

Wenn sich nach all den Aktivitäten der Hunger meldet, lockt das **Cape House Restaurant** (Hauptgerichte 13–28 C$; 11.30–23 Uhr) im ehemaligen Wohnhaus des Leuchtturmwärters z. B. mit Jakobsmuscheln (kurzgebraten) aus heimischen Gewässern, selbst gesammelten Farnspitzen und Hummertortillas. Darüber hinaus lässt sich beim Essen in aller Ruhe die theatralisch schöne Aussicht genießen.

Die **Shepody Bay Shorebird Reserve** (Mary's Point Rd, abseits Hwy 915) GRATIS befindet sich 22 km weiter östlich am Mary's Point. Von Mitte Juli bis Mitte August versammeln sich in dem Schutzgebiet Hunderttausende Küstenvögel (vor allem Strandläufer). Vor Ort führen Naturlehrpfade und Plankenwege an Deichen entlang durch das Marschland. Während das Infozentrum nur von Ende Juni bis Anfang September geöffnet hat, sind die insgesamt 6,5 km langen Wege jederzeit zugänglich.

Hopewell Rocks

Am Hopewell Cape, wo der Petitcodiac River in die Shepody Bay mündet, liegen die **Hopewell Rocks** (www.thehopewellrocks.ca; abseits des Hwy 114; Erw./Kind/Fam. 9/6,75/24 C$, Shuttle zzgl. 2 C$ pro Pers.; 8–20 Uhr;). Das sind bizarr erodierte Sandsteinformationen, die mehrere Stockwerke hoch steil aus dem Meeresboden ragen; sie werden passenderweise auch *flowerpots* (Blumentöpfe) genannt. Manche ähneln Bögen oder riesigen Pilzen, andere wiederum gigantischen Eistüten. Die Naturkulisse à la Dr. Seuss fasziniert Besucherscharen aus aller Welt und ist New Brunswicks bekannteste Attraktion – folgerichtig herrscht hier auch der größte Besucherandrang.

Spaziergänge zwischen den Felsen sind nur bei Ebbe möglich: vorher unbedingt einen genauen Blick in die Gezeitentabelle werfen; Tipps geben alle regionalen Touristeninformationen und die Mitarbeiter der Hotels. Selbst bei Flut kann man die interessanten Felsgebilde immer noch gut von den gewundenen Waldwegen oberhalb der Bucht sehen.

Zum Park gehören Picknickplätze, zwei Cafés, mehrere Kilometer stark frequentierter Wanderwege und ein großes Infozentrum mit lehrreichen Ausstellungen. In der Hauptsaison ist der riesige Parkplatz proppevoll und die Treppen zu den Stränden sind völlig überlaufen.

Eine lohnenswerte Alternative ist, die Felsen vom Kajak aus zu bewundern. **Baymount Outdoor Adventures** (☎877-601-2660; www.baymount adventures.com; Tour Erw./Kind 62/52 C$; ⌚ Juni–Sept.) bietet zweistündige Kajaktouren an.

Im Umkreis der Hopewell Rocks liegen etliche Motels, darunter das familiengeführte **Hopewell Rocks Motel** (☎506-734-2975; www.hopewellrocksmotel.com; 4135 Hwy 114; Zi. mit Frühstück 110 C$;) mit 39 sauberen Zimmern, einem beheizten Pool und einem Hummerrestaurant. In der Nebensaison wird bis zu 50 % Rabatt gewährt.

DER SÜDOSTEN VON NEW BRUNSWICK

Gezeitenflüsse und Salzmarschen durchziehen die flache Küstenebene in der südöstlichen Ecke New Brunswicks. Moncton alias „Hub City“ ist ein wichtiger Verkehrsknotenpunkt mit zwei berühmten Naturattraktionen, die sich anscheinend über die Schwerkraft hinwegsetzen. Südöstlich der Stadt bzw. in Richtung Nova Scotia liegen bedeutsame historische Stätten und interessante Vogelreviere.

Moncton

64 100 EW.

Das ehemalige Zentrum des Holzschiffbaus ist heute die am schnellsten wachsende Stadt der Seeprovinzen. Die lokale Wirtschaft basiert auf dem Verkehrs- und Transportwesen, dank der zweisprachigen Bevölkerung haben sich zudem etliche Call Center niedergelassen. Das kleine Zentrum des angenehm vorstädtischen Moncton besteht aus roten Backsteinbauten am schlammigen Ufer des Petitcodiac River. Mit Ausnahme einiger anständiger Restaurants, Bars und des brummenden akadischen Bauernmarkts ist vor Ort jedoch nicht viel geboten.

Sehenswertes

Magnetic Hill VERGNÜGUNGSPARK

(www.magnetichill.com; Ecke Mountain Rd & Hwy 2; Eintritt pro Auto 5 C$; ⌚ Mai–Sept. 8–20 Uhr) Magnetic Hill gehört tatsächlich zu Kanadas berühmtesten, wenn auch nicht beliebtesten Attraktionen. Hier scheint die Schwerkraft auf den Kopf gestellt: Vom Fuß des Hügels werden Fahrzeuge mitsamt deren Insassen wie von Geisterhand den Berg hinaufgezogen – das Wie und Warum findet man am besten selbst heraus. Außerhalb der Öffnungszeiten und Hauptsaison kostet das alberne Spektakel nichts. Es ist durchaus ein amüsiertes Kopfkratzen wert, während der heutige Rummel und die Geldmacherei rund um den Hügel ein wenig übertrieben wirken. Immerhin lohnt es sich, mal über optische Täuschungen nachzudenken. Ansonsten haben Familien im Zoo, im Spaßbad und in einem Pseudodorf mit Eis- und Souvenirhändlern ihren Spaß. Der Park liegt 10 km nordwestlich vom Zentrum abseits der Mountain Road.

Tidal Bore Park PARK

(Main St; ⌚ 24 Std.) Touristenbroschüren werben kräftig für die Gezeitenwelle, die sich zweimal täglich den Petitcodiac River hinaufschiebt. Theoretisch strömt die Flut als kompakte Einzelwelle in den Fluss und begräbt dessen schlammiges Bett auf einen Schlag unter sich. Dabei türmt sich das Wasser zu einer heranbrandenden Gezeitenwelle auf, deren Höhe angeblich zwischen wenigen Zentimetern und 1 m liegen kann. In Wirklichkeit wirkt das Ganze aber eher wie eine riesige Schlammbrühe und damit auch recht langweilig.

Casino New Brunswick KASINO

(www.casinonb.ca; 21 Casino Dr; ⌚ 10–3 Uhr) Auf ca. 2330 m² bringt New Brunswicks erstes Kasino mit Rundumservice einen Hauch von Las Vegas nach Moncton: Der Zockerpalast lockt die Massen u. a. mit 500 Spielautomaten, einem Pokerraum und vielen Bars und Büfetts. Im Veranstaltungssaal treten berühmte Künstler wie Bill Cosby oder die Beach Boys auf. Das Kasino liegt ca. 9 km

Moncton

Moncton

Sehenswertes
1 Tidal Bore Park D2

Schlafen
2 Auberge au Bois Dormant Inn A1
3 C'mon Inn B2
4 L'Hotel St James C3

Essen
5 Cafe Archibald B1
6 Café Cognito C3
7 Calactus C2
8 Pump House D2

Unterhaltung
9 Capitol Theatre C3

nordwestlich vom Stadtzentrum abseits der Mountain Road.

Geführte Touren

Roads to Sea BUSTOUR
(☎ 506-850-7623; www.roadstosea.com; ⊙ Mai–Okt.) Die kürzeren Bustouren besuchen entweder nur die Hopewell Rocks (S. 483; 85 C$, 3½ Std.) oder Monctons Sehenswürdigkeiten (45 C$, 2 Std.). Es ist aber auch eine achtstündige Tour (160 C$) im Angebot, die Abstecher zu den Rocks, dem Fundy National Park und Cape Enrage sowie zu ein paar Leuchttürmen und überdachten Brücken macht.

Schlafen

Ein Zimmer zu reservieren ist ratsam. Da Moncton ein gefragter Konferenzort ist, sind häufig sämtliche Unterkünfte ausgebucht. Die meisten Kettenhotels liegen rund um den Magnetic Hill.

C'mon Inn HOSTEL $

(☎506-854-8155, 506-530-0905; www.monctonhostel.ca; 47 Fleet St; B/Zi. 35/70 C$;) Monctons einziges Hostel ist in einem weitläufigen viktorianischen Bau untergebracht. Zwei Blocks vom Busbahnhof entfernt, hat es Schlafsäle mit je fünf Stockbetten sowie Einzel- und Doppelzimmer mit Gemeinschaftsbädern – alle nicht besonders schick, aber sauber und komfortabel. Pluspunkte sammeln die Gästeküche und Verandas mit jeder Menge Platz zum Abhängen.

Auberge au Bois Dormant Inn B&B $$

(☎506-855-6767, 866-856-6767; www.aubergeauboisdormant.com; 67 John St; EZ 85–120 C$, DZ 95–130 C$;) Die Auberge ist in einer recht eleganten viktorianischen Villa untergebracht, die an einer ruhigen, von Bäumen gesäumten Wohnstraße liegt. Das renovierte B&B strahlt ein modernes Flair aus, ist schwulenfreundlich und wartet mit einem üppigen dreigängigen Frühstück auf. Einige der Zimmer haben einen Balkon.

L'Hotel St. James BOUTIQUEHOTEL $$$

(☎888-782-1414; www.stjamesgatecanada.com; 14 Church St; Zi. 159–289 C$;) Das Boutiquehotel im Stadtzentrum belegt den ersten Stock eines Backsteingebäudes aus dem 19. Jh. Ein beliebtes Pub, ein Restaurant und verschiedene Läden nehmen das Erdgeschoss ein. Mit dem urbanen Chic seiner zehn stylischen Zimmer würde das St. James auch nach Montréal oder New York passen. Zu den Elementen des noblen Interieurs zählen moderne Wandfliesen, gestärktes weißes Bettzeug, große Flachbildfernseher und iPod-Docks.

Essen

Cafe Archibald FRANZÖSISCH, KANADISCH $

(221 Mountain Rd; Hauptgerichte 8–12 C$; 7–23 Uhr) Spezialität des stilvollen Bistros sind Crêpes aller Art. Die werden in einer offenen Edelstahlküche gebacken und an Zebrasitzbänken aus Mammutbaumholz oder auf einer einladenden, geschlossenen Veranda serviert. Alternativ empfehlen sich aber auch ein Blattsalat und eine Wildpilzpizza mit Basilikum.

Café Cognito CAFÉ $

(700 Main St; Snacks 3–8 C$; Mo–Fr 7.30–17.30, Sa 9–16 Uhr) Mit seinen Backsteinwänden, einer Handvoll Bistrotischen und seinem europäisch angehauchten Ambiente eignet sich das kleine Café gut für den Morgenkaffee.

Calactus VEGETARISCH $

(☎506-388-4833; www.calactus.ca; 125 Church St; Hauptgerichte 10–13 C$; 11–22 Uhr;) Das Calactus ist ein Paradies für Vegetarier! Die international inspirierte Speisekarte umfasst fleischlose Genüsse von Falafel über Tofukäsepizza bis hin zu indischen *Pakoras* (frittiertes Gemüse). Naturholz, warme Erdfarben und ein plätschernder Springbrunnen schaffen eine beruhigende Atmosphäre im Restaurant.

Pump House BRAUEREI $$

(www.pumphousebrewery.ca; 5 Orange Lane; Hauptgerichte 8–15 C$; 11.30 Uhr bis spätnachts) Im Pump entspannen sich Einheimische bei leckeren Burgern, gegrillten Steaks und krossen Holzofenpizzas. Ebenfalls köstlich schmecken die Biere der Brauerei, zu der das Restaurant gehört, z. B. das Muddy River Stout. Wer alle Sorten probieren möchte, bestellt sich am besten das *beer sample tray* (Verkostungstablett).

Little Louis' NEUE KANADISCHE KÜCHE $$$

(☎506-855-2022; www.littlelouis.ca; 245 Collishaw St; Hauptgerichte 24–34 C$; 17–22 Uhr) Das Nouvelle-Cuisine-Bistro befindet sich im ersten Stock eines gesichtslosen Einkaufszentrums im Industrielook. Sein seltsamer Standort erinnert an die versteckten Flüsterkneipen der Prohibitionszeit, was durchaus zu seinem Charme beiträgt. Gedämpftes Licht, weiße Tischdecken und regelmäßig aufgeführte jazzige Livemusik erzeugen eine gemütliche Atmosphäre. Einheimische Gourmets schwärmen beispielsweise von Gerichten wie Gänsestopfleber mit Apfelweingelee oder knusprig gebratener Stahlkopfforelle mit Shiitake und Safran-Vanille-Butter. Gewissermaßen eine Pflichtvorspeise sind die frischen Austern mit geriebenem Meerrettich. Die Weinkarte des Restaurants wird regelmäßig prämiert.

Ausgehen & Unterhaltung

Monctons kleine, aber lebendige Rock- und Indie-Szene konzentriert sich auf einige Bars und Clubs im zentral gelegenen Abschnitt der Main Street. Das kostenlose Szenemagazin „here" informiert im Detail über das pulsierende – sprich lautstarke – Nachtleben vor Ort.

Capitol Theatre THEATER
(www.capitol.nb.ca; 811 Main St) Konzerte und Theateraufführungen finden in dem hübschen Theater das ganze Jahr über statt. In den Pausen können Besucher ein Glas Wein trinken. Eine umfassende Renovierung hat dem Varietétheater von 1922 wieder seinen ursprünglichen Glanz verliehen.

Shoppen

Dieppe Farmers Market MARKT
(www.marchedieppemarket.com; Ecke Acadie Ave & Gauvin Rd, Dieppe; Sa 7–13.30 Uhr) Auf dem geschäftigen Wochenmarkt spiegelt sich New Brunswicks lebendige akadische Kultur wider und lässt sich im wahrsten Sinn des Wortes schmecken. An den Ständen stapeln sich Weine, Käse und eingemachte Nahrungsmittel – alles natürlich aus der Region. Verlockend groß ist auch die Auswahl an akadischen Gerichten wie *tourtière* (eine Fleischpastete), *fricot à la poule* (Hühnereintopf mit Kartoffeln und Zwiebeln) oder Kaninchenpastete. Beim Erkunden der Stände mit Kunsthandwerk stärkt süßes Gebäck, z. B. *plogues* (eine Art Buchweizenpfannkuchen) oder *gauffres* (Waffeln). Zum Markt geht es auf der Main Street 2 km in östlicher Richtung, bis sie in die Champlain Street übergeht, von der die Acadie Avenue abzweigt. Ein gelbes Dach signalisiert den Markt.

Praktische Informationen

Moncton Hospital (506-857-5111; 135 MacBeath Ave) Notaufnahme.

Moncton Public Library (644 Main St; Di–Do 9–20.30, Fr & Sa 9–17 Uhr;) Kostenloser Internetzugang.

St. George St. After Hours Medical Clinic (506-856-6122; 404 St George Blvd; Mo–Fr 17.30–20, Sa, So & feiertags 12–15 Uhr) Arztbesuche sind hier auch ohne Termin möglich; liegt direkt neben der Apotheke Jean Coutu.

Touristeninformation (www.gomoncton.com; Bore Park, Main St E; 8.30–18.30 Uhr)

An- & Weiterreise

AUTO & MOTORRAD

Die bekannten Autovermieter Avis, Budget, Hertz und National sind allesamt am Flughafen mit ihren Niederlassungen vertreten.

Eine regionale Alternative zu diesen großen Anbietern ist **Discount Car Rentals** (506-857-2323; www.discountcar.com; 1543 Mountain Rd).

Parken kann in Moncton durchaus problematisch und kostspielig sein: Parkuhren (1 C$ pro Std.) und Verbotsschilder sind noch weit außerhalb vom Zentrum zu finden.

Am Moncton Market (Westmorland St; pro Std./Tag 1/8 C$, Sa, So & nach 18 Uhr kostenlos) gibt es einen größeren öffentlichen Parkplatz. Die Highfield Square Mall an der Main Street bietet sogar kostenlose Kundenparkplätze an.

BUS

Maritime (1-800-575-1807; www.maritimebus.com; 92 Lester St) bietet Busverbindungen nach Fredericton (34 C$, 2 Std.), Saint John (34 C$, 2 Std.), Charlottetown, PEI (34 C$, 3 Std.) und Halifax (49 C$, 4 Std.).

FLUGZEUG

Der **Greater Moncton International Airport** (YQM; www.gmia.ca) liegt ungefähr 6 km östlich vom Champlain Place Shopping Centre. Die Champlain Street führt direkt zum Flughafen. Air Canada bedient täglich die Flugrouten nach Toronto und Montréal.

ZUG

Der „Ocean" von **VIA Rail** (www.viarail.ca; 1240 Main St), hält in Moncton auf seinem Weg quer durch den Norden von New Brunswick. Über zahlreichen Stationen, darunter auch Miramichi und Campbellton, fährt der Zug bis nach Montréal (ab 135 C$) in der Provinz Québec. Sechsmal in der Woche fährt ein Zug von Moncton nach Halifax (ab 39 C$).

Unterwegs vor Ort

An Wochentagen pendelt die Buslinie 20 neunmal täglich zwischen Flughafen und dem Champlain Place.

Ein Taxi vom Flughafen ins Stadtzentrum kostet um die 15 C$.

Die 40 Stadtbusse von **Codiac Transit** (www.codiactranspo.ca) – mit WLAN an Bord – bedienen ganz Moncton.

Sackville

Das Universitätsstädtchen Sackville ist eine prima Zwischenstation – für Reisende und auch für Vögel: Gegenüber vom Campus erstreckt sich der **Sackville Waterfowl Park** abseits der East Main Street. Er liegt auf einer wichtigen Zugvogelroute und ist zum Teil mit Holzbohlenwegen und Infotafeln versehen. An einem der Eingänge wartet ein Büro des **Wildlife Service** (17 Waterfowl Lane, abseits E Main St; Mo–Fr 8–16 Uhr) mit weiteren Infos und einer Ausstellung über Feuchtge-

MR. BIG

Kenneth Colin (K. C.) Irving wurde 1899 in Bouctouche geboren und arbeitete als Autoverkäufer, bevor er einen Megakonzern mit Ölraffinerien, Werften, Massenmedien, Transportgesellschaften, Tankstellen, Supermärkten, Zellstoffwerken, Papierfabriken und vielen weiteren Zweigen aufbaute. Sein Name wurde im 20. Jh. in Kanada allgegenwärtig: Mindestens 8 % aller New Brunswicker Arbeitnehmer sind heute für ein Irving-Unternehmen tätig. Seit dem Tod von K. C. (1992) leiten seine drei Söhne die gigantische Irving Group.

biete auf. Eingefleische Ornithologen sollten auch unbedingt das **Tantramar Wetlands Centre** (www.weted.com; 223 Main St; ⌚Mo–Fr 8–16 Uhr) GRATIS mit Infozentrum und Wanderweg hinter der Highschool besuchen.

Mel's Tea Room (17 Bridge St; Hauptgerichte 4–10 C$; ⌚7.30-20 Uhr) im Stadtzentrum bedient Gäste seit 1919 und verbreitet heute den Diner-Charme der 1950er-Jahre – inklusive Jukebox und entsprechenden Preisen.

Fort Beauséjour National Historic Site

1,5 km westlich vom Besucherzentrum direkt an der Grenze zu Nova Scotia liegt diese **National Historic Site** (www.pc.gc.ca/fortbeausejour; Erw./Kind/Fam. 3,90/1,90/9,50 C$; ⌚Infozentrum Juni–Okt. 9–17 Uhr). Sie bewahrt die Überreste eines französischen Forts aus dem Jahr 1751, das den britischen Vormarsch stoppen sollte, was allerdings letztlich scheiterte. Im Amerikanischen Unabhängigkeitskrieg und im Britisch-Amerikanischen Krieg war das Bollwerk erneut ein wichtiger Stützpunkt. Heute sind davon nur noch Erdwälle und Steinfundamente übrig. Allerdings verdeutlicht die grandiose Aussicht, warum gleich zwei Königreiche gerade diesen Ort zur Festung ausbauten.

Weitere Infos bietet das **New Brunswick Visitors Centre** (☎506-364-4090; 158 Aulac Rd; ⌚9–21 Uhr) abseits des Highway 2 in Aulac. An der dortigen Kreuzung führen Straßen in alle drei Seeprovinzen.

DIE KÜSTE VON NORTHUMBERLAND

Die von Fischerdörfern und Ferienhäuschen gesäumte Northumberland Shore in New Brunswick erstreckt sich zwischen Confederation Bridge und Kouchibouguac National Park. Die Hummerstadt Shediac ist ein beliebter Urlaubsort an diesem Küstenstreifen, an dem sich mehrere hübsche Strände und sommerliche Spielwiesen aneinanderreihen. Ein Großteil der hiesigen Bevölkerung spricht Französisch. Bouctouche ist eine Hochburg der akadischen Kultur. Weiter nördlich schützt der Kouchibouguac National Park eine breite, idyllische Landschaft mit küstenseitigen Ökosystemen.

Cape Jourimain

Nahe der Brücke zur Prince Edward Island (PEI) liegt das **Cape Jourimain Nature Centre** (www.capejourimain.ca; Rte 16; ⌚Mai–Okt. 8–19 Uhr) GRATIS in einem 675 ha großen Gebiet, das diese unerschlossene Küstenregion und die dortigen Zugvögel schützt. Wanderwege in einer Gesamtlänge von 17 km schlängeln sich vorbei an Salzmarschen, Dünen, Wäldern und Stränden. Vom vierstöckigen Aussichtsturm fällt der Blick auf die Umgebung und die Confederation Bridge.

Unweit der Brücke findet sich das **Visitor Center** (Hwy 16; ⌚Mai–Sept. 8–21 Uhr).

Shediac

Die selbst ernannte Hummerhauptstadt Shediac ist ein geschäftiger Ferienort und jeden Juli die Heimat des Lobster Festivals. Den Sommer über funkeln viele weiße Lichter in der ganzen Stadt und verleihen ihr ein festliches Gesicht. Besucher sollten sich unbedingt vor der unübersehbaren Skulptur des „größten Hummers der Welt" ablichten.

An heißen Sommerwochenenden aalt sich scheinbar die halbe Provinz auf dem Sand des **Parlee Beach**, bis sie selbst die Farbe gekochten Hummers hat. Weiter südlich erstrecken sich bei Cap Pelé noch mehr breite Sandstrände. Während die herrlichen 5 km des sandigen **Aboiteau Beach** unbewacht sind, gibt es ansonsten überall Einrichtungen und Rettungsschwimmer.

Shediac Bay Cruises (☎888-894-2002, 506-532-2175; www.lobstertales.ca; Kai Pointe-du-Chene; Erw./Kind 68/46 C$) bietet eine

Bootstour, bei der die Teilnehmer aufs Meers hinaus schippern, um Hummerfallen zu bergen. Anschließend wird der Hummer an Bord unter fachkundiger Anleitung gekocht und gegessen.

Shediac ist umringt von Wohnmobilplätzen, die an Barackenstädte erinnern. Ihr einziger Reiz besteht in der Nähe zum Parlee Beach. Wesentlich exklusiver sind die neun sonnigen Zimmer im **Maison Tait** (☎506-532-4233; www.maisontaithouse.com; 293 Main St; Zi. mit Frühstück ab 189 C$; 📶), einer luxuriösen Villa von 1911. Schlichte Zimmer mit ländlichem Chic finden sich im **Auberge Gabriele Inn** (☎877-982-7222, 506-532-8007; www.aubergegabrieleinn.com; 296 Main St; Zi 110–165 C$; ⊖❄) über einem beliebten Restaurant.

Für Fisch und Meeresfrüchte empfiehlt sich das **Paturel's Shore House** (☎506-532-4774; Rte 133; Hauptgerichte 18–27 C$; ⏲16–22 Uhr). Mit Gourmetgerichten und romantischem Ambiente wartet das Restaurant im Maison Tait auf. Im stets rappelvollen **Captain Dan's** (www.captaindans.ca; Hauptgerichte 11–28 C$) am geschäftigen Kai Pointe-du-Chene locken neben Erdbeer-Daiquiris ebenfalls frische Gerichte aus Fisch und Meeresfrüchten. Nach dem Essen rundet ein Film in dem herrlich altmodischen Autokino **Neptune Drive-In** (www.neptunedrivein.ca; 691 Main St; ⏲Juni–Sept.) den Abend ab.

Bouctouche

Der kleine, überraschend geschäftige Küstenort ist eine Hochburg akadischer Kultur mit mehreren einzigartigen Attraktionen. An der **Touristeninformation** (Hwy 134; ⏲Juni–Sept. 9–17 Uhr) am südlichen Ortseingang beginnt ein Bohlenweg, der durch die Salzmarsch führt.

Sehenswertes

Le Pays de la Sagouine HISTORISCHER PARK
(www.sagouine.com; 57 Acadie St; Erw./Kind/Fam. 20/12/45 C$; ⏲Juli & Aug. 10–17.30 Uhr) Das rekonstruierte Akadierdorf liegt auf einer kleinen Insel im Bouctouche River. Zu den täglichen Veranstaltungen auf Englisch und Französisch gehören z. B. Kunsthandwerks- bzw. Kochdemonstrationen zum Mitmachen, Livekonzerte oder Führungen durch historische Häuser. Mehrere Cafés servieren akadische Traditionsküche. Im Juli und August gibt es zum Abendessen Theateraufführungen (66 C$, Mo–Sa 19 Uhr).

Irving Eco Centre PARK
(www.irvingecocentre.com; 1932 Hwy 475; ⏲Informationszentrum Mai–Okt. 10–18 Uhr) Rund 9 km nordöstlich von Bouctouche erschließt dieses Naturschutzgebiet die herrliche „Dune de Bouctouche", die als lange Sandzunge in die Northumberland Strait hineinragt. Das Infozentrum stellt die örtliche Flora und Fauna vor. Highlight ist jedoch der gewundene Plankenweg (2 km), der auf dem Seegras an den Dünen entlangführt. Der Hin- und Rückmarsch durch den losen Sand der 12 km langen Halbinsel dauert vier bis sechs Stunden. Mehrmals täglich werden naturkundliche Führungen angeboten. Vom Parkplatz des Eco Centre führt ein 12 km langer Rad- und Wanderweg durch den Mischwald nach Bouctouche.

Im Stadtpark steht eine große Bronzestatue von K. C. Irving: Der Gründer des Irving-Imperiums wurde in Bouctouche geboren.

Olivier Soapery MUSEUM
(www.oliviersoaps.com; 831 Rte 505, Ste-Anne-de-Kent) Mit Werbeschildern wie sie fast auf jedem Highway in New Brunswick zu sehen sind, macht die altmodische Seifenfabrik auf ihr Museum aufmerksam. Genau genommen ist das Museum eher ein Laden mit Unmengen an fein duftenden, handgepressten Seifen-stücken. Immerhin gibt es einige interessante historische Exponate und regelmäßige Führungen, die über die Seifenherstellung informieren.

Schlafen & Essen

Chez les Maury CAMPINGPLATZ $
(☎506-743-5347; www.fermemaury.com; 2021 Rte 475; Zeltstellplatz 25 C$; ⏲Mai–Okt.) Der kleine, schlichte Campingplatz mit Toiletten und Duschen liegt auf dem Gelände eines familiengeführten Weinguts. Jenseits des Hauptwegs befindet sich ein winziger Privatstrand.

Le Vieux Presbytère GÄSTEHAUS $$
(☎506-743-5568; www.vieuxpresbytere.nb.ca; 157 Chemin du Couvent; DZ mit Frühstück 119–165 C$; 📶) Das ehemalige presbyterianische Pfarrhaus war früher ein beliebter religiöser Rückzugsort für Akadier aus der ganzen Provinz. Die besten Zimmer des Gästehauses mit hohen Stuckdecken und schlichtem, freundlichem Ambiente liegen im älteren Teil des Gebäudes.

Restaurant La Sagouine AKADISCH $
(43 Blvd Irving; Hauptgerichte 8–18 C$; ⌚6–22 Uhr) Gebratene Muscheln oder traditionelle akadische Abendessen sind die Spezialität des Restaurants – und die schönsten Plätze gibt es auf der Terrasse.

Kouchibouguac National Park

An dem 25 km langen Küstenabschnitt des Nationalparks laden Strände, Lagunen und Sandbänke zum Spaziergehen, Vogelbeobachten und Muschelsammeln ein. Landeinwärts durchziehen Wanderpfade, Radwanderwege und im Winter auch präparierte Langlaufloipen die riesigen Wälder und Salzmarschen des **Parks** (www.pc.gc.ca; Erw./Kind 7,80/3,90 C$; ⌚8 Uhr bis Einbruch der Dunkelheit). Zur Tierwelt des Parks zählen Elche und andere Hirscharten sowie Schwarzbären. Kouchibouguac (*kush-i-bu-gwack*), ist ein Begriff aus der Sprache der Mi'kmaq und bedeutet „Fluss der langen Gezeiten".

Aktivitäten

Rad- & Kajakfahren

Durch die Wildnis von Kouchibouguac winden sich geschotterte Radwege in einer Gesamtlänge von rund 60 km. **Ryan's Rental Centre** (☎ 506-876-37; Fahrräder pro Std./Tg 6/28 C$, Kanus/Kajaks pro Tag 30/50 C$) nahe dem Campingplatz South Kouchibouguac verleiht Drahtesel und Paddelboote. Von Ryan's aus kann man zudem eine 23 km lange Rundroute abradeln, ohne dabei ein einziges Mal auf die Parkstraße zu kommen. Strand und Dünen erstrecken sich jeweils über 25 km nach Norden bzw. Süden. Dazwischen kann man in seichten Gewässern auch gemächliche Paddeltouren unternehmen.

Schwimmen

Badevergnügen für Kinder bieten die warmen, flachen Lagunen, während sich die Erwachsenen gerne im tiefen Wasser an der Seeseite tummeln.

Wandern

Die zehn Wanderwege des Parks sind meistens kurz und eben. Der tolle **Bog Trail** (1,9 km) hinter dem Beobachtungsturm ist ein Holzbohlenpfad, der mit ein paar Hundert Metern Schotterpiste beginnt. Auf dem **Cedars Trail** (1,3 km) ist weniger los, der **Osprey Trail** (5,1 km) führt als Rundwanderweg durch den Wald. **Kelly's Beach Boardwalk** (einfache Strecke 600 m) verläuft oberhalb der grasbewachsenen Dünen. Wer sich am Strand nach rechts wendet, kann 6 km weit bis zum Dünenende marschieren. Unbedingt Trinkwasser für unterwegs mitnehmen!

Schlafen & Essen

Die insgesamt 359 Stellplätze von Kouchibouguac verteilen sich auf zwei Campingareale mit Anschluss an die Straße und drei einfache Zeltplätze. Die Campingsaison dauert von Mitte Mai bis Mitte Oktober, an den Wochendenden im Juli und August herrscht jedoch der meiste Betrieb.

Campingreservierungen (☎ 877-737-3783; www.pccamping.ca) sind für 60 % der Stellplätze möglich. Ansonsten gibt es noch die Warteliste – es kann auch vorkommen, dass man sich zwei bis drei Tage gedulden muss, bis man einen Platz bekommt. Der Parkeintritt kostet extra.

South Kouchibouguac (Zeltplätze 28 C$), der größte Campingplatz des Parks, liegt strandnah in 13 km Entfernung zur Parkgrenze. Auf einer breiten, von Bäumen eingerahmten Freifläche finden sich Duschen, eine überdachte Kochgelegenheit und Stellplätze für Zelte oder Wohnmobile. **Cote-a-Fabien** (Zeltstellplatz 19 C$) nördlich des Kouchibouguac River am Startpunkt des Osprey Trail ist die beste Wahl für alle, die etwas Ruhe und Privatsphäre suchen; es gibt Trinkwasser und einfache Plumpsklos, aber keine Duschen. Manche Stellplätze liegen direkt am Meer, andere verstecken sich zwischen den Bäumen; rund zehn Plätze sind nur zu Fuß zu erreichen (100 m; Schubkarren für den Transport des Gepäcks sind vorhanden) – ideal für alle, die mal kein Auto sehen wollen! Der Osprey-Wanderweg beginnt hier. Reservierungen sind nicht möglich.

Die drei einfachen Campingplätze kosten 10 C$ pro Nacht und Nase und haben nur Plumpsklos. Auf den Plätzen **Sipu** und **Petit-Large** gibt es Wasserpumpen **Pointe-a-Maxime** ist am schwierigsten bzw. nur per Boot zugänglich – dies bedeutet aber keinesfalls einsame Abgeschiedenheit: Der Fischerkai in der Nähe sorgt für eine stetige Motorbootparade.

Obwohl sich im Park auch einige Imbissbuden und ein Restaurant befinden, kauft man Lebensmittel am besten im nahe gelegenen St.-Louis de Kent.

Praktische Informationen

Visitors Center (www.pc.gc.ca/kouchibouguac; 186 Hwy 117; 8–20 Uhr)

An- & Weiterreise

Ohne Auto oder Fahrrad lässt sich der Park nur schwer erreichen und erkunden. Campingplätze und Strände liegen mindestens 10 km vom Parkeingang entfernt. Die nächstgelegene Bushaltestelle befindet sich 16 km weiter südlich in Rexton. Hier halten die Busse von Maritime (1-800-575-1807; www.maritimebus.com; 126 Main St) an der Circle-K-Tankstelle. Täglich fährt nur ein Bus südwärts nach Moncton (16 C$) und einer nordwärts nach Miramichi (23 C$).

DAS MIRAMICHI RIVER VALLEY

Für die Einwohner von New Brunswick steht das Wort Miramichi nicht nur für eine Stadt und einen Fluss, sondern auch für einen unbestimmten geheimnisvollen Zauber. Der Zauber, der von dieser Region ausgeht, beruht teilweise auf der Mischung aus akadischen und irischen Gebräuchen, Legenden, Aberglaube und Gruselgeschichten, zum anderen aber auch auf den dichten Wäldern, der unberührten Wildnis und dem Wesen der Einwohner, die dieser Landschaft mühsam ihren Lebensunterhalt abringen. Der sagenhafte Fluss trägt mit seinem gewundenen Verlauf durch unwegsames Gelände, den vielen kristallklaren Nebenflüssen und weltbekannten Lachsgründen ebenfalls zu dem Mythos bei.

Die Region bringt eine wundervolle erdige Musik hervor und inspiriert zahlreiche Künstler wie den bekannten Schriftsteller David Adams Richards, der das Wesen dieser Region in seinen Werken so gekonnt beschreibt.

Miramichi

Die Arbeiterstadt Miramichi besteht aus Chatham, Newcastle, Douglastown, Loggieville, Nelson und mehreren anderen Ortschaften, die den Miramichi River unweit seiner Mündung auf einer Länge von 12 km säumen. Dank der irischen Wurzeln ist Miramichi eine englischsprachige Enklave inmitten einer überwiegend frankophonen Region.

Newcastles Stadtkern ist zwar von Sägewerken und zwei Papierfabriken umgeben, aber dennoch halbwegs hübsch. Die Statue von Lord Beaverbrook (1879–1964) auf dem zentralen Platz erinnert an einen der mächtigsten britischen Medienzare, der zudem ein großzügiger Wohltäter seiner Heimatprovinz war. Beaverbrooks Asche ruht unter dem Standbild, mit dem die Stadt ihn ehrte. Im **Beaverbrook House** (www.beaverbrookhouse.com; 518 King George Hwy; Juni–Aug. Mo–Fr 9–17, Sa 10–17, So 13–17 Uhr) GRATIS von 1879 (heute ein Museum) – verbrachte der Lord seine Kindheit.

Miramichi ist eine Industriestadt und wohl kaum ein Touristenmagnet. Fans traditioneller Folkmusik könnten sich aber für das **Irish Festival** (www.canadasirishfest.com; Mitte Juli) begeistern oder mit dem **Miramichi Folksong Festival** (www.miramichifolksongfestival.com; Anfang Aug.) die älteste Veranstaltung ihrer Art in Nordamerika besuchen.

Schlafen & Essen

Enclosure Campground CAMPINGPLATZ $
(506-622-0680; 8 Enclosure Rd, Derby Junction; Stellplatz Zelt/Wohnmobil 31/36 C$; Mai–Okt.) In dem ehemaligen Provinzpark südwestlich von Newcastle liegt abseits des Highway 8 ein hübsches, weitgehend naturbelassenes Waldgelände mit geräumigen Stellplätzen für Zelte und Wohnmobile.

Governor's Mansion B&B $$
(506-622-3036, 877-647-2642; www.governorsmansion.ca; 62 St. Patrick's St, Miramichi; Zi. mit Frühstück ab 80 C$) In der eleganten viktorianischen Villa (Baujahr 1860) wohnte einst der erste irische Vizegouverneur der Provinz. Mit Blick auf die Beaubears Island steht das Haus am Südufer des Flusses. Trotz des Knarrens der alten Holzfußböden und dem etwas altmodisch-verspielten Design der Einrichtung sind die Zimmer sehr gemütlich.

Cunard CHINESISCH $$
(www.cunardrestaurant.com; 32 Cunard St, Chatham; Hauptgerichte 11–23 C$; 12–22 Uhr) Klassisches Lackdekor und Drucke mit Drachenmotiven schmücken den Speiseraum. Auf den Tischen kommen überraschend leckere chinesische Gerichte mit kanadischem Touch, z. B. Chow mein mit Hühn-

chen oder mit Honig und Knoblauch marinierte Sparerips.

Praktische Informationen

Touristeninformation (www.discover-miramichi.com; 199 King St; Juni–Sept. 10–17 Uhr) Befindet sich im Stadtzentrum am Ritchie's Wharf, einem etwas verwahrlosten Park am Fluss mit einer Uferpromenade aus Holzplanken.

An- & Weiterreise

Die Busse von **Maritime** (1-800-575-1807; www.maritimebus.com; 201 Edward St) starten vor dem Best Value Inn. Täglich fahren Busse nach Fredericton (54 C$, 2½ Std.), Saint John (49 C$, 5 Std.) und Campbellton (44 C$, 3 Std.).

Der Bahnhof der **VIA Rail** (www.viarail.ca; 251 Station St auf Höhe der George St) befindet sich in Newcastle. Züge aus Richtung Montréal und Halifax halten hier.

Miramichi River Valley

Der Miramichi River ist eigentlich ein weit verzweigtes Netz verschiedener Flüsse und Nebenflüsse, die das Wasser im Herzen von New Brunswick aufnehmen. Der Hauptarm ist der 217 km lange Southwest Miramichi River, der von Hartland durch die Wälder nach Miramichi fließt und sich dort mit dem zweiten Hauptarm, dem Northwest Miramichi, vereint.

Seit über 100 Jahren bestaunen die Menschen voller Ehrfurcht die friedliche Schönheit der Flusslandschaft. Berühmte Wirtschaftsbosse, bekannte Politiker, aber auch Sport- und Unterhaltungsstars und sogar Prinz Charles haben hier schon ihre Angelrute ausgeworfen und Lachse aus dem Fluss gezogen – Fliegenfischen steht hier so hoch im Kurs, dass selbst Marilyn Monroe angeblich ihre Zehen in den Fluss getaucht haben soll. Das legendäre Lachsrevier war immer wieder durch Überfischung, Wilderei und unbekannte Ursachen (vielleicht auch die globale Erwärmung) bedroht, doch nun scheint sich der Bestand nachhaltig erholt zu haben.

Sehenswertes

Atlantic Salmon Museum MUSEUM
(www.atlanticsalmonmuseum.com; 263 Main St, Doaktown; Erw./Kind 5/3 C$; April–Okt. 9–17 Uhr) Das Museum widmet sich der Vergangenheit und Zukunft der Lachsfischerei, die in Doaktown eine lange Tradition hat. Schwerpunkte der Sammlung sind die Angelsportart Fliegenfischen und der Atlantische Lachs. Einige dieser Fische werden in einem großen Aquarium gezeigt.

Metepenagiag Heritage Park HISTORISCHE STÄTTE
(506-836-6118; www.metpark.ca; 2156 Micmac Rd, Red Bank; Erw./Kind 8/6 C$; 10–17 Uhr) Im Metepenagiag Heritage Park liegt am Esk River eine archäologische Stätte mit 3000 Jahre alten Funden, die von den Mi'kmaq stammen. Eine geführte Tour durch das Grabungsgelände vermittelt einen Einblick in die Geschichte und Kultur dieses alten indigenen Volkes.

Aktivitäten

Angeln ist bis heute bei Weitem die wichtigste Freizeitaktivität der Umgebung. Um den Fischbestand zu schützen, wird der Sport inzwischen streng reglementiert: Sportangler müssen eine Lizenz (Ausländer 60 C$ für 3 Tage) erwerben und dürfen ihre Schnur nur in Begleitung eines offiziell registrierten Führers auswerfen. Alle Fische unter 35 und über 63 cm Körperlänge müssen wieder freigelassen werden. Am Miramichi gefangene Lachse landen meist wieder im Fluss, um diese kostbare und stark gefährdete Art zu schützen. Wenn Lachs in New Brunswick serviert wird, stammt er meist aus Zuchtfarmen in der Bay of Fundy.

W. W. Doak & Sons (www.doak.com; 331 Main St, Doaktown), einer von Kanadas besten Läden für Anglerbedarf, verkauft alljährlich zahllose und teilweise selbst produzierte Fliegen. Ein Paradies für jeden Angler!

Neben der Jagd auf den König des Süßwassers warten aber noch andere Möglichkeiten des Zeitvertreibs: Der **Miramichi Trail** ist ein Rad- und Wanderweg entlang einer stillgelegten Bahntrasse. Von den geplanten 200 km Streckenlänge sind 75 km bereits freigegeben.

Bei McNamee überspannt die Priceville Suspension Bridge den Fluss. An dieser Fußgängerbrücke lassen Kanu- und Kajakfahrer gern ihre Boote zu Wasser, um einen halben Tag lang stromabwärts nach Doaktown zu paddeln. Dort und in Blackville bieten mehrere Ausrüster u. a. Leihausrüstung und Shuttleservices; zudem veranstalten sie gemütliche Kanu- und Kajaktouren und Tubing-Trips auf dem Fluss.

Bev Gaston vom Atlantic Salmon Museum leitet mit den **Gaston Adventure**

ABSTECHER

MALERISCHE TOUR: DIE AKADISCHE HALBINSEL

Vor der Küste im äußersten Nordosten der Provinz zieht sich eine Kette flacher Inseln durch den St.-Lorenz-Golf Richtung Labrador. Der Weg dorthin führt über die Route 113, die durch Salzmarschen und Buschland verläuft, bis sie schließlich **Shippagan** erreicht, den Heimathafen von New Brunswicks größter Fischereiflotte. Hier dreht sich alles um den Krabbenfang. Zahlreiche Meerestiere lassen sich im **Aquarium & Marine Centre** (www.aquariumnb.ca; 100 Aquarium St; Erw./Kind 8,50/5,50 $; ⌚ Juli–Sept. 10–18 Uhr) bewundern. Kindern dürften die Streichelbecken voller Meeresbewohner zum Anfassen und die Robben (Fütterung 11 und 16 Uhr) besonders gut gefallen.

Über die Brücke geht es hinüber zum schmucken Fischerdorf **Lamèque**, in dem seit mehr als 30 Jahren das **Lamèque International Baroque Festival** (☎800-320-2276, 506-344-5846; www.festivalbaroque.com; ⌚ Ende Juli) stattfindet. Fast auf jeder Veranda des Dorfes flattert Akadiens blau-weiß-rote Fahne im Wind. In nördlicher Richtung durchquert die Route 113 **Miscou Island** und endet dort am Leuchtturm der Insel. Vor der Rückfahrt lohnt sich ein Spaziergang über den Knüppeldamm, der durch ein schönes Moosbeeren-Moor führt.

Tours (bgaston@nbnet.nb.ca; Kanutour 60–180 C$) individuell zugeschnittene Angel- und Wasserfalltouren.

Schlafen & Essen

Hier herrscht kein Mangel an rustikalen, aber schönen Lodges und Campingplätzen. Viele davon erinnern an die glücklichen Tage der 1930er- und 1940er-Jahre. Unter www.miramichirivertourism.com finden sich Links zu Unterkünften und Angelausrüstern. Da Restaurants recht rar sind, heißt es eigene Vorräte mitbringen.

O'Donnell's Cottages & Expeditions MOTEL, HÜTTEN **$$**
(☎800-563-8724, 506-365-7636; www.odonnellscottages.com; 439 Storeytown Rd, Doaktown; Hütte ab 129 C$) Die Blockhütten stehen am Flussufer. Der Betreiber des Anwesens organisiert diverse Outdoor-Aktivitäten.

Praktische Informationen

Touristeninformation (www.doaktown.com; 263 Main St; ⌚10–17 Uhr) Befindet sich in Doaktown im Salmon Museum, das zugleich die meisten Aktivitäten vor Ort anbietet.

DER NORDOSTEN VON NEW BRUNSWICK

Die North Shore – auch Acadian Peninsula genannt – ist das Herzland der akadischen Kultur in New Brunswick. Vor 250 Jahren wurde sie von französischen Bauern und Fischern besiedelt, die hier nach der Vertreibung durch die Engländer wieder von vorne anfingen. Mischehen mit den hier ansässigen Mi'kmaq-Indianern waren früher hier nichts Ungewöhnliches. Die Küstenstraße beginnt im Norden von Miramichi und führt rund um die akadische Halbinsel und an der Baie de Chaleurs entlang nach Campbellton. Unterwegs warten kleine Fischerdörfer und herrliche Ausblicke auf das ruhige weite Meer. Im Sugarloaf Provincial Park reichen die Ausläufer der Appalachen bis an den Strand. Dahinter erstreckt sich Hunderte von Kilometern weit ins Landesinnere hinein eine riesige, kaum erforschte, unerschlossene Wildnis von Flüssen und dichten Wäldern.

Tracadie-Sheila

Das **Historical Museum of Tracadie** (Rue du Couvent; Erw./Kind 3 C$/frei; ⌚Mo–Fr 9–17, Sa & So 12–17 Uhr) erzählt die wenig bekannte, aber ergreifende Geschichte der hiesigen Leprakolonie, die in den Jahren von 1868 bis 1965 hier bestand. Auf dem nahe gelegenen Friedhof ruhen 60 Opfer der Hansen-Krankheit (Lepra).

Caraquet

Als ältestes Akadierdorf wurde Caraquet 1757 von Flüchtlingen gegründet, die weiter südlich gewaltsam von ihren Gehöften vertrieben worden waren. Heute ist die ruhige Arbeitersiedlung das Zentrum der französischen Gemeinde auf der Halbinsel. Im farbenfrohen Fischereihafen am Blvd

St. Pierre Est tänzeln bunte vertäute Boote auf dem Wasser. Die Rue le Portage trennt den Ost- und den Westabschnitt des Blvd St. Pierre.

Der große Gebäudekomplex **Carrefour de la Mer** mit Blick auf das hafennahe Ufer der Bucht beherbergt die **Touristeninformation** und alle örtlichen Tourveranstalter, das Day Adventure Centre sowie ein Restaurant.

Sehenswertes

Acadian Historic Village HISTORISCHER PARK
(www.villagehistoriqueacadien.com; 14311 Hwy 11; Erw./Stud./Fam. 17,50/15,50/42 C$; Juni–Sept. 10–18 Uhr) Das Acadian Historic Village liegt 15 km westlich von Caraquet und ist die historisch getreue Rekonstruktion eines alten Dorfes mit 33 originalgetreuen Gebäuden. Dafür wurden zum Teil Originalgebäude an anderen Orten abgebaut und hier Stück für Stück wieder aufgebaut. Animateure in zeitgenössischen Kostümen stellen den Alltag des akadischen Lebens in der Zeit von 1780 bis 1880 dar. Um sich alles anzusehen, braucht man gut und gern drei bis vier Stunden. Wer hungrig ist, hat die Wahl zwischen einer akadischen Mahlzeit im La Table des Ancêtres (einem im alten Stil eingerichteten Restaurant), einem Originalmenu aus dem Jahr 1910 im eleganten Speisezimmer des Château Albert und verschiedenen Snackbars. Für seine jüngeren Besucher bietet das Dorf ein eigenes Programm (35 C$), bei dem die Kleinen in Kostümen – unter Aufsicht – sieben Stunden lang allerlei historische Aktivitäten unternehmen.

Feste & Events

Das bekannte **Festival Acadien** (www.festivalacadien.ca), das größte kulturelle Jahresfest der Akadier, lockt in den ersten beiden Augustwochen ca. 100 000 Besucher nach Caraquet. Das Festprogramm gestalten dabei über 200 Sänger, Musiker, Schauspieler und Tänzer, die aus Akadien und anderen frankophonen Regionen in Kanada oder aus Übersee stammen.

Besonders malerisch und stimmungsvoll ist die alljährliche Segnung der Fangflotte, bei der Fischerboote mit farbenfrohen wehendem Bänder- und Flaggenschmuck durch den hiesigen Hafen schippern. Das Festival gipfelt in der höchst lebhaften Tintamarre Parade.

Schlafen & Essen

MaisonTouristique Dugas GÄSTEHAUS, CAMPINGPLATZ $
(506-727-3195; www.maisontouristiquedugas.ca; 683 Blvd St. Pierre W; Zeltstellplatz/Zi./Suite ab 20/85/119 C$, Hütte 99 C$) Ein paar Kilometer westlich von Caraquet betreibt die freundliche Familie Dugas mittlerweile in der fünften Generation ein Anwesen, das diverse Unterkunftswünsche erfüllt. In einem heimeligen Haus voller Antiquitäten stehen elf Zimmer mit einem Gemeinschaftsbad zur Verfügung. Außerdem gibt es fünf gemütliche Hütten mit eigenem Bad und einer Kochgelegenheit im Hinterhof. Ein kleines Areal ist für Wohnmobile vorgesehen, während Zelte im Schatten von Bäumen auf dem Campingplatz aufgeschlagen werden.

★ **Hotel Paulin** HOTEL $$
(866-727-9981, 506-727-9981; www.hotelpaulin.com; 143 Blvd St-Pierre W; Zi mit Frühstück 128 C$, Zi. mit Frühstück & 4-Gänge-Abendmenü ab 195 C$) Lieber anderweitig sparen und dafür eine Nacht im exquisiten Paulin verbringen: Das historische Seebadhotel mit Blick auf die Bucht wurde 1891 erbaut und ist seit 1907 im Besitz der Familie Paulin. Die sonnigen, auf Hochglanz polierten Zimmer sind mit gestärkter weißer Bettwäsche, Spitze und Antiquitäten ausgestattet. Wer anderswo übernachtet, sollte sich überlegen, zumindest einen Tisch fürs Abendessen zu reservieren – die feine Küche (Tagesmenü 45 C$) hat einen guten Ruf. Beispiel gefällig? Wie wäre es mit einer Suppe aus *Fiddleheads* (Farnsprösslingen), gefolgt von akadischem Hühnereintopf mit Kräuterklößchen.?

Château Albert GÄSTEHAUS $$$
(506-726-2600; www.villagehistoriqueacadien.com/chateauanglais.htm; Acadian Historic Village; DZ mit Abendessen & Theaterkarten 275 C$) Wer seinen Besuch im Acadian Historic Village vervollkommnen möchte, kann im Hôtel Château Albert übernachten – im Stil des frühen 20. Jhs., also ohne Fernseher oder Telefon. Das ganze Haus mit seinen ruhigen, charmanten Zimmern wurde in seinem ursprünglichen Glanz von 1909 rekonstruiert. Nur die Bäder sind modern ausgestattet. Das originale Château Albert stand an Caraquets Hauptstraße, bis es 1955 niederbrannte. Gebucht werden können auch Pauschalangebote mit Abendessen im zeitgenössischen Restaurant im Erdgeschoss und einer Fahrt in einem alten Ford Modell T.

Le Caraquette KANADISCH $$
(89 Blvd St. Pierre; Hauptgerichte 8–14 C$) In dem zwanglosen, familiengeführten Restaurant mit Blick auf den Hafen werden die kulinarischen Klassiker der Seeprovinzen serviert, z. B. gebratene Muscheln oder Garnelensalat mit Mayonnaise. Auch französisch-kanadische Spezialitäten wie *poutine* (Pommes mit Käsestücken und Bratensauce) und Sandwiches mit Rauchfleisch stehen auf der Speisekarte.

Praktische Informationen

Touristeninformation (www.ville.caraquet.nb.ca; 51 Blvd St. Pierre Est; Juni–Sept. 9–17 Uhr)

An- & Weiterreise

Da die Maritime-Busse diesen Teil der Provinz nicht bedienen, ist der öffentliche Nahverkehr hier sehr beschränkt. Shuttlevans übernehmen den Transport zur Bushaltestelle und zum Bahnhof in Miramichi oder Bathurst. Detaillierte Auskunft gibt die Touristeninformation.

Campbellton

Campbellton ist ein freundliches, aber unscheinbares Industriestädtchen an der Grenze zu Québec. Für einen Besuch gibt es eigentlich nur zwei Gründe: die Durchreise auf dem Weg nach bzw. von Québec oder der Sugarloaf Provincial Park mit seinen attraktiven Möglichkeiten zum Wandern, Skifahren und Campen. In dem Park mündet der lange Restigouche River, der sich zuvor durch den Norden von New Brunswick windet und die Grenze zu Québec bildet. Umgeben von einem Hinterland mit spektakulären grünen Hügeln liegt die Stadt an der Bay of Chaleur.

Vom Highway 11 führt die Abfahrt 415 zum **Sugarloaf Provincial Park** (www.parcsugarloafpark.ca; 596 Val d'Amours Rd) GRATIS, in dem der Sugarloaf Mountain das Landschaftsbild beherrscht. Seinem Namensvetter in Rio de Janeiro sieht dieser „Zuckerhut" sogar ein wenig ähnlich. Der Aufstieg zum Gipfel dauert nur 30 Minuten und wird mit einem faszinierenden Panoramablick belohnt.

In den hiesigen Küstengewässern fand 1760 das letzte Seegefecht des Siebenjährigen Krieges statt. Mit dieser als Gefecht auf dem Restigouche bekannten Schlacht endete der lange britisch-französische Kampf um Kanada. Der **Campingplatz** (506-789-2366; www.parcsugarloafpark.ca; 596 Val d'Amours Rd; Stellplatz Zelt/Wohnmobil 25/32 C$; Mai–Sept.) des Sugarloaf Provincial Park verfügt über 76 Stellplätze. Er liegt 4 km von Campbellton entfernt in einem Waldstück.

Eine komfortable Alternative ist das saubere **Campbellton Lighthouse Hostel** (506-759-7044; campbellton@hihostels.ca; 1 Ritchie St; B 27 C$; Jun-Aug;). Der zum Hostel umgebaute Leuchtturm steht am Ufer des Restigouche River unweit von Campbelltons 8,5 m hoher **Lachsskulptur** und einer Maritime-Bushaltestelle.

In bequemer Nähe zum Stadtzentrum liegt das gemütliche, 1910 erbaute **Maison McKenzie House B&B** (506-753-3133; www.bbcanada.com/4384.html; 31 Andrew St; Zi. mit Gemeinschaftsbad und Frühstück 75–100 C$;). Für 60 C$ pro Person werden Gäste in einem hauseigenen Kajak flussaufwärts gebracht und an der gewünschten Stelle abgesetzt.

Die hilfreiche, von der Provinz betriebene **Touristeninformatiom** (506-789-2367; 56 Salmon Blvd; Mai–Sept. 8–21 Uhr) befindet sich neben der City Centre Mall.

An- &Weiterreise

Die Busse von **Maritime** (1-800-575-1807; www.maritimebus.com; 46 Water St) halten vor dem Gemischtwarenladen Pik-Quik nahe der Prince William Street. Täglich fährt ein Bus nach Fredericton (82 C$, 6 Std.) und nach Moncton (59 C$, 6 Std.). An derselben Haltestelle startet morgens und nachmittags jeweils ein Bus von **Orléans Express** (www.orleansexpress.com) nach Gaspé (41 C$, 6 Std.) und nach Québec City (91 C$, 7 Std.).

Der **VIA-Rail-Bahnhof** (www.viarail.ca; 99c Roseberry St) liegt angenehm zentral.

Prince Edward Island

Inhalt ➡

Gut essen

- ➡ Lot 30 (S. 506)
- ➡ Shipwright's Café (S. 521)
- ➡ Inn at Bay Fortune (S. 512)
- ➡ Pearl (S. 521)
- ➡ Hummeressen in den Rathäusern und Kirchen der Provinz.

Schön übernachten

- ➡ Fairholm Inn (S. 505)
- ➡ Barachois Inn (S. 517)
- ➡ Great George (S. 505)
- ➡ Maplehurst Properties (S. 510)
- ➡ Willowgreen Farm (S. 522)

Auf nach Prince Edward Island!

Prince Edward Island (PEI) ist eine Insel wie aus dem Bilderbuch; passenderweise war es ein Buch, durch das die Insel berühmt wurde: *Anne auf Green Gables* von Lucy Maud Montgomery. Wie beim Rotschopf Anne Shirley, der Heldin des beliebten Romans, herrschen auf der Insel rötliche Farbtöne vor – von einer Spitze zur anderen schimmert ockerfarbene Erde zwischen Kartoffelpflanzen hervor, die Küsten sind von kupfer- und goldroten Sandstränden gesäumt. Die „Landschaft von Green Gables" selbst ist ein idyllischer grüner Flickenteppich aus sanft gewellten Feldern, Bauernhäusern mit hübschen Giebeln und Dörfern am Meer.

Neben der allgegenwärtigen Schönheit der Landschaft besticht die Region vor allem durch ihren Charme und die entspannte Atmosphäre. Die „Gentle Island" trägt ihren Spitznamen zu Recht, und das einzig Nicht-authentische sind wohl die orangefarbenen Kunsthaarzöpfe der kleinen Mädchen, die sich in Touristenorten als Anne verkleiden.

Reisezeit

Charlottetown

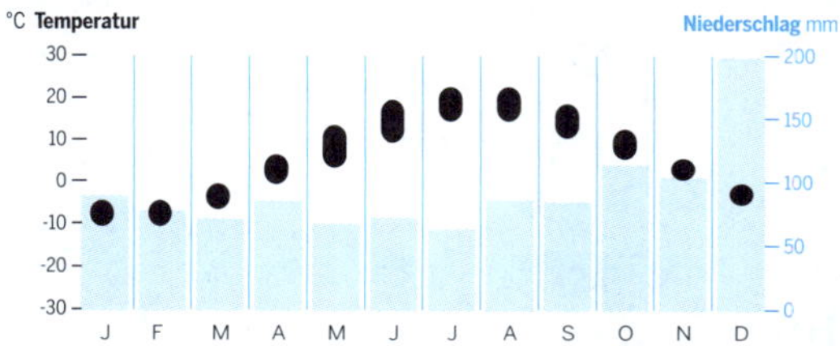

Juni Die Stille des Frühlings vor dem Eintreffen der Touristenscharen und die Blüte der Wildblumen.

Juli & Aug. Die Insel ist in Feststimmung; man trifft sich abends zu Livemusik und Hummeressen.

Sept. Traditionelle Musik und kulinarische Events prägen das Festival „Fall Flavours" auf Prince Edward Island.

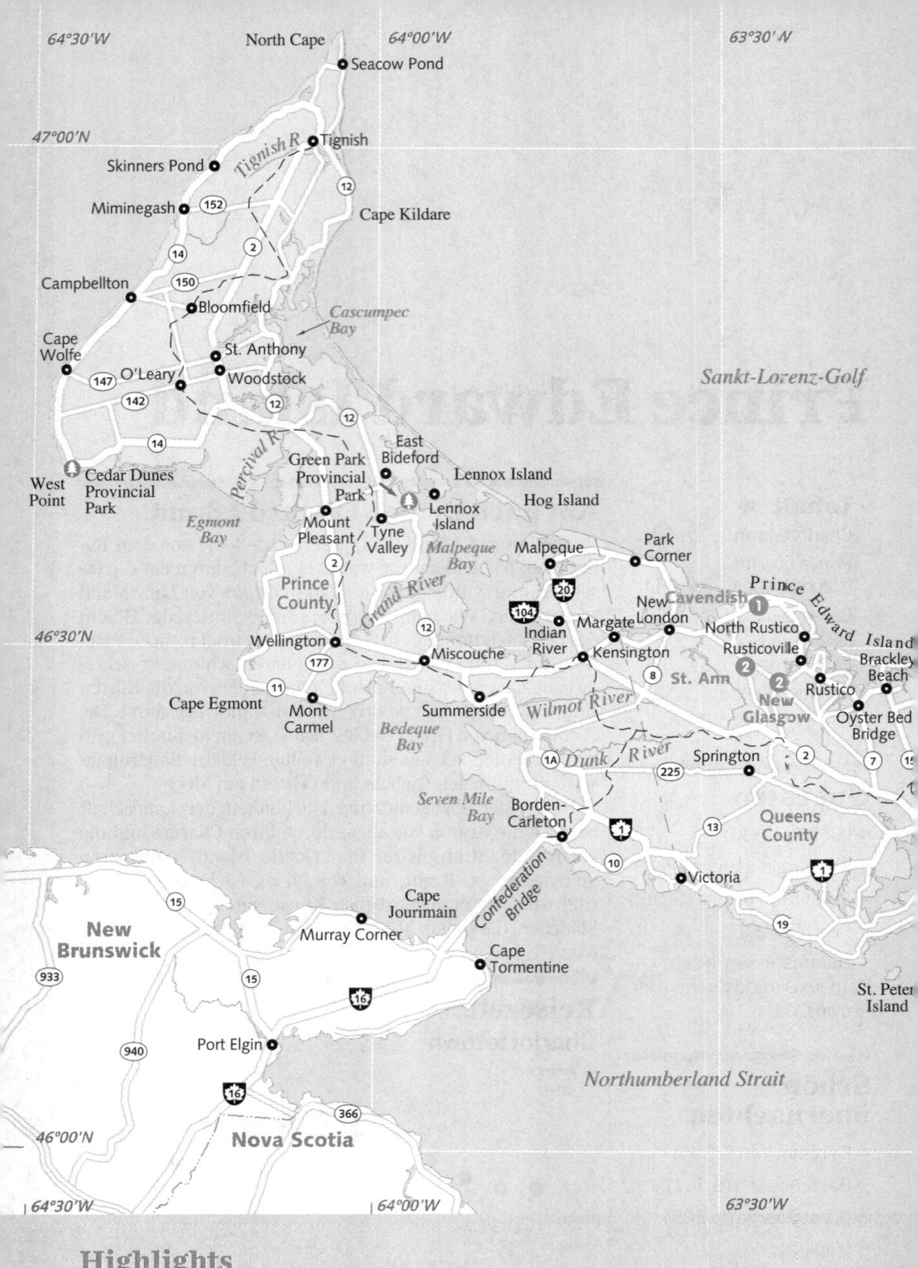

Highlights

1 Beim Besuch des Green Gables House in **Cavendish** (S. 519) in die Geschichte von *Anne auf Green Gables* eintauchen.

2 In **New Glasgow** (S. 518) oder **St. Ann** (S. 518) Hummer in riesigen Mengen mit all den dazugehörigen Beilagen verspeisen.

3 Auf schwimmenden Holzstegen über Salzwiesen laufen und über Sanddünen zum menschenleeren Strand von **Greenwich** (S. 513) wandern.

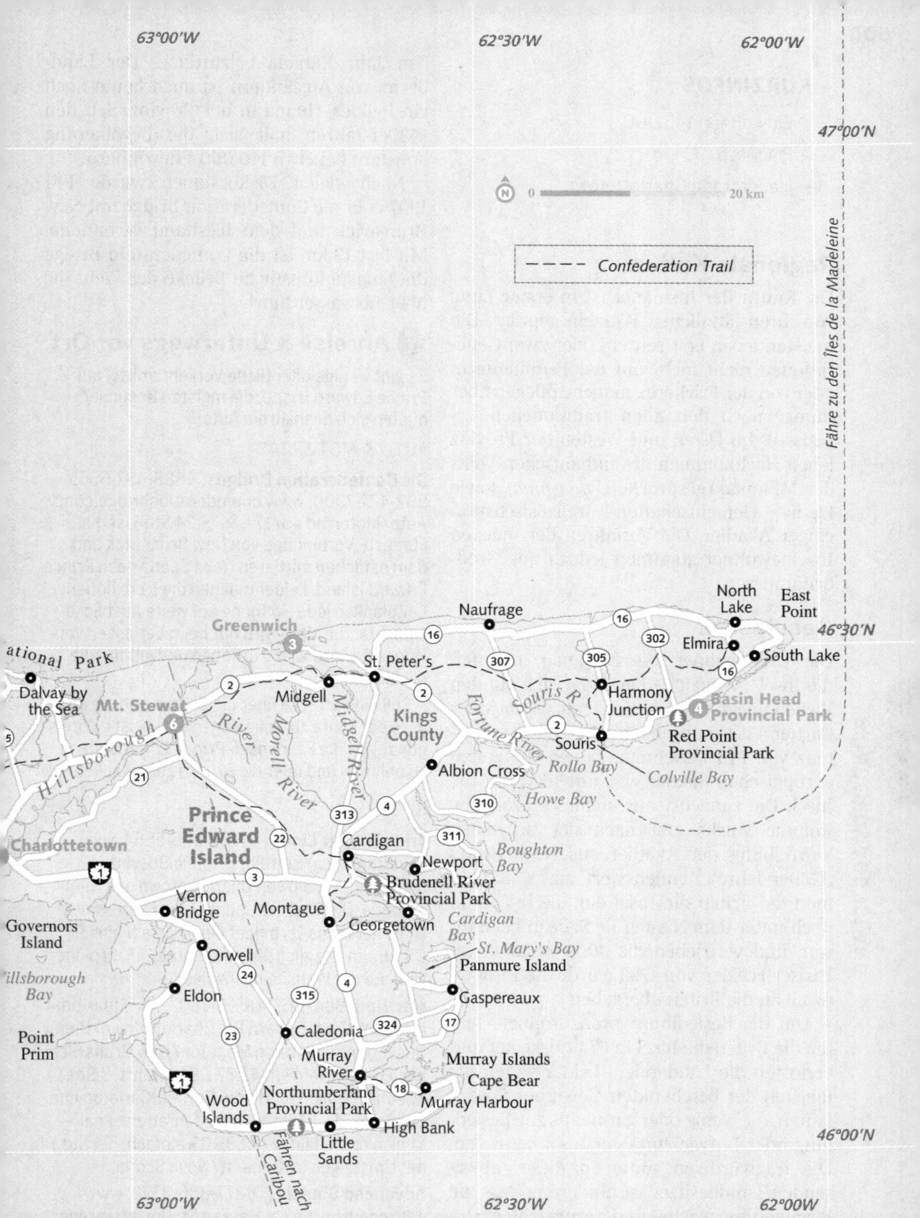

4 Am Strand von **Basin Head Provincial Park** (S. 512) den „singenden Sand" zum Klingen (oder Quietschen) bringen.

5 In einem historischen B&B wohnen, entlang von malerischen Stränden wandern und den stillen Reiz von **Charlottetown** (S. 501) genießen.

6 Mit den Einheimischen feiern: bei mitreißender Livemusik in gemütlichen Gasthäusern, z. B. dem **Trailside Cafe** (S. 513) in Mt. Stewart.

KURZINFOS

- Einwohner: 145 000
- Fläche: 5700 km²
- Hauptstadt: Charlottetown

Regionale Kultur

Die Kultur der Insulaner ist in erster Linie von ihren ländlichen Wurzeln geprägt. Die meisten leben erst seit ein oder zwei Generationen nicht mehr auf der Familienfarm oder von der Fischerei, manche pflegen aber immer noch den alten traditionellen Lebensstil. Im Osten und Westen der Provinz leben Nachkommen des indianischen Volks der Mi'kmaq (gesprochen: *mig-moh*) sowie kleine Gemeinschaften französischsprachiger Akadier. Die Vorfahren der meisten Inselbewohner stammen jedoch aus Großbritannien.

Geschichte

Die Ureinwohner, die Mi'kmaq, nannten die Insel „Abegeit" – Land, das sich auf den Wellen wiegt. Obwohl der Franzose Jacques Cartier 1534 zum ersten Mal von der Existenz von PEI berichtete, kamen die ersten europäischen Siedler erst um 1603 auf die Insel. Die zunächst nur kleine französische Kolonie wuchs erst nach der britischen Vertreibung der Akadier aus Nova Scotia (1750er-Jahre) nennenswert an. 1758 nahmen die Briten die Insel ein, die bis dahin noch unter dem Namen Île St-Jean bekannt war, und vertrieben die 3000 Akadier. Im Pariser Frieden von 1763 wurde die Insel offiziell an die Briten übergeben.

Um die Besiedlung voranzutreiben, teilten die Briten die Insel in 67 Bezirke auf und verlosten die Ländereien. Leider waren die meisten der beschenkten Gewinner Spekulanten, die wenig oder gar nichts zur Besiedlung oder Entwicklung der Insel beitrugen. Die fragwürdigen Aktionen dieser abwesenden Landbesitzer verhinderten, dass die Bevölkerung wuchs, und verursachten Unruhen unter den Inselbewohnern.

Einer der Hauptgründe, warum PEI 1867 kein Teil Kanadas wurde, war das Landproblem, dass durch die Angliederung nicht gelöst worden wäre. 1873 zwang man die abwesenden Landbesitzer durch den Compulsory Land Purchase Act schließlich dazu, ihr Land zu verkaufen. Für PEI wurde mit diesem Gesetz der Weg frei, noch im selben Jahr Kanada beizutreten. Der Landbesitz von Ausländern ist auch heute noch ein heikles Thema in der Provinz. Seit den 1930er-Jahren hält sich die Bevölkerung konstant bei etwa 140 000 Einwohnern.

Nach vielen Diskussionen wurde PEI 1997 über die Confederation Bridge mit New Brunswick und dem iFestland verbunden. Mit fast 13 km ist die Confederation Bridge die längste künstliche Brücke der Welt, die über Eiswasser führt.

ℹ Anreise & Unterwegs vor Ort

Es gibt wenige öffentliche Verkehrsmittel auf Prince Edward Island; die meisten Besucher mieten sich deshalb ein Auto.

AUTO & MOTORRAD

Die **Confederation Bridge** (☎ 888-437-6565, 902-437-7300; www.confederationbridge.com; Auto/Motorrad 43/17 C$; ⏲ 24 Std.) ist die kürzeste Verbindung von New Brunswick und dem östlichen mittleren Nova Scotia nach Prince Edward Island. Leider machen die 1,1 m hohen Leitplanken jede Hoffnung auf weite Ausblicke zunichte. Die Maut wird nur beim Verlassen von Prince Edward Island erhoben und gilt für alle Mitfahrenden.

Soll eine Strecke über die Brücke und die andere per Fähre zurückgelegt werden, ist es preisgünstiger, die Fähre nach Prince Edward Island zu nehmen und über die Brücke zurückzukehren.

BUS

Trius Transit Lines (☎ 902-566-5664; www.triustransit.ca) Betreibt örtliche Busverbindungen innerhalb von Charlottetown und Summerside. Die Buslinie County Line Express des Unternehmens verbindet beide Orte (Fahrt 9 C$) dreimal täglich über die Route 2. Fahrpläne sind auf der Website nachzulesen.

Maritime Bus (☎ 800-575-1807; www.maritimebus.com; 7 Mt. Edward Rd, Charlottetown) Bietet Busverbindungen von Moncton/New Brunswick nach Charlottetown (42,87 C$ Hinfahrt, 3 Std.): zweimal täglich mit Halt in Borden-Carleton und Summerside. Weitere Busse fahren zweimal täglich nach Halifax (72,35 C$ einfach, 5½ Std.) mit Umsteigen in Amherst/Nova Scotia.

Advanced Shuttle (☎ 877-886-3322; www.advancedshuttle.ca; Nassau St, University Ave, Charlottetown) Eine komfortable Verbindung von Charlottetown oder Summerside nach Halifax bzw. allen Orten entlang der Strecke (Erw. einfach 69 C$). Im Van können Fahrräder mitgenommen werden.

East Connection (☎ 902-393-5132) Fährt täglich gegen Mittag von Charlottetown nach Souris und trifft dort um 13 Uhr – also rechtzeitig zur Fährabfahrt um 14 Uhr – ein. Der Shuttle-Van

ENTFERNUNGEN

North Cape nach East Point: 273 km

Halifax nach Charlottetown: 227 km

Charlottetown nach Montréal: 1199 km

fährt um 13.30 Uhr in Souris ab und kommt um 14.30 Uhr in Charlottetown an.

FAHRRAD

Radfahrer und Fußgänger dürfen die Confederation Bridge nicht benutzen, sie müssen auf den Shuttle-Service (Fahrrad/Fußgänger 8,25/4,25 C$) ausweichen, der rund um die Uhr bei Bedarf zur Verfügung steht. Auf der Insel fahren die Busse am Betriebsgebäude der Brücke bei Gateway Village in Borden-Carleton ab; in New Brunswick liegt die Haltestelle am Cape Jourimain Nature Centre bei der Ausfahrt 51 der Route 16.

Obwohl sich die Insel am einfachsten mit dem Auto erkunden lässt, ist das Fahrrad eine schöne Alternative. Der ebene und gut gepflegte Confederation Trail (S. 506) führt quer über die Insel durch schöne Landschaften und kleine Orte.

FLUGZEUG

Der Flughafen von Charlottetown liegt 8 km außerhalb der Stadt und fertigt alle Flüge in die Provinz ab. Air Canada bietet tägliche Flugverbindungen von Halifax und Toronto (von Juni bis Sept. auch von Montréal) nach Charlottetown an. WestJet bietet Direktflüge von Toronto und Ottawa nach Charlottetown. Von Juni bis September betreibt Delta Airlines eine tägliche Flugverbindung von New York bzw. Boston nach Charlottetown. Im Sommer bietet **Sunwing** (☎877-786-9464; www.flysunwing.com) Flüge ab Toronto an.

SCHIFF/FÄHRE

Northumberland Ferries (☎888-249-7245, 902-566-3838; www.peiferry.com) lässt von Mai bis Dezember Fähren zwischen Wood Islands (im Südosten von Prince Edward Island) und Caribou/Nova Scotia fahren. Im Sommer bestehen bis zu neun Fährverbindungen pro Tag in beide Richtungen, im Frühling und Herbst fünf Verbindungen (Auto/Fußgänger/Motorrad 67,50/17/40 C$). In den Gebühren für die Fahrzeuge sind alle Mitfahrenden inbegriffen; eine Fahrt dauert 1¼ Std. Alle Ticketpreise gelten für Hin- und Rückfahrten, selbst wenn nur eine Fahrt in Anspruch genommen wird. Die Fahrgäste gehen in der Reihenfolge ihres Eintreffens an Bord. Informationen über Fährverbindungen zwischen Souris und den Îles de la Madeleine/Québec siehe S. 367.

CHARLOTTETOWN

34 562 EW.

Der Hauptort der Insel hat eine ideale Größe, die zwischen Mittel- und Kleinstadt liegt, es gibt einige elegante Restaurants und eine lebhafte Kulturszene. Mit ihren ruhigen Straßen, die zu Spaziergängen einladen, den ausgedehnten Grünflächen und einem gut erhaltenen historischen Ortskern besitzt sie viel kleinstädtischen Charme.

Geschichte

Charlottetown wurde nach der exotischen Gemahlin von König Georg III. benannt. Deren afrikanische Wurzeln, die bis zu Margarita de Castro y Sousa und dem portugiesischen Königshaus zurückführen, sind ebenso legendär wie umstritten.

Viele glauben, Charlottetown wurde wegen des prächtigen Hafens zur Hauptstadt ernannt, die Wahrheit sieht jedoch weniger glanzvoll aus. 1765 entschied sich der Vermessungsgeneral für Charlottetown, da er es für weise hielt, der armen Seite der Insel auch ein paar Privilegien zukommen zu lassen. Dank der berühmten Konferenz von 1864 ging Charlottetown als Geburtsort des Landes in die kanadische Geschichte ein.

Sehenswertes

Alle wichtigen Sehenswürdigkeiten liegen in den Grenzen von Old Charlottetown, ein Rundgang durch die Altstadt ist daher ebenso bereichernd wie die Besichtigungen der eigentlichen Sehenswürdigkeiten.

Province House National Historic Site

HISTORISCHE STÄTTE

(☎902-566-7626; www.pc.gc.ca/lhn-nhs/pe/provincehouse/index.aspx; 165 Richmond St; Eintritt 3,40 C$; ⏲8.30–17 Uhr) Das Schmuckstück von Charlottetown ist das imposante neoklassizistische Province House. Die symmetrische Bauweise zieht sich durch das gesamte Sandsteingebäude, einschließlich zweier wunderschöner Dachfenster. Hier diskutierten 1864 innerhalb der Confederation Chamber 23 Repräsentanten der britischen Kolonien in Nordamerika zum ersten Mal über die Gründung des Staates Kanada. Das Gebäude ist nicht nur die Geburtsstätte, sondern auch Sitz der zweitältesten Legislative des Landes.

Mehrere Räume wurden restauriert. Im Juli und August wandeln Schauspieler in historischen Kostümen durch die Säle und versammeln sich regelmäßig, um die berühmte

Charlottetown

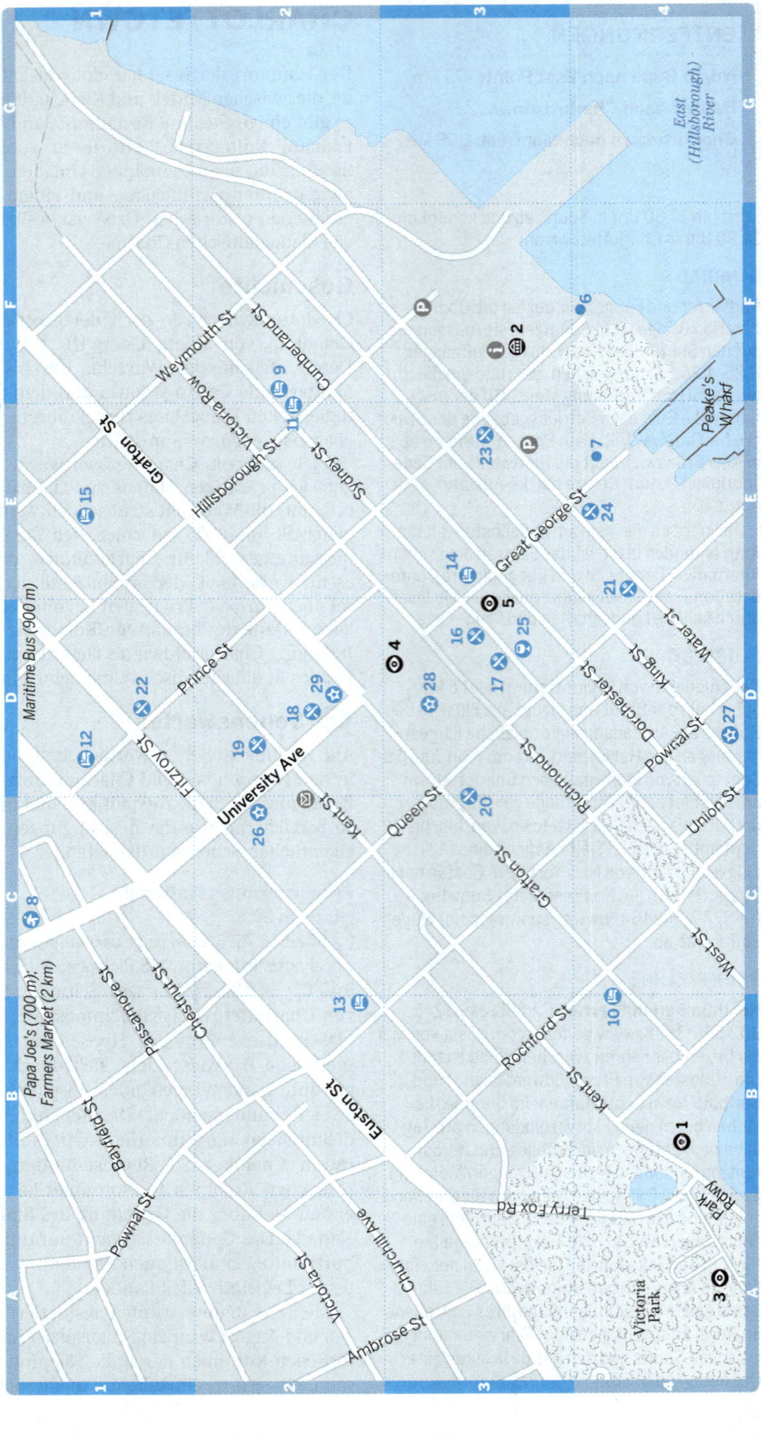

Charlottetown

Sehenswertes
1 Beaconsfield Historic House ... B4
2 Founders' Hall ... F3
3 Government House ... A4
4 Province House National Historic Site ... D3
5 St. Dunstan's Basilica ... D3

Aktivitäten, Kurse & Touren
Confederation Players ... (siehe 28)
6 Harbour Hippo Hippopotabus ... F4
7 Peake's Wharf Boat Cruises ... E4
8 Smooth Cycle ... C1

Schlafen
9 Aloha Tourist Home ... F2
10 Charlotte's Rose Inn ... B4
11 Charlottetown Backpackers ... E2
12 Fairholm Inn ... D1
13 Fitzroy Hall B&B ... B2
14 Great George ... E3
15 Spillett House B&B ... E1

Essen
16 Claddagh Room ... D3
17 Daniel Brennan Brick House ... D3
18 Leonard's ... D2
19 Lot 30 ... D2
20 Pilot House ... C3
21 Sirinella ... E4
22 Splendid Essence ... D1
23 Water Prince Corner Shop ... E3
24 Young Folk & the Kettle Black ... E4

Ausgehen
25 Gahan House ... D3
Marc's Studio ... (siehe 17)

Unterhaltung
26 Baba's Lounge ... C2
27 City Cinema ... D4
28 Confederation Centre of the Arts ... D3
29 Mack ... D2
Olde Dublin Pub ... (siehe 16)

Konferenz nachzuspielen. Sehenswert ist auch der 17 Min. lange Film *Great Dream* zur denkwürdigen Konferenz von 1864.

Founders' Hall MUSEUM
(☎800-955-1864, 902-368-1864; www.foundershall.ca; 6 Prince St; Erw./Kind 9,50/6,25 C$; ⌚8.30–20 Uhr) Die technisch ausgefeilte multimediale Ausstellung wurde 2001 in einem alten Bahnhof eröffnet und macht Fakten und Anekdoten zur kanadischen Geschichte nach 1864 mit allen Sinnen erfahrbar. Ein unterhaltsames Erlebnis für Kinder und alle, die kindlich staunen können.

Beaconsfield Historic House BEDEUTENDES GEBÄUDE
(☎902-368-6603; 2 Kent St; Erw./Stud./Fam. 5/4/14 C$; ⌚10–17 Uhr) Mit seiner grandiosen Aussicht, der hübschen Fassade und den eleganten Möbeln aus dem 19. Jh. ist das Beaconsfield House das schönste viktorianische Herrenhaus in Charlottetown. Hier kann man spazieren gehen oder auf der Veranda den traumhaften Ausblick genießen.

Government House BEDEUTENDES GEBÄUDE
(☎902-368-5480; ⌚Juli & Aug. Mo–Fr 10–16 Uhr) GRATIS Das eindrucksvolle koloniale Herrenhaus mit seiner großen Halle, den palladianischen Fenstern und dorischen Säulen liegt inmitten der weitläufigen Gärten des Victoria Park und war ab 1835 Sitz der Vizegouverneure von PEI. Im Jahr 2003 brach der ehrenwerte J. L. Bernard mit einer fast 170 Jahre alten Tradition und öffnete die Türen des Gebäudes für die Öffentlichkeit.

St. Dunstan's Basilica BEDEUTENDES GEBÄUDE
(☎902-894-3486; 45 Great George St; ⌚9–17 Uhr) GRATIS Die drei hoch aufragenden Steintürme der neugotischen Basilika, die nach einem Feuer 1913 wiederaufgebaut wurde, sind heute das Wahrzeichen der Stadt. Die Marmorböden, die Schnitzereien in italienischem Stil und die dekorativ gestaltete Rippendecke überraschen mit ihrer kunstvollen Ausarbeitung.

Geführte Touren

Broschüren zu Spaziergängen in eigener Regie sind für 1 C$ bei der Touristeninformation erhältlich.

Confederation Players SPAZIERGÄNGE
(☎1800-565-0278; 6 Prince St; Erw./Kind 15/8 C$; ⌚tgl. Juli & Aug.) Es gibt wohl keine bessere Möglichkeit, Charlottetown zu erkunden: Schauspieler in Gewändern des 19. Jhs. schlüpfen in die Rolle der Gründerväter der Konföderation und führen mit unterhaltsamen Erklärungen durch die historischen Straßen der Stadt. Die Spaziergänge beginnen an der Founders' Hall. Es gibt drei verschiedene Schwerpunkte: die historische Great George Street, die Siedler auf der Insel und die einheimischen Geister.

Peake's Wharf Boat Cruises BOOTSFAHRT
(☎902-566-4458; www.peakeswharfboattours.com; 1 Great George St; 70-Min.-Rundfahrt 20 C$; ⊙Juni–Aug. 14.30, 18.30 & 20 Uhr) Auf diesen Fahrten können die Teilnehmer das Unterwasserleben beobachten, interessanten Geschichten lauschen und die Stadt aus einer etwas anderen Perspektive, nämlich von den Hafengewässern aus, betrachten. Eine großartige Tour zum Beobachten von Seelöwen (28 C$) startet um 14.30 Uhr und dauert bis 17 Uhr.

Harbour Hippo Hippopotabus BUSFAHRT & BOOTSFAHRT
(☎902-628-8687; www.harbourhippo.com; 2 Prince St; Tour (1 Std.) Erw./Kind 24/16 C$) Eine Tour durch das historische Charlottetown ist auch für Kinder ein spannendes Erlebnis, wenn sie in einem Amphibienfahrzeug unterwegs sind. Es fährt an allen Sehenswürdigkeiten an Land vorüber und setzt dann seine Fahrt auf dem Wasser fort.

Feste & Events

Charlottetown Festival THEATER
(☎800-565-0278; www.charlottetownfestival.com; ⊙Mitte Mai–Mitte Okt.) Auf dem Programm des Theaterfestivals stehen kostenlose Aufführungen im Freien, ein Kindertheater und Tanzvorführungen.

Festival of Small Halls MUSIK
(www.smallhalls.com; ⊙Mitte Juni) Musiker, Tänzer und Geschichtenerzähler der Insel, die über die Grenzen der Provinz hinaus bekannt geworden sind, kehren in ihre Heimat zurück und präsentieren ihre Kunst in den kleinen Gemeindesälen der Landgemeinden. Das Festival dauert elf Tage.

Old Home Week KULTUR
(☎902-629-6623; www.oldhomeweekpei.com; ⊙Mitte Aug.) Auf dem Gelände der Provincial Exhibition findet diese Veranstaltung mit Karussells, Musikunterhaltung, Glücksspielen, Rennen mit Pferdegespannen und traditionellen Viehausstellungen statt.

Fall Flavours ESSEN
(☎866-960-9912; www.fallflavours.ca; ⊙die letzten 3 Wochen im Sept.) Die riesige Kochparty ist mittlerweile eine der größten Veranstaltungen der Insel und serviert im Hafenviertel von Charlottetown traditionelle Musik garniert mit köstlichem Seafood. Zu den Programmhöhepunkten gehören die Weltmeisterschaft im Austernschälen und das Fischsuppen-Wettessen.

Schlafen

Mit seinem Charme und der Nähe zu den bedeutendsten Sehenswürdigkeiten eignet sich die Altstadt bestens als Nachtquartier. Im Sommer ist der Veranstaltungskalender der Stadt voll, deswegen sollte man im Voraus buchen. In der Nebensaison gibt es genügend freie Betten, die meisten Unterkünfte senken dann auch ihre Preise. In der Nähe von allen Unterkünften sind kostenlose Parkplätze vorhanden.

Spillett House B&B B&B $
(☎902-892-5494; www.spilletthouse.pe.ca; 157 Weymouth St; EZ/DZ ohne Bad inkl. Frühstück 50/60 C$; 📶) Die bezaubernde historische Unterkunft ist makellos gepflegt und mit glänzenden Parkettböden und antiken Möbeln, handgearbeiteten Quilts auf den Betten und Spitzengardinen vor den Fenstern ausgestattet. Kinder sind willkommen und es gibt Abstellräume für Fahrräder.

Charlottetown Backpackers B&B $
(☎902-367-5749; www.charlottetownbackpackers.com; 60 Hillsborough St; B/Z . inkl. Frühstück 32/80 C$; 📶) Mit seiner leuchtenden, rot-weißen Fassade und den fröhlichen Gästen ist dieses herausragend gute Backpacker-B&B nicht zu verfehlen. Es gibt behagliche, nach Geschlechtern getrennte bzw. gemischte Schlafsäle, eine gut ausgestattete Küche und ein originelles Wohnzimmer mit einem Plattenspieler und einer ziemlich umfangreichen Plattensammlung. Mit spontan stattfindenden Grillabenden und Kneipenausflügen muss man immer rechnen.

Charlotte's Rose Inn INN $$
(☎888-237-3699, 902-892-3699; www.charlottsrose.ca; 11 Grafton St; Zi. inkl. Frühstück 120–195 C$, Apt. 195 C$; ❄📶) In diesem überladenen viktorianischen Haus glaubt man, Miss Marple müsse jeden Moment um die Ecke kommen. Mit seinen üppigen Rosentapeten, Spitzenbaldachinen, riesigen flauschigen Betten und prachtvollen Badezimmern besitzt es viel englisches Flair. Im Salon wird den Gästen am offenen Kamin gratis Kuchen und Tee serviert. In einem modernen Apartment im Dachgeschoss finden fünf Gäste Platz, es verfügt über eine eigene Dachterrasse.

Aloha Tourist Home B&B $$
(☎855-892-5642, 902-892-5642; www.alohaamigo.com; 234 Sydney St; Zi. inkl. Frühstück 90–150 C$; 📶) Das einladende Haus ist ein echtes historisches B&B mit Antiquitäten und

kuscheligen Betten, das aber dennoch keine überteuerten Preise verlangt. Das Frühstück mit Selbstbedienung hat Gourmetniveau, die Lage ist zentral, der Inhaber herzlich und hilfsbereit. Die preisgünstigeren Zimmer haben Gemeinschaftsbäder. Es gibt ein Familienzimmer für 225 C$. Alle Zimmerpreise fallen außerhalb der Hauptsaison.

★ Fairholm Inn B&B $$$
(☎888-573-5022, 902-892-5022; www.fairholm.pe.ca; 230 Prince St; Suite inkl. Frühstück 129–289 C$; 📶) Das historische Gasthaus wurde 1838 erbaut und ist ein wunderbares Beispiel für die Picturesque-Bewegung in der britischen Architektur. Die Gäste können ihren Tee im herrlichen Wintergarten in der Morgensonne genießen, durch die Gärten spazieren oder es sich in der Bibliothek mit einem Buch gemütlich machen. Luxuriöse englische Stoffe, wunderschöne Kunstwerke aus PEI und großartige Antiquitäten schmücken die Suiten. Hier kann man sich beim Kaminfeuer in der Badewanne zurücklehnen und sich in die glanzvollen Tage des 19. Jhs. zurückversetzen lassen.

★ Great George INN $$$
(☎800-361-1118, 902-892-0606; www.thegreatgeorge.com; 58 Great George St; DZ inkl. Frühstück 175–219 C$, Suite 269–899 C$; ❄📶) Die farbenfrohe Reihe berühmter Häuser an der bekanntesten Straße von Charlottetown birgt Zimmer, die von plüschig-historisch bis kühn-modern alle denkbaren Stile zeigen – jedes davon ist hinreißend. Familien sind ebenso gern gesehen wie schwule Gäste. Außerdem gibt es einen Babysitter-Service und einen Fitnessraum.

Fitzroy Hall B&B B&B $$$
(☎866-627-9766; www.fitzroyhall.com; 45 Fitzroy St; DZ 99–190 C$, Suite 225–300 C$; 📶) Die edle Unterkunft bietet Eleganz und Komfort in Perfektion, gepaart mit einem herzlichen, bodenständigen Service. Die Gäste sollen sich hier richtig wohlfühlen, dafür sorgen kunstvolle Antiquitäten, gedeckte Farben und nette Extras wie Teekannen und in Nischen versteckte Kühlschränke zum Aufbewahren von Getränken.

Essen

Die große Zahl guter Lokale hat die Stadt in erster Linie dem Culinary Institute im Holland College zu verdanken, das am laufenden Band talentierte Köche hervorbringt. Im Sommer bieten sich vor allem die Fußgängerzone Victoria Row und das Hafenviertel an, um etwas essen oder trinken zu gehen. Auch in den Kneipen wird leckeres Essen serviert.

★ Leonard's CAFÉ $
(University Ave; Sandwiches ab 5 C$; ⏲Di–Sa 9–17 Uhr) Das kleine Café verspricht mit seinem gepolsterten Sitzbereich und den ländlichen Farben Gemütlichkeit par excellence. Serviert werden tolle deutsche Backwaren, Salate, kreative Sandwiches und den ganzen Tag über Frühstücksteller mit Eiern von freilaufenden Hühnern, einer Käseauswahl und Aufschnitt (u. a. Schwarzwälder Schinken). Dazu bestellt man dann frisch gebrühten Tee oder Espresso.

Young Folk & the Kettle Black CAFÉ $
(98 Water St; leichte Mittagsgerichte 9 C$; ⏲Mo–Do 8–20, Fr & Sa 8–22, So 11–18 Uhr) Eine Bäckerei mit einem Café, das so ländlich-behaglich wie ein Bauernhaus und so urban wie eine Kunstgalerie ist. Hier bekommt man ausgezeichnete Kaffee- und Frühstücksspezialitäten sowie leichte Mittagsgerichte.

Splendid Essence TAIWANESISCH $
(☎902-566-4991, 186 Prince St; Hauptgerichte 6–12 C$; ⏲11.30–15 & 17–20 Uhr; 🌱) In dem gemütlichen viktorianischen Haus wird leckere taiwanesische Küche serviert. Warme Holztäfelungen, gepolsterte Sitzgelegenheiten in rot, grün und gold sowie chinesische Kunst bestimmen das Ambiente. Sehr zu empfehlen ist das würzige Gemüse mit gebratenem Reis und dazu eine dampfende Tasse heiße Mandelmilch.

Farmers Market MARKT $
(☎902-626-3373; 100 Belvedere Ave; ⏲Sa 9–14 Uhr, Juli & Aug. auch Mi) Bei einem Besuch des Marktes nördlich der Innenstadt bei der University Avenue sollte man viel Hunger mitbringen. Zur Auswahl stehen regionale Gerichte sowie jede Menge frisches Obst und Gemüse aus biologischem Anbau.

Papa Joe's KANADISCH $
(345 University Ave; Hauptgerichte 10–15 C$; ⏲11–21 Uhr) Das familiäre Restaurant ist bei Einheimischen besonders beliebt. Das Essen hat keine Extravaganzen nötig, hier bestellt man Hackbraten im Speckmantel, Pot Pie (gedeckte Pastete) mit Truthahn oder ein Steaksandwich. Mittwochs geht es exotisch zu; dann werden den ganzen Tag über indische Gerichte serviert.

Water Prince Corner Shop FISCH $$
(☎902-368-3212; 141 Water St; Gerichte 10–27 C$; ⏲9.30–20 Uhr) Die Einheimischen kennen die guten Fischgerichte dieses unscheinbaren, meerblauen Restaurants in der Nähe des Kais. Es ist zu Recht berühmt für seine Burger mit Jakobsmuscheln und zugleich die beste Adresse für frischen Hummer. Auf Sitzplätze müssen Gäste manchmal längere Zeit warten; es ist aber auch möglich (und dazu noch preiswerter), Hummer zum Mitnehmen zu bestellen.

Sirinella ITALIENISCH $$
(☎902-628-2271; 83 Water St; Mittag- 8–17 C$, Abendessen 15–28 C$; ⏲Mo–Fr 11.30–14 & 17–22, Sa 17–22 Uhr) Wer dieses charmante Restaurant betritt, fühlt sich sofort in einen italienischen Küstenort versetzt. Es ist ganz schlicht mit kleinen runden, weiß gedeckten Tischen und Ölgemälden mit mediterranen Motiven eingerichtet und serviert unglaublich authentische italienische Gerichte.

Daniel Brennan Brick House MODERN KANADISCH $$
(☎902-566-4620; 125 Sydney St; Hauptgerichte 13–32 C$; ⏲Mo–Do 11–21, Fr & Sa 11–22, So 16–22 Uhr) Der schicken Atmosphäre in diesem historischen Backsteingebäude entsprechen die kreativen Gerichte, die von der Inselkultur inspiriert und aus ihren Erzeugnissen zubereitet werden. Besonders gut sind die Poutine mit Hummer, eine Meeresfrüchte-Bouillabaisse, das Thaicurry-Huhn oder auch ein inseltypischer Beefburger. Nicht versäumen: In der oberen Loungebar werden Cocktails und Desserts serviert.

Pilot House MODERN KANADISCH $$
(☎902-894-4800; 70 Grafton St; Hauptgerichte 19–37 C$; ⏲Mo–Sa 11–22 Uhr) Die schweren Holzbalken und Backsteinsäulen des historischen Roger's-Hardware-Hauses bilden einen imposanten Hintergrund für ein feines Essen oder leichte Kneipengerichte. Eine treue Gästeschar lässt sich Hähnchen mit Hummerfüllung, vegetarische Pizza oder eine *Tourte* mit Meeresfrüchten schmecken. Mittagsangebote gibt es schon für 10 C$.

★ **Lot 30** MODERN KANADISCH $$$
(☎902-629-3030; 151 Kent St; Hauptgerichte 22–55 C$; ⏲Di–So ab 17 Uhr) Alles, was Rang und Namen hat, trifft sich im Lot 30, doch namenlose Gäste in Jeans sind ebenso willkommen. Die Tische stehen einander gegenüber, sodass man den glückseligen Ausdruck in den Gesichtern der speisenden Mitgäste sehen kann. Alle Gerichte, vom Curry bis zur *beurre blanc* (weiße Buttersauce), sind perfekt komponiert.

Etwas Besonderes ist auch das exzellente fünfgängige Probiermenü (60 C$) mit kleineren Portionen, bestehend aus einer Vorspeise, drei Hauptgängen und Desserts. Die Kellner sind Weinexperten, die vielfältigen, häufig wechselnden Gerichte werden mit regionalen Zutaten der jeweiligen Saison zubereitet. Der Küchenchef nimmt gern Rücksicht auf Allergien und besondere Wünsche. Ein kulinarisches Highlight in Charlottetown!

Claddagh Room FISCH $$$
(☎902-892-6992; 131 Sydney St; Hauptgerichte 19–45 C$; ⏲Mo–Sa 17–22 Uhr) Einheimische

EINE RADTOUR AUF DEM CONFEDERATION TRAIL

Der 357 km lange, fast durchgängig flache Confederation Trail folgt dem Schienenbett der ehemaligen Eisenbahnlinie von Prince Edward Island und schlängelt sich um Hügel und durch Täler. Einige Streckenabschnitte sind komplett von einem dichten Blätterdach bedeckt; Ende Juni/Anfang Juli säumen leuchtende, blühende Lupinen den Weg. Wohl nirgendwo sonst ist der herbstliche Farbenwechsel so schön zu beobachten wie auf dieser Route!

Die 279 km lange Strecke führt von einem Zipfel der Insel in Tignish am North Cape bis zum anderen in Elmira in der Nähe des East Point und hält einen ganz schön auf Trab. In den idyllischen Dörfern entlang der Route können Radler sich stärken oder übernachten. Am leichtesten ist die Strecke natürlich mit Rückenwind zu bewältigen – der Wind bläst auf PEI überwiegend von Westen und Südwesten. Abzweigungen führen zur Confederation Bridge, nach Charlottetown, Souris und Montague.

In den Touristeninformationen (www.gov.pe.ca/visitorsguide) der Provinz sind ausgezeichnete Straßenkarten erhältlich, auf der Website finden sich jede Menge Infos über die Strecke sowie Tipps für die Planung. Die Fahrradverleihe in Charlottetown bieten ebenfalls großartige Touren über die ganze Insel an.

halten Claddagh Room für eines der besten Fischrestaurants in Charlottetown – völlig zu Recht. Das irisch inspirierte *Galway Bay Delight* besteht aus Jakobsmuscheln und Garnelen, die mit Pilzen und Zwiebeln kurz gebraten, mit frischer Sahne und Gewürzen bedeckt und anschließend mit Irish Mist, dem irischen Whiskeyhoniglikör, flambiert werden.

Ausgehen

Die Stadt Charlottetown bietet ausgehtechnisch sowohl Altbewährtes als auch Brandneues. In der Altstadt gibt es viele historische Kneipen. Die meisten Bars und Kneipen verlangen am Wochenende oder wenn Livebands spielen ein geringes Eintrittsgeld (etwa 5 C$). Um 2 Uhr, wenn alles dichtmacht, geht die Party auf der Straße weiter.

★ **Gahan House** PUB

(☎902-626-2337; 126 Sydney St; ⏱So–Do 11–22/23, Fr & Sa 11–24/1 Uhr) Hinter anheimelnden historischen Mauern brauen die Kneipenbesitzer hier die hausgemachten Ales der Insel. Zur Auswahl stehen z. B. Sir John A.'s Honey Wheat Ale und das recht vollmundige Sydney Street Stout. Auch das Essen kann sich sehen lassen!

Marc's Studio BAR

(☎902-566-4620; 125 Sydney St; ⏱16.30–24 Uhr) Eine Treppe führt zur Bar hinauf, wo Cocktails oder ein später Schlaftrunk die Gäste erwarten. Zahlreiche Werke des verstorbenen heimischen Künstlers Marc Gallant (der das Bauwerk in den 1980er-Jahren restaurierte) und behaglich aufgestellte Sofas vor rohen Mauerwänden prägen den Raum. Die Bar schließt gewöhnlich gegen Mitternacht, bleibt aber so lange geöffnet, bis sich die letzten Gäste allmählich in alle Richtungen zerstreuen.

Unterhaltung

Vom frühen Abend bis in die Morgenstunden steht in Charlottetown eine große Vielfalt an Theater- und Musikdarbietungen, Inselbräuchen und Vergnügungen auf dem Programm. Überall in der Stadt und auf der Insel werden an verschiedenen Veranstaltungsstätten traditionelle Ceilidhs (gesprochen etwa „käi-lis") ausgerichtet. Bei den manchmal „Küchenpartys" genannten Zusammenkünften werden fröhliche keltische Musik gespielt und Tänze aufgeführt. Wer Gelegenheit hat, an einer solchen Party teilzunehmen, sollte sich diese nicht entgehen lassen. In der Freitagsausgabe der Tageszeitung *Guardian* und in der kostenlosen Monatszeitschrift *Buzz* werden Termine und Orte bevorstehender Ceilidhs neben weiteren Nachrichten aus der Unterhaltungsszene aufgelistet.

City Cinema KINO

(☎902-368-3669; 64 King St) Ein kleines Programmkino, in dem kanadische und ausländische Filme laufen.

Confederation Centre of the Arts THEATER

(☎800-565-0278, 902-566-1267; www.confederationcentre.com; 145 Richmond St) Der moderne Komplex umfasst ein großes Theater und ein Amphitheater im Freien, in denen Konzerte, Comedy-Shows und aufwendig produzierte Musicals stattfinden. *Anne of Green Gables – The Musical* unterhält das Publikum bereits seit 1964, als es als Programmpunkt des Charlottetown Festival uraufgeführt wurde. Somit ist es das am längsten laufende Musical Kanadas und zudem sehr unterhaltsam – man muss es ja niemandem erzählen ...

Mack THEATER

(www.charlottetownfestival.com/theatres-the mack.php; 28 University Ave) In diesem intimen Theater sitzen die Zuschauer an runden Tischen. In der Komödie *O Come Ye* dreht sich alles um Prince Edward Island; das Stück wird in den Sommermonaten aufgeführt. *Late Night at the Mack* (an einzelnen Terminen im Sommer) ist eine Kleinkunstveranstaltung mit Darstellern des Confederation Centre of the Arts, bei der die Akteure mit ihren Talenten prahlen können.

Olde Dublin Pub LIVEMUSIK

(☎902-892-6992, 133 Sydney St; Eintritt 8 C$) Traditioneller Irish Pub mit geselliger Atmosphäre und abendlichem Liveprogramm im Sommer. Keltische Bands und lokale Prominenz sorgen für unterhaltsame Nächte.

Baba's Lounge LIVEMUSIK

(☎902-892-7377; 81 University Ave; Eintritt 8 C$) In der einladenden, heimeligen Bar, die sich direkt über der Cedar's Eatery befindet, spielen großartige einheimische Bands ihre eigene Musik. Ab und an finden hier Lyrik-Lesungen statt.

Benevolent Irish Society LIVEMUSIK
(☎902-963-3156; 582 North River Rd; Eintritt 10 C$; ⏲Fr 20 Uhr) Am nördlichen Stadtrand gelegene, gute Adresse für ein Ceilidh. Gäste sollten rechtzeitig kommen – die Anzahl an Sitzplätzen ist begrenzt.

ℹ Praktische Informationen

Hauptpost (☎902-628-4400; 135 Kent St)

Polizei, Krankenwagen & Feuerwehr (☎911)

Polyclinic Professional Centre (☎902-629-8810; 199 Grafton St; ⏲Mo–Fr 5.30–20, Sa 9.30–12 Uhr) Das Notfallkrankenhaus von Charlottetown ist auch außerhalb der üblichen Öffnungszeiten zugänglich.

Queen Elizabeth Hospital (☎902-8894-2111; 60 Riverside Dr; ⏲24 Std.) Notaufnahme.

Royal Canadian Mounted Police (☎902-368-9300; 450 University Ave) Nur in weniger dringlichen Fällen.

Visit Charlottetown (www.visitcharlottetown.com) Eine nützliche Website mit Informationen zu bevorstehenden Festivals, zur Stadtgeschichte und für Besucher.

Visitors Centre (☎888-734-7529, 902-368-4444; www.peiplay.com; 6 Prince St; ⏲Juli & Aug. 9–22 Uhr, Sept.–Juni eingeschränkte Öffnungszeiten) Diese Touristeninformation befindet sich in Founders' Hall und ist die zentrale Informationsstelle der Insel. Jede Frage wird beantwortet, es gibt eine Fülle von Informationsmaterial und Karten sowie einen kostenlosen Internetzugang.

ℹ An- & Weiterreise

AUTO & MOTORRAD

Wegen des Mangels an öffentlichen Verkehrsmitteln bevorzugen die meisten Reisenden Mietautos für Ausflüge nach Charlottetown und Umgebung. Im Sommer sind Leihwagen sehr gefragt, man sollte also im Voraus buchen!

Landesweit vertretene Unternehmen wie Avis, Budget, National und Hertz haben Filialen in der Stadt und am Flughafen. Wichtig zu wissen: An den Schaltern am Flughafen werden nur Kunden mit Reservierung bedient.

BUS

Näheres siehe S. 500.

FLUGZEUG

Charlottetown Airport (YYG; ☎902-566-7997; www.flypei.com) liegt 8 km nördlich vom Stadtzentrum an der Brackley Point Road und Sherwood Road. Eine Taxifahrt vom/zum Stadtzentrum kostet 12 C$ plus 3,50 C$ für jeden weiteren Fahrgast.

ℹ Unterwegs vor Ort

AUTO & MOTORRAD

Die städtischen Parkplätze in der Nähe der Touristeninformation und des Peak's Wharf kosten 6 C$ pro Tag. Für 1 C$ kann man wochentags zwischen 8 und 18 Uhr in jeder Parkbucht der Stadt 2 Std. sein Auto abstellen.

FAHRRAD

Die malerische Stadt lässt sich bestens mit dem Fahrrad erkunden. **MacQueen's Bicycles** (☎902-368-2453; www.macqueens.com; 430 Queen St; Tag/Woche 25/125 C$) verleiht verschiedene Räder, die gut in Schuss sind. Kinderräder kosten die Hälfte. Auch **Smooth Cycle** (☎902-566-5530; www.smoothcycle.com; 330 University Ave; Tag/Woche 26/110 C$) bietet einen hervorragenden Service. Beide Anbieter veranstalten ausgezeichnete, auf den jeweiligen Kunden abgestimmte Touren auf dem Confederation Trail quer über die Insel.

ÖFFENTLICHE VERKEHRSMITTEL

Trius Transit Lines (www.triustransit.ca) betreibt das spärliche städtische Busnetz innerhalb von Charlottetown (einfach 2,25 C$). Eine Buslinie fährt auf verschiedenen Strecken rund um das Stadtgebiet und hält sporadisch am Confederation Centre (9.20–14.40 Uhr).

TAXI

Die Gebühren sind einheitlich und werden nach Zonen berechnet. Zwischen Hafenufer und Highway 1 gibt es drei Zonen. Fahrten innerhalb dieses Bereichs kosten ca. 11 C$ plus 3 C$ für jeden weiteren Fahrgast. Empfehlenswert sind die Unternehmen **City Taxi** (☎902-892-6567; www.citytaxipei.com) und **Yellow Cab PEI** (☎902-566-6666; www.yellowcabpei.com).

DER OSTEN

Kings County im Osten der Provinz ist der untouristischste Teil der Insel und lässt sich wunderbar auf eigene Faust erkunden. Die Landschaft ist geprägt von gepflegten Gehöften, der gewundenen Ostküste mit ihren geschützt liegendenden Häfen und weitläufigen Stränden, von Landgasthöfen sowie malerischen historischen Straßen, die sich unter den Kronen majestätischer Bäume in die unendliche Ferne erstrecken. Der 338 km lange Points East Coastal Drive verläuft entlang der Küste, vorbei an verschiedenen Attraktionen.

Orwell

28 km östlich von Charlottetown liegt das **Orwell Corner Historic Village** (☎902-651-8510; www.orwellcorner.ca; abseits Hwy 1; Erw./Kind 7,50/4,50 C$; ⏱9–16.30 Uhr), das man über den Highway 1 erreicht. Die Nachbildung einer ländlichen Dorfgemeinde des 19. Jhs. wirkt mit ihrem Hufschmied und einer Lehrerin in typischer Haube sehr echt. Auf der Website sind Informationen über Veranstaltungen nachzulesen. Wer von dort weiterfährt, erreicht nach 1 km das **Sir Andrew MacPhail Homestead** (☎902-651-2789; www.macphailhomestead.ca; 271 MacPhail Park Rd; ⏱Juni–Dez. Mi & So 9–17 Uhr); an Sommernachmittagen lädt es zum Tee ein (leichte Mittagsgerichte ca. 12 C$).

Point Prim

Die schmale Landzunge ist im Sommer bedeckt von Rosen und Weizenfeldern und bietet schöne Ausblicke auf die Küste samt ihren roten Stränden. An der Spitze thront der älteste **Leuchtturm** (Erw./Kind 7/2 C$; ⏱9–18 Uhr) der Provinz. Die Landzunge zählt sicher zu den hübschesten Flecken auf der gesamten Insel. Wer die Stufen erklimmt, kann das Nebelhorn erklingen lassen und wird an sonnigen Tagen mit einem herrlichen Panorama der Südküste belohnt.

Viele Besucher machen sich auf den Weg dorthin, um Messermuscheln, Blaukrabben, Riesentrog- und Nördliche Venusmuscheln unter der Anleitung von **Happy Clammers** (☎866-887-3238; www.experiencepei.ca; Erw./Kind 90/25 C$; mind. 4 Pers.) zu sammeln. Sind alle Eimer gefüllt, können die Muschelsucher zu Gilbert und Goldie ins Haus kommen und hier ihren Fang kochen und genießen – neben weiteren Köstlichkeiten, die von der reizenden, alteingesessenen Familie zubereitet werden.

Noch tiefere Einblicke in die Schätze dieser Küste gewinnen Besucher bei **Seaweed Secrets** (☎866-887-3238; www.experiencepei.ca; Erw./Kind 90/25 C$, mind./max. 4/8 Pers.; ⏱Mo, Di, Do & Fr), wo sie lernen können, Meeresalgen zu ernten und essbare bzw. in der Medizin einsetzbare Arten zu erkennen. Angeleitet werden die Teilnehmer von einer ortsansässigen Familie, die ihr Wissen in Generationen zusammengetragen hat, sowie einem fachkundigen Meeresbiologen.

Das **Chowder House** (Fischsuppe 8 C$; ⏱11–19 Uhr) ist ein behagliches Café in der Nähe des verfallenen Leuchtturms von Cape Cod (aus der Zeit um 1950). Hier werden eine eher mittelmäßige Fischsuppe und hausgemachte Pasteten serviert.

Wood Islands

Wood Islands ist der Ausgangshafen der Fähren nach Nova Scotia. Eine **Touristeninformation** (☎902-962-7411; Plough Waves Centre, Ecke Hwy 1 & Rte 4; ⏱10.30–21 Uhr) befindet sich direkt an der Straße zum Fährhafen. Wer am Fährhafen warten muss, sollte die Zeit für einen kurzen Spaziergang zum **Wood Islands Provincial Park** samt seinem Leuchtturm von 1876 nutzen. Bei **Crabby's Seafood** (Snacks 4–7 C$; ⏱Juni–Sept. 12–18 Uhr) am Fährhafen kann man dann noch ein Taschenkrebssandwich oder ein Hummerbrötchen verdrücken.

Murray River & Umgebung

Von Wood Islands führt die Route 4 nach Osten an der Northumberland Strait entlang und schlängelt sich bei High Bank landeinwärts in Richtung des geschäftigen Fischerorts Murray River mit seiner erstaunlich lebendigen Kunstszene. Die Küstenstraße wird dann zur Route 18, umrundet immer am Meer entlang Cape Bear, führt am Leuchtturm vorbei und schließlich zurück durch das Dorf Murray Harbour nach Murray River. Der flache, verlassene Straßenabschnitt bietet herrlich Blicke auf eine wunderschön friedliche Landschaft und eignet sich bestens für Radfahrer. Diese folgen einfach der Küstenstraße ab Murray River und fahren dann über die Verlängerung des Confederation Trail bei Wood Islands wieder zurück.

Von Murray River führt die Route 348 (Gladstone Road) in Richtung Küste zur **Newman Estate Winery** (☎902-962-4223; www.newmanestatewinery.com; 9404 Gladstone Rd, Gladstone; ⏱nach Vereinbarung). Auf dem wundervollen Anwesen werden hauptsächlich Blaubeerweine produziert, vor Kurzem wurde auch mit dem Keltern von Weißweinen aus Trauben begonnen.

Weitere Weinproben in größerem Stil sind in Little Sands, 9 km von Wood Islands Ferry entfernt, möglich. Auf der **Rossignol Estate Winery** (☎902-962-4193; Rte 4; ⏱Mai–Okt. Mo–Sa 10–17, So 13–17 Uhr) werden kostenlose Weinproben angeboten; der Betrieb ist auf Obstweine spezialisiert. Der köstliche Brombeerhonigwein hat schon eine Reihe von Goldmedaillen gewonnen, auch der Wildrosenlikör aus Hagebutten ist unbedingt eine Kostprobe wert; die Öffnungszeiten in den Wintermonaten sollte man telefonisch erfragen.

Brehaut's Restaurant (☎902-962-3141; Murray Harbour; Abendessen unter 8 C$; ⏲Mo–Sa 8–21, So 11–21 Uhr) ist die beste Adresse der Gegend für eine kräftige Mahlzeit. In den gemütlichen Sitzecken und Nischen finden die zahlreichen zufriedenen Gäste des großen, roten Holzhauses Platz. Die Fischsuppe des Restaurants wird begeistert gelobt.

Panmure Island

Über eine Abzweigung des Highway 17 geht es auf einer geteerten Straße zur Spitze von Panmure Island. Die Gegend ist bekannt für ihre facettenreichen Strände: So wird das kalte Meer an der Küste von weißem Sand gesäumt, während rund um die St. Mary's Bay wärmeres Wasser und rosafarbene Strände die Landschaft prägen. Die Insel ist über einen Damm mit Prince Edward Island verbunden und bietet wunderschöne Ausblicke auf Sanddünen, die Brandung, auf grasende Pferde und einen hübsch bemalten **Leuchtturm** (☎902-838-3568; ☎Führung 5 C$; ⏲Juli & Aug. 9.30–17 Uhr, Juni & Sept. wechselnde Öffnungszeiten). Den können Besucher für 4 C$ besteigen. Einmal im Jahr wird hier ein **Powwow** (☎902-892-5314; www.ncpei.com/powwow-trail.html; ⏲Mitte Aug.) veranstaltet, samt Trommeln, Kunsthandwerk und Schwitzhütte. Bei einer Besucherzahl von rund 5000 sollte man aber nicht auf eine abgeschiedene Strandidylle hoffen.

Der überwachte Strand im **Panmure Island Provincial Park** (☎902-838-0668; Hwy 347; Stellplatz 21 C$; ⏲Juni–Sept.) eignet sich bestens für ein Picknick. Der Zeltplatz mit seinen 44 Stellplätzen (die meisten ohne Strom), die unter Bäumen versteckt an der Küste liegen, bietet viele Annehmlichkeiten. Mehr Luxus versprechen die großartigen **Maplehurst Properties** (☎902-838-3959; www.maplehurstproperties.com; Rte 347; DZ 145–190 C$, 1 Woche Cottage 1500 C$; ⏲Mai–Nov.; 📶). Die ursprünglich aus dem Süden stammende und sehr gastfreundliche Marsha Leftwich hat hier ein außergewöhnliches B&B mit prachtvollen Kerzenleuchtern sowie frisch gebackenen Muffins und anderen Leckereien geschaffen.

Montague & Umgebung

In Montague fühlt man sich fast wie auf dem Festland, schließlich ist es hier ausnahmsweise mal nicht flach. Die geschäftige kleine Stadt erstreckt sich entlang des Montague River und dient als Dienstleistungszentrum des Kings County. Die Stra-

ABSTECHER

DESTILLERIEN

Auf Prince Edward Island gibt es zwei sehr unterschiedliche Destillerien. Sie erinnern an die Zeiten der Prohibition, als die Provinz berühmtes Zentrum des Alkoholschmuggels war. Noch heute brennen viele Familien ihren Schnaps selbst (obwohl das streng genommen illegal ist); er wird auf ländlichen Hochzeiten oder Festen gerne in Cocktails oder Bowle gemischt.

Spezialität der **Prince Edward Distillery** (☎902-687-2586; www.princeedwarddistillery.com; Rte 16, Hermanville; ⏲11–18 Uhr) ist Wodka auf Kartoffelbasis, der bereits im ersten Produktionsjahr exzellente internationale Kritiken erhielt. Besucher können eine Führung durch die Destillerie unternehmen und die verschiedenen Wodkasorten (Kartoffel, Weizen und Blaubeere) sowie neuere Produkte wie Bourbon, Rum, Whiskey, Pastis und einen sehr originellen, aromatischen Gin probieren.

In der **Myriad View Distillery** (☎902-687-1281; www.straightshine.com; 1336 Rte 2, Rollo Bay; ⏲Mo–Sa 11–18, So 13–17 Uhr) wird Kanadas erster (legaler) „selbst gebrannter" Schnaps produziert. Der superstarke Straight Lightning Shine hat einen Alkoholgehalt von 75 % und fühlt sich auf der Zunge wie flüssiges Feuer an, also erstmal nur ganz leicht nippen – ein kräftiger Schluck könnte einen leicht in andere Sphären befördern! Beim 50 %-igen Straight Shine kann man das Aroma etwas besser genießen. Führungen und Verkostungen sind kostenlos; der Besitzer beantwortet gerne jede Frage.

Zwischen den beiden Brennereien fährt man 10 Min. auf dem Highway 307.

ßen führen vom historischen Hafenviertel zu modernen Einkaufszentren, Supermärkten und Fastfood-Filialen.

Im alten Bahnhofsgebäude am Fluss befindet sich das **Island Welcome Center** (☎902-838-0670; Ecke Rte 3 & 4; ⊙Juli & Aug. 8–19 Uhr, Mai, Juni, Sept. & Okt. 9–16.30 Uhr). Hier kann man auch in den Confederation Trail einsteigen, der dem Verlauf der einstigen Bahnstrecke folgt; **Pines Bicycle Rentals** (☎902-838-3650; 31 Riverside Dr; Fahrradverleih halb-/ganztägig 20/30 C$; ⊙8–20 Uhr) verleiht Fahrräder.

Am gegenüberliegenden Flussufer steht das stattliche frühere Post- und Zollhaus (1888) mit Blick auf den Jachthafen. Heute ist darin das **Garden of the Gulf Museum** (☎902-838-2467; 564 Main St S; Erw./Kind unter 12 Jahren 3 C$/frei; ⊙Juni–Sept. Mo–Fr 9–17 Uhr) untergebracht, es zeigt Exponate zur Geschichte der Region.

Im Norden der Stadt liegt der **Brudenell River Provincial Park** (☎902-652-8966; abseits Rte 3; Stellplätze 21 C$, Wohnmobil-Stellplätze 24–28 C$; ⊙Mai–Okt.), eine Park- und Ferienwohnanlage. Zum attraktiven Sportangebot gehören Kajakfahrten, Wanderungen und Golfpartien auf zwei Meisterschaftsplätzen. Daneben werden einstündige Ausritte angeboten, die durch den – bei freundlichem Wetter – von Sonnenlicht gesprenkelten Wald zum Strand führen. Veranstalter sind die **Brudenell Riding Stables** (☎902-652-2396; www.brudenellridingstables.com; einstündiger Ausritt 35 C$; ⊙Juni–Sept.).

Schlafen & Essen

★ **Knox's Dam B&B** B&B $$

(☎866-245-0037, 902-838-4234; www.bbcanada.com/3963.html; Ecke Rte 353 & 320; Zi. inkl. Frühstück 85–100 C$; ⊙April–Nov.; 📶) Das B&B ist in einem hübschen, roten viktorianischen Landhaus vor der plätschernden Geräuschkulisse des Knox-Damms am Montague River untergebracht. Die liebevoll gestalteten Gästezimmer sind mit weicher Bettwäsche, altmodisch-eleganter Badewanne samt Klauenfüßen, aber auch mit modernem Komfort wie Satellitenfernsehen ausgestattet. Aus den Fenstern geht der Blick entweder auf den preisgekrönten, hinreißend farbenfrohen Blumen- oder auf den üppigen Gemüsegarten. Zudem kann man am Damm wunderbar Forellen angeln. Die Gastgeber sind ausgesprochen freundlich.

Windows on the Water Café MODERN KANADISCH $$

(☎902-838-2080; Ecke Sackville St & Main St; Hauptgerichte 9–17 C$; ⊙Mai–Okt. 11.30–21.30 Uhr) Auf der Terrasse, die den Fluss und teilweise die Straße überblickt, genießen die Gäste eine aromatische Auswahl an Fisch-, Hähnchen- oder vegetarischen Gerichten. Besonders gut ist die Quiche mit Hummer, genügend Appetit sollte man sich für die frisch gebackenen Desserts bewahren.

Georgetown

Die vielen historischen Gebäude von Georgetown zeugen von der einstigen Bedeutung des Ortes als Zentrum des Schiffbaus in viktorianischer Zeit. Heute ist es ein verträumtes Städtchen mit touristischer Anziehungskraft, die es seinen ausgezeichneten Restaurants und einer schönen Lage am Wasser verdankt. Der Veranstalter **Tranquility Cove Adventures** (☎902-969-7184; www.tranquilitycoveadventures.com; Fisherman's Wharf, 1 Kent St; halb-/ganztägige Touren 55/98 C$) hat hier seinen Sitz, er bietet Ausflüge zum Fischen und Muschelsammeln an, zum hervorragenden Angebot gehört außerdem Kundalini-Yoga auf einer einsamen Insel. Auf der Website ist Näheres über weitere Pauschaltouren nachzulesen.

Schlafen & Essen

★ **Georgetown Inn & Dining Room** INN $$

(☎877-641-2414, 902-652-2511; www.peigeorgetownhistoricinn.com; 62 Richmond St; Zi. inkl. Frühstück 105–155 C$; 📶) Direkt im Zentrum von Georgetown werden nach Inselmotiven gestaltete Zimmer (darunter auch ein Green-Gables-Zimmer) vermietet. Das Inn ist für seine gute Inselküche bekannt.

Clamdigger's Beach House & Restaurant FISCH $$

(☎902-652-2466, West St; Hauptgerichte 12–37 C$; ⊙11–21 Uhr) Manche behaupten, hier käme die beste Fischsuppe der Provinz auf den Tisch. Ob man nun gleicher Meinung ist oder nicht: Die traumhafte Aussicht von der Terrasse und durch die riesigen Fenster im Speisesaal hat bisher alle beeindruckt.

Cardigan Lobster Suppers HUMMERESSEN $$

(☎902-583-2020; www.peicardiganlobstersuppers.com; Rte 311; Erw./Kind 39/26 C$; ⊙Juni–Okt. 17–21 Uhr) Im Cardigan, einem winzigen Raum in einem historischen Gebäude am Cardigan Harbor, werden Hummermenüs mit fünf Gängen serviert.

NIICHT VERSÄUMEN

BASIN HEAD PROVINCIAL PARK

Im Park (am Rand der Route 16) befindet sich das **Basin Head Fisheries Museum** (☎902-357-7233; Erw./Stud. 4,50/2 C$; ⏲Juni–Sept. 9–18 Uhr), die eigentliche Attraktion ist jedoch der weite Bogen des goldbraunen **Basin Head Beach**. Es ist der Lieblingsstrand vieler Inselbewohner, und man kann es ihnen nicht verdenken. Der Sand ist wegen seiner singenden – oder eher quietschenden – Töne berühmt, die zu hören sind, wenn man darüberläuft. Leider ist der Sand nur in trockenem Zustand zum Klingen zu bewegen, falls es also gerade geregnet hat, fallen die Konzerte aus. Der „musikalische" Fußweg südlich des Museums dauert 5 Min. und ist ein außergewöhnliches Erlebnis.

Souris

Rund um die Colville Bay erstreckt sich der geschäftige Fischerort Souris (*sur*-ri). Seinen Namen verdankt er den Akadiern und gefräßigen Mäusen, die immer wieder die Ernte vernichteten (frz. Maus = *souris*). Mittlerweile ist die Stadt besser bekannt für ihr jährliches, fröhliches Musikfestival als für die hungrigen Nager aus vergangenen Zeiten. Das **PEI Bluegrass & Old Time Music Festival** (☎902-569-3153; www.bluegrasspei.com/rollobay; Rte 2; ⏲Anfang Juli) zieht sogar Künstler aus dem Countrymusiczentrum Nashville (Tennessee) an. Entweder man kommt nur auf einen Abstecher vorbei oder man bleibt gleich für die gesamten drei Festivaltage.

Die Arbeiterstadt ist ein guter Ausgangspunkt für Radtouren entlang der Küstenstraße (Route 16) und auf dem Confederation Trail, der durch Souris führt. Zudem legen hier Fähren zu den Îles de la Madeleine in Québec (S. 367) ab.

Schlafen & Essen

Inn at Bay Fortune INN $$

(☎902-687-3745; www.innatbayfortune.com; 758 Rte 310; Zi. ab 135 C$, Suite 225–335 C$; ❄📶) Der am Meer gelegene Gasthof liegt etwa 12 km südlich von Souris. Die Unterkunft zählt zu den schicksten der Insel, Gleiches gilt für das hervorragende Restaurant. Küchenchef Domenic Serio kocht auf eine Weise, die die kulinarische Essenz der Provinz einfängt (Gerichte 60 C$). Zu den Highlights zählen Tatar von lokalen Jakobsmuscheln an Erdbeer-Balsamico-Sauce und knusprige Rinderrippchen mit gebratenen Shiitake-Pilzen aus biologischem Anbau. Die modernen Zimmer strahlen ländliches Flair aus. Die günstigsten sind zugleich die originellsten Unterkünfte – winzige Zimmerchen in einem Turm mit einem Rundblick von fast 360°. Der Preis steigt mit der Größe, am teuersten sind die privaten Cottages.

21 Breakwater KANADISCH $$

(21 Breakwater St; Hauptgerichte 10–20 C$; ⏲Mo–Sa 11.30–20 Uhr) Das eleganteste Restaurant von Souris befindet sich in einem imposanten historischen Herrenhaus mit Blick auf den Industriehafen. Auf der Speisekarte sind hauptsächlich die üblichen Verdächtigen aufgeführt, z. B. Burger, Nudeln mit Jakobsmuscheln, gedünstete Miesmuscheln oder Fischsuppe; die Zubereitung der Gerichte ist so erstklassig wie der Service.

Von East Point nach Naufrage

Aus dem Jahr der Konföderation stammt der Bau des **East Point Lighthouse** (☎902-357-2106; Erw./Kind 4/2 C$; ⏲Juni–Aug. 10–18 Uhr); der Leuchtturm wacht noch immer über die Nordostküste von Prince Edward Island. Nachdem sein Standort für den Untergang des britischen Schiffes *Phoenix* im Jahr 1882 verantwortlich gemacht worden war, wurde der Leuchtturm näher an die Küste versetzt. Heute ist sein Standort jedoch durch die Erosion des Untergrundes bedroht. Beim Leuchtturm findet man ein Souvenirgeschäft und ein kleines Café, wo Hummerbrötchen zu einem moderaten Preis (9,50 C$), eine gehaltvolle Fischsuppe und nette Sandwiches serviert werden.

Die waldreiche Küste mit einem sanft ansteigenden Ufer lädt zu einem längeren Aufenthalt ein. Die großen weißen Flügel der Windmühlen drehen sich am Horizont. Auch die Häfen von **North Lake** und Naufrage sind faszinierende Orte; wer mag, kann in einem Charterboot mitfahren und auf Jagd nach riesigen Thunfischen gehen – sie können bis zu 450 kg wiegen.

Im **Eisenbahnmuseum** (902-357-7234; Rte 16A; Erw./Stud./Fam. 3/2/10 C$; Juni–Sept. 10–18 Uhr) in Elmira wird eine Fahrt in einer drolligen Miniatureisenbahn (Erw./Stud./Fam. 8/5/16 C$) angeboten, die durch den nahen Wald fährt. Der Bahnhof markiert das östliche Ende des Confederation Trail.

Herrlich verwöhnt wird man in einem der luxuriösesten Gasthäuser der Insel, dem **Johnson Shore Inn** (902-687-1340; www.johnsonshoreinn.com; 9984 Northside Rd, Hermanville; Zi. 175–350 C$; Mai–Feb.;), das von demselben temperamentvollen Paar geführt wird, dem auch die Prince Edward Distillery (S. 510) gehört. Neben einer tadellosen Leitung begeistert das Gasthaus durch seine hinreißende Lage an einem roten Kliff über dem endlosen Meer.

Von St. Peter's nach Mt. Stewart

Die Gegend zwischen beiden Dörfern eignet sich ideal zum Radfahren. Der Abschnitt des Confederation Trail, der St. Peter's am nächsten liegt, schmiegt sich an das Meeresufer und belohnt Radfahrer mit einem weiten Blick über die Küste. In Mt. Stewart laufen drei flussnahe Abschnitte des Confederation Trail zusammen und überlassen Radfahrern und Wanderern eine Vielfalt von attraktiven Wahlmöglichkeiten innerhalb eines relativ begrenzten Gebietes. Der Zugang zum Confederation Trail und eine **Touristeninformation** (902-961-3540; Rte 2; Juli & Aug. 8–19 Uhr, Juni, Sept. & Okt. 9–16.30 Uhr) der Provinz befinden sich bei der Brücke in St. Peter's.

Schlafen & Essen

Inn at St Peters Village INN $$$
(800-818-0925, 902-961-2135; www.innatstpeters.com; 1168 Greenwich Rd; DZ 125–265 C$;) Nicht die großen, komfortablen Zimmer und der hinreißende Ausblick aufs Wasser sind die größten Anziehungspunkte dieses Gasthauses, sondern seine Küche, die zu den feinsten der Insel zählt. Am besten lässt sie sich bei untergehender Sonne im Restaurant genießen (Hauptgerichte mittags ab 17 C$, abends ab 22 C$). Die Zimmer sind in schlichter Eleganz mit antiken Möbeln eingerichtet. Es lohnt sich aber auch, lediglich zum Essen einzukehren (kein Dresscode, selbst verschwitzte Radfahrer sind willkommen).

★ **Trailside Cafe & Inn** CAFÉ $$
(902-628-7833; www.trailside.ca; 109 Main St, Mt. Stewart; Hauptgerichte 12–17 C$) Es ist nicht nur ein Café, es ist eine Musikbühne und überdies ein gemütliches und bezahlbares Gasthaus (Zi. 89 C$). Auf jede Weise verkörpert das Haus alles, was Prince Edward Island ausmacht. Zu einer großen Portion Miesmuscheln oder einem Probierteller mit regionalen Käsesorten passt ein Bier, die live gespielte Musik der Gegend geht unter die Haut. Auf der Website sind die Termine nachzulesen, dort werden auch Konzertkarten verkauft.

Wer nicht zu einer der Nacht-Shows kommen kann, sollte zumindest nicht den Hillsborough River Gospel Brunch versäumen: Er findet jeden Sonntag von Mai bis einschließlich September statt (20 C$ inkl. Brunch).

ABSTECHER

GREENWICH

Gewaltige Sanddünen mit dramatischen wellenartigen Formen, die sich ständig verändern, prägen die erstaunliche Landschaft im Westen von Greenwich, die absolut sehenswert sind. Vor den seltenen Riesengebilden dehnt sich ein eindrucksvoller, oft menschenleerer Strand aus. Im Jahr 1998 wurde der 6 km lange Küstenabschnitt von Parks Canada unter Naturschutz gestellt und ist heute Teil des Prince Edward Island National Park.

Ein avantgardistischer Bau im Scheunenstil ist das **Greenwich Interpretation Centre** (902-961-2514; Hwy 13; Juli & Aug. 9.30–19 Uhr, Mai, Juni, Sept. & Okt. 9.30–16.30 Uhr) mit einer innovativen audiovisuellen Präsentation, die die Ökologie des Dünensystems und die archäologische Geschichte der Stätte beschreibt. Das eigentliche Highlight ist jedoch eine Wanderung draußen in den Dünen, die immer wieder Bäume unter sich begraben. Vier Wanderwege durchqueren den Park; der **Greenwich Dunes Trail** (hin & zurück 4,5 km, 1½ Std.) ist landschaftlich sehr reizvoll.

DAS ZENTRUM

Hier findet man von allem etwas: grüne Felder, malerische Dörfer und Wälder, die wellenförmig Richtung Norden zu den dramatischen, von Sanddünen überzogenen Stränden des Prince Edward Island National Park verlaufen. Anne auf Green Gables, die berühmte Heldin des Romans von Lucy Maud Montgomery hat eine riesige Industrie ins Leben gerufen, in deren Mittelpunkt der einst ländliche Weiler Cavendish steht. Doch auf PEI sind selbst die schlimmsten Touristenfallen und die kommerziellsten Ecken immer noch malerisch – frisch gestrichen und mit Blumen bedeckt.

Wer über die Confederation Bridge ins Zentrum der Insel reist, sollte nach der Ankunft beim **Gateway Village Visitor Information Centre** (☎902-437-8570; Hwy 1; ⊙8.30–20 Uhr) gleich neben der Brücke anhalten, wo es kostenlose Landkarten, Broschüren und Toiletten sowie eine ausgezeichnete, einführende Ausstellung namens „Our Island Home" (Mai–Nov.) gibt. Das Personal erklärt auch gerne den Weg zum Confederation Trail, der sich ganz in der Nähe befindet.

Victoria

Echte Sehenswürdigkeiten gibt's hier zwar nicht, dafür strahlen die schattigen Alleen des malerischen Fischerdorfs Charme und Charakter aus und laden zu Spaziergängen ein. Der gesamte Ort passt noch immer in die vier Blocks, die bei der Gründung 1819 errichtet wurden. In den farbenfrohen, schindelverkleideten Häusern leben mittlerweile auch einige Besucher, die dem Zauber des Dorfs erlegen und geblieben sind. Es gibt viele Kunstläden, Cafés, Lokale und im Sommer ein tolles Theaterfestival.

Sehenswertes & Aktivitäten

Lighthouse Museum MUSEUM

(Spende; ⊙Juni–Aug. 9–17.30 Uhr) Das Museum zeigt eine interessante Ausstellung zur Geschichte der Region. Sollte es geschlossen sein, kann man sich im Laden auf der anderen Straßenseite den Schlüssel besorgen.

By the Sea Kayaking KAJAKFAHREN

(☎877-879-2572, 902-658-2572; www.bythesea kayaking.ca; Kajakverleih Std./Tag 25/50 C$) Kajaksportler können im Rahmen einer geführten Tour oder in eigener Regie durch die Bucht paddeln. Am Strand des **Victoria Harbour Provincial Park** GRATIS, wo es auch Umkleidekabinen gibt, lädt das Meer zum Baden ein. Beliebt sind die Ausflüge zum Muschelsammeln (7 C$) sowie ein Fahrradverleih (Std./Tag 15/30 C$).

Schlafen & Essen

Orient Hotel B&B B&B $$

(☎800-565-6743, 902-658-2503; www.theorienthotel.com; 34 Main St; Zi. inkl. Frühstück 85–105 C$, Suite 125–160 C$; 📶) Das historische Gasthaus am Meer ist in einem bezaubernden viktorianischen Haus untergebracht – ein Schmuckstück in Rot, Blau und Butterblumengelb.

★ **Landmark Café** CAFÉ $$

(☎902-658-2286, 12 Main St; Hauptgerichte 12–25 C$; ⊙Mai–Sept. 11.30–22 Uhr) Die fantasievolle Küche des familiengeführten Cafés lockt Gäste von weit her an. Jedes der gesunden Gerichte ist ein echter Gaumenschmaus: Lasagne, hausgemachte Suppe, Cajun-Gemüsepfanne oder die mit Feta gefüllten Weinblätter. Die Wände schmücken Fotos von den Fernreisen, die die Familie jährlich unternimmt, und aus den Lautsprechern tönt abwechslungsreiche Musik.

Unterhaltung

Victoria Playhouse THEATER

(☎902-658-2025, 800-925-2025; www.victoria playhouse.com; 20 Howard St; Karten 30 C$; ⊙Juni–Sept. 20 Uhr) Das Theater im Victoria Playhouse mit viel rotem Samt und goldenen Ornamenten zeigt in den Sommermonaten eine Reihe von Aufführungen. Montagabend finden Konzerte von Musikern statt, die zu den besten der Region zählen.

Prince Edward Island National Park

Im **Prince Edward Island National Park** (☎902-672-6350; www.pc.gc.ca/pei; Tagespass Erw./Kind 7,80/3,90 C$) bilden wogende Dünen und rote Sandsteinklippen die atemberaubende Kulisse für einige der schönsten Küstenabschnitte der Insel. Die dramatische Küste, die schmalen Sumpfgebiete und die Wälder bieten zahlreichen Pflanzen und Tieren ein Zuhause, so z. B. dem Rotfuchs und dem bedrohten Regenpfeifer.

Der Park ist ganzjährig geöffnet, die meisten Dienstleistungen stehen jedoch nur von Ende Juni bis Ende August zur Verfügung. Zwischen Mitte Juni und Mitte September wird Eintritt verlangt, der den Zugang zu allen Sehenswürdigkeiten des Parks außer dem House of Green Gables (S. 519) ermöglicht. Wer länger als fünf Tage bleibt, für den lohnt sich möglicherweise schon der Saisonpass. Beim Cavendish Visitor Centre (S. 520) gibt es einen Infostand des Parks.

Die folgenden Sehenswürdigkeiten, Unterkünfte und Restaurants sind von Osten nach Westen aufgeführt, wobei sowohl die vom Park unterhaltenen Einrichtungen als auch die privaten innerhalb und außerhalb des Parks vorgestellt werden.

Sehenswertes & Aktivitäten

Von Dünengräsern und wilden Rosen gesäumte Strände erstrecken sich fast über die gesamte 42 km lange Küste des Parks. Die meisten Kanadier gebrauchen die Bezeichnungen Park und Strand fast schon als Synonyme. Beim **Dalvay Beach** im Osten führen einige kurze Wanderwege durch die Wälder. Am **Stanhope Beach** wird es flacher und die Strände werden weiter; ein Steg führt vom Campingplatz ans Ufer. Hinter den Dünen in westlicher Richtung erstreckt sich der weitläufige und beliebte **Brackley Beach**. Ganz im Westen macht seine eindrucksvolle Größe den im Sommer viel besuchten **Cavendish Beach** zum König aller Strände. Wer den Menschenmassen entgehen will, findet im Osten unberührte kleine Strände. Im Hochsommer werden die Strände Cavendish, Brackley und Stanhope bewacht. Ein schöner Radweg folgt der gesamten Küstenlinie.

Schlafen

Parks Canada betreibt drei begehrte **Campingplätze** (☎800-414-6765; Stellplätze/Wohnmobil-Stellplätze 28/36 C$; ⏲Juni–Aug.), die sich über den Park verteilen. Alle Plätze sind mit überdachten Sitz- und Grillplätzen („kitchen shelters") sowie Duschen ausgestattet. Gegen eine zusätzliche Gebühr kann ein Stellplatz reserviert werden: entweder im Internet unter www.reservation.parksca nada.gc.ca (11 C$) oder per Telefon (13,50 C$). Ein bestimmter Campingplatz kann gebucht, nicht jedoch ein bestimmter Stellplatz reserviert werden. Da 80 % der Stellplätze so schon im Voraus vergeben sind, bleiben nur 20 % übrig, die unter den zuerst Eintreffenden verteilt werden. Wer auf Nummer sicher gehen will, sollte frühzeitig auf dem Platz erscheinen.

Der **Stanhope Campground** am Gulfshore East Parkway versteckt sich im Wald hinter dem gleichnamigen Strand. Vor Ort gibt es einen Laden mit vielen Vorräten.

Der **Robinsons Island Campground** liegt ebenfalls am Gulfshore East Parkway und ist ab Ende Juni geöffnet. Er ist von den drei Campingplätzen der abgeschiedenste und befindet sich am Ende des Brackley Point. Wenn Wind aufkommt, wird es hier schnell ungemütlich.

Durch seine Nähe zu den Sehenswürdigkeiten ist der etwas abseits der Route 6 gelegenen **Cavendish Campground** der beliebteste Campingplatz. Er bietet sowohl offene Stellplätze am Meer als auch geschützte Plätze im Schatten der Bäume. Man sollte sich allerdings nicht zu sehr von der Aussicht verleiten lassen – sie ist zwar schön, aber Schlaf ist schöner ...

In den im Folgenden genannten Gemeinden gibt es ebenfalls ausgezeichnete Unterkünfte – im oder um den Park herum.

Dalvay by the Sea

Das historische Herrenhaus Dalvay by the Sea erhebt sich stolz am östlichen Rand des Parks und überblickt den Strand, der nach ihm benannt ist. Das herrschaftliche Bauwerk entstand 1895 und ist heute im Besitz von Parks Canada; die Regierungsbehörde betreibt es als **Gästehaus** (☎888-366-2955, 902-672-2048; www.dalvaybythesea.com; Gulfshore East Pkwy.; Zi. inkl. Frühstück 174–344 C$, Cottages 404–444 C$; ❄📶🍴). Es ist zweifellos die luxuriöseste und eindrucksvollste Unterkunft an der gesamten Nordküste. Jedes der noblen Zimmer unterscheidet sich nicht nur durch einzigartige antike Möbel, sondern auch durch einen jeweils einmaligen Ausblick. Im prachtvollen **Speisesaal** (Abendessen 18–36 C$; ⏲Frühstück, Mittag- und Abendessen Juli–Aug.) werden denkwürdige Gerichte wie Lammkarree mit Haselnuss-Salbei-Kruste oder frischer Inselhummer serviert. Das Restaurant ist auch für Nicht-Hausgäste geöffnet; Mittagsgerichte und ein Nachmittagstee (14–16 Uhr) sind zu angemessenen Preisen erhältlich. Das Guesthouse unterhält einen eigenen Fahrradverleih (Std./Tag 9/26 C$).

PEI National Park & Umgebung

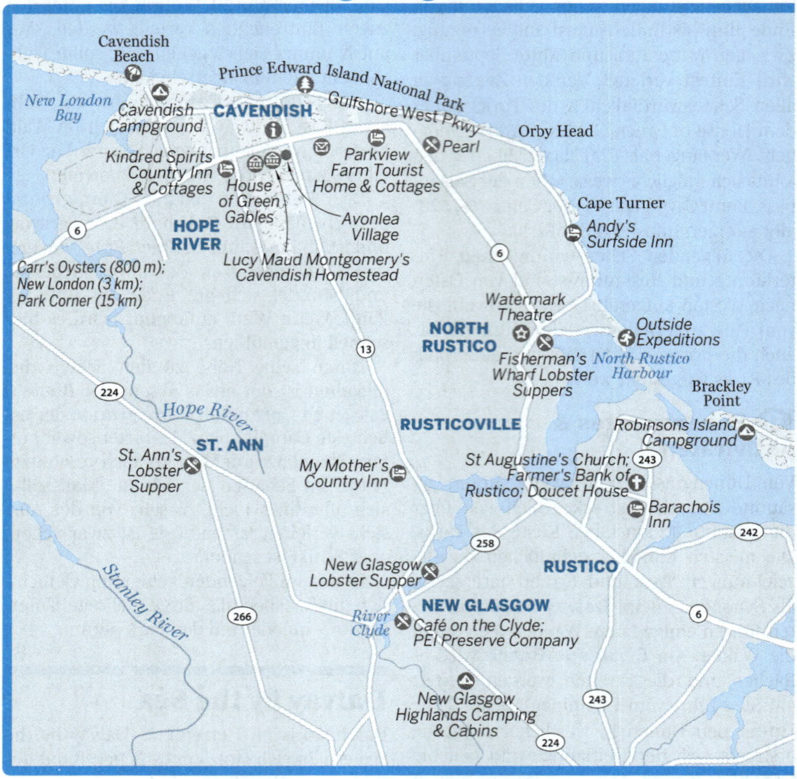

Brackley Beach

Brackley Beach ist eigentlich keine Ortschaft, sondern ein ländliches Gebiet mit einigen Einrichtungen und dem Hauptzugang zu den Stränden, die im mittleren Ostteil des Prince Edward Island National Park liegen. Die Fahrt von Charlottetown dorthin ist so kurz (21 km), dass sie sich schon für den amüsanten Kinobesuch im **Brackley Beach Drive-In** (☎902-672-3333; www.drivein.ca; 3164 Rte 15; Erw./Kind 9/6 C$; ⊙Mai–Sept.) lohnt, selbst wenn keine Übernachtung geplant ist. Auf der Website ist das Programm nachzulesen.

Shaw's Hotel & Cottages (☎902-672-2022; www.shawshotel.ca; Rte 15, 99 Apple Tree Rd; DZ 85–260 C$, Cottages 155–500 C$; ❄📶) ist das älteste familiengeführte Hotel in ganz Kanada, es besteht seit 1860. Das Anwesen nimmt 30 ha des bäuerlichen Familienhofes ein, ein Privatweg führt zum 600 m entfernten Brackley Beach. Die Zimmer des Gasthauses sind von altmodischer Einfachheit. Auf dem Anwesen verstreut stehen Cottages mit Zimmern für ein bis zu vier Personen; sie sind rustikal oder modern eingerichtet. Im Juli und August wird ein Kinderprogramm mit Heuwagenfahrten, Spielen, Strandausflügen und einer Abendmahlzeit mit Aufsicht angeboten. Der **Speisesaal** (☎902-672-2022; Hauptgerichte 22–33 C$; ⊙8–10 & 17.45–21.30 Uhr) steht auch Nicht-Hotelgästen offen; für das beliebte Sonntagabendbüfett (40 C$) im Juli und August ist eine Tischreservierung ratsam.

Wenn es eine günstige Unterkunft in Strandnähe sein soll, ist das gepflegte und sehr freundliche **Brackley Beach Hotel** (☎902-672-1900; www.brackleybeachhostel.com; 37 Britain Shore Rd; B/4BZ 27/59 C$; 📶) die beste Wahl. Es befindet sich in einer großen Scheune rund 2 km vom Strand entfernt. Neben mehreren 8-Bett-Schlafsälen gibt es auch

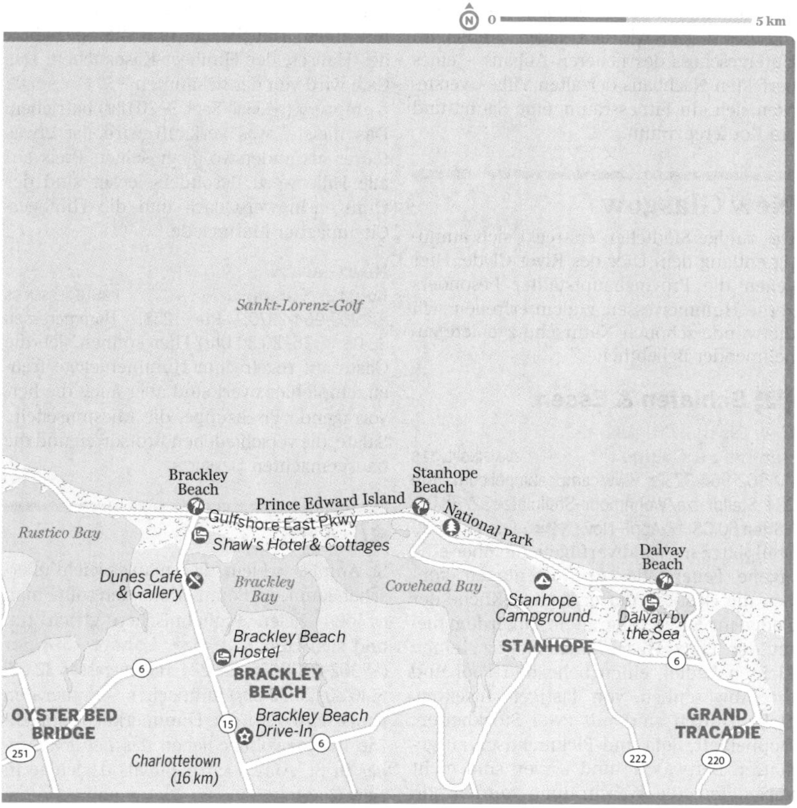

einige 4-Bett-Zimmer, viele Duschbäder und eine gut ausgestattete Küche.

Für Abwechslung sorgt das einfachere **Dunes Café & Gallery** (902-672-2586; Rte 15; Hauptgerichte abends 16–25 C$; 11.30–22 Uhr). Mal ehrlich, wo sonst auf der Insel kann man sich vietnamesischen Reisnudelsalat im Schatten eines gigantischen Buddhas schmecken lassen? Neben der exotischen Küche begeistert auch der ungewöhnliche Mix aus asiatischer und lokaler Kunst in der Glasgalerie und im Garten.

Rustico

Der Küstenort Rustico wurde 1700 von den Akadiern gegründet. Mehrere schöne historische Gebäude zeugen von der einstigen Bedeutung des winzigen Dorfes. Am bekanntesten ist die **St. Augustine's Church** (1830), die älteste katholische Kirche auf der Insel. Sie wird auf der einen Seite vom alten Friedhof, auf der anderen von der massiven, aus rotem Stein gebauten **Farmer's Bank of Rustico** gesäumt. Die Bank hatte hier von 1864 bis 1894 ihren Sitz und war ein Vorreiter der Genossenschaftsbankbewegung in Kanada. Neben ihr steht das **Doucet House**, ein altes Akadiergebäude, das dorthin umgesiedelt wurde. Die zwei Profanbauten beherbergen mittlerweile ein **Museum** (902-963-2194; Erw./Stud. 4/2 C$; Mo–Sa 9.30–17.30, So 13–17 Uhr), das über die Siedlungsgeschichte der Gemeinschaft und die Gründung der Bank informiert.

In erstklassiger Lage direkt gegenüber der hoch aufragenden alten Kirche befindet sich das **Barachois Inn** (800-963-2194, 902-963-2906; www.barachoisinn.com; 2193 Church Rd; DZ inkl. Frühstück 140–275 C$;), eines der schönsten B&Bs der Insel. Die prächtige Akadiervilla schmücken hübsche antike Möbel sowie Gemälde verschiedenster Stilrichtungen, die die Gemeinschaftsräume in eine

Art Kunstmuseum verwandeln. Die Bäder sind fast so groß wie die riesigen Zimmer, im Untergeschoss des neueren Anbaus – eines perfekten Nachbaus der alten Villa – verstecken sich ein Fitnessraum, eine Sauna und ein Konferenzraum.

New Glasgow

Das ruhige Städtchen erstreckt sich anmutig entlang dem Ufer des River Clyde. Hier gehen die Provinzhauptstädter besonders gerne Hummer essen, zudem erfreuen sich die wunderschönen Naturschutzgebiete zunehmender Beliebtheit.

Schlafen & Essen

New Glasgow Highlands Camping & Cabins CAMPINGPLATZ $
(☎902-964-3232; www.campcabinpei.com; Rte 224; Stellplätze/Wohnmobil-Stellplätze 32/38 C$, Hütten 60 C$; ⌚April–Nov.;) Die rund 20 Stellplätze im Wald verfügen alle über eine eigene Feuerstelle. An Regentagen können die Gäste in der einfachen Küche der Lodge ihr Essen zubereiten. Außerdem bietet der Platz Waschmöglichkeiten, einen kleinen Laden, einen beheizten Pool und die Abwesenheit von lästigen Insekten. Helle Hütten sind mit zwei Stockbetten, Doppelbett, Sofa und Picknicktisch ausgestattet. Bettwäsche und Kissen sind nicht vorhanden, die Waschräume werden von allen gemeinsam genutzt. Auf jeden Fall im Voraus buchen.

My Mother's Country Inn B&B $$
(☎800-278-2071, 902-964-2508; www.mymotherscountryinn.com; Rte 13; DZ inkl. Frühstück 110–225 C$, Cottages 125–250 C$;) Eine Idylle inmitten eines 20 ha großen Geländes mit sanften Hügeln, rauschenden Bächen und zauberhaften Wäldchen – der Inbegriff des Landlebens! Das Haus selbst ist ein Idealbild des ländlichen Wohnens mit Wänden in Seegrün und Ocker, Quilts in vielen Pastelltönen, Holzfußböden und viel Licht. Eine große rote Scheune drängt sich als Fotomotiv auf, neben einem Bach wirkt sie wie aus dem Märchenbuch entsprungen.

Café on the Clyde CAFÉ $$
(☎902-964-4300; Hauptgerichte abends 13–20 C$; ⌚9–20 Uhr) Das legere Lokal gehört zu den besseren in Parknähe (zumindest bevor die ersten Reisegruppen eintreffen). Die sich im River Clyde spiegelnde Sonne lässt die Umgebung in hellem Licht erstrahlen. Lecker sind die vegetarischen Wraps mit einem Hauch Feta und die Spezialität des Hauses, der Himbeer-Käsekuchen. Das Café wird von der bekannten **PEI Preserve Company** (⌚Juni–Sept. 9–20 Uhr) betrieben. Das meiste, was verkauft wird, ist etwas teurer als anderswo, aber seinen Preis auf alle Fälle wert. Besonders lecker sind der Orangen-Ingwer-Quark und die Himbeer-Champagner-Marmelade.

New Glasgow Lobster Supper HUMMERESSEN $$
(☎902-964-2870; Rte 258; Hummeressen 32 C$; ⌚16–20.30 Uhr) Hier können sich die Gäste auf regelrechte Hummergelage freuen, empfehlenswert sind aber auch die hervorragende Fischsuppe, die Miesmuscheln, Salate, die verschiedenen Brotsorten und die hausgemachten Desserts.

St. Ann

St. Ann ist so klein, dass man es leicht übersehen kann. An Sommerabenden sollte man es den vielen Einheimischen gleich tun und sich zum **St. Ann's Lobster Supper** (☎902-621-0635; Rte 224; Hummeressen 32 C$; ⌚16.30–20.30 Uhr) aufmachen – immer den Dunstschwaden der Hummerküche folgen! Die Inselbewohner lieben das *Lobster Supper* in St. Ann noch mehr als dasjenige in New Glasgow.

North Rustico

Schon wenige Minuten nach der Ankunft wird klar, dass dies mehr als nur ein Touristenort ist. Wacklige blau, rot und beige gestrichene Fischerhäuschen säumen den Hafen, in dem Fischerboote für regen Betrieb sorgen. Bei einem Spaziergang entlang der Uferpromenade vom Pier in Richtung Osten und rauf zum Hafen kann man das Flair sowie die Geräusche und Gerüche des kleinen Dorfes am besten auf sich wirken lassen.

Aktivitäten

Wer das Meer an Bord eines großen Fischkutters erkunden will, kann sich am Harbourview Drive bei den zahlreich vorhandenen **Veranstaltern von Hochseeangelfahrten** nach einer Mitfahrgelegenheit erkundigen (3–3½ Std. Erw./Kind 45/35 C$).

Outside Expeditions RADFAHREN, KAJAKFAHREN (☎800-207-3899, 902-963-3366; www.getoutside.com; 374 Harbourview Dr) Am Rand des Hafens hat der Veranstalter seinen Sitz in einem leuchtend gelben Fischerhäuschen. Auf dem Programm stehen eine 90-minütige Einführungstour („Beginner Bay", 39 C$), die mit einer Unterrichtsstunde im Kajakfahren beginnt. Der beliebteste Ausflug ist die dreistündige Tour „Harbour Passage" (59 C$), die zweimal täglich stattfindet. Interessant ist auch die geführte Radtour zum Thema „Land of Anne" (120 C$) und der Fahrradverleih (halber/ganzer Tag 20/35 C$). Die Ausflüge finden auch in der Nebensaison statt, sobald sich mindestens vier Teilnehmer zusammenfinden.

Schlafen & Essen

Andy's Surfside Inn INN $ (☎902-963-2405; andyssurfsideinn@gmail.com; Gulfshore West Pkwy.; DZ mit Gemeinschaftsbad und leichtem Frühstück 50–75 C$;) Das einfache, weitläufige Haus mit Blick auf die schöne Bucht von Doyle's Cove befindet sich im Nationalpark, es liegt in Richtung Orby Head 2,7 km von North Rustico entfernt. Das Gasthaus besteht seit den 1930er-Jahren. In der Küche können die Gäste selbst gefangene Hummer zubereiten und auf der Veranda wunderbar entspannen.

Fisherman's Wharf Lobster Suppers HUMMERESSEN $$$ (☎902-963-2669; 7230 Main St; Hummer 32 C$; ⏲12–21 Uhr) Im Juli und August stehen die Leute abends Schlange vor dem riesigen Lokal – kein Wunder, schließlich bietet es jede Menge Ferienspaß und ein ausgezeichnetes Preis-Leistungs-Verhältnis (es sei denn, man ruiniert sich beim Essen sein T-Shirt ...). Ein großer Hunger ist nötig, denn zu den riesigen Portionen Krustentiere werden Fischsuppe, leckere Muscheln aus der Gegend, Brötchen und viele verschiedene Desserts serviert. Mit ein bisschen Glück ergattert man einen Tisch mit Meerblick.

Unterhaltung

Watermark Theatre THEATER (☎902-963-3963; www.watermarktheatre.com; North Rustico Village; Tickets 28–39 C$) Das Theater wurde 2008 eröffnet – und zwar zum 100. Jahrestag der Erstveröffentlichung von *Anne of Green Gables*. Gezeigt werden Stücke aus dem Leben und der Zeit von Lucy Maud Montgomery. Die Aufführungen finden in einer restaurierten Kirche aus dem 19. Jh. statt, in der die Autorin selbst gern saß. Die Sitzplätze sind schnell vergeben, also unbedingt rechtzeitig reservieren!

Cavendish

Wer *Anne auf Green Gables* kennt, stellt sich Cavendish sicherlich als idyllisches, von Blumen gesäumtes Dorf mit viel ländlichem Charme vor. Die Schauplätze von Lucy Maud Montgomerys Roman entspringen jedoch der Fantasie der Autorin. Cavendish entpuppt sich stattdessen als Stadt ohne echtes Zentrum und mit recht unauthentischen Attraktionen. An der Kreuzung der Route 6 mit dem Highway 13 stößt man auf das wirtschaftliche und touristische Zentrum – in Form von Tankstelle, Wachsmuseum, Kirche, Friedhof und verschiedene Restaurants. Cavendish ist neben Charlottetown die meistbesuchte Stadt der Provinz. Ästhetisch gesehen ist sie ein Schandfleck in der malerischen Region, Kindern wird allerdings viel geboten. Um der künstlichen Welt des touristischen Ortes zu entkommen, bietet sich ein Ausflug zum schönen **Cavendish Beach** an; im Sommer wird es hier voll, was man angesichts des perfekten Sands und des warmen Meers problemlos verkraften kann.

Wer den Roman nicht gelesen hat, der sollte es spätestens bei einer Reise über die Insel tun – nicht nur aus Spaß, sondern auch, um den ganzen Rummel verstehen zu können. Das Buch handelt von Anne Shirley, einem lebhaften elfjährigen Waisenmädchen mit roten Zöpfen und hellem Köpfchen, das fälschlicherweise von Nova Scotia nach PEI geschickt wird. Die Cuthberts, ein älteres Geschwisterpaar, hatten eigentlich einen kräftigen Burschen erwartet, der ihnen bei der Farmarbeit hilft. Doch mit ihrem starken Charakter nimmt Anne jeden für sich ein, der ihr begegnet.

Sehenswertes

House of Green Gables HISTORISCHE STÄTTE (☎902-672-7874; Rte 6; Erw./Kind 6,30/3,15 C$; ⏲Mo–Sa 10–17 Uhr) Cavendish ist der Geburtsort von Lucy Maud Montgomery (1874–1942), die meist schlicht Lucy Maud oder L. M. genannt wird. Das berühmte House of Green Gables war im Besitz von Vettern ihres Großvaters, die viktoriani-

AUF DEN SPUREN VON LUCY MAUD MONTGOMERY

Die Welt von *Anne auf Green Gables* lässt sich am besten auf einer Wanderung durch die sanften grünen, von Bächen durchzogenen Wälder nachempfinden, in denen Lucy Maud Montgomery selbst jeden Winkel kannte. Der beste Ausgangspunkt ist Lucy Maud Montgomery's Cavendish Homestead. Dort ist ein Kombiticket erhältlich, in dem auch der Eintritt in das House of Green Gables (8,50 C$) enthalten ist. Anschließend führt der 1,1 km lange Wanderweg zum House of Green Gables durch den *Geisterwald* („Haunted Wood"). Auf diesem Rundweg gelangt man zu einem zauberhaften Aussichtspunkt unterhalb des Hauses. Rund um das House of Green Gables können Spaziergänger die Landschaft genießen und weitere Wanderwege, z. B. „Lover's Lane", entdecken, bevor sie sich auf den Rückweg zum Homestead machen.

sche Lebenswelt bildet den Schauplatz für die Romanhandlung. Seit 1937 gehört das Haus zum Nationalpark und wird heute als Stätte des nationalen Erbes gepflegt, das Andenken an Lucy Maud und ihre Romanfigur Anne wird durch Ausstellungen und audiovisuelle Präsentationen bewahrt.

Lucy Maud Montgomery's Cavendish Homestead HISTORISCHE STÄTTE
(☎902-963-2231; Rte 6; Erw./Kind 4/2 C$; ⏲9–18 Uhr) Der Ort ist eine Pilgerstätte für Anne-Verehrer aus aller Welt. Unter der Obhut ihrer Großeltern lebte Lucy Maud von 1876 bis 1911 in dem Haus, wo sie auch *Anne of Green Gables* schrieb. Besucher finden hier das alte Fundament des Hauses, viele Schautafeln über Lucy Maud, ein kleines Museum und einen Buchladen vor.

Avonlea Village THEMENPARK
(☎902-963-3050; www.avonlea.ca; Rte 6; Erw./Fam. 19/70 C$; ⏲10–17 Uhr) In diesem Themenpark versetzen kostümierte Schauspieler, die verschiedene Charaktere des Romans verkörpern und dramatische Momente und Szenen aus einzelnen Kapiteln darstellen, die Zuschauer in Annes Welt. Außer den theatralischen Darbietungen können Besucher auch beim Kühemelken zusehen oder an Fahrten im Pferdewagen und anderen bäuerlichen Tätigkeiten aus vergangener Zeit teilnehmen. Auf der Website wird das jeweilige Tagesprogramm vorgestellt.

Schlafen & Essen

Obwohl es viele Unterkünfte gibt, sind sie in dieser viel besuchten Gegend verhältnismäßig teuer. In östlicher Richtung auf North Rustico zu findet man günstigere Preise und eine ebenso ländlich-idyllische Umgebung.

Parkview Farm Tourist Home & Cottages B&B $
(☎800-237-9890, 902-963-2027; www.peionline.com/al/parkview; 8214 Rte 6; Zi. mit Gemeinschaftsbad inkl. leichtes Frühstück 65–70 C$, Cottages mit 2 Zi. 165–265 C$;) Die Unterkunft befindet sich auf einer Milchfarm 2 km östlich von Cavendish. Meerblick, Badezimmer, die obligatorische Blumentapete und Extras sorgen für gemütlichen Komfort. Jedes der sieben Cottages, die von Mai bis Mitte Oktober vermietet werden (das B&B ist ganzjährig geöffnet), verfügt über eine Küche, einen Grill und einen Balkon mit Blick auf die Sonnenauf- und -untergänge.

Kindred Spirits Country Inn & Cottages INN $$
(☎800-461-1755, 902-963-2434; www.kindredspirits.ca; Rte 6; DZ 85–320 C$, Cottages 105–500 C$;) Ein riesiger, makellos gepflegter Wohnkomplex, der für jeden Geschmack etwas bietet: vom märchenhaften B&B im Stil eines Landgasthofs bis hin zu Luxussuiten. Die Zimmer sind mit altertümlichen Blumenmustern, glänzenden Holzböden und flauschigen, gemütlichen Betten ein Traum für alle, die sich in Annes Welt zurücksehnen. Im Gesellschaftsraum der unteren Etage gibt es einen Kamin und gemütliche Couchen, denen zur Vollkommenheit nur noch eine Schneelandschaft und heiße Schokolade fehlen.

Carr's Oysters FISCH $$
(☎902-886-3355; Stanley Bridge Wharf, Rte 6; Hauptgerichte 14–32 C$; ⏲10–19 Uhr) Hier kommen frisch in der Malpeque Bay gefangene Austern, Hummer und Muscheln auf den Tisch, außerdem Meeresfrüchte wie Venusmuscheln aus dem hauseigenen Salzwassertank. Alternativ lassen sich jede Menge Fisch bestellen. Gegessen wird vor einer hübschen Kulisse über der Bucht

in geselliger Atmosphäre. Auf dem angeschlossenen Markt gibt es Frisches und Geräuchertes aus dem Meer.

★ **Pearl** MODERN KANADISCH $$$
(☎902-963-2111; 7792 Cavendish Rd; Hauptgerichte 22–32 C$, Brunch 8–12 C$; ⏲tgl. ab 16.30, So 10–14 Uhr) Das Haus mit Schindeldach steht am Ortsrand von Cavendish in einem Blumenmeer, ein liebenswürdiger Ort für eine Mahlzeit. Eine Vielfalt von ausgefallenen und je nach Jahreszeit wechselnden Gerichten wird angeboten, z. B. Hühnerleberpastete in Eiswein auf einem Brioche mit Goudakäse als Vorspeise und regional inspirierte Hauptgerichte, z. B. köstliche in Butter gedünstete Jakobsmuscheln.

Praktische Informationen

Cavendish Visitor Centre (☎902-963-7830; Ecke Rte 6 & Hwy 13; ⏲9–21 Uhr)

New London & Park Corner

New London und Park Corner sind eng mit Lucy Maud Montgomery verbunden und daher fester Bestandteil des unentrinnbaren Wirbels um Anne. Die charmanteste Adresse für ein Essen und eine Tasse Tee ist der **Blue Winds Tea Room** (☎902-886-2860; 10746 Rte 6, New London; Mahlzeiten 10–14 C$; ⏲Mo–Do 11–18, Fr–So 11–20 Uhr), der nur 500 m in südwestlicher Richtung von Lucy Maud Montgomerys Geburtshaus entfernt in einer englischen Parkanlage liegt. Auch hier kann man den zahlreichen Anspielungen auf Anne nicht entkommen, also bestellt man am besten gleich Himbeersirup oder etwas New Moon Pudding (eine Art Brotauflauf mit Baiser) – beide Rezepte stammen aus Lucy Mauds Aufzeichnungen.

Sehenswertes & Aktivitäten

Lucy Maud Montgomery Birthplace MUSEUM
(☎902-886-2099; Ecke Rte 6 & Rte 20; Eintritt 4 C$; ⏲9–17 Uhr) Das Haus ist heute ein Museum, in dem Gegenstände aus dem persönlichen Besitz Lucy Mauds bewahrt werden, darunter auch ihr Hochzeitskleid.

Anne of Green Gables Museum MUSEUM
(☎902-886-2884; 4542 Rte 20; Erw./Kind 5/1 C$; ⏲Mai–Okt. 9–18 Uhr) Auf einem 44 ha großen, üppig bepflanztem Gelände steht das zauberhafte Wohnhaus, das Lucy Maud selbst Silver Bush nannte. Sie hing sehr an dem Haus und feierte ihre Hochzeit 1911 im Salon. Silver Bush beherbergt das Anne of Green Gables Museum. Darin sind u. a. ihr Schreibtisch und signierte Erstausgaben ihrer Bücher zu sehen.

Lucy Maud Montgomery Heritage Museum MUSEUM
(☎902-886-2807; 4605 Rte 20; Eintritt 4 C$; ⏲9.30–18 Uhr) Das Haus, in dem sich das Museum befindet, wurde vermutlich von Lucy Mauds Großvater bewohnt; auch hier weisen zahlreiche Gegenstände auf Anne hin. Es werden Führungen angeboten.

Annie's Table KOCHKUNST
(☎902-314-9666; www.annies-table.com; 4295 Graham's Rd, New London; 2 Std. Kurs 50 C$) In der umgestalteten alten Kirche führen Kochkurse in die Geheimnisse des heimischen Lavendels oder die Zubereitung von Inselkartoffeln ein. Die Teilnehmer lernen außerdem, etwas Köstliches aus Meeresfrüchten zu zaubern und werden mit der Küche der Akadier bekannt gemacht. Das Ganze findet unter der Regie von mehreren Meisterköchen und einem Sommelier statt.

Kensington & Umgebung

Die geschäftige Markstadt liegt auf halbem Weg zwischen Cavendish und Summerside. Hier kann man seine Vorräte auffüllen, zudem dient sie als gutes Standquartier für das **Indian River Festival** (www.indianriverfestival.com), das von Juni bis September stattfindet. Dann treten einige der besten Musiker Kanadas in der St. Mary's Church mit ihrer hervorragenden Akustik auf – das Repertoire reicht von keltischer Musik bis zu Chorgesängen.

Das **Home Place Inn & Restaurant** (☎866-522-9900, 902-836-5686; www.thehomeplace.ca; 21 Victoria St East; DZ inkl. Frühstück 89–109 C$, Suite 149 C$; ⏲Mai–Okt.; 📶) verströmt ländliche Eleganz. Morgens erwacht man mit dem Duft frisch gebackener Zimtbrötchen. Auf dem Gelände gibt es eine Kneipe mit Schankkonzession und ein Restaurant.

Das **Shipwright's Café** (☎902-836-3403; Ecke Rte 6 & 233; Hauptgerichte abends 25–35 C$; ⏲Mo–Fr 11.30–15.30, tgl. ab 17 Uhr) im nahe gelegenen Margate befindet sich in einem Bauernhaus aus den 1880er-Jahren mit Blick auf Felder und Blumengärten. Die Meeresfrüchte und vegetarischen Gerichte, die aus biologisch angebauten Kräutern und Gemüsesorten aus den Gärten zubereitet werden, erfreuen sich großer Beliebtheit. Besonders empfehlenswert sind der Salat „Salute to Our Greenhouse“, eine Paella mit den besten Meeresfrüchten der Insel und Gerichte mit Rindfleisch von der Insel.

DER WESTEN

Die Malpeque Bay und die Bedeque Bay laufen aufeinander zu und trennen das westliche Drittel der Insel fast komplett vom Rest der Provinz ab. Das Gebiet liegt vollständig im größeren Prince County und vereint die karge Weidelandschaft des inneren Kings County mit der Schönheit der schroffen Küsten des Queens County.

Die Wissen um die eigenen Wurzeln ist hier stärker als anderswo ausgeprägt: Auf Lennox Island arbeitet ein stolzer Stamm der Mi'kmaq daran, die eigenen Wurzeln zu pflegen, Gleiches gilt für die Französisch-Akadier im Süden an der Egmont und der Bedeque Bay.

Summerside

Dem winzigen Summerside fehlen zwar das urbane Flair und die Eleganz von Charlottetown, dennoch erhält man in dem gepflegten Küstenort alles, was man braucht, und das in angenehm überschaubaren Portionen. Die drittgrößte „Stadt“ der Provinz liegt tief in der Bedeque Bay und hat eine hübsche Uferpromenade sowie ruhige, von Bäumen und prächtigen alten Häusern gesäumte Straßen. Die beiden größten Konjunkturaufschwünge verdankt der Ort dem Schiffsbau und der Fuchszucht, die seine Entwicklung im 19. und frühen 20. Jh. entscheidend geprägt haben. Wie in Charlottetown werden auch hier die Randbezirke leider durch hässliche Gebäude verschandelt. Von seiner schönsten Seite zeigt sich Summerside in bzw. in der Nähe der Water Street, die parallel zur Küste verläuft.

Sehenswertes & Aktivitäten

Der Confederation Trail führt direkt durch die Stadt und verläuft hinter der Bibliothek an der Water Street.

Spinnaker's Landing UFERPROMENADE
Das sanierte Hafenviertel ist die Hauptattraktion des Ortes. An der Uferpromenade können Besucher am Hafen entlangspazieren, es gibt einige gute Lokale, eine Bühne für Livekonzerte im Sommer und mehrere Geschäfte. Ein nachgebauter Leuchtturm bietet eine herrliche Aussicht sowie Informationen über die Region, ein großes Modellschiff dient als idealer Kinderspielplatz. Hinter all dem thront das moderne **Eptek Exhibition Centre** (902-888-8373; 130 Harbour Dr; Eintritt gegen Spende; 10–16 Uhr) mit Ausstellungen einheimischer und internationaler Künstler.

Schlafen & Essen

★ **Willowgreen Farm** B&B $$
(888-436-4420, 902-436-4420; www.willowgreenfarm.com; 117 Bishop Dr; DZ inkl. Frühstück 60–118 C$;) Den Confederation Trail vor

ABSTECHER

MALPEQUE

Angesichts der Mengen von Austern fragen sich viele, woher die ganze Pracht eigentlich kommt. Der winzige Weiler Malpeque lenkt Reisende von der gewohnten Route ab und entführt sie hinter schattenloses, hügeliges Bauernland in eine kleine Bucht, wo Fischerboote dicht gedrängt vor Anker liegen und Lagerscheunen in leuchtenden Farben stehen. Nicht versäumen: ein Mittagessen bei **Malpeque Oyster Barn** (Malpeque Wharf; 6 Austern 14 C$; Mo–Sa 11–21 Uhr, So 12–21 Uhr), es zählt zu den Cafés der Insel, die noch eine authentische Ausstrahlung haben. Von den oberen Räumen dieser Austernscheune blickt man über die Bucht und auf das geschäftige Treiben der Austernzüchter, unten verkauft ein Fischhändler fangfrische Meerestiere zum Mitnehmen.

Wer den Schalentieren in ihrem Element näher kommen will, kann bei **Malpeque Bay Kayak Tour Ltd** (866-582-3383; www.peikayak.ca; 3-stündige Kajaktour 55 C$) ein Seekajak oder ein Stehpaddelbrett ausleihen.

Summerside

der Hinter- und das College of Piping & Celtic Performing Arts vor der Vordertür: Das große Bauernhaus ist eine tolle und preiswerte Unterkunft, die mitten im Zentrum von Summerside viel ländliches Flair ausstrahlt. Die hellen, rustikal gestalteten Zimmer bieten eine willkommene Abwechslung zu der sonst üblichen historischen Einrichtung. Der Holzofen lädt zu Lesestunden ein und auf der Farm lassen sich eine ganze Reihe Tiere beobachten.

Summerside Bed & Breakfast B&B $$

(902-620-4993; www.summersideinnbandb.com; 98 Summer St; Zi. 115 C$;) Bei einer so poetischen Adresse an der Ecke von Summer Street und Winter Street liegt es nahe, sich für das helle, geräumige Frühlingszimmer („Spring Room") zu entscheiden. Das schöne historische Bauwerk hat schon zwei kanadische Premierminister beherbergt und punktet mit zahlreichen Sitzecken und viel Charme. Die freundlichen Gastgeber beglücken ihre Gäste mit köstlichen warmen Gerichten zum Frühstück.

Five Eleven West KANADISCH $$

(Credit Union Place, 511 Notre Dame St; Hauptgerichte 10–19 C$; Mo–Fr 11.30–14 Uhr, tgl. 17–20 Uhr) Das modernste Restaurant von Summerside verbirgt sich in einer unerwarteten Ecke an den Mehrzwecksporthallen der

Summerside

Sehenswertes

1 Eptek Exhibition Centre B3
2 Spinnaker's Landing B3

Schlafen

3 Summerside Bed & Breakfast A2
4 Willowgreen Farm D1

Unterhaltung

5 College of Piping & Celtic Performing Arts D2
6 Feast Dinner Theatres D2
7 Harbourfront Theatre A3

Stadt. Wenn man es einmal gefunden hat (an der linken Seite der Imbissbar), ist man beeindruckt. Alle Gerichte werden wunderbar zubereitet, z. B. große Portionen von Fish-and-Chips in Bierteig, Madras-Huhn mit Reis, gedünstete Miesmuscheln oder das Prime Rib. Die Atmosphäre ist schick.

☆ Unterhaltung

Harbourfront Theatre THEATER

(800-708-6505, 902-888-2500; www.harbourfronttheatre.com; 124 Harbour Dr) Das moderne Theater befindet sich im selben Gebäudekomplex wie das Eptek Exhibition Centre und ist Bühne für Theater- und Comedy-Aufführungen. Hier findet auch das **Summer on the Waterfront Festival** (Juli–

Mitte Sept.) statt, es stellt sowohl lokale als auch landesweit bekannte Musiker vor.

Feast Dinner Theatres THEATER
(☎902-888-2200, 888-748-1010; Water St E; Abendessen & Show 40 C$; ⏲Juni–Dez. Mo–Sa 18.30 Uhr) Die meisten Einheimischen können sich das Lachen kaum verkneifen, wenn sie von ihrem letzten Besuch in den Feast Dinner Theatres erzählen. Das Theaterrestaurant liegt unterhalb des Restaurants Brothers Two und ist das älteste seiner Art an der kanadischen Atlantikküste. Improvisation und die Beteiligung des Publikums sorgen für einen unvergesslichen Abend. Und das Essen ist ebenfalls gut.

College of Piping & Celtic Performing Arts MUSIK
(☎902-436-5377; 619 Water St E; Ceilidhs Erw./Stud. 12/7 C$; ⏲9–21 Uhr, Ceilidhs 19 Uhr) Die Musikschule unterhält Gäste mit kostenlosen Minikonzerten (Mo–Fr 11.30, 13.30, 15.30 Uhr, 20 Min.). Zu hören sind Dudelsackmusik, keltischer Gesang und Tanz. Wem das gefällt, der sollte den „Highland Storm" nicht versäumen, eine keltische Musik- und Tanzshow, an der 30 der besten Künstler der Insel mitwirken. Die Show findet im Sommer an drei Wochentagen statt.

ℹ Praktische Informationen

Provincial Tourist Office (☎902-888-8364; Harbourfront Theatre, 124 Harbour Dr; ⏲Juli & Aug. 9–19 Uhr, Mai, Juni, Sept. & Okt. eingeschränkte Öffnungszeiten) Zum Mitnehmen liegt eine Broschüre mit Stadtspaziergängen bereit, die auf besonders sehenswerte Bauwerke aus dem 19. Jh. hinweist.

ℹ An- & Weiterreise

Busse von Maritime Bus (S. 500) halten an der **Irving-Tankstelle** (☎902-436-2420; 96 Water St) im Stadtzentrum und bieten Busverbindungen nach Charlottetown (14,25 C$, 1 Std.), Moncton (29,50 C$, 2 Std.) und Halifax (53,25 C$, 3½ Std.). Auf Anfrage holen Shuttle-Busse Fahrgäste an der Esso-Tankstelle am Highway 1A (am Ende der Water Street E) ab.

Région Évangéline

Zwischen Miscouche und Mont Carmel leben die meisten Nachkommen der Französisch sprechenden Akadier auf der Insel. Für etwa 6000 Einwohner ist Französisch noch immer die Muttersprache, trotzdem unterscheidet sich die Region kaum von anderen Teilen der Provinz – mit einer deutlich sichtbaren Ausnahme: Die blau-weiß-rote Fahne der Akadier mit ihrem gelben Stern weht stolz vor vielen Häusern. Am 15. August 1884 wurde in Miscouche zum ersten Mal die akadische Flagge gehisst. Der gelbe Stern steht für die Schutzpatronin der Akadier, die heilige Jungfrau Maria.

Einen Abstecher wert ist das monumentale Kunst-Recycling-Projekt von Edouard Arsenault, die **Bottle Houses** (☎902-854-2987; Rte 11, Cape Egmont; Erw./Kind 5/2 C$; ⏲9–20 Uhr). Über 25 000 vom Künstler gesammelte Flaschen aller Formen und Größen bilden, von weißem Zement zusammengehalten, eine Handvoll Gebäude mit lichtdurchfluteten, mosaikartigen Wänden.

Das unterhaltsame **Acadian Museum** (☎902-432-2880; 23 Maine Dr E; Eintritt 5 C$; ⏲9.30–19 Uhr) in Miscouche erzählt mit Artefakten, Texten, Bildern und Musik aus dem 18. Jh. die tragische Geschichte der Akadier auf PEI ab 1720. Ein anschauliches Video stellt die interessante Theorie auf, die brutale Behandlung der Akadier durch die Briten habe indirekt dazu beigetragen, Teile der akadischen Kultur auf PEI zu bewahren.

Tyne Valley

Die Region ist bekannt für ihre Malpeque-Austern und gehört zu den schönsten Gebieten der Provinz. Das Dorf mit seinen verzierten Häusern, dem plätschernden Bach und den Kunstgalerien lohnt einen Besuch.

Im Green Park Provincial Park 6 km nördlich des Dorfes befindet sich das **Green Park Shipbuilding Museum & Historic Yeo House** (☎902-831-7947; Rte 12; Erw. 5 C$; ⏲9–17 Uhr). Das Museum in einem restaurierten viktorianischen Haus erzählt mittels einer rekonstruierten Schiffswerft und einer teilweise nachgebauten, 200 t schweren Brigantine die Geschichte der boomenden Schiffsbauindustrie im 19. Jh.

Im Park gibt es 58 **Stellplätze** (☎902-831-7912; an der Rte 12; Stellplatz 23–25 C$, mit Anschlüssen 30 C$, Hütten mit Gemeinschaftsbad 45 C$; ⏲Juni–Sept.) in einem Mischwald. Die zwölf Hütten hinter dem Campingpatz sind ein Schnäppchen.

Die Spezialität des **Landing Oyster House & Pub** (☎902-831-3138; 1327 Port Hill

Station Rd; Hauptgerichte 8–13 C$; Mo & Di 11–21, Mi 11–23, Do–Sa 11–24, So 8–20 Uhr) sind Austern. Serviert werden 15 köstlich gebratene Exemplare. Freitagabend – im Juli und August auch Samstagabend – spielen Livebands (Eintritt 4–8 C$).

Lennox Island

In der Mündung der Malpeque Bay liegt versteckt hinter Hog Island die Insel Lennox Island, Heimat von 250 Angehörigen der Mi'kmaq. Die Insel ist durch einen Damm mit dem Festland verbunden und vom an der Route 12 liegenden Ort East Bideford aus erreichbar.

Der **Lennox Island Aboriginal Ecotourism Complex** (866-831-2702; 2 Eagle Feather Trail; Erw./Stud. 4/3 C$; Juni–Sept. Mo–Sa 10–18 Uhr) wurde 2004 eröffnet. In den Räumen werden kleine Wechselausstellungen gezeigt und Erläuterungen zu den beiden hervorragenden **Informationspfaden** gegeben. Die rund um die Insel führenden Rundwege sind insgesamt 13 km lang. Der kürzere (3 km) ist auch für Rollstuhlfahrer geeignet. Mit etwas Glück stößt man auf Ortskundige, die gegen eine kleine Gebühr die Führung übernehmen. Im Zentrum können weitere Angebote erfragt werden.

Tignish

Der ruhige Ort liegt in der Nähe des North Cape und wird eher selten besucht. Die **Church of St. Simon & St. Jude** (1859) ist die erste Backsteinkirche, die auf der Insel gebaut wurde. Sie hat eine wunderschöne , originalgetreu restaurierte schlichte Decke sowie eine überraschend große Orgel (1882).

Der Confederation Trail beginnt (oder endet!) zwei Querstraßen südlich der Kirche an der School Street. Das **Tignish Cultural Centre** (902-882-1999; 305 School St; Mo–Fr 8–16 Uhr) GRATIS in der Nähe der Kirche zeigt eine interessante Ausstellung alter Landkarten und Fotos und hat eine Touristeninformation.

Die Nordküste

Auf der Fahrt zum North Cape fährt man durch ländlich geprägtes Gebiet, um dann plötzlich über die malerischen Bauernhäuser hinweg auf Dutzende riesiger, weißer Windräder zu schauen. Das schmale, windgepeitschte North Cape ist nicht nur die Heimat des **Atlantic Wind Test**, sondern auch des längsten **natürlichen Felsenriffs** auf dem Kontinent. Bei Ebbe kann man 800 m hinauswaten und dabei Gezeitenbecken entdecken und nach Robben Ausschau halten. Das kürzlich erweiterte **Informationszentrum** (902-882-2991; Eintritt 6 C$; 9.30–20 Uhr) am nördlichen Ende der Route 12 zeigt High-Tech-Displays zum Thema Windenergie und informative Schaukästen zur Geschichte der Gegend; das Aquarium ist besonders bei Kindern sehr beliebt. Der **Black Marsh Nature Trail** (2,7 km) führt vom Informationszentrum weg zur Westseite des Kaps. Bei Sonnenuntergang scheinen die purpurroten Felsen im tiefblauen Wasser regelrecht zu glühen.

Über dem Zentrum locken Ausblick und Küche Besucher und Einheimische ins stimmungsvolle **Wind & Reef Restaurant & Lounge** (902-882-3535; Hauptgerichte 9–29 C$; Mittag- & Abendessen).

Die Westküste

In Miminegash lohnt sich eine Pause im **Seaweed Cafe** (Mahlzeiten 5–12 C$), wo eine spezielle Meeresalgenpastete serviert wird. Der leichten, sahnigen Kreation ist ihre Herkunft nicht anzumerken!

Landeinwärts in O'Leary befindet sich das **Canadian Potato Museum** (902-859-2039; 1 Dewar Lane; Eintritt 8 C$; Mai–Okt. Mo–Sa 9–17, So 13–17 Uhr). Mit Fluren voller Schautafeln und Bildern an den Wänden erinnert es an ein großes Schulprojekt.

Zwischen Miminegash und West Point folgt die Route 14 der Küste und bietet überwältigende Ausblicke – dieser Abschnitt ist sicher eine der schönsten Fahrstrecken der Insel. Am Rand des Highway 14 steht der schwarz-weiß geringelte Leuchtturm **West Point Lighthouse** (800-764-6854, 902-859-3605; www.westpointlighthouse.com; 8–21.30 Uhr), der 1875 errichtet wurde. Vom kleinen **Museum** (Eintritt 4 C$; 9–21 Uhr) aus kann der Turm bestiegen werden, von dem aus man eine fantastische Weitsicht genießt. Ein Teil des einstigen Wohnhauses der Leuchtturmwärter wurde in ein **Gasthaus** (www.westpointlighthouse.com; DZ 170 C$; Juni–Sept.;) mit neun Zimmern umgestaltet; der „Tower Room" befindet sich direkt im alten Leuchtturm. Das **Restaurant** (Mahlzeiten 8–18 C$; ⏲8–20 Uhr) ist in der Region für seine Muschelsuppe bekannt.

Im schönen **Cedar Dunes Provincial Park** (☎902-859-8785; Stellplätze 23–25 C$, Wohnmobil-Stellplätze 26–27 C$) gibt es Zeltplätze auf einer offenen Grasfläche, die an den West Point Lighthouse angrenzt. Der rote Sandstrand des Parks ist ein Schmuckstück der Insel.

Newfoundland & Labrador

Inhalt ➡

Gut essen

- Chinched (S. 538)
- Bonavista Social Club (S. 551)
- Lighthouse Picnics (S. 545)

Schön übernachten

- Tuckamore Lodge (S. 569)
- Artisan Inn (S. 549)
- Skerwink Hostel (S. 549)
- The Cliffhouse (S. 548)

Auf nach Newfoundland & Labrador!

Kanadas östlichste Provinz ist eine Welt für sich. Blaue Eisberge gleiten vorbei. Papageitaucher flattern an der Küste. Wale stoßen ihre Fontänen in die Luft. Die Insel lebt sogar in einer eigenen Zeitzone (+30 Min. gegenüber der Festlandszeit) und spricht ihren eigenen Dialekt (das *Dictionary of Newfoundland English* liefert Übersetzungen).

Abseits der Hauptstadt St. John's gibt es hauptsächlich winzige Fischerdörfer, verstreut über die Küste. Einige liegen so isoliert, dass sie nur per Boot erreichbar sind. Hier kann man endlos wandern und Kajak fahren. Man ist alleine mit sich, der Familie, die einem ein Bett für die Nacht bereitstellt, und dem einsamen Heulen des Windes.

Wer gern abseits ausgetretener Pfade unterwegs ist – um das Erbe der Wikinger zu sehen, ein Gericht aus Kabeljauzunge mit Preiselbeeren zu probieren und bei ein paar Gläsern Rum Anglerlatein auszutauschen –, sollte diesen abgelegenen Haufen Geröll auf jeden Fall besuchen.

Reisezeit

St. John's

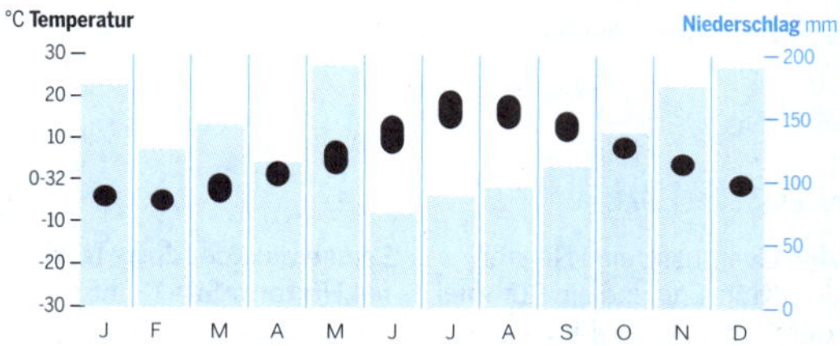

Juni Eisberge glitzern vor der Küste, es kann aber auch nass und nebelig sein.

Juli & Aug. Der sonnigste Monat: Wale schwimmen vorbei, es gibt viele Festivals an Wochenenden.

Dez. & Jan. Dann fällt der Großteil der 5 m Schnee am Marble Mountain; die Pisten sind gut besucht.

Highlights

❶ Livemusik, eine Geister-Stadtführung und ein Bummel durch das geschichtsträchtige **St. John's** (S. 530), die älteste Stadt Nordamerikas.

❷ Die Wale und Papageitaucher im **Witless Bay Ecological Reserve** (S. 544).

❸ Erikssons 1000 Jahre alte Wikingerunterkunft in der **L'Anse aux Meadows National Historic Site** (S. 566)

❹ Eine Bergtour und eine Kajaktour im **Gros Morne National Park** (S. 561).

❺ Ein Einblick in den Inselalltag auf **Fogo Island** (S. 558).

❻ In **Twillingate** (S. 557) wandern, Eisberge bestaunen und Moose Joose schlürfen.

❼ In **St-Pierre** (S. 553) mit Wein, Eclairs und Baguettes ein Stück Frankreich erleben.

❽ In **Red Bay** (S. 579) die baskische Walfanggeschichte kennenlernen und uralte Walknochen bestaunen.

Geschichte

Die Paläo-Indianer besiedelten Labrador vor 9000 Jahren. Sie jagten Robben, fischten Lachs und versuchten, sich warm zu halten. Die Wikinger, angeführt von Leif Eriksson, wurden 1000 n. Chr. weiter südlich bei L'Anse aux Meadows in Newfoundland an Land gespült und gründeten die erste europäische Siedlung Nordamerikas.

Der Italiener Giovanni Caboto (sein englischer Namen lautete John Cabot), der im Auftrag von Köng Heinrich VII. auf Entdeckungsfahrt war, umsegelte 1497 als Nächster die Küste Newfoundlands. Seine Berichte über so große Bestände an Kabeljau, dass man fast schon über das Wasser gehen könne, verbreiteten sich rasend schnell in Europa. Bald schon fischten auch die Franzosen, Portugiesen, Spanier und Basken vor der neufundländischen Küste.

In den Friedensverträgen von Utrecht (1713) wurde Newfoundland Großbritannien zugesprochen. Das Land blieb fast die ganzen nächsten 200 Jahre britische Kolonie, in der sich das Leben ausschließlich um die florierende Fischindustrie drehte. Für die Beothuk, die Ureinwohner, brachte die Besiedelung nur Nachteile: Krankheiten und Landstreitigkeiten trugen zu ihrem Aussterben 1829 bei.

Es passt zu seinem unabhängigen Geist, dass Newfoundland 1949 als letzte Provinz Kanada beitrat. Obwohl Labrador zwar immer dazu gehört hat, wurde es erst 2001 in den Namen der Provinz aufgenommen.

Sprache

Vor 200 Jahren setzte sich fast die gesamte Bevölkerung der Region aus englischen und irischen Fischerfamilien zusammen. Seither sind aufgrund der isolierten Lage 60 verschiedene Dialekte entstanden. Der stark singende Tonfall, eine einzigartige Umgangssprache und bunte Redewendungen prägen die Sprache, die manchmal selbst die Einheimischen verwirrt.

Die verbindliche Quelle ist das *Dictionary of Newfoundland English* (www.heritage.nf.ca/dictionary).

Geografie & Klima

Das Land wird nicht umsonst „The Rock" genannt. Die Gletscher, die es früher bedeckt haben, hinterließen eine zerklüftete Landschaft aus Felsbrocken, Seen und Sümpfen. Das Landesinnere blieb karg.

REISEPLANUNG

- Leihwagen und Unterkünfte sollte man vorab reservieren. Bei Anreise in der Hochsaison zwischen Mitte Juli und Anfang August sollte man sein Auto im April oder Mai gebucht haben und das Zimmer nicht viel später. Be **Newfoundland & Labrador Tourism** (www.newfoundlandlabrador.com) gibt es Übersichten.
- Die Entfernungen sind groß, man sollte realistisch einschätzen, welche Strecken man zurücklegen kann. Beispielsweise sind es 708 km von St. John's zum Gros Morne National Park. Die **Road Distance Database** (www.stats.gov.nl.ca/DataTools/RoadDB/Distance) ist dabei sehr praktisch.
- Es lohnt sich, die Saison für Papageitaucher (Mai–Aug.), Eisberge (Juni–Anfang Juli) und Wale (Juli–Aug.) zu kennen. Vor allem die Eisberge lassen sich schwer vorhersagen. Der **Iceberg Finder** (www.icebergfinder.com) versucht sein Bestes.

Städte und Städtchen haben sich vor allem am Rand der Insel in Meernähe entwickelt.

Labrador ist noch karger als Newfoundland und geprägt durch Feuchtgebiete, Tundra und viele Bergen.

Die Tageshöchsttemperatur beträgt im Juli und August 20 °C. Die beiden Monate sind zugleich die trockensten; in der restlichen Zeit regnet oder schneit es im Schnitt an 15 von 30 Tagen. Die Wintertemperaturen liegen bei 0 °C. Nebel und Wind dominieren einen Großteil des Jahres das Wetter (mit ausfallenden Flügen muss man mimmer rechnen).

Parks & Tierwelt

Wale, Elche und Papageitaucher sind die Stars der einheimischen Tierwelt, die meisten Besucher bekommen während ihres Besuchs auch alle zu sehen. Walbeobachtungsfahrten starten überall und bringen einen in die Nähe der Meeressäuger (meist Buckel- und Zwergwale). Papageitaucher – die lustige Mischung aus Pinguin und Papagei – flattern rund um Witless Bay und Elliston. Elche knabbern am Gehölz neben den Straßen der ganzen Provinz, also Augen auf beim Autofahren! Manche Besucher begeg-

ENTFERNUNGEN

St. John's – Port aux Basques: 905 km

St. John's – Gros Morne: 708 km

Gros Morne – St. Anthony: 372 km

nen auch Karibus in der Nähe des Avalon Wilderness Reserve, was etwas Besonderes ist, denn die Tiere können eigentlich nur in der hohen Arktis beobachtet werden. Große Karibuherden streifen auch durch Labrador, die Zahl der Tiere ist allerdings in den letzten Jahren drastisch zurückgegangen.

ℹ Anreise & Unterwegs vor Ort

AUTO

Der Trans-Canada Highway (Highway 1) ist die Hauptstraße über die Insel. Die Entfernungen täuschen, denn man kommt auf den verschlungenen, einspurigen Straßen oft nur langsam voran. Vorsicht vor den Elchen, vor allem bei Sonnenuntergang!

BUS

DRL (☎709-263-2171; www.drl-lr.com) lässt täglich einen Bus zwischen St. John's und Port aux Basques (13½ Std.) hin- und herfahren, mit 25 Haltepunkten unterwegs. Neben den DRL-Bussen besteht der öffentliche Nahverkehr aus kleinen regionalen Shuttlebussen, die zwei oder mehrere große Städten verbinden. Das System funktioniert ziemlich gut, die meisten Leute kommen auf diese Weise dorthin, wohin sie wollen.

FLUGZEUG

St. John's International Airport (YYT; www.stjohnsairport.com) ist das Drehkreuz der Region, auch wenn der Deer Lake Airport (S. 561) für Besucher der nördlichen Halbinsel eine ausgezeichnete Alternative darstellt. St. John's wird u. a. von den Fluglinien **Air Canada** (www.aircanada.com), **Provincial** (www.provincialairlines.ca), **Porter** (www.flyporter.com) und **United** (www.united.com) angeflogen.

SCHIFF/FÄHRE

Marine Atlantic (☎800-341-7981; www.marine-atlantic.ca) betreibt zwei große Auto-/Passagierfähren zwischen North Sydney in Nova Scotia und Newfoundland. Es gibt ganzjährig täglich eine Fahrt nach Port aux Basques (westliches Newfoundland, 6 Std.), im Sommer dreimal wöchentlich eine Fähre nach Argentia auf der Halbinsel Avalon (14 Std.). Reservierungen werden empfohlen, vor allem nach Argentia!

Provincial Ferry Service (www.gov.nl.ca/ferryservices) betreibt kleinere Schiffe, die innerhalb der Provinz die verschiedenen Inseln und Küstenstädte anfahren. Jede Fähre hat ihre eigene Telefonnummer, über die man aktuelle Informationen erhält. Es empfiehlt sich, diese Nummern anzurufen und Details zu klären, bevor man an Bord geht.

ST. JOHN'S

106 200 EW.

Das an einem Steilhang am Hafen gelegene und mit bonbonfarbenen Reihenhäusern in den hügeligen Straßen verzierte St. John's wird auch „Mini-San-Francisco" genannt. Und wie sein amerikanisches Gegenstück ist es die Heimat von Künstlern, Musikern, und jungen iPhone-Benutzern, und wie in Kalifornien sind auch hier die Grundstückspreise überzogen. Die Atmosphäre in Newfoundlands größter Stadt ist jedoch erfrischend kleinstädtisch. Und mit Sicherheit erklären die Einheimischen dem Besucher früher oder später, dass St. John's die älteste Stadt Nordamerikas ist.

Highlights sind hier u. a. die Aussicht vom Signal Hill und die Livemusik in den Kneipen der George Street, zusammen mit einem Bier (oder einem Schluck Rum). Viele Besucher, die St. John's als Standort für Ausflüge zum Rest der Halbinsel Avalon nutzen, genießen seine unkonventionellen Lokale und die interessanten Unterkünfte. Cape Spear, das Witless Bay Ecological Reserve und Ferryland liegen nur einen Tagesausflug entfernt.

Geschichte

Der ausgezeichnete Naturhafen von St. John's, der zu den Gewässern führt, in denen es ehemals vor Kabeljau nur so wimmelte, war ausschlaggebend für die erste europäische Siedlung, die hier 1528 gegründet wurde. Gegen Ende des 17. Jhs. und während des 18. Jhs. wurde St. John's mehrfach zerstört und erobert, da Franzosen, Engländer und Niederländer erbittert um den Ort kämpften. 1762 gewann Großbritannien auf dem Signal Hill den entscheidenden Sieg.

Der Hafen behielt bis weit ins 20. Jh. seine Stellung als Welthandelszentrum für gesalzenen Kabeljau. In der Mitte des Jahrhunderts flankierten Lagerhallen die Water Street, und die Kaufleute, denen sie gehörten, wurden reich und reicher. Zu Beginn der 1960er-Jahre gab es in St. John's pro Kopf mehr Millionäre als in irgendeiner anderen Stadt Nordamerikas!

Heute fungieren die Kais der Stadt immer noch als Servicestation für Fischerboote aus der ganzen Welt, obwohl die Kabeljaufischerei nach einem Fangverbot 1992 sehr stark zurückgegangen ist. Für den wirtschaftlichen Aufschwung sorgt inzwischen die Offshore-Ölindustrie. Und ab und an legt auch mal ein Kreuzfahrtschiff an.

Sehenswertes

Die meisten Sehenswürdigkeiten befinden sich in der Stadtmitte oder nur ein paar Kilometer davon entfernt. Allerdings geht es manchmal ganz schön steil bergauf.

Signal Hill National Historic Site HISTORISCHE STÄTTE

(☎709-772-5367; www.pc.gc.ca/signalhill; ⌚Gelände 24 Std.) Ein Besuch des bekanntesten Wahrzeichens der Stadt lohnt sich allein schon wegen der grandiosen Aussicht, aber es gibt auch noch einiges mehr anzuschauen. Das winzige Gebäude oben auf dem Hügel heißt **Cabot Tower** (⌚April–Nov. 8.30–17 Uhr) und wurde 1900 erbaut, um sowohl die Ankunft von John Cabot 1497 als auch das diamantene Thronjubiläum von Königin Viktoria zu ehren. In der Sommermitte führen Soldaten in der Uniform der Royal Newfoundland Company aus dem 19. Jh. eine militärische **Musikparade** (www.rnchs.ca/tattoo; Eintritt 5 C$; ⌚Juli & Aug. Mi, Do, Sa & So 11 & 15 Uhr) auf und feuern Kanonen ab.

Ein **Informationszentrum** (Erw./Kind 3,90/1,90 C$; ⌚Mai–Okt. 10–18 Uhr) zeigt interaktive Exponate zur Geschichte der Stätte. Die letzte nordamerikanische Schlacht des Siebenjährigen Kriegs fand hier 1762 statt; der Sieg Großbritanniens beendete Frankreichs Ambitionen, Kontrolle über den Osten Nordamerikas zu erhalten. Die Musikparade findet in der Nähe des Zentrums am O'Flaherty Field statt.

Etwas weiter den Hügel hinauf sind Kanonen und die Überreste einer britischen Artilleriebatterie aus dem späten 18. Jh. bei den **Queen's Battery & Barracks** zu finden. Im Inneren des Cabot Tower erläutern informative Exponate, wie der italienische Erfinder Guglielmo Marconi 1901 hier die erste transatlantische Funknachricht aus dem englischen Cornwall erhielt. Ein Amateurradioclub betreibt in Juli und August im Turm eine Radiostation.

Angeboten werden Führungen über das Gelände, ein Mittagessen, wie es ein Soldat im 18. Jh. zu essen bekam (Do, inkl. einem Schluck Rum), und Konzerte bei Sonnenuntergang. Unter „Activities" sind auf der Webseite Infos und Preise zu finden.

Ein toller Weg zurück in die Stadt ist der **North Head Trail** (1,7 km), der den Cabot Tower mit dem Hafenviertel Battery verbindet. Der Weg beginnt am Parkplatz und verläuft entlang der Klippen. Somit bietet er imposante Ausblicke aufs Meer und manchmal sogar auf den Blas vorbeiziehender Wale. Der Startpunkt ist nicht ausgeschildert, aber leicht zu finden (der Weg ganz außen rechts). Da ein Großteil des Wegs direkt am Rand der Steilklippen entlangführt, sollte die Wanderung nicht bei Kälte, bei Nebel oder Dunkelheit unternommen werden. Gratis-Landkarten gibt es am Cabot Tower. Die Stätte liegt 1,5 km oberhalb des Stadtzentrums (der Signal Hill Road bergauf folgen).

Rooms MUSEUM

(☎709-757-8000; www.therooms.ca; 9 Bonaventure Ave; Erw./Kind 7,50/4 C$, Mi 18–21 Uhr freier Eintritt; ⌚Mo, Di & Do–Sa 10–17, Mi 10–21, So 12–17 Uhr; 📶) Nicht viele Museen bieten die Gelegenheit, unter einem Dach einen riesigen Tintenfisch zu sehen, avantgardistische Sound-Skulpturen zu hören und alte Waffen zu studieren. All dass findet man im Rooms, dem historischen All-in-one-Museum der Provinz. Ehrlich gesagt sieht das Gebäude von außen beeindruckender aus als von innen, denn es bietet nur wenige, häufig wechselnde Exponate. Doch die Aussicht vom massiven Stein- und Glaskomplex auf einem atemberaubenden Vorsprung über der Stadt ist unglaublich. Vom Café im vierten Stock hat man den besten Blick.

Johnson Geo Centre MUSEUM

(☎709-737-7880; www.geocentre.ca; 175 Signal Hill Rd; Erw./Kind 12/6 C$; ⌚9.30–17 Uhr) Nirgendwo auf der Welt lässt sich Erd-

KURZINFOS: NEWFOUNDLAND

- Einwohner: 484 700
- Fläche: 111 390 km²
- Hauptstadt: St. John's
- Skurriles: In Newfoundland gibt es 82 Orte, die Long Pond heißen, außerdem 42 White Points – und einen Ort namens Jerry's Nose.

St. John's

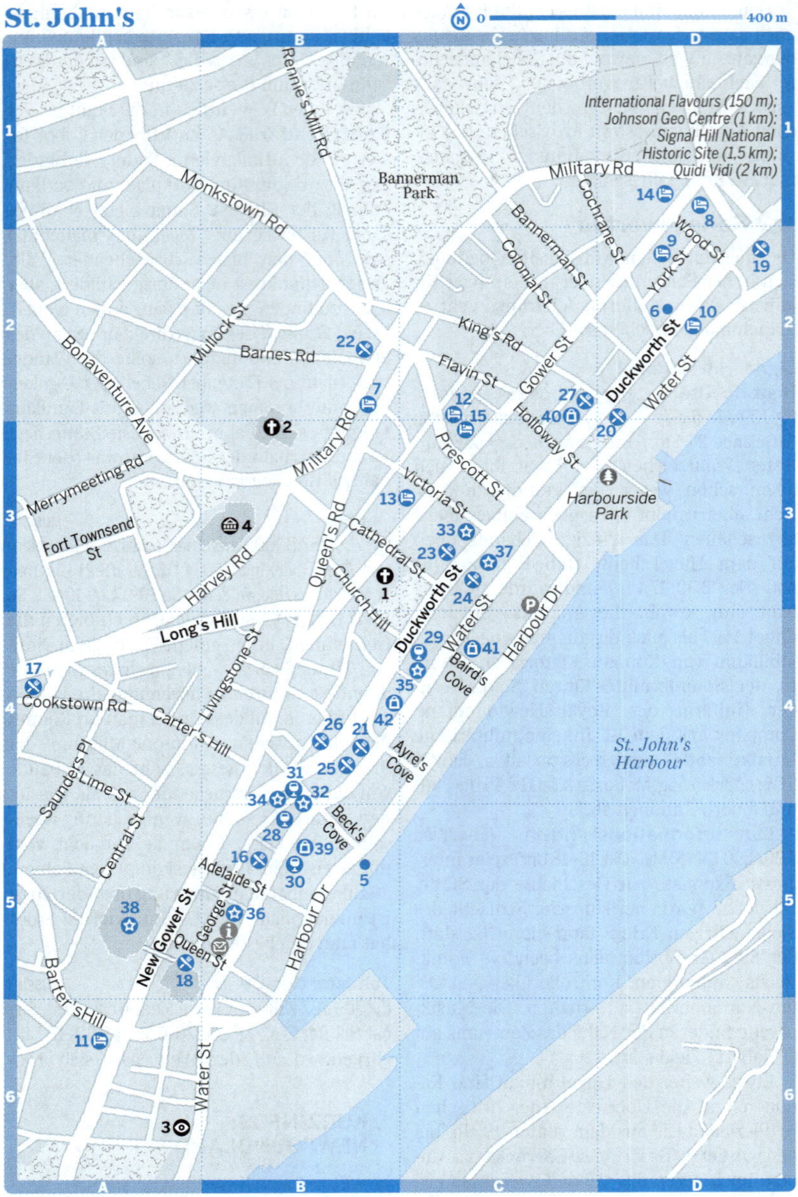

geschichte, die bis zur Entstehung des Planeten zurückreicht, so einfach nachvollziehen wie in Newfoundland. Das Geo Centre leistet Großartiges, indem es die geologischen Informationen in unterirdische interaktive Displays packt.

Im Centre gibt es auch eine Ausstellung zur *Titanic*. Hier erfährt man, dass nicht der Eisberg, sondern menschliches Versagen und Nachlässigkeiten die Tragödie verursacht haben. So gab es zu wenige Rettungsboote an Bord: Die Besitzer woll-

St. John's

Sehenswertes
1 Anglican Cathedral of St. John the Baptist ... B3
2 Basilica of St. John the Baptist ... B3
3 Newman Wine Vaults ... A6
4 Rooms ... B3

Aktivitäten, Kurse & Touren
5 Iceberg Quest ... B5
Jellybean Tours ... (siehe 14)
6 O'Brien's ... D2
Outfitters ... (siehe 42)
St. John's Haunted Hike ... (siehe 1)

Schlafen
7 Abba Inn ... B2
8 At Wit's Inn ... D1
Balmoral House ... (siehe 7)
9 Chef's Inn ... D2
10 Courtyard St John's ... D2
11 Delta Hotel ... A6
12 Foggy Rock B&B ... C2
13 Gower House ... C3
14 HI St John's ... D1
15 Narrows B&B ... C3

Essen
16 Bistro Sofia ... B5
17 Ches's ... A4
18 Chinched ... A5
19 Classic Cafe ... D2
20 Fixed Coffee & Baking ... D2
21 Hava Java ... B4
22 Hungry Heart ... B2
23 India Gate ... C3
24 Reluctant Chef ... C3
25 Rocket Bakery ... B4
26 Sprout ... B4
27 Sun Sushi ... C2

Ausgehen
28 Celtic Hearth ... B5
29 Duke of Duckworth ... C4
30 Gypsy Tea Room ... B5
31 Trapper John's Museum & Pub ... B4
Velvet ... (siehe 35)

Unterhaltung
32 Fat Cat ... B4
33 Resource Centre for the Arts ... C3
34 Rock House ... B4
35 Rose & Thistle ... C4
36 Shamrock City ... B5
37 Ship Pub ... C3
38 St John's IceCaps ... A5

Shoppen
39 Downhome ... B5
40 Fred's ... C2
41 Living Planet ... C4
42 Outfitters ... B4

ten das Deck nicht mit Booten vollstellen. Und die Crew ignorierte unzählige Eisbergwarnungen. Was das mit Geologie zu tun hat, ist nicht ganz klar, aber wen kümmert das schon? Es ist dennoch faszinierend!

Draußen gibt es Wege mit Infotafeln. Das Geo Centre befindet sich in der Signal Hill Road, rund 1 km außerhalb der Stadt.

Basilica of St. John the Baptist KIRCHE

(☎709-754-2170; www.thebasilica.ca; 200 Military Rd; ⏲9.30–17 Uhr) Die hoch aufragenden Zwillingstürme der 1855 erbauten Basilika durchbohren den Himmel und sind schon vom Signal Hill aus zu sehen. Ihre Bauform kennzeichnet die Wiederbelebung klassischer Architektur in Nordamerika. Innen erleuchten 65 Kirchenfenster die bunte Decke in italienischem Stil mit Glanzlichtern aus Blattgold.

Den Titel „Basilika“ erhielt die Kirche von Papst Pius XII. anlässlich ihres hundertjährigen Jubiläums. In Juli und August finden täglich außer sonntags ab 10 Uhr halbstündige Führungen statt, je nach Nachfrage. Das Kloster hinter der Kirche beherbergt die Marmorstatue der „Verschleierten Jungfrau“. Für den Einlass in das Kloster einfach klingeln.

Anglican Cathedral of St John the Baptist KIRCHE

(☎709-726-5677; www.stjohnsanglicancathedral.org; 16 Church Hill; ⏲9.30–16 Uhr) Die Kathe-drale ist das Zentrum der ältesten Gemeinde Kanadas (1699) und eines der schönsten Beispiele für neugotische Kirchenarchitektur in Nordamerika. Ursprünglich wurde sie in den 1830er-Jahren erbaut, aber alles außer den Außenmauern wurde beim Großen Feuer 1892 zerstört. 1905 baute man die Kirche wieder auf. Die gotische Rippendecke, die anmutigen Steinbögen und die hohen dünnen Glasfenster sind zeitlos schön. Ein Wasserspeier aus dem 12. Jh. – ein Geschenk der Diözese Bristol – bewacht das südliche Querschiff. Studenten bieten im Juli und August Führungen an, Organisten geben ganzjährig Konzerte (Mi 13.15 Uhr), Damen aus der Gemeinde servieren Tee und Teilchen.

Quidi Vidi HISTORISCHE STÄTTE

Auf der anderen Seite des Signal Hill, jenseits der Stadt, liegt das malerische Dörfchen Quidi Vidi. Zu sehen gibt es u. a. eine Artilleriestellung aus dem 18. Jh. und das Regattamuseum am Wasser. Für viele ist der erste Anlaufpunkt jedoch die **Quidi Vidi Brewery** (☎709-738-4040; www.quidividibrewery.ca; 35 Barrows Rd; Führungen 15 €; ⏲10–16 Uhr). Die Mikrobrauerei, die Newfoundlands beliebtestes Bier braut, befindet sich in einer alten Fischverarbeitungsfabrik am kleinen Kai – ein hübscher Ort, um seinen Durst zu stillen.

Der Eintritt schließt umfangreiche Kostproben und eine Flasche Bier für den Durst während der Führung ein. Besucher sollten auf jeden Fall das Iceberg-Bier kosten, das mit Wasser aus Eisbergen gebraut wird.

Unweit der Brauerei steht das älteste Häuschen Nordamerikas, das **Mallard Cottage** (www.mallardcottage.ca; 2 Barrows Rd) aus den 1750er-Jahren. Während der Recherchen für dieses Buch wurde es gerade in ein Restaurant für neufundländische Gerichte umgebaut.

Die **Quidi Vidi Battery** (1762) am oberen Ende der Cuckold's Cove Road wurde von den Franzosen nach der Einnahme der Stadt errichtet. Die Briten erhoben bald danach Anspruch auf die Geschützstellung, die bis Anfang des 19. Jhs. in militärischem Betrieb blieb.

Landeinwärts liegt der **Quidi Vidi Lake**, auf dem die große St. John's Regatta ausgetragen wird. Das **Royal St. John's Regatta Museum** (☎709-576-8921; Ecke Lakeview Ave & Clancy Dr, von der Forest Rd abzweigen; ⏲nach Vereinbarung) befindet sich im oberen Stock des Bootshauses. Ein beliebter Spazierweg führt um den See.

Quidi Vidi liegt etwa 2 km von der nordöstlichen Ecke der Innenstadt entfernt. Man nimmt die Plymouth Road, biegt dann nach links in die Quidi Vidi Road und weiter rechts in die Forest Road ab (die zur Quidi Vidi Village Road wird). Von der Brauerei aus hält man sich rechts in Richtung Barrows Road. Zur Battery geht es nach links auf der Cuckold's Cove Road. Zum Regattamuseum biegt man von der Forest Road links in die Lakeview Avenue ab. Man kann auch vom Signal Hill über den Cuckold's Cove Trail laufen, der Spaziergang dauert etwa 30 Min.

Newman Wine Vaults HISTORISCHE STÄTTE

(☎709-739-7870; www.seethesites.ca; 436 Water St; Eintritt gegen Spende; ⏲nach Vereinbarung) In diesen dunklen, kühlen Weinkellern aus den 1780er-Jahren ließ die Firma Newman bis 1996 ihren Portwein reifen (bis EU-Verordnungen festlegten, dass dies in Portugal zu geschehen habe). Früher gab es Führungen, während der Recherchen zu diesem Buch wurden sie jedoch gerade ausgesetzt. In den Kellern finden oft Musik-, Literatur- oder Gastronomieevents statt.

CA Pippy Park PARK

(www.pippypark.com) Der abwechslungsreiche, 1343 ha große CA Pippy Park liegt an der nordwestlichen Ecke der Innenstadt. Hier findet man Wanderwege, Picknickanlagen, Spielplätze, einen Golfplatz und einen Campingplatz. Die **Memorial University**, die einzige Universität der Provinz, hat hier ihren Sitz.

Der **Botanische Garten** (☎709-737-8590; www.mun.ca/botgarden; Erw./Kind 7/3 C$; ⏲Mai–Aug. 10–17 Uhr, Sept.–April kürzere Öffnungszeiten) der Universität liegt am Oxen Pond, im Westen des Parks in der Mt. Scio Road. Es gibt kultivierte Flächen und ein Naturschutzgebiet. Der Park und sein Sumpfgebiet **Long Pond** geben einen guten Überblick über Newfoundlands Flora, seine Lebensräume (darunter boreale Wälder und Sümpfe) und die Tierwelt (nach Vögeln am Long Pond und dem einen oder anderen Elch Ausschau halten!). Lohnenswert ist auch der 3 km lange **Long Pond Walk**.

GRUFTIGER TEE

Rund um die anglikanische Kathedrale stößt man auf den Hinweise: „Tee in der Krypta". Betritt man diese, erwarten einen viele Frauen in geblümten Kleidern und bequemen Schuhen, die eifrig hin und her wuseln. Während des **High Tea** (9 CC$; Juli & Aug. Mo–Fr 14.30–16 Uh) werden nicht nur selbst gebackene Kekse und Kuchen serviert, der Tee bietet auch die Gelegenheit, mit der älteren Generation über Marmeladenrezepte, Tipps für die Sommerferien und darüber, wie es früher einmal war, zu reden (na ja, eigentlich nur zuzuhören und zu essen, denn die Damen reden die ganze Zeit über). In der Krypta ist übrigens noch nie jemand bestattet worden.

Das **Fluvarium** (☎709-754-3474; www.fluvarium.ca; 5 Nagle's Pl; Erw./Kind/Fam. 7/4/20 C$; ⏲Juli & Aug. Mo–Fr 9–17, Sa & So ab 10 Uhr, Sept.–Juni kürzere Öffnungszeiten), ein mit Glas eingefasster Abschnitt eines Flusses, befindet sich auf der anderen Straßenseite gegenüber vom Campingplatz. Besucher können durch die großen Fenster blicken und das Leben unterhalb der Oberfläche des Nagle's Hill Brook beobachten. Man sieht zahlreiche Bachforellen und den einen oder anderen Aal. Wenn es stark geregnet hat oder sehr windig war, sinkt die Sicht im trüben Wasser Richtung Null.

Von der Innenstadt aus nimmt man die Bonaventure Avenue nach Norden zur Allandale Road und folgt dann der Ausschilderung (ca. 2 km).

Aktivitäten

Informationen zum Walbeobachten und Kajakfahren finden sich weiter unten. Golfer und Langläufer haben ihren Spaß im CA Pippy Park.

Durch das gesamte Gebiet schlängeln sich schöne Wanderwege. Der **Grand Concourse** (www.grandconcourse.ca) ist ein anspruchsvolles, 160 km langes Netz an Wanderwegen durch St. John's und sein Umland. Viele Wege liegen im CA Pippy Park und verlaufen um den Quidi Vidi Lake. Schön ist auch der um den See führende North Head Trail auf dem Signal Hill. Die Concourse-Website informiert über die Strecken.

Der 265 km lange **East Coast Trail** (www.eastcoasttrail.com) zieht sich von Cape St. Francis im Süden nach Cappahayden; weitere 275 km sind in Planung. Zum Teil präsentiert sich der Fernwanderweg als leichter Küstenspaziergang, teilweiese aber auch als anstrengender Marsch durch die Wildnis. Auf der Website wird über die kostenlosen wöchentlichen geführten Wanderungen informiert. Einige schließen eine auf Freiwilligkeit basierende Müllbeseitigung mit ein. Ein toller Weg führt von der Küste zum Cape Spear.

Geführte Touren

Bootsfahrten

Die meisten Bootstouren starten südlich der Stadt in der Witless Bay.

Iceberg Quest BOOTSTOUR
(☎709-722-1888; www.icebergquest.com; Pier 6; 2 Std. Erw./Kind 60/28 C$) Legt am Hafen von St. John's in Richtung Cape Spear ab – im Juni auf der Suche nach Eisbergen, im Juli und August nach Walen.

O'Brien's BOOTSTOUR
(☎709-753-4850, 877-639-4253; www.obriensboattours.com; 126 Duckworth St; 2 Std. Erw./Kind 55/25 C$) Die Witless Bay lockt mit Walen, Papageitauchern und Eisbergen. Die Boote stechen in Bay Bulls, 31 km im Süden, in See. O'Brien's bietet einen Shuttleservice (hin & zurück 25 C$) an, alle Hotels in St. John's werden dabei angefahren. Fahrkarten erhält man im Laden der Firma.

Outfitters KAJAKFAHREN
(☎709-579-4453, 800-966-9658; www.the outfitters.nf.ca; 220 Water St; halber/ganzer Tag 69/169 C$) Beliebte Kajaktouren ab Bay Bulls, mit Shuttleservice (hin & zurück 25 C$) ab dem Outfitters' Laden im Ort.

Bus

Jellybean Tours BUSTOUR
(☎709-754-4789; www.jellybean-tours.com; 8 Gower St) Der Veranstalter mit Sitz im St. John's Hostel bietet täglich Stadtrundfahrten (49 C$, 4 Std.) und Fahrten nach Cape Spear/Witless Bay (99 C$, 6 Std.) an – sofern sich genügend Interessenten finden.

Legend Tours BUSTOUR
(☎709-753-1497; www.legendtours.ca; 3 Std. 49–59 C$) Dieser preisgekrönte Veranstalter bietet Touren in St. John's, zum Cape Spear und über die nordöstliche Halbinsel Avalon an. Unterwegs werden lustige und historische Anekdoten zum Besten gegeben. Unbedingt telefonisch reservieren! Die Teilnehmer werden in ihren Unterkünften abgeholt.

Wandern

Die Touristeninformation hält Broschüren für individuelle Stadtspaziergänge bereit. Auf der East Coast Trail Webseite (www.eastcoasttrail.ca) werden kostenlose geführte Wanderungen aufgeführt.

★ **St. John's Haunted Hike** STADTSPAZIERGANG
(www.hauntedhike.com; Tour 10 C$; ⏲Juni–Sept. So–Do 21.30 Uhr) In einen schwarzen Umhang gehüllt leitet Reverend Thomas Wyckham Jarvis Esq die beliebten Spaziergänge in die düsteren Ecken der Stadt. Er lehrt einen das Gruseln mit seinen Geschichten über kopflose Kapitäne, Mörder und andere Geister. Gestartet wird am Westeingang der anglikanischen Kathedrale. Im Hochsommer zieht der nerven-

kitzelnde Spuk freitags und samstags zum Signal Hill um, wo drinnen ein Abend mit Gespenstergeschichten stattfindet (20 Uhr, Karten 15 C$).

Feste & Events

Festival 500 MUSIK
(www.festival500.com; Anfang Juli) Chöre und Beatboxer aus der ganzen Welt lassen ihre Stimmen auf Bühnen in der ganzen Stadt erklingen. Das Festival findet in ungeraden Jahren statt (2015, 1017).

Sound Symposium DARSTELLENDE KÜNSTE
(www.soundsymposium.com; Anfang Juli) Das große, avantgardistische Festival mit Konzerten, Workshops, Tanz, Theater und experimentellen Filmen dauert eine Woche und findet alle zwei Jahre in den geraden Jahren statt (2016, 2018).

George Street Festival MUSIK
(www.georgestreetlive.ca; Ende Juli/Anf. Aug.) Die imposante George Street verwandelt sich in einen riesigen Nachtclub, wenn dort eine wunderbare Woche lang Tag und Nacht Musik gespielt wird.

Royal St. John's Regatta SPORT
(www.stjohnsregatta.org; 1. Mi im Aug.) Die Straßen sind verlassen, die Geschäfte geschlossen und alles wandert an die Ufer des Quidi Vidi Lake. Die Ruderregatta fand offiziell 1825 das erste Mal statt und ist jetzt der älteste ohne Unterbrechung stattfindende Sportevent Nordamerikas.

Newfoundland & Labrador Folk Festival MUSIK
(www.nlfolk.com; Anfang Aug.) Das dreitägige Festival feiert die traditionelle neufundländische Musik, den Tanz und das Geschichtenerzählen und findet immer am Wochenende nach der Regatta statt.

Downtown Busker Festival KARNEVAL
(www.downtownstjohns.com; Anfang Aug.) Jongleure, Zauberer, Akrobaten, Komödianten und andere Künstler unterhalten ein langes Wochenende mit Straßenkunst.

Schlafen

Im Herzen von St. John's gibt es jede Menge kleinere Unterkünfte und B&Bs, die ein tolles Preis-Leistungs-Verhältnis bieten; gewöhnlich sind sie sogar besser als die Hotels und Motels. Sie sind entsprechend schnell ausgebucht, weshalb sich eine frühe Reservierung empfiehlt. Viele verlangen einen Mindestaufenthalt von zwei Nächten. Die hier aufgeführten Unterkünfte bieten alle ein warmes Frühstück. Die städtische Steuer von 17 % ist in den genannten Preisen nicht enthalten. Alle Unterkünfte haben Parkmöglichkeiten direkt am Haus oder in der Nähe.

HI St. John's HOSTEL $
(709-754-4789; www.hihostels.ca; 8 Gower St; B 28–33, Zi. 75–89 C$; @) Das HI hat alles, was ein gutes Hostel auszeichnet: eine gute Lage nah am Geschehen, blitzblanke Badezimmer, die richtige Größe (insgesamt 16 Betten) und hilfsbereites Personal. Auf einem Schwarzen Brett wird über die Veranstaltungen in der Stadt informiert. Günstige Ausflüge sind ebenfalls buchbar.

Chef's Inn B&B $$
(709-753-3180, 877-753-3180; www.thechefsinn.ca; 29 Gower St; Zi. 140–170 C$;) Fernsehkoch Todd Perrin ist der Besitzer dieses gemütlichen B&B, das seine Eltern für ihn betreiben. Die vier Zimmer sind modern-minimalistisch eingerichtet, und

ST. JOHN'S MIT KINDERN

St. John's sorgt für die Unterhaltung der Kleinen – bei Regen und bei Sonnenschein. CA Pippy Park ist ein Kinderparadies mit großem Spielplatz, vielen Wegen und dem Fluvarium. Die ständig hungrigen Enten im See des **Bowring Park** (www.bowringpark.com; Waterford Bridge Rd) lieben Gesellschaft, genauso wie die Meerestiere im Ocean Sciences Centre (S. 542).

Am Ende des Zapfenstreichs auf dem Signal Hill (S. 531) werden die Kanonen abgeschossen, ein spannender Moment auch für Kinder. Wer Bootstouren plant, sollte sich vorab erkundigen, wie sicher man Eisberge und Wale zu sehen bekommt. Geologie mag zwar nicht auf Anhieb für Begeisterung bei den Kleinen sorgen, der Besuch im unterirdischen Johnson Geo Centre (S. 531) fasziniert dann aber doch. Für ältere Kinder sind die Geistergeschichten von St. John's Haunted Hike interessant.

jedes hat ein eigenes Bad. Wie zu erwarten, gibt es ein herzhaftes Frühstück mit selbst geräuchertem Schinken und Kräutern aus dem eigenen Garten.

Balmoral House B&B **$$**

(☎877-428-1055, 709-754-5721; www.balmoralhouse.com; 38 Queen's Rd; Zi. 129–209 C$;) Das Balmoral ein typisches B&B mit Engelsstatuen und langen antiken Holztischen. Eher untypisch ist, dass der Besitzer nicht im Haus wohnt und das man sich beim Frühstück selbst bedienen muss. Dafür geht es hier entspannter und privater zu als in manch anderen B&Bs. Und die Betten haben wirklich bequeme Matratzen.

Abba Inn B&B **$$**

(☎800-563-3959, 709-754-0058; www.abbainn.com; 36 Queen's Rd; Zi. 139–189 C$;) Das Abba liegt im gleichen Gebäude wie das Balmoral, die Reservierung der Zimmer erfolgt über eine gemeinsame Rezeption. Wenn das eine voll ist, werden die Gäste an das jeweils andere weitervermittelt. Beide B&Bs sind von den Annehmlichkeiten und dem Ambiente her vergleichbar. Wenn das Abba voll ist, hat der Besitzer noch Zimmer im vergleichbaren Gower House, das ganz in der Nähe liegt.

Gower House B&B **$$**

(☎709-754-0058; www.newfoundland-hotels.com; 180 Gower St; Zi. 129–139 C$;) Gower House ähnelt mehr einer Pension als einem B&B. Die Zimmer sind klein, haben aber bequeme Betten, Flachbildfernseher und ein voll ausgestattetes eigenes Bad. Ein Student wohnt im Haus und serviert das (eierlastige) Frühstück. Das Gower gehört dem Besitzer des Abba Inn, hat aber die bessere Lage.

Narrows B&B B&B **$$**

(☎866-739-485; 709-739-4850; www.thenarrowsbb.com; 146 Gower St; Zi. 130–175 C$;) In den Zimmern des einladenden B&Bs fallen die warmen Farben, die elegante Einrichtung und die großen Holzbetten auf. Die Ausstattung ist durchwegs modern. Es gibt ein tolles Wohnzimmer und einen Balkon, wo sich die Gäste treffen und ihre Walgeschichten austauschen können.

At Wit's Inn B&B **$$**

(☎877-739-7420, 709-739-7420; www.atwitsinn.ca; 3 Gower St; Zi. 129– 149 C$;) Glänzende Holzdielen, Stuckdecken, prächtige Kamine, bunte Wände und Betten, aus denen man gar nicht mehr aufstehen möchte, machen dieses B&B unvergesslich. Die Wohn- und Esszimmer sind sowohl schick als auch komfortabel eingerichtet.

Foggy Rock B&B B&B **$$**

(☎709-697-0077; www.foggyrock.ca; 50 Prescott St; Zi. ab 99 C$;) Das Foggy Rock ist eine Mischung aus B&B und Hostel. Die vier Zimmer haben Gemeinschaftsbäder, das Frühstück ist eine kontinentaleuropäische Selbstbedienungsvariante. Das Preis-Leistungs-Verhältnis ist nicht das Beste der Stadt – aber wenn alles andere voll ist, ist es eine gute Unterkunft.

Courtyard St. John's HOTEL **$$**

(☎709-722-6636; www.marriott.com/yytcy; 131 Duckworth St; Zi. 159–199 C$;) Ein typisches Marriott-Hotel mit bequemen Betten. Manche Zimmer bieten sogar Hafenblick (ca. 10 C$ Aufpreis).

Leaside Manor B&B **$$**

(☎877-807-7245, 709-722-0387; www.leasidemanor.com; 39 Topsail Rd; Zi. 139–249 C$;) Die teureren Zimmer in dem alten Kaufmannshaus haben Himmelbetten, Kamin und Whirlpool, was erklärt, warum *Globe and Mail* das Leaside zu einem von Kanadas „romantischsten Zielen" gekürt hat. Es befindet sich etwa 30 Gehminuten von der Innenstadt entfernt. Wem das zu weit ist, der sollte sich nach den Stadtapartments erkundigen.

Delta Hotel HOTEL **$$$**

(☎709-739-6404; www.deltahotels.com; 120 New Gower St; Zi. 189–269 C$;) Das Delta neben dem Convention Center ist das Haupt-Geschäftshotel der Stadt mit entsprechenden Annehmlichkeiten. Für das Parken werden 12 C$ verlangt.

Essen

Entlang der Water Street und der Duckworth Street finden sich japanische, indische, lateinamerikanische und sogar vegetarische Restaurants, die für eine für die Provinz einzigartige kulinarische Vielfalt sorgen. Für einen Tisch in den gehobenen und angesagtesten Gourmettempeln muss man mehrere Tage im Voraus reservieren.

Rocket Bakery BÄCKEREI **$**

(www.rocketfood.ca; 272 Water St; Hauptgerichte 5–9 C$; Mo–Sa 7.30–22, So 8–18 Uhr;) Das lebhafte Rocket ist der perfekte Platz für einen *cuppa joe* (Tasse Kaffee), schicke Sandwiches oder süße Leckereien. Spezialitäten sind Hummus auf Mehrkornbrot oder Croissants mit Lemon Curd. Auch die Fischfrikadellen werden sehr gelobt. Bestellt wird an der Theke, danach verspeist man seine Köstlichkeiten an den Tischen im bunten Nebenraum.

International Flavours PAKISTANISCH **$**
(☎709-738-4636; 4 Quidi Vidi Rd; Hauptgerichte 8–12 C$; ⏲Di–Sa 12–19 Uhr; ✎) Die pakistanische Besitzerin Talat kocht ein ziemlich scharfes Dhal und Curry mit Basmatireis als Tagesgericht (jeweils eines mit Fleisch, eines vegetarisch).

Ches's FASTFOOD **$**
(☎709-726-2373; www.chessfishandchips.ca; 9 Freshwater Rd; Hauptgerichte 8–15 C$; ⏲So–Do 11–2, Fr & Sa 11–3 Uhr) Das Ches's und seine Fish and Chips sind in Newfoundland eine Institution. Kein Schnickschnack – nur Kabeljau, der auf der Zunge zergeht.

Hava Java CAFÉ **$**
(258 Water St; Backwaren 3–7 C$; ⏲So–Mi 7.30–18, Do–Sa 7.30–21 Uhr; 📶) Die Atmosphäre ist wohltuend anders als in Franchiseketten. Hier geht es alleine darum, den besten Kaffee der Stadt zu brühen.

Fixed Coffee & Baking CAFÉ **$**
(www.fixedcoffee.com; 183 Duckworth St; Backwaren 3–8 C$; ⏲Mo–Fr 7–18, Sa & So ab 9 Uhr; 📶) Im Fixed gibt es den besten Kakao, sehr guten Kaffee und Chai (Tee). Dazu passen hausgemachte Bagels und Brote.

Sun Sushi JAPANISCH **$**
(☎709-726-8688; 186 Duckworth St; Sushirollen 4,50–7,50 C$; ⏲Mo–Sa 12–22 Uhr) Das schlichte Restaurant ist bei den Einheimischen wegen der preiswerten Sushi beliebt. Tipp: der scharf gewürzte Thunfisch.

Hungry Heart CAFÉ **$$**
(☎709-738-6164; www.hungryheartcafe.ca; 142 Military Rd; Hauptgerichte 7–15 C$; ⏲Mo–Sa 10–14 Uhr) Der Besuch in diesem in warmen Tönen gehaltenen Café unterstützt misshandelte Frauen und andere hilfsbedürftige Personen. Mit der Ausbildung in der Gastronomie soll ihnen einen Neuanfang ermöglicht werden. Das Curry mit Huhn und Mango oder die Sandwiches mit Schweinefleisch sind besonders zu empfehlen. Beim Brunch am Samstag werden Käse-Scones, Schinken (der in getrocknete und zerriebene gelbe Erbsen gerollt wird) sowie Brotpudding mit Kirschen serviert. Außerdem gibt es jede Menge gebackene Köstlichkeiten.

Sprout VEGETARISCH **$$**
(☎709-579-5485; www.thesproutrestaurant.com; 364 Duckworth St; Hauptgerichte 10–15 C$; ⏲Mo–Fr 11.30–21, Sa ab 10 Uhr; ✎) Das ist in Newfoundland nahezu einmalig: ein komplett vegetarisches Lokal. Also nicht die Stadt verlassen, ohne marinierte Tofu-Burger, Walnuss-Pesto-Sandwiches oder *poutine* aus braunem Reis (Pommes mit Misosoße) probiert zu haben!

Classic Cafe CAFÉ **$$**
(☎709-726-4444; 73 Duckworth St; Hauptgerichte 14–22 C$; ⏲So–Di 8–14.30, Mi– Sa 8–21 Uhr) Ja, hier essen lauter Touristen, aber es ist trotzdem ein guter Ort, um die Hafenansicht zu genießen und sich *toutons* (Pfannkuchen), *fish 'n' brewis* (Kabeljau mit eingeweichtem Brot), *seafood chowder* (Suppe aus Meeresfrüchten) und Fischfrikadellen sowie Omelettes und Sandwiches schmecken zu lassen.

India Gate INDISCH **$$**
(☎709-753-6006; www.indiagatenl.com; 286 Duckworth St; Hauptgerichte 12–17 C$; ⏲Mo–Fr 11.30–14 Uhr, tgl. 17–22 Uhr; ✎) Das beliebteste indische Restaurant des Ortes mit vielen vegetarischen Gerichten. Unter der Woche wird für 15 C$ ein sättigendes *All-you-can-eat*-Mittagessen angeboten.

★ **Chinched** MODERN KANADISCH **$$$**
(☎709-722-3100; www.chinchedbistro.com; 7 Queen St; Hauptgerichte 30–35 C$; ⏲Di–Sa 18–21.30 Uhr) 🍃 Das Chinched ist St. John's erstes richtiges Feinschmeckerlokal. Hier werden Gerichte in Top-Qualität aufgetischt, allerdings ohne das übliche weiße Tischdecken-Gehabe. Die Gäste lassen sich Tintenfisch-Tacos oder Risotto mit neufundländischen Wildchampignons im gemütlichen, in dunklem Holz gehaltenen Gastraum schmecken. Die Fleischkarte wechselt regelmäßig. Die jungen Köche zaubern einzigartige Desserts wie etwa Eiscreme aus wilden Brennnesseln. Unter den Spirituosen findet sich auch hausgemachter Wodka aus Preiselbeeren. Wer kein ganzes Menu möchte, kann an der Bar verschiedene Gerichte für 6 bis 7 C$ probieren.

★ **Reluctant Chef** MODERN KANADISCH **$$$**
(☎709-754-6011; www.facebook.com/TheReluctantChefRestaurant; 281 Duckworth St; Menü 60 C$; ⏲Mi–Fr 12–15.30, Mo–Sa 17–24 Uhr) 🍃

SCRUNCHEONS, TOUTONS & FLIPPER PIE: EIN KULINARISCHER WEGWEISER

Für Newfoundland braucht man ein eigenes kulinarisches Wörterbuch. Lektion 1: Scoff heißt hier so viel wie „große Mahlzeit".

Zwei der einheimischen Lieblingsgerichte sind *Fish'n'Brewis* und *Jigg's Dinner*. *Fish 'n' Brewis* ist gesalzener Fisch mit Zwiebeln, *scruncheons* (frittiertem Schweinefett) und einem halb gekochten Brot. *Jigg's Dinner* ist ein wahres Festessen aus Braten (Truthahn oder manchmal auch Elch) mit gekochten Kartoffeln, Karotten, Kohl, gepökeltem Rindfleisch und einem Erbsen-und-Brot-Pudding. Ein *Touton* ist ein frittierter Teig, der in klebrige Melasse getunkt wird.

Cod Tongues sind die zarten fleischigen Häppchen aus dem Unterkiefer des Kabeljaus, die zerstampft und frittiert werden, während sich hinter *cod cheeks* Kabeljaubäckchen verstecken. *Fishcake* besteht aus einem Brei aus Kabeljau, Kartoffeln und Zwiebeln, der gebraten wird – köstlich! *Seal Flipper Pie* ist allerdings nur was für Hartgesottene: Der starke Geschmack des Robbenfleischs ist ziemlich gewöhnungsbedürftig.

Zum Nachtisch wird *Figgy Duff* serviert – ein dickflüssiger Feigenpudding, der in einem Tuch gekocht wird.

Hier wird ein liebevoll zubereitetes achtgängiges Menüs serviert. Die Gerichte wechseln ständig, auf Facebook lässt sich nachschauen, was gerade aktuell auf der Karte steht. Dann kann man sich auf 3 Std. Gaumenschmaus unter einem funkelnden Kronleuchter mit 30 anderen Gleichgesinnten freuen!

Bacalao MODERN KANADISCH **$$$**
(☎709-579-6565; www.bacalaocuisine.ca; 65 Lemarchant Rd; Hauptgerichte 26–36 C$; ⏱Di–Fr 12–14.30, Sa & So ab 11 Uhr, Di–So 18–22 Uhr) Das lauschige Bacalao verwendet regionale Zutaten für seine neufundländische „nouvelle cuisine". Zur Auswahl stehen gesalzener Kabeljau *du jour* und Karibu in Preiselbeersauce, dazu trinkt man wahlweise ein lokales Bier oder einen Wein. Das Lokal liegt 1,5 km westlich des Stadtzentrums, einfach der Water Street südlich bis zur Waldegrave Street folgen und dann in die Barters Hill Road abbiegen.

Bistro Sofia CAFÉ **$$$**
(☎709-738-2060; www.bistrosofia.net; 320 Water St; Hauptgerichte 26–36 C$; ⏱9–23 Uhr; 📶) Das Bistro Sofia zaubert qualitativ hochwertige Gerichte und serviert diese in einem hellen, schicken Kaffeehausambiente. Die Gäste bestellen an der Theke, suchen sich anschließend einen Platz und trinken Kaffee oder Wein, während sie auf ihr Mittagessen (perfekt getoastete Sandwiches) oder das Abendessen (z. B. geschmorte Lammhüfte oder Lachs-Kürbis-Risotto) warten.

Ausgehen & Nachtleben

Die George Street ist die Partymeile der Stadt. Auch die Water Street und die Duckworth Street haben viele Lokale zu bieten, dort geht es aber vergleichsweise etwas ruhiger zu. Die Bars sind bis 2 Uhr geöffnet (am Wochenende bis 3 Uhr). In einigen Lokalen wird an den Wochenenden oder bei Livemusik eine kleine „Eintrittsgebühr" verlangt (etwa 5 C$). Auf jeden Fall den lokalen Screech Rum probieren!

★ **Duke of Duckworth** PUB
(www.dukeofduckworth.com; McMurdo's Lane, 325 Duckworth St; ⏱12 Uhr bis spätabends; 📶) „The Duke", wie es auch genannt wird, ist ein einfaches englisches Pub, das für alles steht, was toll ist an Newfoundland und seinen Bewohnern. Vor allem freitagabends findet man hier einen Mix aus Arbeitern, Angestellten, Jungen und Alten. 14 Biersorten (darunter auch das lokale Quidi Vidi) fließen hier durch die Zapfanlage.

In der Küche werden hervorragende Chicken Pot Pies, Fish and Chips und andere leckere Bargerichte zubereitet. Die beliebte CBC-Fernsehserie *Republic of Doyle* wird hier gedreht, was erklärt, warum so viele Leute das Schild an der Tür fotografieren.

Trapper John's Museum & Pub PUB
(www.trapperjohns.com; 2 George St; ⏱Mo–Mi 12–2, Do–So 12–3 Uhr) Es ist nicht gerade die edelste Kneipe der Stadt, aber hier macht es mit Sicherheit am meisten Spaß, ein Neufundländer ehrenhalber zu werden – was passiert, wenn man Stubby, den Papageitau-

cher, küsst (in Abwandlung des sonst üblichen Kabeljaus). Die überall ausgestellten Tierfallen geben dem Ganzen das Gefühl, in einem Museum zu sitzen.

Gypsy Tea Room BAR
(www.gypsytearoom.ca; 315 Water St; ⏲ ab 11.30 Uhr) Beherbergt ein angesehenes mediterranes Restaurant und eine schicke Lounge. Der Innenhof ist der perfekte Ort, um unter Sternen Cocktails, Wein oder andere Erfrischungen zu schlürfen.

Celtic Hearth PUB
(www.thecelticheath.com; 298 Water St; ⏲ 24 Std.) Hier gibt es rund um die Uhr Guinness und Pub Food.

Velvet CLUB
(twitter.com/Velvetniteclub; 208 Water St; ⏲ Fr & Sa 11–3 Uhr) Die wichtigste Tanzbar für Homosexuelle in Newfoundland. Heterosexuelle Gäste sind ebenfalls willkommen, sich unter die gut gelaunten Gäste zu mischen. Das Velvet liegt oberhalb vom Rose & Thistle; denEingang erreicht man von der McMurdo's Lane aus.

☆ Unterhaltung

The Scope (www.thescope.ca) informiert über die täglichen Veranstaltungen. Da St. John's eine relativ kleine Stadt ist, wird viel über Mundpropaganda und Zettel an Laternenmasten informiert. Die Veranstaltungsorte liegen alle nah beieinander.

Livemusik

Der Grundpreis liegt zwischen 5 und 10 C$. **Mighty Pop** (www.mightypop.ca) bietet eine Liste der anstehenden Shows.

Ship Pub LIVEMUSIK
(☎709-753-3870; 265 Duckworth St; ⏲ 12 Uhr bis spätnachts) Alter und Einstellung werden am Eingang zu diesem kleinen Pub überprüft, der versteckt am Ende der Solomon's Lane liegt. Zu hören gibt es alles von Jazz bis Indie, vereinzelt sogar Gedichtlesungen. Mittwochs ist Folkmusikabend.

Shamrock City LIVEMUSIK
(www.shamrockcity.ca; 340 Water St; ⏲ 12 Uhr bis spätnachts) In diesem Pub für jedes Alter treten jede Nacht Bands auf, die vor allem irische oder neufundländische Musik spielen.

Rose & Thistle LIVEMUSIK
(☎709-579-6662; 208 Water St; ⏲ 9 Uhr bis spätnachts) Hier greifen bekannte Folkmusiker der Region zur Gitarre.

Fat Cat BLUES
(www.fatcatbluesbar.com; George St; ⏲ Di–So 20 Uhr bis spätnachts) Während der Sommermonate erklingt aus dem gemütlichen Fat Cat jede Nacht der Blues.

Rock House LIVEMUSIK
(☎709-579-6832; 8 George St) Auswärtige Indie-Bands treten hier auf.

Theater

Resource Centre for the Arts DARSTELLENDE KÜNSTE
(☎709-753-4531; www.rca.nf.ca; 3 Victoria St) Sponsert freies Theater, Tanz und Film von neufundländischen Künstlern, die alle in der ehemaligen Halle der Hafenarbeitergewerkschaft (aka LSPU Hall) auftreten.

Shakespeare by the Sea Festival THEATER
(www.shakespearebytheseafestival.com; Karten 20 C$; ⏲ Anfang Juli bis Mitte Aug.) Freiluftaufführungen werden am Signal Hill, in den örtlichen Parks und anderen Orten gegeben. Karten gibt es am Aufführungsort und ausschließlich gegen Barzahlung. Einige Aufführungen sind kostenlos.

DAS „SCREECHING"

Innerhalb weniger Tage nach der Ankunft in St. John's werden alle Besucher unweigerlich im traditionellen Newfoundland-Slang gefragt „Is you a screecher?" Das ist nicht so schmerzhaft, wie es sich anhört und die traditionelle Weise, in der Einheimische die Besucher ihrer Provinz begrüßen. Das *screeching* stammt aus den 1940er-Jahren, als es für Neuankömmlinge Aufnahmeriten gab, und von Streichen, die Seehundjägern gespielt wurden, die das erste Mal ins Eis aufbrachen. Heutzutage findet die Zeremonie in örtlichen Pubs statt, wo Besucher einen Rum trinken (ein lokaler Rum heißt Screech), ein unaussprechliches Gedicht in Mundart aufsagen und danach einen ausgestopften Kabeljau küssen müssen. Danach gibt es ein Zeugnis, das sie zum Ehren-Neufundländer ernennt. Das ist zwar ziemlich touristisch, aber auch ein großer Spaß, besonders in größeren Gruppen – also am besten versuchen, sich im Pulk *screechen* zu lassen.

Sport

St. John's IceCaps EISHOCKEY
(www.stjohnsicecaps.com; 50 New Gower St; ⏲Okt.–Mai) Die beliebten IceCaps, die in der American Hockey League spielen, hauen im Mile One Centre auf den Puck.

Shoppen

Traditionelle Musik, Beerenmarmeladen und heimische Kunst gibt es in der Water Street und der Duckworth Street zu kaufen.

Fred's MUSIK
(☎709-753-9191; www.fredsrecords.com; 198 Duckworth St; ⏲Mo–Fr 9.30–21, Sa 9.30–18, So 12–17 Uhr) Der wichtigste Musikladen der Stadt mit Musik aus der Region wie Hey Rosetta, Buddy Wasisname, Ron Hynes, The Navigators und Great Big Sea.

Living Planet SOUVENIRS
(☎709-739-6810; www.livingplanet.ca; 181 Water St; ⏲Mo–Sa 10–17, So 12–17 Uhr) Schrullige T-Shirts und Anstecker für Touristen, die sogar die Einheimischen mit Stolz tragen.

Downhome SOUVENIRS
(☎709-722-2070; 303 Water St; ⏲Mo–Sa 10–17.30, So 12–17 Uhr) Obwohl sehr touristisch, gibt es doch eine gute Auswahl an regionalen Produkten wie Marmeladen, Wollsachen, Kochbücher mit Elchrezepten und die begehrte CD *How to Play the Musical Spoons*.

Outfitters OUTDOORAUSRÜSTUNG
(☎709-579-4453; www.theoutfitters.nf.ca; 220 Water St; ⏲Mo–Mi & Sa 10–18, Do & Fr 10–21, So 12–17 Uhr) Ein Camping- und Ausrüstungsladen, in dem es auch aktuelle Outdoor-Infos gibt (am Schwarzen Brett).

Praktische Informationen

GELD

Jede Menge Banken findet man im Bereich der Kreuzung von Water Street und Ayre's Cove.

CIBC (215 Water St)

Scotia Bank (245 Water St)

INTERNETZUGANG

Viele Cafés und Bars wie Fixed, Hava Java und Duke of Duckworth bieten kostenloses WLAN an.

MEDIEN & INFOS IM INTERNET

City of St. John's (www.stjohns.ca) Die Kategorie „Visiting Our City" bietet Beschreibungen zu Attraktionen, Unterkünften, Lokalen und Veranstaltungen.

Downhome (www.downhomelife.com) Eine monatliche Zeitschrift für die Region im Stil von *Readers Digest*.

Scope (www.thescope.ca) Kostenlose Alternativzeitung, die über lokale Kultur und Politik berichtet.

St. John's Telegram (www.thetelegram.com) Die Tageszeitung der Stadt.

MEDIZINISCHE VERSORGUNG

Health Sciences Complex (☎709-777-6300; 300 Prince Phillip Dr)
24-Stunden-Notfallbehandlung.

Water Street Pharmacy (☎709-579-5554; 335 Water St; ⏲Mo–Sa) Apotheke

POST

Hauptpost (☎709-758-1003; 354 Water St)

TOURISTENINFORMATION

Besucherzentrum (☎709-576-8106; www.stjohns.ca; 348 Water St; ⏲9–16.30 Uhr) Sehr hilfreich mit Gratislandkarten der Provinz und Stadtplänen. Die Mitarbeiter beantworten Fragen und sind bei Buchungen behilflich.

An- & Weiterreise

AUTO & MOTORRAD

Avis, Budget, Enterprise, Hertz, National und Thrifty haben Niederlassungen am Flughafen. **Practicar** (☎709-753-2277; www.practicar.ca; 909 Topsail Rd) hat einen Schalter 20 Fahrminuten vom Flughafen entfernt und bietet meistens günstigere Preise.

BUS

DRL (☎709-263-2171; www.drl-lr.com) lässt täglich Busse in beide Richtungen zwischen St. John's und Port aux Basques (123 C$, nur Barzahlung, 13½ Std.) über den 905 km langen Highway 1 fahren. Die Busse halten unterwegs an 25 Haltepunkten. Abfahrt ist um 7.30 Uhr am Memorial University's Student Centre im CA Pippy Park.

FLUGZEUG

Air Canada (www.aircanada.com), **WestJet** (www.westjet.com), **Provincial Airlines** (www.provincialairlines.ca) und **Porter Airlines** (www.flyporter.com) sind die wichtigsten Fluglinien. United Airlines bietet den einzigen Direktflug aus den Vereinigten Staaten an. Air Canada bietet tägliche Direktflüge nach und von London.

SAMMELTAXI

Die großen Vans haben meistens 15 Sitzplätze und lassen Gäste unterwegs an jedem Punkt zu- und aussteigen. Für Reservierungen anrufen; die Vans fahren zu den Hotels und holen die Fahrgäste dort ab. Ausschließlich Barzahlung.

DIE SCHLACHT UM DIE MIETWAGEN

Achtung: Die Mietwagenflotten sind klein (aufgrund der entlegenen Lage der Insel und der Kürze der Touristensaison), was bedeutet, dass sich sehr viele Besucher im Hochsommer um sehr wenige Autos streiten! Verlangt werden bis zu 100 C$ pro Tag (inklusive Steuern und Kilometer). Früh im Voraus reservieren – wer während der Hochsaison von Mitte Juli bis Anfang August ein Auto braucht, sollte im April oder Mai buchen. Unbedingt die Buchung vor der Ankunft bestätigen lassen!

Foote's Taxi (☎ 800-866-1181, 709-832-0491) Fährt täglich die Halbinsel Burin entlang nach Fortune (45 C$, 4½ Std.).

Newhook's Transportation (☎ 709-682-4877, in Placentia 709-227-2552) Fährt abgestimmt auf die Fährzeiten der Argentia-Fähre den südwestlichen Teil der Halbinsel Avalon entlang nach Placentia (30 C$, 2 Std.).

Shirran's Taxi (☎ 709-468-7741) Bedient täglich die Halbinsel Bonavista mit Stopps u. a. in Trinity (50 C$, 3½ Std.) und Bonavista (40 C$, 4 Std.).

Unterwegs vor Ort

AUTO & MOTORRAD

Die Einbahnstraßen und Kreuzungen der Stadt haben schon manchen verwirrt. Glücklicherweise sind die einheimischen Autofahrer sehr geduldig. Die Parkuhren in der Water Street und in der Duckworth Street verlangen pro Stunde 1,25 C$. Die **Sonco Parking Garage** (Ecke Baird's Cove & Harbour Dr; ⏲ 6.30–23 Uhr) berechnet 1,50 C$ für 30 Min. oder 11 C$ für den ganzen Tag.

VOM/ZUM FLUGHAFEN

St. John's International Airport liegt 6 km nördlich der Stadt an der Portugal Cove Road (Route 40). Taxis vom Flughafen zu den Hotels und B&Bs nehmen eine staatlich festgelegte Pauschale von 25 C$ (plus 3 C$ für jeden zusätzlichen Passagier). **Citywide Taxi** (☎ 709-722-7777) ist das offizielle Taxiunternehmen. In umgekehrter Richtung – von der Stadt zum Flughafen – wird nach Taxameter abgerechnet, die Fahrt ist dann meist etwas günstiger.

ÖFFENTLICHE VERKEHRSMITTEL

Der **Metrobus** (www.metrobus.com) befährt weite Teile des Stadtgebietes (Ticket 2,25 C$). Netzkarten und Abfahrtzeiten findet man auf der Homepage und im Besucherzentrum. Linie 3 ist besonders praktisch; sie umrundet die Stadt auf der Military Road und der Water Street, bevor sie zur Universität abbiegt. Die neue „trolley line" (in Wahrheit ein Bus) fährt die wichtigsten Sehenswürdigkeiten an, u. a. den Signal Hill. Verlangt werden pro Pers./Fam. und Tag 5/20 C$.

TAXI

Abgesehen von den Flughafenfahrten rechnen alle Taxis mit Taxameter ab. Eine Fahrt innerhalb der Stadt sollte um die 8 C$ kosten. **Jiffy Cabs** (☎ 709-722-2222; www.jiffycabs.com) ist ein zuverlässiges Unternehmen.

RUND UM ST. JOHN'S

Nördlich von St. John's

Das **Ocean Sciences Centre** (☎ 709-737-3708; www.mun.ca/osc; ⏲ Juni–Aug. 10–17 Uhr) GRATIS könnte direkt dem Roman *20000 Meilen unter dem Meer* entsprungen sein. Es wird von der Memorial University geleitet und beschäftigt sich mit dem Lebenszyklus der Lachse, der Orientierung von Robben, den Meeresströmungen und dem Leben in kalten Meeren. Im Besucherbereich draußen gibt es Streichelbecken mit heimischen Meerestieren. Das Zentrum liegt 8 km nördlich von St. John's, kurz vor der Logy Bay. Von der Stadt kommend nimmt man die Logy Bay Road (Route 30), fährt auf dem Marine Drive weiter und dann bis zum Ende der Marine Lab Road.

Middle Cove und **Outer Cove** sind abgelegen und felsig. Sie liegen etwas weiter nördlich auf der Route 30 und eignen sich perfekt für ein Strandpicknick.

Am Kopf der **Torbay Bight** im Norden liegt der kurze **Father Troy Path**, der die Küste umrundet. Die Aussicht vom **Cape St. Francis** ist die Fahrt auf der Schotterpiste von Pouch Cove allemal wert. Mit etwas Glück sieht man auch Wale.

Westlich von St. John's

Wer auf der Topsail Road (Route 60) nach Westen fährt, erreicht gleich hinter Paradise den **Topsail Beach** mit Picknicktischen, einem Wanderweg und einem herrlichen Panoramablick auf die Conception Bay und ihre Inseln. **Bell Island** (www.tourismbellisland.com) ist die größte der kleinen Landflecken der Conception Bay – eine interessante Tagestour! Man fährt 14 km nordwestlich von St. John's nach Portugal Cove zur **Fähre** (709--895-6931) und setzt von dort in 20 Min. zur Insel über (Passagier/Auto 2,50/7 C$, 6–22.30 Uhr, stündl.). Bell Island ist der einzige Ort auf dem Kontinent, der im Zweiten Weltkrieg von den Deutschen angegriffen wurde. Der Anleger und 80 000 t Eisenerz wurden 1942 von U-Booten torpediert. Bei Ebbe sind die Folgen immer noch zu sehen. Die Insel besitzt einen schönen Mix aus Stränden, aussichtsreichen Küsten, Leuchttürmen und Wanderwegen. Minenarbeiter haben hier in Schächten unter dem Meer in der weltgrößten Unterwasser-Eisenmine gearbeitet.

Das **Iron Ore Mine & Museum** (709-488-2880; Erw./Kind 12/5 C$; Juni–Sept. 11–18 Uhr) beschreibt die Arbeitsweise und gibt den Besuchern die Gelegenheit, unter Tage zu gehen. Warm anziehen!

Südlich von St. John's

Cape Spear

Nach einer 15 km langen Fahrt Richtung Südosten erreicht man den östlichsten Punkt Nordamerikas. Die Küste ist spektakulär, während des ganzen Sommers lassen sich hier Wale beobachten. Die Gegend wurde zur **Cape Spear National Historic Site** (709-772-5367; www.pc.gc.ca/capespear; Blackhead Rd; Erw./Kind 3,90/1,90 C$; Gelände ganzjährig) erklärt und bietet ein **Informationszentrum** (Mai–Okt. 10–18 Uhr), einen restaurierten **Leuchtturm** (Juni–Aug. 10–18 Uhr, Mai, Sept. & Okt. kürzere Öffnungszeiten) von 1835 und schwere Kanonen und Magazine, die 1941 gebaut wurden, um den Hafen im Zweiten Weltkrieg zu schützen. Ein **Pfad** verläuft entlang der Landzunge, vorbei an der Aussichtsplattform des „östlichsten Punktes" und hoch zum Leuchtturm. Wer will, kann noch weiter bis nach Maddox Cove und Petty Harbour auf dem East Coast Trail wandern. Doch selbst wer nur ein kurzes Stück spaziert, wird begeistert von der Natur sein.

Hinweisschilder warnen Besucher davor, auf die Felsen am Wasser zu klettern! Immer wieder werden diese von Wellen überspült.

Man erreicht das Kap von der Water Street aus, indem man den Waterford River südlich der Stadt überquert und dann 11 km der Blackhead Road folgt.

Goulds & Petty Harbour

In **Goulds** liegt an der Kreuzung der Route 10 mit der Straße nach Petty Harbour das **Bidgood's** (www.bidgoods.ca; Bidgood's Plaza; Mo–Sa 9–19, So 10–17 Uhr). Eigentlich handelt es sich dabei um einen normalen Supermarkt, abgesehen von den frischen Seal Flippers (in Pies, im Glas oder als trockenfleischartige Streifen angeboten) und dem Karibusteak, das im hinteren Teil des Ladens serviert wird. Zartbesaitete Kunden finden hier auch neufundländische Spezialitäten wie Partridgeberrys und Bratapfelmarmelade.

Petty Harbour wird von steilen Hängen eingerahmt. Mit seinen verwitterten Booten, Werften und Hütten auf wackeligen Stelzen ähnelt der Hafen einer Filmkulisse. **North Atlantic Ziplines** (www.zipthenorthatlantic.com; 2½-Std.-Ausflug Erw./Kind 115/90 C$) bietet hier Spannung in landschaftlich schöner Umgebung, pro Tag finden fünf Touren statt. Je nach Saison gibt es Wale oder Elche zu sehen.

HALBINSEL AVALON

Die kurvenreiche Küstenstraße führt durch ursprüngliche Landschaft zu neufundländischen Fischerdörfern. Viele Besucher fahren im Rahmen von Tagesausflügen ab St. John's dorthin. Es spricht aber auch einiges dafür, sich mit dem glitzernden Meer vor dem Fenster abends in Cupids oder Branch unter einen Quilt zu kuscheln. Vier der sechs Meeresvogel-Schutzgebiete der Provinz liegen hier, außerdem 28 der 41 Historischen Stätten der Provinz.

Ein Großteil des **East Coast Trail** (www.eastcoasttrail.ca) führt über die Halbinsel; Besucher sollten nach geführten Gratis-Wanderungen Ausschau halten. Die Fähre nach Nova Scotia legt in Argentia ab.

Der Südosten von Avalon

Das Gebiet, das manchmal auch South Shore genannt wird, ist bekannt für seine Tierwelt, Archäologie, die Boots- und Kajaktouren sowie den unerbittlichen Nebel. Die Scenic Routes 10 und 90, auch bekannt als **Irish Loop** (www.theirishloop.com), umschließen das Gebiet.

Witless Bay Ecological Reserve

Im Schutzgebiet lassen sich hervorragend Wale, Eisberge und Vögel beobachten, mehrere Boote fahren von **Bay Bulls** (31 km südlich von St. John's) und der Gegend um **Bauline East** (15 km südlich von Bay Bulls) dorthin.

Die vier Inseln der Witless Bay und südlich davon stehen als **Witless Bay Ecological Reserve** (www.env.gov.nl.ca/parks) unter Schutz und gehören zu den besten Seevogel-Brutgebieten im östlichen Nordamerika. Jeden Sommer treffen hier über eine Million Vogelpaare ein, darunter Papageitaucher, Dreizehenmöwen, Sturmschwalben und die pinguinartigen Lummen. Ausflugsboote fahren dicht unterhalb der Steilklippen an der Küste entlang zu den Inseln.

Die besten Monate sind Juni und Juli, wenn die Buckel- und Zwergwale kommen, um sich zusammen mit den Vögeln auf die Lodden (Fischart) zu stürzen. Wer Glück hat, sieht im Frühsommer auch einen Eisberg vorbeischwimmen.

Geführte Touren

Touren ab Bay Bulls (z. B. Angebote der großen Anbieter O'Brien's und Gatherall's) führen nach Gull Island mit der höchsten Vogeldichte. Boote, die im Süden rund um Bauline East ablegen, steuern die benachbarte Great Island an, wo sich die größte Papageitaucherkolonie befindet. Bauline East liegt näher am Schutzgebiet, daher ist man kürzer unterwegs. Aber man sieht auf allen Touren die gleichen Tiere.

Auch Kajaktouren sind sehr beliebt. Beim Paddeln kann man die Wale nicht nur sehen, sondern sogar ihre Anwesenheit spüren.

Die Anbieter sind nicht zu übersehen – man muss nur entlang der Route 10 nach ihren Schildern Ausschau halten. Manchmal kommt es zu Stornos, wenn sich nicht genügend Teilnehmer melden (deshalb lieber vorab telefonisch reservieren). Im Folgenden werden renommierte Veranstalter genannt, die alle von Mitte Mai bis Mitte September arbeiten. Die meisten Boote legen mehrmals täglich zwischen 9.30 und 17 Uhr ab.

Colbert's Tours BOOTSTOUR
(☎709-334-2098; Rte 10, Bauline East; 1 Std. Erw./5–15 Jahre 30/15 C$) Die Bootsfahrt zu den Walen und Papageitauchern dauert mit dem 14 m langen Boot rund 10 Min.

Gatherall's BOOTSTOUR
(☎800-419-4253; www.gatheralls.com; Northside Rd, Bay Bulls; 1½ Std. Erw./Kind 56/16 C$) Der große, schnelle Katamaran ist eine gute Wahl für alle, die schnell seekrank werden.

Molly Bawn Tours BOOTSTOUR
(☎709-334-2621; www.mollybawn.com; Rte 10, Mobile; 1 Std. Erw./Kind 40/35 C$) Gefahren wird mit einem kleinen, 12 m langen Boot. Gestartet wird auf halber Strecke zwischen Bay Bulls und Bauline East.

O'Brien's BOOTSTOUR
(☎709-753-4850, 877-639-4253; www.obriens boattours.com; 2 Std. Erw./Kind 55/25 C$) O'Brien's hat seinen Anleger auf der Südseite der Bay Bulls und ist der älteste Anbieter von Bootstouren. Auf seinem schönen, großen Boot werden die Gäste mit Geschichten und Musik unterhalten. Eine teurere, aber auch aufregendere Variante ist die zweistündige Fahrt in einem Hochgeschwindigkeits-Schlauchboot (85 C$). Der Shuttleservice von St. John's kostet hin & zurück 25 C$.

Outfitters KAJAK FAHREN
(☎709-579-4453, 800-966-9658; www.theout fitters.nf.ca; Bay Bulls; Halb-/Ganztagestouren 69/169 C$) Die beliebten halbtägigen Kajaktouren starten um 9 und um 14 Uhr. Die ganztägigen Fahrten beginnen um 9.30 Uhr und führen aus der inneren Bucht von Bay Bulls hinaus zur Spitze des Schutzgebietes. Es gibt einen Shuttleservice (hin & zurück 25 C$) ab St. John's, Abfahrt ist bei Outfitters in der 220 Water Street.

Stan Cook Sea Kayak Adventures KAJAK FAHREN
(☎709-579-6353, 888-747-6353; www.wildnfld.ca; Harbour Rd, Cape Broyle; 2½ Std. ab 59 C$) Die Firma ist weiter südlich in der Nähe von Ferryland ansässig und bietet tolle geführte Touren für Anfänger und fortgeschrittene Kajakfahrer.

La Manche Provincial Park

Eine vielfältige Vogelwelt, dazu Biber, Elche und Schneeschuhhasen können in diesem Park, der nur 53 km südlich von St. John's liegt, beobachtet werden. Ein Highlight ist der 12,5 km lange Wanderweg zu den Überresten von La Manche, einem Fischerdorf, das 1966 durch einen heftigen Wintersturm zerstört wurde. Bei der Ankunft sieht man die schöne neu gebaute Hängebrücke, die über dem Abgrund schwebt – sie ist ein Teil des East Coast Trails. Start ist an der Feuerwehrzufahrt, hinter dem Haupteingang.

Es gibt einen sehr guten **Campingplatz** (☎709-685-1823; www.nlcamping.ca; Rte 10; Zeltplätze 15–23 C$, Fahrzeug 5 C$; ⏲Mai–Sept.). Viele Campingplätze haben Blick auf den großen La Manche Pond, der sich zum Schwimmen eignet.

Ferryland

Ferryland gehörte zu den ersten Siedlungen Nordamerikas: 1621 gründete George Calvert die Kolonie Avalon. Ein paar neufundländische Winter später trieb es ihn wieder in wärmere Gefilde. Er ließ sich in Maryland nieder und wurde irgendwann zum ersten Lord Baltimore. Danach zogen weitere englische Familien nach und hielten die Kolonie am Leben, obwohl sie 1673 von den Holländern und 1696 von den Franzosen komplett zerstört wurde.

Die **Colony of Avalon Archaeological Site** (☎709-432-3200; www.colonyofavalon.ca; Rte 10; Erw./Kind 9,50/7,50 C$; ⏲Juni–Sept. 10–18 Uhr) trägt zur tollen Atmosphäre bei. Hier kann man Archäologen dabei zusehen, wie sie von der Axt bis zur Schüssel alles Mögliche ausgraben. Das **Besucherzentrum** (☎709-432-3207) zeigt einen Überblick über die Ausgrabungsfunde.

Im früheren Gerichtsgebäude des Dorfes ist heute das kleine **Historic Ferryland Museum** (☎709-432-2711, Rte 10; Eintritt 2 C$; ⏲Juli & Aug. Mo–Sa 10–16, So 13–16 Uhr) untergebracht. Vom Hügel hinter dem Museum hielten die Siedler Ausschau nach herannahenden Kriegsschiffen oder versteckten sich dort bei holländischen und französischen Überfällen. Wenn man die Aussicht gesehen hat, versteht man, warum die Siedler den Hügel „The Gaze“ nannten.

Die Leute von **Lighthouse Picnics** (☎709-363-7456; www.lighthousepicnics.ca; Lighthouse Rd, an der Rte 10; 25 C$ pro Pers.; ⏲Juni–Sept. Mi–So 11.30–16.30 Uhr; 🐾) hatten eine geniale Idee: Die Besucher bekommen eine Decke und ein Bio-Picknick (z. B. Curryhuhn-Sandwich, gemischten grünen Salat und einen Krug Limonade), das sie dann auf einer Wiese mit Blick aufs Meer genießen können. Der Laden befindet sich bei Ferrylands altem Leuchtturm. Vom Parkplatz muss man 2 km dorthin laufen, was sich aber auf alle Fälle lohnt. Unbedingt vorab reservieren!

Avalon Wilderness Reserve

Das Landesinnere wird vom 1070 km² großen **Avalon Wilderness Reserve** (☎709-635-4520; www.env.gov.nl.ca/parks; kostenlose Lizenz erforderlich) geprägt. Aufgrund von Wilderei war der Karibubestand in den 1980er-Jahren auf nur mehr 100 Tiere gesunken. 30 Jahre später durchstreifen wieder einige Tausend Tiere die Landschaft. Genehmigungen zum Wandern, Kanufahren und zur Vogelbeobachtung im Schutzgebiet erhält man im La Manche Provincial Park.

Auch wer nicht in der Wildnis wandert, hat die Chance, auf der Route 10 zwischen Chance Cove Provincial Park und St. Stevens das eine oder andere Karibu zu sehen.

Mistaken Point Ecological Reserve

Das **Schutzgebiet** (www.env.gov.nl.ca/parks), das auf der Auswahlliste der Unesco zum Welterbe steht, schützt 575 Mio. Jahre alte mehrzellige Meeresfossilien – die ältesten der Welt. Man erreicht es nur im Rahmen einer kostenlosen, durch einen Ranger geführten 45-minütigen Wanderung vom **Edge of Avalon Interpretive Centre** (☎709-438-1100; www.edgeofavalon.ca; Rte 10; ⏲Mai–Okt.) in Portugal Cove South aus.

Über eine holprige Schotterstraße kann man von dort nach Cape Race fahren. Dort erhebt sich ein Leuchtturm neben dem Nachbau einer Marconi-Funkstation von 1904. Dort empfingen die Funker die schicksalhafte letzte Nachricht der *Titanic*.

Der Name „Mistaken Point“ kommt übrigens vom undurchdringlichen Nebel, der häufig in der Gegend einfällt und über die Jahre dafür gesorgt hat, dass viele Schiffe die Orientierung verloren haben.

Entlang der Route 90

Auf der Strecke von St. Vincent's nach St. Mary's hat man gute Chancen, Wale zu sehen, vor allem Buckelwale, die ihre Nahrung nahe am Ufer finden. Den besten Blick hat man am **Strand von St. Vincent's**. Auf halber Strecke zwischen den beiden Dörfern liegt die **Point La Haye Natural Scenic Attraction**, ein beeindruckender Seitenarm gefüllt mit Kies, der sich über die Mündung von St. Mary's Bay erstreckt – perfekt für einen Spaziergang.

Salmonier Nature Park (☎709-229-7189; www.env.gov.nl.ca/snp; Rte 90; ⏲Juni–Aug. 10–17 Uhr, Sept. & Okt. 10–15 Uhr) GRATIS Hier werden verletzte und verwaiste Tiere aufgepäppelt, um sie anschließend wieder zurück in die Wildnis zu entlassen. Ein 2,5 km langer Weg durch Kiefernwälder führt vorbei an einheimischen Pflanzen und Gehegen mit naturnah gehaltenen Elchen, Karibus und umhertollenden Fischottern. Es gibt ein **Informationszentrum** und Touchscreens für Kinder. Der Park liegt an der Route 90, 12 km südlich der Kreuzung der Straße mit dem Highway 1.

Conception Bay

Nur 80 km von St. John's entfernt, folgt am malerischen Westufer der Bucht ein Fischerdorf auf das nächste. Zu den Hauptattraktionen zählt Brigus mit seinen prächtigen englischen Steinmauern und seiner Nordpolgeschichte und Cupids, eine Siedlung von 1610 mit einer archäologischen Ausgrabungsstätte, die man besuchen sollte.

Brigus

Das Dorf **Brigus** (www.brigus.net) liegt von Felsklippen umgeben am Wasser. Seine idyllischen, von Steinmauern gesäumten Bäche fließen langsam an alten Gebäuden und farbenfrohen Gärten vorbei und münden in den stillen Harbour Pond. Während des Ersten Weltkriegs lebte hier der amerikanische Maler Rockwell Kent, bevor er 1915 wegen des Verdachts der Spionage für die Deutschen deportiert wurde. Der Weg zu seinem alten Cottage ist sehenswert.

Captain Robert Bartlett, der berühmteste Sohn des Ortes, war einer der führenden Polarforscher des 20. Jhs. Er unternahm mehr als 20 arktische Expeditionen, eine davon 1909, mit der er dem amerikanischen Offizier Robert Peary den Weg durchs Eis ebnete und diesem seine gefeierte Expedition zum Nordpol ermöglichte. Bartletts **Hawthorne Cottage** (☎709-528-4004; www.pc.gc.ca/hawthornecottage; Ecke Irishtown Rd & South St; Erw./Kind 5/4 $; ⏲Juli & Aug. tgl. 9–18 Uhr, Juni & Sept. Mi–So 9.30–17.30 Uhr) ist heute eine historische Stätte und Museum.

Am Wasser liegt unterhalb der Kirche der **Brigus Tunnel**, der 1860 aus dem Fels gehauen wurde. Robert Bartlett konnte so problemlos zu seinem Schiff gelangen, das in der tiefen Bucht jenseits des Felsens lag. Zu jedem perfekten Dorf gehört auch ein perfektes Lokal: Im **North Street Cafe** (☎709-528-1350; 29 North St; kleine Gerichte 6–9 C$; ⏲Mai–Okt. 11–18 Uhr) gibt es Quiche, Fischfrikadellen, Scones und den Fünf-Uhr-Tee. Brigus hat zwar einige B&Bs, empfehlenswerter ist aber die Übernachtung in Cupids.

Cupids

Der Händler John Guy segelte 1610 dorthin und gründete Englands erste Kolonie in Kanada – heute die **Cupids Cove Plantation Provincial Historic Site** (☎709-528-3500; www.seethesites.ca; Seaforest Dr; Erw./Kind 6/3 C$; ⏲Mai–Okt. 9.30–17 Uhr). Die derzeit stattfindenden Ausgrabungen können besichtigt werden. Nur einen Steinwurf weiter liegt das **Cupids Legacy Centre** (www.cupidslegacycentre.ca; Seaforest Dr; Erw./Kind 8,50/4,25 C$; ⏲Juni–Okt. 9.30–17 Uhr), das mit Silbermünzen, Flaschenscherben und vielen der 150 000 Fundstücke, die bisher ausgegraben wurden, gefüllt ist.

Danach sollte man zum Nordende des Ortes fahren und von dort auf dem **Burnt Head Trail** entlangwandern. Der Weg führt vorbei an Felsen, Blaubeersträuchern und Steinmauern, die einst die Gärten der Siedler einfassten, und bietet den gleichen Blick über die raue See, die schon Guy fasziniert hat. Der Weg beginnt an der alten anglikanischen Kirche, die zum **Cupid's Haven B&B and Tea Room** (☎709-528-1555; www.cupidshaven.ca; 169 Burnt Head Loop; Zi. 99–149 C$; ⊖ 📶) umgebaut wurde. Jedes der vier Zimmer hat ein eigenes Bad, hohe Decken und gotische Bogenfenster, durch die das Licht ins Zimmer einfällt.

Harbour Grace & Umgebung

Eine bunte Mischung an historischen Figuren ist in den letzten 500 Jahren durch Harbour Grace gekommen. Hervorzuheben wären der Pirat Peter Easton und die Fliegerin Amelia Earhart. Über sie kann man etwas im roten Zollhaus erfahren, das jetzt als kleines **Conception Bay Museum** (☎709-596-5465; www.hrgrace.ca/museum.html; Water St; Erw./Kind 3/2 C$; ⏲Juni–Aug. 10–16 Uhr) fungiert. Besuchen lässt sich auch das **Harbour Grace Airfield** (www.hrgrace.ca/air.html; Earhart Rd) – jenes Rollfeld, von dem aus Amelia Earhart zu ihrem ersten Alleinflug als Frau über den Atlantik startete.

Das große Schiff, das in der Hafenmündung auf Grund gelaufen ist, ist kaum zu übersehen. Es ist die **SS Kyle** (1913), die 1967 während eines Sturms sank. Den Einheimischen gefiel der Anblick des Wracks so gut, dass sie sich entschlossen, das Schiff zu restaurieren statt es wegzuschaffen.

An die Klippen der Nordküste der Halbinsel klammern sich die entlegenen und schönen Dörfer **Bay de Verde** und **Grates Cove**. Viele hundert alte Steinmauern – meist 500 Jahre alt – säumen die Hügel rund um Grates Cove und sind zur National Historic Site erklärt worden. Weiter draußen vor der Küste liegt das unzugängliche **Baccalieu Island Ecological Reserve**, auf dem 3 Mio. Pärchen Wellenläufer leben – die größte Kolonie dieser Vogelart weltweit.

Trinity Bay

Dichtere Wälder, weniger Dörfer und ein flacheres Gelände zeichnen die Küsten von Trinity Bay aus. Dadurch wirkt die Westküste der Halbinsel viel ruhiger als der Ostküste.

Heart's Content

Die **Cable Station Provincial Historic Site** (☎709-583-2160; www.seethesites.ca; Rte 80; Erw./Kind 6/3 C$; ⌚Mai–Okt. 9.30–17.30 Uhr) erzählt die Geschichte des ersten permanenten transatlantischen Kabels, das hier 1866 verlegt worden ist. Das Wort „permanent" ist wichtig, denn das erste erfolgreich verlegte Kabel (1858 nach Bull Arm auf Trinity Bay gelegt) fiel aus, kurz nachdem Königin Viktoria und US-Präsident James Buchanan die Leitung mit ihren Glückwunschnachrichten „getauft" hatten.

Dildo

Na gut – hier ist wohl ein Foto mit dem Ortsschild fällig. Damit das klar ist: Niemand weiß mit Sicherheit, woher der Name kommt. Einige meinen, es liege an der phallischen Form der Bucht.

Aber Spaß beiseite: Dildo ist ein hübscher Ort und sein Strand ein guter Platz, um Wale zu beobachten. Im **Dildo Interpretation Centre** (☎709-582-3339; Front Rd; Erw./Kind 2/1 C$; ⌚Juni–Sept. 10–16.30 Uhr) lassen sich ein Walskelett und Fundstücke von der ständigen Ausgrabung von Dorset-Eskimo-Relikten auf Dildo Island besichtigen. Das ist nicht übermäßig aufregend, aber vor der Tür gibt es schöne Fotomotive mit Captain Dildo und einem Riesenkraken. Auf der gegenüberliegenden Straßenseite verkauft **Kountry Kravins 'n' Krafts** (☎709-582-3888; ⌚Juni–Sept. Mo–Sa 9–20 Uhr, Juni–Sept. So 10–18 Uhr) Obstkuchen und jede Menge Kleinigkeiten (viele Sachen mit „Dildo"-Aufschrift – immer ein nettes Mitbringsel für zu Hause).

Cape Shore

Die Fähre, französische Geschichte und viele Vögel gehen von der südwestlichen Ecke der Halbinsel Avalon auf Reise. Newhook's Transportation (S. 542) verbindet die Städte Argentia und Placentia mit St. John's.

Argentia

Argentias wichtigste Aufgabe ist es, Gastgeber für die **Marine Atlantic Ferry** (☎800-341-7981; www.marine-atlantic.ca; Erw./Kind 112/54 C$, Auto/Motorrad 225/113 C$) zu spielen, die Argentia mit North Sydney in Nova Scotia verbindet – eine 14-stündige Schiffsfahrt. Die Fähren fahren von Mitte Juni bis Ende September dreimal pro Woche. Sie legen jeweils montags, mittwochs und freitags um 17 Uhr in North Sydney ab und fahren dienstags, donnerstags und samstags um 17 Uhr von Argentia dorthin zurück. Auf Wunsch gibt es Kabinen (Vierbett-Kabine 172 C$). Die Preise für Autos gelten nur für den Fahrer und das Fahrzeug.

Ein regionales **Besucherzentrum** (☎709-227-5272; Rte 100) liegt 3 km vom Fähranleger entfernt an der Route 100. Die Öffnungszeiten richten sich nach den Fährzeiten.

Placentia

Im frühen 19. Jh. war **Placentia** (www.placentiatourism.ca) – damals noch Plaisance – die französische Hauptstadt Newfoundlands; von hier aus griffen die Franzosen die Briten in St. John's an. In der Nähe der Stadt thront über den Stränden die **Castle Hill National Historic Site** (☎709-227-2401; www.pc.gc.ca/castlehill; Erw./Kind 3,90/1,90 C$; ⌚Juni–Aug. 10–18 Uhr), wo die Überreste der französischen und britischen Festungen aus dem 17. und 18. Jh. einen Panoramablick über Stadt und Meer ermöglichen.

Auf dem faszinierenden **Friedhof** bei der anglikanischen Kirche liegen die Überreste von Bewohnern aller Nationalitäten, die hier seit den 1670er-Jahren gesiedelt haben. Das **O'Reilly House Museum** (☎709-227-5568; 48 Orcan Dr; Eintritt 2 C$; ⏰Juni–Aug. 11.30–19.30 Uhr) in einem jahrhundertealten viktorianischen Haus vermittelt einen Blick hinter die Kulissen der Stadt und den einstigen Luxus. Auf einem Spaziergang kommt man an weiteren bemerkenswerten Gebäuden vorbei, darunter die **römisch-katholische Kirche** und das **Steinkloster**. Am Strand führt ebenfalls ein Weg entlang.

Philip's Cafe (170 Jerseyside Hill; Hauptgang 3–7 C$; ⏰Di–Sa 7.30–15.30 Uhr; 📶) ist ein Muss vor und nach jeder Überfahrt. Es gibt leckere Backwaren und interessante Sandwiches wie etwa Apfel mit würzigem Cheddar auf Sirup-Rosinenbrot. Der Koch betreibt außerdem das **Rosedale Manor B&B** (☎877-999-3613; www.rosedalemanor.ca; 40 Orcan Dr; Zi. 99–129 $; 🚭📶) mit 5 Zimmern, nur 10 Fahrminuten vom Fähranleger entfernt liegt.

Cape St. Mary's Ecological Reserve & Umgebung

An der Südwestspitze der Halbinsel liegt das **Cape St. Mary's Ecological Reserve** (www.env.goy.nl.ca/parks) GRATIS, eine der weltweit am besten erreichbaren Vogelkolonien. Vogelliebhaber sind hin und weg, aber auch für Leute, die nicht so verrückt nach Vogelbeobachtung sind, ist das Schauspiel beeindruckend. Am **Informationszentrum** (☎709-277-1666; ⏰Mai–Okt. 9–17 Uhr) sollte man kurz anhalten und nach dem 1 km langen Wanderweg zum Bird Rock fragen! Es ist ein angenehmer Fußmarsch, vorbei an Wiesen mit weidenden Schafen und blauen Schwertlilien. Und dann steht man am Rande der Klippen vor einem riesigen, beinahe senkrechten Felsen voll kreischender Vögel. Es sind etwa 70 000, darunter Tölpel, Dreizehenmöwen, Lummen und Tordalke. Das Schutzgebiet liegt einsam, zur nächsten Unterkunft muss man ein Stück fahren.

Das **Cliffhouse** (☎709-338-2055; www.thecliffhouse.ca; Rte 100; Zi. 100 C$) liegt 22 km entfernt in der kleinen Stadt Branch und ist sehr zu empfehlen. Es wurde auf einem Hügel gebaut, sodass man von überall das Meer und blasende Wale sehen kann: von den Adirondack-Stühlen im Vorhof aus, von der Veranda, durch das Panoramafenster an der Vorderseite und von allen drei Gästezimmern. Das Cliffhouse gehört einer Familie aus dem Ort – Chris arbeitet als Naturwissenschaftler im Schutzgebiet, seine Frau Priscilla ist Bürgermeisterin der Gemeinde und Mutter Rita kümmert sich um das Frühstück.

In der Nähe der Abzweigung zum Schutzgebiet liegt das **Gannet's Nest Restaurant** (☎709-337-2175; Rte 100; Hauptgerichte 8–15 C$; ⏰8–20 Uhr), in dem es die knusprigsten Fish'n'Chips der Provinz und einen leckeren Rhabarberkuchen gibt.

DER OSTEN

Zwei Halbinseln scheinen ungelenk auf die See zuzugreifen und schließen dabei den Splitter ein, der das östliche Newfoundland bildet. Die beliebte und touristisch gut erschlossene Halbinsel Bonavista erstreckt sich nach Norden. Historische Fischerdörfer liegen verstreut entlang ihrer Ufer, vom Wind umtoste Wanderwege folgen der Küste. **Clarenville** (www.clarenville.net) ist Tor und Servicezentrum für Bonavista, auch wenn es hier ansonsten wenig zu sehen gibt.

Nach Süden ragt die massive, aber wenig frequentierte Burin Peninsula auf, auf der weitere Fischerdörfer liegen. Die Orte kämpfen darum, in einer Zeit, in der man nicht mehr vom Kabeljaufang leben kann, neue Einkünfte zu finden. Die Fähre nach Frankreich – ja, Frankreich, mit Wein, Éclairs und Brie – fährt ab Fortune in Richtung der benachbarten französischen Inselgruppe St-Pierre & Miquelon: eines der Highlights in der Gegend.

Trinity

250 EW.

Trinity ist der beliebteste Ort auf der Halbinsel Bonavista, eine historische Stadt mit schiefen Küstenstraßen, alten Häusern wie aus dem Bilderbuch entsprungen und Gärten mit weißen Lattenzäunen. Unter dem Namen Trinity Bight werden die zwölf Gemeinden der Umgebung zusammengefasst, zu ihnen zählen Trinity selbst, Port Rexton und New Bonaventure.

Obwohl Trinity eine echte Filmschönheit ist, haben sich schon des Öfteren Besucher beklagt, dass diese Perfektion langweilig ist. Aber wer historische Gebäude und Theater in schöner Landschaft liebt und unbedingt eine Walbeobachtungstour unternehmen möchte, der ist hier auf jeden Fall richtig. Die kleine Stadt lässt sich leicht zu Fuß erkunden.

Der erste Besucher war 1500 der portugiesische Entdecker Miguel Corte-Real. 1580 wurde Trinity zur Stadt erklärt – sie ist damit eine der ältesten Siedlungen des Kontinents.

Sehenswertes & Aktivitäten

Trinity Historic Sites HISTORISCHE STÄTTE
(☎709-464-3599; Erw./Kind 15 C$/frei; ⏲Juni–Sept. 9.30–17 Uhr) Eine Eintrittskarte gewährt Zugang zu sieben Gebäuden, die über den Ort verteilt liegen.

Die **Trinity Historical Society** (www.trinityhistoricalsociety.com) ist für vier der Stätten verantwortlich. Das **Lester Garland House** (West St) wurde wieder aufgebaut, um die Verbindung zwischen Trinity und Dorset in England zu feiern – sie waren wichtige Handelspartner im 17., 18. und 19. Jh. Im **Cooperage** (West St) arbeitet ein echter Küfer. Die **Green Family Forge** (West St) ist ein mit Eisenwerkzeugen vollgestopftes Schmiedemuseum. Das **Trinity Museum** (Church Rd) zeigt über 2000 Exponate, darunter Nordamerikas zweitältesten Feuerwehrwagen.

Die Provinzregierung betreibt drei weitere **Anlagen** (www.seethesites.ca), in denen kostümierte Führer arbeiten. Die **Lester Garland Premises** (West St) zeigen einen Gemischtwarenladen von 1820. Das **Infozentrum** (West St) bietet einen umfassenden Einblick in die Geschichte von Trinity, das **Hiscock House** (Church Rd) ist ein restauriertes Kaufmannshaus von 1910.

Fort Point HISTORISCHE STÄTTE
Etwas abgelegen ist Fort Point (Admiral's Point), wo sich ein schöner Leuchtturm und vier Kanonen (Reste der britischen Festung von 1745) befinden. Im Meer liegen zehn weitere britische Kanonen. Ein Informationszentrum und -weg beleuchten historische Hintergründe. Man erreicht die Anlage über Dunfield, wenn man ein paar Kilometer auf der Route 239 Richtung Süden fährt.

Skerwink Trail WANDERN
Ein wunderschöner (wenn auch matschiger) Rundweg (5 km), der postkartenreife Küstenansichten bietet. Der Anfang liegt unweit der Kirche in Trinity East, an der Route 230.

Geführte Touren

Rugged Beauty Tours BOOTSTOUR
(☎709-464-3856; www.ruggedbeautyboattours.net; 3 Std. 70 C$; ⏲Mai–Okt. 10 & 14 Uhr) Einmalige Ausflüge mit Captain Bruce, die zu verlassenen Outports führen und ihre Geschichte lebendig werden lassen. Manchmal lässt sich auch ein Adler blicken.

Sea of Whales BOOTSTOUR
(☎709-464-2200; www.seaofwhales.com; 1 Ash's Lane; 3 Std. Erw./Kind 80/50 C$) Schlauchboote brechen dreimal täglich auf, um nach Walen Ausschau zu halten.

Trinity Historical Walking Tours STADTSPAZIERGANG
(☎709-464-3723; www.trinityhistoricalwalkingtours.com; Clinch's Lane; Erw./Kind 10 C$/frei; ⏲Juli & Aug. Mo–Sa 10 Uhr) Die unterhaltsamen und lehrreichen Führungen starten hinter dem Hiscock House.

Schlafen & Essen

Es gibt verschiedene schöne Gasthöfe und B&Bs. Da es im Sommer sehr voll wird, lohnt es sich auf jeden Fall, im Voraus zu buchen. Mehrere Lebensmittelgeschäfte und Imbisse haben sich etabliert, sie verkaufen Sandwiches oder Käseplatten, die von den Kunden dann an den Picknicktischen nahe der Lester Garland Premises verputzt werden.

★ **Skerwink Hostel** HOSTEL $
(☎709-557-2015; www.skerwinkhostel.com; B 25–29 C$, Zi. 55–59 C$; ⏲Mai–Okt.; 📶) Das gemütliche Skerwink, das zwei Schlafsäle mit sechs Betten sowie zwei Einzelzimmer bietet, gehört zu Hostelling International. Hier steigen Reisende aller Altersgruppen ab. Da viele Einheimische vorbeischauen, um mit den Angestellten zu quatschen oder Gitarre zu spielen, nimmt man quasi am Dorfleben teil. Frühstück mit frischem Brot und Kaffee ist im Preis enthalten, Fahrräder können kostenlos ausgeliehen werden.

Das Hostel organisiert auch Kajakausflüge (2 Std. pro Pers. 50 C$), die an der Route 230, ungefähr 500 m neben dem Skerwink Trail, starten.

★ **Artisan Inn & Campbell House B&B** B&B $$
(☎709-464-3377, 877-464-7700; www.trinityvacations.com; High St; Zi. mit Frühstück 125–179 C$; ⏲Mai–Okt.; 🚭📶) Die benachbart liegenden Häuser haben denselben Betreiber und sind einfach umwerfend. Das Inn mit seinen drei Zimmern schwebt auf Stelzen über dem Ozean, das von Blumen umgebene B&B hat ebenfalls drei Zimmer mit Blick aufs Meer. Das Twine Loft Restaurant des Inn serviert ein täglich wechselndes Drei-Gänge-Menü aus örtlichen Spezialitäten

zum Festpreis von 39 C$. Die Karte hängt draußen aus.

Eriksen Premises B&B **$$**
(877-464-3698, 709-464-3698; www.trinityexperience.com; West St; Zi. mit Frühstück 105–170 C$; Mai-Okt;) Das Haus im viktorianischen Stil bietet viel Eleganz sowohl als Unterkunft als auch als Lokal (Hauptgerichte 20–30 C$, Mittag- und Abendessen). Hier lassen sich auch zwei nahe gelegene B&Bs buchen: Kelly's Landing (4 Zi.) und Bishop White Manor (9 Zi.).

Trinity Mercantile CAFÉ **$**
(www.trinitymercantile.ca; 24 West St; Hauptgerichte 6–15 C$; 8–21 Uhr;) Ein schöner Ort für einen Kaffee, Backwaren, Sandwiches, Suppe, eingelegten Kabeljau und ein kaltes Bier.

Unterhaltung

Rocky's Place Lounge LIVEMUSIK
(709-464-3400; High St; ab 19 Uhr) Im Rocky's treten ab und zu Bands auf – aber auch wenn die Mikros still bleiben, ist es ein freundlicher Platz, um ein Bier zu trinken.

Rising Tide Theatre THEATER
(709-464-3232; www.risingtidetheatre.com; Water St; Karten 27 $; Juni–Sept.) An den Lester Garland Premises liegt das gefeierte Rising Tide Theatre, in dem das „Seasons in the Bight"-Festival und das **Trinity Pageant** (Erw./Kind 19 C$/frei; Mi–Sa 14 Uhr), ein unterhaltsames Freilufttheaterstück über die Geschichte von Trinity, beheimatet sind.

Praktische Informationen

RBC Royal Bank (West St; Mo–Do 10.30–14, Fr 10.30–17 Uhr) Kein Geldautomat.

Town of Trinity (www.townoftrinity.com) Touristische Infos.

Anreise & Unterwegs vor Ort

Trinity liegt 259 km von St. John's entfernt und ist über die Route 230, die vom Highway 1 abzweigt, erreichbar. **Shirran's Taxi** (709-468-7741) fährt täglich von St. John's aus dorthin (50 C$).

Bonavista

3700 EW.

„O buona vista!" (Oh, schöne Aussicht!), rief John Cabot, als er am 24. Juni 1497 die Neue Welt von seinem Schiff aus erblickte. So erzählt man es sich zumindest. Einig ist man sich, dass dieser schöne Ort derjenige war, an dem er zum ersten Mal den Fuß auf den amerikanischen Kontinent setzte. Heute noch begeistert Bonavistas Küste mit Leuchtturm, Papageitauchern und Schluchten.

Sehenswertes

Cape Bonavista Lighthouse LEUCHTTURM
(709-468-7444; www.seethesites.ca; Rte 230; Erw./Kind 6/3 C$; Mai–Okt. 9.30–17 Uhr) Der rot-weiß gestreifte Leuchtturm, eine historische Stätte der Provinz, wurde 1843 gebaut. Innen hat man ihn so hergerichtet, wie er in den 1870er-Jahren ausgesehen hat. Eine **Papageitaucherkolonie** lebt direkt vor der Küste. Bei Sonnenuntergang veranstalten die Vögel eine tolle Show.

Dungeon Park PARK
(Cape Shore Rd, an der Route 230) Nirgends ist die Kraft des Wassers eindrucksvoller als im Dungeon, einer 90 m tiefen Schlucht, die durch den Zusammenbruch zweier Höhlen entstanden ist und durch die jetzt das Wasser donnernd auf die Küste prallt.

Ryan Premises National Historic Site HISTORISCHE STÄTTE
(709-468-1600, www.pc.gc.ca/ryanpremises; Ryans Hill Rd; Erw./Kind 3,90/1,90 C$; Juni–Sept. 10–18 Uhr) Die Ryan Premises National Historic Site ist ein restaurierter Salzfisch-Handelskomplex. In dieser Ansammlung von weißen, schindelgedeckten Gebäuden wurde fünf Jahrhunderte lang Fisch verarbeitetet. Wissenswertes über den Fischfang in Newfoundland erfährt man mithilfe von Multimediadarstellungen und informativen Führungen.

Ye Matthew Legacy HISTORISCHE STÄTTE
(709-468-1493; www.matthewlegacy.com; Roper St; Erw./Kind 7,25/3 C$; 9Juni–Sept. 9.30–16.45) Die Anlage zeigt eine beeindruckende originalgetreue Nachbildung des Schiffs, mit dem Cabot nach Bonavista gesegelt ist.

Schlafen & Essen

HI Bonavista HOSTEL **$**
(877-468-7741, 709-468-7741; www.hihostels.ca; 40 Cabot Dr; 26–30 C$, Zi. 75–120 C$; @) Das schmucke Hostel mit weißen Schindeln liegt nur einen kurzen Fußweg vom Ortskern entfernt und bietet vier Zimmer und zwei Schlafsäle. Kostenlose Fahrräder, Koch- und Waschmöglichkeiten runden das Angebot ab.

Harbourview B&B B&B $
(☎709-468-2572; 21 Ryans Hill Rd; Zi. mit Frühstück 70 C$; ⏲Mai–Sept.;) Der Name trügt nicht: Das einfache B&B mit vier Zimmern bietet wunderschöne Aussichten sowie ein leichtes Abendessen (z. B. Krabbenbeine) mit den Besitzern Florence und Albert.

White's B&B B&B $
(☎709-468-7018; www.bbcanada.com/3821.htm; 21 Windlass Dr; Zi. inkl. Frühstück 75–85 C$; @) Das entspannte White's hat drei Zimmer zur Auswahl, alle entweder mit eigenem separatem Bad oder en suite. Für die Gäste gibt es einen Fahrradverleih, einen Grill und den Blick aufs Meer.

Neil's Yard CAFÉ $
(www.neilsyard.org; 27-29 Church St; Hauptgerichte 5–10 C$; ⏲Mai–Okt. 10–20 Uhr;) Ein Café, das Buchweizencrêpes serviert? Neil's Yard ist anders als die üblichen neufundländischen Cafés. Der gesellige englische Besitzer reicht seinen Gästen einen dampfenden Becher mit exotischem Tee, während seine Frau Crêpes, Ingwersuppe, Käsekuchen mit heimischen Beeren oder andere gesunde Gerichte zubereitet. Der Service ist manchmal etwas langsam, zur Entschädigung bietet der angeschlossene Kunsthandwerksladen viel zu sehen.

Walkham's Gate CAFÉ $
(☎709-468-7004; www.walkhamsgatepub.ca; Hauptgerichte 5–9 C$; ⏲24 Std.;) Die eine Seite ist ein Café mit riesigen Pasteten und herzhaften Suppen, die andere ein von Musikliebhaber Harvey geführtes Pub. Liegt in der Stadtmitte, in der Nähe des Gerichts.

★ **Bonavista Social Club** MODERN KANADISCH $$
(☎709-445-5556; www.bonavistasocialclub.com; Upper Amherst Cove; Hauptgerichte 12–23 C$; ⏲Di–So 11–20 Uhr) Köstliches Brot und Pizzas kommen aus dem gemauerten Holzofen. Weitere Highlights sind die berühmte Rhabarbermarmelade und die Elchburger mit Ketchup aus Preiselbeeren. Das junge Paar, das das Restaurant betreibt, baut viele Zutaten im eigenen Garten an. Die Ziegen, die auf dem Gelände herumstreifen, liefern die Milch für den Käse, Hühner legen die Eier. Unbedingt vorab reservieren.

Das rustikale Restaurant (Terrasse mit Seeblick) liegt 15 Min. von Bonavista entfernt, die Route 235 nehmen und am Schild nach Upper Amherst Cove links abbiegen. Die wunderschönen Holzverzierungen hat der Vater des Kochs in seiner Werkstatt nebenan gefertigt.

☆ Unterhaltung

Garrick Theatre KINO
(www.garricktheatre.ca; 18 Church St) Das kunstvoll restaurierte Garrick zeigt Mainstream- und Indie-Filme und richtet Live-Konzerte aus.

Praktische Informationen

Bonavista Community Health Centre (☎709-468-7881; Hospital Rd)

Scotiabank (☎709-468-1070; 1 Church St)

Town of Bonavista (www.townofbonavista.com) Touristische Infos.

Anreise & Unterwegs vor Ort

Von Trinity führt eine 50 km lange, landschaftlich schöne Straße (Rt 230) nach Bonavista. **Shirran's** (☎709-468-7741) fährt täglich von St. John's aus dorthin (40 C$).

Halbinsel Burin

Auf der Halbinsel Burin tobt nicht gerade das Leben, denn der Untergang der Fischereiindustrie ist deutlich spürbar. Die Küstenwanderungen sind aber trotzdem lohnenswert, und die Region eine gute Adresse für einen entspannten ein- bis zweitägigen Aufenthalt vor der Weiterfahrt zu den französischen Baguettes (sprich: St-Pierre). **Marystown** ist die größte Stadt der Halbinsel. Hier findet man riesige Einzelhandelsgeschäfte. **Burin** ist die schönste Stadt und bietet eine nette erhöht liegende Uferpromenade an der steinigen Küste. **St. Lawrence** ist bekannt für den Fluor-Abbau und die hier möglichen Küstenwanderungen. In **Grand Bank** bietet sich ein interessanter Spaziergang zu den historischen Gebäude und entlang des Ufers an. Südlich davon liegt das fossilienreiche **Fortune**, der Abfahrtspunkt nach St-Pierre.

Sehenswertes & Aktivitäten

Provincial Seamen's Museum MUSEUM
(☎709-832-1484; www.therooms.ca/museum; Marine Dr, Grand Bank; Eintritt 2,50 C$; ⏲Mai–Okt. 9.30–16.45 Uhr) Das eindrucksvoll aussehende Seamen's Museum zeigt Exponate aus der Zeit der Schoner und informiert über die Veränderungen in der Fischerei im Lauf der Jahrzehnte.

ABSTECHER

ELLISTON: ERDKELLER & PAPAGEITAUCHER

Die Erdkellerhauptstadt der Welt – auch als Elliston bekannt – liegt 6 km südlich von Bonavista an der Route 238. Das winzige Städtchen hatte es schwer, bis die Idee aufkam, die 135 unterirdischen Gemüselager zu vermarkten – plötzlich kamen die Besucher zu Hauf. Am beeindruckendsten ist aber die **Papageitaucherkolonie** vor der Küste, in der es von Mitte Mai bis Mitte August von Tausenden der pausbäckigen Vögel mit orangefarbenen Schnäbeln wimmelt. Ein leichter Weg entlang der Klippen bringt einen recht nah zu der Kolonie. Von hier aus lassen sich auch Wale und Eisberge sichten.

Wer beim **Besucherzentrum** (☎709-468-7117; www.townofelliston.ca; Main St) am Ortseingang hält, kann sich von den freundlichen Mitarbeitern den Weg zeigen lassen. Sie verteilen auch eine Karte der Keller, in die Besucher gerne einen Blick werfen dürfen.

Appetit sollte man hier mitbringen, da **Nanny's Root Cellar Kitchen** (☎709-468-7998; ⏲8–22 Uhr) in der historischen Orange Hall einen prächtigen Hummer, ein Jiggs Dinner und andere traditionelle Speisen kocht – Alkohol darf ausgeschenkt werden.

Das **Roots, Rants and Roars Festival** (www.rootsrantsandroars.ca) lockt Ende September die Massen in den Ort. Die Spitzenköche der Provinz servieren ihre Speisen im Freien entlang eines 5 km langen Küstenwanderwegs. Vom angrenzenden Örtchen **Maberly** windet sich ein 17 km langer, wunderschöner **Küstenwanderweg** durch die Landschaft nach Little Catalina.

Burin Heritage Museums MUSEUM
(☎709-891-2217; Seaview Dr, Burin; ⏲April–Sept. Mo–Fr 9–18, Sa & So 10.30–18 Uhr) GRATIS Die Ausstellungen in zwei historischen Häusern erzählen von den Höhen und Tiefen des Lebens in entlegenen Ortschaften.

Fortune Head Ecological Reserve PARK
(www.env.gov.nl.ca/parks; an der Rte 220; ⏲24 Std.) Das Schutzgebiet schützt Fossilien, die aus der wichtigsten Evolutionsperiode des Planeten stammen: Vor etwa 550 Mio. Jahren entwickelte sich das Leben von einfachen Organismen zu komplexen Tieren. Das Schutzgebiet liegt 3 km westlich beim Fortune Head Lighthouse. Kindern wird das **Informationszentrum** (☎709-832-3569; Erw./Kind 5/3 C$; ⏲Juni–Aug. 9–17 Uhr) gefallen, in dem man Fossilien anfassen darf. Es befindet sich in der Stadt beim Fähranleger nach St-Pierre.

Wanderwege WANDERN
Im Burin Heritage Museum kann man sich auch nach dem Startpunkt des Wanderwegs zum **Cook's Lookout** erkundigen. Man läuft 20 Min. von der Stadt bis zum Panoramablick. Bei Pollux Cres in St. Lawrence winden sich der holprige **Cape Trail** (4 km) und der **Chamber Cove Trail** (4 km) die Klippen entlang, beide bieten tolle Ausblicke auf die steinigen Strände und die berühmten Schiffswracks aus dem Zweiten Weltkrieg. Ein weiterer guter (und leicht zu bewältigender) Weg ist der **Marine Hike** (7 km), der am Admiral's Beach in der Nähe der Grand Bank entlangführt. Er beginnt an der Christian's Road bei der Route 220.

Schlafen & Essen

Die Auswahl ist gering: Für diejenigen mit Ziel St-Pierre sind Grand Bank und Fortune die besten Standorte. Grand Bank bietet die besseren Übernachtungsmöglichkeiten, liegt aber 8 km vom Fähranleger entfernt. In Fortune gibt es eine schöne Bäckerei am Hafen. Über Unterkünfte informieren die Mitarbeiter des **Heritage Run** (www.theheritagerun.com).

Thorndyke B&B B&B $$
(☎877-882-0820, 709-832-0820; www.thethorndyke.ca; 33 Water St, Grand Bank; Zi. 95–120 C$; ⏲Mai–Okt.; 🚭) Das stattliche alte Kapitänshaus überblickt den Hafen. Vier helle und luftige Zimmer (alle mit eigenem Bad) sind mit antiken Holzmöbeln eingerichtet. Nach vorheriger Absprache servieren die Betreiber auch ein Abendessen.

Fortune Harbourview B&B B&B $$
(☎709-832-7666; www.fortuneharbourview.com; 74 Eldon St, Fortune; Zi. 99 C$; 📶) Die fünf sauberen Zimmer sind nichts Besonderes und liegen oberhalb eines Schönheitssalons. Angenehm ist die Nähe zur Fähre nach St-Pierre. Morgens gibt es ein Kontinentalfrühstück (Büfett).

Sharon's Nook & the Tea Room CAFÉ $
(☎709-832-0618; 12 Water St, Grand Bank; Hauptgerichte 7–10 C$; ⏰Mo–Sa 7.30–9, So 11–19.30 Uhr) Das ländliche Restaurant bietet Lasagne, Chili, Sandwiches und einen himmlischen Käsekuchen an.

Anreise & Unterwegs vor Ort

Die Halbinsel Burin ist über den Highway 1 und die Route 210 erreichbar. Von St. John's nach Grand Bank sind es 359 km, die Fahrt dauert gut 4 Std. **Foote's Taxi** (☎800-866-1181, 709-832-0491) fährt von St. John's aus die Halbinsel bis Fortune herunter (45 C$, 4½ Std.).

ST-PIERRE & MIQUELON

6100 EW.

25 km vor der Küste der Burin Peninsula schwimmt ein Stückchen Frankreich. Die Inseln St-Pierre & Miquelon erinnern mit ihren Baskenmützen tragenden Bewohnern, den Baguettes und Bordeauxweinen nicht nur an Frankreich, sie *sind* Frankreich und werden von Europa aus regiert und finanziert.

Die Einheimischen küssen sich auf die Wange und bezahlen mit Euro, überall duftet es nach frischem Gebäck. Peugeots, Renaults und Citroëns verstopfen die schmalen Einbahnstraßen. Man ist in einer anderen Welt und gefühlt unglaublich weit weg von den Fischerdörfern Newfoundlands.

St-Pierre ist die dichter besiedelte und weiter entwickelte Insel. Die meisten der 5500 Einwohner leben in der Stadt St-Pierre. Miquelon ist flächenmäßig größer, wird aber nur von insgesamt 600 Menschen bewohnt.

Die Geschichte der nebligen Inselgruppe ist im 20. Jh. so bunt wie ihre kanariengelben, limettengrünen und lavendelfarbenen Häuser. Sehr viel früher, nämlich 1536, nahm Jacques Cartier die Inseln für Frankreich in Besitz, nachdem sie 1520 von den Portugiesen entdeckt worden waren. Nach dem Ende des Siebenjährigen Krieges 1763 fielen sie an Großbritannien, das sie aber 1816 an Frankreich zurückgab.

Sehenswertes & Aktivitäten

In St-Pierre läuft man am besten rum und genießt – wenn man nicht gerade beim Essen weilt. Die Läden verkaufen typisch Französisches. Spannend ist auch die Feldforschung zur Bestimmung des besten Schokocroissant-Bäckers. **Wanderwege** starten am Stadtrand unweit des Kraftwerks.

Île aux Marins HISTORISCHE STÄTTE
(3-stündige Führung 24 €; ⏰Mai–Sept 9 & 13.30 Uhr) Die magische Île aux Marins besteht aus einem wunderschönen verlassenen Dorf auf einer Insel vor dem Hafen. Ein zweisprachiger Führer leitet durch die farbenfrohen Häuser, zum kleinen Schulmuseum und der großen Kirche (1874). Führungen bucht man im Besucherzentrum. Man kann auch mit dem Boot (3 €) ohne Führer übersetzen, sollte dann aber etwas Französisch können.

L'Arche Museum MUSEUM
(☎508-410-435; www.arche-musee-et-archives.net; Rue du 11 Novembre; Erw./Kind 4/2,50 €; ⏰Juni–Sept. Di–So 10–12 & 13.30–17 Uhr) Die gut gemachten Ausstellungen über die Geschichte der Insel umfassen auch die Prohibitionszeit. Highlight ist die **Guillotine** – die einzige, die in Nordamerika gefallen ist. Die Inselbewohner ließen den „Balken der Gerechtigkeit" aber nur einmal herabsausen, und zwar 1889 auf einen Mörder. Das Museum organisiert auch zweisprachige **Architekturführungen** (6,50–8,50 €).

Miquelon & Langlade INSELN
Die Insel Miquelon, 45 km entfernt, ist nicht so überlaufen und weniger erschlossen als St-Pierre. Das Dorf **Miquelon** mit einer Kirche befindet sich am Nordrand der Insel. Vom benachbarten **Étang de Mirande** verläuft ein Wanderweg zu einem Aussichtspunkt und einem Wasserfall. Ab der Brücke in der Stadt führt eine hübsche, 25 km lange Straße über die Meerenge auf die wilde und unbewohnte Insel **Langlade**. Dort leben ein paar Wildpferde, rund um die steinige Küste sind Seehunde und Vögel zu sehen.

Cemetery FRIEDHOF
(Ave Commandant Roger Birot) Der Friedhof mit seinen Grabhäusern eignet sich gut für einen stimmungsvollen Spaziergang.

Les Salines VIERTEL
(Rue Boursaint & am Wasser) Bei dieser Ansammlung malerischer, vielfarbiger Fischerhütten treffen sich die Senioren.

Fronton PELOTE
(Rue Maître Georges Lefèvre & Rue Gloanec) Hier kann man zuschauen, wie die Einheimischen das alte baskische Spiel Pelote (eine Art Handball) auf dem Außenplatz spielen.

ST-PIERRE'S ALKOHOLISCHE VERGANGENHEIT

Als die Prohibition die USA in den 1920er-Jahren trockenlegte, entschloss sich Al Capone, seinen Durst – und den des Landes – zu stillen, indem er sich in St-Pierre niederließ. Er und seine Mannen verwandelten das verschlafene Fischerstädtchen in einen geschäftigen Hafen voller Lagerhäuser mit importiertem Alkohol. Die Flaschen wurden aus den Kisten geholt, in kleine Tragesäcke umgepackt und heimlich von Schmugglern zur US-Küste gebracht. Die Cutty-Sark-Whisky-Kisten stapelten sich so hoch auf den Docks, dass die cleveren Einheimischen das Holz dazu nutzten, Häuser zu bauen und diese mit dem Holz zu beheizen. Eines der Häuser steht noch, das „Cutty Sark Cottage".

Das Besucherzentrum bietet eine spezielle **Prohibitionstour** (pro Person 25 C$) zu Lokalitäten, die einen Bezug zu dem Thema haben. Im Hotel Robert, unweit der Touristeninformation, hängt im Souvenirladen der Hut von Al Capone.

Geführte Touren

Chez Janot BOOTSTOUR
(www.chezjanot.fr; Erw./Kind 73/50 €; ⌚Juni–Sept.) Veranstaltet zweisprachige Ganztagestouren mit Schlauchbooten nach Miquelon und Langlade. Buchungen erfolgen über das Besucherzentrum.

Feste & Events

Von Mitte Juli bis Ende August werden häufig Folkloretänze auf dem Platz von St-Pierre aufgeführt.

Nationalfeiertag KULTURELL
(⌚14. Juli) Der französische Nationalfeiertag ist der wichtigste Feiertag im Kalender.

Fête Basque KULTURELL
(⌚Mitte Aug.) Ein einwöchiges Festival mit Musik, Paraden und Spaß auf den Straßen des Ortes.

Schlafen & Essen

Es gibt etwa ein Dutzend Unterkünfte in St-Pierre, alle mit kontinentalem Frühstück. Im Sommer vorher reservieren! Tolle Restaurants findet man reichlich, was nicht überrascht. Anrufen, um sich einen Tisch zu sichern! Mehrere Bars und Restaurants befinden sich in der Rue Albert Briand.

Bernard Dodeman B&B B&B $
(☎508-413-060; www.pensiondodeman.com; 15 Rue Paul Bert; Zi. 55 €; ⊜@📶) Die drei einfachen Zimmer des Dodemans teilen sich zwei Bäder und einen Fernsehraum. Das B&B liegt 15 Gehminuten von der Fähre entfernt auf einem Hügel oberhalb der Stadt.

Auberge Quatre Temps B&B B&B $
(☎508-414-301; www.quatretemps.com; EZ/DZ €70/78; @📶) Der 15-minütige Weg vom Fähranleger zum Quatre Temps ist zugegeben beschwerlich, doch sollte man sich nicht davon abschrecken lassen. Alle sechs Zimmer haben ein eigenes Bad. Auf der schönen Terrasse können Getränke gekauft und getrunken werden. Der Besitzer betreibt auch das Restaurant Saveurs des Îles.

Nuits St-Pierre B&B $$
(☎508-412-720; www.nuits-saint-pierre.com; 10 Rue du Général Leclerc; Zi. 125–150 €; ⊜📶) St-Pierres nobelstes Hotel wendet sich besonders an Flitterwochenreisende. Die fünf Zimmer, alle mit eigenem Bad und flauschigen, überdurchschnittlich guten Betten, sind nach berühmten französischen Autoren benannt. Wer will, wird kostenlos vom Flughafen oder der Fähre abgeholt. Der Teesalon ist jeden Nachmittag von 14 bis 18 Uhr geöffnet, ein Besuch ist fast schon ein Muss.

★ **Guillard Gourmandises** BÄCKEREI $
(23 Rue Boursaint; Backwaren 1–3 €; ⌚Di–Sa 7–12 & 14–17.30, So bis 16.30 Uhr) Die mit Creme gefüllten Schokoladen-Eclairs, die Macarons und Torten sind allesamt köstlich!

Saveurs des Îles FRANZÖSISCH $$$
(☎508-410-360; www.restaurant-saveursdesiles.com; 6 Rue Maître Georges Lefèvre; Hauptgerichte 16–20 €; ⌚11.30–14 & 18.30–22 Uhr) Die von Kerzen erleuchtete Holzbar, die duftigen Gardinen, die schmalzige Musik aus den Boxen und die Cocktailkarte tragen zum Flair des Restaurants bei. Tagesgerichte wie frischer Fisch oder Schnecken mit Knoblauchsahne werden mit Kreide auf eine Tafel geschrieben. Eine feine Weinauswahl rundet den Genuss ab.

L'Atelier Gourmand FRANZÖSISCH $$$
(☎508-415-300; www.lateliergourmandspm.com; 12 Rue du 11 Novembre; Hauptgerichte

15–26 €; ⌚12–14 & 18–22.30 Uhr; 📶) Die vielen Gäste des gemütlichen Restaurants mit Veranda zur Straße genießen köstliche klassisch französische Gerichte. Eine gut gefüllte Schüssel Muscheln, Salat mit gegrilltem Ziegenkäse und Crème Brûlée mit weißer Schokolade gehören zu den Gerichten, an die sich die Gäste noch lange erinnern werden.

ℹ Praktische Informationen

EU-Bürger und Schweizer dürfen ohne Visum bis zu drei Monate auf den Inseln bleiben.

Geld Viele Händler akzeptieren den Loonie (die kanadische Dollarmünze), geben aber das Wechselgeld in Euro heraus. Bleibt man länger als einen Nachmittag, ist es am einfachsten, sich an einem Geldautomaten Euro zu holen.

Öffnungszeiten Die meisten Geschäfte und Büros schließen zwischen 12 und 13.30 Uhr. Manche Läden schließen Samstagnachmittag, die meisten haben sonntags zu.

Sprache Französisch, die meisten Inselbewohner sprechen aber auch Englisch.

Stromspannung 220 V; in die Steckdosen passen die Stecker-Typen K und M.

Telefon Ein Anruf auf die Inseln ist eine internationale Verbindung, d. h. man muss vor der Nummer die Vorwahl ☎ 011 wählen. Da man sich automatisch ins französische Netz einwählt, fallen Roaminggebühren fürs Handy an.

Touristeninformation (www.st-pierre-et-miquelon.com) Das Besucherzentrum in der Nähe des Fähranlegers hat Karten, in denen alle Banken, Restaurants etc. verzeichnet sind. Die Mitarbeiter halten auch Informationen zu den Hotels und Inseltouren bereit und übernehmen kostenlose Buchungen.

Zeit 30 Min. vor der Newfoundland-Zeit.

Zoll Damit die Duty-Free-Regel für Alkohol gilt, muss man mind. 48 Std. auf der Insel bleiben.

ℹ An- und Weiterreise

FLUGZEUG

Air St-Pierre (www.airsaintpierre.com) fliegt zwei- bis dreimal pro Woche nach St. John's, Montréal und Halifax. Das Taxi zum/vom Flughafen kostet etwa 5 €.

SCHIFF/FÄHRE

Von Fortune auf Newfoundland fährt die **St-Pierre Ferry** (☎709-832-3455; www.saint-pierreferry.ca; 14 Bayview St; Erw./Kind hin & zurück 93/58 €) im Juli und August einmal täglich zu bzw. von der Insel (1 Std., Mi 2-mal). Im restlichen Jahr fahren sie seltener. Da die Abfahrtszeiten unterschiedlich sind, sollte man im Fahrplan nachschauen. Die Fähren sind Passagierfähren. Das Auto kann auf dem Parkplatz am Fähranleger abgestellt werden (Tag 9 C$).

ℹ Unterwegs vor Ort

Vieles kann zu Fuß besichtigt werden. Da die Straßen steil sind, kann das aber anstrengend werden. Einen Fahrradverleih bietet das Besucherzentrum (halber/ganzer Tag 10/15 €). Kleine Fähren fahren nach Miquelon und Langlade; Abfahrtszeiten und Preise erfährt man im Besucherzentrum.

DAS ZENTRUM

Das Zentrum Newfoundlands ist nicht ganz so aufregend wie der Rest der Provinz, was daran liegt, dass große Teile der Region aus Sumpf und Wald bestehen. Die Inseln der Notre Dame Bay – vor allem Twillingate, an der Eisberge vorbeigleiten – gehören zu den rühmlichen Ausnahmen.

Terra Nova National Park

Seen, Sümpfe und hügelige Wälder an Land, davor die Clode and Newman Sounds: Der **Terra Nova National Park** (☎709-533-2801; www.pc.gc.ca/terranova; Erw./Kind/Fam. Tag 5,80/2,90/14,70 C$) wird durch den Highway 1, der durch ihn hindurchführt, in zwei Teile geteilt. Er ist nicht annähernd so dramatisch wie die anderen Nationalparks der Provinz, obwohl auch hier Elche, Bären, Biber und Weißkopf-Seeadler leben. Dafür kann man entspannt wandern, paddeln, zelten und mit dem Boot fahren.

Der erste Halt sollte das **Besucherzentrum** (☎709-533-2942; Hwy 1; ⌚Juli–Aug. 10–18 Uhr, Mai, Juni & Sept. bis 16 Uhr) sein, das 1 km neben dem Highway 1 an der Salton's Day-Use Area (80 km östlich von Gander) liegt. Hier erhält man viele Parkinfos, kann Touren mit Rangerbegleitung buchen und sich die Aquarien anschauen (mit Unterwasserkameras und der Erlaubnis zum Reinfassen).

👁 Sehenswertes & Aktivitäten

Terra Novas 14 Wanderwege sind insgesamt fast 100 km lang. Karten erhält man im Besucherzentrum. Sehr empfehlenswert ist der **Malady Head Trail** (5 km), der an der Spitze einer Landzunge liegt, von der aus man einen unglaublichen Blick auf den Southwest Arm und die Broad Cove hat. Der einfache **Sandy Pond Trail** (3 km) führt als Schleife rund um den See – mit großer Chance, Biber zu sehen. Hier kann man auch sehr gut **schwimmen**, es gibt einen Strand, Umkleideräume und Picknicktische.

Im Winter werden Loipen für Langläufer durch den Park gezogen.

Der abenteuerliche **Outport Trail** (48 km) führt zu den Zeltplätzen im Hinterland und zu den verlassenen Siedlungen am Newman Sound. Der Rundweg lohnt sich, es ist aber wichtig zu wissen, dass einige Teile nicht ausgeschildert und oft sehr matschig sind. Ein Kompass, eine topografische Karte und Ratschläge eines Rangers sind die Grundvoraussetzungen für diese Tour, die man nicht auf die leichte Schulter nehmen sollte.

Der Kiosk am Besucherzentrum verleiht Kajaks. Dort erhält man auch Infos über die Route **Sandy Pond – Dunphy's Pond** (10 km), eine tolle Paddeltour mit nur einer kleinen Tragepassage.

Das **Burnside Archaeology Centre** (☎709-677-2474; www.digthequarry.com; Main St; Erw./Kind 2/1 C$; ⊙Juli–Okt. 9–18 Uhr) liegt 15 km vom westlichen Parkeingang entfernt. Hier werden Artefakte, die an den Beothuk-Stätten der Region gefunden wurden, katalogisiert und ausgestellt. Möglich sind auch **Bootstouren** (Erw./Kind 45/25 C$) zu den weiter entfernt liegenden Siedlungen. Sehr fotogen ist das Fischerdorf **Salvage**, das gut markierte Wanderwege bietet. Es liegt unweit des nördlichen Endes des Parks an der Route 310, etwa 26 km vom Highway 1 entfernt.

Geführte Touren

Alle Touren starten am Besucherzentrum.

Coastal Connections BOOTSTOUR
(☎709-533-2196; www.coastalconnections.ca; 2½ Std. Erw./Kind 65/35 C$; ⊙Mai–Okt. 9.30 & 13 Uhr) Die Bootsfahrt führt in den Newman Sound, wo man Hummerfangkörbe aus dem Wasser zieht, Plankton unter dem Mikroskop betrachtet und noch an vielen anderen Stellen aktiv eingebunden wird! Adler sieht man hier häufiger, Wale eher selten.

Schlafen

Die einzige Übernachtungsmöglichkeit innerhalb der Parkgrenzen ist das Zelten. Wer ein Bett will, der sollte nach Eastport fahren. Das liegt am Nordende des Parks an der Route 310, etwa 16 km vom Highway 1 entfernt. Reservierungen für die Campingplätze (empfohlen an den Sommerwochenenden) sind über **Parks Canada** ☎877-737-3783; www.pccamping.ca; Reservierungsgebühr 10,80 C$) telefonisch oder online möglich.

Backcountry Camping CAMPINGPLATZ $
(kostenlose Genehmigung erforderlich, Zeltplatz 16 C$) Rund um den Outport Trail, Beachy Pond, Dunphy's Island und Dunphy's Pond gibt es mehrere Backcountry-Zeltplätze, die nur per Boot, zu Fuß oder in Kombination von beidem erreichbar sind. Anmeldungen nimmt das Besucherzentrum entgegen.

Newman Sound Campground CAMPINGPLATZ $
(Zeltplatz 26–30 C$) Der größte (und lauteste) Campingplatz des Parks bietet 343 Zeltplätze, einen Lebensmittelladen und Waschautomaten, er hat auch im Winter geöffnet.

Malady Head Campground CAMPINGPLATZ $
(Zeltplätze 17–22) Malady Head liegt am nördlichen Ende des Parks und ist kleiner, ruhiger und naturnäher (mit Duschen).

Gander

11 000 EW.

Gander liegt am Schnittpunkt von Highway 1 und der Route 330, die zur Notre Dame Bay führt. Der Ort bietet sich als Zwischenstopp an und erfreut Flugzeugenthusiasten mit ein paar Sehenswürdigkeiten.

Ein **Besucherzentrum** (www.gandercanada.com; ⊙Juni–Sept. 8–20 Uhr, Okt.–Mai 8.30–17 Uhr) liegt am Ortseingang am Highway 1. Für Luffahrtinteressierte ist das **North Atlantic Aviation Museum** (☎709-256-2923; www.northatlanticaviationmuseum.com; Hwy 1; Erw./Kind 6/5 C$; ⊙Juli & Aug. tgl. 9–19 Uhr, Sept.–Juni Mo–Fr bis 16 Uhr) interessant, dessen Exponate Newfoundlands Beitrag zur Luftkriegsführung im Zweiten Weltkrieg und zur Entwicklung der Navigation aufzeigen. Etwas östlich des Highway 1 liegt das bedrückende **Silent Witness Monument**, das an die 248 US-amerikanischen Soldaten erinnert, deren Flugzeug im Dezember 1985 hier abstürzte.

Sinbad's Hotel & Suites (☎709-651-2678; www.steelehotels.com; Bennett Dr; Zi. 95–130 C$) bietet saubere, einfache Zimmer im Zentrum von Gander. Hier in der größten Stadt der Region finden sich einige große Geschäfte. Wer sich noch mit etwas eindecken muss, sollte das hier tun.

Gander Airport (YQX; www.ganderairport.com) ist ein gut frequentierter Flughafen. **DRL-Busse** (☎709-263-2171; www.drl-lr.com) halten hier auf dem Weg nach St. John's (4 Std.) und nach Port aux Basques (9 Std.).

Twillingate Island & New World Island

2600 EW.

Dieser Teil der Notre Dame Bay ist verdientermaßen gut besucht. Twillingate (das eigentlich aus den fast zusammengewachsenen Inseln North und South Twillingate besteht) liegt nördlich der Insel New World Island. Man erreicht die Inseln vom Festland aus über einige kurze Dämme. Es ist unglaublich schön hier, nach jeder Biegung der Straße kann man sich auf neue Blicke aufs Meer, auf malerische Häfen oder nette Gruppen pastellfarbener Häuser über Klippen und Felsen freuen. Vorbeiziehende Wale und Eisberge tragen jeden Sommer zusätzlich zur Attraktivität der Inseln bei.

Sehenswertes

Die Sehenswürdigkeiten werden in etwa in der Reihenfolge aufgeführt, in der man auf der Fahrt auf sie trifft.

★ Prime Berth/Twillingate Fishing Museum MUSEUM

(☎709-884-5925; www.primeberth.com; Walter Elliott Causeway; Eintritt 5 C$, Führung 8 C$; ⌚Juli & Aug. 10–17 Uhr) Das Fischereimuseum sollte man unbedingt als Erstes besichtigen! Das private Museum wird von einem engagierten Fischer betrieben. Seine einfallsreichen und oft ganz einfachen Ideen sind brillant und machen sowohl Erwachsenen als auch Schulkindern Spaß. Es ist das erste Haus, das man sieht, wenn man nach Twillingate kommt.

Little Harbour AM WASSER

Von Little Harbour, auf dem Weg zur Stadt Twillingate, führt ein 5 km langer Weg zur abgelegenen, malerischen **Jone's Cove** – vorbei an den Überresten einer umgesiedelten Gemeinde und einem Felsbogen.

Auk Island Winery WEINGUT

(☎709-884-2707; www.aukislandwinery.com; 29 Durrell St; Weinproben 3 C$, mit Führung 5 C$; ⌚Juli & Aug. 9.30–18.30 Uhr, Sept.–Juni kürzere Öffnungszeiten) Hier werden Moose Joose (Blaubeer-Preiselbeere), Funky Puffin (Blaubeer-Rhabarber) und andere fruchtige Geschmacksrichtungen aus Eisbergwasser und heimischen Beeren hergestellt. Auch Eiscreme wird mit Eisbergwasser hergestellt. Das Ausleihen von Rädern kostet pro Tag 25 C$.

Durrell Museum MUSEUM

(☎709-884-2780; Museum St, ab Durrell St; Erw./Kind 2/1 C$; ⌚Juni–Sept. 9–17 Uhr) Das landschaftlich schöne Durrell und sein Museum auf dem Old Maid Hill sollte man auf jeden Fall besuchen. Der Eisbär ist ein zusätzlicher Bonus. Am besten das Mittagessen selbst mitbringen, denn hier gibt es Picknicktische mit spektakulärer Aussicht.

Twillingate Museum MUSEUM

(☎709-884-2825; www.tmacs.ca; off Main St; Eintritt gegen Spende; ⌚Mai–Sept. 9–17 Uhr) In einem ehemaligen anglikanischen Pfarrhaus erzählt das Museum die Geschichte der Insel seit Ankunft der ersten britischen Siedler Mitte des 17. Jhs. Ein Zimmer ist der Seehundjagd und der damit verbundenen Kontroverse gewidmet. Eine alte **Kirche** steht gleich nebenan.

Long Point Lighthouse LEUCHTTURM

(☎709-884-2247; ⌚10–18 Uhr) GRATIS Long Point bietet spektakuläre Ausblicke über die Klippen. Eine Wendeltreppe mit ausgetretenen Stufen, über die unzählig viele Leuchturmwärterfüße seit 1876 gestiegen sind, führt nach oben zum atemberaubenden Rundumblick. An der nördlichen Spitze der Insel gelegen, ist der Turm der ideale Ort, um im Mai oder Juni nach Eisbergen Ausschau zu halten.

Geführte Touren

Unterhaltsame zweistündige Touren zu den Eisbergen und Walen werden von Mitte Mai bis Anfang September täglich veranstaltet (Erw. /Kind 44/22 C$).

Twillingate Adventure Tours BOOTSTOUR

(☎888-447-8687; www.twillingateadventuretours.com; ab Main St) Die Boote legen am Kai in Twillingate um 10, 13 und 16 Uhr ab (manchmal auch noch ein weiteres Mal um 19 Uhr).

Twillingate Island Boat Tours BOOTSTOUR

(☎709-884-2242; www.icebergtours.ca; Main St) Legen am Iceberg Shop, der wegen der Eisbergbilder und Kunsthandwerk auch einen Besuch lohnt, um 9.30, 13 und 16 Uhr ab.

Feste & Events

Fish, Fun & Folk Festival MUSIK

(www.fishfunfolkfestival.com; ⌚Ende Juli) Traditionelle Tänze und Musik, z. T. aus dem 16. Jh., bestimmen für eine Woche das Leben in der Stadt.

Schlafen & Essen

Trotz seiner etwa 20 Unterkünfte wird Twillingate im Sommer doch sehr voll. Also frühzeitig buchen.

Captain's Legacy B&B B&B $$
(709-884-5648; www.captainslegacy.com; Hart's Cove; Zi. 95–125 C$; Mai–Okt.;) Ein richtiger Kapitän mit Namen Peter Troake besaß einst diese historische Outport-Villa, die nun ein elegantes B&B mit vier Zimmern und Blick auf den Hafen ist.

Paradise B&B B&B $$
(877-882-1999, 709-884-5683; www.capturegaia.com/paradiseb&b.html; 192 Main St; Zi. 100 C$; Mai–Sept.;) Da es auf einem Felsvorsprung oberhalb des Hafens liegt, bietet das Paradise die beste Aussicht der Stadt. Man kann zum Strand hinunterwandern oder von einem Gartenstuhl aus die Aussicht und Atmosphäre genießen. Die drei Zimmer sind sehr gemütlich (besonders Zimmer 1). Nur Barzahlung.

Anchor Inn Hotel HOTEL $$
(800-450-3950, 709-884-2777; www.anchor inntwillingate.com; 3 Path End; Zi. 120–180 C$; März–Dez.;) Das am Wasser gelegene Anchor vermietet Zimmer mit wunderbar weichen Betten. Zu den Annehmlichkeiten gehören die sehenswerte Panoramaterrasse sowie der Grill, den die Gäste nutzen dürfen. Das hauseigene Restaurant ist ausgezeichnet.

J & J Fish Market FISCH $
(98 Main St; Hauptgerichte 8–16 C$; 11–19 Uhr) Die sechs Tische sind immer belegt, die Gäste genießen frischen Fisch, Hummer und Krabben in vollen Zügen.

R&J Restaurant FISCH $
(709-884-2212; 110 Main St; Hauptgerichte 8–14 C$; 8–23 Uhr) Hier lässt man sich *fish 'n' brewis*, Krabben, Jakobsmuscheln oder panierten Fisch schmecken. Pizza und Hamburger stehen ebenfalls auf der Karte.

Unterhaltung

All Around the Circle Dinner Theatre THEATER
(709-884-5423; Crow Head; Erw./Kind 32/16 C$; Juni–Sept. Mo–Sa 18 Uhr) Sechs der besten Köche Newfoundlands bereiten nicht nur traditionelle Gerichte zu, sondern liefern dabei auch eine talentierte Show zum Schieflachen. Liegt südlich vom Long Point Lighthouse.

Praktische Informationen

Town of Twillingate (www.townoftwillingate.ca)
Twillingate Tourism (www.visittwillingate.com)

An- & Weiterreise

Nahezu unmerklich verbindet die Route 340 über einen Fahrdamm das Festland mit Chapel Island, der winzigen Insel Strong's Island, New World Island und Twillingate Island.

Fogo Island & Change Islands

2900 EW.

Die in den 1680er-Jahren besiedelte Insel Fogo lädt als faszinierender und wilder Ort zur Entdeckung ein. Die Insel sollte man im Auge behalten: Sie hat einen anspruchsvollen Plan für einen nachhaltigen, kunstorientierten Tourismus entwickelt, der für die Region recht fortschrittlich ist. Die seltenen Newfoundlandponys ziehen über die Change Islands, die im Westen liegen.

Sehenswertes & Aktivitäten

Auf Fogo bietet das Dorf **Joe Batt's Arm**, das inmitten felsiger Hügel liegt, einen Rückblick in vergangene Jahrhunderte, auch wenn es nun durch das neue, luxuriöse Fogo Island Inn in der Moderne angekommen ist. Samstagvormittag findet am Eislaufplatz ein **Bauernmarkt** statt.

Ganz in der Nähe liegt **Tilting**, vielleicht das bezauberndste Dorf der Insel. Die irischen Wurzeln sind hier ebenso tief wie der Dialekt. Der Naturhafen ist von malerischen Fischereistegen und Schuppen umgeben, die auf verrottenden Pfählen über dem einlaufenden Wasser stehen. Unweit des Strands bei **Sandy Cove** beginnt der großartige Küstenweg **Turpin's Trail** (9 km).

Am anderen Ende der Insel liegen das Dorf **Fogo** und der markante **Brimstone Head**. Hat man den Ausblick vom mystischen Felsen aus genossen, bietet sich im Dorf noch eine weitere tolle Wanderung an, der **Lion's Den Trail** (5 km), der zur Funkstation Marconi führt. Vielleicht zeigt sich dabei auch die kleine Herde Karibus, die auf der Insel umherstreift.

EINFACH MAL TREIBEN LASSEN: DIE ICEBERG ALLEY

Jedes Jahr brechen 10 000 bis 40 000 glitzernde Eisberge von Grönlands Gletschern ab und landen in der Baffin- und Labradorströmung, wo ihre drei Jahre dauernde Reise Richtung Süden zu Newfoundlands berühmter „Eisbergallee" beginnt. Dieser 480 km lange und 98 km breite Atlantikabschnitt verläuft entlang der Nord- und Ostküste der Provinz und ist zum späten Frühjahr und Sommeranfang übersät mit Eisbergen. Die Inseln Fogo und Twillingate in der Notre Dame Bay und St. Anthony auf der Nordhalbinsel sind die besten Spots zum Sehen und Staunen. Selbst St. John's ist mit einigen Hundert der blauweißen Wunder gesegnet – jedenfalls in den meisten Jahren (manchmal gehen die Gewässer aufgrund der Wetter- und Strömungsverhältnisse leer aus).

Um rechtzeitig zu wissen, wo die Giganten lauern, kann man sich auf www.icebergfinder.com informieren, einer von der Tourismusvereinigung der Provinz eingerichteten Internetseite. Hier wird genau angezeigt, welcher Berg wohin driftet: Man kann den Newsletter abonnieren und dann die eigene Route minuziös planen.

Als Teil des neuen Entwicklungsplans werden entlang der Wanderwege Kunstateliers errichtet und Maler, Filmemacher und Fotografen aus der ganzen Welt eingeladen, sich eine Weile hier niederzulassen. Tipp: die aktuelle Lage des **Digitalkinos** erfragen.

Auf den Change Islands befindet sich das **Newfoundland Pony Sanctuary** (☎709-621-6381; 12 Bowns Rd; Eintritt gegen Spende; ⏲nach Vereinbarung), das gegründet wurde, um den Bestand der einheimischen, bedrohten Newfoundlandponys zu vergrößern. In der Provinz gibt es weniger als 100 registrierte Tiere in fortpflanzungsfähigem Alter, das bescheidene Gestüt mit elf Tieren besitzt die größte Herde. Die kleinen Geschöpfe sind als robuste Arbeitstiere (besonders im Winter) mit sanftem Temperament bekannt. Ausritte werden für 5 bis 10 C$ angeboten. Vor einem Besuch anrufen, um sicherzustellen, dass auch jemand vor Ort ist.

Feste & Events

Great Fogo Island Punt Race KULTURELL
(www.fogoislandregatta.com; ⏲Ende Juli) Einheimische rudern in traditionellen Holzbooten, den Punts, 16 km über das offene Meer zu den Change Islands und zurück.

Brimstone Head Folk Festival MUSIK
(www.brimstoneheadfestival.com; ⏲Mitte Aug.) Ein dreitägiges *hootenanny* mit irischer und neufundländischer Musik.

Schlafen & Essen

Peg's B&B B&B $
(☎709-266-2392; www.pegsbb.com; 60 Main St, Fogo; Zi. ab 80 C$; ⏲Mai–Okt.;) Mitten im Dorf Fogo bieten die vier Zimmer des Peg's eine freundliche Atmosphäre und Blick über den Hafen.

Foley's Place B&B B&B $
(☎866-658-7244, 709-658-7288; www.foleysplace.ca; 10A Kelley's Island Rd, Tilting; Zi. 85 C$;) Die vier Zimmer des 100 Jahre alten Hauses sind farbenfroh und modern eingerichtet und haben jeweils ein eigenes Bad.

Fogo Island Inn INN $$$
(☎709-658-3444; www.fogoislandinn.ca; Joe Batt's Arm; Zi. mit VP 850–2700 C$) Das umweltfreundliche Hotel mit 29 Zimmern wurde 2013 eröffnet und ist ein architektonisches Wunderwerk, das am Ende der Welt gelandet zu sein scheint. Jedes Zimmer bietet, so wie auch das hauseigene Restaurant, phänomenale Ausblicke (Hauptgerichte 40–49 C$, 7–21 Uhr). Der Koch besorgt sich fast alle Zutaten auf der Insel. Sind die Angestellten nicht zu beschäftigt, führen sie die Gäste gerne durch das moderne Gebäude.

Nicole's Cafe CAFÉ $$
(☎709-658-3663; www.nicolescafe.ca; 159 Main Rd, Joe Batt's Arm; Hauptgerichte 16–22 C$; ⏲10–21 Uhr) Für ihre modernen Interpretationen klassischer Gerichte wie *Jiggs dinner*, Karibu-Leberwurst oder die tägliche vegetarische Platte verwendet Nicole Zutaten von der Insel – Meeresfrüchte, Wurzelgemüse und wild wachsende Beeren. Ein sonniger Flecken mit großen Holztischen, Inselkunst und Quilts an den Wänden.

Praktische Informationen

Change Islands (www.changeislands.ca)
Fogo Tourism (www.townoffogoisland.ca)

An- & Weiterreise

Die Route 335 führt zur Stadt Farewell, wo die Fähre auf die Change Islands (20 Min.) ablegt und dann weiter nach Fogo (45 Min.) fährt. Fünf Fähren fahren zwischen 7.45 und 20.30 Uhr. Die Zeitpläne variieren, deshalb beim **Provincial Ferry Services** (☎709-627-3492; www.gov.nl.ca/ferryservices) nachfragen. Die Hin- und Rückfahrt nach Fogo kostet 18 C$ für Auto und Fahrer und 6 C$ für weitere Mitreisende. Auf die Change Islands zahlt man 7 C$.

Grand Falls-Windsor

13 700 EW.

Aus dem Anwachsen zweier kleiner Papierfabriksiedlungen ist die Gemeinde Grand Falls-Windsor entstanden. Der Ortsteil südlich des Highway 1 und nahe des Exploits River ist für Reisende interessanter. Beim fünftägigen **Salmon Festival** (www.salmonfestival.com; ⏲Mitte Juli) rocken die größten kanadischen Bands.

Sehenswertes

Mary March Provincial Museum MUSEUM
(☎709-292-4522; www.therooms.ca/museum; 24 St. Catherine St; Erw./Kind 2,50 C$/frei; ⏲Mai–Okt. Mo–Sa 9–16.45, So ab 12 Uhr) Der Besuch lohnt sich: Die Ausstellungsstücke konzentrieren auf die jüngere und ältere Geschichte der indigenen Völker der Region, einschließlich des Beothuk-Stammes. Für den Besuch die Ausfahrt 18A nehmen. Der Eintritt gilt auch für das Holzfällermuseum.

RUND ODER FLACH?

Trotz Kolumbus' großer Tat 1492 (als er ins blaue Meer segelte, ohne von der Kante der Erde zu fallen) und trotz moderner Satellitenfotos, die bestätigen, dass die Erde wirklich rund ist, sind die Leute der Flat Earth Society nicht zu überzeugen. Eine rotierende, kugelförmige Welt, die durch das Weltall saust, würde nur dazu führen, dass ihre Bewohner ein verwirrtes und orientierungsloses Leben führen, sagen sie.

In Wirklichkeit soll die stabile und ruhige flache Erde fünf Eckpunkte haben: den Michael Lake in Tunguska (Sibirien), die Osterinseln, Lhasa (Tibet), die südpazifische Insel Ponape und Brimstone Head auf Fogo Island. Also klettert man den zerklüfteten Rücken von Brimstone Head rauf, starrt in den Abgrund bis zum entfernten Ende der Erde und entscheidet selbst, ob die Erde rund oder flach ist. Auf jeden Fall hat man von hier aus einen tollen Blick auf die Iceberg Alley.

Loggers' Life Provincial Museum MUSEUM
(☎709-292-0492; www.therooms.ca/museum; Ausfahrt 17, Hwy 1; Erw./Kind 2,50 C$/frei; ⏲Juni–Sept. Mo–Sa 9–16.45, So ab 12 Uhr) Hier wird das Leben in einem Holzfällerlager der 1920er-Jahre erfahrbar – mit Gerüchen und allem was dazugehört. Kombi-Eintritt mit dem Provinzmuseum.

Salmonid Interpretation Centre PARK
(☎709-489-7350; www.exploitsriver.ca; Erw./Kind 6,50/3 C$; ⏲Juni–Sept. 8–20 Uhr) Hier beginnen die Atlantiklachse ihre beschwerliche Wanderung stromaufwärts zu ihren Laichgründen. Leider tun sie das im Schatten der Papierfabrik. Um dorthin zu kommen, überquert man den Fluss südlich der High Street und folgt der Beschilderung.

Schlafen & Essen

Hill Road Manor B&B B&B **$$**
(☎866-489-5451, 709-489-5451; www.hillroadmanor.com; 1 Hill Rd; Zi. 119–129 C$; 📶) Elegante Möbel, weiche Betten und ein heller Wintergarten verheißen einen stilvollen Aufenthalt. Kinder sind willkommen.

Kelly's Pub & Eatery BURGER **$**
(☎709-489-9893; 18 Hill Rd; Hauptgerichte 8–12 C$; ⏲9–2 Uhr) Das rustikale Lokal liegt gut versteckt hinter dem verrauchten Pub. Neben den besten Burgern der Stadt sind die Pfannengerichte empfehlenswert.

Praktische Informationen

Town of Grand Falls-Windsor (www.townofgrandfallswindsor.com)

An- & Weiterreise

Die **DRL**-Bushaltestelle (☎709-263-2171; www.drl-lr.com) befindet sich am Highliner Inn an der Servicestation des Highway 1. Nach St. John's sind es 430 km, nach Port aux Basques 477 km.

Die zentrale Südküste

Die Route 360 führt für 130 km mitten durch die Provinz zur Südküste. Es ist ein langer Weg zu den ersten Siedlungen am Ende der **Bay d'Espoir**, einem hübschen Fjord. Es gibt keine Tankstelle auf der Strecke, also am Highway 1 unbedingt volltanken! **St. Alban's** liegt auf der Westseite des Fjords. Am Ende der Bucht gibt es ein paar Motels mit Restaurants und Lounges.

Weiter südlich liegt eine Ansammlung kleiner Fischerdörfer. Die Landschaft an der Route 364 nach **Hermitage** ist besonders beeindruckend, wie auch die Gegend rund um **Harbour Breton** (1700 Ew.). Die größte Stadt der Region schmiegt sich an die Kante einer sanften Binnenbucht. Das **Southern Port Hotel** (☎709-885-2283; www.southernporthotel.ca; Rte 360, Harbour Breton; Zi. 93–97 C$; 📶) bietet geräumige Standardzimmer; alle mit geraden Nummern haben Hafenblick. Zwei Häuser weiter bietet **Scott's Snackbar** (☎709-885-2406; Hauptgerichte 7–15 C$; ⏲So–Do 10.30–23, Fr & Sa 10.30–1 Uhr) Burger und Hausmannskost (mit Alkohollizenz).**Thornhill Taxi Service** (☎866-538-3429, 709-885-2144) bietet Fahrten zwischen Harbour Breton und Grand Falls (40 C$, 2½ Std.) an; Abfahrt ist um 7.15 Uhr. Staatliche Passagierfähren fahren nach Hermitage. So sind die entlegenen Outports im Westen der Südküste erreichbar.

NÖRDLICHE HALBINSEL

Die nördliche Halbinsel steht wie ein ausgestreckter Zeigefinger vom restlichen Newfoundland ab – man hat beinahe das Gefühl, dass er droht und sagt: „Wag' es ja nicht, die Provinz zu verlassen, ohne mich besucht zu haben!"

Die Gegend ist sicher eine der attraktivsten Newfoundlands, zwei der Weltkulturerbestätten der Provinz befinden sich hier: Der Gros Morne National Park mit seinen fjordartigen Seen und geologischen Besonderheiten liegt im Süden der Halbinsel, während die 1000 Jahre alte Wikingersiedlung in L'Anse aux Meadows von der Spitze der Halbinsel aus über das Meer blickt. Verbunden sind die beiden berühmten Stätten durch den **Viking Trail** (www.vikingtrail.org), die Route 430. Die Straße ist für sich genommen schon eine Attraktion, denn sie führt immer an der Küstenlinie entlang nach Norden, vorbei an den alten Begräbnisstätten von Port au Choix und dem Fähranleger nach Labrador.

Der Tourismus in der Region steigt, trotzdem ist nur ein Bruchteil der Reisenden unterwegs, die man etwa in Yellowstone oder in Banff trifft. Im Juli und August sollte man dennoch im Voraus ein Zimmer reservieren.

Von Deer Lake am Südende nach L'Anse aux Meadows an der Nordspitze fährt man 4 bis 5 Std. Städte, es gibt unterwegs nur wenige Tankstellen, daher unbedingt tanken!

Deer Lake

Für Besucher gibt es in Deer Lake wenig zu sehen. Wer dorthin fliegt, kann von hier aus in den Norden fahren und die Westküste erkunden.

B&B-Gemütlichkeit findet man im einfachen **Auntie M's Lucas House** (☎709-635-3622; www.lucashousebb.net; 22 Old Bonne Bay Rd; Zi. 65–75 C$; ⏲Mai–Sept.; 🚭@📶); es liegt nur fünf Fahrminuten vom Flughafen entfernt.

Das größte Hotel der Stadt ist mit 88 Zimmern das neue **Holiday Inn Express** (☎709-635-3232; www.ihg.com; 38 Bennett's Ave; Zi. 130–180 C$; ❄@📶🏊🐾), zehn Autominuten vom Flughafen entfernt.

Das **Besucherzentrum** (⏲9–19 Uhr) und die Bushaltestelle von **DRL** (☎709-263-2171; www.drl-lr.com) an der Irving-Tankstelle liegen nebeneinander am Highway 1. Das Taxi vom Flughafen kostet um die 10 C$.

Deer Lake Airport (YDF; www.deerlakeairport.com) liegt unweit des Highway 1 und ist ein gut ausgestatteter kleiner Flughafen mit Geldautomaten, Essen, kostenlosem WLAN und Internetzugang sowie einem besetzten Infoschalter. Hier landen regelmäßig Flugzeuge aus St. John's, Halifax, Toronto und London. Avis, Budget oder National unterhalten am Flughafen Büros und vermieten Autos.

Gros Morne National Park

Der **Nationalpark** (☎709-458-2417; www.pc.gc.ca/grosmorne; Erw./Kind/Familie Tag 9,80/4,90/19,60 C$) wurde 1987 weltbekannt, als die Unesco ihn zum Weltnaturerbe ernannte. Für seine Besucher sind die beeindruckenden Tafelberge und die tief eingeschnittenen Wasserläufe schlicht übernatürliche Spielplätze, für Geologen ein Bauplan unseres Planeten. Hier finden sie Beweise für Theorien wie die Plattentektonik. Die bronzefarbenen Tablelands bestehen aus Gestein, das von tief unten aus der Erdkruste stammt. Nirgendwo auf der Welt ist solches Material so leicht zugänglich wie in Gros Morne (es wird sonst nur in unvorstellbaren Meerestiefen gefunden). Aus diesen Gründen trägt der Park auch den Spitznamen „Galapagos der Geologie".

Im und um den Park herum lassen sich leicht mehrere Tage mit Wandern, Kajakfahren, Zelten, Tierebeobachten und Bootstouren verbringen!

Mehrere kleinere Fischerdörfer stehen vereinzelt am Ufer und bieten Unterkünfte. Die Bonne Bay teilt das Land: Im Süden liegen die Route 431 und die Städte **Glenburnie**, **Woody Point** und **Trout River**, im Norden die Route 430 und **Norris Point**, **Rocky Harbour**, **Sally's Cove** und **Cow Head**. Das zentral gelegene Rocky Harbour ist das größte Dorf und der beliebteste Übernachtungsort. Norris Point und das etwas weiter weg gelegene Woody Point sind ebenfalls gute Standorte für Ausflüge.

Sehenswertes

Der Park ist sehr weitläufig – vom Trout River im Süden bis zum Cow Head im Norden sind es 133 km. So braucht man eine Weile, um von einer Sehenswürdigkeit zur nächsten zu reisen. Die folgenden Beschreibungen wurden von Süden nach Norden sortiert. Die Besucherzentren des Parks bieten informative Programme und geführte Wanderungen an.

Tablelands — GEOGRAPHISCHES MERKMAL

(Rte 431, am Trout River) Die südwestliche Ecke des Parks dominieren die unbezwingbaren Tablelands. Das Tafelbergmassiv war Teil der Erdkruste, bevor die Tektonik es aus den Tiefen hob und mitten auf den Kontinent setzte. Auf dem Gestein wachsen keine Pflanzen. Die unfruchtbaren goldfarbenen Felsen sind direkt von der Route 431 aus zu sehen oder aus der Ferne von einem der beeindruckenden **Foto-Aussichtspunkte** oberhalb von Norris Point. Westlich der Tablelands prägen bizarre vulkanische Säulen und Höhlen die Küste von **Green Garden**.

Bonne Bay Marine Station — AQUARIUM

(☎709-458-2550; www.bonnebay.mun.ca; Rte 430, Norris Point; Erw./Kind/Fam. 6,25/5/15 C$; ⏲Juni–Aug. 9–17 Uhr) Am Anleger in Norris Point liegt die Bonne Bay Marine Station, eine Forschungsstation der Memorial University. Alle 30 Min. starten interaktive Touren, Aquarien zeigen die Lebensräume der Bonne Bay. Für Kinder gibt es Streichelbecken und den seltenen blauen Hummer zu sehen.

SS Ethie — SCHIFFSWRACK

(Rte 430, hinter Sally's Cove) Den Schildern vom Highway folgen bis die Wellen gegen die rostigen und verhedderten Überreste der SS *Ethie* schlagen ... Die Geschichte des Wracks (1919 gesunken) und des Rettungsversuchs inspirierte zu einem berühmten Folksong.

Broom Point Fishing Camp — HISTORISCHE STÄTTE

(Rte 430, Broom Point; ⏲Mai–Okt. 10–17.30 Uhr) GRATIS Das restaurierte Fischercamp befindet sich ein kurzes Stück nördlich des Western Brook Pond. Die drei Mudge-Brüder und ihre Familien haben hier von 1941 bis 1975 gefischt. Danach verkauften sie das Camp inklusive Booten, Hummerfallen und Netzen an den Nationalpark. Alles wurde wieder ins seinen ursprünglichen Zustand versetzt und jetzt von Parkangestellten betreut.

Shallow Bay — STRAND

Der sanfte, sichere Sanddünenstrand von Shallow Bay wirkt fehl am Platz – als wäre er durch eine abtrünnige Strömung aus der Karibik dorthin gebracht worden. Das Wasser ist allerdings selten wärmer als 15 °C ...

The Arches — PARK

Die sehenswerten Felsbögen an der Route 430 nördlich von Parsons Pond wurden von der Brandung geformt und sind sehenswert.

Aktivitäten

Wandern

Es werden geführte Wander- und Kajaktouren angeboten.

20 gepflegte Wanderwege in unterschiedlichen Schwierigkeitsgraden und einer Gesamtlänge von 100 km schlängeln sich durch die schönsten Teile des Parks. Besonders toll ist der **James Callahan Gros Morne Trail** (16 km) zum Gipfel von Gros Morne, mit 806 m der höchste Punkt. Abschnitte des Wegs führen über Stufen und Holzstege, für die anstrengende Wanderung sollte man 7 bis 8 Std. kalkulieren. Sogar eine steile Felsschlucht muss man hochklettern, um auf den Berggrat zu gelangen. Erhaben ist die angemessenste Beschreibung für das Gefühl, auf dem 600 m hohen Vorsprung zu stehen und auf den **10 Mile Pond**, einen von Klippen gesäumten Fjord, zu blicken.

Der **Green Gardens Trail** (16 km) ist fast genauso schön – und vergleichbar schwierig. Der Rundweg hat zwei Startpunkte an der Route 431, die beide an der spektakulären, vom Meer geformten Lavaküste entlang nach Green Gardens hinunterführen. Man muss 6 bis 8 Std. für die Wanderung einplanen. Wer die Strecke lieber auf zwei Tage verteilen will, kann einen der drei Backcountry-Zeltplätze am Meer buchen. Weniger anstrengend ist der Weg zum Strand und wieder zurück über den Long Pond Trailhead (9 km).

Zu den kürzeren schönen Wegen zählen der **Tablelands Trail** (4 km) zum Winterhouse Brook Canyon, der **Lookout Trail** (5 km), der am Discovery Centre beginnt und zu einem alten Feuerwachturm oberhalb der Baumgrenze führt, der **Lobster Cove Head Trail** (2 km), der durch mehrere Gezeitenbecken führt, und der meistbegangene **Western Brook Pond Trail**.

Legendär sind die **Long Range Traverse** (35 km) und die **North Rim Traverse** (27 km), beide schwierige mehrtägige Fernwanderwege über die Berge. Für diese braucht man eine Genehmigung und eine Einweisung durch die Parkranger.

Wer mehrere Wanderungen machen will, sollte 20 C$ in den *Gros Morne National Park Trail Guide* investieren, eine wasserfeste Karte mit Wegbeschreibungen auf der Rückseite (im Besucherzentrum erhältlich).

Western Brook Pond WANDERN
(Rte 430) Vom Parkplatz am Highway führt eine 3 km lange, einfache Wanderung landeinwärts zum Western Brook Pond. „Pond" (Teich) ist dabei irreführend: Das Gewässer ist riesig. Die Bezeichnung Fjord stimmt streng genommen nicht, da es sich um Süßwasser handelt. Aber in einem sind sich alle einig: Der Pond ist spektakulär. Die 700 m hohen Klippen des Western Brook fallen steil ins blaue Nichts hinab. Am besten eine Bootstour machen (s. rechte Spalte).

Kajak fahren

Mit dem Kajak im Schatten der Tablelands zwischen den Fontänen der Wale hindurchfahren ist ein einmaliges Erlebnis. Gros Morne Adventures verleiht Kajaks (Einzel/Doppel Tag 55/65 C$) an erfahrene Paddler.

Langlaufen

Viele Routen des beeindruckenden 55 km langen Loipensystems im Park wurden von Olympiasieger Pierre Harvey entworfen. Im Hauptbesucherzentrum gibt es Infos zu den einzelnen Strecken, hier können auch die Hütten im Hinterland reserviert werden.

Geführte Touren

Die meisten Touren werden zwischen Juni und Mitte September angeboten und sollten vorab gebucht werden. Das Kajakfahren ist im Juni und Juli am schönsten.

Bon Tours BOOTSTOUR
(☎709-458-2016; www.bontours.ca; Ocean View Motel, Main St, Rocky Harbour) Bon Tours bietet stündlich zwischen 10 und 17 Uhr die phänomenale **Western Brook Pond Bootstour** (2 Std. Erw. 53–60 C$, Kind 20–26 C$) an. Zur Ablegestelle führt ab der Route 430 der leichte, 3 km lange Western Brook Pond Trail. Wer noch keinen **Parkausweis** (9,80 C$) gekauft hat, muss das tun, bevor er an Bord geht. Eine Reservierung, sei es online oder im Bon-Büro im Ocean View Hotel, ist Voraussetzung für die Teilnahme. Mit dem Auto sind es 25 Min. vom Bon-Büro zum Startpunkt des Wanderwegs.

Bon betreibt auch **Bootstouren in die Bonne Bay** (2 Std. Erw./Kind 40/14 C$), die am Kai in Norris Point ablegen, sowie ein Wassertaxi (hin & zurück Erw./Kind 14/10 C$, nur Passagiere und Fahrräder) von Norris Point nach Woody Point.

Gros Morne Adventures GEFÜHRTE TOUR
(☎800-685-4624, 709-458-2722; www.grosmorneadventures.com; Norris Point Wharf) Bietet täglich geführte Seekajaktouren (2/3 Std. 55/65 C$) in die Bonne Bay an, außerdem ein- und mehrtägige Kajakausflüge und unterschiedliche Wanderungen.

Cycle Solutions RADTOUR
(☎866-652-2269, 709-634-7100; www.cyclesolutions.ca; Rte 430, Rocky Harbour, unterschiedliche Preise) Der Fahrradladen in Corner Brook bietet verschiedene Fahrradtouren durch Gros Morne an – von leichten Halbtagesfahrten bis hin zu anspruchsvollen, mehrtägigen Fahrten. Das Büro liegt neben der Touristeninformation in Rocky Harbour.

Ocean Quest Adventures BOOTSTOUR
(☎270-326-8687; www.oceanquestadventures.com; Trout River Pond; 1½ Std. 89 C$; ⏱Juni–Sept.) Bietet Schlauchbootfahrten zu geologischen Themen vom Trout River Pond aus an, verleiht Kajaks und betreibt einen Shuttleservice zum Overfalls Trail (mittelschwerer, 5 km langen Abschnitt des International Appalachian Trail).

Feste & Events

Gros Morne Theatre Festival THEATER
(☎709-243-2899; www.theatrenewfoundland.com; Tickets 15–30 C$; ⏱Ende Mai–Mitte Sept.) Acht Produktionen neufundländischer Wer-

ke werden den Sommer über drinnen und unter freiem Himmel aufgeführt.

Writers at Woody Point Festival LITERATUR
(☎709-453-2900; www.writersatwoodypoint.com; Karten 30 C$; ⏲Mitte Aug.) Autoren aus Newfoundland, ganz Kanada und der Welt treffen sich hier, um Lesungen zu halten.

Schlafen

Rocky Harbour bietet die größte Auswahl, aber Woody Point und Norris Point sind ebenfalls zu empfehlen. Im Juli und August sind schnell alle Betten belegt.

Park Campgrounds CAMPINGPLATZ $
(☎877-737-3783; www.pccamping.ca; Zeltplatz 19–26 C$, Reservierungsgebühr 11 C$) Im Park finden sich vier Campingplätze: **Berry Hill** (⏲Juni–Sept.), der größte, liegt am zentralsten; **Lomond** (⏲Juni–Okt.) ist gut und der nächstgelegene zum südlichen Parkeingang. **Trout River** (⏲Juni–Sept.) ist durchschnittlich und liegt am nächsten zu den Tablelands. **Shallow Bay** (⏲Juni–Sept.) bietet die Möglichkeit zum Baden im Meer, leidet aber unter Moskitos. Außerdem gibt es einen **sehr einfachen Campingplatz** (⏲ganzjährig) am wunderbaren Green Point.

Entlang der Wanderrouten liegt eine Vielzahl an **Wildniscampingplätzen** (Zeltplatz 10 C$), die im Hauptbesucherzentrum reserviert werden müssen. Die Plätze Berry Hill und Shallow Bay bieten **oTENTik-Unterkünfte** (Nacht 120 C$), eine Mischung aus Zelt und Hütte auf einem Holzpodest, ausgestattet mit Betten und Möbeln.

Aunt Jane's Place B&B B&B $
(☎709-453-2485; www.grosmorne.com/victorianmanor; Water St, Woody Point; B ohne/mit Bad 75/85 C$; ⏲Mai–Okt.; 🚭) Dieses alte Haus verströmt Charakter. Es liegt direkt am Strand, sodass man frühmorgens

DIE DEBATTE ÜBER DIE ROBBENJAGD

Nichts sorgt schneller für eine leidenschaftliche Diskussion als Kanadas jährliche Robbenjagd, die im März und April vor Newfoundlands Nordostküste und im Sankt-Lorenz-Golf rund um die Îles de la Madeleine und Prince Edward Island stattfindet.

Gegenüber stehen sich Tierschutzaktivisten und Robbenjäger (meist einheimische Fischer, die außerhalb der Saison Robben jagen). Beide Seiten benutzen eine Rhetorik, die einem Regierungssprecher alle Ehre machen würde. Die Diskussion dreht sich meist um die folgenden Fragen.

Werden Robbenbabys getötet? Ja und nein. Jeder hat die süßen, weißen Tierbabys vor Augen, auf Englisch heißen sie *whitecoats*, man kennt die blutigen Bilder. Es ist illegal, die Jungtiere zu jagen, und das nun schon seit über 20 Jahren. Haben die Jungen nach 12 bis 14 Tagen ihr weißes Fell verloren, sind sie Freiwild.

Werden die Tiere human getötet? Die Jäger sagen ja: Die Waffen und Knüppel, die sie benutzen, würden die Tiere sofort töten. Tierschutzaktivisten bestreiten das und sagen, dass die Jungtier angeschossen oder erschlagen würden und dann auf dem Eis lägen, bis die Jäger später wiederkämen und ihre Arbeit beendeten.

Ist die Robbenpopulation nachhaltig gesichert? Die kanadische Regierung sagt Ja und setzt eine jährliche Quote fest, basierend auf der kompletten Robbenpopulation (geschätzte 7,3 Mio. Tiere). 2013 betrug die Fangquote 400 000 Tiere, 2012 lag sie gleich hoch. Die Aktivisten sagen, dass die Quote nicht die tatsächliche Anzahl der getöteten Tiere widerspiegelt, nicht enthalten seien beispielsweise die „erschlagenen und verlorenen" Tiere und solche, die wegen Fellfehlern aussortiert werden würden.

Ist die Robbenjagd wirklich so ein wichtiger Teil der lokalen Wirtschaft? Aktivisten sagen Nein, es sei nur ein unbedeutender Teil des Einkommens der Neufundländer. Die Provinz widerspricht und sagt, für einige Jäger mache das Ergebnis der Jagd bis zu einem Drittel ihres Jahreseinkommens aus. In einer Provinz mit 12 % Arbeitslosigkeit ist das viel.

2009 verbot die EU den Handel mit Robbenprodukten, was der Industrie immens geschadet hat. Wer mehr über die Argumente beider Lager wissen möchte, kann sich auf den Websites der jeweiligen Organisationen informieren: **Canadian Sealers Association** (www.harvest.ca) und **Humane Society of the United States** (www.protectseals.org).

womöglich vom lauten Prusten der Wale geweckt wird.

Gros Morne Accommodations & Hostel HOSTEL $
(709-458-3396; www.grosmorneaccommodationsandhostel.com; 8 Kin Pl, Rocky Harbour; B/Zi. 30/70 C$;) Das kleine, gut geführte und relativ neue Hostel hat Schlafsäle mit Etagenbetten aus Kiefernholz. Es gibt einen Gemeinschaftsraum mit Kabelfernseher und einer Küche; Handtücher sind gegen eine geringe Gebühr erhältlich. Eingecheckt wird am Gros Morne Wildlife Museum (76 Main St.); hat man kein Auto, muss man ein gutes Stück zu Fuß laufen.

Anchor Down B&B B&B $$
(800-920-2208, 709-458-2901; www.theanchordown.com; Pond Rd, Rocky Harbour; Zi. 90–100 C$; @) Das Haus und seine fünf Zimmer sind ziemlich einfach, dafür schwärmen die Gäste von der Gastfreundschaft und den Kochkünsten der freundlichen Betreiber.

Middle Brook Cottages BLOCKHÜTTE $$
(709-453-2332; www.middlebrookcottages.com; an der Rte 431, Glenburnie; Blockhütten 115–149 C$; März–Nov.;) Die blitzblanken Kiefernhütten sind sowohl romantisch als auch kinderfreundlich. Sie haben Küchen und Fernseher, der Schwimmteich mit Wasserfall hinter dem Grundstück lädt zum Planschen ein.

Gros Morne Cabins BLOCKHÜTTE $$
(709-458-2020; www.grosmornecabins.com; Main St, Rocky Harbour; Blockhütten 159–199 C$;) Auf der Rückseite stößt man auf Asphalt, aber vor den wunderschönen Holzhütten befindet sich nichts als das Meer (bei der Buchung nach der Aussicht fragen!). Jede hat eine voll ausgestattete Küche, einen Fernseher und ein Ausziehsofa für Kinder. In Endicotts kleinem Laden nebenan kann man buchen.

Essen

Rocky Harbour und Woody Point bieten die größte Auswahl. In Sally's Cove steht ein guter Imbisswagen.

Earle's KANADISCH $
(709-458-2577; Main St, Rocky Harbour; Hauptgerichte 8–14 C$; 9–23 Uhr) Earle ist in Rocky Harbour eine Institution. Neben Lebensmitteln und DVD-Verleih gibt es hervorragendes Eis, Pizzas, Elchburger und traditionelle neufundländische Gerichte, die alle auf der Veranda verzehrt werden können.

Java Jack's CAFÉ $$
(709-458-3004; www.javajacks.ca; Main St, Rocky Harbour; Hauptgerichte 9–19 Uhr; Mai–Sept. Mi–Mo 7.30–20.30 Uhr;) Im Jack's gibt es neben Kunstwerken tagsüber die besten Kaffees, Wraps und Suppen der Stadt. Abends füllt sich der Speiseraum im Obergeschoss mit hungrigen Wanderern, die feine Meeresfrüchte, Karibu und vegetarische Gerichte genießen. Das Gemüse kommt frisch aus eigenem Bioanbau.

Justin Thyme CAFÉ $$
(709-458-2326; www.justinthymebeanandbistro.ca; 216 Main St, Norris Point; Hauptgerichte 17–24 C$; 9–21, Di ab 17 Uhr) Das lockere Bistro mit roten Wänden serviert morgens Kaffee und Backwaren, mittags Sandwiches und abends Gerichte wie Kabeljau an Zitronensahne oder Muscheln mit Pesto.

Old Loft Restaurant FISCH $$
(709-453-2294; www.theoldloft.com; Water St; Juli & Aug. 11.30–21, Mai, Juni & Sept. bis 19 Uhr) Der Laden am Wasser in Woody Point ist wegen seiner traditionellen Newfoundland-Gerichte und dem Seafood beliebt.

Praktische Informationen

Der Eintrittspreis zum Park umfasst alle Wege, das Discovery Center und alle *Day-use*-Bereiche.

Discovery Centre (709-453-2490; Rte 431, Woody Point; Mai–Okt. 9–18 Uhr) Hier werden in interaktiven Ausstellungen und einem Multimedia-Kino Ökologie und Geologie des Parks erklärt. Außerdem gibt es einen Informationsschalter mit Karten, ein Tagesprogramm für Besucher und ein kleines Café.

Hauptbesucherzentrum (709-458-2066; Rte 430, unweit von Rocky Harbour; Mai–Okt. 9–20 Uhr) Zusätzlich zu den Permits für Tages- und Backcountry-Touren gibt es hier Landkarten, Bücher, Infomaterial zum Viking Trail sowie Infotafeln.

Kiosk am Parkeingang (Rte 430; Mai–Okt. 10–18 Uhr) Bei Wiltondale.

Rocky Harbour (www.rockyharbour.ca)

Western Newfoundland Tourism (www.gowesternnewfoundland.com)

An- & Weiterreise

Der Deer Lake Airport liegt 71 km südlich von Rocky Harbour. Es fahren Shuttle-Busse nach Rocky Harbour, Woody Point und Trout River; Näheres unter Corner Brook (S. 572).

Port au Choix

Port au Choix liegt 13 km vom Viking Trail entfernt auf einer kargen Halbinsel. Neben einer großen Flotte an Fischerbooten lohnt sich der Besuch wegen eines schrulligen Museums und einer sehenswerten archäologischen Ausgrabungsstätte, in der alte Grabstätten freilegt werden.

Sehenswertes

Port au Choix National Historic Site HISTORISCHE STÄTTE
(☎709-861-3522; www.pc.gc.ca/portauchoix; Point Riche Rd; Erw./Kind 3,90/1,90 C$; ⏲Juni–Sept. 9–18 Uhr) Die historische Stätte umfasst die bis zu 5500 Jahre alten Grabstätten von drei Ureinwohnerstämmen. Das moderne Besucherzentrum erzählt von den kreativen Überlebenstechniken dieser Stämme und vom unerklärlichen Verschwinden eines dieser Stämme vor 3200 Jahren. Mehrere gute Wanderwege im Park laden zur weiteren Erkundung ein.

Phillip's Garden, ein Gebiet mit Überresten von Paleo-Eskimo-Häusern, ist ein Highlight. Zwei Wanderwege führen dorthin, einer davon ist der **Phillip's Garden Coastal Trail** (4 km), der am Phillip Drive am Ende der Stadt beginnt. Von hier aus hüpft man über ein Puzzle aus skelettähnlichen Steinen bis zur 1 km entfernt liegenden Stätte.

Nur 3 km weiter befindet sich das **Point Riche Lighthouse** (1871), das auch von der Straße zum Besucherzentrum aus erreichbar ist.

Ein weiterer Weg zum Phillip's Garden ist der **Dorset Trail** (8 km): Er beginnt am Besucherzentrum und windet sich durch das karge Gelände vorbei an verkrüppelten Bäumen und einer Begräbnishöhle der Dorset-Paleo-Eskimos. Bei der Historischen Stätte stößt man auf den Coastal Trail.

Ben's Studio GALERIE
(☎709-861-3280; www.bensstudio.ca; 24 Fisher St; ⏲Juni–Sept. Mo–Fr 9–17 Uhr) GRATIS Am Stadtrand liegt Ben Ploughmans Studio mit Volkskunst.

Schlafen & Essen

Jeannie's Sunrise B&B B&B $$
(☎877-639-2789, 709-861-2254; www.jeanniessunrisebb.com; Fisher St; Zi. 79–99 C$; ⊖📶) Mit ihren geräumigen Zimmern, der hellen Leseecke und einem Auftreten so süß wie ihre Frühstücksmuffins strahlt Jeannie einfach Gastlichkeit pur aus. Die billigeren Zimmer haben Gemeinschaftsbäder.

Anchor Cafe FISCH $$
(☎709-861-3665; Fisher St; Hauptgerichte 12–18 C$; ⏲11–21 Uhr) Den Laden kann man nicht verfehlen – die vordere Hälfte besteht aus einem Schiffsbug! Hier gibt es das beste Essen der Stadt! Das Mittagsmenü lohnt sich, auf der Abendkarte findet sich eine große Auswahl an Meeresfrüchten.

Von St. Barbe nach L'Anse aux Meadows

Wo der Viking Trail sich St. Barbe nähert, werden die Gewässer des Golfs schnell eng und geben dem Besucher einen ersten Ausblick auf die trostlosen Gestade Labradors. Fähren verkehren zwischen St. Barbe und den Labrador Straits (s. S. 577). Bei Eddies Cove verlässt die Straße die Küste und führt landeinwärts.

Bei der Anfahrt zur Nordspitze der Halbinsel biegt die Route 430 in Richtung St. Anthony ab, zwei neue Straßen führen zu verschiedenen winzigen Fischerdörfern, die perfekte Ausgangspunkte für einen Besuch der L'Anse aux Meadows National Historic Site sind: Route 436 schmiegt sich an das Ostufer und führt (von Süd nach Nord) durch die Dörfer St Lunaire-Griquet, Gunners Cove, Straitsview und L'Anse aux Meadows. Route 437 verläuft in einer mehr westlichen Richtung durch Pistolet Bay, Raleigh und Cape Onion.

Sehenswertes

★ **L'Anse aux Meadows National Historic Site** HISTORISCHE STÄTTE
(☎709-623-2608; www.pc.gc.ca/lanseauxmeadows; Rte 436; Erw./Kind/Fam. 11,70/5,80/29,40 C$; ⏲Juni–Sept. 9–18 Uhr) Leif Eriksson und seine Wikingergefährten lebten hier um das Jahr 1000. Die Überreste ihrer Siedlung am Wasser – acht Grassodenhäuser, von denen nur noch vage Umrisse im morastigen Boden zu erkennen sind – können besichtigt werden. Hinzu kommen drei Nachbauten, in denen als Wikinger gekleidete Personen, z. B. „Thora“ oder „Bjorn“, handwerkliche Tätigkeiten der Wikinger vorführen, etwa das Spinnen von Schafwolle und das Schmieden von Nägeln. 2 bis 3 Std. sollte man sich Zeit

nehmen, um die Stätte zu besichtigen und in die Atmosphäre einzutauchen.

Die Vorstellung, sich zu einem gottverlassenen Sumpfgebiet zu begeben, um sich eine Stelle anzuschauen, wo einst ein paar Grashütten standen, erscheint zunächst langweilig, aber irgendwie entpuppt sich diese entlegene Stätte als eine der anrührendsten Sehenswürdigkeiten Newfoundlands. Man sollte unbedingt durch das Besucherzentrum schlendern und den Einführungsfilm anschauen, der die mitreißende Geschichte des norwegischen Entdeckers Helge Ingstad erzählt, der den Ort wiederentdeckte. Genauso lohnend ist der 3 km lange Weg, der sich durch das karge Land und entlang der Küste schlängelt.

Norstead HISTORISCHES DORF

(☎709-623-2828; www.norstead.com; Rte 436; Erw./Kind/Fam. 10/6,50/30 C$; ⌚Juni–Sept. 9.30–17.30 Uhr) Wer von langbärtigen Wikingern nicht genug kriegen kann, sollte in Norstead direkt hinter der Abfahrt zur National Historic Site anhalten. Das Dorf ist die Wiederbelebung einer Wikingersiedlung mit kostümierten Darstellern (mehr als in L'Anse aux Meadows), die in den vier Gebäuden an echten Feuerstellen Metalle schmelzen, weben, backen und Geschichten erzählen. Hört sich zwar etwas abgeschmackt an, aber die Leute hier ziehen das wirklich mit Klasse und Stil durch. Sehenswert ist der Nachbau eines Wikinger-Langbootes.

Schlafen & Essen

Straitsview, Gunners Cove und St Lunaire-Griquet liegen alle in einem Radius von 12 km um diese nationale historische Stätte.

Tickle Inn B&B $

(☎709-452-4321; www.tickleinn.net; Rte 437, Cape Onion; Zi. mit Gemeinschaftsbad 70–90 C$; ⌚Juni–Sept.; 🚭) Ein hübsches Gasthaus am Meer, umgeben von einem weißen Lattenzaun und mit Privatstrand. Im Salon genießt man die Wärme eines Franklin-Holzofens und großartige Hausmannskost. Und der Ort liegt so herrlich abgelegen.

Viking Village B&B B&B $

(☎709-623-2238; www.vikingvillage.ca; Hay Cove, L'Anse aux Meadows Dorf; DZ 72–78 C$; 🚭📶) Ein Holzhaus mit Meerblick, das gemütliche Zimmer mit Quilts in nur 1 km Entfernung zur Wikingerstätte vermietet. Nach einem der Zimmer mit Zugang zum Balkon fragen und den Sonnenaufgang genießen!

Snorri Cabins BLOCKHÜTTE $$

(☎709-623-2241; www.snorricabins.com; Rte 436, Straitsview; Blockhütten 89 C$; ⌚Juni–Sept.; 📶) Die modernen Blockhütten bieten schlichten Komfort und ein super Preis-Leistungs-Verhältnis. Sie sind für Familien ideal, da mit Küche, Wohnzimmer und Schlafsofa ausgestattet. Außerdem gibt es einen Laden.

Valhalla Lodge B&B B&B $$

(☎709-623-2018, 877-623-2018; www.valhalla-lodge.com; Rte 436, Gunners Cove; Zi. 95–110 C$; ⌚Mai–Sept.; 🚭📶) Das Valhalla mit seinen fünf Zimmern liegt nur 8 km von der Wikingerstätte entfernt auf einem Hügel mit Blick auf den Atlantik. Auf der Terrasse kann man die Füße hochlegen und ganz bequem Eisberge betrachten. Genau dieser Ausblick inspirierte die Pulitzer-Preisträgerin E. Annie Proulx zu ihrem Roman *The Shipping News* (deutscher Titel: *Schiffsmeldungen*).

Daily Catch FISCH $$

(☎709-623-2295; www.thedailycatch.ca; 112 Main St, St Lunaire-Griquet; Hauptgerichte 16–20 C$; ⌚1–21 Uhr). Das Daily Catch ist ein stilvolles kleines Restaurant – direkt am Wasser mit Blick über eine hübsche Bucht gelegen. Zum fantastisch zubereiteten Fisch und den Meeresfrüchten wird ein guter Tropfen Wein kredenzt. Der Lachs in Basilikumbutter macht dem Koch alle Ehre. Fischfrikadellen, gratinierter Krebs und Kabeljauburger komplettieren die Karte.

Northern Delight FISCH $$

(☎709-623-2220; Rte 436, Gunners Cove; Hauptgerichte 10–16 C$; ⌚8–21 Uhr) Hier bestellt man lokale Lieblingsgerichte wie Cod Cheeks und „Kabeljaupfännchen", frischen Hummer und Muscheln oder einfach nur einen „Newfie Mug-up" (Brot, Zuckersirup und eine starke Tasse Tee). Ab und an gibt es Livemusik.

★ **Norseman Restaurant & Art Gallery** FISCH $$$

(☎709-623-2018; www.valhalla-lodge.com; Rte 436, L'Anse aux Meadows (Dorf); Hauptgerichte 20–38 C$; ⌚Mai–Sept. 12–21 Uhr) Das legere Restaurant am Wasser zählt zu den besten der Provinz. Die Gäste genießen die Butternusskürbissuppe, studieren die vegetarischen Gerichte oder lassen sich zarte Karibu-Lenden schmecken. Gekühlt werden die Getränke hier mit Eis von Eisbergen. Gäste, die Hummer bestellen, suchen sich ihr Abendessen selbst aus, indem sie Gum-

DIE WIKINGER

Obwohl Christoph Kolumbus den Ruhm erntete, Amerika „entdeckt" zu haben, waren die Wikinger in Wahrheit die ersten Europäer, die den Kontinent betraten. Angeführt von Leif Eriksson, segelten sie aus Skandinavien über Grönland ca. 500 Jahre vor Kolumbus nach Newfoundland und landeten in L'Anse aux Meadows. Sie ließen sich nieder, bauten Häuser, fanden Nahrung, ja schmolzen sogar Eisen aus dem Moor, um Nägel zu schmieden – alles Zeichen großen Erfindungsreichtums und Stärke. Dass dies von einer Gruppe Jungspunde im Alter zwischen 20 und 30 Jahren erreicht wurde, macht alles noch bewundernswerter.

In norwegischen Erzählungen wird seit Jahrhunderten ein Ort namens „Vinland" erwähnt. Aber niemand konnte seine Existenz belegen, bis Archäologen 1968 in L'Anse aux Meadows eine kleine Umhangnadel fanden. Man geht inzwischen davon aus, dass hier das Basislager war und dass die Wikinger die Küste noch viel weiter erkundet haben.

mistiefel anziehen und vor dem Lokal zum Meer stapfen, wo die frisch gefangenen Schalentiere in Kisten warten.

St. Anthony

Hurra! Es ist vollbracht! Das Ende der Straße ist erreicht, die Windschutzscheibe hat geholfen, die Insektenpopulation deutlich zu dezimieren, und es liegen zwei Welterbestätten hinter einem. Nach so viel Erhabenheit ist St. Anthony vielleicht ein wenig enttäuschend. Die Stadt ist nicht hübsch, hat dafür aber einen rauen Charme. Und das Angebot an Wanderungen, Eisberg- und Walbeobachtung ist groß.

Grenfell ist ein großer und geachteter Name in der Gegend: Sir Wilfred Grenfell ist eine lokale Legende und war, nach dem was man so hört, ein echter Kerl. Der in England geborene und ausgebildete Arzt kam 1892 zum ersten Mal nach Newfoundland und bereiste die Küste von Labrador und die Umgebung von St. Anthony mit Hundeschlitten und Booten. Der Philantrop baute Krankenhäuser und Geburtshilfestationen und organisierte dringend benötigte Fischereikooperativen.

Sehenswertes

Grenfell Historic Properties HISTORISCHES GEBÄUDE
(www.grenfell-properties.com; West St; Erw./Kind/Fam. 10/3/22 C$; ⌚ Juni–Sept. 8–17 Uhr) Einige Gebäude, die Wilfred Grenfell gehörten, sind als Grenfell Historic Properties zusammengefasst. Das **Grenfell Interpretation Centre** gegenüber vom Krankenhaus zeigt eine moderne Ausstellung, die das historische und manchmal auch dramatische Leben Grenfells beleuchtet. Im **Kunsthandwerksladen** gibt es hochwertige Schnitzereien und Kunsthandwerk sowie von Einheimischen hergestellte bestickte Anoraks zu kaufen – der Erlös fließt in den Erhalt der historischen Häuser.

Grenfell Museum MUSEUM
(www.grenfell-properties.com; ⌚ Juni–Sept. 9–18 Uhr) Die Eintrittskarte zu den Grenfell Historic Properties berechtigt auch zum Eintritt in Grenfells wunderschönes Herrenhaus, das Grenfell Museum. Es liegt hinter dem Hospital, etwa fünf Minuten zu Fuß vom Ufer entfernt. Gefärbte Sackleinenwände und antike Möbel bilden den authentischen Rahmen für Erinnerungsstücke (inkl. eines Eisbärenfells) und – wenn die Gerüchte stimmen – den Geist von Mrs. Grenfell.

Fishing Point Park PARK
Die Hauptstraße durch den Ort endet am Fishing Point Park, wo ein Leuchtturm und hohe Klippen die See überblicken. Der **Iceberg Alley Trail** und der **Whale Watchers Trail** führen beide zu Aussichtsplattformen auf der Spitze der Klippen – die Namen sind Programm. **Besucherzentrum**, **Café** und **Kunsthandwerksladen** gibt es hier ebenfalls; in einem Nebenzimmer ist ein **Eisbär** ausgestellt (Erw./Kind 3/2 C$). Kollegen dieses Burschen sind dafür bekannt, von Zeit zu Zeit in St. Anthony herumzustreifen, wenn im Frühjahr das Packeis schmilzt.

Geführte Touren

Northland Discovery Tours BOOTSTOUR
(☎ 709-454-3092, 877-632-3747; www.discovernorthland.com; 2½ Std. Erw./Kind 58/25 C$; ⌚ Juni–Sept. 9, 13 und 16 Uhr) Northland bietet sehr empfehlenswerte Bootstouren zur Wal- oder Eisbergbeobachtung an, die vom Kai an der West Street hinter dem Grenfell Interpretation Centre beginnen. Wer schnell

seekrank wird, sollte vor dieser Tour an seine Medikamente denken!

Schlafen & Essen

Fishing Point B&B B&B $$
(☎866-454-2009, 709-454-3117; www.bbcanada.com/6529.html; Fishing Point Rd; Zi. 90 C$;) Das winzige B&B klammert sich auf dem Weg zum Leuchtturm an den Felsen und bietet in St. Anthony den besten Blick auf den Hafen. Es lohnt sich, früh aufzustehen, um während des Genusses des reichhaltigen Frühstücks dabei zuzusehen, wie die Boote aufs Meer hinausfahren. Alle drei Zimmer haben ein eigenes Bad.

Lightkeeper's Seafood Restaurant FISCH $$
(☎709-454-4900; Fishing Point Park; Hauptgerichte 12–20 C$; Juni–Sept. 11.30–20 Uhr) Das lokale Juwel liegt im Schatten des Leuchtturms und bietet oft einen Blick auf Eisberge und vorbeiziehende Wale. Die Fischsuppe und die Muscheln sind legendär.

An- & Weiterreise

Man kann zwar nach St. Anthony fliegen, aber der Flugplatz liegt fast 1 Std. entfernt. **Provincial Airlines** (www.provincialairlines.ca) fliegt den Flughafen täglich von St. John's aus an. Wer St. Anthony mit dem Auto verlässt, hat zwei Möglichkeiten: den ganzen Weg über die Route 430 zurückzufahren oder den Umweg über die Route 432 entlang der Ostküste und der Hare Bay zu nehmen. Die Straße trifft nahe Plum Point zwischen St. Barbe und Port aux Choix wieder auf die Route 430.

DER WESTEN

Die meisten Besucher erblicken „The Rock" im Westen Newfoundlands zum ersten Mal, wenn ihre Fähre in Port aux Basques anlegt. Das Gebiet ist groß, felsig und wirkt ein bisschen bedrohlich mit all den Holzhäuschen, die sich im tosenden Wind an die gezackte Küste klammern. Im Osten von Port aux Basques werfen Fischer in winzigen Fischerdörfchen ihre Leinen aus, während im Nordosten die zweitgrößte Stadt, Corner Brook, ihren windzerzausten Kopf (ein Skiberg) erhebt.

Corner Brook

19 900 EW.

Die zweitwichtigste Stadt Newfoundlands ist ziemlich verschlafen, aber Skiläufer, Wanderer und Angler kommen hier dennoch auf ihre Kosten. Das attraktive Humber Valley, das etwa 10 km östlich der Stadt liegt, ist das Zentrum aller Aktivitäten. Mitten im Skigebiet von Marble Mountain gelegen, erlebte es bis zur internationalen Wirtschaftkrise einen riesigen Entwicklungsschub. Inzwischen freut sich die Region über einen erneuten Aufschwung. Während das Tal Abenteuersportlern zahl-

ABSTECHER

ROUTE 432 & DIE FRANZÖSISCHE KÜSTE

Die Route 432 hält viele Überraschungen bereit. Die erste ist die mitten im Nirgendwo gelegene **Tuckamore Lodge** (☎888-865-6361, 709-865-6361; www.tuckamorelodge.com; Zi. mit Frühstück 150–180 C$;), ein Holzgebäude am See mit unglaublich guten Betten und Hausmannskost. Auf dem Weg dorthin begegnen einem bestimmt 20 Elche. Eigentümer Barb Genge organisiert alle Arten von Aktivitäten (Fischen, Vogelbeobachtung, Jagen, Fotografierkurse) mit erstklassigen Führern.

Die kleinen Ortschaften entlang der Küste sind als **French Shore** (www.frenchshore.com) bekannt, da von 1504 bis 1904 französische Fischer hier lebten. An erster Stelle steht Conche mit seiner faszinierenden Ansammlung an Sehenswürdigkeiten: ein Flugzeug aus dem Zweiten Weltkrieg, das 1942 in der Stadt abgestürzt ist; der Captain Coupelongue Trail, der entlang der Küste an alten französischen Grabsteinen vorbeiführt, und ein aberwitzig großer Wandteppich im örtlichen Besucherzentrum. Eine Dame namens Delight betreibt das sonnige **Bits-n-Pieces Cafe** (☎709-622-5400; Hauptgerichte 10–15 C$; So–Mi 8–20, Do–Sa 8–21 Uhr), wo es Fischfrikadellen, thailändisches Hühnchen und andere Gerichte gibt. Zwei einfache Zimmer oberhalb des Cafés bilden das Stage Cove B&B (Zi. 95 C$;) für Gäste, die hier übernachten wollen. Von Tuckamore Lodge sind es ca. 68 km über die Route 433 zur unbefestigten Route 434.

reiche Spielplätze bietet, dominieren in der Stadt Kaufhäuser und eine Rauch spuckende Papiermühle.

Sehenswertes & Aktivitäten

Captain James Cook Monument MONUMENT
(Crow Hill Rd) Zwar ist das Denkmal auf den Klippen – eine Würdigung der Arbeit von James Cook, der die Gegend Mitte der 1760er-Jahre vermessen hat – großartig, der wahre Lohn ist jedoch der Ausblick auf die Bay of Islands. Viele der Namen, die James Cook den Inseln, Häfen und Wasserwegen gab, haben bis heute Bestand, wie etwa Humber Arm oder Hawke's Bay.

Das Denkmal befindet sich nordwestlich der Stadtmitte und ist über eine verschlungene Route zu erreichen. Interessiert? Also, erst auf der Caribou Road zur Poplar Road und weiter in die Country Road fahren, dann rechts in die Atlantic Avenue und links in die Mayfair Avenue abbiegen und danach den Schildern folgen.

Railway Society of Newfoundland MUSEUM
(☎709-634-2720; Station Rd, an der Humber Rd; Eintritt 2 C$; ⌚Juni–Aug. 9–20 Uhr) In der historischen Humbermouth Station zeigt die Railway Society of Newfoundland eine gut erhaltene Dampflok und einige Schmalspurwagen, die zwischen 1921 und 1939 durch die Provinz dampften.

Marble Mountain SKIFAHREN
(☎709-637-7616; www.skimarble.com; Hwy 1; Tagespass Erw./Kind 59/32 C$; ⌚Dez.–April Sa–Do 10–16.30, Fr 9–21.30 Uhr) Marble Mountain ist für viele der eigentliche Grund für Besuche in Corner Brook. Mit 35 Loipen, vier Liften, einer 488 m steil abfallenden Piste und jährlichen Schneemengen von 5 m ist es *das* Skigebiet im Osten Kanadas. Es gibt Snowboarding & Tubing Parks, freitägliches Nachtskifahren und überraschte Ausrufe derer, die den Steilhang das erste Mal sehen.

Nach der Schneeschmelze führt der **Steady Brook Falls Trail** (500 m) vom hinteren Parkplatz des Skigebiets (hinter Tim Hortons) zu einem 30 m hohen Wasserfall.

Marble Zip Tours ZIPLINING
(☎709-632-5463; www.marbleziptours.com; Thistle Dr; 2 Std. Erw./Kind 99/89 C$) Marble Zip bietet die höchste Seilrutsche Kanadas. Nahe des Gipfels wird man angeschnallt, dann geht es im Zickzack von Plattform zu Plattform eine Schlucht hinunter und schließlich über die Steady Brook Falls. Atemberaubend! Die Touren starten vier bis fünfmal am Tag. Das Büro findet man, wenn man an der Marble Mountain's Lodge vorbeigeht – hinter Tim Hortons.

My Newfoundland Adventures ABENTEUERSPORT
(☎800-686-8900, 709-638-0110; www.mynewfoundland.ca) Wer Skifahren irgendwie langweilig findet, sollte Snow-Kiten (Windsurfen-trifft-Snowboarden)versuchen. Oder vielleicht lieber Schneeschuhwandern, Eisfischen oder Eisklettern? Bei allen Sportarten wird keine Vorkenntnis verlangt. Das Büro liegt am Fuß des Bergs hinter Tim Hortons.

Blow-Me-Down Cross-Country Ski Park SKIFAHREN
(☎709-639-2754; www.blowmedown.ca; Lundigran Dr; Tagespass 13 C$; ⌚Dez.–April Sonnenaufgang bis 21 Uhr) 50 km gepflegte Loipen; Leihskier sind vorhanden (Tag 12 C$). Liegt 6 km südwestlich des Stadtzentrums.

Cycle Solutions RADFAHREN
(☎709-634-7100, 866-652-2269; www.cyclesolutions.ca; 35 West St; ⌚Mo–Do 9–17.30, Fr 9–21, Sa 9–18 Uhr) Der tolle Fahrradladen veranstaltet Fahrrad- und Höhlentouren in der Umgebung; er ist an das Brewed Awakening Café angeschlossen.

Schlafen & Essen

Brookfield Inn B&B $
(☎709-639-3111, 877-339-3111; brookfieldinn@gmail.com; 2 Brookfield Ave; Zi. 60–85 C$;) Ein cooles Paar betreibt dieses B&B in seinem weißen Holzhaus. Die gemütlichen Zimmer haben Holzböden und mollige Betten. Am Morgen bereiten sich die Gäste in der gut bestückten Küche aus Eiern, Speck, Käse und Brot ihr Frühstück selbst zu. Am Abend lädt die Terrasse ein, den Sonnenuntergang zu bewundern.

Glynmill Inn HOTEL $$
(☎800-563-4400, 709-634-5181; www.steelehotels.com; 1 Cobb Lane; Zi. 130–160 C$;) Rasen, Gärten und Liebenswürdigkeit umgeben das tudorhafte Glynmill. Erbaut wurde es ursprünglich für die Ingenieure, die in den 1920er-Jahren den Bau der Papiermühle überwachten – zu der Zeit das größte Projekt in der Geschichte der Papierherstellung.

Corner Brook

Das Hotel hat sich ein elegantes, wenn auch etwas verblasstes Ambiente erhalten.

Bell's Inn B&B $$$

(☎888-634-1150, 709-634-1150; www.bellsinn.ca; 2 Ford's Rd; Zi. 80–120 C$;) Gordon Bells geräumiges, grünes Haus liegt auf einem Hügel 15 Gehminuten von der Stadtmitte entfernt. Die acht eher kleinen, aber stilvollen Zimmer haben alle ein eigenes Bad. Zimmer 1 und 4 blicken auf den Hafen. Das Selbstbedienungs-Frühstück ist kontinental.

Thistle's Place CAFÉ $

(☎709-634-4389; www.thistledownflorist.com; Millbrook Mall, Herald Ave; Sandwiches 6–11 C$; Mo–Sa 9–17 Uhr;) Gäste müssen zunächst vorne durch den Blumenladen gehen, um zu geräuchertem Fleisch, Wraps, Hühnchencurry und vegetarischen Vollkornwraps im kleinen Café zu gelangen.

Brewed Awakening KAFFEE $

(www.brewedawakening.ca; 35 West St; Backwaren 3–7 C$, Mo–Fr 7–21, Sa & So 8–20 Uhr;) Das kleine, hippe Café mit vielen Kunstwerken an den Wänden serviert einen guten, organisch angebauten und Fair-Trade gehandelten Java-Kaffee. Es ist an den coolen Fahrradladen Cycle Solutions angegliedert.

Corner Brook

Aktivitäten, Kurse & Touren
1 Cycle Solutions B2

Schlafen
2 Bell's Inn D1
3 Brookfield Inn D3
4 Glynmill Inn B3

Essen
Brewed Awakening .... (siehe 1)
5 Gitano's A2
Thistle's Place .... (siehe 5)

Shoppen
6 Newfoundland Emporium A2

Gitano's MEDITERRAN $$

(☎709-634-5000; www.gitanos.ca; Millbrook Mall, Herald Ave; Tapas 8–14 C$, Hauptgerichte 18–32 C$; Mo–Fr 11.30–14, So–Do 17–21, Fr & Sa bis 22 Uhr;) Gitano's liegt hinter dem Thistle's Place und gehört derselben Familie. Hier werden Gerichte mit spanischem Einschlag serviert, z. B. *estofado* (geschmorte Süßkartoffeln mit Kichererbsen und Feigen auf Couscous), Tapas (die Frikadellen aus gesalzenem Fisch probieren) und Nudelgerichte. Am Wochenende durchzieht Livejazz die clubartigen Räume.

Shoppen

Newfoundland Emporium SOUVENIRS
(709-634-9376; 11 Broadway; Mo–Sa 10–17 Uhr) Eine Fundgrube für einheimische Kunst, Musik, Antiquitäten und Bücher.

Praktische Informationen

CIBC Bank (709-637-1700; 9 Main St)

Post (14 Main St)

Besucherzentrum (709-639-9792; www.cornerbrook.com; 15 Confederation Dr; 9–17 Uhr) Neben dem Highway 1 an der Ausfahrt 5; Laden mit Kunsthandwerk.

An- & Weiterreise

Corner Brook ist ein Hauptknotenpunkt für neufundländische Busverbindungen. Busse von **DRL** (709-263-2171; www.drl-lr.com) halten am Stadtrand an der **Irving-Tankstelle** (Confederation Dr) gegenüber vom Besucherzentrum (Hwy 1, Ausfahrt 5).

Alle anderen Betreiber benutzen die **Bushaltestelle** (709-634-2659; Herald Ave) im Gebäude der Millbrook Mall. Im Folgenden werden die Shuttle-Minibusse aufgeführt. Die Preise gelten für die einfache Fahrt; unbedingt reservieren.

Burgeo Bus (709-634-7777) Fährt montags bis freitags um 15 Uhr nach Burgeo (38 C$, nur Barzahlung, 2 Std.). Abfahrt aus Burgeo zwischen 8 und 9 Uhr.

Deer Lake Airport Shuttle (709-634-4343) Fährt auf dem Weg zum Flughafen Deer Lake verschiedene Hotels an (22 C$, 45 Min., 3- bis 5-mal tgl.).

Eddy's (709-643-2134) Fährt von/nach Stephenville (22 C$, 1¼ Std.), werktags zweimal täglich, am Wochenende einmal pro Tag.

Gateway (709-695-9700) Fährt werktags um 15.45 Uhr nach Port aux Basques (36 C$, 3 Std.). Abfahrt in Port aux Basques: 7.45 Uhr.

Martin's (709-458-7845, 709-453-2207) Fährt jeden Werktag um 16.30 Uhr nach Woody Point (18 C$, 1½ Std.) und Trout River (20 C$, 2 Std.). Abfahrt in Trout River: 9 Uhr.

Pittman's (709-458-2486) Fährt an Werktagen um 16.30 Uhr Rocky Harbour (30 C$, 2 Std.) via Deer Lake an. Rückfahrt aus Rocky Harbour um 12 Uhr.

Corner Brook & Umgebung

Blomidon Mountains

Die Blomidon Mountains (alias Blow Me Down Mountains) entstanden durch eine Kollision mit Europa vor etwa 500 Mio. Jahren und ziehen sich entlang der Südseite des Humber Arm. Sie sind ein Traum für Wanderer, mit ihren vielen Ausblicken aufs Meer und der hier lebenden Karibupopulation. Einige der Wege, besonders die oberen im baumlosen Bereich, sind nicht besonders gut markiert, Kompass und topografische Karten sind unerlässlich!

Viele Wanderwege sind ab der Route 450 beschildert, die westlich von Corner Brook 60 km lang am Wasser verläuft. Einer der einfachsten und beliebtesten ist der **Blow Me Down Brook Trail** (5 km), der westlich von Frenchman's Cove an einem Parkplatz beginnt. Die erste Stunde ist er einfach. Geübtere Wanderer folgen dem Weg dann weiter in die Berge hinein. Dort wird er Teil des International Appalachian Trail (IAT). Der mittelschwere **Copper Mine Trail** (7 km) bei York Harbour bietet schöne Ausblicke über die Bay of Islands und führt ebenfalls zum IAT.

Ein Stück weiter bietet der **Blow Me Down Provincial Park** (709-681-2430, www.nlcamping.ca; Rte 450; Stellplatz 15 C$, pro Fahrzeug 5 C$; Juni–Aug.) nette Strände und schöne Landschaften.

Stephenville

Wie die Fahrt in die Stadt vorbei an verlassenen Hangars, Stapeln rostiger Rohre und Wohnblöcken bereits erahnen lässt, ist Stephenville nicht gerade Newfoundlands schönste Stadt. Außer dem **Stephenville Theatre Festival** gibt es auch kaum einen Grund, hier anzuhalten (www.stephenvilletheatrefestival.com; Juli & Aug.). Das Festival fällt im Sommer in die Stadt ein und hat dabei Shakespeare, Broadway und – um alles etwas aufzumischen – ultramoderne neufundländische Theaterstücke im Gepäck.

Halbinsel Port au Port

Die große Halbinsel im Westen von Stephenville ist die einzige französischsprachige Gegend der Provinz – ein Erbe der Basken, Franzosen und Akadier, die seit Beginn des 18. Jhs. hier siedelten. Bis heute hat sich diese Kultur am stärksten entlang der Westküste zwischen **Cape St. George** und **Lourdes** erhalten. Hier gehen die Kinder in französische Schulen und erhalten dadurch ihren Dialekt, der sich so ganz anders anhört als in Frankreich oder Québec.

In **Port au Port West**, nahe Stephenville, verläuft der großartige **Gravels Trail** (3 km) und führt an einem versteckten Strand nach dem anderen vorbei. Im nahe gelegenen Felix Cove kann man sich auf einer Farmtour bei **Alpacas of Newfoundland** (www.alpacasofnfld.ca; Rte 460; ⏲9–18 Uhr) GRATIS zu einem „Meet&Greet" mit den wuscheligen Wollkameraden einfinden.

Barachois Pond Provincial Park

Der gut besuchte **Park** (☎709-649-0048; www.nlcamping.ca; Hwy 1; Stellplatz 15 C$, Fahrzeug 5 C$; ⏲Mai–Sept.) liegt gleich südlich der Route 480 am Highway 1 und ist einer der wenigen der Provinz, die Backcountry-Feeling verströmen. Vom Campingplatz aus windet sich der **Erin Mountain Trail** (4,5 km) durch den Wald zum Gipfel auf 340 m, wo es Zeltplätze und tolle Aussichten gibt. Der Aufstieg dauert etwa 2 Std. Ganz in der Nähe gibt es ein paar einfache Naturwege und eine nette Bademöglichkeit.

Port aux Basques

4170 EW.

In Port aux Basques dreht sich alles um die Fähre. Die meisten Besucher kommen dorthin, um nach Nova Scotia (oder in umgekehrter Richtung) zu reisen. Doch im Ort kann man sehr wohl ein paar Stunden verbringen: Traditionelle Holzhäuser in fröhlichen Farben wie Aquamarin, Knallrot und Seegrün klammern sich an die felsigen Hügel. Die Wäsche flattert auf den Leinen, Boote liegen an hauseigenen Anlegern und die Einheimischen versäumen es nie, den Neuankömmlingen ein Hallo zuzuwinken.

Port aux Basques (auch Channel-Port aux Basques genannt) wurde im frühen 16. Jh. nach baskischen Fischern und Walfängern benannt, die hierherkamen, um in den Gewässern der Strait of Belle Isle zu arbeiten.

Die Stadt ist praktisch, um sich mit Vorräten, Benzin und Geld einzudecken, bevor die Reise weitergeht.

Sehenswertes

Östlich von hier liegen mehrere schöne Fischerdörfer.

Grand Bay West Beach STRAND
(Kyle Lane) Hinter dem langen Strand etwas westlich der Stadt liegen grasbewachsene Dünen, in denen der vom Aussterben bedrohte Gelbfuß-Regenpfeifer brütet. Der **Grand Bay West Trail** beginnt hier und begleitet 10 km lang die Küste.

Scott's Cove Park PARK
(Caribou Rd) Der Park mit seiner restaurierten Uferpromenade, den karamellfarbenen Imbissbuden und dem bootsförmigem Amphitheater ist der Ort, um Einheimische zu treffen und Livemusik zu hören.

Railway Heritage Centre MUSEUM
(☎709-695-7560; abseits des Hwy 1; Museum 2 C$, Waggons 5 C$; ⏲Juli & Aug. 10–20 Uhr) Hier gibt es ein Museum voller Artefakte von Schiffswracks. Sein Highlight ist ein Sternhöhenmesser, ein faszinierendes Navigationsgerät aus Messing, das 1682 in Portugal hergestellt wurde. Es ist sehr gut erhalten und eines von nur etwa drei Dutzend Exemplaren, die weltweit erhalten sind. Im Zentrum gibt es außerdem restaurierte Eisenbahnwaggons zu sehen.

Schlafen & Essen

Angesichts des Fährverkehrs ist es sinnvoll, die Unterkunft vorab zu buchen.

Radio Station B&B B&B $$
(☎709-695-2906; jggillam@hotmail.com; 100 Caribou Rd; Zi. ab 89 C$; ⏲Mai–Okt.) Das Radio Station B&B oben auf den Klippen blickt auf den Hafen und liegt mit am nächsten zur Fähre (10 Min. Fußweg). Drei der fünf Zimmer haben ein eigenes Bad, die zwei anderen teilen sich eines. Außerdem gibt es eine Gästeküche.

Caribou B&B B&B $$
(☎709-695-3408; www.bbcanada.com/2225.html; 42 Grand Bay Rd; Zi. 90 C$; ⏲Mai–Sept.; 🚭📶) Nichts Außergewöhnliches, aber die fünf Zimmer sind sauber, hell und haben Teppichboden; zwei der Zimmer teilen sich ein Bad.

St. Christopher's Hotel HOTEL $$
(☎800-563-4779, 709-695-3500; www.stchrishotel.com; Caribou Rd; Zi. 93–140 C$; ❄📶) Die professionellste Unterkunft der Stadt bietet einen Fitnessraum und das gute Fischrestaurant Captain's Room (Gerichte 10–16 C$, 7–13.30 & 17–22 Uhr). Die Zimmer mit ungeraden Nummern haben Blick auf den Hafen.

Hotel Port aux Basques HOTEL $$
(☎877-695-2171, 709-695-2171; www.hotelpab.com; 1 Grand Bay Rd; Zi. 85–120 C$, Suite 130 C$; ❄📶) Der stärkste Konkurrent des St. Christopher's! Es ist älter, hat aber mehr Charakter. Gut für Familien: Kinder übernachten umsonst.

Harbour Restaurant KANADISCH $
(☎709-695-3238; 121 Caribou Rd; Gerichte 8–15 C$; ⏰8–24 Uhr) Auch wenn Essen und Service woanders besser sind: Der Blick auf den Hafen ist unschlagbar. Pizzas und *donairs* (würziges Rindfleisch in Pitabrot) teilen sich die Karte einträchtig mit Brathuhn. Hat eine Schanklizenz.

Alma's KANADISCH $
(☎709-695-3813; Mall, Grand Bay Rd; Hauptgerichte 7–13 C$; ⏰Mo–Sa 8–20 Uhr) Im schlichten Familienrestaurant essen die Einheimischen große Portionen Kabeljau, Jakobsmuscheln, Fischfrikadellen und Beerenkuchen. Es gibt Frühstück, Burger und Sandwiches.

Tai Hong CHINESISCH $
(☎709-695-3116; 77 High St; Hauptgerichte 7–12 C$; ⏰11–22.30 Uhr) Tai Hong bietet klassische chinesische Pfannengerichte, auch vegetarische Gerichte mit gebratenem Reis.

ℹ Praktische Informationen

Bank of Montréal (83 Main St)
Krankenhaus (☎709-695-2175; Grand Bay Rd)
Post (3 Main St)
Besucherzentrum (☎709-695-2262; www.portauxbasques.ca; Hwy 1; ⏰Mai–Okt 6–20 Uhr) Informationen zu allen Teilen der Provinz. Manchmal wegen der Fähren länger geöffnet.

ℹ An- & Weiterreise

Die **Marine Atlantic Ferry** (☎800-341-7981; www.marine-atlantic.ca) verbindet Port aux Basques mit North Sydney in Nova Scotia (Erw./Kind/Auto 42/20/110 C$). Sie fährt das ganze Jahr über, meist mit zwei Überfahrten pro Tag im Winter und drei bis vier Überfahrten täglich zwischen Mitte Juni und Mitte September. Die Fahrt dauert etwa 6 Std. Am Fährterminal gibt es weder Bankautomaten noch Autovermieter.

DRL (☎709-263-2171; www.drl-lr.com) hält am Fährterminal. Die Busse nach Corner Brook (42 C$, 3½ Std.) und St. John's (123 C$, 13½ Std.) fahren um 8 Uhr ab; nur Barzahlung.

Port aux Basques & Umgebung

Cape Ray

Gegenüber dem John T Cheeseman Provincial Park 14 km nördlich der Stadt befindet sich Cape Ray. Die Küstenlandschaft ist fesselnd, und die Straße führt zum umstürmten **Cape Ray Lighthouse** (⏰Juli & Aug. Di–So 8–20 Uhr) GRATIS Der Ort ist die südlichste bekannte Stätte der Dorset-Paleo-Eskimos, die auf 400 vor bis 400 n. Chr. datiert wird. Tausende Artefakte wurden hier gefunden, auch einige Wohnstätten sind noch sichtbar.

Außerdem gibt es hier einige gute Wanderwege. Der **Table Mountain Trail** (12 km) gleicht eher einer unbefestigten Straße (aber nicht auf die Idee kommen, hier tatsächlich hochzufahren) und beginnt am Highway 1 gegenüber der Ausfahrt nach Cape Ray. Der Weg führt auf ein 518 m hohes Plateau, wo Ruinen einer geheimen US-amerikanischen Radarstation und eine Landebahn aus dem Zweiten Weltkrieg liegen. Es ist zwar keine anstrengende Wanderung, aber 3 bis 4 Std. sollte man schon einplanen.

John T Cheeseman Provincial Park (☎709-695-7222; www.nlcamping.ca; Rte 408; Zeltplätze 15–23 C$, Fahrzeug 5 C$; ⏰Juni–Sept.) liegt direkt am Strand und bietet hervorragende Einrichtungen.

> **ℹ NEWFOUNDLANDS APPALACHEN**
>
> Wer glaubt, der **International Appalachian Trail** endet in Québec, nur weil am Cap Gaspé kein Land mehr übrig ist, der täuscht sich. In Newfoundland geht's weiter mit 1200 km Wanderwegen von Port aux Basques bis nach L'Anse aux Meadows. Die Provinz hat vorhandene Wege, Holzfällerstraßen und alte Bahnstecken durch die Long Range Mountains verbunden, die Teil der Appalachenkette sind. Es ist noch viel zu tun, aber einige der besten Wegabschnitte befinden sich rund um Corner Brook und die Blomidon Mountains. Genaure Infos findet man unter: www.iatnl.ca.

Die Südküste

Viele Besucher lassen die Route 470 links liegen, was schade ist, denn sie ist eine wunderschöne Panoramastraße. Sie führt ab Port aux Basques 45 km lang westwärts, verläuft nah dem Ufer und folgt dabei der Topographie des Geländes.

Die **Isle aux Morts** (Insel der Toten) verdankt ihren Namen den vielen Schiffsunglücken, die hier in den letzten 400 Jah-

Port aux Basques

Port aux Basques

Sehenswertes

1 Railway Heritage Centre A1
2 Scott's Cove Park D3

Schlafen

3 Caribou B&B A1
4 Hotel Port aux Basques A1
5 Radio Station B&B D3
6 St Christopher's Hotel D3

Essen

7 Alma's A1
8 Harbour Restaurant D3
9 Tai Hong C2

ren passsiert sind. Der abwechslungsreiche **Harvey Trail** (7 km), benannt nach einer Familie, die durch die verwegene Rettung Schiffbrüchiger berühmt wurde, schlängelt sich die zerklüftete Küste entlang. In der Stadt nach den Schildern Ausschau halten!

Ein weiteres Highlight, dass man sich anschauen sollte, ist der letzte Ort an der Straße: **Rose Blanche** ist ein hübsches Dorf mit traditionellem Erscheinungsbild. Es schmiegt sich in eine Bucht mit schönem Naturhafen – ein perfektes Beispiel für ein klassisch-neufundländisches Fischerdorf. Von hier weisen Schilder den Weg zum restaurierten **Rose Blanche Lighthouse** (www.roseblanchelighthouse.ca; Eintritt 5 C$; ⊙Mai–Okt. 9–21 Uhr). Der im Jahr 1873 erbaute Leuchturm ist der letzte aus Granit errichtete an der Atlantikküste. Wer will, kann die Nacht im **Rose Sea Guest House** (☎709-956-2872; www.roseblanche.ca; Zi. 85–95 C$; ⊙Juni–Okt.) verbringen. Es vermietet fünf Zimmer in einem kürzlich renovierten Haus direkt am Wasser.

OUTPORTS AN DER SÜDKÜSTE

Wer Zeit und Geduld hat, für den ist eine Reise entlang der Südküste zu den abgelegenen Fischerdörfern – den Outports – der beste Weg, Newfoundlands einzigartige Kultur kennenzulernen. Die kleinen Gemeinden gehören zu den abgelegensten Siedlungen Nordamerikas, und sind, dicht an das Ufer geklammert, nur mit dem Boot erreichbar. Eine Ausnahme ist Burgeo (1460 Ew.), zu dem auch eine Straße führt. Im Ort spürt man noch die Atmosphäre der Abgelegenheit, findet aber alle Annehmlichkeiten, die man sich als Reisender so wünscht. Ramea (525 Ew.) ist ein weiteres Ziel: Die Insel vor Burgeo bietet Unterkünfte und Aktivitäten.

Andere Outports an der Küste sind Grey River, François und McCallum. Man sollte sie bald besuchen, denn immer mehr von ihnen werden aufgegeben! Der Druck der Regierung und die hohe Arbeitslosigkeit zwingen die Bewohner, in besser erschlossene Gegenden umzusiedeln. Die Gemeinde von Grand Bruit war die letzte, die aufgegeben hat: Die verbliebenen 18 (!) Einwohner gaben 2010 ihre Häuser auf.

Sehenswertes & Aktivitäten

Wenn die Sonne scheint und der Ozean zwischen den endlosen Meeresarmen und Inseln schimmert, ist **Burgeo** ein Traum. Am schönsten genießt man den Ort, wenn man die Stufen zum **Maiden Tea Hill** hinaufsteigt. Der 7 km lange weiße Sandstrand im **Sandbanks Provincial Park** ist zumindest für die Regenpfeifer, die hier abhängen, der schönste der gesamten Provinz.

Der Autor Farley Mowat lebte einige Jahre in Burgeo, bis er *A Whale for the Killing* schrieb und die Einheimischen vergrätzte. Das Buch erzählt, wie die Bewohner von Burgeo einen 80-t-Finnwal behandelten, der in einer nahen Lagune gestrandet war. Kurz gefasst: Das Ende war für den Wal nicht erfreulich. Die Einwohner kennen die Lagune und Mowats altes Haus, finden aber keine freundlichen Worte für ihn.

Die anderen Outports sind tolle Ziele für wildes **Zelten**, **Wandern** und **Angeln**; einfach die Bewohner oder am Besucherzentrum von Port aux Basques nach einem Führer fragen. **François** liegt zwischen steilen Felswänden und ist besonders schön.

Schlafen & Essen

Ramea Retreat HOSTEL, B&B $
(☎709-625-2522; www.ramea.easternoutdoors.com; 2 Main St, Ramea; B/Zi. 39/79 C$; ⏲Mai–Nov.;) Die Betreiber vermieten in ihrem Hostel zehn Betten und organisieren Kajaktouren, Vogelbeobachtungen, Wanderungen und Angeltörns. Darüber hinaus vermieten sie Zimmer in verschiedenen traditionellen Holzhäusern rund um Ramea.

Sandbanks Provincial Park CAMPINGPLATZ $
(☎709-886-2331; www.nlcamping.ca; an der Rte 480, Burgeo; Zeltplätze 15 C$, Fahrzeug 5 C$; ⏲Juni–Sept.) Zwei Drittel der 25 Zeltplätze verstecken sich im Wald, während sich die anderen in einem Grasbereich befinden. Die Fliegen können extrem nerven.

Burgeo Haven B&B B&B $$
(☎709-886-2544; www.burgeohaven.com; 111 Reach Rd, Burgeo; Zi. 100–110 C$; @) Das große Haus gegenüber vom Maiden Tea Hill liegt idyllisch direkt an einer Meereseinbuchtung. Einige der fünf Zimmer haben einen schönen Ausblick.

Gillett's Motel MOTEL $$
(☎709-886-1284; www.gillettsmotel.ca; 1 Inspiration Rd, Burgeo; Zi. ab 99 C$;) Das einzige Motel der Stadt bietet die übliche Zimmerausstattung. Das hauseigene Galley Restaurant (Gerichte 8–15 C$) serviert Kabeljau, der morgens noch im Meer schwamm.

Joy's Place KANADISCH $
(☎709-886-2569; Reach Rd, Burgeo; Hauptgerichte 6–11 C$; ⏲11–22.30 Uhr) Unweit des Burgeo Haven B&B brutzelt Joy Hühnchen, chinesische Gerichte, Burger und Pasteten – und natürlich ihre tollen Fischgerichte.

Praktische Informationen

Burgeo (www.burgeonl.com) Webseite der Stadt.

An- & Weiterreise

Die Route 480 zweigt südlich von Corner Brook vom Highway 1 ab und führt über 148 km durch die Einsamkeit nach Burgeo. Es gibt keine Tankstelle und kaum Zivilisation, nur jede Menge eiszeitlicher Felsbrocken und haufenweise Elche.

Der Burgeo-Shuttlebus fährt nur einmal täglich von Corner Brook nach Burgeo.

Alle anderen Städte sind nur mit dem Boot erreichbar. Obwohl die Fähren das ganze Jahr durchfahren, gelten die hier beschriebenen Routen nur für die Zeit von Mitte Mai bis Ende September. Die Fahrpläne ändern sich, also bei **Provincial Ferry Services** (☎709-292-4302;

www.tw.gov.nl.ca/ferryservices) nach den aktuellen Zeiten erkundigen. Die Fähren transportieren keine Fahrzeuge (außer von Burgeo nach Ramea). Mit vernünftiger Planung ist ein Trip zu den Inseln dennoch machbar.

Burgeo nach Ramea (4 C$, 1½ Std.) Fährt zweimal täglich; die Zeiten variieren. Im Allgemeinen fährt eine gegen 11 Uhr, die andere am Abend.

Burgeo über Grey River nach François (8,25 C$, 5 Std.) Fährt täglich (außer Di und Do) um 13.45 Uhr.

François über McCallum nach Hermitage (7,50 C$, 4 Std.) fährt donnerstags um 7 Uhr.

In Hermitage muss die Tour zurück zur Route 360 geplant werden. Thornhill Taxi Service (S. 561) ist ein guter Ansprechpartner, da die Taxis zwischen Harbour Breton und Grand Falls pendeln. Dort hat man Anschluss mit DLR-Bussen.

LABRADOR

29 800 EW.

Man nennt es auch „Weites Land" und bei seinen Richtung Polarkreis ausufernden 293 000 km² Fläche versteht man auch sofort, warum. Hügelige, felsige Weiten formen die karge, urtümliche Landschaft. Wer immer schon mal wissen wollte, wie die Welt vor der Ankunft der Menschen aussah, ist hier genau richtig.

Inuit und Innu leben hier seit Tausenden von Jahren, und bis in die 1960er-Jahre gab es hier auch nur sie und ein paar Nachfahren europäischer Siedler, bekannt als „Liveyers". Sie lebten in über die Küste verstreuten Dörfern und besserten ihre karge Existenz mit Jagen und Fischen auf. Das Landesinnere war unberührte Wildnis.

In den letzten Jahrzehnten haben Labradors natürliche Ressourcen und das in ihnen ruhende wirtschaftliche Potenzial den Fokus auf die Region gelegt. Firmen beuten die riesigen Eisenerzvorkommen in Wabush und Labrador City aus, in Churchill Falls entstand ein Staudamm zur Stromgewinnung. Wie sich alles entwickeln wird, weiß man nicht – und im Moment sieht alles nach einem großen Boom aus.

Der einfachste Weg, ein Stück des „weiten Landes" zu erleben, ist der Besuch der Gegend um die Labrador Straits, die mit Newfoundland durch eine Fähre verbunden sind. Von dort führt eine Straße – der raue Trans-Labrador Highway – zu den wichtigsten Städten im Landesinneren. Die von Ureinwohnern geprägte Nordküste ist nur per Flugzeug oder mit Versorgungsschiffen erreichbar.

Labrador ist kalt, nass und windig, und die Mücken sind mörderisch. Touristische Einrichtungen gibt es nur wenige und sie liegen weit voneinander entfernt; in diesem riesigen Areal man muss daher immer gut vorbereitet und ausgerüstet reisen!

Labrador Straits

Sicher: Die Northern Pensinsula ist eindrucksvoll. Wer jedoch die 28 km breite Strait of Belle Isle überquert hat, trifft auf eine Landschaft, die noch windgepeitschter und von noch schwärzeren Felsen durchzogen ist. Wolken schießen den graublauen Himmel entlang und das Wasser ist unbeschreiblich eisig. Im Gegensatz zum restlichen, entlegenen Labrador sind die Straits gut zu erreichen und bieten viel Interessantes zu sehen, etwa Red Bay, Battle Harbour, dazu viele tolle Wanderwege, die sich an Schiffswracks und alten Walknochen vorbeischlängeln.

Die Orte an Labradors Südküste werden im Volksmund als „Labrador Straits" zusammengefasst. Der erste Halt erfolgt allerdings nicht in Labrador, sondern in Blanc Sablon, Québec, wo sich Fähr- und Flughafen befinden. In Labrador führt die Route 510 zu den Straits. Südlich von Red Bay ist die Straße asphaltiert und ganzjährig befahrbar. Ab Red Bay Richtung Norden hat sie einen Schotterbelag, wird aber Schritt für Schritt asphaltiert. Den Straßenzustand beim **Department of Transportation & Works** (☎709-729-2300; www.roads.gov.nl.ca) erfragen!

Von Blanc Sablon nach L'Anse au Clair

Wer mit der Fähre oder dem Flugzeug in Blanc Sablon ankommt, muss noch 6 km auf der Route 510 nach Nordosten fahren,

KURZINFOS: LABRADOR

- Einwohner: 29 800
- Fläche: 294 330 km²
- Größte Stadt: Labrador City
- Zeitzonen: In Labrador Straits gilt die Newfoundlandzeit, im restlichen Labrador (ab Cartwright) Atlantikzeit. Der Zeitunterschied beträgt –30 Min. zur Newfoundlandzeit.

um nach Labrador und seiner ersten Stadt L'Anse au Clair zu gelangen. Das ausgezeichnete **Besucherzentrum** (☎877-931-2013, 709-931-2013; www.labradorcoastaldrive.com; Rte 510, L'Anse au Clair; ⊙Juni–Okt. 9–17 Uhr) der Straits befindet sich in der alten Kirche, die gleichzeitig als kleines Museum fungiert. Unbedingt Infos zu den Wanderwegen der Region mitnehmen!

Als Standort vor der Fährüberfahrt ist der Ort gut geeignet. Im **Beachside Hospitality Home** (☎709-931-2338; normanletto@nf.sympatico.ca; 9 Lodge Rd; Zi. mit Gemeinschaftsbad 55–65 C$; 📶) spielt Norm abends für seine Gäste das Akkordeon. Auf den Betten liegen Quilts, in der Küche wartet selbst gemachte Marmelade auf die Gäste des B&Bs mit drei Zimmern und zwei Bädern.

Das moderne, gut geführte **Northern Light Inn** (☎800-563-3188, 709-931-2332; www.northernlightinn.com; 56 Main St; Zi. 99–189 C$; ❄📶) ist bei Reisebussen beliebt. Die Zimmer mit geraden Nummern blicken auf den Hafen. Im hauseigenen Restaurant (Hauptgerichte 12–18 C$, So–Do 7–21, Fr & Sa 7–22 Uhr) gibt es das beste Essen der Stadt.

Die **MV Apollo** (☎866-535-2567, 709-535-0810; www.labradormarine.com; Erw./Kind/Auto 8,25/6,60/25 C$) pendelt von Mai bis Anfang Januar zwischen St. Barbe in Newfoundland und Blanc Sablon (2 Std.), ein- bis dreimal täglich zwischen 8 und 18 Uhr (die Zeiten wechseln täglich). Im Juli und August ist eine Reservierung empfehlenswert (10 C$). Achtung: Im Fährterminal von Blanc Sablon gilt die Newfoundlandzeit – nicht die Eastern Time (wie im restlichen Québec)!

Provincial Airlines (www.provincialairlines.ca) fliegt von Blanc Sablon nach St. John's und St. Anthony. Nochmals Achtung: Im Flughafen werden die Abflugzeiten in Eastern Time und nicht in Labrador Straits Time (sprich Neufundlandzeit) angegeben!

Am Flughafen hat **Eagle River Rent-a-Car** (☎709-931-2352, 709-931-3300) ein Büro.

Von Forteau nach Pinware

Fährt man die Route 510 nach Nordosten weiter, kommt man an Forteau, L'Anse Amour, L'Anse au Loup, West St. Modeste und Pinware vorbei.

Labrador Adventures (☎709-931-2055; www.tourlabrador.ca; Touren 50–210 C$) stellt erfahrene Führer für Wanderungen in den Straits oder für Tagestouren mit Allradfahrzeugen bereit. Sie organisieren auch All-inclusive-Pakete mit Übernachtungen – eine tolle Art, die Region zu erkunden, vor allem für Reisende mit wenig Zeit oder ohne Auto.

In Forteau führt der **Overfall Brook Trail** (4 km) zu einem 30 m hohen Wasserfall.

Sechs Häuser bilden das Dorf L'Anse Amour. **L'Anse Amour Burial Mound** (L'Anse Amour Rd), ein Haufen Steine, die hier von den Ureinwohnen abgelegt wurden, ist das älteste Grabmonument Nordamerikas. Eine Plakette an der Straße kennzeichnet die 7500 Jahre alte Stätte.

Der **Point Amour Lighthouse** (☎709-927-5825; www.seethesites.ca; L'Anse Amour Rd; Erw./Kind 6/3 C$; ⊙Mai–Okt. 9.30–17 Uhr) liegt ebenfalls an der Straße. Mit seinen 127 Stufen ist er der höchste Leuchtturm an Kanadas Atlantikküste. Wer den Aufstieg geschafft hat, wird mit einem spektakulären Rundumblick auf die Küste belohnt. Das Leuchtturmwärterhaus beherbergt Exponate zu maritimer Geschichte. Die HMS *Raleigh* lief hier 1922 auf Grund und zerbrach 1926. Der **Raleigh Trail** (2 km) führt zur Stelle des Untergangs und den Überresten des Kriegsschiffs am Strand.

Hinter L'Anse au Loup liegt der **Battery Trail** (4 km), der sich durch einen Tuckamorewald aus windschiefen Fichten und Tannen bis zur Spitze der Battery windet. Er bietet Traumblicke auf den Atlantik.

Die Straße wendet sich bei Pinware ins Landesinnere und führt an der Westseite des Pinware River entlang, bis sie eine einspurige Eisenbrücke überquert und dann an der Ostseite weiterläuft, hoch über brodelnden Stromschnellen. Dieser Abschnitt des Pinware ist bekannt für erfolgreiches **Lachsangeln**. Etwa 10 km vor Red Bay wird das Land felsig und öde. Im August findet man hier Blaubeeren und Moltebeeren im Überfluss – und zahllose Beerensammler.

Forteaus **Grenfell Louie A Hall B&B** (☎709-931-2916; www.grenfellbandb.ca; Willow Ave; Zi. 75–85 C$; ⊙Mai–Okt.) ist eine alte Hebammenstation, in der Generationen von Labrador-Straits-Einwohnern zur Welt gekommen sind. Die fünf einfachen Zimmer (einige mit Meerblick) teilen sich zwei Bäder.

Das **Seaview Restaurant** (Rte 510; Hauptgerichte 10–20 C$; ⊙9–20 Uhr) liegt ganz in der Nähe. Brathuhn und zartes Karibu sind der Renner. Dazu kommen noch ein Gemischtwarenladen und eine Marmeladenfabrik.

Dot's Bakery (☎709-927-5311; Rte 510; Frühstück 4–6,50 C$, Pizzas 23 C$; ⊙Mo–Sa 7–23 Uhr) jenseits der Hügel in L'Anse au Loup lässt mit ihren Doughnuts, Pasteten, Frühstücksvarianten und Pizzas keine Wünsche offen.

Red Bay

Auf zwei Stätten verteilt, arbeitet die **Red Bay National Historic Site** (☎709-920-2051; www.pc.gc.ca/redbay; Rte 510; Erw./Kind/Fam. 7,80/3,90/19,60 C$; ⏲Juni–Sept. 9–17 Uhr), die 2013 zur Unesco Welterbestätte erklärt wurde, mit verschiedenen Medien, um die Entdeckung von drei baskischen Walfanggaleonen aus dem 16. Jh. zu erklären. Alle drei liegen gut konserviert im eiskalten Wasser. Die Überreste der Schiffe erzählen viel über das Alltagsleben an diesem Ort vor 400 Jahren. Red Bay war einmal der größte Walfanghafen der Welt mit über 2000 Einwohnern. Das Museum zeigt eine rekonstruierte *chalupa* (ein kleines baskisches Ruderboot für den Walfang) und einige andere Relikte. Dann geht es in einem kleinen Boot (2 C$) zur nahe gelegenen **Saddle Island,** auf der eine selbstgeführte Infotainment-Tour durch die Ausgrabungsstätten führt. Man sollte 2 bis 3 Std. für Museum und Insel einplanen.

Auf der anderen Seite der Bucht verläuft der spannende **Boney Shore Trail** (2 km) die Küste entlang. Am Weg liegen uralte Walknochen, die wie Felsen aussehen. Der **Tracey Hill Trail** klettert über eine Uferpromenade 670 Stufen hinauf zur Spitze des American Rockyman Hill. Von dort hat man einen hervorragenden Überblick. Auf- und Abstieg dauern jeweils ca. 20 Minuten.

Zwischen den Wanderwegen und der historischen Stätte liegt das 15 m lange, 400 Jahre alte **Skelett eines nordatlantischen Glattwals** mitten im **Ortskern von Selma Barkham** (Eintritt 2 C$; ⏲Juli–Sept. 9–17 Uhr).

Basinview B&B (☎709-920-2002; blancheearle@hotmail.com; 145 Main St; Zi. 55-90 C$) ist ein schlichtes Haus direkt am Wasser mit vier Zimmern und Gemeinschaftsbad.

In Red Bay endet die asphaltierte Straße. Weitere 200 km unbefestigter Schotterstraße sollen bis 2015 asphaltiert werden.

Battle Harbour

Auf einer Insel in der Labradorsee liegen Dorf und Salzfischfabrik Battle Harbour, die restauriert wurden. Inzwischen eine nationale historische Stätte, war der Ort im frühen 19. Jh., als die Fischfangschoner hier den Kai bevölkerten, die inoffizielle „Hauptstadt" Labradors. Hier gab Robert E. Peary seine erste Pressekonferenz, nachdem er 1909 den Nordpol erreicht hatte. Zu erreichen ist der Ort mit dem Schiff von Mary's Harbour aus (Abfahrt 11 Uhr, 1 Std.). Die Unterkünfte verteilen sich über historische Häuser und Cottages, die vom **Battle Harbour Inn** (☎709-921-6325; battleharbourreservations@gmail.com; Zi. 175 C$; ⏲Juni–Sept.) betrieben werden. Es gibt einen Laden und ein **Restaurant** (Hauptgerichte 9–18 C$; ⏲8–18 Uhr). Bei Drucklegung gab es nur Ausflugspakete mit Übernachtung, Tagestouren waren in Planung. Beim Inn kann man sich informieren.

Mary's Harbour nach Cartwright

Verlässt man Mary's Harbour, folgt nach 53 km Port Hope Simpson und dann kommt bis Cartwright 186 km lang gar nichts...

Von Cartwright aus bietet **Experience Labrador** (☎709-938-7444; www.experiencelabrador.com; ⏲Juli & Aug.) Abenteuertouren an, von 2½-stündigen Kajakausflügen (50 C$) bis hin zu Tagesausflügen mit dem Boot oder zu Fuß (250 C$). Die Wanderungen führen entlang der scheinbar endlosen Sandstrände von Wonderstrands, die einst bereits die Wikinger faszinierten.

2010 erklärte die kanadische Regierung rund 11 000 km² borealen Nadelwald zwischen Cartwright und Happy Valley-Goose Bay zum **Mealy Mountains National Park Reserve**. Wenn das Naturschutzgebiet, durch das viele Karibus ziehen, erst einmal richtig in Betrieb ist (es ist jetzt auf dem Weg dahin), werden Paddler, Schneeschuhwanderer, Langläufer und Wanderer Zutritt zu einem unberührten Wildnisgebiet erhalten.

Sonst dreht sich in Cartwright alles um die Fähren. Passagierfähren fahren von hier aus die entlegenen Dörfer an, die verstreut entlang der Nordküste liegen. Bei **Labrador Marine** (☎866-535-2567, 709-535-0810; www.labradormarine.com) gibt es den Fahrplan.

Die Route 510 führt weiter westlich zur Happy Valley-Goose Bay. Beim **Department of Transportation & Works** (www.roads.gov.nl.ca) sollte man sich nach den Straßenverhältnissen erkundigen.

Die Nordküste

Nördlich von Cartwright bis hoch zur Ungava Bay gibt es an der zerklüfteten, unbe-

ABSTECHER

LANDSCHAFTLICH SCHÖNE AUTOROUTE: QUÉBECS ROUTE 138

Diese Route 138 (Québecs Version von Labradors Rte 510) ist am besten von Québec aus zu erreichen. Sie verläuft entlang der Lower North Shore, wie das wilde, entlegene Stück von La Belle Province heißt, das sich südlich von Blanc Sablon erstreckt. Vom Fährterminal bis zum abrupten Ende der Straße 65 km später bei Vieux Fort verläuft die wunderschöne Strecke entlang mehrerer streckennaher **Wasserfälle** und Aussichtspunkte. Von diesen hat man schöne Ausblicke auf die wilde Brandung und **Papageitaucherkolonien** vor der Küste.

Wem es nicht ausreicht, einfach durch die Region zu fahren, erhält bei **Tourism Lower North Shore** (www.tourismlowernorthshore.com) Informationen zu Sehenswürdigkeiten und Unterkünften.

rührten Küste ein halbes Duzend kleiner halb-traditioneller Inuit-Gemeinden, die nur übers Meer oder aus der Luft erreichbar sind. Der Torngat Mountains National Park ist der (wortwörtliche) Höhepunkt.

1993 haben Geologen an den Stränden der Voisey's Bay, nahe Nain, unglaublich reiche Kupfer-, Kobalt- und besonders Nickelvorkommen entdeckt. Eine gigantische Mine wurde errichtet, um die Bodenschätze zu fördern, und man geht davon aus, dass das Unternehmen in den nächsten paar Jahrzehnten 11 Mrd. C$ in die Wirtschaft der Region pumpt. Das wird den Norden öffnen – zum Guten oder Schlechten.

Sehenswertes & Aktivitäten

Erste Anlaufstation an der Nordküste ist **Makkovik**, ein ehemaliger Fellhandelsposten und heute noch eine traditionelle Fisch- und Jagdgemeinde. Zu kaufen gibt es modernes und traditionelles Kunsthandwerk.

Im weiter nördlich gelegenen **Hopedale** können sich Besucher die alte hölzerne Missionskirche der Herrnhüter Brüdergemeine (1782) ansehen. Zu dieser **Nationalen historischen Stätte** (709-933-3490; Eintritt 5 C$; Juli–Okt. 8.30–19 Uhr) gehören ein Laden, ein Wohnhaus, Hütten und eine museale Sammlung. **Natuashish** ist eine neue errichtete Stadt, die gebaut wurde, als das in Schwierigkeiten geratene Dorf Utshimassit (Davis Inlet) 2002 aufs Festland umgesiedelt wurde. Der Umzug wurde beschlossen, nachdem eine Studie aus dem Jahr 2000 nachgewiesen hatte, dass 154 von 169 Jugendlichen Lösungsmittel geschnüffelt haben (60 davon sogar täglich).

Der letzte Stopp der Fähre ist **Nain.** Die Siedlung ist auch die letzte einigermaßen große Ortschaft in Richtung Norden. Fischerei ist hier die wichtigste Industrie, aber das ändert sich gerade aufgrund der Nickelvorkommen in der Voisey's Bay.

Schlafen & Essen

Die meisten Reisenden benutzen die Fähre als schwimmendes Hotel. Für diejenigen, die aussteigen und auf das nächste Schiff warten, heißt das normalerweise improvisieren, denn nur Postville, Hopedale und Nain haben offizielle Unterkünfte.

Atsanik Lodge HOTEL $$
(709-922-2910; atsaniklabrador@msn.com; Sand Banks Rd, Nain; Zi. 150–180 C$;) Die große Lodge mit Restaurant (Gerichte 15–22 C$) ist die beste Unterkunft in Nain.

Amaguk Inn HOTEL $$
(709-933-3750; Hopedale; Zi. C$140-200;) Der Gasthof mit 18 Zimmern hat einen Speiseraum (Gerichte 15–20 C$) sowie eine Lounge, in der man ein kaltes Bier kriegt.

An- & Weiterreise

Provincial Airlines (www.provincialairlines.ca) fliegt von Goose Bay aus die meisten Dörfer an der Nordküste an.

Das Passagierschiff MV *Northern Ranger* befährt diesen Küstenabschnitt regelmäßig von Mitte Juni bis Mitte September. Der Eisbrecher startet einmal die Woche zu seiner Fahrt (einfach 3 Tage) zwischen Happy Valley-Goose Bay und Nain, unterwegs hält sie in Makkovik, Hopedale und Natuashish. Bei **Labrador Marine** (www.labrador-marine.com) kann man sich über die häfig wechselnden Fahrpläne und Preise informieren.

Das Zentrum

Das Zentrum nimmt den Großteil Labradors ein und ist eine gigantische, kaum bewohnte Wildnisregion. Paradoxerweise liegt hier aber auch die größte Stadt Labradors,

Labrador

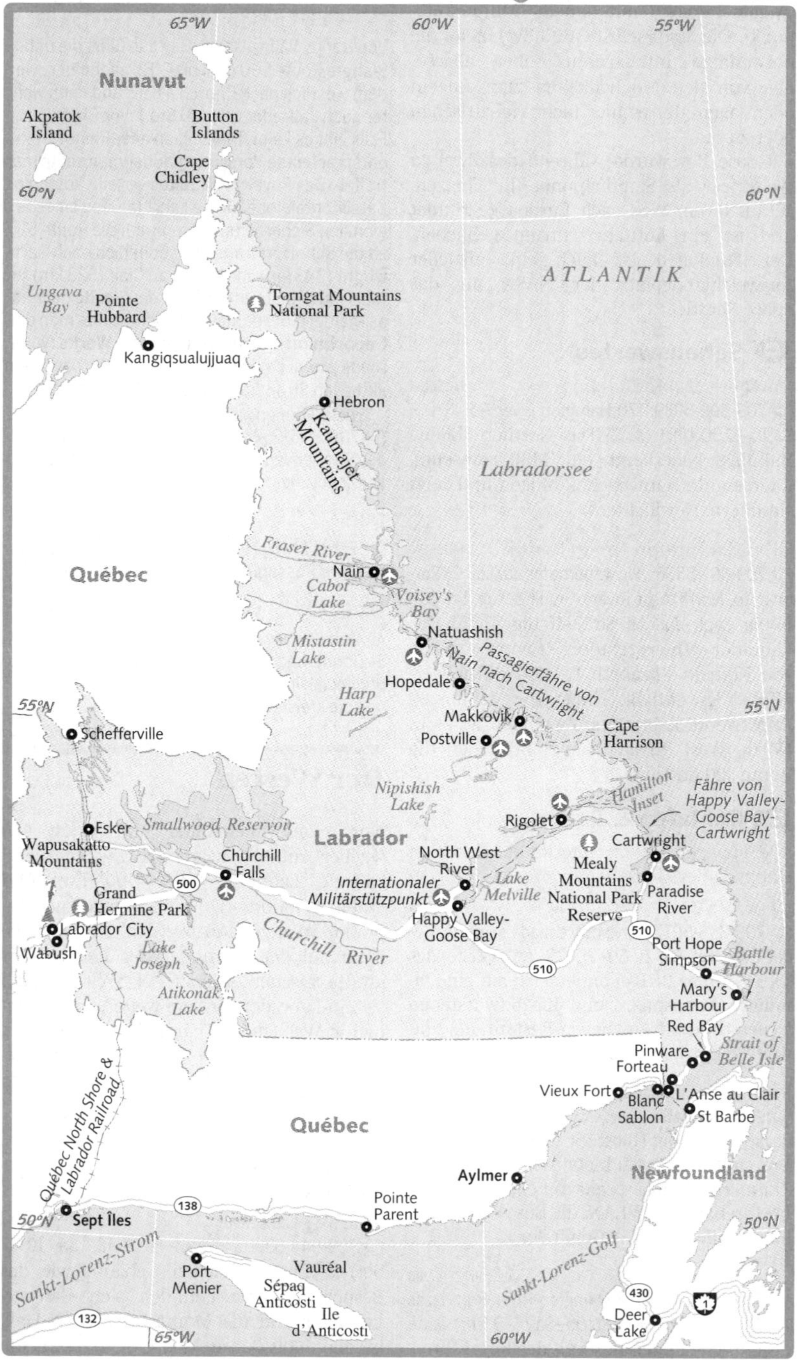

0
200 km
65°W
60°W
55°W
60°N
55°N
50°N
Nunavut
Akpatok Island
Button Islands
Cape Chidley
ATLANTIK
Ungava Bay
Pointe Hubbard
Torngat Mountains National Park
Kangiqsualujjuaq
Hebron
Kaumajet Mountains
Labradorsee
Fraser River
Québec
Nain
Cabot Lake
Voisey's Bay
Natuashish
Mistastin Lake
Passagierfähre von Nain nach Cartwright
Hopedale
Harp Lake
Makkovik
Postville
Cape Harrison
Schefferville
Nipishish Lake
Hamilton Inset
Fähre von Happy Valley-Goose Bay-Cartwright
Rigolet
Esker
Smallwood Reservoir
Labrador
Cartwright
Wapusakatto Mountains
Churchill Falls
North West River
Mealy Mountains National Park Reserve
500
Internationaler Militärstützpunkt
Lake Melville
Paradise River
Grand Hermine Park
Happy Valley-Goose Bay
Labrador City
Churchill River
510
Wabush
Lake Joseph
Port Hope Simpson
Battle Harbour
Atikonak Lake
Mary's Harbour
Red Bay
Strait of Belle Isle
Pinware
Forteau
Vieux Fort
Blanc Sablon
L'Anse au Clair
St Barbe
Québec North Shore & Labrador Railroad
Québec
Newfoundland
Aylmer
Pointe Parent
138
Sept Îles
Sankt-Lorenz-Strom
Port Menier
Vauréal
Sépaq Anticosti
Ile d'Anticosti
Sankt-Lorenz-Golf
132
430
1
Deer Lake

Happy Valley-Goose Bay (www.happyvalley-goosebay.com) mit einem Militärstützpunkt. Die Stadt selbst (7600 Ew.) bietet die notwendige Infrastruktur, aber abgesehen von den Möglichkeiten zum Angeln oder Jagen gibt es hier nicht viel zu sehen oder zu tun.

Goose Bay wurde während des Zweiten Weltkriegs als Sammelpunkt für Flugzeuge auf ihrem Weg nach Europa gegründet und ist ein Luftfahrtzentrum geblieben. Der Flughafen ist auch ein offizieller Ausweichlandeplatz der NASA für das Space Shuttle.

Sehenswertes

Northern Lights Building MUSEUM
(709-896-5939; 170 Hamilton River Rd; Di–Sa 10–17.30 Uhr) GRATIS Das Northern Lights Building beherbergt ein Militärmuseum, interessante Naturnachbildungen und zeigt simulierte Nordlichter.

Labrador Interpretation Centre MUSEUM
(709-497-8566; www.therooms.ca/lic; 2 Portage Rd, North West River; Juli & Aug. tgl. 10–16 Uhr, Sept.–Juni Mi–So 13–16 Uhr) GRATIS Das Labrador Interpretation Centre wurde von Königin Elizabeth II. 1997 offiziell eröffnet. Es enthält einige der schönsten Kunstwerke Labradors. Zu finden ist es in North West River, man fährt über die Route 520 dorthin.

Schlafen & Essen

Alle hier genannten Unterkünfte liegen in Happy Valley-Goose Bay.

Davis' B&B B&B $
(709-896-5077; davisbb@canada.com; 14 Cabot Crescent Rd; Zi. 60–80 C$;) Gäste des Vier-Zimmer-B&Bs können sich auf eine familiäre Atmosphäre und Karibuwürstchen freuen. In der Nähe liegen Restaurants und weitere Einrichtungen.

Royal Inn & Suites HOTEL $$
(709-896-2456; www.royalinnandsuites.ca; 5 Royal Ave; DZ mit Frühstück 105–155 C$;) Das stattliche Royal bietet eine Auswahl an Zimmern, ein paar sogar mit eigener Küche. Im Inn hat man WLAN, die Suiten verfügen über schnelle LAN-Anschlüsse.

El Greco PIZZERIA $$
(709-896-3473; 133 Hamilton River Rd; Pizzas 16–22 C$; So–Mi 16–1, Do–Sa 16–3 Uhr) Eine ordentliche Pizzeria unweit des Royal Inn.

An- & Weiterreise

AUTO & MOTORRAD

Von Happy Valley-Goose Bay aus führt die unbefestigte Route 500 (soll bis 2015 asphaltiert werden) westlich nach Churchill Falls und dann weiter nach Labrador City (10 Std.). Vor Churchill Falls gibt es keine Tankstellen oder Raststätten, entsprechende Vorsichtsmaßnahmen sollte man treffen. Das Royal Inn & Suites verleiht kostenlos Satellitentelefone für die Fahrt (als Teil eines regionalen Sicherheitsprogramms). Die Route 510 ist die Schotterstraße, die südöstlich nach Cartwright (383 km) und L'Anse au Clair (623 km) führt; auch hier werden Teile der Straße derzeit asphaltiert. Bevor man aufbricht, sollte man das **Department of Transportation & Works** (www.roads.gov.nl.ca) kontaktieren, um sich nach dem aktuellen Straßenzustand zu erkundigen.

Trucks können am Flughafen bei **National** (709-896-5575) gemietet werden, aufgrund der Straßenverhältnisse allerdings nur ohne Versicherung.

FÄHRE

Die Fähre *MV Northern Ranger* fährt nach Goose Bay (nur Passagiere; s. www.labradorferry).

FLUGZEUG

Air Canada (www.aircanada.com) fliegt nach St. John's und Gander. **Provincial Airlines** (www.provincialairlines.ca) fliegt St. John's, Deer Lake und die meisten Städte in Labrador an.

Der Westen

9200 EW.

Nur 5 km voneinander und 15 km von Québec entfernt liegen die Zwillingsbergbauorte Labrador City (7400 Ew.) und Wabush (1800 Ew.), die zusammen auch Labrador West genannt werden. Hier lebt die Mehrzahl der Bewohner der Region. Der größte Eisenerztagebau der Welt befindet sich in Labrador City, ein weiteres Abbaugebiet in Wabush. Die Landschaft ist gewaltig und die Polarlichter – himmlische vielfarbige Kunstwerke – bedecken oft den gesamten Nachthimmel.

Sehenswertes & Aktivitäten

Gateway Labrador MUSEUM
(709-944-5399; Mo–Fr 9–16, Sa 10–17 Uhr) GRATIS Im gleichen Gebäude wie das Besucherzentrum befinden sich Gateway Labrador und die Montague Exhibit Hall, in der 3500 Jahre Menschheitsgeschichte

und Kultur, einschließlich des Pelzhandels, durch interessante Artefakte und Exponate aufgezeigt werden.

Grande Hermine Park PARK
(☎709-282-5369; Eintritt 3 C$; ⊙Juni–Sept.) 39 km östlich von Wabush entlang der Route 500 liegt der Grande Hermine Park mit Strand und eindrucksvoller Landschaft. Der **Menihek Wanderweg** (15 km) führt durch bewaldete Strecken mit Wasserfällen und offener Tundra. Outfitters bringen Anleger zu ausgezeichneten **Fischgründen**.

Wapusakatto Mountains SKIFAHREN
Die Wapusakatto Mountains liegen 5 km von der Stadt entfernt und wachsen scheinbar einfach so aus der weiten Tundralandschaft heraus. Hier fällt von Ende Oktober bis Ende April guter, trockener Schnee – das bedeutet eine deutlich längere Skisaison als im restlichen Kanada. Für Informationen zu Loipen und Gebühren in diesem Weltklasselanglaufgebiet (hier trainiert die kanadische Nationalmannschaft) kontaktiert man am besten den **Menihek Nordic Ski Club** (☎709-944-5842; www.meniheknordicski.ca). Für die Alpinen ist der **Smokey Mountain Ski Club** (☎ 709-944-2129; www.smokeymountain.ca) zuständig.

Geführte Touren

Mines MINENFÜHRUNG
(☎709-944-7631; Touren 10 C$; ⊙Juli & Aug. Mi & So 10.30 Uhr) Wer an riesigen Löchern und Fahrzeugen so groß wie Häuserblocks Gefallen findet, kann hier die Minen besichtigen. Die Führung muss reserviert werden.

Schlafen & Essen

Wabush Hotel HOTEL $$
(☎709-282-3221; www.wabushhotel.com; 9 Grenville Dr, Wabush; Zi. 165–175 C$; ❄📶) Das 68-Zimmer-Hotel im Chalet-Stil liegt mitten in Wabush und bietet geräumige und bequeme Zimmer. Im Speiseraum (Gerichte 14–22 C$, 6.30–24 Uhr) wird das beliebte Abendbüffet serviert.

Carol Inn MOTEL $$
(☎888-799-7736, 709-944-7736; www.carolinn.ca; 215 Drake Ave, Labrador City; DZ 110–130 C$; ❄📶) Alle 20 Zimmer sind mit Miniküche ausgestattet. Es gibt einen eigenen guten Speiseraum (Gerichte 20–30 C$, Di–Sa ab 17.30 Uhr) und einen Pub (Gerichte 11–14 C$, 8–24 Uhr).

ABSEITS DER ÜBLICHEN PFADE

TORNGAT MOUNTAINS NATIONAL PARK

Von Nain aus können Besucher versuchen, per Boot zum außerirdisch anmutenden **Torngat Mountains National Park** (☎709-922-1290; www.pc.gc.ca/torngat) an der winterlichen Spitze Labradors zu gelangen. Das Parkhauptquartier liegt in der Stadt, und die Mitarbeiter vermitteln den Kontakt zu örtlichen Inuitführern. Bei Kletterern sind die Berge wegen ihrer Höhe und Entlegenheit beliebt. Hier finden sich einige der höchsten Gipfel östlich der Rocky Mountains. Das **Kaumajetgebirge**, südlich des Parks bietet ebenfalls ein Wandererlebnis der Extraklasse.

Die Inuit-geführte **Torngat Mountains Base Camp and Research Station** (☎855-867-6428; www.torngatbasecamp.com; ⊙Juli & Aug.) bietet Ausflugspakete an, die den Flug von Happy Valley-Goose Bay einschließen. Im Camp finden Aktivitäten wie Wandern, Bootsfahren und Panoramaflüge statt. Ein Elektrozaun hält Eisbären fern.

Praktische Informationen

Destination Labrador (www.destinationlabrador.com)

Besucherzentrum (☎709-944-5399; www.labradorwest.com; 1365 Rte 500) Liegt etwas westlich von Labrador City und hat seine Räume im Gebäude von Gateway Labrador.

An- & Weiterreise

AUTO & MOTORRAD

15 km westlich von Labrador City entlang der Route 500 liegt Québec. Ab hier ist die Route 389 die meiste Strecke geteert (einige Abschnitte sind mit feinem Schotter bedeckt) und führt 581 km nach Süden nach Baie Comeau. Happy Valley-Goose Bay erreicht man nach einer 10-Stundenfahrt Richtung Osten über die Route 500.

Budget (☎709-282-1234) hat eine Station am Flughafen; es kann sein, dass die dort vermieteten Mietautos nicht auf der Route 500 gefahren werden dürfen.

FLUGZEUG

Air Canada (www.aircanada.com), **Provincial Airlines** (www.provincialairlines.ca) und **Air Inuit** (www.airinuit.com) fliegen den Flughafen in Wabush an.

Manitoba

Inhalt ➡

Gut essen

- ➡ Tall Grass Prairie (S. 595)
- ➡ Deer + Almond (S. 595)
- ➡ Baked Expectations (S. 596)
- ➡ Reykjavik Bakery (S. 600)
- ➡ Gypsy's Bakery (S. 608)

Schön übernachten

- ➡ Fort Garry Hotel (S. 594)
- ➡ Place Louis Riel Suite Hotel (S. 594)
- ➡ Solmundson Gesta Hus Bed & Breakfast (S. 601)
- ➡ Idylwylde Cabins (S. 603)

Auf nach Manitoba!

Die beiden Highlights Manitobas sind das großstädtische, elegante Winnipeg und Churchill, das voller Naturwunder steckt. Aber was diese oft unterschätzte Provinz wirklich ausmacht, ist das, was dazwischen liegt. Die Ebenen der Prärieprovinz scheinen endlos – überall sieht man sanft gewellte Felder mit Getreide, Sonnenblumen und Wildblumen, die sich bis zur Tundra oben im Norden Kanadas erstrecken.

Die Größe dieser Region kann nur wirklich erahnen, wer an einem leuchtenden Rapsfeld steht und am Horizont drei verschiedene Stürme aufziehen sieht oder wer über die raue Küste der Hudson Bay blickt, wo sich Eisbären tummeln und in der Ferne Weißwale im Wasser spielen. Um die verborgenen Mysterien des Landes zu entdecken, sollte man die leeren Straßen abfahren, in den hübschen Kleinstädten rasten und stets mit Überraschungen rechnen – das kann ein röhrender Elch im Moor sein oder aber ein aufstrebendes Pop-Sternchen auf der Showbühne.

Reisezeit

Winnipeg

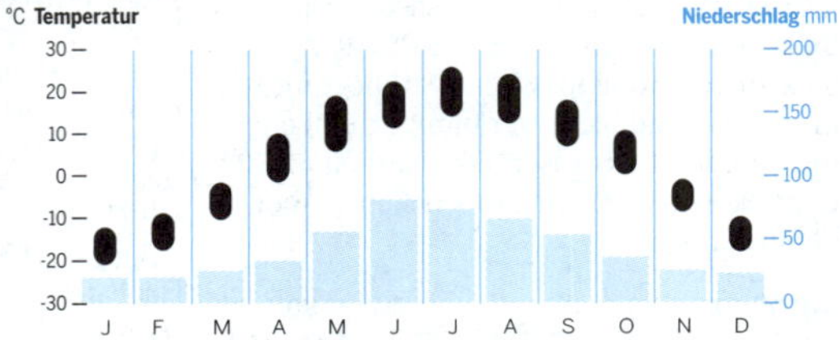

Mai Blühende Wildblumen an den Straßen markieren das Ende des langen Winters.

Juni–Aug. Die Tage können mild sein, die Nächte sind generell kühl; in Churchill gelten 18 °C als heiß.

Sept Der Herbst kommt früh, und die Tage sind frisch. Ab Oktober liegt im Norden Schnee.

Highlights

1 Im, subarktischen **Churchill** (S. 604) über Eisbären, Weißwale und das alte Fort staunen.

2 Im **Riding Mountain National Park** (S. 602) durch Manitobas schönste Landschaften wandern und paddeln.

3 In **Winnipeg** (S. 586), inmitten der Prärie, Großstadt-Fun und Weltklasse-Talente erleben.

4 Schöne Ortschaften entdecken, etwa **Neepawa** (S. 600), wo die gute alte Zeit stehen geblieben scheint.

5 Im vom Lake Winnipeg umgebenen **Hecla-Grindstone Provincial Park** (S. 600) Natur genießen.

6 Bei einem Eishockeyspiel der **Winnipeg Jets** (S. 597) sich unter die Massen mischen und die raue hiesige Kultur kennenlernen.

7 An einsamen Straßen Naturwunder wie die **Pisew Falls** (S. 604) bewundern.

Geschichte

Die frühen europäischen Entdecker waren es leid, als Softies angesehen zu werden. Sie verließen den milderen Süden und nahmen es mit der kalten, zerklüfteten Nordküste der Hudson Bay auf. Bald nachdem die Hudson's Bay Company (HBC) im 17. Jh. hier Handelsposten eingerichtet hatte, mischten die einheimischen Dene im Pelzhandel mit.

Britische Bauern siedelten sich im Jahr 1811 in dem Gebiet des heutigen Winnipeg an. Dadurch kam es im Zusammenhang mit den Landrechten immer wieder zu Spannungen mit den dort lebenden Métis. Als die HBC einen Teil der Ländereien an die Kanadische Konföderation verkaufte, initiierte der Métis-Führer Louis Riel einen Aufstand und bildete eine provisorische Regierung. Nach Verhandlungen zwischen Riel und der kanadischen Regierung trat Manitoba 1870 als fünfte Provinz der Kanadischen Konföderation bei.

Geografie & Klima

Manitobas Landschaft ist so facettenreich wie die übrige Nation. Das flache Ackerland im Süden geht in die Wälder am Rand der größten kanadischen Seen über. Kleine eiszeitliche Seen, struppige Vegetation und der nackte Fels des Kanadischen Schilds charakterisieren den Norden. Und über allem erstreckt sich ein schier endloser Himmel.

Die Wetterverhältnisse sind vielschichtig und unberechenbar. Im Norden bewegt sich die Durchschnittstemperatur zwischen -50 °C im Winter und 20 °C im Sommer, im Süden zwischen 25 °C im Sommer und -15 °C im Winter. Der ganzjährig starke Wind erzeugt im Sommer Staubstürme und Tornados. Während winterlicher Schneestürme lässt der Wind die gefühlte Temperatur z. T. nochmals um ca. 30 °C fallen. Im Süden sind Frühjahrshochwasser an der Tagesordnung. Die Intensität der Sommergewitter in der Prärie ist kaum zu überbieten.

KURZINFOS

- Bevölkerung: 1 208 000
- Fläche: 649 950 km²
- Hauptstadt: Winnipeg
- Kuriose Fakten: Die Einwohner Manitobas haben den weltweit höchsten Pro-Kopf-Verbrauch von 7-Eleven-Eisgetränken

Parks & die Tierwelt

Es stimmt tatsächlich – in Manitoba lassen sich alle bekannten und beliebten Tierarten Kanadas sichten: Elche, Biber, Bären, Luchse, Hirsche, Rentiere, Füchse, Hasen usw. Und selbstverständlich auch die eigentlichen Stars dieser Landschaft: die Eisbären von Churchill.

Der Riding Mountain National Park ist ein Mikrokosmos des gesamten Ökosystems Manitobas, während der Wapusk National Park von rauer Wildnis geprägt ist.

Der *Manitoba Provincial Parks Guide*, herausgegeben von **Manitoba Parks** (☎800-214-6497; www.manitobaparks.com; Fahrzeuggebühr pro Tag/Jahr 5/40 C$, Zeltplatz 12–24 C$, Stellplatz Wohnmobil 16–29 C$), ist bei Informationszentren erhältlich. Da die Campingplätze häufig voll sind, lohnt die Reservierung über das **Parks Reservation System** (☎888-482-2267; www.manitobaparks.com).

ℹ Anreise & Unterwegs vor Ort

Die großen Fluglinien verbinden Winnipeg mit den wichtigsten Städten in Kanada und im mittleren Westen der USA. Calm Air bedient die Ortschaften im Norden und Churchill.

Manitoba hat mehr als ein Dutzend Grenzübergänge nach North Dakota und Minnesota in den USA. Es gibt mehrere Routen nach Saskatchewan, aber nach Ontario führt nur der Trans-Canada Highway (Highway 1). Das engmaschige Straßennetz im südlichen Manitoba dünnt aus, je weiter man gen Norden kommt. Dort gibt es dann nur noch den Highway 10 und den Highway 6 – und auch nur sehr wenige Tankstellen (unbedingt die Tankanzeige beachten!).

Zwei- oder dreimal die Woche fährt der VIA-Rail-Zug *Canadian* durch Winnipeg und die südlichen Ortschaften. Ebenfalls zwei- oder dreimal die Woche fährt ein Zug in zwei Tagen von Winnipeg ins subarktische Churchill.

WINNIPEG

663 600 EW.

Winnipeg überrascht. Da, wo man es am wenigsten erwarten würde, erhebt sich eine Metropole aus der Prärie. Das kultivierte, selbstbewusste und hinreißende Winnipeg ist nicht nur ein Boxenstopp am Trans-Canada Highway, sondern durchaus ein eigenes Reiseziel. Man kann durch die historischen Viertel schlendern, den hiesigen Humor kennenlernen, der einen *Simpsons*-Kalauer („That's it! Back to Winnipeg!"), aber auch Guy Maddin zu seinem fesselnden Film *Keyhole* (2011) inspirierte, und eines der weltweit besten Theaterfestivals für experimentelle Stücke miterleben.

Geschichte

6000 Jahre lang war das Gebiet am Zusammenfluss des Assiniboine River und des Red River von Ureinwohnern besiedelt. Im 19. Jh. wurde es zwischen der HBC und der North West Company zum umkämpften Zentrum des Pelzhandels. Eigentlich ist es nur logisch, dass dieser Ort als offiziellen Namen die europäisierte Variante des lokalen Cree-Ausdrucks *win nipee* („schlammiges Wasser") erhielt.

Französische Siedler errichteten das Viertel St. Boniface, wo der umstrittene Métis-Anführer Louis Riel zur Welt kam.

Der Anschluss ans Eisenbahnnetz im Jahr 1886 festigte Winnipegs Bedeutung für den Handel. Diese schwand jedoch mit der Eröffnung des Panamakanals. Winnipeg geriet etwas ins Abseits, rückte aber mit dem Generalstreik von 1919 wieder auf die Bildfläche, der zur Anerkennung der Gewerkschaften in ganz Kanada beitrug. Heute kann Winnipeg eine vielseitige Wirtschaft und ein bescheidenes Wirtschaftswachstum vorweisen. Das wichtigste Unternehmen ist hier überall bestens bekannt: Old Dutch, ein Kartoffelchipshersteller.

Sehenswertes & Aktivitäten

Die meisten Attraktionen Winnipegs konzentrieren sich in der Innenstadt, die zu Fuß gut zu erkunden ist. Weitere Sehenswürdigkeiten sind per Auto zu erreichen.

Die beiden Straßen Portage und Main markieren das Stadtzentrum. Die Gegend ist bekannt für den starken Wind und die Minustemperaturen, die hier oft herrschen. Randy Bachman und Neil Young verewigten die Stadt und speziell diese zwei Straßen in ihrem Lied „Prairie Town", in dem es heißt: „Portage and Main, 50 below".

Weiter nördlich prägen Sandsteingebäude aus dem frühen 20. Jh. den Exchange District mit seinen Lagerhäusern und Künstlerateliers. Südlich der Innenstadt liegt The Forks und auf der anderen Seite des Red River das französische Stadtviertel St. Boniface. Westlich von dort finden sich das nette Osborne Village und die Corydon Avenue.

TOURISTENINFORMATION

Travel Manitoba (☎800-665-0040; www.travelmanitoba.com) ist eine unschätzbare Infoquelle. Neben den saisonal besetzten Kiosken (geöffnet 9–19 Uhr) an den großen Autobahnzubringern zur Provinz betreibt die Agentur auch das Explore Manitoba Centre (S. 598) in Winnipeg.

Bed & Breakfast of Manitoba (www.bedandbreakfast.mb.ca) listet Dutzende von B&Bs auf.

Stadtzentrum

Manitoba Legislative Building GEBÄUDE
(Karte S. 590; ☎204-945-5813; www.gov.mb.ca/legtour; 450 Broadway Ave; ⌚8–20 Uhr, Führungen Juli & Aug stündl.) GRATIS Das um 1920 während des hoffnungsvollen Booms von Winnipeg oberhalb des Red River errichtete klassizistisch-gründerzeitliche Sandsteingebäude demonstriert die Bedeutsamkeit des Parlaments. Das Parlamentsgebäude ist von herrlichen Rasenflächen und gepflegten Grünanlagen umgeben, in denen antike Götter und zeitgenössische Helden verewigt sind. Dazu gehört auch ein Louis-Riel-Denkmal, das Richtung St. Boniface blickt. Oben auf der oxidierten Kupferkuppel des Parlamentsgebäudes thront der „Golden Boy", eine mit 23½-karätigem Gold überzogene Statue mit dem offiziellen Namen „Eternal Youth and the Spirit of Enterprise".

Upper Fort Garry Heritage Provincial Park HISTORISCHE STÄTTE
(Karte S. 590; www.upperfortgarry.com; 130 Main St) Dort, wo seit 1738 vier verschiedene Forts entstanden waren, stehen noch Originalmauern aus Eichenholz, Stein und Mörtel aus den 1830er-Jahren. Die gesamte Stätte wurde gründlich umgestaltet und soll noch im Jahr 2014 als grüner Stadtpark eingeweiht werden. Gitterkonstruktionen werden den ursprünglichen Verlauf einiger der alten Mauern zeigen. 2017 soll auch ein Besucherzentrum öffnen.

Winnipeg Art Gallery KUNSTGALERIE
(WAG; Karte S. 588; ☎204-786-6641; www.wag.ca; 300 Memorial Blvd; Erw./Kind 12/6 $; ⌚Di, Mi & Fr–So 11–17, Do bis 21 Uhr) Die Kunstgalerie in Schiffsform präsentiert einen Überblick über zeitgenössische Kunst aus Manitoba

Großraum Winnipeg

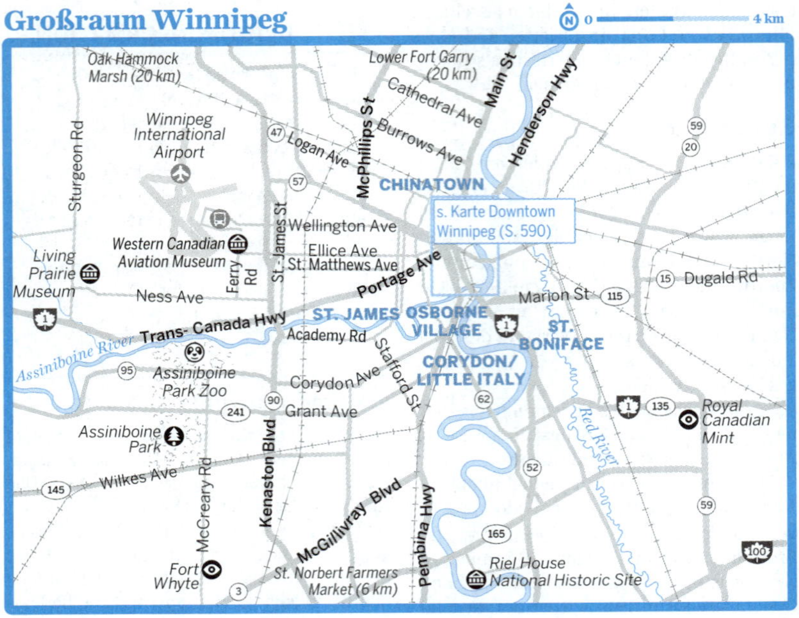

und Kanada, darunter die weltweit größte Sammlung von Werken der Inuit. Das Dachcafé bietet zum Lunch eine gemäldetaugliche Aussicht.

Plug In Institute of Contemporary Art KUNSTGALERIE
(☎204-942-1043; www.plugin.org; 460 Portage Ave; ⏲ Di 12–17, Mi & Do 12–21, Fr 12–19, Sa & So 9–17 Uhr) Die Galerie steht ganz im Zeichen moderner Kunst, mit Ausstellungen hiesiger und internationaler Künstler.

The Forks

Der Zusammenfluss des kleinen, schlammigen Assiniboine River und des großen, schlammigen Red River ist ein sowohl strategisch als auch historisch bedeutendes Gebiet, das die Menschen seit Jahrtausenden anzieht.

Das Gebiet vereint die verschiedensten Areale und steht auch für viele Besucher im Mittelpunkt. Parks Canada verwaltet mitten auf dem wunderschönen Parkgelände eine historische Stätte. In der Nähe wurden alte Eisenbahnwerkstätten renoviert und in touristische Läden, Cafés und Restaurants umgewandelt. Das ganze Gebiet wird **Forks** (☎204-957-7618; www.theforks.com) genannt.

★ **Forks National Historic Site** HISTORISCHE STÄTTE
(Karte S. 590; ☎204-983-6757; www.parkscanada.ca/forks) In schöner Lage am Fluss skizzieren moderne Stätten für Aufführungen und informative Ausstellungen die Geschichte der Gegend. Gehwege säumen das Ufer, und Informationstafeln erläutern den historischen Kontext.

Im Frühjahr treten regelmäßig die Flüsse über die Ufer und überfluten nicht selten die Wege – das ist so faszinierend wie gefährlich. Kanus für Flussfahrten vermietet **Splash Dash** (☎204-783-6633; www.splashdash.ca; Leihgebühr für 30/60 Min. 10/18 C$; ⏲ Juni–Sept. 11–21 Uhr).

Im Angebot stehen auch geführte Touren zu Fuß oder im Boot. Kids können sich auf dem Heritage-Tummelplatz **Variety Heritage Adventure Park** austoben.

Der Winter lockt mit **Schlittschuhlaufen** auf dem zugefrorenen Fluss und **Skilanglauf** auf den Wegen.

Canadian Museum for Human Rights MUSEUM
(Karte S. 590; ☎204-289-2000; www.humanrightsmuseum.ca; Waterfront Dr & Provencher Blvd) Winnipegs jüngste Hauptattraktion, das Canadian Museum for Human

Rights, glänzt an prominenter Stelle nahe der Provencher Bridge. Der 310 Millionen C$ teure Komplex in seinem fantastischen Gebäude ist das erste Nationalmuseum außerhalb Ottawas. Im Fokus stehen Menschenrechte in Bezug auf Kanada, seine Kultur und den Rest der Welt. Überall findet man Symbolik, so hat die gewaltige Glaskonstruktion an der nördlichen Fassade die Form von fünf Taubenflügeln, die sich übereinanderschlingen.

Das Museum, das im September 2014 eröffnet werden soll, verspricht, keine strittigen Themen zu scheuen. In einem der ersten Programme soll etwa der Völkermord in Nicaragua beleuchtet werden.

Winnipeg Railway Museum MUSEUM
(Karte S. 590; ☎204-942-4632; www.wpgrailwaymuseum.com; Union Station, 123 Main St; Erw./Kind 5/3 C$; ⏲Mai–Okt. tgl. 11–16 Uhr, März, April & Nov. Sa & So) Winnipegs prächtige und wenig genutzte Union Station (der 1911 eröffnete Bahnhof wurde von derselben Firma entworfen wie das New Yorker Grand Central Terminal) beherbergt eine Sammlung historischer kanadischer Eisenbahnwagen, Ausrüstungsgegenstände und Modellzüge.

Exchange District

Restaurierte hundertjährige Backsteingebäude bilden die Kulisse für den **Exchange District** (www.exchangedistrict.org), Winnipegs lebendigstes Innenstadtviertel. In den denkmalgeschützten Bauten mit Restaurants, Clubs, Boutiquen und Kunstgalerien treffen sich Szenegänger, Touristen und auch Herumtreiber. Das Viertel wurde zur Nationnal Historic Site erklärt, die interessanten Hintergrundinformationen werden auf Stadtführungen gegeben.

Der wunderbar grüne **Old Market Square** ist das Zentrum des Viertels. Im Sommer gibt es hier im kontrovers diskutierten modernen **Cube** (Karte S. 590) regelmäßig Live-Konzerte.

Der Exchange District ist reich an Kunstgalerien.

★ **Manitoba Museum** MUSEUM
(Karte S. 590; ☎204-956-2830; www.manitobamuseum.ca; 190 Rupert Ave; Erw./Kind ab 9/7,50 C$; ⏲Juni–Aug. 10–17 Uhr, Sept.–Mai kürzere Öffnungszeiten) Naturtrips durch die Subarktik, historische Ausflüge ins Winnipeg der 1920er-Jahre, kulturelle Reisen durch die letzten 12 000 Jahre – was auch immer in Manitoba je geschehen ist, wird hier gezeigt. Zu den hervorragenden Angeboten gehören ein Planetarium und eine fesselnde wissenschaftliche Abteilung. Eine Ausstellung zeigt, was Churchill vor 450 Mio. Jahren war: ein tropischer Urwald.

aceartinc. KUNSTGALERIE
(Karte S. 590; ☎204-944-9763; www.aceart.org; 290 McDermot Ave; ⏲Di–Sa 12–17 Uhr) Eine von mehreren Galerien, die auf zeitgenössische Kunst spezialisieRiel Housert sind.

Graffiti Gallery KUNSTGALERIE
(Karte S. 590; ☎204-667-9960; www.graffitigallery.ca; 109 Higgins Ave; ⏲Mo–Sa 12–17 Uhr) Will junge Künstler vom Vandalismus wegbringen, damit sie genehmigte Kunst im öffentlichen Raum schaffen.

Outworks Art Gallery KUNSTGALERIE
(Karte S. 590; ☎204-479-4804; 290 McDermot Ave; ⏲Do–Sa 12–16 Uhr) Von Künstlern betriebene Ausstellungsfläche und Galerie. Hier sind einige Werke von den größten Talenten der Stadt zu sehen.

Urban Shaman Contemporary Aboriginal Art KUNSTGALERIE
(Karte S. 590; ☎204-942-2674; www.urbanshaman.org; 290 McDermot Ave; ⏲Di–Sa 12–17 Uhr) Bekannte Galerie für zeitgenössische Kunst kanadischer Ureinwohner.

Saint Boniface

Kanadas älteste französische Gemeinde außerhalb von Québec hat sich gegenüber von Forks auf der anderen Seite des Red River angesiedelt.

In den Visitor Information Centers gibt es eine ausgezeichnete geschichtsorientierte Karte, mit der man auf eigene Faust losziehen kann. Die **Taché Promenade** folgt dem Verlauf des Red River entlang der Avenue Taché und führt an vielen historischen Stätten von St. Boniface vorbei.

St. Boniface Basilica HISTORISCHE STÄTTE
(Karte S. 590; 151 Ave de la Cathédrale) An die altehrwürdige Basilika, die 1968 bei einem

WINNIPASS

Sparfüchse besorgen sich den **Winnipass** (www.heartlandtravel.ca/winnipass; Erw. 30 C$), der für sechs Hauptattraktionen der Stadt gilt.

Downtown Winnipeg

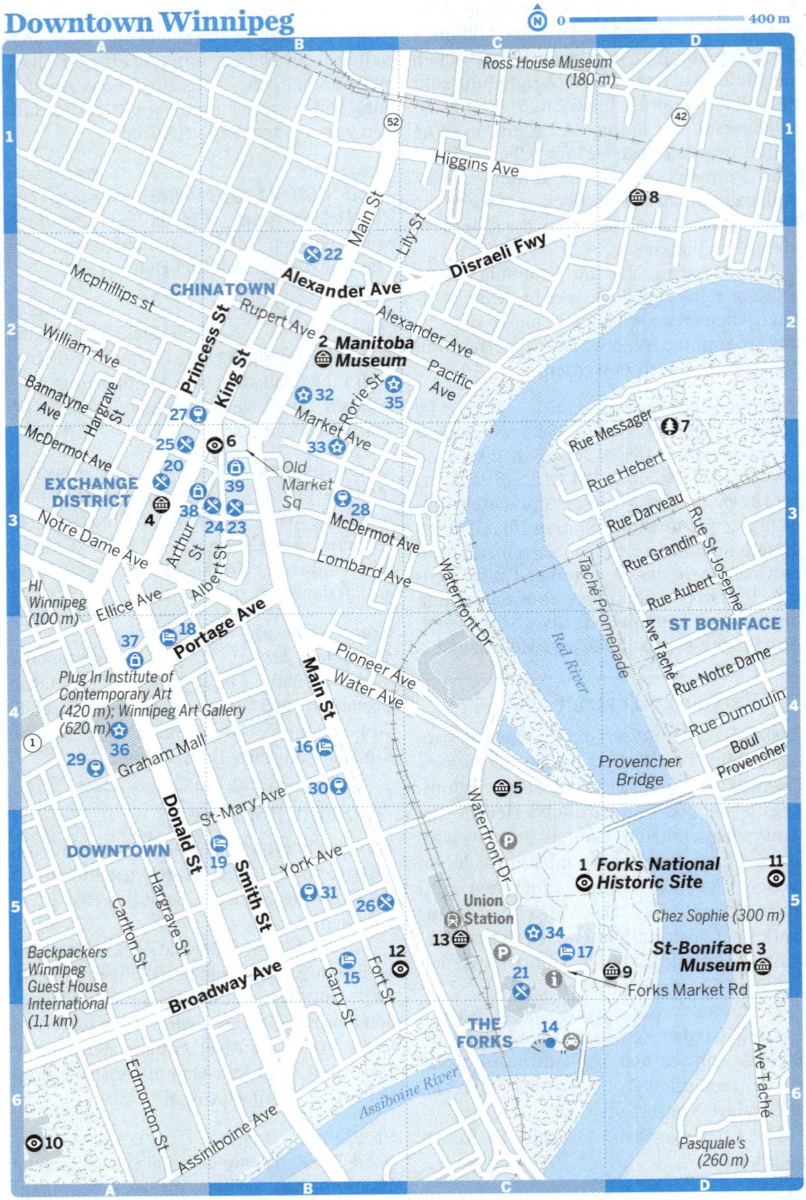

Feuer fast völlig zerstört wurde, erinnert heute die noch erhaltene 100 Jahre alte, imposante Originalfassade. Über den Ruinen wurde ein neueres Gebäude errichtet. Auf dem Friedhof liegen auch die sterblichen Überreste von Louis Riel.

★ Saint-Boniface Museum MUSEUM

(Karte S. 590; ☎204-237-4500; www.msbm.mb.ca; 494 Ave Taché; Erw./Kind 6/4 C$; ⌚Mo–Fr 10–16, Sa & So 12–16 Uhr) Ein Mitte des 19. Jhs. errichteter Konvent ist Winnipegs ältestes Gebäude und das größte Eichen-

Downtown Winnipeg

holzhaus auf dem Kontinent. Das darin untergebrachte Museum widmet sich der Gründung von Saint Boniface, der Entstehung der Métis-Nation und der 3000 km langen Reise der Grauen Nonnen, eines römisch-katholischen Frauenordens.

Fort Gibraltar HISTORISCHER PARK
(Karte S. 590; ☎ 204-237-7692; www.fortgibraltar.com; 866 Rue St-Joseph; Erw./Kind 8/5 C$; ⏲ Mi & Do 10–18, Fr & Sa 10–16 Uhr) Hinter einem Palisadenzaun wurde der Handelsposten der Pelzjäger nachgebaut. Neben passionierten Darstellern gewähren originale Kleidung, Werkzeug, Pelze, Schlafbaracken, Bäckereien und Schmieden einen Eindruck vom Leben um 1810 in The Forks, wo sich das Fort ursprünglich befand.

Großraum Winnipeg

★ **Assiniboine Park** PARK
(Karte S. 588; www.assiniboinepark.ca; 2355 Corydon Ave) In diesem 4,5 km² großen Park, Winnipegs grünem Juwel, lässt sich gut ein halber Tag verbringen. Neben dem erstklassigen Zoo (S. 598) gibt es Spielplätze, Gärten, ein Gewächshaus und vieles mehr. Ab 2014 erklärt hier das Riesenprojekt Journey to Churchill Manitobas Natur.

Royal Canadian Mint BEDEUTENDES GEBÄUDE
(Karte S. 588; ☎ 204-257-3359; www.mint.ca; 520 Blvd Lagimodière; Führung Erw./Kind 5/2,50 C$; ⏲ Di–Sa 9–16 Uhr) Die Hightech-Münzanstalt 9 km südöstlich des Zentrums produziert für Kanada und 60 weitere Länder Geldstücke in Milliardenhöhe. Auf Führungen durch das pyramidenförmige Glasgebäude wird gezeigt, wie Münzen geprägt werden (die größte Betriebsamkeit herrscht freilich an Werktagen).

Riel House National Historic Site HISTORISCHE STÄTTE
(Karte S. 588; ☎ 204-257-1783; www.parkscanada.ca/riel; 330 River Rd; Erw./Kind 4/2 C$; ⏲ Juli & Aug. 10–17 Uhr) Nachdem Louis Riel 1885 wegen Hochverrats hingerichtet worden war, brachte man seine Leiche zum

Haus seiner Familie und begrub sie dann in der St. Boniface Basilica. Riel wuchs auf dieser Farm in einer Hütte am Fluss auf. Das aus den 1880er-Jahren stammende Haus war bis weit in die 1960er-Jahre hinein von Riels Nachkommen bewohnt, kann heute aber besichtigt werden. Das Haus steht 9 km südlich vom Zentrum und ist heute von Wohnsiedlungen umgeben.

Living Prairie Museum PARK
(Karte S. 588; ☎204-832-0167; www.winnipegmuseums.org; 2795 Ness Ave; ⏲Juli & Aug. tgl. 10–17 Uhr, Mai & Juni, Sept. & Okt. So 10–17 Uhr) GRATIS Das Museum schützt eine 12 ha große Fläche mit ursprünglichem, unberührtem, inzwischen selten gewordenem hohem Präriegras. Wer vom Besucherzentrum aus auf eigene Faust loszieht, sieht die unzähligen Wildblumen, die einst die gesamten Prärieprovinzen in ein wahres buntes Farbenmeer tauchten, und in denen Millionen von Bisons lebten.

Fort Whyte PARK
(Karte S. 588; ☎204-989-8355; www.fortwhyte.org; 1961 McCreary Rd; Erw./Kind 6/4 C$; ⏲Mo–Fr 9–17, Sa & So 10–17 Uhr) Auf dem riesigen, ökologisch ausgerichteten und von Wegen durchzogenen Gelände sind Bisons, Hirsche und andere Wildtiere zu sehen. Man erfährt Wissenswertes über Grassodenhäuser und kann sich gegen geringe Gebühren Ausrüstungen – wie Schneeschuhe und Kanus – für saisonale Unternehmungen ausleihen. Noch besser: Schlitten gibt es in den Wintermonaten gratis. Fort Whyte liegt 13 km südwestlich vom Zentrum.

Ross House Museum HISTORISCHES GEBÄUDE
(außerhalb Karte S. 590; ☎204-943-3958; www.mhs.mb.ca; Joe Zuken Heritage Park, 140 Mead St N; ⏲Juni–Aug. Mi–So 10–17 Uhr) GRATIS In der hübsch gelegenen kleinen Blockhütte, in der William Ross einst die erste Poststation im Westen betrieb, wird heute das harte Leben der Pioniere in den 1850er-Jahren dokumentiert.

Geführte Touren

Tourisme Riel (S. 598) bietet hilfreiche Informationen über selbst geführte Touren zu bestimmten Themen.

Auf der Website von **Routes on the Red** (www.routesonthered.ca) sind verschiedenste Touren in der Großregion Winnipeg als Downloads verfügbar.

★ **Historic Exchange District Walking Tours** STADTFÜHRUNGEN
(☎204-942-6716; www.exchangedistrict.org; Old Market Sq; Erw./Kind 8C$/frei; ⏲Juni–Aug. Mo–Sa 9–16.30 Uhr) Thematische und historische Führungen vom Old Market Square aus. Im Voraus reservieren.

★ **Muddy Water Tours** STADTFÜHRUNGEN
(☎204-898-4678; www.muddywatertours.ca; Erw./Kind ab 12/6 C$) Bietet viele unterhaltsame geschichtliche Stadtführungen. Die beliebten Touren „Murder, Mystery & Mayhem“ und „Pestilence, Shamans & Doctors“ stehen den ganzen Sommer über auf dem Programm.

Die begehrte Tour „Symbols, Secrets & Sacrifices Under the Golden Boy“ gewährt einen Einblick in die Geheimnisse der Provinzhauptstadt. Angesagt ist derzeit auch die neue Tour „Beavers, Weavers & High Achievers“.

Splash Dash BOOTSTOUREN
(Karte S. 590; ☎204-783-6633; Erw./Kind 11/9 C$; ⏲Mai–Okt. 10 Uhr bis Sonnenuntergang) 30-minütige Bootsfahrten ab The Forks.

Paddlewheel Riverboats BOOTSTOUREN
(☎204-944-8000; www.paddlewheelcruises.com; Ecke Redwood Ave/Rte 37 & Main St; Erw./Kind 19/10 C$) Fahrten mit dem Schaufelraddampfer am Nachmittag (13 Uhr), zu Sonnenuntergang und bei Mondschein. Zum Zeitpunkt der Recherche war der Weiterbestand dieses Angebots allerdings ungewiss.

Feste & Events

Festival du Voyageur KULTUR
(www.festivalvoyageur.mb.ca; Fort Gibraltar; ⏲Mitte Feb.) Das wichtigste Ereignis in Winnipeg: An dem zehntägigen Winterfestival zu Ehren von Trappern und französischen *voyageurs* nehmen alle teil. Zentrum des Geschehens ist Fort Gibraltar; es gibt Konzerte, Schlittenhundrennen und jede Menge *joie de vivre*.

Pride Winnipeg KULTUR
(www.pridewinnipeg.com; ⏲Ende Mai) Neuntägiges Fest der Schwulen und Lesben mit farbenfrohem Umzug.

★ **Winnipeg Folk Festival** MUSIK
(☎204-231-0096; www.winnipegfolkfestival.ca; ⏲Anfang Juli) An fünf Tagen gibt es im Birds Hill Provincial Park mehr als 200 Konzerte auf sieben Bühnen.

★ **Winnipeg Fringe Theatre Festival** THEATER
(☎204-943-7464; www.winnipegfringe.com; ⊙Mitte Juli) Nordamerikas zweitgrößtes Fringe-Festival. Die Comedy-, Theater-, Musik- und Kabarettaufführungen sind häufig wild-kreativ, ungehobelt und ein großer Spaß.

Folklorama KULTUR
(☎204-982-6230; www.folklorama.ca; ⊙Anfang Aug.) Das weltweit älteste multikulturelle Event seiner Art. Überall in der Stadt stehen Pavillons, die verschiedene Kulturen repräsentieren und in denen Aufführungen u. Ä. stattfinden oder spannende Geschichten erzählt werden.

Manito Ahbee KULTUR
(☎204-956-1849; www.manitoahbee.com; ⊙Aug./Sept.) Das riesige Festival der Ureinwohner-Kultur lockt Teilnehmer aus der ganzen Welt an.

Schlafen

An den Hauptstraßen rund um Winnipeg und in der Nähe des Flughafens finden sich jede Menge Kettenmotels. Es spricht aber auch absolut nichts dagegen, in Winnipegs Zentrum abzusteigen, zumal man von dort aus alles Sehenswerte leicht zu Fuß erkunden kann.

Backpackers Winnipeg Guest House International HOSTEL $
(☎800-743-4423, 204-772-1272; www.backpackerswinnipeg.com; 168 Maryland St; B/Zi. 30/60 C$; ❄@🛜) In einer ruhigen Allee westlich vom Zentrum steht dieses zum Hostel umgebaute viktorianische Haus mit knarzenden Böden. Im muffigen Keller gibt es ein immer volles Spielezimmer und kleine Duschen. Pubs und Läden sind ganz in der Nähe zu finden.

HI Winnipeg Royal Plaza HOSTEL $
(außerhalb Karte S. 590; ☎204-783-3000; www.hihostels.ca; 330 Kennedy St; B/Zi. ab 35/70 C$; ❄@🛜) Das neu gestaltete Hotel aus den 1960er-Jahren im Zentrum der Stadt bietet Reisenden mit eher schmalem Geldbeutel 100 Betten – zwei Etagen mit Schlafsälen, eine Etage mit privaten Zimmern. Es gibt auch ein Restaurant und einen Innenhof, zum Bahnhof sind es lediglich 20 Gehminuten.

WINNIPEG MIT KINDERN

Direkt in The Forks können Kinder im **Manitoba Children's Museum** (Karte S. 590; ☎204-924-4000; www.childrensmuseum.com; 45 Forks Market Rd; Eintritt 10 C$; ⊙9:30–18 Uhr) selbst Hand anlegen und dabei lernen. Die bunten, interaktiven Ausstellungen ermutigen die kleinen Racker, sich als Zugführer, Astronauten oder Erschaffer von Imperien zu betätigen. Im Sommer werden Programme im Freien geboten.

Ebenfalls in The Forks bietet das viel gepriesene **Manitoba Theatre for Young People** (Karte S. 590; ☎204-942-8898; www.mtyp.ca; 2 Forks Market Rd; Eintrittskarte 17 C$; ⊙Okt.–April) vor farbenfrohen Kulissen lebhafte Aufführungen für Kids, die aber auch für Erwachsene nicht zu süßlich sind.

Mehr als 2000 Tiere leben im **Assiniboine Park Zoo** (Karte S. 588; ☎204-927-6000; www.assiniboineparkzoo.ca; 460 Assiniboine Park Dr; Erw./Kind 8.50/5.50 C$; ⊙9–18 Uhr), der sich auf Arten spezialisiert hat, die in rauem Klima heimisch sind. Das neue International Polar Bear Conservation Centre zeigt Ausstellungen über Eisbären und pflegt verwaiste Jungtiere. Es ist Teil des riesigen Zooprojekts **Journey to Churchill**, das noch 2014 eröffnet wird und Ausstellungen und lebende Tiere kombiniert. Das Projekt wird von Sümpfen bis zu arktischen Stränden die gesamte Ökologie der Provinz abbilden.

Im **Western Canadian Aviation Museum** (Karte S. 588; ☎204-786-5503; www.wcam.mb.ca; 958 Ferry Rd; Erw./Kind 7,50/3 C$;; ⊙Mo–Fr 9.30–16.30, Sa 10–17, So 12–17 Uhr) können Kids inmitten von Flugzeugen der letzten 90 Jahre Pilot oder Fluglotse spielen.

Der **Tinkertown Family Fun Park** (☎204-257-8095; www.tinkertown.mb.ca; 621 Murdock Rd; Fahrkarte für uneingeschränkte Fahrten 15 C$; ⊙Mai–Sept. 12–17 Uhr, an manchen Tagen bis 19 Uhr) bietet in altmodischem Rummelambiente Fahrgeschäfte und Spiele. Wie wäre es mit einer Runde Minigolf und einem Mini-Donut danach?

Kinder lieben die Tiere und Aktivitäten im Fort Whyte (S. 592), und auch die Science Gallery im Manitoba Museum (S. 589) unterhält die Kleinen, z. B. mit einem Labor, in dem sie einen Rennwagen bauen können.

★ Place Louis Riel Suite Hotel HOTEL $$
(Karte S. 590; ☎204-947-6961; www.placelouisriel.com; 190 Smith St; Zi. 120–250 C$;) Alle 302 Zimmer in dem 23-stöckigen Gebäude im Zentrum der Stadt haben große, stilvolle Küchen. Das Angebot reicht von Studios bis zu Apartments mit zwei Schlafzimmern. Die Zimmer in den oberen Etagen bieten eine tolle Aussicht. Kostenlose Parkplätze sind vorhanden und das Hotel hat einen exzellenten Service.

★ Fort Garry Hotel HOTEL $$
(Karte S. 590; ☎204-942-8251, 800-665-8088; www.fortgarryhotel.com; 222 Broadway Ave; Zi. 130–200 C$;) Das von Einheimischen geführte Sandsteingebäude (1913) im Château-Stil wirkt geradezu filmreif und verströmt reichlich Winnipeg-Geschichte. Das elegante Foyer des als eines der ersten Eisenbahnhotels in Kanada errichteten Gebäudes zeugt vom Geist des Hauses: Angesichts der historischen Fotos an den Wänden bedauert man, dass die alten Zeiten vorüber sind.

Die Zimmer oben sind komfortabel, wenn sie auch ein bisschen verstaubt wirken, aber das trägt durchaus auch zum Charme des Hotels bei. Aus der guten, alten Zeit stammt z. B. der Brauch, seine Kaffeebestellung an die Tür zu heften.

Malborough Hotel HOTEL $$
(Karte S. 590; ☎800-667-7666, 204-942-6411; www.themarlborough.ca; 331 Smith St; Zi. 80–120 C$;) Der Stilmix aus Gotik und Renaissance sowie offene Gemeinschaftsbereiche charakterisieren dieses denkmalgeschützte Gebäude in sehr guter Lage. Teilweise müffelt es zwar ein wenig, aber das Haus ist schließlich fast 100 Jahre alt. Das Hotel wird nach und nach renoviert. Die besten der 148 Zimmer sind jene auf der Business-Etage. Die öffentlichen Bereiche sind teilweise grandios, und der Indoor-Pool verfügt über eine Rutsche.

Humphry Inn HOTEL $$
(Karte S. 590; ☎877-486-7479, 204-942-4222; www.humphryinn.com; 260 Main St; Zi. 120–200 C$;) Das moderne, sechsstöckige Hotel im Zentrum bietet große, hübsch eingerichtete Zimmer samt Kühlschrank und Mikrowelle. Den besten Blick hat man von den Zimmern nach Osten raus. Das große Frühstücksbüfett ist im Preis inbegriffen.

Inn at the Forks HOTEL $$$
(Karte S. 590; ☎877-377-4100, 204-942-6555; www.innforks.com; 75 Forks Market Rd; Zi. 130–250 C$;) Es wirkt ein wenig *Mad-Men*-mäßig, wenn der ältesten Immobilie Winnipegs ein moderner Look verpasst wird. Alle der 117 geräumigen Zimmer haben schicke Bäder und sind in kräftigen Farben gehalten. Der Flussblick und das hochmoderne Spa sind klasse.

Essen

In Winnipeg mit seiner großen Auswahl an Restaurants lässt es sich exzellent speisen. An schönen Sommerabenden lohnt ein Bummel durch die Viertel Exchange District, Saint Boniface, Osborne Village und die Corydon Avenue entlang, wo es überall viele Lokale gibt.

Im Exchange District gibt es einen kleinen **Bauernmarkt** (Old Market Sq; ⏲Juli–Sept. Do & Sa 10–14 Uhr). Um jedoch das ganze vielfältige Angebot der Provinz zu erkunden, lohnt ein Ausflug zum 14 km südlich gelegenen **St. Norbert Farmers' Market** (www.stnorbertfarmersmarket.ca; 3514 Pembina Hwy; ⏲Juni–Aug. Mi 11–16, Sa 8–15 Uhr), wo unzählige Verkäufer Produkte der Saison, fertige Gerichte, Kunsthandwerk und mehr feilbieten.

Stadtzentrum

★ VJ's Drive-In FASTFOOD $
(Karte S. 590; ☎204-943-2655; 170 Main St; Hauptgerichte 4–9 C$; ⏲10–1 Uhr) Das gegenüber der Union Station gelegene VJs ist vor allem wegen der Take-aways sehr beliebt. Mittags stehen die Leute manchmal Schlange, denn die prall gefüllten Chili-Hotdogs, die saftigen Cheeseburger und die bronzefarbenen Pommes gelten als die besten Winnipegs – dafür lohnt sich das Warten. Es gibt nur wenige Sitzplätze an den Picknicktischen im Freien.

The Forks

Im Geschäftsviertel The Forks gibt es einige recht ähnliche, auf Touristen zugeschnittene Restaurants, die Markthalle jedoch sorgt für Abwechslung.

★ Forks Market MARKT $
(Karte S. 590; www.theforks.com; 1 Forks Market Rd; Hauptgerichte 4–12 C$; ⏲9–18 Uhr) Hier locken Stände mit fertig zubereitetem Essen, darunter preiswerte, leckere Gerichte aus aller Herren Länder. Zum Essen setzt man

sich an einen der vielen Tische oder macht ein Picknick im Freien.

★ **Tall Grass Prairie** BÄCKEREI $
(Karte S. 590; ☎204-957-5097; www.tallgrassbakery.ca; 1 Forks Market Rd; Hauptgerichte ab 4 C$; ⊙Mo–Sa 7–21, So bis 18.30 Uhr) Diese hiesige Legende hat zwei Stände in der Markthalle und verarbeitet ausschließlich biologisch angebaute Produkte aus Manitoba zu großartigen Backwaren, leckeren Sandwiches und vollen Mahlzeiten. Auch der Kaffee ist gut.

Exchange District & Umgebung

Es ist toll, an Sommerabenden in den historischen Straßen des Exchange District draußen an den Restauranttischen zu sitzen. Das Pub Kings Head bietet gutes Kneipenessen an. Weiter nördlich schließt sich Winnipegs kleine Chinatown mit den üblichen Gerüchen und Speisen an.

★ **Mondragón** CAFÉ $
(Karte S. 590; ☎204-946-5241; www.mondragon.ca; 91 Albert St; Hauptgerichte 6–11 C$; ⊙Mo 11–14, Di–Sa 8–21 Uhr;) Das Mondragón ist den Anfängen des Exchange District immer treu geblieben. Es wird von einer Arbeitergemeinschaft betrieben und verkauft die Art linksgerichteter Bücher, die man bei Amazon nicht findet. Das Veganer-Café hat ein täglich wechselndes Angebot von kreativen, frischen Gerichten. Es gibt sogar einen kleinen Supermarkt, der nach Sacco & Vanzetti benannt ist.

News Cafe CAFÉ $
(Karte S. 590; www.winnipegfreepress.com/cafe; 237 McDermot Ave; Hauptgerichte 7–12 C$; ⊙Sa–Do 8–18, Fr bis 22 Uhr;) Winnipegs größte Tageszeitung, die *Free Press*, betreibt dieses große Eckcafé. In definitiv „nachrichtenträchtigem“ Flair genießt man tolle Frühstücke und Mahlzeiten (darunter ein berühmtes Pulled-Pork-Sandwich). Vielleicht führt am Nebentisch gerade ein Reporter ein Interview. Zum Unterhaltungsprogramm gehören Gespräche über lokale Belange und Konzerte hiesiger Musiker.

★ **Deer + Almond** BISTRO $$
(Karte S. 590; ☎204-504-8562; 85 Princess St; Hauptgerichte 12–25 C$; ⊙Mo–Sa 11–15 & 17–23 Uhr) Das fabelhafte neue Bistro im Exchange District hat eine kreative, ständig wechselnde Speisekarte mit „Seelenfutter“ mit kanadischem Akzent. Auf der Tafel stehen Gerichte wie ein super Reuben-Sandwich und exzellente Steaks. Die Biere und Weine in dem hellen Ecklokal gehören zu den besten des Landes.

Kum-Koon Garden CHINESISCH $$
(Karte S. 590; ☎204-943-4655; www.kumkoongarden.com; 257 King St; Hauptgerichte 3–20 C$; ⊙11.30–22 Uhr) Das ausgezeichnete Dim Sum zieht Legionen treuer Fans in dieses chinesische Lokal. Die Bedienung lässt manchmal etwas zu wünschen übrig, aber das spielt angesichts der umfangreichen Karte keine große Rolle. Die Hauptgerichte sind so groß, das mehrere Personen davon satt werden. Was man nicht schafft, lässt man sich einpacken.

Peasant Cookery BISTRO $$
(Karte S. 590; ☎204-989-7700; www.peasantcookery.com; 100-283 Bannatyne Ave; Hauptgerichte 9–26 C$; ⊙Mo–Fr 11–14, tgl. 5–21 Uhr) In diesem einladenden Ecklokal mit hohen Decken in einem Lagerhaus von 1907 werden Produkte aus dem fruchtbaren Ackerland Zentralkanadas verarbeitet. Fleisch und Gemüse gibt es je nach Saison, immer im Angebot steht jedoch leckeres Brathähnchen mit herzhaftem Gemüse.

Saint Boniface

Das charmante alte Viertel St. Boniface besitzt ein paar hübsche, kleine Restaurants, die – was nicht überrascht – die hiesige französische Note widerspiegeln. Keines liegt mehr als einen 20-minütigen Fußmarsch über den Fluss vom Zentrum entfernt.

Chez Sophie FRANZÖSISCH $$
(außerhalb von Karte S. 590; ☎204-235-0353; www.chezsophie.ca; 248 Av de la Cathédrale; Gerichte 9–15 C$; ⊙Mi–Sa 11–21 Uhr) Seit Jahrzehnten eine Institution in diesem Viertel: Das Haus war einst ein Eckladen, dann ein Waschsalon, und ist inzwischen ein beliebtes Bistro. Das Chez Sophie ist gemütlich und bietet günstige, klassisch französische Gerichte wie Salat, Crêpes und Quiche sowie Herzhafteres wie Muscheln und Pommes. Für das italienische Flair sorgen Pizza und Pasta.

Pasquale's ITALIENISCH $$
(☎204-231-1403; www.pasqualesrest.com; 109 Marion St; Hauptgerichte 12–25 C$; ⊙Mo–Fr

11–22, Sa 16–22 Uhr) Wegen seiner italienischen Klassiker mit roter Soße ist dieses Familienrestaurant immer gut besucht. Die Muscheln und die dünnkrustige Pizza sind ausgesprochen reichlich. Bei gutem Wetter sitzt man gern auf dem Dachpatio unter den funkelnden Präriesternen.

Osborne Village & Corydon Avenue

Einige der trendigsten Restaurants Winnipegs befinden sich im Osborne Village nahe dem Zentrum.

Alle möglichen Arten von Lokalen säumen die feine Corydon Avenue, die durch eines der ältesten und schönsten Viertel der Stadt verläuft. Ungefähr in der Mitte bildet eine Reihe von Cafés **Little Italy**. Die meisten haben Terrassen, wo man bei einer Tasse starkem Kaffee perfekt über Gott und die Welt nachdenken kann.

★ Baked Expectations CAFÉ $
(☎204-452-5176; www.bakedexpectations.ca; 161 Osborne St; Hauptgerichte 8–16 C$; ⏲12–24 Uhr) Schon beim Betreten des stilvollen Dessertpalasts läuft einem beim Anblick der vielen Kuchen das Wasser im Mund zusammen. Aber auch das kulinarische Vorspiel kann sich sehen lassen: Es gibt ausgezeichnete Burger, Pasta, Omeletts und mehr. Auch für Kinder ist einiges im Angebot. Und der Brunch am Sonntagvormittag ist das Schlangestehen wert.

Sushi Ya SUSHI $$
(☎204-452-3916; 659 Corydon Ave; Hauptgerichte 12–20 C$; ⏲11–21 Uhr; 🖉) Das Sushilokal mit der für die Corydon Avenue typischen Ladenfront lockt mit klassischen Sushiröllchen und anderen Gerichten viele Einheimische an. Der gebratene Tofu verdient Applaus, und das pikante *kimchi* sorgt für koreanische Aromen.

Segovia MEDITERRAN $$
(☎204-477-6500; www.segoviatapasbar.com; 484 Stradbrook Ave; kleine Hauptgerichte 8–15 C$; ⏲Mo, Mi & Do, So 17–23, Fr & Sa 17–24 Uhr) Die Tapasbar ist so authentisch wie die hausgemachte Aioli. Das Segovia in einem stilvoll renovierten alten Wohnhaus in ruhiger Lage abseits der lauten Osborne Street hat ein großes Angebot an Weinen und Cocktails, die man zu den ausgezeichneten kleinen Gerichten auch im Hof genießen kann.

Ausgehen & Nachtleben

Ordentliche Lokale für einen Drink findet man in ganz Winnipeg. Die meisten davon haben launiges Nachbarschaftsflair. Unbedingt probieren: Biere der ansässigen Mikrobrauereien Fort Garry und Half Pints.

★ King's Head Pub KNEIPE
(Karte S. 590; ☎204-957-7710; www.kingshead.ca; 120 King St; ⏲11–2 Uhr) Das irgendwie britisch anmutende Pub im Exchange District hat Tische auf dem Fußweg – genau der richtige Ort, um laue Abende gesellig zu verbringen. Drinnen herrscht rustikales Holz vor. Die übliche Kneipenkost (Burger und Fish & Chips) ist recht gut.

★ Times Chang(d) High & Lonesome Club CLUB
(Karte S. 590; ☎204-957-0982; www.highandlonesomeclub.ca; 234 Main St; ⏲19 Uhr bis spätnachts) Am Wochenende jammen in der kleinen, rauen, schlüpfrigen Retro-Kneipe Honky-Tonk-, Country-, Rock- und Bluesmusiker. Ein besonderer Tipp ist die Session am Sonntagabend.

Windsor Hotel BAR
(Karte S. 590; ☎204-942-7528; www.windsorhotel.biz; 187 Garry St; ⏲19 Uhr bis spätnachts) Das verschlissene Windsor ist Winnipegs Live-Bluesbar schlechthin. An manchen Abenden gibt es offene Bühne, am Wochenende spielen Bands.

Tavern United BAR
(Karte S. 590; ☎204-944-0022; 345 Graham Ave; ⏲12 Uhr bis spätnachts) Der Innenraum ist riesig, die Dachterrasse mit Blick aufs MTS Centre kolossal. In der Kneipe mit Sportbar-Flair jubeln Fans bei Heimspielen der Jets, Winnipegs Eishockeyteam.

Liv in the Exchange CLUB
(Karte S. 590; ☎204-989-8080; www.livintheexchange.com; 40 Bannatyne Ave; ⏲Fr & Sa 21–2 Uhr) Cooler, schicker Club im Exchange District.

Whiskey Dix CLUB
(☎204-944-7539; www.whiskeydix.ca; 436 Main St; ⏲Fr & Sa 21–2 Uhr) Am besten geht man gegen 22.30 Uhr herausgeputzt in diesen beliebten Club. Draußen gibt es eine große, immer gut besetzte Terrasse, drinnen eine ebenso belebte Tanzfläche unter hohen Decken. Regelmäßig steigen hier besondere Events.

DIE JETS FLIEGEN HEIM

1996 wurden die Herzen von Winnipegs Eishockeyfans (also von fast jedem in der Stadt) gebrochen, als das beliebte hiesige National-Hockey-League-Team, die Winnipeg Jets, gen Süden zog, nicht nur über den Winter, sondern auf Dauer. Der Traum von TV-Einnahmen lockte sie nach Phoenix, wo sie sich in Coyotes umbenannten.

Fans in ganz Manitoba beteten, flehten, hofften und schmiedeten Pläne für ein neues Team mit Namen Jets. 2011 war in Winnipeg und der ganzen Provinz ein erleichterter Aufschrei zu hören: True North Sports & Entertainment kaufte das erfolglose NHL-Team von Atlanta, die zungenbrecherischen Thrashers, und brachte es nach Winnipeg. Als Betreiber der riesigen Arena, des MTS Centre, hatte True North allen Grund, ein Team einzukaufen, das im eishockeyverrückten Winnipeg Eintrittskarten verkaufte. Und die Spekulation zahlte sich aus: Die Karten für die wiedergeborenen Jets waren in Rekordzeit ausverkauft.

Obwohl in den ersten Spielzeiten der Erfolg der neuen Jets zu wünschen übrig ließ, sind die Verkaufszahlen nach wie vor hoch, und ganz Winnipeg steht an Heimspieltagen unter Spannung. Ein Liebling der Fans ist das Maskottchen, Mick E. Moose, ein Überbleibsel des Minor-League-Teams Manitoba Moose, das in den Jahren ohne die Jets in Winnipeg spielte. Zu seinem Outfit gehört heute ein alter Fliegerhelm.

Für eine andere Tradition, das „White Out", nach dem alle Fans Weiß tragen, wenn die Jets in der Play-off-Runde sind, müssen die Jets tatsächlich erst mal in die Play-offs kommen.

☆ Unterhaltung

Nach Eishockey sorgt auch die eindrucksvolle Kunst- und Kulturszene für den wohlverdienten Applaus für Winnipeg, die Stadt, aus der Neil Young stammt.

★ Winnipeg Jets EISHOCKEY
(http://jets.nhl.com; MTS Centre; ⏲ Sept.–April) Sie sind wieder da! Ganz Manitoba ist verrückt nach den Jets (s. oben). Bei den Spielen in ihrem Heimatstadion **MTS Centre** (Karte S. 590; ☎ 204-987-7825; www.mtscentre.ca; 260 Hargrave St) herrscht eine ausgelassene Stimmung. Die Spiele sind häufig ausverkauft; am besten hört man sich rechtzeitig nach Karten um.

Centennial Concert Hall KONZERTHALLE
(Karte S. 590; www.centennialconcerthall.com; 555 Main St) Die Centennial Concert Hall ist die Heimat des **Winnipeg Symphony Orchestra** (☎ 204-949-3999; www.wso.mb.ca; Karten 20–60 C$; ⏲ Sept–Mai), des **Royal Winnipeg Ballet** (☎ 204-956-2792; www.rwb.org) und der gefeierten **Manitoba Opera** (☎ 204-942-7479; www.manitobaopera.mb.ca; Karten 30–99 C$; ⏲ Nov.–April), deren Aufführungen untertitelt sind.

Manitoba Theatre Centre THEATER
(MTC; Karte S. 590; ☎ 204-942-6537; www.mtc.mb.ca; 174 Market Ave) Das Ensemble zeigt beliebte Shows auf der Hauptbühne und gewagtere Inszenierungen im **MTC Warehouse** (Karte S. 590; 140 Rupert Ave).

Shoppen

Der Exchange District brummt nur so vor Kunstgalerien und flippigen Läden. Osborne Village und Corydon Avenue eignen sich bestens zum Herumstöbern (vor allem rund um die Ecke Corydon Avenue/Lilac Street). In der Academy Road gibt es topmodische Boutiquen.

★ Winnipeg Folk Festival Music Store MUSIK
(Karte S. 590; www.winnipegfolkfestival.ca; 103-211 Bannatyne Ave; ⏲ Di–Sa 11–18 Uhr) Der Verkaufsladen für Winnipegs großes Folk Festival im Juli ist das ganze Jahr über eine Fundgrube für Folk, Blues, Bluegrass, Country, Rock, Alternative, Rock, Jazz und andere Musikrichtungen. Prima geeignet, um in die lokale Musikszene reinzuschnuppern.

Red River Books BÜCHER
(Karte S. 590; ☎ 943-956-2195; 92 Arthur St; ⏲ Sa–Di 10–17, Mi–Fr bis 19 Uhr) Die Schatzkiste für Leseratten bietet stapelweise Secondhand-Bücher.

Mountain Equipment Co-Op OUTDOOR-AUSRÜSTUNG
(MEC; Karte S. 590; ☎ 204-943-4202; www.mec.ca; 303 Portage Ave; ⏲ 10–21 Uhr) Kanadas be-

liebtester Outdoor-Laden verleiht auch Ausrüstungen fürs Wandern und Campen sowie Kajaks, Schneeschuhe und vieles mehr.

Praktische Informationen

INTERNETZUGANG

Millennium Library (☎ 204-986-6450; wpl.winnipeg.ca/library; 251 Donald St; Mo–Do 10–21, Fr & Sa bis 18 Uhr;) Gratis WLAN und Computer mit Internetzugang.

TOURISTENINFORMATION

Explore Manitoba Centre (Karte S. 590; ☎ 800-665-0040, 204-945-3777; 25 Forks Market Rd; 10–18 Uhr) Informationszentrum der Provinz in The Forks mit Tipps zu Parks Canada und Winnipeg.

Tourisme Riel (☎ 204-233-8343; www.tourismeriel.com; 219 Blvd Provencher; 9–17 Uhr) Das Besucherzentrum in Saint Boniface ist auf frankophone Attraktionen spezialisiert. Im Sommer steht meist ein Informationskiosk an der Esplanade Riel, der Fußgängerbrücke über den Fluss.

An- & Weiterreise

BUS

Greyhound-Busse halten am **Terminal** (2015 Wellington Ave) am Winnipeg International Airport. Sie fahren u. a. nach Regina (86 C$, 9 Std., zweimal tgl.), Thunder Bay (81 C$, 9 Std., zweimal tgl.) und Thompson (95 C$, 9 Std., zweimal tgl.).

FLUGZEUG

Der **Winnipeg International Airport** (www.waa.ca) 10 km westlich des Zentrums hat ein funkelndes, modernes Terminal. Hier starten Flüge zu Städten in ganz Kanada und zu den wichtigsten Knotenpunkten in den USA. Regionale Fluglinien bedienen abgelegenere Ziele.

ZUG

Der transkontinentale VIA-Rail-Zug *Canadian* fährt zwei- bis dreimal die Woche von der **Union Station** (123 Main St) in beide Richtungen ab. Nach Churchill gibt es zwei- oder dreimal wöchentlich eine recht unbequeme Zugverbindung via Thompson, die 40 Stunden oder länger dauert.

Unterwegs vor Ort

Vom Zentrum in die umliegenden Viertel gelangt man leicht zu Fuß. Bei schlechtem Wetter kann man die unterirdischen Gehwege zwischen den Downtown-Gebäuden benutzen.

AUTO & MOTORRAD

Im Stadtzentrum gibt es viele Parkplätze an der Straße (nach 18 Uhr kostenlos) und Parkhäuser. An der Union Station werden leider häufiger mal Autos aufgebrochen, deshalb sind bewachte Parkanlagen die bessere Option, wenn man das Auto abstellen und mit dem Zug die Weiterfahrt antreten will.

Wer mit dem Auto auf der Durchreise durch Winnipeg ist, kann auf dem langsamen Trans-Canada Highway (Highway 1) durch das Zentrum fahren. Wenn man genau das aber vermeiden will, ist der Highway 100 eine gute Alternative. Die Ringstraßen westlich, östlich und südlich der Stadt sind allerdings auch oft überfüllt.

VOM/ZUM FLUGHAFEN

Ein Taxi vom Flughafen in die Innenstadt kostet 25 C$; manche Hotels bieten ihren Gästen kostenlose Shuttles. Bus 15 von Winnipeg Transit verkehrt alle 20 Minuten zwischen Flughafen und Zentrum und braucht für die Strecke eine halbe Stunde.

ÖFFENTLICHE VERKEHRSMITTEL

Winnipeg Transit (☎ 204-986-5700; www.winnipegtransit.com; Erw./Kind 2,50/2 C$) betreibt ein umfangreiches Busnetz. Die meisten Buslinien treffen an der Fort Street zusammen. Umsteigefahrscheine kaufen und passend zahlen! Das Unternehmen betreibt auch den kostenlosen *Downtown Spirit*, der auf diversen Routen durchs Zentrum fährt.

WASSERTAXI

Die Stadt aus einer neuen Perspektive erblickt man bei einer Fahrt mit den Wassertaxis von **River Spirit** (Karte S. 590; ☎ 204-783-6633; einfache Fahrt/Tageskarte 3,50/15 C$; Juli & Aug. Mo–Mi 12–21, Do–So 12–23 Uhr), die zwischen The Forks, Parlamentsgebäude, Osborne Village, Saint Boniface und Exchange District verkehren.

RUND UM WINNIPEG

Lower Fort Garry

Gewaltige Steinmauern am Ufer des Red River umgeben das einzige noch erhaltene steinerne **Fort** (☎ 204-785-6050; www.parkscanada.ca/garry; 5925 Hwy 9; Gebäude Erw./Kind 8/4 C$; Gebäude Juli & Aug. tgl. 9–17 Uhr, Mai & Juni Mo–Fr, Gelände ganzjährig zugänglich) aus der Zeit des Pelzhandels. Das Fort wurde gründlich restauriert und versetzt die Besucher in die Mitte des 19. Jhs., wozu auch die kostümierten Darsteller in der Anlage beitragen. Die hübsche parkähnliche Anlage liegt 32 km nordöstlich von Winnipeg.

DER GEIST DER PRÄRIE: LOUIS RIEL

Der 1844 nahe dem heutigen Winnipeg am Red River geborene Louis Riel wurde zu einem Wortführer der Métis, die wie er indianisch-europäische Wurzeln hatten. Er kämpfte für ihre Rechte und war einer der Anführer der Red River Rebellion, die den Métis schließlich politischen Einfluss verschaffte, er selbst musste jedoch in die USA ins Exil gehen. Riel kehrte schließlich nach Kanada zurück, und 1885 wurde er wegen Hochverrats verurteilt und gehenkt. Mehr über Riel siehe S. 954.

Der dritte Montag im Februar ist Riel zu Ehren ein Feiertag in der Provinz. In Manitoba und Saskatchewan erinnern zahlreiche Stätten an Riel:

- Riel House (S. 591): das Haus seiner Familie, in dem er zur Welt kam und in das sein Leichnam nach seiner Hinrichtung verbracht wurde,
- sein Grab bei der St. Boniface Basilica (S. 589),
- ein alljährlich aufgeführtes Theaterstück, *Trial of Louis Riel* (S. 618) über seinen Hochverratsprozess, und
- Batoche (S. 634), die beklemmende Stätte seiner letzten Schlacht.

Oak Hammock Marsh

Mitten im weiten Sumpfland des südlichen Manitoba liegt die **Oak Hammock Marsh** (☎204-467-3300; www.oakhammockmarsh.ca; Rte 200, am Hwy 67; Erw./Kind 6/4 C$; ⏲Sept. & Okt. 10–20 Uhr, Nov.–Aug. bis 16 Uhr), eines der besten Reservate in der Umgebung mit Hunderttausenden von Vögeln und Zugvögeln. Im Frühjahr herrscht hier eine unglaubliche Artenvielfalt, und im Herbst kommen 200 000 bis 400 000 Gänse her. Um alles von so nah wie möglich zu sehen, gibt es Plankenwege, Fernrohre, ferngesteuerte Kameras und Kanus.

LAKE WINNIPEG

Seit den 1920er-Jahren ist das Südende von Kanadas fünftgrößtem See ein beliebtes Ferienziel. Angesichts sandiger Strände, konstanten Sonnenscheins und einer Wasserfläche in Ozeangröße verbringen Winnipegs Einwohner hier quasi ihren „Urlaub am Meer". Im Sommer herrscht Hochbetrieb, während im Winter die verschneiten weißen Strände am zugefrorenen See praktisch menschenleer sind.

Beliebt sind u. a. Winnipeg Beach am westlichen und Grand Beach am östlichen Ufer. Hierbei handelt es sich eigentlich um typische Strandorte – nicht völlig reizlos, aber als sommerliche Vergnügungszentren relativ berechenbar. Umgeben von Säulengängen, Strandpromenaden, Eisdielen und Burger-Takeaways genießen Familien, Jugendliche und Urlauber scharenweise die Sonne und das Wasser.

In der Nähe des **Grand Beach Provincial Park** (☎204-754-2212; Hwy 12; Stellplatz Zelt 12–24 C$, Wohnmobilplatz 16–29 C$) mit Wandermöglichkeiten erheben sich bis zu 12 m hohe Dünen. Hunderte von Vogelarten tummeln sich in der Lagune hinter dem Strand. Dies ist einer von Manitobas geschäftigsten Campingplätzen, man sollte sich auf einen hohen Lärmpegel einstellen.

Die meisten Landflächen zwischen bzw. rund um Lake Winnipeg, Manitoba und Winnipegosis (alias Interlake) sind in Privatbesitz. Hier kann man in Hütten übernachten. Da viele kleine Ortschaften und Dörfer ganzjährig bewohnt sind, warten überall auch die üblichen Standard-Motels und -B&Bs auf Gäste.

Gimli

Auf den ersten Blick wirkt Gimli (isländisch für „Haus der Götter") wie eine typische Touristenfalle. Aber hinter dem abgeschmackten Kitsch entdeckt man eine hübsche, historische Kleinstadt. 1875 ließen sich isländische Siedler hier nieder und nannten den Ort Neu-Island, und bis heute hat sich Gimli sein faszinierendes Erbe bewahrt.

Das **New Iceland Heritage Museum** (☎204-642-4001; www.nihm.ca; 94 1st Ave; Erw./Kind 6/5 C$; ⏲Juni–Aug. 10–16 Uhr) ist vollgestopft mit historischen Informationen und Artefakten, die die Geschichte der ungewöhnlichen Leute erzählen, die sich in diesem ungemütlichen Teil Kanadas niederließen. Dazu gehört eine Touristeninformation. Die gewaltige **Wikingerstatue** am Strand mit Blick über den See steht für das isländische Erbe der Stadt.

Allein schon wegen seiner geschichtsträchtigen knarrenden Böden ist das **HP Tergesen & Sons** (☎204-642-5958; 82 1st Ave; ⊙Mo–Sa 10–18 Uhr) einen Besuch wert. Der geschäftige Gemischtwarenladen ist schon seit 1899 ununterbrochen im Einsatz.

Beim alljährlichen, provinzweit beliebten Fest **Islendingadagurinn** (☎204-642-7417; www.icelandicfestival.com; ⊙Anfang Aug.) dreht sich alles um Island. Geboten werden das *Islendingadance*, die Islandspiele, Livemusik (ohne Björk) und natürlich auch ein thematisch auf Island bezogener Umzug mit vielen blonden Menschen.

Außerhalb des Ortes bietet das **Autumnwood Motel & RV Resort** (☎204-642-8565; www.autumnwoodresort.com; 19150 Gimli Park Rd; Zi. 90–150 C$; ❄) 18 bunte Standardzimmer in ruhiger Lage unter Bäumen. Am See findet man eine Reihe von Unterkünften; in der Regel sind sie an Sommerwochenenden vermietet.

Frischen Hecht aus dem See bekommt man in den einfachen Cafés am Ufer. Die **Reykjavik Bakery** (Lighthouse Mall, Centre St; Snacks ab 2 C$; ⊙7–18 Uhr) verkauft sensationelle Backwaren, die in Island beliebt sind. Unbedingt probieren: *kleina*, eine Art trapezförmiger Krapfen. Wem allerdings der Sinn nach Herzhafterem steht, der bekommt im **Ship and Plough** (☎204-642-5276; 42 Centre St; Hauptgerichte 10–20 C$; ⊙Mo–Do 12–23, Fr & Sa bis 2 Uhr) in der Innenstadt kreatives Pub-Food.

Hecla-Grindstone Provincial Park

Auf einer Insel abseits des wenig stilvollen Trubels an den Stränden des Lake Winnipeg liegt eine schöne Naturoase, die Manitobas Schokoladenseite zeigt. Auf den Inselchen, in den Sümpfen und Wäldern das Hecla-Grindstone Provincial Park leben Hirsche, Elche, Biber und Bären.

Ein Zwischenstopp am **Grassy Narrows Marsh** ist zu empfehlen: Hier führen Wege nahe dem Parkeingang zu Schutzhütten und Türmen, von denen man das Treiben im Park beobachten kann. Das **Parkbüro** (www.manitobaparks.com; Hwy 8; Zeltplatz 12–24 C$, Stellplatz Wohnmobil 16–29 C$) liefert Informationen für Besucher.

Das fast schon unwirklich idyllische Hecla Village ist eine seit 1876 bewohnte isländische Siedlung. Bei einem kurzen **Spaziergang** kann man sich auf eigene Faust

BLUMEN DER PRÄRIE: MANITOBAS KLEINSTÄDTE

Die Landstraßen Manitobas sind ideal für ein paar Abstecher aufs Land. Viele führen zu kleinen Orten, die den Umweg wirklich lohnen. Hier ein paar unserer Favoriten:

Carman Der idyllisch am Fluss gelegene Ort befindet sich nur eine Stunde südwestlich von Winnipeg. Es gibt einen 5 km langen Wanderweg.

Minnedosa Hier gibt es eine perfekte kleine Main Street mit Eisverkauf und einer Bowlingbahn.

Morden Eine südlich gelegene Kleinstadt mit Backsteingebäuden, einem Getreidesilo, dem Canadian Fossil Discovery Centre und der Manitoba Baseball Hall of Fame.

Neepawa Die mit Bäumen gesäumten Straßen und die alten Häuser sind der Grund dafür, dass diese Kleinstadt immer wieder zur hübschesten in ganz Manitoba gekürt wird. Hier gibt es auch Farmen, auf denen man selbst Beeren pflücken kann.

Norway House Am isolierten Nordufer des Lake Winnipeg lebt eine große, geschichtsträchtige Cree-Gemeinde.

Snow Lake Witziges, kleines Städtchen am Ufer des Snow Lake, gleich nördlich des Highway 10, mit einem Bergbaumuseum und Bärendreck am Straßenrand.

Stonewall Nur eine Stunde nördlich von Winnipeg findet sich dieser Ort mit Blumenampeln, einer friedlichen Atmosphäre und einem Badesee in einem Kalksteinbruch.

Victoria Beach Am Ostufer des Lake Winnipeg liegt das wohl grünste Dorf weit und breit. Es hat Cottages im Zentrum, die sandigsten Strände der Umgebung und nur wenig Fahrzeugverkehr (am besten geht man zu Fuß oder fährt Rad).

den 1 km langen Uferstreifen mit den alten Gebäuden ansehen. Das **Heritage Historic Village** (Village Rd; Eintritt frei; ⌚ Juni–Aug. Do–So 10–18 Uhr) gewährt einen interessanten Einblick in ein Dorf isländischer Einwanderer der 1920er-Jahre.

Das **Solmundson Gesta Hus Bed & Breakfast** (☎ 204-279-2088; www.hecla.ca; Riverton; Zi. 85–90 C$; ❄) ist ein schönes historisches Wohnhaus mit Open-Air-Badewanne in einem gepflegten Garten.

SÜDÖSTLICHES MANITOBA

Östlich von Winnipeg geht das flache, weite Prärieland in die von Wäldern und Seen geprägte Region der Great Lakes über. Die meisten Reisenden kommen hier nur auf der Durchreise Richtung Kenora durch. Der Osten Manitobas bietet aber die gleiche Waldlandschaft wie Ontario nebenan.

Whiteshell Provincial Park

Wie ein Vorgeschmack auf die grünen Wälder, die klaren Seen und den Kanadischen Schild in Nord-Ontario erheben sich im **Whiteshell Provincial Park** (www.manitobaparks.com) plötzlich kiefernbestandene Hügel aus der Ebene.

Der Park ist ziemlich kommerzialisiert, alle paar Kilometer gibt es Ferienanlagen und Läden, und größere Zentren haben **Parkbüros**. Trotzdem weht hier noch ein Hauch von weiter Natur, die man auf unterschiedlich langen Wanderwegen – für den längsten, den Mantario mit 60 km, sind sechs Tage zu veranschlagen – sowie auf Kanustrecken, allen voran die Tunnel des **Caddy Lake**, erkunden kann.

Im Park gibt es Hunderte von **Campingplätzen** (Zeltplatz 12–24 C$, Stellplatz Wohnmobil 16–29 C$). Der abgeschirmte, baumbestandene **Falcon Lakeshore Campground** ist nur einen kurzen Fußmarsch von den Stränden am See entfernt.

Die **Big Whiteshell Lodge** (☎ 204-348-7623; www.bigwhiteshelllodge.com; Hwy 309; Cottage 100–190 C$) bietet Cottages in ruhiger Waldlage am Ufer des Big Whiteshell Lake am Ende der Route 309.

WESTLICHES MANITOBA

Zwischen Winnipeg und Saskatchewan ist Manitoba ein scheinbar endloses landwirtschaftliches Gebiet. Wer aber ein paar Abstecher macht, entdeckt oft übersehene herrliche Natur und charmante Orte.

Spruce Woods Provincial Park

Die wandernden Dünen in diesem 270 km² großen **Park** (☎ 204-827-8850; www.manitobaparks.com; Hwy 5) wirken untypisch für Manitoba. Neben außergewöhnlichen Kakteen gibt es hier auch seltene Tiere, darunter die einzige Eidechsenart der Provinz: den 20 cm langen Nördlichen Präriesskink.

Wer sich ein wenig die Beine vertreten will, kann den rund 1,6 km langen Weg bis zu den Dünen von Spirit Sands in Angriff nehmen.

Brandon

46 100 EW.

Manitobas zweitgrößte Stadt hat attraktive Wohngebiete und eine vom Assiniboine River zweigeteilte Altstadt.

Das **Riverbank Discovery Centre** (☎ 204-729-2141; www.brandontourism.com; 545 Conservation Dr; ⌚ 8.30–20 Uhr) ist Touristeninformation und Knotenpunkt der Wanderwege am Flussufer.

Auf dem Gelände von **CFB Shilo**, einem heute noch aktiven Militärstützpunkt östlich von Brandon, befindet sich das **Royal Canadian Artillery Museum** (☎ 204-765-3000; www.rcamuseum.com; Hwy 340, Shilo; Erw./Kind 5/3 C$; ⌚ 10–17 Uhr). Es zeigt Uniformen, Waffen, Munition und mehr als 60 Fahrzeuge von 1796 bis zur Zeit des Kalten Krieges. Leider gibt es keine Live-Demonstration der Geschütze.

Kettenmotels säumen die Ausfahrten vom Highway 1, und in der Innenstadt findet man Restaurants. Regelmäßig pendeln Greyhound-Busse auf dem Highway und halten am **Busbahnhof** (☎ 204-727-0643; 141 6th St) in der Innenstadt.

International Peace Garden

Die Lage – ein sehr ruhiger Grenzübergang zwischen Manitoba und North Dakota – ist absolut passend für diesen im übertragenen

SCHLÖSSER DER NEUEN WELT

Scheunenrot oder traktorgrün, einfach, aber eindrucksvoll, eine Verbindung von Form und Funktion – wie der Weizen die Prärie prägt, bestimmten einst die Getreidesilos ihr Erscheinungsbild.

Die in die Höhe ragenden „Lagerhäuser" wurden 1880 eingeführt, 1930 säumten mehr als 7000 von ihnen die kanadischen Bahnstrecken. Sie waren unbezahlbar und machten die Prärien zum „Brotkorb der Welt". Kanadische Maler, Fotografen und Schriftsteller ließen sich von der stoischen Schlichtheit der Getreidesilos zu lebendigen Kunstwerken inspirieren.

Mittlerweile haben langweilige Betonbunker, die genauso nichtssagend sind wie die Fastfood-Lokale neben ihnen, die alten Silos abgelöst. Wer einen Abstecher in die Vergangenheit machen will, sollte sich die **Inglis Grain Elevators National Historic Site** (☎204-564-2243; www.ingliselevators.com; ⏲Juni–Aug. Mo–Sa 10–18, So 12–16 Uhr) GRATIS anschauen, wo noch eine Reihe der alten Getreidesilos erhalten ist. Die Prachtbauten wurden originalgetreu restauriert und beherbergen Ausstellungen über das Leben der Bauern, deren Schicksal von der Warenbörse abhing.

Inglis liegt 20 km nördlich des Yellowhead Highway (Highway 16) nahe der Grenze zu Saskatchewan.

Sinn grenzübergreifenden **Garten** (☎204-534-2510; www.peacegarden.com; Canada Hwy 10/US281; Fahrzeug 10 C$; ⏲24 Std.), der die friedlichen Beziehungen zwischen Kanada und den USA repräsentiert. Allerdings ist seit dem 11. September 2001 nichts mehr so, wie es einmal war: Um zum Garten zu gelangen, sind Zoll und Einwanderungsbehörde beider Länder zu passieren.

Riding Mountain National Park

Wie eine Fata Morgana erscheint über den Ebenen der mehr als 3000 km² große **Riding Mountain National Park** (☎204-848-7275; www.parkscanada.ca/riding; Erw./Kind 8/4 C$) mit nördlichem Nadelwald, tiefen Tälern, hohen Bergen und klaren Gebirgsseen. Der Park ist einen Besuch wert – sei es nur für eine Stunde oder aber für eine Woche. Wer etwas Glück hat, sieht hier auch Bären oder Elche.

Der Park besteht hauptsächlich aus Wildnis. **Wasagaming**, auch Clear Lake genannt, liegt am Südufer des gleichnamigen Sees und ist solch ein perfektes Sommerstädtchen, dass es fast schon ein Klischee sein könnte, wäre es eben nicht so perfekt.

Das schöne **Besucherzentrum** (☎204-848-7275; Wasagaming Rd; ⏲Juli & Aug. 9.30–20 Uhr, Mai & Juni, Sept. & Okt. bis 17 Uhr) aus den 1930er-Jahren bietet eindrucksvolle Dioramen, den unschätzbaren *Visitor Guide* und Genehmigungen für Touren in die Wildnis.

Sehenswertes & Aktivitäten

Highway 10 führt über 53 km mitten durch den Nationalpark. Wer nur wenig Zeit hat, kann sich mit einer Fahrt auf der malerischen Route begnügen. Aber die Schokoladenseite des Parks sind seine insgesamt 400 km langen **Wander-, Rad- und Reitwege**. Die Wandermöglichkeiten reichen vom 1 km langen Lakeshore Trail bis zum 17 km langen anstrengenden Marsch durch Wald und Wiesen bis zur Hütte des Naturforschers Grey Owl. **Elkhorn Riding Adventures** (☎204-848-4583; www.elkhornridingadventures.com; Ausritt ab 40 C$) neben dem Elkhorn Resort macht dem Namen des Parks alle Ehre und gibt Besuchern die Möglichkeit, die Gegend auf dem Rücken eines Pferdes zu erkunden.

Die hervorragenden **Kanu-** und **Kajakstrecken** bieten durchaus die Möglichkeit, am Ufer wilde Tiere zu erspähen, doch auf dem Clear Lake kann es recht windig sein, und auch Motorboote sind hier erlaubt. Boote verleiht die **Clear Lake Marina** (☎204-848-1770; www.theclearlakemarina.com; Wasagaming Pier; Std. ab 15 C$; ⏲Mai–Sept.).

Schlafen & Essen

Wer in der Wildnis campen möchte, informiert sich im Voraus im Besucherzentrum. In Wasagaming gibt es zahlreiche Motels und Hütten, von denen manche ganzjährig geöffnet sind.

Unter den 600 **Campingplätzen** (Zeltplatz 16–40 C$, Jurte ab 70 C$) ist der **Wasagaming Campground** der beliebteste. Bei jenem am **Lake Audy** streifen viele Wildtiere umher, und der Platz am **Whirlpool Lake** bietet Stellflächen mitten im dichten Wald, 50 m vom Parkplatz entfernt.

Wer in der Wildnnis Geck spielen möchte, dem bietet das **Elkhorn Resort** (☎204-848-2802; www.elkhornresort.mb.ca; Mooswa Dr W, Wasagaming; Zi. 90–220 C$;) gediegenen Komfort. Noch besser sind die **Idylwylde Cabins** (☎204-848-2383; www.idylwylde.ca; 136 Wasagaming Dr, Wasagaming; Hütte ab 100 C$;), die nur einen kurzen Spaziergang von den Eisständen im Ort entfernt sind. In der Nebensaison gilt der Mindestaufenthalt von einer Woche nicht. Satt machen die hausgemachten Backwaren und Mahlzeiten in **Sparrow's Bakery** (144 Wasagaming Dr, Wasagaming; Snacks ab 2 C$; ⏲8–17 Uhr).

An- & Weiterreise

Wer verspricht, unterwegs nicht anzuhalten, kann den Park auf dem Highway 10 kostenlos durchfahren. Es ist aber besser, die Gebühr zu bezahlen und sich einen schönen Tag zu machen.

NÖRDLICHES MANITOBA

Nördlich des 53. Breitengrades weicht Bequemlichkeit einer wilden Schönheit, dort wo die seenreichen Wälder in die baumlose Tundra des Nordens übergehen. Hier ist man ganz auf sich allein gestellt, es gibt keinen Handyempfang, und alles dreht sich ums Abenteuer, manchmal auch ums nackte Überleben. Churchill ist zu Recht der größte Magnet hier und schon allein ein Grund, die Reise in diese unwirtliche Gegend zu unternehmen.

The Pas

Als traditioneller Treffpunkt indianischer und europäischer Pelzhändler ist The Pas (sprich: Pah) ein praktischer Zwischenstopp auf der Reise in den Norden.

Das **Northern Manitoba Trappers' Festival** (☎204-623-2912; www.trappersfestival.com; ⏲Mitte Feb.) in The Pas gehört zu den bekanntesten Festen Manitobas. Am chaotischen Festwochenende mitten im tiefsten Winter werden Hundeschlittenrennen, Schneemobile, Eisskulpturen, Fackelumzüge und Trapperspiele geboten.

In der Nähe des Flughafens liegt der **Clearwater Lake Provincial Park** (☎204-624-5525; www.manitobaparks.ca; Zeltplatz 12–24 C$, Stellplatz Wohnmobil 16–29 C$), wo nördlicher Nadelwald das unglaublich klare Wasser umgibt und man mit Pelikanen in direkter Nachbarschaft campen kann. Der malerische Caves Trail folgt tiefen Schluchten und ausgefressenen Klippen.

Motels säumen den Highway 10. Die leckeren, herzhaften Mahlzeiten bei **Miss the Pass** (☎204-623-3130; 158 Edwards St; Hauptgerichte ab 6 C$; ⏲Mo–Sa 7–19 Uhr) machen bereit fürs nächste Abenteuer. Das Lokal selbst ist einem Museum ähnlich.

Der VIA-Rail Zug zwischen Winnipeg und Churchill hält am hiesigen **Bahnhof** (380 Hazelwood Ave).

Flin Flon

Bei der Fahrt über den einsamen, hübschen Highway 10 Richtung Norden nach Saskatchewan lohnt es sich, in Flin Flon (www.cityofflinflon.ca) einen Zwischenstopp einzulegen. In den 1930er-Jahren florierte der Ort im Zuge des boomenden Bergbaus, und das damalige Flair ist teilweise immer noch spürbar. Weil Flin Flon in der Nähe der Grenze liegt, findet man hier die ganze Palette an Service-Einrichtungen.

Thompson

Das in den 1950er-Jahren im Zusammenhang mit dem Bergbau aus dem Boden des nördlichen Nadelwalds gestampfte Thompson ist ein notwendiges Übel auf der Reise in den Norden, denn alle Wege führen hier durch. Dem Ort fehlt zwar jeglicher Charme, aber der Bergbauboom hat auch etwas Gutes: Es gibt hier rund um die Uhr geöffnete Fastfood-Läden, einen Wal-Mart und jede Menge Service-Einrichtungen.

Am Ortseingang befindet sich in einer kleinen Holzhütte das **Heritage North Museum** (☎204-677-2216; www.heritagenorthmuseum.ca; 162 Princeton Dr; ⏲9–17 Uhr) voller ausgestopfter einheimischer Tiere und interessanter historischer Exponate. Es hat eine Touristeninformation.

Der **McCreedy Campground** (☎204-778-8810; 114 Manasan Dr; Stellplatz ab 20 C$; ⏲Mai–

Sept.) gleich nördlich vom Fluss ist eigentlich auf Wohnmobile ausgerichtet, hat aber auch ein paar Zeltplätze unter Bäumen. Das zentral gelegene **Interior Inn** (☎204-778-5535; www.interiorinn.ca; 180 Thompson Dr N; Zi. ab 90 C$; ❄ 📶) ist ein typisches einfaches Motel, wie es sie hier zuhauf gibt.

Calm Air (S. 608) bedient ganz Manitoba und fliegt u. a. vom **Thompson Airport** (☎204-778-5212; www.thompsonairport.ca), 10 km nördlich der Stadt, nach Churchill. Zweimal am Tag fahren Greyhound-Busse von/nach Winnipeg (95 C$, 9 Std.) und zu anderen Orten am Highway 6. Abfahrt und Ankunft ist am **Busbahnhof** (☎204-677-0360; 81 Berens Rd) in der Nähe des Besucherzentrums.

Thompson liegt am Ende der asphaltierten Straße, und viele Reisende nehmen ab hier den VIA-Rail Bummelzug nach Churchill. Der örtliche **Bahnhof** (☎204-677-2241; 1310 Station Rd) befindet sich in einem Industriegebiet 1 km außerhalb und ist kein sicherer Ort zum Parken. Der McCreedy Campground bietet Parkplätze und einen Shuttleservice zum Bahnhof.

Pisew Falls

Ungefähr 80 km südwestlich von Thompson liegt am Highway 6 der **Pisew Falls Provincial Park** (www.manitobaparks.ca; Hwy 6) – ein Muss für jeden, der hier vorbeifährt. Vom Parkplatz führt ein kurzer Plankenweg hinab zu einem Aussichtspunkt auf den Wasserfall. Das Wasser stürzt imposant über den breiten Felsen 13 m in die Tiefe und strömt dann, reichlich Nebel erzeugend, tosend durch eine Schlucht.

Von hier führt ein Wanderweg zu den abgelegenen **Kwasitchewan Falls**. Die teilweise als Rundweg angelegte Strecke dorthin und zurück ist 22 km lang. Unterwegs kann man prima wandern und campen.

Churchill

820 EW.

Churchill lockt mit Eisbären, Weißwalen, einer alten Steinfestung und endloser subarktischer Erhabenheit Besucher an die Küste der Hudson Bay. All das wäre schon Grund genug für eine Stippvisite in Churchill, aber da ist noch etwas weniger Greifbares, das die Leute länger hier festhält und sie zum Wiederkommen verleitet: die herzliche Atmosphäre des Ortes und seiner Menschen, dank derer der Rest der Welt noch weiter entfernt wirkt, als er tatsächlich ist.

Am besten besucht man Churchill im Juli und August oder Mitte Oktober bis November, wenn sich die meisten Eisbären zeigen. Zu anderen Zeiten ist Churchill häufig schier eingefroren und trostlos, was aber durchaus seinen eigenen Reiz hat.

Geschichte

Beim langsamen Abtauen des Permafrostbodens (pro Jahrtausend ca. 2,5 cm) kommt die Vergangenheit der uralten Küste wieder ans Licht. So wurden in der Nähe die Überreste einer 3000 Jahre alten Ureinwohnersiedlung entdeckt. Im Zusammenhang mit den europäischen Entdeckungsreisen zählt Churchill zu den ältesten Orten in Kanada. Hier gründete die HBC – Hudson's Bay Company, verballhornt eine Abkürzung für „Here Before Christ" – 1717 einen Außenposten. Dieser diente Entdeckern wie Samuel Hearne und Lord Churchill (dem Gouverneur der HBC, nach dem die Stadt benannt wurde) bei ihrer Suche nach der legendären Nordwestpassage als Zwischenlager.

Aufgrund seiner strategischen Lage ist Churchill seit Jahrhunderten ein wichtiger Militärposten. Mit dem Anschluss ans Eisenbahnnetz und der Eröffnung des riesigen Hafens im Jahr 1929 wurde die Stadt ein bedeutender Getreideumschlagplatz für die Prärieprovinzen.

Sehenswertes

Die Stadt selbst ist eine für den Norden typische Ansammlung ramponierter Gebäude. Am besten schlendert man durch die Straßen, checkt den Strand ab (!), besucht das Museum und erkundet dann das Umland und das Wasser, um die Natur von ihrer herrlichsten Seite zu entdecken.

★ Eskimo Museum MUSEUM
(☎204-675-2030; 242 La Verendrye Ave; Eintritt gegen Spende von 3 C$; ⏲Mo 13–17, Di–Sa 9–12 & 13–17 Uhr) Das Museum ist eigentlich nicht mehr als ein unspektakulärer Raum mit Linoleumboden, in dem sich allerlei Kram stapelt. Aber wie Churchill selbst zieht es Besucher in seinen Bann und hält sie eine oder zwei Stunden lang fest.

Die offensichtlichen Highlights sind ein ausgestopfter Eisbär und ein Moschusochse, Stoßzähne von Narwalen sowie originale, mit Tierfellen bespannte Kajaks. Bei näherer Betrachtung entdeckt man winzige

Pfeilspitzen, große Harpunenklingen und Hunderte von aufwendigen Schnitzereien, die Szenen aus dem Alltag wiedergeben (die mit dem Titel „First Airplane" ist wirklich einen Blick wert). Außerdem werden hier eine Menge interessante Bücher über den Norden verkauft.

Parks Canada MUSEUM

(☎204-675-8863) Im Bahnhof gibt es neben dem Infoschalter von Parks Canada ein kleines, aber gutes Museum mit Naturzentrum. Es zeigt ein gutes Modell des Forts und informiert über die vielen Tiere, derentwegen man von weither angereist ist. Öffnungszeiten und Termine von Vorträgen sind telefonisch zu erfragen.

Prince of Wales Fort National Historic Site HISTORISCHE STÄTTE

Parks Canada (www.parkscanada.ca; ⌚Juli & Aug.) verwaltet drei Stätten in der Region, die von Churchills facettenreicher Geschichte zeugen. Lizensierte Tourunternehmen organisieren die Anfahrt übers Wasser, wobei der Eintritt im Preis für die Tour inbegriffen ist.

Der Bau des sternförmigen Fort Prince of Wales dauerte 40 Jahre. Aus seinen Kanonen wurde nie ein Schuss abgefeuert. Als in den 1720er-Jahren die Spannungen zwischen Briten und Franzosen zunahmen, wählte die HBC für den Bau der Festung diese strategisch wichtige Stelle, um Präsenz zu demonstrieren. Aber schon beim ersten Angriff der Franzosen 1782 wurde die Festung aufgegeben und so zu einer Art englischem Vorläufer der Maginot-Linie. Die ganze Anlage ist ein sumpfiger Ort voller Insekten – trotz des Ausblicks würde man hier nicht stationiert sein wollen.

Die **Sloop's Cove**, 4 km südlich vom Fort, diente während Churchills strenger Winter als Hafen für europäische Schiffe. Die Hinweise auf frühe Entdecker sind schlicht, aber nicht zu übersehen: Eingemeißelt in die Uferklippen findet man u. a. den Namen von Samuel Hearne, dem hiesigen Gouverneur aus dem 18. Jh., der die erste Überlandreise zum Nordpolarmeer unternahm.

★ **Cape Merry** auf dem nationalhistorischen Gelände besteht nur noch aus einer einsamen Kanone und bröckelnden Mauern, aber die Aussicht über die Bucht und den Fluss ist grandios. In der Hauptsaison sind sogar Weißwale auszumachen, die man auch für Schaumkronen halten könnte. Vom Ort aus führt ein leichter, hübscher Spaziergang zu dieser Stätte 2 km im Nordwesten. Vor dem Aufbruch Warnhinweise auf Eisbären einholen!

Fort Churchill HISTORISCHE STÄTTE

Inmitten des welligen, steinigen Bodens, bedeckt von Eis und dürren, knorrigen Bäu-

ZU JEDER JAHRESZEIT...

Klimatisch gesehen gibt es in Churchill drei Jahreszeiten: den Juli, den August und den Winter. Für Besucher sind es im übertragenen Sinn fünf: Vögel und Blumen, Weißwale, Eisbären sowie Nordlichter.

Vögel (Hauptsaison: Mitte Mai–Sept.) Churchill ist der Nistplatz für mehr als 200 Vogelarten, u. a. für die seltenen Rosenmöwen, und ein Zwischenstopp für Zugvögel auf ihrem Weg weiter in den Norden. Granary Ponds am Hafen, Cape Merry oder Bird Cove sind gute Plätze zum Beobachten.

Wildblumen (Juni–Aug.) Wenn die Sonne das erste Mal seit Monaten den Boden berührt und das Eis schmilzt, explodiert ganz Churchill in verschiedenen Farben und Düften.

Weißwale (Mitte Juni–Aug.) Die glänzend weißen, 4 m langen Kreaturen sind so neugierig wie Delfine und so stimmgewaltig, wie ihr Spitzname „Kanarienvögel des Meeres" vermuten lässt. Etwa 3000 von ihnen bevölkern jeden Sommer den Churchill River. Vom Cape Merry aus wirken sie wie Schaumkronen auf den Wellen. Einfach schnorcheln, Kajak fahren oder sie von einem Boot aus beobachten!

Eisbären (Sept.–Anfang Nov.) Die Hauptsaison ist am Jahresende, aber schon ab Juli sind Eisbären zu sehen.

Nordlichter (Okt.–März) Der Tanz der türkisblau-gelben Aurora borealis ist einfach spektakulär.

HERRSCHER DER TUNDRA: EISBÄREN

Kolossal und anmutig, Furcht erregend und majestätisch, fleischfressend und neugierig zugleich: Eisbären sind Churchills größte Attraktion und doch die am stärksten missverstandenen Kreaturen. Sie sind so robust, dass sie den Winter damit verbringen, auf dem tiefgefrorenen Ozean Ringelrobben zu jagen, und so clever und stark, dass sie diese trotz der meterdicken Eisschicht erwischen. Wenn das Eis schmilzt, kehren die Eisbären an Land zurück, wo sie sich paaren. Während die Weibchen in Höhlen die Jungen gebären, ziehen die Männchen nach Norden und warten darauf, dass sich das Eis wieder bildet. Churchill liegt direkt auf ihrer Wanderroute.

Jahr für Jahr kommen die Eisbären immer früher, bleiben länger und werden in der Nähe der Stadt zahlreicher. Ursache dafür ist vor allem die Klimaerwärmung: Die Winter werden kürzer, das Eis schmilzt früher, und dadurch verkürzt sich die Jagdsaison der Eisbären. Von den ca. 20 000 Eisbären weltweit leben etwa 900 in der Gegend von Churchill. Diese Gruppe gilt als besonders gefährdet, weil sie am weitesten südlich lebt.

Ausgewachsene Eisbären wiegen 600 kg und mehr (die Bären, die man am Straßenrand im Süden sieht, bringen es selten auf 300 kg), haben rasierklingenscharfe Krallen und können bis zu 50 km/h schnell rennen. Sie sind von Natur aus neugierig und greifen aus Hunger oder Langeweile auch Menschen an. Auf jeden Fall sollte man den von Parks Canada herausgegebenen Führer *You Are in Polar Bear Country* lesen und überall in der Stadt die Eisbärwarnschilder beachten. Die Warnschüsse, die man hier rund um die Uhr hört, kommen von den Eisbärwachen.

men, erhebt sich ein Relikt aus dem Kalten Krieg. Fort Churchill, das auf der 20 km langen Strecke vom Flughafen gen Osten schon von Weitem zu sehen ist, war Kanadas Cape Kennedy. Ab 1954 wurden von hier mehr als 3500 kleine Raketen auf militärische und wissenschaftliche Missionen geschickt. Die verlassenen, verfallenden Überreste des Komplexes wirken zugleich faszinierend und unheimlich.

Wapusk National Park PARK
(☎204-675-8863, 888-748-2928; www.parkscanada.ca/wapusk) Der entlegene Nationalpark erstreckt sich 45 km südöstlich von Churchill entlang der Hudson Bay. Gegründet wurde er in erster Linie zum Schutz der Eisbären, die hier ihre Jungen zur Welt bringen (*wapusk* ist Cree für „weißer Bär"). Aufgrund seiner Lage zwischen nördlichem Nadelwald und arktischer Tundra ist der Nationalpark auch für die langfristige Beobachtung der Auswirkungen des Klimawandels von Bedeutung. Ein Parkbesuch ist nur mit lizensierten Tourveranstaltern möglich und konzentriert sich naturgemäß auf die Eisbären.

York Factory National Historic Site HISTORISCHE STÄTTE
(www.parkscanada.ca/yorkfactory; ⏲Juni–Sept.) Noch abgelegener ist dieser HBC-Handelsposten in der Nähe des Hayes River, rund 250 km südöstlich von Churchill. Bis 1957 war er 273 Jahre lang ein wichtiges Zugangstor ins Landesinnere. Die rein weißen Bauten sind in der öden Umgebung ein überraschender Anblick. Die Stätte ist nur per Flugzeug oder Boot zu erreichen.

Kurse

Churchill Northern Studies Centre FORSCHUNG
(CNSC; ☎204-675-2307; www.churchillscience.ca; Launch Rd; Kurse ab 1100 C$) Das CNSC im Fort Churchill, 23 km östlich der Stadt, ist ein wissenschaftliches Forschungszentrum. Es bietet mehrtägige All-inclusive-Kurse (Unterbringung in Schlafsälen, Verpflegung und Transport vor Ort sind im Preis inbegriffen), bei denen man die Forscher bei ihren Projekten über Weißwale, Wildblumen, Vögel und Eisbären unterstützt. Es gibt auch Kurse übers Überleben im Winter, übers nördliche Polarlicht und über Astronomie. 2011 zog das Zentrum in ein schickes neues Gebäude um.

Geführte Touren

Erkundungen auf eigene Faust sind in Churchill nicht zu empfehlen, nicht nur aus Sicherheitsgründen, sondern hauptsächlich wegen der fehlenden Informationen unterwegs. Lokale Guides haben ein enormes Wissensspektrum und führen ihre Gäste zu

Wildtieren und liefern alle wichtigen Erläuterungen über die Gegend.

Eisbären-Touren

Eisbären stellen alle andere Attraktionen Churchills absolut in den Schatten. Im Sommer sind sie an Land oder sogar beim Baden im Fluss zu sehen, auch im Rahmen von ganz anderen Touren. Das größte Abenteuer findet aber später im Jahr statt. Mit speziellen Leichtfahrzeugen, die zum Schutz der Tundra mit riesigen Reifen versehen sind, geht es auf eintägige Touren (pro Pers. um 400 C$). Von den beheizten Fahrzeugkabinen und den Open-Air-Sitzflächen im hinteren Bereich dieser Busse hat man eine gute Sicht auf die Raubtiere.

Great White Bear Tours ABENTEUERTOUREN
(☎866-765-8344, 204-487-7633; www.greatwhitebeartours.com; 266 Kelsey Blvd; pro Tag ab 400 C$; ⌚Okt. & Nov.) Ausschließlich Tagesausflüge mit Tundra-Bussen. Die Gäste übernachten in Churchill.

Lazy Bear Lodge ABENTEUERTOUREN
(☎866-687-2327, 204-663-9377; www.lazybearlodge.com; Herbsttour mit 3 Übernachtungen ab 3200 C$) Im Angebot sind Touren mit Tundra-Bussen. Bietet auch im Sommer mehrtägige Expeditionen zur Weißwal- und Eisbärbeobachtung.

Tundra Buggy Adventure ABENTEUERTOUREN
(☎800-663-9832, 204-949-2050; www.tundrabuggy.com; 124 Kelsey Blvd; Touren 2500–9000 C$; ⌚Okt. & Nov.) Auf mehrtägigen Ausflügen werden aus den Karawanen von Tundra-Fahrzeugen mobile Camps mit Hütten und Gemeinschaftsbereichen. Eine irre eintägige Tour ab Winnipeg kostet 1500 C$.

Touren zu Land & auf dem Wasser

Mehrere Tourveranstalter bieten im Sommer Trips übers Land an. In der Regel geht es zum Cape Merry, zum CNSC und zur stillgelegten Raketentestanlage. Neuerdings stehen auch andere Ziele wie ein Flugzeugwrack und ein auf Grund gelaufenes Schiff auf dem Programm. Eine Tour kostet durchschnittlich 75 C$ für mehrere Stunden; unterwegs sieht man vielleicht auch einen oder zwei Bären.

Sea North Tours ABENTEUERTOUREN
(☎204-675-2195; www.seanorthtours.com; 39 Franklin St; Touren ab 105 C$; ⌚Juli & Aug.) Sea North Tours bietet im Sommer Touren in einem speziell ausgerüsteten Ausflugsboot, in Zodiac-Schlauchbooten und Kajaks zur Walbeobachtung. Weißwale sind von Natur aus neugierig, und die Bootsinsassen sind für sie genauso interessant wie umgekehrt. Man kann sogar mit diesen sanften, 4 m langen Kreaturen schnorcheln. Viele Touren beinhalten auch den Besuch des Prince of Wales Fort.

Lazy Bear Lodge ABENTEUERTOUREN
(☎866-687-2327, 204-675-2869; www.lazybearlodge.com; 313 Kelsey Blvd; Touren ab 135 C$; ⌚Juli & Aug.) Tagesausflüge im Sommer, z. B. Kajaktouren mit Weißwalen.

Nature 1st WANDERUNGEN
(☎204-675-2147; www.nature1sttours.ca; Touren ab 85 C$; ⌚Juni–Aug.) Die Wanderungen, Trekking- und Vogelbeobachtungstouren führen durch die vier Ökosysteme rund um Churchill.

Churchill Wild ABENTEUERTOUREN
(☎204-377-5090, 866-846-9453; www.churchillwild.com; mehrtägige Touren ab 8000 C$; ⌚Juli–Okt.) Dieses Unternehmen besitzt abgelegene Lodges, die man von Churchill per Wasserflugzeug oder Boot erreicht. Das Highlight sind die Wanderungen nahe an Bären heran, die man ansonsten nicht zu sehen kriegt.

Schlafen

In der Eisbärensaison, wenn die Nachfrage sehr groß ist, steigen die Preise für Unterkünfte dramatisch. Für diese Zeit buchen viele Besucher bereits ein Jahr im Voraus. Manchmal sagen Reisegruppen jedoch kurzfristig ab, sodass ausgebuchte Lodges wieder Kapazitäten frei haben. Luxus darf in Churchill nicht erwartet werden, aber die Unterkünfte sind durchaus behaglich, und alles ist zu Fuß zu erreichen. Campen ist prinzipiell verboten, weil man sich den Eisbären nicht absichtlich zum Fraß vorwerfen sollte.

Tundra House Hostel HOSTEL $
(☎204-675-8831; www.tundrainn.com; 51 Franklin St; B/Zi. ab 35/80 C$; ⌚Dez.–Sept.; 📶) Das recht einfache Hostel war eine dringend erforderliche Ergänzung des Übernachtungsangebots in Churchill. In der Eisbären-Hauptsaison fungiert es als Arbeiterunterkunft, zu anderen Zeiten sind Stockbetten und private Zimmer zu günstigeren Preisen als anderswo in der Stadt zu bekommen. Bei Langeweile könnte man in der kunterbunten Möblierung ähnliche Gegenstände suchen.

Tundra Inn MOTEL $$
(☎800-265-8563, 204-675-2850; www.tundrainn.com; 34 Franklin St; Zi. ab 135 C$, Eisbärensaison ab 235 C$; @ 📶) Die 31 Zimmer im Motelstil sind geräumig, komfortabel und verfügen über einen Kühlschrank und eine Mikrowelle. Es gibt eine Waschküche und eine Gemeinschaftsküche, in der morgens Müsli und Toast bereitstehen.

Polar Inn MOTEL $$
(☎204-675-8878; www.polarinn.com; 153 Kelsey Blvd; Zi. inkl. Frühstück ab 120 C$, Eisbärensaison ab 200 C$; 📶) Im Angebot sind schlichte Moteleinheiten samt Kühlschrank, Studios mit kleinen Küchen sowie voll ausgestattete Apartments.

Essen & Ausgehen

Rentier und Moschusochse stehen auf vielen Speisekarten, besonders wenn das Restaurant auf Reisegruppen ausgerichtet ist. Unbedingt probieren sollte man arktischen Saibling: Der leckere Fisch aus hiesigen Gewässern schmeckt wie eine Mischung aus Lachs und Forelle.

★ **Gypsy's Bakery** KANADISCH $$
(☎204-675-2322; www.gypsybakery.ca; 253 Kelsey Blvd; Hauptgerichte 7–25 C$; ⏲7–21 Uhr; 📶) Das beste Restaurant in Churchill. In den Theken liegt herrliches Gebäck aus, es gibt aber auch eine umfangreiche Speisekarte im Cafeteria-Stil: erstklassige Frühstücksvarianten, Sandwiches, Burger etc. Wer mit dem Zug weiterfährt, kann sich hier mit Proviant eindecken, um nicht auf die VIA-Rail-Angebote angewiesen zu sein.

Pier Bar BAR
(☎204-675-8807; Kelsey Blvd; Hauptgerichte 7–18 C$; ⏲12–1 Uhr) Die Bar (mit Terrasse!) des Seaport Hotel ist bei Sommerarbeitern und allen, die Lust auf ein Bier haben, beliebt. Im **Reef Dining Room** nebenan gibt es verschiedene Tagesspezialitäten und exzellente Burger.

Shoppen

Arctic Trading Company KUNSTHANDWERK
(☎204-675-8804; www.arctictradingco.com; 141 Kelsey Blvd; ⏲Mo–Sa 9–18 Uhr) Lokal hergestellte Schnitzereien, Kleidung, Gemälde und Cribbage-Bretter aus Rentiergeweihen.

Praktische Informationen

Im Sommer herrscht hier Krieg gegen die Schwärme von Moskitos und Kriebelmücken. Da hilft nur Insektenspray mit mindestens 30 % DEET.

Warme Sachen sollte man immer dabeihaben, da es auch im Sommer schnell kalt wird. Warnungen vor Eisbären sind immer zu beherzigen.

Chamber of Commerce (☎204-675-2022; 211 Kelsey Blvd; ⏲Juli–Nov. Mo–Sa 11–15 Uhr) In Bahnhofsnähe.

Everything Churchill (www.everythingchurchill.com)

Parks Canada (☎204-675-8863; Bahnhof) Wichtige Anlaufstelle, die Öffnungszeiten sind jedoch veränderlich.

Royal Bank (☎204-675-8894; La Verendrye Ave) Einer der wenigen Geldautomaten im Ort.

Town of Churchill (www.churchill.ca)

An- & Weiterreise

Da es keine Straße nach Churchill gibt, gelangt man nur mit dem Flugzeug oder dem Zug hierhin. Beliebt ist die Option, von Manitoba nach Thompson zu fahren und von dort einen Flieger oder den Zug zu nehmen.

FLUGZEUG

Calm Air (☎800-839-2256; www.calmair.com) fliegt Thompson und Winnipeg an. Die Flugpreise können wie ein Eisbärbiss schmerzen: Der Hin- und Rückflug nach Winnipeg kostet im Schnitt 1300 C$, nach Thompson 750 C$. An ein paar Tagen im Monat bietet die Fluggesellschaft ein paar etwas günstigere Sitzplätze, an vielen Tagen jedoch kostet der Flug weit mehr.

Der **Churchill Airport** (☎204-675-8868) liegt 11 km östlich der Stadt. Die meisten Unterkünfte holen ihre Gäste am Flughafen ab bzw. bringen sie hin. Ein Taxi kostet heftige 20 C$.

ZUG

Der zwei- bis dreimal die Woche verkehrende VIA-Rail-Zug nach Churchill ist nur sehr langsam unterwegs: Ab Winnipeg braucht er mindestens 45 Stunden, ab Thompson 16 Stunden (mit dem Auto fährt man von Winnipeg nach Thompson in sieben Stunden). Zudem hat die endlose, leere Strecke ab Thompson mit ihren Bäumen, Sümpfen und Seen etwas Hypnotisierendes. Durchaus eine Überlegung wert wäre es, auf dem Hinweg zu fliegen und zurück mit dem Zug zu zuckeln. Ein Schlafabteil ist eine gute Idee. Die einfache Fahrt im Liege- bzw. Schlafwagen ab Winnipeg kostet 185 bzw. 470 C$, ab Thompson 65 bzw. 230 C$.

Unterwegs vor Ort

Die meisten Einheimischen sind in der kompakten Ortschaft zu Fuß oder mit dem Fahrrad unterwegs. Allerdings sollte man sich immer vor Eisbären in Acht nehmen.

Fahrräder verleiht das **Polar Inn** (☎ 204-675-8878; 15 Franklin St; pro Tag 20 C$).

Tamarack Rentals (☎ 204-675-2192; www.tamarackrentals.ca; 299 Kelsey Blvd) vermietet einige recht verbeulte Pick-ups und Geländewagen (pro Tag 75–150 C$). Die Mitarbeiter der Firma bringen die Mietwagen auf Wunsch auch zum Flughafen.

Viele Unterkünfte holen ihre Gäste am Flughafen ab. Falls nicht, ruft man ein **Taxi** (☎ 204-675-2517). Vom Flughafen in die Stadt bezahlt man 25 C$, für eine Fahrt in der Stadt 9 C$.

Saskatchewan

Inhalt ➡

Gut essen

- Calories (S. 630)
- Truffles Bistro (S. 631)
- Beer Bros. Gastropub & Deli (S. 617)
- Russell Up Some Grub (S. 624)

Schön übernachten

- James (S. 629)
- Delta Bessborough (S. 629)
- Radisson Plaza Hotel Saskatchewan (S. 616)
- Elkwater Lake Lodge & Resort (S. 625)

Auf nach Saskatchewan!

Willkommen im „Land of the Living Skies", dessen Bewohner der irrigen Meinung, hier gäbe es nur langweilige flache Landschaften, sofort widersprechen. Zu Recht: Saskatchewan fasziniert mit sanften Hügeln, Felsentälern, Dünen, Flüssen, Seen, Wäldern und weiten goldfarbenen Prärien. Außerdem scheint die Sonne häufiger als in allen anderen Provinzen.

Saskatchewan hat rund eine Million Einwohner, die überwiegend in kleinen Gemeinden leben. Zwischen den Ortschaften liegen weite Landstriche, gebeutelt von langen, harten Wintern. So verwundert es nicht, dass sich die Leute über Besucher freuen. Wer allerdings unpersönliche Großstadterlebnisse sucht, muss woanders hinfahren.

In Saskatchewan warten beeindruckende Landschaften, freundliche Menschen und Erfahrungen der besonderen Art. Wer einen Hügel hinaufrennt, hört in der tiefen Stille der einsamen, weiten Prärie das Pochen seines Herzens.

Reisezeit

Saskatoon

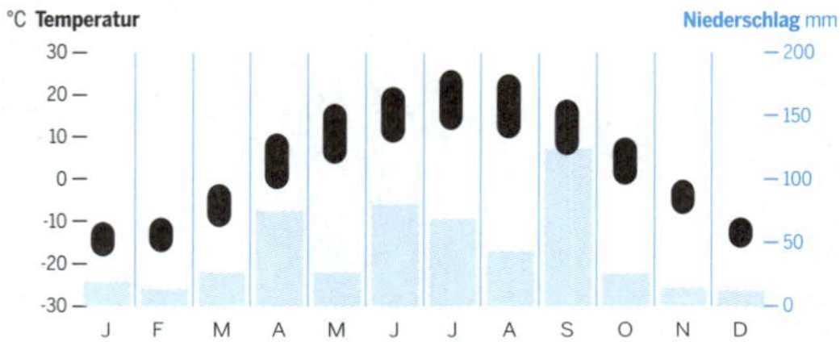

Mai Der Frühling erwacht – Wildblumen überziehen die Landschaft und Vogelgesang erfüllt die Luft.

Juni–Aug. Sonnige Tage locken die Menschen an die Seen, in die Parks und auf die Terrassen.

Sept. Kühle Luft und spektakuläre Herbstfarben kündigen die letzten Ernten des Jahres an.

Highlights

1 Der Ausblick von den Aussichtspunkten im **Cypress Hills Interprovincial Park** (S. 624).

2 Eine Reise in die Vergangenheit mit der Southern Prairie Railway und beim Besuch des South Pioneer Museum in **Ogema** (S. 622).

3 In **Gravelbourg** (S. 622) die wunderschöne Architektur und die Geschichte der Fransaskois kennenlernen.

4 Eine gemächliche Wanderung auf dem **Meewasin Trail** (S. 626), der in Saskatoon am Fluss entlang führt.

5 In **Batoche** (S. 634) der Revolution der tapferen Métis gedenken.

6 Im **Grasslands National Park** (S. 623) dem Rascheln des langen Grases lauschen und eventuell das Donnern der Hufe einer Bisonherde erleben.

KURZINFOS

- Einwohner: 1 034 000
- Fläche: 586 561 km²
- Hauptstadt: Regina
- Kurios: Hoodies (Kapuzenpullover) werden in der ganzen Provinz „*bunny hugs*" genannt, aber keiner weiß warum.

Geschichte

Bereits mehr als 10 000 Jahre lebten die Stämme der Cree, Dene und Assiniboine in der Region, als die Europäer eintrafen. Den ersten Kontakt mit den Ureinwohnern knüpfte 1690 Henry Kelsey von der Hudson's Bay Company, um Pelze zu erwerben. 1774 errichteten Europäer nordöstlich von Saskatoon eine dauerhafte Siedlung.

Die Europäer nahmen Land in Anspruch, was häufig zu blutigen Konflikten führte. Je mehr Europäer in die Region kamen, umso stärker wuchsen die Spannungen zwischen den Zugewanderten und den Ureinwohnern. 1865 durchstreiften schätzungsweise 60 Millionen Bisons die Prärie von Saskatchewan. Den Ureinwohnern lieferten sie Nahrung sowie das Material für ihre Kleidung und Unterkünfte. Gemetzel der Siedler und Jäger reduzierte den Bisonbestand innerhalb von nur einem Jahrzehnt auf 500 Tiere. Das war ein atemberaubender Ökozid, sprich: ein Eingriff in das Ökosystem mit drastischen Folgen für die davon abhängigen Menschen.

Ab 1890 lebten die meisten Ureinwohner in Reservaten und 1905 erhielt Saskatchewan den Status einer Provinz. Am 30. Juni 1912 verwüstete einer der verheerendsten Tornados in Kanada die noch junge Provinzhauptstadt Regina. Dabei kamen 28 Menschen ums Leben und 500 Gebäude wurden zerstört.

Sowohl die beiden Weltkriege als auch die Weltwirtschaftskrise trugen zu einem kometenhaften Anstieg der Weizenproduktion bei. Bis heute bildet die Landwirtschaft den Lebensnerv der Provinz, obwohl inzwischen auch große Gas- und Ölvorkommen sowie die Zunahme von Einwanderern wichtige Wirtschaftsfaktoren sind. Darüber hinaus zählt Saskatchewan zu den weltgrößten Kali-Produzenten und Uran-Exporteuren.

Land & Klima

Warme, wenn auch kurze Sommer bieten gute Reisebedingungen. Die Sommertage sind lang, in der Nacht kann es jedoch empfindlich kühl werden.

Saskatchewans landschaftlicher Reiz beschränkt sich keineswegs auf den faszinierenden Himmel und endlose Getreidefelder, auch wenn es auf der Fahrt über den Highway 1 so aussieht. Doch die Provinz hat weit mehr zu bieten. Im Süden erstrecken sich einzigartige, kontrastreiche Landschaften, während boreale Nadelwälder, Wildnis und unberührte Seen den Norden überziehen. Die nördliche Gegend erinnert an ähnliche Regionen in anderen kanadischen Provinzen, eignet sich aber bestens, der hochzivilisierten Welt mal den Rücken zu kehren.

Wenn ein Sommergewitter aufzieht, fasziniert der spektakuläre Anblick Fotografen und jeden anderen Beobachter: Der zuvor azurblaue Himmel nimmt eine schmutzig graue Farbe an, die an Abwaschwasser erinnert. Geht das Grau in ein gespenstisches Grün über, kann kurz darauf ein heftiger Hagelschauer niedergehen. Im südlichen Saskatchewan treten regelmäßig sogenannte Superzellengewitter auf, die jährlich einige Tornados mit sich bringen. Wer über eine größere Entfernung unterwegs ist, sollte die Wettervorhersage stets im Auge behalten.

Der Winter kann sich schon im Oktober einstellen und bis April bleibt es bitterkalt; die Temperaturen sinken teilweise bis auf -40 C°. Es schneit nicht ständig, aber der Schnee kommt mitunter sehr früh und bleibt lange liegen. Aus gutem Grund gibt es auf den Parkplätzen Steckdosen, an denen Autofahrer die Motorblockheizung ihres Fahrzeugs anschließen können.

Parks

Saskatchewan hat zwei Nationalparks, die sich stark voneinander unterscheiden. Der Prince Albert National Park (S. 634) ist ein

ENTFERNUNGEN

Von Saskatoon zum Prince Albert National Park: 230 km

Von Saskatoon nach Regina: 260 km

Von Regina zu den Cypress Hills: 490 km

Von den Cypress Hills zu den Grasslands: 410 km

bewaldetes Schutzgebiet mit Seen, unberührter Natur und einer reichen Tierwelt. An Möglichkeiten für Outdoor-Aktivitäten wie Kanufahren, Wandern und Campen mangelt es hier nicht. Im Gegensatz dazu umfasst der tief im Süden gelegene Grasslands National Park (S. 623) Tausende Hektar Grasland, sanfte Hügel, eine Fülle an Wildblumen und Einsamkeit. In der wundervollen Weite des fast baumlosen Parks öffnen sich die Sinne für das große Ganze.

Neben den beiden Nationalparks gibt es auch zahlreiche Provinzparks, darunter der Cypress Hills Interprovincial Park (S. 624). Das grenzübergreifende Schutzgebiet mit spektakulären Ausblicken, einer reichen Tier- und Pflanzenwelt sowie einem einzigartigen Mikroklima wird gemeinsam von Saskatchewan und Alberta verwaltet.

Campingplätze sind in den meisten Parks vorhanden, in einigen Parks ist wildes Campen in bestimmten Bereichen möglich. Informationen und Buchung unter www.saskparks.net

Anreise & Unterwegs vor Ort

Lange Zeit war Saskatchewan für viele Reisende nicht viel mehr als eine Transitstrecke, die sie hinter sich brachten, um andere Ziele anzusteuern. Das änderte sich, als die Provinz Maßnahmen ergriff, um ihr Image als attraktives Reiseland in Schwung zu bringen. Der Highway 1 durchquert den Süden der Provinz in Ost-West-Richtung und führt mitten durch die Städte Regina und Moose Jaw sowie direkt an Swift Current vorbei. Der Highway 16 verläuft diagonal durchs Land.

Saskatchewan ohne ein eigenes Fahrzeug näher zu erkunden, ist fast unmöglich. Wer für seine Streifzüge einen Mietwagen leiht, sollte unbedingt ein geländegängiges Fahrzeug mit Allradantrieb auswählen. Viele Landstraßen sind nicht befestigt und auch die großen Highways können nach der Schneeschmelze mit Schlaglöchern gespickt sein. Hinzukommen Gefahrenquellen wie Elche und anderes Wild, die plötzlich auf der Straße auftauchen. Die Städte und Ortschaften sind klein und liegen weit auseinander. Daher gilt es, vor der Abfahrt ausreichend Benzin, Proviant und Musik-CDs einzupacken. Einige Straßen in Saskatchewan führen in die US-Staaten Montana und North Dakota.

Reisende ohne eigenes Fahrzeug finden bei **Greyhound Canada** (☎800-661-8747; www.greyhound.ca) Busverbindungen bis nach Alberta oder Manitoba und zu noch weiter entfernten Zielen. Innerhalb der Provinz bedienen die Busse der **Saskatchewan Transportation Company** (STC; ☎800-663-7181; www.stcbus.com) rund 290 Gemeinden. Im Sommer kostet der Monatspass, der zur unbeschränkten Nutzung sämtlicher STC-Buslinien berechtigt, für unter 26-Jährige nur 45 C$.

Zugverbindungen innerhalb der Provinz gibt es nicht mehr, die Regionalzüge wurden stillgelegt.

TOURISTENINFORMATION

Tourism Saskatchewan (☎877-237-2273; www.tourismsaskatchewan.com) verschickt Karten und Reiseführer (ein Bestellformular befindet sich auf der Website). In der Nähe der Provinzgrenze betreibt das Unternehmen Informationszentren am Highway 1 und Highway 16. Darüber hinaus sind in den größeren Städten der Provinz Touristeninformationen zu finden.

REGINA

193 100 EW.

Mitten durch Regina führt der Trans-Canada Highway (Highway 1, innerstädtisch Victoria Avenue). So landen Besucher, die per Bus oder Auto anreisen, gewissermaßen automatisch erst einmal in Saskatchewans Hauptstadt. Zwischen ihr und dem größeren attraktiven Saskatoon, 230 km weiter im Norden, besteht eine ziemlich heftige Rivalität. Doch die „Prärie-Königin“ hat es weit gebracht, seit der Zeit, als die Umgebung noch das Jagdrevier der Cree war. Diese nannten die Stadt Wascana oder „Pile of bones“, beides bedeutet „Knochenhaufen“.

Üppige grüne Parks verleihen der Hauptstadt einen angenehmen, einladenden Charakter. Das Wascana Centre und der Victoria Park – überragt von dem schicken Hotel Saskatchewan – sind wunderschöne Parkanlagen, die sich bestens zum Entspannen und besinnlichen Nachdenken eignen. Fast alles Sehenswerte lässt sich zu Fuß erreichen, z. B. das aufpolierte Cathedral Village oder der aufstrebende Regina Warehouse District. In Letzterem, einem Geschäfts- und Wohnviertel, steckt noch einiges Potenzial – vor allem was die Feierabendvergnügungen betrifft.

Dank des Hauptstadtstatus und der günstigen Verkehrsanbindung kann Regina mit einigen zufriedenstellenden Restaurants und Bars sowie komfortablen Unterkünften aufwarten. Alles in allem ist die Stadt ein guter Ausgangspunkt für Erkundungstou-

Regina

ren durch Saskatchewans Süden oder ein günstiger Zwischenstopp auf der Fahrt zu anderen kanadischen Zielen.

Sehenswertes & Aktivitäten

Wascana Centre PARK

Der öffentliche Park bildet das geografische und kulturelle Zentrum von Regina. Auf dem riesigen Gelände führen kilometerlange Spazierwege am Seeufer entlang. Inmitten dieser „Grünen Lunge" liegen das Royal Saskatchewan Museum, das Saskatchewan War Memorial, das Saskatchewan Science Centre und der Wascana Lake mit der Vogelschutzinsel Spruce Island. In dem kristallklaren Wasser des Sees spiegelt sich das beeindruckende Provincial Legislature Building (Sitz der Legislative der Provinz). Am Ufer des Sees finden Veranstaltungen und Feste statt. Zu den Parkbewohnern zählen auch Nerze, Hasen, Biber und gelegentlich sogar Elche.

★ Provincial Legislature HISTORISCHES BAUWERK

(☎306-787-2376; Legislative Dr; ⌚8–21 Uhr) GRATIS Der extrem verheerende Tornado von

Regina

1912, dem Jahr der Fertigstellung des „Leg", verursachte zum Glück nur geringe Schäden an dem wunderschönen Bauwerk. Umgeben von Grün erhebt sich dieses stolze Symbol der Stadt mitten im Wascana Centre. Das im Beaux-Arts-Stil errichtete Gebäude gilt als Musterbeispiel für diesen opulenten Baustil. Im Rahmen einer kostenlosen halbstündigen Führung können Besucher die üppigen Marmorarbeiten und kunstvollen Holzschnitzereien bewundern. Vor dem Gebäude lädt die Great Lawn (große, freie Wiese) zum Frisbeespielen ein.

Royal Saskatchewan Museum — MUSEUM

(☎306-787-2667; www.royalsaskmuseum.ca; 2445 Albert St; empfohlene Spende: Erw./Kind 6/3 C$; ⌚9.30–17 Uhr) Das „Royal" informiert ausgezeichnet über das Leben der Menschen und die geografischen Verhältnisse, die zusammen diese Provinz ausmachen. Mit Blick auf Saskatchewan widmen sich informative Ausstellungen drei großen Themen: Erdgeschichte, Tier- und Pflanzenwelt sowie Ureinwohner. Präriedioramen erzählen die Geschichte der einheimischen Flora und Fauna sowie der indigenen Kulturen, deren Existenz von diesem kargen Land abhing. Auch Tipis, Dinosaurier und Rothirsche spielen dabei eine Rolle.

MacKenzie Art Gallery — GALERIE

(☎306-584-4250; www.mackenzieartgallery.ca; 3475 Albert St; Spende erwünscht; ⌚Mo–Sa 10–17.30, So 12–17.30 Uhr) Die berühmten Bronzekühe des Bildhauers Joe Fafard krönen den als Dauerausstellung angelegten Skulpturengarten der Kunstgalerie. Immer wieder Neues bringen die Wechsel- und Sonderausstellungen, die hauptsächlich kanadische Kunst der Vergangenheit und Gegenwart zeigen.

Saskatchewan Science Centre — MUSEUM

(306-522-4629; www.sasksciencecentre.com; 2903 Powerhouse Dr; Erw./Kind 9/7 C$, mit IMAX-Kino 19/15 C$; ⌚Mo–Fr 9–18, Sa & So 10–18 Uhr) Naturwissenschaften machen hier richtig Spaß! Besucher können gegen einen virtuellen Torhüter antreten und versuchen, Tore zu schießen, oder Seifenblasen bis zur Größe eines Autos aufpusten. Auch dem Geheimnis des Rülpsens kommt man auf die Spur. Bei Kindern ist dieses Mitmach-Museum ein Hit. Ein IMAX-Kino und eine Sternwarte sind ebenfalls vorhanden.

RCMP Heritage Centre — MUSEUM

(☎306-522-7333; www.rcmpheritagecentre.com; 5907 Dewdney Ave W; Erw./Kind 10/6 C$; ⌚11–17 Uhr) Ausstellungen geben Einblick in die Vergangenheit, Gegenwart und Zukunft der kultigen Canadian Mounties. Hier befindet sich auch ein Trainingszentrum der RCMP (Royal Canadian Mounted Police). Sehenswert ist die Sergeant Major's Parade, bei der die Mounties mit energisch erhobenem Kinn marschieren.

Saskatchewan Sports Hall of Fame & Museum — MUSEUM

(☎306-780-9232; http://sasksportshalloffame.com; 2205 Victoria Ave; Erw./Kind 5/2 C$; ⌚Mo–Fr 10–16.30 Uhr) Mit Schwerpunkt auf die Volkssportarten erzählt das Museum die

Geschichte von mehr als 480 Sporthelden der Provinz.

Wascana Canoe Kayak Rentals WASSERSPORT
(☎306-757-2628; www.wascanacanoekayakrentals.com; Wascana Marina Rd; Kanu/Kajak/Tretboot pro Std. 15/10/15 C$; ⌚Mai–Sept. 12–20 Uhr) Der Bootsverleih befindet sich im Wascana Centre am Jachthafen des Wascana Lake. Wer auf dem See umherschippern möchte, kann sich hier ein Kanu, Kajak oder Tretboot leihen.

Festivals & Events

In den wärmeren Monaten wird Regina richtig lebendig. Unter www.tourismregina.com/events findet man den aktuellen Veranstaltungskalender.

First Nations University of Canada Pow-wow KULTUR
(www.fnuniv.ca/pow-wow) An einem Wochenende im Frühling wird die Kultur der First Nations (der indigenen Völker Kanadas) gefeiert. In Saskatchewan ist es das größte und längste Fest seiner Art, zu dem Tänzer aus ganz Nordamerika kommen.

Queen City Ex FIESTA
(☎306-781-9200; www.thequeencityex.com; ⌚Juli–Aug.) Auf Saskatchewans beliebtestem Fest erscheinen viele Leute im Pioniergewand. Sechs Tage lang sorgen Konzerte, Pfannkuchenfrühstücke, volksfesttypische Fahrgeschäfte, ein Bartlängen-Wettbewerb und Paraden für jede Menge Vergnügen. Der Termin ändert sich von Jahr zu Jahr (aktuelle Infos auf der Website).

Schlafen

Regina bietet zahlreiche angenehme Unterkünfte, auch wenn einige recht teuer sind. An der Victoria Avenue östlich der Stadt herrscht an Highway-Motels kein Mangel.

DoubleTree by Hilton HOTEL $$
(☎306-525-6767; www.doubletree.hilton.com; 1975 Broad St; DZ ab 169 C$; ❄@📶) Das ehemalige Regina Inn Hotel wurde vollkommen ungestaltet und unter dem Namen DoubleTree by Hilton Ende 2013 neu eröffnet. Sein brandneues Erscheinungsbild ist sicherlich Stadtgespräch. Die aktuellen Angebote und Preise finden sich auf der Website.

Homesuites by d3h HOTEL $$
(☎306-522-4434; www.homesuites.ca; 3841 Eastgate Dr; Zi. mit Frühstück 149–195 C$) Geradezu liebenswert ist das praktisch und gut eingerichtete Suite-Hotel, das erst 2012 eröffnet hat. Zwar liegt es außerhalb der Stadt, aber in der Nähe befinden sich zahlreiche, für Reisende nützliche Einrichtungen. Für Durchreisende eignet sich diese Unterkunft besonders gut. Alle Suite-Varianten sind geräumig und mit einer Küchenzeile und überaus soliden Eingangstüren ausgestattet. Die Betten haben eine Qualität, die man sonst nur in Luxushotels findet.

Dragon's Nest B&B B&B $$
(☎306-525-2109; www.dragonsnest.ca; 2200 Angus St; EZ/DZ mit Frühstück ab 100/125 C$, mit Gemeinschaftsbad 70/85 C$; 🚭❄📶) Das stylische B&B mit sechs Zimmern wird von einem Feng-Shui-Berater geführt. So ist hier alles platziert, wie es die Regeln der Lehre für die optimale Behaglichkeit fordern. Das Frühstück ist ländlich-deftig und frisch.

Wingate by Wyndham HOTEL $$
(☎306-584-7400; www.wingatebywyndhamregina.com; 1700 Broad St; Zi mit Frühstück ab 169 C$; ❄@📶) Das preiswerte Hotel liegt günstig mitten im Stadtzentrum. Eine hübsche Palette an Pastelltönen prägt das Ambiente seiner großen, komfortablen Zimmer.

Holiday Inn Express HOTEL $$
(☎306-667-9922; www.hiexpress.com; 1907 11th Ave; Zi mit Frühstück ab 150 C$; ❄@📶) Die 78 Zimmer in dem niedrigen Hotelgebäude sind einfach, aber komfortabel. Was Regina an Interessantem zu bieten hat, lässt sich von hier aus zu Fuß erreichen.

Radisson Plaza Hotel Saskatchewan HOTEL $$$
(☎306-522-7691; www.hotelsask.com; 2125 Victoria Ave; Zi ab 219 C$; 🚭❄@📶) Das 1927 eröffnete „Sask" mit Ausblick auf den Victoria Park war einst die Grand Dame des Hotelbestands der Canadian National Railway, seines ersten Eigentümers. Seine vornehme Ausstrahlung hat sich das Hotel bewahrt und beeindruckt schon beim Betreten des Hotels. Weniger begeisternd sind die ziemlich hohen Zimmerpreise und das edle Interieur im Stil der guten alten Zeit gefällt sicher auch nicht jedem. Auch wer hier nicht übernachtet, kann die Monarch's Lounge besuchen und ihren altertümlichen Charme genießen.

Essen

Sowohl im Stadtzentrum als auch an den weiter stadtauswärts gelegenen Abschnitten der Victoria Avenue und der Albert Street finden sich zahlreiche gute Restaurants.

Italian Star Deli DELI $
(☎306-757-6733; www.italianstardeli.com; 1611 Victoria Ave; Panini 2,25–8 C$; ⏲Di–Sa 9–17 Uhr) Seit 1966 bringt dieser Feinkostladen mit seinen original italienischen Produkten europäisches Flair in die Prärie. Unzählige Leute strömen herbei, um die köstlichen Panini zu kaufen, und man ist gut beraten, ihrem Beispiel zu folgen. Frische ist hier oberstes Gebot. Ein Einkauf lohnt sich, insbesondere um den Picknickkorb zu füllen.

13th Ave Coffee House CAFÉ $
(☎306-522-3111; www.13thavecoffee.com; 3136 13th Ave; Sandwiches ab 7,50 C$, Reisschale 12 C$; ⏲Di–Sa 8.30–21 Uhr; ✎) „Gesund, frisch und regional" – so lautet die Devise der Betreiber dieses beliebten Treffpunkts im Cathedral Village. Den Fair-Trade-Kaffee aus Java röstet hier ein Mitarbeiter selbst und das täglich angebotene Quinoa soll dazu beitragen, freie Radikale abzuwehren und den Vitaminspiegel zu heben. Fleischesser kommen in dem Café nicht zum Zug, aber Vegetarier fühlen sich gleich zu Hause.

Green Spot Cafe VEGETARISCH $
(☎306-757-7899; www.greenspotcafe.ca; 1838 Hamilton St; ⏲Mo–Fr 7–17, Sa 8–15 Uhr; ✎) Auf der Speisekarte des zu 100 % vegetarischen Cafés im Stadtzentrum stehen lauter gesunde Sachen mit gutem Karma en masse.

★ **Beer Bros. Gastropub & Deli** PUB, DELI $$
(☎306-586-2337; www.beerbros.ca; 1821 Scarth St; Vorspeisen 6–18 C$, Hauptgerichte 12–24 C$; ⏲Mo–Do 11.30–23, Fr & Sa 11.30–1, So 14–21 Uhr) Das raffinierte Pub im denkmalgeschützten Northern-Bank-Gebäude nicht zu mögen, fällt schwer. Die mit Bier und Käse zubereiteten deftigen Gerichte stecken voller Kohlenhydrate und sind wahre Kalorienbomben – allerdings in Gourmetqualität. Zu den beliebten Köstlichkeiten zählen *beerogies and sausage* (mit Bier zubereitete Piroggen und Würstchen), *seafood mac and cheese* (mit geriebenem Käse überbackene Mischung aus Makkaroni, Meeresfrüchten und Käsesauce) und *cheddar ale soup* (Cheddar-Bier-Suppe). Preisgünstige Salate, Suppen und Sandwiches zum Mitnehmen verkauft der zum Pub gehörende Feinkostladen.

La Bodega TAPAS $$
(☎306-546-3660; www.labodegaregina.com; 2228 Albert St; Tapas ab 6 C$, große Platte 12–25 C$; ⏲11–2 Uhr) Atmosphäre lautet das Motto im lebendigsten Baumhaus aller Baumhäuser: Hier sind drei übereinanderliegende Terrassen rund um einen riesigen Baum gebaut. Am günstigsten lässt sich das Tapasangebot zu zweit genießen. Für einen Brunch am Wochenende ist die Bodega geradezu ideal.

Spices of Punjab INDISCH $$
(☎306-585-8882; www.spicesofpunjab.com; 320 Victoria Ave E; Mittags- & Abendbuffet 15 C$; ⏲Mo–Do 11.30–14.30 & 16.30–21.30, Fr & Sa 11–21.30, So 13–21.30 Uhr) Auf der umfangreichen Speisekarte stehen auch vegetarische Gerichte. Am besten sind jedoch das ausgezeichnete Mittags- und Abendbuffet mit wechselnder Auswahl, darunter beliebte Gerichte wie Dal, *butter chicken* (Butterhähnchen bzw. Murgh Makhani) oder *Goan fish curry* (goanesisches Fischcurry).

Michi JAPANISCH $$
(☎306-565-0141; www.michi.ca; 1943 Scarth St; Sushi & kleine Platten 4,50–10 C$, Abendmenü 10–25 C$; ⏲Di–Sa 12–14.30 & 17–21 Uhr) In dem Restaurant gegenüber vom Victoria Park werden seit über zehn Jahren Gerichte der echten japanischen Küche serviert. Gut vertreten sind die Klassiker von Sushi über Sashimi bis zu Tempura, Donburi (Schüssel mit Reis, bedeckt mit Fleisch) und köstliche *Gyoza* (japanische Teigtaschen).

Peking House CHINESISCH $$
(☎306-757-3038; www.pekinghouse.ca; 1850 Rose St; Hauptgerichte 11–50 C$; ⏲Mo–Fr 11–14 & 16–22, Sa & So 16–23 Uhr) Teilweise echte kantonesische Küche bietet das freundliche Chinarestaurant im Stadtzentrum. Wer Pekingente will, muss sie einen Tag im Voraus bestellen (pro Ente 50 C$). Darüber hinaus mangelt es nicht an gängigen kanadisch-chinesischen Spezialtäten zu günstigen Preisen.

Memories Fine Dining KANADISCH $$$
(☎306-522-1999; www.memoriesdining.com; 1717 Victoria Ave; Hauptgerichte 19–40 C$; ⏲Mo–Fr 11–22, Sa & So 17–22 Uhr) Bei *Fine dining* denken die meisten an „Essen vom Feinsten in einem eleganten Restaurant". Also nichts für Leute, die ohne Smoking im Gepäck reisen? Keineswegs, bloß nicht abschrecken lassen. Im Memories bezieht sich das *fine* mehr aufs Essen als auf das Ambiente, das einfach nur sportlich-elegant ist. Eine beeindruckende Weinauswahl ergänzt die Vielfalt der erlesenen Gerichte.

Ausgehen & Nachtleben

In dem Abschnitt der Albert Street im Stadtzentrum kommen Kneipenbummler voll auf ihre Kosten. Einige witzige Pubs und Clubs finden sich gleich nördlich der Innenstadt an der Dewdney Avenue im Warehouse District, in dem nach wie vor die Hoffnung lebt, dass es eines Tages mal so richtig aufwärts geht. Manche Lokale in Regina bieten ihren Gästen eine fantastische Terrasse, aber auch hier gilt Kanadas striktes und weitreichendes Rauchverbot.

★ Bushwakker Brewpub PUB
(☎306-359-7276; www.bushwakker.com; 2206 Dewdney Ave; ⊙Mo–Sa 11 Uhr bis spätnachts) Für einen Besuch des beeindruckenden Pubs in einem alten Lagerhaus von 1913 lohnt sich das Überqueren der Gleisanlagen am Warehouse District durchaus. An vielen Abenden gibt es Livemusik, doch die wahre Attraktion des beliebten Pubs sind die Biersorten aus der zum Bushwakker gehörenden Hausbrauerei.

O'Hanlon's PUB
(☎306-566-4094; 1947 Scarth St; ⊙11.30 Uhr bis spätnachts) Im O'Hanlon's herrscht die typisch zünftige Atmosphäre eines irischen Pubs. Seine Terrasse bietet einen Ausblick auf den nahen Victoria Park und das Hotel Saskatchewan. Es gehört zu jenen Kneipen, in denen man gut und gerne bis in die frühen Morgenstunden essen, trinken und plaudern kann, ohne zu merken, wie dabei die Zeit vergeht.

Cathedral Free House BAR
(☎306-359-1661; www.thefreehouse.com/cathedral; 2062 Albert St; ⊙Mo–Sa 11 Uhr bis spätnachts, So 12–22 Uhr) In milden Sommernächten ist die große Terrasse hinter dem Haus ein beliebter Treffpunkt. Kleine Gerichte werden bis spätnachts serviert. Die Küche hat lange geöffnet, bietet aber weitaus mehr als die typischen Pubgerichte wie Fish and Chips. Livemusik steht regelmäßig auf dem Programm. Während am Wochenanfang auch Auftritte mit akustischen Instrumenten stattfinden, läuft am Wochenende ein härterer Sound.

Pure Ultra Lounge CLUB
(☎306-543-7475; www.pureultralounge.ca; 2044 Dewdney Ave; ⊙Sa 22 Uhr bis spätnachts) Reginas erstklassiger Nachtclub im Warehouse hat nur samstagnachts geöffnet, mitunter auch mal freitagnachts.

Outside Nightclub GAYCLUB
(☎306-569-1995; www.glcrclub.ca; 2070 Broad St; ⊙17 Uhr bis spätnachts) Ironischerweise befindet sich Reginas einziger Schwulentreff in einem ehemaligen kirchlichen Gebäude. Ein Mitgliederverein betreibt diese einladende, freundliche Kombination aus Bar und Club. Auch Heterosexuelle sind willkommen. Der flippige, mehrstöckige Laden verfügt auch über eine Terrasse. Bei den freundlichen einheimischen Gästen erregen fremde Besucher einige Aufmerksamkeit.

Casino Regina KASINO
(☎306-565-3000; www.casinoregina.com ; 1880 Saskatchewan Dr; ⊙9–4 Uhr) Jammerschade, hier wurde ein wunderschöner alter Bahnhof in ein riesiges Kasino umgebaut. Bei Glücksspielen aller Art kann man sein Geld im Handumdrehen loswerden.

☆ Unterhaltung

Conexus Arts Centre THEATER
(☎306-565-4500; www.conexusartscentre.ca; 200 A Lakeshore Dr) Das Kunstzentrum ist das Stammhaus des Symphonieorchesters und ein beliebter Auftrittsort für tourende Musiker und Shows. Von außen betrachtet, erinnert das Gebäude ein wenig an Saskatchewans frühere Getreidesilos.

Globe Theatre THEATER
(☎306-525-6400; www.globetheatrelive.com; 1801 Scarth St) Das feste Schauspielerensemble führt überwiegend zeitgenössische Theaterstücke auf. Im Allgemeinen fallen die Kritiken gut aus. In Regina ist das „Globe" eine anerkannte Kulturinstitution.

Regina Public Library Film Theatre CINEMA
(☎306-777-6027; www.reginalibrary.ca; 2311 12th Ave; Erw./Kind 6/3 C$) Das Programmkino im Untergeschoss der Regina Public Library zeigt u. a. Kunst- und Dokumentarfilme, und das zu Eintrittspreisen wie in guten alten Zeiten.

The Trial of Louis Riel THEATER
(☎306-728-5728; www.rielcoproductions.com; ⊙Juli & Aug.) Als Vorlage für das Schauspiel über Riels Strafprozess *(trial)*, der mit seiner Hinrichtung durch den Strang endete, dienten die echten Verhandlungsprotokolle. Die Premiere fand 1967 statt. Inzwischen ist es das am zweitlängsten laufende Theaterstück Kanadas. Im Sommer wird das Stück drei Wochen lang im Shumiatcher Theatre in der MacKenzie Art Gallery

(S. 615) aufgeführt. Ausführliche Informationen und die Aufführungstermine finden sich auf der Website.

McNally's Tavern LIVEMUSIK
(☎306-522-4774; www.mcnallystavern.ca; 2226 Dewdney Ave; ⏲Di–Sa 17 Uhr bis spätnachts) Für Livemusikfans ist das McNally's genau das Richtige. Von Bands über Karaoke bis hin zu Open-Mike- und Jam-Nächten – Liveauftritte stehen jeden Abend auf dem Programm.

Saskatchewan Roughriders FOOTBALL
(☎888-474-3377, 306-525-2181; www.riderville.com; Mosaic Stadium, 2940 10th Ave; ⏲Juni–Nov.) Das kommt nicht gut an: eine Verwechslung mit den Ottawa Rough Riders. Die Green Riders (Spitzname der Saskatchewan Roughriders) haben Kultstatus in der Canadian Football League (CFL) – und bei ihren unzähligen, geradezu besessenen Anhängern. Welche Verrücktheiten die Fans in Regina für ihr Team anstellen, kann sich kaum jemand vorstellen.

Regina Pats EISHOCKEY
(☎306-543-7800; www.reginapats.com; Brandt Centre, 1700 Elphinstone St; ⏲Sept.–März) In der Western Hockey League (WHL, kanadische Juniorenliga) sorgen die jungen, zäheren und ehrgeizigeren Spieler für besonders spannende Eishockeyspiele. Das Stadion der Regina Pats liegt 3 km westlich des Stadtzentrums.

ℹ Praktische Informationen

Kostenloses WLAN steht an vielen Stellen im Stadtzentrum und in der Cathedral Village zur Verfügung.

Hauptpost (☎866-607-6301; 2200 Saskatchewan Dr)

Prairie Dog (www.prairiedogmag.com) Kostenlose, unterhaltsame Zeitung mit gutem Veranstaltungskalender, erscheint alle zwei Wochen.

Regina General Hospital (☎306-766-4444; 1440 14th Ave; ⏲24 Std.) Notaufnahme.

Regina Public Library – Hauptstelle (☎306-777-6000; 2311 12th Ave; ⏲Mo–Do 9.30–21, Fr 9.30–18, Sa 9.30–17, So 13.30–17 Uhr; 📶) Kostenloser Internetzugang.

Tourism Regina (☎1-800-661-5099, 306-789-5099; www.tourismregina.com; 1925 Rose St; ⏲Mo–Fr 9–17 Uhr) Bietet nützliche regionale Karten und Broschüren über die Region.

ℹ An- & Weiterreise

Der **Regina International Airport** (☎306-761-7555; www.yqr.ca; 5200 Regina Ave) liegt 5 km westlich des Stadtzentrums. Er bietet Flugverbindungen zu wichtigen kanadischen Städten sowie nach Minneapolis und Chicago in den USA. Einen Mietwagen, mit dem sich die Region am einfachsten erkunden lässt, können sich Besucher gleich nach der Ankunft besorgen. Die meisten der größeren Autoverleiher betreiben am Flughafen eine Niederlassung.

Greyhound Canada (www.greyhound.ca) fährt Richtung Osten nach Winnipeg (100 C$, 9 Std., 2-mal tgl.) und westwärts nach Calgary (79 C$, 11 Std., 2-mal tgl.). **STC** (☎306-787-3340; www.stcbus.com) bietet Busverbindungen in alle Richtungen, u. a. nach Saskatoon (44 C$, 3 Std., 3-mal tgl.). Alle Busse starten am renovierten **Busbahnhof** (☎306-787-3340; 1717 Saskatchewan Dr).

ℹ Unterwegs vor Ort

Zwischen Flughafen und Regina verkehren keine öffentlichen Verkehrsmittel. Die Taxifahrt (10 C$) ins Stadtzentrum dauert ungefähr zehn Minuten. **Regina Transit** (☎306-777-7433; www.reginatransit.com; Erw./Kind 2,50/2 C$, Tagespass 7 C$) betreibt die Stadtbusse. Die meisten Buslinien halten auch in der 11th Avenue im Stadtzentrum an.

Auf den Straßen der Innenstadt ist das Parken zwischen 8 und 18 Uhr gebührenpflichtig (1–2 C$ pro Std.) und auf eine Höchstdauer von zwei Stunden begrenzt. Darüber hinaus sind zahlreiche – ebenfalls gebührenpflichtige – Parkhäuser vorhanden.

Bei **Co-op Taxi** (☎306-525-2727; www.cooptaxiregina.com) kann man ein Taxi per Anruf bestellen.

RUND UM REGINA

Qu'Appelle Valley

Qu'Appelle Valley, ein weites Flusstal umgeben von sanften Hügeln, bildet ein besonders beeindruckendes Beispiel für die markanten landschaftlichen Kontraste in Saskatchewan.

Um die Schönheiten dieser Region zu erkunden, sollten Reisende sich nicht scheuen, die Hauptstraßen zu verlassen – es lohnt sich. Von Regina geht es erstmal auf dem Highway 10 in nordöstlicher Richtung weiter. Nach ungefähr 70 km und dem Durchqueren der Ortschaft **Fort Qu'Appelle** biegt man rechts auf den Highway 56 Richtung **Lebret** ab. In diesem Dorf steht die **Sacred Heart Church**, eine wunderschöne Feldsteinkirche (1925 fertiggestellt). Von hier aus führt eine Straße zu den **Stations of the Cross** (Kreuzweg, Leidensweg von Jesus Christus) und der **Chapel on the Hill**. Manche Besucher machen hier einen besinnlichen Spaziergang. Wer auf der Straße weiterfährt, sieht bald auf der linken Seite **Lebret Antiques** (306-322-5810; 36 Ellisboro Trail), eine Art Antiquitätenladen. Sein leutseliger Besitzer Roy Poitras erzählt seinen Kunden gerne einiges über die facettenreiche Geschichte der Métis in der Region. Ein Stück weiter die Straße hinunter führt links eine Abzweigung auf den Highway 10 zurück. Für die Weiterfahrt zu einem weiteren Highlight rechts auf den Highway einbiegen und etwas später auf den südwärts verlaufenden Highway 22 abbiegen, um nach **Abernethy** zu gelangen. Nach dem Durchqueren dieses Dorfes wird nach 9 km die **Motherwell Homestead National Historic Site** (306-333-2116; www.parkscanada.gc.ca/motherwell; Erw./Kind 8/4 C$; Juni–Aug. 9–17 Uhr) erreicht, eine faszinierende alte Farm. Viele Menschen tragen hier die Kleidung früherer Zeiten. Besucher können mithelfen, wenn mit voluminösen Zugpferden das Heu eingefahren wird. In einem Café gibt es hausgemachtes Mittagessen.

Wer will, kann auf der Rückfahrt von Abernethy Richtung Regina noch einen Abstecher machen: dafür vom Highway 10 links in die Provinzstraße 619 abbiegen und ihr folgen, bis sie auf den Highway 56 stößt und in diesen rechts einbiegen. Von der Kreuzung ist es nicht mehr weit bis nach **Katepwa Beach**, einer kleinen Gemeinde am Katepwa Lake. Hier locken ein grasbewachsener Campingplatz sowie ein Badebereich mit Spazierwegen, Picknickplätzen und Schatten spendenden Bäumen. Zu einer ausgiebigen Entspannungspause verführt das **Main Beach Bar and Grill** (306-332-4696; Hauptgerichte ab 9 C$; 12–21 Uhr) – an warmen Tagen vor allem seine tolle große Terrasse mit Ausblick auf den Park und den See. In dem ganzjährig geöffneten Lokal gibt es kaltes Bier und es ist das einzige in der Ortschaft, das Pubgerichte anbietet, die sogar richtig gut schmecken. Zum Übernachten bietet **Sunday's Log Cabins** (306-783-7951; www.sundayslogcabins.com; Hütte ab 119 C$; Mai–Okt.) vier hübsche, gut gepflegte Hütten mit allem heimeligen Komfort. Nur einen Katzensprung von der Ortschaft entfernt, liegen sie abseits der Straße am Park fast in Strandnähe.

SÜDLICHES SASKATCHEWAN

Der Trans-Canada Highway (Highway 1) führt durch das typische Saskatchewan – die weiten, offenen Flächen, die in unzähligen Countrysongs beschrieben werden. Wenn man das labyrinthartige Netz einsamer, unbefestigter Nebenstraßen erkundet, vergisst man schnell das moderne Leben mit seiner Hektik. Es ist nicht schwer, sich vorzustellen, wie Tausende von Bisons über die nahe gelegenen Hügel donnern, wie das Leben der Ureinwohner in den Dörfern aussieht oder wie die North West Mounted Police (NWMP) zu Pferd durch die weite Prärie patrouilliert. Vielfalt und Grenzenlosigkeit lautet hier das Motto der Landschaft: hügeliges Weideland, schroffe Berge und Ödland – wie in einem klassischen Western.

Moose Jaw

33 617 EW.

Moose Jaw bildet eine willkommene Oase inmitten der weiten Prärie. Die Stadt wirkt wie ein ungeschliffener Diamant mit überraschendem Glanz. Nach ihren Anfängen als Außenposten der Canadian Pacific wuchs nicht nur die Größe der Stadt, sondern auch ihre Schmach. Aufruhr, Korruption, Verbindungen zum Ku-Klux-Klan und sogar Vorwürfe wegen Sklaverei brachten ihr den denkbar schlechtesten Ruf ein. In den 1920er-Jahren während der Prohibition in den USA nutzten Al Capone und seine Leute Moose Jaw als Stützpunkt, um Whiskey über die Grenze zu schmuggeln – auch kein Ruhmesblatt.

Seine anrüchige Vergangenheit hat Moose Jaw hinter sich gelassen. Allerdings wird die Erinnerung an die faszinierenden Geschichten aus den unehrenhaften Tagen eifrig wachgehalten, z. B. in Form von farbenprächtigen Wandgemälden. Mit ihrem alten Spitznamen „Little Chicago" kokettiert die Stadt heute gerne, nicht zuletzt wegen ihrer gut erhaltenen Art-déco-Gebäude, die auch die „große Schwester" auszeichnen.

Sehenswertes & Aktivitäten

In der Main Street und der historischen Innenstadt finden sich die interessantesten Attraktionen. Sie zu erkunden, nimmt durchaus mehrere Stunden in Anspruch.

Tunnels of Moose Jaw TUNNEL
(☎306-693-5261; www.tunnelsofmoosejaw.com; 18 Main St; Führung Erw./Kind 15/8,50 C$) Tief unter den Straßen der Stadt erstrecken sich Tunnel mit einer tragischen, zugleich faszinierenden Geschichte. Die „Passage to Fortune" genannte Führung widmet sich den chinesischen Arbeitern, die in den Tunneln im Elend lebten und unter Diskriminierungen litten. Einige Jahrzehnte später, in den 1920er-Jahren, organisierten Al Capones Vasallen in den Tunneln den Alkoholschmuggel. Angeblich kam der Gangsterboss höchstpersönlich in die Stadt, um seine Geschäfte zu überwachen. Um diese Machenschaften geht es in der anderen Führung, die – wie könnte es anders sein –„The Chicago Connection" heißt.

Western Development Museum MUSEUM
(WDM; ☎306-693-5989; www.wdm.ca; 50 Diefenbaker Dr; Erw./Kind 9/2,50 C$; 9–17 Uhr) Von allem, was fährt, fliegt, mit Pedalen oder Paddeln angetrieben wird, findet sich ein Beispiel in der hiesigen Zweigstelle des WDM. Schwerpunkt des Museums ist das Verkehrswesen innerhalb Saskatchewans und so zeigt es Flugzeuge, Züge, Automobile und sogar eine zum Schienenfahrzeug umgebaute Limousine.

Yvette Moore Gallery GALERIE
(☎306-693-7600; www.yvettemoore.com; 76 Fairford St W; 10–17 Uhr) GRATIS Gleich westlich der Main Street zeigt die berühmte einheimische Künstlerin ihre Werke. In ihren Bildern porträtiert sie auf eine anrührende und hyperrealistische Weise Saskatchewan und seine Menschen.

Temple Gardens Mineral Spa SPA
(☎306-694-5055; www.templegardens.sk.ca; 24 Fairford St E; Erw./Kind 8/7 C$; 10 Uhr bis spätnachts) In dem modernen Komplex befindet sich ein stadtbekannter Pool, dessen überdachter Teil ins Freie übergeht. Sein dampfendes, mineralhaltiges Wasser kommt aus einer Quelle, die tief unter der Oberfläche der Prärie liegt. Zudem bietet das Spa zahlreiche wohltuende Anwendungen. Von Freitag bis Sonntag wird der doppelte Eintrittspreis verlangt. Wer in dem zum Spa gehörenden Hotel übernachten will, muss sehr tief in die Tasche greifen.

Geführte Touren

Mehr als drei Dutzend **Wandgemälde** schmücken die Mauern an verschiedenen Stellen der Stadt. Schlaglichtartig dokumentieren sie Augenblicke aus Moose Jaws Geschichte. Unter www.tourismmoosejaw.ca gibt es Karten für Stadtspaziergänge zum Herunterladen. Die **Moose Jaw Trolley Company** (☎306-693-8537; Erw./Kind 12/10 C$; Mai–Aug.) bietet Stadtführungen, die am Besucherzentrum starten.

Schlafen & Essen

Travelodge MOTEL $$
(☎306-692-1884; www.travelodge.com; 45 Athabasca St E; DZ ab 79 C$;) Der Motelkomplex mit Parkplätzen vor der Tür liegt im Stadtzentrum. In jedem der makellos sauberen Zimmer gibt es einen Breitbildfernseher und kostenlosen Internetzugang.

Wakamow Heights B&B $$
(☎306-693-9963; www.wakamowheights.com; 690 Aldersgate St; Zi. mit Frühstück 99–119 C$;) Wunderschöne Gartenanlagen umgeben dieses historische B&B auf einer Anhöhe am Stadtrand. Seine geschmackvoll eingerichteten Zimmer sind in unterschiedlichen Farben gehalten.

Bobby's Place PUB $
(☎306-692-3058; 63 High St E; Hauptgerichte ab 9 C$; Mo–Sa 11 Uhr bis spätnachts) In dem seit Jahren gut besuchten Pub genießen die Gäste bei schönem Wetter ihr Bier auf der Terrasse. Über zwei Jahrzehnte hinweg hat sich die ausgezeichnete Qualität seiner hausgemachten Gerichte gehalten. Die *chicken fingers* (kleine panierte Hähnchenschnitzel) sind butterweich und saftig – ein wahrer Genuss.

Veroba's Family Restaurant IMBISS $
(☎306-693-5943; 28 Fairford St W; Hauptgerichte ab 7 C$; 7–20 Uhr) In dem Familienbetrieb weiß man, wie *eggs over medium* (Spiegeleier mit festem Eiweiß, aber noch flüssigem Eigelb) perfekt zubereitet werden. Zum Frühstück, einem der besten in der Stadt, gehören auch höchst delikate *hash browns* (eine Art Röstis) und knusprig gebratener Schinken. Als die Verobas nach langen Jahren vorzeitig in den Ruhestand gingen, lösten sie ihr Geschäft auf. Ihre Kunden ließen ihnen jedoch keine Ruhe, bis sie wieder einen Imbiss eröffneten, allerdings an einem neuen Standort.

Information

Besucherzentrum (☎866-693-8097; www.tourismmoosejaw.ca; Thatcher Dr E bei Hwy

NICHT VERSÄUMEN

OGEMA

Anfangs zögerten die Autoren dieses Kapitels, den „Geheimtipp Ogema" publik zu machen. Doch die Einheimischen bestärkten sie darin, über die faszinierende kleine Gemeinde und ihre beiden außergewöhnlichen Attraktionen zu berichten.

Seit der Jungfernfahrt anlässlich des hundertjährigen Jubiläums von Ogema genießt die **Southern Prairie Railway** (☎306-459-1200; www.southernprairierailway.com; Railway Ave; Rundfahrt Erw./Kind ab 45/30 C$; ⏲Juni–Sept.) einige Aufmerksamkeit. Einen skurrilen Weg hat der hübsche Bahnhof hinter sich: Vor Jahrzehnten hatte ein Farmer ihn gekauft, abgebaut und auf seiner 280 km entfernten Farm wieder aufgebaut, um ihn als Getreidelager zu nutzen. 2002 holten die Einwohner von Ogema ihren alten Bahnhof zurück und bauten ihn wieder an seinem ursprünglichen Standort auf. Inklusive der mühseligen Restaurierung dauerte die ganze Aktion zehn Jahre. Auf der informativen zweistündigen **Heritage Tour** tuckert der Zug durch die Prärie bis zu einem alten, stillgelegten Getreidespeicher in der Gemeinde Horizon. Nach einer Führung geht es wieder zurück nach Ogema. Während des ganzen Jahres finden spezielle Rundfahrten statt, darunter auch gelegentlich die nächtliche Star Gazer Tour (Sterngucker-Tour).

Aufgrund ihres Wunsches, Erinnerungen, Geschichten und Besitztümer ihrer Vorfahren zu bewahren, gründeten Ogemas Bewohner bereits 1977 das **Deep South Pioneer Museum** (☎306-459-2904; www.deepsouthpioneermuseum.com; ⏲Sa & So 10–17 Uhr). Im Lauf von über 30 Jahren ist eine verblüffende Sammlung an erhaltenen Gebäuden zusammengekommen. Mit dazu gehören landwirtschaftliche Geräte und Fahrzeuge sowie eine Menge Alltagsgegenstände. Ob Jung oder Alt, alle Gemeindemitglieder halfen beim Aufbau dieser einzigartigen Erinnerungsstätte und tragen noch heute zu ihrer Instandhaltung bei. Außergewöhnlich sind auch die Authentizität der liebevoll erhaltenen Gebäude und die aufrichtige Freundlichkeit, mit der sie Besuchern gezeigt werden. Ob **Smiths Store** oder **Edgeworth School**, alles stammt aus einer verlorenen Zeit, ist aber weit davon entfernt, in Vergessenheit zu geraten. In den Räumen der Gebäude lässt sich fast noch der Geist der hiesigen Vorfahren spüren.

1; ⏲9–16.30 Uhr) Hier lohnt sich der Blick auf die riesige, anatomisch korrekte Statue eines Elches.

An- & Weiterreise

Die Busse der **STC** (www.stcbus.com) nach Regina (17 C$, 1 Std., 2- bis 3-mal tgl.) fahren vom **Busbahnhof** (☎306-692-2345; 63 High St E) im Stadtzentrum ab.

Gravelbourg

Rund 190 km südwestlich von Regina liegt Gravelbourg. In der hübschen kleinen Stadt leben überwiegend Fransaskois – so nennen sich die französischsprachigen Einwohner von Saskatchewan. In der Provinz zählt sie zu den letzten Orten mit einem Hauch an europäischem Flair, der hier wie eine winzige Welle im weiten Grasmeer der Prärie treibt. Besucher können diesen überraschenden Ort am besten auf der **Heritage Walking Tour** erkunden (Infos unter www.gravelbourg.ca).

Zweifellos bildet die unverhältnismäßig große, aber wunderschöne **Our Lady of the Assumption Co-Cathedral** (☎306-648-3322; www.gravelbourgcocathedral.com) die Hauptattraktion der *très jolie* (sehr hübschen) kleinen Stadt. Die in einer Art romanisch-italienischem Stil erbaute Kathedrale wurde 1919 geweiht und 1995 zur nationalen historischen Stätte erklärt. Wenn die Kirche offen ist, darf jeder eintreten und die Deckenfresken, die an die Sixtinische Kapelle erinnern, bewundern. Monsignore Maillard, seinerzeit Pfarrer der Domgemeinde, hat nicht nur die Ausgestaltung des Kirchenschiffs entworfen, sondern auch von 1921 bis 1931 die Deckenfresken höchstpersönlich gemalt – eine erstaunliche Meisterleistung.

Katholiken und Geschichtsfans haben vielleicht Lust, in der benachbarten **Bishop's Residence** (☎888-648-2321; www.bishopsresidencebandb.com; 112 1st Ave W; Zi mit Frühstück ab 60 C$) zu übernachten. Die Bischofsresidenz, ein hübscher gelber Ziegelsteinbau, wurde zu einem einzigartigen B&B umgebaut. Zur Verfügung stehen neun Zimmer, teilweise mit eigenem Bad und Balkon.

In dem palastartigen Bau weiter unten an der 1st Avenue befindet sich die Grundschule der kleinen Gemeinde, die **École Élémentaire de Gravelbourg**, in der im Schnitt 140 Kinder die Schulbank drücken.

Warum und wie all diese vielfältigen Kulturgüter gerade hier entstanden sind, erfährt man im **Gravelbourg and District Museum** (☎306-648-2332; 300 Main St; Eintritt 5 C$; ⊙Juni–Sept. Mo–Sa 9–18, So 12–18 Uhr, Okt.–Mai auf Anfrage).

Anschließend lockt das nahe **Café Paris** (☎306-648-2223; 306 Main St; kleine Gerichte 6–12 C$; ⊙Mo–Sa 9–18) mit einem kleinen Mittagessen, köstlichen Milchshakes und netten Leuten.

Wem das B&B im ehemaligen Bischofssitz nicht so behagt, dem bietet das **Gravelbourg Inn** (☎306-648-3182; Ecke Highway 43 & Highway 58; DZ ab 70 C$; ❄📶) gepflegte kleine Motelzimmer. Es liegt an der östlichen Zubringerstraße.

Swift Current

Im Januar 2014 feierte Swift Current sein hundertjähriges Stadtjubiläum (zuvor hatte es nur Dorfstatus). Für Reisende bildet die kleine Stadt am Highway 1 eine wahre Oase – ihr großer Vorteil. Vom Highway bis zum Stadtzentrum sind es gerade mal 3 km. Der Weg ist gut ausgeschildert.

Sehenswertes

Mennonite Heritage Village MUSEUM

(☎306-773-7685; www.mennoniteheritagevillage.ca; 17th Ave SE; ⊙Juli–Sept. Fr–So 14–19 Uhr) Das denkmalgeschützte Dorf aus dem 19. Jh. führt Besuchern eine Lebensweise vor Augen, die den meisten unbekannt ist. In der Gegend gibt es zahlreiche Mennoniten- und Hutterer-Gemeinden. Jedes Jahr im August findet ein großes Wassermelonen-Fest statt.

Swift Current Museum and Visitors Centre MUSEUM

(☎306-778-9174; www.tourismswiftcurrent.ca; 44 Robert St W; ⊙Mo–Fr 9–16 Uhr) GRATIS Ein Sprung in das hübsche kleine Museum im Besucherzentrum von Swift Current lohnt sich. Besonders sehenswert ist die Nachbildung eines wuchtigen, wolligen Bisons.

Schlafen & Essen

Auf der Fahrt in den Grasslands National Park oder den Cypress Hills Interprovincial in Swift Current einen Zwischenstopp einzulegen, tut gut. Highway-Motels gibt es hier im Überfluss.

Home Inn & Suites MOTEL $$

(☎306-778-7788; www.homeinnswiftcurrent.ca; 1411 Battleford Trail E; Suite mit Frühstück ab 159 C$) Die modern und geschmackvoll ein-

ABSEITS DER ÜBLICHEN PFADE

VAL MARIE & GRASSLANDS NATIONAL PARK

Südlich von Swift Current liegt Val Marie, ein liebenswertes Dörfchen und der Eingang zum **Grasslands National Park** (www.parkscanada.ca/grasslands; Eintritt frei, einfacher Zeltplatz 16 C$). Einsamkeit und Schönheit prägen die Landschaft des Parks. Baumlose Hügel scheinen den endlosen Horizont zu berühren. Der Highway 4 Richtung Süden führt direkt nach Val Marie. Bis Cadillac, wo der Highway 4 den Highway 13 kreuzt, ist die Straße gut, doch ab hier wird sie rapide schlechter. Das bedeutet: Für die Fahrt in den Park ist ein Fahrzeug mit Allradantrieb zwingend nötig.

Das **Visitor Center** (☎306-298-2257; Hwy 4 & Centre St, Val Marie; ⊙8–16 Uhr) ist eine wichtige Beratungsstelle. Besucher erfahren hier, wo sie campen dürfen und wie sie am besten die ganze Schönheit des majestätischen Parks erleben können. Eine Erkundungstour muss von der Ausrüstung bis zum Proviant sehr gut vorbereitet werden. Der Park ist eine isolierte, baumlose Wildnis, in der sich sogar die Begegnung mit einer Klapperschlange nicht ausschließen lässt. Um eine Herde der im Park lebenden Bisons zu entdecken, braucht man etwas Glück.

Campen unter primitivsten Verhältnissen gefällt nicht jedem. Eine weitaus komfortablere Alternative bietet das **Convent** (☎306-298-4515; www.convent.ca; Hwy 4; Zi mit Frühstück ab 69 C$), ein umgebautes ehemaliges Internat. In dem 1935 errichteten Gebäude mit klassischem Mauerwerk warten wunderschöne restaurierte Zimmer mit bequemen Betten und Gemeinschaftsbad. Holzfußböden und jede Menge Holzdesign finden sich im ganzen Haus. Es gibt sogar einen Beichtstuhl, in dem reuige Sünder Abbitte leisten können, allerdings ohne Pfarrer.

gerichteten Suiten mit großen Betten und Küchenzeile bieten viel Bewegungsfreiheit. Ein Schwimmbad mit Wasserrutsche und eine kleine Schönheitsfarm bringen von der Fahrt verspannte Muskeln schnell wieder auf Vordermann

★ **Russell Up Some Grub** IMBISS **$$**
(☎306-778-4782; 12A 1081 Central Ave N; Frühstück ab 8 C$, Burger ab 13,50 C$; ⏰Mo–Mi 7–15, Do & Fr 6–21, Sa 7–15 Uhr) Grund genug, um vom Highway runterzufahren, sind die mennonitischen Gerichte nach Hausfrauenart, die hier auf der Speisekarte stehen. Das reicht von Cheddar-Piroggen in *sausage gravy* (spezielle Wurstsauce) über *cranberry chicken* (Hühnerbrust in Cranberry-Sauce gegart) bis hin zu einer großen Auswahl an Sandwiches, Burgern und Salaten. Glutenfreie Gerichte, freundliches Personal und ein blitzsauberer, heller Speiseraum runden das Ganze ab.

Akropol Family Restaurant GRIECHISCH **$**
(☎306-773-5454; 133 Central Ave N; Hauptgerichte 9–17 C$; ⏰Mo–Sa 11 Uhr bis spätnachts) In dem freundlichen Restaurant kommen die Klassiker der griechischen Küche auf den Tisch, wie z. B. das weithin bekannte *Gyros, Calamari* und *Spanakopita* (eine Art Spinatstrudel). Bei warmem Wetter wird auch auf einer hübschen Terrasse serviert.

Miso House ASIATISCH **$**
(☎306-778-4411; 285 N Service Rd W; Hauptgerichte 6–18 C$; ⏰Di–So 11–22 Uhr) Gut gemacht! Miso House hat leckere Sushi, koreanische Köstlichkeiten und japanische Bentoboxen in diesen entlegenen Winkel der Prärie gebracht.

Ausgehen & Unterhaltung

Living Sky Casino KASINO
(☎306-778-5759; www.livingskycasino.ca; 1401 N Service Rd E; ⏰9–2 Uhr) Will jemand sein Reisebudget in die Luft puffen? In diesem Teenie-Kasino dürfte es gut klappen. Immerhin hat das Kasino auch ein kleines hübsches Restaurant. Manche Hotels geben ihren Gästen einen Gutschein für ein kostenloses Spiel, der zugleich zum Einlass berechtigt. Wie auch immer, den letzten Knopf sollte man tunlichst nicht verspielen.

Lyric Theatre THEATER
(☎306-773-6292; www.lyrictheatre.ca; 227 Central Ave N) Saskatchewans ältester Theaterbau feierte 2012 sein hundertjähriges Jubiläum. Er existierte also schon, bevor Swift Current 1914 die Stadtrechte erhielt. Nach einem Zwischenspiel als Kino und Nachtclub kamen die Renovierungsarbeiten in Gang, die dem Theater Zug um Zug seinen alten Glanz zurückgeben. Die noch immer andauernde Renovierung hindert den kleinen Laden nicht, rund ums Jahr Livemusik, Schauspielaufführungen und literarische Veranstaltungen in ausgezeichneter Qualität auf die Bühne zu bringen.

An- & Weiterreise

Rund 170 km vor der Grenze nach Alberta führt der Highway 1 direkt an Swift Current vorbei. **STC** (www.stcbus.com) bietet täglich eine Busverbindung nach Saskatoon (46 C$, 4 Std.).

Eastend

Weit abgelegen im Südwesten von Saskatchewan schmiegt sich die kleine Ortschaft Eastend in ein schmales Tal. Ältere Häuser säumen die wenigen Straßen dieses fast unheimlich stillen, aber dennoch charmanten Orts.

Berühmheit erlangte Eastend 1994, als in seiner Umgebung eines der vollständigsten Skelette eines Tyrannosaurus rex entdeckt wurde. Das **T-Rex Discovery Centre** (☎306-295-4009; www.trexcentre.ca; T-Rex Dr; Spenden erwünscht; ⏰10–18 Uhr) ist ein attraktives Forschungszentrum mit Ausstellungsräumen, das in einen Berghang gebaut wurde. Es werden zahlreiche unterschiedliche Führungen angeboten und die Besucher dürfen sogar nach Saurierknochen graben.

Fossilien und Saurierknochen zeigen auch die Ausstellungen im **Eastend Historical Museum and Visitor Information** (☎306-295-4144; www.dinocountry.com; Red Coat Dr; ⏰Mai–Okt. Mo–Fr 9–17 Uhr).

Cypress Hills Interprovincial Park

Mit faszinierenden Kontrasten überrascht der abgelegene **Interprovincial Park** (☎306-662-4411; www.cypresshills.com), der sich zu beiden Seiten der Grenze zwischen Saskatchewan und Alberta erstreckt. Er umfasst einen Landstrich, in dem die endlose Prärie in eine Hügellandschaft mit Zypressenwäldern und zahlreichen Seen übergeht. Elche und andere Hirscharten sowie eine vielfältige Vogelwelt tummeln sich in dieser fruchtbaren Oase. Jede dieser beiden konträren Landschaften hat ihren ganz eigenen Reiz. Es lohnt sich, beide zu erkunden, um das ganze Spektrum zu erleben. Am einfachsten gelingt das auf der Route über den Highway 1, der den Park durchquert. Die anderen Straßen im Inneren des Parks sind häufig unpassierbar und die Strecken, die von Alberta nach Saskatchewan führen, sind eine Schinderei.

Centre Block

Bei der Anreise von Osten her liegt der Eingang zu diesem Parkareal 37 km südlich des Highway 1 am Highway 21. Unterkunft für Camper bieten die **Cypress Hills Campgrounds** (☎Info 403-893-3833, Reservierung 877-537-2757; www.cypresshills.com; Zeltplatz 17–26 C$). Über den Parkabschnitt verteilt, gibt es zehn dieser beliebten Campingplätze mit insgesamt über 400 Zeltstellplätzen. An Wochenenden und Feiertagen sind sie alle rappelvoll. Das von einem dichten Kiefernwald umgebene **Resort at Cypress Hills** (☎306-662-4477; www.resortatcypresshills.ca; Maple Creek; DZ/Hütte ab 97/115 C$) lockt mit komfortablen Motelzimmern, preisgünstigen Hütten, einem Restaurant und einem abwechslungsreichen Aktivitätenprogramm.

Die freundlichen Frischluftfanatiker von **Cypress Hills Eco-Adventures** (☎306-662-4466; www.zipcypresshills.ca; Ben Nevis Dr, Maple Creek; geführte Touren ab 75 C$; ⏲10–18 Uhr) laden zu Abenteuern ein. Wer möchte an einer Seilrutsche durch die Baumkronen fliegen? Hier ist es möglich – dank der in ganz Saskatchewan einzigen Seilrutsche dieser Art. Zur Auswahl stehen zahlreiche weitere Aktivitäten, die den Adrenalinspiegel puschen, z. B. Slacklining (Balancieren auf einem dehnbaren Band), Felsklettern oder ein Bungeesprung aus der Baumkrone. Rechtzeitige Reservierung ist zu empfehlen.

Wer der Bald Butte Road folgt gelangt zum **Lookout Point** und **Bald Butt**. Das sind die höchsten Berge zwischen den Rocky Mountains und Labrador. Wahrhaft atemberaubend ist der Ausblick auf die Prärie, der Aufstieg eher nicht, es sei denn, jemand rennt aufgeregt im Eiltempo zum Gipfel.

Western Block & Cypress Hills

Wesentlich abgelegener als der Centre Block liegt der Western Block, der bis in die Cypress Hills von Alberta hineinreicht. Inmitten der Hügellandschaft findet sich hier die **Fort Walsh National Historic Site** (☎306-662-3590; www.parkscanada.ca/fortwalsh; Erw./Kind 10/5 C$; ⏲Juni–Sept. 9.30–17.30 Uhr). Der 1875 errichtete und nach acht Jahren wieder verlassene Außenposten der North West Mounted Police (NWMP) spielte eine kleine, aber nicht unbedeutende Rolle in der Geschichte des Westens. Nach der Schlacht am Little Bighorn (auch „Custers letzte Schlacht" genannt) kamen Häuptling Sitting Bull und 5000 seiner Anhänger in diese Gegend. Daraufhin verlegte die örtliche NWMP ihr Hauptquartier nach Fort Walsh und pflegte friedliche Beziehungen mit den Sioux, bis diese Kanada wieder verließen.

Campen im Western Block bedeutet: Zeltaufschlagen im stillen, tiefsten Hinterland – mit vorheriger Anmeldung im **Centre Block Visitors Centre** (☎306-662-5411; ⏲Mo–Fr 9–16 Uhr). Die Gap Road, die den Centre Block mit dem Western Block verbindet, wird von Kilometer zu Kilometer schlechter, bis selbst Allradfahrzeuge einige Mühe haben, voranzukommen. Eine Alternative ist der Zugang, der 50 km südlich des Highway 1 am Highway 271 liegt.

Besucher, die lieber mit etwas mehr Komfort die Schönheit und Stille des Western Block genießen möchten, fahren am besten über die Grenze zum **Elkwater Lake Lodge and Resort** (☎403-893-3811; www.elkwaterlakelodge.com; 401 4th St, Elkwater; DZ ab 125 C$; ❄📶🏊) in Alberta. An einem traumhaften See bietet die abgeschiedene Lodge eine Vielfalt an modernen Zimmern und Suiten, einige sogar mit Whirlpool und offenem Kamin. In allen Räumen werden Ausstattungsstil und Dekor der bewaldeten Umgebung gerecht. „Frische Luft, frische Ideen, frische Zutaten" lautet die Devise im **Bugler's Dining Room** (☎403-893-3033; www.elkwater lakelodge.com; Elkwater Lake Lodge, 401 4th St Elkwater; Hauptgerichte 12–32 C$; ⏲11–14 & 17–21 Uhr), was sich in seinen originellen, köstlichen Gerichten niederschlägt. Auf der Speisekarte stehen z. B. frittierte Pilze im Teigmantel mit *bacon dust* (kross gebratener, zerbröselter roher Schinken) und einer Sauce aus weißer Schokolade (verblüffend, aber gut) oder Kräuter-Brathähnchen mit Weißweinsauce. Und nicht zuletzt: Freundlicher als hier kann ein Service nicht sein.

Ein Genuss ist auch ein gemächlicher Spaziergang rund um den See oder in den umgebenden Park – in der Abenddämmerung kann man manchmal Elche beim Grasen beobachten. Außerhalb der Hauptsaison wird die Stille nur von zartem Vogelgesang und dem Geräusch der eigenen Schritte unterbrochen.

SASKATOON

222 200 EW.

Saskatoon, der Stolz der ganzen Provinz – das „Paris der Prärie" – steckt voller verborgener Schätze. Vielleicht zieht die Stadt so manch einen Besucher nicht auf den ersten Blick in ihren Bann. Ein Streifzug durch das Stadtzentrum und dessen benachbarte Viertel vermittelt jedoch schnell die reizvollen Seiten dieser überraschend weltoffenen Stadt. Der majestätische South Saskatchewan River windet sich durch die weitläufige Innenstadt und steigert Saskatoons eleganten Charme.

Viele Restaurants der Stadt folgen der altbewährten Tradition, beim Kochen den landwirtschaftlichen Produkten aus der Region den Vorzug zu geben. Auch mit einigen coolen Unterkünften, darunter eines der besten Boutiquehotels Kanadas, kann Saskatoon aufwarten. Grüne Parks und ausgedehnte Uferwege helfen, das Beste aus einem langen, sonnigen Sommertag zu machen. Eine stattliche Menge an Cafés und Kneipen laden dazu ein, bei einem kühlen Bier mit einigen der freundlichsten Menschen weit und breit gemütlich zu plaudern.

Gegründet wurde Saskatoon 1883 von der Temperance Colonization Society (einer Gesellschaft der gestrengen Abstinenzbewegung), die von Ontario hierherkam. Trotz des Vermächtnisses als Siedlung dieser – flapsig gesagt – Spaßbremsen wissen die Leute in der Stadt, wie sie „heißes Flair" in die kalten Wintertage und die kurzen Sommernächte bringen. Allein schon ihr stolzes Erbe an regionaler Rock- und Countrymusik sowie eine lebendige Livemusik-Szene heizt die Stimmung an.

Sehenswertes

Es führen mehrere hübsche Brücken über den Fluss, beispielsweise die klapprige **Victoria Bridge** von 1907 und die hoch aufragende **Canadian Pacific Railway Bridge** von 1908. Das Flussufer ist gesäumt von Rad- und Fußwegen, die reizvolle Parks im Zentrum miteinander verbinden, u. a. den **Kiwanis Memorial Park** und die **Riverfront at River Landing**.

★ Western Development Museum — MUSEUM

(WDM; ☎306-931-1910; www.wdm.ca; 2610 Lorne Ave S; Erw./Kind 9/2,50 C$; ⏲9–17 Uhr) Das Museum liegt rund 4 km vom Stadtzentrum entfernt. Die Zweigstelle des Western Development Museum in Saskatoon ist ein Vorzeigeprojekt dieser Institution. Kein Wunder, denn das Museum besteht aus einer riesigen Halle mit einer originalgetreuen Nachbildung der Boomtown Saskatoon des Jahres 1910. Die Besucher flanieren hier auf der längsten von Gebäuden gesäumten Straße, die jemals in einem überdachten Museum in Kanada rekonstruiert wurde. In den zahlreichen Häusern gibt es vieles zu bestaunen, z. B. eine Zahnarztpraxis, die aussieht, als stamme sie aus einem Horrorfilm, oder die Apotheke, in deren Wandregalen Hunderte von alten Medizinflaschen stehen. Sogar ein Gefängnis ist vorhanden. Auch ein Zug, Traktoren, Kutschen und Pferdeschlitten fehlen nicht.

★ Meewasin Valley — NATURSCHUTZGEBIET

Am Ufer des Abschnitts, in dem der South Saskatchewan River in einer breiten Schneise durch das Stadtzentrum fließt, bildet eine Senke das Meewasin Valley (Meewasin ist das Cree-Wort für hübsch). Große Bäume säumen hier das Flussufer und ein Teilstück des 60 km langen **Meewasin Trail** schlängelt sich vom Stadtzentrum durch Wälder und am Ufer entlang. An dem bei Spaziergängern, Wanderern und Radfahrern beliebten Weg liegen zahlreiche Picknickplätze. Weiter im Norden beherbergt die **Mendel Island** eine üppige Tier- und Pflanzenwelt.

Das **Meewasin Valley Centre** (☎306-665-6887; www.meewasin.com; 402 3rd Ave S; ⏲9–17 Uhr) GRATIS informiert über die Geschichte des Flusses und der Stadt, die auf gewisse Weise von ihm lebt. Das Zentrum organisiert auch geführte **Wandertouren** und bietet Infomaterial für Wanderer, die auf eigene Faust losziehen wollen.

Ukrainian Museum of Canada — MUSEUM

(☎306-244-3800; www.umc.sk.ca; 910 Spadina Cres E; Erw./Kind 5/3 C$; ⏲Di–Sa 10–17, So 13–17 Uhr) Dieses Museum beleuchtet die Immigrationsgeschichte der Ukrainer in Kanada. Mit Schwerpunkt auf traditioneller Kleidung und zeitgenössischer Kunst bietet es einen Einblick in die Welt der ukrainischen Kanadier. Im Souvenirladen kann man sich *pysanka* (bemalte Holzeier) kaufen.

Saskatoon

Saskatoon

Sehenswertes
1 Meewasin Valley Centre B3
2 Mendel Art Gallery D1
3 Ukrainian Museum of Canada C1

Aktivitäten, Kurse & Touren
4 Shearwater Boat Cruises D1

Schlafen
5 Delta Bessborough C2
6 Holiday Inn A1
7 Hotel Senator B2
8 Inn on College D2
9 James C2
10 Park Town Hotel C1
11 Radisson B3

Essen
12 2nd Ave Grill B2
Calories .... (siehe 25)
13 Christie's Il Secondo C4
14 Jake's on 21st B2
15 Red Pepper B2
16 Saskatoon Farmers Market A3
17 Taverna Italian B2
18 Truffles Bistro B2

Ausgehen
19 Diva's Nightclub B2
20 Hose and Hydrant C4
21 Hudsons Canadian Tap House B2
22 Spadina Freehouse B2
23 Yard & Flagon Pub C4

Unterhaltung
24 Amigo's Cantina C4
25 Broadway Theatre C4
26 Bud's C4
27 Lydia's Pub C4
28 Persephone Theatre A3
29 Saskatchewan Native Theatre Co A2
30 TCU Place A2

Mendel Art Gallery GALERIE

(☎306-975-7610; www.mendel.ca; 950 Spadina Cres E; ⏲9–21 Uhr) GRATIS Ein kurzer Spaziergang von der Innenstadt am Fluss entlang in nordöstlicher Richtung führt zu dieser vielbesuchten Galerie. In häufig wechselnden Ausstellungen werden vor allem einheimische Künstler vorgestellt – genau das Richtige nach einem Spaziergang am Fluss! Im Zengarten des Konservatoriums kann man die Seele baumeln lassen.

Saskatchewan Railway Museum MUSEUM

(☎306-382-9855; www.saskrailmuseum.org; 202 Ave M S; Erw./Kind 5/3 C$; ⏲Mai–Sept. 10–17 Uhr) Die Eisenbahn ebnete den Siedlern den Weg nach Saskatchewan und war eine wichtige Lebensader für den Getreidehandel. Das Museum zeigt, wie es einst war, als nicht Straßen, sondern Schienen die Verkehrsverbindungen innerhalb der Provinz beherrschten. Es liegt westlich vom Stadtzentrum. Dorthin geht es erst über den Highway 7, dann biegt man auf den Highway 60 ab und fährt 2 km Richtung Süden.

Saskatchewan Forest Park & Zoo ZOO

(☎306-975-3395; www.saskatoonzoosociety.ca; 1903 Forestry Farm Park Dr; Erw./Kind April–Okt. 10/6 C$, Nov.–März Eintritt frei; ⏲8–17 Uhr) Ungefähr 9 km vom Stadtzentrum entfernt liegt der hübsche kleine Zoo inmitten eines schattigen Picknickgeländes. Kinder haben hier viel Spaß. Bei den Zooinsassen handelt es sich überwiegend um Wildtiere, die verletzt oder verwaist gerettet wurden, oder stark gefährdete Tierarten. Zu sehen sind u. a. Grizzlybären, Alpakas, Wölfe, Pumas und Präriehunde.

Wanuskewin Heritage Park PARK

(☎306-931-6767; www.wanuskewin.com ; Penner Rd, abseits des Highway 11; Erw./Kind 5,50/3,50 C$; ⏲9–16.30 Uhr) Der Park erstreckt sich 17 km nördlich von Saskatoon am Flussufer. Er ist der 7000 Jahre alten Geschichte der Ureinwohner von Saskatchewan gewidmet. Wanuskewin (wah-nus-*kay*-win) bedeutet in der Sprache der Cree „den inneren Frieden suchen". Lehrpfade durchziehen die Hügel und Wiesen des 116 ha großen Geländes und führen auch zu 19 historischen Stätten. Ein heiliger, spiritueller Ort, das Opamihaw Valley, ist von der umgebenden Prärie aus nicht sichtbar. In den Sommermonaten finden hier nachmittags Aufführungen ritueller Tänze statt.

Geführte Touren

Shearwater Boat Cruises BOOTSTOUREN

(☎888-747-7572; www.shearwatertours.com; Spadina Cres E; Erw./Kind ab 18/12 C$; ⏲Mai–Sept.) Die Shearwater-Schiffe mit Aussichtsdeck kreuzen den ganzen Sommer über auf dem Fluss. Mit einem kühlen Drink von der Schiffsbar in der Hand kann man die Brücken bewundern. Das Dock liegt hinter der Mendel Art Gallery.

Festivals & Events

Sasktel Saskatchewan Jazz Festival MUSIK

(☎800-638-1211; www.saskjazz.com; ⏲Ende Juni) Die Veranstaltungsorte des größten Festivals in Saskatchewan verteilen sich auf die ganze Stadt. Wer nach Jazzmusiker-Art ein *soul patch* (Unterlippenbärtchen) trägt, kann es hier gut zur Schau stellen.

Taste of Saskatchewan GASTRONOMIE

(☎306-975-3175; www.tasteofsaskatchewan.ca; Kiwanis Memorial Park; ⏲Mitte Juli) Mehr als eine Woche lang verkaufen über 30 Restaurants der Stadt kalorienreiche Gerichte in zahlreichen Varianten. Auftritte von Künstlern regen den Appetit an.

PotashCorp Fringe Theatre Festival THEATER

(☎306-664-2239; www.25thstreettheatre.org; Tickets ab 10 C$; ⏲Anfang Juli) Ob auf der Straße oder in Veranstaltungsräumen, bei den Akteuren stehen Auftritte mit Ecken, progressive Musik und avantgardistisches Theater auf dem Programm.

Shakespeare on the Saskatchewan THEATER

(☎306-652-9100; www.shakespeareonthesaskatchewan.com; Tickets ab 25 C$; ⏲Juli & Aug.) Großartige Open-Air-Aufführungen am Flussufer zeigen die besten Stücke des großen Dichters.

Saskatoon Ex KARNEVAL

(☎306-931-7149; www.saskatoonexhibition.ca; Erw./Kind ab 10 J. 15/11 C$; ⏲Mitte Aug.) Livemusik, Schweinerennen, Wettrennen sowie Fahrten mit Planwagen bringen ganz Saskatoon auf die Beine. Auch die Lust auf Zuckerwatte wächst.

Schlafen

Im Zentrum von Saskatoon gibt es einige ausgezeichnete Unterkünfte, die allerdings mehr kosten als in Orten anderer Landesteile. Auch ist die Anzahl der Budgetunterkünfte recht gering. Im Vergleich zur Innenstadt sind die Motels in der Nähe des Flughafens und des Highway 16 preisgünstiger.

Gordon Howe Campground CAMPINGPLATZ **$**
(☎306-975-3328; www.saskatoon.ca; 1640 Ave P S; Stellplatz für Zelt/Wohnmobil 20/31 C$; ⏲April–Okt.; @) Cool – der Campingplatz liegt nur 2 km südwestlich des Stadtzentrums. Bäume, die den 135 ziemlich großen Stellplätzen etwas Privatsphäre verleihen, sind genügend vorhanden.

Inn on College HOSTEL **$**
(☎306-665-9111; www.innoncollege.com; 1020 College Dr; ⏲EZ/DZ ab 60/70 C$) Ein so gutes Preis-Leistungs-Verhältnis wie bei diesem hostelähnlichen Anwesen ist in Saskatoon wohl kaum zu finden. In den sauberen, praktikabel eingerichteten Zimmern fühlt man sich ein bisschen wie beim Besuch bei Verwandten. Die Unterkunft liegt nahe dem östlichen Brückenkopf der University Bridge, einer Verbindungsbrücke zwischen den beiden Teilen des Stadtzentrums.

★ **Delta Bessborough** HOTEL **$$**
(☎800-268-1133, 306-244-5521; www.deltahotels.com; 601 Spadina Cres E; Zi ab 169 C$; ❄@📶🏊) Das in der großen Tradition der berühmten Canadian-Railway-Hotels stehende Bessborough erfüllt durchaus die Standards eines Schlosses. Architektonisch bildet es einen Blickfang in Saskatoons Skyline. Das moderne, in Pastelltönen gehaltene Ambiente seiner renovierten Innenräume harmoniert mit dem späten Art-déco-Stil seiner Architektur. Was Größe und Ausstattung betrifft, bieten die Zimmer und Suiten zahlreiche Varianten.

Hotel Senator HOTEL **$$**
(☎306-244-6141; www.hotelsenator.ca; 243 21st St E; EZ/DZ 115/136 C$; ❄@📶) In dem gut gepflegten, modernisierten Hotel (Baujahr 1908) knarrt noch das alte Holz, aber das Haus ist einfach cool. Einen Eindruck vom verschnörkelten Ambiente vergangener Tage vermittelt vor allem die Lobby. In dem Pub im Erdgeschoss lässt sich gut der Abend vertrödeln.

Park Town Hotel HOTEL **$$**
(☎306-244-5564; www.parktownhotel.com; 924 Spadina Cres. E; Zi ab 149 C$; ❄@📶🏊) Mit dem Park und dem Fluss vor der Haustür hat das frisch renovierte Hotel eine ausnehmend schöne Lage. Daher sind die Zimmer mit Ausblick auf den Fluss besonders zu empfehlen. Für eine Suite müssen die Gäste ziemlich tief in die Tasche greifen. Zum Hotel gehören auch ein hübsches, traditionelles Pub sowie ein Wein- und Spirituosenladen.

Holiday Inn HOTEL **$$**
(☎306-986-5000; www.holidayinn.com; 101 Pacific Ave; DZ ab 179 C$) Das neue Holiday Inn mitten im Stadtzentrum ist eines der Aushängeschilder der internationalen Hotelkette. In Saskatoons Hotelszene zählt es zu den Unterkünften, die sowohl von außen als auch drinnen einen guten Eindruck machen. Seine stylischen Zimmer sind hell und luftig. Mit einem Flügel und einem Billardtisch kann die tolle Penthouse-Suite aufwarten.

Radisson HOTEL **$$**
(☎306-665-3322; www.radisson.com; 405 20th St E; DZ ab 179 C$) Das aufpolierte, abgefahrene Hotel in Flussnähe krönt den Tag. Seine runderneuerten Zimmer sind mit besonders komfortablen Betten und einem Breitbildfernseher ausgestattet.

★ **James** BOUTIQUEHOTEL **$$$**
(☎306-244-6446; www.thejameshotel.ca; 620 Spadina Cres. E; DZ ab 259 C$) Im James, einem der schicksten Boutiquehotels in Kanada, beginnt der außergewöhnliche, aufmerksame Service schon bei der Begrüßung. Elegante klare Linien prägen das Ambiente der luxuriösen Zimmer mit Marmorbad und Balkon – sowie unglaublich guten Betten. Mit zu den Highlights zählt auch die stylische Cocktailbar. Alles in allem ist das James ein tolles Hotel. Ein Gourmetfrühstück und das Parken sind im Preis enthalten.

Essen

Außerhalb des Stadtzentrums findet man an der Broadway Avenue und in dem daran angrenzenden Stadtviertel Nutana die beste Auswahl an Restaurants, Pubs und Bars. Von der Innenstadt führt die hübsche, im Art-déco-Stil erbaute Broadway Bridge direkt auf die gleichnamige Straße.

Saskatoon Farmers Market MARKT **$**
(☎306-384-6262; www.saskatoonfarmersmarket.com; Ave B S Ecke 19th St W; ⏲Sa 8–14 Uhr) Auf dem Marktplatz in dem aufstrebenden River-Landing-Viertel steht eine kleine Markthalle mit Ständen. Sie hat rund ums Jahr täglich geöffnet. Der große Markt findet jedoch nur im Sommer samstags im Freien statt.

ABSTECHER

MEACHAM

In dem Dorf 70 km östlich von Saskatoon bilden Freigeister, facettenreiche Künstler und bodenständige Farmer eine harmonische, in sich ruhende Gemeinschaft. Meacham eignet sich wunderbar, um die stille goldfarbene Prärie mit allen Sinnen zu erfassen. Reizvoll sind die jeweils von einer Frau geführten Galerien **Harvest Moon** (☎306-376-4700; www.harvestmoonantiques.ca; 401 3rd Ave) und **Hand Wave** (☎306-376-2221; www.handwave.ca; 409 3rd Ave). Auf Anfrage können sich Besucher das kleine Museum ansehen. Meacham hat sogar ein eigenes professionelles Theater: das **Dancing Sky Theatre** (☎306-376-4445; www.dancingskytheatre.com; 201 Queen St), das seit 1997 volkstümliche kanadische Stücke aufführt. Ebenfalls vorhanden ist ein original Saskatchewaner Getreidespeicher. Von Saskatoon liegt das Dorf eine halbe Autostunde entfernt bzw. ist es auf der Fahrt nach Manitou Beach ein bequemer Abstecher.

Yip Hong's Dim Sum CHINESISCH $

(☎306-956-3375; 1501 8th St E; Dim Sum ab 4 C$; ⏲Mi–Mo 11.30–22 Uhr) Das Yip Hong's liegt zwar etwas abseits des Geschehens, doch in Saskatoon zählt es zu den besten Restaurants mit guten, preiswerten Dim Sum nach Hongkonger Art und Gerichten der Szechuan-Küche. Sein Ambiente macht nicht viel her, aber es geht ja in erster Linie um das Essen und nicht um das Dekor.

Jake's on 21st CAFÉ $

(☎306-373-8383; www.jakeson21st.ca; 307 21st St E; kleine Gerichte ab 9 C$; ⏲Mo–Fr 8–17 Uhr; 📶) Hier locken eine hippe Atmosphäre, ausgezeichneter Kaffee, leckere Backwaren, eine große Auswahl an Sandwiches, Suppen und kleine Gerichte wie Rosmarin-Pilze oder Rindfleisch-Brokkoli-Auflauf mit Cheddar überbacken. Das tägliche Mittagessen ist zu Recht sehr beliebt.

Park Cafe CAFÉ $

(☎306-652-6781; www.parkcafe.ca; 515 20th St W; Hauptgerichte 8–14 C$; ⏲8–16 Uhr) Mit seinen legendären Frühstücksplatten ist das schlichte Café ideal, um sich vor einem Ausflug zu stärken. Die *hash browns* (eine Art Rösti) sind ein Kunstwerk.

Red Pepper ASIATISCH, FUSION $

(☎306-477-1977; 145 3rd Ave S; Hauptgerichte ab 9 C$; ⏲Mo–Sa 11–21 Uhr) Das Zischen des heißen Wok konkurriert hier mit dem Geplapper der Stammkunden. Gerichte sämtlicher Länderküchen Asiens sind auf der Speisekarte vertreten und werden auf uralten Tellern serviert.

Taverna Italian ITALIENISCH $$

(☎306-652-6366; 291 21st St E; Hauptgerichte ab 12 C$; ⏲Mo–Fr 11–22, Sa & So 17–22 Uhr) Was mal gut genug für die amerikanische Starmoderatorin Oprah Winfrey war, ist immer noch gut für jedermann. Darauf setzen die Besitzer des 1969 eröffneten „Italieners" im Stadtzentrum. Fans von traditionellen Gerichten der herzhaften italienischen Küche kommen hier auf ihre Kosten.

2nd Ave Grill KANADISCH $$

(☎306-244-9899; www.2ndavegrill.com; 123 2nd Ave S; Hauptgerichte 12–36 C$; ⏲Mo–Sa 11.30–22 Uhr) Auf der umfangreichen Speisekarte des dunklen, fast clubähnlichen Restaurants stehen Steaks, Burger, Pasta, Salate und noch so einiges andere. Irgendwelche Überraschungen fehlen, was in dem Fall ein Kompliment ist. Die Bar ist als Feierabendtreffpunkt sehr beliebt.

Christie's Il Secondo BÄCKEREI $$

(☎306-384-0509; 802C Broadway Ave; Pizza ab 15 C$; ⏲Di–Do 8–17, Fr & Sa 9–21 Uhr) In Saskatoon ist die 1932 gegründete Bäckerei eine altbewährte Institution. So gehen auch in der neuen Filiale auf der Broadway Avenue die Waren weg wie warme Semmeln, angefangen von den frischen Pizzas über die täglich backfrischen Brotspezialitäten bis hin zu den köstlichen, auf italienische Art belegten Sandwiches.

★ **Calories** KANADISCH $$$

(☎306-665-7991; www.caloriesrestaurants.com; 721 Broadway Ave; Hauptgerichte abends 24–32 C$; ⏲Mo–Do 11–22, Fr & Sa 10–23, So 10–16 Uhr) Ungefähr alle sechs Wochen wechselt die Speisekarte in dem erstklassigen, wenn auch eher zweckmäßig eingerichteten Res-taurant. Seine innovative Küche hält mit Stolz das Versprechen, Bioprodukte aus der regionalen Landwirtschaft zu verwenden. Ein reichhaltiges Brunchbuffet und eine Theke mit Desserts, bei denen einem das Wasser im Mund zusammenläuft, füllen zu jeder Tageszeit den Magen auf schmackhafte Weise. Hinzukommt eine umfangreiche Weinkarte.

★ Truffles Bistro FRANZÖSISCH $$$
(☎306-373-7779; www.trufflesbistro.ca; 230 21st St E; Hauptgerichte abends 24–29 C$; ⌚Mo–Sa 11.30–14.30 & 17 Uhr bis spätnachts, So 10–14 Uhr) Weiche Jazztöne unterstreichen das klassische Ambiente des Bistros. Seine innovative Küche bietet einfache, aber köstlich schmeckende Gerichte, die wunderschön angerichtet auf den Tisch kommen, wie z. B. *steak frites* (Steak mit Pommes), Schweinefilet oder Forellen aus dem Lake Diefenbaker (einem See in der Umgebung von Saskatoon). Edle Weine runden den Genuss ab.

Ausgehen & Nachtleben

Für Nachtschwärmer ist die Broadway Avenue im Stadtviertel Nutana die angesagte Vergnügungsmeile.

Yard & Flagon Pub PUB
(☎306-653-8883; ⌚11.30–23 Uhr) Hier heißt es: Unbedingt rauf auf die Dachterrasse und den Ausblick auf das historische Stadtviertel Nutana genießen. Das Ambiente in den Innenräumen des Pubs lässt das Gefühl aufkommen, in der guten alten Zeit zu sein.

Spadina Freehouse PUB
(☎306-668-1000; www.thefreehouse.com/spadina; 608 Spadina Cres. E; ⌚Mo–Sa 11–24 Uhr) Livemusik von Soul bis Rock und eine gute Auswahl an Bieren sprechen für das Pub. Weitaus weniger anziehend wirkt allerdings der Anblick von außen. Doch wer im Sommer auf der Terrasse vor dem Haus sitzt, hat die architektonischen Sünden im Rücken und vergisst sie schnell.

Hudsons Canadian Tap Hous PUB
(☎306-974-0944; www.hudsonstaphouse.com; 401 21st St E; ⌚11–2 Uhr) Die neue Filiale einer zunehmend beliebteren westkanadischen Restaurantkette hat Saskatoons Stadtzentrum bereichert. Dunkles Holz verleiht den Innenräumen eine angenehme Atmosphäre. Sehen und gesehen werden ermöglicht die Terrasse an der Straßenseite des Hauses.

Hose and Hydrant PUB
(☎306-477-3473; www.hoseandhydrant.com; 612 11th St E; ⌚11.30–23 Uhr) Wer noch nie in einer zum Pub umgebauten Feuerwehrwache war, kann das jetzt nachholen. Heiß geht es hier auf jeden Fall zu. Vorhanden sind auch zwei große Terrassen mit Ausblick auf eine hübsche Nebenstraße.

Diva's Nightclub SCHWULENCLUB
(☎306-665-0100; www.divasclub.ca; 220 3rd Ave S; ⌚Mi–So 20 Uhr bis spätnachts) Egal ob schwul oder hetero, in diesem coolen Club muss sich niemand wie eine Diva aufführen, um Spaß zu haben – aber es hilft. Heteros sind herzlich willkommen.

Tequila CLUB
(☎306-668-2582; www.tequilanightclub.ca; 1201 Alberta Ave; ⌚Mi–Sa 21 Uhr bis spätnachts) Ins Tequila kommen hauptsächlich über 20-Jährige, um den gleichnamigen Schnaps zu trinken und die Nacht bei flotter Musik durchzutanzen.

Unterhaltung & Livemusik

Amigo's Cantina LIVEMUSIK
(☎306-652-4912; www.amigoscantina.com; 632 10th St E; ⌚11.30 Uhr bis spätnachts) Livemusik, mexikanische Kost und kaltes Bier in zahlreichen Sorten halten die Gäste rund um die Woche in Schwung.

Lydia's Pub LIVEMUSIK
(☎306-652-8595; 650 Broadway Ave; ⌚11.30 Uhr bis spätnachts) Die zünftige Kneipe an der Broadway Avenue ist ein beliebter Szenetreff mit viel Halligalli. Unter den 15 Biersorten vom Fass und den 40 verschiedenen Flaschenbieren findet wahrscheinlich jeder eine Sorte, die er mag.

Bud's LIVEMUSIK
(☎306-244-4155; 817 Broadway Ave; ⌚11.30 Uhr bis spätnachts) Klassischer Blues und der gute alte Rock 'n' Roll sind die Standardsounds in dieser Location mit Cowboy-Flair.

Credit Union Centre KONZERTHALLE
(CUC☎306-975-3155; www.creditunioncentre.com ; 3535 Thatcher Ave) Das CUC ist Saskatoons Hauptveranstaltungsort für Konzerte namhafter Künstler. Es liegt 12,5 km nördlich des Stadtzentrums.

Theater & Kino

Persephone Theatre THEATER
(☎306-384-7727; www.persephonetheatre.org; 100 Spadina Cres. E; Kartenpreise je nach Veranstaltung unterschiedlich) Das altbewährte Spitzentheater ist stolz auf seine neue Spielstätte im Remai Arts Centre im River-Landing-Viertel. Komödien, Dramen und Musicals gehören zum festen Repertoire.

Broadway Theatre KINO
(☎306-652-6556; www.broadwaytheatre.ca; 715 Broadway Ave; Erw./Kind 10/5 C$) Das historische Kino im Stadtviertel Nutana zeigt kultige Filmklassiker und Kunstfilme. Gelegentlich finden hier auch Liveauftritte einheimischer Künstler statt.

Saskatchewan Native Theatre Co THEATER
(☎306-933-2262; www.sntc.ca; 914 20th St W; ⊙Feb.–Juni) Von kanadischen Ureinwohnern abstammende Künstler bringen hier zeitgenössische Theaterstücke auf die Bühne. Sowohl in Komödien als auch in Dramen werden kulturelle Aspekte thematisiert.

TCU Plac THEATER
(☎306-975-7777; www.tcuplace.com; 35 22nd St E) Rund ums Jahr finden vielfältige Konzerte, Lesungen und Tanzaufführungen statt. Auch das **Saskatoon Symphony** (☎306-665-6414; www.saskatoonsymphony.org; Karten 15–55 C$) spielt hier regelmäßig.

Sport

Saskatoon Blades EISHOCKEY
(☎306-975-8844; www.saskatoonblades.com; Credit Union Centre; ⊙Sep.–März) Schnell, rau und gerissen – so spielt dieses WHL-Team Eishockey.

Praktische Informationen

Frances Morrison Library (☎306-975-7558; www.saskatoonlibrary.ca; 311 23rd St E; ⊙Mo–Do 10–21 Uhr, Fr & Sa 10–18 Uhr; 📶) Kostenloser Internetzugang.

Hauptpost (☎800-267-1177; www.canadapost.ca; 215 Ontario Ave; ⊙Mo–Fr 8–17 Uhr)

Planet S (www.planetsmag.com) Respektlose, kostenlose Zeitung mit gutem Veranstaltungskalender; erscheint alle zwei Wochen.

Saskatoon City Hospital (☎306-655-8000; 701 Queen St; ⊙24 Std.)

Tourism Saskatoon (☎306-242-1206, 800-567-2444; www.tourismsaskatoon.com; 202 4th Ave N; ⊙Mo–Fr 8.30–17 Uhr) Das beste und freundlichste Besucherzentrum in der weiten Prärie.

An- & Weiterreis

Der **John G Diefenbaker International Airport** (☎306-975-8900; www.yxe.ca; 2625 Airport Dr) liegt 5 km nordöstlich der Stadt abseits des Idylwyld Drive und Highway 16. WestJet und Air Canada bieten Flüge zu den wichtigen kanadischen Städten sowie zu einigen wenigen Städten in den USA. Wer gleich am Flughafen einen Mietwagen benötigt, wird bei **Enterprise** (www.enterpriserentacar.ca) freundlich bedient.

STC (www.stcbus.com) deckt vom **Busbahnhof** (☎306-933-8000; 50 23rd St E) aus die Provinz weitgehend ab. Jeden Tag fahren Busse Richtung Süden nach Regina (44 C$, 3 Std., 3-mal tgl.) und gen Norden nach Prince Albert (27 C$, 2 Std., 3-mal tgl.). Die Busse von **Greyhound Canada** (www.greyhound.ca) verbinden Saskatoon mit Winnipeg (134 C$, 12 Std., 2-mal tgl.), Calgary (79 C$, 8 Std., 1-mal tgl.) und Edmonton (79 C$, 7 Std., 3-mal tgl.).

Im Gegensatz zu vergangenen Zeiten steuern nur noch wenige Personenzüge Saskatoons **Bahnhof** (Chappell Dr) an, seit die Regionalzüge des Personenverkehrs stillgelegt wurden. Ein überregionaler Fernzug, der *Canadian* der VIA Rail fährt dreimal wöchentlich ungefähr um Mitternacht Richtung Westen und morgens gen Osten. Der Bahnhof liegt 8 km vom Stadtzentrum entfernt.

Unterwegs vor Ort

Das Taxi zum Flughafen kostet 15 bis 20 C$. Am Bahnhof gibt es eine telefonische Direktverbindung zu **Blueline Taxi** (☎306-653-3333; www.unitedgroup.ca); die Fahrt in die Innenstadt kostet 20 C$.

Die Linien der **Stadtbusse** (☎360-975-7500; www.saskatoon.ca; Erw./Kind 2,75/1,65 C$) halten alle auch an dem Busknotenpunkt an der 23rd St E (zwischen 2nd Avenue und 3rd Avenue N).

Fahrräder verleihen **Bike Doctor** (☎306-664-8555; www.bikedoctor.ca; 623 Main St; pro Tag ab 25 C$) und **Saskatoon Bicycle Rentals** (☎306-270-9985; www.saskatoonbicyclerentals.com; Ecke Ave A & Sonnenschein Way; pro Std. ab 10 C$).

ÖSTLICHES SASKATCHEWAN

Yorkton

In seiner großen Zweigstelle des **Western Development Museum** (WDM; ☎306-783-8361; www.wdm.ca; Highway 16 W; Erw./Kind 6,50/2,50 C$; ⊙Mo–Fr 9–17, Sa & So 12–17 Uhr) würdigt Yorkton (www.tourismyorkton.com) seine kraftvollen Wurzeln. Genauer gesagt: die Leistung seiner Einwohner, die hauptsächlich aus der Ukraine und anderen Teilen Osteuropas stammen. Drinnen und draußen erzählen Schaukästen die Geschichte der Siedler, die insgesamt aus über 50 Ländern hierher kamen und der rauen Landschaft eine Existenz abrangen.

ABSTECHER

STRANDLEBEN IN DER PRÄRIE

Regina Beach

In dem idyllischen Ort spielen im Sommer Kinder am Last Mountain Lake und Picknickfans genießen den schattigen Park am See. **Das Blue Bird Cafe** (☎306-729-2385; 108 Centre St; Hauptgerichte ab 7 C$; ⊙Mai–Sept. 10–20 Uhr) mit seinen Holzböden und knarrenden Fliegengittertüren stammt aus der guten alten Zeit. Die Fish and Chips sind hier legendär: knuspriger, luftig-leichter Teig umhüllt zarten weißen Fisch. Wer danach noch ein Eis verspeist, fühlt sich wohlig satt.

Manitou Beach

Ähnlich wie das Tote Meer hat das Wasser des **Manitou Lake** (www.watrousmanitou.com) nahe der Ortschaft Watrous einen hohen Gehalt an Mineralien und Salz. Ein Bad in diesem angeblichen Heilwasser lässt sich im **Manitou Springs Resort & Mineral Spa** (☎800-667-7672, 306-946-2233; www.manitousprings.ca; Ecke Lake Ave & Watrous St; pro Bad 11 C$, Zi ab 120 C$) genießen. Auf jeden Fall lohnt sich ein Besuch im benachbarten **Danceland** (☎306-946-2743; www.danceland.ca; 511 Lake Ave; ⊙Mai–Okt.), einer erstaunlichen Tanzhalle, die beharrlich dem Strudel der Zeit standhält. Die Einheimischen schwangen hier schon vor über 80 Jahren das Tanzbein und erzählen, dass Elvis, Buddy Holly, Glen Miller und Duke Ellington in ihren Glanzzeiten im Danceland auftraten.

Das Deckengemälde in der 16 m hohen Kuppel der **St. Mary's Ukrainian Catholic Church** (☎306-783-4549; 155 Catherine St) ist ein atemberaubendes Kunstwerk. Es wurde zwischen 1939 und 1941 von Stephen Meush gemalt.

Kanadische Filmemacher und -produzenten wetteifern auf dem renommierten **Yorkton Film Festival** (☎306-782-7077; www.goldensheafawards.com; ⊙Ende Mai) um Kanadas Golden Sheaf Awards.

Veregin

Lange Zeit lebte in Russland eine Gemeinschaft, die sich Duchoborzen nannte, einigermaßen unbehelligt. Vor gut einem Jahrhundert führten ihre pazifistische Einstellung und ihre Opposition zur orthodoxen Kirche jedoch zu massiven Unterdrückungsmaßnahmen. Daher wanderten 1899 rund 7500 Duchoborzen nach Kanada aus – mithilfe eines Wohltäters: Leo Tolstoi, der Autor von *Krieg und Frieden*.

Die ganze Geschichte der Duchoborzen (engl. *doukhobor*) erfährt man im **National Doukhobor Heritage Village** (☎306-542-4441; www.ndhv.ca; Highway 5; Erw./Kind 5/1 C$; ⊙Mai–Sept. 10–18 Uhr). Das Dorf ist lebendiges Relikt des Lebens in der Provinz im frühen 19. Jh. Vor der Kulisse historischer Getreidespeicher stehen mehrere Gebäude, die im Stil der damaligen Zeit eingerichtet und für die Öffentlichkeit zugänglich sind. Mit etwas Glück, können Besucher zusehen, wie frisches Brot gebacken wird.

Veregin liegt ungefähr 70 km nordöstlich von Yorkton.

NÖRDLICHES SASKATCHEWAN

Nördlich von Saskatoon führen alle Autostraßen Richtung Norden und die Landschaft ändert sich gravierend. Die weiten Weizenfelder des Südens werden von rauen borealen Nadelwäldern und unzähligen Seen abgelöst. Auch die Kultur schlägt eine etwas härtere Gangart ein, denn der unabhängige Geist, der dieser harschen Landschaft das Leben abtrotzte, brodelt hier noch immer direkt unter der Oberfläche.

Die Battlefords

Eine Brücke über den North Saskatchewan River, verbindet Battleford und North Battleford (www.battlefordstourism.com). Auf den ersten Blick wirkt es, als hätte man die beiden kleinen Städte – kurz die Battlefords genannt – seit ihrer Gründung vor mehr als 100 Jahren nur wenig ausgebaut. Damals nahmen hier die ersten Siedler ihren harten Existenzkampf in der Prärie auf.

Die nachgebaute Stadt auf dem Gelände der North-Battleford-Zweigstelle des **Wes-**

tern Development Museum (WDM; ☎306-445-8083; www.wdm.ca; Kreuzung Highway 16 & Highway 40; Erw./Kind 9/2,50 C$; ⏰tgl. 9–17 Uhr, Museumsstadt im Freien Okt.–Mai geschl.) vermittelt einen Einblick in die mühevolle Arbeit der Pioniere, Prärie in Ackerland umzuwandeln. Wer durch die mit Holzplanken befestigten Straßen und die erhaltenen Häuser streift, kann sich gut vorstellen, wie hart das Leben hier gewesen ist. In der **Fort Battleford National Historic Site** (☎306-937-2621; www.parkscanada.ca/battleford; Erw./Kind 4/2 C$; ⏰Mai–Sept.) bringen kostümierte Führer und **Kanonenschüsse** Leben in das 1876 erbaute NWMP-Fort (Fort der legendären North-West Mounted Police).

Kunstliebhaber werden von der **Allen Sapp Gallery** (☎306-445-1760; www.allensapp.com; 1 Railway Ave; Spenden erwünscht; ⏰11–17 Uhr) begeistert sein. Sapp, ein kanadischer Cree, spiegelt in seinen Bildern das Erbe seiner Vorfahren wider. Sein Werk umfasst eine atemberaubende Mixtur aus Landschaften und Porträts.

Die Battlefords liegen 140 km nordwestlich von Saskatoon am Yellowhead Highway (Highway 16) und verfügen über zahlreiche Motels und Campingplätze.

Prince Albert National Park

In der Stadt **Prince Albert** mit ihrem nicht gerade schönen, aber geschichtsträchtigen Zentrum aus roten Backsteinhäusern am Flussufer rüsten sich viele Besucher für ihre Tour weiter in den Norden aus. Wer diesen ehemaligen Pelzhandelsposten und bereits seit 1776 besiedelten Ort erkunden möchte, findet im **Tourism and Convention Bureau** (☎306-953-4385; www.princealberttourism.com; 3700 2nd Ave W; ⏰9–17 Uhr) gutes Informationsmaterial.

Ungefähr 90 km nördlich der Stadt erstreckt sich der **Prince Albert National Park** (☎306-663-4522; www.parkscanada.ca/princealbert; Erw./Kind C$8/4) und bildet ein wahres Juwel in der Wildnis. Anfangs wirkt es, als nähme hier die weite Prärie niemals ein Ende. Doch dann tauchen plötzlich Bäume auf, die den ausgedehnten borealen Nadelwald ankündigen. Mit seinen großen unerschlossenen Landflächen, den unberührten Seen und Flüssen bringt der Nationalpark das Wilde in die Wildnis zurück. Zu Fuß oder mit dem Kanu lassen sich hier spannende Erkundungstouren unternehmen, während die Strände an See- und Flussufern zum Entspannen einladen. Die 20 km lange Wanderung zur **Grey Owl's Cabin** ist ein unvergessliches Erlebnis.

Innerhalb des Parks bildet der malerische Außenposten **Waskesiu** den Ausgangspunkt für Erkundungstouren. Bei der Suche nach einer Unterkunft im Park helfen die **Chamber of Commerce** (☎306-663-5410; www.waskesiulake.ca; 35 Montreal Dr; ⏰ Mai–Sept. 9–17 Uhr) und das **Visitor Center** (☎306-

NICHT VERSÄUMEN

BATOCHE NATIONAL HISTORIC SITE

Als die Métis 1885 unter der Führung von Louis Riel ihr Land gegen kanadische Truppen verteidigten, brach regelrecht ein Bürgerkrieg aus. Nachdem die Métis – die Nachkommen französischer Pelzhändler und indianischer Mütter – Mitte der 1880er-Jahre aus Manitoba vertrieben wurden, hatten sich viele von ihnen in Batoche angesiedelt. Enttäuscht von den ständigen Vertragsbrüchen der Regierung erklärten die Métis und ein Teil der Cree ihre Unabhängigkeit von Kanada. Daraufhin rückten umgehend Truppen unter der Führung von Major General Frederick Middleton an. Obwohl die Métis mit 200 Mann zahlenmäßig den 800 Soldaten unterlegen waren, kämpften sie vier Tage lang und hätten fast gesiegt. Doch Riel wurde gefangen genommen und später wegen Hochverrats gehängt.

Danach ging es mit der einst florierenden Gemeinde in Batoche rapide bergab. Innerhalb weniger Jahre blieb von der Siedlung fast nichts mehr übrig, bis auf die Kirche, die heute noch zu sehen ist. Die besuchenswerte **historische Stätte** (☎306-423-6227; www.parkscanada.ca/batoche; Rte 225; Erw./Kind 8/4 C$; ⏰Mai–Sept. 9–17 Uhr), an der sich das Präriegras still im Wind wiegt, regt an, über die aufwühlenden Ereignisse von 1885 nachzudenken.

Batoche liegt 70 km nördlich von Saskatoon östlich des Highway 11.

663-4522; 969 Lakeview Dr; ⌚Mai–Sept. 8–20 Uhr). Zu den zahlreichen Campingplätzen im Park zählt das bewaldete Camp **Beaver Glen**. Außerhalb der Westgrenze des Parks liegt die **Sturgeon River Ranch** (☎306-469-2356; www.sturgeonriverranch.com; Big River; Campingausflüge ab 500 C$). Naturverbundenheit und die angebotenen Reitausflüge (ab 100 C$ pro Pers.) in die Wildnis haben zu ihrem guten Ruf beigetragen.

Ein wenig mehr Luxus bietet das weitläufige **Elk Ridge Resort** (☎306-663-4653; www.elkridgeresort.com; Highway 264; DZ ab 139 C$), das zu Saskatchewans neuesten Ferienanlagen zählt. Mit Jurten als Unterkünfte lockt das reizvolle **Flora Bora Forest Lodging** (☎877-763-5672; www.florabora.ca; Highway 263; Jurte ab 164 C$) zwischen dem Emma Lake und dem Christopher Lake.

Waskesiu Marina (☎306-663-1999; www.waskesiumarina.com; Kajak ab 17 C$ pro Std.) verleiht Kanus, Kajaks und Motorboote. **Canoeski Discovery** (☎306-653-5693; www.canoeski.com) organisiert mehrtägige Paddelausflüge (ausführliche Informationen auf der Website).

La Ronge & der hohe Norden

La Ronge ist der südliche Knotenpunkt im hohen Norden der Provinz und die letzte Versorgungsstation, bevor es weiter in die Wildnis geht. Bei Anglern, Jägern und Trekkingfreunden ist die raue, schlichte Kleinstadt beliebt.

Ob Bärenfalle, Wolfspelz oder eine Dose Baked Beans, in **Robertson's Trading Post** (☎306-425-2080; 308 La Ronge Ave; ⌚Mo–Sa 8–17 Uhr) wird man fündig. In dem Laden gibt es so gut wie alles, was Einheimische und Reisende in der Gegend häufig benötigen, aber auch Dinge, die eigentlich niemand braucht. Der **Lac La Ronge Provincial Park** (☎800-772-4064, 306-425-4234; Hwy 2; ⌚Mai–Sept.) erstreckt sich rund um den Lac La Ronge. Der riesige See mit seinen zahlreichen Inseln eignet sich ausgezeichnet zum Angeln und Kanufahren oder auch für Wanderungen zwischen knorrigen Kiefern. Neben sechs ganzjährig geöffneten Campingplätzen bietet der Park unzählige Möglichkeiten zum wilden Campen. Wer ausgedehnte Erkundungstouren durch den Park unternehmen möchte, sollte sich vorher im **Visitors Information Centre** (☎306-425-3055; www.townoflaronge.ca; 207 La Ronge Ave; ⌚8–20 Uhr) melden und genau informieren.

Transwest Air (www.transwestair.com) bietet Charterflüge in Wasserflugzeugen zu nördlich von La Ronge gelegenen Orten. Ein Bus der **STC** (www.stcbus.com) fährt täglich nach Prince Albert (50 C$, 3 Std.) und anschließend weiter nach Saskatoon (71 C$, 6½ Std.).

Fast die Hälfte von Saskatchewan liegt nördlich des abgeschiedenen Städtchens La Ronge – was so manchen verblüfft. Doch hier beginnt tatsächlich ein weites *frontier territory* (Grenzland), während die befestigte Straße endet. Wer extreme Abgeschiedenheit nicht scheut und sich mit der passenden Ausrüstung ausstattet, ist in der Region genau richtig. Eine gut zwölfstündige Autorfahrt von La Ronge Richtung Norden führt zu winzigen Ortschaften wie **Southend** und dann vorbei an dem riesigen **Reindeer Lake** bis zu dem Abschnitt bei **Stony Rapids**, der nur im Winter über eine Eisstraße passierbar ist. Bei dieser Tour lautet das Schlüsselwort: Selbstversorgung in jeder Hinsicht. Dazu gehören neben der angemessenen Ausrüstung (Bekleidung, Zelt usw.) ein geeignetes Fahrzeug, das man gut beherrscht (auch bei einer Panne), sowie ein großzügig bemessener Vorrat an Sprit und Proviant – und als oberstes Gebot: immer die gebotene Vorsicht walten lassen.

Alberta

Inhalt ➡

Gut essen

- Da-De-O (S. 649)
- Model Milk (S. 665)
- Bison Restaurant & Terrace (S. 685)
- Other Paw (S. 698)

Schön übernachten

- Fairmont Banff Springs (S. 683)
- Metterra Hotel on Whyte (S. 645)
- Park Place Inn (S. 697)
- Hotel Alma (S. 662)

Auf nach Alberta!

In Alberta gibt es unglaublich viele Seen und Berge. Im Westen liegen Jasper und Banff, zwei der ältesten Nationalparks der Welt, die trotz ihres wilden und rauen Terrains gut erschlossen und einfach zu erkunden sind. Ein Muss sind der Lake Louise und das Columbia Icefield. Und keiner sollte das Land verlassen, bevor er nicht nach Osten zu den Dinosaurierspuren in den Badlands um Drumheller, nach Süden zum Crypt Lake Trail im Waterton Lakes National Park und zu den Bisons in den weiten, leeren Nationalparks des Nordens gereist ist. Die Städte in Alberta sind dagegen nicht besonders interessant. Man begnet durchaus noch Menschen, die älter sind als die Innenstädte von Calgary und Edmonton. Aber den Mangel an Geschichte machen diese Metropolen mit ihren Festivals wieder wett. Edmontons Fringe Theater Festival ist das zweitgrößte der Welt und die Stampede in Calgary im Juli ist so großtuerisch wie die Stadt selbst.

Reisezeit

Edmonton

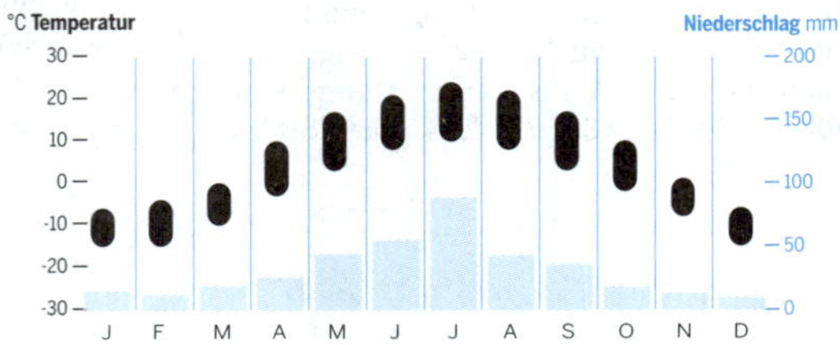

Juli Festivalzeit: in Edmonton die Street Performers und in Calgary die Stampede.

Juli–Sept. Die Wanderwege in Banff und Jasper sind schneefrei und allesamt zugänglich.

Dez.–Feb. Wintersportsaison in den Rocky Mountains.

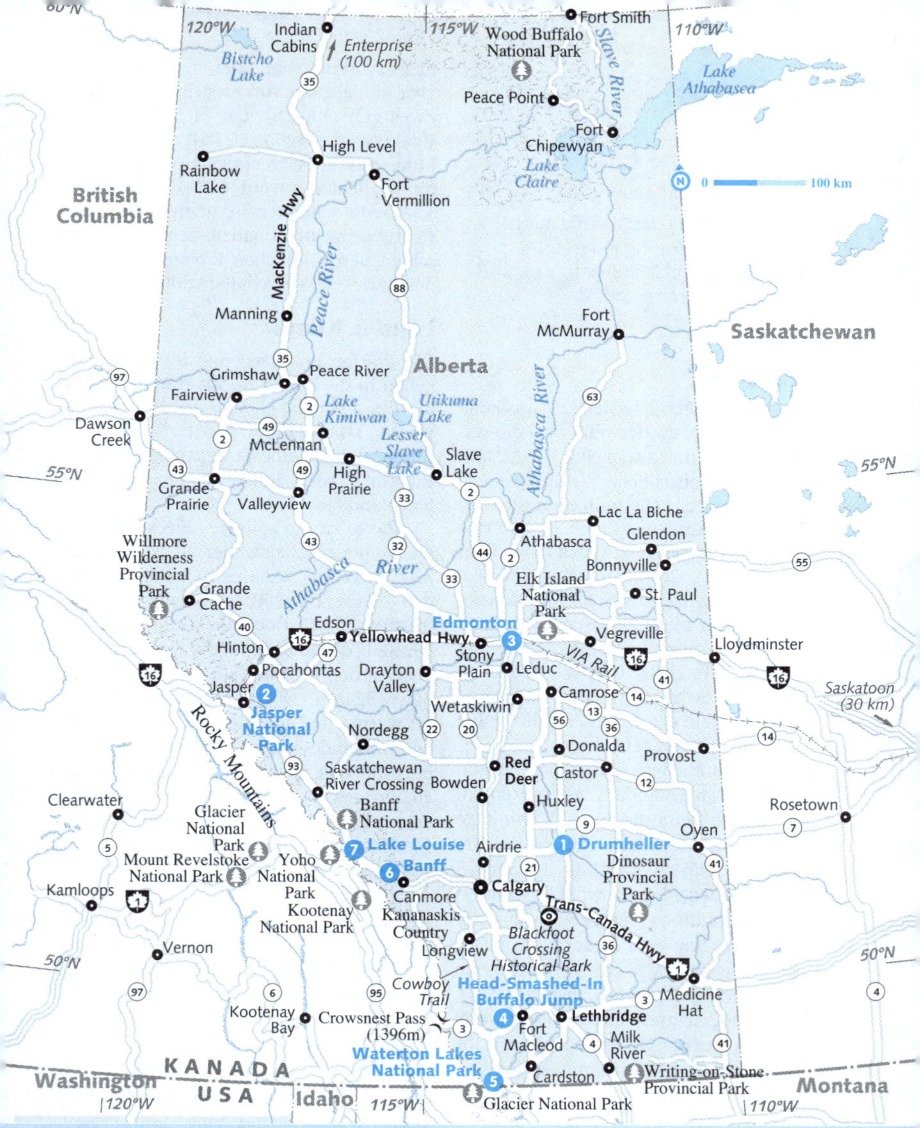

Highlights

1 Die Relikte aus der Jurazeit um **Drumheller** (S. 700) und der Besuch des Royal Tyrrell Museum of Palaeontology.

2 Ein Langlauftag in unberührtem Gelände im **Jasper National Park** (S. 669).

3 Das **Edmonton International Fringe Festival** (S. 645), bei dem sich die Hauptstadt Albertas von ihrer alternativen Seite zeigt.

4 **Head-Smashed-In Buffalo Jump** (S. 711): ein Blick auf die Geschichte der Urbevölkerung des Landes.

5 Der Carthew-Alderson Trail im **Waterton Lakes National Park** (S. 715) – eine Wanderung oberhalb der Baumgrenze.

6 DerAfternoon Tea nach einer Wanderung im Hotel **Fairmont Banff Springs** (S. 683).

7 Eine Tasse Tee im **Lake Agnes Teahouse** (S. 692) hoch über dem unglaublich blauen Lake Louise.

KURZINFOS

- Bevölkerung: 3 768 284
- Fläche: 642 317 km²
- Hauptstadt: Edmonton
- Skurrile Fakten: Der Albertosaurus, ein Verwandter des Tyrannosaurus Rex, wurde erstmals 1884 im Horseshoe Canyon entdeckt.

Geschichte

Alberta kam zu Beginn vielleicht etwas langsam in die Gänge, mittlerweile wird die verlorene Zeit aber umso schneller wieder aufgeholt. Erste menschliche Siedlungen gab es vor 7500 Jahren: Die indigenen Stämme der Blackfoot, Kainaiwa (auch Blood Tribe genannt), Siksika, Peigan, Atsina (auch Gros Ventre genannt), Cree, Tsuu T'ina (Sarcee) und Assiniboine hatten sich alle in prähistorischer Zeit hier niedergelassen. Ihre Nachkommen leben noch heute hier. Diese Nomadenvölker durchstreiften die südlichen Ebenen der Provinz relativ unbehelligt und friedvoll bis Mitte des 17. Jhs., als die ersten Europäer die Gegend erreichten.

Mit Ankunft der Europäer begann Alberta, sich zu verändern und zu entwickeln – der Einfluss der Neuankömmlinge war unmittelbar zu spüren. Tauschgeschäfte mit billigem Whiskey und Büffelleder markierten den Niedergang sowohl des Büffels als auch der traditionellen Lebensweise der Ureinwohner. Nur eine Generation später war die indigene Bevölkerung in Reservate verbannt und der Büffel fast ausgerottet.

In den 1820er-Jahren ließ sich die Hudson's Bay Company in der Gegend nieder, mit ihr kamen nach und nach auch immer mehr europäische Siedler. Bis 1870 hatte die North West Mounted Police (NWMP) – Vorgängerin der Royal Canadian Mounted Police (RCMP) – Forts in der gesamten Provinz errichtet, um den Whiskeyhandel zu kontrollieren und die Ordnung aufrechtzuerhalten. Und das war auch nötig, denn als die Eisenbahn zehn Jahre später Alberta erreichte, ergoss sich ein wahrer Strom von Siedlern über die Region.

Die neuen Bewohner Albertas waren größtenteils Bauern, und so wurde die Landwirtschaft zur wirtschaftlichen Grundlage des folgenden Jahrhunderts. Zu Beginn des 20. Jhs. entdeckte man große Erdöl- und Erdgasvorkommen, deren Erschließung aber nur langsam voranschritt. Am Ende des Zweiten Weltkriegs gab es 500 Ölquellen, 1960 waren es schon 10 000 und die Erdölindustrie war der wichtigste Wirtschaftssektor der Region geworden

Alberta scheint ganz offensichtlich alles richtig gemacht zu haben, denn aus der bescheidenen, ländlichen Provinz wurde eine der stärksten Wirtschaftsregionen der Welt.

Land & Klima

Die Prärien im Osten und Süden Albertas gehen in die hohen Rocky Mountains über, die die westliche Grenze der Provinz markieren. Das Gebirge bildet die berühmte Kulisse, für die Alberta weltweit bekannt ist. Richtung Osten laufen die Berge sanft ins Flachland aus.

Alberta ist ein sonniges Fleckchen Erde; die Sonne zeigt sich hier zu jeder Jahreszeit. Im Winter kann es aber sehr kalt werden – da zeigt das Thermometer schon mal frostige –20 °C. Doch auch hier spürt man langsam die Auswirkungen des Klimawandels: In den Städten fällt Jahr für Jahr weniger Schnee. Die Wintermonate bringen oft warme und feuchte, von der Westküste herströmende warme Fallwinde mit sich, die Chinooks. Sie regnen sich in den Bergen ab und verschaffen den Bewohnern Albertas eine Atempause im sonst so kalten Winter. Dabei kann es an einem Tag Temperaturunterschiede von bis zu 20 °C geben!

Der Sommer ist in der Regel heiß und trocken. Die wärmsten Monate sind Juli und August, dann liegt die Tagestemperatur bei angenehmen 25 °C. Der „Juni-Monsun" ist, wie der Name schon sagt, oft sehr regnerisch; die Herbstfarben im kühleren September sind hingegen spektakulär.

ℹ Anreise & Unterwegs vor Ort

Alberta ist leicht mit Bus, Auto, Zug oder Flugzeug zu erreichen. Die Provinz hat eine internationale Grenze mit dem US-amerikanischen Montana und teilt sich ihre Provinzgrenzen mit den Northwest Territories (NWT), British Columbia (BC) und Saskatchewan.

AUTO

Alberta wurde für das Auto geschaffen und die Planer hatten dabei wohl niemals versiegende Erdölquellen im Hinterkopf. Es gibt hervorragende und sehr gut instand gehaltene Highways und ein Netz guter Landstraßen. Auch noch so kleine Städte haben in der Regel eine Tankstelle und bieten weitere Serviceleistungen. Die Orte liegen allerdings in den abgelegeneren Gegenden, vor allem im Norden, teilweise weit auseinander. Man sollte daher bei jeder Gelegenheit auftanken und für den Notfall gerüstet sein!

BUS

Greyhound Canada (www.greyhound.ca) verbindet Alberta mit den Nachbarprovinzen und mit den USA. Die Abfahrtzeiten, die sich nach den Anschlüssen richten, können stark schwanken. Fahrkarten sind billiger bei einer Vorabbuchung.

Fahrziele ab Edmonton
(Preis für eine einfache Fahrt)
Prince George (100 C$, 10 Std., tgl.)
Vancouver (150 C$, 17 Std., 5-mal tgl.)
Whitehorse (214 C$, 29 Std., 1-mal tgl.)
Winnipeg (167 C$, 18 Std., 3-mal tgl.)

Fahrziele ab Calgary
(Preis für eine einfache Fahrt)
Kamloops (99 C$, 10 Std., 4-mal tgl.)
Regina (82 C$, 10 Std., 2-mal tgl.)
Saskatoon (81 C$, 9 Std., 4-mal tgl.)
Vancouver (104 C$, 15 Std., 5-mal tgl.)
Winnipeg (171 C$, 20 Std., 2-mal tgl.)

Moose Travel Network (www.moosenetwork.com) bietet im Westen Kanadas zahlreiche Touren an. Die meisten beginnen und enden in Vancouver, steuern unterwegs aber die Highlights der Bergparks und weitere Sehenswürdigkeiten Albertas an, die man auf keinen Fall verpassen sollte. Im Winter organisieren sie Fahrten in Skigebiete, ideal für alle Wintersportfans, die sich nicht um viel kümmern wollen. Im Sommer fahren die Busse täglich, in der Wintersaison ein paarmal die Woche.

FLUGZEUG

Die zwei wichtigsten Flughäfen sind Edmonton und Calgary. Sie werden täglich von den bedeutendsten internationalen Fluglinien angeflogen. Air Canada, American Airlines, British Airways, Delta, Horizon Air, KLM, United Airlines und WestJet sind einige dieser Fluggesellschaften.

ZUG

Trotz jahrelanger harter Arbeit, zahlloser tödlicher Arbeitsunfälle und der Aura, eine der Meisterleistungen des 19. Jhs. zu sein, umfasst Albertas heutiges Schienennetz lediglich zwei reguläre Personenverkehrsverbindungen. Der *Canadian* von **VIA Rail** (www.via.ca) fährt dreimal pro Woche von Vancouver nach Toronto und kommt in beiden Fahrtrichtungen durch Jasper und Edmonton. Die Fahrt von Edmonton nach Vancouver kostet 225 C$ und dauert insgesamt 27 Std.; für die Strecke Edmonton–Toronto bezahlt man 405 C$ und ist 55 Std. unterwegs. In Richtung Toronto wird in Saskatoon, Winnipeg und Sudbury Junction gehalten. Außerdem fährt ein VIA-Rail-Zug von Jasper nach Prince Rupert, BC (117 C$, 32 Std., 3-mal wöchentl.).

EDMONTON

730 000 EW.

Albertas zweitgrößte Stadt und Hauptstadt ist modern, weitläufig und die meiste Zeit des Jahres eisig kalt – eine nüchterne Verwaltungsstadt, über die eher auf den Wirtschaftsseiten als in den Reisebeilagen zu lesen ist. Umso mehr freut man sich über die Überraschungen, die die Stadt dem Besucher bietet. Das jährliche Fringe Theater Festival ist nach Edinburgh das zweitgrößte alternative Theaterfestival der Welt und das tiefe Flusstal, das die Stadt in zwei Hälften trennt, ist weniger ein Park, sondern vielmehr ein eigenes Ökosystem.

Trotz alldem ist Edmonton eher eine Zwischenstation als ein eigenes Reiseziel. Die meisten Besucher fahren hier nur durch – meist auf dem Weg zum Jasper National Park, der 4 Std. weiter westlich liegt, oder, seltener, zur hochgejubelten West Edmonton Mall, dem größten Einkaufszentrum Nordamerikas. Edmonton ist aber auch eine Grenzstadt: Im Norden erstreckt sich bis Yellowknife eine weite und menschenleere Landschaft ohne jegliche nennenswerte Zivilisation. Wer nach der Seele der Stadt sucht, sollte sich südlich des Flusses ins Universitätsviertel und zur unbeschwerten Whyte Avenue begeben, wo kleine Theater, Kneipenrestaurants und eine schwungvolle Freitagabendstimmung warten.

Geschichte

Die Vorfahren der Stämme der Cree und der Blackfoot lebten schon vor 5000 Jahren im Gebiet rund um Edmonton. Die Europäer kamen erst im späten 18. Jh. dorthin und errichteten 1795 einen Handelsposten der Hudson's Bay Company, der Fort Edmonton genannt wurde.

Das Fort wurde von Fallenstellern, Händlern und Abenteurern frequentiert, den ersten echten Bevölkerungsanstieg gab es allerdings erst 1870, als die Regierung Fort Ed kaufte und das Gebiet für Pioniere freigab. Als die Eisenbahnstrecke 1891 Calgary erreichte, schritt das Wachstum dann mit rasantem Tempo voran.

ENTFERNUNGEN

Calgary–Banff: 130 km

Banff–Jasper: 290 km

Edmonton–Calgary: 300 km

Die eingeborenen Stämme waren mittlerweile durch Krankheiten und die fast vollständige Ausrottung des Bisons, ihrer Hauptnahrungsquelle, geschwächt. Zunehmend wehrlos übertrugen sie in mehreren Abkommen zwischen 1871 und 1921 einen großen Teil ihres Landrechts an die kanadische Regierung und erhielten dafür Geld, Reservate und Jagdrechte.

Den ersten wirtschaftlichen Boom verdankte die Region dem Gold, das allerdings nicht in Alberta, sondern in Yukon gefunden wurde. Edmonton war aber der letzte Halt in der Zivilisation, bevor die Träumer gen Norden zum Klondike aufbrachen. Die wenigsten von ihnen machten dort das große Geld. Einige ließen sich in Edmonton nieder und so begann der kleine Ort zu wachsen.

In den 1940er-Jahren führte der Zweite Weltkrieg zum Bau des Alaska Highways, der Zustrom an Arbeitern ließ die Einwohnerzahl weiter in die Höhe steigen. Die Einwanderer aus der Ukraine und anderen osteuropäischen Ländern, die auf der Suche nach Arbeit nach Edmonton gekommen waren, bereicherten die Stadt.

Auch heute ist Edmonton das Ziel derjenigen, die auf der Suche nach Wohlstand in den Norden kommen. Doch heute zieht sie weder das Gold noch der Straßenbau an, sondern das Erdöl.

Sehenswertes & Aktivitäten

★ **Royal Alberta Museum** MUSEUM
(Karte S. 641; ☎780-453-9100; www.royalalbertamuseum.ca; 12845 102nd Ave; Erw./Kind 11/5 C$; ⌚9–17 Uhr) Seit es nach dem Be-

ALBERTA IN

... einer Woche

Der erste Tag gehört **Calgary**. Hier werden die Sportstätten der Olympischen Winterspiele 1988 besichtigt, danach geht's in die angesagte 17th Ave, um einen Happen zu essen. Ein Tagesausflug am zweiten Tag führt nach **Drumheller** und ins Royal Tyrrell Museum of Palaeontology (S. 709), wo man auf den Spuren der Dinosaurier wandelt. Zurück in Calgary lohnt sich sowohl ein Spaziergang durch die Viertel Kensington und Inglewood als auch der Kampf um einen Tisch im spitzenmäßigen Rouge (S. 666). Am dritten Tag früh aufstehen und in Richtung Westen aufbrechen! Erster Halt ist Canmore, danach führt der Weg zum Banff National Park und in das Städtchen **Banff**. Nachdem der Sulphur Mountain erklommen ist, geht's mit der Banff Gondola (S. 677) wieder bergab. Unten angekommen, lockt ein Bad in den Thermalquellen, den Upper Hot Springs (S. 677).

Nach einer Übernachtung in Banff wartet auf dem Weg nach Norden das Chateau (S. 691) mit seiner tollen Aussicht und weiter nördlich **Lake Louise**. Unbedingt auch etwas Zeit für den kurzen, steilen Aufstieg zum Lake Agnes Teahouse (S. 692) einplanen! Mit dem Auto geht's dann in Richtung Columbia Icefield (S. 674) – mit vielen Fotostopps angesichts der grandiosen Landschaft!

Ist **Jasper** erreicht, kann man sich mit einer Übernachtung im Park Place Inn (S. 697) so richtig was gönnen. Nach einer erholsamen Nacht stehen zunächst ein Halt am Maligne Canyon (S. 693) und dann am Maligne Lake (S. 693) auf dem Programm. Bei einer kurzen Wanderung hat man die Chance, die Bekanntschaft mit einem Bären oder Elch zu machen. Raus aus den Bergen und hinein in die Hauptstadt Edmonton! Dort wartet das Viertel Old Strathcona, wo das Abenteuer Alberta mit einer Portion dampfend heißem Jambalaya im Da-De-O (S. 649) zu Ende geht.

Die gesamten Rockies

Der einwöchigen Route folgen und zusätzlich Abstecher nach **Kananaskis Country**, zum **Icefields Parkway** und ins nördlich gelegene **Grande Cache** einschieben, wo die Rockies beginnen. Wer noch einmal ein paar Tage dranhängen kann, macht sich auf nach Süden ins wenig besuchte Bergparadies **Waterton Lakes National Park**.

Edmonton

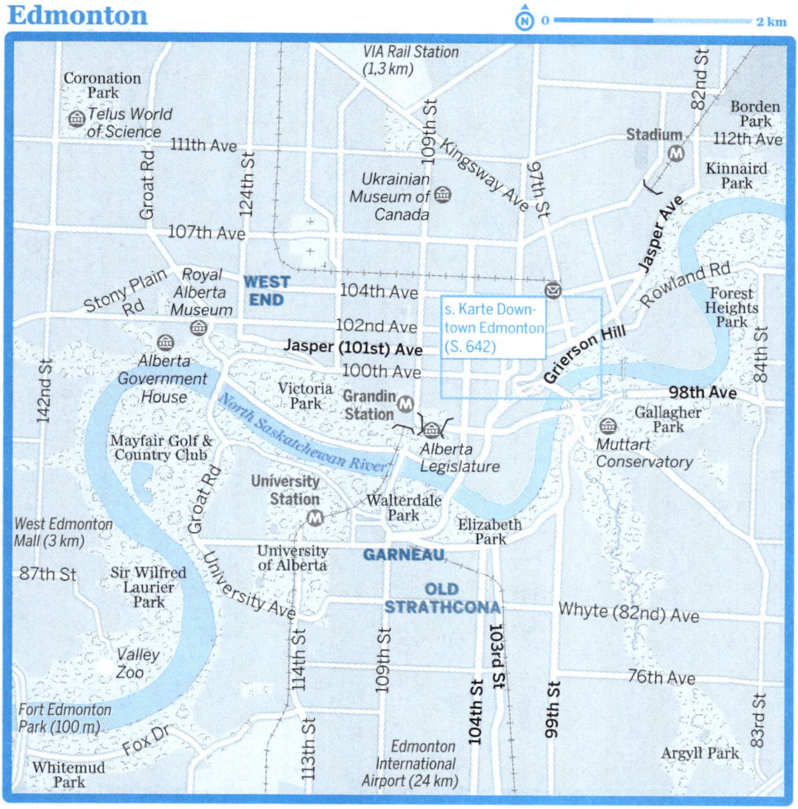

such der britischen Königin Elisabeth II. 2005 den Zunamen „royal" erhielt, konnte das führende Museum Edmontons erfolgreich Gelder beanspruchen – insgesamt 340 Mio. C$. Mit diesem Geld wird derzeit ein neues Gebäude in der Innenstadt errichtet, die Fertigstellung ist für 2015 geplant. Bis dahin ist das alte Museumsgebäude auf einem Felsvorsprung oberhalb des Flusstals 2 km westlich des Zentrums geöffnet.

Das Museum ist bekannt für die weltgrößte Insektensammlung und eine angesehene Ausstellung zur Kultur der Ureinwohner. Das Highlight ist jedoch die Abteilung „Wild Alberta", die die Provinz in geografische Zonen einteilt und die jeweilige Pflanzen- und Tierwelt vorstellt.

★ Art Gallery of Alberta GALERIE
(Karte S. 642; ☎780-422-6223; www.youraga.ca; 2 Sir Winston Churchill Sq; Erw./Kind 12,50/8,50 C$; ⊙Di–So 11–17, Mi 11–21 Uhr) Mit der Eröffnung dieser unkonventionellen Kunstgalerie im Jahr 2010 erhielt Edmonton endlich ein modernes, unverkennbares Gebäude, das eine Abwechslung zu den kastenförmigen Wolkenkratzern ist. Das futuristische Gebilde am Churchill Square, das wie ein riesiger Weltraumhelm aus Glas und Metall aussieht, ist selbst schon ein Exponat. Die Sammlung besteht aus 6000 historischen und zeitgenössischen Kunstwerken, viele mit starkem kanadischen Bezug, darunter ein paar Werke von Emily Carr, der bekannten Naturmalerin aus British Columbia.

Aber das hier ist Alberta, nicht Paris. Die Galerie ist relativ klein und kann mit ihren Rivalen in den kanadischen Metropolen Toronto oder Vancouver nicht mithalten. Aber es gibt einige recht gute Wechselausstellungen. In der Galerie befinden sich zudem ein Theater mit 150 Sitzplätzen, ein Laden und ein Restaurant.

Downtown Edmonton

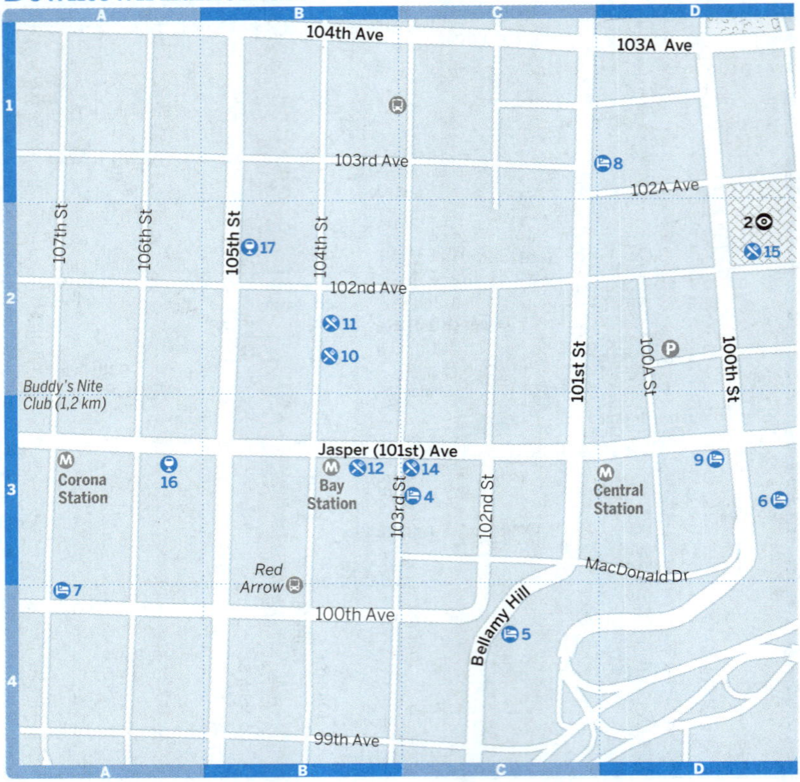

Alberta Government House HISTORISCHES GEBÄUDE
(Karte S. 641; ☎780-427-2281; 12845 102nd Ave; ⊙So & Feiertage 11–16.30 Uhr) GRATIS Die opulente Villa war einst die Residenz des Vizegouverneurs. Das geschichtsträchtige Gebäude ist mustergültig erhalten – kaum zu glauben, dass es über 100 Jahre alt ist. Allein schon die Kunstwerke lohnen den Besuch: Die Wände sind mit fantastischen Werken von Künstlern aus Alberta behängt.

Alberta Legislature GEBÄUDE
(Karte S. 641; ☎780-427-7362; www.assembly.ab.ca; Ecke 97th Ave & 107th St; ⊙8.30–17 Uhr) GRATIS Die Alberta Legislature am Standort des einstigen Fort Edmonton ist die Domäne von Politikern, Debatten und überraschend guter Kunst. Das „Leg" ist ein prachtvolles altes Gebäude, das sich mit seiner charakteristischen Kuppel und den Innenräumen aus Marmor zu einem Wahrzeichen der Stadt entwickelt hat.

Im Rahmen von 45-minütigen Gratisführungen (jede Stunde) erhalten Besucher einen Blick hinter die Kulissen. Das Gelände eignet sich an warmen Tagen wunderbar zum Faulenzen. Wer weniger Zeit hat, kann sich den Laden und das **Besucherzentrum** (überdachter Fußgängerweg, 10820 98th Ave) anschauen, das die architektonische und politische Geschichte des Gebäudes erläutert.

Fort Edmonton Park HISTORISCHE STÄTTE
(Karte S. 641; ☎780-496-8787; www.fortedmontonpark.ca; Ecke Fox & Whitemud Dr; Erw./Kind 17,25/12,90 C$; ⊙Mai–Sept. 10–18 Uhr; 👪) Fort Edmonton, ursprünglich 1795 von der Hudson's Bay Company gebaut, wurde mehrmals verlegt und schließlich 1915 abgerissen. Die Rekonstruktion am Flussufer stammt aus den 1960er-Jahren und zeigt das Fort, wie es zu seiner Glanzzeit 1846 ausgesehen hat. im Fort befinden sich auch sehr authentische Modelle der Straßenzüge von

Downtown Edmonton

Highlights
1 Art Gallery of Alberta E1

Sehenswertes
2 Sir Winston Churchill Square D2

Aktivitäten. Kurse & Touren
3 Edmonton Queen F4

Schlafen
4 Alberta Place Suite Hotel C3
5 Chateau Lacombe C4
6 Fairmont Hotel Macdonald D3
7 Matrix A4
8 Sutton Place Hotel D1
9 Union Bank Inn D3

Essen
10 Blue Plate Diner B2
11 Cavern B2
12 Corso 32 .... B3
13 Hardware Grill E2
Madison's Grill .... (siehe 9)
14 Remedy Cafe C3
15 Three Bananas D2

Ausgehen & Nachtleben
16 Pub 1905 .... A3
17 Yellowhead Brewery B2

Unterhaltung
18 Citadel Theatre E2

Edmonton zu drei Zeitpunkten seiner Stadtgeschichte: 1885, 1905 und 1920.

Wer an einem Tag ohne Schulklassen durch die Räume läuft, kann sich fast angeheiterte viktorianische Emigranten vorstellen, wie sie zu Pferd über die unbefestigten Straßen geritten sind. Eine alte Dampfeisenbahn verbindet die verschiedenen Ausstellungsbereiche; kostümierte Führer (keine Schauspieler) beantworten Fragen und peppen das Ganze etwas auf.

Muttart Conservatory GARTEN

(Karte S. 641; ☎780-496-8755; www.muttartconservatory.ca; 9626 96A St; Erw./Kind 12/6,50 C$; ⏲Fr–Mi 10–17, Do 10–21 Uhr) Eigentlich ist es ein Botanischer Garten, aber von außen sieht das Muttart Conservatory aus wie eine Art gläserner Bunker in Pyramidenform. Es befindet sich südlich des Flusses, gleich an der James MacDonald Bridge. Jede der vier Pyramiden beherbergt eine andere Klimazone mit den entsprechenden Laubbäumen. Es ist ein interessanter Ort zum Herumschlendern, besonders für Gartenfreunde, Pflanzenliebhaber und alle, die mal Lust auf etwas Ruhigeres haben.

Sir Winston Churchill Square PLATZ

(Karte S. 642) Der Platz, der seltsamerweise nach einem britischen Premierminister benannt ist, erhielt 2005 eine umstrittene Neugestaltung. Auf dem eher unbeseelten und baumlosen Platz treffen sich die Einwohner der Stadt (vorausgesetzt es herrschen draußen keine −20 °C), außerdem finden dort diverse Festivals und öffentliche Veranstaltungen statt.

Die ehemaligen Grünflächen des Platzes wurden durch ein kleines Amphitheater, einen Brunnen und ein Café ersetzt. Rundherum steht eine Reihe wichtiger Gebäude, darunter das Rathaus, das Provinzgericht und die beeindruckende neue Kunstgalerie Art Gallery of Alberta.

Alberta Railway Museum MUSEUM
(☎780-472-6229; www.albertarailwaymuseum.ca; 24215 34th St; Erw./Kind 5/2 C$; ⊙Mai–Aug. 10–17 Uhr) Das Museum am nordöstlichen Ende der Stadt zeigt über 75 Eisenbahnwaggons, darunter auch Dampf- und Diesellokomotiven und weitere Schienenfahrzeuge, die zwischen 1877 und 1950 gebaut und eingesetzt wurden. Außerdem ist hier eine Sammlung von Eisenbahnanlagen, alten Bahnhöfen und dazugehörenden Gebäuden zu sehen.

An den Wochenenden werden die alten Maschinen von freiwilligen Helfern wieder angeworfen, für 4 C$ kann dann jeder eine Fahrt unternehmen (die Dieselloks fahren in der Saison jeden Sonntag, die Dampflok von 1913 wird nur an Ferienwochenenden befeuert). Zum Eisenbahnmuseum fährt man auf der 97th Street (Hwy 28) in nördlicher Richtung bis zum Highway 37. Dort rechts abbiegen und der Straße 7 km Richtung Osten folgen. An der 34th Street wieder rechts abbiegen und 2 km nach Süden fahren.

Ukrainian Museum of Canada MUSEUM
(Karte S. 641; www.umcalberta.org; 10611 110th Ave; ⊙Mai–Aug. 10–16 Uhr) GRATIS In der Stadt mit einem hohen ukrainischen Bevölkerungsanteil und einer langen Geschichte der Immigration gibt es nur wenige Orte, in der sich etwas über die Kultur der alten Heimat und ihrer Verpflanzung nach Kanada erfahren lässt. Das Hauptmuseum steht in Saskatoon, hier in Edmonton befindet sich seit 1941 eine kleine Außenstelle.

Ein neues und umfassenderes ukrainisches Museum ist in der Jasper Avenue geplant. Das Vorhaben wird derzeit von den Ukrainian Canadian Archives umgesetzt.

North Saskatchewan River Valley PARK
Edmonton hat eine größere ausgewiesene Parkfläche als jede andere nordamerikanische Stadt. Der Großteil dieser Grünfläche ist ein zusammenhängender Gürtel, der sich am Fluss entlangzieht, der die Stadt in zwei Teile teilt. In dieser Grünzone finden sich Seen, Brücken, naturbelassene Gebiete, Golfplätze, kleine Schluchten und ein Wegenetz aus etwa 160 km Fuß- und Radwegen. Von der Innenstadt aus ist das Gelände leicht zugänglich.

Eine Fahrt auf der **Edmonton Queen** (Karte S. 642; ☎780-424-2628; www.edmontonqueen.com; 9734 98th Ave; 1 Std. Bootstour 19,95 C$, Dinner-Kreuzfahrt 54,95 C$; ⊙Mai–Sept.) ist eine wunderbare Art, vom Fluss aus einen Blick auf das Stadtzentrum zu werfen. Mit dem modernen Heckraddampfer geht es 1 Std. lang flussauf- bzw. flussabwärts, je nach Laune des Kapitäns. Oft gibt es auch ein Unterhaltungsprogramm an Bord.

West Edmonton Mall EINKAUFSZENTRUM
(Karte S. 641; www.westedmontonmall.com; 170th St; ⊙Mo–Fr 10–21, Sa 10–18, So 12–18 Uhr; 👪) Kitschfans, die sich keinen Trip nach Las Vegas leisten können, wird in der West Edmonton Mall das Herz aufgehen. Wer jedoch für Plastikpflanzen und Nachbildungen von Galeonen aus dem 15. Jh. nichts übrig hat, wird sie hassen.

Edmontons urbanes Monstrum ist nicht nur einfach ein Einkaufszentrum, sondern bietet seinen Gästen auch die weltgrößten Wasserrutschen, einen voll ausgestatteten Wellenpool, einen großen Vergnügungspark, eine Eisbahn, zwei Minigolfplätze, ein künstliches Riff mit echten Seehunden, einen Streichelzoo, ein Hotel und obendrein noch 800 Geschäfte. Besucher können hier durch Chinatown bummeln, in einer nachgebauten Bourbon Street (New Orleans) etwas essen, Schlittschuh laufen oder einen Bungeesprung wagen. Dann geht's ab in die Geschäfte – allesamt Kettenläden.

Geführte Touren

In den Sommermonaten werden unkonventionelle und kostenlose **Stadtrundgänge** angeboten – von Studenten, die in den Semesterferien für die Downtown Business Association arbeiten. Sie beginnen werktags um 13 Uhr an der Ecke 104th Street und 101st Avenue.

Edmonton Ghost Tours STADTSPAZIERGANG
(www.edmontonghosttours.com; Tour pro Pers. 10 C$; ⊙Juli & Aug. Mo–Do 21.30 Uhr) Die „gespenstischen" Stadtspaziergänge starten an der 10322 83rd Avenue in Old Strathcona. Eine Reservierung ist nicht erforderlich – einfach 15 Min. vorher eintreffen.

Feste & Events

Bei Festivals zeigt Edmonton seine wahre Größe. Die zahlreichen Festivals prägen ganz wesentlich den Charakter der Stadt.

International Street Performers Festival THEATER
(www.edmontonstreetfest.com) Manchmal findet das beste Theater draußen auf der Straße statt. Bei diesem Straßenmusikfest in

der zweiten Juliwoche treten internationale Künstler auf.

K-Days VOLKSFEST
(www.k-days.com; ⌚Ende Juli) Jahrelang war Capital Ex (Klondike Days) das große Sommerfest in Edmonton. Seit 2012 heißt es K-Days und dreht sich weniger um die Geschichte des Goldrausches, sondern mehr um modernes Vergnügen. Livemusik, Rummelplatz und ein bisschen althergebrachter Spaß sind die Highlights dieses sich ständig wandelnden Festivals.

Edmonton International Fringe Festival THEATER
(www.fringetheatreadventures.ca; ⌚Mitte Aug.) Das elftägige Fest des Alternativtheaters findet auf drei Freiluftbühnen in den Parks und auf den Straßen statt und ist das ultimative Edmonton-Erlebnis. Viele Aufführungen sind kostenlos, Eintrittskarte kosten maximal 15 C$. Reservierungen gibt es nicht – die Leute suchen sich ein Theater aus und stellen sich in die Schlange. Das Festival lockt jedes Jahr eine halbe Million Menschen nach Old Strathcona.

Canadian Finals Rodeo RODEO
(www.canadianfinalsrodeo.ca; ⌚Anfang Nov.) Das Canadian Finals Rodeo ist das größte in einer Halle stattfindende Profi-Rodeo Kanadas. Hier zeigen hervorragende Cowboys auf bockigen Tieren ihr Können. Wer die Calgary Stampede verpasst hat, sollte sich diese Möglichkeit nicht entgehen lassen, das Ganze mal aus der Nähe zu erleben.

Schlafen

Die Auswahl an Individualunterkünften ist in Edmonton besser als in vielen anderen kanadischen Städten. So gibt es gleich drei Boutiquehotels, ein paar billige Hostels und ein zentral gelegenes B&B. Die Innenstadt ist vorrangig auf Geschäftsleute eingestellt und bietet die typischen 08/15-Zimmer. Wer Edmonton vor allem wegen der West Edmonton Mall besucht, der kann sich im oder nahe dem Einkaufszentrum einquartieren, sollte sich allerdings darüber im Klaren sein, dass dort alles sehr touristisch ist.

HI-Edmonton Hostel HOSTEL $
(☎780-988-6836; www.hihostels.ca; 10647 81st Ave; B/DZ 30/67 C$; @📶) Mit dem gefragten Hostel mitten in Old Strathcona liegt man immer richtig. Die Zimmer sind ein bisschen zu sehr mit Stockbetten zugestellt und manch einer fühlt sich an ein umgebautes Altersheim (es war einst ein Konvent) erinnert, aber Lage und Preis sind unschlagbar.

Rainbow Valley Campground & RV Park CAMPINGPLATZ $
(☎780-434-5531, 888-434-3991; www.rainbow-valley.com; 13204 45th Ave; Zelt/Wohnmobil 32/36 C$; ⌚April–Okt.) Für einen Campingplatz in der Innenstadt ist diese Anlage ziemlich gut. Er liegt günstig für einen Besuch von „The Mall", aber gleichzeitig doch weit genug von ihr entfernt.

★ **Metterra Hotel on Whyte** BOUTIQUEHOTEL $$
(☎780-465-8150; www.metterra.com; 10454 Whyte Ave; Zi. ab 150 C$; @📶) Einmal abgesehen von dem unkreativen Werbetext der Hotelbroschüre („urbane Oase", „zeitgenössische Einrichtung", „traditionelle Gastfreundschaft") ist das Met eigentlich eine ganz nette Unterkunft und ein passendes Abbild des angesagten Vergnügungsviertels Old Strathcona, in dem es liegt. Bei der modernen, luxuriösen Ausstattung fallen die indonesischen Gegenstände und Kunstwerke auf. Ganz offensichtlich hat der Besitzer eine Vorliebe für alles Fernöstliche.

Matrix BOUTIQUEHOTEL $$
(Karte S. 642; ☎780-429-2861; www.matrixedmonton.com; 10001 107th St; Zi. ab 150 $; @📶) Das Matrix, eines von drei Boutiquehotels in Edmonton, richtet sich nach eigenen Angaben an „kultivierte Reisende". Das gelingt auch weitgehend mit der coolen, minimalistischen Architektur mit farbigen Holzakzenten und vielen praktischen und modernen technischen Spielereien. Entsprechend dem Boutique-Image gibt es jeden Abend um 17.30 Uhr kostenlos Wein und Käse.

Varscona BOUTIQUEHOTEL $$
(☎780-434-6111; www.varscona.com; 8208 106th St, Ecke Whyte Ave; Zi. mit Frühstück ab 140 C$; @📶) Das hübsche Hotel mitten in Old Strathcona ist elegant, aber nicht zu versnobt. Man kann sich hier also sowohl im Trainings- wie auch im Geschäftsanzug sehen lassen – oder in einer Kombination aus beidem. Da das coolste Stadtviertel direkt vor der Haustür liegt, lässt sich hier die Atmosphäre Edmontons besonders gut genießen. Frühstück, Parkplatz und abendlicher Wein mit Käse versüßen das Angebot.

Chateau Lacombe HOTEL $$

(Karte S. 642; ☎780-428-6611; www.chateaulacombe.com; 10111 Bellamy Hill; Zi. ab 120 C$; ❄@📶) Das spektakuläre Chateau schwimmt trotzig gegen den Strom. Das einstige Kettenhotel wurde 2013 von lokalen Investoren aufgekauft, nun stehen noch ein paar Verschönerungsarbeiten an dem 24-stöckigen Koloss am Fluss mit wunderbarem Blick und einem rotierenden Restaurant an. Mit seiner opulenten Lobby, dem Fitnesszentrum und der clubartigen Bar ist es noch immer höchst nobel – nun aber zum Schnäppchenpreis!

Sutton Place Hotel HOTEL $$

(Karte S. 642; ☎780-428-7111; www.sutton place.com; 10235 101st St; Zi. ab 104 C$; @📶🏊) Dem vornehmen Sutton Place, Teil einer kleinen Hotelkette, fehlt die Intimität der kleineren Hotels. Neben den stilvollen Zimmern mit allem Glanz und Glamour bietet es noch zahlreiche weitere Annehmlichkeiten. Die überdachte Badelandschaft ist fantastisch und es gibt Restaurants, Cocktailbars und ein Casino im Haus. Es lohnt sich, auf günstige Sonderangebote zu achten!

Hotel Selkirk HOTEL $$

(☎780-496-7227; www.hotelselkirk.com; 1920 St, Fort Edmonton Park; Zi. ab 124 C$; ❄📶) Wer gerne im Fort Edmonton auf den Spuren der Vergangenheit wandeln möchte, der kann auch noch einen Schritt weiter gehen und gleich die Nacht dort verbringen. Die Zimmer des historischen Hotels sind im Stil der Goldenen 1920er-Jahre eingerichtet. Wer hier übernachtet, bezahlt für das Fort und das umliegende Gelände keinen Eintritt. Zum Hotel gehört auch ein Restaurant.

Im Sommer wird am Nachmittag ein ausgiebiger *high tea* (19,50 C$) nach englischem Vorbild angeboten. Der Nachteil: Man wohnt ziemlich abgeschieden.

Glenora Inn B&B B&B $$

(☎780-488-6766; www.glenorabnb.com; 12327 102nd Ave; Zi. mit Gemeinschaftsbad/Bad 100/130 C$; @📶) Ein B&B im typischen viktorianischen Schnörkel-Stil im immer beliebter werdenden westlichen Teil der 124th Street. Im Gebäude von 1912 (das bedeutet für hiesige Standards „historisch"; allerdings ist es natürlich genau genommen nicht „viktorianisch") befinden sich ein Laden und im Erdgeschoss ein Bistro, in dem die B&B-Gäste ihr Frühstück serviert bekommen.

Alle Gäste können das gemeinschaftlich genutzte Wohnzimmer und eine Veranda aufsuchen – wenn die Außentemperaturen entsprechend sind.

Alberta Place Suite Hotel HOTEL $$

(Karte S. 642; ☎780-423-1565; www.albertaplace.com; 10049 103rd St; Studios/Suite 144/174 C$; @📶🏊) Das einstige Apartmenthaus ist heute ein Aparthotel mit verschieden großen Unterkünften – von Studios über Apartments mit einem Schlafzimmer bis zu Familienwohnungen. Es ist sehr gut gelegen und erfrischend erschwinglich, alle Räume haben eine Küche, Schreibtisch und gut gestaltete, wenn auch nüchterne Möbel. Im Haus befinden sich ein Pool und ein Fitnesszentrum.

Fairmont Hotel Macdonald HOTEL $$$

(Karte S. 642; ☎780-424-5181; www.fairmont.com; 10065 100th St; Zi. ab 210 C$; @📶🏊) Das historische Fairmont Hotel in bester Lage der Stadt (wie immer bei Fairmont) besitzt die übliche Mischung aus aufwendigem Stuck, italienischem Marmor, verschnörkelten Kronleuchtern und dicken Teppichen. Anfang des 20. Jhs. gehörte es zu einer luxuriösen Hotelkette der Eisenbahn, deren Häuser sich über die Strecke quer durch den Kontinent von Ost nach West verteilten.

Das Haus präsentiert sich noch in ganzer Pracht und genügt nach wie vor höchsten Ansprüchen. Die regelmäßig renovierten Zimmer bieten alle zu erwartenden Annehmlichkeiten und sind die hohen Preise fast wert.

Canterra Suites Hotel HOTEL $$$

(☎780-421-1212; www.canterrasuites.com; 11010 Jasper Ave; Suiten ab 199 C$; ❄📶) Das Canterra, das sich in erster Linie an Geschäftsreisende richtet, hat große, zweckmäßige Suiten mit modernen Kochnischen und liegt dicht an der Innenstadt direkt neben einem Supermarkt. Von daher ist es gleichermaßen für einen langen wie auch Kurzaufenthalt geeignet.

Union Bank Inn BOUTIQUEHOTEL $$$

(Karte S. 642; ☎780-423-3600; www.unionbankinn.com; 10053 Jasper Ave; Zi. ab 199 C$; ❄@📶) Das noble Boutiquehotel in der Jasper Avenue in einem ehemaligen Bankhaus von 1910 ist ein vornehmes Meisterwerk. Bei nur 34 Zimmern steht das Personal für jeden Gast allzeit bereit. Die Kamine in jedem Zimmer machen selbst die eisigen Winter in Edmonton erträglich. Im Erdgeschoss befindet sich das schicke Restaurant Madison's.

Fantasyland Hotel HOTEL $$$
(☎780-444-3000; www.fantasylandhotel.com; 17700 87th Ave; Zi. ab 278 C$, Themenzi. 448 C$;) Als wäre West Ed nicht schon surreal genug, setzt das angrenzende Hotel noch eines drauf. Es gibt Standardzimmer, interessanter sind aber die thematisch eingerichteten Zimmer. 13 Themen – z. B. Afrika, Iglu, die Römer oder Polynesien – stehen zur Auswahl und stellen die Gäste vor die Qual der Wahl. Viele bewegen sich gerade so am Rand zum Kitsch und sind vielleicht auch deshalb bei Familien beliebt.

Das Hotel bietet in seinen Zimmern auch eine breite Auswahl an Betten für jeden erdenklichen Anspruch, sowie zahlreiche riesige Whirlpools, dicke Teppiche, Deckenspiegel und vor allem viel Platz.

Essen

In der Restaurantszene spiegeln sich naturgemäß die vielen Kulturen der Stadt, aber auch Edmontons Liebe zu Rindfleisch aus Alberta. Wer sich ein bisschen umsieht, der wird ein Essen von guter Qualität zu jedem Preis bekommen.

Am abwechslungsreichsten und günstigsten isst man in Old Strathcona in der oder rund um die Hauptverkehrsader Whyte Avenue. Hier begibt man sich auf eine kulinarische Weltreise und hat zudem die Wahl zwischen zahlreichen vegetarischen Optionen. In der Innenstadt ist die Hauptstraße Jasper Avenue, die sich durch das gesamte Zentrum zieht, die beste Adresse. Ganz neu in der Restaurantszene ist die frisch sanierte Speicherstadt nördlich der Jasper Ave rund um die 104th Street.

Downtown & West End

★ **Duchess Bake Shop** BÄCKEREI, CAFÉ $
(☎780-488-4999; www.duchessbakeshop.com; 10720 124th St; Backwaren ab 1,50 C$; ⌚Di–Fr 9–20, Sa 10–18, So 10–17 Uhr) Das Duchess ist ein sogenanntes Destinations-Bäckerei-Café: Die Leute kommen quer durch die Stadt, um hier zu essen – notfalls auch zu Fuß im Schnee. Es besitzt einen spürbaren französischen Touch in Geschmack und Einrichtung: Die Croissants und Kuchen sind butterig und die Möblierung besteht aus Marmortischen und Louis-quinze-Stühlen. Möglichst früh eintreffen, bevor die Einheimischen, die hier Schlange stehen, alles leergefuttert haben.

Ein angeschlossener Lebensmittelladen befindet sich gleich nebenan.

Remedy Cafe INDISCH $
(Karte S. 642; ☎780-433-3096; www.remedycafe.ca; 10279 Jasper Ave; Hauptgerichte 8–10 C$; ⌚8–24 Uhr;) Das *remedy*, „Heilmittel", ist hier das billige, authentische indische Essen, das in einem sehr zwanglosen Café-Ambiente serviert wird – d. h. die Gäste können mit einer Hand das WLAN nutzen und mit der anderen das Naan in die Currysauce stippen. Alle schwärmen vom Chai (gewürzter Tee) und dem Butterhuhn, aber es gibt auch guten Kuchen (auch für Veganer) und exzellente *masala dosas* (mit Curry gewürztes Gemüse in knusprigen Pfannkuchen).

Eine **Filiale** (8631 109 St) – die ursprüngliche – befindet sich in Garneau auf der Südseite des Flusses.

Three Bananas CAFÉ $
(Karte S. 642; www.threebananas.ca; Sir Winston Churchill Sq, 9918 102nd Ave; ⌚Mo–Fr 7–19, Sa 10–17, So 11–17 Uhr) Die intellektuell angehauchte Café-Bar am Churchill Square mit Mosaikwänden und Bananendrucken à la Warhol ist ideal für einen Schuss Koffein auf dem Weg ins neue Kunstmuseum.

Cavern CAFÉ, FEINKOST $
(Karte S. 642; ☎780-455-1336; www.thecavern.ca; 10169 104th St NW; Teller 6–16 C$; ⌚Mo–Do 7–20, Fr 7–23, Sa 8–23, So 10–17 Uhr) Edmonton gleicht nicht oft einer liberalen Stadt des Pazifischen Nordwestens – außer in diesem kleinen Kellercafé in der trendigen 104th Street und besonders in der Feinkostabteilung. Die Speisekarte empfiehlt Käseplatten (für 2 Pers.): In der Vitrinenauslage kann man sich seinen Käse aussuchen und dann mit einem Glas Wein genießen.

Kaffeeliebhaber werden sich freuen, dass das Cavern Coava serviert – den Kaffee einer kleinen Gourmetrösterei aus Portland in Oregon.

Tiramisu Bistro ITALIENISCH $$
(☎780-452-3393; www.cafetiramisu.ca; 10750 124th St; Pasta 12–15 C$; ⌚Mo 9–20, Di–Do 9–21, Fr & Sa 9–22 Uhr;) Wer gerade satt aus dem Duchess Bake Shop gekommen ist, wird bei der Entdeckung eines anderen Traums aus süßen Köstlichkeiten ein paar Häuser weiter entweder niedergeschmettert oder ekstatisch sein (je nach Appetit). Das

INSIDERWISSEN

AUF NACH WESTEN

Während sich das Zentrum Edmontons noch schwer tut, einen eigenen Charakter zu entwickeln, zeigt 3 km westlich ein kleines Stadtviertel um die 124th Street, manchmal als originales „West End" bezeichnet, mehr Charisma. Die 124th Street zwischen Jasper Avenue und 111th Avenue ist das unkonventionelle Gegenstück zur West Edmonton Mall: Es gibt hier unzählige kleine Kunstgalerien, die teilweise durch Kunstspaziergänge miteinander verbunden sind, sowie einige interessante unabhängige Restaurants, das innovative Roxy Theatre und zwei der besten europäischen Bäckerei-Cafés diesseits von Winnipeg (Duchess Bake Shop und Tiramisu Bistro). Jüngst hat sich hier auch ein kleiner Straßenmarkt etabliert: Auf dem **124 Grand Market** (www.124grandmarket.com; 108th Ave zwischen 123rd St & 124th St; Do 16–20 Uhr) verkaufen lokale Erzeuger ihre Bioprodukte. Hier haben sich einheimische Geschäfte und Geschäftsleute ihr Gemeinwesen zurückerobert.

Tiramisu bietet neben Kuchen auch einfache italienische Tellergerichte und Panini. Es wirkt eher wie ein Café als ein Bistro und es hat einen eigenen Kinderraum.

Blue Plate Diner VEGETARISCH $$

(Karte S. 642; 780-429-0740; www.blueplatediner.ca; 10145 104th St; Hauptgerichte 12–18 C$; 11–22, Sa & So 9–22 Uhr;) Der vegetarische Diner in einem der Backsteinhäuser im Speicherviertel von Edmonton serviert gesundes Essen in deftigen Portionen. Stilvoll ist es auch: Coole farbige Beleuchtung und Sichtmauerwerk zieren den atmosphärischen Raum, die Gäste können also ihren Tofu essen, ohne sich wie in einer Hippiekommune zu fühlen.

Empfehlenswert sind das Tofu-Pfannengericht und das Steak-Sandwich sowie die überdurchschnittlich großen Teller mit knackigem Gemüse aus lokalem Anbau.

Madison's Grill FUSION $$$

(Karte S. 642; 780-401-2222; www.unionbankinn.com; 10053 Jasper Ave; Hauptgerichte 26–42 C$; Mo–Do 8–22, Fr & Sa 8–23, So 8–20 Uhr) Das Madison's Grill, das sich im Union Bank Inn befindet und den gleichen hohen Standard bei Service und Qualität zeigt, bereitet gekonnt delikate Fleischgerichte und Meeresfrüchte zu. Der Raum ist elegant, der Service erstklassig, das Menü mit jeweils passendem Wein kostet gepfefferte 50 C$.

Corso 32 ITALIENISCH $$$

(Karte S. 642; 780-421-4622; www.corso32.com; 10345 Jasper Ave; Hauptgerichte 21–32 C$; Di–So 17–23 Uhr) Das Restaurant mit neuer italienischer Küche scheint, als ob es aus einer viel größeren und trendigeren Stadt hierher versetzt wurde (ist es aber nicht). Das Besondere? Knappe, minimalistische Einrichtung mit mindestens einem Gemeinschaftstisch, hausgemachte Pasta, ein ultraeinfaches, ultrabeeindruckendes Speisenangebot und die beste Weinkarte in Edmonton (für Italiener jedenfalls).

Hardware Grill STEAKHAUS $$$

(Karte S. 642; 780-423-0969; www.hardwaregrill.com; 9698 Jasper Ave; Hauptgerichte 36–48 C$; Mo–Sa 17 Uhr bis spätabends) Diese vornehme Oase hoch oben an einem Steilhang über dem Fluss beeindruckt wirklich jeden. Hier, in einem traditionell eher schäbigen Teil der Stadt, ist das Hardware in einem (für Edmonton) alten Backsteingebäude untergebracht. Die eleganteren Details hat man beibehalten, der Rest wurde schick herausgeputzt. Probieren sollte man beispielsweise die meisterhaft zubereitete Entenbrust oder Lammrücken und Rindfleisch aus Alberta.

Old Strathcona & Garneau

★ Transcend Coffee KAFFEE $

(www.transcendcoffee.ca/garneau; 8708 109th St; Mo–Sa 7.30–21, So bis 17 Uhr;) In einer Stadt, in der es kaum Cafés gibt, die ihre Kaffeebohnen selbst rösten, sollte das Transcend wie Goldstaub behandelt werden. Erfahrene Baristas, die ihre guatemaltekischen Kaffeebauern persönlich kennen, brauen den hausgerösteten Kaffee mit großer Präzision. Der Laden in Garneau ist trendig, aber nicht im Geringsten blasiert.

High Level Diner DINER $

(780-433-1317; www.highleveldiner.com; 10912 88th Ave; Hauptgerichte 6–15 C$; Mo–Do 8–22, Fr & Sa 8–23, So 9–21 Uhr;) Wer sich von der Innenstadt über die High Level Bridge südlich des Flusses begibt, betritt eine spürbar coolere Welt, die mit diesem preiswerten und guten Diner beginnt, der bei Studenten, Anwohnern und dem einen oder anderen

Hipster beliebt ist. Die Speisekarte lässt mit ihrem guten vegetarischen Angebot die übliche Fleischleidenschaft der Albertaner ins Wanken geraten. In der Küche wird der Ketchup selbst hergestellt.

Block 1912 CAFÉ $

(www.block1912.com; 10361 Whyte Ave; Snacks 3–12 C$; ⌚Mo–Sa 9–24, So 10–23 Uhr) Das einladende Café ist ein würdiger Versuch einer echten Turiner Café-Bar in der Whyte Avenue, wo sich Gäste auf Sofas und Sesseln im europäischen Stil niederlassen und ihren Kaffee mit diversen Snacks oder sogar einem Eis genießen können. Abends öffnet eine kleine Bar.

Café Mosaics VEGETARISCH $

(☎780-433-9702; www.cafemosaics.com; 10844 Whyte Ave; Hauptgerichte 6–12 C$; ⌚Mo–Sa 9–21, So 11–14.30 Uhr;) Die szenige, von Aktivisten besuchte vegetarisch-vegane Strathcona-Institution ist eine fleischfreie Zone, die sich eine Scheibe von San Francisco abgeschnitten hat: Es gibt hier Gemüsegerichte, die gleichzeitig interessant und lecker sind. Als Beweis muss man sich nur die vielen Gäste anschauen, die auch mal auf Fleisch verzichten, um hier zu essen.

Empfehlenswert sind das Tofu-Curry, das Cowgirl-Frühstück oder die marokkanische Kichererbsensuppe. Es gibt sogar eine vegetarische Kinderkarte.

Tokyo Noodle Shop JAPANISCH $

(☎780-430-0838; 10736 Whyte Ave; Hauptgerichte 7–12 C$; ⌚Mo–Do 11.30–21.30, Fr & Sa 11.30–22.30, So 12–21 Uhr) Gutes Sushi und massenhaft Nudeln. Nichts Großartiges, aber darum geht es ja auch.

★ **Da-De-O** CAJUN $$

(☎780-433-0930; www.dadeo.ca; 10548A Whyte Ave; Hauptgerichte 10–16 C$; ⌚Mo, Di & Do–Sa 11.30–23, So 12–22 Uhr) Tschüss Stoffservietten und richtige Kellner, Hallo Retro-Jukeboxes, Art-déco-Lampen und Jazzradierungen an der Wand! Das Kneipenlokal mit Cajun-Küche hat das Zeug, Edmontons bestes Restaurant zu werden. Der Schlüssel ist das Essen – eine unerwartete Beschwörung des Big Easy im eisigen Norden.

Austern, Gumbo und Jambalaya sind gut zubereitet, aber wie direkt aus dem louisianischen Märchenreich sind die Pommes frites aus Süßkartoffeln und die riesigen *po'boys* (belegte Baguettes), besonders die mit scharf gebratenen Wels). Das Geld fürs Ticket nach New Orleans kann man sich sparen und hier verfuttern.

Three Boars Eatery TAPAS $$

(☎780-757-2600; www.threeboars.ca; 8424 109th St; kleine Portionen 13–21 C$; ⌚16 Uhr bis spätabends) Das Three Boars folgt dem wachsenden Trend, das Essen direkt vom Erzeuger auf dem Tisch zu bringen. Hier stehen die Besitzer in enger Beziehung zu fast all ihren Lieferanten (die aus der Umgebung stammen). Geboten werden hier kleine Portionen, ein cooles Ambiente und gute Fassbiere aus Kleinbrauereien.

Wer Appetit auf ein großes Alberta-Steak hat, ist hier falsch. Wer hingegen Schweinsterrine und geräucherte Wachteln schätzt, liegt genau richtig.

Origin India INDISCH $$

(☎780-436-0556; www.theoriginindia.com; 10511 Whyte Ave; Hauptgerichte 13–16 C$; ⌚So–Do 11.30–22.30, Fr & Sa 11.30–3 Uhr) Das Origin India fährt auf der boomenden Erfolgsschiene der indischen Fusionsküche. Es zeigt sich im schicken, modernen Ambiente, bleibt aber seinen Wurzeln treu – *dal makhani*, Butterhuhn und pikanter *paneer*.

Ausgehen & Nachtleben

Das beste Nachtleben gibt es traditionell in oder um die Whyte Avenue in Old Strathcona. In jüngster Zeit wurde es auch in der Jasper Avenue recht spannend, besonders im westlichen Abschnitt zwischen 108th und 118th Street. Clubs eröffnen und schließen von einem Moment zum anderen; Bars halten sich in der Regel länger. In einigen gibt es Musik und/oder DJs.

Yellowhead Brewery BRAUEREI

(Karte S. 642; www.yellowheadbrewery.com; 10229 105th St NW; ⌚Mo–Fr 11–18 Uhr) Das Wichtigste zuerst. Dies ist keine Kneipe, sondern nur eine Probierstube neben einer Brauerei, in der Gäste das einzige Angebot der Yellowhead Brewery süffeln können: Yellowhead Amber Ale – ein leichtes, kein schlechtes helles Bier, das in großen Fässern gebraut wird, die durch eine Glaswand zu sehen sind. Serviert werden auch kleine Snacks und es gibt Brauereiführungen, die im Voraus gebucht werden müssen.

Black Dog Freehouse KNEIPE

(☎780-439-1089; www.blackdog.ca; 10425 Whyte Ave; ⌚14–2 Uhr) Das Black Dog ist unglaublich beliebt und wird von den unterschiedlichsten Charakteren frequentiert. Natürlich kommt diese Beliebtheit nicht von ungefähr: Zur Location gehören eine Dachterrasse mit Heizstrahlern (klar, dies ist schließlich Alberta), eine traditionelle Bar im Erdgeschoss (unter der Woche meistens gerammelt voll) und ein Raum für Livemusik, DJs und gelegentliche Partys im Untergeschoss – eine Institution in Edmonton.

Public House BAR

(www.yourpublichouse.com; 10765 Jasper Ave; ⌚Mi–Fr 11–2, Sa 14–2, So 12–22 Uhr) In der Ära von Amazon und E-Books scheint es im Trend zu liegen, eine Bar oder Café mit vollen, deckenhohen Bücherregalen auszustatten, besonders in Stadtvierteln, die sich für hip halten. Folglich bietet das allerneueste Bar Public House in der Jasper Avenue einen angenehmen Aufenthalt für Bücherfreunde, Biertrinker und die Speisegäste.

Zu den Bieren vom Fass zählen auch ein paar aus einheimischen Kleinbrauereien. Serviert werden typische amerikanische Kneipengerichte.

Elephant & Castle KNEIPE

(www.elephantcastle.com; 10314 Whyte Ave; ⌚Mo–Fr 11.30–24, Sa & So 9–2 Uhr) In London würde sich dafür niemand interessieren (dort ist Elephant & Castle ein groteskes Einkaufszentrum), in Edmonton jedoch steht dieser Name für sonderbare Exotik: Eine rote Telefonzelle, mit Samt überzogene Barhocker und ein intensiver Biergeruch, der aus dem dicken Teppichboden aufsteigt, verleihen dieser sportlichen, trinkfreudigen Kneipe ein britisches Flair. Hier werden die Spiele der englischen Premier League gezeigt.

Fluid Lounge CLUB

(www.thefluidlounge.com; 10888 Jasper Ave; ⌚Do–Sa 20–2 Uhr) Ein nobler Club auf der boomenden Amüsiermeile der Jasper Avenue westlich der 108th Street. Wer will, kann sich hier anstellen und mit den Schönen der Nacht um Platz auf der Tanzfläche, Cocktails und darum konkurrieren, wie gut man den DJ kennt.

O'Byrne's KNEIPE

(☎ Ave; ⌚11.30–2 Uhr) Das beliebte Irish Pub, das älteste Edmontons, besteht aus einem Labyrinth an Räumen. Es gibt mehrere Biere vom Fass, darunter auch das obligatorische Guinness. Livemusik (ab 20.30 Uhr) bringt die Kneipe abends in Schwung.

Pub 1905 KNEIPE

(Karte S. 642; ☎780-428-4711; 10525 Jasper Ave; ⌚11–24 Uhr) Eine beliebte Kneipe mit einer angesagten Happy Hour, Billardtischen und unzähligen Fernsehern, die meist das jüngste Spiel der Oilers zeigen.

Next Act KNEIPE

(www.nextactpub.com; 8224 104th St NW; ⌚So–Do 11–1, Fr & Sa 11–2 Uhr) Eine Kneipe im Theaterviertel nahe der Whyte Avenue mit einigen Künstlertypen. Es gibt ausgesuchte Ales,

EDMONTON FÜR KINDER

Edmonton hält sich gern mit seinem brieftaschenschröpfenden Einkaufszentrum für kinderfreundlich, aber wer seinen Nachwuchs von den künstlichen Plastikbäumen wegzerren kann, findet reichlich andere familienorientierte Unternehmungen. **Telus World of Science** (Karte S. 641; www.edmontonscience.com; 11211 142nd St; Erw./Kind 13,95/11,95 C$; ⌚10–19 Uhr; 👪) ist ein nahe liegender Startpunkt. In der „Welt der Wissenschaft" mit Schwerpunkt auf interaktiven Exponaten gibt es tausend Dinge zu tun, alles unter einem Dach. Die Kids können Verbrechen mit der neuesten Technologie bekämpfen, erleben, wie es sich in einem Raumschiff lebt, an einer Ausgrabung nach Relikten von Dinosauriern teilnehmen und erkunden, wie der menschliche Körper funktioniert. Zum Zentrum gehört auch ein IMAX-Kino (kostet extra) und ein Observatorium mit Teleskopen (kostet nicht extra).

Eine weitere Möglichkeit ist der **Valley Zoo** (Karte S. 641; ☎780-496-8787; www.valleyzoo.ca; 13315 Buena Vista Rd; Erw./Kind 10,50/5,25 C$; ⌚9:30–18 Uhr; 👪), mit über 100 exotischen, gefährdeten und einheimischen Tieren. Toll für Kinder sind der Streichelzoo, Kamel- und Ponyritte, der Minizug, Karussells und Paddelboote. Wer sich im eisigen Winter in den Zoo wagen will, erhält ermäßigten Eintritt.

Im Fort Edmonton Park (S. 642) gibt es einen kleinen Vergnügungspark für Kinder und die West Edmonton Mall (S. 644) könnte selbst die hyperaktivsten Siebenjährigen tagelang beschäftigt halten.

darunter die lokalen Urgesteine Yellowhead und Alley Kat, sowie recht gute Hamburger und *mac-and-cheese* (Käse-Makkaroni).

Buddy's Nite Club SCHWULE
(www.buddysedmonton.com; 11725B Jasper Ave; 21–3 Uhr) Nasse-T-Shirt-Wettbewerbe, Transvestitenshows und verdächtig klingende „Dance your pants off"-Nächte – das Buddy's ist bei schwulen Männern sehr beliebt.

Unterhaltung

Theater! Edmonton sollte niemand ohne einen Theaterbesuch verlassen. *See* und *Vue* sind kostenlose alternative Wochenzeitungen mit umfassendem Kultur- und Unterhaltungsprogrammteil. Eine tägliche Veranstaltungsübersicht findet man im Unterhaltungsteil der Tageszeitung *Edmonton Journal*.

★ **New Varscona Theatre** THEATER
(www.varsconatheatre.com; 10329 83rd Ave; Karten ab 14 C$) Es gibt im Varscona, einem Grundpfeiler im Theaterviertel Old Strathcona, nur 176 begehrte Plätze. Es zeigt trendige Stücke, nächtliche Comedy und Kinderaufführungen am Vormittag. Angekündigt ist für demnächst eine 6 Mio. C$ teure Renovierung.

Garneau Theatre KINO
(www.metrocinema.org; 8712 109th St NW) Das einzige erhaltene Art-déco-Kino Edmontons ist in der einen oder anderen Gestalt seit 1940 in Betrieb; der jüngste Besitzerwechsel war 2011. Es wird liebevoll als „altehrwürdig" bezeichnet, was auch bedeutet, dass die Sitze komfortabler sein könnten. Aber was soll's, wenn man sich hier eine Nachmittagsvorstellung von *Trainspotting* reinzieht und es an der Bar ein Bier gibt.

Citadel Theatre THEATER
(Karte S. 642; www.citadeltheatre.com; 9828 101A Ave; Karten ab 45 C$; Sept.–Mai) Edmontons führende Theaterkompagnie hat ihr Haus direkt am Winston Churchill Square in der Innenstadt. Geboten werden glänzende Aufführungen von Shakespeare und Stoppard, Dickens-Adaptionen und gelegentlich ein Sondheim-Musical.

Princess Theatre KINO
(780-433-0728; www.rainbowcinemas.ca; 10337 Whyte Ave; Karten Erw./Kind 8/6 C$) Das Princess ist noch ein großartiges Kino, das den Multiplex-Häusern, die anderswo vorherrschen, den Finger zeigt. Es stammt noch aus der Stummfilmzeit (1915) und bringt Erstaufführungen, Programmkino und Kultklassiker. Karten für die Nachmittagsvorstellungen am Montag und am Wochenende kosten 5 C$.

Roxy Theatre THEATER
(780-453-2440; www.theatrenetwork.ca; 10708 124th St NW) Das Roxy liegt versteckt im trendigen „West End" und ist eine weitere unerwartete Theaterüberraschung. Es ist klein (198 Sitze), historisch (seit 1938) und bunt gemischt: Auf dem Programm stehen Varieté, Livebands und Comedy.

Blues on Whyte LIVEMUSIK
(780-439-981; www.bluesonwhyte.ca; 10329 Whyte Ave) Davor haben einen die Eltern immer gewarnt: schmutzig, derb und doch irgendwie cool. Genialer Ort für Livemusik (vor allem Rock und Blues) und um auf der Tanzfläche ein wenig abzurocken.

Jubilee Auditorium THEATER
(www.jubileeauditorium.com; 11455 87th Ave) Die Bühne der **Edmonton Opera** (780-424-4040; www.edmontonopera.com; Karten 24 C$; Okt.–April). Ansonsten gibt's hier Aufführungen jeglicher Art.

Edmonton Oilers ZUSCHAUERSPORT
(www.edmontonoilers.com; Karten ab 38,50 C$) Um peinliche Situationen zu vermeiden, sollte sich jeder vor der Ankunft in Edmonton über die Oilers informieren. Das lokale Eishockeyteam der National Hockey League (NHL) stand in den 1980er-Jahren an der Spitze, und zwar dank eines Spielers namens Wayne Gretsky – alias „The Great One". Seither hat die Mannschaft aber nicht viele Siege davongetragen. Die Spiele werden im oft umbenannten **Rexall Place** (7424 118th Ave NW) im Nordosten der Stadt ausgetragen. Saison ist von Oktober bis April.

Edmonton Eskimos ZUSCHAUERSPORT
(www.esks.com; Erw./KInd ab 43/21,50 C$) Die Eskimos nehmen von Juli bis Oktober an der Canadian Football League (CFL) im **Commonwealth Stadium** (11000 Stadium Rd) teil.

Shoppen

Die beste Adresse für einzigartige Läden ist Old Strathcona – mit Second-Hand-Zeitschriften, alten Platten, Retro-Möbeln und Ähnlichem. Wer nach großen Ladenketten und den üblichen Markennamen sucht, der kann sich in den mehr als 800 Läden der West Edmonton Mall austoben.

Avenue Guitars MUSIK
(www.avenue-guitars.com; 10550 Whyte Ave; ⌚Mo–Sa 10–18 Uhr) Beim Zupfen der ersten Zeilen von *Stairway to Heaven* im führenden Musikladen in Old Strathcona lockern sich die Finger. Das Geschäft verkauft individuell gefertigte und Sammlergitarren sowie das übliche Sortiment.

Decadence VINTAGE
(www.divineplanet.com; 10760 Whyte Ave NW; ⌚Mo–Fr 11–20, Sa 11–19, So 12–18 Uhr) Hier gibt es Sachen, die in den 800 Läden in der West Edmonton Mall nicht zu finden sind.

Old Strathcona Farmers Market LEBENSMITTEL
(☎780-439-1844; 10310 83rd Ave, an der 103rd St; ⌚Juli & Aug. Di 12–17, Sa 8–15 Uhr) Die über 130 Händler in der sehenswerten Markthalle verkaufen alles von Biolebensmitteln bis zu Kunsthandwerk. Samstagvormittags kommt alle Welt hierher – eine tolle Atmosphäre.

Junque Cellar ACCESSOIRES
(10442 Whyte Ave; ⌚Mo–Sa 10–21, So 10–18 Uhr) Was für die einen alter Trödel ist, ist für andere retro-cool. Hier findet man Schreibmaschinen, Lavalampen, alte Telefone, Comics, Klamotten und andere Relikte einer vergangenen Popkultur.

Praktische Informationen

Custom House Global Foreign Exchange (10104 103rd Ave) Geldwechsel.

Edmonton Tourism (Karte S. 642; 9797 Jasper Ave; ⌚8–17 Uhr) Freundliche Touristeninformation mit tonnenweise Flyern und Broschüren.

Hauptpostamt (9808 103A Ave; ⌚Mo–Fr 8–17.45 Uhr)

Royal Alexandra Hospital (☎780-477-4111; 10240 Kingsway Ave) Krankenhaus 1 km nördlich des Stadtzentrums mit 24-Stunden-Unfallstation.

An- & Weiterreise

AUTO

Alle größeren Autovermietungen haben Niederlassungen am Flughafen und in der Stadt. **Driving Force** (www.thedrivingforce.com; 11025 184 St) verleiht, least und verkauft Autos. Auf der Website sind oft gute Angebote zu finden.

BUS

Vom großen **Busbahnhof** (Karte S. 642; 10324 103rd St) fahren Busse von Greyhound Canada zu zahlreichen Zielen, u. a. nach Jasper (67 C$, 4½ Std., 4-mal tgl.) und Calgary (49 C$, ab 3½ Std., ab 10-mal tgl.).

Die Busse von **Red Arrow** (Karte S. 642; www.redarrow.ca) halten am Holiday Inn Express in der Innenstadt und fahren nach Calgary (70 C$, 3½ Std., 6-mal tgl.) und Fort McMurray (86 C$, 5½ Std., 3-mal tgl.). Die Busse sind luxuriös mit WLAN, Steckdosen für Laptops, Einzel- und

DAS „FRINGE" LEGT LOS

Edmonton mutiert im August zu einer ganz anderen Stadt, wenn Schauspieler, Straßenmusiker, Imbissverkäufer und unorthodoxe einheimische Künstler – mit Namen wie „Three Dead Trolls in a Baggie" oder „Mump and Smoot" – beim jährlichen Edmonton International Fringe Festival (S. 645) den Massen einheizen. Das Festival wurde 1982 nach dem Vorbild des berühmten Festivals in Edinburgh im Stadtteil Old Strathcona ins Leben gerufen, wo kleine Theater ihre Bühnen für unabhängige Künstler zur Verfügung stellen, die dort ihre alternativen, kostengünstigen und unzensierten Stücke aufführen. Die Idee war ein Hit und das Fringe Festival entwickelte sich in den folgenden Jahren mit 600 Künstlern und bis zu einer halben Million Besuchern zum zweitgrößten der Welt. Es ist nicht nur in Humor und Atmosphäre typisch Edmonton, sondern hat auch zahllose andere Fringe Festivals in ganz Kanada inspiriert.

Das Festival beginnt meist Mitte August, der Kartenverkauf startet etwa zehn Tage vorher. Dem Alternativcharakter getreu werden die Preise niedrig gehalten (10–15 C$ pro Aufführung). Außerdem gibt es das (nur in beschränkter Anzahl erhältliche) Mehrfachticket Frequent Fringer. Ein Großteil der schönsten Kleinbühnen befindet sich um die Whyte Avenue, darunter das Waterdale Theatre und das New Varscona Theatre. Zudem sorgen zahllose Straßenkünstler und -musiker sowie ein ausgelassener Straßenkarneval für Stimmung in dem Viertel.

Doppelsitzen, einer kostenlosen Minibar und heißem Kaffee ausgestattet.

FLUGZEUG

Der **Edmonton International Airport** (YEG; www.flyeia.com) liegt etwa 30 km südlich der Stadt am Calgary Trail, etwa 45 Min. dauert die Fahrt von der Innenstadt dorthin.

ZUG

Der kleine **VIA-Rail-Bahnhof** (www.viarail.ca; 12360 121st St) liegt etwas ungünstig 5 km nordwestlich des Stadtzentrums nahe dem Edmonton City Centre Airport. Der *Canadian* fährt dreimal pro Woche ostwärts nach Saskatoon (85 C$, 8 Std.), Winnipeg (181 C$, 20 Std.) und Toronto (405 C$, 55 Std.) und westwärts nach Jasper (117 C$, 5½ Std.), Kamloops (172 C$, 16½ Std.) und Vancouver (225 C$, 27 Std.). In Jasper gibt es Anschluss nach Prince George und Prince Rupert.

Unterwegs vor Ort

AUTO & MOTORRAD

Überall in der Stadt gibt es gebührenpflichtige Parkplätze. Die meisten Hotels bieten ihren Gästen aber eine kostenlose Parkmöglichkeit. Besucher stellen ihr Auto am besten einen Tag lang dort ab und erkunden das Viertel zu Fuß. Edmonton hat auch öffentliche Parkplätze, die etwa 12 C$ pro Tag bzw. 1,50 C$ je halbe Stunde kosten; nach 18 Uhr kann für einen Pauschalpreis von etwa 2 C$ geparkt werden.

ZUM/VOM FLUGHAFEN

Der Bus 747 fährt alle 30 bis 60 Min. vor der Ankunftshalle ab und bis zum Century Park (5 C$), der südlichsten Haltestelle des Light Rail Transit. Von dort fahren Stadtbahnen regelmäßig nach Strathcona und zur Innenstadt.

Sky Shuttle Airport Service (www.edmontonskyshuttle.com; Erw./Kind 18/10 C$) befährt drei verschiedene Strecken, die an Hotels in vielen Stadtteilen halten (u. a. in der Innenstadt und in Strathcona). Das Büro befindet sich am Gepäckkarussell 12. Die Fahrt dauert etwa 45 Min.

Taxifahrten vom Flughafen in die Innenstadt kosten ungefähr 50 C$.

ÖFFENTLICHE VERKEHRSMITTEL

Stadtbusse und die Stadtbahn Light Rail Transit (LRT) mit 16 Linien bedienen den Großteil der Stadt. Vier weitere LRT-Linien sind geplant. Die Fahrkarte kostet 3,20 C$. Die Busse verkehren von 5.30 bis 1.30 Uhr alle 30 Min. Nützlich ist der exzellente Streckenplaner auf www.edmonton.ca. Die Fahrten mit der LRT zwischen den Bahnhöfen Churchill und Grandin sind tagsüber kostenlos.

Zwischen Mitte Mai und Anfang September kann die High Level Bridge mit einer Straßenbahn (hin & zurück 4 C$, 11–22 Uhr alle 30 Min.) überquert werden. Sie ist eine tolle Möglichkeit, zum Old Strathcona Market (103rd St/94th Ave) zu gelangen. Die historischen Straßenbahnwaggons bedienen auch die Strecke von Old Strathcona in die Innenstadt und halten neben der LRT-Station Grandin (109th St zwischen 98th Ave und 99th Ave).

TAXI

Zwei der vielen Taxigesellschaften sind **Yellow Cab** (☎780-462-3456) und **Alberta Co-Op Taxi** (☎780-425-2525). Die Fahrt von der Innenstadt zur West Edmonton Mall kostet etwa 25 C$. Die Grundgebühr beträgt 3,60 C$, dann 0,20 C$ für alle 150 m.

RUND UM EDMONTON

Östlich von Edmonton

Wenn die Edmonter Ruhe brauchen und sich in die Natur zurückziehen wollen, ist der **Elk Island National Park** (www.pc.gc.ca/eng/pn-np/ab/elkisland/index.aspx; Erw./Kind/Sen. 7,80/3,90/6,80 C$, Zelt- & Wohnmobilplätze 25,50 C$, Lagerfeuererlaubnis 8,80 C$; ⏰Sonnenauf- bis Sonnenuntergang) oft ihre erste Anlaufstelle. Er liegt 45 km östlich von Edmonton am Yellowhead Highway (Highway 16) und ist somit für Wochenendausflüge günstig gelegen. Entsprechend voll sind die Campingplätze. Einige der Campingplätze im Park schließen von Anfang Oktober bis Mai.

Das **Ukrainian Cultural Heritage Village** (☎780-662-3640; www.history.alberta.ca/ukrainianvillage; Erw./Kind 9/4 C$; ⏰Mai–Aug. 10–17 Uhr) befindet sich 50 km östlich von Edmonton am Highway 16 (3 km östlich vom Elk Island National Park) und ist eine originalgetreue Nachbildung eines ukrainischen Dorfes um 1900. Es ist eine Hommage an die 250 000 ukrainischen Einwanderer, die Ende des 19. und Anfang des 20. Jhs. nach Kanada kamen. Viele von ihnen ließen sich in Zentralalberta nieder, wo die Landschaft sie an die schneebedeckten Steppen ihrer Heimat erinnerte. Auf dem Ausstellungsgelände stehen etwa ein Dutzend Gebäude, darunter auch ein restauriertes Pionierhaus und eine beeindruckende ukrainische griechisch-orthodoxe Kirche. Die Mitarbeiter

ABSTECHER

ELK ISLAND NATIONAL PARK

Falls es noch niemand bemerkt haben sollte, es gibt außer Jasper und Banff noch drei weitere Nationalparks in Alberta. Im winzigen Elk Island National Park (Erw./Kind 7,70/3,90 C$) im Schatten der düsteren Rockies tummeln sich nur 5 % der jährlichen Besucher von Banff, obwohl er nur 50 km östlich von Edmonton liegt. Nicht, dass das seine Attraktionen mindert. Der Park – der einzige völlig eingezäunte in Kanada – besitzt nach der Serengeti die höchste Dichte an wilden Huftieren der Welt. Besucher sollten hier auf die Spuren der „Big Six" gehen: Präriebisons, Waldbisons, Maultierhirsche, Virginiahirsche, Wapitihirsche und die selteneren amerikanischen Elche. Die Waldbison leben ausschließlich im ruhigeren südlichen Teil des Parks (der vom Highway 16 in zwei Hälften geteilt wird), der Präriebison hingegen im Norden. Der Norden um den Astotin Lake ist auch besser erschlossen. Dort gibt es einen Campingplatz, einen 9-Loch-Golfplatz (mit Clubhaus und Restaurant), einen Strand und einen Bootsanleger. Vier der elf Wanderwege des Parks führen vom Seeufer durch den charakteristischen Espenwald des nördlichen Alberta – eine Art Mischung aus Prärie und nördlichem Nadelwald.

Es gibt keine öffentlichen Verkehrsmittel zum Park. Besucher müssen also ein Auto mieten oder sich einer Tour der **Watchable Wildlife Tours Group** (☎780-405-4880; www.birdsandbackcountry.com) anschließen, die vom Wildexperten Wayne Millar geführt wird. Es ist ein wunderbares Erlebnis, an einem langen Sommerabend den Sonnenuntergang inmitten der Tiere zu erleben.

sind in historische Gewänder gekleidet und stellen verschiedene Charaktere da, die das Erlebnis noch wirklichkeitsnäher und vergnüglicher machen.

Südlich von Edmonton

Am Highway 2 liegt auf halber Strecke zwischen Edmonton und Calgary die drittgrößte Stadt Albertas, **Red Deer** (97 000 Ew.). Die Stadt ist dank der Landwirtschaft und seit Jüngstem auch des Öls ein boomender Ort. Für Reisende ist er nur als Zwischenstopp oder Notunterkunft von Interesse. Red Deer liegt jeweils etwa 1½ Std. von Calgary und Edmonton entfernt, die Unterkünfte sind daher nicht so knapp oder teuer wie dort. Weitere Informationen erteilt das **Red Deer Visitor & Convention Bureau** (www.tourismreddeer.net; 30 Riverview Park). Wem die Unterkunft egal ist, findet in der Stadt reichlich Kettenhotels.

Westlich von Edmonton

Diejenigen, die von Edmonton auf dem Highway 16 in westlicher Richtung nach Jasper fahren, den erwartet eine wahrhaft traumhafte Strecke durch eine sanfte, bewaldete Hügellandschaft, die im Herbst besonders schön ist. Unterwegs gibt es einige gute Übernachtungsmöglichkeiten. Die Strecke wird regelmäßig von Greyhound-Bussen bedient.

Hinton ist ein nettes kleines und doch schroffes Dorf, das mitten im Wald liegt. Viele Bewohner verdanken ihren Arbeitsplatz direkt oder indirekt der allgegenwärtigen Holzindustrie. In der Umgebung gibt es tolle Mountainbikemöglichkeiten; das Infocenter informiert über die Strecken.

Wenn in den Wintermonaten viel Schnee liegt, bietet das **Athabasca Lookout Nordic Centre** sehr gut instand gehaltene Loipen (max. 25 km lang) an. Auf einer 1,5 km langen Loipe kann nachts bei Flutlicht gefahren werden. Unterhaltsam ist auch die 1 km lange Rodelbahn (5 C$). Weitere Infos erhält man im **Hinton Tourist Information Centre** (☎780-865-2777; 309 Gregg Ave).

Unmittelbar nordwestlich von Hinton liegt das winzige **Grande Cache**. Die kleine Industriestadt hat außer überteuerten Hotels nichts zu bieten. (Die Zimmer werden vorwiegend an Mitarbeiter der Rohstoffindustrie vermietet, die auf Spesen übernachten). Die Fahrt auf dem Highway 40 zwischen Hinton und Grande Cache ist spektakulär und führt durch eine bewaldete Hügellandschaft mit Seen und unzähligen wilden Tieren.

CALGARY

1 065 000 EW.

Calgary ist für die meisten, die nicht in Calgary leben, Kanada mit Cowboyhut, selbstbewusster amerikanischer Großtuerei und einem scheinbar unersättlichen Hunger nach Geschäften, besonders wenn es sich um Öl dreht. Aber wie bei den meisten Stereotypen ist die Wahrheit komplexer. Albertas größte Metropole nimmt ihr Image als Stadt, die der Rest Kanadas nicht ausstehen kann, gelassen hin und hält sich wacker, trotz der verheerenden Überflutungen im Juni 2013. Sie marschiert auch weiterhin sorglos und mit dickem Fell und einem ungetrübten Gefühl für ihr Schicksal in die Zukunft. Aber man darf nicht vergessen: Dies ist auch die Stadt, die 1988 die höchst erfolgreiche Winterolympiade austrug, Nordamerikas ersten muslimischen Bürgermeister wählte und eine der größten Partys Kanadas schmeißt. Die berühmte July Stampede im Juli wird mit der für die Stadt typischen Unbescheidenheit als „größte Freiluftshow der Welt" angepriesen.

Calgary, das manchmal vom Tempo der eigenen Entwicklung überwältigt wird, hat in der Vergangenheit oft Qualität für Quantität aufgegeben und folgte somit eher dem Weg von Dubai oder Dallas statt von Austin oder Portland. Aber es gibt Anzeichen, dass sich der Trend ändern könnte. Stadtteilaktivisten in den neuen Vierteln Calgarys, etwa Inglewood und Kensington, wachen endlich auf und schnuppern den hausgerösteten Kaffee, und die neuen Bars, Boutiquen, Restaurants und Unterhaltungsetablissements zeigen mehr Farbe und Experimentierfreude. Eh man sich versieht, könnte die Stadt, die für Außenstehende seit Langem wahlweise als ungeliebtes und etwas ödes Geschäftszentrum oder als praktisches Sprungbrett zu den Schönheiten von Banff oder den Rockies dient, interessant werden.

Geschichte

Die junge Stadt hat sich von ihren bescheidenen Anfängen zu einer weltoffenen und modernen Großstadt entwickelt, in der immerhin schon Olympische Spiele abgehalten wurden und die nach wie vor eine enorme Wirtschaftskraft aufweist. Vor dieser explosionsartigen Entwicklung war das Gebiet jahrhundertelang Heimat des Stammes der Blackfoot. Später kamen auch die Sarcee und Stoney an die Ufer des Bow und des Elbow River.

In den 1870er-Jahren schließlich baute die North West Mounted Police (NWMP) eine Festung und nannte sie Fort Calgary – nach der Calgary Bay auf der schottischen Isle of Mull. Ein paar Jahre später folgte die Eisenbahn und Siedler, angelockt vom Versprechen auf kostenloses Land, machten sich auf den Weg nach Westen, um sich in Calgary niederzulassen. Die Blackfoot-, Sarcee- und Stoney-Stämme unterzeichneten 1877 den Treaty 7 mit der britischen Krone, der sie in festgesetzte Reservate trieb und ihnen die Landrechte nahm.

Die Stadt war lange Zeit eine Hochburg der Viehzucht und so schien es außer Frage, dass ihre Geschichte auf immer eng mit der Cowboykultur verflochten sein würde. Zu Beginn des 20. Jhs. ging es in Calgary nur gemächlich voran, entsprechend langsam wuchs auch die Stadt. Die 1960er-Jahre sollten alles verändern. Von heute auf morgen war die Landwirtschaft etwas Antiquiertes und das Öl wichtig. Das „Schwarze Gold" schien überall in Alberta förmlich aus dem Boden zu sprudeln, und so lag es nahe, Calgary zum regionalen Hauptquartier der Ölindustrie zu machen.

Die Bevölkerungszahl explodierte und die Stadt begann mit alarmierender Geschwindigkeit zu wachsen. Mit den ins Unermessliche steigenden Ölpreisen erlebten die Bewohner von Cowtown, wie Calgary auch genannt wird, einige fette Jahre. Der Boom der 1970er-Jahre wurde aber in den 1980er-Jahren jäh durch das Platzen der Ölblase gestoppt. Die Stadt stagnierte und machte sich auf die Suche nach anderen wirtschaftlichen Standbeinen.

Das 21. Jh. wurde mit einem noch größeren Boom eingeläutet. Die Immobilienpreise sind inzwischen ins Unermessliche gestiegen, die Arbeitslosigkeit liegt nahezu bei null und die Wirtschaft wächst hier 40 % schneller als im Rest des Landes. Gar nicht so schlecht für einen Haufen Cowboys!

Sehenswertes

Calgarys Innenstadt ist nicht besonders interessant, außer wenn man im Ölgeschäft ist. Reizvoller sind eine Handvoll im Umbruch befindlicher Stadtviertel. **Uptown 17th Avenue** ist ein Kaleidoskop aus unerträglichen Eishockeytypen, bierhallenartigen Bars und neu entstehenden Restaurants mit Produkten aus der Region. **Inglewood**, gleich östlich der Innenstadt, ist das trendigste Viertel Calgarys. Hier gibt es

Calgary

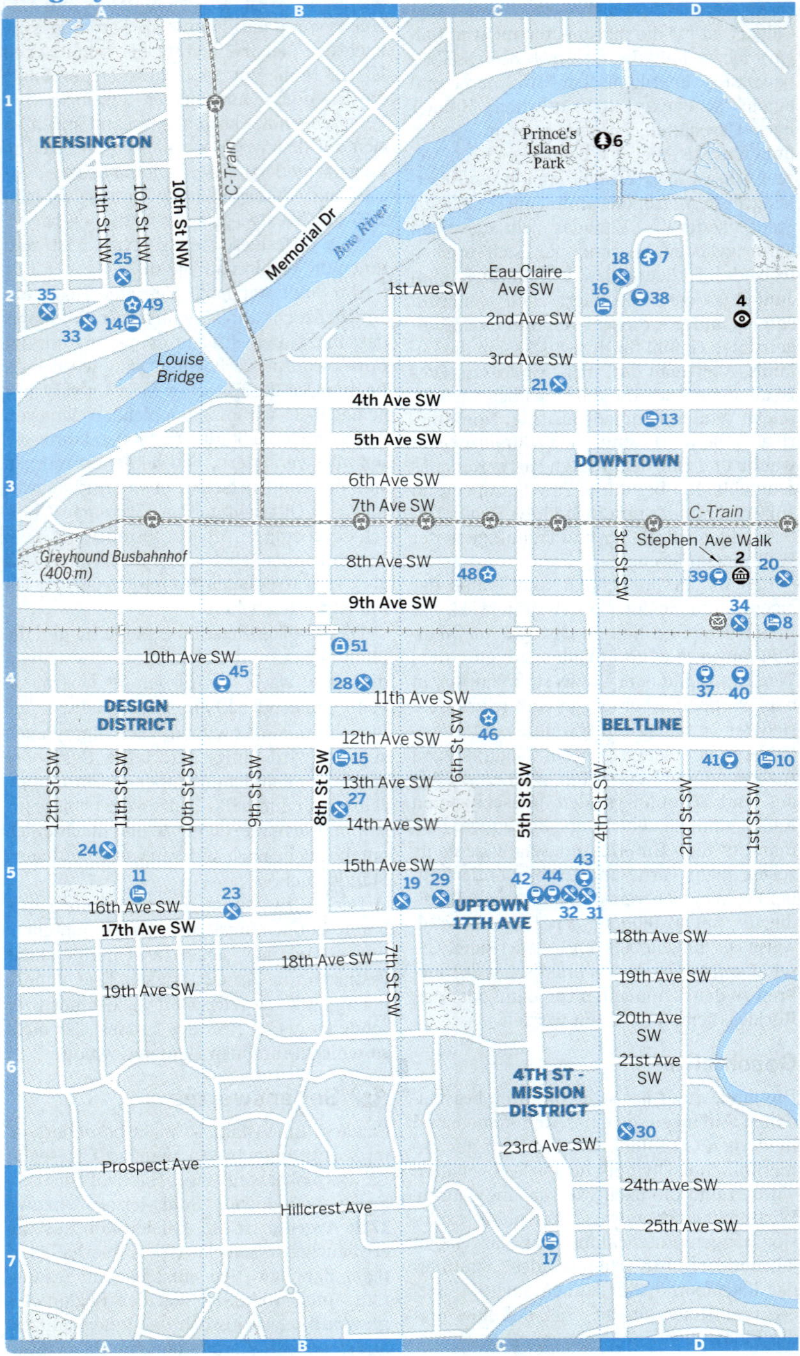
KENSINGTON
Prince's Island Park
Bow River
Memorial Dr
C-Train
10th St NW
10A St NW
11th St NW
Louise Bridge
Eau Claire Ave SW
1st Ave SW
2nd Ave SW
3rd Ave SW
4th Ave SW
5th Ave SW
6th Ave SW
7th Ave SW
8th Ave SW
9th Ave SW
10th Ave SW
11th Ave SW
12th Ave SW
13th Ave SW
14th Ave SW
15th Ave SW
16th Ave SW
17th Ave SW
18th Ave SW
19th Ave SW
20th Ave SW
21st Ave SW
23rd Ave SW
24th Ave SW
25th Ave SW
DOWNTOWN
Stephen Ave Walk
Greyhound Busbahnhof (400 m)
DESIGN DISTRICT
BELTLINE
UPTOWN 17TH AVE
4TH ST - MISSION DISTRICT
12th St SW
11th St SW
10th St SW
9th St SW
8th St SW
7th St SW
6th St SW
5th St SW
4th St SW
3rd St SW
2nd St SW
1st St SW
Prospect Ave
Hillcrest Ave

Antiquitätenläden, individuelle Boutiquen und einige abseits der Hauptstraßen gelegene Restaurants. **Kensington** nördlich des Bow River ist ein bisschen nobler, hat einige recht gute Kaffeebars und ein echtes Nachbarschaftsflair. **4th Street – Mission District** ist eine Verlängerung der 17th Avenue, wo es etwas gesetzter zugeht und sich ein Besuch wegen der italienischen Restaurants lohnt.

★ Glenbow Museum — MUSEUM

(☎403-777-5506; www.glenbow.org; 130 9th Ave SE; Erw./Kind 14/9 C$; ⏲Fr–Mi 9–17, Do 9–21 Uhr) Für eine Stadt mit einer solch kurzen Geschichte stellt sich Calgary im empfehlenswerten Glenbow Museum ganz gut dar. Das Museum präsentiert die Geschichte von Calgary und Alberta in der Zeit vor und nach dem Ölboom. Ausstellungen zeitgenössischer Kunst und bemerkenswerte jahrhundertealte Artefakte füllen die Hallen und Abteilungen des Museums.

Die umfangreiche Dauerausstellung und Wechselausstellungen bieten Geschichtsfans, Kunstfreunden und Popkulturenthusiasten reichlich Denkanstöße.

Fort Calgary Historic Park — HISTORISCHE STÄTTE

(☎403-290-1875; www.fortcalgary.com; 750 9th Ave SE; Erw./Kind 12/7 C$; ⏲9–17 Uhr) Calgary entstand 1875 als Fort Calgary. Heute befindet sich an dieser Stelle der Nachbau einer Militärkaserne, die dort in den 1880er-Jahren stand (das originale Fort ist längst verschwunden). Heute wird in der Kaserne die Geschichte Calgarys von 1875 bis in die 1920er-Jahre präsentiert, mit mehr als nur einer leichten Verbeugung vor der NWMP.

Zugegeben, nichts ist besonders alt, aber es handelt sich schließlich um das sich rasant verändernde Calgary, wo letzte Woche schon als Mittelalter gilt.

Calgary Zoo — ZOO

(☎403-232-9300; www.calgaryzoo.ab.ca; 1300 Zoo Rd NE; Erw./Kind 22,50/14,50 C$; ⏲9–18 Uhr; 👪) Die über 1000 Tiere aus der ganzen Welt leben vielfach in Gehegen, die ihrem natürlichen Lebensraum nachgebildet wurden und machen den Zoo von Calgary zu einem der führenden Nordamerikas. Neben den Tieren besitzt der Zoo einen **Botanischen Garten** mit wechselnden Gartenausstellungen, ein Stück **tropischen Regenwald**, ein ganz gutes **Schmetterlingshaus** und einen 6½ ha großen **prähistorischen Park** mit Fossili-

Calgary

Highlights
1 Glenbow Museum E4

Sehenswertes
2 Art Gallery of Calgary D3
3 Bow E3
4 Calgary Chinese Cultural Centre D2
5 Calgary Tower E4
6 Prince's Island Park D1

Aktivitäten. Kurse & Touren
7 Rapid Rent D2

Schlafen
8 Fairmont Palliser D4
9 HI-Calgary F3
10 Hotel Arts D4
11 Hotel Elan A5
12 Hotel Le Germain E4
13 International Hotel D3
14 Kensington Riverside Inn A2
15 Nuvo Hotel Suites B4
16 Sheraton Suites Calgary Eau Claire D2
17 Twin Gables B&B C7

Essen
18 1886 Buffalo Cafe D2
19 Analog Coffee C5
20 Blink D3
21 Caesar's Steak House C2
22 Catch E3
23 Farm B5
24 Galaxie Diner A5
25 Higher Ground A2
26 Home Tasting Room E3
27 Jelly Modern Doughnuts B5
28 King and I B4
29 Melrose Café & Bar C5
30 Mercato D6
31 Model Milk C5
32 Ox and Angela C5
33 Pulcinella A2
34 Rush D4
35 Sushi Club A2
36 Teatro E3

Ausgehen & Nachtleben
37 Back Lot D4
38 Barley Mill D2
39 Flames Central D3
40 HiFi Club D4
41 Hop In Brew D4
42 National C5
43 Rose & Crown C5
44 Ship & Anchor C5
45 Twisted Element B4

Unterhaltung
46 Broken City C4
47 Epcor Centre for the Performing Arts E4
48 Globe Cinema C3
49 Plaza Theatre A2
50 Saddledome F5

Shoppen
51 Mountain Equipment Co-op B4

en und lebensgroßen Dinosauriernachbildungen in ihrer natürlichen Umgebung. Überall im Zoo stehen Picknicktische, auch ein Café befindet sich auf dem Gelände. Im Winter, wenn weder Tiere noch Besucher Lust haben, sich lange draußen aufzuhalten, gibt es ermäßigte Eintrittskarten. Um hinzukommen, nimmt man den C-Train in östlicher Richtung und steigt bei der Haltestelle „Zoo" aus.

Heritage Park Historical Village — HISTORISCHE STÄTTE

(☎403-259-1900; www.heritagepark.ab.ca; 1900 Heritage Dr SW, an der 14th St SW; Erw./Kind 21/15 C$; ⌚Mai–Aug. tgl. 9.30–17 Uhr, Sept. & Okt. Sa & So) Wer wissen möchte, wie Calgary einst aussah, der wird in diesem Geschichtspark auf eine Reise in die Vergangenheit geschickt. Alle Gebäude innerhalb des Dorfes stammen garantiert von 1915 oder früher – und stehen damit im krassen Gegensatz zum modernen Calgary. Zu sehen sind eine 10 ha große nachgebaute Stadt mit Fort, Getreidemühle, Kirche, Schule und vielem mehr.

Möglich ist eine Rundfahrt mit der Dampflok, mit dem Bus und dem zum Park gehörenden Raddampfer SS *Moyie* auf dem Glenmore Stausee. Der Geschichtspark ist bei Kindern sehr beliebt und der perfekte Ort, um sich mit der Kultur des Westens zu befassen. Anfahrt: Mit dem C-Train bis zur Haltestelle Heritage, dann in Bus 20 umsteigen. Der Park liegt 10 km südlich des Zentrums.

Bow — GEBÄUDE

(500 Centre St) Im Wettbewerb um das höchste Gebäude der Stadt erlangte 2012 das 58-stöckige, 236 m hohe Bow den Spitzenplatz. Doch die Ehre wird es nicht lange verteidigen können.

Die glänzende, kurvige Zentrale der En-Cana Corporation ist ästhetisch fraglos gefälliger als einige der brutalistischen Bauten der Stadt. Den letzten Schliff erhielt sie am Haupteingang an der Südwestseite durch eine riesige Maschendrahtskulptur eines menschlichen Kopfes namens *Wonderland* des spanischen Künstlers Jaume Plensa.

Inglewood Bird Sanctuary NATURRESERVAT
(☎403-268-2489; 2425 9th Ave SE; Vogelreservat & Besucherzentrum, Spende erbeten; ⏲Sonnenauf- bis Sonnenuntergang, Besucherzentrum 10–16 Uhr) GRATIS Ein Besuch in diesem Naturreservat ist für die ganze Familie spannend. Hier leben über 260 Vogelarten, sodass man mit Sicherheit immer einige gefiederte Freunde trifft. Es ist ein idyllischer Ort mit Wanderwegen und Bänken, von denen aus sich die Vögel beobachten lassen.

Im kleinen **Besucherzentrum** gibt es weitere Informationen zu den Vögeln; die Ausstellungen sind bei den Kindern beliebt.

Calgary Chinese Cultural Centre KULTURHAUS
(☎403-262-5071; 197 1st St SW; Zentrum Eintritt frei, Museum Erw./Kind 2/1 C$; ⏲9–21 Uhr, Museum 11–17 Uhr) Eine Gruppe geschickter chinesischer Künstler gestaltete 1993 dieses Wahrzeichen, dessen 21 m hohe, prachtvolle Kuppel von innen mit 561 Drachen und anderen Bildern kunstvoll verziert ist. Sein Design ist dem Himmelstempel in Peking nachempfunden. Die oberen Stockwerke beherbergen regelmäßig Kunst- und Kulturausstellungen, während das **Museum** im Untergeschoss chinesische Kunst und Artefakte zeigt, darunter auch eine Sammlung nachgebildeter Terrakotta-Soldaten.

Prince's Island Park PARK
Überquert man die Brücke, die auf diese Insel führt, so findet man sich, mitten in Cowtown, in einem kleinen Central Park wieder. Hier gibt es Radwege, jede Menge Platz zum Ausspannen und schöne Wiesen, die zum Frisbeespielen einladen. Während der Sommermonate werden auf der Rasenfläche des natürlichen Amphitheaters Shakespeare-Stücke aufgeführt.

Achtung am Fluss: Durch das kalte Wasser und die starke Strömung ist er nicht zum Schwimmen geeignet; beim Hochwasser im Sommer 2013 wurde die Insel durch Überschwemmungen sogar ganz erheblich in Mitleidenschaft gezogen. Die Brücke, die aus der Innenstadt auf die Insel führt, liegt am nördlichen Ende der 3rd Street SW, in der Nähe des Einkaufsviertels Eau Claire Market.

Fish Creek Provincial Park PARK
(☎403-297-5293; ⏲8 Uhr bis Sonnenuntergang) In der südwestlichen Ecke von Calgary liegt dieser riesige Park – ein Naturschutzgebiet mitten in der Stadt, das von zahllosen Wegen durchzogen ist. Sie werden von Spaziergängern, Mountainbikern und auch von vielen im Park lebenden Tieren genutzt.

Schwere Überschwemmungen spülten 2005 viele Brücken weg und hinterließen große Schäden in der Landschaft. Mithilfe der Stadtverwaltung und Mutter Natur erholt sich der Park nun langsam wieder. Er erstreckt sich über eine Länge von 20 km zwischen der 37th Street im Westen und dem Bow River im Osten und hat mehrere Zugänge. Aus der Innenstadt fährt die Buslinie 3 über den Elbow Drive dorthin.

Calgary Tower GEBÄUDE
(☎403-266-7171; www.calgarytower.com; 101 9th Ave SW; Erw./Jugendl. 15/7 C$; ⏲Aussichtsgalerie 9–21 Uhr) Der Turm von 1968 ist ein unverkennbares Wahrzeichen der Skyline von Calgary, wird allerdings inzwischen von zahlreichen höheren Gebäuden überragt und läuft Gefahr, im Dschungel der Wolkenkratzer unterzugehen. Viele empfinden die Ästhetik des einst stolzen Betonbauwerks heute eher als kitschig, doch unbestritten ist, dass das phallusähnliche 191 m hohe Gebäude ein fester Bestandteil der Innenstadt ist. Die Aussicht von ganz oben ist fantastisch; wie in der Space Needle von Seattle gibt es auch hier ein rotierendes Restaurant.

Art Gallery of Calgary GALERIE
(☎403-770-1350; www.artgallerycalgary.org; 117 8th Ave SW; Erw./Kind 5/2,50 C$; ⏲Di–Sa 10–17 Uhr) Calgary ist nicht wirklich eine Stadt der Künste (noch nicht) und diese ehrgeizige Galerie auch eher ein Ausstellungsraum als ein bedeutendes Kunstdepot. Da die Art Gallery of Calgary keine ständige Sammlung wie Vancouver oder Edmonton besitzt, kann man nur hoffen, dass gerade eine Wechselausstellung mit zeitgenössischen kanadischen Gemälden gezeigt wird.

Military Museums MUSEUM
(☎403-974-2850; www.themilitarymuseums.ca; 4520 Crowchild Trail SW; Erw./Kind 10/4 C$; ⏲Mo–Fr 9–17, Sa & So 9.30–16 Uhr) Wer sich fürs Militär interessiert, wird auch die Military Museums spannend finden. Die Ausstellungen bieten einen umfassenden Überblick über Calgarys Militär (Luftwaffe, Armee und Marine) und dessen Rolle

in kanadischen Konflikten, von britischen Kolonialeskapaden in den 1880er-Jahren bis zu den Afghanistaneinsätzen. Zu erreichen sind die Museen über den Crowchild Trail bis zur Flanders Avenue etwa 3 km südlich der Innenstadt.

Aktivitäten

Canada Olympic Park SPORT

(☎ 403-247-5452; www.canadaolympicpark.ca; 88 Canada Olympic Rd SW; Mountainbike-Hügel Karten/Unterricht 22/99 C$; ⌚ Mo–Fr 9–21, Sa & So 10–17 Uhr) 1988 fanden in Kanada zum ersten Mal die Olympischen Winterspiele statt. Calgary war Gastgeber und viele der Wettkämpfe wurden im Canada Olympic Park ausgetragen. Er liegt am Westrand der Stadt am Highway 1 – die unverkennbaren 70 und 90 m hohen Skisprungschanzen sind nicht zu übersehen.

In der **Sports Hall of Fame** (Eintritt 12 C$) erhält man Infos zu den Größen des kanadischen Sports und zur Geschichte der Spiele in Calgary. Der Adrenalinkick schlechthin und die vielleicht aufregendste und teuerste Minute im Leben erwarten einen bei einer Bobfahrt (135 C$) mit einem professionellen Fahrer auf der 120 km/h schnellen olympischen Bobstrecke. Die Alternative ist eine Runde mit der Zipline (Seilrutsche; 65 C$) vom oberen Ende der Skischanze. Im Winter kann man sich mit Skiern oder Snowboard in die Super-Pipe wagen. Der Sommer ist dem Mountainbiken vorbehalten. Dann kann man die mit dem Sessellift erreichbaren Hügel hinunterdüsen, bis die Bremsen zu rauchen anfangen.

Olympic Oval SCHLITTSCHUH LAUFEN

(☎ 403-220-7954; www.ucalgary.ca/oval; Erw./Kind 6/4 C$) An der University of Calgary können Olympiabegeisterte auf dem Olympic Oval Schlittschuh laufen. Wo während der Olympischen Spiele die Wettkämpfe im Eisschnelllauf stattfanden, kann heute alle Welt die Langstreckenbahn (Rundenlänge 400 m) benutzen. Ein Schlittschuhverleih befindet sich vor Ort.

Geführte Touren

Kostenlose, zweistündige **Stadtspaziergänge** mit ortskundigen Pensionisten starten von Mai bis September jeden Mittwoch um 10 Uhr am Glenbow Museum. Buchung und weitere Infos siehe www.walkaroundcalgary.com.

Hammerhead Tours KULTURFÜHRUNG

(☎ 403-590-6930; www.hammerheadtours.com; geführte Touren 45–135 C$) Der Anbieter organisiert verschiedene interessante Touren, z. B. Stadtrundfahrten und Ausflüge zum Columbia Icefield, nach Drumheller, Banff und viele mehr.

Legendary Tours KULTURFÜHRUNG

(☎ 403-285-8376; www.legendarytravels.net; Touren ab 115 C$) Touren zu einigen der weniger bekannten Orte Albertas, u. a. zum Blackfoot Crossing Historical Park.

Feste & Events

Ein ganzjähriges Verzeichnis aller Events in der Stadt findet sich auf www.visitcalgary.com/things-to-do/events-calendar. Das Großereignis in Calgary ist die alljährliche Calgary Stampede.

Calgary International Children's Festival KINDER

(www.calgarychildfest.org; Epcor Centre for the Performing Arts, 205 8th Ave SE; Karten 14–21 C$; ⌚ Ende Mai) Viel Spaß speziell für die Kids bietet das jährliche Fest mit Musik, verschiedensten Akteuren und allerlei kindlichen Vergnügungen.

Carifest KARNEVAL

(www.carifestcalgary.com; Stephen Ave & Prince's Island Park; ⌚ Anfang Juni) Einmal im Jahr erwacht die Karibik mitten in Calgary zum Leben: Konzerte, Imbissstände, Straßenfeste und Kinderunterhaltung.

Calgary Stampede RODEO

(www.calgarystampede.com; ⌚ 2. Juliwoche) Die inzwischen über 100 Jahre alte Stampede von Calgary ist weltberühmt. Größer könnte ein Rodeo gar nicht sein: Täglich werden halbwilde Pferde zugeritten, es gibt Stierringen, Tonnenrennen und natürlich Bullenritte. Abends folgen eine Show in der Arena und die beliebten Planwagenrennen. Es ist eine spannende Zeit für einen Besuch in Calgary: Die Stimmung erreicht ihren jährlichen Höhepunkt, es gibt Livemusik, kostenloses Stampede-Frühstück und anscheinend einen Cowboyhut auf jedem Kopf in der Stadt. Unterkünfte sollten frühzeitig gebucht werden.

Calgary Folk Music Festival MUSIK

(www.calgaryfolkfest.com; ⌚ Ende Juli) Für das jährlich stattfindende, viertägige Fest der Grassroot-Folkmusik auf Prince's Is-

INSIDERWISSEN

OHNE AUTO IN CALGARY

Als Schaltzentrale für die kanadische Ölindustrie hat Calgary den Ruf, dass hier viele dicke, protzige Autos auf verkehrsreichen Straßen durch endlose Vororte fahren. Aber jenseits der allgegenwärtigen Autostraßen verbirgt sich ein Paralleluniversum aus Straßen (insg. 712 km), die Fußgängern, Radfahrern und Skatern vorbehalten sind. Viele von ihnen befinden sich an den Ufern der beiden mächtigen Flüsse der Stadt, des Bow und des Elbow. Neben den autofreien Straßen gibt es das billige und effiziente Stadtbahnnetz: Der C-Train wurde 2012 erheblich erweitert und transportiert täglich so viele Fahrgäste wie etwa die Amsterdamer Straßenbahn. Ja, liebe Leser, Calgary ohne Auto ist nicht unmöglich oder gar unangenehm.

Die schönsten Wege führen natürlich an den Flussufern entlang. Seit jeher beliebt ist der Weg am Bow River durch die Innenstadt und über die Fußgängerbrücke Peace Bridge nach Prince's Island. Wer sich fit fühlt, läuft oder fährt auf dem Uferweg 20 km südwärts bis zum Fish Creek Provincial Park. Der Nose Creek Parkway ist die wichtigste Fußgängerstraße vom und in den Norden der Stadt, der grüne Elbow River Pathway verläuft von Inglewood nach Mission im Süden.

Bike Bike (www.bikebike.ca; 1501A 17th Ave SW; Fahrrad pro Tag ab 35 C$; ⏲ Di, Mi & Sa 10–17, Do & Fr 10–19, So 12–17 Uhr) verleiht von April bis September Stadtfahrräder. Direkt am innerstädtischen Bow River Pathway befindet sich Rapid Rent (www.outlawsports.ca; Barclay Parade; Fahrräder/Inline-Skates pro Tag ab 30/15 C$; ⏲ Mo–Fr 10–19, Sa 10–18, So 10–17 Uhr), ein Laden von Outlaw Sports neben dem Einkaufszentrum Eau Claire.

Die Stadt gibt den offiziellen Stadtplan Calgary Bikeways and Pathways heraus, der in jedem Freizeitzentrum oder als Download von der offiziellen Website der City of Calgary (www.calgary.ca) erhältlich ist. Es gibt auch eine App fürs Handy (www.calgary.ca/mobileapps).

land kommen Spitzenmusiker aus der ganzen Welt nach „Cowtown“. Auf der Wiese lümmeln freundliche Menschen und lauschen sommerlichen Klängen mit rund 12 000 weiteren Enthusiasten.

Schlafen

Calgary hat sich in den vergangenen Jahren auf Individualität besonnen und bietet nun eine schöne Auswahl an Boutiquehotels in allen Preislagen mit persönlichen Eigenarten und Design.

Die Hotels in der Innenstadt sind notorisch teuer, bieten aber immer mal wieder Sonderangebote. Geschäftshotels sind über das Wochenende oft billiger. Nahe dem Westrand der Stadt konzentrieren sich Hotels in einer Gegend, die passenderweise Motel Village genannt wird (neben der C-Train-Haltestelle Banff Trail). Hier ist jede erdenkliche Hotelkette mit einem eigenen Haus vertreten, von schäbig bis schick. Wer etwas Günstiges sucht, sollte sich hier umschauen.

Während der Stampede (Anfang Juli) treibt die Nachfrage die Preise hoch und die Verfügbarkeit nach unten. Also frühzeitig buchen.

HI-Calgary HOSTEL $

(☎ 403-269-8239; www.hostellingintl.ca/Alberta; 520 7th Ave SE; B/Zi. ab 30/75 C$; @ 📶) Für Sparsame ist dieses nette Hostel eine der wenigen günstigen Möglichkeiten in Calgary. Es bietet die üblichen Schlafsäle und ein paar Doppelzimmer sowie Küche, Waschmaschine, Spieleraum und Internet. Es ist ein beliebter Knotenpunkt für Reisende und gut, um Freundschaften zu schließen, Mitfahrgelegenheiten zu organisieren und Empfehlungen auszutauschen.

Nachts ist in dieser Gegend Vorsicht geboten – das Hostel liegt nur einige Straßenzüge von der wüstesten Bar der Stadt entfernt.

Calaway RV Park CAMPINGPLATZ $

(☎ 403-240-3822; www.calawaypark.com; Hwy 1; Zelt/Wohnmobil 27/33 C$; 📶) Die Kids finden den Campingplatz am Vergnügungspark, 25 km westlich der Innenstadt, sicherlich toll. Während der Stampede verkehrt ein Pendelbus von hier aus in die Stadt.

Calgary West Campground CAMPINGPLATZ $

(☎ 403-288-0411; www.calgarycampground.com; Hwy 1; Zelt/Wohnmobil 36/44 C$; @ 📶 🏊) Der Campingplatz westlich der Innenstadt am Trans-Canada Highway (Highway 1) liegt in Stadtnähe und ist gut ausgestattet.

★ **Hotel Alma** BOUTIQUEHOTEL **$$**
(☎403-220-3203; www.hotelalma.ca; 169 University Gate NW; Zi. ab 129 C$, Apt. 180 C$;) Einige bösartige Kritiker behaupten, dass Calgary keine *alma* (Seele) besitzt. Aber auch wenn das trendige Boutiquehotel ausgerechnet auf dem Campus der Universität nicht unbedingt als seelenvoll bezeichnet werden kann, so ist es doch funky und stilvoll. Die supermodernen Unterkünfte bestehen aus Apartments mit ein oder zwei Schlafzimmern oder „europäischen" Zimmern, was in Calgary „klein" bedeutet. Allerdings ist klein nach Alberta-Maßstäben dann doch nicht so klein.

Die Gäste haben Zugang zu allen Einrichtungen auf dem Campus, darunter zu einem Fitnesszentrum, einem Pool und einem guten Bistro. Die Universität liegt 6 km nordöstlich der Innenstadt, ist aber mit dem C-Train gut erreichbar.

Centro Motel MOTEL **$$**
(☎403-288-6658; www.centromotel.com; 4540 16th Ave NW; Zi. mit Frühstück ab 114 C$;) Ein „Boutiquemotel" hört sich wie ein Widerspruch in sich an, bis man im irreführend benannten Centro 7 km nordwestlich des wahren „Centro" Calgarys am Trans-Canada Highway (Highway 1) eintrifft. Die privaten Besitzer übernahmen im März 2010 ein altes Motel und verschönerten es mit einer Boutiqueausstattung. Jedes Detail stimmt, von den Lampen und Bademänteln bis zu den Blumenkörben, die an der Fassade hängen. Telefonate innerhalb Kanadas und in die USA sind hier kostenlos.

Nuvo Hotel Suites HOTEL **$$**
(☎403-452-6789; www.nuvohotelsuites.com; 827 12th Ave SW; Suite ab 150 C$;) Na, das sieht doch gleich besser aus... Große, komfortable Studio-Apartments im Viertel Beltline mit Küche und Waschmaschine und zu einem guten Preis. Ein Pluspunkt ist die günstige Lage zu Innenstadt und Uptown 17th.

Twin Gables B&B B&B **$$**
(☎403-271-7754; www.twingables.ca; 611 25th Ave SW; Suite 99–175 C$; @) Das B&B in einem schönen, alten Haus ist mit Holzböden, Buntglas, Tiffany-Lampen und antiken Möbeln ausgestattet. Die drei Zimmer sind geschmackvoll eingerichtet; die Lage jenseits des Elbow River sorgt für gute Gelegenheiten für gemächliche Spaziergänge.

International Hotel HOTEL **$$**
(☎403-265-9600; www.internationalhotel.ca; 220 4th Ave SW; DZ ab 135 C$; @) Alle 35 Stockwerke des Hauses wurden vor ein paar Jahren renoviert – das Ergebnis lässt sich sehen. Große Zimmer mit tollen Blicken auf die Stadt sind Standard, und in den hübschen Suiten finden sich die bequemsten Betten, die in einer solchen Unterkunft zu haben sind.

Carriage House Inn INN **$$**
(☎403-253-1101; www.carriagehouse.net; 9030 Macleod Trail S; Zi. ab 159 C$; @) Der kastenförmige Bau mag von außen alles andere als einladend wirken, überrascht aber beim Betreten, die jüngst erfolgten Renovierungsarbeiten können sich sehen lassen. Die Zimmer sind ordentlich und in der Nähe gibt es reichlich Restaurants und Läden. Das Haus liegt 8 km südlich der Innenstadt an der Hauptverkehrsstraße MacLeod Trail.

★ **Hotel Le Germain** BOUTIQUEHOTEL **$$$**
(☎403-264-8990; www.germaincalgary.com; 899 Centre St SW; DZ ab 329 C$; @) Endlich mal ein schickes Boutiquehotel, das der faden Auswahl an Konzessions-Hotels in Calgarys Innenstadt etwas entgegenzusetzen hat. Dabei ist das Germain selbst ein Franchisenehmer, allerdings eines kleinen frankokanadischen Unternehmens. Der Stil hier (diese riesige Glaswand im Eingangsbereich!) ist fast schon opulent, während das rund um die Uhr geöffnete Fitnessstudio, Massagen auf dem Zimmer, kostenlose Zeitungen und eine flippige Lounge für den nötigen Luxus sorgen.

Und was fast noch besser ist: Das Hotel ist energieeffizient gebaut und hat sich der Nachhaltigkeit verschrieben.

Hotel Arts BOUTIQUEHOTEL **$$$**
(☎403-266-4611; www.hotelarts.ca; 119 12th Ave SW; Suite ab 269 C$; @) Das Boutiquehotel legt Calgarys Messlatte ein kleines Stück höher und ist besonders stolz darauf, keiner der internationalen Hotelketten anzugehören. Seine Zielgruppe sind die modernen, anspruchsvollen Reisenden mit Sinn für Ästhetik. Es gibt Parkettböden, Stoffe mit einer Fadenzahl, die selbst die Ägypter vor Neid erblassen ließe, und Kunstwerke an der Wand, die genauso gut in einer Galerie hängen könnten.

Fairmont Palliser HOTEL **$$$**
(☎403-262-1234; www.fairmont.com/palliser; 133 9th Ave SW; Zi. ab 319 C$; @) Aus dem-

selben eleganten Holz geschnitzt wie andere Fairmont Hotels ist das Palliser eindeutig der atemberaubendste Ort, um sich in Calgary schlafen zu legen. Die Kristallleuchter, Marmorsäulen, Deckenkuppeln mit Holzintarsien und antiken Möbel verleihen dem Interieur des Hotels eine wahrhaft königliche Atmosphäre. So etwas gibt es innerhalb der Stadtgrenzen kein zweites Mal! Klassisch, wunderschön und jeden Penny wert.

Hotel Elan BOUTIQUEHOTEL **$$$**
(☎403-229-2040; www.hotelelan.ca; 1122 16th Ave SW; Zi./Suite 419/629 C$; ❄📶) Das Elan ist ein luxuriöses Boutiquehotel, das 2013 in einem schick renovierten Uptown-Wohnhaus eröffnet wurde. Für einen etwas überhöhten Preis gibt es Zimmer mit persönlichen Internet-Routern, Regenduschen, beheizte Toilettensitze und Fußbodenheizung. Ein kleiner Fitnessraum steht ebenfalls zur Verfügung. Parken kostet 18 C$ extra. Wer nicht gerade der Sultan von Brunei ist, sollte außerhalb der Saison kommen. Dann fallen die Preise auf etwa 200 C$ pro Nacht.

Kensington Riverside Inn BOUTIQUEHOTEL **$$$**
(☎403-228-4442; www.kensingtonriversideinn.com; 1126 Memorial Dr NW; Zi. ab 269 C$; 📶) Das beeindruckende Hotel in Kensington ist eine Freude; eine kultivierte Atmosphäre herrscht in dem schicken, wunderschön ausgestatteten Haus. Die Zimmer sind elegant und bieten Blick auf den Fluss. Sehr empfehlenswert.

Sheraton Suites Calgary Eau Claire HOTEL **$$$**
(☎403-266-7200, 800-325-3535; www.sheraton.com; 255 Barclay Pde SW; Suite ab 379 C$; ❄@📶🏊) Selbst den anspruchvollsten Reisenden wird diese Unterkunft in toller Lage und mit unzähligen Annehmlichkeiten ausgestattet überzeugen. Die Angestellten des vorrangig auf Geschäftskunden eingestellten Suiten-Hotels sind überaus zuvorkommend. Einparkservice, Pool und ein wunderbares Interieur setzen dem Ganzen die Krone auf.

✕ Essen

Wenn Calgary eine schnelllebige Stadt ist, so entwickelt sich seine aufkeimende Restaurantszene mit Lichtgeschwindigkeit. Essensoptionen kommen und gehen hier in Windeseile, und eine gastronomische Top-10-Liste ist schneller überholt, als die Kritiker sie online stellen können. Allgemein ist aber ein klarer kulinarischer Trend nach oben zu erkennen, sowohl in der Qualität als auch in der Vielseitigkeit. Wo einst Rinder beharrlich ihr Revier verteidigten, gedeihen nun auch Gemüse und Kräuter. Will heißen: Das gute alte Alberta-Rind ist nicht mehr das Einzige, was auf der Speisekarte zu finden ist.

Wahre „Fressmeilen“ gibt es in den Vierteln Kensington, Inglewood, 4th Street, Mission, in der 17th Ave und im Zentrum in der Stephen Street.

✕ Downtown

1886 Buffalo Cafe FRÜHSTÜCK **$**
(187 Barclay Pde SW; ⏲Mo–Fr 6–15, Sa & So ab 7 Uhr) Ein bodenständiger Diner im Wolkenkratzerdschungel des Stadtzentrums, den die Bauspekulanten vergessen haben abzureißen. Der Holzbau ist berühmt für seinen Brunch, aufgepeppt mit *huevos rancheros*.

Peter's Drive-In HAMBURGER **$**
(☎403-277-2747; www.petersdrivein.com; 219 16th Ave NE; Hauptgerichte 2,50–5 C$; ⏲9–24 Uhr) 1962 öffnete das Peter's seine Tore und seither kommen die Einheimischen in Massen, um das weitgehend unveränderte Angebot aus supercremigen Shakes, Hamburgern vom Grill und Pommes frites zu genießen, die gar nicht erst vorgeben, gesund zu sein. Es ist ein echtes Drive-in, also muss man mit dem Auto kommen oder vorne auf der Wiese essen. Peter's liegt günstig an der 16th Avenue NE, dem Trans-Canada Highway, 3 km nördlich der Innenstadt.

Catch MEERESFRÜCHTE **$$**
(☎403-206-0000; www.catchrestaurant.ca; 100 8th Ave SW; Hauptgerichte 17–27 C$; ⏲Mo–Fr 11.30–14 & Mo–Sa 17–22 Uhr) Das Problem haben alle Fischrestaurants im küstenlosen Calgary: Wer mit frischem Fisch wirbt, der kann ihn nicht aus der Region beziehen. Diese Wortklauberei umgeht das in einem alten Bankgebäude am Stephen Avenue Walk untergebrachte Catch, indem es seinen „Fisch aus frischem Fang“ täglich von beiden Küsten (BC und den Maritimes) einfliegen lässt.

Den CO_2-Anteil eines Hummers, der Garnelen oder der Austern lässt sich in aller Ruhe auf einer der drei verschiedenen Ebenen berechnen: Es gibt eine Austernbar, einen Speisesaal und ein Atrium im Obergeschoss.

CALGARY FÜR KINDER

Calgary ist eine sehr kinderfreundliche Stadt, in der die meisten Attraktionen einen bestimmten Bereich für die Kleinen haben.

Das **Telus Spark** (817 6800; www.sparkscience.ca; 220 St George's Drive NE; Erw./Kind 19,95/12,95 C$; 9–17 Uhr) in einem neuen Haus östlich der Innenstadt ist das obligatorische Wissenschaftszentrum für Kids. Es gibt dort ein Kuppelkino, ein Kindermuseum und Exponate zu Weltraum, Energie und Wissenschaft. Auf der gleichen Seite der Stadt befindet sich auch der hoch geschätzte Calgary Zoo (S. 657), der einen Kinderclub und ein Kindercamp hat sowie verschiedene Jugendprogramme.

Das Heritage Park Historical Village (S. 658), in dem kostümierte Schauspieler durch die wunderbaren Nachbildungen der Straßen Calgarys aus dem frühen 20. Jh. führen, ist eine der schönsten Arten, einem Kind Geschichte nahezubringen.

Kinder jeden Alters genießen den **Calaway Park** (403-240-3822; www.calawaypark.com; Eintritt/Fam. 35,95/89 C$; Juli–Anfang Sept. 10–19 Uhr, Anfang Sept.–Anfang Okt. Sa & So 11–18 Uhr, Ende Mai–Juli Fr 17–21, Sa & So 10–19 Uhr), den größten Vergnügungspark für die ganze Familie in Westkanada. Er hat 30 Fahrgeschäfte von wild bis sanft, Liveunterhaltung, Imbissstände, verschiedene Kirmesbuden, einen Forellenteich zum Angeln und ein interaktives Labyrinth. Den 10 km westlich der Stadt liegenden Park erreicht man über den Highway 1.

Blink FUSION **$$**

(403-263-5330; www.blinkcalgary.com; 111 8th Ave SW; Hauptgerichte ab 20 C$; Mo–Fr 11–14 & Mo–Sa 17–22 Uhr) Die angesagte, zentral gelegene Gastro-Oase ist nicht zu übersehen. Hier ist ein sehr beliebter britischer Küchenchef Herr über das ständig wechselnde Angebot exquisiter Gerichte. Das Mantra vieler bewährter moderner Restaurants, nämlich „frisch, saisonal und regional", trifft auch für die Speisekarte des Blink zu.

Die Küche ist offen und die Backsteinmauern unverputzt. Wer noch tiefer in die Welt der kulinarischen Genüsse eintauchen und sie auch zu Hause nachempfinden möchte, der nimmt einfach an einem der regelmäßig stattfindenden Kochkurse teil (letzter So im Monat; 125 C$).

Home Tasting Room KANADISCH, FUSION **$$**

(403-262-8100; www.hometastingroom.ca; 110 8th Ave SW; Probierteller 14–23 C$; Mo–Fr 11–22, Sa 17–23, So 12–22 Uhr) Klar, über Geschmack lässt sich streiten, aber wer so gutes und vielfältiges Essen brutzeln kann wie der Home Tasting Room, wird fast allen Geschmäckern gerecht.

Das neue Innenstadtlokal, in dem eindeutig Qualität über Quantität gesetzt wird, bietet Gerichte mit passendem Wein und Platten mit europäisch beeinflussten Gerichten für mehrere Personen. Es ist eine ideale Adresse, um den kleinen Hunger am Vormittag zu stillen.

King and I THAILÄNDISCH **$$**

(403-264-7241; www.kingandi.ca; 822 11th Ave SW; Hauptgerichte ab 12 C$; Mo–Do 11.30–22.30, Fr 11.30–22.30, Sa 16.30–22.30, So 16.30–21.30 Uhr) Einerseits ein Film mit Yul Brynner, andererseits aber auch ein authentisch gutes thailändisches Restaurant. Der Klassiker liegt in der Innenstadt, versprüht eine exotische Atmosphäre und ist bei Gruppen sehr beliebt. Sowohl die Curry-Gerichte als auch das Phat Thai schmecken fantastisch!

Rush FUSIONSKÜCHE **$$$**

(403-271-7874; www.rushrestaurant.com; 207 9th Av SW; Hauptgerichte ab 25 C$; Mo–Fr 11.30–14 & Mo–Sa 17–22 Uhr) Das Rush bietet Glaswände und Golddekoration sowie Gerichte, zu denen der passende Wein gereicht wird. Das Probiermenü des Chefkochs wird von fast allen Gästen gelobt.

Empfehlenswert sind die Foie gras und der Heilbutt, lecker auch die Kanapees und Petit Fours, die jedem Gast als Gruß des Hauses gereicht werden.

Teatro ITALIENISCH, FUSION **$$$**

(403-290-1012; www.teatro.ca; 200 8th Ave SE; Hauptgerichte 32–45 C$, 8-Gänge-Probiermenü 135 C$; Mo–Fr 12–16 & tgl. 17–22 Uhr) Das passend benannte Teatro mit schauspielernder Bedienung und preisverdächtigem Essen befindet sich in einem prächtigen Bankgebäude neben dem Epcor Centre of Performing Arts und könnte auf den ersten

Blick leicht für ein Theater gehalten werden. Es ist seit Langem eines der meistdiskutierten Restaurants Calgarys, dessen Küche eine Mischung aus italienischen Einflüssen, französischer Nouvelle Cuisine und ein bisschen traditionellem Alberta ist.

Das achtgängige Probiermenü des Chefkochs ist eine epische Reise durch die Highlights der edlen Speisekarte und wirklich sehr empfehlenswert.

Caesar's Steak House STEAKHAUS **$$$**
(☎403-264-1222; www.caesarssteakhouse.com; 512 4th Ave SW; Steaks ab 35 C$; ⊙11–22.30 Uhr) In Neapel gibt's Pizza, in Vancouver Lachs und in Calgary erstklassiges Alberta-Steak in feinster Qualität – und zwar hier.

✕ Uptown 17th Avenue & 4th Street – Mission District

Jelly Modern Doughnuts BÄCKEREI **$**
(☎403-453-2053; www.jellymoderndoughnuts.com; 1414 8th St SW; Doughnuts ab 2 C$; ⊙Mo–Fr 7–18, Sa 9–18, So bis 17 Uhr) Das Jelly Modern ist eine angehende Calgary-Institution – vor allem durch seine schrägen Geschmacksrichtungen für Doughnuts. Die Varianten mit Möhrenkuchenteig (aus getrockneten Möhren) und mit ahorngeräuchertem Speck lassen alle anderen Doughnuts im Vergleich dazu langweilig erscheinen. Alles wird im Haus gebacken. Wer also erst einmal den Duft hinter der Glastür einatmet, wird kaum der Versuchung widerstehen können, zumindest mal eine Kreation zu probieren.

Analog Coffee KAFFEE **$**
(www.fratellocoffee.com; 740 17th Ave SW; Kaffee 2–5 C$; ⊙7–22 Uhr) Die dritte Welle der Kaffeeszene ist in Calgary angekommen, angeführt von Unternehmen wie Fratello, das dieses neue Szene-Café in der 17th Avenue betreibt. Auf einer Tafel werden die Bohnen des Tages angekündigt, an der hinteren Wand hängen reihenweise alte Schallplatten.

Galaxie Diner FRÜHSTÜCK **$**
(☎403-228-0001; www.galaxiediner.com; 1413 11th St SW; Hauptgerichte 5–9 C$; ⊙Mo–Fr 7–15, Sa & So 7–16 Uhr) Klassischer, schlichter Diner im Stil der 1950er-Jahre, in dem den ganzen Tag über Frühstück serviert wird. Es gibt ein halbes Dutzend Tische, Bänke an der Bar, aber vor allem lange Schlangen an der Tür.

Mercato ITALIENISCH **$$**
(☎403-263-5535; www.mercatogourmet.com; 2224 4th St SW; Hauptgerichte 16–22 C$; ⊙11.30–23 Uhr) Das Mercato im Viertel Mission gehört zu einem italienischen Feinkostgeschäft, das von Kaffee bis Salami alles verkauft. Es ist eines dieser Restaurants, in dem alles stimmt: Einrichtung, Service, die authentische Dolce-Vita-Atmosphäre, das Essen und die Preise.

Ox and Angela TAPAS **$$**
(☎403-457-1432; www.oxandangela.com; 528 17th Ave; Tapas 4–14 C$; ⊙11.30 Uhr bis spätabends) Ein Stück Spanien ins moderne Calgary zu bringen ist nicht gerade eine naheliegende Geschäftsidee, denn hier fehlen Palmen, echte Matadoren und Latin Lovers. Zumindest in gastronomischer Hinsicht hat das neu eröffnete Ox and Angela es gut hingekriegt. In einer hinreißenden Mischung von modernen und europäisch-rustikalen Einrichtungselementen werden Tapas mit starkem iberischem Einschlag serviert. Zur Auswahl stehen u. a. Manchego-Käse, Tortilla und *jamón serrano*.

Farm FUSION **$$**
(☎403-245-2276; www.farm-restaurant.com; 1006 17th Ave SW; Probierteller 12–19 C$; ⊙So–Fr 11.30–22, Sa 10.30–23 Uhr) 🍃 Mit dieser „Probierküche" für feine Wurst, Bier, Wein und besonders Käse wird es in der 17th Avenue kulinarisch noch spannender. Die Köche legen Wert auf Details, bodenständige Unverfälschtheit und zeigen eine große Liebe zu gutem Essen.

Melrose Café & Bar KANADISCH **$$**
(☎403-228-3566; www.melrosecalgary.com; 730 17th Ave SW; Hauptgerichte 9–15 C$; ⊙Mo–Fr 11–24, Sa & So 10–1 Uhr) Das Melrose mitten im Zentrum dessen, was in Calgary in der 17th Avenue als cool gilt, teilt sich in drei Bereiche: die übliche Terrasse, das zwanglose Restaurant und die Sportbar mit genug Bildschirmen, dass man sich wie Winston Smith in *1984* fühlt. Die Szene wechselt zwischen lärmender Euphorie nach einem Eishockeyspiel und völlig unironischen Cowboy-Mätzchen vor der Stampede.

★ **Model Milk** KANADISCH **$$$**
(☎403-265-7343; www.modelmilk.ca; 108 17th Ave SW; Hauptgerichte 19–32 C$; ⊙17–1 Uhr) Die wechselnde Speisekarte ändert sich so schnell, dass es schwer vorherzusagen ist, was es in der ehemaligen Molkerei und nun-

mehrigem Trend-Restaurant zu essen gibt. Maisgries und Garnelen mit einem Spiegelei obenauf stand beim letzten Besuch als eine von mehreren „Vorspeisen" auf der Karte.

Beständiger sind der Service (geschulte Bedienung), die Einrichtung (Zwischenstock, Gemeinschaftstische und offene Küche) und das Ambiente (cool, aber nicht bemüht).

Kensington

Higher Ground CAFÉ $

(☎403-270-3780; www.highergroundcafe.ca; 1126 Kensington Rd; Snacks 5–8 C$; ⏲Mo–Do 7–23, Fr–So 8–24 Uhr) Das Higher Ground gibt der Kaffee-Bar-Szene Calgarys den nötigen Schluck hausgeröstetes Koffein, der ihr noch fehlt. Das Ganze ist eine köstliche Mischung aus Kunstgalerie, Tratschladen, öffentlichem Theater und Gemeindetreff. Mittags sind die großen Panini und der verdammt gute Kaffee empfehlenswert.

Pulcinella ITALIENISCH $$

(☎403-283-1166; www.pulcinella.ca; 1147 Kensington Crescent NW; Pizza 15–20 C$; ⏲11.30–23 Uhr) Das Pulcinella ist so italienisch, dass der Pizzaofen – angeblich – aus Stein vom Vesuv bei Neapel gefertigt wurde. Die Spezialität des Hauses sind dünne, knusprige neapolitanische Pizzas mit bewusst einfachen Belägen. Die Einrichtung ist silbrig metallisch, vorne bietet eine zwanglose Bar ein Refugium für einsame Gäste oder für jene, die beim ersten Date versetzt wurden.

Sushi Club JAPANISCH $$

(☎403-283-4100; 1240 Kensington Rd NW; Hauptgerichte ab 10 C$; ⏲Mo & Mi–Fr 11.30–14 & 17–21 Uhr) Die vermutlich besten Sushis der Stadt. Sie sind zwar ein bisschen teuer, aber ihr Geld wert. Das Mittagsangebot ist ein riesiger Teller Sushi für knapp 10 C$..

Inglewood

★ **Gravity Espresso & Wine Bar** CAFÉ $

(www.cafegravity.com; 909 10th St SE; Mittagsimbiss 6–12 C$; ⏲So & Mo 8–18, Di–Do 8–22, Fr & Sa 8–24 Uhr) Eine Café-Bar, die je nach Kundschaft und Tageszeit ihre Ausrichtung ändert. Das Highlight sind die frisch gerösteten Kaffeebohnen von Phil & Sebastian, die wiederum nur ein Vorgeschmack auf jede Menge andere Angebote wie akustische Livemusik, Curry-Abende, hausgebackene Snacks und Benefizveranstaltungen sind.

★ **Rouge** FUSION $$$

(☎403-531-2767; www.rougecalgary.com; 1240 8th Ave SE; Hauptgerichte 36–80 C$; ⏲Mo–Fr 11.30–13.30 & Mo–Sa 17–22 Uhr) Das Rouge entwickelt sich zum gefeiertsten Restaurant der Stadt – und des ganzen Landes. Das Lokal in einer historischen Villa von 1891 in Inglewood ist teuer und ein Tisch nur schwer zu bekommen. Aber wer es schafft, betritt heiligen Grund und kann ein inspiriertes, kreatives und nachhaltiges Speisenangebot und einen außerordentlich königlichen Service genießen.

Ausgehen & Nachtleben

Cocktailbars und brechend volle Kneipen gibt es in der 17th Avenue NW, eine lebhafte Feierabendszene trifft sich in der 4th Street SW. Lohnenswert sind u. a. auch die Kensington Road NW und der Stephen Avenue Walk (ein sechs Blöcke umfassender Abschnitt der 8th Avenue in der Innenstadt). Am Abend sieht man gleichermaßen schöne, reiche und gut gekleidete Twens in Stretch-Limousinen durch Calgarys Straßen fahren wie auch lärmende Junggesellengruppen in schicken Bars einfallen.

Infos zum schwulen und lesbischen Nachtleben stehen im *Outlooks* (www.outlooks.ca), einer Monatszeitung, die in der ganzen Provinz erhältlich ist. Die Website bietet einen umfangreichen Schwulenführer für Calgary und Umgebung.

Hop In Brew KNEIPE

(☎403-266-2595; 213 12th Ave SW; ⏲16 Uhr bis spätnachts) In dem alten Haus, das sich inmitten der brandneuen Wohnhäuser im Stadtteil Victoria Park tapfer hält, geht es an guten Abenden noch immer recht rund: Gute Musik, eine lockere Atmosphäre und viele Biersorten vom Fass sorgen dafür, dass auch Fremde sich heimisch fühlen.

National BAR

(www.ntnl.ca; 550 17th Ave SW; ⏲11–24 Uhr) Das National ist eine neue Bar, die sich als traditionelles Calgary verkleidet und gut in die Szene der 17th Avenue einpasst. Auf der Terrasse sitzen Büroangestellte mit Cowboyhut lärmend an großen Tischen, und hin und wieder ist ein unverhohlenes „Yee-haw" zu hören (besonders während der Stampede). Die Bierauswahl ist groß, darunter auch Fassbiere von Kleinbrauereien, dazu wird das übliche Kneipenessen gereicht.

Barley Mill KNEIPE
(☎403-290-1500; www.barleymill.net; 201 Barclay Pde SW; ⏲11 Uhr bis spätnachts) Der frei stehende Bau neben dem Eau Claire Market ist ein beliebter Feierabendtreff der Angestellten aus der Innenstadt. Sie tummeln sich auf der Terrasse, sobald die Temperatur nach der eisigen Winterkälte steigt.

Ship & Anchor KNEIPE
(☎403-245-3333; www.shipandanchor.com; 534 17th Ave SW; ⏲11–2 Uhr) Das offen gesagt hässliche Ship ist eine klassische Calgary-Institution – seit jeher beliebt bei Studenten, Leuten, die sich für trendig halten, und Indiemusik-Fans. Der schummrige Innenraum mit zahlreichen Bieren vom Fass ist im Winter ein behaglicher Ort. Im Sommer hingegen bevorzugen die Gäste die Picknicktische auf der Terrasse – sie sind die Bühne zum Sehen und Gesehen werden.

Flames Central BAR
(☎403-935-2637; www.flamescentral.com; 219 8th Ave SW; ⏲Mo 9–17, Di–Do 11–17, Fr 11–2, Sa 16–2 Uhr) Der riesige Innenraum des einstigen Kinos wurde zur ultimativen Sportbar umgebaut. Hier gibt's mehr Fernseher als in einem Elektrogeschäft, mit garantiert gutem Blick auf Spiele des heiß geliebtem Eishockeyteams Calgary Flames, selbst wenn sie gegen den Erzfeind Oilers spielen. Zur Bar gehört auch ein Restaurant und manchmal finden hier auch Konzerte statt.

Rose & Crown KNEIPE
(☎403-244-7757; www.roseandcrowncalgary.ca; 1503 4th St SW; ⏲11 Uhr bis spätnachts) Ein beliebtes, britisch angehauchtes Pub auf mehreren Ebenen im Viertel Beltline.

HiFi Club CLUB
(www.hificlub.ca; 219 10th Ave SW; ⏲Mi–So 21–2.30 Uhr) Das HiFi ist so etwas wie ein Hybrid-Club. Gespielt werden Rap, Soul und House, Electro und Funk. Die Live-DJs sind auf schweißtreibende Rhythmen spezialisiert und bringen die Tanzfläche Abend für Abend zum Beben. Warum nicht mal beim Sunday Skool, den wöchentlichen Soul- und Jazz-Sessions oder den am Samstag stattfindenden Events vorbeischauen, bei denen tourende Bands und DJs ihr Können unter Beweis stellen?

Twisted Element SCHWULE, LESBEN
(www.twistedelement.ca; 1006 11th Ave SW) Der Club wird von der einheimischen Community seit ewigen Zeiten immer wieder zum besten schwulen Tanzlokal erkoren. Er bietet wöchentlich Transvestitenshows, Karaoke-Nächte und jeden Abend DJs.

Back Lot SCHWULE
(209 10th Ave SW; ⏲21–2.30 Uhr) Ein Laden hauptsächlich für Jungs. Es gibt eine Terrasse mit Aussicht und Getränke-Specials.

☆ Unterhaltung

Das komplette Unterhaltungsprogramm steht im *ffwd* (www.ffwdweekly.com), der größten wöchentlichen Programmzeitschrift der Stadt. Sie liegt gratis in vielen Kaffeebars, Restaurants und Zeitungskästen in Calgary, Banff und Canmore aus.

Plaza Theatre KINO
(☎403-283-3636; 1113 Kensington Rd NW) Das Plaza inmitten von Kensington zeigt Programmkino und Kultklassiker – hier endet man (mal wieder!) mit dem *Time Warp*.

Globe Cinema KINO
(www.globecinema.ca; 617 8th Ave SW) Hier werden ausländische Filme und kanadisches Kino gezeigt – beides ist in den Mainstream-Kinos selten zu finden.

Epcor Centre for the Performing Arts THEATER
(www.epcorcentre.org; 205 8th Ave SE) Das Zentrum der Theaterszene Calgarys, mit vier Bühnen und einer der besten Konzerthallen Nordamerikas.

Loose Moose Theatre Company THEATER
(www.loosemoose.com; 1235 26th Ave SE) Das Loose Moose garantiert einen vergnüglichen Abend. Es zog jüngst in ein neues Haus im Stadtteil Inglewood um und hat sich auf Stand-up-Comedy mit Zuschauerbeteiligung spezialisiert.

Pumphouse Theatres THEATER
(www.pumphousetheatres.ca; 2140 Pumphouse Ave SW) Das Theaterensemble im ehemaligen Pumpenhaus präsentiert avantgardistische Stücke.

Ironwood Stage & Grill LIVEMUSIK
(www.ironwoodstage.ca; 1229 9th Ave SE; ⏲Konzerte So–Do 20, Fr & Sa 21 Uhr) In der trendigeren Welt von Inglewood ist die Basis der nicht gerade legendären Musikszene Calgarys zu finden. Jeden Abend treten entweder einheimische Bands oder bekanntere Tournee-Gruppen im Ironwood auf. Standard sind Country und Folk.

Broken City LIVEMUSIK
(☎403-262-9976; www.brokencity.ca; 613 11th Ave SW; ⏲11–2 Uhr) Musik wird hier fast jeden Abend geboten, von Jazz-Jams bis Hip Hop. Essen und eine Terrasse gibt's auch.

Jubilee Auditorium KONZERTHALLE
(www.jubileeauditorium.com/southern; 1415 14th Ave NW) Alles unter einem Dach: Die Schickeria beim Ballett oder Abrocken bei einem guten Konzert.

Calgary Flames ZUSCHAUERSPORT
(☎403-777-0000; www.flames.nhl.com) Das Eishockeyteam Calgary Flames spielt im **Saddledome** (Stampede Park) von Oktober bis April gegen die Erzrivalen Edmonton Oilers. Zuschauer sollten unbedingt Rot tragen und sich danach in die 17th Avenue, die „Red Mile", wie sie während der Ausscheidungsspielen genannt wird, begeben.

Calgary Stampeders ZUSCHAUERSPORT
(☎403-289-0258; www.stampeders.com; ⏲Juli–Sept.) Heimstadion der Calgary Stampeders, die in der Canadian Football League (CFL) spielen, ist das **McMahon Stadium** (1817 Crowchild Trail NW) im Universitätsviertel, es liegt 6 km nordwestlich der Innenstadt.

Shoppen

Calgary ist Einkaufsparadies oder auch -hölle – je nachdem, wie man zu den omnipräsenten Einkaufszentren steht. Es gibt mehrere recht weit auseinanderliegende Einkaufsviertel. In Kensington und in der 17th Avenue SW gibt es eine gute Auswahl an interessanten, trendigen Kleiderläden und flippigen Krimskrams-Geschäften. Der Stephen Avenue Walk ist eine Einkaufspassage mit Geschäften, Buchläden und viel Atmosphäre. In Inglewood sind Antiquitäten, Trödel, Apotheken und Secondhandläden für Bücher und Platten zu finden.

Alberta Boot Co SCHUHE
(☎403-263-4605; www.albertaboot.com; 50 50th Ave SE; Stiefel 235–1700 C$; ⏲Mo–Sa 9–18 Uhr) In der Fabrik mit Laden verkauft der einzige Cowboystiefelhersteller der Provinz Stiefel, wahlweise aus Känguru-, Straußen-, Python-, Klapperschlangen-, Echsen-, Alligatoren- und, wie langweilig, gutem alten Rindsleder gefertigt.

Chinook Centre EINKAUFSZENTRUM
(☎403-259-2022; www.chinookcentre.com; 6455 Macleod Trail SW; ⏲Mo–Sa 9.30–21, So 11–19 Uhr) 6 km südlich der Innenstadt liegt das Chinook, das Kettenläden, Kaufhäuser, ein Kino und viele fettige Imbissläden bietet.

Mountain Equipment Co-op OUTDOOR-AUSRÜSTUNG
(☎403-269-2420; www.mec.ca; 830 10th Ave SW; ⏲Mo–Fr 10–21, Sa 9–18, So 11–17 Uhr) Der optimale Laden für den Kauf von Outdoor-Ausrüstung für das Abenteuer in der kanadischen Wildnis. Er bietet eine riesige Auswahl an Artikeln für Freizeit und Reise, außerdem Sportbekleidung und Bücher.

Smithbilt Hats KLEIDUNG
(☎403-244-9131; www.smithbilthats.com; 1103 12th St SE; ⏲Mo–Do 9–17, Fr 8–16.30 Uhr) Wer schon immer mal wissen wollte, wie ein Cowboyhut gemacht wird, kann hier zuschauen. Smithbilt fertigt seine Hüte auf traditionelle Art wie zu den Zeiten, als potentielle Käufer noch draußen vor der Tür ihr Pferd anbanden.

Praktische Informationen

Banken scheint es in der Innenstadt an jeder Ecke zu geben; falls keine in der Nähe ist, dann garantiert in der 17th Avenue oder im Stephen Avenue Walk. Viele Filialen haben auch samstags geöffnet, Geldautomaten rund um die Uhr.

Alberta Children's Hospital (☎403-955-7211; 2888 Shaganappi Trail NW) Notaufnahme rund um die Uhr.

Calforex (228 8th Ave SW; ⏲Mo–Fr 8.30–19, Sa & So 10–17 Uhr) Geldwechsel.

Hauptpostamt (207 9th Ave SW; ⏲Mo–Fr 8–17.45 Uhr)

Rockyview General Hospital (☎403-943-3000; 7007 14th St SW) 24-Std.-Notaufnahme.

Tourism Calgary (www.tourismcalgary.com; 101 9th Ave SW; ⏲8–17 Uhr) Die Touristeninformation befindet sich unten im Calgary Tower. Die Mitarbeiter helfen bei der Unterkunftssuche. Infostände gibt es auch in der Ankunfts- und Abflughalle des Flughafens.

An- & Weiterreise

AUTO

Alle größeren Autovermietungen haben im Flughafen und in der Innenstadt Vertretungen.

BUS

Vom **Greyhound-Canada-Busbahnhof** (877 Greyhound Way SW) fahren Busse nach Banff (29 C$, 1¾ Std.), Edmonton (49 C$, 3½ Std.), Drumheller (38 C$, 1¾ Std.) und Lethbridge (48 C$, 2½ Std.). Ermäßigte Fahrkarten gibt es online.

Etwas bequemer ist der superluxuriöse Bus **Red Arrow** (www.redarrow.pwt.ca; 205 9th Ave SE) nach Edmonton (70 C$, 3½ Std., 6-mal tgl.) und Lethbridge (49 C$, 2½ Std., 1-mal tgl.).

Nach Canmore und Banff (54 C$, 2¼ Std., 8-mal tgl.) fährt der legendäre **Brewster** (www.brewster.ca).

Der Red Arrow hält in der Innenstadt an der Ecke 9th Avenue SE und 1st Avenue SE, der Brewster an verschiedenen Hotels. Wo genau, erfährt man bei der Reservierung.

FLUGZEUG

Der **Calgary International Airport** (YYC; www.calgaryairport.com) liegt etwa 15 km nordöstlich des Zentrums am Barlow Trail, eine 25-minütige Autofahrt von Calgary entfernt.

ZUG

Aus unerfindlichen Gründen wird Calgary nicht von Personenzügen angefahren (dafür aber Edmonton und Jasper). **Rocky Mountaineer Railtours** (www.rockymountaineer.com) bietet teure, einer Kreuzfahrt ähnelnde Zugreisen an (2-Tages-Fahrten ab 1000 C$ pro Person).

ℹ Unterwegs vor Ort

AUTO & MOTORRAD

Parken in der Innenstadt von Calgary ist ein teurer Alptraum – eine Strategie der Stadtverwaltung, die Bewohner zur Nutzung der öffentlichen Verkehrsmittel zu bewegen. Zum Glück haben die Innenstadthotels in der Regel Parkhäuser. Private Parkplätze kosten etwa 20 C$ pro Tag. Es gibt auch einige Parkplätze mit Parkuhren. Außerhalb der Innenstadt sind Parkplätze kostenlos und reichlich vorhanden.

ZUM/VOM FLUGHAFEN

Sundog Tours (☎ 403-291-9617; www.sundogtours.com; einfach Erw./Kind 15/8 C$) pendelt zwischen 8.30 und 21.45 Uhr etwa alle halbe Stunde zwischen den größeren Innenstadthotels und dem Flughafen

Zwischen dem Flughafen und der Innenstadt fahren auch öffentliche Verkehrsmittel. Vom Flughafen fährt Bus 57 bis zur Haltestelle Whitehorn (nordöstlich vom Stadtzentrum), dort kann man in den C-Train umsteigen; vom Zentrum aus gilt dasselbe in umgekehrter Richtung. Das kostet lediglich 3 C$, die Fahrzeit liegt bei 45 bis 60 Min.

Für eine Taxifahrt aus der Innenstadt zum Flughafen werden rund 35 C$ fällig.

ÖFFENTLICHE VERKEHRSMITTEL

Calgary Transit (www.calgarytransit.com) arbeitet effizient und sauber. Zur Auswahl stehen das Netz des Light Rapid Transit (LRT), auch C-Train genannt, und herkömmliche Busse. Mit einem Fahrticket (3 C$) kann man zwischen verschiedenen Bussen und C-Trains hin und her wechseln. Im Zentrum entlang der 7th Ave, zwischen der 10th St SW und der 3rd St SE ist die Fahrt im C-Train kostenlos. Wer weiterfährt oder umsteigen muss, der kauft sein Ticket an einem der Automaten auf den C-Train-Bahnsteigen. Die meisten Busse fahren täglich in Abständen von 15 bis 30 Min. Nachtbusse oder Ähnliches gibt es nicht. Das Netz der C-Train-Verbindungen wurde erst kürzlich erweitert, in der Zukunft sind weitere Linien geplant.

TAXI

Taxis gibt es über **Checker Cabs** (☎ 403-299-9999) oder **Yellow Cab** (☎ 403-974-1111). Sie kosten 3 C$ für die ersten 150 m, danach 0,20 C$ für jede weiteren 150 m.

BANFF & JASPER NATIONAL PARKS

Italien mag mit Venedig und Florenz, Frankreich mit Paris und der Provence punkten. Kanada hat statt Kultur die Nationalparks Banff (Karte S. 670) und Jasper (Karte S. 690). Diese legendären Wunderwerke der Natur sind unglaublich eindrucksvoll. Von den Tausenden von Nationalparks, die es heute überall auf der Welt gibt, ist der 1885 gegründete Banff National Park der drittälteste Park weltweit und der angrenzende Jasper National Park nur 22 Jahre jünger. Die zwei Nachbarparks an der Ostseite der kanadischen Rocky Mountains wurden 1984 gemeinsam mit Yoho und Kootenay in British Columbia für ihre außergewöhnliche natürliche Schönheit in Verbindung mit wichtigen geologischen Glazial- und Schwemmprozessen zum Unesco-Weltnaturerbe erklärt. Im Gegensatz zu einigen abgeschiedenen nordamerikanischen gibt es hier kleine Dörfer, die jedes Jahr zwischen 2 und 5 Mio. Besucher anlocken. Bis jetzt haben es die Parkverwaltungen mit großer Anstrengung geschafft, das wichtige Gleichgewicht zwischen Mensch und Natur mühevoll aufrechtzuerhalten.

Parkbesuch

Besucher der Parks kommen aus ganz unterschiedlichen Gründen in die Nationalparks: zum Skifahren, Klettern und Wandern in den Bergen, zum Raften und Kajakfahren auf den Flüssen, zum Campen zwischen den

Banff National Park

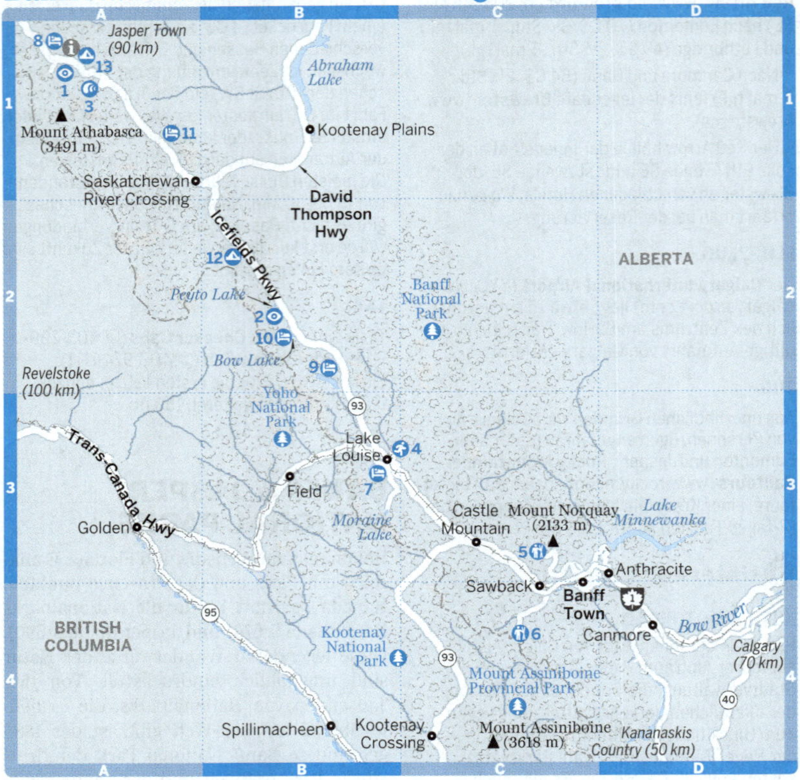

Bäumen oder für eine Mountainbiketour. Die meisten genießen allerdings einfach nur die Schönheit der Parks.

Die Besucher befinden sich unter ständiger Beobachtung der im Park lebenden Tiere. Hier bekommt man die „Big Five" der kanadischen Rockies zu Gesicht: Hirsch, Wapiti, Elch, Wolf und Bär (etwas Glück vorausgesetzt: Die Tiere posieren nicht für jedermanns Kamera).

Der Parkeintritt kostet (für beide Parks zusammen) für einen Tag 9,80/4,90 C$ pro Erw./Kind; die Eintrittskarte gilt bis 16 Uhr des Folgetags.

Geschichte

Der Banff National Park, Kanadas erster Park überhaupt, diente als Vorbild für den Naturschutz. Als Jasper vor über 100 Jahren in das Parksystem integriert wurde, war der Naturschutzkorridor perfekt. Innerhalb des Schutzgebiets entstanden die Ortschaften

Banff und Jasper. In diesen beiden Dörfern, in denen die Entwicklung eingefroren wurde und der Begriff Ökotourismus schon seit den 1880er-Jahren ein Schlagwort ist, leben die Menschen seit Jahrzehnten in Einklang mit der sie umgebenden Wildnis.

Heute ist Banff längst kein Geheimtipp mehr – die Massen sind allgegenwärtig und man muss die tollen Aussichtspunkte meistens mit vielen anderen teilen. Das ist allerdings ein vergleichsweise geringer Abstrich, wenn man bedenkt, dass einem der Anblick der Berge noch lange Zeit im Gedächtnis bleiben wird, auch nachdem man diesen Teil Kanadas längst verlassen und die Heimreise angetreten hat.

Kananaskis Country

Kananaskis, oder K-Country, wie es die Einheimischen nennen, ist ein bergiges Shangri-la mit all den Naturschönheiten des Banff National Park, aber fast ohne Trubel. Es grenzt im Südosten an den Banff National Park und dient sowohl als Pufferzone als auch als erstklassiges, eigenständiges Wildnisgebiet. Auf einem Areal von beachtlichen 4000 km² gibt es hier viel zu entdecken. Zum Glück führen Wanderwege tief hinein in das Gebiet. Wanderer, Skilangläufer, Radfahrer und Kletterer – meist Einheimische – lieben diese Berge, die eine perfekte Kombination aus wild und erschlossen, unberührt und einladend sind. Falls man ein Déja-vu-Erlebnis hat, liegt es wohl daran, dass man die Landschaft in einem der zahllosen Filme gesehen hat, die hier über die Jahre gedreht wurden, darunter auch *Brokeback Mountain*.

Am Ostrand der Berge führt der landschaftlich schöne und kaum befahrene Highway 40 (Abzweig nach Süden vom Highway 1, 20 km östlich von Canmore) zu den Kananaskis-Seen, zweigt dann zur unbefestigten Smith-Dorian Road ab und bildet somit eine malerische Rundstrecke zurück nach Canmore.

Wer noch Zeit hat, kann auch weiter auf dem Highway 40 bis zum Highwood House fahren – durch herrliche dichte Fichtenwälder, durchsetzt von schroffen Gipfeln und manchmal einem Elch am Straßenrand. Die reizvolle Straße ist auf jeden Fall eine kaum befahrene und lohnenswerte Strecke; der Straßenabschnitt ist jedoch im Winter gesperrt.

Aktivitäten

K-Country ist auch C-Country, Cowboy-Land. Die **Boundary Ranch** (☎403-591-7171; www.boundaryranch.com; Hwy 40; Reiten ab 43,50 C$; ⊙Mai–Okt.) bietet Reitwanderungen, die von einer Stunde bis zu mehreren Tagen dauern können.

Nakiska (www.skinakiska.com; Hwy 40) wurde für die Ski-Alpin-Wettkämpfe der Olympiade 1988 gebaut. Das Skigebiet liegt 5 Min. Fahrt südlich von Kananaskis Village, dem Dienstleistungszentrum der Region, und ist ein Traum für Skirennfahrer. Die kanadischen Spitzenskiläufer trainieren hier immer wieder. Das andere Skigebietim K-Country, Fortress Mountain, ist seit 2004 mal offen, mal gesperrt (meist gesperrt).

Der Kananaskis River hat Stromschnellen der Klasse II und III und wird gern von Unternehmen genutzt, die in Banff Wildwasserfahrten anbieten.

Schlafen & Essen

Wie abgeschieden Kananaskis wirklich ist, bewies sich, als es als Ort des G8-Gipfeltreffens 2002 gewählt wurde und die Staatsoberhäupter in der **Delta Lodge at Kananaskis** (☎403-591-7711; www.deltahotels.com; 1 Centennial Dr, Kananaskis Village; Zi. ab 189 C$) untergebracht wurden. Die großartige Landschaft, die spitzenmäßige Ausstattung und die Isolation waren ein großer Erfolg für die Gastgeber. Der teure **Fireweed Grill** (Delta Lodge; Hauptgerichte 20–30 C$) im Delta serviert gebackenen Flussfisch und Alberta-Steak der Spitzenklasse.

Eine Alternative unter freiem Himmel ist der **Boulton Creek Campground** (☎403-591-7226; Kananaskis Lakes Rd; Zelt/Wohnmobil 23/35 C$; ⊙Mai–Okt.).

Praktische Informationen

Etwa 8 km vom Highway 1 über den Highway 40 fährt man zum **Barrier Lake Information Centre** (☎403-673-3985; www.tpr.alberta.ca/parks; Hwy 40; ⊙9–17 Uhr), das viel Infomaterial bereit hält und Genehmigungen für wildes Zelten verkauft (12 C$).

Canmore

Das ehemalige Bergarbeiterstädtchen Canmore war einst eine ruhige Alternative zum Massentourismus in Banff. Nachdem diese Insiderinfo aber allzu publik gemacht wurde, kommt nun jeder dorthin, um Ruhe und

Abgeschiedenheit zu genießen. Trotz der Unruhe, die damit Einzug gehalten hat, hat sich der Ort seine Seele bewahrt und wurde, obwohl er nicht unter den Schutz des Nationalparks fällt, mit Verstand und Nachhaltigkeit weiterentwickelt – bisher zumindest. Canmore liegt nur 26 km von Banff entfernt am Rand von Kananaskis Country. Hier treffen einige der herrlichsten Landschaftsbilder überhaupt aufeinander. Wer einen Urlaub in den Bergen plant und statt Glamour eher das Einfache und authentisch Wilde sucht, der ist hier genau richtig.

Sehenswertes & Aktivitäten

Canmore bietet sich zum Skilanglaufen, Mountainbiken und Felsklettern an.

Skilanglauf

Hochsaison ist im **Canmore Nordic Centre** (403-678-2400; www.canmorenordic.com; 1988 Olympic Way; Tagesskikarte 10 C$) im Winter ebenso wie im Sommer. Dort fanden die Wettkämpfe im Skilanglauf während der Olympischen Spiele 1988 statt. Es ist fraglos die beste Anlage ihrer Art in Kanada und Trainingsgelände für viele kanadische Spitzensportler. Das Zentrum verleiht Ausrüstung, bietet Unterricht für Anfänger und verfügt über ein Streckennetz, dass selbst Olympioniken tagelang auf Trab hält.

Mountainbiken

Die Mountainbike-Trails, die in den Sommermonaten unter den zuvor schneebedeckten Loipen zum Vorschein kommen, gehören zu den besten der Region. Auf über 80 km kann man im Gelände sein Können unter Beweis stellen. Wer vor Ort ein Rad mietet, zahlt dafür pro Tag 45 C$. Hier in der Nähe verlaufen die Routen Rundle Riverside und Spray River/Goat Creek, die beide gen Norden nach Banff führen.

Bergsteigen

Canmore ist eines der führenden Klettergebiete in den Rockies. Daher hat auch die kanadische Bergsteigerorganisation, der Alpine Club of Canada, hier seinen Hauptsitz. Im Sommer stehen zahlreiche Kletterfelsen zur Auswahl, z. B. Cougar Creek, Grassi Lakes und Grotto Canyon, die alle in relativer Nähe zueinander liegen. Wer verschiedene Herausforderungen an einer Wand sucht, ist am Kalkstein des Mt. Rundle und des Mt. Yamnuska, den lokalen Klassikern mit allen Schwierigkeitsgraden, genau richtig. In den kalten Monaten ist Canmore der ideale Ort, um an den gefrorenen Wasserfällen sein Können im Eisklettern auszutesten – Anfänger versuchen sich am Junkyards, Fortgeschrittene ziehen sich die Grotto Falls hoch und Experten bezwingen The Terminator.

Wer sich unbedingt an irgendeiner Form des Kletterns versuchen will, sollte sich an **Yamnuska Mountain Adventures** (403-678-4164; www.yamnuska.com; Suite 200, Summit Centre, 50 Lincoln Park) wenden. Sie sorgen für fachkundige Anleitung, qualifizierte Bergführer und die notwendige Ausrüstung (zweitägige Anfängerkurse ab 325 C$). Yamnuska bietet auch mehrtägige Kurse für Leute, die das Rüstzeug für schwierigere Bergtouren erlernen wollen.

Schlafen

Canmore Clubhouse HOSTEL $

(403-678-3200; www.alpineclubofcanada.ca; Indian Flats Rd; B ab 36 C$) Die Geschichte des Kletterns und die Geheimnisse des Bergs sind in dieser wunderschönen Herberge des Alpine Club of Canada förmlich greifbar. Sie liegt auf einer Anhöhe mit Blick auf das Tal und bietet die für Hostels üblichen Einrichtungen plus eine Sauna. Der Alpine Club bietet Bergsteigerkurse und unterhält mehrere Hütten im Hinterland.

Das Clubhouse ist ein toller Ort, um Kletterpartner zu finden oder einfach nur Abenteuerluft zu schnuppern. Es liegt 5 km südlich des Orts – unbequeme 45 Gehminuten bzw. gemütliche fünf Autominuten entfernt.

Windtower Lodge & Suites HOTEL $$

(403-609-6600; www.windtower.ca; 160 Kananaskis Way; DZ/Suite 139/239 C$; @) Das moderne und gut ausgestattete Hotel ist eine gute Option und verdankt seinen Namen einer eindrucksvollen Felsformation nur ein paar Kilometer weiter östlich. Die Zimmer sind etwas klein, weshalb sich der höhere Preis für eine Suite durchaus lohnt. Aus einigen Zimmern hat man einen schönen Blick auf die Three Sisters. Alle Gäste haben Zugang zum Whirlpool und zum Fitnesscenter.

Falcon Crest Lodge HOTEL $$$

(403-678-6150; www.falconcrestlodge.ca; 190 Kananaskis Way; Zi. ab 209 C$;) Von all den urtümlichen Wald-Lodges in Canmore ist das Falcon Crest vielleicht die beste. Die großen Deluxe-Zimmer haben Balkons mit Blick auf die berühmten Gipfel Canmores (auch auf die Three Sisters) und es gibt eine

Auswahl unterschiedlicher Suiten. Ein Fitnessraum und ein Hot Tub im Freien ergänzen das Rocky-Mountain-Erlebnis.

Essen

Bagels zum Frühstück, Bier und Hamburger zum Mittagessen und Steak zum Abendessen. Das alles gibt es im folgenden Trio.

Rocky Mountain Bagel Co CAFÉ $
(☎403-678-9978; www.thebagel.ca; 829 8th St; Bagels 6–8 C$; ⏲6–18 Uhr; 📶) Gibt es etwas Schöneres im Leben, als unter den Blumenkörben im Rocky Mountain Bagel Co zu sitzen, das Wandern der morgendlichen Schatten an den Three Sisters zu beobachten und dabei einen getoasteten Bagel mit Ahornsirup und einen Latte zu genießen? Wahrscheinlich nicht.

Grizzly Paw KNEIPE $$
(☎403-678-9983; www.thegrizzlypaw.com; 622 Main St; Hauptgerichte 13–20 C$; ⏲11–24 Uhr) Albertas beste Kleinbrauerei (die ganzjährig sechs Biere braut) verbirgt sich in den Bergen von Canmore. Die Veteranen des Himbeer-Ales und des Biers Grumpy Bear haben jüngst eine neue Brauerei gebaut, um ihre legendäre Brauereikneipe zu versorgen (Führungen und Kostproben sind versprochen). Ein Kleindestillerie ist auch auf dem Weg. Ach ja, die Kneipe serviert auch Essen.

Wood STEAKHAUS $$
(☎403-678-3404; www.thewood.ca; 838 8th St; Hauptgerichte 12–29 C$; ⏲7.30–23 Uhr) Viel Holz und ein großer Kamin verleihen diesem Blockhaus mitten in Canmore eine entspannte und gehobene Atmosphäre. Wer sich einen Tag Auszeit vom erstklassigen Alberta „AAA" Steak gönnen möchte (auch wenn das hier schwer fällt), sollte sich für den ausgezeichneten Lachsburger mit Dijon-Tatar-Sauce entscheiden.

Praktische Informationen

Canmore Visitors Information Centre (www.tourismcanmore.com; 907A 7th Ave; ⏲9–17 Uhr) Unweit der Hauptstraße.

An-& Weiterreise

Canmore ist von Banff Town und Calgary ab dem Highway 1 leicht zu erreichen. Die Busse des **Banff Airporter** (www.banffairporter.com) fahren bis zu zehnmal pro Tag vom/zum Calgary Airport (55 C$). **Brewster** (Karte S. 678; ☎1-800-760-6934; www.explorerockies.com) bietet Verbindungen zum Flughafen und in die Innenstadt von Calgary zum ungefähr gleichen Preis. **Roam-Busse** (www.roamtransit.com) fahren stündlich nach Banff (6 C$, 20 Min.).

Icefields Parkway

Der gute alte Highway 93, der 230 km lang an der kontinentalen Wasserscheide zwischen Lake Louise und Jasper verläuft, wurde nicht von ungefähr in Icefields Parkway umbenannt (auf Französisch klingt das etwas romantischer: „Promenade des Glaciers"). Der Name bereitet den ahnungslosen Besucher auf die majestätische Landschaft vor, die ihn hier erwartet. Das Highlight ist zweifellos das gigantische Columbia Icefield mit seinen zahlreichen Gletschern. Die Lektion in Sachen Erosion und Geografie runden plätschernde Wasserfälle, tiefblaue Seen, dramatische Berge und ein vorbeihuschender Bär oder Wapiti – oder war es doch ein Elch? – ab.

Über den 1940 fertiggestellten Parkway düsen heute vor allem Autos, was im Juli und August zu einem recht hohen Verkehrsaufkommen führt. Einen besseren Blick verspricht die Fahrt mit dem Bus oder, noch besser, mit dem Fahrrad. Die Straße ist breit, nie allzu steil und hat zahlreiche, strategisch gut platzierte Campingplätze, Herbergen und Hotels zu bieten.

Sehenswertes

Es gibt zwei Arten von Sehenswürdigkeiten: unbewegliche (Seen, Gletscher und Berge) und bewegliche (Rothirsche, Bären, Elche usw.). Wer nicht mindestens ein Wildtier erblickt (auf die unvermeidlichen „Bären-Staus" achten), hat schon sehr viel Pech. Die unbeweglichen Sehenswürdigkeiten werden im Folgenden geografisch von Süden nach Norden aufgeführt.

Peyto Lake SEE
(Karte S. 670) Das unbeschreibliche Blau des Peyto Lake wurde schon auf Tausenden Werbefotos abgebildet. Aber nichts übertrifft den Blick auf den echten See, besonders vom Aussichtspunkt etwa 100 m oberhalb des Wassers. Am schönsten ist ein Besuch des Sees am frühen Morgen, zwischen den ersten Sonnenstrahlen auf dem Wasser und der Ankunft des ersten Reisebusses.

Vom Parkplatz direkt am See führt ein gepflasterter Weg langsam bergauf. Nach 15 Min. erreicht man eine hölzerne Aussichtsplattform, von der aus man den See überblickt. Wer möchte, kann dem Pfad noch weiter nach oben folgen. Er führt direkt am Grat entlang und kommt zu einer Weggabelung mit drei Abzweigungen, an der man dem mittleren Weg bis zu einer nicht beschilderten und unbefestigten Straße nimmt. Folgt man dieser Straße 2,5 km lang nach unten, findet man sich in einem ruhigen Felsenbecken wieder, durch dessen Mitte ein kleiner Fluss fließt.

Weeping Wall WASSERFALL

(Karte S. 670) Die hoch aufragende Felswand erhebt sich östlich des Highways. In den Sommermonaten ist sie ein Meer aus Wasserfällen, die sich von oben über die Wände ergießen und diese in einen Dunstschleier hüllen. Im Winter sieht alles ganz anders aus: Das Wasser gefriert und bildet eine dicke bizarre Eisschicht, die die Wand überzieht.

Das vertikale Eisfeld ist ein beliebtes Ziel für Eiskletterer, die aus der ganzen Welt anreisen, um ihren Mut unter Beweis zu stellen. Jeder Alpinist, der das Glück hat, heil oben anzukommen, darf auf seine Leistung stolz sein. Herunterfallende Eisbrocken von der Größe eines Kühlschranks sind nicht selten, deshalb beobachtet man das Ganze besser vom Aussichtspunkt an der Straße aus sicherer Entfernung.

★ **Columbia Icefield** NATURLANDSCHAFT

Etwa auf halber Strecke zwischen Lake Louise Village und Jasper Town befindet sich der einzige zugängliche Abschnitt des weiten Columbia Icefield, das eine Fläche von der Größe der Stadt Vancouver bedeckt und acht Gletscher speist. Dieser Rest der letzten Eiszeit, der an manchen Stellen bis zu 350 m dick ist, erstreckt sich über ein Plateau zwischen dem Mount Columbia (3747 m) und dem Mount Athabasca (3491 m).

Es ist das größte Eisfeld in den Rockies und speist mit seinem Schmelzwasser die Flussnetze des North Saskatchewan River, Columbia River, Athabasca River, Mackenzie River und Fraser River. Die gebirgigen Flanken des gewaltigen Eisbeckens gehören mit ihren neun Gipfeln über 3000 m zu den höchsten Erhebungen der Rockies.

Lohnenswert ist ein Besuch im **Icefield Centre** (Karte S. 670; ☎780-852-6288; ⏲Mai–Okt. 9–18 Uhr) GRATIS, wo man sich bei den

RADTOUR AUF DEM ICEFIELDS PARKWAY

Der 230 km lange Icefields Parkway ist mit seiner alten Landschaft, den Gletschern und Seen, die blauer als Picassos Gemälde der blauen Periode sind, eine der spektakulärsten Straßen der Welt und per se eine der spektakulärsten Fahrradstrecken der Welt – falls Beine und Lunge mitmachen. Abgesehen von der Länge führen mehrere lange Abschnitte bergauf, es gibt gelegentlich heftigen Gegenwind sowie zwei größere Pässe zu überwinden, nämlich den Bow Summit (2088 m) und den Sunwapta Pass (2035 m). Trotz alledem ist die Strecke im Juli und August sehr beliebt (im Winter kann man es vergessen), wenn ehrgeizige Radfahrer hier unterwegs sind und die fahrradfreundlichen Besonderheiten der Strecke genießen. Auf der Straße sind keine Lastkraftwagen erlaubt, es gibt durchgängig breite Seitenstreifen, Gesellschaft auf zwei Rädern ist garantiert und es gibt viele strategisch günstig gelegene Unterkünfte (Campingplätze, Hostels und Hotels). Manche Radfahrer nehmen den Parkway im Rahmen einer organisierten Tour (mit Hilfsautos) in Angriff, andere fahren lieber alleine und brauchen dafür zwei bis fünf Tage. Entlang der Strecke liegen sechs HI-Hostels und vier Lodges/ Motels, die jedoch im Vorfeld reserviert werden sollten. Einfachen Proviant gibt es in Saskatchewan River Crossing, 83 km nördlich vom Lake Louise.

Es heißt, dass es einfacher sei, von Norden nach Süden zu radeln, also von Jasper zum Lake Louise, der Unterschied ist jedoch geringer als angenommen. Manche Leute hängen am Start noch die zusätzlichen 60 km zwischen Banff und Lake Louise an oder fahren zum Schluss über den ruhigen Bow Valley Parkway, um den verkehrsreichen Trans-Canada Highway (Highway 1) zu vermeiden.

Robuste Rennräder verleiht **Wilson Mountain Sports** (www.wmsll.com; Samson Mall; ⏲9–19 Uhr) im Dorf Lake Louise. Brewster-Busse transportieren manchmal auch Fahrräder, die Bedingungen sollten aber vorher erfragt werden. **Backroads** (☎510-527-1555; www.backroads.com) bietet die Canadian Rockies Bike Tour an, eine sechstägige organisierte Tour, zu der auch das Fahren auf dem Parkway gehört.

Rangern von Parks Canada über Campingmöglichkeiten und Kletterbedingungen erkundigen kann; sie haben auf alle Fragen zum Park eine Antwort. Es gibt eine ziemlich fade Cafeteria und auch einige ebenso langweilige Hotelzimmer im Glacier View Inn (S. 676).

Athabasca Glacier NATURLANDSCHAFT
(Karte S. 670) Die Gletscherzunge des Athabasca Glacier erstreckt sich vom Columbia Icefield bis fast zur Straße gegenüber dem Icefield Centre. Sie kann zu Fuß oder mit speziell dafür entwickelten Bussen besichtigt werden. Der Gletscher hat sich in den letzten 150 Jahren um etwa 1,6 km zurückgezogen. Um an sein Ende zu gelangen, geht oder fährt man 1 km bis zu einem kleinen Parkplatz, an dem auch der 0,6 km lange **Forefield Trail** beginnt. Ein kleines, abgesperrtes Stück der Eisfläche darf betreten werden. Auf keinen Fall über diese Absperrung klettern! Es kommt fast jedes Jahr zu Todesfällen, da viele Besucher die Warnhinweise ignorieren und in eine der zahlreichen Gletscherspalten fallen.

Am besten lässt sich das Columbia Icefield zu Fuß erkunden. Dafür ist aber die Hilfe von **Athabasca Glacier Icewalks** (Karte S. 670; ☎780-852-5595; www.icewalks.com; Icefield Centre; 3-Std.-Touren Erw./Kind 70/35 C$, 6-Std.-Touren 85/45 C$) nötig, die für die gesamte erforderliche Ausrüstung und einen Führer sorgen. Im Angebot sind dreistündige Touren (Juni–Sept. tgl. um 10.40 Uhr) und sechsstündige Touren (So & Do) für jene, die weiter auf den Gletscher hinauswandern wollen.

Weitaus einfacher (und auch beliebter) ist eine Gletschertour mit dem „Snocoach" von **Brewster** (Karte S. 670; ☎877-423-7433; www.brewster.ca; Erw./Kind 49,95/24,95 C$; ⏲Touren Mai–Okt. 9–17 Uhr). Für manche Leute ist dies das prägende Erlebnis ihres Besuchs des Columbia Icefield. Der große Allrad-Bus fräst sich eine Spur übers Eis und hält an, damit die Passagiere einen kurzen Spaziergang über einen abgegrenzten Gletscherabschnitt machen können. Warme Kleidung und gutes Schuhwerk sind ein Muss. Fahrkarten gibt es im Icefield Centre oder online; die Touren beginnen alle 15 bis 30 Min.

Athabasca Glacier bis Jasper PANORAMASTRASSE
Auf dem Weg nach Jasper schlängelt sich die Straße an einigen sehenswerten Orten vorbei. Sowohl die **Sunwapta Falls** (Karte S. 690) als auch die **Athabasca Falls** (Karte S. 690), näher an Jasper gelegen, sind einen Halt wert. Der letztgenannte Wasserfall führt mehr Wasser und erreicht im Sommer seinen tosenden Höhepunkt, wenn er vom Schmelzwasser der Gletscher gespeist wird.

Der idyllische, grünblaue **Horseshoe Lake** (Karte S. 690) zieht weniger Besucher an und ist bei leichtsinnigen Klippenspringern beliebt. Man sollte auf keinen Fall hinterherspringen!

An den Athabasca Falls macht sich der Highway 93A unauffällig nach links davon. Wer sich für die Abzweigung entscheidet, ist wirklich auf einer unbekannten Route unterwegs. Die alte Straße nach Jasper zieht sich wunderschön durch tiefe, dunkle Wälder und an kleinen, friedlichen Seen und Wiesen vorbei.

Schlafen & Essen

Am Icefields Parkway befinden sich mehrere gut versteckte Hostels. Die meisten liegen dicht an der Straße in malerischer Umgebung. Größere Hotels und Lodges sind in Bow Lake, Saskatchewan Crossing, Columbia Icefield und Sunwapta Falls zu finden. Es gibt in der Gegend auch zahlreiche primitive **Campingplätze** (Nacht 16 C$). Recht gut sind die Campingplätze **Honeymoon Lake** (Karte S. 690) , **Jonas Creek** (Karte S. 690), **Mt. Kerkeslin** (Karte S. 690), **Waterfowl Lakes** (Karte S. 670) und **Wilcox Creek** (Karte S. 670).

Mosquito Creek International Hostel HOSTEL $
(Karte S. 670; ☎403-670-7589; www.hihos tels. ca; B Mitglieder/Nicht-Mitglieder 24/26 C$) Auch wenn der Name abschreckend wirkt: Mosquito Creek, 26 km nördlich vom Lake Louise, ist der perfekte Ausgangspunkt für Erkundungstouren durchs Hinterland. Die Sauna lädt nach einem langen Tag zum Entspannen ein, der angrenzende Fluss verleiht dem Gelände nur noch mehr Flair. Im Winter ist das Hostel manchmal geschlossen; also vorher anrufen!

Rampart Creek International Hostel HOSTEL $
(Karte S. 670; ☎403-670-7589; www.hihostels. ca; B Mitglied/Nicht-Mitglied 24/26 C$) Rampart liegt 11 km nördlich der Saskatchewan River Crossing und ist schon lange bei Kletterern, Radfahrern und anderen Draufgän-

gern beliebt. Am kleinen Felsen hinter dem Haus lässt es sich ganz gut bouldern, die zwölf Schlafsäle mit Stockbetten und die Einrichtungen sind sauber und gemütlich. Und dann gibt es da auch noch die Sauna, die für zusätzliche Entspannung sorgt. Im Winter unbedingt vorher anrufen; es könnte geschlossen sein!

Beauty Creek International Hostel HOSTEL **$**
(Karte S. 690; ☎780-852-3215; www.hihostels.ca; Icefields Parkway; B Mitglied/Nicht-Mitglied 24/26 C$; ⏲Check-in 17–22 Uhr) Die fehlende Elektrizität, die Propangaslampen, Außenklos und das Brunnenwasser sind unwichtig angesichts des All-you-can-eat-Frühstücks mit Pfannkuchen und der traumhaften Landschaft.

Sunwapta Falls Resort HOTEL **$$$**
(Karte S. 690; ☎888-828-5777; www.sunwapta.com; Zi. ab 209 C$; @) Sunwapta ist ein günstig gelegenes Haus für die Icefields und liegt 53 km südlich von Jasper Town. Es bietet eine Mischung aus komfortablen Suiten und Zimmern, die eingebettet in eine schöne Naturlandschaft liegen. Das gemütliche Restaurant und der Geschenkeladen sind beliebt bei Reisebustouristen.

Glacier View Inn HOTEL **$$$**
(Karte S. 670; ☎877-423-7433; Icefield Centre, Icefields Parkway; Zi. ab 249 C$; ⏲Mai–Okt.) Der Panoramablick, den dieses Chalet bietet, ist einfach unglaublich – wenn doch nur die Fenster größer wären! Das Hotel liegt im selben Komplex wie das turbulente Icefield Centre, wodurch man sich hier manchmal wie im Einkaufszentrum fühlt. Sind die ganzen Busse abends aber einmal abgefahren, kann man diesen Ort, einen der spektakulärsten der Umgebung, in aller Ruhe auf sich wirken lassen. Die Cafeteria, die außerdem zum Komplex gehört, ist nicht erwähnenswert.

Num-Ti-Jah Lodge INN **$$$**
(Karte S. 670; ☎403-522-2167; www.sntj.ca; DZ ab 233 C$, Hauptgerichte ab 14 C$, 3-Gänge-Abendmenü 45 C$) Die historische Num-Ti-Jah Lodge, die hier wie ein Wächter von Bow Lake steht, steckt voller Charakter und Wildnisnostalgie. Holzschnitzereien, Tierköpfe und Fotos aus dem Goldenen Zeitalter schmücken die Wände. Die Zimmer sind ordentlich, wenn auch etwas klein. Das hauseigene Restaurant verfügt eine umfangreiche Weinkarte.

Banff Town

Wie die Provinz, in der sie liegt, ist auch die Stadt Banff irgendwie ein Mysterium. Ein Urlaubsort mit Souvenirläden, Nachtclubs und schicken Restaurants ist nicht gerade das, worauf eingefleischte Nationalpark-Fans stolz wären. Äußerlichkeiten können aber täuschen und so sei zuallererst gesagt, dass Banff kein gewöhnlicher Ort ist. Es war nie ein klassischer Ort zum Wohnen, sondern hat sich aus seiner Funktion als Versorgungszentrum des umliegenden Parks heraus entwickelt. Außerdem trügt der kommerzielle Eindruck der Banff Avenue. Wer 5 Min. in die eine oder in die andere Richtung schlendert, findet sich schnell, ohne es vielleicht gleich zu merken, mitten in der Wildnis, im Lebensraum von Bären, Wapitis, Elchen, Wölfen und Dickhornschafen wieder. Banff und zivilisiert? Das ist nichts weiter als ein Gerücht!

Geschichte

Während die meisten Bergdörfer ihre Wurzeln in der Rohstoffindustrie haben, hatten Banffs Gründer im späten 19. Jh. schon den Tourismus im Hinterkopf. Zuerst erreichte die Eisenbahnlinie den Ort, dann wurden die Thermalquellen Cave und Basin entdeckt und es wurde schnell klar, dass sich hier Geld verdienen ließ. Zunächst kamen Horden von wohlhabenden Besuchern aus dem viktorianischen England, die im Banff Spring Hotel abstiegen und in den wohltuenden Wassern der Quellen badeten. Als die Straße dann 1911 endlich auch Banff erreichte, wurde alles anders, und dem Massenansturm waren Tür und Tor geöffnet.

Banff wurde mit dem wachsenden Zustrom von Touristen immer größer, und es siedelten sich immer mehr Dienstleister an, die nicht mehr nur auf die Oberschicht ausgerichtet waren. Die Stadtentwickler waren von Anfang an nicht erfreut darüber, dass der Ort in das Gebiet des Nationalparks einbezogen wurde. Denn mit der Integration kamen auch strikte Bebauungsvorschriften, die die weitere Entwicklung praktisch zum Stillstand brachten. Bauvorhaben in Banff sind sowohl politisch als auch ökologisch ein heißes Eisen, und hier leben zu wollen, ist eine wahre Herausforderung: Das gesamte Land gehört dem Staat und nur wer dort arbeitet, darf auch dorthin ziehen. Zudem muss jedes Unternehmen für seine Angestellten Unterkünfte bereitstellen.

Obwohl die Infrastruktur und die Größe des Orts unverändert bleiben, steigt die Anzahl der Besucher weiterhin exponentiell. Seit Banff in den Nationalpark integriert wurde, wird unter den Einwohnern das Thema Tourismus kontrovers diskutiert. Während ihnen die Besucher einerseits den Lebensunterhalt sichern, überrennen sie den Ort andererseits auch förmlich und machen aus Banff alles andere als das friedliche Bergdorf, das es einst war.

Sehenswertes

Banff besitzt stolze vier Museen, praktisch beispiellos für einen „Natur"-Park.

★ Whyte Museum of the Canadian Rockies — MUSEUM

(Karte S. 678; www.whyte.org; 111 Bear St; erbetene Spende 5 C$; ⌚10–17 Uhr) Das Whyte Museum hat schon über 100 Jahre auf dem Buckel und ist weitaus mehr als nur ein Zeitvertreib für Regentage. In einer wunderschönen Galerie werden in einer Wechselausstellung großartige Kunstwerke gezeigt. Die Dauerausstellung erzählt die Geschichte von Banff und den beherzten Männern und Frauen, die sich mitten in den Bergen eine neue Heimat geschaffen haben.

Direkt nebenan befindet sich ein Archiv mit Tausenden von Fotografien, die die Geschichte des Ortes und des Parks dokumentieren; sie sind als Abzüge erhältlich. Im Museum bekommt man außerdem ein Faltblatt für einen Spaziergang, den **Banff Culture Walk**.

Banff Gondola — SEILBAHN

(☎403-762-2523; Mountain Ave; Erw./Kind 34,95/16,95 C$; ⌚8–21 Uhr) Ob Sommer oder Winter – der Gipfel des Sulphur Mountain in der Nähe von Banff liegt dank der Banff Gondola immer in greifbarer Nähe. Sie bringt innerhalb von 10 Min. vier Passagiere pro Gondel sanft hinauf auf den Berg. Dieser verdankt seinen Namen den Thermalquellen, die an seinem Fuße aus dem Boden strömen (*sulphur* = Schwefel). Der Sulphur Mountain ist ein toller Aussichtspunkt und eine Attraktion Banffs, die auf jeden Fall auf der To-do-Liste stehen sollte.

Oben gibt es eine Reihe von Restaurants und die Möglichkeit zu einer längeren Wanderung auf einem Bohlenweg bis zur alten Wetterstation Sanson Peak. Wer möchte, kann auch den gesamten Weg hinaufwandern; ein 5,6 km langer Pfad führt im Zickzack ans Ziel. Die Talfahrt mit der Gondel kostet dann nur die Hälfte, anschließend bieten die Thermalquellen Entspannung pur.

Die Talstation der Gondel liegt 4 km südlich der Innenstadt von Banff.

Cave & Basin National Historic Site — HISTORISCHE STÄTTE

(☎403-762-1557; Cave Ave; Erw./Kind 3,90/1,90 C$; ⌚Mai–Okt. Tgl. 10–17 Uhr, Okt.–Mai Mi–So 12–16 Uhr) Bei diesen heißen Quellen wurde praktisch das System des Canadian National Park ins Leben gerufen. Die Quellen wurden 1883 zufällig von drei Angestellten der Canadian Pacific Railway in ihrer Freizeit entdeckt, sind aber den Ureinwohnern schon seit 10 000 Jahren bekannt. Die Quellen, die sich als thermische Goldgrube entpuppten, wurden schnell von privaten Unternehmen in Beschlag genommen, die die notwendigen Anlagen für die damals angesagten Thermalbehandlungen bereitstellten.

Um eine Umweltkatastrophe zu vermeiden, griff der Staat ein und erklärte Banff zum ersten Nationalpark Kanadas und konnten so die Quellen schützen. Baden ist hier nicht mehr möglich, aber die Stätte wurde nach zweijähriger Restaurierung im Mai 2013 als eindrucksvolles Museum wiedereröffnet. Zu sehen sind die ursprüngliche Höhle, die alten Quellen draußen, ein Badehaus (seit 1971 geschlossen) und eine liebevoll kuratierte Filmausstellung über die 42 Nationalparks von Parks Canada. An der Anlage beginnen zwei Wanderwege: ein Lehrpfad über Plankenwege zur Höhlenöffnung und der 2,5 km lange **Marsh Loop Trail** durch die einzigen natürlichen Flussauen des Parks.

Banff Upper Hot Springs — THERMALBAD

(☎403-762-1515; Mountain Ave; Erw./Kind 7,30/6,30 C$; ⌚9–23 Uhr) Heutige Touristen nutzen die wohltuenden (wenn auch oft überfüllten) heißen Thermalbäder, das Dampfbad und den Whirlpool mit exzellentem Bergblick nahe der Banff Gondola, 4 km südlich der Stadt. Das Wasser aus der Quelle ist 47 °C warm; im Winter muss es auf 39 °C abgekühlt werden, bevor es in das Bad fließt, im Frühjahr erledigt das die Schneeschmelze.

Neben dem Bad werden auch Massagen und Aromatherapien angeboten. Badeanzü-

Banff Town

0
200 m
Greyhound Canada Train Station
Greyhound Bus Depot
Brewster Transportation
Brewster
Gopher St
Moose St
Squirrel St
Elk St
Marten St
Banff Ave
Irwin's Mountain Inn (50 m);
Samesun Banff (150 m);
Fox Hotel & Suites (200 m);
Banff Caribou Lodge (400 m);
Rundlestone Lodge (600 m);
Bumpers Inn (1 km);
Inns of Banff (1 km);
Banff Rocky Mountain Resort (4 km)
Wolf St
Bow Ave
Lynx St
Bear St
World Heritage Park
Caribou St
Beaver St
Whyte Museum of the Canadian Rockies
Banff Centre (600 m)
Buffalo St
Bow River
Nature Path
Bow River Bridge
Birch Ave
Cave Ave
Cave & Basin National Historic Site (1 km)
Fairmont Banff Springs (800 m)
1
2
3
4
5
6
7
8
9
10
11
12
13
14
15
16
17
18
19
20
21
22
23
24
25
26
27
28
29

Banff Town

Highlights
1 Whyte Museum of the Canadian Rockies ... B5

Sehenswertes
2 Banff Park Museum ... C6
3 Buffalo Nations Luxton Museum ... B7

Aktivitäten, Kurse & Touren
4 Blue Canoe ... A3
Canadian Rockies Rafting Company ... (siehe 5)
Discover Banff Tours ... (siehe 5)
5 GyPSy Guide ... C3
6 Hydra River Guides ... C3
7 Snowtips/Bactrax ... C3
8 Warner Guiding & Outfitting ... C4

Schlafen
9 Banff Y Mountain Lodge ... D7
10 Bow View Lodge ... A3

Essen
11 Bison Restaurant & Terrace ... C3
12 Bruno's Cafe & Grill ... D4
13 Cows ... C4
14 Coyote's Deli & Grill ... C4
15 Eddie Burger & Bar ... C4
16 Evelyn's Coffee Bar ... C4
17 Giorgio's Trattoria ... C3
18 Le Beaujolais ... C5
19 Magpie & Stump ... C4
20 Maple Leaf Grille ... C4
21 Melissa's Restaurant ... B3
22 Saltlik ... C3
23 Wild Flour ... C4

Ausgehen & Nachtleben
24 Banff Ave Brewing Co ... C5
25 Elk & Oarsman ... C5
Hoodoo Club ... (siehe 20)
26 St James's Gate Olde Irish Pub ... C3
27 Tommy's Neighbourhood Pub ... C5
28 Wild Bill's Legendary Saloon ... C4

Unterhaltung
29 Lux Cinema Centre ... C3

ge, Handtücher und Garderobenschränke können geliehen werden.

Lake Minnewanka SEE

Der Lake Minnewanka, ausgesprochen wird er *mini-uonka*, liegt 13 km östlich von Banff und ist daher ein beliebtes Ziel, um dem ganzen Trubel zu entkommen. Das malerische Erholungsgebiet bietet zahlreiche Möglichkeiten zu wandern, schwimmen, segeln oder angeln oder mit dem Boot hinauszufahren.

Um den See herum führt ein schöner und einfacher Weg, der leicht zu finden und daher auch sehr beliebt ist. **Minnewanka Lake Cruises** (www.explorerockies.com/minnewanka; Erw./Kind 44,95/19,95 C$; ⏲ Abfahrten Mai–Sept. 10–18 Uhr) bietet 60-minütige, lehrreiche Rundfahrten auf dem See, die einen großartigen Einblick in die Geschichte und Geologie der Region geben. Hier kann geangelt oder zum Alymer Lookout gewandert werden. Unterwegs bietet sich ein spektakulärer Ausblick auf See und Berge. Ein Brewster-Bus übernimmt gegen zusätzliche Bezahlung den Transport dorthin.

Banff Park Museum MUSEUM

(Karte S. 678; ☎ 403-762-1558; 93 Banff Ave; Erw./Kind 3,95/1,95 C$; ⏲ 10–18 Uhr) Das Museum ist in einem alten Holzgebäude der Canadian Pacific Railway von 1903 untergebracht und deshalb eine National Historic Site. Die Ausstellungsstücke – eine Sammlung von präparierten Tieren aus dem Park, darunter ein Grizzly- und ein Schwarzbär, und ein alter Baum von 1841, in dessen Rinde alles Mögliche eingeritzt ist – haben sich nur wenig verändert, seit das Museum vor über 100 Jahren erstmals seine Pforten öffnete.

Buffalo Nations Luxton Museum MUSEUM

(Karte S. 678; ☎ 403-762-2388; 1 Birch Ave; Erw./Kind 10/6 C$; ⏲ 11–18 Uhr) Das Luxton Museum behandelt im Prinzip die Geschichte der Ureinwohner Albertas, mit Schwerpunkt auf den Stämmen der Cree, Blackfoot, Blood und Stony. Die Exponate sind zwar etwas verstaubt, aber sehr informativ. Darunter sind auch Kopfschmuck aus Adlerfedern und eine lebensgroße Nachbildung einer eher makabren Sonnentanzzeremonie.

Ein paar interessante Fakten sind hier durchaus zu erfahren, aber ein Besuch des Museums dauert selten länger als 30 Min. Angesichts dessen ist der Eintrittspreis von 10 C$ ein bisschen hoch gegriffen.

Aktivitäten

Kanu- & Kajakfahren

Trotz der modernen Neigung zu großen Autos sind Kanus noch immer eine typisch kanadische Art der Fortbewegung. Die besten Möglichkeiten nahe Banff Town bieten der Lake Minnewanka und der benachbarte **Two Jack Lake**, beide liegen im Nordosten, oder die näher an der Stadt gelegenen **Vermilion Lakes**. Wer kein eigenes Kanu hat, kann sich eines leihen, z. B. bei **Blue Canoe** (Karte S. 678; ☎403-760-5007; www.bluecanoeing.com; Ecke Wolf St & Bow Ave; Kanus Std./jede weitere Std. 36/20 C$).

Radfahren

Radfahrer haben rund um Banff zahlreiche Möglichkeiten, sich auszutoben – sowohl auf der Straße als auch auf ausgewählten Pfaden. Beliebte Routen in der Umgebung sind der **Sundance** (hin & zurück 7,4 km) und der **Spray River Loop** (12,5 km); beide sind auch für Familien geeignet. **Spray River & Goat Creek** (einfach 19 km) und **Rundle Riverside** (einfach 14 km) haben beide unterschiedliche Start- und Endpunkte, von denen einer jeweils in der Nähe von Canmore liegt. Ersterer ist recht einfach, während das Auf und Ab der Rundle-Strecke schon eine größere Herausforderung darstellt – Nervenkitzel und gelegentlich eine brenzlige Situation inklusive.

Wer sich aufs Rennradfahren versteht, der sollte den Highway 1a zwischen Banff und Lake Louise in Angriff nehmen. Die sanften Hügel und die wenig befahrene Straße sind der Traum eines jeden Rennradlers. Parks Canada hat eine Broschüre mit dem Namen *Mountain Biking & Cycling Guide – Banff National Park* herausgegeben, in der Wege und Regeln beschrieben sind. Sie ist im Banff Information Centre erhältlich.

Snowtips/Bactrax (Karte S. 678; www.snowtips-bactrax.com; 225 Bear St; Fahrräder Std./Tag ab 12/42 C$) verleiht Fahrräder und bietet auch Touren auf einem der vielen Radwanderwege in der Gegend um Banff an (Std. 20 C$). Es gibt auch Transfer zu den Startpunkten.

Rafting

Die beste Rafting-Option findet man außerhalb des Parks (und der Provinz) auf dem Kicking Horse River im Yoho National Park in BC. Hier gibt es Stromschnellen der Kategorie IV, was große Wellen, Wasserstrudel und garantiert nasse Kleidung mit sich bringt. Die Stromschnellen des Kananaskis River und des Abschnitts des Bow River, der im Horseshoe Canyon verläuft, sind weniger wild. Bei Banff eignet sich der Bow River bloß für eine gemütliche Bootsfahrt.

Die im Folgenden genannten Unternehmen sind auch im Park vertreten. Sie bieten Touren ab 79 C$ an. Wer in Banff abgeholt werden will, muss mit einem Aufschlag von 15 C$ rechnen.

Reiten

Die ersten europäischen Pioniere in Banff – Pelzhändler und Eisenbahningenieure –drangen in die Region hauptsächlich zu Pferd ein. Besucher können ihren Spuren auf Ausritten mit **Warner Guiding & Outfitting** (Karte S. 678; ☎403-762-4551; www.horseback.com; 132 Banff Ave; 1-Std.-Ausritte 45 C$) folgen, die ein zuverlässiges Pferd zur Verfügung stellen und dann die Reiter über schmale Wegen leiten. Einweisung und die Begleitung sind im Preis enthalten; ein wunder Hintern ist für Anfänger unvermeidlich. Da heißt es: einfach grinsen und ertragen. Passionierte Reiter können sich auch den sechstägigen Wildlife Monitoring Adven-

INSIDERWISSEN

LEGACY TRAIL

Nach jahrelanger Planung eröffnete Parks Canada 2010 den lang erwarteten **Legacy Trail**, einen befestigten Weg für Radfahrer, Skater und Fußgänger zwischen Canmore und Banff. Der 19 km lange Weg erstreckt sich vom Osttor des Banff National Park 6 km westlich von Canmore bis zur Stadt Banff und verläuft dicht am Highway 1. Vom Parktor geht es dann weiter auf dem **Canmore Trail**, der den Highway kreuzt, bis nach Canmore. Wer nicht in beide Richtungen Rad fahren oder wandern mag, kann den **Bike 'n' Hike Shuttle** (☎403-762-4453; www.bikeandhikeshuttle.com; einfach ab 10 C$), einen Bus zwischen den Ausgangspunkten der Wanderwege, zurück zum Startpunkt nehmen.

Banff und Canmore sind durch zwei weitere Wege verbunden, den schroffen **Rundle Riverside Trail** (für erfahrene Geländerfahrer) und den einfacheren **Goat Creek Trail**. Alle Wege wurden durch die Überflutungen im Juni 2013 ausgeschwemmt. **Parks Canada** (www.pc.gc.ca) hat Infos zum aktuellen Zustand der Wege.

ture Expeditions von Warner in schwer zugängliche Gebiete anschließen. Sie werden alle von einem Wissenschaftler von Parks Canada begleitet.

Skifahren & Snowboarden

Im Nationalpark gibt es gleich drei Skigebiete, von denen zwei in der Nähe von Banff liegen. Dem großen, schneereichen Sunshine Village wird Weltklasseniveau bescheinigt. Das winzige Norquay befindet sich dagegen nur 6 km vom Ortskern entfernt und ist gut für einen halben Skitag und für Familien.

Sunshine Village (Karte S. 670; www.skibanff.com; Tagesskipass 75 C$) schmiegt sich an die Grenze zwischen Alberta und BC. Das Skigebiet selbst ist zwar etwas kleiner als Lake Louise, dafür bekommt es viel mehr Schnee, oder „Champagner-Puder", wie ihn die Einwohner hier nennen, ab (bis zu 9 m pro Jahr). Skifahrer lieben das Gebiet für seine anspruchsvollen Abfahrtspisten und die lange Skisaison, die bis zum Wochenende des Victoria Day Ende Mai andauert. Mit einer Hochgeschwindigkeitsgondel flitzt man in 17 Min. hinauf zum Sunshine Village, wo auch Banffs einziges direkt an der Piste gelegenes Wintersporthotel steht, die Sunshine Mountain Lodge.

Ski Banff@Norquay (Karte S. 670; ✆522 3555; www.banffnorquay.com; Mt Norquay Rd; Liftkarte 46 C$) liegt 6 km nördlich von Banffs Zentrum und gehört schon lange zum Inventar des Parks. Es ist der kleinste und am wenigsten besuchte der drei Hügel hier und ein toller Ort, um den Angebern in den großen Skigebieten aus dem Weg zu gehen und einfach mal einen gemütlichen halben Tag im Schnee zu verbringen.

In der Skisaison transportieren Shuttlebusse die Skifahrer und Snowboarder im 30-Minuten-Takt von den Hotels in Banff zu beiden Skigebieten (sowie nach Lake Louise).

Wandern

Banffs Königsdisziplin ist das Wandern. Viele Reisende kommen ausschließlich deshalb in die Region. Die Wanderwege sind einfach zu finden, gut ausgeschildert und ausreichend instand gehalten, um sie bequem begehen zu können und gleichzeitig so naturnah, dass ein echtes Wildnis-Feeling aufkommen kann.

Allgemein gilt, dass man mit wachsender Entfernung zum Ort immer weniger Menschen treffen wird und dass auch die Wege weniger gut erschlossen sind. Aber ganz egal, wohin im Park man sich aufmacht, Wanderer werden für ihre Mühen immer mit großartigen Erlebnissen belohnt.

Bevor es losgeht, ist es ratsam, sich im Banff Information Centre nach dem Zustand der Wege und möglichen Schließungen zu erkundigen. Oft sind die Wege bis in die Sommermonate hinein noch schneebedeckt, andere Pfade werden geschlossen, wenn gerade Bären in der Gegend unterwegs sind. Das kann vor allem in der Beerensaison (Juni–Sept.) vorkommen. Eine der besten Wanderungen, die mitten im Ort starten, ist der **Bow River Falls and the Hoodoos Trail**, der an der Bow River Bridge beginnt und an den Wasserfällen vorbei zu den Hoodoos führt. Das sind ungewöhnliche hohe Felsformationen, die ihre Form dem Wind und der Wassererosion verdanken. Der Rundweg verläuft an der Rückseite des Tunnel Mountain und durchquert Wälder und einige Auen, er endet nach 10,2 km am Ausgangspunkt.

Der Weg, der entlang des Nordufers des Lake Minnewanka verläuft, ist mehrere Kilometer lang und wartet nur darauf, erkundet zu werden. Man muss ihn sich mit Radfahrern, Reitern und manchmal sogar mit einem Bären teilen (weshalb er zeitweise auch geschlossen wird). Ein Klassiker ist die Wanderung bis zum **Alymer Lookout**. Schon die einfache Strecke ist fast 10 km lang. Weniger anstrengend ist der 5,6 km lange Weg (hin & zurück) zum **Stewart Canyon**, wo man über Felsen und Geröllbrocken bis zum Ufer des Cascade River hinunterkraxeln kann.

Einige der besten Mehrtageswanderungen beginnen am Sunshine-Parkplatz, dort, wo sich die Skifahrer im Winter in die Gondel schwingen. Von hier kann man zu zwei- bis viertägigen Ausflügen hinauf zum Healy Pass und über den **Egypt Lake** zurück ins Tal starten. Alternativ steigt man in einen Bus hinauf zum Sunshine Village und überquert die Grenze nach BC. An den Sunshine Meadows vorbei geht es in den **Mount Assiniboine Provincial Park**.

Unumstrittene Nummer eins aller Backcountry-Erfahrungen ist der **Sawback Trail**. Er verläuft von Banff bis zum Lake Louise hinauf und ist insgesamt 74 km lang. Unterwegs kommt man an sechs einfachen Zeltplätzen und drei spektakulären Bergpässen vorbei.

Im englischsprachigen Guide *Banff, Jasper & Glacier National Parks* von Lonely

Planet finden sich Infos zu Tagesausflügen und mehrtägigen Wanderungen.

Canadian Rockies Rafting Company RAFTING
(Karte S. 678; ☎403-763-2007; www.chinookraft.com; Sundance Mall, 215 Banff Ave)

Hydra River Guides RAFTING
(Karte S. 678; ☎403-762-4554; www.raftbanff.com; 211 Bear St)

Wild Water Adventures RAFTING
(☎403-522-2211; www.wildwater.com; Lake Louise Dr) Hat einen Schalter im Chateau Lake Louise, aber holt Teilnehmer gegen Gebühr auch in Banff ab.

Geführte Touren

GyPSy Guide AUTOTOUR
(Karte S. 678; ☎403-760-8200; www.gpstourscanada.com; Sundance Mall, 215 Banff Ave; Tag 39 C$) Die Zukunft geführter Reisen beginnt direkt hier in Banff. Das tragbare Navigationsgerät GyPSy wird einfach mit ins Auto genommen. Während der Fahrt hört man über das Radio des Fahrzeugs spannend vorgetragene Kommentare. Das Navi hilft bei der Orientierung und weist auf Highlights entlang der Strecke hin. Der Fahrer muss nur den Anweisungen folgen und erlebt eine großartige Autofahrt durch die Gegend. Auf der Route liegen berühmte Ziele wie Banff, Lake Louise, Columbia Icefield, Jasper und Calgary. Und das Allerbeste: Wenn man mal keine Lust mehr hat, kann man den Reiseleiter einfach abschalten.

Discover Banff Tours FÜHRUNG
(Karte S. 678; ☎403-760-5007; www.banfftours.com; Sundance Mall, 215 Banff Ave; Touren ab 54 C$) Discover Banff bietet eine tolle Auswahl an Ausflügen. Es gibt dreistündige Führungen durch den Ort, Wildlife-Touren (bei Sonnenaufgang oder abends), Tagesausflüge zum Columbia Icefield und sogar zehnstündige Grizzly-Touren, bei denen die Sichtung eines Bären garantiert ist – sonst gibt es das Geld zurück.

Feste & Events

Das größte Event des Jahres ist hier das **Banff Mountain Film and Book Festival** (www.banffcentre.ca/mountainfestival) Ende Oktober und Anfang November. Das Festival mit Filmvorführungen und Lesungen, das die Crème der Bergsteiger anlockt, ist ein Muss für alle Bergbegeisterten.

Schlafen

Verglichen mit anderen Orten in der Region sind die Unterkünfte in Banff ziemlich teuer und im Sommer teilweise sehr knapp. Hier greift mal wieder das alte Sprichwort „Der frühe Vogel fängt den Wurm" – es wird ausdrücklich empfohlen, vorab zu reservieren!

Das Banff/Lake Louise Tourism Bureau aktualisiert täglich die Liste verfügbarer Unterkünfte; ein Blick auf die Aushänge in der Touristeninformation in Banff lohnt sich. Manchmal kann auch **Enjoy Banff** (☎1-888-313-6161; www.enjoybanff.com) weiterhelfen: Die Agentur bucht Zimmer in über 75 verschiedenen Unterkünften.

Campen im Banff NP ist sehr beliebt und unkompliziert. Es stehen 13 Campingplätze zur Auswahl, von denen ein Großteil entlang des Bow Valley Parkway oder in der Nähe von Banff Town zu finden ist.

HI-Banff Alpine Centre HOSTEL $
(☎403-762-4122; www.hihostels.ca; 801 Hidden Ridge Way; B/DZ ab 45/143 C$; @ 📶) Banffs bestes Hostel liegt nahe dem Gipfel des Tunnel Mountain und weitab vom Trubel der Banff Avenue. Für Wanderer ist der Weg hinauf und hinab ein gutes Training und ihre Anstrengung wird belohnt: Die Häuser sind im klassischen Hüttenstil gebaut, der Preis aber niedriger als in klassischen Berglodges.

Die Betten stehen in sauberen, komfortablen Schlafsälen und in ein paar wenigen Doppelzimmern. In den Gemeinschaftsräumen brennen Kamine, die schöne Aussicht gibt es gratis dazu. Der Bus hält direkt vor der Haustür. Das Hostel liegt an der Tunnel Mountain Road, einer Verlängerung der Otter Street in Banff.

Samesun Banff HOSTEL $
(☎403-762-5521; www.banffhostel.com; 449 Banff Ave; B/DZ mit Frühstück 31,50/85 C$; @ 📶) Das Samesun ist eines von einem halben Dutzend kanadischer Hostels und verrückter, trendiger und ein bisschen billiger als die anderen hiesigen günstigen Unterkünfte. Es gibt einen großen Innenhof mit Grill, kompakte Schlafsäle für vier bis acht Personen, eine hauseigene Bar sowie ein paar hotelartige Zimmer im angrenzenden „Chalet" (sie werden als 4-Sterne-Standard angepriesen, haben den aber nicht

annähernd). Die Gäste sind international, Backpacker und junge bzw. junggebliebene Reisende.

Banff Y Mountain Lodge HOSTEL $

(Karte S. 678; ☎403-762-3560; www.ymountainlodge.com; 102 Spray Ave; B 33 C$, DZ mit Gemeinschaftsbad/Bad 115/135 C$; @ 📶) Das YWCA am Fluss ist das feinste Hostel in Banff und hat Schlafsäle und Familienzimmer.

Tunnel Mountain Village CAMPINGPLATZ $

(☎877-737-3783; www.pccamping.ca; Tunnel Mountain Rd; Zelt/Wohnmobil 27/38 C$) Schwer vorzustellen, dass der Campingplatz all seine 1000 Stellplätze jemals vollkriegt. Aber im Sommer platzt er aus allen Nähten, wenn sich Urlauber aus der ganzen Welt einbuchen. Er liegt auf der Spitze des Tunnel Mountain mit Plätzen unter Bäumen und ist bei Weitem nicht so grauenvoll wie es sich anhört.

Ein Teil der Anlage ist auch im Winter geöffnet. Wer also bei eisigen -20 °C unter dem Zeltdach schlafen will, kann es hier ausprobieren.

★ **Banff Rocky Mountain Resort** HOTEL $$

(☎403-762-5531; www.bestofbanff.com; 1029 Banff Ave; Zi. ab 159 C$; 📶 🏊) Für die Lage 4 km außerhalb des Orts und am alleräußersten Ende der Banff Avenue entschädigen gute Preise und eine ausgezeichnete Ausstattung (z. B. Whirlpool, Schwimmbecken, Tennisplätze und ein Café-Restaurant).

Hinzu kommen das Gefühl von Abgeschiedenheit, ein ruhiges, mit Bäumen bewachsenes Gelände und großzügige Zimmer mit Sofas, Schreibtischen und zusätzlichen Betten. Einmal in der Stunde fährt ein kostenloser Shuttlebus in den Ort. Alternativ kann man aber auch das 4 km lange Stück des Legacy Trails zu Fuß oder mit dem Rad zurücklegen.

Banff Caribou Lodge HOTEL $$

(☎403-762-5887; www.bestofbanff.com; 521 Banff Ave; DZ ab 179 C$; @ 📶 🏊) Als eines der schickeren Hotels im Repertoire des lokalen Imperiums der Banff Lodging Co. (von eben dieser mit dreieinhalb Sternen versehen) wird das Caribou dem klassischen Stereotyp einer Gebirgs-Lodge gerecht. Dazu tragen seine Fassade aus Holz und Stein, ein riesiger Kamin in der Eingangshalle und seine alpine Gemütlichkeit bei.

Neben den 189 komfortablen Zimmern kommen die Gäste in den Genuss einer kostenlosen öffentlichen Busverbindung, einer beheizten Tiefgarage, eines Keg-Steakhouse und eines einladenden Wellnessbereichs mit mehreren Pools und Räumen für Spa-Anwendungen.

Irwin's Mountain Inn HOTEL $$

(☎403-762-4566; www.irwinsmountaininn.com; 429 Banff Ave; DZ mit Frühstück ab 174 C$; @ 📶 🏊) Einen geringfügigen Abstrich in Preis und Qualität unter den besseren Häusern in der Banff Avenue hat das Irwin's zu bieten, wo die Zimmer fast motelartig sind und die Einrichtung eher aus „Plastik" als aus Granit ist. Daher ist das Haus auch beliebt bei Familien, die gerne vom Hot Tub, Dampfbad, Fitnesszentrum und kontinentalen Frühstück Gebrauch machen.

Bow View Lodge HOTEL $$

(Karte S. 678; ☎403-762-2261; www.bowview.com; 228 Bow Ave; Zi. ab 144 C$; ❄ 📶 🏊) Das Bow View ist die ideale Unterkunft für Wanderer – älter als die meisten hübschen Häuser in der Banff Avenue, aber dennoch sauber und ordentlich. Fitnessraum und Pool in der großen Banff Park Lodge nebenan können ohne Aufpreis genutzt werden.

Inns of Banff HOTEL $$

(☎403-762-4581; www.bestofbanff.com; 600 Banff Ave; Zi. ab 149 C$; @ 📶 🏊) Das Haus etwas abseits des ganzen Trubels bietet einige günstige Angebote. Die Architektur ist zwar ein bisschen antiquiert, aber es es gibt jede Menge Annehmlichkeiten wie Schwimmbecken drinnen und draußen, Ski- und Fahrradverleih und ein japanisches Restaurant.

Bumpers Inn MOTEL $$

(☎403-762-3386; www.bumpersinn.com; 603 Banff Ave; Zi. ab 125 C$; 📶) Banff hat mit dem Bumpers auch ein (seltenes) Billigmotel zu bieten. Es ist völlig anspruchslos, aber spart eine Menge Geld.

★ **Fairmont Banff Springs** HOTEL $$$

(☎403-762-2211; www.fairmont.com/banffsprings; 405 Spray Ave; Zi. ab 412 C$; @ 📶 🏊) An der Spitze der Kategorie „sprachlos" steht diese exquisite Schönheit. Sie wirkt wie eine Mischung aus schottischer Burg und französischem Schloss, die mitten in eines der spektakulärsten (und erschlossenen) Wildnisgebiete der Welt verpflanzt wurde.

Das Banff Springs ragt wie ein gälisches Balmoral aus den Bäumen am Fuß des Sulphur Mountain empor und ist schon meilenweit zu sehen. Es ist ein Wunderwerk des Historismus der 1920er-Jahre und eines der kultigsten Gebäude Kanadas. Wer durch das museumsartige Haus schweift, vergisst leicht, dass es auch ein Hotel ist.

Rimrock Resort Hotel HOTEL **$$$**
(☎403-762-3356; www.rimrockresort.com; 300 Mountain Ave; Zi. 298–313 C$; @📶🏊) Das Rimrock neben den heißen Quellen ist vornehm und spektakulär gelegen, wird aber oft vom feinsten Hotel Banffs, dem Fairmont, überschattet. Die Lage in einer Wildtierschneise am Hang des Sulphur Mountain ist umstritten, aber die Aussichten sind dennoch erhebend.

Die chaletartige Innenausstattung ist von Berghütteneleganz geprägt, das Restaurant (Eden) gilt als nobel und die Zimmer entsprechen fast der hinreißenden Umgebung. Lohnt jeden Cent.

Fox Hotel & Suites HOTEL **$$$**
(☎800-760-8500; www.bestofbanff.com; 461 Banff Ave; Zi. ab 229 C$; @📶🏊) Das Fox, ein relativ neues Hotel von 2007, wird mit seinem Händchen für Ästhetik und dem Auge fürs Detail seiner 4-Sterne-Kategorie gerecht. Die hellen, modernen Zimmer sind mit Tapeten im Retromuster und einzigartigen, interessanten Kunstwerken ausgestattet. In der Rezeption plätschert genug Wasser, um an Rom erinnert zu werden.

Das Highlight ist die geniale Nachbildung der Cave & Basin-Quellen im Hot-Tub-Bereich, mit einer Öffnung im Dach, durch die der Himmel zu sehen ist. Das Bar-Restaurant namens Chilis serviert u. a. hervorragende Margaritas. Die Stadt ist zehn Minuten zu Fuß entfernt.

Rundlestone Lodge HOTEL **$$$**
(☎403-762-2201; www.rundlestone.com; 537 Banff Ave; DZ/Suite ab 209/274 C$; 📶🏊) Das Haus steckt voller imitiertem altenglischem Charme, samt historischen Stühlen in der Lobby. Die Standardzimmer sind ziemlich, nun ja, Standard. Aber die Familien- und Hochzeitssuiten bieten mit Küche, Kamin und Loft durchaus Außergewöhnliches.

Der zentrale Innenpool ist ein nettes Extra und das obligatorische Hotel-Restaurant mit Namen Toloulous versucht sich engagiert an Speisen mit kreolischem Touch.

Essen

Die Restaurantszene Banffs kann weit mehr als nur hungrige Wanderer sattmachen. Sushi und Foie gras haben in den Restaurants der Banff Avenue schon längst Einzug gehalten, und einige der eleganteren Optionen bringen selbst den naturbelassensten Wanderfreund dazu, sich vor dem Essen erst einmal eine Dusche zu genehmigen. Neben den unten genannten Optionen haben viele der Hotels ihre eigenen ausgezeichneten Restaurants, in denen auch Nicht-Gäste willkommen sind. Selbst auf der ausgefallendsten Speisekarte darf ein Alberta-„AAA"-Steak nicht fehlen.

Evelyn's Coffee Bar CAFÉ **$**
(Karte S. 678; ☎403-762-0352; www.evelynscoffeebar.com; 201 Banff Ave; Hauptgerichte 6–10 C$; ⏱6.30–23 Uhr; 📶) Evelyn's drängt Starbucks an den Rand: Das Café hat vier Filialen in der Innenstadt, alle nur einen Steinwurf von der Banff Avenue entfernt. In allen gibt's Wraps, Pasteten und – am allerbesten – hausgebackene Riesenkekse.

Wild Flour CAFÉ **$**
(Karte S. 678; ☎403-760-5074; www.wildflourbakery.ca; 211 Bear St; Hauptgerichte 5–10 C$; ⏱7–19 Uhr; 📶🌱) 🍃 Banffs Gegenstück zu Tim Hortons verkauft überwiegend biologische, vegane und schlichtweg merkwürdig aussehende Kuchen, Gebäck und Zimtschnecken, die mit Biokaffee aus fairem Handel serviert werden. Das Brot wird ebenfalls selbst gebacken.

Cows EISCREME **$**
(Karte S. 678; ☎403-760-3493; www.cows.ca; 134 Banff Ave; Eiscreme 3,50–5 C$; ⏱11–21 Uhr) Das Eis von Cows, ein Import von der Prince Edward Island, ist im Osten Kanadas legendär, aber dieser Laden ist nur eine von zwei Filialen im Westen des Landes. Die geschmacklosen T-Shirts mal außer Acht gelassen, stehen hier 32 extracremige Geschmacksrichtungen zur Wahl.

Bruno's Cafe & Grill FRÜHSTÜCK, HAMBURGER **$**
(Karte S. 678; ☎403-762-8115; 304 Caribou St; Hauptgerichte 10–16 C$; ⏱8–22 Uhr) Andere Lokale servieren Frühstück nur bis 11 Uhr, Bruno's dagegen den ganzen Tag, was den Hunger der Bergbewohner ebenso stillt wie einst den des ehemaligen Schweizer Bergführers und Besitzers Bruno Engler. Es ist eine Art Mischung aus Imbissbude und

Kneipe. Die Wände sind mit alten Skiern geschmückt, und die Truppe am Nebentisch könnte durchaus die Band von letzter Nacht sein, die sich für den heutigen Gig stärkt.

Das gewaltige Mountain Breakfast (17 C$) wird in einem Korb serviert und verlangt einen Appetit so groß wie der Mount Rundle.

Coyote's Deli & Grill FUSION **$$**
(Karte S. 678; ☎403-762-3963; www.coyotesbanff.com; 206 Caribou St; Hauptgerichte mittags 8–14 C$, Hauptgerichte abends 20 C$; ⏲7.30–22.30 Uhr) Wer sich mal einen Tag vor dem Wandern drücken möchte, ist hier zur Mittagszeit am besten aufgehoben. Die Feinkost und Grillspezialitäten der Speisekarte haben einen starken südwestlichen Einschlag. Während man sich also einen Barhocker schnappt und sich auf ein paar Scherze mit dem Barmann einlässt, bestellt man Fladenbrot, Pie mit Meeresfrüchten, Quesadillas oder eine der interessante Suppen (z. B. die mit Süßkartoffeln oder mit Mais und Fisch).

Eddie Burger & Bar HAMBURGER **$$**
(Karte S.-678; ☎403-762-2230; www.theeddieburgerbar.ca; Caribou St; Burger 13 C$) Vorurteile bitte draußen lassen! Mit seinen schwarzen Ledersitzen und dem stimmungsvollen Licht mag das Eddie vielleicht anmaßend wirken. Hier sind aber alle willkommen (auch ausgepowerte Wanderer und Kinder) und die Gourmethappen-im-Brötchen sind hochwertiger und bei Weitem weniger fettig als der Alberta-Standardburger.

Der Spicy Italian und der Mexican sind gut scharf, was aber mit einem Kokanee-Bier in der Hand halb so wild ist.

Melissa's Restaurant STEAKHAUS **$$**
(Karte S. 678; ☎403-762-5511; www.melissasrestaurant.com; 218 Lynx St; Hauptgerichte 17–27 C$; ⏲7–22 Uhr; 👪) Melissa's ist eines dieser zwanglosen Lokale mit der obligatorischen Ketchupflasche auf dem Tisch und befindet sich in einem denkmalgeschützten Haus von 1928. Es ist in der Stadt schwer angesagt und hat eine riesige Speisenauswahl mit einer breiten Preisspanne. Am typischsten sind hier jedoch der Brunch, die Steaks und dicken Pizzas.

Giorgio's Trattoria ITALIENISCH **$$**
(Karte S. 678; ☎403-762-5114; www.giorgiosbanff.com; 219 Banff Ave; Hauptgerichte 16–30 C$; ⏲17–22 Uhr) Giorgio's ist etwas schicker als die üblichen, bodenständigen Trattorien, aber serviert dennoch authentische italienische Klassiker wie Osso-Buco-Risotto und eine feine Pizza mit Birnen und Gorgonzola, durchsetzt von dem einen oder anderen Alberta-Touch (Büffel-Pappardelle!). Die Einrichtung ist elegant und die Preise dazu passend (besonders beim Wein).

Saltlik STEAKHAUS **$$**
(Karte S. 678; ☎403-762-2467; www.saltlik steakhouse.com; 221 Bear St; Hauptgerichte 16–27 C$; ⏲11–2 Uhr) Mit Hochrippensteak in Zitrus-Rosmarin-Butter und New-York-Lende mit Pfefferkörnern auf der Speisekarte ist das Saltlik gewiss kein fades Steakhaus, das geschmackloses T-Bone-Steak serviert. Im Gegenteil, das gepflegte Lokal steckt voller rustikaler Eleganz und hat eine Liste von Steaks, die so lang ist, wie die gesamte Speisekarte manch anderer Restaurants. In einer Stadt, in der es reichlich Steakhäuser gibt, ist dies wohl die Nr. 1.

Magpie & Stump MEXIKANISCH **$$**
(Karte S. 678; ☎403-762-4067; 203 Caribou St; Hauptgerichte 9–14 C$; ⏲12–2 Uhr) Eine klassische muffige Cantina voller Sol trinkender Snowboader mit Dreadlocks. Man fühlt sich fast verpflichtet, einen überladenen Teller mit ofengebackenen Hühnchen-Enchiladas undt scharfem Relish zu verspeisen.

★ **Bison Restaurant & Terrace** KANADISCH, FUSION **$$$**
(Karte S. 678; ☎403-762-5550; www.the bison.ca; 211 Bear St; Hauptgerichte 29–45 C$; ⏲17 Uhr bis spätabends) Das Bison mag zwar aussehen, als sei es voll mit trendigen, betuchten Bewohneren Calgarys in teurer Wanderkleidung, aber es besteht aus zwei Teilen: Oben ist ein rustikal-elegantes Restaurant mit überwiegend Fleischgerichten und unten eine zwanglosere Terrasse, auf der große Salate und Pizzas mit seltsamen Belägen wie Butternut-Kürbis und Rosmarin-Kartoffeln serviert werden.

Maple Leaf Grille KANADISCH **$$$**
(Karte S. 678; ☎403-762-7680; www.banff mapleleaf.com; 137 Banff Ave; Hauptgerichte 20–40 C$; ⏲11–22 Uhr) Das in Kanada und im Ausland hoch gelobte Maple Leaf verzichtet auf internationale Ansprüche und konzentriert sich auf nur eine Sache, die kanadische Küche. Auf der Speisekarte stehen daher gegrillter Lachs, Kabeljau von der Ostküste, Rindfleisch aus Alberta und Salat aus dem Okanagan Wine Country. Alles sehr patriotisch – und lecker.

Le Beaujolais FRANZÖSISCH $$$
(Karte S. 678; ☎403-762-2712; www.lebeaujolaisbanff.com; Banff Ave, an der Buffalo St; 3-/6-Gänge-Menü 68/95 C$; ⏲18–22 Uhr) Kaum ist das Wort „Französisch" in die Marketingstrategie eingebaut, kommen gebügelte Servietten, Kellner mit Krawatten, Schnecken (bzw. *escargots*, denn das klingt doch viiiiel leckerer) und erhöhte Preise dabei raus.

Nach einer Wanderung ist das Beaujolais vielleicht nicht jedermanns Sache, wer allerdings nur hier ist, um die Romantik der Berge aus sicherer Entfernung zu bestaunen, der kann sich nebenbei ruhig Wildschwein, Bison und Foie gras schmecken lassen.

Ausgehen & Nachtleben

In der Banff Ave ist die Wahrscheinlichkeit, einen Australier auf Weltreise zu treffen größer, als einem Einheimischen über den Weg zu laufen. Wer einen Drink und Unterhaltung sucht, der folgt also entweder dem typischen Aussi-Akzent in die hiesigen Kneipen oder durchforstet die Rubrik „Summit Up" der Wochenzeitung *Banff Crag & Canyon*.

★ **Banff Ave Brewing Co** KNEIPE
(Karte S. 678; www.banffavebrewingco.ca; 110 Banff Ave; ⏲11:30–2 Uhr) Die Brauereikneipe der hervorragenden Jasper Brewing Co eröffnete 2010 in Banff. Sie ist ideal für einen Drink oder ein hausgebrautes Bier, das vor Ort hergestellt wird und mit Saskatoon-Beeren und dergleichen angereichert ist.

St James's Gate Olde Irish Pub KNEIPE
(Karte S. 678; www.stjamesgatebanff.com; 205 Wolf St; Hauptgerichte ab 10 C$; ⏲So–Do 11–1, Fr & Sa bis 2 Uhr) Da es die Kelten waren, die den Westen Kanadas erschlossen und dem Ort Banff auch seinen Namen gegeben haben, verwundert es nicht, dass es im Park auch einen Irish Pub gibt – und einen sehr guten noch dazu. Neben Starkbier vom Fass und einer ansehnlichen Auswahl an Malzbieren wird hier außerdem typisches Kneipenessen wie Burger und Eintopf serviert.

Tommy's Neighbourhood Pub KNEIPE
(Karte S. 678; www.tommysneighbourhoodpub.com; 120 Banff Ave; ⏲11–23 Uhr) Das Kneipenessen im Tommy's umfasst auch Dinge wie Krabbenpuffer und einen Spinat-Artischocken-Dip. Wer mehr auf das Althergebrachte steht, den wird interessieren, dass das Fassbier sehr gut ist und es eine Dartscheibe gibt. Man wird hier immer auf zahlreiche eigenbrötlerische Weltenbummler treffen, die Banff vorübergehend zu ihrer Heimat erklärt haben.

Wild Bill's Legendary Saloon BAR
(Karte S. 678; www.wbsaloon.com; 201 Banff Ave; ⏲11 Uhr bis spät) Cowboys – was wäre Alberta ohne sie? Wer den Line Dance, „Calf-Roping" (Fangen von Kälbern mit einem Lasso), Karaoke und Livemusik à la Willy Nelson mag, sollte hier mal vorbeischauen. Der Saloon ist nach Wild Bill Peyto benannt, einem schrägen „lokalen" Charakter, der eigentlich in der für Cowboys eher untypischen Grafschaft Kent in England geboren und aufgewachsen ist.

Elk & Oarsman KNEIPE
(Karte S. 678; www.elkandoarsman.com; 119 Banff Ave; ⏲11–1 Uhr) Die schickste Kneipe des Orts. Sie ist im Obergeschoss untergebracht und überblickt die Banff Ave. Die Dachterrasse ist im Sommer Gold wert, und die Küche hält für hungrige Zeitgenossen gute Kost bereit.

Hoodoo Club CLUB
(Karte S. 678; 137 Banff Ave) Wer nach Banff kommt, um durch die Clubszene zu ziehen (alberne Idee!), ist in diesem Laden gut aufgehoben. Knapp eine Meile vom Revier der wilden Tiere kann man im sexy Fleecepulli trinken, posieren und tanzen.

☆ Unterhaltung

Banff Centre THEATER
(www.banffcentre.ca; 107 Tunnel Mountain Dr) Und dann noch ein Kulturzentrum mitten im Nationalpark? Banff ist immer für noch eine Überraschung gut. Hier schlägt das kulturelle Herz des Bow Valley, mit Konzerten, Kunstausstellungen und dem beliebten Banff Mountain Film Festival.

Lux Cinema Centre KINO
(Karte S. 678; 229 Bear St) Das Kino zeigt Erstaufführungen.

ℹ Praktische Informationen

Banff Information Centre (Karte S. 678; www.parkscanada.gc.ca/banff; 224 Banff Ave; ⏲8–20 Uhr) Büros von Parks Canada.

Banff Warden Office Dispatch Line (☎403-762-1470) Versorgung rund um die Uhr für nicht akute Erkrankungen.

Custom House Currency Exchange (211 Banff Ave; ⌚9–22 Uhr) In der Park Avenue Mall.

Hauptpostamt (Karte S. 678; 204 Buffalo St; ⌚Mo–Sa 8.30–17.30 Uhr)

Mineral Springs Hospital (☎403-762-2222; 301 Lynx St; ⌚24 Std.) Medizinische Notfallversorgung.

An- & Weiterreise

Der nächstliegende Flughafen befindet sich in Calgary.

Greyhound Canada (Karte S. 678; ☎1-800-661-8747; 327 Railway Ave) bietet Busverbindungen nach Calgary (29 C$, 2 Std., 6-mal tgl.), Vancouver (130 C$, 14 Std., 5-mal tgl.) und zu einigen Orten dazwischen.

Brewster Transportation (Karte S. 678; www.brewster.ca) holt Fahrgäste vom Hotel ab. Die Busse fahren nach Jasper (69 C$, 4¾ Std., tgl.) und Lake Louise (20 C$, 1 Std., mehrmals tgl.).

SunDog Tour Co (www.sundogtours.com) verkehrt ebenfalls zwischen Banff und Jasper (Erw./Kind 69/39 C$, 4 Std., tgl.).

Alle großen Autovermietungen haben auch eine Filiale in Banff. Im Sommer kann es passieren, dass alle Autos schon reserviert sind, deshalb vorher anrufen! Wer mit dem Flugzeug in Calgary landet, nimmt sich am besten schon dort ein Auto (die Flotten sind riesig). Das kann günstiger sein, als erst in Banff eines zu mieten.

Unterwegs vor Ort

Es gibt das ganze Jahr über täglich mehr als 20 Shuttleverbindungen zwischen dem Calgary International Airport und Banff. Im Frühjahr und Herbst fahren die Busse seltener. Busunternehmen sind z. B. Brewster Transportation und **Banff Airporter** (www.banffairporter.com). Für die einfache Fahrt zahlen Erwachsene jeweils um die 54 C$.

Banff Transit (☎403-762-1215) betreibt vier Hybridbusse, die zwei Hauptrouten abfahren. Haltestellen sind u. a. Tunnel Mountain, das Rimrock Resort Hotel, Banff Upper Hot Springs, Fairmont Banff Springs und alle Hotels entlang der Banff Avenue. Die Routen hängen an allen Haltestellen aus. Die Busse fahren ab 6.30 bzw. bis 23 Uhr; der Fahrpreis beträgt 2 C$.

Taxis können einfach an der Straße, vor allem in der Banff Avenue, herangewunken werden. Sonst kann man bei **Banff Taxi** (☎403-762-4444) anrufen. Alle haben ein Taxameter.

Lake Louise

Berühmt ist der Ort für seine Teehäuser, Grizzlybären, sein Grand Hotel, den Victoria Glacier, fürs Skifahren und Wandern und für seine Seen (ja, im Plural). Lake Louise macht den Banff National Park zu dem Phänomen, das er ist: ein atemberaubender Naturschauplatz, den man nicht beschreiben kann, ohne schamlos alle Klischee-Register zu ziehen. Ja, hier liegt ein friedvoller türkisfarbener See; ja, die Natur scheint (und ist) so unsagbar nah; und, ja, die Wasser sind umgeben von kunstvoll gemeißelten Bergen, denen selbst Michelangelo nicht mehr Ästhetik hätte verleihen können. Und dann gibt es hier natürlich noch die „Menschenmassen", von denen man so viel gehört hat, und eine seltsam harmonische (oder unharmonische – je nach Blickwinkel) Gruppe von hoch aufragenden Betonblöcken, die als Chateau Lake Louise bekannt sind. Aber, ganz ehrlich, wen kümmert es schon, wie eng es hier am Ufer zugeht? Wer an den Lake Louise kommt, tut das nicht, um den Touristen zu entkommen. Er tut es, um den unglaublich wunderbaren Anblick zu genießen, auf den schließlich jeder Bewohner dieses Planeten ein Anrecht hat.

Hat man genug am schillernden Ufer gestanden und gestaunt, geschwärmt und dem Partner ewige Liebe geschworen, geht es hinauf ins bergige Amphitheater, das sich im Hintergrund erhebt. Lake Louise hat auch ein viel gelobtes Skigebiet und einige ebenso verlockende Langlaufloipen. Folgt man der gewundenen, nur in den wärmeren Monaten geöffneten Straße 13 km lang in Richtung Südosten, gelangt man an einen weiteren See in spektakulärer Lage. Für manche Abtrünnigen ist der Moraine Lake noch bezaubernder als sein berühmter Bruder.

Der Ort Lake Louise liegt am Highway 1 und ist nicht viel mehr als ein Einkaufszentrum unter freiem Himmel, eine Tankstelle und eine Handvoll Hotels. Das eigentliche Objekt der Begierde liegt mit dem Auto oder zu Fuß 5 km entfernt. Der Fußmarsch auf dem von Bäumen gesäumten Louise Creek Trail ist sehr angenehm – wenn die Bären hier nicht gerade auf Patrouille sind. Unbedingt vorab beim Visitor Center nachfragen, wie die aktuelle Situation ist!

Auf dem Bow Valley Parkway zwischen Banff Town und Lake Louise ist man etwas langsamer unterwegs, die Fahrt ist aber sehr viel schöner als auf dem Highway 1.

Sehenswertes

★ Lake Louise SEE

Der nach der ansonsten wenig bekannten vierten Tochter Königin Victorias benannte (Prinzessin Louise Caroline Alberta gab

Lake Louise & Umgebung

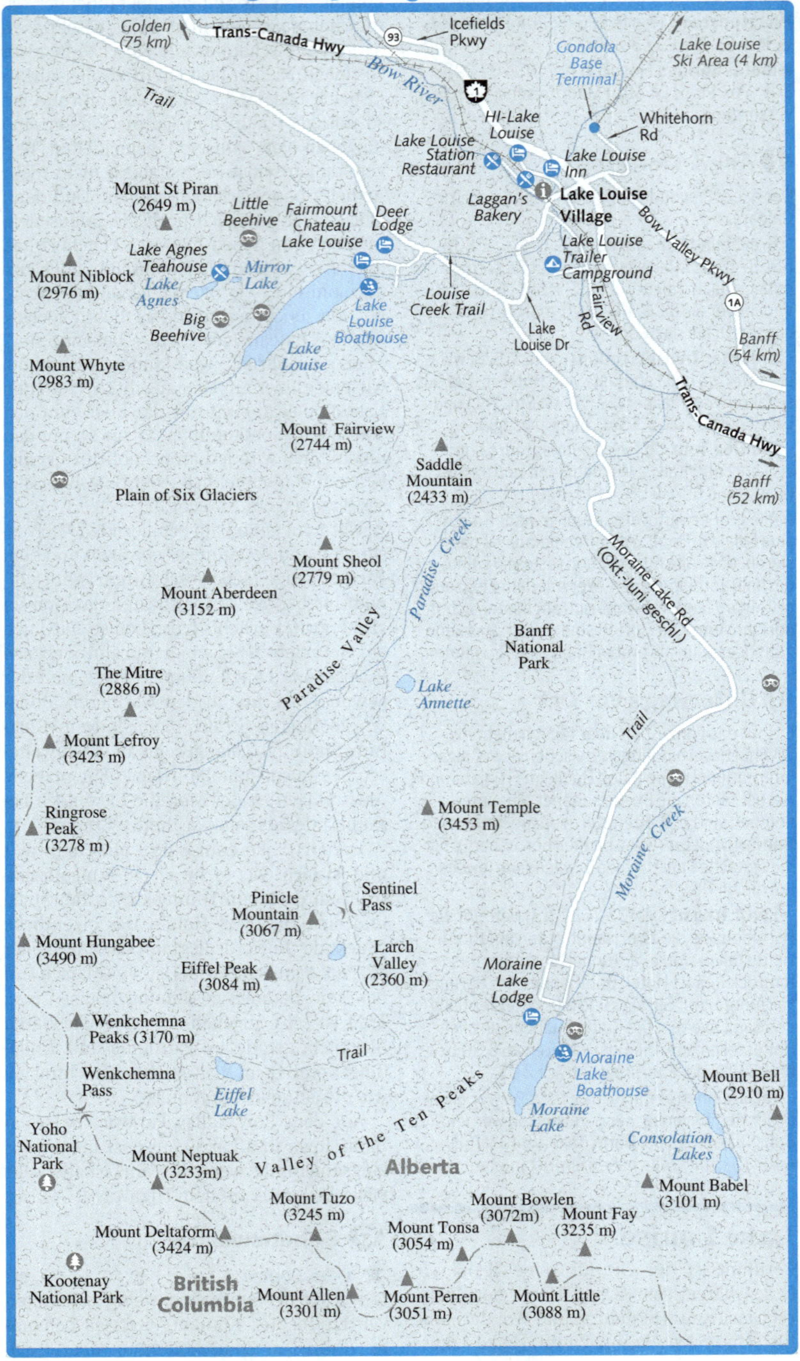

auch der Provinz ihren Namen) Ort Lake Louise hat viele Gesichter. Neben dem typischen Postkartenbild (blauer Himmel und noch blauerer See) lohnt sich auch mal ein Besuch um 6 Uhr morgens, im August in der Dämmerung, im Oktober, wenn es regnet oder nach einem schweren Wintersturm.

Kanus für Paddeltouren auf dem See verleiht das **Lake Louise Boathouse** (Std. 45 C$; ⌚ Juni–Okt. 9–16 Uhr). Achtung: Nicht ins Wasser fallen – das ist eisig kalt.

Moraine Lake SEE

Die Landschaft überwältigt schon lange, bevor das spektakuläre tieftürkisblaue Wasser des Moraine Lake in Sicht kommt. Der See befindet sich im Valley of the Ten Peaks; von der engen, kurvenreichen Straße, die dorthin führt, hat man einen tollen Blick auf diese in der Ferne liegenden, beeindruckenden Gipfel. Da es hier weitaus weniger hektisch zugeht als am Lake Louise, bevorzugen viele die etwas schroffere und abgelegenere Schönheit des Moraine Lake.

Vom See aus sind einige wunderbare Tageswanderungen möglich; Boote zum Paddeln über das Gletscherwasser verleiht das **Moraine Lake Boathouse** (Std. 40 C$; ⌚ Juni–Okt. 9–16 Uhr).

Die Moraine Lake Road und alle Anlagen sind von Juni bis Anfang Oktober geöffnet.

Lake Louise Sightseeing Gondola SEILBAHN

(www.lakelouisegondola.com; 1 Whitehorn Rd; hin & zurück Erw./Kind 28,75/14,25 C$, Wanderführung pro Pers. 5 C$; ⌚ 9–17 Uhr, Wanderführungen 11, 13 & 15 Uhr) Die Aussichtsgondel östlich des Highway 1 führt hinauf zur Spitze des Mount Whitehorn. Von oben ist der Blick über den See und den Victoria Glacier phänomenal! Auf dem Gipfel befinden sich ein Restaurant und ein Besucherzentrum, das 45-minütige Wanderführungen anbietet.

Aktivitäten

Skifahren & Snowboarding

Die **Lake Louise Ski Area** (Karte S. 670; www.skilouise.com; Liftkarten ab 75 C$), ein Skigebiet 3 km östlich vom Lake Louise Village und 60 km nordwestlich von Banff, ist ein bisschen größer als Sunshine Village, hat aber weniger natürlichen Schnee. Unter den zahlreichen Pisten gibt es auch viele einfache und mittelschwere Abfahrten. Sie erstrecken sich über vier verschiedene Hügel, sodass dieses Skigebiet so nah an seinen europäischen Pendants ist wie kein anderes in Kanada. Die vorderen Hänge sind optimal, um sich wieder an die Bretter unter den Füßen zu gewöhnen: einfache Abfahrten und eine tolle Aussicht. Die entfernteren Hänge bieten einige recht anspruchsvolle Pisten, vom knietiefen Pulverschnee der Paradise Bowl bis zur Hochgeschwindigkeitsabfahrt rund um Larch. Ein Burger auf dem Sonnendeck der Temple Lodge rundet das Skierlebnis ab.

Wandern

Die Schönheit des Lake Louise ist nicht nur oberflächlich – die Wanderungen jenseits der atemberaubenden Ausblicke sind ebenso beeindruckend. Die meisten der klassischen Wanderungen beginnen am Lake Louise bzw. am Moraine Lake. Manche Wege sind sehr einfach, während andere selbst dem erfahrendsten Bergwanderer etwas abverlangen.

Am Chateau Lake Louise beginnen zwei beliebte Tageswanderungen, deren Ziel die alpin anmutenden Teehäuser hoch über dem See sind. Der kürzere, aber etwas anstrengendere Weg ist die 3,4 km lange Wanderung am **Mirror Lake** vorbei hinauf zum Lake Agnes Teahouse, das an einem See gleichen Namens liegt. Nach Tee und Gebäck geht es je nach Lust und Laune weitere 1,6 km bergauf zum **Big Beehive**. Es gibt wohl keinen zweiten Pavillon in Kanada, der an so unerwarteter Stelle auftaucht wie dieser Aussichtspunkt. Weiter unten stößt der Weg auf den Highline Trail, welcher wiederum zur **Plain of Six Glaciers** führt. Sie kann vom Chateau Lake Louise auch unabhängig angesteuert werden – über einen 5,6 km langen Weg (einfache Strecke), der am Ufer entlang verläuft. Egal, welchen Weg man wählt – man sollte auf jeden Fall so weit laufen, dass man den atemberaubenden Blick auf den Victoria Glacier genießen kann. Auf dieser Strecke bittet noch ein weiteres Teehaus zu Tisch und serviert neben dem Heißgetränk auch dicke Sandwiches und eine belebende heiße Schokolade mit Marshmallows.

Vom Moraine Lake führt eine Wanderung durch das atemberaubende **Larch Valley** zum **Sentinel Pass**. Der Weg ist im Herbst am schönsten, wenn die Blätter langsam ihre Farbe ändern. Für die anstrengende Tageswanderung wird man mit überragenden Blicken auf den Mt. Temple und die umliegenden Gipfel belohnt. Das letzte Stück des Weges, kurz bevor der Pass erreicht ist, führt über eine steile Geröllhalde. Wer Glück hat, kann vielleicht ei-

Jasper National Park

nige Bergsteiger am Grand Sentinel, einer 200 m hohen Felsspitze in der Nähe, klettern sehen.

Kürzer und einfacher sind die insgesamt 6 km des **Consolation Lakes Trail**. Hier bietet sich das typische Bild, das man von Banff hat: ein überfüllter Parkplatz, der fast übergangslos an die raue Wildnis grenzt.

In jüngster Zeit hat die Bärenaktivität im Gebiet rund um den Moraine Lake zugenommen. Aus diesem Grund schreibt der Park nun für die Zeit, in der die Bären auf Beerensuche sind (Juni–Sept.), auf manchen Wanderungen eine minimale Gruppengröße von vier Personen vor. Wer alleine unterwegs ist, muss nicht verzichten: Im Information Center von Lake Louise findet man am Schwarzen Brett oft Aushänge anderer Wanderer, die Mitwanderer für ihre Gruppe suchen.

Schlafen

In Lake Louise gibt es einen Campingplatz, ein Hostel, ein paar Mittelklasseunterkünfte und eine Handvoll Häuser, die für viele Reisende in die Kategorie „besondere Übernachtung" fallen.

Jasper National Park

Sehenswertes
1 Athabasca Falls C4
2 Horseshoe Lake D3
3 Jasper Tramway C3
4 Miette Hot Springs D2
5 Sunwapta Falls D4

Aktivitäten, Kurse & Touren
6 Maligne Lake Boathouse D4
7 Marmot Basin C3

Schlafen
8 Beauty Creek International Hostel D5
9 Coast Pyramid Lake Resort C3
10 Fairmont Jasper Park Lodge C3
11 HI-Jasper C3
12 Honeymoon Lake Campground D4
13 Jonas Creek Campground D4
14 Mt Kerkeslin Campground C4
15 Snaring River Campground C3
16 Sunwapta Falls Resort D4
17 Whistlers Campground C3
18 YHA Maligne Canyon C3

Essen
19 View Restaurant D3

HI-Lake Louise HOSTEL $
(☎403-522-2200; www.hihostels.ca; Village Rd; B/DZ ab 44/123 C$) Genau so sollte ein Hostel sein: sauber, freundlich, erschwinglich und voller interessanter Gäste. Das Gebäude selbst ist ein tolles Beispiel der typischen Architektur der Rocky Mountains, mit unbearbeitetem Holz und Steinakzenten, die zu einem rustikalen und schönen Meisterwerk zusammenfließen. Der Schlafsaal ist durchschnittlich, von den privaten Zimmern sollte man aber die Finger lassen: Sie sind klein und etwas überteuert.

Lake Louise Trailer Campground CAMPINGPLATZ $
(☎403-522-3833; beim Lake Louise Dr; Wohnmobil 32 C$; ⏲Mai–Okt.) Der nächstgelegene Campingplatz zum Dorf und die beste Wahl für alle, die in einem Millionen-Sterne-Hotel nächtigen wollen. Vom riesigen Areal genießt man einen tollen Blick auf den Mount Temple. Laut sind die Plätze neben den Eisenbahngleisen, da die donnernden Züge nicht gerade für einen tiefen Schlaf förderlich sind. Der Campingplatz nimmt nur Wohnmobile auf.

Deer Lodge HOTEL $$
(☎403-410-7417; www.crmr.com; 109 Lake Louise Dr; Zi. ab 119 C$) Die Deer Lodge ist ein weiteres historisches Juwel aus den 1920er-Jahren und versteckt sich etwas schüchtern hinter dem Chateau Lake Louise. Obwohl das rustikale Äußere und die knarrenden Korridore sich seit der Zeit der Pagenfrisuren und F. Scott Fitzgeralds nicht groß verändert haben, sind die Zimmer alle renoviert, mit neuen, bequemen Betten ausgestattet und hübsch und nobel eingerichtet worden. Im ganzen Hotel gibt es keine Fernsehgeräte.

Lake Louise Inn HOTEL $$
(☎403-522-3791; www.lakelouiseinn.com; 210 Village Rd; DZ ab 119 C$; @📶🏊) Ein großes und weitläufiges Resorthotel in Dorfnähe, das seine Vorteile hat, u. a. gibt es einen Pool, ein Restaurant und eine winzige historische Eiscremebude. Die Zimmer sind von unterschiedlicher Qualität; im älteren Flügel sind sie trister und motelartig.

★ **Fairmont Chateau Lake Louise** HOTEL $$$
(Karte S. 670; ☎403-522-3511; www.fairmont.com/lake-louise; Lake Louise Dr; DZ ab 450 C$; @📶🏊) Das opulente Fairmont am Ufer des Lake Louise besitzt eine der beneidenswertesten Lagen der Welt. Das Hotel wurde in den 1890er-Jahren von der Canadian Pacific Railway gebaut und 1924 und 2004 erweitert. Die Meinungen zur Architektur des Hauses gehen zwar auseinander, aber kaum jemand bestreitet den Luxus und die Romantik des Hauses, das u. a. eine Wellnessanlage, gute Restaurants, ein Minimuseum, schöne Aussichten und eine unvergesslich grandiose Einrichtung bietet. Die Zimmer sind komfortabel, wenn auch etwas unpersönlich.

Moraine Lake Lodge HOTEL $$$
(☎800-522-2777; www.morainelakelodge.com; DZ 345–599 C$; ⏲Juni–Sept.) Nur wenige Menschen würden die Gelegenheit ausschlagen, sich ein paar Tage am Moraine Lake einzuquartieren – hier ist die Chance. Das privat geführte Hotel ist behaglich, persönlich und der Service hervorragend.

Die Lodge bezeichnet sich zwar als rustikal, aber die Zimmer und Hütten bieten alpinen Luxus mit echten Kaminen und Balkons mit genau *der* Aussicht. Zum Haus gehört ein gutes Restaurant.

Essen

Wer die 43 C$ für einen Afternoon Tea in der Lakeview Lounge im Chateau Lake Louise nicht übrig hat, kann sich an eines der folgenden Lokale halten.

★ **Lake Agnes Teahouse** CAFÉ $
(Lake Agnes Trail; Snacks ab 3 C$; ⌚Juni–Okt.) Wer schon den Anblick des Lake Louise umwerfend fand, der soll erst mal hier hoch kommen. Das an den Berg gebaute, alpin anmutende Teehaus scheint neben dem Lake Agnes und dem angrenzenden Wasserfall geradezu in den Wolken zu schweben. Energie wird in dieser Blockhütte mithilfe eines Gasbrenners erzeugt, sie ist zudem nur zu Fuß erreichbar (vom Chateau 3,4 km bergauf). Vielleicht hat es etwas mit der dünnen Luft hier oben oder mit der Landschaft zu tun, aber der Tee mit Gebäck (6 C$) schmeckt ebenso gut wie das 43-C$-Angebot im Chateau Lake Louise.

Laggan's Bakery BÄCKEREI $
(☎403-522-2017; Samson Mall; Hauptgerichte 5–10 C$; ⌚6–20 Uhr) Laggan's (benannt nach der ursprünglichen Siedlung am Lake Louise) ist eine Cafeteria und Bäckerei mit nur wenigen Tischen, die im Sommer gut besetzt sind. Die Kuchen und herzhaften Gerichte sind praktische Snacks für Wanderungen und schmecken umso besser, je größer der Hunger ist. Eine lobenswerte Erwähnung verdienen die Pizza-Bagels.

Lake Louise Station Restaurant KANADISCH $$
(Hauptgerichte 15–25 C$; ⌚11.30–21.30 Uhr) Themen-Restaurants sind mit Vorsicht zu genießen. Dieses Bahnhof „Bahnhofs"-Restaurant hat am Ende der Sentinel Road alles richtig gemacht. Entweder nimmt man sein Essen im Bahnhof zwischen Gepäckstücken ein oder man macht es sich in einem der eleganten Speisewagen gemütlich. Die Gerichte sind einfach, aber gut.

Praktische Informationen

Lake Louise Visitors Centre (Samson Mall, Lake Louise Village; ⌚9–20 Uhr) Zeigt gute geologische Exponate und unterhält einen Schalter von Parks Canada und ein kleines Kino.

Anreise & Unterwegs vor Ort

Der Busbahnhof ist eigentlich eine beschilderte Haltestelle an der Samson Mall. Von Banff ist der Ort am einfachsten mit dem Auto oder dem Brewster-Bus zu erreichen.

Jasper Town & Umgebung

Man nehme Banff, halbiere die jährliche Besucherzahl, vergrößere die Gesamtfläche um 40 % und nehme die Anzahl der Bären, Wapitis, Elche und Karibus mal drei. Das Ergebnis lautet Jasper, eine größere, weniger eingeengte und tierreichere Version der anderen Nationalparks der Rocky Mountains. Sein schroffes Hinterland begeistert mit seinen schwindelerregenden Flusstälern, Adrenalin treibenden Mountainbike-Routen, wie Schutzwälle anmutenden Gebirgszügen und seinem empfindlichen Ökosystem.

Die meisten Besucher kommen aus dem Süden über den grandiosen Icefields Parkway nach Jasper. Dieser schlängelt sich vom Lake Louise bergauf und passiert auf seinem Weg tosende Wasserfälle und von Gletschern geformte Berge, zu denen auch der markante Mt. Edith Cavell gehört, der vom Ort leicht auszumachen ist. Eine Alternative ist der legendäre VIA-Zug. Er fährt ab Edmonton oder BC und durchquert die geschichtsträchtigen Gebirgsausläufer, die einst die Heimat der Pelzhändler und Ureinwohner waren.

Im Vergleich zu den anderen kanadischen Nationalparks ist der Jasper NP bekannt für seine Wandermöglichkeiten, die Pionierarbeit (er ist der achtälteste Park im Land), eine einfach zu beobachtende Tierwelt und die Möglichkeit, mit Tourenskiern von Hütte zu Hütte zu „wandern". In ähnlich hohen Tönen wird er auch von Mountainbikefans für eines der besten Singletrail-Netzwerke in Nordamerika gelobt.

Sehenswertes

Jasper Tramway SEILBAHN
(Karte S. 690; ☎780-852-3093; www.jaspertramway.com; Whistlers Mountain Rd; Erw./Kind 32/16 C$; ⌚April–Okt. 9–20 Uhr) Wen die gewöhnlichen, langweiligen Aussichten von Jasper hinaus nicht umhauen, sollte eine Fahrt mit dieser Seilbahn unternemen. Die Aussicht ist atemberaubend und reicht an klaren Tagen weit hinaus bis zum Columbia Icefield, das 75 km weiter im Süden liegt. Von der Bergstation auf dem Whistlers Mountain, ist der Blick noch atemberaubender. Die Talstation befindet sich 7 km südlich von Jasper an der Whistlers

Mountain Road, gleich am Icefields Parkway.

Miette Hot Springs THERMALBAD

(Karte S. 690; www.parkscanada.gc.ca/hotsprings; Miette Rd; Erw./Kind/Fam. 6/5/18.50 C$; ⌚8.30–22.30 Uhr) Die 1909 „entdeckten" Miette Hot Springs liegen abgelegener als die historischen Quellen von Banff. Man findet sie 61 km nordöstlich von Jasper nahe dem Highway 16 an der Parkgrenze. Das wohltuende Wasser wird auf angenehmen 39 °C gehalten und tut besonders gut, wenn der Herbstschnee auf den Kopf rieselt und Dampf die Leute einhüllt.

Es gibt neben ein paar heißen Becken auch ein kaltes – zum Ankurbeln des Kreislaufs –, also besser erst mit dem Fuß probieren, bevor man reinspringt. Vom Parkplatz ist es 1 km zu Fuß bis zum **Ursprung** der Quellen, wo noch das originale Badehaus aus den 1930er-Jahren steht.

Patricia & Pyramid Lakes SEE

Nichts ist so schön wie Berge, die sich in einem kleinen, friedlichen Bergsee spiegeln. Diese beiden Seen liegen angenehme 7 km außerhalb des Orts. Hier wartet neben der optischen Idylle jede Menge Action, denn es können Kanus, Kajaks und Surfbretter ausgeliehen werden. Wer dem Wasser lieber fern bleiben möchte, kann wandern oder reiten. Naturliebhaber haben hier beste Chancen, Wildtiere zu beobachten!

Lakes Annette & Edith SEE

Auf dem Weg in den Ort liegen auf der anderen Seite des Highways die Seen Lake Annette und Lake Edith. Im Sommer sind sie bei Wassersportlern sehr beliebt, im Winter lässt sich hier hervorragend Schlittschuh laufen. Wenn es sehr heiß ist, kann man all seinen Mut zusammennehmen und ganz kurz im Lake Annette abtauchen. Aber nicht vergessen: Das Wasser war bis vor Kurzem noch ein Gletscher! Lake Edith ist vor allem bei Kajak- und Bootsfahrern beliebt. Um beide Seen herum verlaufen Rad- und Wanderwege, für die Pause zwischendurch gibt es ausreichend Picknickplätze. Der Weg, der einmal rund um den Lake Annette führt, ist auch für Rollstuhlfahrer geeignet.

Von Jasper bis Maligne Lake PANORAMASTRASSE

Die herrliche, 46 km lange Fahrt zwischen Jasper und Maligne Lake ist nahezu ein Muss für alle, die in Jasper etwas Zeit übrig haben. Auf der kurvenreichen Straße hat man das Gefühl, dass an jeder Ecke Wildtiere zu sehen sind. Es ist die beste Gegend in Jasper, um Rehe, Rothirsche, Elche und bei etwas Glück auch Bären zu Gesicht zu bekommen. Die beste Zeit für Tierbeobachtungen ist der frühe Morgen.

Maligne Canyon CANYON

Der Canyon ist eine steile, enge Schlucht, in deren Tiefe der Fluss fließt, der sie geformt hat. An seiner schmalsten Stelle ist er nur ein paar Meter breit und fällt abrupt um 50 atemberaubende Meter ab. Sechs Brücken überspannen ihn, über die mehrere Wanderwege führen, die alle am Parkplatz an der Maligne Lake Road starten. Im Winter gefrieren die Wasserfälle und überziehen die Wände mit einer Eisschicht, dann tummeln sich hier die Eiskletterer.

Maligne Lake SEE

Am Ende der Straße gleichen Namens liegt, fast 50 km von Jasper entfernt, der 22 km lange Maligne Lake, um den ein ziemlicher Hype gemacht wird. Es soll einer der schönsten Seen des Parks sein – und das wird auch kaum einer bestreiten: Das Himmelblau seines Wassers und die ringsherum aufragenden felsigen und fotogenen Gipfel sind ein Traum.

Obwohl das nördliche Ende des Sees im Sommer häufig von Reisebussen angesteuert wird, ist ein Großteil des restlichen Ufers nur zu Fuß oder mit dem Boot erreichbar – und somit auch deutlich ruhiger. Überall am See gibt es Campingplätze, wo sich vor allem abenteuerlustige Kajakfahrer und Wanderer einfinden. Auch Elche und Grizzlys wurden hier schon gesichtet.

Das **Maligne Lake Boathouse** (Karte S. 690; ☎780-852-3370; Boote Std./Tag 30/90 C$) verleiht Kanus für Fahrten über den See. Nicht alle Leute paddeln bis Spirit Island, dem berühmten Postkartenmotiv – immerhin ist man dann einen ganzen Tag unterwegs. Wer die Insel unbedingt sehen will, kann eine 1½-stündigen Bootsfahrt zur Insel bei **Maligne Tours** (Karte S. 694; ☎780-852-3370; www.malignelake.com; 616 Patricia St; Erw./Kind 59/35 C$; ⌚Mai–Okt. 10–17 Uhr) buchen.

Jasper Yellowhead Museum & Archives MUSEUM

(Karte S. 694; ☎780-852-3013; www.jaspermuseum.org; 400 Pyramid Lake Rd; Eintritt 6 C$; ⌚10–17 Uhr) Das Museum ist ein guter

Jasper Town

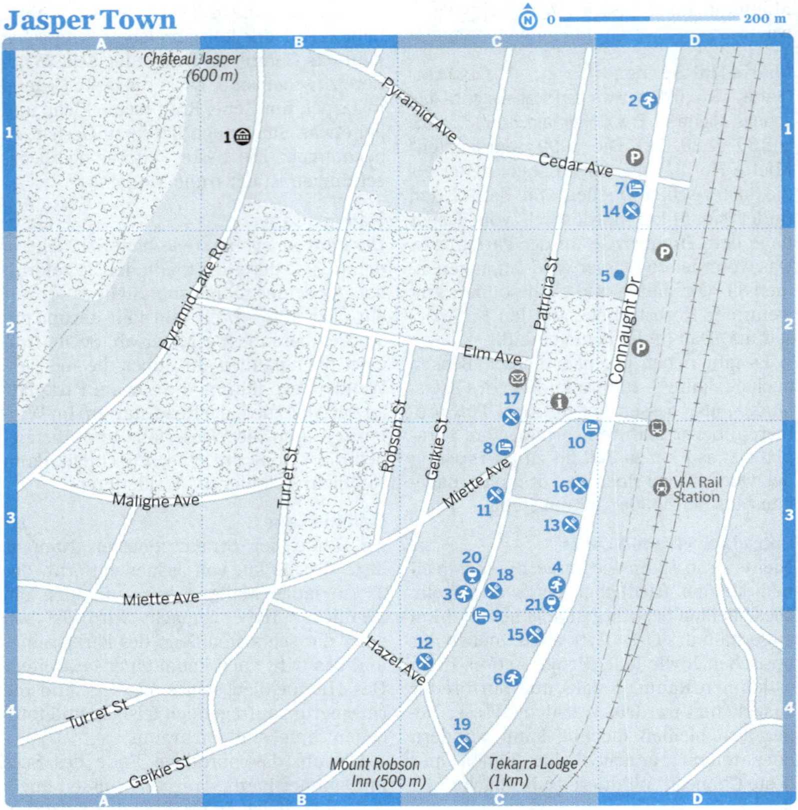

Jasper Town

Sehenswertes

1 Jasper-Yellowhead Museum & Archives B1

Aktivitäten, Kurse & Touren

2 Jasper Adventure Centre D1
Jasper Walks & Talks .... (siehe 4)
3 Maligne Rafting Adventures C3
Maligne Tours .... (siehe 3)
4 Rocky Mountain River Guides C3
5 SunDog Tour Company D2
6 Vicious Cycle C4

Schlafen

7 Astoria Hotel D1
8 Athabasca Hotel C3
9 Park Place Inn C4
10 Whistlers Inn C3

Essen

11 Coco's Café C3
12 Evil Dave's Grill C4
13 Fiddle River Seafood Co C3
14 Jasper Pizza Place D1
15 Karouzo's C4
16 Other Paw C3
17 Raven Bistro C2
18 Something Else C3
19 Villa Caruso C4

Ausgehen & Nachtleben

Atha-B Nightclub .... (siehe 8)
20 Horseshoe Club C3
21 Jasper Brewing Co C3

Programmpunkt, wenn es regnet, schneit oder zu heiß ist. Selbst bei angenehmem Wetter ist es interessant: Es erzählt die Geschichte von Jasper und von den Menschen, die hier eintrafen und die Stadt zum dem machten, was sie heute ist.

Aktivitäten

Radfahren

Jasper eignet sich viel besser als Banff zum Off-Road-Mountainbiken; tatsächlich ist die Stadt einer der besten Orte in Kanada für diesen Sport. Viele Strecken befinden sich in unmittelbarer Nähe zum Ort. Zu den flacheren Routen auf befestigten Wegen gehört die Langstrecke auf dem Icefields Parkway. Der heilige Gral für Geländeradler ist das **Valley of the Five Lakes**, eine abwechslungsreiche und malerische Strecke mit vielen Abschnitten zum richtigen Abstrampeln. Weitere Informationen stehen im *Mountain Biking Guide, Jasper National Park* aus dem Jasper Information Centre.

Vicious Cycle (Karte S. 694; ☎780-852-1111; www.viciouscyclecanada.com; 630 Connaught Dr; Tag ab 32 C$; ⏲9–18 Uhr) verleiht Fahrräder und gibt zusätzliche Tipps zu Strecken.

Rafting

Nichts hilft besser gegen die Sommerhitze als Gletscherwasser. In der Umgebung Jaspers gibt es reichlich Möglichkeiten für Wildwasserfahrten auf den Flüssen **Maligne**, **Sunwapta** und **Athabasca** – von tosend bis gemütlich. Saison ist von Mai bis September.

Reiten

Im Sommer kann man im Rahmen eines komplett durchorganisierten Reitausflugs mit Begleitung das straßenlose Tonquin Valley erkunden. Eine abgeschiedene (aber komfortable) Unterkunft unterwegs ist die Tonquin Amethyst Lake Lodge. Die Ausritte werden von **Tonquin Valley Adventures** (☎780-852-1188; www.tonquinadventures.com; 3-/4-/5-tägige Trips 795/1050/1295 C$) organisiert und beinhalten Unterkunft, Essen und, für den, der möchte, einen Angelausflug auf dem Amethyst Lake.

Skifahren & Snowboarden

Das einzige Skigebiet im Jasper National Park ist **Marmot Basin** (Karte S. 690; www.skimarmot.com; Marmot Basin Rd; Tagespass Erw./Kind 72/58 C$), 19 km südwestlich des Orts und direkt am Highway 93A gelegen. Es ist zwar nicht so berühmt wie andere Skigebiete, aber mit seinen 86 Abfahrten und dem längsten Hochgeschwindigkeits-4er-Sessellift der Rockies kann sich Marmot durchaus sehen lassen. Zudem garantiert die relativ isolierte Lage im Gegensatz zu den drei Skigebieten in Banff kürzere Warteschlangen an den Liften.

Dort gibt es auch einige Langlaufloipen und eine erwartungsgemäß teure Einkehrhütte, aber keine Übernachtungsmöglichkeiten. Regelmäßige Pendelbusse fahren in der Saison ab Jasper Town dorthin. Das Wetter kann in den Bergen sehr schnell umschlagen und eisig kalt werden, entsprechend warme Kleidung ist daher sehr zu empfehlen.

Wandern

Im Vergleich zu anderen kanadischen Nationalparks ist das Wegenetz Jaspers zwar bescheidener, doch ausreichend. Und mit weniger Besuchern als im Nachbarpark im Süden (Banff) steigt auch die Chance, dort statt Menschen Wildtiere zu Gesicht zu bekommen.

Zu Beginn bietet sich der lehrreiche **Discovery Trail** an, ein 8 km langer, einfacher Wanderweg, der um den Ort führt und über die Natur, die Geschichte des Ortes und der Eisenbahn informiert.

Weitere kurze Routen sind u. a. der 3,2 km lange **Mary Schäffer Loop** am Maligne Lake, der nach einer der ersten europäischen Besucherinnen in diesem Gebiet benannt wurde, der **Old Fort Loop** (3,5 km), der zu einem alten Handelsposten führt, und der 9 km lange **Mina and Riley Lakes Loop**, der direkt im Zentrum Jaspers beginnt und dann aus dem Ort hinausführt.

Weiter weg liegt der etwas anstrengendere **Path of the Glacier Trail.** Er ist 9,1 km lang und sehr bekannt. Er verläuft unterhalb der beeindruckenden Bergwand des Mt. Edith Cavell und führt durch die von Blumen übersäten Cavell-Wiesen zum Fuß des Angel Glacier.

Der mehrtägige **Skyline Trail** ist durch blaue Bänder gekennzeichnet und 46 km lang. Fast der gesamte Weg verläuft oberhalb der Baumgrenze, was tolle Aussichten über den ganzen Park ermöglicht. Die meisten planen für den Weg zwei Tage ein, Gestartet wird am Maligne Lake, Endpunkt in der Nähe des Maligne Canyon an der Maligne Lake Road. Übernachten kann man entweder im Zelt auf dem Campingplatz bei oder in der historischen Shovel Pass Lodge.

In der lesenswerten Broschüre *Day-Hikers' Guide to Jasper National Park* werden die meisten der einfachen Tageswanderungen im Park vorgestellt. Wer im Hinterland

JASPER IM WINTER

Die eine Hälfte von Jasper macht im Winter dicht, die andere Hälfte passt sich einfach an und verwandelt sich in etwas, das ebenso gut wie (wenn nicht besser als) sein sommerliches Gegenstück ist. Aus Seen werden Schlittschuhbahnen, Wander- und Radwege (und einige Straßen) werden zu Loipen, an Wasserfällen sieht man plötzlich Eiskletterer und – last but not least – die Preise werden bezahlbarer.

Die beste Natureisbahn unter freiem Himmel befindet sich auf dem Lac Beauvert. Sie liegt bei der Fairmont Jasper Park Lodge und wird nach Einbruch der Dunkelheit mit Flutlicht beleuchtet. Eine weitere Option für Schlittschuhläufer ist der 6 km nordöstlich des Ortes gelegene Pyramid Lake.

Rund 200 km lang ist das Netz an Langlaufloipen im Park. Routen, die am Ende des Winters recht spät abtauen, sind die **Pyramid Lake Fire Road**, **Meeting of the Waters** (entlang eines geschlossenen Teilstücks des Hwy 93A), der **Moab Lake Trail** und die **Mount Edith Cavell Road**. Relativ sicher und doch dramatisch schön ist eine Skitour im Tonquin Valley, wo man in einigen Lodges übernachten kann. Unter www.tonquinvalley.com findet man weitere Infos.

Nicht ganz so athletisch geht es beim dreistündigen **Maligne Canyon Ice Walk** mit Kultstatus zu, der vom **Jasper Adventure Centre** (Karte S. 694; www.jasperadventurecentre.com; 618 Connaught Dr; Erw./Kind 55/25 C$) angeboten wird. Dabei wandert man an Wasserfällen vorbei, die von Dezember bis April gefroren sind. Eiskletterer erklimmen die glatten Riesen gesichert und mit Eispickeln.

längere Tages- und Mehrtagestouren wandern will, für den empfiehlt sich jedoch der Führer *Jasper National Park*. Darin werden die Zeltplätze und zwei- bis zehntägige Wanderungen ausführlich vorgestellt. Wer im Hinterland des Nationalparks übernachten möchte, braucht eine *backcountry permit* (10 C$/Nacht & Pers., ein Saisonpass kostet 69 C$). Die Genehmigung erhält man bei Parks Canada im Jasper Information Centre.

Maligne Rafting Adventures RAFTING
(Karte S. 694; ☎780-852-3370; www.raftjasper.com; 616 Patricia St; Touren ab 59 C$) Bietet eine breite Palette von Floßfahrten bis zu Abenteuertouren der Klasse II und III sowie zweitägige Ausflüge.

Rocky Mountain River Guides RAFTING
(Karte S. 694; ☎780-852-3777; www.rmriverguides.com; 626 Connaught Dr; Touren ab 64 C$) Ein Vergnügen für Anfänger wie auch für erfahrenere Flusspiraten.

Geführte Touren

In Jasper gibt es verschiedene Tourveranstalter und Buchungszentren. Das Angebot ist breit gestreut und reicht von Reiten, Bootstouren über Wildtierbeobachtung, Wandern bis hin zu diversen anderen Outdoor-Aktivitäten.

Jasper Walks & Talks WANDERN
(Karte S. 694; ☎780-852-4994; www.walksntalks.com; 626 Connaught Dr) Walks & Talks Jasper bietet individuell abgestimmte Touren für kleine Gruppen, z. B. von Juni bis Oktober um 6.45 Uhr zweistündige Tiersafaris (60 C$) oder Picknickausflüge (85 C$) zu den Mount Edith Cavell Meadows von Juni bis Oktober (9.30 Uhr).

SunDog Tour Company GEFÜHRTE TOUREN
(Karte S. 694; ☎780-852-4056, 888-786-3641; www.sundogtours.com; Connaught Dr) Die SunDog Tour Company ist eine von vielen Tourunternehmen und Buchungszentren in Jasper. Die Firma organisiert zahlreiche Touren, darunter Ausflüge zu den Eisfeldern, Zugfahrten, Bootstouren, Rafting, Reiten und dergleichen.

Schlafen

Trotz seines Rufs, das ruhige Gegenstück zu Banff zu sein, wird es in den Sommermonaten auch in Jaspers Straßen und Gassen ziemlich voll. Von daher sollte man entweder vorab reservieren oder vielleicht besser noch in der ruhigeren Zwischensaison (Ende des Winters/Anfang des Frühjahrs) vorbeikommen, wenn man in der verlassenen Berglandschaft (am besten mit Langlaufskiern) eine ganz unbekannte Seite des Parks entdecken kann.

Unterkünfte sind in Jasper grundsätzlich günstiger als in Banff, aber das sagt ja noch nicht wirklich viel. Die zehn zum Park gehörenden Campingplätze sind von Mitte Mai bis September/Oktober geöffnet. Einer von ihnen (Wapiti) hat das ganze Jahr über teilweise offen. Vier der Campingplätze nehmen Reservierungen an. Infos bekommt man bei **Parks Canada** (780-852-6176; 500 Connaught Dr) im Jasper Information Centre.

Mehrere Unterkünfte außerhalb der Stadt vermieten auch Bungalows (meistens Holzhütten), die aber nur im Sommer vermietet werden. Im Winter gibt es oft beträchtliche Preisnachlässe.

YHA Maligne Canyon HOSTEL **$**
(Karte S. 690; 1-877-852-0781; www.hihostels.ca; Maligne Lake Rd; B 24,20 C$) Das sehr schlichte Hostel liegt günstig für Langläufer und sommerliche Touren auf dem Skyline Trail. Sein Nachteil ist die relative Nähe zur Straße. Es gibt Schlafsäle für sechs Personen mit Plumpsklo und Wasserpumpe.

Whistlers Campground CAMPINGPLATZ **$**
(Karte S. 690; 780-852-6177; Whistlers Rd; Zelt/Wohnmobil 22,50/38 C$; Mai–Okt.) Wer noch nie mit 780 anderen Campern die Nacht verbracht hat, kriegt hier seine Chance. Die kleine Campingstadt bietet nicht viel Privatsphäre, liegt aber am nächsten zu Jasper Town. Unglaublicherweise ist es hier in der Hochsaison immer voll. Es gibt pädagogische Angebote, Spülklosetts und Feuerstellen.

HI-Jasper HOSTEL **$**
(Karte S. 690; 780-852-3215; www.hihostels.ca; Whistlers Mountain Rd; B/DZ 30,80/78,10 C$; @) Zuerst die Abzüge: In den Schlafsälen werden bis zu 40 Personen untergebracht, was den Eindruck eines Flüchtlingslagers vermittelt, außerdem liegt das Hostel so weit außerhalb der Stadt, dass ein Fußmarsch dorthin fast zu anstrengend ist.

Trotz alledem ist es aber eine tolle Unterkunft: Die Nähe zu den Zimmergenossen und die relative Abgeschiedenheit fördern ein echtes Gemeinschaftsgefühl unter den Gästen. Und die nette Einrichtung, die freundlichen Mitarbeiter und die unberührte Umgebung sind das Sahnehäubchen.

Snaring River Campground CAMPINGPLATZ **$**
(Karte S. 690; Hwy 16; Stellplätze 15,70 C$; Mai–Sept.) Der schlichte Campingplatz 17 km nördlich von Jasper Town ist der primitivste und abgelegenste im Park, aber das perfekte Pendant zu den anderen oft sehr vollen Campingplätzen.

Athabasca Hotel HOTEL **$$**
(Karte S. 694; 780-852-3386; www.athabascahotel.com; 510 Patricia St; Zi. mit Gemeinschaftsbad/Bad 99/175 C$; @) Wer die ausgestopften Elchköpfe, die lärmende Bar unten und den Service, der manchmal unbeständig wie das Bergwetter ist, ertragen kann, wird sich im Athabasca (oder Atha-B, wie es genannt wird) wohlfühlen. Es hat eine zentrale Lage, ein Restaurant und kleine, aber komfortable Zimmer (viele mit Gemeinschaftsbad). Das Hotel gibt es schon seit 1929 und es ist das günstigste im Ort.

★ **Park Place Inn** BOUTIQUEHOTEL **$$$**
(Karte S. 694; 780-852-9970; www.parkplaceinn.com; 623 Patricia St; Zi. ab 229 C$; @) Die stinknormale Außenfassade des Park Place reiht sich im Ortskern in ein Heer von Geschäften ein und ließe nie vermuten, dass sich dahinter ein echter Hingucker verbirgt. Das wird erst klar, wenn man die Stufen zu seiner schicken, offenen Lobby erklommen hat. Die 14 selbst ernannten Boutiquezimmer werden diesem Ehrentitel mit Marmorverkleidungen, Werken einheimischer Künstler, Badewannen mit Klauenfüßen und einem allgemeinen Flair voller Raffinesse und Luxus gerecht. Der Service ist ebenso tadellos.

Tekarra Lodge HOTEL **$$$**
(780-852-3058; www.tekarralodge.com; Hwy 93A; DZ ab 219 C$; Mai–Okt.) Die stimmungsvollsten Hütten des Parks stehen am Ufer des Athabasca River zwischen hohen Bäumen und inmitten herrlicher Beschaulichkeit. Parkettböden, getäfelte Wände, Kamine und kleine Kochnischen machen dieses Erlebnis so richtig schön gemütlich. Obwohl man sich wie weit ab vom Schuss fühlt, steht diese Lodge in Wahrheit nur 1 km außerhalb des Orts.

Fairmont Jasper Park Lodge HOTEL **$$$**
(Karte S. 690; 780-852-3301; www.fairmont.com/jasper; 1 Old Lodge Rd; Zi. ab 600 C$; @) Die klassische alte Lodge am Ufer des Lake Beauvert liegt inmitten von gepflegten Gärten und Bergen und ist zu Recht sehr beliebt. Die faszinierende Mischung aus Country Club und Ferienlager der 1950er-Jahre vermittelt in den voll ausgestatteten Hütten und Chalets das Flair einer glänzenderen – der guten alten – Zeit.

Das Schmuckstück der Lodge ist die Lounge mit fantastischen Aussichten, die öffentlich zugänglich ist. Sie ist mit Holzmöbeln, Lüstern und Kaminen ausgestattet und der beste Ort der Stadt, um bei einem Cocktail in aller Ruhe eine Postkarte zu schreiben. Außerhalb der Saison gibt es oft Ermäßigungen.

Whistlers Inn HOTEL **$$$**
(Karte S. 694; ☎780-852-9919; www.whistlersinn.com; Ecke Connaught Dr & Miette Ave; Zi. 195 C$;) Aufgrund seiner zentralen Lage und der Zimmer, die deutlich über dem Standard liegen, hat das Whistlers einen deutlichen Vorteil gegenüber vielen seiner Rivalen. Schon allein wegen des Whirlpools auf der Dachterrasse lohnt es sich, hier eine Nacht zu verbringen – einfach toll, wenn man im Wasser einen stressigen Tag vergessen und dabei der Sonne zuschauen kann, wie sie hinter den Hügeln verschwindet. Was will man mehr?

Astoria Hotel HOTEL **$$$**
(Karte S. 694; ☎780-852-3351; www.astoriahotel.com; 404 Connaught Dr; DZ ab 188 C$;) Mit seinem Giebeldach gehört das Astoria zu den architektonischen Meisterwerken des Orts und ist zudem Teil eines in Jasper ansässigen Trios von Hotels, das seit den 1920er-Jahren im Besitz derselben Familie ist. Die einfachsten der Zimmer sind funktionell und komfortabel und bekommen durch die Bar (De'd Dog) und das Restaurant (Papa George's) im Erdgeschoss zusätzlichen Zulauf.

Coast Pyramid Lake Resort HOTEL **$$$**
(Karte S. 690; ☎780-852-4900; www.coasthotels.com; Pyramid Lake Rd; DZ ab 249 C$; ⏲Mai–Sept.) Die riesige Anlage bietet einen fantastischen Blick auf den See, zu dem man von hier aus auch einen optimalen Zugang hat. Das Design ist etwas seltsam und ein breiter betonierter Zufahrtsweg teilt das Gelände in zwei Hälften. Die Gebäude im Chalet-Stil liegen alle über den Hang verteilt, sodass die meisten der Zimmer über freien Blick auf den See verfügen.

Das Hotel bietet auch zahlreiche Möglichkeiten, sich am und im Wasser zu vergnügen. Es können Kanus geliehen werden und es gibt einen kleinen Strand. Die Preise sind allerdings ganz schön weit oben angesiedelt und es könnte nicht schaden, wenn das eine oder andere Detail noch verbessert würde.

Mount Robson Inn MOTEL **$$$**
(☎780-852-3327; www.mountrobsoninn.com; 902 Connaught Dr; Zi. mit Frühstück ab 255 C$;) Ein adrettes, feines Motel am Rand von Jasper Town mit Hot Tubs, Restaurant und einem üppigen Frühstück.

Château Jasper HOTEL **$$$**
(☎780-852-5644; www.mpljasper.com; 96 Geikie St; Zi. ab 242 C$;) Das Château Jasper ist eher ein Konferenzhotel als ein Schloss. Aber wer nicht zu viel erwartet, dem wird es gut gefallen. Es liegt 700 m vom Ortszentrum entfernt.

Essen

Das Essensangebot in Jasper besteht hauptsächlich aus deftiger Kost für erschöpfte Wanderer. Unerklärlicherweise gibt es viele Lokale mit griechischer Küche. Die meisten Restaurants befinden sich um den Connaught Drive und die Patricia Street. Abgelegenere Zentren wie Maligne Lake und das Whistlers haben Cafeteria-ähnliche Restaurants, die im Winter schließen.

★ **Other Paw** CAFÉ, BÄCKEREI **$**
(Karte S. 694; ☎780-852-2253; 610 Connaught Dr; Snacks 2–6 C$; ⏲7–18 Uhr) Das Café ist eine Filiale von The Bear's Paw, einem größeren Café gleich um die Ecke und bietet dieselbe unglaublich schmackhafte und süchtig machende Auswahl an Broten, Gebäck, Muffins und Kaffee. Im Gegensatz zum Stammhaus hat es aber länger geöffnet und liegt dazu noch günstig direkt gegenüber vom Bahnhof. Die Aussicht auf weiße Schokolade und Himbeerschnitten reicht aus, um müde Zeitgenossen auf den letzten paar Kilometern einer langen Wanderung/Radtour/Langlauftages anzutreiben.

Coco's Café CAFÉ **$**
(Karte S. 694; ☎780-852-4550; 608 Patricia St; Hauptgerichte 5–10 C$; ⏲8–16 Uhr) Wer den Titel als allerbestes Café in Jasper verdient, lässt sich nicht eindeutig beantworten. Unbestritten aber steht das Coco's in Sachen Frühstück an der Spitze. Viel Platz gibt es nicht, dennoch quetschen sich hier viele Leute gerne rein, um Wanderungen zu planen, sich über Bärensichtungen auszutauschen oder um die Größe von Rucksackblasen zu vergleichen. Wer Wert auf ethisch korrektes Essen legt, ist mit Tofu-Pfanne und Kaffee aus fairem Handel hier gut versorgt.

View Restaurant FASTFOOD $
(Karte S. 690; Maligne Lake Lodge; Snacks 4–10 C$; ⌚9–19 Uhr) Auf den ersten Blick scheint das Restaurant mit dem wunderbar passenden Namen (man schaue und staune!) oben am Maligne Lake nur eine weitere überteuerte Cafeteria für Touristen zu sein. Aber außer Sandwiches, Suppen und Ferienjobbern erwarten einen hier die besten Gebäckstücke, Muffins und Zimtschnecken im ganzen Park.

Jasper Pizza Place PIZZA $$
(Karte S. 694; ☎780-852-3225; 402 Connaught Dr; Pizza 13–16 C$; ⌚11–23 Uhr) Wer einen Einheimischen fragt (falls einer zu finden ist), wo man billig essen kann, wird dieses Lokal empfohlen bekommen. Die Gäste stehen Schlange und warten auf einen freien Tisch. Die begehrten Pizzas sind natürlich ziemlich gut.

Karouzo's STEAKHAUS $$
(Karte S. 694; ☎780-852-4640; www.karouzojasper.com; 626 Connaught Dr; Hauptgerichte 15–30 C$; ⌚März–Okt. 11–23 Uhr; 👪) Dass Restaurant Karouzo's hält die Fahne hoch für einfache, familienfreundliche Restaurants, die große Portionen internationaler Speisen servieren (mit der unvermeidlichen griechischen Unterabteilung) und macht das in vielen Bereichen recht gut – besonders beim Steak.

Something Else MEDITERRAN, STEAKHAUS $$
(Karte S. 694; 621 Patricia St; Hauptgerichte 13–24 C$; ⌚11–23 Uhr; 👪) Something Else, im Prinzip ein griechisches Restaurant, versucht sich an Gerichten der verschiedenen Küchen (amerikanisch, italienisch, Cajun), wenn auch nicht immer mit Erfolg. Aber das Gute an dem Lokal sind der viele Platz (selbst an einem Samstagabend), das ordentliche, die große Auswahl an Speisen und Kindergerichten und die bewährte griechische Hausmannskost. Sehr Empfehlenswert sind sowohl das Lamm- als auch das Hühner-Souvlaki.

Raven Bistro MEDITERRAN $$
(Karte S. 694; ☎780-852-5151; 504 Patricia St; Hauptgerichte 10–28 C$; ⌚17–22 Uhr; 🥕) Es passiert nicht alle Tage, dass in Jasper ein neues Restaurant eröffnet, also hin zu dem kleinen, geschmackvoll eingerichteten Bistro mit vegetarischen Gerichten und Tellern für mehrere Personen, das auch gut in eine spanische Kleinstadt passen würde.

Villa Caruso STEAKHAUS $$$
(Karte S. 694; ☎780-852-3920; 640 Connaught Dr; Hauptgerichte 22–36 C$; ⌚11–23.30 Uhr) Hier werden Fleischesser, Fischesser und Vegetarier gleichermaßen versorgt. Edles Holzdekor und tolle Aussichten sind die perfekten Appetithappen für eine gepflegte Mahlzeit.

Evil Dave's Grill KANADISCH, FUSION $$$
(Karte S. 694; ☎780-852-3323; www.evildaves.com; 622 Patricia St; Hauptgerichte 22–29 C$; ⌚16–23 Uhr) Das Devil ist eines von einer Handvoll Lokalen, die versuchen, Jaspers eher fragwürdiges Image zu widerlegen, eine Bastion für familienfreundliches Wandereressen zu sein, das zwar den Magen füllt, aber keineswegs dem Gaumen schmeichelt. Die exzellente Fusionsküche wird aus aller Welt herbeigeschafft – karibische, orientalische und japanische Einflüsse verfeinern Fischgerichte und Rindfleischgerichte.

Fiddle River Seafood Co MEERESFRÜCHTE $$$
(Karte S. 694; ☎780-852-3032; 620 Connaught Dr; Hauptgerichte 22–32 C$; ⌚17–22 Uhr) 1600 km zum Meer machen Gäste verständlicherweise misstrauisch, aber Jaspers führendes Fischlokal kann alle Zweifel widerlegen. An einem Fensterplatz lassen sich gut die innovativen Kreationen genießen, etwa die Forelle mit Kürbiskernkruste.

Ausgehen & Nachtleben

Jasper Brewing Co BRAUEREI, KNEIPE
(Karte S. 694; ☎780-852-4111; www.jasperbrewingco.ca; 624 Connaught Dr; ⌚11.30–1 Uhr) 🍃 Die im Jahr 2005 eröffnete Brauereikneipe, die erste ihrer Art in einem kanadischen Nationalpark, braut ihre guten Biere mit Gletscherwasser, darunter das typische Rockhopper IPA oder das etwas gewagtere Rocket Ridge Raspberry Ale. Es gibt Tische, Fernseher und eine gute Speisekarte.

Atha-B Nightclub BAR, CLUB
(Karte S. 694; ☎780-852-3386; Athabasca Hotel, 510 Patricia St; ⌚16–2 Uhr) Clubpartys in einem Nationalpark sind in etwa so angemessen wie Wildtierbeobachtung in Toronto. Daran sollte man denken, wenn es ins Atha-Bin geht, eine verwegene Mischung aus Kneipe und Club hinter der Lobby des Athabasca Hotels.

Horseshoe Club CLUB
(Karte S. 694; ☎780-852-6262; www.thehorseshoeclub.ca; 610 Patricia St; ⊙21–3 Uhr) Schuppen mit schaurigen Led-Zeppelin-Tribute-Bands.

ℹ Praktische Informationen

Jasper Information Centre (Karte S. 694; ☎780-852-6176; www.parkscanada.gc.ca/jasper; 500 Connaught Dr; ⊙8–19 Uhr) Informatives Büro in einem historischen „Parkarchitektur"-Gebäude.

Post (Karte S. 694; 502 Patricia St; ⊙Mo–Fr 9–17 Uhr)

Seton General Hospital (☎780-852-3344; 518 Robson St)

ℹ Anreise & Unterwegs vor Ort

AUTO

Internationale Autovermietungen haben Niederlassungen in Jasper Town.

Wer ein Taxi braucht, ruft **Jasper Taxi** (☎780-852-3600), die Wagen mit Taxameter haben.

BUS

Der **Busbahnhof** (Karte S. 694; www.greyhound.ca; 607 Connaught Dr) befindet sich am Bahnhof. Greyhound-Busse fahren nach Edmonton (67 C$, ab 4½ Std., 4-mal tgl.), Prince George (64 C$, 5 Std., 1-mal tgl.), Kamloops (70 C$, 5 Std., 2-mal tgl.) und Vancouver (115 C$, ab 11½ Std., 2-mal tgl.).

Expressbusse der **Brewster Transportation** (www.brewster.ca) fahren vom gleichen Bahnhof nach Lake Louise Village (74 C$, 4½ Std., mindestens 1-mal tgl.) und Banff Town (84 C$, 5½ Std., mindestens 1-mal tgl.).

Der **Maligne Valley Shuttle** (www.malignelake.com) fährt von Mai bis Oktober von Jasper zum Maligne Lake über den Maligne Canyon. Der Fahrpreis beträgt einfach/hin & zurück 25/50 C$.

ZUG

VIA Rail (www.viarail.ca) bietet dreimal wöchentlich Zugverbindungen nach Vancouver im Westen (125 C$, 20 Std.) und nach Toronto im Osten (340 C$, 62 Std.). Zusätzlich fahren dreimal wöchentlich Züge nach Prince Rupert in British Columbia (102 C$, 32 Std.). Genaue Fahrpläne und -preise sind im **Bahnhof** (607 Connaught Dr) zu erfahren.

DER SÜDEN

Für Schlagzeilen sorgen in Alberta vor allem die Nationalparks Banff und Jasper und die Städte Calgary und Edmonton, wodurch der weitläufige Süden größtenteils vernachlässigt wird. Das flache Farmland wird hier nur durch steile Täler oder Schluchten unterbrochen, die durch Überflutungen am Ende der letzten Eiszeit entstanden sind. Ein weiteres typisches Landschaftsbild sind die hoch aufragenden Hoodoos, merkwürdige, trockene Gesteinsformationen, die den Horizont beherrschen und wie sandfarbene, von Dr. Seuss entworfene Skulpturen aussehen. Auch historisch gesehen war hier viel los. Davon zeugten der noch relativ junge Head-Smashed-In Buffalo Jump und der nicht mehr ganz so junge Dinosaur Provincial Park. Diese beiden Gebiete bewahren eine Vergangenheit, die von der Unesco zum Welterbe ernannt wurde.

Naturwunder gibt es in dieser verschlafenen Ecke der Provinz zuhauf. Die trockenen und staubigen Badlands rund um Drumheller öffnen sich gen Osten zu weitläufigen Prärien, die sich bis zu den Cypress Hills im westlichen Saskatchewan erstrecken. Im Westen befindet sich der Waterton Lakes National Park, dessen Landschaft zu den spektakulärsten der Rockies zählt – und dennoch von den meisten Besuchern links liegengelassen wird.

Drumheller

Während hier früher noch Kohle die am meisten gefragte unterirdische Ressource war, so sind es heute Dinosaurierknochen. Drumheller ist ein kleiner (und nach Meinung vieler ein dem Niedergang geweihter) Ort mitten in Albertas geheimnisvollen Badlands. Er dient als Zwischenstation auf dem Weg zum sogenannten Dinosaur Trail. Während die Sache mit der Paläontologie hier einerseits sehr ernst genommen wird (das nahe gelegene Royal Tyrrell Museum ist sowohl Forschungszentrum als auch Touristenziel), hat Drumheller mächtig von seinem Jurassic-Park-Erbe profitiert – und es teilweise schamlos zu Geld gemacht. Neben den Stegosaurierattrappen, die beinahe an jeder Straßenecke stehen, und den zahlreichen Firmennamen mit Dino-Präfix, ist einer unübertroffen: der 26 m hohe T-Rex aus Glasfaser, der weite Teile des Stadtkerns bedrohlich überblickt.

Aber man sollte sich keinesfalls vom paläontologischen Kollektivstolz abschrecken

(Fortsetzung auf Seite 709)

FRANK KRAHMER / GETTY IMAGES ©

Nationalparks

Wenn es eine Sache gibt, mit der Kanada im internationalen Vergleich glänzt (außer Eishockey), dann sind es die Nationalparks. Das Land war Ende der 1880er-Jahre ein Pionier des Öko-Managements und besitzt heute 44 Nationalparks, vom ersten und besucherfreundlichen Banff bis zur weiten, leeren Wildnis der Arktis.

Peyto Lake, Banff National Park, Alberta

Inhalt

1

1. Alberta. Mount Edith Cavell, Jasper National Park, Alberta **2.** Kanufahren, Yoho National Park, British Columbia **3.** Armchair Glacier & Mount Weart, British Columbia **4.** Elch, Banff National Park, Alberta

3

LATITUDESTOCK / GETTY IMAGES ©

Die ersten Parks im Westen

Die Wurzeln von Canadian National Parks liegen in den mächtigen Gipfeln der Rocky Mountains. Die ersten Parks, angeregt von der Gründung Banffs 1885, standen in direktem Zusammenhang mit der transkontinentalen Eisenbahn, die reiche Touristen in zuvor unerforschte Wildnis schleppte.

Banff

Nur Yellowstone in den USA und der Royal National Park in Australien sind älter als Banff, dessen Entwicklung mit der Geschichte der Nationalparks und der Canadian Pacific Railway verknüpft ist.

Yoho

Der nach dem alten Cree-Wort für „ehrfürchtiges Wunder" benannte Yoho National Park ist eines der geologischen Highlights der Rocky Mountain Parks. Die fossilen Ablagerungen in seinem Burgess-Schiefer enthalten 120 Meerestierarten aus einem Zeitraum von über 500 Mio. Jahren.

Waterton Lakes

Die vergessene Ecke der kanadischen Rockies ist eine Fortsetzung des Glacier National Park (USA) im Süden und zeichnet sich durch ihre Hochgebirgs-Wanderwege aus. Das Hotel Prince of Wales ist mit historischen roten Bussen mit dem Amtrak-Zug *Empire Builder* zwischen Seattle und Chicago verbunden.

Jasper

Jasper, einst ein Knotenpunkt für Fellhändler, erhielt 1910 zwei Eisenbahnverbindungen. Sie sind noch heute in Betrieb und fahren nach Prince Rupert und Vancouver. Durch sie ist dieser ruhigere und artenreichere nördliche Nachbar von Banff gut zu erreichen.

Glacier

Der Glacier, ein weiterer „Eisenbahnpark", wurde 1886 nur ein Jahr nach Banff gegründet und ist heute für seinen Pulverschnee bekannt, der ideal zum Heliskiing und für Skilanglauftouren ist.

Ausdehnung nach Osten

Mit der Bildung des ersten übergreifenden Nationalparkservices der Welt – Parks Canada – im Jahr 1911 breitete sich das Netzwerk der Parks weiter nach Osten aus. Umweltschutzmaßnahmen waren zwar immer wichtig, aber die ersten Nationalparks waren mehr auf ein erstklassiges „Besuchererlebnis" ausgerichtet.

Prince Edward Island

Der PEI, seit 1937 ein Nationalpark, gleicht seine kleine Fläche mit dünengesäumten Stränden, Feuchtgebieten und einem großen literarischen Vermächtnis aus, verkörpert in der alten Farm „Green Gables", der Inspiration für das Kinderbuch von 1908 *Anne auf Green Gables* von Lucy Maud Montgomery.

Riding Mountain

Viele Wanderwege – insgesamt 400 km – durchziehen das Unesco-Biosphärenreservat, das wie eine bewaldete Insel inmitten fruchtbaren Ackerlands im südlichen Manitoba liegt.

Point Pelee

Point Pelee in Ontario am südlichsten Zipfel Kanadas am Erie-See ist geografisch klein, aber wichtig für Vögel. Der Park ist ein bedeutendes Durchflugsgebiet für über 360 Vogelarten.

Cape Breton Highlands

Cape Breton, seit 1936 ein Nationalpark, ist der Ursprungsort der einst eigenständigen Kultur der französischen Akadier. Am besten lässt er sich über 25 mittelschwere Wanderwege erkunden, die an der Küste nahe der Panoramastraße Cabot Trail entlangführen.

Gros Morne

Gros Morne besteht aus einem Gemisch aus Fjorden, Landspitzen, steilen Klippen und Wasserfällen, er wurde erst 1973 zum Nationalpark erklärt. Der Park gehört mittlerweile wegen seiner Bedeutung zum Verständnis der Kontinentalverschiebung zum Unesco-Welterbe.

BARRETT & MACKAY / GETTY IMAGES ©

1. Point Pelee National Park, Ontario **2.** Kanufahren, Riding Mountain National Park, Manitoba **3.** Green Gables, Cavendish, Prince Edward Island **4.** Cape Breton Highlands National Park, Nova Scotia

M. GEBICKI / GETTY IMAGES ©

MICHELLE VALBERG / GETTY IMAGES ©

1. Auyuittuq National Park, Nunavut 2. Aulavik National Park, Northwest Territories 3. Eisbär, Wapusk National Park, Manitoba 4. Rafting, Firth River, Ivvavik National Park, Yukon Territory

WAYNE LYNCH / GETTY IMAGES ©

Der hohe Norden

In den 1980er-Jahren hat der Nationalparkservice seine Ausrichtung von reiner Besucherorientierung auf vorrangig ökologische Intaktheit verlagert. Riesige unberührte Gebiete im Norden Kanadas wurden zu Nationalparks erklärt, oft unter Mitwirkung der lokalen indigenen Völker.

Aulavik

Alljährlich kommen weniger Leute nach Aulavik, als schon auf dem Mond waren. Das Land der Moschusochsen und sommerlichen weißen Nächte auf der arktischen Banks Island ist das wahre „Ende der Welt".

Wapusk

Eisbären sind der Daseinszweck des Wapusk (der Name bedeutet „weißer Bär" in der Cree-Sprache) und der beste Ort der Welt, um diese Tiere in freier Wildbahn zu sehen. In Churchill in Manitoba werden Führungen angeboten.

Auyuittuq

Den Namen von Auyuittuq (das Land, das niemals schmilzt) kennt kaum ein Kanadier. Er ist ein weiterer Park, bei dem man das Auto zu Hause lassen muss. Er liegt auf Baffin Island und ist ideal für Skilanglauftouren, zum Klettern und wilden Campen.

Ivvavik

Absolut keine Infrastruktur, nur meilenweit unberührte Tundra. Hier können Besucher Geld sparen, ihre Überlebensstrategien erproben und ihre Expeditionsfantasien ausleben.

EIN TICKET IN DIE FREIHEIT

Der Park Canada Discovery Pass (Erw./Kind/Fam. 67,60/33,30/136,40 C$) ermöglicht ein ganzes Jahr lang unbeschränkten Zugang zu 26 der kanadischen Nationalparks. Der Pass enthält auch Eintritt zu 63 historischen Stätten. Weitere Infos stehen auf der Website von Parks Canada (www.pc.gc.ca).

Wildpferde, Sable Island, Nova Scotia

Neue Nationalparks

Parks Canada war stets ein unbegrenztes Projekt mit einem langfristigen Entwicklungsplan. Es entstehen also neue Nationalparks. Seit 2000 wurden acht weitere vom Staat bewilligt und die gesamte Fläche umfasst nun eindrucksvolle 3 % der Landmasse Kanadas – das entspricht etwa der Größe Italiens.

Nahanni

Nahanni in den Northwest Territories wurde in den 1970er-Jahren zum Nationalpark und hatte die Ehre, 1978 zum ersten Weltnaturerbe der Unesco erklärt zu werden. Nach jahrelangen Verhandlungen wurde er 2011 erheblich erweitert. Er ist heute Kanadas drittgrößter Nationalpark mit einer Fläche, die Belgien entspricht.

Torngat Mountains

Eine ausgeprägte Mischung aus gletscherbedeckten Bergen und umherschweifenden Karibus an der wilden Küste Labradors. Er wurde im Jahr 2005 als 42. Nationalpark Kanadas geschaffen.

Nááts'ihch'oh

Der 2012 geschaffene Nationalpark grenzt an den jüngst erweiterten Nahanni National Park und hat eine starke spirituelle Bedeutung für die First Nations Métis und Dene, die eine Rolle in den juristischen Verhandlungen spielten. Er ist auch ein nördliches Revier für Grizzly-Bären, Karibus und Dall-Schafe.

Sable Island

Auf der grasbewachsenen Sable Island, einer gebogenen Sandbank 300 km vor Nova Scotia, leben Hunderte verwilderte Pferde, die vermutlich nach der Great Acadian Expulsion, der Vertreibung der Akadier in den 1750er-Jahren, zurückgelassen wurden. Über 350 Schiffe erlitten an diesem schwer erreichbaren Vorposten Schiffbruch. Die Insel ist seit 2013 der jüngste Nationalpark Kanadas.

(Fortsetzung von S. 700)

lassen – schafft man es, dem Kitsch keine Beachtung mehr zu schenken, erkennt man im Ort eine gewisse, nicht greifbare Ästhetik. Die Sommer sind heiß und das tief eingeschnittene Flusstal, in dem Drumheller liegt, ist eine willkommene Abwechslung zur eintönigen Prärie. Die Szenerie der Badlands wird von Hoodoos beherrscht, die schon in vielen Filmen, vorrangig Western, als Kulisse dienten.

Sehenswertes & Aktivitäten

Horseshoe Canyon CANYON

Am eindrucksvollsten präsentieren sich die Badlands im Horseshoe Canyon, einer spektakulären Schlucht, die sich 17 km westlich von Drumheller am Highway 9 in die ansonsten flache Prärie schneidet. Ein großes Schild am Parkplatz erläutert die Geologie der Gegend, in die Schlucht selbst führen Wanderwege. Dort zeigen farbige Felsstreifen Millionen Jahre geologischer Geschichte (Vorsicht: Bei Regen ist es hier sehr rutschig). Wer genug Geld hat, kann auch einen Hubschrauberrundflug buchen (5/10 Min. 50/100 C$).

Dinosaur Trail & Hoodoo Drive PANORAMASTRASSE

Drumheller liegt am Dinosaur Trail, einem 48 km langen Rundweg, der nordwestlich des Ortes entlangführt und auch über den Highway 837 und Highway 838 verläuft. Allein schon der Landschaft wegen ist die Fahrt lohnenswert. An jeder Ecke gibt es eine tolle Aussicht auf die Badlands und den Fluss.

Der Rundweg führt am **Midland Provincial Park** (Zelten verboten!) vorbei, wo man sich auf eigene Faust zu einer Wanderung aufmachen kann. Weiter geht's mit der kostenlosen, seilbetriebenen **Bleriot Ferry**, die schon seit 1913 in Betrieb ist, über den Red Deer River. Man kommt unterwegs zu verschiedenen Aussichtspunkten – darunter auch dem hoch oben liegenden **Orkney Viewpoint** –, von denen man die Canyons der Umgebung bewundern kann.

Der 25 km lange Hoodoo Drive beginnt etwa 18 km südöstlich von Drumheller auf dem Highway 10; die meisten fahren bis Wayne und kehren auf gleichem Weg wieder zurück. An dieser Strecke stehen auch die schönsten **Hoodoos**: bizarrer, von der Erosion zu pilzförmigen Säulen erodierter Sandstein. Die Gegend war einst ein wohlhabendes Kohlebergbaurevier und die **Atlas Mine** ist heute als historische Stätte geschützt. Lohnenswert ist ein Abstecher über den Highway 10X (mit insgesamt elf Brücken auf einer Länge von 6 km) von Rosdale zum winzigen Dorf **Wayne**. Es hat 27 Einwohner und entwickelt sich rasant zur Geisterstadt.

★ Royal Tyrrell Museum of Palaeontology MUSEUM

(☎403-823-7707; www.tyrrellmuseum.com; Erw./Kind 11/6 C$; ⏲ 9–21 Uhr; 👪) Dieses fantastische Museum gehört zu den hervorragendsten Dinosauriermuseen der Welt. Es ist nicht übertrieben, zu sagen, dass zu jedem echten Alberta-Erlebnis ein Besuch dieser beeindruckenden Einrichtung unbedingt dazugehört. Kinder werden die interaktiven Schaukästen lieben, und alle werden staunend vor den zahlreichen vollständigen Dinosaurierskeletten stehen.

Es gibt die Möglichkeit, die Badlands im Rahmen einer geführten Tour zu erkunden und seine eigenen Dino-Schätze entweder auf einer geführten Wanderung oder bei einer Dinosaurierausgrabung zu entdecken. Da fühlt man sich wie in den Kulissen von *Jurassic Park* – und dabei ist dies die *echte* Dinowelt.

World's Largest Dinosaur WAHRZEICHEN

(60 1st Ave W; Eintritt 3 C$; ⏲ 10–18 Uhr; 👪) Im Ort, in dem an jeder Ecke ein Dinosaurier steht, ist dieser T-Rex der Star und taucht sogar im *Guinness-Buch der Rekorde* auf. Der 26 m hoch über einem Parkplatz aufragende Koloss dominiert die gesamte Skyline Drumhellers.

Er ist groß, kein bisschen Furcht einflößend und hat mal eben über 1 Mio. Dollar gekostet. Da überrascht es auch nicht, dass man dafür bezahlen muss, die 106 Stufen hinaufzugehen, um sich aus seinem Maul die Umgebung anzusehen. Kinder fahren voll drauf ab und – das muss man dem Dino wirklich lassen – der Ausblick ist schön. Ironischerweise hat der T-Rex nicht einmal die korrekten Maße: Mit 46 m Länge ist er etwa 4½-mal größer als sein ausgestorbenes Vorbild.

Dinosaur Discovery Museum MUSEUM

(☎403-823-6666; www.fossilworld.com; 1381 North Dinosaur Trail; Eintritt 6 C$; ⏲9.30–19 Uhr;

(👪) Wenn das Tyrell die Kids nicht völlig befriedigt hat, dann sollte es dieses Museum tun und dabei auch gleich die Brieftasche erleichtern. Neben dem Eintrittsgeld muss für die Kinder auch noch extra für eine Fossiliensuche (12 C$) oder für das Besteigen einer Kletterwand (6 C$) bezahlt werden. Vieles hier ist echt, aber meist nicht von hier.

Schlafen

Die Qualität der Unterkünfte in Drumheller ist beschränkt. Vorherige Buchung ist also ratsam, um nicht irgendwo zu enden, wo es einem nicht gefällt, oder noch schlimmer: gar keine Unterkunft zu erwischen.

River Grove Campground & Cabins CAMPINGPLATZ $
(☎403-823-6655; www.camprivergrove.com; 25 Poplar St; Zelt/Wohnmobil/Tipis/Hütten ab 32/38/64/119 C$; ⏰Mai–Sept.; 🏊) Der nette Campingplatz mit zahlreichen Annehmlichkeiten liegt direkt im Ort und in der Nähe des großen Dinosauriers. Die Zeltplätze mit ein paar schattigen Bäumen gegen die Sommerhitze sind in Ordnung. Es werden sogar Tipis vermietet, allerdings hatte der Stoney-Stamm ganz sicher keine Betonböden in seinen Tipis.

Heartwood Inn & Spa INN $$
(☎403-823-6495; www.innsatheartwood.com; 320 N Railway Ave E; DZ 149–275 C$; @) Das entzückende Inn ist bei Weitem eine der besten Unterkünfte im Ort. Die kleinen Zimmer sind luxuriös, komfortabel und geschmackvoll eingerichtet. Im hauseigenen Wellnessbereich wird man wie ein König behandelt.

Alle Zimmer haben Whirlpool, und wer sich für das Romantik-Paket entscheidet, dessen Raum wird mit Kerzen und Rosenblättern dekoriert und die Angestellten lassen sogar kurz vorher ein Bad für zwei ein – alles danach ist den Gästen selbst überlassen.

Taste the Past B&B B&B $$
(☎403-823-5889; 281 2nd St W; EZ/DZ 100/125 C$) Das Haus stammt aus der Zeit um 1900 und wurde zu einem gemütlichen B&B mitten im Ortskern umgewandelt. Alle Zimmer haben ein eigenes Bad und im Erdgeschoss gibt es gemeinschaftliche Einrichtungen. Bei nur drei Zimmern fühlt man sich eher wie zu Besuch bei Freunden – und wenn man wieder abreist, ist oft auch so etwas wie Freundschaft entstanden.

Essen & Ausgehen

Whif's Flapjack House KANADISCH $
(☎403-823-7595; 801 N Dinosaur Trail; Hauptgerichte 6–10 C$; ⏰6–14 Uhr) Der Name ist die Speisekarte: frisch gemachte Waffeln, Hamburger, Eiscreme, leckere Pfannkuchen und Salat. In dem Imbissladen gibt es richtig große Portionen, ein Minibahngleis, das von der Decke hängt, und günstige Preise.

Bernie and the Boys Bistro DINER $
(☎403-823-3318; www.bernieandtheboys.com; 305 4th St W; Hamburger 6–8 C$; ⏰Di–Sa 11–20.30 Uhr) Ein Bistro ist es nicht. Im Gegenteil, Bernie's ist einer dieser kleinstädtischen Familienbetriebe, die den Hunger auf so mancher langen Autoreise stillen. Wer sich in die Schlange stellt (das Lokal ist klein *und* beliebt!), kann sich auf frische Alberta-Hamburger und legendäre Milchshakes freuen.

Vietnamese Noodle House VIETNAMESISCH $
(☎403-823-2000; 202 2nd St W; Hauptgerichte 9–12 C$; ⏰12–23 Uhr) Wenn es schnell gehen, es aber kein Hamburger sein soll, ist das Noodle House genau richtig. Das Lokal ist weit entfernt von Saigon, was Geografie und Authentizität angeht, aber es ist billig und fröhlich und hat auch ein paar ordentliche westliche Gerichte.

★ **Last Chance Saloon** BAR
(☎403-823-9189; Hwy 10X, Wayne; ⏰11.30–24 Uhr) In einem Land mit Neigung zu Fastfood-Ketten ist die Bezeichnung „einzigartig" ein zweifelhaftes Kompliment. Wer etwas wirklich anderes will, sollte die 15 Min. von Drumheller in das winzige Dorf Wayne fahren und sich in diese ehemalige wüste Hotelbar und heutigen Harley-Davidson-Treff begeben.

Das Last Chance ist ein klassischer Western-Saloon, aber ohne auch nur den geringsten Touristenkitsch. Zu sehen sind hier Bergbaurelikte, Brownie-Kameras, alte Zigarettendosen, ein voll funktionierender Musikzylinder und der Ziegelstein, den jemand etwa im Jahr 1913 durchs Fenster geworfen hat. Das Essen (Hauptgerichte ab 4,50 C$) ist fast Nebensache – normale Hamburger mit Bohnen oder Pommes frites nach Wahl –, aber es sättigt und gibt etwas mehr Zeit, über die einzigartige, exzentrische Atmosphäre zu sinnieren.

Praktische Informationen

Touristeninformation (☎403-823-1331; www.traveldrumheller.com; 60 1 Ave W; ⌚9–21 Uhr) Am Fuß des T-Rex. Der Eingang ins Innere der Bestie ist im gleichen Gebäude.

An- & Weiterreise

Vom **Busbahnhof** (308 Centre St) fahren die Greyhound-Canada-Busse nach Calgary (38 C$, 1¾ Std., 2-mal tgl.) und Edmonton (68 C$, 7 Std., 2-mal tgl.).

Hammerhead Tours veranstaltet Tagestouren (90 C$) von Calgary zu den Badlands von Drumheller und zum Royal Tyrrell Museum.

Dinosaur Provincial Park

Der **Dinosaur Provincial Park** (☎403-378-4344; www.dinosaurpark.ca; am Hwy 544; ⌚So–Do 8.30–17, Fr & Sa bis 19 Uhr) GRATIS, eine Mischung aus *Vergessene Welt: Jurassic Park* und *Unsere kleine Farm*, ist nicht nur der Grand Canyon im Kleinen – er ist auch eine Welterbestätte der Unesco. Der letzte Ruheplatz von Tausenden Dinosauriern ist ein guter Ort, um selbst Fossilien zu finden. Er liegt auf halber Strecke zwischen Calgary und Medicine Hat und gut 48 km nordöstlich von Brooks. Vom Highway 1 geht es über den Highway 873 zum Highway 544.

Der Park taucht plötzlich aus dem Nichts auf, denn die Schlucht, in der er liegt, fällt ohne Vorwarnung von der grasbewachsenen Ebene in die Tiefe ab. In dieser ausgetrockneten Traumlandschaft ragen zahllose Hoodoos und bunte Felsformationen auf. Dort, wo vor 75 Mio. Jahren Dinosaurier durch eine tropische Umgebung streiften, ist heute nichts als Hitze und Dürre zu sehen. Für dieses Wetter muss man sich unbedingt wappnen – mit Sonnencreme und genügend Wasser.

Der 81 km² große Park schreit förmlich danach, erkundet zu werden. Es gibt zahlreiche Wildblumen, hier und da eine Klapperschlange zwischen den Felsen, und wenn man Glück hat, bekommt man vielleicht sogar einen T-Rex zu sehen. Der Park ist nämlich nicht nur eine Touristenattraktion, sondern auch ein echter wissenschaftlicher Brennpunkt: Paläontologen haben hier unzählige Skelette ausgegraben, die nun weltweit in vielen exzellenten Museen ausgestellt sind.

Es stehen fünf kurze **Wanderwege** mit Infotafeln zur Auswahl; zusätzlich führt ein **Autorundweg** durch einen Teil des Parks. Zum Schutz der Fossilien sind allerdings 70 % des Parks für Besucher nur beschränkt zugänglich. Diese Gebiete können im Rahmen einer geführten Wanderung (Erw./Kind 14/8 C$) oder einer Bustour (Erw./Kind 12/8 C$) besichtigt werden, die zwischen Ende Mai und Oktober angeboten werden. Sowohl die Wanderungen als auch die Bustouren sind sehr beliebt – also besser die 403-378-4344 anrufen und einen Platz reservieren.

Im **Besucherzentrum** (☎403-378-4342; Erw./Kind 3/2 C$; ⌚8.30–17 Uhr) des Parks sind kleine, aber eindrückliche Dino-Schaukästen zu sehen, außerdem vollständige Skelette und die Ausstellungen über die Arbeit der Paläontologen vor Ort.

Der **Campingplatz** (☎403-378-3700; Stellplatz Zelt/Wohnmobil 23/29 C$, Reservierung 10 C$) des Parks liegt in einer kleinen Senke direkt an einem Bach. Die zahlreichen schattigen Plätzchen zwischen den Bäumen bieten einen willkommenen Schutz vor der gleißenden Sonne. Hier kann man Wäsche waschen und sich eine warme Dusche genehmigen; ein kleiner Laden versorgt die Camper mit allem Nötigen, was man zu Hause vergessen haben könnte. Dieser Platz ist, vor allem aufgrund seiner Wohnmobilstellplätze, sehr beliebt – also vorher anrufen!

Head-Smashed-In Buffalo Jump

Hinter dem wohl seltsamsten Namen aller Attraktionen Albertas (wörtlich bedeutet er etwa „Kopf-bei-Büffelsprung-zertrümmert“) steckt eine Geschichte voller Geschick und Einfallsreichtum. Sie ist der Schlüssel zum kulturellen Erbe der First Nations (und damit auch Kanadas). Tausende Jahre nutzte der Stamm der Blackfoot die Abgründe nahe dem Ort Fort Macleod für die Büffeljagd. Die Idee des **Head-Smashed-In Buffalo Jump** (☎403-553-2731; www.head-smashed-in.com; Secondary Hwy 785 Erw./Kind 10/5 C$; ⌚10–17 Uhr) war so simpel wie genial: Wenn sich die Büffel in der weitläufigen Prärie sammelten, kamen die tapfersten Jäger des Stammes zusammen und trieben die Tiere in Richtung der tief abfallenden Steilwand. Waren sie nahe genug, wurden sie in Panik versetzt, sodass sie in ihr Verderben stürzten. Dies sicherte dem Stamm das Überleben. Da der

ABSTECHER

BAR U RANCH & DER COWBOY TRAIL

Die Cowboy-Kultur ist im südlichen Alberta tief verwurzelt, aber um sie in reinster Ursprünglichkeit zu erleben, muss man Calgary und seine Cowboyhut tragenden Ölbarone verlassen und sich nach Süden auf dem Highway 22, dem Cowboy Trail, durch das grüne Hügelland begeben. Was heute eine glatte Asphaltstraße ist, auf der glänzende Geländewagen fahren, war einst ein Trampelpfad, auf dem staubbedeckte Viehtreiber ihre Rinder nach Norden zur Canadian Pacific Railway in Calgary trieben. In den vom Ölrausch unberührten sanften Hügeln stehen riesige Ranches. Eine davon, die **Bar U Ranch** (www.friendsofthebaru.ca; Erw./Kind 7,80/3,90 C$; ⏲Mai–Sept. 9–17 Uhr), wurde von Parks Canada in eine historische Stätte umgestaltet.

Bar U wurde 1882 gegründet und war mit 65 000 ha einst eine der größten kommerziellen Ranches der Welt. John Ware, ein befreiter afroamerikanischer Sklave und angeblich der erste Cowboy Albertas, war einer der ersten Besucher. Ein Jahrzehnt später wurden die Pferde der Ranch von Harry Longabaugh (in der Geschichte und in Hollywood als Sundance Kid bekannt) trainiert, der 1891 auf der Ranch arbeitete, bevor er sich der lukrativeren Karriere als eleganter Bankräuber mit dem „Wild Bunch" widmete. Der nächste Besucher war fürstlicher, aber nicht weniger berüchtigt. Der Prince of Wales, der spätere Edward VIII., kam 1919 hier vorbei und war so angetan von dem Ort, dass er die benachbarte EP Ranch kaufte. Edward besuchte die Gegend insgesamt fünfmal, zweimal nach seiner Abdankung. Die EP Ranch wurde bis 1962 unter seinem Namen verwaltet.

Die Bar U Ranch liegt gleich hinter dem Highway 22, 13 km südlich des Ortes Longview. Zwei Dutzend Gebäude, darunter ein Küchenhaus, eine Post, ein Korral, eine Schmiede und ein Schlachthaus, wurden wie zu Zeiten von Sundance Kid erhalten. Besucher können u. a. an Planwagenfahrten teilnehmen, Pferde satteln oder sogar versuchen, einen jungen Ochsen mit dem Lasso einzufangen.

Büffel für die Blackfoot ein heiliges Tier war, wurden die gestürzten Tiere gewürdigt, indem jeder Teil der Beute verarbeitet wurde.

Die gut präsentierte Ausstellung im Besucherzentrum, das geschickt in den Hang hineingebaut wurde, ist einer Weltkulturerbestätte würdig und lohnt den Abstecher von Calgary oder Lethbridge. An der Stätte, etwa 18 km nordwestlich von Fort Macleod und 16 km westlich des Highway 2, gibt es auch ein Café, einen Laden mit Mitarbeitern der Blackfoot First Nations und ein paar kurze Wanderwege.

Lethbridge

Im südlichen Alberta liegt mitten im Farmland die ehemalige Minenstadt Lethbridge, die vom markanten Flusstal des Oldman River in zwei Teile geteilt wird. Obwohl es eigentlich nichts Großartiges zu sehen gibt, halten einen die vielen Parks, einige gute historische Stätten und der bewundernswert ausgeprägte Stolz der Einwohner auf ihre Stadt vielleicht länger hier als gedacht. Das Oldman River Valley bietet zahlreiche Wandermöglichkeiten. Dieses 100 m tiefe Flusstal wird von einer Eisenbahnbrücke auf gewaltigen Stahlpfeilern geteilt, die irgendwie an den Eiffelturm erinnert. Sie ist weltweit die größte Brücke ihrer Art. Im Stadtkern wurden wie in vielen nordamerikanischen Stadtzentren auch erfolgreich Anstrengungen unternommen, die noch nicht ganz so historische Seite der Stadt zu bewahren. Im Osten befindet sich der eher unspektakuläre Mayor McGrath Drive (Highway 5), eine von Einkaufsketten verunstaltete Straße, die in jeder Stadt Nordamerikas liegen könnte.

Sehenswertes & Aktivitäten

Nikka Yuko Japanese Garden GARTEN
(www.nikkayuko.com; Ecke Mayor Mcgrath Dr & 9th Ave S; Erw./Kind 8/5,50 C$; ⏲9–17 Uhr) Der Nikka Yuko Japanese Garden ist das perfekte Gegenstück zum Stress auf der Straße. Das gepflegte Gelände, durchsetzt von Teichen, Fließgewässern, Brücken, Bonsai-Bäumen, Kiesgärten und authentischen japanischen Gebäuden, ist eine Oase der Ruhe inmitten der Alltagshast.

Indian Battle Park PARK
(3rd Ave S) Im Tal, das den Osten vom Westen trennt, liegt westlich des Scenic Drive

der Indian Battle Park. Er ist nach der berühmten Schlacht zwischen den Blackfoot und den Cree im Jahr 1870 benannt und keine gewöhnliche Grünanlage, sondern ein weitläufiges, überraschend wildes Fleckchen Erde am Oldman River, in dem überall kleine Wege, wilde Tiere und Überreste einer längst vergessenen Bergbaugeschichte zu finden sind.

Nicht zu übersehen ist die 96 m hohe und 1623 m lange **High Level Bridge**, die den ganzen Park einmal durchquert und die größte Trestle-Brücke der Welt ist. Sie wurde 1909 erbaut, um die Züge über das tiefe Tal auf die andere Seite der Prärie zu bringen.

Fast unmittelbar unter der Brücke befindet sich das **Helen Schuler Coulee Centre & Lethbridge Nature Reserve** (⏲10–18 Uhr), in dem ein kleines Informationszentrum untergebracht ist. Es bildet den Ausgangspunkt für eine Reihe von Lehrpfaden, die sich durch 80 ha Waldgebiet entlang dem Fluss schlängeln. Im Sommer werden spezielle Naturerlebnis-Programme angeboten. Am anderen Ende des Parks liegt der Coalbanks-Interpretive-Kiosk, ein zu den Seiten hin geöffnetes Infohäuschen mit einer beeindruckenden Anzahl an Informationen über die frühe Bergbaugeschichte Lethbridges. Die umliegenden Pfade führen zu kleinen Pavillons, Picknickbereichen und Aussichtspunkten.

Fort Whoop-Up FORT, MUSEUM

(☎403-329-0444; www.fortwhoopup.ca; 200 Indian Battle Park Rd; Erw./Kind 7/5 C$; ⏲10–17 Uhr) Das absurd benannte Fort Whoop-Up (in etwa: „einen drauf machen") im weitläufigen Indian Battle Park ist eine Replik von Albertas erstem und berüchtigtsten Handelsposten für illegalen Whiskey. Um die 25 solcher Vorposten entstanden zwischen 1869 und 1874 in der Provinz. Hier wurden Whiskey, Waffen, Munition und Decken gegen Büffelhäute und Felle der Blackfoot-Stämme getauscht.

Ihre Existenz war ein Grund für die Gründung der berittenen Polizei NWMP (North West Mounted Police), die 1874 im Fort Macleod eintraf, um Gesetz und Ordnung in den kanadischen Westen zu bringen. Das Fort zeigt Exponate zum Blackfoot-Stamm und den Mounties sowie eine der größten Schusswaffensammlungen Kanadas. Beim letzten Besuch war es zwar offen, wurde aber gerade renoviert.

Galt Museum & Archives MUSEUM

(www.galtmuseum.com; 320 Galt St; Erw./Kind 6/3 C$; ⏲Mo–Sa 10–17, So 13–17 Uhr) Im Sir Alexander Galt Museum, das in einem alten Krankenhausgebäude von 1910 hoch oben auf dem Steilufer über dem Fluss untergebracht ist, wird die Geschichte Lethbridges erzählt. Die interaktiven Schaukästen sind speziell auf Kinder ausgerichtet und befinden sich neben einer kleinen Galerie mit zeitgenössischer und historischer Kunst, die bei den erwachsenen Kindern gut ankommt. Die Aussicht von der Lobby über das Flusstal ist großartig und gratis.

Schlafen

Am Highway 4 steht eine große Auswahl von Kettenhotels, von schick bis billig, zur Auswahl.

Lethbridge Lodge HOTEL $$

(☎403-328-1123; www.lethbridgelodge.com; 320 Scenic Dr S; Zi. ab 104 C$; @📶) Wie in den meisten kanadischen Hotels sind die Zimmer zwar sauber, aber unspektakulär. Das Atrium ist da schon was anderes: Alle Zimmer blicken auf das mit künstlichen Pflanzen geschmückte Innere. Hinzu kommen gewundene Fußwege aus Ziegelsteinen, ein nierenförmiger Pool und Wasserspiele.

Die Cotton Blossom Lounge liegt mitten in diesem Dschungel und macht richtig Spaß – u. a. mit einem Klavierspieler, der in seiner eigenen kleinen Welt lebt. Mit der pseudo-italienischen Fassade der Zimmer ist die bizarre Mischung komplett.

Holiday Inn HOTEL $$

(☎403-380-5050; www.ihg.com; 2375 Hwy 5 S; Zi. ab 141 C$; @📶🏊) Das etwas ungewöhnliche Holiday Inn (ehemals ein Ramada Hotel) besitzt eine überdachte Badelandschaft mit Wasserrutschen, Wellenpool und einem Kinderbereich. Trotz der absonderlichen Verkaufsmerkmale bewahrt das Hotel noch etwas Klasse. Es wurde 2011 komplett renoviert.

Essen

Round Street Café CAFÉ $

(☎403-381-8605; 427 5th St S; Sandwiches 7 C$; ⏲Mo–Sa 7–18 Uhr; 📶) Ein einfaches, aber gutes Café nahe dem Greyhound-Depot mit leckeren Zimtschnecken und dicken Sandwiches sowie kostenlosem Internetzugang.

Mocha Cabana Café CAFÉ **$$**
(☎403-329-6243; www.mochacabana.ca; 317 4th St; Mittagsessen ab 12 C$; ⌚So–Do 7–21, Fr & Sa bis 23 Uhr; 📶) Während das vielseitige Mocha von außen eher schmucklos erscheint, ist sein Inneres das genaue Gegenteil davon. Selbst bezeichnet es sich als Kaffee-Lounge, Weinbar, Patio und Livemusik-Location – und liegt in jeder dieser Kategorien in Lethbridge auf dem ersten Platz. Das helle Interieur versprüht ein ansprechendes europäisches Flair, und die reichhaltigen Salate des Mittagstischs sind einfach fantastisch.

Ric's Grill STEAKHAUS **$$$**
(☎403-317-7427; www.ricsgrill.com; 103 Mayor Mcgrath Dr; Hauptgerichte 19–40 C$; ⌚11–22 Uhr) Schon mal in einem Wasserturm oder genauer in einem ehemaligen Wasserturm gegessen? Nun, hier bietet sich die Gelegenheit dazu. Ric's Grill befindet sich 40 m über der Prärie im alten Wasserturm von Lethbridge. Er wurde 1999 stillgelegt und 2004 in ein Restaurant umgebaut, dessen runder Innenraum einen tollen Blick auf die Stadt bietet.

Auf einer Ebene ist eine Lounge und darüber ein eleganter Speiseraum. Die Steaks sind dick und saftig, die Weinkarte umfangreich; am besten einen guten Tisch reservieren, da das Restaurant zu Recht sehr beliebt ist.

ℹ Praktische Informationen

Chinook Country Tourist Association (www.chinookcountry.com; 2805 Scenic Dr S; ⌚9–17 Uhr)

Hauptpostamt (☎403-382-4604; 704 4th Ave S)

ℹ Anreise & Unterwegs vor Ort

BUS

Greyhound Canada (☎403-327-1551; 411 5th St S) fährt nach Calgary (48 C$, 2½ Std., 5-mal tgl.) und Regina (103 C$, ab 14½ Std., 2-mal tgl.).

Die luxuriösen Busse von **Red Arrow** (☎1-800-232-1958; www.redarrow.ca; 449 Mayor Magrath Dr S) bieten einmal täglich Verbindungen nach Calgary (49 C$, 2½ Std.) und nach Fort MacLeod (34 C$, 45 Min.)

Genauere Infos zu Stadtbussen gibt es über die **Lethbridge Transit Infoline** (☎403-320-4978, 403-320-3885). Der Busbahnhof in der Innenstadt befindet sich an der 4th Avenue in der 6th Street. Die Fahrkarte für Stadtbusse kosten 2 C$.

FLUGZEUG

Der **Lethbridge Airport** (☎403-329-4474; 417 Stubb Ross Rd), eine kurze Fahrt nach Süden über den Highway 5, wird von Tochtergesellschaften der Air Canada angeflogen. Sechs oder sieben Flüge heben pro Tag nach Calgary ab.

Writing-on-Stone Provincial Park

Das Beste an diesem **Park** (☎403-647-2364; ⌚9–18 Uhr) ist vielleicht die Tatsache, dass er auf dem Weg nach *Nirgendwo* liegt. Wer bereit ist, die Hauptroute zu verlassen und dieses versteckte Juwel zu erkunden, der wird reich belohnt. Seinen Namen verdankt er den zahlreichen Petroglyphen und Felsmalereien, die hier vor über 3000 Jahren von den Prärieindianern entlang des Milk River im Sandstein des Steilufers verewigt wurden. Es gibt einen ausgezeichneten Infopfad, der spektakuläre Aussichtspunkte einschließt und auf eigene Faust begangen werden kann. Unterwegs kommt man nah an einige Piktogramme heran.

Die schönste Kunst befindet sich in einem gesperrten Gebiet (um sie vor Vandalismus zu schützen), das nur im Rahmen einer Führung mit dem Park Ranger besucht werden darf. Andere Aktivitäten sind hier während des Sommers Kanufahrten und Schwimmen im Fluss, im Winter Langlaufen. Tiere leben in großer Zahl im Park und ein neues **Besucherzentrum** (⌚9–19 Uhr) in Form eines traditionellen Tipi passt sich perfekt in Natur und Kultur der Gegend ein. Tickets für Touren sind am Parkeingang im Büro des Naturkundlers erhältlich. Die Touren beginnen im Allgemeinen zwischen Mai und Oktober samstags und sonntags um 14 Uhr (Erw./Kind 12/8 C$), zur Sicherheit jedoch besser vorher nachfragen. Vorsicht: Es kann im Sommer sehr heiß werden.

Dieser **Campingplatz** (☎403-647-2877; Zelt/Wohnmobil ab 20/26 C$) des Parks liegt am Fluss und bietet 64 Plätze, fließendes Wasser, Duschen und Spülklosetts. An Wochenenden ist er sehr gut besucht.

Dieser Provincial Park liegt südöstlich von Lethbridge und dicht an der US-amerikanischen Grenze; die Sweetgrass Hills im nördlichen Montana sind im Süden zu sehen. Zu erreichen ist der Park über den Highway 501 42 km östlich des Highway 4 ab dem Ort Milk River.

ABSEITS DER ÜBLICHEN PFADE

BLACKFOOT CROSSING HISTORICAL PARK

Der **Blackfoot Crossing Historical Park** (☎ 403-734-5171; www.blackfootcrossing.ca; Erw./Kind 12/8 C$; ⌚ Di–Sa 9–17 Uhr) ist ein First-Nations-Reservat mit einem historischen Zentrum statt einem Kasino. Er schwimmt stolz gegen den Strom und pflegt lieber die authentische Kultur der Siksika (Blackfoot) und zwar auf eine Art, die sowohl lehrreich als auch begeisternd ist.

Die Geschichte des südlichen Alberta vor 1880 ist eine Geschichte des Volks der Blackfoot, eines Zusammenschlusses der Stämme der Peigan, Blood und Blackfeet aus Montana. Blackfoot Crossing, seit Langem ein wichtiger Treffpunkt der Stämme, war insofern einzigartig, als es der einzige Ort war, an dem nomadische First-Nations-Stämme eine semipermante Siedlung bauten (aus grasigen Erdhügeln). Hier wurde auch 1877 der berüchtigte Treaty 7 von Chief Crowfoot unterzeichnet, durch den Land an die britische Krone abgetreten und das Siksika-Reservat geschaffen wurde. Nach einem Besuch von Prinz Charles 1977 entstand die Idee einer historischen Stätte. Nach 30 Jahren Planung wurde der Park schließlich 2007 eröffnet.

Im Zentrum steht ein prachtvolles, umweltfreundliches Hauptgebäude, das Elemente von Tipis und Federschmuck in seine kreative Architektur einbindet. Innen gibt es ein Theater mit 100 Plätzen, das Stammestänze zeigt, Ausstellungen zur Geschichte der Blackfoot und Führungen mit Kommentatoren und Geschichtenerzählern aus den Reihen der Siksika. Draußen warten verschiedene Wanderwege, Prärie-Aussichtspunkte und ein Tipi-Dorf, in dem traditionelles Handwerk ausgeübt und unterrichtet wird.

Das Zentrum liegt 100 km östlich von Calgary und ist über den Highway 1 und dann 7 km Richtung Süden auf dem Highway 842 erreichbar. Der Geschichtspark, der noch in den Kinderschuhen steckt, hat überraschenderweise nach wie vor nur wenige Besucher.

Waterton Lakes National Park

Wer? Wie? Wo? Was? Dem Namen des **Waterton Lakes National Park** (Erw./Kind pro Tag 7,80/3,90 C$) folgt meistens eher eine Frage als ein zufriedener Ausruf der Wiedererkennung. Während seine Kollegen im Norden – Canmore, Banff und Jasper – von Touristen und Wochenendausflüglern förmlich überrannt werden, ist Waterton eine Oase der Ruhe und Beschaulichkeit. Grandios. Der 1895 gegründete Park gehört heute zu einer Unesco-Welterbestätte, einem Unesco-Biosphärenreservat und einem Internationalen Friedenspark (zusammen mit dem Glacier National Park in den USA). Er ist 525 km^2 groß und liegt in der südwestlichsten Ecke Albertas. Hier trifft die Prärie auf die Berge, und das Gefühl, das platte Land hinter sich zu lassen, ist in höchstem Maße erhebend. Der Park ist Schutzgebiet für eine Vielzahl von Tieren – Grizzlys, Wapitis, Hirsche und Pumas – und zudem Heimat von über 800 Arten von Wildblumen.

Der Ort **Waterton**, ein bezauberndes alpines Dorf, das im Winter um die 40 Einwohner zählt, hebt sich deutlich vom größeren und kitschigeren Banff und, etwas weniger krass, auch von Jasper ab. Hier sind so viele Outdoor-Abenteuer möglich, dass man jahrelang damit beschäftigt wäre, sie alle zu entdecken. Zu den Highlights des Parks zählen der friedliche Waterton Lake, das königliche Prince of Wales Hotel aus den 1920er-Jahren und die Nähe zu verschiedenen Höhenwanderwegen; die Baumgrenze ist vom Ortskern aus in weniger als einer Stunde erreicht.

Hier ist man direkt an der US-amerikanischen Grenze und in unmittelbarer Nähe zum gewaltigen **Glacier National Park**. Ein guter Ort also, um die nachbarschaftlichen Beziehungen mit den Leuten aus dem Süden zu pflegen. Eine Backcountry-Erlebnistour durch gleich zwei Länder macht sich auch im Reisepass gut. Die beiden Parks bilden zusammen den Waterton-Glacier International Peace Park. Obwohl dieser Name den Eindruck binationaler Harmonie erweckt, hat jeder der beiden eine separate Verwaltung – somit braucht man auch zwei unterschiedliche Eintrittskarten.

Weitere Infos zum Glacier National Park finden sich auf der hervorragenden Website des US National Park Service (www.nps.gov/glac).

Sehenswertes & Aktivitäten

Highlight für viele Besucher ist eine Bootsfahrt mit **Waterton Shoreline Cruises** (☎403-859-2362; www.watertoncruise.com; einfach Erw./Kind 25/14 C$; ⊙Mai–Okt.) über den schillernden See zum gegenüberliegenden Ufer Goat Haunt, Montana, USA. Während der 45-minütigen, landschaftlich sehr schönen Fahrt wird man via Lautsprecher mit unterhaltsamen Kommentaren versorgt. Unbedingt vor dem Betreten der oft randvollen Boote sicherstellen, dass auch der Reisepass mit an Bord ist, für etwa 30 Min. befindet man sich auf US-amerikanischem Territorium.

Auch wer sich gerne die Beine etwas vertreten möchte, ist hier im Park genau richtig – Waterton ist ein Paradies für Wanderer. Mit einem über 225 km langen Netz an Wegen mangelt es eher an Zeit als an der Auswahl. Die Wege werden (dort, wo es erlaubt ist) von Radfahrern und Reitern genutzt, und sobald der erste Schnee gefallen ist, kann man die Langlaufskier anschnallen. Die 17 km lange Wanderung zum **Crypt Lake** ist spannend – unterwegs kommt man zu einem 20 m langen Tunnel, einem Strom, der plötzlich aus dem Nichts hervorquillt, und einer Leiter. Den Ausgangspunkt der Wanderung erreicht man nur mit dem Boot. Waterton Shoreline Cruises fährt morgens an der Anlegestelle des Ortes ab und sammelt die erschöpften Wanderer nachmittags wieder am Endpunkt des Wegs am Crypt Lake ein (Erw./Kind 18/9 C$).

Ein weiteres Beispiel des Waterton'schen „Klein, aber oho"-Prinzips sind die 19 km des **Carthew-Alderson Trail**, der oft als einer der besten Hochgebirgs-Tageswanderwege Nordamerikas bezeichnet wird. Im Sommer fährt das **Tamarack Shuttle** (☎403-859-2378; 214 Mount View Rd) jeden Morgen zum Ausgangspunkt am Cameron Lake (Reservierung empfohlen!). Von dort aus führt der Weg über die Berge zurück ins Dorf.

Schlafen

Im Park liegen drei Campingplätze von Parks Canada, die mit dem Auto erreichbar sind, keiner von ihnen nimmt Reservierungen an. Wilde Campingplätze gibt es nur wenige, Plätze sollten über das Besucherzentrum reserviert werden.

Waterton Townsite Campground CAMPINGPLATZ $
(☎877-737-3783; Hwy 5; Zelt/Wohnmobil 22,50/38,20 C$; ⊙Mai–Okt.) Der Campingplatz am Südrand des Dorfs Waterton ist nicht gerade ideal, aber er erfüllt seinen Zweck. Er besteht hauptsächlich aus einem enormen, von Erdhörnchen aufgewühlten Acker für Wohnmobile und hat den Charme eines Zeltplatzes auf einem Musikfestival. Am Rand findet man ein paar baumbeschattete Plätze, im Hochsommer kann man froh sein, wenn man überhaupt einen Platz erwischt. Eine Reservierung ist deshalb wirklich ratsam.

Crandell Mountain Campground CAMPINGPLATZ $
(☎403-859-5133; Red Rock Pkwy; Zelt & Wohnmobil 21,50 C$; ⊙Mai–Sept.) Eine ländlichere Alternative ist dieser abgelegene Campingplatz ein paar Autominuten vom Parkeingang entfernt.

Aspen Village Inn HOTEL $$
(☎403-859-2255; www.aspenvillageinn.com; 111 Windflower Ave; Zi. 159–199 C$; 📶) Das Aspen ist eine preisgünstigere und familienfreundlichere Version des Bayshore. Die Zimmer verteilen sich auf zwei Hauptgebäude und mehrere Hütten. Kostenlose Extras sind ein Kinderspielplatz, ein Grill- und ein Picknickplatz und der Anblick von wilden Rehen, die auf dem Gelände grasen.

Bear Mountain Motel MOTEL $$
(☎403-859-2366; www.bearmountainmotel.com; 208 Mount View Rd; EZ/DZ ab 105/130 C$) Kleine, durchschnittliche Motelzimmer in zentraler Lage mit freundlichen und kenntnisreichen Besitzern – ein echtes Schnäppchen.

★ **Prince of Wales Hotel** HISTORISCHES HOTEL $$$
(☎403-859-2231; www.princeofwaleswaterton.com; Prince of Wales Rd; Zi. ab 239 C$; ⊙Mai–Sept.; 📶) Jeder, der nach Waterton kommt, sollte zumindest einen Blick auf dieses Wahrzeichen werfen. Aufgrund seiner Lage, die den Gästen den besten Ausblick im ganzen Ort garantiert, ist dieses Hotel mehr als nur spektakulär. Aus einiger Entfernung betrachtet, zählt es sogar zu den schönsten Postkartenmotiven der kanadischen Rocky Mountains.

Von Nahem werden mittlerweile schon die ersten Alterserscheinungen deutlich, wobei dieses Älterwerden dem eines guten Weins gleicht. Die riesige Lobby wird von Kronleuchtern erhellt, die aus einem schottischen Schloss stammen könnten, der Aufzug ist das älteste noch genutzte Exemplar seiner Art in Nordamerika. Die Zimmer sind klein, haben sich aber die klassische Atmosphäre dieses geschichtsträchtigen Hotels bewahrt. In den Badezimmern findet man antikes Porzellan – und der Ausblick ist unbestritten seinen Preis wert.

Bayshore Inn HOTEL **$$$**
(403-859-2211; www.bayshoreinn.com; 111 Waterton Ave; Zi. 174–225 C$; April–Okt.;) Das Bayshore gewinnt den Preis für die größte Unterkunft im Ortskern – und wenn dieses Hotel nicht zentral gelegen ist, dann ist es keines. Die Zimmer orientieren sich zum See hin, die Läden des Ortes liegen nur einen Steinwurf entfernt. Das macht dieses Haus zu einer sehr gefragten Unterkunft. Die Aussicht auf den See ist großartig, wer sie genießen möchte, sollte frühzeitig buchen!

Waterton Glacier Suites HOTEL **$$$**
(403-859-2004; www.watertonsuites.com; 107 Windflower Ave; Suite ab 239 C$;) Die Suiten sind mit allen Annehmlichkeiten ausgestattet, etwa zwei Kaminen, Whirlpool, Mikrowelle und Kühlschrank. Die Zimmer sind blitzblank und die Fassadengestaltung aus Fels und Holz sieht toll aus. Das Hotel ist ganzjährig geöffnet – und spätestens im Winter weiß jeder die zwei Kamine zu schätzen.

Essen & Ausgehen

Waterton ist auf simple, aber sättigende Küche spezialisiert – genau das Richtige, um sich vor und nach dem Wandern zu stärken. Alle Angebote befinden sich im Ort selbst.

Waterton Bagel & Coffee Co CAFÉ **$**
(403-859-2466; 309 Windflower Ave; Bagels ab 5 C$; 10–22 Uhr) Das winzige Café ist ein Glücksfall nach einem anstrengenden Tag in der Wildnis. Es bietet ein paar Hocker am Fenster, Bagels mit Erdnussbutter und Marmelade und erfrischende Frappuccinos.

Zum's Eatery KANADISCH **$$**
(403-858-2388; 116B Waterton Ave; Hauptgerichte 13–18 C$; 11–22 Uhr) Gute Hausmannskost in Form von Hamburgern, Pizza und Fish & Chips wird von Studenten serviert, die hier in den Semesterferien arbeiten. Der Mangel an kulinarischer Raffinesse wird durch die originelle Dekoration wettgemacht: Mehrere 100 nordamerikanische Nummernschilder schmücken fast jeden Zentimeter der Wände.

Bel Lago Ristorante ITALIENISCH **$$$**
(403-859-2213; www.bellagoristorante.com; 110 Waterton Ave; Hauptgerichte 19–32 C$; 12–22 Uhr) Wow, hausgemachte Pasta in einem nordamerikanischen Nationalpark! Die Einrichtung ist relativ schlicht, dennoch ist es vermutlich Watertons anspruchsvollstes Restaurant: Der Küchenchef wurde in Italien ausgebildet und kreiert leckere Gerichte, die dem alten italienischen Ethos folgen, wenn möglich immer lokale Produkte zu verarbeiten. Die Weinkarte ist international mit italienischem Schwerpunkt.

Thirsty Bear Saloon KNEIPE
(403-859-2111; www.thirstybearsaloon.com; Main St; Mo–Sa 16–2 Uhr) Wilde Nächte in der Wildnis hat diese große Kneipe zu bieten. Dafür sorgen Livemusik, Karaoke und gutes Bier.

Praktische Informationen

Waterton Visitors Centre (403-859-5133; www.parkscanada.gc.ca/waterton; Mai–Sept. 8–19 Uhr) Die zentrale Touristeninformation liegt gegenüber vom Prince of Wales Hotel.

Anreise & Unterwegs vor Ort

Waterton liegt im Südwesten von Alberta, 130 km von Lethbridge und 156 km von Calgary entfernt. Die einzige Straße, die in den Park führt, zweigt im Nordosten vom Highway 5 ab. Die meisten Besucher, die aus dem Glacier Park und aus den USA kommen, erreichen diese Kreuzung über den Highway 6 (Chief Mountain International Highway) aus südwestlicher Richtung. Von Calgary im Norden führt der Highway 2 in südlicher Richtung direkt zum Highway 5, der wiederum in den Park führt. Aus Cardston im Osten führt der Highway 5 zuerst nach Westen und dann nach Süden in den Park hinein.

Es gibt von keiner kanadischen Stadt außerhalb des Parks eine öffentliche Verkehrsverbindung in den Park. **Glacier Park Inc** (www.glacierparkinc.com) bietet allerdings einen täglichen Shuttledienst (Erw./Kind 50/25 US$) an, der von Mai bis September zwischen dem Prince of Wales Hotel und der Glacier Park Lodge in Montana, USA, verkehrt. Von dort hat man Anschluss an das Amtrak-Schienennetz.

Im Sommer gibt es zwischen Cameron Lake, Waterton und der US-amerikanischen Grenze am Chief Mountain ein Shuttle (13,50 C$) für Wanderer. Abfahrtspunkt im Ort ist Tamarack Outdoor Outfitters.

Crowsnest Pass

Im Westen von Fort Macleod verläuft der Crowsnest Highway (Highway 3), der durch die Prärie in die Rocky Mountains, von dort zum Crowsnest Pass (1396 m) und dann zur Grenze mit British Columbia führt. The Pass, wie er genannt wird, ist eigentlich eine Reihe kleiner Gemeinden, die unmittelbar östlich der Grenze zwischen BC und Alberta liegen. Beachtenswert ist dabei die Geschichte des Örtchens **Frank**, das 1903 fast vollständig verschüttet wurde, als 30 Mio. m³ (das entspricht etwa einem Gewicht von 82 Mio. t) des nahe gelegenen Turtle Mountain abgingen und etwa 70 Menschen unter sich begruben. Es heißt, das Kohlebergwerk am Fuße des Berges sei der Grund dafür gewesen. Dennoch wurde der Kohleabbau nicht eingestellt, denn das Schwarze Gold war Anfang des 20. Jhs. für die gesamte Region die Eintrittskarte in ein Leben in Wohlstand. Als die Nachfrage nach Kohle sank und sich unter Tage weitere Tragödien ereignet hatten, wurden die Minen für immer geschlossen.Das **Frank Slide Interpretive Centre** (Erw./Kind 10/ 5 C$; ⏲9–18 Uhr) liegt 1,5 km abseits vom Highway 3 und 27 km östlich der Grenze mit BC und überblickt das Crowsnest Valley. Es ist ein ausgezeichnetes Informationszentrum, das der Tragödie des Erdrutsches von Frank eine menschliche Dimension verleiht. Zudem gibt es zahlreiche interessante Schaukästen zum Thema Bergbau, Eisenbahn und zu den Anfängen dieser Gegend. In einem fantastischen Film werden die tragischen Ereignisse von 1903 auf dramatische Weise dargestellt. Die meisten der Angestellten haben in der Region ihre Wurzeln und fühlen sich dadurch auch mit der Geschichte des Erdrutsches verbunden.

DER NORDEN

Obwohl hier der immer mehr in Verruf geratene Ölsand zu finden ist, ist der Norden Albertas so gut wie unbekannt und verzeichnet nur wenige Besucher. Hat man Edmonton erst einmal in Richtung Norden verlassen, so sinkt die Bevölkerungsdichte auf sibirische Werte und ein fast schon unheimliches Gefühl der Abgeschiedenheit macht sich breit.

Wer die Einsamkeit sucht, findet hier sein persönliches Paradies. Endlose Kiefernwälder so weit das Auge reicht, nächtliche Polarlichter, die jedes chemische Halluzinogen in den Schatten stellen, und Büffelherden in freier Wildbahn.

Hier findet man auch den wirtschaftlichen Motor Albertas. Der Ölsand in der Nähe von Fort McMurray gehört zu den größten Erdölreserven der Welt. Diese Tatsache zieht Arbeitskräfte aus allen Winkeln Kanadas an. Die Ölexporte bringen der Provinz Millionen von Dollar ein – pro Stunde!

Die ersten Volksstämme, die diese Region bewohnten, waren die Cree, Slavey und Dene und viele von ihnen leben immer noch vom Fischen, Jagen und Fallenstellen. Der Nordosten hat so gut wie keine Straßen und wird vom Wood Buffalo National Park, dem Athabasca River und dem Lake Athabasca beherrscht. Der Nordwesten ist leichter zugänglich und verfügt über ein Netzwerk aus Highways, die Alberta mit dem Norden von BC und den NWT verbinden.

Peace River & Umgebung

Alaska volle Kraft voraus! Nach Nordwesten hin führt der Highway 43 nach Dawson Creek, BC, und zum Beginn des Alaska Highway. Dawson liegt unglaubliche 590 km von Edmonton entfernt, wodurch man gewaltige Strecken zurücklegen muss, um diesen abgelegenen Teil des nördlichen Alberta zu erkunden. Unterwegs kommt man durch **Grande Prairie**, das Zentrum der lokalen Landwirtschaft und Heimat der Chuckwagon-Legende Kelly Sutherland. Wer hier übernachten möchte, findet die meisten Unterkünfte in der 100th Street und der 100th Avenue.

Mit seinem Namen erinnert der Ort an den historischen Moment, als die sich bekriegenden Indianerstämme Cree und Beaver hier am Flussufer Frieden schlossen. Der Ort **Peace River** liegt dort, wo der Heart, Peace und Smoky River zusammenfließen. Es gibt einige Motels und zwei Campingplätze. Busse von Greyhound Canada fahren von hier täglich nach Yukon und in die NWT. Der Highway 2 verläuft nach Westen zum Mackenzie Highway.

Mackenzie Highway

Der kleine Ort **Grimshaw** ist der offizielle Beginn des MacKenzie Highway (Highway 35), der in nördlicher Richtung in die Northwest Territories (NWT) führt. Außer einem Schild mit der Aufschrift „Km 0“ und ein paar Läden gibt es hier nicht viel zu sehen. Die relativ flache und gerade Straße ist größtenteils asphaltiert; dort, wo sie gerade erneuert wird, gibt es aber auch Abschnitte mit unbefestigtem Schotter oder mit Erde.

Das vorwiegend landwirtschaftlich geprägte Gebiet zwischen Grimshaw und Manning geht Richtung Norden in endlose Fichten- und Kiefernwälder über. Wer sich dorthin aufmacht, sollte gut ausgerüstet sein, denn in dieser Grenzregion gibt es, je weiter man der Straße in Richtung Norden und durch die Wildnis folgt, immer weniger (und immer teurere) Service-Einrichtungen. Eine gute Grundsatzregel ist, ab hier an jeder Tankstelle, an der man vorbeifährt, den Tank zu füllen.

High Level ist die letzte nennenswert große Siedlung vor der Grenze zu den NWT. In dem Zentrum der Holzindustrie belegen unter der Woche Arbeiter oft die Motels des Ortes. Die einzige Tankstelle zwischen High Level und Enterprise (in den NWT) befindet sich in Indian Cabins.

Lake District

Zwischen St. Paul, das über 200 km nordöstlich von Edmonton liegt, und der Grenze zu den North West Territories liegt Albertas riesiges Seengebiet. Hier wird gerne geangelt (selbst im Winter, wenn man zum Eisfischen übergeht), wobei viele der Seen, vor allem diejenigen weiter nördlich, an kein Straßennetz angebunden sind und nur per Flugzeug erreicht werden können.

Wer gerne mal die Bekanntschaft mit Außerirdischen machen möchte, der sollte nach St. Paul kommen. Der **Flying-Saucer Landing Pad** (Landeplatz für fliegende Untertassen) ist geöffnet und wartet immer noch auf seine ersten Kunden. Anwohner bauten das 12 m hohe, kreisrunde Landepodest 1967 als Teil eines Jahrhundertprojekts und mit der Absicht, den Tourismus in dieser abgelegenen Region etwas anzukurbeln (es ist immerhin die größte – und einzige – UFO-Landebahn der Welt). Und es hat funktioniert: Seither ist es eine Pilgerstätte für UFO-Fans.

Der Highway 63 ist die Hauptroute in die Wildnis des Nordostens der Provinz. Die Straße, gesäumt von ein paar kleinen Dörfern und Campingplätzen, führt zum **Fort McMurray**, das 439 km nordöstlich von Edmonton liegt. Um den einstigen Handelsposten für Felle erstreckt sich heute eines der größten Ölfelder der Welt. Der Ort ist nicht besonders interessant. Besucher, die nichts mit Öl zu tun haben, kommen meist nur wegen der Aurora borealis (Polarlichter) hierher. Wie das Rohöl aus den weiten Sandgebieten gewonnen wird, erläutert das **Oil Sands Discovery Centre** (515 MacKenzie Blvd; Erw./Kind 7/4 C$; ⏲ Mai–Sept. 9–17 Uhr).

Wood Buffalo National Park

Der beste Zugang zu dem riesigen Park (S. 925) ist von Fort Smith in den Northwest Territories. Der Park von der Größe der Schweiz ist bekannt für seine frei laufenden Waldbisonherden und die seltenen Schreikraniche.

Von Alberta aus ist er nur mit dem Flugzeug erreichbar, das nach Fort Chipewyan fliegt. Im Winter führt eine Eisstraße nordwärts zum Peace Point (und weiter zum Fort Smith), eine weitere Straße verbindet den Park mit Fort McMurray.

British Columbia

Inhalt ➡

Gut essen

- Hawksworth (S. 746)
- Araxi Restaurant (S. 777)
- Flying Pig (S. 748)
- Red Fish Blue Fish (S. 790)

Schön übernachten

- Wickaninnish Inn (S. 810)
- Rockwater Secret Cove Resort (S. 781)
- Free Spirit Spheres (S. 804)
- Nita Lake Lodge (S. 775)

Auf nach British Columbia!

Besucher in British Columbia (BC) benötigen zur Beschreibung ihrer Ausflüge jede Menge Superlative – die Begriffe eindrucksvoll, atemberaubend und hinreißend reichen bei Weitem nicht aus. Aber es fällt schwer, von den gewaltigen Bergen, der üppigen Flora und Fauna in den Wäldern und den dramatischen Küstenstrichen nicht ergriffen zu sein. Kanadas westlichste Provinz ist allerdings mehr als eine Ansammlung von Naturschauspielen.

Das weltoffene Vancouver vereint Landesküchen und Kulturen aus Asien und anderen Ländern, während sich pulsierende kleinere Städte wie Victoria und Kelowna zunehmend ihre eigenen faszinierenden Szenen schaffen. Vom Charakter her ist das bunte Kaleidoskop schrulliger kleiner Gemeinden, das sich vom ländlichen nördlichen BC bis zu den stets lockeren Southern Gulf Islands erstreckt, unschlagbar.

Reisezeit

Vancouver

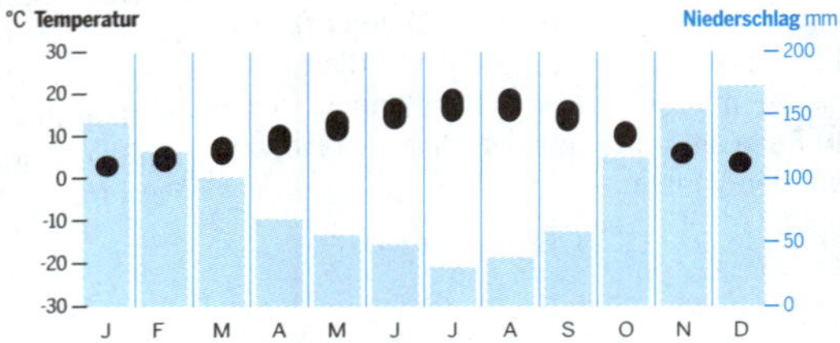

Dez.–März Beste Schneeverhältnisse auf den herrlichen Pisten von Whistler und Blackcomb

Juli & Aug. Strände, Terrassen und viele Outdoor-Festivals im sonnigen Vancouver

Sept. & Okt. Dramatische Surfverhältnisse und Beginn der Sturmsaison an Tofinos Strand

Anreise & Unterwegs vor Ort

BCs schiere Größe kann Besucher manchmal überwältigen: Zwischen Vancouver und Prince Rupert zum Beispiel liegen abschreckende 1508 km Autofahrt. Es mag eine Versuchung darstellen, einfach in der Gegend von Vancouver zu bleiben. Aber ohne die Stadt zu verlassen, bekommt man von der Provinz nichts mit.

Trotz der Entfernungen bleibt Autofahren die beliebteste Fortbewegungsart in BC. Man sollte seine Routen mit Hilfe der praktischen **DriveBC** Website (www.drivebc.ca) planen und die zahlreichen Fährlinien des ausgedehnten Netzwerks der **BC Ferries** (www.bcferries.com) in Anspruch nehmen.

VIA Rail (www.viarail.com) betreibt zwei Zugstrecken in BC. Eine rumpelt quer durch den Norden und verbindet die Küste mit Jasper. Von dort aus kann man dann mit der zweiten nach Vancouver zurückfahren. In den kommenden Jahren könnte noch eine dritte Strecke auf Vancouver Island wieder in Betrieb genommen werden.

PARKS & DIE TIERWELT

Zu den Nationalparks von British Columbia gehören der schneebedeckte **Glacier Nationalpark** und die Unesco-Welterbestätten **Kootenay** und **Yoho**. Das neuere **Gulf Islands National Park Reserve** schützt die empfindliche Küstenregion. Tipp: **Parks Canada** (www.pc.gc.ca) betreibt eine tolle Website.

In den fast 1000 Provinzparks der Region gibt es 3000 km Wanderwege. Besonders erwähnenswert sind **Strathcona** und das abgelegene Cape Scott, der für Kanuten wie geschaffene **Bowron Lake** im Distrikt Cariboo und der dem Matterhorn ähnelnde **Mt. Assiniboine** in den Kootenays. Auf der Website von **BC Parks** (www.bcparks.ca) stehen nützliche Details.

Wer sich am Meer aufhält, sollte Ausschau nach Orcas halten. An Land laufen einem u. a. Hirsche, Elche, Wölfe, Grizzlybären und Schwarzbären vor die Kamera. Zu den etwa 500 Vogelarten zählen auch die reichlich vorhandenen Graureiher und Weißkopfseeadler.

British Columbias Top-5-Biere

- Back Hand of God Stout von Crannóg Ales: ein schwerer, kaffeefarbener Sud mit Kultstatus.
- Red Racer ESB von Central City Brewing: ein sanftes, malziges Ale, fein mit Hopfen ausbalanciert.
- Fat Tug IPA aus der Driftwood Brewery: BCs bestes India Pale Ale aus dem Pazifischen Nordwesten, mit einer starken Hopfennote.
- Old Jalopy Pale Ale aus der Powell Street Craft Brewery: Gewinner des Canadian Brewery Awards als Bier des Jahres, aus einer winzigen Brauerei in Vancouver.
- Zunga von Townsite Brewing: der Lieblingstrank der Sunshine Coast, ein wunderbar ausbalanciertes Blonde Ale.

FISH & CHIPS OHNE REUE

Meeresfrüchte sind in BC die beste Wahl beim Essen. Mit dem Besuch von Restaurants mit dem Ocean Wise Zeichen unterstützt man den Erhalt der Artenvielfalt in der Region (www.oceanwise.ca).

Kurzinfos

- Bevölkerung: 4,6 Mio.
- Fläche: 944 735 km²
- Hauptstadt: Victoria
- Info: BC ist Nordamerikas drittgrößtes Zentrum für Film- und Fernsehproduktionen.

Amtlich

BCs Wappenvogel ist der Diademhäher, und sein offizielles Säugetiersymbol ist der Kermodebär, ein Schwarzbär mit weißem Fell.

Infos im Internet

- Destination British Columbia (www.hellobc.com)
- Cycling BC (www.cyclingbc.net)
- British Columbia Beer Guide (www.bcbeer.ca)
- BC Government (www2.gov.bc.ca)
- BC Wine Institute (www.winebc.com)
- Van Dop Arts & Cultural Guide (www.art-bc.com)
- Discover Camping (www.discovercamping.ca)
- Surfing Vancouver Island (www.surfingvancouverisland.com)

Highlights

1 Die Beine auf einem Spaziergang an der Ufermauer von Vancouvers eindrucksvollem **Stanley Park** vertreten (S. 728).

2 Im Sturm surfen (oder den Sturm nur ansehen) in **Tofino** (S. 808) an Vancouver Islands wilder Westküste.

3 Gefeierte Tropfen kosten auf einer kurvenreichen Tour durch die berühmten Weingüter des **Okanagan Valley** (S. 830).

4 Auf den olympischen Hängen in **Whistler** Skifahren (S. 771), und anschließend beim Après-Ski im Dorf mit Getränken aufwärmen.

5 Den sehr alten und himmlischen Regenwald der **Gwaii Haanas National Park Reserve** (S. 871) erkunden und mit dem Kajak an der Küste entlangfahren, um die Gegend vom Meer aus zu sehen.

6 Sich auf dem belebten Samstagsmarkt auf **Salt Spring Island** (S. 820) herumtreiben und die vielen Leckereien genießen.

7 Dem herrlichen Essen der asiatischen Straßenhändler auf den beiden Nachtmärkten in **Richmond, Vancouver** (S. 767) frönen.

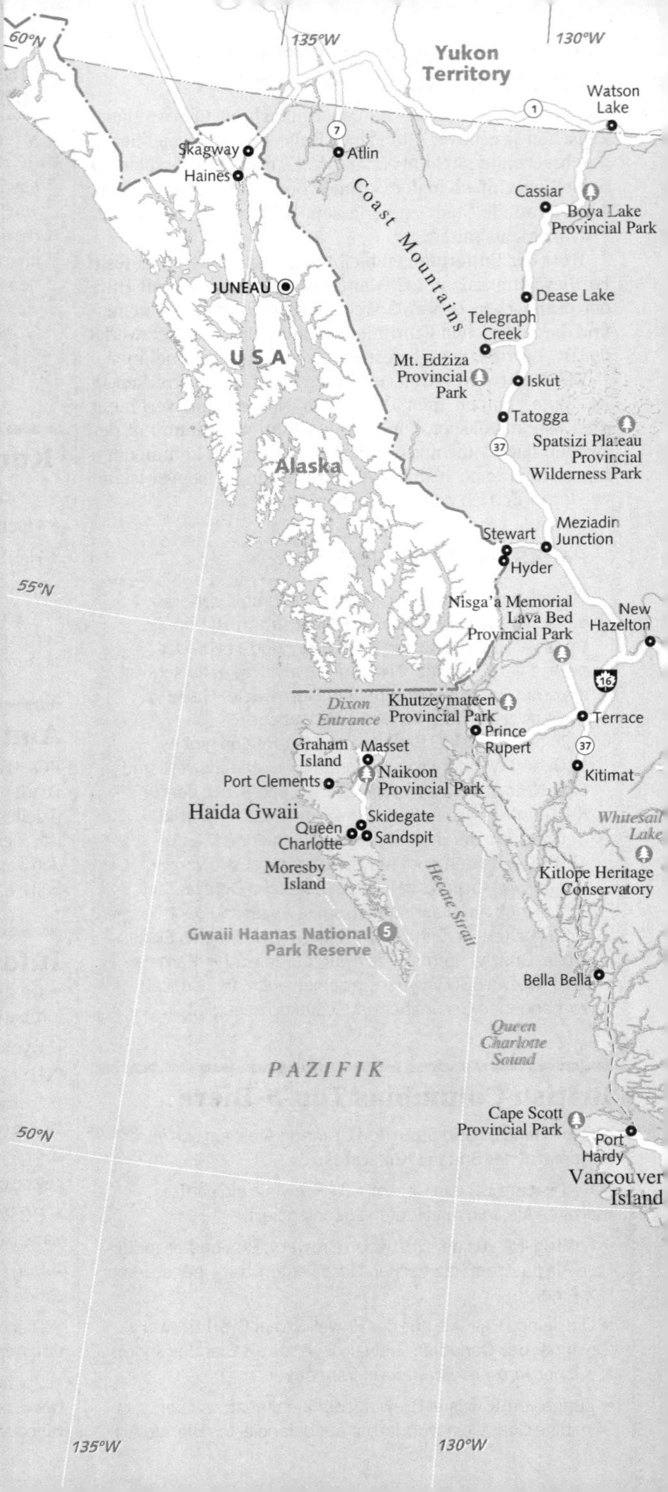

125°W
120°W
115°W
Northwest Territories
0
200 km
60°N
Slave River
Liard River Hot Springs Provincial Park
Liard River
Muncho Lake Provincial Park
Alaska Hwy
Fort Nelson
Andy Bailey
Stone Mountain Provincial Park
Rocky Mountains
Prophet River
Buckinghorse River
Fort Nelson River
Peace River
Lake Claire
Mackenzie Hwy
Alberta
Athabasca River
Peace River
Fort St John
Williston Lake
Chetwynd
Dawson Creek
Lesser Slave Lake
55°N
Babine Mountains Provincial Park
Mackenzie
Tumbler Ridge
Grande Prairie
Smithers
Babine Lake
Stuart Lake
MacLeod Lake
Bear Lake
Burns Lake
Fort St James
Summit Lake
François Lake
Vanderhoof
Prince George
EDMONTON
Ootsa Lake
Yellowhead Hwy
Jasper National Park
Eutsuk Lake
Bowron Lake Provincial Park
McBride
Fraser Plateau
Wells
Mt Robson
Quesnel
Valemont
Jasper
Tweedsmuir Provincial Park
Barkerville
Mt. Robson Provincial Park
British Columbia
Fraser River
Red Deer
Hagensborg
Bella Coola
Williams Lake
Wells Gray Provincial Park
Mt. Columbia (3747 m)
Big Timothy Mt. (2151 m)
Banff National Park
Coast Mountains
N Thompson R
Columbia R
Yoho National Park
Glacier National Park
Clearwater
Banff
Calgary
Golden
Chilko Lake
Mt. Revelstoke National Park
Kootenay National Park
Mt. Assiniboine Provincial Park
Cache Creek
Revelstoke
Upper Arrow Lake
Telegraph Cove
Lillooet
Kamloops
50°N
Pemberton
Vernon
Lytton
Whistler
Mt. Garibaldi (2678 m)
Campbell River
Powell River
Kelowna
Lower Arrow Lake
Kootenay Lake
Strathcona Provincial Park
Squamish
Garibaldi Provincial Park
Merritt
3 Okanagan Valley
Cranbrook
Port Alberni
Sechelt
Horseshoe Bay
Nelson
Roosville
Gibsons
Penticton
Tofino 2
Nanaimo
1 7 Vancouver
Hope
Osoyoos
Ucluelet
Salt Spring Island 6
Gulf Islands National Park Reserve
EC Manning Provincial Park
USA
Broken Group Islands
Swartz Bay
Pacific Rim National Park Reserve
VICTORIA
Washington
Idaho
Montana
Spokane
125°W
120°W
115°W

VANCOUVER

666 500 EW.

Beim Anflug auf den Vancouver International Airport an einem wolkenlosen Sommertag kommt die Idee auf, dass man gleich in einem Naturparadies landen wird, einem der schönsten Plätze der Welt, um dort zu leben. Der sanft von Fährspuren durchzogene Ozean, die zerklüfteten Uferlinien Dutzender, grün bewaldeter Inseln und die ständig sichtbaren, schneebedeckten Felsmassive, die am Horizont glitzern, verleihen dieser Stadt wohl die eindrucksvollste Lage unter allen Metropolen unseres Planeten.

Nur einen Steinwurf von Vancouver entfernt wartet also ein Naturparadies mit tollen Pisten, Kajakrouten und Wanderstrecken. Doch Vancouver hat noch viele andere Gesichter. Wer zu Fuß durch die Straßen bummelt, kommt durch ein Kaleidoskop von unterschiedlichen Bezirken – jeder für sich ist fast ein eigenes Dorf: Da wären unkonventionelle Cafés am Commercial Drive, coole Indieshops für und von hippen Menschen in der Main Street, rustikale Bars in der alten Gastown und die leuchtenden Dächer von Chinatown; hinzu kommen noch die farbenfrohen Straßen in der *gayborhood* West End. Und das ist noch lange nicht alles. Auch der Besuch der unter dem Namen Granville Island bekannten Künstlerkommune oder der Blick vom bewaldeten Uferdamm im Stanley Park, Kanadas wohl schönster, innenstädtischer Grünanlage, lohnen sich.

Vancouvers Stärke liegt zweifelsohne in seiner Vielfalt. Sie ist auch der Hauptgrund, warum Besucher immer wieder hierher zurückkommen. Wer zum ersten Mal in der größten Stadt BCs ist, genießt am besten in vollen Zügen die atemberaubende Aussicht und fährt so oft wie möglich in die grünen Wälder. Jeder Traveller sollte sich aber mit den Einheimischen unterhalten und abseits der Touristenpfade wandern – denn genau an diesen Orten wird man erst die Geheimnisse lüften, die diese wunderschöne Metropole so besonders machen.

Geschichte

Die First Nations besiedelten diese Gegend schon rund 16 000 Jahre, bevor sich die spanischen Entdecker im 16. Jh. anschickten, Nordamerika zu erkunden. Als Captain George Vancouver von der British Royal Navy 1792 an der Pazifikküste entlangsegelte, traf er auf ein paar spanische Kapitäne, die ihn über ihre Landrechte aufklärten. Der Strand, an dem sie aufeinandertrafen, heißt heute Spanish Banks. Letztlich aber setzte die britische Krone ihre Ansprüche durch und bekam die Region immer besser unter ihre Fittiche, als Anfang des 19. Jhs. die ersten Siedler aus Europa eintrafen.

Der Pelzhandel und ein fieberhafter Goldrausch verwandelten die Gegend bald in eine reiche Höhle des Aladin. Bis um 1850 strömten Tausende Goldsucher ins Land, was die Briten schließlich dazu veranlasste, das Gebiet offiziell als Kolonie zu beanspruchen. Der einheimische Unternehmer „Gassy" Jack Deighton ergriff 1867 die Initiative und eröffnete an dem bewaldeten Ufer des Burrard Inlet eine Bar. Dies löste eine Reihe von Bauprojekten aus – und so wurde „Gastown" hochgezogen, die Wiege des heutigen Vancouver.

Aber nicht alles verlief nach Plan. Während Vancouvers Bevölkerung schnell auf 1000 Einwohner anwuchs, vernichtete 1886 ein Feuer fast alle Gebäude: Der Brand hat als „Great Fire" Eingang in die Geschichtsbücher gefunden – obwohl er nur 20 Minuten wütete. Es wurde unverzüglich mit dem Neuaufbau begonnen und die neue Innenstadt nahm bald Gestalt an. Die Gebäude aus dieser Zeit existieren noch heute, ebenso der Stanley Park, dessen Areal ursprünglich militärisch genutzt und 1888 zum öffentlichen Erholungsgebiet erklärt wurde.

Durch ihren Hafen wurde die Stadt bald zum Industriezentrum, das Tausende Immigranten anlockte. Diese halfen dabei, die wirtschaftliche Entwicklung voranzutreiben. Die aus dieser Zeit stammende ist noch immer eine der größten in ganz Nordamerika. Der Erste Weltkrieg und der Börsencrash an der Wallstreet 1929 bereiteten dem Boom jedoch ein jähes Ende, es folgten die Weltwirtschaftskrise und Arbeitslosigkeit. Erst der Zweite Weltkrieg brachte einen neuerlichen Aufschwung, neben den natürlichen Ressourcen entwickelten sich auch der Schiffsbau und die Waffenherstellung zu einem Standbein der Wirtschaft.

In den 1950er- und 1960er-Jahren wuchs Vancouver kontinuierlich. Mit einer Mannschaft in der National Hockey League (NHL) und allem, was sonst so dazugehört, entwickelte es sich zu einer mittelgroßen nordamerikanischen Stadt. In den 1970er-Jahren wurde Gastown – zu dieser Zeit ein Armenviertel – vor einer möglichen Gentrifizie-

Vancouver

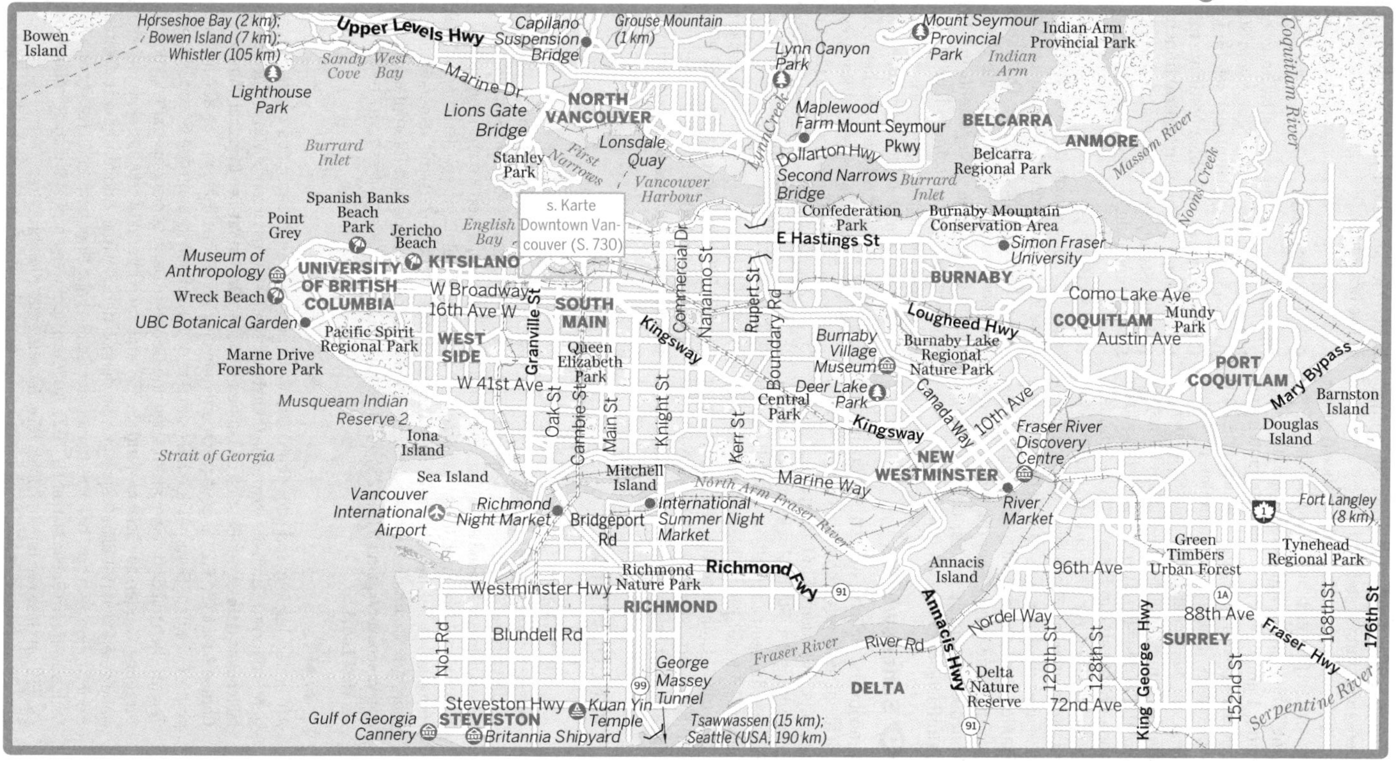
0
4 km
Bowen Island
Horseshoe Bay (2 km); Bowen Island (7 km); Whistler (105 km)
Upper Levels Hwy
Capilano Suspension Bridge
Grouse Mountain (1 km)
Mount Seymour Provincial Park
Indian Arm Provincial Park
Coquitlam River
Sandy Cove
West Bay
Lighthouse Park
Marine Dr
Lynn Canyon Park
Indian Arm
NORTH VANCOUVER
Lions Gate Bridge
Lynn Creek
Maplewood Farm
Mount Seymour Pkwy
BELCARRA
ANMORE
Massom River
Burrard Inlet
Lonsdale Quay
Stanley Park
First Narrows
Dollarton Hwy
Belcarra Regional Park
Noons Creek
Second Narrows Bridge
Vancouver Harbour
Spanish Banks Beach Park
Point Grey
Jericho Beach
English Bay
s. Karte Downtown Vancouver (S. 730)
Confederation Park
Burnaby Mountain Conservation Area
E Hastings St
Simon Fraser University
Museum of Anthropology
UNIVERSITY OF BRITISH COLUMBIA
KITSILANO
BURNABY
Wreck Beach
W Broadway
16th Ave W
Granville St
SOUTH MAIN
Commercial Dr
Nanaimo St
Rupert St
Boundary Rd
Como Lake Ave
COQUITLAM
Mundy Park
Austin Ave
UBC Botanical Garden
Pacific Spirit Regional Park
WEST SIDE
Kingsway
Lougheed Hwy
Burnaby Village Museum
Burnaby Lake Regional Nature Park
PORT COQUITLAM
Mary Bypass
Marne Drive Foreshore Park
Queen Elizabeth Park
W 41st Ave
Oak St
Cambie St
Main St
Knight St
Kerr St
Central Park
Deer Lake Park
Canada Way
10th Ave
Barnston Island
Douglas Island
Musqueam Indian Reserve 2
Iona Island
Strait of Georgia
Fraser River Discovery Centre
NEW WESTMINSTER
Sea Island
Mitchell Island
North Arm Fraser River
Marine Way
River Market
Vancouver International Airport
Richmond Night Market
Bridgeport Rd
International Summer Night Market
Fort Langley (8 km)
1
Green Timbers Urban Forest
Tynehead Regional Park
Annacis Island
96th Ave
Richmond Nature Park
Richmond Fwy
91
Westminster Hwy
RICHMOND
1A
88th Ave
Annacis Hwy
Nordel Way
No1 Rd
Blundell Rd
King George Hwy
SURREY
Fraser Hwy
168th St
176th St
Fraser River
River Rd
120th St
128th St
152nd St
George Massey Tunnel
99
DELTA
Delta Nature Reserve
Steveston Hwy
Kuan Yin Temple
72nd Ave
Serpentine River
Gulf of Georgia Cannery
STEVESTON
Britannia Shipyard
Tsawwassen (15 km); Seattle (USA, 190 km)

rung bewahrt und 2010 schließlich unter Denkmalschutz gestellt.

1986 war die Stadt Gastgeberin einer äußerst erfolgreichen Weltausstellung, was eine Welle neuer Entwicklungen zur Folge hatte. Damals wurden auch die ersten verspiegelten Wolkenkratzer gebaut, die nun Vancouvers Innenstadt dominieren. Einen weiteren wirtschaftlichen Anschub bekam die Stadt mit den Olympischen Winterspielen und Winter-Paralympics 2010. Die waren noch größer als die Expo und eine einmalige Gelegenheit für Vancouver, sich der Welt zu präsentieren. Für viele Einheimische war aber die Feier zum 125. Geburtstag des Stanley Park ebenso wichtig: Große Events kommen und gehen, aber die Bewohner von Vancouver wünschen sich, dass die größte Grünfläche der Stadt ewig währt.

Sehenswertes

Vancouvers beliebteste Attraktionen sind leicht zu Fuß erreichbar, oder mit kurzen Transits aus dem Stadtzentrum. Für die Erkundung der Stadt abseits ausgetretener Pfade sollte man ebenfalls etwas Zeit einplanen: die Viertel hier – besonders Gastown, Chinatown, Commercial Drive, Main Street und Kitsilano – sind es wert, einen Nachmittag lang durchstreift zu werden. Außerdem haben sie alle tolle Lokale, wenn man eine Pause braucht.

Innenstadt

Die Innenstadt Vancouvers ist an zwei Seiten vom Meer und an der Spitze vom Stanley Park umgeben; sie verbindet schimmernde Glasapartments und Businesstürme mit von Geschäften gesäumten Attraktionen der Robson Street, der schönen und zentralen Stadtpromenade.

Canada Place WAHRZEICHEN

(Karte S. 730; www.canadaplace.ca; 999 Canada Place Way; Ⓜ Waterfront) Vancouvers Variante des Sydney Opera House. Das ikonische Wahrzeichen ist wie eine Reihe Segel geformt. Es ist eine Anlegestelle für Kreuzfahrtschiffe, und an seinem Pier kann man auf einem Spaziergang am Wasser Schnappschüsse der Berge an der Nordküste bekommen. Der mit Grasdach versehene Anbau des angrenzenden Messe- und Kongresszentrums wurde 2010 eröffnet. Die Plaza in der Nähe beherbergt die dreibeinige Olympische Feuerschale von 2010.

Fly Over Canada VERGNÜGUNGSFAHRT

(Karte S. 730; www.flyovercanada.com; 999 Canada Pl; Erw./Kind 20/15 C$; ⏲10–21 Uhr; Ⓜ Waterfront) Diese atemberaubende Leinwandsi-

VANCOUVER IN...

... einem Tag

Beginnen sollte man den Tag mit einem üppigen Frühstück im **Templeton** (S. 746), bevor es dann in die **Vancouver Art Gallery** (S. 727) geht. Als Nächstes folgt ein Schaufensterbummel in der **Robson Street** und ein Spaziergang zum Ufer, von wo aus man einen herrlichen Panoramablick auf das Meer und die Berge hat. Dann spaziert man am **Coal Harbour** Seawalk in Richtung Westen bis zum **Stanley Park** (S. 728) mit seinen vielen Bäumen. Am Nachmittag stehen dann die Erkundung der Strände und Totempfähle sowie das **Vancouver Aquarium** (S. 728) auf dem Programm. Danach geht es zum Abendessen ins **West End**.

... zwei Tagen

Am ersten Tag folgt man der oben beschriebenen Tour. Am Morgen des zweiten Tages geht's dann zuerst in die lärmende **Chinatown**. Nach einem kurzen Stopp am gewaltigen **Millennium Gate** ist der Besuch des nahe gelegenen **Dr. Sun Yat-Sen Classical Chinese Garden & Park** (S. 732) angesagt, in dem man die himmlische Ruhe in sich aufsaugen sollte. Bei einem Bummel durch diesen Bezirk verwöhnen farbenfrohe Geschäfte und Teigtaschen mit Schweinefleisch Auge und Gaumen. Dann schlendert man auf der Main Street gen Süden zur **Science World** (S. 733) mit ihren interaktiven Ausstellungen. An der nahe gelegenen Haltestelle springt man dann in den SkyTrain und fährt bis zur Waterfront Station. Von dort befördert einen der SeaBus auf einer herrlichen Fahrt nach North Vancouver zum **Public Market** (S. 763). Auf dem Rückweg empfiehlt sich der **Alibi Room** (S. 752) in Gastown für ein kühles Blondes aus einer Kleinbrauerei.

mulation ist die neueste Attraktion auf dem Canada Pl. Man kommt sich vor, als würde man über das gesamte Land fliegen und von Küste zu Küste mit den Beinen über der Landschaft schweben. Auf der Fahrt rüttelt der Sitz, Gischt spritzt ins Gesicht, und am Ende hat jeder der Besucher ein Lächeln im Gesicht. Wenn die kurze Fahrt vorbei ist, würde man sie am liebsten gleich noch einmal machen.

MUSEUMSHIGHLIGHTS

- Museum of Anthropology (S. 737)
- Museum of Vancouver (S. 736)
- Beaty Biodiversity Museum (S. 737)
- Vancouver Police Museum (S. 729)
- Roedde House Museum (S. 729)

Jack Poole Plaza PLATZ

(Karte S. 730; Canada Pl; Ⓜ Waterfront) Als Herzstück der Olympischen Spiele 2010 wurde dieser ansehnliche öffentliche Platz am Wasser zum dauerhaften Standort der dreibeinigen Olympischen Feuerschale. Das Feuer wird zu besonderen Anlässen entzündet, oder wenn jemand 5000 C$ bezahlt, um es anschalten zu lassen. Von der Plaza aus gibt es großartige Ausblicke auf die Bergrücken des Burrard Inlet, und der Wanderweg entlang der Küste um das Westgebäude des Kongresszentrums führt an öffentlichen Kunstwerken und historischen Gedenktafeln vorbei.

Wem der Sinn nach noch mehr Olympia steht, kann einen Abstecher zum unterirdischen Fußgängertunnel zwischen den beiden Messegebäuden machen. Dort gibt es eine kleine Ausstellung von Medaillen, Olympischen Fackeln und sogar ein echtes Podium von damals, auf dem man dann so tun kann, als hätte man den Rodelwettbewerb gewonnen.

Marine Building HISTORISCHES GEBÄUDE

(Karte S. 730; 355 Burrard St; ⏲ Mo–Fr 9–17 Uhr; Ⓜ Burrard) Als Vancouvers bestes Art-déco-Bauwerk beschwört diese anmutige, 22 Stockwerke hohe Schönheit die Seefahrer-Vergangenheit der Stadt mit einer aufwendigen Fassade aus Seepferdchen, Hummern und windschnittigen Schiffen. Ein Abstecher in die Lobby zeigt ein begehbares Kunstwerk aus Glasmalerei und einen polierten Boden mit Einlegearbeiten aus Tierkreiszeichen. Und auch die hölzernen Einlegearbeiten in den Aufzügen mit Messingtüren lohnen eine genauere Betrachtung.

Vancouver Art Gallery GALERIE

(Karte S. 730; ☎ 604-662-4700; www.vanartgallery.bc.ca; 750 Hornby St; Erw./Kind 20/6 C$; ⏲ Mi–Mo 10–17, Di bis 21 Uhr; 🚌 5) Die Galerie hat sich in den vergangenen Jahren dramatisch gewandelt und ist zu einem wichtigen Bestandteil der Kulturszene geworden. Zeitgenössische Ausstellungen, die häufig die Werke Vancouvers renommierter Foto-Konzeptkünstler zeigen, werden nun mit großen internationalen Reiseshows zusammengelegt. Es gibt Veranstaltungen für Kinder und alle paar Monate **Fuse**, eine Late Night Party, wo man sich bei Wein und Livemusik unter die junge Kunstszene der Stadt mischen kann.

Bill Reid Gallery of Northwest Coast Art GALERIE

(Karte S. 730; www.billreidgallery.ca; 639 Hornby St; Erw./Kind 10/5 C$; ⏲ Mi–So 11–17 Uhr; Ⓜ Burrard) Hier sind Schnitzarbeiten, Gemälde und Schmuck von Kanadas hoch verehrtem Künstler aus dem Volk der Haida ausgestellt. Die Galerie ist voller auserlesener Arbeiten, und über praktische Touchscreens erfährt man alles Wissenswerte dazu. In der Great Hall findet sich oft ein Bildschnitzer bei der Arbeit. Im Zwischengeschoss befindet sich eine 8,5 m lange Bronzefigur aus verschlungenen magischen Kreaturen mit eindrucksvollen langen Zungen.

Vancouver Lookout AUSSICHTSPUNKT

(Karte S. 730; www.vancouverlookout.com; 555 W Hastings St; Erw./Kind 15,75/7,75 C$; ⏲ 8.30–22.30 Uhr; Ⓜ Waterfront) Der Magen macht einen Hüpfer, wenn der gläserne Aufzug den Besucher 169 m an die Spitze dieses nadelförmigen Aussichtsturms katapultiert. Oben gibt es nichts außer der beeindruckenden 360-Grad-Aussicht auf Stadt, Meer und Berge, die sich vor einem ausbreitet. Die Eintrittskarten sind teuer aber immerhin ganztägig gültig, sodass man zum Sonnenuntergang wiederkommen kann.

BC Place Stadium STADION

(Karte S. 730; www.bcplacestadium.com; 777 Pacific Blvd; Ⓜ Stadium-Chinatown) Das schicke neue Dach macht BC Place nun zu einem noch größeren Wahrzeichen der Innenstadt. Es ist aber nicht nur die Größe: Das Hauptstadion der Stadt beheimatet die Teams BC Lions (Canadian Football) und die Vancouver Whitecaps (Fußball). Die familienfreundliche BC Sports Hall of Fame &

Museum im Stadion bietet einen Blick auf die Sportgeschichte der Region.

Rogers Arena STADION

(Karte S. 730; www.rogersarena.ca; 800 Griffiths Way; Führungen Erw./Kind 12/6 C$; ⌚ Führungen Mi, Fr & Sa 10.30, 12 & 13.30 Uhr; Ⓜ Stadium-Chinatown) Das andere Stadion Vancouvers beherbergt die Canucks aus der National Hockey League. Wenn an Spielabenden die 20 000 Zuschauer fassende Örtlichkeit mit glühenden Fans überquillt, ist die Stimmung großartig, auch wenn die Regeln für Außenstehende rätselhaft bleiben. Die Führungen hinter die Kulissen dauern 75 Minuten, führen in die Spielerunterkünfte und die Pressetribüne weit hinten im Gebälk und sind beliebt bei den Sportfans unter den Besuchern.

Stanley Park

Der prunkvolle 404 ha große **Stanley Park** (Karte S. 730; www.vancouver.ca/parks; 👪 🚌19) verbindet Sehenswürdigkeiten mit einer naturmystischen Aura. Unbedingt spazieren gehen oder um die 8,8 km lange Ufermauer radeln: Der Park ist eine Augenweide, eingerahmt von 150 000 Bäumen eines gemäßigten Regenwalds. Der Pfad führt direkt an fotogenen Totempfählen entlang. Um den Eingang nahe W. Georgia Street gibt es Fahrradverleihe.

★ **Vancouver Aquarium** AQUARIUM

(☎604-659-3474; www.vanaqua.org; 845 Avison Way; Juli & Aug. Erw./Kind 27/17 C$; ⌚9.30–18 Uhr; 👪; 🚌19) In Stanley Parks größter Attraktion leben 9000 Wassertiere wie Haie, Weißwale und äußerst schüchterne Kraken. Es gibt auch einen kleinen Regenwald mit Vögeln, Schildkröten und einem unbeweglichen Faultier. Unbedingt auf die hypnotisierend in Regenbogenfarben schillernden Quallen achten; eventuell eine Tierführung mitmachen, auf der man etwas über den Beruf des Tierpflegers erfährt. Bei unserem Besuch wurde ausgebaut, daher auf Änderungen achten.

Miniature Railway MINIATUREISENBAHN

(Erw./Kind ab 5 C$; ⌚ wechselnde Öffnungszeiten; 🚌19) Nur einen Spaziergang vom Aquarium entfernt nimmt diese heiß geliebte familienfreundliche Attraktion – ein Nachbau eines der ersten Personenzüge, der 1887 aus Montreal anrollte – im Lauf des Jahres mehrere verschiedene Formen an. Im Sommer steht er unter dem Motto der First Nations, der indigenen Völker Kanadas; im Winter verwandelt er sich in einen Weihnachtszug; und an Halloween wird er gruselig geschmückt.

Lost Lagoon SEE

(www.stanleyparkecology.ca; 🚌19) Diese bewaldete Bucht in der Nähe des Parkeingangs ist ein Naturschutzgebiet in Vancouvers Stadtzentrum. Der sie umgebende Pfad ermöglicht einen traumhaften Spaziergang. Man sollte die Augen nach Kanadareihern offenhalten und einen Abstecher in das ausgezeichnete Lost Lagoon Nature House machen, wo Ausstellungen zu Flora und Fauna des Parks warten. Am Besten vorher nach den geführten Parkspaziergängen erkundigen, auf denen ist nämlich noch viel mehr zu entdecken.

Second Beach & Third Beach STRAND

(🚌19) Second Beach ist eine belebte, familienfreundliche Gegend im westlichen Bereich des Parks, mit grasbewachsener Spielanlage, Swimmingpool am Wasser und der nahe gelegenen Ceperley Meadow, wo in Sommernächten im Freien oft Filme gezeigt werden (www.freshaircinema.ca). Wahlweise bietet Third Beach Vancouvers wahrscheinlich beste Aussicht auf den Sonnenuntergang. Der Himmel dort färbt sich oft wie zu einem Feuerwerk, was viele Einheimische zum Picknick anlockt.

West End

Das West End ist eine dichte Ansammlung älterer Mehrfamilienhäuser und ansehnlicher denkmalgeschütztes Holzgebäude in Dutzenden gepflegter Wohnstraßen. Es gibt Strände, Uferpromenaden, reichlich Gastronomie mittlerer Preislage (besonders in Davie Street und Denman Street) und BCs größte Schwulengemeinde.

English Bay Beach STRAND

(Karte S. 730; Ecke Denman St & Beach Ave; 🚌5) Wenn man Denman Street südwärts wandert, kündigt plötzlich das Rauschen von Palmen einen der besten Stadtstrände Kanadas an. Im Sommer herrscht hier Partystimmung, wenn die Bewohner des West Ends Sonne tanken, die Darbietungen der Straßenkünstler und Kunsthandwerker bewundern oder einfach den Volleyballspielern zusehen, die sich im Sand präsentieren. Pflicht sind ein paar Schnappschüsse der lachenden Bronzestatuen, Vancouvers beliebtestem öffentlichem Kunstwerk.

Roedde House Museum MUSEUM
(Karte S. 730; www.roeddehouse.org; 1415 Barclay St; Eintritt 5 C$; ⏲ Di–Fr & So 13–16 Uhr; 🚌5) Eine Vorstellung vom früheren West End bekommt man beim Besuch dieser ansehnlichen Villa von 1893, die nun ein liebevoll erhaltenes Museum beherbergt. Das Haus ist voll mit Antiquitäten, und die umliegenden Gärten sind im Stil der Zeit angelegt. Die Behausung ist das Paradestück des **Barclay Heritage Square**, einer aus einem ganzen Häuserblock bestehenden Anlage aus neun historischen Häusern des West End zwischen 1890 und 1908.

Yaletown

Yaletown ist ein geschichtsträchtiges Viertel aus ehemaligen Backstein-Lagerhallen, die in mondäne Bars, Restaurants und Boutiquen umgebaut wurden. In dieses fußgängerfreundliche Viertel geht die Schickeria der Stadt, um zu sehen und gesehen zu werden. Das Gebiet liegt etwa zwischen Nelson Street, Homer Street, Drake Street und Pacific Boulevard; an seine schmutzigere Vergangenheit erinnern die alten Zuggleise, die immer noch in viele der Straßen hier und in den benachbarten Vierteln eingelassen sind.

Engine 374 Pavilion MUSEUM
(Karte S. 730; www.roundhouse.ca; Roundhouse Community Arts & Recreation Centre, 181 Roundhouse Mews; Ⓜ Yaletown-Roundhouse) GRATIS Der 23. Mai 1887 ist in Vancouvers Geschichte ein wichtiges Datum. An diesem Tag zog die Lok Nummer 374 den ersten transkontinentalen Personenzug in die noch junge Stadt, stellte damit eine symbolträchtige Landverbindung her und initiierte den Aufstieg der Stadt zur Metropole. Die 1945 stillgelegte Lok wurde nach vielen Jahren der Missachtung schließlich restauriert und in diesem reizenden, kostenlos zugänglichen Pavilion untergebracht, wo man mit den freundlichen Ehrenamtlichen ein nettes Schwätzchen halten kann.

David Lam Park PARK
(Karte S. 730; www.vancouverparks.ca; Ecke Drake St & Pacific Blvd; Ⓜ Yaletown-Roundhouse) Yaletowns wichtigste Grünanlage ist dieses ellbogenförmige Stück Flussufer am Meeresarm des False Creek. Beim Vancouver International Jazz Festival (S. 741) ist es ein beliebter Aufführungsort für kostenlose Shows und wird im Sommer auch manchmal für Freiluftkino verwendet. Der Park ist außerdem der perfekte Ausgangspunkt für einen 2 km langen Spaziergang entlang des nördlichen Ufers des False Creek bis hin zur Science World (S. 733).

Der Spaziergang führt an faszinierenden öffentlichen Kunstwerken, gläsernen Wohntürmen am alten Expogelände von 1986 und dem Stadion der Vancouver Canucks vorbei. Entlang des Wegs sind auch jede Menge interessanter Vögel zu bestaunen.

Gastown

In den Backsteinstraßen der Altstadt von Gastown, heute ein geschütztes Nationaldenkmal, entsprang die Stadt Vancouver. Viele Baudenkmäler sind noch erhalten geblieben, wovon die meisten heute coole Bars und Restaurants oder schicke Shops beherbergen.

Steam Clock WAHRZEICHEN
(Karte S. 730; Ecke Water St & Cambie St; Ⓜ Waterfront) Auf halber Strecke der Water Street zieht dieser merkwürdig beliebte Touristenmagnet mit dem Tuten seiner Dampfpfeife die Fotografen an. Kann sein, dass diese Information unter den geduldig wartenden Touristen einen Aufruhr verursachen würde, aber das 1977 erbaute Uhrwerk wird in Wirklichkeit durch Strom angetrieben; nur die Pfeifen oben funktionieren mit Dampf. Sie erklingen alle 15 Minuten und markieren die volle Stunde mit einer kleinen Pfeifensymphonie.

Nach dem Pflichtfoto sollte man den Rest der gepflasterten Water Street, einer von Vancouvers geschichtsträchtigsten Verkehrsstraßen, erkunden.

Gassy Jack Statue DENKMAL
(Karte S. 730; Maple Tree Sq; 🚌4) Es ist ein amüsanter Gedanke, dass Vancouvers beliebtestes Denkmal der Tugend des Trinkens gewidmet ist. So wird jedenfalls die übermütige Bronzestatue „Gassy" Jack Deightons gerne interpretiert. Sie steht hoch oben auf einem Whiskeyfass auf dem Maple Tree Square, wurde 1970 errichtet und erinnert an Deightons Ankunft im Jahre 1867. Damals errichtete er eine Bar und stieß damit praktisch den Entwicklungsprozess an, der dann bald in der Entstehung der Stadt Vancouver mündete.

Vancouver Police Museum MUSEUM
(Karte S. 730; ☎604-665-3346; www.vancouverpolicemuseum.ca; 240 E Cordova St; Erw./Kind 12/8 C$; ⏲ Di–Sa 9–17 Uhr; 🚌4) Dieses

Downtown Vancouver

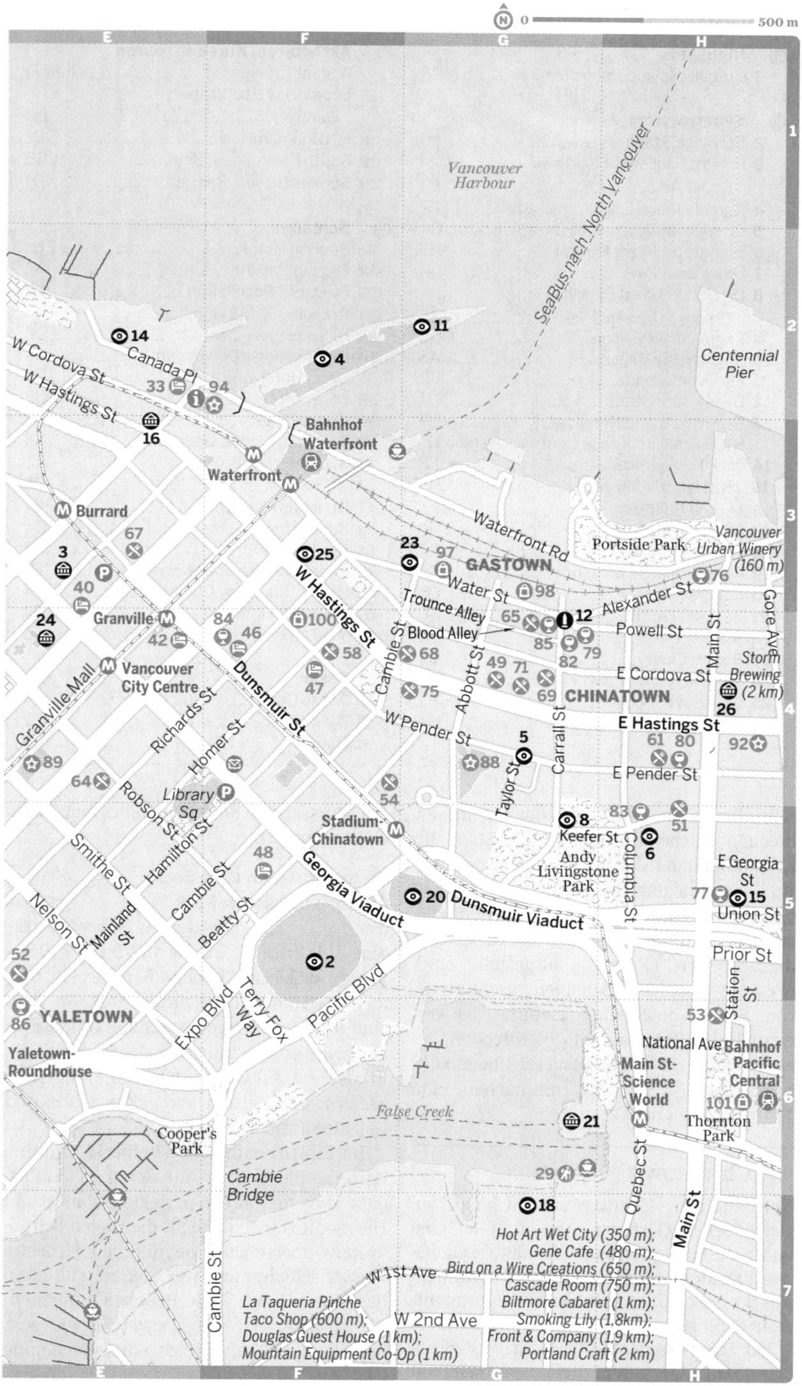

Vancouver Harbour
SeaBus nach North Vancouver
Centennial Pier
W Cordova St
Canada Pl
W Hastings St
Bahnhof Waterfront
Waterfront
Burrard
Waterfront Rd
Portside Park
Vancouver Urban Winery (160 m)
GASTOWN
Water St
Trounce Alley
Blood Alley
Alexander St
Powell St
Gore Ave
Granville
Vancouver City Centre
Main St
Storm Brewing (2 km)
E Cordova St
CHINATOWN
Cambie St
Abbott St
W Pender St
E Hastings St
Carrall St
Dunsmuir St
Granville Mall
Richards St
Homer St
E Pender St
Taylor St
Library Sq
Robson St
Hamilton St
Stadium-Chinatown
Keefer St
Columbia St
Andy Livingstone Park
E Georgia St
Smithe St
Cambie St
Georgia Viaduct
Dunsmuir Viaduct
Union St
Nelson St
Mainland St
Beatty St
Prior St
Expo Blvd
Terry Fox Way
Pacific Blvd
Station St
YALETOWN
National Ave
Bahnhof Pacific Central
Yaletown-Roundhouse
Main St-Science World
False Creek
Thornton Park
Cooper's Park
Quebec St
Cambie Bridge
Main St
Hot Art Wet City (350 m);
Gene Cafe (480 m);
Bird on a Wire Creations (650 m);
Cascade Room (750 m);
Biltmore Cabaret (1 km);
Smoking Lily (1,8km);
Front & Company (1,9 km);
Portland Craft (2 km)
W 1st Ave
Cambie St
W 2nd Ave
La Taqueria Pinche Taco Shop (600 m);
Douglas Guest House (1 km);
Mountain Equipment Co-Op (1 km)
0
500 m

Downtown Vancouver

Highlights
1 Granville Island Public Market B6

Sehenswertes
2 BC Place Stadium F5
3 Bill Reid Gallery of Northwest Coast Art E3
4 Canada Place F2
5 Chinatown Millennium Gate G4
6 Chinatown Night Market H5
7 David Lam Park D6
8 Dr. Sun Yat-Sen Classical Chinese Garden & Park G5
9 Engine 374 Pavilion D6
10 English Bay Beach A3
11 Fly Over Canada G2
12 Gassy Jack Statue G4
13 Granville Island Brewing B7
HR MacMillan Space Centre ..... (siehe 17)
14 Jack Poole Plaza E2
15 Jimi Hendrix Shrine H5
16 Marine Building E3
17 Museum of Vancouver A5
18 Portobello West G7
19 Roedde House Museum C3
20 Rogers Arena G5
21 Science World G6
22 Stanley Park A1
23 Steam Clock G3
24 Vancouver Art Gallery E4
25 Vancouver Lookout F3
26 Vancouver Police Museum H4

Aktivitäten, Kurse & Touren
Accent Cruises .... (siehe 27)
27 Ecomarine Paddlesport Centres B6
28 Harbour Cruises C1
29 South False Creek Seawall G6
30 Spokes Bicycle Rentals C1

Schlafen
31 Buchan Hotel B1
32 English Bay Inn A2
33 Fairmont Pacific Rim E2
34 Granville Island Hotel C7
35 HI Vancouver Central D5
36 HI Vancouver Downtown C4
37 Listel Hotel C3
38 Loden Hotel D2
39 Opus Hotel D6
40 Rosewood Hotel Georgia E3
41 Samesun Backpackers Lodge D5
42 St. Regis Hotel E4
43 Sunset Inn & Suites C4
44 Sylvia Hotel A2
45 Times Square Suites Hotel B1
46 Urban Hideaway Guesthouse F4
47 Victorian Hotel F4
48 YWCA Hotel F5

Essen
49 Acme Cafe G4
50 Agro Café C7
51 Bao Bei H5

schrullige kleine Museum stellt die an Verbrechen reiche Geschichte der Stadt im Zusammenhang dar. Unter den Exponaten sind beschlagnahmte Waffen, Falschgeld und eine gruselige ehemalige Leichenhalle, an deren Wänden konservierte Überreste menschlichen Gewebes ausgestellt sind, wie zum Beispiel in Scheiben geschnittene, von Kugeln beschädigte Gehirne. Ist erst einmal das Interesse am Verbrechen geweckt, kann man die ausgezeichnete Führung „Sins of the City" mitmachen, eine Tour zu Fuß in der Gegend.

Chinatown

Nordamerikas drittgrößte Chinatown, gleich neben Gastown gelegen, bietet eine bunte, zu Fuß erfahrbare Vielfalt an Sehenswürdigkeiten, Geräuschen und Aromen. Am Besten beginnt man die Erkundung mit dem **Chinatown Millennium Gate** (Karte S. 730; Ecke W Pender St & Taylor St; Ⓜ Stadium-Chinatown); den geschäftigen, neu belebten Nachtmarkt im Sommer sollte man auch nicht verpassen.

Dr. Sun Yat-Sen Classical Chinese Garden & Park — GÄRTEN

(Karte S. 730; www.vancouverchinesegarden.com; 578 Carrall St; Erw./Kind 12/9 C$; ⏲9.30–19 Uhr; Ⓜ Stadium-Chinatown) In diesem intimen „Garten der Leichtigkeit" kann man eine stille Pause vom lärmenden Chinatown einlegen. Er illustriert taoistische Symbolik in der sorgfältigen Anordnung knorriger Kiefern, gewundener verdeckter Pfade und Kalksteinformationen.

Im Eintritt enthalten ist eine 45 Minuten lange geführte Tour, auf der man erfährt, dass alles im Garten perfekte Balance und Harmonie darstellt. Nicht die trägen Schildkröten übersehen, die im jadefarbenen Wasser schwimmen. Wer sparen will, kann den kostenlosen Park nebenan besuchen: Er ist nicht ganz so ausgefeilt wie sein Schwesterpark, aber auch eine angenehme Oase aus rauschenden Gräsern, einem gro-

52 Blue Water Café + Raw Bar ...E5
53 Campagnolo ...H6
54 Chambar ...F4
55 Coast ...D3
56 Edible Canada at the Market ...B6
57 Espana ...A2
58 Finch's ...F4
59 Flying Pig ...D6
60 Forage ...C3
61 Gam Gok Yuen ...H4
62 Go Fish ...B7
63 Guu with Garlic ...B2
Hawksworth ...(siehe 40)
64 Japadog ...E4
65 Judas Goat Taberna ...G4
66 La Bodega ...C5
67 Mario's Coffee Express ...E3
68 Meat & Bread ...G4
69 Rainier Provisions ...G4
70 Rodney's Oyster House ...D6
71 Save On Meats ...G4
72 Sushi Mart ...C2
73 Templeton ...D5
74 Twisted Fork Bistro ...D5
75 Wildebeest ...G4

Ausgehen
76 Alibi Room ...H3
77 Brickhouse ...H5
78 Celebrities ...C5
79 Diamond ...G4
80 Fortune Sound Club ...H4
81 Fountainhead Pub ...C5
82 Irish Heather ...G4
83 Keefer Bar ...H5
84 Railway Club ...F4
85 Six Acres ...G4
86 Yaletown Brewing Company ...E6

Unterhaltung
87 Bard on the Beach ...A5
BC Lions ...(siehe 2)
88 Cineplex Odean International Village ...G4
89 Commodore ...E4
90 Granville Island Stage ...B6
91 Pacific Cinémathèque ...D5
Revue Stage ...(siehe 90)
92 Rickshaw Theatre ...H4
93 Scotiabank Theatre ...D4
94 Tickets Tonight ...F2
95 Vancity Theatre ...D5
Vancouver Canucks ...(siehe 20)
Vancouver Whitecaps ...(siehe 2)

Shoppen
96 Gallery of BC Ceramics ...B7
97 Hill's Native Art ...G3
98 John Fluevog Shoes ...G3
99 Little Sister's Book & Art Emporium ...B4
100 Macleod's Books ...F4
101 Main Street Station Farmers Market ...H6
102 West End Farmers Market ...C4

ßen Fischteich und einer kleinen, entzückenden Pagode.

Chinatown Night Market MARKT
(Karte S. 730; www.vancouverchinatownnightmarket.com; Keefer St, zwischen Columbia St & Main St; ⏲ Mitte Mai–Anfang Sept. Fr–So 6–23 Uhr; Ⓜ Stadium-Chinatown) Der Markt wurde kürzlich wiedereingeführt, um mit dem Erfolg der größeren Nachtmärkte in Richmond mitzuhalten. Die Version in Chinatown ist einen Besuch an einem Sommerabend wert. Noch überwiegen billige und lustige Schmuckstücke, aber das Glanzlicht ist das Essen: Man kommt sich vor wie auf einem begehbaren Büfett aus Fischklößen, Bubble Tea und frittierten Kartoffelspiralen. Vorher informieren: Es gibt ein umfassendes Angebot an Unterhaltung wie zum Beispiel Freilichtkino.

Jimi Hendrix Shrine BEMERKENSWERTES GEBÄUDE
(Karte S. 730; 207 Union St; ⏲ Juni–Sept. Mo–Sa 13–18 Uhr; 🚌3) GRATIS Der Ort, wo angeblich in den 60er-Jahren das Restaurant Vie's Chicken and Steak House gelegen war, Hendrix' Großmutter kochte und der junge Gitarrist oft schrammelte, lohnt einen kurzen Besuch. Der rot bemalte Schuppen ist eine schrullige Sehenswürdigkeit, und die Wände sind mit alten Fotos und Plattencovern vollgehängt. Man findet immer ein oder zwei freiwillige Gesprächspartner.

Science World MUSEUM
(Karte S. 730; www.scienceworld.ca; 1455 Quebec St; Erw./Kind 22,50/15,25 C$; ⏲ Mo–Fr 10–17, Sa & So bis 18 Uhr; 👪; Ⓜ Main St-Science World) Die unter einer geodätischen Kuppel untergebrachte, kürzlich neu hergerichtete spielerische Ausstellung für Wissenschaft und Natur erweckt fast in jedem den kindlichen Spieltrieb. Einen halben Tag sollte man einplanen, während die Sprösslinge mit dem Erlernen wissenschaftlicher Grundlagen beschäftigt sind, besonders in der neuen Außenanlage.

Im Omnimax Theatre der Anlage sollte man auch einen Film ansehen oder ohne

REISEN MIT KINDERN

Das familienfreundliche Vancouver bietet Touristenkindern jede Menge Aktivitäten. Der kostenlose Flyer Kids' Guide Vancouver findet sich überall in der Stadt in Aufstellern. Auf www.kidsvancouver.com gibt es Tipps, Quellen und Familienevents. Autoverleiher vermieten die vorgeschriebenen Kindersitze für ein paar Dollar täglich, allerdings sollte man sie im Voraus reservieren. Wer sich ohne Auto in der Stadt fortbewegt, sollte den SkyTrain oder die SeaBus-Fähre ausprobieren oder die Minifähre nach Granville Island: die Kinder stehen drauf, vor allem auf die neueren Waggons des SkyTrains, in denen man ganz vorne wie ein Zugführer sitzen kann. Kinder unter fünf Jahren fahren im Nahverkehr kostenlos mit.

Der **Stanley Park** (S. 728) beschäftigt die meisten Familien einen vollen Tag lang. Bei Hitze ist der Wasserpark am Lumberman's Arch empfehlenswert oder der Swimmingpool am Second Beach. Ebenfalls Spaß macht eine Fahrt mit der **Miniatureisenbahn** (S. 728). Ein Picknick in den Park mitzubringen ist immer eine gute Idee, und vor allem die Strände sind sehr für Kinder geeignet. Für das **Vancouver Aquarium** (S. 728) sollte man auf jeden Fall Zeit reservieren, und wenn die Kinder brav waren, können sie mit einer Führung hinter die Kulissen belohnt werden. Interessieren sich die Kids für Natur und Tiere, dann gefällt ihnen das Nature House in der **Lost Lagoon** (S. 728) und die **Capilano Suspension Bridge** (S. 762) mit den Waldspaziergängen. Beim nahe gelegen **Grouse Mountain** (S. 762) haben sie sogar die Chance, mächtige Grizzlybären aus nächster Nähe zu sehen.

Zu den weiteren lehrreichen familienfreundlichen Attraktionen der Stadt – wo die Kinder, ohne es zu merken, etwas lernen – gehören **Science World** (S. 733) und das **HR MacMillan Space Centre** (S. 736). Bei Regen kann man ins **Bloedel Conservatory** (S. 738) ausweichen und sich die Zeit mit exotischen Vögeln vertreiben.

Ist der Zeitpunkt der Reise geschickt gewählt, bietet die Stadt ein Aufgebot an familienfreundlichen Festivals, wie die **Pacific National Exhibition** (S. 741), das **Vancouver International Children's Festival** (S. 741) und das Feuerwerkfest namens **Celebration of Light** (S. 741).

die Kinder auf einen der regelmäßigen Events am Abend gehen. Von denen gibt es auch eine Version nur für Teenager, falls trotzige Jugendliche eine ansprechende Bespaßung brauchen.

Main Street & Commercial Drive

Vancouvers Indie-Szene hat eine Gegend in Beschlag genommen, die früher als heruntergekommen galt. Sie verläuft südlich, ausgehend von der Main Street/Science World SkyTrain Station und kann leicht mit dem Bus Nummer 3 erreicht werden, der sie ihrer Länge nach abfährt. Main Street ist die angesagteste Gegend der Stadt: Hier gibt es enge Jeans und coole Cafés, außerdem großartige Indie-Läden (besonders jenseits der Kreuzung mit der 18th Avenue).

Aber Main Street ist nicht der erste alternative Bezirk der Stadt. Noch östlicher hat Commercial Drive, der von den Einheimischen nur „the Drive“ genannt wird, eine lange Geschichte der Gegenkultur und wurde auch von mehreren Generationen italienischer Einwanderer besiedelt. Dort gibt es tolle Indie-Läden, Restaurants mit Frontterrassen und wohl die besten familiengeführten Cafés der Stadt.

Die Express-Buslinie 99 B-Line entlang dem Broadway verbindet beide Viertel in 10 Minuten.

Hot Art Wet City GALERIE

(www.hotartwetcity.com; 2206 Main St; ⌚ Mi–Sa 12–17 Uhr; 🚌3) GRATIS In dieser Privatgalerie kann man eine Menge Spaß haben: Wer die Stufen zu diesem unkonventionellen kleinen Laden hinaufgestiegen ist, bekommt garantiert eindrucksvolle Kunst zu sehen. Meist werden ansässige Künstler präsentiert, und jeden Monat gibt es eine neue Ausstellung. Frühere Ausstellungen reichten von bizarren Porträts von Puppenköpfen bis zu Kunst auf Bierflaschen.

Im Verkaufsbereich in der Ecke kann man exzentrische Souvenirs kaufen. Vor einem Besuch empfiehlt sich ein Blick in den Veranstaltungskalender: Es gibt ein reiches

Angebot an Kunst-Talks, Workshops und Ausstellungseröffnungen.

Portobello West MARKT

(Karte S. 730; www.portobellowest.com; 1 Athlete's Way, Creekside Community Recreation Centre; Erw./Kind 2 C$/frei; Sa & So 11–17 Uhr, 4-mal im Jahr; ; Main St-Science World) Dieser das ganze Wochenende dauernde Kunst-, Handwerks- und Modemarkt wird viermal im Jahr, einmal zu jeder Jahreszeit, im höhlenartigen Creekside Community *Recreation* Centre im Olympic Village veranstaltet. Man findet eine bunte Mischung aus handgemachten Einzelstücken und vor Ort entworfener Klamotten, oder man genießt einfach Livemusik, frisches Gebäck und andere Gaumenfreuden.

Punjabi Market STADTVIERTEL

(3) In der Main Street hinter der 48th Avenue befindet sich der Punjabi Market. Diese Enklave mit Sari-Läden, Bhangra-Musikshops und einigen der preisgünstigsten Curryrestaurants der Region ist auch als „Little India" bekannt – eine tolle Adresse für ein scharfes „All you can eat"-Mittagessen, gefolgt von einem kleinen Verdauungsspaziergang. Geplant ist die Errichtung eines einladenden Tores, wie man es auch von Chinatown kennt.

Grandview Park PARK

(Commercial Dr, zwischen Charles & William Sts; 20) Das zentrale Freigelände am Drive hat seinen Namen von dem Ausblick, der sich zwischen seinen Bäumen eröffnet: Im Norden die Berge der North Shore, im Westen der Blick auf eine Stadtlandschaft funkelnder Türme. Es wimmelt von Straßenkünstlern, Schlagzeugern mit Dreadlocks und improvisierten Verkaufsständen, während einem gelegentlich verdächtiger Rauch in die Nase steigt. Der wundervolle Park ist für Einheimische, die in der Nähe wohnen, wie auch für Touristen gleichermaßen, ein beliebter Anziehungspunkt.

TOUREN MIT DER FÄHRE

Wer nicht mindestens einmal Granville Island mit einer der winzigen Minifähren ansteuert, die von Aquabus Ferries (S. 761) oder False Creek Ferries (S. 761) betrieben werden, hat beim Besuch etwas falsch gemacht. Diese typischen kleinen Boote – die von Aquabus sind meist in Regenbogenfarben, während die von False Creek Ferries blau sind – transportieren aber nicht nur Passagiere vom Nordufer des False Creek zum Markt am Südufer. Beide fahren mehrere zusätzliche Häfen entlang der Küste an, und wer Zeit hat, kann eine „Kreuzfahrt" durch die Gegend machen und so die Stadt vom Wasser aus erfahren. Eine Ganztageskarte kostet bei jedem Unternehmen 10 C$ bis 15 C$ (die Karten können nicht gleichzeitig für beide rivalisierenden Linen verwendet werden), und es gibt unterwegs mehrere Anlegepunkte mit Highlights.

Aquabus bringt einen zu Yaletowns David Lam Park (S. 729), eine am Ufer gelegene Grünanlage, in der man bei einem Picknick wunderbar das sanft plätschernde Wasser des False Creek beobachten kann. Auf der gegenüberliegenden Seite kann man in **Stamps Landing** aussteigen, einer von Vancouvers ersten städtischen Wohnanlagen am Wasser: Hier am **Leg-in-Boot Square** gibt es ein Pub. Wiederum auf der Nordseite kann man am Ende der Davie Street aussteigen, von wo es nur ein kurzer Fußweg bis zum Herzen von Yaletown ist. Hier befindet sich auch der faszinierende Pavillion der Engine 374 (S. 729), der Lok, die 1887 den ersten Personenzug nach Vancouver zog.

Bei einem letzten Halt kann man sehen, wie sehr sich in den letzten Jahren die Dinge um False Creek herum geändert haben. Am Ufer standen schäbige Industrieanlagen, aber 2010 wurde das **Olympische Dorf** eröffnet. Diese mondänen Unterkünfte für die Teilnehmer der Winterspiele von 2010 bilden heute ein elegantes neues Stadtviertel. Von hier ist es auch nur ein kurzer Bummel bis zur Science World (S. 733), einem von Vancouvers beliebtesten Anziehungspunkten für Familien.

False Creek Ferries fährt viele derselben Punkte wie die Konkurrenz an, bietet aber einen zusätzlichen Stopp bei einer beliebten Attraktion. Von Granville Island kommend, über einen Halt am Aquatic Centre im West End, dauert die Fahrt zum Vancouver Maritime Museum (S. 736) 25 Minuten. Am Ufer beim grünen Vanier Park können Besucher in die Seefahrtgeschichte der Region eintauchen, von historischen Schiffen bis zu maßstabgetreuen Modellen.

Granville Island

Die mondäne, ehemals industriell geprägte Halbinsel – sie ist nicht wirklich eine Insel – breitet sich unter den riesigen Eisenbögen der Granville Bridge aus. Sie eignet sich hervorragend für einen faulen Nachmittag. Der Mix aus Restaurants, Bars, Theatern und Kunsthandwerksläden lockt vor allem an Sommerwochenenden viele Besucher an, die sich von den Straßenmusikanten unterhalten lassen oder ihre Fish & Chips gegen freche Möwen verteidigen.

★ Granville Island Public Market MARKT

(Karte S. 730; www.granvilleisland.com/publicmarket; Johnston St; 9–19 Uhr; 50, Minifähren) Das Highlight von Granville Island stellt der überdachte Public Market dar, eine bunte, sinnliche Mischung aus Fisch, Käse, Obst und Backwaren. Hier kann man Zutaten für ein Picknick im nahe gelegenen Vanier Park besorgen (zu Fuß 10 Minuten am Uferdamm entlang) oder den kleinen internationalen Food-Court besuchen (außerhalb der Hauptbetriebszeiten ergattert man eher einen Tisch). Im Sommer gibt es draußen auch einen Bauernmarkt.

Hier lassen sich ungewöhnliche Mitbringsel finden und – falls man sich fürs Essen interessiert – eine geführte Tour mit Probehappen über den Markt mitmachen.

Granville Island Brewing BRAUEREI

(Karte S. 730; 604-687-2739; www.gib.ca; 1441 Cartwright St; Touren 9,75 C$; Führungen Mittag, 13.30, 15, 16.30 Uhr & 17.30 Uhr; 50) Kanadas älteste Mikrobrauerei bietet halbstündige Touren, auf denen lächelnde Führer die Besucher erst durch die winzige Brauerei begleiten und sie dann im Schankraum abliefern, wo sie leckere Kostproben zu sich nehmen können. Oft gibt es auch das im Sommer beliebte *Hefeweizen*. Im zugehörigen Laden bekommt man auch Bier zum Mitnehmen – es lohnt sich, auf saisonale Angebote zu achten wie sanftes Irish Red und hopfenstarkes Imperial IPA. Die Produktionsstätten wurden zum großen Teil in größere Betriebsgebäude verlegt.

Kitsilano

„Kits" ist ein ehemaliges Hippie-Paradies, in dem die Blumenkinder der Gegenkultur inzwischen erwachsen wurden und richtige Jobs ergattert haben. Heute präsentiert es sich als angenehmes Viertel mit historischen Holzhäusern, netten Cafés und interessanten Geschäften. Vor allem die mit Läden gesäumte W 4th Avenue eignet sich für einen Nachmittagsbummel. Nur einen kurzen Uferspaziergang von Granville Island entfernt befindet sich der Vanier Park mit drei Museen und einem Picknickplatz.

Museum of Vancouver MUSEUM

(Karte S. 730; www.museumofvancouver.ca; 1100 Chestnut St; Erw./Kind 12/8 C$; Fr–Mi 10–17, Do bis 20 Uhr; 22) Als eine der drei bekannten lehrreichen Attraktionen in Vanier Park hat sich das MOV in den letzten Jahren durch coole befristete Ausstellungen und regelmäßige Abendpartys für Erwachsene besonders hervorgetan, wobei sich aber nicht alles geändert hat. Es gibt immer noch farbenfrohe Ausstellungen zur lokalen Popkultur der 50er und der Hippie-Gegenkultur der 60er, zusammen mit einer Menge spielerischer Angebote für Kids wie Schnitzeljagden und Workshops.

HR MacMillan Space Centre MUSEUM

(Karte S. 730; www.spacecentre.ca; 1100 Chestnut St; Erw./Kind 15/11 C$; 10–17 Uhr; ; 22) Hier wimmelt es nur so von wild gewordenen Schulkindern, durch die man sich seinen Weg bahnen muss, um auch mal an die blinkenden Knöpfe zu kommen. In diesem Hightech-Wissenschaftszentrum wird der Besucher beim Kampf gegen Außerirdische und beim Gestalten eines Raumschiffs spielerisch über den Weltraum aufgeklärt. Außerdem gibt es eine Sternwarte und ein Planetarium; den Terminkalender mit Eröffnungen und Events sollte man sich besser vorher mal ansehen.

Vancouver Maritime Museum MUSEUM

(www.vancouvermaritimemuseum.com; 1905 Ogden Ave; Erw./Kind 11/8,50 C$; Di–Sa 10–17, So Mittag–17 Uhr; 22) Im letzten der drei Museen in Vanier Park findet man komplizierte Schiffsmodelle, detaillierte Rekonstruktionen von alten Booten und einige historische Schiffe. Hauptattraktion ist die *St. Roch,* ein arktisches Patrouillenboot der Royal Canadian Mounted Police von 1928, die als erstes Schiff die legendäre Northwestpassage in beide Richtungen befahren hat. Stimmungsvolle kostenlose Führungen des Schiffs werden angeboten.

Kitsilano Beach STRAND

(Ecke Cornwall Ave & Arbutus St; 22) Kits Beach, gegenüber von English Bay, ist im Sommer einer von Vancouvers beliebtesten Treffpunkten. Die breite, sandige Fläche zieht Frisbeevirtuosen und kichernde Volleyballspieler ebenso an wie Sonnenbadende. Das Wasser ist eher zum Plantschen geeignet; wer wirklich Schwimmen möchte, sollte den geheizten, 137 m langen Kitsilano Pool aufsuchen, einen riesigen Freiluft-Salzwasserpool.

Old Hastings Mill Store Museum MUSEUM
(☎604-734-1212; www.hastings-mill-museum.ca; 1575 Alma St; Spende als Eintritt; ⊙ Di–So 13–16 Uhr; 🚌4) Dieses älteste noch erhaltene Gebäude Vancouvers wurde 1865 nahe Gastown aus Holz erbaut. Ursprünglich ein Ladengeschäft für Arbeiter des Sägewerks, überlebte es das Großfeuer von 1886 und wurde an diesem schicksalhaften Tag als Behelfs-Leichenhalle eingesetzt. Nachdem es von Einheimischen vor dem Abriss bewahrt wurde, wurde es in den 1930er-Jahren mit einem Frachtkahn an diesen neuen Standort umgesetzt und beherbergt heute eine Menge Ausstellungsstücke aus der Pionierzeit und der Zeit der First Nations.

University of British Columbia

Westlich von Kitsilano liegt mit der **University of British Columbia** (UBC; ☎604-822-2211; www.ubc.ca) die größte Universität der Provinz auf einer 400 ha großen bewaldeten Halbinsel. Ihr betonierter Campus ist von den University Endowment Lands umgeben, zu denen ein gut zugänglicher Strand, Wälder und ein paar weitere Sehenswürdigkeiten gehören.

★ **Museum of Anthropology** MUSEUM
(Karte S. 725; ☎604-822-3825; www.moa.ubc.ca; 6393 NW Marine Dr; Erw./Kind 14/12 C$; ⊙ Mi–Mo 10–17, Di bis 21 Uhr; 🚌99 B-Linie) Vancouvers bestes Museum wurde vor einiger Zeit renoviert und erweitert. Es beherbergt Originalartefakte der Ureinwohner der Nordwestküste, u. a. Haida-Häuser und Totempfähle, des Weiteren Ausstellungsstücke, die nicht von den First Nations stammen, z. B. europäische Keramikgegenstände und kantonesische Opernkostüme. Die kostenlosen Führungen und der ausgezeichnete Souvenirladen sind äußerst empfehlenswert. Tipp: für den Besuch dieses Museums mehrere Stunden einplanen!

Morris & Helen Belkin Gallery GALERIE
(www.belkin.ubc.ca; 1825 Main Mall; ⊙ Di–Fr 10–17, Sa & So 12–17 Uhr; 🚌99 B-Linie) GRATIS Diese famose kleine Galerie hat sich auf zeitgenössische und oft recht anspruchsvolle Werke spezialisiert. Das erklärt auch das Plakat einer irakischen Stadt an der Außenwand, auf dem steht: „Because there was and there wasn't a city of Baghdad." Drinnen gibt es ein wechselndes Angebot von Wanderausstellungen und nachdenklich machenden Ausstellungsstücken aus einer ständigen interessanten Sammlung der kanadischen Avantgarde.

Beaty Biodiversity Museum MUSEUM
(www.beatymuseum.ubc.ca; 2212 Main Mall; Erw./Kind 12/8 C$; ⊙10–17 Uhr; 🚌99B-Linie) Das neueste Museum der UBC ist auch ihr familientauglichstes. Man beginnt beim großen Blauwalskelett im Eingangsbereich und geht dann in die Hauptausstellungshalle hinunter, wo sich mehr als zwei Millionen naturgeschichtliche Ausstellungsstücke befinden. Vor einem Besuch sollte man sich erkundigen, ob gerade Geschichtenerzähler für Kinder, ein Puppenspiel oder Workshops auf dem Programm stehen. Im hauseigenen Café kann man sich dann von all dem neuen Wissen ausruhen.

UBC Botanical Garden GÄRTEN
(Karte S. 725; www.ubcbotanicalgarden.org; 6804 SW Marine Dr; Erw./Kind 8/4 C$; ⊙9.30–17 Uhr; 🚌99 B-Linie, dann C20) In dieser 28 ha großen Anlage aus unterschiedlich gestalteten Gärten findet man eine riesige Sammlung von Rhododendren, einen faszinierenden Apothekergarten und einen Wintergarten mit Pflanzen, die außerhalb der Saison blühen. Der kürzlich hinzugekommene Greenheart Canopy Walkway lässt Besucher in 17 m Höhe einen 308 m langen Ökospaziergang machen. Im Kartenpreis für den Walkway ist der Eintritt für den Garten enthalten. Wer im Oktober da ist, sollte das wundervolle jährlich stattfindende Apple Festival besuchen.

Nitobe Memorial Garden GÄRTEN
(www.nitobe.org; 1895 Lower Mall; Erw./Kind 6/3 C$; ⊙9.30–17 Uhr; 🚌99 B-Linie, dann C20) Diese grüne, friedvolle Oase zeigt beispielhaft japanische Gartenphilosophien. Es gibt einen Teegarten mit zeremoniellem Teehaus, und den Stroll Garden, der mit kleinen Wasserfällen und trägen Koi-Karpfen eine symbolische Reise durch ein Menschenleben darstellt. Die Gärten sind nach dem Gelehrten Dr. Inazo Nitobe benannt,

> **GELD SPAREN**
>
> In Vanier Park und UBC kann man auf zweierlei Arten leicht Eintrittsgelder sparen. Der Vanier Park Explore Pass kostet 30/24 C$ pro Erw./Kind und beinhaltet den Einlass ins Museum of Vancouver (S. 736), das HR Macmillan Space Centre (S. 736) und das Vancouver Maritime Museum (S. 736). Er ist bei jeder der drei Stellen erhältlich und spart rund 10 C$ im Vergleich zu Einzelkarten für Erwachsene. Man spart auch mit dem UBC Museums and Garden Pass. Er kostet 33/28 C$ pro Erw./Kind, beinhaltet das Museum of Anthropology (S. 737), das Beaty Biodiversity Museum (S. 737), den Botanical Garden (S. 737) und den Nitobe Memorial Garden (S. 737). Außerdem bietet er Ermäßigungen fürs Parken auf dem Hochschulgelände, Geschäfte und Restaurants und ist bei jeder der genannten Attraktionen erhältlich.

dessen Gesicht Japans 5000 ¥-Note ziert. Im Frühjahr muss man wegen der prächtigen Kirschblüte herkommen.

Pacific Spirit Regional Park PARK

(Karte S. 725; www.pacificspiritparksociety.org; Ecke Blanca St & W 16th Ave; 🚌99 B-Linie) Der umwerfende 763 ha große Park erstreckt sich vom Burrard Inlet bis zum Nordarm des Fraser River. Hier gibt es nicht nur herrliche Bäume zu entdecken, sondern auch das bemerkenswerte Camosun Bog Feuchtbiotop, das man bei der 19th Avenue und Camosun Street über einen Holzsteg erreicht. In diesem Zufluchtsort für einheimische Vogel- und Pflanzenarten gibt es 54 km Wander-, Jogging- und Radwege.

West Side

Es gibt mehrere gute Gründe, dieses ausgedehnte, gemischte Viertel zu besuchen. Es erstreckt sich zwischen dem Rathaus, den Baudenkmälern von Fairview, den Esslokalen von Cambie Village und den Läden und Restaurants in South Granville. Und es ist nur ein paar Minuten mit dem Canada Line SkyTrain (entlang des Cambie Corridor) oder mit der Buslinie 10 (South Granville entlang) vom Stadtzentrum entfernt.

Queen Elizabeth Park PARK

(Karte S. 725; www.vancouverparks.ca; Eingang Ecke W 33rd Ave & Cambie St; 🚌15) Angeblich beherbergt dieser 52 ha große Park ein Exemplar jeder kanadischen Baumart. Er ist außerdem mit 167 m über dem Meer der höchste Punkt der Stadt und bietet Panoramen der von Bergen umrahmten Innenstadt-Wolkenkratzer. Sportplätze, Rasenflächen und zwei Gärten erfreuen die Anwohner, und häufig sind Paare zu sehen, die für Hochzeitsfotos posieren.

Wer ein Baseballspiel sehen möchte, kann das im beliebten, kürzlich renovierten Nat Bailey Stadium tun.

Bloedel Conservatory GÄRTEN

(☎604-257-8584; www.vancouverparks.ca; Queen Elizabeth Park; Erw./Kind 6,50/3,25 C$; ⏰Mo–Fr 9–20, Sa & So 10–20 Uhr; 🚌15) Dieser oben auf dem Hügel im Queen Elizabeth Park sitzende, domgleiche Wintergarten ist ein idealer Ort, um sich an einem Regentag drinnen aufzuwärmen. Es gibt drei Klimazonen mit 400 Pflanzenarten, Dutzende Koi-Karpfen und viele frei herumfliegende Tropenvögel, unter ihnen lärmende Aras und andere Papageien. Mit Hilfe einer kostenlos erhältlichen Broschüre kann man Flora und Fauna identifizieren.

VanDusen Botanical Garden GÄRTEN

(www.vandusengarden.org; 5251 Oak St; Erw./Kind 10,75/5,75 C$; ⏰9–21 Uhr; 🚌17) Dieses 22 ha große Idyll ist Vancouvers beliebteste Grünanlage mit einem Geflecht aus Pfaden, die sich durch kleine, spezielle Gärten ziehen: Der Rhododendron Walk leuchtet im Frühling farbig, während der koreanische Pavillion eine fesselnde Sammlung von Pflanzen aus Asien bietet. Außerdem gibt es ein nettes elisabethanisches Labyrinth. Die schlafende Pflanzenwelt des zu Weihnachten beliebten Ausflugsziels ist im Dezember mit glitzernden Lichtern erhellt.

Aktivitäten

Die Bewohner Vancouvers genießen den Ruf, eingefleischte Outdoor-Freaks zu sein, die nichts lieber tun, als frühmorgens erst mal 20 km zu joggen und zum Frühstück Reiswaffeln zu verputzen. Vancouver ist und bleibt aktiv. Beliebte Sportarten sind u. a. Laufen, Radeln und Kajakfahren. Wintersportler kommen nur einen Katzensprung entfernt an der Nordküste auf ihre Kosten.

Wandern & Joggen

Der 8,8 km lange **Uferdamm am Stanley Park** ist größtenteils flach – an den wenigen Steigungen kann man ja versuchen, auf ein vorbeifahrendes Rad aufzuspringen. Er eignet sich daher perfekt für sportliches Walken oder anstrengende Dauerläufe. Auch auf den markierten, von Bäumen gesäumten Wegen im Pacific Spirit Regional Park der UBC wird gern gejoggt. Wer es wirklich wissen will, sollte den Grouse Grind in North Vancouver in Angriff nehmen. Die steile, schweißtreibende Strecke hinauf auf den Grouse Mountain hat auch den Spitznamen „Mother Nature's Stair Master". Oben angekommen, hat man als Entschädigung freien Eintritt in die dortigen Einrichtungen. Allerdings muss man für die Fahrt nach unten in der Skyride-Gondel 10 C$ hinblättern.

South False Creek Seawall WALKING

(Karte S. 730; end of Terminal Ave; Ⓜ Main St-Science World) Wenige Schritte von Science World entfernt beginnt dieser beliebte Uferweg, der die gesamte Küstenlinie entlang bis Granville Island (etwa 3 km) führt. Weniger Sportliche besichtigen ein paar Sehenswürdigkeiten am Wegesrand, wie die riesigen Vogelskulpturen im Olympic Village, oder Habitat Island, wo häufig Zugvögel rasten.

Radfahren

Da sich Jogger den belebten Uferdamm des Stanley Park mit Radlern und Inline-Skatern teilen müssen, ist ein Einbahnstraßensystem erforderlich, damit es nicht zu blutigen Karambolagen kommt. Die Ausblicke sind atemberaubend, im Winter jedoch kann der ungeschützte Weg von krachenden Wellen und eisigen Winden heimgesucht werden. Da die Wege im Sommer von trödelnden, Kamera schwenkenden Touristen bevölkert sind, sollte man seine sportliche Betätigung auf den frühen Morgen oder späten Nachmittag legen.

Wer den Park bis zur English Bay umrundet hat und noch bei Kräften ist, kann an der Nordseite des False Creek in Richtung Science World weiterradeln, wo dann die Strecke südlich des False Creek zur Gran-

EIN SPAZIERGANG DURCH VANCOUVERS VERGANGENHEIT

Nur wenige Wochen, nachdem sie sich selbst in Vancouver umbenannt hatte (niemand mochte den ursprünglichen Namen „Granville" oder den Slangnamen „Gastown"), brannte die flügge gewordene, aus etwa 1000 Gebäuden bestehende Stadt im sogenannten Great Fire in wenigen Minuten fast bis auf die Grundmauern nieder. Aber die Einwohner dachten nicht daran, sie zu verlassen. Innerhalb weniger Tage wurden Pläne für eine neue Stadt gemacht. Diesmal gab man Backsteinen den Vorzug gegenüber Holz. Die ersten Gebäude führten strahlenförmig von Maple Tree Square weg, besonders entlang der Carrall Street. Diese Verkehrsstraße, eine der kürzesten Straßen in Vancouver, gibt es heute noch. Sie verbindet das historische Zentrum Gastowns mit Chinatown. Bei einem Spaziergang auf ihr in Richtung Süden ab Maple Tree Square sind erhabene Gebäude aus den ersten Tagen der Stadt zu entdecken. Kann sein, dass sie mit einer besonderen Vorsicht gebaut wurden, sie gehören jedenfalls zu den solidesten Bauten hier und werden wahrscheinlich noch viele Jahre überleben, ob Großbrand oder nicht.

Wer die Stadt vor 30 Jahren besucht hätte, hätte allerdings viele dieser Gebäude aus dem letzten Loch pfeifen sehen. Dieser Teil Vancouvers hatte über Jahre keine neue Erschließung oder Investitionen angezogen, und die alten, schäbigen Kneipen, Hotels und Fassaden in Carrall Street verkamen langsam zu einem Glasscherbenviertel. Zwei Dinge hielten diesen Prozess auf: Einmal taten sich Historiker und Fans der Baudenkmäler zusammen, um auf die wichtige Rolle des Areals in den Gründerjahren der Stadt aufmerksam zu machen. Dies führte 2010 schließlich zur Anerkennung als National Historic Site. Und dann kam noch der Prozess der Gentrifizierung. Bauträger hatten diesen Stadtteil für einen guten Teil des letzten Jahrhunderts vernachlässigt. Da aber nur wenige Stadtviertel für eine Aufwertung übrig blieben, kamen sie schließlich zurück. Trotz der Sorge vieler Gentrifizierungskritiker, dass die neuen Bautätigkeiten den ursprünglichen Charakter des Stadtteils verändern könnten, ist es doch unstrittig, dass sie geholfen hat, Gastowns historische Altbauten auf Jahrzehnte hinaus zu erhalten. Die backsteinernen Wahrzeichen, die einst Carrall Street säumten, wurden größtenteils einfühlsam restauriert und renoviert, sodass sie der gesamten Gegend über ihre Bedeutung als erhaltenswertes Kulturerbe hinaus eine neue Zukunft gegeben haben.

ville Island, zum Vanier Park, zum Kitsilano Beach und schließlich zur UBC führt. Die ausgedehnte Route inklusive Stanley Park ist etwa 25 km lang. Wer jetzt noch immer Energie hat, kann beispielsweise im Pacific Spirit Regional Park der UBC die tollen, mitunter recht steilen Radwege in Angriff nehmen.

Nahe dem Eingang W. Georgia Street zum Stanley Park gibt es eine Fülle von Fahrrad- und Inlineskate-Verleihern, besonders bei der Einmündung bei Denman Street. Einer davon, **Spokes Bicycle Rentals** (Karte S. 730; www.vancouverbikerental.com; 1798 W Georgia St; Erw. pro Std./7 Std. ab 8,60/34,30 C$; ⏲8–21 Uhr; 🚌5), bietet auch geführte Touren. Zum Zeitpunkt der Drucklegung plante die Stadt, zusätzlich zum Ausbau des städtischen Radwegenetzes ein neues öffentliches Bike-Sharingsystem einzuführen. Auf der Website der City of Vancouver sind aktuelle Informationen zu finden (www.vancouver.ca).

Wassersport

Es ist schwer, das Hochgefühl zu toppen, das einen packt, wenn man am frühen Abend an der Küste entlangpaddelt und zusieht, wie die Sonne langsam die verspiegelten, modernen Totempfählen gleichenden Glastürme hinabgleitet und schließlich hinter dem Horizont verschwindet. Dank der sanften Gewässer ist Vancouver sowohl bei Profis als auch bei Greenhorns sehr beliebt.

Ecomarine Paddlesport Centres KAJAKFAHREN
(Karte S. 730; ☎604-689-7575, 888-425-2925; www.ecomarine.com; 1668 Duranleau St; Einerkajak pro 2/24 Std. 39/94 C$; ⏲ So, Mo, Mi & Do 9–18, Di, Fr & Sa bis 21 Uhr; 🚌50) Bei den freundlichen Leuten von Ecomarine Paddlesport Centres, die ihren Hauptgeschäftssitz auf Granville Island haben, kann man Equipment mieten und außerdem geführte Touren buchen.

Windsure Adventure Watersports WASSERSPORT
(☎604-224-0615; www.windsure.com; 1300 Discovery St; ⏲ April–Sept. 9–20.30 Uhr; 🚌4) Für die, die ihre Nase in der Meeresbrise haben wollen, hat sich Windsure Adventure Watersports auf Kiteboarden, Windsurfen und Skimboarden spezialisiert. Im Laden in Jericho Beach bekommt man Unterricht und Ausrüstung zum Leihen.

Geführte Touren

★ **Forbidden Vancouver** STADTSPAZIERGÄNGE
(www.forbiddenvancouver.ca; Erw./Erlaubnis 22/19 C$; ⏲April–Nov.) Dieses schrullige Unternehmen bietet zwei zentrale, äußerst unterhaltsame Führungen: eine Erforschung Vancouvers zur Prohibitionszeit und einen Blick auf die schäbige Schattenseite des historischen Gastown. Für Kinder sind diese Touren allerdings nicht zu empfehlen. Im Voraus buchen, sie sind schnell voll. Zum Zeitpunkt der Recherche wurde gerade eine dritte Tour über die bunte Geschichte des Nachtlebens in der Granville Street eingeführt.

★ **Vancouver Foodie Tours** GEFÜHRTE TOUR
(☎877-804-9220; www.foodietours.ca; Führungen 49–69 C$; ⏲ganzjährig) So lernt man die kulinarische Szene der Stadt kennen: Zwei Führungen werden angeboten, eine Street Food-Tour (49 C$) und eine für Gourmets mit Abendessen und Getränken (69 C$).

Architectural Institute of British Columbia STADTSPAZIERGÄNGE
(☎604-683-8588; www.aibc.ca; Führungen 10 C$; ⏲ Juli & Aug. Di–So) Hiesige Architekturstudenten leiten diese hervorragenden ein- bis zweistündigen Führungen, wobei sie sich auf Architektur, Geschichte und Baudenkmäler einiger wichtiger Viertel Vancouvers konzentrieren. Insgesamt gibt es sechs verschiedene Touren, darunter nach Gastown, Strathcona, Yaletown, Chinatown, Innenstadt und West End.

Accent Cruises BOOTSTOUR
(Karte S. 730; ☎604-688-6625; www.accent-cruises.ca; 1698 Duranleau St, Granville Island; dinner cruise 89 C$; ⏲Mai–Okt.; 🚌50) Beliebte Kreuzfahrt mit Lachsbuffet, die entlang der Küste von English Bay, Stanley Park und Ambleside Beach in West Vancouver führt. Der Ablegepunkt ist in Granville Island; geboten wird ein entspannter Abend, nachdem man den ganzen Tag Sehenswürdigkeiten besichtigt hat.

Vancouver Trolley Company BUSTOUR
(☎604-801-5515, 888-451-5581; www.vancouvertrolley.com; Erw./Kind ab 40/22 C$; ⏲ganzjährig) Die Gesellschaft betreibt reizvolle Nachbauten der Straßenbahnwägen in San Francisco (ohne Schienen), sodass man zwischen den Sehenswürdigkeiten der Stadt ein- und aussteigen kann. Die Rundfahrt dauert 80 Minuten; Fahrkarten bekommt man bei

den Fahrern. Dort sind auch Eintrittskarten für Sehenswürdigkeiten erhältlich.

Harbour Cruises BOOTSTOUR
(Karte S. 730; ☎800-663-1500, 604-688-7246; www.boatcruises.com; Denman St; Erw./Kind 30/10 C$; ⏲Mai–Okt.) Auf einer 75-minütigen Hafentour mit Audio kann man Vancouver, zusammen mit unerwarteter Flora und Fauna, vom Wasser aus besichtigen. Die Route führt an Stanley Park, Lions Gate Bridge und den North Shore Mountains vorbei. Außerdem gibt es eine 2½ stündige Sonnenuntergangsfahrt mit Abendessen (79/69 C$ pro Erw./Kind), mit Küche der West Coast (d. h. Lachs) und Livemusik.

Feste & Events

Auswärts essen in Vancouver ESSEN
(www.tourismvancouver.com; 3-gängige Menüs 18 C$, 28 C$ oder 38 C$; ⏲Mitte Jan.) Zwei Wochen lang kann man dreigängige Menüs in verschiedenen Restaurants der Umgebung ausprobieren.

Chinese New Year KULTUR
(www.vancouver-chinatown.com; ⏲Jan. oder Feb.) Ein festliches Kaleidoskop aus Tanz, Paraden und tollem Essen, das im Januar oder Februar stattfindet.

Winterruption DARSTELLENDE KUNST
(www.winterruption.com; ⏲Mitte Feb.) Granville Island vertreibt die Winterdepression mit einem Musik- und Performancefestival.

Vancouver International Wine Festival WEIN
(www.vanwinefest.ca; ⏲Ende März) Das älteste und beste jährliche Weinfest der Stadt findet Ende März statt.

Vancouver Craft Beer Week BIER
(www.vancouvercraftbeerweek.com; ⏲Ende Mai) Eine alkoholhaltige Sammlung von Verkostungen, Foodpairing und beschwipsten Spielereien.

Vancouver International Children's Festival KINDER
(www.childrensfestival.ca; ⏲Ende Mai) Geschichtenerzählen, Aufführungen und Aktionen auf Granville Island.

Bard on the Beach THEATER
(☎604-739-0559; www.bardonthebeach.org; ⏲Juni–Sept.) Eine ganze Spielzeit mit Stücken von oder über Shakespeare in Zelten in Vanier Park.

Vancouver International Jazz Festival MUSIK
(www.coastaljazz.ca; ⏲Juni & Juli) GRATIS Ein sich über die ganze Stadt erstreckendes Füllhorn aus Shows mit Superstars und kostenlosen Outdoor-Events.

Car Free Day Vancouver STRASSENKARNEVAL
(www.carfreevancouver.org; ⏲Mitte Juni) Ganze Stadtviertel überlassen dem Karneval ihre Straßen für Essen, Musik und Marktbuden. Auf der Main Street ist üblicherweise am meisten los.

Dragon Boat Festival KULTUR
(www.dragonboatbc.ca; ⏲3. Woche im Juni) Zweitägiges spritziges Bootsvergnügen auf dem False Creek.

Vancouver Folk Music Festival MUSIK
(www.thefestival.bc.ca; ⏲Mitte Juli) Shows mit Folk- und Weltmusik am Jericho Beach.

Celebration of Light FEUERWERK
(www.hondacelebrationoflight.com; ⏲Ende Juli) Kostenloses internationales Feuerwerksspektakel in English Bay.

Pride Week KARNEVAL, PARADE
(www.vancouverpride.ca; ⏲Ende Juli) Partys, Konzerte und Modeshows, die in einer gigantischen Gay-Pride-Parade gipfeln.

Pacific National Exhibition KULTUR, KINDER
(www.pne.bc.ca; Hastings Park, East Vancouver; ⏲Mitte Aug.–Sept.) Familienfreundliche Shows, Konzerte und Jahrmarkt.

Vancouver International Fringe Festival DARSTELLENDE KUNST
(www.vancouverfringe.com; ⏲Mitte Sept.) Wilde und verdrehte Theatervorstellungen an normalen und ungewöhnlichen Orten auf Granville Island.

Vancouver International Film Festival FILM
(www.viff.org; ⏲Ende Sept.–Okt.) Beliebtes zweiwöchiges Schaufenster des kanadischen und internationalen Films.

Vancouver Writers Fest LITERATUR
(www.writersfest.bc.ca; ⏲Okt.) Lokale und internationale Schreiberlinge bevölkern Literaturseminare, Galas und offene Diskussionsforen.

Eastside Culture Crawl KULTUR
(www.eastsideculturecrawl.com; ⏲Ende Nov.) Künstler aus East Vancouver öffnen drei Tage lang ihre Studios für Besucher.

Santa Claus Parade WEIHNACHTEN
(www.rogerssantaclausparade.com; ⌚ Anfang Dez.) Ein Weihnachtsumzug, samt dem Weihnachtsmann persönlich.

Schlafen

Bei über 25 000 Hotel-, Hostel- und B&B-Zimmern im Ballungsgebiet Vancouver bietet die Region etwas für alle Vorlieben und Preisklassen. Juli und August sind die Preise am höchsten. Im Herbst und Frühjahr hingegen, wenn das Wetter oft unbeständiger ist und die Touristenmassen kleiner, kann man Schnäppchen machen. Die Website **Tourism Vancouver** (www.tourismvancouver.com) führt Alternativen und Angebote, und der Dienst **Hello BC** (☎800-435-5622; www.hellobc.com) bietet weitere Informationen und Buchungsmöglichkeiten. Daran denken, dass Hotels bis zu 40 C$ für Parkplätze berechnen, während das Parken bei B&Bs normalerweise kostenlos ist.

Innenstadt

Samesun Backpackers Lodge HOSTEL $
(Karte S. 730; ☎604-682-8226, 877-972-6378; www.samesun.com; 1018 Granville St; B/Zi inkl. Frühstück 35/95 C$; @; 10) Das hell gestrichene Samesun, Vancouvers Party-Hostel, befindet sich mittem im Zentrum des Nachtlebens. Wer nachts die Augen zubekommen möchte, bittet besser um ein Zimmer nach hinten raus – oder man geht einfach in die hauseigene Bar hinunter, um im Biergewimmel mitzumachen. Die Schlafsäle sind angenehm klein, und es gibt eine große Küche, wo man seine Raviolidosen aufwärmen kann.

★ **St. Regis Hotel** BOUTIQUEHOTEL $$
(Karte S. 730; ☎604-681-1135, 800-770-7929; www.stregishotel.com; 602 Dunsmuir St; B inkl. Frühstück 220 C$; @; M Granville) Das St. Regis, das in der Außenhaut eines Baudenkmals von 1913 steckt, wurde in den letzten Jahren zu einem mit Kunst ausgekleideten Boutiquehotel umgebaut. Die Zimmer haben, passend zum Alter des Hotels, fast alle unterschiedliche Größen und einen entspannten Elan, mit Tapeten in Leder-Look, Tagesdecken in Erdtönen, Flachbildfernsehern und Multimediaspielern. Im Preis enthalten sind warmes Frühstück, Zugang zum nahen Fitnesscenter und kostenlose Auslandstelefonate.

HI Vancouver Central HOSTEL $$
(Karte S. 730; ☎866-762-4122, 604-685-5335; www.hihostels.ca/vancouver; 1025 Granville St; B/Zi. inkl. Frühstück 40/113 C$; @; 10) Diese kaninchenbauartige Übernachtungsgelegenheit ist im Vergleich zu ihrem Schwesterhotel in der Innenstadt mehr eine Partybude. Sie bietet die Vorteile eines ehemaligen Hotels: eine Klimaanlage und kleine Schlafräume. Wer Privatsphäre braucht, findet Dutzende Doppelzimmer (manche mit eigenem Bad). Von Granville Street lärmt es herauf, man fragt also besser nach einem Zimmer auf der Rückseite.

Victorian Hotel HOTEL $$
(Karte S. 730; ☎877-681-6369, 604-681-6369; www.victorianhotel.ca; 514 Homer St; B inkl. Frühstück mit geteiltem/eigenem Bad 99/159 C$; @; M Granville) Die hohen Zimmer in diesem beliebten Baudenkmal im europäischen Stil bieten glänzende Dielenböden, vereinzelte Antiquitäten, gelegentlich Erkerfenster und reichlich historischen Charme. Die besten Zimmer liegen im sanierten Anbau, wo Regenduschen, marmorne Badezimmerböden und Flachbildfernseher für ein Gefühl von Luxus sorgen. Im Sommer stehen Ventilatoren in den Zimmern.

Urban Hideaway Guesthouse PENSION $$
(Karte S. 730; ☎604-694-0600; www.urbanhideaway.com; 581 Richards St; B mit geteiltem Bad/Suite 109/159 C$; @; M Granville) Dieses gemütliche, aber gut versteckte zweite Zuhause ist preiswert, hat einen guten Ruf und liegt im Herzen der Stadt. Man kann sich in einem der kuscheligen Zimmer vergraben (Tipp: das Loft) oder seine Zeit in den Aufenthaltsbereichen unten im Haus verbringen. Es gibt Waschmaschinen, einen Computer, den man kostenlos benutzen darf, und gratis Leihräder. Meist allerdings ein eigenes.

Rosewood Hotel Georgia HOTEL $$$
(Karte S. 730; ☎604-682-5566; www.rosewoodhotels.com; 801 W Georgia St; DZ 410 C$; @; M Vancouver City Centre) Vancouvers aktuelles In-Hotel wurde kürzlich eindrucksvoll renoviert; seitdem hat das 1927 erbaute Wahrzeichen die Pracht seiner besten Zeiten zurück. In den öffentlichen Bereichen hängt zwar viel abstrakte moderne Kunst, aber die Zimmer sind klassisch elegant in warmen Erd- und Kaffeefarbtönen eingerichtet und bieten feudale Details wie tiefe Badewannen und Aussicht

auf die funkelnde Skyline der Innenstadt (in manchen Zimmern).

Das Restaurant im Erdgeschoss sollte man aufsuchen, falls man angemessene Kleidung dabei hat: Nach der erfolgreichen Wiederauferstehung des Hotels ist das Hawksworth (S. 746) der Treffpunkt für die Elite der Stadt geworden.

Loden Hotel BOUTIQUEHOTEL **$$$**
(Karte S. 730; ☎877-225-6336, 604-669-5060; www.theloden.com; 1177 Melville St; Zi. 300 C$; ❄@📶🐾; Ⓜ Burrard) Das elegante Loden ist ein wahres Designerhotel, und eines der ersten Boutiquehotels seit Jahren, das dem Opus in Yaletown Konkurrenz macht. Die schicken, schokoladenfarbenen Zimmer bieten modernen Elan mit Luxusausstattung wie marmorne Badezimmer und Bodenheizung. Der Service ist erstklassig. Den kostenlosen Limousinenservice in einem Londoner Taxi sollte man in Anspruch nehmen.

Fairmont Pacific Rim HOTEL **$$$**
(Karte S. 730; ☎877-900-5350, 604-695-5300; www.fairmont.com/pacificrim; 1038 Canada Pl; DZ 249 C$; 🚭❄📶🏊🐾; Ⓜ Waterfront) In der Nähe des Kongresszentrums steht mit diesem schicken Anwesen mit 377 Zimmern Vancouvers neuestes Fairmont-Hotel. Viele Zimmer bieten Aussicht auf die Stadt, aber die mit Blick auf das Wasser sind wirklich spektakulär, vor allem wenn man im Whirlpool sitzt, oder mit einem Glas Sekt in einem der würfelförmigen japanischen Bäder. Es gibt Firlefanz wie iPod-Docks und Nespressomaschinen, aber man sollte seine Zeit lieber im herrlichen Schwimmbecken auf dem Dach verbringen.

West End

HI Vancouver Downtown HOSTEL **$**
(Karte S. 730; ☎866-762-4122, 604-684-4565; www.hihostels.ca/vancouver; 1114 Burnaby St; B/Zi. inkl. Frühstück 42/108 C$; 🚭@📶; 🚌6) Es heißt zwar „Downtown“, aber dieses Hostel liegt in einer ruhigen Wohnstraße im West End. Es ist bei älteren Besuchern und Familien beliebt, und die Schlafräume sind zum Glück alle klein; außerdem gibt es auch Zimmer zur alleinigen Nutzung. Es gibt Fahrradstellplätze, eine voll ausgestattete Küche und Fernseh- und Spielzimmer. Von April bis November werden zweimal wöchentlich Touren mit dem legendären einheimischen Fremdenführer Erik angeboten.

Buchan Hotel HOTEL **$$**
(Karte S. 730; ☎800-668-6654, 604-685-5354; www.buchanhotel.com; 1906 Haro St; DZ mit eigenem/Gemeinschaftsbad 139/99 C$; 🚭@📶; 🚌5) Das günstige und charmante Buchan wurde 1926 erbaut und ist nur einen Katzensprung vom Stanley Park entfernt. Die Flure sind mit verschiedenen Drucken aus Vancouvers Geschichte behangen, und die billigen Zimmer, von denen die meisten kein eigenes Badezimmer haben, sind sauber, gemütlich und gut in Schuss, auch wenn manche Möbel schon bessere Tage gesehen haben. Die Zimmer in der höheren Preisklasse sind entsprechend besser, während die auf der Ostseite dagegen heller sind. Das Personal am Empfang ist freundlich.

Sunset Inn & Suites HOTEL **$$**
(Karte S. 730; ☎800-786-1997, 604-688-2474; www.sunsetinn.com; 1111 Burnaby St; Suite inkl. Frühstück 175 C$; 🚭❄@📶; 🚌6) Das beliebte Sunset Inn ist eine Klasse besser als die meisten anderen Hotels mit eigener Küche im West End und hat überdurchschnittlich große Zimmer mit Einbauküchen. Jedes hat einen Balkon, und manche Zimmer – vor allem die in höheren Stockwerken in Richtung Süden – haben teilweise Aussicht auf die English Bay. Im Preis ist, für Vancouver selten, die Parkgebühr enthalten, und das aufmerksame Personal gehört zum besten in der Stadt.

Times Square Suites Hotel APARTMENT **$$$**
(Karte S. 730; ☎877-684-2223, 604-684-2223; www.timessquaresuites.com; 1821 Robson St; Suite 225 C$; 🚭❄📶🐾; 🚌5) Dieses versteckte (sogar der Eingang ist etwas schwer zu finden) Juwel des West End ist herrlich gelegen und nur wenige Schritte vom Stanley Park entfernt. Es ist die perfekte Apartment-Unterkunft in Vancouver. Die Zimmer sind meist geräumige Einzimmer-Apartments und haben Badewannen, Waschküchen, voll ausgestattete Küchen und ausgezeichnet gewartete, wenn auch eher aus den 1980er-Jahren stammende Ausstattung. Im Preis ist die Benutzung eines nahe gelegenen Fitnesscenters enthalten, und auf der anderen Straßenseite gibt es einen Supermarkt.

Sylvia Hotel HOTEL **$$**
(Karte S. 730; ☎604-681-9321; www.sylviahotel.com; 1154 Gilford St; Zi. 189 C$; 🚭🐾; 🚌5) Das efeubedeckte Sylvia wurde 1912 erbaut und erfreut sich einer Toplage mit Blick über English Bay. Manche Gäste, von denen vie-

le jedes Jahr dasselbe Zimmer verlangen, kommen schon seit Generationen wegen des altertümlichen Zaubers und des persönlichen Service. Es gibt ein breites Angebot an gemütlichen Zimmern, aber die besten sind die Bedsitting-Apartments, mit Küche und Ausblick aufs Wasser.

English Bay Inn B&B $$
(Karte S. 730; ☎866-683-8002, 604-683-8002; www.englishbayinn.com; 1968 Comox St; Zi. inkl. Frühstück 175 C$; ; 6) Jedes der sechs antik ausgestatteten Zimmer in diesem B&B nahe Stanley Park hat ein eigenes Badezimmer, und zwei haben opulente Himmelbetten. Man kommt sich vor, als sei man versehentlich in BCs Hauptstadt Victoria gelandet, die so sehr an ihrer englischen Geschichte festhält. Es gibt kostenlosen Portwein im Salon, einen abgelegenen Garten zum Ausruhen und ein dreigängiges Frühstück. Wenn man früh genug da ist, ergattert man den Nischentisch im Speisesaal.

Listel Hotel BOUTIQUEHOTEL $$
(Karte S. 730; ☎800-663-5491, 604-684-8461; www.thelistelhotel.com; 1300 Robson St; DZ 180 C$; @; 5) Das Listel, ein anspruchsvolles Art-Hotel, zieht mit seinen hauseigenen Installationen und Pauschalangeboten mit örtlichen Kunstgalerien Erwachsene an. In vielen Zimmern gibt es originelle Kunstwerke, darunter zeitgenössische Installationen und Kunst der First Nations. Sie haben alle ein entspanntes, stimmungsvolles Westcoast-Feeling. Kunstfreunde besuchen die angrenzende Privatgalerie und das Forage (S. 747), das neue hauseigene Farm-to-Table Restaurant.

Yaletown

★ **YWCA Hotel** HOSTEL $
(Karte S. 730; ☎604-895-5830, 800-663-1424; www.ywcahotel.com; 733 Beatty St; EZ/DZ/3BZ mit Gemeinschaftsbad 73/90/117 C$; @; M Stadium-Chinatown) Die Zimmer dieses preiswerten, günstig gelegenen Hostels sind gut in Schuss, aber spartanisch wie in einem Studentenheim. Es gibt viele verschiedene Zimmer, von Einzelzimmern bis zu Zimmern mit fünf Betten, die ideal für Gruppen sind. Einige teilen sich das Badezimmer, aber alle haben Zugang zu Gemeinschaftsküchen; und jedes Zimmer hat einen Mini-Kühlschrank. Im Preis enthalten ist der Eintritt zum **YWCA Health & Fitness Centre**, etwa 10 Minuten zu Fuß.

Opus Hotel BOUTIQUEHOTEL $$$
(Karte S. 730; ☎604-642-6787, 866-642-6780; www.opushotel.com; 322 Davie St; Zi. 299 C$; @; M Yaletown-Roundhouse) Das Opus war der Anschub für Vancouvers Boutiquehotelszene und ist nach dem kürzlich vorgenommenen kompletten Umbau immer noch eine der elegantesten Unterkünfte der Stadt. Die aufpolierten Zimmer haben schicke Einrichtungen in gewagten Farben, moderne Möbel, und die Betten sind nach Feng-Shui-Regeln aufgestellt. Die luxuriösen Bäder erlauben durch einseitig durchsichtige Fenster den Blick auf die Straße.

Granville Island & Kitsilano

HI Vancouver Jericho Beach HOSTEL $
(☎866-762-4122, 604-224-3208; www.hihostels.ca/vancouver; 1515 Discovery St, Kitsilano; B/Zi. mit Gemeinschaftsbad 36/88 C$; Mai–Sept.; @; 4) Es ist eines von Kanadas größten Hostels und sieht von außen wie ein viktorianisches Krankenhaus aus; aber es ist ideal gelegen, wenn man wegen der Atmosphäre an den Jericho Beach gekommen ist (zur Innenstadt sind es 40 Minuten mit dem Bus). Es hat die einfachsten Zimmer unter den HI-Hostels in Vancouver, aber es gibt eine große Küche, einen Fahrradverleih und ein kürzlich neu gestaltetes Café. Die Schlafräume sind hier auch größer; wer ein eigenes Zimmer will, sollte unbedingt im Voraus buchen.

Granville Island Hotel BOUTIQUEHOTEL $$
(Karte S. 730; ☎800-663-1840, 604-683-7373; www.granvilleislandhotel.com; 1253 Johnston St; Zi. 220 C$; @; 50) Dieses anmutige Anwesen liegt an Granville Islands ruhiger Ostspitze und bietet friedvolle Blicke über False Creek auf die Spiegeltürme von Yaletown. Es sind fünf Minuten zu Fuß zum Public Market (S. 736), Geschäfte und Theater liegen praktisch direkt vor der Haustür. Die Zimmer sind elegant im Stil der West Coast eingerichtet und zeigen viel Holz. Außerdem gibt es einen netten Jacuzzi auf dem Dach, und das hauseigene Restaurant mit eigener Brauerei hat einen wunderschönen Innenhof.

Corkscrew Inn B&B $$
(☎877-737-7276, 604-733-7276; www.corkscrewinn.com; 2735 W 2nd Ave, Kitsilano; DZ inkl. Frühstück 180 C$; ; 84) Dieses makellose Anwesen mit Giebeldach hat scheinbar ein Alkoholproblem: Es beherbergt ein kleines,

nur für die Gäste zugängliches Museum, das vollgestopft ist mit drolligen Korkenziehern und alten Werkeugen für den Weinbau. Neben dem Alkoholkrimskrams besitzt dieses reizende, hundert Jahre alte Haus im Craftsman Style fünf kunstvoll gestaltete Zimmer, von denen uns der Art Deco Room am besten gefällt. Zum Strand ist es nur ein kleiner Spaziergang. Ein opulentes Frühstück ist im Preis inbegriffen.

University of British Columbia & West Side

University of British Columbia Accommodation
UNTERKÜNFTE **$$**

(☎888-822-1030, 604-822-1000; www.ubcconferences.com; 5961 Student Union Blvd, UBC; Zi. 35–199 C$; ⏲Mai–Aug.; @; 🚌99 B-Linie) Hier kommt man sich vor, als würde man als Student auf einem Campus wohnen. Die gepflegten Unterkünfte reichen von günstigen Gemeinschaftsunterkünften im Pacific Spirit Hostel über private Zimmer mit meist toller Aussicht in Gemeinschaftsapartments in Gage Towers bis hin zu den eindrucksvollen, hotelähnlichen West Coast Suites mit Flachbildfernsehern und eleganter Einrichtung. Letztere sind die einzigen ganzjährig verfügbaren Unterkünfte und beinhalten Frühstück und WLAN.

Douglas Guest House
PENSION **$$**

(☎888-872-3060, 604-872-3060; www.dougwin.com; 456 W 13th Ave; Zi. inkl. Frühstück 125–195 C$; 🚌15) Das Douglas ist ein orangefarbenes B&B im Stil der Edwardischen Epoche. Es liegt in einer ruhigen, malerischen Gegend in der Nähe des Rathauses und bietet vor allem im Winter günstige Preise. Die Atmosphäre ist entspannt, und man muss sich keine Sorgen um knarzende Fußböden oder umfallende Porzellanvasen machen. Unter den sechs bequemen und konservativ eingerichteten Zimmern sind Einzelzimmer mit Gemeinschaftsbad, größere Doppelzimmer mit eigenem Bad und zwei für Familien geeignete Apartments. Kostenloses Parken abseits der Straße ist im Preis inbegriffen.

Essen

Vancouver ist eine der besten Städte Kanadas, um auswärts zu essen. Es gibt ein reiches Angebot an authentischen ethnischen Küchen, neuerdings eine Renaissance der West-Coast-Küche mit ihren lokalen Zutaten und einen kleinen Trend neuer vegetarischer Restaurants. Hier gibt es das beste Sushi außerhalb Japans zum Mittagessen, gefolgt von leckerer Ente aus Fraser Valley und wilden Morcheln zum Abendessen. Man darf auf keinen Fall die blühende Szene der Food Trucks verpassen und sollte zum Abendessen ein frisch gezapftes Bier trinken: BC ist die Hauptstadt der Micro-Breweries von ganz Kanada.

Innenstadt

Finch's
CAFÉ **$**

(Karte S. 730; www.finchteahouse.com; 353 W Pender St; Hauptgerichte 5–10 C$; ⏲Mo–Fr 9–17, Sa 11–16 Uhr; 🚌4) Um einen der begehrten Plätze an einem der alten Tische zu ergattern, darf man dieses sonnige Eckcafé nicht zur Hauptgeschäftszeit aufsuchen. Es besitzt einen großmütterlichen Charme mit seinen knarzenden Dielenböden und dem Trödel. Man sitzt unter eingeweihten Hipstern und Kreativen, die diesen Laden schon seit Jahren bevölkern. Sie kommen wegen des günstigen Frühstücks (z. B. Eier mit Toast für 2,95 C$), und wegen den frisch zubereiteten Feinkostbaguettes und köstlichen hausgemachten Suppen.

★ Mario's Coffee Express
KAFFEE **$**

(Karte S. 730; 595 Howe St; Hauptgerichte 4–8 C$; ⏲Mo–Fr 7–16 Uhr; Ⓜ Burrard) Dies ist ein Platz für Kaffeefreunde, den anscheinend nur die Büroangestellten der Innenstadt kennen. Lange bevor man die Türe geöffnet hat, steigt belebender Kaffeeduft in die Nase. Die starken aromatischen Getränke, die vom Inhaber selbst serviert werden, müssten Starbucks-Kunden die Tränen in die Augen treiben. Fast überhört man den 1980er-Jahre Italopop, der den Laden regelrecht durchdringt.

Obwohl unscheinbar, ist dies wohl der ideale Ort, um in der Innenstadt eine Tasse Kaffee zu trinken.

Japadog
JAPANISCH **$**

(Karte S. 730; www.japadog.com; 530 Robson St; Hauptgerichte 5–8 C$; ⏲Mo–Do 11–22, Fr & Sa bis 23, So bis 21 Uhr; 🚌10) Vor den Hotdog-Ständen von Japadog bilden sich in der ganzen Stadt mittags lange Schlangen, aber diese gefeierten, immer fröhlichen japanischen Auswanderer haben hier 2010 ein Lokal eröffnet. Es gibt hier fast dasselbe wie bei den Ständen: geräucherte Putenwurst mit Misosauce und Bratwürste mit Zwiebeln, weißem Rettich und Sojasauce. Man bekommt aber auch teuflisch gut gewürzte Pommes; die mit scharfem Wasabi sind besonders empfehlenswert.

Templeton IMBISS **$$**
(Karte S. 730; www.thetempleton.ca; 1087 Granville St; Hauptgerichte 10–14 C$; ⌚ Mo–Mi 9–23 Uhr, Do–So bis 1 Uhr; ; 10) In dem Imbiss mit pfiffigem 1950-Jahre-Look gibt es riesige Bio-Burger, süchtig machende Pommes, vegetarische Quesadillas und die vielleicht beste Katermedizin der Stadt: das „Big Ass Breakfast“. Darüber, dass die Mini-Jukeboxen auf den Tischen nicht echt sind, kann man sich bei einem üppigen Schokoladeneis-Float hinwegtrösten. Zu den Hauptgeschäftszeiten am Wochenende bilden sich immer lange Schlangen.

La Bodega SPANISCH **$$**
(Karte S. 730; www.labodegavancouver.com; 1277 Howe St; Tapas 3–13 C$; ⌚ 17–24 Uhr; 10) Diese rustikale Tapas-Bar ist wohl Vancouvers authentischstes spanisches Restaurant; das wichtigste Gericht sind die Probierteller. Man setzt sich hin, bestellt einen Krug Sangria und sucht sich aus, welche der Leckereien aus der umfangreichen Speisekarte man sich teilen will. Der Chorizo ist etwas für scharfe Geschmäcker, und die spanischen Hackfleischbällchen sind zu Recht beliebt.

Twisted Fork Bistro FRANZÖSISCH **$$**
(Karte S. 730; www.twistedforkbistro.ca; 1147 Granville St; Hauptgerichte 20–22 C$; ⌚ Fr-So 10-14 & 17.30–23 Uhr täglich; 10) Zwischen den schmuddeligen Esskneipen auf Granville Street wirkt dieses schmale, mit Kunst geschmückte Bistro wie ein Fremdkörper. Aber auch Clubgänger müssen manchmal anständig essen. Auf der Karte stehen rustikale französische Klassiker wie Muscheln, Lammkeule und ein ausgezeichnetes Bœuf bourguignon, aber es gibt auch kleinere Probierteller, wenn man teilen will.

Coast MEERESFRÜCHTE **$$**
(Karte S. 730; ☎ 604-685-5010; www.coastrestaurant.ca; 1054 Alberni St; Hauptgerichte 18–42 C$; ⌚ Mo–Do 11.30–1, Fr bis 2, Sa 16–2, So 16–1 Uhr; 5) In diesem geschäftigen Fischlokal sieht man Vancouvers Geschäftswelt beim Verzehr eines reichen Angebots an Meeresfrüchten. Man hat Klassiker wie Garnelen oder Fladenbrotpizzas mit Lachs geschickt neu erfunden, aber die wahren Fischfreunde kommen wegen der gewaltigen Meeresfrüchteplatte mit Lachs, Kabeljau, Jakobsmuscheln und Riesengarnelen. Fish & Chips zum Mitnehmen kosten mittags 14 C$, und es gibt eine ausgezeichnete Theke, an der man jede Menge frischer Austern essen kann.

★ **Hawksworth** WEST COAST **$$$**
(Karte S. 730; ☎ 604-673-7000; www.hawksworthrestaurant.com; 801 W Georgia St; Hauptgerichte 29–39 C$; ⌚ 7–23 Uhr) Im Spitzenrestaurant des Spitzenhotels Georgia (S. 742) in Rosewood trifft sich die Elite. Aber im Gegensatz zu den meisten Hotelrestaurants hat dieses eine glühende ansässige Fangemeinde. Es wurde vom gleichnamigen Spitzenkoch Vancouvers gegründet und vereint den zeitgenössischen West Coast-Stil geschickt mit internationalen Einflüssen, woraus Gerichte entstehen wie z. B. in Sojasauce gebratener Stör. Ebenfalls empfehlenswert sind die saisonabhängigen Probierteller.

Chambar EUROPÄISCH **$$$**
(Karte S. 730; ☎ 604-879-7119; www.chambar.com; 562 Beatty St; Hauptgerichte 23–33 C$; ⌚ 17–24 Uhr; Ⓜ Stadium-Chinatown) Diese mit Kerzen beleuchtete Backsteinhöhle bietet sich für einen romantischen Abend zu zweit an. Auf der anspruchsvollen, belgisch beeinflussten Karte stehen köstliche *moules-frites* (Miesmuscheln und Fritten) und geschmorte Lammkeule mit Feigen; Letztere sind eine lokale Berühmtheit. Die Wein- und Cocktailliste ist eindrucksvoll – den Blue Fig Martini probieren – und wird von einer tollen Karte belgischer Biere ergänzt, die mit *Tripeln* und *Lambic*-Sorten zum Trinken einlädt.

West End & Stanley Park

Sushi Mart JAPANISCH **$**
(Karte S. 730; www.sushimart.com; 1686 Robson St; Sushi Combos 7–18 C$; ⌚ Mo–Sa 11.30–15 Uhr & 17–21 Uhr; 5) Man sitzt Seite an Seite mit gesprächigen Teilnehmern am Programm „Englisch als Zweitsprache“ an einem großen Gemeinschaftstisch. Hier gibt es eine der besten frischen Sushimahlzeiten in zwangloser Atmosphäre. Auf der sich ständig ändernden Kreidetafel kann man sehen, was es gerade gibt, und dann meisterhaft zubereitete und günstige Gemeinschaftsteller mit *Nigiri*, *Maki* und Sashimi-Leckereien genießen. Es gibt auch Gerichte mit Udon-Nudeln.

FOOD-TRUCK-FIEBER

2010 sprang Vancouver auf den Trend auf, den die legendären Street-Food-Szenen in Portland und Austin losgetreten hatten, und startete ein Pilotprojekt mit 17 Wägen. Das Projekt war schnell erfolgreich, und Mitte 2013 waren 114 leckere Trucks über die Stadt verteilt und verkauften alles von Heilbutt-Tacos bis zu koreanischen Sliders, und von Pulled Pork Sandwiches bis zu französischen Eintöpfen. Im Stadtzentrum stehen viele der vierrädrigen Lokale, und obwohl eine Menge von ihnen eher experimentelle Küche bieten, sind etliche schnell bekannt geworden. Zu den Favoriten gehören **TacoFino**, **Re-Up BBQ**, **Roaming Dragon**, **Feastro**, **Fresh Local Wild**, **Yolk's Breakfast**, **Pig on the Street** und **Vij's Railway Express**. Und auch die Stellplätze von **JapaDog** sollte man aufsuchen: die haben mit ihren Hot Dogs, die nach Nori-Algen und Miso schmecken, die Szene so richtig ins Rollen gebracht, indem sie das Repertoire von Street Food enorm erweiterten.

Um den Komplex der Vancouver Art Gallery (S. 727) findet man meist ein paar Verkaufsstellen, aber auf den Hauptverkehrsadern der Innenstadt wie Howe Street, Burrard Street, Georgia Street und Seymour Street landet man auch sicher einen Treffer. Die Stadt hat sich kürzlich eines Problems angenommen: durch ihre breite Streuung sind die Wägen manchmal schwer zu finden, im Gegensatz zu denen in Austin und Portland, wo sie oft in Gruppen zusammenstehen. Eine vorgeschlagene Gruppierung in der Hamilton Street will nun mehrere verschiedene Imbisse an einem gut zugänglichen Ort versammeln.

Aktuellste Angebote, Öffnungszeiten und Standorte der Street Food Carts findet man auf www.streetfoodapp.com/vancouver. Und man sollte die Augen nach Gastauftritten der Wägen bei Events in und um die Stadt offen halten. Wer mehr Unterstützung braucht, bekommt bei Vancouver Foodie Tours (S. 740) die leckere Street Eats Tour.

★ Guu with Garlic JAPANISCH **$$**

(Karte S. 730; www.guu-izakaya.com; 1689 Robson St; kleine Teller 4–9 C$, Hauptgerichte 8–16 C$; ⏲Di–So 11.30–14.30 & tgl. 17.30–24 Uhr; 🚌5) Unter den vielen authentischen *Izakayas* Vancouvers ist diese einladende, holzgetäfelte Kneipe wohl die beste, um in eine fremde Kultur einzutauchen. Es gibt Feuertöpfe und Nudelgerichte, aber am besten probiert man japanische Bar-Tapas wie Kohlenfisch mit Miso-Mayonnaise, frittierte Ei-Kürbis-Bällchen oder das super-leckere, *Tori Karaage* genannte gebratene Hühnchen. Knoblauch wird meist großzügig verwendet, und man kommt am Besten vor der Öffnungszeit, um einen Sitzplatz zu bekommen.

★ Forage WEST COAST **$$**

(Karte S. 730; ☎604-661-1400; www.foragevancouver.com; 1300 Robson St; Hauptgerichte 17–21 C$; ⏲Mo–Fr 6.30–10 & 17–24 Uhr, Sa & So 7–14 Uhr & 17–24 Uhr; 🚌5) 🍃 In diesem der Nachhaltigkeit verpflichteten Restaurant, einem Meister der hiesigen Farm-to-Table-Bewegung, kann man hervorragend die Lebensmittel der Region probieren. Der Brunch ist sehr beliebt; das Putenwurst-Haschee z. B. ist empfehlenswert. Beim Abendessen verkostet man eine Reihe verschiedener Probierteller. Die Karte ist innovativ und saisonal, man sollte auf jeden Fall die köstlichen Schweinezungenravioli und das gebratene Bisonknochenmark probieren.

Espana SPANISCH **$$**

(Karte S. 730; www.espanarestaurant.ca; 1118 Denman St; Tapasteller 5–12 C$; ⏲So–Do 17-1, Fr & Sa bis 2 Uhr; 🚌5) Reservierungen sind nicht möglich, aber das Schlangestehen für einen Sitzplatz in Vancouvers bestem neuen Tapaslokal lohnt sich. Die Tische stehen eng gedrängt, die Stimmung ist herzlich und einladend, und die lebhaften Gespräche drehen sich fast ausschließlich um das großartige Essen. Knuspriger Kalmar, Kabeljau und Kartoffelkroketten sind ein Gedicht, das knusprige Kichererbsengericht eine köstliche Offenbarung.

Fish House in Stanley Park MEERESFRÜCHTE **$$$**

(☎877-681-7275, 604-681-7275; www.fishhousestanleypark.com; 8901 Stanley Park Dr; Hauptgerichte 22–42 C$; ⏲11.30–22 Uhr; 🚌19) 🍃 Das Lokal, das über zwei Innenhöfe verfügt, ist das extravaganteste Restaurant des Parks und bietet mit die besten Meeresfrüchte der

Stadt. Die Karte ist saisonal, als Klassiker gibt es Salmon Wellington und Linguine mit geräuchertem Kabeljau; frische Austern werden auch gerne geschlürft. Das Brunch am Wochenende ist ein Höhepunkt; vor allem der Benedict mit geräuchertem Lachs ist ein Gedicht. Das Restaurant hat sich dem nachhaltigen Fischfang verpflichtet; Rind, Ente und Huhn stammen ebenfalls aus lokaler Produktion.

Wer beim ersten Mal nicht genug hatte, kommt zum gehaltvollen Afternoon Tea, dessen Leckereien zwischen 14 und 16 Uhr serviert werden, und muss dann viermal um den Park laufen, um die Kalorien wieder abzutrainieren.

Yaletown

★Flying Pig WEST COAST **$$**

(Karte S. 730; www.theflyingpigvan.com; 1168 Hamilton St; Hauptgerichte 18–24 C$; ⏲Mo–Fr 11.30–24 Uhr, Sa & So 10.30-24 Uhr; Ⓜ Yaletown-Roundhouse) Yaletowns bestes Restaurant der mittleren Preisklasse bietet freundlichen Service und ausgezeichnetes, genussvolles Essen. Da das aber alle anderen auch wissen, sollte man außerhalb der Spitzenzeiten kommen, um dem Massenandrang zu entgehen. Die Gerichte in dem warmen, mit viel Holz eingerichteten Bistro konzentrieren sich auf saisonale lokale Zutaten und bereiten wirklich viel Freude: Jakobsmuscheln und Heilbutt sind vollkommen, und das gebratene Hühnchen ist wirklich das beste der Stadt.

Fürs Abendessen werden keine Reservierungen angenommen. Zum Zeitpunkt des Verfassens hatte gerade ein neues, noch größeres Flying Pig in Gastown eröffnet.

Rodney's Oyster House MEERESFRÜCHTE **$$**

(Karte S. 730; ☎604-609-0080; www.rohvan.com; 1228 Hamilton St; Hauptgerichte 16–32 C$; ⏲11.30–23 Uhr; Ⓜ Yaletown-Roundhouse) Rodney's ist seit vielen Jahren Vancouvers beliebtestes und stets geschäftiges Austernlokal. Das liegt nicht nur an dem gastlichen Raum, der mit Seemanns-Souvenirs geschmückt ist: Diese Jungs wissen wirklich, wie man Meeresfrüchte zubereitet. Die frisch geöffneten Austern begeistern mit einer Auswahl an Dressings (Wodka-Sauce probieren); daneben gibt es alles von süßen Muscheln bis zu prächtigem Hummeraus dem Atlantik.

Blue Water Café + Raw Bar MEERESFRÜCHTE **$$$**

(Karte S. 730; ☎604-688-8078; www.bluewatercafe.net; 1095 Hamilton St; Hauptgerichte 25–44 C$; ⏲17–24 Uhr; Ⓜ Yaletown-Roundhouse) Unter dem erfahrenen Küchenchef Frank Pabst ist das Blue Water Café zu einem von Vancouvers besten hochwertigen Fischrestaurants aufgestiegen; ein echtes Highlight unter den Spitzenrestaurants in Yaletown. Musik klingt sanft durch die blau schimmernden Backsteinräume, während Türme aus Meeresfrüchten, Seesaibling und Kohlenfisch aus BC die Tische drinnen und im Innenhof zieren. Die halbkreisförmige Raw Bar ist empfehlenswert, dort kann man wirbelnden Messern bei der Zubereitung köstlicher Sushis und Sashimis zusehen.

Gastown

★ Rainier Provisions WEST COAST **$**

(Karte S. 730; www.rainierprovisions.com; 2 W Cordova St; Hauptgerichte 8–12 C$; ⏲ Mo–Fr 11–0 Uhr, Sa & So 9–20 Uhr; 🚌4) Dieses als günstiges Café Bistro wiederbelebte ehemalige Hotel in Gastown ist perfekt, um wieder Kräfte zu tanken. Es gibt Kaffee von Stumptown und herzhafte Speisen, angefangen bei warmen Sandwiches mit Suppe oder Salat bis zu großen Braten mit allen Zutaten. Am besten sind aber die regional hergestellten Würste mit Bratkartoffeln.

Meat & Bread SANDWICHES **$**

(Karte S. 730; www.meatandbread.ca; 370 Cambie St; Hauptgerichte 7–9 C$; ⏲ Mo–Sa 11–17 Uhr; 🚌14) Wer vor der langen Schlange zur Mittagszeit kommt, kann in Vancouvers beliebtestem Gourmet-Sandwichlokal sogar einen der vier kleinen Fenstersitzplätze ergattern. Oder man setzt sich zu den hippen Einheimischen am langen Tisch und macht sich über die täglich wechselnden Angebote her, meist Scheiben perfekt gebratenes regionales Lamm, Schwein oder Huhn. Das gegrillte Käsesandwich ist auch Spitze.

Man genießt es zu einem Bier für 6 C$ aus einer Mikrobrauerei und kommt gerne immer wieder: Der Laden ist Kult, und die leckeren Sandwiches eine ständige und herausfordernde Verlockung.

Save On Meats IMBISS **$**

(Karte S. 730; www.saveonmeats.ca; 43 W Hastings St; Hauptgerichte 4–14 C$; ⏲Mo–Mi

7–22, Do–Sa 7–24, So 8–22 Uhr; ; 14) Die ehemalige Metzgerei Save On Meats wurde zum angesagtesten Imbiss der Eastside in Downtown umgebaut. Die Gäste kommen aber nicht nur deshalb hierher, um cool auszusehen. In Sitznischen oder am langen Tresen kann man die ausgezeichneten Gerichte genießen, darunter ganztägiges Frühstück und ein breites Angebot an einfachen Favoriten wie beispielsweise Makkaroni mit Käse und Chicken Pot Pie.

Acme Cafe IMBISS **$$**
(Karte S. 730; www.acmecafe.ca; 51 W Hastings St; Hauptgerichte 9–13 C$; Mo–Fr 8–21, Sa & So 9–21 Uhr; 14) Allein schon die schwarzweiße Art-déco-Einrichtung reicht, um sich an Regentagen aufzuwärmen oder die kuscheligen Sitzecken und der U-Förmige Tresen im coolen Retrostil. Die Hipster strömten vom ersten Tag an herein wegen des herzhaften Frühstücks und der üppigen Mittagessen mit einem Hauch von Gourmetessen. Der schmackhafte Hackbraten, das Chicken Club Sandwich und das Sandwich mit Garnelenguacamole sind absolut den Abstecher wert.

Judas Goat Taberna TAPAS **$$**
(Karte S. 730; www.judasgoat.ca; 27 Blood Alley; Tapas 4–12 C$; Mo–Sa 17–24 Uhr; 4) Diese winzige Tapaskneipe in einer Seitenstraße wurde nach den Ziegen benannt, mit denen man am Schlachthof die Schafe von den Viehtransportern führte. Man beherrscht hier die Kunst der Zubereitung einfacher kleiner Vorspeisenteller wie Entenconfit, herzhafte Rinderbrust-Frikadellen und Terrine aus Rüben und vorzügliche Ziegenkäse. Wie im Salt Tasting Room nebenan gibt es auch hier eine gute, wenn auch kürzere Karte mit aus Spanien importierten Weinen und Sherrys.

Wildebeest WEST COAST **$$$**
(Karte S. 730; www.wildebeest.ca; 120 W Hastings St; Hauptgerichte 13–42 C$; Di–So 17–24 Uhr; 14) Dieses stimmungsvoll beleuchtete, sich über zwei Stockwerke erstreckende Lokal ist das Traumziel eines jeden Fleischessers zum Abendessen, obwohl es auch vegetarische Gerichte gibt. Es besteht die Wahl zwischen Sitzplätzen an Einzeltischen oder an einem langen Gemeinschaftstisch im unteren Stockwerk. Bessere Short Ribs, Schweinebacken oder saftiges Brathuhn bekommt man nirgendwo.

TOP 5: ASIATISCHE RESTAURANTS

- Bao Bei (S. 749)
- Guu With Garlic (S. 747)
- Maenam (S. 752)
- Gam Gok Yuen (S. 749)
- Sushi Mart (S. 746)

Chinatown

★ **Bao Bei** CHINESISCH **$$**
(Karte S. 730; 604-688-0876; www.bao-bei.ca; 163 Keefer St; kleine Teller 9–18 C$; Mo–Sa 17.30–24 Uhr; ; 3) Diese ungewöhnlich dekorierte chinesische Brasserie, in einem alten Baudenkmal in Chinatown untergebracht, ist ein verstecktes Juwel und das verlockendste Abendlokal in seiner Gegend. Sie hat eine treue Fangemeinde und bietet asiatische Vorspeisenteller in moderner Interpretation, darunter *Sha bing* (chinesisches Brot), Oktopussalat und knusprigen Schweinebauch. Man pflegt auch originelle, schmackhafte Cocktails, sodass sich das Warten an der Bar auf einen Tisch kurzweilig gestaltet.

Cam pognolo ITALIENISCH **$$**
(Karte S. 730; www.campagnolorestaurant.ca; 1020 Main St; Hauptgerichte 12–25 C$; 11.30–14.30 & 17–22 Uhr; 3) Als dieses zeitgenössische italienische Restaurant in einer bisher schäbigen Stadtgegend eröffnete, gab es Skeptiker. Das intime, minimalistische Campagnolo lockt inzwischen aber viele Einheimische an. Der Weg wird mit einer der besten italienischen Küchen der Stadt belohnt. Die Trüffelwurst-Rigatoni oder den nach Zitrus duftenden Salat aus hiesigem Oktopus muss man unbedingt probieren.

Gam Gok Yuen CHINESISCH **$$**
(Karte S. 730; 142 E Pender St; Hauptgerichte 7–14 C$; 10.30–20 Uhr; 3) Die verblasste Einrichtung aus den 1980er-Jahren dieses bescheidenen Abendlokals in Chinatown sollte man ignorieren: Die Gäste kommen wegen des fleischlastigen Essens im Hongkong-Stil. Besonders erwähnenswert ist das Schwein vom Grill und die Entengerichte; das Schaufenster mit gebratenem Fleisch verrät schon viel. Man kann alles bestellen, aber eine eine herzhafte Schüssel Nudelsuppe sollte auf jeden Fall dazugehören.

Main Street & Commercial Drive

Gene Cafe KAFFEE $

(2404 Main St; Backwaren 3–6 C$; Mo–Fr 7.30–19, Sa & So 8.30–19 Uhr; ; 3) Dieses Café, mit Betonfußböden und ausladenden Fenstern, ist in einem schmalen, keilförmigen Gebäude gelegen. Man sitzt auf klobigen Zedernholzbänken. Der Cappuccino ist perfekt zubereitet, dazu gibt es hausgemachte Cookies. Die Obsttorten sind ebenfalls sehr empfehlenswert.

Café Calabria KAFFEE $

(1745 Commercial Dr; www.cafecalabria.ca; Sandwiches 4–9 C$; hMo–Do 6–22 Uhr, Fr & Sa bis Mitternacht; 20) Wenn Einwohner Vancouvers behaupten, dass der Commercial Drive die beste Kaffeestraße der Stadt ist, dann meinen sie unter anderem dieses Lokal. Es ist noch besser als eine Menge guter anderer Cafés, die hier von italienischen Einwanderern gegründet wurden. Von der Dekoration aus Kronleuchtern und Statuen sollte man sich nicht abschrecken lassen, sondern einfach einen Espresso bestellen, sich draußen hinsetzen und beispielsweise dem Verkehr auf dem Drive zusehen.

★ **Cannibal Café** HAMBURGER $$

(www.cannibalcafe.ca; 1818 Commercial Dr; Hauptspeisen 12–15 C$; 11.30–24 Uhr; ; 20) In diesen punkig angehauchten Imbiss gehen Fans echter, großer Burger, um sich geradezu die Kiefer auszurenken. Während man auf sein Essen wartet, läuft einem das Wasser im Mund zusammen, bevor man endlich den Burgerhimmel erlebt. Der Service ist stets freundlich, und es gibt ein originelles Angebot an Klassikern bis hin zum äußerst empfehlenswerten koreanischen BBQ-Burger.

Acorn VEGETARISCH $$

(www.theacornrestaurant.ca; 3995 Main St; Hauptgerichte 17–19 C$; Di–Do 17.30–1 Uhr, Fr & Sa bis 2, So bis 24 Uhr; ; 3) Seit das Acorn 2012 eröffnete, ist es rasch zu einem der heißesten vegetarischen Restaurants Vancouvers geworden, weshalb man manchmal lange auf einen Tisch warten muss. Der einem Imbiss ähnelnde Laden ist seit der Eröffnung ein verlässlicher Anlaufpunkt für Vegetarier geworden, die etwas besseres als eine Mungbohnensuppe suchen. Die Gerichte wie Rübenravioli und der ausgezeichnete, knusprige Caesar Salad aus Grünkohl werden kunstvoll präsentiert.

Sun Sui Wah Seafood Restaurant CHINESISCH $$

(www.sunsuiwah.com; 3888 Main St; Hauptgerichte 8–22 C$; 10.30–15 & 17–22.30 Uhr; 3) In diesem geschäftigen, seit Jahren äußerst beliebten Laden im Hongkong-Stil bekommt man besonders gute Dim Sum. Man kann mit einer Reihe von Köstlichkeiten ein gemütliches Festmahl abhalten, kämpft aber dann mit Hilfe des Drehtischs um den letzten Bissen. Meeresfrüchte sind eine große Spezialität, daher die Aquarien.

Via Tevere PIZZERIA $$

(www.viateverepizzeria.com; 1190 Victoria Dr; Hauptgerichte 12–19 C$; Di–Do 17–22, Fr & Sa bis 23, So bis 21 Uhr; 20) Es lohnt sich, vom Drive zwei Häuserblocks nach Osten zu spazieren, denn hier gibt es wohl die beste Pizza in Ost-Vancouver. Und das heißt schon was, denn der Drive ist mit guten Pizzalokalen gepflastert. Das Via Tevere wird von einer Familie mit echten neapolitanischen Wurzeln geführt; der mit Mosaikfliesen verzierte Pizzaofen wird mit Holz geheizt. Die *Capricciosa* ist sehr empfehlenswert.

Granville Island

★ **Go Fish** MEERESFRÜCHTE $

(Karte S. 730; 1505 W 1st Ave; Hauptgerichte 8–14 C$; Di–So 11.30–18.30 Uhr; 50) Dieser fast zu beliebte Stand liegt nur einen kurzen Fußweg von der Brücke zu Granville Island in westlicher Richtung entlang des Ufers. Er ist eines der beliebtesten Lokale für Fish & Chips in der Stadt; man bekommt Heilbutt, Lachs oder Kabeljau in knusprigem goldenem Backteig. Die leichteren Fischtacos sind ebenfalls sehr empfehlenswert, und unter den ständig wechselnden Tagesangeboten, die von den nahe gelegenen Fischkuttern geliefert werden, sind oft Jakobsmuschelburger oder Sandwiches mit Gelbflossen-Thunfisch.

Agro Café CAFÉ $

(Karte S. 730; www.agrocafe.org; 1363 Railspur Alley; Hauptgerichte 5–8 C$; Mo–Fr 8–19, Sa & So 9–19 Uhr; ; 50) Dieses etwas versteckte Café auf der Railspur Alley eignet sich großartig für eine Kaffeepause. Außerdem gibt es hier das preiswerteste Frühstück auf Granville Island; z. B. Eier für 7 C$, Hash Browns und Putenwurst. Zum Mittagessen gibt es Suppen, Salate, Sandwiches und Wraps, und als Abwechslung zum Kaffee bekommt man immer auch köstliche Biere aus einer örtlichen Mikrobrauerei.

★ **Edible Canada at the Market** WEST COAST **$$**
(Karte S. 730; ☎604-682-6681; www.ediblecanada.com/bistro; 1596 Johnston St; Hauptgerichte 18–29 C$; ⏲Mo–Do 11–21, Fr–So bis 22 Uhr; 🚌50) Granville Islands beliebtestes Bistro bietet eine kurze, aber verführerische Speisekarte mit saisonalen Gerichten aus ganz Kanada. Darunter oft perfekt zubereitetes Rind aus Alberta, Fisch aus Newfoundland und verschiedene Leckereien aus BC. Besonders gut ist der bei Niedrigtemperatur gebratene Schweinebauch. Man sollte sich zum Probieren mehrere Teller teilen, und eine Maple Sugar Pie mit einem Glas Eiswein stellt einen gelungenen Abschluss dar. Besser vorher reservieren.

Kitsilano & West Side

★ **La Taqueria Pinche Taco Shop** MEXIKANISCH **$**
(www.lataqueria.ca; 2549 Cambie St; 4 Tacos 7–9,50 C$; ⏲Mo–Sa 11–20.30 Uhr; 🌶; Ⓜ Broadway-City Hall) Vancouvers liebste Tacobude ist aus dem winzigen Lokal in Hastings Street (das es immer noch gibt) herausgewachsen und zu diesem viel größeren Laden geworden. Es ist immer noch genauso voll, aber zum Glück kaufen viele der Gäste ihr Essen zum Mitnehmen. Wenn man einen der hell gestrichenen Tische ergattert hat, kann man an der Theke aus einem runden Dutzend Weizentortillas mit herzhafter Fleisch- oder würziger vegetarischer Füllung wählen; dazu gibt es günstiges Bier.

Der Service ist herzlich, und sowohl Preis als auch die Qualität der Zutaten machen erstmalige Besucher schnell zu Stammkunden. Die Tacos kosten 2,50 C$ pro Stück, bzw. 9,50 C$ für vier (oder nur 7 C$, wenn man vegetarische nimmt).

★ **Fable** WEST COAST **$$**
(☎604-732-1322; www.fablekitchen.ca; 1944 W 4th Ave; Hauptgerichte 18–28 C$; ⏲Mo–Fr 11.30–14, Mo–Sa 17.30–22, Sa & So Brunch 10.30–14 Uhr; 🚌4) Dieses beliebte Farm-to-Table-Restaurant ist in einem rustikal-schicken Ziegelraum mit Holzbalken untergebracht. Das Äußere ist aber nur ein Teil seines Charmes. Man bekommt auch perfekt zubereitete Bistrogerichte mit saisonalen Zutaten der Region, darunter häufig Ente, Huhn oder Heilbutt. Das Essen ist anspruchsvoll, aber nicht überspannt, was an den meisten Abenden zu einem vollen Haus führt. Eine Reservierung ist empfohlen.

Salmon n' Bannock WEST COAST **$$**
(www.salmonandbannock.net; 1128 W Broadway; Hauptgerichte 14–24 C$; ⏲Mo–Fr 11–15, Mo–Do 17–21, Fr & Sa 17–23 Uhr; 🚌9) Vancouvers einziges First-Nations-Restaurant ist ein rei-

BAUERNMÄRKTE

Von Juni bis Oktober füllen sich die Scheunen um Vancouver mit einer Fülle von leckeren landwirtschaftlichen Erzeugnissen aus BC. Zu den Highlights der Saison gehören knackige Äpfel, pralle Pfirsiche und saftige Blaubeeren, oft begleitet von selbst gebackenen Kuchen und anderen Leckereien. Gelegentlich gehören auch pikanter regionaler Käse und Kunsthandwerk zur Mischung. Unter www.eatlocal.org erfährt man mehr über das aktuelle Angebot.

➡ **East Vancouver Farmers Market** (Commercial Dr, nördlicher Parkplatz am Trout Lake Park; ⏲Mitte Mai–Mitte Okt. Sa 9–14 Uhr; 🚌20)

➡ **Kitsilano Farmers Market** (Kitsilano Community Centre, 2690 Larch St; ⏲Mitte Mai–Mitte Okt. So 10–14 Uhr; 🚌4)

➡ **Main Street Station Farmers Market** (Karte S. 730; Thornton Park, 1100 Station St; ⏲Juni–Sept. Mi 15–19 Uhr; Ⓜ Main St-Science World)

➡ **UBC Farmers Market** (6182 South Campus Rd, UBC; ⏲Mitte Juni–Sept. Sa 9–13 Uhr; 🚌99B-Line)

➡ **West End Farmers Market** (Karte S. 730; Nelson Park, zwischen Bute & Thurlow Sts; ⏲Juni–Mitte Okt. Sa 9–14 Uhr; 🚌6)

➡ **Winter Farmers Market** (Wise Hall, 1882 Adanac St, off Commercial Dr; ⏲Nov.–April 2. & 4. Sa des Monats 10–14 Uhr; 🚌20)

zendes kleines, mit Kunst dekoriertes Bistro zwischen bescheidenen Geschäften auf dem Broadway. Es ist aber die Busfahrt wert, da die frisch zubereiteten, von den Ureinwohnern beeinflussten Gerichte mit Zutaten aus der Region gekocht werden. Mittags nimmt man beispielseise einen saftigen Salmon-and-Bannock-Burger, der mit dem beliebten Fladenbrot der Ureinwohner zubereitet wird. Bleibt man zum Abendessen, sollte man sich für die zarte geschmorte Wildkeule entscheiden.

Naam VEGETARISCH **$$**
(www.thenaam.com; 2724 W 4th Ave; Hauptgerichte 9–16 C$; ⌚24 Std.; 🌶; 🚌4) Das vegetarische Restaurant ist ein sinnträchtiges Relikt aus der Hippie-Vergangenheit Kitsilanos. Man fühlt sich wie in einer gemütlichen, von Gesprächen erfüllten Bauernstube. Zu Spitzenzeiten muss man oft auf einen Tisch warten, aber es lohnt sich wegen der herzhaften Wok-Gerichte, mexikanischen Servierteller und mit Sesam gebratenen Kartoffeln mit Miso-Sauce. Hier werden aber auch Fleischesser glücklich.

Maenam THAI **$$**
(☎604-730-5579; www.maenam.ca; 1938 W 4th Ave; Hauptgerichte 15–19 C$; ⌚Di–Sa 12–14.30 & Mo–Sa 17–22 Uhr; 🌶; 🚌4) In dieser zeitgenössischen Interpretation eines Thai-Restaurants wird das Essen mit raffinierten und komplexen traditionellen und internationalen Einflüssen gekocht und in einem modernen Gastraum serviert. Man kann bei der Erkundung der Karte mit etwas Bekanntem anfangen, obwohl hier sogar das Phat Thai ganz außergewöhnlich ist. Für etwas Neues sollte aber auch noch Platz bleiben: das *Geng Pa Neua* Rindfleischcurry ist ein süß-salziges, nussiges Gedicht.

Vij's INDISCH **$$$**
(www.vijsrestaurant.ca; 1480 W 11th Ave; Hauptgerichte 24–30 C$; ⌚17.30–22 Uhr; 🚌10) Nur ein wenig abseits der südlichen Granville Street liegt mit diesem Favoriten Vancouvers die obere Messlatte der zeitgenössischen indischen Küche. Regionale Zutaten werden mit raffinierten internationalen Zutaten und klassischen indischen Gewürzen kombiniert und zu einer Vielfalt innovativer Gerichte verarbeitet. Die einzigartigen Ergebnisse reichen von in Wein mariniertem „Lamm am Stiel" bis zu köstlichen Gerichten wie Heilbutt, Muscheln und Krabben in Tomaten-Ingwer-Curry. Reservierungen werden leider keine angenommen, daher wartet man manchmal sehr lange auf einen Tisch.

Ausgehen & Nachtleben

In Vancouver schießen neue Lounges und Kneipen wie Pilze aus dem Boden. Wo auch immer man aufschlägt, man muss unbedingt die ausgezeichneten Biere der Region probieren, z. B. eins von Driftwood Brewing, Howe Sound Brewing und Central City Brewing. Die Partymeile ist die Granville Street zwischen Robson Street und Davie Street. Einheimische Lokale und Clubs mit eher gehobenen Ansprüchen findet man hingegen in der Main Street und am Commercial Drive.

★ **Alibi Room** PUB
(Karte S. 730; www.alibi.ca; 157 Alexander St; ⌚Mo–Fr 17–23.30, Sa & So 10–23.30 Uhr; 🚌4) Vancouvers beste Craft-Beer-Kneipe in einem blanken Ziegelbau hat ein ständig wechselndes Angebot an rund 50 Fassbieren von berühmten BC-Brauereien wie Phillips, Driftwood und Crannóg. Experimentierfreudige bestellen sich für 9,50 C$ das „Frat Bat" genannte Probierpaket aus vier Bieren: Man kann sich die Sorten aussuchen oder sich überraschen lassen. Auf der Tafel stehen ständig wechselnde Gastbiere.

★ **Railway Club** PUB
(Karte S. 730; www.therailwayclub.com; 579 Dunsmuir St; ⌚Mo–Do 16–2, Fr Mittag-3, Sa 15–3, So 17–24 Uhr; Ⓜ Granville) In das im ersten Stock gelegene „Rail" gelangt man über eine unauffällige Holztür gleich neben einem 7-Eleven. Das Pub-artige Lokal mit Musikbühne ist eine lokale Legende. Nicht abschrecken lassen: dies ist eine der freundlichsten Bars der Stadt, und jeder, der am Tresen ankommt, ist willkommen. Da es keine Bedienung am Tisch gibt, bestellt man an der Kasse, was in Vancouver unüblich ist. Jede Nacht gibt es Livemusik.

★ **Shameful Tiki Room** BAR
(www.shamefultikiroom.com; 4362 Main St; ⌚Mi–Mo 17–24 Uhr; 🚌3) Wer durch den Vorhang in diesen kleinen fensterlosen Raum schlüpft, findet sich unversehens an einem polynesischen Strand wieder. Die Beleuchtung aus glühenden Kugelfisch-Lampenschirmen ist schummrig, die Wände sind gesäumt mit Tiki-Masken und Rattanverkleidungen unter einer mit Stroh bedeckten Decke, aber das Beste sind

ABSEITS DER ÜBLICHEN PFADE

VANCOUVERS ANDERE BIERE

Wahre Bierfans sollten eine Runde durch die kleinen, abgelegenen Mikrobrauereien in East Vancouver drehen, die manchmal nicht einmal die Einheimischen kennen. Man beginnt auf dem Commercial Drive und geht ab der Einmündung der Venables Street etwa 10 Minuten nach Norden. Bald findet man sich in einem Industriegebiet wieder – keine Sorge, es ist hier sicher. Zuerst erreicht man **Storm Brewing** (☎604-255-9119; www.stormbrewing.org; 310 Commercial Dr; 🚌20), eine legendäre einheimische Brauerei, die seit 1995 großartige Ales herstellt. Wer eine improvisierte Führung mitmachen will, sollte vorher anrufen. Mittwoch ist Brautag, also der ideale Tag für einen Besuch. Mit etwas Glück kann man das ausgezeichnete Black Plague Stout verkosten. Es geht zwei Häuserblocks weiter nach Norden und dann rechts auf die Powell Street. Nach ein paar Minuten kommt die reizende **Powell Street Craft Brewery** (www.powellbeer.com; 1830 Powell St; ⌚Mi–Sa 13–19 Uhr; 🚌4) in Sicht. Diese innen mit Kunst geschmückte Nanobrauerei ist einer der kleinsten Bierproduzenten der Stadt. Man kann das leckere **Dive Bomb Porter** probieren und eine originelle Flasche zum Mitnehmen kaufen. Trotz seiner geringen Größe überraschte dieser Hersteller Bierliebhaber im ganzen Land, als 2013 sein **Old Jalopy Pale Ale** bei den jährlichen Canadian Brewing Awards zum Bier des Jahres ernannt wurde. Danach geht es weiter nach Osten auf der Powell Street, dann rechts auf den Victoria Drive und wieder links auf die Triumph Street. Nach wenigen Minuten sieht man die **Fassade der Parallel 49 Brewing Company** (www.parallel49brewing.com; 1950 Triumph St; ⌚12–21 Uhr; 🚌14). Hier gibt es einen Verkostungsraum für eine ganze Reihe von eigenartigen Suden wie **Hoparazzi India Pale Lager** und **Gypsy Tears Ruby Red Ale**.

die Drinks: solide Klassiker von Zombies bis zu Scorpion Bowls.

★ Brickhouse PUB

(Karte S. 730; 730 Main St; ⌚Mo–Sa 20–2 Uhr, So bis 24 Uhr; 🚌3) Vielleicht Vancouvers originellstes Pub. Das altmodische, versteckte Juwel ist eine einladende, fensterlose Kneipe, vollgestellt mit Weihnachtsbeleuchtung, Aquarien und Couchen vom Flohmarkt. Sie ist beliebt bei kunstsinnigen Einheimischen und jungen Hipstern; man kommt sich vor, als würde man in der Bude eines Bekannten abhängen. An der Bar gibt es z. B. ein Storm Scottish Ale, damit kann man sich einen Platz und jemanden zum Reden suchen: Hier findet sich immer ein interessanter Gesprächspartner.

Storm Crow Tavern PUB

(www.stormcrowtavern.com; 1305 Commercial Dr; ⌚Mo–Do 16–1 Uhr, Fr & Sa 11–1; 🚌20) Man muss den Unterschied zwischen Narnia und *Neverwhere* nicht unbedingt kennen, wenn man diesen klasse Nerd-Pub am Commercial Drive besucht. Wer ihn aber kennt, wird hier sicher neue Freunde finden. Es sind Figuren aus *Dr. Who* und Steampunk-Strahlenwaffen ausgestellt, und es gibt einen Fernseher, auf dem anscheinend dauernd *Game of Thrones* läuft. In Kombination mit dem reichhaltigen Angebot an Craft Beer kann man einen lustigen Abend verleben.

Portland Craft BAR

(www.portlandcraft.com; 3835 Main St; ⌚Mo–Do 16–1, Fr & Sa 11.30–2, So 10–24 Uhr; 🚌3) Mit dem für Vancouver ungewöhnlichen Angebot an 20 Fassbieren, die fast alle aus dem Westen der USA kommen, macht sich dieses gastliche neue Restaurant mit Bar die Beliebtheit von Craft-Bieren aus der Gegend um Portland zunutze. Rogue, Hopworks, Elysian und Deschutes für die Fans der stark hopfenhaltigen India Pale Ale sind alle erhältlich. An Wochenenden sollte man abends frühzeitig kommen, damit man einen gutenTisch ergattert.

Diamond COCKTAILBAR

(Karte S. 730; www.di6mond.com; 6 Powell St; ⌚Mi & Do 17.30–1, Fr & Sa bis 2, So bis 24 Uhr; 🚌4) Nach dem bescheidenen Eingang geht es ins erste Stockwerk, wo man sich in einer von Vancouvers herzlichsten kleinen Cocktailbars wiederfindet. Der renovierte Raum in einem Altbau ist gesäumt mit Schiebefenstern, an denen man eine schöne Aussicht hat. Die Bar ist bei coolen Typen beliebt, aber nicht protzig. Eine Karte perfekt gemachter, wenn auch nicht billiger Cocktails hilft durchaus beim Lockerwerden; dazu gibt es herzhafte Tapas.

Six Acres BAR
(Karte S. 730; www.sixacres.ca; 203 Carrall St; ⏲Mo–Sa 17–1 Uhr; 🚌4) In Gastowns lauschigster Kneipe bekommt man auch eine Kleinigkeit zu essen. Es gibt vorne eine kleine, belebte Sonnenterrasse, aber drinnen kann man sich bei Kerzenschein in einer Ecke verstecken und sich durch die Bierkarte kämpfen. Dazu kann man sich ein paar Gerichte teilen; die deftige Wurstplatte ist empfehlenswert.

Keefer Bar COCKTAILBAR
(Karte S. 730; www.thekeeferbar.com; 135 Keefer St; ⏲Mo 17 bis 24, Di–Do & So bis 1, Fr & Sa bis 2 Uhr; Ⓜ Stadium-Chinatown) Die dunkle, enge und stimmungsvolle Bar in Chinatown wurde vom ersten Tag an von coolen Cocktailfreunden in Beschlag genommen. Man kann einen ganzen Abend lang herrlich Getränke verkosten und viel Spaß haben. Es gibt perfekt gemixte Rosmaringimlets, Siamese Slippers und eine ausgezeichnete Whiskykarte; dazu kommen leckere Tapas für einen tollen Abend.

Irish Heather PUB
(Karte S. 730; www.irishheather.com; 210 Carrall St, Gastown; ⏲Mo–Do & So 11.30–24, Fr & Sa bis 2 Uhr; 🚌4) Abgesehen vom Dielenboden aus recycelten Guinnessfässern straft das Heather die Klischees über Kneipen von Exil-Iren Lügen. Es ist einer der besten Gastropubs Vancouvers, neben liebevoll zubereiteter Wurst mit Kartoffelpüree und *Steak-and-Ale Pie* erhält man beste Craft-Biere und gepflegtes Guinness. Am Besten kommt man an den saisonalen *long table nights* von Sonntag bis Mittwoch, da kostet das Abendessen mit einer Pint um die 18 C$.

Cascade Room BAR
(www.thecascade.ca; 2616 Main St; ⏲Mo–Do 17–1, Fr & Sa bis 2, So bis 24 Uhr; 🚌3) Die wohl fröhlichste Tränke Mount Pleasants ist eine perfekte moderne Version einer traditionellen Viertelkneipe. Unter den angebotenen Spitzenbieren sind Fullers und Phillips ebenso wie die Eigenmarke Main Street Pilsner, die bald im nahe gelegenen neuen Brauereigebäude produziert wird. Hier, wo es den besten Sonntagsbraten der Main Street gibt, kann man mit Einheimischen am Montag die Quiz Night verbringen, oder das *„Name that Tune"*- Bingo spielen.

Vancouver Urban Winery WEINBAR
(www.vancouverurbanwinery.com; 55 Dunlevy Ave; ⏲Mo–Mi 11–18, Do & Fr bis 23, So 12–17 Uhr; 🚌4) Vancouvers einzige Kellerei ist eigentlich eine Depothalle voller Fässer, in denen Weine aus BC und anderswo lagern. Es gibt aber auch eine große öffentliche Degustationsbar, die ein Geheimtipp ist. Während der Woche ist Nachmittags geöff-

VANCOUVER FÜR LESBEN & SCHWULE

Vancouvers Lesben- und Schwulenszene ist eher Bestandteil der Stadtkultur als eine Subkultur. Die Legalisierung gleichgeschlechtlicher Eheschließungen hat dazu geführt, dass viele Paare nach Vancouver wie in ein schwules Las Vegas kommen, um zu heiraten. Auf www.vs.gov.bc.ca/marriage/howto.html findet man mehr Informationen über den Bund der Ehe.

Vancouvers West End mit seinen rosa bemalten Bushäuschen, flatternden Regenbogenfahnen und Händchen haltenden Bewohnern beherbergt Westkanadas größte schwule Gemeinde, während die lesbische Szene eher um den Commercial Drive herum beheimatet ist.

Im kostenlosen Blatt *Xtra!* erfährt man alles über die hiesige Szene, und auf www.gayvancouver.net, www.gayvan.com und www.superdyke.com gibt es einschlägige Events und Infos. Den Abend beginnt man im **Fountainhead Pub** (Karte S. 730; www.thefountainheadpub.com; 1025 Davie St; ⏲ So–Di 11–24 Uhr, Mi–Sa bis 1 Uhr; 🚌6), einer Schwulenbar im West End mit einer manchmal lauten Außenterrasse. Später zieht man in den größten Szeneclub um, **Celebrities** (Karte S. 730; www.celebritiesnightclub.com; 1022 Davie St; ⏲ Mi 20–3, Do 22–3, Di, Fr & Sa 21–3 Uhr; 🚌6). Auf der jährlichen Pride Week (S. 741) findet Ende Juli eine noch größere Party statt, mit Vancouvers größter Straßenparade. Bei einem Besuch im beliebten **Little Sister's Book & Art Emporium** (Karte S. 730; www.littlesisters.ca; 1238 Davie St; ⏲10–23 Uhr; 🚌6) kann man mit der hiesigen Gemeinde Kontakt aufnehmen..

net, ein Probierdurchgang mit fünf Gläsern kostet 12 C$. Noch besser kommt man Freitagnacht, zum lebhaften Nachtleben unter Kennern des Geheimtipps.

St. Augustine's PUB

(www.staugustinesvancouver.com; 2360 Commercial Dr; ⌚ So–Do 11–1, Fr & Sa bis 2 Uhr; Ⓜ Commercial-Broadway) Von außen wirkt das St. Aug's wie eine gewöhnliche Sportkneipe, aber drinnen findet man mit mehr als 40 Microbrews vom Fass eines der größten Angebote der Stadt. Die meisten stammen aus BC, wie Russell Brewing, Howe Sound Brewing und Storm Brewing, aber es gibt auch eine faszinierende Auswahl von Bieren aus den USA.

Yaletown Brewing Company BRAUEREI

(Karte S. 730; www.drinkfreshbeer.com; 1111 Mainland St; ⌚ So–Mi 11.30–24 Uhr, Do bis 1, Fr & Sa bis 3 Uhr; Ⓜ Yaletown-Roundhouse) Auf der einen Seite gibt es einen Braupub, auf der anderen einen riesigen Speisesaal. In beiden wird das hier gebraute Bier serviert, und im Restaurant kommt noch eine lange Speisekarte mit Hausmannskost dazu. Manchmal ist ein Bier im Angebot, von dem nur eine kleine Menge gebraut wurde, ansonsten kann man sich an die Hauptumsatzträger halten: Brick & Beam IPA ist empfehlenswert. Bierfans sollten am Donnerstag Abend kommen, da ist *Cask Night*.

Fortune Sound Club CLUB

(Karte S. 730; www.fortunesoundclub.com; 147 E Pender St; ⌚ Mi–Sa; 🚌 3) Ein langweiliger Laden in Chinatown hat sich mit diesem cleveren Laden in den besten Club der Stadt verwandelt, mit professioneller Belegschaft und jüngeren, coolen Besuchern, denen man selten in Vancouvers Lokalen begegnet. Die riesige Tanzfläche quillt über von einheimischen Partyfreunden, die sich hier vergnügen. Am Wochenende gibt es eine lange Schlange am Eingang; an den *Happy Ending Fridays* kann man hier so richtig abtanzen.

✩ Unterhaltung

Lokale Ereignisse findet man unter www.straight.com oder im kostenlosen *Georgia Straight*. Karten für Veranstaltungen bekommt man bei **Ticketmaster** (☎ 604-280-4444; www.ticketmaster.ca), aber bei **Karten Tonight** (Karte S. 730; ☎ 604-684-2787; www.Kartentonight.ca) sind zum halben Preis auch Last-Minute-Karten erhältlich. Livemusik ist unter www.livevan.com verzeichnet, das Kinoprogramm unter www.cinemaclock.com

Livemusik

Commodore LIVEMUSIK

(Karte S. 730; www.commodoreballroom.ca; 868 Granville St; 🚌 10) Wenn einheimische Bands in Vancouvers bestem mittelgroßen Veranstaltungort auftreten, wissen sie, dass sie es geschafft haben. Der restaurierte Art-déco-Saal hat eines der federndsten Tanzparketts der Stadt, mit Autoreifen unter den Dielen. Muss man sich vom Slamdancing ausruhen, kann man an einem der Tische um die Tanzfläche bei einem Stella aus der Flasche wieder zu Atem kommen und dann wieder in die Menge eintauchen.

★ **Biltmore Cabaret** LIVEMUSIK

(www.biltmorecabaret.com; 2755 Prince Edward St; 🚌 9) Das Biltmore gehört zu den besten alternativen Bühnen und ist ein fester Favorit der ansässigen Indie-Szene. Hier kann man bei niedriger Decke und guter Stimmung zu einheimischen Musikern und Bands auf Tour tanzen, und es gibt auch regelmäßig Abendevents; im Online-Kalender sind anstehende Ereignisse zu finden. Oder man besucht die bunte, monatlich stattfindende Talent Time, die Techno-artige Dance Night am Mittwoch oder die stets beliebte *Kitty Nights Burlesque Show* am Sonntag.

Rickshaw Theatre LIVEMUSIK

(Karte S. 730; www.liveatrickshaw.com; 254 E Hastings St; 🚌 14) Das unkonventionelle Rickshaw ist in seiner Renovierung, nach der schäbigen Version aus den 1970er-Jahren, der Beweis, dass die Gentrifizierung der Eastside positive Auswirkungen haben kann. Es ist die Bühne der Wahl für Punk- und Indieacts und ein guter Ort, um eine Band zu erleben. Es gibt eine große Tanzfläche nahe der Bühne, und dahinter Reihen mit Theatersesseln. Vorne gibt es bei Konzerten schweißtreibende Slamdance-Action.

Kinos

Scotiabank Theatre KINO

(Karte S. 730; www.cineplex.com; 900 Burrard St; Karten 12,50 C$; 🚌 2) Der glänzende Multiplex in Downtown war groß genug für einen eigenen Firmensponsor, als es 2005 eröffnet wurde. Hier laufen alle Blockbuster, aber gelegentlich werden in diesem Haus auch größere Kulturveranstaltungen wie das London National Theatre und New Yorks Metropolitan Opera live übertragen. Es gibt keine Rabatte für Nachmittagsvorstellungen oder an Dienstagen.

Pacific Cinémathèque KINO
(Karte S. 730; www.cinematheque.bc.ca; 1131 Howe St; Karten 11 C$, Double Bills 14 C$; 🚌10) Dieses heiß geliebte Programmkino funktioniert wie ein ständiges Filmfestival, mit einem täglich wechselnden Filmrepertoire. Man benötigt eine Jahresmitgliedschaft für 3 C$ (am Eingang erhältlich), um sich im wohltuendemDunkel zu den versunkenen Filmfans gesellen zu dürfen.

Vancity Theatre KINO
(Karte S. 730; www.viff.org; 1181 Seymour St; Karten 11 C$, Doppelkarten 14 C$; 🚌10) Das hochmoderne Zentrum des Vancouver International Film Festival (S. 741) zeigt das ganze Jahr über eine breite Auswahl an Filmen in einem Kinosaal, von dem Filmfreunde träumen: große Beinfreiheit, breite Armlehnen und beste Sicht von jedem der 175 Sitzplätze aus. Hier ließe sich auch ein vierstündiges Epos über einen tropfenden Wasserhahn bequem durchstehen.

Rio Theatre THEATER, KINO
(www.riotheatre.ca; 1660 E Broadway; M Commercial-Broadway) Das Rio, ein Kino aus den 1980-Jahren, wurde kürzlich renoviert und hat sehr bequeme Sessel bekommen. Es wirkt wie ein Gemeindekino, in dem alles Mögliche gezeigt wird, von Blockbustern und Experimentalfilmen bis zu Livemusik, Vorträgen und kecken burlesken Aufführungen. Im äußerst bunten Kalender sieht man, was geboten wird. Die absolute Kultfilme Freitag Mitternacht (von *Donny Darko* bis zu *The Rocky Horror Picture Show*) sind immer gut besucht.

Cineplex Odean International Village KINO
(Karte S. 730; www.cineplex.com; 88 W Pender St; M Stadium-Chinatown) Dieses beliebte Kino, etwas unpassend gelegen im dritten Stock eines meist halbleeren Einkaufszentrums in Chinatown, bietet sowohl Blockbuster als auch Experimentalfilme. Bequeme Bestuhlung ist hier selbstverständlich, und man kann sich hier prima an einem Regentag mit einer Kaffeetasse, die nachgefüllt wird, unterstellen. Oft wird hier eines der vielen Filmfeste der Stadt veranstaltet; für Kunden des Einkaufszentrums sind die Parkplätze übrigens kostenlos.

Theater & klassische Musik

★ **Cultch** THEATER
(Vancouver East Cultural Centre; www.thecultch.com; 1895 Venables St; 🚌20) Seit 1973 diese einst aufgelassene Kirche aus dem Jahr 1909 offiziell zum Kulturraum ernannt wurde, ist sie ein Treffpunkt für Künstler und Zuschauer. Nachdem die Cultch, wie man sie liebevoll nennt, kürzlich umfassend renoviert wurde, ist sie ein Schmuckstück der Unterhaltung in Vancouver geworden. Auf dem geschäftigen Programm stehen sowohl Theateraufführungen aus und um Vancouver als auch Gastspiele, angefangen von Vorträgen bis hin zu Tschechow-Produktionen auf Tournee.

★ **Bard on the Beach** DARSTELLENDE KUNST
(Karte S. 730; ☎604-739-0559; www.bardonthebeach.org; Vanier Park, Kitsilano; ⏲ Juni–Sept.; 🚌22) Ein Shakespeare-Stück zu sehen, während man hinter der offenen Zeltbühne die Sonne hinter den Bergen untergehen sieht, ist eines der Highlights Vancouvers im Sommer. Meist hat man drei Stücke des Barden zur Auswahl, und ein Stück, das mit ihm zu tun hat (wie zum Beispiel *Rosenkrantz und Güldenstern sind tot* von Tom Stoppard). Nach den Aufführungen Dienstagnacht gibt es Podiumsdiskussionen, und die ganze Saison über finden Opernaufführungen, Feuerwerk und Weinverkostungen statt.

Arts Club Theatre Company THEATER
(www.artsclub.com) Musicals, internationale Klassiker und Stücke zeitgenössischer kanadischer Dramatiker gehören zum Programm von Vancouvers führender Theatergesellschaft. Wer auf West-Coast-Theater neugierig ist, sucht nach Stücken von Morris Panych, BCs Lieblingsdramatiker. Die drei Bühnen der Gesellschaft sind die **Granville Island Stage** (Karte S. 730; 1585 Johnston St; 🚌50), die nahe und intimere **Revue Stage** (Karte S. 730; 1601 Johnston St; 🚌50) und das aus den 1930-Jahren stammende, renovierte **Stanley Theatre** (2750 Granville St; 🚌10).

Vancouver Symphony Orchestra MUSIK
(☎604-876-3434; www.vancouversymphony.ca) Das vom beliebten Maestro Bramwell Tovey angeführte, mitreißende Symphonieorchester bietet zugängliche Klassiker und Poppiges. Beachtenswert sind die Symphony Sundays und Filmnächte, bei denen die Filmmusik von Klassikern live aufgeführt

wird; außerdem Gastspiele berühmter Solisten. Die Konzerte finden oft im Orpheum Theatre statt, aber das Orchester zieht auch häufig durch die Säle des Lower Mainland.

Sports

Vancouver Canucks HOCKEY

(Karte S. 730; www.canucks.com; Rogers Arena, 800 Griffiths Way; Ⓜ Stadium-Chinatown) Das Topliga-Team der Stadt strapazierte 2011 im Finale im Stanley's Cup die Nerven der Fans, bevor es das siebte Spiel gegen die Boston Bruins verlor, was zu Ausschreitungen und Plünderungen in ganz Vancouver führte. Aber die Liebe zur Mannschaft ist stark, und immer noch hört man bei jedem Spiel den Ruf „go Canucks, go!" aus der brechend vollen Rogers Arena schallen. Die Karten sollte man früh besorgen, oder einfach in eine stimmungsvolle Kneipe gehen.

Vancouver Whitecaps FUSSBALL

(Karte S. 730; www.whitecapsfc.com; BC Place Stadium, 777 Pacific Blvd; Karten 25–150 C$; ⏲ März–Okt.; Ⓜ Stadium-Chinatown) Vancouvers führendes Fußballteam, dessen Heimstadion jetzt das BC Place Stadium ist, spielt in North Amerikas oberster Major League Soccer (MLS). Seit sie 2011 in die Liga aufgestiegen sind, hatten sie ein wenig zu kämpfen, haben aber in den letzten Spielzeiten an Boden gewonnen. Die knapp zwei Stunden sind vergnüglich; man kann Trikots als Souvenir zu kaufen, um die zu Hause Gebliebenen zu beeindrucken.

BC Lions FOOTBALL

(Karte S. 730; www.bclions.com; BC Place Stadium, 777 Pacific Blvd; Karten 32–112 C$; ⏲ Juni–Nov.; Ⓜ Stadium-Chinatown) Die Lions sind Vancouvers Team in der Canadian Football League (CFL). Canadian Football ist wohl spannender als sein Gegenstück der US-amerikanischen NFL. In den letzten Jahren haben sie einige anständige Vorstellungen abgeliefert und erst 2011 die hochwichtige Grey Cup Meisterschaft gewonnen. An Karten kommt man leicht – außer die Jungs spielen gegen ihre Erzfeinde, die Calgary Stampeders.

Shoppen

Robson Street ist ideal, um übermütig Ladenketten abzugrasen. Wenn man aber sein Geld bei unabhängigen Einzelhändlern lassen will, muss man etwas länger suchen. Wer einen etwas trendigeren Look bevorzugt, ist in Gastown und den Boutiquen der schrulligen Main Street südlich der 18th Avenue genau richtig. Für einen ordentlichen Schaufensterbummel lohnen Granville Island, South Granville (besonders südlich vom Broadway) und Kitsilanos W 4th Avenue einen Besuch.

★ Regional Assembly of Text KUNST & HANDWERK

(www.assemblyoftext.com; 3934 Main St; ⏲ Mo–Sa 11–18, So 12–17 Uhr; 🚌 3) Dieses ironische Gegenstück zum digitalen Zeitalter lockt heimische Tintenkleckser mit seinen Tagebüchern, handgefertigten Bleistiftboxen und T-Shirts mit Schreibmaschinenmotiven. Unter der Treppe in einer ehemaligen Abstellkammer gibt es eine winzige Galerie mit Zeitschriften aus aller Welt zu bewundern. Jeden Monat trifft sich hier auch der Letter Writing Club (19 Uhr, am ersten Donnerstag des Monats), wo man bei Tee und Kleingebäck auf alte Schreibmaschinen einhämmern kann.

Es ist eines von Vancouvers originellsten Geschäften. In der Nähe des Schaufensters findet man eine Reihe selbst verlegter Bücher, die man nur hier bekommen kann.

★ Smoking Lily BEKLEIDUNG

(www.smokinglily.com; 3634 Main St; ⏲ Mo–Sa 11–18 Uhr, So 12–17 Uhr; 🚌 3) Hier regiert ein cooler Kunstschulenstil, mit Röcken, Gürteln und Nackenträger-Tops, die neckisch mit Aufdrucken von Ameisen, Fahrrädern und Periodensystemen akzentuiert werden. Herrenkleidung, darunter T-Shirts mit Motiven von Fischen, Totenköpfen und Traktoren, gibt es weniger. Ein besseres Souvenir als der seidene, mit dem Porträt von Pierre Trudeau bedruckte Teewärmer lässt sich schwer vorstellen. Das Personal hat noch mehr Tipps.

★ Mountain Equipment Co-Op OUTDOOR-AUSRÜSTUNG

(www.mec.ca; 130 W Broadway; ⏲ Mo–Mi 10–19, Do & Fr bis 21, Sa 9–18, So 11–17 Uhr; 🚌 9) Gestandene Wanderer brechen bei der Riesen-Auswahl an Kleidung, Kajaks, Schlafsäcken und cleveren Camping-Gadgets dieses Outdoorladens in Tränen aus. Seit Jahren schon rüstet MEC versierte Outdoorenthusiasten aus. Für den Einkauf braucht man eine Mitgliedschaft, die man aber für nur 5 C$ gleich erhalten kann. Equipment wie Kanus, Kajaks, Campingausrüstung etc. kann hier auch gemietet werden.

★ **Gallery of BC Ceramics** KUNST & HANDWERK
(Karte S. 730; www.bcpotters.com; 1359 Cartwright St; ⌚10.30–17.30 Uhr; 🚌50) Als Star unter den Kunst- und Handwerksläden Granville Islands zeigt und verkauft die Galerie als Gesicht der Potters Guild of BC die verblüffenden Arbeiten ihrer Mitglieder. Man bekommt einzigartige getöpferte Krüge oder mit Wirbelmustern bemalte Suppenschüsseln. Ganz heiß sind die coolen Tassen für Ramen-Nudeln mit Löchern für die Essstäbchen. Kurz gesagt: Hier gibt es günstige Kunst für jedermann.

Macleod's Books BÜCHER
(Karte S. 730; 455 W Pender St; ⌚Mo–Sa 11–18 Uhr, So 12–17 Uhr; Ⓜ Granville) Knarrende Dielen, abgelaufene Teppiche und schwankende Buchstapel: Diese lokale Legende bietet ein Füllhorn an alten Wälzern, von Tanz bis zum Okkulten. Hier kann man gut einen Regentag verbringen. In den Fenstern hängen Plakate für Lesungen und Kunstveranstaltungen in der Stadt.

John Fluevog Shoes SCHUHE
(Karte S. 730; www.fluevog.com; 65 Water St; ⌚Mo–Mi 10–19, Do & Fr bis 20, Sa bis 19, So 12–18 Uhr; Ⓜ Waterfront) Als sei er eine Kunstgalerie für Schuhe: Dieser verführerische weitläufige Laden stellt die berühmten Treter des hiesigen Designers Fluevog aus. Dessen Herren- und Damenstiefel und -schuhe sehen so aus wie von Doc Martens, wenn diese Firma im Trend geblieben wäre. Man bekommt hohe Dominastiefel oder Designer-Halbschuhe, die wirklich jeden gut aussehen lassen.

Zulu Records MUSIK
(www.zulurecords.com; 1972 W 4th Ave; ⌚Mo–Mi 10.30–19, Do & Fr bis 21, Sa 9.30–18.30, So 12–18; 🚌4) In Kitsilanos beliebtestem Laden für Indie-Musik kann man gut einen regnerischen Nachmittag damit verbringen, die Regale neuer und gebrauchter Schallplatten zu durchstöbern. Es gibt seltene Importe und sogar ein paar dieser neumodischen CDs. Beim kundigen Personal bekommt man Tipps zur hiesigen Live-Szene.

Bird on a Wire Creations KUNST & HANDWERK
(www.birdonawirecreations.com; 2535 Main St; ⌚Mo–Sa 10–18, So 12–17 Uhr; 🚌3) Dieser reizende und freundliche Laden lädt zum Stöbern ein und verführt mit seiner überraschenden Fülle an geschmackvollen Handarbeiten. Wobei die Kreditkarte beim Anblick der bedruckten Handtaschen, Seifen aus Blütenblättern, kunstsinnigen T-Shirts und grinsenden, eigentlich für Kinder gedachten Monster ganz schön ins Schwitzen gerät. Hier gibt es auch regelmäßig Handwerkskurse.

Hill's Native Art KUNST & HANDWERK
(Karte S. 730; www.hills.ca; 165 Water St; ⌚9–21 Uhr; Ⓜ Waterfront) 1946 als kleiner Handelsposten auf Vancouver Island in Betrieb genommen, führt Hill's Flagship-Store viele Schnitzereien, Drucke, Kultmasken und behagliche Cowichan-Pullover der First Nations, samt traditioneller Musik und historischer Bücher. In der Galerie im dritten Stock trifft man oft Künstler an; hier kann man schöne authentische Kunst der Ureinwohner für zu Hause kaufen.

Front & Company KLEIDUNG, ACCESSOIRES
(www.frontandcompany.ca; 3772 Main St; ⌚11–18.30 Uhr; 🚌3) In dem dreigeteilten Geschäft könnte man leicht ein paar Stunden verbringen. Die größte Abteilung ist die mit modischer Kommissionskleidung. Hier findet man sogar einen altmodischen samtenen Hausrock. Eine Tür weiter gibt es neue, bewusst coole Haushaltswaren, und im dritten Bereich gibt es Geschenkartikel und Accessoires wie Manga-Figuren, Eiswürfelbehälter mit dem Peace-Zeichen und Kaugummis für Nihilisten (also ohne Geschmack).

Barefoot Contessa KLEIDUNG
(www.thebarefootcontessa.com; 1928 Commercial Dr; ⌚11–18 Uhr; 🚌20) Kleider im Vintage-Look, glitzernder Modeschmuck und Flapper-Hüte im Stil der 1920er-Jahre stellen die Hauptumsatzträger dieser beliebten Damenboutique dar. Zielgruppe sind alle, die nicht die gängigen Marken tragen wollen. Man findet dufte Tops und Accessoires von kanadischen und internationalen Designern, samt kunstvollen handgemachten Handtaschen und noble Laptop-Taschen mit Spitze.

Attic Treasures ANTIQUITÄTEN
(www.attictreasuresvancouver.com; 944 Commercial Dr; ⌚ Uhr Di & Do–Sa 11–18, So 12–17 Uhr; 🚌20) Dieser im Retro-Look gehaltene, aus zwei Räumen bestehende Laden ist eines der beliebtesten Antiquitätengeschäfte. Er hat sich auf Möbel und Kunstschätze aus der Mitte des letzten Jahrhunderts spezialisiert, daher entdeckt man vielleicht das ein oder andere Ding, das man aus der

Wohnung älterer Familienmitglieder kennt. Im Krimskrams-Zimmer auf der Rückseite kann man Schnäppchen entdecken.

Praktische Informationen

GELD

RBC Royal Bank (www.rbc.com; 1025 W Georgia St; ⌚Mo–Fr 9–17 Uhr) Hauptfiliale mit Geldwechselservice.

Vancouver Bullion & Currency Exchange (☎604-685-1008; www.vbce.ca; 800 W Pender St; ⌚Mo–Fr 9–17 Uhr; Ⓜ Granville) Geldwechsel zu günstigen Kursen.

INTERNETZUGANG

Vancouver Public Library (☎604-331-3603; 350 W Georgia St; ⌚Mo–Do 10–21, Fr & Sa bis 18, So 12–17 Uhr; Ⓜ Stadium-Chinatown) Kostenloser Internetzugang über Computer der Bücherei, und kostenloser WLAN-Zugang, Gästekarte ist an der Theke erhältlich.

MEDIEN & INFOS IM INTERNET

CBC Radio One 88.1 FM (www.cbc.ca/bc) Werbefreie Nachrichten, Talkrunden und Musik von der Canadian Broadcasting Corporation.

CKNW 980AM (www.cknw.com) Radiosender mit Nachrichten, Verkehrsmeldungen und Talk.

City of Vancouver (www.vancouver.ca) Offizielle Website der Stadt, vollgestopft mit Informationen und Karten zum Download.

Georgia Straight (www.straight.com) Alternative Wochenzeitung mit Vancouvers besten Veranstaltungshinweisen. Jeden Donnerstag kostenlos.

Inside Vancouver (www.insidevancouver.ca) Was man alles in und um Vancouver unternehmen kann.

Miss 604 (www.miss604.com) Vancouvers beliebtestes Blog.

Tyee (www.thetyee.ca) Preisgekröntes lokales Online-Newsportal.

Vancouver Magazine (www.vanmag.com) Monatszeitschrift über gehobenen Lifestyle, Essengehen und Entertainment.

Vancouver Sun (www.vancouversun.com) Größte Tageszeitung der Stadt, mit Veranstaltungsbeilage am Donnerstag.

MEDIZINISCHE VERSORGUNG

St. Paul's Hospital (☎604-682-2344; 1081 Burrard St; 🚌22) Unfall- und Notfallklinik in der Innenstadt.

Shoppers Drug Mart (☎604-669-2424; 1125 Davie St; ⌚24 Std.; 🚌6) Apotheken-Handelskette.

Ultima Medicentre (☎604-683-8138; www.ultimamedicentre.ca; Bentall Centre Plaza Level, 1055 Dunsmuir St; ⌚Mo–Fr 8–17 Uhr; Ⓜ Burrard) Keine Termine nötig.

POST

Canada Post Main Outlet (Karte S. 730; ☎604-662-5723; 349 W Georgia St; ⌚Mo–Fr 8.30–17.30 Uhr; Ⓜ Stadium-Chinatown) Es gibt keinen zentralen Schalter für postlagernde Sendungen, daher muss man sich in der Schlange anstellen und sich ausweisen, bevor die Schalterbeamten nach der Post sehen. Mit „c/o General Delivery" beschriftete Sendungen werden zwei Wochen lang aufbewahrt und dann an den Absender zurückgeschickt.

Howe St. Postal Outlet (Karte S. 730; ☎604-688-2068; 732 Davie St; ⌚Mo–Fr 9–19 Uhr, Sa 10–17 Uhr; 🚌6)

TOURISTENINFORMATION

Tourism Vancouver Visitors Centre (Karte S. 730; ☎877-826-1717, 604-683-2000; www.tourismvancouver.com; 200 Burrard St; ⌚8.30–18 Uhr; Ⓜ Waterfront) Das Tourism Vancouver Visitors Centre ist ein großer Informationsspeicher für Besucher, mit hilfreichem Personal, das bei der Reiseplanung gerne hilft. Der Service umfasst kostenlose Karten, Reiseführer, ermäßigte Theaterkarten, Buchung von Unterkünften und Ausflügen.

An- & Weiterreise

AUTO & MOTORRAD

Wer aus dem US-Bundesstaat Washington kommend anreist, befindet sich bis zur Grenzstadt Blaine auf der I-5, auf kanadischer Seite geht es dann auf dem Highway 99 weiter. Von hier aus dauert die Fahrt etwa eine Stunde bis ins Zentrum von Vancouver. Der Highway 99 führt durchs Zentrum über die Lions Gate Bridge weiter zur Horseshoe Bay, nach Squamish und nach Whistler.

Wer aus dem Osten kommt, befindet sich höchstwahrscheinlich auf dem Trans-Canada Highway (Highway 1), der sich durch das östliche Ende der Stadt schlängelt und schließlich auf die Hastings Street trifft. Um in die Innenstadt zu gelangen, biegt man links in die Hastings ein und folgt dieser ins Zentrum. Oder man fährt weiter auf der North Shore in Richtung Whistler.

Von der Horseshoe Bay aus führt der Highway 1 durch West Vancouver und North Vancouver, bevor er über die Second Narrows Bridge nach Burnaby gelangt. Richtung Downtown verlässt man den Highway an der Ausfahrt Taylor Way in West Vancouver und folgt diesem über die Lions Gate Bridge ins Zentrum.

Alle etablierten Autoverleiher haben Filialen in Vancouver. **Avis** (☎604-606-2847, 800-230-4898; www.avis.ca), **Budget** (☎604-668-7000, 800-219-3199; www.budgetbc.com), **Hertz** (☎604-606-4711, 800-654-3131; www.hertz.

ca) und **Thrifty** (☎ 604-606-1655, 800-847-4389; www.thrifty.com) betreiben auch Filialen am Flughafen.

BUS

Die meisten Überlandbusse enden an Vancouvers **Pacific Central Station** (1150 Station St). **Greyhound Canada** (www.greyhound.ca) kommt hier u. a. aus Whistler (ab 18 C$, 2¾ Std.), Kelowna (ab 29 C$, 5 Std.) und Calgary (ab 57 C$, 14–17 Std.) an.

Über die BC-Ferries-Strecke Swartz Bay–Tsawwassen treffen regelmäßig Busse der **Pacific Coach Lines** (PCL; www.pacificcoach.com) aus dem Zentrum von Victoria (ab 44 C$, 3½ Std.) ein. PCL verkehrt auch zwischen Whistler, Vancouver und dem Vancouver International Airport. Im Winter fahren Ski-Busse von **Snowbus** (☎ 888-794-5511; www.snowbus.com) nach Whistler (38 C$, 3 Std.).

Quick Coach Lines (www.quickcoach.com; 📶) betreibt einen Express-Shuttle zwischen Seattle und Vancouver, der im Zentrum von Seattle (43,85 US$, 4 Std.) und am Sea-Tac International Airport (58,50 US$, 3½ Std.) startet.

FLUGZEUG

Vancouver International Airport (YVR; Karte S. 725; www.yvr.ca) ist für Flüge aus Kanada, den USA und internationale Linien die Hauptdrehscheibe an der West Coast. Er befindet sich in Richmond, 13 km (30 Minuten) Autofahrt südlich der Innenstadt.

Hier kommen reguläre Binnenflüge von **Westjet** (☎ 888-937-8538; www.westjet.com) und **Air Canada** (www.aircanada.com) an. Das winzige South Terminal ist mit einem kostenlosen Shuttlebus an den Hauptflughafen angeschlossen. Dort kommen Binnenflüge kleinerer Fluggesellschaften an. Mehrere praktische Wasserflugzeuglinien bringen Passagiere auch direkt zu Vancouvers an der Küste gelegenem **Seaplane Terminal** (☎ 604-647-7570; www.vhfc.ca; 1055 Canada Place; Ⓜ Waterfront). Häufig fliegen Harbour Air Seaplanes (S. 779) von der Innenstadt von Victoria.

SCHIFF/FÄHRE

Fähren von **BC Ferries** (www.bcferries.com) kommen in **Tsawwassen** an, das eine Autostunde vom Zentrum entfernt ist. Sie verkehren zwischen Vancouver und Vancouver Island: Swartz Bay (Pers./Auto 15,50/51,25 C$, 1½ Std.) und Duke Point (Nanaimo) (Pers./Auto 15,50/51,25 C$, 2 Std.). Auch Fähren von den Southern Gulf Islands legen hier an.

In **Horseshoe Bay** in West Vancouver – 30 Minuten vom Zentrum entfernt – legen weitere Fähren an; diese verbinden Vancouver mit Departure Bay in Nanaimo (Pers./Auto 15,50/51,25 C$, 1½ Std.), Bowen Island (Pers./Auto 11,10/31,65 C$, 20 Min.) und Langdale (Pers./Auto 14,55/49,05 C$, 40 Min.) an der Sunshine Coast.

ZUG

An der Pacific Central Station fahren Züge aus ganz Kanada und den USA ein. Der Bahnhof Main Street-Science World für den SkyTrain liegt gegenüber und bietet Verbindungen nach Downtown und in die Vorstädte.

Die **VIA Rail** (www.viarail.ca) Linie kommt unter anderem aus Kamloops North (ab 77,70 C$, 10 Std.), Jasper (ab 162,75 C$, 20 Std.) und Edmonton (ab 219,45 C$, 27 Std.).

Amtrak (www.amtrak.com; 📶) Fahrten aus den USA kommen aus Eugene (ab 64 US$, 11 Std.), Portland (ab 47 US$, 8 Std.) und Seattle (ab 30 US$, 3 Std.).

ℹ Unterwegs vor Ort

AUTO & MOTORRAD

Zur Hauptverkehrszeit stehen Autos, die über die Lions Gate Bridge zur North Shore wollen, oft bis weit in die W Georgia Street hinein im Stau. Eine Alternative stellt die Second Narrows Bridge dar. Andere Strecken, die zur Rush Hour gemieden werden sollten, sind der George Massey Tunnel und der Highway 1 nach Surrey.

In der Innenstadt kostet die Parkplatzsuche eine Menge Nerven: Die wenigen freien Plätze befinden sich in Wohngegenden, und Politessen sind erwartungsgemäß wie Raubtiere auf der Pirsch. In einigen Straßen stehen Parkuhren, doch gebührenpflichtige Parkplätze (ab 4 C$ pro Std.) sind die bessere Wahl – vor 9 Uhr gibt es Preisnachlässe für Frühaufsteher. Wer in den Tiefgaragen des Einkaufszentrums Pacific Centre (Eingang an der Kreuzung Robson und Howe Street) oder der Vancouver Public Library (Eingang Kreuzung Hamilton und Robson) parkt, ist gleich mitten in der Innenstadt.

BUS

Das Busnetz in der Innenstadt ist gut ausgebaut; viele Busse haben Fahrradständer, alle sind für Rollstuhlfahrer zugänglich. Man muss immer den genauen Fahrpreis parat haben, da alle Busse mit Fahrkartenautomaten ausgestattet sind, die kein Wechselgeld geben.

Die Expressbusse der Linie 99B verkehren zwischen der SkyTrain-Station Commercial-Broadway und der UBC. Diese Busse haben ihre eigenen Stopps und halten nicht an den üblichen Haltestellen.

Es gibt auch ein recht praktisches Nachtbusnetz. Zwischen 1.30 und 4 Uhr fahren Busse alle 30 Minuten durch Lower Mainland. Der letzte Bus startet in Vancouver Downtown um

3.10 Uhr. Die jeweiligen Haltestellen sind mit Nachtbussymbolen gekennzeichnet.

FAHRRAD

Mit 300 km Fahrradwegen ist Vancouver eine gute Stadt zum Fahrradfahren. Eine *Metro Vancouver Cycling Map* (3,95 C$) bekommt man bei kleinen Lebensmittelläden; man kann sie auch kostenlos unter www.translink.bc.ca herunterladen. Auf den Linien von SkyTrain und SeaBus und in Bussen mit Fahrradträgern kann man Fahrräder kostenlos mitnehmen. Mehr Karten und Infos sind auf der Website der **City of Vancouver** (www.vancouver.ca/cycling) erhältlich.

VOM/ZUM FLUGHAFEN

Die Canada Line des SkyTrains hat 16 Bahnhöfe (Erw. einfache Strecke ins Zentrum 7,50–8,75 C$). Die Schnellzüge verkehren zwischen dem Flughafen und dem Stadtzentrum. Die Züge fahren im Acht- bis 20-Minuten-Takt. Die Fahrt vom Flughafen bis zur Waterfront Station im Zentrum dauert ca. 25 Minuten.

Wer lieber mit dem Taxi fährt, muss mit 30 bis 40 C$ für die 30-minütige Fahrt vom Flughafen zu einem der Hotels in der Innenstadt rechnen.

SCHIFF/FÄHRE

Aquabus Ferries (www.theaquabus.com; Erw./Kind ab 3/1,50 C$) betreibt Mini-Schiffe (manche groß genug für Fahrräder) zwischen dem Ende der Hornby Street und Granville Island und fährt Landepunkte auf dem False Creek bis hin zur Science World an. Der Rivale **False Creek Ferries** (Karte S. 730; www.granvilleislandferries.bc.ca; Erw./Kind ab 3/1,50 C$), bietet einen ähnlichen Dienst nach Granville Island vom Vancouver Aquatic Centre in der Nähe des Endes von Thurlow Street und zusätzliche Anlaufhäfen entlang False Creek.

ÖFFENTLICHE VERKEHRSMITTEL

Die Website der Buslinien **TransLink** (www.translink.bc.ca), SkyTrain and SeaBus hat einen Routenplaner. Jede bei den drei Linien gekaufte Fahrkarte ist 1½ Stunden im gesamten Netz gültig, je nach Zone, in der man plant, unterwegs zu sein. Je weiter man reisen will, desto mehr kosten die drei Zonen.

Karten für eine Zone kosten Erw./Kind 2,75/1,75 C$, für zwei Zonen 4/2,75 C$ und für drei Zonen 5,50/3,75 C$. Ein Ganztagespass für alle Zonen kostet 9,75/7,50 C$. Nach 18.30 Uhr oder an Wochenenden und Feiertagen werden alle Fahrten als Einzonenfahrten gewertet und kosten 2,75/1,75 C$. Kinder unter fünf fahren auf allen Linien kostenlos. Zum Zeitpunkt des Verfassens wurde ein neues Magnetkartensystem namens Compass Card eingeführt; auf der TransLink-Website gibt es mehr Informationen dazu.

SeaBus

Der **SeaBus-Shuttle** (Karte S.730) überquert tagsüber alle 15 bis 30 Minuten die Burrard Inlet zwischen Waterfront Station und Lonsdale Quay. Die Fahrt dauert zwölf Minuten. Am Lonsdale Quai gibt es einen Busbahnhof, vom dem aus Busse durch North Vancouver und West Vancouver fahren (Bus 236 nach Grouse Mountain und Capilano Suspension Bridge). Die Schiffe sind für Rollstuhlfahrer zugänglich; Fahrradmitnahme möglich.

SkyTrain

Das SkyTrain-Netz besteht aus drei Linien. Die Schnellzüge sind ideal für Fahrten durch den Großraum Vancouver. Auch wenn man kein bestimmtes Ziel hat, sollte man eine Fahrt mit diesen Zügen in Betracht ziehen. Eine vierte Linie, die Evergreen Line, soll ab 2016 fahren.

DAS FITNESSGERÄT DER NATUR

Wem die Reise etwas zu entspannt wird, fährt rüber nach North Vancouver und schließt sich dem schwitzenden Pulk an, der sich den fast senkrechten Grouse Grind Pfad hinaufkämpft. Der Einstieg liegt nahe beim Parkplatz, gegenüber der Talstation der Gondelbahn nach **Grouse Mountain** (S. 762). Etwa 3 km ist der Weg lang, der als steiler, felsiger Waldpfad spätestens nach 15 Minuten die Muskeln brennen lässt, während man sich auf die Füße der Person vor einem konzentriert. Die meisten brauchen etwa eine Stunde bis nach oben und brechen dann auf den Felsen wie japsende Fische zusammen. Ehrgeizige können versuchen, den Rekord des Einheimischen Sebastian Albrecht zu brechen, der 2010 den Pfad 14 Mal an einem einzigen Tag bezwungen hat. Will man zu den 110 000 gehören, die den Grind jedes Jahr begehen, sollte man ein paar Dinge beachten: eine Wasserflasche mitnehmen, dünne Schichten anziehen, die man nach und nach ablegen kann (Zwiebelschalenprinzip), und 10 C$ dabei haben: der Pfad geht nur in eine Richtung. Wer also oben angekommen ist, bezahlt einen Sonderpreis für die Talfahrt. Als Trost für die dicken Waden bezahlt man für die vielen Attraktionen am Gipfel nichts.

Die Expo Line fährt via Burnaby und New Westminster von Downtown Vancouver nach Surrey (35 Min.) und zurück. Die Millennium Line bedient nahe Einkaufszentren und vorstädtische Wohngebiete in Coquitlam und Burnaby. Die Ende 2009 eröffnete Canada Line verbindet die Stadt mit dem Flughafen und Richmond.

Die Fahrkartenpreise des SkyTrain entsprechen den Zonen des TransLink-Netzes, allerdings mit einer Ausnahme: Fahrgäste, die am Flughafen in einen Zug der Canada Line einsteigen, müssen an den Automaten einen Zuschlag (AddFare) von 5 C$ zahlen. Wer jedoch von der Innenstadt zum Flughafen unterwegs ist, braucht diesen Aufschlag nicht zu berappen.

TAXI

Es dauert nicht lange, in Downtown ein Taxi zu bekommen, aber noch leichter ist es, wenn das Hotel eines ruft. Zu den Betreibern gehören **Vancouver Taxi** (☎ 604-871-1111) und **Yellow Cab** (☎ 604-681-1111). Viele Taxis akzeptieren Kreditkarten.

LOWER MAINLAND

Die Region erstreckt sich von Horseshoe Bay an der Küste bis zu Fraser Valley im Inland und umfasst Städte und Vorstädte, die etwa eine Autostunde von Vancouvers Downtown entfernt sind. Dazu gehören auch die Gemeinden, die unmittelbar an die Stadt angrenzen und die als Metro Vancouver bekannt sind. Die Gegend ist ideal für Tagesausflüge und vollgestopft mit hoch aufragenden Bergen, zerklüfteten Küstenparks, Naturschutzgebieten und diversen historischen Attraktionen.

North Vancouver

52 000 EW.

Die Stadt North Vancouver, eine Pendlerstadt für Berufstätige in Downtown, erhebt sich am Ufer beim SeaBus-Hafen am Lonsdale Quay. Dort befindet sich auch ein beliebter öffentlicher Markt. Zwei der größten Attraktionen sind hier beheimatet. Besucher können über North Vancouver und das benachbarte West Vancouver unter www.vancouversnorthshore.com mehr erfahren.

Sehenswertes & Aktivitäten

Capilano Suspension Bridge PARK

(Karte S. 725; www.capbridge.com; 3735 Capilano Rd; Erw./Kind 34,95/12 C$; ⌚8.30–20 Uhr; 👪; 🚌236 ab Lonsdale Quay) Wenn man behutsam eine der längsten (140 m) und höchsten (70 m) Hängebrücken betritt, die sanft über dem tosenden Capilano Canyon schaukelt, sollte man daran denken, dass ihre dicken Stahlkabel einbetoniert sind. Das sollte den Tritt wieder sicher machen – außer, wenn gerade Teenager drüberstampfen. Weitere Attraktionen des Parks sind ein Fußweg mit Glasboden an den Uferklippen und ein Baumwipfelpfad.

Da der Park sehr populär ist (daher die Ausflugsbusse), sollte man in der Hochsaison früh am Tag kommen, damit man die historischen Ausstellungsstücke, Totempfähle und von Bäumen beschatteten Naturpfade auf der anderen Seite der Brücke in relativer Ruhe besuchen kann. Von Mai bis September betreibt Capilano einen **kostenlosen Shuttle-Service** aus Downtown von Canada Pl. und Hotels der Gegend aus. Auf der Website steht Genaueres.

Grouse Mountain OUTDOORAKTIVITÄTEN

(außerhalb Karte S. 725; www.grousemountain.com; 6400 Nancy Greene Way; Skyride Erw./Kind 39,95/13,95 C$; ⌚9–22 Uhr; 👪; 🚌236 ab Lonsdale Quay) Er nennt sich selbst „Peak of Vancouver" und ist eine Gipfel-Spielwiese, von der man einen tollen Blick auf die Downtown hat, die unten am Wasser schimmert. Im Sommer ist im Preis der Karten für die **Skyride**-Gondel auch der Eintritt zu Holzfäller-Shows, Bergwandern, Filmaufführungen und einem Grizzly-Schutzgebiet enthalten. Extra kosten Seilrutsche und Eye of the Wind, ein 20 Stockwerke hohes Windrad mit Aufzug, das ein großartiges Panorama für Fotoaufnahmen bietet.

Es gibt oben auch Restaurants, sodass man einen herrlichen Sonnenuntergang bewundern kann. Wer den extra-steilen Grouse Grind (S. 761) den Berg hochläuft, spart die Gondelgebühr. Es kostet aber 10 C$, um mit der Seilbahn wieder runterzufahren. Wie Capilano lockt Grouse Mountain im Sommer Besucher aus Downtown mit einem **kostenlosen Shuttleservice** ab Canada Place. Im Winter dreht sich für die einheimischen Besucher hier oben alles ums Ski- und Snowboardfahren.

Lynn Canyon Park PARK

(Karte S. 725; www.lynncanyon.ca; Park Rd; ⌚7–21 Uhr; 👪; 🚌229 ab Lonsdale Quay) Mitten in einem Dickicht aus alten Bäumen findet man das Hauptmerkmal dieses Provinzparks, die **Hängebrücke**. Sie ist eine kostenlose Alternative zu Capilano, nur nicht ganz so lang wie ihr Rivale. Man bekommt aber dieselben wackeligen Beine, wenn man auf ihr über dem 50 m darunter liegenden Fluss schaukelt, und sie ist immer wesentlich weniger frequentiert. Wanderwege, Badezonen und Picknick-Plätze halten die Besucher beschäftigt.

Das **Ecology Centre** (www.dnv.org/ecology; 3663 Park Rd; Eintritt 2 C$ Spende; ⏲10–17 Uhr) beherbergt interessante Ausstellungen über den Artenreichtum der Region, darunter Dioramen und Videopräsentationen. Für Kinder werden regelmäßig Gesprächsrunden und verschiedene Events veranstaltet, besonders im Sommer.

Lonsdale Quay Public Market MARKT
(www.lonsdalequay.com; 123 Carrie Cates Ct; ⏲9–19 Uhr) Neben ihrer Funktion als Verkehrsdrehscheibe beherbergt diese Einrichtung am Ufer einen farbenfreudigen öffentlichen Markt. Im Hauptgeschoss gibt es frisches Obst und fangfrischen Fisch, und im ersten Stock Modeschmuck und Kleidung. Es gibt auch einen belebten Food-Court; **Montgomery's Fish & Chips** sind empfehlenswert. Der SeaBus aus Downtown legt hier an, und man bekommt Transitbusse nach Capilano, Grouse und darüber hinaus.

Mount Seymour Provincial Park OUTDOOR
(Karte S. 725; www.bcparks.ca; 1700 Mt Seymour Rd; ⏲Sonnenaufgang bis Sonnenuntergang) Ein beliebtes, rustikales Rückzugsgebiet vom Lärm der Innenstadt. Der riesige, mit Bäumen bestandene Park wird von mehr als einem Dutzend Wanderwegen durchzogen, die für Spaziergänger aller Leistungsklassen etwas zu bieten haben. Der leichteste Pfad ist der 2 km lange Goldie Lake Trail. Viele Wege schlängeln sich um Seen und Jahrhunderte alte Douglasien und bieten eine echte Pause von der Stadt. Hier befindet sich auch einer der drei Haupt-Winterspielplätze der Stadt. Mit dem Auto nimmt man den Highway 1 bis zum Mt. Seymour Parkway (nahe der Second Narrows Bridge) und folgt ihm nach Osten bis zur Mt. Seymour Road.

Maplewood Farm FARM
(Karte S. 725; www.maplewoodfarm.bc.ca; 405 Seymour River Pl; Erw./Kind 7,50/4,50 C$; ⏲10–16 Uhr; 👪; 🚌239 ab Lonsdale Quay, dann C15) Diese beliebte familienfreundliche Anlage bietet viele spielerische Ausstellungen und eine Sammlung von über 200 heimischen Tieren. Die staunenden Kinder können Tiere streicheln, die tägliche Vorführung des Melkens bestaunen und die stets hungrigen Enten und Hühner füttern. Das Highlight ist das tägliche „Ziegenrennen" gegen 15.30 Uhr, wenn die hungrigen Tiere von der Koppel zu ihrer Scheune zurücklaufen, wo sie gefüttert werden.

Schlafen & Essen

Pinnacle Hotel at the Pier HOTEL $$
(☎877-986-7437, 604-986-7437; www.pinnaclehotelatthepier.com; 138 Victory Ship Way; DZ 169 C$; 🚭❄@📶🏊🐾; 🚌230) North Vancouvers neues Pinnacle Hotel ist eine exzellente Möglichkeit, wenn man diesseits des Wassers bleiben und mit dem nahen SeaBus ins Stadtzentrum will. Das Hotel bietet sich für Geschäftsreisende und Touristen an, und die Zimmer sind mit zeitgenössischer Eleganz möbliert, mit eher ruhigen Tönen statt kräftiger Farben. Zimmer mit Aussicht auf den Hafen sind empfehlenswert, kosten aber 10 C$ bis 20 C$ Aufschlag.

★ **Tomahawk Restaurant** IMBISS $$
(www.tomahawkrestaurant.com; 1550 Philip Ave; Hauptgerichte 8–16 C$; ⏲So–Do 8–21, Fr & Sa bis 22 Uhr; 🚌240) Der Familienbetrieb stammt noch aus North Vancouvers Pionierzeiten, hier werden seit 1926 die Teller mit Hausmannskost gefüllt. Am Wochenende ist zum Brunch viel los: es gibt die gewaltigen, vor Fett triefenden Yukon-Style Bacon & Eggs oder den beängstigenden Skookum Chief Burger als ideales Katerfrühstück. Aber auch zum Mittag- oder Abendessen lohnt ein Besuch, wenn dicke Burger und Chicken Pot Pies auf der Karte stehen.

Am Tresen lässt es sich prima auf den Drehstühlen sitzen, während man wie in einem Museum die vielen First-Nations-Kunstobjekte bewundert, mit denen die Wände behangen sind.

Burgoo Bistro WEST COAST $$
(www.burgoo.ca; 3 Lonsdale Ave; Hauptgerichte 10–18 C$; ⏲So–Mi 11–22 Uhr, Do–Sa bis 23 Uhr; 🚌230) Das Burgoo hat die Atmosphäre einer gemütlichen, rustikalen Hütte samt großem, offenem Steinkamin. Auf der Karte findet sich pfiffige Hausmannskost für die kalten Winternächte North Vancouvers: Die pikante Aprikosen-Lamm Tajine oder das Butter Chicken würden einen Gletscher zum Schmelzen bringen. Es gibt auch ein breites Angebot an hausgemachten Suppen und üppigen Salaten. Bei den Getränken sollte man die guten Craft Beers probieren.

Observatory WEST COAST $$$

(☎604-980-9311; www.grousemountain.com; Grouse Mountain; Hauptgerichte 39 C$; ⏲17–22 Uhr; 🚌236 ab Lonsdale Quay) Auf dem Gipfel des Grouse Mountain serviert das gehobene Observatory Jakobsmuscheln mit Chorizo und Lamm-Medaillons zusammen mit atemberaubenden Ausblicken über Stanley Park und Vancouvers glitzernde Türme weit unten. Es ist ein perfekter Ort für ein romantisches Abendessen, hier würde nicht zum ersten Mal ein Heiratsantrag gemacht. Sollte dann plötzlich Trost nötig werden, gibt es eine ausgezeichntete Weinkarte. Wer im Voraus reserviert, bekommt die Skyride-Fahrkarten gratis.

Im benachbarten, Pub-ähnlichen **Altitudes Bistro**, das Hausmannskost wie Burger und Fish & Chips anbietet, ist die Atmosphäre entspannter und eher wie in einer Skihütte.

Anreise & Unterwegs vor Ort

Tagsüber kommen alle 15 bis 30 Minuten SeaBus-Schiffe von der Waterfront Station in Vancouver am Lonsdale Quay an (4 C$, 12 Min.). Vom dortigen Busbahnhof fährt Bus 236 zur Capilano Suspension Bridge und weiter zum Fuß des Grouse Mountain.

Rocky Mountaineer Vacations betreibt den beliebten Zug Whistler Sea to Sky Climb (S. 779), der von Whistler nach North Vancouver fährt (ab 169 C$, 3 Std., Mai–Mitte Okt. 1-mal tgl.).

West Vancouver

44 000 EW.

Angrenzend an North Vancouver liegt das deutlich wohlhabendere „West Van". Es ist bebaut mit mehrgeschossigen Villen, die oben an den Klippen kleben und in vielerlei Variationen hinunter auf die Gegend blicken. Es ist ein kurzer Halt auf dem Weg aus Downtown zum Fährhafen in Horseshoe Bay und anderen Ausflugszielen im Norden auf der Strecke nach Whistler.

Sehenswertes

Cypress Provincial Park OUTDOOR

(www.bcparks.ca; Cypress Bowl Rd; ⏲Sonnenaufgang-Sonnenuntergang) Etwa 8 km nördlich von West Vancouver über Highway 99 bietet Cypress tolle Wandermöglichkeiten wie die Trails Baden-Powell, Yew Lake und Howe Sound Crest, die in Wälder aus Zedern, Nootka-Scheinzypressen und Douglasien tauchen und sich um kleine Seen und alpine Weiden schlängeln. Im Sommer ist Cypress bei den Mountainbikern beliebt, und im Winter wird es ein Wintersportzentrum.

Von Downtown Vancouver kommend, quert man die Lions Gate Bridge bis zum Upper Levels Highway via Taylor Way in West Vancouver. Danach einfach den Schildern bis zum Parkeingang folgen.

Lighthouse Park PARK

(Karte S. 725; www.lighthousepark.ca; Ecke Beacon Lane & Marine Dr; ⏲Sonnenaufgang bis Sonnenuntergang; 🚌250) In diesem gut zugänglichen, 75 ha großen Park leben einige der ältesten Bäume der Region, darunter seltener Bestand aus Küsten-Urwald und viele Erdbeerbäume mit knorrigen, kupferfarbenen Stämmen. Etwa 13 km Wanderwege ziehen sich kreuz und quer durch die Gegend, darunter ein empfehlenswerter Pfad, der zum felsigen Sitz des **Point Atkinson Lighthouse** führt, ideal für tolle Ausbliche über den Burrard Inlet.

Von Downtown Vancouver kommend, nach der Lions Gate Bridge links auf den Marine Drive abbiegen, um schließlich zum Park zu gelangen.

Geführte Touren

Sewell's Sea Safari BOOTSAUSFLÜGE

(☎604-921-3474; www.sewellsmarina.com; 6409 Bay St, Horseshoe Bay; Erw./Kind 83/53 C$; ⏲April–Okt.; 🚌250) West Vancouvers Horseshoe Bay ist Startpunkt dieser zweistündigen Bootstour zum Beobachten der Tier- und Pflanzenwelt des Meeres. Orcas sind natürlich ein Highlight, sind aber nicht immer zu sehen. Stattdessen fläzen sich dann aber bestimmt Seehunde auf den Felsen und tun so, als würden sie einen nicht bemerken. Seevögel sind ebenfalls eine Menge zu sehen, wie auch Weißkopf-Seeadler häufig zur Show beitragen.

Schlafen & Essen

Lighthouse Park B&B B&B $$

(☎604-926-5959, 800-926-0262; www.lighthousepark.com; 4875 Water Lane; Suite ab 175 C$) Die elegante Unterkunft hat zwei Suiten mit je einem eigenen Eingang. Der mit Blumen bepflanzte Innenhof vermittelt Gästen ganz schnell das Gefühl, ein Aristokrat aus West Van zu sein. Jede Suite ist mit Kühlschrank, DVD-Player und einer Karaffe mit Sherry ausgestattet, dem unentbehrlichen Abenddrink im Freien. Bei einem Spaziergang zum nahe gelegenen Point Atkinson Lighthouse

ABSTECHER

IDYLLISCHER INSELAUSFLUG

Nur weil die Straße an der Küste von West Vancouver zu Ende ist, muss man einen Ausflug noch lange nicht abbrechen. Am Horseshoe Bay Fährhafen kommt man mit oder ohne Auto (der Bus 257 fährt auch von Downtown Vancouver hierher) schnell nach Bowen Island (außerhalb Karte S. 725) rüber. Früher war das hier im Sommer ein beliebtes Freizeitgebiet der ersten Siedler, heute ist der Ort bevölkert von einem freundlichen Häufchen aus Schriftstellern und Künstlern.

Nach der Landung in Snug Cove – die atemberaubende Überfahrt über das spiegelnde, von Bäumen gesäumte Wasser dauert etwa 20 Minuten – findet man sich in einer bezaubernden kleinen Gemeinde wieder, die weit weg vom Stadtleben entfernt scheint. Im **Visitors Center** (www.bowenchamber.com; 432 Cardena Rd; ⌚10–15 Uhr) kann man herausfinden, was alles unternommen werden kann.

Reizvolle Paddeltouren werden von **Bowen Island Sea Kayaking** (☎800-605-2925, 604-947-9266; www.bowenislandkayaking.com; Snug Cove; Vermietung 3 Std./ganzer Tag 45/70 C$, Führungen ab 65 C$) angeboten, aber man kann auch nur zu Fuß die Waldwanderpfade erkunden und ein Picknick am Ufer machen. Die Strandpromenade nahe dem Fährhafen bietet sich auch für einen langen Spaziergang an. Dort findet man auch das **Doc Morgan's Restaurant & Pub** (www.docmorgans.com; 439 Bowen Island Trunk Rd; Hauptgerichte 10–12 C$; ⌚So–Do 11–24, Fr & Sa bis 1 Uhr), dessen geschäftige Veranden auf Park und Hafen blicken. Hierher kommen Besucher wegen des Kneipenessens; vor allem Fish & Chips sind beliebt, zusammen mit Craft Beer aus BC. An Sommerwochenenden versammeln sich hiesige Kunsthandwerker beim Jachthafen, um ihre Waren auf dem **Summer Market** auszustellen. Wer den verpasst hat, geht auf den Hügel hinauf zum **Artisan Square**, wo man kleine Galerien und Juwelierläden findet.

bekommt man dann ganz schnell wieder einen klaren Kopf.

Savary Island Pie Company BÄCKEREI, CAFÉ **$$**
(www.savaryislandpiecompany.com; 1533 Marine Dr; Hauptgerichte 8–14 C$; ⌚6–21 Uhr; 🚌250) Wer Einheimische von der North Shore fragt, wo man den besten Obstkuchen bekommt, wird dieses beliebte Bäckerei-Café empfohlen bekommen, das 1989 eröffnet hat. Die dicken, frisch gebackenen Kuchen sind der Hauptumsatzträger des Geschäfts (den Himbeer-Rhabarberkuchen probieren), obwohl die umfangreiche Speisekarte außer Desserts auch Frühstück, Suppen und Sandwiches aufführt.

Fraîche WEST COAST **$$**
(☎604-925-7595; www.fraicherestaurant.ca; 2240 Chippendale Rd; Hauptgerichte 18–42 C$; ⌚Di–So 11–15 & 17–22 Uhr; 🚌256) Man sollte seinen Blick von der hypnotisierenden Aussicht losreißen und sich auf den Teller konzentrieren, denn hier bekommt man vollkommenes kanadisches Gourmetessen. Typische Glanzlichter des saisonalen Angebots sind Oktopus vom Holzkohlegrill und saftiger Entenbraten. Mittags oder zum Brunch am Wochenende wird es etwas billiger, dann kosten die meisten Gerichte um 20 C$.

Salmon House on the Hill MEERESFRÜCHTE **$$$**
(☎604-926-3212; www.salmonhouse.com; 2229 Folkestone Way; Hauptgerichte 30–40 C$; ⌚So–Do 17–21.30, Fr & Sa 18–22, Sa & So Brunch 10.30–14.30 Uhr; 🚌256) Dieses Wahrzeichen West Vancouvers ist ein Restaurant der alten Garde und zieht schon seit Jahren Einheimische zu festlichen Anlässen zum Abendessen an. Das Salmon House ruht sich aber nicht auf seinen Lorbeeren aus, die aus einem Holzinterieur und deckenhohen Fenstern mit Ausblick auf den Sonnenuntergang und die Stadt bestehen. Stattdessen gibt es eine Karte mit köstlichen saisonabhängigen Meeresfrüchten aus BC mit ernsthaften Feinschmecker-Ambitionen.

Burnaby

232 000 EW.

Gleich im Osten von Vancouver und über SkyTrain von der Stadt aus erreichbar liegt Burnaby, eine Vorstadt mit genug Attraktionen für einen halben Tag.

Die Wanderwege des friedvollen **Deer Lake Park** (Karte S. 725) durchqueren Weiden und Waldgebiete und umkreisen einen See, an dem Vögel und andere wild lebende Tiere zu Hause sind. Im

Somer findet hier das jährliche **Burnaby Blues + Roots Festival** (www.burnabyblues festival.com) statt. Das benachbarte **Burnaby Village Museum** (Karte S. 725; www.burnabyvillagemuseum.ca; 6501 Deer Lake Ave; ⌚ Mai–Aug. 11–16.30 Uhr) lässt auf farbenfrohe Weise eine Pionierstadt wiederauferstehen, mit Nachbauten von Häusern, Geschäften und einem hübschen Karussell von 1912. Um direkt mit dem Auto hinzukommen, nimmt man am besten die Abfahrt Sperling Avenue vom Highway 1 und folgt dann anschließend den Wegweisern, um zum Museum zu gelangen.

Oben auf Burnaby Mountain liegt mit der **Simon Fraser University** (Karte S. 725; www.sfu.ca; 8888 University Dr) die zweitgrößte Campusgemeinde der Lower Mainlands. Kleine Besucherattraktionen sind beispielsweise hier die kostenlos zugängliche **SFU Gallery** und das **Museum of Archaeology & Ethnology**.

Auf der Website von **Tourism Burnaby** (www.tourismburnaby.com) findet man noch mehr Informationen über die Gegend.

New Westminster

30 Minuten mit dem SkyTrain von Downtown Vancouver liegt mit New West eine der Gemeinden in BC mit der größten geschichtlichen Bedeutung. 1859 war sie für kurze Zeit die Hauptstadt der neuen Kolonie British Columbia. Ihr Stern verblasste im Lauf des letzten Jahrhunderts, aber in den letzten Jahren wurden Versuche unternommen, sie wiederzubeleben. Hier kann man auf einem kleinen Ausflug von Vancouver leicht ein paar Stunden zubringen.

Man steigt an der New Westminster SkyTrain-Station aus und schlendert bergab bis zum Ufer des Fraser River. Auf dem neu belebten, überdachten **River Market** (Karte S. 725; www.rivermarket.ca; 810 Quayside Dr; ⌚10–18 Uhr) kann man gut zu Mittag essen – **Re-Up BBQ** ist empfehlenswert – und hier thront auch der angeblich **größte Zinnsoldat der Welt** über der Promenade.

Wer Zeit hat, schaut kurz im **Fraser River Discovery Centre** (Karte S. 725; www.fraserdiscovery.org; 788 Quayside Dr; Eintritt 6 C$ Spende; ⌚10–16 Uhr) vorbei, um etwas über die Geschichte des gewaltigen Flusses zu erfahren, der hier vorbeifließt. Auf der nahen **Front Street** gibt es Geschäfte und historische Bauwerke; danach nimmt man an der Columbia Station den SkyTrain nach Vancouver zurück.

Weitere Informationen über die Gegend findet man auf der Website **Tourism New Westminster** (www.tourismnewwestminster.com).

Fort Langley

Das kleine Fort Langley, mit von Bäumen gesäumten Straßen und Fassaden aus dem 19. Jh. ist eines der malerischsten historischen Dörfer, ideal für einen Nachmittagsausflug aus Vancouver. Das Highlight ist natürlich die farbenfrohe **Fort Langley National Historic Site** (☎604-513-4777; www.pc.gc.ca/fortlangley; 23433 Mavis Ave; Erw./Kind 7,80/3,90 C$; ⌚10–16 Uhr; 🚌501, dann C62), das wohl wichtigste Wahrzeichen der Region aus alten Zeiten.

In dem seit 1827 bestehenden, befestigten Handelsposten gab James Douglas im Jahr 1858 die Gründung British Columbias bekannt. Fort Langley kann also einen legitimen Anspruch darauf erheben, die Wiege der Provinz zu sein. Mit kostümierten Schauspielern, nachgebauten Künstlerwerkstätten und einem für Kinder gut geeigneten Goldwäschebetrieb ist dies ein idealer Ort für Familien, die bei ihren Ausflügen auch ein wenig Neues erfahren möchten.

Wer vor der Besichtigung der einzelnen Gebäude eine kleine Einführung wünscht, kann sich einen Film anschauen, der die Zuschauer mit auf eine erstaunlich unterhaltsame Zeitreise nimmt. Bevor man sich auf den Weg hierher macht, sollte man auch einen Blick auf die Website werfen: Es gibt zahlreiche Veranstaltungen, die die Vergangenheit auf spannende Art und Weise wieder zum Leben erwecken, beispielsweise das im Sommer abends stattfindende Lagerfeuer, das den Besuchern vermittelt, wie das Leben hier in den Pioniertagen des 19. Jhs. war.

Wer von Vancouver mit dem Auto anreist, fährt auf dem Highway 1 zunächst 40 km ostwärts bis zur Ausfahrt 232nd Street. Dann folgt man der 232nd in Richtung Norden bis zum Stoppschild an der Glover Rd, in die man nach rechts abbiegt. Diese Straße führt in den Ort. Vor den Eisenbahnschienen dann noch einmal nach rechts in die Mavis Avenue abbiegen, an deren Ende sich der Parkplatz des Forts befindet.

Richmond & Steveston

200 000 EW.

Reisende besteigen die Canada Line und fahren in Richtung Chinatown, um einen halben Tag lang die asiatischen Einkaufszentren zu durchstreifen, die alle in der Gegend um Golden Village liegen. Anschließend macht man noch eine Probiertour durch chinesische, japanische und vietnamesische Restaurants.

Den bezaubenden historischen Uferbereich von Steveston sollte man nicht verpassen. Er ist ein beliebtes Ziel für Einheimische, die dort zum Sonnenuntergang hervorragende Fish & Chips genießen. Mehr Informationen über beide Regionen findet man auf www.tourismrichmond.com

Sehenswertes & Aktivitäten

Richmond Night Market MARKT

(Karte S. 725; www.richmondnightmarket.com; 8351 River Rd, Richmond; Eintritt 2 C$; Mitte Mai–Mitte Okt. Fr & Sa 19–24, So 18–23 Uhr; M Bridgeport) Der Markt ist einer von zwei asiatischen Nachtmärkten in Richmond (der andere heißt International Summer Night Market). Er ist eine Fundgrube für dampfende Essbuden, die von brutzelnden Fischklößchen bis zu chinesischer Zuckerwatte alles servieren. Besser hungrig kommen, und ab und zu eine Esspause bei den Modeschmuckhändlern und der Live-Unterhaltung einlegen.

Von den beiden Märkten ist dieser am besten mit öffentlichen Verkehrsmitteln zu erreichen.

International Summer Night Market MARKT

(Karte S. 725; www.summernightmarket.com; 12631 Vulcan Way, Richmond; Mitte Mai–Anfang Okt. Fr & Sa 19–1, So bis 24 Uhr; 407) Tausende hungriger Einheimischer strömen jedes Wochenende auf diesen Markt, der viel größer ist als der in Chinatown in der Innenstadt. Sie kommen wegen der kitschigen Verkaufsstände und vor allem wegen Dutzender Essbuden. Man sollte hungrig kommen und dann eine Verkostung dampfender malaysischer, koreanischer, japanischer und chinesischer Genüsse mitmachen.

Gulf of Georgia Cannery MUSEUM

(Karte S. 725; www.gulfofgeorgiacannery.com; 12138 4th Ave, Steveston; Erw./Kind 7,80/3,90 C$; Feb.–Okt. 10–17 Uhr; M Richmond-Brighouse, dann 401) Hat man erst mal die Boote besichtigt, die den Fang des Tages feilbieten, sollte Stevestons hervorragendes Konservenfabrik-Museum die nächste Station sein. Hier wird die vergangene Ära der arbeitsintensiven Fischverarbeitung beleuchtet. Die meisten Maschinen von damals sind noch vorhanden, und das Museum erinnert bewegend an die Menschen, die hier arbeiteten. Es gibt drei kostenlose Führungen, die manchmal von ehemaligen Arbeitern der Fabrik geleitet werden.

Britannia Shipyard MUSEUM

(Karte S. 725; www.britannia-hss.ca; 5180 Westwater Dr, Steveston; Di–So 10–18 Uhr; M Richmond-Brighouse, dann 410) Nach der Konservenfabrik geht es an Stevestons reizende Uferpromenade. Dort erinnern Kunstinstallationen an die geschäftige Fischindustrie der Gegend; nach 15 Minuten zu Fuß gelangt man zum nächsten Nationaldenkmal hier. Es ist nicht so perfekt wie die Fabrik, aber trotzdem eine faszinierende Anlage aus knarrenden alten Baracken mit staubigen Werkzeugen, Booten und Erinnerungen an die Seefahrer-Vergangenheit.

Schlafen & Essen

Fairmont Vancouver Airport HOTEL $$$

(866-540-4441, 604-207-5200; www.fairmont.com/vancouverairport; Vancouver International Airport, Richmond; DZ ab 250 C$; ; M YVR Airport) Vom hoch gelegenen Laufgang kann man zum gedrängten Pöbel der Economy Class hinunterwinken, während man zur Lobby dieses luxuriösen Flughafenhotels schlendert. Hier kann man sich entspannt auf Langstreckenflüge vorbereiten. Die Zimmer sind elegant eingerichtet und bieten edle Extras wie Vorhänge mit Fernbedienung und marmorne Badezimmer.

★ Pajo's MEERESFRÜCHTE $

(www.pajos.com; The Wharf, Steveston; Hauptgerichte 6–9 C$; 11-Sonnenuntergang; M Richmond-Brighouse, dann 402) Es gibt kaum einen besseren Platz für Fish & Chips als den Bootsanleger bei Steveston. Zum Glück hält dieser schwimmende, legendäre Familienbetrieb sein Versprechen. Auf den nahen Fischerbooten kann man den frischen Fang inspizieren und dann die Gangway zu Pajo's kleinem Bestellfenster hinuntersteigen. Empfehlenswert sind der frisch gebratene Lachs oder der Heilbutt; man kann auch zur Abwechslung einen köstlichen Gelbflossen-Thun-Burger versuchen.

Parker Place FOOD-COURT $
(www.parkerplace.com; 4380 No 3 Rd, Richmond; Hauptgerichte 5–10 C$; ⌚ So–Do 11–19, Fr & Sa bis 21 Uhr; Ⓜ Aberdeen) Es gibt mehrere beliebte asiatische Einkaufszentren in Richmond, aber während Aberdeen Centre und Lansdowne Centre größer sind, bietet Parker Place einen sehr authentischen Food Court, der einem wie ein Straßenmarkt in Singapur vorkommt. Hierher kommen viele asiatischstämmige Kanadier; es gibt günstige Gerichte wie Nudeln, Fischklößchen und chinesische Zuckerwatte. Man kann sich ein paar Teller kaufen und anschließend am Tisch zusammen essen.

Nach dem Essen wird das Labyrinth international angehauchter Geschäfte erforscht, oder man geht kurz nach draußen zum Parkplatz gleich beim Food Court: Hier steht ein glitzernder Buddhaschrein.

Cattle Cafe ASIATISCH $
(www.cattlecafe.ca; 8580 Alexandra Rd, Richmond; Hauptgerichte 6–14 C$; ⌚11–1 Uhr; Ⓜ Lansdowne) Richmonds asiatische Esskultur ist sein Hauptanziehungspunkt, und wenn man wirklich zum Herz aller Dinge vorstoßen will, sollte man gleich zur Alexandra Road gehen, die auch „Eat Street" genannt wird. Hier warten Dutzende Restaurants, und in diesem irren Laden im Hongkong-Stil kann man Sandwiches mit gegrilltem Aal probieren und mit köstlichem Bubble Tea genießen.

Shanghai River Restaurant CHINESISCH $$
(7381 Westminster Hwy, Richmond; Hauptgerichte 6–18 C$; ⌚11–14.30 & 17.30–23 Uhr; Ⓜ Richmond-Brighouse) Von einem Sitzplatz aus, der Ausblick durch das Küchenfenster bietet, kann man den handwerklichen Aufwand bestaunen, der in diesem nordchinesischen Lokal betrieben wird, um das beste Dim Sum der Region herzustellen. Am besten Teller zum Teilen bestellen (ein Gericht pro Person reicht meist) und aufpassen, dass man mit den köstlichen, aber saftigen Schweine- oder Krabbenknödeln niemanden anspritzt.

Jang Mo Jib ASIATISCH $$
(www.jangmojib.com; 8230 Alexandra Rd, Richmond; Hauptgerichte 12–24 C$; ⌚ Mo–Do 10–1, Fr & Sa bis 2 Uhr; Ⓜ Lansdowne) Wer Appetit auf einen koreanischen Feuertopf oder Barbecue verspürt, ist in diesem freundlichen, großen Restaurant genau richtig. Man erkennt es an den komischen Holzpfählen draußen; drinnen gibt es eine Menge intensiv schmeckender Gerichte, vor allem mit Fleisch. Die Spezialität Blutwurst muss man unbedingt probieren; hier erkennt man dann die echten Fleischesser.

An- und Weiterreise

Die Verbindung durch den Canada Line SkyTrain hat die heutige Chinatown viel besser an die Innenstadt Vancouvers angeschlossen.

HIGHWAY VOM MEER ZUM HIMMEL

Auch als Highway 99 bekannt, verbindet diese malerische Küstenstraße eine Reihe von Gemeinden zwischen West Vancouver und Lillooet und ist die Hauptverbindung von Vancouver nach Whistler. Die kurvige Straße wurde kürzlich modernisiert und bietet mehrere lohnende Stops, vor allem für Outdoorfans, Geschichtsinteressierte oder Freunde der abwechslungsreichen Berglandschaft in BC. **Mountain FM radio** (107,1) liefert unterwegs praktische aktuelle Informationen zu Verkehr und Straßenlage.

Squamish & Umgebung

18 500 EW.

Eine Stunde nördlich von Vancouver und eine weitere von Whistler liegt Squamish am Schnittpunkt von Ozean, Fluss und alpinem Wald. Ursprünglich war es nur eine schäbige Holzfällerstadt, aber heute findet man dort einen beliebten Stützpunkt für Freiluftaktivitäten, vor allem im Sommer.

Sehenswertes & Aktivitäten

Dutzende von mit Bäumen gesäumten Wegen um Squamish ziehen eine Menge Mountainbike-Fans an. Der **Cheekeye Fan Trail** nahe Brackendale bietet einige leichte Fahrten, während Downhillfahrer eher die Gegend um **Diamond Head/Power Smart** vorziehen. Auf der Website der **Squamish Off Road Cycling Association** (www.sorca.ca) findet man eine Einführung in die Zweiradszene der Region.

Wassersportler gehen nach **Squamish Spit**, einem Zentrum für Kiteboarden und Windsurfen. Die Saison dauert von Mai bis Oktober, und die Website der **Squamish Windsports Society** (www.squamishwindsports.com) ist der erste Anlaufpunkt für

Informationen über Wetter, Wasserverhältnisse und Zugang zur Nehrung.

Zum Zeitpunkt des Verfassens wurde auch eine neue Aussichtsseilbahn gebaut; auf www.seatoskygondola.com findet man aktuelle Informationen.

Britannia Mine Museum MUSEUM

(www.britanniaminemuseum.ca; Erw./Kind 21,50/13,50 C$; ⌚9–17 Uhr) Etwa 10 Minuten vor Squamish auf dem Highway 99 liegt das Britannia Mine Museum. Einst war hier die größte Kupfermine des British Empire, die nun als eindrucksvolles Industriemuseum renoviert wurde. Ein Highlight ist die Fahrt mit dem unterirdischen Minentunnelzug, und es gibt viele andere kinderfreundliche Ausstellungen, Goldwaschen und einen großen Geschenkartikelladen.

Shannon Falls Provincial Park WASSERFALL

(www.bcparks.ca) Etwa 4 km vor Squamish hört man die Fälle des Shannon Falls Provincial Park rauschen. Vom Parkplatz ist es nur ein kurzer Fußweg zu BCs dritthöchstem Wasserfall, an dem das Wasser 335 m in die Tiefe stürzt. Hier stehen auch ein paar praktische Tische für ein Picknick im Freien.

West Coast Railway Heritage Park MUSEUM

(www.wcra.org; 39645 Government Rd; Erw./Kind 15/10 C$; ⌚10–17 Uhr) Fans alter Züge sollten an der Stadt vorbeifahren bis zum West Coast Railway Heritage Park. Dieses große, größtenteils im Freien gelegene Museum ist die letzte Ruhestätte von BCs legendärer Royal-Hudson-Dampflokomotive und besitzt rund 90 weitere alte Schienenfahrzeuge, darunter zehn funktionierende Loks und das erste Modell eines SkyTrain. Es gibt einen schicken neuen Lokschuppen, in dem die wertvollsten Züge und Ausstellungsstücke gezeigt werden.

Stawamus Chief Provincial Park PARK

(www.bcparks.ca) Auf dem Weg von Vancouver nach Squamish sieht man einen blanken, 652 m hohen Granitfelsen thronen. Er wird „Chief" genannt, zieht kühne Kletterer an und ist das Highlight im Stawamus Chief Provincial Park. Um die atemberaubende Aussicht von oben zu genießen, benötigt man keine Kletterausrüstung: es gibt auf der Rückseite Wanderwege hinauf. Bei **Squamish Rock Guides** (☎604-892-7816; www.squamishrockguides.com; geführte Klettertouren halber Tag/ganzer Tag ab 75/115 C$) bekommt man Informationen und Kletterkurse.

Festivals/Feste

Squamish Valley Music Festival MUSIK

(www.squamishfestival.com; ⌚Aug.) Wer im August da ist, sollte vielleicht das riesige Squamish Valley Music Festival besuchen, das größte und beliebteste Freiluft-Musikereignis der Gegend.

Schlafen & Essen

Alice Lake Provincial Park CAMPINGPLATZ $

(☎800-689-9025; www.discovercamping.ca; Hwy 99; Stellplatz ab 30 C$) Der große, familienfreundliche Campingplatz mit über 100 Stellplätzen liegt 13 km nördlich von Squamish. Es gibt zwei Duschräume und Toiletten mit Wasserspülung. Camper können hier schwimmen, wandern und radeln (Fahrradverleih vor Ort). Bei einer informativen Rangertour durch die Wälder (nur Juli & Aug.) erfährt man vieles über die Gegend. Dieser Campingplatz ist in der Tat einer der beliebtesten in ganz BC, weshalb man unbedingt lange vor der Reise ein Plätzchen reservieren sollte.

Howe Sound Inn & Brewing Company GASTSTÄTTE $$

(☎604-892-2603; www.howesound.com; 37801 Cleveland Ave; DZ ab 99 C$; 📶🐾) In dieser komfortablen Übernachtungsgelegenheit wird rustikale Qualität geboten: Die Zimmer sind warm und einladend und mit viel Holz eingerichtet. Es gibt eine Freiluft-Kletterwand, wo man den Gipfelsturm auf den nahe gelegenen Stawamus Chief proben kann, und eine Sauna für die Erholung danach. Die Mikrobrauerei unten im Haus bietet einige von BCs besten hausgemachten Bieren an. Gäste können eine kostenlose Brauereiführung bekommen.

Selbst wenn man nicht übernachten will, lohnt sich ein Halt wegen des guten, ambitionierten Essens im Restaurant.

Sunflower Bakery Cafe CAFÉ $

(www.sunflowerbakerycafe.com; 38086 Cleveland Ave; Hauptgerichte 5–9 C$; ⌚Mo–Sa 7.30–17.30 Uhr) An der hellgelben Fassade erkennbar, werden drinnen herzhafte, hausgemachte Mittagessen angeboten, oft biologisch oder vegetarisch. Suppen und Sandwiches gibt es reichlich, aber besonders gut sind die Quiches, wenn man Abwechslung sucht. Bei der Abfahrt kann man sich für den Weg nach Whistler das Auto mit großen Kuchen und dicken Obsttorten vollpacken.

Whistler

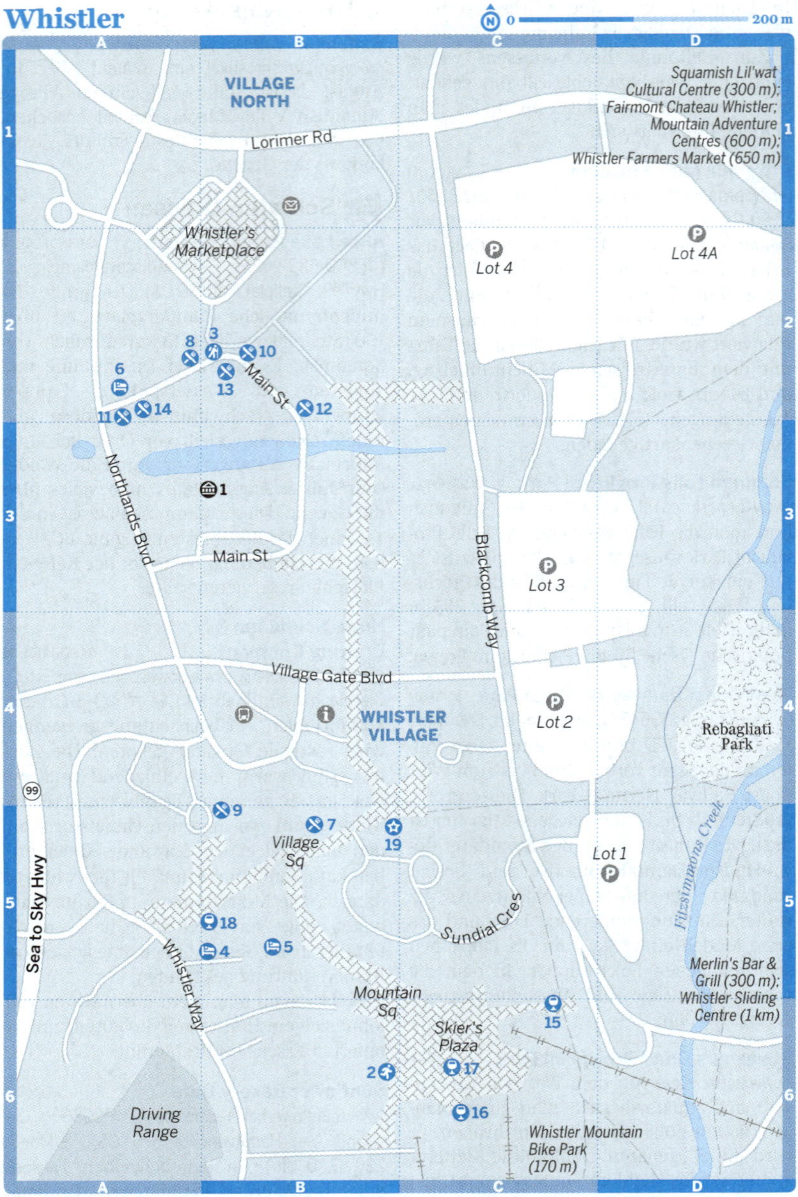

Galileo Coffee KAFFEE $
(www.galileocoffee.com; 173 Hwy 99; Backwaren 3–5 C$; ⏲7–15 Uhr) Gegenüber dem Eingang zum Britannia Mine Museum liegt mit Galileo Coffee ein nicht nur bei Durchreisenden beliebtes Lokal, um sich auf der Fahrt nach Whistler zu erfrischen. Auch Einheimische kommen zum Small-Talk gerne hierher.

ℹ Information

Im schicken Besucherzentrum **Squamish Adventure Centre** (☎604-815-4994, 866-

Whistler

Sehenswertes
1 Whistler Museum B3

Aktivitäten, Kurse & Touren
2 Wedge Rafting B6
3 Whistler Alpine Guides Bureau B2

Schlafen
4 Adara Hotel B5
5 Crystal Lodge & Suites B5
6 Pinnacle Hotel Whistler A2

Essen
7 Araxi Restaurant & Bar B5
8 Crêpe Montagne A2
9 Gone Village Eatery B5
10 Mexican Corner B2
11 Mount Currie Coffee Co A2
12 Purebread B2
13 Sachi Sushi B2
14 Splitz Grill A2

Ausgehen
15 Dubh Linn Gate C6
16 Garibaldi Lift Company C6
17 Longhorn Saloon & Grill C6
18 Moejoe's B5

Unterhaltung
19 Village 8 Cinema B5

333-2010; www.tourismsquamish.com; 38551 Loggers Lane; ⌚8–20 Uhr) erfährt man, was angeboten wird. Hier gibt es viele gute Infos zum Wandern und Radfahren.

An- & Weiterreise

Die Busse von **Greyhound Canada** (www.greyhound.ca) fahren von Vancouver nach Squamish (ab 10 C$, 80 Minuten, 6-mal tgl.) und Whistler (ab 7 C$, 55 Minuten, 5-mal tgl.).

Die etwas angenehmeren Busse der **Pacific Coach Lines** (www.pacificcoach.com) fahren auch von Downtown Vancouver hierher (49 C$, 70 Minutes, 5-mal tgl.).

Garibaldi Provincial Park

Outdoor-Freaks fahren am besten schnurstracks in den 1950 km² großen **Garibaldi Provincial Park** (www.bcparks.ca), der zu Recht für seine Wanderwege, die üppige Pflanzen- und Tierwelt und die Panoramablicke über die raue Wildnis bekannt ist. Im Sommer werden Wanderer anscheinend geradezu magisch angezogen. Im Winter dienen die Wege als Langlaufloipen. Es gibt fünf Hauptwanderwege, die vom Highway 99 aus durch gut sichtbare blau-weiße Schilder markiert sind.

Der **Cheakamus Lake Hike** (3 km) ist relativ einfach, nicht sehr steil und gehört zu den beliebtesten Wanderwegen des Parks. Der **Elfin Lakes Trail** (11 km) ist eine reizende, relativ leichte Tageswanderung. Der **Garibaldi Lake Hike** (9 km) ist eine außerordentliche Einführung in die mächtige Wildnis des „Beautiful BC“ und verbindet malerische alpine Weiden mit atemberaubenden Bergblicken.

Brandywine Falls Provincial Park

Ein paar Kilometer nördlich von Squamish liegt direkt am Highway 99 der von Bäumen gesäumte, 143 ha große **Park** (www.bcparks.ca), in dessen Mitte ein 70 m hoher, spektakulärer Wasserfall plätschert. Ein kurzer Spaziergang durch den Wald führt zu einem Furcht einflößenden Plateau mit Blick auf die Kante des Wasserfalls, wo das Wasser unvermittelt wie aus einem riesigen Wasserhahn zwischen den Bäumen hervorströmt. Von hier aus hat man auch eine großartige Aussicht über den Daisy Lake und die Berge des Garibaldi Provincial Park. Ein 7 km langer Rundweg führt weiter durch den dichten Wald und die ehemaligen Lavafelder bis zur Cal-Cheak Suspension Bridge.

WHISTLER

10 600 EW.

Dieses alpine Dorf wurde nach den pelzigen Murmeltieren benannt, die hier leben und wie Luftballons pfeifen, denen die Luft ausgeht. Der Ort war 2010 ein Austragungsort der Olympischen Winterspiele und der Paralympics und ist einer der beliebtesten Wintersportorte der Welt. Angeschmiegt im Schatten der eindrucksvollen Whistler und Blackcomb Mountains, bietet das verschneite Dorf im Winter einen Anblick wie eine Weihnachtspostkarte. Im Sommer kommen aber jetzt sogar noch mehr Gäste, da die Bewohner von Vancouver und die Touristen sich zum Mountain Biking und zu halsbrecherischen Seilrutschen in die zauberhafte Natur locken lassen.

ABSEITS DER ÜBLICHEN PFADE

FUNCTION JUNCTION

Mit dem Bus Nummer 1 gelangt man in 20 Minuten mitten in die Lieblingsgegend der Einheimischen. **Function Junction** entstand als zwischen dem Bäumen verstecktes Gewerbegebiet, um den Postkartencharakter des Dorfes nicht zu stören. In den letzten Jahren aber haben sich die Dinge gewandelt, und die Gegend ähnelt jetzt, da die Gewerbebauten langsam von Galerien und Cafés übernommen werden, Vancouvers Granville Island in seinen jungen Tagen. Hier kann man gut einen Nachmittag mit einem gemächlichem Bummel verbringen, vor allem, wenn man hier essen will. Es gibt eine Reihe Straßen zu erkunden, die beste ist aber Millar Creek Road.

Man beginnt mit einem späten Frühstück im **Wild Wood Cafe** (www.wildwoodrestaurants.ca; 1085 Millar Creek Rd; Hauptgerichte 6–12 C$; ⏲ Mo–Do 6.30–14, Fr & Sa bis 15, So 9–15 Uhr; 📶), einer folkig-freundlichen Stammkneipe mit empfehlenswerten Eggs Benedict; zur Mittagszeit gibt es hier auch sehr gute Burger. Danach spaziert man an mit gestrickter Graffiti bunt verzierten Bäumen zur **White Dog Whistler Studio Gallery** (www.whitedogwhistler.com; 1074 Millar Creek Rd; ⏲ 11–18 Uhr). Luna, der besagte weiße Hund, wartet schon am Eingang dieser tollen Galerie der Künstlerin Penny Eder. Neben ihren eigenen Arbeiten zeigt der nicht snobistische Laden alle möglichen Werke Dutzender hiesiger Künstler: es gibt Keramik, Gemälde und auch das ein oder andere gläserne Kaleidoskop. Eder macht auch Kunstführungen durch das Dorf und gibt für Kreative regelmäßig Workshops.

Wer dafür erst Inspiration braucht, findet gegenüber die **Whistler Brewing Company** (www.whistlerbeer.com; 1045 Millar Creek Rd; Führungen 13,95 C$; ⏲ Mo–Do 13–20, Fr bis 22, Sa & So 12–19 Uhr). Diese lokale Brauerei hat den Würgegriff der Industriebrauereien, in dem sich die Bars des Dorfes befanden, gelockert. Man kann die Anlage besichtigen und im Schankraum einige Sorten probieren. Mit etwas Glück gibt es gerade das begehrte, nur im Winter erhältliche Chestnut Ale. Danach kann man bei einem Kaffee und Gebäck im **Purebread** (www.purebread.ca; 1040 Millar Creek Rd; Backwaren 3–5 C$; ⏲ 9–17 Uhr), wieder nüchtern werden. Unbedingt die Pudgie Pies und Zitronen-Zucker-Brötchen probieren. Es gibt viele nahe gelegene Wanderrouten, um schnell 1000 Kalorien abzuarbeiten.

Es gibt mehrere Viertel und kleinere Enklaven wie z. B. Function Junction, aber Whistler Village ist die Drehscheibe für Hotels, Restaurants und Geschäfte. Im ruhigeren Village North findet man einfachere Unterkünfte vom Typ B&B, während sich im Upper Village um Blackcomb herum eher mondäne Hotels versammeln. Zu Fuß verirrt man sich anfangs leicht, denn Whistler ist ein bisschen wie ein Labyrinth.

Sehenswertes

Squamish Lil'wat Cultural Centre MUSEUM
(www.slcc.ca; 4584 Blackcomb Way; Erw./Kind 18/8 C$; ⏲ 9.30–17 Uhr) Diese ansehnliche Einrichtung mit Holzbalkendecken zeigt Ausstellungen zweier verschiedener Gruppen der First Nations – eine von der Küste und die andere aus dem Inland. Auf einer Führung erfährt man mehr über den Zusammenhang der Ausstellungsstücke, zu denen vier neu geschnitzte Totempfähle gehören und eine neue Galerie im ersten Stock, die unter anderem eine 1200 Jahre alte Kultschale zeigt. Im Sommer gibt es Barbecue-Dinners (58 C$), und im Café im Erdgeschoss delikates Wildbret-Chili mit traditionellem und köstlichem Fladenbrot.

Whistler Museum MUSEUM
(www.whistlermuseum.org; 4333 Main St; Erw./Kind 7,50/4 C$; ⏲ 11–17 Uhr) Ausgestellt wird Whistlers Entwicklung von einem Außenposten in der Wildnis zum olympischen Austragungsort, und zu den manchmal sonderbaren Stücken gehören ein ausgestopftes ergrautes Murmeltier, ein Toilettensitz als Segeltrophäe und eine olympische Fackel von 2010 zum Anfassen. Bei unserem Besuch wurde gerade eine Dauerausstellung zur Geschichte des Skifahrens entwickelt. Vorher nach besonderen Terminen erkundigen; die Lego-Party für Erwachsene im Oktober ist z. B. ein Muss. Die durch Spenden finanzierten Dorfführungen sind auch empfehlenswert (täglich um 13:00 Uhr, von Juni bis August).

Whistler Farmers Market MARKT
(www.whistlerfarmersmarket.org; Upper Village; ⌚ Juni–Okt.So 11–16 Uhr) Im Sommer findet man den lebhaften Whistler Farmers Market im Upper Village, bei der Plaza vor dem Fairmont Chateau Whistler. Dort gibt es mehr als 50 Zeltstände, die von Kunsthandwerk bis zu leckerem jahreszeitlichem Obst und Gaumenfreuden aus der Bäckerei alles anbieten. Der Markt ist ein Höhepunkt im Sommer, man sollte früh kommen, um noch die volle Auswahl zu haben.

Whistler Sliding Centre EXTREMSPORT
(www.whistlerslidingcentre.com; 4910 Glacier Lane; ⌚ Dez.–März 10–17 Uhr) Das Whistler Sliding Centre, knapp über dem Dorf in Blackcomb gelegen, beherbergte 2010 die olympischen Bob-, Rodel- und Skeleton-Wettbewerbe und ist jetzt für die Öffentlichkeit zugänglich. Man kann Ausstellungen besichtigen, Videoaufnahmen der Rennbahn ansehen und eine Tour auf eigene Faust machen. Wahre Sportfans könnten auch eine Fahrt mit Bob oder Skeleton machen: Ausrüstung, Anleitung und Fahrt kosten 159 C$.

Aktivitäten

Skifahren & Snowboardfahren

Mit 37 Liften und über 200 kreuz und quer verlaufenden Abfahrten wurden die Geschwisterberge von **Whistler-Blackcomb** (www.whistlerblackcomb.com; 1-Tagespass Erw./Kind 98/52 C$) zum ersten Mal verkoppelt, als im Jahr 2009 die gigantische 4,4 km lange Peak 2 Gipfelseilbahn eröffnet wurde. 11 Minuten dauert die Fahrt mit der Bahn zwischen den beiden hochalpinen Arealen, daher kann man am selben Tag die Pisten auf beiden Bergen befahren. Mehr als die Hälfte der Abfahrten richten sich vor allem an fortgeschrittene Anfänger.

Die Wintersaison beginnt hier Ende November und dauert in Whistler meist bis April, in Blackcomb bis Juni; Hochsaison ist von Dezember bis Februar. Wer seinen olympischen Helden nacheifern will, findet in Whistler Creekside die Abfahrtspiste der Spiele von 2010.

Mit einem Fresh Tracks Ticket (18 C$) am frühen Morgen ist man den Massen voraus. Man muss es bei den Whistler Village Gondola Guest Relations im Voraus kaufen. Zusammen mit der normalen Liftkarte bringt es eine zusätzliche Stunde auf den Abfahrten und beinhaltet Frühstück in der Roundhouse Lodge oben am Gipfel. Nachtschwärmer nehmen vielleicht lieber am abendlichen Night-Moves-Programm teil, das nach 17:00 Uhr am Magic Chair in Blackcomb stattfindet.

Snowboarder können in Freestyle-Parks wie Snow Cross und Big Easy Terrain Garden am Blackcomb zeigen, was sie drauf haben. Auf dem Whistler gibt es außerdem einen beliebten Habitat Terrain Park.

Wer keine eigene Ausrüstung dabei hat, findet bei den **Mountain Adventure Centres** (☎800-766-0449, 604-967-8950; www.whistlerblackcomb.com/rentals; 4599 Chateau Blvd) mehrere Verleiher. Es gibt auch Online-Anbieter, über die man seine Ausrüstung noch vor der Ankunft individuell aussuchen und Anfängerkurse für Ski und Snowboard buchen kann.

Langlaufen & Schneeschuh-Wandern

Der **Lost Lake** ist nur einen kurzen Spaziergang oder eine Fahrt mit dem kostenlosen Shuttlebus vom Dorf entfernt und Mittelpunkt der Langlaufloipen durch den Wald, die sowohl für Anfänger als auch für Fortgeschrittene geeignet sind. Etwa 4 km der Strecke sind abends bis 22 Uhr beleuchtet. Außerdem gibt es eine „Warming Hut“, wo man sich die erforderliche Ausrüstung leihen und Unterricht bekommen kann. Schneeschuhwanderer kommen in dieser Gegend auch auf ihre Kosten. Man kann allein oder in Begleitung eines Führers auf den 10 km langen Wegen rumstapfen. Schneeschuhe kann man sich natürlich leihen.

Der **Whistler Olympic Park** (www.whistlerolympicpark.com; 5 Callaghan Valley Rd, Callaghan Valley) liegt 16 km südwestlich des Dorfes über dem Highway 99. Er war 2010 Austragungsort mehrerer Wettkämpfe und ist jetzt ein hervorragendes Naturgelände für Langlaufen, Schneeschuh-Wandern und, im Sommer, für Mountainbiketouren.

Mountainbiken

Der **Whistler Mountain Bike Park** (http://bike.whistlerblackcomb.com; 1-Tagespass Erw./Kind 53/31 C$; ⌚Mai–Okt.) übernimmt im Sommer die schneefreien Skihänge und ist über den Lift am Südende des Dorfes zugänglich. Er bietet rasende Abfahrten und eine Fülle an Sprüngen, Balken und Brücken auf über 200 km gut gepflegten Waldpfaden. Man muss kein Profi sein, um auf den Parcours zu gehen: leichtere Routen sind grün markiert, und wer es krachen lassen will, geht auf einen der blauen oder schwarzen Pfade für Fortgeschrittene wie den **Crank It Up**, eine der beliebtesten Routen des Parks. Wer Beine aus Stahl hat, sollte auch den spektakulären **Top of the World Trail** befahren.

Außerhalb des Parks ist die Gegend durchzogen von gewundenen Wegen wie dem sanften **Valley Trail**, einem leichten 14 km langen Rundkurs um das Dorf und seinen See; dieser Rundkurs ist für Anfänger absolut empfehlenswert.

Wandern

Insgesamt über 40 km mit Blumen und Wäldern gesäumte Bergwege, von denen die meisten über die Whistler Village Gondola zu erreichen sind, machen die Region ideal für Naturliebhaber. Zu den beliebtesten Strecken gehört der **High Note Trail** (8 km), der durch unberührte Wiesen führt und umwerfende Ausblicke auf das blaugrüne Wasser des Cheakamus Lake bietet. Wanderkarten sind am Besucherzentrum erhältlich. Geführte Touren werden auch von den freundlichen Leuten beim **Whistler Alpine Guides Bureau** (☎604-938-9242; www.whistlerguides.com; 207B, 4368 Main St; Erw./Kind ab 79/59 C$) angeboten. Hier hilft man auch bei Ausflügen zum Felsklettern und Rap-Jumping.

Rafting

Auf einem adrenalingeladenen, halb- oder ganztägigen Raftingausflug auf dem Elaho River oder dem Squamish River sieht man tosende Wasserfälle, dichte Wälder und eine reiche Tier- und Pflanzenwelt. **Wedge Rafting** (☎604-932-7171, 888-932-5899; www.wedgerafting.com; 4293 Mountain Sq; Touren Erw./Kind 99/69 C$) bietet Wahnsinns-Touren, aber auch etwas sanftere Spritztouren für weniger Mutige.

Feste & Events

Winterpride SZENE
(www.gaywhistler.com; ⏲Anfang Feb.) Eine Woche mit Action im Schnee und nächtlichen Partys für die schwule Szene.

World Ski & Snowboard Festival SKIFAHREN
(www.wssf.com; ⏲Mitte April) Eine neuntägige Präsentation professioneller Ski- und Snowboardwettbewerbe, samt Partys.

Crankworx MOUNTAINBIKING
(www.crankworx.com; ⏲Mitte Aug.) Eine actiongeladene Feier von Bike-Stunts, Wettrennen und schlammbespritzter Spielereien.

Cornucopia ESSEN & WEIN
(www.whistlercornucopia.com; ⏲Nov.) Ausgelassenes Essen- und Weinfest mit vielen Partys.

Whistler Film Festival FILM
(www.whistlerfilmfestival.com; ⏲Dez.) Vier Tage lang werden kanadische und Independent-Filme gezeigt, und es gibt Klatsch und Tratsch aus dem Filmgeschäft.

Schlafen

Im Winter, vor allem Dezember und Januar, sind die Preise am höchsten, man kann aber trotzdem Last-Minute-Schnäppchen erhaschen, wenn man spontan von Vancouver aus eine Übernachtung bucht. Auf der Website von **Tourism Whistler** (www.whistler.com) findet man Zimmerangebote und Angebotspakete. Die meisten Hotels knöpfen den Gästen Parkgebühren von bis zu 40 C$ am Tag ab, und manche legen noch eine Resort Fee von bis zu 25 C$ am Tag drauf, das sollte man also vor der Buchung abklären.

★ **HI Whistler Hostel** HOSTEL $
(☎866-762-4122, 604-962-0025; www.hihostels.ca; 1035 Legacy Way; B/Zi. 36/95 C$; @📶) 7 km südlich von Whistler nahe Function Junction liegt dieses 2010 als olympisches Sportlerquartier gebaute, exzellente Hostel. Transitbusse zur Stadt halten direkt davor. Wer ein eigenes Zimmer mit Bad und Fernseher möchte, sollte im Voraus buchen; ansonsten kann man günstig in einem der kleinen Schlafräume unterkommen. Hier wurde der manchmal einheitliche Look der HI Hostels vermieden; stattdessen hat es eine Ikea-ähnliche Einrichtung, Kunst an den Wänden und ein Café mit Alkoholausschank. Für Regentage gibt es auch einen sehr schönen Fernsehraum.

Bei schönem Wetter geht es auf die nahen Fahrrad- und Wanderwege oder zum Grillen auf einer der beiden Terrassen mit Bergblick. Der Bus bringt die Gäste in rund 15 Minuten ins Dorf.

Riverside Resort CAMPINGPLATZ, HÜTTEN $$
(☎604-905-5533; www.riversidewhistler.com; 8018 Mons Rd; Campingplätze/Jurten/Blockhütten 35/89/157 C$; 📶) Bei kundigen Einheimischen beliebt und nur einige Minuten hinter Whistler auf dem Highway 99 liegt dieser komfortable, familienfreundliche Campingplatz, der in den letzten Jahren noch gemütliche Hütten und Jurten dazubekommen hat. Die Jurten, mit einfacher Einrichtung,

Elektrizität und Bettwäsche, sind besonders empfehlenswert. Das hauseigene Junction Café serviert ausgezeichnetes Frühstück.

Adara Hotel HOTEL **$$**
(☎604-905-4009, 866-502-3272; www.adarahotel.com; 4122 Village Green; Zi. ab 149 C$;) Das anspruchsvolle und zentral gelegene Adara ist ein echtes Boutiquehotel, im Gegensatz zu all den Hütten, die neuerdings behaupten, eines zu sein. Es ist voll mit gestalterischen Details wie künstlichen Geweihen in der Empfangshalle. Die Zimmer haben großzügige Badezimmer und Feuerstellen, die wie Fernseher aussehen. Trotz der äußerst coolen Ästhetik ist der Service herzlich und entspannt. Nach den beliebten Sommerangeboten für Radfahrer sollte man sich im Voraus erkundigen.

Crystal Lodge & Suites HOTEL **$$**
(☎800-667-3363, 604-932-2221; www.crystallodge.com; 4154 Village Green; DZ/Suite ab 130/175 C$;) Nicht alle Zimmer sind im Crystal gleich, denn das Hotel entstand aus dem Zusammenschluss zweier sehr verschiedener Hoteltürme. Die billigeren im South Tower sind normaler Standard, mit Badezimmern und Kühlschränken als Highlight. Aber jene in der Lodge Wing passen zur attraktiven Empfangshalle aus Stein und Holz und haben kleine Balkone. Beide sind nahe bei den Restaurants und Skiliften.

Chalet Luise B&B Inn B&B **$$**
(☎800-665-1998, 604-932-4187; www.chaletluise.com; 7461 Ambassador Cres; Zi. ab 125 C$;) Die Pension im bayerischen Look liegt fünf Gehminuten vom Dorf entfernt. Sie hat acht helle und sonnige Zimmer mit Möbeln aus Kiefernholz, weißen Federbetten und einen Blumengarten, der sich als hervorragende Kulisse für ein Gläschen Wein am Abend eignet. Oder man legt sich einfach in den warmen Whirlpool und träumt von dem großen Frühstücksbuffet am nächsten Morgen. Parkplatz kostenlos.

Edgewater Lodge HOTEL **$$$**
(☎604-932-0688, 888-870-9065; www.edgewater-lodge.com; 8020 Alpine Way; DZ inkl. Frühstück ab 189 C$;) Wenige Minuten Fahrt hinter Whistler auf dem Highway 99 liegt diese Lodge mit 12 Zimmern direkt am Wasser. Sie ist ein Idyll für Naturfreunde und besitzt ein gefeiertes hauseigenes Restaurant. Jedes Zimmer hat durch ein großes Panoramafenster Aussicht auf das klare Wasser des Green Lake. Man sitzt in der Fensternische und beobachtet Fischadler, oder man geht mit einem gemieteten Kajak hinaus auf den See. Parken ist im Preis inbegriffen.

Pinnacle Hotel Whistler HOTEL **$$**
(☎888-999-8986, 604-938-3218; www.whistlerpinnacle.com; 4319 Main St; DZ ab 159 C$;) Gleich gegenüber dem Museum hat diese freundliche, etablierte, auf Erwachsene eingestellte Lodge in fast jedem Zimmer als Besonderheit eine große Whirlwanne als dominierendes Element. Balkone und voll ausgestattete Küchen gehören ebenfalls dazu, und es gibt ein Restaurant im Haus, falls es zu kalt für draußen wird.

Nita Lake Lodge HOTEL **$$$**
(☎604-966-5700, 888-755-6482; www.nitalakelodge.com; 2135 Lake Placid Rd; DZ ab 199 C$;) Diese elegante Fachwerklodge, ein perfekter luxuriöser Rückzugsort, liegt gleich neben der Creekside Railway Station; sehr praktisch, wenn man mit dem **Rocky Mountaineer Train** (www.rockymountaineer.com; Fahrkarten ab 129 C$; ⌚Mai bis Mitte Okt.) in die Berge fährt. Sie schmiegt sich ans Ufer an und bietet schicke, aber gemütliche Zimmer mit eigener Veranda, Steinkamin und einem Badezimmer mit Fußbodenheizung und großen Badewannen; in manchen gibt es auch eine praktische Küche. Die Lifte von Creekside sind nur wenige Minuten zu Fuß entfernt.

Es gibt im Haus ein ausgezeichnetes West-Coast-Restaurant, aber ein kostenloser Shuttleservice bringt einen auch ins Dorf, wenn man außerhalb essen möchte. Im Sommer sind im Preis auch die Leihgebühren für Fahrräder und Angelruten enthalten.

Fairmont Chateau Whistler HOTEL **$$$**
(☎800-606-8244, 604-938-8000; www.fairmont.com/whistler; 4599 Chateau Blvd; DZ ab 289 C$;) Das Fairmont, mit dramatischen fürstlichen Hallen und angenehm palastartigen Zimmern, von denen viele Bergblick bieten, ist eine gelungene Nachahmung der hochklassigen „Castle Hotels“ der Hotelkette. Obwohl man nahe an den Skigebieten von Blackcomb wohnt, ist man doch versucht, einfach drinnen zu bleiben, in den Geschäften im Erdgeschoss zu shoppen und zwischen Restaurant und Bar zu pendeln. Der beheizte Freiluftpool ist ein Erlebnis.

★ **Purebread** BÄCKEREI **$**
(www.purebread.ca; 4338 Main St; Gebäck 3–5 C$; ⌚8.30–19 Uhr) Als diese Legende von Function Junction endlich eine Filiale in

ABSTECHER

ABSTECHER INS LAND DER COWBOYS

Die nächste Stadt nördlich nach Whistler auf dem Highway 99 ist **Pemberton**. Sie hat eine einladende Atmosphäre und wurde durch Land- und Viehwirtschaft geprägt. Das erklärt, warum ihr Maskottchen eine kitschig-coole, Potato Jack genannte Kartoffel mit Halstuch ist. Aber die Spitzenkartoffeln der Gegend haben mehr zu bieten als tolle Fritten.

Die **Pemberton Distillery** (www.pembertondistillery.ca; 1954 Venture Pl; ⌚ Mi–Sa Mittag–18 Uhr) hat vor einigen Jahren begonnen, fachmännisch ausgezeichneten Wodka aus den einheimischen Kartoffeln herzustellen. Der sanfte Bio-Schnaps war ein solcher Erfolg, dass man noch mehr Sorten ins Angebot aufnahm und die Firma jetzt auch Gin, Apfelbranntwein und BCs einzigen Absinth brennt. Insgesamt werden so jedes Jahr bis zu 50 Tonnen hiesiger Knollen verarbeitet.

Bei unserem Besuch waren die Inhaber kurz davor, ihren ersten eigenen Whiskey abzufüllen und wollten auch Bier ins Angebot aufnehmen, das mit ihrem selbst angebauten Hopfen gebraut wird. Zum Besuch in der freundlichen kleinen Destillerie, die in einem bescheidenen Gewerbegebiet am Stadtrand liegt, gehört eine großzügige kostenlose Kostprobe an der Verkostungstheke. Die beste Zeit für einen Besuch ist Samstags gegen 16:00 Uhr (ganzjährig), denn dann bekommt man für 5 C$ eine **Führung**, gefolgt von kundiger Verkostung. Wer gerne eine Flasche mit nach Hause nehmen möchte, bezahlt zwischen 24 C$ und 58 C$.

Wer ein wenig zu viel getrunken hat und plötzlich Hunger bekommt, sollte die Stadt nicht verlassen, bevor er den anderen Lieblingstreff der Einheimischen besucht hat. Das stets lebhafte **Pony** (☎604-894-5700; www.thepony.ca; 1392 Portage Rd; Hauptgerichte 10–22 C$; ⌚8–22 Uhr) ist ein Bistro-Restaurant, das mühelos freundlichen Service mit ausgezeichneter anspruchsvoller Hausmannskost kombiniert, von dreilagigen Clubsandwiches mit Garnelen bis zu perfekter Pizza und großen Salaten, dazu eine sorgfältig gepflegte Karte an Craft Beers. Am besten auf der Veranda sitzen und, noch besser, an einem Donnerstag Abend kommen, da ist Beer and Pizza Night. An diesem Tag sind vermutlich alle Einwohner Pembertons da. Auf www.tourismpembertonbc.com findet man mehr Informationen über Pemberton.

Whistler eröffnete, kamen die Einheimischen schnell, und sie stehen seitdem immer noch Schlange. Sie kommen wegen des Füllhorns an köstlichen Backwaren, darunter gesalzene Karamellschnitten, Cookies mit Sauerkirschen und Schoko-Chips und das verblüffende Crack, eine teuflisch klebrige Schnitte aus Buttergebäck. Es gibt aber auch Herzhaftes wie Homity Pie.

Der Service ist stets freundlich, und wenn man kurz nach dem Backen am frühen Morgen ankommt, verleiten die leckeren Düfte dazu, mehr zu kaufen als man eigentlich vorhatte. Das Essen kann man mit einem großen Kaffee von Stumptown in Portland genießen.

Gone Village Eatery CAFÉ $
(www.gonevillageeatery.com; 4205 Village Sq; Hauptgerichte 6–12 C$; ⌚6.30–21 Uhr; 📶) In diesem gut versteckten Lieblingscafé der Einheimischen kann man eine große Auswahl an herzhafter, günstiger Hausmannskost wie Chili, Hühnercurry und Steak mit Kartoffeln zu sich nehmen. Hier stärken sich viele für einen anstrengenden Tag auf der Piste, und bei der Rückkehr trinken sie einen Kaffee mit Marsriegel. Es gibt außerdem diverse Internetterminals (1 C$ für 10 Minuten).

Mount Currie Coffee Co CAFÉ $
(www.mountcurriecoffee.com; 4369 Main St; ⌚6.30–17.30 Uhr) Ursprünglich ein beliebtes Café in Pemberton, gibt es nun seit Kurzem diesen neuen Ableger in Whistler. Es ist zwar etwas abseits gelegen, aber einen Besuch wert wegen seines perfekt zubereiteten Kaffees. Dazu gibt es herzhafte Wraps mit Pemberton Beef und, wenn man seinen Kaffeepegel erreicht hat, „Green Machine Smoothies". Ein Reise-Kaffeebecher in Form eines Einweckglases ist ein cooles Souvenir. Man findet leicht hin, wenn man der Main Street folgt.

Splitz Grill BURGERS $
(www.splitzgrill.com; 4369 Main St; Hauptgerichte 9–13 C$; ⌚Mo–Do & So 11–20, Fr & Sa bis 21 Uhr)

Whistlers beste Burger gibt es in diesem bescheidenen Laden, der sich nach hinten zu einem überraschend großen Gastbereich weitet, mit einer hinter Bäumen versteckten Terrasse. Die handgeformten Kanonenkugeln aus Hackfleisch ergeben schmackhafte Burger und werden mit perfekten, knusprigen Fritten serviert, die kein gewöhnliches Fastfood sind. Büffelfleisch, Lachs und Truthahn gibt es neben den klassischen Rindfleischburgern, aber der saftige Salt Spring Lamb Burger ist besonders empfehlenswert.

★ **Rimrock Cafe** WEST COAST **$$**
(☎ 604-932-5565; http://rimrockcafe.com; 2117 Whistler Rd; Hauptgerichte 16–28 C$; ⌚ 17.45–21.30 Uhr) Das Lieblingsrestaurant der Einheimischen am Rand von Creekside ist über den Highway 99 zu erreichen. Auf der Speisekarte stehen Highlights wie sautierte Jakobsmuscheln, Hirschfilet und ein empfehlenswertes Meeresfrüchtetrio mit gegrillten Garnelen, Ahi-Thunfisch und Skilfisch in Nusskruste. Gespeist wird in einem gemütlichen Raum mit zwei Kaminen und auf einer großen, von Blumen gesäumten Terrasse, von wo aus man über die gestressten Autofahrer auf dem Highway lästern kann.

Mexican Corner MEXIKANISCH **$$**
(http://themexicancorner.ca; 4340 Lorimer Rd; Hauptgerichte 14–22 C$; ⌚ 11–21.30 Uhr) Diese geschäftige kleine Eckkneipe, die als Erste authentisches mexikanisches Essen nach Whistler brachte, ist das einzig Wahre für Fans perfekter, frisch zubereiter Tacos, Enchiladas und Quesadillas. Am besten nimmt man den *Al-Pastor*-Teller, vier Tacos mit gegrilltem Schweinefleisch, mit einer Ananasscheibe oben drauf. Und dazu eine angenehm saure Tamarinden-Margarita. Zum Zeitpunkt unseres Besuchs dachte man über ein zusätzliches, größeres Lokal nach.

Crêpe Montagne FRANZÖSISCH $$
(http://crepemontagne.com; 4368 Main St; Hauptgerichte 8–24 C$; ⌚ 8–22.30 Uhr) Diese kleine, authentische und äußerst behagliche *Crêperie*, deren Personal tatsächlich einen französischen Akzent hat, bietet eine verwirrende Vielfalt an süßen und deftigen Buchweizencrêpes mit Füllungen wie Schinken, Brie, Spargel, Banane, Erdbeeren und mehr. Es gibt auch Fondues. Hier kann man gut frühstücken; mit den Waffeln zum Beispiel ist man für einen anstrengenden Pistentag bestens vorbereitet.

Christine's Mountain Top Dining WEST COAST **$$**
(☎ 604-938-7437; Rendezvous Lodge, Blackcomb Mountain; Hauptgerichte 12–22 C$) Das Beste der wenigen Lokale, die sich bei einem sommerlichen Spaziergang auf dem Gipfel oder einem winterlichen Skitag auf den Hängen des Blackcomb Mountain zur Einkehr anbieten. Das zur Rendezvous Lodge gehörende Christine's hat eine Terrasse mit fantastischem Blick, auf der man gegrillte Meeresfrüchte der Saison oder ein Sandwich mit lieblichem Cheddar-Käse genießen kann, der über Apfelholz geräuchert wurde. Reservierung empfohlen.

Sachi Sushi JAPANISCH **$$**
(www.sachisushi.com; 106-4359 Main St; Hauptgerichte 8–22 C$; ⌚ 17.30–22 Uhr) Whistlers bester Sushiladen hat mehr als nur das übliche Sushi. Hier gibt es alles von knusprigen Popcorngarnelen bis zu Meeresfrüchtesalaten und wärmenden Udon-Nudeln. Am besten ist die Tempura Noodle Bowl. Dieses helle und luftige Esslokal ist ideal für ein entspanntes Après-Ski und auch für ein Glas heißen Sake an einem kalten Wintertag.

Araxi Restaurant & Bar WEST COAST **$$$**
(☎ 604-932-4540; www.araxi.com; 4222 Village Sq; Hauptgerichte 24–41 C$; ⌚ 17–23 Uhr täglich, Sa & So Brunch 10–14 Uhr) Als Whistlers bestes Edelrestaurant hat das Araxi ein einfallsreiches und auserlesenes Angebot an Speisen aus dem pazifischen Nordwesten und einen bezaubernden, höflichen Service. Nach dem Heilbutt aus BC und einer Flasche Wein aus

SUNSHINE COAST GALLERY CRAWL

Den kostenlosen Flyer *Sunshine Coast Purple Banner* gibt es bei Informationsständen; er enthält Informationen über Dutzende Ateliers und Galerien in der gesamten Gegend. Viele davon empfangen spontane Besucher, was man an den lila Fahnen am Straßenrand erkennt. Auf diese Art kommt man hervorragend in Kontakt mit den Einheimischen und findet einzigartige Souvenirs. Unter www.suncoastarts.com steht mehr Information. Wer im Oktober da ist, sollte den ein ganzes Wochenende dauernden **Sunshine Coast Art Crawl** (www.sunshinecoastartcrawl.com) besuchen.

dem Angebot aus 15 000 Flaschen sollte man Platz für eine Nachspeise lassen: einen Teller mit regionalem Käse oder den tollen Apfel-Käsekuchen ... oder beides.

Ausgehen

Merlin's Bar & Grill PUB

(4553 Blackcomb Way; ⌚11–1 Uhr) Als bestes unter den Skipubs Whistlers sieht diese Kneipe im Upper Village auch genau so aus: Es gibt mit Balken verkleidete Wände, Skilift-Sitze an der Decke, einen mit BHs gehangenen Elchkopf und eine große, dem Skihang zugewandte Terrasse. Die Speisekarten, die an den Spitzen von Snowboards angebracht sind, bieten alle Klassiker des Pub-Essens, und obwohl das meiste Bier von Kokanee und anderen gewöhnlichen Brauereien stammt, gibt es auch einige leckere Ales aus Whistler. Während der Hauptsaison gibt es regelmäßig Livemusik.

Dubh Linn Gat PUB

(☎604-905-4047; www.dubhlinngate.com; 4320 Sundial Cres; ⌚8–1 Uhr) Diese dunkle, holzverkleidete Kneipe ist Whistlers urbildliches Pub, und man käme sich wie in Irland vor, wäre da nicht die obligatorische beheizte Terrasse. Man zieht sich an einen dunklen Ecktisch zurück und genießt ein Stout; es gibt sowohl Guinness als auch Murphy's. Noch besser sind die leicht teureren Craft Beers aus BC. Es gibt regelmäßig Livemusik, meist traditionelle irische Musik.

Garibaldi Lift Company PUB

(4165 Springs Lane, Whistler Village Gondola; ⌚11–1 Uhr) Man kann an dieser der Piste nächsten Bar, die hier jeder das GLC nennt, beinahe den Schweiß der Skifahrer und Mountainbiker riechen, während sie an der Terrasse vorbeirasen. Die Einrichtung zeigt die Gebrauchsspuren eines abgenutzten Pubs, aber am lustigsten wird es, wenn DJs oder Bands das ganze Publikum zum Tanzen bringen.

Longhorn Saloon & Grill PUB

(www.longhornsaloon.ca; 4284 Mountain Sq; ⌚9–1 Uhr) Gegenüber den Liften am Fuß des Whistler Mountain droht die ausufernde Terrasse dieses lärmenden Lokals manchmal, das Dorf zu überfluten. Beliebt bei Zwanzigjährigen wird hier das Bier krügeweise getrunken, während man vom Plastikstuhl aus versucht, mögliche Partner ausfindig zu machen. Das Essen ist nichts Besonderes, aber an einem Winterabend ist die Stimmung unschlagbar.

Moejoe's CLUB

(www.moejoes.com; 4155 Golfer's Approach; ⌚ Di–So 21–2 Uhr) Hier kann man unter knapp Dreißigjährigen und ihresgleichen, die in Whistlers Geschäften und Cafés arbeiten, richtig abtanzen. Freitag- und Samstagnacht ist es immer voll, aber wenn man diese Art Einheimischer kennenlernen will, sollte man an den Mittwochabenden alle zwei Wochen kommen, an denen Angestellte in Whistler freien Eintritt haben.

Village 8 Cinema KINO

(www.village8cinema.com; 4295 Blackcomb Way) Hier werden mitten im Ort aktuelle Filme gezeigt. An Dienstagen gibt es üblicherweise Vergünstigungen.

Praktische Informationen

In den wöchentlich erscheinenden Zeitungen *Pique* oder *Whistler Question* stehen lokale Events.

Northlands Medical Clinic (☎604-932-8362; www.northlandsclinic.com; 4359 Main St; ⌚9–17.30 Uhr) Ambulante Klinik.

Post Office (www.canadapost.ca; 4360 Lorimer Rd; ⌚Mo–Fr 8–17, Sa bis 12 Uhr)

Public Library (☎604-935-8433; www.whistlerlibrary.ca; 4329 Main St; ⌚Mo–Do 11–19, Fr–So bis 17 Uhr; WLAN) Kostenloses WLAN ganztägig, auch um das Gebäude außerhalb der Öffnungszeiten. Es gibt auch Computer mit Internetzugang (kostenlos für eine Stunde pro Person täglich).

Whistler Visitors Centre (☎800-944-7853, 604-935-3357; www.whistler.com; 4230 Gateway Dr; ⌚8–22 Uhr) Mit Prospekten behangenes Besucherzentrum mit freundlichem Personal.

Whistler Inside Blog (www.whistler.com/blog)

Whistler is Awesome (www.whistlerisawesome.com)

Anreise & Unterwegs vor Ort

Während die meisten Besucher mit dem Auto von Vancouver über den Highway 99 kommen, bedient **Greyhound Canada** (www.greyhound.ca) die Strecke auch und fährt Creekside und Whistler Village an (ab 14 C$, zwei bis 2½ Std., 6-mal tgl.). Die meisten Busse verfügen über kostenloses WLAN.

Pacific Coach Lines (www.pacificcoach.com) fährt ebenfalls die Strecke ab Vancouver (ab 49 C$, 2 Std., 5-mal tgl.) und Vancouver International Airport und fährt auch Hotels in Whistler an. **Snowbus** (www.snowbus.com) betreibt nur im Winter eine Linie ab Vancouver (Erw./Kind 38/22 C$, 2–3 Std., 2 bis 3-mal tgl).

Eisenbahnfans können mit dem **Whistler Sea to Sky Climb** (www.rockymountaineer.com) von Rocky Mountaineer Vacations in die Stadt rollen. Die Strecke schlängelt sich ab North Vancouver entlang der malerischen Küste (ab 169 C$, 3 Std., 1-mal tgl. zwischen Mai und Mitte Oktober).

Die **WAVE** (www.busonline.ca) genannten öffentlichen Busse in Whistler (Erw./Kind/Ganztageskarte 2,50/2/7 C$) sind mit Ski- und Fahrradträgern ausgestattet. Im Sommer gibt es eine kostenlose Verbindung von Whistler nach Lost Lake.

SUNSHINE COAST

Die Sunshine Coast – durch die Coast Mountains und die Strait of Georgia vom Lower Mainland getrennt – erstreckt sich über 139 km am Küstenabschnitt von Langdale nach Lund. Sie hat ein eigenständiges, inselartiges Flair, obschon Horseshoe Bay nur eine 40-minütige Fährfahrt entfernt ist. Highway 101 verbindet die wichtigen Gemeinden Gibsons, Sechelt und Powell River miteinander, und auch das winzige Roberts Creek. Die Gegend ist leicht zu erkunden und sehr gastlich. Es gibt auch viele Aktivitäten, damit der Aufenthalt nicht langweilig wird: Kajakfahren im Ozean und Wandern in spektakulärer Natur, dazu noch Künsterateliers. Auf der Website von **Sunshine Coast Tourism** (www.sunshinecoastcanada.com) findet man Informationen und den *Recreation Map & Activity Guide* (3 C$), den es in zwei Ausgaben für die nördliche und die südlichere Region gibt. Er bietet Outdoor-Tipps für die ganze Gegend.

Anreise & unterwegs vor Ort

BC Ferries (www.bcferries.com) Die Verbindungen aus West Vancouvers Horseshoe Bay kommen in Langdale an, 6 km nordöstlich von Gibsons (Passagier/Fahrzeug 14,55/49,05 C$, 40 Minuten, 8-mal tgl.).

Sunshine Coast Transit System (www.busonline.ca; Erw./Kind 2,25/1,75 C$) hat Busse ab dem Fährhafen nach Gibsons, Roberts Creek und Sechelt.

Malaspina Coach Lines (www.malaspinacoach.com) Täglich kommen Busse aus Vancouver mit der Fähre nach Gibsons (35 C$, 2 Std.), Sechelt (45 C$, 3 Std.) und Powell River (66 C$, 5–6 Std.). Der Fährpreis ist in der Fahrkarte inbegriffen.

Harbour Air Seaplanes (www.harbour-air.com) fliegt 3-mal täglich mit Wasserflugzeugen von Downtown Vancouver nach Sechelt (ab 78 C$, 20 Min.).

Pacific Coastal Airlines (www.pacific-coastal.com) fliegt bis zu 5-mal täglich vom South Terminal des Vancouver International Airport nach Powell River (ab 117 C$, 35 Min.).

Gibsons

4400 EW.

Der hübsche Küstenfleck hier heißt Gibsons Landing und ist der erste Zielpunkt nach dem Anlegen in Langdale und der Fahrt in die Stadt. Als Ensemble bunt bemalter Holzbauten, die auf den Jachthafen blicken, wurde es in ganz Kanada als Drehort für *Strandpiraten* berühmt, eine Fernsehserie der 1970er-Jahre, die eine Stadt voller Exzentriker porträtierte. Die Nostalgie der Serie spürt man noch beim Frühstück in ihrem damaligen Wahrzeichen, dem Restaurant **Molly's Reach** (www.mollysreach.ca; 647 School Rd; Hauptgerichte 8–19 C$; ⌚8–21 Uhr).

Ist man erst mal gestärkt, kann man durch die Galerien und Kunsthandwerksgeschäfte stöbern, besonders die entlang Marine Drive und Molly's Lane. Unbedingt **Gibsons Public Art Gallery** (www.gibsonspublicartgallery.ca; 431 Marine Dr; ⌚Do–Mo 11–16 Uhr) besuchen, wo jeden Monat Werke hiesiger Künstler ausgestellt werden; auf der Website stehen die Öffnungszeiten. Will man sich weitergehend betätigen, geht man mit einem Mietboot aufs Wasser oder macht eine geführte Tour bei den freundlichen Leuten von **Sunshine Kayaking** (☎604-886-9790; www.sunshinekayaking.com; Molly's Lane; Vermietungen 2/24 Std. 29/75 C$; ⌚Öffnungszeiten wechseln, vorher reservieren), deren Touren zum Sonnenuntergang (85 C$) absolut empfehlenswert sind.

Die beste Übernachtungsgelegenheit ist die zauberhafte **Bonniebrook Lodge** (☎604-886-2887; www.bonniebrook.com; 1532 Ocean Beach Esplanade; DZ ab 200 C$; 📶🐾), eine historische Herberge, die über eine stille Bucht schaut. Es gibt auch viele B&Bs, darunter das heimelige, familienfreundliche **Arcturus Retreat Bed & Breakfast** (☎877-856-1940, 604-886-1940; www.arcturusretreat.ca; 160 Pike Rd; DZ ab 160 C$; @📶), das praktischerweise gleich beim Fährhafen auf einem Hügel liegt. Dort weist man auch gerne den Weg zum nahe gelegenen **Sprockids**

Mountain Bike Park. Auf www.gibsons getaways.com findet man andere B&Bs in der Umgebung.

Freunde von Meeresfrüchte-Gourmetessen dürfen **Smitty's Oyster House** (www.smittysoysterhouse.com; 643 School Rd; Hauptgerichte 9–23 C$; ⌚ Di–Sa Mittag bis open end, So bis 20 Uhr) nicht verpassen, das gegenüber dem Jachthafen liegt. Dort gibt es Köstlichkeiten aus frischem Fang. Oder man spaziert den Pier entlang zum nahen Government Dock und trifft dort auf einen lokalen Favoriten: Die freundliche Bretterbude **Shed** (Hauptgerichte 6–12 C$; ⌚ 11–16 & 18–20 Uhr) serviert leckere Tacos und Burritos, mit frisch gefangenen Zutaten aus den umliegenden Fischerbooten. Man kann sich auch hinsetzen, um die Aussicht auf den Hafen zum Essen zu genießen.

Im **Visitors Center** (☎ 604-886-2374, 866-222-3806; www.gibsonschamber.com; 417 Marine Dr; ⌚ 9–17 Uhr Sa–Do, bis 19 Uhr Fr) gibt es mehr Informationen und Broschüren.

Roberts Creek

3100 EW.

Nur ein Stück abseits des Highway 101 über die Roberts Creek Road liegt die unkonventionelle „Downtown", die ein wenig wie eine Hobbitsiedlung aussieht, sollten Hobbits jemals auch Hippies gewesen sein. In den Baracken ähnelnden Geschäften und Esslokalen lässt sich herumstöbern, bevor man bergab zum **Roberts Creek Pier** schlendert, der über die Straße von Georgia blickt. Der große Park am Ufer und der bei Ebbe entstehende Strand machen dies zu einem idyllischen Rastplatz.

Das beste Hostel der Sunshine Coast ist das freundliche, einladende **Up the Creek Backpacker's B&B** (☎ 877-885-8100, 604-837-5943; www.upthecreek.ca; 1261 Roberts Creek Rd; B/Zi. 28/80 C$; @ 📶). Es hat kleine Schlafräume, ein für Familien geeignetes Privatzimmer und eine empfehlenswerte gemütliche Hütte im von Obstbäumen gesäumten Garten. Das Bio-Frühstück kostet 6 C$ Aufpreis, und es gibt kostenlose Leihräder, um die vielen Wege der Gegend zu erkunden. Transitbusse vom Fährhafen in Langdale halten in der Nähe.

An heißen Tagen bekommt man im goldigen **Batchworks Sorbet** (www.batchworks sor bet.com; Gumboot Gardens; ⌚ Do & Fr 12–17, Sa & So 11–17 Uhr) kalte Leckereien, oder man geht ins **Gumboot Cafe** (1057 Roberts Creek Rd; Hauptgerichte 4–8 C$; ⌚ Mo–Fr 7–17, Sa 8–17, So 10–16 Uhr) mit seinen Dielenböden, wo die Einheimischen ihren Kaffee und Backwaren zu sich nehmen. Auch die Pizzaschnitten dort sind empfehlenswert. Herzhaftere Kost gibt es im kürzlich renovierten **Gumboot Restaurant** (1041 Roberts Creek Rd; Hauptgerichte 11–18 C$), wo man sich einen Tisch auf der Veranda suchen und meist mittwochs einer Liveband zuhören kann. Dazu gibt es West-Coast-Gerichte mit Lamm und Meeresfrüchten aus regionaler Produktion. Auf einer Tafel stehen die Tagesgerichte.

Sechelt

9900 EW.

Sechelt, die zweitgrößte Stadt an der Sunshine Coast, ist nicht so unkonventionell wie Gibsons oder Powell River, aber es bietet viele Outdoor-Aktivitäten und einige gute Lokale, um sich zu stärken.

Der mit Tannen und Zedern bestandene **Porpoise Bay Provincial Park** (www.bcparks.ca) liegt 4 km nördlich von Sechelt an der East Porpoise Bay Road; dort gibt es einen guten Startplatz für Kajaks und einen Sandstrand zum Spazierengehen. Der ganze Park ist mit Wegen erschlossen, und es gibt einen großen **Campingplatz** (www.discovercamping.ca; Stellplätze 25 C$) mit praktischen warmen DusBei **Pedals & Paddles** (☎ 604-885-6440; www.pedalspaddles.com; 7425 Sechelt Inlet Rd; Vermietungen 2/24 Std. 32/80 C$) bekommen Paddler (und Radfahrer) Mietkajaks für Touren auf den herrlich ruhigen Wassern des Meeresarms.

Außerdem kann man auf dem im Sommer stattfindenden **Sechelt Farmers & Artisans Market** (www.secheltmarket.org; ⌚ April–Sept.Sa 9–14.30 Uhr) in der Cowrie Street mit einheimischen Künstlern und Bauern ins Gespräch kommen. Es gibt von Juni bis August an Donnerstagen in der Nähe auch einen Nachtmarkt. Wer ein Bedürfnis nach Kultur hat, schaut Mitte August beim **Sunshine Coast Festival of the Written Arts** (www.writersfestival.ca) vorbei.

Einen abgeschiedenen Rückzugsort an der Küsten gibt es mit zwei geräumigen Suiten und einer Hütte im **Beachside by the Bay** (☎ 604-741-0771; www.beachsidebythebay.com; 5005 Sunshine Coast Hwy; DZ 199–239 C$; 📶). Man erwacht mit Blick auf die spektakuläre Davis Bay, und die Ausstattung beinhaltet voll ausgestattete Küchen, einen überdachten Freiluft-Whirlpool und eine riesige

DER „ANDERE WEST COAST TRAIL"

Vancouver Islands West Coast Trail ist so beliebt, dass man ständig anderen Wanderern begegnet – wenn man überhaupt an einen der begehrten Erlaubnisscheine kommt. Aber die Sunshine Coast bietet noch eine eigene, weniger bekannte Version, die auch viele Einheimische erst kürzlich begonnen haben zu entdecken. Von Sarah Point bis Saltery Bay verläuft der 180 km lange **Sunshine Coast Trail**, ein Naturparadies mit alten Wäldern, herrlichen Küstenstrichen und schneebedeckten Aussichten. Im Gegensatz zum West Coast Trail ist dieser kostenlos, und es bedarf auch keiner Reservierung. Entlang der Route findet man kostenlose Übernachtungshütten. Auf www.sunshinecoast-trail.com finden sich mehr Informationen.

eigene Sonnenterrasse, wo man den Abend mit Grillen und der Beobachtung vorbeifliegender Adler verbringen kann. Oder man fährt auf dem Highway 101 durch Sechelt bis zum mondänen **Rockwater Secret Cove Resort** (☎877-296-4593, 604-885-7038; www.rockwatersecretcoveresort.com; 5356 Ole's Cove Rd; Zi./Blockhütte/Suite/Zelt 209/209/249/419 C$; 📶🏊). Dort gehören zu den besten Quartieren Luxus-Zeltsuiten, die wie Nester an steile Klippen gebaut sind. Unter www.bbsunshinecoast.com gibt es reichlich B&B-Unterkünfte.

Wer Hunger hat, kann sich den Einheimischen anschließen und in der immer gut besuchten **Wheatberries Bakery** (www.wheatberriesbakery.com; 5500 Wharf St; Backwaren ab 2 C$; ⏲7–17 Uhr; 📶) ein frisch gebackenes Ahorn-Zimt-Brötchen zu sich nehmen. Curry oder eine Pizza – die gibt es wirklich beide gleichzeitig – bekommt man im **Saffron** (www.saffronrestaurant.ca; 5755 Cowrie St; Hauptgerichte 11–18 C$; ⏲11.30–21 Uhr), einem freundlichen, aber hinter dem Trail Bay Centre Einkaufszentrum teuflisch gut versteckten Restaurant. Auch einen Besuch wert ist das **Lighthouse Pub** (www.lighthousepub.ca; 5764 Wharf Rd; Hauptgerichte 12–22 C$), einem gute Nachbarschaftskneipe, in der man den Klatsch der Sunshine Coast mithören kann, während man beim herzhaftem Pub-Essen die Aussicht auf Wasser und Boote genießt. Fish & Chips und die unglaublichen Bananen-Käsekuchen-Churros sind empfehlenswert.

Mehr Information gibt es im **Sechelt Visitors Centre** (☎877-885-1036, 604-885-1036; www.secheltvisitorcentre.com; 5790 Teredo St; ⏲9–17 Uhr).

Powell River

13 600 EW.

Vor mehr als einem Jahrhundert als Stadt für eine Papiermühle gegründet, war die größte Gemeinde der Sunshine Coast in den letzten Jahren damit beschäftigt, sich neu zu erfinden. Dabei hat sie nicht nur aus Vancouver viele Leute angezogen, die hier neue, coole Geschäfte eröffnet haben. Dadurch wird die Stadt immer interessanter, vor allem auf dem Gelände der historischen Townsite. Hier ist auch der Ausgangspunkt für viele Outdoor-Aktivitäten.

Im **Visitors Center** (☎877-817-8669, 604-485-4701; www.discoverpowellriver.com; 4670 Joyce Ave; ⏲9–18 Uhr) erhält man kostenlos Broschüren, um auf eigene Faust die Baudenkmäler Townsites zu erkunden, von denen viele im Stil des Arts and Crafts Movements gebaut wurden. Zu den Höhepunkten gehören das **Henderson House**, das nach fünf Jahren Renovierung nun der Öffentlichkeit zugänglich ist, und das reizende **Patricia Theatre** (www.patriciatheatre.com; 5848 Ash Ave), Kanadas ältestes sich noch in Betrieb befindliches Kino. Man kann hineingehen auf einen Schwatz mit Ann, der Besitzerin, die einige Geschichten zu erzählen hat und gerne Fotos vom bemalten Interieur machen lässt. Die **Townsite Heritage Society** (www.powellrivertownsite.com; 6211 Walnut Ave, Henderson House; 5 C$; ⏲Führungen Juli & Aug Mi 14 & Sa 10 Uhr) macht im Sommer geführte Touren in der Umgebung, mit Startpunkt am Henderson House.

Man beendet die Besichtigung mit einer kostenlosen Führung bei **Townsite Brewing** (www.townsitebrewing.com; 5824 Ash Ave; ⏲11–19 Uhr tgl, Führungen Do & Sa 15 Uhr), gefolgt von einer Verkostung aller Spitzenbiere und saisonalen Specials für 5 C$. Das Zunga Golden Blonde Ale wird am meisten verkauft, aber Fans dunkler Biere wird das Pow Town Porter schmecken. Wer am dritten Freitag des Monats kommt, sollte das ständig wechselnde „experimentelle Fass"

Vancouver Island

probieren. Gegen einen Kater am Morgen hilft eine Paddeltour mit **Powell River Sea Kayak** (www.bcseakayak.com; 10676 Crowther Rd; 3/12 Std. Vermietungen 35/44 C$).

Wird es Zeit zum Schlafen gehen, dann ist das freundliche **Old Courthouse Inn** (☎604-483-4000, 877-483-4777; www.oldcourthouseinn.ca; 6243 Walnut St; DZ ab 89 C$; 📶) kaum zu schlagen. Es ist in einem umgebauten, tadellos erhaltenen historischen Gerichtsgebäude untergebracht. Die neuen Inhaber haben die Zimmer mit altem Schnickschnack geschmückt und den Laden mit Extras aufgemöbelt wie einem tollen neuen Restaurant, wo es warmes Frühstück gibt (im Preis inbegriffen), Mittagessen und Tapas zum Abendessen. Im Sommer sollte man versuchen, einen Tisch auf der Terrasse zu bekommen.

Alternativ gibt es auch Tacos im winzigen, hell gestrichenen **Costa del Sol** (www.costadelsolcuisine.com; 4578 Marine Ave; Hauptgerichte 9,50–14 C$; ⏲ So, Mo, Mi & Do 11.30–21, Fr & Sa bis 22 Uhr); der „Meaty Maverick“ ist empfehlenswert. Oder man mischt sich im geschäftigen **Hub** (www.thehub101.ca; 6275 Marine Ave; Hauptgerichte 11–15 C$) bei Fish & Chips und ein Paar Bier von Townsite Brewing unter die Einheimischen. Etwas vornehmer geht es im **Alchemist Restaurant** (www.alchemistrestaurant.com; 4680 Marine Ave; Hauptgerichte 21–28 C$; ⏲ Di–Sa ab 17 Uhr) zu. Hier werden hiesige saisonale Zutaten mediterran zu herrlichen Gerichten verarbeitet.

VANCOUVER ISLAND

Vancouver Island, etwa 500 km lang und 100 km breit, ist zwischen dem westlichen Nordamerika und Neuseeland die größte bewohnte Landmasse. Die Insel ist übersät mit farbenfrohen, oft schrulligen Ansiedlungen, viele davon als Holzfällersiedlung oder

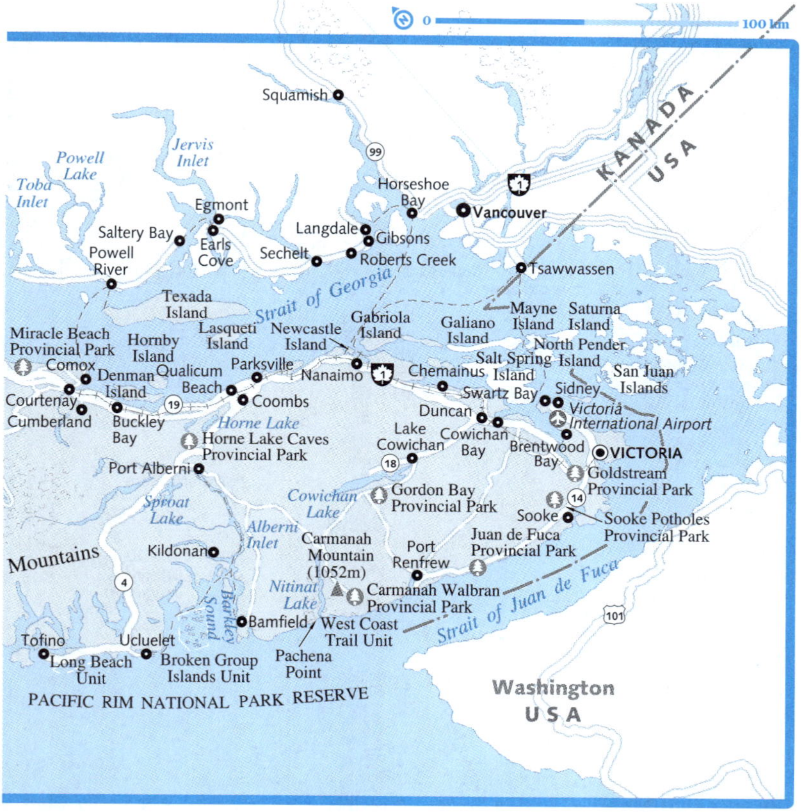

Fischerort gegründet und mit dem Wort „Port" im Namen.

Die Einheimischen sind im Großen und Ganzen ein freundliches Völkchen, das stolz auf seine Gegend und ihren besonderen Charakter ist. Wer dort unterwegs ist, findet viele Attraktionen, Erlebnisse und Aktivitäten, die weit weg scheinen vom geschäftigen Festland bei Vancouver. Ganz wichtig: Wer einen guten Eindruck hinterlassen will, nennt die Insel nicht fälschlicherweise „Victoria Island".

Sicherlich ist Victoria, die geschichtsträchtige Hauptstadt von British Columbia, für viele Inselbesucher die erste Anlaufstelle. Reisende sollten aber auch über den Tellerrand hinausschauen: Freunde von Wein und gutem Essen werden in dem landwirtschaftlich geprägten, grünen Cowichan Valley auf ihre Kosten kommen. Wer eine entspannte, familienfreundliche Enklave sucht, ist in den Zwillings-Hafenstädtchen Parksville und Qualicum richtig, während die Brandung an der Westküste rund um Tofino Freunde von Aktivitäten in der freien Natur anlockt. Und wer Abgeschiedenheit fern der Massen sucht, sollte sich in den Norden aufmachen, wo mit einem der herrlichsten Wildnisgebiete in British Columbia ein unentdecktes Juwel wartet.

Information

Bei **Tourism Vancouver Island** (☎ 250-754-3500; www.vancouverisland.travel) bekommt man eine erste Einführung in die Insel, außerdem Zimmerverzeichnisse und Broschüren.

Victoria

84 000 EW.

Fast 360 000 Menschen wohnen im Großraum von Victoria, der postkartenreifen Provinzhauptstadt, die lange Zeit als englischste Stadt Nordamerikas galt. Für Besucher

Victoria

aus Großbritannien war diese sicher eine faustdicke Überraschung, entsprach doch Victoria dem Traumbild eines Englands, das es allerdings so nie gegeben hatte: Alle Gärten (in denen sogar hin und wieder Palmen standen) waren makellos, an allen Fahnenmasten flatterte der Union Jack und an allen Nachmittagen wurde Tee aus feinem Porzellan getrunken.

Glücklicherweise ist das abgedroschene Old-England-Bild in den letzten Jahren etwas verblasst. Beflügelt von der Verjüngung der Bevölkerung haben sich in einer sanften Revolution langweilige Touristenpubs, Restaurants und Läden in bunt angestrichene Bohemeläden, Kaffeebars mit Parkettböden und erstaunlich innovative Restaurants verwandelt – also in Orte, auf die jede Stadt stolz sein kann. Es lohnt sich, die Enklaven zu Fuß zu erkunden. Sportfans können jedoch genauso gut in die Pedale treten: Victoria nennt mehr Radwege sein Eigen als jede andere kanadische Stadt. Nach der Erkundungstour locken dann noch das beste Museum British Columbias, ein Park mit einer windigen Uferfront und viele Outdooraktivitäten, darunter Walbeobachtungs- und Kajaktouren.

Sehenswertes

Royal BC Museum MUSEUM
(Karte S. 786; www.royalbcmuseum.bc.ca; 675 Belleville St; Erw./Kind ab 16/10 C$; ⏲ So–Mi 10–17, Do–Sa bis 22 Uhr) Beim Besuch des besten Museums der Provinz beginnt man am besten in der naturhistorischen Ausstellung. Am Eingang steht ein Wollhaarmammut, es folgen viele anschauliche Dioramen; besonders beliebt ist der zwischen Bäumen hervorlugende Elch. Die nächste Station ist die Ausstellung über die kanadischen Indianerstämme im ersten Stock mit ihrer faszinierenden Maskensammlung. Höhepunkt ist die begehbare Straße aus dem Kolonialreich, mit ihrer geschäftigen Chinatown und detailreichen Fassaden.

Das Museum veranstaltet regelmäßig Sonderausstellungen und besitzt auch ein beliebtes IMAX-Kino, in dem Dokumentar- und Hollywoodfilme gezeigt werden.

Robert Bateman Centre GALERIE
(Karte S. 786; www.batemancentre.org; 470 Belleville St; Erw./Kind 12,50/8,50 C$; ⏲ So–Mi 10–18, Do–Sa bis 21 Uhr) Victorias neueste kulturelle Errungenschaft ist mehr als nur eine Galerie mit den fotorealistischen Arbeiten von Kanadas beliebtestem Naturmaler. Sie ist auch das Vermächtnis von Batemans Engagement für Umweltthemen. Nach dem fünfminütigen Einführungsfilm erkundet man eine Reihe kleiner Ausstellungsflächen mit 160 wunderschönen Gemälden und Drucken. Sie stellen Tiere aus der Natur BCs und von anderswo dar.

Mit einem Smartphone oder einem Leihgerät vom Empfang kann man die QR-Codes bei vielen Werken scannen, um vom Maler selbst mehr über ihre Geschichte zu erfahren. Noch besser sieht man vor dem Besuch auf der Website nach: Bateman lebt auf Salt Spring Island und hält häufig Vorträge und Präsentationen; man sollte unbedingt im Voraus reservieren.

Parliament Buildings HISTORISCHES GEBÄUDE
(Karte S. 786; www.leg.bc.ca; 501 Belleville St; ⏲ Führungen 9–17 Uhr) Gegenüber vom Museum ist das Parlamentsgebäude der Provinz als ansehnliches Zuckergussgebäude aus Erkern, Kuppeln und Buntglasfenstern für geschichtsinteressierte Besucher zugänglich. Bei einer abwechslungsreichen (und kostenlosen), 30 Minuten dauernden Führung durch als Viktorianer kostümiertes Personal bekommt man einen Blick hinter die Kulissen. Danach kann man im „geheimen" Restaurant der Politiker zu Mittag essen. Am Abend wird die elegante Fassade beleuchtet wie ein Weihnachtsbaum.

SPAZIERGANG IN CHINATOWN

Mit der Erkundung von Kanadas ältester und vermutlich kleinster **Chinatown** beginnt man am Besten bei dem hübschen Tor nahe der Kreuzung von Government Street und Fisgard Street. Ab hier ist die Fisgard Street mit Neonschildern und traditionellen Lebensmittelläden gesäumt, während die **Fan Tan Alley**, eine enge Passage zwischen Fisgard Street und Pandora Avenue, ein kleiner Kaninchenbau aus traditionellen und modischen Geschäften ist, wo billig-fröhlicher Tand, gebrauchte Schallplatten und eigenwillige Kunst verkauft werden. Wer nicht alleine sein will, bucht bei **Discover the Past** (www.discoverthepast.com; Erw./Kind 15/13 C$; ⏲ Di, Do & Sa 10.30 Uhr) eine geführte Tour durch Chinatown.

Art Gallery of Greater Victoria GALERIE
(Karte S. 784; www.aggv.bc.ca; 1040 Moss St; Erw./Kind 13/2,50 C$; ⏲ Mo–Mi 10–17, Fr & Sa, Do bis 21 Uhr, So Mittag–17 Uhr) Wer östlich der Innenstadt auf der Ford Street den Schildern zur Galerie folgt, gelangt zu einer der besten Sammlungen von Werken Emily Carrs in Kanada. Neben Carrs geschwungenen Naturbildern findet sich hier auch ein ständig wechselndes Angebot zeitgenössischer Ausstellungen. Online findet man verschiedene Informationen zu Veranstaltungen wie Lesungen und Vorträge. Spätabends findet jeden Monat die Urbanite statt, ein Treffen kunstbegeisterter Stadtbewohner. Jeden ersten Dienstag des Monats zahlt man statt Eintritt eine Spende.

Craigdarroch Castle MUSEUM
(Karte S. 784; www.thecastle.ca; 1050 Joan Cres; Erw./Kind 13,75/5 C$; ⏲ 9–19 Uhr) Wer gerade ohnehin für einen Galeriebesuch in dieser Ecke der Stadt ist, sollte sich dieses nur ein paar Gehminuten entfernte elegante Landhaus mit seinen Türmchen nicht entgehen lassen. 39 Zimmer umfasst das hübsche Wahrzeichen, das ein reicher Kohlekönig

Downtown Victoria & Inner Harbour

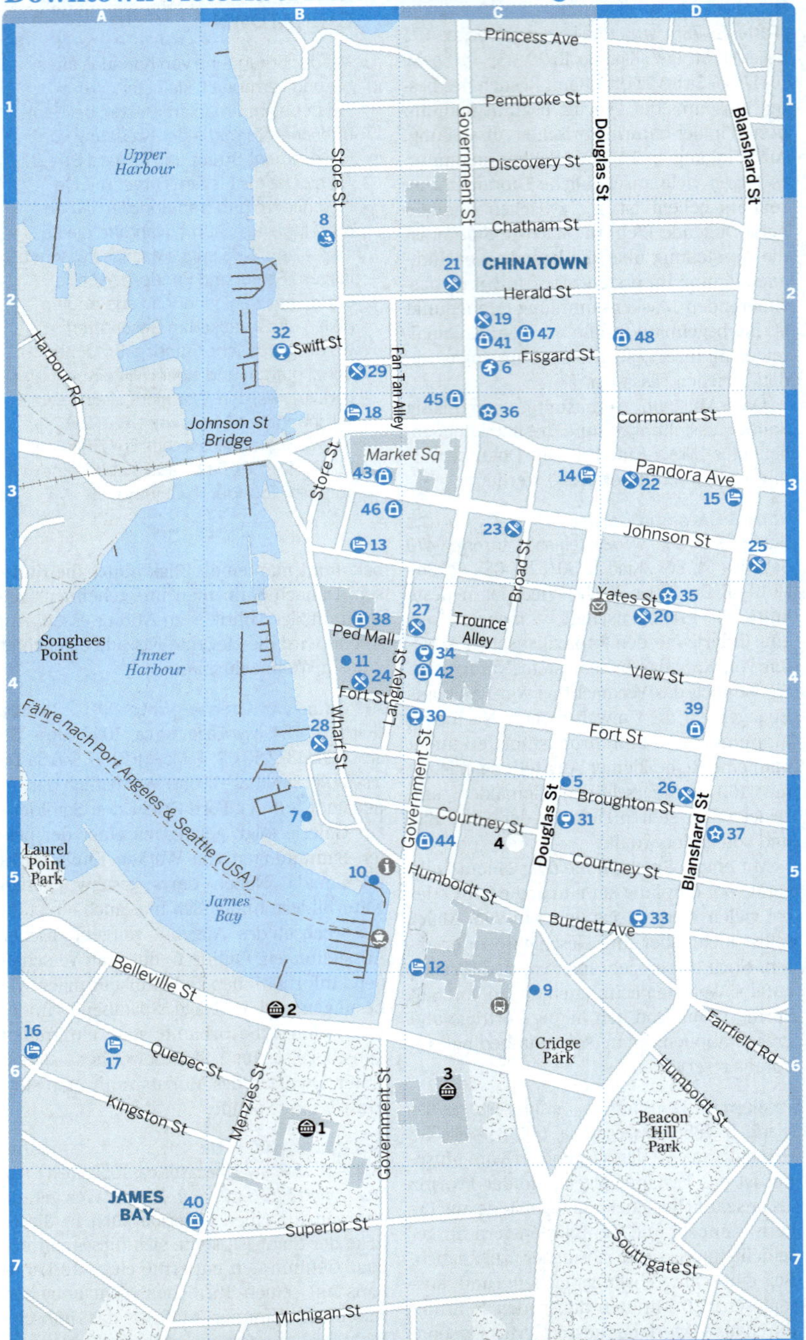

Downtown Victoria & Inner Harbour

Sehenswertes
1 Parliament Buildings ... B6
2 Robert Bateman Centre ... B6
3 Royal BC Museum ... C6
4 Victoria Bug Zoo ... C5

Aktivitäten, Kurse & Touren
5 Architectural Institute of BC ... C5
CVS Cruise Victoria ... (siehe 12)
6 Greater Victoria Cycling Coalition ... C2
7 Harbour Air ... B5
8 Ocean River Adventures ... B2
9 Pedaler ... C6
10 Prince of Whales ... B5
11 Springtide Charters ... B4

Schlafen
12 Fairmont Empress Hotel ... C5
13 HI Victoria Hostel ... B3
14 Hotel Rialto ... C3
15 Ocean Island Inn ... D3
16 Oswego Hotel ... A6
17 Royal Scot Hotel & Suites ... A6
18 Swans Suite Hotel ... B3

Essen
19 Brasserie L'École ... C2
20 Hernandéz ... D4
21 Jam Cafe ... C2
22 John's Place ... D3
Legislative Dining Room ... (siehe 1)
23 Lotus Pond Vegetarian Restaurant ... C3
24 Picnic ... B4
25 Pig BBQ Joint ... D3
26 Pink Bicycle ... D5
27 ReBar ... C4
28 Red Fish Blue Fish ... B4
29 Ulla ... B2

Ausgehen
30 Bard & Banker ... C4
31 Big Bad John's ... C5
32 Canoe Brewpub ... B2
33 Clive's Classic Lounge ... D5
34 Garrick's Head ... C4

Unterhaltung
35 Cineplex Odeon ... D4
IMAX Theatre ... (siehe 3)
36 McPherson Playhouse ... C3
37 Royal Theatre ... D5

Shoppen
38 Bastion Square Public Market ... B4
39 Ditch Records ... D4
40 James Bay Market ... A7
41 Milkman's Daughter ... C2
42 Munro's Books ... C4
43 Regional Assembly of Text ... B3
44 Rogers' Chocolates ... C5
45 Silk Road ... C3
46 Smoking Lily ... B3
47 Victoria Downtown Farmers Market ... C2
48 Victoria Public Market ... D2

im 19. Jh. erbauen ließ. Drinnen finden sich viele Antiquitäten und architektonische Details aus seiner Entstehungszeit. Wer die 87 Stufen des Turms erklimmt – unterwegs auch die tollen Buntglasfenster bewundern –, genießt von oben einen wunderschönen Ausblick auf die schneebedeckten Olympic Mountains.

Victoria Bug Zoo — ZOO

(Karte S. 786; www.bugzoo.com; 631 Courtney St; Erw./Kind 10/7 C$; ⏲ Mo–Sa 10.30–17.30, So 11–17 Uhr) Hier haben Kinder den größten Spaß in Victoria ohne zu merken, dass sie dabei auch etwas lernen. In dem hell gestrichenen Hauptsaal gibt es eine Fülle an Insekten zum Anfassen. Das ausgezeichnete junge Personal stellt die verschiedenen Krabbeltiere wie beispielsweise Blattkäfer, drachenköpfige Grillen und unheimlich große Riesenkäfer vor. Es gibt ausreichend Gelegenheit, die Kinder dabei zu fotografieren, wie sie die Tiere auf die Hand nehmen (unter Aufsicht).

Beacon Hill Park — PARK

(Karte S. 784; www.beaconhillpark.ca; Douglas St) In diesem am Rand des tosenden Ozeans gelegenen Park kann man sich den Wind durch die Haare wehen lassen. Oben an den Klippen entlang stehen vom Wind zerzauste Bäume, und man findet auch einen riesigen Totempfahl, einen viktorianischen Cricket Pitch und eine Markierung für die Meile 0 des Highway 1. Daneben gibt es noch eine Statue der kanadischen Legende Terry Fox. Wer mit Kindern da ist, sollte auch die beliebte **Children's Farm** besuchen (mehr unter www.beacon hillchildrensfarm.ca).

Emily Carr House — MUSEUM

(Karte S. 784; www.emilycarr.com; 207 Government St; Erw./Kind 6,75/4,50 C$; ⏲ Mai–Sept. Di–Sa 11–16 Uhr) Die berühmteste Malerin British Columbias wuchs in diesem gelben Haus auf, dessen Zimmer im Stil der damaligen Zeit eingerichtet sind und Exponate zu Leben und Werk der Künstlerin enthalten. Außerdem wird eine Wechselausstellung zeitgenössischer regionaler Künstler gezeigt. Wer weitere Bilder von Carr sehen möchte, sollte die Art Gallery of Greater Victoria besuchen. Nett sind hier auch die Hauskatzen.

Aktivitäten

Walbeobachtung

Ganze Bootsladungen mit Regenmänteln verkleideter Touristen fahren in der Beobachtungszeit zwischen Mai und Oktober hinaus. Die Wale sind leider nicht immer zu sehen, daher führen die meisten Ausflüge auch zu den Lieblingsplätzen von in der Sonne dösenden Seelöwen und korpulenten See-Elefanten.

Prince of Whales BOOTSAUSFLUG
(Karte S. 786; ☎888-383-4884, 250-383-4884; www.princeofwhales.com; 812 Wharf St; Erw./Kind ab 110/85 C$) Alteingesessener einheimischer Veranstalter.

Springtide Charters BOOTSAUSFLUG
(Karte S. 786; ☎800-470-3474, 250-384-4444; www.springtidecharters.com; 1119 Wharf St; Erw./Kind ab 105/75 C$) Beliebter ansässiger Veranstalter.

Wassersport

Mit dem Paddelboot die Küste entlangzufahren ist die perfekte Art, die Gegend kennenzulernen, vor allem wenn man aufsteigende Adler und von Seesternen übersäte Strände sichtet. Man kann aber natürlich auch einen Tauchgang machen, um die Welt unter der Wasseroberfläche zu bewundern.

Ocean River Adventures KAJAKFAHREN
(Karte S. 786; ☎800-909-4233, 250-381-4233; www.oceanriver.com; 1824 Store St; Vermietung pro 2 Std. 40 C$, Touren ab 75 C$; ⏲Mo–Mi & Sa 9.30–18, Do & Fr bis 20, So 10–17 Uhr) Verleih von Kayaks und beliebte dreistündige Hafenrundfahrten.

Ogden Point Dive Centre TAUCHEN
(Karte S. 784; ☎250-380-9119; www.divevicto ria.com; 199 Dallas Rd; ⏲9–18 Uhr) Tauchkurse und Geräteverleih nur wenige Minuten vom Inner Harbour entfernt.

Geführte Touren

Architectural Institute of BC TOUREN ZU FUSS
(Karte S. 786; ☎800-667-0753, ext 333, 604-683-8588; www.aibc.ca; 1001 Douglas St; Führungen 10 C$; ⏲ Juli & Aug. Di–So 10 & 13 Uhr) Sechs günstige, architektonische Touren zu Fuß, mit Themen von Art déco bis kirchlich.

Harbour Air AUSSICHTSFLÜGE
(Karte S. 786; ☎800-665-0212, 250-385-9131; www.harbour-air.com; Führungen ab Erw./Kind 104/52 C$) Diese atemberaubenden Flüge mit Wasserflugzeugen ab dem Inner Harbour bieten einen Blick auf Victoria aus der Vogelperspektive und sind einfach fantastisch, besonders die Bauchlandung im Wasser am Ende.

Pedaler FAHRRADTOUR
(Karte S. 786; ☎778-265-7433; www.thepedaler.ca; 719 Douglas St; Führungen ab 59 C$; ⏲9–18 Uhr) Geführte Fahrradtouren drehen sich meist um Brauereien der Gegend, außerdem gibt es Alternativen mit geschichtlicher Thematik und Kaffeefahrten.

CVS Cruise Victoria BUSTOUR
(Karte S. 786; ☎877-578-5552, 250-386-8652; www.cvscruisevictoria.com; 721 Government St; Führungen ab Erw./Kind 30/16 C$) CVS bietet in seiner mit Bio-Diesel betriebenen Busflotte Stadttouren an, bei denen man jederzeit zusteigen kann, und Shuttlebusse nach Butchart Gardens.

Feste & Events

Victoria Tea Festival ESSEN
(www.victoriateafestival.com; ⏲Feb.) Großes Vorzeigeprojekt für Tee und diverse Accessoires zur Teezubereitung in Nordamerikas Teehauptstadt.

Victoria Day Parade PARADE
(⏲Mitte Mai) Beliebtes Straßenfest mit Tänzern, Blaskapellen und meist über 50 000 Zuschauern.

Victoria International Buskers Festival DARSTELLENDE KUNST
(www.victoriabuskers.com; ⏲Mitte Juli) Zehn Tage lang Street Performance und kunterbuntes Treiben von einheimischen und internationalen Künstlern.

Victoria Ska Fest MUSIK
(www.victoriaskafest.ca; ⏲Mitte Juli) Kanadas größtes Festival mit Ska-Musik.

Victoria International JazzFest JAZZ
(www.jazzvictoria.ca; ⏲Ende Juni) Das regelmäßig stattfindende Festival bietet Jazzauftritte zum Mitwippen, zehn Tage lang.

Victoria Fringe Theater Festival THEATER
(www.victoriafringe.com; ⏲Ende Aug.) Zwei Wochen lang eigenwillige Short Plays und Stand-up-Performances in der ganzen Stadt.

Rifflandia MUSIK
(www.rifflandia.com; ⌚Sept.) Victorias coolstes Musikfestival mit Indie-Bands in der Stadtgegend.

Schlafen

Von denkmalgeschützten B&Bs bis zu coolen Boutiquen und mondänen Luxusbleiben gibt es in Victoria reichlich Unterkünfte für jeden Geldbeutel. In der Nebensaison gibt es tolle Schnäppchen. Der **Room Reservation Service** (☎800-663-3883, 250-953-2033; www.tourismvictoria.com/hotels) von Tourism Victoria zeigt alle verfügbaren Angebote.

HI Victoria Hostel HOSTEL $
(Karte S. 786; ☎888-883-0099, 250-385-4511; www.hihostels.ca; 516 Yates St; B/DZ 30,80/88 C$; @📶) Ein ruhiges Innenstadt-Hostel mit zwei großen, nach Geschlechtern getrennten Schlafsälen, drei kleinen gemischten und ein paar Einzelzimmern. Es gibt auch Filmnächte, ein großes Spielezimmer und einen Lesebereich mit vollen Bücherregalen zur Beschäftigung. Kostenlose Stadtführungen stehen auch auf dem Programm.

Ocean Island Inn HOSTEL $
(Karte S. 786; ☎888-888-4180, 250-385-1788; www.oceanisland.com; 791 Pandora Ave; B/EZ/DZ ab 28/40/46 C$; @📶) Diese flippige, bunte Unterkunft ist ein Labyrinth aus kleinen Schlafsälen und Einzelzimmern, manche davon ohne Fenster. Im Erdgeschoss gibt es eine große Gemeinschaftsküche und eine Lounge mit Alkoholausschank für Frühstück, Quizabende und Livemusik. Außerdem gibt es ab 121 C$ Apartments mit eigener Küche in James Bay am anderen Ende der Stadt, in einem stilvollen alten Haus (mehr unter www.oisuites.com).

Hotel Rialto HOTEL $$
(Karte S. 786; ☎250-383-4157; www.hotelrialto.ca; 653 Pandora Ave; DZ ab 179 C$; 📶) Das betagte ehemalige Billighotel Rialto wurde vollständig renoviert und ist jetzt eine von Downtowns günstig gelegenen Übernachtungsmöglichkeiten in einem schönen alten Baudenkmal. Jedes Zimmer hat Kühlschrank, Mikrowelle und Flachbildfernseher; manche haben sowohl Badewanne als auch Dusche. Die Tapas Lounge in der Lobby ist beliebt. Äußerst beflissenes Personal.

Oswego Hotel HOTEL $$$
(Karte S. 786; ☎250-294-7500, 877-767-9346; www.oswegovictoria.com; 500 Oswego St; DZ 205 C$; 📶🐾) In einer Wohn-Nebenstraße versteckt und nur einen kurzen Fußweg vom Inner Harbour entfernt ist diese zeitgemäße Boutique-Unterkunft ein Insider-Tipp. Die Zimmer haben Granitböden, Deckenbalken aus Zedernholz und meist kleine Balkone. Alle haben Edelstahlküchen und geräumige Badezimmer, sodass sie eher wie Apartments wirken als wie Hotelzimmer. Die kleineren Studiozimmer haben schlauerweise platzsparende Luxus-Schrankbetten.

Inn at Laurel Point HOTEL $$
(Karte S. 784; ☎800-663-7667, 250-386-8721; www.laurelpoint.com; 680 Montreal St; DZ ab 169 C$; ❄@📶🏊🐾) Am Inner Harbour nur einen kurzen Fußweg entlang des Ufers von der Hektik der Innenstadt gelegen, glänzt diese freundliche, mit Bildern geschmückte und angenehme Unterkunft vor allem durch die Aussicht quer über das Hafengebiet. Die geräumigen Zimmer haben eigene Balkone, wo man den Sonnenuntergang bei einem Drink genießen kann. Die Eigentümer sind eine einheimische Familie, und man fühlt sich in ihrem Haus entspannt wie in einem Kurort.

Abbeymoore Manor B&B Inn B&B $$$
(Außerhalb Karte S. 784; ☎888-801-1811, 250-370-1470; www.abbeymoore.com; 1470 Rockland Ave; DZ ab 199 C$; 📶) Das Abbeymoore ist eine romantische Villa aus dem Jahr 1912 im Stil des Arts and Crafts Movements. Es verbirgt hinter seiner hübschen kolonialen Fassade sieben mit Antiquitäten geschmückte und allerlei viktorianischem Nippes möblierte Zimmer. Manche Wohneinheiten haben Küchen und Whirlpools, und das Frühstück stärkt für einen Tag voller Entdeckungen: denn Craigdarroch Castle und die Art Gallery von Greater Victoria sind gleich in der Nähe.

Royal Scot Hotel & Suites HOTEL
(Karte S. 786; ☎250-388-5463, 800-663-7515; www.royalscot.com; 425 Quebec St; DZ ab 175 C$; 📶🏊🐾) Das Royal Scot ist die beste unter mehreren Mittelklasse-Übernachtungsmöglichkeiten, die am Ufer des Inner Harbour in der Nähe des Parlamentsgebäudes stehen. Die Zimmer sind sehr gepflegt. Man wird herzlich willkommen geheißen und trifft in der Lobby auf viele kreuzfahrende Senioren. Es gibt viele verschiedene Zimmer, manche mit kompletter Küche. Ein kostenloser Shuttleservice wir angeboten.

Fairmont Empress Hotel HOTEL $$$
(Karte S. 786; ☎866-540-4429, 250-384-8111; www.fairmont.com/empress; 721 Government St; DZ 250 C$;) Die Zimmer in diesem efeubedeckten, alten Wahrzeichen des Inner Harbour sind elegant, aber konservativ. Manche sind recht klein, doch die Gesamtwirkung ist erhaben und nobel, vom Restaurant im Britischen Kolonialstil bis zum opulenten High Tea, den man mit Blick auf das Hafenviertel einnimmt. Auch wenn man nicht übernachtet, lohnt sich dennoch ein kurzer Besuch, um den europäischen Charme zu erleben.

Swans Suite Hotel HOTEL $$$
(Karte S. 786; ☎800-668-7926, 250-361-3310; www.swanshotel.com; 506 Pandora Ave; DZ inkl. Frühstück 185 C$;) Dieses ehemalige Lagerhaus aus Backstein wurde zu einem mit Kunst geschmückten Boutiquehotel umgebaut. Die meisten Zimmer sind geräumige Lofts, mit den Schlafplätzen in einem weiter oben gelegenen Giebel. Alle sind in einer gemütlichen Kombination aus Holzbalken, rustikal-schicken Möbeln und tiefen Ledersofas ausgestattet. Die kompletten Küchen sind praktisch, auch wenn im Preis ein kleines Frühstück inbegriffen ist. Im Erdgeschoss befindet sich eine Mikrobrauerei.

Essen

In den letzten Jahren hat sich Victorias Restaurantszene radikal verbessert. Im kostenlosen *Eat Magazine* findet man die neuesten Ereignisse für Gourmets.

★ **Red Fish Blue Fish** MEERESFRÜCHTE $
(Karte S. 786; www.redfish-bluefish.com; 1006 Wharf St; Hauptgerichte 6–20 C$; Mo–Do 11.30–19, Fr–So bis 20 Uhr) An der Uferpromenade zu Füßen der Broughton Street liefert der in einem Frachtcontainer untergebrachte Imbiss der treuen Kundschaft frisch zubereitete, gesunde Meeresfrüchte. Highlights wie die Muschelfleisch-Tacos, die Wildlachs-Sandwiches, die Fish & Chips mit Tempura und die sämige Pazifische Fischsuppe sind allesamt lecker. Man sucht sich dann einfach ein Plätzchen am Strand zum Essen, sollte dabei aber unbedingt die gierigen Möwen im Auge behalten.

Picnic CAFÉ $
(Karte S. 786; www.picniccoffee.com; 506 Fort St; Hauptgerichte 8–10 C$; Mo–Fr 7.30–16 Uhr) Das lässigste kleine Café in Downtown kann man leicht übersehen, aber es lohnt sich, genau hinzuschauen. Die Einrichtung hat etwas typisch kanadisches, daher gibt es auch einen stilisierten Elchkopf. Aber die Speisekarte ist keinesfalls kitschig: frisch zubereitete Sandwiches, Salate und Suppen sind täglich im Angebot, ebenso Getränke von sehr gutem Kaffee bis zu leckerer Lavendellimonade. Als wir da waren, war gerade eine neue, größere Filiale in Planung.

Hernandéz MEXIKANISCH $
(Karte S. 786; www.hernandezcocina.com; 735 Yates St; Hauptgerichte 5–8 C$; 12–20 Uhr;) Dieser kleine Mexikaner, ein Lieblingslokal der Einheimischen, ist teuflisch gut in der Lobby eines Bürogebäudes zwischen Yates Street und View Street versteckt. Es gibt eine Menge für Vegetarier, aber die *Huarache de Pollo* (dicke Tortilla mit Huhn) ist legendär. Obwohl er kürzlich expandiert hat, gibt es zu Stoßzeiten nie genug Tische, daher geht man mit seinem in Papier gewickelten Päckchen am besten hinaus in den Beacon Hill Park zum Picknick. Bezahlung nur in bar.

Pig BBQ Joint BARBECUE $
(Karte S. 786; www.pigbbqjoint.com; 1325 Blanshard St; Hauptgerichte 7,50–15 C$; 11–22 Uhr) Die Kneipe fing ganz klein an, ist aber mittlerweile umgezogen. Hier geht es vor allem ums Fleisch, angefangen bei überquellenden Sandwiches mit Pulled Pork (Rinderbrust und geräuchertes Huhn sind auch erhältlich). Wer Hunger hat, entscheidet sich für die Portionsgröße „pig size", nimmt als Beilage noch knusprig überbackene Macaroni and cheese und ein einheimisches Phillips Brewing Bier vom Fass.

★ **Jam Cafe** FRÜHSTÜCK $$
(Karte S. 786; www.jamcafevictoria.com; 542 Herald St; Hauptgerichte 8–16 C$; 8–15 Uhr) Von den Einheimischen erfährt man nichts über dieses etwas abgelegene Lokal. Nicht weil sie es nicht kennen, sondern weil sie nicht noch längere Warteschlangen vor dem besten Frühstück der Stadt erleben wollen. Die köstlichen Eggs-Benedict-Variationen sind stets beliebt, wir empfehlen aber auch den tollen French Toast mit Huhn.

Die Bewohner von Victoria lieben ihren Brunch als ein wichtiges gesellschaftliches Ereignis, daher ist hier immer viel los. Besser außerhalb der Spitzenzeiten kommen, da es keine Reservierung gibt und man oft auf einen Tisch warten muss.

Legislative Dining Room WEST COAST $$
(Karte S. 786; ☎250-387-3959; www.leg.bc.ca; room 606, Parliament Bldgs, 501 Belleville St; Hauptgerichte 9–15 C$; ⊙wechselnde Öffnungszeiten) Dass die Parlamentsgebäude ein eigenes subventioniertes Restaurant der alten Garde haben, ist eines von Victorias bestgehüteten Geheimnissen. Hier können sich sowohl Parlamentsmitglieder als auch die Öffentlichkeit regionale Gerichte am Tisch servieren lassen, von Lachssalaten bis zu butterweichen Steaks. Die Weinkarte führt nur Weine aus BC. Man muss gleich am Haupteingang durch eine Sicherheitskontrolle und braucht einen Lichtbildausweis.

John's Place IMBISS $$
(Karte S. 786; www.johnsplace.ca; 723 Pandora Ave; Hauptgerichte 7–16 C$; ⊙Mo–Fr 7–21, Sa & So 8–16 & 17–21 Uhr) Dieses freundliche Lokal für Einheimische ist vollgestopft mit schrulligen Erinnerungsstücken, während die Speisekarte mehr bietet als übliche Imbisskost. Zuerst gibt es ein Körbchen mit hausgebackenem Brot, aber man sollte für die großen Pastagerichte oder einen Brunch mit Eggs Benedict Platz lassen. Und keinesfalls gehen, bevor man nicht ein dickes Stück Torte aus der Vitrine vorne im Laden probiert hat. Ein perfekter Platz fürs Frühstück.

Lotus Pond Vegetarian Restaurant CHINESISCH $$
(Karte S. 786; www.lotuspond.webs.com; 617 Johnson St; Hauptgerichte 9–16 C$; ⊙Mo–Sa 11–15 & 17–21, So Mittag–15 & 17–20.30 Uhr; ✎) Dieser bescheidene Laden in Downtown hat schon einheimische Vegetarier glücklich gemacht, als es noch lange nicht Mode war, fleischlos zu essen. Das Essen ist weit besser als in den meisten chinesischen Restaurants, und die Karte stellt Fleischesser und Vegetarier zufrieden. Am besten kommt man zum Mittagessen, dann kommen viele wegen des Buffets. Nicht die Rübenkuchen verpassen, eine Spezialität des Hauses.

Pink Bicycle BURGER $$
(Karte S. 786; www.pinkbicycleburger.com; 1008 Blanshard St; Hauptgerichte 12–15 C$; ⊙Mo–Sa 11.30–21 Uhr) Ein rosa Fahrrad im Schaufenster weist den Weg in die beste Gourmet-Burgerbude der Stadt. Man sitzt unter gesprächigen Einheimischen, die sich hier normales Fastfood abgewöhnt haben. Auf der Karte stehen mehr als ein Dutzend mit Liebe zubereitete Sorten; wir empfehlen einen Lammburger mit Blauschimmelkäse, oder einen Burger mit Pazifik-Heilbutt. Lust auf ein Abenteuer? Dann als Beilage Trüffelfritten bestellen.

ReBar VEGETARISCH, FUSION $$
(Karte S. 786; www.rebarmodernfood.com; 50 Bastion Sq; Hauptgerichte 8–16 C$; ⊙Mo–Do 11–21, Fr bis 22, Sa 8.30–22, So bis 20 Uhr; ✎) In der ReBar, einem entspannten Lokal in Downtown, verbindet sich die farbenfrohe Einrichtung mit einem größtenteils vegetarischen Angebot. Fleischesser werden hier aber auch glücklich werden, da es herzhafte Gerichte gibt wie Garnelenquesadilla, Currys auf Pilzbasis und üppige Brunches am Wochenende. Der Bagel Melt mit Lachs ist sehr gut. Außerdem gibt es eine Auswahl an gesunden Spezialsäften; der aus Orange, Birne und Cranberry ist besonders gut.

Ulla WEST COAST $$$
(Karte S. 786; ☎250-590-8795; www.ulla.ca; 509 Fisgard St; Hauptgerichte 24–30 C$; ⊙ Di–Sa 17.30–22 Uhr; ✎) Versteckt am ruhigen Ende von Chinatowns Fisgard Street liegt das beste Restaurant der Stadt für perfekte West-Coast-Küche. Der Saal hat einen Holzboden, ist aber ansonsten modern und voller hiesiger Kunstwerke und Kochbücher. Es gibt ein saisonales Angebot, zu dem oft Heilbutt oder Lamm aus BC gehört, dazu Biogemüse. Für Vegetarier sind die Gerichte ebenfalls erstklassig.

Brasserie L'École FRANZÖSISCH $$$
(Karte S. 786; ☎250-475-6260; www.lecole.ca; 1715 Government St; Hauptgerichte 18–26 C$; ⊙ Di–Sa 17.30–23 Uhr) Dieses herzliche und immer beliebte Lokal bereitet Zutaten von der West Coast im Stil eines französischen Bistros zu und ist perfekt für einen Abend zu zweit. Die Gerichte werden ständig an die Highlights der Saison angepasst, so gibt es Feigen, Pracht-Himbeeren und seltene Tomatensorten, wir empfehlen aber alle auf der Karte erhältlichen Meeresfrüchte, oder das immer erhältliche *Steak Frites* mit einem Rotwein und Schalottensauce. Es sind auch ausgezeichnete Cocktails erhältlich.

Ausgehen & Nachtleben

Victoria ist eine von BCs besten Städten für Bier; man sollte in den Pubs nach einheimischen Craft Beers Ausschau halten. Dieser

Abschnitt wurde besonders sorgfältig recherchiert.

★ Garrick's Head PUB
(Karte S. 786; www.bedfordregency.com; 1140 Government St; ⌚Mo–Do 11–23, Fr & Sa bis Mitternacht, So bis 22 Uhr) Eine gründliche Instandsetzung hat dieses einst langweilige Pub in Downtown zu Victorias bestem Lokal zum Ausprobieren einheimischer Biere gemacht. An der langen Theke wird der Besucher mit mehr als 40 Zapfhähnen konfrontiert, die eine bemerkenswert umfassende Auswahl an Bieren aus Driftwood, Phillips, Hoyne und weit darüber hinaus bieten. Ein- oder zweimal im Monat gibt es außerdem zur Abwechslung auch Gast-Biersorten vom Fass. Hier lässt es sich auch gut essen, bevor man sich an die Bierkarte macht. Die Fish & Chips sind empfehlenswert. Im Hinterzimmer sind für Nostalgiker noch Reste des alten Pubs zu finden.

★ Spinnakers Gastro Brewpub PUB
(Karte S. 784; www.spinnakers.com; 308 Catherine St; ⌚11–22.30 Uhr) Dieses tolle Pub mit Holzfußboden, nur einen Sprung von Downtown mit der Fähre entfernt, ist eine von Kanadas ersten Microbreweries. Man kommt wegen des kupferfarbenen Nut Brown Ale und dem hopfenreichen Blue Bridge Double IPA; täglich gibt es auch neue Angebote vom Fass. Platz lassen fürs Essen: Die Karte bietet erstklassige Pub-Kost.

Clive's Classic Lounge LOUNGE
(Karte S. 786; www.clivesclassiclounge.com; 740 Burdett Ave; ⌚Mo–Mi 11–24 Uhr, Do & Fr bis 1, Sa 17–1, So bis 24 Uhr) Die Lounge auf der Ebene der Lobby des Chateau Victoria Hotel ist schon ewig für perfekt gemixte Cocktails berühmt. Der gemütlichen Bar fehlt die Hochnäsigkeit großstädtischer Cocktailbars. Man widmet sich lieber der Cocktailkarte mit sowohl Klassikern als auch coolen Neuerfindungen, die ein Gedicht sind.

Canoe Brewpub PUB
(Karte S. 786; www.canoebrewpub.com; 450 Swift St; ⌚ So–Mi 11.30–23, Do bis 24, Fr & Sa bis 1 Uhr) An Regentagen kann man hier gut drinnen sitzen, aber die Terrasse mit ihrem meist sonnenbeschienenen Blick über den Hafen gehört ebenfalls zu den besten in der Stadt. Man frönt den im Haus gebrauten Köstlichkeiten wie dem hopfenreichen Red Canoe Lager und dem gut für den Sommer geeigneten Siren's Song Pale Ale. Das Essen ist ebenfalls gut, der gebratene Heilbutt ist besonders empfehlenswert.

Big Bad John's PUB
(Karte S. 786; www.strathconahotel.com; 919 Douglas St; ⌚Mittag–2 Uhr) Von draußen ist es leicht zu übersehen, dabei kommt man sich in dieser schäbigen kleinen Hillbilly-Bar vor, als sei man bei Hinterwäldern gelandet. An Stelle von fragwürdigen Banjospielern mit schief angewachsenen Ohren treffen Besucher hier aber auf gut aufgelegte Einheimische. Sie genießen die höhlenartige Atmosphäre des mit Erdnussschalen bedeckten Fußbodens und den von der Decke baumelnden Büstenhaltern. Hier sollte man mindestens einmal gewesen sein.

Bard & Banker PUB
(Karte S. 786; www.bardandbanker.com; 1022 Government St; ⌚11–1 Uhr) Das große, altmo-

AUF ZUM MARKT

Der lange erwartete **Victoria Public Market** (Karte S. 786; www.victoriapublicmarket.com; 1701 Douglas St; ⌚ Di–Sa 9.30–18.30, So bis 17 Uhr; 🚌4) eröffnete 2013 in diesem renovierten Bau in Downtowns Baudenkmal Hudson Building. Zu den vielen Anbietern von Lebensmitteln dort gehören z. B. Silk Road Tea und Salt Spring Island Cheese.

Außerhalb des Gebäudes wird auf dem ganzjährig stattfindenden **Victoria Downtown Farmers Market** (Karte S. 786; www.victoriapublicmarket.com; 1701 Douglas St, hintere Fahrbahn; ⌚ Mi 11–15 Uhr; 🚌4) lokal hergestelltes Essen verkauft.

Auch im **Bastion Square Public Market** (Karte S. 786; www.bastionsquare.ca; Bastion Sq; h Mai–Sept.Do–So ab 11 Uhr) in Downtown kann man im Freien einkaufen. Hier gibt es den ganzen Sommer über Stände mit Kunsthandwerk, während der **James Bay Market** (Karte S. 786; www.jamesbaymarket.com; 494 Superior St; ⌚ Mai–Okt. 9–15 Uhr; 🚌27) und der große **Moss Street Market** (Karte S. 784; www.mossstreetmarket.com; Ecke Moss St & Fairfield Rd; ⌚ Mai–Okt. 10–14 Uhr; 🚌7) sowohl Kunst und Kunsthandwerk als auch Lebensmittel anbieten.

ABSTECHER

ZEIT FÜR EINE WANDERUNG?

Rund 16 km von Victoria entfernt liegt am Fuß des Malahat Mountain der absolut malerische **Goldstream Provincial Park** (www.bcparks.ca), der über den Island Highway leicht zu erreichen ist. Er eignet sich für einen relaxten Tagesausflug in die Natur ab Victoria. In dem Park findet man uralte, bemooste Nadelbäume und ein reiches pflanzliches Leben am Boden vor. Bekannt ist der Park als Laichgrund der Ketalachse (Ende Okt.–Dez.). Hungrige Weißkopfseeadler stürzen sich auf die Fische – ein Schauspiel, das sich die Vogelbeobachter mit ihren Kameras nicht entgehen lassen. Naturkundliche Ausstellungen und Infos über das Gebiet gibt es im **Freeman King Visitors Centre** (☎250-478-9414; 2390 Trans-Canada Hwy; ⏲9–16.30 Uhr).

Der Park ist nicht nur ein großartiges Gebiet für Naturbeobachter, auch Wandersleut kommen voll auf ihre Kosten: Die markierten Wege sind teils schwer, teils leicht, und einige auch für Rollstuhlfahrer geeignet. Zu den empfohlenen Strecken gehören die Wanderung zu den 47,5 m hohen Niagara Falls (nein, natürlich nicht die berühmten Niagarafälle!) und die abschüssige, anspruchsvolle Route auf den Gipfel des Mt. Finlayson, einen der höchsten Felsvorsprünge in der Region. Das Besucherzentrum kann Wanderern Auskünfte zu den Trails geben und weist ihnen – sofern sie im Park übernachten wollen – auch den Weg zum bewaldeten **Campingplatz** (☎800-689-9025, 604-689-9025; www.discovercamping.ca; Stellplatz 30 C$).

disch viktorianisch aufgemachte Pub sieht mit den Kristallleuchtern, Kaminen und der langen Granitbar mit drei Messing-Zapfhähnen schon prächtig aus. Man schnappt sich einen Hocker und bestellt ein Phillips Blue Buck, ein Alexander Keith's aus Nova Scotia oder die Hausmarke Robert Service Ale. Abends spielt Livemusik. Auf der Karte stehen gute Kneipengerichte und mehr.

✩ Unterhaltung

Im wöchentlich kostenlos erscheinenden *Monday Magazine* steht alles über die hiesigen Events. Onlinequellen sind Live Victoria (www.livevictoria.com) und Play in Victoria (www.playinvictoria.net).

Logan's Pub LIVEMUSIK

(Karte S. 784; www.loganspub.com; 1821 Cook St; ⏲Mo–Fr 15–1, Sa 10–1, So 10–24 Uhr) 10 Minuten zu Fuß von Downtown gelegen, sieht dieses geradlinige Pub von draußen nach nichts Besonderem aus. Das Showprogramm ist aber eine feste Einrichtung der hiesigen Indie-Szene. Freitags und samstags hat man die größten Chancen auf gute Acts, aber auch an anderen Wochentagen gibt es häufig Auftritte; im Online-Kalender stehen alle Termine.

McPherson Playhouse THEATER

(Karte S. 786; ☎250-386-6121; www.rmts.bc.ca; 3 Centennial Sq) Das McPherson Playhouse ist eine von Victorias wichtigsten Bühnen und bietet konventionelle Gastspiele und verschiedene Performances.

Royal Theatre THEATER

(Karte S. 786; www.rmts.bc.ca; 805 Broughton St) Das Royal Theatre hat eine Rokoko-Einrichtung und richtet konventionelle Theaterproduktionen aus. Es ist die Heimat des Victoria Symphony und der Pacific Opera Victoria.

Belfry Theatre THEATER

(Karte S. 784; www.belfry.bc.ca; 1291 Gladstone Ave) 20 Minuten Fußweg von der Innenstadt entfernt zeigt das gefeierte Belfry Theatre zeitgenössische Stücke in einem reizenden ehemaligen Kirchengebäude.

Cineplex Odeon KINO

(Karte S. 786; www.cineplex.com; 780 Yates St) Das wichtigste Premierenkino der Stadt.

IMAX Theatre KINO

(Karte S. 786; www.imaxvictoria.com) Das IMAX-Kino im Royal BC Museum (S. 785) zeigt überlebensgroße Dokumentarfilme und Hollywood-Blockbuster.

Shoppen

Zwar ist die Government Street ein Zentrum des Souvenirhandels, wer aber originellere Stücke erstehen will, sollte zum Abschnitt der Johnson Street zwischen Store Street und Government Street gehen, wo es vor coolen Läden nur so wimmelt.

Regional Assembly of Text SCHREIBWAREN
(Karte S. 786; www.assemblyoftext.com; 560 Johnson St; ⌚Mo–Sa 11–18, So 12–17 Uhr) Vancouvers schickes Schreibwarengeschäft hat endlich seine lange erwartete Filiale in Victoria eröffnet. Das Geschäft residiert in einem sonderbaren Laden, der einer Hotellobby von 1968 ähnelt. Es gibt das gleiche Sortiment an intelligenten Grußkarten und coolen Tagebüchern und zusätzlich die besten Postkarten aus Victoria, die man finden kann; auch Briefmarken werden verkauft. Außerdem kann man selbst Buttons herstellen und an der Schreibmaschine tippen (2 C$ für 20 Min.).

Smoking Lily KLEIDUNG
(Karte S. 786; www.smokinglily.com; 569 Johnson St; ⌚ Di–Sa 11–17.30, So & Mo 12–17 Uhr) LoJo's kleinstes Geschäft ist eine fast zu winzige Boutique, vollgestopft mit verschiedensten schicken Kleidungsstücken und Accessoires. Tops und Röcke mit aufgedruckten Insekten sind der letzte Schrei, aber es gibt auch viele schöne Handtaschen, Socken und Broschen. Bei zwei Kunden ist der Laden aber schon überfüllt – er ist wirklich sehr klein.

Silk Road TEE
(Karte S. 786; www.silkroadtea.com; 1624 Government St; ⌚Mo–Do 10–18, Fr & Sa bis 20, So 11–17 Uhr) Eine Pilgerstätte für Fans normaler und exotischer Teesorten, hier kann man alle möglichen Utensilien rund um Tee bekommen. An der Verkostungstheke kann man so manches abenteuerliche Gebräu probieren. Es gibt außerdem auch ein kleines Wellness-Bad, wo man sich mit Ölbädern und Aromatherapie verwöhnen lassen kann.

Munro's Books BÜCHER
(Karte S. 786; www.munrobooks.com; 1108 Government St; ⌚Mo–Sa 9–21, So 9.30–18 Uhr) Diese lokale Legende, eine Kathedrale des Lesens mit hohen Decken, lockt stöbernde Besucher an, die am liebsten nur zwischen den Regalen herumstehen. Es gibt ein gutes Angebot an Büchern mit regionalen Themen und eine recht umfangreiche Abteilung mit Reiseliteratur hinten links. In den Stapeln mit den Sonderangeboten kann man manches Schnäppchen finden.

Ditch Records MUSIK
(Karte S. 786; www.ditchrecords.com; 784 Fort St; ⌚Mo–Sa 10–18, So 11–17 Uhr) Seit der Laden vor einigen Jahren in eine größere Niederlassung gezogen ist, ist Ditch der Lieblingsplattenladen der Einheimischen geworden. Voll mit verlockendem Vinyl und verstohlenen Musikfans, die nach Ausgaben von Bands wie etwa den Meatmen und den Nightmares on Wax stöbern, ist das Geschäft ein idealer Zufluchtsort für einen Regentag. Wer dann plötzlich Gesellschaft braucht, kann hier auch Konzertkarten kaufen.

Milkman's Daughter KLEIDUNG, KUNSTHANDWERK
(Karte S. 786; www.smokinglily.com; 1713 Government St; ⌚ Di–Sa 11–18, So & Mo 12–17 Uhr) Als der größere Ableger des winzigen Smoking Lily in der Johnson Street führt dieses verführerische Geschäft ein volles Sortiment an Herren- und Damenklamotten und mischt außerdem noch Kunsthandwerksartikel auch lokaler Hersteller ins Angebot. Es ist ein bunter Mix aus Schmuck, Keramik, Knöpfen und Notizbüchern, aber man findet leicht ein Stück zum Verlieben.

Rogers' Chocolates ESSEN
(Karte S. 786; www.rogerschocolates.com; 913 Government St; ⌚Mo–Sa 10–22, So bis 19 Uhr) Diese bezaubernde, einem Museum ähnliche Konditorei verkauft die besten Eisriegel in der Stadt, aber Wiederholungstäter beschäftigen sich meist eher mit dem Angebot an reichhaltigen Sahnepralinen aus Victoria, von denen eine einzige eigentlich

AUF DAS FAHRRAD, FERTIG, LOS!

Wenn man ein Fahrrad mit der Fähre vom Festland mitbringt und in Swartz Bay ankommt, kann man gleich auf dem gut zugänglichen und gut markierten **Lochside Regional Trail** bis in die Downtown von Victoria radeln. Die 29 km lange, überwiegend ebene Strecke ist wahrlich keine sportliche Herausforderung – man muss nur ein paar Überführungen überwinden. Die idyllische Fahrt verläuft vorwiegend auf befestigten Wegen durch idyllische Kleinstadtgebiete, durch sanft hügeliges Farmland, Waldstücke und am Meeresufer entlang. Unterwegs kann man sich an mehreren Stellen etwas zu essen kaufen und ist bei gemächlicher Fahrt nach ungefähr vier Stunden in der Stadt.

ein Mittagessen ersetzen kann. Die Sorten reichen von Pfefferminz bis zu saisonalen Spezialitäten und sind ein gutes Mitbringsel, wenn man diese Köstlichkeit nicht alle vorher selbst isst.

Praktische Informationen

Downtown Medical Centre (☎250-380-2210; 622 Courtney St; ⌚8.30–17 Uhr) Praktische Ambulanzklinik.

Main Post Office (Karte S. 786; 709 Yates St; ⌚9–17 Uhr Mo–Fr) Nahe der Ecke Yates Street und Douglas Street.

Victoria Visitors Centre (Karte S. 786; www.tourismvictoria.com; 812 Wharf St; ⌚8.30–20.30 Uhr) Belebtes Besucherzentrum mit Broschüren und vielen Informationen, das auf den Inner Harbour blickt.

An- und Weiterreise

BUS

Busse zum **Busbahnhof** (Karte S. 786; 700 Douglas St) sind **Greyhound Canada** (www.greyhound.ca) aus Nanaimo (ab 13,50 C$, 2½ Std., 3-mal tgl.) und quer über die Insel, zusammen mit häufigen Verbindungen mit den **Pacific Coach Lines** (www.pacificcoach.com) über die Fähre, aus Vancouver (ab 38 C$, 3½ Std.) und vom Vancouver International Airport (44 C$, 4 Std.).

FLUGZEUG

Der **Victoria International Airport** (www.victoriaairport.com) liegt 26 km nördlich der Stadt am Highway 17. Flüge von **Air Canada** (www.aircanada.com) kommen aus Vancouver (ab 87 C$, 25 Min., bis zu 16-mal tgl.), während die von **Westjet** (www.westjet.com) aus Calgary einfliegen (ab 161 C$, 1½ Std., 4-mal tgl.). Beide Airlines bieten Verbindungen durch ganz Kanada.

Harbour Air (www.harbour-air.com) fliegt Inner Harbour aus Downtown Vancouver (185 C$, 35 Min.) den ganzen Tag an. Die gleichartigen **Helijet** (www.helijet.com) haben Hubschrauberflüge im Angebot und kommen aus Vancouver (ab 199 C$, 35 Min.).

SCHIFF/FÄHRE

BC Ferries (www.bcferries.com) kommen aus Tsawwassen auf dem Festland (Erwachsene/Fahrzeug 15,50/51,25 C$, 1½ Std.) in Swartz Bay an, 27 km nördlich von Victoria über den Highway 17. Die Verbindungen fahren im Sommer täglich häufig, seltener in der Nebensaison.

Die Schiffe von **Victoria Clipper** (www.clippervacations.com) fahren den Inner Harbour aus Seattle an (Erw./Kind 88/44 US$, 3 Std., bis zu 3-mal tgl.). Die Schiffe der **Black Ball Transport** (www.ferrytovictoria.com) kommen auch hier aus Port Angeles an (Erw./Kind/Fahrzeug 17/8,50/$60,50 US$, 1½ Std., bis zu 4-mal tgl.).

Unterwegs vor Ort

FAHRRAD

Victoria ist eine großartige Fahrradhauptstadt, mit Radwegen kreuz und quer durch Stadt und Umland. Auf der Website der **Greater Victoria Cycling Coalition** (Karte S. 786; www.gvcc.bc.ca) sind mehr Informationen zu finden. Bei **Cycle BC Rentals** (☎866-380-2453, 250-380-2453; www.cyclebc.ca; 685 Humboldt St; ⌚9–17 Uhr; 🚌1) kann man Fahrräder leihen.

VOM/ZUM FLUGHAFEN

AKAL Airporter (www.victoriaairporter.com) Minibusse fahren zwischen dem Flughafen und den Hotels der Gegend (21 C$, 30 Min.). Ein Taxi in die Innenstadt kostet im Vergleich etwa 50 C$, während die Transitbuslinien 83, 86 und 88 zum Flughafen etwa 35 Minuten brauchen, den ganzen Tag über fahren und nur 2,50 C$ kosten. Manchmal muss man am McTavish Exchange umsteigen.

SCHIFF/FÄHRE

Victoria Harbour Ferry (Karte S. 786; www.victoriaharbourferry.com; Fahrten ab 5 C$) deckt den Inner Harbour und Umland mit ihrer bunten Armada kleiner Boote ab.

ÖFFENTLICHE VERKEHRSMITTEL & TAXI

Busse von **Victoria Regional Transit** (www.busonline.ca) (Einzelkarte/Tagespass 2,50/5 C$) bedienen eine große Fläche zwischen Sidney bis Sooke, einige Linien werden mit modernen Doppeldeckerbussen gefahren. Kinder unter fünf Jahren fahren kostenlos.

Alteingeführte Taxiunternehmen:

BlueBird Cabs (☎800-665-7055, 250-382-2222; www.taxicab.com)

Yellow Cab (☎800-808-6881, 250-381-2222; www.yellowcabofvictoria.ca)

Southern Vancouver Island

Nicht weit von Victorias Massen liegt das südliche Vancouver Island, eine lockere Gegend mit schrulligen kleinen Städten. In der Nähe findet man stets mit Bäumen gesäumte Radwege, Uferwanderwege und große, mit knorrigen Oregon-Eichen bewachsene Felsen. Die Natur ist opulent hier, und bald entdeckt man Weißkopfseeadler am Himmel, Seeotter am Strand und vielleicht gelegentlich einen Orca, der lautlos vor der Küste durchs Wasser gleitet.

Saanich Peninsula & Umgebung

Auf dieser im Norden von Victoria gelegenen Halbinsel liegt der Hauptflughafen Vancouver Islands und der betriebsamste Fährhafen. Tagesausflügler aus der Stadt finden hier reichlich zu tun.

SIDNEY

Das am Ufer gelegene Sidney am Nordende der Halbinsel hat mindestens zehn Buchläden und kann sich daher BCs einzige „Bücherstadt" nennen.

Es dauert eine Stunde mit dem Bus aus Victoria hierher (2,50 C$, Linie 70 oder 72), und das Herz der Stadt ist Beacon Avenue. Die freundliche **Chamber of Commerce** (☎250-665-7362; www.sidney.ca; 2281 Beacon Ave; ⊙9–17 Uhr) gibt Tipps bei der Ankunft.

Man kann einen gemächlichen Nachmittag in Läden wie dem **Tanner's Books** (www.tannersbooks.com; 2436 Beacon Ave; ⊙8–21 Uhr) verbringen, mit seinen großen Abteilungen für Zeitschriften und Reiseliteratur, und **Beacon Books** (2372 Beacon Ave; ⊙Mo–Sa 10–17.30, So Mittag–16 Uhr), wo die gebrauchten Bücher von der Ladenkatze Rosabelle bewacht werden. Auf www.sidneybooktown.ca finden Bücherwürmer noch mehr Tipps und Informationen.

Das beliebte **Shaw Ocean Discovery Centre** (www.oceandiscovery.ca; 9811 Seaport Pl; Erw./Kind 15/5 C$; ⊙10–17 Uhr) ist Sidneys Kindermagnet. Man betritt es durch einen dramatischen, Disney-artigen Eingang, der einen glauben lässt, man würde in die Wellen abtauchen. Danach kommt man in eine Galerie mit Ausstellungsstücken aus dem Meer, darunter Alien-artige Quallen, ein großes Becken zum Anfassen von lila Seesternen und ein Oktopus, der an Krabben rankommt, indem er den Deckel eines Glases aufschraubt. Noch mehr über das Meer lernt man bei der Walbeobachtung an Bord eines Bootes von **Sidney Whale Watching** (www.sidneywhalewatching.com; 2537 Beacon Ave; Erw./Kind 109/89 C$), nur wenige Schritte entfernt.

Wer noch länger bleiben will, kann das im noblen **Sidney Pier Hotel & Spa** (☎866-659-9445, 250-655-9445; www.sidneypier.com; 9805 Seaport Pl; DZ ab 175 C$; @) am Wasser tun. Das Hotel verbindet West Coast Coolness mit Pastellfarben vom Strand. Viele Zimmer haben Aussicht auf die Küste, manche von der Seite, und in jedem finden sich lokale Kunstwerke an den Wänden. Und wer seinen zu Hause gelassenen Hund vermisst, kann den aus dem Hotel Gassi führen.

Zum Essen kann man ins **Carlos Cantina & Grill** (www.carloscantina.ca; 9816 4th St; Hauptgerichte 10–14 C$; ⊙11.30–20.30 Uhr) gehen, wo es authentische mexikanische Kost in farbenfroher, freundlicher Umgebung gibt; die Fischtacos und das Mittagsmenü für 7,95 C$ sind empfehlenswert. Am Abend kann man nochmal etwas weiter im lokalen Favoriten **Sabhai Thai** (www.sabhai.ca; 2493 Beacon Ave; Hauptgerichte 12–18 C$; ⊙11.30–14 Uhr & 17–22 Uhr) aufdrehen. Das Restaurant hat einen gemütlichen, Raum mit Dielenboden, eine Terrasse und ein gutes Angebot authentischer Currys und *Phat-Thai*-Gerichte. Die Mittagsangebote sind günstig.

Wer sich nur mit Kaffee stärken möchte, gesellt sich zu den klatschenden Einheimischen im **Red Brick Café** (2423 Beacon Ave;

JUAN DE FUCA PROVINCIAL PARK

Der 47 km lange **Juan de Fuca Marine Trail** (www.juandefucamarinetrail.com) im **Juan de Fuca Provincial Park** (www.bcparks.ca) konkurriert mit dem West Coast Trail als Pflichtwanderung. Von Osten nach Westen sind seine Einstiegspunkte China Beach, Sombrio Beach, Parkinson Creek und Botanical Beach.

Die gesamte Wanderung dauert etwa vier Tage, aber man kann es auch etwas entspannter angehen und nur einen Teil davon laufen. Unbedingt daran denken, dass manche Abschnitte oft schlammig und schwierig zu gehen sind. Außerdem werden gelegentlich Bären gesichtet, und das Wetter kann schnell umschlagen. Der schwierigste Abschnitt liegt zwischen Bear Beach und China Beach.

Auf der Tour gibt es mehrere einfache entlegene Zeltplätze, die Campinggebühr (10 C$ pro Erw.) kann man an jedem der Einstiegspunkte entrichten. Der beliebteste Zeltplatz ist der komfortablere, familienfreundliche **China Beach Campground** (☎800-689-9025, 604-689-9025; www.discovercamping.ca; Campingplätze 30 C$; ⊙Mai–Sept.), der über Plumpsklos und fließendes kaltes Wasser verfügt, aber keine Duschen hat. Am westlichen Ende des Strandes gibt es einen Wasserfall. Im Sommer sollten Besucher unbedingt reservieren.

Hauptgerichte 4–9 C$; ⌚6.30–17 Uhr), wo Kaffee und ein großer Ingwerkeks einen guten Boxenstopp ergeben. Es gibt auch ein leichtes Mittagessen.

BRENTWOOD BAY

30 Minuten Autofahrt von Victoria über die West Saanich Road beginnen die Blumengärten von Brentwood Bay, die als **Butchart Gardens** (außerhalb Karte S. 784; www.butchartgardens.com; 800 Benvenuto Ave; Erw./Kind 30,20/10,30 C$; ⌚9–22 Uhr; 🚌75) bekannt sind. Sie sind Vancouver Islands größte Besucherattraktion. Das makellose Anwesen verteilt sich auf separate blühende Gärten. Im Sommer herrscht ein Riesenansturm, unaufhörlich spucken Reisebusse neue Besucher aus. Dank der abendlichen Musikdarbietungen und des Feuerwerks (Juli & Aug. Sa abends) lohnt sich ein Besuch allemal. Im **Dining Room Restaurant** wird ein toller Nachmittagstee mit Quiches und Grand-Marnier-Trüffeln angeboten – die guten Vorsätze für die eigene Figur lässt man also am besten außer Acht.
Wer Zeit hat, sollte auch die nahen **Victoria Butterfly Gardens** (www.butterflygardens.com; 1461 Benvenuto Ave; Erw./Kind 15/5 C$; ⌚9–19 Uhr) besuchen. Hier findet man ein Kaleidoskop Tausender flatternder Insekten aus etwa 75 Arten, die in einem Gehege frei herumfliegen. Man kann sie nicht nur beobachten und auf seinem Kopf landen lassen, sondern auch etwas über Lebenszyklen im Ökosystem lernen. Daneben sieht man exotische Fische, Pflanzen und Vögel. Vorsicht vor Spike, dem nicht zu übersehenden Schmalschnabelsichler, der hier herumstakst, als gehöre ihm alles.

Sooke & Umgebung

Auf dem Weg um die ländliche einsame Südspitze von Vancouver Island in Richtung Sooke (von Victoria aus eine 45-minütige Autofahrt) ist der Highway 14 von zerzausten Garry-Eichen und struppigen Hecken gesäumt. Die Häuser – viele davon sind Künstlerateliers und gemütliche B & Bs – verstecken sich gespenstisch im Schatten der Wälder.

Im gleichen Gebäude und mit denselben Öffnungszeiten wie das Besucherzentrum erhellt das faszinierende **Sooke Region Museum** (www.sookeregionmuseum.com; 2070 Phillips Rd; ⌚9–17 Uhr) die rauen Pionierzeiten der Gegend. Moss Cottage auf dem Museumsgelände wurde 1869 erbaut und ist das älteste Wohnhaus westlich Victorias.

Wer Spannung sucht, findet sie auf den Seilrutschen im Wald, die von **Adrena LINE** (www.adrenalinezip.com; 5128 Sooke Rd; Erw./Kind ab 80/70 C$; ⌚8–17 Uhr) betrieben werden. Den meisten Spaß machen sie bei Vollmond, und wer keine Transportmöglichkeit hat, wird aus Victoria abgeholt.

Entspannter mit der Natur in Kontakt kommen kann man im **Sooke Potholes Provincial Park** (www.bcparks.ca), der über eine 5 km lange Zufahrtsstraße vom Highway 14 aus zu erreichen ist (die Abzweigung befindet sich östlich von Sooke). Mit seinen Felsteichen und Strudellöchern, die die letzte Eiszeit in das Flussbett gegraben hat, ist der Park ein idealer Badeort. Man kann sich ferner in Reifenschläuchen übers Wasser treiben lassen. Zeltplätze werden über die Website der **Land Conservancy** (www.conservancy.bc.ca; Stellplatz 25 C$; ⌚Mai–Sept.) vergeben.

Entlang der Strecke findet man B&Bs, aber eine der reizvollsten Unterkünfte der Provinz findet man in Whiffen Spit im **Soo-**

ABSEITS DER ÜBLICHEN PFADE

KANADAS EINZIGE TEEPLANTAGE

Im idyllischen Farmland 8 km nördlich von Duncan verbirgt sich einer der ungewöhnlichsten Landwirtschaftsbetriebe Kanadas. Die kleine Oase der **Teafarm** (www.teafarm.ca; 8530 Richards Trail, North Cowichan; ⌚Mi–So 10–17 Uhr), die sich in einen Berghang schmiegt, baut seit einigen Jahren Teesträucher an. Die Haupternte ist bald fällig, aber bis dahin lässt sich im modernen Probierraum – oder noch besser auf der blumengeschmückten Veranda – wunderbar eine der vielen Dutzend exzellenten Teemischungen genießen (empfehlenswert ist der „Sweet Morocco“) zusammen mit einigen himmlischen süßen Leckereien. Der Tee wird in hübschen Keramikkannen serviert, die von der Besitzerin Margit getöpfert wurden, und ihr Ehemann und Teeguru ist allzeit bereit, um über den Betrieb zu plaudern. Es ist einer der entspannendsten und überraschend preiswerten Pausenstopps in der Region. Die Teeplantage ist nicht gut ausgeschildert und besser mit dem Navi zu finden.

ke Harbour House (☎250-642-3421; www.sookeharbourhouse.com; 1528 Whiffen Spit Rd; DZ ab 299 C$;). Das Innere ist mit Gemälden, Statuen und Holzschnitzereien geschmückt. Manche der 28 Zimmer besitzen Feuerstellen und Dampfduschen; und alle bieten Ausblicke über die tierreiche Küste. Dringend Ausschau halten nach herumtanzenden Seeottern und herabschießenden Kranichen! Im Restaurant bekommt man gute West-Coast-Küche, egal ob man übernachtet oder nicht.

Port Renfrew

Port Renfrew, praktisch zwischen dem Juan de Fuca und West Coast Trail gelegen, ist ein guter Ausgangspunkt für jede der beiden Touren.

Wer vom Schlafsack genug hat, besucht **Port Renfrew Resorts** (☎250-647-5541; www.portrenfrewresorts.com; 17310 Parkinson Rd; Zi. ab 190 C$), einen Mini-Badeort mit motelähnlichen Zimmern und einigen luxuriösen Holzhütten.

Als Abwechslung von den Campingnudeln bietet das **Coastal Kitchen Café** (17245 Parkinson Rd; Hauptgerichte 8–16 C$; ⏲ Fr–Mi 8–21 Uhr) frische Salate und Sandwiches, außerdem Burger und Pizzas. Die Meeresfrüchte sind eine besondere Delikatesse, das gilt vor allem für die herrlichen Dungeness-Krabben mit Pommes frites.

Cowichan Valley

Das Cowichan Valley mit seinen zahlreichen Farmen liegt nur eine zügige Fahrt über den Highway 1 nordwestlich von Victoria. Die Region wartet nur auf Entdeckungen, besonders für Feinschmecker und Outdoorfans. Weitere Informationen hat **Tourism Cowichan** (☎888-303-3337, 250-746-4636; www.tourismcowichan.com).

Duncan

5000 EW.

Duncan enstand als Eisenbahnstation für die Holzwirtschaft – der kleine Bahnhof mit Giebeldach birgt heute ein Museum – und ist der größte Ort im Tal. Er eignet sich gut als Standort für Ausflüge in der Region und ist bekannt für seine Dutzenden Totempfähle, die wie Wachposten herumstehen.

Wer mehr über die First Nations erfahren will, kann sich im **Quw'utsun' Cultural & Conference Centre** (www.quwutsun.ca; 200 Cowichan Way; Erw./Kind 13/6 C$; ⏲ Juni–Sept. Mo–Sa 10–16 Uhr) über Holzschnitzereien und traditionelle Lachswanderungen informieren. Im **Riverwalk Café** im Ortszentrum gibt es indianisch angehauchte Küche.

Eine ganz andere Welt ist das 3 km nördlich der Stadt gelegene **BC Forest Discovery Centre** (www.bcforestdiscoverycentre.com; 2892 Drinkwater Rd; Erw./Kind 16/11 C$; ⏲ 10–

BESCHWIPSTE TOUR AUF VANCOUVER ISLAND

Der boomende Trend für Lebensmittel aus lokaler Produktion auf Vancouver Island hat sich in jüngster Zeit auch auf Alkohol ausgedehnt. Auf der ganzen Insel entstehen Weinkellereien, Mostereien und Destillerien, die den Bierbrauereien harte Konkurrenz machen. Aber wer sich nicht auskennt, wird viele der kleinen Betriebe nur mit Mühe finden. Hier ein paar durstlöschende Empfehlungen für Besucher:

In der Gegend um die Cowichan Bay lohnen sich die **Cherry Point Vineyards** (www.cherrypointvineyards.com; 840 Cherry Point Rd, Cobble Hill; ⏲ 10–17 Uhr) mit ihrem leckeren Brombeer-Port, **Averill Creek** (www.averillcreek.ca; 6552 North Rd, Duncan; ⏲ 11–17 Uhr) mit Aussichtsterrasse und wunderbarem Pinot Noir und die tolle **Merridale Estate Cidery** (www.merridalecider.com; 1230 Merridale Rd, Cobble Hill; ⏲ 10.30–19 Uhr), ein Hersteller von Apfel-Cider und auch Branntwein, der außerdem ein wunderbares Terrassen-Bistro führt.

Aber nicht alles konzentriert sich um die Cowichan Bay. In Saanich weiter südlich – nur eine kurze Fahrt von Victoria entfernt – werden Bioäpfel im **Sea Cider** (www.seacider.ca; 2487 Mt. St. Michael Rd, Saanichton; ⏲ 11–16 Uhr) vermostet. Stärkere Alkoholika stehen hingegen auf dem Programm von **Victoria Spirits** (www.victoriaspirits.com; 6170 Old West Saanich Rd, Victoria; ⏲ April–Sept. Sa & So 10–17 Uhr) ganz in der Nähe, deren feiner Oaken Gin empfehlenswert ist. Beide bieten Führungen und Verkostungen an.

Weitere Informationen zu Weingütern, Mostereien und Destillerien auf Vancouver Island stehen auf www.wineislands.ca.

16.30 Uhr) mit Häusern aus der Pionierzeit, Holzfällergerätschaften und einer funktionierenden Dampflok.

Das Kommunikationszentrum der Gegend, das **Duncan Garage Cafe** (www.communityfarmstore.ca; 3330 Duncan St; Hauptgerichte 4–9 C$; ⌚Mo–Sa 7.30–18, So 9–17 Uhr) befindet sich in einem umgebauten, denkmalgeschützten Gebäude, in dem auch ein Buchladen und ein Bioladen untergebracht sind. Alkoholische Getränke werden im **Craig Street Brew Pub** (www.craigstreet.ca; 25 Craig St; Hauptgerichte 11–16 C$; ⌚Mo–Do 11–23, Fr & Sa bis 24, So bis 22 Uhr) ausgeschenkt, wo reichhaltiges Essen und selbst gebrautes Bier die Einheimischen anlocken; empfehlenswert sind die Pizzas.

Das neueste Restaurant in Duncan brachte etwas kulinarisches Niveau in den Ort. Das hinreißende **Hudson's on First** (www.hudsonsonfirst.ca; 163 First St; Hauptgerichte 16–26 C$; ⌚Di–So 11–14.30 & 17–20.30 Uhr) in einer wunderbar restaurierten ehemaligen Musikschule wäre auch ein Spitzenlokal in sehr viel größeren Städten. Farmfrische Erzeugnisse aus lokalem Anbau ist die Maxime auf der stets wechselnden Speisekarte, die Westküstenzutaten mit dezenten europäischen Einflüssen verbindet. Mittags gibt es häufig Fish & Chips mit Red Snapper und der Brunch am Wochenende verlockt mit den besten Eggs Benedict. Abends lohnt sich vor dem Essen ein Cocktail in der Bar unter einem Blechdach.

Cowichan Bay

Die reizvollsten Sehenswürdigkeiten in der „Cow Bay", wie sie von den Einheimischen genannt wird, sind die Holzhäuser oberhalb einer von Bergen gesäumten Meeresbucht. Es lohnt sich, dort einen Nachmittag zu verbringen, aber es wird an hektischen Sommertagen genauso lange für die Parkplatzsuche dauern. Hungrige können sich im **Hilary's Artisan Cheese** (www.hilaryscheese.com; 1737 Cowichan Bay Rd; ⌚9–18 Uhr) und **True Grain Bread** (www.truegrain.ca; 1725 Cowichan Bay Rd; ⌚Mo–Sa 8–19, So bis 17 Uhr) für ein Picknick eindecken. Wer es bequemer mag, kann sich auch im **Rock Cod Café** (www.rockcodcafe.com; 1759 Cowichan Bay Rd; Hauptgerichte 10–14 C$; ⌚11–21 Uhr) Fish & Chips kaufen oder sich auf der Veranda des reizvollen **Masthead Restaurant** (☎250-748-3714; www.themastheadrestaurant.com; 1705 Cowichan Bay Rd; Hauptgerichte 24–37 C$; ⌚17–22 Uhr) ein preisgünstiges dreigängiges Probiermenü mit Zutaten aus British Columbia schmecken lassen.

Vor der Abreise lohnt ein Besuch im **Maritime Centre** (www.classicboats.org; 1761 Cowichan Bay Rd; Eintritt mit Spende; ⌚Sonnenauf- bis Sonnenuntergang) von Cow Bay, um sich ein paar maritime Exponate zum Bootsbau sowie aufwendige Modelle anzuschauen.

Carmanah Walbran Provincial Park

Die alten Fichten und Rotzedern in diesem prachtvollen, aber abgelegenen **Park** (www.bcparks.ca) zählen mit nicht selten mehr als 1000 Jahren zu den ältesten Lebewesen in British Columbia. Man muss eine halbe Stunde in das Tal hinunterwandern, um mit den höchsten und ältesten Gesellen mystische Zwiesprache zu halten. Die Wege führen aber über Stock und Stein und sind nur für geübte Wanderer zu empfehlen.

Zum Hauptausgangspunkt des Carmanah Valley Trail nimmt man von Lake Cowichan die South Shore Road bis zur Nitinat Main Road und biegt dort links ab; die Nitinat Main bis Nitinat Junction fahren und dort links in die South Main bis zur Caycus River Bridge. Unmittelbar südlich der Brücke nach rechts abbiegen und der Rosander Main 29 km bis zum Ausgangspunkt des Trails folgen (blauweiße Schilder von BC Parks weisen den Weg und bestätigen einem, dass man richtig ist). Aber Achtung: Es handelt sich um Forststraßen! Man hat es also mit holperigen, oft engen Fahrbahnen zu tun und kann ziemlich sicher sein, auf bedrohlich aussehende, mit Baumstämmen beladene Laster zu stoßen – die haben Vorfahrt, die man ihnen im eigenen Interesse auch gewähren sollte.

Chemainus

4500 EW.

Nachdem 1983 die letzte Sägemühle geschlossen worden war, wurde das winzige Chemainus zum Modell für Gemeinden in British Columbia, die durch den Strukturwandel mit Arbeitsplatzverlusten zu kämpfen haben. Statt sich in einen langsamen Tod zu fügen, bestellten die Verantwortlichen in der Gemeinde eine riesiges Wandbild, das die Geschichte des Ortes darstellt. Später kamen noch mehr als drei Dutzend Kunstwerke hinzu und zogen den Tourismus an.

Während man durch die Straßen von Chemainus schlendernd nach den Wandbildern Ausschau hält, kommt man an künstlerisch angehauchten Boutiquen und verführerischen Eisdielen vorbei. Abends gibt es im überraschend großen **Chemainus Theatre** (www.chemainustheatrefestival.ca; 9737 Chemainus Rd) professionelle Produktionen überwiegend von populären Stücken und Musicals – es ist also auch für etwas Unterhaltung gesorgt.

Das **Chemainus Inn** (☎877-246-4181, 250-246-4181; www.chemainushotel.com; 9573 Chemainus Rd; DZ ab 169 C$;) in der Nähe gleicht einem mittelklassigen Businesshotel für eine viel größere Stadt. Die Zimmer sind schick und komfortabel, viele haben eine Küche. Frühstück ist im Preis enthalten.

Im reizenden **Willow Street Café** (www.willowstreetcafe.com; 9749 Willow St; Hauptgerichte 5–12 C$; ⏲8.30–17 Uhr) in einem denkmalgeschützten Haus gibt es zu deftigen hausgemachten Wraps, Pizzas und Sandwiches auch gleich einen Schwatz mit den Einheimischen. Im Sommer ist die angenehme Veranda vorzuziehen.

Das **Besucherzentrum** (☎250-246-3944; www.chemainus.bc.ca; 9796 Willow St; ⏲9–17 Uhr) hat Stadtpläne zur Erkundung der Wandbilder und weitere Informationen.

Nanaimo

87 000 EW.

Nanaimo, Vancouver Islands „zweite Metropole", wird niemals die Anziehungskraft des Touristenmagneten Victoria haben, aber die „Harbour City" wurde seit den 1990er-Jahren allmählich verschönert und es eröffneten vor allem in der Commercial Street und im Old City Quarter einige gute Läden und Restaurants sowie ein schickes, neues Museum. Die Stadt ist auch dank einer festen Fährverbindung mit dem Festland ein praktischer Ausgangspunkt zur Erkundung der restlichen Insel.

Sehenswertes

Nanaimo Museum MUSEUM

(www.nanaimomuseum.ca; 100 Museum Way; Erw./Kind 2/0,75 C$; ⏲10–17 Uhr) Das exzellente Museum gleich hinter der Hauptstraße Commercial Street führt durch die Geschichte der Region, von den First Nations bis zur Kolonial-, Seefahrts- und Sportgeschichte und darüber hinaus. Zu den Highlights zählen die Ausstellung über die Stämme der Küsten-Salish und der Nachbau einer Kohlengrube, durch die besonders Kinder gerne durchlaufen. Am Empfang gibt es Infos zu Stadtführungen im Sommer und zum Eintritt in die benachbarte Bastion, einem hölzernen Festungsturm von 1853.

Newcastle Island Marine Provincial Park PARK

(www.newcastleisland.ca) In dem wilden Naturjuwel von Nanaimo locken 22 km Wander- und Fahrradwege sowie Strände und Tiere in freier Wildbahn. Auf dem angestammten Gebiet der Küsten-Salish befanden sich einst Schiffswerften und Kohlenschächte. In den 1930er-Jahren wurde es dann zur beliebten Sommerfrische der Einheimischen und erhielt einen Teepavillon. Zu erreichen ist der Park in zehn Minuten mit der Fähre vom Hafen (Erw./Kind hin & zurück 9/5 C$). Im Sommer öffnet hier ein Restaurant und es gibt regelmäßige Tanzaufführungen der First Nations.

Old City Quarter STADTTEIL

(www.oldcityquarter.com; Ecke Fitzwilliam & Wesley St) Von der Bastion und der Fitzwilliam Street am Ufer führt ein steiler Weg hinauf in ein altes Viertel mit individuellen Läden, Galerien und Restaurants in bunt gestrichenen alten Häusern. Zu den Highlights gehören McLeans Specialty Foods, A Wee Cupcakery und Fibber Magees, eine hübsche, große Kneipe im alten Bahnhof der Stadt. Auf vielen Häusern des Viertels befinden sich Denkmalschutzplaketten.

Wild Play Element Parks VERGNÜGUNGSPARK

(☎250-716-7874, 888-716-7374; www.wildplay.com; 35 Nanaimo River Rd; Erw./Kind ab 43/23 C$; ⏲10–18 Uhr) Der baumgesäumte Abenteuerspielplatz ist ideal zum Toben für Kinder. Er steckt voller aufregender Aktivitäten, von Bungee-Jumping bis zu Seilrutschen. Außer dem kurzweiligen Hindernisparcours wird Familien noch jede Menge anderer Unternehmungen geboten, von Waldspazierwegen bis zu oft und gern genutzten Basketballplätzen. Mindestens ein halber Tag sollten drin sein – und Picknick nicht vergessen.

Schlafen

Painted Turtle Guesthouse HOSTEL $

(☎250-753-4432, 866-309-4432; www.paintedturtle.ca; 121 Bastion St; B/Zi. 27/80 C$; @) Das sehr gepflegte HI-Hostel im Herzen der Innenstadt hat kleine Schlafsäle sowie private Zimmer (reservieren). Die große und behagliche Wohnküche ist mit Holzböden und Ikea-artigen Möbeln ausgestattet. An

Nanaimo

Nanaimo

Sehenswertes
1 Nanaimo Museum ... C3
2 Old City Quarter ... A3

Schlafen
3 Coast Bastion Hotel ... C2
4 Dorchester Hotel ... C2
5 Painted Turtle Guesthouse ... C2

Essen
6 2 Chefs Affair ... C3
7 Corner Bistro ... C1
8 Gabriel's Café ... C2
9 Modern Cafe ... C2
10 Penny's Palapa ... D2
11 Pirate Chips ... C4
12 Thirsty Camel Café ... C4

Unterhaltung
13 Port Theatre ... C2
14 Queen's Hotel ... C4

der Rezeption können Gäste Touren buchen, wenn sie genug davon haben, auf der hosteleigenen Gitarre zu klimpern.

Buccaneer Inn MOTEL $$
(☎250-753-1246, 877-282-6337; www.buccaneerinn.com; 1577 Stewart Ave; DZ/Suite ab 80/140 C$; 📶) Das freundliche, familiengeführte Motel liegt günstig zum Fährhafen Departure Bay und ist mit seiner strahlend weißen Fassade nicht leicht zu übersehen. Sauberkeit und Ordnung herrschen auch in den maritim gestalteten Zimmern, davon viele mit Kochnische. Wer mehr für eine geräumige Suite ausgibt, hat auch noch einen gemütlichen Kamin, eine Küche und einen Flachbildschirm-TV.

Coast Bastion Hotel HOTEL $$
(☎250-753-6601, 800-716-6199; www.coasthotels.com; 11 Bastion St; DZ ab 157 C$;) Das beste Hotel der Stadt hat eine unschlagbare Lage am Hafen und wenn es nicht neblig ist, können die meisten Gäste einen Blick aufs glitzernde Wasser genießen. Die Zimmer wurden in jüngster Zeit schön renoviert und erhielten Flachbildschirm-TVs und oft auch kleine Kühlschränke. Die Restaurant-Bar in der Lobby ist ein beliebter Treffpunkt und zum Relaxen gibt es einen Wellnessbereich. Die Angestellten an der Rezeption sind super.

Dorchester Hotel HOTEL $$
(☎800-661-2449, 250-754-6835; www.dorchesternanaimo.com; 70 Church St; DZ ab 119 C$;) Das Dorchester, das zu Best Western gehört, ist das preiswertere der beiden Hotels am Hafen. Es ist nicht so schick wie sein Nachbar und hat einen ungewöhnlichen labyrinthischen Grundriss. Die Zimmer, einige mit Kühlschrank, sind wie Standardzimmer in Businesshotels eingerichtet. Viel Geduld ist nötig, um sie zu erreichen: Der schwerfällige Aufzug ist wohl der langsamste in ganz Nanaimo. Es gibt oft gute Last-Minute- und Nebensaisonangebote.

Essen

★ **Gabriel's Café** INTERNATIONAL $
(183 Commercial St; Hauptgerichte 6–9 C$; Mo–Fr 8–19, Sa & So 9–17 Uhr;) Das ideal gelegene kleine Lokal gleicht einem stationären Imbisswagen. Gabriel steht selbst hinter dem Tresen und verkauft hausgemachte Leckereien, wie Frühstückswraps mit Schweinsgeschnetzeltem oder das stets beliebte grüne Thai-Curry mit Reis. Vegetarier kommen auch nicht zu kurz, z. B. mit dem Hamburger aus schwarzen Bohnen. Viel Platz ist in dem sonnigen kleinen Kabuff nicht, es ist also besser, außerhalb der Hauptessenszeiten zu erscheinen, um Schlangestehen zu vermeiden.

2 Chefs Affair WESTKÜSTE $
(www.twochefsaffair.com; 123b Commercial St; Hauptgerichte 8–15 C$; Mo–Fr 8–16.30, Sa & So bis 15 Uhr;) Das sehr einladende Lokal im Herzen der Innenstadt mit großartiger Hausmannskost ist super zum Frühstück – der French Toast ist lecker. Das Mittagsangebot ist zweifellos noch verlockender: Die „Ménage à trois“ enttäuscht garantiert nicht – sie besteht aus leckeren Krebsfleischküchlein, kandiertem Lachs und Knoblauchgarnelen.

Pirate Chips FASTFOOD $
(www.pirate-chips.com; 1 Commercial St; Hauptgerichte 5–16 C$; Mi & Do 11–20, Fr & Sa bis 3, So 12–20 Uhr) Eigentlich kommen die Nanaimoiten wegen der tollen Fish & Chips und der besten Pommes frites der Stadt – die mit Currysauce sind empfehlenswert. Aber die trendige Einrichtung und die abgefahrenen Piratenmotive locken sie ebenfalls hierher. Der Laden ist spätabends am Wochenende besonders klasse: Draußen auf der mit Totenkopf und gekreuzten Knochen bemalten Bank kann man sich dann einen frittierten Nanaimo Bar (Schoko-Buttercreme-Riegel) schmecken lassen.

Modern Cafe INTERNATIONAL $$
(www.themoderncafe.ca; 221 Commercial St; Hauptgerichte 15–23 C$; Mo–Mi 11–23, Do–Sa bis 24, So 10–23 Uhr) Das neu gestaltete Café ist nun in coolem Lounge-Stil mit Sichtmauerwerk und bequemen Nischen eingerichtet und hat, zumindest bei schönem Wetter, eine sonnige Straßenterrasse. Das Speisenangebot ist in jüngster Zeit auch um einiges besser geworden. Geboten wird Gourmet-Hausmannskost mit internationalen Einflüssen – empfehlenswert ist das karibische Jerk-Hühnergericht. Exzellente Hamburger stehen auch auf der Karte.

Thirsty Camel Café ORIENTALISCH $$
(www.thirstycamelcafe.ca; 14 Victoria Cres; Hauptgerichte 8–14 C$; Mo–Mi 11–15, Do & Fr bis 19, Sa 12–16 Uhr;) Ein leckeres orientalisches Festmahl kann man sich in dem sonnigen kleinen, von einer Familie geführten Lokal gönnen, das sich an der Ecke der Victoria Cres versteckt. Alle Speisen sind frisch zubereitet, man bekommt leckeren Hummus, einige stark gewürzte Wintersuppen und die leckersten Falafel der Gegend. Zu empfehlen sind die Teller für zwei (besonders das persische Hühnchen mit würziger Kruste); es gibt auch ein paar ausgezeichnete vegetarische Optionen, die sogar Fleischfreunden zusagen werden.

Corner Bistro WESTKÜSTE $$
(75 Front St; Hauptgerichte 14–24 C$; Mo–Mi 11–22, Do–Sa bis 24 Uhr) An diesem Ort gab es im Lauf der Jahre schon mehrere Lokale, aber das Corner Bistro könnte sich halten. Es wirkt innen wie eine Kneipe – Bier von Kleinbrauereien der Insel tragen dazu

bei –, was für eine kommunikative Atmosphäre sorgt. Im Sommer sitzt alle Welt auf der Straßenterrasse. Essensmäßig sind die Hamburger beliebt, aber die Vorspeisen zum gemeinsamen Knabbern sind auch nicht schlecht, wie Jakobsmuscheln und frittierte Schimmelkäse-Sandwiches.

Penny's Palapa MEXIKANISCH **$$**
(www.pennyspalapa.com; 10 Wharf St, Dock H; Hauptgerichte 8–16 C$; ⌚Mai–Sept. 11–20.30 Uhr; ✎) Auf der winzigen schwimmenden, mit Blumen und Flaggen geschmückten Bude am Hafen lässt sich wunderbar ein Essen im Freien inmitten von schaukelnden Booten genießen. Zum kreativen, preisgünstigen Angebot mexikanischer Köstlichkeiten zählen auch saisonale Fischgerichte – eine leckere Hausspezialität sind die Heilbutt-Tacos – sowie einige gute vegetarische Angebote. An lauen Sommerabenden ist es hier schnell voll, also sollte man möglichst früh eintreffen. Als Getränk empfehlen sich natürlich die Margaritas.

Ausgehen & Unterhaltung

Longwood Brewpub BRAUEREI
(www.longwoodbrewpub.com; 5775 Turner Rd; ⌚11–24 Uhr) Der schöne Steinbau der Restaurant-Kneipe, etwas stilbrüchig in einer Einkaufspassage gelegen (nordwestlich des Ufers in der Innenstadt, über den Island Highway), verbindet ein überraschend gutes Speisenangebot mit köstlichem hausgebrautem Bier. Am schönsten sitzt es sich auf der Terrasse, wo zu den empfohlenen Hauptgerichten Cajun-Huhn-Quesadilla und Heilbutt-Garnelen-Wraps gehören; Vegetarier sollten die Gemüse-Lasagne probieren. Durstige können sich über das Probierangebot mit vier Gläsern verschiedenen Bieren hermachen.

Dinghy Dock Pub KNEIPE
(www.dinghydockpub.com; 8 Pirates Lane; Hauptgerichte 12–17 C$; ⌚11.30–23 Uhr) Die lebhafte, aber altmodische Restaurant-Kneipe schwimmt vor der Protection Island und ist über eine kleine Fähre zu erreichen. Sie ist eine lokale Legende und ein wirklich einmaliger Ort für ein paar Bierchen auf der Veranda. Das Speisenangebot geht nicht weit über Fish & Chips hinaus, aber am Wochenende sorgt Livemusik für Stimmung. Die Kneipe ist ganz einfach in zehn Minuten mit der Fähre ab dem Hafen zu erreichen (hin & zurück 9 C$).

Queen's Hotel LIVEMUSIK
(☎250-754-6751; www.thequeens.ca; 34 Victoria Cres) Der beste Laden der Stadt für Livemusik und Tanz mit einer bunten Mischung an Gigs und Clubnächten, von Indie über Jazz bis Country.

Port Theatre THEATER
(☎250-754-8550; www.porttheatre.com; 125 Front St) Theateraufführungen von lokalen und Tourneegruppen.

Praktische Informationen

Nanaimo Visitors Centre (☎800-663-7337, 250-751-1556; www.tourismnanaimo.com; 2450 Northfield Rd; ⌚9–18 Uhr) Hauptgeschäftsstelle der Touristeninformation; hinter dem Nanaimo Museum (S. 800) gibt es noch eine nur im Sommer geöffnete Zweigstelle.

An- & Weiterreise

FLUGZEUG

Der **Nanaimo Airport** (www.nanaimoairport.com) liegt 18 km südlich der Stadt am Highway 1. Flüge der **Air Canada** (www.aircanada.com) aus Vancouver (ab 77 C$, 25 Min.) landen hier den ganzen Tag über.

Die häufigen und praktischen Wasserflugzeuge der **Harbour Air** (www.harbour-air.com) aus Vancouver landen im inneren Hafenbecken (105 C$, 25 Min.).

SCHIFF/FÄHRE

Die Fähre von **BC Ferries** (www.bcferries.com) aus Tsawwassen (Passagier/Fahrzeug 14,55/49,05 C$, 2 Std.) legt am Duke Point 14 km südlich von Nanaimo an, von der Horseshoe Bay in West Vancouver (Passagier/Fahrzeug 15,50/51,25 C$, 95 Min.) an der Departure Bay, 3 km nördlich des Stadtzentrums über den Highway 1.

BUS

Busse von **Greyhound Canada** (www.greyhound.ca) fahren von Victoria (ab 13,50 C$, 2 Std., 3-mal tgl.), Campbell River (ab 18;50 C$, 3 Std., 3-mal tgl.), Tofino (46 C$, 4 Std., 2-mal tgl.) und anderen Orten hierher.

Unterwegs vor Ort

Die Innenstadt von Nanaimo um den Hafen ist sehr gut zu Fuß zu erkunden, aber dahinter breitet sich die Stadt aus und ein Auto oder stramme Radlerbeine sind nötig. Taxis sind hier übrigens teuer.

Nanaimo Regional Transit (www.busonline.ca; einfache/Tageskarte 2,50/6,25 C$) Busse halten in der Gordon Street westlich der Harbour Park Mall. Die Buslinie 2 fährt zum Fährhafen an der Departure Bay. Zum Duke Point verkehren keine Stadtbusse.

Nanaimo Airporter (www.nanaimoairporter.com; ab 26 C$) Bietet von beiden Fährhäfen einen Service von Tür zu Tür in der Innenstadt und fährt auch vom/zum Flughafen.

Parksville, Coombs & Qualicum Beach

Die beliebte Küstenregion am mittleren Teil der Insel, zu der auch das ländliche Coombs gehört, ist schon seit Jahrzehnten ein traditionelles Urlaubsziel für Familien – daher auch die Erlebnisbäder und Minigolfanlagen. Die Gegend eignet sich bestens für eine kleine Pause während der Inseltour. Weitere Informationen zu der Region stehen auf www.parksvillequalicumbeach.com

Sehenswertes

Coombs Old Country Market MARKT

(www.oldcountrymarket.com; 2326 Alberni Hwy, Coombs; ⏲9–19 Uhr) Der weitläufige Lebensmittel- und Kunsthandwerksmarkt mit Backwaren und landwirtschaftlichen Erzeugnissen ist das ultimative Einkaufsparadies für Köstlichkeiten. An lauen Sommertagen tummeln sich hier unzählige Besucher, die ihre Kameras auf das Grasdach richten, wo eine Ziegenherde den Sommer verbringt. In der Markthalle warten riesige Eiswaffeln, dick belegte Pizzas und all die Delikatessen für ein großartiges Picknick.

Es lohnt sich auch, die zugehörigen Läden und Attraktionen um die Halle zu erkunden.

World Parrot Refuge WILDRESERVAT

(www.worldparrotrefuge.org; 2116 Alberni Hwy, Coombs; Erw./Kind 14/10 C$; ⏲10–16 Uhr) In der ausgezeichneten Einrichtung werden exotische Vögel gepflegt und aufgepäppelt, die aus der Gefangenschaft erlöst wurden. Besuchern wird das Mantra gepredigt, dass Papageien und Sittiche keine Schoßtiere sind. An der Rezeption sollte man sich zunächst besser Ohrenstöpsel geben lassen und erst dann die gesunden, sehr stimmkräftigen Vögel besuchen, von denen der eine oder andere einem ein deutliches „Hello“ entgegenkrächzt.

Milner Gardens & Woodland GÄRTEN

(www.milnergardens.org; 2179 W Island Hwy, Qualicum Beach; Erw./Kind 11 C$/frei; ⏲10–16.30 Uhr) Die idyllische Sommerattraktion bietet weitläufige Waldwanderwege zwischen jahrhundertealten Bäumen und Blumengärten mit prächtigen Rhododendren. Nach einem Bummel zum **Teehaus** aus den 1930er-Jahren auf einem hinreißenden Steilufer über dem Wasser erfrischt auf der Veranda ein reichhaltiger Afternoon Tea (17,95 C$) mit Blick auf die vogelreiche Küste und schneebedeckten Gipfel, die am Horizont schimmern.

Morningstar Farm FARM

(www.morningstarfarm.ca; 403 Lowry's Rd, Parksville; ⏲9–17 Uhr) GRATIS Der kleine, familienfreundliche Bauernhof nimmt es ernst mit der Bewegung für lokale Erzeugnisse. Die Kids können hier frei herumtoben – die meisten verlieben sich schnell in die umherstromernden Schweine und Ziegen. Danach gibt's Kostproben von der hofeigenen Käserei Little Qualicum Cheeseworks und der Mooberry Winery: Empfehlenswert sind die Obstweine aus Blaubeeren, Preiselbeeren und Stachelbeeren.

Horne Lake Caves PARK

(☎250-248-7829; www.hornelake.com; Touren Erw./Kind ab 24/20 C$; ⏲10–17 Uhr) Der Horne Lake Caves Provincial Park liegt 45 Minuten Fahrzeit von Parksville entfernt, aber es lohnt sich, da es hier die besten Höhlenwanderungen in British Columbia gibt. Einige Höhlen können Besucher auf eigene Faust erkunden, allerdings sind die exzellenten Führungen, von familienfreundlich bis „extrem“ sehr empfehlenswert – sie müssen im Voraus gebucht werden. Zu erreichen über den Highway 19 Richtung Courtenay, dann ab der Ausfahrt 75 zwölf Kilometer auf der Schotterpiste weiterfahren.

Schlafen & Essen

★ **Free Spirit Spheres** HÜTTEN $$

(☎250-757-9445; www.freespiritspheres.com; 420 Horne Lake Rd, Qualicum Beach; Hütten ab 145 C$) In den einmaligen, kugelförmigen Baumhäusern können sich Gäste in das Blätterdach des Walds zurückziehen. Das kompakte „Eve“ ist klein und einfach, während „Eryn“ und „Melody“ zusätzlich Einbauschränke haben. Im Mittelpunkt steht der Austausch mit der Natur – TVs werden durch Bücher ersetzt und die Gäste erhalten bei Ankunft einen Korb mit leckeren Snacks. Auf dem Waldboden gibt es einen Sanitärblock mit Sauna, Grill und Duschen in Hotelqualität. Im Sommer muss frühzeitig reserviert werden.

Blue Willow Guest House B&B $$
(☎250-752-9052; www.bluewillowguesthouse.com; 524 Quatna Rd, Qualicum Beach; DZ ab 140 C$) Das liebenswerte B&B ist ein überraschend geräumiges Cottage im viktorianischen Stil mit Bücherwänden im Wohnzimmer, frei liegenden Deckenbalken und einem duftenden Landgarten. Die beiden Gästezimmer und die eine Suite mit separatem Eingang sind mit Antiquitäten ausgestattet und sehr gemütlich. Die Liebe zum Detail gilt auch für das Gourmetfrühstück, das im Gewächshaus aufgefahren wird und zu dem es selbst gebackene Leckereien gibt.

Crown Mansion BOUTIQUEHOTEL $$
(☎250-752-5776, 800-378-6811; www.crownmansion.com; 292 E Crescent Rd, Qualicum Beach; DZ ab 160 C$;) Die schöne, weiße Villa, ein luxuriöses Wohnhaus von 1912, wurde in alter Pracht restauriert und 2009 als einzigartiges Hotel eröffnet. Zu den früheren Gästen zählten schon Bing Crosby und John Wayne und auf dem Kamin der Bibliothek lässt sich das Familienwappen bewundern, bevor es in die eleganten Zimmer geht. Im Preis ist kontinentales Frühstück enthalten; Frühaufsteher erwischen einen Fensterplatz.

Fish Tales Café MEERESFRÜCHTE $$
(336 W Island Hwy, Qualicum Beach; Hauptgerichte 8–24 C$) Die Institution von Qualicum mutet wie ein englisches Teehaus alter Schule an, lockt aber schon seit Jahren die Einheimischen mit ihren perfekten Fish & Chips an. Es lohnt sich aber auch, die nicht frittierten Gerichte zu probieren: Empfehlenswert ist der Teller für zwei mit Muscheln, Garnelen und Räucherlachs. Wer früh kommt, findet noch einen Tisch draußen im hübschen Garten.

An- & Weiterreise

Greyhound Canada (www.greyhound.ca) verbindet Parksville u. a. mit Victoria (ab 18,50 C$, ab 3 Std., 5-mal tgl.) und Nanaimo (ab 6,50 C$, 40 Min., 5-mal tgl.). Die gleichen Busse, mit ähnlichen Fahrtzeiten und Preisen, fahren nach Qualicum Beach.

Port Alberni

17 500 EW.

Alberni – am Highway 4 zwischen der Ost- und Westküste der Insel – hat in den vergangenen Jahren nach dem Niedergang der Fischerei und Forstwirtschaft seine touristischen Reize ausgebaut. Der Ort ist ein guter Ausgangspunkt für Erkundungen in der Natur, hat aber auch einige interessante historische Attraktionen. Auf www.albernivalleytourism.com stehen weitere Infos zu Aktivitäten in der Region.

Sehenswertes

Cathedral Grove PARK
(www.bcparks.ca) Der Hain zwischen Parksville und Port Alberni bildet den mystischen Höhepunkt des MacMillan Provincial Park. In dem im Sommer oft von Besuchern überlaufenen Park – Vorsicht, die queren auch schon mal den Highway! – winden sich zugängliche Forststraßen durch ein dichtes, atemberaubendes Blätterdach. Hier stehen einige der ältesten Bäume von British Columbia, darunter jahrhundertealte Douglasien mit einem Stammdurchmesser von mehr als 3 m. Man kann ja mal versuchen, solch einen Baumriesen zu umarmen ...

Alberni Valley Museum MUSEUM
(www.alberniheritage.com; 4255 Wallace St; Eintritt mit Spende; ⌚Di, Mi, Fr & Sa 10–17, Do bis 20 Uhr) Das Museum voller Exponate der Ureinwohner und aus der Pionierzeit besitzt eine faszinierende Abteilung zum West Coast Trail, die zeigt, wie diese Route einst lebensrettend für Schiffbruchopfer war. Geschichtsfans sollten etwas länger bleiben und mit der traditionellen Dampfeisenbahn Alberni Pacific Railway (Juli & Aug.) zur McLean Mill zuckeln, einer historischen Stätte und Kanadas einziger noch aktiver dampfbetriebener Sägemühle.

Geführte Touren

MV Frances Barkley BOOTSTOUR
(www.ladyrosemarine.com; 5425 Argyle St; hin & zurück 52–74 C$; ⌚Mai–Sept.) Das historische Boot ist eine wichtige Verbindung für die abgelegenen Ortschaften der Region. Es transportiert dreimal wöchentlich Frachtgut, Versorgungsgüter und Passagiere zwischen Alberni und Bamfield. Im Sommer, wenn es auch bis Ucluelet und zu den reizvollen Broken Group Islands weiterfährt, schiffen sich auch Kajakfahrer und Mountainbiker ein, aber das Boot nimmt auch jene auf, die einfach nur eine idyllische Rundfahrt auf dem Barkley Sound machen wollen.

Batstar Adventure Tours ABENTEUERTOUR
(www.batstar.com; 4785 Beaver Creek Rd) Wer sich nicht traut, die umwerfend schönen,

aber fraglos abgelegenen Broken Group Islands allein mit dem Kajak zu erkunden, findet bei diesen Leuten professionelle Hilfe. Für ihre geführten Touren, von langen Wochenendausflügen bis zu mehrtägigen unvergesslichen Expeditionen, sorgen sie wirklich für jede Kleinigkeit, natürlich auch für Essen und Unterkunft.

Schlafen & Essen

Fat Salmon Backpackers HOSTEL $
(☎250-723-6924; www.fatsalmonbackpackers.com; 3250 3rd Ave; B 25 C$; ⏱Mai–Sept.; @📶) Die sehr geselligen Besitzer bieten in ihrer flippigen, kunterbunten Backpackerunterkunft Schlafsäle mit vier bis acht Betten (aber leider keine privaten Zimmer) mit Namen wie „Knickerbocker" und „Mullet Room". Es gibt jede Menge Bücher, kostenlosen Tee und Kaffee und eine gut ausgestattete Küche. Wer außerdem „Hi" zu Lily sagt, der weltberühmten Haushündin, darf sie fast sicher auch mal Gassi um die vier Ecken führen.

Hummingbird Guesthouse B&B $$
(☎888-720-2114, 250-720-2111; www.hummingbirdguesthouse.com; 5769 River Rd; Suite 125–180 C$; 📶) Das moderne B&B vermittelt mit seinen großen Suiten und einer riesigen Terrasse mit eigenem Hot Tub ein heimeliges Gefühl – da muss man nur Jasper fragen, die gelassene Hauskatze. Auf jedem der zwei Stockwerke gibt es eine Gemeinschaftsküche und jede Suite ist mit Satelliten-TV ausgestattet; eine hat eine eigene Sauna. Familien können ihre Teenager hinten im Spielezimmer parken.

All Mex'd Up MEXIKANISCH $
(5440 Argyle St; Hauptgerichte 4–10 C$) Die flippige und herrlich farbenfrohe kleine mexikanische Imbissbude nahe dem Ufer – sie ist von chiliförmigen Lichterketten geschmückt – bereitet alles von Grund auf selbst zu und benutzt so weit als möglich lokale Zutaten. Die Gäste verputzen auf Hockern klassische und mit Liebe gemachte Tacos, herrliche Quesadillas und irre große Burritos. Und die reichen ganz bestimmt für den ganzen Tag.

An- & Weiterreise

Greyhound Canada (www.greyhound.ca) hat Busverbindungen mit Victoria (ab 46 C$, 4–5 Std., 3-mal tgl.) und Tofino (ab 28,40 C$, 2 Std., 2-mal tgl.).

Pacific Rim National Park Reserve

Dramatische, wellengepeitschte Strände und düstere, neblige Wälder machen den **Pacific Rim National Park Reserve** (www.pc.gc.ca/pacificrim; Parkpass Erw./Kind 7,80/6,80 C$) zu einem Muss für jeden, der die ungezähmte wilde Westküste erleben will. Der 500 km² große Park umfasst die Long Beach Unit im Norden zwischen Tofino und Ucluelet, die Broken Group Islands Unit im Barkley Sound und im Süden die seit je beliebte West Coast Trail Unit. Neulinge sollten sich im **Pacific Rim Visitors Centre** (☎250-726-4600; www.pacificrimvisitor.ca; 2791 Pacific Rim Hwy; ⏱10–16.30 Uhr) mit Karten und Tipps zur Erkundung der Region eindecken. Wer sich im Park aufhalten will, muss einen Pass kaufen und vorzeigen. Er ist im Besucherzentrum oder an den gelben Automaten entlang der Straße erhältlich.

Long Beach Unit

Die Long Beach Unit ist mit dem Auto über den Pacific Rim Highway gut zu erreichen und erhält den Löwenanteil der Besucher. Breite Sandstrände, ungezähmte Brandung, jede Menge Ecken zum Strandgut sammeln und ein lebendes Museum aus altem Regenwald sind die Hauptgründe für den sommerlichen Touristenansturm. Der Cox Bay Beach allein ist schon ein ideales Plätzchen für Surfer und Familien. Seevögel, Sanddollars und lila und orangefarbene Seesterne gibt es hier zuhauf.

Eine Einführung in Natur der Gegend und zu den First Nations bietet das **Kwisitis Centre** (Wick Rd; mit Parkpass frei; ⏱März–Aug. 10–16.30 Uhr) am Wickaninnish Beach. Wer Lust auf einen Spaziergang hat, kann sich auf einen der folgenden Wanderwege begeben und nach segelnden Weißkopfseeadlern und riesigen Bananenschnecken Ausschau halten. Sicherheitsvorkehrungen sollten beachtet werden: Vorsicht auf rutschigen Oberflächen und der tückischen Brandung nie den Rücken kehren.

Long Beach Großartige Landschaft entlang der sandigen Küste (1,2 km; leicht).

Rainforest Trail Zwei informative Rundwege durch Primärwald (1 km; moderat).

Schooner Trail Durch Primär- und Sekundärwald mit Strandzugang (1 km; moderat).

Shorepine Bog Rundweg um einen moosbedeckten Sumpf (800 m; leicht und rollstuhlgerecht).

Broken Group Islands Unit

Die Broken Group besteht aus rund 300 Inseln und Felsen, die sich über ein Gebiet von 80 km² am Eingang des Barkley Sound verteilen. Dieses beschauliche, unberührte Naturgebiet ist bei Kajakfahrern beliebt, zumal man bei den Ausflügen aus der Nähe einen Blick auf Grauwale, Schweinswale und die vielen Vögel werfen kann. Wer keine Lust hat, gleich bis nach Hawaii zu paddeln, sollte unbedingt einen Kompass mitnehmen.

Wer auf Tour gehen will, kann sich und sein Kajak vom Veranstalter **Lady Rose Marine Services** (www.ladyrosemarine.com) von Port Alberni zu dessen Sechart Whaling Station Lodge (3 Std.) im Barkley Sound bringen lassen (3 Std.); die Überfahrt erfolgt auf der *MV Frances Barkley*. Wer kein Kajak dabei hat, kann hier auch eines leihen (40–60 C$ pro Tag). Es gibt Einzel- und Doppelzimmer (150/235 C$, inkl. aller Mahlzeiten).

Von dort aus gehört zu den beliebten Paddelzielen die eine Stunde entfernte Gibraltar Island, auf der es einen geschützten Campingplatz, Strände und Gezeitenpools gibt. Beliebt ist auch Willis Island (1½ Std. ab Sechart). Dort gibt es ebenfalls einen Campingplatz. Bei Ebbe kann man zu den umliegenden Inseln wandern. Auch auf der abgelegenen Benson Island (4 Std. ab Sechart) gibt es einen Campingplatz, ferner grasende Hirsche und ein Blowhole (Blasloch).

Die Campinggebühren betragen 9,80 C$ pro Übernachtung. Man bezahlt sie in Sechart oder bei den Patrouillen, die per Schiff durch die Region unterwegs sind; bei ihnen kann man auch nachzahlen, falls man sich entschließt, länger zu bleiben. Die Campingplätze sind – wie nicht anders zu erwarten – sehr einfach und haben Solar-Komposttoiletten; alle Abfälle müssen wieder mitgenommen werden. Unbedingt eigenes Trinkwasser mitbringen, weil die Bäche auf den Inseln im Sommer häufig ausgetrocknet sind.

West Coast Trail Unit

Der 75 km lange West Coast Trail ist nicht nur die bekannteste Wanderroute in British Columbia, sondern auch eine der schwierigsten. Unerfahrene Wanderer sollten sich eine andere Route aussuchen. Und auch Cracks müssen wissen: Wer sich an sie heranwagt, wird sich schinden, nur um nächstes Jahr gleich wiederkommen zu wollen.

Der Weg verläuft an der wellengepeitschten Regenwaldküste zwischen den Informationszentren am Wegbeginn bei Pachena Bay, 5 km südlich von Bamfield am nördlichen Ende, und bei Gordon River, 5 km nördlich von Port Renfrew an der Südspitze. Für die gesamte Strecke sind sechs bis sieben Tage nötig. Sie ist von Mai bis September geöffnet, aber in der Hochsaison von Mitte Juni bis Mitte September dürfen nur täglich 60 Backpacker hier übernachten; **Reservierungen** (☎877-737-3783, 250-726-4453; www.reservation.pc.gc.ca; nicht erstattbare Reservierungsgebühr 24,50 C$) sind erforderlich. Alle, die übernachten, müssen eine Weggebühr zahlen (127,50 C$), plus 30 C$ für die zwei kurzen Fährüberfahrten auf der Strecke. Alle müssen zuvor auch an einem 1½-stündigen Orientierungskurs teilnehmen. Wer keine Reservierung hat, kann auf eine der Genehmigungen von der täglichen Warteliste hoffen.

Wer sich die ganze Strecke nicht zutraut oder zumuten will, kann auch eine Tageswanderung unternehmen oder von Pache-

STÜRMISCHES TOFINO

Sturmbeobachtung begann als clevere Marketingstrategie, um Besucher in der Nebensaison anzulocken, hat sich aber zum beliebten Zeitvertreib an der Westküste der Insel entwickelt. Nach dem Anblick von spektakulär krachenden Winterwellen geht es mit einem salzgesprenkelten Gesicht schnell zurück nach Innen zu einer heißen Schokolade. Während der Sturmzeit (etwa Nov.–März) gibt es meist gute Angebote in den Unterkünften der Gegend und die meisten Hotels verleihen dann auch „Tofino-Smokings", besser bekannt als wasserfeste Kleidung. Die besten Stellen, um das krachende Spektakel zu beobachten, sind Cox Bay, Chesterman Beach, Long Beach, Second Bay und Wickaninnish Beach. Aber immer daran denken, nicht zu dicht an die Wellen zu gehen und sie stets im Auge zu behalten: Die gigantischen Wogen reißen einen im Nullkommanichts ins Wasser.

na Bay aus die halbe, als leichter geltende Strecke wandern. Übernachtungswanderer, die nur diesen Teil der Strecke in Angriff nehmen wollen, können am Nitinat Lake starten. Tageswanderer brauchen die Benutzungsgebühr nicht zu entrichten, müssen sich aber an einem Trailhead eine kostenlose Erlaubnis zu einer Tageswanderung ausstellen lassen.

West-Coast-Trailer müssen in der Lage sein, mit rauem, schlüpfrigem Terrain, zu durchwatenden Bächen und widrigem, schnell umschlagendem Wetter zurechtzukommen. Unterwegs gibt es 100 kleine und einige größere Brücken und 70 Leitern, an denen man hinauf- oder hinabklettern muss. Trinkwasser muss chemisch gereinigt oder abgekocht werden; man braucht einen leichten Campingkocher zur Zubereitung seiner Mahlzeiten und muss seine gesamte Verpflegung mitführen. Übernachten kann man auf allen einfachen Campingplätzen an der Strecke, von denen die meisten über Solar-Komposttoiletten verfügen. Es wird empfohlen, zu den jeweiligen Etappen mindestens fünf Stunden vor Sonnenuntergang aufzubrechen, damit man noch vor Einbruch der Nacht einen Campingplatz erreicht: Denn das Herumstolpern in der Dunkelheit ist die Hauptursache für Unfälle auf der Strecke.

West Coast Trail Express (www.trailbus.com) hat tägliche Shuttlebusse (Mai–Sept.) zu den Startpunkten der Wege. Im Sommer müssen sie im Voraus gebucht werden.

Tofino

1900 EW.

Tofino hat sich vom Versorgungsposten erst zur Hippie-Enklave und nun zum Ökoresort entwickelt und ist das beliebteste Outdoorziel auf Vancouver Island. Kein Wunder, dass Surfer, Familien und Ruhe suchende Bewohner Vancouvers immer wieder zurückkommen: Das szenige Dorf mit zahllosen Aktivitäten und hinreißenden Stränden in der Umgebung liegt am Clayoquot Sound, in dem bewaldete Inselchen aus den aufgewühlten, stets dramatischen Wellen ragen.

Sehenswertes & Aktivitäten

Tofino Botanical Gardens GARTEN
(www.tbgf.org; 1084 Pacific Rim Hwy; Eintritt für 3 Tage Erw./Kind 10 C$/frei; 9 Uhr bis Sonnenuntergang) Hier ist alles über gemäßigte Küstenregenwälder zu erfahren: In der tollen, vogelreichen Naturattraktion gibt es Froschteiche, Bohlenwege durch den Wald, einheimische Pflanzen und informative Workshops. Im Sommer erfrischt ein Café mit dem unerlässlichen Glas Wein und an den meisten Abenden werden die Gärten mit klassischer Musik beschallt. Und wer ohne Auto eintrifft, erhält immerhin 1 C$ Ermäßigung.

Maquinna Marine Provincial Park PARK
(www.bcparks.ca) Der Park ist eines der beliebtesten Tagesausflugsziele ab Tofino. Highlight ist die **Hot Spring Cove**. Wanderer, die Ruhe und Frieden suchen, fahren mit dem Schlauchboot oder fliegen mit einem Wasserflugzeug hierher und können unterwegs Wale und andere Meerestiere entdecken. Vom Bootsanleger aus führen 2 km lange Holzplankenwege zu den Thermalquellen.

Meares Island PARK
Meares Island, schemenhaft vom Ufer in Tofino aus durch den Nebel zu erkennen, erreicht man per Kajak oder mit einem Ausflugsboot. Auf der Insel befindet sich der Big Tree Trail, ein 400 m langer Holzplankenweg durch alte Wälder, in denen u. a. eine wunderbare, 1500 Jahre alte Rotzeder zu Hause ist. 1984 war die Insel der Hauptschauplatz der Proteste gegen die Abholzung am Clayoquot Sound, mit der die Umweltschutzbewegung der Region ihren Anfang nahm.

Ahousat PARK
(www.wildsidetrail.com) Der Park auf der abgeschiedenen Flores Island kann nur per Ausflugsboot oder Kajak erreicht werden. Auf dieser mystischen Insel liegt auch der spektakuläre Wild Side Heritage Trail, eine etwas anspruchsvollere Wanderung, die zwischen Ahousat and Cow Bay 10 km durch Wälder und über Strände und Landzungen führt. Auf der Insel gibt es eine natürliche Thermalquelle, zudem ist eine Gruppe der First Nations hier beheimatet. Vor allem für Kajakfahrer ist die Insel ein beliebtes Ziel. Auch Wildcamping im ursprünglichsten Sinn des Wortes ist erlaubt.

Tofino Brewing Company BRAUEREI
(www.tofinobrewingco.com; 681 Industrial Way; 12–23 Uhr) Die großartige kleine Brauerei

NICHT VERSÄUMEN

IMBISS AM PACIFIC RIM HIGHWAY

Wer den beliebtesten Tummelplatz der Einheimischen nicht versäumen will, sollte nicht einfach bis Tofino druchbrausen. 1180 Pacific Rim Highway, gemeinhin als **Beaches Shopping Centre** bekannt, ist eine Ansammlung Dutzender ungewöhnlicher Holzhütten, wo sich leicht ein fröhlicher halber Tag verbringen lässt.

Frische Obst-Smoothies gibt es in der **Juicery** (9–18 Uhr) und Kaffee im **Tofitian** (7.30–17 Uhr;). Es gibt zwar auch Fahrrad- und Surfbrettverleihe, aber die können warten angesichts der Köstlichkeiten.

TacoFino (www.tacofino.com; Hauptgerichte 4–12 C$; So–Do 11–17, Fr & Sa bis 18 Uhr) ist einer der legendärsten Imbisswagen in British Columbia und serviert die besten Fisch-Tacos der ganzen Region. **Chocolate Tofino** (www.chocolatetofino.com; Mo–Sa 10–21 Uhr) sorgt mit großen hausgemachten Eisportionen und verführerischen Süßigkeiten für das Dessert, wie das tolle, gesalzene Karamell. Lecker ist das Eis mit Lavendel und Honig oder man fragt nach den versteckten „Geheimnissen", von denen nur die Einheimischen wissen.

liegt versteckt hinter einem bescheidenen Gewerbegebäude und macht die Insulaner sehr vergnügt, weswegen es die Biere in den Restaurants überall im Ort und darüber hinaus gibt. Also auf in die Probierbar, wo es ein paar Kostproben gratis gibt. Am besten sind allerdings die saisonalen Angebote, aber auch das hervorragende Tuff Session Ale. Anschließend kann man ein paar Biere zum Mitnehmen oder Verschenken kaufen.

Inkwis Arts & Culture GALERIE
(www.inkwis-portal.com; 368 Main St; Mi–So 11–17 Uhr) Die spartanische, aber freundliche kleine Galerie ist die neueste von gleich mehreren in der Hauptstraße Tofinos, die sich auf First Nations konzentrieren. Sie bietet ein peppiges Programm mit stets wechselnden Ausstellungen; auf der Website sind die Vernissagen angekündigt. Der Schwerpunkt liegt zwar in erster Linie auf zeitgenössische Kunst der First Nations, aber auch andere Künstler sind hier vertreten. Hinzu kommen interessante Workshops und eine wachsende Verkaufsabteilung für Kunst.

Pacific Surf School SURFEN
(www.pacificsurfschool.com; 430 Campbell St; Brettverleih 6/24 Std. 15/20 C$) Verleiht Surfbretter, organisiert Camps und Kurse für Anfänger.

Surf Sister SURFEN
(www.surfsister.com; 625 Campbell St; Kurse 79 C$) Einführungskurse für Jungen und Mädchen sowie mehrtägige Kurse nur für Frauen.

Geführte Touren

Remote Passages KAJAKFAHREN
(www.remotepassages.com; 51 Wharf St; Touren ab 64 C$) Kurze geführte Kajaktouren im Clayoquot Sound und um die Inseln.

Tofino Sea Kayaking KAJAKFAHREN
(www.tofinokayaking.com; 320 Main St; Touren ab 60 C$) Atmosphärische geführte Kajaktouren; empfehlenswert sind die eintägigen Touren zu den schwimmenden Gärten Freedom Cove.

Jamie's Whaling Station BOOTSTOUR
(www.jamies.com; 606 Campbell St; Erw./Kind 99/69 C$) Auf Jamies Bootsausflügen sind Wale, aber auch Bären und Seelöwen zu entdecken.

Ocean Outfitters BOOTSTOUR
(www.oceanoutfitters.bc.ca; 368 Main St; Erw./Kind 89/69 C$) Das Unternehmen bietet populäre Walbeobachtungstouren an; Trecks zu Bären und heißen Quellen werden ebenfalls angeboten.

Schlafen

★ **Tofino Inlet Cottages** HÜTTE $$
(250-725-3441; www.tofinoinletcottages.com; 350 Olsen Rd; Suite ab 130 C$;) Das versteckte Kleinod in einer Oase der Ruhe gleich hinter der Straße ist perfekt für ein Erwachen mit Blick auf spiegelglattes Wasser. Es besteht aus zwei Nurdachhäusern aus den 1960er-Jahren, die jeweils in zwei Suiten aufgeteilt sind, und einem geräumigen Holzhaus mit einem runden Herd, das ideal für Familien ist.

Whalers on the Point Guesthouse HOSTEL $$
(☎250-725-3443, 855-725-3443; www.tofinohostel.com; 81 West St; B/Zi. ab 37/93 C$; @📶) Das exzellente HI-Hostel dicht am Ortszentrum, aber abgeschieden am Wasser gelegen, ist ein behagliches, mit Holz verkleidetes Refugium. Die Schlafsäle sind zum Glück klein, auch gibt es ein paar Doppelzimmer. Zur Ausstattung gehören eine Küche mit Granitflächen, eine Grillterrasse, ein Spielezimmer, eine Sauna und vor allem eine einladende Uferterrasse. Im Sommer ist Reservierung ein absolutes Muss. Das Abstellen von Fahrzeugen auf dem Parkplatz ist kostenlos.

Ecolodge HOSTEL $$
(☎250-725-1220; www.tbgf.org; 1084 Pacific Rim Hwy; Zi. ab 149 C$; @📶) Das blitzblanke und ruhige hölzerne Bildungszentrum im botanischen Garten hat etliche Gästezimmer, eine große Küche und einen Waschsalon. Es ist bei Familien und Reisegruppen beliebt – der Schlafsaal für vier Personen kostet 40 C$ pro Person und Nacht. Im Preis ist der Eintritt in den botanischen Garten enthalten. Eine tolle Unterkunft für Naturliebhaber.

Ocean Village Beach Resort HÜTTEN $$$
(☎866-725-3755, 250-725-3755; www.oceanvillageresort.com; 555 Hellesen Dr; Suite ab 229 C$; 📶🏊🐾) Das jüngst renovierte, makellose Strandresort aus 53 bienenkorbartigen Hütten aus Zedernholz – daher der holzige Duft beim Betreten – hat einen skandinavischen Touch und wird gerne von Familien besucht. Jede Hütte liegt nur ein paar Schritte vom Ufer entfernt und alle haben praktische Küchen. Wenn die Kinder genug vom Strand haben, können sie auch mit Surfunterricht und einem Meerwasserpool ausdauernd beschäftigt werden. Leider gibt es in den Zimmern keine Fernsehgeräte.

Pacific Sands Beach Resort RESORT $$$
(☎800-565-2322, 250-725-3322; www.pacificsands.com; 1421 Pacific Rim Hwy; DZ ab 275 C$; 📶🐾) Das familienfreundliche Resort mit komfortablen Suiten mit Küche sowie spektakulären, dreistöckigen Strandhäusern liegt dicht am dramatischen Cox Bay Beach. Wo immer die Gäste unterkommen, schlafen sie beim Geräusch der aufgewühlten Brandung ein. Die geräumigen, modern eingerichteten Strandhäuser sind ideal für Gruppen und haben Steinkamine und im obersten Stock Badewannen mit Aussicht. Für Kinder gibt es im Sommer kostenlose Naturaktionen.

Chesterman Beach B&B B&B $$$
(☎250-725-3726; www.chestermanbeach.net; 1345 Chesterman Beach Rd; DZ ab 185 C$; 📶) Das stilvolle, an Erwachsene gerichtete Haus in einer Reihe von B&Bs hat zwei Zimmer mit jeweils eigenem Eingang und gleich in der Nähe einen wunderbaren Zugang zum Strand. Die kleinere Lookout-Suite ist mit ihrem gemütlichen, holzgetäfelten Ambiente und bezauberndem Strandblick am schönsten. Hinter dem Haus befindet sich noch ein separates Ferienhaus, das toll für kleine Gruppen ist.

Wickaninnish Inn HOTEL $$$
(☎800-333-4604, 250-725-3100; www.wickinn.com; Chesterman Beach; DZ ab 399 C$; 📶🐾) Im Winter, wenn man gemütlich im Warmen sitzend die Stürme draußen beobachten kann, ist das „Wick" die erste Wahl im Ort. Ein Aufenthalt lohnt sich hier aber zu jeder Jahreszeit. Mit seinen Möbeln aus wiederverwertetem Holz, den Natursteinblenden und einem Ambiente, das eher gewachsen als gebaut scheint, gibt das Haus sich naturnah. Die üppigen Gästezimmer haben mit Knopfdruck bedienbare Gaskamine, Badewannnen für zwei und geschosshohe Fenster. Das Haus ist die romantischste Unterkunft der Region.

Essen

Shelter WESTKÜSTE $$
(www.shelterrestaurant.com; 601 Campbell St; Hauptgerichte 12–30 C$; ⏰11–24 Uhr) Der Holzbau mit niedriger Decke wurde im Lauf der Jahre immer mehr erweitert, hat aber nie sein einladendes Flair eines Einheimischenlokals verloren. Er ist ideal für einen Mittagsimbiss; empfehlenswert sind die Reisschalen mit Lachs und ein Platz auf der Veranda. Abends wird das Shelter zum intimen Restaurant mit Speisen aus köstlichen Zutaten der Region, von Meeresfrüchten bis zu Gourmet-Hamburgern.

Sobo WESTKÜSTE $$
(www.sobo.ca; 311 Neill St; Hauptgerichte 15–30 C$; ⏰11–21 Uhr) Das beliebte Lokal begann als unvergessener lila Imbisswagen und ist heute ein populäres Restaurant. Im Mittelpunkt des Sobo – kurz für „Sophisticated Bohemian" (etwa: niveauvoll unkonventionell) – stehen saisonale Erzeugnisse der West Coast, die mit internationalen Einflüssen zubereitet werden. Wunderbar geeignet für frische Meeres-

früchte am Abend oder ein herzhaftes Mittagessen; die Gourmetpizzas sind sehr empfehlenswert.

Schooner MEERESFRÜCHTE **$$**
(www.schoonerrestaurant.ca; 331 Campbell St; Hauptgerichte 18–28 C$) Die lokale Legende, bereits seit 50 Jahren in Familienbesitz, erlebte jüngst mit der Rückkehr des Besitzers an den Herd neuen Schwung. Der Abend beginnt hier mit einem frisch gemachten Cocktail, dann geht es auf die Reise zu den Schätzen des Meeres der Region. Die riesige Schlemmerplatte Captain's Plate für zwei Personen mit Lachs, Jakobsmuscheln und dergleichen ist die richtige Entscheidung. Am Wochenende gibt es hier exzellenten Brunch.

Praktische Informationen

Tofino Visitors Centre (☎250-725-3414; www.tourismtofino.com; 1426 Pacific Rim Hwy; ⏲9–17 Uhr) Das Besucherzentrum, das in einer kurzen Fahrt südlich des Orts erreicht wird, hat weitere ausführliche Informationen zu Unterkünften, Wanderwegen und Surfstränden in der Gegend. Im Sommer parkt auch im Ortszentrum ein blauer VW-Bus von Tourism Tofino, wo Besucher Tipps erhalten.

Anreise & Unterwegs vor Ort

Orca Airways (www.flyorcaair.com) Regelmäßige Flugverbindungen zwischen Tofino Airport und dem South Terminal des Vancouver International Airport (ab 174 C$, 1 Std., bis zu 5-mal tgl.).

Greyhound Canada (www.greyhound.ca) Die Busse (von Tofino Bus betrieben) fahren von und nach Port Alberni (29 C$, 2 Std.), Nanaimo (46 C$, 3–4 Std.), Victoria (69 C$, 6–7 Std.) und zu anderen Orten.

Tofino Bus (www.tofinobus.com) Der „Beach Bus" fährt über den Highway 4 von Ucluelet hierher (17 C$, 40 Min.).

Ucluelet

1600 EW.

Auf der Fahrt über den Highway 4 durch die Berge zur Westküste kommt eine Kreuzung, wo Tofino 33 km nach rechts und Ucluelet nur 8 km nach links ausgeschildert sind. Leider zweigen die meisten Leute nach rechts ab, was schade ist, da das verschlafenere „Ukee" mehr als nur ein paar Reize zu bieten hat und daran erinnert, wie Tofino vor dem Tourismus gewesen war.

Sehenswertes & Aktivitäten

Ucluelet Aquarium AQUARIUM
(www.uclueletaquarium.org; Main Street Waterfront Promenade; Erw./Kind 12,50/6,25 C$; ⏲10–18 Uhr) Das hervorragende Ucluelet Aquarium wurde an Stelle des früheren winzigen Schuppens 2012 viel größer eröffnet. Wie beim alten Aquarium liegt das Hauptaugenmerk auf den kinderfreundlichen Streichelbecken, auch stammt das Meeresgetier aus lokalen Gewässern, von denen die meisten gefangen und wieder freigelassen werden. Aber das Besondere hier ist das Engagement der jungen Mitarbeiter sowie die Vermittlung von Naturschutz, ohne oberlehrerhaft zu wirken. Besucher sollten sich in Ruhe die erstaunliche Vielfalt der hiesigen Meereslebewesen anschauen. Und wer Glück hat, kann miterleben, wie eine Pazifische Krake mit lebendigen Krebsen gefüttert wird. Im Sommer werden kostenlose familienfreundliche Labor-Workshops angeboten.

Wild Pacific Trail WANDERN
(www.wildpacifictrail.com) Der 8,5 km lange Wild Pacific Trail bietet umwerfende Aussichten auf den Barkley Sound und die Broken Group Islands. Er beginnt an der Kreuzung von Peninsula und Coast Guard Road, führt an den wellengepeitschten Klippen mit Leuchtturm (Fotogelegenheit!) und an der felsigen Küste um den Ort entlang. Seevögel gibt es hier reichlich, auch lassen sich hier gut stürmische Wellen beobachten – aber bitte immer auf dem Weg bleiben, um nicht von den donnernden Wellen von den Klippen gerissen zu werden. Bei unserem Besuch gab es Pläne, den Weg ein paar Kilometer auszubauen; auf der Website ist der aktuelle Stand zu erfahren.

Majestic Ocean Kayaking KAJAKFAHREN
(www.oceankayaking.com; 1167 Helen Rd; Touren ab 67 C$) Majestic Ocean Kayaking bietet verschiedene Tagesausflüge in der Umgebung an sowie mehrtägige Touren zu den Broken Group Islands.

Relic Surf Shop SURFEN
(www.relicsurfshop.com; 1998 Peninsula Rd; Brettverleih 30 C$) Der Relic Surf Shop bietet Surfunterricht.

Ukee Bikes RADFAHREN
(www.ukeebikes.com; 1559 Imperial Lane; Fahrradverleih 2/24 Std. 10/25 C$; ⏲Di–Fr 10–18, Sa bis 17 Uhr) Die freundlichen Leute von Ukee

Bikes verleihen Fahrräder und verkaufen Kitesurfing-Ausrüstung.

Schlafen & Essen

C&N Backpackers HOSTEL $

(☎888-434-6060, 250-726-7416; www.cnnbackpackers.com; 2081 Peninsula Rd; B/Zi. 25/65 C$; ⊙April–Okt.; 📶) Hier legt man Wert auf die Holzdielen, also Schuhe ausziehen beim Betreten dieses ruhigen und gepflegten Hostels. Die Schlafsäle sind überwiegend klein und einfach ausgestattet, es gibt aber auch Privatzimmer und eine geräumige Küche im Erdgeschoss. Das Highlight ist der landschaftlich gestaltete, zum Verweilen einladende Garten mit Hängematten, einer Seilrutsche und einem herrlichen Blick über den Meeresarm.

Surfs Inn Guesthouse HÜTTEN, HOSTEL $

(☎250-726-4426; www.surfsinn.ca; 1874 Peninsula Rd; B/Cottages ab 28/139 C$; 📶) Das blaue Haus mit kleinen, holzgetäfelten Schlafsälen nahe dem Ortszentrum ist nicht zu übersehen. Aber eine echte Entdeckung sind die zwei süßen Hütten hinter dem Haus, die ideal für Gruppen und Familien sind. Die eine ist größer und separat, die andere ist in zwei Suiten mit Kochnische aufgeteilt. Jede hat einen Grillplatz. Für Surfer gibt es hier auch Kombiangebote.

Black Rock Oceanfront Resort HOTEL $$$

(☎250-726-4800, 877-762-5011; www.blackrockresort.com; 596 Marine Dr; DZ ab 269 C$; 📶🐾) Die schickste Unterkunft in Ucluelet könnte genauso gut in Tofino stehen. Das dramatische Küstenresort bietet mit Küchen ausgestattete Suiten, alle im modernen West-Coast-Stil aus Holz und Stein. Viele Zimmer haben einen großartigen Blick auf die oft stürmische Brandung. Das Restaurant mit viel Aussicht ist auf regionale Küche spezialisiert und es gibt eine wellenförmige Bar in der Lobby.

Ukee Dogs CAFÉ $

(1576 Imperial Lane; Hauptgerichte 4–12 C$; ⊙Mo–Fr 8.30–15.30, Sa & So 10.30–15.30 Uhr) Das lichte und luftige, preiswerte Lokal mit hausgebackenen Leckereien und Hausmannskost bietet Hot Dogs für Gourmets („Imperial" ist empfehlenswert) sowie rustikale Pizzas, herzhaftes Frühstück und tolle Lachsfilets mit Pommes frites oder Salat. Was immer die Wahl ist, am schönsten ist ein sonniger Platz an den Picknicktischen – und ein Kokoskeks zum Mitnehmen.

★ **Hank's** WESTKÜSTE $$

(www.hanksucluelet.com; 1576 Imperial Lane; Hauptgerichte 18–22 C$; ⊙Mi–Mo 17–23 Uhr) Das klasse neue Restaurant, das dienstags geschlossen ist, um auf den umliegenden Farmen einzukaufen, wurde auf der Insel schnell beliebt. Die frischen und lokalen Speisen bestehen aus Meeresfrüchten und köstlichem Grillfleisch – das Lamm ist empfehlenswert. Es gibt eine tolle Auswahl an lokal gebrauten Bieren sowie über 50 internationalen Flaschenbieren – lohnenswert sind Fassbierabende zweimal monatlich.

Norwoods WESTKÜSTE $$$

(www.norwoods.ca; 1714 Peninsula Rd; Hauptgerichte 24–34; ⊙17–22 Uhr) Das hübsche, kerzenbeleuchtete Restaurant könnte genauso gut in Tofino stehen und zeigt, wie sehr sich Ucluelets Gastronomie in den vergangenen Jahren entwickelt hat. Die stets wechselnde Speisekarte konzentriert sich auf saisonale und regionale Küche, wie Heilbutt und Entenbrust. Alle Gerichte werden mit feinem internationalen Touch zubereitet. Hinzu kommt eine Weinkarte mit u. a. Weinen aus British Columbia, viele auch glasweise.

Praktische Informationen

Ucluelet Visitors Centre (☎250-726-2485; www.ucluelet.travel; 1604 Peninsula Rd; ⊙9–17 Uhr) Das neue Besucherzentrum bietet einige gute Gründe, sich in Ukee aufzuhalten, darunter auch etliche gute Restaurants.

Anreise & Unterwegs vor Ort

Greyhound Canada (www.greyhound.ca) Die von Tofino Bus betriebenen Busse haben Verbindungen ab Port Alberni (ab 26 C$, 1½ Std., 3-mal tgl.), Nanaimo (ab 46 C$, 3–4 Std., 3-mal tgl.), Victoria (ab 34 C$, 6 Std., 4-mal tgl.) und anderen Orten.

Tofino Bus (www.tofinobus.com) Der „Beach Bus" fährt von Tofino über den Highway 4 hierher (17 C$, 40 Min., bis zu 3-mal tgl.).

Denman & Hornby Islands

Die beiden wichtigsten Inseln der Northern Gulf Islands, **Denman** (www.denmanisland.com) und **Hornby** (www.hornbyisland.net), verbinden das entspannte, künstlerisch angehauchte Flair und ein ähnliches relaxtes Freizeitangebot. Man kommt mit der Fähre von Buckley Bay auf Vancouver Island zunächst nach Denman und setzt dann von dort nach Hornby über. Im **Denman Village** unweit des ersten Fähranlegers Halt machen, um sich eine kostenlose Karte beider Inseln zu holen.

Sehenswertes & Aktivitäten

Auf Denman gibt es drei von der Provinz verwaltete Parks: den **Fillongley** mit einfachen Wanderwegen und Badestränden, **Boyle Point** mit einem wunderschönen Wanderweg zum Leuchtturm und **Sandy Island**, das nur vom Norden Denman Islands aus über das Wasser zu erreichen ist.

Auf Hornby Island liegen die Provinzparks **Tribune Bay** mit einem langen Sandstrand und sicheren Badestellen und **Helliwell** mit schönen Wanderwegen. An der **Ford's Cove** an der Südküste von Hornby können Taucher mit Sechskiemerhaien schwimmen. Wander- und Mountainbike-Wege ziehen sich kreuz und quer durch den großen **Mt. Geoffrey Regional Park**.

Denman Hornby Canoes & Kayaks KAJAKFAHREN
(www.denmanpaddling.ca; 4005 East Rd, Denman Island) Verleiht Kajaks.

Schlafen & Essen

Blue Owl B&B **$$**
(☎250-335-3440; www.blueowlondenman.ca; 8850 Owl Cres, Denman Island; EZ/DZ mit Frühstück 115/125 C$; 🐾) Das kleine, rustikale Cottage, ein idyllische Refugium für alle, die sich vom Stadtleben zurückziehen wollen, liegt nur ein kurzes Stück zu Fuß vom Meer entfernt. Leihfahrräder stehen kostenlos zur Verfügung (es gibt einen Badesee in der Nähe), aber viel gemütlicher ist ein Abend im Haus.

Sea Breeze Lodge HOTEL **$$**
(☎888-516-2321, 250-335-2321; www.seabreeze-lodge.com; 5205 Fowler Rd, Hornby Island; Erw./Kind 180/75 C$) Das 5 ha große Refugium mit 16 auf den Ozean blickenden Cottages hat das Flair einer spanischen Villa mit Westküstenlook. Die Zimmer sind komfortabel, aber nicht pompös; einige haben Kamine und komplett ausgestattete Küchen. Man kann schwimmen, Kajak fahren und angeln oder auch nur faul im Whirlpool an den Klippen abhängen. Die Preise gelten pro Person. Drei Mahlzeiten pro Tag sind inbegriffen.

Cardboard House Bakery BÄCKEREI **$**
(www.thecardboardhousebakery.com; 2205 Central Rd, Hornby Island; Hauptgerichte 4–10 C$) In dem alten, mit Schindeln verkleideten Bauernhaus kann man leicht das Gefühl für die Zeit verlieren. Es ist herzhafte Bäckerei, Pizzaladen und gemütliches Café in einem. Man kann sich mit ofenfrischen Muffins, Cookies und Croissants für unterwegs eindecken oder im Obstgarten zu Mittag essen. Im Sommer spielen mittwoch- und sonntagabends Bands.

Island Time Café CAFÉ **$**
(3464 Denman Rd, Denman Island; Hauptgerichte 7–11 C$) Der lokale Treff ist auf ofenfrische Backwaren wie Muffins und Scones, Biokaffee, gehaltvolle Frühstücks-Wraps und herzhafte Suppen spezialisiert. Besonders zu empfehlen ist die Pizza. Zu den Gerichten bekommt man den neuesten Dorfklatsch gleich mit serviert. Falls die Sonne mitspielt, kann man draußen sitzen.

An- & Weiterreise

BC Ferries (www.bcferries.com) Regelmäßige Fährverbindungen zwischen Denman und Buckley Bay (Passagier/Fahrzeug 9,45/22,15 C$, 10 Min.). Zur Hornby Island fährt wenigstens eine Fähre ab Denman (Passagier/Fahrzeug 9,45/22,15 C$, 10 Min.).

Comox Valley

Die Region mit den Orten Comox und Courtenay und dem Dorf Cumberland besteht aus Hügeln, Bergwiesen und farbenfrohen Dörfchen. Sie ist eine gute Basis für Outdooraktivitäten und ein Zentrum für Mountainbiker. Der Mount Washington ist ein Highlight für Aktivitäten.

Sehenswertes & Aktivitäten

Ein Abstecher ins zauberhafte Cumberland lohnt sich. In der einstigen Bergbaustadt mit ihren Schindelhäusern und -läden leben nun künstlerische junge Leute aus ganz British Columbia.

Courtenay & District Museum & Palaeontology Centre MUSEUM
(www.courtenaymuseum.ca; 207 4th St, Courtenay; Eintritt mit Spende; ⏲Mo–Sa 10–17, So 12–16 Uhr) Das exzellente Museum birgt neben einer lebensgroßen Replik eines Elasmosaurus – ein prähistorisches Meerestier, das in der Gegend erstmals entdeckt wurde – außerdem auch Exponate der Pionierzeit und der First Nations.

Cumberland Museum MUSEUM
(www.cumberlandmuseum.ca; Dunsmuir Ave, Cumberland; ⌚10–17 Uhr) Historische Hintergründe bietet das Cumberland Museum mit seinem kleinen, begehbaren Bergwerk.

Mount Washington Alpine Resort OUTDOOR-AKTIVITÄTEN
(www.mountwashington.ca; Skiliftkarte Erw./Kind 75/39 C$) Das Mount Washington Alpine Resort mit seinen 81 m langen Skipisten, Schneeschuhpark und beliebten Nachtskiläufen ist das Skimekka der Insel und der Hauptgrund für einen winterlichen Besuch. Auch Sommeraktivitäten sind vorhanden, darunter einige der besten Wanderwege der gesamten Region.

Schlafen & Essen

★ **Riding Fool Hostel** HOSTEL $
(☎250-336-8250, 888-313-3665; www.ridingfool.com; 2705 Dunsmuir Ave, Cumberland; B/Zi. 25/60 C$; @ 📶) Eines der besten Hostels in British Columbia ist in einem restaurierten, denkmalgeschützten Haus in Cumberland untergebracht. Es ist rustikal mit Holz ausgestattet, hat eine große Wohnküche und, neben kleinen Schlafsälen, saubere und gepflegte Privatzimmer, wie sie oft in Mittelklassehotels gefunden werden. Unten gibt es einen Fahrradverleih: Ein tolles Hostel, um Mountainbiker zu treffen.

Cona Hostel HOSTEL $
(☎877-490-2662, 250-331-0991; www.theconahostel.com; 440 Anderton Ave, Courtenay; B/Zi. 25/58 C$; @ 📶) Das in Orange gestrichene Hostel am Fluss ist kaum zu übersehen. Es ist beliebt bei Familien und jungen Mountainbikern, die sich hier auf die nächste Tour über die zahlreichen Wege der Gegend vorbereiten. Die netten Leute an der Rezeption haben noch viele weitere Tipps für Aktivitäten. Aber die große Küche, die Grillterrasse und Brettspiele sind verlockend genug, um auch mal einfach im Haus zu bleiben.

Kingfisher Oceanside Resort HOTEL $$
(☎250-338-1323, 800-663-7929; www.kingfisherspa.com; 4330 Island Hwy, Courtenay; Zi./Suite ab 145/220 C$; @ 📶 🏊 🐾) Viele der Zimmer in diesem Boutiquehotel blicken aufs Wasser, das von Inseln und Bergen gerahmt ist. Es ist bestens für eine Pause auf der Reise geeignet: Die Zimmer sind in der Regel groß und komfortabel und viele haben eine Küche, die die Ausgabe fürs Restaurant erspart – die dann aber wahrscheinlich für den Wellnessbereich verwendet wird. In der Nebensaison gibt es einige gute Angebote.

Dark Side Chocolates SCHOKOLADE $
(www.darksidechocolates.com; 2722 Dunsmuir Ave, Cumberland; Schokoladensortiment ab 5 C$; ⌚Di–Sa 10–16.30 Uhr) Naschereien gibt's im Dark Side Chocolates; empfehlenswert sind die Pfefferminzpralinen.

Waverley Hotel Pub HAMBURGER $$
(www.waverleyhotel.ca; 2692 Dunsmuir Ave, Cumberland; Hauptgerichte 9–15 C$) Wer gerne mit den Einheimischen in Kontakt kommen will, sollte in diesen historische Saloon auf ein Blue Buck Ale gehen. Zu essen gibt es deftige Kneipengerichte – mehr Gründe für einen Hamburger sind wohl nicht nötig. Auf der tollen Kleinbühne treten oft Bands auf.

Mad Chef Café KANADISCH, FUSION $$
(www.madchefcafe.net; 492 Fitzgerald Ave, Courtenay; Hauptgerichte 8–20 C$; ⌚Mo–Do 11–20, Fr & Sa bis 21 Uhr) Das helle und farbenfrohe Nachbarschaftslokal bietet eine gute Auswahl an eigens zubereiteten Gerichten. Besonders die Salate kommen in großen Portionen und knackig-frisch auf den Tisch. Den mediterranen Teller mit Oliven, Hummus, Pita und selbst gemachter Bruschetta können sich zwei Personen teilen. Beliebt sind auch die Burger mit Ente oder Lachs.

Atlas Café FUSION $$
(www.atlascafe.ca; 250 6th St, Courtenay; Hauptgerichte 12–24 C$; ⌚Mo 8.30–15.30, Di–So bis 21.30 Uhr) Courtenays beliebtestes Restaurant ist ein angenehm modernes Bistro mit einer Speisekarte, auf der sich asiatische, mexikanische und mediterrane Einflüsse wiederfinden. Empfehlenswert sind die Fisch-Tacos, die auch Feinschmecker zufriedenstellen, und die stets wechselnden saisonalen Angebote sowie gute vegetarische Gerichte.

Praktische Informationen

Vancouver Island Visitors Centre (☎885-400-2882; www.discovercomoxvalley.com; 3607 Small Rd, Cumberland; ⌚9–19 Uhr) Die schicke Touristeninformation hat Tipps für die Umgebung.

Campbell River

29 500 EW.

Die Leute aus dem Süden werden einem sagen, Campbell River markiere das Ende der Zivilisation. Doch die Stadt ist nicht nur

ABSTECHER

ÜBERFAHRT ZUR QUADRA ISLAND

Ein Ausflug der ganz anderen Art ist eine zehnminütige Überfahrt samt Fahrrad mit **BC Ferries** (www.bcferries.com; Passagier/Fahrzeug/Fahrrad 11,10/25,80/2 C$) von Campbell River zur urtümlichen Quadra Island. Ein ausgedehntes Wegenetz durchzieht die Insel; Karten sind in den lokalen Geschäften erhältlich. Viele der bewaldeten Wege sind ehemalige Forststraßen und die Inselgemeinde hat viel Zeit damit verbracht, sie für Mountainbiker aller Geschicklichkeitsstufen auszubauen und zu pflegen. Wer kein eigenes Rad mitgebracht hat, kann sich eines auf der Insel oder in Campbell River leihen. Weitere Tipps und Informationen zur Insel findet man auf der offiziellen Website www.quadraisland.ca.

Quadras faszinierendes **Nuyumbalees Cultural Centre** (www.nuyumbalees.com; 34 Weway Rd; Erw./Kind 10/5 C$; ⏲ Mai–Sept. 10–17 Uhr) erläutert Geschichte und Traditionen des lokalen First-Nations-Volks der Kwakwaka'wakw. Es zeigt Holzschnitzarbeiten und Artefakte sowie Aufführungen traditioneller Tänze. Wer aber nur mit den Einheimischen relaxen will, kann das am **Spirit Square**, wo im Sommer Liveunterhaltung geboten wird.

Abendessen gibt es in der Kneipe oder im Restaurant des **Heriot Bay Inn & Marina** (☎888-605-4545, 250-285-3322; www.heriotbayinn.com; Heriot Bay; DZ/Hütten ab 109/229 C$), wo allzu Trinkfreudige auch gleich übernachten können. Das Hotel vermietet motelartige Zimmer und reizende rustikale Hütten.

ein bequemer Ausgangspunkt für Ausflüge in die Wildnis des Strathcona Provincial Park, sondern bietet auch eine umfangreiche Palette eigener Attraktionen und Dienstleistungen.

Sehenswertes

Museum at Campbell River MUSEUM
(www.crmuseum.ca; 470 Island Hwy; Erw./Kind 8/5 C$; ⏲ 10–17 Uhr) Das faszinierende Museum lohnt auf jeden Fall etwas Zeit. Es zeigt Masken der Ureinwohner, eine Pionierhütte aus den 1890er-Jahren und einen Videofilm über die größte künstlich herbeigeführte, nicht-nukleare Explosion der Welt (ein Unterwasserberg in den Seymour Narrows, der Dutzende Schiffbrüche verursachte, wurde 1958 durch eine kontrollierte Explosion gesprengt). Im Sommer werden beliebte Bootsrundfahrten mit Themen zur Geschichte der Region angeboten.

Discovery Pier WAHRZEICHEN
(Angelrutenverleih halbtags 6 C$) Da die Einheimischen den Ort als „Welthauptstadt der Lachse" bezeichnen, lohnt es sich, eine Angelleine am Discovery Pier im Ortszentrum auszuwerfen oder sich wie viele andere auch anzuschauen, was die Angler an Land ziehen. Einfacher als sein Mittagessen selbst zu fangen, sind Fish & Chips (und Eiscreme), die hier verkauft werden. Der ideale Ort, um sich unter die Einheimischen zu mischen.

Schlafen & Essen

Heron's Landing Hotel HOTEL $$
(☎250-923-2848, 888-923-2849; www.heronslandinghotel.com; 492 S Island Hwy; DZ ab 139 C$; @📶) Gehobene, motelartige Unterkunft mit vor Kurzem gründlich renovierten Zimmern und großen Penthouse-Suiten, die gerade für Familien ideal sind. Das reichhaltige, leckere Frühstück ist im Preis enthalten.

Shot in the Dark Cafe CAFÉ $$
(940 Island Hwy; Hauptgerichte 8–14 C$; ⏲ Mo–Sa 8–17 Uhr; 📶) Große, frisch zubereitete Sandwiches und Suppen gibt es hier in dem pastellfarbenen Café, das bei Einheimischen beliebt ist. Das reichhaltige, warme Frühstück ist ideal, wenn man ein paar Tage nichts gegessen hat.

Praktische Informationen

Campbell River Visitors Center (☎877-286-5705, 250-830-0411; www.campbellriver.travel; 1235 Shoppers Row; ⏲ 9–18 Uhr) Hat Infos und Tipps zu Aktivitäten im Ort und auf der nahen Quadra Island.

Anreise & Unterwegs vor Ort

Pacific Coastal Airlines (www.pacific-coastal.com) Häufige Flugverbindungen mit Vancouver (ab 88 C$, 45 Min., bis zu 7-mal tgl.).

Campbell River Transit (www.busonline.ca; Erw./Kind 1,75/1,50 C$) Buslinien in der ganzen Gegend.

Strathcona Provincial Park

Von Campbell River aus führt der Highway 28 landeinwärts zum größten **Park** (www.bcparks.ca) von Vancouver Island. Strathcona rund um den Mount Golden Hinde (2200 m), den höchsten Punkt der Insel, ist eine herrliche, unberührte Wildnis mit zahlreichen Wanderwegen, die zu Wasserfällen, Almwiesen, Gletscherseen und steilen Felswänden führen.

Einen Überblick bietet das **Strathcona Park Lodge & Outdoor Education Centre** (www.strathcona.bc.ca) am Haupteingang. Hier werden alle Parkaktivitäten vermittelt, wie Kajakfahren, Seilrutschen, Wanderführungen und Klettern, und es ist eine super Gelegenheit, Outdoorfanatiker zu treffen. Komplette Aktivitätspakete gibt es ebenfalls, manche speziell für Familien. Stärkung bieten beispielsweise die Restaurants **Whale Room** oder **Myrna's.**

Die Lodge bietet auch gute **Unterkünfte** (250-286-3122; Zi./Hütte ab 139/175 C$), von Zimmern im Hauptgebäude bis zu abgelegenen Holzhütten. Für wahre Naturfans gibt es auch eine ganze Reihe von Campingplätzen im Park. Ansonsten kann man auch sein Zelt auf dem **Buttle Lake Campground** (800-689-9025, 604-689-9025; www.discovercamping.ca; Stellplatz 24 C$) aufschlagen, der mit Badeplatz und Kinderspielplatz eine gute Wahl für Familien ist.

Zu den bemerkenswerten Wanderstrecken im Park zählen der **Paradise Meadows Loop** (2,2 km), ein leichter Spaziergang durch das von Wildblumen und Nadelbäumen geprägte Ökosystem, und der Weg zum **Mt. Becher** (5 km), von dem aus man eine wunderbare Aussicht über das Comox Valley und die von Bergen eingerahmte Strait of Georgia hat. Rund um den Buttle Lake gibt es auch einfachere Routen: den Weg zu den **Lady Falls** (900 m) und die Strecke zum **Karst Creek** (2 km), der an Dolinen, aussickernden Bächen und reißenden Wasserfällen vorbeiführt.

Nördliche Vancouver Island

Die Insulaner des Südens – also alle, die südlich vom Campbell River leben – schwören Stein und Bein, dass es oben im Norden absolut nichts zu sehen gäbe. Im Norden erwidern die Leute darauf trocken: „Die haben's nötig." Abseits der nachbarschaftlichen Rivalitäten wird man jedoch feststellen: Was der riesigen, fast die Hälfte der Insel umfassenden Region an Ortschaften, Infrastruktur und Leben fehlt, macht sie durch ihre Naturschönheit mehr als nur wett. Und wenngleich abgelegen, sind übrigens einige Gebiete für abgehärtete Wanderer bemerkenswert gut erschlossen, besonders das Gebiet am North Coast Trail. Weitere Infos über die Region kann man unter **Vancouver Island North** (www.vancouverislandnorth.ca) nachlesen.

Port McNeill

2600 EW.

Port McNeill, das den Hang bis fast in die Broughton Straight hinabpurzelt, ist ein nützlicher Versorgungsstopp für Langstreckenreisende von oder nach Port Hardy.

Das **Black Bear Resort** (866-956-4900, 250-956-4900; www.port-mcneill-accommodation.com; 1812 Campbell Way; DZ/Hütte mit Frühstück ab 148/188 C$; @), eher ein besseres Motel als ein Resort, liegt auf dem Hügel oberhalb des Orts und praktischerweise gegenüber von Läden und Restaurants. Die Standardzimmer sind klein, aber sauber und sie sind mit Mikrowellen und Kühlschränken ausgestattet; Unterkünfte mit Küche gibt es ebenfalls sowie einige Hütten, die jüngst hinzukamen.

Wer immer noch hungrig ist, bekommt im **Northern Lights Restaurant** (1817 Campbell Way; Hauptgerichte 12–22 C$; Mo–Sa 11–21 Uhr) etwas zu essen. Neben den üblichen Hamburgern und Kneipengerichten werden gut zubereitete Meeresfrüchte serviert; der Heilbutt ist empfehlenswert.

Infos zur Region hat das **Besucherzentrum** (250-956-3131; www.portmcneill.net; 1594 Beach Dr; Mo–Fr 9–17, Sa 10–15 Uhr) und im **Museum** (351 Shelley Cres; 10–17 Uhr) ist etwas über die Geschichte der hiesigen Holzfällerindustrie zu erfahren.

Busse von **Greyhound Canada** (www.greyhound.ca) fahren u. a. von Port Hardy (ab 6,50 C$, 40 Min., tgl.) und Nanaimo (ab 36 C$, 6 Std., tgl.) hierher.

Alert Bay

500 EW.

Das besucherfreundliche Dorf auf Cormorant Island ist von historischem und my-

ABSTECHER

TELEGRAPH COVE

Die einstige Telegrafenstation in einer kleinen Hütte wurde zu einer der wichtigsten Touristenattraktionen des Nordens ausgebaut und ist heute ein reizvolles Ziel. Die Atmosphäre eines Vorpostens der Pionierzeit wird durch Dutzende bunt gestrichene hölzerne Pfahlbauten im Jachthafen verstärkt. Im Sommer kann es hier übrigens recht voll werden.

Erstes Ziel sollte über den Uferweg das tolle **Whale Interpretive Centre** (www.killerwhalecentre.org; Spende Erw./Kind 3/1 C$; ⊙9–17 Uhr) sein, das voller interaktiver Artefakte und kunstvoll präsentierter Skelette von Pumas, Seeottern und eines riesigen Finnwals steckt.

Lebende Wale sind direkt vor der Küste zu sehen: Es ist eine der besten Gegenden zum Beobachten von Meerestieren der Insel. **Stubbs Island Whale Watching** (www.stubbs-island.com; Erw./Kind 99/84 C$) bietet Bootstouren zu den Killerwalen an – manchmal lassen sich auch Buckelwale, Delphine und Seelöwen blicken. Wer lieber Bären sehen will: **Tide Rip Grizzly Tours** (www.tiderip.com; Touren 299 C$; ⊙Mai–Sept) bietet auf der Suche nach den pelzigen Bewohnern ganztägige Ausflüge zu den Stränden und Meeresarmen der Umgebung.

Das etablierte **Telegraph Cove Resort** (☎250-928-3131, 800-200-4665; www.telegraphcoveresort.com; Stellplätze/Hütten ab 28/120 C$) sorgt für Unterkunft auf waldigen Zeltplätzen und in einigen rustikalen Pfahlhütten am Jachthafen. Das sehr viel neuere **Dockside 29** (☎877-835-2683, 250-928-3163; www.telegraphcove.ca; DZ ab 140 C$) in der Nähe ist eine gute, motelartige Alternative. Die Zimmer haben Kochnischen, Holzböden und Meeresblick.

Das **Killer Whale Café** (Hauptgerichte 14–18 C$; ⊙Mai–Sept.) ist das beste Restaurant der Bucht – empfehlenswert sind die Linguine mit Lachs, Muscheln und Garnelen. Das angrenzende Old Saltery Pub ist eine atmosphärische, holzgetäfelte Kneipe mit einem behaglichen Kamin und leckerem Killer Whale Pale Ale. Eine schöne Kneipe, um in einer Ecke zu sitzen, zu beobachten und so zu tun, als wäre man ein alter Seebär – Augenklappe optional.

thologischem Interesse und verfügt über eine Uferpromenade. Mitglieder der First Nations und ihre Traditionen sind noch immer vorherrschend, aber die Mischung mit einem alten Pionierfischerdorf macht es zu einem noch faszinierenderen Ausflug von Port McNeill.

Im **Besucherzentrum** (☎250-974-5024; www.alertbay.ca; 116 Fir St; ⊙Mo–Fr 9–16.30 Uhr) gibt es eine Einführung und einen Plausch mit der Managerin Norine, die Besuchern alles erzählt, was es über den Ort zu wissen gibt, und vor allem, wo die fantastischen Totempfähle der Gegend stehen.

Im sehr empfehlenswerten **U'mista Cultural Centre** (☎250-974-5403; www.umista.ca; 1 Front St; Erw./Kind 8/1 C$; ⊙Mai–Aug.) ist eine tolle Sammlung mit Masken der Kwakwaka'wakw und Gegenständen für Potlatch-Zeremonien ausgestellt, die einst von der kanadischen Bundesregierung beschlagnahmt worden waren. In dem Kulturzentrum finden häufig lohnenswerte Gesangs-, Tanz- und Grillfeste statt. Draußen vor dem Haus gehen Totempfahlschnitzer ihrer faszinierenden Arbeit nach. In den 1960er-Jahren entstand hier einer der weltweit höchsten Totempfähle. Er nimmt heute einen gebührenden Platz auf dem Rasen vor dem **Big House** ein, in dem im Juli und August traditionelle Tänze veranstaltet werden. Ausgezeichnete kunstvolle Souvenirs findet man in der **Culture Shock Interactive Gallery** (www.cultureshockgallery.ca; 10 Front St; ⊙9.30–18 Uhr) des Dorfes.

Wer dem Lockruf der Meere folgen will, kann auf der Jacht von **Seasmoke Whale Watching** (www.seaorca.com; Erw./Kind 100/90 C$) eine fünfstündige Walbeobachtungstour unternehmen. Im Preis enthalten ist der Nachmittagstee.

Port Hardy

3700 EW.

Das kleine Dorf im Norden der Insel ist am bekanntesten als Ablegehafen der spektakulären Touren der BC Ferries durch die Inside Passage. Es ist auch praktisch, um sich auf den schroffen und nicht ganz leichten North Coast Trail vorzubereiten.

Aktivitäten

Odyssey Kayaking KAJAKFAHREN
(www.odysseykayaking.com; ab 50 C$) Wer lieber paddelt, kann sich bei Odyssey Kayaking die Ausrüstung leihen und sich über die lokalen Highlights informieren – empfehlenswert sind Malei Island und Alder Bay.

Catala Charters TAUCHEN
(www.catalacharters.net; Tauchausflüge ab 150 C$) Catala Charters bringt Tauchfans mit Kraken und Seewölfen in Kontakt.

Geführte Touren

North Island Daytrippers WANDERN
(www.islanddaytrippers.com) Eine großartige Einführung in die Wildnis des Inselnordens sind die individuell zugeschnittenen Wanderführungen der netten Leute hier.

Schlafen & Essen

North Coast Trail Backpackers Hostel HOSTEL $
(☎250-949-9441, 866-448-6303; www.porthardyhostel.webs.com; 8635 Granville St; B/Zi. ab 25/60 C$; 📶) Das labyrinthische Hostel in einem ehemaligen Dorfladen besteht aus einem Gewirr aus kleinen und größeren Schlafsälen. Die freundlichen Besitzer haben reichlich Tipps zur Region – sie holen ihre Gäste nach telefonischer Anmeldung sogar von der Fähre ab. Zentrum des Hostels ist ein großer Freizeitraum. Das angrenzende Café sorgt für einen vollen Magen.

Ecoscape Cabins HÜTTEN $$
(☎250-949-8524; www.ecoscapecabins.com; 6305 Jensen Cove Rd; Hütten 130–175 C$; 📶) Einige makellose Hütten aus Zedernholz, ausgestattet mit Flachbildfernsehern, Mikrowelle und für Pärchen ideal geeigneten Sonnenveranden, verteilen sich auf kompakte Einheiten. Drei weitere geräumigere Einheiten auf dem Hügel haben schickere Möbel, Grillplätze und eine bessere Aussicht. Die Anlage ist ein ruhiges Refugium – während Adler um die Baumwipfel kreisen, lassen sich am Boden auch mal Hirsche blicken.

Café Guido CAFÉ $
(7135 Market St; Hauptgerichte 5–8 C$; ⏲Mo–Fr 7–18, Sa 8–18, So 8–17 Uhr; 📶) In dem freundlichen Café könnte man gut ein oder zwei Stunden hängen bleiben, besonders auf den gemütlichen Sofas mit Lesestoff aus dem Buchladen darunter. Gegrillte Panini sind super als Mittagsimbiss – das Nero ist empfehlenswert –, aber es gibt auch immer gute und köstliche Suppen. Danach lohnt ein Besuch oben im überraschend großen und vielfältigen Kunsthandwerksladen.

Praktische Informationen

Port Hardy Visitors Centre (☎250-949-7622; www.porthardy.travel; 7250 Market St; ⏲9–17 Uhr) Das Besucherzentrum sollte die erste Anlaufstelle sein: Es hat stapelweise Flyer und das Personal ist behilflich, den Besuch im Ort und Umgebung zu planen.

Anreise & Unterwegs vor Ort

Pacific Coastal Airlines (www.pacific-coastal.com) Flugverbindung mit Vancouver (ab 170 C$, 1¼ Std., bis zu 4-mal tgl.).

Greyhound Canada (www.greyhound.ca) Busverbindung mit Port McNeill (ab 6,50 C$, 45 Min., tgl.) und anderen Orten.

BC Ferries (www.bcferries.com) Fährverbindung mit Prince Rupert (Passagier/Fahrzeug 195/444 C$, 15 Std., variabler Fahrplan) durch die hinreißende Inside Passage.

North Island Transportation (☎250-949-6300; nit@island.net; Bus 8 C$) Betreibt einen praktischen Shuttlebus zwischen Fähre und Hotels in der Gegend.

Cape Scott Provincial Park

Von den vergleichsweise großstädtischen Straßen Victorias unten im Süden bis zu dem abgelegenen **Park** (www.bcparks.ca) an der schroffen Nordspitze von Victoria Island sind es mehr als 550 km. Wer aber die raue, wilde Schönheit von British Columbia richtig kennenlernen will, sollte unbedingt hierher kommen: schroffe Gestade, luftige Regenwälder und Buchten mit atemberaubenden Sandstränden, eine rauschende, mächtige Brandung und knopfäugige Meeresvögel – willkommen in der unberührten Natur Kanadas!

Bei der Wanderung auf dem gut gepflegten, vergleichsweise leichten, 2,5 km langen San Josef Bay Trail tritt man aus schattigen Wäldern direkt hinaus an einen der schönsten Strände British Columbias – eine atemberaubende, windumtoste Weite aus mächtigen Wellen, bewaldeten Klippen und uralten Höhlen, in denen sich gut und gern Schmuggler versteckt haben könnten. Man

Southern Gulf Islands

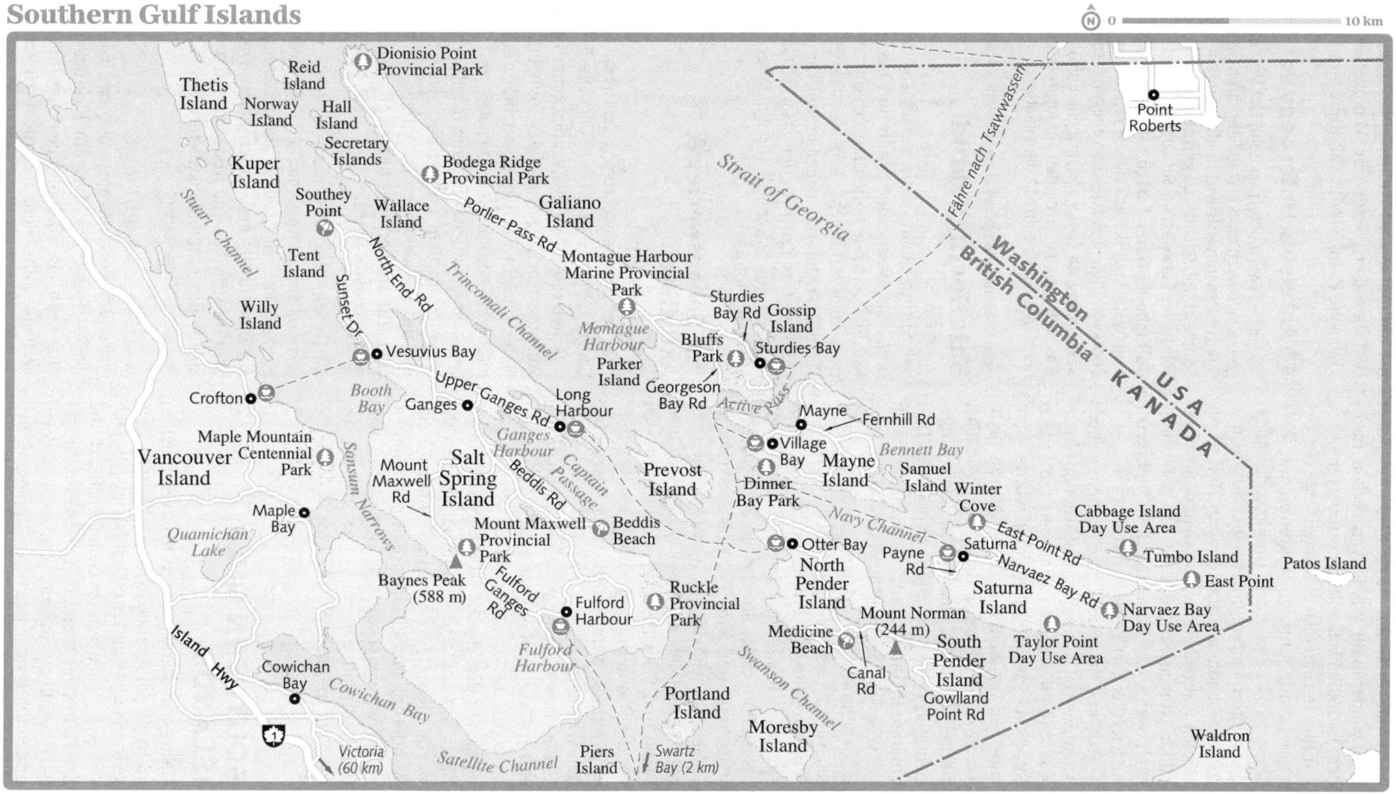

kann hier direkt am Strand zelten oder sich auch wieder in die Wälder verdrücken, nachdem man die Fischadler bewundert hat.

Einer der kürzesten Wanderwege der Gegend (2 km) führt im angrenzenden **Raft Cove Provincial Park** (www.bcparks.ca) an den weiten, halbmondförmigen Strand und zu den schönen Lagunen der Raft Cove. Höchst wahrscheinlich hat man den weiten, 1,3 km langen Strand ganz für sich allein, auch wenn die Einheimischen hier gerne surfen (das aber keinem verraten).

Wer auf der Suche nach einem echten Abenteuer ist, kann den relativ neuen **North Coast Trail** angehen, einen 43 km langen Rundkurs, der 2008 eröffnet wurde. Man kann am westlichen Ende bei Nissen Bight losmarschieren, muss dafür aber zunächst einmal 15 km auf dem schon lange eingerichteten (relativ leichten) Cape Scott Trail hinlaufen. Von Nissen Bight schlängelt sich der Weg ostwärts zur Shushartie Bay. Unterwegs kommt man vorbei an sandigen Buchten, verlassenen Stränden und dichtem, vom Wind gepeitschtem Regenwald und muss ein paar Flüsse mit kurzen Seilrutschen überqueren. Die Strecke ist mancherorts schlammig und sumpfig, Holzplankenwege erleichtern jedoch das Vorankommen. In dem Gebiet leben Elche, Hirsche, Pumas, Wölfe und Schwarzbären – man sollte sich vor der Wanderung schlaumachen, wie man sich verhält, wenn einem wilde Tiere über den Weg laufen.

Wie der West Coast Trail ist auch der North Coast Trail nur für erfahrene und gut ausgerüstete Wanderer geeignet. Campingplätze auf der Strecke gibt es an der Nissen Bight, am Laura Creek und an der Shuttleworth Bight. Insgesamt muss man für die Wanderung fünf bis acht Tage einplanen.

Auf www.capescottpark.com stehen weitere Informationen zum Cape Scott Provincial Park und dem North Coast Trail.

SOUTHERN GULF ISLANDS

Gestresste Städter aus Vancouver flüchten oft in die erholsamen Arme der urtümlichen, sehr relaxten Southern Gulf Islands, die sich wie eine Perlenkette zwischen Festland und der Vancouver Island reihen. Die Inseln Salt Spring, Galiano, Mayne, Saturna, und North und South Pender, einst von Hippies aus British Columbia und Wehrflüchtigen aus den USA bevölkert, lösen ihr Versprechen als idyllische Refugien mit viel Ruhe ein.

Anreise & Unterwegs vor Ort

BC Ferries (www.bcferries.com) Hat Verbindungen, einige auch direkt, vom Fährhafen Swartz Bay auf Vancouver Island zu allen großen Southern Gulf Islands. Es gibt auch Fähren vom Fährhafen Tsawwassen auf dem Festland.

Gulf Islands Water Taxi (http://saltspring.com/watertaxi) Bietet zahllose praktische Bootsverbindungen zwischen einigen Inseln.

Salt Spring Air (www.saltspringair.com) Wasserflugzeuge verbinden auf fototrächtigen Kurzflügen die Inseln mit dem Festland.

Salt Spring Island

10 500 EW.

Salt Spring Island ist die meistbesuchte und best erschlossene der Inseln und hat einen Ruf für luxuriöse Ferienhäuser. Aber es gibt dort auch zahlreiche Künstlerateliers und Kleinhersteller von Lebensmitteln und Getränken. Das Zentrum der Insel ist Ganges, das sich auf jeden Fall für ein langes Wochenende lohnt.

Sehenswertes & Aktivitäten

Saturday Market MARKT

(www.saltspringmarket.com; Centennial Park, Ganges; April–Okt. Sa 8–16 Uhr) Die Einheimischen raten vom Besuch des gigantischen Samstagsmarkts ab, der das Zentrum von Ganges belebt. Sie behaupten, lieber auf den kleineren Märkten am Dienstag und Mittwoch einzukaufen. Aber alle Inselbewohner scheinen an dem großen Tag hier zu sein, um die Stände voller Leckereien zu besuchen, die auf der Insel hergestellt, gebacken oder angebaut wurden.

Salt Spring Island Cheese FARM

(www.saltspringcheese.com; 285 Reynolds Rd; 10–17 Uhr) Nach etwas Herumschlendern auf dem idyllischen Bauernhof warten ein paar Kostproben im weingutartigen Käseladen. Ein empfehlenswerter Kauf ist der Ruckkles-Ziegenkäse.

Mistaken Identity Vineyards WEINGUT

(www.mistakenidentityvineyards.com; 164 Noxton Rd; 11–18 Uhr) Wer ein Picknick plant und noch ein alkoholisches Getränk dazu braucht, sollte sich, mit nicht-trinkendem

Fahrer, zu einer Verkostung zu den Mistaken Identity Vineyards begeben. Sehr gefragt ist hier der Bianco.

Saltspring Island Ales BRAUEREI
(www.gulfislandsbrewery.com; 270 Furness Rd; ⏲wechselnde Öffnungszeiten) Saltspring Island Ales hat oben eine urige Probierstube mit kleinen Proben von großartigen Bieren. Zum Mitnehmen lohnt sich insbesondere das Heatherdale Ale.

Ruckle Provincial Park PARK
(www.bcparks.ca) Der Ruckle Provincial Park, ein Schmuckstück im Südosten mit schroffen Küsten und knorrigen Erdbeerbaumwäldern, hat Wanderwege für alle Fitnessstufen. Der Yeo Point ist ideal für eine Pause.

Salt Spring Adventure Co KAJAKFAHREN
(☎250-537-2764, 877-537-2764; www.saltspringadventures.com; 124 Upper Ganges Rd, Ganges; Touren ab 50 C$) Zeit, sich aufs Wasser zu begeben? Dann hin zu Salt Spring Adventure Co, die bemerkenswerte Kajaktouren im Ganes Harbour anbietet.

Geführte Touren

Salt Spring Studio Tour TOUR
(www.saltspringstudiotour.com) Kunstfreunde können sich die kostenlose *Studio Tour Map* runterladen und sich damit auf den Weg zu Galerien und Ateliers auf Salt Spring machen. Zu den Highlights gehören die **Blue Horse Folk Art Gallery** (www.bluehorse.ca; 175 North View Dr; ⏲März–Dez. So–Fr 10–17 Uhr) und die **Duthie Gallery** (www.duthiegallery.com; 125 Churchill Rd, Ganges; ⏲Juli & Aug. Do–Mo 10–17 & 21–23 Uhr), die im Sommer die beliebte Night Gallery in ihrem Park voller Kunstwerke veranstaltet.

Schlafen & Essen

Harbour House Hotel HOTEL $$
(☎888-799-5571, 250-537-5571; www.saltspringharbourhouse.com; 121 Upper Ganges Rd, Ganges; DZ ab 149 C$; 📶) Das tolle rustikal-schicke Hotel mit 17 Zimmern liegt gleich in Zentrumsnähe von Ganges den Hügel hinauf, wirkt aber wie eine Landhaussiedlung in England. Das gepflegte Gelände ist von lokal hergestellten Kunstwerken übersät und der Meerblick zwingt förmlich zum Fotografieren. Das Restaurant gehört in die oberste Gourmetkategorie; das Frühstück ist absolut empfehlenswert.

Wisteria Guest House B&B $$
(☎888-537-5899, 250-537-5899; www.wisteriaguesthouse.com; 268 Park Dr; DZ/Cottage ab 120/180 C$; 📶) Das heimelige B&B vermietet bunt gestrichene Gästezimmer im Hauptgebäude, davon einige mit Gemeinschaftsbad. Hinzu kommen ein paar Studio-Apartments mit eigenem Eingang und ein kleines Cottage mit kompakter Küche – unser Favorit ist das propere Studio 1. Frühstück wird in der großen Gästelounge serviert, die von einem weitläufigen, blumenreichen Garten umgeben ist. Manchmal wird ein Mindestaufenthalt von zwei Nächten verlangt, also vorher nachfragen.

Salt Spring Inn HOTEL $$
(☎250-537-9339; www.saltspringinn.com; 132 Lower Ganges Rd, Ganges; DZ ab 90 C$; 📶) Die sieben kleinen, aber gepflegten Zimmer in diesem freundlichen Gasthaus inmitten von Ganges liegen über einer gut besuchten Bar und sind bei Mittelklassereisenden beliebt. Die teureren Deluxe-Zimmer haben Meerblick, eigenes Bad und Kamin, die Standardzimmer teilen sich ein Bad. Alle sind gut instandgehalten und sehr praktisch nach ein paar Drinks zu viel unten in der Bar.

Salt Spring Coffee CAFÉ $
(www.saltspringcoffee.com; 109 McPhillips Ave, Ganges; Backwaren 3–8 C$; ⏲Mo–Sa 6.30–18, So 7–17 Uhr) Der ideale Ort, um sich beim Kaffee den neuesten Dorfklatsch anzuhören – wer an der Unterhaltung teilnehmen will, muss nur seinen Nachbarn fragen, ob er oder sie die Erweiterung des Samstagsmarkts unterstützt oder nicht. Kuchen und Wraps gehören ebenfalls zum Angebot in dieser stets lebhaften lokalen Institution.

★ **Tree House Café** CAFÉ $$
(www.treehousecafe.ca; 106 Purvis Lane, Ganges; Hauptgerichte 10–16 C$) In diesem magischen Freiluftcafé inmitten von Ganges sitzen die Gäste im Schatten eines großen Pflaumenbaums und bestellen Pasta, mexikanische Spezialitäten, Gourmet-Hamburger oder Sandwiches. Sehr beliebt ist das überbackene Thunfisch-Sandwich, dazu ein Porter von Saltspring Island Ales. Im Sommer gibt es hier jeden Abend Livemusik.

Gathering FUSION $$
(115 Fulford Ganges Rd, Ganges; Hauptgerichte 8–16 C$; ⏲Di–So 11–24 Uhr) Das neue Lokal mit seiner Science-Fiction-Kunst und Brettspielen für Gäste ist ideal, um ein paar Stunden abzuhängen. Zu essen gibt es Tapas

sowie größere Gerichte, die lokale Zutaten mit internationalen Einflüssen verbinden, z. B. marokkanisch gewürzte Ente. Lecker sind die mit Krabben gefüllten Donuts, eine herausragende Spezialität und perfekt für den Hunger beim geruhsamen Rollenspiel am Abend.

Restaurant House Piccolo WESTKÜSTE **$$**
(www.housepiccolo.com; 108 Hereford Ave, Ganges; Hauptgerichte 14–24 C$; ⏲ Mi–So 17–22 Uhr) Weiße Tischdecken und ein herrlich intimes Ambiente in einem historischen Haus – das Lieblingsrestaurant der Einheimischen für ein romantisches Abendessen. Die Speisen werden aus saisonalen Zutaten aus lokalem Anbau mit gekonntem internationalen Touch zubereitet, wie außergewöhnliche Gerichte mit Meeresfrüchten und Ente sowie zartestes Wild. Weinliebhaber finden im Piccolo die besten Weine, die man auf der Insel bekommen kann.

Praktische Informationen

Visitors Information Center (☎ 250-537-5252; www.saltspringtourism.com; 121 Lower Ganges Rd, Ganges; ⏲ 9–17 Uhr) Die Insel hat ihren eigenen kostenlosen App mit zahllosen Informationen für Besucher (www.hellosaltspring.com).

Unterwegs vor Ort

Die drei Fähren der Insel legen am Long Harbour, Fulford Harbour und in der Vesuvius Bay an. Wassertaxis und Wasserflugzeuge landen im Ganges Harbour.

Wer kein Auto hat, kann den Bus von **Salt Spring Island Transit** (www.busonline.ca; Erw./Kind bis 5 Jahre 2 C$/frei) nehmen, der fünf Strecken auf der Insel befährt und alle drei Fähranleger verbindet. Buslinie 4 fährt von Long Harbour nach Ganges. **Amber Taxi Co** (☎ 250-537-3277) ist das lokale Taxiunternehmen. Passagiere der Salt Spring Air erhalten kostenlose Leihfahrräder.

North & South Pender Islands

2200 EW.

North und South Pender, die einst durch eine Sandbank miteinander verbunden waren, locken jene Besucher an, die nach mehr Ruhe suchen. Die Inseln – heute durch eine einspurige Brücke verbunden – sind mit ihren Farmhäusern aus der Pionierzeit, alten Obstgärten und Dutzenden Buchten und Stränden ideal für Radfahrer und Wanderer. Auf www.penderislandchamber.com finden Besucher Informationen.

Sehenswertes & Aktivitäten

Man kann den Sandstrand am **Medicine Beach** und der **Clam Bay** auf North Pender sowie beim **Gowlland Point** an der Ostküste von South Pender genießen. Gleich hinter der Brücke nach South Pender beginnt der **Mt. Norman** mit einigen Wanderwegen, die eine großartige Aussicht auf die umliegenden Inseln versprechen.

Farmers Market MARKT
(www.pifi.ca; Pender Islands Recreation & Agriculture Hall, North Pender; ⏲ April–Nov. Sa 9.30–3 Uhr) In der Gemeindehalle findet samstags ein Bauernmarkt statt.

Pender Island Kayak Adventures KAJAKFAHREN
(www.kayakpenderisland.com; Otter Bay Marina; Touren Erw./Kind ab 59/35 C$) Ab geht's aufs Wasser mit 'nem Paddel (und hoffentlich einem Boot) dank dieser freundlichen Leute.

Geführte Touren

Pender Creatives RUNDGANG
(www.pendercreatives.com) Auf den Pender-Inseln leben viele Künstler, mit denen Besucher in ihren Galerien und Ateliers plaudern können. Zwei kostenlose Pläne auf der Website von Pender Creatives zeigen genau, wo sie zu finden sind. Die meisten befinden sich auf North Pender, mehrere in Laufnähe voneinander entfernt.

Schlafen & Essen

Inn on Pender Island INN **$$**
(☎ 800-550-0172, 250-629-3353; www.innonpender.com; 4709 Canal Rd, North Pender; DZ/Hütten ab 79/159 C$) Eine rustikale Lodge mit motelartigen Zimmern und ein paar gemütlichen Holzhütten inmitten von grünem Wald, was auch das häufige Auftauchen von umherstreifenden Rehen erklärt. Die Zimmer sind ordentlich und sauber und teilen sich eine Hot Tub im Freien; die Hütten am Ufer haben Gewölbedecken, Küche und vorne kleine Veranden.

Shangri-La Oceanfront B&B B&B **$$$**
(☎ 250-629-3808, 877-629-2800; www.penderislandshangrila.com; 5909 Pirate's Rd, North Pender; DZ ab 199 C$; 📶) Ruhe steht an erster Stelle in diesem Uferhaus, dessen drei

Zimmer jeweils draußen eine eigene Hot Tub haben, um den Sonnenuntergang unter Bäumen zu genießen. Jedes hat auch einen eigenen Eingang sowie Extras wie flauschige Bademäntel, große Veranden und ein üppiges Frühstück. Unser Lieblingszimmer ist die Galaxy Suite, in der die Wände mit leuchtenden Weltraummotiven bemalt sind.

Poet's Cove Resort & Spa HOTEL **$$$**
(☎250-629-2100, 888-512-7638; www.poetscove.com; 9801 Spalding Rd, Bedwell Harbour, South Pender; DZ ab 250 C$;) Die Zimmer in dem luxuriösen Hotel am Hafen haben Arts-and-Crafts-Motive und blicken überwiegend auf das spiegelglatte Wasser. Zu den Extras gehören ein Aktivitätszentrum, das Öko- und Angeltouren bucht, und ein elegantes West-Coast-Restaurant, das Aurora, wo sich stilvoll speisen lässt. Daneben bietet die Anlage auch Kajakausflüge und eine Wellnessanlage samt einer Thermalhöhle.

Pender Island Bakery Café CAFÉ **$**
(www.penderislandbakery.com; Driftwood Centre, 1105 Stanley Point Dr, North Pender; Hauptgerichte 6–16 C$) Der Kaffee im beliebtesten Café der Insel ist bio, ebenfalls viele der Backwaren, darunter die riesigen Zimtschnecken, für die man glatt einen Insulaner umhauen würde, um die letzte zu erwischen. Die Gourmet-Pizzas sind das Highlight – die beste ist der Gulf Islander mit geräucherten Austern, Anchovis, Spinat und drei Käsesorten. Deftiger sind die Spinat-Pinienkern-Pastete und die pralle Meeresfrüchte-Lasagne.

Cafe at Hope Bay WEST COAST **$$**
(www.thecafeathopebay.com; 4301 Bedwell Harbour Rd, North Pender; Hauptgerichte 14–23 C$; ⌚Di–So 11–20.30 Uhr) Zutaten von der West Coast mit internationalem Touch stehen in diesem bistroartigen Lokal nur ein paar Minuten vom Fähranleger Otter Bay an erster Stelle, dicht gefolgt vom erstklassigen Blick über den Plumper Sound. Fish & Chips sind hier erwartungsgemäß gut, aber auf der Speisekarte stehen auch weniger übliche Gerichte, wie das Curry aus Muscheln, Garnelen und Kokosnuss.

ℹ Unterwegs vor Ort

Fähren legen in Otter Bay auf North Pender an. Pender hat auch ein cooles „öffentliches Verkehrssystem", nämlich einheimische Autofahrer, die Passagiere an bestimmten Haltestellen auf der Insel mitnehmen. Wer selbst fährt, kann sich eine grüne Karte am Fähranleger besorgen, die anzeigt, dass man selbst Passagiere mitnimmt.

Galiano Island

1100 EW.

Der schmale Landstreifen, nach einem spanischen Entdecker aus den 1790er-Jahren benannt, besitzt die größte ökologische Vielfalt der Southern Gulf Islands und bietet Aktivitäten für Meeresenthusiasten ebenso wie für Landratten.

Der Fähranleger Sturdies Bay ist merklich belebter als der Rest der Insel, die immer waldiger und stiller wird, je weiter es vom Anleger weggeht. Es lohnt sich aber, vorher noch in der **Informationsbude** (www.galianoisland.com; 2590 Sturdies Bay Rd; ⌚Juli & Aug.) am Fährhafen vorbeizuschauen. In der Nähe gibt es auch eine Tankstelle, eine Post und einen Buchladen.

Sobald alles klar ist, also nach Verlassen der Fähre, geht es zum **Montague Harbour Marine Provincial Park**, wo Wanderwege zu Stränden, Wiesen und einer von Gletschern geformten Klippe führen. Der **Bodega Ridge Provincial Park** hingegen ist für seine Adler und Kormorane bekannt und hat spektakuläre Aussichtspunkte auf recht steilen Hängen.

Die geschützten Gewässer des **Trincomali Channel** und die turbulenteren des **Active Pass** sind für Kajakfahrer jeder Geschicklichkeitsstufe toll. **Galiano Kayaks** (☎250-539-2442; www.seakayak.ca; 3451 Montague Rd; Kajakverleih 2 Std./Tag ab 32/58 C$, Touren ab 55 C$) verleiht Kajaks und bietet geführte Touren an. Wer lieber zu Land unterwegs sein will, kann sich ein Moped bei **Galiano Adventures** (www.galianoadventures.com; Montague Harbour Marina; pro Std. ab 20 C$; ⌚Mai–Sept.) leihen.

Zum Übernachten für anspruchsvolle Gäste bietet sich das **Galiano Inn** (☎877-530-3939, 250-539-3388; www.galianoinn.com; 134 Madrona Dr; DZ ab 249 C$;) an, eine Villa im toskanischen Stil mit zehn eleganten Zimmern, jedes mit Kamin und romantischer Terrasse am Meer. Das Haus liegt in der Nähe des Fähranlegers Sturdies Bay. Ein naturnahes Refugium ist hingegen das **Bodega Ridge** (☎877-604-2677, 250-539-2677; www.bodegaridge.com; 120 Manastee Rd; Hütte ab 250 C$;), eine Gruppe von sieben Zedernholzhütten im Wald ganz am anderen Ende der Insel.

Frühstück, Leckereien und lokaler Klatsch warten im **Sturdies Bay Bakery Cafe** (2450 Sturdies Bay Rd; ⌚ Mo–Do 7–15, Fr–So bis 17 Uhr; 📶). Nach der Erkundung der Insel stärken Bier und Fish & Chips im altehrwürdigen **Hummingbird Pub** (www.hummingbirdpub.com; 47 Sturdies Bay Rd; Hauptgerichte 8–12 C$), wo wahrscheinlich noch einige derselben Leute sitzen, die man schon beim Frühstück auf der Veranda gesehen hat.

Fähren, die zu verschiedenen Zielen weiterfahren, legen in Sturdies Bay an.

Saturna Island

325 EW.

Das winzige und beschauliche Saturna ist ein Naturrefugium, so abgeschieden, dass kaum zufällige Besucher vorbeischauen. Fast die Hälfte der Insel ist mit ihren geschwungenen Buchten, hinreißenden Felsklippen und hohen Erdbeerbäumen Teil des Gulf Islands National Park Reserve. Die einzigen Massen, die einem über den Weg laufen, sind wilde Ziegen, die sich in dieser futterreichen Gegend niedergelassen haben. Für Zivilisationsflüchtlinge der ideale Ort.

Sehenswertes & Aktivitäten

Die **Winter Cove** an der Nordseite der Insel ist mit ihrem weißen Sandstrand beliebt zum Baden, Bootsfahren und Angeln.

Zum Wandern ist der **Mount Warburton Pike** (497 m) ideal. Dort sind wilde Ziegen, gleitende Adler und herrliche Panoramaaussichten auf die Inseln zu sehen. Mit Fernglas ist mitunter auch der eine oder andere Wal an der Küste zu sichten.

Saturna Island Winery WEINGUT
(www.saturnavineyards.com; 8 Quarry Rd; ⌚ 11.30–17 Uhr) Weinliebhaber können in der Saturna Island Winery mit eigenem Bistro an Verkostungen und Führungen teilnehmen. Die Kellerei liegt südlich des Fährhafens und ist über die East Point Road und Harris Road zu erreichen.

Feste & Events

Lamb Barbeque ESSEN
(www.saturnalambbarbeque.com; Erw./Kind 20/10 C$; ⌚ 1. Juli) Am Canada Day findet das größte Fest der Insel im Hunter Field neben der Winter Cove statt. Im Mittelpunkt des Gemeindefests mit Livemusik, Sackhüpfen, Biergarten und einem fleischreichen Festmahl ist eine Feuerstelle, an der ganze Schafe am Spieß gebraten werden.

Schlafen & Essen

Saturna Lodge HOTEL $$
(☎ 250-539-2254, 866-539-2254; www.saturna.ca; 130 Payne Rd; DZ ab 129 C$; 📶) Die freundliche Lodge ist eine friedliche Erholung von der Außenwelt. Sie liegt in einem von Bäumen gesäumten Garten und vermietet sechs Landhauszimmer – am schönsten ist die große Hochzeitssuite. Das Haus liegt ufernah und im Preis ist ein deftiges Frühstück enthalten, das in der Tat Energie für einen ganzen Tag liefert.

★ **Wild Thyme Coffee House** CAFÉ $
(www.wildthymecoffeehouse.com; 109 East Point Rd; Hauptgerichte 6–10 C$; ⌚ Mo–Fr 6–14, Sa & So 8–16 Uhr; 📶) Das reizende lokale Wahrzeichen in und um einen umgebauten und sorgfältig erhaltenen alten Doppeldeckerbus namens Lucy liegt nicht weit vom Fähranleger. Die Gäste sitzen im Bus, in den Tische eingebaut wurden und mampfen herzhaftes Frühstück, mittags Suppen und Sandwiches sowie Gebäck, das mit viel Liebe hergestellt wurde. Es wird Wert auf Zutaten aus lokalem Anbau und auf Kaffee aus fairem Handel gelegt.

Praktische Informationen

Saturna Island Tourism Association (www.saturnatourism.com) Mehr Infos stehen auf der Website des Tourismusvereins.

Unterwegs vor Ort

Die Fähre legt in Lyall Harbour im Westen der Insel an. Ein Auto ist hier nicht notwendig, da einige Unterkünfte nahe dem Fähranleger liegen. Ein Fahrrad bringen nur Unerschütterliche mit: Saturna ist für gemütliche Radler einfach etwas zu bergig.

Mayne Island

900 EW.

Mayne, die geschichtsträchtigste der Inseln, war einst eine Zwischenstation für Goldsucher, die sie „Little Hell" nannten. Als Handelszentrum hat sie längst ihre Bedeutung verloren, dafür lebt hier ein recht bunter Haufen Künstler.

In der historischen **Agricultural Hall** in Miners Bay findet der lebhafte **Bauernmarkt** (⌚ Juli–Sept. Sa 10–13 Uhr) mit Kunst-

Fraser & Thompson Valleys

handwerk und Erzeugnissen der Insel statt. Zu den interessantesten Galerien und Ateliers der Insel gehört die **Mayne Island Glass Foundry** (www.mayneislandglass.com; 563 Aya Reach Rd), in der aus recyceltem Glas Schmuck und Ornamente hergestellt werden – wie wäre es mit einer coolen Schnecke aus grünem Glas?

Im **Dinner Bay Park** am Südufer gibt es einen hübschen Sandstrand und einen perfekten **japanischen Garten**, der von den Einheimischen zur Erinnerung an die japanischen Mitbürger aus dem frühen 20. Jh, angelegt wurde.

Für Kajakfahrer und Stand-Up-Paddleboarder sorgt **Bennett Bay Kayaking** (www.bennettbaykayaking.com; Kajakverleih/Touren ab 33/65 C$; ⏲April–Okt.) für Ausrüstungsverleih und Touren.

Wer zu müde für die Rückkehr aufs Festland ist, kann im **Mayne Island Beach Resort** (☎866-539-5399; www.mayneislandresort.com; 494 Arbutus Dr; DZ ab 139 C$;) unterkommen. Im Angebot sind Zimmer mit Meerblick in einem jahrhundertealten Gasthaus und elegante Luxusstrandhäuser. Wellness und ein großes Restaurant gehören auch dazu.

Hungrige sollten sich einen Terrassenplatz im stets freundlichen **Green House Bar & Grill** (454 Village Bay Rd; Hauptgerichte 8–16 C$; ⏲Mi–So 12–20 Uhr) sichern und sich mit frischen Pommes frites und dicken Hamburgern vollstopfen.

Weitere touristische Informationen siehe www.mayneislandchamber.ca.

Wer ohne Auto auf die Insel gefahren ist, braucht nur den Daumen rauszuhalten: Die Einheimischen nehmen Anhalter generell immer mit.

FRASER & THOMPSON VALLEY

Städter aus Vancouver, die Ruhe im Inland suchen, fahren über den Highway 1 durch die fruchtbaren Ebenen um Orte wie Abbotsford nach Osten. Die meisten brausen einfach durch das Agrarland hindurch, was auch gut ist, es sei denn, man will Rübenacker besichtigen. Der Fraser Canyon fasziniert mit seiner umwerfend schönen flussdurchrauschten Schlucht und der Thompson River sieht aus, als hätte sich seit Jahrzenten nichts verändert.

ℹ Praktische Informationen

Hope, etwa 150 km östlich von Vancouver, hat ein gutes **Besucherzentrum** (☎604-869-2021; www.hope.ca; 919 Water Ave; ⏲9–17 Uhr) mit reichlich Informationen über die lokalen Provincial Parks und die Region.

EC Manning Provincial Park

Nach dem Farmland im Lower Mainland gibt der 708 km² große **Park** (☎604 795-6169; www.bcparks.ca) 30 km südöstlich von Hope einen Vorgeschmack auf die viel größeren Dinge (von Rocky-Mountains-Dimensionen), die einen weiter im Osten erwarten. Hier findet man trockene Täler, dunkle Gebirgswälder, rauschende Flüsse und Gebirgswiesen. Man kann hier auf der Fahrt über den Highway 3 gut einen Zwischenstopp einlegen, sollte aber nicht allzu viel Ruhe erwarten, weil viele Leute aus den Städten im Westen genau dasselbe wollen.

Die folgenden Wanderrouten sind leicht vom Highway 3 aus zu erreichen:

Dry Ridge Trail Führt aus trockenem Binnenland- in Hochgebirgsklima; herrliche Ausblicke und Wildblumen (hin & zurück 3 km, 1 Std.).

WELCHE STRASSE?

In Hope gabelt sich der Highway 1 von Vancouver und dem Lower Mainland in drei Abzweige.

Highway 1 Nach Norden geht es weiter auf einer der großartigsten Panoramastraßen der Welt, buchstäblich zwischen den steilen Wänden des schönen Fraser Canyon. Ab Lytton führt die Straße am Thompson River entlang und die Gegend wird ebener und trockener – ein Vorgeschmack auf die Viehweiden des Cariboo im Norden jenseits des Cache Creek, wo es ostwärts nach Kamloops weitergeht. Die gesamte Strecke ist übrigens oft sehr stark befahren.

Highway 5 Die mehrspurige Straße führt 200 km nach Nordosten durch eine steile und hübsche Berglandschaft zum Geschäftszentrum Kamloops.

Highway 3 Der Crowsnest Highway nimmt einen weitschweifigen und malerischen Verlauf nach Osten durch den schroffen EC Manning Provincial Park und weiter nach Osoyoos und das Okanagan Valley im Süden.

Canyon Nature Trail Netter Rundweg, auf dem ein Fluss auf einer Brücke überquert wird (2 km, 45 Min.).

Lightning Lake Loop Eine perfekte Einführung: der Rundweg um den zentral gelegenen See. Abends kann man Tiere beobachten (9 km, 2 Std.).

In Manning ist zu jeder Jahreszeit etwas los. Das **Manning Park Resort** (☎800-330-3321, 250-840-8822; www.manningpark.com; 7500 Hwy 3; B 35 C$, Zi. 80–300 C$) bietet Abfahrtsläufe und Snowboarding (Erw./Kind Tageskarte 50/30 C$) sowie 100 km lange Loipen für Skilangläufer und Schneeschuhwanderer. Dort gibt es auch die einzige feste Unterkunft im ganzen Park. Die Lodge und die Hütten haben insgesant 73 Zimmer. Alle Gäste können die Hot Tub benutzen. Im Sommer können Wanderer die Schönheit der Berge genießen.

Sein Zelt kann man auf den Campingplätzen bei **Coldspring**, **Hampton** oder **Mule** (Stellplatz 21 C$) oder auf dem beliebteren **Lightning Lake Campground** (Reservierung ☎800-689-9025; www.discovercamping.ca; Stellplatz 28 C$) aufschlagen; Letzterer nimmt außerdem auch Reservierungen an. Ferner gibt es für Wanderer zehn Plätze zum **Wildcampen** (Stellplatz 5 C$ pro Pers.), die normalerweise erst im Sommer ab Ende Juni zur Verfügung stehen.

Das **Besucherzentrum** (Hwy 3; ⏲9–18 Uhr) des Parks liegt von der Westgrenze aus 30 km innerhalb des Parks. Es hat detaillierte Wegebeschreibungen und ein Reliefmodell des Parks und der nahen Biberteiche.

Busse von **Greyhound Canada** (☎800-661-8747; www.greyhound.ca) fahren von Vancouver aus her (46 C$, 2½–4 Std., 2-mal tgl.).

Fraser River Canyon

Schon der Name allein macht Spuzzum zu einem lustigen Stopp am Highway 1 auf dem Weg nach Cache Creek, das 85 km westlich von Kamloops liegt. Die Straße folgt dem Lauf des schnell fließenden Fraser River, auf dem Raftings angesagt sind. Die majestätische Landschaft und mehrere gute, von der Provinz verwaltete Parks lassen keine Langeweile aufkommen.

Etwa 2 km nördlich von Spuzzum bietet der **Alexandra Bridge Provincial Park** (☎604-795-6169; www.bcparks.ca; abseits vom Hwy 1) ein malerisches Ausflugsziel – mit der Aussicht auf die historische Hängebrücke von 1926 schmeckt das Picknick gleich nochmal so gut. Weiter nördlich liegt der von der Lytton First Nation verwaltete, ökologisch vielfältige **Stein Valley Nlaka'pamux Heritage Park** (www.bcparks.ca; Stein Valley Rd, Lytton). Hier kann man ausgezeichnete Langstreckenwanderungen durch trockene Täler und über schneebedeckte Gipfel unternehmen. In dem Gebiet befindet sich außerdem eine der am besten erhaltenen Wasserscheiden im südlichen British Columbia.

Wildwasserfahrten auf dem Fraser River und den rauschenden Stromschnellen seiner Nebenflüsse sind sehr beliebt. Etliche Unternehmen nahe Lytton bieten Touren an. Eintägige Touren kosten ab 150 C$ pro Person. Das **Kumsheen Rafting Resort** (☎800-663-6667; www.kumsheen.com; Hwy 1, 5 km östlich von Lytton; Zeltplatz/Tipi ab 35/130 C$) bietet unterschiedliche Touren und tolle Unterkünfte an. **Fraser River Raft Expeditions** (☎604-863-2336; www.fraserraft.com; 30950 Hwy 1, Yale; Touren ab 150 C$) sorgt für Ausflüge auf allen größeren Flüssen.

Kamloops

87 300 EW.

Falls man ab Vancouver dem Highway 1 ostwärts in die Rockies und bis nach Banff folgen will, eignet sich Kamloops ideal für einen Zwischenstopp. Es gibt viele Motels und ein historisches Zentrum, das sich zu Fuß erkunden lässt. Einst nutzten die Shuswap-Ureinwohner die vielen Flüsse und Seen der Region als Transportweg und für die Lachsfischerei. Händler errichteten 1811 ein Lager für die Jagd auf Pelztiere.

Zentrum der Innenstadt ist die baumgesäumte und an sonnigen Tagen sehr belebte Victoria Street. Viel befahrene Bahngleise trennen den breiten Thompson River von der Innenstadt. Kettenläden und Einkaufszentren säumen das Hochland am Highway 1.

Sehenswertes

Mittelpunkt für einen Bummel in der Innenstadt ist die Victoria Street, samt Besuch in der Kunstgalerie und im Museum.

Kamloops Museum & Archives MUSEUM
(☎250-828-3576; www.kamloops.ca/museum; Ecke Seymour St & 2nd Ave; Erw./Kind 3/1 C$; ⌚Juni–Aug. Di, Mi, Fr & Sa 9.30–16.30, Do bis 19.30 Uhr) Das Museum von Kamloop ist in einem alten Gebäude untergebracht und hat eine entsprechende Sammlung historischer Fotos. Hier gibt es exklusive Infos über den Namensgeber des Flusses, David Thompson, und eine ganze Etage nur für Kinder.

Kamloops Heritage Railway HISTORISCHER ZUG
(☎250-374-2141; www.kamrail.com; 510 Lorne St) Die Kamloops Heritage Railway auf der anderen Seite der Bahngleise bietet Fahrten mit der Dampfeisenbahn. Zur Zeit der Recherche war sie jedoch wegen Wartungsarbeiten außer Betrieb.

Kamloops Art Gallery GALERIE
(☎250-377-2400; www.kag.bc.ca; 465 Victoria St; Erw./Kind 5/3 C$; ⌚Mo–Mi, Fr & Sa 10–17, Do bis 21 Uhr) Schwerpunkt der loftartigen Galerie ist zeitgenössische Kunst der Westküste und der Urweinwohner von diversen Künstlern der Region.

BC Wildlife Park ZOO
(☎250-573-3242; www.bczoo.org; Hwy 1; Erw./Kind 15/11 C$; ⌚9.30–17 Uhr) In dem kleinen Zoo leben einige einheimische Tiere der Provinz, wie Bären und Pumas.

Paul Lake Provincial Park PARK
(☎250-819-7376; www.bcparks.ca; Pinantan Rd; Stellplätze 16 C$) Erfrischend an den oft heißen Sommertagen ist der Strand im Paul Lake Provincial Park, wo manchmal auch Falken und Kojoten gesichtet werden. Der Park liegt 24 km nordöstlich von Kamloops über den Highway 5. Er hat auch 20 km lange Wege für Mountainbiker.

Schlafen

Ältere und schäbigere Motels gibt es an einem Abschnitt des Highway 1 östlich der Innenstadt. In der Columbia Street, vom Zentrum hoch zum Highway 1, befinden sich etliche Ketten- und ältere Motels, manche mit Panoramablick. Die Parks in der Umgebung haben gute Campingplätze.

★ **Plaza Hotel** HOTEL $$
(☎877-977-5292, 250-377-8075; www.plazaheritagehotel.com; 405 Victoria St; Zi. 90–250 C$; ⊖❄📶) In einer Stadt mit gesichtslosen, modernen Unterkünften hat das Plaza so etwas wie Charakter. Der sechsstöckige Klassiker mit 67 Zimmern hat sich seit der Eröffnung 1928 von außen kaum verändert. Die Zimmer wurden jedoch im schicken historischen Stil neu gestaltet. Das exzellente Frühstück ist im Preis enthalten.

Scott's Inn MOTEL $$
(☎250-372-8221; www.scottsinn.com; 551 11th Ave; Zi. 90–150 C$; ❄@📶≋) Anders als andere Budgetunterkünfte liegt das Scott's in Zentrumsnähe und ist sehr gut geführt. Die 51 Zimmer sind für ein Motel Standard, aber zu den Extras zählen ein Hallenbad, eine Hot Tub, ein Café und eine Dachterrasse.

South Thompson Inn Guest Ranch LODGE $$
(☎800-797-7713, 250-573-3777; www.stigr.com; 3438 Shuswap Rd; Zi. 130–260 C$; ❄📶≋) Die ranchartige Lodge, rund 20 km westlich der Stadt über den Highway 1, liegt am Ufer des South Thompson und inmitten hügeligen Weidelands. Die 57 Zimmer verteilen sich auf das hölzerne Hauptgebäude, ein kleines Gutshaus und einige umgebaute Stallungen.

Essen & Ausgehen

In der kostenlosen Broschüre *Farm Fresh* sind viele der hiesigen Produzenten aufgeführt. Bauernmärkte finden am Mittwoch (Ecke 5th Avenue & Victoria St) und am Samstag (Ecke 2nd Avenue & St. Paul Street) statt. Das Nachtleben konzentriert sich in der Victoria Street.

★ Art We Are CAFÉ $

(www.theartweare.com; 246 Victoria St; Hauptgerichte ab 8 C$; Mo–Fr 9–21, Sa bis 23 Uhr;) Das trendige Café ist Teestube, Künstlertreff, Kneipe, Bäckerei und alles Mögliche, also bestens geeignet, um ein paar Stunden in Kamloops zu verbringen. Das Biospeisenangebot wechselt täglich. Samstagabends gibt es Livemusik.

Hello Toast CAFÉ $

(250-372-9322; www.hellotoastkamloops.ca; 428 Victoria St; Hauptgerichte 5–9 C$; 7.30–15 Uhr;) Das vegetarierfreundliche Café setzt voll auf Biozutaten. Es kommen Vollkornprodukte, aber auch Schinken und Eier und Burger auf den Tisch. Hübsche offene Front mit Plätzen auf dem Bürgersteig.

Chapter's Viewpoint Restaurant FUSION $$

(250-374-3224; www.chaptersviewpoint.com; 610 Columbia St; Hauptgerichte 12–26 C$; 7–9, 11.30–14 & 17–21 Uhr) Die Terrasse mit Blick auf Kamloops ist der beste Ort für einen lauen Sommerabend. Auf der Speisekarte stehen Steaks und Lachs, aber die New-Mexico-Gerichte sind besonders empfehlenswert.

Commodore KNEIPE

(250-851-3100; www.commodorekamloops.com; 369 Victoria St; Mo–Sa 11 Uhr bis spät) Das Com ist eine altmodische Kneipe mit einer langen Speisekarte, vor allem mit Hamburgern und Fondue (Hauptgerichte ab 12 C$) und am schönsten am Freitagabend, wenn es Jazzkonzerte gibt. An anderen Abenden legen DJs querbeet auf.

Praktische Informationen

Das **Besucherzentrum** (800-662-1994, 250-374-3377; www.tourismkamloops.com; 1290 W Hwy 1, Ausfahrt 368; 8–18 Uhr;) befindet sich gleich hinter dem Highway 1 oberhalb der Stadt.

Anreise & Unterwegs vor Ort

Greyhound Canada (800-661-8747; www.greyhound.ca) befindet sich etwa 1 km südöstlich des Zentrums an der Columbia Street West

VIA Rail (888-842-7245; www.viarail.ca) bietet dreimal wöchentlich Zugverbindungen mit dem Canadian zur Kamloops North Station, 11 km von der Stadt entfernt, ab Vancouver (9½ Std.), ab Jasper (9½ Std.) und anderen Städten. Der Fahrpreis ist je nach Jahreszeit und Klasse unterschiedlich.

REISEZIEL	FAHRPREIS	FAHRZEIT	HÄUFIGKEIT
Calgary	93 C$	9 Std.	3-mal
Jasper	70 C$	5½ Std.	1-mal
Kelowna	35 C$	2½-5 Std.	3-mal
Prince George	93 C$	7 Std.	2-mal
Vancouver	64 C$	5 Std.	6-mal

Kamloops Transit System (250-376-1216; www.transitbc.com/regions/kam; Erw./Kind 2,25/1,75 C$) ist die lokale Busgesellschaft.

Rund um Kamloops

In den Hügeln im Nordosten von Kamloops liegt das **Sun Peaks Resort** (800-807-3257; www.sunpeaksresort.com; 1280 Alpine Rd; Liftkarten Erw./Kind Winter 79/40 C$, Sommer 39/23 C$). Das ständig wachsende Resort wartet mit 125 Skipisten (davon rund 8 km mit Pulverschnee), elf Skiliften und einem netten Dorf als Basislager im Tal auf. Im Sommer befördern die Lifte Radfahrer zu mehr als zwei Dutzend Mountainbikewegen.

Wer sich sein Geld für die Hänge und/oder Trails sparen will, macht am besten einen Bogen um die vielen Lodges, B & Bs und Luxusapartments und quartiert sich stattdessen im **Sun Peaks Hostel** (250-578-0057; www.sunpeakshostel.com; 1140 Sun Peaks Rd; B/DZ ab 30/70 C$;) ein.

Hinter der Straße zum Resort führt der Highway 5 weiter nach Norden zur Grenze mit Alberta und zum 440 km von Kamloops entfernten Jasper National Park. 125 km hinter Kamloops verläuft er am Wells Gray Provincial Park vorbei, einem der schönsten Parks in British Columbia – ein Paradies für alle diejenigen, die die Zivilisation einmal ganz weit hinter sich lassen wollen.

OKANAGAN VALLEY

Es ist schwer zu sagen, was in diesem fruchtbaren, wunderschönen Tal die Oberhand hat: Touristen oder Obst. Sicher ist nur eines: In diesem immer beliebter werdenden, reizenden Landstrich zwischen Vancouver und Alberta gibt es beides in Hülle und Fülle. Und irgendwie passt auch der oft wiederholte Spitzname „Canada's Napa Valley". In dem 180 km langen Okanagan Valley gibt's

Okanagan Valley

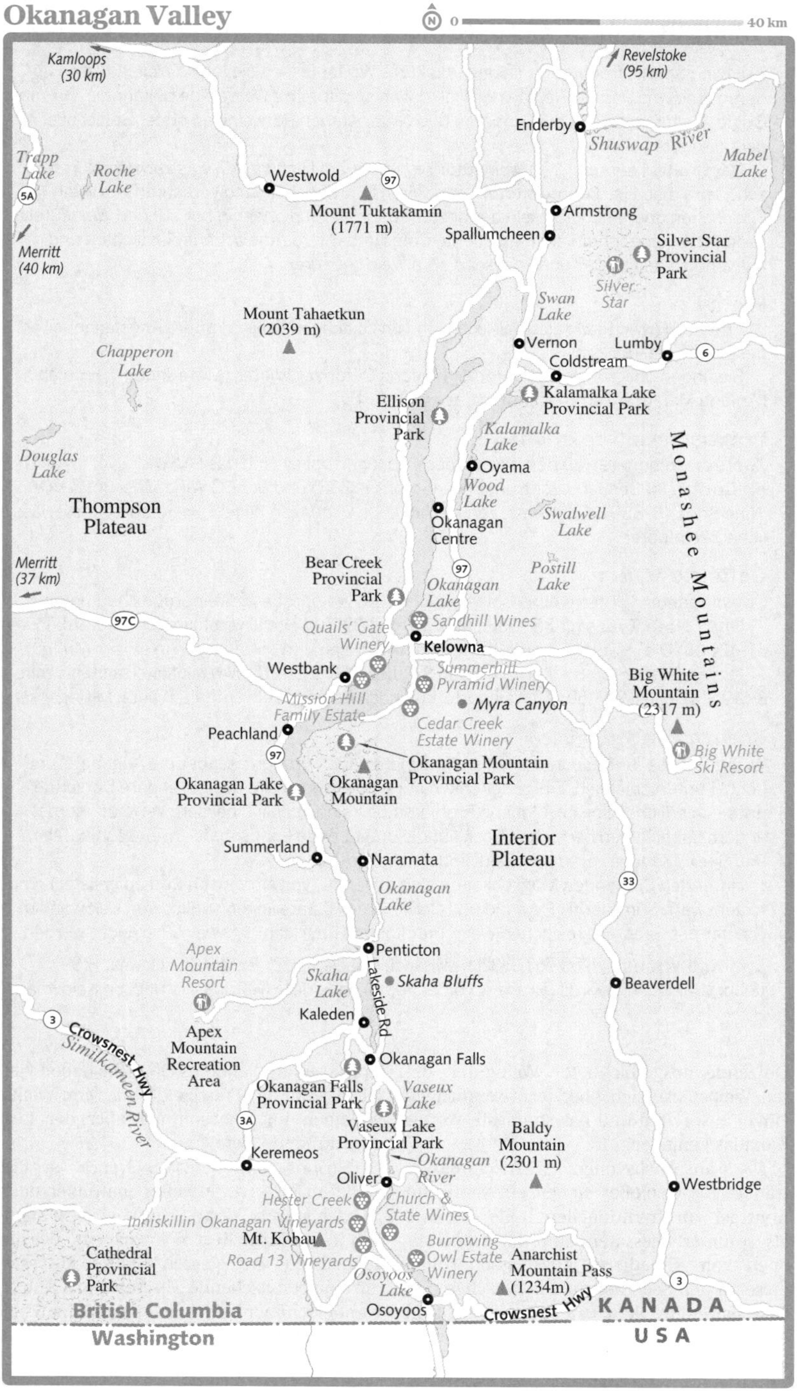

WEINGÜTER IM OKANAGAN VALLEY

Reichlich Sonne, fruchtbarer Boden und kühle Winter lassen die lokale Weinindustrie florieren. Kelowna und die Region nördlich davon sind für ihre Weißweine bekannt, z. B. Pinot Grigio. Weiter im Süden bei Penticton und Oliver, stehen Rotweine an erster Stelle, besonders die stets beliebten Merlots.

Der Großteil der über 100 Weingüter liegt dicht am Highway 97, was zum Probieren schön praktisch ist. Die meisten Winzer bieten Führungen an und verkaufen gerne ein Fläschchen oder auch 20; viele der besten Weine werden ohnehin nur auf den Weingütern verkauft. Etliche führen auch exzellente Cafés und Bistros, die schöne Aussichten und aufwendige regionale Küche passend zum Wein servieren.

Festivals

Weinfeste (www.thewinefestivals.com) sind im Okanagan Valley größere Angelegenheiten, besonders die im Herbst.

Sie finden üblicherweise im Herbst (Anfang Oktober), Winter (Mitte Januar), Frühjahr (Anfang Mai) und Sommer (Anfang August) statt.

Praktische Informationen

Zwei gute Infoquellen zu den Weinen des Okanagan Valley sind das **BC Wine Information Centre** im Besucherzentrum in Penticton (S. 838) und der BC Wine Museum & VQA Wine Shop (S. 839) in Kelowna. *John Schreiner's Okanagan Wine Tour Guide* ist ein verlässlicher Weinführer.

Geführte Touren

Es gibt mehrere Unternehmen, die Besucher von Weinprobe zu Weinprobe chauffieren.

Club Wine Tours (☎866-386-9463, 250-762-9951; www.clubwinetours.com; 3–7-Std.-Touren 65–125 C$) Die „Haustour" enthält vier Weinkellereien und Mittagessen in einem Weingut.

Distinctly Kelowna Tours (☎866-979-1211, 250-979-1211; www.wildflowersandwine.com; 3½–9 Std.-Touren 90–150 C$) Weinguttouren nach Region; viele enthalten auch Mittagessen.

Besuch der Weingüter

Weingüter, die für Besucher offen stehen, bieten auch Proben an, aber die Angebote sind höchst unterschiedlich. Einige schenken nur einige wenige Weine aus, andere Dutzende unterschiedlicher Sorten. Manche Probierstuben sind lediglich bessere Verkaufsräume, andere haben einen herrlichen Blick auf die umgebende Landschaft – Weingärten, Täler und Seen. Manche verlangen Geld, andere sind kostenlos.

Unter den Dutzenden Möglichkeiten sind folgende (von Nord nach Süd aufgelistet) empfehlenswert. Summerhill Pyramid und Cedar Creek Estate liegen südlich von Kelowna am Ostufer des Sees. Die restlichen Weingüter können über den Highway 97 erreicht werden.

Sandhill Wines (☎250-762-3332; www.sandhillwines.ca; 1125 Richter St, Kelowna; ⏲9–18 Uhr) Calona Vineyards (Besitzer von Sandhill) nahe dem Cultural District von Kelowna

Dutzende ausgezeichneter Weingüter, deren Weinstöcke sich über terrassenförmige Hügel ausbreiten und das sonnigste Wetter Kanadas genießen.

Die anspruchsvollen „Erfrischungsgetränke" für Genießer stehen ein wenig im Kontrast zur traditionellen Rolle des Tals als sommerliches Refugium für Generationen von Kanadiern. Ausgelassen tollen diese an den Seen herum, die zwischen den Ortschaften im Okanagan Valley liegen. Und während Rentner sich träge in der Sonne aalen, reifen auf den Obstplantagen Pfirsiche, Aprikosen und anderes Obst. Sie haben vielleicht nicht das Prestige des hiesigen Weins, verleihen im Hochsommer aber der Luft eine duftende Note.

Osoyoos nahe der US-Grenze ist fast völlig ausgedörrt, je weiter man aber nach Norden kommt, desto grüner wird es. Ziemlich in der Mitte liegt Kelowna, eine der am schnellsten wachsenden Städte Kanadas, die eine berauschende Mischung aus Kultur, wunderschöner Natur am See und Spaß bietet. Im Juli und August ist das Tal allerdings völlig überlaufen. Die beste Reisezeit ist da-

und einer der größten Produzenten in British Columbia war das erste Weingut (seit 1932) im Okanagan Valley.

Summerhill Pyramid Winery (250-764-8000; www.summerhill.bc.ca; 4870 Chute Lake Rd, Kelowna; 9–19 Uhr) Der Wein reift in einer riesigen Pyramide am Ostufer von Kelowna. Das Gut ist bekannt für seinen Eiswein und hat auch ein Café.

Cedar Creek Estate Winery (250-764-8866; www.cedarcreek.bc.ca; 5445 Lakeshore Rd, Kelowna; 10–19 Uhr) Bekannt für exzellente Führungen sowie für den Riesling und Ehrenfelser, einen erfrischenden, fruchtigen Wein. Gutes Mittagessen gibt es in der **Vineyard Terrace** (Hauptgerichte 12–20 C$; Juni–Sept. 11–16 Uhr).

Quails' Gate Winery (250-769-4451; www.quailsgate.com; 3303 Boucherie Rd, Kelowna; 10–20 Uhr) Ein kleines Weingut mit hohem Ansehen, das bekannt ist für Pinot Noir, Chardonnay und Chenin Blanc. Das **Old Vines Restaurant** (Hauptgerichte 20–30 C$; 11.30–21 Uhr) gehört zu den besten.

★ **Mission Hill Family Estate** (250-768-7611; www.missionhillwinery.com; 1730 Mission Hill Rd, Westbank; 10–18 Uhr) Das Weingut gleicht einer toskanischen Bergstadt und ist einfach umwerfend. Empfehlenswert sind die Rotweinverschnitte (z. B. der Bordeaux) und der exzellente Syrah. Das **Terrace** (Hauptgerichte 25–33 C$; Juni–Okt. 11–21 Uhr) ist eines der besten Restaurants im Tal und verwendet Erzeugnisse aus lokalem Anbau; Reservierung ratsam.

Hester Creek (250-498-4435; www.hestercreek.com; 877 Road 8, Oliver; 10–20 Uhr Juli-Okt.) Hat eine hinreißende Lage und ist bekannt für seine Rotweine, besonders für den vollmundigen Cabernet Franc. Das Terrafina (S. 834) serviert toskanisch angehauchte Speisen.

Inniskillin Okanagan Vineyards (250-498-6663; www.inniskillin.com; Road 11 W, Oliver; 10–17 Uhr) Der erste Zinfandel-Produzent in British Columbia keltert auch Eisweine; empfehlenswert ist der goldfarbene Riesling.

Road 13 Vineyards (250-498-8330; www.road13vineyards.com; 799 Ponderosa Rd, Road 13, Oliver; 10–17:30 Uhr) Die sehr süffigen Rotweine (Pinot Noir) und Weißweine (Chenin Blanc) werden hoch gelobt. Das schlichte Ambiente zeigt sich auch an den Picknicktischen mit hinreißenden Aussichten und dem Motto „Alles dreht sich um den Erdboden".

Church & State Wines (250-498-2700; www.churchandstatewines.com; 31120 87th St, Osoyoos; 11–18 Uhr) Der Neuling südlich von Oliver beeindruckt schwer mit seinem Weingut in Coyote Bowl, besonders mit seinem vollmundigen, schweren Syrah.

Burrowing Owl Estate Winery (250-498-0620; www.bovwine.ca; 500 Burrowing Owl Pl, Oliver; März–Dez. 10–17 Uhr) Wein aus biologischem Anbau; der Syrah ist empfehlenswert. Zu dem Wahrzeichen der Golden Mile gehören auch ein Hotel und das exzellente Restaurant Sonora Room (S. 834).

her der Spätfrühling und der Frühherbst, wenn die Massen sich in Grenzen halten.

Im Sommer sind die Tage meistens trocken und heiß, die Nächte angenehm kühl. Die Winter sind verschneit, aber trocken; der Big White Mountain ist dann ein beliebtes Revier für Skifahrer und Snowboarder.

Osoyoos

4900 EW.

Das einst bescheidene Osoyoos steht an der Schwelle eines großen Wandels. Den Ort erwartet eine exklusive Zukunft als Teil des neuen, erschlossenen Okanagan Valley. Der Name hat seinen Ursprung in dem indigenen Wort „soyoos", das sinngemäß so viel wie „auf einer Sandbank" bedeutet. Und tatsächlich liegt der Ort größtenteils auf einer schmalen Sandbank, zu beiden Seiten eingekeilt vom Osoyoos Lake. Osoyoos ist umringt von Stränden. Und mit dem Wasser werden die Farmen, üppig bewachsenen Plantagen und Weinberge bewässert, die beim Verlassen der Kleinstadt Richtung Norden den Highway 97 säumen.

Ungeachtet der Schönheit der Natur, ist es hier am Ende des Tals sehr trocken. Einheimische scherzen daher, der Ort markiere das Nordende der mexikanischen Sonora-Wüste. Das Aussehen der Stadt kennt zwei Extreme: Da gibt es einerseits Sandstreifen mit Kakteen und andererseits die Gebäude der Stadt mit ihren kitschigen Ziegel- und Stuckverzierungen. Beide Charakteriska haben so gar nichts mit dem typischen, von Kiefern, Wäldern und Bergen geprägten British Columbia zu tun, das einen beim Verlassen der Stadt über den Highway 3 in beide Richtungen erwartet.

Sehenswertes & Aktivitäten

Der Osoyoos Lake ist einer der wärmsten Seen des Landes. Nimmt man dann noch die sandigen Strände hinzu, wird klar, dass es sich hier prima baden lässt. Das ist besonders angenehm, wenn die Außentemperaturen im Sommer die 42-Grad-Marke erreichen. Viele der Motels und Campingplätze am See verleihen Kajaks, Kanus und kleine Boote.

Fährt man auf dem Highway 3 vom Ort 3 km gen Osten, hat man einen tollen Blick auf das Tal. Ebenfalls am Highway 3 ungefähr 8 km westlich vom Ort sollte man nach dem **Spotted Lake** Ausschau halten. Das bizarre Naturphänomen wäre früher allenfalls eine kitschige Attraktion am Straßenrand gewesen. Unter der heißen Sommersonne verdunstet das Wasser des Sees, was eine hohe Konzentration an Mineralien und an vielen Stellen die Entstehung von weiß umrandeten Ringen auf dem grünen Wasser verursacht.

★ Osoyoos Desert Centre PARK

(☎250-495-2470; www.desert.org; abseits des Hwy 97; Erw./Kind 7/6 C$; ⏲Mai–Sept. 9.30–16.30 Uhr, ansonsten anrufen) In dem 3 km nördlich vom Ort gelegenen Center hört man Klapperschlangen klappern und Vögel zwitschern. An den erhöhten Plankenwegen, die sich durch das trockene Land schlängeln, finden sich Informationsstände. Das gemeinnützige Center bietet 90-minütige Führungen an. In speziell angelegten Gärten stehen solch schöne Dinge wie grazile Wildblumen im Mittelpunkt.

Nk'Mip Desert & Heritage Centre MUSEUM

(☎250-495-7901; www.nkmipdesert.com; 1000 Rancher Creek Rd; Erw./Kind 14/10 C$; ⏲Juli & Aug. 9.30–18 Uhr, ansonsten auf Anfrage) Das Nk'Mip Desert & Heritage Centre nahe der 45th Street nördlich des Highway 3 ist Teil eines Komplexes der First Nations und bietet zahlreiche kulturelle Vorführungen und Touren durch das trockene Umland. Zum Komplex gehören unter anderem auch ein Wüstengolfplatz, das bekannte Weingut **Nk'Mip Cellars**, ein Resort und ein paar weitere Einrichtungen.

3 Phase Adventures WASSERSPORT

(☎250-498-9989; www.3phaseadventures.com; Cottonwood Beach; Brettverleih pro Std. ab 25 C$; ⏲Juni–Sept.) Der Osoyoos Lake ist spiegelglatt, ideal für Paddleboard-Spaß. Brettverleih und Kurse werden am hübschen Strand angeboten.

Double O Bikes FAHRRADVERLEIH

(☎250-495-3312; www.doubleobikes.com; 8905 Main St; Fahrradverleih pro Tag Erw./Kind ab 24/20 C$; ⏲9.30–17 Uhr) Das Tal mit seinen Wegen durch Weingärten und am Seeufer ist ideales Radfahrerland. Ein weitere Filiale gibt es in Oliver.

Schlafen & Essen

Das östliche Seeufer ist gesäumt mit Campingplätzen. Mehr als ein Dutzend bescheidene Motels haben sich auf dem schmalen Landstreifen mitten im Osoyoos Lake angesiedelt (um die schäbigen, älteren Anwesen sollte man besser einen recht großen Bogen machen). Eine große Anzahl von ihnen findet man entlang des Highway 3 und ein weiteres „Nest" am Südwestufer nahe der Grenze. An der Kreuzung stehen außerdem ein paar Kettenhotels.

Nk'Mip Campground & RV Resort CAMPINGPLATZ $

(☎250-495-7279; www.campingosoyoos.com; 8000 45th St; Zelt/Wohnmobil ab 30/35 C$) Über 300 Stellplätze hat diese ganzjährig geöffnete Anlage am Seeufer nahe dem Highway 3.

Sandy Beach Motel MOTEL $$

(☎866-495-6931, 250-495-6931; www.sandybeachmotel.com; 6706 Ponderosa Dr; Zi. 90–280 C$; ❄@) Kostenlose Kanus, Kajaks und ein Volleyballplatz sorgen in dem Strandmotel mit 27 Wohneinheiten gleich nördlich des Highway 3 für fröhliche Stimmung. Bungalows und zweistöckige Apartmenthäuser umgeben einen schattigen Rasen mit Grillplätzen.

Avalon Inn MOTEL $$
(☎800-264-5999, 250-495-6334; www.avaloninn.ca; 9106 Main St; Zi. 90–180 C$; ❄@📶) Das Motel mit 20 Einheiten liegt zwar nicht am See, aber in der Nähe der besten Restaurants. Die Zimmer sind groß, manche haben eine Küche, und der Garten wird mit jedem Jahr hübscher.

★ **Dolci Deli** CAFÉ $
(☎250-495-6807; www.dolcideli.com; 8710 Main St; Hauptgerichte 9–15 C$; ⏲Mo–Fr 8–16, Sa & So bis 14 Uhr) Das Café in einem kleinen Laden mitten in einem Häuserblock ist leicht zu übersehen, aber das wäre ein Fehler. Die einfachen Speisen sind dank des Engagements für die Herkunft der Lebensmittel überragend – selbst der Schinken wird im Haus geräuchert. Ein Platz auf der Terrasse ist immer nett.

Osoyoos Gelato EISCREME $
(☎250-495-5425; www.osoyoosgelato.com; 15 Park Pl, Watermark Beach Resort; Eis ab 3 C$; ⏲Juni–Sept. 11.30–21.30 Uhr) In dem Laden im Ortszentrum am See gibt es mindestens 24 tolle, hausgemachte Geschmacksrichtungen.

Wildfire Grill KANADISCH $$
(☎250-495-2215; 8526 Main St; Hauptgerichte 15–25 C$; ⏲11–22 Uhr) Das Wildfire serviert Sandwiches, Pizza, Steaks und Lachs mit internationalem Touch. Die Tische im Hof sind immer gefragt, besonders an l angen Sommerabenden. Die stilvolle Lounge ist geradezu ideal für einen Wein aus heimischen Reben.

Praktische Informationen

Das große **Besucherzentrum** (☎888-676-9667, 250-495-5070; www.destinationosoyoos.com; Ecke Hwy 3 & 97; ⏲9–18 Uhr; 📶) hat Internetzugang, Karten und Bücher und bucht Busfahrkarten und Unterkünfte.

An- & Weiterreise

Der Bus von **Greyhound Canada** (☎800-661-8747; www.greyhound.ca; Ecke Hwys 3 & 97) fährt vor dem Besucherzentrum nach Vancouver (80 C$, 8½ Std., 1-mal tgl.). Es gibt keine brauchbare Busverbindung ins nördliche Tal.

Rund um Osoyoos

Westlich von Osoyoos folgt der Highway 3 dem felsigen Similkameen Valley. Nach 47 km gelangt man nach **Keremeos**, einer reizenden Kleinstadt, die von Obstplantagen umgeben ist.

Ungefähr 30 km westlich von Keremeos befindet sich der 330 km² große **Cathedral Provincial Park** (☎604-795-6169; www.bcparks.ca; Ashnola Rd; Stellplatz 11 C$). Die Wildnis in den Bergen ist die perfekte Spielwiese für echte Abenteurer. In dem Park warten alpine Weiden, die von Wildblumen übersät sind, so weit das Auge reicht, und türkisblaues Wasser – ein ideales Revier, um im freien Gelände zu campen (10 C$) und ausgiebig zu wandern.

Oliver

4900 EW.

Oliver ist ein Zentrum für Bioerzeugnisse und Wein. Auf den 20 km zwischen Oliver und Osoyoos rollt der Highway 97 durch Obstgärten mit saftigen Früchten, was der Strecke den Namen „The Golden Mile“ verliehen hat. An Straßenständen werden die reifen Früchte zum Kauf angeboten und in vielen Obstplantagen dürfen Besucher auch selbst pflücken.

Sehenswertes & Aktivitäten

Die kleinen Straßen durch die Weingärten um Oliver sind wie geschaffen für Radtouren. Zu Wander- und Fahrradwegen gehört auch der exzellente 10 km lange **Golden Mile Trail**.

Um die traditonelle Obststadt richtig würdigen zu können, empfiehlt sich die Broschüre für einen historischen Stadtrundgang aus der Touristeninformation.

Double O Bikes FAHRRADVERLEIH
(☎250-498-8348; www.doubleobikes.com; 35653 Main St; Fahrradverleih pro Tag Erw./Kind ab 24/20 C$; ⏲9.30–17 Uhr) Hat gute Tipps für Routen und einen weiteren Laden in Osoyoos.

Schlafen & Essen

Auf dem lebhaften **Bauernmarkt** (Lion's Park, Hwy 97; ⏲Do 8–11 & 16–19 Uhr) von Oliver werden lokale Lebensmittel verkauft. Er liegt gleich hinter dem Highway 97.

Mount View Motel MOTEL $$
(☎250-498-3446; www.mountviewmotel.net; 5856 Main St; Zi. 80–120 C$; ❄📶) Aus sieben Einheiten besteht das blumengeschmückte Motel nahe dem Ortszentrum. Alle haben

eine Küche – und Korkenzieher. Die Einrichtung ist einfach und hübsch.

★ **Burrowing Owl Guest House** BOUTIQUEHOTEL **$$$**
(☎877-498-0620, 250-498-0620; www.bovwine.ca; an der Black Sage Rd; Zi. 170–300 C$; ❄@🛜🏊) Eines der besten Weingüter Okanagans vermietet zehn Zimmer mit Veranda und Blick nach Südwesten über die Weingärten. Es gibt einen großen Pool, eine Hot Tub, extrabreite Doppelbetten und einheitliche Möblierung im Arts-and-Crafts-Stil. Der **Sonora Room** (Hauptgerichte 15–35 C$; ⏲11.30–21 Uhr) ist bekannt für seine Fusionsküche. Das Haus liegt 13 km südlich von Oliver am Highway 97.

Hester Creek INN **$$$**
(☎250-498-4435; www.hestercreek.com; 877 Road 8; Zi. 200–300 C$; ❄🛜) Hester Creek ist eines der Spitzenweingüter des Tals und vermietet sechs luxuriöse Zimmer in einer mediterran anmutenden Villa mit weitem Blick über die Weingärten. Die Ausstattung ist edel, wie Kamine, Badewannen und dergleichen. Das dazu gehörende **Terrafina** (☎250-495-3278; www.terrafinarestaurant.com; Hauptgerichte 18–34 C$; ⏲11.30–21 Uhr) serviert exzellente, toskanisch angehauchte Küche mit Erzeugnissen aus der Region.

Medici's Gelateria EISCREME **$**
(☎250-498-2228; www.medicisgelateria.ca; 522 Fairview Rd; Eis ab 3 C$; ⏲10–18 Uhr) Gefrorene Köstlichkeiten, die einfach anbetungswürdig sind – was auch möglich ist, da es sich hier um eine alte Kirche handelt. Guten Kaffee gibt es ebenfalls sowie Suppen, Panini und dergleichen, alles aus lokalem Anbau.

Firehall Bistro HAMBURGER **$$**
(☎250-498-4867; www.thefirehallbistro.com; 34881 97th St; Hauptgerichte 12–25 C$; ⏲11–21 Uhr) Die Attrappe eines Feuerschlauchturms in dem familienfreundlichen Restaurant mit Feuerwehrthema ist nicht zu übersehen. Serviert wird drinnen und auf den Veranden: exzellente Hamburger, Pasta und andere unkomplizierte Kost. Das Bier vom Fass stammt von der hauseigenen **Firehall Brewery** (www.firehallbrewery.com).

ℹ Praktische Informationen

Das **Besucherzentrum** (☎250-498-6321; www.winecapitalofcanada.com; 36250 93rd St; ⏲9–17 Uhr) mit seinem freundlichen Personal befindet sich im alten Bahnhof nahe dem Ortszentrum. Es hat exzellentes Infomaterial und Broschüren zur Region sowie Wander- und Fahrradkarten.

Von Oliver nach Penticton

Ungefähr 10 km nördlich von Oliver gewinnt am Highway 97 die Natur wieder die Oberhand. Das **Vaseux Wildlife Centre** (Hwy 97; ⏲Sonnenaufgang bis Sonnenuntergang) hat einen 300 m langen Holzplankenweg, von dem aus man gut die vielen Vögel, Dickhornschafe, Bergziegen oder ein paar der 14 Fledermausarten beobachten kann (ja, nicht nur Menschen treiben sich hier herum). Wer will, kann auch bis zur **Bighorn National Wildlife Area** und zum **Vaseux Lake National Migratory Bird Sanctuary** wandern, wo mehr als 160 Vogelarten heimisch sind. Der See selber ist ein himmelblaues Juwel, umringt von kahlen Granitklippen.

Wer keine Eile hat, sollte den Highway 97 links liegen lassen und an der Ostseite des Skaha Lake die viel interessanteren kleinen Seitenstraßen zwischen den Okanagan Falls und Penticton erkunden. Es gibt eine Reihe von Weingütern und einen tollen Ausblick zu entdecken.

Penticton

33 200 EW.

Penticton ist nicht so hektisch wie Kelowna und kombiniert die Vorzüge eines müßiggängerischen Badeorts mit einer ihm eigenen trendigen Atmosphäre. Penticton war lange Zeit ein Rückzugsort für kanadische Rentner – ob das an dem Ortsnamen hängt, der sich vom Salish-Wort Pen-Tak-Tin ableitet und „Ort, wo man für immer bleibt" bedeutet? Der Ort wächst heute genauso schnell wie das übrige Tal.

Penticton ist ein gutes Basislager für Ausflüge im Tal. Selbst wenn man nicht weiter hinausfährt, erwarten einen hier jede Menge unterschiedliche Aktivitäten, mit denen man die Tage ausfüllen kann. Am besten lässt man den Highway 97, der westlich vom Zentrum verläuft, links liegen und hält sich an die Main Street und die attraktive Downtown. Diese erstreckt sich vom malerischen Seeufer ungefähr zehn Blocks nach Südwesten und ist problemlos zu Fuß zu erkunden. Die lange Einkaufsmeile und die Hochhäuser weiter im Süden kann man als Tourist getrost ignorieren.

Sehenswertes

Der **Okanagan Beach** ist ein herrlicher, 1300 m langer Sandstrand, das hiesige Wasser ist im Sommer durchschnittlich 22 °C warm. Wenn hier zu viel Betrieb herrscht, findet man südlich vom Zentrum am 1,5 km langen **Skaha Beach** oft ruhigere Stellen.

★ SS Sicamous Inland Marine Museum HISTORISCHE STÄTTE
(☎250-492-0405; www.sssicamous.ca; 1099 Lakeshore Dr W; Erw./Kind 6/3,50 C$; ⏲9–18 Uhr) Zu einer Zeit, als das beste Transportmittel in British Columbia noch das Boot war, beförderte die SS *Sicamous* von 1914 bis 1936 Passagiere und Fracht über den Okanagan Lake. Das restaurierte und an Land gebrachte Boot kann auf eigene Faust besichtigt werden.

Penticton Museum MUSEUM
(☎250-490-2451; www.pentictonmuseum.com; 785 Main St; Eintritt gegen Spende; ⏲Di–Sa 10–17 Uhr) Das Penticton Museum in der Bibliothek zeigt eine herrlich bunte Ausstellung, u. a. eine wirklich sehenswerte Sammlung zur Naturgeschichte mit ausgestopften Tieren und Vögeln. Ferner erfährt man hier alles über die leckeren Früchte auf dem Peach Festival (S. 836).

Art Gallery of Southern Okanagan GALERIE
(☎250-493-2928; www.pentictonartgallery.com; 199 Marina Way; Erw./Kind 2 C$/frei; ⏲Di–Fr 10–17, Sa & So 12–17 Uhr) Die Art Gallery of Southern Okanagan zeigt vielfältige Werke von Künstlern der Region, der Provinz und des ganzen Landes.

Aktivitäten

Wasserspaß gibt es massenhaft. Ansonsten werden auch klassische, fade Urlaubsvergnügungen wie Minigolf am westlichen Ende vom Okanagan Beach angeboten.

Wassersport

Der Okanagan und der Skaha Lake bieten einige der besten Bedingungen zum Windsurfen, Bootsfahren und Paddeln im Okanagan Valley.

Es gibt mehrere Verleiher für Wassersportausrüstung am Okanagan Lake. Alles, was schwimmt, ist zu haben, darunter auch Kajaks für 16 C$ pro Stunde und Wasserskiboote für 300 C$ für vier Stunden. Zu den Verleihfirmen gehören **Castaways** (☎250-490-2033; www.castawayswatersports.com; Penticton Lakeside Resort, 21 Lakeshore Dr; ⏲Mai–Sept. 9–19 Uhr) und **Pier Water Sports** (☎250-493-8864; www.pierwatersports.com; Rotary Park, Lakeshore Dr W; ⏲Mai–Sept. 9–19 Uhr).

Der asphaltierte **Okanagan River Channel Biking & Jogging Path** folgt dem eher trockenen Wasserlauf, der den Okanagan Lake mit dem Skaha Lake verbindet. Aber wozu auf dem Trockenen laufen, wenn man auf dem Wasser treiben kann?

★ Coyote Cruises WASSERSPORT
(☎250-492-2115; www.coyotecruises.ca; 215 Riverside Dr; Verleih & Shuttle 10 C$; ⏲Juni–Aug. 10–17 Uhr) Coyote Cruises verleiht Schlauchringe, auf denen man bis zur Mitte des Wasserlaufs treiben kann, von wo es dann mit dem Bus wieder zurück zum Start nahe dem Okanagan Lake geht. Wer seinen eigenen Schlauch hat, zahlt 5 C$ für die Busfahrt.

Mountainbiken & Radfahren

Die langen, trockenen Tage und die sanft geschwungenen Hügel sind perfekte Voraussetzungen fürs **Mountainbiken**. Beliebte Radstrecken findet man östlich der Stadt Richtung Naramata. Folgt man den Schildern zur Mülldeponie und zum Campbell's Mountain, gelangt man zu einem einspurigen Radweg und einer Dual-Slalom-Strecke, die beide nicht zu schwierig sind. Anfangs muss man sich rechts halten; hinter der Viehweide öffnet sich das Gelände, und man kann querfeldein fahren.

Für **Radfahrer** bietet sich die Strecke durch Naramata und weiter bis zum Kettle Valley Rail Trail (S. 843) an. Weitere gute Optionen sind die von Weingütern gesäumten

ERNTEZEIT FÜR OBST

Der Highway 97 zwischen Osoyoos und Penticton ist von Straßenständen und Obstgärten zum Selberpflücken (oder Kaufen) gesäumt. Hier die wichtigsten Obstsorten im Okanagan Valley und ihre Erntezeiten:

Kirschen Mitte Juni bis Ende Juli

Aprikosen Mitte Juli bis Mitte August

Pfirsiche Mitte Juli bis Mitte September

Birnen Mitte August bis Ende September

Äpfel Anfang September bis Ende Oktober

Tafeltrauben Anfang September bis Ende Oktober

NICHT VERSÄUMEN

MALERISCHE STRECKE NACH NARAMATA

An allen Wochenenden, außer den hektischsten, kann man dem Gedränge in Penticton auf der wenig befahrenen Straße am Ostufer des Okanagan Lake 18 km nördlich der Stadt entfliehen. Sie ist von über 20 Weinkellereien sowie Höfen gesäumt, die Biolavendel und dergleichen anbauen. Die Strecke eignet sich auch gut zum Radfahren und führt an mehreren Punkten zum Kettle Valley Rail Trail (S. 843). In der herrlichen und oftmals einsamen Umgebung gibt es viele Möflichkeiten zum Wandern, Picknicken, Vogelbeobachten oder was immer einem in den Sinn kommt. **Naramata** ist ein hübsches, kleines Dorf.

kleinen Straßen südlich der Stadt und östlich des Skaha Lake.

Freedom – The Bike Shop FAHRRADVERLEIH
(☎250-493-0686; www.freedombikeshop.com; 533 Main St; Mietfahrrad pro Tag 40 C$; ⏲Mo–Sa 9–17.30 Uhr) Verleiht Fahrräder, hat eine Unmenge Informationen und sorgt für den Transport zum/vom Kettle Valley Rail Trail.

Klettern

Angelockt vom trockenen Wetter und den massiven Gneisfelsen kommen Kletterer aus aller Welt in den **Skaha Bluffs Provincial Park** (www.bcparks.ca; Smythe Dr; ⏲März–Nov.), um mehr als 400 gebolzte Strecken zu erklimmen. Der lokale Kletterverein **Skaha.org** (www.skaha.org) hat umfassende Informationen zu den Felswänden, die sich nahe der Lakeside Road an der Ostseite des Skaha Lake erheben.

★ **Skaha Rock Adventures** KLETTERN
(☎250-493-1765; www.skaharockclimbing.com; 437 Martin St; eintägige Einführungen 135 C$; ⏲nach Vereinbarung) Skaha Rock Adventures bietet eine moderne technische Einführung sowie Einführungskurse für jeden, der sich das erste Mal ins Klettergeschirr legt.

Skifahren & Snowboarden

Das 37 km westlich von Penticton abseits der Green Mountain Road gelegene **Apex Mountain Resort** (☎877-777-2739, Schnee- & Wetterbericht 250-487-4848; www.apexresort.com; Liftkarte Erw./Kind 60/37 C$) ist eines der besten kleinen Skiresorts Kanadas. Es gibt dort mehr als 68 Abfahrtspisten aller Schwierigkeitsgrade; besonders bekannt ist der Berg aber für seine vielen extrem schwierigen Abfahrtspisten (Schwierigkeitsgrad Double Black Diamond), auf denen mehr als 600 Höhenmeter bewältigt werden. In der Regel herrscht hier deutlich weniger Andrang als auf dem nahe gelegenen Big White Mountain (S. 844).

Geführte Touren

Casabella Princess BOOTSTOUR
(☎250-492-4090; www.casabellaprincess.com; Penticton Marina; Erw./Kind 20/10 C$; ⏲Mai–Sept.) Wenn die *SS Sicamous* in Penticton den inneren Seemann wachrief, dann lohnt sich eine einstündige Seerundfahrt auf einem nachgebauten Heckraddampfer mit offenem Verdeck. Im Hochsommer legt er mehrmals täglich ab.

Feste & Events

Es scheint, als gäbe es in Penticton den ganzen Sommer über nur viel besuchte Festivals.

Elvis Festival MUSIK
(www.pentictonelvisfestival.com; ⏲Ende Juni) Dutzende Elvis-Imitatoren sind für manche der Himmel auf Erden, für andere die *Hound-Dog*-Hölle, besonders der Nachmittag, wenn alle was singen dürfen. Findet Ende Juni statt.

Peach Festival ESSEN
(☎800-663-5052; www.peachfest.com; ⏲Mitte Aug.) Das größte Event der Stadt ist im Prinzip eine Party, die seit 1948 veranstaltet wird und sich grob um den reifen, saftigen Pfirsich dreht und eine Pfirsichkönigin krönt.

Pentastic Jazz Festival MUSIK
(☎250-770-3494; www.pentasticjazz.com; ⏲Anfang Sept.) Über ein Dutzend Gruppen treten an drei Tagen auf fünf Bühnen auf.

Schlafen

Die meisten Motels befinden sich am Lakeshore Drive West und in der South Main Street/Skaha Lake Road. Der Streifen am Okanagan Beach ist die beliebteste Gegend. Das Besucherzentrum hat eine lange Liste mit B&Bs.

HI Penticton Hostel HOSTEL $
(☎250-492-3992; www.hihostels.ca; 464 Ellis St; B/Zi. ab 28/64 C$; ❄@☎) Das Hostel mit

47 Betten in einem viel genutzten Haus von 1908 liegt nahe dem Zentrum. Es organisiert Aktivitäten, darunter beispielsweise auch Weintouren.

Tiki Shores Beach Resort MOTEL **$$**
(☎866-492-8769, 250-492-8769; www.tikishores.com; 914 Lakeshore Dr W; Apt. 140–300 C$; ❄📶🏊) Die lebhafte Ferienanlage hat 40 apartmentähnliche Unterkünfte mit Küche, die meisten mit separaten Schlafzimmern. Die Zimmer sind in hellen Farben gehalten, die wie für einen Urlaub am See gemacht zu sein scheinen.

Vancouver House Bed & Breakfast B&B **$$**
(☎250-276-3737; www.pentictonbedandbreakfast.ca; 497 Vancouver Ave; Zi. 100–170 C$) Das denkmalgeschützte Haus liegt nur 500 m vom Ortszentrum und ein kurzes Stück zu Fuß vom Strand entfernt. Die drei Zimmer haben jeweils ihre eigenen HDTV-Geräte und DVDs sowie andere nette Extras. Das Frühstück ist einmalig.

Black Sea Motel MOTEL **$$**
(☎250-276-4040; www.blackseamotel.com; 988 Lakeshore Dr; Zi. 100–275 C$; ❄) Das Black Sea ist architektonisch so hässlich wie seine Nachbarn am Strand, doch wenigstens deutet es auf sowjetische Inspiration hin. Aber die inneren Werte zählen, und das Hotel überzeugt mit exzellentem Service und großen, apartmentähnlichen Zimmern.

Crooked Tree Bed & Breakfast B&B **$$$**
(☎250-490-8022; www.crooked-tree.com; 1278 Spiller Rd; Suite 180–210 C$; 📶) Diesem waldigen Bergrefugium, 9 km östlich vom Zentrum Pentictons gelegen, liegt der ganze Okanagan Lake schimmernd zu Füßen. Die drei großen Apartments haben jeweils mehrere Veranden und sind reichlich mit Luxus ausgestattet.

Essen & Ausgehen

In Penticton gibt es definitiv einige gute Lokale – einfach im Zentrum die Main Street und die Front Street entlangschlendern. Auf dem **Bauernmarkt** (☎250-583-9933; 100 Main St; ⏲Mai–Okt. Sa 8.30–12 Uhr), ein paar Blocks südlich des Sees, bieten viele Biobauern aus der Umgebung ihre Produkte an.

Es lohnt sich, im Ort nach Bieren der hiesigen Cannery Brewing Ausschau zu halten; das saisonale Blackberry Porter ist frisch und süffig.

★ **Burger 55** HAMBURGER **$**
(☎778-476-5529; www.burger55.com; 85 Westminster Ave E; Hauptgerichte 7–12 C$; ⏲11–20 Uhr) Der beste Hamburger in Kanada? Selbst schuld, wenn er es nicht ist, da es unzählige Möglichkeiten gibt, ihn in diesem winzigen Laden am Bach im Ortszentrum individuell zusammenzusetzen. Sechs Sorten Brötchen, acht Sorten Käse und Beläge wie gerösteter Knoblauch und *pico de gallo* sind nur einige der scheinbar unendlich vielen Optionen. Die Beilagen wie Pommes frites sind ebenfalls köstlich.

Il Vecchio Deli DELI **$**
(☎250-492-7610; 317 Robinson St; Sandwichs 6 C$; ⏲Mo–Sa 10–18 Uhr) Der Duft, der einen schon beim Betreten empfängt, verrät, dass man die richtige Wahl getroffen hat. Denn in dem atmosphärischen Deli gibt's mittags die besten Sandwiches der Stadt. Man kann sie gleich an den paar Tischen verschmausen; besser schmecken sie aber bei einem Picknick. Die Auswahl ist unglaublich: Unser Favorit ist das hervorragende Sandwich mit würziger Knoblauchsalami und marinierter Aubergine.

Fibonacci CAFÉ **$**
(☎250-770-1913; www.fibonacci.ca; 219 Main St; Hauptgerichte 7–10 C$; ⏲Mo–Sa 7–20, So bis 18 Uhr; 📶) Der große Messingkaffeeröster fällt gleich nach Betreten des Cafés im Ortszentrum ins Auge. Serviert werden gesunde mediterrane Speisen, die dünnkrustige Pizza wird aus lokalen Erzeugnissen zubereitet. Relaxen können die Gäste draußen auf Liegesitzen; manchmal gibt es Livemusik.

★ **Dream Cafe** FUSION **$$**
(☎250-490-9012; www.thedreamcafe.ca; 67 Front St; Hauptgerichte 11–20 C$; ⏲Di–So 8 Uhr bis open end) Die würzigen Düfte betören die Gäste schon beim Betreten des mit Kissen bedeckten, eleganten und doch legeren Bistros. Auf der Karte stehen asiatische, indische und viele vegetarische Gerichte. An vielen Abenden sorgen tourende Profis für Livemusik. Die Tische draußen sind im Sommer heiß begehrt.

Hillside Bistro BISTRO **$$**
(☎250-493-6274; www.hillsidewinery.ca; 1350 Naramata Rd; Hauptgerichte 16–27 C$; ⏲11.30–14 & 17–21 Uhr) Das zwanglose Bistro in schönster Lage inmitten der gleichnamigen Weingärten bietet einen herrlichen

Seeblick und edle Versionen von Hamburgern, Pasta und anderen Gerichten mit Zutaten aus lokalem Anbau. Dazu gehört ein Glas des Hausweins Mosaic, ein roter Bordeaux-Verschnitt.

Salty's Beach House MEERESFRÜCHTE **$$**
(☎250-493-5001; www.saltysbeachhouse.com; 1000 Lakeshore Dr W; Hauptgerichte 12–25 C$; ⌚April–Okt. 12–22 Uhr) Mancher erwartet Frittiertes, aber geboten werden tatsächlich differenzierte Meeresfrüchtegerichte mit internationalem Touch. Typisch ist die Cayman-Island-Fischsuppe, die sämig und vielseitig ist. Gegessen wird auf der Veranda unter den Sternen oder im oberen Stock mit herrlichem Seeblick.

Theo's GRIECHISCH **$$**
(☎250-492-4019; www.eatsquid.com; 687 Main St; Hauptgerichte 10–25 C$; ⌚11–22 Uhr) Das bei Einheimischen beliebte Restaurant serviert authentische griechische Inselküche, die man entweder in dem stimmungsvoll erleuchteten Speisesaal mit Kaminfeuer oder draußen auf der Terrasse genießt. Das *garithes uvetsi* ist eine Komposition aus Vorspeisen und reicht für zwei.

Hooded Merganser FUSION **$$**
(☎250-493-8221; www.hoodedmerganser.ca; Penticton Lakeside Resort, 21 Lakeshore Dr; Hauptgerichte 12–30 C$; ⌚7–24 Uhr) Die große Kneipe am See ist nach einer kleinen Entenart mit leuchtend buntem Federkleid benannt und zieht eine ganz ähnliche Kundschaft an. An Sommernachmittagen ist auf der Uferterrasse praktisch die Hölle los. Die Speisen sind für mehrere Personen gedacht, aber es gibt auch saftige Steaks und leckere Hamburger.

Shoppen

★ **Book Shop** BUCHLADEN
(☎250-492-6661; www.bookspenticton.com; 242 Main St; ⌚Mo–Fr 9.30–20, Sa bis 17.30, So 11–17 Uhr) Der Second-Hand-Buchladen, einer der größten und besten in Kanada, ist das perfekte Refugium für Regentage.

Praktische Informationen

Ein ganzer Raum des **Besucherzentrums** (☎250-493-4055, 800-663-5052; www.tourismpenticton.com; 553 Railway St, Ecke Hwy 97 & Eckhardt Ave W; ⌚8–19 Uhr; 📶) ist vom BC Wine Information Centre belegt, mit Infos zu regionalen Weinen sowie Verkostung und Verkauf von über 600 Sorten.

Anreise & Unterwegs vor Ort

Greyhound Canada (☎800-661-8747; www.greyhound.ca; 307 Ellis St) Verbindungen mit Vancouver (73 C$, 7 Std., 1-mal tgl.) und Kelowna (20 C$, 1¼ Std., 2-mal tgl.).

Penticton Transit (☎250-492-5602; www.bctransit.com; Einzelfahrschein/Tageskarte 2/4 C$) Verkehrt zwischen beiden Seeufern.

Von Penticton nach Kelowna

Das 18 km nördlich von Penticton am Highway 97 gelegene **Summerland** ist ein schönes Resort am See mit ein paar hübschen Häusern aus dem 19. Jh. am Hügelhang oberhalb des immer breiter werdenden, ständig rauschenden Highways. Die **Kettle Valley Steam Railway** (☎877-494-8424; www.kettlevalleyrail.org; 18404 Bathville Rd; Erw./Kind 22/13 C$; ⌚Mai–Okt.) ist ein 16 km langes Teilstück einer berühmten alten Eisenbahnstrecke, das heute als Museumsbahn genutzt wird. In offenen Waggons tuckert man hinter einer alten Dampflok durch die Gegend und blickt auf die Obstplantagen.

Rund 25 km südlich von Kelowna liegt unterhalb des Highway 97 am See die Kleinstadt **Peachland**. Sie eignet sich perfekt für einen kurzen Abstecher und einen luftigen Spaziergang. Wer eine längere Pause einlegen will, kehrt im **Blind Angler Grill** (☎250-767-9264; 5899A Beach Ave; Hauptgerichte 8–25 C$; ⌚7–21 Uhr) ein. Das wie ein Schuppen aussehende Lokal blickt auf einen kleinen Jachthafen. Was vielleicht an architektonischem Chic fehlt, wird mit dem ausgezeichneten Essen wettgemacht: Es gibt herrliches Frühstück, Lobster-Wraps und abends leckere Rippchen und Heilbutt.

Absolut schwindelerregend ist Kanadas höchste Seilrutsche von **Zipzone Peachland** (☎855-947-9663; www.zipzone.ca; Princeton Ave; Erw./Kind ab 100/80 C$; ⌚Mai–Okt. 9–17 Uhr), hoch über dem Deep Creek Canyon.

Zwischen Peachland und Kelowna ist die Zersiedelung nicht zu übersehen, besonders am Reklametafelalbtraum der **Westbank**.

Kelowna

117 800 EW.

Ein Kajakfahrer auf dem See, und dahinter ein mit neuen Reihenhäusern bedeckter Hügelhang – dieses Bild ist charakteristisch für das schnell wachsende Kelowna, die inoffizielle „Hauptstadt" und das ausgedehnte Zentrum des Okanagan Valley.

Wenn man von Norden kommend in die Stadt reinfährt, scheint sich die immer weiter ausufernde Urbanisierung an dem von Bäumen gesäumten Highway 97 alias Harvey Avenue endlos fortzusetzen. Aber hat man die Kettenfilialen und Einkaufszentren endlich hinter sich gelassen, erwartet einen die einladende Downtown mit Museen, Kultur, Nachtleben und einer Parkanlage am Seeufer. Ungefähr 2 km südlich vom Zentrum liegt direkt an der Pandosy Avenue **Pandosy Village**, eine reizende, vornehme Enklave am See.

Kelowna – das Wort der Inland-Salish bedeutet „Grizzlybär" – verdankt seine Besiedlung einer Handvoll Missionare, die hier 1858 in der Hoffnung ankam, die Ureinwohner bekehren zu können. Ihnen folgten Siedler und 1892 wurde schließlich die Stadt gegründet. Obstanbau im großen Stil war an der Tagesordnung, bis vor 20 Jahren schließlich die Weinindustrie das Heft in die Hand nahm.

Sehenswertes

Zentrum des Seeufers ist der gepflegte innerstädtische **City Park** mit schmucken Gärten, Brunnen und dem **Hot Sands Beach**, dessen Wasser Erholung von der Sommerhitze bietet.

Restaurants und Kneipen genießen einen ungehinderten Blick auf den See und das bewaldete Ufer auf der anderen Seite. Der **Waterfront Park** nördlich des Jachthafens wartet mit einem vielfältigen Uferstreifen und einer beliebten Freiluftbühne auf.

Hilfreich ist die Wanderbroschüre für den **Cultural District** aus dem Besucherzentrum; weitere Infos auf www.kelownamuseums.ca.

Öffentliche Kunst ÖFFENTLICHE KUNST
Unter den zahlreichen Statuen in Seenähe befindet sich auch der **Ogopogo**, das mythische – und kitschige – Monster des Sees. Prosaischer ist der **Bear** (Water St), ein riesiges, filigranes Metallgebilde. Im Besucherzentrum gibt es einen guten Führer zu den öffentlichen Kunstwerken.

BC Orchard Industry Museum MUSEUM
(☎250-763-0433; 1304 Ellis St; Eintritt mit Spende; ⏲Mo–Sa 10–17 Uhr) Das Obstbaumuseum im alten Laurel Packing House erzählt die Geschichte des Okanagan Valley von der Vergangenheit als Weideland für Viehzüchter bis zur heutigen Zeit als Tummelplatz für Touristen. Die alten Labels der Obstkisten sind Kunstwerke.

BC Wine Museum & VQA Wine Shop MUSEUM
(☎250-868-0441; 1304 Ellis St; ⏲Mo–Fr 10–18, Sa & So 11–17 Uhr) GRATIS Das Weinmuseum befindet sich im gleichen Gebäude wie das BC Orchard Industry Museum. Die kundigen Mitarbeiter empfehlen Touren, die besten Weinkellereien für Verkostungen und helfen auch, die gekauften Flaschen aus dem Angebot von über 600 Weinen aus 90 lokalen Weinkellereien ins Auto zu packen.

Kelowna Art Gallery GALERIE
(☎250-979-0888; www.kelownaartgallery.com; 1315 Water St; Erw./Kind 5/4 C$; ⏲Di, Mi, Fr & Sa 10–17, Do bis 21, So 13–16 Uhr) Die recht luftige Kelowna Art Gallery zeigt verschiedene lokale Kunstwerke.

Turtle Island Gallery GALERIE
(☎250-717-8235; www.turtleislandgallery.com; 115-1295 Cannery Lane; ⏲10–17 Uhr) Die Turtle Island Gallery verkauft und präsentiert Werke von eingeborenen Künstlern.

Okanagan Heritage Museum MUSEUM
(☎250-763-2417; 470 Queensway Ave; Eintritt mit Spende; ⏲Mo–Fr 10–17, Sa bis 16 Uhr) Das Okanagan Heritage Museum zeichnet auf spannende Art Jahrhunderte lokaler Kultur nach. Dazu gehören ein Grubenhaus der First Nations, ein chinesischer Lebensmittelladen und ein Handelsposten aus der Pandosy-Zeit.

Kasugai Gardens GÄRTEN
(Queensway Ave; ⏲9–18 Uhr) GRATIS Die schöne Anlage der Kasugai Gardens hinter dem Okanagan Heritage Museum eignet sich wunderbar für einen angenehmen geruhsamen Spaziergang.

Aktivitäten

Kelowna ist dank des milden Wetters ideal für eine Vielzahl von Freiluftaktivitäten, ob nun auf dem See oder in den Hügeln der Umgebung.

Rund um die Stadt kann man sehr gut wandern und mountainbiken. Der insgesamt 17 km lange **Mission Creek Greenway** ist ein gewundener, bewaldeter Pfad, der am Bach entlang der südlichen Stadtgrenze verläuft. Der westliche Teil bie-

Kelowna

tet eine weite und unkomplizierte Strecke, die Route in Richtung Osten wird dagegen sehr kurvenreich, sobald es die Hügel hinaufgeht.

Knox Mountain am nördlichen Ende der Stadt ist ein weiterer guter Ort zum Wandern oder Radfahren. Der 235 ha große Park mit gut erhaltenen Wegen ist die Heimat von Rotluchsen und Schlangen. Besucher werden auf dem Gipfel mit einer herrlichen Aussicht belohnt.

Sehr beliebt sind Radtouren auf dem Kettle Valley Rail Trail und durch die herrlichen Weingärten.

★ **Monashee Adventure Tours** FAHRRADVERLEIH

(☎250-762-9253; www.monasheeadventuretours.com; Fahrradverleih pro Tag ab 40 C$) Der Tourveranstalter hat zahlreiche Rad- und Wandertouren durch das Tal, die Parks, auf dem Kettle Valley Rail Trail (ab 80 C$) und zu den Weinkellereien im Angebot. Viele Touren werden von unterhaltsamen einheimischen Führern begleitet. Im Preis enthalten ist meist ein Leihfahrrad, Mittagessen und selbstverständlich die Busfahrt zur Route. Der Bus kann auch von eigenständigen Radfahrern benutzt werden, die nur auf

Kelowna

Sehenswertes
1 BC Orchard Industry Museum C2
BC Wine Museum & VQA Wine Shop .... (siehe 1)
2 Bear Statue C3
3 Hot Sands Beach A5
4 Kasugai Gardens C3
5 Kelowna Art Gallery C2
6 Ogopogo Statue B4
7 Okanagan Heritage Museum C3
8 Turtle Island Gallery C1

Aktivitäten, Kurse & Touren
9 Okanagan Rent A Boat B2

Schlafen
10 Abbott Villa B4
11 Kelowna Samesun International Hostel B5
12 Prestige Hotel B5
13 Royal Anne Hotel C4

Essen
14 Bean Scene C4
15 Pulp Fiction Coffee House C4
16 RauDZ C4
17 Rotten Grape B4

Ausgehen
18 Doc Willoughby's C4
19 Micro C4
20 Old Train Station Public House D1
21 Rose's Waterfront Pub B2
22 Sturgeon Hall C3

Unterhaltung
23 Blue Gator C4
24 Kelowna Actors Studio D2
Kelowna Rockets .... (siehe 25)
25 Prospera Place Arena C1
26 Rotary Centre for the Performing Arts C2

Shoppen
27 Mosaic Books C4

einer Strecke befördert werden wollen. Im Winter werden auch interessante Schneeschuhtouren angeboten.

Okanagan Rent A Boat BOOTSVERLEIH
(☎250-862-2469; www.lakefrontsports.com; Grand Okanagan Lakefront Resort; Kajakverleih 2 Std. 30 C$; ⊙Mai–Sept.) Die saisonale Bude am Seeufer verleiht Rennboote (ab 110 C$ pro Std.), Kanus, Kajaks, Wakeboards, Tretboote und noch vieles mehr.

Schlafen

An Sommerwochenenden sind, wie im übrigen Okanagan Valley, Unterkünfte schwer zu finden. Das Besucherzentrum hat ein Verzeichnis von Dutzenden B&Bs in der Umgebung. Kettenhotels dominieren die Harvey Avenue/Highway 97 Richtung Osten. Sie werden immer billiger, je weiter es raus geht, aber dafür wird auch das Umfeld immer unangenehmer.

Kelowna International Hostel HOSTEL $
(☎250-763-6024; www.kelowna-hostel.bc.ca; 2343 Pandosy St; B/Zi. ab 25/60 C$; ⓦ) Das kleine Hostel etwa 1 km südlich des City Park ist in einem Haus aus den 1950er-Jahren in einer baumbestandenen Wohnstraße untergebracht. Die Nachbarn finden die regelmäßigen Bierpartys und andere geselligen Begebenheiten, die in dem fröhlichen Haus toben, zweifellos ganz toll.

Kelowna Samesun International Hostel HOSTEL $
(☎877-562-2783, 250-763-9814; www.samesun.com; 245 Harvey Ave; B/Zi. ab 33/70 C$; ❄@ⓦ) Das zweckgebaute Hostel nahe dem Zentrum und dem See hat 88 Schlafsaalbetten und Privatzimmer. Zu den Aktivitäten gehören diverse Gruppenunternehmungen.

Willow Creek Family Campground CAMPINGPLATZ $
(☎250-762-6302; www.willowcreekcampground.ca; 3316 Lakeshore Rd; Zelt/Wohnmobil ab 32/42 C$; ⓦ) Der schattige Platz mit 82 Stellplätzen dicht am Pandosy Village und einem Strand hat auch eine Waschküche. Die Zeltplätze befinden sich auf einem Grünstreifen.

Abbott Villa MOTEL $$
(☎800-578-7878, 250-763-7771; www.abbottvilla.com; 1627 Abbott St; Zi. 90–180 C$; ❄@ⓦ≋) Das 52-Zimmer-Motel in perfekter Innenstadtlage gegenüber dem City Park ist so schmuckos wie ein Rebstock im Winter. Es hat aber einen ganz guten Pool und eine Hot Tub. Zum Frühstück gibt es kostenlose hausgemachte Waffeln.

Royal Anne Hotel HOTEL $$
(☎250-763-2277, 888-811-3400; www.royalannehotel.com; 348 Bernard Ave; Zi. 90–200 C$; ❄@ⓦ) Location, Location, Location sind die drei Vorzüge in diesem ansonsten langweiligen, älteren fünfstöckigen Hotel im

Zentrum der Stadt. Die Zimmer haben eine moderne Standardeinrichtung, Kühlschränke und große Fenster, die sich öffnen lassen.

Prestige Hotel MOTEL $$
(☎877-737-8443, 250-860-7900; www.prestigeinn.com; 1675 Abbott St; Zi. 130–250 C$;) Das Motel mit 67 Zimmern hat eine tolle Lage gegenüber dem City Park; drinnen ist das eher scheußliche Äußere wenigstens nicht mehr zu sehen. Die Zimmer sind modern und schnörkellos wie in einem feineren Motel.

★ **Hotel Eldorado** HOTEL $$$
(☎866-608-7500, 250-763-7500; www.hoteleldoradokelowna.com; 500 Cook Rd; Zi. 180–400 C$;) Das südlich vom Pandosy Village am See gelegene historische Refugium hat 19 Zimmer voller Antiquitäten, in denen man in Luxus schwelgen kann. In dem moderat modern gestalteten Flügel gibt es noch 30 weitere Zimmer und sechs opulente Suiten am Wasser. Die ganze Anlage ist erstklassig, kunstvoll und leger zugleich. Sucht man eine Luxusoase, ist dies eindeutig die beste Wahl.

Essen & Ausgehen

Viele der Restaurants in Kelowna haben die vielen in der Region angebauten Produkte für sich entdeckt. Von dem großstädtischen Flair im Stile von Vancouver East darf man sich allerdings in puncto Essenszeit nicht täuschen lassen: 20 Uhr ist schon zu spät. Die hiesige Kleinbrauerei **Tree Brewing** hat eine ausgezeichnete Auswahl an Bieren, die überall in der Gegend verkauft werden.

Auf dem **Bauernmarkt** (☎250-878-5029; Ecke Springfield Rd & Dilworth Dr; April–Okt. Mi & Sa 8–13 Uhr) verkaufen über 150 Händler ihre Waren, viele auch Fertiggerichte. Auch Kunsthandwerker bieten hier ihre Waren an. Der Markt liegt am Highway 97 östlich des Zentrums.

★ **BC Fruit Market** MARKT $
(☎250-763-8872; 816 Clement Ave; Obst ab 1 C$; Mo–Sa 9–17 Uhr) Im Haus der Obstkooperative werden wie auf einem Jahrmarkt haufenweise die besten Früchte Okanagans zum Anschauen und Probieren präsentiert. Und sie kosten hier nur halb so viel wie im Supermarkt.

Pulp Fiction Coffee House KAFFEE $
(☎778-484-7444; www.pulpfictioncoffeehouse.com; 1598 Pandosy St; Kaffee 2 C$; 7–22 Uhr) Die Blondine schaute mich verführerisch an, und ihr Busen ... Ähm, hier werden die besten Noir-Krimis inmitten passender Poster verkauft. In dem pfiffigen Café im Zentrum mit entsprechendem Thema wird neben Second-Hand-Büchern auch exzellenter Kaffee und Tee serviert.

Bean Scene CAFÉ $
(☎250-763-1814; www.beanscene.ca; 274 Bernard Ave; Kaffee 2 C$; 6.30–23 Uhr;) Hat eine tolle Pinnwand, um bei einem Muffin mitzukriegen, was hier abgeht. Der Kaffee ist der beste im Ort.

★ **RauDZ** FUSION $$
(☎250-868-8805; www.raudz.com; 1560 Water St; Hauptgerichte 12–25 C$; 17–22 Uhr) Der bekannte Koch Rod Butters hat mit seinem zwanglosen Bistro, einem Tempel für Erzeugnisse und Weine aus Okanagan, den Standard für frische lokale Produkte gesetzt. Das Lokal ist so geräumig und offen wie die Küche, und das saisonale Speisenangebot für mehrere Personen ist, neben Steaks und Meeresfrüchten, mediterran beeinflusst. Zu den Lieferanten gehört auch Carmelis mit seinem Ziegenkäse.

★ **Rotten Grape** TAPAS $$
(☎250-717-8466; www.rottengrape.com; 231 Bernard Ave; Hauptgerichte 10–20 C$; Mi–Sa 17–24 Uhr) Hier im Zentrum der Stadt gibt's ohne Schnickschnack massenhaft einheimischen Wein (über 200 Sorten im Glas). Wer sich irgendwann über „Tannin, den Schrecken des Pinot" äußert, sollte den Mund halten und lieber die leckeren Tapas verspeisen, ob drinnen oder draußen.

Sturgeon Hall KNEIPE
(☎250-860-3055; 1481 Water St; Mo–Sa 11 Uhr bis spät) Fanatische Fans des Eishockeyteams Kelowna Rockets mampfen an der Bar oder an den Straßentischen exzellente Hamburger und dünnkrustige Pizzas (Hauptgerichte 10–20 C$) und zischen dabei ein Bier. In der Saison überträgt jeder Fernsehsender Eishockey.

Micro KNEIPE
(www.microkelowna.com; 1500 Water St; 17 Uhr bis spät) Die tolle kleine Bar des RauDZ-Teams erreicht die Skala zehn, also es gibt zehn Weinsorten, zehn hervorragende Biere von Kleinbrauereien und zehn Häppchen von Kleinherstellern aus dem Tal auf der wechselnden Speisekarte (Snacks ab 10 C$). Der schönste Platz ist an der wunderschönen Holzblockbar.

Old Train Station Public House KNEIPE
(☎778-484-5558; www.thetrainstationpub.com; 1177 Ellis St; ⊙11 Uhr bis spät) Der seit Langem stillgelegte Canadian-National-Bahnhof erwachte als Edelkneipe mit einem tollen Bierangebot wieder zu neuem Leben. Die üblichen Kneipengerichte sind kreativ und durchaus reizvoll (Hauptgerichte 11–20 C$); außerdem verlockend sind an warmen Tagen die breite Terrasse und samstagabends Livemusik.

Doc Willoughby's KNEIPE
(☎250-868-8288; 353 Bernard Ave; ⊙11.30–2 Uhr) Die Kneipe ist mit holzverkleidetem Gewölbe und Straßentischen ausgestattet und liegt zentral in der Innenstadt. Sie ist ideal für einen Drink oder ein Essen geeignet; die Fish & Chips sind sehr empfehlenswert (Hauptgerichte 10–20 C$). Die Bierauswahl ist hervorragend, darunter sind bemerkenswerterweise auch Biere der Tree Brewing und der Cannery Brewing in Penticton.

Rose's Waterfront Pub KNEIPE
(☎250-860-1141; www.rosespub.com; Delta Grand Okanagan Hotel, 1352 Water St; ⊙12 Uhr bis spät) Die Seeterrasse, eines der gehobenen Lokale am Ufer, ist ideal für Drinks und Snacks bei Sonnenuntergang – von mehreren Stunden zuvor bis zu mehreren Stunden danach. Das Dachcafé gewährt einen Blick auf die Massen unten. Das Essen ist Kneipenstandard (Hauptgerichte 12–25 C$).

☆ Unterhaltung

Die Clubs von Kelowna liegen meist am westliche Ende der Leon und der Lawrence Avenue. An Sommerabenden gibt es in verschiedenen Lokalen am Ufer kostenlose Konzerte.

NICHT VERSÄUMEN

KETTLE VALLEY RAIL TRAIL

Der berühmte **Kettle Valley Railway** kämpft gegen die Weingüter und Obstplantagen um die Gunst der Besucher (clevere Leute wählen das Triple).

Die einst 525 km lange, kurvenreiche Eisenbahnstrecke wurde für den Transport von Silbererz von den südlichen Kootenays nach Vancouver gebaut. Die 1916 fertiggestellte Strecke ist – gemessen an den Kosten pro Kilometer – eine der teuersten aller Zeiten. 1989 wurde die gesamte Strecke stillgelegt. Nicht lange danach wurden die Trassen mit ihren sanften Steigungen (nie über 2,2 %) und Dutzenden von Brücken in den Trans Canada Trail integriert.

Der spektakulärste Abschnitt des Kettle Valley Rail Trail liegt in der Nähe von Kelowna. Die 24 km lange Strecke durch den **Myra Canyon** bietet einen fantastischen Blick auf die kurvenreiche Schlucht. Insgesamt **18 Gerüstpfeilerviadukte** (Trestle-Brücken) überspannen die Schlucht, an deren Felswand der Wander- und Radweg verläuft. Dass man heute noch die gesamte Strecke absolvieren kann, grenzt an ein Wunder, wurden doch 2003 zwölf Holzgerüste bei einem Feuer zerstört. Der Wiederaufbau ist vor allem der **Myra Canyon Trestle Restoration Society** (www.myratrestles.com) zu verdanken. Der weite Blick reicht bis Kelowna und zum See. Man sieht zwar noch die Zerstörung, die das Feuer angerichtet hat, aber auch alpine Wiesen, die langsam die Landschaft wieder zurückerobern.

Um die Gegend rund um die spektakulärsten Holzgerüste zu erreichen, folgt man der Harvey Avenue (Highway 97) ostwärts bis zum Gordon Drive, biegt nach Süden ab und fährt dann auf der KLO Road 2,6 km ostwärts. An einer Weggabelung zweigt halbrechts die McCulloch Road ab, deren Zickzackkurs man noch weitere 7,4 km folgt. An der Myra Forest Service Road biegt man nach Süden ab und fährt über eine kurvenreiche Schotterstraße 8,7 km den Hügel hinauf, bis man den Parkplatz erreicht.

Der Myra Canyon ist nur ein kleiner Teil des insgesamt 174 km umfassenden Wanderwegnetzes im Okanagan Valley, das der alten Bahnstrecke folgt und durch Tunnel, vorbei an Naramata und südwärts bis nach Penticton und darüber hinaus führt. Einfachen Zugang zum Trail hat man von vielen Punkten aus. Wer will, kann auch an Wander- und Radtouren teilnehmen. **Myra Canyon Bike Rentals** (☎250-878-8763; www.myracanyonrental.com; Myra Canyon; Leihrad halber Tag Erw./Kind ab 40/30 C$; ⊙ Mai–Okt. 9–17.30 Uhr) verleiht Fahrräder; im Voraus telefonisch anmelden.

Blue Gator LIVEMUSIK
(☎250-860-1529; www.bluegator.net; 441 Lawrence Ave; ⏲Di–So 15 Uhr bis spät) Blues, Rock, Acoustic Jam und mehr bietet hier der Tempel heißer Livemusik und kalten Biers.

Kelowna Rockets EISHOCKEY
(☎250-860-7825; www.kelownarockets.com; Karten ab 24 C$; ⏲Sept.–März) Die Kelowna Rockets sind das heiß geliebte lokale WHL-Eishockeyteam in der oberen Liga. Sie spielen in der schicken **Prospera Place Arena** (☎250-979-0888; Ecke Water St & Cawston Ave) mit 6000 Plätzen. Bei Heimspielen sind die Kneipen vor und nach dem Match voll.

Kelowna Actors Studio THEATER
(☎250-862-2867; www.kelownaactorsstudio.com; 1379 Ellis St; Karten ab 54 C$) Das Dinner-Theater mit hohem Anspruch führt Stücke wie *The Producers* und *Nächstes Jahr, selbe Zeit* auf.

Rotary Centre for the Performing Arts KULTURZENTRUM
(☎250-717-5304, Kartenverkauf 250-763-1849; 421 Cawston Ave) Galerien, ein Theater, ein Café, Kunsthandwerks-Workshops und klassische Konzerte.

Shoppen

Die vielen Lebensmittelhändler verkaufen lokal hergestellte Waren, die sich bestens als Geschenk eignen.

Mosaic Books BÜCHER
(☎250-763-4418; www.mosaicbooks.ca; 411 Bernard Ave; ⏲Sa–Mi 9–18, Do & Fr bis 21 Uhr) Mosaic Books ist ein exzellenter unabhängiger Buchladen, der Karten (auch topografische) und Reiseführer sowie diverse Bücher über Geschichte und Kultur der Ureinwohner verkauft.

Praktische Informationen

Das **Besucherzentrum** (☎800-663-4345, 250-861-1515; www.tourismkelowna.com; 544 Harvey Ave; ⏲8–19 Uhr) liegt nahe der Ecke Ellis Street.

An- & Weiterreise

Vom **Kelowna Airport** (YLW; ☎250-765-5125; www.kelownaairport.com) fliegt **Westjet** (www.westjet.com) nach Vancouver, Victoria, Edmonton, Calgary und Toronto, **Air Canada Jazz** (www.aircanada.com) nach Vancouver und Calgary und **Horizon Air** (www.alaskaair.com) nach Seattle. Der Flughafen befindet sich 20 km nördlich vom Zentrum am Highway 97.

Greyhound Canada (☎800-661-8747; www.greyhound.ca; 2366 Leckie Rd) hält günstig östlich der Innenstadt am Highway 97. Die Stadtbusse 9 und 10 fahren vom Bahnhof Queensway in der Innenstadt dorthin (6.30–21.45 Uhr alle 30 Min.). Busverbindungen gibt es u. a. mit Calgary (93 C$, 10 Std., tgl.), Kamloops (35 C$, 2½–5 Std., 3-mal tgl.), Penticton (20 C$, 1¼ Std., 2-mal tgl.) und Vancouver (73 C$, 5–6 Std., 6-mal tgl.).

Unterwegs vor Ort

ZUM/VOM FLUGHAFEN

Taxis kosten etwa 36 C$.

BUS

Kelowna Regional Transit System (☎250-860-8121; www.transitbc.com; Erw./Kind 2,25/2 C$) betreibt die Stadtbusse. Eine Tagesfahrkarte kostet 6 C$. Alle Innenstadtbusse halten am Bahnhof Queensway (Queensway Ave, zwischen Pandosy & Ellis St). Die Strecken sind nicht besonders zweckdienlich.

AUTO & TAXI

Alle größeren Autovermietungen sind am Flughafen Kelowna vertreten. Eine der Taxifirmen ist Kelowna Cabs (☎250-762-2222, 250-762-4444).

Big White Ski Resort

Perfekter Pulverschnee ist das Markenzeichen des **Big White Ski Resort** (☎250-765-8888, 800-663-2772, Schneebericht 250-765-7669; www.bigwhite.com; abseits von Hwy 33; Lift-Tageskarte Erw./Kind 79/43 C$), das 55 km östlich von Kelowna abseits des Highway 33 liegt. Bei einem Höhenunterschied von 777 m bieten die 118 Pisten und 16 Lifte ausgezeichnete Möglichkeiten zum Skifahren und Langlaufen, während in den tiefen Rinnen Extrem-Snowboarder voll auf ihre Kosten kommen. Da das Skigebiet ziemlich abgelegen ist, suchen sich die meisten Leute hier ein Nachtquartier. In dem Resort gibt es zahlreiche Restaurants, Bars, Hotels, Apartments, Ferienhäuser und ein Hostel. Im Resort selber erhält man auch Infos über Unterkünfte und den Shuttle nach Kelowna, der in der Skisaison verkehrt.

Vernon

38 400 EW.

Der Glanz des Okanagan Valley beginnt kurz vor Vernon zu verblassen. Vielleicht liegt es am Wetter. Die Winter hier sind so kalt wie die im Landesinneren British Columbias und es gibt nur wenige Weingüter. Das bedeutet aber nicht, dass die ganze Gegend gänzlich ohne Charme wäre. Das nach Obstplantagen duftende Tal ist von drei Seen umgeben, die den ganzen Sommer über Besucher auf der Suche nach Freizeitspaß anlocken: Kalamalka, Okanagan und Swan.

Die meisten Geschäfte findet man an der 30th Avenue (der Main Street). Für Verwirrung sorgt die Tatsache, dass die 30th Avenue mitten in der Downtown von der 30th Street gekreuzt wird – also nicht die Straßen und Avenues durcheinanderbringen.

Sehenswertes & Aktivitäten

Die Innenstadt Vernons ist mit über 30 **Wandbildern**, von kitschig bis künstlerisch, aufgehübscht.

Der herrliche, 9 km² große **Kalamalka Lake Provincial Park** (250-545-1560; www.bcparks.ca; abseites des Hwy 6) südlich der Stadt liegt an der östlichen Seite dieses warmen, flachen Sees. Der Park bietet großartige Badestrände am Jade und Kalamalka Beach, gute Angelgelegenheiten sowie Mountainbike- und Wanderwege. **Innerspace Watersports** (250-549-2040; www.innerspacewatersports.com; 3103 32nd St; Mo–Sa 10–17.30 Uhr) hat hier, neben dem Laden in der Stadt, im Sommer eine Bude mit Kanu- und Stand-Up-Paddle-Verleih.

Es gibt zwei spaßige Attraktionen, mit der sich hiesige Bauern ein paar Dollar dazuverdienen. **Davison Orchards** (250-549-3266; www.davisonorchards.ca; 3111 Davison Rd; 8–18 Uhr) bietet Traktorfahrten, selbst gemachtes Eis, frischen Apfelsaft und einnehmende Tiere. Gleich nebenan liegt **Planet Bee** (250-542-8088; www.planetbee.com; 5011 Bella Vista Rd; Eintritt frei; 8–18 Uhr) GRATIS, eine Honigfarm, auf der die Gäste alle süßen Geheimnisse des goldenen Nektars erfahren und einem Bienenstock aus der Nähe bei der Arbeit zuschauen können. Einfach der 25th Avenue Richtung Westen folgen, dann kurz nach Norden auf die 41st Street abbiegen, und anschließend Richtung Westen auf der Bella Vista Road nach Schildern Ausschau halten.

Schlafen

Unterkünfte gibt es in allen Preislagen; Kettenhotels befinden sich im nördlichen Teil des Highway 97. Um den See werden Ferienhäuser vermietet.

Ellison Provincial Park CAMPINGPLATZ $
(800-689-9025, info 250-494-6500; www.discovercamping.ca; Okanagan Landing Rd; Stellplatz 30 C$; April–Okt.) Ein großartiger Platz nahe dem See, etwa 16 km südwestlich von Vernon. Die 71 Stellplätze sind schnell belegt, also frühzeitig reservieren.

Beaver Lake Mountain Resort LODGE $$
(250-762-2225; www.beaverlakeresort.com; 6350 Beaver Lake Rd; Stellplatz ab 27 C$, Hütte 75–165 C$; @) Ungefähr auf halber Strecke zwischen Vernon und Kelowna liegt östlich des Highway 97 oben in den Bergen das Postkartenidyll am Seeufer. Es bietet eine Reihe rustikaler Blockhütten und luxuriösere Hütten für bis zu sechs Personen.

Tiki Village Motel MOTEL $$
(800-661-8454, 250-503-5566; www.tikivillagevernon.com; 2408 34th St; Zi. 70–150 C$;) Wenn jemand das Handy seines Bruders in der Poolwand versteckt, dann wird der es nie wiederfinden. Das Tiki, eine Ode an die Glanzzeit dekorativer Betonblöcke, hat eine angenehme, üppige Bepflanzung und 30 Zimmer mit einem leicht asiatisch-minimalistischen Touch.

Essen

Der abendliche **Bauernmarkt** (250-546-6267; Ecke 48th Ave & 27th St; Fr 15–19 Uhr) verleiht dem Parkplatz der Village Green Mall am Nordrand der Stadt etwas Stil. Es gibt auch **Märkte** (Kal Tire Place, 3445 43rd Ave; Mo & Do 8–13 Uhr) am Vormittag gleich westlich des Highway 97.

Die Main Street (30th Avenue) östlich des Highway 97 (32nd Street) ist praktisch die Restaurantmeile.

Talkin Donkey CAFÉ $
(250-545-2286; www.talkindonkey.com; 5400 24th St; Hauptgerichte 7 C$; Mo–Do 8–22, Fr & Sa bis 23 Uhr;) Eine hiesige Institution: Wenn hier von „verantwortungsbewusstem Trinken“ die Rede ist, dann ist damit der Fair-Trade-Kaffee gemeint. Ein großer Teil der Einnahmen des abgefahrenen Kaffeehauses geht an karitative Organisationen. Freitagabends gibt es Folkmusic – dazu wippen die Gäste mit den Zehen in ihren Birkenstocks.

★ **Eclectic Med** MEDITERRAN $$
(250-558-4646; 2915 30th Ave; Hauptgerichte 12–25 C$; 12–21 Uhr) Der Name ist Programm: Das Speisenangebot verleiht loka-

len Standards wie Alberta-Steaks, Seefisch und Gemüse aus dem Tal einen mediterranen Touch. Die Teller sind kunstvoll und appetitlich hergerichtet. Die lokale Weinkarte ist lang, viele Weine werden auch per Glas ausgeschenkt.

Bamboo Beach Fusion Grille FUSION $$
(☎250-542-7701; 3313 30th Ave; Hauptgerichte 12–25 C$; ⏰12–21 Uhr;) Asiatische Aromen würzen beliebte lokale Gerichte in diesem munteren Restaurant. Japanische, koreanische und thailändische Einflüsse sind beim Kokos-Heilbutt, den Fish & Chips mit Schnappbarsch und anderen Gerichten zu finden. Die schmackhaften Curry-Soba-Nudeln sind sehr gut.

ℹ Praktische Informationen

Das **Besucherzentrum** (☎800-665-0795, 250-545-3016; www.tourismvernon.com; 701 Hwy 97 S; ⏰9–18 Uhr) liegt 2 km südlich des Stadtzentrums.

ℹ Anreise & Unterwegs vor Ort

Greyhound Canada (☎800-661-8747; www.greyhound.ca; 3102 30th St, Ecke 31st Ave) Busverbindungen zwischen Vernon und Kelowna (17 C$, 45 Min., 4-mal tgl.) und Revelstoke (35 C$, 2¾ Std., 1-mal tgl.).

Vernon Regional Transit System (☎250-545-7221; www.transitbc.com; Fahrkarten ab 2 C$) Die Busse fahren an der Ecke 31st Street und 30th Avenue ab. Zum Kalamalka Lake fährt der Bus 1, zum Okanagan Lake Bus 7.

Nördlich von Vernon

Attraktionen gibt es nur wenige in dieser Gegend, die eher wegen der Anbindung an die wichtigen Highways eine Rolle spielt. Gleich nördlich von Vernon führt der schöne Highway 97 durch baumreiche, von Seen durchzogene Täler nordwestwärts nach Kamloops.

Auf der **O'Keefe Ranch** (www.okeeferanch.ca; Hwy 97; Erw./Kind 14/9 C$; ⏰Mai–Sept. 10–17 Uhr), von 1867 bis 1977 Sitz der O'Keefes, gibt es noch immer eine originale Blockhütte sowie zahlreiche Vorführungen aus der alten Viehzüchterzeit. Vor dem Aufkommen der Obstplantagen – und später Rebstöcke – war das Tal von Viehzucht dominiert. Die Ranch liegt 4 km nach dem Abzweig des Highway 97 vom Highway 97A, der nordostwärts nach Sicamous und zum Highway 1 weiterführt. **Armstrong**, 23 km nördlich von Vernon, ist ein hübsches, kleines Dorf.

Silver Star

Dank des fürs Landesinnere von British Columbia typischen trockenen Pulverschnees ist **Silver Star** (☎250-542-0224, Schneebericht 250-542-1745; www.skisilverstar.com; 123 Shortt St; Lift-Tageskarte Erw./Kind 79/43 C$) ein sehr beliebtes Skigebiet. Die 115 Pisten haben einen maximalen Höhenunterschied von 760 m; für Snowboarder gibt es eine Halfpipe und einen Terrainpark. Im Sommer befördern die Lifte Mountainbiker und Wanderer hinauf in die luftigen grünen Höhen mit tollem Ausblick.

Sämtliche Varianten von Unterkünften kann man über das Resort reservieren. Die **Samesun Lodge** (☎877-562-2783, 250-545-8933,; www.samesun.com; 9898 Pinnacles Rd; B/Zi. ab 30/78 C$; @) betreibt ein sehr beliebtes und fast schon nobles Backpackerhotel.

Anfahrt ins Skigebiet über die 48th Avenue vom Highway 97. Das Resort liegt 22 km nordöstlich von Vernon.

Shuswap-Region

Der wie ein Rorschachtest geformte **Shuswap Lake** bildet den Mittelpunkt einer etwas langweiligen, aber netten Region aus grünen, bewaldeten Hügeln, Farmen und den zwei kleinen Orten Sicamous und Salmon Arm. In Letzterem befindet sich das **Besucherzentrum** (☎877-725-6667, 250-832-2230; www.shuswaptourism.ca; 20 Hudson Ave NE, Salmon Arm; ⏰8–18 Uhr) der Gegend.

In der Region gibt es mehrere Provinzparks mit Seen, die ein beliebtes Ausflugsziel für Familien und all diejenigen sind, die ihren Urlaub gerne aktiv verbringen. Hauptattraktion ist allerdings die jährliche Laichsaison der Rotlachse im **Roderick Haig-Brown Provincial Park** (☎250-851-3000; www.bcparks.ca; Saquilax), gleich abseits des Highways 1. Der 10,59 km² große Park schützt beide Seiten des Adams River zwischen dem Shuswap Lake und dem Adams Lake; die hellroten Lachse, die jeden Oktober flussaufwärts schwimmen, müssen hier durch ein natürliches Nadelöhr. Die Fischpopulation erreicht alle vier Jahre ihren Höchststand. Dann strömen rund 4 Mio. Lachse durch das seichte Flussbett des Adams River. Das nächste Mal wird dies 2014 der Fall sein.

DIE KOOTENAYS & DIE ROCKIES

Normalerweise ist man einfach nur glücklich, wenn man den Blick über die schier unendlichen, schneebedeckten Gipfel in der Region Kootenay schweifen lässt und ins Nachdenken gerät. Herrliche Wildwasserflüsse, die tiefe Täler durchziehen, unglaubliche Felswände, Almwiesen und sägezahnartige, gefleckte Berge am Horizont rufen Ehrfurcht, Tatendrang oder einfach nur Staunen hervor.

Wenn man von Westen anreist, erscheinen einem die majestätischen Berge, als wären sie von Gottes Hand genau so platziert worden. Die fast parallelen Bergketten der Monashees und der Selkirks streifen die West Kootenays mit den Arrow Lakes. Hübsche Orte wie Revelstoke und Nelson schmiegen sich an die Berge und bieten das ganze Jahr über Spaß und Action in der freien Natur. Die East Kootenays erstrecken sich rund um den Purcell Mountain unterhalb von Golden. Dort liegen auch die Radium Hot Springs und das entzückende Fernie. Und an der Grenze zu Alberta ragen die Rocky Mountains hoch in den Himmel hinauf.

Die Parks in den Rocky Mountains auf der Seite von British Columbia (Mt. Revelstoke, Glacier, Yoho und Kootenay) finden zwar nicht so große Beachtung wie die von Banff und Jasper auf der anderen Seite der Grenze, doch das muss ja nicht schlecht sein: Jeder Park hat seine eigenen spektakulären Ecken, die oft von den auf den Banff National Park fixierten Horden relativ verschont bleiben. Tierfreunde jedenfalls werden ein Paradies vorfinden: In der vielfältigen Region lassen sich nicht selten Grizzlys, Schwarzbären, Rothirsche, Elche, Rehe, Biber, Bergziegen und etliche andere Tiere blicken. Man sollte unbedingt eine Pause einlegen, um seine eigenen Entdeckungen zu machen.

Revelstoke

7300 Ew.

Revelstoke ist ein guter Ausgangspunkt für Reisende, die in die Berge wollen. Der Ort hat es eigentlich nicht nötig, für sich selbst ordentlich ins Horn zu blasen – das erledigen schon die endlosen Züge, die hier mitten durch die Stadt rattern.

Revelstoke wurde als wichtiger Ort an der Canadian-Pacific-Eisenbahnstrecke errichtet, die erstmals den Westen und den Osten Kanadas miteinander verband. Aber in der Stadt hört man nicht nur das Echo der Zugsirenen, sondern auch den Widerhall der Geschichte. Das kompakte Zentrum ist zwar voller historischer Gebäude, gehört aber noch lange nicht ins Museum: Hier gibt es eine lebhafte, einheimische Kunstszene und die meisten Bewohner schöpfen die unzähligen Möglichkeiten voll aus, wandern zu gehen, Kajak zu fahren und vor allem auf schmalen Brettern die Pisten herunterzudüsen. Wer auf dem Highway hier vorbeikommt, sollte unbedingt eine ausgedehnte Pause einlegen.

Sehenswertes

Die **Grizzly Plaza** zwischen der Mackenzie Avenue und der Orton Avenue ist eine Fußgängerzone und quasi das Herz der Innenstadt. Dort gibt's zwischen Juli und August abends kostenlos Livemusik.

Outdooraktivitäten sind zwar die Hauptattraktion von Revelstoke, aber ein Bummel durch das Zentrum und ein Besuch im Museum sind ein Muss. In der Touristeninformation gibt es die Stadtrundgangshefte *Public Art und Heritage*.

★ **Revelstoke Railway Museum** MUSEUM
(☎250-837-6060; www.railwaymuseum.com; 719 Track St W; Erw./Kind 10/2 C$; ⏲9–17 Uhr) Das Eisenbahnmuseum ist vom Zentrum aus auf der anderen Seite der Bahngleise in einem attraktiven Gebäude untergebracht. Es zeigt restaurierte Dampflokomotiven, darunter eine der größten, die jemals auf den Strecken der Canadian Pacific Railway (CPR) zum Einsatz kam. Fotos und Artefakte dokumentieren den Bau der CPR, wodurch erstmals eine direkte Verbindung zwischen dem Osten und dem Westen Kanadas geschaffen wurde.

Revelstoke Museum MUSEUM
(☎250-837-3067; www.revelstokemuseum.ca; 315 1st St W; Erw./Kind 5 C$/frei; ⏲Mo–Fr 10–17, Sa 11–17 Uhr) Möbel und historische Gegenstände zum Bergbau, zu Holzwirtschaft und Eisenbahn aus der Zeit, als der Ort in den 1880er-Jahren gegründet wurde, werden hier ausgestellt. Die Exponate zur Geschichte des lokalen Skisports sind gut.

Aktivitäten

Revelstoke zwischen den weitläufigen, aber relativ unbekannten Bergketten Selkirk und Monashee lockt begeisterte Skifahrer an, die weite Landschaften mit Pisten ohne

Massenbetrieb schätzen. Hier wurde 1915 die erste Skisprungschanze Nordamerikas gebaut.

22 km lange, gepflegte **Skilanglaufloipen** gibt es in der Mount MacPherson Ski Area, 7 km südlich des Orts am Highway 23; siehe www.revelstokenordic.org.

Wenn im Frühjahr der ganze Schnee zum Wildwasser schmilzt, ist Rafting angesagt. **Mountainbiken** ist ebenfalls beliebt, wie in der ganzen Region; Wegekarten gibt's im Besucherzentrum.

Revelstoke Mountain Resort SKIFAHREN
(☎888-837-2188; www.revelstokemountainresort.com; Camozzi Rd; Tagesliftkarte Erw./Kind 80/28 C$) Das Revelstoke Mountain Resort, nur 6 km südöstlich des Orts, strebt danach, das größte Skigebiet jenseits der Alpen zu werden. Aber da die scheinbar endlosen, unberührten Pisten erst 2008 eröffnet wurden, dauert das wohl noch eine Weile. Derweil können Skifahrer auf einer einzigen Piste (von 59) über 700 m Abfahrt und 700 m Slalom durch den Baumbestand talwärts sausen. Mit 1713 m ist der Höhenunterschied der größte Nordamerikas.

Das Resort hat zwar Hänge erschlossen, die einst nur mit Hubschrauber oder Kettenfahrzeug erreichbar waren, aber es gibt noch immer unzählige abgeschiedene Pisten. **Mica Heliskiing** (☎877-837-6191; www.micaheli.com; 207 Mackenzie Ave; ⏲Dez.–April) ist eines von mehreren Unternehmen, die Trips anbieten (ab 1300 C$ pro Tag).

LAWINENWARNUNG

Die Kootenays liegen mitten im Lawinengebiet. Jedes Jahr fordern Lawinen in British Columbia mehr Menschenleben als jede andere Naturkatastrophe. 2010 forderte eine Lawine während eines Treffens von Extrem-Schneemobilfahrern in der Nähe von Revelstoke drei Tote und mindestens 30 Verletzte – der Tribut der Natur für das Vergnügen im Schnee ist hoch.

Lawinen können jederzeit und selbst in flachen Gegenden losbrechen. Rund die Hälfte der Menschen, die von einer Lawine erwischt werden, überlebt das nicht. Jeder, der sich hinaus auf den Schnee wagt, muss sich vorher unbedingt über die Schneebedingungen informieren. Ist ein Abschnitt gesperrt, auf keinen Fall trotzdem betreten! Unabhängig davon, ob man in abgelegenen Gegenden langlaufen oder nur eine Wanderung in den Bergen machen will, man sollte immer eine Notfunkbake anmieten; die meisten Outdoor-Läden haben die Geräte auf Lager.

Das Canadian Avalanche Centre in Revelstoke wird von der **Canadian Avalanche Association** (CAA; ☎250-837-2141, Infos 24 Std. unter 800-667-1105; www.avalanche.ca) betrieben. Es untersucht die Lawinen- und Wetterentwicklung und gibt Prognosen für die Kootenays und andere Gebiete heraus.

Free Spirit Sports WINTERSPORT
(☎250-837-9453; www.freespiritsports.com; 203 1st St W; ⏲Mo–Sa 10–17 Uhr) Verleiht die Ausstattung für diverse Wintersportarten, u. a. auch unerlässliche Lawinenausrüstung.

Apex Rafting Co RAFTING
(☎888-232-6666, 250-837-6376; www.apexrafting.com; 112 1st St E; Erw./Kind 85/69 C$; ⏲Juni–Aug.) Bietet im Frühjahr und Sommer kinderfreundliche, zweistündige geführte Touren auf dem Illecillewaet River.

Natural Escapes Kayaking KAJAKFAHREN
(☎250-837-7883; www.naturalescapes.ca; 1115 Pineridge Cres; Kajakverleih 2 Std. ab 35 C$; ⏲Juni–Sept.) Geführte Touren, Kurse und der Verleih von Kajaks und Kanus sind im Angebot.

Skookum Cycle & Ski FAHRRADVERLEIH
(☎250-814-0090; www.skookumcycle.com; 118 Mackenzie Ave; Mountainbikeverleih pro Tag ab 40 C$; ⏲10–17 Uhr) Wegekarten und Leihfahrräder.

Wandering Wheels RADFAHREN
(☎250-814-7609; www.wanderingwheels.ca; Kurse pro Std. ab 30 C$; ⏲Juni–Okt.) Bietet Fahrradtransport, Kurse und Touren.

Schlafen

Revelstoke hat direkt im Zentrum eine gute Auswahl an Unterkünften. Nur Lkw-Fans zieht es in diejenigen am Highway 1.

Samesun Backpacker Lodge HOSTEL $
(☎877-562-2783, 250-837-4050; www.samesun.ca; 400 2nd St W; B/Zi. ab 25/60 C$; @📶) Das stets beliebte Backpackerhostel hat zahlreiche Zimmer, aber die 80 Betten sind meist belegt, also vorher buchen. Es verfügt

über einen Fahrrad- und Skischuppen und bietet im Sommer Barbecues.

Blanket Creek Provincial Park CAMPINGPLATZ $
(☎800-689-9025; www.discovercamping.ca; Hwy 23; Stellplatz 21 C$) Der Park, 25 km südlich von Revelstoke, hat über 60 Stellplätze, Spültoiletten und fließendes Wasser. Hinzu kommen ein Spielplatz und in der Nähe ein Wasserfall.

Courthouse Inn B&B $$
(☎250-837-3369; www.courthouseinnrevelstoke.com; 312 Kootenay St; Zi. 120–200 C$; ❄📶) Ein nobles B&B in Zentrumsnähe mit zehn Zimmern und Extras wie einem üppigen Frühstück, Stiefel- und Handschuhtrockner im Winter und jeder Menge persönlichem Service. Die ruhige Lage ist unschlagbar; die Zimmer haben kein TV und kein Telefon.

Regent Inn HOTEL $$
(☎888-245-5523, 250-837-2107; www.regentinn.com; 112 1st St E; Zi. 100–190 C$; ❄📶) Das feinste Haus im Zentrum ist nicht luxuriös, sondern behaglich. Die 50 modernen Zimmer (und die Fassade) zeigen keine Spuren des alten Hotels von 1914 mehr. Das Restaurant und die Lounge sind zu Recht beliebt. Viele Gäste verbringen den Abend in der Hot Tub draußen.

Revelstoke Lodge MOTEL $$
(☎250-837-2181, 888-559-1979; www.revelstokelodge.com; 601 1st St W; Zi. 70–160 C$; ❄@📶) Das weinrote Motel mit 42 Zimmern macht seine Mängel – ein flächendeckender Parkplatz und Betonkonstruktion – mit seiner Lage wieder wett. Es ist sinnvoll, erst ein paar Zimmer anzuschauen, um keines der dunklen zu erwischen, und man sollte den Slogan beherzigen: „Deine Mutter hat angerufen und will, dass du hier übernachtest."

Essen & Ausgehen

Der **Bauernmarkt** (⏲Mai–Okt. 8.30–13 Uhr) breitet sich auf der Grizzly Plaza aus. Mount Begbie Brewing braut gutes Bier, das in der ganzen Stadt erhältlich ist.

Modern Bakeshop & Café CAFÉ $
(☎250-837-6886; 212 Mackenzie Ave; Hauptgerichte ab 5 C$; ⏲Mo–Sa 7–17 Uhr; 📶) Einen Hauch Europa bietet das Art-déco-Café, z. B. mit einem *croque monsieur* (gegrilltes Schinken-Käse-Sandwich) oder mit aufwendigen Kuchen. Vieles, wie die tollen Muffins, wird aus Biozutaten gebacken.

BENZINUHR BEACHTEN!

Die Schließung von Tankstellen in Rogers Pass führte dazu, dass es auf der 148 km langen Strecke zwischen Revelstoke und Golden am Highway 1 kein Bezin gibt.

★ **Woolsey Creek** FUSION $$
(☎250-837-5500; www.woolseycreekbistro.ca; 604 2nd St W; Hauptgerichte 20–30 C$; ⏲17–22 Uhr; 🖉) Das Essen in dem quirligen, netten Lokal ist kreativ und stammt aus lokalem Anbau. Das Speisenangebot aus Fleisch und Fisch zeigt internationale Einflüsse und es gibt eine gute Weinkarte. Die exzellenten Vorspeisen sind ideal zum Teilen und zum Verweilen auf der großen Terrasse.

Benoît's Wine Bar WEINBAR
(☎250-837-6606; www.benoitswinebar.com; 107 2nd St E; ⏲Mo–Sa 17–24 Uhr) In der schicken Weinbar kommt der französische Akzent ganz von alleine beim Essen von Crêpes und einer der vielen edlen Speisen für zwei oder bei einem Fondue (Hauptgerichte 8–20 C$). Die Tagesgerichte jeden Abend enthalten Getränke; empfehlenswert ist der „schottische Abend".

Cabin BAR
(☎250-837-2144; www.cometothecabin.com; 200 1st St E; ⏲Di–Sa 17–24 Uhr) Bowlingbahn, Bar, ein Laden für Outdoorausrüstung und Kunstgalerie – ein cooler Laden zum Relaxen mit ein paar Snacks zum Bier.

Praktische Informationen

Das **Besucherzentrum** (☎800-487-1493, 250-837-5345; www.seerevelstoke.com; Ecke Victoria Rd & Campbell Ave; ⏲9–18 Uhr) wird 2014 ein neues Gebäude direkt im Zentrum beziehen.

An- & Weiterreise

Greyhound Canada (☎800-661-8747; www.greyhound.ca; 1899 Fraser Dr) Der Busbahnhof liegt westlich der Stadt am Highway 1 und hat Schließfächer. Die Busse fahren ostwärts nach Calgary (63 C$, 6 Std., 4-mal tgl.) über Banff und westwärts nach Vancouver (101 C$, 9–11 Std., 2-mal tgl.) über Kamloops oder Kelowna.

Revelstoke Shuttle (☎888-569-1969; www.revelstokeconnection.com) Tägliche Shuttlebusse nach/ab Kelowna (84 C$, 2½ Std.).

Die Kootenays & Die Rocky Mountains

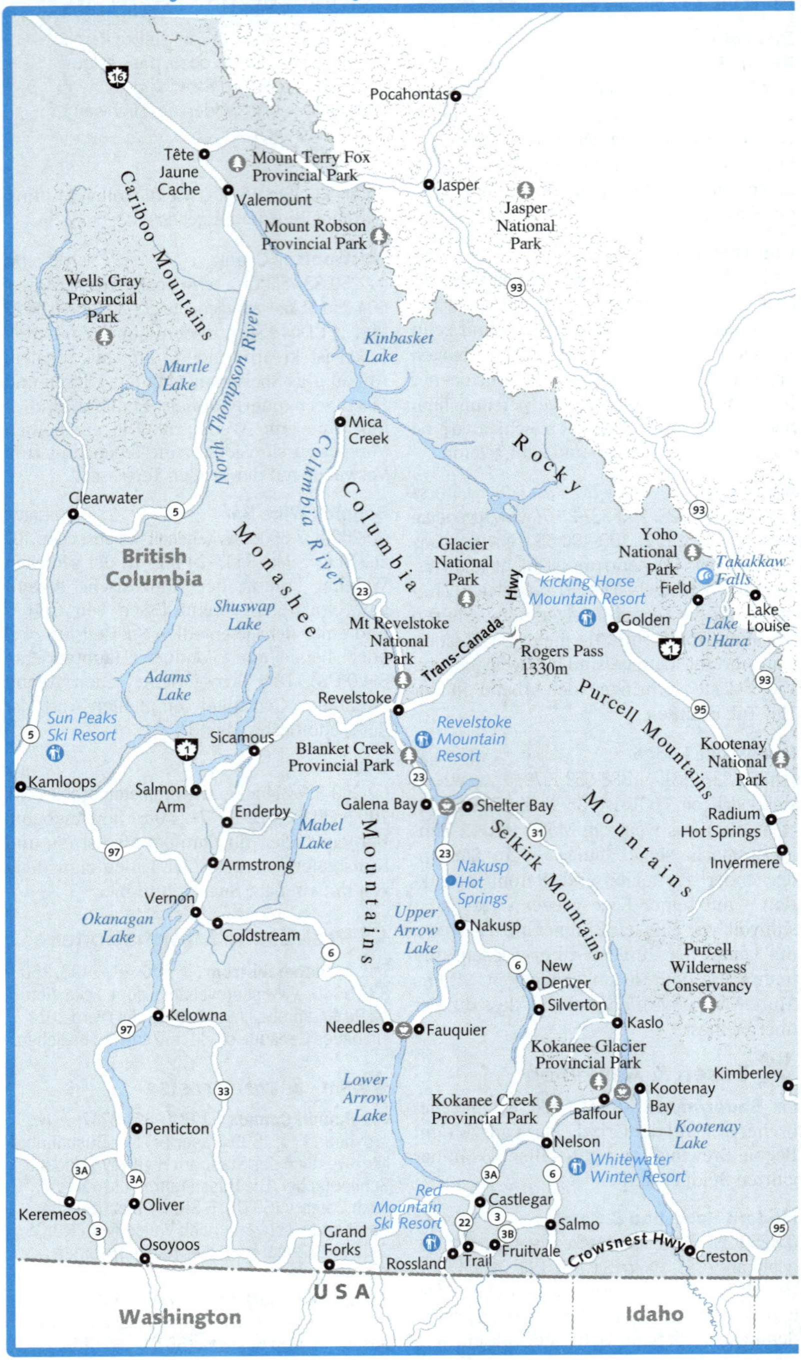

Mount Revelstoke National Park

Der **Nationalpark** (www.pc.gc.ca/revelstoke) liegt nordöstlich seiner namengebenden Stadt und ist – wenn auch nicht gerade groß (nur 260 km^2) – wunderschön. Hier gibt es unzählige Gipfel und Täler, von denen viele beinahe unberührt sind. Vom 2223 m hohen Mt. Revelstoke ist die Aussicht über die Berge und das Tal des Columbia River geradezu atemberaubend. Um hier hoch zu kommen, nimmt man den 26 km langen **Meadows in the Sky Parkway** (Mai–Okt. 8–17 Uhr), der 1,5 km östlich von Revelstoke vom Trans-Canada Highway (Highway 1) abzweigt. Diese gepflasterte Straße ist nach dem Tauwetter geöffnet und windet sich durch üppige Zedernwälder und Bergwiesen, bevor sie am Balsam Lake 2 km vom Gipfel entfernt endet. Von hier aus kann man auf den Gipfel marschieren oder den kostenlosen Shuttlebus nehmen (frei; 10–17 Uhr).

Vom Gipfel führen mehrere gute Wanderwege hinab. Zelten kann man nur auf Plätzen im freien Gelände. Zudem benötigt man einen Wilderness Pass (10 C$; zusätzlich zum Parkpass). Diese Campinggenehmigung erhält man wie auch viele nützlichen Informationen von **Parks Canada** (250-837-7500; revglacier.reception@pc.gc.ca; 301 3rd St, Revelstoke; Mo–Fr 8–16.30 Uhr) oder vom Rogers Pass Centre (S. 852) im Glacier National Park. Der Eintritt für die beiden Nationalparks Mt. Revelstoke und Glacier, die beide gemeinsam verwaltet werden, beträgt für Erwachsene bzw. Kinder jeweils 8 bzw. 4 C$ pro Tag.

Glacier National Park

Um genau zu sein, müsste der gewaltige, 1350 km^2 große Park „430 Glaciers National Park" (www.pc.gc.ca/glacier) heißen. Der jährliche Schneefall kann hier bis zu 23 m betragen! Wegen der steilen Berghänge gehört diese Region zu den Gebieten mit den häufigsten Lawinenabgängen weltweit. Daher sind Skifahren, Höhlenwanderungen und Bergsteigen nur begrenzt möglich. Man muss sich bei den Parkwächtern melden, bevor man sich ins Hinterland wagt. Während der Saison gibt es täglich einen **Wetter- und Lawinenbericht** (250-837-6867). Der Eintritt zu diesem Park und zum Mt. Revelstoke National Park (sie werden zusammen

NICHT VERSÄUMEN

ZWEI PERFEKTE WANDERWEGE

Der einfach zu erreichende **Skunk Cabbage Trail**, 28 km östlich von Revelstoke am Highway 1, ist ein 1,2 km langer Uferweg am Illecillewaet River. Er ist vom namensgebenden Stinktierkohl gesäumt. Weitere 4 km weiter östlich schlängelt sich der **Giant Cedars Boardwalk** über recht hügelige 500 m und um einen wunderschönen Hain aus alten Zedern.

verwaltet) beträgt pro Erwachsenem/Kind 8/4 C$ am Tag.

Egal ob mit Auto, Bus, zu Fuß oder per Rad, der Rogers Pass ist wahrscheinlich einer der schönsten Bergpässe, die man je überqueren wird. Man sollte unbedingt am **Hemlock Grove Trail** 54 km östlich von Revelstoke eine Pause einlegen: Ein 400 m langer Pfad schlängelt sich durch einen alten Regenwald mit bemerkenswerten Hemlocktannen.

Im informativen **Rogers Pass Centre** (☎250-814-5233; Hwy 1; ⏲8–19 Uhr) 72 km östlich von Revelstoke sollte man sich die Canadian Pacific Railway-Dioramen anschauen. Das Zentrum zeigt auch interessante Filme über den Park und organisiert im Sommer verschiede geführte Wanderungen. Obendrein betreiben die **Friends of Mt. Revelstoke & Glacier** (www.friendsrevglacier.com) hier eine ausgezeichnete Buchhandlung und haben Tipps und Anregungen parat.

Nicht weit von hier liegen die beiden Campingplätze des Parks: **Illecillewaet** und **Loop Brook** (am Hwy 1; Stellplatz 22 C$; ⏲Juli–Sept.). Beide verfügen über fließendes Wasser und Spültoiletten.

Golden

3800 EW.

Golden liegt ideal für Ausflüge in Nationalparks – es gibt sechs in der Umgebung. Noch näher befindet sich der Zusammenfluss des Kicking Horse River und des Columbia mit aufregenden Vergnügungen wie beispielsweise Wildwasserrafting.

Die hässlichen Kettenläden am Highway 1 sollten nicht davon abhalten, das nette, kleine Ortszentrum am rauschenden Fluss zu erkunden.

Sehenswertes & Aktivitäten

Golden ist das Zentrum für **Wildwasserrafting** im wirbelnden und eisigen Kicking Horse River. Neben den gewaltigen Stromschnellen der Klassen III und IV sorgen auch die atemberaubende Landschaft und die steilen Felswände des Kicking Horse Valley für eines der besten Raftingerlebnisse Nordamerikas. Zu den hiesigen Anbieten gehört auch **Alpine Rafting** (☎888-599-5299, 250-344-6778; www.alpinerafting.com; 101 Golden Donald Upper Rd; Touren ab 90 C$; ⏲Juni–Sept.) neben dem Besucherbüro.

Northern Lights Wolf Centre NATURPARK
(☎250-344-6798; www.northernlightswildlife.com; 1745 Short Rd; Erw./Kind 12/6 C$; ⏲9–19 Uhr) Im Northern Lights Wolf Centre können Besucher Wölfe in freier Natur erleben und etwas über den Erhalt von Bären lernen. Sie treffen auf ein oder zwei Wölfe und erfahren etwas über ihre komplexe und menschenähnliche Familienstruktur.

Kicking Horse Mountain Resort SKIFAHREN
(☎866-754-5425, 250-439-5400; www.kickinghorseresort.com; Kicking Horse Trail; Tagesliftkarte Erw./Kind ab 80/26 C$) Etwa 60 % der einladenden 120 Skipisten des Kicking Horse Mountain Resort sind für fortgeschrittene oder erfahrene Skifahrer eingestuft. Mit 1260 m Höhenunterschied und schneesicherer Lage zwischen den Rockies und den Purcells wächst die Popularität des Resorts Jahr um Jahr. Es liegt knapp 14 km von Golden entfernt.

Schlafen & Essen

Am Highway 1 gibt es massenhaft Kettenmotels. B&Bs und Plätze auf dem städtischen Campingplatz vermittelt die Handelskammer (S. 853).

In der 9th Avenue North im gut zu Fuß zu bewältigenden Zentrum gibt es Cafés, Bäckereien und Läden. Der **Bauernmarkt** (10th Ave N; ⏲Juni–Aug. 12–17 Uhr) findet neben der Handelskammer statt.

★ **Dreamcatcher Hostel** HOSTEL $
(☎250-439-1090; www.dreamcatcherhostel.com; 528 9th Ave N; B/Zi. ab 35/90 C$) Das zentral gelegene und von zwei altgedienten Reisenden betriebene Hostel hat alles, was sich ein Budgetreisender wünschen kann. 33 Betten verteilen sich auf acht Zimmer, hinzu kommen eine sehr große Küche und ein behag-

licher Gemeinschaftsraum mit steinernem Kamin, gemütlich für kühle Abende.

Mary's Motel MOTEL $$
(☎866-234-6279, 250-344-7111; www.marysmotel.com; 603 8th Ave N; Zi. 80–130 C$; ❄📶🏊) Das Motel liegt im Ort direkt am tosenden Fluss und vermietet 81 Zimmer in mehreren Gebäuden; am schönsten sind die mit Veranda. Wasserfreuden gibt es auch, nämlich ein großer Pool draußen, einer innen und zwei Hot Tubs.

Chancellor Peak Chalets LODGE $$$
(☎250-344-7038, 800-644-8888; www.chancellorpeakchalets.com; 2924 Kicking Horse Rd; Hütten ab 200 C$; 📶) Die abgeschiedenen elf Blockhütten am Fluss sind zweistöckig und haben Platz für sechs Personen. Ausgestattet sind sie mit Badewannen, kompletter Küche und drumherum reinste Natur. Die Hütten liegen 25 km östlich von Golden.

★ **Eleven22** FUSION $$
(☎250-344-2443; www.eleven22.ca; 1122 10th Ave S; Hauptgerichte 11–24 C$; ⏲17–22 Uhr; 🖉) In den kleinen Speiseräumen des reizvollen Lokals, einer Kreuzung aus Restaurant und einer Dinnerparty, hängen Kunstwerke und auf der Terrasse sind unzählige Sterne zu sehen. In der Lounge können Gäste beim Essen kleiner Speisen die Aktion in der Küche beobachten. Das Essen stammt überwiegend aus lokalem Anbau.

ℹ Praktische Informationen

Visitors Center (☎250-344-7711; 111 Golden Donald Upper Rd; ⏲9–18 Uhr) Das Lächeln der Angestellten strahlt ebenso wie das Gebäude. Es liegt 1 km östlich am Highway 1 nach dem Abzweig vom Highway 95 nach Golden.

Kicking Horse Country Chamber of Commerce (☎800-622-4653, 250-344-7125; www.goldenchamber.bc.ca; 500 10th Ave N; ⏲Mo–Fr 10–17 Uhr) Die Handelskammer nahe dem Ortszentrum hat jede Menge Infos.

ℹ An- & Weiterreise

Verzögerungen können sich durch Bauarbeiten am Highway 1 östlich von Golden ergeben, da die Straße völlig neu gebaut wird; siehe www.kickinghorsecanyon.ca.

Greyhound Canada (☎800-661-8747; www.greyhound.ca; Husky Travel Centre, 1050 Hwy 1) hat Verbindungen mit Vancouver (132 C$, 10–13 Std., 3-mal tgl.) und Calgary (48 C$, 3½ Std., 4-mal tgl.) über Banff.

Yoho National Park

Von den Gletschern gespeist, gräbt sich der eisblaue Kicking Horse River durch das gleichnamige Tal. Das wogende Wasser ist ein passendes Bild für diesen dramatischen **Nationalpark** (Karte S. 670; ☎250-343-6783; www.pc.gc.ca/yoho; Erw./Kind 10/5 C$) mit hohen Gipfeln, hinabstürzenden Wasserfällen, nahezu blauen Gletscherseen und hübschen Wiesen.

Der kleinste (1310 km²) der vier Nationalparks in den Rocky Mountains ist ein echter, wenn auch ungeschliffener Diamant. Hier herrscht noch echte Wildnis, ist doch der Nationalpark einer der letzten noch unberührten auf dem nordamerikanischen Kontinent.

Östlich von Field am Highway 1 findet man die Straße zu den **Takakkaw Falls**; sie sind von Ende Juni bis Oktober zugänglich. Mit 254 m gehören diese zu den höchsten Wasserfällen in Kanada. Von hier führt der 20 km lange Rundweg **Iceline** an vielen Gletschern vorbei durch eine spektakuläre Landschaft.

Die Welterbestätte schützt die **Fossillagerstätten** aus dem Kambrium auf dem Mt. Stephen und dem Mt. Field. In den 515 Mio. Jahre alten Versteinerungen sind die Überreste von Meerestieren eingeschlossen, die zu den frühesten Lebensformen auf der Erde zählen. Zu den Fossillagerstätten gelangt man nur im Rahmen einer Wanderung unter der Führung von Naturwissenschaftlern der **Yoho Shale Geoscience Foundation** (☎ 800-343-3006; www.burgess-shale.bc.ca; Tour für Erw./Kind ab 120/25 C$; ⏲Juli–Sept.). Reservierung erforderlich.

Vom Südtor des Parks erreicht man über einen 2,4 km langen Wanderweg die hübschen **Wapta Falls**. Die leichte Wanderung dauert hin und zurück 90 Minuten.

Die vier Campingplätze im Yoho schließen von Mitte Oktober bis Mitte Mai. Nur

ℹ STRASSENZUSTÄNDE IM WINTER

Aktuelle Straßenzustandsberichte auf dem Highway 1 und in der ganzen Provinz sind über **DriveBC** (☎800-550-4997; www.drivebc.ca) zu erfahren. Im Winter ist das unerlässlich, da durch Unwetter Straßen oft für längere Zeit unbefahrbar sind.

der **Kicking Horse Campground** (am Hwy 1, Field; Stellplatz 28 C$; ⏲ Mai–Okt.) hat Duschen, weswegen die 88 Plätze äußerst beliebt sind. Der reizvolle **Takakkaw Falls Campground** (Yoho Valley Rd; Stellplatz 18 C$; ⏲ Juli–Okt.), 13 km über eine Schotterpiste, hat 35 Plätze nur für Zelte, die zu Fuß (200 m) gut zu erreichen sind.

Das abgeschiedene Hostel **HI-Yoho National Park** (Whiskey Jack Hostel; ☎866-762-4122, 403-670-7580; www.hihostels.ca; Yoho Valley Rd; B ab 20 C$; ⏲ Juli–Sept.) hat 27 Schlafsaalbetten. Es liegt 13 km vom Highway 1 kurz vor dem Takakkaw Falls Campground und dicht an den Wasserfällen.

ℹ Praktische Informationen

Im **Yoho National Park Information Centre** (☎250-343-6783; am Hwy 1, Field; ⏲ Mai–Okt. 9–19 Uhr) gibt es Karten und Wegbeschreibungen. Allerdings ist die wichtige Infostelle wegen Etatkürzungen für Parks Canada oft geschlossen. Rangers geben Tipps zu Routen und den Verhältnissen. Alberta Tourism besetzt im Sommer hier einen Schalter.

Lake O'Hara

Der **Lake O'Hara** liegt hoch in den Bergen, eingebettet in den Rocky Mountains, östlich von Field. Er lohnt aber allemal die beachtlichen Mühen, die es erfordert, zu ihm vorzustoßen. Kompakte, bewaldete Hänge, Bergwiesen, schneebedeckte Pässe, Gletscher und eine herrliche Aussicht auf die Berge umgeben diesen überwältigenden See. Ein einfacher Tagesausflug ist zwar auch schon ein herrliches Erlebnis, doch wer über Nacht im Hinterland bleibt, kann noch viel mehr Wanderwege entdecken: einige davon ziemlich schwierig, alle aber äußerst spektakulär. Der **Alpine Circuit** (12 km) bietet von allem etwas.

Um zum See zu gelangen, kann man den **Shuttlebus** (Field; Erw./Kind hin & zurück 15/7,50 C$; ⏲ Mitte Juni–Sept.) vom Lake-O'Hara-Parkplatz, 15 km östlich von Field am Highway 1 gelegen, nehmen. Ein Quotensystem reguliert den Buszugang zum See und beschränkt die Genehmigungen für die 30 Zeltplätze in dieser Gegend. Der 11 km lange Weg kann kostenlos genutzt werden, Fahrräder sind allerdings nicht erlaubt. Das Gebiet um den Lake O'Hara herum ist normalerweise bis Mitte Juli schneebedeckt oder ein sehr matschiges Terrain.

Die Busfahrt oder ein **Zeltplatz** (eine Genehmigung kostet 10 C$ pro Nacht) müssen drei Monate im Voraus **reserviert** (☎250-343-6433; Buchungsgebühr 12 C$) werden. Freie Stellplätze sind oft schon innerhalb einer Stunde nach Öffnung der Telefonleitung, ab 8 Uhr Mountain Time, belegt. Da der Lake O'Hara so beliebt ist, sind Busreservierungen praktisch zwingend, falls man nicht laufen will. Für Leute, die jedoch nicht zuvor reserviert haben, werden sechs Plätze im Bus und drei bis fünf Zeltplätze als sozusagen „Standby" freigehalten. Wer um 8 Uhr am Tag zuvor anruft, hat gute Chancen, sie zu ergattern.

Die **Lake O'Hara Lodge** (☎250-343-6418; www.lakeohara.com; Zi. pro Pers. ab 280 C$) 🍃 haut Gäste seit über 80 Jahren um. Die Lodge, die einzige Unterkunft ohne Zelt, ist auf rustikale Art luxuriös. Ihre Umweltmaßnahmen sind lobenswert. Mindestübernachtung zwei Nächte.

Field

Auf keinen Fall an Field vorbeifahren, ohne anzuhalten! Der historische Eisenbahnort gleich abseits des Highway 1 bietet einen dramatischen Blick auf den Fluss und ist ein idyllischer, wenn auch schlichter Ort. Viele der Gebäude stammen noch aus der Pionierzeit der Eisenbahn. Anfangs war Field das Hauptquartier der Canadian Pacific Railway für Erkundungen, später dann für strategische Planung: Ingenieure suchten einen Weg, wie sie Züge über den Kicking Horse Pass bekommen sollten. Das Ergebnis dieser Anstrengung kann man 8 km östlich von Field vom **Spiral-Tunnel-Aussichtspunkt** unmittelbar am Highway 1 in Augenschein nehmen.

In Field gibt es über 20 B&Bs. Das **Fireweed Hostel** (☎877-343-6999, 250-343-6999; www.fireweedhostel.com; 313 Stephen Ave; B 30–40 C$, Zi. 80–170 C$; 📶) hat vier blitzblanke Zimmer.

Das **Truffle Pigs Bistro** (☎250-343-6303; www.trufflepigs.com; 100 Centre St; Zi. ab 170 C$, Hauptgerichte 14–32 C$; ⏲7.30–21 Uhr; 📶) ist legendär für seine kreative, anspruchsvolle Bistroküche aus lokalem Anbau und meist bio. Das zugehörige Inn gegenüber vermietet 14 Zimmer im gleichen witzigen Stil wie das Bistro.

Übrigens, die Busse von Greyhound Canada westwärts nach Golden und ostwärts nach Banff halten an der Parkinformation am Highway 1.

Mount Assiniboine Provincial Park

Zwischen den Nationalparks Kootenay und Banff liegt dieser weniger bekannte, kleinere (39 km²) **Provinzpark** (Karte S. 670; www.bcparks.ca), der zur Unesco-Welterbestätte der Rocky Mountains gehört. Der spitze Mt. Assiniboine (3618 m) – oft auch Kanadas Matterhorn genannt – und seine Nachbarn sind inzwischen ein Magnet für erfahrene Kletterer und Bergsteiger. Und die Wanderer schwärmen von den hiesigen Wiesen und Gletschern.

Mittelpunkt des Parks ist der **Lake Magog**, der auf einem 27 km langen Marsch vom Banff National Park oder mit dem Hubschrauber zu erreichen ist. Am See befinden sich die **Mount Assiniboine Lodge** (☎403-678-2883; www.assiniboinelodge.com; Zi. pro Pers. 230–340 C$), ein **Campingplatz** (Stellplatz Erw./Kind 10/5 C$) und einige **Hütten** (pro Pers. 25 C$), die über die Lodge gebucht werden können. Der Hubschraubertransport kostet 150 bis 165 C$ je Strecke.

Kootenay National Park

Der wie ein Blitz geformte **Kootenay National Park** (Karte S. 670; ☎250-347-9505; www.pc.gc.ca/kootenay; Hwy 93; Eintritt Erw./Kind 10/5 C$, Stellplatz 22–39 C$; ⌚Camping Mai–Okt.) erstreckt sich in einem langen, breiten und baumbestandenen Tal, das von kalten, grauen Gipfeln überschattet ist. Er gehört mit seinen 1406 km² zu einer gemäßigteren Klimazone als die anderen Nationalparks in den Rocky Mountains. Vor allem in den südlichen Regionen können die Sommer heiß und trocken sein (es kommt daher häufiger zu Waldbränden). Und so ist Kootenay der einzige Nationalpark in Kanada, in dem es sowohl Gletscher als auch Kakteen gibt. Von British Columbia kann man eine schöne Rundfahrt durch die Nationalparks Kootenay und Yoho machen.

Der kurze, informative **Fireweed Trail** (500 m oder 2 km) macht eine Runde durch den umliegenden Wald am Nordende des Highway 93. Auf den Infotafeln kann man nachlesen, wie sich die Natur von dem Waldbrand von 1968 wieder erholt hat. Noch 7 km weiter gibt es im **Marble Canyon** einen plätschernden Bach, der durch den langsam wieder aufkeimenden Wald fließt. Weitere 3 km südlich führt von der Hauptstraße ein leichter 2 km langer Weg durch den Wald zu ockerfarbenen Becken namens **Paint Pots**. Die Tafeln erklären die Bergbaugeschichte dieser rostigen Erde und deren Bedeutung für die Ureinwohner.

Am **Kootenay Valley Viewpoint** konkurrieren die Infotafeln mit der herrlichen Aussicht. Sie erläutern, wie sich das Aussehen des Parks mit der Zeit verändert hat. Nur 3 km südlich davon befindet sich der **Olive Lake**, der wie geschaffen ist für ein Picknick oder eine kleine Pause. Ein 500 m langer Informationspfad am See verweist auf einige der Besucher, die vorher hier gewesen sind.

Radium Hot Springs

Radium Hot Springs gleich vor der Südwestecke des Kootenay National Park ist ein wichtiges Tor zu den Nationalparks der Rocky Mountains. Das **Kootenay National Park & Radium Hot Springs Visitors Center** (☎250-347-9331; www.radiumhotsprings.com; 7556 Main St E, Hwy 93/95; ⌚Besucherzentrum ganzjährig 9–17 Uhr, Parks Canada Mai–Okt.) hat Internetzugang, eine exzellente Ausstellung zum Park und ist von Rangern von Parks Canada besetzt.

Radium besitzt eine große Population von **Dickhornschafen**, die oft durch den Ort schweifen. Aber die große Attraktion sind die namensgebenden **heißen Quellen** (☎250-347-9485; www.pc.gc.ca/hotsprings; am Hwy 93; Erw./Kind 7/6 C$; ⌚9–23 Uhr) 3 km nördlich des Orts. Die Thermalbecken sind recht modern und im Sommer oft sehr begehrt. Das Wasser entspringt mit 44 °C, fließt in das erste Becken mit 39 °C und in das letzte mit 29 °C.

Radium „strahlt" mit Unterkünften, um die 30 Motels bei der letzten Zählung. Die **Misty River Lodge** (☎250-347-9912; www.mistyriverlodge.bc.ca; 5036 Hwy 93; Zi. 60–100 C$; @) direkt vor dem Parkeingang hat sechs Zimmer und engagierte Besitzer, die gerne ihr Wissen zum Park mit den Gästen teilen; Radfahrer sind willkommen.

Von Radium Hot Springs nach Fernie

Südlich von Radium Hot Springs folgt der Highway 93/95 dem weiten Flusstal des Columbia River zwischen den Purcell Mountains und den Rocky Mountains. Wenn man sich nicht gerade für die Industrie in der Gegend (den Bau von Skiresorts), für ihre Landwirtschaft (Golfplätze) oder für ihre Fauna (Käufer von Eigenheimen) interessiert, ist das Ganze nicht sonderlich spektakulär.

Südlich von Skookumchuck gabelt sich die Straße. Der linke Abzweig trifft nach 13 km auf den Highway 3 nach Fernie. Vom Highway 95A nach links führt die Straße zur **Fort Steele Heritage Town** (☎250-426-7342; www.fortsteele.ca; 9851 Hwy 93/95; Erw./Kind 12/5 C$; ⊙9.30–18 Uhr), eine nachgebaute Stadt aus den 1880er-Jahren, die von der Größenordnung her weniger nervend ist als viele der gleichen Art.

Von Fort Steele sind es 95 km über den Highway 93 und 3 bis nach Fernie.

Fernie

4600 EW.

Das von allen vier Seiten von Bergen eingerahmte Fernie – im Westen erhebt sich die steile Lizard Range – ist der Inbegriff von Coolness. Einst drehte sich hier alles nur um Holz und Kohle. Inzwischen hat sich Fernie dank seiner sensationellen Lage auf grandiose Weise neu erfunden. Skifahrer lieben den Pulverschnee, von dem jedes Jahr mehr als 8 m auf die Pisten herabschneien. Fernie hat wahrhaftig ein verführerisches Antlitz. Im Sommer lockt die gleiche dramatische Lage zahllose Wanderer und Mountainbiker an.

Auch wenn spaßsuchende Traveller Fernie inzwischen für sich entdeckt haben, hat sich der Ort seine bodenständige Atmosphäre erhalten. Das spürt man am besten in den Cafés, Bars, Shops und Galerien an der Victoria/2nd Avenue im historischen Zentrum, drei Blocks südlich vom Highway 3/7th Avenue.

Sehenswertes

In Fernie wütete 1908 ein verheerendes Feuer – nur eine von vielen Katastrophen. Es wurde daher ein Gesetz erlassen, dass Häuser nur aus Ziegeln und Steinen gebaut werden dürfen – dies ist der Grund für die zahlreichen schönen **Gebäude aus dem frühen 20. Jh.**, die es hier zu sehen gibt. Viele von ihnen bestehen aus den für die Gegend typischen gelben Backsteinen, was dem Ort ein in den East Kootenays einzigartiges Erscheinungsbild verleiht. Wer sie bei einem Spaziergang in aller Ruhe besichtigen will, sollte sich unbedingt die vom eindrucksvollen **Fernie Museum** (☎250-423-7016; 491 2nd Ave; Eintritt gegen Spende; ⊙10–17.30 Uhr) herausgegebene tolle Broschüre *Heritage Walking Tour* (5 C$) besorgen.

Aktivitäten

Mountainbiken ist rund um Fernie fast genauso angesagt wie Skifahren, und Fernie bietet diesen Sportlern eine Menge. Radfahrer können aus einem breiten Streckenangebot wählen – von einfachen Touren im **Mt. Fernie Provincial Park** (www.bcparks.ca; Hwy 3), der nur 3 km südlich vom Ort liegt, bis hin zu legendären Wegen, die man an den Bergen des Skigebiets rauf- und runterfahren kann (die Lifte sind auch im Sommer in Betrieb). Viele kommen nur her, um den legendären **Al Matador** in Angriff zu nehmen, bei dem ein Höhenunterschied von über 900 m den Berg hinunter zu bewältigen ist, bevor die Strecke am grandiosen Three Kings Trail endet. Am besten schnappt man sich ein Exemplar der überall erhältlichen *Fernie Mountain Bike Map* und wirft auch einen Blick auf die Websites www.crankfe rnie.com und www.fernietrailsalliance.com). Im Umkreis von Fernie gibt es wundervolle Wanderwege. Der ausgezeichnete wie anspruchsvolle **Three Sisters Hike** (20 km) windet sich durch Wälder und mit Wildblumen bedeckte Wiesen, vorbei an Kalksteinfelsen und Geröllhängen. Infos erhält man in der Touristeninformation.

★ **Fernie Alpine Resort** SKIFAHREN
(☎250-423-4655, 877-333-2339, Schneeverhältnisse 250-423-3555; www.skifernie.com; 5339 Ski Area Rd; Tageskarte Erw./Kind 80/26 C$) Im Herbst richten sich die Augen nicht nur wegen der Schönheit auf die Berge: Sie halten nach Schnee Ausschau. Das rasant wachsende Fernie Alpine Resort, eine fünfminütige Fahrt vom Ortszentrum, besitzt 142 Pisten, fünf Tiefschneepisten und fast endlosen Pulverschnee. Die meisten Hotels bieten täglich Shuttles zum Resort an.

Ski & Bike Base SKIFAHREN, RADFAHREN
(☎250-423-6464; www.skibase.com; 432 2nd Ave; Fahrradverleih pro Tag ab 45 C$; ⊙Mo–Sa 10–18 Uhr) Einer von mehreren exzellenten Läden in der 2nd Avenue für Ausrüstung und Verleih für jede Saison.

Mountain High River Adventures RAFTING
(☎877-423-4555, 250-423-5008; www.raftfernie.com; 100 Riverside Way; Touren Erw./Kind ab

125/100 C$; ⌚Mai–Sept.) Der Elk River ist ein klassischer Wildwasserfluss mit drei Stromschnellen der Klasse IV und weiteren elf der Klasse III. Mountain High bietet neben Rafting auch Kajak- und Floßfahrten und diverse andere Aktivitäten auf dem tosenden Gewässer.

Fernie Bike Guides RADFAHREN
(☎250-423-3650; www.ferniebikeguides.ca; Führung/Einführung pro Std. 30/60 C$) Hier kann jeder seine Radfahrkünste mit Experten verbessern oder sich von ihnen die entlegenen Ecken des Elk Valley zeigen lassen.

Schlafen

Die Hochsaison des Skiorts Fernie ist natürlich der Winter. Den meisten Spaß bietet eine Unterkunft im Zentrum, ansonsten bucht **Fernie Central Reservations** (☎800-622-5007; www.ferniecentralreservations.com) ein Zimmer im Skigebiet.

HI Raging Elk Hostel HOSTEL $
(☎250-423-6811; www.ragingelk.com; 892 6th Ave; B/Zi. ab 29/75 C$; ⌚Kneipe 16–23 Uhr; @) Von den breiten Veranden des gut geführten, zentralen Hostels schweift der Blick über erhebende Bergaussichten. Dort gibt es auch gute Tipps für Leute, die Skifahren mit Saisonarbeiten verbinden wollen. Die Kneipe ist ein Brüller.

Mount Fernie Provincial Park CAMPINGPLATZ $
(☎800-689-9025; www.discovercamping.ca; am Hwy 3; Stellplatz 21 C$; ⌚Mai–Sept.) Der Platz 3 km südlich des Orts hat 40 Stellplätze, Spültoiletten, Wasserfälle und Zugang zu Mountainbikewegen.

Park Place Lodge HOTEL $$
(☎888-381-7275, 250-423-6871; www.parkplacelodge.com; 742 Hwy 3; Zi. 100–220 C$; ❄@≋) Die 64 komfortablen Zimmer in der nettesten Unterkunft in Zentrumsnähe haben Highspeed-Internetzugang, Kühlschrank, Mikrowelle und Zugang zum Innenpool. Einige haben auch Balkons mit Aussicht auf die Umgebung.

Snow Valley Motel & RV Park MOTEL $$
(☎250-423-4421; www.snowvalleymotel.com; 1041 7th Ave, Hwy 3; Stellplatz 20–30 C$, Zi. 70–130 C$; ❄@📶) Schön preiswert und mitten im Ort gelegen. Die 20 Hotelzimmer sind mit Mikrowelle und Kühlschrank ausgestattet, einige auch mit Küche. Nichts Besonderes, aber es gibt eine Grillterrasse mit Aussicht.

Essen & Ausgehen

Gutes Obst und Gemüse gibt es das ganze Jahr über auf dem **Cincott Farms Organic Market** (☎250-423-5564; www.cincott.com; 851 7th Ave; ⌚Mo–Sa 11.30–18 Uhr) 🍃. Lohnenswert sind die vielen exzellenten Biere der Fernie Brewing Co in den lokalen Kneipen, darunter z. B. das Beerenbier „What the Huck!“.

Blue Toque Diner CAFÉ $
(☎250-423-4637; 500 Hwy 3; Hauptgerichte ab 7 C$; ⌚Do–Mo 9–15 Uhr) Gehört zur Gemeindegalerie Part of the Arts und ist *der* Ort fürs Frühstück. Im Angebot sind viele saisonale und Biospezialitäten.

Mug Shots Bistro BÄCKEREI $
(☎250-423-8018; 591 3rd Ave; Hauptgerichte 5 C$; ⌚8–17 Uhr; 📶) Die stets gut besuchte Bäckerei verkauft guten Kaffee, Backwaren, Sandwiches und hat Internetzugang.

★ **Yamagoya** JAPANISCH $$
(☎250-430-0090; 741 7th Ave, Hwy 3; kleine Gerichte 4–8 C$; ⌚17–22 Uhr) Der ziemlich dicht gedrängte, kompakte Sushi-Laden ist ein Juwel. Er serviert jede Menge Klassiker, von scharf bis Tempura. Selbst die Misosuppe ist gut, besonders nach einem Tag auf der Skipiste. Außer Sake wird auch eine große Bierauswahl geboten.

Bridge Bistro KANADISCH $$
(☎250-423-3002; 301 Hwy 3; Hauptgerichte 10–20 C$; ⌚11–22 Uhr) Die Terrasse bietet Aussichten auf den Elk River und die Gipfel der Umgebung. Aber etwas Aufmerksamkeit verdient auch die lange Speisekarte mit guten Hamburgern, Steaks und Pizza.

Shoppen

Polar Peek Books BÜCHER
(☎250-423-3736; 592 2nd Ave; ⌚10–18 Uhr) Der Sortimentsbuchladen hat auch eine gute Abteilung für lokale Literatur. Tolle Empfehlungen.

Praktische Informationen

Das **Besucherzentrum** (☎250-423-6868; www.ferniechamber.com; 102 Commerce Rd; ⌚9–17 Uhr) liegt östlich des Orts am Highway 3 gleich hinter der Brücke über den Elk River. Hier befindet sich auch das **Fernie Nature Centre** mit verschiedenen Ausstellungen zur lokalen Fauna. Das **Fernie Museum** hat ebenfalls eine Touristeninformation.

Anreise & Unterwegs vor Ort

Zwischen Ort und Skigebiet verkehren diverse Shuttlebusse.

Greyhound Canada (☎250-423-6811; www.greyhound.ca; Husky Petrol Station, 2001 Hwy 3) hat Busverbindungen mit Kelowna (113 C$, 11 Std., 1-mal tgl.) und Nelson (65 C$, 5½ Std., 1-mal tgl.) im Westen und mit Calgary (63 C$, 5 Std., 1-mal tgl.) im Osten. Die Haltestelle liegt 1,5 km zu Fuß über eine Lkw-befahrene Strecke westlich des Zentrums.

Kimberley

6700 EW.

Als der Bergbau 1973 Kimberley den Rücken kehrte, wurden Pläne geschmiedet, das kleine Bergdorf (Höhe 1113 m) in ein Touristenziel mit bayerischem Flair zu verwandeln. Der Ortskern wurde zu einer Fußgängerzone mit dem Namen **Platzl** umgemodelt und die Einheimischen ermutigte man, in Lederhosen und Dirndln herumzulaufen. Außerdem tauchten auf vielen Speisekarten Würschtel auf.

Heute, über 30 Jahre später, verblasst diese Masche so schleichend wie die allmählich schwindende Erinnerung an einen Albtraum. Es gibt immer noch einige nachgebaute Fachwerkhäuser, Besucher können ein Schnitzel bestellen und im Sommer werden Tänze für die Reisenden angeboten – doch im Großen und Ganzen ist Kimberley ein facettenreicher Ort, der es durchaus lohnt, auf dem Highway 95 zwischen Cranbrook und Radium Hot Springs einen Umweg zu fahren.

Das informative **Besucherzentrum** (☎250-427-3666; www.kimberleychamber.com; 270 Kimberley Ave; ⌚10–18 Uhr) befindet sich auf dem großen Parkplatz, unmittelbar hinter dem Platzl.

Der winzige Zug der **Kimberley's Underground Mining Railway** (☎250-427-7365; www.kimberleysundergroundminingrailway.ca; Gerry Sorensen Way; Erw./Kind 20/8 C$; ⌚Touren Mai–Sept. 11–15 Uhr, Züge zum Resort Sa & So 10 Uhr) tuckert 15 km durch das steilwandige Mark Creek Valley zu großartigen Bergaussichten. Ganz am Ende der Strecke führt ein Sessellift hoch zum **Kimberley Alpine Resort** (☎877-754-5462, 250-427-4881; www.ski kimberley.com; Tagesliftkarte Erw./Kind 68/22 C$). Im Winter bietet das Skigebiet seinen Gästen über 700 ha skitaugliches Gelände, mildes Wetter und 80 lukrative Pisten.

Cranbrook

19 500 EW.

Cranbrook, 31 km südöstlich von Kimberley, ist das Zentrum der Gegend und nicht mehr als eine staubige Wegkreuzung. Die Highways 3 und 95 durchschneiden den Ort, der aus einer reizlosen Reihe Motels besteht.

Es gibt aber einen guten Grund für einen kurzen Aufenthalt: das **Canadian Museum of Rail Travel** (☎250-489-3918; www.trainsdeluxe.com; 57 Van Horne St S, Hwy 3/95; Erw. 14–22 C$, Kind 1–6 C$; ⌚10–18 Uhr). Es stellt einige schöne Exemplare klassischer kanadischer Züge aus, darunter die luxuriöse Version von 1929 des Trans-Canada Limited, eines legendären Zugs, der von Montréal nach Vancouver fuhr.

Von Cranbrook nach Rossland

Der Highway 3 windet sich über 300 km von Cranbrook nach Osoyoos am Südende des Okanagan Valley. Auf seinem Weg schmiegt er sich an die Berge an der US-Grenze und führt an acht Grenzübergängen vorbei. Insofern ist die Straße sehr nützlich, selbst wenn die Attraktionen nicht ganz halten, was sie versprechen.**Creston**, 123 km westlich von Cranbrook, ist bekannt für seine Plantagen und das von der Columbia Brewing Co. gebraute Kokanee True Ale. Die meisten Produkte werden jedoch ohnehin exportiert – und so sollte man es ebenfalls halten. Von hier führt der Highway 3A über eine malerische, 80 km lange Strecke nach Norden zur **Kootenay Lake Ferry**, mit der man kostenlos nach Nelson übersetzen kann. Der reizvolle Trip mit der Fähre ist immer ein großer Spaß.

Die **Creston Valley Wildlife Management Area** (☎250-402-6900; www.crestonwildlife.ca; Hwy 3; ⌚Sonnenaufgang bis Sonnenuntergang), 11 km westlich von Creston, bietet einen 1 km langen Plankenweg, von dem aus man hervorragend die vielen Vögel beobachten kann, darunter Kanadareiher.

Ungefähr 85 km westlich von Creston liegt **Salmo**, das man eigentlich nur wegen der dortigen Highway-Kreuzung wahrnimmt: Highway 6 führt über trostlose 40 km nordwärts nach Nelson. Gen Westen verläuft hingegen der Crowsnest Highway (Highway 3), der sich nach 10 km teilt. Highway 3 führt weiter durch **Castlegar**, das nur deshalb interessant ist, weil es den größten

Flughafen in der Nähe von Nelson und eine sehr große Zellstofffabrik sein Eigen nennt. Der Highway 3B führt hinunter durch den reizenden, mit einer Vielzahl Cafés übersäten kleinen Ort **Fruitvale** und das industrielle **Trail**.

Rossland

3700 EW.

Etwa 10 km westlich von Trail landet man in Rossland in einer scheinbar anderen Welt. Das alte Bergbaudorf hoch oben in den Southern Monashee Mountains (1023 m) ist eines der Topziele Kanadas für passionierte Mountainbiker. Die lange Vergangenheit des Bergbaus hat in den Bergen ihre Spuren hinterlassen: Kreuz und quer verlaufen alte Wege und stillgelegte Bahngleise, die sich heute prima zum Radeln eignen.

Die **Touristeninformation** (☎888-448-7444, 250-362-7722; www.rossland.com; ⊙Mai–Sept. 9–17 Uhr) ist im Gebäude des **Rossland Museum** untergebracht; das Museum findet sich an der Kreuzung des Highway 22 (der von der US-Grenze kommt) mit Highway 3B.

Die meisten Leute kommen zum **Mountainbiken** nach Rossland. Freeriding ist der letzte Schrei: Die Gebirgskämme sind leicht zugänglich und es gibt jede Menge felsige Wege, auf denen man sich hinunterstürzen kann. Der **Seven Summits & Dewdney Trail** ist ein 35,8 km langer einspuriger Track, der am Kamm der Rossland Range entlangführt. Die **Kootenay Columbia Trails Society** (www.kcts.ca) hat tonnenweise Infos, darunter auch Karten, die man sich herunterladen kann.

Das **Red Mountain Ski Resort** (☎250-362-7384, 800-663-0105, Schneebericht 250-362-5500; www.redresort.com; Hwy 3B; Lift-Tageskarte Erw./Kind 72/36 C$) lockt im Winter Unmengen Skifahrer, im Sommer kaum weniger Radfahrer an. Zum „Red" gehören der 1590 m hohe Red Mountain und der 2040 m hohe Granite Mountain – an den Hängen der beiden Berge erstreckt sich ein insgesamt 1085 ha großes anspruchsvolles und mit viel Pulverschnee gesegnetes Skigebiet.

Der Highway 3B schlängelt sich durch die Ehrfurcht gebietende Berglandschaft und trifft 28 km nordwestlich von Rossland auf den Highway 3. Die kurvenreiche Straße führt durch immer trockener werdendes Land 170 km westwärts nach Osoyoos.

UHRENVERGLEICH

Es sorgt immer für Verwirrung, dass die East Kootenays sowie Alberta in der Mountain Time Zone liegen, während das restliche British Columbia zur Pacific Time Zone gehört. Fährt man von Golden auf dem Highway 1 nach Westen, muss man am Zugang zum Glacier National Park die Uhr umstellen. Fährt man dagegen auf dem Highway 3 nach Westen, ändert sich die Uhrzeit zwischen Cranbrook und Creston. Die Mountain Time ist der Pacific Time um eine Stunde voraus.

Nelson

10 300 EW.

Nelson ist Grund genug, die Kootenays zu besuchen, und gehört eigentlich zum Pflichtprogramm in der Region. Winzige Backsteinhäuschen kleben am Hügelhang mit Blick auf den westlichen Teil des tiefblauen Kootenay Lake, während das Seeufer von Parks und Stränden gesäumt wird. Die aufkeimende Café-, Kunst- und Nachtszene ist nur ein weiterer Pluspunkt. Doch besonders der Charakter ist es, was Nelson wirklich auszeichnet: eine irre Mischung an Hippies, echten Unikums, kreativen Typen und wilden Individualisten. Sie alle findet man in der Baker St, der fußgängerfreundlichen Hauptstraße, in der sich Schwaden von Patschuli mit dem Duft von frisch geröstetem Kaffee vereinen.

Nelson wurde am Ende des 19. Jhs. als Bergbauort errichtet. 1977 legte man ein jahrzehntelanges Projekt auf, das das Kulturerbe bewahren soll. Die Bilanz: mehr als 350 sorgfältig erhaltene und restaurierte historische Gebäude. Nelson ist wirklich ein exzellenter Ausgangsort für alle, die in der Region wandern und Ski oder Kajak fahren wollen.

Sehenswertes

Fast ein Drittel der **historischen Gebäude** Nelsons wurde restauriert und erstrahlt heute wieder in spätviktorianischem Glanz. In der Touristeninformation gibt es die hervorragende Broschüre *Heritage Walking Tour*, die mehr als zwei Dutzend der Gebäude im Zentrum detailliert beschreibt und eine gute Einführung in die viktorianische Architektur gibt.

Touchstones Nelson (☎250-352-9813; 502 Vernon St; Erw./Kind 8/4 C$; ⊙Mo–Mi, Fr & Sa 10–17, Do bis 20, So 12–16 Uhr) im prächtigen alten Rathaus (1902) von Nelson zeigt unter anderem fesselnde historische Exponate und Kunstwerke.

Im **Lakeside Park** an der kultverdächtigen Nelson Bridge findet man schattige, blumenbedeckte Parkanlage und Strand zugleich, außerdem ein großartiges Sommer-Café. Vom Zentrum aus führt der **Waterfront Pathway** an der Küste entlang (das westliche Ende hinter dem Flughafen liegt etwas abgeschieden am Fluss). Man kann in die eine Richtung zum Park laufen und zurück mit der **Streetcar 23** (Erw./Kind 3/2 C$; ⊙Juni.– Okt. Sa & So 11–16.30 Uhr) fahren. Die rund 2 km lange Straßenbahnstrecke verläuft vom Lakeside Park bis zum Kai an der Hall Street.

Aktivitäten

Kajakfahren

Das natürliche (also nicht gestaute) Gewässer des Kootenay Lake ist ein Paradies für Kajakfahrer. **ROAM** (☎250-354-2056; www.roamshop.com; 639 Baker St; ⊙Mo–Sa 8–19, So bis 17 Uhr) verkauft Ausrüstung, gibt Tipps und arbeitet mit der angesehenen **Kootenay Kayak Company** (☎250-505-4549; www.kootenaykayak.com; Kajakverleih pro Tag 40–50 C$, Touren ab 80 C$) zusammen. Kajaks können im ROAM oder im Lakeside Park abgeholt werden.

Wandern

Wanderwege beginnen in Nelson in alle Richtungen, viele in die Selkirk Mountains nördlich des Orts.

★ **Kokanee Glacier Provincial Park** WANDERN

(☎Wegezustand 250-825-3500; www.bcparks.ca; Kokanee Glacier Rd) Der Park besitzt 85 km Wanderwege, die zu den besten der Gegend gehören. Der fantastische 2,5 km lange (2 Std.) und gut markierte Rundweg (nur im Sommer) zum **Kokanee Lake** führt weiter zur baumlosen und von Felsbrocken übersäten Fläche um den Gletscher. Zu erreichen über den Abzweig vom Highway 3A 20,5 km nordöstlich von Nelson, dann noch weitere 6 km über die Kokanee Glacier Road.

Unterwegs geht es an der 11,4 km-Markierung zum **Old Growth Trail**, einem etwa 3 km langen Weg zwischen bis zu 500 Jahre alten Bäumen.

Burlington Northern Rail Trail WANDERN

Der 42 km lange Wanderweg auf einer alten Eisenbahnlinie von Nelson nach Salmo bietet hinreißende Aussichten inmitten dichter Wälder. Zurückkehren ist immer möglich, aber die ersten 6 km haben viele Highlights. Der interessante Weg beginnt an der Ecke Cherry und Gore Street.

Pulpit Rock WANDERN

(www.pulpitrocknelson.com) Der zweistündige Aufstieg zum Pulpit Rock auf der anderen Seite des Sees belohnt mit schönen Aussichten auf Nelson und den herrlichen Kootenay Lake. Der Weg beginnt am Parkplatz in der Johnstone Road.

Mountainbiken

Mountainbikewege winden sich vom Kootenay Lake über steile und anstrengende Hügel hinauf, gefolgt von schwindelerregenden Abfahrten. Der *Nelson Mountain Bike Guide* (20 C$) mit 105 Wegbeschreibungen ist beispielsweise im **Sacred Ride** (☎250-362-5688; www.sacredride.ca; 213B Baker St; Fahrradverleih pro Tag 45–95 C$; ⊙Mo–Sa 9–17.30 Uhr) erhältlich.

Skifahren & Snowboarding

Das **Whitewater Winter Resort** (☎250-354-4944, 800-666-9420, Schneebericht 250-352-7669; www.skiwhitewater.com; am Hwy 6; Tagesliftkarte Erw./Kind 68/34 C$), 12 km südlich von Nelson am Highway 6, ist bekannt für üppigen Pulverschneee und hat den gleichen Kleinstadtcharme wie Nelson. Es gibt nur wenige Lifte, aber auch nur wenig Menschen, die einen Höhenunterschied von 623 m auf 78 Pisten genießen.

Schlafen

Unbedingt ratsam ist eine Übernachtung im Zentrum von Nelson, um das Treiben in der Stadt so richtig genießen zu können. Das Besucherzentrum hat ein Verzeichnis von B&Bs in historischen Häusern in Zentrumsnähe.

★ **WhiteHouse Backpacker Lodge** HOSTEL $

(☎250-352-0505; www.white-house.ca; 816 Vernon St; B 25–30 C$, Zi. 50–65 C$; @📶) Das behagliche historische Haus hat eine breite Veranda mit Blick auf den See, eine coole Büchersammlung, einen Kamin und noch einiges mehr. Gäste dürfen zum Frühstück so viel Pfannkuchen verspeisen, wie sie selbst zubereiten können.

HI Dancing Bear Inn HOSTEL $
(☎877-352-7573, 250-352-7573; www.dancingbearinn.com; 171 Baker St; B/Zi. ab 24/52 C$;) Das tolle Management gibt Tipps und gestaltet den Aufenthalt der Gäste angenehm. Die 14 Schlafsäle und Zimmer haben alle Gemeinschaftsbäder. Hinzu kommen eine Gourmetküche und eine Bibliothek.

City Tourist Park CAMPINGPLATZ $
(☎250-352-7618; campnels@telus.net; 90 High St; Stellplätze ab 20 C$; Mai–Sept.) Der kleine städtische Campingplatz mit 43 schattigen Stellplätzen liegt nur fünf Minuten zu Fuß von der Baker Street entfernt.

★ **Hume Hotel** HOTEL $$
(☎250-352-5331; www.humehotel.com; 422 Vernon St; Zi. 100–200 C$;) Das traditionelle Hotel von 1898 hat seine historische Pracht beibehalten. Die Qualität der 43 Zimmer ist unterschiedlich – Vorsicht vor denen, die an schwülen Abenden zur Küche rausgehen. Am besten sind die großen Eckzimmer mit Blick auf Berge und See. Das köstliche Frühstück ist im Preis enthalten. Im Haus gibt es mehrere verlockende Lokale fürs ausgiebige Nachtleben.

Cloudside Inn INN $$
(☎800-596-2337, 250-352-3226; www.cloudside.ca; 408 Victoria St; Zi. 100–200 C$;) In der alten Villa, deren sieben Zimmer nach Bäumen benannt sind, lebt es sich wie ein Silberbaron. Luxus lauert überall und eine schöne Veranda blickt über den terrassenförmigen Garten und bietet herrliche Sicht auf die Stadt.

Mountain Hound Inn PENSION $$
(☎866-452-6490, 250-352-6490; www.mountainhound.com; 621 Baker St; Zi. 70–120 C$;) Die 19 Zimmer sind klein, haben aber einen industriellen Touch – der zu den Wänden aus Beton passt. Das Haus liegt günstig im Zentrum und ist eine gute, schlichte Option.

Victoria Falls Guest House INN $$
(☎250-505-3563; www.victoriafallsguesthouse.com; Ecke Victoria & Falls St; Zi. 105–135 C$;) Die breite Veranda umgibt das fröhlich gelbe, renovierte viktorianische Haus an allen Seiten. Die komfortablen fünf Suiten haben bequeme Sitzecken und Kochzeilen. Die Einrichtung reicht von behaglichen Antiquitäten bis zu familienfreundlichen Stockbetten.

Essen & Ausgehen

Rund um die Baker Street gibt es eine abwechslungsreiche Mischung an Restaurants. Biobier vom Fass der Nelson Brewing Co ist immer ein gutes Zeichen; am besten ist das starke Full Nelson IPA und das Hopgood Session Ale.

★ **Cottonwood Community Market** MARKT $
(Cottonwood Falls Park; Mai–Okt. Sa 9.30–15 Uhr) Der Markt in Zentrumsnähe und neben dem rauschenden Cottonwood-Wasserfall ist Nelson wie es leibt und lebt. Verkauft werden Bioobst und -gemüse, feine Backwaren, viele aus bislang nie gehörtem Getreide, und verschiedenes Kunsthandwerk mit Tendenz zur Batik. Auf dem zweiten Markt, dem **Downtown Market** (400 block Josephine St; Juni–Sept. 10–16 Uhr) gibt es auch Livemusik.

★ **Kootenay Bakery Cafe** BÄCKEREI $
(☎250-352-2274; www.kootenaybakerycafe.com; 377 Baker St; Hauptgerichte ab 6 C$; Mo–Sa 7.30–18 Uhr;) Biozutaten und Erzeugnisse aus lokalem Anbau werden in der geschäftigen Bäckerei mit einem exzellenten Café verarbeitet. U. a. werden Sandwiches, Suppen, Salate und Frühstück angeboten und die Kunden greifen das Dinkelbrot gleich säckeweise ab.

Oso Negro CAFÉ $
(☎250-532-7761; 604 Ward St; Kaffee ab 2 C$; 7–17 Uhr) Das beliebte Eckcafé röstet seinen Kaffee selbst. Tische stehen draußen in einem Garten voller Statuen und plätschernder Brunnen.

Bibo FUSION $$
(☎250-352-2744; www.bibonelson.ca; 518 Hall St; Hauptgerichte 19–30 C$; 17 Uhr bis spät) Innen besteht das Bibo aus Sichtmauerwerk, draußen blickt die Hangterrasse auf den See hinab. Kleine Gerichte stammen aus lokalem Anbau, z. B. Mezze oder eine Platte mit Käse und Wurst mit Wein. Zu der kurzen Liste gehobener Hauptgerichte gehören Hamburger und Meeresfrüchte.

Cantina del Centro MEXIKANISCH $$
(☎250-352-3737; 561 Baker St; kleine Gerichte 6–10 C$; 11 Uhr bis spät) Das bunte und pulsierende Lokal ist immer proppenvoll. Die superfrischen Tacos und andere kleine Gerichte ensprechen den leuchtenden Farben des mexikanischen Fliesenbodens.

Beim Chillen mit einer Margarita kan man zuschauen, wie hinter dem Tresen das Fleisch gegrillt wird.

★ **All Seasons Cafe** FUSION $$$
(☎250-352-0101; www.allseasonscafe.com; 620 Herridge Lane; Hauptgerichte 20–32 C$; ⏲17–22 Uhr) Auf der Terrasse unter den kleinen, blinkenden Lichtern im Blätterdach des großen Ahorn zu sitzen ist ein Highlight in Nelson; im Winter sorgen Kerzen für die gleiche romantische Atmosphäre. Die vielfältige Speisekarte wechselt je nach Jahreszeit, aber stets mit Schwerpunkt auf Erzeugnissen aus British Columbia. Die Weinkarte ist absolut umwerfend.

Library Lounge LOUNGE
(☎250-352-5331; Hume Hotel, 422 Vernon St; ⏲11 Uhr bis spät) Die kultivierte Lounge in einem klassischen Hotel hat auch ein paar Straßentische, von denen sich schön die Passanten betrachten lassen. Fast jeden Abend gibt es Jazzkonzerte. Im angrenzenden **Mike's Place Pub** mit tollem Bierangebot und gutem Essen (Hauptgerichte ab 12 C$) ist immer etwas los.

Shoppen

Otter Books BÜCHER
(☎250-352-7525; 398 Baker St; ⏲Mo–Sa 9.30–17.30, So 11–16 Uhr) Bücher und Karten.

Isis Essentials ACCESSOIRES
(☎250-352-0666; www.isis.ca; 582 Ward St; ⏲Mo–Sa 11–18 Uhr) Hier lässt sich die lokale Stimmung erahnen: Sexspielzeug und Duftöle in einem feministischen Ambiente. Interessant sind die Düfte aus der Linie Dungeon Sense.

Praktische Informationen

Das **Besucherzentrum** (☎877-663-5706, 250-352-3433; www.discovernelson.com; 225 Hall St; ⏲Mai–Okt. tgl. 8.30–18 Uhr, Nov.–April Mo–Fr 8.30–17 Uhr) hat gute Informationen zur Region.

Den Beat von Nelson sendet das **Kootenay Co-Op Radio** (93,5 FM).

Anreise & Unterwegs vor Ort

Castlegar Airport (YCG; www.wkrairport.ca; Hwy 3A) Der nächste Flughafen liegt 42 km südwestlich von Nelson.

Greyhound Canada (☎250-352-3939; Chahko-Mika Mall, 1128 Lakeside Dr) Busverbindungen mit Fernie (65 C$, 5½ Std., 1-mal tgl.) und Kelowna (65 C$, 5½ Std., 1-mal tgl.).

Nelson Transit System (☎250-352-8201; www.bctransit.ca; Fahrkarte 2 C$) Die Buslinien 2 und 10 fahren zur Chahko-Mika Mall und zum Lakeside Park. Die Haupthaltestelle ist an der Ecke Ward und Baker Street.

Queen City Shuttle (☎250-352-9829; www.kootenayshuttle.com; einfach Erw./Kind 25/10 C$) Verbindung zum Castlegar Airport (1 Std.); im Voraus buchen.

Von Nelson nach Revelstoke

Von Nelson nordwärts nach Revelstoke führen zwei Straßen, beide landschaftlich reizvoll. Der Highway 6 verläuft 16 km nach Westen und dann in South Slocan nach Norden. Die Straße führt schließlich 30 km am hübschen Slocan Lake bis nach New Denver entlang. Zwischen Nelson und New Denver sind es 97 km.

Die interessantere Strecke ist der Highway 3A ab Nelson nach Norden und Osten. Nach 34 km ist der Anleger der kostenlosen **Kootenay Lake Ferry** in Balfour erreicht. Die Überfahrt lohnt sich, auch wenn man nirgendwo hin will, allein schon wegen der Aussichten auf blaue Berge, die steil aus dem Wasser des langen Sees emporragen.

Ab Balfour wird die Straße zum Highway 31 und folgt dem Seeufer 34 km durch hübsche, kleine Orte nordwärts nach Kaslo.

Kaslo

Kaslo ist ein unauffälliges Kleinod, ein hübscher, kleiner Ort am See, der zu einer Pause einlädt. Sehenswert ist die restaurierte **SS Moyie** (324 Front St; Erw./Kind 10/4 C$; ⏲Mai–Okt. 10–17 Uhr) von 1898. Auf ihr gibt es Informationen zu den unzähligen Möglichkeiten für Kajak- und Kanutouren auf dem glitzernden blauen Wasser gleich draußen.

Es gibt etliche Unterkünfte im und um den Ort, darunter auch das ansprechende **Kaslo Hotel** (☎250-353-7714; www.kaslohotel.com; 430 Front St; Zi. 120–200 C$; @ 📶) mit Seeblick im Zentrum, das auch eine Brauerei betreibt.

New Denver

Wilde Gebirgsflüsse sind nur einige der Highlights der wunderbaren Natur entlang des Highway 31A, der über mehrere raue Hügel führt. Am Ende der kurvigen, 47 km langen Straße gelangt man nach New Den-

DIE FÄHREN IN DER REGION

Die lang gezogenen Seen in der Region – der Kootenay Lake sowie der Upper und der Lower Arrow Lake – drängen sich regelrecht für einen malerischen Ausflug mit der Fähre auf. Alle **Regionalfähren** (www.th.gov.bc.ca/marine/ferry_schedules.htm) sind kostenlos. Im Sommer muss man an geschäftigen Wochenenden allerdings mit langen Warteschlangen rechnen.

Die **Kootenay Lake Ferry** (☎250-229-4215) verkehrt zwischen Balfour am westlichen Arm des Kootenay Lake (34 km nordöstlich von Nelson) und Kootenay Bay; von hier aus kann man dann dem Highway 3A durch eine hübsche Landschaft 80 km südwärts nach Creston folgen. Die Überfahrt dauert 35 Minuten. Im Sommer legt die Fähre in Balfour zwischen 6.30 und 21.40 Uhr alle 50 Minuten ab, zwischen 7.10 und 22.20 Uhr in Kootenay Bay.

Die **Needles Ferry** (☎250-837-8418) überquert alle halbe Stunde den Lower Arrow Lake zwischen Fauquier (57 km südlich von Nakusp) und Needles (135 km östlich von Vernon) am Highway 6. Die Überfahrt dauert nur fünf Minuten. Die Fähre bietet auch eine gute Anbindung ans Okanagan Valley und in die Kootenays.

Die **Upper Arrow Lake Ferry** (☎250-837-8418) pendelt ganzjährig zwischen der Galena Bay (49 km südlich von Revelstoke) und der Shelter Bay (49 km nördlich von Nakusp) am Highway 23 hin und her. Die Überfahrt dauert 20 Minuten. Die Fähre legt zwischen 6 und 24 Uhr stündlich an der Shelter Bay ab, zwischen 5.30 und 0.30 Uhr von der Galena Bay.

ver, das fast einer Geisterstadt gleicht. Das muss aber nicht schlecht sein, immerhin liegt das historische Kleinod hübsch-verschlafen am klaren Wasser des Slocan Lake.

Das **Silvery Slocan Museum** (☎250-358-2201; www.newdenver.ca; 202 6th Ave; Erw./Kind 4 C$/frei; ⏲Juni–Aug. 9–16 Uhr) beherbergt auch die nützliche Touristeninformation. Es ist in einem aus dem Jahr 1897 stammenden Gebäude der Bank of Montreal untergebracht und zeigt eine gelungene Ausstellung aus den boomenden Tagen des Bergbaus, ein winziges Gewölbe und eine unversehrte Zinndecke.

Sowohl in New Denver als auch in dem ebenso verschlafenen, alten Bergbaustädtchen **Silverton** südlich davon gibt es ausgezeichnete Cafés.

Die Rundfahrt von Nelson über den Highway 6 und den Highway 31 durch New Denver ist ein ausgezeichneter Tagesausflug. Andernfalls – wenn man auf dem Weg nach Revelstoke ist – sollte man 47 km weiter in nördlicher Richtung auf dem Highway 6 durch die etwas eintönige, sanft geschwungene Landschaft von New Denver nach **Nakusp** fahren.

Nakusp

Direkt am Upper Arrow Lake veränderten die vielen Dämme, die in den 1950er- und 1960er-Jahren in British Columbia gebaut wurden, Nakusp und die Seenkette für immer. Der Wasserstand stieg, weshalb die Stadt umgesiedelt werden musste. Deshalb haftet ihr auch ein Look an, der deutlich an die Sixties erinnert. Es gibt hier ein paar nette Cafés und ein winziges Museum.

Die **Nakusp Hot Springs** (☎250-265-4528; www.nakusphotsprings.com; 8500 Hot Springs Rd; Erw./Kind 9,50/8,50 C$; ⏲9.30–21.30 Uhr), 12 km nordöstlich von Nakusp abseits des Highway 23 gelegen, wirken nach einer Umgestaltung ein wenig künstlich. Das vergisst man aber schnell, wenn in dem runden, von Bäumen eingerahmten Becken sämtliche Sorgen weggespült werden.

Von Nakusp aus könnte man gen Westen auf dem Highway 6 nach Vernon ins Okanagan Valley fahren – eine 245 km lange Fahrt, zu der auch die Passage mit der Needles Ferry gehört. Man kann aber auch 55 km auf dem Highway 23 nach Norden zur Upper Arrow Lake Ferry fahren und dann noch mal 48 km bis nach Revelstoke.

CARIBOO, CHILCOTIN & KÜSTE

Die weit ausgedehnte, wunderschöne Region nördlich der touristischen Hotspots von Whistler nimmt ein riesiges Areal von British Columbia ein. Sie umfasst drei von-

ABSEITS DER ÜBLICHEN PFADE

BOWRON LAKE PROVINCIAL PARK

Der **Bowron Lake Provincial Park** (www.bcparks.ca; Kanugenehmigung 30–60 C$, Zeltplatz $16; ⏲Mai-Sept.) ist ein Wunderland, das aus zehn schneebedeckten Bergen und Seen besteht – ein Eldorado für passionierte Kanuten. Hier bilden Abschnitte der drei Flüsse Isaac, Cariboo und Bowron einen 116 km langen Rundkurs, der fraglos zu den besten Kanustrecken des Planeten zählt.

Unterwegs müssen acht gut ausgewiesene Transferwege gemeistert werden; der längste ist 2 km lang. Für den ganzen Rundkurs braucht man sechs bis zehn Tage; auf der Strecke muss man sich gänzlich selbst versorgen. Die beste Reisezeit ist der September – dann leuchtet das Laub der Bäume in bunten Farben und man entgeht den Menschenmassen, die im Sommer einfallen. Die Website des Parks hält Karten und zahlreiche Details bereit, eigentlich alle nötigen Infos für die Planung eines Trips, darunter auch Wissenswertes zu den vorgeschriebenen Reservierungen, die oft Monate im Voraus getätigt werden müssen.

Wer die Planung und die Erledigung der Formalien lieber anderen überlässt, kann sich an **Whitegold Adventures** (☎250-994-2345; www.whitegold.ca; Hwy 26, Wells) wenden, die vier- bis achttägige Paddeltouren auf dem Bowron Lake anbieten. Die gesamte Rundtour kostet 1800 C$ pro Person.

Anreise mit dem Auto: Unmittelbar vor Barkerville nimmt man die Ausfahrt vom Highway 26 und folgt der 28 km langen Schotterpiste Bowron Lake Road.

Schlafen

Es stehen mehrere Unterkünfte zur Wahl. Campingplätze im Park müssen im Voraus reserviert werden.

Die **Bowron Lake Lodge** (☎800-519-3399, 250-992-2733; www.bowronlakelodge.com; Bowron Lake; Stellplatz 28 C$, Zi. 60–80 C$; hMai–Sept.) ist bildschön und liegt direkt am See. Sie hat Hütten und Motelzimmer und verleiht Kanus und Ausrüstung.

einander sehr verschiedene Gebiete. Die Region **Cariboo** mit ihren zahlreichen Ranches hat sich seit den 1850er-Jahren, als der „Gold Rush Trail“ von Lillooet nach Barkerville hier durchführte, kaum verändert.

In der Region **Chilcotin** leben mehr Elche als Menschen. Sie liegt westlich des Highway 97, der Nord-Süd-Achse der Region. In der überwiegend wilden, hügeligen Landschaft gibt es ein paar Ranches und einige Dörfer von Ureinwohnern. Der Highway 20 führt in westlicher Richtung von Williams Lake zum spektakulären Bella Coola Valley. An der Küste des Meeresarms wimmelt es nur so von Bären und anderen wilden Tieren.

Der Großteil der Region ist über den Highway 97 erreichbar. Traveller können über Prince George im Norden eine Rundfahrt zu anderen Teilen British Columbias machen. Das Bella Coola Valley wird von Fähren aus Port Hardy auf Vancouver Island angefahren. Dadurch ergeben sich weitere Möglichkeiten für tolle Rundreisen.

Zweimal täglich fährt ein Bus von **Greyhound Canada** (☎800-661-8747; www.greyhound.ca) über den Highway 97 (von Cache Creek bis Prince George dauert es immerhin sechs Stunden).

Von Williams Lake nach Prince George

Viehzucht und Holzwirtschaft prägten **Williams Lake**, das Zentrum der Region. Die kleine Stadt, etwa 206 km nördlich der Kreuzung der Highways 1 und 97, hat zwei Museen und zahlreiche Motels. Der beste Grund für einen Halt ist das hervorragende **Discovery Centre** (☎250-392-5025; www.williamslake.ca; 1660 Broadway S, am Hwy 97; ⏲9–17 Uhr), ein Besucherzentrum in einem großen Holzgebäude. Es hat umfassende Infos zur Region und für Trips nach Westen zur Küste auf dem Highway 20. Die Fast-Food-Läden am Highway 97 sollte man vermeiden und sich stattdessen ein gutes Sandwich und Kaffee im **Bean Counter Bistro** (180 3rd St; Hauptgerichte ab 5 C$; ⏲Mo–Sa 7.30–17.30 Uhr; 📶) gönnen.

In **Quesnel**, 124 km nördlich von Williams Lake am Highway 97 gelegen, dreht sich alles ums Holzfällen. Es gibt ein paar gute Motels und Cafés in dem schmucken, von Blumen gesäumten Zentrum. Von Quesnel führt der Highway 26 nach Osten zu den größten Attraktionen in dem Gebiet: dem Barkerville Historic Park (s. unten) und dem Bowron Lake Provincial Park.

Fährt man von Quesnel aus über den Highway 97 nach Norden, gelangt man nach 116 km nach Prince George.

Barkerville & Umgebung

1862 fand Billy Barker aus Cornwall tief im Cariboo Gold. Bald darauf entstand Barkerville, in dem sich die üblichen zwielichtigen Gestalten niederließen, wie Huren, Schwachköpfe, Gauner und einfach nur Goldgräber. Heute können hier Besucher über 125 restaurierte historische Häuser in der **Barkerville Historic Town** (☎888-994-3332; www.barkerville.ca; Hwy 26; Erw./Kind 14/4,50 C$; ⏲Mai–Sept. 8–18 Uhr) besichtigen. Im Sommer streifen Leute in historischer Kleidung durch den Ort, der relativ authentisch wirkt, wenn man versucht, die Besuchermassen auszublenden. Es gibt hier Läden, Cafés und ein paar B&Bs. Im übrigen Jahr ist der Eintritt frei, allerdings ist dann nicht alles geöffnet.

Im eigentümlichen **Wells** bei Barkerville gibt es Unterkünfte, Restaurants und einen Gemischtwarenladen. Das **Besucherzentrum** (☎877-451-9355, 250-994-2323; www.wells.ca; 11900 Hwy 26; ⏲Mai–Sept. 9–18 Uhr) hat Informationen

Das beschauliche Barkerville liegt rund 82 km östlich von Quesnel.

Wells Gray Provincial Park

Die **Helmcken Falls** – der vierthöchste Wasserfall in Kanada – stürzen 141 m in die Tiefe und sind nur eine der unentdeckten Facetten des **Wells Gray Provincial Park** (www.bcparks.ca; Wells Gray Rd), der selber auch ein unentdecktes Juwel ist.

Der viertgrößte Nationalpark British Columbias wird eingegrenzt vom Clearwater River und seinen Nebenflüssen. Zu den Highlights für Besucher zählen fünf große Seen, zwei große Flüsse, zahlreiche Wasserfälle und fast alle Vertreter der in British Columbia beheimateten Fauna.

Die meisten Leute reisen auf dem Highway 5 über das 123 km nördlich von Kamloops gelegene **Clearwater** an. Von dort führt eine 36 km lange asphaltierte Straße zum Südeingang des Parks, von wo aus die teilweise mit Kies bedeckte Wells Gray Road über 29 km ins Zentrum des Parks führt und am Clearwater Lake endet. Von dieser Straße aus sind viele Wanderwege und Naturspektakel wie beisepielsweise die Helmcken Falls zu erreichen.

Im Park gibt es mehr als 20 unterschiedlich lange Trails, die viele Möglichkeiten zum **Wandern**, **Skilanglaufen** und **Reiten** bieten. Rund um die vier Seen liegen einfache Zeltplätze im offenen Gelände. Kanus verleiht **Clearwater Lake Tours** (☎250-674-2121; www.clearwaterlaketours.com; Kanu ab 50 C$ pro Tag), die außerdem auch geführte Wanderungen organisieren.

Der waldige **Pyramid Campground** 5 km nördlich des südlichen Parkeingangs und dicht an den Helmcken Falls ist einer von drei mit Autos zugänglichen, aber schlichten **Campingplätzen** (☎250-674-2194; Stellplatz 16 C$) im Park. Es gibt reichlich **wilde Campingplätze**, die 5 C$ pro Person und Nacht kosten.

In Clearwater gibt es Läden, Restaurants und eine Menge Motels, darunter das **Dutch Lake Resort** (☎888-884-4424, 250-674-3351; www.dutchlake.com; 361 Ridge Dr, Clearwater; Stellplätze ab 35 C$, Zi. 120–190 C$) mit Hütten, Motelzimmern und 65 Zeltplätzen. Ein Mietkanu lauf dem See bereitet gut auf größere Vergnügungen im Park vor.

Die **Wells Gray Guest Ranch** (☎866-467-4346, 250-674-2792; www.wellsgrayranch.com; Clearwater Valley Rd; Stellplatz ab 25 C$, Zi. 90–180 C$) vermietet Hütten und gemütliche Zimmer im Hauptgebäude. Sie liegt im Park 27 km nördlich von Clearwater.

Das **Besucherzentrum** (☎250-674-2646; www.wellsgray.ca; 425 E Yellowhead Hwy, Ecke Clearwater Valley Rd; ⏲Mai–Okt. 9–18.30 Uhr; 📶) von Clearwater ist eine wichtige Informationsquelle für den Park. Es bucht Zimmer und spannende Raftingtouren.

Chilcotin & Highway 20

Der Highway 20 mäandert über 450 km durch einsame Hügel westlich von Chilcotin von Williams Lake ins Bella Coola Valley. Autofahrer sprachen über diese Straße lange Zeit so wie Ärzte über eine beunruhigende Stuhlprobe. Doch die Strecke wurde kontinuierlich verbessert und ist heute zu über 90 % gepflastert. Der Abschnitt, der es nicht ist, hat es allerdings in sich. Das riskante, 30 km lange Stück Schotterpiste beginnt 386 km westlich von Williams Lake und ist auch bekannt als der **Hill**. Es führt vom Heckman's Pass auf 1524 m ins Tal fast auf Meereshöhe hinunter, unterwegs sind mehrere Serpentinen und Steigungen von 10 bis 18 % zu meistern. Doch wer sich Zeit nimmt und zumeist im ersten Gang fährt, kann sogar die atemberaubende Aussicht genießen – man sollte nur aufpassen, dass man dabei auch immer festen Boden unter den Rädern hat. Die restlichen 420 km stellen für alle Fahrzeuge keinerlei Problem dar – mit Testosteron vollgepumpte Touristen in ihren SUVs und schweren Jeeps wirken angesichts der Einheimischen in ihren Chevys eher ein bißchen verloren.

Wenn man die Strecke an einem Stück zurücklegt, braucht man ungefähr sechs Stunden. Dabei kommt man an einigen Dörfern der Ureinwohner und an Schotterstraßen vorbei, die zu den wenigen Provinzparks der Region und zu verlassenen Seen führen. Informationen darüber und über vorhandene Einrichtungen gibt es in der Touristeninformation von Williams Lake.

Bella Coola Valley

Verlässt man die trockenen Weiten der Chilcotin-Region und kommt am Fuß der Berge an, erwartet Reisende eine große Überraschung: Das Bella Coola Valley ist das Herz des Great Bear Rainforest, eines üppigen Landstrichs mit großen Waldflächen, reißenden Flüssen und einer großen Bärenpopultion. Es handelt sich um einen spirituellen Ort: Hier sind Künstler der Nuxalk-Indianer aktiv und für viele kreative Leute hat das Suchen hier ein Ende.

Das Tal erstreckt sich über 53 km bis an die Küste des North Bentinck Arm, eines tiefen, von Gletschern gespeisten Fjords, der vom Pazifik 40 km ins Landesinnere hineinragt. Die zwei größten Orte hier, **Bella Coola** am Wasser und das 15 km weiter östlich gelegene **Hagensborg**, erscheinen fast wie einer, befinden sich doch die meisten interessanten Plätze in oder zwischen den Orten.

Sehenswertes & Aktivitäten

Der südliche Abschnitt des **Tweedsmuir Provincial Park** (☎250-398-4414; www.bcparks.ca; am Hwy 20), der das Chilcotin und das östliche Ende des Tals umfasst, ist der zweitgrößte Provincial Park in British Columbia. Er ist kaum erschlossen, perfekt für herausfordernde Abenteuer in der Wildnis. **Tageswanderungen** abseits des Highway 20 im Tal führen in üppigen und unberührten Küstenregenwald.

Gleich westlich von Hagensborg im **Walker Island Park** am Rand der breiten und felsigen Flussniederung des Bella Coola River gibt es Wanderwege zwischen 500 Jahre alten Zedern.

Die Möglichkeiten sind hier wirklich grenzenlos. Man kann in die Hügel und Täler von den Straßen aus wandern (z. B. zu den **Odegaard Falls**) oder von Ausgangspunkten, die nur mit dem Boot an der felsigen Küste entlang zu erreichen sind.

Kynoch Adventures (☎250-982-2298; www.bcmountainlodge.com; Hwy 20, Hagensborg; Touren Erw./Kind ab 80/40 C$) ist auf lohnenswerten Touren zur Tierbeobachtung auf den Flüssen und auf Wanderungen durch die Wildnis spezialisiert. Die sehr empfehlenswerten Floßtouren zu den berühmten Grizzlybären im Tal finden von Ende August bis in den Oktober hinein statt (125 C$ pro Pers.).

Schlafen & Essen

Am Highway 20 stehen ein Dutzend B&Bs und kleine Inns. Viele bieten auch Abendessen; ansonsten gibt es auch ein paar Cafés und Restaurants.

Rip Rap Camp CAMPINGPLATZ $
(☎250-982-2752; www.riprapcamp.com; 1854 Hwy 20, Hagensborg; Stellplatz 17–25 C$, Hütten 60–125 C$; ⏲Mai–Okt.; WLAN) Ein hochgelobter Campingplatz mit umfangreicher Ausstattung und einer wirklich tollen Aussichtsterrasse am Fluss.

★ **Bella Coola Mountain Lodge** INN $$
(☎250-982-2298; www.bcmountainlodge.com; 1900 Hwy 20, Hagensborg; Zi. 90–125 C$; @ WLAN) Die 14 Zimmer, viele mit einer kleinen Kochnische ausgestattet, sind groß, und es gibt ein exzellentes **Restaurant** (Hauptgerichte 20–30 C$; ⏲Mi–So 17.30–20.30 Uhr). Die Besitzer betreiben auch Kynoch Adventures und verleihen Minivans und Geländewagen (ab 65 C$ pro Tag).

Tallheo Cannery PENSION $$
(☎604-992-1424; www.bellacoolacannery.com; Stellplatz 15 C$, Zi. inkl. Transport 125 C$) Eine der ungewöhnlichsten Unterkünfte in British Columbis, 3 km über die Bucht von Bel-

la Coola gelegen, befindet sich in einer alten Konservenfabrik. Bei der Anfahrt mit dem Boot mögen Bedenken aufkommen, da große Teile der Fabrik am Wasser eingestürzt sind. Aber keine Angst, die Zimmer in einer alten Schlafbaracke aus den 1920er-Jahren stehen auf solidem Grund. Transport für Camper kostet 10 C$, Touren für Tagesausflügler kosten 50 C$.

Für Abenteuerlustige ist eine Übernachtung hier wegen der Aussichten (umwerfend), Erkundungen (ein ganzes Dorf mit eigenem Strand) und der besonderen Mysterien (alter Müll einer alten Konservenfabrik) faszinierend.

Praktische Informationen

Das Besucherzentrum und auch die Unterkünfte geben Tipps für Führer und Ausrüstung zum Skifahren, Mountainbiken, Angeln, Rafting und noch vielem mehr. Eine Autowerkstatt, Geldautomaten, Wäscherei und Lebensmittel sind vorhanden. Die meisten touristischen Einrichtungen sind allerdings von Oktober bis April geschlossen.

Jede Menge Infos und Tipps, auch Wanderführer, sind im von Freiwilligen besetzten **Besucherzentrum** (☎250-982-0092; www.bellacoola.ca; 1881 Hwy 20, Hagensborg; ⌚Juni–Sept. 10–16 Uhr) in einem stimmungsvollen Haus von 1903 erhältlich.

An- & Weiterreise

BC Ferries (☎888-223-3779; www.bcferries.com; Erw./Kind 193/97 C$, Auto ab 386 C$) befährt die Route an der Discovery Coast, die im Sommer Bella Coola und Port Hardy auf Vancouver Island einige Male pro Woche verbindet. Die Fahrt dauert 13 bis 34 Stunden, je nach Stopps. Am besten sind die 13-stündigen Direktverbindungen einmal wöchentlich, da das Boot, die *Queen of Chilliwack*, keine Kabinen hat.

Es fahren keine Busse auf dem Highway 10 nach Williams Lake, aber es gibt Charterflüge. Die Flüge der **Pacific Coastal Airlines** (☎800-663-2872; www.pacificcoastal.com; einfach 175–340 C$; ⌚tgl.) ab Vancouver dauern etwa eine Stunde.

NÖRDLICHES BRITISH COLUMBIA

Im Norden von British Columbia fühlt man sich, als hätte man die himmlische Grenze zu einer anderen Welt überschritten. In keiner anderen Region ist die reiche Kultur der Ureinwohner Kanadas so dominant wie hier – von den Haida auf Haida Gwaii bis zu den Tsimshians auf dem Festland. Nirgendwo anders ist das Land so geheimnisumwoben wie hier – von sturmgepeitschten Küsten und Inseln bis zu stillen, majestätischen

DER GREAT BEAR RAINFOREST

Hier ist er also, der letzte große Regenwald in gemäßigtem Küstenklima, den es auf unserem Planeten noch gibt. Der Great Bear Rainforest ist eine unberührte Region mit Inseln, Fjorden und hoch aufragenden Bergen. Das Gebiet umfasst 64 000 km^2 (7 % von BC) und erstreckt sich von Alaska entlang der Küste in den Süden British Columbias, von der Inselgruppe Haida Gwaii bis zum Campbell River auf Vancouver Island (die nicht mehr zum Regenwald gehört). Die Wälder und Gewässer hier sind bemerkenswert artenreich: Hier leben Wale, Lachse, Adler, Wapitis, Otter und andere Tiere. Die abgelegenen Flusstäler sind gesäumt von Wäldern aus uralten Sitka-Fichten, Pazifik-Silbertannen und diversen Zedernarten, die oft 100 m hoch und bis zu 1500 Jahre alt sind.

So groß der Great Bear Rainforest auch sein mag, so ist er doch stark gefährdet. Knapp 50 % sind geschützt, aber Industrie und Staat verschieben Pläne zum weiteren Schutz immer wieder. Inzwischen haben Mineral- und Holzfällerunternehmen den Wald im Visier, andere wollen die gewaltigen Northern Gateway Pipelines bauen, die Supertanker zur Küste bringen würden. Zu den vielen Gruppen, die für die Rettung dieses unersetzlichen Lebensraums kämpfen, gehört auch die Raincoast Conservation Foundation; siehe www.raincoast.org. Die Website www.savethegreatbear.org ist eine gute Informationsquelle.

Von Bella Coola aus kann man Bootsausflüge und Wanderungen zu magischen Orten im Great Bear arrangieren, darunter auch zu Flüssen tief in der Wildnis. Vielleicht bekommt man sogar einen der seltenen **Kermodebären** zu Gesicht. Der Bär mit dem weißen Pelz ist eine Unterart des Schwarzbären, der in den Legenden der Indianerstämme auch „Geisterbär" genannt wird und dem Park seinen Namen gab.

Gletschern, die sich regelrecht durch ganze Bergketten graben.

Und nirgendwo anders ist es so vielversprechend wie hier: Highways wie der sagenhafte Alaska Highway oder der Ehrfurcht gebietende Stewart-Cassiar Highway schreien nach Abenteuern, Entdeckungen oder sogar einem neuen Leben. Hier besteht nicht der Hauch eines Zweifels, welchen Platz die Menschen neben der Natur einnehmen – und die sind sich ihrer eigenen Bedeutungslosigkeit bewusst.

Prince Rupert

12 600 EW.

Viele wollen Prince Rupert immer noch „entdecken". Und was das für eine Entdeckung ist! Die faszinierende Stadt mit ihrem hinreißenden Hafen ist nicht nur ein wichtiger Verkehrsknotenpunkt – Fähren fahren Richtung Süden nach Vancouver Island, Richtung Westen zu den Haida Gwaii und Richtung Norden nach Alaska. Sie ist vielmehr ein Reiseziel, das sich nicht hinter anderen verstecken muss, sondern zwei ausgezeichnete Museen, schöne Restaurants und ein von den Ureinwohnern geprägtes Kulturerbe vorzuweisen hat. Gegenwärtig ist die Stadt sehr darum bemüht, Kreuzfahrtschiffe auf sich aufmerksam zu machen.

Es mag zwar 220 Tage im Jahr regnen, robuste Einheimische kann dies aber nicht davon abhalten, in den nebligen Bergen und auf den dunstigen Gewässern Spaß zu haben. Rupert (wie die Stadt kurz genannt wird) war ursprünglich der Traum von Charles Hays, der die Eisenbahn hierher brachte, bevor er mit der *Titanic* sein nasses Grab fand. Irgendwie scheint Rupert immer einer glänzenden Zukunft hinterherzuhinken. Aber schließlich könnte das Schiff doch den sicheren Hafen erreicht haben – oder zumindest einen guten Ankerplatz gefunden haben: Ein neuer Containerhafen beschleunigt den Transport von Billigschrott aus China in die schnäppchenhungrigen USA.

Sehenswertes

Die **Cow Bay** liegt in Gehweite zum Zentrum und ist ideal für einen anregenden Spaziergang. Um dem Namen der Bucht alle Ehre zu machen, steht überall entsprechendes Dekor – irgendwie gelingt es dabei, nicht ins Klischeehafte abzugleiten. Außerdem finden sich hier Geschäfte und Cafés und man hat einen herrlichen Blick aufs Wasser, vor allem vom Atlin Terminal aus, wo die Kreuzfahrtsschiffe anlegen.

Totempfähle sind in der ganzen Stadt zu sehen; zwei flankieren die Statue von Charlie Hays neben dem Rathaus in der 3rd Avenue. Auch werden Häuser in der ganzen Stadt von über 30 großen **Wandbildern** geschmückt. Der bekannte Künstler Jeff King malt Historisches und Natur.

★ Museum of Northern BC MUSEUM

(☎250-624-3207; www.museumofnorthernbc.com; 100 1st Ave W; Erw./Kind 6/2 C$; ⏲9–17 Uhr) Das Museum sollte man keinesfalls versäumen. Es residiert in einem Gebäude, das im Stil der Langhäuser der Ureinwohner erbaut ist. Es zeigt, wie die hier ansässigen Zivilisationen über Jahrtausende hinweg im Einklang mit der Natur lebten – man könnte sogar sagen, dass sie ihrer Zeit voraus waren. Zur Ausstellung zählen viele ausgezeichnete Kunstwerke der Haida, Gitksan und Tsimshian und eine Menge Infos über Totempfähle. Die Buchhandlung ist exzellent.

Aktivitäten

Unter den vielen Wanderwegen der Umgebung ist der **Butze Rapids Trail** ein guter Start. Er ist ein 4,5 km langer Rundweg mit Erklärungsschildern, der 3 km südlich der Stadt beginnt.

Im **Khutzeymateen Grizzly Bear Sanctuary** weiter außerhalb leben über 50 der Riesenbären.

Skeena Kayaking KAJAKFAHREN

(☎250-624-5246; www.skeenakayaking.ca; Kajakverleih pro 4 Std. 50 C$, Touren ab 80 C$) Skeena Kayaking bietet Kajakverleih und individuelle Touren in der Gegend, in der es scheinbar unendlich viele Gewässer gibt.

Geführte Touren

★ Prince Rupert Adventure Tours WILDTIERE

(☎250-627-9166; www.adventuretours.net; Atlin Terminal; Bärentouren Erw./Kind 225/200 C$, Waltouren 115/100 C$) Zu den exzellenten Bootstouren gehören Ausflüge zu den Grizzlys im Khutzeymateen (Mitte Mai–Anfang Aug.) und zu Walen (Aug.–Sept.). Auf den Spuren des reichen Tierlebens der Region kann so eine Fahrt viele Stunden dauern.

Schlafen

In Rupert gibt es verschiedene Unterkünfte, darunter auch über ein Dutzend B&Bs.

Wenn alle drei Fähren angelegt haben, ist der Ansturm groß, also vorher buchen.

Pioneer Hostel HOSTEL $
(☎888-794-9998, 250-624-2334; www.pioneerhostel.com; 167 3rd Ave E; B 25–30 C$, Zi. 60–80 C$; ⊖@📶) Das Hostel in einem Wohnviertel hinter der Innenstadt hat blitzblanke, kompakte Zimmer mit leuchtenden Farbakzenten, einer kleinen Küche und hinten einen Grillplatz. Für Abholung von der Fähre oder vom Bahnhof wird gesorgt.

Black Rooster Guesthouse PENSION $
(☎250-627-5337; www.blackrooster.ca; 501 6th Ave W; B 30 C$, Zi. 50–150 C$; @📶) Das renovierte Haus, vom Zentrum gleich den Hügel hinauf gelegen, hat eine Terrasse und einen hellen Gemeinschaftsraum. Das Angebot reicht von spartanischen Einzelzimmern bis zu großen Apartments. Bei Anruf werden Gäste abgeholt.

Prince Rupert RV Campground CAMPINGPLATZ $
(☎250-624-5861; www.princerupertrv.com; 1750 Park Ave; Zelt/Wohnmobil ab 21/33 C$; @📶) Der etwas kahle Campingplatz nahe dem Fähranleger hat 77 Stellplätze, heiße Duschen, Waschmaschinen und einen kleinen Spielplatz für Kinder.

Crest Hotel HOTEL $$
(☎800-663-8150, 250-624-6771; www.cresthotel.bc.ca; 222 1st Ave W; Zi. 120–300 C$; ❄@📶) Das beste Hotel in Prince Rupert vermietet Zimmer mit Hafenblick, die jeden Cent wert sind, bis hin zu den eingebauten Fenstersitzen samt Leihferngläsern. Die kleineren Zimmer zum Parkplatz raus sind allerdings nicht so schön, die Suiten im Gegensatz dazu beinahe opulent.

Inn on the Harbour MOTEL $$
(☎250-624-9107, 800-663-8155; www.innontheharbour.com; 720 1st Ave W; Zi. mit Frühstück 120–260 C$; 📶) Die Sonnenuntergänge sind so überwältigend, dass die eintönige äußere Erscheinung in diesem modernen Motel mit Hafenblick verblasst. Die 49 Zimmer sind edel und modern eingerichtet.

Eagle Bluff B&B B&B $$
(☎250-627-4955; www.eaglebluff.ca; 201 Cow Bay Rd; Zi. 65–145 C$; @) Das B&B an einer Landungsbrücke in super Lage an der Cow Bay ist ein historisches Gebäude mit markantem rot-weißem Anstrich. Die sieben Zimmer können als heimelig beschrieben werden; einige haben Gemeinschaftsbäder.

NICHT VERSÄUMEN

NORTH PACIFIC CANNERY

Die **North Pacific Cannery National Historic Site** (☎250-628-3538; www.northpacificcannery.ca; 1889 Skeena Dr; Erw./Kind 12/6 C$; ⏲10–17 Uhr), etwa 20 km südlich von Prince Rupert nahe dem Ort Port Edward, zeigt die Anfänge der Fischerei und Konservenfabrikation am Skeena River. Der faszinierende Komplex ganz aus Holz war ursprünglich ein kleines Pfahldorf, das von 1889 bis 1968 bewohnt war. Die Exponate dokumentieren die armseligen Lebensumstände der Arbeiter; Touren beschäftigen sich mit dem Arbeitsprozess und dem Leben mit der Konservenfabrik. Ein Bus der Prince Rupert Transit (S. 870) fährt zu der Stätte.

Essen

Gut sind hier, vor allem Heilbutt und Lachsfang frisch vom Boot.

Cowpuccino's CAFÉ $
(☎250-627-1395; 25 Cow Bay Rd; Kaffee 2 C$; ⏲7–20 Uhr; 📶) Der Kaffee in dem flippigen Café lässt den Regen vergessen.

★ **Charley's Lounge** KNEIPE $$
(☎250-624-6771; Crest Hotel, 222 1st Ave W; Hauptgerichte 8–20 C$; ⏲12 Uhr bis spät) Hier hocken die Einheimischen und tauschen auf der beheizten Terrasse mit Blick über den Hafen Klatsch aus. Das Speisenangebot enthält einige der besten Meeresfrüchtegerichte in Rupert. Das formellere **Waterfront Restaurant** (Hauptgerichte 12–35 C$; ⏲Mo–Fr 6.30–21, Sa & So 7–21 Uhr) ist gleich nebenan; es serviert wechselnde Speisen, die in einer offenen Küche zubereitet werden.

Opa Sushi JAPANISCH $$
(☎250-627-4560; www.opasushi.com; 34 Cow Bay Rd; Hauptgerichte 12–25 C$; ⏲Mo–Fr 11.30–14 & 17–21, Sa 12–15 & 17–21, So 13–20 Uhr) Super Sushi wird in einem renovierten Fischernetzspeicher mit lässigem Stil serviert. Gute Weinauswahl.

Smiles Seafood MEERESFRÜCHTE $$
(☎250-624-3072; www.smilesseafoodcafe.ca; 113 Cow Bay Rd; Hauptgerichte 7–30 C$; ⏲11–21 Uhr) Seit 1934 serviert das Smiles klassi-

sche, zwanglose Meeresfrüchtegerichte in den Nischen mit Plastikbänken oder draußen auf der Veranda. Lecker sind ein Club-Sandwich mit Krabben oder ein frisches Heilbutt-Steak.

Cow Bay Café ITALIENISCH **$$**
(☎250-627-1212; 205 Cow Bay Rd; Hauptgerichte 10–20 C$; ⏰11.30–21 Uhr) Das bekannte Bistro direkt an der Cow Bay bietet von allen Seiten Aussichten aufs Wasser und viele Gerichte mit Tomatensauce.

Shoppen

Shoppen in den vereinzelten Boutiquen an der Cow Bay ist durchaus ein sehr interessantes Erlebnis.

Ice House Gallery GALERIE
(☎250-624-4546; Atlin Terminal; ⏰Di–So 12–17 Uhr) In der von Künstlern geführten Galerie sind die Werke der lebendigen kreativen Gemeinde von Rupert ausgestellt.

Rainforest Books BÜCHER
(☎250-624-4195; www.rainforestbooks.net; 251 3rd Ave W; ⏰Mo–Sa 10–18 Uhr) Gutes Sortiment neuer und gebrauchter Bücher.

Praktische Informationen

Javadotcup (☎250-622-2822; 516 3rd Ave W; Internetzugang pro Std. 3 C$; ⏰7.30–21 Uhr; 📶) Das recht gute Café hat Internetzugang und vermietet oben ein paar Zimmer für 60 C$.

Visitors Center (☎250-624-5637, 800-667-1994; www.visitprincerupert.com; Museum of Northern BC, 100 1st Ave W; ⏰9–17 Uhr) Touristeninformationen sind auf einen Ständer mit Broschüren und auf die Rezeption im Museum (S. 868) beschränkt.

An- & Weiterreise

Fähranleger und Bahnhof liegen 3 km südwestlich des Zentrums.

FLUGZEUG

Der **Prince Rupert Airport** (YPR; ☎250-622-2222; www.ypr.ca) befindet sich auf Digby Island jenseits des Hafenbeckens. Zu erreichen ist er mit Bus und Fähre; der Bus fährt am Highliner Hotel (815 1st Ave) etwa zwei Stunden vor Abflug ab. Bestätigung aller Einzelheiten sollte bei der Fluggesellschaft oder beim Flughafen eingeholt werden.

Air Canada Jazz (☎250-624-9633; www.aircanada.com) und **Hawkair** (☎250-624-4295; www.hawkair.ca) fliegen von und nach Vancouver. Check-in für Air Canada Jazz ist am Flughafen, für Hawkair im Highliner Hotel.

BUS

Die Busse der **Greyhound Canada** (☎800-661-8747; www.greyhound.ca; 112 6th St) fahren im Sommer einmal täglich nach Prince George (160 C$, 10½ Std.), zu anderen Jahreszeiten eher seltener.

SCHIFF/FÄHRE

Alaska Marine Highway System (☎250-627-1744, 800-642-0066; www.ferryalaska.com; Passagier/Auto 160/356 C$, Kabinen ab 156 C$) Ein oder zwei Fähren tuckern jede Woche durch die spektakuläre Inside Passage nach Haines und Skagway in Alaska, den beiden Toren nach Yukon.

BC Ferries (☎250-386-3431; www.bcferries.com) Die Fahrt durch die **Inside Passage** nach Port Hardy (Erw. 115–195 C$, Kinder die Hälfte., Auto 250–445 C$, Kabine ab 85 C$, 15–25 Std.) wird wegen der großartigen Landschaften gerühmt. Die *Northern Expedition* fährt im Sommer dreimal, im Winter einmal pro Woche. Die *Northern Adventure* nach **Haida Gwaii** legt im Sommer sechsmal pro Woche in Skidegate Landing an (Erw. 37–45 C$, Kinder die Hälfte., Auto 132–160 C$, 6–7 Std.), im Winter dreimal pro Woche.

ZUG

VIA Rail (www.viarail.ca; BC Ferries Terminal) hat dreimal wöchentlich Zugverbindungen ab Prince George (12½ Std.) und – mit Übernachtungspause – ab Jasper in den Rockies.

Unterwegs vor Ort

Prince Rupert Transit (☎250-624-3343; www.bctransit.com; Erw./Kind 1,75/1,50 C$) Die Busse fahren unregelmäßig zum Fähranleger und zum North Pacific Historic Fishing Village (2,75 C$). Die Bushaltestelle befindet sich an der schäbigen Rupert Square Mall in der 2nd Avenue.

Skeena Taxi (☎250-624-2185) Von der Fähre zum Zentrum kostet ein Taxi ungefähr 15 C$.

Haida Gwaii

Haida Gwaii (Inseln des Volkes) ist ein magisches Reiseziel für diejenigen, denen der Aufwand nicht zu viel ist. Lange Zeit hat sich die Aufmerksamkeit vor allem auf die einzigartige Artenvielfalt der Flora und Fauna beschränkt, woraus auch der beliebte Spitzname „Galapagos Kanadas" entstanden ist. Doch jedes Jahr zeichnet sich deutlicher ab, dass die eigentliche Seele der Inseln die Haida-Kultur selbst ist. Die Haida waren lange das fortschrittlichste und mächtigste Volk der Ureinwohner; sie litten besonders schrecklich unter der Ankunft der Menschen aus dem Westen.

Mittlerweile jedoch blüht ihre Kultur wieder auf und ist über die ganzen Inseln hinweg auf verschiedenste Arten zu erkennen; es gibt weitaus mehr als ihre typischen Totempfähle. Ihre Ehrerbietung gegenüber ihrer Umwelt geben die Haida durch den Schutz der letzten Bäume des herrlichen, uralten Regenwalds einen Ausdruck. Die Fichten und Zedern gehören zu den ältesten der Welt. Ferner bietet der spärlich besiedelte, wilde und regnerische Flecken Erde auch Weißkopfseeadlern, Bären und noch vielen anderen wilden Tiere ein Zuhause, während sich vor der Küste unzählige Seelöwen, Wale und Killerwale tummeln. 2013 wurden hier sogar Glattwale und Seeotter gesichtet.

2010 wurde der Name Queen Charlotte Islands, den die Europäer seit ihrer Ankunft im 18. Jh. benutzten, offiziell abgeschafft und die kanadische Regierung erklärte die Gewässer um Haida Gwaii zum Meeresschutzgebiet. 2013 wurde an der Windy Bay der prachtvolle Gwaii Haanas Legacy Pole errichtet, der erste neue Totempfahl im Schutzgebiet seit 130 Jahren.

Ein Besuch der Inseln wird besonders dann unvergesslich, wenn man sich die Zeit nimmt, die Kultur und die Menschen hier zu verstehen – man sollte also einen längeren Aufenthalt einplanen. Die größte Attraktion ist das abgelegene **Gwaii Haanas National Park Reserve**, das das untere Drittel der Inselgruppe umfasst. Der *National Geographic Traveler* hat den Park wegen seiner Schönheit und Unberührtheit zum besten und attraktivsten in ganz Nordamerika erkoren. Er ist eine verlorene Welt, in der es Zeugnisse der Haida-Kultur und eine herrliche Natur zu bewundern gibt.

Die Haida Gwaii bilden einen dolchförmigen Archipel aus 450 Inseln; der östlichste Punkt liegt 80 km westlich der Küste British Columbias, der nördlichste Punkt 50 km südlich der Südspitze Alaskas. Fähren vom Festland legen in Skidegate Landing auf Graham Island an, wo 80 % der 5000 Einwohner leben. Die Hauptstadt ist Queen Charlotte (vormals Queen Charlotte City; die alte Abkürzung QCC ist immer noch in Gebrauch), 7 km westlich von Skidegate. Die größte Straße auf Graham Island ist der vollständig befestigte Highway 16. Er verbindet Skidegate mit Masset, das 101 km weiter nördlich liegt, und führt an den kleinen Orten Tlell und Port Clements vorbei.

NICHT VERSÄUMEN

HAIDA HERITAGE CENTRE AT KAY LLNAGAAY

Das fabelhafte **Kulturzentrum** (☎ 250-559-7885; www.haidaheritagecentre.com; Hwy 16, Skidegate; Erw./Kind 15/5 C$; ⏲ So–Mi 10–18, Do–Sa bis 21 Uhr) ist eine der Top-Attraktionen im Norden. Mit seinen Ausstellungen zur Geschichte, Natur und Kultur wäre es allein schon Grund genug, die Inseln zu besuchen. Die reichen Traditionen der Haida werden umfassend in Galerien, Programmen und Werkstätten dargestellt, wo zeitgenössische Künstler u. a. die Totempfähle herstellen, die z. B. an der Küste zu sehen sind.

Eine Fähre verbindet Skidegate Landing mit Moresby Island im Süden. Der Flughafen befindet sich bei Sandspit auf Moresby Island, 12 km östlich des Fähranlegers in Aliford Bay. In das im südlichen Teil von Moresby Island gelegene Park Reserve gelangt man nur mit dem Schiff oder Wasserflugzeug.

Sehenswertes & Aktivitäten

Der 110 km lange Abschnitt des **Yellowhead Highway** (Hwy 16) auf Haida Gwaii verläuft von QCC Richtung Norden nach Skidegate, Tlell und Port Clements. In Port Clements stand einst die berühmte Goldene Fichte am Ufer des Yakoun River, die 1997 von einem verrückten Förster gefällt wurde. Diesen Vorfall erzählt John Vaillant in seinem Bestseller *The Golden Spruce*, einem hervorragenden Buch über die Inseln und die bemerkenswerte Kultur der Haida.

An der Straße nach **Masset** sieht man überall entlang der Strecke kleine Rastplätze am Wasser, schrullige Boutiquen und schrille Cafés, die typisch für den Charakter der Inseln sind.

★ **Gwaii Haanas National Park Reserve, National Marine Conservation Area Reserve & Haida Heritage Site** PARK
(☎ 250-559-8818, Reservierungen 877-559-8818; www.parkscanada.ca/gwaiihaanas) Die große Welterbestätte der Unesco mit dem unendlich langen Namen umfasst Moresby Island und 137 kleinere Inseln an ihrer Südspitze. Sie ist eine Kombination aus alten, ver-

lassenen Haida-Dörfern, heißen Quellen, hinreißend schöner Natur und einigen der besten Möglichkeiten zum Kajakfahren des Kontinents.

Archäologische Fundstücke wiesen über 500 alte Stätten der Haida auf allen Inseln nach, darunter Dörfer und Begräbnishöhlen. Das berühmteste Dorf ist **SGang Gwaay (Ninstints)** auf Anthony Island, wo reihenweise verwitterte **Totempfähle** gespenstisch aufs Meer blicken. Andere wichtige Sehenswürdigkeiten sind das alte Dorf **Skedans** auf Louise Island und die **Hotspring Island**, deren Quellen nach den Erdbeben vom Oktober 2012, vermutlich zeitweise, verschwanden. Die Stätten werden von Wächtern aus Haida Gwaii, die im Sommer auf den Inseln leben, gesichert.

In den Park gelangt man nur per Schiff oder Flugzeug. Ein Besuch erfordert jede Menge Planung und nimmt normalerweise einige Tage in Anspruch. Von Mai bis September müssen Besucher reservieren, es sei denn, sie sind mit einem der vielen Veranstalter unterwegs.

Fragen beantwortet **Parks Canada** (☎250-559-8818; www.parkscanada.ca/gwaiihaanas; Haida Heritage Centre at Kay Llnagaay, Skidegate; ⏲Mo–Fr 8.30–12 & 13–16.30 Uhr). Die Website hat einen Link zum unentbehrlichen jährlichen **Reiseplaner**. Jeder Besucher, der nicht an einer geführten Tour teilnimmt und den Park in den vergangenen drei Jahren nicht besucht hat, muss einen kostenlosen Orientierungskurs im Parkbüro absolvieren. Alle Besucher müssen sich registrieren.

Die Anzahl der täglichen **Reservierungen** ist begrenzt – daher den Besuch möglichst frühzeitig planen. Pro Übernachtung wird eine Benutzungsgebühr von 20/10 C$ pro Erwachsenem/Kind fällig. Diese entfällt für Inhaber des Parks Canada Season Excursion Pass. Ein paar der heiß begehrten Plätze werden immer wieder durch Absagen frei und kurzfristig weiter vergeben – einfach bei Parks Canada anrufen.

Am leichtesten kann man den Park mit einem Tourveranstalter besuchen. Parks Canada kann einem eine Liste der Anbieter zur Verfügung stellen. Die Touren dauern von einem Tag bis zu zwei Wochen. Die meisten Veranstalter verleihen auch **Kajaks** (rund 60/300 C$ pro Tag/Woche) und Ausrüstung an Individualreisende.

Moresby Explorers (☎800-806-7633, 250-637-2215; www.moresbyexplorers.com; Sandspit) bietet eintägige Schlauchboottouren ab 185 C$ an, auch zur Louise Island einschließlich Besuch in Skedans und den Totempfählen, sowie sehr viel längere Ausflüge. Kajaks und Ausrüstung werden ebenfalls verliehen.

Queen Charlotte Adventures (☎800-668-4288, 250-559-8990; www.queencharlotteadventures.com) hat zahlreiche ein- bis zehntägige Touren mit Booten und Kajaks im Angebot, darunter auch ein dreitägiger Kajaktrip in den abgeschiedenen Süden für 550 C$. Außerdem Verleih von Kajaks und Ausrüstung.

Naikoon Provincial Park — PARK

(☎250-626-5115; www.bcparks.ca; abseits von Hwy 16; Zeltplätze 16 C$) Den Großteil des Nordostens von Graham Island nimmt der wunderschöne 726 km² große Naikoon Provincial Park ein. Die Szenerie prägen Sanddünen und von niedrigem Torfmoos bedeckte Sümpfe, verkümmerte, knorrige Küsten-Kiefern, Nootka-Scheinzypressen und Riesen-Lebensbäume. Die **Strände** der Nordküste sind peitschenden Winden und donnernden Wellen ausgesetzt, die vom Pazifik her Treibgut anschwemmen. Man erreicht sie über die eindrucksvolle 26 km lange Tow Hill Road östlich von Masset. Ein 21 km langer **Rundweg** durchquert vom Fife Beach am Ende der Straße aus ein gutes Stück des Parks.

Neue Treppen und ein Plankenweg erleichtern den Besuch des **Tow Hill Lookout** und des **Blow Hole** nahe dem Ende der Tow Hill Road. Der Rundweg mit seinen vielen Treppen dauert etwa eine Stunde.

Yakoun Lake — WANDERN

(☎250-557-6810) Ein 20-minütiger Marsch durch alten Fichten- und Zedernbestand führt zum unberührten **Yakoun Lake**, einem großen See inmitten der Wildnis Richtung Westrand der Graham Island. Ein kleiner Strand nahe dem Pfad ist von knorrigen Sitka-Erlen überschattet. Wer es wagt, kann ein Bad in dem erfrischend kalten Wasser nehmen oder auch nur den weiten Blick genießen.

Der Weg zum See beginnt am Ende eines holprigen Pfads, der von einem Seitenweg des größeren, unbefestigten Forstwegs zwischen QCC und Port Clements abzweigt – etwa 20 km nördlich von QCC ist der See ausgeschildert. Die Strecke ist 70 km lang. Werktags sollte man sich zur Sicherheit telefonisch nach dem Verkehr von Langholzlastern erkundigen.

Schlafen

Kleine Gasthäuser und B&Bs findet man hauptsächlich auf Graham Island. Zahlreiche Unterkünfte gibt es in QCC und Masset, viele auch dazwischen und an der spektakulären Nordküste. Im Naikoon Provincial Park befinden sich zwei **Campingplätze**, darunter der spektakuläre, windzerzauste Platz am einsamen Agate Beach, 23 km östlich von Masset.

★ **Premier Creek Lodging** INN $
(☎888-322-3388, 250-559-8415; www.qcislands.net/premier; 3101 3rd Ave, QCC; B ab 25 C$, Zi. 45–140 C$; @) Die freundliche Lodge von 1910 hat acht Betten in einem Hostel hinten und zwölf Zimmer im Hauptgebäude. Das Angebot reicht von winzigen, aber preiswerten Einzelzimmern bis zu geräumigen Zimmern mit herrlicher Aussicht auf die Umgebung und Veranden.

North Beach Cabins HÜTTEN $$
(☎250-557-2415; www.northbeachcabins.com; 16 km Markierung Tow Hill Rd; Hütten 85–100 C$) Vier gemütliche Hütten liegen in den Dünen des wunderschönen North Beach. Es gibt keinen Strom, aber dank Propangas können Gäste kochen, was im Prinzip wohl die einzige Ablenkung von den hinreißenden Aussichten und schier endlosen Strandspaziergängen ist.

Copper Beech House B&B $$
(☎250-626-5441; www.copperbeechhouse.com; 1590 Delkatla Rd, Masset; Zi. 100–160 C$) Das legendäre B&B in einem weitläufigen Haus am Masset Harbor gehört der Dichterin Susan Musgrave. Es hat drei einzigartige Gästezimmer und in der Küche brutzelt immer etwas Wunderbares.

Essen

Die beste Auswahl an Restaurants gibt es in QCC, ein paar aber auch in Skidegate und Masset. Im Besucherzentrum gibt es Infos zu Haida-Festmählern, auf denen es die besten Lachse und Blaubeeren überhaupt gibt. Gute Supermärkte sind in QCC und Masset zu finden.

Queen B's CAFÉ $
(☎250-559-4463; 3201 Wharf St, QCC; Hauptgerichte 3–10 C$; ⏲9–17 Uhr) Das flippige Café zeichnet sich durch seine Backwaren aus, die den ganzen Tag lang frisch aus dem Ofen kommen. Draußen stehen Tische mit Blick aufs Wasser, drinnen ist eine Menge einheimischer Kunst zu bewundern.

Moon Over Naikoon BÄCKEREI $
(☎250-626-5064; 17 km-Markierung Tow Hill Rd; Snacks ab 3 C$; ⏲Juni–Aug. 8–17 Uhr) Das winzige Gemeindezentrum mit Bäckerei ist das Sinnbild dieser Straße ins Nirgendwo. Es hat eine kunterbunte Sammlung von Kunstwerken und Strandfundstücken.

Ocean View Restaurant MEERESFRÜCHTE $$
(☎250-559-8503; Sea Raven Motel, 3301 3rd Ave, QCC; Hauptgerichte 10–25 C$; ⏲11–21 Uhr) Gute, frische Meeresfrüchte – den Heilbutt verkosten – sind die Spezialität in diesem zwanglosen Lokal. Von einigen Tischen hat man einen Blick auf den Hafen.

Haida House MEERESFRÜCHTE $$
(☎855-557-4600; www.haidahouse.com; 2087 Beitush Rd, Tlell; Hauptgerichte 20–30 C$) Das saisonale Restaurant serviert hervorragende, kreative Meeresfrüchte und andere typische Inselgerichte. Es vermietet auch kleine schicke Zimmer.

Praktische Informationen

Der enzyklopädische jährliche Führer *Guide to Haida Gwaii* (www.guidetohaidagwaii.com) ist kostenlos und auch als Download erhältlich. Eine gute Info-Website ist www.gohaidagwaii.ca. Auch Parks Canada hat zahlreiche Online-Informationen.

Das hilfreiche **Besucherzentrum** (☎250-559-8316; www.qcinfo.ca; 3220 Wharf St, QCC; ⏲8.30–21 Uhr) in QCC bucht Exkursionen im Voraus, allerdings haben Souvenirs seit jüngster Zeit immer mehr Vorrang. Exemplare der *Art Route*, ein Führer zu über 30 Ateliers und Galerien, liegt kostenlos aus.

An- & Weiterreise

FLUGZEUG

Der wichtigste Flughafen für Haida Gwaii ist der **Sandspit Airport** (YZP; ☎250-559-0052) auf Moresby Island. Achtung: Es ist zeitaufwendig, den Flughafen von Graham Island aus zu erreichen. Wenn der Flug um 15.30 Uhr startet, muss man sich schon um 12.30 Uhr (im Sommer früher) für die Autofähre in Skidegate Landing anstellen! Es gibt außerdem noch einen kleinen Flugplatz in **Masset** (YMT; ☎250-626-3995).

Air Canada Jazz (☎888-247-2262; www.aircanada.com) Tägliche Flüge zwischen Sandspit und Vancouver.

Pacific Coastal Airlines (☎800-663-2872; www.pacificcoastal.com) Tägliche Flüge zwischen Masset und Vancouver.

SCHIFF/FÄHRE

Die Fähre von **BC Ferries** (☎ 250-386-3431; www.bcferries.com) von Prince Rupert ist das beliebteste Verkehrsmittel zu den Inseln. Die *Northern Adventure* fährt im Sommer sechsmal pro Woche von Prince Rupert nach Skidegate Landing (Erw. 37–45 C$, Kinder die Hälfte., Auto 132–160 C$, 6–7 Std.), im Winter dreimal pro Woche. Kabinen sind praktisch für Übernachtfahrten (ab 90 C$).

Unterwegs vor Ort

Abseits des Highway 16 sind die meisten Straßen Schotterpisten oder schlimmer.

BC Ferries (Erw./Kind 10/5 C$, Auto ab 23 C$, 20 Min., 7–22 Uhr fast stündl.) verbindet die beiden Hauptinseln zwischen Skidegate Landing und Alliford Bay. Fahrpläne scheinen so angelegt zu sein, dass sie für Flugpassagiere ungünstig kommen.

Die Busse der **Eagle Transit** (☎ 877-747-4461; www.eagletransit.net; Erw./Kind 27/21 C$) fahren entsprechend dem Flugplan nach Sandspit und verkehren in Skidegate und QCC.

Ein Mietwagen kann so teuer kommen (60–100 pro Tag) wie der Fährpreis für einen eigenen Wagen. **Budget** (☎ 250-637-5688; www.budget.com) hat einen Schalter am Flughafen Sandspit, der aber wohl bald endgültig geschlossen wird. **Rustic Car Rentals** (☎ 877-559-4641, 250-559-4641; citires@qcislands.net; 605 Hwy 33, QCC) ist auch in Masset vertreten.

Von Prince Rupert nach Prince George

Man kann die 725 km auf dem Highway 16 zwischen den zwei Prinzen von British Columbia an einem Tag oder in einer Woche schaffen. Es gibt nichts, was man unbedingt gesehen haben müsste – und dennoch finden sich viele Plätze, an denen man eine Pause einlegen und etwas Zeit totschlagen

GESCHICHTE AUF EINEN BLICK

Zwar besitzen die meisten Völker der Ureinwohner der Nordwestküste keine geschriebene Geschichte in unserem Sinne, künstlerische Schöpfungen wie die Totempfähle halten aber jahrhundertealte Traditionen fest.

Die aus dem Stamm eines einzigen Lebensbaums geschnitzten Totempfähle halten die Abstammung eines Geschlechts in ungefähr der gleichen Weise fest wie in europäischen Ländern beispielsweise ein Familienwappen. Allerdings enthält der Totempfahl darüber hinaus eine Bilderschrift, die die gesamte Abstammungsgeschichte verzeichnet.

Zwei ausgezeichnete Orte, um Totempfähle zu besichtigen und mehr über sie zu erfahren, sind das Haida Heritage Centre at Qay'llnagaay (S. 871) in Skidegate und das Museum of Northern British Columbia (s. S. 868) in Prince Rupert.

Wenn man kein Experte ist, wird man einen Totempfahl kaum richtig „lesen" können. Immerhin kann man sich die dargestellten Tiere anschauen, die den Schlüssel zu der Erzählung bilden. Beachtenswert sind u. a. folgende Tiere:

Adler stehen für Klugheit und Macht.

Biber symbolisieren Fleiß, Weisheit und entschlossenen Unabhängigkeitssinn.

Donnervögel sind die mythischen „Thunderbirds" und stehen für die Weisheit stolzer Urahnen.

Frösche stehen für Anpassungsbereitschaft und die Fähigkeit, in der Natur und in übernatürlichen Welten zu leben.

Große Schwertwale verkörpern Würde und Stärke (und stellen oft die Reinkarnation eines großen Häuptlings dar).

Haie bedeuten eine unheilverkündende, raue Einöde.

Kolibris stehen für Liebe, Schönheit und Einheit mit der Natur.

Lachse bedeuten verlässliche Versorgung, Langlebigkeit und Ausdauer.

Raben symbolisieren Schadenfreude und List.

Schwarzbären dienen als Beschützer, Wächter und spirituelle Verbindung zwischen Menschen und Tieren.

Wächter Die Dorfwächter, die vor Gefahren warnten.

kann. Die Landschaft entlang der Strecke ist nicht gerade unvergesslich (mit einer erwähnenswerten Ausnahme, dem Skeena River), aber sie bietet eine angenehme Abwechslung zwischen all den Bergen und vielen Flüssen.

Von Prince Rupert nach Smithers

Auf den ersten 150 km führt der Highway 16 am breiten und wilden **Skeena River** entlang. Hier ist die Landschaft noch äußerst reizvoll: Die Reisenden bekommen Gletscher und schroffe Gipfel auf der anderen Seite des Flusses zu sehen. Der schäbige Ort **Terrace** am Ende der Strecke wird jedoch keine Schönheitswettbewerbe gewinnen.

Von Terrace führt der Highway 16 auf weiteren 93 km in östliche Richtung nach Kitwanga, wo der **Stewart-Cassiar Highway** (Highway 37) Richtung Norden ins Yukon Territory und nach Alaska verläuft.

Gleich östlich von Kitwanga kommt man in die Gegend von **Hazelton** (New Hazelton, Hazelton und South Hazelton), das Zentrum einiger interessanter Stätten der Ureinwohner, darunter auch das **'Ksan Historical Village & Museum** (☎250-842-5544; www.ksan.org; abseits vom Hwy 16; Eintritt 2 C$; ⌚9–17 Uhr). In dem nachgebildeten Dorf der Gitksan gibt es Langhäuser, ein Museum, verschiedene Nebengebäude und Totempfähle. Die Führung (10 C$) ist sehr empfehlenswert.

Smithers

Smithers, eine größere Stadt mit einem hübschen, alten Zentrum, liegt ungefähr auf halber Strecke zwischen den beiden Princes. Das **Besucherzentrum** (☎800-542-6673, 250-847-5072; www.tourismsmithers.com; 1411 Court St; ⌚9–18 Uhr; 📶) hat Tipps für hervorragende Möglichkeiten zum Mountainbiken, Wildwasserrafting und Klettern. Wandern ist im nahen **Babine Mountains Provincial Park** (☎250-847-7329; www.bcparks.ca; Old Babine Lake Rd; Hütten pro Pers. 5 C$) möglich, einem 324 km² großen Park mit Wegen zu Gletscherseen und subalpinen Wiesen.

Das **Stork Nest Inn** (☎250-847-3831; www.storknestinn.com; 1485 Main St; Zi. 85–100 C$; ❄📶) ist eine von vielen guten Unterkünften. In der Main Street gibt es mehrere gute Cafés, darunter auch das **Bugwood Bean** (www.bugwoodbean.com; 2nd & Main St; Kaffee 2 C$; ⌚Mo–Sa 8–17.30 Uhr; 📶). Das **Mountain Eagle Books & Bistro** (☎250-847-5245; 3775 3rd St; ⌚Mo–Sa 9–18 Uhr; 📶) führt Bücher und hat Infos zur blühenden Folkmusikszene in der Gegend; das winzige Café serviert Gemüsesuppe und Mittagessen.

Von Smithers nach Prince George

Südlich und östlich von Smithers kommt man nach 146 km durch **Burns Lake**, das Zentrum eines beliebten Angelgebiets. Nach weiteren 128 km führt bei **Vanderhoof** der Highway 27 auf 66 km nordwärts zur **Fort St. James National Historic Site** (☎250-996-7191; www.pc.gc.ca; Kwah Rd; Erw./Kind 8/4 C$; ⌚Mai–Sept. 9–17 Uhr), einem früheren Handelsposten der Hudson's Bay Company am ruhigen Südostufer des Stuart Lake. Die Anlage wurde restauriert und originalgetreu im Zustand von 1896 hergerichtet.

Von Vanderhoof aus führt die 100 km lange Strecke nach Prince George. Die Strecke verläuft durch eine Region voller toter Bäume, wie man sie überall im Norden sieht. Diese dunkelgrauen Bäume sind Opfer des Bergkiefernkäfers. Die explosionsartige Vermehrung dieser Borkenkäferart hängt mit den vergleichsweise milden Wintern zusammen, die wiederum eine Folge des Klimawandels sind. Überall sieht man jetzt Sägewerke, in denen die abgestorbenen Bäume verarbeitet werden.

Prince George

72 200 EW.

Ehe die Zuwanderer kamen, hieß Prince George bei den Ureinwohnern Lheidli T'Enneh, „Volk der Mündung" – ein angemessener Name, mündet doch hier der Nechako in den Fraser River. Auch heute noch wäre der Name passend, wohl aber eher, weil heute hier die Highways zusammenlaufen. Die seit 1807 bestehende Holzfällerstadt ist eine wichtige Kreuzung im Straßennetz von British Columbia – wer den Norden besucht, wird hier zumindest einmal bestimmt durchkommen.

Der Highway 97 führt aus dem Süden kommend auf seinem Weg nordwärts nach Dawson Creek (360 km) und zum Alaska Highway mitten durch das Zentrum der Stadt. Highway 16, der westwärts nach Prince Rupert (724 km) und ostwärts nach Jasper (380 km) und Edmonton verläuft, heißt innerhalb der Stadt Victoria Street. Der Ortskern hat sicherlich keine Chance in einem Schönheitswettbewerb, ist aber kompakt und bietet einige gute Restaurants.

Sehenswertes

Exploration Place MUSEUM
(☎250-562-1612; www.theexplorationplace.com; Fort George Park, 333 Becott Pl; Erw./Kind 10/7 C$; ⊙9–17 Uhr) Das Exploration Place, südöstlich der Innenstadt (über die 20th Avenue östlich der Gorse Street), hat mehrere kinderfreundliche Ausstellungen über Wissenschaft, Natur und Kulturgeschichte auf dem Programm.

Prince George Railway & Forestry Museum MUSEUM
(☎250-563-7351; www.pgrfm.bc.ca; 850 River Rd; Erw./Kind 6/3 C$; ⊙10–17 Uhr) Im **Cottonwood Island Nature Park** mit seinen Wanderwegen am Fluss befindet sich das Prince George Railway & Forestry Museum, das sich mit Dampfeisenbahnen, Bibern und Heimatkunde befasst.

Schlafen

Der Highway 97 (Central Street) führt bogenförmig ums Zentrum, wo zahllose Motels und Kaufhäuser zu finden sind. Die **Bed & Breakfast Hotline** (☎877-562-2626; www.princegeorgebnb.com) vermittelt Zimmer in der gewünschten Preiskategorie (ab 70 bis 135 C$). Die meisten B&Bs holen Gäste vom Bahnhof oder Busbahnhof ab.

Economy Inn MOTEL $
(☎888-566-6333, 250-563-7106; www.economyinn.ca; 1915 3rd Ave; Zi. 65–95 C$; ❄📶) Das einfache blau-weiße Motel hat 30 saubere Zimmer und einen Whirlpool. Die Einsparung kann dann gleich für ein leckeres Softeis aus dem Dairy Queen gegenüber ausgegeben werden.

Bee Lazee Campground CAMPINGPLATZ $
(☎866-679-6699, 250-963-7263; www.beelazee.ca; 15910 Hwy 97 S; Stellplatz 25–28 C$; ⊙Mai–Sept.; 📶🏊) Der für Wohnmobile angelegte Platz, etwa 15 km südlich der Stadt, hat alle Einrichtungen, u. a. kostenlose heiße Duschen, Feuerstellen und Waschmaschinen.

Travelodge Prince George MOTEL $$
(☎800-663-8239, 250-563-0666; www.travelodgeprincegeorge.com; 1458 7th Ave; Zi. 80–130 C$; ❄@📶) Das Travelodge ist von außen potthässlich, aber innen viel netter – wie alles im Leben, oder? Die 77 Zimmer sind groß und nett eingerichtet. Das Plus: Es liegt nur ein paar Schritte von guten Restaurants und Bars entfernt.

97 Motor Inn MOTEL $$
(☎250-562-6010; www.97motorinn.ca; 2713 Spruce St; Zi. 70–100 C$; ❄📶) Das moderne Motel nahe der Kreuzung mit dem Highway 16 liegt – na wo wohl – am Highway 97. Einige der 19 schlichten Zimmer haben Balkon und Küche. Vorne ist das bekannte vietnamesische Restaurant Thanh Vu.

Essen

Der tolle **Bauernmarkt** (www.farmersmarketpg.ca; Ecke George St & 3rd Ave; ⊙Mai–Okt. Sa 8.30–14 Uhr) ist einfach prima, um sich mit einem breiten Angebot lokaler Erzeugnisse einzudecken.

★ **Nancy O's** KNEIPE $$
(☎250-562-8066; www.nancyos.ca; 1261 3rd Ave; Hauptgerichte 10–25 C$; ⊙Mo–Fr 11 Uhr bis spät, Sa & So ab 10 Uhr) Das Nancy O's könnte einen verlocken, gleich zwei Nächte in Prince George zu verbringen. Lokal hergestellte Zutaten werden zu fabelhaftem Essen verarbeitet: Hamburger, Vegetarisches, ein toller Avocadosalat und wirklich klasse *steak frites*. Die Bierauswahl ist super und an vielen Abenden gibt's Livemusik und DJs. Die Atmosphäre ist Hipster-lässig.

Cimo MEDITERRAN $$
(☎250-564-7975; 601 Victoria St; Hauptgerichte 12–29 C$; ⊙Mo–Sa 11.30–14 & 17–21.30 Uhr) Der Pesto und andere hervorragende mediterrane Gerichte enttäuschen nie. Im stylischen Raum oder draußen auf der Terrasse lässt sich auch einfach nur ein Glas BC-Wein genießen. Viele Zutaten stammen aus dem Küchengarten. Die Weinkarte mit Weinen aus British Columbia ist super.

Shoppen

Books & Company BÜCHER
(☎250-563-6637; 1685 3rd Ave; ⊙Mo–Mi 7–19, Do bis 21, Fr bis 22, Sa bis 18, So 10–17 Uhr; 📶) Der beste Buchladen im nördlichen British Columbia, der auch noch ein tolles Café mit Terrasse hat.

Praktische Informationen

Das exzellente **Besucherzentrum** (☎250-562-3700; www.tourismpg.com; VIA Rail Station, 1300 1st Ave; ⊙8–20 Uhr; 📶) erledigt Buchungen, z. B. für FährKarten, und verleiht kostenlos Fahrräder und Angelruten.

NORDWÄRTS BIS NACH YUKON

In British Columbia gibt es drei Hauptstraßen, um nach Norden zu gelangen. Sie eignen sich prinzipiell alle für Reisende. Man hat also mehrere Optionen, sich eine Strecke ins Yukon Territory oder sogar bis nach Alaska zurechtzulegen.

Alaska Highway

Der sagenhafte, historische Alaska Highway, der von seinem Startpunkt in Dawson Creek (364 km nordöstlich von Prince George) durch den Nordosten von British Columbia bis nach Watson Lake (944 km) führt, wird heute durch den Stewart-Cassiar Highway etwas in den Schatten gestellt. Aber die Fahrt ist immer noch ein wunderbares Erlebnis, lediglich der erste Abschnitt bis Fort Nelson ist ziemlich öde. Der Alaska Highway eignet sich vor allem für Reisende, die beispielsweise aus Edmonton und dem Osten des Landes kommen.

Stewart-Cassiar

Der Stewart-Cassiar (Hwy 37) führt von der Kreuzung mit dem Highway 16 – bei Kitwanga 240 km östlich von Prince Rupert und 468 km westlich von Prince George – über 700 km weit durch eine wilde, unberührte Landschaft. Ein Abstecher zu den unvergesslichen Gletschern rund um Stewart ist lohnend und leicht machbar. Diese Route bietet sich für Traveller an, die aus den meisten Teilen von British Columbia, aus Alberta oder aus dem Westen der USA kommen. Die Straße endet am Alaska Highway in der Nähe von Watson Lake in Yukon.

Alaska Marine Highway System

Sehr schön sind die Autofähren auf der **Inside Passage**. Auf ihnen gibt es keinen Schnickschnack. Man kann entspannen und eines der wunderbarsten Küstengebiete auf sich wirken lassen. Man genießt die gleiche Kulisse wie auf den Kreuzfahrtdampfern, zahlt aber sehr viel weniger. Man kann die dreitägige Fahrt von Bellingham (nördlich von Seattle) nach Haines und Skagway im Südosten von Alaska (an der Grenze zu Yukon) mitmachen. Alternativ gelangt man auch in Prince Rupert auf die Fähren zu den beiden genannten Orten (von Prince Rupert aus ist auch die Weiterfahrt mit Schiffen von BC Ferries nach Port Hardy möglich). Im Sommer sind die Fähren – und ganz besonders die Kajüten – schnell ausgebucht: also rechtzeitig reservieren.

ℹ An- & Weiterreise

Der **Prince George Airport** (YXS; ☎ 250-963-2400; www.pgairport.ca; 4141 Airport Rd) liegt am Highway 97. **Air Canada Jazz** (www.aircanada.com) und **Westjet** (www.westjet.com) fliegen von/nach Vancouver.

Die Busse von **Greyhound Canada** (☎ 800-661-8747; www.greyhound.ca; 1566 12th Ave) verkehren im Winter nicht täglich. Sie fahren u. a. nach Dawson Creek (80 C$, 6 Std.), Jasper (70 C$, 5 Std.), Prince Rupert (160 C$, 10½ Std.) und Vancouver (95 C$, 12–13 Std.).

VIA Rail (www.viarail.ca; 1300 1st Ave) hat dreimal pro Woche Zugverbindungen nach Prince Rupert im Westen (12½ Std.) und dreimal wöchentlich mit Jasper (7½ Std.) und weiteren Orten im Osten. Allerdings müssen Passagiere in Prince George die Nacht verbringen.

ℹ Unterwegs vor Ort

Im Flughafen sind größere Mietwagenfirmen vertreten.

Prince George Transit (☎ 250-563-0011; www.transitbc.com; Fahrkarte 2,25 C$) Stadtbusse.

Emerald Taxi (☎ 250-563-3333)

Von Prince George nach Alberta

Zahlreiche Tiere lassen sich auf dem 380 km langen Highway 16 zwischen Prince George und Jasper, gleich hinter der Grenze mit Alberta, blicken. Der **Ancient Forest Trail** (www.ancientcedar.ca; Hwy 16), etwa 113 km östlich von Prince George, führt über 1 km zu einigen wahren Kolossen des gemäßigten Regenwalds: uralte Rotzedern und Hemlocktannen, die bis zu über 60 m hoch sind.

Mount Robson Provincial Park (Karte S. 690; ☎ 250-964-2243; www.bcparks.ca; am Hwy 16; Stellplätze 16 C$) mit steilen Gletschern, zahlreichen Wildtieren und Querfeldein-Wanderwegen steht aber leider im Schatten seines berühmten Nachbarn. Das **McBride** ist gut für eine Ruhepause.

Stewart-Cassiar Highway

Der ausgebaute, 700 km lange Stewart-Cassiar Highway (Highway 37) ist eine gut befahrbare und immer beliebtere Route zwischen British Columbia, dem Yukon und Alaska. Aber er ist mehr als nur ein Verkehrsweg vom Highway 16 (Meziadin Junction) in British Columbia zum Alaska Highway im Yukon (7 km westlich des Watson Lake): Er bietet einen Einblick in eines der größten erhaltenen Wildnisgebiete der Provinz. Und er ist die Straße nach Stewart, zum nahezu verbindlichen Abstecher zu den Gletschern und weitaus mehr.

Außer an Baustellen ist die Straße durchgehend asphaltiert und für alle Fahrzeuge geeignet. Überall kann man sich auf den Anblick von Bären, Elchen und anderen großen Tieren gefasst machen. Die Unberührtheit der Region ist jedoch am Schwinden, da Projekte wie die Northwest Transmission Line durch die Wildnis gebaut werden. Tankstellen liegen nie weiter als 150 km auseinander, auch gibt es hier und da eine Lodge oder einen Campingplatz. Allerdings ist zu beachten, dass viele Einrichtungen unregelmäßige Öffnungszeiten haben und nur im Sommer geöffnet sind. British Columbia vermeldet **Straßenzustandsberichte** (☎800-550-4997; www.drivebc.ca). Bei trockenem Sommerwetter fahren Leute von Stewart oder sogar von Smithers an einem Tag nach Watson Lake, da dann auch die Tage länger sind. Aber man muss sich wirklich darauf gefasst machen, dass es eine echt lange Fahrt ist.

Gitanyow, nur 15 km nördlich des Highway 16, besitzt eine bespiellose Sammlung von Totempfählen. Oft sind auch Schnitzer bei der Herstellung eines weiteren Totems zu sehen.

Dease Lake, 488 km nördlich von Meziadin Junction, ist die größte Stadt und hat ganzjährig geöffnete Motels, Läden und Dienstleistungen.

Der **Boya Lake Provincial Park** (☎250-771-4591; www.bcparks.ca; Hwy 37; Stellplätze 16 C$) liegt knapp 90 km vor der Provinzgrenze. Im Zentrum des stillen, kleinen Parks ruht der Boya Lake, der türkisfarben zu leuchten scheint. Am Ufer darf man sogar campen.

Alaska Highway

Auf seinem Weg von Prince George aus in den Norden gibt der Highway 97 den Blick auf Berge und Wälder, sanft geschwungene Hügel und Ackerland frei. Nähert man sich Dawson Creek (360 km), gleicht die Landschaft den Prärien von Alberta. Es besteht kein Grund, das Tempo zu drosseln.

Von **Chetwynd** aus kann man auf dem Highway 29 mit dem weiten Blick über das Peace River Tal via Hudson's Hope Richtung Norden fahren, um dann nördlich von Fort St. John auf den Alaska Highway zu treffen.

Der Ort **Dawson Creek** ist als Startpunkt (Mile 0) des Alaska Highway bekannt. Daraus schlägt es mit dem **Alaska Highway House** (☎250-782-4714; 10201 10th St; Eintritt mit Spende; ⏲9–17 Uhr) Kapital, einem faszinierenden Museum in einem alten Gebäude direkt am Meilenpfosten. Die Straßen der Innenstadt in der Nähe laden zu einem Streifzug ein – und haben kostenloses WLAN. Auch gibt es eine Stadtführung zu den alten Häusern. Das **Besucherzentrum** (☎866-645-3022, 250-782-9595; www.tourismdawsoncreek.com; 900 Alaska Ave; ⏲8–17.30 Uhr; 📶) hat das übliche Unterkunftsverzeichnis. Zu beachten ist, dass diese Ecke von British Columbia das ganze Jahr über die Mountain Standard Time hat. Im Winter ist die Zeit also die gleiche wie in Alberta, eine Stunde später als in British Columbia. Im Sommer ist es die gleiche Zeit wie in Vancouver.

Nun beginnt die große Fahrt. Fort St. John Richtung Westen von Dawson Creek kann links liegen gelassen werden. Tatsächlich geben die ganzen 430 km bis **Fort Nelson** kaum einen Hinweis auf all die späteren Schönheiten.

Das **Besucherzentrum** (☎250-774-6400; www.tourismnorthernrockies.ca; 5500 Alaska Hwy; ⏲7.30–19.30 Uhr) von Fort Nelson hat gutes Informationsmaterial für die Weiterfahrt. Die Stadt selbst steht im Zentrum des Fracking-Ölbooms. Es ist der letzte größere Ort am Alaska Highway bis Whitehorse im Yukon – die meisten „Orte" an der Strecke bestehen aus kaum mehr als einer Tankstelle und ein paar Motels.

Im **Stone Mountain Provincial Park** (☎250-427-5452; www.bcparks.ca; am Hwy 97; Stellplatz 16 C$), etwa 140 km westlich von Fort Nelson, gibt es Wanderwege mit wilden

ABSTECHER

STEWART & HYDER

Wahnsinn! Ja, es ist ein automatisches Klischee, aber wer auf den Salmon Glacier blickt, wird verstehen, was das meint. Das Eisfeld, das sich bis zum Horizont erstreckt, ist mehr als genug Grund, den 67 km langen Abstecher vom Highway 37 zu machen; der Abzweig liegt 158 km nördlich der Meziadin Junction. Die erste Ahnung kommt tatsächlich bereits beim Anblick der blauen Weite des Bear Glacier über dem Highway 37A.

Die beiden benachbarten Grenzstädte Stewart und Hyder (Alaska) liegen an der Küste am Beginn des Portland Canal. Im weitaus geschäftsmäßigeren Stewart gibt es ein **Besucherzentrum** (☎250-636-9224; 222 5th Ave; ⏲9–18 Uhr) und sehr gute Unterkünfte und Restaurants.

Der wahre Star unter all den Campingplatzen und Motels ist das **Ripley Creek Inn** (☎250-636-2344; www.ripleycreekinn.com; 306 5th Ave, Stewart; Zi. 55–140 C$; @ 📶). Die 40 Zimmer in verschiedenen historischen Häusern sind stilvoll mit neuen und alten Gegenständen eingerichtet und es gibt hier eine riesige Sammlung alter Toaster.

Hyder schlägt sich als „Geisterstadt" durchs Leben. Über 40 000 Touristen kommen jeden Sommer hier durch, um Scherereien mit den US-Zollbeamten zu vermeiden, da es hier keine gibt. Auf dem Rückweg nach Stewart jedoch warten wachsame kanadische Zollbeamte. Der Ort hat schlammige Straßen und zwei erwähnenswerte Lokale: Das Glacier Inn, eine recht nette Bar, wenn man die Touri-Masche irgnoriert, sich zu „hyderisieren", also mit Schnaps zu besaufen, und der **Seafood Express** (☎250-636-9011; Hauptgerichte 12–20 C$; ⏲Juni–Sept. 12–20 Uhr), der die leckersten Meeresfrüchte serviert, die je in einem Schulbus zubereitet wurden. Das ist Hyder.

Der enorme, unendlich weite Salmon Glacier liegt 33 km hinter Hyder über eine kurvige Piste, die für Autos bei Trockenheit befahrbar ist. Nach gut 3 km geht es am Fish Creek Viewpoint vorbei, einer Gegend voller Bären und im Spätsommer voller todgeweihter Lachse.

Zeltplätzen und einen Campingplatz. An den Straßen hier sind oft zahlreiche Tiere zu sehen: Elche, Bären, Bisons, Wölfe, Rothirsche und andere Tiere. Ab hier belohnt der Alaska Highway alle Mühen, um überhaupt so weit zu kommen.

Nach weiteren 75 km beginnt der **Muncho Lake Provincial Park** (www.bcparks.ca; am Hwy 97; Stellplatz 16 C$) mit Fichtenwäldern, weitem Hügelland und wahrhaft atemberaubenden Landschaften um einen smaragdgrünen See des gleichen Namens. Am See gibt es zwei Campingplätze sowie an der Straße ein paar Lodges.

Der **Liard River Hot Springs Provincial Park** (☎250-427-5452; www.bcparks.ca; am Hwy 97; Tageskarte Erw./Kind 5/3 C$, Stellplatz 16–21 C$) schließlich besteht aus einem feuchtwarmen Ökosystem, in dem unglaubliche 250 Pflanzenarten gedeihen. Nach einem langen Tag im Auto blühen auch die Besucher in den wohltuenden Gewässern wieder auf. Von hier sind es noch 220 km nach Watson Lake und dem Yukon.

Yukon Territory

Inhalt ➡

Gut essen

- Drunken Goat Taverna (S. 905)
- Klondike Kate's (S. 905)
- Klondike Rib & Salmon (S. 888)
- Burnt Toast (S. 888)

Schön übernachten

- Coast High Country Inn (S. 887)
- Robert Service Campground (S. 887)
- Bombay Peggy's (S. 905)
- Klondike Kate's (S. 905)

Auf ins Yukon Territory!

Diese weite, einsame Landschaft, in der es weit weniger Menschen als Vierbeiner gibt, strahlt eine Erhabenheit aus, die man selbst erlebt haben muss. Es gibt nur noch wenige Orte, die sich eine solche Ursprünglichkeit bewahrt haben wie Yukon. Die indianischen Ureinwohner, seit Jahrtausenden im Kampf ums Überleben geübt, jagen und stellen Fallen auf wie eh und je. Die größte Bevölkerungsdichte im Territorium herrschte während des Klondike-Goldrauschs 1898, doch jene goldenen Zeiten sind längst Vergangenheit.

Eine Reise durch das Yukon Territory bedeutet, viel draußen zu sein. Kanadas fünf höchste Berge und die nach der Arktis weltweit größten Eisfelder liegen im Kluane National Park. Kanufahrten auf dem Yukon River, freundliche Menschen, Dawson City und das quirlige Whitehorse versprechen ein unvergessliches Urlaubserlebnis.

Reisezeit

Dawson City

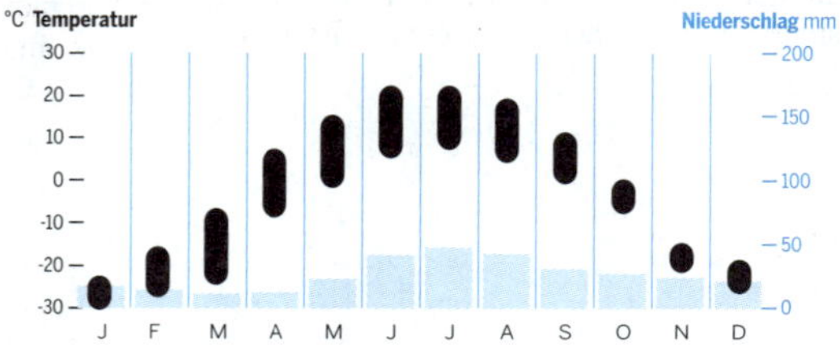

Nov.–April Die winterliche Einsamkeit endet mit dem Aufbrechen der Eisdecke des Yukon River.

Juni–Aug. Die Sommer sind zwar recht kurz, aber warm und es bleibt lange hell.

Sept. Man spürt den Nordwind. Es ist weniger los. Viele Einrichtungen sind im Winter geschlossen.

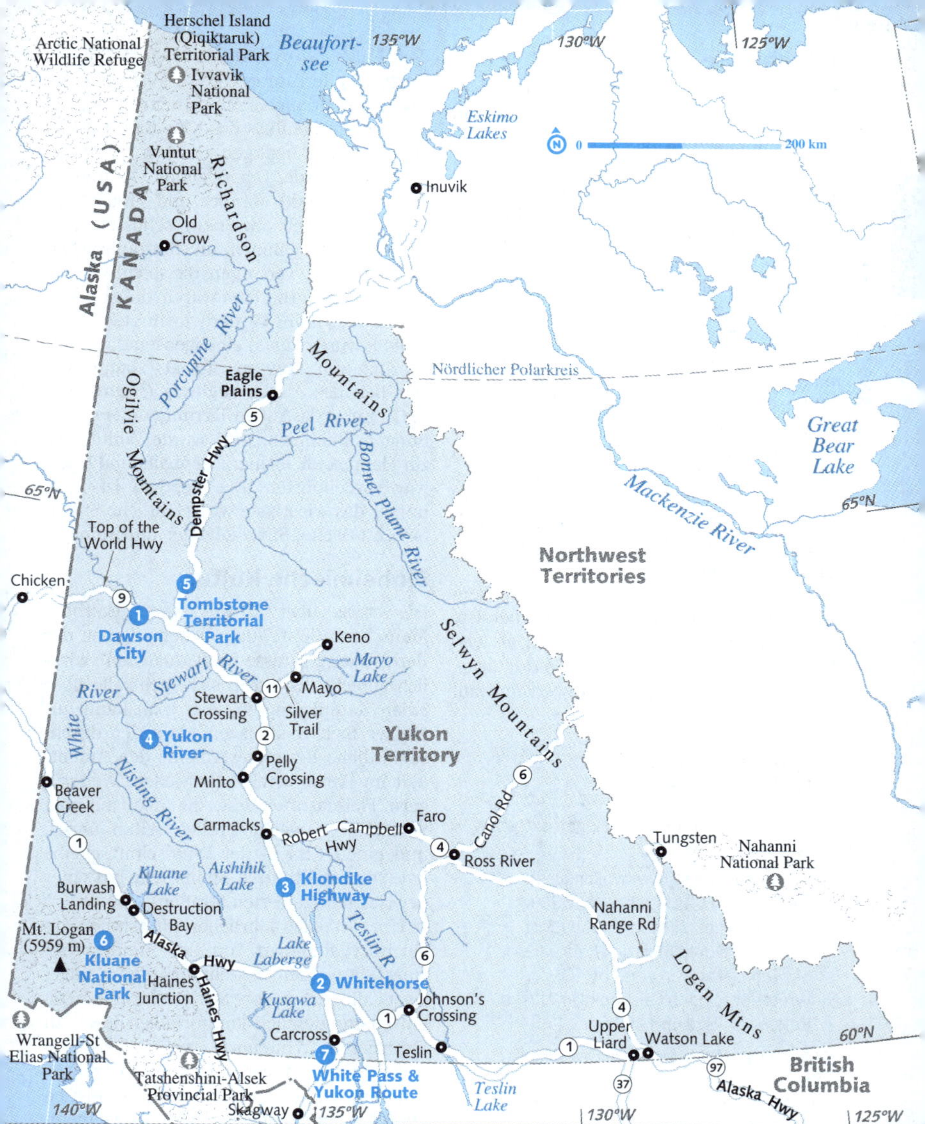

Highlights

1 Der Trubel in **Dawson City** (S. 899), Kanadas hippster historischer Stadt.

2 Einen Erkundungstag im überraschend vielseitigen **Whitehorse** (S. 883), das ein reiches Kulturangebot hat.

3 Auf dem **Klondike Highway** (S. 896) Elche zählen – Autos sind hier nämlich zahlenmäßig oft in der Minderheit.

4 Eine Kanutour auf dem **Yukon River** (S. 903).

5 Ein Besuch im **Tombstone Territorial Park** (S. 908), wo man die überwältigende landschaftliche Schönheit des Nordens hautnah erleben kann.

6 Der **Kluane National Park** (S. 892), in dem es noch über 100 namenlose Gletscher gibt, für die man sich einen Namen ausdenken kann.

7 Die Fahrt entlang der legendären **White Pass & Yukon Route** (S. 888).

Geschichte

Es gibt Hinweise darauf, dass sich Menschen bereits vor etwa 15 000 bis 30 000 Jahren im Yukon-Gebiet von Tieren ernährten, wobei die ungefähre Zeitspanne je nach der Methode der Kohlenstoffdatierung schwankt. Es herrscht allerdings allgemein Einigkeit darüber, dass diese Menschen von jenen abstammten, die vom heutigen Sibirien aus über die damals existierende Landbrücke auf den amerikanischen Kontinent gelangten. Ansonsten ist geschichtlich gesehen kaum etwas dokumentiert, obwohl man heute weiß, dass ein Vulkanausbruch 800 n. Chr. einen Großteil des südlichen Yukon-Gebiets mit Asche bedeckte. Ähnlichkeiten mit dem Volk der Athabasken im Südwesten der USA deuten darauf hin, dass diese Gruppen möglicherweise das Yukon-Gebiet verließen, nachdem durch den Vulkanausbruch das Jagen und Fischen dort unmöglich geworden war.

Robert Campbell, ein Forschungsreisender der Hudson's Bay Company, bereiste den Distrikt in den 1840er-Jahren als erster Europäer. Pelzhändler, Goldschürfer, Walfänger und Missionare folgten ihm auf dem Fuße. 1870 wurde das Gebiet Teil der Northwest Territories (NWT). Weltweite Berühmtheit erlangte Yukon dann 1896, als in einem Nebenfluss des Klondike River in der Nähe des heutigen Dawson City Gold gefunden wurde. Der folgende Goldrausch zog über 40 000 Männer und Frauen aus der ganzen Welt an. Städte schossen über Nacht aus dem Boden, um die zahlreichen Glücksritter zu versorgen, die so gut wie gar nicht darauf vorbereitet waren, dass sie sich geradewegs in ihr Verderben stürzten.

1898 wurde Yukon ein eigenständiges Territorium mit Dawson City als Hauptstadt. Der Bau des Alaska Highway (Highway 1) 1942 öffnete das Yukon Territory für Erschließungsmaßnahmen. 1953 wurde Whitehorse zur Hauptstadt, da hier Eisenbahn und Highway vorbeiführten. Der Bergbau ist noch immer das wichtigste wirtschaftliche Standbein, an zweiter Stelle folgt der Tourismus.

YUKON VON SEINER EXTREMEN SEITE

Extreme Bedingungen bringen extreme Wettkämpfe hervor.

➜ **Yukon Quest** (www.yukonquest.com; ⏲ Feb.) Das legendäre 1600 km lange Hundeschlittenrennen führt durch die Dunkelheit des Februars bei Temperaturen von –50 °C von Whitehorse nach Fairbanks in Alaska. Rekord: 9 Tage und 26 Min.

➜ **Yukon River Quest** (www.yukonriverquest.com; ⏲ Ende Juni) Das weltbekannte Kanu- und Kajakrennen wird im Juni auf der klassischen, 742 km langen Strecke entlang des Yukon River von Whitehorse nach Dawson City ausgetragen. Der Rekord bei den Kanuteams liegt bei 39 Std. und 32 Min., beim Einerkajak bei 42 Std. und 49 Min.

➜ **Klondike Trail of '98 Road Relay** (www.klondikeroadrelay.com; ⏲ Anfang Sept.) Rund 100 zehnköpfige Teams laufen im September das Nachtrennen von Skagway nach Whitehorse.

Einheimische Kultur

Die etwas über 30 000 wettergegerbten Menschen, die in Yukon leben, werden der Bezeichnung „krasse Individualisten" wirklich gerecht. Es lassen sich nicht alle über einen Kamm scheren, aber man kann mit einiger Sicherheit sagen, dass der durchschnittliche Bewohner Yukons den Aufenthalt im Freien genießt (bei jedem Wetter!), gern Fleischsorten isst, die man auf den Speisekarten weiter südlich selten findet, und einen Riss in der Windschutzscheibe hat (verursacht durch Steinschlag auf einer der vielen ungeteerten Straßen).

Über 70 % der jährlichen Einnahmen des Territory stammen von der Bundesregierung, sie werden vornehmlich dafür eingesetzt, alle Arten von Serviceeinrichtungen auf einem ziemlich komfortablen Level zu finanzieren. Whitehorse verfügt beispielsweise über ein Angebot an Kultur- und Freizeiteinrichtungen, um das es von so manch einer um ein Vielfaches größeren Gemeinde im Süden Kanadas beneidet wird. Über 5000 Personen arbeiten für die Regierung.

Dank der langen Isolation des Yukon vor dem Zweiten Weltkrieg haben sich die 14 indigenen Volksgruppen im Vergleich zu denen, die in anderen Teilen Kanadas zur Assimilation gezwungen wurden, ihre Beziehung zum Land und zu ihrer traditionellen Kultur bewahrt. Man findet die Gruppen überall in der Region verstreut und an isolierten Orten wie Old Crow, wo ihre Lebensweise sich über Jahrhunderte nicht grundlegend verändert hat. Es ist nicht ungewöhnlich, dass man von den älteren Ureinwohnern verschiedene indianische Dialekte zu hören bekommt.

Licht – oder eher der Mangel daran – spielt für das Leben eine wichtige Rolle. Viele Menschen gewöhnen sich problemlos an die extremen Schwankungen des Tageslichts im Lauf des Jahres, anderen fällt es sichtlich schwer. Jedes Jahr hört man von Alteingesessenen ebenso wie von Neuankömmlingen, die eines schönen Tages (häufig im Februar) verkünden „Genug ist genug!" und für immer in Richtung Süden verschwinden.

Parks

Das Territorium besitzt eine bedeutende Unesco-Weltnaturerbestätte. Der raue, unwegsame Kluane National Park befindet sich in Yukon und grenzt an den Tatshenshini-Alsek Provincial Park in British Columbia (BC). Die Nationalparks Glacier Bay und Wrangell-St. Elias befinden sich dagegen im benachbarten Alaska.

In Yukon gibt es ein Dutzend Parks und Schutzgebiete (www.yukonparks.ca), der Großteil des Territoriums ist aber für sich genommen schon eine Art Naturpark. Überall sind öffentliche Campingplätze zu finden. Der Tombstone Territorial Park ist zwar abgelegen, aber trotzdem gut über den Dempster Highway erreichbar. Unterwegs erlebt man die Schönheit der Tundra, die sich am Horizont abzeichnet, und die Erhabenheit der gewaltigen Gebirgszüge.

Praktische Informationen

An jedem Grenzübergang zum Yukon Territory gibt es ausgezeichnete Besucherinformationen (Visitor Information Centers – VICs): in Beaver Creek, in Carcross, in Dawson City, in Haines Junction, in Watson Lake und in Whitehorse.

Yukons Regierung produziert genügend Literatur und Informationsmaterial, um Lesestoff für den ganzen Urlaub zu liefern. Zu den Highlights zählen *Camping on Yukon Time, Art Adventures on Yukon Time* sowie aufwendige Wanderführer zu fast jeder Stadt mit einer Einwohnerzahl über 50. In den zahlreichen VICs kann man schon mal mit dem Sammeln anfangen, oder aber man surft einfach online durch das Territorium (www.travelyukon.com). Eine weitere gute Internetquelle ist www.yukoninfo.com.

Wer so richtig in das Yukon Territory und in die großartige Welt seiner Erzählungen eintauchen möchte, sollte einige der zahlreichen Yukon-Romane lesen. Beginnen sollte man auf jeden Fall mit Jack Londons *Ruf der Wildnis*. Das Werk kann unter www.online-literature.com auch kostenlos online abgerufen und gelesen werden (allerdings nur auf Englisch).

KURZINFOS

- Bevölkerung: 33 900
- Fläche: 483 450 km²
- Hauptstadt: Whitehorse
- Skurrile Fakten: Heimat von Robert Service; der Dichter verewigte das Yukon Territory in Werken wie *The Shooting of Dan McGrew* und *The Cremation of Sam McGee*.

Anreise & Unterwegs vor Ort

Whitehorse ist per Flugzeug von Vancouver, Calgary und Edmonton aus erreichbar. Im Sommer gibt es Direktflüge ab Deutschland. Ab Dawson City werden dann auch Whitehorse, Inuvik (Northwest Territories) sowie Fairbanks, Alaska, angeflogen.dD

Ansonsten gibt es drei Hauptrouten, die nach Yukon führen: Per Fähre bis zu den Grenzübergängen von Skagway und Haines in Alaska, über den Alaska Highway ab Dawson Creek/British Columbia und über den Stewart-Cassiar Highway, der aus dem Nordwesten British Columbias kommt und in der Nähe von Watson Lake auf den Alaska Highway trifft.

Aus British Columbia fahren Busse nach Whitehorse. Von dort transportieren mehrere Unternehmen Reisende weiter nach Alaska und Dawson. Mietwagen und -wohnmobile sind teuer und lassen sich nur in Whitehorse anmieten. Der Alaska Highway und der Klondike Highway sind asphaltiert und alle 100 bis 200 km mit Servicestationen bestückt.

Infos zu den Straßenbedingungen in Yukon gibt es unter ☎511 und im Internet (www.511yukon.ca).

WHITEHORSE

26 100 EW.

Als Hauptstadt und urbanes Zentrum des Yukon ist Whitehorse Teil beinahe jeder Reiseroute. An diesem wichtigen Verkehrsknotenpunkt treffen sich die beiden großen Highways des Territoriums, der Alaska Highway und der Klondike Highway. Anfang des 20. Jhs. führte die White Pass & Yukon Route von Skagway dorthin. Und während des Zweiten Weltkriegs kamen viele in die Stadt in der Hoffnung auf Mitarbeit beim Bau des Alaska Highways. In der Stadt gibt

Whitehorse

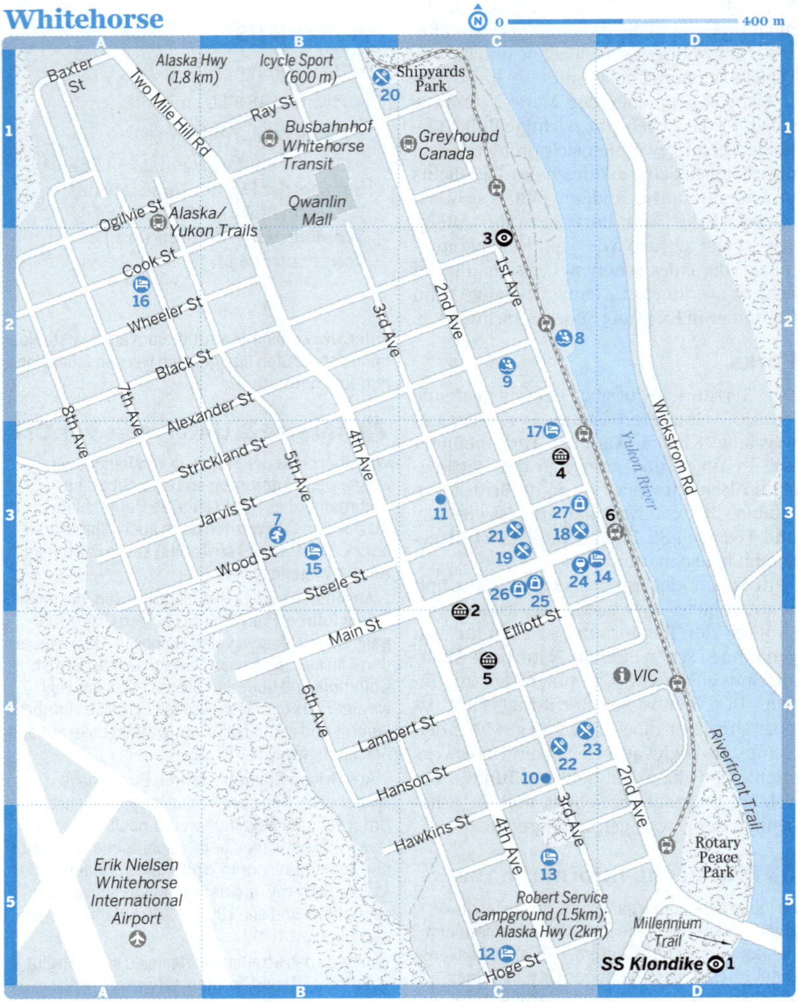

es Expeditionsausrüster und Dienstleister für alle Vorhaben, egal in welche Richtung die Reise gehen soll. Die meisten Einwohner sind Staatsbedienstete. Sobald sich die Gelegenheit bietet, zieht es sie raus in die Natur – und das zu jeder Jahreszeit.

Whitehorse lockt seine Gäste zwar nicht mit augenscheinlichen Reizen, hat aber dennoch einiges zu bieten. Die Kunstszene ist dank großzügiger Förderung sehr aktiv, es gibt gute Restaurants und einige Motels. Mit den Attraktionen rund um den tosenden Yukon River ist man schon mal mindestens einen Tag beschäftigt. Und jenseits der Gewerbebauten entdeckt man noch viele alte, denkmalgeschützte Häuser.

1953 wurde Whitehorse Hauptstadt des Territoriums – das kleinere und abseits gelegene Dawson City knabbert noch heute an dieser folgenschweren Entscheidung.

Sehenswertes

Die wichtigsten Sehenswürdigkeiten der Stadt schafft man zu Fuß an einem Tag.

★ **SS Klondike** HISTORISCHE STÄTTE
(867-667-4511; South Access Rd & 2nd Ave; Mai–Aug. 9.30–17 Uhr) GRATIS Der wunderbar

Whitehorse

restaurierte Heckraddampfer war einer der größten, die je den Yukon River befuhren. Seine letzte Reise den Strom hoch unternahm das 1937 gebaute Schiff nach Dawson. Heute steht es unter Denkmalschutz.

Flussufer STADTVIERTEL

Schon der erste Anblick des gewaltigen Yukon River macht Laune auf einen Spaziergang entlang seines Ufers. Die schöne **White Pass & Yukon Route Station** (1109 1st Ave) wurde restauriert und bildet den Mittelpunkt einer wieder aufblühenden Gegend. Der **Rotary Peace Park** im Süden eignet sich hervorragend für ein Picknick.

Das neue **Kwanlin Dün Cultural Centre** (www.kwanlindunculturalcentre.com; 1171 1st Ave; ⌚9.30–16 Uhr) zeigt Wechselausstellungen; geplant ist zudem ein Museum über das Leben der Indianer am und mit dem Fluss.

Am Nordende der Promenade wurden im **Shipyards Park** einige aus dem ganzen Territorium zusammengetragene historische Gebäude aufgebaut, dazu kommen eine Skateboard-Anlage und ein Rodelberg. Der kleine **Waterfront Trolley** (www.yukonrails.com; einfach 2 C$; ⌚ Juni–Aug. 10–18 Uhr) verbindet alle interessanten Punkte von der SS *Klondike* bis zur Quartz Road nördlich vom Shipyards Park.

MacBride Museum MUSEUM

(☎867-667-2709; www.macbridemuseum.com; Ecke 1st Ave & Wood St; Erw./Kind 10/5 C$; ⌚9.30–17 Uhr) Der Yukon quasi im Schnelldurchlauf: Goldrausch, First Nations, kühne Mounties und vieles mehr. Alte Fotos wetteifern mit ausgestopften Viechern, während jeden Tag irgendein Spaß wie Goldwaschen auf der Agenda steht.

Old Log Church HISTORISCHES GEBÄUDE

(☎867-668-2555; www.oldlogchurchmuseum.ca; 303 Elliott St; Erw./Kind 6/5 C$; ⌚Mai–Aug. 10–18 Uhr) Dieses Juwel von 1900 mitten im Zentrum ist die weltweit einzige Kirche im Blockhüttenstil. Die Ausstellung erzählt u. a. die fesselnde Geschichte des Missionars Isaac Stringer: Der kochte seine Stiefel und verspeiste sie, als er für 51 Tage in der Wildnis verschollen war – folglich ist auch nur die verbliebene Sohle ausgestellt.

Yukon Beringia Interpretive Centre MUSEUM

(☎867-667-8855; www.beringia.com; Km 1423 Alaska Hwy; Erw./Kind 6/4 C$; ⌚9–18 Uhr) Im Mittelpunkt steht Beringia, ein größtenteils eisfreies Gebiet, das während der letzten Eiszeit Yukon, Alaska und Ostsibirien umfasste. Spannende Exponate wie das Skelett eines 3 m langen Riesenfaultiers lassen diese Zeit wieder lebendig werden.

Yukon Transportation Museum MUSEUM

(☎867-668-4792; www.goytm.ca; 30 Electra Circle; Erw./Kind 10/5 C$; ⌚Mai–Aug. 10–18 Uhr) Wer sich fragt, wie der Alaska Highway eigentlich früher aussah, bekommt hier eine, nun ja, schlammige Antwort. Zu den Ausstellungsstücken zählen Flugzeuge, Züge und Hundeschlitten. Das Museum liegt nahe des Beringia Centre und ist an der **Douglas C-3** zu erkennen, die sich als Wetterfahne (!) im Wind dreht.

Whitehorse Fishway WAHRZEICHEN
(☎867-633-5965; Nisutlin Dr; Spende erbeten; ⊙Juni–Aug. 9–19 Uhr) Der Whitehorse Fishway ist eine 366 m lange Fischtreppe aus Holz (übrigens die längste der Welt) gleich hinter dem Wasserkraftwerk südlich der Stadt. Ab Ende Juli sieht man hier durch die Panoramafenster Königslachse vorbeihuschen (zuvor sind Äschen an der Reihe).

Die Fischtreppe erreicht man bequem zu Fuß auf dem Millennium Trail.

Arts Underground GALERIE
(☎867-667-4080; im Untergeschoss des Hougen Centre, 305 Main St; ⊙ Di–Sa 10–17 Uhr) Die Yukon Arts Society betreibt diese Galerie, in der sorgfältig kuratierte Wechselausstellungen zu sehen sind.

Yukon Artists@Work GALERIE
(☎867-393-4848; 120 Industrial Rd; ⊙12–17 Uhr) Die Galerie gehört lokalen Künstlern, denen man mit etwas Glück bei der Arbeit zusehen kann. Sie liegt direkt nördlich des großen Shoppingareals.

Aktivitäten

Das Besucherzentrum hält viele Tipps für Wanderungen und Aktivitäten in der Umgebung parat. Wen es auf den Fluss zieht, der kann sich in Whitehorse perfekt für ein Abenteuer der nassen Art mit entsprechender Ausrüstung eindecken.

Kanu- & Kajakfahren

Whitehorse ist ein beliebter Einstiegsort für Kanu- und Kajaktouren nach Carmacks (Dauer ca. 8 Tage) oder Dawson City (rund 16 Tage). Ausstatter vermieten alles Notwendige (Kanus/ Kajaks Tag ca. 40 C$), stellen Guides, geben Unterricht, organisieren Touren sowie bei Bedarf den Rücktransport nach Whitehorse. Die meisten Wasserwanderer vertrauen auf die Karte *The Yukon River: Marsh Lake to Dawson City*, erhältlich bei www.yukonbooks.com.

Kanoe People KANUTOUREN
(☎867-668-4899; www.kanoepeople.com; Ecke 1st Ave & Strickland St) Kanoe People bietet verschiedene Touren an, z. B. auf dem Teslin oder dem Big Salmon River. Ausrüstung, Karten und Führer kann man hier kaufen, außerdem Räder ausleihen. Für eine halbtägige Kanutour rund um Whitehorse werden ca. 60 C$ verlangt.

Up North Adventures KANUTOUREN
(☎867-667-7035; www.upnorthadventures.com; 103 Strickland St) Ausrüstungsverleih und Transportservice zu den größeren Flüssen. Außerdem Kanu-Unterricht, geführte Mountainbiketouren und diverse Wintersportaktivitäten.

Radfahren

Viele Routen verlaufen entlang des Yukon River und in die umliegenden Berge. Das Besucherzentrum hält Karten bereit.

Cadence Cycle RADFAHREN
(☎867-633-5600; 508 Wood St; Mietrad pro Tag ab 35 C$; ⊙Mo–Sa 10–18 Uhr) Verkauft und vermietet gute gebrauchte Mountainbikes; es gibt einen Reparaturservice.

Icycle Sport RADFAHREN
(www.icyclesport.com; 9002 Quartz Rd; Leihrad ab 45 C$ pro Tag; ⊙Mo–Sa 10–18 Uhr) Verleiht sehr gute Mountainbikes und Skier.

Wandern & Trekkingtouren

Toll wandern lässt es sich auf dem landschaftlich abwechslungsreichen, 5 km langen Rundweg, der um die Gewässer von Whitehorse herumführt und einen Zwischenstopp am Fischpass ermöglicht. Von der SS *Klondike* aus hält man sich auf dem **Millennium Trail** in Richtung Süden, bis man den Robert Service Campground und die Rotary Centennial Footbridge über den Fluss erreicht. Der Whitehorse Fishway befindet sich gleich südlich davon. Danach geht's am Wasser entlang in Richtung Norden, über die Robert Campbell Bridge – und schon ist man wieder zurück im Stadtzentrum.

Geführte Touren

★**Yukon Historical & Museums Association** STADTSPAZIERGANG
(☎867-667-4704; 3126 3rd Ave; Eintritt 6 C$; Juni–Aug. Mo–Sa 11–18 Uhr) Bietet viermal am Tag sehr originelle und interessante Stadtrundgänge durchs Zentrum an. Treffpunkt ist das Büro im Donneworth House von 1904. Auf Nachfrage zeigt der Guide die nicht gerade appetitliche Latrine der Amerikaner aus dem Zweiten Weltkrieg.

Boréale Mountain Biking RADTOUR
(☎867-336-1722; www.borealebiking.ca; geführte Touren ab 60 C$) Einen guten Ruf haben die

halbtägigen, familienfreundlichen Radtouren durch Whitehorse. Abenteuerlicher sind da schon die Trips durch die Region (insgesamt über 800 km), die das Magazin *Outside* unter die weltweit besten wählte.

Yukon Conservation Society WANDERUNG
(☎867-668-5678; www.yukonconservation.org; 302 Hawkins St; ⌚ Juni–Aug. Di–Sa) GRATIS Die schöne Natur rund um Whitehorse lässt sich auch bei einer der Gratis-Wanderungen erleben, die die Conservation Society anbietet; von leicht bis anspruchsvoll ist alles dabei.

Schlafen

In Whitehorse wird es im Sommer ziemlich voll, es empfiehlt sich also, im Voraus zu reservieren. In der Besucherinformation sind Listen von B&Bs erhältlich. Im Ort gibt es einige Mittelklassehotels, die schon etwas in die Jahre gekommen sind, deswegen sollte man sich vor dem Einchecken ein paar Zimmer zeigen lassen.

★ **Robert Service Campground** CAMPING $
(☎867-668-3721; www.robertservicecampground.com; Robert Service Way; Stellplatz 21 C$; ⌚ Mai–Sept.; @ 📶) Zum Campingplatz 1 km südlich von Whitehorse läuft man über den schönen Millennium Trail (15 Min.). Er vermietet ausschließlich Zeltplätze (insgesamt 70). Im Café kommen exzellenter Kaffee, leckere Backwaren und Eis auf den Tisch.

Beez Kneez Bakpakers HOSTEL $
(☎867-456-2333; www.bzkneez.com; 408 Hoge St; B/Zi. 30/65 C$; @ 📶) Hier fühlt man sich ganz wie zu Hause: Ein fröhliches Hostel mit Garten, Terrasse, Grillstelle und Leihrädern. Gefragt sind die beiden Bungalows.

Hi Country RV Park CAMPING $
(☎867-667-7445; www.hicountryrvyukon.com; 91374 Alaska Hwy; Stellplatz 27–40 C$; @ 📶) Der baumbestandene Campingplatz am oberen Ende des Robert Service Way bietet Versorgungsanschlüsse, Duschen, eine Waschküche und einen Spielplatz.

Coast High Country Inn HOTEL $$
(☎800-554-4471, 867-667-4471; www.highcountryinn.yk.ca; 4051 4th Ave; Zi. 100–220 C$; ❄ @ 📶) Mit vier Etagen ragt das High Country geradezu über Whitehorse auf. Vor allem Geschäftsreisende und gut betuchte Gruppen checken hier ein. Die 84 Zimmer sind geräumig – manche mit riesigem Whirlpool mitten im Raum. Das Pub zieht viel Publikum an.

Historical House B&B B&B $$
(☎867-668-2526; www.yukongold.com; Ecke 5th Ave & Wood St; Zi. 95–120 C$; ❄ @) In diesem typischen Holzhaus von 1907 gibt es drei Gästezimmer. Diejenigen im Obergeschoss haben ein eigenes Bad am Ende des Gangs und Dachschrägen. Ein größeres Apartment verfügt über eine riesige Küche. Highspeed-Internet und Gartennutzung sind inklusive.

Midnight Sun Inn B&B $$
(☎800-284-4448, 867-667-2255; www.midnightsunbb.com; 6188 6th Ave; Zi. 110–145 C$; ❄ @ 📶) Das moderne B&B wirkt zwar wie ein Vorohrthäuschen, liegt aber im Zentrum. Dank der fünf unterschiedlich eingerichteten Zimmer und dem riesigen Frühstück hat das Inn einige Stammgäste.

Edgewater Hotel HOTEL $$
(☎877-484-3334, 867-667-2572; www.edgewaterhotelwhitehorse.com; 101 Main St; Zi. 100–200 C$; ❄ @ 📶) Nach einer Generalüberholung hat das Edgewater jetzt sogar etwas Stil. Die 30 Zimmer sind eher klein (manche ohne Klimaanlage); die besseren haben Blick auf den Fluss, einige eine Küche.

River View Hotel MOTEL $$
(Canada's Best Value Inn; ☎888-315-2378, 867-667-7801; www.riverviewhotel.ca; 102 Wood St; Zi. 90–150 C$; @ 📶) Einen Blick auf den Fluss, wie es der Name verspricht, bieten viele der 53 großen Zimmer. Das Hotel liegt äußerst zentral in einer ruhigen Straße.

Essen & Ausgehen

Immer mehr Ketten eröffnen Filialen in Whitehorse, auf die kann man aber zugunsten der exzellenten und vielseitigen Restaurants im Zentrum getrost verzichten. In der Saison schmecken frischer Yukon-Lachs und zu jeder Jahreszeit die süffigen Biere der lokalen Yukon Brewing Co.

Fireweed Community Market MARKT
(Shipyards Park; ⌚ Mai–Sept. Do 15–20 Uhr) Hier verkaufen Händler aus der Region, u. a. fantastische Beeren!

Yukon Meat & Sausage FEINKOST $
(☎867-667-6077; 203 Hanson St; Sandwiches 7 C$; ⌚ Mo–Sa 9–17.30 Uhr) Einfach dem Duft von Geräuchertem folgen und aus den vielen verschiedenen Köstlichkeiten etwas wählen, z. B. nach Kundenwunsch belegte Sandwiches. Entweder man isst direkt vor Ort oder deckt sich hier für ein Picknick ein.

Baked Café CAFÉ $
(☎867-633-6291; 100 Main St; Snacks 4 C$; ⊙7–19 Uhr; 📶) Im Sommer sind die Tische im Außenbereich dieses lebhaften Cafés ratzfatz weg. Es locken Smoothies, Suppen, Lunch-Specials, Backwaren und mehr. Die Himbeer-Pekannuss-Scones sind der Hit.

★ **Klondike Rib & Salmon** KANADISCH $$
(☎867-667-7554; www.klondikerib.com; 2116 2nd Ave; Hauptgerichte 12–25 C$; ⊙ Mai–Sept. 16–21 Uhr) Das weitläufige Restaurant mit zwei Terrassen ist zwar ziemlich touristisch, die Atmosphäre aber lässig und das Essen schlicht genial. Neben dem namengebenden Gericht (die Lachsspieße liegen obenauf) gibt es weitere lokale Schmankerl.

★ **Burnt Toast** BISTRO $$
(☎867-393-2605; 2112 2nd Ave; Hauptgerichte 10–25 C$; ⊙9–21 Uhr) Dem koketten Namen zum Trotz wurde hier sicher noch kein French Toast beim Brunch verkohlt und auch die mittags und abends servierten Gerichte überzeugen eines wie das andere. Es wird regional und saisonal gekocht, eine Tafel listet leckere Salate, Sandwiches und regionaltypische Fleischgerichte auf.

Deck PUB $$
(Coast High Country Inn; 4051 4th Ave; Hauptgerichte 10–20 C$; ⊙12 Uhr bis Mitternacht) Auf der überdachten Terrasse tummeln sich in der Saison Einheimische, Touristen und Fremdenführer (die gerne Storys zum Besten geben). Eine riesige Bar bietet eine gute Auswahl an Fassbieren, Hungrige verdrücken Burger, Salate und frischen Yukon-Fisch (der Seesaibling ist göttlich).

Sanchez Cantina MEXIKANISCH $$
(☎867-668-5858; 211 Hanson St.; Hauptgerichte 10–20 C$; ⊙12–24 Uhr ⊙11.30–15 & 17–21.30 Uhr) Authentischere mexikanische Küche als hier gibt es wohl nur noch in Mexiko selbst. Spezialität des Hauses sind die Burritos mit einer würzigen Mischung aus roten und grünen Saucen. Im weitläufigen Patio lässt es sich gemütlich aufs Essen warten.

Dirty Northern Public House PUB
(103 Main St; ⊙12 Uhr bis spätnachts) Neben einer super Auswahl an Fassbieren und gut gemixten Drinks bietet das gehobene Pub auch so etwas wie Stil. In gemütlichen Nischen genehmigt man sich nach der Pizza vom Holzkohlegrill einen Schnaps.

Shoppen

In den unter „Sehenswertes“ erwähnten Galerien werden regionale Produkte verkauft.

★ **Mac's Fireweed Books** BÜCHER
(☎867-668-2434; www.yukonbooks.com; 203 Main St; ⊙8–24 Uhr) Das Mac's hat eine so große Auswahl an Yukon-Titeln wie kein anderer. Hier findet man auch topografische und Straßenkarten sowie Zeitschriften.

Midnight Sun Gallery & Gifts KUNST & HANDWERKLICH
(☎867-668-4350; 205C Main St; ⊙9–20 Uhr) Gute Auswahl an Kunst, Kunsthandwerk und Erzeugnissen aus Yukon.

North End Gallery KUNST & HANDWERKLICH
(☎867-393-3590; 1116 1st Ave; ⊙Mo–Sa 10–18 Uhr) Kanadische Kunst vom Feinsten.

Praktische Informationen

Yukon News Eine unterhaltsame lokale Zeitung.

What's Up Yukon (www.whatsupyukon.com) Gute Quelle für Veranstaltungstipps.

VIC (☎867-667-3084; 100 Hanson St; ⊙8–20 Uhr) Das Besucherzentrum ist die erste Adresse für alle Fragen zum Territorium.

Whitehorse General Hospital (☎867-393-8700; 5 Hospital Rd; ⊙24 Std.)

An- & Weiterreise

BUS

Die Busverbindungen ändern sich häufig, am besten erfragt man den aktuellen Stand im VIC.

Alaska/Yukon Trails (☎907-479-2277; www.alaskashuttle.com; ⊙Juni–Mitte Sept.) Das Unternehmen fährt drei Mal wöchentlich nach Fairbanks (365 US$), mit Übernachtung in Dawson City (nur Zwischenstopp; Start bzw. Ziel der Reise müssen in Alaska liegen).

Greyhound Canada (☎800-661-8747, 867-667-2223; www.greyhound.ca; 2191 2nd Ave) Bedient die Strecke nach Süden entlang des Alaska Highway nach Dawson City (ab 250 $, 20 Std., 3-mal wöchentl.); Zubringer zu anderen Buslinien nach British Columbia und dem restlichen Kanada.

White Pass & Yukon Route (☎867-633-5710; www.wpyr.com; Fahrkartenbüro Whitehorse: 1109 1st Ave; ⊙Mitte Mai–Mitte Sept. Mo–Sa 9–17 Uhr) Eine landschaftlich überwältigend schöne Strecke führt in 10 Std. per Zug und Bus von oder nach Skagway über Carcross, British Columbia (einfach nach Skagway Erw./Kind. 185/92,50 C$, nicht täglich!). Angeboten werden auch Tagestouren inklusive einer Zugfahrt ab Whitehorse. Whitehorse ist der wichtigste Verkehrsknotenpunkt in Yukon.

FLUGZEUG

Erik Nielsen Whitehorse International Airport (☎867-667-8440; www.gov.yk.ca/yxy/airports/yxy) Der Flughafen liegt 5 Min. westlich des Stadtzentrums am Alaska Highway.

Air Canada (☎888-247-2262; www.aircanada.com) Fliegt nach Vancouver.

Air North (☎800-661-0407; www.flyairnorth.com) Ein lokales Unternehmen, das nach Dawson City (von da weiter nach Inuvik, in die Northwest Territories und nach Fairbanks, Alaska) sowie nach Vancouver, Kelowna, Edmonton und Calgary fliegt.

Condor (☎800-364-1667, in Deutschland 01805/707202; www.condor.com) Bietet im Sommer eine wöchentliche Verbindung nach Frankfurt.

Westjet (☎888-937-8538; www.westjet.com) Jettet in der Saison von und nach Vancouver.

Unterwegs vor Ort

AUTO & WOHNMOBIL

Beim Mietpreis sollte man genau hinschauen: Die ersten 100 km sind meist inklusive (damit kommt man in Yukon nicht weit) – ab dann wird eine Kilometerpauschale verlangt, die ins Geld gehen kann. Auch bei der Versicherung sollte Klarheit herrschen, ob z. B. durch Schotterpisten verursachte Schäden am Auto gedeckt sind.

Budget (☎867-667-6200; www.budget.com) Am Flughafen.

Fraserway RV Rentals (☎867-668-3438; www.fraserway.com; 9039 Quartz Rd) Vermieten verschiedene Wohnmobilmodelle ab 100 C$ am Tag (abhängig von der Größe und der Saison). Kilometer werden extra verrechnet, so kommt schnell ein stattliches Sümmchen zusammen.

Whitehorse Subaru (☎867-393-6550; www.whitehorsesubaru.com; 17 Chilkoot Way) Gute Preise, die meisten Autos haben Handschaltung.

BUS

Whitehorse Transit System (☎867-668-7433; 2,50 C$; ⏲Mo–Sa) Viele Linien fahren ab der Qwanlin Mall, z. B. Linie 3 zum Flughafen und Linie 5 zum Robert Service Campground.

VOM/ZUM FLUGHAFEN

Yellow Cab (☎867-668-4811) Die Fahrt vom Zentrum zum Flughafen (10 Min.) kostet 20 C$.

ALASKA HIGHWAY

Die Straße wird vielleicht Alaska Highway genannt, aber angesichts der Tatsache, dass ihr längster Abschnitt im Yukon Territory verläuft (958 km), wäre vielleicht ein anderer Name angebrachter…

Dem Alaska Highway, der sich über etwa 2450 km von Dawson Creek, British Columbia, bis nach Delta Junction tief im Inneren Alaskas erstreckt, kommt eine Bedeutung zu, die weit über die irgendeiner x-beliebigen Straße hinausgeht. Es gilt gewissermaßen als besondere Errungenschaft und ehrenvolle Auszeichnung, ihn befahren zu haben. Obwohl er heutzutage eine moderne Straße ist, beschwört allein sein Name noch immer Bilder von großem Abenteuer und der Chance herauf, hier einfach alles hinter sich lassen zu können.

Wer den Alaska Highway in Yukon befährt, befindet sich auf dem landschaftlich schönsten und vielseitigsten Abschnitt der Straße. Von den kleinen Dörfern bis hin zur Stadt Whitehorse, von den sich dahinschlängelnden Flüssen bis zu den St. Elias Mountains, die sich dramatisch auftürmen – die Landschaftskulisse ist überwältigend!

Von British Columbia nach Whitehorse

Auf diesem Teilstück liefern Städtchen, kleine Parks und jede Menge Sehenswürdigkeiten am Wegesrand in schöner Regelmäßigkeit einen guten Grund für einen Zwischenstopp. Für sich genommen sind sie alle keine Spitzen-Attraktionen, in der Kombination mit der schönen Szenerie sorgen sie aber für eine erlebnisreiche Fahrt.

Watson Lake

Die erste Stadt am Alaska Highway auf Yukon-Boden ist Watson Lake. Sie liegt kurz hinter der Grenze zu British Columbia und wurde nach dem britischen Trapper Frank Watson benannt. Gut für eine Verschnaufpause geeignet, bietet sie darüber hinaus ein erstklassiges **VIC** (☎867-536-7469; www.watsonlake.ca; Alaska Hwy; ⏲Mai–Sept. 8–20 Uhr) mit einem guten Museum. Im Besucherzentrum findet man jede Menge Infos zum Territorium. Es gibt Zeltplätze, Motels, Dienstleistungen und eine Haltestelle von Greyhound Canada.

Bekannt ist die Stadt für ihren **Sign Post Forest** (Schilderwald) gleich vor der Touristeninformation. Das erste Schild „Danville, Illinois" wurde 1942 aufgestellt. Weitere folgten und inzwischen sind es alles in allem 72 000 Schilder – viele verschwanden wohl spätnachts aus Gemeinden überall auf der Welt. In der **Air**

Force Lodge (☎867-536-2890; www.airforce-lodge.com; Alaska Hwy; EZ/DZ 75/85 C$) kann man in blitzsauberen Zimmern in einer Kaserne für Piloten aus dem Jahr 1942 übernachten (Gemeinschaftsbad auf dem Gang).

26 km westlich von Watson Lake folgt die Kreuzung mit dem Stewart-Cassiar Highway (Hwy 37), der nach Süden Richtung British Columbia führt.

Ein kleines Stück westlich der Kreuzung bietet der Familienbetrieb **Nugget City** (☎888-536-2307, 867-536-2307; www.nuggetcity.com; Alaska Hwy; Zeltplatz ab 20 C$, Zi. ab 65 C$; 📶) Unterkunft und Verpflegung, die locker drei Klassen besser ist als am Alaska Highway sonst üblich. Der Halt lohnt schon alleine für die Backwaren, vor allem den Beerenkuchen.

Weitere 110 km gen Westen sollte man hinter der 1112-km-Markierung nach der **Rancheria Falls Recreation Site** Ausschau

UND DER MENSCH SCHUF DEN HIGHWAY

Heutzutage ist der Ruf, der dem Alaska Highway zukommt, eher psychologischer als physischer Natur. Die moderne zweispurige Straße mit ihren sanften Kurven und der weiten Sicht ist inzwischen vollständig asphaltiert. Das war allerdings nicht immer so. Ein berühmtes Foto von 1943 zeigt einen Jeep, der tief in einem schlammigen Morast versinkt, während Soldaten hilflos dabei zusehen müssen.

Mit dem Ausbruch des Zweiten Weltkriegs beschlossen Kanada und die USA, die jahrelangen Diskussionen zu beenden und Alaska und das Yukon Territory an das restliche kanadische Staatsgebiet und die USA durch eine ordentliche Straße anzubinden.

Es grenzt an ein Wunder, dass es gelang, in etwas über einem Jahr durch die ungezähmte Tundra und Wildnis des Nordens eine Straße zu bauen. Entscheidend für den Erfolg waren der praktisch unbegrenzte Einsatz von Geldern und Arbeitskraft (Soldaten aus den USA und kanadische Zivilisten, u. a. Indianer). Der 2450 km lange Highway aus Schotter verlief zwischen Dawson Creek in British Columbia und Fairbanks in Alaska. Die Route, die man für den Highway wählte, folgte einer Kette vorhandener Luftstützpunkte – Fort St. John, Fort Nelson, Watson Lake und Whitehorse – bekannt unter dem Namen Northwest Staging Route.

Im April 1946 wurde der kanadische Abschnitt der Straße (1965 km) offiziell an Kanada übergeben. In der Zwischenzeit waren bereits private Bauunternehmer damit beschäftigt, den Highway zu verbreitern, zu schottern und zu begradigen, wobei auch die starken Straßensteigungen nivelliert und provisorische Brücken durch dauerhafte Stahlbrücken ersetzt wurden – ein Prozess, der bis heute andauert und die moderne Straße hervorgebracht hat, auf der man nun unterwegs ist.

Der Highway hatte ursprünglich verschiedene Namen: Alaskan International Highway, Alaska Military Highway und Alcan (Kurzform für Alaska-Canada) Highway. Heute wird er Alaska Highway genannt. Er hat sowohl das Yukon Territory als auch Alaska nachhaltig verändert, indem er den Norden ganzjährig für Reisende zugänglich machte und damit die Lebensweise der Indianer entlang der Route ein für allemal veränderte.

Der Alaska Highway beginnt bei „Mile 0" in Dawson Creek im nordöstlichen British Columbia und führt bis nach Fairbanks, Alaska. Der offizielle Endpunkt bei Delta Junction liegt allerdings rund 155 km südöstlich von Fairbanks.

Lange Zeit dienten Meilensteine als Orientierungspunkte. Da Straßenerneuerungen jedoch den Highway verkürzten und Kanada inzwischen das metrische System einführte, sind die Meilenangaben inzwischen nur noch ein Relikt aus der Vergangenheit. Erhalten geblieben sind die historischen Längenmaße in den Namen einiger Unternehmen und Sehenswürdigkeiten.

Wer mehr über den Alaska Highway und seine bewegte Vergangenheit erfahren möchte, sollte das Watson-Lake-Besucherzentrum, das Yukon Transportation Museum (S. 885) in Whitehorse und das Alaska Highway House (S. 878) in Dawson Creek, British Columbia, besuchen oder den Soldier's Summit Trail (S. 893) im Kluane National Park begehen.

Die inzwischen legendäre Milepost, die jedes Jahr erscheint, berichtet detailliert über sämtliche Schlaglöcher und jeden gesichteten Elchhintern.

halten. Ein Steg führt zu beeindruckenden Zwillingswasserfällen.

Teslin

Der Ort am gleichnamigen lang gestreckten See liegt 272 km westlich von Watson Lake und ist seit Langem die Heimat der Tlingits (lin-*kits*). Wie überall hat der Alaska Highway den hier lebenden Ureinwohnern sowohl Wohlstand als auch sich rasch ändernde Lebensverhältnisse beschert. Das fesselnde **George Johnston Museum** (☎867-390-2550; www.gjmuseumyk.net; Km 1294 Alaska Hwy; Erw./Kind 5/2,50 C$; ⌚Mai–Aug. 9–18 Uhr) dokumentiert das Leben und die Kultur eines Tlingits-Anführers im 20. Jh. mit Hilfe von Fotos, Exponaten und Artefakten.

Johnson's Crossing

Ungefähr 53 km nördlich von Teslin liegt Johnson's Crossing an der Gabelung des Alaska Highway und der Canol Road (Highway 6). Während des Zweiten Weltkriegs baute die US-Armee hier mit enormem menschlichen und finanziellen Einsatz die Canol-Pipeline, um Öl von Norman Wells in den Northwest Territories nach Whitehorse zu pumpen. Die Pipeline wurde letztendlich aufgegeben, nachdem bereits Hunderte von Millionen Dollar (1943 war das nicht gerade wenig Geld) in das Projekt geflossen waren.

ABSTECHER

ROBERT CAMPBELL HIGHWAY

Wer gerne abseits der üblichen Pfade reist, sollte diese Schotterpiste des Highway 4 ins Auge fassen, die 588 km vom Watson Lake nach Norden und Westen in Richtung Carmacks führt, wo man den Klondike Highway nach Dawson City nehmen kann. Die Strecke begleiten zahllose Flüsse und Seen, genau das Richtige für Wildnisfans und Camper.

373 km von Watson Lake entfernt liegt an der Kreuzung mit der Canol Road (Highway 6) der Ort **Ross River**, Heimat der Kaska-Indianer und Versorgungszentrum für die regionale Bergbauindustrie. Hier gibt es Motels und Zeltplätze.

Von Whitehorse nach Alaska

Westlich von Whitehorse wurde der Alaska Highway über eine lange Strecke hinweg bis zur Eintönigkeit modernisiert. Glücklicherweise ist diese langweilige Strecke aber in Haines Junction abrupt zu Ende. Von hier aus verläuft die Straße parallel zum legendären Kluane National Park und zu den St. Elias Mountains. Die 300 km bis nach Beaver Creek sind der landschaftlich schönste Teil des gesamten Highways.

Haines Junction

Wenn man Haines Junction erreicht, heißt es Abschied nehmen vom Flachland – ein Bergpanorama mit imposanten Gipfeln türmt sich hoch über der Stadt auf. Hier liegt das Tor zum umwerfenden Kluane National Park. Haines Junction eignet sich gut als Ausgangsbasis, um den Park zu erkunden oder um ein echtes Vier-Sterne-Abenteuer beim Bergsteigen, in der Wildnis oder auf dem Fluss zu erleben.

Der herrliche Haines Highway führt von hier aus in Richtung Süden bis nach Alaska.

Aktivitäten

Nicht einmal die spektakuläre Bergkette, die Haines Junction umgibt, deutet auch nur ansatzweise auf die unglaubliche Schönheit des Kluane National Park hin. Aber auch wenn der Park im Mittelpunkt eines Besuchs stehen sollte, gibt es trotzdem noch einige weitere spannende Aktivitäten vor Ort.

Für eine Wanderung nach einer stundenlangen Autofahrt bietet sich ein hübscher 5,5 km langer **Naturpfad** entlang des Dezadeash River an, wo der Highway 3 ihn am südlichen Ende der Stadt überquert.

Tatshenshini Expediting (☎867-393-3661; www.tatshenshiniyukon.com; ab 135 C$ pro Pers.) organisiert Wildwasserfahrten auf dem nahe gelegenen Tatshenshini River, der Stromschnellen der Klassen II bis IV bietet. Die Ausflüge starten in Haines Junction und Whitehorse.

Schlafen & Essen

In Haines Junction gibt es einen Haufen Motels und Wohnmobilparks. **Pine Lake**, ein vom Territorium verwalteter Zeltplatz 6 km östlich der Stadt am Alaska Highway, wartet mit einem Strand und Schatten auf. Leuchtend blaues Wasser ist hingegen der Trumpf von **Kathleen Lake** (Stellplatz 16 C$)

unter der Ägide von Parks Canada. Der Platz liegt 24 km südlich von Haines Junction am Haines Highway.

Die Lebensmittelvorräte sollte man vor Fahrtantritt in Whitehorse auffüllen.

Alcan Motor Inn MOTEL **$$**

(☎888-265-1018, 867-634-2371; www.alcanmotorinn.com; Alaska Hwy; Zi. 110–170 C$; ❄📶) Das moderne Alcan bietet auf zwei Etagen 23 große Zimmer mit Topaussicht auf die zerklüfteten Berge der Auriol Range. Manche haben komplett ausgestattete Küchen. Im hoteleigenen Café **Northern Lights** (Hauptgerichte 13–20 C$; ⏲7–21 Uhr) kommt Bodenständiges auf den Tisch.

Raven Motel INN **$$**

(☎867-634-2500; www.ravenhotelyukon.com; 181 Alaska Hwy; Zi. 125–150 C$; ⏲Mai–Sept.; ❄📶) Zwölf gemütliche Zimmer im Motelstil warten auf Gäste, die sich auf ein deutsches Frühstücksbüfett freuen dürfen.

★ **Village Bakery & Deli** BÄCKEREI **$**

(☎867-634-2867; Ecke Kluane & Logan Sts; Hauptgerichte 6–11 C$; ⏲Mai–Sept. 7–21 Uhr; 📶) In der Bäckerei gibt es den ganzen Tag über frische und äußerst leckere Backwaren, der dazugehörige Feinkostladen verkauft köstliche Sandwiches, die man auf der Terrasse genießen kann. Der Grillabend mit Live-Folk am Freitag ist sehr beliebt.

Frosty Freeze BURGER **$**

(☎867-634-7070; Alaska Hwy; Hauptgerichte 7–11 C$; ⏲Mai–Sept. 11–21 Uhr) Das Frosty Freeze wirkt zwar wie eine langweilige Fastfood-Bude, hat jedoch echte Qualität zu bieten. Die Shakes werden mit echtem Speiseeis zubereitet, die Eisbecher sind mit frischen Beeren verfeinert und die riesigen Burger (besonders lecker: die Schweizer Variante mit Pilzen) schön saftig.

ℹ Praktische Informationen

Sowohl das **VIC** (☎867-634-2345; www.hainesjunctionyukon.com; Alaska Hwy; ⏲Juni–Mitte Sept. 8–20 Uhr) als auch das Büro von **Parks Canada** (☎867-634-7250; www.parkscanada.gc.ca/kluane; ⏲9–17 Uhr) liegen im neuen **Dä Ku Cultural Centre** (Alaska Hwy) der First Nations. Es werden ausgezeichnete Filme und Ausstellungen über den Park gezeigt, auch über die indianischen Ureinwohner erfährt man Spannendes. Übrigens: Die Skulptur, die wie ein im Drogenrausch gebackender Cupcake aussieht, ist eine charmant gemeinte Hommage an die einheimischen Menschen und Tiere.

Kluane National Park & Reserve

Der Nationalpark, der von der Unesco als „Reich aus Bergen und Eis" bezeichnet wird, erstreckt sich südlich des Alaska Highway bis zur Grenze Alaskas. Seine raue, wunderschöne Wildnis umfasst 22 015 km² und liegt im Südwesten des Yukon Territory. Der Name wurde recht bescheiden gewählt: Kluane (kluh-wäi-nie) stammt aus der Sprache der südlichen Tutchone und bedeutet „See mit vielen Fischen".

Zusammen mit dem Tatshenshini-Alsek Provincial Park im Süden in British Columbia und dem Alaskas Wrangell-St. Elias National Park im Westen bildet er eines der größten Naturschutzgebiete der Welt. Jenseits der Berge, die man vom Alaska Highway aus sehen kann, liegen über 200 Gletscher, von denen etwa die Hälfte nicht einmal einen Namen hat.

Der Winter ist lang und hart. Der kurze Sommer dauert von Mitte Juni bis Anfang September und eignet sich am besten für einen Besuch. Mit einem Wintereinbruch ist allerdings das ganze Jahr über zu rechnen, vor allem im Hinterland. Im Abschnitt über Kathleen Lake (S. 891) ist der Zeltplatz im Park aufgeführt.

Sehenswertes

Den Park prägen die **St. Elias Mountains** und die größten nicht-polaren **Eisfelder** der Welt. Zwei Drittel des Parks bestehen aus Gletschern, hier und da durchsetzt mit Tälern, Gletscherseen, Bergwäldern, Bergwiesen und Tundra. Die **Kluane Ranges** (durchschnittlich 2500 m hoch) kann man vom Westrand des Alaska Highway aus erkennen. Ein grüner Gürtel umhüllt den Fuß der Berge, der der Lebensraum für die meisten Tiere und Pflanzen ist. Der türkisfarbene **Kluane Lake** ist der größte See im Yukon. Versteckt gelegen sind die immensen Eisfelder und Gipfel, u. a. **Mt. Logan** (5959 m), Kanadas höchster Berg, und **Mt. St. Elias** (5488 m), der zweithöchste. Einen flüchtigen Blick auf einen Teil der Gipfel im Inneren genießt man vom **Aussichtspunkt** bei Km 1622 auf dem Alaska Highway und rund um die Donjek River Bridge. Die beste Aussicht hat man aber aus der Luft.

Kluane Glacier Air Tours (☎867-634-2916; www.kluaneglacierairtours.com; Haines Junction Airport; Flüge ab 250 C$) in Haines Junction bietet Rundflüge über den Kluane und seine Gletscher an, die das Wort „Begeisterung“ neu definieren. Die kürzesten Flüge dauern 1 Stunde.

Aktivitäten

Die bewaldeten Gebiete am Fuß der Berge bieten ausgezeichnete **Wandermöglichkeiten**, entweder auf markierten Wanderwegen oder auf weniger festgelegten Routen. Es gibt ungefähr ein Dutzend in jeder Kategorie – einige davon folgen alten Bergbaustraßen, andere traditionellen Pfaden der Ureinwohner. Detaillierte Führer zu Wanderwegen und topografische Karten erhält man in den Informationszentren. Bevor man sich auf den Weg macht, sollte man allerdings mit den Rangern sprechen. Dank Ihrer Ortskenntnis können sie am besten die geeignete Wanderung auswählen. Sie verfügen auch über aktuelle Informationen und wissen z. B., ob beispielsweise Teilbereiche gesperrt sind, weil zu viele Bären unterwegs sind. Für mehrtägige Wanderungen braucht man Backcountry-Genehmigungen (10 C$ pro Pers. & Nacht).

Als Zwischenstopp auf der Fahrt bietet sich der **Soldier's Summit Trail** an, ein leichter, 1 km langer Wanderweg, der beim Informationszentrum am Tachal Dhal beginnt: Neben schönen Ausblicken über den Park gibt es Gedenktafeln, die an die Eröffnung des Alaska Highway an dieser Stelle am 20. November 1942 erinnern. Sogar die Original-CBS-Übertragung des Ereignisses kann man sich anhören.

Das Informationszentrum am Tachal Dhal ist der Ausgangspunkt für den **Slims West**, einen beliebten, 60 km langen Rundweg zum **Kaskawulsh Glacier** – einem der wenigen Gletscher, die man zu Fuß erreichen kann. Die Strecke ist anspruchsvoll, man muss 3 bis 5 Tage dafür einplanen. Das Highlight auf der Tour ist der umwerfende Ausblick vom Observation Mountain (2114 m). Eine leichte Wanderung, die zu einer Übernachtungswanderung ausgedehnt werden kann, ist der 15 km lange **Auriol-Rundweg**, der durch Fichtenwald und subalpines Grasland und vorbei an einem Wildnis-Campingplatz führt. Gestartet wird 7 km südlich von Haines Junction.

In der Gegend kann man auch hervorragend **angeln** und **Tiere und Pflanzen beobachten**. Besonders beeindruckend sind Tausende von Dallschafen, die sich im Juni und September am Sheep Mountain aufhalten. Es gibt eine große Population von Grizzlybären, außerdem Schwarzbären, Elche, Karibus, Ziegen und 150 verschiedene Vogelarten, u. a. Adler und den seltenen Wanderfalken.

Viele Leute kommen ab Februar zum **Skifahren** oder **Schneeschuhwandern**.

Praktische Informationen

Parks Canada betreibt zwei Informationszentren, eines in Haines Junction, das andere am **Tachal Dhal** (Sheep Mountain; Alaska Hwy; ⌚Juni–Aug. 9–16 Uhr) 130 km weiter westlich. Die Parkbroschüre gibt einen guten Überblick über die Größe des Parks (und zeigt, wie wenig Fläche davon problemlos zugänglich ist). Auf der Karte sind Wanderungen verzeichnet, die zwischen 10 Minuten und 10 Tagen dauern.

Destruction Bay

Das kleine Dorf am Ufer des Kluane Lake liegt 107 km nördlich von Haines Junction. Sein Name wurde ihm in Gedenken an einen Sturm gegeben, der während der Bauarbeiten am Highway durch die Gegend fegte. Die meisten Einwohner gehören indianischen Stämmen an und ernähren sich das ganze Jahr über von dem, was die Natur hergibt.

Congdon Creek liegt 17 km östlich der Stadt am Alaska Highway. am Seeufer liegt ein vom Territory verwalteter Campingplatz mit 81 Stellplätzen vor einer tollen Hochgebirgskulisse.

Burwash Landing

Im hervorragenden **Kluane Museum** (☎867-841-5561; Alaska Hwy; Erw./Kind 4/2 C$; ⌚Mai–Aug. 9–18.30 Uhr) kann man auf Tuchfühlung mit einem riesigen, allerdings ausgestopften Elch gehen. Die spannende Ausstellung zur heimischen Tierwelt, Naturgeschichte sowie der Kultur der Ureinwohner lohnt den Besuch.

Beaver Creek

Beaver Creek ist nicht viel mehr als ein unbedeutender Fleck auf der Landkarte, ist aber ein Rettungsanker für müde Reisende und alle, die auftanken wollen. Der kanadische Grenzübergang liegt unmittelbar nördlich der Stadt, der US-amerikanische Grenzkontrollpunkt 27 km weiter westlich. Beide sind rund um die Uhr geöffnet. Das **VIC** (☎867-862-7321; Km 1202 Alaska Hwy; ⌚Mai–Sept. 8–20 Uhr) hält Infos über ganz Yukon bereit. Ein seltsamer **Skulpturengarten** etwas weiter nördlich verleitet Spaßvögel (und Betrunkene) zu allerlei kindischen Aktionen.

Von den vier Motels der Stadt ist das **1202 Motor Inn** (☎800-661-0540, 867-862-7600; www.1202motorinn.ca; 1202 Alaska Hwy; Zi. ab 80 C$; ❄🐾) das ansprechendste. Die 30 Zimmer sind einfach und funktional eingerichtet. Am besten nimmt man eines möglichst weit weg vom Parkplatz, wo oft Trucks im Leerlauf brummen.

Alaska

Die unglaubliche Szenerie des Alaska Highway verliert ein wenig an Reiz, sobald man in den namengebenden Staat fährt. Das Straßenbauamt von Alaska belässt die Strecke in einem wesentlich schlechteren Zustand, als man das von den tadellosen Straßenverhältnissen im Yukon Territory gewöhnt ist.

Von der Grenze zu den USA aus sind es 63 km bis zum **Tetlin National Wildlife Refuge** (http://tetlin.fws.gov) am Alaska Highway. 117 km hinter Tetlin kommt man zur Abzweigung zum Taylor Highway (Highway 5), der im Norden in den Top of the World Highway nach Dawson City einmündet.

HAINES HIGHWAY

Wer nur eine kurze Rundfahrt zwischen Haines und Skagway über Whitehorse unternimmt, für den ist diese 259 km lange Straße möglicherweise das Highlight der gesamten Reise. Eigentlich spielt es keine Rolle, wie lang das Yukon-Abenteuer ausfällt: Der Haines Highway (Highway 3) wird immer ein Höhepunkt sein. In relativ kurzen Abständen sieht man Gletscher, hoch aufragende schneebedeckte Gipfel, wilde Flusstäler, windgepeitschte Bergwiesen und ein Flussdelta voller Weißkopfseeadler.

Wer von Haines Junction aus weiter Richtung Süden reist, sollte sich nicht den Blick auf die St. Elias Mountains im Westen entgehen lassen. Die Gletscher, die man ganz oben vage erkennt, erstrecken sich bis zum Pazifik. Ungefähr 80 km südlich kommt der **Aussichtspunkt auf den Tatshenshini River**. Dieser ungezähmte Fluss fließt durch ein Bärenschutzgebiet und ein Tal, das völlig unberührt zu sein scheint.

Ungefähr 10 km weiter gelangt man zu den **Million Dollar Falls**. Hier donnert das Wasser durch eine schmale Schlucht in die Tiefe. Auf dem nahe gelegenen Territory-**Campingplatz** kann man sich von seinem Getöse in den Schlaf lullen lassen.

Der Highway verläuft für 70 km durch British Columbia und könnte immer so weiterführen, denn die hoch gelegene, karge Bergwildnis, die man durchquert, macht geradezu süchtig. Hier muss man das ganze Jahr über mit plötzlichen Schneestürmen rechnen. Auf 1070 m Höhe fällt die Straße beim Chilkat Pass, einem alten Weg der Indianer ins Yukon Territory, plötzlich steil bergab nach Alaska ab. Die Grenze zu den USA liegt 72 km nördlich von Haines im breiten **Chilkat River Delta**.

Das ganze Jahr hindurch sind im Delta unzählige **Weißkopfseeadler** anzutreffen. Die stattlichen Vögel versammeln sich wie Tauben in großen Gruppen und sitzen dann in den Bäumen, die über das Ufer hängen. Angezogen werden sie vom vergleichsweise milden Wetter und dem konstanten Nachschub an Fischen.

Haltebuchten säumen den Haines Highway (in Alaska: Highway 7), vor allem zwischen den Markierungen 19 und 26. Man sollte sich Zeit lassen und einen Platz zum Parken suchen. Nur ein Paar Schritte abseits der Straße ist es schön ruhig. Wenn man einen kleinen Baum erblickt, der von 20 nachdenklich dreinblickenden – und ziemlich großen – Weißkopfseeadlern bevölkert ist, dann hat man seine ganz eigene Raubvogel-Version von *Die Vögel* ...

Haines (Alaska)

Anders als Skagway auf der anderen Seite des Lynn Canal bleibt Haines von den Kreuzfahrtschiffspassagieren verschont – zum Besten der Stadt. Diese ist bis heute eine ursprüngliche Gemeinde geblieben, mit einer hübschen Innenstadt in der Nähe des geschäftigen Hafenviertels. Es gibt gute Läden, ein paar kleine Museen und eine historische Festungsanlage. Ein Großteil der Stadt lässt sich locker in ein paar Stunden im Rahmen eines malerischen Spaziergangs erkunden.

Wer aus dem Süden mit einer der Fähren des Alaska Marine Highway anreist, sollte unbedingt Haines als erste Station in Yukon wählen.

Die Preise sind in US$ angegeben und es gilt die Alaska Standard Time (+ 1 Std. gegenüber der Yukon-Zeit). Weitere Infos über Haines und den Südosten Alaskas finden sich im Lonely Planet *Alaska*.

DIE KÄFERPLAGE

Während in British Columbia und den Rocky Mountains Käfer noch immer ganze Wälder vernichten, erholen sich die Bäume in Yukon langsam von der Plage. Die Abermillionen Opfer, die der Borkenkäfer *Dendroctonus rufipennis* seit 1994 auf dem Gewissen hat, haben ihr braunes Nadelkleid abgestreift und erscheinen nun in unheimlichem Grau. Neulinge mischen derweil ein leuchtendes Grün ins Bild. Viele Gründe für das Baumsterben sind auf den Klimawandel zurückzuführen: Wärmere Temperaturen lassen immer mehr Käfer den Winter überstehen.

In den letzten Jahren machen einige Faktoren aber auch den Käfern das Leben schwerer: Weniger Bäume bedeuten weniger Nahrung, ein extrem kalter Winter und die explosionsartige Vermehrung von Tieren, die den Käfer auf dem Speisezettel haben, erledigen den Rest. Zudem lässt Mutter Natur nun auch andere schnell wachsende Bäume wie Birken und Erlen zum Zug kommen.

Um einen Eindruck von den verheerenden Folgen der Käferplage der letzten 20 Jahren zu bekommen, lohnt ein Gang auf dem kurzen **Spruce Beetle Loop**, der 17 km nordwestlich von Haines Junction direkt am Highway liegt. Am Wanderweg stehen Infotafeln zum Thema Borkenkäfer.

Sehenswertes & Aktivitäten

Am besten läuft man zuerst ein wenig im Zentrum und im Hafenviertel herum und schlendert dann hinüber zum **Fort Seward**, einem ehemaligen Armeestützpunkt, der vor 100 Jahren errichtet wurde. Die heutige National Historic Site besteht aus vielen Gebäuden, die eine ganze Palette von neuen Funktionen erfüllen: von Kunstgalerien über flippige Läden bis hin zu B&Bs.

Haines ehrt seine gefiederten Bewohner mit dem jährlich stattfindenden **Eagle Festival** (www.baldeagles.org/festival; Mitte Nov.). Zahlreiche einheimische Fremdenführer bieten Exkursionen an, auf denen man die Vögel so erlebt, wie es vom Rande des Haines Highway schlichtweg unmöglich ist.

Schlafen & Essen

Das Convention & Visitors Bureau von Haines vermittelt zahlreiche Unterkünfte in allen Preisklassen.

Portage Cove State Recreation Site CAMPING $
(Beach Rd; Zeltplatz 5 US$; Mitte Mai–Aug.) Der schöne Campingplatz direkt am Wasser liegt nur 1,6 km südlich der Stadt und ist auf Radler und Backpacker ausgerichtet. Ist das Lagerfeuer erst einmal entzündet, darf der Nebel ruhig aufziehen.

Captain's Choice Motel MOTEL $$
(907-766-3111; www.capchoice.com; 108 2nd Ave N; EZ/DZ 127/137 US$;) Das größte Motel von Haines bietet nicht nur den besten Blick auf die Chilkat Mountains und den Lynn Canal, sondern auch eine riesige Sonnenterrasse, von der aus man diesen genießen kann.

Mountain Market & Spirits MARKT $
(907-766-3340; 151 3rd Ave; Hauptgerichte 4–10 C$; 7–19 Uhr;) Hier kann man sich für ein Picknick am Haines Highway oder mit Proviant für die Alaska-Fähre eindecken. Es gibt exzellenten Kaffee, Backwaren, große Sandwiches und viele Biolebensmittel.

★ **Fireweed Restaurant** BISTRO $$
(37 Blacksmith St; Hauptgerichte 9–20 US$; Mi–Sa 11.30–15, Di–Sa 16.30–21 Uhr;) Das Fireweed in Fort Seward ist eine Oase kreativer Bio-Kochkunst. Auf der Terrasse im Freien mit Blick auf den Lynn Canal schmecken die ausgezeichneten Pizzas, Salate, Eintöpfe und Meeresfrüchte noch mal so gut. Sehr zu empfehlen ist das Haines Brewing Spruce Tip Ale.

Praktische Informationen

Haines Convention & Visitors Bureau (907-766-2234; www.haines.ak.us; 122 2nd Ave; Mo–Fr 8–17, Sa & So 9–16 Uhr) Hier erhält man alle Informationen, die man so braucht.

An- & Weiterreise

Von Haines aus verkehren keine öffentlichen Verkehrsmittel nach Yukon.

Alaska Marine Highway System (800-642-0066; www.ferryalaska.com) Die Fähren bieten hervorragende Verbindungen von Haines und Yukon nach British Columbia und den USA. Autofähren fahren nach Skagway, durch die Inside Passage und vor allem nach Prince Rupert in British Columbia (S. 868) sowie nach Bellingham, Washington, USA. Die Anlegestelle liegt 6,5 km südlich der Stadt.

Haines – Skagway Fast Ferry (☎888-766-2103, 907-766-2100; www.hainesskagwayfastferry.com; einfach Erw./Kind 35/18 $; ⏲Juni–Sept.) Der Anleger der Personenfähre (45 Min., 1- bis 7-mal tgl.) liegt unweit des Zentrums.

KLONDIKE HIGHWAY

Der 716 km lange Klondike Highway beginnt an der Küste in Skagway, Alaska, und führt dann in luftige Höhen hinauf zum furchteinflößenden Chilkoot-Pass, bevor er auf dem Weg nach Carcross eine spektakuläre Berglandschaft durchquert. Auf einem Großteil der Strecke folgt die Straße dem **Gold Rush Trail**, der Route der Klondike-Goldsucher. Autofahrer haben es heute allerdings deutlich leichter als diese damals.

Nördlich von Whitehorse führt die Straße durch sanft geschwungenes Gelände, auf dem Waldbrände über die Jahre ihre deutlich sichtbaren Spuren hinterlassen haben. Dank der Schilder mit Datumsangaben lässt es sich zeitlich gut nachvollziehen, inwieweit sich die Natur inzwischen wieder erholt hat.

Skagway (Alaska)

Seit über 100 Jahren begeistert Skagway seine Besucher und erschreckt sie zugleich. 1898 machten Verbrecher aller Arten Jagd auf ankommende Minenarbeiter, die unterwegs nach Dawson waren. Heute sind es T-Shirt-Verkäufer, die sich auf Touristen stürzen. Wenn mehrere riesige Kreuzfahrtschiffe kurz hintereinander anlegen, wimmelt es in den Straßen nur so von Tagesausflüglern.

Aber trotz alledem existiert hinter dem ganzen Tand auch noch eine echte Stadt, die sich viele Reize bewahrt hat. Abends, wenn die Kreuzfahrtschiffe abgelegt haben, verströmt sie ihren ganz eigenen, friedlichen Charme. Obwohl Skagway in den USA liegt, ist die Stadt mit dem Auto nur über den Klondike Highway von Yukon aus erreichbar (ein kurzer Abschnitt führt zwischendurch sogar durch British Columbia). Skagway ist der Ausgangspunkt für den berühmten Chilkoot Trail und für die White Pass & Yukon Route.

Skagway ist der letzte Halt des Alaska Marine Highway System, einer Fährlinie, die von Süden her durch die sogenannte Inland Passage führt und ein wichtiger Zugangspunkt vom Wasser aus zum Yukon Territory ist. Der Lonely Planet Band *Alaska* beschreibt Skagway und andere Regionen im Südosten Alaskas im Detail.

Die Preise sind hier in US-Dollar angegeben. In Skagway gilt die gleiche Zeit wie in Alaska, man ist also zeitlich Yukon 1 Stunde voraus. Außerhalb der Sommersaison sind die meisten Einrichtungen geschlossen.

Sehenswertes & Aktivitäten

Sieben Blocks am Broadway von Skagway gehören zum **Klondike Gold Rush National Historical Park:** Restaurierte Gebäude, falsche Fassaden und hölzerne Gehwege beschwören die Ära des Goldrauschs herauf. Es gibt ein Museum, Führungen und ein großes Info-Angebot.

★ **White Pass & Yukon Route Railroad** BAHNLINIE
(☎800-343-7373; www.wpyr.com; 231 2nd Ave; Erw./Kind ab 115/57,50 US$; ⏲Mai–Sept.) Die White Pass & Yukon Route lockt viele nach Skagway. Die Schmalspurbahn windet sich die beschwerliche Strecke bis zu ihrem Namensvetter, dem White Pass, hinauf und folgt dem berühmten White Pass Trail, der während des Klondike-Goldrauschs von den Goldsuchern genutzt wurde. Die dreistündige Fahrt auf den Gipfel ist der beliebteste Ausflug, aber auch andere Ziele sind ihr Geld und den Zeitaufwand wert.

Schlafen & Essen

Im Juli und August empfiehlt sich eine Reservierung. Das Convention & Visitors Bureau (VIC) hat umfangreiche Unterkunftslisten ausliegen.

Pullen Creek RV Park CAMPING $
(☎907-983-2768, 800-936-3731; www.pullencreekrv.com; 501 Congress St; Zelt/Wohnmobil 22/36 US$) Der Campingplatz liegt direkt neben dem Fährhafen.

Sgt Preston's Lodge MOTEL $$
(☎866-983-2521, 907-983-2521; http://sgtprestons.eskagway.com; 370 6th Ave; EZ 97–115 US$, DZ 119–151 US$; @☎) Das Motel bietet das beste Preis-Leistungs-Verhältnis und liegt weit

genug von der Broadway Street und ihrem Kreuzfahrtgewusel entfernt.

★ **Stowaway Café** CAJUN **$$**
(☎907-983-3463; www.stowawaycafe.com; 205 Congress Way; Hauptgerichte 11–24 US$; ⊙Mai–Sept. 10–21 Uhr) Das kreative Café nahe der Hafenmeisterei bringt hervorragenden Fisch und Cajun-Steaks auf den Tisch. Ein Tipp ist der Wasabi-Lachs.

ℹ Praktische Informationen

Das **Chilkoot Trail Centre** (Ecke Broadway & 2nd Ave; ⊙Juni–Aug. 8–17 Uhr) wird von **Parks Canada** (☎800-661-0486; www.pc.gc.ca/chilkoot) und dem **US National Park Service** (☎907-983-3655; www.nps.gov/klgo) geführt. Hier erhält man eine Beratung, Permits, Karten und Tipps, mit welchen Verkehrsmitteln man zum Chilkoot Trail hin- und wieder zurückkommt.

Skagway Convention & Visitors Bureau (☎907-983-2854; www.skagway.com; Ecke Broadway St & 2nd Ave; ⊙Mo–Fr 8–18, Sa & So 8–17 Uhr) Das VIC befindet sich in der Arctic Brotherhood Hall, die man beim besten Willen nicht übersehen kann.

US National Park Service (☎907-983-2921; Ecke Broadway & 2nd Ave; ⊙Mai–Sept. 8–18 Uhr) Bei Wanderungen in der Umgebung ist die Karte *Skagway Trail* eine gute Hilfe. Ansonsten gibt es hier ein kleines Museum und viele Infos zum Klondike Gold Rush National Historical Park.

ℹ An- & Weiterreise

Von Skagway sind es 177 km auf dem Klondike Highway (Hwy 2) bis nach Whitehorse. Der Zoll an der Grenze ist in der Regel schnell erledigt.

SCHIFF/FÄHRE

Alaska Marine Highway System (☎800-642-0066; www.ferryalaska.com) Eine schöne Fährstrecke verbindet Skagway und Yukon mit British Columbia und den USA. Die Autofähre steuert Haines, Orte an der Inside Passage und Prince Rupert in British Columbia (S. 870) an; außerdem Bellingham, Washington, USA. Der Fährhafen liegt direkt im Zentrum.

Haines–Skagway Fast Ferry (☎888-766-2103, 907-766-2100; www.hainesskagwayfastferry.com; einfach Erw./Kind 35/18 US$; ⊙Juni–Sept.) Der Anleger der Personenfähre (45 Min., 1- bis 7-mal tgl.) liegt nahe der Innenstadt.

ZUG & BUS

White Pass & Yukon Route Railroad (☎907-983-2217; www.wpyr.com; 231 2nd Ave; ⊙Juni–Aug.) Eine landschaftliche Traumroute führt in 10 Std. per Zug und Bus von oder nach Whitehorse über Carcross, British Columbia (einfach nach Whitehorse Erw./Kind 185/92,50 US$, nicht tgl.).

Chilkoot Trail

Den Chilkoot Trail, 1898 im besten Fall ein beschwerlicher, im schlimmsten Fall ein tödlicher Weg, wählten die meisten Goldsucher, um von Skagway aus über den 1110 m hohen Chilkoot Pass nach Yukon zu marschieren. Heutzutage müssen Wanderer Monate im Voraus einen Platz reservieren, um den Spuren der Goldsucher von einst zu folgen.

Der gut markierte, 53 km lange Wanderweg beginnt in der Nähe von **Dyea**, 14 km nordwestlich von Skagway, und führt dann in nordöstlicher Richtung über den Pass. Er folgt dem Taiya River bis zum Lake Bennett in British Columbia. Insgesamt braucht man für die Wanderung drei bis fünf Tage. Die Strecke ist schon bei gutem Wetter schwierig, bei schlechten Wetterbedingungen wird sie oft richtig tückisch. Man sollte daher in guter körperlicher Verfassung und sehr gut ausgerüstet sein. Mehrere Schichten warme Klamotten und Regenzeug sind ein Muss!

Noch immer liegen am Wegrand verstreut Teile der Ausrüstung oder Werkzeuge, die von Goldsuchern zurückgelassen wurden. An mehreren Stellen stehen Holzschuppen, in denen man über Nacht unterkommen kann, die aber meist schon belegt sind. Daher sollte jeder Wanderer unbedingt sein eigenes Zelt und einen eigenen Schlafsack mitnehmen! Es gibt zehn ausgewiesene Campingplätze entlang der Strecke, die alle mit *bear caches* (Vorrichtungen zur bärensicheren Aufbewahrung von Lebensmitteln etc.) ausgestattet sind.

Am kanadischen Ende des Wegs kann man entweder die historische Schmalspurbahn White Pass & Yukon Route Railroad von Bennett aus zurück nach Skagway nehmen oder weiter in Richtung Norden nach Fraser in British Columbia fahren, wo man Anschluss an den Bus nach Whitehorse hat.

Der Chilkoot Trail ist eine der Hauptattraktionen des **Klondike Gold Rush International Historical Park**, einer Reihe von Stätten, die gemeinsam von Parks Canada und dem US National Park Service verwaltet werden und die sich von Seattle in Washington bis nach Dawson City erstrecken. Jeder Chilkoot-Wanderer muss eine Genehmigung einholen, von denen im Sommer nur 50 pro Tag ausgeteilt werden; daher unbedingt im Voraus reservieren! Parks Canada bzw. der

DAS DAHINSCHMELZENDE YUKON TERRITORY

Das Yukon Territory ist zweifellos ein Paradebeispiel für die Folgen des Klimawandels. Überall sind die rapide fortschreitenden Veränderungen der Umwelt zu spüren. Das Gebiet erwärmt sich wesentlich schneller als angenommen; so schmilzt z. B. im hohen Norden Herschel Island buchstäblich dahin, da der Permafrostboden auftaut. Begleitet wird der Vorgang von einem unheimlichen Anblick: Särge, die schon Ewigkeiten unter der Erde lagen, kommen nun an die Oberfläche des schmelzenden Bodens. Die Unesco nahm die Insel in die Liste des gefährdeten Welterbes auf.

Seit Jahrzehnten schließen die Einwohner von Dawson City im Frühjahr Wetten darauf ab, an welchem Tag die Eisdecke des Yukon River aufbricht und der Fluss wieder zu strömen beginnt. Detaillierte Aufzeichnungen zeigen, das sich dieser Zeitpunkt im letzten Jahrhundert im Durchschnitt um eine Woche bis hin zum 5. Mai vorverschoben hat, und das mit wachsendem Tempo.

Das augenfälligste Zeichen für die Veränderungen sind aber wohl die eklatanten Schäden durch den Käferbefall im Kluane National Park. Wie man Yukon auf eine sich drastisch verändernde, wärmere Zukunft vorbereiten kann, wird von den Politikern heftig diskutiert. Eine wirkliche Lösung des Problems hat jedoch noch niemand parat.

US National Park Service verlangen 50 C$ für die Genehmigung plus 12 C$ für die Reservierung. Jeden Tag werden zusätzlich acht Genehmigungen vergeben nach dem Motto: Wer zuerst kommt, mahlt zuerst. Für weitere Informationen sollte man das **Chilkoot Trail Centre** in Skagway kontaktieren oder online nachsehen. Bei der Planung unbedingt an die Campingplätze denken, auf denen übernachten will!

Carcross

Das beschauliche Goldrauschstädtchen liegt 74 km südöstlich von Whitehorse und erwacht gerade aus einem langen Dornröschenschlaf. Im Sommer halten hier pro Woche zwei bis drei Züge der **White Pass & Yukon Route** (www.wpyr.com; Zug/Bustour Erw./Kind ab 169/134,50 C$; ⏲ Juni–Aug.) aus Skagway. Einige alte Gebäude wurden restauriert. Die Lage des Ortes am Lake Bennett ist wunderschön. (Das sahen die Glücksritter während des Klondike-Goldrauschs, die sich hier ein Boot für die Weiterfahrt zurechtzimmern mussten, naturgemäß anders.)

Das **VIC** (☎867-821-4431; ⏲ Mai–Sept. 8–20 Uhr) befindet sich in einem neu gebauten Komplex mit saisonal geöffneten Shops und Cafés. Im alten **Bahnhof** wird die lokale Geschichte dokumentiert.

Der frei liegende Sandgrund eines Gletschersees bildet die **Carcross Desert**, die kleinste Wüste der Welt. Man findet sie 2 km nördlich der Stadt.

Von Whitehorse nach Carmacks

Besonders aufregend ist es nicht, Whitehorse über den Klondike Highway zu verlassen. Man sieht eine Landschaft mit niedrigwüchsigen Bäumen und ein paar Rinderfarmen. Nach ungefähr 40 km lohnt es sich dann aber, nach dem friedlichen **Lake Laberge** Ausschau zu halten, an dem es auch einen Strand gibt. 24 km weiter nördlich folgt der **Fox Lake**, und 23 km südlich von Carmacks liegen die **Twin Lakes**. An allen drei Orten gibt es einen staatlich verwalteten Campingplatz mit Unterständen und Wasserpumpen.

Carmacks

Das Dorf mit 400 Einwohnern liegt direkt am Yukon River und wurde nach George Washington Carmacks benannt, einem der Männer, die hier 1896 Gold fanden. Carmacks war ein raubeiniger Seemann, der durch Yukon streifte und nur durch einen glücklichen Zufall (gemeinsam mit Robert Henderson, Tagish Charlie und Keish – alias Skookum Jim Mason) einen Claim am Bonanza Creek absteckte. Schon bald lebte er auf großem Fuß, doch dauerte es nicht lange, bis er seine Frau, eine Indianerin vom Stamm der Tagish, und die gemeinsame Tochter verließ, und sich in Richtung USA aufmachte.

In Anbetracht seines Rufs als schlechter Ehemann und Vater ist es eigentlich passend, dass George Carmacks in Form dieser einfallslosen Ansammlung von Tankstellen und Unterkünften ein zweifelhaftes Denkmal gesetzt wird. Der Hauptgrund, hier einen Zwischenstopp einzulegen, ist das ausgezeichnete **Tagé Cho Hudän Interpretive Centre** (☎867-863-5830; Eintritt gegen Spende; ⏲Mai–Sept. 9–16 Uhr). Ehrenamtliche Mitarbeiter erläutern das Leben der Ureinwohner früher und heute. Wie auch anderswo in Yukon sind die Ortsansässigen stark mit dem Land verbunden, das sie das ganze Jahr über mit Jagdwild und Fisch versorgt. Ein hübscher Informationspfad am Fluss (ca. 15 Min.) bietet einen kleinen Einblick in ihr Leben.

In Carmacks zweigt der **Robert Campbell Highway** (S. 891) ab.

Etwa 25 km nördlich von Carmacks liegt das Erholungsgebiet **Five Finger Recreation Site**, das einen tollen Blick auf den tückischen Flussabschnitt mit Stromschnellen bietet. Er stellte einst das Können der Flusskapitäne auf die Probe, die die Schiffe zwischen Whitehorse und Dawson navigieren mussten. Ein steil abfallender, 1,5 km langer Pfad führt hinunter zu den Stromschnellen.

Minto

In Minto, an dem man schnell vorbeifährt (außer man schleppt ein Kanu oder Kajak mit) verlässt der Klondike Highway den Verlauf des Gold Rush Trail. Minto ist ein beliebter Ort zum Start in eine vier- bis fünftägige Kanutour auf dem Yukon River flussabwärts nach Dawson City. Es liegt ungefähr 72 km nördlich von Carmacks.

Stewart Crossing

Ein weiterer beliebter Ort, sein Kanu zu Wasser zu lassen, ist Stewart Crossing am Stewart River. Der Fluss ist hier schmaler und etwas wilder, bevor er im Westen in den Yukon River mündet, auf dem man dann den Rest der Strecke nach Dawson zurücklegt. Der Ort, der ansonsten nichts Besonderes zu bieten hat, liegt an der Kreuzung von Klondike Highway (Highway 2) und **Silver Trail** (Highway 11).

Nördlich von Stewart Crossing führt der Klondike Highway auf 139 eher eintönigen Kilometern zur Abzweigung des Dempster Highways nach Norden. Von hier sind es nur noch 40 km bis Dawson City.

DAWSON CITY

Die Stadt eignet sich perfekt, um eine Weile Pause zu machen, in ihr skurriles Kulturtreiben einzutauchen und ihrer unwiderstehlichen, flippigen Atmosphäre zu verfallen. Dass es auch noch eine der geschichtsträchtigsten und schönsten Städte Kanadas ist, lässt sich mit Goldstaub auf einer Torte vergleichen: nicht unbedingt notwendig, aber schön. Der Ort thront auf einer schmalen Felsbank – genau an der Stelle, an der Yukon River und Klondike River zusammenfließen, 240 km südlich des Polarkreises. Die Stadt war einst das Zentrum des Klondike-Goldrauschs.

Heute kann man durch die unbefestigten Straßen schlendern, vorbei an alten Gebäuden, die auf zweifelhaftem Untergrund aus Permafrostboden gebaut sind und sich stützend aneinanderlehnen. Es gibt ein buntes kulturelles Angebot, das die unterschiedlichsten Leute anzieht, die in Dawson den perfekten Ort für ihre freie, individuelle, künstlerische Entfaltung sehen. So kann es sich bei der Person, die in der nächsten Bar neben einem sitzt, um einen Tänzer, einen Filmproduzenten, einen Maler oder auch einen Minenarbeiter handeln – wer weiß?

Dawson ist im Sommer häufig ziemlich überfüllt, vor allem während der Festivals. Wenn aber die Tage im September merklich kürzer werden, sind die Saisonarbeiter bereits in den Süden geflohen und die 1300 dauerhaften Bewohner der Stadt (Fachpersonal, Minenarbeiter, indianische „Ureinwohner", Träumer, Künstler und solche, die selbst nicht genau wissen, welcher Gruppe sie wohl am besten zuzuordnen sind) bereiten sich wieder auf einen langen und ruhigen Winter vor.

Geschichte

1898 wälzten sich über 30 000 Goldsucher durch die Straßen von Dawson – einigen wenigen war das Glück beschieden, das schnelle Geld zu machen, die meisten waren völlig ohne Perspektive und mit sich und der Welt unzufrieden. Geschäfte, Bars und Prostituierte zogen diesen armen Teufeln dann noch den letzten Rest Geld aus der Tasche. Die glücklichen Tage von Dawson waren eng mit dem Schicksal der Goldminenarbeiter verbunden: Als der Boom der Goldsuche vorbei war, begann ein jahrzehntelanges schleichendes Dahinsiechen der Stadt.

VERHÄNGNISVOLLER GOLDRAUSCH

Der Klondike-Goldrausch, in dessen Zeit die Bevölkerungsdichte der Region ihren Höhepunkt erreichte, bleibt einer der prägendsten Momente in der Geschichte Yukons. Damals machten sich an die 40 000 Menschen auf den Weg nach Skagway – in der Hoffnung, auf den Goldfeldern von Dawson City, das etwa 700 km weiter nördlich lag, den ganz großen Wurf zu landen.

Die Goldsucher als größtenteils schlecht vorbereitet zu bezeichnen, wäre eine glatte Untertreibung. Einige hatten zwar schon mehr als einen Goldrausch hinter sich, bei einem hohen Prozentsatz handelte es sich jedoch um abenteuerlustige Amerikaner: Büroangestellte, Rechtsanwälte oder auch Kellner erlagen der Versuchung, mal schnell eine kleine Reise in den Norden zu unternehmen und reich zurückzukehren. Die Realität sah anders aus. Bei ihrer Ankunft stürzten sich allerlei Betrüger auf sie, die meisten davon im Auftrag des unverbesserlichen Soapy Smith. Danach musste die mehrere Hundert Kilo schwere Ausrüstung über den tief verschneiten Chilkoot Pass transportiert werden und es mussten eigenhändig Boote gebaut werden, um das letzte Stück über den Yukon River nach Dawson zu überwinden. Viele Menschen starben bei diesem Unterfangen.

In Dawson mussten sich die Goldgräber nicht nur Betrugsversuchen erwehren, sondern sich einer weiteren harten Tatsache stellen: Als im Sommer 1897 die ersten Schiffe die Westküste der USA mit der Nachricht von den Goldfunden an Dawsons Bonanza Creek erreichten, waren die besten Schürfgebiete bereits vergeben. Der Großteil der Goldsucher kam so mindestens ein Jahr zu spät. Krank und pleite kehrten die Überlebenden in die USA zurück. Nur wenige fanden überhaupt Gold, die meisten mussten ihre Ausrüstung an Geschäftsleute verscherbeln, die sie wiederum zu horrenden Preisen an neu ankommende Goldsucher verkauften. Das Vermögen einiger Familien aus dem Yukon geht auf diese Art der Geschäftemacherei zurück.

Mit diesen haarsträubenden Schicksalen können heute nicht einmal die Hartgesottensten mithalten. Die bösen Taten, das Elend und der Herzschmerz der Dandys jener Tage bieten Stoff für fesselnde Leseerlebnisse. Unter den vielen Büchern zum Goldrausch am Klondike sind die folgenden besonders empfehlenswert und überall in Yukon erhältlich:

➡ *The Klondike Fever* von Pierre Berton ist der Klassiker zum Thema Goldrausch.

➡ *Sailor on Snowshoes* Dick North erzählt von Jack Londons Zeit im Yukon Territory und der Suche nach seiner Hütte. Londons Erzählungen zum Goldrausch begründeten seinen Ruf als Schriftsteller.

➡ *Soapy Smith* von Stan Sauerwein ist eine amüsante Erzählung über den Tunichtgut von Skagway, für den der Begriff „unverbesserlich" neu erfunden werden müsste.

Die Hauptstadt Yukons wurde 1952 nach Whitehorse verlegt. Dawson konnte durch den stark reduzierten, aber weiterlaufenden Goldbergbau mehr schlecht als recht überleben. Bis 1970 sank die Bevölkerungszahl auf unter 900. Doch dann geschah etwas Unerwartetes auf Dawsons Weg in den Untergang: Die Stadt wurde wiederentdeckt. Erneuerungsarbeiten am Klondike Highway und die Anbindungen an Alaska ermöglichten den ersten größeren Zustrom von Sommertouristen, die hier ein verfallenes, aber reizvolles Kleinod aus längst vergangenen Goldrauschzeiten vorfanden. Parks Canada erklärte den Großteil der Stadt zur historischen Stätte und begann mit Restaurierungsarbeiten.

Sehenswertes

Auch wenn man für einen Rundgang durch das überschaubare Dawson nur wenige Stunden benötigt, lassen sich locker drei oder mehr Tage mit den Dingen füllen, die man vor Ort sehen und unternehmen kann. Wem die Besucherhorden im Sommer zu viel werden, der findet am Hang einige Viertel mit zeitlosen alten Gebäuden und Straßen.

Hausnummern sind in Dawson so rar gesät wie Goldklumpen in einem abgegrasten Schürfgebiet. Wenn nicht anders angegeben, gelten die aufgeführten Öffnungszeiten für den Sommer. Im Rest des Jahres haben die meisten Sehenswürdigkeiten, Attraktionen und viele Geschäfte geschlossen.

Wegen der Budgetkürzungen seitens der Regierung stehen die von Parks Canada betreuten Sehenswürdigkeiten und Angebote derzeit auf wackligen Füßen, was u. a. stark reduzierte Öffnungszeiten zur Folge hat.

★ Klondike National Historic Sites HISTORISCHE STÄTTE
(www.pc.gc.ca/dawson; Pass Erw. 7–32 C$) In unzähligen erhaltenen und restaurierten Gebäuden und Orten kann man dem Goldrausch nachspüren. Parks Canada macht mit beschränkten Mitteln mehrere wiederhergestellte Gebäude wie das **Palace Grand Theatre** (King St) sporadisch und auf Rotationsbasis zugänglich, meist von 10 bis 13 Uhr.

Robert Service Cabin HISTORISCHE STÄTTE
(Ecke 8th Ave & Hanson St; 7 C$; ⏲Lesung Mai–Aug. 13 Uhr) Der als „Barde des Yukon" bekannte Dichter und Autor Robert W. Service lebte von 1909 bis 1912 in dieser für die Ära des Goldrauschs typischen Hütte. Die Lesungen sind toll!

Commissioner's Residence HISTORISCHE STÄTTE
(Front St; 7 C$; ⏲14.30–16.30 Uhr) Das prachtvolle Gebäude wurde 1901 zur Unterbringung des Territorial Commissioners in einer Bauweise errichtet, die potenziellen Investoren Vertrauen in die Stadt vermitteln sollte. Lange Zeit lebte im Gebäude Martha Black, die 1898 ins Yukon-Gebiet kam, Inhaberin eines Holzlagerplatzes war und im Alter von fast 70 Jahren ins kanadische Parlament gewählt wurde. (Das englischsprachige Buch *Martha Black* von Flo Whyard erzählt die Geschichte dieser bemerkenswerten Frau.)

SS Keno HISTORISCHE STÄTTE
(Front & Queen Sts; 7 C$; ⏲Mai–Aug. 9.30–12 Uhr) Die SS *Keno* gehörte zu einer Flotte von Schaufelraddampfern, die über ein halbes Jahrzehnt die Flüsse Yukons befuhren. Heute liegt der Schaufelraddampfer am Ufer und erinnert an die Zeit vor den Highways.

Harrington's Store HISTORISCHE STÄTTE
(Ecke 3rd Ave & Princess St; ⏲9–20.30 Uhr) GRATIS Der alteingesessene Laden verkauft alte Fotos aus der Blütezeit der Stadt.

★ Jack London Interpretive Centre MUSEUM
(Firth St; Erw./Kind 5 C$/frei; ⏲ Mai–Aug. 11–18 Uhr) Jack London lebte 1898 im Yukon, dem Schauplatz seiner bekanntesten Erzählungen (u. a. *Ruf der Wildnis* und *Wolfsblut*). In der Hütte des Autors finden täglich Infovorträge statt. Das Zentrum wurde mit viel Herzblut vom Historiker Dick North, von Dawne Mitchell und anderen gestaltet und ist eine Fundgrube für Geschichten rund um den Schriftsteller – u. a. wird hier die Suche nach dessen Hütte dokumentiert.

Dawson City Museum MUSEUM
(☎867-993-5291; 5th Ave; Erw./Kind 9 C$/frei; ⏲Mai–Aug. 10–18 Uhr) Umgeben von 25 000 Goldrausch-Artefakten können Besucher auf eigene Entdeckungsreise gehen. Die eindrucksvollen Exponate zeichnen das harte Leben der Minenarbeiter nach. Das Museum ist im symbolträchtigen Old Territorial Administration Building (ehem. Gebäude der Territorialverwaltung) von 1901 untergebracht.

Dänojà Zho Cultural Centre KULTURGEBÄUDE
(☎867-993-6768; www.trondekheritage.com; Front St; Erw. 5 C$; ⏲Mo–Sa 10–17 Uhr) Das schöne Holzgebäude am Fluss bietet eine Ausstellung und Vorträge über die zu den First Nations gehörenden Tr'ondëk Hwëch'in (Flussmenschen). Zu sehen sind traditionelle Artefakte und ein Nachbau eines Fischerlagers aus dem 19. Jh.

CIBC Building HISTORISCHES GEBÄUDE
(Front St) Das verfallene Bankgebäude aus der Zeit des Goldrausches wird gerade von der Stadt restauriert. Seine Fassade besteht aus Zinn, das so bearbeitet wurde, dass es wie Stein wirkt. Der Dichter Robert Service arbeitete einst hier als Kassier.

Midnight Dome AUSSICHTSPUNKT
Die abgerutschte, vernarbte Seite des Bergs überragt die Stadt im Norden. Um auf den Gipfel zu gelangen, muss man von der Stadt aus gesehen ungefähr 1 km in südliche Richtung fahren, dann vom Klondike Highway nach links in die New Dome Road einbiegen und danach noch etwa 7 km weiterfahren. Der 880 m hohe Midnight Dome bietet einen tollen Ausblick auf das Klondike Valley, auf den Yukon River und auf Dawson City. Es gibt auch einen ziemlich steilen **Wanderweg**, der ab der Judge Street in rund 90 Minuten auf den Berg führt; Karten erhalten Interessierte im Besucherzentrum.

Friedhöfe FRIEDHOF
(Mary McLeod Rd) Ein 15-minütiger, stadtnaher Spaziergang die King Street und Mary McCloud Road hinauf führt zu zehn **Friedhöfen**, auf denen viele namhafte Persönlichkeiten ihre letzte Ruhe fanden – unter ihnen

Dawson City

Joe Vogler, der mit Leib und Seele für die Abspaltung Alaskas von den USA gekämpft hat. Er hatte verfügt, nur in einem befreiten Alaska beerdigt werden zu wollen und wurde 1993 hier begraben.

Crocus Bluff AUSSICHTSPUNKT
(am Mary McLeod Rd) Nahe der Friedhöfe führt ein Pfad zum hübschen Crocus Bluff, von wo aus man einen genialen Blick über Dawson sowie den Klondike River und den Yukon River genießt. Mit dem Auto nimmt man die New Dome Road und biegt an der Mary Mc Leod Road ab (die Schilder „No Exit" – Sackgasse – einfach ignorieren). Von der Stadt führt ein kurzer Spaziergang über die King Street oder den 400 m langen **Crocus Bluff Connector**, der vom 2,5 km langen **Ninth Avenue Trail** abgeht, hinauf.

Klondike Institute for Art & Culture KULTURZENTRUM
(KIAC; ☎867-993-5005; www.kiac.ca; Ecke 3rd Ave & Queen St) Das Klondike Institute for Art & Culture ist Teil der lebendigen Kunstszene Dawsons. Das Institut verfügt über ein imposantes Atelier, betreibt Galerien und bietet Workshops an.

Dawson City

Highlights
1 Jack London Interpretive Centre C5

Sehenswertes
2 CIBC Building B2
3 Commissioner's Residence A4
4 Dänojà Zho Cultural Centre B1
5 Dawson City Museum B4
6 Fortymile Gold Workshop/Studio C1
7 Harrington's Store B3
8 Klondike Institute for Art & Culture C2
9 ODD Gallery B2
10 Palace Grand Theatre C1
11 Robert Service Cabin C5
12 SS Keno B1

Aktivitäten, Kurse & Touren
13 Dawson Trading Post B2
14 Goldbottom Tours B2
15 Husky Bus B2
Klondike Spirit Tickets .... (siehe 19)

Schlafen
16 Aurora Inn B4
17 Bombay Peggy's B3
18 Gold Rush Campground RV Park D1
Klondike Kate's .... (siehe 23)
19 Triple J Hotel C2

Essen
20 Cheechako's Bake Shop B2
21 Drunken Goat Taverna B2
22 Bauernmarkt B2
23 Klondike Kate's C1
24 River West B2

Ausgehen
25 Bars at Westminster Hotel B2
Billy Goat .... (siehe 21)
Bombay Peggy's .... (siehe 17)
26 Downtown Hotel B2

Unterhaltung
27 Diamond Tooth Gertie's Gambling Hall C2

Shoppen
Dawson Trading Post .... (siehe 13)
28 Maximilian's B2

ODD Gallery GALERIE
(☎867-993-5005; Ecke 2nd Ave & Princess St) Die Galerie des Klondike Institute for Art & Culture stellt regelmäßig aus.

Fortymile Gold Workshop/Studio GALERIE
(☎867-993-5690; 3rd Ave zw. York & King Sts; ⊙Mai–Sept. 9–18 Uhr) Hier kann man zusehen, wie aus dem hier geschürften Gold Schmuck gefertigt wird. Das seidig glänzende, tiefgelbe Edelmetall hat wenig gemein mit dem Glitzerkram, der spätnachts im Fernsehen verscherbelt wird. Anhand von Fundstücken aus verschiedenen Claims und Schürfstellen wird erklärt, woran damalige Bergleute erkannten, woher das jeweilige Gold stammte.

Alte Minen

Die tiefen Narben in den Tälern rund um Dawson zeugen von den immensen Anstrengungen der Goldsucher. Mit dem Rad oder Auto kann man entlang der Bonanza Road einige der ersten Goldrausch-Stätten am Bonanza Creek besuchen.

★ **Dredge No 4** HISTORISCHE STÄTTE
(Bonanza Rd) Rund 13 km vom Klondike Highway entfernt wühlte sich einst diese gigantische Baggermaschine durch das Klondike Valley. Sie hinterließ eine wüste, wellenförmige Fläche, die bis heute die Landschaft prägt. Die Etatkürzungen bei Parks Canada stellen den Erhalt der Maschine derzeit in Frage.

Bonanza Creek Discovery Site HISTORISCHE STÄTTE
(Bonanza Rd) Rund 1,5 km von der Dredge No 4 weiter das Tal hinauf stößt man auf die denkmalgeschützte Stelle, wo 1897 erstmals Gold gefunden wurde. Heute ist diese ein ruhiger Ort, an dem lediglich etwas Wasser über Kiesel plätschert.

Aktivitäten

Viele Besucher kommen nicht nur mit dem **Kanu** oder **Kajak** in Dawson an, sondern verlassen die Stadt auch über den Yukon River wieder. Eine beliebte und für Anfänger geeignete Kanutour führt in drei Tagen von Dawson 168 km flussabwärts nach Eagle in Alaska.

Auch die dreistündige **Wanderung nach Moosehead**, einem alten Indianerdorf, ist beliebt. Der Weg führt oberhalb des Flusses nördlich der Stadt an den Berghängen entlang. Zur Orientierung am besten eine Karte vom VIC mitnehmen.

Die Umgebung von Dawson lässt sich größtenteils gut mit dem Fahrrad erkunden, z. B. auf dem **Ridge Road Heritage Trail**, der sich durch einige südlich der Stadt gelegene Goldfelder schlängelt.

Dawson City River Hostel KANUFAHREN, RADFAHREN
(www.yukonhostels.com; Mietrad ab 25 C$ pro Tag; ⏲Mai–Sept.) Das Hostel verleiht Kanus und organisiert verschiedenste Trips sowie den Transport von Whitehorse oder weiter flussabwärts gelegenen Orten nach Dawson oder von Dawson aus nach Eagle und Circle in Alaska.

Dawson Trading Post KANUFAHREN
(☎867-993-3618; Front St; Mietkanu Tag 35 C$; ⏲Juni–Aug. 9–17 Uhr) Dawson Trading Post verleiht Kanus und bietet Touren an.

Geführte Touren

★ Parks Canada Walking Tours SPAZIERGANG
(geführte Tour 7 C$; ⏲Mai–Aug.) Mitarbeiter von Parks Canada leiten ausgezeichnete Stadtführungen – oft in historischen Kostümen. Man erfährt viel über einzelne Gebäude und bekannte Persönlichkeiten der Goldrauschära. Alternativ geht es mit einem Audioguide individuell auf Erkundungstour (Erw. 7 C$, 9–17 Uhr).

★ Goldbottom Tours GOLDRAUSCHTOUR
(☎867-993-5750; www.goldbottom.com; Kartenverkauf Front St; Führung mit/ohne Transport ab Dawson 55/45 C$; ⏲Mai–Sept.) Die legendäre Goldgräberdynastie Millar lädt zur Führung in ihre Mine (15 km die Junker Creek Road hinauf, wo diese nördlich vom Flughafen auf den Highway 2 stößt). In 3 Std. wird man ins Goldschürfen eingeführt und darf behalten, was man findet. Wer nur sein Glück beim Goldwaschen finden will, kann das für 20 C$ auf dem Gelände tun oder dort in einer Hütte nächtigen (100 C$)

Husky Bus BUSTOUR
(☎867-993-3821; www.huskybus.ca; Front St; geführte Touren 25–60 C$; ⏲Mai–Aug.) Es stehen mehrere Touren zur Wahl: zum Midnight Dome (2 Std.), zu den Goldfeldern (3 Std.) und zum Tombstone Park (6 Std.). Letztere ist sehr zu empfehlen.

Klondike Spirit Tickets BOOTSTOUR
(☎867-993-5323; www.klondikespirit.com; Kartenverkauf Triple J Hotel, Ecke 5th Ave & Queen St; geführte Touren ab 55 C$; ⏲Mai–Sept.) Der nachgebaute Schaufelraddampfer schippert im Rahmen verschiedener Touren über den Fluss.

Festivals & Events

Dawson City Music Festival MUSIK
(☎867-993-5384; www.dcmf.com; ⏲Mitte Juli) Karten für das beliebte Festival sind schon Monate im Voraus ausverkauft. Außerdem wird es eng in der Stadt, man sollte daher frühzeitig reservieren.

Discovery Days KULTUR
(⏲3. Mo im Aug.) Die Stadt feiert – na, was wohl? – den Goldfund von 1896 mit Parade und Picknicks. Schon Tage zuvor wird der Tag mit diversen Events eingeläutet, z. B. mit einer hervorragenden Kunstausstellung.

Schlafen

Im Juli und August ist eine Reservierung angeraten, ansonsten hilft das Besucherzentrum weiter. Viele Vermieter holen ihre Gäste auf Anfrage am Flughafen ab. Sofern nicht anders angegeben, sind die folgenden Unterkünfte ganzjährig geöffnet.

Dawson City River Hostel HOTEL $
(☎867-993-6823; www.yukonhostels.com; B 20–22 C$, Zi. ab 48 C$; ⏲Mai–Sept.) Das herrlich eigensinnige Hostel liegt auf der anderen Flussseite, vom Fähranleger 5 Minuten den Berg hinauf. Es bietet einen tollen Ausblick, Hütten, Zeltplätze (14 C$) und ein Sanitärhaus. Der Inhaber Dieter Reinmuth ist bekannt für seine Bücher über Yukon.

Yukon River Campground CAMPING $
(Stellplatz 12 C$; ⏲Mai–Sept.) Der Campingplatz mit 98 schattigen Plätzen liegt am Westufer des Flusses: Von der Fähre geht man 250 m die Straße bergan und dann rechts.

Gold Rush Campground RV Park CAMPING $
(☎866-330-5006, 867-993-5247; www.goldrushcampground.com; Ecke 5th Ave & York St; Wohnmobilplätze 24–44 C$; ⏲Mai–Sept.; 📶) Auf diesem Schotterplatz finden 83 Wohnmobile Platz, der Komfort zählt mehr als die Atmosphäre.

★ Bombay Peggy's INN $$
(☎867-993-6969; www.bombaypeggys.com; Ecke 2nd Ave & Princess St; Zi. 95–210 C$; ⏲März–Nov.; ❄📶) Das umgebaute Ex-Bordell versprüht mit historischer Einrichtung einen speziellen Charme – man fühlt sich direkt etwas verrucht. Die günstigeren Zimmer sind gemütlich und teilen sich ein Bad auf dem Gang. Stilvoll ist auch die Bar.

Klondike Kate's LODGE $$
(☎867-993-6527; www.klondikekates.ca; Ecke King St & 3rd Ave; Hütten 140–200 C$; ⊙April–Sept.; @☜) Die 15 Hütten liegen hinter dem exzellenten Restaurant gleichen Namens und strahlen ein rustikales Flair aus, ohne dabei Komfort vermissen zu lassen. Dafür sorgen schnelles Internet, Mikrowellen und Kühlschränke. Die Veranden eignen sich prächtig zum Entspannen. Umweltbewusstes Verhalten wird hier großgeschrieben.

Aurora Inn INN $$
(☎867-993-6860; www.aurorainn.ca; 5th Ave; Zi. 130–210 C$; @) Alle 20 Zimmer des europäisch anmutenden Inns sind groß und komfortabel. Möglicherweise spielt Sauberkeit in der Alten Welt eine größere Rolle als in der Neuen – die Bitte, seine (mit Sicherheit) lehmigen Schuhe auszuziehen, begrüßt einen schon am Eingang.

Triple J Hotel HOTEL $$
(☎867-993-5323; www.triplejhotel.com; Ecke 5th Ave & Queen St; Zi. 100–180 C$; ☜) Das Motel ist modern, wirkt rein äußerlich aber historisch. 47 Zimmer verteilen sich auf einen neuen Anbau, das renovierte Hauptgebäude und einige Hütten. Guter Durchschnitt.

Essen

Zwei Lebensmittelläden versorgen Picknickfreunde, Wanderer und Camper mit dem Notwendigen. Ein **Bauernmarkt** (Front St; ⊙Mai–Sept. Sa 11–17 Uhr) ist im bekannten Aussichtspavillon am Flussufer untergebracht. Die hier angebotenen zuckersüßen Möhren verdanken ihr Aroma den bitterkalten Nächten. Zu empfehlen ist auch der Birkensirup.

In den meisten Motels bekommt man etwas Einfaches zu essen; einige Lokale haben über den Sommer hinaus geöffnet.

Cheechako's Bake Shop BÄCKEREI $
(☎867-993-6590; Ecke Front St & Princess St; Hauptgerichte 4–8 C$; ⊙Mo–Sa 7–16 Uhr) Eine echte Bäckerei (und eine gute noch dazu) liegt direkt an der Hauptstraße: Hier stehen Muffins, Kekse und andere Leckereien sowie Sandwiches aus selbst gebackenem Brot zur Auswahl.

River West CAFE $
(☎867-993-6339; nahe Ecke Front St & Queen St; Gerichte 4–7 C$; ⊙März–Okt. 7–19 Uhr) Am schönsten sitzt man draußen, aber auch von innen hat man in dieser geschäftigen Mischung aus Café und Bäckerei das Geschehen auf der Front Street gut im Blick.

★ **Drunken Goat Taverna** GRIECHISCH $$
(☎867-993-5800; 2nd Ave; Hauptgerichte 14–25 C$; ⊙12–21 Uhr) Farbenprächtige Blumen, die Musik der Ägäis und leckerer Essensduft: Die ganzjährig geöffnete Taverne von Tony Dovas weiß ihre Reize in Szene zu setzen.

★ **Klondike Kate's** KANADISCH $$
(☎867-993-6527; Ecke King St & 3rd Ave; Hauptgerichte 8–25 C$; ⊙April–Sept. Mo–Sa 11–21, So 8–21 Uhr) Woher man weiß, dass der Frühling gekommen ist? Da gibt es eindeutige Anzeichen: Der vereiste Fluss bricht auf und das Kate's öffnet wieder – über Letzteres freuen sich die Einheimischen am meisten. Auf der vielfältigen, einfallsreichen Speisekarte stehen leckere Sandwiches, Pasta und frischer Yukon-Fisch. Tipp: Immer auf die tollen Spezialangebote achten!

Ausgehen & Nachtleben

Der Geist der Goldsucher von einst lebt in einigen Saloons weiter. Im Sommer wird bis zum Morgengrauen gefeiert – na ja, hell ist es eigentlich ohnehin die ganze Nacht.

★ **Bombay Peggy's** PUB
(☎867-993-6969; Ecke 2nd Ave & Princess St; ⊙März–Nov. 11–23 Uhr) In Dawsons einladendster Bar ist ein unterhaltsamer Abend quasi garantiert. Sowohl drinnen als auch draußen werden gutes Bier, Wein und leckere Cocktails serviert.

Billy Goat PUB
(☎867-993-5800; 2nd Ave; ⊙17–1 Uhr) Das Pub ist zwar kein Ableger des Chicagoer Originals, aber eine nette Lounge, die vom Ruf Tony Dovas', dem Betreiber der Drunken Goat, lebt. So kann man hier bis spätabends Gerichte von deren Karte ordern. Die schönen Wandgemälde beachten!

Bars im Westminster Hotel BAR
(3rd Ave; ⊙12 Uhr bis frühmorgens) Die beiden legendären Bars tragen nette Spitznamen: „Schlangengrube", „Achselhöhle" oder schlicht „die Höhle". Dorthin gehen Trinkfreudige, die es ernst meinen. An vielen Abenden wird Livemusik gespielt.

Downtown Hotel PUB
(☎867-993-5346; Ecke Queen St & 2nd Ave; ⊙11 Uhr bis spätabends) Die unscheinbare Bar er-

wacht im Sommer um 21 Uhr zum Leben, wenn ein Event stattfindet, den man wohl am ehesten die „Sourtoe-Werbemasche" nennen könnte. Touristen stehen Schlange, um ein Glas Schnaps (10 C$) zu trinken, in dem ein eingelegter menschlicher Zeh schwimmt. Dieser makabre Scherz hält sich seit Langem und wird sehr amüsant in dem von Dieter Reinmuth herausgegebenen Buch *The Saga of the Sourtoe* beschrieben (dass der Zeh – ja, er *ist* echt – sehr starke Ähnlichkeit mit einem Stück gedörrtem Rindfleisch hat, wird wohl selbst passionierten Trockenfleischfans für eine Weile den Appetit verderben ...).

☆ Unterhaltung

★ Diamond Tooth Gertie's Gambling Hall KASINO

(☎867-993-5575; Ecke Queen St & 4th Ave; 10 C$; ⊙Mai–Sept. Mo–Fr 19–2, Sa & So 14–2 Uhr) Der Nachbau eines Saloons von 1898 lässt die Ära mit Glücksspielchen, einem Klimperklavier und Tänzerinnen wieder aufleben. Das Kasino leistet einen guten Beitrag zum Stadtmarketing und finanziert einige Kulturveranstaltungen. Jeden Abend gibt es drei verschiedene Shows mit Sängern und Tänzern, oft überraschend modern.

Shoppen

Maximilian's BÜCHER

(☎867-993-6537; Front St; ⊙8–20 Uhr) Der Laden führt ein ausgezeichnetes Angebot an Büchern über die Region, Zeitschriften, Geschenken sowie Karten der Umgebung und des Flusses.

Dawson Trading Post KURIOSES, OUTDOOR-AUSRÜSTUNG

(☎867-993-5316; Front St; ⊙ 9–19 Uhr) Hier stehen interessante alte Goldgräberutensilien, Bärenfallen (500 C$), Mammutzähne und vieles andere zum Verkauf. Hilfreich ist das Schwarze Brett.

ℹ Praktische Informationen

Von Oktober bis Mai hat in Dawson vieles geschlossen. Die alle zwei Wochen von Ehrenamtlichen herausgegebene *Klondike Sun* informiert über Events und Aktivitäten.

CIBC ATM (2nd Ave) Nahe der Queen Street.

Northwest Territories Information Centre (☎867-993-6167; Front St; ⊙Mai–Sept. 9–19 Uhr) Karten und Informationen über die North-west Territories und den Dempster Highway.

VIC (☎867-993-5566; Ecke Front & King Sts; ⊙Mai–Sept. 8–20 Uhr) Besucherzentrum und Infobüro von Parks Canada.

ℹ An- & Weiterreise

Dawson City liegt 527 km von Whitehorse entfernt. Die öffentlichen Verkehrsverbindungen ändern sich häufig. Wer mit dem Flugzeug anreist, sollte beachten, dass es in Dawson City keinen Autoverleih gibt.

Dawson City Airport (Klondike Hwy) Der Flughafen liegt 19 km östlich von Dawson.

Air North (☎800-661-0407; www.flyairnorth.com) Die Gesellschaft bietet Verbindungen nach Whitehorse, Old Crow, Inuvik in den Northwest Territories und Fairbanks in Alaska an.

Alaska/Yukon Trails (☎907-479-2277; www.alaskashuttle.com; ⊙Juni–Mitte Sept.) Das Unternehmen verbindet Whitehorse drei Mal wöchentlich mit Fairbanks inklusive Übernachtung in Dawson City (reiner Zwischenstopp, Start bzw. Reiseziel muss Alaska sein); von/nach Fairbanks 285 US$.

Husky Bus (☎867-993-3821; www.huskybus.ca; Front St; ⊙Mai–Sept.) Der Bus verkehrt zwei bis drei Mal wöchentlich nach/von Whitehorse (ab 90 $). Eine Vorausbuchung ist empfehlenswert. Nach vorheriger Absprache sammelt der Bus Paddler und Kanuten an vereinbarten Treffpunkten entlang des Klondike Highway ein.

VON DAWSON CITY NACH ALASKA

Von Dawson City aus überquert eine kostenlose Fähre den Yukon River und bringt die Passagiere zum landschaftlich reizvollen **Top of the World Highway** (Highway 9). Die auf weiten Strecken asphaltierte 106 km lange Straße verläuft auf einem Gebirgskamm bis zur amerikanischen Grenze. Sie ist nur im Sommer befahrbar und bietet einen tollen Ausblick über die ganze Region.

Auch nachdem man die Grenze überquert hat, wird man sich weiterhin fühlen, als wäre man auf dem Dach der Welt unterwegs. Die Landschaft besteht aus kargen Bergwiesen mit hoch aufragenden Felsen und grasenden Karibus. Für den **Grenzübergang** (⊙15. Mai–15. Sept. Yukon-Ortszeit 9–21 Uhr/Alaska Standard Time 8–20 Uhr) gelten strenge Öffnungszeiten: Wer zu spät kommt, muss bis zum nächsten Tag warten.

Auf der in den USA gelegenen Seite zeigt Alaska sein raues Gesicht. So ist die 19 km lange Verbindungsstraße zum Taylor Highway (HIghway 5) größtenteils unasphaltiert und nach Stürmen meist nicht befahrbar (außer man ist gewillt, sich auf ein wahrhaft schlammiges Abenteuer einzulassen). Die alte Goldgräberstadt **Eagle** liegt am Yukon River 105 km weiter nördlich. In Richtung Süden führen etwas bessere Straßen in 47 km nach **Chicken**. In diesem entzückenden Ort leben Freidenker, die einem begeistert an Tankstellen oder in Cafés irgendwelche albernen T-Shirts verkaufen wollen oder sich in ausschweifenden Tiraden über die momentane Regierung auslassen.

Nach weiteren 124 km Richtung Süden erreicht man den Alaska Highway, wo eine Ausfahrt nach Osten ins Yukon Territory führt. Etwas weiter westlich findet man in **Tok** einige Dienstleister und Motels.

DEMPSTER HIGHWAY

Anstatt diese Straße nach einem eher unbedeutenden Mountie (William Dempster) zu benennen, hätte man ihr besser den Namen Michelin Highway oder Goodyear Highway geben sollen – wenn man die vielen geplatzten Reifen bedenkt, die sie schon auf dem Gewissen hat ...

Die Strecke, eines der größten Highway-Abenteuer Nordamerikas, ist 736 km lang – und bietet jede Menge Nervenkitzel. Sie windet sich durch kahle Gebirgszüge und smaragdgrüne Täler, führt quer durch riesige Tundragebiete und am Tombstone Territorial Park vorbei.

Der Dempster (in Yukon als Highway 5, in den NWT als Highway 8 ausgeschildert) zweigt 40 km südöstlich von Dawson City vom Klondike Highway ab und führt dann Richtung Norden über die Ogilvie und die Richardson Mountains jenseits des Polarkreises nach Inuvik in der Nähe der Beaufortsee.

Straßenzustand

Der Dempster ist auf einem dicken Fundament aus Schotter gebaut, um den Permafrostboden darunter zu isolieren. Der würde sonst schmelzen und die Straße vollständig versinken lassen. Der Highway ist zwar die meiste Zeit des Jahres über geöffnet, doch die beste Reisezeit sind die Monate Juni bis Anfang September, wenn die Fähren über die Flüsse Peel und Mackenzie in Betrieb sind. Im Winter bildet das Eis eine natürliche Brücke über die Flüsse, die sich dann in Eisstraßen verwandeln. Während des Tauwetters im Frühling und der Frostperiode im Winter, wenn alles zuzufrieren beginnt, ist der Dempster Highway gesperrt – der Zeitraum variiert jedes Jahr und kann zwischen Mitte April bis Juni und Mitte Oktober bis Dezember liegen.

Der Highway ist fast über seine gesamte Länge geschottert und steht aus gutem Grund in dem Ruf, ziemlich tückisch zu sein. Man sollte sich daher ausreichend mit Benzinkanistern und Ersatzreifen eindecken und sich darauf einstellen, auch Gebrauch davon machen zu müssen. Es ist ratsam, vorher die Straßenverhältnisse in **Yukon** (☎ 511; www.511yukon.ca) und den **Northwest Territories** (☎ 800-661-0750; www.dot.gov.nt.ca) abzuklären. Das Northwest Territories Information Centre (S. 906) in Dawson City ist ebenfalls eine gute Anlaufstelle für aktuelle Straßenzustandberichte. Ohne Pause sollte man 10 bis 12 Stunden für die Fahrt nach Inuvik kalkulieren.

Bedenkt man, dass William Dempster häufig bei Temperaturen unter 0 °C 700 km lange Fahrten mit dem Hundeschlitten unternommen hat, trägt diese raue und anspruchsvolle Straße letztendlich vielleicht doch den richtigen Namen.

Schlafen & Essen

Auf der Strecke gibt es wenige Unterkünfte und Tankstellen bzw. Werkstätten.

Eagle Plains 371 km weiter nördlich bietet Dienstleistungen und das **Eagle Plains Hotel** (☎ 867-993-2453; eagleplains@northwestel.net; KM 371 Dempster Hwy; Zi. 100–150 C$). Es ist ganzjährig geöffnet und hat 32 Zimmer.

Die nächste Tankstelle liegt im 180 km entfernten **Fort McPherson** in den Northwest Territories. Von dort sind es noch weitere 216 km bis nach Inuvik.

Yukons Territorialregierung verwaltet drei Campingplätze am Dempster Highway: bei **Tombstone Mountain** (ab Highwaybeginn 72 km), **Engineer Creek** (194 km) und **Rock River** (447 km). Es gibt außerdem einen staatlichen Campingplatz der North-west Territories beim **Nitainlaii Territorial Park**, 9 km südlich von Fort McPherson. Die Stellplätze auf allen Campingplätzen kosten 12 C$.

ABSTECHER

TOMBSTONE TERRITORIAL PARK

Grüne und graue Schattierungen prägen die Täler, die steilen Felsgrate sind gespickt mit kleinen Gletschern und Bergseen. Der Sommer beginnt verhalten, erstrahlt aber im Juli mit Feldern voller lila Wildblumen. Wolken ziehen über die Tundra hinweg, begleitet von Windböen, die von Zeit zu Zeit die Sonne hervorblitzen lassen. Inmitten dieses Naturspektakels wird man den wahren Klang der Stille erleben.

Der **Tombstone Territorial Park** (www.yukonparks.ca) zieht sich über 50 km am Dempster Highway entlang. Zum einzigen offiziellen **Campingplatz** (Stellplatz 12 C$) des Parks gehört ein exzellentes **Interpretive Centre** (⏲ Juni–Sept. 9–19 Uhr), das Wanderungen und Vorträge anbietet. Der Zeltplatz liegt 71 km vom Beginn des Highways entfernt und verläuft am Oberlauf des Yukon River, direkt vor **Tombstone Mountain,** wo die Bäume sich lichten und die echte nordische Wildnis beginnt.

In der Nähe des Campingplatzes gibt es gute Möglichkeiten für **Tageswanderungen** sowie längere, anspruchsvollere Wanderungen für erfahrene Wildniswanderer. Fürs Zelten im Hinterland benötigt man Genehmigungen, besonders an einigen im Sommer beliebten Seen. (Der Backcountry-Campingführer des Parks legt in seiner Antwort auf folgende häufig gestellte Frage eine erfrischende Ehrlichkeit an den Tag: „Wird jemand nach mir suchen, wenn ich nicht zurückkomme?" „Nein.")

Tombstone eignet sich als gemütlicher Tagesausflug ab Dawson City (einfach 112 km). Mit den nötigen Vorbereitungen ist der mehrtägige Aufenthalt im Park allerdings ein wahres Highlight jeder Kanadareise.

ARKTISCHE PARKS

Nördlich des Polarkreises leben nur wenige hundert Menschen. Es ist ein sehr einsamer Landstrich – weit und breit gibt es kaum Anzeichen menschlichen Lebens, und nur die Mutigsten wagen sich während der kurzen Sommermonate dorthin.

Old Crow (www.oldcrow.ca) mit 280 Einwohnern ist die Heimat der First-Nations-Gruppe Vuntut Gwitch'in – ein kleiner Ort, der nicht mit Fahrzeugen erreichbar ist. Die Lebensgrundlage der Bewohner sind Karibus aus der legendären, 130 000 Tiere starken Alaska-Herde, die jedes Jahr zwischen dem Naturschutzgebiet Arctic National Wildlife Refuge in Alaska und dem Yukon Territory hin- und herzieht.

Auf der Yukon-Seite dieser riesigen, flachen arktischen Tundra steht heute ein breiter Landstrich unter Schutz, der in aneinandergrenzende Nationalparks aufgeteilt wurde: **Vuntut** und **Ivvavik**. Infos zu beiden Parks erhält man im Büro von Parks Canada in Inuvik, Northwest Territories. Dort kann man auch Erkundigungen darüber einholen, welche – allerdings begrenzten – Möglichkeiten bestehen, einen Besuch im Park zu organisieren (Flugzeug chartern, lange Treks über den Land- und Wasserweg planen). Aber Achtung: Hier ist jeder ganz auf sich allein gestellt! In den Parks gibt es keinerlei Anlagen oder Einrichtungen.

Der Name, den die Ureinwohner dem **Herschel Island (Qiqiktaruk) Territorial Park** gaben, bedeutet „Es ist Insel" – was den Nagel so ziemlich auf den Kopf trifft. Die nur knapp über die Wasseroberfläche hinausragende Insel **Herschel Island** (☎ 867-667-5648; www.yukonparks.ca) in der Mackenzie Bay (Beaufortsee) ist schon lange von Menschen bewohnt: In Pauline Cove richteten sich im späten 19. Jh. Walfänger ein. Als sie die Ortschaft 1907 aufgaben, ließen sie mehrere Holzgebäude zurück. Heute nutzen die Inuvialuit-Familien die Insel für die traditionelle Jagd, der Klimawandel nagt jedoch an ihr: Sie versinkt immer weiter im Wasser.

Von Inuvik aus kann man im Sommer Touren nach Herschel Island buchen.

Northwest Territories

Inhalt ➡

Gut essen

- Fuego (S. 919)
- Thornton's Wine & Tapas Room (S. 919)
- Frozen Grape (S. 924)

Schön übernachten

- Embleton House B&B (S. 917)
- Yellowknife Bay Floating B&B (S. 917)
- Blachford Lake Lodge (S. 922)
- Mackenzie Rest Inn (S. 928)
- Whooping Crane Guest House (S. 925)
- Arctic Chalet (S. 932)
- Heritage Hotel (S. 930)

Auf in die Northwest Territories!

Auf der Erde leben ca. 7 Mrd. Menschen – kaum vorstellbar, dass es noch Gebiete gibt, die so dünn besiedelt sind wie die Northwest Territories (NWT), ein riesiges Land mit borealem Nadelwald und arktischer Tundra, das über dreieinhalbmal so groß ist wie Deutschland, aber nur die Bevölkerungszahl einer kleinen Provinzstadt hat. Die Goldsucher des 19. Jhs. mieden die allzu abgelegene Region, bei den modernen Kanadiern wecken eher das mythische Nunavut oder das grandiose Yukon Territory romantische Gefühle, und pro Jahr umkreisen mehr Menschen die Erde, als sich in den einsamen Aulavik National Park, einen von vier Nationalparks, verirren.

Wer nicht in die NWT kommt, verpasst ein einmaliges Erlebnis, denn hier finden sich ein weites Gelände, eine einzigartige Ureinwohnerkultur, einer der größten Wasserfälle der Welt, Nordamerikas tiefster See und so viel unberührte Wildnis, dass ein David Livingstone seine Freude daran hätte.

Reisezeit

Yellowknife

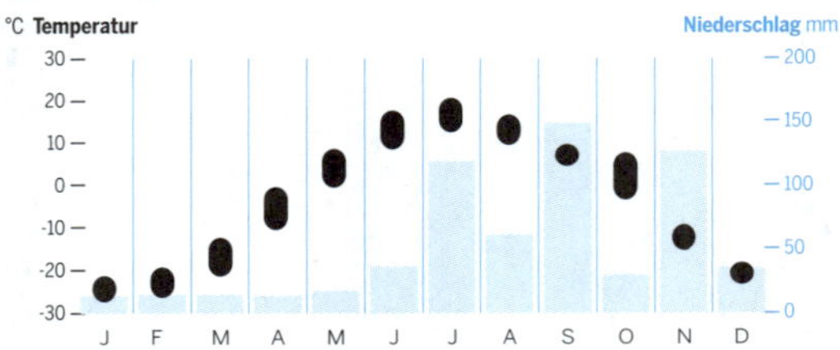

Juni Die Mittsommersonne sollte man unbedingt erleben, bevor die Pferdebremsen geschlüpft sind.

Juli & Aug. Der Sommer ist ideal zum Angeln, Fischen und Kanufahren auf Seen und Flüssen.

März Ideal für den Winterurlaub mit Aurora-Sichtung, Schlittenhunderennen und dem Snowking Festival.

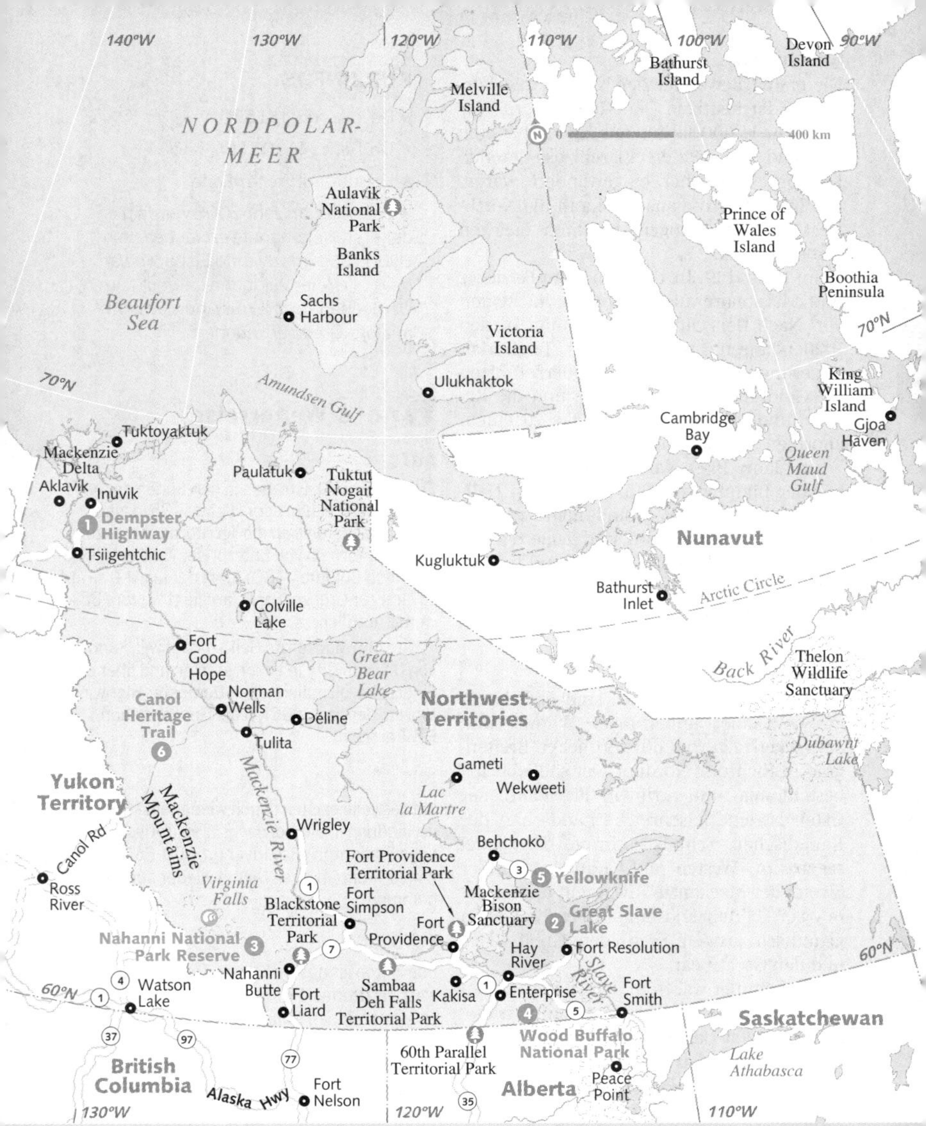

Highlights

1 Mit zwei Reservereifen und einer großen Speicherkarte für die Kamera auf dem **Dempster Highway** (S. 931) unterwegs sein.

2 Mit einem Mietkajak auf dem **Great Slave Lake** (S. 915) inmitten farbenfroher Hausboote und mitreißender Wasserflugzeuge dahingleiten.

3 Im **Nahanni National Park Reserve** (S. 929), dem Paradies für Paddelfreunde, sein Boot an heißen Quellen und Bären vorbei manövrieren.

4 Im **Wood Buffalo National Park** (S. 926) auf Schlangen treffen und plötzlich verschwindende Flüsse und die Paarhufer, die dem Park den Namen gaben, aus der Nähe sehen.

5 Im Schein des Nordlichts die Hunde des Schlittenhunderennens unweit von **Yellowknife** (S. 913) streicheln.

6 Wandern auf dem **Canol Heritage Trail** (S. 932) und damit auf abgeschiedenen Pfaden unterwegs sein.

Geschichte

Die ersten Bewohner der NWT waren Vorfahren der heutigen Dene-Indianer, die vor ungefähr 14 000 Jahren aus Asien über eine während der letzten Eiszeit existierende Landbrücke hierher eingewandert waren. Die Inuvialuit, die aus Alaska in die Northwest Territories zogen, tauchten dagegen erst später auf.

Im 18. und 19. Jh. drangen dann Pelzjäger und Missionare aus Europa in die Region vor. Nach den Ölfunden bei Tulita in den 1920er-Jahren wurde eine Territorialregierung gebildet. In den 1930ern führten die Goldfunde bei Yellowknife und die Radiumfunde am Great Bear Lake zu einem enormen Bevölkerungswachstum.

Im Jahr 1999 wurde das Territorium mit der Bildung von Nunavut in zwei Hälften geteilt: Die NWT sind heute gerecht zwischen Ureinwohnern und Zugezogenen aufgeteilt. Die letztere Gruppe, und in kleinerem Ausmaß auch die erste Gruppe, hat viel von den Öl-, Gas- und Diamantenvorkommen profitiert.

Land & Klima

Die Northwest Territories sind ein riesengroßes Gebiet unberührter Wildnis und erstrecken sich vom 60. nördlichen Breitengrad in Richtung Nordpol. Der südliche Teil besteht aus immergrünem Flachland, der Osten ist eine felsenreiche Landschaft des Kanadischen Schilds, schroffe Berggipfel ragen im Westen auf. Kanadas großer Strom, der Mackenzie River, teilt das Gebiet in zwei Hälften und entwässert die beiden gigantisch großen Seen, den Great Slave und den Great Bear.

Die Sommer waren in den letzten Jahren vergleichsweise warm, jedoch kann zu dieser Jahreszeit das Wetter sehr wechselhaft und unberechenbar sein. Eine sichere Größe ist das Tageslicht: Von Mai bis Juli endet es nie. Der Juni ist der trockenste Sommermonat, aber das Eis kann sich bis zum Ende des Monats noch auf den Seen halten. Die meisten Besucher kommen im Juli, wenn die Gegend voller Pferdebremsen und Moskitos ist, aber auch im August.

Die Winter sind lang und hart. Im Januar können die Temperaturen in Yellowknife auf bis zu –40 °C sinken, und die Tage sind nur kurz. Wer unbedingt im Winter hierher kommen möchte, sollte das im März oder April tun, weil die Sonne dann schon höher steht und die Temperaturen dementsprechend angenehmer sind.

KURZINFOS

- Bevölkerung: 41 500
- Größe: 1 346 106 km²
- Hauptstadt: Yellowknife
- Skurriles: Im Jahr 2006 wurde hier der erste sogenannte *grolar bear*, ein Hybrid aus Grizzly- und Eisbär (*polar bear*), in freier Wildbahn entdeckt. Im Deutschen könnte man ihn vielleicht analog „Greisbär" nennen.

An- & Weiterreise

AUTO

Es gibt zwei Fernstraßen in den Süden der NWT. Von Edmonton führt der Highway 35 in einer langen Tagesreise an die Territoriumsgrenze, 84 km unterhalb von Enterprise. Von Fort Nelson in British Columbia (BC) führt der Liard Trail auf 137 km zur Grenze. Fort Liard liegt weitere 38 km weiter nördlich.

Wer zum Mackenzie Delta hinauf will, kann von Dawson City in Yukon starten und über den eindrucksvoll malerischen Dempster Highway fahren, der nach 465 km die Grenze zu den NWT erreicht.

BUS

Mittlerweile existiert auch wieder eine Busverbindung in die Northwest Territories, die Linie Edmonton–Hay River (☎ 800-661-8747) hat vor Kurzem ihren Dienst wieder aufgenommen.

FLUGZEUG

Edmonton ist das wichtigste Tor in die Northwest Territories. **First Air** (☎ 867-669-6600; www.firstair.ca), **Canadian North** (☎ 867-669-4000; www.canadiannorth.com), **Air Canada** (☎ 888-247-2262; www.aircanada.com) und **WestJet** (☎ 888-937-8538; www.westjet.com) fliegen Edmonton–Yellowknife. Die Preise für Hin- und Rückflug beginnen bei 330 C$. Canadian North fliegt auch von Edmonton direkt nach Inuvik (hin & zurück 1930 C$), aber auch nach Norman Wells (1690 C$).

Northwestern Air (www.nwal.ca) bietet Direktflüge nach Hay River und Fort Smith von Edmonton an (935 bis 1100 C$ hin & zurück).

Air Canada fliegt von Calgary nach Yellowknife (580 C$ hin & zurück).

Air North (☎ 867-668-2228; www.flyairnorth.com) hat Flüge von Whitehorse, Yukon, über Dawson City nach Inuvik (1090 C$ hin & zurück) im Angebot.

NORTHWEST TERRITORIES IN...

... einer Woche

Erster Zielort der Flugreise in die Region ist **Yellowknife**. Die erste Nacht verbringt man im **Prince of Wales Northern Heritage Centre**, schlendert durch die **Old Town**, und begibt sich auf den See mit all seinen Wasserflugzeugen und Hausbooten. Am Abend genießt man sein Bier, isst frischen Fisch aus dem See und erlebt (im Sommer) die niemals untergehende Sonne.

Mit einem Mietwagen geht es dann südwärts. An der **Waterfalls Route**, kann man einfach im Auto campieren und dann nach **Fort Smith** (S. 925) weiterfahren und die riesigen Bewohner des **Wood Buffalo National Park** (S. 926) bestaunen. Anschließend geht es zurück nach **Fort Simpson** (S. 927), um einen Rundflug über das **Nahanni National Park Reserve** S. 929) zu unternehmen.

... zwei Wochen

Wie wäre es mit einer Reise abseits der Straßen? Man fliegt dazu von Yellowknife nach Fort Simpson, geht dort zum Ausrüstungsverleih und paddelt zehn Tage über den paradiesisch anmutenden **South Nahanni River**.

Von Iqaluit, Nunavut, starten First Air und Canadian North nach Yellowknife (2900 C$ hin & zurück).

Unterwegs vor Ort

AUTO

Am besten kann man die NWT motorisiert erkunden. Autos gibt es in allen größeren Städten zu mieten.

Im Territorium gibt es nur zwei Highway-Netze: eines im Süden, das die Gemeinden in den Regionen North Slave, South Slave und Deh Cho miteinander verbindet, und eines im Norden, den Dempster Highway, der sich durch das Mackenzie-Delta schlängelt. Um vom Süden der Northwest Territories in das Delta zu gelangen, muss man einen zweitägigen Umweg durch British Columbia und Yukon in Kauf nehmen.

Im Sommer verkehren auf mehreren Flüssen kostenlose Fähren; im Winter kann man mit Fahrzeugen auf 1,20 m dickem Eis fahren. In der Zeit des Eisschmelze (*breakup*) im April und Mai und der Eisbildung (*freeze-up*) im November ist es verboten auf dem Eis zu fahren. Auf der Website www.dot.gov.nt.ca finden sich die aktuellen Hinweise dazu.

BUS

Frontier Coachlines (☎ 867-874-2566; frontiercoach@northwestel.net) verkehren zwischen Hay River und Yellowknife (5½ Std., 3-mal pro Woche) und Fort Smith (3 Std., 2-mal pro Woche).

FLUGZEUG

Die Hälfte der 32 Ortschaften in den NWT sind eigentlich nur Landeflugplätze, die man von Yellowknife mit **Air Tindi** (www.airtindi.com), von Norman Wells mit **North-Wright Air** (☎ 867-587-2288; www.north-wrightairways.com) und von Inuvik mit **Aklak Air** (☎ 867-777-3555; www.aklakair.ca) erreichen kann.

YELLOWKNIFE

19 234 EW.

Inmitten der dröhnenden Buschflugzeuge und der malerischen Hausboote in der Old Town von Yellowknife ist aber auch noch immer der Pioniergeist der ersten Siedler spürbar. Es ist so als stünde man am Rande einer großen, noch unentdeckten Wildnis – und genauso ist es auch! Wenn man von Yellowknife eine Linie bis zum Nordpolarmeer zieht, dann wird diese von keiner einzigen Straße gekreuzt.

Im freundlichen, subarktischen Yellowknife leben 50 % der gesamten Bevölkerung der NWT, die aus Dene und Métis bestehen, die von überall aus dem Territorium stammen, aber auch aus den Inuit und Inuvialuit aus weiter nördlichen Regionen, aus mittlerweile ergrauten, nicht ursprünglich aus dieser Gegend kommenden Pionieren, neureichen Zugezogenen aus dem Süden Kanadas und einer ansehnlichen Anzahl von Einwanderern, die erst in den letzten Jahren aus den verschiedensten Ecken der Erde hierher gezogen sind.

In der Sprache der einheimischen Tlicho heißt die Stadt Somba K'e („Ort des Geldes"), sie ist ein Bergbauzentrum und seit 1967 Regionalhauptstadt.

Geschichte

Als die ersten Europäer 1771 am Great Slave Lake ankamen, gaben sie den am Nordufer lebenden Tetsot'ine den Spitznamen *Yellowknives* (gelbe Messer), weil diese bevorzugt Waffen aus Kupfer verwendeten. Kriege und eingeschleppte Krankheiten löschten den Stamm aus, doch der Name blieb.

Mehr als ein Jahrhundert später fanden Goldschürfer, die eigentlich zum Klondike River unterwegs waren, in der Yellowknife Bay Gold. Mitte der 1930er-Jahre ermöglichte der Einsatz von Kleinflugzeugen den kommerziellen Goldabbau. Yellowknife wurde zur „Boomtown".

Als die Zentralregierung in Ottawa 1967 die Verwaltung der Northwest Territories abgab, wurde Yellowknife als bevölkerungsreichster Ort zur Hauptstadt ernannt.

Zu Beginn des 21. Jhs. wurden die letzten Goldminen geschlossen; für einen neuen wirtschaftlichen Aufschwung sorgen seither Diamantenminen. Einheimische fragen sich aber bereits, was ihnen wohl bevorsteht, wenn auch dieser Boom in einigen Jahren wieder abklingen wird.

Sehenswertes

Von der Old Town aus zieht sich Yellowknifes weniger malerische Innenstadt den Hügel hinauf und ist ganz wörtlich genommen auf dem Gold der 1940er- und 50er-Jahre gebaut.

★ Old Town — WOHNGEBIETE

Viele der in Yellowknife lebenden Menschen sind älter als die Stadt selbst. Obwohl die Old Town aus der Mitte der 1930er-Jahre stammt, ist in vielen alten Straßenzüge zwischen Back und Yellowknife Bay noch immer die Zeit des Goldrausches zu spüren. Kuriose Hütten und augenfällige Herrenhäuser teilen sich das Bild mit B&Bs, Hausbooten und den legendären Fischerhütten. Jenseits liegt die malerische Latham Island mit dem Dorf N'Dilo (bedeutet „das Ende der Straße"), das ursprünglich von den Ureinwohnern bewohnt wurde.

★ Prince of Wales Northern Heritage Centre — MUSEUM

(☎867-873-7551; www.pwnhc.ca; ⌚10.30–17 Uhr; 👪) GRATIS Dieses interessante Museum ist wunderhübsch mit Blick auf den Frame Lake gelegen und fungiert als historisches und kulturelles Archiv der NWT. Fachgerecht arrangierte Ausstellungsstücke illustrieren die Naturgeschichte, die Zeit der Erforschung durch die Europäer, die Luftfahrt des Nordens, den Bergbau und besonders die Lebensweise der Dene und Inuit. Es gibt ein Café mit viel Grün und einer Spielecke für kleinere Kinder.

Legislative Assembly — SEHENSWERTES GEBÄUDE

(☎867-669-2230; www.assembly.gov.nt.ca; ⌚ganzjährig Mo–Fr 9–18 Uhr, Führungen Aug. Mo–Fr 10.30, 13.30 & 15.30 Uhr) GRATIS In der eindrucksvollen, igluförmigen Legislative Assembly erfährt man bei einer kostenlosen einstündigen Führung viel über die Art, wie die Ureinwohner das Territorium verwaltet haben. Überall im Haus finden sich hervorragende Exponate nordischer Kunst.

Bush Pilot's Monument — DENKMAL

Hoch oben auf dem „Rock" einer großen Felsnase mitten in der Old Town, erinnert eine einfache Nadel an die beherzten Buschpiloten, die die Northwest Territories einst erschlossen haben. Wer die Stufen zum Aussichtspunkt erklimmt, kann dem Verkehr der modernen Wasserflugzeuge zusehen und die Menschen auf ihren bunten Hausbooten, die in der Bucht vor Anker liegen, beneiden. Die Sonnenuntergänge im Sommer sind einfach atemberaubend – wenn man denn so lange aufbleiben kann.

Ragged Ass Road — LANDMARKE

Diese Straße ist nach den zerlumpten und abgebrannten Goldsuchern benannt (das ist ungefähr das, was mit *ragged ass* gemeint ist) und wurde durch ein Lied und Album von Tom Cochrane, selbst Sohn eines Buschpiloten, unsterblich gemacht. Das Straßenschild wurde so oft geklaut, dass die Behörden nun Nachbildungen davon als Souvenirs verkaufen. Mittlerweile stehen hier mehr Villen als die langsam verfallenden Hütten aus der Goldrauschzeit.

Aktivitäten

Es gibt in der Nähe der Stadt verschiedene Wandermöglichkeiten. Der längste und beste Wanderweg ist der 9 km lange **Frame Lake Trail**. Er beginnt im innerstädtischen Capital Area Park; Abzweigungen führen zum 1,2 km langen **Range Lake Trail** und dem steilen **Jackfish Lake Trail**.

Im beliebten **Fred Henne Territorial Park**, am Highway 3 gegenüber dem Flughafen, kann man im kühlen Nass am **Long**

Lake Beach schwimmen und auf dem 3,2 km langen **Prospector Trail** wandern.

An heißen Tagen, wenn es in der Luft nur so von Insekten surrt, ist man am besten im Wasser aufgehoben.

Narwal Northern Adventures KAJAKFAHREN
(☎867-873-6443; www.narwal.ca; 4702 Anderson-Thompson Blvd; Kajakverleih pro Tag 50 C$, Fahrräder 1 Std./Tag 5/20 C$) Narwal hat sich aus einem B&B an der Back Bay (Teil des Great Slave Lake) entwickelt, verleiht Kanus, Kajaks und Fahrräder und bietet auch Touren und Unterrichtsstunden. Termine im Voraus absprechen.

Overlander Sports KAJAK- UND SKIFAHREN
(☎867-873-2474; www.overlandersports.com; 490 50th St; Kajakverleih pro Tag/Woche 45/200 C$, Skiverleih pro Tag 18 C$; ⌚Mo–Fr 9.30–18 Uhr, Sa bis 17 Uhr) Der größte Outdoor-Laden in Yellowknife verleiht im Sommer Kanus und Kajaks und im Winter Langlaufskier.

Yellowknife Ski Club SKIFAHREN
(☎867-669-9754; www.skiyellowknife.com; Ingraham Trail; Skipass pro Tag Einzel/Familie 10/25 C$) Hier am Highway 4 unweit der Kreuzung mit dem Highway 3 liegt das Hauptskigebiet. Es gibt ein etwa 14 km großes Netz mit Skiwanderwegen, von denen einige bei Dunkelheit sogar beleuchtet sind. Alternativ kann man auch über die gefrorene Yellowknife Bay aufbrechen.

Geführte Touren

Hundeschlittenfahrt, Fischegrillen nach der Art der Dene, Übernachtung in einem Trapperzelt, Sightseeing mit einem Buschflugzeug: Yellowknife bietet viele Abenteuer, die eben nur in den NWT möglich sind.

★ **Air Tindi** PANORAMARUNDFLÜGE
(☎867-669-8218; www.airtindi.com; 23 Mitchell Dr; ⌚Rundflüge 30 Min./1 Std./4 Std. 659/1239/3719 C$) Bietet hervorragende 30-minütige Rundflüge über die Stadt, den Ingraham Trail und die Yellowknife Bay. Es gibt auch eine dramatisch schöne 4-stündige Tour zum klippengesäumten East Arm des Great Slave Lake mit einer einstündigen Pause zum Wandern. Die Preise gelten für bis zu sieben Personen.

North Star Adventures KULTURAUSFLUG
(☎867-446-2900; www.northstaradventures.ca) Dieser Reiseanbieter wird von Ureinwohnern geführt und bietet hervorragende Ausflüge in die Welt der Dene an, außerdem Boots- und Angeltouren (75 und 175 C$), die Erlebnistour Aurora (85 C$) und Fahrten mit dem Schneemobil auf dem Great Slave Lake (50 C$ pro Std.).

Beck's Kennels ABENTEUERTOUR
(☎867-873-5603; www.beckskennels.com; 124 Curry Dr) Im Winter empfiehlt es sich, an einer etwa 8 km langen, geführten Hundeschlittentour (65 C$) teilzunehmen oder zu lernen, selbst ein Gespann zu führen (75 C$). Mehrtägige Abenteuer dieser Art kosten 400 C$ pro Tag. Im Sommer ziehen die Hunde eine Art Quad: Macht zwar Spaß, ist aber nicht dasselbe.

B Dene Adventures KULTURAUSFLUG
(☎867-444-0451; www.bdene.com) Diese sehr empfehlenswerten Sommer- und Winterausflüge konzentrieren sich auf die nordische Kultur und dabei besonders auf die der Dene. Der Standort für diese Aktivitäten ist ein Camp an einem See.

Bluefish Services ANGELN
(☎867-873-4818; www.bluefishservices.ca; Mitchell Dr) Bluefish bringt die interessierten Besucher auf den Great Slave Lake, um dort Äsche, Hecht und Kanadische Seeforelle fangen zu können. Der Preis dafür liegt zwischen 125 C$ für 4½ Stunden und 275 C$ für 10 Stunden. Es werden auch einfache einstündige Bootsfahrten (45 C$) und 3½-stündige Birdwatching-Exkursionen (125 C$) angeboten.

Aurora Village ABENTEUERTOUR
(☎867-669-0006; www.auroravillage.com) Dieser Veranstalter ist ein anerkannter Spe-

WISSENSWERTES ÜBER DIE NORTHWEST TERRITORIES

Northwest Territories Tourism (www.spectacularnwt.com) hat eine ausführliche Website und verschickt, sowohl online als auch per Post, hervorragendes Info-Material, darunter den jährlich erscheinenden *NWT Explorers' Guide*.

Eine hervorragende Quelle ist das Magazin Up Here (www.uphere.ca) mit aktuellen Infos und interessanten Artikeln über alle möglichen Aspekte des nordischen Lebens.

Yellowknife

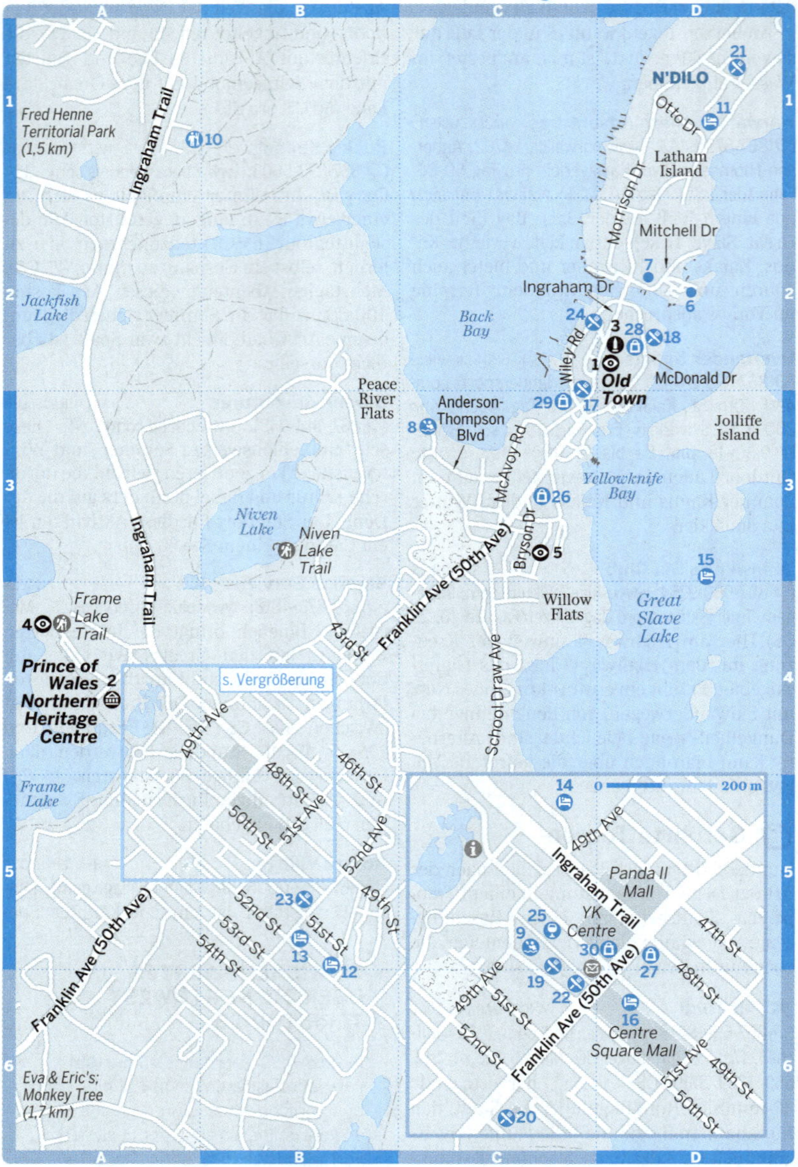

zialist für Erlebnistouren, um das faszinierende Nordlicht zu beobachten. Auf diesen Exkursionen kommen dann spezielle, beheizte Sitze (120 C$ einschließlich Transport, Getränke und Verpflegung) zum Einsatz. Der Veranstalter hat aber auch andere Unternehmungen im Programm: Neben abenteuerlichen Fahrten mit dem Hundeschlitten (95 C$) oder mit dem Schneemobil (95 C$) gibt es Schneeschuhenwanderungen (95 C$), auf denen man die verschneite Landschaft genießen kann.

Yellowknife

Highlights
1 Old Town ... D2
2 Prince of Wales Northern Heritage Centre ... A4

Sehenswertes
3 Bush Pilot's Monument ... D2
4 Legislative Assembly ... A4
5 Ragged Ass Road ... C3

Aktivitäten, Kurse & Touren
6 Air Tindi ... D2
7 Bluefish Services ... D2
8 Narwal Northern Adventures ... C3
9 Overlander Sports ... C5
10 Yellowknife Ski Club ... A1

Schlafen
11 Blue Raven B&B ... D1
12 Coast Fraser Tower ... B5
13 Embleton House B&B ... B5
14 Explorer Hotel ... C5
15 Yellowknife Bay Floating B&B ... D3
16 Yellowknife Inn ... D6

Essen
17 Bullock's Bistro ... C2
18 Dancing Moose Café ... D2
19 Fuego ... C5
20 Javaroma ... C6
21 Smokehouse Café ... D1
22 Sushi North ... C6
23 Thornton's Wine & Tapas Room ... B5
24 Wildcat Café ... C2

Ausgehen & Nachtleben
25 Black Knight Pub ... C5

Shoppen
26 Gallery of the Midnight Sun ... C3
27 Northern Images ... D5
28 Old Town Glassworks ... D2
29 Weaver & Devore ... C3
30 Yellowknife Book Cellar ... D5

Feste & Events

★ Snowking Winter Festival DARSTELLENDE KÜNSTE
(www.snowking.ca; März) Der Snowking, ein älterer Hausbootbesitzer, organisiert dieses große Winterereignis mit Konzerten, Theateraufführungen und Hockeyspielen. Es findet den ganzen März hindurch statt. Dazu wird in der Yellowknife Bay eine riesige Burg aus Eis und Schnee gebaut.

Folk on the Rocks MUSIK
(www.folkontherocks.com; Tages-/Wochenendkarte 90/120 C$; Mitte Juli) Dieses herausragende, zweitägige Ereignis am Long Lake hat fast alles auf dem Programm stehen, von Hip-Hop bis zu Trommeleinlagen der Dene. Musiker aus ganz Kanada kommen zu diesem Festival angereist.

Schlafen

Fred Henne Territorial Park CAMPINGPLATZ $
(867-920-2472; www.campingnwt.ca; Hwy 3; Zeltplatz 15 C$, Stellplatz 22,50–32 C$; Mai–Sept.;) Dieser Campingplatz hat eine volle Ausstattung und liegt der Stadt am nächsten. Bis zur Innenstadt läuft man 40 Minuten über Fußwege abseits der Straßen.

★ Embleton House B&B B&B $$
(867-873-2892; www.bbcanada.com/embleton house; 5203 52nd St; EZ/DZ mit Bad/WC auf dem Flur 91/120 C$, mit Bad/WC 155/175 C$;) Dieses gut ausgestattete B&B liegt in der Innenstadt und bietet zwei Optionen: kleine, gemütliche Zimmer mit Bad und Küche auf dem Flur oder märchenhaft dekorierte Themensuiten mit eigenem Whirlpool, Bademänteln und gut ausgestatteten Kitchenettes. In beiden finden sich die nötigen Zutaten, um sich selbst ein Frühstück zubereiten zu können. Die Eigentümer sind gesellig und extrem sympathisch. Zudem ist das Preis-Leistungs-Verhältnis besser als in jedem Innenstadthotel. Kinder unter zwölf Jahren übernachten kostenlos.

★ Yellowknife Bay Floating B&B B&B $$
(867-444-8464; www.ykbayfloatingbnb.com; EZ/DZ/Apt. 125/150/225 C$;) Die Hausboote von Yellowknife – wirklich schwimmende Häuser – sind sehr malerisch und haben eine ungewöhnliche Einrichtung. Also, wo könnte man besser schlafen? Es liegt etwas wirklich Zauberhaftes über diesen Häusern: das Gefühl in einer schwimmenden Unterkunft zu sein, das umlaufende Deck, die tolle Aussicht auf die Bucht, das Geräusch des schwappenden Wassers oder das glatte Eis. Die Unterkünfte sind sehr stilvoll, darunter heimelige Doppelzimmer, die mit Fellen und den inspirierenden, nordischen Kunstwerken des Gastgebers ausgestattet sind. In Kürze soll ein eigenes Apartment mit Bad und Kitchenette entstehen.

So schön und gemütlich es hier ist, hinter der liebevollen Arbeit steckt auch eine eindrucksvolle Logistik. Denkt man mal nur an die Herausforderungen, wie man Strom, heißes Wasser und WLAN an Bord bekommt, während man als Besucher die himmlische Ruhe an Deck genießt. Man bekommt ein Kanu gestellt, sodass man mobil ist und nach Lust und Laune kommen und gehen kann. Die zuvorkommenden Gastgeber helfen gerne bei der Überfahrt. Im Winter kann man direkt am Boot auf dem Eis parken. Reservierung wird empfohlen.

Eva & Eric's B&B **$$**

(☎867-873-5779; www.ericeva.ca; 114 Knutsen Ave; EZ/DZ/4BZ 90/100/130 C$;) In diesem guten Hause an einer ruhigen Straße im westlichen Teil der Stadt heißt man den Gast herzlich willkommen und bringt ihn in sehr gemütlichen Zimmern (mit ordentlichem Bad und WC auf dem Flur) unter und serviert ihm ein tolles Frühstück mit wunderbaren, selbst gemachten Leckereien. Zu den Zimmern gehört eine gemeinsame Küche und ein Aufenthaltsraum mit Büchern und Zeitschriften über den Norden. Die Besitzer sind in den Achtzigern und sehr vital und nett. Von ihnen erhält man hilfreiche Informationen und Tipps.

Blue Raven B&B B&B **$$**

(☎867-873-6328; tmacfoto@me.com; 37 Otto Dr Hill; EZ/DZ 85/100 C$; @) In idyllischer Lage auf Latham Island bei herrlicher Stille und wunderschöner Aussicht auf die Bucht fühlt man sich an diesem ländlichen Ort gleich willkommen. Es gibt drei hübsche kleine Zimmer, von denen zwei noch einen zusätzlichen Schlafbereich haben, der mit einer Leiter erklommen werden muss. Die Küche kann mitbenutzt werden, und man fühlt sich wie zu Hause.

Yellowknife Inn HOTEL **$$$**

(☎867-873-2601; www.yellowknifeinn.com; 5010 49th St; Zimmer ab 179 C$;) Dieses Hotel liegt mitten im Zentrum der Stadt, und die eher kleinen Zimmer wurden kürzlich wunderschön renoviert und haben nun bequeme Betten und hübsche graue Stoffe. Hier hält auch der Airport-Shuttle, es gibt ein Restaurant und eine Bar in den angrenzenden Arkaden. Die Zimmer in den oberen Stockwerken sind ruhiger.

Coast Fraser Tower HOTEL **$$$**

(☎867-766-8708; www.coasthotels.com; 5303 52nd St; Zimmer mit Frühstück 199–244 C$;) In Yellowknifes ursprünglichem Hochhaus gibt es sehr geräumige, kürzlich erst neu renovierte Suiten mit ein oder zwei Schlafzimmern in zwei Kategorien. Alle haben eine Küche, einige einen Balkon mit Blick auf den See und Wald. Zur Ausstattung gehört ein Restaurant, Fitnessraum und eine Sauna.

Explorer Hotel HOTEL **$$$**

(☎867-873-3531; www.explorerhotel.ca; 4825 49th Ave; Zi. 236 C$, Suite ab 255 C$;) Dieses typische Hochhaus thront über der Innenstadt und besitzt gemütliche moderne Zimmer, ein Restaurant und eine Lounge sowie eine Eingangshalle mit einem eindrucksvollen Eisbären. Die Zimmer mit den ungeraden Zahlen verfügen über eine etwas bessere Aussicht. Die normalen Suiten sind sehr viel größer und kosten nur unwesentlich mehr. Das Hotel wird vom Airport-Shuttle angefahren.

Essen

Die Preise hier sind recht hoch.

Javaroma CAFÉ **$**

(www.javaroma.ca; 5201 Franklin Ave; kleine Mahlzeiten 5–9 C$; Mo–Fr 7–22 Uhr, Sa 8–22 Uhr, So 9–22 Uhr;) Dieses Café liegt an der Hauptgeschäftsstraße und hat den besten Kaffee der Stadt. Dazu gibt es Sandwiches, Suppen, leckere Muffins und frisch gebrühten Tee. Man kann auch draußen sitzen, allerdings ist die Straße recht belebt.

Smokehouse Café BÜFETT **$$**

(www.yksmokehouse.ca; 902 Sikyea Tili; Büfett 15 C$; Mo–Fr 11.30–14 Uhr;) Obwohl es an der einzigen wenig schönen Stelle auf Latham Island liegt, nämlich an einem Parkplatz mit Garagen rundherum, gibt es hier super leckeres Mittagessen vom Büfett. Man kann sich die Tagesgerichte schon im Vorfeld online angucken, und es gibt darunter immer auch ein gutes vegetarisches Gericht.

Dancing Moose Café CAFÉ **$$**

(www.dancingmoosecafe.ca; 3505 McDonald Dr; Hauptgerichte 13–20 C$; Di–So 8–22 Uhr;) Während man sich im Hinterhof dieses netten Cafés entspannt, kann man den Wasserflugzeugen beim Starten zusehen. Zur Mittagszeit wird es im Inneren des Cafés recht voll. Es gibt Suppen, Salate und Sandwiches. Das Frühstück ist auch sehr gut, und am Abend kann man hier Dinge essen, die es sonst eher in einem

Bistro gibt. Kunstausstellungen und eine heiter-fröhliche Atmosphäre machen es besonders attraktiv. Angeschlossen ist auch ein gutes B&B.

Wildcat Café KANADISCH **$$**
(☎867-873-8850; Ecke Wiley Rd & Doornbos Lane; Hauptgänge 15–30 C$; ⊙Juni–Sept. 11–22 Uhr) Dieses renovierte Blockhaus in der Old Town vermittelt ein bisschen Lokalgeschichte und serviert schon seit 1937 schmackhafte Speisen. Jeden Sommer wechselt der Betreiber, sodass entsprechend auch die Speisekarte, die Preise und Öffnungszeiten wechseln: Die hier angegebenen beziehen sich auf den letzten Besuch der Autoren, als es Bier in Emaillebechern, Bisonburger und Countrymusic aus der Stereoanlage gab. Die Sommerterrasse eignet sich an warmen Abenden hervorragend zum Ausspannen bei einem kühlen Bier.

Sushi North JAPANISCH **$$**
(4910 Franklin Ave; Hauptgerichte 11–15 C$; ⊙Mo–Sa 11.30–19 Uhr) Diese Sushi-Bar liegt oben im Haus und serviert Sushi mit einer beliebten Geschmacksnote: Der rohe Fisch ist Arktischer Saibling.

One of a Thai THAI **$$**
(Hauptgerichte 13–14 C$; ⊙Mai–Okt. Mo–Fr 11.30–14 Uhr) Ein mobiler Imbisswagen, der stets zur Mittagszeit an der Franklin Avenue steht.

★ **Fuego** MISCHKÜCHE **$$$**
(☎867-873-3750; www.diningon50th.com; 4915 50th St; Hauptgerichte 28–42 C$; ⊙Mo–Sa 17–23 Uhr) Dieses Kellerbistro ist so ganz anders als die Fischbuden in der Old Town. Das Essen steht auf einigen wenigen Säulen: Büffelsteak, Gerichte der Cajuns sowie asiatische, französische und italienische Speisen. Es sieht gut aus, die Portionen sind groß und dazu gibt es Donnerstag bis Samstag Livemusik.

Darüber ist die Cocktailbar Twist (Montag bis Mittwoch 11 Uhr bis Mitternacht, Donnerstag bis Samstag bis 2 Uhr nachts) im Stil der 1950er-Jahre mit einer hübschen Sommerterrasse, Bier sowie großen und ganz neuartigen Burgern (16–18 C$, bis 22 Uhr). Es gibt regelmäßig Karaoke und offenes Singen.

Thornton's Wine & Tapas Room FRANZÖSISCH **$$$**
(☎867-669-9463; 5125 52nd Ave; Hauptgerichte 20–40 C$; ⊙Di–Do 17–21 Uhr, Fr & Sa bis 23 Uhr, So 11–15 Uhr) Als die Autoren das letzte Mal in Yellowknife waren, hatte Thornton's nicht geöffnet, aber die Einheimischen schwärmen von der Weinauswahl und den neuartigen, französisch angehauchten Gerichten in Verbindung mit den Bistroklassikern wie Austern und Charcuterie mit nordischen Zutaten wie Bison und Arktischer Saibling. Die Einheimischen strömen auch zum Sonntagsbrunch hier her.

Bullock's Bistro MEERESFRÜCHTE **$$$**
(☎867-873-3474; 3534 Weaver Dr; Hauptgerichte 24–40 C$; ⊙Mo–Sa 11.30–21 Uhr, So 16–21 Uhr) Diese legendäre Hütte, randvoll mit Autoaufklebern, Graffiti der Gäste und einem Mischmasch an Möbeln, ist ein keckes und humorvolles Lokal, das sich auf Touristen und Fisch spezialisiert hat. Letzterer wird entweder gebraten, gegrillt oder frittiert mit Pommes und Salat serviert und das zu einem recht deftigen Preis. Es ist zwar kein Gourmet-Essen, aber es ist frisch und lecker. Wer sich entspannt und mit dem Strom schwimmt, wird sich hier wohlfühlen. Zur Mittagszeit gibt es überwiegend Eintöpfe. Man muss sich allerdings darauf einstellen, dass man sich die Getränke selbst holen, lange warten und dann nochmal auf die Bedienung warten und am Tresen sitzen muss; das aber mit gepflegter, wohlwollender Unterhaltung durch die Angestellten.

Ausgehen & Nachtleben

Monkey Tree PUB
(www.samsmonkeytree.com; 483 Range Lake Rd; Hauptgerichte 13–21 C$; ⊙Mo–Mi 11–1 Uhr, Do–Sa bis 2 Uhr) Dieses Pub liegt abseits der Innenstadt und ist weniger ungehobelt als andere Bars in Yellowknife. Hier gibt es ein gutes Angebot an Bier und bis 22 Uhr auch Essen, wozu einige der größten Burger gehören, die man je gesehen haben dürfte. Das großzügige Innere ist mit verschiedenen Bildschirmen für die Sportbegeisterten ausgestattet, und draußen gibt es Gott sei Dank auch einige wenige Sitzplätze.

Black Knight Pub PUB
(www.blackknightpub.com; 4910 49th St; ⊙Mo–Sa 11–2 Uhr) Unter den etwas sittenstrengeren Pubs ist dieses Lokal ein sehr geselliger Ort mit schottischem Ambiente. Hier wird ein gutes Bier gezapft und leckeres Essen serviert. Es gibt verschiedene Specials in der Woche – die Chicken Wings am Mittwoch sind sehr beliebt – und immer wieder Ritterwitze.

Shoppen

In Yellowknife kann man wunderbar nordische Kunst, Kunsthandwerk und Kleidung kaufen.

★ **Northern Images** KUNST & KUNSTGEWERBE
(☎867-873-5944; www.northernimages.ca; 4801 Franklin Ave; ⏲Mo–Sa 10–18 Uhr, So 12–18 Uhr) Dieses hervorragende Geschäft gehört einer Kunst- und Kunstgewerbegenossenschaft der Ureinwohner und hat die berühmten Drucke der Inuit von Cape Dorset, Pangnirtung und Ulukhaktok, aber auch typische Produkte der Dene, wie Körbe aus Birkenrinde, im Angebot. Die Preise sind fair; die gekauften Waren können auch geliefert werden.

Weaver & Devore OUTDOOR-AUSRÜSTUNG
(www.weaverdevore.ca; 3601 Weaver Dr; ⏲Mo–Sa 9–18 Uhr) Ein Besuch in diesem historischen Handelsposten, der einst gegenüber von Bullocks Bistro lag, lohnt immer. Hier gibt es nützliche Dinge für die verschiedensten Outdoor-Aktivitäten, hier brummen ergraute Veteranen der Wildnis noch immer „zehn Mann, zwölf Tage" und stellen gerne alles zusammen, was man für eine Expedition so benötigt.

Gallery of the Midnight Sun SOUVENIRS
(☎867-873-8064; www.gallerymidnightsun.com; 5005 Bryson Dr; ⏲Mo–Sa 10–18 Uhr, So 12–17 Uhr) Reiche Auswahl an Kunst der Ureinwohner, darunter reich verzierte Mokassins und Jacken der Dene. Auch Souvenirs im Angebot.

Old Town Glassworks GLAS
(☎867-669-7654; www.oldtownglassworks.com; 3510 McDonald Dr; Workshops 45 C$ ⏲Mo–Fr 10–18 Uhr, Sa & So 12–17 Uhr) Dieser Laden in der Old Town stellt hervorragende Sachen aus Glas her, aber auch Vasen aus alten Flaschen. Wer das auch zu Hause machen möchte, nimmt einfach an einem Workshop dazu teil.

Yellowknife Book Cellar BÜCHER
(www.yellowknifebooks.com; 4923 49th St; ⏲Mo–Fr 9.30–20 Uhr, Sa bis 18 Uhr, So 12–17 Uhr) Hat eine große Auswahl an Titeln über den Norden und dessen Ureinwohner; verkauft auch Kartenmaterial.

Praktische Informationen

Die großen Banken findet man in der Innenstadt an der Franklin Avenue.

Ambulance & Fire (☎867-873-2222) Achtung: ☎911 ist in den NWT nicht die Notrufnummer!

Northern Frontier Visitors Centre (☎867-873-4262; www.visityellowknife.com; 4807 49th St; ⏲Mo–Fr 9.30–17.30 Uhr, Sa & So 12–17 Uhr) Hier gibt es stapelweise Karten und Broschüren, aber auch den unverzichtbaren, jährlich erscheinenden *Explorers' Guide*. Drinnen finden gute Ausstellungen über die Lebenswelt der NWT statt, es gibt ein recht gutes Angebot an Souvenirs und freies Internet. Um die Stadt zu erkunden, ist es empfehlenswert, sich auf ein kostenloses Fahrrad zu schwingen.

Polizei (☎Notfälle 867-669-1111, keine Notfälle 867-669-5100; 5010 49th Ave)

Stanton Territorial Hospital (☎867-669-4111; www.stha.ca; 550 Byrne Rd; ⏲24 Std.)

Yellowknife Public Library (2. Stock, Centre Square Mall; ⏲Mo–Do 9.30–20.30 Uhr, Fr. 10–18 Uhr, Sa 10–17 Uhr) Bücher über den Norden, freies Internet, halbstarke Jugendliche.

An- & Weiterreise

AUTO

Ein Auto zu leihen, ist wirklich teuer. Ein kleines Auto kostet in der Regel etwa 80/500 C$ pro Tag/Woche, *plus* 35 Cent pro Kilometer mit 250 Freikilometern bei einer Mietdauer von einer Woche. Wer viel fahren will, sollte sein Auto in Edmonton leihen und dann hochfahren. Die bekannten Verleihfirmen gibt es am Flughafen.

Die preiswerteste Firma ist **Rent-a-Relic** (Royal Rent-a-Car; ☎867-873-3400; xferrier@ssimicro.com; 356 Old Airport Rd; 50/325 C$ pro Tag/Woche, 50 Freikilometer pro Tag, danach 30 ct pro km). Die Autos sind oft schon etwas stark beansprucht, aber betriebsbereit. Es herrscht eine Laissez-Faire-Haltung. Man kann sich vom Flughafen abholen lassen.

BUS

Frontier Coachlines fahren Montag, Mittwoch und Freitag um 17 Uhr von der Shell-Tankstelle an der Range Lake Road ab und halten auf ihrer Fahrt nach Hay River (106 C$, 5½ Std.) in Fort Providence und Enterprise an.

FLUGZEUG

Yellowknife ist der Knotenpunkt des Luftverkehrs in den NWT. **First Air** (S. 912) fliegt Hay River (350 C$ ein Weg, 45 Min.) und Fort Simpson (552 C$ ein Weg, 1 Std.) an; selbige und **Canadian North** (S. 912) fliegen über Norman Wells (591 C$ ein Weg, 1 Std.) nach Inuvik (752 C$ ein Weg, 2½ Std.). Kleinere Fluglinien bieten oft gute Sonderkonditionen. **Northwestern Air** (S. 912) fliegt Fort Smith (392 C$ ein Weg, 1 Std., Sonntag bis Freitag) an; **Buffalo Airways** (☎867-873-6112; www.buffaloairways.com) fliegen nach Hay River (200 C$ ein Weg,

45 Min., Sonntag bis Freitag) und **Air Tindi** (☎867-669-8200; www.airtindi.com) nach Fort Simpson (410 C$ ein Weg, 80 Min.).

Unterwegs vor Ort

BUS

Yellowknife City Transit (☎867-920-5600; www.yellowknife.ca; einfache Fahrt Erw./Kind 2,50/1,50 C$) betreibt drei Buslinien. Linie 1 fährt Montag bis Freitag von der Old Airport Road in die Innenstadt. Linie 2 verkehrt Montag bis Freitag zwischen Innenstadt und der Old Town. Linie 3 fährt ganzjährig an Samstagen und verbindet im Sommer zusätzlich montags bis freitags die beiden anderen Linien. Die Busse fahren Montag bis Freitag von etwa 6.30 bis 19.30 Uhr halbstündlich und samstags von 8 bis 18 Uhr stündlich.

FAHRRAD

Von Anfang Juni bis Anfang September kann man am Besucherzentrum kostenlos Fahrräder ausleihen.

ZUM/VOM FLUGHAFEN

Der Flughafen von Yellowknife liegt einige Kilometer westlich der Innenstadt. Taxis verlangen etwa 15 C$. Es gibt einen kostenlosen Shuttle-Bus zum Explorer Hotel und Yellowknife Inn, aber auch zu einigen anderen Hotels in der Innenstadt.

TAXI

Taxis gibt es genügend, so beispielsweise **City Cab** (☎867-873-4444).

RUND UM YELLOWKNIFE

Ingraham Trail

Der Ingraham Trail (Highway 4), verläuft 69 km östlich von Yellowknife. Hier toben sich die Einheimischen aus. Die teils befestigte Wegstrecke führt durch eine malerische, kiefernbewachsene und mit vielen Seen durchzogene Landschaft des Kanadischen Schilds. Hier kann man gut angeln, wandern, campen, paddeln, Picknick machen und im Winter Ski und Schneemobil fahren. Es gibt keine Tankstellen in der Nähe.

Das Besucherzentrum von Yellowknife besitzt eine hervorragende Auswahl an Flyern zu Paddelrouten in diesem Landstrich, die es auch als PDF-Dateien auf der Website gibt.

Prelude Lake liegt 28 km von Yellowknife und ist ein viel besuchter, familienfreundlicher Wochenendausflugsort mit einem riesigen **Campingplatz** (www.campingnwt.ca; Zeltplatz/Stellplatz 15/22,50 C$; ⌚Mai–Sept.; 🐾), Bootsanleger (Bootsvermietung vor Ort) und Naturerlebnispfaden.

Im 46 km von Yellowknife entfernten **Hidden Lake Territorial Park** führt ein 1,2 km langer Fußweg zu den beliebten **Cameron Falls**. Nach dem Überqueren der Fußgängerbrücke kann man ganz an den Rand dieser sagenhaft schönen Kaskade vordringen. Nach weiteren 9 km auf diesem Weg zweigt ein 400 m langer Weg zu den Cameron River Ramparts ab, einem kleinen, aber hübschen Verwandten der Cameron Falls.

Im **Reid Lake**, der 61 km von Yellowknife entfernt liegt, kann man schwimmen, Kanufahren oder Hechte, Felchen und Forellen angeln. Zum freundlich anmutenden **Campingplatz** (www.campingnwt.ca; Zeltplatz 15 C$, Stellplatz 11,50–22,50 C$; ⌚Mai–Sept.; 🐾) gehört ein schöner Strand, eine Bootsrampe und ein Wanderweg; dazu noch Zeltplätze am Rand mit toller Aussicht auf den See.

Im Sommer endet der Weg am **Tibbitt Lake**, an dem passenderweise ein Stoppschild steht. Im Winter beginnt hier die 570 km lange Eisstraße zu den Diamantminen. Unterwegs gibt es keine Tankmöglichkeit; deshalb sollten hier möglichst keine Privatautos fahren.

NORTH SLAVE

Die Gegend zwischen dem Great Slave Lake und dem Great Bear Lake ist felsig, voller Seen und reich an Mineralien. Abgesehen von den Menschen in Yellowknife leben hier die meisten Tlicho-Indianer. Sie üben noch ihre alten Traditionen aus – und das nicht wegen der Touristen.

Highway 3

Highway 3 verläuft von Yellowknife nach Nordwesten, umrundet den North Arm des Great Slave Lake und führt dann nach Fort Providence (314 km).

Der erste Abschnitt schlängelt sich durch Sümpfe, Taiga und die rötliche Felsenlandschaft des Kanadischen Schilds. Hier ist besondere Vorsicht vor aufgequollenem Asphalt geboten, der durch das Auftauen

ABSTECHER

BESUCH AUS DER LUFT

Der hervorragende **Blachford Lake Lodge** (☎867-873-3303; www.blachfordlakelodge.com; 2 Nächte Lodge/Hütte für 2 Erwachsene inkl. An- und Abreise, Mahlzeiten & Trinkgeld 2310/3297 C$; 📶) 🍃 liegt an einem unberührten See, eine halbe Flugstunde (Wasserflugzeug) von Yellowknife entfernt. Hier kann man sich in atemberaubender, abgelegener Umgebung wunderbar erholen und sich an vielerlei Sommer- wie Winteraktivitäten erfreuen. Entweder man übernachtet in rustikalen Holzhütten oder in der Lodge selbst, in der man in wunderschön farbig gestalteten Zimmern (mit Bad auf dem Flur) das Polarlicht vom warmen, gemütlichen Bett aus erleben kann.

Zu den hübschen Gemeinschaftsräumen gehören Lounges, Terrassen, der Essraum, in dem sehr leckere Mahlzeiten serviert werden, und ein Whirlpool unter freiem Himmel. Skier, Schlittschuhe, Schneeschuhe, Kajaks und Kanus können geliehen werden. Wanderwege und vieles mehr warten auf die Aktivurlauber. Angeln, Schneemobile und Hundeschlitten sind verlockende Extras. Prinz William und Kate sorgten bei ihrem Besuch im Jahre 2011 hier für Schlagzeilen.

Es herrscht eine freundliche und entspannte Atmosphäre; oft werden Freiwillige für die Arbeit im Bio-Garten gesucht.

der sonst dauerhaft gefrorenen Straßenoberfläche entsteht. **Behchokò** (1926 Einwohner) liegt 10 km nördlich von Highway 3 an einer eigenen Zufahrtsstraße und ist eine der größten Städte in den NWT – und bei Weitem die größte Siedlung der Ureinwohner – wirkt aber sehr abgeschottet, sodass sich Touristen hier oft fehl am Platze fühlen.

Im weiteren Verlauf erstreckt sich borealer Nadelwald wie er im Süden der NWT überall gegenwärtig ist. Das **Mackenzie Bison Sanctuary** zieht sich an der Straße entlang und bietet frei lebenden Waldbisons Schutz und Heimat. Die Tiere sind weit schwerer als ein Auto und haben so ihre Launen; daher sollte man sehr vorsichtig sein. Das Schutzgebiet besitzt keine besonderen Einrichtungen für Besucher.

Südlich von hier führt eine 5 km lange Zugangsstraße nach Fort Providence. Jenseits gibt es eine Tankstelle mit einer Café-Bar und einem Motel. Einige Kilometer weiter überquert die erst kürzlich eröffnete **Deh Cho Bridge** den Mackenzie River.

Fort Providence

730 EW.

Dieser Ort mit nicht übertrieben vielen Ureinwohnern liegt an der Quelle des Mackenzie River und wurde 1861 als katholische Missionsstation besiedelt. Abseits der Zufahrtsstraße liegt der hübsche **Fort Providence Territorial Park** (www.camping nwt.ca; Zeltplatz/Stellplatz 15/28 C$; ⏲Mai–Sept.; 🐾) mit birkenbeschatteten Zeltplätzen direkt am Fluss.

Fort Providence ist ein eher ländlich geprägter Ort – man achte nur auf die Büffel, die auf den Grünflächen grasen. Man wandere am hoch gelegenen schönen Ufer entlang, bewundere die wunderschöne hölzerne Kirche und kaufe etwas vom Kunsthandwerk der Dene. Angeln geht hier gut: Vom Ufer aus kann man Hecht, Amerikanischen Zander und manchmal auch Arktische Äsche fangen. Veranstalter von Angelausflügen nehmen die Touristen aber auch aufs Wasser mit. Dazu erkundigt man sich am besten im Snowshoe Inn. Der Inhaber vermittelt den Kontakt zu den entsprechenden Organisatoren.

Im **Snowshoe Inn** (☎867-699-3511; www.snowshoeinn.ca; EZ/DZ 155/180 C$; 📶🐾) werden Gäste herzlich aufgenommen. Hier gibt es gute, moderne Zimmer mit Blick aufs Wasser: Einige haben eine Küche und die Luxuszimmer sind mit riesigen Fernsehbildschirmen ausgestattet. Das gegenüberliegende **Snowshoe Inn Restaurant** (www.snowshoeinn.ca; Gerichte 6–16 C$; ⏲Mo–Fr 7–20, Sa 8–20, So 10–19 Uhr; 📶) bereitet in Windeseile köstliche Sandwiches und andere Speisen zu. Der hübsche Kunstgewerbeladen nebenan verkauft Produkte aus Stachelschweinstacheln und eine Besonderheit der Region: Elchhaarquasten.

Busse der Frontier Coachlines, die zwischen Yellowknife und Hay River verkehren, halten auch in Fort Providence.

SOUTH SLAVE

Zur South Slave Region gehört das Gebiet südlich des Great Slave Lake, und es ist überwiegend ein flaches Waldgebiet, das von großen Flüssen und zahllosen spektakulären Wasserfällen durchzogen ist.

Mackenzie Highway

23 km südlich des Mackenzie River zweigt der Mackenzie Highway (Highway 1) westlich vom Highway 3 in die Region Deh Cho (S. 927) und südöstlich in das Gebiet South Slave ab. Diese letztere Abzweigung ist gut befestigt und führt auf etwa 186 km nach Alberta (und dann weiter nach Edmonton) und wird wegen einiger atemberaubender Wasserfälle am Straßenrand auch die **Waterfalls Route** genannt.

Zunächst kommt der **Lady Evelyn Falls Territorial Park** (www.campingnwt.ca; Zeltplatz/Stellplatz 15/28 C$; Mai–Sept.;), und zwar nach 7 km an der Zufahrtsstraße entlang zum winzigen Ort **Kakisa**. Ein kurzer Pfad führt zu den 17 m hohen Fällen, die sich über ein urzeitliches halbmondförmiges Korallenriff ergießen. Auf dem Campingplatz gibt es Duschen, turmhohe Kiefern und viele Wochenendangler.

Von der Zufahrtsstraße nach Kakisa sind es 83 km bis zu der kleinen Siedlung **Enterprise** (87 Einwohner), die an einer Kreuzung liegt und eine Tankstelle sowie ein Motel besitzt.

Südlich von hier verläuft der Mackenzie Highway parallel zum eindrucksvollen **Twin Falls Gorge Territorial Park**. Die beiden gleichnamigen Wasserfälle sind über einen wunderschönen 2 km langen Waldweg miteinander verbunden. An dem einen Ende dieses Weges liegen die mehrstufigen 15 m hohen **Louise Falls** am Hay River. Hier gibt es einen **Campingplatz** (www.campingnwt.ca; Zeltplatz/Stellplatz 15/28 C$; Mai–Sept.;) in einer borealen Waldlichtung. Am anderen Ende des Weges warten die eindrucksvollen **Alexandra Falls** (33 m).

An der Grenze zu Alberta, 72 km südlich, liegt der **60th Parallel Territorial Park**. Das Personal im **Visitors Center** (Mai–Sept. 8.30–20.30 Uhr) verteilt Broschüren und Kaffee. Auch findet man hier Kunsthandwerkliches der Ureinwohner, wie etwa mit Perlen besetzte Mokassins. Der **Campingplatz** (www.campingnwt.ca; Zeltplatz/Stellplatz 15/22,50 C$; Mai–Sept.;) ist mit Toiletten und Duschen ausgestattet.

Hay River

3606 EW.

Der Arbeiterort Hay River ist die zweitgrößte Siedlung des Territoriums und ist ein wichtiger Kopfbahnhof, Seehafen und Frachtverladezentrum. Hay River ist ein Dienstleistungszentrum, kein sehr attraktiver Ort. Der hübscheste Teil der Stadt ist Vale Island, das Ursprungsgebiet der ersten Siedler, mit einem malerischen Strand an dem unvorstellbar großen Great Slave Lake. Hier lässt sich gut angeln, Boot- und Hundeschlittenfahren. Die Innenstadt wird vom Highway und einem etwas deplatzierten Wohnhochhaus beherrscht. Jenseits des Flusses liegt ein Reservat der Dene.

Sehenswertes & Aktivitäten

Kiwanis Nature Trail INSEL

Der Naturlehrpfad beginnt im Riverview Drive und führt am Ufer des Hay River und des West Channel des Great Slave Lake entlang. Im Besucherzentrum gibt es weitere Informationen über Wander-, Rundflug-, Angel-, Golf- und Kanumöglichkeiten.

Vale Island INSEL

An der Mündung des Hay River in den riesigen Great Slave Lake ist diese Insel durch eine Brücke mit dem Festland verbunden und ist der älteste und schönste Teil der Stadt. Sie ist ein Ensemble von wackligen hölzernen Gebäuden, vor sich hin rostenden Booten, Güterzügen und dem von Treibholz übersäten Strand.

Hay River Heritage Centre MUSEUM

(867-874-3872; Ecke Mackenzie Dr & 102nd Ave, Vale Island; Juni–Okt 13–17 Uhr) GRATIS Das engagiert geführte Museum für regionale Geschichte ist in dem alten Handelsposten der Hudson's Bay Company auf Vale Island untergebracht.

Schlafen

Paradise Gardens & Campground CAMPINGPLATZ $

(867-875-4430; 82 Paradise Rd; Zeltplatz/Stellplatz 21/31,50 C$;) Der freundlich anmutende, idyllisch gelegene Campingplatz liegt zwischen Enterprise und Hay River auf einer kleinen Bio-Farm und hat 15 Plätze. Man darf hier auch Beeren pflücken.

Hay River Territorial Park CAMPINGPLATZ $
(☎867-874-3772; www.campingnwt.ca; 104th St, Vale Island; Zeltplatz/Stellplatz 15/28 C$; ⌚Mai–Sept.; 🐾) Dieser dicht bewaldete Campingplatz liegt nur einen Steinwurf vom Strand entfernt und hat heiße Duschen, einen Grill- und einen Kinderspielplatz.

Ptarmigan Inn HOTEL $$
(☎867-874-6781; www.ptarmiganinn.com; 10J Gagnier St; EZ/DZ 139/144 C$;) Im Herzen der Innenstadt liegt Hay Rivers einziges richtiges Hotel mit sauberen, geräumigen und gut eingerichteten Zimmern, einem Pub, einem Restaurant und einem Fitnessbereich. Hier trifft man sich, und das Preis-Leistungs-Verhältnis ist besser als bei den Motels am Highway. Manche Zimmer haben auch eine Kitchenette.

Harbour House B&B $$
(☎867-874-2233; www.greenwayaccommodations.ca; 2 Lakeshore Dr, Vale Island; EZ/DZ 75/100 C$;) In diesem sonnigen B&B fühlt man sich wie auf hoher See, denn es ist auf Pfählen gebaut, die den Fluten trotzen. Es liegt in hübscher, friedlicher Umgebung nicht weit vom Strand von Vale Island. Es gibt eine Küche, eine tolle Terrasse zum Ausspannen und ein gutes kontinentales Frühstück. Abholung vom Flughafen oder von einer Bushaltestelle ist kein Problem.

Essen

★ **Frozen Grape** CAFÉ $
(www.frozengrape.ca; 2 Courtoreille St; kleine Gerichte 7–12 C$ ⌚Mo–Fr 9.30–18 Uhr, Sa 10–17 Uhr;) Auf der langen, langen Fahrt nach Hay River wäre ein Café wie dieses genau das Richtige gewesen, aber hier ist es nun! Hervorragender Kaffee, Panini, nach denen man sich die Finger leckt, und viele andere leckere Sandwiches, Suppen und Backwaren machen dieses Café zum besten seiner Art im ganzen Norden Kanadas.

Fisherman's Wharf MARKT $
(Ecke 101st St & 100th Ave, Vale Island; ⌚Juni–Sept. Sa 10–14 Uhr) Ein Wochenmarkt mit frischem Fisch und Produkten aus der Region.

Back Eddy MEERESFRÜCHTE $$
(☎867-874-6680; 6 Courtoreille St; Hauptgerichte 15–25 C$; ⌚Mo–Sa 11–14 Uhr & 17 Uhr bis spätnachts) Diese nur spärlich beleuchtete Bar mit Speiseraum (Eingang am Capital Drive) mit lackierten Tischen, die genauso gut in einen Sitzungssaal passen würden, ist der Renner unter den Einheimischen. Serviert wird frischer Fisch aus dem Great Slave Lake, darunter frittierter Felchen mit Muscheln und Shrimps. Einfach lecker! Es gibt einen separaten Essbereich für Familien mit Kindern.

Boardroom CHINESISCH $$
(891 Mackenzie Hwy; Hauptgerichte 11–16 C$; ⌚11–22 Uhr) Dieses Lokal liegt an der Shell-Tankstelle an der Hauptstraße und serviert auf westlichen Geschmack eingerichtete chinesische Gerichte, aber auch Pizza, Hähnchen und Burger sowie Spezialangebote vom Büfett. Quantität kommt hier vor Qualität, aber das ist für den Preis ganz in Ordnung.

Praktische Informationen

Library (www.nwtpls.gov.nt.ca; 75 Woodland Dr; ⌚Mo–Do 10–17 & 19–21, Fr–So 13–17 Uhr) Freies Internet inmitten der Stadt.

Visitors Information Centre (☎867-874-3180; www.hayriver.com; Ecke Mackenzie Hwy & McBryan Dr; ⌚Mai–Sept. 9–21 Uhr) Am Highway im Zentrum der Stadt. In der Nebensaison hält man am besten am Rathaus, einen Block weiter nördlich am Commercial Drive.

An- & Weiterreise

AUTO & MOTORRAD

Eine 38 km lange befestigte Straße führt nach Enterprise. Etwa 5 km vor der Stadt zweigt der teils befestigte Highway 5 ab, der dann ins 267 km entfernte Fort Smith führt.

BUS

Die Busse der Frontier Coachlines fahren montags, mittwochs und freitags um 9 Uhr vom innerstädtischen Mini-Markt Rooster über Fort Providence nach Yellowknife (106 C$, 6 Std.) ab und dienstags und donnerstags nach Fort Smith (77 C$, 3 Std.). Die Buslinie nach Edmonton wurde eingestellt, doch das könnte sich auch wieder ändern.

FLUGZEUG

Die Buffalo Airways (S. 920) (200 C$ ein Weg, 45 Min.) und First Air (S. 912) (350 C$) fliegen Yellowknife an. Northwestern Air (S. 912) fliegt nach Edmonton (455 C$, 2¼ Std.) und Fort Smith.

ZUG

Hay River ist der am nördlichsten gelegene Kopfbahnhof Kanadas, aber nur für Güterzüge.

Fort Smith

2100 EW.

Auf einem Felsen hoch über dem Slave River liegt das freundliche und idyllische Fort Smith. Vielleicht liegt es an den Backsteinhäusern, den Spielfeldern, am Wasserturm oder ganz einfach an der Tatsache, dass die Stadt die Grenze zu Alberta markiert. Jahrelang war sie das Tor zum Norden, denn sie liegt am Ende der Transportroute rund um die Stromschnellen des Slave River. 1874 errichtete die Hudson's Bay Company hier eine Niederlassung. Bis 1967, als Yellowknife die Hauptstadt des Territoriums wurde, war Fort Smith das Verwaltungszentrum für den größten Teil des kanadischen Nordens. Noch heute ist die Stadt ein friedliches, attraktives Regierungszentrum und der Sitz der Parkverwaltung des Wood Buffalo National Park. Zwei Drittel der Einwohner sind Cree, Chipewyan und Métis.

Sehenswertes

Northern Life Museum MUSEUM
(☎867-872-2859; Ecke King St & McDougal Rd; ⌚Mo–Sa 10–17 Uhr) GRATIS Das beste Museum einer Kleinstadt im Norden hat faszinierende Ausstellungsstücke zur Regionalgeschichte und -kultur und dazu noch einen ausgestopften Canus, ein Schreikranichmännchen, das als Zuchttier viel dazu beitrug, die Art vor dem Aussterben zu bewahren. Draußen gibt es landwirtschaftliche Maschinen, alte Gebäude und ein rostiges Flussschiff, das einst zum Transport von Radium benutzt wurde.

Fort Smith Mission Historic Park PARK
(Ecke Breynat St & Mercredi Ave; ⌚Mai–Sept.) GRATIS Dieser Park erinnert an die Zeiten, als hier der Ausgangspunkt für die katholische Missionierung des hohen Nordens war. Eine Orientierungskarte ist hilfreich bei der Erkundung des Parks und ist am Besucherzentrum erhältlich.

Aktivitäten

Die **Stromschnellen** in dem Gebiet sind ein berühmtes **Paddelrevier** erster Klasse und sind zudem die nördlichste Nistkolonie Nashornpelikane, die man vor den Inseln auf dem Fluss beim Fischen beobachten kann. Die Rapids of the Drowned vor der Stadt sind über die Wolf Avenue zugänglich. Flussaufwärts sieht man die Mountain-, Pelican- und Cassette-Stromschnellen, wenn man dem 27 km langen Abschnitt des Trans Canada Trail bei Fort Smith folgt oder aber auch bei kürzeren **Wanderungen** abseits der 24 km langen Straße nach Fort Fitzgerald. Wanderführer sind im Besucherzentrum erhältlich.

Schlafen

Queen Elizabeth Territorial Park CAMPINGPLATZ $
(☎867-872-2607; www.campingnwt.ca; Zeltplatz/Stellplatz 15/28 C$; ⌚Mai–Sept.; 🐾) Dieser hübsche, wenig frequentierte Campingplatz am Ende des Tipi Trail, 4 km westlich vom Stadtzentrums entfernt, besitzt Duschen. Feuerholz liegt am Flussufer.

★ **Whooping Crane Guest House** B&B $$
(☎867-872-3426; www.whoopingcraneguesthouse.ca; 13 Cassette Cres; EZ/DZ/Apt. 115/125/140 C$; 🚭@📶) Das nach dem Schreikranich benannte B&B ist luxuriös, modisch und einladend und befindet sich in einem faszinierenden achteckigen Holzhaus in einer sehr ruhigen Straße, die von der Calder Avenue abzweigt. Zu den vielen Dingen, die man einfach mögen muss, gehören ein sehr leckeres Frühstück, die vom Gastgeber kunstvoll erstellten Wandbehänge und die vielen Bücher, Fahrräder und Hängematten. Eine geräumige Suite hat eine eigene Küche und einen Essbereich; zwei zauberhaft dekorierte Zimmer besitzen wunderschöne eigene (allerdings außerhalb der Zimmer gelegene) Badezimmer.

Aufenthalte von mehr als einer Nacht sind erwünscht, und die Gäste wollen das meist auch selbst.

Pelican Rapids Inn HOTEL $$
(☎867-872-2789; 152 McDougal Rd; Zi. 155 C$; ❄📶) Diese gute Unterkunft liegt im Zentrum und hat geräumige und gemütliche, wenn auch wenig originell ausgestattete Zimmer mit Klimaanlage. Das hoteleigene Restaurant serviert annehmbare chinesische Speisen und ganz ordentliche Steaks.

Essen

Anna's Kitchen CAFÉ $
(338 Calder Ave; Mittagessen 7–9 C$, Hauptgerichte 14–23 C$; ⌚Mo–Fr 8–20 Uhr; 🖉) 🌿 Hier wird Hausmacherkost, mit großer Sorgfalt zubereitet, großgeschrieben. Dazu eine Auswahl leckerer Salate, Panini, Burger und kreative Saftmischungen. Abends gibt es reichhaltigere Speisen vom Grill. Hier ist es zwanglos und heimelig; es gibt Yoga-

Heilbehandlungen (Massagen und anderes) und Sitzplätze im Freien.

Shoppen

North of 60 Books BÜCHER, CAFÉ

(66 Portage Ave; Mo–Sa 9.30–17.30 Uhr, So 12–17 Uhr) In diesem niedlichen Laden werden Kunsthandwerk, aber auch Bücher verkauft. Zudem gibt es ganz annehmbaren Kaffee.

Praktische Informationen

Library (170 McDougal Rd; Mo–Do 14.30–17.30 Uhr & 19–21 Uhr, Fr 14.30–17.30 Uhr, Sa & So 13–17 Uhr) Freies Internet. Juli bis September sonntags geschlossen.

Wood Buffalo National Park Information Centre (867-872-7960; www.pc.gc.ca; 149 McDougal Rd; Juni–Aug. 9–18 Uhr, Sept.–Mai eingeschränkte Öffnungszeiten;) Dieses hervorragende Haus ist sowohl Informations- als auch Besucherzentrum für den Nationalpark und bietet eine interessante Ausstellung zur Ökologie der Region sowie inspirierende audiovisuelle Darstellungen zum Park. Im Sommer gibt es geführte Wanderungen durch das Areal.

An- & Weiterreise

Northwestern Air (S. 927) fliegt Yellowknife (381 C$ ein Weg, 1 Std.), Hay River (208 C$, 45 Min.) und Edmonton (455 C$ ein Weg, 2 Std.) sowie Fort McMurray und Fort Chipewyan an.

Die Busse von **Frontier Coachlines** fahren nach Hay River (77 C$, 3 Std., 2-mal pro Woche). Im Winter führt eine Straße übers Eis nach Fort McMurray, Alberta.

Der teils befestigte Highway 5 führt etwa 267 km von Hay River durch den Wood Buffalo National Park.

Wood Buffalo National Park

Dieser Park liegt im Grenzbereich Alberta–NWT, ist einer der größten Nationalparks der Welt und ist mit seinen 44.000 km² größer als Dänemark oder die Niederlande. Dieses riesige Gebiet mit Taiga-Wäldern, Karstformationen und enorm großen Frischwasserläufen ist eine unermessliche Wildnis, die man am besten aus der Luft oder, mit etwas mehr Zeit, vom Fluss aus erkunden kann.

Der Park wurde 1922 zum Schutz der Waldbüffel eingerichtet, eine große, dunkle und typisch nordische Unterart des Bisons. In der Region leben Tausende, und es ist daher recht wahrscheinlich, dass man sie am Straßenrand grasen oder sich im Staub wälzen sehen kann. Ihr Zusammenleben mit den Wölfen wurde in der unvergesslichen BBC-Produktion *Frozen Planet (Eisige Welten)* und David Suzukis *The Nature of Things* verfilmt.

Dies ist auch das Refugium der weltweit letzten Wanderkolonie von Schreikranichen. Diese riesigen Vögel waren schon beinahe ganz ausgestorben, vermehren sich jetzt aber wieder rasant. Sie machen sich zusammen mit Millionen Enten und Gänsen die Feuchtgebiete zunutze, darunter auch das gewaltige Peace-Athabasca-Delta, das zu den größten Süßwasserdeltas der Welt gehört. Elche, Karibus, Bären und Luchse sind ebenfalls Bewohner des Parks. Im Sommer gesellen sich noch zahllose Moskitos und Pferdebremsen dazu.

Sehenswertes & Aktivitäten

Highway 5 OUTDOOR-AKTIVITÄT

Von Westen kommend liegen einige interessante Dinge am Wege, darunter das gewaltige **Angus Sinkhole** (ausgeschildert als Angus Fire Tower), der plötzlich verschwindende **Nyarling River** und die **Little Buffalo River Falls**, an denen es einen unbewachten **Campingplatz** (www.campingnwt.ca; Zeltplatz/Stellplatz 15/22,50 C$; Mai–Sept.) und einen 2 km langen Naturerlebnispfad gibt. Etwas weiter kommt die 11 km lange Nebenstraße nach **Salt Plains Lookout**, wo kurze Pfade hinunter zu einem riesigen weißen Feld führen, das aus dem hervorquellenden Salzwasser eines urzeitlichen Meeresbodens entstanden ist.

Peace Point Road OUTDOOR-AKTIVITÄT

Zwischen Fort Smith und Peace Point liegt die **Salt River Day-Use Area**, Winterquartier der rotseitigen Strumpfbandnatter (die Tiere treffen sich nur ein Mal im Jahr gegen Ende April zur kollektiven Paarung) und Ausgangspunkt für tolle Tageswanderungen zu Salztonebenen und Erdlöchern. Etwa 60 km von Fort Smith liegt der beliebte **Pine Lake Campground** (www.pc.gc.ca; Zeltplatz 15,70 C$; Mai–Sept.;). Hier kann man sich in den weißen Sand des Strandes legen und im blauen Wasser schwimmen.

Parson's Lake Road OUTDOOR-AKTIVITÄT

Dieser 54 km lange sandige Waldweg ist nur im Sommer, wenn es trocken ist, befahrbar und über dieselbe Abzweigung wie die Salt Plains erreichbar. Hier eröffnen sich großartige Ausblicke auf die einsamen Wälder der

Region, und es ist sehr wahrscheinlich, dass man Bisons und andere Tiere aus der Nähe sehen kann. Die Straße kommt zwischen Fort Smith und Peace Point wieder heraus.

Wandern und Kanufahren OUTDOOR-AKTIVITÄT
Der Park wird von verschiedenen kurzen Wanderwegen, besonders am Salt River, durchzogen. Das Parkpersonal hilft gerne, wenn man sich tiefer vorwagen möchte. Ein Abenteuer der besonderen Art ist die Kanutour von Peace Point, dann geht es 13 km zu Fuß ins Gebiet des Sweetgrass mit ausgedehntem Grasland, alten Bisongehegen, Zeltplätzen und einfachen Hütten. Hier trifft man auf Bisonherden und vielleicht auch auf Wölfe.

Das wahre Abenteuer beginnt dann weiter flussabwärts auf dem Peace River, wo er mit dem Slave River zusammenfließt. Dann geht es nordwärts zurück Richtung Fort Fitzgerald. Ausrüstungsverleiher können geführte oder auch selbstgeführte Touren dieser Art organisieren.

Geführte Touren

Man sollte sich im Büro des Parks nach anerkannten Ausrüstungsverleihern erkundigen.

Northwestern Air PANORAMARUNDFLÜGE
(867-872-2216; www.nwal.ca) Bietet Rundflüge über den Nationalpark an.

Praktische Informationen

Der Hauptverwaltungssitz des Parks (S. 926) befindet sich in Fort Smith.

DEH CHO

Deh cho bedeutet in der Sprache der Einheimischen „großer Fluss". Diese südwestliche Region wird von zahllosen Wasserwegen umgeben. Die bekanntesten sind der Mackenzie, Liard und Nahanni. Das Gebiet ist zudem mit Bergen, wärmeren Temperaturen und einer reichhaltigen Kultur der Ureinwohner gesegnet.

Mackenzie Highway

Von der Kreuzung des Highway 3 mit dem Mackenzie Highway (Highway 1) wird Letzterer immer weiter befestigt und durchschneidet in westlicher Richtung 288 km lang flaches boreales Waldgebiet bis Fort Simpson. Dies ist eine öde, langweilige Fahrt mit nur wenigen Ausblicken oder interessanten Zwischenstopps. Sprit gibt es nur in Fort Simpson und Fort Liard.

Die erfreuliche Ausnahme ist der **Sambaa Deh Falls Territorial Park** (www.campingnwt.ca; Zeltplatz/Stellplatz 15/22,50 C$; Mai–Sept.;) auf halbem Weg nach Fort Simpson mit einem herrlichen Wasserfall am Straßenrand, Angelplätzen, den kleineren Coral Falls und einem netten, sauberen Campingplatz mit Duschen.

Etwa 90 km weiter, an der Kreuzung Mackenzie Highway und Highway 7, liegt der **Checkpoint:** mit Unterkunft, aber leider ohne Benzin.

Eine kostenlose Autofähre, die **MV Lafferty** (800-661-0750; www.dot.gov.nt.ca; Mitte Mai–Ende Okt. 8.30–11.45 Uhr), überquert den Liard River 20 km südlich von Fort Simpson. Im Winter gibt es eine Eisbrücke. Während der Fluss zufriert und wieder auftaut, gibt es keinerlei Verbindung.

Der Mackenzie Highway führt ab Fort Simpson über 222 km Richtung Norden in eine sanfte Berglandschaft und erreicht dann das wunderschön gelegene **Wrigley** (113 Einwohner). Dieses vornehmlich aus Blockhütten bestehende Dorf lebt nach wie vor vom Jagen, Angeln und Fallenstellen. Im Winter führt eine Eisstraße weiter nach Tulita, Norman Wells und darüber hinaus.

Fort Simpson

1238 EW.

In der Sprache der Einheimischen heißt Fort Simpson *Liidlii Kue,* und das bedeutet „dort, wo zwei Flüsse sich treffen" – der wasserreiche Liard und der Mackenzie River fließen hier zusammen. Mit einer unkomplizierten Kombination aus Dene, Métis und verschiedenen europäischen Kulturen ist es ein regionales Zentrum mit allen nötigen Versorgungseinrichtungen und ist zudem das Tor zum nahe gelegenen Nahanni National Park Reserve.

Sehenswertes & Aktivitäten

Das Ufer des Mackenzie lädt mit seiner Aussicht auf das mit Treibholz bedeckte Wasser und die Papal Flats, wo sich 1987 Tausende versammelten, um den Papst zu begrüßen, zum Bummeln ein. Das historische **McPherson House** und die **Hütte** des exzentrischen Trappers Albert Faille liegen

INSIDERWISSEN

DIE BUSCHPILOTEN

Ted Duinker lebt in Yellowknife und ist ein Buschpilot, der in den NWT, aber auch in Nunavut und im nördlichen Alberta fliegt.

Wohin fliegen Sie am liebsten? In den NWT gibt es einige erstaunliche Dinge, die man nur aus der Luft erleben kann. Ich kann von oben viele Tiere sehen – Elche, Karibus, Moschusochsen, Bären und Wölfe. Am schönsten sind die Flüge über die herbstliche Tundra, wenn sich die Farben in ein wunderschönes Rot verwandeln. Ich empfehle einen Ausflug Richtung Norden, um das zu erleben, oder aber auch einen Flug in die Berge des Nahanni.

Mit welchen Herausforderungen hat ein Buschpilot zu kämpfen? Die wesentliche Herausforderung hier oben ist wohl das Wetter, besonders im Winter, wenn die Temperaturen auf bis zu -40 °C runtergehen. Manchmal ist die Stelle, die sich am besten für eine Landung zu eignen scheint, sehr gefährlich, weil der Wind heult oder die Sicht wegen des Regens eingeschränkt ist. Normale Start- und Landebahnen haben genau zwei Start- und Landerichtungen, aber hier draußen auf dem Eis oder dem Wasser gibt es Hunderte Möglichkeiten zu starten oder zu landen. Darum mag ich das Fliegen mit den Wasserflugzeugen hier oben im Norden so sehr! Es ist immer wieder anders.

ebenfalls in der Nähe. Zudem gibt es einen kleinen Golfplatz. Ein Heritage Center soll bald schon entstehen.

Die meisten Leute, die hierher kommen, wollen Rundflüge oder Kanuausflüge in das Nahanni-Reservat machen: Fluggesellschaften befinden sich am Antoine Drive unweit der innerstädtischen Start- und Landebahn.

Um den Canada Day herum findet das **Open Sky Festival** (www.openskyfestival.ca) statt, ein drei Tage dauerndes Festival für Musik und Kunst. Die Veranstalter lassen eine **Galerie** (100th St; 9–17 Uhr) in der Bücherei der Stadt herrichten, in der es dann zeitgenössische und traditionelle Kunst der Dehcho zu sehen gibt.

Geführte Touren

Simpson Air PANAORAMARUNDFLÜGE
(867-695-2505; www.simpson-air.ca; Antoine Dr) Besitzt auch eine entlegene Lodge auf einem See im Nahanni-Gebiet, die man nur per Flugzeug erreichen kann.

Wolverine Air PANORAMARUNDFLÜGE
(867-695-2263; www.wolverineair.com; Antoine Dr) Freundlicher Veranstalter, der die verschiedensten Ausflüge anbietet.

Schlafen

Fort Simpson Territorial Campground CAMPINGPLATZ $
(867-695-2321; www.campingnwt.ca; Zeltplatz/Stellplatz 15/28 C$; Mai–Sept.;) Der Campingplatz liegt zentral, inmitten von Bäumen nahe am Fluss und hat Duschen, Plumpsklos und 32 hübsche Plätze.

★ **Mackenzie Rest Inn** B&B $$
(867-695-2357; www.mackenzierest.ca; 10518 99th St; EZ/DZ 150/180 C$;) Hier draußen in dem Land der Wasserflugzeuge und riesigen Flüsse ist es beinahe schon ungewöhnlich, ein so süßes, bezauberndes, schön gestaltetes B&B anzutreffen. Die herzliche Gastfreundschaft passt zu den hübschen, modernen Zimmern in einem stilvollen, nobel ausgestatteten Haus mit tollen Ausblicken auf den Fluss, einem grünen Garten und einer Terrasse zum Entspannen. Die Zimmer sind alle verschieden eingerichtet – das im obersten Stockwerk ist wohl das schönste – und haben saubere, moderne Badezimmer auf dem Flur.

Deh Cho Suites GÄSTEHAUS $$$
(867-695-2309; www.dehcho.net; 10509 Antoine Dr; EZ/DZ 195/225 C$;) Die geräumigen Gästezimmer sind hübsch möbliert und haben moderne Kitchenettes. Es gibt ein Kontinentalfrühstück zur Selbstbedienung. Die Ausstattung ist gut; einige Zimmer haben sogar eine Klimaanlage, um der drückende Sommerhitze zu trotzen.

Essen & Trinken

Pandaville CHINESISCH $$
(9410 100th St; Hauptgerichte 11–18 $; 11–21 Uhr;) Dies ist eins der nur zwei Restaurants im Ort und hat eine geradlinige

chinesische Speisekarte mit einem Mittagsbüfett und einigen westlichen Gerichten, wie Pizza und Steak.

Ice Breaker Lounge BAR
(9405 100th St; ⏲11–2 Uhr nachts; 📶) Diese Bar ist ideal für einen Drink und bietet einige Flaschenbiere, WLAN, Poolbillard und im hinteren Bereich eine Terrasse mit bequemen Stühlen.

ℹ Praktische Informationen

Am Anfang der Stadt liegt das **Besucherzentrum** (☎867-695-3182; www.fortsimpson.com; ⏲Mai–Sept. Mo–Fr 8–20, Sa & So 10–20 Uhr) mit hilfsbereitem Personal und nützlichen Broschüren.

ℹ An- & Weiterreise

Air Tindi (S. 913) (410 C$ ein Weg, 80 Min.) und First Air (S. 912) (552 C$) fliegen Yellowknife an. Es gibt keine Busse.

Nahanni National Park Reserve

Für viele ist Nahanni der Inbegriff von Wildnis. Dieser 30 000 km² große Park liegt im Südwesten der NWT nahe an der Grenze zu Yukon. Dazu gehört auch der namensgleiche, gewaltige **South Nahanni River**. Dieser ungezähmte Fluss rauscht mehr als 500 km durch die zerklüfteten Mackenzie Mountains. Er ist ein Traumziel für Kanuten und fließt zudem durch eine der spektakulärsten Gegenden Kanadas.

So ist es ganz angemessen, dass der Nahanni ein Fluss des Canadian Heritage ist und der Park zum Unesco-Welterbe gehört. 2009 unterzeichnete die Bundesregierung und die Dehcho First Nations eine Vereinbarung, wonach der Park auf mehr als das Sechsfache vergrößert werden sollte.

👁 Sehenswertes & Aktivitäten

Etwa auf halber Länge stürzt sich der Nahanni River 30 Stockwerke in die Tiefe: Hier befinden sich die gewaltigsten Wasserfälle Kanadas, die **Virginia Falls**. Ansonsten tost der Fluss durch tiefe Canyons und vorbei an dunklen Höhlen. Gewärmt wird er von Thermalquellen wie den **Rabbitkettle Hot Springs**. Elche, Wölfe, Grizzlys, Dallschafe und Schneeziegen streifen durch die Landschaft.

Paddeltouren sind eigentlich das Wesentliche, wofür der Nahanni bekannt ist. Wer auf eigene Faust unterwegs sein will, sollte aber ein geübter Wildwasserpaddler sein (für Stromschnellen Grad IV). Das ist kein Sonntagsausflug; hier sind schon Menschen tödlich verunglückt. Bitte immer im Parkbüro um Rat fragen und die Tourenveranstalter wegen der Vermietung der Ausrüstung kontaktieren.

☞ Geführte Touren

Rundflüge

Der einfachste Weg, den Park zu erkunden, ist per Flugzeug. Es gibt da mehrere Möglichkeiten, von reinen Rundflügen bis zu Exkursionen in Wasserflugzeugen, die auch dort landen. Ein typischer Rundflug folgt dem Nahanni stromaufwärts durch tiefe Canyons mit Landung direkt oberhalb der Virginia Falls. Bei anderen Flügen geht es noch weiter bis zum Glacier Lake.

Die Flüge kosten etwa 1850 C$ für ein viersitziges Flugzeug und 2775 C$ für ein sechssitziges. Reine Rundflüge ohne Landung sind preiswerter. Um noch Mitreisende zur Kostensenkung zu finden, sollte man die Fluggesellschaften vorab anrufen oder sich in der Stadt umhören. Die meisten Fluggesellschaften sitzen in Fort Simpson, aber solche, die zum Beispiel in Yellowknife ansässig sind, bringen ihre Passagiere auch hierher – natürlich zu einem entsprechenden Preis.

Paddeln

Rafting- und Kanutouren können bei einem eingetragenen Veranstalter gebucht werden. Je nach Entfernung kosten die Touren von 4000 bis zu 6500 C$. Am besten bucht man Monate im Voraus. Zum Kanufahren benötigt man einige grundlegende Kenntnisse, die Raftingboote, die von einem Führer gesteuert werden, sind entspannend und für jeden geeignet.

Die meisten Touren beginnen an den Moose Ponds, am Rabbitkettle Lake oder an den Virginia Falls, weil dort die Wasserflugzeuge landen können. Von den Moose Ponds zum Rabbitkettle Lake sind es etwa 160 km, größtenteils mit Wildwasser des Schwierigkeitsgrads III. Auf dem 118 km langen Abschnitt von Rabbitkettle zu den Wasserfällen schlängelt sich der Fluss wesentlich ruhiger durch ein breites Tal. Nachdem die Boote um die Wasserfälle herumgetragen wurden, geht es weitere 252 km auf dem Fluss zum Blackstone Territorial Park. Dabei kommt man zuerst durch tief eingeschnittene, atemberaubende Schluchten, bevor der breite Liard River erreicht wird. Die Tour auf dem unteren Flussabschnitt dauert sieben bis zehn Tage. Ab Rabbitkettle sind es 14 Tage, ab Moose Ponds 21 Tage.

Nahanni Wilderness Adventures ABENTEUERTOUR
(☎403-678-3374; www.nahanniwild.com) Ein renommierter Veranstalter mit Ausflugstouren von acht (4695 C$) bis zu 22 (6150 C$) Tagen.

Black Feather ABENTEUERTOUR
(☎705-746-1372; www.blackfeather.com) Zu den Angeboten dieses hervorragenden Veranstalters gehören spezielle Familien- oder Frauentouren.

Nahanni River Adventures ABENTEUERTOUR
(☎867-668-3180; www.nahanni.com) Hochgeschätztes Abenteuerreiseunternehmen mit erstklassigen Reiseleitern.

Schlafen

An den Flussufern ist Campen erlaubt. Es gibt acht ausgewiesene Campingplätze; der an den Virginia Falls und am Rabbitkettle Lake ist bewirtschaftet. An den Virginia Falls muss man reservieren, da die Platzzuweisung streng gehandhabt wird.

Praktische Informationen

Parkinformationen und Eintrittskarten gibt es bei **Parks Canada** (☎867-695-7750; www.parkscanada.gc.ca/nahanni; Ecke 100 St & 100 Ave; ⌚Juli & Aug. tgl. 8.30–12 Uhr & 13–17 Uhr, Sept.–Juni eingeschränkte Öffnungszeiten) in Fort Simpson. Die Tageskarte kostet 24,50 C$; wer länger bleibt, bezahlt eine Pauschale von 147,20 C$.

An- & Weiterreise

Wer auf eigene Faust unterwegs ist, muss ein Flugzeug mieten, um in den Park zu gelangen. Dazu setzt man sich mit einer Fluggesellschaft für Rundflüge in Verbindung.

Liard Trail

Der Liard Trail (Highway 7) zweigt vom Mackenzie Highway (Highway 1) ab und führt dann Richtung Süden durch das Liard Valley mit den Mackenzie Mountains auf der Westseite. Schwarzbären und Bisons gibt es zuhauf. Einzige Tankstelle ist in Fort Simpson und Fort Liard. Auf halber Strecke zwischen Checkpoint und Fort Liard liegt der **Blackstone Territorial Park** (Zeltplatz/Stellplatz 15/22,50 C$; ⌚Mai–Sept.; 🐾) mit einer Ausstellung zur dortigen Natur, mit Birken- und Fichtenwald als Schattenspender, kurzen Wanderwegen und Sicht auf die Berge und den Zusammenfluss des Liard und Nahanni River. Viele Kanutouren, die auf dem South Nahanni stattfinden, enden hier.

Fort Liard

Fort Liard hat dichte Wälder, saubere Holzhäuser und das mildeste Klima der Northwest Territories zu bieten. Die hier wohnenden Dene pflegen ihre alten Traditionen und stellen noch die mit Stachelschweinborsten verzierten Birkenrindenkörbchen her. Verkauft werden die Körbchen mitten im Ort bei **Acho Dene Native Crafts** (☎867-770-4161; www.adnc@.ca; Ecke Main St & Poplar Rd; ⌚Mo–Sa 9–19, So 9–17 Uhr), einem der besten Kunsthandwerksläden der NWT, der zugleich als Visitors Centre dient.

Kurz vor dem Dorf mit den knapp 600 Einwohnern ist der kostenlose, sehr primitive **Hay Lake Community Campground**, in dem es Trinkwasser und eine Außentoilette gibt. Das **Liard Valley General Store & Motel** (☎867-770-4441; Ecke Main St & Black Water Rd; EZ/DZ 125/150 C$, Zi. mit Küchenzeile 155 C$; ⊜❄) befindet sich am anderen Ende des Dorfes und hat zwölf geräumige Zimmer. Da es oft voll belegt ist, sollte man vor seinem Besuch reservieren.

Gegenüber von Acho Dene Native Crafts sind ein Café und eine Tankstelle. 38 km weiter südlich beginnt British Columbia.

SAHTU

Sahtu ist voller Berge und außer im Winter per Auto nicht zugänglich. Der Mackenzie, über den ein Fünftel Kanadas entwässert wird, verläuft hier und ist an manchen Stellen mehr als 3 km breit. Auf beiden Seiten ragen kahle Gipfel auf, die wie die Wächter einer der ursprünglichsten Regionen, die es auf der Erde noch gibt, aussehen. Ideal zum Wandern und Paddeln.

Norman Wells

730 EW.

Diese einstige Erdölsiedlung liegt an der arktischen Grenze, auf halbem Weg zwischen Fort Simpson und Inuvik. Sie ist Ausgangspunkt für Kanuten, Wanderer auf dem Canol Heritage Trail und Angler, die zum Great Bear Lake wollen.

Sehenswertes & Aktivitäten

Norman Wells Historical Centre MUSEUM
(www.normanwellsmuseum.com; Mackenzie Dr; Mo–Fr 10–17.30 Uhr, Sa 10–16 Uhr, So 12–16 Uhr) GRATIS Dieses Museum zeigt Ausstellungsstücke zur Regionalgeschichte, Geologie, Kunst und zum Kunsthandwerk und bietet Informationen zu den Flüssen und dem Canol Heritage Trail. Es gibt auch einen Souvenirshop.

Canoe North Adventures KANUFAHREN, WANDERN
(Mai–Sept. 867-587-4440, Okt.–Apr. 519-941-6654; www.canoenorthadventures.com; Beaver Lane; Juni–Sept.) Dieses hervorragende Unternehmen hat jahrzehntelange Erfahrung im Organisieren von wilden Kanutouren. Es organisiert auch Wanderexkursionen auf dem Canol Heritage Trail. An seiner Zentrale am Hafenbecken für Wasserflugzeuge North-Wright (Juni bis September geöffnet) verleiht es alles, was an Ausrüstung für Touren ohne Führer nötig ist und bietet auch Übernachtungsmöglichkeiten in Einzel- und Mehrbettzimmern mit Kochgelegenheit (60 bis 80 C$ pro Pers.).

Schlafen & Essen

Ärgerlicherweise liegt der **Campingplatz** (kostenlos) einige Kilometer flussaufwärts. Die Camper schlagen ihre Zelte meist an den Ufern des Flusses in Stadtnähe auf. Es gibt drei Hotels, die alle auch über ein Restaurant verfügen.

★ **Heritage Hotel** HOTEL $$$
(867-587-5000; www.heritagehotelnwt.com; 27 Mackenzie Dr; Zi. mit Frühstück 265 C$;) Dieses saubere und recht vornehme Hotel scheint in einem Arbeiterort wie Wells ein wenig fehl am Platze zu sein. Viele der blitzblanken Zimmer sind mit Blick auf den Fluss. Zusätzlich existiert ein Spa-Bereich, zudem auch ein angrenzender Golfplatz und das Restaurant Ventures (Hauptgerichte 17 bis 35 C$), das mit Hauptgerichten wie thailändisch mariniertem Steak das beste Esslokal der Stadt ist – es gibt ja auch kaum Konkurrenz.

An- & Weiterreise

North-Wright Airways (867-587-2333; www.north-wrightairways.com), **Canadian North** (www.canadiannorth.com) und First Air (S. 912) fliegen Yellowknife und Inuvik an.

Im Winter führt eine 333 km lange Eisstraße von Wrigley nach Norman Wells und verläuft noch weiter nördlich bis zum Colville Lake.

WESTLICHE ARKTIS

Dies ist die vielfältigste Region der NWT und umfasst das Mackenzie Delta, die Richardson Mountains und mehrere Inseln des kanadisch-arktischen Archipels. Hier gibt es einige Nationalparks, kleine Siedlungen von Ureinwohnern und das in Fertigbauweise erbaute Inuvik, das man über den wunderschönen Dempster Highway erreichen kann.

Inuvik

3463 EW.

Inuvik wurde 1955 als Verwaltungsstandort errichtet und liegt einige Dutzend Kilometer von der Mündung des Mackenzie River entfernt. Mit seinen regenbogenfarbenen Häuserreihen und seinem Gewirr an oberirdisch verlegten Heizungsrohren sieht es hier noch immer wie eine riesige Baustelle aus. Im Sommer, wenn die Sonne nie untergeht, kommen viele Besucher aus Yukon über den 747 km langen, holprigen, aber ungeheuer eindrucksvollen Dempster Highway.

Sehenswertes & Aktivitäten

Our Lady of Victory Church KIRCHE
(867-777-2236; 174 Mackenzie Rd) Das Wahrzeichen der Stadt ist Our Lady of Victory Church, die auch als Iglu-Kirche bezeichnet wird, mit einer prächtigen weißen Kuppel und einem wunderhübschen Inneren. Im Besucherzentrum (S. 933) kennt man die Öffnungszeiten.

Dempster Highway OUTDOOR-AKTIVITÄT
Das Beste, was man in Inuvik machen kann, ist raus aus der Stadt und die Landschaft erleben! Am einfachsten ist es dazu, den Dempster Highway zu fahren, der in westlicher Richtung in eine der eindrucksvollsten Gebirgslandschaften überhaupt führt. Es gibt viele Autoverleihfirmen.

CANOL HERITAGE TRAIL

Der Canol Heritage Trail verläuft 358 km südwestlich zur Grenze nach Yukon, von wo aus dann eine Straße zum Ross River und dem Highway-System von Yukon führt. Der Weg wurde unter enormen finanziellen und menschlichen Anstrengungen im Zweiten Weltkrieg gebaut, um Öl nach Whitehorse zu transportieren; „Canol" ist die Kurzform für „Canadian Oil." Das umfangreiche Projekt wurde 1945 eingestellt, weil der Krieg fast vorüber war und sich preiswertere Ölquellen gefunden hatten.

Die Strecke überquert Gipfel, Schluchten und Ödland. Es gibt Unmengen an Wild, und es müssen zahlreiche tiefe Flüsse überquert werden. Es gibt keinerlei Versorgungseinrichtungen, nur ein bisschen Schutz in den alten Quonset-Hütten (halbrunde Hütten aus gebogenem Wellblech). Wer die gesamte Länge erwandern will, muss mit drei bis vier Wochen rechnen, und die meisten Leute organisieren sich dafür Nahrungsmittel, die aus der Luft abgeworfen werden. Manche Besucher lassen sich von Norman Wells mit dem Hubschrauber einfliegen, um die interessantesten Abschnitte erreichen zu können. Northwest Territories Tourism (S. 915) gibt Hinweise auf entsprechende Veranstalter.

Geführte Touren

Die meisten Touren beinhalten Flüge über das ausgedehnte Delta des Mackenzie und die wilde Küste des Nordpolarmeers, wo die Baumgrenze erreicht ist und Pingos, Hügel mit einem Eiskern, der aus der Tundra aufbricht, die Landschaft prägen. Wer fotografieren will, sollte sich einen Platz im Heck des Flugzeugs suchen.

Arctic Adventures ABENTEUERTOUR
(White Huskies; ☎867-777-3535; www.whitehuskies.com; 25 Carn St) Das ganze Jahr über kann man sich im Auto über den Dempster Highway fahren lassen, und im Winter werden täglich Hundeschlittentouren (158 C$) mit wunderschönen, schneeweißen Huskys angeboten. Hier kann man auch Autos und Kanus ausleihen.

Up North Tours ABENTEUERTOUR
(☎867-678-0510; www.upnorthtours.ca; 69 Mackenzie Rd) Bietet verschiedene Touren an, darunter Flüge nach Tuktoyaktuk an der arktischen Küste (440 C$ pro Pers.), um Pinguine und Eishäuser zu sehen. Im Sommer kann man das Mackenzie-Delta befahren (pro Pers. 165 C$), im Winter ist man mit dem Schneemobil unterwegs.

Feste & Events

Sunrise Festival FEUERWERK
(☎867-777-2607; Anfang Jan.) Mit einem großen Feuerwerk auf dem Eis werden nach 30 Tagen Dunkelheit die ersten Sonnenstrahlen begrüßt.

Great Northern Arts Festival KUNST
(☎867-777-8638; www.gnaf.org; Mitte Juli) Das wichtigste Kunstfestival des Nordens zieht Bildhauer, Maler und andere Künstler aus der gesamten Polarregion an. Ideal, um arktische Kunstwerke zu erwerben, deren Entstehung mitzuerleben und an kulturellen Veranstaltungen teilzunehmen.

Schlafen

Jàk Park Campground CAMPINGPLATZ $
(☎867-777-3613; www.campingnwt.ca; Zeltplatz/Stellplatz 15/28 C$; Juni–Aug.;) Dieser hübsche, staatlich betriebene Campingplatz liegt etwa 6 km südlich der Stadt am Dempster Highway und bietet heiße Duschen und Holz für Lagerfeuer. Man hat eine gute Sicht auf das Delta, und die leichte Brise hält die Moskitos ein bisschen auf Abstand. In der Innenstadt gibt es noch einen weiteren Campingplatz.

★ **Arctic Chalet** GÄSTEHAUS $$
(☎867-777-3535; www.arcticchalet.com; 25 Carn St; Zi. 100–200 C$;) Mit seinen sonnigen Zimmern, 3 km von der Stadt auf einer Lichtung im borealen Nadelwald gelegen, ist das Arctic Chalet die beste Unterkunft in Inuvik. Jedes Gebäude hat eine einfache Küchenausstattung, und es gibt eine Einzelhütte. Einige Zimmer sind en suite. Der Eigentümer verleiht Kanus, Kajaks und Autos, bietet Hundeschlittentouren an und gibt gute Tipps für die Angebote und Möglichkeiten in der Region.

Nova Inn HOTEL $$
(☎867-777-6682; www.novainninuvik.ca; 300 Mackenzie Rd; EZ/DZ 135/175 C$;) Es gibt gegenwärtig drei hübsche Hotels in Inuvik, und alle sind für diesen Breitengrad recht

gut. Das Nova verdient viel Lob wegen seines hilfsbereiten Personals, der vernünftigen Preise und der hübschen, geräumigen, gut ausgestatteten Zimmer mit bequemen Betten und gasbetriebenen Feuerstellen.

Polar B&B B&B $$
(☎867-777-2554; www.polarbedandbreakfast.com; 75 Mackenzie Rd; EZ/DZ 105/115 C$) In diesem B&B gibt es vier große Zimmer mit Bad und WC auf dem Flur, einen Gemeinschaftsraum und eine Küche. Es liegt sehr zentral über dem faszinierenden Buchladen, der vom selben Eigentümer wie das B&B geführt wird.

Essen

Café Gallery CAFÉ $
(☎867-777-4829; 90 Mackenzie Rd; Snacks 4–12 C$; ⏲Mo–Sa 8–17 Uhr) Das beste Café der Stadt macht guten Kaffee und Espresso und ist bei den Einheimischen wegen des Latte macchiato und der Möglichkeit zum Plaudern beliebt. Es gibt hier auch Suppen, Muffins und andere Snacks.

★ **Tonimoes** KANADISCH $$
(☎867-777-2861; 185 Mackenzie Rd; Mittagessen 10–13 C$, Hauptgerichte am Abend 12–36 C$; ⏲7–14 Uhr & 17–21 Uhr) Dieser stimmungsvoll dämmrig beleuchtete Speiseraum im Mackenzie Hotel gehört zum einzigen ansehnlichen Esslokal der Stadt. Hier bekommt man die üblichen Frühstücksgerichte, zum Mittag Burger und abends ein Essen aus Fleisch und Meeresfrüchten (Surf and Turf).

Praktische Informationen

Parks Canada (☎867-777-8800; www.pc.gc.ca; 187 Mackenzie Rd; ⏲Juni–Aug. 8.30–17 Uhr, Sept.–Mai reduzierte Öffnungszeiten) Infos zu den Nationalparks Tuktut Nogait, Ivvavik und Aulavik. Parkbesucher müssen sich hier an- und abmelden.

Western Arctic Regional Visitors Centre (☎867-777-4727, außerhalb der Saison 867-777-7237; www.inuvik.ca; 284 Mackenzie Rd; ⏲Mai–Sept. 9–20 Uhr) Hier gibt es Info-Unterlagen für Touristen, eifriges Personal und eine Ausstellung zur Natur der Region.

An- & Weiterreise

AUTO

Arctic Chalet Car Rental (www.arcticchalet.com; 25 Carn St) und **NorCan** (☎867-777-2346; www.norcan.yk.ca) verleihen Fahrzeuge, auch am Flughafen. Wenn man mit dem Auto unterwegs ist, sollt man sich auf jeden Fall über den Straßenzustand auf dem Dempster Highway und die nötigen **Fährverbindungen** (☎800-661-0750; www.dot.gov.nt.ca und www.511yukon.ca) erkundigen.

FLUGZEUG

Der Flughafen liegt 14 km südlich der Stadt. **Town Cab** (☎867-777-4777) nimmt 25 C$ zur Innenstadt.

Air North (www.flyairnorth.com) fliegt nach Dawson City, Old Crow und Whitehorse. **Aklak Air** (www.aklakair.ca) fliegt Tuktoyaktuk, Paulatuk und Sachs Harbour an und bietet zudem Charterflüge in die Nationalparks. Canadian North (S. 912) und First Air (S. 912) fliegen nach Norman Wells und Yellowknife.

Tuktoyaktuk

850 EW.

Etwa 140 km nordöstlich von Inuvik liegt an der sturmgepeitschten Küste der Ort Tuktoyaktuk, der lange Zeit die Heimstätte der walfischenden Inuit war und heute der Standort für die Erforschung von Öl- und Gasvorkommen in der Beaufort Sea ist.

Im Sommer können Herden von Belugawalen gesichtet werden. Auf der Tuk Peninsula kann man die weltweit größte Dichte an Pingos sehen. Gut 1400 dieser riesigen Erdhügel, die sich über einen Kern aus Eis wölben, liegen hier verstreut und wurden als **Pingo Canadian Landmark** ausgewiesen. Das **Dorfbüro** (☎867-977-2286; http://tuktoyaktuk.lgant.ca) bietet weitere Informationen zu Angeboten in der Region.

Es gibt eine Militärbasis aus der Zeit des Kalten Krieges, einige **Walfangstationen** und zwei bezaubernde **Kirchen**. Es wird gerade ein Highway von Inuvik aus gebaut, aber bis zur Fertigstellung im Jahre 2018 stellt die winterlichen Eisstraße den einzig möglichen Landweg dar. Die meisten Besucher kommen für einen Tag per Flugzeug von Inuvik hierher.

Tuktut Nogait National Park

In diesen unberührten Park ziehen sich die Bluenose-Karibus zum Kalben zurück. Hier kann man auch wunderbar Greifvögel und Pinguine beobachten. Die wunderschönen Canyons sind vielfach begehbar. Es gibt keine Tankstellen oder sonstige touristische Einrichtungen. Informationen geben Parks Canada (S. 930) in Inuvik. Um hierher zu gelangen, sollte man zunächst nach Paulatuk, 45 km westlich des Parks, fliegen. Dort findet man auch Reiseleiter.

Banks Island

Banks Island treibt auf den Wellen im Nordpolarmeer und hat für arktische Verhältnisse einen hohen Wildtierbestand. Vor allem Moschusochsen sind hier eher mal zu sehen als sonst irgendwo auf der Welt. In die beiden Vogelschutzgebiete der Insel kommen im Sommer Schwärme von Schneegänsen und Meeresvögeln. Die kleine Inuvialuit-Siedlung **Sachs Harbour** ist der einzige Ort der Insel. Am Nordzipfel der Insel liegt der selten besuchte, 12 275 km² große **Aulavik National Park**. Hier findet sich die weltweit größte Populationsdichte von Moschusochsen, aber auch Ödland, Tundra und archäologische Stätten. Tipps für die Reise in den Park geben Parks Canada (S. 933) in Inuvik. **Aklak Air** (☎ 867-777-3555; www.aklakair.ca) fliegt drei Mal pro Woche von Inuvik nach Sachs Harbour.

Nunavut

Inhalt ➡

Gut essen

- ➡ Granite Room (S. 942)
- ➡ Dorset Suites (S. 946)
- ➡ Gallery (S. 942)

Schön übernachten

- ➡ Dorset Suites (S. 946)
- ➡ Accommodations by the Sea (S. 941)
- ➡ Discovery Lodge Hotel (S. 941)
- ➡ Nanuq Lodge (S. 949)
- ➡ Nunattaq Suites (S. 941)

Auf nach Nunavut!

Man stelle sich eine baumlose, von Eis überzogene Wildnis, geplagt von gnadenlosem Wetter, vor, mit einer Bevölkerungsdichte, die Grönland überbevölkert erscheinen lässt. Dazu kommen Eisbären, Narwale, Weißwale und eine verstreut lebende Inuit-Bevölkerung, die sich eine Landschaft unterworfen hat, die Fremden zu rau war, um sie zu kolonisieren. Nunavut ist unter allen Provinzen und Territorien Kanadas am größten und am dünnsten besiedelt – eine mythische Ansammlung unbewohnter Inseln in einem kalten Meer, die trotz klimatischer und geografischer Extreme existiert. Besucher stehen vielen Hindernissen gegenüber, nicht zuletzt ständigen Schneestürmen, dem Fehlen von Straßen und hohen Reisekosten. Aber wer sich diesen Schwierigkeiten stellt, genießt freundliche Aufnahme in den Gemeinden und hinreißende Naturwunder. Außerdem das Privileg, zu einer Gruppe furchtloser Pioniere zu gehören, die wissen, dass sie nahezu unberührten Boden betreten.

Reisezeit

Iqaluit

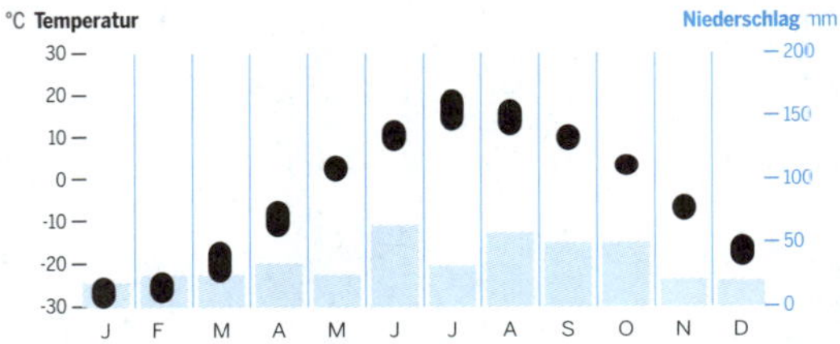

Juli & Aug. Die beste Reisezeit während der nur kurzen und sehr aktiven Sommerzeit.

April & Mai Die ideale Zeit für Fahrten mit dem Hundeschlitten und für andere Schneeaktivitäten.

Juni Die Zeit der Mitternachtssonne fällt zusammen mit dem Alianait Arts Festival in Iqaluit.

Highlights

1 Die steilsten Klippen der Welt im **Auyuittuq National Park** (S. 945).

2 Eisbären aus Speckstein in **Cape Dorset** (S. 946).

3 Saibling, Karibu und Moschusochse in den Esslokalen von **Iqaluit** (S. 942) kosten – ein ungewöhnliches Speiseerlebnis.

4 Ein Spaziergang durch die Mondlandschaft von **Resolute** (S. 947), wo trotz vier Monaten Mitternachtssonne nichts wächst.

5 Kanu fahren zwischen Wasserfällen und Karibus auf dem **Soper River** (S. 943).

6 Tiere beobachten am Rand der Eisschollen des Pont Inlet oder in den großen Vogelschutzgebieten des **Sirmilik National Park** (S. 947).

7 Richtig weit nach Norden gelangen im **Quttinirpaaq National Park** (S. 948).

8 Vom Boot aus Tiere in nächster Nähe beobachten im **Ukkusiksalik National Park** (S. 949).

Geschichte

Nunavut ist seit mehr als 4000 Jahren besiedelt, obwohl die Inuit (Thule) erst vor rund tausend Jahren von Westen kamen. Sie lebten als Nomaden, jagten je nach Jahreszeit Wild und schufen eine erstaunlich gut vor dem Klima geschützte Kultur.

Wahrscheinlich erreichten Wikinger Baffin Island (in den Sagas Helluland genannt); später, 1576, kam Martin Frobisher auf der Suche nach der Nordwestpassage. Im Lauf der Jahrhunderte kamen weitere Forscher (darunter Sir John Franklin, der 1845 hier verschwand), Walfänger, Händler und Missionare. In diesem weiten Land beeinflussten die Besucher das Leben der Inuit nur wenig.

Nach dem Zweiten Weltkrieg erkannte Kanada endlich die strategische Bedeutung der Arktis. In den 1950er- und 1960er-Jahren siedelte man Inuit in Dörfern an, manchmal sogar nördlich des Polarkreises, um die kanadischen Ansprüche zu unterstreichen.

In den 1960er- und 1970er-Jahren führte das wachsende politische Bewusstsein zum Traum von der Selbstverwaltung der Inuit. Nach langjährigen Verhandlungen löste sich Nunavut 1999 von den Northwest Territories und wurde ein eigenes Territorium.

Geografie & Klima

Das riesige Nunavut erstreckt sich in Kanadas Nordosten. Etwa die Hälfte – das Festland – sind die "Barrenlands", eine weite Hügellandschaft aus Felsen und Tundra, durchströmt von einigen großen Flüssen. Noch unwirtlicher sind die arktischen Inseln, die nördlich von Ellesmere Island verstreut liegen, nicht weit vom Nordpol, und östlich der riesigen Baffin Island, wo hohe Berge aufragen.

Es ist frostig. Schnee regiert von September bis Juni das Land, gnadenlose Winde lassen die Kälte noch unerträglicher scheinen. Von Juli bis Mitte August ist Sommer; dann taut das Meer unter der unentwegt scheinenden Sonne auf.

TOURISTENINFORMATION

Nunavut Tourism (866-686-2888; www.nunavuttourism.com) bietet Hilfe für Besucher des Territoriums. Die Website gibt sehr viele Informationen. Hier werden Anfragen beantwortet und das tolle Magazin *Explore Nunavut* (auch zum Downloaden) verschickt.

NUNAVUT KURZINFOS

- Bevölkerung: 31 900
- Fläche: 2 038 722 km²
- Hauptstadt: Iqaluit
- Kuriose Fakten: In Nunavut gibt es mehr Eisbären (17 000) als Männer (16 400) oder Frauen (15 500).

Die 26 Gemeinden des Territoriums liegen unglaublich isoliert; sie vertrauen auf Flugzeuge und im Juli auf die Schiffe, die dann die Vorräte für ein ganzes Jahr zu ansonsten unzugänglichen Häfen bringen. Die Häuser stehen auf Pfählen, um die Wirkung der grimmigen Winde zu verringern. Wasser ist rationiert und wird täglich per Tankwagen aus einem zentralen Depot angeliefert.

An- & Weiterreise

Nunavut ist im Großen und Ganzen ohne Straßen; die einzige Reisemöglichkeit sind (extrem teuere) Flüge. Iqaluit wird ab Montréal, Ottawa und Yellowknife angeflogen. Cambridge Bay ist mit Yellowknife verbunden und Rankin Inlet mit Yellowknife und Winnipeg. Kleinere Gemeinden erreicht man von diesen drei Knotenpunkten aus. Von Juni bis August gibt es zweimal wöchentlich Flüge zwischen Iqaluit und Nuuk auf Grönland.

Standby-Flüge halbieren den Preis normaler Flüge. Im Winter sind die Chancen gering, da der Fischtransport den Vorrang hat und häufig wetterbedingt Flüge abgesagt werden, aber im Sommer können flexible Reisende so einiges Geld sparen.

Achtung: Handys funktionieren nur in ganz wenigen Bereichen. Der einzige Anbieter ist die Firma Bell.

IQALUIT

6699 EW.

Die Hauptstadt von Nunavut, Iqaluit, ist ein eigenartiger Ort. In den staubigen, mit Unrat übersäten Straßen vor einer spektakulären Naturkulisse lebt eine faszinierende Mischung aus Inuit-Geschäftsleuten, -Politikern und -Aussteigern, Neuankömmlingen aus Kanada (und von weiter her), die wegen der hohen Gehälter, die hier gezahlt werden, kommen. Dazu sieht man gigantische SUVs mit ausgesprochen höflichen Fahrern am Steuer, die sich auf wenige Straßenkilometer beschränken müssen, und bellende Hunde, die ihr Revier gegen große herrische Raben verteidigen.

Iqaluit eignet sich als Startpunkt in die Region; es verfügt über gute Hotels und Restaurants sowie attraktive Naturwunder in der Nähe.

Geschichte

Jahrhundertelang kamen die nomadischen Inuit im Sommer an den Sylvia Grinnell River, um im trüben Wasser mit dem Speer Saiblinge zu jagen. Sie nannten das Gebiet Iqaluit: Ort des Fisches.

1576 tauchte der englische Kapitän Martin Frobisher auf der Suche nach der Nordwestpassage hier auf. Er fand glitzerndes gelbes Erz und segelte mit reicher Beute an wertlosem Pyrit (Katzengold) nach Hause.

Die hier ansässigen Inuit fischten weiter, gelegentlich von Walfängern, Forschern oder Missionaren gestört. Während des Zweiten Weltkriegs entstand hier ein amerikanischer Flugplatz. Nach dem Krieg blieb das kanadische Militär und der Vorposten mit Namen Frobisher Bay wurde zum Verwaltungszentrum der östlichen Arktis.

1995 entschieden sich die Wähler für Iqaluit – das nun offiziell so hieß – als Hauptstadt von Nunavut. Seither hat sich die Bevölkerung mehr als verdoppelt.

Sehenswertes & Aktivitäten

Trotz schwammigem, unebenem Boden ist das weite Land um Iqaluit für Wanderer ein Vergnügen. Es gibt nur wenige Wege, aber ohne Bäume kann man sich kaum verlaufen.

★ Nunatta Sunakkutaangit Museum MUSEUM, GALERIE

(☎867-979-5537; Sinaa St; ⌚13–17 Uhr) GRATIS Neben einer Dauerausstellung von Inuit-Artefakten präsentiert dieses freundliche kleine Museum in einem ehemaligen Gebäude der Hudson's Bay Company exzellente Wechselausstellungen zeitgenössischer Kunst. Zusätzlich gibt es hier einen interessanten Museumsladen.

Sylvia Grinnell Territorial Park PARK

(www.nunavutparks.ca; Iqaluit Rd) Dieser Park, 2 km südwestlich der Stadt und vom gleichnamigen Fluss durchzogen, vermittelt ein gutes Gefühl für die regionale Landschaft. Verschiedene kurze Wege (einfache Strecke 25 bis 45 Minuten) führen zu einem Wasserfall, Stromschnellen und Klippen.

Gesetzgebende Versammlung BEMERKENSWERTES GEBÄUDE

(☎867-975-5000; www.assembly.nu.ca; Federal Rd; ⌚Mo–Fr 9–17 Uhr, Führungen Juni–Aug. 13.30 Uhr oder nach Vereinbarung) GRATIS Nunavuts Fertigbau-Parlament ist kein säulenverzierter Prachtbau, doch es trägt traditionelle Züge wie mit Seehundsfell bezogene Bänke und einen Amtsstab aus einem Narwal-Stoßzahn. Das Foyer schmückt einheimische Kunst.

Apex STADTVIERTEL

5 km vom Ortszentrum ist Apex heute der Strandvorort von Iqaluit. Doch ursprünglich begannen die nomadischen Inuit hier zu siedeln als das moderne Iqaluit noch ein Militärstützpunkt war. Am Wasser liegt der fotogene Komplex des **Hudson Bay Tra-**

ARKTISCHE PAUSCHALANGEBOTE

Unabhängiges Reisen bietet die Möglichkeit von ausgetretenen Pfaden abzuweichen, Geld zu sparen und die Wirklichkeit kennenzulernen – außer, vielleicht, in Nunavut. Hier sollten sich auch unabhängige Reisende überlegen, eine Pauschalreise zu buchen: Nur Gruppen erhalten Preise, die die Arktis erschwinglich werden lassen.

Vor allem Kreuzfahrten bieten Besuche in einigen Gemeinden von Nunavut sowie ausgezeichnete Möglichkeiten zur Tierbeobachtung. Natürlich ist eine Kreuzfahrt für 5000 C$ teuer, aber Einzelreisende geben in der gleichen Zeitspanne mindestens genauso viel Geld aus. Die **Great Canadian Adventure Company** (☎780-414-1676; www.adventures.ca) bietet ein gutes Preis-Leistungs-Verhältnis; die von Inuit betriebene Firma **Cruise North** (☎866-263-3220; www.cruisenorthexpeditions.com) verfügt über ein breites Angebotsspektrum.

Es gibt zahlreiche Touren: von geführten Wanderungen in Nationalparks bis hin zu Trips zu Lodges in der Wildnis, wo Fuchs und Hase sich gute Nacht sagen und wo sich gute Möglichkeiten zur Tierbeobachtung bieten. Details gibt es bei **Nunavut Tourism** (☎866-686-2888, 867-979-6551; www.nunavuttourism.com).

KULTUR UND SPRACHE DER INUIT

Die meisten Einwohner von Nunavut sind Inuit (Einzahl: Inuk), deren Übergang von einer Nomadenkultur zur fest ansässigen Bevölkerung schnell verlief. Viele der heutigen Inuit-Ältesten (der Gebrauch der Bezeichnung „Eskimo" gilt als unsensibel und beleidigend veraltet) wuchsen als Nomaden auf, die auf ihren Wanderungen von Jagdgrund zu Jagdgrund in Zelten aus Seehundsfell oder Iglus lebten.

Der rasche Wandel ist nicht problemlos verlaufen. Alkoholmissbrauch, Drogen, mangelnde Chancen, Fettleibigkeit, Kriminalität und Selbstmord sind häufig zu finden. Trotzdem herrscht in Nunavut noch immer Optimismus und es kann ein sehr freundliches Gebiet sein.

Die Bevölkerung konzentriert sich fast ausschließlich in Siedlungen, die häufig ziemlich baufällig wirken. Im Herzen sind die meisten Inuit noch Jäger und Sammler: Auch wenn die Mittel sich geändert haben, bestimmt weiterhin die Natur mit ihrem Rhythmus das Leben. Die Jagd ist heilig.

Inuktitut ist die Hauptsprache von 70 % der Nunavummiut, für einige sogar die einzige Sprache. Sie ist nicht einfach, vor allem schwierig zu lesen, weil sie in Silben geschrieben wird.

Doch Besucher kommen in der Regel mit Englisch gut zurecht, wobei natürlich die Kenntnis einiger Inuit-Wörter Sympathien schafft.

Wie geht es Ihnen? *Qanuippit?*
Danke *Nakurmiik*
Ja *Ii*
Guten Morgen *Ullaakkut*
Mir geht es gut *Qanuinngitunga*
Bitte *Ilaali*
Nein *Aakka*
Guten Tag *Unnusakkut*

ding Post. Eine interessante Wanderung führt vom Ortszentrum am hügeligen Ufer entlang hierher. Bei Ebbe gelangt man an Apex vorbei zur **Tarr Inlet**.

Qaummaarviit Territorial Park INSEL
(www.nunavutparks.ca) Diese kleine Insel in der Bucht liegt 12 km Bootsfahrt von Iqaluit entfernt und beherbergt ein 750 Jahre altes Winterlager der Inuit (Thule). Es gibt gut erhaltene Grassodenhäuser und einen Begräbnisplatz. Bei Interesse für die schöne Halbtagestour wendet man sich an Veranstalter in Iqaluit.

Geführte Touren

Auskunft über verfügbare Touren und Veranstalter gibt die Website von Nunavut Tourism (www.nunavuttourism.com) oder das Besucherzentrum. Zeitig reservieren.

Arctic Kingdom ABENTEUERTOUR
(☎867-979-1900, 867-222-3995; www.arctickingdom.com; Hotel Arctic, Bldg. 923, Federal Rd) Dieser Anbieter organisiert alles von halbtägigen Wanderungen, Bootsfahrten oder Schneemobiltrips in der Umgebung von Iqaluit bis zu mehrtägigen Tierbeobachtungen in ganz Nunavut. Die beste Anlaufadresse für Kurzentschlossene.

Inukpak Outfitting ABENTEUERTOUR
(☎867-222-6489; www.inukpakoutfitting.ca) Inukpak verleiht aufblasbare Kanus, komplette Campingausrüstungen, Satellitentelefone und gute Schutzkleidung gegen die Kälte. Im Aktivitätenangebot sind auch Hundeschlitten- und Schneemobilfahrten sowie Iglubauen im Winter, Wanderungen, Kanufahrten und Kajaktouren auf dem Meer im Sommer.

Northwinds Arctic Adventures ABENTEUERTOUR
(☎867-979-0551; www.northwinds-arctic.com) Diese erfahrenen Profis führen verschiedene Expeditionen in die Arktis und Hundeschlittenfahrten; sie haben schon zahlreiche Fernsehteams aus aller Welt bei Dokumentationen über diese Landschaft geführt.

Feste & Events

Alianait Arts Festival KULTUR
(www.alianait.ca; Ende Juni–Anfang Juli) Eine mittsommerliche Feier der Inuit-Kultur mit Kunst, Musik, Film, Geschichtenerzählen, Essen und einem Zirkus. Manchmal werden auch Veranstaltungen wie ein „Robben-Erntedank" und Konzerte zum National Aboriginal Day (21. Juni) eingebunden.

Schlafen

Die einzige preiswerte Übernachtungsmöglichkeit ist Camping. Alles andere muss rechtzeitig gebucht werden und kostet richtig viel. Hotels bieten die kostenlose Abholung vom Flugplatz.

Sylvia Grinnell Territorial Park CAMPINGPLATZ $
(Iqaluit Rd; Stellplatz frei;) Außer Plumpsklos gibt es hier keinerlei Einrichtungen. Es ist besser nach der Einfahrt die Straße nach rechts zu nehmen, als weiter zur Hütte auf dem Hügel zu fahren.

★ **Accommodations by the Sea** B&B $$
(867-979-0131; www.accommodationsbythesea.ca; Bldg. 2536, Paurngaq Cr; EZ/DZ mit Frühstück ab 129/149 C$; @) Einen halbstündigen Spaziergang vom Ortszentrum entfernt liegt dieses B&B mit Blick auf die Bucht am Ende der Straße. Es ist ein modernes, komfortables Holzhaus im Chalet-Stil. Die Gäste können die Küche mitbenutzen, Lebensmittel für das Frühstück sind vorhanden. Die Lounge bietet einen großartigen Blick, aber auch die Möglichkeit DVDs anzusehen. Die Zimmer sind gemütlich – die preiswerteren teilen sich ein Gemeinschaftsbad. Das Haus ist mit (für Nunavut) ordentlichem WLAN ausgestattet. Die Abholung vom Flugplatz ist inbegriffen.

★ **Discovery Lodge Hotel** HOTEL $$$
(867-979-4433; www.discoverylodge.com; Bldg. 1056, Mivvik St; EZ/DZ/Suite 225/245/320 C$;) Zwischen Flugplatz und Zentrum gelegen, hebt sich dieses vor Kurzem renovierte Hotel von den eintönigen anderen Unterkünften des Ortes deutlich ab. Große Flachbildfernseher, lauschige Badezimmer, reichlich Schrankplatz und ein Hauch von Kunst sorgen für einen angenehmen Aufenthalt. Details wie kostenlose Erledigung der Wäsche und Sofas in den Business Suites sind das Tüpfelchen auf dem i.

Nunattaq Suites B&B $$$
(867-975-2745; www.nunattaqsuites.com; Bldg. 4141, Imiqtarviminiq Rd; Zi. 189 C$;) Dieses makellose, große, gut ausgestattete blaugraue Haus im oberen Teil des Ortes eignet sich gut als Stützpunkt. Von den hübschen bequemen Zimmern mit schrägen Wänden und ausgezeichneten modernen Bädern reicht der Blick weit über einen kleinen See. Gäste dürfen auch die Küche, die Wäscherei und die Lounge sowie den Balkon mit Grill benutzen. Der freundliche Gastgeber begrüßt seine Gäste herzlich und bringt täglich die Zimmer in Ordnung.

Capital Suites HOTEL $$$
(867-975-4000; www.capitalsuites.ca; Bldg. 807, Aviq St; Studio/Suite 200/260 C$; @) Geräumige Zimmer, meist Suiten mit Kitchenette, strafen die etwas billig wirkende Lobby Lügen. Suiten mit zwei oder drei Schlafzimmern eignen sich perfekt für Familien oder Gruppen. Das Hotel liegt sehr zentral, aber abseits der Hauptstraße.

Frobisher Inn HOTEL $$$
(867-979-2222; www.frobisherinn.com; Astro Hill Tce; Zi. 260 C$, Suite 300–320 C$; @) Auf dem Hügel gelegen, bietet das „Frobe" gute Einrichtungen, darunter einen Gemischtwarenladen, Restaurants, ein Fitnessstudio und ein Business-Center. Die modernen Zimmer sind warm und in freundlichen Farben gehalten, mit Flachbildfernseher und Kaffeemaschine ausgestattet. Die Zimmer zur Bucht bieten eine großartige Aussicht. Die Badezimmer sind klein.

EXTREM

- Mit mehr als 2 Mio. km² ist die Fläche von Nunavut größer als die der meisten bevölkerungsreichen Staaten der Welt, darunter auch Mexiko und Indonesien. Wäre es ein eigenständiger Staat, stünde es auf Platz 13 in der Welt.
- Die gesamte Bevölkerungszahl entspricht der von Gibraltar (z. Vgl.: Fläche 6,8 km²).
- Nunavut hat mit Abstand die höchste Geburtenrate aller kanadischen Provinzen oder Territorien.
- Das Gebiet besitzt nur 21 km Staatsstraßen und fast keine Bäume.
- Hier lebt fast die Hälfte aller Eisbären der Welt.
- Alert (82° 30' nördlicher Breite) auf Ellesmere Island ist die nördlichste dauerhaft bewohnte Siedlung der Welt.

Hotel Arctic HOTEL $$$

(☎867-979-6684; www.hotelarctic.ca; Bldg. 923, Federal Rd; Zi. 220–250 C$, Suite 300 C$; 📶) Die Zimmer im zentral gelegenen Hotel sind ein bisschen langweilig, aber geräumig mit einem guten Schreibtisch und Bürostuhl, Möglichkeiten, um Snacks zuzubereiten, und kleinen Badezimmern. Es gibt einen Fitnessraum und ein Reisebüro im Haus. Im nahe gelegenen Schwesterhotel stehen Computer zur Verfügung.

Essen & Ausgehen

Die besten Restaurants befinden sich in den Hotels. In der Regel gibt es große Portionen zu noch größeren Preisen (das meiste muss eingeflogen werden). Arktische Spezialitäten wie Saibling, Karibu oder Moschusochse sind auf den Speisekarten weit verbreitet.

In Iqaluit werden die meisten Verbrechen und Selbstmorde in Verbindung mit Alkohol begangen, deshalb herrschen in dieser Hinsicht strikte Regeln. Alkoholische Getränke werden nur in Hotels serviert. Es gibt keinen Spirituosenladen. In anderen Gemeinden Nunavuts wird überhaupt kein Alkohol ausgeschenkt.

Caribrew Café CAFÉ $

(www.frobisherinn.com; Astro Hill Tce; kleine Mahlzeiten 5–10 C$; ⌚Mo–Fr 7–18, Sa & So 9–16 Uhr) Dieser ansprechende Platz nimmt einen erweiterten Korridor im Frobisher Inn ein. Das Café bietet einen warmen Unterschlupf bei Wind sowie Kaffee, Bananenkuchen, Salate und Sandwiches zu vernünftigen Preisen.

Grind & Brew CAFÉ $$

(☎867-979-0606; Sinaa St; Hauptgerichte 21–28 C$, Pizzas 17–31 C$; ⌚6–18 Uhr, Lieferung später) Es gibt keinen raffinierten Cappuccino: Iqaluits freundliches Arbeitercafé am Hafen, die Straße hinunter vom Museum, bietet ganz einfach Kaffee, herrlich fettige Sandwiches zum Frühstück und Pizza sowie asiatische Gerichte (Lieferung möglich).

Yummy Shawarma & Pizza KEBAB $$

(☎867-979-1515; Bldg. 1085E, Mivvik St; Schawarma 10–15 C$, Pizza 24–32 C$; ⌚Mo–Sa 11–22, So bis 19.30 Uhr) Es ist hier eine große Neuigkeit, wenn eine neue Küche in den Ort kommt – und nun hat Nunavut sein erstes Kebab-Lokal mit einem hübschen libanesisch inspirierten Essbereich. Die Auswahl auf der Speisekarte reicht von Schawarma und Pizza bis zu Weinblättern, Tabuleh und Baklava. Lieferung möglich.

★ **Granite Room** FRANZÖSISCH, FUSION $$$

(☎867-979-4433; www.discoverylodge.com; Bldg. 1056, Mivvik St; Hauptgerichte 54–63 C$; ⌚6.30–9, 12–14, 18–21 Uhr) Nunavuts Toprestaurant im Discovery Lodge Hotel ist deutlich besser und einfallsreicher als die Konkurrenz. Der französische Einfluss lässt sich nicht leugnen, doch auf der Karte finden sich auch typische nördliche Speisen wie Seesaibling oder Karibu. Die hausgemachten Desserts sind ebenfalls ein Genuss. Am Sonntag um 11 Uhr gibt es Brunch (45 C$); es ist das beste Brunch für viele, viele Meilen.

Gallery KANADISCH $$$

(☎867-979-2222; Astro Hill Tce; Gerichte 34–50 C$; ⌚Mo–Fr 7–10.30, 11.30–13.30 & 17–20.30 Uhr, a & So ab 8 Uhr; 👪) Ein sehr beliebtes Restaurant im Frobisher Inn, das leckere Pastagerichte sowie gutes Steak und nördliche Küche serviert, darunter Karibu, Moschusochse und Saibling. Der Blick auf die Bucht ist schön, das Personal freundlich.

Water's Edge & Kickin' Caribou STEAKHAUS, BAR $$$

(☎867-979-4726; www.hotelarctic.ca; 923 Federal Rd; Hauptgerichte 24–55 C$; ⌚Restaurant 7–10, 11.30–14 & 17–20.30 Uhr, Pub Mo–Sa 12–15 & 16–24, Sa 11–16 Uhr) Durch die vielen Fenster strömt reichlich natürliches Licht (im Sommer sowieso) und sorgt für Entspannung beim Genuss eines Steaks oder von Meeresfrüchten. Bei durchschnittlicher Qualität sind die Portionen ansehnlich. Das angeschlossene Pub bietet auch noch zu späterer Stunde preiswerte Mahlzeiten (12–22 C$). An Wochenenden geht es manchmal etwas rau zu, aber meist herrscht eine freundliche Atmosphäre.

Storehouse Bar & Grill BAR

(Astro Hill Tce; ⌚Mo–Sa 17–0.30 Uhr) Das wichtigste Nachtlokal des Ortes bietet jedem etwas: Pub, Billardsalon, Sportbar und Disko. Auch das Essen (Pizza, Burgers, Spareribs; Hauptgerichte 10–22 C$) ist gut, Bier gibt es allerdings nur aus der Dose.

Shoppen

Inuit-Drucke, -Schnitzarbeiten und -Teppiche besitzen Weltruhm und sind an vielen Plätzen in Iqaluit erhältlich – allerdings haben sie ihren Preis. Wesentlich günstigere Preise für weniger authentische Stücke bieten Hausierer, die auf der Straße und in Hotelrestaurants potenzielle Kunden ansprechen.

Rannva KLEIDUNG
(☎867-979-3183; www.rannva.com; Bldg. 3102, Angel St; ⏲16–18 Uhr oder nach Vereinbarung) In Apex kreiert die Designerin Rannva Erlingsdóttir Simonsen, die von den Färöern stammt, wunderschöne Kleidung aus Seehunds- und anderen Fellen.

Carvings Nunavut KUNSTHANDWERK
(www.carvingsnunavut.com; Bldg. 626, Queen Elizabeth Way; ⏲9Mo–Fr 9–17, Sa & So 11–15 Uhr) Versteckt in einem Gebäude an der Tumiit Plaza gibt es hier ein ausgezeichnetes Sortiment an Inuit-Skulpturen und nicht gerade die schlechtesten Preise des Ortes.

Arctic Ventures BÜCHER, SOUVENIRS
(Queen Elizabeth Way; ⏲Mo–Sa 10–22, So 13–22 Uhr) Im Obergeschoss dieses bunt gemischten Ladens gibt es eine ausgezeichnete Auswahl an Büchern über die Arktis, CDs und Souvenirs. Die Besitzer betreiben auch einen Laden am Flugplatz.

Praktische Informationen

Achtung: In Nunavut ist die Notrufnummer nicht 911. Rettung, Feuerwehr und Polizei siehe unten.

Rettung & Feuerwehr (☎867-979-4422)

Iqaluit Centennial Library (www.publiclibraries.nu.ca; Sinaa St; ⏲1Mo, Mi & Fr 13–18, Di & Do 15–20, Sa & So 13–16 Uhr) Kostenloser Internetzugang im Gebäude der Touristeninformation.

Polizei (☎867-979-1111)

Qikiqtani Hospital (☎867-979-7300; Niaqunngusiaq Rd; ⏲rund um die Uhr)

Royal Bank of Canada (Ecke Queen Elizabeth Way & Niaqunngusiaq Rd) An der Kreuzung Four Corners.

Unikkaarvik Visitors Centre (☎867-979-4636; Sinaa St; ⏲8.30–18Uhr) Die Touristeninformation bietet Prospekte, ein informatives Museum und eine Handbibliothek von Büchern und Videos über Nunavut, die Besucher hier in aller Ruhe ansehen können. Oft über Mittag (12–13 Uhr) geschlossen, weil das Personal Besucher am Flugplatz abholt.

An- & Weiterreise

Canadian North und First Air fliegen von hier aus zu den meisten Gemeinden in Nunavut. Das Zentrum von Iqaluit lässt sich gut zu Fuß erkunden; selbst zum Flugplatz ist es nur ein Spaziergang von 10 Minuten. Taxis kosten innerstädtisch generell 6 C$ pro Person. Man kann sie auf der Straße heranwinken, selbst wenn sie Fahrgäste haben; falls noch ein Platz frei ist, halten sie. **Pai-Pa Taxi** (☎867-979-5222).

> **ECHTHEIT GARANTIERT**
>
> Es lohnt sich, beim Einkauf von Kunsthandwerk auf das Label **Nuna Tag** zu achten. Es garantiert, dass ein Künstler aus Nunavut das Objekt schuf und dass das Geld dafür auch hier bleibt. Mehr Informationen gibt es unter www.authenticnunavut.com

DIE REGION BAFFIN

Die Region Baffin umfasst Nunavuts östliche Inseln und die der Hocharktis. Sie erstreckt sich von den in der James Bay liegenden sumpfigen, bewaldeten Inseln bis hin zu den hohen Gipfeln der 3000 km nördlich gelegenen Ellesmere Island. Hier lebt die Hälfte der Bevölkerung Nunavuts. Reisende finden hier die herrlichste Landschaft, die besten Outdoormöglichkeiten und eine sehr gute touristische Infrastruktur vor.

Katannilik Territorial Park

Einer der schönsten Parks von Nunavut liegt nahe bei Iqaluit. *Katannilik* bedeutet „Ort der Wasserfälle“ und bietet zwei Highlights.

Ein Canadian Heritage River, der aquamarinblaue **Soper River**, zieht 50 befahrbare Kilometer durch ein tiefes, fruchtbares Tal, vorbei an Wasserfällen, Karibus, Edelsteinlagern und Kraut-Weiden nach **Kimmirut** (455 Ew.; www.kimmirut.ca). Die meisten Ruderer chartern ein Flugzeug von Iqaluit zur Landebahn am Mt. Joy, rudern dann drei bis fünf Tage vom Einstiegsplatz bis nach Kimmirut und fliegen von dort zurück nach Iqaluit. **Kenn Borek Air** (☎867-979-0040; www.borekair.com) übernimmt Charterflüge.

Wanderer und Skiläufer nehmen den **Itijjagiaq Trail**, eine traditionelle 120 km lange Route über die Hochebene der Meta Incognita Peninsula und durch das Tal des Soper. Vom Beginn des Wegs an der Frobisher Bay, etwa 10 km westlich von Iqaluit, dauert die Wanderung bis Kimmirut etwa eine Woche. Veranstalter aus Iqaluit bringen Wanderer mit dem Boot zum Beginn des Wegs.

Weitere Informationen gibt es bei **Nunavut Parks** (Mirnguiqsirviit; ☎867-975-7700; www.nunavutparks.com). Vor der Erkundung des Parks registrieren sich Besucher entweder in der Touristeninformation Iqaluit (dort sind Wanderkarten vorrätig) oder im **Katannilik Visitors Centre** (☎867-939-2416; www.nunavutparks.com; ⌚Juni–Okt. Mo–Fr 9–17, Sa & So 13–16 Uhr) in Kimmirut. Es gibt einen einfachen Campingplatz außerhalb von Kimmirut, einem malerischen, freundlichen Inuit-Dorf, das einen Besuch lohnt. First Air verkehrt vier Mal wöchentlich zwischen Kimmirut und Iqaluit (einfach 420 C$).

Pangnirtung

1425 EW.

Unter den entlegenen Gemeinden Nunavuts ist Pangnirtung, oder „Pang", das beste Ziel, mit einer blühenden Kunstszene und vielen Möglichkeiten für Outdoor-Aktivitäten. 40 km südlich vom Polarkreis gelegen, bietet Pang eine hinreißende Naturschönheit. Es liegt an einem Fjord und wird vom steilen Mount Duval überragt. Der Ort dient als Tor zur noch weitaus faszinierenderen Naturkulisse im Auyuittuq National Park.

Sehenswertes & Aktivitäten

Bei einem Spaziergang entlang der malerischen Hafenpromenade lassen sich die schönen alten Gebäude der Hudson Bay Company bewundern, in denen einst Waltran verarbeitet wurde. Zu den möglichen Wanderungen zählt der Weg auf den Mt. Duval – ein recht steiler Anstieg, der aber die Wanderer mit hinreißenden Ausblicken belohnt.

★ **Uqqurmiut Centre for Arts & Crafts** GALERIE
(☎867-473-8669; www.uqqurmiut.com; ⌚Mo–Fr 9–12 & 13–17 Uhr) Pang ist berühmt für seine Webarbeiten und die schönen Grafiken; an diesem außerordentlichen Platz kommt alles zusammen. Hier kann man in einer Werkstatt Teppichwebern bei der Arbeit zusehen. Im daneben liegenden Atelier fertigen Künstler Grafiken in verschiedenen Techniken. Es gibt auch eine großartige archivierte Sammlung, die Besucher ansehen und aus der sie auch Werke kaufen können. Ein weiteres Highlight sind hübsche Häkelhüte, ebenso Schnitzarbeiten und warme Schals.

Kekerten Historic Park HISTORISCHE STÄTTE
Etwa 50 km südlich der Stadt liegt diese alte Walfängerstation. Ein Heritage Trail führt an den Relikten der Häuser aus dem 19. Jh., den Gerätschaften und Gräbern vorbei. Veranstalter bieten für 180 C$ pro Person Tagestouren an (Minimum drei Teilnehmer).

Alivaktuk Outfitting Services OUTDOOR
(☎867-473-8721; www.alivaktukoutfitting.ca) Joavie, ein empfohlener Veranstalter, organisiert Bootstouren zur Tierbeobachtung, Angelcamps, Iglubauen, Tagestouren zum Kekerten Historic Park und Ausflüge zum Auyuittuq National Park.

PEO Services OUTDOOR
(☎867-473-4060; www.kilabukoutfitting.com) Bietet von Juli bis Oktober Touren zum Auyuittuq National Park und zum Kekerten Historic Park, Bootstouren zur Tierbeobachtung im Cumberland Sound und Angeltouren.

Schlafen & Essen

Territorial Campground CAMPINGPLATZ $
(☎867-473-8737; Stellplatz 5 C$; 🐾) Malerisch oberhalb des Ortes am rasch fließenden Duval River gelegen, bietet dieser Platz hölzerne Plattformen zum Schutz vor den heftigen Winden, Grillplätze, Plumpsklos und großartige Ausblicke. Aber Achtung vor Dieben. Zahlung im Besucherzentrum.

Hannah's Homestay B&B $$$
(☎867-473-8834; jtautuajuk@hotmail.com; Bldg. 765; pro Pers. einschl. Frühstück 120 C$; 🚭📶) Am oberen Ende des Ortes bietet das makellose Heim der Urgroßmutter Hannah und dreier weiterer Generationen eine prima Unterkunft. Gemütliche Zimmer teilen sich ein großes modernes Badezimmer; es werden auch Mahlzeiten angeboten. Die hauseigene Uhrensammlung muss man gesehen haben!

Auyuittuq Lodge HOTEL $$$
(☎867-473-8955; www.pangnirtunghotel.com; pro Pers. mit/ohne Bad 260/240 C$; 📶) Ein geschäftstüchtiger, charismatischer Manager betreibt dieses Hotel im Alleingang und macht es zu einer guten Möglichkeit, zu übernachten und zu essen (obwohl die Preise – typisch für Nunavut – sehr hoch sind). Die renovierten Zimmer mit Bad sind deutlich schöner als die älteren; einige bieten einen herrlichen Blick, ebenso wie die Lounge und der Balkon. Das leckere Abendessen (40 C$) ist ein gesellschaftliches Ereignis,

erstaunlich, wenn man die logistischen Herausforderungen betrachtet.

Praktische Informationen

Angmarlik Centre (☎ 867-473-8737; angmarlikcentre@qiniq.com; ⌚ 8.30–20 Uhr) Dieses ausgezeichnete, mit großer Liebe geführte Zentrum bietet großartige Ausblicke und sehr interessante Ausstellungen zu den Inuit und zur Walfanggeschichte, außerdem Information über örtliche Veranstalter. Die Ältesten versammeln sich hier dreimal wöchentlich. Die Mitarbeiter erklären gern die Regeln des Monopoly-Spiels mit Flossenknochen von Seehunden.

Parks Canada (☎ 867-473-2500; www.parkscanada.gc.ca; ⌚ 8.30–12 & 13–17 Uhr) Gute Informationen zum Auyuittuq National Park, direkt neben dem Angmarlik Centre gelegen. Wer in den Park will, muss sich hier registrieren und den Eintritt bezahlen.

Qimiruvik Library (☎ 867-473-8678; www.publiclibraries.nu.ca; ⌚ Mo, Mi & Fr 13–17, Di, Do & Sa 14–17 Uhr) Im Angmarlik Centre. Kostenloses Internet.

An- & Weiterreise

Canadian North und First Air bieten täglich Flüge ab Iqaluit (hin & zurück 560 C$).

Auyuittuq National Park

Auyuittuq ist einer der verblüffendsten Orte der Welt; der Name bedeutet „Land, das nie auftaut". Dementsprechend gibt es viele Gletscher im 19 500 km² großen Park, ferner schroffe Gipfel, schwindelerregende Klippen und tiefe Täler. Wanderer nehmen im Sommer den 97 km langen **Akshayuk Pass** (der Weg quert den Polarkreis), wenn er schneefrei ist. In der Nähe besteigen erfahrene Kletterer und Basejumpers den **Mt. Thor** (1500 m), die höchste senkrechte Steilwand der Erde, und den Doppelgipfel des **Mt. Asgard** (2015 m), der durch die Fallschirmszene aus dem James-Bond-Film *Der Spion, der mich liebte* bekannt ist. Zelten können Wanderer an irgendeinem windgeschützten, ökologisch geeigneten Platz. Neun Notunterkünfte gibt es entlang des Wegs.

Besucher registrieren sich bei Parks Canada in Pangnirtung und zahlen den Eintritt (Tag/Übernachtung/Maximum 12/24,50/147,20 C$). Dort werden Wanderkarten verkauft (20 C$), obwohl die Route durch das Tal eigentlich leicht zu finden ist.

Akshayuks südlicher Rand liegt 30 km von Pangnirtung entfernt: eine zweitägige Wanderung oder, üblicherweise, eine Bootstour mit einem Veranstalter (in jede Richtung 110 C$ pro Pers.). Es lohnt sich auch für einen Tagestrip – die Bootsfahrt ist großartig und das Gefühl in unbewohnter Wildnis zu wandern, wenn auch nur für ein paar Stunden, ist absolut unvergesslich. Eine andere mehrtägige Wanderung führt zum **Summit Lake** (20 km in jede Rich-

INSIDERWISSEN

KUNST IN PANGNIRTUNG

Eena Angmarlik ist eine einheimische Künstlerin, Grafikerin und Hutmacherin im Uqqurmiut Centre for Arts and Crafts.

Wie hat alles angefangen? Als kleines Mädchen fand ich es toll, wenn Leute gehäkelte Hüte trugen, und so begann ich mit elf Jahren zu häkeln. Anderen gefiel der Hut, den ich trug. Das machte mir Mut, mehr zu häkeln: Erst war es ein Mützchen für das ein oder andere Baby. Dann wagte ich mich auch an Hüte für Erwachsene. Ich zeichne auch seit Kindertagen und begann 2010 mit Grafiken. Hier im Atelier führen wir viele verschiedene Techniken aus: Schablonen, Radierungen, Linolschnitte, Aquatinta, Seidenmalerei und andere.

Können Sie die örtliche Kunstszene beschreiben? Die Inuit-Kunst ist heute eine Mischung. Einige Künstler konzentrieren sich auf traditionelle Zeichnungen, andere interessieren sich mehr für neue Einflüsse. Meine Lieblingssymbole sind Muscheln, aber ich arbeite auch mit Figuren. Besucher von Pangnirtung freuen sich, wenn sie sehen, dass viele Menschen schnitzen, Schmuck, Drucke oder anderes Kunsthandwerk fertigen. Es gibt hier viele künstlerische Menschen.

Wie ist das Leben auf Baffin Island? Die einzigen wirklich dunklen Tage liegen im Dezember. Es ist nicht so wie weiter nördlich, wo es viele ganz und gar dunkle Tage gibt. Heute wird es nicht mehr so kalt wie früher. Klimawandel? Ja, das vermute ich.

tung). Für etwa 200 C$ pro Person besteht die Möglichkeit, dass Wanderer am anderen Ende von einem Veranstalter aus Qikiqtarjuaq abgeholt werden. Der einfache Flug nach Pangnirtung mit First Air oder Canadian North kostet 280 C$.

Auyuittuq ist zwar herrlich, aber auch brutal und einsam. Wer dort wandern will, muss Wildniserfahrung besitzen und fit sein. Zehn Tage sind die übliche Dauer für die Route. Flüsse müssen überquert werden und Eisbären werden zu fast jeder Jahreszeit gesichtet. Es macht Sinn, einen Führer zu nehmen: entweder über Veranstalter in Pangnirtung oder eine Pauschaltour, die im Süden gebucht wird.

EISBÄREN

Eisbären gibt es nicht nur auf den Nummernschildern von Nunavut. *Nanuq* (so das Inuit-Wort) ist ein unverbesserlicher Wanderer und kann nahezu überall auftauchen, zu jeder Zeit des Jahres. Anders als Grizzly- oder Amerikanische Schwarzbären greifen Eisbären aktiv Menschen an. Vor einer Wanderung aus einem Ort hinaus ist es empfehlenswert, sich zu informieren, ob in der Nähe Eisbären gesichtet wurden. Oder man schließt sich besser gleich einem ortskundigen Führer an.

Cape Dorset

1363 EW.

Auf einer kleinen Felseninsel direkt vor der Foxe Peninsula von Baffin Island liegt das Epizentrum der Inuit-Kunst. In den späten 1950er-Jahren waren die Bewohner Pioniere der modernen arktischen Schnitzkunst und Grafik, die sie mit beträchtlichem Erfolg weltweit verkauften.

Sehenswertes & Aktivitäten

West Baffin Eskimo Cooperative ATELIER

(Kinngait Arts; ☎867-897-8965; www.dorsetfinearts.com; ⊙Mo–Fr 9–17 Uhr) Auch wenn heute in vielen Inuit-Gemeinden Weltklasse-Kunst entsteht, hat die von Cape Dorset den besten Ruf. Diese Kooperative verfügt über Bildhauer- und Grafik-Ateliers, wo man Künstler bei der Arbeit beobachten kann. Die meisten Aktivitäten finden von September bis Mai statt.

Mallikjuaq Historic Park ARCHÄOLOGISCHE STÄTTE

(www.nunavutparks.ca) Bei Ebbe kann man in rund 45 Minuten hierher wandern, ansonsten bieten aber auch einige Veranstalter Bootstouren an. Im Park finden sich Ruinen von 1000 Jahre alten Steinhäusern aus der Zeit vor den Inuit, Wanderwege, Tiere und Tundrablumen.

Touren

Huit Huit Tours ABENTEUERTOUR

(☎867-897-8806; www.capedorsettours.com) Huit Huit mit Sitz in den Cape Dorset Suites bietet Tagestouren, mehrtägige Hundeschlittenabenteuer und im Sommer Ausflüge zur Tierbeobachtung und zu kulturellen Ereignissen.

Schlafen & Essen

20 Minuten Fußweg vom Zentrum kann man im Aupaluktuk Park campen, der herrlich oberhalb einer kleinen Bucht, umgeben von Hügeln, liegt.

★ **Dorset Suites** HOTEL $$$

(☎867-897-8806; www.dorsetsuites.com; Zi. pro Pers. ab 285 C$;) Diese ausgezeichnete Unterkunft ist Nunavuts schönstes Hotel. Im Hauptgebäude gibt es hübsche große Zimmer mit Balkon und Ausblick, ausgestattet mit Holzmöbeln, gefliesten Böden in hübschen Farben. Suiten mit Küche und Waschmöglichkeit liegen gegenüber. Es gibt auch einzeln liegende Häuser. Das Restaurant (an Wochentagen mittags geöffnet, donnerstags und freitags auch abends; Hauptgerichte mittags 15 bis 25 C$ und abends 45 bis 55 C$) serviert leckere, reichlich bemessene Mahlzeiten.

Kingnait Inn HOTEL $$$

(☎867-897-8863; www.kingnaitinn.com; Zi. pro Pers. 210 C$;) Mit herrlichem Blick und leichtem Zugang zu den interessanten Plätzen des Ortes verwöhnt seine Gäste zum Einstand mit einer kostenlosen Tour durch den Ort; die Mahlzeiten (Frühstück/Mittag-/Abendessen 20/30/40 C$) sind solide, die Zimmer bequem mit neuen Matratzen, Flachbildfernseher, iPod-Anschlüssen und jeweils einem zugehörigen Bad.

Nirivik Co-op FASTFOOD $$

(☎867-897-8548; Bldg. 3603; Gerichte 7–20 C$; ⊙Mo–Fr 11–18, Sa 12–17 Uhr) Direkt bei den

Dorset Suites serviert dieses freundliche Lokal Burger, Hähnchen und Ähnliches an etwas heruntergekommenen grünen Tischen. Es wird auf Bestellung gekocht; man kann hören, wie die Pommes frites in der Küche geschnitten werden. Köstlich!

An- & Weiterreise

First Air und Canadian North fliegen ab Iqaluit (hin & zurück 770 C$).

Pond Inlet

1549 EW.

Inuit nennen es „Ort, der von der Sonne wegblickt", doch Pond Inlet blickt auf die majestätische Bylot Island: Nationalpark, Paradies für Vogelbeobachter und von Gletschern bedecktes arktisches Wunder. Hier gilt es, mit den Veranstaltern Arrangements zu treffen, um unvergessliche Naturerlebnisse zu haben.

Sehenswertes & Aktivitäten

Sirmilik National Park NATIONALPARK
(www.pc.gc.ca; Übernachtung pro Nacht 24,50 C$, höchstens 147,20 C$) Pond Inlet ist der Ausgangspunkt für Besuche dieses spektakulären Parks, in dem unzählige Seevögel brüten, darunter der größte Schwarm von Schneegänsen weltweit.

Der Park teilt sich in drei Hauptbereiche: Bylot Island, ein gletscherbedecktes Vogelparadies, Oliver Sound, ein Fjord mit aufregenden Möglichkeiten für Kanufahrer, und Borden Peninsula mit ihren verblüffenden bizarren Hoodoos (erodierte Türme aus rotem Sandstein).

Die Logistik im Sirmilik National Park ist schwierig, deshalb entscheiden sich die meisten Besucher für irgendeine Tour. Auskunft erteilt das Parkbüro in Pond Inlet.

Polar Sea Adventures and Black Feather OUTDOOR
(☎Ontario 705-746-1372, Pond Inlet 613-237-6401; www.polarseaadventures.com) Sehr empfehlenswert für Expeditionen, vor allem zur Tierbeobachtung im Frühling am Rande der Eisschollen, einem biologisch hochinteressanten Bereich, wo das Eis auf das offene Wasser trifft. Eine Woche in diesem Gebiet kostet etwa 4200 C$. Die Firma führt auch Kajaktouren im Sommer durch, bei denen es vor allem um die Beobachtung von Narwalen geht.

Schlafen & Essen

Sauniq Inn HOTEL $$$
(☎867-899-6500; www.pondinlethotel.com; Zi. pro Pers. 260 C$; 📶) Dieses Hotel in einem lagerhausähnlichen Gebäude, das von einer Inuit-Kooperative betrieben wird, bietet bequeme, etwas karge Unterkünfte zu den für Nunavut typischen hohen Preisen. Die Zimmer sind geräumig und besitzen ordentliche Badezimmer. Die Abholung vom Flughafen ist im Preis inbegriffen; das Personal übernimmt auch den Kontakt zu Tourveranstaltern. Das Restaurant bietet üppige, wohltuende Mahlzeiten.

Information

Nattinnak Centre (☎867-899-8225; www.pondinlet.ca; ⏰Di, Do & Fr 10–12 & 13–17, Mi 13–17 & 19–21, So 14–16 Uhr) Hier gibt es Informationen über Aktivitäten und Veranstalter, dazu ein hübsches Mini-Museum zu den Themen Tiere und örtliche Kultur, interessant sind die lebensgroßen Dioramen und die Körbe aus Fischhaut.

Sirmilik National Park Operations Centre (☎867-899-8092; www.pc.gc.ca; ⏰Mo–Fr 8.30–12 & 13–17 Uhr) Brandneues Parkbüro mit Ausstellungen zur Natur und großartigen Ausblicken. Hier registrieren und Informationen über Sirmilik erhalten.

An- & Weiterreise

First Air und Canadian North fliegen ab Iqaluit (hin & zurück 1725 C$).

Resolute

214 EW.

In Resolute auf Cornwallis Island zu leben, hat den Vorteil, dass man seinen Rasen nicht mähen muss. Alles andere sind eher Nachteile. Ein paar winzige Häuser stehen auf dem windgepeitschten Kies-Ödland. Die Gemeinde mit dem schlimmsten Klima Kanadas wurde gegründet, als die Verfassungsgeber die Inuit hierher lockten, um die nationale Souveränität zu stärken. Besucher kommen nur auf ihrem Weg zum Nordpol, zum Quttinirpaaq National Park oder zum malerischen Grise Fiord hier vorbei.

Hier kann man entweder wandern oder zur nationalen historischen Stätte **Beechey Island** fliegen, wo die vom Unglück verfolgte Franklin-Expedition 1845/46 überwinterte, bevor sie für immer verschwand.

Da es sehr wahrscheinlich ist, dass das Wetter Besucher in die Unterkunft verbannt, ist es kein Zufall, dass es hier gute Hotels gibt. Das **Qausuittuq Inn** (☎867-252-3900; www.resolutebay.com; Zi. 260 C$; @☁) bietet guten Service und leckere Hausmannskost. Das **South Camp Inn** (☎867-252-3737; www.southcampinn.com; EZ/DZ 275/375 C$; @☁), die Schaltzentrale von Resolute, ist freundlich, unübersichtlich und gut ausgestattet. Erstaunlich gute Mahlzeiten gibt es für zusätzliche 100 C$ pro Tag.

First Air fliegt ab Iqaluit (hin & zurück 2800 C$), während man bei Kenn Borek Air Flugzeuge chartern kann.

Quttinirpaaq National Park

Wer einsame Plätze liebt und über eine gut gefüllte Reisekasse verfügt, kann Kanadas zweitgrößten Park auf Ellesmere Island besuchen. Fossilienfunde lassen vermuten, dass vor 4 Mio. Jahren, als hier Kamele durch die Wälder zogen, T-Shirt-Wetter herrschte. Heute zählt die Gegend klimabedingt zu den unwirtlichsten der Welt.

Zu den Highlights zählen Sommer mit 24 Stunden Tageslicht und 6 °C, der **Mt. Barbeau** (2616 m), der höchste Berg im östlichen Nordamerika, und der **Lake Hazen Basin**, eine thermale Oase, wo die Tiere – nicht vertraut mit Menschen – erstaunlich zahm sind. Wandern ist möglich, aber nur für Besucher mit Wildniserfahrung. Ausgangspunkt ist der Tanquary Fiord; dort müssen Wanderer an einer Einführung durch einen Mitarbeiter des Parks teilnehmen. Informationen bietet **Parks Canada** (☎867-975-4673; www.pc.gc.ca).

Der einfache Charterflug ab Resolute kostet für bis zu zehn Personen 15 000 bis 25 000 C$. Wer wieder abgeholt werden möchte – und wer möchte das nicht –, zahlt das Doppelte.

DIE REGION KIVALLIQ

Diese Region umfasst die Küste der Hudson Bay und die Barrenlands im Westen. Es ist ein flaches, vom Wind gepeitschtes Land mit großen Populationen an Rentieren und Wasservögeln, durchzogen von einigen wilden Flüssen. Der Ukkusiksalik National Park (S. 949) bietet eine Fülle an Wildtieren, darunter auch Eisbären.

Rankin Inlet

2266 EW.

Das schlammige, staubige, aber auch geschäftige Rankin Inlet entstand Ende der 1950er-Jahre um eine Nickelmine herum und ist heute die größte Gemeinde der Region Kivalliq. Dank einiger neuer Wirtschaftsunternehmen und der Ausbeutung von Erzvorkommen ist es immer noch ein wichtiges Zentrum. Es kann gut als Ausgangspunkt für die Erkundung der Region dienen; nicht weit entfernt gibt es gute Fischgründe für Seesaiblinge und Äschen.

Zwischen Rankin Inlet und Manitoba ist eine Straße geplant, die Nunavut an Kanadas Straßennetz anschließen soll – doch wer weiß, wie lange das Projekt von der Planung bis zur Umsetzung noch dauert.

ABSTECHER

THELON RIVER

Unter den großen Flüssen im Barrenland ist der legendäre Thelon der bemerkenswerteste und der am besten für Bootstouren geeignete. Er zählt zu den Canadian Heritage Rivers; er zieht sich rund 1000 km durch absolut wildes Land, von den Northwest Territories bis zur Mündung beim Baker Lake in Nunavut. Karibus, Grizzlybären, Wölfe, Moschusochsen und Gerfalken gibt es in großer Zahl, ebenso aber auch – merkwürdigerweise – Fichten, weit nördlich der Baumgrenze. An den Flussufern liegen ehemalige Siedlungsplätze der Inuit.

Wer mit dem Kanu auf dem Fluss fahren will, muss kein besonders guter Kanute sein, aber unbedingt gut und umfassend über richtiges Verhalten in der Wildnis Bescheid wissen. Die meisten fahren nur ein Stück und chartern für An- und Abreise ein Flugzeug. Einfacher ist es, bei einem Anbieter zu buchen, etwa bei **Canoe Arctic** (☎867-872-2308; www.canoearctic.com).

Sehenswertes & Aktivitäten

Matchbox Gallery GALERIE
(☎867-645-2674; www.matchboxgallery.com; unterschiedliche Öffnungszeiten) Diese kleine Galerie rühmt sich ein Vorreiter für Keramikkunst der Inuit zu sein. Hier können Besucher die Künstler bei der Arbeit beobachten und wunderschöne Objekte erstehen.

Inuksuk MONUMENT
Rankins berühmte Inuksuk (Steinpyramide in menschlicher Form) ragt über der Gemeinde auf, wie ein zu Stein gewordener Riese.

Marble Island HISTORISCHE STÄTTE
(www.marbleisland.ca) Auf der Insel in der Hudson Bay, 50 km östlich des Ortes, liegen James Knight und seine Mannschaft begraben, die im 18. Jh. die Nordwestpassage suchten. Es gibt auch einige Wracks von Walfängern aus dem 19. Jh. Das Besucherzentrum gibt Auskunft, welche Anbieter Touren dorthin veranstalten.

Iqalugaarjuup Nunanga Territorial Park NATURSCHUTZGEBIET
(www.nunavutparks.com) Dieser Zungenbrecher von einem Park liegt etwa 10 km vom Ort entfernt und ist bei Wanderern und Beerenpflückern recht beliebt. Nahe der Mündung des Meliadine-Flusses gibt es eine archäologische Stätte. Hier lebten einst Menschen der Dorset-Kultur, Vorgänger der Inuit.

Schlafen & Essen

★ **Nanuq Lodge** B&B $$$
(☎867-645-2650; www.nanuqlodge.com; 1 Atausiq St; EZ/DZ 200/240 C$; @) Dieses große, freundliche B&B ist die beste Unterkunft der Region. Es werden auch Kajaks und Fahrräder vermietet, außerdem Touren arrangiert, vor allem auch mit dem Hundeschlitten. Die Zimmer mit Bad schmückt Inuit-Kunst. Im Gemeinschaftsraum werden Eisbären-Erlebnisse ausgetauscht. Alternativ gibt es in den Nanuq Suites noch elegante Doppelzimmer mit Kitchenette und ausgezeichneter moderner Ausstattung.

Sugar Rush Café CAFÉ $$
(☎867-645-3373; www.thesugarrushcafe.com; 116 24 Inukshuk Ave; Gerichte 10–25 C$; Mo–Fr 7.30–20, Sa 10–20, So 12–18 Uhr) Das beste Esslokal von Rankin bietet ein buntes Gemisch an Gerichten angefangen bei Burgers, Pizza und Pasta bis hin zu chinesischer Küche und Sushi.

Praktische Informationen

Visitors Centre (☎867-645-3838; kivalliqtourism@qiniq.com; Mo–Fr 8.30–19 Uhr) Am Flughafen.

An- & Weiterreise

Canadian North und First Air fliegen ab Yellowknife (hin & zurück 2020 C$) und Iqaluit (hin & zurück 2020 C$); First Air und Calm Air bieten eine Verbindung nach Winnipeg (hin & zurück 1830 C$).

Ukkusiksalik National Park

Rund um die Wager Bay, eine große Bucht der Hudson Bay, liegt der **Ukkusiksalik National Park** (☎867-462-4500; www.pc.gc.ca) mit 20 500 km² öder, unbewohnter Tundra. Nur an wenigen Plätzen weltweit lassen sich Eisbären und andere arktische Tiere so gut beobachten wie hier. Um widrigem Wetter und der Gefahr durch Bären zu entgehen, eignen sich Juli und Anfang August am besten für eine Reise.

Charterflüge ab dem Baker Lake oder Motorboote ab der Repulse Bay bringen Besucher in den Park. Zubringer zu beiden sind Flüge ab Rankin Inlet. Die Fahrt mit dem Motorboot bietet zusätzliche Gelegenheiten zur Tierbeobachtung.

Zu den Highlights der Landschaft zählen der Reichtum an Vögeln und anderen Tieren, die großartigen Wander- und Bootsfahrtmöglichkeiten und ein spektakulärer *reversing waterfall* (bei Flut fließt das Wasser zurück in den Fluss). Ein Inuit-Führer ist sehr zum empfehlen.

Hilfreiche Informationen liefert das **Büro des Parks** (☎867-462-4500; www.pc.gc.ca; Repulse Bay; Mo–Fr 8.30–12 & 13–17 Uhr) in Repulse Bay.

DIE REGION KITIKMEOT

Die am dünnsten besiedelte Region von Nunavut umfasst die arktische Festlandküste und die Inseln nördlich davon. Dazwischen verläuft die sagenumwobene Nordwestpassage.

INSIDERWISSEN

LEBEN IN CAMBRIDGE BAY

Sarah Lynn Olayok Jancke ist eine 24-jährige Inuk-Frau aus Ikaluktutiak (so der Inuit-Name für Cambridge Bay). Sie arbeitet für die Kitikmeot Inuit Association als Koordinatorin der Programme für Frauen und Jugendliche.

Wie ist das Leben in Cambridge Bay? Hier herrscht die perfekte Balance zwischen Einsamkeit und Zugang zur Welt. Im Winter wird es richtig kalt! Wer gut eingepackt ist, empfindet -50° Celsius nicht als so schlimm, wie es sich im Wetterbericht anhört. In der Dunkelheit verbringen wir viel Zeit zusammen mit unseren Familien, mit Sport und Spiel, Trommeltanz oder Besuchen. Wir kennen die Dunkelheit; sie ist Teil unseres Lebens: Kinder spielen trotzdem draußen, Menschen sind draußen unterwegs oder fahren mit Schneemobilen. Es ist erstaunlich, wie stark sich die Jahreszeiten hier unterscheiden, und wir genießen alle.

Mit welchen Problemen ist die Gemeinde konfrontiert? Der Klimawandel ist ein wichtiges Thema; unsere Umwelt verändert sich rasch und bedingt die Anpassung von Land, Tieren und Lebensunterhalt. Das verursacht bei mir Angst vor dem Unbekannten. Die Öffnung der Nordwestpassage ist ein heikles Thema, das sich von verschiedenen Seiten betrachten lässt. Vorrangig scheint ein Anstieg des Tourismus, der eine Menge wirtschaftlicher Chancen für die Einheimischen bietet und uns ermöglicht, unsere wunderschöne Gemeinde der Welt zu zeigen.

Cambridge Bay

1608 EW.

Wenn Cambridge Bay erwähnt wird, erschauern sogar Inuit. Diese windumtoste Siedlung auf Victoria Island ist das Zentrum der Region. Eine staatliche High Arctic Research Station (Forschungsstation) soll 2017 hier eröffnen und wird möglicherweise die Gemeinde verändern. Die schrittweise Öffnung der Nordwestpassage stellt auch ein wichtiges Thema vor Ort dar. Es wird die Sprache Inuinnaqtun gesprochen.

Hier fanden häufig Forscher auf der Suche nach der Nordwestpassage Unterschlupf; die Relikte von Roald Amundsens Schoner *Maud* liegen hier im Hafen. Im **Ovayok Territorial Park**, zu dem eine holperige Straße oder eine 15 km lange Wanderung führt, bestehen große Chancen, Moschusochsen zu sehen; außerdem bietet der **Mount Pelly** (200 m) gute Ausblicke ins Land. Hier gibt es Wanderwege und Zeltplätze. Südlich auf der anderen Seite der Passage liegt das **Queen Maud Bird Sanctuary**, das größte Schutzgebiet der Welt für Zugvögel.

Das **Arctic Coast Visitors Centre** (☎867-983-2224; Omingmak St; ⌚Mo–Fr 8.30–17, Sa 13–17 Uhr) zeigt Ausstellungen zur Forschung, liefert Informationen und hilft bei der Organisation von Touren. Die **Green Row Executive Suites** (☎867-983-3456; www.greenrow.ca; Apt. pro Pers. 235 C$;) sind eine ausgezeichnete Unterkunft mit geräumigen, bequemen Suiten mit ein oder zwei Schlafzimmern. Die **Arctic Island Lodge** (☎867-983-2345; www.cambridgebayhotel.com; EZ/DZ 260/360 C$;) wirkt für nördliche Verhältnisse luxuriös und besitzt ein Restaurant.

Canadian North und First Air fliegen ab Yellowknife (hin & zurück für 1790 C$).

Kanada verstehen

Kanada aktuell

Dem Öl und anderen Rohstoffen ist es vor allem zu verdanken, dass Kanadas Wirtschaft auch weiterhin beneidenswert brummt. Überlegungen, ob der Preis für die Umwelt nicht vielleicht doch zu hoch ist, rücken allerdings zunehmend in den Brennpunkt. Auf politischer Ebene grenzen sich die Konservativen mit ihrer Sparpolitik von der Neuen Demokratischen Partei ab, die sich dafür einsetzt, die Schere zwischen Arm und Reich nicht noch weiter auseinanderklaffen zu lassen; einen weiteren Gegenpol bilden die eher linken Liberalen. Unterdessen legt Kanada zu Fragen wie gleichgeschlechtlicher Ehe, Einwanderung und dem Konsum von Marihuana mit Stolz eine fortschrittliche Haltung an den Tag.

Topfilme

Bon Cop, Bad Cop (Regie: Eric Canuel; 2006) Zwei Polizisten, ein Anglokanadier und ein Frankokanadier, tun sich zusammen; eine kanadischen Actionkomödie

Incendies (Regie: Denis Villeneuve; 2010) Ein Zwillingspaar aus Québec reist in den Nahen Osten, um das schreckliche Geheimnis der Mutter zu lüften.

An ihrer Seite (Regie: Sarah Polley; 2006) Im ländlichen Ontario zerbricht die Ehe eines Paares an der Alzheimer-Krankheit.

C.R.A.Z.Y. (Regie: Jean-Marc Vallée; 2005) Ein aufmüpfiger Teenager im Montréal der 1970er-Jahre träumt von einer schöneren Zukunft.

Top-Bücher

Indian Horse (Wagamese; 2012) Ein seiner kulturellen Identität beraubter Ojibway-Junge wird zum Hockeystar.

Wozu wollen Sie das wissen? (Alice Munro; 2006) Die Literatur-Nobelpreisträgerin von 2013 verschmilzt in ihren elf Short Storys Fiktion und Familiengeschichte.

Schöne Verlierer (Leonard Cohen; 1966) Ein experimenteller Roman um Liebe, Sex und Ureinwohner.

Die Lehrjahre des Duddy Kravitz (Mordechai Richler; 1959) Der Weg eines Montréaler Juden zu Reichtum.

In der Haut eines Löwen (Michael Ondaatje; 1987) Einwanderer bauen um 1920 Toronto auf.

Wirtschaft

Verglichen mit anderen Staaten der Welt hat Kanada die globale Finanzkrise eigentlich recht gut überstanden. Auch hier erlebte die Wirtschaft eine Rezession, und Ottawa verzeichnete 2009 sein erstes Haushaltsdefizit nach zwölf Jahren des Überschusses, doch die kanadischen Banken kamen dank der traditionell konservativen Kreditvergabe schnell wieder auf die Beine. Der Internationale Währungsfonds sagte voraus, dass Kanada als Einzige der sieben bedeutenden demokratischen Industrienationen 2015 wieder mit einem Haushaltsüberschuss rechnen könne, und die derzeitige Bundesregierung – unter der Führung der Konservativen – konzentriert sich nun darauf, diese Prognose auch Realität werden zu lassen, indem sie beispielsweise in Behörden wie Parks Canada und Aboriginal Affairs Stellen streicht. Während die Konservativen verkünden, ineffiziente Strukturen zu beseitigen – die sich größtenteils aus Backoffice-Jobs rekrutierten –, hält die Opposition dagegen, dass besagte Kürzungen sehr wichtige Dienstleistungen beträfen und insbesondere historisch und landschaftlich bedeutende Stätten gefährdeten.

Das Öl und die Nachbarn

Voltaire beschrieb Kanada Mitte des 18. Jhs. noch als „ein paar Hektar Schnee", doch diese „paar Hektar" ermöglichten einen reichen Ertrag an Öl, Holz und anderen Rohstoffen – und bescherten Kanada einen beneidenswert hohen Lebensstandard.

Die Erschließung und der Abbau der Ressourcen hatten jedoch einen – ökologischen – Preis. Vor allem das Öl birgt ein Dilemma. Die Athabasca-Ölsande (oder Teersande, je nachdem, auf welcher Seite des Öko-Zauns man steht) im nördlichen Alberta sind die weltweit zweitgrößten Ölreserven und haben sich bestens dabei bewährt, der Wirtschaft des Landes den entsprechenden Auftrieb zu geben. Sie zeichnen aber auch für 5 % der kanadischen Treibhausgasemissionen verantwortlich, wie Environment Canada erklärt. Das Pro-Industrie-Lager behauptet nun, Verbesserungen seien bereits auf den Weg gebracht, außerdem sei das Ausmaß des Ölsandabbaus im Vergleich zur Förderung in Ländern wie Saudi Arabien oder Venezuela, aber vor allem unter Berücksichtigung der Menschenrechtsfragen und der kurzen Transportwege (das meiste kanadische Öl geht in die USA), durchaus akzeptabel.

Die umstrittene Keystone XL-Pipeline tut ein Übriges, um die Debatte anzuheizen, und hat für Missstimmungen zwischen Kanada und seinen südlichen Nachbarn gesorgt. Die Pipeline transportiert das Rohöl von Alberta zu den Ölraffinerien in Texas und an der Küste von Louisiana. Ein Großteil der Pipeline ist bereits fertiggestellt, doch das amerikanische Innenministerium, das für die abschließende Baugenehmigung zuständig ist, zögert noch, die Zustimmung zur Vollendung der Pipeline zu erteilen – mit der Begründung, Kanada könne mehr Einsatz an den Tag legen, um die Kohlenstoffemissionen zu reduzieren. Das Projekt ist auch innerhalb Kanadas umstritten. Umweltaktivisten und Ureinwohner-Gemeinden, die unweit der Pipeline liegen, äußern ihre Bedenken, dass die heiligen Stätten Schaden nehmen könnten und dass eine Verseuchung des Grundwassers eben nicht auszuschließen sei.

Diskussionsstoff

Das hochgelobte, aber inzwischen marode Gesundheitswesen des Landes gibt immer wieder Anlass zu ernsten Diskussionen. Auch wenn niemand es offen zugeben möchte, handelt es sich dabei um ein Zwei-Klassen-System, und das bedeutet, dass Leute, die entsprechend tief in die Tasche greifen können, oft eine raschere Zusatzversorgung in einer Privateinrichtung erhalten. Dennoch ist das kostenlose, umfassende Gesundheitssystem für alle eine wirklich großartige Leistung. Nach Ansicht vieler Kanadier ist dieses System sogar eine der wesentlichen Säulen ihres Staates. Stolz sind viele aber auch auf die progressive Haltung ihres Landes zur gleichgeschlechtlichen Ehe, zur Einwanderung und dem Konsum von Marihuana.

Der Klimawandel ist ein weiteres heißes Eisen. Eine Meinungsumfrage ergab vor nicht allzu langer Zeit, dass 53 % der Kanadier davon überzeugt sind, dass die Überschwemmungen im Jahr 2013, die einen Großteil von Calgary, Alberta, unter Wasser setzen, klimatisch bedingt waren. Die Umfrage ergab ferner, dass die Bewohner von Alberta am wenigsten an den Klimawandel als Auslöser für die Flutkatastrophe glaubten, während die Atlantik-Kanadier diese Auffassung am häufigsten vertraten.

Politik

Im Jahr 2006 löste die Konservative Partei die Liberalen nach zwölf Jahren in der Regierung ab. Zu den

BEVÖLKERUNG: **34,6 MIO.**

FLÄCHE: **9 984 670 KM²**

BRUTTOINLANDSPRODUKT (BIP): **1,5 BILLION US$**

BIP-WACHSTUM: **1,8 %**

INFLATION: **1,5 %**

ARBEITSLOSENQUOTE: **7,3 %**

Gäbe es nur 100 Kanadier, wären ...

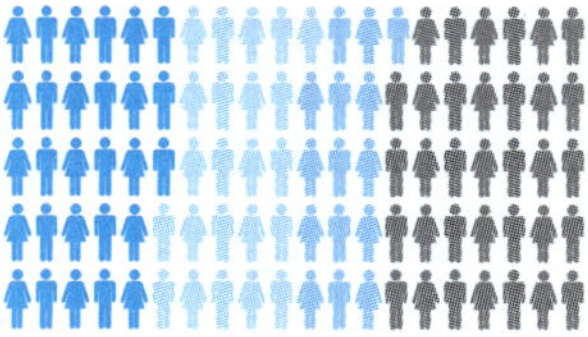

28 britischer Herkunft
23 französischer Herkunft
15 sonstiger europäischer Herkunft
34 anderer Herkunft

Religionszugehörigkeit

(% der Bevölkerung)

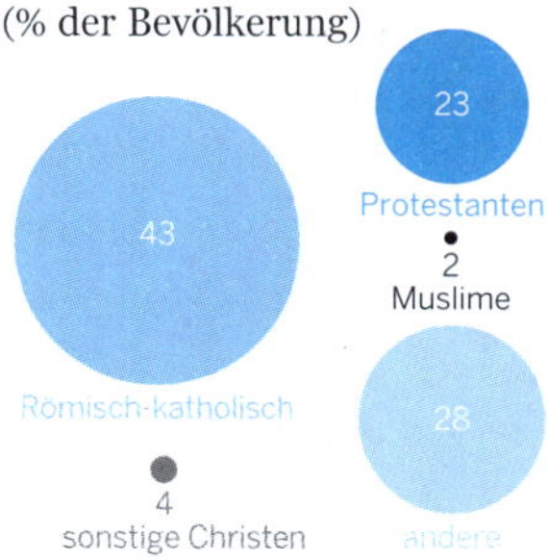

Bevölkerung pro km²

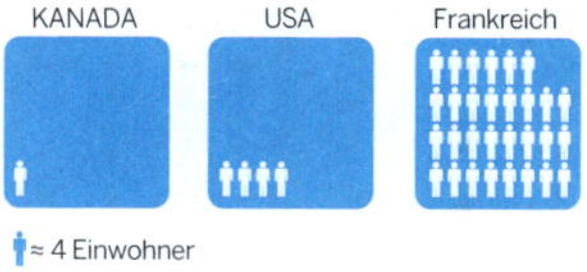

≈ 4 Einwohner

Hauptwahlargumenten zählten die Wirtschaftspolitik (eine Domäne der Konservativen) und der Ausbau der Sozialsysteme und des Gesundheitswesens (politische Ziele der Liberalen und linksorientierter Gruppen). Stephen Harper wurde neuer Ministerpräsident, führte allerdings die schwächste Minderheitsregierung, die Kanada seit der Konföderation je gesehen hatte. Im Jahr 2008 rief er deshalb vorzeitige Neuwahlen aus in der Hoffnung, die Mehrheitsverhältnisse zugunsten der Konservativen ausbauen zu können. Das war dann auch der Fall, wobei allerdings nur 22 % der Kanadier überhaupt zur Wahl gingen – die niedrigste Wahlbeteiligung in der Geschichte des Landes.

Die Wahl im Jahr 2011 war dann für ein paar Überraschungen gut. Die Konservativen gewannen und konnten ausreichend Sitze (166) gewinnen, um die Mehrheit zu stellen. Der eigentliche Knüller war jedoch der Erfolg der Neuen Demokratischen Partei, einer linken Gruppierung, die lange Zeit eine Nebenrolle gespielt hatte, bis sie 2011 die Anzahl ihrer Sitze von 37 auf stattliche 103 erhöhte. Ihr Erfolg ging auf Kosten der Mitte-Links-Liberalen. Die nächsten Parlamentswahlen stehen in Kanada 2015 an. Man darf also gespannt sein, wie sich die Parteienlandschaft weiter entwickelt.

Geschichte

Die Geschichte der Menschen in Kanada beginnt vor etwa 15 000 Jahren; damals gründeten die Ureinwohner in der weiten, üppigen Wildnis erste Siedlungen. Das alles sollte sich grundlegend ändern, als Ende des 15. Jhs. die ersten Europäer kamen und das Land für sich beanspruchten. Dies führte naturgemäß zu Konflikten, aus denen schließlich das heutige Kanada hervorging. Ein Großteil dieses bunten Erbes ist Besuchern zugänglich; das Land besitzt über 950 historische Stätten – von Forts und Schlachtfeldern bis hin zu den Wohnhäusern berühmter Persönlichkeiten.

Atlantik-Kanada ist für seine Piratengeschichte berüchtigt. Peter Easton war 1602 der erste Pirat, der bei Newfoundland sein Unwesen trieb. Black Bart, mit bürgerlichem Namen Bartholomew Roberts, folgte um 1720 als zweiter bekannter Unhold. Er schätzte Sauftouren und Glücksspiel absolut nicht und hielt seine Angestellten zum Morgengebet an. Die in Halifax als *privateers* bezeichneten Piraten wurden von der Regierung verfolgt.

Die ersten Bewohner

Kanadas erste Einwohner waren höchstwahrscheinlich nomadische Völker, Jäger und Sammler, die Karibus, Elche und Bisons erlegten. Sie wanderten vermutlich über die Landbrücke aus Asien ein, die einst Sibirien und Alaska verband. Am Ende der letzten Eiszeit, als die mächtigen Gletscher schmolzen, konnten diese Menschen auf dem amerikanischen Kontinent gelangen.

Vor rund 4500 Jahren zog eine zweite große Einwanderungswelle aus Sibirien in den Norden Kanadas. Es sollten die Vorfahren der Inuit sein. Sie schauten sich um und fanden eine wildreiche Region vor, in der sie Fische fingen und Robben jagten; sie entschieden sich zu bleiben. Diese ersten Inuit waren Angehörige der Prä-Dorset-Kultur, benannt nach Cape Dorset auf Baffin Island, wo die Überreste ihrer Kultur zuerst entdeckt wurden. Um 1000 n. Chr. bahnte sich ein weiteres Inuit-Volk, die walfangenden Thule aus Nord-Alaska, ihren Weg Richtung Osten durch die kanadische Arktis. Durch das Vordringen dieser technisch überlegenen Volksgruppe wurden die Menschen der Dorset-Kultur in entlegenere Gebiete abgedrängt. Die Thule sind die direkten Vorfahren der heutigen Inuit.

Als im späten 15. Jh. die ersten Europäer nach Kanada kamen, hatten sich die Ureinwohner über die Arktis hinaus in vier weiteren Großregionen im ganzen Land ausgebreitet: an der Pazifikküste, in der Prärie, im südlichen Ontario bzw. im Gebiet rund um den Sankt-Lorenz-Strom sowie in den weiten Waldgebieten des Nordostens.

ZEITACHSE

ca. 70 Mio. v. Chr.

Dinosaurier genießen das warme Küstenklima, das zu dieser Zeit in Süd-Alberta herrscht – die mächtigen Riesen müssen sich wie im Paradies gefühlt haben.

ca. 25 000 v. Chr.

Auf der Fährte saftiger Karibus und Bisons gelangen die ersten Menschen nach Kanada, indem sie die Landzunge überqueren, die damals Sibirien mit Nordamerika verband.

1000 v. Chr.

Das Volk der Maritim-Archaischen Indianer, bekannt für seine rituellen Begräbnisse an Orten wie Port aux Choix, verschwindet aus ungeklärten Gründen.

Die Wikinger & europäische Entdeckungen

Der berühmte Wikinger Leif Eriksson war der erste Europäer, der in Kanada an Land ging. Genau genommen waren er und seine Mannschaft aus skandinavischen Seefahrern die ersten Europäer in ganz Nordamerika. Um das Jahr 1000 herum erkundeten sie die Ostküste Kanadas und errichteten Winterlager und Wegstationen für die Reparatur von Schiffen und das Auffüllen von Vorräten, so beispielsweise in L'Anse Aux Meadows in Newfoundland. Die dort heimischen Indianerstämme bereiteten den Nordmännern keinen wirklich herzlichen Empfang, sodass die Wikinger vermutlich bald wieder die Heimreise antraten. Für die darauffolgenden 300 bis 400 Jahre gibt es keine Funde, die auf auswärtige Entdecker hindeuten lassen.

Brenzlig wurde es erst wieder im späten 15. Jh. 1492 begab sich Christoph Kolumbus mit Unterstützung der spanischen Krone auf die Suche nach einem westlichen Seeweg nach Asien und stieß stattdessen auf einige kleine Inseln, die späteren Bahamas. Andere europäische Königshäuser waren von Kolumbus' „Entdeckung" begeistert und begannen umgehend, eigene Expeditionen zu finanzieren. 1497 segelte Giovanni Caboto – besser bekannt als John Cabot – unter der britischen Flagge nach Westen bis nach Newfoundland und Cape Breton.

An Frankreichs frühe Eroberungszüge in Kanada erinnern Saint-Pierre und Miquelon, zwei kleine Inseln vor der Küste von Newfoundland, die bis heute zu 100 % französisch geblieben sind.

Cabot fand zwar keine Passage nach China, wohl aber Kabeljau – zu dieser Zeit eine heiß begehrte Ware in Europa. Kurz darauf pendelten Hunderte von Schiffen zwischen Europa und den neuen ergiebigen Fischgründen hin und her. Ihnen folgten bald baskische Walfänger aus Nordspanien. Viele waren in der Red Bay in Labrador stationiert, die sich im 16. Jh. schließlich zum größten Walfanghafen der Welt mauserte. König Franz I. von Frankreich sah über den Zaun hinüber zu seinen Nachbarn, kratzte sich am Bart, schnippte mit den Fingern und ließ Jacques Cartier zu sich bringen. Zu dieser Zeit war nicht nur die Suche nach der Nordwestpassage in vollem Gang, sondern auch die nach Gold, aus-

DAS AHORNBLATT

Man findet es auf dem Penny, auf den Flugzeugen von Air Canada, auf den Trikots des Eishockeyteams von Toronto – das Ahornblatt ist allgegenwärtig. Seit fast zwei Jahrhunderten gilt es nun als Nationalsymbol. 1836 bezeichnete *Le Canadien*, eine in Lower Canada herausgegebene Zeitung, das Ahornblatt als passendes Wahrzeichen des Landes. Bis 1868 war es das Wappen von Ontario und Québec, die kanadische Armee verwendete es in den beiden Weltkriegen. Nach vielen Diskussionen über das genaue Erscheinungsbild (Ein Blatt? Drei Blätter? 13 Zacken?) wurde das heutige elfzackige Blatt schließlich zum Nationalsymbol ernannt und schmückt seit 1965 die kanadische Flagge.

1000

Der Wikinger Leif Eriksson und seine Mannschaft werden bei L'Anse aux Meadows an Land gespült, wo sie Grassodenhäuser bauen. Sie sind die ersten Europäer in Nordamerika – lange vor Kolumbus.

1497

John Cabot segelt aus Großbritannien herüber und findet Newfoundland statt China. Eigentlich kein schlechter Tausch, denn die Gewässer sind reich an Kabeljau.

1528

St. John's auf Newfoundland wird die erste Siedlung Nordamerikas. Die fischreichen Gewässer sind für die Fischerei eine Goldgrube.

1534

Jacques Cartier segelt in das heutige Québec. Er ist auf der Suche nach Gold, findet aber nur karge Felsen. Trotzdem beansprucht er das Land für Frankreich.

gelöst durch die skrupellosen Raubzüge der spanischen Konquistadoren nach der Eroberung des Azteken- und des Inkareichs. Franz hoffte auf ähnliche Reichtümer im kalten Norden.

Nach seiner Ankunft in Labrador fand Cartier jedoch nur „Steine und schreckliche zerklüftete Felsen", wie er 1534 in sein Tagebuch schrieb. Er suchte gehorsam weiter und ging bald darauf auf der Gaspé-Halbinsel in Québec an Land, um dieses Gebiet für Frankreich in Beschlag zu nehmen. Die dort lebenden Irokesen sahen in ihm anfangs den guten Nachbarn, bis er zwei Söhne des Häuptlings entführte und sie mit nach Europa nahm. Man kann Cartier zugutehalten, dass er sie ein Jahr später zurückbrachte, als er den Sankt-Lorenz-Strom hinauf nach Stadacona (heute die Stadt Québec) und Hochelaga (heute Montréal) segelte. Hier erfuhr er von einem Land namens Saguenay, das legendäre Gold- und Silberschätze bergen sollte. Das Gerücht war der Grund für Cartiers dritte Reise im Jahr 1541 – die sagenumwobenen Schätze fand er allerdings nicht.

Der Forscher Jacques Cartier gab Kanada seinen Namen. Nach Ansicht von Wissenschaftlern leitet sich der Begriff von *kanata* ab, der Bezeichnung der Huron-Irokesen für „Dorf" oder „Siedlung", die in Cartiers Tagebuch gefunden und von Kartografen später in „Kanada" verwandelt wurde.

Der Pelzhandel

König Franz I. langweilte seine ferne Kolonie bald, denn der erhoffte materielle Gewinn blieb aus. Sein abgekühltes Interesse erwachte jedoch einige Jahrzehnte später wieder, als Pelzhüte große Mode wurden. Alle Frauen und Männer, die etwas auf sich hielten, trugen plötzlich Pelzhüte. Und nicht nur Modeexperten wussten: Die schönsten waren aus Biberpelz. Da die Biber in der Alten Welt aber so ziemlich ausgestorben waren, stieg die Nachfrage nach dem neuem Angebot rasant.

1588 gewährte die französische Krone das erste Handelsmonopol in Kanada, ein Anspruch, den andere Händler sofort anfochten. Und so begann das offizielle Wettrennen um die Kontrolle des Pelzhandels. Der wirtschaftliche Wert dieses Unternehmens und seine Rolle in der kanadischen Geschichte sind nicht zu unterschätzen. Der Pelzhandel war der Hauptgrund für die europäische Landnahme und Besiedelung des Kontinents, für den Machtkampf zwischen Franzosen und Briten und für die Konflikte und blutigen Kämpfe zwischen den Ureinwohnern. Und das alles wegen der Pelzmode!

Um die Kontrolle über das ferne Land in Übersee zu gewinnen, war dessen Besiedlung durch europäische Einwanderer von Bedeutung. Im Sommer 1604 errichtete eine Gruppe französischer Pioniere eine vorübergehende Siedlung auf der Île Ste-Croix, einem winzigen Eiland im Fluss entlang der heutigen Grenze zwischen Kanada und dem US-Bundesstaat Maine. Im folgenden Frühjahr zogen sie weiter nach Port Royal (heute Annapolis Royal) in Nova Scotia. Doch beide Orte waren ungeschützt und schwer zu verteidigen und boten keine gute Ausgangsbasis für die Kontrolle des Pelzhandels im Landesinneren. Als die Möchtegern-

Die Website Canadian Military History Gateway (www.cmhg.gc.ca) ermöglicht den Zugang zu digitalisierten Quellen, die sich mit Kanadas Militärgeschichte befassen, darunter auch Audio-Links zu alten Kriegsberichterstattungen der CBC.

1608

Nachdem er vier Jahre lang vergebens nach einem geeigneten Ort gesucht hat, schlägt Samuel de Champlain seine Zelte am heutigen Standort von Québec auf und gründet Neufrankreichs erste dauerhafte Siedlung.

RENAULT PHILIPPE / HEMIS.FR / GETTY IMAGES ©

➡ Statue von Samuel de Champlain

1610

Die Briten sind am Zug: John Guy errichtet eine Plantage bei Cupids, Newfoundland, die erste englische Kolonie in Kanada und damit nach Jamestown die zweite in der Neuen Welt.

1670

Karl II. gründet die Hudson's Bay Company, um den örtlichen Pelzhandel für die Briten zu sichern. Jahre später wird aus dem Unternehmen eine Kaufhauskette.

kolonialisten den Sankt-Lorenz-Strom hinaufsegelten, entdeckten sie schließlich einen Platz, dessen Lage ihr Anführer Samuel de Champlain als uneinnehmbar erachtete – den heutigen Standort von Québec (Stadt). Man schrieb das Jahr 1608: „Neufrankreich" war Wirklichkeit geworden.

Frankreich gegen England

Die schönsten historischen Stätten: Westen

- *Klondike-Stätten, Yukon*
- *Batoche, Saskatchewan*
- *Head-Smashed-In Buffalo Jump, Alberta*
- *Craigdarroch Castle, British Columbia*

Mehrere Jahrzehnte genossen die Franzosen ihr exklusives Pelzmonopol, doch 1670 wurden die Briten zu einer enormen Herausforderung. Diese hatten unverhofftes Glück, als ihnen die beiden desillusionierten französischen Forscher Radisson und Des Groseilliers anvertrauten, dass der beste Biberpelz tatsächlich nördlich und westlich des Lake Superior zu finden sei, der leicht über die Hudson Bay zu erreichen war. König Karl II. gründete ohne zu zögern die Hudson's Bay Company und gewährte ihr ein Handelsmonopol für alle Gebiete, deren Flüsse und Bäche in die Bucht flossen. Dieses riesige Gebiet namens Rupert's Land umfasste rund 40 % des heutigen Kanada, darunter Labrador, der Westen Québecs, der Nordwesten Ontarios, Manitoba, der Großteil von Saskatchewan und Alberta und ein Teil der Northwest Territories.

Verständlich, dass sich die Engländer mit solchen Aktionen bei den Franzosen nicht gerade beliebt machten. Und diese rächten sich dann auch prompt, indem sie zusätzliche Siedlungen im Landesinneren errichteten. Beide Länder hatten Ansprüche auf das Land, beide strebten sie nach der regionalen Vormachtstellung. Das Geplänkel zwischen den Streithähnen ging hin und her, und letztlich waren die Feindseligkeiten eine Fortsetzung von jenen in Europa, wo die gesamte erste Hälfte des 18. Jhs. von Kriegen geprägt war.

Die Auseinandersetzung erreichte einen vorläufigen Höhepunkt mit dem Vertrag von Utrecht. Er beendete den Spanischen Erbfolgekrieg (1701–1713/14) und sein Pendant in Übersee, den Queen Anne's War (1702–1713). In den Vertragsbedingungen mussten die Franzosen die Ansprüche Großbritanniens an der Hudson Bay und an Newfoundland offiziell anerkennen und Nova Scotia (damals Acadia) – mit Ausnahme der Cape Breton Island – aufgeben.

Doch der Konflikt schwelte unter der Oberfläche einige Jahrzehnte weiter und erreichte im Jahr 1754 einen weiteren Höhepunkt, als sich die beiden Länder im Franzosen- und Indianerkrieg (besser bekannt als Siebenjähriger Krieg) gegenüberstanden. Das Blatt wendete sich recht bald zugunsten der Briten, die sich mit der Eroberung der Festung von Louisbourg die Kontrolle eines strategisch wichtigen Zugangs zum Sankt-Lorenz-Strom sicherten.

1759 belagerten die Briten Québec, erklommen die Klippen in einem Überraschungsangriff und überwältigten die verdutzten Franzosen. Die Aktion mündete in einer der blutigsten und berühmtesten Schlachten in

1755
Die Engländer deportieren französischsprachige Akadier aus der Bay of Fundy. Rund 14 000 werden auf Schiffe verfrachtet, viele landen in Louisiana (USA).

1759
Es kommt zu Kanadas berühmtester Schlacht auf den Plains of Abraham bei Québec zwischen den Franzosen und den Engländern. Sie dauert weniger als eine Stunde, Frankreich unterliegt.

1763
Im Vertrag von Paris verzichten die Franzosen endgültig auf Kanada, nachdem Frankreich den Siebenjährigen Krieg verloren hat. Kanada gehört zum Britischen Weltreich.

1775
Die Amerikanische Revolution bricht aus, die Rebellen versuchen Québec für einen Aufstand gegen die Briten zu gewinnen – jedoch ohne Erfolg.

der kanadischen Geschichte – die Generäle beider Seiten ließen auf dem Schlachtfeld ihr Leben. Im Vertrag von Paris (1763) übergab Frankreich Kanada schließlich an Großbritannien.

Erste Schwierigkeiten

Die Verwaltung des neu erworbenen Gebietes war für die Briten eine ziemlich große Herausforderung. Zunächst mussten sie Aufstände mehrerer Indianerstämme niederschlagen, z. B. den Angriff des Ottawa-Häuptlings Pontiac auf Detroit. Deshalb erließ die britische Regierung 1763 die „Royal Proclamation", die den Kolonialisten untersagte, westlich der Appalachen zu siedeln. Außerdem sollte durch den Erlass der Kauf von Land geregelt werden. Diese königliche Erklärung war zwar gut gemeint, wurde aber weitgehend ignoriert.

Kopfzerbrechen bereiteten den Briten auch die Frankokanadier. Die Spannungen wuchsen, als die neuen Herrscher das britische Recht verhängten, das die Rechte der römisch-katholischen (also französischen) Bevölkerung stark einschränkte, beispielsweise das Recht zu wählen und gewählt zu werden. Mit dieser Diskriminierungspolitik wollten die britischen Herren einen Massenexodus auslösen, der dann die Anglisierung der verbleibenden Siedler einfacher machen sollte. Doch diese Rechnung machten sie ohne den Wirt: Die Franzosen zeigten sich trotzig und blieben erst recht.

Als ob die Ureinwohner und Franzosen nicht schon genug Probleme bereiteten, begannen die amerikanischen Kolonien im Süden revolutionäre Töne anzuschlagen. Der britische Gouverneur Guy Carleton urteilte weise, dass es wichtiger sei, die politische Loyalität der französischen Siedler zu gewinnen, als sie in Teetrinker zu verwandeln. Dies führte zur Verabschiedung des Québec Act im Jahr 1774, der das Recht der Französisch-Kanadier auf Ausübung ihrer Religion bestätigte, ihnen erlaubte, politische Ämter zu bekleiden, und das französische Zivilrecht wieder einsetzte. Und nun ging der Plan auf: Tatsächlich weigerten sich die meisten Frankokanadier während des Amerikanischen Unabhängigkeitskriegs (1775–1783), die Waffe für die amerikanische Sache zu ergreifen, auch wenn natürlich nur wenige von ihnen die britische Krone willig verteidigten.

Nach dem Krieg wuchs die englischsprachige Bevölkerung explosionsartig an: Rund 50 000 Siedler aus dem nun unabhängigen Amerika zogen gen Norden. Die wegen ihrer vorgeblichen Treue zu Großbritannien als United Empire Loyalists titulierten Zuwanderer lockte allerdings weniger die Liebe zu König und Krone als das billige Land. Die Mehrheit der Neuankömmlinge ließ sich in Nova Scotia und New Brunswick (Neubraunschweig) nieder, während eine kleinere Gruppe am Nordufer des Lake Ontario und im Tal des Ottawa River siedelte (und so den Grund-

Die schönsten historischen Stätten: Osten

L'Anse aux Meadows, Newfoundland

Befestigungsanlagen von Québec, Québec (Stadt)

Louisbourg, Nova Scotia

Province House, Prince Edward Island

Die US-Amerikaner sind zweimal, 1775 und 1812, in Kanada einmarschiert – beide Male erfolglos.

1793

Der Entdecker Alexander Mackenzie unternimmt die erste transkontinentale Reise und kritzelt „from Canada by land" (von Kanada über den Landweg) auf einen Felsen in der Nähe von Bella Coola, BC.

1818

Die USA und Großbritannien schließen den Vertrag von 1818: Der 49. Breitengrad wird vom Lake of the Woods bis zu den Rocky Mountains als Grenze zwischen den USA und Kanada festgelegt.

1858

Goldsucher werden im Fraser River in British Columbia fündig. Tausende von Menschen, die vom schnellen Reichtum träumen, ziehen in den Norden, um Gold zu schürfen. Die meisten bleiben arm.

1864

Die Gründungsväter der Konföderation treffen sich in Charlottetown auf Prince Edward Island und bilden aus den locker verbundenen Kolonien ein neues Land: Kanada.

stein für das heutige Ontario legte). Rund 8000 Siedler zogen nach Québec und gründeten die erste größere anglophone Gemeinde in der Französisch sprechenden Bastion.

Teilung der Nation: Upper & Lower Canada

Die neu angekommenen Europäer bezeichneten die Beothuk-Ureinwohner von Newfoundland mit ihren zu Ritualzwecken ocker gefärbten Gesichtern als „Rothäute" – eine Bezeichnung, die bald auf sämtliche indigenen Stämme in ganz Nordamerika übertragen wurde. Die Beothuk starben um 1829 aus.

Auch um den Interessen der Loyalisten entgegenzukommen, verabschiedete die britische Regierung 1791 den Constitutional Act, der die Kolonie in Upper Canada (heute Süd-Ontario) und Lower Canada (heute Süd-Québec) teilte. Lower Canada behielt das französische Zivilrecht bei, doch beide Provinzen unterlagen dem britischen Strafrecht.

Die britische Krone setzte einen Gouverneur zur Leitung jeder Kolonie ein. Dieser wiederum ernannte die Mitglieder seines Kabinetts, des sogenannten Executive Council (Exekutivrat). Der gesetzgebende Zweig bestand aus einem ernannten Legislative Council (Legislativrat) und einer gewählten Versammlung, die angeblich die Interessen der Kolonialisten vertrat. In Wirklichkeit hatte die Versammlung jedoch nur wenig Macht, da der Gouverneur ein Veto gegen ihre Entscheidungen einlegen konnte. Es überrascht nicht, dass dieses System für Spannung und Unmut sorgte, vor allem in Lower Canada, wo ein englischer Gouverneur und ein von Engländern beherrschter Rat eine von Franzosen dominierte Versammlung in Schach hielt.

Ungezügelte Vetternwirtschaft machte alles nur noch schlimmer. Mitglieder der konservativen britischen Kaufmannsgilde dominierten die Exekutiv- und Legislativräte und zeigten wenig Interesse an frankokanadischen Angelegenheiten. Der Family Compact in Upper Canada und die Château Clique in Lower Canada hatten prominente Mitglieder wie den Brauer John Molson und den Universitätsgründer James McGill. Der Einfluss dieser Gruppen wuchs besonders nach dem Britisch-Amerikanischen Krieg von 1812, einem letztlich vergeblichen Versuch der Vereinigten Staaten, den nördlichen Nachbarn einzunehmen.

1837 erreichte die Enttäuschung über diese etablierten Eliten den Höhepunkt. Der Führer der Parti Canadien, Louis-Joseph Papineau aus Lower Canada, und sein Amtskollege der Reform Party, William Lyon Mackenzie, begannen mit offenen Rebellionen gegen die Regierung. Obwohl beide Aufstände schnell niedergeschlagen wurden, mussten die Briten doch erkennen, dass die Tage des Status quo gezählt waren.

Die schönsten historischen Stadtviertel

- *Gastown, Vancouver*
- *Québec (Stadt), Québec*
- *Vieux-Montréal, Montréal*
- *Innenstadt von Halifax, Nova Scotia*

Zusammenschluss unter Vorbehalt

Die Briten entsandten John Lambton, den Earl of Durham, der die Gründe für die Aufstände vor Ort untersuchen sollte. Richtigerweise identifizierte dieser ethnische Spannungen als Ursache und bezeichnete die Franzosen und Briten als „zwei Völker, die sich im Schoße eines einzigen Staates bekriegen". Seinen Spitznamen Radical Jack erwarb

1867
Jetzt ist es offiziell: Der British North America Act vereint die Kolonien unter dem Dominion of Canada, Mitglied des Britischen Weltreichs. Zur Feier des Tages verspeist Queen Victoria kanadischen Frühstücksspeck.

1885
Kanadas erster Nationalpark öffnet in Banff, Alberta. Unterdessen stellen Arbeiter in Craigellachie (BC) die Canadian Pacific Railway fertig.

1893
Das Eishockeyteam Montréal AAA gewinnt den ersten Stanley Cup aller Zeiten, gestiftet von Baron Stanley of Preston. Der Cup ist die älteste Trophäe, um die nordamerikanische Teams spielen.

1896
Goldgräber werden erneut fündig, diesmal im Yukon. Der Klondike-Goldrausch beginnt und 40 000 Menschen machen sich voller Hoffnung und mit Pickeln und Pfannen bewaffnet auf nach Dawson City.

Lambton mit der Behauptung, die französische Kultur und Gesellschaft seien minderwertig und stünden Expansion und Erfolg im Weg. Nur die Übernahme der britischen Sprache, Gesetze und Institutionen würden dem französischen Nationalismus ein Ende bereiten und die Kolonien langfristig befrieden. Seine umstrittenen Gedanken fanden schließlich im Union Act von 1840 Ausdruck.

Aus Upper und Lower Canada wurde kurze Zeit später die Province of Canada, die von nur einer Legislative – dem neuen Parlament von Kanada – regiert wurde. Jede der beiden ehemaligen Kolonien entsandte die gleiche Anzahl von Vertretern. Das war nicht unbedingt fair gegenüber Lower Canada (d. h. Québec), das den größeren Bevölkerungsanteil stellte. Das neue System hatte jedoch auch gute Seiten: Es schuf eine verantwortliche Regierung, beschränkte die Macht des Gouverneurs und machte der Vetternwirtschaft ein Ende.

Während die meisten britischstämmigen Kanadier das neue System begrüßten, waren die Franzosen weniger begeistert. Wenn überhaupt hatte das unterschwellige Ziel, die französische Kultur, Sprache und Identität zu verdrängen, die Folge, dass es die Frankokanadier noch enger zusammenschweißte. Die Bestimmungen des Gesetzes hinterließen jedoch tiefe Wunden.

Die frisch vereinigte Provinz stand also auf wachsweichem Untergrund, und das folgende Jahrzehnt war geprägt von politischer Instabilität und schnell wechselnden Regierungen. Während das britische Nordamerika noch immer einem Flickwerk aus unabhängigen Kolonien glich, hatten sich die USA zwischenzeitlich zu einer selbstbewussten Wirtschaftsmacht entwickelt. Der Amerikanische Bürgerkrieg (1861–1865) und der Erwerb Alaskas durch die USA 1867 schürten die kanadische Angst vor einer amerikanischen Annexion. Deutlich zeichnete sich ab, dass nur ein stabileres politisches System diesen Herausforderungen gerecht werden könnte – die Idee einer föderalen Union war geboren.

Die besten historischen Museen

Maritime Museum of the Atlantic, Halifax

Canadian War Museum, Ottawa

Musée d'Archéologie et d'Histoire de Pointe-à-Callière, Montréal

Royal BC Museum, Victoria

Glenbow Museum, Calgary

Die Konföderation

1864 wurde Charlottetown auf Prince Edward Island (PEI) zur Geburtsstätte des heutigen Kanada. Im Province House, dem Parlamentsgebäude der Stadt, versammelten sich die „Väter der Konföderation" – eine Gruppe von Vertretern aus Nova Scotia, New Brunswick, PEI, Ontario und Québec – und verhandelten die Rahmenbedingungen für eine neue Nation. Zwei weitere Versammlungen waren erforderlich, bevor das Parlament 1867 den British North America Act verabschiedete. Und so erblickte der moderne, selbstverwaltete Staat Kanada, anfangs unter dem Namen Dominion of Canada, das Licht der Welt. Der 1. Juli, an dem das Gesetz in Kraft trat, ist kanadischer Nationalfeiertag. Ursprünglich hieß er Dominion Day, ehe er 1982 in Canada Day umbenannt wurde.

Die Delegierten der Charlottetown-Konferenz von 1864 mussten auf ihren Dampfschiffen übernachten, da ein Zirkus in der Stadt gastierte und alle Gasthäuser belegt waren.

1913

Die Einwanderung nach Kanada erreicht einen Höhepunkt. Mehr als 400 000 Menschen, die meisten US-Amerikaner und Osteuropäer, können dem Ruf der fruchtbaren Prärien des Landes nicht widerstehen.

1917

Während des Ersten Weltkriegs führt Kanada die Wehrpflicht ein, um Großbritannien zu unterstützen. Vor allem bei Franko-Kanadiern ist die Maßnahme unpopulär und bringt Konflikte.

1931

Die Residential Schools greifen um sich. Kinder von Ureinwohnern, Inuit und Métis müssen ihre Heimat verlassen und werden gezwungen, weit entfernte Schulen zu besuchen, um sich zu „assimilieren".

1933

Als Folge der Weltwirtschaftkrise sind rund 30 % der Kanadier arbeitslos. Die Prärien werden besonders hart von Staubstürmen, ausgelöst durch Dürreperioden, getroffen.

Chinesische Arbeiter bauten den größten Teil des westlichen Abschnittes der Canadian Pacific Railway. Sie verdienten zwischen 0,75 und 1,25 C$ am Tag, abzüglich ihrer Ausgaben, und wurden oft mit den gefährlichsten und wahrhaft explosivsten Aufgaben betraut.

Der Roman *Gold Diggers* (2010) von Charlotte Gray erzählt die Geschichte des letzten großen Goldrausches in der Geschichte. Von 1896 bis 1899 erlebte Dawson City in Yukon einen Bevölkerungsanstieg von 400 auf sage und schreibe 30 000 Einwohner. Die Autorin greift auf Briefe und Zeitungsartikel ortsansässiger Journalisten und Banker, von Prostituierten, Geistlichen und Gesetzeshütern zurück, um diese Epoche zu beschreiben.

Die Eroberung des Westens

Ganz oben auf der To-do-Liste des jungen Dominions stand die Einbindung der restlichen Gebiete und Kolonien in die Konföderation. Unter ihrem ersten Premierminister John A. Macdonald erwarb die Regierung 1869 das riesige Rupert's Land für die lächerliche Summe von 300 000 £ (was heute rund 7,3 Mio. € entspräche) von der Hudson's Bay Company. Das Land, das inzwischen als Northwest Territories (NWT) bekannt ist, war nur dünn besiedelt, überwiegend von den sogenannten First Nations und mehreren Tausend Métis *(may-tie)*, einer ethnischen Mischung aus Cree, Ojibwe oder Saulteaux und frankokanadischen oder schottischen Pelzhändlern, die Französisch sprachen. Ihre größte Siedlung war die Red River Colony bei Fort Garry (heute Winnipeg).

Zwischen der kanadischen Regierung und den Métis entbrannte sofort ein Streit über Landnutzungsrechte, was Letztere dazu veranlasste, eine provisorische Regierung unter der Führung des charismatischen Louis Riel zu bilden. Riel schickte den von Ottawa ernannten Gouverneur nach Hause, übernahm im November 1869 die Kontrolle über das Upper Fort Garry und zwang Ottawa dadurch an den Verhandlungstisch. Jedoch exekutierte Riel aus einer Laune heraus einen kanadischen Gefangenen, den er im Fort festhielt, als sich dessen Delegation bereits auf dem Weg befand. Obwohl der Mord in weiten Teilen Kanadas für Empörung sorgte, war die Regierung so versessen darauf, den Westen in den Schoß der Familie zu holen, dass sie den meisten Forderungen Riels nachgab und die Sprache und Religion der Métis unter Schutz stellte. Infolgedessen wurde die Provinz Manitoba aus den Northwest Territories separiert; im Juli 1870 trat sie dem Dominion bei. Macdonald ließ Riel von Truppen verfolgen, doch der schaffte es, in die USA zu entkommen. 1875 wurde er offiziell verbannt.

British Columbia (BC), das 1866 aus dem Zusammenschluss der Kolonien New Caledonia und Vancouver Island hervorgegangen war, bildete eine weitere Front. Die Entdeckung von Gold im Fraser River 1858 und in der Region Cariboo 1862 hatte eine gewaltige Zuwanderung von Siedlern in Goldminen-Boomstädte wie Williams Lake und Barkerville zur Folge gehabt. Als die Goldminen allmählich erschöpft waren, setzte rasch der wirtschaftliche Niedergang der Provinz ein.

Im Jahr 1871 trat BC dem Dominion bei. Im Gegenzug übernahm die kanadische Regierung die Schulden der Provinz und versprach, sie innerhalb der nächsten zehn Jahre über eine transkontinentale Eisenbahn mit dem Osten zu verbinden.

Der Bau der Canadian Pacific Railway ist eines der beeindruckendsten Kapitel der kanadischen Geschichte. Macdonald betrachtete die Eisenbahn völlig zu recht als zentralen Baustein eines vereinten Hauses Kana-

ANDREW PENNER / GETTY IMAGES ©

➡ Verlassene Scheune, Saskatchewan

1942

Newfoundland wird als einziges Gebiet auf nordamerikanischem Boden während des Zweiten Weltkriegs von deutschen Truppen angegriffen: Auf Bell Island schlägt ein U-Boot-Torpedo ein.

1962

Mit dem Start des *Alouette*-Satelliten ist Kanada nach den USA und der Sowjetunion der dritte Staat im Weltall.

da, da sie sowohl die Einwanderung als auch den Handel und das produzierende Gewerbe förderte. Der Bau war ein kostspieliges Unterfangen, das durch das unwirtliche und unebene Terrain, auf das die Schienen gelegt werden mussten, noch erschwert wurde. Um Investoren anzulocken, bot die Regierung umfassende Leistungen an, beispielsweise Landzuteilungen im Westen Kanadas. Am 7. November 1885 trieben schließlich Arbeiter bei Craigellachie (BC) den letzten Nagel in die Schienen.

Um im Wilden Westen für Recht und Ordnung zu sorgen, schuf die Regierung 1873 die North-West Mounted Police (NWMP), die später zur Royal Canadian Mounted Police (RCMP) wurde. Die berittenen Polizisten mit dem Spitznamen „Mounties“ dienen bis heute in Kanadas nationaler Polizei. Obwohl sie effektiv arbeitete, konnte die NWMP nicht verhindern, dass sich Ärger über den Prärien zusammenbraute. Die First Nations waren gezwungen worden, Verträge zu unterzeichnen, die sie in Reservate einpferchten. Und es dauerte nicht lange, bis diese Gruppen begannen, ihren Status anzufechten.

Unterdessen waren viele Métis nach Saskatchewan übergesiedelt und hatten sich in der Nähe von Batoche niedergelassen. Wie in Manitoba entfachte sich auch hier schnell ein Streit über Landnutzungsrechte zwischen den Métis und Landvermessern der Regierung. Nachdem ihre wiederholten Appelle an Ottawa ignoriert worden waren, überredeten die Métis Louis Riel 1884, aus dem Exil zurückzukehren, um ihre Sache zu vertreten. Nach einer Zurückweisung durch die Regierung reagierte Riel auf die einzige Weise, die er kannte: Er formte eine provisorische Regierung und führte die Métis in einen Aufstand. Riel besaß die Rückendeckung der Cree, aber die Zeiten hatten sich geändert: Dank der fast fertigen Eisenbahnstrecke erschienen innerhalb weniger Tage Regierungstruppen auf der Bildfläche. Riel ergab sich im Mai und wurde im selben Jahr wegen Hochverrats gehängt.

Der Bruch mit England

Das 20. Jh. begann für Kanada sehr vielversprechend: Die Industrialisierung war in vollem Gang, Goldsucher wurden in Yukon fündig, und die Nachfrage nach kanadischen Rohstoffen – von Weizen bis Holz – stieg. Darüber hinaus öffnete die neue Eisenbahn die Tore für zahllose Einwanderer.

Zwischen 1885 und 1914 kamen rund 4,5 Mio. Menschen nach Kanada, darunter viele Amerikaner und Osteuropäer (vor allem aus der Ukraine), die begannen, die Prärien zu besiedeln. Es herrschte Optimismus allerorten. Und ein gut gelaunter Premierminister Wilfrid Laurier verkündete gar: „Das 19. Jh. war das Jahrhundert der Vereinigten Staaten. Ich glaube, wir können behaupten, dass das 20. Jh. Kanada gehören wird.“ Fast schon zwangsläufig musste dieses neu gewonnene

1964
Tim Horton's, gegründet vom gleichnamigen Eishockeyspieler, serviert seinen ersten Donut und Kaffee in Hamilton, Ontario. Heute ist Timmy's Kanadas größte Restaurantkette.

1967
Das Werk Great Canadian Oil Sands nimmt bei Fort McMurray (Alberta) seine Arbeit auf und beginnt, Schwarzes Gold aus der Erde zu fördern. Angeblich gibt es hier mehr Öl als in ganz Saudi-Arabien.

1982
Queen Elizabeth II. unterzeichnet den Canada Act, durch den Kanada volle Souveränität erlangt. Jedoch behält sie sich das Recht vor, bei den Finanzen mitzureden und einen Generalgouverneur zu ernennen.

1990
Die Oka-Krise, eine Auseinandersetzung zwischen der Regierung und Mohawk-Indianern, entzündet sich nahe Montréal um einen Golfplatz, der auf Mohawk-Gebiet gebaut werden soll.

TOTALER IMAGEWANDEL: LOUIS RIEL

Rebell, Mörder, Verräter – der Métis-Führer Louis Riel wurde mit etlichen Beinamen bedacht, und viele waren nicht gerade Komplimente, als er im Jahr 1885 wegen Hochverrats am Galgen landete. Heute sehen immer mehr Kanadier in ihm allerdings einen Helden, der sich für die Belange der Unterdrückten gegenüber der ungerechten Regierung einsetzte. Statuen von Riel stehen auf dem Parlamentshügel in Ottawa sowie vor dem Manitoba-Parlament in Winnipeg, wo sein Elternhaus und sein Grab mittlerweile zu echten Pilgerstätten avanciert sind. Die Versöhnungserklärung, die die Regierung im Jahr 1998 den indigenen Stämmen zukommen ließ, beinhaltete sogar eine Entschuldigung für Riels Hinrichtung.

Die Behörden von Nova Scotia haben eine Website (http://titanic.gov.ns.ca) eingerichtet, die sich mit allem beschäftigt, was irgendwie mit der *Titanic* zu tun hat. Dazu gehören eine Liste der Passagiere, die auf den Friedhöfen vor Ort begraben liegen, sowie Aufstellungen von Artefakten in den verschiedenen lokalen Museen. Die Provinz spielte eine wichtige Rolle bei der Tragödie, da von Halifax Schiffe in See stachen, um die Opfer zu bergen.

Selbstbewusstsein das Land auf die Unabhängigkeit von Großbritannien einstimmen. Diese Frage gewann noch an Brisanz, als im Jahr 1914 der Erste Weltkrieg ausbrach.

Als Mitglied des British Empire wurde Kanada automatisch in den Konflikt hineingezogen. In den ersten Kriegsjahren kämpften über 300 000 kanadische Freiwillige auf den Schlachtfeldern Europas. Als sich der Krieg immer mehr hinzog und Tausende Soldaten fielen, geriet die Rekrutierung jedoch ins Stocken. Die Regierung, die beabsichtigte, ihre dezimierten Truppen wieder aufzustocken, führte 1917 die Wehrpflicht ein. Dies erwies sich – vorsichtig formuliert – als äußerst unpopuläre Maßnahme, besonders unter den Frankokanadiern. Die Feindseligkeit gegenüber Ottawa hatte bereits kurz zuvor ihren Höhepunkt erreicht, als die Regierung zweisprachige Schulen in Manitoba abschaffte und die Verwendung des Französischen in Schulen in Ontario einschränkte. Die Einführung der Wehrpflicht schürte die Flammen des Nationalismus noch mehr – Tausende Québecer zogen protestierend durch die Straßen. Die Problematik spaltete Kanada und verstärkte das Misstrauen der Kanadier gegenüber ihrer Regierung.

Als die Waffen des Ersten Weltkriegs 1918 endlich verstummt waren, waren die meisten Kanadier strikt dagegen, dass ihre Männer für Großbritannien in den Krieg zogen. Unter der Regierung von William Lyon Mackenzie King, einem exzentrischen Politiker, der mit Geistern kommunizierte und seine tote Mutter anbetete, begann Kanada, sein Streben nach Unabhängigkeit durchzusetzen. Mackenzie King stellte klar, dass Großbritannien nicht länger automatisch Zugriff auf das kanadische Militär hatte, begann Verträge ohne Zustimmung Großbritanniens zu unterzeichnen und entsandte einen kanadischen Botschafter nach Washington. Diese Hartnäckigkeit führte zum Statut von Westminster, das das britische Parlament 1931 ratifizierte. Es bestätigte formell die Unab-

1992

Die Regierung verhängt das Kabeljau-Moratorium – viele Fischer verlieren ihren Lebensunterhalt. Das Fischverbot sollte später aufgehoben werden, aber die Kabeljaubestände erholten sich nicht mehr.

1998

Die kanadische Regierung entschuldigt sich bei den Ureinwohnern: „Die Haltung ethnischer und kultureller Überlegenheit hat zu einer Unterdrückung der Kultur und Werte der Ureinwohner geführt."

1999

Kanadas jüngste Provinz Nunavut wird von den NWT abgetrennt. Die 28 000 einheimischen Inuit erhalten somit rund ein Fünftel Kanadas.

2003

Dank der Schätze, die in den NWT entdeckt werden, avanciert Kanada zum drittgrößten Diamantenproduzenten. Die Steine verursachen einen Boom, der an den Goldrausch in BC erinnert.

hängigkeit Kanadas und anderer Länder des Commonwealth, obgleich sich Großbritannien das Recht vorbehielt, Änderungen in den Verfassungen dieser Länder vorzunehmen.

Seltsamerweise hatte dieses Recht weitere 50 Jahre Bestand. Erst 1982 wurde es im Canada Act aufgehoben, den Königin Elisabeth II. am 17. April auf dem Parlamentshügel in Ottawa zum Gesetz erhob. Heute ist Kanada eine konstitutionelle Monarchie mit einem Parlament, das aus einem ernannten Oberhaus oder Senat und einem gewählten Unterhaus besteht. Die Queen in Schloss Windsor ist noch immer das kanadische Staatsoberhaupt, obwohl dies eine überwiegend zeremonielle Rolle ist, die nichts an der vollen Souveränität des Landes ändert. In Kanada selbst agiert der ernannte Generalgouverneur als Stellvertreter des Monarchen. Dessen Funktionen sind aber nur symbolischer Natur und sehr beschränkt.

Kanada heute

Die Zeit nach dem Zweiten Weltkrieg brachte eine weitere Wirtschaftsexpansion und neue Einwanderungswelle, die zu großen Teilen aus Europa herüberschwappte.

Mehr als 1 Mio. der damals etwa 11,5 Mio. Kanadier dienten im Zweiten Weltkrieg in der Armee – 42 000 verloren dabei ihr Leben.

1949 schloss sich Newfoundland Kanada an. Der Politiker Joey Smallwood, der die Inselbewohner dafür überzeugte, behauptete, der Schritt werde zu wirtschaftlichem Wohlstand führen. Sobald er Premierminister von Newfoundland war, half er dem versprochenen Aufschwung nach, indem er seinen Bürgern ein Umsiedlungsprogramm aufzwang. Menschen, die in kleinen, abgelegenen Fischergemeinden (d. h. Außenhäfen; Outports) lebten, wurden mit Nachdruck „ermutigt", zusammenzupacken und ins Landesinnere umzuziehen, wo die Regierung Schulen, medizinische Versorgung und andere Dienstleistungen kostengünstiger zur Verfügung stellen konnte. Eine Methode dieser „Ermutigung" war, die Fährverbindungen zu den Fischergemeinden zu kappen und sie so aufgrund fehlender Straßen von der Außenwelt abzuschneiden.

Die einzige Provinz, die im Aufschwung der 1950er-Jahre wirklich auf der Strecke blieb, war Québec. Ein Vierteljahrhundert blieb es in den festen Händen des ultrakonservativen Maurice Duplessis und seiner Partei Union Nationale, unterstützt von der katholischen Kirche und unterschiedlichen Wirtschaftsinteressen. Erst nach Duplessis Tod begann die Provinz in der „stillen Revolution" der 1960er-Jahre, das Versäumte nachzuholen. Fortschritte umfassten den Ausbau des öffentlichen Sektors, Investitionen in die öffentliche Bildung und die Verstaatlichung der Wasserkraftunternehmen der Provinz. Dennoch war das Tempo der Fortschritte nicht schnell genug für radikale Nationalisten, die behaupteten, Unabhängigkeit sei der einzige Weg, die Rechte der frankophonen

Die Website der Acadian Genealogy (www.acadian.org) dokumentiert statistische Daten, die bis 1671 zurückreichen, inklusive Karten und Geschichten über akadische Gemeinden.

2005

Kanada legalisiert die gleichgeschlechtliche Ehe landesweit. Die meisten Provinzen und Territorien gestatteten sie ohnehin schon, doch nun schließen sich auch Alberta, PEI, Nunavut und die NWT an.

2006

Eine Volkszählung ergibt, dass fast 20 % der Bevölkerung im Ausland geboren sind – der höchste Prozentsatz seit 75 Jahren. Einwanderer aus Asien (mit dem Nahen Osten) haben den größten Anteil daran.

2010

Vancouver und Whistler präsentieren die wunderbare Bergwelt der Westküste und eine coole Urbanität bei den Olympischen Winterspielen 2010. Die kanadische Mannschaft holt die Goldmedaille im Eishockey.

2013

Calgary wird von einer schweren Überschwemmung heimgesucht; vier Menschen sterben, 100 000 verlieren ihr Zuhause. Die Naturkatastrophe gilt als die schlimmste in der Geschichte Kanadas.

QUÉBECS UNABHÄNGIGKEITSBEWEGUNG

Richtig ernst wurde es mit Québecs Unabhängigkeitsbewegung 1968, als René Lévesque die separatistische Parti Québecois (PQ) ins Leben rief.

Deren Bestrebungen gewannen schnell an Brisanz. Im Oktober 1970 entführte der radikale Flügel der Bewegung, die Front de Libération du Québec (FLQ; Québec-Befreiungsfront), Québecs Arbeitsminister Pierre Laporte und einen britischen Handelsbeauftragten, um die Unabhängigkeit zu forcieren. Premierminister Pierre Trudeau rief den Notstand aus und setzte die Armee ein, um Regierungsmitglieder zu schützen. Zwei Wochen später wurde Laportes Leiche im Kofferraum eines Autos gefunden. Der Mord diskreditierte die FLQ in den Augen vieler ehemaliger Anhänger – die Bewegung verlief dann rasch im Sand.

Dennoch gewann 1976 die PQ von Lévesque die Provinzwahlen in Québec und boxte schnell ein Gesetz durch, das Französisch zur einzigen Amtssprache der Provinz erhob. Bei einer Volksbefragung im Jahr 1980 zum Thema Abspaltung erlitt er allerdings eine herbe Niederlage – fast 60 % stimmten mit *non*. In den 1980er-Jahren wurde die Streitfrage dann größtenteils zurückgestellt.

Lévesques Nachfolger Robert Bourassa stimmte einer konstitutionellen Lösung zu – allerdings unter der Voraussetzung, dass Québec als Provinz mit Sonderrechten anerkannt wurde. 1987 unterzeichnete Premierminister Brian Mulroney ein Abkommen, das den meisten Forderungen Québecs Rechnung trug. Damit der sogenannte Meech Lake Accord in Kraft treten konnte, musste er von allen zehn Provinzen und beiden Parlamentshäusern bis 1990 ratifiziert werden. Die ursprünglich ablehnend eingestellten Ministerpräsidenten dreier Provinzen sagten schließlich ihre Unterstützung zu, doch dann scheiterte das Abkommen an einem einzigen Parlamentarier aus Manitoba, der nicht unterzeichnete. Mulroney und Bourassa entwarfen daraufhin ein neues, erweitertes Abkommen, das die Separatisten spaltete und somit zum Scheitern verurteilte.

Die Beziehungen zwischen Anglokanadiern und Frankokanadiern erreichten einen neuerlichen Tiefpunkt, und der Ruf nach Unabhängigkeit wurde wieder laut. Nur ein Jahr nach der Rückkehr an die Macht veranlasste die PQ unter Premier Lucien Bouchard 1994 eine zweite Volksbefragung, die sich als die absolute Zitterpartie erwies: Die Québecer entschieden sich mit 52 000 Stimmen – einer hauchdünnen Mehrheit von nicht einmal 1 % – dafür, bei Kanada zu bleiben.

In den darauffolgenden Jahren verlor das Thema dann an Brisanz, wobei die PQ als politische Kraft erhalten blieb. Im Jahr 2012 gewann die PQ 32 % der Stimmen bei den Wahlen in der Provinz Quebec – genug, um eine Minderheitsregierung zu bilden. Doch bereits 2013 verlor die Partei erneut an Boden – wegen ihres sehr umstrittenen Vorschlags, Mitarbeitern im öffentlichen Dienst das Tragen von religiös motivierten Kopfbedeckungen zu untersagen.

Bevölkerung zu gewährleisten. Mehr als einmal liebäugelte Québec in den folgenden Jahren mit der Unabhängigkeit von Kanada.

Im Jahr 1960 bekamen Kanadas Ureinwohner endlich die kanadische Staatsbürgerschaft zuerkannt. In den folgenden Dekaden gerieten Themen wie Landrechte und Diskriminierung immer wieder in den Brennpunkt der Diskussion. 1990 erreichte die Frustration der Ureinwohner mit der Oka-Krise den Siedepunkt, einer Auseinandersetzung zwischen der Regierung und einer Gruppe von Mohawk-Aktivisten in der Nähe von Montréal. Der Konflikt entzündete sich an einem Grundstück: Die Stadt Oka plante, einen Golfplatz auf Land zu erweitern, das den Mohawk als heilig galt. Die Auseinandersetzungen dauerten insgesamt 78 Tage, ein Polizist erlag dabei seinen Schussverletzungen. Der Vorfall erschütterte die gesamte Nation.

In seinem Buch *Canadian History for Dummies* nimmt der Bestsellerautor Will Ferguson seine Leser mit auf eine unterhaltsame Reise durch die chaotische und verrückte Geschichte des Landes.

In den Nachwirren von Oka veröffentlichte eine Königliche Kommission einen Bericht, der eine völlige Neuregelung der Beziehungen zwischen der Regierung und den indigenen Stämmen empfahl. 1998 veröffentlichte das Ministerium für Indianische und Nördliche Angelegenheiten eine offizielle Aussöhnungserklärung, in welcher der Staat die Verantwortung für die Ungerechtigkeiten gegenüber den Ureinwohnern übernahm. 1999 reformierte die Regierung das Landnutzungsrecht; das Territorium Nunavut wurde geschaffen und dem Volk der Inuit übergeben, das seit Langem im hohen Norden lebte. Die Streitigkeiten der jüngsten Vergangenheit drehten sich um die Umbenennung von Wahrzeichen wie beispielsweise dem Mt. Douglas bei Victoria (British Columbia), den Angehörige der First Nations wieder in seinen ursprünglichen Namen Pkols umtaufen wollen.

1985 avancierte Kanada zum ersten Land der Welt, das ein Gesetz zur Multikulturalität verabschiedete. Heute sind über 20 % der kanadischen Bevölkerung im Ausland geboren. British Columbia kann auf eine lange Geschichte zurückblicken, in der es Einwanderer aus Japan, China und Südostasien bei sich aufgenommen hat. Die Prärie-Provinzen gelten traditionell als das Ziel von Ukrainern. Viele Einwohner Ontarios haben ihre Wurzeln in der Karibik und in Russland; außerdem leben etwa 60 % der kanadischen Muslime in dieser Provinz.

Das neue Jahrtausend meint es bislang gut mit Kanada. Die kanadische Währung legt seit etwa 2003 einen wahren Höhenflug hin – dank des Öls, der Diamanten und anderer Rohstoffe, die der Wirtschaft Auftrieb geben. Und die Toleranz setzt ihren Siegeszug fort: Sowohl Marihuana zu medizinischen Zwecken als auch gleichgeschlechtliche Ehen wurden legalisiert. Als das Land 2010 in Vancouver die Olympischen Winterspiele ausrichtete, konnte sich alle Welt davon überzeugen, was Kanada alles zu bieten hat.

Kanadische Erfindungen

Nebelhorn (1854)

Basketball (1892)

Insulin (1922)

Easy-Off Backofen- und Grillreiniger (1932)

Plastik-Müllbeutel (um 1950)

Blackberry Smartphone (1999)

Indigene Kulturen

Die Ureinwohner Kanadas besiedeln das Land schon seit über 15 000 Jahren. Die Bezeichnungen „indigen" bzw. „Ureinwohner" beziehen sich auf die Nachfahren dieser ersten Kanadier, die heute drei verschiedene Volksgruppen bilden: Die First Nations bzw. nordamerikanischen Indianer, die Métis mit „gemischten" Wurzeln und die arktischen Inuit machen zusammen 4,3 % der kanadischen Gesamtbevölkerung aus.

Indigene Gruppen

First Nations

Diese weit gefasste Bezeichnung gilt für alle indigenen Volksgruppen *außer* für die Métis und die Inuit. Die fast 852 000 Angehörigen der First Nations repräsentieren heute ca. 2,5 % der kanadischen Gesamtbevölkerung. Ihre über 600 Gemeinschaften werden manchmal auch als *bands* (Clans) bezeichnet. Mit 198 Volksgruppen sind die First Nations in

Einer der insgesamt neun Totempfahle am Brockton Point im Stanley Park.

British Columbia am stärksten vertreten. Dahinter rangiert Ontario mit 126 Stämmen.

Städte mit indigener Bevölkerung

Winnipeg	*68 380*
Edmonton	*52 100*
Vancouver	*40 310*
Calgary	*26 575*
Toronto	*26 575*
Saskatoon	*21 535*
Ottawa	*20 590*
Montréal	*17 865*
Regina	*17 105*

Pazifikküste

Die Menschen an der Pazifikküste bauten einst Häuser aus Zedernholzbohlen und schnitzten aufwendige Totempfähle oder Kanus. Viele örtliche Kulturen sind u. a. für das sogenannte Potlatch berühmt: Bei diesem rituellen Fest werden großzügig Geschenke und Besitztümer verteilt. Von 1885 bis 1951 verbot Kanadas Regierung diesen Brauch als „unzivilisiert".

Das vielleicht bekannteste First-Nations-Volk der Region lebt auf der Inselgruppe Haida Gwai vor der Nordküste British Columbias: Als außergewöhnliche Kunsthandwerker sind die Haida für ihre Holzschnitzereien, Totempfähle und stilisierten Tierdrucke bekannt. Außerdem waren die Haida einst gefürchtet, da sie hochseetaugliche Kanus bauten, die ihnen eine Vormachtstellung auf dem Meer verschuf. Ihr Siedlungsgebiet erstreckte sich einst außer auf die Inselgruppe und angrenzender Gewässer bis an die Südküste Alaskas.

Ähnliche Kunstformen gibt es bei den Tsimshian auf dem Festland – ebenso bei den Tlingit, die eine matrilineare Gesellschaftsform pflegen und bis hinüber nach Alaska verbreitetet sind.

Ebenen

Als First Nations der Ebenen besiedelten vor allem Sioux, Cree und Blackfoot traditionell das Prärieland zwischen dem Lake Winnipeg und den Ausläufern der Rocky Mountains. Diese Stämme waren vor allem gewiefte Büffeljäger, die ihre Beute über Steilkanten wie den Head-Smashed-In Buffalo Jump im südlichen Alberta trieben.

In den Ebenen leben auch heute noch viele Angehörige der First Nations und der Métis.

Winnipeg ist landesweit die größte Hochburg der First Nations. Dicht dahinter folgt Edmonton. Die **First Nations University of Canada** (www.fnuniv.ca) in Regina ist die einzige Hochschule Kanadas unter Leitung dieser indigenen Ethnie.

Große Seen & St.-Lorenz-Strom

Der Süden des heutigen Ontario und die Region entlang des St.-Lorenz-Stroms bilden die traditionelle Heimat der Irokesisch sprechenden Stämme – einst getrennt in Five Nations (u. a. Mohawk, Oneida, Seneca), Wyandot, Erie und die Neutralen (eine Konföderation verschiedener Ethnien). Trotz häufiger kriegerischer Konflikte untereinander waren dies allesamt kultivierte Stämme, die solide Langhäuser in großen Agrargemeinden bauten bzw. bewohnten und miteinander Handel trieben.

KÜNSTLER UNTER DEN UREINWOHNERN

Bis ins 20. Jh. hinein wurden die Werke indigener Künstler außerhalb der eigenen Gemeinden kaum wahrgenommen. Seit ungefähr 50 Jahren jedoch lässt sich eine hohe und noch wachsende Wertschätzung feststellen. Am Anfang standen die Bilder, Skulpturen und Schnitzarbeiten des vielbeachteten Haida-Künstlers Bill Reid (1920–1998), dessen Kunst es sogar auf die Rückseite des 20-Dollar-Scheins geschafft hat. Ausschau halten sollte man außerdem nach den farbenfrohen Bildern von Norval Morriseau, nach den Arbeiten in unterschiedlichen Genres des aus Saskatechwan stammenden Edward Poitras und nach talentierten jüngeren Künstlern wie Marianne Nicolson und Brian Jungen, die in ihrer Kunst auch politische und umweltbezogene Themen aufgreifen.

Auch einige Stämme der Küsten-Salish bauen kunstvolle und hochseetaugliche Kanus

Auf Manitoulin Island im Lake Huron bewahren Reservate die Kultur der Ojibwe: Besucher können an Powwows (indianischen Festen) teilnehmen und dem Great Spirit **Circle Trail** (www.circletrail.com) folgen.

8 Seeprovinzen

Als zahlenmäßig größte First-Nations-Vertreter in den Seeprovinzen stellen Mi'kmaq und Maliseet kaum mehr als 1 % der dortigen Gesamtbevölkerung. Traditionell fischten die Angehörigen dieser Stämme im Sommer an der Küste, zogen aber zur winterlichen Karibu- und Elchjagd landeinwärts.

Das obere St. John River Valley im Westen New Brunswicks ist die Heimat der Maliseet, die berühmte Korbmacher sind. Die Mi'kmaq leben dagegen im Osten der Provinz. Zudem haben sie 14 Gemeinden in Nova Scotia, die hauptsächlich nahe Truro und rund um den See Bras d'Or am Cape Breton liegen. Auch Prince Edward Island hat eine kleine Mi'kmaq-Gemeinde.

Mittlerweile ist eine Wiederbelebungsbewegung entstanden. Tänze, Gesänge, Heilrituale, religiöse Bräuche und die Sprache der Vorfahren werden inzwischen mit neuer Motivation gepflegt. Vor allem bei Truro finden oft öffentliche Powwows statt.

Nordöstliches Québec & Labrador

Die Innu bevölkern seit ewigen Zeiten die kalten Gebiete mit borealem Nadelwald im Norden Québecs und Labradors. Sie werden oft mit den Inuit verwechselt, sind aber mit diesen nicht verwandt. Die Innu setzen sich aus den beiden First Nations der Naskapi und der Montagnais zusammen. Die Montagnais errichteten ihre Dörfer vor allem auf der nördlichen Uferseite des St.-Lorenz-Stromes, während die Naskapi in

Anteil der indigenen Bevölkerung

Nunavut *86 %*

Northwest Territories *52 %*

Yukon Territory *23 %*

Manitoba 17 %

Saskatchewan 16 %

Alberta *6 %*

British Columbia *5 %*

Ontario *2 %*

Im Winter nutzen die Inuit von Hunden gezogene Schlitten als Fortbewegungsmittel.

Indigene Völker

Pazifikküste: Haida, Tsimshians, Tlingit

Ebenen: Sioux, Cree, Blackfoot

Große Seen/ St.-Lorenz-Strom: Ojibwe, Huron

Seeprovinzen: Mi'kmaq, Maliseet

Québec, Labrador: Innu

Nördliches Ontario, Manitoba, Saskatchewan: Cree

Yukon, NWT: Dene, Gwich'in

Arktis: Inuit

den noch weiter nördlich gelegenen Gebieten siedelten. Früher lebten sie meist nomadisch vom Fleisch und den Fellen erlegter Elche bzw. Karibus.

Etwa 80 % der Innu leben heute in Québec, 20 % in Labrador.

Nördliches Ontario, Manitoba & Saskatchewan

Die Cree dominieren diesen kühlen Landesteil. Als eine der größten kanadischen First Nations, mit über 130 Stämmen und rund 200 000 Menschen, bewohnen sie auch teilweise die Ebenen weiter westlich bis in die Ebenen von North Dakota und Montana im Norden der USA sowie das ganz östlich gelegene Quebec. Nach ihren Siedlungsgebieten und ihren Dialekten unterscheiden sich die Cree selbst in drei große Gruppen: den Plains Cree (Alberta, Saskatchewan und weiteren Ebenen), den Woods Cree (Saskatchewan und Manitoba) sowie den Swampy Cree (Saskatchewan, Manitoba, Ontario und Quebec). In Ontario unterhielt die Hudson's Bay Company einst den Pelzhandelsposten Moose Factory. In dessen Nähe befindet sich heute ein berühmtes Reservat, das einst die erste indigene Öko-Lodge der westlichen Hemisphäre einrichtete und auch heute noch befreit. Viele Cree sind auch in der Eisbärenhochburg Churchill (Manitoba) zu Hause, wo sie etwa ein Drittel der örtlichen Einwohnerschaft ausmachen. Ihre Sprache hört man hier also häufiger. Traditionell gelten die Cree als begabte Heiler.

Yukon & Northwest Territories

Die Dene besiedelten als erste Menschen die heutigen Northwest Territories. Heute leben viele von ihnen in Yellowknife und in Dörfern im ganzen Mackenzie-Delta. Richtung Westen findet man Dene in Teilen Yukons und Alaskas, ostwärts in Richtung Nunavut und im Süden bis in

MEDIEN DER UREINWOHNER

First Nations Drum (www.firstnationsdrum.com) Landesweit erscheinende Zeitung.

First Perspective (www.firstperspective.ca) News im Internet.

CBC Aboriginal (www.cbc.ca/aboriginal) CBC-Website, die sich indigenen Nachrichten und Kulturaspekten widmet – inklusive Links zu Regionalprogrammen in den Sprachen der Ureinwohner.

Aboriginal Peoples Television Network (APTN; www.aptn.ca) Landesweites Kabel- bzw. Satellitennetz, das Programme für die indigene Bevölkerung produziert und sendet.

die Prärien hinein. Diese traditionellen Jäger, Fischer und Fallensteller sind für ihre Flechtkörbe aus Birkenrinde bekannt.

Weiter nördlich leben die Gwich'in, deren Ernährung und Lebensweise größtenteils auf dem Karibu basiert. Diese First Nation hat aktiv gegen die Öl- und Gassuche im Arctic National Wildlife Refuge protestiert – mit dem Argument, dass durch die Bohrungen der für sie lebenswichtige Karibubestand dezimiert werde. Jagd und Fischerei sind die wichtigsten Wirtschaftsfaktoren der Gwich'in-Gemeinden.

Europäische Forschungsreisende bezeichneten die Inuit erstmals als „Eskimos". Dieser Begriff ist von einem Algonkin-Wort abgeleitet, das „Rohfleischesser" bedeutet. Er wird im heutigen Kanada kaum noch verwendet und gilt weithin als Beleidigung.

Métis

Métis ist das französische Wort für „Mestizen". Ursprünglich bezeichnete es die Kinder von französischen Pelzhändlern und Cree-Frauen in den Prärien bzw. den Nachwuchs von englischen oder schottischen Händlern und Dene-Frauen oben im Norden. Heute sind Métis allgemein Kanadier mit europäischen und First-Nations-Wurzeln.

Mittlerweile stellen die Métis etwa ein Drittel der indigenen Landesbevölkerung und leben vor allem in Westkanada. Winnipeg und Edmonton sind die beiden Großstädte mit den meisten Métis.

Als bekannteste Persönlichkeit dieser Ethnie kämpfte Louis Riel (1844–1885) einst für die Rechte der Métis, die während der kanadischen Westexpansion häufig diskriminiert wurden. Riel führte zwei Widerstandsbewegungen gegen die Regierung an. Nach seiner letzten Aktion bei Batoche in Saskatchewan (1885) wurde er verhaftet und als Landesverräter verurteilt. Inzwischen ist Riel für die meisten Kanadier jedoch ein Held.

Im Gegensatz zu anderen First Nations haben die Métis nie in Reservaten gelebt.

Inuit

Die Ureinwohner der kanadischen Arktis, die 59 000 Inuit, repräsentieren ca. 4 % der indigenen Landesbevölkerung. Sie verteilen sich auf insgesamt vier arktische Regionen: Nunavut, Nunavik (nördliches Québec), Nunatsiavut (Labrador) und die Gegend um Inuvialuit (Northwest Territories). Somit ist ein ganzes Drittel der Fläche Kanadas die Heimat der Inuit.

Diese indigene Gruppe hat nie in Reservaten gelebt und bevorzugt seit jeher kleine Gemeinden. 38 % dieser Gemeinden zählen weniger als 500 Köpfe. In ca. 29 % aller Inuit-Dörfer leben 500 bis 999 Menschen, und 33 % der Siedlungen haben 1000 oder mehr Einwohner.

Traditionell jagten die Inuit Wale und Großwild, verbrachten den Winter in Iglus und nutzten Kanus oder Hundeschlitten zur Fortbewegung. Inzwischen ersetzen Schneemobile und Häuser die Schlitten und Iglus. Dennoch ist Jagen für den Eigenbedarf immer noch ein wichtiger

Top-Kultur-Zentren der First Nations

Museum of Northern BC, Prince Rupert

Haida Heritage Centre, Kay Llnagaay, BC

Dänojà Zho Cultural Centre, Dawson City, YK

Wanuskewin Heritage Park, Saskatoon, SK

Top-Museen für indigene Kunst

- *Art Gallery of Ontario, Toronto*
- *Musée canadien des civilisations, Gatineau*
- *National Gallery, Ottawa*
- *UBC Museum of Anthropology, Vancouver*

Wirtschaftsfaktor – ebenso die traditionelle Specksteinschnitzerei und das Anfertigen von Drucken.

Die Inuit-Sprache Inuktitut ist polysynthetisch: Solche Grammatiksysteme kombinieren ein Wurzelwort (ein zentrales Lexem) mit verschiedenen Nachsilben.

Die Gegenwart

Anders als in den USA beinhalteten Kanadas europäisch-indigene Konflikte keine Vernichtungskriege. Nichtsdestotrotz litt die indigene Bevölkerung während der gesamten Landesgeschichte unter Diskriminierung, Landraub und Bürgerrechtsverletzungen.

1993 endete Kanadas größter Landstreit, als Premierminister Brian Mulroney offiziell das neue Territorium Nunavut ausrief. Die Bestimmung trat 1999 in Kraft und verschaffte den Inuit nach über 20 Verhandlungsjahren endlich Autonomie. Seitdem haben die 28 000 Einwohner des hohen Nordens die Kontrolle über rund ein Fünftel der kanadischen Gesamtfläche inne.

2010 absolvierte Kanada einen weiteren wichtigen Akt der Abbitte: Es entschuldigte sich offiziell für die Umsiedlung von Inuit-Familien in den hohen Norden während der 1950er-Jahre. Damals hatte die Regierung den Familien ein besseres Leben durch den Umzug in diese Region versprochen. Allerdings blieb die versprochene und notwendige Unterstützung in Form von angemessenen Unterkünften oder Lebensmittellieferungen aus. Infolgedessen mussten die Familien schwer ums Überleben kämpfen. Viele behaupteten, dass die Regierung die Inuit nur aus scheinbarer Hilfsbereitschaft zum Umzug überredet habe. Dieser habe vielmehr dazu gedient, Kanadas Souveränität in der Aktis im Kalten Krieg zu stärken. Der Entschuldigung war 1996 ein Abkommen vorausgegangen, bei dem die Regierung 10 Mio. C$ für einen Entschädigungsfonds zugunsten der betroffenen Familien freigab.

Indigener Tourismus

Besucher können heute in Tofino (British Columbia) das Paddeln mit traditionellen Kanus erlernen, Fladenbrot in einem Mi'kmaq-Café auf Lennox Island (Prince Edward Island) probieren oder das Great Northern Arts Festival in Inuvik in den Northwest Territories besuchen – es gibt zahllose Möglichkeiten, sich intensiv mit der Kultur der Ureinwohner zu beschäftigen.

Je weiter man in Kanada Richtung Norden reist, umso mehr profitieren die Ureinwohner von den Touristendollars. First Air (S. 1015) und Air Creebec (S. 1015) sind in indigenem Besitz – ebenso die Kette der **Inns North Hotels** (www.innsnorth.com), deren Standorte sich auf 19 Gemeinden in ganz Nunavut und den Northwest Territories verteilen.

Gute Tourismusangeboten der Ureinwohner findet man bei http://canada.travelall.com/promos/Aboriginal.htm. British Columbias eigene **Aboriginal Tourism Association** (www.aboriginalbc.com) liefert Fakten zu 60 regionalen Firmen im Besitz von Ureinwohnern.

Oben Cree-Frau, eingehüllt in eine Decke von der Hudson Bay

Links Bill Reids *The Raven and the First Men*, Museum of Anthropology, University of British Columbia, Vancouver

Outdoor-Aktivitäten

Die Landschaften Kanadas geben zweifellos auf jeder Postkarte einen herrlichen Anblick ab, doch bei dieser Wildnis geht es nicht bloß um Schönheit. Die Einheimischen waren die ersten, die sich hier schon vor Jahren – manchmal sogar im wahrsten Sinn des Wortes – in allerlei Outdoor-Aktivitäten stürzten: von Wandern und Kajakfahren bis in zu Radfahren und Klettern. Im ganzen Land sind unzählige Anbieter den Urlaubern nicht nur behilflich, in diese Gebiete zu gelangen, sondern sie statten sie auch gleich noch mit der erforderlichen Ausrüstung aus.

Ski & Snowboard fahren

Snowboarden in Whistler, British Columbia

Irgendwie hat es den Anschein, als wäre in Kanada so ziemlich jeder der geborene Skifahrer. Reisende finden hier einige der renommiertesten Wintersportorte der Welt vor; zu den Topdestinationen zählen die Provinzen British Columbia, Alberta und Québec. Aber es lohnt sich auch, einfach einmal Einheimische zu fragen, wo sie sich auf die Piste stürzen. Auf jeden protzigen Nobelresort kommen nämlich zig kleinere Orte, in denen die Skibedingungen oft sogar noch besser sind und den Gästen zudem ein besonders herzlicher Empfang bereitet wird.

Die Provinz Québec tut sich mit einigen tollen Pisten hervor, die überaus praktisch gleich in der Nähe der Städte liegen – Le Massif, nicht weit Québec-Stadt, bietet beispielsweise eine Abfahrt, auf der es 770 m senkrecht hinuntergeht. Die meisten dieser nicht-alpinen Berge wie z. B. der Mont-Tremblant liegen mit dem Auto nicht einmal eine Stunde von Québec-Stadt und Montréal oder auch eine Tagesfahrt von Toronto entfernt. Die Skigebiete in den östlichen Gemeinden Québecs können mit sogenannten „Gladed Runs" aufwarten – Pisten, die durch einen Wald führen, dessen Baumbestand ausgedünnt wurde.

Wer in Richtung Westen fährt, stößt auf hohe Berge und ein weitläufiges, alpines Terrain. Hier kann man in Whistler-Blackcomb sagenhafte Abhänge hinunterbrettern; der Ort bietet die steilste Piste und das abwechslungsreichste und herrlichste Skigebiet in ganz Nordamerika. Auch in den Kanadischen Rockies besteht die Möglichkeit, in wahren Postkartenidyllen Ski zu fahren, wobei Sunshine im Banff National Park wohl am schönsten ist.

Im Okanagan Valley in British Columbia machen Ferienorte wie Apex und Big White Jahr für Jahr mit hervorragenden Wintersportbedingungen von sich reden – die Schneedecke reicht von 2 m bis zu 6 m und mehr; wie hoch der Schnee liegt, hängt davon ab, wie nah der jeweilige Urlaubsort am Pazifik liegt. Der tiefste Pulverschnee der Welt türmt sich jedenfalls in der Region Kootenay in British Columbia. In den dortigen Skigebieten Nelson's Whitewater, Rossland's Red Mountain oder auch im Fernie's Alpine Resort kommen Skifahrer immer voll auf ihre Kosten.

Langläufer finden in Canmore, Alberta (www.canmorenordic.com), beliebte Loipen vor, die noch von den Olympischen Winterspielen 1988 in Calgary stammen. Weitere Informationen und Links zur Skiszene in Kanada siehe auf der Website des **Canadian Ski Council** (www.skicanada.org).

Wandern

Um in Kanada zum Wandern zu gehen, muss man kein großer Bergsportler sein. Es gibt hier zwar eine Fülle von mehrtägigen Trekks für Leute, die bloß mit einem Schweizer Messer ausgerüstet durch die Wildnis wandern wollen, aber auch eher unambitionierten Urlaubern, die einfach gern einmal gemütlich einen See umrunden und ihre Tour

HOCKEY – DIE LEIDENSCHAFT DER NATION

Die Kanadier sind nicht zimperlich, wenn es um Eishockey geht. Sie spielen knallhart – und sie spielen gut.

Grassroots Hockey – auch bekannt unter dem Begriff „Teichhockey" – wird in den Gemeinden des ganzen Landes allabendlich auf zugefrorenen Tümpeln gespielt. Alles, was man braucht, um seinen Enthusiasmus in die Tat umzusetzen, sind ein Puck, ein Hockey-Schläger – und ein paar Freunde, die mitmachen.

Wer lieber zuschaut als spielt, kommt in Vancouver, Edmonton, Calgary, Toronto, Ottawa, Winnipeg und Montréal auf seine Kosten, denn alle diese Städte haben **NHL-Teams** (www.nhl.com), die so anständig draufhauen, dass auch mal ein Zahn flöten geht. Doch auch weniger renommierte Profi- und Jugend-Hockeyclubs locken jede Menge fanatische Fans in die stets knallvollen Stadien; welche lokalen Teams die Schläger schwingen, verraten die **Canadian Hockey League** (www.chl.ca) und die **American Hockey League** (www.theahl.com).

Wanderer im Yoho National Park, British Columbia

in einer Kneipe ausklingen lassen möchten, bieten sich zahllose schöne Gelegenheiten.

Als Wanderhochburg des Landes gilt der Banff National Park. Er ist mit Trails durchzogen, die zu sagenhaften Aussichtspunkten führen – und ambitionierten wie auch gemütlichen Outdoor-Abenteurern zugänglich sind. Am Lake Louise beispielsweise kann man durch dichte Fichten- und Kiefernwälder wandern und dann zu den Alpenwiesen mit vielen wilden Blumen aufsteigen, die von kalbenden Gletschern und knallblauen Seen umgeben sind. In den Rockies bieten sich vom Wilcox Ridge und Parker Ridge ebenfalls sagenhafte Ausblicke auf die Gletscherwelt.

In British Columbia mit seinem Provinzparksystem (www.bcparks.ca) haben Wanderfreunde die Qual der Wahl unter mehr als 100 Parks mit jeweils ganz charakteristischer Landschaft. Besonders schön sind der Garibaldi Park mit seinen uralten Vulkanen (nicht weit von Whistler entfernt) und der Mt. Robson Park mit dem beliebten alpinen Berg-Lake-Trail. Und wer sich schon einmal in British Columbia aufhält, sollte natürlich auch der Nordküste von Vancouver einen Besuch abstatten und dort den Grouse Grind-Trail begehen; er führt steil durch die Wälder und ist deshalb auch unter dem Namen „Mother Nature's Stairmaster" bekannt – der „Stepper" von Mutter Natur. Weshalb der Trail so heißt, wird einem auf dem Weg zum Gipfel hinauf schnell klar – falls man überhaupt oben ankommt...

Im Osten des Landes ziehen sich wunderschöne Trails durch die Landschaft. Im südlichen Ontario führt der **Bruce Trail** (www.brucetrail.org) von den Niagara-Fällen nach Tobermory. Er ist der älteste und mit über 850 km auch längste durchgehende Wanderweg Kanadas. Obwohl einige Abschnitte in der Nähe von Städten wie Hamilton und Toronto

Surfen in Tofino auf Vancouver Island, British Columbia

liegen, ist er erstaunlich beschaulich. Im Cape Breton Highlands National Park bietet sich Gelegenheit, herrliche Wanderungen an der dramatischen Küste zu unternehmen. Auch die Trails in Newfoundland ermöglichen herrliche Wanderungen am Meer entlang, bei denen man sogar oft Wale zu sehen bekommt. Der **East Coast Trail** (www.eastcoasttrail.ca) auf der Avalon-Halbinsel ist für seine herrliche Aussicht besonders berühmt.

Doch auch die Städte sollte man nicht vergessen: Die bedeutendsten Metropolen Kanadas können alle mit Wanderungen durch die Stadtlandschaften aufwarten – eine tolle Möglichkeit, die jeweilige Gemeinde kennenzulernen. Am besten zieht man sich also seine Laufschuhe an und spaziert oder joggt mit den Einheimischen durch den Parc du Mont Royal in Montréal oder durch den herrlichen Stanley Park von Vancouver, wo sich die malerische Kaimauer neben hoch in den Himmel ragenden Bäumen und dem Ozean entlangzieht.

Kajakfahren & Raften

Die kanadische Arktis, die Heimat des Kajaksports, ist immer noch etwas Besonderes: Bei einer Tour durch die Fjorde von Ellesmere Island kann man im kurzen Sommer Narwale und Walrosse beobachten. Weiter südlich gleitet man im Gwaii Haanas National Park Reserve in British Columbia an alten Wäldern und Totempfählen vorbei. Oder man beobachtet Orcas, die in der Johnstone Strait im Meer tollen. Die Ostküste hat unendlich viele Kajakabenteuer zu bieten. Paddler in der Witless Bay oder in Gros Morne, Newfoundland, werden oft von Walen begleitet.

Ist der Terminplan eng und bleibt nicht viel Zeit für mehrtägige Odysseen, bieten sich dennoch zahlreiche Möglichkeiten, ohne großen Aufwand die gewünschte Dosis an Paddelsport abzubekommen. Großstädte wie Vancouver und Victoria in British Columbia offerieren Exkursionen und Unterricht gleich in der Umgebung, während Sunshine Coast und

ANGELN

Der Angelsport hat in Kanada eine lange Tradition, die auf die Pioniere und natürlich auf die indigene Bevölkerung zurückgeht. Und die Chancen, einen Zander, einen Hecht, eine Regenbogen- oder Seeforelle an den Haken zu kriegen, stehen auch wirklich gut. Zu den besten Angelrevieren zählen Lunenburg in Nova Scotia und der Miramichi-River in New Brunswick. An der Pazifikküste verlocken Lachse, aber es macht auch Spaß, an Bord eines hiesigen Fischkutters zu gehen und bei Haida Gwaii dem Hochseefischen zu frönen – und ein derartiges Prachtexemplar zu angeln, dass man damit noch jahrelang prahlen kann.

Salt Spring Island, ebenfalls in der Provinz British Columbia, mit spannenden Felsküsten, aber auch beschaulichen Fjorden aufwarten können.

So alt wie der Kajaksport und ebenso typisch kanadisch ist das Kanu. Erfahrene Paddler können einen der 33 **Canadian Heritage Rivers** (www.chrs.ca) in Angriff nehmen. Zu den schönsten zählen der Nahanni-River (bei Fort Simpson) in den Northwest Territories sowie der French-River (bei Sudbury) in Ontario.

Mountainbiken & Radfahren

Mountainbiken steht in Kanada hoch im Kurs. Während in anderen Ländern Fahrradfans in der Stadt herumkurven oder auf beschaulichen Radwegen an Füssen entlangfahren, sieht man sie in Kanada oft völlig verdreckt einen Berghang hinunterbrettern. Aber klar, bei dieser Landschaft war es nur eine Frage der Zeit, bis die Radfahrer die befestigten Wege verlassen würden.

Wer es langsam angehen möchte, fängt am besten mit dem **Kettle Valley Rail Trail** (www.kettlevalleyrailway.ca) in der Nähe von Kelowna (British Columbia) an. Dieses spannende Teilstück eines umfunktionierten Bahndamms verläuft über malerische Gerüstpfeilbrücken aus Holz und durch Canyon-Tunnels.

Der Adrenalinstoß darf ruhig etwas heftiger ausfallen? Auch gut. In der North Shore-Region von Vancouver können Mountainbiker auf einer erheblich schmaleren und steileren Gerüstpfeilbrücke herumkurven. Als Geburtsort des Freeride-Mountainbiken – einer Mischung aus Abfahrt und Dirt-Jumping, d. h. Sprüngen über Erdhügel – bietet diese Gegend auch einzigartige Innovationen: Fahrten auf erhöhten Brücken, Baumstämmen und schmalen Planken über nassem Unterholz. Ein ähnliches Angebot wartet in Whistler, wo sich nach der Schneeschmelze die Skipisten in einen sommerlichen Bike-Park verwandeln, der jedes Jahr Tausende Radsportler anlockt – und zwar vor allem während des **Crankworx Mountain Bike Festival** (www.crankworx.com/whistler), das alljährlich im Juli stattfindet.

Für Straßenradfahrer ist Kanadas Ostküste ideal, da es hier mehr kleine Städte gibt und weniger einsam ist. Man kann Tagesausflüge oder Mehrtagestouren machen. Schön ist es rund um den Lac St. Jean in Québec; lohnend ist aber auch jeder andere Teil der 4000 km langen **Route Verte** (www.routeverte.com), des längsten Fahrradwegenetzes in Amerika. Die ländlichen roten Straßen der Prince Edward Island und der **Confederation Trail** (www.tourismpei.com/pei-cycling) sind ebenfalls herrlich.

Klettern

Die vielen einladenden Felsklippen, die Besucher während ihrer Kanadareise zu sehen bekommen, lassen schon ahnen, dass dieses Land die ideale Destination für Freunde des Klettersports ist – es verlocken kurze Kletterpartien, aber auch Klettersteige von mehreren Tagen .

Die Region Squamish in British Columbia zwischen Vancouver und Whistler gilt als eine der Kletterhochburgen des Landes mit Dutzenden gut erreichbaren – und auch weniger gut erreichbaren – Gipfeln. Einen prima Einstieg in die Szene ermöglicht **Squamish Rock Guides** (www.squamishrockguides.com). Wer sich eher fürs Bergsteigen interessiert, dem seien die Rockies als erste Anlaufstation empfohlen. Canmore, bei Banff, eignet sich ideal für Kletterer aller Leistungsniveaus. **Yamnuska** (www.yamnuska.com) ist eines von zahlreichen Unternehmen, die Eisklettern und andere Klettertouren in dieser Region anbieten.

Kletterer mit eher europäischen Vorstellungen von dieser Sportart werden sicher vom Mt. Assiniboine in British Columbia begeistert sein, dem Matterhorn Kanadas; der Berg ragt zwischen den beiden Nationalparks Kootenay und Banff auf. An weiteren westlichen Klassikern warten beispielsweise in der Provinz Alberta der Mt. Edith Cavell in Jasper sowie in der Provinz British Columbia der Mt. Robson, der Mt. Sir Donald in den Rockies und der Garibaldi Peak im Garibaldi Provincial Park, nicht weit von Whistler entfernt. Wer einen Führer anheuern möchte, wendet sich an den hervorragenden **Alpine Club of Canada** (www.alpineclubofcanada.ca).

Ist jemand in Kanadas Osten unterwegs, findet er in der Provinz Ontario auf der Bruce-Halbinsel das reinste Eldorado für Klettersportler vor.

Surfen & Windsurfen

Wer plant, auf seiner Kanadareise auch ein paar Tage am Strand herumzuhängen, sollte der wilden Westküste von British Columbia einen Besuch abstatten, genau gesagt Vancouver Island mit seinen Stränden rund um Tofino. Surf-Schulen und Unternehmen, die die entsprechende Ausrüstung verleihen, gibt es in dieser Gegend zuhauf, und auf den irren Wellen herumzuflitzen ist wirklich ein tolles Erlebnis – insofern man nicht lieber am Sandstrand faulenzend anderen dabei zuschaut. Jedenfalls ist das vor der Kulisse des grünen Regenwalds gelegene Tofino ein idyllischer Flecken Erde, um ein paar schöne Tage zu verbringen.

Hochsaison ist hier von Juni bis September, ambitionierte Surfer kommen aber auch gern im Winter, um es mit den tosenden Wellen aufzunehmen. **Surfing Vancouver Island** (www.surfingvancouverisland.com) gibt einen Vorgeschmack, womit zu rechnen ist.

An die 6000 km entfernt kann auch die Ostküste von Nova Scotia mit einigen sagenhaften Wellen aufwarten. Die Hurrikan-Saison (Aug.–Nov.) an der Südküste der USA beschert den Kanadiern rasante steile Breaks und riskante rechte und linke Pointbreaks sowie Reef- und Shoalbreaks im offenen Meer bei Lawrencetown, unweit von Halifax, sowie an der gesamten Südküste. Ein paar Surf-Schulen gibt es hier auch. **Scotia Surfer** (www.scotiasurfer.com) hält Informationen bereit.

Windsurfer setzen die Segel am Howe Sound in Squamish (British Columbia) und rund um die Îles de la Madeleine, einer kleinen Inselgruppe im St. Lorenz-Golf in der Provinz Québec.

Top-Destinationen zum Surfen & Windsurfen

Tofino, Vancouver Island, British Columbia

Lawrencetown, Nova Scotia

Nitinat Lake, Vancouver Island, British Columbia

Îles de la Madeleine, Québec

Howe Sound, Squamish, British Columbia

Tiere

Ob zu Land, zu Wasser oder in der Luft, überall entdecken Kanada-Besucher äußerst fotogene Geschöpfe, sodass man beinahe glauben könnte, man sei versehentlich in einen Safaripark hineingeraten. Und diese Wesen sind durchaus nicht possierlich: Zu bestaunen sind Grizzlybären, Eisbären, Elche und Weißkopfseeadler, und von der Küste aus kann man riesige Wale bewundern. Reserveakkus für die Kamera sind also dringend zu empfehlen!

Grizzlybären beweisen beim Fischfang Ausdauer und Geduld, wie etwa hier an einem Fluss in British Columbia.

Grizzlybären & Schwarzbären

Ursus arctos horribilis, besser bekannt als Grizzlybär, lebt in den höheren Lagen der Rocky bzw. Selkirk Mountains in British Columbia, Alberta und Yukon. Die bedrohte Art mit dem charakteristischen Schulterbuckel ist aufgerichtet bis zu drei furchteinflößende Meter hoch. Grizzlys sind Einzelgänger und haben – bis auf den Menschen – keine natürlichen Feinde. Normalerweise ernähren sie sich von Beeren und Pflanzen, genießen aber gelegentlich auch einen Happen Wapiti, Elch oder Karibu – oder frischen Lachs. Wichtig: Man darf sich niemals einem Bären nähern, und in einsamen Gegenden sollte man sicherheitshalber nur in Gruppen unterwegs sein.

1994 wurde bei Prince Rupert an British Columbias Küste das Khutzeymateen Grizzly Bear Sanctuary eingerichtet. Ein paar Anbieter von Ökotouren sind berechtigt, die über 50 Grizzlys des 45 000 ha großen Schutzgebiets zu beobachten. Die seltenen Allesfresser kann man ansonsten mit etwas Glück auch bei regionalen Auto- oder Wandertrips in den Gebirgsnationalparks Banff, Jasper, Kootenay und Yoho erspähen.

Verwirrenderweise sind Schwarzbären teilweise braun und manche Grizzlys fast schwarz. Dennoch lassen sie sich anhand typischer Merkmale unterscheiden: Der Grizzly hat ein schüsselförmiges Gesicht, den bereits erwähnten Schulterbuckel und kleine, rundliche Ohren.

Eisbären

Als wildestes Mitglied der Bärenfamilie hat der Eisbär ein Geburtsgewicht von weniger als 1 kg, wiegt aber ausgewachsen bis zu 600 kg oder mehr. Die besten Beobachtungsmöglichkeiten bieten sich von Ende September bis Anfang November in Churchill an der Hudson Bay (Manitoba). Über die dortige Tundra trotten ca. 900 der rund 20 000 auf dem Planeten noch existierenden Eisbären – denn dies ist eines ihrer wichtigsten Aufzuchtgebiete.

In Tundra-Buggys mit extra hohen Fahrwerken transportieren Tourveranstalter ihre Kunden durch die Welthauptstadt der Eisbären. Auf gar keinen Fall aussteigen: Die Raubtiere sehen in Menschen eine Art wandelndes Filet Mignon und im Gegensatz zu Grizzlys und Schwarzbären machen Eisbären auch gezielt Jagd auf Zweibeiner!

Elche

Elche knabbern in ganz Kanada an Büschen. Sie gehören zur Familie der Hirsche, sind aber wesentlich größer als ihre Verwandten. Ein mächtiger Rumpf, dünne, ballerinaartige Beine und ein Gewicht von über 500 kg – Elchbullen sind wahrhaft imposante Erscheinungen. Die Tiere ernähren sich von Zweigen und Blättern. Trotz ihrer etwas unförmigen Gestalt können sie bei Bedarf ungemein schnell unterwegs sein: Elche erreichen auf festem Untergrund Geschwindigkeiten von bis zu 56 km/h und schwimmen zudem so schnell wie ein Kanu mit zweiköpfiger Paddlerbesatzung.

Die Bullen entwickeln jeden Sommer gewaltige Geweihe, die sie im Januar oder Februar des folgenden Jahres wieder abwerfen. In der Nähe von Seen, Mooren und Wasserläufen kann man grasende Elche beobachten – ebenso in den westlichen Gebirgswäldern der Rocky Mountains oder des Yukon Territory. Den wohl größten Elchbestand nennt Newfoundland sein Eigen: Erst 1904 importierte die Provinz vier Tiere und entließ sie in die Wildnis. Nach ihrer Auswilderung vermehrten sie sich auch dank dem guten Futter so stark, dass heute 120 000 „Bullwinkles" durch die regionalen Wälder ziehen.

Elche sind nicht unbedingt aggressiv, aber dennoch bleiben sie unberechenbar und man sollte sie nicht erschrecken. In der Paarungszeit (Sept.) können die Männchen angriffslustig werden – dann unbedingt ausreichend Abstand einhalten!

Wapitis, Hirsche & Karibus

Elche sind nicht die einzigen Tiere, die während der Brunftzeit ein verändertes Verhalten an den Tag legen. Von männlichen Wapitis weiß man, dass sie während dieser Zeit im Jasper National Park gelegentlich Autos

Eine beliebte Touristenattraktion sind Fahrten zu den Walen vor San Juan Islands, British Columbia

attackieren, weil sie die Lichtreflexe auf der Karosserie für die Zeichen eines Rivalen halten. Das geschieht aber wirklich selten; normalerweise ist Jasper einer der besten Orte, um die Tiere aus der Nähe zu beobachten und zu fotografieren.Das Verbreitungsgebiet der Wapitis und Weißwedelhirsche reicht von Cape Breton (Nova Scotia) bis zum Great Slave Lake (Northwest Territores). Als ihr größerer Verwandter ist das Rentier – in Kanada als Karibu bekannt – insofern ungewöhnlich, dass Männchen wie Weibchen mächtige Geweihe tragen. Grönland-Rentiere *(barren-ground caribous)* ernähren sich von Flechten. Den größten Teil des Jahres bevölkern sie die Tundra zwischen Baffin Island und Alaska. Weiter südlich leben Waldrentiere *(woodland caribous),* deren größte Herden teilweise durchs nördliche Québec und Labrador traben. Auch Besucher der Gebirgsnationalparks von British Columbia und Newfoundland bekommen diese Karibu-Art oft zu Gesicht.

Wale

Vor Kanadas gesamter Atlantikküste leben über 22 Wal- und Tümmlerarten. Die fischreichen Gebiete haben auf die Meeressäuger dieselbe Lockwirkung wie Donuts auf Homer Simpson. Zu den Highlights gehören z. B. Buckelwale, die durchschnittlich 15 m lang und 36 t schwer werden – ein ganz schönes Gewicht, das sie beim neckischen Springen, Auftauchen und Hochschießen aus dem Wasser stemmen müssen. Mit einem geschätzten Bestand von 350 Tieren ist der Atlantische Nordkaper die bedrohteste Walart der Welt. Eine Länge von 25 m und gute 100 t Gewicht machen den mächtigen Blauwal zum größten Säugetier des Planeten. Finnwale sind nicht viel kleiner und leicht an ihrer asymmetrischen Kieferzeichnung (rechts: weiß oder gelblich, links: schwarz) zu erkennen. Da wäre auch noch der maximal 10 m lange Zwergwal, der sich oft Booten nähert und deren Passagiere ebenfalls mit spielerischen

Nur während der Brutzeit sind Papageitaucher an Land anzutreffen, wie hier auf Newfoundland

Kunststücken erfreut. Whale-Watching-Touren werden überall in der Region angeboten.Kanadas Westküste ist für Orcas, Grau- und Buckelwale berühmt. Als einziges Meereslebewesen hat der Orca (Killerwal) außer dem Menschen keine natürlichen Feinde. Sein Zweitname verdankt er der Tatsache, dass er sich u. a. von Seehunden, Belugas und anderen Walen ernährt. Ihr stromlinienförmiger Körper mit der typischen schwarz-weißen Zeichnung und ihre unglaubliche Geschwindigkeit (bis zu 40 km/h) machen Orcas zu den Ferraris der Wasserwelt. Im Sommer tummeln sie sich rund um Vancouver Island und dort vor allem in der Johnstone Strait.

Als eine der kleinsten Walarten gleiten Belugas durchs Nordpolarmeer: Im Durchschnitt werden Weißwale maximal 4 m lang und ca. 1 t schwer. Die mitteilsamen Zeitgenossen quieken, stöhnen und pfeifen, während sie in engen Familienverbänden umherziehen. In Churchill (Manitoba) kann man sie bei Kajak- bzw. Bootsausflügen beobachten oder ihnen im Neonprenanzug schnorchelnd Gesellschaft leisten.

Vögel

In Kanadas Lüften sind 462 Vogelarten zu Hause, wobei Ontario und British Columbia den größten Reichtum an Spezies aufweisen. Deren berühmtester Vertreter ist der Eistaucher, Kanadas Nationalvogel. Der klagende, aber schöne Schrei dieses Wasservogels schallt in der Wildnis oft frühmorgens oder spätabends über stille Seen. Und wozu all das Geflatter? Nun, als Kanadagans legt man damit bis zu 1000 km pro Tag zurück. In ihrer typischen V-Flugformation haben einige dieser Gänse die Strecke vom nördlichen Québec bis in die USA schon an einem einzigen Tag geschafft!

Landesweiter Herrscher des Himmels ist der Weißkopf-Seeadler, dessen Flügelspannweite über 2 m betragen kann. Zu den besten Beobachtungsplätzen zählt z. B. Brackendale bei Squamish (British Columbia), wo im Winter bis zu 4000 Adler brüten. Ebenfalls toll sind der Bras d'Or Lake auf Cape Breton (Nova Scotia) sowie die West- und Ostküste von Vancouver Island (British Columbia).

Seevögel brüten in Kanadas Atlantikprovinzen, u. a. Tordalken, Dreizehenmöwen, Küstenseeschwalben, Trottellummen und natürlich auch Papageitaucher, die ihre Nester vor allem in Neufundland bauen: Wie sollte man diese niedlichen kleinen Kerle nicht mögen? Man erkennt sie an ihrem schwarz-weißen Federkleid und orangefarbenen Schnabel – und an ihrem watschelnden Gang, dem unverwechselbaren Merkmal der Vögel. Bis zu 1 Mio. Tiere füllen die Seevogelkolonien mit ohrenbetäubendem Geschrei und strengem Geruch. Der Anblick ist dennoch unvergesslich. Die attraktivsten Ziele für Hobbyornithologen sind Grand Manan Island (New Brunswick) sowie die Witless Bay und das Cape St. Mary's unweit von St. John's Newfoundland auf der Avalon Peninsula. Bevor die Vögel ihre Winterreise antreten, lassen sie sich von Mai bis August am besten erspähen.

Die kanadische Küche

Als die Zeitung *Globe and Mail* die Kanadier vor einigen Jahren dazu aufrief, ihr Nationalgericht zu bestimmen, ging es auf dem Forum ihrer Website noch heißer zur Sache als in der Pfanne eines frisch gebratenen Spiegeleis. Poutine – Pommes Frites mit geschmolzenem Käse, getränkt in Bratensauce – führte die Liste an, wobei sich dahinter Bagels im Montréal-Stil, Räucherlachs, Piroggen und sogar Kartoffelchips mit Ketchup ein hartes Rennen lieferten.

Die (unwissenschaftliche) Umfrage zeigte die Liebe der Kanadier für einfaches rustikales Essen und verdeutlichte, dass die Küche ihren Bewohnern in Sachen Facettenreichtum in nichts nachsteht. So präsentiert sie sich als bunter Kulturenmix, entstanden aus einer jahrhundertelangen Einwanderungsvergangenheit.

Poutine: Pommes frittes mit Bratensauce und Käse

Wer nun aber denkt, der Kanadier als solcher esse nur, um sich genügend Winterspeck anzulegen, oder ein gehobenes Abendessen sei gleichbedeutend mit einem Besuch der Donut-Kette Tim Hortons (der Donut mit Ahorncreme ist ein Genuss!), sei eines Besseren belehrt. In Großstädten wie Montréal, Toronto und Vancouver haben sich international renommierte Gastronomieszenen entwickelt, die es mit denen anderer Metropolen locker aufnehmen können. Zudem wurde überall im Land der unschätzbare Wert von Produkten wiederentdeckt, die vor der Haustür angebaut oder produziert werden. Als Folge können sich experimentierfreudige Feinschmecker auf unverwechselbare Meeresfrüchte, pikante Käsesorten und leckeres Obst und Gemüse freuen. Diese Entwicklung erklärt übrigens auch, warum jede auch noch so kleine Ortschaft in Kanada ihren eigenen Markt hat.

Doch es gilt: Probieren geht über Studieren. Überall warten jede Menge regionaler Leckereien darauf, entdeckt zu werden. Die kanadische Küche ist es absolut wert, zu einem wichtigen Programmpunkt jeder Reise zu werden. Und jetzt heißt es: Gürtel lockern und hinein ins kulinarische Vergnügen!

Regionale Gerichte

Spezialität der Seeprovinzen im Osten ist Hummer, gekocht und mit ein bisschen Butter serviert. Den besten gibt es auf den sogenannten Küchenpartys auf Prince Edward Island, die in Gemeindesälen stattfinden. Die Wartezeit lässt sich mit saftigem Kartoffelsalat und herzhaften Meeresfrüchten versüßen – aber bloß genug Platz lassen für die Berge von Obstkuchen, die einen zum Nachtisch erwarten!

Nebenan in Nova Scotia erwarten Besucher butterweiche Digby-Jakobsmuscheln und herzhafte Lunenbergwurst, während im nahe gelegenen Newfoundland und Labrador sättigende Dorschbacken und süße Eismeerkrabben mit Vorliebe verspeist werden. Gegen den ganz großen Hunger hilft ein Stück Robbenpastete, ein Gericht, das man wohl nicht so schnell vergisst.

Québec ist der weltweit größte Hersteller von Ahornsirup. Jährlich werden dort etwa 25 Mio. Liter des süßen Begleiters von Pfannkuchen produziert. Ohnehin hat in der französisch geprägten Provinz Québec gutes Essen einen hohen Stellenwert: So wird die *joie de vivre* (Lebensfreude) mit vierstündigen Abendessen samt Wein und gepflegten Gesprächen zelebriert.

Montréal, der Kosmopolit der Provinz, beansprucht schon lange den Status der Gourmethauptstadt Kanadas für sich. Dabei beschränkt sich das Angebot nicht nur auf gehobene Küche; es kommt auch deftige Erbsensuppe auf den Tisch und auf den betriebsamen Märkten werden exquisiter Käse und leckere Pasteten verkauft. Außerdem wartet noch das inoffizielle Nationalgericht Poutine darauf, die Arterien seine Esser zu begeisterten Fans zu machen. Und last, not least gibt es feinste Sandwiches mit Räucherfleisch, bei deren Größe akute Kieferschmerzen beim Verzehr nicht auszuschließen sind.

Ontario – besonders Toronto – ist ein Mikrokosmos der facettenreichen Küche Kanadas. Wie in Québec ist supersüßer Ahornsirup allgegenwärtiger Begleiter, ob nun bei dekadenten Desserts wie *beavertails*, einer Art süßer Krapfen, oder handtellergroßen Frühstückspfannkuchen. Weiter südlich auf der Niagara-Halbinsel, einem Weinanbaugebiet, gibt es Restaurants, die moderne Kochtechniken mit traditionellen Zutaten aus der Region, beispielsweise Fisch aus den Great Lakes, kombinieren.

Nunavut weit oben jenseits des nördlichen Polarkreises ist Kanadas jüngstes Territorium. Das Essen der Inuit hat hingegen eine lange Tradition und garantiert Experimentierfreudigen ein echtes kulinarisches

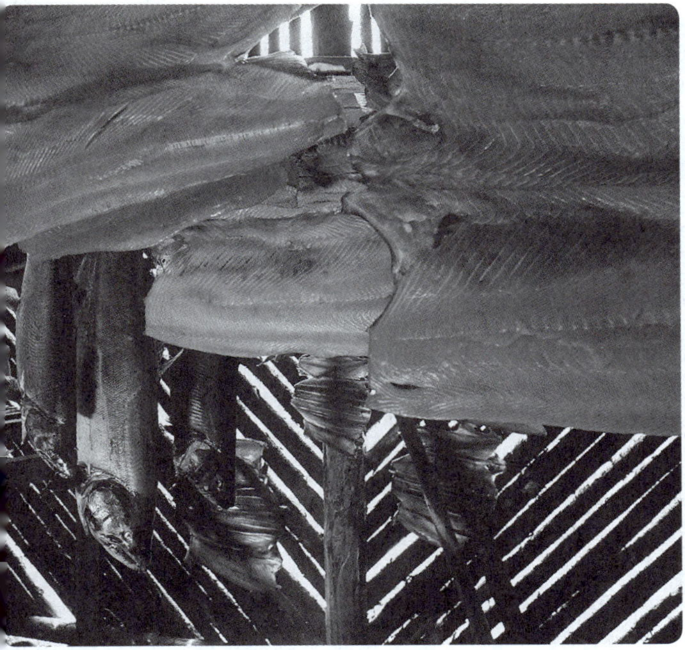

Lachsräucherei in British Columbia

Abenteuer. Zu den regionalen Spezialitäten gehören gekochte Robbe, roher, gefrorener Saibling und Maktaaq, kleine Häppchen Walhaut, die im Ganzen heruntergeschluckt werden. Serviert werden die Gerichte in ein paar wenigen Restaurants, am besten freundet man sich jedoch einfach mit Einheimischen an – vielleicht wird man dann zu ihnen nach Hause zum Essen eingeladen.

Die zentralkanadischen Provinzen Manitoba, Saskatchewan und Alberta haben wiederum ihr ganz eigenes kulinarisches Erbe. Alberta, Heimat von Kanadas Cowboys, ist die Rindfleischmetropole des Landes; die erstklassigen Steaks aus der Provinz findet man auf den Speisekarten führender Restaurants im ganzen Land. Werden einem hier „Prärieaustern" angeboten, sollte man – am besten vor dem Probieren – wissen, dass damit Stierhoden gemeint sind. Sie werden auf verschiedene Weisen zubereitet, die wohl von der eigentlichen Grundzutat ablenken sollen.

Beim Nachbarn Manitoba spiegeln sich alte osteuropäische Einflüsse wider. Ukrainische Hausmannskost fand in Form von deftigen Piroggen und dicken würzigen Würsten im Schlapptau der Einwanderer ihren Weg auf den Speiseplan. Als Nächstes geht es in die Prärie, ins süße Saskatchewan. Üppiger Obstkuchen ist der wohl leckerste Beitrag der Provinz zur kulinarischen Landschaft, besonders wenn er aus den herben Saskatoon-Beeren besteht.

Im fernen Westen dienten den Einwohnern von British Columbia traditionell die See und das fruchtbare Farmland im Landesinneren als Nahrungsquelle. Die Pfirsiche, Kirschen und Blaubeeren aus dem Okanagan Valley sind von der sommerlichen Speisekarte kaum wegzudenken. In der Erntesaison sind die Früchte an Straßenständen in der gesamten Region erhältlich. So kann einem schon ein Einheimischer begegnen, der sich mit obstverschmierten Lippen und einem Lächeln unter einem

Gourmetküche

Canada's Favourite Recipes (Rose Murray & Elizabeth Baird; 2012)

Sugar Shack Au Pied de Cochon (Martin Picard; 2012)

Modern Native Feasts: Healthy, Innovative, Sustainable Cuisine (Andrew George Jr; 2013)

The Salmon Recipes: Stories of Our Endangered North Coast Cuisine (Luanne Roth, Michael Ambach & Ken McCormich; 2013)

Obstwiese mit Apfelbäumen, Okanagan Valley, British Columbia

Baum ausruht. Es sind jedoch in erster Linie Fisch und Meeresfrüchte, die Feinschmecker locken. Saftiger Wildlachs, leckere Austern von der Fanny Bay und butterweiche Jakobsmuscheln sind die Garanten für ein wahres Feinschmeckerparadies.

Kulinarische Hotspots

Fragt man in Toronto, Montréal oder Vancouver nach Kanadas kulinarischer Hauptstadt, wird man wahrscheinlich hören, dass man sie gerade gefunden hat. Doch auch wenn jede der drei Städte diesen Titel für sich beansprucht, sind ihre Stärken doch so unterschiedlich, dass sie sich vielmehr wunderbar zu einem mehrgängigen Menü ergänzen.

Für den kulinarischen Einstieg sorgt Montréal. Lange bevor eine neue Gastroszene das Donut-Schuppen-Image Kanadas verdrängte, galt die Stadt mit der feinsten Küche Nordamerikas französischer Prägung als Gourmetzentrum des Landes. Und diesen Titel überlässt sie nicht kampflos. Viele Küchenchefs genießen den Status von Rockstars und kombinieren alte Traditionen mutig mit originellen Ideen – das Resultat ist eine kreative Fusionküche. Zudem wartet hier ein echtes kulinarisches Fachpublikum, so sind die Einwohner Montréals passionierte Restaurantbesucher, die sich in den verschiedenen Lokals wie zu Hause fühlen – egal ob nun in gemütlich-historischem Ambiente, auf den lebhaften Terrassen der Rue St. Arthur oder in den schicken, hippen Restaurants in Plateau-Mont-Royal.

War Montréal für die Vorspeise zuständig, sorgt Toronto für den Hauptgang. Damit wird der Tatsache Tribut gezollt, dass die Stadt erst vor kurzem den Sprung auf die kulinarische Bühne geschafft hat, weniger ihrem Bekanntheitsgrad. Auch in Kanadas zweitgrößter Stadt heißt das Zauberwort Fusion, allerdings geht man hier noch einen Schritt weiter: Moderne asiatische Einflüsse – Ergebnis neuerer Einwanderungsströme – vereinen sich mit der europäischen Küche zu besonderen Kreationen. Bei der eindrucksvollen Anzahl von 7000 Restaurants fällt die Entscheidung, in welchem Gourmettempel man sein Geld lässt, gar nicht so leicht. Am besten guckt man sich ein bisschen um, wobei im Financial District und in Old York die größte Dichte an erstklassigen Edelrestaurants zu finden sind.

Bleibt für Vancouver das Dessert, wobei die gläserne Metropole an der Westküste zweifellos auch den Spitzenplatz verdient hätte. In den vergangenen Jahren haben sich hier einige der innovativsten Küchenchefs des Landes niedergelassen, inspiriert von dem vielfältigen Angebot, das die hiesige Speisekarte mit ihren einzigartigen Aromen und der kosmopolitischen, stark asiatisch geprägten Gesellschaft zu bieten hat. In edleren Gefilden wie Yaletown und Kistilano gilt ebenfalls Fusion als das Gebot der Stunde. Allerdings wird auch erstklassige und authentische asiatische Küche geboten. Die besten Sushibars und japanischen Izakayas außerhalb Tokios konkurrieren so mit exzellenten vietnamesischen und koreanischen Lokale.

LAUGHINGMANGO / GETTY IMAGES ©

Weinregionen

Viele Besucher – besonders diejenigen, die glauben, Kanada liege das ganze Jahr über unter einer dicken Schneedecke – überrascht es, dass hier sogar Wein angebaut wird. Die Vorbehalte legen sich jedoch rasch nach dem ersten oder zweiten Glas. Kanadische Weine haben in den vergangenen Jahren zunehmend an Ansehen gewonnen. Da sie nur im kleinen Stil angebaut werden und die Dominanz anderer Länder einfach zu groß ist, wird Kanada zwar nie zu den Marktführern zählen, dennoch warten auf Liebhaber des Rebensafts einige köstliche Überraschungen.

Grauburgunder-Ernte im fruchtbaren Okanagan Valley, British Columbia

Am besten probiert man einen Wein mit seinen spezifisch regionalen Eigenschaften direkt an der Quelle. Bei den Reisevorbereitungen kann man beispielsweise Besuche von Weingütern der Umgebung mit einplanen. Empfehlenswert sind die vielen erstklassigen Weinkellereien in der Niagara-Region in Ontario oder im Okanagan Valley in British Columbia, den führenden Anbaugebieten der Region. Die kleineren, meist rustikalen Winzerbetriebe in Québec und die exklusiveren Kellereien in Nova Scotia und auf Vancouver Island lohnen jedoch ebenso einen Besuch.

Die regionale Weinkarte

Egal wie durstig man ist, das nächste Weinanbaugebiet ist in Kanada selten allzu weit entfernt. Wer also ein paar der Kellereien kennenlernen und die leckeren lokalen Rebsorten probieren möchte, kann problemlos eine kleine Weintour in seinen Reiseplan einbauen. Im Folgenden gibt es einen Überblick über die besten Anbaugebiete, von den gigantisch großen bis zu den winzig kleinen. Am besten bleibt man gleich den ganzen Sommer und besucht sie alle!

Okanagan Valley, British Columbia

Die Hügel der von Seen eingerahmten Region in BC lohnen die fünfstündige Fahrt ab Vancouver. Auf die Weinberge verteilen sich über 100 Kellereien, die vom facettenreichen Klima profitieren, das sowohl frische Weiß- als auch kräftige Rotweine hervorbringt. Von Pinot Noir über Pinot Gris und Pinot Blanc bis zu Merlot und Chardonnay – hier ist für jeden Geschmack etwas dabei. Die meisten Besucher schlagen ihr Quartier in Kelowna auf, der Weinhauptstadt des Okanagan Valley, und besichtigen dann renommierte Großkellereien wie Mission Hill, Quail's Gate, Cedar Creek und Summerhill Pyramid Winery (ja, es ist tatsächlich eine Pyramide!). An viele sind ausgezeichnete Restaurants mit traumhaftem Ausblick angeschlossen.

Unter www.winebc.com gibt es weitere Infos zu den Weinanbaugebieten BCs und zu jährlichen Festen, außerdem stehen Karten zum kostenlosen Download bereit.

Niagara Peninsula, Ontario

In der malerischen Landschaft Ontarios mit ihren Landgasthöfen und zauberhaften alten Städten sind über 60 Kellereien ansässig, die mehr als drei Viertel der kanadischen Weine anbauen. Die Region teilt sich in das niedrig gelegene Gebiet rund um Niagara-on-the-Lake und das höher gelegene Niagara Escarpment. Das komplexe Zusammenspiel von Boden und Klima, das oft mit dem des Loire-Tals verglichen wird, eignet sich ideal für den Anbau von Chardonnay, Riesling, Pinot Noir und Cabernet-Franc. Zudem wird hier das Gros der kanadischen Eisweine (S. 146) hergestellt. Neben den größten und besten Weingütern des Landes wie Inniskillin, Jackson-Triggs und Peller Estates sind hier auch kleinere Kellereien ansässig, so z. B. Magnotta und die Cave Spring Cellars.

Prince Edward County, Ontario

Nicht alle Weingüter Ontarios befinden sich in der Niagara-Region – das beweist dieses recht neue Anbaugebiet im Südosten der Provinz. Der Prince Edward County ist eine charmante Alternative, wenn man den Reisegruppen in den Hauptanbaugebieten entgehen will. In der Region wird traditionell Obst angebaut und in dem im Vergleich mit Niagara kühlen Klima gedeihen Rebsorten wie Chardonnay und Pinot Noir. Zu den interessantesten Weinkellereien gehören Closson Chase, Black Prince Winery und Grange of Prince Edward. Für Abwechslung in Ontario sorgen zudem weitere Anbaugebiete wie Pelee Island und Lake Erie North Shore.

Cantons de l'Est, Québec

Etwa 80 km südöstlich von Montréal beginnt diese idyllische Ackerbauregion Québecs mit ihren ruhigen Dörfern, grünen Wäldern, kristallklaren Seen und sich windenden Landstraßen. In den letzten Jahren haben

Bücher über Wein

Okanagan Wine Tour Guide (John Schreiner; 2012)

Crush on Niagara: The Definitive Wine Tour Guide for Niagara, Lake Erie North Shore, Pelee Island and Prince Edward County (Andrew Brooks; 2010)

Wineries and Wine Country of Nova Scotia (Sean Wood; 2006)

Island Wineries of British Columbia (Gary Hynes; 2013)

Eine Gratiskarte und viele nützliche Hinweise über Weine aus Ontario findet man im Internet unter www.winesofontario.org.

Auf der Website von Wines of Canada (www.winesofcanada.com) werden Hunderte kanadische Weinkellereien vorgestellt.

sich vermehrt Weinkellereien zu den traditionellen Farmen gesellt, wobei das kalte Klima und der Boden in erster Linie die Rebsorten Riesling und Chardonnay hervorbringen. Die eigentlichen Spezialitäten der Region sind jedoch Eis-, Dessert- und Fruchtweine – wer es süß mag, ist hier also richtig. Für wahre Gaumenfreuden sorgen dabei Kellereien wie Domaine Félibre, Vignoble de L'Orpailleur und Vignoble le Cep d'Argent.

Montérégie, Québec

Führendes Anbaugebiet von Québecs erweiterten Cantons de l'Est ist diese hügelige, ländliche Region voller Weinberge und Obstgärten und mit jeder Menge Ahornbäume. Hier gibt es zahlreiche Obstplantagen und eine dementsprechend große Auswahl an aromatischen Apfel- und Fruchtweinen. Angebaut werden auch alle möglichen roten und weißen Rebsorten, Spezialität der Region sind jedoch Roséweine. Zu den empfehlenswerten Kellereien gehören Domaine St.-Jacques, Les Petits Cailloux und Vignoble des Pins. Übrigens: In vielen Restaurants in Québec dürfen Gäste ihre eigenen Weine mitbringen – es lohnt sich also, ordentlich einzukaufen!

Nova Scotia

Mehr über die Weinregion Nova Scotia und Hinweise auf Kurse und Festivals gibt es im Internet unter www.winesofnovascotia.ca.

Die sechs kleineren Weinanbauregionen Nova Scotias erstrecken sich von der warmen Küstenlinie der Northumberland Strait bis zum grünen Annapolis Valley. Die etwa zwei Dutzend Weingüter liegen größtenteils nur ein paar Autostunden von Halifax entfernt. Die Region gehört zu den weltweit kältesten Anbaugebieten, so werden hier vor allem Weißweine produziert, darunter die einzigartige Rebsorte l'Acadie Blanc. Innovative Schaumweine sind die Spezialität der Provinz und der Fokus der verschiedenen Kellereien wie der exzellenten Benjamin Bridge Vineyards. Köstliche Tropfen stellen außerdem Gaspereau Vineyards, Jost Vineyards und Domaine de Grand Pré her.

Weinfeste

Weinexperten Online

John Schreiner über Weine (www.johnschreiner.blogspot.com)

Dr Vino (www.drvino.com)

Girl on Wine (www.girlonwine.com)

Da in Kanada jede Menge Weinfeste stattfinden, lohnt es sich, seine Reise durch die Weinregionen mit den entsprechenden Daten abzustimmen. Schließlich sind diese geselligen Zusammenkünfte eine perfekte Gelegenheit, Land und Leute kennenzulernen.

In British Columbia ist es gar nicht so schwer, eines der drei wichtigsten Weinfeste – Daten findet man unter www.thewinefestivals.com – mitzuerleben. Wer die Stadt nicht verlassen mag, begibt sich einfach im März zum **Vancouver International Wine Festival** (www.vanwinefest.ca).

Niagara in Ontario veranstaltet mehr als ein Event pro Jahr, um den Weinreichtum der Region zu würdigen. Erwähnenswert sind das New Vintage Festival im Juni und das große Niagara Wine Festival im September. Weitere Hinweise findet man unter www.niagarawinefestival.com.

Weinkenner, die sich in Québec aufhalten, sollten die alljährliche **Montréal Passion Vin** (www.montrealpassionvin.ca) nicht versäumen. Bei dieser noblen Veranstaltung werden seltene Jahrgänge zu wohltätigen Zwecken versteigert. In Magog-Orford im Osten findet im September die mehrtägige **Fête des Vendanges** (www.fetedesvendanges.com) statt; dort dreht sich alles um die regionale Küche und heimische Weine.

Auch Besucher der Ostküste kommen in puncto Wein auf ihre Kosten: In Nova Scotia wird ab Mitte September das **Fall Wine Festival** (www.winesofnovascotia.ca) ausgerichtet.

Praktische Informationen

Allgemeine Informationen

Aktivitäten

Ob es nun Snowboarden, Kajakfahren auf dem Meer, Mountainbiken oder sonst etwas ist – es gibt viel zu unternehmen. Gute Hinweise erhält man bei:

Alpine Club of Canada (www.alpineclubofcanada.ca) Klettern und Bergwandern.

Canada Trails (www.canadatrails.ca) Wandern, Radfahren und Skilanglauf.

Canadian Ski Council (www.skicanada.org) Ski- und Snowboardfahren.

Paddling Canada (www.paddlingcanada.com) Kajak- und Kanufahren.

Parks Canada (www.pc.gc.ca) Aktivitäten in den Nationalparks.

Arbeiten in Kanada

Arbeitsgenehmigung

Um in Kanada zu arbeiten, braucht man so gut wie immer eine gültige Genehmigung. Die ist eventuell recht schwer zu bekommen: Offene Stellen werden grundsätzlich zuerst an Einheimische vergeben. Bereits vor Antragstellung muss außerdem die Zusage eines kanadischen Arbeitgebers vorliegen. Letzterer braucht wiederum die behördliche Erlaubnis, den Job an einen Ausländer vergeben zu dürfen. Ausgefüllte Antragsformulare sind bei der Visumabteilung einer kanadischen Auslandsvertretung in der eigenen Heimat einzureichen. Bestimmte Tätigkeiten sind aber von dieser Regelung ausgenommen. **Citizenship & Immigration Canada** (www.cic.gc.ca) informiert online über alle wichtigen Details.

Hotels, Bars, Restaurants oder Ferienanlagen heuern zum Teil Servicekräfte an, ohne groß nach deren Genehmigungen zu fragen. Dasselbe gilt für manche Bauunternehmer, Farmer und Forstbetriebe – doch Vorsicht: Wer beim illegalen Arbeiten erwischt wird, kann Kanada sofort Lebewohl sagen!

Jobsuche

Deutsche und österreichische Studenten zwischen 18 und 30 Jahren dürfen am **Student Work Abroad Program** (SWAP; www.swap.ca) teilnehmen. Ihre Schweizer Kommilitonen können sich an ähnliche Organisationen wenden. Nach erfolgreicher Anmeldung werden nicht verlängerbare Visa mit sechs- bis zwölfmonatiger Gültigkeit ausgestellt, dank derer man beliebige Jobs in ganz Kanada annehmen darf. Die meisten „Swapper" arbeiten als Servicekräfte in Restaurants oder Bars.

Auch Nichtstudenten zwischen 18 und 35 Jahren können über das „Working Holiday Program" von **International Experience Canada** (www.international.gc.ca/experience) maximal einjährige Arbeitsferien in Kanada verbringen: Die kanadische Regierung unterhält entsprechende Abkommen mit mehreren Ländern (die Liste steht auf der Website). Alle kanadischen Auslandsvertretungen liefern verbindliche Infos und beteiligen sich an dem Programm. Für letzteres gelten jedoch bestimmte Quoten – wer zuerst kommt, mahlt zuerst.

Botschaften & Konsulate

Deutschland, Österreich und die Schweiz haben ihre Botschaften in Ottawa und Konsulate in Städten wie Montréal, Vancouver, Calgary oder Toronto, deren Adressen sich über die jeweilige Botschaft ermitteln lassen.

Deutsche Botschaft (☎613-232-1101; www.ottawa.diplo.de; 1 Waverley St, Ottawa)

Österreichische Botschaft (☎613 789 1444; www.bmeia.gv.at/botschaft/ottawa.html; 445 Wilbrod Street, Ottawa)

Schweizer Botschaft (☎613 235 1837; www.eda.admin.ch/ottawa; 5 Marlborough Avenue, Ottawa)

US-amerikanische Botschaft (☎613-238-5335; http://canada.usembassy.gov; 490 Sussex Dr)

Ermäßigungen

Senioren, Kinder, Familien und Reisende mit Behinderung erhalten in Kanada überall Rabatt. Auch Mitglieder der AAA bzw. angeschlossener Automobilclubs (z. B. ADAC) erhalten diverse Reiserabatte.

International Student Identity Card (ISIC; www.isic.org) Inhaber eines Internationalen Studentenausweises erhalten ermäßigte Tarife bei Reiseversicherern und können Sehenswürdigkeiten wie Museen günstiger besuchen. International Youth Travel Cards (IYTC) für Nichtstudenten unter 26 Jahren und International Teacher Identity Cards (ITIC) für hauptberufliche Lehrer funktionieren so ähnlich.

Parks Canada Discovery Pass (www.pc.gc.ca/ar-sr/lpac-ppri/ced-ndp.aspx; Erw./Kind/Fam. 68/33/136 C$) Ermöglicht ein Jahr lang den Eintritt in mehr als 100 Nationalparks und historische Stätten. Der Pass lohnt sich unter Umständen schon nach weniger als sieben Tageskarten; er verringert zudem die Wartezeiten beim Eintritt.

In vielen Städten gibt es Ermäßigungen für die Sehenswürdigkeiten vor Ort, wie zum Beispiel:

Montréal Museum Pass (www.museesmontreal.org; 80 C$)

Ottawa Museums Passport (www.museumspassport.ca; Erw./Fam. 45/99 C$)

UBC Museums and Garden Pass Vancouver (S. 738)

Vanier Park Explore Pass (www.spacecentre.ca/explorepass; Erw./Kind 30/24 C$) Vancouver

Essen

Hinweise zum landestypischen Essen finden sich im Kapitel über die kanadische Küche (S. 987). Die folgenden Preise beziehen sich auf Hauptgerichte:

**$** unter 12 C$

**$$** 12–25 C$

**$$$** über 25 C$

PRAKTISCH & KONKRET

- **Zeitungen & Magazine** Die am weitesten verbreitete Zeitung ist die in Toronto ansässige *Globe and Mail*. Andere große Tageszeitungen sind die *Montréal Gazette*, der *Ottawa Citizen*, *Toronto Star* und die *Vancouver Sun*. *Maclean's* (www.macleans.ca) ist ein wöchentlich erscheinendes Nachrichtenmagazin.
- **Radio & TV** Die Canadian Broadcasting Corporation (CBC) ist die wichtigste Radio- und Fernsehanstalt des Landes. CTV Television Network (CTV) ist ihr Hauptkonkurrent.
- **Rauchen** Ist in allen Restaurants, Bars und anderen öffentlichen Einrichtungen im ganzen Land verboten.
- **Maße & Gewichte** In Kanada gilt offiziell das metrische System, aber in vielen Alltagssituationen werden angloamerikanische Maße verwendet.

Feiertage & Ferien

Kanada kennt zehn staatliche Feiertage, deren Zahl je nach Provinz noch höher liegen kann. Banken, Schulen und Behörden haben dann geschlossen.

Nationale Feiertage

Neujahr 1. Januar

Karfreitag März oder April

Ostern März oder April

Victoria Day Montag vor dem 25. Mai

Canada Day 1. Juli; heißt in Newfoundland Memorial Day

Labour Day Erster Montag im September

Thanksgiving Zweiter Montag im Oktober

Remembrance Day Waffenstillstandstag; 11. November

Christmas Day 1. Weihnachtstag; 25. Dezember

Boxing Day 2. Weihnachtstag; 26. Dezember

Provinzfeiertage

Manche Provinzen begehen eigene Feiertage, wobei Newfoundland das Feld anführt.

Family Day Dritter Februarmontag in Manitoba (dort Louis Riel Day), Alberta, Ontario und Saskatchewan; in British Columbia am zweiten Februarmontag

St. Patrick's Day Montag vor dem 17. März

St. George's Day Montag vor dem 23. April

National Day Montag vor dem 24. Juni in Newfoundland; 24. Juni in Québec (dort Fête Nationale de la St-Jean-Baptiste)

Orangemen's Day Montag vor dem 12. Juli in Newfoundland

Civic Holiday Erster Augustmontag; landesweit *außer* in Newfoundland, Québec und im Yukon Territory

Discovery Day Dritter Augustmontag im Yukon Territory

Schulferien

Kanadische Kinder genießen ihre Sommerferien von Ende Juni bis Anfang September. Studenten haben noch länger frei und bleiben ihren Universitäten meist von Mai bis Anfang oder Mitte September fern. Während dieser Monate nehmen die meisten Einheimischen ihren Hauptturlaub.

Frauen unterwegs

Selbst bei (Großstadt-)Trips ohne Begleitung ist Kanada für Frauen allgemein ein sehr sicheres Reiseland: Es reicht aus, den gesunden Menschenverstand einfach wie zu Hause zu benutzen.

In Bars und Nachtclubs erregen Singlefrauen eventuell eine Menge Aufmerksamkeit. Unerwünschte männliche Gesellschaft lässt sich aber so gut wie immer mit einem entschlossenen „no thank you" (nein danke) beenden. Im Ernstfall sorgt lautstarker Protest meist dafür, dass sich der Missetäter beschämt verzieht oder zumindest andere Personen zu Hilfe eilen. Achtung: Das Mitführen von Schlagwaffen oder Pfefferspray ist in Kanada verboten!

Körperliche Übergriffe sind extrem selten. Falls es dennoch dazu kommt, heißt es sofort die Polizei unter ☎911 zu rufen. Wichtig: Yukon, Nunavut und die Northwest Territories haben andere Notrufnummern als der Rest des Landes! Opfer sexueller Gewalt können sich auch an die **Canadian Association of Sexual Assault Centres** (☎604-876-2622; www.casac.ca) wenden, die Verzeichnisse mit örtlichen Krisenzentren führt. Hinzu kommen Hotlines in diversen Großstädten:

Calgary (☎403-237-5888)

Halifax (☎902-425-0122)

Montréal (☎514-934-4504)

Toronto (☎416-597-8808)

Vancouver (☎604-255-6344)

Infoquellen für Frauen unterwegs:

Her Own Way (www.travel.gc.ca/travelling/publications/her-own-way) Wurde von der kanadischen Regierung für kanadische Reisende veröffentlicht, enthält aber viele allgemeine Ratschläge und Hinweise.

Journeywoman (www.journeywoman.com)

Freiwilligenarbeit

Im Rahmen von Freiwilligenjobs lernt man Land und Leute in einer Weise kennen, wie es bei der reinen Durchreise kaum möglich ist. Viele Freiwilligenorganisationen verlangen Gebühren, die je nach Programmdauer, Verpflegungs- und Unterkunftsart variieren. Normalerweise muss die Anreise selbst bezahlt werden. Folgende Gruppen setzen Freiwillige in Kanada ein:

Churchill Northern Studies Centre (www.churchillscience.ca) Wer pro Tag sechs ehrenamtliche Stunden für dieses Eisbären- und Naturforschungszentrum arbeitet (z. B. Drähte aufspannt oder putzt), hat Kost und Logis frei.

Earthwatch (www.earthwatch.org) Freiwillige helfen Wissenschaftlern z. B. bei Walstudien vor British Columbia, beim Beobachten von Elchen und Hirschen in Nova Scotia oder beim Überwachen der Kimawandel-Folgen in Churchill, Manitoba und den Mackenzie Mountains (Northwest Territories). Die ein- bis zweiwöchigen Trips kosten zwischen 2250 und 5050 C$.

➡ **Volunteers for Peace** (www.vfp.org) Lehrerjobs in indigenen Gemeinden des Hohen Nordens und Projekte in Québec.

World-Wide Opportunities on Organic Farms (www.wwoof.ca; Anmeldegebühr 50 C$) Für die freiwillige Mitarbeit auf Bio-Bauernhöfen erhält man normalerweise Unterkunft und Verpflegung umsonst. Die Website informiert über Möglichkeiten in ganz Kanada.

Geld

➡ Sofern nicht anderweitig vermerkt, sind alle Preise in Kanadischen Dollar (C$) angegeben.

➡ Kanadische Münzen gibt es im Wert von 5 (Nickel), 10 (Dime) und 25 Cent (Quarter) sowie 1 (Loonie) und 2 C$ (Toonie oder Twoonie). Den goldfarbenen Loonie ziert der Seetaucher *(loon)*, ein in Kanada häufig vorkommender Wasservogel. Den zweifarbigen Toonie schmückt ein Eisbär. Die 1-Cent-Münzen (Penny) werden seit 2012 allmählich aus dem Verkehr gezogen.

➡ Geldscheine gibt es zu 5 (blau), 10 (lila), 20 (grün) und 50 C$ (rot). Die 100-C$-Noten (braun) und noch größere Scheine sind nicht sonderlich verbreitet. Die neuesten im Umlauf befindlichen Banknoten sollen eine höhere Fälschungssicherheit haben und fühlen sich eher wie Plastik an, da sie aus einem kunststoffartigen Material bestehen.

➡ Trotz mehrerer Kursschwankungen in den letzten zehn Jahren zieht der Kanadische Dollar seit 2007 fast wieder mit seinem US-Pendant gleich.

➡ In puncto Geldumtausch in Großstädten bieten manche Wechselstuben bessere Konditionen als Banken.

➡ Auf S. 25 findet man Hinweise auf Wechselkurse und Preise.

Bargeld

Die meisten Kanadier führen im Alltag keine großen Barbeträge mit sich. Stattdessen verlassen sie sich auf Kredit- oderDebitkarten. Dennoch ist es ratsam, für kleinere Spontankäufe immer etwas Bargeld in der Tasche zu haben (max. 100 C$). Manche ländlichen B&Bs und Shuttlebusbetreiber bestehen auf Barzahlung – daher immer vorher nachfragen, um unangenehme Überraschungen zu vermeiden. Läden und Geschäfte akzeptieren Barschecks so gut wie nie.

Geldautomaten

➡ Geldautomaten findet man in vielen Lebensmittel- bzw. Gemischtwarenläden, (Bus-) Bahnhöfen, Flug- und Fährhäfen. Die meisten Geräte sind an bekannte internationale Netzwerke wie Cirrus, Plus, Star oder Maestro angeschlossen.

➡ Die meisten Geldautomaten geben Bares auch an Inhaber gängiger Kreditkarten aus. Allerdings ist dies vergleichsweise teurer: Im Gegensatz zum Einkaufen auf Kreditkarte werden die Beträge plus entsprechende Servicegebühren sofort und direkt vom eigenen Konto abgebucht. Das jeweilige Kreditkartenunternehmen oder die eigene Bank informieren über genaue Konditionen.

➡ In entlegenen Regionen wie Newfoundland sind Geldautomaten relativ rar. Wer dorthin reist, deckt sich am besten vorher mit ausreichend Bargeld ein.

➡ Die Scotiabank ist in Kanada überall vertreten und Mitglied der Global ATM Alliance. Wenn das heimische Finanzinstitut ebenfalls zu diesem internationalen Unternehmensverband gehört, sind die Abhebegebühren an Automaten der Scotiabank eventuell niedriger.

Kreditkarten

Bekannte Kreditkarten wie MasterCard, Visa und American Express werden in Kanada flächendeckend akzeptiert. Nur in entlegenen ländlichen Gemeinden ist Bares grundsätzlich Wahres. Telefonisches Buchen von Mietwagen, Hotelzimmern oder Tickets ist ohne Plastikgeld schwierig oder gar unmöglich. Achtung: Manche Kreditkartenunternehmen erheben eine Transaktionsgebühr von ca. 3 % des jeweiligen Kaufpreises – daher lieber rechtzeitig beim Anbieter informieren!

Bei Diebstahl oder Verlust helfen folgende Nummern rund um die Uhr:

American Express (☎866-296-5198; www.americanexpress.com)

MasterCard (☎800-307-7309; www.mastercard.com)

Visa (☎800-847-2911; www.visa.com)

Reiseschecks

Im Zeitalter der Geldautomaten werden Reiseschecks immer überflüssiger. Geschäfte betrachten Reiseschecks in Kanadischen Dollar allgemein als Bargeld. Varianten in anderen Währungen müssen meist bei Banken oder Wechselstuben in Kanadische Dollar umgetauscht werden. Hauptanbieter von Reiseschecks sind American Express und Visa.

Steuern & Erstattungen

Bei fast allen Geldgeschäften kassiert der kanadische Staat eine Mehrwertsteuer von 5 %. Diese Goods and Services Tax (GST) trägt Spottnamen wie „gouge and screw“ (Abzocke und Betrug) oder „grab and steal“ (Raub und Diebstahl). Obendrein erheben die meisten Provinzen eine zusätzliche Verkaufssteuer (Provincial Sales Tax, PST). Mehrere Provinzen kombinieren GST und PST in Form einer abgestimmten Umsatzsteuer (Harmonized Sales Tax, HST). Ob separat oder zusammengefasst: Der Steuerzuschlag beträgt insgesamt 10 bis 15 %. Sofern nicht anderweitig vermerkt, verstehen sich alle in diesem Buch aufgeführten Preise ohne Steuern.

Reisende können durchaus berechtigt sein, Steuern zurückzufordern. Wer beispielsweise seine Unterkunft zusammen mit einem Mietwagen, einem Flugticket oder einer anderen Dienstleistung (d. h. wenn alles zusammen auf der Rechnung eines Reiseveranstalters erscheint) gebucht hat, kann 50 % der Steuern für die Unterkunft erstattet bekommen. Dazu füllt man das Formular GST/HST Refund Application for Tour Packages aus, das man bei der **Canada Revenue Agency** (☎800-668-4748, 902-432-5608; www.cra-arc.gc.ca/E/pbg/gf/gst115) erhält.

Steuersätze in den einzelnen Provinzen

Die Prozentangaben berücksichtigen Bundessteuern und die Steuern der jeweiligen Provinz:

PROVINZ	STEUERSATZ %
Alberta	5
British Columbia	12
Manitoba	13
New Brunswick	13
Newfoundland	13
Northwest Territories	5
Nova Scotia*	14
Nunavut	5
Ontario	13
Prince Edward Island	14
Québec	15
Saskatchewan	10
Yukon	5

* Der Steuersatz wird 2015 um 1 % angehoben

Trinkgeld

Trinkgeld gehört in Kanada zum Alltag dazu. Im Allgemeinen gibt man folgende Trinkgelder:

Bar 1 C$ pro Getränk

Hotelpage 1 bis 2 C$ pro Gepäckstück

Zimmermädchen Ab 2 C$ pro Tag (je nach Zimmergröße und Grad der Unordnung)

Restaurantpersonal 15 bis 20 %

Taxis 10 bis 15 %

Gesundheit

Vor der Reise

VERSICHERUNG

Kanada hat eines der weltweit besten Gesundheitssysteme. Allerdings sind Behandlungen für ausländische Besucher fast unbezahlbar. Somit ist eine Reisekrankenversicherung absolut Pflicht, falls die eigene Standardpolice keine Auslandsreisen abdeckt. Weitere wichtige Versicherungsinfos gibt es unter www.lonelyplanet.com/travel-insurance.

Benötigte Medikamente sollte man stets in den etikettierten Originalverpackungen mitbringen. Muss man regelmäßig bestimmte Medikamente einnehmen, ist ein unterschriebener und datierter Brief des eigenen Arztes, der den allgemeinen Gesundheitszustand plus alle verordneten Medikamente (inkl. generische Bezeichnungen) dokumentiert, durchaus nützlich.

REISEAPOTHEKE

- Acetaminophen (z. B. Tylenol) oder Aspirin
- Entzündungshemmer (z. B. Ibuprofen)
- Antihistaminika bei Heuschnupfen und Allergien
- Antibakterielle Salbe (z. B. Betaisodona) für Schnitt- und Schürfwunden
- Steroid- oder kortisonhaltige Salbe gegen Giftsumach und allergische Ausschläge
- Verbandszeug, Mullbinden
- Heftpflaster und medizinisches Klebeband (z. B. Leukoplast)
- Schere, Taschenmesser, Pinzette, Sicherheitsnadeln
- Fieberthermometer
- DEET- oder icaridinhaltiges Insektenschutzmittel für die Haut
- Permethrinhaltiges Insektenspray zum Imprägnieren von Bekleidung, Zelten und Moskitonetzen
- Sonnenschutzmittel
- Medikamente gegen Reiseübelkeit

EMPFOHLENE IMPFUNGEN

Für die Einreise nach Kanada sind keine speziellen Impfungen nötig oder empfohlen. Alle Reisende sollten ihre Impfungen routinemäßig auffrischen lassen.

WEBSITES

Die Regierungen von Deutschland, Österreich und der Schweiz veröffentlichen Gesundheitshinweise auf ihren Websites: **Deutschland** (www.auswaertiges-amt.de/DE/Laenderinformationen/00-SiHi/KanadaSicherheit.html), **Österreich** (www.bmeia.gv.at/aussenministerium/buergerservice/reiseinformation/läenderspezifische-Reiseinformationen.html), **Schweiz** (www.eda.admin.ch/eda/de/home/travad/hidden/hidde2/canada.html)

MD Travel Health (www.mdtravelhealth.com) Allgemeine Infos zu Gesundheitsfragen auf Reisen.

Public Health Agency of Canada (www.phac-aspc.gc.ca) Kanadische Antworten auf Gesundheitsfragen.

World Health Organization (www.who.int) Allgemeine Hinweise zur Weltgesundheit.

In Kanada

MEDIZINISCHE VERSORGUNG & KOSTEN

Die medizinische Versorgung ist flächendeckend. Bei akuten Notfällen sucht man am besten die Notaufnahme des nächstgelegenen Krankenhauses auf. Wenn es nicht eilt, sollte man sich vom Krankenhaus telefonisch einen Arzt empfehlen lassen: Der ist meistens günstiger als Ausflüge in die Notaufnahme, bei denen noch vor Untersuchungsbeginn bis zu 500 C$ fällig werden können.

Apotheken sind in Kanada überall vorhanden. Allerdings gibt es hier manche Medikamente, die zu Hause frei verkäuflich sind, nur auf Rezept. Somit wird es eventuell richtig teuer, falls die Reisekrankenversicherung nicht alle Rezeptkosten abdeckt. Verschreibungspflichtige Medikamente für maximal 90 Einnahmetage dürfen zum persönlichen Gebrauch legal ausgeführt werden. (Wer von Kanada aus in die USA reist, darf dort streng genommen überhaupt keine Medikamente einführen, bei Privatleuten wird aber in der Regel darüber hinweggesehen.)

INFEKTIONSKRANKHEITEN

In Kanada werden die meisten Infektionen durch Moskitostiche, Zeckenbisse oder Umwelteinflüsse ausgelöst. Die **Public Health Agency of Canada** (www.phac-aspc.gc.ca) informiert umfassend über alle im Folgenden genannten Risiken.

Giardiasis Um diese Darminfektion zu vermeiden, sollte man niemals direkt aus stehenden oder fließenden Gewässern trinken.

Lyme-Borreliose wird vor allem im südkanadischen Spätfrühling und Sommer durch Hirschzecken übertragen. Daher nach Outdoor-Aktivitäten unbedingt den Körper nach Zecken absuchen!

Schweres Akutes Atemwegssyndrom (SARS) Zum Recherchezeitpunkt war SARS in Kanada unter Kontrolle.

Tollwut Diese Gehirn- und Rückenmarksinfektion verläuft fast immer tödlich. Das Virus lauert in infiziertem Tierspeichel und wird meist durch Bisse, aber auch durch Wundkontakt mit befallenem Speichel übertragen. Deshalb sollte man freilebende Wildtiere (z. B. Fledermäuse, Waschbären, Stinktiere, Füchse), unbekannte bzw. ungeimpfte Haustiere oder deren Kadaver nie berühren! Schon beim geringsten Infektionsverdacht ist unbedingt eine Präventivbehandlung nötig, die relativ gut wirkt und neben einer Tollwutimpfung auch ein entsprechendes Immunglobulin umfasst.

West-Nil-Virus Wird im Spätsommer und Frühherbst durch Moskitos übertragen, gegen die man sich am besten mit größtmöglicher Körperabdeckung (lange Ärmel und Hosenbeine, Hüte, geschlossene Schuhe statt Sandalen) wappnet. Zusätzlich sollte ein gutes Insektenschutzmittel (am besten mit DEET oder Icaridin) auf die Kleidung und freiliegende Körperpartien aufgetragen werden.

GESUNDHEITSRISIKEN

Hitze löst Erschöpfungszustände mit Dehydration aus. Zu den Symptomen zählen z. B. Schwächeanfälle, Kopfschmerzen, Schweißausbrüche und Übelkeit bzw. Erbrechen. Am besten bringt man den Patienten sofort an einen schattigen und/oder kühlen Ort und legt ihm kühle, feuchte Tücher auf die Haut. Dann mit erhöhten Beinen flach lagern und den Flüssigkeitshaushalt schnellstmöglich ausgleichen.

Kälte Sie kann vor allem in nördlichen Regionen zu einem großen Problem werden. Daher alle Körperpartien (inklusive Kopf und Hals) entsprechend warm einhüllen! Wirre oder unverständliche Äußerungen weisen ebenso wie unkoordinierte Bewegungen bzw. Handlungen auf eine drohende Unterkühlung hin.

Internetzugang

➡ Ein Internetzugang ist überall leicht möglich. In fast jeder Stadt bieten Büchereien und öffentliche Einrichtungen freies WLAN und frei zugängliche Computer an. Einziger Nachteil ist die begrenzte Nutzungsdauer (in der Regel 30 Minuten); manche Einrichtungen haben überdies unregelmäßige oder wechselnde Öffnungszeiten.

➡ Internet-Cafés gibt es meist nur in Touristengegenden, und die Zugangsgebühr beträgt im Allgemeinen um die 2 C$ pro Stunde.WLAN findet man dagegen fast überall. Man bekommt den drahtlosen Internetzugang in den meisten Unterkünften (auf dem Zimmer und mit guter Geschwindigkeit), aber auch in vielen Restaurants, Bars und Tim Hortons Coffee Shops. In diesem Reiseführer sind die Unterkünfte, Restaurants und Lokale, die WLAN anbieten (egal, ob nun kostenlos oder gebührenpflichtig), mit einem 📶 gekennzeichnet. Unterkünfte, die für ihre Gäste Internet-Terminals bereitstellen, erhalten ein @ als Symbol.

➡ Eine Liste von Hotspots in Kanada findet sich unter **Wi-Fi Free Spot** (www.wififreespot.com).

Karten & Stadtpläne

➡ Die meisten Touristeninformationen geben kostenlose Straßenkarten zur jeweiligen Provinz aus.

➡ Für längere Wanderungen und mehrtägige Wildnistreks empfehlen sich topografische Karten. Am besten sind die Versionen des staatlichen Centre for Topographic Information im Maßstab 1 : 50 000. Sie sind in Fachgeschäften und Buchhandlungen im ganzen Land erhältlich.

➡ Ansonsten stellt z. B. **GeoBase** (www.geobase.ca) herunterlad- und ausdruckbare Karten ins Netz.

Öffnungszeiten

Die folgende Aufstellung gibt einen Überblick über die allgemein üblichen Öffnungszeiten verschiedener öffentlicher Einrichtungen. In den einzelnen Kapiteln dieses Buches finden sich aber auch spezielle, davon abweichende Zeiten. Diese können je nach Saison variieren. Die hier abgedruckte Liste bezieht sich auf die Hochsaison. In der Nebensaison sind die Öffnungszeiten eingeschränkt; manche Geschäfte oder Einrichtungen schließen sogar komplett.

Bars Täglich 17 Uhr bis 2 Uhr nachts

Banken Montag bis Freitag 10 bis 17 Uhr; manche haben auch samstags von 9 bis 12 Uhr geöffnet

Allgemeine Bürozeiten Montag bis Freitag 9 bis 17 Uhr

Clubs Mittwoch bis Samstag 21 Uhr bis 2 Uhr nachts

Geschäfte Montag bis Samstag 10 bis 18 Uhr, Sonntag 12 bis 17 Uhr; manche haben donnerstags/freitags bis 20 oder 21 Uhr geöffnet

Museen Täglich 10 bis 17 Uhr; manche haben montags geschlossen

Restaurants Frühstück 8 bis 11 Uhr, Mittagessen Montag bis Freitag 11.30 bis 14.30 Uhr, Abendessen täglich 17 bis 21.30 Uhr; manche haben samstags und sonntags von 8 bis 13 Uhr geöffnet

Supermärkte 9 bis 20 Uhr; manche haben 24 Stunden geöffnet

Post

➡ Die **Canada Post/Postes Canada** (www.canadapost.ca) ist weder schnell noch günstig, aber dafür wirklich zuverlässig. Briefmarken bekommt man in Postfilialen, Drogerien, Hotels und Gemischtwarenläden.

➡ Postkarten und normale Briefe kosten 0,63 C$ innerhalb Kanadas bzw. 1,85 C$ nach Europa.

➡ Traveller müssen oft hohe Zölle auf Gegenstände entrichten, die sie sich während ihres Kanada-Trips zuschicken lassen. Man sollte genau prüfen, ob sich das lohnt.

Rechtsfragen

Polizei

➡ Wer verhaftet oder einer Straftat bezichtigt wird, kann die Aussage verweigern und einen beliebigen Rechtsanwalt engagieren. Im Notfall hilft dabei die eigene Botschaft. Wenn ein normaler Anwalt zu teuer ist, kann ein Pflichtverteidiger verlangt werden. Allgemein gilt die Unschuldsvermutung.

Drogen & Alkohol

➡ In Kanada liegt die Promillegrenze bei 0,8. Das Steuern von Autos, Motorrädern, Booten und Schneemobilen

POSTALISCHE ABKÜRZUNGEN

PROVINZEN & TERRITORIEN	ABKÜRZUNG
Alberta	AB
British Columbia	BC
Manitoba	MB
New Brunswick	NB
Newfoundland & Labrador	NL
Northwest Territories	NT
Nova Scotia	NS
Nunavut	NU
Ontario	ON
Prince Edward Island	PE
Québec	QC
Saskatchewan	SK
Yukon Territory	YT

unter Alkoholeinfluss gilt als Straftat. Verstöße ziehen hohe Bußgelder, Führerscheinentzug und andere unangenehme Konsequenzen nach sich.

➡ Alkoholkonsum ist ausschließlich in Privatwohnungen und Einrichtungen mit Ausschanklizenz gestattet. Somit sind Parks, Strände und der Rest der großen weiten Wildnis diesbezüglich tabu – zumindest offiziell.

➡ Von illegalen Drogen lässt man am besten komplett die Finger. Andernfalls ist mit schweren Geldstrafen, Gefängnisaufenthalten und Einträgen ins Strafregister zu rechnen. Seit 2001 besteht die einzige Ausnahme im medizinischen Marihuanakonsum. Aktuell diskutieren Kanadas Öffentlichkeit und Parlamentarier weiterhin heiß darüber, ob der Besitz von Marihuana zum Eigengebrauch entkriminalisiert werden soll.

Sonstiges

➡ Abtreibung ist in Kanada legal.

➡ Traveller sollten wissen, dass sie auch im Ausland gemäß den Strafmündigkeitsbestimmungen ihres eigenen Heimatlandes belangt werden können.

Reisen mit Behinderung

Kanada tut einiges, um den Alltag behinderter und vor allem körperbehinderter Menschen zu erleichtern.

➡ Viele öffentliche Gebäude (z. B. Museen, Touristeninformationen, Bahnhöfe, Einkaufszentren, Kinos) haben Rollstuhlrampen und/oder -lifte. Die meisten öffentlichen Toiletten besitzen behindertengerechte Kabinen mit Haltegriffen. An Fußgängerüberwegen sind die Bordsteine oft abgesenkt.

➡ Neuere und frisch renovierte Hotels (vor allem Filialen von Ketten) verfügen über Zimmer mit breiten Türen und geräumigen Bädern.

➡ Die Infozentren der National- und Provinzparks sind normalerweise problemlos zugänglich. Viele Parks haben zudem rollstuhlgerechte Wege.

➡ Autovermieter verlangen für handgesteuerte Pkw und Vans mit Rollstuhlliften in der Regel keinen Aufpreis. Allerdings müssen solche Fahrzeuge rechtzeitig reserviert werden.

➡ Die staatliche Mobilitätswebsite **Access to Travel** (www.accesstotravel.gc.ca) informiert über behindertengerechte Einrichtungen im Flug-, Bus-, Zug- und Fährverkehr. Die meisten Verkehrsunternehmen gehen gern auf die Bedürfnisse von Reisenden mit Handicap ein, wenn sie beim Buchen rechtzeitig davon in Kenntnis gesetzt werden.

Auch diese Organisationen widmen sich den Bedürfnissen von Reisenden mit Behinderung:

Access-Able Travel Source (www.access-able.com) Verzeichnis behindertengerechter Unterkünfte, Verkehrsmittel, Sehenswürdigkeiten und Ausrüstungsverleiher; nach Provinzen sortiert.

Mobility International (www.miusa.org) Informationen für Reisende mit Behinderungen; führt auch Austauschprogramme durch.

MyHandicap Deutschland (☎089-7677-6970; www.myhandicap.de; Steinheilstr. 8, 85737 München-Ismaning)

MyHandicap Schweiz (☎071 911 49 49; www.myhandicap.ch; Werkstrasse 1, 9500 St. Gallen)

Nationale Koordinierungsstelle Tourismus für Alle e. V. (Natko; ☎www.natko.de; Fleher Str. 317a, 40223 Düsseldorf)

Society for Accessible Travel & Hospitality (www.sath.org) Tipps und Blogs von Reisenden mit Handicap für Reisende mit Handicap.

Schwule & Lesben

Schwule und Lesben werden in Kanada allgemein toleriert – allerdings eher in Großstädten als im ländlichen Raum. Kanada räumt gleichgeschlechtlichen Paaren das volle Recht auf Eheschließung ein.

Die Schwulenszenen von Montréal, Toronto und Vancouver sind mit Abstand am größten. Damit einher gehen ein brummendes Nachtleben, diverse Medien und viele Organisationen bzw. Anlaufstellen. In allen drei Städten steigen zudem große Schwulenfestivals mit zahllosen Zuschauern.

Kanadas Norden ist dagegen vergleichsweise konservativ: In ganz Nunavut und auch in manchen indigenen Gemeinden der Northwest Territories spürt man eine gewisse Abneigung gegenüber Homosexuellen. Ähnlich wie British Columbia pflegt das Yukon Territory dagegen eher die Haltung „Leben und leben lassen" im Stil der Westküste.

Es folgen ein paar prima Infoquellen für schwule Traveller, die jedoch nicht alle landesspezifisch sind:

Damron (www.damron.com) Veröffentlicht diverse Reiseführer (z. B. *Men's Travel Guide, Women's Traveller, Damron Accommodations*) und informiert online auch über schwulenfreundliche Touranbieter.

Gay Canada (www.gaycanada.com) Die schwulenfreundlichen Infoquellen und Einrichtungen auf der Website sind nach Städten bzw. Provinzen sortiert.

Out Traveler (www.outtraveler.com) Schwules Reisemagazin.

Purple Roofs (www.purpleroofs.com) Website mit schwulenfreundlichen Unterkünften, Reisebüros und Tourveranstaltern in aller Welt.

Queer Canada (www.queercanada.ca) Universelle Szene-Infoquelle.

Xtra (www.xtra.ca) Landesweite News für Schwule und Lesben.

Telefon

Das kanadische Telefonsystem ist dem US-amerikanischen sehr ähnlich.

In- & Auslandsgespräche

➡ Kanadische Telefonnummern bestehen aus einer dreistelligen Ortsvorwahl und einer siebenstelligen Anschlussnummer. In vielen Landesteilen muss selbst bei Ortsgesprächen die ☎1 vor der zehnstelligen Zahlenfolge gewählt werden. Anderswo reicht innerhalb derselben Ortsvorwahl die siebenstellige Anschlussnummer aus. Diese recht uneinheitliche Praxis ändert sich jedoch allmählich.

➡ Bei direkten Auslandsgesprächen gilt es, hintereinander ☎011, Ländercode (Deutschland/Österreich/Schweiz ☎49/43/41), Ortsvorwahl und Anschlussnummer wählen.

➡ Gebührenfreie Nummern beginnen mit ☎800, 877, 866 und 855, wobei zuerst eine 1 eingegeben werden muss. Manche dieser Optionen funktionieren in ganz Nordamerika, andere dagegen nur in Kanada oder bestimmten Provinzen.

Notrufnummern

Achtung: Die allgemeine Notrufnummer ☎911 gilt nicht in Yukon, in den Northwest Territories und in Nunavut.

Mobiltelefone

➡ Kanadische SIM-Karten funktionieren in europäischen Handys, wenn diese entsperrt sind und als Triband-Geräte den Standard GSM 1900 abdecken. Alternativ kann man die eigene SIM-Karte per Roaming nutzen.

➡ Kanadische SIM-Karten gibt es bei lokalen Anbietern wie **Telus** (www.telus.com), **Rogers** (www.rogers.com) oder **Bell** (www.bell.ca).

➡ Unabhängig vom jeweiligen Netzbetreiber ist der Handy-Empfang im ländlichen Raum sehr schlecht.

Öffentliche Telefone

Öffentliche Münzfernsprecher sind flächendeckend vorhanden. Ortsgespräche kosten 0,50 C$. Viele Geräte akzeptieren zudem Prepaid- oder Kreditkarten. Mit öffentlichen Telefonen kann man kostenlos Vermittlung (☎0) und Auskunft (☎411 für Ortsgespräche, ☎ 1 + Ortsvorwahl + 555-1212 für Ferngespräche) kontaktieren – ebenso die Notrufzentralen (☎911 , nicht in Yukon, Northwest Territories, Nunavut). Wenn der Anruf von einem

Strom

WICHTIGE KANADISCHE FEIERTAGE

National Flag Day (15. Februar) Erinnert an das erstmalige Hissen der Ahornflagge auf dem Parliament Hill in Ottawa – geschehen Punkt Zwölf am 15. Februar 1965.

Victoria Day (Ende Mai) Ab 1845 wurde mit diesem Feiertag ursprünglich der Geburtstag Königin Viktorias begangen. Heute ehrt er auch den jeweils amtierenden britischen Monarchen, der immer noch Kanadas nominelles Staatsoberhaupt ist. Mit dem Victoria Day, an dem manche Gemeinden ein Feuerwerk veranstalten, beginnt offiziell die Sommerzeit (Ende: Labour Day am ersten Septembermontag).

National Aboriginal Day (21. Juni) Seit 1996 ehrt dieser Feiertag die Beiträge indigener Gemeinden zur kanadischen Nation. Die Feierlichkeiten werden jeweils lokal zur Sommersonnenwende organisiert. Dazu zählen z. B. traditionelle Tänze und Gesänge. Mancherorts werden auch Geschichten erzählt, Trommeln geschlagen und Kunsthandwerksausstellungen oder Kanurennen veranstaltet.

Canada Day (1. Juli) Der ehemalige Dominion Day (bis 1982) wurde 1869 eingerichtet, um an die Gründung Kanadas zwei Jahre zuvor zu erinnern. Das ganze Land feiert ihn mit Grillpartys, Paraden, Konzerten und Feuerwerk.

Thanksgiving Day (Mitte Okt.) Der Entdecker Martin Frobisher beging das erste Thanksgiving 1578 im heutigen Newfoundland, um Gott für seine heil überstandene Atlantiküberquerung zu danken. Thanksgiving wurde 1872 zum offiziellen kanadischen Feiertag, nachdem der damalige Prince of Wales nach langer Krankheit genesen war. Heute gleicht es größtenteils einem Erntedankfest nach US-Vorbild: Familien futtern ein spezielles Mahl mit Truthahnbraten und Kürbis.

Privatanschluss erfolgt, wird außer beim Notruf aber eine Gebühr fällig.

Telefonkarten

➡ Prepaid-Karten bieten bei Fern- und Auslandsgesprächen in der Regel die besten Minutenpreise. Mit Gesprächsguthaben von 5, 10 oder 20 C$ sind sie in Drogerien, Gemischtwarenläden und Supermärkten erhältlich. Vorsicht vor Exemplaren mit versteckten Aktivierungsgebühren (*activation fees*) oder separaten Verbindungsgebühren!

➡ Bei Kartenbenutzung an öffentlichen Telefonen beträgt der Zuschlag 0,30 bis 0,85 C$.

Touristeninformation

➡ Die Website der **Canadian Tourism Commission** (www.canada.travel) bietet viele Allgemeininfos, Pauschalangebote und Links.

➡ Auch die Provinz-Touristeninformationen erleichtern die Reiseplanung mit umfangreichen Internetauftritten. Das Personal beantwortet telefonische Anfragen und verschickt auf Wunsch kostenlose Karten – ebenso Verzeichnisse mit Unterkünften, Sehenswürdigkeiten und Veranstaltungen. Manche Büros helfen auch beim Buchen von Hotelzimmern oder geführten Touren.

➡ Für detaillierte, spezifische Regionalinfos empfehlen sich die lokalen Touristeninformationen: In fast allen Groß- und Kleinstädten hat zumindest ein Büro saisonal geöffnet. Dort warten Ständer voller Gratisprospekte und hilfsbereites Personal, das Bücher und Karten verkauft. Touristeninformationen der Provinzen:

Newfoundland & Labrador Tourism (✆800-563-6353; www.newfoundlandlabrador.com)

Northwest Territories (NWT) Tourism (✆800-661-0788; www.spectacularnwt.com)

Nunavut Tourism (✆866-686-2888; www.nunavuttourism.com)

Ontario Tourism (✆800-668-2746; www.ontariotravel.net)

Prince Edward Island Tourism (✆800-463-4734; www.peiplay.com)

Tourism British Columbia (✆800-435-5622; www.hellobc.com)

Tourism New Brunswick (✆800-561-0123; www.tourismnewbrunswick.ca)

Tourism Nova Scotia (✆800-565-0000; www.novascotia.com)

Tourism Saskatchewan (✆877-237-2273; www.sasktourism.com)

Tourisme Québec (✆877-266-5687; www.bonjourquebec.com)

Travel Alberta (✆800-252-3782; www.travelalberta.com)

Travel Manitoba (✆800-665-0040; www.travelmanitoba.com)

Yukon Department of Tourism (✆800-661-0494; www.travelyukon.com)

Unterkunft

Kanada bietet eine große Auswahl an B&Bs, Ketten-Motels, Hotels und Hostels. Die Touristeninformationen der Provinzen geben umfassende Unterkunftsverzeichnisse heraus und nehmen zum Teil Online-Reservierungen entgegen.

Saison

➡ Während der Hauptsaison im Sommer, vor allem von Juni bis August, sind die Preise am höchsten und Zimmer eventuell rar.

➡ Dann sollte man im Voraus buchen – ebenso an Feiertagen sowie während großer Festivals, in der Ferienzeit oder der Skisaison in Winterresorts.

➡ Manche Häuser sind in der Nebensaison komplett geschlossen.

Ausstattung

➡ Viele Zimmer in preiswerteren Unterkünften (Campingplätze, Hostels, einfache B&Bs) besitzen kein eigenes Bad und WC.

➡ Unterkünfte der mittleren Preisklasse, wie zum Beispiel die meisten B&Bs, Gasthäuser (*auberges*), Motels und einige Hotels bieten in der Regel das beste Preis-Leistungs-Verhältnis. Hier gibt es ein eigenes Bad, Kabelfernsehen und manchmal auch kostenloses Frühstück.

➡ Unterkünfte der oberen Preisklasse verfügen über alle Annehmlichkeiten auf internationalem Niveau, darunter Fitness- und Konferenzräume sowie hoteleigene Restaurants.

➡ Die meisten Zimmer haben WLAN, das im Budget- und Mittelklassebereich normalerweise gratis ist. Spitzenklassehotels verlangen dafür oft eine Gebühr.

➡ Viele kleinere Unterkünfte (vor allem B&Bs) verbieten das Rauchen komplett – ebenso die Hotelketten Marriott und Westin. Andere Häuser haben Nichtraucherzimmer. Das Rauchverbotssymbol (🚭) bedeutet, dass das Qualmen in allen Zimmern untersagt ist.

➡ Budget- und Mittelklassezimmer sind meist nicht klimatisiert. Wer darauf Wert legt, sollte deshalb unbedingt bereits beim Buchen nachfragen.

Ermäßigungen

➡ Außer in Skiorten können die Preise im Winter um bis zu 50 % fallen.

➡ Mitglieder der American Automobile Association (AAA) bzw. angeschlossener Automobilclubs (z. B. ADAC) erhalten manchmal einen kleinen Rabatt von 10 %.

➡ Es lohnt sich, die Hotelwebsites nach Online-Sonderangeboten zu durchforsten. Ansonsten findet man vergünstigte Hotelzimmer in ganz Kanada auch bei den üblichen Verdächtigen:

Expedia (www.expedia.com)

Hotwire (www.hotwire.com)

Priceline (www.priceline.com)

Travelocity (www.travelocity.com)

B&Bs

➡ **Bed & Breakfast Online** (www.bbcanada.com) ist die größte Buchungsagentur für B&Bs im ganzen Land.

HOTELKETTEN

Budgetunterkünfte

Econo Lodge (☎877-424-6423; www.econolodge.com)

Howard Johnson (☎800-446-4656; www.hojo.com)

Quality Inn & Suites (☎877-424-6423; www.qualityinn.com)

Super 8 (☎800-800-8000; www.super8.com)

Travelodge/Thriftlodge (☎800-578-7878; www.travelodge.ca)

Mittelklassehotels

Best Western (☎800-780-7234; www.bestwestern.com)

Comfort Inn (☎877-424-6423; www.comfortinn.com)

Days Inn (☎800-329-7466; www.daysinn.com)

Fairfield Inn (☎800-228-2800; www.fairfieldinn.com)

Hampton Inn (☎800-426-7866; www.hamptoninn.com)

Holiday Inn (☎888-465-4329; www.holidayinn.com)

Spitzenklassehotels

Delta (☎877-814-7706; www.deltahotels.com)

Fairmont (☎800-257-7544; www.fairmont.com)

Hilton (☎800-445-8667; www.hilton.com)

Hyatt (☎888-591-1234; www.hyatt.com)

Marriott (☎888-236-2427; www.marriott.com)

Radisson (☎888-201-1718; www.radisson.com)

Ramada (☎800-272-6232; www.ramada.com)

Sheraton (☎800-325-3535; www.sheraton.com)

Westin (☎800-937-8461; www.westin.com)

UNTERKÜNFTE ONLINE BUCHEN

Weitere Unterkunftstipps von Lonely Planet Autoren finden sich im Internet unter http://lonelyplanet.com/canada/hotels. Dort findet man unabhängige Beschreibungen der Einrichtungen und weitere Empfehlungen. Und was das Beste ist: Man kann gleich online buchen.

- Kanadische B&Bs (frz. *gîtes*) sind meistens umgebaute Privathäuser, deren Eigentümer auch vor Ort wohnen. Wer auf seine Privatsphäre Wert legt, ist mit B&Bs eventuell weniger gut bedient: Bei oft dünnen Wänden besteht hier üblicherweise enger Kontakt zu den Gastgebern und anderen Gästen.
- Selbst innerhalb desselben B&Bs kann der Einrichtungsstandard kräftig variieren. Die günstigsten Quartiere sind meist recht klein, haben wenige Extras und teilen sich das Bad. Nettere bzw. teurere Varianten besitzen manchmal einen Balkon, einen offenen Kamin und ein eigenes Bad. Das Frühstück ist immer im Preis enthalten und eventuell „kontinental" statt warm bzw. typisch nordamerikanisch.
- B&Bs nehmen manchmal keine Kinder auf.
- Sie bestehen meistens auf einem Mindestaufenthalt mit zwei Übernachtungen und haben oft nur saisonal geöffnet.

Camping

- Kanadas zahllose Campingplätze werden von der Bundesregierung, der jeweiligen Provinz oder Privatpersonen betrieben.
- Die Länge der Campingsaison (offiziell Mai–Sept.) kann lokal variieren.
- Das Einrichtungsspektrum ist höchst unterschiedlich: Stellplätze in der Wildnis haben keine Trinkwasserversorgung sowie wenig mehr als Plumpsklos und Feuerstellen. Auf unbetreuten (Zelt-)Plätzen („ohne Service") gibt es Trinkwasser, sanitäre Anlagen mit Toiletten und manchmal auch Duschen. Campingplätze mit dem höchsten Standard („mit Service") bieten WCs, Warmwasser(duschen) sowie Strom- und Abwasseranschlüsse für Wohnmobile.
- Privatplätze sind manchmal nur auf Wohnmobile bzw. -wagen eingerichtet. Ansonsten verfügen sie eventuell über Gemischtwarenläden, Pools und Kinderspielplätze. Am besten ruft man immer vorher an, um Einrichtungsstandards, Stellplatzgröße und Eignung für das jeweilige Fahrzeug zu ermitteln.
- Die meisten staatlichen Campingplätze vergeben die Plätze einfach in der Reihenfolge, in der die Gäste eintreffen. Sie sind allerdings auch schnell voll, besonders im Juli und August. Viele Nationalparks sind im **Reservierungsprogramm für Campingplätze** (☎877-737-3783; www.pccamping.ca; Reservierungsgebühr 11 C$) von Parks Canada verzeichnet. Dann ist es einfach, sich einen Platz zu sichern.
- National- und Provinzparks verlangen pro Übernachtung ca. 25–35 C$, Wohnmobilstellplätze mit kompletten Anschlüssen kosten noch etwas mehr. Genehmigungen fürs Feuermachen kosten oft ein paar Dollar extra. Für eine Nacht in der Wildnis zahlt man ca. 10 C$. Private Campingplätze sind meistens etwas teurer. Vor allem die Parks von British Columbia verzeichneten in den letzten Jahren drastische Preiserhöhungen.
- Manche Campingplätze sind aus Wartungsgründen ganzjährig geöffnet und nehmen Gäste während der Nebensaison manchmal günstiger auf – ideal im Spätherbst oder zu Frühlingsbeginn, wenn kaum Betrieb herrscht. Wintercamping ist aber nur etwas für Hartgesottene.

Privatunterkünfte

Wie wär's, einmal auf dem Sofa wildfremder Leute zu schlafen? Wer damit kein Problem hat, kann einer Vermittlungsorganisation für Privatunterkünfte beitreten. Die folgenden Stellen verlangen keine Aufnahmegebühr. Der Aufenthalt ist ebenfalls gratis.

Couch Surfing (www.couchsurfing.org)

Hospitality Club (www.hospitalityclub.org)

Hostels

Neben eigenständigen Hostels gibt es in Kanada auch die Herbergen von Hostelling International (HI). Alle haben Schlafsäle (ca. 25–40 C$ pro Pers.) für zwei bis zehn Personen. Oft sind auch separate Zimmer (ab 60 C$) für Paare und Familien vorhanden. HI-Hostels trennen ihre Schlafsäle nach Geschlechtern. Nicht-Mitglieder bezahlen einen Zuschlag von 4 C$ pro Nacht.

Hostels besitzen normalerweise Gemeinschaftsbäder. Hinzu kommen Einrichtungen wie (Wasch-)Küchen, Schließfächer, WLAN, Internetzugang und gemeinschaftlich genutzte Fernsehzimmer. In vielen Hostels ist ein Frühstück im Preis inbegriffen. Manche Häuser gestatten übrigens Alkohol, andere nicht; das Rauchen ist generell verboten.

Besonders in Großstädten ist die Tür meistens rund um die Uhr offen. Falls nicht, heißt es bei einer später Ankunft rechtzeitig nach Sonderregelungen zu fragen.

Backpackers Hostels Canada (www.backpackers.ca) Eigenständige Hostels.

Hostelling International Canada (www.hihostels.ca)

Hostels.com (www.hostels.com) Eigenständige Hostels und HI-Herbergen.

Hotels & Motels

Die meisten kanadischen Hotels gehören zu internationalen Ketten. Neuere Häuser zielen entweder auf Geschäftsleute oder wohlhabende Touristen ab. Zu den Zimmern mit Fernseher und WLAN kommen oft noch Pools sowie Fitness- und Business-Bereiche. In den Räumen mit zwei Doppel- oder übergroßen Betten finden bis zu vier Gäste Platz. Für die dritte und vierte Person wird normalerweise ein kleiner Zuschlag fällig. Obwohl viele Hotels mit „kostenlosen Kinderaufenthalten" werben, kosten Kinder- oder Tragebetten (*rollaways*) manchmal extra.

Kanada ist ein Autoland. Seine unzähligen Motels stehen an den Highways oder konzentriert an den Rändern von Groß- und Kleinstädten. Die meisten Motelzimmer gewinnen zwar keinen Designpreis, sind aber normalerweise sauber, komfortabel und ihr Geld wert. Viele kanadische Motels sind noch typische Familienunternehmen, aber mittlerweile sind auch in diesem Bereich nordamerikanische Ketten auf dem Vormarsch.

Studentenwohnheime

Während der sommerlichen Semesterferien vermieten manche Unis und Colleges ihre Betten an Reisende jeden Alters. Die meisten Zimmer in kanadischen Studentenheimen sind natürlich nur recht einfach ausgestattet. Obwohl der Preis (25–40 C$ pro Nacht) oft das Frühstück beinhaltet, darf man selbstverständlich keinen Komfort wie im Sternehotel erwarten. Studenten erhalten oft einen kleinen Rabatt.

Versicherung

Unabhängig von der Reisedauer ist unbedingt eine entsprechende Reiseversicherung vonnöten. Diese sollte zumindest alle medizinischen Behandlungen, Krankenhausaufenthalte und Notfallflüge in die Heimat abdecken. Andernfalls müssen Nichtkanadier unter Umständen mit hohen Kosten rechnen.

Ebenfalls ratsam ist eine Police für gestohlenes oder verloren gegangenes Gepäck. Vom jeweiligen Anbieter erfährt man, wie vorhandene Hausratversicherungen entsprechend bzw. sinnvoll (!) aufgestockt werden können. Wer einen Großteil des Urlaubs im Voraus bezahlt, sollte auch über eine Reiserücktrittsversicherung nachdenken.

Die weltweit gültige Reiseversicherung unter www.lonelyplanet.com/travel-insurance kann jederzeit online abgeschlossen, erweitert und in Anspruch genommen werden – selbst dann, wenn der Trip schon begonnen hat. Auch folgende Anbieter sind eine Recherche wert:

Insure.com (www.insure.com)

Travel Guard (www.travelguard.com)

Travelex (www.travelex.com)

Visa

Für rein touristische Aufenthalte von bis zu 180 Tagen benötigen EU-Bürger und Schweizer kein Visum. Dennoch empfiehlt es sich, die neuesten Bestimmungen sorgsam auf der Website von **Citizenship & Immigration Canada** (www.cic.gc.ca) durchzulesen – vor allem, wenn man in Kanada arbeiten oder studieren möchte und dafür ein separates Visum braucht.

Reisen in die USA

Da sich die strengen amerikanischen Einreisebestimmungen jederzeit ändern können, sollte man den aktuellen Stand unbedingt rechtzeitig bei einem US-Konsulat im eigenen Heimatland erfragen. Zudem lohnt sich ein Blick auf die Reisewebsite des **US State Department** (www.travel.state.gov). Das eigene Außenministerium kann ebenfalls nützliche Hinweise liefern.

Dank bilateraler Abkommen dürfen auch Deutsche, Österreicher und Schweizer visumfrei in die USA einreisen (Visa Waiver Program). Die maximale Aufenthaltsdauer von 90 Tagen kann dabei jedoch nicht verlängert werden. Grundvoraussetzung ist ein maschinenlesbarer Reisepass, der allen aktuellen Bestimmungen des **Electronic System for Travel Authorization** (ESTA; www.cbp.gov/esta) entspricht. Zudem muss man sich spätestens 72 Stunden vor Ankunft registrieren lassen sowie eine Bearbeitungs- und Genehmigungsgebühr von 14 US$ bezahlen. Achtung: Ohne entsprechend maschinenlesbaren Reisepass ist bereits vor der Ankunft in Kanada

PREISKATEGORIEN

Wenn nicht anders angegeben, beziehen sich die genannten Preise auf ein Doppelzimmer mit Bad in der Hauptsaison. Die Steuer (die bis zu 17 % betragen kann) ist nicht im Preis enthalten.

**$** unter 80 C$ (100 C$ in größeren Städten)

**$$** 80–180 C$ (100–250 C$ in größeren Städten)

**$$$** über 180 C$ (250 C$ in größeren Städten)

ein US-Visum im eigenen Heimatland zu beantragen!

Wer die US-Grenze als Nichtkanadier auf dem Landweg überquert, muss standardmäßig eine „Einreisegebühr" von 6 US$ hinblättern.

Zeit

- Kanada erstreckt sich über sechs der 24 Weltzeitzonen. Die Newfoundland Time im Osten unterscheidet sich von der nächsten Zone seltsamerweise nur um 30 Minuten. Die Gesamtdifferenz zwischen Atlantik- und Pazifikküste beträgt viereinhalb Stunden.
- Zu Beginn der kanadischen Sommerzeit am zweiten Märzsonntag werden die Uhren um eine Stunde vorgestellt. Mit dem Anfang der Winterzeit am ersten Novembersonntag wandern die Zeiger dann wieder eine Stunde zurück. Saskatchewan sowie kleine Teile von Québec, Ontario und British Columbia stellen als einzige Regionen nicht auf Sommerzeit um.
- Vor allem in Québec gilt allgemein die 24-Stunden-Skala (z. B. bei Öffnungszeiten, Kinovorstellungen oder Zugfahrplänen), ansonsten wird mit *pm* und *am* gearbeitet.

ZEITUNTERSCHIEDE ZWISCHEN STÄDTEN

Wenn es in Vancouver 15 Uhr ist:

- ist es 18 Uhr in Montréal
- ist es 18 Uhr in New York
- ist es 19.30 Uhr in St. John's (Newfoundland)
- ist es 24 Uhr in Berlin

Zoll

Die **Canada Border Services Agency** (CBSA; www.cbsa.gc.ca) informiert über alle Zollbestimmungen. Ein Auszug:

Alkohol 1,5 l Wein oder 1,14 l Spirituosen oder 24 Bierflaschen à 355 ml sind bei der Einreise zollfrei.

Geld bis zu einem maximalen Gesamtwert von 10 000 C$ kann man nach Belieben ein- oder ausführen. Größere Summen sind anzumelden.

Geschenke im maximalen Gesamtwert von 60 C$ müssen nicht verzollt werden.

Haustiere Für Katzen oder Hunde ist der offizielle tierärztliche Nachweis einer Tollwutimpfung vonnöten, die maximal 36 Monate zurückliegen darf.

Persönliche Besitztümer Laptops, Camping-, Sport- und Fotoausrüstung lassen sich relativ problemlos einführen. Dennoch ist es ratsam, solche Gegenstände bei der Ankunft anzugeben. Ansonsten gibt es eventuell Probleme bei der Ausreise – vor allem, wenn die kanadisch-amerikanische Grenze mehrmals überquert wird.

Tabak 200 Zigaretten, 50 Zigarren, 200 g loser Tabak und 200 Tabaksticks sind bei der Einreise zollfrei.

Verschreibungspflichtige Medikamente für maximal 90 Einnahmetage dürfen zum persönlichen Gebrauch legal ein- und ausgeführt werden. Hinweis: Eine „Ausfuhr" bei einem Abstecher in die USA ist zwar streng genommen verboten, wird aber bei Einzelpersonen geduldet.

Verkehrsmittel & -wege

AN- & WEITERREISE

Flüge, Rundreisen und Bahntickets können online unter www.lonelyplanet.com/bookings gebucht werden.

Einreise

Nach Kanada einzureisen, geht recht schnell und einfach: Man muss den Reisepass und gegebenenfalls das Visum vorzeigen. Dann stellen die Beamten ein paar Fragen zur Länge und zum Zweck des Besuchs. Zum Schluss geht es durch die Zollkontrolle. **Going to Canada** (www.goingtocanada.gc.ca) hat Näheres dazu.

Achtung: Wer auf dem Landweg aus den USA kommend nach Kanada einreist, muss mit schärferen Kontrollen und Fahrzeugdurchsuchungen rechnen!

Vor allem bezüglich der Einreise auf dem Landweg ist es ratsam, alle aktuellen Bestimmungen über die Websites des **US State Department** (www.travel.state.gov) und von **Citizenship & Immigration Canada** (www.cic.gc.ca) zu ermitteln.

Pässe

Die meisten Besucher aus dem Ausland benötigen bei der Einreise einen Ausweis oder Pass. US-amerikanische Bürger, die auf dem Land- oder Seeweg einreisen wollen, haben noch andere Möglichkeiten, sich auszuweisen, so zum Beispiel einen erweiterten Führerschein oder eine *passport card*, die dem deutschen Personalausweis recht ähnlich sieht. Welche Reisedokumente anerkannt werden, erfährt man bei der **Western Hemisphere Travel Initiative** (www.getyouhome.gov).

Besucher aus bestimmten Ländern brauchen sogar ein Visum, um in Kanada einreisen zu dürfen(S. 1007). Besucher aus Deutschland, die aus geschäftlichen oder touristischen Gründen einreisen, genügt ein Reisepass; ein Aufenthalt von bis zu sechs Monaten ist visumfrei.

Mit dem Flugzeug

Flughäfen & Fluggesellschaften

Toronto ist der am stärksten frequentierte Flughafen, gefolgt von Vancouver. Die internationalen Flughäfen, die Reisende bevorzugt nutzen, sind:

Calgary (YYC; www.calgary-airport.com)

Edmonton (YEG; www.flyeia.com)

Halifax (YHZ; www.hiaa.ca)

Montréal (Trudeau | YUL; www.admtl.com)

Ottawa (YOW; www.ottawa-airport.ca)

St John's (YYT; www.stjohns-airport.com)

Toronto (Pearson | YYZ; www.torontopearson.com)

Vancouver (YVR; www.yvr.ca)

Winnipeg (YWG; www.waa.ca)

Air Canada (www.aircanada.com) ist die staatliche Fluggesellschaft des Landes und gilt als eine der sichersten Fluglinien der Welt. Alle größeren internationalen Fluglinien haben Flüge nach Kanada im Programm. Andere kanadische Fluggesellschaften, die internationale Ziele ansteuern, sind:

Air Transat (www.airtransat.com) Chartergesellschaft, die von den wichtigsten kanadischen Städten in die entsprechenden Ferienziele startet (z. B. im Winter in den Süden der USA und in die Karibik, im Sommer nach Europa).

Porter Airlines (www.flyporter.com) Fliegt in den Osten Kanadas und in US-amerikanische Städte wie Boston, Chicago, Washington DC und New York.

WestJet (☎888-937-8538; www.westjet.com)

AUF DEM LANDWEG

Grenzübergänge

Kanada und die USA haben 25 offizielle Grenzübergänge.

Die **Canadian Border Services Agency** (www.cbsa-asfc.gc.ca/bwt-taf/menu-eng.html) informiert online über die jeweiligen

GREYHOUND-BUSLINIEN & FAHRPREISE

STRECKE	FAHRZEIT (STD.)	HÄUFIGKEIT (TGL.)	FAHRPREIS (US$)
Boston–Montréal	7–8	4-mal	85
Detroit–Toronto	5–6	5-mal	73
New York–Montréal	8–9	6–10-mal	84
Seattle–Vancouver	4	3–5-mal	38

ZUGSTRECKEN & FAHRPREISE

STRECKE	FAHRZEIT (STD.)	HÄUFIGKEIT (TGL.)	FAHRPREIS (US$)
New York-Toronto *(Maple Leaf)*	13	1-mal	125
New York-Montréal *(Adirondack)*	11	1-mal	65
Seattle-Vancouver *(Cascades)*	4	2-mal	52

Wartezeiten. Über Twitter (@CBSA_BWT) sind sie ebenfalls abrufbar.

Meistens kann die Reise spätestens nach rund 30 Minuten fortgesetzt werden. Deutlich anders sieht es jedoch in der Hauptsaison in den Sommermonaten sowie am Freitag- und Sonntagnachmittag aus. Besonders stark frequentierte Grenzübergänge sind:

- Von Windsor (Ontario) nach Detroit (Michigan)
- Von Fort Erie (Ontario) nach Buffalo (New York)
- Von Niagara Falls (Ontario) nach Niagara Falls (New York)
- Von Québec nach Rouse's Point bzw. Champlain (New York)
- Von Surrey (British Columbia) nach Blaine (Washington)

Vor der Einreise in die USA ist es ratsam, die aktuellen Wartezeiten an der Grenze über die Website des **US Department for Homeland Security** (http://apps.cbp.gov/bwt) zu ermitteln.

Wer als Nichtkanadier auf dem Landweg in die USA einreist, muss eine „Einreisegebühr" von 6 US$ in bar bezahlen – Kreditkarten werden nicht akzeptiert.

Auto & Motorrad

Entlang der Grenze ist das US-amerikanische Highwaynetz an mehreren Stellen direkt mit dem kanadischen verbunden. Die kanadischen Highways münden wiederum weiter nördlich in den Trans-Canada Hwy, der in Ost-West-Richtung verläuft. Alaska, Klondike und Haines Hwy sind die drei Hauptverkehrsadern zwischen dem Yukon Territory und Alaska.

Wer mit einem eigenen Fahrzeug nach Kanada einreisen möchte, benötigt dafür alle Zulassungspapiere, einen Versicherungsnachweis und seinen heimischen Führerschein. In den USA gemietete Fahrzeuge können normalerweise ein- und ausgeführt werden. Allerdings muss dies explizit im Mietvertrag stehen. Wenn man ein Auto fährt, das auf jemand anderen gemeldet ist, empfiehlt sich eine schriftliche Bestätigung des Eigentümers, die den Gebrauch des Gefährts in Kanada gestattet.

Bus

Greyhound (www.greyhound.com) und sein kanadisches Pendant **Greyhound Canada** (www.greyhound.ca) betreiben zusammen das größte Busnetz Nordamerikas. Bei Direktverbindungen zwischen amerikanischen und kanadischen Großstädten muss an der Grenze normalerweise das Fahrzeug gewechselt werden. Bis die Zoll- und Einreiseformalitäten für alle Passagiere erledigt sind, vergeht eine gute Stunde. Die meisten internationalen Fernbusse haben kostenlosen WLAN-Zugang. Der Kasten oben nennt Strecken- und Preisbeispiele für Greyhound-Busrouten.

Andere wichtige internationale Busunternehmen (mit Gratis-WLAN) sind:

Megabus (www.megabus.com) Verkehrt zwischen Toronto und US-amerikanischen Städten wie New York City, Philadelphia und Washington DC; meist preiswerter als Greyhound. Tickets können ausschließlich online erworben werden.

Quick Coach (www.quickcoach.com) Verkehrt zwischen Seattle und Vancouver; etwas schneller als Greyhound.

Zug

Amtrak (www.amtrak.com) und **VIA Rail Canada** (www.viarail.ca) verkehren auf drei Strecken, die die USA mit Kanada verbinden: zwei im Osten und einer im Westen. Zollkontrollen sind an der Grenze, aber nicht beim

Einsteigen zu Beginn der Fahrt üblich.

Übers Meer

Vor den Küsten verkehren verschiedene Fährdienste, die die USA mit Kanada verbinden .

- Von Bar Harbor, Maine, nach Yarmouth, Nova Scotia: In den letzten Jahren wurde der Fährverkehr eingestellt, ein neuer Betreiber wird den Dienst aber voraussichtlich wieder aufnehmen.
- Von Eastport, Maine, nach Deer Island, New Brunswick: **East Coast Ferries** (www.eastcoastferries.nb.ca).
- Von Seattle nach Victoria, British Columbia: **Victoria Clipper** (www.clippervacations.com).
- Von Alaska nach Port Hardy, British Columbia: **Alaska Marine Highway System** (www.ferryalaska.com).
- Von Alaska nach Prince Rupert, British Columbia: **BC Ferries** (www.bcferries.com).

UNTERWEGS VOR ORT

Auto & Motorrad

Automobilclubs

Die Mitgliedschaft in einem Automobilclub ist für Reisende, die selbst fahren, eine praktische Sache.

Das Servicespektrum der **Canadian Automobile Association** (CAA; ☎800-268-3750; www.caa.ca) kann auch von Mitgliedern internationaler Partnerorganisationen wie AAA (USA) oder ADAC (Deutschland) genutzt werden. Neben Pannenhilfe rund um die Uhr umfasst es z. B. auch Tipps für die Reiseplanung, verschiedene Gratiskarten, Reisebürodienste und diverse Rabatte auf Unterkünfte oder Mietwagen.

In ganz Kanada und den USA hat sich der **Better World Club** (☎866-238-1137; www.betterworldclub.com) inzwischen als Alternative fest etabliert. Die Organisation spendet 1 % seines Jahresgewinns für Umweltschutzmaßnahmen und bietet sogar auch einen Pannenservice für Radfahrer an.

Benzin

Benzin und Diesel werden in Litern berechnet. In abgelegenen Gegenden sind die Preise höher als anderswo. Dabei schießt Yellowknife gewöhnlich den Vogel ab, während Autofahrer in Calgary normalerweise am wenigsten für den Liter Benzin zahlen müssen.

Die Preise sind in den USA meist niedriger, sodass es ratsam ist, bei der Einreise aus den USA vor der Grenze noch einmal zu tanken.

Mit dem eigenen Auto einreisen

Wer alle Fahrzeugpapiere, den Versicherungsnachweis und seinen heimischen Führerschein dabei hat, kann recht stressfrei von den USA aus nach Kanada über die Grenze fahren.

Fahrzeugverleih

AUTO

Um in Kanada ein Auto mieten zu können, sind im Allgemeinen folgende Voraussetzungen zu erfüllen:

- Man sollte wenigstens 25 Jahre alt sein (einige Mietwagenfirmen berechnen beim Verleih an Fahrer zwischen 21 und 24 Jahren eine zusätzliche Gebühr)
- Man sollte eine gültige Fahrerlaubnis besitzen (manchmal wird bei Fahrern aus einem nicht englisch- oder französischsprachigen Land ein internationaler Führerschein verlangt)

Die meisten Mittelklassefahrzeuge kosten ca. 35 bis 65 C$ pro Tag. Kindersitze (ca. 13 C$ pro Tag) sind in Kanada gesetzlich vorgeschrieben und sollten unbedingt beim Buchen reserviert werden.

Große internationale Autovermieter sind normalerweise in Flughäfen, Bahnhöfen und Stadtzentren vertreten.

Spontanes Ausleihen vor Ort ist oft teurer, als wenn man das Auto in einem Paket (z.B. mit dem Flug kombiniert) im Voraus gebucht hat.

Avis (☎800-437-0358; www.avis.com)

Budget (☎800-268-8900; www.budget.com)

Dollar (☎800-800-4000; www.dollar.com)

Enterprise (☎800-261-7331; www.enterprise.ca)

Hertz (☎800-263-0600; www.hertz.com)

National (☎877-222-9058; www.nationalcar.ca)

Practicar (☎800-327-0116; www.practicar.ca) Practicar hieß früher Rent a Wreck und hat oft die niedrigsten Preise. Die Firma ist im Übrigen an Backpackers Hotels Canada und Hostelling International angeschlossen.

Thrifty (☎800-847-4389; www.thrifty.com)

FAHRPREISE DER FERNBUSSE

STRECKE	NORMALER FAHRPREIS	7-TAGE-TICKET	FAHRZEIT (STD.)
Vancouver–Calgary	104 C$	80 C$	14–17
Montréal–Toronto	56 C$	32 C$	8–10
Toronto–Vancouver	229 C$	180 C$	65–70

KLIMAWANDEL & REISEN

Der Klimawandel stellt eine ernste Bedrohung für unsere Ökosysteme dar. Zu diesem Problem tragen Flugreisen immer stärker bei. Lonely Planet sieht im Reisen grundsätzlich einen Gewinn, ist sich aber der Tatsache bewusst, dass jeder seinen Teil dazu beitragen muss, um die globale Erwärmung zu verringern.

Fliegen & Klimawandel

Fast jede Art der motorisierten Fortbewegung erzeugt CO_2 (die Hauptursache für die globale Erwärmung), doch Flugzeuge sind mit Abstand die schlimmsten Klimakiller – nicht nur wegen der großen Entfernungen und der entsprechend großen CO_2-Mengen, sondern auch weil sie diese Treibhausgase direkt in hohen Schichten der Atmosphäre freisetzen. Die Zahlen sind erschreckend: Zwei Personen, die von Europa in die USA und wieder zurück fliegen, erhöhen den Treibhauseffekt in demselben Maße wie ein durchschnittlicher Haushalt in einem ganzen Jahr.

Emissionsausgleich

Die englische Website www.climatecare.org und die deutsche Internetseite www.atmosfair.de bieten sogenannte CO_2-Rechner. Damit kann jeder ermitteln, wie viel Treibhausgase seine Reise produziert. Das Programm errechnet den zum Ausgleich erforderlichen Betrag, mit dem der Reisende nachhaltige Projekte zur Reduzierung der globalen Erwärmung unterstützen kann, beispielsweise Projekte in Indien, Honduras, Kasachstan und Uganda.

Lonely Planet unterstützt gemeinsam mit Rough Guides und anderen Partnern aus der Reisebranche das CO_2-Ausgleichs-Programm von climatecare.org. Alle Reisen von Mitarbeitern und Autoren von Lonely Planet werden ausgeglichen.

Weitere Informationen gibt es auf www.lonelyplanet.com

MOTORRAD

Verschiedene Firmen bieten Leihmotorräder und geführte Touren an. Inklusive Haftpflichtversicherung und 200 km Fahrt kostet eine Harley Heritage Softail Classic ca. 210 C$ pro Tag. Manche Unternehmen bestehen auf einer Mindestleihdauer von teilweise bis zu sieben Tagen. In British Columbia sind Bikes von Boss Hoss (Hogs) besonders beliebt.

Coastline Motorcycle (☎866-338-0344, 250-335-1837; www.coastlinemc.com) Touren und Verleih außerhalb von Victoria und Vancouver in British Columbia.

McScoots Motorcycle & Scooter Rentals (☎250-763-4668; www.mcscoots.com) Große Auswahl an Harleys; bietet auch Motorradtouren an. Die Firma ist in Kelowna, British Columbia, ansässig.

Open Road Adventure (☎250-494-5409; www.canadamotorcyclerentals.com) Verleih und Touren außerhalb von Summerland bei Kelowna, British Columbia.

Harley-Davidson Laval (☎877-459-2950; www.harleydavidsonlaval.com) Verleih für halbe Tage, ganze Tage, Wochenenden oder länger; liegt außerhalb eines Vorortes von Montréal.

WOHNMOBILE

Westkanada hat das größte Angebot von Wohnmobilen (Recreational Vehicles, RVs). Spezielle Verleiher sind z. B. in Calgary, Edmonton, Whitehorse und Vancouver ansässig. Während der sommerlichen Hauptsaison heißt es so früh wie möglich buchen. Dann liegt der Grundpreis für mittelgroße Gefährte bei ca. 160 bis 265 C$ pro Tag. Versicherungen, Steuern und andere Zusatzgebühren treiben die Rechnung aber noch einmal kräftig in die Höhe. Bei Wohnmobilen mit Dieselmotoren sind die Betriebskosten deutlich niedriger.

Canadream Campers (☎403-291-1000, 800-461-7368; www.canadream.com) Hauptsitz ist in Calgary; ein Verleih ist jedoch in acht Städten möglich, darunter Vancouver, Whitehorse, Toronto und Halifax. Die Fahrzeuge können auch an einem anderen Ort als dem Ausleihort zurückgegeben werden.

Cruise Canada (☎800-671-8042; www.cruisecanada.com) Bietet drei verschiedene Größen an Wohnmobilen. Niederlassungen in Halifax und in Zentral- und Westkanada; Rückbgabe an einem anderen Ort möglich.

Führerschein

In den meisten Provinzen können Autofahrer drei Monate lang legal ihren heimischen Führerschein benutzen. Teilweise geht dies auch länger (z. B. sechs Monate in British Columbia).

Bei längeren Aufenthalten empfiehlt sich dennoch ein Internationaler Führerschein (International Driving Permit, IDP) mit einjähriger Gültigkeit – vor allem, wenn der eigene Führerschein mangels Erläuterungen auf Englisch bzw. Französisch die Kommunikation mit kanadischen Verkehrspolizisten oder Autovermietern erschwert. Zuhause gibt es eine IDP gegen eine geringe Gebühr bei Automobilclubs oder der zuständigen Führerscheinstelle. Sie gilt aber grundsätzlich nur in Verbindung mit der eigenen, heimischen Fahrerlaubnis.

Straßenzustand & Gefahren

Obwohl Kanadas Straßen allgemein ganz gut in Schuss sind, sollte man ein paar Dinge im Hinterkopf behalten:

➡ Die strengen Winter verursachen bisweilen Schlaglöcher in Granattrichtergröße, die das Fahrzeug unvermittelt ausbrechen lassen. Im Winter besteht generell Gefahr durch Eis und starke Schneefälle. Viele Straßen und Brücken sind dann eventuell vorübergehend gesperrt. Die Website von **Transport Canada** (☎800-387-4999; www.tc.gc.ca/road) liefert Links zu Straßenbedingungen und Baustellen in allen Provinzen.

➡ Im Winter oder in entlegenen Gegenden benötigt man unbedingt Allwetter- bzw. Winterreifen und eine entsprechende Notfallausrüstung.

➡ In dünn besiedelten Regionen wie dem Yukon Territory, Newfoundland oder dem nördlichen Québec liegen die Tankstellen mitunter weit auseinander. Da sollte man den Spritvorrat bei jeder Gelegenheit auffüllen.

➡ Vor allem nachts treiben sich Elche, Hirsche und Wapitis oft auf ländlichen Straßen herum. Gegen einen Elchbullen von 530 kg hat ein Subaru kein Chance – daher immer wachsam sein!

Verkehrsregeln

➡ In Kanada fährt man auf der rechten Straßenseite.

➡ Landesweit herrscht Gurtpflicht. Kinder mit weniger als 18 kg Körpergewicht müssen in erhöhten Kindersitzen angeschnallt werden. Säuglinge gehören in rückwärts gerichtete Spezialsitze.

➡ Motorradfahrer müssen Schutzhelme tragen und die Beleuchtung immer eingeschaltet haben.

➡ Entfernungen und Tempolimits sind in Kilometern angegeben. Allgemeine Höchstgeschwindigkeiten: 40–50 km/h innerhalb geschlossener Ortschaften; 90–110 km/h außerhalb geschlossener Ortschaften.

➡ Wenn Einsatzfahrzeuge (z. B. Polizei, Ambulanz) mit blinkenden Warnlichtern am Straßenrand stehen, dürfen sie mit maximal 60 km/h passiert werden.

➡ In allen Provinzen kann an roten Ampeln rechts abgebogen werden, wenn man zuvor angehalten hat. Ausgenommen sind Kreuzungen mit Verbotsschildern und die gesamte Insel Montréal. Da Kanadier rote Ampeln aber gern mal missachten, sollte man an Kreuzungen nicht davon ausgehen, Vorfahrt zu haben.

➡ In British Columbia, Newfoundland, Nova Scotia, Ontario, Québec, Saskatchewan und auf Prince Edward Island sind Handys am Steuer verboten.

➡ Bis auf Alberta, British Columbia und Saskatchewan untersagen alle Provinzen Radarwarner. Bei Verstößen kann es Bußgelder von bis zu 1000 C$ hageln. Selbst bei nicht eingeschaltetem Gerät, kann es beschlagnahmt werden.

➡ Die Promillegrenze liegt bei 0,8. Fahren unter Alkoholeinfluss gilt als Straftat.

Versicherung

In Kanada benötigen Fahrzeugführer grundsätzlich eine Haftpflichtversicherung für Sach- und Personenschäden.

➡ Bis auf Québec (dort 50 000 C$) schreiben alle Provinzen eine gesetzliche Mindestdeckung von 200 000 C$ vor.

➡ Wer bereits zu Hause eine Auto- oder Reiseversicherung abgeschlossen hat, sollte alle Konditionen und Deckungssummen unbedingt rechtzeitig vor Reisebeginn checken. Zudem empfiehlt sich ein Internationaler Versicherungsschein („Grüne Karte"). Der wird zwar nicht offiziell benötigt, erleichtert aber im Ernstfall die Schadensabwicklung. Nähere Details liefert die eigene Autoversicherung.

➡ Auch Autovermieter bieten Haftpflichtschutz an. Durch eine optionale Teil- oder Vollkaskoversicherung (Collision Damage Waiver, CDW) lässt sich die Selbstbeteiligung bei Sachschäden senken oder komplett vermeiden. Manche Kreditkarten decken Voll- oder Teilkasko bei bestimmten Mietzeiträumen automatisch ab – vorausgesetzt, man bezahlt damit den Mietwagen und lehnt das Versicherungsangebot des jeweiligen Verleihers ab. Daher sämtliche Details unbedingt rechtzeitig vor Reisebeginn mit der jeweiligen Kreditkartenfirma klären und unabhängig davon alle in Kanada angebotenen Versicherungsverträge stets genauestens auf deren Inhalte prüfen!

➡ Eine private Unfallversicherung (Personal Accident Insurance, PAI) kommt für die Kosten einer medizinischen Behandlung auf, falls Fahrer und/oder Passagiere bei einem Unfall verletzt werden. Wenn die eigene Kfz-, Kranken- oder Reiseversicherung diese Option bereits beinhaltet (ebenfalls rechtzeitig nachfragen), kann man auf einen separaten Versicherungsabschluss verzichten.

ENTFERNUNGEN (KM)

	Banff	Calgary	Edmonton	Halifax	Inuvik	Jasper	Montreal	Ottawa	Quebec City	St. John's	Toronto	Vancouver	Whitehorse	Winnipeg
Calgary	130													
Edmonton	410	290												
Halifax	4900	4810	4850											
Inuvik	3440	3515	3220	8110										
Jasper	280	415	370	5250	3150									
Montreal	3700	3550	3605	1240	6820	3950								
Ottawa	3450	3340	3410	1440	6620	3770	200							
Quebec (Stadt)	3900	3800	3880	1020	7060	4210	250							
St. John's	6200	6100	6150	1480	9350	6480	2530	2730	2310					
Toronto	3400	3400	3470	1790	6680	3820	550	450	800	3090				
Vancouver	850	970	1160	5880	3630	790	4580	4350	4830	7130	4360			
Whitehorse	2210	2290	2010	6830	1220	1930	5620	5390	5840	8150	5450	2400		
Winnipeg	1450	1325	1330	3520	4550	1670	2280	2140	2520	4820	2220	2290	3340	
Yellowknife	1800	1790	1510	6340	3770	1590	5050	4900	5350	7620	4950	2370	2540	2800

Die Angaben wurden auf- bzw. abgerundet.

Bus

Greyhound Canada (www.greyhound.ca) ist das renommierteste unter den Busunternehmen und verfügt über ein ausgedehntes Liniennetz in Zentral- und Westkanada, aber auch in die USA hinein. Regionale Busunternehmen füllen dann letzte Lücken, besonders im Osten des Landes.

Kanadische Busse sind im Allgemeinen sauber, komfortabel und zuverlässig. Sie verfügen teilweise über Extras wie Bordtoiletten, Klimaanlagen (Pullover mitbringen), ausklappbare Liegesitze, Gratis-WLAN und Videoanlagen. Rauchen ist stets verboten. Bei langen Trips gibt es alle paar Stunden eine Imbisspause – üblicherweise an einer Highwaytankstelle.

Autobus Maheux (☎888-797-0011; www.autobusmaheux.qc.ca) Fahrdienste von Montréal in die nordwestlichen Regionen von Québec.

Coach Canada (☎800-461-7661; www.coachcanada.com) Linienverkehr in Ontario und von Toronto nach Montréal.

DRL Coachlines (☎709-263-2171; www.drl-lr.com) Fährt auf Strecken in ganz Newfoundland.

Intercar (☎888-861-4592; www.intercar.qc.ca) Verbindet Québec (Stadt), Montréal und Tadoussac sowie andere Städte in Québec.

Limocar (☎866-700-8899; www.limocar.com) Regionalstrecken in Québec.

Malaspina Coach Lines (☎877-227-8287; www.malaspinacoach.com) Malaspina Coach Lines verkehrt zwischen Vancouver und den Städten entlang der Sunshine Coast in British Columbia.

Maritime Bus (☎902-429-2029; www.maritimebus.com) In New Brunswick, Prince Edward Island und Nova Scotia.

Megabus (www.megabus.com) Verkehrt zwischen Toronto und Montréal, über Kingston; Tickets nur online erhältlich.

Ontario Northland (☎800-461-8558; www.ontarionorthland.ca) Bus- und Zugstrecken von Toronto in den Norden Ontarios.

Orléans Express (☎888-999-3977; www.orleansexpress.com) Versorgt den Osten von Québec.

Pacific Coach Lines (☎800-661-1725, 250-385-4411; www.pacificcoach.com) Buslinie zwischen Victoria, Vancouver und Whistler.

Parkbus (☎800-928-7101; www.parkbus.ca) Fährt von Toronto in den Algonquin, Killarney und zu anderen Parks in Ontario.

Red Arrow (www.redarrow.ca) Steuert alle größeren Städte von Alberta an und bietet freies WLAN, Snacks und Getränke.

Saskatchewan Transportation Company (STC; ☎800-663-7181; www.stcbus.

com) Verkehrt innerhalb von Saskatchewan.

Reservierungen

Fahrkarten für Greyhound-Busse gibt es online oder am Busterminal. Einige Busunternehmen, wie etwa Megabus, nehmen Reservierungen nur online entgegen. Je früher man seine Fahrkarte online erwirbt desto preiswerter wird die Fahrt.

Man sollte mindestens 30 bis 45 Minuten vor Abfahrt am Bus sein.

Fahrrad

Der Großteil Kanadas ist gut zum Radfahren geeignet: Langstreckentouren lassen sich komplett auf ruhigen Nebenstrecken absolvieren. Viele Städte (z. B. Edmonton, Montréal, Ottawa, Toronto oder Vancouver) haben ausgeschilderte Radwege.

- Für Radler gelten dieselben Verkehrsregeln wie für Kraftfahrzeugführer. Das bedeutet aber nicht, dass Letztere auch immer die Vorfahrt gewähren!
- In British Columbia, New Brunswick, Nova Scotia und auf Prince Edward Island besteht Helmpflicht – ebenso für minderjährige Radler in Alberta und Ontario.

Für eine einmalige Anmeldegebühr von 12 C$ und einen Jahresbeitrag von 40 C$ gewährt der **Better World Club** (☎866-238-1137; www.betterworldclub.com) Pannenhilfe für unterwegs: Mitglieder können sich zweimal gratis aufgabeln und zur nächsten Reparaturwerkstatt oder Unterkunft im Umkreis von maximal 50 km bringen lassen.

Fahrradtransport

- Bus: Bei Greyhound Canada gelten Drahtesel als Frachtgut. Zum Mietpreis für die Transportbox (10 C$) kommen ein gewichtsabhängiger Aufpreis, Sperrgutzuschlag (30 C$) und Mehrwertsteuer hinzu. Bikes und deren Besitzer werden nur dann zusammen im selben Bus befördert, wenn in diesem genug Platz vorhanden ist. Wenn das Rad bei Ankunft sicher zur Verfügung stehen soll, gibt man es am besten schon am Vortag des Bustrips auf.
- Flugzeug: Die meisten Fluglinien nehmen Fahrräder gratis als Bordgepäck mit, sofern sie in geeigneten Transportboxen verstaut sind. Bei Inlandsflügen werden dafür in der Regel 30 bis 65 C$ fällig. Vor dem Ticketkauf immer zuerst alle Details abklären!
- Zug: Die VIA Rail transportiert Fahrräder für 25 C$ – allerdings nur in Zügen mit separaten Gepäckwaggons (z. B. alle Langstrecken- und viele Regionalverbindungen).

Mieten

- Leihfahrräder gibt es in den vielen Tourismuszentren.
- Der Mietpreis (Tourenrad/MTB pro Tag ca. 15/25 C$) beinhaltet normalerweise Schutzhelm und Schloss.
- Die meisten Anbieter verlangen zudem eine Kaution zwischen 20 und 200 C$.

Flugzeug

Fluglinien in Kanada

Air Canada betreibt das größte kanadische Inlandsstreckennetz.

Zudem sind viele lokale und regionale Fluglinien am kanadischen Himmel unterwegs, vor allem in den kleineren, oft entlegenen Regionen hoch oben im Norden. Weil es da keinerlei Wettbewerb gibt, sind solche Tickets zielabhängig recht teuer.

Air Canada (☎888-247-2262; www.aircanada.com) Landesweite Flüge.

Air Creebec (☎800-567-6567; www.aircreebec.ca) Bedient u. a. ab Montréal den Norden Québecs und Ontario (inkl. Chisasibi und Chibougamau).

Air Inuit (☎888-247-2262; www.airinuit.com) Fliegt ab Montréal zu allen 14 Inuit-Gemeinden Nunaviks im Norden Québecs (inkl. Kuujjuaq und Puvirnituq).

Air Labrador (☎800-563-3042; www.airlabrador.com) Zumeist innerhalb Labradors.

Air North (☎867-668-2228, USA ☎800-661-0407; www.flyairnorth.com) Verbindet das Yukon Territory mit British Columbia, Alberta, den Northwest Territories und Alaska.

Air St.-Pierre (☎877-277-7765, 902-873-3566; www.airsaintpierre.com) Startet im Osten Kanadas zu den französischsprachigen Regionen vor Newfoundlands Küste.

Air Tindi (☎867-669-8260; www.airtindi.com) Steuert die Region North Slave (Northwest Territories) an.

Aklak Air (☎866-707-4977; www.aklakair.ca) Bedient das Mackenzie Delta (Northwest Territories).

Bearskin Airlines (☎800-465-2327; www.bearskinairlines.com) Flüge zu Zielen in Ontario und im Osten Manitobas.

Calm Air (☎800-839-2256, 204-778-6471; www.calmair.com) Verbindungen in ganz Manitoba und Nunavut.

Canadian North (☎800-661-1505; www.canadiannorth.com) Deckt die Northwest Territories und Nunavut ab.

Central Mountain Air (☎888-865-8585; www.flycma.com) Bedient ganz British Columbia und Alberta.

First Air (☎800-267-1247; www.firstair.ca) Fliegt ab Ottawa, Montréal, Winnipeg und Edmonton zu 24 Zielen in der Arktis (inkl. Iqaluit).

Harbour Air (☎800-665-0212; www.harbour-air.com) Wasserflugzeuge von Vancouver nach Vancouver Island, zur Sunshine Coast und zu den Gulf Islands.

Hawkair (☎866-429-5247; www.hawkair.ca) Bringt Passagiere ab Vancouver und Victoria in den Norden British Columbias.

Northwestern Air Lease (☎877-872-2216; www.nwal.ca) Ist in Alberta und den Northwest Territories unterwegs.

North-Wright Air (☎867-587-2333; www.north-wrightairways.com) Verbindungen zum Mackenzie Valley (Northwest Territories).

Pacific Coastal Airlines (☎800-663-2872; www.pacific-coastal.com) Ist in Vancouver ansässig und startet zu vielen Zielen in British Columbia.

Porter Airlines (☎888-619-8622; www.flyporter.com) Turboprop-Maschinen von den im Osten gelegenen kanadischen Städten zum Billy Bishop Toronto City Airport, der wegen seiner Lage im Zentrum von Toronto viel schneller und bequemer zu erreichen ist.

Provincial Airlines (☎800-563-2800; www.provincialair lines.ca) In St. John's ansässige Fluggesellschaft mit Flugverkehr innerhalb von Newfoundland und hinüber nach Labrador.

Seair Seaplanes (☎800-447-3247, 604-273-8900; www.seairseaplanes.com) Fliegt von Vancouver nach Nanaimo und auf die Southern Gulf Islands in British Columbia.

Transwest Air (☎800-667-9356; www.transwestair.com) Flüge innerhalb Saskatchewans.

West Coast Air (☎800-347-2222; www.westcoastair.com) Wasserflugzeuge von Vancouver nach Vancouver Island und zur Sunshine Coast.

WestJet (☎888-937-8538, 800-538-5696; www.westjet.com) Billigflieger mit Standort Calgary, der verschiedene Ziele in ganz Kanada ansteuert.

Flugpässe

Air Canada, United Airlines und US Airways gehören zur **Star Alliance** (www.staralliance.com). Zusammen bieten sie den North American Airpass für alle Reisenden an, die nicht in Kanada, Mexiko, den USA, der Karibik oder auf den Bermudas leben. Grundvoraussetzung für den Erwerb ist jedoch ein internationales Ticket eines Star-Alliance-Mitglieds. Der Pass deckt dann drei bis zehn Teilflugstrecken (ab 399 US$) ab.

Der **Arctic Circle Air Pass** (www.flyairnorth.com/AirPasses/AirPasses.aspx) von Air North gilt für Flugreisen durch Yukon und die Northwest Territories.

Geführte Touren

Dieses so gigantische und grandiose Land lässt sich auch im Rahmen geführter Touren erkunden. Folgende empfehlenswerte Anbieter sind landesweit in mehreren Provinzen aktiv:

Arctic Odysseys (☎206-325-1977, 800-574-3021; www.arcticodysseys.com) Kanadische Arktis hautnah – z. B. bei der Suche nach Polarlichtern (Northwest Territories), Heliskiing-Trips (Baffin Island) oder Eisbärbeobachtungen (Hudson Bay).

Backroads (☎510-527-1555, 800-462-2848; www.backroads.com) Geführte Rad-, Wander- und/oder Paddeltouren in Nova Scotia, Québec und den Rocky Mountains.

Moose Travel Network (☎in Ostkanada 888-816-6673, in Westkanada 888-244-6673; www.moosenetwork.com) Veranstaltet Touren für Rucksackreisende in kleinen Bussen in ganz British Columbia, Alberta und darüber hinaus.

Nahanni River Adventures (☎800-297-6927; www.nahanni.com) Rafting- und Kajakausflüge im Yukon Territory, in British Columbia und Alaska, die z. B. die Flüsse Firth, Alsek und Babine oder die Umgebung der Tatshenshini-Alsek-Wasserscheide erkunden.

Road Scholar (☎800-454-5768; www.roadscholar.org) War früher unter dem Namen Elderhostel bekannt und ist eine gemeinnützige Organisation, die Bildungsfahrten für Leute über 55 in fast alle Provinzen anbietet, darunter Zugreisen, Schiffsfahrten sowie Bus- und Wandertouren.

Routes to Learning (☎613-530-2222, 866-745-1690; www.routestolearning.ca) Diese gemeinnützige Organisation bietet Dutzende von Bildungsreisen in ganz Kanada an. Von Reisen auf den Spuren der Wikinger in Newfoundland bis zu Exkursionen zu den Akadiern von New Brunswick oder den Leuchttürmen von Nova Scotia ist fast alles dabei.

Salty Bear Adventure Tours (☎902-202-3636; www.saltybear.ca) Diese Kleinbustrips durch die Seeprovinzen richten sich vor allem an Backpacker. Unterwegs kann man beliebig aus- und zusteigen. Im Angebot sind z. B. dreitägige Rundfahrten durch die Gegend um Cape Breton (Nova Scotia) und fünftägige Ausflüge bis hinüber nach Prince Edward Island.

Trek America (☎in UK 0870-444-8735, in USA 800-221-0596; www.trekamerica.com) Die Camping-, Wander- und Kanutouren sind vor allem für Abenteuerlustige zwischen 18 und 38 Jahren gedacht. Manche Optionen stehen jedoch allen Altersgruppen offen.

Mitfahrzentrale

Mitfahrzentralen vermitteln Autofahrern zahlende Mitreisende, die in die gleiche Richtung wollen. **Kangaride** (☎855-526-4274; www.kangaride.com) ist eine solche Zentrale mit Sitz in Québec (Stadt); sie breitet sich im Moment rasch im ganzen Land aus. Eine Mitgliedschaft kostet 7,50 C$ im Jahr und 5 C$ Vermittlungsgebühr pro Fahrt (zusätzlich zu dem, was der Fahrer fordert). **Allô Stop** (www.allostop.com) ist ein ähnliches Unternehmen in Québec; die Website ist auf Französisch gehalten.

Nahverkehr

Bus

Die verbreitetsten Nahverkehrsmittel, die Busse, sind praktisch in allen Städten unterwegs. Ihre Fahrpläne orientieren sich meist am

Pendlerverkehr. Daher stellen viele Linien den Betrieb abends und am Wochenende teilweise oder ganz ein.

Fahrrad

In den wärmeren Monaten treten Einheimische und Reisende gern in die Pedale. Viele Städte haben ausgewiesene Radwege von mehreren Hundert Kilometern Länge. Fahrräder mitzunehmen ist in öffentlichen Verkehrsmitteln meist erlaubt, allerdings manchmal nicht während der Stoßzeiten. In allen Großstädten bekommt man Drahtesel zum Ausleihen. In Toronto und Montréal gibt es sogar ein Bike-Sharing-Programm; Vancouver wird sich 2014 anschließen.

Straßen- & U-Bahn

Toronto und Montréal sind Kanadas einzige Städte mit U-Bahnen. Vancouvers Magnetschwebebahn verkehrt größtenteils oberirdisch. Calgary, Edmonton und Ottawa haben leistungsfähige Straßenbahnnetze. Linienpläne hängen an allen Haltestellen aus.

Taxi

In den meisten kanadischen Großstädten sind Taxis unterwegs. Deren Chauffeure rechnen normalerweise mit Hilfe von Taxametern ab (Startpreis/jeder weitere Kilometer ca. 2,70/1,75 C$) und erwarten ein Trinkgeld in Höhe von 10 bis 15 % des Fahrtpreises. Taxis können an der Straße herangewinkt oder telefonisch bestellt werden.

Schiff/Fähre

Vor allem in ganz British Columbia und allen Seeprovinzen gibt es zahlreiche Fährverbindungen.

Fußgänger und Radfahrer finden auf Schiffen bzw. Fähren eigentlich immer ein Plätzchen. Wer sein Auto mitnehmen möchte oder eine Koje braucht, sollte jedoch telefonisch reservieren – vor allem an Feiertagen und in der sommerlichen Hauptsaison. Zu den größten Fährbetreibern gehören:

Bay Ferries (☎888-249-7245; www.bayferries.com) Ganzjähriger Fährdienst zwischen Saint John, New Brunswick und Digby, Nova Scotia.

BC Ferries (☎888-223-3779, 250-386-3431; www.bcferries.com) Riesige Passagierfährgesellschaft, die auf 25 Strecken verkehrt und 47 Häfen anfährt, darunter Vancouver Island, die Gulf Islands, die Halbinsel Sechelt an der Sunshine Coast und die Inseln der Haida Gwaii – alle in British Columbia.

Coastal Transport (☎506-662-3724; www.coastaltransport.ca) Fähre von Blacks Harbour nach Grand Manan auf den Fundy Isles, New Brunswick.

CTMA Ferries (☎888-986-3278, 418-986-3278; www.ctma.ca) Täglicher Fährverkehr von Souris auf der Prince Edward Island zu den Îles de la Madeleine von Québec.

East Coast Ferries (☎877-747-2159, 506-747-2159; www.eastcoastferries.nb.ca) Verbindet Deer Island mit Campobello Island; beide gehören zu den Fundy Isles in New Brunswick.

Labrador Marine (☎866-535-2567, 709-535-0810; www.labradormarine.com) Verbindet Newfoundland mit Labrador.

Marine Atlantic (☎800-341-7981; www.marine-atlantic.ca) Verbindet Port aux Basques und Argentia in Newfoundland mit North Sydney, Nova Scotia.

Northumberland Ferries (☎888-249-7245, 902-566-3838; www.peiferry.com) Verbindet Wood Islands, Prince Edward Island und Caribou, Nova Scotia.

Provincial Ferry Services (www.gov.nl.ca/ferryservices) Betreibt Fähren entlang der Küste von Newfoundland.

Trampen

Trampen ist nirgendwo auf der Welt ungefährlich und daher nicht vorbehaltlos zu empfehlen. Nichtsdestotrotz strecken Kanadier in entlegenen und ländlichen Ecken gern den Daumen raus.

- Wer unbedingt trampen möchte, sollte sich der damit verbundenen Risiken bewusst sein. Auf jeden Fall ist es sicherer, mindestens zu zweit loszuziehen und Dritte über das geplante Ziel in Kenntnis zu setzen.
- In Nova Scotia, New Brunswick und entlang mancher Highways (z. B. Ontarios 400er-Straßen) ist Trampen untersagt.

Zug

Die **VIA Rail** (☎888-842-7245; www.viarail.ca) betreibt die meisten kanadischen Regional- und Langstreckenzüge auf einem über 14 000 km langen Schienennetz. Manche entlegene Ecken (z. B. Churchill in Manitoba) sind auf dem Landweg ausschließlich mit dem Zug erreichbar.

- Die meisten Züge verkehren im Korridor zwischen Québec (Stadt) und Windsor (Ontario) – vor allem zwischen den beiden größten Verkehrsknotenpunkten Montréal und Toronto. Auf diesen Strecken gibt es Gratis-WLAN an Bord. Die VIA Rail will den Drahtlos-Service noch auf weitere Züge ausdehnen.
- Nach Newfoundland, Prince Edward Island und zu den Northwest Territories besteht keinerlei Zugverbindung.
- Die meisten Züge bieten ihren Fahrgästen einen kostenlosen WLAN-Zugang.
- In allen kanadischen Zügen herrscht Rauchverbot.

Klassen

Es gibt vier Zugklassen:

- Die Economy Class bietet ziemlich einfache, aber eigentlich recht bequeme Liegesitze mit Kopfstützen. Bei Nachtfahrten werden Kissen und Decken gestellt.

FERNZUGSTRECKEN

STRECKE	FAHRZEIT (STD.)	HÄUFIGKEIT	FAHRPREIS
Toronto-Vancouver *(Canadian)*	83	3-mal pro Woche	ab 590 C$
Winnipeg–Churchill *(Hudson Bay)*	44	2-mal pro Woche	ab 170 C$
Halifax–Montréal *(Ocean)*	21	1-mal tgl. (Mi-Mo)	ab 151 C$
Prince Rupert–Jasper	33	3-mal pro Woche	ab 163 C$

➡ Im Süd-Korridor zwischen Ontario und Québec steht eine Business Class zur Verfügung. Sie beinhaltet breitere Sitze, Laptopanschlüsse, Bordmahlzeiten und Priorität beim Einsteigen.

➡ Die Sleeper Class bzw. Schlafwagenklasse wird bei kürzeren Nachtfahrten angeboten. Dazu gehören Abteile mit Schlafkojen (oben/unten) sowie Privatkabinen für eine, zwei oder drei Personen (jeweils mit eigenem Bad).

➡ Die Touring Class für Fernstrecken beinhaltet die Bordunterkünfte der Sleeper Class plus Mahlzeiten, Zugang zum Aussichtswaggon und (manchmal) geführte Touren.

Langstrecken

Die VIA Rail betreibt mehrere klassische Fernzüge:

➡ **Canadian** Diese Edelstahlschönheit aus den 1950er-Jahren ist drei Tage lang von Toronto nach Vancouver unterwegs. Der Zug passiert dabei zuerst die Regionen nördlich des Lake Ontario. Dann rollt er über Winnipeg und Saskatoon durch die westlichen Ebenen nach Jasper in den Rocky Mountains.

➡ **Hudson Bay** Tuckert in gemütlichem Tempo von der kanadische Prärie in die subpolare Zone – also von Winnipeg bis in die Eisbären-Hochburg Churchill.

➡ **Ocean** Folgt dem St.-Lorenz-Strom ab Montréal durch New Brunswick und Nova Scotia.

➡ **Von Jasper nach Prince Rupert** Rattert stets bei Tageslicht von Jasper (Alberta) zum Küstenort Prince Rupert (British Columbia) und legt zwecks Übernachtung einen Zwischenstopp in Prince George ein. Unterkünfte dort müssen selbst organisiert bzw. reserviert werden.

Private Regionalzuggesellschaften bieten weitere Reisemöglichkeiten:

➡ **Algoma Central Railway** (www.agawacanyontourtrain.com) Zugang in die Wildnis Nordontarios.

➡ **Ontario Northland** (www.ontarionorthland.ca) Betreibt den je nach Saison verkehrenden *Polar Bear Express* von Cochrane nach Moosonee in der Hudson Bay (Rundfahrt 112 C$).

➡ **Rocky Mountaineer Railtours** (www.rockymountaineer.com; 2 Tage ab 1000 C$) Die eleganten Waggons fahren durch die Landschaft der Canadian Rockies zwischen Vancouver, Kamloops und Calgary.

➡ **Royal Canadian Pacific** (☎877-665-3044; www.royalcanadianpacific.com) Ein weiterer Luxusliner verkehrt in den Rockies und fährt über Calgary.

➡ **White Pass & Yukon Route** (www.wpyr.com; Rundreise 160 C$) Atemberaubende Strecke parallel zum ursprünglichen White-Pass-Trail von Whitehorse in Yukon nach Fraser in British Columbia.

Preise

Im Vergleich zum Bus sind Zugreisen teurer, werden aber von den meisten Passagieren als komfortabler beurteilt. Während der Hauptsaison (Juni–Mitte Okt.) sind die Preise ca. 40 % höher. Wer sein Ticket im Voraus kauft – noch fünf Tage vor Abfahrt –, kann Bares sparen.

Reservierungen

Im Sommer, am Wochenende sowie vor und nach Feiertagen werden Platzreservierungen empfohlen. Während der Hauptsaison (Juni–Mitte Okt.) sind ein paar der beliebtesten Schlafwagenoptionen bereits Monate im Voraus ausgebucht. Dies gilt insbesondere für Fernzüge wie den *Canadian*. Zur Eisbärensaison (ca. Ende Sept.–Anfang Nov.) hat auch der *Hudson Bay* oft nur noch wenige Plätze frei.

Zugpässe

Ein paar VIA-Rail-Zugpässe sparen ordentlich Bares:

➡ Das Canrailpass-System (Haupt-/Nebensaison 941/588 C$) gilt innerhalb von 21 Tagen für sieben Fahrten mit jedem beliebigen Zug. Jeder einzelne Reiseabschnitt muss mindestens drei Tage im Voraus gebucht werden (die Buchung ist online möglich). Die Preise beginnen bei 1008/630 C$ in der Haupt-/Nebensaison.

➡ Während der zehn Tage, die der Canrailpass-Corridor (ab 360 C$) gültig ist, kann man insgesamt sieben Zugfahrten im Korridor zwischen Québec (Stadt) und Windsor unternehmen. Dieser Zugpass deckt z. B. Montréal, Toronto und Niagara ab.

Sprache

Englisch und Französisch sind die beiden Landessprachen Kanadas. Beide Sprachen findet man auf Straßenschildern, Landkarten, in Touristenbroschüren, auf Verpackungen usw. In Québec ist das Französische ein Hauptanliegen der separatistischen Bewegungen. Hier ist Französisch alleinige Amtssprache; Englisch ist kaum vertreten, und Straßenschilder sowie Infos für Touristen gibt es oft ausschließlich auf Französisch. Außerhalb von Montréal und der Stadt Québec wird man ohne Französischkenntnisse gewisse Schwierigkeiten haben.

New Brunswick ist die einzige offiziell zweisprachige Provinz. Hier ist Französisch weit verbreitet, vor allem im Norden und Osten. Der gesprochene Dialekt unterscheidet sich ein wenig von dem in Québec. Auch in Nova Scotia und Manitoba gibt es einen beträchtlichen Anteil von Menschen mit Französisch als Muttersprache, und in den meisten übrigen Provinzen gibt es französische Sprachinseln. Im Westen Kanadas ist Französisch eher spärlich vertreten.

KANADISCHES ENGLISCH

Ursprünglich kam die englische Sprache Anfang bis Mitte des 19. Jhs. mit den britischen Siedlern nach Kanada. Diese Form des britischen Englisch ist die Basis der in Kanada verwendeten Sprache. Es gibt einige Unterschiede in der Aussprache: Briten sprechen z. B. *clerk* wie „klark" aus, Kanadier dagegen sagen „klörk". Grammatische Unterschiede gibt es nur wenige. Das Vokabular hat sich wegen des Bedarfs an neuen Wörtern im neuen Land, durch den Einfluss der indigenen Sprachen und das Erbe der französischen Pioniere erweitert.

In Kanada hat sich nie eine vergleichbare Reihe von leicht zu identifizierenden Dialekten entwickelt wie in England, Deutschland oder sogar den USA. Es gibt jedoch einige regionale Variationen in der Ausdrucksweise und Aussprache. In Neufundland sprechen z. B. einige Leute mit einem Akzent, der an den Südwesten Englands (Devon und Cornwall) oder Irland erinnert, und einige benutzen Wörter wie *screech* („Rum") und *shooneen* („Feigling").

Auch im gesprochenen Englisch in den atlantischen Provinzen findet man einen Tonfall, den man im Westen nicht hört, und im Ottawa-Tal kommt einem wieder ein etwas anderer Klang zu Ohren, was sich hauptsächlich durch die große Zahl von Iren erklären lässt, die sich dort in der Mitte des 19. Jhs. niederließen. In British Columbia spiegeln einige Ausdrücke die Geschichte dieser Provinz wieder: Das Wort *leaverite* (ein wertloses Mineral) z. B. ist im Zusammenhang mit dem Abbau von Bodenschätzen aus der Phrase „Leave 'er right there" („Lass es bloß da liegen!") entstanden.

Kanadisches Englisch ist stark von den USA beeinflusst worden, besonders durch die Massenmedien und durch den Gebrauch von US-amerikanischen Lehrbüchern und Wörterbüchern in den Schulen. Meist wird wie im britischen Englisch geschrieben, z. B. *centre*, *harbour* und *cheque*, aber es gibt einige Ausnahmen wie *tire* statt *tyre* und *aluminum* statt *aluminium*. Die US-Schreibweise ist aber zum Schrecken mancher Kanadier immer mehr auf dem Vormarsch. Der vielleicht markanteste Unterschied zwischen US-amerikanischem und kanadischem Englisch liegt in der Aussprache des letzten Buchstabens

NOCH MEHR ENGLISCH ODER FRANZÖSISCH?

Weitere Informationen zum Französischen oder zum Englischen und praktische Redewendungen finden sich im *Sprachführer Französisch* bzw. im *Sprachführer Englisch* von Lonely Planet. Sie sind unter **http://shop.lonelyplanet.com** oder als iPhone Phrasebook im Apple App Store zu haben.

des Alphabets. In den USA wird „z" wie „sie" ausgesprochen, in Kanada sagt man hingegen „säd".

Das kanadische Englisch hat auch einige eigene, unverwechselbare Wendungen und Ausdrücke entwickelt. Am auffälligsten ist das fragende „eh?", das am Ende fast jedes gesprochenen Satzes aufzutauchen scheint. Obwohl sich vielleicht für viele Nicht-Nordamerikaner Kanadier und Amerikaner gleich anhören, gibt es echte Unterschiede. Am bemerkenswertesten ist die kanadische Aussprache von „ou" – so klingen *out* und *about* eher wie „oht" und „äboht".

Das kanadische Englisch hat mit Wörtern wie *kerosene* („Kerosin"), *puck* (aus dem Eishockey) und *bushed* („erschöpft") auch zum Wortschatz des globalen Englischen einen Beitrag geleistet. *Moose* („Elch") und *muskeg* („Sumpflandschaft") leiten sich von anglisierten indigenen Wörtern ab.

Wer sich einlesen will, sollte sich das *Canadian Oxford Dictionary* (engl.) anschaffen.

KONVERSATION & NÜTZLICHES

Wer einen Fremden nach etwas fragt oder um etwas bittet, sollte die Frage bzw. Bitte höflich einleiten („Excuse me, ...").

Guten Tag. *Hello.*
Hallo. *Hi.*
Guten ... *Good ...*
Tag *day*
Morgen *morning*
Tag *afternoon*
Abend *evening*
Auf Wiedersehen. *Goodbye.*
Bis später. *See you later.*
Tschüss. *Bye.*

Wie geht es Ihnen?/ Wie geht es dir? *How are you?*
Danke, gut. *Fine. And you?*
Und Ihnen?/Und dir? *... and you?*
Wie ist Ihr Name?/ Wie heißt du? *What's your name?*
Mein Name ist ... *My name is ...*

Ja. *Yes.*
Nein. *No.*

Bitte. *Please.*
(Vielen) Dank. *Thank you (very much).*
Bitteschön. *You're welcome.*
Entschuldigen Sie, .../ Entschuldige ... *Excuse me, ...*

GESUNDHEIT

Wo ist der/die/das nächste ...?
Where's the nearest ...?
Apotheke *chemist*
Zahnarzt *dentist*
Arzt *doctor*
Krankenhaus *hospital*

Ich brauche einen Arzt.
I need a doctor.
Gibt es in der Nähe eine (Nacht-)Apotheke?
Is there a (night) chemist nearby?
Ich habe mich verirrt.
I'm lost.
Wo ist die Toilette?
Where are the toilets?
Ich bin krank.
I'm sick.
Es tut hier weh.
It hurts here.
Ich habe mich übergeben.
I've been vomiting.
Ich habe Durchfall/Fieber/Kopfschmerzen.
I have got diarrhoea/fever/headache.
(Ich glaube,) Ich bin schwanger.
(I think) I'm pregnant.

Ich bin allergisch gegen ...
I'm allergic to ...
Antibiotika *antibiotics*
Aspirin *aspirin*
Penizillin *penicillin*

MIT KINDERN REISEN

Ich brauche ... *I need (a) ...*
Gibt es ...? *Is there (a/an) ...?*
einen Wickelraum *baby change room*
einen Babysitz *baby seat*
einen Babysitter *babysitter*
einen Kindersitz *booster seat*
einen Babysitter-Service *child-minding service*
eine Kinderkarte *children's menu*
einen Kinderstuhl *highchair*
(Wegwerf-)Windeln *(disposable) nappies*
ein Töpfchen *potty*
einen Kinderwagen *stroller*

Kann ich mein Kind hier stillen?
Do you mind if I breastfeed here?

Dürfen Kinder mit herein?
Are children allowed?

PAPIERKRAM

Name	*name*
Staatsangehörigkeit	*nationality*
Geburtsdatum	*date of birth*
Geburtsort	*place of birth*
Geschlecht	*sex/gender*
(Reise-)Pass	*passport*
Visum	*visa*

Reservierungen vornehmen (telefonisch oder schriftlich)

An ...	*To ...*
Von ...	*From ...*
Datum	*Date*

Ich möchte ... reservieren.
I'd like to book ...

Auf den Namen ...	*in the name of ...*
Vom ... bis zum ...	*from ... to ...*

Kreditkarte	*credit card*
Nummer	*number*
gültig bis ...	*expiry date*

Bitte bestätigen Sie Verfügbarkeit und Preis.
Please confirm availability and price.

SHOPPEN & SERVICE

Ich suche ...
I'm looking for ...

Wo ist der/die/das (nächste) ...?
Where's the (nearest) ...?

Wo kann ich ... kaufen?
Where can I buy ...?

Ich möchte ... kaufen.
I'd like to buy ...

Wie viel (kostet das)?
How much (is this)?

Das ist zu viel/teuer.
That's too much/expensive.

Können Sie mit dem Preis heruntergehen?
Can you lower the price?

Haben Sie etwas Billigeres?
Do you have something cheaper?

Ich schaue mich nur um.
I'm just looking.

Können Sie den Preis aufschreiben?
Can you write down the price?

Haben Sie noch andere?
Do you have any others?

Können Sie ihn/sie/es mir zeigen?
Can I look at it?

mehr	*more*
weniger	*less*
kleiner	*smaller*
größer	*bigger*

Nehmen Sie ...?
Do you accept ...?

Kreditkarten	*credit cards*
Reiseschecks	*travellers cheques*

Ich möchte ...
I'd like to ...

Geld umtauschen
change money (cash)

einen Scheck einlösen
cash a cheque

Reiseschecks einlösen
change some travellers cheques

Wo ist ...?	*Where's a ...?*
ein Geldautomat	*an ATM*
eine Wechselstube	*an exchange office*
eine Bank	*a bank*
die ... Botschaft	*the ... embassy*
deutsche	*German*
österreichische	*Austrian*
Schweizer	*Swiss*
das Krankenhaus	*the hospital*
der Markt	*the market*
die Polizei	*the police*
die Post	*the post office*
ein öffentliches Telefon	*a public phone*
eine öffentliche Toilette	*a public toilet*

Wann macht er/sie/es auf/zu?
What time does it open/close?

Ich möchte eine Telefonkarte kaufen.
I want to buy a phone card.

Wo ist hier ein Internet-Café?
Where's the local Internet cafe?

UNTERKUNFT

Wo ist ...?	*Where's a ...?*
eine Pension	*bed and breakfast*
ein Campingplatz	*camping ground*
ein Hotel	*hotel*
ein Privatzimmer	*room in a private home*
eine Jugend-herberge	*youth hostel*

Wie lautet die Adresse?
What's the address?

Ich möchte bitte ein Zimmer reservieren.
I'd like to book a room, please.

Für (drei) Nächte/Wochen.
For (three) nights/weeks.

Haben Sie ein ...?
Do you have a ... room?

Einzelzimmer	*single*
Doppelzimmer	*double*
Zimmer mit Doppelbett	*twin*

Wie viel kostet es pro ...?
How much is it per ...?

Nacht	*night*
Person	*person*

Kann ich es sehen?
May I see it?

Kann ich ein anderes Zimmer bekommen?
Can I get another room?

Es ist gut, ich nehme es.
It's fine. I'll take it.

Ich reise jetzt ab.
I'm leaving now.

Verständigung

Verstehen Sie (mich)?
Do you understand (me)?

Ich verstehe (nicht).
I (don't) understand.

Könnten Sie ...?
Could you please ...?

bitte langsamer sprechen
speak more slowly

das bitte wiederholen
repeat that

das bitte aufschreiben
write it down

VERKEHRSMITTEL & -WEGE

Wann fährt ... ab?
What time does the ... leave?

das Boot	*boat*
der Bus	*bus*
der Zug	*train*

Private Verkehrsmittel

Wo kann ich ... mieten?
Where can I hire a ...?

Ich möchte ... mieten.
I'd like to hire a/an ...

ein Fahrrad	*bicycle*
ein Auto	*car*
ein Allrad-fahrzeug	*4WD*
einen Schalt-wagen	*manual*
ein Motorrad	*motorbike*

Wie viel kostet es pro ...?
How much is it per ...?

Tag	*day*
Woche	*week*
Benzin	*petrol*
Diesel	*diesel*
bleifreies Benzin	*unleaded*
Autogas	*LPG*

Wo ist eine Tankstelle?
Where's a petrol station?

Führt diese Straße nach ...?
Does this road go to ...?

(Wie lange) Kann ich hier parken?
(How long) Can I park here?

Wo muss ich bezahlen?
Where do I pay?

Ich brauche einen Mechaniker.
I need a mechanic.

Ich habe (in ...) eine Panne mit meinem Auto.
The car has broken down (at ...)

Ich hatte einen Unfall.
I had an accident.

Das Auto/Motorrad springt nicht an.
The car/motorbike won't start.

Ich habe eine Reifenpanne.
I have a flat tyre.

Ich habe kein Benzin mehr.
I've run out of petrol.

Wegweiser

Können Sie mir bitte helfen?
Could you help me, please?

Wo ist (eine Bank)?
Where's (a bank)?

Ich suche (die Kathedrale).
I'm looking for (the cathedral).

In welcher Richtung ist (eine öffentliche Toilette)?
Which way's (a public toilet)?

Wie kann ich da hinkommen?
How can I get there?

Wie weit ist es?
How far is it?

Können Sie es mir (auf der Karte) zeigen?
Can you show me (on the map)?

KANADISCHES FRANZÖSISCH

Das Französisch, das in Kanada gesprochen wird, entspricht im Grunde dem, das man in Frankreich hört. Zwar lernen viele Schüler mit englischer und die meisten mit französischer Muttersprache in den Schulen Québecs das europäische Französisch, aber der örtliche Dialekt, das *Québecois* oder auch das *joual* weichen hie und da vom Standard ab. Die Ansager im frankokanadischen Radio und Fernsehen orientieren sich im Allgemeinen – genauso wie die Oberschicht – stärker am europäischen Französisch; insofern haben Frankokanadier kein Problem damit, das Schulfranzösisch von Travellern zu verstehen.

Die meisten Buchstaben des Alphabets werden mehr oder weniger genauso ausgesprochen wie im Deutschen; einige Ausnahmen, die Verwirrung stiften könnten, sind aber in der rechten Spalte aufgeführt. Zur Lautschrift: Die Kombinationen „ang", „äng" und „ong" in den Aussprachehilfen geben die Nasallaute wieder – das „ng" in einer Lautumschrift wird nicht gesprochen, sondern kennzeichnet den vorangehenden Vokal als Nasallaut; „sch" wird ausgesprochen wie in „Dschungel", wenn es für den französischen Buchstaben j oder g steht (also ganz weich), ansonsten deutlich schärfer, so wie das „sch" in „Muschel".

c	vor e und i wie „s" in „Moos" vor a, o und u wie „k" in „Kinder"
ç	wie „s" in „Moos"
gn	wie in „Cognac"
h	immer stumm
j	wie „sch" in „Dschungel"
ll	nach ai, ei und eui wie „j" in „Jäger", nach einfachem i entweder „j" oder „l", je nach Herkunft des Wortes, ansonsten „l"
n, m	wenn eine Silbe auf n oder m endet, werden diese Buchstaben nicht ausgesprochen, dafür wird der vorangehende Vokal nasaliert
s	wird in Pluralformen oder am Ende eines Wortes oft nicht ausgesprochen
x	vor Vokalen normalerweise wie „s" in „Serie", ansonsten stumm
z	stimmhaft wie „s" in „sieben"

KONVERSATION & NÜTZLICHES

Die Anredeform, entsprechend dem Deutschen „Sie", ist *vous*. Das „Du", *tu*, verwendet man nur im Gespräch mit Kindern oder engen Freunden. Natürlich darf man auch duzen, wenn der andere das anbietet.

Das Französische besitzt zwei grammatische Geschlechter, Maskulinum und Femininum, für Substantive, Artikel (*le/la* für „der"/ die" bzw. *un/une* für „ein/eine") und Adjektive. Hier werden maskuline und feminine Formen angegeben und durch „m./f." gekennzeichnet.

Guten Tag.	*Bonjour.*	bong·dschur
Auf Wiedersehen.	*Au revoir.*	o·re·voar
Entschuldigen Sie bitte.	*Excusez-moi.*	ek·skü·seh·moa
Entschuldigung.	*Pardon.*	par·dong
Ja./Nein.	*Oui./Non.*	wie/nong
Bitte.	*S'il vous plaît.*	sie wu plä
Danke.	*Merci.*	mer·sie
Gern geschehen.	*De rien.*	de rie·eng

Wie geht es Ihnen?
Comment allez-vous? ko·mong ta·leh·wuh

Gut, und Ihnen?
Bien, merci. Et vous? bjeng mer·sie eh wuh

Ich heiße ...
Je m'appelle ... dsche ma·pell...

Wie heißen Sie?
Comment vous appelez-vous? ko·mong wuh·sa·peleh wuh

Sprechen Sie Englisch/Deutsch?
Parlez-vous anglais/allemand? par·leh·wuh ang·gläh/sa le mang

Ich verstehe nicht.
Je ne comprends pas. dsche ne kom·prang pa

ESSEN & AUSGEHEN

Einen Tisch für (zwei), bitte.
Une table pour (deux), s'il vous plaît. ühn ta·ble puhr (döh) siel wuh pläh

Was können Sie empfehlen?
Qu'est-ce que vous conseillez? kes·ke wuh kong·seh·jeh

Welche Zutaten sind da drin?
Quels sont les ingrédients? kel son leh sing·greh·djang

Ich bin Vegetarier/Vegetarierin.
Je suis végétarien/ végétarienne. dsche swie weh·dscheh·ta·rjang/weh·dscheh·ta·rjenn (m./f.)

Ich esse kein ...
Je ne mange pas ... dsche ne mandsch pah ...

Prost!
Santé! sang·teh

Das war köstlich.
C'était délicieux! seh·täh deh·lie·sjöh

Die Rechnung bitte.
Apportez-moi l'addition, s'il vous plaît. a·por·teh·moa la·die·sjong siel wuh pläh

Wichtige Wörter

Abendessen	*souper*	suh·peh
Delikatessen	*traiteur*	träh·töhr
Essen	*nourriture*	nu·rie·tühr
Flasche	*bouteille*	buh·tehj
Frühstück	*déjeuner*	deh·dschöh·neh
Gabel	*fourchette*	fur·schet
Gericht	*plat*	pla
Glas	*verre*	wer
Hauptgang	*plat principal*	pla preng·sie·pal
kalt	*froid*	froa
Kindergericht	*menu pour enfants*	me·nüh puh rang·fang
Kinderstuhl	*chaise haute*	schäh soht
Lebensmittelladen	*épicerie*	eh·pie·srie
Löffel	*cuillère*	kui·jähr
Markt	*marché*	mar·scheh
Messer	*couteau*	kuh·toh
mit/ohne	*avec/sans*	a·wek/sang
Mittagessen	*dîner*	die·neh
örtliche Spezialität	*spécialité locale*	speh·sja·lie·teh lo·kal
Speisekarte (auf Englisch)	*carte (en anglais)*	kart (an ang·gläh)
Teller	*assiette*	a·sjet
Vorspeise	*entrée*	ang·treh
warm	*chaud*	schoh
Weinkarte	*carte des vins*	kart deh weng

SATZMUSTER

Wenn man etwas sagen will, setzt man einfach die entsprechenden Wörter in die Klammer ein:

Wo ist (der Eingang)?
Où est (l'entrée)? uh äh (lang·treh)

Wo kann ich (die Eintrittskarte kaufen)?
Où est-ce que je peux (acheter un billet)? uh es·ke dsche pöh (asch·teh öng bie·jeh)

Wann fährt (der nächste Zug)?
Quand est (le prochain train)? kang täh (le pro·scheng treng)

Wie viel kostet (ein Zimmer)?
C'est combien pour (une chambre)? seh kom·bjeng puhr (ühn scham·bre)

Haben Sie (eine Landkarte)?
Avez-vous (une carte)? a·weh wuh (ühn kart)

Gibt es (eine Toilette)?
Y a-t-il (des toilettes)? ie ah tiel (deh toa·let)

Ich möchte (ein Zimmer buchen).
Je voudrais (réserver (une chambre). dsche wuh·dräh (reh·ser·weh ühn scham·bre)

Kann ich (hereinkommen)?
Puis-je (entrer)? pwie dsche (ang·treh)

Könnten Sie (mir helfen)?
Pouvez-vous (m'aider), s'il vous plaît? puh·weh wuh (meh·deh) siel wuh pläh

Muss ich (einen Platz reservieren)?
Faut-il (réserver une place)? foh·tiel (reh·ser·weh ühn plahs)

Fleisch & Fisch

Fisch	*poisson*	poa·song

Schilder

Entrée	Eingang
Femmes	Damen
Fermé	Geschlossen
Hommes	Herren
Interdit	Verboten
Ouvert	Geöffnet
Renseignements	Information
Sortie	Ausgang
Toilettes/WC	Toiletten

Hähnchen	*poulet*	puh·leh
Kalbfleisch	*veau*	woh
Lamm	*agneau*	a·njoh
Rindfleisch	*bœuf*	böff
Schweinefleisch	*porc*	por
Truthahn	*dinde*	dengd

Obst & Gemüse

Ananas	*ananas*	a·na·nas
Apfel	*pomme*	pom
Aprikose	*abricot*	a·brie·koh
Backpflaume	*pruneau*	prüh·noh
Bohnen	*haricots*	a·rie·koh
Erbsen	*petit pois*	pe·tie poa
Erdbeere	*fraise*	frähs
Frühlingszwiebel	*échalote*	eh·scha·lot
Gemüse	*légume*	leh·gühm
Gewürzgurke	*cornichon*	kor·nie·schong
Gurke	*concombre*	kong·kom·bre
Kartoffel	*pomme de terre*	pom de ter
Kirsche	*cerise*	se·ries
Kohl	*chou*	schuh
Kürbis	*citrouille*	sie·truh·je
Lauch	*poireau*	poa·roh
Mais	*maïs*	ma·ies
(rote/grüne) Paprika	*poivron (rouge/ vert)*	poa·wrong (ruhdsch/ wär)
Pfirsich	*pêche*	pesch
Pflaume	*prune*	prühn
Pilz	*champignon*	scham·pie·njong
rote Bete	*betterave*	be·trav
Rübe	*navet*	na·weh
Salat	*laitue*	läh·tüh
Sellerie	*céleri*	sel·rie
Spargel	*asperge*	a·sperdsch

Fragewörter

Wann?	*Quand?*	kang
Warum?	*Pourquoi?*	puhr·koa
Was?	*Quoi?*	koa
Wer?	*Qui?*	kie
Wie?	*Comment?*	ko·mang
Wo?	*Où?*	uh

Spinat	*épinards*	eh·pie·nar
Tomate	*tomate*	to·mat
Weintraube	*raisin*	reh·seng
Zitrone	*citron*	sie·trong

Andere Wörter

Brot	*pain*	peng
Butter	*beurre*	bör
Ei	*œuf*	öff
Essig	*vinaigre*	wie·näh·gre
Honig	*miel*	mjel
Käse	*fromage*	fro·madsch
Linsen	*lentilles*	lang·tie·je
Marmelade	*confiture*	kong·fie·tühr
Öl	*huile*	wiel
Pasta/Nudeln	*pâtes*	paht
Pfeffer	*poivre*	poa·wre
Reis	*riz*	rie
Salz	*sel*	sell
Zucker	*sucre*	süh·kre

Getränke

Bier	*bière*	bi·jähr
Kaffee	*café*	ka·feh
Milch	*lait*	läh
Rotwein	*vin rouge*	wen (ruhdsch)
(Orangen-) Saft	*jus (d'orange)*	dschüh (do·rongdsch)
Tee	*thé*	teh
(Mineral-) Wasser	*eau (minérale)*	oh (mie·neh·ral)
(Weiß-)Wein	*vin (blanc)*	wen (blang)

NOTFALL

Hilfe!
Au secours! o sguhr

Ich habe mich verlaufen.
Je suis perdu/perdue. (m./f.) dsche swie per·düh

Lassen Sie mich in Ruhe!
Fichez-moi la paix! fie·scheh·moa la päh

Es hat einen Unfall gegeben.
Il y a eu un accident. iel ja üh ün ak·sie·dang

Rufen Sie einen Arzt.
Appelez un médecin. a·pleh ün mehd·seng

Rufen Sie die Polizei.
Appelez la police. a·pleh la po·lies

Ich bin krank.
Je suis malade. dsche swie ma·lad

Hier tut es weh.
J'ai une douleur ici. dscheh ühn duh·löhr i·sie

Ich bin allergisch gegen ...
Je suis allergique ... dsche swie sa·ler·dschiek ...

Shoppen & Service

Ich hätte gern ...
Je voudrais acheter ... dsche wuh·dreh asch·teh...

Kann ich mir das anschauen?
Est-ce que je peux le voir? es·ke dsche pöh le voar

Ich schaue mich nur um.
Je regarde. dsche re·gard

Das gefällt mir nicht.
Cela ne me plaît pas. se·la ne me pleh pa

Wie viel kostet das?
C'est combien? seh kom·bjeng

Das ist zu teuer.
C'est trop cher. seh troh schehr

Können Sie mit dem Preis heruntergehen?
Vous pouvez baisser le prix? wuh puh·weh bäh·seh le prie

Da stimmt was nicht auf der Rechnung.
Il y a une erreur dans la note. iel i ah ühn er·röhr dang la noht

Geldautomat	*guichet automatique de banque*	gie·scheh o to·ma·tiek de bonk
Internetcafé	*cybercafé*	sie·bähr·ka·feh
Kreditkarte	*carte de crédit*	kart de kreh·die
Post	*bureau de poste*	bü·ro deh post
Touristeninformation	*office de tourisme*	o·fies de tu·ries·me

UHRZEIT & DATUM

Wie spät ist es?
Quelle heure est-il? kel löhr äh tiel

Es ist (acht) Uhr.
Il est (huit) heures. il äh (wiet) öhr

Es ist halb (11).
Il est (dix) heures et demie. il ay (die) söhr eh de·mie

Morgen	*matin*	ma·teng
Nachmittag	*après-midi*	a·preh·mie·die
Abend	*soir*	soar
gestern	*hier*	i·jähr
heute	*aujourd'hui*	o·dschur·dwie
morgen	*demain*	de·meng

Zahlen

1	*un*	öng
2	*deux*	döh
3	*trois*	troa
4	*quatre*	ka·tre
5	*cinq*	sengk
6	*six*	sies
7	*sept*	set
8	*huit*	wiet
9	*neuf*	nöff
10	*dix*	dies
20	*vingt*	weng
30	*trente*	trangt
40	*quarante*	ka·rangt
50	*cinquante*	seng·kangt
60	*soixante*	soa·sangt
70	*soixante-dix*	soa·sang·dies
80	*quatre-vingts*	ka·tre·weng
90	*quatre-vingt-dix*	ka·tre·weng·dies
100	*cent*	sang
1000	*mille*	miel

Montag	*lundi*	lüng·die
Dienstag	*mardi*	mar·die
Mittwoch	*mercredi*	mer·kre·die
Donnerstag	*jeudi*	dschöh·die
Freitag	*vendredi*	vang·dre·die
Samstag	*samedi*	sam·die
Sonntag	*dimanche*	die·mangsch

Januar	*janvier*	dschong·wijeh
Februar	*février*	feh·wrijeh
März	*mars*	mars
April	*avril*	a·wriel
Mai	*mai*	mäh
Juni	*juin*	dschüjeng
Juli	*juillet*	dschwi jäh
August	*août*	uh
September	*septembre*	sep·tang·bre
Oktober	*octobre*	ok·toh·bre
November	*novembre*	no·vang·bre
Dezember	*décembre*	deh·sang·bre

UNTERKUNFT

Haben Sie ein Zimmer frei?
Est-ce que vous avez des chambres libres? es·ke wuh sa·weh deh scham·bre lie·bre

Was kostet es pro Nacht/Person?
Quel est le prix par nuit/personne? kel äh le prie par nwie/per·son

Ist das Frühstück inbegriffen?
Est-ce que le petit déjeuner est inclus? es·ke le pe·tie deh·dschö neh äh tang·klüh

Camping	*camping*	kam·pieng
Hotel	*hôtel*	o·tel
Jugendherberge	*auberge de jeunesse*	o·berdsch de dschöh·ness
Pension	*pension*	pang·sjon
Schlafsaal	*dortoir*	dor·toar

ein ... Zimmer
une chambre ... ühn scham·bre ...

Einzel-	*à un lit*	a ühn lie
Doppel-	*avec un grand lit*	a·wek öng grang lie

Badezimmer	*salle de bains*	sal de bäng
Fenster	*fenêtre*	fe·näh·tre
Klimaanlage	*climatiseur*	klie·ma·tie·söhr

VERKEHRSMITTEL & -WEGE

Öffentliche Verkehrsmittel

Boot	*bateau*	ba·to
Bus	*bus*	bühs
Flugzeug	*avion*	a·wjong
Zug	*train*	treng

Ich möchte nach ...
Je voudrais aller à ... dsche wuh·dreh al·leh a ...

Hält er in (Amboise)?
Est-ce qu'il s'arrête à (Amboise)? es·kil sa·ret a (am·boas)

Wann fährt er ab/kommt er an?
À quelle heure est-ce qu'il part/arrive? a kel öhr es kil par/a·riew

Können Sie mir sagen, wann wir in ... sind?
Pouvez-vous me dire quand nous arrivons à ...? puh·weh·wuh me dier kang nuh sa·rie·wong a ...

Ich möchte hier aussteigen.
Je veux descendre ici. dsche wöh deh·sang·dre ie·sie

erster	*premier*	pre·mjeh
letzter	*dernier*	der·njeh
nächster	*prochain*	pro·scheng

ein ... Ticket
un billet ... üng bie·jeh ...

1. Klasse	*de première classe*	de pre·mjähr klas
2. Klasse	*de deuxième classe*	de döh·sjähm klas
einfaches	*simple*	sem·ple
für Hin- und Rückfahrt	*aller et retour*	a·leh eh re·tuhr
Bahnhof	*gare*	gahr
Bahnsteig	*quai*	käh
entfällt	*annulé*	a·nüh·leh
Fahrkartenschalter	*guichet*	gie·scheh
Fahrplan	*horaire*	o·rähr
Fensterplatz	*côté fenêtre*	ko·teh fe·näh·tre
Gangplatz	*côté couloir*	ko·teh kuh·loar
verspätet	*en retard*	ang re·tar

Eigene Verkehrsmittel

Ich möchte ein/einen ... mieten.
Je voudrais louer ... dsche wuh·dräh luh·weh ...

Auto	*une voiture*	ühn woa·tühr
Fahrrad	*un vélo*	üng we·loh
Geländewagen	*un quatre-quatre*	üng kat·kat
Motorrad	*une moto*	ühn mo·to

Benzin	*essence*	es·sangs
Diesel	*diesel*	djeh·sel
Kindersitz	*siège-enfant*	sjäh dschang·fang
Mechaniker	*écanicien*	meh·ka·nie·sjeng
Sturzhelm	*casque*	kask
Tankstelle	*station-service*	sta·sjong·ser·wies

Ist das die Straße nach ...?
C'est la route pour ...? seh la ruht puhr ...

(Wie lange) kann ich hier parken?
(Combien de temps) Est-ce que je peux stationner ici? (kom·bjeng de tang) es·ke dsche pöh sta·sjo·neh ie·sie

Das Auto/Motorrad ist (bei ...) liegen geblieben.
La voiture/moto est tombée en panne (à ...). la voa·tühr/mo·toh eh tom·beh ang pann (a ...)

Ich habe einen Platten.
Mon pneu est à plat. mong pnöh äh ta plah

Ich habe kein Benzin.
Je suis en panne d'essence. dsche swie sang pann des·sangs

Ich habe den Autoschlüssel verloren.
J'ai perdu les clés de ma voiture. dscheh per·düh leh kleh de ma woa·tühr

WEGWEISER

an der Ecke	*au coin*	o ko eng
an der Ampel	*aux feux*	o föh
hinter	*derrière*	der·jähr
vor	*devant*	de·wang
fern (von ...)	*loin (de ...)*	lo eng (de ...)
links	*gauche*	gohsch
nahe	*près (de ...)*	präh (de ...)
neben ...	*à côté de ...*	a ko·teh de...
gegenüber ...	*en face de ...*	ang fas de ...
rechts	*droite*	droat
geradeaus	*tout droit*	tuh droah

Wo ist ...? *Où est ...?* uh äh ...

Wie lautet die Adresse?
Quelle est l'adresse? kel äh la·dres

Können Sie die Adresse bitte aufschreiben?
Est-ce que vous pourriez écrire l'adresse, s'il vous plaît? es·ke wuh pu·rjeh eh·krier la·dres siel wuh pläh

Können Sie es mir (auf der Karte) zeigen?
Pouvez-vous m'indiquer (sur la carte)? puh·weh·wuh meng·die·keh (sühr la kart)

Hinter den Kulissen

WIR FREUEN UNS ÜBER EIN FEEDBACK

Post von Reisenden zu bekommen ist für uns ungemein hilfreich – Kritik und Anregungen halten uns auf dem Laufenden und helfen, unsere Bücher zu verbessern. Unser reiseerfahrenes Team liest alle Zuschriften genau durch, um zu erfahren, was an unseren Reiseführern gut und was schlecht ist. Wir können solche Post zwar nicht individuell beantworten, aber jedes Feedback wird garantiert schnurstracks an die jeweiligen Autoren weitergeleitet, rechtzeitig vor der nächsten Nachauflage.

Wer uns schreiben will, erreicht uns über **www.lonelyplanet.de/kontakt**

Hinweis: Da wir Beiträge möglicherweise in Lonely Planet Produkten (Reiseführer, Websites, digitale Medien) veröffentlichen, ggf. auch in gekürzter Form, bitten wir um Mitteilung, falls ein Kommentar nicht veröffentlicht oder ein Name nicht genannt werden soll. Wer Näheres über unsere Datenschutzpolitik wissen will, erfährt das unter www.lonelyplanet.com/privacy

DANK VON LONELY PLANET

Wir danken den Reisenden, die mit der letzten Ausgabe unterwegs waren und uns nützliche Hinweise, gute Ratschläge und interessante Begebenheiten übermittelt haben:

Amanda Rutland, Ann Poole, Anna Spruce, Anthony Aarts, Anton Krist, Celine Castonguay, Christian De Win, Dolores Wongel, Duncan Spriggs, Erik Huber, Frank Smithson, Gemma Chapman, Giorgio Ferrante, Greg Hakonson, Hsuan Kai Kao, Joanna Emery, Katia Moretti, Katrin Sippel, Kim Dorin, Mario Prim Silva, Mathilde Foix-Cablé, Matthew Lombardi, Pat Stevenson, Paul Sampson, Sebastian Cool, Stefan Memminger, Steve Power, Susan Mitchell, William & Mary Lawrence

DANK DER AUTOREN

Karla Zimmerman

Danke an Bryan Curtis und Sarah Mathieson aus St. John's, an ihre Gefährten und an Lisa Beran. Und ein Kompliment an meine Mitautoren Celeste, John, Ben, Andy, Sarah, Brendan, Caroline und RVB für ihre tolle Arbeit. Am meisten aber danke ich Eric Markowitz, dem besten Lebenspartner der Welt.

Celeste Brash

Ein Dank geht an Andrea Young von Destination Halifax und Isabel MacDougall bei PEI Tourism, an die hilfsbereiten Leute von Digby Backpackers, Bear on the River und Kiwi Kaboodle, an John Tattrie und die Leute bei Authentic Seacoast in Guysborough, Coastal Adventures Sea Kayaking, Kate Prest und Doug in Pictou, Isaac in Mabou, Sandra in Creignish, Beartown Baskets, Juana in North Sydney sowie Brian und Al in Wolfville. Wie gern würde ich bei jedem Buchprojekt mit Karla Zimmerman zusammenarbeiten! Ein herzlicher Dank geht wie immer an meine Familie.

John Lee

Ich danke den Mitarbeitern in den unzähligen Besucherzentren und den Hunderten von Einheimischen, die ich unterwegs getroffen habe, für ihre freundlichen Tipps und Hinweise. Ganz besonders möchte ich meinem Vater William Lee danken, der mich 1986 während der Expo von Großbritannien aus nach Vancouver mitgenommen hat.

Sarah Richards

Ein besonderes Dankeschön geht an Marie und Jean-François in Percé, an Bruno in der Auberge St-Antoine und an all die freundlichen Reisenden, die mir unterwegs von ihren Erlebnissen in Québec berichtet haben.

Brendan Sainsbury

Ich danke den unzähligen Busfahrern, den Freiwilligen in den Touristeninformationen, den Führern von Parks Canada, den Kellnern, Baristas, Schauspielern und Indie-Punk-Rockern, die mir bei meinen Recherchen geholfen haben. Ganz besonders danke ich meiner Frau Liz und meinem siebenjährigen Sohn Kieran für ihre Begleitung und meiner Schwägerin Tina Varughese, die mich in Calgary aufgenommen hat.

Caroline Sieg

Danke an alle, die mir Tipps gegeben haben, und für die vielen freundlichen Gespräche in den Kneipen, wo sich (glücklicherweise) kaum etwas verändert hat.

Andy Symington

Freundlichkeit und Gastfreundschaft, wie ich sie in Nunavut und den Northwest Territories erlebt habe, waren wirklich außergewöhnlich. Besonders danke ich Eena Angmarlik, Ted Duinker, Sarah Jancke, Aaron Spitzer, Ooleepeeka Arnaqaq, Louis Robillard, James Williams, James Paris, Mike Freeland und Bronwen Livingston, Richard Zaidan, Omar in Iqaluit und dem Herrn mit dem Kreuzschlüssel in Fort Smith. Danke auch an Karla, Brendan und meine Mitautoren, an meine Familie für ihre Unterstützung, an José Eliseo Vázquez González, der mir noch zum Flug verholfen hat, als alles schon verloren schien; ganz besonders denke ich an Elena Vázquez Rodríguez, die mir nahe geblieben ist, auch wenn wir räumlich weit voneinander entfernt waren.

Ryan Ver Berkmoes

Die Zahl der Menschen, denen ich zu Dank verpflichtet bin, dürfte die Anzahl der Kermodebären übersteigen; aber hier sind immerhin ein paar: Russ Lester, mein furchtloser Copilot, die selbstbewusste Susan Clarke, die perfekt organisierte Karla Zimmerman und Korina Miller. In British Columbia ist John Lee immer ein guter Begleiter. Bei Lonely Planet bin ich dem unermüdlichen Mark Griffiths, Martine Power und Saralinda Turner äußerst dankbar, die sehr verständnisvoll reagiert haben, als das nötig war. Sehr zu Dank verpflichtet bin ich schließlich auch Alexis Averbuck, der meine Liebe zu diesem wunderbaren Landstrich teilt.

Benedict Walker

Ich widme meine Arbeit Cheryl und Bruce Cowie und Jessica und Casey Labelle, meiner lieben kanadischen Familie, der ich grenzenlos dankbar bin. Wendy und Heather in Toronto danke ich dafür, dass sie mich bei bester Laune gehalten haben. Die Delrues und Fauberts haben mich freundlich empfangen und ermutigt, die Leute von Stage and Screen Travel haben sich zwischen ihren Auftritten mit mir beschäftigt; und natürlich danke ich Trish Walker, der allerbesten Mutter der Welt: Du hast immer einen Platz in meinem Herzen!

QUELLENNACHWEIS

Die Daten in den Klimatabellen stammen von Peel MC, Finlayson BL & McMahon TA (2007), Aktualisierte Weltkarte der Köppen-Geiger-Klimaklassifikation, Hydrology and Earth System Sciences, 11, 163344.

Abbildung auf dem Umschlag: Angler auf dem Whiteshell River, Manitoba; Dave Reede/Alamy

ÜBER DIESES BUCH

Dies ist die 3. deutsche Auflage von *Kanada*, basierend auf der mittlerweile 12. englischen Auflage von *Canada*. Verfasst wurde das Buch von Karla Zimmerman, John Lee, Ryan Ver Berkmoes, Sarah Richards, Celeste Brash, Benedict Walker, Andy Symington, Caroline Sieg und Brendan Sainsbury. Den Auftrag dazu hat das Lonely Planet Büro in Oakland erteilt; dort haben folgende Personen daran mitgewirkt:

Verantwortliche Redakteure Jennye Garibaldi, Korina Miller

Leitende Redakteure Saralinda Turner, Tracy Whitmey

Leitung der Kartografie Mark Griffiths

Layout Wendy Wright

Redaktion Bruce Evans, Martine Power, Angela Tinson

Redaktionsassistenz Amy Karafin, Kellie Langdon, Robyn Loughnane, Anne Mulvaney, Rosie Nicholson, Charlotte Orr, Gabrielle Stefanos

Assistenz der Kartografie Julie Dodkins, Mick Garett, Rachel Imerson, Eve Kelly

Bildredaktion Umschlag Naomi Parker

Sprache Branislava Vladisavljevic

Dank an Anita Banh, Ryan Evans, Samantha Forge, Larissa Frost, Genesys India, Jouve India, Trent Paton, Mazzy Prinsep, Luna Soo, Kerrianne Southway, Brian Turnbull

Register

N

O

Karten **000**
Abbildungen **000**

S

Kartenlegende

Sehenswertes

- Strand
- Vogelschutzgebiet
- Buddhistisch
- Burg/Schloss/Palast
- Christlich
- Konfuzianisch
- Hinduistisch
- Islamisch
- Jainistisch
- Jüdisch
- Denkmal
- Museum/Galerie/Hist. Gebäude
- Ruine
- Sento-Bad/Onsen
- Shintoistisch
- Sikh-Religion
- Taoistisch
- Weingut/Weinberg
- Zoo/Naturschutzgebiet
- andere Sehenswürdigkeit

Aktivitäten, Kurse & Touren

- Bodysurfing
- Tauchen/Schnorcheln
- Kanu/Kajak
- Kurse/Touren
- Ski fahren
- Schnorcheln
- Surfen
- Schwimbad/Pool
- Wandern
- Windsurfen
- andere Aktivität

Schlafen

- Schlafen
- Camping

Essen

- Essen

Ausgehen & Nachtleben

- Ausgehen & Nachtleben
- Café

Unterhaltung

- Unterhaltung

Shoppen

- Shoppen

Praktisches

- Bank
- Botschaft/Konsulat
- Krankenhaus/Arzt
- Internet
- Polizei
- Post
- Telefon
- Toilette
- Touristeninformation
- andere Information

Landschaft

- Strand
- Hütte
- Leuchtturm
- Aussichtsturm
- Berg/Vulkan
- Oase
- Park
- Pass
- Picknickmöglichkeit
- Wasserfall

Bevölkerung

- Hauptstadt (National)
- Hauptstadt (Staat/Provinz)
- Stadt/Großstadt
- Ort/Dorf

Verkehrsmittel &-wege

- Flughafen
- Grenzübergang
- Bus
- Seilbahn
- Radfahren
- Fähre
- Metrohaltestelle
- Monorail
- Parkplatz
- Tankstelle
- S-Bahn-Haltestelle
- Taxi
- Bahnhof/Zugstrecke
- Tram
- U-Bahn-Haltestelle
- anderes Verkehrsmittel

Hinweis: Nicht alle hier aufgeführten Symbole sind in den Karten zu finden

Verkehrswege

- Mautstraße
- Autobahn
- Hauptstraße
- Landstraße
- Verbindungsstraße
- Piste
- unbefestigte Straße
- Straße in Bau
- Platz/Fußgängerzone
- Treppen
- Tunnel
- Fußgängerbrücke
- Wanderung
- Wanderung mit Abstecher
- Wanderpfad

Grenzen

- internationale Grenze
- Bundesstaat/Provinz
- umstrittene Grenze
- Regional/Vorort
- Gewässergrenze
- Klippen
- Mauer

Gewässer

- Fluss, Bach
- periodischer Fluss
- Kanal
- Wasser
- Trocken-/Salz-/periodischer See
- Riff

Fläche

- Flughafen/Flugpiste
- Strand/Wüste
- Friedhof (christlich)
- Friedhof (anderer)
- Gletscher
- Watt
- Park/Wald
- Sehenswertes (Gebäude)
- Sportanlage
- Sumpf/Mangrove

DIE AUTOREN

Karla Zimmerman

Hauptautorin, Newfoundland & Labrador Karla hat Kanada im Auftrag von Lonely Planet bereits von der Ost- bis zur Westküste durchquert. Im Moment schwärmt sie vor allem für Newfoundland. Im Laufe der Jahre ist sie neben Eisbergen hergepaddelt, hat Papageientaucher aus nächster Nähe bestaunt, ist durch Eisbärenreviere gewandert und vermutlich an fast sämtlichen der 120 000 Elche von Neufundland entlanggefahren. Unterwegs hat sie Orte mit so kuriosen Namen wie Dildo, Come by Chance und Heart's Delight besucht, nur Jerry's Nose fehlt noch auf ihrer Liste. Karla veröffentlicht ihre Reiseberichte in Büchern, Zeitschriften und auf Online-Portalen. Sie hat bereits an mehreren Lonely Planets über die USA, Kanada, die Karibik und Europa mitgearbeitet.

Mehr über Karla unter:
lonelyplanet.com/members/karlazimmerman

Celeste Brash

Nova Scotia, Prince Edward Island Dungeness-Krabben gegen Hummer einzutauschen war für Celeste auf ihrer vierten großen Tour durch die Seeprovinzen kein Problem. Im Laufe der Jahre hat sie die Gezeitenwellen in der Bay of Fundy per Floß bezwungen, Adlernester beobachtet, ist Elchen nahe gekommen und hat mehr Leuchttürme bestiegen, als sie zählen konnte. Trotzdem überraschen diese Provinzen sie bei jeder Reise mit neuen Erlebnissen. Celeste hat bereits an rund 50 Lonely Planets mitgearbeitet. In diesem Buch hat sie auch das Kapitel „Reisen mit Kindern" verfasst.

Mehr über Celeste unter:
lonelyplanet.com/members/celestebrash

John Lee

British Columbia Als Brite zog John in den 1990er-Jahren nach British Columbia, um an der University of Victoria mit dem Studium zu beginnen. Er ist im Land geblieben und nach Vancouver gezogen, wo er seit 1999 als freiberuflicher Reiseautor tätig ist. Seither hat er die Region immer wieder bereist – für Lonely Planet und für internationale Zeitschriften, Zeitungen und Online-Publikationen. Der Gewinner zahlreicher Autorenpreise ist auf Twitter aktiv, und er hat eine wöchentliche Kolumne bei der kanadischen Tageszeitung *The Globe and Mail*. In diesem Buch zeichnet er auch für die Kapitel über die kanadische Küche und die Weinregionen verantwortlich.

Sarah Richards

Québec Sarah mag die Berge und Wälder ihrer Heimat und hatte eigentlich geschworen, niemals eine andere kanadische Provinz so zu lieben wie British Columbia. Doch als sie eines Tages nach Montréal kam, verfiel sie dem Zauber dieser verführerischen Stadt, und sie wurde ihrer alten Liebe untreu. Für diesen Betrug macht sie den Duft frisch gebackener Croissants und das pulsierende Nachtleben verantwortlich.

Mehr über Sarah unter:
lonelyplanet.com/members/sarahrichards

Brendan Sainsbury

Alberta Brendan ist eigentlich ein Engländer aus Hampshire; 2004 reiste er einer Frau wegen nach Kanada, weil er sich in Spanien verliebt hatte (die beiden haben inzwischen geheiratet und leben glücklich und zufrieden in White Rock, British Columbia). Für Lonely Planet hat Brendan Alberta etliche Male bereist – für den Kanada-Führer ebenso wie für einen Band über Nationalparks. Die Parks dieser Provinz sind ihm besonders ans Herz gewachsen, vor allem Lake Louise und das Lake Agnes Teahouse.

Mehr über Brendan unter:
lonelyplanet.com/members/brendansainsbury

Caroline Sieg

New Brunswick Caroline Sieg ist halb Schweizerin, halb Amerikanerin. New Brunswick kennt sie schon, seit sie von ihrem Wohnort Boston aus nach Kanada gereist ist, um die unglaublichen Gezeiten zu sehen, von denen so viel berichtet wurde. Dass sie jetzt für Lonely Planet dorthin zurückkehren durfte, hat sie sehr gefreut.

Mehr über Caroline unter:
lonelyplanet.com/members/carolinesieg

DIE LONELY PLANET STORY

Ein uraltes Auto, ein paar Dollar in den Hosentaschen und Abenteuerlust, mehr brauchten Tony und Maureen Wheeler nicht, als sie 1972 zu der Reise ihres Lebens aufbrachen. Diese führte sie quer durch Europa und Asien bis nach Australien. Nach mehreren Monaten kehrten sie zurück – pleite, aber glücklich –, setzten sich an ihren Küchentisch und verfassten ihren ersten Reiseführer *Across Asia on the Cheap*. Binnen einer Woche verkauften sie 1500 Bücher und Lonely Planet war geboren. Heute unterhält der Verlag Büros in Melbourne (Australien), London und Oakland (USA) mit über 600 Mitarbeitern und Autoren. Sie alle teilen Tonys Überzeugung, dass ein guter Reiseführer drei Dinge tun sollte: informieren, bilden und unterhalten.

Andy Symington

Northwest Territories, Nunavut Obwohl eigentlich Australier, schwärmt Andy schon lange für den Hohen Norden Kanadas. Als er dort vor Jahren Wale im eisigen Meer beobachtete, war er gleich begeistert von den extremen Bedingungen des Landes, den kargen Landschaften und der grenzenlosen Wildnis. Andy hat schon an vielen Lonely Planets und anderen Büchern mitgearbeitet.

Mehr über Andy unter:
lonelyplanet.com/members/andysymington

Ryan Ver Berkmoes

Manitoba, British Columbia, Yukon Territory Ryan treibt sich schon seit mehr als zwei Jahrzehnten in British Columbia, Yukon und Manitoba herum. Wie immer schaut er sich am liebsten Tiere an. Dass Elche es ihm besonders angetan haben, liegt auch an seinem beruflichen Hintergrund: Bei seinem ersten Zeitungsjob hatte er u. a. die Aufgabe, überall im Blatt Elch-Witze unterzubringen.

Mehr über Ryan unter:
lonelyplanet.com/members/ryanverberkmoes

Benedict Walker

Ontario, Saskatchewan Der Job bei Lonely Planet ist für Ben etwas ganz Besonderes – denn seinen ersten Reiseführer (Japan) bekam er schon mit zwölf Jahren. Der gebürtige Australier aus Newcastle lebt mittlerweile in Kanada, er reist aber immer wieder gern nach Japan, um dort mit den Einheimischen zu plaudern. Überhaupt ist er der Ansicht, das Schönste am Beruf des Reiseschriftstellers seien nicht die grandiosen Orte, sondern der freundliche Umgang mit wildfremden Menschen, an deren Leben man teilhaben dürfe.

Mehr über Ben unter:
lonelyplanet.com/members/benedictwalker

Lonely Planet Publications,
Locked Bag 1, Footscray,
Melbourne, Victoria 3011,
Australia

Verlag der deutschen Ausgabe:
MAIRDUMONT, Marco-Polo-Str. 1, 73760 Ostfildern,
www.lonelyplanet.de, www.mairdumont.com
info@lonelyplanet.de
Chefredakteurin deutsche Ausgabe: Birgit Borowski
Übersetzung: Brigitte Beier, Dr. Birgit Beile-Meister, Matthias Eickhoff, Petra Dubilski, Beatrix Gehlhoff, Christiane Gsänger, Waltraud Horbas, Dr. Annegret Pago, Dr. Thomas Pago, Christiane Radünz, Doreen Reeck, Jutta Ressel M.A., Renate Weinberger, Linde Wiesner
An früheren Auflagen haben außerdem mitgewirkt: Julie Bacher, Dorothee Büttgen, Berna Ercan, Tobias Ewert, Marion Gref-Timm, Christina Kagerer, Jürgen Kucklinski, Laura Leibold, Britt Maaß, Marion Matthäus, Dr. Christian Rochow, Katja Weber; Tatyana Gardner, Stefanie Gross, Brita Kotrasch, Ute Perchtold, Andrea Schleipen, Christina Schmidt
Redaktion und technischer Support: CLP Carlo Lauer & Partner, Aschheim

Kanada
3. deutsche Auflage August 2014, übersetzt von *Canada 12th edition*, April 2014
Lonely Planet Publications Pty
Deutsche Ausgabe © Lonely Planet Publications Pty, August 2014
Fotos © wie angegeben
Printed in China

MIX
Paper from responsible sources
FSC www.fsc.org
FSC® C021256